中国大百科全书

（第二版简明版）

8

中国大百科全书出版社

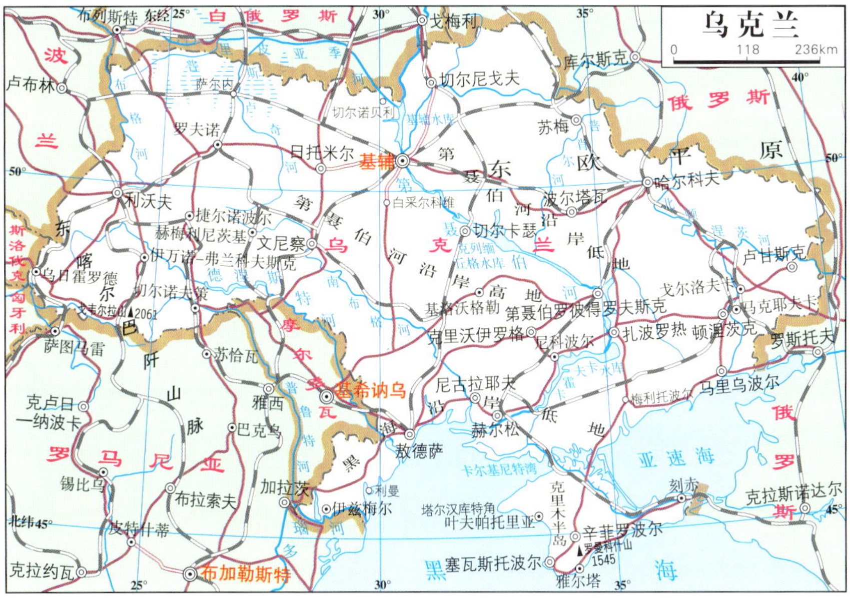

乌克兰 Ukraine; Ukrayina 东欧西南部国家。东邻俄罗斯，北接白俄罗斯，西与波兰、斯洛伐克毗连，西南与匈牙利、罗马尼亚、摩尔多瓦接壤，南濒黑海和亚速海。面积60.37万平方千米。人口4 594万（2010）。共有110多个民族，乌克兰人约占77%，俄罗斯人占20%，其他为白俄罗斯人、犹太人、摩尔多瓦人、波兰人等。官方语言为乌克兰语，属印欧语系斯拉夫语族，文字以斯拉夫字母为基础。居民主要信奉东正教和天主教。首都基辅。

地理 大部分地区为平原和丘陵。西部为沃伦丘陵、波多利斯克丘陵、第聂伯丘陵；东南部为顿涅茨山和亚速海沿岸丘陵；北部为波列西耶低地；中部为第聂伯河沿岸低地，南部为黑海沿岸低地；西南部有喀尔巴阡山，其最高峰海拔2 061米；南部边缘为克里木山地，最高峰海拔1 545米。境内共有河流23 000多条，其中河长100千米以上的有110条。主要河流有第聂伯河、南布格河、北顿涅茨河、普鲁特河、德涅斯特河、多瑙河。湖泊3 000多个，较大湖泊有亚尔普格湖、萨赛格湖、卡古尔湖和阿利别依湖等。大型水库有克列缅丘格水库、卡霍夫卡水库、基辅水库、第聂伯罗捷尔任斯克水库。

主要属温带大陆性气候，克里木半岛南岸为亚热带气候。

土壤以肥沃的黑钙土为主，约占国土面积的1/2，西北部波列西耶地区主要是灰化土和沼泽土，黑海和亚速海沿岸低地为栗钙土。境内约有3万种植物，北部为混交林带，中部森林草原带，南部草原带。全国森林覆盖率为43%。矿藏丰富，约有80多种矿产资源，主要有煤、铁、锰、铬、铅、锌、铝土、汞、镍、石油、天然气、耐火黏土、矿物化学原料、建筑材料等。

历史 9～12世纪，乌克兰大部分地区属于基辅罗斯。13世纪受到蒙古鞑靼人的入侵，14世纪受立陶宛大公国和波兰的统治。15世纪民族大体形成。1654年东乌克兰并入俄国。18世纪90年代西乌克兰也并入俄国。1917年建立了苏维埃政权。1922年12月加入苏联。1939年11月西乌克兰与乌克兰苏维埃社会主义共和国合并。1940年8月，北布哥维纳和比萨拉比亚的一部分并入乌克兰。1941～1944年期间，乌克兰被德国法西斯占领。1944年10月全境解放。1945年6月，外喀尔巴阡乌克兰同乌克兰合并。1954年，克里木半岛划归乌克兰。1991年8月24日乌克兰宣布独立。

政治 实行共和制。总统为代表国家的最高元首；议会称最高苏维埃，一院制，任期4年，为立法机关；内阁为行政机关，向总统负责。共有130个政党，主要政党为地区党、季莫申科集团、“我们的乌克兰”人民联盟、乌克兰社会党、乌克兰共产党、乌克兰进步社会党等。

经济 乌克兰包括3个经济区：①顿涅茨-第聂伯河流域是大型重工业区。②西南区是多种商品农产品生产基地。③南方区是乌克兰重要的修造船和渔业基地。苏联解体前，乌克兰是各加盟共和国中仅次于俄罗斯的第二大经济强国。工业较发达，钢和钢材产量约占全苏联的1/3，煤约占1/4，核电占2/5。谷物产量曾占全苏联的1/5，素有“欧洲粮仓”之称。独立后，由于各国之间的经济联系中断，新旧体制转化脱节，经济一蹶不振。2006年才呈现回升态势，2009年国内生产总值约1 165.25亿美元。

工业 主要工业部门为燃料动力、黑色冶金、机械、化工和食品加工等。木材加工和纸浆造纸业也较发达。2009年，工业产值约754亿美元，占国内生产总值的65%。

农业 2009年农业总产值占国内生产总值的17%。农用地面积3 820万公顷，

图1 首都基辅市貌

图2 乌克兰民族舞蹈

其中耕地3 140万公顷，占农用地面积的82.2%。种植业以生产谷物和甜菜为主。谷类作物有小麦、玉米、大麦、黍、稻等，粮食产量达4 600万吨。

交通运输　乌克兰陆、海、河、空、管道等各种运输方式都很发达，各种运输方式互相配合，全国形成了统一的运输网。铁路是运输网的主要组成部分。铁路总长22 600千米，公路总长168 500千米，可通航河道总长4 500千米。海港和河港（包括商港和渔港）总吞吐量为8 280万吨。主要海港有敖德萨、尼古拉耶夫、赫尔松、马里乌波尔。管道线路总长42 400千米。主要国际航空港为基辅的鲍里斯波尔机场。

对外贸易　主要出口产品为黑色金属及其制品、无机化学材料、化肥、木材、纺织品、铝制品、机车等，进口天然气、石油、地面交通设备、纸张、塑料制品、药品、粮食和车床等。2009年同世界212个国家和地区有贸易联系。对外商品和服务贸易进出口总额为760亿美元，其中进口总额404亿美元。

文化　乌克兰的教育相当发达，全国实行11年义务教育制。著名高校有基辅大学、基辅理工大学、哈尔科夫大学、敖德萨大学等。乌克兰科学院下设11个学部、5个科研中心和70个研究机构。主要报纸有《事实报》、《政府信使报》、《乌克兰之声》等。有乌克兰通讯社，国际电视台和1+1电视台等。

对外关系　乌克兰奉行“向全世界开放”的对外政策，努力成为欧洲大家庭的一员，并谋求欧洲大国地位。重视发展与西方的关系。强调要保持和发展同独联体各国的关系，重视发展同中国及其他亚非拉国家的关系。1992年1月4日与中国建交。截至2009年底，乌克兰已与176个国家建立外交关系。

乌克兰人　Ukrainians　东欧民族之一。人口超过5 000万。绝大部分居住在乌克兰。部分分布在俄罗斯、白俄罗斯、哈萨克斯坦、吉尔吉斯斯坦、乌兹别克斯坦、波兰、捷克、斯洛伐克、罗马尼亚、美国、加拿大、阿根廷、巴西、澳大利亚等国。属欧罗巴人种东欧类型。使用乌克兰语，属印欧语系斯拉夫语族。有以斯拉夫字母为基础的文字。多信东正教，西部部分居民信东正教与天主教相结合的一种教派。10世纪前后，东斯拉夫各部落在今乌克兰地区形成古罗斯部族。12～14世纪，古罗斯部族逐渐分裂成俄罗斯人、乌克兰人和白俄罗斯人3个支系。约从14世纪起，乌克兰人开始脱离古罗斯，形成单一民族。17～19世纪，乌克兰现代民族形成。重工业在经济中占重要地位，燃料动力、采矿、黑色冶金、机器制造和化学工业，构成现代经济的骨架。农产品以粮食、甜菜、向日葵、葡萄、蔬菜和长纤维亚麻为主。畜牧业（猪、羊）较发达。生活方式逐渐都市化。典型的乌克兰农舍是木架结构的多房间平屋，室内墙壁绘有传统的色彩鲜艳的花鸟图案。服饰别具风格，妇女上衣的袖口、领子、衣襟、肩部和胸部都绣有各种花纹和图案。主要食物是面包、蔬菜及乳制品。“乌克兰红菜汤”是一道名菜。

乌克兰女子在演奏乐器

乌克兰语　Ukrainian language　乌克兰的官方语言。属印欧语系斯拉夫语族东支。除乌克兰、俄罗斯等国外，北美洲也有少数使用者。使用人口约4 500万，在斯拉夫诸语言中仅次于俄语而居第二位。14～15世纪在基辅罗斯书面语基础上，逐渐形成标准语。有3种方言：北部方言、西南方言和东南方言。乌克兰语在语音、语法和词汇方面与俄语、白俄罗斯语有近亲关系。语音特征主要有：古代元音ы、и合并为и，发音介于两者之间；清音在浊音前浊化，但浊音在清音前或词尾不清化。语法方面，乌克兰语的名词、形容词的性、数、格和动词的体、时、人称等同俄语都很相近。阳性、阴性名词除6个格外，还有呼格。名词同数词“二、三、四”连用时，用复数一格。词汇的基础是原始斯拉夫语词，此外，还有许多乌克兰语特有的词和借自波兰语等其他斯拉夫语言的词汇。文字以俄语字母为基础，共有32个字母。语序为主-动-宾型。

乌拉尔　Oral　哈萨克斯坦西北部城市，西哈萨克斯坦州首府。在乌拉尔河右岸。人口约20.49万(2005)。1613年建为要塞。18世纪前称雅伊克城。1775年改名乌拉尔斯克。1991年哈萨克斯坦独立时改现名。工业以机械制造（建筑机械）、食品加工（肉罐头、鱼、奶制品、面粉等）、轻工业（皮毛、毡鞋、制革）为主。是铁路要站、河港、航空港。有农学院、师范学院、剧院和历史地志博物馆。

乌拉尔河　Ural River　古称亚伊克河(1775年前)。源出俄罗斯南乌拉尔的乌拉尔套山的东北坡，曲折南流，在哈萨克斯坦西北部注入里海。长2 428千米，流域面积23.1万平方千米。下游平均流量约400米^3/秒，河口年径流量约8立方千米。春汛期占全年水量的80%。中上游流经森林及森林草原带，靠乌拉尔山脉融雪水补给，谷深流急。自奥尔斯克起流向转为东西向，进入平原，河谷展宽。下流流经半荒漠和荒漠地区。沿河建有两座水库（马格尼托哥尔斯克及伊里克林斯克)。乌拉尔斯克以下可通航。上游11月初至翌年4月初、下游11月末至翌年3月末结冰，封冻期长4～5个月。河口附近产鲟、鳇、鲱、鲈鱼，沿岸主要城市有马格尼托哥尔斯克、奥尔斯克、新特罗伊茨克及奥伦堡等。

乌拉尔山脉　Ural Mountains; Ural'skiy Khrebet　亚洲和欧洲分界线。位于俄罗斯东欧平原和西西伯利亚平原之间。北起北冰洋喀拉海的拜达拉茨湾，南至奥尔斯克附近，大致呈南北走向，延伸2 000多千米。宽40～150千米。是伯朝拉河、伏尔加河、乌拉尔河同鄂毕河流域分水岭。山峰多呈浑圆或穹状。西坡较缓，东坡较陡。海拔一般在500～1 200米。最高点纳罗达峰海拔1 895米。北部山势较高，由一系列近于南北向的平行岭谷组成。中乌拉尔山地势低平，最低处海拔仅350米。南部山体宽达150千米，有许多由古老变质岩组成的东北—西南和南北向山脉，切割较强。除北部属寒带外，大部地区为温带大陆性气候。北部地区河流注入北冰洋，中、南部地区多注入里海。森林资源丰富，分布上限从北部的300米到南部的1 200米。西部以云杉和冷杉为主，东部松、落叶松、桦分布较广。南乌拉尔属森林草原和草原带。矿藏以铁、铜、锌、铝土矿、镍、钒钛、铬、金、石棉、钾盐等为主。

纳罗达峰

乌拉尔图王国 Urartu Kingdom 公元前9世纪中叶至前6世纪初小亚细亚东部的奴隶制国家。其居民称之为比亚伊尼里国。又名凡王国。首都吐施帕城（今土耳其凡城）。“乌拉尔图”最早见于亚述铭文记载。公元前9世纪，萨尔杜里一世（约前840～前830年在位）统一凡湖地区，仿照亚述政体建立中央集权的乌拉尔图王国，国王称“伟大的王、宇宙的王、众王之王”。其子伊什普伊尼（约前830～前810年在位）加强国家机构，继续完成统一，收复了宗教圣城穆萨希尔等地。前9世纪末，乌拉尔图进入全盛时期。国王梅努亚（约前810～前781年在位）、其子阿尔吉什蒂一世（约前780～前756年在位）乘亚述内部纷争、实力衰落之际，侵夺其殖民地，征服塞凡湖、雷扎耶湖和幼发拉底河上游广大地区。前743年，亚述王提格拉-帕拉萨三世击败萨尔杜里二世（约前755～前735年在位），及其叙利亚盟军，攻占幼发拉底河上游地区，标志着乌拉尔图由盛而衰。前735年，亚述军队兵临吐施帕城下，萨尔杜里二世兵败被杀。各省督乘机拥兵作乱，游牧部落西米连人随之入侵。前714年，萨尔贡二世大败鲁萨斯一世（约前735～前713年在位），占领其南部大片领土。乌拉尔图此后无力与亚述再战，转向对内发展。鲁萨斯二世（约前685～前645年在位）时，国势略见复兴。末期与亚述结盟，对抗新兴的**米底**和**新巴比伦王国**。前6世纪初，为米底和西徐亚人所灭，其地并入米底王国。

乌拉尔语系 Uralic family 分布于从斯堪的纳维亚往东，越过乌拉尔山脉，直到亚洲西北部广大地区的一组语言。分为芬兰-乌戈尔语族和萨莫耶德语族。芬兰-乌戈尔语族包括芬兰语支和乌戈尔语支，共约15种语言，分布于欧亚大陆广大地区。芬兰语支主要有**芬兰语**、**爱沙尼亚语**和拉普语。乌戈尔语支主要有**匈牙利语**、沃恰克语和沃古尔语。萨莫耶德语族分南、北两个语支，有4种语言。北支的重要语言是涅涅茨语（以前称尤拉克-萨莫耶德语）。南支的重要语言是塞尔库普语（以前称奥斯恰克-萨莫耶德语）。

乌拉尔语系诸语言的特点：语音结构差异很大。元音有长短之分。有些语言有元音和谐现象，一般出现在一个词中。大多数芬兰-乌戈尔语词的重音落在第一个音节上。有些乌戈尔语言的构词法属于黏着型，芬兰语、爱沙尼亚语则更多采用熔合法构词。大多数乌拉尔语言的名词都有数和格之分，格的平均数目为12个，一般包括主格、受格、所有格和3种表示空间位置的格，这是各个语言系统的基础。芬兰语、匈牙利语和拉普语的语序是主-动-宾型，萨莫耶德诸语言的语序是（主）-（宾）-主要动词-（助动词）型（括号代表不是非有不可的成分）。句子中词的功能，用格的后缀和后置词表示。

萨莫耶德诸语言的文字曾采用拉丁字母，后为西里尔字母所取代。其他乌拉尔语言采用经过修改的拉丁字母，有些语言还采用一些变音符号。

乌拉圭 Uruguay 拉丁美洲国家。位于南美洲东南部。北邻巴西，西以乌拉圭河与阿根廷分界，东南濒大西洋，海岸线长660千米。面积17.62万平方千米。人口334.49万（2009）。其中白种人占88%，印欧混血种人占8%。官方语言为西班牙语。大多数居民信奉天主教。首都**蒙得维的亚**。

地理 全境介于阿根廷**潘帕斯草原**和巴西南部高原之间，地势北高南低，起伏和缓。多为丘陵和草原，平均海拔116.7米，最高点卡特德拉山海拔514米。河流众多，主要有乌拉圭河、**内格罗河**。渔业资源丰富，盛产鲈鱼、鳀鱼和鳕鱼，捕鱼以近海作业为主。盛产大理石、紫水晶石、玛瑙、乳白石等，已探明有铁、锰矿藏。全境属亚热带湿润气候，夏季温暖，冬季凉爽。年平均气温17℃。平均年降水量1 000～2 000毫米。

历史 早期原为查鲁亚印第安人居住地。1516年西班牙探险队到达。1726年西班牙殖民者建立蒙得维的亚城。1777年沦为西班牙殖民地。1811年乌拉圭民族英雄J.G.阿蒂加斯领导独立战争，1815年控制了乌拉圭全境。1821年葡萄牙将乌拉圭并入巴西。1825年8月25日，乌拉圭独立。1973年发生军事政变，军政府实行独裁统治。1984年军政府还政于民。由于位于乌拉圭河东岸，故国名定为乌拉圭东岸共和国。乌拉圭回归平稳发展的道路。

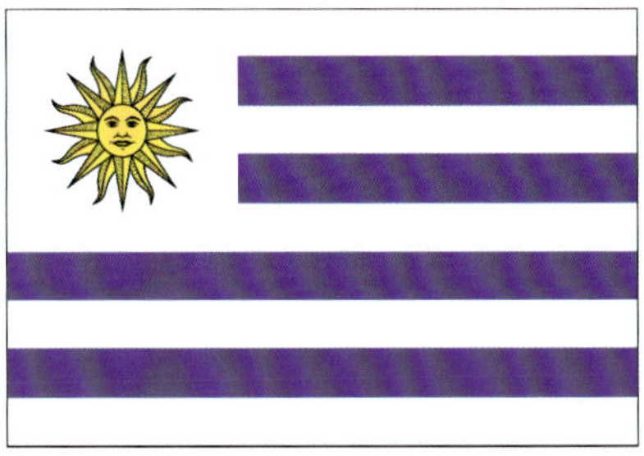

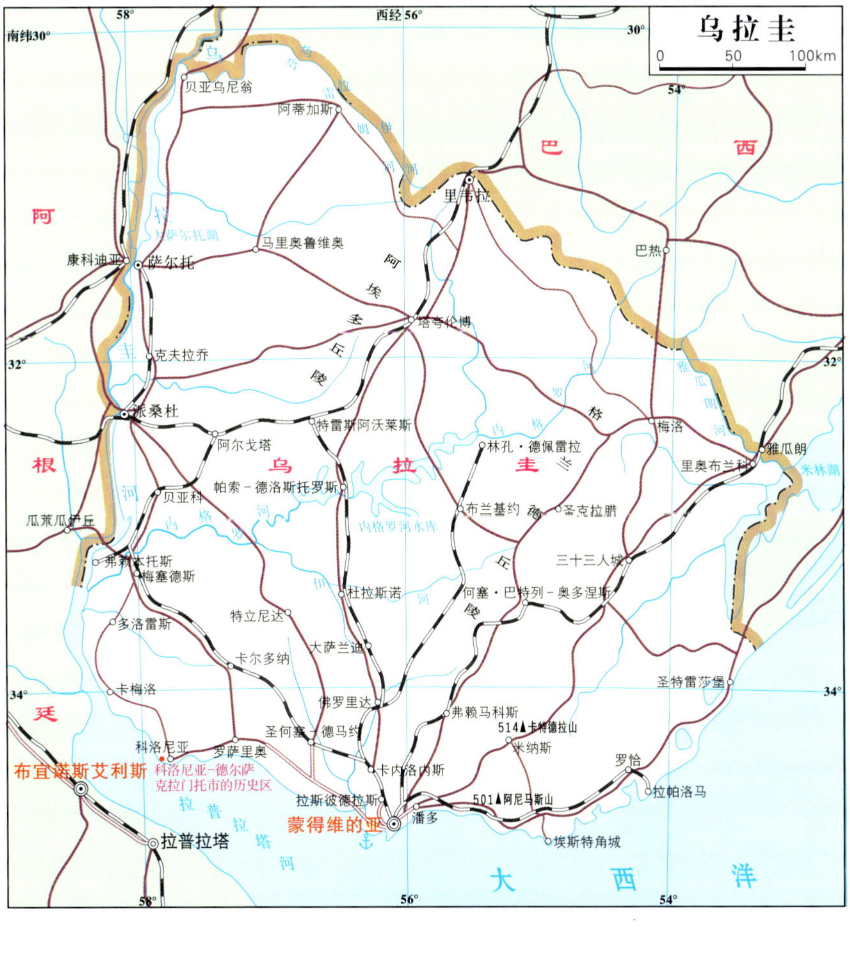

政治 实行民主共和制，设总统和1名副总统，均由直接选举产生，任期5年，可隔届再次参选。总统为国家元首、政府首脑、武装力量最高统帅。国会由参、众两院组成。参议员和众议员均由直接选举产生，任期5年。主要政党有红党、白党、广泛阵线。

经济 南美洲比较富裕的国家。经济以农牧业为主。2009年国内生产总值为369亿美元。货币名称乌拉圭比索。可耕地和牧场面积占国土面积的90%，其中85%为牧场。粮食基本自给，并有少量出口。稻米出口居世界第6位。工业不发达，门类不齐全，重工业基础薄弱，以农牧产品加工业为主，有肉类加工、牛乳和干酪加工、榨油、酿酒、制糖业及纺织业等。纺织业主要加工羊毛和生产棉纺及化纤制品。能源主要依靠石油和水力发电，石油全部依赖进口。政府重视发展旅游业，旅游收入一直是外汇收入的重要部分。埃斯特角城和蒙得维的亚是主要旅游中心。公路运输和内河航运是主要的运输手段，其中公路交通的货运量占全部货运量的80%以上。交通运输大部分由政府控制。对外贸易在国民经济中占有重要地位。实行以外贸带动经济发展，鼓励出口、出口产品多样化和出口市场多元化的政策。与100多个国家和地区有贸易关系，阿根廷、巴西、美国和欧洲共同体是传统的贸易对象。主要出口产品为羊毛、肉类、皮革、大豆和棉花，主要进口产品为机电产品、原料和燃料。中国是乌拉圭羊毛的重要买主。

文化 乌拉圭教育事业发达。中小学实行义务教育，大学和专科学校均免收学费。共和国大学是全国唯一的综合性大学，建于1824年。另外，还有私立的天主教大学。《国家报》是全国第一大报纸，为白党机关报。其他较重要报纸还有《晨报》、《共和国报》、《最新消息报》等。全国有各类电台100多家、电视台20家。

对外关系 主张多元外交，在自决和不干涉别国内政的原则基础上同世界各国保持和发展友好合作关系。重视发展同拉美国家的友好关系，倡导拉美地区经济一体化。同巴西、阿根廷存在传统的密切关系。1991年3月与巴西、阿根廷、巴拉圭组成南方共同市场。重视发展与美国及西欧国家的传统友好关系。已同175个国家保持外交关系。与中国于1988年2月3日建交。

乌拉圭回合 Uruguay Round 1986年9月至1993年12月在关税及贸易总协定主持下的第8轮多边贸易谈判，也是关税及贸易总协定最后一轮谈判。由于发动此轮谈判的部长级会议在乌拉圭埃斯特角城举行，故称乌拉圭回合。参加谈判的国家和地区共117个，1994年签署文件的国家和地区达到128个。

此轮谈判由美国、欧洲经济共同体（今欧洲联盟）、日本等发起，意在遏制20世纪80年代初期出现的贸易保护主义，避免全面的贸易战发生，力争建立一个更加开放、持久的多边贸易体系。1994年4月，各缔约方在摩洛哥的马拉喀什签署了乌拉圭回合“最后文件”和《关于建立世界贸易组织的协定》，通过了《马拉喀什宣言》。

1994年4月15日，中国代表谷永江（中）在乌拉圭回合“最后文件”及《关于建立世界贸易组织的协定》上签字

此轮谈判的主要目标：①通过减少或取消关税、数量限制和其他非关税措施，改善市场准入条件，进一步扩大世界贸易。②完善多边贸易体制，将更大范围的世界贸易置于统一的、有效的多边规则之下。③强化多边贸易体制对国际经济环境变化的适应能力。④促进国际合作，增强关税及贸易总协定同有关国际组织的联系，加强贸易政策和其他经济政策之间的协调。

乌拉圭回合取得了一系列重大成果：多边贸易体制的法律框架更加明确，争端解决机制更加有效与可靠；进一步降低关税，达成内容更广泛的货物贸易市场开放协议，改善了市场准入条件；就服务贸易和与贸易有关的知识产权达成协议；在农产品和纺织品、服装贸易方面，加强了多边纪律约束；成立世界贸易组织，取代关税及贸易总协定。

乌拉山 Wula Mountain 中国阴山支脉。位于内蒙古自治区乌拉特前旗与包头市之间，黄河北岸。长94千米，宽12～20千米，呈东西向。平均海拔2 000米左右，主峰大桦背山海拔2 324米。山脉南坡有明显的断层崖俯临黄河，山沟较多，山麓有一系列洪积扇和三级阶地。北坡处于雨影区，水流少，沟谷少，奈太川上分布有苏吉沙带，仅阴坡处有薄层黏性土，植被比较茂密，垂直带谱也较明显。山谷中有森林分布。森林线以上为草甸草原和山地草甸草原土；森林线以下为干草原和山地栗钙土，山脉南坡和西坡则为荒漠草原和棕钙土。乌拉山是内蒙古西部地区主要林区。山地草场以放牧山羊为主。

乌莱玛 ulamā 伊斯兰教学者的统称。阿拉伯语的音译，意即精通伊斯兰教各科知识的学者。泛指伊斯兰知识阶层，包括毛拉、阿訇、大毛拉（毛拉维）、伊玛目（掌教）、卡迪、大卡迪、穆夫提、总穆夫提、穆智台希德、阿亚图拉、大阿亚图拉、苏非导师（谢赫）、传教师、诵经学家等。他们通过讲道、收徒、教学、著述等方式向穆斯林传播宗教知识，通过执法、释法、发布“法特瓦”（意见或判决）、排解民事纠纷、主持日常宗教生活、关心社团福利、维护公共道德等活动，同一般穆斯林保持密切的联系，为伊斯兰教义的权威阐释者、弘扬者、捍卫者，是伊斯兰教的中坚力量。

逊尼派乌莱玛阶层约形成于8～9世纪，无专门的组织系统。什叶派乌莱玛阶层形成稍晚，系在同逊尼派论争中兴起的一个知识阶层。有低级和高级之分。近代以来，伊斯兰国家乌莱玛普遍关注和介入社会政治生活，建有许多维护其权益的政党或组织。

乌兰巴托 Ulan Bator; Ulaanbaatar 蒙古首都和最大城市。位于蒙古高原中部，中北部肯特山脉西南端，鄂尔浑河支流图勒河右岸。海拔1 351米。面积2 074平方千米，人口约109.57万（2009）。冬季严寒，温差大，降水少。年平均气温为−2.9℃。平均年降水量约200毫米，集中在7～8月。始建于1639年，当时称“乌尔格”。后逐渐发展为宗教、贸易和行政中心。1911年外蒙古“独立”时宣布在此建“都”，更名库伦。1924年改今名，意为“红色英雄城”。20世纪50年代后，城市建设与现代工业有一定发展，集中了全国工业总产值的55%，以轻工和食品为主，还有电力、木材加工、建材和汽车修配等。以该市为中心的现代化交通网已形成，公路、铁路和航空线通往全国各省区和城镇。1949年与苏联的乌兰乌德，1956年与中国的二连浩特修建铁路相

乌兰巴托国家剧院

通，成为纵贯蒙古南北大铁路的枢纽。承担着全国货运周转量的80%和客运周转量的50%。同北京、莫斯科、首尔、大阪、柏林、伊斯坦布尔等有定期国际航班。全国文化教育、艺术中心，设有国立乔巴山大学（1942）等7所高校及博物馆和科研机构。故宫博物馆是活佛的故宫，形似大庙，殿堂辉煌。还有昔日活佛避暑的夏宫和唯一的喇嘛寺院。市郊的博格多山，又称圣山，是蒙古最早的自然景观保护区之一，现为旅游胜地。

乌兰察布市 Ulan Qab City 中国内蒙古自治区辖地级市。位于自治区中部，东靠锡林郭勒盟，西邻呼和浩特市，南临河北省，北连蒙古国。辖集宁区和卓资县、化德县、商都县、兴和县、凉城县、察哈尔右翼前旗、察哈尔右翼中旗、察哈尔右翼后旗、四子王旗，代管丰镇市。面积54 491平方千米。人口214万（2010），有蒙古、汉、回、满、达斡尔、朝鲜等民族。战国时，域内大部分是赵国和匈奴的领地。"乌兰察布"系蒙古语，为"红山口"之意。清太宗天聪六年（1632）四子王等6部落在大青山脚下的"红山口"会盟，故有乌兰察布盟之说。1950年设乌兰察布蒙古族自治区。1954年改为乌兰察布盟。2003年撤销乌兰察布盟，设立地级乌兰察布市。境内具有山区草原交错、沟壑丘陵纵横的地形特点。阴山支脉大青山灰腾梁横亘市内中部。属中温带半干旱大陆性季风气候。由于大青山阻隔，前山温暖，后山干旱多风。矿产有石墨、钼、黄金、墨玉、石灰岩、膨润土、硅藻土、萤石等。农牧业兼营，马铃薯为优势作物，产量居自治区之首，也是全国最大的马铃薯生产、出口基地。小麦、莜麦、大麦、荞麦、玉米和甜菜产量大，为自治区稀有旱作杂粮区。工业有冶金、煤炭、化工、纺织、皮毛、皮革、机械、电子、食品、建材等。鸿茅酒、荞面条、卓资山熏鸡等名优特产品畅销国内外。

乌兰德 Uhland, Ludwig（1787-04-26～1862-11-13） 德国诗人、文学史家。生于蒂宾根，卒于蒂宾根。曾在蒂宾根大学学习。历任司法部官员、律师，议员，蒂宾根大学教授等职。

他创作的叙事谣曲采用历史题材，音韵优美，语言质朴，开启"仿民歌"之风先河。代表性作品有《复仇》、《歌手的诅咒》、《施瓦本风土志》、《艾登哈尔的幸福》等。在抗击拿破仑战争期间写了一些激昂慷慨的爱国诗歌，收在《祖国诗集》（1817）中。他写过26部剧本，大多是未完成的断片。还著有8卷巨著《关于诗歌和传说的历史文集》、《古代高地德语与低地德语民歌集》等。

乌兰夫 Wu Lanfu（1906-12-23～1988-12-08） 中国无产阶级革命家，中国共产党和国家领导人，民族工作领导人，全国人大常委会副委员长，全国政协副主席，中华人民共和国副主席。蒙古族。汉名云时雨、云泽。生于内蒙古土默特左旗塔布赛村，卒于北京。1923年12月加入中国社会主义青年团，1925年9月转入中国共产党，随即被派往苏联莫斯科入中山大学学习。1929年回国后参加组织中共西蒙工作委员会工作，并先后担任组织委员、书记。1936年策动百灵庙"蒙古地方自治政务委员会"保安队举行抗日武装暴动。抗日战争爆发后，组建蒙旗保安总队（后改编为蒙旗独立旅、新编第3师），任政治部代主任，并任该部队中国共产党委员会书记。1941年到延安后，任延安民族学院教育长、陕甘宁边区民委主任。抗日战争胜利后，任绥蒙人民政府主席、中国共产党晋察冀中央局委员、中共内蒙古工作委员会书记、内蒙古自治运动联合会主席兼军事部长。1945年6月当选为中共第七届中央候补委员。1947年起，先后担任中共内蒙古工作委员会书记、内蒙古自治区人民政府主席、

内蒙古军区司令员兼政治委员、中共中央东北局委员。中华人民共和国建立后，历任中央人民政府委员、政务院委员、国防委员会委员、民族事务委员会主任委员和党组书记、中央民族学院院长、中共中央内蒙古分局书记、绥远省人民政府主席、国务院副总理、内蒙古自治区人民政府主席、中共内蒙古自治区委第一书记、内蒙古军区司令员兼政治委员、中共华北局第二书记、中共中央统战部部长等职。1955年被授予上将军衔。他曾当选为中共第八、十、十一、十二届中央委员，第八届中央政治局候补委员，第十一、第十二届中央政治局委员，第四、五、七届全国人大常委会副委员长和全国政协第五届副主席。1983年，当选为中华人民共和国副主席。主要著作收入《乌兰夫文集》。

乌兰浩特市 Ulanhot City 中国内蒙古自治区兴安盟辖市，盟行政公署驻地。位于自治区东部，大兴安岭南麓。面积772平方千米。人口33万（2010），有汉、蒙古、回、满、朝鲜等民族。乌兰浩特系蒙古语，意为"红色的城市"。原名王爷庙，系因清康熙三十年（1691）于北山修建札萨克图旗王爷家庙而得名。1928年改为兴安镇。1932年复称王爷庙。1947年置乌兰浩特市。1964年改为镇。1980年改为县级市。有铜、铁、锌、铅、大理石等矿藏。初步建成优质稻米、奶牛、肉牛、肉羊生产基地，沙果、烤烟生产基地和中药材开发基地。工业以冶金、机械、造纸、建材、食品、酿酒、糖果、乳品、纺织、服装、皮革等为主，以地毯及皮毛制品著名。名胜古迹有北山、成吉思汗庙、罕山公园等。

成吉思汗庙

乌兰诺娃 Ulanova, Galina（1910-01-08～1998-03-21） 苏联芭蕾表演家、教育家。生于俄国圣彼得堡，卒于莫斯科。自列宁格勒舞蹈学校毕业后先后进入基洛夫芭蕾舞团、莫斯科大剧院芭蕾舞团任女主演，参与首批苏联当代芭蕾舞剧的创作。先后主演了《吉赛尔》、《泪泉》、《幻灭》、《罗密欧与朱丽叶》、《红罂粟花》、《宝石花》等舞剧。她的表演抒情、细腻，善于刻画人物心理。将舞蹈技艺与戏剧表演、造型姿态融为一体，即使是高难度动作也表现得自然、流畅，富于音乐感，素以诗化的表现力和戏剧的感染力引人注目。告别舞台后任首席教员。

乌里扬诺夫 Ulyanov, Mikhail Aleksandrovich（1927-11-20～2007-03-26） 俄罗斯电影演员、导演。生于鄂木斯克，卒于莫斯科。1950年毕业于史楚金戏剧学院，曾任瓦赫坦戈夫剧院演员。早期演出的电影作品有《青年先锋》（1956）、《志愿者》（1958）、《我住的房子》（1957）等。20世纪60年代演出的主要作品有《普通故事》（1960）、《前进中的战斗》（1961）、《主席》（1965，获1966年列宁奖）、《卡拉马佐夫兄弟》（1969）、《逃亡》（1971）。70年代后，在大型战争题材片《解放》（1969～1972）、《围困》（1975～1978）、《自由战士》（1977）、《如果敌人不投降》（1983）中成功地塑造了G.K.朱可夫

元帅的形象。1973年导演第一部影片《最后一天》。参演的其他作品有《反馈》(1977)、《主题》(1979，1987年获第37届西柏林国际电影节金熊奖)、《个人生活》(1982，获国家奖金，威尼斯电影节金狮奖)等。

乌力格尔 中国蒙古族曲艺曲种。乌力格尔为蒙古语，意为“蒙古语说书”。流行于内蒙古自治区。约形成于明末清初，至清末民初最为兴盛。通常都由一人说唱相间进行演出，演唱使用的曲调包括功能特点比较明确的“争战调”、“择偶调”、“讽刺调”、“山河调”、“赶路调”、“上朝调”等。一般将使用四胡伴奏的乌力格尔称为“胡仁乌力格尔”，将使用潮尔伴奏的乌力格尔称为“潮仁乌力格尔”，将不用伴奏乐器表演的乌力格尔称为“雅巴干乌力格尔”或“呼瑞乌力格尔”。

早期的乌力格尔节目，有反映16～17世纪蒙古族社会生活的《乌巴什洪台吉的故事》、《阿勒坦汗传》、《满都海彻辰哈屯的传说》等。随着蒙汉文化的进一步交融，至清代出现了翻译表演汉族小说和说书话本的高潮，如《三国演义》、《西游记》、《封神演义》等。20世纪以来，《元史演义》、《清史演义》以及反映时代风云和现实生活的新节目如《二万五千里长征》、《刘胡兰》、《草原儿女》等，成为乌力格尔的流行节目。

乌连戈伊气田 Urengoy Gas Field 俄罗斯第一大气田，世界第二大气田。位于俄罗斯西西伯利亚盆地北部鄂毕河下游乌连戈伊村西北56千米。天然气储量约为8万亿立方米，仅次于卡塔尔的北方气田。1964～1967年地震勘探查明了构造形态，1966年发现了上白垩统赛诺曼阶主力产气层，之后又发现了下白垩统欧特里夫－凡兰吟阶凝析气主力产气层。

气田是一个大型背斜构造圈闭。赛诺曼阶顶面构造南北长200千米，东西宽20～30千米，含气面积5 000平方千米。构造有南北两个高点，北高点呈北东—南西向，长60千米，宽35千米，闭合度80米；南高点呈南北向，是乌连戈伊背斜的主高点，长110千米，宽25千米，闭合度210米。构造形态纵向上变化大：侏罗系顶面闭合度400米，至赛诺曼阶顶面下降到210米，至古近系顶面减少到100米，相应的构造两翼倾角由5°减至1°。

赛诺曼阶产气层为砂岩－粉砂岩，厚3～152米，粒度0.05～0.7毫米，孔隙度21%～27%，渗透率(166～500)×10^{-3}平方微米。气层连通性好，具统一的压力系统和统一的气水界面。盖层为上白垩统和第三系泥岩层。

欧特里夫－凡兰吟阶凝析气层为砂岩、粉砂岩和泥岩交互层，岩性变化大，产层总厚为1.6～120米，最小埋深2 250米，已发现14个产层。各层间为泥岩分割，平均孔隙度13%～21%，渗透率平均43×10^{-3}平方微米。

乌连戈伊气田于1978年投入开发，1991年达到产量高峰，产气2 569亿立方米，此后产量下降。其天然气除供本国消费外，还出口东欧与西欧各国。

乌梁素海 Ulansuhai Nur 中国黄河北支故道遗迹湖。位于内蒙古自治区巴彦淖尔市乌拉特前旗境内，河套平原东端，三面环山形似弯月。南北长约35千米，东西宽4～14千米，面积290多平方千米。约于清道光三十年(1850)，乌加河改道留下弧形洼地，清末开凿疏浚河套灌渠，遂成排水、退水通道。因洼地比降小，排水不畅而积水，于1930年前后形成大湖，其时水面约800多平方千米。20世纪60年代初缩小到598平方千米，70年代缩到226平方千米。主要由河套灌溉退水补给，水流向南排入黄河，水体属半流动性。盛产鲤、鲫、赤眼鳟、雅罗鱼、鲶等，以黄河鲤鱼著名，年平均产鱼1 100～1 200吨。湖底苇蒲腐殖物及泥沙淤积较快，平均每年约增高1厘米，湖面和水深渐小，水质矿化度增高，约为3.5～5.7克/升。海子及

乌梁素海风光

四周沼泽发育，芦苇、蒲草丛生，盛产优质芦苇。夏半年有大量候鸟水禽栖息繁殖，其中以疣鼻白天鹅最为珍贵。

乌鲁克文化 Uruk Culture 西亚铜石并用时代晚期文化。因最早发现于伊拉克境内的古城乌鲁克而得名。主要分布于美索不达米亚地区。年代约当公元前第4千纪后半叶，晚于欧贝德文化，约于前3200年为杰

乌鲁克遗址鸟瞰

姆代特奈斯尔文化所取代。

居民经营农业、畜牧业，部分人专门从事烧陶和采石行业。除石器外，当时更多地用铜制造武器，并打制金银器皿，开始应用复杂的浇铸工艺。神殿建筑宏伟壮观，以其为中心形成庞大的聚落，并向城市发展。乌鲁克遗址的聚落面积达0.81平方千米，神庙建筑物包括石庙、红庙、镶嵌厅等。其中镶嵌厅建于台基上，大厅柱廊由两排直径达2.62米的柱子拱立，围墙以红、白、黑色的圆锥形物镶嵌，显得神奇而又富丽。在一处遗址出土了一小块石板，上面刻画有图画符号，其中可以辨识的有人的头、手、脚等，年代约为前3 500年，是迄今发现的早期文字之一。还发现圆柱印章。这时期同安纳托利亚、巴林岛甚至阿富汗的贸易交流已有一定发展。乌鲁克文化晚期，财产和社会分化已很明显，氏族制度开始崩溃，逐渐向阶级社会过渡。

乌鲁木齐市 Ürümqi City 中国新疆维吾尔自治区辖市、首府。位于天山中段北麓，准噶尔盆地南缘，地处亚欧大陆腹地。地形向南凹进，扼天山南北交通隘口，历史上即为天山南北交通要道和军事重镇。面积14 217平方千米。人口311万(2010)，有汉、维吾尔、回、哈萨克、蒙古等40余个民族。辖天山、沙依巴克、新市、米东、水磨沟、头屯河、达坂城7区和乌鲁木齐县。乌鲁木齐为准噶尔蒙古语，意为“优美的牧场”。乌鲁木齐之名最早见于《天下郡国利病书》，称委鲁姆；清中期《西域图志》作乌鲁木齐。汉为卑陆后国，受辖于西域都护府；唐贞观二十二年(648)唐朝政府在乌拉泊修筑轮台城。元属别什八里元帅府；旧无城堡，清乾隆二十三年(1758)在红山以南修建一驻军城堡；乾隆二十五年置乌鲁木齐直隶厅。乾隆三十年在旧城北一里处建新城，后改称迪化城，俗称汉城，又称红庙子；乾隆三十七年在汉城西北八里建驻八旗兵新城，乾隆赐名巩宁城，俗称满城。次年改安西道为镇迪道，改迪化同知为直隶迪化州，均驻满城。光绪年间则成为“全疆一大都会”。光绪十年(1884)定为新疆省会。1945年建迪化市。1953年改为乌鲁木齐市。

乌鲁木齐市属中温带气候，冬季漫长，春秋短促，夏季少酷热。年平均气温7.3℃，极端最低温－41.5℃，极端最高温40.9℃。年降水量195毫米。农作物一年一熟。南面山区自然景观分带明显。

主要矿产有石膏、煤、油页岩、磷、铁、

乌鲁木齐市景

铀、锰、金等。主要农作物有小麦、水稻、玉米、油菜、大蒜等。乌鲁木齐市为新兴的工业城市，中华人民共和国建立后已形成以钢铁、煤炭、电力、机械、石油化工、有色金属、冶炼、采盐等为主体的工业体系，建有乌鲁木齐经济开发区、乌鲁木齐高新技术产业开发区。

乌鲁木齐市是新疆交通枢纽，铁路可直达北京、上海、郑州、西安、兰州及成都等城市，南疆铁路通至喀什，由此向西的铁路已延伸至阿拉山口，与哈萨克斯坦铁路接轨。乌鲁木齐国际机场开通国内、国际航线近百条。

市内有新疆大学、新疆师范大学及农、医、石油、教育、财经等多所院校。科研机构有中国科学院新疆分院、新疆社会科学院、新疆农业科学院及其他研究院所。

乌鲁木齐人文、自然景观奇特。博格达峰冰川壁立、险峻雄伟。一号冰川有“冰川活化石”之誉。南山菊花台、白杨沟、照壁山自然风景区有大面积的原始森林和天然草场，夏季是避暑胜地，冬季是天然滑雪场和理想的高山滑冰场。另外还有“亚洲地理中心”、水磨沟温泉风景区、鉴湖、天池、毛泽民故居、清代文人纪晓岚的书屋——阅微草堂、红山镇妖古塔、二道桥民贸饮食一条街、汗腾格里寺、陕西大寺等。

乌蒙山 Wumeng Mountain 中国金沙江与北盘江分水岭。位于滇东高原北部和贵州高原西北部，呈东北—西南走向。海拔约2 000米，最高峰4 000米，高出附近高原500～1 000米。山间多盆地和深切谷地。喀斯特地貌发育，残丘峰林、溶蚀洼地、石灰岩溶蚀盆地、灰岩槽状谷地及溶洞、地下河等广布。乌蒙山对沿四川盆地南缘或贵州高原斜坡向西、南推进的冬季风起了阻挡作用，对云南气候有一定影响。

乌纳穆诺 Unamuno, Miguel de (1864-09-29～1936-12-31) 西班牙作家、哲学家。生于毕尔巴鄂，卒于萨拉曼卡。“九八年一代”的代表作家。1924年因反对独裁统治被放逐，后侨居法国。1930年回国。作品以随笔和散文为人所称道。《堂吉诃德和桑丘的一生》(1905) 认为《堂吉诃德》写了“人的灵魂”，不应对堂吉诃德加以嘲笑；《对生活的悲戚感情》(1913) 指出生活的悲戚感情来自良心和理性之间永恒的矛盾。历史小说《战争中的和平》(1897) 描写西班牙王位战争期间毕尔巴鄂城被围的情景。《雾》(1914) 写主人公因恋爱受挫而自尽，书中提出人生的意义问题：怎样才能在自我实现中突破传统的束缚，从有限进入无限。作品流露出作者的矛盾心态。

乌皮特 Upit, Andrej Martynovich (1877-12-05～1970-11-17) 苏联拉脱维亚作家、社会活动家。生于里加。自学成才。曾在里加的小学任教。长篇小说《罗别日尼耶克一家人》三部曲，包括《新发源地》(1908)、《在丝网中》(1912) 和《北风》(1921)，描写拉脱维亚农民的生活及其解放斗争。长篇历史小说《绿色的土地》(1945) 和《乌云中的曙光》(1951)，描绘19世纪末拉脱维亚农村的图景和初期的工人运动。其他主要作品还有长篇小说《变节者》(1915～1916)、《罗别日尼耶克的归来》(1932)，剧本《农忙季节》(1915) 等。1951年以后从事文学研究工作，著有《世界文学史》(4卷，1930～1934)、《长篇小说史》(1941) 等。

乌切洛 Uccello, Paolo (1397～1475-12-10) 意大利画家。生于佛罗伦萨附近普拉托维基奥，卒于佛罗伦萨。原名保罗·第·多诺。1413年入L.吉贝尔蒂的作坊学习金银工艺。1414年加入画家行会。现存作品均作于15世纪30年代中期以后。创作活动主要集中在佛罗伦萨。1436年，在佛罗伦萨大教堂作壁画《约翰·华克伍德像》，透视表现极其精确，构图宏伟自然。1445～1447年间又在圣马利亚诺韦拉教堂的绿色回廊上绘制壁画。40年代末他创作装饰于美第奇宫中卧室的一组3幅屏画《圣罗马诺之战》。此画取材于1432年6月佛罗伦萨军小胜邻城锡耶纳部队的圣罗马诺战役，表现了他的写实技巧和透视画法的成就。乌切洛重视透视法的倾向对日后佛罗伦萨画派的影响甚大。

《圣罗马诺之战》局部

乌戎潘当 Ujung Pandang 印度尼西亚南苏拉威西省首府。旧名望加锡，华人简称锡江。人口约110万(2000)。位于苏拉威西岛西南端，扼望加锡海峡、弗洛勒斯海和爪哇海的咽喉，居首都雅加达与东部各岛航线的中途，亚澳两大陆之间的交通枢纽。印尼东部地区的最大港口，贸易中心和航空枢纽。地势低洼。港外小岛罗列，并建有长堤；港内水深，设备优良，可泊万吨海轮。市内有食品、纺织、皮革、印刷、造船等工业。用藤、棕榈和马鬃等为原料编织的日用品精巧细致，闻名遐迩。有公路联系岛内，与雅加达、泗水、万鸦老、安汶及古邦等地有航空线。有17世纪荷兰式建筑。有哈桑努丁大学。附近旅游胜地有半蒂朦胧瀑布和列昂列昂史前期公园。

乌鞘岭 Wushao Ridge 中国东部农业区与西部绿洲灌溉农业区及牧区的天然分界，亦为庄浪河与古浪河上游的分水岭。位于甘肃省天祝藏族自治县中北部。为祁连山东段雷公山（海拔4 326米）和毛毛山（海拔4 070米）间较低部分，海拔3 562米。山口海拔3 000米以上，附近尚保存安远驿古驿道和汉长城、明长城遗址，兰新铁路和甘新公路均经此山口。山地植被属高山草甸，局部阴坡有稀疏针叶林和灌丛。河谷缓坡多垦为旱耕地。

乌申斯基 Ushinsky, Konstantin Dmitrievich (1824-03-02～1871-01-03) 俄国教育家。生于图拉，卒于敖德萨。1844年毕业于莫斯科大学法律系。1846年任雅罗斯拉夫的捷米多夫高等法律专科学校代理教授，后因拒绝沙皇政府审查教学大纲而被免职。曾任加特契纳孤儿院教师和学监、斯莫尔尼学院学监，对学校生活制度及教育教学工作进行改革。发表《论教育书籍的益处》等一系列论文，成为俄国公共教育运动中最有影响的教育理论家。1860年担任《教育部公报》编辑。1862～1867年，在旅居瑞士和德国等国期间发表《瑞士教育参观记》等论文，编写了《祖国语言》等教科书和《〈祖国语言〉教育指南》，撰写了其教育理论代表作《人是教育的对象（教育人类学初探）》的第一、二卷。

在乌申斯基的教育体系中占首要地位

的是关于教育目的、原则和本质的论点。他把培养人的个性放到重要的地位，要求培养爱祖国、爱劳动的精神，坚强的意志和性格，丰富的感情，成为真正的、公允的、受人尊重的人。他赋予劳动教育以特别重要的意义，认为脑力劳动与体力劳动的正确交替是儿童智力和体力发展的主要条件之一。民族性是乌申斯基教育体系的基础。他在《论公共教育的民族性》一文中，对教育的民族性问题进行了专门的论述和探讨。

在教学原则上，乌申斯基论述了教学上的量力性原则，连贯性原则，直观性原则，自觉性、彻底性和巩固性原则，探讨了教学过程及每一阶段的具体步骤。他非常重视师资的培养，主张教师必须是学生的良好榜样，必须学习教育学、心理学和教学法。他还非常重视未来教师的教育实习。乌申斯基的教育体系在俄国影响极深。他编写的教科书《儿童世界》和《祖国语言》等使用了近50年。

乌思藏纳里速古鲁孙 dBus gTsang mNgaḥ-ris-skor-gsum 中国元代吐蕃地区、政区名。乌思指前藏，藏指后藏，纳里速古鲁孙即阿里三部（古要、卜郎、芒域）。元世祖置乌思藏纳里速等三路宣慰使司都元帅府统辖之，隶于宣政院。

1239年，分封凉州的窝阔台合罕子阔端遣兵攻乌思藏。1244年，萨斯迦宗教首领班弥怛·功嘉监藏（简称萨班）代表乌思藏各部僧俗首领赴凉州，1247年谒见了阔端，随即向各部僧俗官民发布了归附蒙古的文告。蒙哥合罕和元世祖忽必烈先后派官到乌思藏清查户口、建立驿站。乌思藏分为13万户，与纳里速古鲁孙元帅府并隶于宣慰使司都元帅府。宣慰使都元帅是这一地区最高军政长官。

元世祖封萨斯迦宗教首领八思巴（萨班之侄）为帝师。其后累朝元帝皆立一帝师，从八思巴家族中选任（少数为其门徒）。帝师地位尊崇，其法旨与元帝诏敕并行于吐蕃地区。乌思藏各万户长以至宣慰使都元帅多由帝师荐举、朝廷任命，因而地方政教大权一直掌握在萨斯迦款氏贵族手里。至正十一年（1351），伯木古鲁万户长、郎氏贵族赏竺监藏起兵打败宣慰使都元帅之军，夺取了三路统治权，向元廷申报。此时元廷正困于农民起义，无力干预，只得承认既成事实，封他为达鲁花赤、大司徒。从此伯木古鲁取代萨斯迦掌握了乌思藏政教权力。

明初，朱元璋诏置乌思藏卫指挥使司（寻改行都指挥使司）及宣慰司、诸万户等，并置俄力思（阿里）军民元帅府，大抵都以元故官任职。其后相继封各教派、各地首领为法王或王。

乌斯宾斯基 Uspensky, Gleb Ivanovich (1843-10-25～1902-04-06) 俄国作家。生于图拉，卒于圣彼得堡。曾在圣彼得堡大学和莫斯科大学学习，因经济困难辍学。特写集《遗失街风习》(1866)，描绘了图拉省的手工业者和工人的悲惨境况，以及小官吏、小市民和小商人的畸形生活。特写《岗亭》(1868)中的岗警，是俄国专制制度的化身。中篇小说集《破产》(1869～1871)展示了平民知识分子的思想探索。特写集《乡村日记》(1877～1880)、《农民和农民劳动》(1880)、《土地的威力》(1882)等作品，描写了农民的破产、富农的增加、村社的解体。在特写集《罪孽深重》(1888)中，他初次使用"息票先生"这个形象来表现资本主义势力。乌斯宾斯基观察锐敏，作品生动、幽默。

乌斯拉尔·彼特里 Uslar Pietri, Arturo (1906-05-16～2001-02-26) 委内瑞拉小说家、历史学家、政治家。生于加拉加斯，卒于加拉加斯。1929年毕业于委内瑞拉中央大学，获政治经济学博士学位。曾任经济学教授、参议员、教育部部长、总统府秘书、财政和内政部部长等职，1963年曾作为独立候选人竞选总统。作为一个作家，他具有深刻的历史见解和流畅而富于诗意的写作风格，以写历史小说著称。其作品有两个显著特点：一是具有充满魅力的现实感；二是内容丰富的心理描写。其主要作品有短篇小说集《恶人及其他故事》(1928)、《三十人和他们的影子》(1949)、《雨和其他故事》(1968)，长篇小说《红色长矛》(1931)、《埃尔·多拉多的道路》(1947)、《对时间的追访》(1990)，文学论著《委内瑞拉的文学与文人》(1948)、《西班牙语美洲小说简史》(1955)，散文集《寻找新大陆》(1969)、《彩色气球》(1985)，剧本《米兰达的逃亡》(1958)等。

乌斯曼 Ousmane, Sembéne (1923-01-01～2007-06-09) 塞内加尔小说家、电影编导。生于济金朔尔，卒于达喀尔。先后做过渔夫、管子工、泥水匠等。第二次世界大战期间入伍，复员后做过汽车厂技工、码头工人，并从事工会工作。1956年发表第一部自传体小说《黑人码头工》。小说《祖国，我可爱的人民》(1957)歌颂一位为国献身的非洲知识青年，《神的儿女》(1960)描写铁路工人反对殖民统治的斗争。1960年塞内加尔独立后，乌斯曼回国创立泛非电影工作者协会，并开始拍摄影片，为发展非洲电影事业作出了贡献。另有小说《公民投票》(1964)、《汇票》(1965)、《哈拉病》(1973)、《帝国最后一人》(1981)，短篇小说集《上沃尔特人》(1962)、《尼伊旺》(1987)等。其中多部作品由作者改编，成功拍成电影。

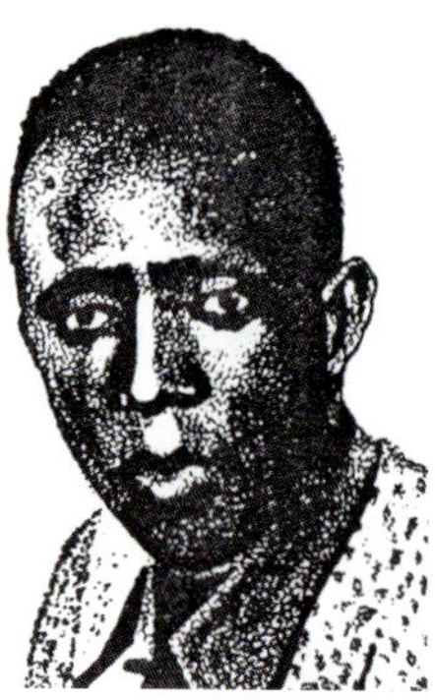

乌苏里江 Wusuli River 中国黑龙江支流。中国与俄罗斯的界河。右源松阿察河源出兴凯湖，左源乌拉河源出俄罗斯境内锡霍特山脉奥勃拉奇纳亚山南麓。两源汇合后，自南向北流经中国的虎林市、饶河县、抚远县边境，于抚远三角洲（黑瞎子岛）东北角注入黑龙江。全长905千米，流域面积18.7万平方千米。流经中国边境约500千米，流域面积6.58万平方千米。沿线接纳众多支流，中国一侧主要支流有穆棱河、七虎林河、挠力河和别拉洪河；俄罗斯一侧主要有伊曼河、比金河、刀毕河、哥赤哈河、和罗河等。流域内降水较多，植被较好，流量丰富，多年平均年径流量630.7亿立方米。干流流经地区多为平原，河道比降小，江阔水深，水清流缓，航运条件优越。沿江两岸绿树郁郁葱葱，江中岛屿较多，该江与黑龙江汇合处的黑瞎子岛为两江第一大岛。乌苏里江水产丰富，是中国大麻哈鱼最大产区。赫哲人世代在此从事渔猎。沿江平原广阔。20世纪50年代以来，从兴凯湖到完达山南北，直至乌苏里江下游，先后开垦66万多公顷土地，建成数十座大型农场，成为中国商品粮基地。乌苏里江流域有丰富的煤、石墨和森林及野生动植物资源。

乌苏里江边

乌苏市 Usu City 中国新疆维吾尔自治区塔城地区辖市。位于天山北麓、准噶尔盆地西南缘。面积14 394平方千米。人口22万(2008)，有汉、哈萨克、回、维吾尔、蒙古等27个民族。清乾隆二十七年(1762)设办事大臣。光绪十二年(1886)置直隶厅。1913年改厅为乌苏县。1996年撤县建市。主要矿产有煤、金、石灰岩、石膏和地热等。野生动物资源有雪豹、马鹿、盘羊、麝、水獭、旱獭等。野生植物有雪莲、甘草、贝母、枸杞、党参等。农作物有小麦、玉米、水稻、棉花、油葵和西红柿。畜禽有羊、猪、牛、马、鸡、兔等。为自治区和国家粮食、棉花、商品牛、细毛羊和生猪基地。工业以煤炭、电力为依托，有酿酒、食品、纺织、冶金、建材、制革、机械等企业。古迹有夏尔苏木喇嘛庙遗址、中方寺、乌孙土墩墓葬群等。自然景区有乌苏温泉。

乌塌菜 *Brassica campestris* L.ssp.*chinensis* var.*rosularis*; wuta-cai 十字花科芸薹属芸薹种白菜亚种的一个变种。二年生草本植物。又称塌棵菜。以叶片供食。原产中国，由芸薹进化而成。长江流域广泛栽培。根系分布浅。茎短缩。叶从半塌地或塌地，深绿至墨绿色，有光泽。心叶完全外露。抽薹后形成复总状花序。长角果。种子圆球形，红褐或黄褐色。喜冷凉，极耐寒，不耐热。喜较强光照。喜湿不耐涝。对土壤适应性较强，更喜保肥保水好的土壤。按叶片生长状态可分为塌地和半塌地两种类型。用种子繁殖，一般于秋季栽培，冬季、初春收获。乌塌菜富含维生素C以及钾、钙等营养物质，并具防止便秘，增强抵抗力和泽肤健美等功效。可炒食、做汤。

乌·塔姆西 U' Tamsi, Tchicaya (1931–08–25～1988–04–22) 刚果(布)作家、诗人。原名杰拉尔-费利克斯·契卡雅。生于姆皮利，卒于巴藏库尔。做过农场的雇工、看门人、搬运工等。比属刚果(1908～1960年间比利时在赤道非洲地区的殖民地)独立后，担任《刚果日报》的领导工作。早期诗集有《坏种》(1955)、《林火》(1957)和《昧心》(1960)。他的诗具有超现实主义的特征。诗集《历史概要》(1962)中流露出刚果事件带给他的印象和他的反抗情绪。其他诗集有《肚子》(1964)、《音乐之门》(1970)、《面包或灰烬》(1978)等。小说有三部曲《蟑螂》(1980)、《美杜莎》(1982)和《尺蠖蛾》(1984)。还有短篇集《干燥的手》(1980)和长篇《面包树的甜果》(1987)，剧本《祖鲁》(1977)等。

乌台诗案 Wutai Poem Case 中国宋代的文字狱之一。当时变法派与反变法派以及变法派内部，斗争十分激烈。神宗元丰二年(1079)二月苏轼由知徐州改知湖州。他在《湖州谢表》中发了两句牢骚，说神宗"知其愚不适时，难以追陪新进；察其老不生事，或能牧养小民"。"新进"、"生事"等语刺痛了新党，群起攻击陷害苏轼，连章弹劾，说苏轼无人臣之节，讪上骂下，法所不宥，要求对苏轼"大明诛赏"。神宗本不愿追究，但在御史的围攻下，只好命令御史台派人把苏轼拘捕入京审问。作为苏轼主要罪证的《钱塘集》虽已失传，但宋人朋九万的《东坡乌台诗案》、周紫芝的《诗谳》和清人张鉴秋的《眉山诗案广证》等所录的被指控为苏轼攻击新法的诗文，多数都保留在《东坡集》中，有的纯粹是捕风捉影，深文周纳。由于上下内外的多方营救，加上神宗本来也很赏识苏轼的才华，才于同年十二月二十九日结案，苏轼责授黄州团练副使，本州安置，不得签书公事。苏辙、王诜、司马光等数十人也因与苏轼关系密切受到惩处。

乌檀 *Nauclea officinalis*; medicinal fathead-tree 茜草科乌檀属的一种。分布于中国广东、广西。越南、柬埔寨也有分布。乔木，高达12米；小枝细无毛。叶对生，椭圆形，少倒卵形，长7～11厘米，宽3.5～5厘米，干时深褐色，有短叶柄；托叶早落。头状花序单个顶生、圆球形。多数小坚果合成球形体，熟时黄褐色。习生山地林中。枝条、树皮入药，有清热解毒、消炎止痛的功效。乌檀木材橙黄色，是优质家具和建筑用材。

乌头 *Aconitum carmichaeli*; common monkshood 毛茛科乌头属的一种。多年生草本植物。块根供药用，花供观赏。在中国分布甚广，也见于越南北部。四川江油市、安县一带为主要产区，湖北、陕西等省也有栽培。茎直立，叶片轮廓五角形，三全裂，侧裂片又两裂，裂片再分裂，有锯齿。总状圆锥花序，被细毛。萼片呈花瓣状，青紫色。喜温暖湿润气候和充足阳光。忌连作。主要用块根繁殖。乌头块根内含乌头碱、次乌头碱、新乌头碱、塔拉地萨敏、川乌头碱甲、川乌头碱乙、棍掌碱、去甲猪毛菜碱等成分。其中乌头碱、次乌头碱、新乌头碱为毒性很强的双脂类生物碱。中药川乌能祛风湿、散寒、止痛，主治风寒湿痹、半身不遂、心腹冷痛。附子除具川乌相同功能外，又能回阳补火，治亡阳虚脱、畏寒肢冷、肾虚水肿及脾胃虚寒、腹痛、吐泻等症。使用时必须久煎，孕妇忌服。加工后的熟附片煎剂，有镇痛和抗炎作用，对垂体-肾上腺皮质系统有兴奋作用，对冠状血管有扩张功效，并具强心作用。生乌头块根细粉制剂可用于黏膜表面麻醉。

乌头碱 aconitine 二萜型生物碱，分子式$C_{34}H_{47}NO_{11}$。存在于乌头属欧乌头、川乌、北草乌和华乌头等多种植物中。无色透明晶体；熔点

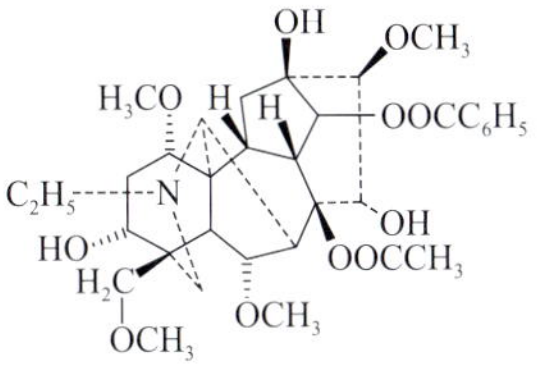

204℃，比旋光度$[\alpha]_D^{20}$+17.3(氯仿)；溶于氯仿、苯等，难溶于水和石油醚。乌头碱为酯类化合物，易水解失去1分子乙酸，毒性即降低，进一步水解除去1分子苯甲酸，生成乌头胺，其毒性仅为乌头碱的1/4 000～1/2 000。中药附子(乌头的侧根)经过炮制能降低毒性。乌头碱对各种神经痛和痛风有镇痛作用，但由于其毒性太大，早已不作临床用药。中医和民间广泛用各种草乌来散热止痛，治疗风湿顽症，但由于草乌中多含有乌头碱，使用时必须注意。乌头碱中毒剂量(口服)为0.2毫克，致死量2.5毫克。中医用绿豆或金银花解毒。

《乌托邦》 *Utopia* 英国空想社会主义者T.莫尔的代表作。全称《关于最完美的国家制度和乌托邦新岛的既有益又有趣的全书》。1516年出版。"乌托邦"成为"空想"的同义词。全书分两个部分。第一部分：批判旧世界。揭露资本主义原始积累的残酷和血腥发迹史，揭示旧制度造成的贫富悬殊和两极对立的根本原因是私有制度。第二部分：描述新世界。描绘构想的理想国家——乌托邦。经济上实行生产资料和全部产品的公有，按需分配；政治上实行普遍平等和民主的原则，所有领导成员均由选举产生；文化上每个人都有受教育的权利。对外实行和平睦邻政策，反对战争。莫尔构想的理想社会缺乏科学依据，未能找到改变旧社会和实现新社会的社会力量和社会途径。但作为第一部空想社会主义著作，对以后空想社会主义的发展乃至科学社会主义的产生，都起了重要作用。

乌鸦 crow 在中国等国家理解为雀形目鸦科鸦属所有种类的统称，包括雀形目鸦类中最大的种——渡鸟。在欧美一些国家则认为是雀形目鸦科鸦属40多个种中20多种黑色的、嘴不厚实的鸟类的统称，不包括渡鸟等在内。见鸦。

《乌鸦与麻雀》 *Crows and Sparrows* 中国故事片。昆仑影业公司1949年摄制。编剧沈浮、王林谷、徐韬、赵丹、赵君里、陈白尘(执笔)，导演郑君里，摄影苗振华、胡振华，主要演员赵丹、魏鹤龄、黄宗英、孙道临、吴茵、上官云珠、王蓓、李天济。影片以上海解放前夕一座里弄居民楼里几户人家的生活为背景，这里生活着形形色色的人们：他们共居一幢房子，却有着两种立场、两种利益，他们之间进行着曲折、微妙、不乏激烈的斗争。影片围绕这幢房子的产权问题，揭露了小官僚侯义伯仗势

欺人、鱼肉百姓的丑恶嘴脸，并表现了他在逃跑前夕色厉内荏的虚弱本质。影片于1949年4月投入拍摄，其间不顾当局的禁令，坚持到上海解放，1950年初完成上映。

乌云其木格 Uyunqimg (1942-12～) 中华人民共和国全国人民代表大会常务委员会副委员长。蒙古族。辽宁北票人。1966年7月加入中国共产党。1958年入内蒙古科技专科学校学习。1960年入中共内蒙古自治区党委党校师资班政治经济学专业学习。1964年后任中共内蒙古自治区包头市委党校教员，《包头日报》社编辑、编辑组副组长、编辑室副主任，中共包头市经委办公室干事，中共包头市委组织部办公室干事、副主任。1983年后任中共内蒙古自治区包头市委常委、组织部部长，内蒙古自治区妇联主任、党组书记，中共内蒙古自治区党委宣传部部长。1994年后任自治区党委副书记，自治区人民政府副主席、代主席、主席。十届、十一届全国人大常委会副委员长。是中共十四届、十五届中央候补委员，十六届、十七届中央委员。

乌贼 Sepiidae; cuttlefish 乌贼目乌贼科动物的统称。古称乌鲗，俗称墨鱼。是重要的海洋经济头足类，中国传统四大海产之一。广泛分布于大西洋、印度洋和太平洋各浅海区。

体左右对称，分头、足和胴部，头两侧眼甚大，眼眶外有膜。头前和口周具腕10只，其中4对较短，腕上具4行吸盘。胴部盾形。内壳厚、发达，石灰质，椭圆形，通称乌贼骨或海螵蛸。内壳的后端多具骨针。墨囊发达。真皮层下具有很多色素细胞，通过它们的张缩而改变体色，形成保护色。为浅海种类，主要生活于大陆架以内。有昼夜垂直移动现象。行动灵活，但速度不快。为凶猛的肉食动物，经常捕食虾、蟹、毛颚类和幼鱼，并有同类相残习性。乌贼群体组成比较简单，属资源补充量增加较快、资源破坏和恢复都较易的类型。

曼氏无针乌贼的淡干品称螟蛸鲞或南鲞，由金乌贼制成者则称乌鱼干或北鲞，都为名品海味。腌制的雌乌贼缠卵腺俗称乌贼蛋，味极鲜美，是海味中的珍品。海螵蛸是重要的中药原料，主治胃病和气管炎。乌贼的墨囊干粉对抑制内出血有良效。

乌孜别克语 Uzbek language 属阿尔泰语系突厥语族西匈语支。见**乌兹别克语**。

乌孜别克族 Uzbek 中国少数民族。散居在新疆维吾尔自治区。人口12 370(2000)。使用乌孜别克语，属阿尔泰语系突厥语族西匈语支。通用**维吾尔文**。在古代汉文史籍中作“月即别”、“月祖别”等。原住中亚地区，18世纪以后陆续迁入新疆定居。主要从事商业、手工业和农业。男女戴各式小花帽。男子穿长袍，束三角形绣花腰带。妇女穿连衣裙，宽大多褶。一般穿皮靴，外加浅帮套鞋。妇女的绣花靴别致美观。饮食以面食为主，禁酒和忌食猪、狗、驴、骡肉，喜食牛、羊、马肉及蜂蜜和果浆。房屋一般为平顶长方形土房。行一夫一妻制，有同**维吾尔族**、**塔塔尔族**通婚的传统。人死行土葬。节日有圣纪节、肉孜节、古尔邦节。信奉伊斯兰教。1987年在新疆木垒哈萨克自治县成立了大南沟乌孜别克民族乡。

乌孜别克族女子

乌兹别克人 Uzbeks 中亚地区民族。人口约2 959万（2001）。主要分布在乌兹别克斯坦共和国，部分分布在塔吉克斯坦、哈萨克斯坦、吉尔吉斯斯坦、土库曼斯坦。另有部分分布在阿富汗。属欧罗巴人种印度帕米尔类型。使用**乌兹别克语**，属阿尔泰语系突厥语族。1927年前有阿拉伯字母的文字，后改用拉丁字母，从1940年起又改用斯拉夫字母。信伊斯兰教，属逊尼派，保留有祖先崇拜。其远祖可追溯到古代的粟特人、花剌子模人、大夏人（即巴克特里人）、费尔干人以及塞种－马萨格特人等。公元前后，一些使用突厥语的部落开始进入锡尔河与阿姆河之间的地区。6世纪后半叶，大批突厥部落迁入。后来，这些操突厥语的游牧部落与定居的伊朗语部落互相结合。15世纪金帐汗国瓦解后，部分居民迁到楚河流域，其余的则被泛称为乌兹别克人。过去，乌兹别克人主要从事农业，种植棉花、小麦、黍、豆类、水果等。草原和山麓地带的居民从事半游牧业，饲养绵羊、马、牛等。织毯、丝绸、印花等手工业发达。十月革命后，燃料工业（天然气）、有色金属和农业机器制造等工业得到迅速发展。植棉业已发展为农业的一个专门化部门。典型的民族服饰是绣花小圆帽，一般用黑丝绒或灯芯绒缝制，图案别致。饮食以面食和乳制品为主。

乌兹别克男子

乌兹别克斯坦 Uzbekistan; O' zbekiston 亚洲中部国家。南邻阿富汗，北部和西北部与哈萨克斯坦接壤，东、东南与吉尔吉斯斯坦、塔吉克斯坦相连，西与土库曼斯坦毗邻。面积44.74万平方千米。人口2 809.6万（2010）。城市人口占总人口的37%。共有130多个民族。乌兹别克族占人口总数的80%，俄罗斯族占5.5%，塔吉克族占4%，哈萨克族占3%。其他有卡拉卡尔帕克、鞑靼、吉尔吉斯、土库曼等民族。**乌兹别克语**为官方语言，俄语为通用语。居民主要信奉伊斯兰教，属逊尼派，其次为东正教。首都**塔什干**。

地理 平原低地占总面积的80%，中部和西部属**图兰低地**，其中大部分为**克孜勒库姆沙漠**。西部为海拔370米的于斯蒂尔特低高原。东部和南部是天山山系和吉萨尔－阿赖山系（最高峰4 643米）的支脉，山脉之间分布一系列山间盆地及谷地（如费尔干纳盆地、泽拉夫尚谷地、奇尔奇克－安格连谷地等）。河流均为内流河，主要河流有**阿姆河**、**锡尔河**和泽拉夫尚河。最大湖泊是位于西北部边境的咸海。属温带大陆性气候。1月平均气温－6～－3℃，7月平均气温25～32℃。年降水量，平原80～90毫米，山地1 000毫米。森林覆盖率为12%。全国建有10个自然保护区和9个禁伐区，并建有国家自然公园。矿产资源丰富，已探明的矿物100多种，储量较多的有天然气、石油、煤、铜、铅、锌、钨、钼、金、铀等，其中天然气已探明储量2.055亿立方米，石油已探明储量5.84亿吨，黄金储量居世界第4位。

历史 公元9～11世纪，乌兹别克民族形成。13世纪被蒙古人征服。14世纪中叶，

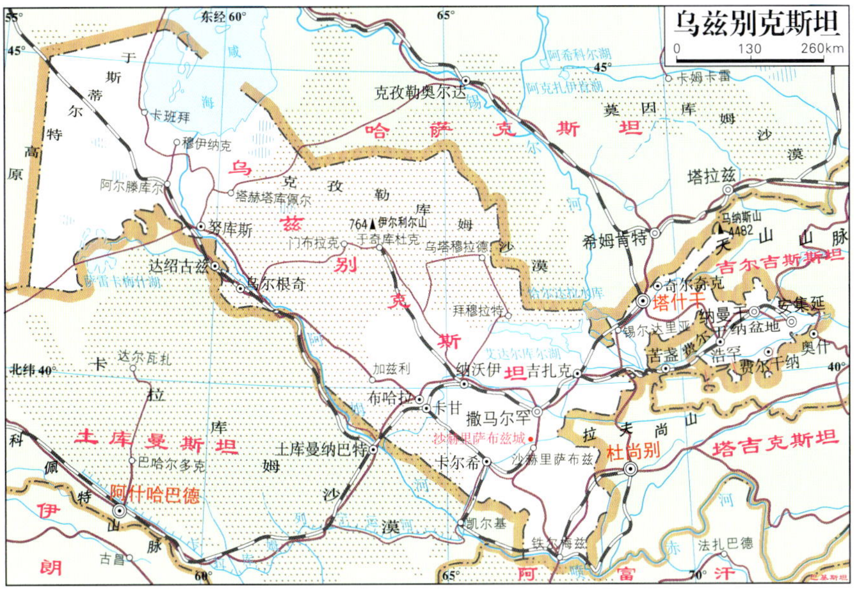

帖木儿建立以撒马尔罕为首都的帝国。16～18世纪建立布哈拉汗国、希瓦汗国和浩罕汗国。19世纪60～70年代，部分领土（今撒马尔罕州和费尔干纳州）并入俄国。俄国十月社会主义革命后，同邻近地区组成突厥斯坦苏维埃社会主义共和国，曾划归俄罗斯联邦。1924年10月成立乌兹别克共和国，次年改为乌兹别克苏维埃社会主义共和国，成为苏联的一个加盟共和国。1990年6月20日，乌兹别克最高苏维埃会议通过乌兹别克主权宣言。1991年8月31日宣布独立，并将9月1日定为独立日。

政治 宪法规定乌兹别克斯坦是主权、民主国家，实行立法、行政、司法分立。总统为国家元首。议会是行使立法权的国家最高代表机关。政府称内阁。司法机构由国家宪法法院、最高法院、最高经济法院、卡拉卡尔帕克斯坦共和国最高法院和经济法院组成。政党有人民民主党、自由民主党、“公正”社会民主党、“民族复兴”民主党等。

经济 是中亚地区比较发达的国家。1985年以来推行全方位经济改革，经济保持平稳的增长。国民经济的支柱是黄金、“白金”（棉花）、“乌金”（石油）、“蓝金”（天然气）。2009年国内生产总值307亿美元，人均国内生产总值约1 095美元。

中亚地区重要的灌溉农业区和世界主要的长绒棉生产基地之一。全国耕地面积360.85万公顷。棉花种植业为支柱产业，畜牧业、桑蚕业、蔬菜水果种植业等也占重要地位。因气候干燥炎热，日照长，适于棉花生长。棉花以品质优良闻名于世。2009年棉花产量达340.2万吨。主要产棉区分布于费尔干纳、塔什干、撒马尔罕、布哈拉、卡尔希及花剌子模等绿洲。盛产水稻、甜瓜和蔬菜。畜牧业以养羊为主，为卡拉库尔羊的主要产区之一。工业以机械、石油天然气开采、冶金、轻纺、化工、食品为主。机械制造业绝大部分集中在塔什干，主要部门为农机（生产棉花摘收机、播种机以及轧棉设备）、纺织机械和运输机械制造。此外，还有电机、石油和化工机械、飞机制造、建筑机械制造等。石油开采主要分布在东南部的费尔干纳盆地和西南部的布哈拉州，建有费尔干纳和查尔朱及撒马尔罕3个炼油厂。天然气开采主要分布在布哈拉州（加兹利和布哈拉气田）与卡什卡达里亚州（穆巴拉克气田）。天然气经俄罗斯出口至乌克兰及西欧国家。有色金属中铜、铅、锌、金矿的开采具有重要意义。金矿主要产于克孜勒库姆沙漠中的穆伦套（开采中心为泽拉夫尚）。纺织工业包括轧棉、棉纺、缫丝、针织等行业，遍布于全国主要城市。

古城撒马尔罕市中心的列基斯坦广场及其伊斯兰风格建筑

交通运输较发达。铁路总长4 300千米。主要干线有塔什干—奥伦堡—莫斯科，塔什干—阿拉木图，塔什干—土库曼巴希。公路全长18.1万千米。阿姆河和咸海可通航。塔什干机场为中亚最大航空港，有70多条航线通往各地。大型输气管有加兹利—莫斯科线，布哈拉—车里雅宾斯克线，布哈拉—比什凯克—阿拉木图线。

与120多个国家有贸易关系。2009年对外贸易总额为212.1亿美元，出口额117.7亿美元，进口额94.4亿美元。主要出口棉花、粮食、石油、天然气、黑色金属、有色金属及农产品，进口机械设备、化工产品等。主要贸易伙伴国为俄罗斯、乌克兰、中国、瑞士、韩国、哈萨克斯坦、土耳其等。

文化 乌兹别克斯坦实行11年义务教育制。著名高校有国立塔什干大学等。设有乌兹别克斯坦科学院及下属30多个研究所。主要报纸有《东方真理报》、《人民论坛报》等。

乌兹别克斯坦通讯社为国家通讯社，另有国家电台和电视台。

名胜古迹主要分布在古城布哈拉、撒马尔罕、希瓦、沙赫里萨布兹、浩罕、铁尔梅兹等地。希瓦的伊钦内城、布哈拉历史中心、沙赫里萨布兹历史中心和撒马尔罕历史中心，均已作为文化遗产被列入《世界遗产名录》。

对外关系 乌兹别克斯坦独立后，开展全方位外交，并争取广泛的经济援助。美、欧及独联体是其外交的主要对象。是联合国、欧洲安全与合作组织、伊斯兰会议组织、不结盟运动等国际和地区组织的成员，并加入了国际货币基金组织、世界银行、欧洲复兴开发银行、亚洲开发银行等国际金融组织。已同114个国家建立外交关系。1992年1月2日同中国建交。

乌兹别克语 Uzbek language 属阿尔泰语系突厥语族西匈语支。主要分布于乌兹别克斯坦和阿富汗等国；在中国，主要分布于新疆维吾尔自治区的乌鲁木齐、伊宁、喀什、莎车、叶城、木垒等地。中国境内称乌孜别克语。

乌兹别克语有8个元音，24个辅音，有元音和谐现象。属黏着型语言，语法范畴与维吾尔语有许多相同或相似之处。名词有格、数、人称的语法范畴。形容词有级的语法范畴。动词有人称、数、时、语态、式等语法范畴。表达语法意义的主要手段是形态变化，其次是词序、虚词和语调。句子的基本语序为主语－宾语－谓语，限定语在被限定语之前。有相当数量的阿拉伯、波斯、俄罗斯等语言的借词，也有一部分汉语借词。

1927年以前，苏联的乌兹别克人采用以阿拉伯字母为基础的文字，1927～1940年采用以拉丁字母为基础的文字，1940年以后改用以斯拉夫字母为基础的文字。1993年乌兹别克斯坦开始逐步推行以拉丁字母为基础的文字，至2000年全部使用拉丁化新文字。中国的乌孜别克族一般使用维吾尔文。

污染税 pollution tax 针对污染物排放所征收的税。由英国现代经济学家A.C.庇古最先提出，故又称庇古税。从环境经济学的角度看，无论采取征收污染税的方式，还是采取排污收费的方式，对经济所产生的影响基本上是相同的。污染税的征收对于污染企业和污染行业的生产规模有重大影响。企业之所以生产，是为了赢利。如果产生环境污染的企业增产后增加的赢利还不足以缴纳因此增加的污染税，则企业为了自身的利益，就会通过清洁生产、污染治理，以及减产（甚至停产）等措施来减少污染物的排放，以减少污染税的支出，增加赢利。上述做法均会使企业的排污量下降。对于污染行业来说，征收污染税将提高产品成本，进而提高产品价格。产品价格的提高又将减少消费者对这一产品的需求，从而缩小整个污染行业的生产规模，并进一步削减行业的排污量。

污染物 pollutant 引起环境污染的物质。通常以高于天然环境背景值的浓度存在，在自然环境中能滞留一定时间，并影响环境的正常组成和性质，对人、生物及社会物质财富等造成直接或间接有害效应。主要是由人类的生产和生活活动产生的。有些物质本是生产中的有用物质，甚至是人和生物必需的营养物，由于未被充分利用，大量排放而成为了污染物。按受影响的环境要素可分为大气污染物、水体污染物和土壤污染物。按来源可分为一次污染物和二次污染物。按性质可分为化学污染物、物理污染物和生物污染物。对环境产生危害的化学污染物可概括为8类：①化学元素。如汞、镉、铅、砷、铬等重金属和准金属等。②无机物。如一氧化碳、二氧化硫、氮氧化物、臭氧、氰化物等。③烃类和含氧有机物。如烷烃、烯烃、芳烃、多环芳烃（PAH）、醚、醇、醛、酮、酸、酚、酯、酐类化合物等。④有机氮化物。如胺、硝基甲烷、硝基苯、三硝基甲苯、亚硝胺、腈等。⑤有机卤化物。如滴滴涕等杀虫剂、多氯联苯（PCB）和二噁英类等。⑥有机硫化物。如硫醇、二甲砜、硫酸二甲酯等。⑦有机磷化物。主要是有机磷农药、有机磷军用毒气等。⑧金属和准金属的有机化合物。如甲基汞、四乙基铅等。物理污染物是一些能量性因素，如放射性、噪声、热能、电磁波、振动等。生物污染物包括细菌、病毒、水体中反常生长的藻类等。除这些污染物外，还有一些污染物是多种物质的复杂集合体，如大气中的颗粒物、水体中的悬浮物和好氧有机物，以及固体废物。随着科学研究的发展，污染物的范围不断扩展。

污染物排放总量控制 pollutant discharge, total amount control of 在确定区域范围内，通过一定方式，核定污染物的环境最大允许负荷，并以此进行合理分配，最终确定区域内各企业单位允许的污染物排放量，以达到预定环境质量目标的一种管理方式。可分为以下两种：①容量总量控制。指污染源的排放总量控制指标是依据环境容量经推算而确定的一种管理方式。②目标总量控制。指在确定某一区域（或行业）的环境管理目标之后，采取一定的行政手段，直接将削减污染物排放的指标分配到各有关单位，并限时完成。中国从20世纪80年代起，进行污染物排放总量控制的研究与试点工作。

在总量控制的具体实施中，以排污许可证的形式向企业明确规定排污总量指标。至于采取何种措施和如何实施削减，则由企业自主解决。当企业污染物削减量明显低于规定指标时，企业有权将指标暂存起来，以备发展之需，也可将指标转让给其他单位。中国已开始从实施以浓度为主的排污收费政策，向按排污总量收费政策过渡。

污染源 pollution source 造成环境污染的污染物发生源。通常指向环境排放有害物质或对环境产生有害影响的场所、设备和装置。按污染物的来源可分为天然污染源和人为污染源。天然污染源指自然界自行向环境排放有害物质或造成有害影响的场所，如正在活动的火山或天然的森林火灾；人为污染源指人类社会活动所形成的污染源。人为污染源有多种分类方法。①按污染物的种类，可分为有机污染源、无机污染源、热污染源、噪声污染源、放射性污染源、病原体污染源和同时排放多种污染物的混合污染源等。大多数污染源都属于混合污染源。但在研究某一特定环境问题时，往往把某些混合污染源作为只排放某一类污染物的污染源。②按排放污染物的空间分布方式，可分为点污染源和非点污染源。点污染源是指集中在一点或一个可当作一个点的小范围排放污染物的污染源；非点污染源又包括面污染源（在一个大面积范围排放污染物，如农田污染源和城镇地表径流等）和线污染源（以线的方式排放污染物，如高速公路上的机动车尾气排放）。③按污染的主要对象，可分为大气、水体和土壤等污染源。④按人类社会活动的功能，可分为工业、农业、交通运输和生活等污染源。

巫兰英 Wu Lanying（1955-08-28～ ） 中国女子射击运动员。河南滑县人。1974年入河南省射击队。1981年在阿根廷举行的

第42届世界飞碟射击锦标赛中获飞碟双向个人和团体两项冠军，在第2届亚洲飞碟射击锦标赛中获飞碟双向冠军。是中国射击史上最早的女子世界冠军。1982年在第43届世界飞碟射击锦标赛中与冯梅梅、邵伟萍合作，以436中打破飞碟双向团体世界纪录并获冠军。1983年获世界飞碟射击锦标赛飞碟双向团体冠军。1984年在意大利射击队来华比赛中，以196中超飞碟双向世界纪录。1987年获第6届亚洲射击锦标赛飞碟双向冠军。1989年与张山、冯梅梅合作，在世界飞碟射击锦标赛中以415中打破飞碟双向世界纪录。1990年获第11届亚洲运动会飞碟双向团体冠军，同年在第45届世界射击锦标赛中与张山、邵伟萍合作，以418中再破飞碟双向世界纪录。1991年获世界飞碟射击锦标赛飞碟双向团体亚军。1983、1987年先后当选为第六、七届全国人大代表。先后任郑州大学体育学院行政副院长、院长等职。

巫山 Wushan Mountain 中国重庆市名山。其西为“无县不依山”的四川盆地，其东为“极目楚天舒”的江汉平原。山体蜿蜒于渝、鄂边境巫山县内，因山势曲折盘错，形如“巫”字，故名。地质构造为背斜山地，作东北向分布，山势东西低而中间高，山脊海拔1 500～2 000米，最高处2 134米。以分布于长江北岸的神女峰、圣泉峰、集仙峰（剪刀峰）、松峦峰、朝云峰、登龙峰和耸立于长江南岸的翠屏峰、飞凤峰、起云峰、净

巫山神女峰

坛峰、聚鹤峰、上升峰等12峰最为引人入胜。其中又以神女峰最为出众，峰顶有小巧石柱一根，外形秀美匀称，亭亭玉立，日迎朝霞，故又有望霞峰之称。巫山西侧的长江支流大宁河有滴翠峡、巴雾峡、龙门峡，即著名的大宁河小三峡，长50多千米。两岸山峦叠翠，奇峰林立，钟乳悬吊，飞泉飘洒，为巫山另一著名风景区，与巫山十二峰同为长江三峡风景名胜区的重要组成部分。

巫师 sorcerer 对巫术活动的表演者和执行者的泛称。被认为具有“超自然力”，能充当沟通人和鬼神的媒介。西方称禁厌师、术士等；在中国古代称巫、巫觋，少数民族有各自特定的称呼，如彝族叫毕摩，土家族叫梯玛。普遍存在于人类社会早期，至今见于某些民族或地区。出现在巫术发展过程中。迄今所见最早的巫师形象发现于法国拉斯克科斯洞穴的壁画中。中国仰韶文化彩陶盆内也绘有巫师形象。早期巫师的形象大多长角。最早的巫师往往由氏族或部落首领兼任，后来出现专职巫师。巫师掌握部落的历史、神话、传说、历法、天文等知识，具有歌唱、表演、祭祀等技能，以歌舞事神，主持祭祀、占卜、祈禳、驱邪等活动。后因社会分化，巫师的地位也发生变化：有的被上层社会吸纳为祭司，主持重大祭祀，有较大的政治权力；有的则流落到民间从事招魂驱鬼、医治病患等活动。巫师的传承有神授和人授两种方式，两者常交织在一起，要求具有高尚品德和特殊技能，经过严格训练方可担任。新西兰毛利人有专门学校培训巫师。

巫术 witchcraft 企图借助超自然的神秘力量，对人或事物施加影响以达到某种目的的手段。建立在某种信仰基础上，是一种准宗教性质的初级信仰形式。产生于人类社会早期。流行于世界各地。

分类 根据不同的分类标准，巫术有多种分类方式。①按表现形态方式，可分为口头巫术和行为巫术。②按性质，可分为白巫术和黑巫术两种。前者在祝吉祈福时施用，后者在嫁祸于别人时施用。③按实施巫术的内容，可分为招魂巫术、放蛊巫术、神判巫术、驱疫巫术、生育巫术、饮食巫术、出行巫术等。④从实施巫术的活动方式，可分为模拟巫术和接触巫术。前者认为相同事物可彼此影响，故把相似的事物代替当事人或事作为施行巫术的对象。如认为将某人的像画在灰烬上用尖棍去刺便可伤害他。后者认为相互接触过的事物即使分离后仍会发生相互作用，只需接触某人的身体或他的用具即可。如在病人病痛处放一枚钱币或较贵重的东西，然后丢在路上任人拾去，便认为病患转移到了拾者身上。

特点 巫术的施行具有神秘性和仪式

南非克萨族巫术

性，包括念咒、占卜、唱颂、歌舞、祈求、祭祀、招魂、驱鬼、施蛊、辟邪等内容。在巫术中，咒语、符箓必不可少，但大多古怪、深奥、难解。巫术的实施通常要选择场所、占卜日期，巫师要穿戴法衣，有的地区还要戴面具，准备法器，严格按照特定程序来进行。

作用 巫术是一种歪曲的、虚妄的信念，具有心理效应，体现人们寻求保护发展、避免灾害的愿望。巫术曾广泛用于祭祀、祈福、辟邪等方面，在维护人群内部关系稳定、保护健康安宁等方面起到积极作用，并对文学、艺术、天文、医学、历法、政治以及物质生产产生很大影响。在发展过程中，有的渐与鬼神迷信结合，给社会带来一定危害。

巫舞 wizard dance 巫术祭祀活动中仪式性的舞蹈。原始祭祀舞蹈的一种。在祭祀活动中，巫师以巫词、咒语和舞蹈等手段制造气氛，“沟通”人与鬼神的联系。其中以舞蹈为最重要的手段。屈原的《九歌》就是巫师祀神时的歌舞，可见其源远流长。中国各地区巫舞的种类和形式颇多，如师公舞、萨满舞等都属巫舞。以湖南沅湘流域的巫舞为例，可分3类：①祈福许愿类，其代表舞段有《发功曹》、《造云楼》等；②酬神还愿类，大多为巫师领舞，群众随舞；③消灾驱鬼类，俗称“跳大神儿”，属装神弄鬼，舞时无章法，多即兴，哆哆嗦嗦，念念有词。巫舞一般动作较硬直、幅度大，带棱角，边唱（念）边舞，充满神秘感。巫舞虽有浓厚的迷信色彩，但它在民俗学、宗教学、社会学中有极高的研究价值，同时在艺术上也有一定的审美价值。

巫峡 Wuxia Gorge 中国长江三峡之一。又称大峡。

钨 tungsten; wolfram 化学元素，元素符号W，原子序数74，原子量183.84，属周期系ⅥB族。1781年C.W.舍勒发现由白钨矿可以制得一种白色酸性粉末，后被证实为钨酸H_2WO_4。1783年J.J.埃卢亚尔和F.埃卢亚尔兄弟首次用碳还原钨酸制得金属钨。钨的英文名来源于瑞典语tungsten，意思为“沉重的石头”；也称为wolfram，来源于古德语wolf(令人不快的)和ram(浮渣)。

钨在地壳中的含量约为(1.0～1.3)×10^{-4}%，在20多种钨矿中，具有重要工业价值的是黑钨矿和白钨矿。中国是钨矿资源最丰富的国家。

钨是质硬而脆的金属，颜色由钢灰色到白色变化各异。具有金属中最高熔点3 422℃，沸点5 555℃，密度19.5克/厘米^3(20℃)。导电性能良好。钨的氧化态0、+1、±2、+3、+4、+5、+6。钨最常见的氧化态为+6，相应生成三氧化钨WO_3、钨酸H_2WO_4。在室温下，不与酸反应，但溶于硝酸或王水，能很快地与氢氟酸和硝酸的混合液发生反应，生成三氧化钨WO_3。不与氧、某些熔融金属反应。纯钨对熔融的氢氧化钠稳定，但当其中含有碱金属的硝酸盐或其他氧化剂时，会加速氢氧化钠对钨的腐蚀。钨与熔融的硝酸盐、亚硝酸盐和过氧化氢反应剧烈。与熔融的硫、磷反应很慢，但与它们的蒸气反应激烈。高温下，钨与碳、硼和硅形成二元化合物。400℃以上，钨易被氧化。900℃时一氧化碳和烃类与钨反应可生成碳化钨。F_2在室温下即可与钨反应生成WF_6。Cl_2在250℃与钨反应，而Br_2和I_2则需要更高的温度。钨也不与氢气和氮气反应。钨的重要化合物有三氧化钨、二硫化钨、钨酸、钨酸盐、钨青铜、多钨酸盐等。

钨矿分解精炼后可制得氧化钨、钨酸或仲钨酸铵。金属钨的制备一般采用化学还原法。加热WO_3和铝的混合物可制得金属钨，也可将氢气通过热的钨酸H_2WO_4制得。工业上采用氢气还原WO_3或仲钨酸铵的方法制备钨粉。钨以碳化钨、合金添加剂、纯钨和钨的化合物四种形式被使用。碳化钨在高温条件下具有较高的强度，可用于制作切割和钻探工具。钨加入到钢中可生成分散的碳化钨相，提高钢的高温强度。钨广泛用作白炽灯灯丝。与铁、镍、铜混合的钨合金强度大，适用于制造机器部件。钨的氧化物、硫化物和多酸化合物可作为许多化学反应的催化剂。钨酸盐可用作陶瓷材料、催化剂、颜料、防腐剂、防火剂、抗静电剂和光致发光材料。

诬告反坐 imposition of the same punishment for the false accuser as he has intended to inflict upon the accused 故意捏造事实向司法机关控告他人，使无罪的人被判有罪，或使有

轻罪的人被判重罪，告人者要按其所诬告他人的罪受到惩罚。

诬告反坐是原始社会同态复仇的残余，学理上是同害刑主义。中国自秦、汉以来，历代法律都规定有此项原则。三国魏文帝黄初五年（224）令：“敢妄相告，以其罪罪之。”晋律张斐《律注》：“诬告谋反者反坐。”北魏律：“诸告事不实，以其罪罪之。”《唐律·斗讼》诬告反坐条：“诸诬告人者，各反坐。”但是诬告品官使之受到除名处分的，判罪比反坐还要加重。元律《大元通制·诉讼》也规定：“诬告者抵罪反坐。”

明、清律对诬告反坐定有加等办法：凡诬告人笞罪者，加所诬罪二等；流、徒、杖罪加所诬罪三等，各罪止杖一百，流三千里。另外还有**损害赔偿**规定。

此外，明成祖永乐元年（1403）二月曾定《诬告法》：“凡诬告三四人者，杖一百、徒三年；五六人者，杖一百、流三千里；所诬重者，从重论；诬告十人以上者，凌迟处死，枭首其乡，家属迁化外。”

屋大维 Octavius, Gaius（前63－09－23～公元14－08－19） 罗马帝国第一位皇帝（公元前27～公元14年在位）。生于罗马东南韦莱特里的一个富裕家庭，卒于那不勒斯附近诺拉。前31年击败**安东尼**，成为罗马的独裁者。前27年“还政于民”，元老院授予他**奥古斯都**尊号。

屋顶 roof 房屋最上层起覆盖作用的围护设施。屋顶首先要满足建筑物的防水，排水，保温，隔热，承受风、雪荷载等功能要求，为人们创造健康舒适的建筑空间；同时，通过对不同材料与技术的整合，创造优美的建筑形象。有些屋顶通过技术处理，可具有休闲、种植、利用太阳能集热或发电等功能。

屋顶由屋面和支承结构组成。屋面是屋顶的覆盖层，由防水层、保温层、隔热层和找坡层等不同构造层次经选择组合而成；支承结构是屋顶的受力系统，一般选用屋架、刚架、梁板等平面结构，或者选用薄壳、网架、悬索等大跨度空间结构。屋面的材料有石、瓦、钢、铝、玻璃钢和化工建材（如防水卷材、防水涂料、保温材料等），支承结构材料有木、钢、钢筋混凝土等。

不同的屋顶

屋顶有许多形式，常见的有平屋顶和坡屋顶，除此还有折线形屋顶、拱顶、穹顶以及几种形式组合的屋顶。由于新材料的推出与新技术的进步，又出现许多新颖的屋顶形式。

屋顶花园 roof garden 位于建筑物顶部，不与大地土壤连接的花园。借以增加人造地面的绿地面积。其优点是空气清、噪声低、病虫害少、物候期早、视点高、视域广，可发挥其高空优势，广借远景入园。缺点是风大、土薄、承重有限和防水要求高。

屋顶花园已有2 000多年历史。**巴比伦空中花园**建于公元前6世纪，花园架立平台上，下面是石墙拱券，被称为古代“世界七大奇观”之一。美国加利福尼亚奥克兰凯泽中心屋顶花园面积1.2公顷，于1959年建在一座6层楼的屋顶上。以前的屋顶花园都是位于多层建筑的顶部，而1977年建成的温哥华凯泽屋顶花园则修建在高层建筑的顶部，在研制新材料和减轻屋顶荷载等方面取得新的经验。屋顶花园由于荷载减轻，造价降低，因而得到推广。中国20世纪60年代以来建造了不少屋顶花园。广州东方宾馆在10层楼顶上建造的屋顶花园，面积900平方米，既吸取西方的构图手法，又创造了富于民族风格的空间环境，使用多年，植物生态良好，空间疏朗简朴。

屋顶花园按位置高度可分低层（或多层）建筑屋顶花园和高层建筑屋顶花园。前者位置较低，一边或多边为高层建筑所障，因而除考虑如何通过某些建筑手段和庭园的水石花木来组景外，也要从环境出发，注意第五立面（即平屋顶的平面）的处理。高层建筑屋顶花园高空风压较大，要注意树种的选择和植树的位置。屋顶花园按空间组织状况可为分开敞式、封闭式和半开敞式三种。屋顶花园按使用功能可分为游览性屋顶花园和装饰性屋顶花园，以前者居多。

无鞭目 Amblypygi 蛛形纲一目。体平扁，长4～4.5毫米，前体宽大于长，由一背甲覆盖。眼8个：中眼2，两组侧眼各3。后体12节，第1节形成腹柄，体后端无鞭。约60种，中国尚无记载。无鞭目螯肢2节，其形状和功能很像蜘蛛的螯肢，但内部无毒腺。触肢分基节、转节、腿节、胫节、基跗节、跗节和后跗节7节，腿节及以下数节的内缘有尖锐突起，用以捕食。第一对足细长。胫节和跗节分成许多小节，有感觉功能，通常一根伸向前方，另一根伸向体的某一侧进行探索。后3对步足各由7节组成，末端有2爪，有的有爪垫。书肺2对，位于第2、3腹节的腹侧。昼伏夜出，白天隐蔽在木头、树皮、石块和叶下，有的在洞穴中。一般喜潮湿的环境。卵生。

无差异曲线 indifference curve 表示能够给消费者带来同等满足程度的各种商品不同组合的曲线。又称等效用曲线。西方经济学中序数效用论的主要分析工具之一，最早由英国经济学家F.Y.埃奇沃思和J.R.**希克斯**等人提出。其特征：①在同一坐标平面上，有无数条无差异曲线，并且离原点越远的无差异曲线所代表的效用水平越高。②在同一坐标平面上，任何两条无差异曲线不相交。③一般情况下，无差异曲线凸向原点。

根据上述分析，可画出某消费者的无差异曲线。如图所示，横、纵坐标分别表示

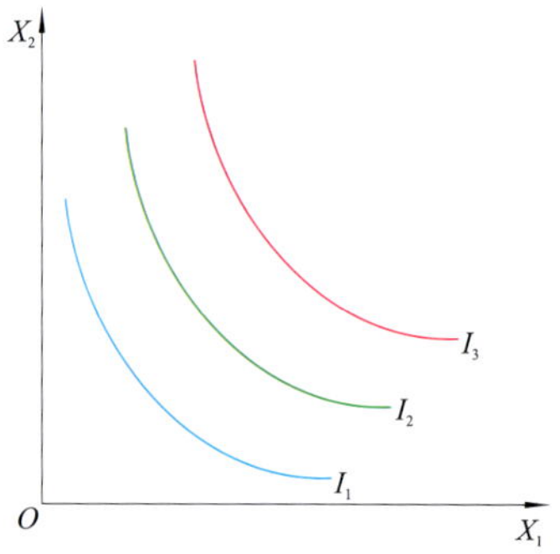

两种商品的数量X_1和X_2；I_1、I_2、I_3分别表示3条无差异曲线。显然，无差异曲线I_1代表的效用水平小于无差异曲线I_2，无差异曲线I_2代表的效用水平又小于无差异曲线I_3。

无差异曲线的斜率可以用**商品的边际替代率**来表示。

无产阶级文化协会 Proletkult 苏联早期文化团体。Proletarskaya Kultura的缩写词。1917年10月在彼得格勒成立。A.V.卢纳察尔斯基为名誉主席。主旨是进行文艺、识字等群众文化教育活动。各地协会最多时

达1 381个，会员40多万。有《无产阶级文化》、《未来》等20余种刊物和几个出版社。A.A.波格丹诺夫、普列特尼约夫等主张否定过去的一切文化，在真空中创建一种纯粹的特殊的"无产阶级文化"，形成"无产阶级文化派"。V.I.列宁批判了这种观点。1932年4月协会活动即告停止。

无产阶级专政 proletarian dictatorship 社会主义国家的国体，也是社会主义国家的阶级实质。又称工人阶级专政。它是无产阶级（通过共产党）领导的，以工农联盟为基础的，团结广大人民群众，对反抗社会主义革命、破坏社会主义建设的敌对阶级和敌对势力实行专政的国家政权。无产阶级专政的历史任务是，镇压阶级敌人的反抗，建设高度的社会主义物质文明、精神文明和民主政治制度，创造向共产主义社会过渡的条件。无产阶级专政取代资产阶级专政是人类历史上的伟大飞跃。它是人类历史上最进步也是最后的一种专政，以后将随着自己历史任务的完成而自行消亡。

无常 anitya 佛教教义。世界万有（一切事物和思维概念）都是生灭变化无常的。衡量一切学说是否符合佛陀教说的原则性标准，三法印之一。佛教把一切迁流的物质和心理现象都称作行，诸行无常的基本命题揭示一切存在的本性。《杂阿含》说："色无常，受想行识无常，一切诸行无常。"无常指随生随灭，前生后灭。佛教认为，任何现象与事物一方面只能存在于极短的刹那间中，此称刹那无常；另一方面在这刹那之中又经历生、住、异、灭4个阶段，称有为四相，就现象与事物的四相前后延续而言，称为相续无常。一句话，经验界的一切都属于有为法，都是无常性的；只有超验的绝对存在，即佛教作为宗教解脱理想显示给人们的无为法存在界，才克服了因缘和合造成的生灭无常。人生及宇宙都具有无常本性，因而佛教所说的一切诸行苦，不仅仅是关系生命的价值判断，还涉及全部存在的实相显示。

无敌舰队 Invincible Armada 1588年，西班牙国王腓力二世（1556～1598年在位）远征英国的一支舰队。由130条战舰和7 000名水兵、2.3万名步兵组成。自16世纪中叶起，英国经常在西班牙殖民地进行走私贸易，抢劫西班牙运送金银的船队并袭击西班牙殖民据点。腓力二世建立了这支舰队，伺机进攻英国本岛。

1588年5月，无敌舰队在梅迪纳－西多尼亚公爵A.佩雷斯·德·古斯曼的率领下进入英吉利海峡。在朴次茅斯海面附近，与英国海军上将C.霍华德及海军中将F.德雷克率领的英国舰队相遇。英军采用火烧连船的战术，大败无敌舰队。后无敌舰队从英国北海绕过苏格兰和爱尔兰返回西班牙，中途又遇风暴。在这一战役中，无敌舰队损失32艘战舰和1万名士兵。从此，西班牙的海上霸权为英国所取代。

无国籍者 stateless person 不具有任何国籍的人。一个人无国籍，主要因为各国的国际立法互有差异而造成。它可以由出生、婚姻、国籍被剥夺等多种原因产生，如父母是采用出生地原则的甲国国民而本人却出生在采用血统原则的乙国的某人，便不具有任何国家的国籍。无国籍对有关个人及国家皆可造成困难与不便，例如，无国籍者在遭受侨居国的不当待遇时，不能享受任何国家的外交保护，而侨居国在准许无国籍者享受当地社会给予的各项利益时，却不能强迫他们履行国民义务。鉴于此，许多国家都通过立法和国际条约努力消除无国籍状态。《中华人民共和国国籍法》也对此作出相应的规定，该法第六条在原始国籍的赋予上还兼采出生地主义，规定："父母无国籍或国籍不明，定居在中国，本人出生在中国，具有中国国籍。"无国籍者通常被视为外国人。在某些国家，他们会受到歧视和不公正的待遇，而且随时可能被驱逐出境。

无过错责任 liability without fault 行为人在没有过错时承担民事责任。承担民事责任一般必须同时具备两个条件：有民事违法行为的存在；违法行为人有过错，包括故意与过失。但是，随着工业交通事业中具有高度危险性的技术的使用日益增多，经济交往的情况日益复杂，工业污染日益普遍，公害日益严重，为了维护受害人的利益，立法原则上相应地提出了无过错责任原则，在英、美、法等国中也称作结果责任原则：行为人是否应负民事责任只看有无损害结果，而不看有无过错；只要有损害结果，就要负民事责任。《中华人民共和国民法通则》规定："没有过错，但法律规定应当承担民事责任的，应当承担民事责任。"司法实践中，这一规定的实施在交通肇事等民事案件中占有重要地位。

无核区 nuclear-free zone 泛指不生产、不试验和不拥有核武器，同时也不接受、存放、安置或使用任何核武器的地区。无核武器区的简称。和平区的一种特殊形态。

20世纪50年代，为了在核时代维护国家主权、民族独立、和平与安全，反对超级大国的核威胁和核讹诈政策，一些国家提出了建立无核区的合理和正义的要求，并利用联合国来实现这一目标。1959年12月1日，联合国大会在华盛顿签署了《南极条约》，规定南极只用于和平目的，禁止建立军事基地、试验任何武器和进行核爆炸。其后，联合国大会陆续通过一系列决议建立非洲无核区、拉丁美洲无核区、南亚无核区、中东无核区、南太平洋无核区和印度洋和平区等。苏联在50～60年代先后多次向联合国裁军小组建议在中欧建立无核区，在巴尔干、亚得里亚海地区建立无核区，使地中海非核化等。无核区是遵循《联合国宪章》的原则和要求，防止核武器扩散到其他无核武器国家或地区，减少发生核冲突的可能性，是维持世界和平的一种形式。

无颌类 Agnatha 现知最原始的水生鱼形脊椎动物。用鳃呼吸，并以鳍作为运动器官，与其他脊椎动物不同，不具颌，故称无颌类。其内耳只有两对或一对半规管。多无偶鳍或只有胸鳍。无颌类的分类极不一致，有把它作为一个纲，再分为两个亚纲的方案；也有些分为一个超纲、两个纲（头甲鱼形纲或单鼻孔纲、鳍甲鱼形纲或双鼻孔纲），再分为7个亚纲：七鳃鳗亚纲、盲鳗亚纲、骨甲鱼亚纲或头甲鱼亚纲、缺甲鱼亚纲、盔甲鱼亚纲、异甲鱼亚纲或鳍甲鱼亚纲、花鳞鱼亚纲或腔鳞鱼亚纲。过去记载它们的最早化石记录发现于奥陶纪，亦发现于寒武纪如昆明鱼和海口鱼，繁盛于晚志留世至早泥盆世，随着泥盆纪结束而绝灭。

无花果 *Ficus carica*; fig 桑科榕属的一种。多年生落叶果树。原产地一是沙特阿拉伯和也门，二是小亚细亚卡里卡。为世界最古老的果树之一。中国新疆在汉代已有栽培，现在广东、广西、福建、台湾等省区均有栽培。掌状单叶，3～5裂，背面被柔毛。雌雄异花。花隐于囊状总花托内，只见果不见花，故名。果实呈扁圆形或卵形，成熟后顶端开裂，肉质柔软，有香味。喜温暖稍干燥的气候。常用扦插繁殖。鲜果约含水分83.6%，蛋白质1.0%，脂肪0.4%，碳水化合物12.6%。供鲜食或加工成果酱、果干等。根、叶、枝、果均可入药。树姿优雅，可作绿化树种。

无患子科 Sapindaceae; soapberry family 双子叶植物纲蔷薇亚纲的一科。约150属2 000种，是热带雨林中乔木层和灌木层的重要组成部分。中国有25属50余种，主要分布在西南部、南部和东南部，但文冠果属和栾树属分布至华北和东北。掌叶木属、伞花木属是中国特有属。栾树属、茶条木属、文冠果属和细子龙属是以中国为主要分布区的属。乔木或灌木，但香无患子族是借卷须攀缘的藤本植物。花常小，单性；萼片和花瓣常4或5片，花瓣内面常有鳞片。雄蕊常8，长而伸出；雌蕊由2～

3个合生心皮组成；雄蕊虽有肥大的花药，但药室有厚壁，不开裂，花粉无萌发力，这种花外貌似两性，实则为单性（雌花）；花盘肥大，富蜜汁。蒴果或为核果状或浆果状。有些种的种子具假种皮。

荔枝属、龙眼属、番龙眼属、文冠果属和栾树属植物经济价值较高。无患子是中国的代表种，它的果皮含肥皂精，民间曾广泛用于洗濯衣物。中国原产的荔枝和龙眼是著名的水果。番龙眼属、荔枝属、龙眼属和假山萝属木材质坚而重、纹理密致、色泽鲜明，是建筑、家具、工业、细工的优质材料。

无机肥料 inorganic fertilizer 用物理或化学方法制成的无机盐类肥料。又称矿质肥料或化学肥料，简称化肥。以空气中的氮气为原料，用化学合成的方法，制造各种氮肥。尿素等简单的有机化合物习惯上视为无机肥料。按其所含的主要养分分为大量元素肥料（氮肥、磷肥、钾肥）、中量元素肥料（硫肥、钙肥、镁肥）、微量元素肥料（硼肥、锌肥等）和复混肥料。按其使用时的形态分为固体肥料和液体肥料。无机肥料可作基肥，也可作追肥施用，其中有些种类可溶于水中用作叶面喷施。施用时应注意：①根据当地土壤养分状况和作物的需肥规律，各种无机肥料要配合施用，做到平衡施肥。②与有机肥料配合施用，有利于养分的长期均衡供应，对培肥土壤也有更好的作用。③切忌盲目追求经济效益，过量施用单一氮肥，导致对作物产量、品质和环境方面的负面影响。

无机化学 inorganic chemistry 研究除碳氢化合物及其衍生物以外的所有化学元素及其化合物的化学分支学科。无机化学这个词，源于无机物质。过去认为，无机物质是自然界存在的无生命的物质，如岩石、矿物、泥沙、土壤、水、空气等，以及由它们通过化学变化产生的物质。而有机物质则是由动物、植物等有生命的物质产生的，如蛋白质、油脂、淀粉、尿素等。现代无机物质的定义是：除碳氢化合物及其衍生物以外所有化学元素和它们的化合物。配位化合物是以金属中心原子和配体组成的化合物，不管配体是无机的还是有机的，配位化合物都归类为无机物质。

20世纪60年代以来，合成了大量具有新型结构和优良性能的无机物质，研究对象已拓宽至分子水平，包括各种不同尺度、不同维数的聚集态和组装态，直到无机分子材料、分子器件。研究内容：合成、分离提纯、剪裁、组装和自组装；组成、结构和构象，形态；物理和化学性质、生物活性及其他功能性质。研究方法仍然以实验方法为主，理论方法和计算及模型方法正在逐步完善之中。

近代无机化学的建立 18世纪开始建立的无机化学，是近代化学的创始。1777年A.-L.拉瓦锡提出了反应物的质量守恒定律。1799年J.-L.普鲁斯特归纳化合物组成测定的结果，提出定比定律。1860年J.-S.斯塔用精密的定量化学反应，确证了化合物组成的整比性，并精确测定了一些元素的原子量，建议采用氧的原子量为16.000作原子量的基准，这个基准一直被沿用了100年。在早期的实验和理论基础上，19世纪的化学（主要是无机化学）有四大理论成就。

原子论 1803年J.道尔顿在定比定律的基础上提出原子论，认为化学元素都是由不能再分割、不能毁灭的被称为原子的微粒所组成的。同一元素的原子的性质皆相同，不同元素的则不同。并从这个学说引申出倍比定律。原子论是化学和科学发展史上最重要的里程碑之一。

原子价理论 随着大量无机化合物组成的测定，人们认识到某一元素的原子与其他元素的原子化合形成化合物时，原子数目上有一定的比例关系，表现出每种元素有不同的亲和力。1857年F.A.凯库勒提出原子数的概念，也就是后来所说的原子价，并确认钠的原子数为+1，氯的原子数为−1，碳的原子数为4（不分正负）。1865年凯库勒又提出苯分子是由6个碳原子以单、双键交替结合而成的环状结构，为有机结构理论奠定了基础。

周期律 1869年D.I.门捷列夫根据当时已知的36种元素的性质，提出了化学元素周期律，把自然界的元素看作是有内在联系的统一体，表明元素性质的变化是由量变到质变的过程。周期律还预见了未知元素的存在。而且和原子论一起，对N.玻尔于1913年建立的原子结构理论具有推动作用。

质量作用定律 C.M.古尔德贝格和P.瓦格提出的质量作用定律，是宏观化学动力学的基础。

分支学科 无机化学是化学下面的二级分支学科。下面还有多种三级分支学科：①按元素类别划分，有稀有气体化学、稀散元素化学、稀土元素化学、贵金属化学、超铀元素化学、同位素化学。②按元素的功能性划分，有生物无机化学、放射化学和核燃料化学。③按元素的化学键类型划分，有配位化学、硼簇合物和碳硼簇合物化学、过渡金属簇合物化学、纯碳分子（富勒烯）化学、金属－金属多重键化学。④按物相类别划分，有固体无机化学、等离子体化学、纳米化学、原子的玻色－爱因斯坦凝聚态化学。⑤按应用划分，有盐湖资源化学、光化学、无机材料化学等。

交叉学科 无机化学与其他化学二级学科交叉产生一些交叉学科：①与高分子化学交叉产生配位高分子化学。②与分析化学交叉产生无机分析化学。③与物理化学交叉产生物理无机化学，其中又可分为无机结构化学、相平衡与相图、无机理论化学、无机反应动力学等。④与有机化学交叉产生金属有机化学和元素有机化学。

无机化学与其他一级学科也产生许多交叉学科，例如：①与材料科学技术交叉产生无机材料化学。②与生物学交叉产生生物无机化学。③与环境科学交叉产生环境化学、大气化学、海洋化学、河口化学、绿色化学等。④与地球科学交叉产生地球化学、地质化学、矿物化学等。⑤与天文学交叉产生天体化学、星际化学等。⑥与冶金学交叉产生火法冶金、湿法冶金等。

当代无机化学的实践成就 主要表现在合成新物质的发展。1900年美国《化学文摘》（CA）上登录的已知化合物只有55万种，到2005年5月20日已达2 572万种。这100多年中，化学家合成和分离了2 517万种新物质、新药物、新材料、新分子来满足人类生活和高新技术发展的需要。另外，20世纪与无机化学有关的领域共获得22项诺贝尔奖，标志着现代无机化学发展进步的里程碑。其中，获得1918、1931年两次诺贝尔奖的合成氨技术，被认为是20世纪最重大的技术发明，氨作为肥料促进了世界粮食的增产，解决了亿万人口吃饭的大问题。

当代无机化学的理论成就 19世纪的化学（无机化学）有四大理论成就。20世纪的化学（无机化学）也有四个方面的理论成就。

元素周期律的发展 ①通过核反应，合成了一些铀后新元素，并发现了一些新同位素（核素）。已知的元素有第1～112号和第114号元素共113个，从而丰富了周期律的内涵。②周期表的排序已由根据原子量改为按照原子序数，由短表改为用原子外层电子亚层s、p、d、f区划分的长表。③创建了同位素位移理论和核素表，发现了大量核素。④用质谱法测定相对原子质量（原子量）的精度已大幅度提高。

化学热力学 物理热力学原理和方法与化学体系的结合，可以判断化学反应的方向，提出化学平衡和相平衡理论。到了20世纪50年代以后，美国国家标准局将数以百万计的化合物的热力学和热化学数据整理成册并建立数据库，使得人们可以预见化学反应的可能性。数以万计的相图数据库的建立则为物相和功能材料设计提供了依据。

化学键理论的发展 1914～1919年，G.N.路易斯、N.V.西奇威克等创立原子价的电子理论。1927年W.H.海特勒和F.伦敦奠基、1939年L.鲍林和J.C.斯莱特创建的价键理论、1928年R.S.马利肯等创建的分子轨道理论、1929年H.A.贝特等创建的配位场理论和60年代W.科恩创建的密度泛函理论，是研究分子结构和化学键的四大理论。在无机化学中特别重要的还有硼氢化合物（硼烷）中W.N.利普斯科姆提出多中心键理论，发展了分子结构理论和硼化学；R.霍夫曼创建的分子轨道对称守恒原理；中国化学家唐敖庆提出原子簇的结构规则；中国化学家卢嘉锡提出合成原子簇化合物的“元件组装”方法和“类芳香性理论”；美国化学家F.A.科顿提出“金属－金属多重键理论”；以及早前已建立并广泛应用的路易斯酸碱理论、软硬酸碱理论、氢键和范德瓦耳斯力理论等。这些化学键理论对于现代分子生物学的建立，也有重要作用。

化学动力学　20世纪开展的化学动力学的大量研究和60年代发展起来的分子反应动力学，特别是催化理论的发展和计算机设计合成方法的推广，推动了合成化学的发展。

21世纪无机化学的重要课题和发展趋势　无机化学的发展前沿是生物无机化学和无机材料化学。最重要的前沿课题如下。

生化反应机理和仿生催化剂　20世纪发明的合成氨技术，解决了世界60亿人口的粮食问题，但合成氨要在高温高压下反应，而自然界植物的叶绿素催化的光合作用以及豆科植物根瘤菌的固氮作用都是在常温常压下进行的。种类繁多的酶都是含有金属配合物的蛋白质，酶催化可将化学反应加速100亿倍，专一性达100%。如何模拟天然酶，制造出仿生催化剂，是化学家面临的重大难题。又如研究牛、羊等食草动物胃内酶分子如何把植物纤维分解为小分子的反应机理，将为充分利用自然界丰富的植物秸秆纤维资源打下理论和实验的基础。

21世纪的生物无机化学要在充分了解光合作用和生物固氮作用机理的基础上，设计催化剂和反应途径，研究在温和条件下，打开稳定分子CO_2、N_2和H_2O中的惰性化学键，在温和条件下人工生产碳水化合物和蛋白质。可以期望实现农业生产的工业化。

纳米尺度效应在无机材料化学方面，要研究纳米分子和纳米材料的特性。在科学复杂性和物质多样性研究中，尺度效应至关重要。纳米尺度体系的热力学性质，包括相变和“集体现象”，如铁磁性、铁电性、超导性和熔点等，都与粒子尺度有重要的关系。纳米分子和材料的结构与性能关系的基本规律是21世纪的化学和物理需要解决的重大难题之一。

无机功能材料　其组成早已不局限于硅酸盐类，而包括其他含氧酸、氧化物、氮化物、碳化物、硼化物、氟化物、硫属化物、Ⅲ－Ⅴ族化合物，以及碳、硅、锗等单体元素。这些无机物质原子间的结合力呈多种化学键型，赋予这些无机材料以良好的光、电、声、磁、热、力和催化等功能，分别以单晶、粉体、纤维、薄膜等形态应用在现代科技各个领域，如稀土元素由于其具有特别的外层电子结构，可以组成众多的激光、发光、永磁、合金等功能材料。无机材料的开发主要是探索和了解材料的组成、结构和性能之间的关系，改进现有材料的性能，发现或创造新的材料，研究制备材料的新方法和新工艺。

无机聚合物　inorganic polymer　主链由非碳原子和原子团以共价键结合构成的链状、层状或网状聚合物。这些原子包括硼、氮、磷、硫、硅、硒和金属原子等。许多矿物都是无机聚合物，如氧化物类的硅石、石英、刚玉，硫化物类的雌黄、辉锑矿，硅酸盐以及其他金属多酸盐类。这些天然无机聚合物多是晶体，熔点高，化学性质稳定，质地硬脆。无机聚合物按链的组成大致可分为两大类：①均链聚合物。又称同质链聚合物。其主链由一种元素组成，如由硫原子连接成的螺旋形链式聚合物多硫化氢S_xH_2和由锡与苯基组成的聚二苯基锡$\text{⫞}Sn(C_6H_5)_2\text{⫟}_n$。能形成均链聚合物的元素如硅、磷、硫和硒等。②杂链聚合物。又称异质链聚合物。其主链由不止一种元素组成，它由中心原子通过“搭桥”原子（如氧、硫、氮、氯、氰）连接而成。石棉和云母都是杂链聚合物，其他还有氯化钯和硫代氰酸银。无机聚合物常具有半导体、超导体性能及耐高温和低温、耐辐射、高弹性等性能，有许多特殊用途。一些单纯的无机聚合物因主链具有极性，易与其他化学品作用，稳定性较差。通常在这些无机元素上引入有机侧链，经过有机改性使其具有优异的化学稳定性、热稳定性。如聚硅氧烷已经用作特种橡胶、涂料等，聚磷腈可以用作阻燃剂、人造脏器和骨骼等的材料。

无机盐　inorganic salt　由金属离子或铵离子与无机酸根阴离子组成的物质。绝大多数无机化工产品都属无机盐。但中国的无机盐工业人为地不包括两碱（纯碱、烧碱）、化肥、原盐和无机颜料，但却把多种无机酸、无机碱和单质元素的生产列入无机盐工业。无机盐的品种非常多，包括多种无机酸（如硼酸、铬酸、砷酸、磷酸、氢溴酸、氢氟酸），无机碱（如钡、铬、镁、锰、钙、锂、钾等的氢氧化物），无机的氮化物、氟化物、氯化物、溴化物、碘化物、氢化物、氰化物、碳化物、氧化物和硫化物等，以及钾、钠、磷、氟、溴、氯、碘等单质。大多数无机盐均以矿石为原料，或利用一些工农业副产品或废料生产。需要采用多种加工方法、几乎各种化学反应过程、单元操作过程及设备。

营养学上将维持人体正常生理功能所必需的无机盐中某些元素称为矿物质。

无脊椎动物　invertebrate　动物界中除脊椎动物以外的其他动物类群的统称。现存约150万种，绝灭的种则更多。包括35个动物门（不含原生动物门）。无脊椎动物与脊椎动物的主要区别是：①无脊椎动物的神经系统多呈索状且位于消化管的腹面，而在脊椎动物中为管状且位于消化管的背面。②无脊椎动物的心脏或主要血管位于消化管的背面，而脊椎动物的位于消化管的腹面。③无脊椎动物无骨骼或仅有外骨骼，无真正的内骨骼和脊椎骨。④除毛颚动物门外，无脊椎动物皆无肛后尾。

无理数　irrational number　无限不循环十进小数。例如1.010 010 001…，圆周率$\pi=3.141\,59\cdots$等。无理数是由于人们度量线段长度的需要而产生的。大约在2000年前，古希腊人发现以一个正方形的边为长度单位去量这个正方形的对角线，对角线的长度不能用有理数表示。原因是：根据勾股定理，对角线长度l必须满足$l^2=1^2+1^2$，即$l^2=2$。但又能证明，任何一个有理数的平方都不等于2，从而也就证明了没有一个有理数能表示对角线的长度。为了使任意线段的长度都能用数表示，只好引进一种新的数，即无限不循环的十进小数，并称为无理数。表示上述正方形对角线长的数是一个无理数，用符号表示为$\sqrt{2}$，其值等于1.414 213…。

《无量寿经》　*Sukhāvatī-vyūha*　北传佛教净土宗三部经之一。见净土三经。

无明　avidyā　佛教术语。意为“痴”、“愚痴”。与惑是同义词。既是十二因缘中的一个环节，也是“三毒”的根本烦恼的一个方面。《俱舍论》中说痴的本质就是不了解“谛宝业果”，亦即不知道何谓四正谛，不敬三宝，无知而无畏因果报应。在佛教看来，无明是对人世真实的无知，是根本的烦恼，是从过去到现在到未来的轮回的根本发动力。大乘佛教中，无明已经不仅仅是对人生真实的无知，而是人心的一切虚妄分别是非的活动。《大乘起信论》说：“一切法本来唯心，实无于念，而有妄心，不觉起念，见诸境界，故说无明。”整个世界在人心中唤起的表象和观念都是无明幻妄的结果。

无期徒刑　life imprisonment　剥夺犯罪人的终身自由，并对其实行强制劳动和教育改造的刑罚。它是剥夺自由刑中最严厉的一种，其严厉程度仅次于死刑。其适用对象是罪行严重、但不必判处死刑而又需要与社会永久隔离的犯罪人。

无期徒刑具有以下特征：①剥夺犯罪人终身自由。但是，根据《中华人民共和国刑法》的规定，被判处无期徒刑的犯罪人，只要在服刑期间有悔改表现符合法定条件的，有可能对其适用减刑或假释。从执行无期徒刑的实际情况来看，大量的罪犯并没有被关押到死，而是最终回归社会。所以中国的无期徒刑并不意味着断绝犯罪人的再生之路。②判决执行之前先行羁押的时间不能折抵刑期。③强制犯罪人参加劳动，接受教育和改造。④对被判处无期徒刑的犯罪人，应当附加剥夺政治权利终身。在无期徒刑减为有期徒刑的时候，应当把附加剥夺政治权利的期限改为3年以上10年以下。

无穷小量 infinitesimal 以零为极限的变量。微积分中的基本概念之一。比如当$n\to+\infty$时，$1/n$及e^{-n}都是无穷小量。又如当$x\to0$时，x^2及$\sin x$都是无穷小量。一般说来，若$x\to a$时，$f(x)\to0$，则称$y=f(x)$是一个无穷小量。显然，两个无穷小量之和、差、积都是无穷小量，但两个无穷小量之比不一定是无穷小量。比如：$x\to0$时，x与$\sin x$都是无穷小量，但$\lim\limits_{x\to0}\frac{\sin x}{x}=1$。

无人驾驶飞机 pilotless airplane 无驾驶员或驾驶（控制）员不在机内的飞机。简称无人机。无人机可以是专门设计，也可以用已有的飞机或导弹改装而成。无人机质量轻、尺寸小、成本低、机动性高、隐蔽性好、飞行时间长，特别适宜于执行危险性很大的任务。20世纪60年代以前主要用作靶机。微电子技术、控制和导航技术的飞速发展，为无人机发展提供了技术基础。无人机的应用领域不断扩大，在军事上用于侦察、监视、通信、反潜、骚扰、诱惑、炮兵校正、电子对抗和对地攻击等。在国民经济上用于大地测量、气象观测、城市环境监测、地球资源勘探、森林防火和人工降雨等。在科学研究上用于大气取样、新技术研究验证等。

中国“长空”1号靶机

无人机的机体与飞机大致相同。机载飞行控制系统中除自动驾驶仪外还可以有程序控制装置、电子计算机、自动导航系统、遥控接收机、电视摄像机、遥测系统、自动起飞和着陆系统等设备，地面、舰上或母机遥控站的人员通过雷达等设备，对无人机进行跟踪、定位、遥控、遥测和数据传输。无人机的主要控制方式有无线电遥控和自动程序控制。无人机可由地面起飞或由母机带到空中投放，或沿导轨发射。大多数无人机是多次使用的，主要回收方式有自动着陆、降落伞回收、空中回收、拦网回收。

无融合生殖 apomixis 由种子直接产生与母本基因型相同的后代的无性生殖方式。不经过雌、雄性细胞融合，直接由营养体细胞或未进行减数分裂的大孢子母细胞发育成无性胚或无性种子。无融合生殖是无性胚和无性种子的生殖。无融合生殖在高等植物中普遍存在，在藻类和蕨类植物中也有报道，但迄今在苔藓和裸子植物中却很少报道。

被子植物的无融合生殖方式有如下4大类：①营养繁殖。见植物营养繁殖。②在减数的胚囊中的无融合生殖。包括单倍体孤雌生殖、单倍体孤雄生殖和无配子生殖。前两种在自然界罕见，其产生的单倍体植株不能产生后代，但通过人工染色体加倍，可得能育的纯合二倍体植株，因而在育种实践上有很大的意义。③在未减数的胚囊中的无融合生殖。包括两种形式：一种是二倍体孢子生殖，又称种细胞无孢子生殖，由二倍体的胚囊中的卵细胞不经受精发育成胚。另一种是体细胞无孢子生殖，胚囊由珠心细胞起源，在这种二倍体胚囊中的卵细胞以孤雌生殖的方式（二倍体孤雌生殖）发育成胚。偶尔有由胚囊中其他细胞产生胚的。见于极地早熟禾及还阳参属、毛茛属、悬钩子属等。④从珠心或珠被细胞产生胚，又称不定胚发生。不定胚是由珠心或珠被细胞直接发育。在发生不定胚的胚珠中，胚囊是正常发育的，预定形成胚的胚珠细胞进行活跃的分裂形成细胞群，并逐渐推进至胚囊中继续发育为与合子胚相似的胚状体。不定胚主要见于芸香科、仙人掌科、黄杨科、大戟科、桃金娘科、兰科和菊科。

无神论 atheism 否定神（上帝）的存在和灵魂不灭的观点。与有神论相对立。无神论作为一个概念最早出现在古希腊文献中。古希腊哲学家苏格拉底被雅典法庭指控为无神论者而被处死。无神论与唯物主义有密切的联系，历史上的无神论者一般是唯物主义者，崇尚理性与科学，彻底的唯物主义者一定是无神论者。

《无声诗史》 中国明末清初画史著作。姜绍书撰。姜绍书，字二酉，号晏如居士，丹阳人。明崇祯三年（1630）曾参中府军事，十五年（1642）任南京工部郎中。他工绘画，善鉴别，尤喜考究画家原委，另著有《韵石斋笔谈》等。

《无声诗史》全书7卷。成书于清康熙十八年（1679）后。卷一至卷四为正编，记明洪武至崇祯270余年间的画家201人；卷五记明代女画家22人；卷六、卷七为附录，记明代其他已无真迹、水平不高或偶尔作画者247人。此书据黄庭坚“淡墨写出无声诗”的诗句取名，虽名为画史，实际上只是散列了明代画家470余人的传记。因其书除征引王穉登《吴郡丹青志》外，材料多系自行采择，对同时期画家的记述多得自直接见闻，所以对研究明代画史有不可替代的资料价值。

无水平版印刷 waterless lithography 去除润版药水的一种胶版印刷技术。习称无水胶印。一般的胶版印刷，为了不使空白部分着墨，要涂上可拒墨的润版药水。但润版药水在生产过程中容易招致版面起脏和色泽下降，而且含于药水中的有机溶剂极易污染环境。1970年，美国开发出不使用润版药水的技术。80年代后，日本人在此基础上，尝试在空白部分涂上硅质橡胶，从而实现不用润版药水也能完成胶印任务。无水胶印既可获得高品质的精细画面，又节省了工时和加放纸，更重要的是生产中不排放有机溶剂气体而减轻环境污染。现以感光性树脂为原料制作版材，以不会污染环境的大豆油油墨取代特制的油墨，因而使广泛应用无水胶印成为可能。

无损检测 nondestructive testing and evaluation 在不损伤被检对象的条件下，检查物体的内部或表面缺陷，或测定其某些物理量、性能、组织状态等，从而对生产制造过程中材料、零部件和最终产品的性能及质量进行检测与评定，以及对产品在服役过程中的使用可靠性进行评定的技术。

常用传统无损检测技术有磁粉探伤、渗透探伤、射线探伤、超声检测、涡流检测等。现代无损检测技术包括射线检测、声学方法检测（超声、声发射、声-超声、声振、声全息和声显微镜方法）、电学方法检测（涡流检测、电位差和交流场检测、电流微扰检测）、磁学方法检测（磁粉检测、漏磁场检测、巴克豪森噪声检测、磁声发射检测）、微波与介电测量检测、光学方法检测、热学方法检测、渗透法检测等。

在应用无损测试方法测定物理量、性能、组织状态等方面，最先获得应用的是以超声波和射线方法测定材料厚度。20世纪60年代起，已能用声学和超声法测定球墨铸铁的球化程度、灰铸铁的石墨状态和强度、钢的淬硬层深度、金属材料的晶粒度和弹性模量等，用电磁和涡流法测定金属材料的硬度、成分、热处理状态和镀层厚度等。声发射检测、超声自动扫查成像检测技术、相控阵超声成像检测技术、中子射线照相法、工业CT、激光全息照相法、超声全息照相法、红外检测、微波检测等无损检测新技术已得到发展，进一步扩大了应用领域。

无套裤汉 sans-culottes 法国大革命时期对城市平民的称呼。当时法国贵族男子盛行穿紧身短套裤，膝盖以下穿长筒袜；平民则穿长裤，无套裤，故有无套裤汉之称。原是贵族对平民的讥称，但不久成为革命者的同义语。

巴黎无套裤汉

无套裤汉的主要成分是小手工业者、小商贩、小店主和其他劳动群众，也包括一些富人。他们是城市革命的主力军，是大革命中几次武装起义的参加者。他们虽不构成统一的阶级，但在推翻王政、建立共和国以及推动雅各宾派实行恐怖统治、抗击外国武装干涉等方面发挥了极大作用。

1794年7月27日发生推翻雅各宾派M.-F.-M.-I.de罗伯斯比尔政权的热月政变后，无套裤汉受到压制，逐渐消沉。

无题诗 titleless poem 一般说有两种含义：一是指中国诗歌早期无标题阶段的诗，像上古歌谣，以至《诗经》中的诗篇，原本无题目，现有标题都是后人所加，其方式一般是取诗篇首句，或择其中的一两个字来作为标示，如《关雎》、《硕鼠》等。二是指古典诗歌中作者有意标名为“无题”的作品。历史上较早写无题诗，而且数量多、影响大的是唐代诗人李商隐。在其诗集中以“无题”标目的诗有近20首，另外还有像《锦瑟》、《碧成》等采用诗中首二字标题，与诗意无关，也等于“无题”。这些诗之所以标为“无题”，是因为其中或隐含着作者不愿公开的爱情事件，或者寄寓着某些政治内容怕触及时讳，或在仕途上向人陈情干谒不便直说等，因而隐约其辞，归之为“无题”。自此以后，便时有人继作，如晚唐韩偓、吴融，宋初西崑体诗人，都曾仿效李商隐写过无题诗，文学史上遂有无题诗一体。

无体腔动物 acoelomata 三胚层后生动物中，体壁与消化管之间无体腔但充满间充质的动物。包括扁形动物门、颚咽动物门、纽形动物门。曾被认为是最原始的两侧对称动物。广泛分布在海水、淡水中，少数在湿润的陆地生活，也有部分适应于寄生生活。

无体腔动物中胚层间充质是一种网状结缔组织，填充于体内各器官之间，内具网状相连的细胞、未分化的胚性细胞、游离的变形细胞和充满其间的液体，在同化、运输、储存、排泄、生殖等方面均起重要作用，是动物忍耐饥饿和器官系统发展的物质基础。

无体腔动物皆两侧对称，虫体可定向主动运动，排泄系统为纵行排泄管、焰细胞和排泄孔组成的原肾。两侧对称体型和中胚层的出现使动物从附着、漂浮转变为主动运动，为器官系统的发展和分化提供了必要条件，从而成为由水生进化到陆生的基础。寄生的无体腔动物为各种吸虫和绦虫，危害人类和家禽、家畜。

无条件投降 unconditional surrender 战败国向战胜国不附带任何保留条件的投降。意味着战败国权利受到严格限制，一切都必须遵从战胜国的命令和指示，而战胜国的行为则只受舆论和道义的约束。

主要特征是：①双方不举行谈判，战胜国只向战败国传达单边的迫降要求和投降的时间、地点等具体事宜。②战胜国不承认战败国原政府、原政治团体、原领导人的一切政治权力，从投降签字到与战胜国建立正常关系之前，战败国政府的职能由战胜国驻军首脑机构行使。

1945年9月2日，第二次世界大战战败国日本的代表在《日本投降书》上签字

第二次世界大战是以战败国无条件投降的方式结束的。1943年1月24日，美国总统F.D.罗斯福提出“无条件投降”的概念。在战后的武装冲突以及反对恐怖主义行动中，“无条件投降”的概念和方式被经常使用。

无土器时代 Preceramic Period 日本列岛最早出现人类文化的时代。是不伴生有陶器的石器时代。20世纪80年代以前日本考古学用语。又称前绳纹时代。这一时代的文化内涵包括更新世的旧石器时代文化和更新世末期至全新世初期的细石器文化，绝对年代为距今10万～1万年前后。无土器时代最早阶段的文化以旧石器时代中期的群马县权现山遗址1期为代表，石器中以梨形手斧最具特色。其后为岩宿Ⅰ期文化，以近椭圆形的手斧和纵长剥片的石片石器为代表，年代为旧石器时代中期末或晚期初。旧石器时代晚期的文化在日本全境有较多的分布，石制品有石片石器、刀形石器、宽刃石刀、尖状器等。日本的细石器分布很广，类型多样，如细石叶、锥形石核、雕刻器、拇指形刮削器等，石材原料以黑曜石、页岩等为主，在类型和工艺上与中国华北的细石器相似。

无土栽培 soilless culture 不用土壤，利用营养液栽培植物的方法。又称水培（水耕）或营养液栽培。19世纪中期发展了这种方法。到20世纪30年代开始把这种技术应用到农业生产上。

无土栽培分为有固体基质和无固体基质两大类。除营养液是二者共同必需的基质外，前者还用砂、砾石、煤渣、泥炭、锯木屑、泡沫塑料、岩棉等惰性物质为基质，后者则仅用水为基质。常用的有以下几种方式：①水培。不用惰性基质，直接将植物根部浸入营养液容器，并及时供氧、调整pH和更换营养液。②固体培养。植株根系生长在固体惰性基质中，营养液从上面浇入、滴灌入或从下面灌入，定期供液。③营养膜（NFT）栽培。在水培和固体培养的基础上发展起来的一种新技术。

无土栽培突破了土壤、气候条件的限制，在缺乏耕地而有水源的地区都可实行，且可比土壤栽培显著提高产量和产品品质，同时又是生产无公害保健蔬菜的一个重要途径。无土栽培还有省水、省肥的优点，营养液损失一般在10%左右，耗水量只是土培的1/2～1/3。又因不用土壤，可以免除杂草、土传病虫害的侵染和连作的危害，还可摆脱翻地、运肥等繁重体力劳动，还有利于实现蔬菜生产工厂化、自动化。

无为而治 中国古代一种重要的政治理论和政治思潮。主张在人与自然的关系上，各种政治事务应效法自然，顺应自然；在君臣关系上，君无为而臣有为；在君民关系上，君主应尽量减少对民的强制。最早系统阐述无为而治的著作是《老子》。

无为而治是道家政治论的总纲。老子、庄子等认为“道常无为而无不为”，主张治国法自然，尊道德，行“不言之教”，“以无事取天下”。“无为”是手段，“无不为”、“无不治”才是目的，故称之为“为无为”。“为无为”的方略很多：①“绝圣弃智”、“使民不争”、“使民无知无欲”。②“绝仁弃义”。③“无欲”、“无为”。即“治大国若烹小鲜”。④“君道无为”。即“君无为而臣有为”，君主要“善用人”。⑤弱用之术。即贵柔处虚，以静制动，以弱守强，以无为、无私、无欲，成其大为、大私、大欲。⑥返璞归真。老子主张人类复归“小国寡民”的自然境界。庄子则将“无欲而天下足，无为而万物化，渊静而百姓定”的境界称为“至德之世”。

在中国古代思想史、政治史上，无为而治论被视为治国之本。许多思想家将君主无为、君逸臣劳、与民休息等列为基本政治原则，并将无为与刑名法术相结合，提出系统的驾驭臣民的统治方术。

无为而治论作为中国古代统治术的重要渊薮，有六个方面：一曰静因之术。即无欲、藏拙、静观，使臣下不可揣度，从而以静制动，以虚制实。二曰定法分职。即明确职分。三曰循名责实。即审核形名，依职课功，使群臣恪守职责。四曰任能使智。即知人善任，量才而用，充分借重群臣的智慧和能力。五曰尽臣之能。即不可恃才自傲，与臣下争功。六曰赏罚严明。即明赏信罚，能使恶者惧，善者劝，群臣尽职尽责。

许多统治者应用君主无为的政治原则。西汉初年，倡导黄老之学，强调清静无为，奉行与民休息的政策。唐太宗、魏徵等人把君主无为奉为最高的德治典范，主张“君能清静”，“俭以息民”。

少数思想家从老庄的思路中导出无君论，主张人类毁弃一切文明、智慧、欲望、技能，过形如野鹿的“天放”式的生活，完全融化于自然之中。“自然无为”的极致是无政府、无政治，这就为无君论提供了思想材料。

无尾目 Salientia; anura 两栖纲中种类最多、体形最特殊的一目。又称蛙形目。以蛙和蟾蜍为人熟知。成体无尾和鳃。有20余科300余属3 500余种。除南极洲外，广布于各大洲；在温差小，湿度大的中美、南美和非洲热带及亚热带种类最多，个别种达北极圈南缘。中国已知近230种，分隶7科25属，约有2/3的种主要分布于横断山脉和青藏高原地区。角蟾亚科的属种在中国最多，髭蟾属、齿蟾属等为中国的特有属。

该目动物体宽而短，后肢长，跗部自成一节，适于跳跃或游泳。皮肤一般光滑湿润，有的皮肤上有角质刺，或头顶部皮肤骨质化而全无小鳞。口大，舌后端多游离，可翻出摄食。下眼睑连有透明的瞬膜。眼大，位于头侧，突出时可扩大视野。下颌无齿，上颌一般有细齿。雄蛙一般有共鸣器（声囊）。椎骨一般为10枚，荐椎后为一细长的尾杆骨。脊柱短，弯曲度和灵活性不强。脊柱与后肢的关联由髂骨、后肢骨和尾杆骨部位的肌肉、肌腱而加强，可攀援、跳跃或游泳。多数种类大多“蹲”在以后肢向后掘的浅泥凹内，既可防失水，又能坐待捕食，捕食时后肢仍贴于地面。

体外受精。卵生。幼体体形、食性等与成体迥然不同。蝌蚪有鳃和尾。口部一般有成行的角质小齿和角质颌。以刮取藻类为主，无者以吞食浮游生物为主。蝌蚪先出后肢芽；前肢早期就已发育，变态高潮时伸出体外；尾、鳃萎缩以至消失；器官改组，呼吸和消化器官尤为突出。此时一般不摄食，也不能久潜于水中，否则多溺死。

营水栖、半水栖、树栖、穴居等不同生活方式。一般栖息于各种淡水水域及其附近潮湿的林木草丛中。在黄昏、黎明或雨后的白天活动频繁，觅食各类昆虫及其幼虫和蠕虫等。繁殖习性多样。蝌蚪期有的长达3年；性成熟期短的数月，长的3年以上。一般在冬眠出蛰后抱对产卵，在湿热地区，有的种类可常年产卵。

无我 anātman 佛教教义。又称非我、非身。三法印之一。佛教根据缘起理论，认为世界上一切事物都没有独立的、实在的自性，即没有一个常一主宰的“自我”（灵魂）的存在。原始佛教在《相应部经典》中着重论述了佛教的无我论，如“无常是苦，是苦者皆无我”，“此形非自作，亦非他作，乃由因缘而生，因缘灭则灭”。认为世界上一切事物都不会自生，而是种种要素的集合体，不是固定不变的、单一的独立体，而是种种要素刹那依缘而生灭的。

无我分为两类：①人无我（人空）。认为人是由五蕴假和合而成，没有常恒自在的主体——我（灵魂）。②法无我（法空）。认为一切法都由种种因缘和合而生，不断变迁，没有常恒的主宰者。小乘佛教一般主张人无我，大乘佛教则认为一切皆空，法的自性也是空的，一切法的存在都是如幻如化。因此不仅主张人无我，而且主张法无我。

无污染工艺 non-polluting process 工业生产中采用无毒或低毒原材料取代有毒原材料，或采取新的生产技术和设备等，以消除或减少污染物的产生或排放的生产工艺。见清洁生产。

无锡市 Wuxi City 中国江苏省辖地级市。位于省境南部，南临太湖。辖崇安、南长、北塘、滨湖、锡山、惠山6区，代管江阴、宜兴2县级市。面积4 785平方千米。人口637万（2010），有汉、回、维吾尔等民族。汉高祖五年（前202）置无锡县，1949年析无锡县置无锡市。地形以平原为主，低山、丘陵散布。矿产有陶土、石英石、大理石、煤、铁等。在历史上民族工业比较发达。明代已有陶瓷、缫丝、织布等近代工业。工业有纺织、机械、电子、冶金、化工、建材、食品、医药等。主要农作物有水稻、小麦、油菜等。名特产有清水油面筋、无锡酱排骨、水蜜桃、宜兴陶瓷、惠山泥人。高等院校有江南大学等。源于无锡的锡剧是江苏主要地方剧种之一。旅游资源丰富，是环太湖风景名胜区的重要组成部分，名胜古迹有蠡园、梅园、寄畅园、鼋头渚、东林书院旧址、徐霞客故居、晴山堂石刻和锡山等。

无锡市江南名园蠡园

无线电 radio 电子技术最初的称谓。无线电电子学、无线电通信和无线电技术被统称为无线电。随着科学技术的发展，以研究电子运动规律的电路成为主体以后，无线电这一名词逐渐被电子学所代替。

无线电这一名词还被使用在其他方面，如无线电通信、无线电遥控、无线电导航等，都是相对有线这一概念而言的。

无线电波传播 radio wave propagation 关于无线电波在地球、地球大气层和宇宙空间中传播过程的理论。又称电波传播。无线电波受介质和介质交界面的作用，产生反射、散射、折射、绕射和吸收等现象，使无线电波的特性参量如幅度、相位、极化、传播方向等发生变化。无线电波传播研究无线电波与介质间的这种相互作用，阐明其物理机理，计算传播过程中的各种特性参量，为各种电子系统工程的方案论证、最佳工作条件选择和传播误差修正等提供数据和资料。根据电波传播原理，用无线电波来进行探测，是研究电离层、磁层等的有效手段。无线电波传播为大气物理和高层大气物理等的研究提供探测方法，积累大批资料，提供数据分析的理论基础。

无线电波传播所涉及的介质有地球、地球大气、日地空间和星际空间等，以及人工产生的介质，如火箭喷焰等离子体和飞行器再入大气层时产生的等离子体等。它们也是无线电波传播的研究对象。主要研究地下电波传播、地波传播、对流层电波传播、电离层电波传播和磁层电磁波等。这些介质在传播过程中的作用可以分为三种类型：①连续的（均匀的或不均匀的）传播介质。如对流层和电离层等。②介质间的交界面（粗糙的或光滑的）。如海面和地面等。③离散的散射体。如雨滴、雪、飞机、导弹等，可以是单个的，也可以是成群的。由于这些介质的特性多数随时间和空间而随机地变化，所以与它相互作用的波的幅度和相位也随时间和空间而随机变化。因此，介质和传播波的特性需要用统计方法来描述。

无线电导航 radio navigation 利用无线电引导飞行器沿规定航线到达目的地的航行技术。利用无线电波的传播特性可测定飞行器的方位、距离和速度，算出与规定航线的偏差，由驾驶员或自动驾驶仪操纵飞行器消除偏差以保持正确航线。

无线电导航系统有无线电罗盘、伏尔导航系统、塔康导航系统、罗兰C导航系统、奥米加导航系统、多普勒导航系统、卫星导航系统以及全球定位系统等。

无线电导航系统可分为振幅式、频率式、时间式（脉冲式）和相位式4种。也可根据要测定的导航参量将无线电导航系统分为测角（方位角或高低角）、测距、测距差和测速4种。现代还根据无线电导航设备的主要安装基地分为地基（设备主要安装在地面或海面）、空基（设备主要安装在飞行的飞机上）和卫星基（设备主要安装在导航卫星上）3种。根据作用距离分为近程、远程、超远程和全球定位4种。

无线电探空仪 radiosonde 能测量地面层以上自由大气各高度上一个或几个气象要素，并能发送所测得的信号的无线电探测仪器。简称探空仪。探空仪可使用一定的方式升空，如随气球、风筝、模型飞机上升；或使用定高气球、飞机、火箭携带至较高的高度实施下投，随降落伞或重力气球随风降落。

探空仪包括感应元件、将感应的量转变成电信号的信号变换器、将信号发回到地面接收站的无线电发射机以及电源。早期的感应元件多为机械位移式，如金属空盒、双金属片和毛发等；后期转而应用电测感应元件，如单晶硅压敏片、热敏电阻和聚酰亚湿层的湿敏电容。信号变换器则将机械位移式感应元件的测量结果转换成电码，将电测感应元件的测量结果转换成模拟或数字信号。这些转换后的信号通过编码调制在无线电发射机上，将信号发回地面接收站。

无线电通信 radio communication 利用空中无线电波传输信息的通信方式。无线电通信中，首先通过发末端设备把要传输的信息变换成低电频信号。为使信号能在无线信道中传输，在发送设备内需要完成信号的高频载波调制，经功率放大后送到发射天线。天线把高频电信号转换成无线电波后送入空中，并通过介质传输到收信端。在收端，无线电波被转换成高频电信号后送入接收设备。接收设备对接收到的微弱高频信号进行滤波和放大，还原成相应的低频电信号，再转换为信息。无线电通信按所用波段的不同，可分为甚长波、长波、中波、短波、超短波、微波和毫米波通信等。

无线电通信的特点是能迅速建立通信，能与运动中方位不明的或被障碍物阻隔的对象建立通信联络，在与飞机、舰艇、坦克等运动目标联络时，是唯一的通信手段。缺点是无线电信号易被敌方接收、测向和干扰，传输易受天候和各种干扰的影响。

无线电运动 radio sports 使用无线电器材进行业余训练和竞赛的一项活动。世界各国开展业余无线电运动的项目名称、组织形式和活动内容不尽相同。业余无线电活动内容丰富、形式多样，具有较高的科技含量，并有一定的实用价值。业余无线电爱好者曾经为无线电技术的发展作出过很大贡献。早在20世纪初，无线电爱好者就试验成功短波频率的远距离通信，发现了电离层传播。100年来他们在实现单边带通信、开发低轨卫星通信应用等多方面有许多新发现。中国的业余无线电活动始于20世纪20年代东部沿海城市。1940年，业余无线电爱好者成立了中国业余无线电协会，并规定每年5月5日为“中国业余无线电节”。1945年此会取得国际业余无线电联盟席位。中华人民共和国建立初期构建了国防体育的无线电运动体系，先后设立了快速收发报、无线电工程制作、无线电测向、无线电通信多项、业余电台通信5个项目。1964年，中国无线电运动协会成立，1984年加入国际业余无线电联盟。80年代，中国恢复开放了集体业余电台活动，1992年恢复开放了个人业余电台。开放政策使活动的普及规模、领域宽度和技术水平都迈进了一大步。

无效婚姻 void marriage 因欠缺婚姻成立的法定要件而不发生法律效力的婚姻。无效婚姻和得撤销婚姻有所不同。前者为自始当然无效，后者则在许多国家须经诉讼程序，从宣告撤销时起丧失婚姻的效力。

《中华人民共和国婚姻法》(下称《婚姻法》)（2001）规定，无效婚姻及得撤销婚姻均自始无效。凡重婚、有禁止结婚的亲属关系、未到法定婚龄及在婚前患有医学上认为不应结婚的疾病婚后尚未治愈的，均为无效婚姻。因胁迫结婚的，受胁迫的一方可以向婚姻登记机关或人民法院请求撤销该婚姻。受胁迫的一方撤销婚姻的请求，应当自结婚登记之日起一年内提出；如当事人被非法限制人身自由，应自恢复人身自由之日起一年内提出。《婚姻法》还规定，无效或被撤销婚姻的当事人双方，不具有夫妻的权利义务。被宣告无效或被撤销的婚姻，当事人同居期间所得的财产，按共同共有处理。但有证据证明为当事人一方所有的除外。对重婚导致的婚姻无效的财产处理，不得侵害合法婚姻当事人的财产权益。《婚姻法》还规定，无效婚姻及被撤销婚姻当事人所生子女，适用该法有关父母子女的规定。

无行为能力人 disabled person 不能为有效法律行为的人。他们不能因其所为法律行为取得权利和承担义务。一般分为：①幼年人。罗马法以不满7岁为幼年人，《匈牙利人民共和国民法典》曾规定以不满12岁为幼年人。②精神病患者不能独立处理自己事务，经法院宣告为丧失行为能力的人，在西方一些国家称为禁治产人（见司法精神病鉴定）。禁治产制度是为保护其本人的利益，同时也保障交易的安全，以免对方当事人因法律行为的无效而蒙受损失。自罗马法以来，各国立法对无行为能力人都设置监护人，监督和保护他们的人身和财产等权利（见监护）。《中华人民共和国民法通则》规定：不满10周岁的未成年人和不能辨认自己行为的精神病人为无民事行为能力人。精神病人之为无民事行为能力人的，应经法院宣告。精神病人的利害关系人可以向人民法院申请宣告精神病人为无民事行为能力人，被人民法院宣告为无民事行为能力人的，根据他健康恢复的状况，经本人或者利害关系人申请，人民法院可以宣告他为限制民事行为能力人或者完全民事行为能力人。见自然人、民事行为能力。

无形损耗 intangible depreciation 由于科学技术进步、社会劳动生产率提高而引起的机器设备等固定资产贬值。又称精神损耗或精神磨损。有形损耗的对称。

产生无形损耗的原因主要有：①由于劳动生产率的提高，再生产费用降低，因而使原有的固定资产相应贬值。②由于科学进步或新发明的问世，出现了新的性能更好、效率更高的机器设备，致使原有固定资产的使用效率相对下降而发生贬值，或者由于不得不提前报废而引起价值损失。

预防和尽量减少无形损耗的主要途径与措施是：①在确定固定资产特别是机器设备的更新周期和折旧率时，应采取分类计提折旧和快速折旧等方法。②重视和加强对原有固定资产的技术改造，尽量减少因技术陈旧、工艺落后、效率低下而造成的无形损耗。③推行集约化经营战略，尽可能避免片面追求外延性扩大再生产而产生的忽视技术进步，不注重提高现有设备技术水平和生产效率的倾向，以及因此而造成的巨大无形损耗。

无形资产 intangible assets 不具有物质实体、能为企业提供未来经济利益的非货币性长期资产。分为可辨认无形资产（包括专利权、专有技术、商标权、著作权、土地使用权等）和不可辨认无形资产，即商誉。

对外购的无形资产，应以实际支付的价款为实际成本；企业自行开发并按法律程序申请取得的无形资产，仅按依法取得时发生的注册费、聘请律师费等费用，作为无形资产的入账价值，此前发生的所有研究与开发支出，均作为发生当期的费用；只有外购商誉才可确认。

无形资产的入账成本应在估计受益期内合理地予以摊销，通常采用直线法直接冲减无形资产账面价值。对无形资产将来为企业创造的经济利益还不足以补偿无形资产成本（摊余价值）的部分，应计提减值准备。

无性生殖 asexual reproduction 亲体不通过性细胞的结合，由母体直接产生后代个体的生殖方式。又称无配子生殖。多见于无脊椎动物。脊索动物中的尾索类也进行无性生殖。各式无性生殖的共同特点是新个体的细胞在遗传物质组成上和亲代的体细胞相同，一般都是含有相同数目染色体的二倍体细胞。无性生殖不经复杂的胚胎发育，也不发生遗传信息的重组，所以子代的遗传物质基础和亲代完全相同。由一个亲体经无性生殖产生的各子代个体都可形成一个无性繁殖系或克隆。无性生殖有利于处在适宜环境下的个体快速增殖，扩大种群数量。在原生动物中，这种生殖仅是以细胞分裂方式产生新个体。多细胞动物由于细胞和组织的分化程度越来越高，其无性生殖必须由成群的细胞或动物身体的特定部位来承担。

分裂 动物身体直接进行分裂，分裂后每一部分都成为一个完整新个体。

二分裂 一个亲体大致均等地分裂为两个新个体，常见于原生动物。分裂面通过虫体长轴时称纵分裂，如绿眼虫。分裂面与虫体长轴垂直的则称横分裂，如尾草履虫。

复裂 群体鞭毛虫的无性生殖为典型复裂。组成这类动物的营养个员都有一定数目。当环境条件适合时，各营养个员同时进行复裂，从而分别发育为与亲体组成相同的新群体。

质裂生殖 多核原生动物进行这种生殖，在其增殖期间细胞核不分裂，只由细胞质连同原有细胞核分成两个或多个新个体。

胞囊生殖 有些淡水纤毛虫在环境不适时形成胞囊。其过程包括失去运动细胞器，排出食物胞内含物，由伸缩胞排出体内水分和泌成胞囊等。此种进入休眠期动物待环境转好后，即行分裂。

断裂生殖 沿动物身体主轴横断为两部或多部，然后由各部分发育成新个体的方式，见于扁形动物中的单肠类和环节动物中的多毛类及寡毛类。

出芽生殖 分外出芽与内出芽2种。

外出芽 开始时是从亲体上生出的小突起，后经分化和长大而成为群体中的个员。有的脱离母体，成为独立新个体。原生、多孔、腔肠、蠕虫、苔藓和尾索等类动物都有此种生殖方式。

内出芽 芽体在动物体内生成。其中最简单的是壳吸管虫的内出芽生殖。在此过程中，虫体局部向内凹入以形成胚体。这时亲体中大小核都进行分裂，所生子核进入胚体内。由此胚体长成的具纤毛幼虫脱离母体后，在水中游动，经变态后成为营附着生活的成体。

内出芽的另一种方式是芽球萌发，见于淡水海绵中。在环境不适宜的情况下，其中胶层内的一部分原生殖细胞聚成芽球的本体部分，外包以膜和骨针，整个坚硬的球形体称为芽体。当春天环境适宜时，芽球内的原细胞由芽球孔生出，经过一系列分化和发育过程最后形成新个体。

现存动物中进行无性生殖的只占少数，但这种繁殖方式在动物生殖中有独特作用，因而能在长期进化中得到保留和发展。

无序体系 disorder system 无一致性和规则性的体系。有序和无序是适用于物理学、化学、生命科学，甚至经济学和社会学的广泛概念。在物理学中，则常用来描述物质结构的特征。对气体，分子的平动、转动和组成分子的原子之间的振动都是无规的，具有高度无序的特点。对晶体，粒子在空间的排列具有高度有序的特点。对液体或非晶态固体则是近程有序、长程无序。凝聚态物质往往是在部分有序体系中包含了某种无序体系。这种无序体系可有各种形式，除上述液态的长程无序外，还有晶体的成分无序（完整晶格中被另一种原子无规地占据，二元固溶体合金即属此种无序体系）、位置无序（近邻原子的空间排列作无规分布，许多非晶态金属和合金即属此类）和形貌无序（点阵的形貌发生无规则的畸变，使配位数、键角和键长等呈无序状态，非晶态锗和硅中常见此类无序体系）。向列型液晶中的分子取向是高度有序的，但分子的质心却是无序体系。构成晶体的分子的质心可以高度有序，但分子的取向、电子自旋等都是无规的，等等。同一物质的有序和无序可以相互转化，相变就是这种转化过程。

在平衡态热力学理论中，热力学概率W给出了系统微观状态无序性的精确定义，故W可称为“无序性参量”。根据玻耳兹曼公式（系统的熵$S=k\ln W$，k为玻耳兹曼常数），态函数熵实际上是对系统无序性的定量量度。熵的增加必定伴随着分子在空间的分布和能量分布的混乱度（即无序性）增大。物质从晶态→液态→气态的相变过程中，熵的增加反映了物质微观结构无序性的增加。在一孤立系统（与外界无能量和物质的交换）中，所发生的过程总是沿着无序性增加（熵增加）的方向进行。但在一开放的、远离平衡态的系统中，过程可能沿熵减小的方向进行，从而形成高度有序的结构，称耗散结构。这种涉及非平衡态热力学和统计力学的研究课题已成为热力学和统计物理学中最活跃的前沿。在固体物理中，对固体的表面和界面、铁磁性、超导电性、新型复合材料和非晶态固体等的研究都涉及物质状态的有序性和无序性。

无烟煤 anthracite 煤化作用程度最高的煤。黑色至黑灰色，强金刚光泽、似金属光泽以至金属光泽，致密坚硬，条带状结构不明显，各种煤岩组分和类型区别不明显，是所有煤中挥发分值最低（小于10%）、固定碳最高(大于90%)、热值最高（发热量大于8 650千卡/千克）的煤，燃烧时无烟并且耐烧。中国无烟煤按挥发分值和氢含量还可细分为3个小类。无烟煤一号，挥发分小于3.5%，低灰、低硫者是制造碳素材料的原料；无烟煤二号挥发分为3.5%～6.0%，是合成氨和碳化工产品的重要原料；无烟煤三号，挥发分为6.5%～10.0%，可用作高炉喷吹燃料，以代替部分焦炭。中国无烟煤蕴藏量和产量很丰富，华北石炭、二叠纪煤盆地中部赋存有大量的无烟煤，华南四川盆地以东的煤大多为无烟煤，质量最好的无烟煤产于宁夏贺兰山汝箕沟和内蒙古古拉本的中侏罗统。

无意识 unconscious 精神分析学说的基本概念。指被压抑的、当时知觉不到的本能欲望和经验，它处于人的心理结构的深层。又称潜意识。S.弗洛伊德认为，正常人的部分精神活动是在无意识水平进行的，而且大部分日常行为也受无意识驱动。一个人如果把生活中所有的愉快或不愉快的信息或经验都保存在意识中，那是承受不了的。于是，那些为自己的道德理智所不容的欲望就被排挤到无意识领域中，这一过程被称为压抑。被压抑的愿望主要是与幼儿时期性发育过程中的创伤性经验有关，其中压抑在无意识最底层的欲望是幼儿时期的性欲。无意识也是人类心理原动力所在，其活动遵循“快乐原则”。因此，这些活动的内容、观念或欲望如要进入意识，就会受社会道德标准的检验而遭到拒绝；但如不闯入意识，就得不到满足。为了使这些被压抑的观念或欲望能出现在意识中，只能伪装、变相出现而获得间接满足。梦就是被压抑的愿望获得满足的形式。神经症患者的各种症状，以及正常人偶尔的失误如笔误、口误、做错事或暂时遗忘等都是变相满足的表现形式。

无影山陶塑 pottery sculptures in Wuying Hill 中国西汉初期墓葬雕塑。无影山位于山东省济南市北郊，其南坡为一处西汉墓群。1969年于11号墓出土一组彩绘舞乐、杂技、宴饮陶俑。陶俑计21个，固定在一陶盘上。盘长67厘米，宽47.5厘米，中间有7人分两组表演。左边2女子，长髻垂于背后，著修长花衣，相向起舞。右边4男子，身穿紧身及膝短衣，表演杂技，其中2人倒立，2人表演柔术。乐队在陶盘后沿，一列男女8人（残失1人），或跽坐吹笙、鼓瑟，或敲钟、击鼓。陶盘左右两端有7人，长衣广服，袖手而立，似在观赏。其中右侧3人戴冕形冠；左侧4人，发束顶上成环状。这组群像有动有静，在总体设计上具有强烈的艺术效果。此墓另出土有陶车马及鸠形陶鸟2只。车朱篷朱轮，3匹白马驾辕，2匹红马为前导。陶鸟一白一红，1鸟两翼负彩色陶壶；另1鸟两翼载鼎，鼎间立3人。此种鸟载鼎壶的形象尚属罕见。

无影手术灯 surgical light 外科手术中使用的照明灯具。能根据医生在手术过程中的要求，调节照明方向、光斑面积和照度高低。由光源、光学部件和机构部件（包括外壳、内外电子和电气控制部件）等组成。有无影、冷光、高照度等特点，并有手术所要求的色温。

无影 手术的照明区域内不应有医生的头、手和手术器械产生的影子，以保证清晰地看到手术内腔的器官、组织和血管，同时亦能看清内腔深部的情况。

高照度 在手术照明区域500平方厘米内，可达到27 000勒以上，有的甚至达80 000勒的照度，以维持医生在一个较好的视觉功能水平上进行操作。

冷光 为减少高照度灯光对医生头部、颈部造成的热感，以及对手术面上神经、肠之类的娇嫩忌热和容易干燥的器官的损害，要求最大光照度处的热量不能大于25 000毫瓦/厘米^2。

光色 为正确反映手术区内病灶的颜色，同时与医生日常习惯的光色一致，要求光的色温为3 500～6 000K。通常采用卤钨灯作光源。

无震海岭 aseismic ridge 地震活动甚少的海底山系。又称不活动海岭。地形起伏不大，两坡较陡，顶面较平坦，绵延700～5 000千米，宽250～400千米，高出洋盆2 000～4 000米，常有局部露出水面而成为大洋岛屿的，如夏威夷群岛。主要分布在岩石圈板块内部，没有裂谷和转换断层。岩石种类较多，有拉斑玄武岩、碱性玄武岩及其他碱性岩类、中酸性岩等。无震海岭的地壳较周围洋盆厚得多，一般可达20千米。有些花岗岩质的无震海岭，可能是古陆的残余部分。成因众说纷纭：有人认为是由地壳断块垂直运动而形成的；有人认为是由海底火山沿裂隙喷发出的岩浆所形成；美国W.J.摩根（1972）依据无震海岭的地质年龄沿一定方向递增的现象，进一步验证了J.T.威尔逊（1963）提出的热点假说，认为热点处的火山活动源地固定在地幔深处，当板块移动至热点之上时，随着热点处的岩浆喷发而形成火山，从而发育了无震海岭。

无政府主义 anarchism 一种认为国家和政府是有害的和不必要的，主张取消国家和政府，建立没有任何政治权威的、绝对自由的社会的思想。又译安那其主义。无政府主义的主要代表人物是P.-J.蒲鲁东和M.A.巴枯宁。

蒲鲁东在1840年出版的《什么是所有权》一书中最早提出了“无政府主义”这一概念，并明确宣称自己是“一个名副其实的无政府主义者”。他反对私有制，提出“所有权就是盗窃”，认为“强权”和“诡计”是所有权的基础。强权产生剥削、奴役、高利贷、战争赔款和繁重的各种捐税；诡计则产生社会各种欺诈行为和不平等。蒲鲁东虽然反对私有制，但也反对革命和共产制，主张通过社会改良建立一个无政府而有秩序的社会。

巴枯宁则提出，国家是权力和监护原则的历史组织，是官僚集权的强力机构；政府是一种强制力量，它造成人类的屈从，是对自由的否定，是产生一切邪恶的根源。主张立即推翻和废除现有的一切国家，建立一种无法律、无政治权威的绝对自由的社会。

从19世纪40年代开始，无政府主义在国际工人运动中产生了较广泛的影响。俄国十月革命胜利后，其影响日益削弱。20世纪初，无政府主义传到中国，中国早期较有影响的无政府主义者是吴稚晖、刘师培、张继等人。五四运动后，马克思主义者与无政府主义者展开激烈的思想论战，使许多知识分子认清了无政府主义的错误，找到了拯救中国的正确道路。

无著 Asaṅga 古印度大乘佛教瑜伽行派理论的创始人之一。活跃于公元4～5世纪。据真谛撰《婆薮槃豆法师传》，生于北印犍陀罗国的布路沙城（意译丈夫城），婆罗门种姓。初习小乘，于说一切有部出家，但未能领悟空义的本质，深感苦恼；后修习小乘空观，仍感不满足。遂改信大乘，传习弥勒的瑜伽大乘学说，与其弟世亲将庞大的瑜伽行学说的教义，整理归纳成更为合理紧密的体系，弘扬于世，并以唯识说统一其体系，最终促成瑜伽行派的完成。无著的学说，提出了“分别自性缘起说”、“三性说”、“中道观”，并在方法论上运用了因明并加以发展。著有《摄大乘论》、《显扬圣教论》、《大乘阿毗达磨集论》、《金刚般若经论》、《六门教授习定论》、《顺中论》等。

无罪推定 innocence, presumption of 任何人在未被依法确定有罪以前，应当被推定为无罪的人。刑事诉讼中一项重要的民主原则。

在封建君主专制国家的刑事诉讼中，实行有罪推定，被告人在未确定有罪以前，就被作为罪犯对待。被告人不供认，就要受到拷打。不能证明被告人无罪，就以有罪论处。

针对封建刑事诉讼中的有罪推定，资产阶级在革命时期提出了无罪推定原则。最早提出无罪推定思想的是意大利法学家C.贝卡里亚。1789年法国《人权宣言》最早在法律上规定了这一原则。此后，这一原则被资本主义国家的诉讼理论普遍承认。

世界各国在诉讼理论或立法上还确定了如下一些与无罪推定相联系的规则：证明被告人有罪的责任由控诉人一方承担，被告人没有证明自己无罪的义务；不得强迫被告人证明自己有罪；证明被告人有罪的证据不足时，应作有利于被告人的解释；不能证明被告人有罪，就以无罪处理。

中国1996年修订的《中华人民共和国刑事诉讼法》规定：“未经人民法院依法判决，对任何人都不得确定有罪。”“证据不足，不能认定被告人有罪的，应当作出证据不足、指控的犯罪不能成立的无罪判决。”这表明中国刑事诉讼法吸收了无罪推定原则的基本内容。中国香港、澳门特别行政区的基本法明确规定了无罪推定原则。

无坐力炮 recoilless rifle 利用发射时后喷物质的动量使炮身不后坐的火炮。它体积小、质量轻、结构简单、操作方便，但发射时后喷火焰大、易暴露。主要配用破甲弹和榴弹，射击近距离装甲目标和火力点。按消除后坐方式分为喷管型、戴维斯型，按运动方式分为便携式、车载式、牵引式和自行式，按炮膛结构分为线膛式和滑膛式。现代无坐力炮多为滑膛式。

喷管型无坐力炮主要由炮身、炮架和瞄准装置组成。炮身尾部装有炮闩，闩体上有孔，其后有喷管，炮架与炮身呈刚性连接。发射时，火药燃气推动弹丸向前运动，部分燃气经闩孔上的喷管高速向后喷出，喷出时的动量与射弹和前喷燃气的动量平衡，故炮身不后坐。戴维斯型无坐力炮的炮身无炮闩和喷管，发射药置于身管中部，弹丸置于发射药之前，与弹丸等重的配重体置于发射药之后；发射时，弹丸向前运动，配重体向后抛出，弹丸与配重

日本60式106毫米无坐力炮

体的动量相平衡，使炮身不后坐。戴维斯型的改进型称弩箭型无坐力炮，是在弹丸、配重体与发射药之间各加一活塞，发射时燃气推动活塞分别将弹丸和配重体抛出。

芜湖浆染 Wuhu starch-dyeing 中国明代南直隶芜湖县（今安徽芜湖市）浆染纺织品的行业。明人宋应星《天工开物》中说：各地棉布纺织最佳者是松江布，浆染最佳者是芜湖布。芜湖位于青弋江与长江合流处，交通便利，是长江沿岸的重要港口。贩经芜湖的棉布多在此地浆染加工。芜湖浆染业技术精良，历史悠久，曾浆碾过一种发青光的棉布，为国内外所珍爱。入明以后，又染出一种毛青布，红焰之色隐然，亦一时佳品。

芜湖市 Wuhu City 中国安徽省辖地级市。位于省境东南部，长江下游南岸。辖弋江、三山、镜湖、鸠江4区和芜湖、繁昌、南陵3县。面积3 318平方千米。人口226万（2010）。汉武帝元封二年（前109）置芜湖县，1949年析芜湖县城及其部分郊区置芜湖市。市境地势平坦，河汊纵横。属亚热带季风气候。长江从市西缘流过，青弋江、水阳江、漳河贯穿境内，黑沙湖、龙窝湖、奎湖散布其间。水产品种繁多，鲥鱼、刀鱼、螃蟹是著名的“三鲜”。山区产有名贵中药材丹皮等。农业以水稻为主，盛产油料、棉花等。矿产有铁、铝、锌、钾、硫、煤、白云石、石灰岩、黄沙等。有机械、电子、化工、船舶、建材、医药等工业。水运以长江为主线，芜湖港是长江第五大港口。市区有中江塔、赭山、镜湖、赭塔和广济寺等古迹。境内大工山古铜矿遗址是春秋和汉唐时期中国最大的铜生产基地，为全国重点文物保护单位。

吴 Wu 中国春秋末霸国。姬姓。传说为周文王伯父太伯、仲雍奔荆蛮创建。周武王封其后裔周章为吴君，立国于长江下游一带。吴地盛产优质铜锡，冶炼技术精良，所造兵器驰名天下，遂逐步发展为军事强国。公元前585年，太伯19世孙寿梦始称王，其子诸樊都于吴（今江苏苏州）。后吴王阖闾任用伍子胥、孙武等，于其九年大破楚军，攻占郢都。次年退兵，楚得复国。阖闾十九年吴伐越，战于槜李（今浙江嘉兴），吴败，阖闾受伤而死，太子夫差继立。吴王夫差二年（前494）攻越大胜，越王勾践卑词乞和。夫差遂率吴军北上，征伐鲁、齐等国。十年，吴为争霸中原于邗（今江苏扬州附近）筑城，开凿江淮间的邗沟，为中国运河工程打下了基础。十四年，吴王大会诸侯于黄池（今河南封丘西南）。在吴与晋相争，夺得霸主地位时，越王勾践乘虚攻入吴都，获其太子，夫差不得不匆匆回军，向越求和。从此，吴国势日下，二十三年都城被勾践攻破，夫差自杀，吴国灭亡。

吴 Wu 中国东汉后鼎足而立的魏、蜀、吴三国之一。孙权所建。都建业（即建康）。据有今福建、广东、广西、湖南的广大地区。

吴 Wu 中国五代时十国之一。杨行密所建。都广陵（扬州，今属江苏），称江都府。盛时疆域约为今江西全省及江苏、安徽、湖北的一部分。历4主，共46年。

杨行密为庐州刺史。他在军阀的混战中，相继占领宣州、歙州（今安徽东南及浙江西北部）、扬州和江南诸州。景福元年（892），唐昭宗以行密为淮南节度使。他据此北与后梁朱温、东南与吴越钱镠相抗，又向江西和湖北地区发展，形成割据政权。江淮地区本来十分富庶，经过唐末军阀长期混战，人口死亡流散，土地荒芜。行密采用安辑政策，招集流亡，奖励农桑，社会经济有所恢复。天复二年（902），唐封行密为吴王，建都广陵。

五代十国吴世系表

①太祖杨行密（892～905）
- ②烈宗杨渥（905～908）
- ③高祖杨隆演（908～920）
- ④睿帝杨溥（920～937）

天祐二年（905），行密死。子杨渥即位，政权落入掌握牙军的大将张颢、徐温手中。后梁开平二年（908），张颢、徐温杀杨渥，立杨隆演（一名渭）。后徐温又杀张颢，独掌大权。贞明五年（919）杨隆演称吴国王，年号武义。武义二年（920），杨隆演死，其弟杨溥立，次年改元顺义。顺义七年（927）杨溥称吴皇帝。当时，徐温养子徐知诰专国政，他于吴天祚三年（937）废杨溥自立，国号大齐（次年改国号为唐，史称南唐）。吴亡。

吴邦国 Wu Bangguo（1941–07～ ） 中国共产党中央政治局常务委员会委员，中华

人民共和国全国人民代表大会常务委员会委员长。安徽肥东人。1964年加入中国共产党。1966年9月参加工作。1960～1967年在清华大学无线电电子学系电真空器件专业学习。1967～1976年在上海电子管三厂当工人、技术员，任技术科副科长、科长。1976～1978年任上海电子管三厂党委副书记、革委会副主任、副厂长、厂党委副书记、厂长。1978～1979年任上海市电子元件工业公司副经理。1979～1981年任上海市电真空器件公司副经理。1981～1983年任中共上海市仪表电讯工业局委员会副书记。1983～1985年任中共上海市委常委兼市委科技工作委员会书记。1985～1991年任中共上海市委副书记。1991～1992年任中共上海市委书记。1992～1994年任中共中央政治局委员，上海市委书记。1994～1995年任中共中央政治局委员、中央书记处书记。1995～1997年任中共中央政治局委员、中央书记处书记，国务院副总理。1997～1998年任中共中央政治局委员，国务院副总理。1998～1999年任中共中央政治局委员，国务院副总理，中央大型企业工委书记。1999～2002年任中共中央政治局委员，国务院副总理、党组成员，中央企业工委书记。2002～2003年任中共中央政治局常委，国务院副总理、党组成员，中央企业工委书记。2003～2008年任中共中央政治局常委，十届全国人大常委会委员长、党组书记。2008年任中共中央政治局常委，十一届全国人大常委会委员长、党组书记。是中共第十二至十三届中央候补委员，第十四至十七届中央委员，第十四届中央政治局委员，十四届四中全会增补为中央书记处书记，第十五届中央政治局委员，第十六至十七届中央政治局委员、常委。第十届、十一届全国人大常委会委员长。

吴邦雅 U Ponnya (1812～1866) 缅甸贡榜王朝诗人、剧作家。缅中实皇人。8岁出家，40岁还俗，任内廷诗人、侍茶官。1866年被控参与王子叛乱事件被害。另一说被救隐居，1875年亡故。他的作品体裁多样，多取材于佛本生故事，对走向没落的封建王朝及被英国侵占的社会现实进行了揭露与讥讽，同情人民疾苦，语言幽默生动。代表作有讲道故事诗《六彩牙象王》，诗文间杂书柬《香艾草油》、《回复》，记事诗《珍宝河志》，剧本《卖水郎》等。1963年被世界和平理事会列入世界文化名人。

吴宝康 Wu Baokang (1917-09-04～2008-05-02) 中国档案学家。生于浙江湖州南浔镇，卒于北京。历任中共中央华东局秘书处副处长、档案室主任，中共中央办公厅秘书处副处长，中国人民大学教授、档案系主任，南京大学、苏州大学、上海大学、空军政治学院兼职教授，中国档案学会副理事长等职。他长期从事档案教育事业和档案学研究工作，主持和参与制定了档案专业高等教学计划和课程建设计划，编撰出版了一整套档案专业高等教材，支持中国各地高等院校档案专业教学工作的开展。他领导的中国人民大学档案系为中国档案事业培养了大批业务骨干。著有《档案学理论与历史初探》、《档案学概论》等。

吴炳 Wu Bing (1595～1648) 中国明末戏曲作家。常州宜兴（今属江苏）人。初名寿元，字可先，号石渠。万历四十七年（1619）进士，历任湖北蒲圻知县、福州知府。明朝覆灭后追随桂王朱由榔，任礼部右侍郎兼东阁大学士。清顺治四年（1647）为清军所俘，于次年正月绝食自尽于衡阳湘山寺。著有传奇《粲花斋五种》，包括《绿牡丹》、《西园记》、《情邮记》、《画中人》、《疗妒羹》五剧，以《西园记》成就最高。

吴昌顺 Wu Changshun (1883～1957) 中国绍剧演员。工老生。浙江绍兴人。原为坐唱"堂茗"，唱绍兴大班（即绍剧）兼宣卷（带宗教色彩的"花名宝卷"）。从"堂茗"而登台，一直为业余演员，32岁始正式演戏。曾从梁幼依、筱凤彩和林芳锦等老生名角执弟子礼，不久即一跃而居绍剧"四大老生"之冠。擅演剧目有《渔樵会》、《宝莲灯》、《阳河摘印》和《斩经堂》等。20世纪40年代后期，加入同兴绍剧团。生前灌制唱片甚多，其唱腔对越剧老生魏梅照、张桂凤等人影响较大。撰有《绍剧传统唱腔》行世。

吴昌硕 Wu Changshuo (1844-09-12～1927-11-29) 中国清末民初画家、书法家、篆刻家。名俊卿，初字香补，中年后更字昌硕，亦署仓硕、苍石，别号缶庐、老苍、苦铁、大聋、石尊者、破荷亭长、五湖印匄等。70岁后以字行。生于浙江安吉县，卒于上海。十几岁时即喜刻印章。22岁时中秀才。28岁后从俞樾学诗词和文字训诂之学，从杨岘学书法。与之交往的还有任颐等画家、诗人、收藏家。其间，他观赏不少书画真迹，加以临摹考据。光绪八年（1882）举家移居苏州，后定居上海。30多岁时，对绘画产生兴趣，以写篆书的笔法作画，并求教于任颐。光绪三十年夏，与篆刻家叶为铭、丁仁、吴金培、王禔等人聚于杭州西湖人倚楼，探讨篆刻治印艺术。1913年西泠印社在杭州成立，被推为社长。他勤于书法、篆刻、作画、吟诗，直至晚年乐此不疲。由于他的综合性艺术成就，被称为"后海派"领袖，是20世纪使文人画发生现代性转换的传统派大师，在海外尤其日本有广泛影响。

图1 《岁朝清供图》

吴昌硕绘画的题材以花卉为主，前期得任颐指点，后又参用赵之谦的画法，服膺于徐渭、朱耷、扬州八怪诸画家的画艺，尤其继承发扬其创造精神，以"古人为宾我为主"的自立意识，很快脱离任颐秀逸

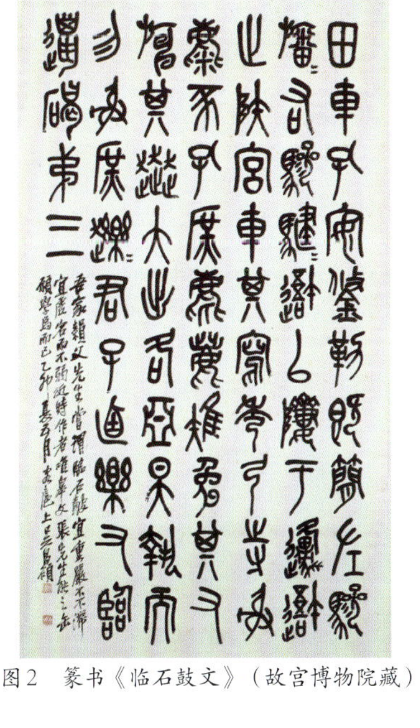

图2 篆书《临石鼓文》（故宫博物院藏）

一路，转向浑厚苍拙有力的独家风格，晚年作品无法而法，臻于化境。他酷爱梅花，常以梅花入画，用写大篆和草书的笔法为之，老干铁枝纵横交错凝厚有力。又喜画兰花、竹、菊花，晚年较多画牡丹，荷花、水仙、松柏也是经常入画的题材。

吴昌硕的楷书从颜真卿入手，后又学钟繇，进而习隶书，遍临《三公山碑》、《张迁碑》、《嵩山石刻》、《石门颂》等汉碑。中年以后，博览金石原件及拓本，选择石鼓文为主要临摹对象。晚年以篆隶笔法作草书，笔势奔腾，苍劲雄浑，不拘成法。

吴昌硕篆刻兼师丁敬、邓石如、吴熙载、赵之谦诸家。中年以后，直接从秦汉金石文字中吸取营养，在研究古代文字的基础上，掌握基本规律，使印章字体结构既符合规范，绝无杜撰，又能千变万化。刻印极重章法，奏刀时大胆迅疾，一气呵成，不多加修饰，具有自然浑朴古拙之趣。

出版有《吴昌硕画集》、《吴昌硕画选》、《吴昌硕作品集》、《苦铁碎金》、《缶庐近墨》、《吴苍石印谱》、《缶庐印存》等。诗有《缶庐集》。浙江省安吉县、杭州市和上海市均建有吴昌硕纪念馆，安吉与上海均保存其故居。

吴承恩 Wu Cheng' en（约1500～约1582） 中国明代小说家。字汝忠，号射阳山人。先世江苏涟水人，后徙淮安山阳（今江苏淮安）。出身于世代书香后败落为小商人的家庭。

吴承恩自幼敏慧好学，博极群书，年轻时即以文名著于乡里。早年曾希望以科举进身，但屡试不第。中年以后才补为岁贡生。曾任长兴县丞职，不久因“耻折腰”，遂拂袖而归（天启《淮安府志》）。后来又一度受任与县丞品级相近而为闲职的荆府纪善。晚年归居故里，放浪诗酒，贫病以终。吴承恩在中国文学史上产生巨大影响的是他的长篇小说《西游记》，其创作时期不可确考，一般认为是晚年所作。

吴承恩一生诗、文、词创作甚多，因无子嗣，死后大都亡佚。后由丘度搜集残存之稿，编订成《射阳先生存稿》4卷，包括诗1卷，散文3卷，卷四末附小诗38首。

吴城文化 Wucheng Culture 中国青铜时代文化。因江西省樟树市吴城遗址而命名。该文化的遗址主要分布于赣江流域，以江西新干、樟树以北的赣江中下游和鄱阳湖区最为密集。年代约为公元前1427～前1038年，相当于中原地区郑州二里岗上层早段至殷墟四期早段。是长江以南地区最早跨入文明门槛的考古学文化。最有代表性的城址吴城城址平面近圆角方形，其中北城垣长约1 000米，南城垣长约740米，东城垣长约666米，西城垣长约554米，城内面积61.3万平方米。吴城城址作为吴城文化的中

原始瓷豆

心及方国都邑的所在地，城内布局有明显的功能区分，包括祭祀区、制陶区、居住区、墓葬区等，其中祭祀区处于城内中心部位，烧陶、冶铸等手工业作坊区虽不在中心位置，但也在城内，说明在很大程度上可能受到官方的控制。文化遗存包括大量陶器、青铜器、石器等。陶器包括硬陶、釉陶和原始瓷器等。青铜器数量不多，以兵器、生产工具为主，容器较少。吴城遗址发现大量铸造青铜兵器和生产工具的石范，由此判断，青铜生产工具和兵器的铸造应是在吴城本地。吴城遗址还发现大量刻画文字或符号。还有一种在制坯前拍好纹饰之后，再把器表上的纹饰刮削掉，然后用模具压印上去的压印文字，笔画端正，镌刻精工，显示出高超的工艺水平。

吴楚七国之乱 Rebellion of the Seven Principalities 中国西汉景帝时发生的一次诸侯王国的叛乱。参与叛乱的七国的国王是吴王濞、楚王戊、赵王遂、济南王辟光、淄川王贤、胶西王卬、胶东王雄渠。

七国之乱的根源，是强大的王国势力与专制皇权的矛盾。景帝即位后，接受晁错所上《削藩策》，下诏削赵王遂常山郡，胶西王卬六县，楚王戊东海郡；景帝三年，又削吴王濞会稽等郡。削藩之举激起了诸王的强烈反对。削藩诏传到吴国，吴王濞与楚王戊、赵王遂、胶西王卬、济南王辟光、淄川王贤、胶东王雄渠等分别起兵，发动叛乱。

景帝三年（前154），吴王濞起兵广陵（今江苏扬州），有众20余万，还兼领楚国兵。吴楚军渡过淮水，向西进攻，是叛乱的主力。胶西等国叛军共攻齐王将闾据守的临淄，赵国则约匈奴联兵犯汉。景帝派太尉周亚夫率军往击吴楚，派郦寄击赵，栾布击齐地诸叛国，并以大将军窦婴驻屯荥阳，监齐、赵兵。曾经做过吴国丞相的爰盎，建议景帝杀晁错，恢复王国故土，以换取七国罢兵。景帝在变起仓促的情况下接受了这一建议，处死晁错。吴王濞拒不受诏，战事继续进行。

在吴楚军西向攻取洛阳的道路中，景帝弟刘武的封国梁国横亘其间。吴楚军破梁军于梁国南面的棘壁（今河南永城西北）。当时周亚夫率汉军屯于梁国以北的昌邑（今山东巨野东南），他不救梁国之急，而以轻兵南下，夺取泗水入淮之口（在今江苏洪泽境），截断吴楚军的粮道，使其陷入困境。梁国又坚守睢阳（今河南商丘南），吴军无法越过。吴军北至下邑（今安徽砀山境）周亚夫军营求战。结果吴军一败涂地，吴王濞率败卒数千遁走，退保长江以南的丹徒（今江苏镇江），被东越人所杀。楚王戊也军败自杀。吴楚叛乱起于正月，三月即告结束。

七国之乱的平定巩固了削藩政策的成果，在很大程度上解决了汉高祖分封子弟为大国所引起的矛盾，并为汉武帝以推恩令进一步解决诸侯王强大难制的问题，创造了必要的条件。

吴川市 Wuchuan City 中国广东省辖县级市。位于省境西南部，濒临南海。面积848平方千米。人口107万（2008）。南朝宋元嘉二十年（443）置平定县。隋开皇九年（589）置吴川县。1994年撤县设市。由湛江市代管。夏秋多台风暴雨。盛产稻米、蔗糖、花生、黄麻、西瓜、柑橙、龙眼等。水产品以海蜇、沙螺、米蟹著名。矿产有石墨、钛铁、金、石英、高岭土等。工业以机械、化工、电器、纺织、金属、陶瓷等为主。风景名胜有吴阳金海岸、塘尾怡景湾、吉兆月牙湾、王村港度假区、江心岛乐园等。

吴传钧 Wu Chuanjun（1918-04-02～2009-03-13） 中国地理学家。生于江苏苏州，卒于北京。1941年中央大学毕业，1943年获硕士学位。1945年入英国利物浦大学，1948年获博士学位。回国后历任中国科学院地理研究所研究员、副所长等，中国地理学会副理事长和理事长，中国对应国际地理联合会（IGU）委员会主席，中国科学院自然资源研究委员会副主任，国际地理联合会副主席等职。1991年当选中国科学院学部委员（院士）。曾被聘任东京联合国大学校长顾问。长期致力于经济地理学和人文地理学的研究，是中国现代经济地理学、现代人文地理学的学科带头人。主编有《中国农业地理总论》、《1:100万中国土地利用图集》、《中国土地利用》。著有《国土开发整治与规划》、《中国经济地理》、《吴传钧文集》等。

吴传玉 Wu Chuanyu（1928～1954-10-29） 中国游泳运动员。原籍福建。生长在印度尼西亚。自幼喜爱游泳。1951年回国。1952年代表中国参加在赫尔辛基举行的第15届奥林匹克运动会游泳比赛。1953年8月在布加勒斯特举行的第1届国际青年友谊运动会游泳比赛中，以1′ 8″ 4的优异成绩夺得男子100米的仰泳冠军，从而成为中国

首位在国际体育比赛中获得金牌的运动员。1954年7月在第12届世界大学生运动会游泳比赛中，又以1′6″4和1′7″1的成绩，分别获男子100米仰泳和100米蝶泳第2名。同年当选为第一届全国人民代表大会代表。1954年10月，在赴匈牙利学习途中，因飞机失事遇难，年仅26岁。

吴大帝孙权 Emperor Dadi of Wu（182～252） 中国三国时期吴国开国君主、政治家。字仲谋。吴郡富春（今浙江富阳）人。黄龙元年（229）至神凤元年（252）在位。父孙坚。孙权少察孝廉，举茂才，行奉义校尉。跟随其兄孙策征讨江东。汉建安五年（200）孙策死，继统江东地区，得张昭、周瑜、程普等人辅助，广揽人才，鲁肃、诸葛瑾等为其宾客。建安十三年曹操夺取荆州，沿江而下，孙权摈弃群臣归降之议，任周瑜、程普为左右都督，联合刘备，大破曹军于赤壁。其后，依靠长江天险，多次击退北方曹魏进攻。曹丕代汉建魏，孙权表面臣服称藩，争取时间巩固政权基础。魏黄初二年（221），接受魏封号，称吴王于武昌（今湖北鄂州）。黄龙元年称帝，建都武昌，后迁建业（今江苏南京），先后统治江东50多年。通过消灭各支割据势力，平定、降服少数族山越，所辖由江东扩展到今福建、广东、广西、湖南的广大地区。汉末以来，这些地区处于分裂状态，自此重归统一，社会经济得到恢复与发展。为维护吴国鼎立之业，孙权接受鲁肃建议，采取联合蜀汉，共御曹魏的基本方针。其后虽一度因夺取荆州，杀死关羽，吴蜀爆发夷陵之战，但由于抗击曹魏的需要，不久吴蜀同盟重新恢复。在长时期内，他不为谣传所动，坚信蜀汉不致背盟。吴、蜀的长期和好，牵制了曹魏的进攻。孙权信用渡江南来的豪族势力，同时对确有才干而出身贫贱的寒族也注意擢拔。还通过保护私人封建大土地所有制来发展经济。允许诸将世袭领兵，其佃客免除徭役、兵役。孙权大权独揽，用法严峻。晚年，吴国统治集团内部矛盾激化，太子和与鲁王霸相互攻讦，朝臣也分为两派，酝酿着严重的统治危机。他断然废太子和，杀鲁王霸，用严刑峻法处置一批朝臣，另立子亮为太子，矛盾得以缓和。谥大皇帝。

吴大猷 Wu Dayou（1907-09-29～2000-03-04） 中国物理学家和教育家。生于广东番禺，卒于台北。1929年毕业于天津南开大学。1931～1933年在美国密歇根大学获得硕士和博士学位。1934年担任北京大学物理系教授。1938年任西南联大物理系教授。1946年春应邀赴美考察战后科学发展情况，并计划筹设科学研究机构。此后一直在美国、加拿大任教。1956年后经常回台湾讲学，在台湾担负策划及推动科学发展的重任。曾担任台湾中央研究院院长。吴大猷在北京大学任教期间，曾进行光谱学的研究工作。一生发表120余篇论文，涉及原子和分子理论、相对论、经典力学、统计物理学、散射理论、原子核物理学、等离子体物理和天文学诸多领域。尤其是通过计算铀原子5f电子能态，使他在理论上预言了铀后14个元素的存在以及它们各自的5f壳层的电子状况。他关于原子光谱“多重激发态”的概念，被称为“吴态”。1939年吴大猷综合其研究成果，撰写专著《多原子分子的振动光谱及其结构》。在西南联大任教期间，培养出一批物理学人才。在加拿大与人合作写成《散射的量子理论》专著，于1962年出版。1975年，吴大猷将历年教学讲稿整理成《理论物理》，在台湾出版，并由李政道介绍在北京重印。这部书对台湾省和东南亚的物理教育界产生很大影响。

吴道子 Wu Daozi（约686～约760） 中国唐代画家。后改名吴道玄，时人尊称吴生。阳翟（今河南禹州）人。少孤贫。早年为民间画工，年未弱冠，穷丹青之妙。神龙年间（705～707）事逍遥公韦嗣立。景龙年间（707～710）任兖州瑕丘（今山东滋阳）县尉，不久坚辞而去，浪迹东都洛阳。曾学书于张旭、贺知章，后专工画，并在寺观从事壁画制作。开元年间（713～741）被玄宗召入禁中作画，官至宁王友。奉诏绘制了一些历史画或政治性肖像画，同时常在长安、洛阳作壁画，名声广播。天宝年间（742～755）曾奉诏游蜀，归来奉玄宗令在大同殿壁上一日之内画成“嘉陵江三百余里山水”。玄宗赞：“李思训数月之功，吴道子一日之迹，皆极其妙。”他喜与文人名流交往，又游历各地，在绘画上远师张僧繇，近法张孝师。早年作画行笔流丽纤细，继承六朝风范；中年后笔迹磊落逸势，高度成熟。他兼擅人物、释道、神鬼、山水、鸟兽、草木、台殿等各类题材，尤以人物、释道见长。他在长安、洛阳两京寺观所作壁画达300余处，变相人物奇踪异状，竟无雷同。

《送子天王图》（局部）

吴道子在艺术上富有创造精神，一说山水画之变由他开始。他用状如兰叶或莼菜条的笔法表现衣褶，圆转而有飘举之势，北宋郭若虚在其《图画见闻志》中称之“吴带当风”。他又以焦墨勾线，薄施淡彩，世谓之“吴装”。因其笔法流转洗练，后人将他与张僧繇合称“疏体”代表画家，以区别于顾恺之和陆探微劲紧联绵的“密体”。苏轼评他的艺术“出新意于法度之中，寄妙理于豪放之中”，并且将他作为唐代绘画的代表。他被后世尊为“画圣”，被民间工匠尊为祖师，对以后的绘画尤其是人物画和白描画风影响极大。

吴德 Wu De（1913-02-05～1995-11-29） 中国共产党中央政治局委员，中华人民共和国全国人民代表大会常务委员会副委员长。河北丰润人。卒于北京。原名李春华。1932年参加中华民族反帝大同盟，1933年加入中国共产党。历任唐山市工联党团书记、华北铁路总工会党团书记，中共北平市委副书记、职工部长。参与领导唐山开滦煤矿大罢工和唐山市总同盟罢工。抗日战争时期任中共河北省委组织部部长，组织领导冀东武装起义。解放战争时期历任中共冀东区委书记，冀东军区政委兼唐山市委书记。中华人民共和国建立后，历任燃料工业部副部长，中共天津市委副书记、市长，中共吉林省委第一书记、东北局书记处书记。1966年后任中共北京市委第二书记兼市长，中共北京市委第一书记、市革命委员会主任。1975年起当选为四届、五届全国人大常委会副委员长。在粉碎“四人帮”的斗争

中，完成了中央部署给他的任务。是中共八届中央候补委员，九届中央委员，十届、十一届中央政治局委员。1978年被免去中共北京市委第一书记、市革命委员会主任职务，1980年辞去中央政治局委员、全国人大常委会副委员长职务。1982年起当选为中顾委委员。

吴定良 Wu Dingliang (1894-02-07～1969-03-24) 中国人类学家、生物统计学家，中国体质人类学创始人。生于江苏金坛，卒于上海。1924年南京高等师范学校心理学系毕业。1926年官费留学美国纽约哥伦比亚大学，次年转学到英国伦敦大学，1929年获统计学和人类学双博士学位。中国第一位国际统计学社和国际人类学社社员。

1934年回国，先后在南京中央大学、中央研究院、浙江大学、暨南大学任职、任教，1948年当选中央研究院院士。1952年后在上海复旦大学任教。

吴定良在人类学、生物统计学领域取得突出成绩。他的英文论文《人类面骨扁平度的生物测量学研究》(1934)、《根据头骨测量进行亚洲种族的初步分析》(1932)等至今在人类学界有广泛影响。他为中国培养了大批人类学人才，创办和主编《人类学志》，参与发起中国人类学会。他设计或改进的多种体质测量方法和仪器，至今为人们所沿用和参考。

吴尔夫 Woolf, (Adeline) Virginia (1882-01-25～1941-03-28) 英国作家。生于伦敦，卒于萨塞克斯。由于健康关系，未上过正规学校，但阅读丰富，知识渊博。1912年同L.吴尔夫结婚，1917年夫妻共同创立霍加斯出版社。第二次世界大战时，住所遭到轰炸，精神崩溃，投水自尽。从1906年开始写小说，有《远航》(1920)、《夜与日》(1919)、《雅各的房间》(1921)、《黛洛维夫人》、《到灯塔去》、《海浪》、《幕与幕之间》(1941)等。《黛洛维夫人》写女主人公在伦敦一天的生活。她的内心活动和行动是小说的中心。《到灯塔去》描写拉姆齐夫妇携儿女及友人于第一次世界大战前夕在海岛度假的生活，深入表现了人物的思想感情活动。还有评论专集《普通读者》。其评论重在描写对作家作品的感受与印象，见解独特，文笔委婉多姿。

吴法宪 Wu Faxian (1915-08-25～2004-10-17) 中国共产党中央政治局原委员。原名吴文玉。生于江西永丰，卒于山东济南。1930年参加中国工农红军，同年参加共青团，1932年转入中国共产党。参加了中央苏区五次反“围剿”斗争和长征，历任红军青年干事、科长、团政委。抗日战争时期，历任八路军115师团政委、新四军师政治部主任。参加了平型关战斗。解放战争时期，历任第四野战军纵队政委、军政委、兵团副政委。参加了辽沈、平津、进军中南和解放广西等战役。中华人民共和国建立后，1955年被授予中将军衔。历任中国人民解放军空军副政委兼政治部主任、政委、司令员，国防委员会委员。1967年任中央军委办事组负责人，同年任副总参谋长兼空军司令员。1968年任中央军委办事组副组长。1969年当选为中共九届中央委员、中央政治局委员。1971年9月被隔离审查。1973年8月被开除党籍。1981年1月25日，中华人民共和国最高人民法院特别法庭确认他是林彪、江青反革命集团的主犯，判处有期徒刑17年，剥夺政治权利5年。

吴方言 Wu dialects 汉语重要方言之一。又称吴语、江南话、江浙话。大致分布在江苏长江以南地区（不包括镇江及其以西地区），上海市全境，浙江省绝大部分地区，江西省与浙江毗邻的上饶市、上饶县、玉山县、广丰县，福建与浙江毗邻的浦城县城关及其以北地区，皖南部分地区。最主要的特征是塞音和塞擦音声母有不送气清音、送气清音、浊音3套。语音方面的其他特点还有：没有舌尖后声母（个别地方例外）；鼻音韵尾只有一套，读〔-ŋ〕或〔-n〕；声调大体保留平上去入四声，并依声母的清浊各分阴阳，声调种类一般有7个或8个；古“日”母字、古“微”母字有文白异读现象。

吴方言内部可分6个片：太湖片、台州片、瓯江片、婺州片、处（丽）衢片和宣州片。各片又可再分若干小片。吴方言中单音节词比较多，其中包含大量的古代词语。双宾语句动词表示“给予”意义时，指人的宾语常用在指物的宾语前面；动补结构后面的宾语常常提前。

吴哥 Angkor 柬埔寨古都，世界文化遗址，游览考古胜地。位于洞里萨湖西北暹粒市北6千米处。地处平原和砂岩低丘的交接地带，地势略高。始建于9世纪，13世纪建成。9～15世纪是高棉王国都城。吴哥包括吴哥通王城和吴哥寺（又名吴哥窟），后者建筑年代比前者晚，是迄今保存较好的古迹。吴哥有大小各式建筑约600座，分布在45平方千米的森林中，拥有石造宫殿、佛寺宝塔，全部建筑采用当地的红色砂岩砌成，有雕刻精美的各种佛像。城内主要建筑为巴戎寺，建立在高出地面3.5米的两层台基上，台基中央有16座宝塔，代表当时王国16个省。塔身布满雕刻精品。中心一座涂金的圆塔高出地面45米，塔内原有一尊高4米的大佛。两层台基的四周排列着48座犹如群山起伏的石塔，塔顶四边各有一个神微笑的脸。金塔以北1千米处，有巴风铜塔，铜塔以北即为王宫。城南约1千米处，有5座宝塔，建筑精美。城东北30千米处有班台·斯利寺庙，建筑小巧玲珑，被称为“丛林的珍珠”。吴哥古迹屡遭战争和洪水的破坏，直至19世纪后期才被重新发现。1992年，作为文化遗产被列入《世界遗产名录》。从20世纪90年代起，国际社会大规模参与拯救吴哥古迹的行动。中国从1997年起也参加了这一修复工程。

吴哥寺 Angkor Vat 柬埔寨西北暹粒省暹粒市的一座印度教-佛教庙宇。又称吴哥窟。它是柬埔寨古代石构建筑和石刻艺术的代表作。寺址在高棉当时的首都吴哥城南郊，大湖（洞里萨湖）北岸，为真腊王苏利耶跋摩二世（1113～1150年在位）时建，他死后作为祭祀他的庙宇。15世纪为避外患，真腊定都金边，吴哥城废，寺院荒芜，逐渐湮没在茫茫林海之中。1860年，法国博物学家亨利·穆奥为寻获热带植物，深入柬埔寨丛林，才发现了这些历经400多年风吹雨打依然宏伟壮观的残墟。此后自19世纪起开始对其进行整修。

吴哥寺俯瞰

吴哥寺布局规整，中轴对称。由正门经过沿着东西向主轴线的347米长的石道，可达长270米、宽340米的内墙围绕的主殿。主殿建在一座三层台基上，每层台基边沿有石砌回廊。廊壁布满雕刻，题材取自印度史诗《摩诃婆罗多》和《罗摩衍那》中的故事，也有描绘苏利耶跋摩二世出征的图景。上层台基高13米，平面呈正方形。

回廊每边长60米。上有五座尖塔，构成金刚宝座塔形。四角的塔比中央神堂上的大塔稍小。吴哥寺的立面构图颇具匠心：水平方向伸展很长，用廊柱加以垂直分划，群塔轮廓曲线柔和，如春笋般显示出向上的动势，形象端庄秀丽，和谐统一。柬埔寨国旗图案中央就是吴哥寺的五塔。

吴哥王朝 Angkor Dynasty 柬埔寨真腊王国兴盛时期的王朝。因其王都建于今暹粒省吴哥地区，故名。802年，被掳至爪哇当人质的王子回国后，开展复国活动，驱逐爪哇占领者，统一水、陆真腊，称阇耶跋摩二世（802～869年在位），创立吴哥王朝。其鼎盛时期的王国版图除本土外，东至占婆，北至老挝，西至马来半岛北部地区，成为幅员辽阔的帝国。吴哥通王城和著名的巴戎寺就是这时营造的。

吴哥王朝是柬埔寨历史上中央集权制封建国家，统治者信奉**婆罗门教**湿婆和信仰**佛教**，并通过提婆罗阇崇拜的宗教形式，宣扬“王权神授”和“神王合一”，国王成为神的化身，独揽大权。国王之下，设丞相、将帅、司天等官职，从中央到地方建立一整套等级森严的统治制度。实行土地国有，即王有制，农村仍保留村社制，农民和奴婢向国王和各级官吏缴纳实物租税或服徭役。蓄奴现象普遍。吴哥及附近地区兴建有大型水利灌溉工程，以水稻为主的农业发达，手工业和商业亦颇繁荣。历代国王修建的吴哥古迹群，以其雄伟优美的建筑艺术闻名于世，代表柬埔寨古代文化的精神，为世界古代文化奇迹之一。13世纪初叶，西部泰人势力兴起，吴哥王朝面临严重挑战。14世纪，尤其是到15世纪，连遭**暹罗**的进攻，王城数度被洗劫，领土缩小，日趋衰落。1432年，国王蓬黑阿·亚特被迫放弃吴哥，迁都至湄公河东岸的斯雷山托（即巴山）。1434年，

吴哥寺浮雕

因洪水泛滥再迁都至湄公河与洞里萨湖交汇处扎多木（柬语，义为四岔口），即今金边。吴哥王朝至此结束。

吴耕民 Wu Gengmin (1896-03-17～1991-11-04) 中国园艺学家，中国园艺科学的创始人之一。生于浙江余姚，卒于杭州。1917年毕业于北京农业专门学校农科。后赴日本深造。回国后在北京农业专门学校、东南大学园艺系任教。1927年参加创立浙江大学农学院，任园艺系主任兼教授。以后相继任山东大学农学院教授、西北农林专科学校园艺系主任兼园艺场场长、广西农学院教授、浙江大学农学院园艺系主任兼教授。他是中国园艺学会第四届名誉理事长。曾为中国果树、蔬菜、花卉的引种和选种研究做了大量工作。他于1920年从日本带回的甜柿、水蜜梨、水蜜桃等，已传播全国各地，其后还引入多种苹果和其他园艺作物良种，并选育成优良品种“浙大长”萝卜。撰有科学论文数十篇，并著有《中国蔬菜栽培学》、《栗枣柿栽培》、《果树修剪学》、《柑橘修剪的理论与技术》、《中国温带果树分类学》等多部专著。

吴官正 Wu Guanzheng (1938-08～) 中国共产党中央政治局常务委员会委员，中央纪律检查委员会书记。江西余干人。1962年加入中国共产党。1968年4月参加工作。1959～1965年在清华大学动力系热工测量及自动控制专业学习，任共青团支部书记。1965～1968年在清华大学动力系热工测量及自动控制专业读研究生，任中共支部副书记。1968～1975年任湖北省武汉市葛店化工厂技术员，厂技术科副科长，车间主任，厂党委委员、厂革委会副主任。1975～1982年任湖北省武汉市科委副主任、党组成员，市科协副主席、党组成员，市革新改造挖潜指挥部副指挥长兼办公室主任，市工程科技中心主任、党委书记。1982～1983年任中共湖北省武汉市委常委。1983～1986年任中共湖北省武汉市委书记（当时设有第一书记）、武汉市市长。1986～1995年任中共江西省委副书记，江西省副省长、代省长、省长。1995～1997年任中共江西省委书记。1997～2002年任中共中央政治局委员，中共山东省委书记、省委党校校长。2002～2007年任中共中央政治局常委，中央纪律检查委员会书记。是中共第十二届中央候补委员，第十三至十六届中央委员，第十五届中央政治局委员，第十六届中央政治局委员、常委。在中共十六大上当选为中央纪委委员、常委、书记。

吴冠中 Wu Guanzhong (1919-07-05～2010-06-25) 中国画家。生于江苏宜兴，卒于北京。1942年毕业于**杭州艺术专科学校**。1946年赴法国留学。1950年秋返国。

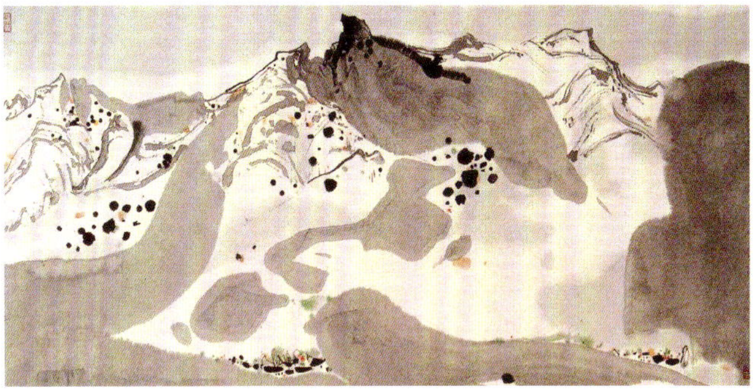

《春雪》(1983，中国美术馆藏)

先后任教于**中央美术学院**、清华大学建筑系、**中央工艺美术学院**（后改为清华大学美术学院）。历任中国美术家协会常务理事，全国政协常务委员等职。曾获法国文化部最高文艺勋位和巴黎市金勋章，以及法兰西学院通讯院士称号。

吴冠中在20世纪50～70年代致力于油画风景创作，并进行油画民族化的探索。他擅长表现江南水乡景色，追求一种抒情诗般的情调。从70年代起兼事中国画创作。他力图运用中国传统材料工具表现现代精神，既富东方传统意趣，又具时代特征。油画代表作品有《长江三峡》、《鲁迅的故乡》等，中国画代表作品有《春雪》、《狮子林》、《长城》等。出版有《吴冠中画集》多种及《东寻西找集》、《风筝不断线》、《生命的风景——吴冠中艺术专集》等画集与文集。

吴桂贤 Wu Guixian (1938-02-16～) 中国共产党中央政治局候补委员，中华人民共和国国务院副总理。生于河南巩县（今巩义）。1951年进西北国棉一厂当工人，多次被选为全国纺织系统劳动模范。1958年加入中国共产党。1968年后，任西北国棉一厂革命委员会主任，咸阳市革命委员会副主任，陕西省革命委员会副主任，中共陕西省委副书记、书记。1975年任国务院副总理。是中共九届、十届、十一届中央委员，十届中央政治局候补委员。1977年退出中央领导岗位，回陕西工作。1980年后任西北国棉一厂党委副书记、厂工会主席。

1988年后任深圳鸿华纺织印染有限公司副总经理、董事长等职。1995年退休。

吴晗 Wu Han (1909-11-05～1969-10-11) 中国历史学家。原名吴春晗，字辰伯。生于浙江义乌，卒于北京。1927年入杭州之江大学。1928年入上海中国公学大学部，颇受校长胡适赏识。

1930年，经燕京大学教授顾颉刚介绍，在燕京大 学图书馆中日文编考部任馆员。1931年初，写成《胡应麟年谱》。时任教于国立北京大学的胡适因此举荐他为国立清华大学史学系工读生，专攻明史。大学毕业后，在清华大学讲授明史课。

抗日战争全面爆发后，吴晗应聘到云南大学任教授，后到西南联大任教。因对现状日益不满，逐步投入抗日民主运动。1943年7月，他加入中国民主同盟。这一时期，写下许多历史杂文，以辛辣的笔锋揭露国民党的黑暗统治。1946年8月回到北平，仍在清华大学任教，并担任北平民盟的主任委员。

北平解放后，吴晗以副军代表身份参与接管北京大学、清华大学，并担任清华大学校务委员会副主任、历史系主任等职务。1949年后，历任北京市副市长，北京市一、二、三、四届政协副主席，中国科学院哲学社会科学部委员，全国青联副主席，民盟中央副主席等职。是一、二、三届全国人大代表，全国政协一届委员，全国政协二、三届常委。他主持改绘杨守敬《历代舆地图》和标点《资治通鉴》的工作。随后又主持明十三陵中定陵的发掘。他十分重视历史知识的普及工作，主编了《中国历史小丛书》和《外国历史小丛书》。

1957年3月，吴晗加入中国共产党。1959年9月，他发表《论海瑞》、《海瑞骂皇帝》等文章，提倡敢讲真话的精神；并在1960年写成新编历史剧《海瑞罢官》。之后，吴晗和邓拓、廖沫沙用吴南星笔名，在《前线》杂志发表杂文《三家村札记》，以歌颂正义光明、匡正时弊为宗旨。1965年，他的代表作《朱元璋传》第四次修改稿出版，在运用历史唯物主义观点研究历史方面达到新的高度，有较高的学术价值。1965年11月，姚文元发表《评新编历史剧〈海瑞罢官〉》，指责吴晗的《海瑞罢官》是反党反社会主义的“一株毒草”。“文化大革命”开始后，受“四人帮”残酷迫害致死。1979年9月平反昭雪，恢复名誉。生平精研明史，著有《朱元璋传》、《读史札记》、《史事与人物》、《历史的镜子》、《投枪集》、《春天集》、《灯下集》、《学习集》等。

吴湖帆 Wu Hufan (1894-08-02～1968-07-18) 中国画家、书法家、收藏家、鉴赏家。原名吴翼燕，更名万。字遹骏，又字东庄，号倩庵，别号丑簃，作书画署名湖帆。生于江苏苏州，卒于上海。1916年辍学在家习画。1925年迁上海卖画为生。1937年任上海博物馆董事。1949年后，历任上海文史馆馆员、上海中国画院画师等职。他擅画山水，青绿、水墨兼长，亦能画花卉、走兽、竹石，功力厚重，笔墨清拔。山水取法宋人，苍茫深隽，尤精于烟云之法，如《庆祝我国原子弹爆炸成功》(1965)，以泼染之笔作蘑菇云，自出新意。花卉亦腴润秀丽，如《荷花翠鸟图》、《雨后春笋》、《绶带双勾图》，格调雅隽。其书法亦清超雄健，工于行草。间作篆刻。

《群峰雪霁》(1951，朵云轩藏)

吴湖帆家藏甚富，积世代之功，所藏书画名迹多半捐赠给国家，珍藏于各大博物馆。吴湖帆又精于诗词，曾结午社，刊行《午社词集》。出版有词集《联珠集》、《梅景书屋画集》等。

吴激 Wu Ji (1090～1142) 中国金代作家、书画家。字彦高，号东山。建州(今福建建瓯)人。有文名，书法俊逸，绘画得其岳父米芾笔意。北宋钦宗靖康二年(1127)，奉命使金，被留，命为翰林待制。金皇统二年(1142)出知深州(今河北深州南)，不久去世。吴激诗今存20余首，工于写景，如“山侵平野高低树，水接晴空上下星”(《三衢夜泊》)、“地偏先日出，天迫众山攒”(《鸡林书事》)。他的《题宗之家初序潇湘图》、《岁暮江南四忆》等诗，含蓄地表达了乡国之思。吴激为金初词坛盟主。他的〔诉衷情〕、〔满庭芳〕“谁挽银河”等造语清婉，哀而不伤，脍炙人口。其〔人月圆〕括前人诗语，自然得体，尤为人所传诵：“南朝千古伤心事，犹唱《后庭花》。旧时王谢，堂前燕子，飞向谁家？恍然一梦，仙肌胜雪，宫髻堆鸦。江州司马，青衫泪湿，同是天涯！”这是为北宋被掳宫人填的一首词，宇文虚中(叔通)看后自愧不如，“是后人有求作乐府(词)者，叔通即批云：‘吴郎近以乐府名天下，可往求之。’”(《中州乐府》元好问注)其影响之大，于此可见。吴激原有《东山集》、《东山乐府》，已佚。存诗收入《中州集》，词收入《全金元词》。

吴几康 Wu Jikang (1918-01-09～) 中国计算机专家。原名吴畿糠，生于上海市。1943年同济大学机电系毕业。1949年入丹麦工业大学进修。1951年在哥本哈根任无线电厂开发工程师。

1953年初回国，任中国科学院数学研究所和原子能研究所计算机组副研究员。1956年任中国科学院计算技术研究所学术委员会委员、研究室主任兼中国科技大学副教授。1972年任陕西微电子学研究所副所长、研究员，兼西安交通大学教授。1979年任中国科学院计算技术研究所副所长、研究员。他是研制中国第一台104型大型通用电子管计算机的负责人之一。1959年负责研制中国自行设计的119型大型通用电子管计算机，获国家科技成果奖一等奖。1965年领导中国第一台集成电路微型计算机的研制工作。1979年参加研制每秒千万次运算的757型流水线向量计算机，获中国科学院最高荣誉奖。

吴健雄 Wu, Chien-Shiung (1912-05-31～1997-02-17) 美籍华裔物理学家。生于中国上海，卒于美国纽约。毕业于南京中央大学。1940年获美国加利福尼亚大学博士学位。1942年与袁家骝在美结婚。1958年任哥伦比亚大学教授，同年当选为美国科学院院士。

1972年任普宾讲座教授，直到1980年退休。1956年，李政道、杨振宁提出弱相互作用宇称不守恒，吴健雄和国家标准局的科学

家在1957年检验了这个理论，方法是观测钴-60射出的β粒子，有一个占优势的发射方向，证实了弱相互作用中宇称不守恒。李、杨两人因此共获1957年诺贝尔物理学奖。1958年，R.P.费因曼和M.盖耳-曼提出在β衰变中矢量流守恒，1963年吴健雄又和她的两个学生合作用实验证实。这是物理学史上首次由实验证实电磁相互作用与弱相互作用有密切关系，对后来电弱统一理论的提出起了重要作用。著有《实验物理学方法·原子核物理学》、《β衰变》。

吴江市 Wujiang City 中国江苏省辖县级市。位于省境南端，西临太湖。面积1 192平方千米。人口128万(2010)。五代吴越天宝二年(909)置吴江县，因吴淞江流经县境得名。1992年撤县建市。由苏州市代管。历来是太湖之滨著名的"鱼米之乡"、"丝绸之府"，明代起盛泽镇即以织绸发达闻名。农作物以水稻、小麦、油菜为主。蚕茧产量居全省前列。工业有丝绸、电缆、纺织、机电、化工、建材、食品等，缫丝和丝织业尤为著名。名胜古迹有太湖、慈云寺塔、王锡阐墓、退思园、柳亚子故居等。

吴阶平 Wu Jieping (1917-01-22～2011-03-02) 中国医学科学家、医学教育家、泌尿外科专家和社会活动家，九三学社领导人，全国人大常委会副委员长。生于江苏常州，卒于北京。

1942年毕业于北平协和医学院，获美国纽约州立大学医学博士学位。1947～1948年底在美国芝加哥大学进修。曾任中国医学科学院名誉院长，中国协和医科大学名誉校长，北京医科大学泌尿外科研究所名誉所长、教授，中华医学会名誉会长，中国计划生育协会副会长，中国科协副主席、名誉主席。九三学社第九届、十届中央委员会主席，十一届名誉主席。1980年当选中国科学院生物学部委员(院士)，1992年当选第三世界科学院院士，1994年当选中国工程院院士，《中国大百科全书》总编辑委员会副主任。20世纪50年代初任北京市抗美援朝志愿军手术队队长。1949年在北京医学院组建泌尿外科，后在协和医院重建泌尿外科。1960年做中国首例肾移植手术。在国际上率先利用回盲肠进行膀胱扩大术治疗膀胱挛缩取得成功。他确定肾上腺髓质增生是独立疾病，证明一侧肾切除后另一侧肾的代偿性生长与肾切除时的年龄密切相关。提出肾结核对侧肾积水新概念。提出多种输精管绝育法。1965年获印度尼西亚"伟大的公民"二级勋章。1987年获巴黎市政府最高荣誉奖章。1993年获比利时国家医学科学院荣誉勋章。1995年"吴阶平基金会"成立。1996年被英国爱丁堡皇家外科医师学院授予荣誉院士称号。主持编写中国第一部泌尿外科专著《泌尿外科学》，以及《外科学》、《黄家驷外科学》、《肾脏病学》，主持编译了《性医学》等。发表论文近200篇。2000年1月《吴阶平文集》出版。2006年开始每年一届评选"吴阶平医学奖"。

吴玠 Wu Jie (1093～1139) 中国南宋抗金将领。字晋卿。德顺军陇干(今甘肃静宁)人。靖康初，曾与西夏军作战，有功。建炎二年(1128)，金兵入陕西，吴玠力战屡胜。继之又镇压史斌起义军。张浚经营川陕，升吴玠为统制。建炎四年，吴玠进兵收复永兴军(今陕西西安)，受任为权永兴军经略使。绍兴元年(1131)，金将没立、乌鲁、折合来攻，败去。完颜宗弼集结重兵，再度来攻，吴玠大破金兵，以功拜镇西军节度使。绍兴三年，金将完颜杲绕道攻饶风关(今陕西石泉西)，入兴元府(今陕西汉中)。吴玠等退守仙人关(今甘肃徽县南)，阻金军入蜀之路。四年，宗弼、完颜杲攻仙人关。吴玠等在关旁预先整治战场，一战大胜，金军从此不再进窥四川。吴玠以功升任川陕宣抚副使，进检校少师，奉宁、保定军二镇节度使。吴玠官至特进，开府仪同三司、四川宣抚使。淳熙年间追赠涪王。

吴金吴 U Kyin U (1773?～1838) 缅甸剧作家。棉坦镇新榜卫村人。曾任宫中总管戏剧艺人的文书官。他具有丰富的音乐舞蹈知识，写过不少诗歌和剧作。他有据可考的剧作有9部，其中3部只有篇名。他的剧作多取材于神话传说，但往往有所隐喻，如《巴勃亨》、《德瓦贡班》、《温甘达》、《玛霍》等。剧作语言简练，通俗易懂且格律工整。每幕结尾，剧中人请乐师奏乐时所作的诗白，辞藻华丽，简短明了，含意深刻。在个别剧的末尾还用了收场诗，这也是他的一种创新。

吴敬琏 Wu Jinglian (1930-01-24～) 中国经济学家。重庆人。生于江苏南京。1954年毕业于复旦大学经济系，同年分配到中国科学院经济研究所工作。历任研究实习员、助理研究员、副研究员和研究员。1984年以来任国务院发展研究中心研究员，国务院经济体制改革方案办公室副主任，中国社会科学院研究生院、北京大学、中欧国际工商学院教授，全国政协九届、十届常委兼经济委员会副主任，《改革》、《比较》杂志主编。致力于比较制度分析和社会主义经济改革的理论与政策的研究。他提出

的改革应当以建立市场经济为目标，应当缩小国有经济范围，发展私营经济，实现多种所有制经济平等竞争、共同发展，应当建立法治，实行宪政民主等主张，对中国改革有重要影响。主要著作有《经济改革问题探索》、《中国经济改革的整体设计》(合著)、《中国经济的动态分析和对策研究》(合著)、《论竞争性市场体制》(合著)、《计划经济还是市场经济》、《现代公司与企业改革》、《何处寻求大智慧》、《当代中国经济改革：战略与实施》、《改革：我们正在过大关》、《十年纷纭话股市》、《转轨中国》等。

吴敬梓 Wu Jingzi (1701～1754) 中国清代小说家。字敏轩，号粒民，晚年自号文木老人，又自称秦淮寓客。安徽全椒人。出身科甲鼎盛的缙绅世家。自幼过继给伯父吴霖起为嗣。雍正元年(1723)吴霖起辞世，由于是嗣子，遗产继承引起家庭纷争，家道从此衰微。23岁考取秀才。父亲死后家族遗产争夺对他刺激很大。他性情豪爽，不善理财，数年家产挥霍殆尽。雍正十一年(1733)移居南京，开始卖文的贫困生活。乾隆元年(1736)被荐举入京应博学鸿辞科的考试，托病未就。乾隆十九年客死扬州旅次，时年54岁。吴敬梓工诗善文，好为稗官小说，晚年也好治经。对科举制度有深刻认识，痛恨八股取士，在这种精神的主导下创作了长篇小说《儒林外史》。《儒林外史》的写作年代难以确定，经考据可知下半部在吴敬梓定居南京后写成。吴敬梓在世时以抄本流传，去世多年后才刻版印行。其他诗文结集《文木山房集》。另有《诗说》7卷，今佚。

吴均 Wu Jun (469～520) 中国南朝梁文学家。字叔庠。吴兴故鄣(今浙江安吉)人。梁武帝天监初年为吴兴主簿，累迁奉朝请。后因私撰《齐春秋》，触犯梁武帝被免官。不久又奉诏撰《通史》，事未竟而卒。吴均"文体清拔有古气"，在当时的文坛颇有影响，时称吴均体。今存诗歌140余首。多为友人赠答、赠别之作。音韵和谐，风格清丽，属于典型的齐梁风格，但语言明畅，用典贴切，无堆砌之弊。

吴均善于以骈文写书信，今存《与施从事书》、《与朱元思书》、《与顾章书》三篇，俱以写景见长，文笔清丽，韵味隽永，是齐梁山水小品中的骈体佳作。明代张溥辑有《吴朝请集》，收入《汉魏六朝百三家集》。

《吴郡丹青志》 中国画品著作。明代王穉登著。王穉登，字百谷，江阴（今江苏江阴）人，为当时著名文学家、书法家。《吴郡丹青志》书成于嘉靖四十二年（1563）之前，书中以神、妙、能、逸四品，品评明代中期活跃于吴郡（今苏州）地区的画家沈周、宋克、唐寅、文徵明、张灵、夏昶、夏昺、周臣、仇英、刘钰、陈淳、陈括等20余人，各为传赞。此书从个人欣赏角度所作的品评，在画史上有一定影响。

吴雷 Woolley, Sir (Charles) Leonard (1880-04-17～1960-02-20) 英国考古学家。生于伦敦。毕业于牛津大学。主要从事古代西亚的考古研究。1907～1911年，参加苏丹境内一个古努比亚遗址的发掘工作。1912～1914年，主持北叙利亚赫梯城市卡尔凯美什的发掘。后又加入发掘埃及古都阿马尔奈的考古队。1922～1934年，他指导不列颠博物馆和美国宾夕法尼亚大学联合考古队在伊拉克发掘了苏美尔时代的乌尔古城。1936～1939年和1946～1949年，吴雷为探讨美索不达米亚与希腊、爱琴文明的关系，发掘东南土耳其的阿恰纳丘。主要著作有《苏美尔人》、《在乌尔的发掘》等。

吴冷西 Wu Lengxi (1920-12-14～2002-06-16) 中国共产党新闻事业领导人。原名吴仕占。广东新会人。卒于北京。1937年奔赴延安，进入抗日军政大学学习。抗日战争时期，先后任延安马列学院研究员，中共中央宣传部编辑，延安《解放日报》编辑、国际部主任等职。1947年起任新华社总社编委会秘书、编委会委员、副总编辑。中华人民共和国建立后，先后出任新华社总编辑和社长，《人民日报》社总编辑、中共中央宣传部副部长等。撰写过大量有影响的社论、时评和评论。"文化大革命"期间遭迫害。1972年恢复在《人民日报》的工作。1980年起历任中共广东省委书记，中央文献研究室副主任，广播电视部部长、党组书记。曾任中华全国新闻工作者协会主席团主席和二、三、四届理事会主席，中国广播电视学会会长。

吴历 Wu Li (1632～1718) 中国清代画家。原名启历，字渔山，号墨井道人。江苏常熟人。工诗文书画。明亡后萌发出世念头，先接近佛教，后皈依天主教，教名西满。康熙二十七年（1688）任天主教耶稣会司铎。在上海、嘉定一带传教30余年。吴历以山水画闻名于清代画坛。他对前人传统加以融合、变化，逐步形成自己的风格面貌，既有北方山水刚劲雄伟的气魄，又有南方水乡淡雅浑朴的情调。其早年作品不多见；中年用笔细润沉着，擅用重墨、积墨；50～70岁创作甚少；70岁以后作品渐多，水墨渲染和干笔枯墨并用，反复皴染，沉郁苍秀，最具特色。有《琵琶行图》、《湖天春色图》、《泉声松色图》、《横山晴霭图》等传世。并著有《墨井诗钞》、《三巴集》等。与王时敏、王鉴、王翚、王原祁、恽寿平合称"四王吴恽"或"清初六家"。

《泉声松色图》(故宫博物院藏)

吴良镛 Wu Liangyong (1922-05-07～) 中国建筑学家、建筑教育家、城市规划师。生于江苏南京。1944年毕业于重庆中央大学建筑系，1949年获美国匡溪艺术学院建筑与城市设计专业硕士学位。1945年协助梁思成创办清华大学建筑系。1951年主持建筑系市镇组，与北京农业大学汪菊渊共同创办中国第一个园林专业。1951年起历任建筑系教授、副主任、主任。先后创办清华大学建筑设计研究院、建筑与城市研究所、人居环境研究中心。1980年当选为中国科学院学部委员（院士），1995年当选为中国工程院院士。1999年入选法兰西建筑科学院院士。

吴良镛创造性地发展了广义建筑学和中国人居环境科学理论，提出以建筑、城市规划与园林为核心，整合工程、社会、地理、生态等相关学科，形成人居环境科学体系。1999年世界建筑师大会及国际建协代表会议通过他起草的《北京宪章》。有代表性的城乡规划、建筑与城市设计实践包括：北京亚运会和奥林匹克建设研究、山东曲阜孔子研究院首期工程、中央美术学院及附中新校园规划建筑设计、可持续发展的中国人居环境的基本理论与典型案例研究、京津冀城乡空间发展规划研究、江宁织造府博物馆方案设计等。主持的北京菊儿胡同新四合院住宅实验项目，荣获多项国际、国内大奖。

吴梅 Wu Mei (1884-09-11～1939-03-17) 中国文学家。字瞿安，晚号霜厓。江苏长洲（今苏州）人，卒于云南。曾执教于北京大学、中山大学、中央大学、金陵大学等校，主讲词曲。

吴梅在文学上有多方面成就。诗得宋诗派宗匠陈三立指点，词得词学大师朱孝臧亲授，有深厚造诣。著有《霜厓诗录》4卷、《霜厓词录》1卷及论词专著《词学通论》，《霜厓文录》2卷未刊行。诗作如《读莼农〈碧血花〉剧，即集剧中语，默题四绝》、《信阳题何大复集》等，寄托深厚，苍凉雄劲。词作如〔临江仙〕"短衣羸马边尘紧"、〔清平乐〕《题郑所南画兰，次玉田韵》等阕，豪宕高逸。他酷爱戏曲，擅制曲、唱曲、谱曲，最早将戏曲教学带进大学讲坛。在戏曲的创作、研究与教学方面的成就为世所推重。在戊戌变法至辛亥革命期间所撰剧作思想艺术水平较高。

吴梅能自己谱曲、度曲、演唱，校订曲本，审定音律，被誉为近代"曲家泰斗"（夏敬观《忍古楼词话》）。其藏曲之富，不下二万卷，精选所藏善本辑成《奢摩他室曲》，为戏曲史研究提供了宝贵资料。早期成名作《顾曲麈谈》是研究曲律及填词、度曲之法的专著。所著《中国戏曲概论》（1926）是较早的一部自金元至清代的戏曲通史，补充了王国维《宋元戏曲考》未曾论及的明清杂剧、传奇。又有《词余讲义》、《奢摩他室曲话》（1907）、《南北词简谱》（1939）等。

吴门派 Wumen school 中国明代中期的绘画派别。苏州为古吴国都城，有吴门之谓，而其主要代表人物如沈周、文徵明、唐寅、仇英等，均属吴郡人，故称。

宣德年间（1426～1435），苏州诞生

唐寅作《陶榖赠词图》

了吴门派开宗大师沈周，继起者有文徵明、唐寅、仇英，他们在艺术上较全面地继承了宋元以来的优秀传统，并形成各自的独特风格，开创一代新风，取代院体和浙派而占据画坛主位，历时150多年。画史将沈、文、唐、仇并称为吴门四家或明四家，为吴门派的代表画家。这四位画家虽同时崛起于苏州，但风格迥异，各有师承。沈周主要承元代文人画衣钵，以简练浑厚、苍劲雄健的粗笔画见长。文徵明从学沈周，并吸取赵孟頫、王蒙画法，以缜密工致、文静清秀古雅的细笔画著称。唐、仇两人均从南宋院体绘画入手，并远追北宋名家，重视主题、结构，讲究真景实感，造型准确，笔墨谨严，风格柔韵雅秀，其艺术行利兼备，雅俗共赏。

吴宓 Wu Mi (1894～1978－01－17) 中国学者。字雨僧。陕西泾阳人。卒于泾阳。1911年初考入北京清华留美预备学校（清华大学前身），1917年赴美国留学，先后在弗吉尼亚大学和哈佛大学比较文学系学习，获硕士学位。1921年回国，在南京东南大学任教，与梅光迪等人联合创办《学衡》杂志，任总编辑。1925年应聘任清华大学国学院主任、教授。后又在西南联大、武汉大学、西南师范大学执教。吴宓学贯中西，主张“中西贯通”，注意研究中西文化的异同，通过比较、综合、创新，在广博的基础上融合新时代的理性秩序和道德理想。“文化大革命”中，吴宓刚正不阿，受到残酷迫害，左腿残废，双目失明。但他面对“四人帮”的“批孔”阴谋，仍坚持“宁肯杀头，也不批孔”的学者风范。其主要译著散见于《学衡》杂志和他所主编的天津《大公报》文学副刊。著有《吴宓诗集》、《文学与人生》、《吴宓日记》等。

吴奈温 U Ne Win (1911－05－14～2002－12－05) 军人政治家，将军，1962～1981年在军人政府中任国家元首。生于缅甸卑谬县榜地镇，卒于仰光。1929～1931年在仰光大学求学。1936年加入我缅人党，参加争取国家独立的斗争。1941年随缅甸独立运动领袖昂山到中国海南岛接受日本人的军事训练。1943～1945年为缅甸国民军军官，但参加组织地下抗日运动。1948年1月4日缅甸独立后，他任陆军副总司令。1958年吴努辞职，他组成看守内阁，任总理。1960年恢复议会政体时下台。1962年3月2日发动政变，监禁吴努，成立缅甸联邦革命委员会，任主席。此外，还任部长会议主席兼国防部长和国防军总参谋长，缅甸社会主义纲领党组织委员会、党纪委员会主席。1971年当选该党中央委员会、中央执行委员会主席。1974年3月当选国务委员会主席（总统）。1978年连任。1981年辞去总统职务，留任党主席。1985年8月连任社会主义纲领党主席。执政期间，彻底改变缅甸的政治制度，对内主张一党制和军人掌权，执行“缅甸式的社会主义”；对外奉行不结盟政策。1955～1985年间12次访问中国。1960年1月访华时签订《中缅友好互不侵犯条约》和《中缅关于两国边界问题的协定》。

吴努 U Nu (1907－05－25～1995－02－14) 缅甸独立运动领袖，缅甸联邦总理（1948～1958，1960～1962）。生于渺妙县瓦溪马镇，卒于仰光。1929年仰光大学毕业，获文学士学位。1934年又回仰光大学学习法律，参加学生的政治活动。1936年他和昂山被大学开除，引起学生罢课。第二年，他加入我缅人协会（德钦党）。1940年英国人以煽动叛乱的罪名把他关入监狱。日本人入侵缅甸后将他释放。1943年他在巴莫的亲日政府中任外交部长。1947年昂山被暗杀后，他担任政府首脑和缅甸主要政党反法西斯人民自由同盟领袖。1948年1月缅甸宣布独立，他为第一任总理，任职10年。1958年辞职，由吴奈温的“看守内阁”接管。1960年恢复议会政体，他再度任总理。1962年3月吴奈温发动政变，建立军政府，将他监禁起来。1966年10月获释。1969年在英国成立议会民主党，任主席。1973年流亡印度。1980年7月回国，9月出任佛经翻译出版委员会主席。1988年8月29日发起成立争取民主与和平联盟，任名誉主席。1954～1961年曾6次访华。1960年10月代表缅甸政府与中国签订《中缅边界条约》。

吴佩孚 Wu Peifu (1874－04－22～1939－12－04) 中华民国时期直系军阀首领。字子玉。山东蓬莱人。卒于北平。秀才出身。早年入淮军当兵。1906年起任北洋陆军第三镇管带、标统，颇得镇统领曹锟器重。民国成立后升任旅长。1916年随曹入川镇压云南护国军。1918年2月奉命入湘讨伐护法湘军，连下岳州等地。同年8月为湖南督军一职旁落皖系，通电“罢战主和”。1919年迎合社会舆情，支持学生的爱国要求，并与西南军阀结成反段祺瑞军事同盟。1920年7月在奉军配合下大败皖系，升任两湖巡阅使。1922年4月取得第一次直奉战争的胜利，公开主张“武力统一”。1923年2月下令镇压京汉铁路工人罢工，酿成二七惨案。同年10月任直鲁豫巡阅使。1924年9月在第二次直奉战争中，被奉军和反戈相向的冯玉祥国民军击败。次年10月，应孙传芳之请，出任“讨贼联军总司令”，派兵反奉，攻入河南。随即又答应奉系，夹击冯部国民军。1926年8月，南下湖北抗拒广东国民革命军，惨遭失败。从此一蹶不振，一度托庇四川军阀。1932年回到北平。其后曾通电声讨溥仪充当伪“满洲国”傀儡，并拒绝为日伪“下水”。后因牙疾发作就日医，暴卒。

吴其濬 Wu Qijun (1789～1847) 中国清代植物学家。字瀹斋，别号雩娄农。生于河南固始，卒于故乡。嘉庆进士，先后任翰林院修撰，兵部、户部侍郎和内阁学士，并在湖北、江西、湖南、浙江、云南、贵州、福建、山西等省担任过学政、巡抚和总督等高级官职。

吴其濬留心观察各地植物，依据耳闻目见并辑录古籍中的有关记载，积30年之功，著成《植物名实图考》和《植物名实图考长编》两书。前者开中国现代植物志之先河，在中国植物学史上占有重要地位。他将历代古籍中有关植物的种种记载和论述汇编为《植物名实图考长编》，收载植物838种。为进一步研究各种植物，撰写《植物名实图考》准备了必要的史料。

《植物名实图考》全书38卷，记载植物1 714种，比《本草纲目》所载植物增加了500多种；所收录的植物遍及中国19个省。《植物名实图考》分植物为：谷、蔬、山草、隰草、石草、水草、蔓草、芳草、毒草、群芳、果、木等12类。在每一类下，记述若干种植物，包括名称、形态、颜色、性味、产地及用途等。每一种植物的描述都配有根据实物绘成的精确的植物图。他通过亲身调查和对古籍的考证，纠正了前人文献中许多错误记载。

吴起 Wu Qi (?～前381) 中国战国时期军事家、政治家。卫国左氏（今山东定陶西）人。初为鲁将破齐兵，后入魏为将。周威烈王十七年（前409），率军攻取秦河西地（今陕西东部黄河西岸地区），任魏西河郡守20余年，创建了一支经过严格选拔和训练的“武卒”，与诸侯国作战数十次，开疆拓地，战绩卓著。后遭大夫王错陷害，被迫于周安王十九年（前383）投奔楚国。先任宛（今河南南阳）守，一年后升令尹，掌军政大权，主持变法。吴起剥夺旧贵族政治、经济特权，裁减冗员冗费用于选练军队，仅一年，楚国开始强盛，兵威加于四方。二十一年，楚悼王死，反对改革的旧贵族乘机杀害吴起。吴起作为军事家与孙武齐名。他能征善战，治军严明，与士卒共甘苦，深得部众之心。相传由吴起著的《吴子》一书，在中国古代军事典籍中占有重要地位。

吴起镇 Wuqi Town 中国陕西省吴起县辖镇。县人民政府驻地。1955年改置城关乡，1980年改城关镇，1984年更名吴旗镇。2005年改名吴起镇。面积12.7平方千米。人口1.4万。延安公路过境。农产以蔬菜、玉米、糜子、荞麦为主。1935年10月19日，中共中央和中央红军到此与陕北红军胜利会师，结束了举世闻名的二万五千里长征。名胜古迹有毛泽东旧居、革命烈士陵园等。

吴强 Wu Qiang (1910-02-17～1990-04-10) 中国小说家。原名汪大目，曾用笔名吴蔷、叶如桐。江苏涟水人，卒于上海。1933年春在上海加入中国左翼作家联盟，曾在茅盾主编的《文艺阵地》发表作品。1938年于皖南参加新四军。曾以抗战为题材创作短篇小说、散文、独幕话剧等。解放战争中，参加了涟水、莱芜、孟良崮、淮海、渡江等著名战役。中华人民共和国建立后，写有中篇小说《他高高举起雪亮的小马枪》、《养马人》等。1956年开始创作长篇小说《红日》，于次年出版。作品形象生动地反映了解放战争初期华东战场上中国人民解放军从战略撤退到战略反攻的历史进程，塑造了中国人民解放军从军长到战士众多的血肉丰满的英雄形象，对国民党将领的刻画也十分生动，具有个性，是当代军事题材创作方面的重要收获。“文化大革命”后，写有短篇小说《灵魂的搏斗》、长篇小说《堡垒》（上部，1979）等。另有小说散文集《心潮集》及《吴强近作》等出版。

1949年后，吴强曾任华东军区政治部文化部副部长、中国作家协会上海分会副主席、中国作家协会理事等职。

吴桥县 Wuqiao County 中国河北省沧州市辖县。位于省境东南端，邻接山东省。面积603平方千米。人口28万（2010）。金世宗大定二年（1162）析将陵县置吴桥县。属暖温带半湿润大陆性季风气候，四季分明。盛产粮食、棉花。工业有棉油加工、机械、工具生产、食品加工、工艺美术制造、建筑材料等。有范公墓（即范景文墓）、唐槐等古迹。吴桥是中国“杂技之乡”，吴桥杂技大世界是国际上有名的杂技赛场。

吴清源 Go Seigen (1914-05-19～) 华裔日籍围棋手。又名泉。福建闽侯人。生于福建福州。初从父学弈。1928年东渡日本，师事日本棋手濑越宪作。1929年日本棋院直接认可他为三段棋手。1932年升至五段。1933年与日本棋手木谷实一起开创了追求势力与速度的新布局运动。同年9月在与日本棋坛领袖本因坊秀哉名人的对局中采用“三三、星、天元”的奇异布局，轰动一时。1939年升至七段，开始与日本一流棋手轮流进行升降十番棋，到1955年十番棋大战告一段落时，先后战胜了木谷实、雁金准一、桥本宇太郎等7位强劲对手，被公认为是当时世界棋坛第一人。1950年日本棋院推举他为九段棋手。1957年获得日本第1期“最强战”冠军。1959年与坂田荣男并列第3期日本“最强战”冠军。1983年引退。被日本棋界誉为“近代布局的奠基人”、“昭和时代的棋圣”。著有《吴清源自选百局》、《二十一世纪的围棋》等。

吴汝康 Wu Rukang (1916-02-19～2006-08-31) 中国人类学家。生于江苏武进（今常州），卒于北京。1940年中央大学生物系毕业，1946年就读于美国圣路易斯的华盛顿大学医学院，1949年获博士学位，同年秋回国，在大连医学院任教。1956年任中国科学院古脊椎动物与古人类研究所研究员。1980年当选中国科学院学部委员（院士）。研究或鉴定过的猿人化石有北京猿人、蓝田猿人、郧县猿人、和县猿人、南京猿人等，智人化石有丁村人、马坝人、资阳人、河套人、柳江人等，古猿有禄丰古猿、广西巨猿等。提出在从猿变人的过程中，人类体质特征不均衡发展的观点。对中国古人类学的发展作出重要贡献。发表论文和专著200余篇（部），创办并长期主编《人类学学报》，为中国培养一批人类学人才。

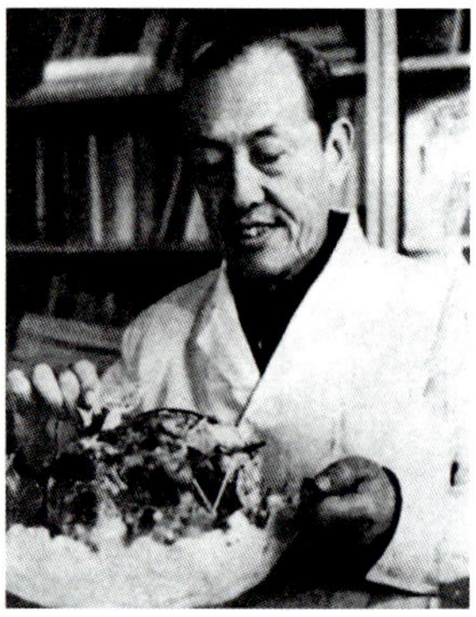

吴三桂 Wu Sangui (1611～1678-10-02) 中国清初策动三藩叛乱的汉姓藩王。字长伯。江苏高邮人，辽东籍。武举出身。父吴襄，为明崇祯时锦州总兵。以战功及父荫授都指挥，擢辽东总兵官。李自成军逼近北京，崇祯帝加封他为平西伯，令其放弃宁远（今辽宁兴城）援京。未几，北京失陷，吴三桂撤兵山海关。李自成克北京后招他归降，因其父吴襄、妾陈圆圆被李自成部将掠去，遂上书清睿亲王多尔衮，请清兵入关讨李。山海关之战，吴三桂与清军大败李自成，受清封平西王。不久，又为清军先锋，追击李自成，镇压陕西、四川等地的反清斗争。清顺治十四年（1657）受平西大将军，会同清军进攻南明云贵地区。十六年，清廷命他镇守云南。康熙元年（1662），吴三桂杀南明永历帝于昆明，被晋封为亲王，并兼辖贵州省。与镇守福建的靖南王耿精忠、镇守广东的平南王尚可喜子尚之信相呼应，成为拥兵自重的三藩。为抑三藩，清廷于十二年下令撤藩。吴三桂闻讯后叛清。自称总统天下水陆大元帅、兴明讨虏大将军，发布檄文，挥军入湖南。桂、川、黔、湘、闽、粤诸省响应，战乱波及赣、陕、甘等省。清政府调重兵全力镇压叛乱，逐渐扭转了战局，十七年，吴三桂在湖南衡州称帝，国号大周，改元昭武。同年秋病死。其孙吴世璠继位，退据云南。二十年昆明被围，吴世璠自杀，余众出降。

吴思远 See-Yuen Ng(1944-04-22～) 中国香港电影导演、制片人。原籍广东中山。

生于上海。毕业于香港新法中院。1966年入邵氏兄弟（香港）有限公司南国实验剧团编导科学习，毕业后任邵氏公司场记、副导演。1971年入明星影片公司，与罗臻合导影片《疯狂杀手》。1972年与人合作创办富园影片公司，执导影片《荡寇滩》。1973年创办思远影片公司，导演《罗马大绑票》、《香港小教父》、《十三号凶宅》、《生龙活虎小英雄》。之后，吴思远编导的故事片有《廉政风暴》(1975)、《南拳北腿》、《李小龙传奇》(1976)、《法外情》(1985)、《理发师》(2006)等。

吴淞江 Wusong River 中国黄浦江主要支流。又称苏州河。上海境内仅次于黄浦江的第二大河。因发源于苏州附近的松陵地区，古名松江，又因流域在古代吴国境内，故称之为吴淞江。吴淞江源出太湖瓜泾口，穿过江南运河，流经吴江、昆山等市，在上海市区外白渡桥附近注入黄浦江。全长125千米，流域面积1.6万平方千米，平均河宽40～50米，多年平均年径流量约3.1亿立方米，旱季则接近于零。低水位时水深2米左右，是上海通往江苏南部主要水上交通线和上海市区重要航道。吴淞江水质曾污染严重，经治理，河中已有鱼类生存。

吴淞镇 Wusong Town 中国上海市宝山区辖镇。位于市区北部，距市中心约18千米。北临长江，扼黄浦江入长江口。有人口10万（2010）。有淞沪铁路通市区，并有蕴藻浜沟通黄浦江及附近内河水网，水运方便。原为宝山县属镇，1988年后为宝山区辖镇。境内淞兴路为百年老街，集中了商店、文化馆、医院等设施。镇北淞滨路是商贸金融一条街。有客轮通崇明、长兴、横沙诸岛。镇北吴淞口为黄浦江入长江口，是上海的出海门户，明清以来历为戍守要地，有1842年鸦片战争时期清水帅提督陈化成率军抗击英军入侵时所筑炮台遗址。

吴天保 Wu Tianbao (1903～1967-12-14) 中国汉剧演员。工生。字贤华。湖北汉阳人。13岁进汉口天字科班，学戏期间就颇有名声。所演《辕门斩子》、《文昭关》、《打鼓骂曹》等戏，演唱高亢激越，风格严谨。搬演《未央宫》、《哭祖庙》、《斩经堂》，创生行〔反二黄〕等新腔，自成一家。抗日战争初期，组织汉剧抗敌宣传队，在大后方巡回演出。中华人民共和国建立后，积极投入戏曲改革活动，演出新编历史戏和

吴天保在汉剧《哭祖庙》中饰刘谌

现代戏。他演的《哭祖庙》曾摄制成影片，辑入汉剧影片集锦《留住汉宫春》。

吴天明 Wu Tianming (1939-12-05～) 中国电影导演。原籍山东莱芜。生于陕西三原。1960年考入西安电影制片厂演员剧团训练班。1979年与滕文骥合作导演了《生活的颤音》，获1979年文化部优秀影片奖和个人“青年优秀创作奖”。80年代导演了《亲缘》、《没有航标的河流》、《人生》、《老井》。其中《人生》获1985年第8届《大众电影》百花奖最佳故事片奖。《老井》获1988年第8届中国电影金鸡奖最佳导演等4项主要大奖和第11届《大众电影》百花奖最佳故事片等3项大奖，第2届夏威夷国际电影节评审团特别奖等多项国际奖。后期作品主要有《变脸》(1996)、《非常爱情》(1997)、《首席执行官》(2002)。其中《变脸》获第9届东京国际电影节最佳导演奖、最佳女主角奖。2006年出任曲江影视集团董事长。

吴庭艳 Ngo Dinh Diem (1901-01-03～1963-11-02) “越南共和国”总统（1955～1963）。生于越南北部广平省一个官僚地主家庭，卒于越南南部堤岸。信奉天主教。幼年入修道院学习。1940～1945年日本占领时期，与日本当局合作，组织大越复兴党。后又为法国殖民者效力。1950年赴美。1954年6月回越南南方，出任西贡保大政府总理。翌年10月策划“公民投票”，废黜保大，成立“越南共和国”，任总统兼总理和国防部长，建立家族独裁政权。1961年连任总统。与美国合作发动“特种战争”，在美国支持下建立“战略村”，进行大规模军事“扫荡”。1963年镇压南越佛教徒和人民群众的爱国运动，监禁和屠杀许多佛教徒。同年11月2日，在美国中央情报局策划下，南越军人发动倒吴军事政变，吴庭艳及其弟吴庭儒被政变部队击毙。

吴伟 Wu Wei (1459～1508) 中国明代画家。字士英，号鲁夫，更字次翁。江夏（今湖北武汉）人。卒于南京。两次因画誉被征入宫，授锦衣百户等职。后浪迹江湖，因纵酒去世。擅画人物、山水，劲健豪放，笔墨迅疾酣畅，自成一派。由于他是江夏人，遂有江夏派之称。其山水画主要继承南宋院体传统，山石作斧劈皴，遒劲健壮。代表作品有《溪山渔艇图》，绘湖山的港湾一角，景色开阔，笔墨挥洒淋漓，气势雄伟磅礴；《长江万里图》，用写意手法，刻画长江浩瀚无际、一泻千里的壮阔景象，笔墨简率纵逸，突出显示他以气势取胜的艺术特点。吴伟的人物画精于工笔白描，线条纤细，形象清秀，如《铁笛图》。后吸收减笔画法，变为粗笔的水墨写意画，擅用钉头鼠尾描，人物气宇轩昂，仪态潇洒，如《柳下读书图》等。

《长江万里图》(故宫博物院藏)

吴伟业 Wu Weiye (1609～1672) 中国明末清初诗人，画家。字骏公，号梅村。先世居昆山，祖父始迁太仓（今皆属江苏）。崇祯四年（1631）中进士，授翰林编修，后任东宫讲读官、南京国子监司业等职。清朝顺治十年（1653），被迫赴京出仕，初授秘书院侍讲，后升国子监祭酒。3年后奔母丧南归，从此隐居故里。吴伟业的诗今存1 000多首。他与钱谦益、龚鼎孳并称江左

吴伟业书画作品

三大家。他的诗多写哀时伤事的题材，富有时代感。近体诗佳作有《过吴江有感》、《过淮阴有感》、《扬州》等。他的七言歌行更为出色，音节极佳，情韵悠然，其中如《圆圆曲》讽刺吴三桂降清；《临江参军行》颂扬抗清将领；《松山哀》讽刺洪承畴降清，内容深婉，有诗史之称。词作不多，但传诵颇广，其风格与诗近似，清丽哀婉。著作有《梅村家藏稿》、《梅村诗余》、传奇《秣陵春》等。

吴文俊 Wu Wenjun（1919-05-12～ ） 中国数学家。生于上海。1936年获奖学金考入上海交通大学数学系，1940年毕业。1947年秋赴法国留学，1949年获法国国家博士学位。后在巴黎法国科学研究中心做研究工作，直到1951年夏回国。在北京大学任教授一年后，1952年任中国科学院数学研究所研究员。1957年当选中国科学院学部委员（院士）。1980年转到新成立的系统科学研究所任研究员，1983年任名誉所长。1999年起任新成立的中国科学院数学与系统科学研究所研究员。

吴文俊的研究工作主要方向为拓扑学、数学史以及数学机械化领域，另外在对策论、代数几何学、奇点理论方面也有贡献。他在拓扑学方面首先给出惠特尼示性类乘法公式一个简捷证明，继而应用斯廷罗德运算定义了吴文俊示性类，并给出计算微分流形的切丛的斯蒂菲尔-惠特尼示性类的吴文俊公式，这成为该示性类最系统的结果。吴文俊还对庞特里亚金示性类进行研究，证明它们的某些约化是拓扑不变量。20世纪50年代吴文俊系统研究拓扑浸入及嵌入理论，引进示嵌类，由此得出$n>2$时，n维复合形在$2n$维欧氏空间中嵌入的充分必要条件。在20世纪60年代中他给出带奇点代数簇的陈省身示性类的定义，先于西方的工作。20世纪70年代，他提出I^*函数理论，强调其可计算性。

吴文俊对中国数学史的研究独具一格。强调中国数学是从几条简明的原理出发推导出丰富的结论。在研究刘徽著作基础上概括出“出入相补原理”和“刘徽原理”。提出古证复原原则，补充一些古籍上的证明。指出中国古代数学特征为几何代数化以及机械化。并由此走上数学机械化研究道路。首先在1976年完成平面几何定理机械化证明，1978年完成初等微分几何定理证明，其后得出证明几何定理的吴文俊方法。吴消元法还应用于机器人结构分析、计算机辅助设计、图像压缩等。

1956年因示性类及示嵌类工作获国家自然科学奖一等奖，1980年获中国科学院自然科学奖一等奖，1990年获第三世界科学院数学奖，1991年被选为第三世界科学院院士，1993年获陈嘉庚数学科学奖，1994年获求是科技基金会杰出科学奖，1997年因数学机械化的开创性贡献获厄布朗自动推理杰出成就奖，2000年获首届国家最高科学技术奖，2006年获邵逸夫数学奖。

吴文俊曾任中国数学会理事长（1984～1987），1992～1994年任中国科学院数理学部主任。1978～1998年任全国政协常委。

吴文英 Wu Wenying（约1200～约1260） 中国南宋词人。字君特，号梦窗，又号觉翁。四明（今浙江宁波）人。他毕生不仕，以布衣出入侯门。词与周密（草窗）齐名，并称二窗。吴文英词学主张，见于沈义父《乐府指迷》，认为词要协音，要高雅、含蓄、柔婉。承袭周邦彦一派的观点。在创作上，他继承了邦彦词风，创出密丽秾艳的格律派词。他的词题材较狭窄，多是朝官酬唱与咏物分韵之作，晚年作〔金缕歌〕、〔沁园春〕尚有殷念国事之情。在艺术技巧方面造诣甚高，长于修辞，守律精严，章法多变，情境婉转曲折，如〔渡江云〕《西湖清明》、〔齐天乐〕“烟波桃叶西陵路”、〔夜合花〕《自鹤江入京泊葑门有感》、〔风入松〕“听风听雨过清明”等。他精通音律，能自度曲。如〔莺啼序〕分4片，长达240字，为词中最长调。因雕琢过甚，容易流于晦涩。词集《梦窗甲乙丙丁稿》4卷，《宋六十名家词》本。

吴文藻 Wu Wenzao（1901-04-12～1985-09-24） 中国社会学家、民族学家。生于江苏江阴，卒于北京。1916年考入北京清华学堂。1923年赴美国留学，1928年获哥伦比亚大学博士学位。1929年2月回国，任北京燕京大学社会学系教授，1935年任系主任。1939年创建云南大学社会学系，并任系主任和文学院院长。1940年到重庆，在国防最高委员会参事室任参事，负责研究边疆的民族、宗教和教育问题。自1953年起，任中央民族学院教授、研究部“国内少数民族情况”教研室主任和历史系“民族志”教研室主任。吴文藻主张社会学的中国化，并努力倡导社区研究。提倡用同一区位的或文化的观点和方法，来研究各种地域不同的社区。主张应把社会学的理论和方法与文化人类学或社会人类学结合起来，对中国进行社区研究。他为中国社会学和民族学的学科建设与人才培养作出了重要贡献。主要论著有《见于英国舆论与行动中的中国鸦片问题》（博士论文）、《现代法国社会学》、《德国系统社会学派》、《功能派社会人类学的由来与现状》、《现代社区研究的意义和功用》、《西方社区研究的近今趋势》、《中国社区研究的西洋影响与国内近况》、《社区的意义与社区研究的近今趋势》、《社会制度的性质与范围》、《社会学与现代化》、《英国功能学派人类学今昔》、《战后西方民族学的变迁》、《新进化论》等。

吴沃尧 Wu Woyao（1866-05-29～1910-10-21） 中国小说家。原名吴宝震。字小允，号茧人，后改为趼人，自号我佛山人。广东南海佛山镇（今佛山市）人。清光绪八年（1882），父亡于浙江巡检任所，家境遂困窘。次年赴上海谋生，在江南制造军械局任书记。其间开始为报刊撰文。光绪二十三年（1897）起，先后主《字林沪报》副刊及《采风报》、《奇新报》、《寓言报》笔政。光绪二十八年，应聘赴湖北编《汉口日报》。次年回上海，开始创作小说，投寄梁启超创办的《新小说》杂志发表，并一度赴日本。回国后曾任美国人所办英文《楚报》中文版编辑。光绪三十二年秋起，任《月月小说》总撰述，后并主持两广同乡会所属广志小学校。

吴沃尧著长、短篇小说约30余种，大部分属于谴责小说，当时称“社会小说”。其中，《二十年目睹之怪现状》为晚清四大谴责小说之一。《九命奇冤》揭露官场黑暗和人情险诈。作品结构较紧凑，并吸收西方侦探小说的倒叙等手法，故事情节曲折动人。《糊涂世界》讥讽官僚昏聩，《发财秘诀》揭露买办卖国以发财，《瞎骗奇闻》写迷信算命的危害。后期作品《上海游骖录》则宣传“断断乎不能讲革命”，变成议论文字。他着意提倡历史小说，以借古鉴今，激发民族意识。《痛史》演述南宋亡国历史，痛斥权奸贾似道和投降派，歌颂文天祥抗敌斗争等。《恨海》、《劫余灰》、《情变》3部小说都描写了社会动乱、世道恶劣造成的爱情悲剧。影响较大的《恨海》情节悲惨动人，描写人物感情心理尤细腻真切。

曾被改编为戏剧、电影。《新石头记》则借《红楼梦》人物演述新故事，开创了清末特有的“翻新小说”。写贾宝玉再次入世，在上海见到许多西洋新事物，到北京遇上庚子事变，反映当时现实；最后写宝玉来到“文明境界”，描绘“飞车”上天、“飞艇”潜海等奇妙现象，具科幻性质。

吴沃尧在变革小说题材、类型、体裁和写作手法等方面，作了多方面的探索，在晚清小说界影响甚大，在近代小说演变史上占有重要地位。除小说外，他还撰有笑话、寓言小品《新笑林广记》、《新笑史》、《俏皮话》和《滑稽谈》。其他作品还有诗集《趼廛诗删剩》，笔记《趼廛剩墨》、《趼廛笔记》、《中国侦探案》，戏曲《曾四芳传奇》和“时事新剧”《邬烈士殉路》。全部作品合编为《吴趼人全集》，哈尔滨北方文艺出版社1998年出版。

吴晓邦 Wu Xiaobang (1906－12－18～1995－07－08) 中国舞蹈艺术家、理论家、教育家。生于江苏太仓，卒于北京。原名吴锦荣。1932年在上海创办晓邦舞蹈学校。1935年创办晓邦舞蹈研究所。抗日战争期间以舞蹈宣传抗日，并创办广东省立艺术专科学校舞蹈系。有《思凡》、《饥火》、《罂粟花》、《虎爷》、《宝塔牌坊》等舞剧作品。1945年6月到延安。后辗转解放区各地开展新舞蹈活动，并创作了《进军舞》。1949年后从事舞蹈教学、理论研究和领导工作。主要著作有《舞蹈艺术概论》、《舞蹈新论》、《舞论》、《我的舞蹈艺术生涯》等。吴晓邦为中国现代舞蹈开辟了新舞蹈之路，为中国舞蹈的教育、理论研究作出贡献。曾任中央民族歌舞团团长，中国艺术研究院舞蹈研究所所长，中国文学艺术界联合会委员，中国舞蹈家协会主席、名誉主席。被誉为“中国现代舞蹈之父”。

吴学谦 Wu Xueqian (1921－12－19～2008－04－04) 中国无产阶级革命家，外交战线领导人，中共中央政治局委员，国务院副总理，全国政协副主席。生于上海，卒于北京。早年就读于上海暨南大学外文系。1938年参加中共上海地下党领导的学生运动。1939年5月加入中国共产党。历任上海地下党外围组织学生界救亡协会格致公学小组负责人、中共格致公学支部书记、中共中央华中局城工部淮南交通站负责人。1944年后任中共上海地下党学生运动委员会委员、副书记、代理书记，中共上海地下党市委委员，青年团上海市工委秘书长。中华人民共和国建立后，任社会主义青年团团中央驻世界青联代表，团中央国际部副部长、部长。1958年后任中共中央对外联络部五处处长。“文化大革命”中下放“五七”干校劳动。1972年后任中共中央对外联络部西亚非组组长、三局局长、副部长。1982年后任外交部部长、党组书记，国务委员。1988年后任国务院副总理、中央外事工作领导小组副组长、中央对台工作小组副组长、中国国际交流协会会长。是中共十二、十三届中央政治局委员。1993年当选为全国政协第八届副主席。

吴学周 Wu Xuezhou (1902－09－20～1983－10－31) 中国物理化学家。字萼晖，号化予。生于江西萍乡，卒于长春。1924年毕业于南京东南大学。1931年获加州理工学院博士学位。1932年赴德国从事光谱研究。1933年回国后，历任中央研究院化学研究所研究员、所长，中国科学院上海物理化学研究所所长，长春应用化学研究所所长和环境化学研究所所长。1948年当选中央研究院院士。1955年当选中国科学院学部委员（院士）。中国化学领域内分子光谱研究的开拓者之一。30年代曾提出新的带系光谱，弄清了多原子分子的一些重要结构和化学反应机理，受到国际科学界的重视。发表《丁二炔的紫外吸收光谱》、《气体分子的远红外光谱》等论文26篇。

吴雪 Wu Xue (1914－09－14～2006－09－18) 中国话剧导演、演员。生于四川岳池，卒于北京。1932年入成都大同电影戏剧学校，曾创办剧人协社和西南话剧社。1937年组建四川旅外剧人抗敌演剧队。1940年到延安，翌年任延安青年艺术剧院副院长。导演和主演的剧目有《塞上风云》、《雷雨》、《伪君子》、《上海屋檐下》、《铁甲列车》等。1943年执笔、导演和主演了极富艺术特色的讽刺喜剧《抓壮丁》。1949年起历任中国青年艺术剧院副院长、院长，文化部副部长，中国戏剧家协会副主席等职。其他有影响的导演作品有《钢铁运输兵》、《娜拉》、《豹子湾战斗》等。他还在《钢铁是怎样炼成的》、《万尼亚舅舅》、《文成公主》等话剧和电影《风暴》、《白求恩大夫》中成功地扮演主要角色。在话剧民族化上作了大胆的探索。

吴趼人 Wu Yanren (1866－05－29～1910－10－21) 中国小说家。见吴沃尧。

吴耀宗 Wu Yaozong (1893～1979－09－17) 中国基督教领袖，中国基督教三自爱国运动创始人之一。生于广东顺德，卒于上海。1913年毕业于北京税务学堂，曾在海关供职，1918年受洗入教，1920年任北京基督教青年会学校部干事。1924年去美国纽约协和神学院及哥伦比亚大学攻读神学、哲学，获哲学硕士学位。1927年返国，任职于中华基督教青年会，在基督徒学生中宣传抗日救亡。抗日战争爆发后，参加保卫中国大同盟。1946年6月，参加上海市人民团体联合会赴南京请愿团，呼吁和平，反对内战。吴耀宗早期受西方唯爱主义的影响，认为“爱”为人类生活的最高原则，创办《唯爱双月刊》，组织唯爱社并任该社主席。九一八事变后放弃唯爱主义投入抗日救亡运动。他提倡“宗教是人生的宗教”，主张关注整个社会环境。1934年出版文集《社会福音》，认为爱上帝就是爱真理，爱人如己就是为人服务牺牲。他一贯主张中国教会自立。1949年9月参加中国人民政治协商会议，其后当选为历届全国人大常务委员会委员。1950年9月参与起草、发表题为《中国基督教在新中国建设中努力的途径》的宣言。第一、二届中国基督教三自爱国运动委员会主席。

吴仪 Wu Yi (1938－11～) 中华人民共和国国务院副总理。湖北武汉人。1956～1962年在西北工学院国防系、北京石油学院石油炼制系炼油工程专业学习。1962年4月加入中国共产党。1962～1965年任兰州炼油厂车间技术员、政治部办公室干事。1965～1967年任石油工业部生产技术司生产处技术员。1967～1983年任北京东方红炼油厂技术员、技术科副科长和科长、副总工程师、副厂长、高级工程师。1983～1988年任北京燕山石油化工公司副经

理、党委书记。1988～1991年任北京市副市长。1991～1993年任对外经济贸易部副部长、党组副书记。1993～1997年任对外经济贸易合作部部长、党组书记。1997年当选为中共第十五届中央政治局候补委员。1998年任国务委员。2002年11月在中共十六届一中全会上当选为中央政治局委员。2003年3月在第十届全国人大被任命为国务院副总理，4月兼任国务院防治非典型肺炎指挥部总指挥和卫生部长（至2005年4月）。2004年2月任国务院防治艾滋病工作委员会主任。是中共第十三届中央候补委员，第十四届、十五届、十六届中央委员。

吴贻弓 Wu Yigong (1938-12-01～) 中国电影导演。生于浙江杭州。1960年毕业于北京电影学院。先后任《李双双》、《北国江南》等片的助理导演和《于无声处》的副导演。1979年独立导演短片《我们的小花猫》。20世纪80年代作品有《巴山夜雨》、《城南旧事》、《姐姐》、《流亡大学》、《少爷的磨难》及电视剧《十八岁男子汉》。其中《巴山夜雨》获1980年文化部优秀影片奖、1981年第1届中国电影金鸡奖最佳影片奖。《城南旧事》获1983年第3届中国电影金鸡奖最佳导演奖和第2届马尼拉国际电影节最佳影片金鹰奖。90年代作品有《月随人归》、《阙里人家》、《海之魂》等。《阙里人家》获广电部1992年政府奖最佳导演奖。

吴茵 Wu Yin (1909-08-02～1991-04-10) 中国电影演员。原名杨瑛。江苏吴县（今苏州）人。生于天津，卒于上海。1934年被导演蔡楚生发现，邀她在影片《新女性》中扮演女子中学校长。1936年加入明星影片公司二厂，先后参加拍摄了《压岁钱》、《十字街头》、《社会之花》等8部影片。抗日战争爆发后，随上海影人剧团到重庆，在中国电影制片厂参加拍摄《火的洗礼》、《青年中国》和《塞上风云》等影片，同时在中华剧艺社参加演出30多个剧目。抗日战争胜利后，参加拍摄了《遥远的爱》，并成为昆仑影业公司演员。后参加演出了《一江春水向东流》、《八千里路云和月》、《万家灯火》、《希望在人间》、《乌鸦与麻雀》、《三毛流浪记》等影片，塑造了众多性格迥异的中年和老年妇女艺术形象。1949年到上海电影制片厂工作。1954～1964年，参加了影片《宋景诗》、《春催桃李》、《家庭问题》的演出；1982年参加了《这不是误会》的演出。

吴印咸 Wu Yinxian (1900-09-21～1994-09-07) 中国摄影家、摄影理论家和新闻电影摄影师。生于江苏沭阳，卒于北京。1922年毕业于上海图画美术学校（1930年定名为上海美术专科学校），同年接触摄影。1938年到延安，既从事摄影创作又兼作电影摄影。摄影作品内容丰富，记录了20世纪20年代至中华人民共和国建立之前中国的黑暗，表现了中国共产党领导下的人民解放斗争。代表作有《毛主席给晋绥干部作报告》（1942年在延安）、《白求恩大夫》（1939年在晋西北）、《拓荒》（1941年在延安）、《红缨林立》等。拍摄了解放区第一部大型新闻纪录片《延安与八路军》。著有《摄影用光》、《摄影艺术表现方法》、《摄影构图》，摄影集《吴印咸摄影集》。

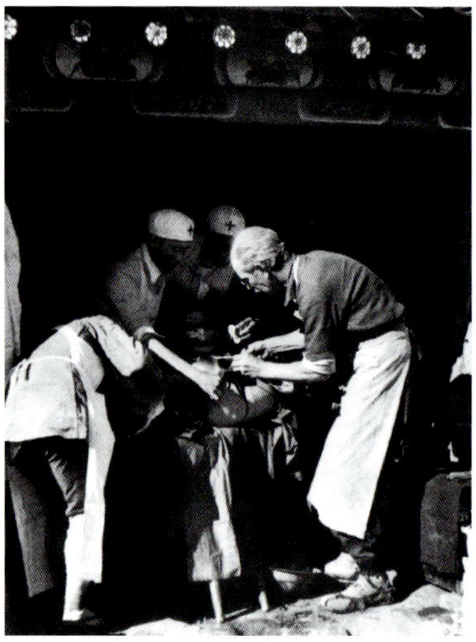

《白求恩大夫》（1939）

吴永刚 Wu Yonggang (1907-11-01～1982-12-18) 中国电影导演。江苏吴县（今苏州）人。卒于上海。处女作《神女》被当时评论家认为是“1934年下半期中国影坛的最大的收获”。1936年导演了国防影片《壮志凌云》。在抗日战争爆发后上海“孤岛”时期，先后拍摄了《胭脂泪》、《离恨天》、《中国白雪公主》、《铁窗红泪》、《摩登地狱》等多部影片。抗日战争胜利后，他拍摄了《迎春曲》、《舐犊情深》。1951年导演了《辽远的乡村》。1952年拍摄中国首次使用少数民族演员和语言的故事片《哈森与加米拉》。此后又导演了《秋翁遇仙记》。1961年拍摄了舞台艺术片《碧玉簪》和《尤三姐》。1980年任《巴山夜雨》总导演，此片获次年第1届中国电影金鸡奖最佳故事片奖。从《神女》到《巴山夜雨》，吴永刚共拍摄了26部故事片、5部舞台艺术片和3部舞台艺术纪录片。

吴有训 Wu Youxun (1897-04-02～1977-11-30) 中国物理学家、教育家。生于江西高安，卒于北京。1920年毕业于南京高等师范学校。1921年赴美入芝加哥大学，随A.H.康普顿从事物理学研究，1926年获博士学位。1926年秋回国，先后在江西大学和中央大学任教，1928年秋起任清华大学教授、物理系主任、理学院院长（包括1938年以后在西南联合大学的8年）。1945年10月任中央大学校长。1948年当选中央研究院院士。同年底任上海交通大学教授，1949年任校务委员会主任。1950年夏任中国科学院近代物理研究所所长，同年12月任中国科学院副院长。1955年当选中国科学院学部委员（院士）并任数理化学部主任。曾任中国物理学会理事长，中华全国自然科学专门学会联合会和中华人民共和国科学技术协会副主席。

参与X射线散射研究的开创工作，验证了康普顿效应。1924年与康普顿合作发表《经过轻元素散射后的钼Kα射线的波长》。1926年他单独发表《在康普顿效应中变线与不变线的能量分布》和《在康普顿效应中变线与不变线的能量比》两篇论文。使康普顿效应进一步为国际物理学界所公认。

吴于廑 Wu Yujin (1913-04-27～1993-06-22) 中国历史学家。原名吴保安。字沼越。安徽休宁人，生于江苏宝应，卒于武汉。1935年获东吴大学文学士学位。1944年和1946年先后获哈佛大学文学硕士及哲学博士学位。1947年起任武汉大学教授。中华人民共和国建立后任武汉大学副校长、武汉大学世界史研究所所长、国务院学位委员会学科评议组成员等职。

吴于廑长期从事世界历史的教学和研究工作。他认为世界史是一门有特定限义和研究主题的历史学分支学科，既非把中国史除外的外国史，也非包罗一切国家的各国历史汇编，主张从关系世界全局的重大历史运动与变化着眼，研究人类怎样由分散、闭塞的人群逐步发展为全世界成一密切联系整体的全部过程。编著有《古代希腊和罗马》(1957)、《外国史学名著选》、《十五、十六世纪东西方历史初学集》(1985)、《大学世界历史地图》(1988)。另有合著《世界通史》及《世界通史资料选辑》各4卷。发表论文多篇，如《世界史学科前景杂说》、《世界历史上的农耕世界和游牧世界》、《世界历史上农本与重商》等。

吴宇森 John Woo (1946-05-01～) 中国香港电影导演。生于广州。3岁随父母到香港，16岁时离开学校，在一家报社工作。1968年开始执导影片。1973年导演了《铁汉柔情》。1986年成功执导了《英雄本色》，奠定了他暴力美学的电影风格，后来的《英雄本色2》(1987)和《喋血双雄》(1989)都沿袭了这一风格，成为香港20世纪80年代末期动作片的代表。1990年的越南题材影片《喋血街头》和1992年的《辣手神探》也较为优秀。1993年，吴宇森和美国演员合作执导了他的第一部好莱坞电影《终极标靶》，成为第一位在好莱坞执导大片的亚洲导演。1996年的票房大片《断箭》奠定了他在好莱坞A级导演的地位。在拍了英语电视剧版的《纵横四海》后，他又执导了一部在商业上和艺术上都颇为成功的影片《变脸》。2000年与汤姆·克鲁斯合作的《谍中谍2》也十分成功。进入21世纪以后，又执导完成了《风语者》(2002)、《赤壁》(2008)、《剑雨》(2010)等影片。

吴玉章 Wu Yuzhang (1878-12-30～1966-12-12) 中国无产阶级革命家、教育家、语言文字学家。名永珊，字树人，号玉章。生于四川荣县，卒于北京。少年时曾在成都尊经书院读书。1903年留学日本，1905年加入中国同盟会，任评议部评议员。辛亥革命时，他策动荣县独立和内江起义，策应武昌起义。1912年孙中山任临时大总统时，在总统府工作。1913年被袁世凯通缉，赴法国入巴黎大学求学。袁倒台后于1917年回国，在北京创办勤工俭学预备学校。1919年，参与组织留法勤工俭学会和留法勤工俭学运动。1922年任成都高等师范学校校长，后任重庆中法大学校长。1923年，在成都建立"中国青年共产党"。1925年，正式加入中国共产党。1926年任中国国民党第二次全国代表大会秘书长和中央执行委员。1927年参加南昌起义，任革命委员会委员兼秘书长。后去苏联，在中山大学中国问题研究院和中山大学特别班学习。此后参加共产国际的工作，在苏联远东工人列宁主义学校任教，后任苏联科学研究院远东分院和莫斯科东方大学中国部主任，其间曾参与制订了中国拉丁化新文字方案。1935年被派往巴黎办《救国时报》。1938年回国，出任国民参政会参政员。1939年底到延安，任鲁迅艺术学院院长、延安大学校长、宪政促进会会长、新文字协会会长和新文字学校校长，曾领导开展了拉丁化新文字运动。1945年抗日战争胜利后，任中共四川省委书记。1948年组建华北大学，任校长。1950年任中国人民大学校长，后兼中央社会主义学院院长、中国文字改革协会会长和中国文字改革委员会主任，组织领导全国文字改革工作，主持制定了《汉字简化方案》和《汉语拼音方案》。1955年被聘为中国科学院哲学社会科学部学部委员。他从1938年起，历任中共第六、七、八届中央委员；从1954年起，历任第一、二、三届全国人大常委会委员。著有《吴玉章回忆录》、《历史文集》、《文字改革文集》等。

吴元济 Wu Yuanji (783～817) 中国唐朝宪宗时重要叛藩首领。淮西节度使吴少阳的长子。沧州清池（今河北沧州东南）人。唐代宗、唐德宗以来，淮西镇勾结河北诸镇，成为唐朝心腹大患。宪宗元和九年(814)闰六月，吴少阳死，元济匿不发丧，伪造少阳表，称病，请以元济为留后。朝廷不许。元济于是举兵叛乱。宪宗发兵讨伐。当时河北藩镇中，成德（今河北正定）的王承宗、淄青（今山东青州）的李师道都暗中与吴元济勾结，出面为之请赦。因朝廷不许，便遣人伪装盗贼，焚烧河阴（在今河南荥阳东北）粮仓，又派刺客刺杀武元衡，砍伤裴度（时李吉甫已死），企图打击主战派。但宪宗不为动摇，以裴度继武元衡为宰相，主持讨伐事宜。元和十二年十月，唐邓节度使李愬在降将李祐导引下，于雪夜奇袭蔡州成功，破城俘元济。十一月，吴元济被斩于长安。至此，唐朝统一的局面暂时有所加强。

吴越 Wuyue 中国五代时十国之一。钱镠所建。都杭州（今属浙江）。盛时疆域13州，约为今浙江全省、江苏西南部、福建东北部。历5主，共86年。

钱镠是军阀董昌部将。唐光启三年(887)，董昌移镇浙东。唐以钱镠为杭州刺史，从此钱镠独据一方。乾宁三年(896)，钱镠灭董昌，得越州。唐以钱镠为镇海、镇东（越州军号）两镇节度使，仍治杭州。钱镠遂据有浙江东、西二道。天复二年(902)，唐封他为越王。开平元年(907)后梁又封他为吴越王。吴越比相邻的吴（后为南唐取代）弱小，故钱镠及其子孙皆向中原王朝称臣、纳贡，借以牵制吴或南唐。

后唐长兴三年(932)钱镠卒，子钱元瓘继立。后晋天福五年(940)，闽中大乱，元瓘遣大军入闽，遭到巨大损失。六年，元瓘卒，子钱弘佐（一作钱佐）立。开运三年(946)，吴越再次遣兵入闽，得福州。次年，弘佐卒，弟弘倧立，同年十二月三十日(948年2月12日)，将校废弘倧，立其弟弘俶（即位后，单名俶）。开宝八年(975)，宋灭南唐，吴越面临危机，宋太宗太平兴国元年(976)，钱俶入朝。三年，再次入朝，尽献所据土地，全家迁汴京。吴越亡。

吴越自钱镠晚年与吴通和以后，除两度遣兵入闽外，并无重大战争。在十国中，是比较安定的地区，社会经济得以发展。

吴越世系表

①武肃王钱镠(893～932)——②文穆王钱元瓘(932～941)
- ③献王钱弘佐(941～947)
- ④忠逊王钱弘倧(947～948)
- ⑤忠懿王钱俶(948～978)

吴越文化 Wu-Yue culture 流行于今中国江苏、浙江的地域文化。包括主要分布于江苏的吴文化和主要分布于浙江的越文化。源于勾吴文化与于越文化，二者均起源于古代百越民族。勾吴分布在今苏南、皖南一带，于越分布在今浙江中北部一带，两族在太湖东南一带杂居。传说夏王少康曾封其庶子无余于会稽，遂有"于越"。西周初年，周王族太伯来到吴地，建立吴。三国时，吴越地区除少数山区还有"山越"外，大部分地区的居民都已是汉人。魏晋南北朝时期，东晋在吴地的建康（今南京）建都，吴地成为汉族的政治中心近300年，吴越地区也 度成为汉族的经济、文化中心。南宋时期，中国政治中心再次移到吴越之地的临安（今杭州），吴越地区成为全国的文化中心，吴越文化成为汉民族的主体文化之一。书院、乡学等遍布江浙各地，讲学与求学之风日盛，涌现出众多的杰出英才。明清时期，江浙地区出现工商业的繁荣局面，形成密如蛛网的专业市镇。近现代，江浙成为中国与世界联系的前沿，中国最富活力和最为发达的地区之一。

宋代龙泉窑青瓷

吴越文化具有开放和务实

的特性。开放的心态造就了春秋时代吴国和越国的强盛，也使得后代的江浙学者在学习和吸收西方科学及思想方面表现出极大热情。务实则使江浙人商业头脑发达，做事精明，讲究实惠，出现了陶朱公、胡雪岩这样的商人和宁波帮、江南帮、温州帮等商帮。

吴越文化具有亲水的特色。江浙地区河流纵横、湖泊交错、濒临大海，优越的水乡地理环境，使江浙人以水稻种植和桑蚕业为主；“吴与越同音共律”，“同气共俗”，早期以干栏建筑为主，以后都流行亲水的园林式建筑——江南园林，形成许多威尼斯式的城镇和城市；形成“以舟代车”的传统，促进造船等行业和海外商贸的发展；也造就了江浙人轻灵、温柔和风雅的性格，以及水一样柔和的丝绸、刺绣、青瓷和昆腔、评弹、越剧等独具魅力的工艺品和艺术，成为中华文明的重要组成部分。

吴蕴初 Wu Yunchu (1891－09－29～1953－10－15) 中国化工实业家。原名吴葆元。江苏嘉定人（今属上海）。卒于上海。早年入上海兵工学校。1913年任汉冶萍公司汉阳钢铁厂化验师及制砖厂厂长。1921年在汉口、上海合资开办炽昌硝碱公司和炽昌新制胶公司，生产火柴原料；同时潜心研究味精生产方法。1923年出任上海天厨味精厂厂长兼经理，大获成功，所产佛手牌味精远销美国。1928年创办中华化学研究所。1932年取得天厨厂控股权，以其赢利先后开办天原电化、天盛陶器等厂。其间，先后任中华化学工业会副会长、国民政府全国经济委员会委员、资源委员会委员等职。抗日战争爆发后，任国民参政会参政员，企业多被日军侵占，仅上海天厨、天原两厂迁至重庆。由于资金不足，复工后由金城、中央、农民等银行投资并派人管理。战后虽收回原有企业，因时局不安、美货倾销，处境仍然艰难。中华人民共和国建立后，任上海市人民政府委员等职。

吴泽霖 Wu Zelin (1898－10－28～1990－08－02) 中国民族学家、教育家。生于江苏常熟，卒于湖北武汉。1913年考入清华学堂，1922年毕业后留学美国。先后在威斯康星大学、密苏里大学、俄亥俄州立大学获学士、硕士和博士学位。1927年赴欧洲考察英国、法国、德国、意大利的社会情况。1928年回国，先后任上海大夏大学社会学教授和系主任、文学院院长、教务长，1935～1937年兼任上海暨南大学海外文化事业部主任和教务长。抗日战争爆发后，随部分大夏大学师生内迁贵阳。1941年2月赴昆明西南联大任教。1946年任清华大学人类学系主任兼教务长。中华人民共和国建立后，先后任西南民族学院教授兼民族文物馆馆长、中央民族学院教授、中国社会科学院民族研究所研究员、南开大学社会学系教授。1982年调中南民族学院，任教授、学术委员会副主任。吴泽霖致力于社会学、民族学和民族学博物馆事业的研究，对中国社会学、民族学、人类学学科基础的奠定和发展作出了贡献。主要著作有《社会学及社会问题》、《现代种族》、《社会约制》、《世界人口问题》(与叶绍纯合编)、《贵州苗夷社会调查》(与陈国均合编)、《贵州清水江流域部分地区苗族的婚姻》等。

吴镇 Wu Zhen (1280～1354) 中国元代画家。元四家之一。字仲圭，号梅花道人、梅沙弥。浙江嘉兴魏塘镇人。年轻时曾学习理学，终其一生闭门隐居，除精研儒家经典外，还旁通佛家、道家学说。以卖卜为生。

《渔父图》(故宫博物院藏)

吴镇以擅画山水和墨竹著称。题材多描写渔夫和隐逸生活。画法多用披麻长皴，兼用厚重的点苔法，取得浓淡湿润的水墨效果，以表现山川洲渚平远、幽深的不同景色。构图、意境亦富于变化。传世作品中，《双桧平远图》作于泰定五年(1328)，笔法严谨，水墨浑厚，气势雄伟。他一生创作多幅《渔父图》，如50岁以后所作《渔父图》4幅，画面景物基本相似，大多是一叶渔舟，随波荡漾，周围芦荻洲渚，水天相连，境界迷蒙空阔。还有一卷《嘉禾八景图》，描写嘉兴地区八处景色，每处都注明地点名称，为写实之作，在元代文人山水画中很少见。他兼长水墨竹石，喜用秃笔重墨，笔锋劲利沉着，气势浑厚豪迈，在当时各家竹派中，自成一格，曾作过数本《竹谱》。

吴征铠 Wu Zhengkai (1913－08－08～2007－06－27) 中国物理化学家。江苏扬州人。生于上海，卒于北京。1934年毕业于金陵大学。1936～1939年为英国剑桥大学物理化学研究所研究生。

1939年起历任湖南大学、浙江大学、复旦大学化学系（原子能系）教授。1960年起，先后任原子能研究所研究员、第二机械工业部科技局总工程师，复旦大学兼职教授。1980年当选中国科学院学部委员（院士）。长期从事物理化学和放射化学方面的研究和教学工作。60年代初，以他为首完成了六氟化铀简法工艺研究，为中国第一颗原子弹的原料生产作出贡献，并获全国科学大会“科学技术重大贡献奖”(1978)、国家科委发明一等奖(1985)。发表论文《四氯化碳振动光谱中的同位素效应》和《力常数与双原子键中原子间距离的关系》等多篇。

吴征镒 Wu Zhengyi (1916－06－13～) 中国植物分类、植物地理学家。生于江苏扬州。1937年毕业于清华大学生物系。1942～1948年任清华大学生物系教员、讲师，并曾兼任中国医学研究所药用植物研究组组长，中法大学、云南大学讲师。

1948～1949年任北平军管会高教处处长，1950～1958年任中国科学院植物研究所研究员兼副所长。1955年当选为中国科学院学部委员（院士）。后历任中国科学院昆明植物研究所所长、中国科学院昆明分院院长、美国植物学会通讯会员、瑞典植物地理学会名誉会员、国际系统和进化生化学会议国际委员会委员。

吴征镒从事植物分类学和植物地理学研究，曾提出“中国植物区系与东南亚植物，特别是中南半岛区系之间，有一个较长的和更相似的历史背景。在北纬20°～40°之间的中国南部、西南部和中南半岛地区，是植物最富于特有古老科、属的地区。这些从第三纪古热带植物区系传下来的成分，可能是东亚植物区系的核心，而这一地区正是这一区系的摇篮，它也许甚至是北美和欧洲植物区系的发源地”。这一见解明确指出中国植物区系有3大历史成分，即古南大陆的、古北极的和古地中海的，而中国西南部则是这些区系成分发生和发展的关键地区。从1956年起他还致力于中国植被分类、分区问题的研究，并联系到区系分区上来，主编出版了《中国植被》一书。共发表120多篇各类论文，主编或编写了18部学术专著。迄今他已发现了新属8个、新种400个以上。获2007年国家最高科学技术奖（中国）。

吴稚晖 Wu Zhihui (1865～1953-10-31) 中国资产阶级思想家。原名朓，又名敬恒，字稚晖。江苏武进人。卒于台北。清光绪举人。1901年留学日本。1902年在上海参与创办爱国学社，并与章太炎等同办《苏报》。1905年冬加入中国同盟会。后与张静江、李石曾在巴黎组织世界社，出版《新世纪》刊物，鼓吹无政府主义。辛亥革命后，在蔡元培任中华民国教育总长期间，曾应邀出任国语读音统一会会长。1921年任法国里昂中法大学校长。1924年出席国民党第一次全国代表大会，当选为中央监察委员。后主张清党，反对中国共产党。历任南京国民政府国防最高委员会委员、教育部国语统一筹备委员会主席、中央研究院院士等职。1949年去台湾，任“总统府”资政、国民党中央评议委员等职。

吴中区 Wuzhong District 中国江苏省苏州市辖区。位于苏州市南部，东连昆山。扼太湖之出口，为长江三角洲重要水利和交通枢纽。陆地面积672平方千米，太湖水域面积约1 459平方千米，人口116万（2010）。秦建吴县。秦之后，吴县的辖境多变。1995年撤销吴县，建立吴县市。2000年撤销吴县市，原吴县市辖区分设为吴中区与相城区。属中亚热带季风气候，因受海洋和太湖水体的调节作用，气候宜农宜林，宜渔宜牧，是典型的江南“鱼米之乡”。吴中自然资源丰富。有丰富的铜、铁、铅、锌、高岭土、花岗岩、瓷石、太湖石等矿产资源；银鱼、梅鲚鱼和白虾被誉为“太湖三宝”；是枇杷和桂花的全国五大产区之一、银杏全国十大产区之一，还是全国三大种蜂基地之一；特产洞庭碧螺春被列入全国十大名茶之一；东部盛产鲜藕、荸荠、水红菱等。工业有丝绸、服装、工艺品、建材、化工、生物医药、电子信息、机电、新材料等。传统工艺品有苏绣、缂丝、澄泥砚、金山石雕等。名胜古迹有宝带桥、保圣寺、东洞庭山紫金、天平山、灵岩山等。古镇有甪直、东山、西山、木渎、光福等地，其中以甪直“水乡桥镇”最具特色。甪直镇存各式石桥41座，是中国桥梁最多的市镇，有“古桥博物馆”之称。

吴忠市 Wuzhong City 中国宁夏回族自治区辖地级市。位于自治区境中部，邻接内蒙古、陕西和甘肃。临黄河。辖利通区、红寺堡区和盐池县、同心县，代管青铜峡市。面积2 633平方千米，人口127万（2010），回族人口占55.2%。秦为富平县。东汉初为北地郡治。明初始置吴忠堡。1950年设吴忠市（县级），1963年改县，1983年恢复。1998年设立地级吴忠市。境内南部为丘陵山地，北部为平原，地势南高北低。海拔1 118～1 455米。属中温带大陆性气候，春暖迟、夏热短、秋凉早、冬寒长，干燥少雨雪，年平均气温8.8℃，平均年降水量193.4毫米。农业主产稻谷、小麦，素有“塞上江南、鱼米之乡”的称誉。畜牧业以饲养奶牛为主，兼产肉牛、羊、禽、蛋、鱼。中药材有枸杞、甘草、黄芪、柴胡、马黄、大蓟、酸枣等。工业以化工、电力、乳制品、食品加工等为重点。名胜古迹有董（福祥）府、一百零八塔、牛首山寺庙群等。

吴仲华 Wu Zhonghua (1917-07-27～1992-09-19) 中国工程热物理学家和航空发动机专家。生于上海，卒于北京。1940年毕业于西南联大机械工程系，后留校任教。1944年考取清华庚款留美，1947年获美国麻省理工学院机械工程博士，历任美国航空咨询委员会刘易斯喷气推进中心研究科学家和布鲁克林理工大学机械工程系教授。1954年回国后历任清华大学动力机械系教授兼系副主任、中国科学院动力研究室主任、力学研究所副所长、工程热物理研究所所长。1957年当选中国科学院学部委员（院士）。50年代初创立了叶轮机械三元流动理论，至今仍是先进叶轮机械设计和分析计算的理论基础。编制了热力性质表，特别适用于燃气轮机装置的热力性能计算和方案比较。亲自参加了航空发动机改型设计和高性能压气机的设计等工作。他还致力于能源问题研究，任大庆油田和辽河油田的能源利用总顾问，并主持燃气轮机-蒸汽轮机联合循环、热电并供的工程发展项目。获1956年和1982年全国自然科学奖二等奖。

吴浊流 Wu Zhuoliu (1900-06-20～1976-10-07) 中国台湾小说家。原名吴建田，笔名吴饶畊。祖籍广东蕉岭，生于台湾新竹。他的反映近代台湾人精神苦闷的小说，奠定了他的文学史地位。他在台湾主要受日式教育，曾当过教谕、小学教员。1940年到南京，任《大陆新报》记者。1941年返回台湾，先后任台湾《日日新报》、《新生报》等报记者。1943～1945年间用日文写的长篇小说《胡志明》(先后改为《胡太明》、《亚细亚的孤儿》)，借主角胡太明的殖民地生活经验，写出了日本占领时期台湾人民特有的悲情，是台湾文学史上的重要作品。1944年4月在《民生报》发表小说《先生妈》，对日本战时强行推行的“皇民化运动”有非常深刻的观察和讽刺，是吴浊流讽刺小说中最为明快犀利的作品。台湾光复后，他又写了《波茨坦科长》等作品，讽刺揭露了光复后接收台湾的官僚政客。1964年创办《台湾文艺》，1969年卖掉自己的产业，设立“吴浊流文学奖”，对台湾文学的发展产生深远影响。主要作品结集的有：小说集《亚细亚的孤儿》、《孤帆》、《泥泞》，散文集《谈西说东》，评论集《台湾文艺与我》、《黎明前的台湾》(1977)。

吴组缃 Wu Zuxiang (1908-04-05～1994-01-11) 中国小说家、散文家、古典文学研究家。原名吴祖襄，安徽泾县人。卒于北京。1929年入清华大学。九一八事变后参加“社会科学研究会”和“反帝同盟”。这期间发表有小说《离家的前夜》、《菉竹山房》、《一千八百担》等。1934年发表《天下太平》、《樊家铺》等，这些作品收入《西柳集》(1934)和《饭余集》(1935)。1935年起，被聘为冯玉祥的国文教师及秘书。1938年任中华全国文艺界抗敌协会理事。抗战时期创作长篇小说《鸭嘴崂》(又名《山洪》)，反映农民、士兵抗日意识的觉醒。1946－1947年随冯玉祥访美。此后任金陵女子文理学院教授、清华大学教授和中文系主任。中华人民共和国建立后，曾担任中国作家协会理事、书记处书记等职。1952年起任北京大学教授。几十年间潜心于古典文学尤其是明清小说研究，并出任《红楼梦》研究会会长。其主要研究成果整理为《中国小说研究论集》(1998)。另著有《说稗集》(1987)、《拾荒集》(1988)等。

吴祖光 Wu Zuguang (1917-04-21～2003-04-09) 中国剧作家。生于北京，卒于北京。

1935年入北平中法大学文学院，同年开始发表小说、散文。1937年任南京国立戏剧专科学校秘书，抗日战争时期随校内迁四川。1937年，他以东北抗日义勇军事迹创作了第一部话剧《凤凰城》。1942年完成《风雪夜归人》。剧本不仅含有深刻的人生启迪意义，而且在艺术上富有浪漫主义诗情。1944年任重庆《新民晚报》副刊主编，抗战胜利后到上海主编《新民晚报》副刊《夜光杯》。1947年到香港，先后任大中华影业公司、永华影业公司编导。1949年10月回北京任中央电影局编导，先后导演了《红旗歌》等8部电影。1957年被错划为右派分子，遣送北大荒。1960年回北京任中国戏曲学校实验京剧团、中国戏曲研究院实验剧团编剧。这一时期编写的京剧《三打陶三春》最具创造性。1978年起任文化部艺术局艺术委员会委员。曾任中国戏剧家协会副主席。1978年创作最后一部话剧《闯江湖》。

吴祖光的作品结构新颖，冲突强烈；语言富有民族和地方特色，自然流畅又蕴涵诗意。

吴祖强 Wu Zuqiang (1927-07-24～) 中国作曲家。祖籍江苏武进。生于北京。1947年入南京国立音乐院理论作曲系，师从江定仙。1952年在中央音乐学院毕业后留校任教，翌年公派入莫斯科国立柴科夫斯基音乐学院理论作曲系学习。1958年毕业归国，在中央音乐学院作曲系任教。1978年任中央音乐学院领导小组副组长，1982年任院长。1979年被选为中国音乐家协会常务理事。1985年起先后任中国音乐家协会副主席、名誉主席等。2000年任中国国家大剧院艺术委员会主任。

吴祖强作有弦乐四重奏、交响音画《在祖国的大地上》、清唱剧《与洪水搏斗》，以及与杜鸣心合作的舞剧《鱼美人》、《红色娘子军》的音乐和与刘德海合作的琵琶与管弦乐队协奏曲《草原小姐妹》等。此外，他曾将传统乐曲《二泉映月》、《听松》等改编为同名弦乐合奏曲，将《江河水》改编为二胡与管弦乐队合奏曲，将《春江花月夜》改编为琵琶与管弦乐队协奏音诗等。他还创作过一些独奏曲、独唱曲和电影、话剧音乐。著有《曲式与作品分析》等教材，并与瞿维合译了德·罗加尔－列维茨基的《现代管弦乐队》。

吴作栋 Goh Chok Tong (1941-05-20～) 新加坡政治家、政府总理（1990～2004）。祖籍中国福建。生于新加坡。1964年毕业于新加坡大学经济系，后在财政部经济发展组工作，任经济计划调研员、副秘书。1966年赴美国威廉斯学院学习，获发展经济硕士学位。1969年在国营海皇船务公司工作，历任主管计划与发展的经理、财务主任、财务董事和董事经理等职。1977年任财政部高级政务部长（相当于副部长）。1979年任人民行动党中央执行委员会第二助理秘书长兼第一组织秘书，同年3月任贸易及工业部部长。1980年5月任人民行动党和职工总会特别联络委员会委员。1981年任卫生部长兼国防部副部长。翌年6月任国防部长兼卫生部副部长。1984年12月当选为人民行动党助理秘书长。1980年和1984年曾两次任党的竞选事务委员会主席，主持过两次国会选举。1985年出任第一副总理兼国防部长。1990年11月出任总理。对新加坡的发展和东南亚区域合作有卓越贡献。2004年8月辞去总理职务，1977年后多次访问中国。

吴作人 Wu Zuoren (1908-10-01～1997-04-09) 中国画家、美术教育家。祖籍安徽泾县。生于江苏苏州，卒于北京。1927年秋，考入上海艺术大学美术系。1928年，转入田汉创办的南国艺术学院美术系，同年秋，到南京中央大学艺术系徐悲鸿工作室旁听。1929年底赴法国留学，翌年9月考入巴黎国立高等美术学校，11月考入比利时布鲁塞尔皇家美术学院。1935年秋，应徐悲鸿邀返国，任中央大学艺术系讲师。1943～1945年间，赴甘肃、青海及康青藏区写生，作油画、水彩及速写多幅，并临摹敦煌壁画。1946年8月，任国立北平艺术专科学校教务主任兼油画系教授。10月，任北平美术作家协会理事长。1949年，任中国美术家协会常务理事。1951年后，相继出任中央美术学院教务长，中国美术家协会副主席，中央美术学院副院长、院长、名誉院长，中国文联副主席，中国美术家协会主席。1983年，任第六届全国人民代表大会常务委员会委员。

《齐白石像》(1954)

吴作人的油画可分为3个时期。30年代前期在欧洲学习，主要钻研并掌握了北欧弗拉曼的艺术传统。回国后至40年代末为第二时期，创作了一系列现实和历史题材的作品，如《画室》、《擦灯罩的工人》、《黄帝战蚩尤》、《戈壁神水》、《负水女》等。开始努力探索适应新表现对象的色彩语言，这从他的青海写生作品中可以清晰地看出来。50年代以后是第三时期，代表作是《齐白石像》、《三门峡》、《镜泊飞瀑》等，这些作品都将细腻的感受轻松自如地纳入醇厚清新的和谐色调中。

吴作人从40年代中期开始画水墨画，60年代后形成简约、平和、优雅的个人风格。在洗练而准确的造型中凝聚着中西文化的双重修养，诗情、墨韵与简洁的写实风格融为一体，既典雅，又通俗。

吴作人长期作为徐悲鸿的主要助手主持教学，继承并发展了徐悲鸿美术教学上启发学生以造型要求的原则，而不鼓励学生模仿老师。主张"师造化，夺天工"的主客观相辅相成的辩证观点，重视素描基础训练，强调培养学生的洞察力和艺术修养，力图将严与宽、博与专、放与收辩证地统一起来，并通过启发式教学得以贯彻。数十年来，他培育了许多卓有成就的学生。

梧桐 *Firmiana platanifolia*; phoenix tree 梧桐科梧桐属的一种。又称青桐。原产中国，自华南至华北广泛栽培。落叶乔木，高达15米。单叶，互生，心形，掌状3～5浅裂至深裂。圆锥花序；花单性或杂性；萼裂片5，条状披针形；无花瓣；雄花雄蕊多数，结合成柱状；雌花心皮5，合生，子房5室。

蓇葖果5，内有种子数个；种子圆球形，棕褐色。作为观赏树木已有2 000年以上历史；木材轻软，为制乐器的良材；树皮纤维可造纸和编绳；种子炒熟后可食或榨油；叶、花、根、种子均可入药，能清热解毒、祛湿健脾。

梧桐科 Sterculiaceae; sterculia family 双子叶植物纲五桠果亚纲的一科。有68属约1 100种，主要分布于热带和亚热带地区，个别种可分布到温带。中国有19属82种3变种，分布以云南为最多，其次为广东及广西，贵州、四川、福建、台湾也有分布，只有梧桐可栽培至华北和西北地区。乔木或灌木，也有草本或藤本。茎、叶的幼嫩部分常有星状毛，树皮富含纤维。叶互生，单叶，有托叶，稀为掌状复叶。花序腋生，稀顶生，由聚伞花序排成圆锥花序、总状花序或伞房花序，稀为单生花；花单性或两性，萼片或多或少合生，每朵花有花瓣5片，有些种类无花瓣；雄蕊的花丝常合生成管状，常有5枚退化雄蕊与雄蕊群互生；雌蕊的基部常有伸长的雌雄蕊柄。果实多为蒴果或蓇葖果，每朵花常可结成数个分果，也有少数种类为核果。

梧桐科植物的茎皮富于纤维，可作麻袋、绳索和造纸的原料。梧桐多栽培作行道树，木材轻软，可制乐器，种子可食。可拉种子含可可碱和咖啡碱，可制饮料和药用。可可为世界三大饮料植物之一，它的种子为制可可粉和巧克力糖的原料，富于营养。火绳树属为紫胶虫的良好寄主，紫胶为重要的工业原料。绒毛苹婆的树干上割取的梧桐胶用于食品、纺织、医药等工业。胖大海的种子药用可治咽喉炎、喉痛、扁桃腺炎等症，也可作为观赏树木。半枫荷、山芝麻等亦可药用。梧桐、午时花等为庭园观赏植物。

《梧桐雨》 *The Rain Pattering on the Chinese Parasol* 中国元杂剧作品。故事取材于白居易《长恨歌》和唐传奇《长恨歌传》，写唐明皇与杨贵妃的生死爱情。见白朴。

梧州市 Wuzhou City 中国广西壮族自治区辖地级市。位于自治区境东部，珠江流域中游，毗邻广东省。辖万秀区、蝶山区、长洲区、苍梧县、藤县、蒙山县，代管岑溪市。面积12 583平方千米。人口288万(2010)。有汉、壮、瑶、回、满、侗、苗等民族。秦属桂林郡、南海郡，汉属苍梧郡。唐置梧州，元改为梧州路，明、清称梧州府，1912年称苍梧县。1927年析置梧州市，1932年撤市归苍梧县，1949年复置梧州市。北回归线从市区通过，属亚热带湿润季风气候。农业主产水稻、蔬菜、甘蔗、木材、松脂等。工业以纺织、食品、电器、机械、建材、化工为主。梧州扼自治区东部的大门和西江总汇，是自治区航运枢纽、两广交通要冲和自治区对外贸易的重要港埠。名胜古迹有西竺园、龙母庙、河滨公园、白山公园，纪念地有中山纪念堂、广西特委旧址等。

蜈蚣草 *Pteris vittata*; Chinese brake/centipedal brake 蕨类植物门凤尾蕨科凤尾蕨属的一种。广泛分布于亚洲热带和亚热带。中国广布于长江以南各省区，向北达陕西、甘肃和河南南部。根状茎短而直立，密被鳞片。叶簇生，一回羽状；羽片多数，互生或近对生，无柄，披针形，中部的最长，向基部逐渐缩短，顶部边缘有锯齿。孢子囊群生于羽片侧脉顶部的联结脉上，线形；假囊群盖由变质的羽片边缘向下反折而成。常生于路旁、桥边石缝或石灰岩山地，是钙质土或石灰岩的指示植物。民间全草药用，能祛风、杀虫、治疳疮。也可盆栽供观赏。

鼯猴 Cynocephalidae; flying lemur 皮翼目鼯猴科动物的统称。因体侧自颈部直至尾部具有大而薄的滑翔膜，状似啮齿目的鼯鼠，面部很像狐猴得名。有1属2种。体长60～70厘米，体重1～2千克。四肢及尾均细长，尾长22～27厘米。脚宽扁，具5趾，趾端具尖而弯曲的爪。眼大。耳短，通常裸露，粉红色。身体毛色为褐或灰褐色，与树皮的颜色相似。斑鼯猴的背部有白色斑点，毛皮柔软，胸部有一对乳头。

鼯猴单个或成群栖息于热带森林的树洞中，用爪钩挂于洞壁。通常黄昏开始外出，黎明前回洞。滑翔能力很强；善于爬树，但速度不快；在地面上不能直立，只能缓慢移动。吃嫩叶、茎、花，特别喜爱吃某些果实。当取食或爬树时，将皮膜收缩在前肢下，并可用前肢拉近树条取食。孕期60天。每年春季3～5月生1仔，极少2仔。幼仔出生时体长22.3～25.4厘米。出生后，或被置于洞内，或幼兽用嘴衔住母兽的乳头或毛，携带外出。

鼯鼠 Petauristidae; flying squirrel 啮齿目鼯鼠科动物的统称。又称飞鼠。全世界现存13属34种。多数分布在亚洲东南部的热带与亚热带森林中，仅少数几种分布在欧亚大陆北部和北美洲的温带与寒温带森林中。中国有7属16种，其中复齿鼯鼠、沟牙鼯鼠和低泡飞鼠为中国特有种。典型的树栖动物，与松鼠科亲缘关系很近，不同点是前后肢之间有被软毛的皮褶，称飞膜。当爬到高处后，将四肢向体侧伸出，展开飞膜，就可以在空中向下往远处滑翔。体型多为中等，小飞鼠属体长13厘米以上，大鼯鼠属体长50厘米以上；多数种类的毛

色都比较艳丽；牙齿多为22颗。

五倍子 Chinese gallnut 五倍子蚜虫寄生在寄主植物复叶的叶轴、叶翅和小叶上营瘿繁殖成的疣状虫瘿的统称。又作五棓子。

五倍子的产生有三个基本条件：五倍子蚜虫、夏寄主植物（盐肤木类）和冬寄主植物（提灯藓属）。中国已知致瘿倍蚜有10余种。其中较为重要的有角倍蚜、倍蛋蚜、圆角倍蚜、枣铁倍蚜。倍蚜均在两种寄主植物上交替繁育。冬寄主是提灯藓类植物，夏寄主是漆树科植物盐肤木、红麦杨、青麦杨及黄连木等。

五倍子富含五倍子单宁、没食子酸等，是重要的化工原料。在医药卫生、金属防腐蚀、稀有金属提取、合成纤维印染固色等方面有广泛用途。五倍子单宁经提纯、合成等化学加工，可制取近百种精细化工产品，开发应用前景广阔。主要加工产品有：①工业单宁酸，内含单宁酸80%以上。②医药用单宁酸，是一种淡黄色无定形粉末，其水溶液澄清透明，灰分在0.2%以下。③试剂单宁酸，形状同医药单宁酸，纯度高，灰分在0.1%以下。④没食子酸和焦性没食子酸。

五步蛇 *Deinagkistrodon acutus*; hundred-pace viper 蛇亚目蝰科蝮亚科尖吻蝮属的一种。又称尖吻蝮。

五彩 Polychrome; five colours 中国彩绘瓷品种。主要产于景德镇窑。名称首见于明嘉靖《江西大志》，指为“用烧过纯白瓷器馔彩，过炉火烧成”的瓷器。今日所谓五彩主要有两类：①图案用釉下青花和釉上彩色共同组成，称青花五彩，已知最早的产品出于明宣德（1426～1435）景德镇御器厂；②图案全用釉上彩色组成，称釉上五彩，其工艺源头可上溯到金代磁州窑系的加彩。嘉靖（1522～1566）、万历（1573～

五彩兰亭会瓶
（清，故宫博物院藏）

1620）御器厂的作品为青花五彩的典型，其图案多较满密，色彩浓艳，效果强烈，风格大异于成化斗彩的优雅。釉上五彩入明数量渐多，嘉靖时代繁荣。清以来五彩又称为“古彩”、“硬彩”，多属釉上五彩。康熙（1662～1722）是鼎盛期，其红绿色有浓淡深浅之分，出现了釉上蓝彩和黑彩，金、银彩也大量使用，纹饰题材极为广泛，人物、山水、花鸟、草虫、走兽、博古等应有尽有，其中人物故事尤被称誉。

五常市 Wuchang City 中国黑龙江省辖县级市。位于省境南部，邻接吉林省。面积7 512平方千米。人口88万（2010），有汉、满、朝鲜、回、蒙古等13个民族。古为肃慎属地，清光绪六年（1880）设五常厅，宣统元年（1909）改为五常府，1913年废府为县，称五常县。1993年撤县设市。由哈尔滨市代管。属中温带半湿润大陆性季风气候。矿产有铁、锰、锌、煤、石油和石棉、石灰岩等。工业以机械、化工、建材、电子、食品、纺织、制药和农产品加工等为主。农业以水稻、玉米、大豆、亚麻、甜菜、蔬菜、甜叶菊等为主。五常优质大米享誉省内外。境内山多林茂，盛产柳、榆、杨、柞、椴，以及红松、水曲柳、黄菠萝、胡桃楸。名胜古迹有响水河瀑布、石刀山、龙凤山水库和营城子古城迹遗址、靠河寨金代墓地等。

五车二 Capella 御夫座α（αAur）。全天第六颗亮星。视星等为0.08v。距太阳42光年。它是最亮的短周期双星，亦是由一对黄巨星组成的密近双星。轨道周期为104.023天。轨道近似圆形，倾角约137°。五车二又近又亮，而且是包含非主序星的双谱分光双星，为此成为检验天文新技术、恒星大气和恒星内部结构理论的重要天体。英国天文学家A.S.爱丁顿在半个多世纪前研究恒星质光关系时，就曾利用了五车二的基本参量，并写入其名著《恒星内部结构》一书中。后来有人发现它的可见光波段亮度有周期300多天的小幅变化。用光斑干涉法已经能够在照片上分辨五车二的两颗子星。由于光谱技术，特别是空间天文技术的进展，不仅确认五车二是活动色球星，而且探测了它的星冕。1975年报道用火箭发现了五车二的X射线连续谱辐射。1978年，高能天文台1号卫星测得五车二有强烈的0.85千电子伏X射线发射谱线。

五次反“围剿” 1930～1934年中国工农红军反击蒋介石发动的五次大规模“围剿”的战争。1927年第一次国共合作破裂后，中国共产党发动武装起义，创立工农红军，在江西、福建及鄂豫皖等地建立了大片农村革命根据地。①1930年2月上旬，蒋介石亲自组织“围剿”中央苏区。他指挥10万军队，用“长驱并进”的战术，从江西吉安到福建建宁，建立了400千米的弧形围攻线，分路进攻江西中央革命根据地。12月30日，第九路军前线总指挥张辉瓒率第18师由龙冈向五门岭前进，遭红军攻击，师部及第52、53两个旅战至黄昏被全歼，张辉瓒也被生俘。其余各师纷纷退却。第一次“围剿”战争宣告失败。②1931年4月，蒋介石第二次“围剿”红军。以20万军队，改用“稳扎稳打，步步为营”的战术，分兵4路进攻江西宁都等地。5月16日，第5路军的第28师和第47师一个旅在由富田向东固前进时遭红军袭击，大部被歼。北撤的第43师、西援的第27师1旅、据守广昌的第5师和在建宁的第56师，也先后失败。半个月自西向东五战皆败，被歼3万多人，第二次“围剿”又被粉碎。③1931年7月，蒋介石亲任总司令，第三次“围剿”红军。他调集30万兵力，采用“长驱直入”的战略，分兵两路展开钳形攻势。红军采取避实击虚、乘退追击的战术，拖敌于疲惫不堪之中；8月，先后在莲塘、良村、黄陂使敌第47、54、8师遭到歼灭性打击。9月3日，蒋介石下令“围剿”部队撤退，红军乘胜追击，在老营盘和方石岭歼其第9师1旅和第52师全部，共歼灭国民党军3万余人。第三次“围剿”战争又告失败。④九一八事变后，蒋介石坚持“攘外必先安内”的方针，从1932年6月起对红军发动第四次“围剿”。他调集63万兵力，自任豫鄂皖三省“剿匪总司令”，坐镇武汉亲自指挥。1933年1月底，蒋介石亲赴南昌，决定采取分进合击的作战方针，对中央苏区“围剿”，2月到3月，又分兵3路进攻江西中央革命根据地。以陈诚指挥的中路军12个师为主力，向广昌进攻，第52、59师深入宜黄地区时遭红军攻击被歼大部，第11师在草台冈被围歼大部，第9师突围时被歼一部。其余各师乃退向黄陂宜黄。对中央苏区的第四次军事“围剿”被粉碎。⑤1933年9月，蒋介石调集100万军队、200架飞机，向红军和中央革命根据地发动了更大规模的第五次“围剿”战争。采用“层层筑堡、逐步推进”的战术，分兵3路向赣南进攻。先占黎川，打开了根据地北面的门户。由于掌握中国共产党领导权的“左”倾教条主义者采取消极防御战略，与“围剿”的军队打拼消耗的阵地战，使红军伤亡很大，广昌等地先后被占，根据地逐渐缩小。红军奋战一年，仍未能打破“围剿”，被迫于1934年10月退出江西中央革命根据地，进行长征，于1935年10月到达陕北。蒋介石消灭红军的目的又告失败。

五大湖 Great Lakes 世界最大的淡水湖群。位于北美洲中东部，美国和加拿大之间。自西向东为苏必利尔湖、密歇根湖、休伦湖、伊利湖和安大略湖，除密歇根湖完全在美国境内外，余均为美、加两国共有。总面积24.42万平方千米，约2/3属美国。伊利湖较浅，最大深度仅64米；其他大湖的最大深度都超过200米，苏必利尔湖达406米。总蓄水量22 818立方千米。流域面积（不包括湖面）50.88万平方千米，广及美国的纽约州等8个州和加拿大的安大略省。

五大湖地区原为河谷低地，同属一东西向水系。第四纪冰期时，冰川多次南进，对河谷软弱岩层反复刨蚀，使河谷加深、加宽，原有水系被改造。更新世最后一次冰川——威斯康星冰川消融退却后，五大湖的基本轮廓逐步形成，湖水最终经圣劳伦斯河注入大西洋。

五大湖接纳几百条小河、小溪注入，湖泊水源主要依靠降水补给。在安大略湖口（湖水汇注圣劳伦斯河）年平均流量为6 640米³/秒。全年各湖水位变幅为30～60厘米，夏季水位较高，冬末春初较低。湖面表层水温夏季为16～21℃，冬季降至0℃以下。12月至翌年3、4月为结冰期，但各湖中部因风大浪急，不易封冻。五大湖水体对湖区气候具有明显的调节作用，与邻近地区相比，夏凉冬温，降水较多，无霜期较长，有利于果树栽培。

湖面海拔自西向东下降。西部4个大湖的湖面海拔相差不大：苏必利尔湖与休伦湖水位相差7米，其间形成圣玛丽斯河；休伦湖与密歇根湖水位相同，由麦基诺水道相连；休伦湖与伊利湖水位相差3米，其间形成圣克莱尔河。伊利湖比安大略湖的水位高出99米，连接两湖的尼亚加拉河水流湍急，在石灰岩大崖壁处陡落成为世界著名的尼亚加拉瀑布。

五大湖地区自然资源丰富，经济发达，人口稠密。为改善五大湖航运条件以及与外洋的联系，先后开凿了苏必利尔湖与休伦湖间的苏圣玛丽运河、伊利湖与安大略湖间的韦兰运河。五大湖还通过运河与其他水系连接，从而成为世界上最大的国际内陆航运系统。货运繁忙，自西向东的货流以铁矿石、农牧产品、木材等为主，自东向西则为煤、石油和工业品等。五大湖及其连接水道沿岸的主要港口，在美国境内有德卢斯、芝加哥、托莱多、底特律、**克利夫兰**等；在加拿大境内有桑德贝、哈密尔顿、萨尼亚、苏圣玛丽、多伦多等。

五大湖是北美洲内陆渔业区，主要渔产有湖鳟、白鱼、湖鲱，在温暖浅水中富鲈、鳖、鲇等。湖区水力资源丰富，水电站主要集中在圣玛丽斯河、尼亚加拉河及圣劳伦斯河上。五大湖还为沿湖城市提供大量工业用水和生活用水。美、加两国在沿湖地区辟有许多国家公园和避暑圣地，每年吸引数以百万计的国内外游客来此游览度假。

五大连池火山群 Wudalianchi Volcanos 中国著名火山遗迹。位于黑龙江省**五大连池市**，讷谟尔河支流白河上游。火山区由14座火山和5座熔岩堰塞湖（五大连池）及大面积的熔岩台地构成，面积600多平方千米。14座火山分布于五大连池东西两侧，均呈东北—西南及西北—东南方向排列，呈网格状；均属断裂地带的中心式喷发，为第四纪以来多次喷发而成。5座堰塞湖为中国仅次于**镜泊湖**的第二大堰塞湖，总面积约18平方千米，从上而下依次为头池、二池、三池、四池和五池。三池最大，面积8.4平方千米；二池最深可达9.2米；头池最小，面积仅0.18平方千米。已建立了五大连池自然保护区和国家地质公园。2004年被联合国教科文组织评为世界地质公园。

五大连池市 Wudalianchi City 中国黑龙江省辖县级市。位于省境西部偏北、松嫩平原北端。面积9 800平方千米。人口33万(2010)，有汉、满、蒙古、回、朝鲜、达斡尔、鄂伦春等民族。市境原为德都县属地。1979年设立五大连池管理处，次年改为管理局。1983年设立五大连池市。由**黑河市**代管。矿产有铁、铜、砂金、黄铁矿、矿泉水、沸石、草炭等。工业以食品、饮料、日用化工、机械、酿造、木材加工、饲料、粮油加工等为主。农业主产玉米、小麦、大豆、甜菜、烟叶、蔬菜等。名胜古迹有五大连池、焦得布山、格拉球山天池、益身园、长寿园、药泉山极乐园、钟灵寺遗址等。

五代十国 Five Dynasties and Ten Kingdoms 中国唐朝灭亡后，在北方相继出现的五个朝代（907～960）和南方及山西先后存在的十个政权（891～979）合称五代十国。

概况 五代是**后梁**、**后唐**、**后晋**、**后汉**、**后周**。除后梁一个短暂时期以及后唐定都洛阳外，后梁大部分时期和其他三代都以开封为首都。五代各朝均为前朝方镇所建立。后梁和后周的君主是汉族人，后唐、后晋、后汉的君主是沙陀族人。各朝统治集团内部斗争激烈，政权更迭频繁。

表1　五代简表（907～960）

朝代名	创建者	起止年	年号	首都	灭于何朝
后梁	朱温	907～923	开平、乾化、凤历、贞明、龙德	开封－洛阳－开封	后唐
后唐	李存勖	923～937	同光、天成、长兴、应顺、清泰	洛阳	后晋
后晋	石敬瑭	936～947	天福、开运	开封	契丹
后汉	刘知远	947～951	（天福）、乾祐	开封	后周
后周	郭威	951～960	广顺、显德	开封	北宋

表2　十国简表（891～979）

国名	创建者	起止年	年号	国都	灭于何朝何国
前蜀	王建	891～925	武成、永平、通正、天汉、光天、乾德、咸康	成都	后唐
后蜀	孟知祥	926～965	明德、广政	成都	北宋
吴	杨行密	892～937	武义、顺义、乾贞、大和、天祚	广陵	南唐
南唐	李昪	937～976	昇元、保大、中兴、交泰	金陵－洪州	北宋
吴越	钱镠	893～978	天宝、宝大、宝正	杭州	北宋
闽	王潮、王审知	893～945	龙启、永和、通文、永隆、天德	福州、建州（殷）	南唐
楚	马殷	896～951		长沙	南唐
南汉	刘隐、刘岩	905～971	乾亨、白龙、大有、光天、应乾、乾和、大宝	番禺	北宋
南平	高季兴	907～963		江陵	北宋
北汉	刘崇	951～979	天会、广运	太原	北宋

在五代的54年间，有八姓称帝（后梁、后晋、后汉各一姓，后唐三姓，后周二姓），共14君。他们都建国于华北地区，疆土则后梁最小，后唐最大（见五代各朝条）。各朝均设同中书门下平章事为宰相。宰相往往兼任其他职务。朱温诛戮宦官，开始用朝臣充任**枢密使**。后梁初，曾改为崇政院使，后唐恢复旧名。枢密使通常由皇帝最亲信的臣僚充当，后唐庄宗始用武将为枢密使。由于战事频繁，因此，军事机要成为枢密院的主要职司。宰相有时也兼任枢密使。宋代中书和枢密对掌文武二柄，就在五代开端。其他政权大抵也都置有枢密使或相当于枢密使的官职。

十国是**前蜀**、**后蜀**、**吴**、**南唐**、**吴越**、**闽**、**楚**、**南汉**、**南平**（**荆南**）和**北汉**。北汉建国于今山西境内，其余九国都在南方。十国与五代并存，但各国存在时间长短不一，前蜀34年，是存在时间最短的。吴越，割据于唐亡以前，直到五代结束后才为北宋所灭，长达86年。疆土则南平最小，南唐最大。

五代十国时期中国境内还先后存在过其他政权：刘守光建燕国于河北北部（895～913）；李茂贞称岐王于凤翔（887～923）；党项羌拓跋氏雄踞夏（今陕西靖边北）、绥（今陕西绥德）等地；在沙州（今甘肃敦煌西）有归义军曹氏政权；在甘州（今甘肃张掖）、西州（今新疆吐鲁番）有甘州回鹘、西州回鹘；今新疆地区还有于阗等国；今青海、西藏一带有陷于分裂状态的吐蕃政权；今云南地区先后出现了大长和（902～928）、大天兴（928～929）、大义宁（929～937）、大理国（937～1254）等，都是南诏政权的延续；在东北有建国于盛唐时的渤海国（713～926）；在今内蒙古西拉木伦河流域的契丹族，耶律阿保机在907年统一了契丹八部，势力日强，916年建立契丹国；后唐时，契丹攻灭渤海国，南向争夺中原，947年，改国号大辽，自此以至于北宋，一直与中原王朝对峙。

社会经济 唐末以后，黄河流域中下游地区受到割据藩镇和五代各朝长期混战的严重破坏。自黄巢起义失败以后，在长达六七十年内，大小战事不停。华北地区的兵役和各种劳役异常繁重。统治者视人命如草芥，无辜群众常遭惨杀。战争破坏和苛重赋役促使人民数以万计地饿死或流徙他处。

唐末以来，南方虽也不免遭到战争的破坏，但在十国时期，相对华北而言，南方的重大战事较少，政局也比较安定，有利于社会经济的恢复和发展。南方各国多注意水利建设，对农业生产有利。蚕桑丝织业、茶业比以往有了很大发展。唐末，北方大乱，不少人迁至南汉统治地区。长期安定的环境有利于发展生产，府库逐渐充实，人口增加。

诸国混战虽然严重破坏了社会经济，但社会生产并未中断，瓷器制造和雕版印刷业的成就尤为突出，南方和北方都有精制的秘色瓷器，也都出现了雕版印刷。尽管诸国林立，兵祸连年，但通商贸易、互通有无是大势所趋。如南方茶商的行踪远

五代十国形势图
后晋天福八年（943）
契
丹
南京（燕京）
幽都
渤
海
义武节度使
定州
沧州
横海节度使
党
项
诸
部
灵州
朔方节度使
定难节度使
夏州
定
难
北京
太原（晋阳）
河东节度使
恒州
安国节度使
邢州
青州
平卢节度使
齐州
彰武节度使
延州
保大节度使
鄜州
后
晋州
建雄节度使
昭义节度使
潞州
相州
邺都
天雄节度使
彰德节度使
晋
兖州
泰宁节度使
彰义节度使
泾州
吐
蕃
诸
部
邠州
雄武节度使
秦州
护国节度使
河中
东京
（大梁）
开封
西京
（洛阳）
河南
陕州
保义节度使
凤翔
凤翔节度使
京兆
晋昌节度使
许州
忠武节度使
宋州
归德节度使
武宁节度使
徐州
海州
东
洋州
兴元
武定节度使
山南西道节度使
金州
怀德节度使
威胜节度使
邓州
山南东道节度使
襄州
寿州
清淮节度使
东都
江都
西都
江宁
庐州
德胜节度使
苏州
建武节度使
昭武节度使
利州
保宁节度使
阆州
武德节度使
梓州
成都
后
蜀
遂州
武信节度使
永平节度使
雅州
宁江节度使
夔州
南
荆南节度使
江陵
平
安州
鄂州
武昌节度使
南
池州
宣州
宁国节度使
西府
杭州
镇海节度使
镇东节度使
越州
吴
越
婺州
江州
奉化节度使
彭蠡湖
武泰节度使
黔州
武平节度使
朗州
洞庭湖
溪州
洪州
镇南节度使
武安节度使
长沙
大播州
昆
明
抚州
昭武节度使
殷
建州
镡州
温州
唐
大
楚
镛州
长乐
威武节度使
牂
牁
南宁州
虔州
百胜节度使
汀州
闽
桂州
静江节度使
泉州
那州
漳州
流
柳州
求
理
梧州
齐昌
兴王
番禺
汉
邕州
雄武节度使
容州
宁远节度使
南
南
海
（涨
海）
崖州
东京 都城
西京 陪都
京兆 府、州级驻所
政权部族界
0
120
240km

至河南、河北，他们贩卖茶叶，买回缯纩、战马。那时，对外贸易也很兴旺，东自高丽、日本，西至大食，南及占城（今越南中南部）、三佛齐（今印度尼西亚苏门答腊岛南部），都有商业往来。明州、福州、泉州、广州都是外贸重要港口。

当时，赋役征敛仍沿用唐制，夏秋两征。与唐代相比较，额外收耗名目繁多。随着商贸的发展，各国多重征商税，并有过税和住税之分，这种办法为北宋所沿袭。由于战争频繁，人民的兵役负担沉重。当时，为了防止士兵逃亡，特在士兵脸上刺字记其军号，以便各地关津识认、追捕逃兵。另外，各地都征派男、女从事运输，无数人畜累毙途中。兵役以外，各种名目的土木修建劳役也层出不穷。赋役严重，使战乱破坏严重的北方社会经济难以复苏，也大大阻碍了南方经济发展的进程。

分裂局面的结束 华北地区的混乱残破局面在后晋、后汉之际达到了最严重的程度。后周建立以后，经过后周太祖郭威和后周世宗柴荣的改革，开始出现了新的转机。显德二年（955），周世宗出兵后蜀，收回秦、凤、成、阶四州。次年发兵攻南唐，得淮南、江北14州60县。从此，加强了对江南的军事优势，充实了国家的人力、财力。显德六年四月，乘辽内部纷争之机，攻取瀛、莫、易3州16县。六月世宗卒，子宗训即位，年仅7岁。显德七年（960）正月，殿前都点检赵匡胤在陈桥（今河南封丘东南陈桥镇）发动兵变，率军返京，废后周恭帝自立，改国号为宋。宋建国后，先削平南方的荆南、南汉、南唐、吴越等国，统一了南中国。太平兴国四年（979），宋太宗出兵太原，北汉归降。唐末以来近100年南北分裂的局面终告结束。

科技文化 五代十国时期的科技文化，承唐朝之后，继续有所发展。

雕版印刷 唐朝末年，雕版印刷比较

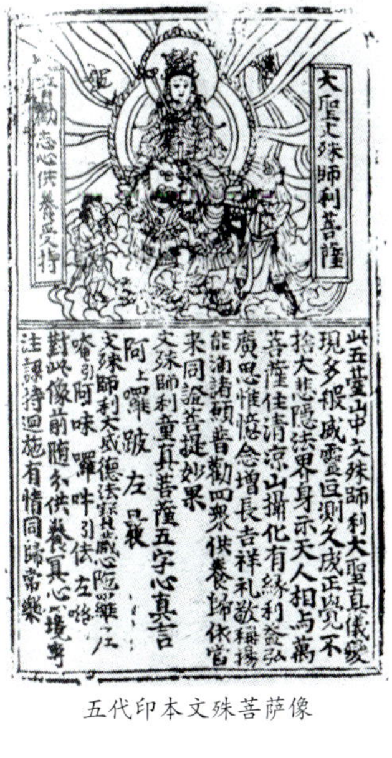

五代印本文殊菩萨像

发达的西蜀，印刷品主要是占卜书、字书等。后唐长兴三年（932），明宗命国子监校正“九经”，抄写作注，雇雕字匠人刻版印卖，直到后周广顺三年（953）六月才刻印完毕。从此，刻本九经广为流传。后蜀也专门印制，导致蜀中文学复盛。后汉时，又将《周礼》等未刊的四经刻版印行。刻印“九经”促成儒学经典的普及，有利于文化的传播。

史学 《旧唐书》是这一时期撰成的最重要的史学著作。五代时，首先重视了搜集唐史料的工作，为《旧唐书》的编撰做了重要而及时的准备。后晋天福六年（941）至开运二年（945），刘昫、张昭远等人撰成《唐书》，后世称为《旧唐书》。

诗词 五代十国是词的重要发展时期。西蜀和南唐词人较多，水平也较高，从而成为两个中心。西蜀有韦庄、欧阳炯等人。李煜是南唐最重要的词人。晚唐五代的词大都是描写统治阶级的享乐生活，风格柔靡。花间派的作品就是这种风格的代表。李煜前期的作品也是如此，但他在国亡被俘以后写的词，在内容和意境两方面都有创新，为北宋词的发展开拓了新的领域。

绘画 五代十国的著名画家有后梁的荆浩、关仝，南唐的董源、巨然、徐熙，后蜀的黄筌等人。荆浩、关仝并称为“荆关”是五代时北方山水画的主要流派之一。董源、巨然并称为“董巨”是五代北宋时南方山水画的主要流派之一。黄筌、徐熙并称为黄、徐，当时有“黄家富贵，徐熙野逸”的谚语，形容两人作品的不同风格。此外，顾闳中所画《韩熙载夜宴图》，亦为传世的艺术珍品。

《五代史平话》 中国宋代讲史话本。原题《新编五代史平话》。北宋时东京有专讲《五代史》的艺人尹常卖（见《东京梦华录》）。《平话》于梁、唐、晋、汉、周五代各自独立，每朝分上下两卷。《梁史》、《汉史》都缺下卷。开卷从伏羲、黄帝讲到黄巢起义，随后朱温篡唐，形成五代相替的局面。《五代史平话》断代成书，与《旧五代史》体例相似。也有采自其他书上的材料，尤其在细节上有虚构成分。《平话》不少地方采自正史，情节比较简单平实，文言语汇较多，也有不少说话人的用语，似是说话人粗加编纂而未经修饰的底本，也可能是书坊根据话本稍加修订而成的通俗读物。明刻本《南宋志传》中有一部分情节与《五代史平话》相同，显然有承袭的关系，可据以补《平话》的残缺。通行本有董康诵芬室翻刻本、中国古典文学出版社排印本。

五当召 Wudangzhao Lamasery 中国内蒙古地区供喇嘛学习经典的重要寺庙。藏名叫做巴达嘎尔庙，意为白莲花。汉名广觉寺。在包头市东北大青山南麓五当沟内，清康熙年间建造，乾隆十四年（1749）重修。五当召占地300余亩，房屋2 500余间，有六组大殿，三座活佛府，一座陵堂和大量喇嘛住宅。切林殿用于讲授佛教教义，东克尔殿用于讲授天文地理，阿鬼殿用于讲授医学，莫伦殿用于讲授喇嘛教历史及教义。建筑纯用藏式，在山谷内随地形建造佛殿和喇嘛住宅，与一般喇嘛寺的规整布局全然不同。佛殿高大而有赭红墙檐，上加幡轮，住宅则无，高低错落于山谷间，外墙刷白，唯东克尔殿刷黄色，颇为醒目，是一组优美的建筑群。五当召为中国内蒙古地区现存唯一完整的藏传佛教庙宇。

《五灯会元》 中国佛教禅宗史书。总20卷。编撰人为宋代禅僧普济。《五灯会元》有两种刻本，一为南宋宝祐元年（1253）初刻本，二为元至正二十四年（1364）重刻本。《五灯会元》直接取北宋“三灯”和南宋“二灯”材料成书。北宋三灯谓：吴僧道原《景德传灯录》、李遵勖《广灯录》及惟白禅师《续灯录》；南宋二灯指：悟明禅师《联灯会要》及正受禅师《普灯录》。“五灯”总有150卷之多，所叙慧能门下青原、南岳两世系不尽完备一致，为方便学人，普济遂集门人，删略而成《五灯会元》。《五灯会元》在取裁和编排上远胜于前五者，且条理分明，繁简得当，是流传最广的禅宗史书。《五灯会元》收集禅宗世系及人物详而有序，且多录禅机，是以深受宋以来好佛喜禅的士人们欢迎。

五斗米道 Taoism of Five Bushels of Rice 中国道教早期教派。东汉顺帝时，沛国丰（今江苏丰县）人张陵学道于蜀郡鹤鸣山，自称太上老君降命为天师，造作道书以教百姓，从其道者出米五斗，故世称五斗米道。陵死，其子张衡、孙张鲁相继嗣教而行其道。时有巴郡巫人张修，亦以符水为人治病，愈者以五斗米为酬，故号为五斗米师。献帝初平二年（191），益州牧刘焉派遣张鲁、张修出兵攻据汉中。张鲁袭杀张修而夺其众，又出兵袭取巴郡，遂割据巴、汉，在当地实施政教合一统治。鲁自号师君，以“鬼道”教民。其初来学道者皆名鬼卒，受本道已信者号曰祭酒，各领部众，领众多者号为治头大祭酒。祭酒以《老子五千文》教民诵习，以符水禁咒为人治病，并设“净室”，使病者处其中叩头思过。又设鬼吏，主管为病人请祷鬼神。教民诚信不欺诈，有病但令自首其过。又置“义舍”，内置米肉供给行路者。犯法者先赦免三次，然后行刑。有小过者罚修路百步以抵其罪。

张鲁政权在汉末维持近三十年，据称当地各族民众“皆信向之”。后张鲁于建安二十年（215）投降曹操。至魏晋之时，五斗米道已传播到全国各地，入道者除下层民众外，亦有不少上层门阀士族分子。大士族王羲之家族，即"世事张氏五斗米道"。东晋五斗米道首领孙恩、卢循曾利用五斗米道组织发动起义，转战12年，有众数十万。南北朝道教改革，嵩山道士寇谦之自称奉太上老君之命，清整道教，"除去三张伪法"，创立新天师道。此后五斗米道改称天师道，成为官方承认的正统道教组织。唐宋以后的道教正一派，上承三张世系，以江西龙虎山天师府为中心，是为江南各符箓道派之正宗。

《五朵金花》 *Five Golden Flowers* 中国故事片。长春电影制片厂1959年摄制。编剧赵季康、王公浦，导演王家乙，摄影王春泉，主要演员杨丽坤、王苏娅、朱一锦、谭尧中、孙静贞、莫梓江。云南大理的"三月街"盛会，使一对白族青年阿鹏和金花相识并相爱。他们在蝴蝶泉边定情，相约明年再会。翌年山茶花开时，阿鹏如期而至，但未见金花踪影。痴情的阿鹏接连找了四个金花都不是他要找的心上人。当他将要离开时，终于在蝴蝶泉边找到了心上人，其他四位金花也来为他们祝福。此片以精巧的艺术构思，构成了独特的喜剧风格，全片格调清新优雅、妙趣横生，具有浓郁的民族特色、抒情色彩和浓烈的时代气息。片中对苍山洱海、三月街、蝴蝶泉等奇山异水、民族风情的描绘，富有诗情画意。影片在1960年亚洲电影节获最佳导演银鹰奖。

《五峰会》 中国滦州影戏传统剧目。为清代中叶滦州影戏"老四大部"影经之一（其他为《双婚记》、《金石缘》、《镇冤塔》）。由《乾天剑》、《保龙山》、《平西册》三部组成，讲宋神宗时忠臣曹克让一家被奸臣沈恒威迫害，流离失散，受尽迫害，后又一门团聚，平定西羌，为国立功的故事。故事完全虚构，据传为乐亭籍齐二黑父女流浪关外演唱皮影时创作。民国初年，上海大成书局石印袖珍本为12小册，书前有乐亭文人的序言，开篇即称"我是齐公"。该影卷故事曲折、人物众多，唱词、对子、出场诗甚有文采，而场面的宏大更是一般影戏所罕见。"全家福"一场出场人物有14人之多，包括生、旦、净、丑，其中旦角就有刀马旦、正旦、武旦、闺门旦、花旦5个，而且角角有词、个个有白。念白简练生动，唱词优美动听。《保龙山》中扭秧歌、跑旱船、耍中幡、斗狮子等大过会场面，显示了中国皮影戏魔术般的操纵技巧。

《五峰会·赌头争印》

五服 five degrees of mourning clothing 中国汉族传统丧服的规制。包括斩衰、齐衰、大功、小功、缌麻五种服制，称五服。依据亡人与生者的血缘关系区分丧服形制及服丧期限。关系愈亲则服丧愈重，丧服的质地愈粗且服期愈长。其中，斩衰最为重要，子及未嫁女为父、妻为夫、诸侯为天子、臣为君，均服之。服丧期三年（实际上两周年）。齐衰仅次于斩衰，大功次于齐衰，小功次于大功，缌麻次于小功，均有不同的服丧期。后世泛称宗族关系，以五服之内、外表示血缘亲属。五服以内为近亲，以外为远亲。清末以来，丧服多以本色白布取代麻布，形制及服丧期限均日趋变易、简化，因地因人不同。丧服只限在丧礼期间穿戴，服丧（穿孝）期改穿常服，以灰、黑二色棉布缝制，禁用绸缎等丝织物。

五功 five pillars of islam; arkān al-khams 伊斯兰教的五项基本功课或宗教义务，即念功、拜功、斋功、课功和朝功。中国穆斯林简称为念、礼、斋、课、朝五件天命。①信仰表白（舍哈达）。即念清真言或作证，以口头表白信仰纲领：万物非主，唯有真主；穆罕默德是真主使者。②礼拜（撒拉特）。有每日破晓、正午、下午、日落和夜间的五次礼拜，称为晨礼、晌礼、晡礼、昏礼、宵礼。每星期五正午后的公共礼拜，称为聚礼。每年开斋节、宰牲节各有一次会礼。礼拜时要保持宗教礼仪的洁净，朝向麦加克尔白，按教法规定完成不同的拜数。③斋戒（沙握姆）。即每年伊斯兰教历莱麦丹月封斋，自黎明至日落禁止饮食和房事等。④法定施舍（宰卡）。即天课。穆斯林的财产超过规定限额时，均应按一定税率缴纳，主要用于接济贫困穆斯林。⑤朝觐（哈吉）。在经济条件和安全许可时，凡理智健全、身体健康的穆斯林，一生中应在伊斯兰教历12月7～13日赴麦加朝觐一次，参加一系列集体进行的宗教仪式。

五花爨弄 中国宋杂剧、金院本五个脚色的总称。包括末泥、引戏、副净、副末、装孤。其中副净和副末是由参军戏的"参军"和"苍鹘"演变而来。宋人耐得翁《都城纪胜》载："副净色发乔，副末色打诨"，以滑稽调笑取乐观众；"末泥色主张"，以他"为长"，是带头的；"引戏色分付"，安排演出。装孤是扮演做官的。"孤"是市语"官员"。引戏也可装旦，扮演妇女角色。"爨弄"的来历，元人陶宗仪《南村辍耕录》中谈到，宋徽宗见爨国（在今云南）人来朝，穿戴化妆不同于中原，"使优人效之以为戏"。近人叶德均考证，则认为源自唐时爨国贡来歌舞。总之，所谓"爨弄"即是滑稽表演的意思。20世纪50年代后，在河南偃师、山西侯马、稷山等地发掘的宋、金、元墓葬中，有前述五个脚色形象的戏俑、砖雕发现。

五加科 Araliaceae; ginseng family 双子叶植物纲蔷薇亚纲的一科。全世界约80属900多种，主产于两半球热带及亚热带，少数至温带和寒温带。中国有20属180多种，除新疆外，各省区均有，但以西南，尤其云南最多（19属111种）。乔木、灌木或藤本，常有刺。单叶、羽状复叶或掌状复叶，互生，稀对生或轮生。花两性或单性，伞形花序（或其他花序）常密集成鲜明而突出的大圆锥花序，5～2数，但雄蕊或心皮可较多（不定数）；萼齿小，花冠绿白色或黄绿色；子房下位，子房室与心皮同数。浆果或核果状。五加科药用植物甚多，如人参、西洋参、三七、通脱木、五加等都是传统的药材，刺五加是强壮剂。此科尚有数十种为中国民间的祛风湿及理血药。优美的树冠及奇特的叶形或叶色多有观赏价值，如幌伞枫属、南洋参属、鹅掌柴属、常春藤属及八角金盘属等。此外，乔木树种的木材可利用，有的嫩叶可食，有的种子可榨取油脂，有的则为蜜源植物。

五家渠市 Wujiaqu City 中国新疆维吾尔自治区直辖县级市。位于自治区中北部，准噶尔盆地南缘，天山北坡。面积742平方千米。人口9万（2008）。新疆生产建设兵团农六师师部所在地。最初有5户人家在此修渠定居，故名。2002年设立五家渠市。主要农作物有小麦、玉米、棉花、瓜果等。工业有纺织、制糖、皮革、化工、机械、制药等。乌鲁木齐—五家渠、昌吉—五家渠公路经此。风景名胜有青格达湖、猛进水库等。

五角大楼 Pentagon 美国国防部办公大楼。美国国防部的代称。位于美国首都华盛顿近郊波托马克河旁，1943年1月建成。是一座五角形建筑物，由5幢5层的楼房联结而成，故名。

《五卷书》 *Pañcatantra* 印度古代故事集。用梵文写成，因有5卷而得名。现在流行有各种本子，最早的可能产生于公元前1世纪。流行较广的本子为12世纪一耆那教和尚所编订。根据这个本子，5卷的篇目是：《朋友的决裂》、《朋友的获得》、《乌鸦和猫头鹰从事于和平与战争等等》、《已经得到的东西的丧失》和《不思而行》。全书诗文并用，有一基干故事，首尾呼应。每卷也各有一基干故事。故事中又插入许多寓言、童话和小故事，形成一种连串插入式的特殊结构。

此书是向王子传授治国安邦之策，人们亦可从中学习处世为人之道。约570年，它被译成巴列维文（已失传），从巴列维文译出的阿拉伯文本《卡里莱和笛木乃》及其他文本流行欧亚各国，为许多作家和作品的取材来源。中国1964年出版了全译本。

五军都督府 Five Chief Military Commissions 中国明代统领全国军队的最高军事机构，中军、左军、右军、前军、后军五都督府的总称。朱元璋初置统军大元帅府，后改为枢密院，又改为大都督府，节制中外诸军事。洪武十三年（1380）以大都督府权力太大，分为中、左、右、前、后五军都督府。为明代加强皇权的重要步骤之一。永乐元年（1403），建留守行后军都督府于北京，后仍分五府，称行在中、左、右、前、后都督府。宣德三年（1428），革行在都督府，正统六年（1442），复建五府，无行在字。各都督府设左右都督等职。都督初间以公、侯、伯为之，可参与军国大事；后率以公、侯、伯署府事，同知、佥事参赞军事。五军都督府分领在京除亲军指挥使司外的各卫所和在外各都司卫所。各府只有统兵权，调兵之权在兵部，每逢战事发生，由皇帝命将为帅，调领五军都督府所辖卫所之兵佩印出征。军还即归印于朝，兵回卫所。

《五奎桥》 *Wukui Bridge* 中国话剧作品。洪深"农村三部曲"的第一部，写于1930年。1933年5月由复旦剧社首演。独幕剧。为中国话剧史上第一部正面反映农村阶级压迫与反抗的作品，形象地表现了在贫困线上挣扎的中国农民及其自发性斗争。全剧结构严谨，戏剧冲突迭起。人物形象也比较鲜明生动，青年农民李全生不畏权势、不受蒙骗的性格，周乡绅的伪善、狡诈面目，都在剧中得到较充分的刻画。

《五马图》 *The Picture of Five Horses* 中国北宋绘画作品。为画家李公麟的代表作之一。纸本，水墨白描，现为日本东京私人收藏。此图共5段，每段画一匹骏马和一位牧者，有黄庭坚题记和跋，写明马名、尺寸及产地，及对李公麟艺术成就的赞誉。据题记可知画中的马匹是宫廷御马，前四匹分别名为凤头骢、好头赤、照夜白、锦膊骢，最后一匹名字缺佚，经考证当名满川花。画家运用白描画法，将骏马的轮廓和神气描绘得十分出色，是中国古代人马

《五马图》(局部)

画的典范作品。

《五牛图》 *The Picture of Five Cattle* 中国唐代绘画作品，韩滉代表作之一。赵孟頫称《五牛图》"神气磊落，稀世名笔"。现藏故宫博物院。

"五七"干校 May 7 Cadre School 中国"文化大革命"期间，以贯彻毛泽东《五七指示》和接受贫下中农再教育为名，将党政机关干部、科技人员和大专院校教师等下放到农村，进行劳动的场所。1966年5月7日毛泽东在给林彪的信中提出各行各业均应一业为主，兼学别样，从事农副业生产，批判资产阶级。1968年5月7日，黑龙江省在纪念毛泽东的《五七指示》发表两周年时，把大批机关干部下放劳动，在庆安县柳河开办一所农场，定名为"五七"干校。

1968年10月5日，《人民日报》在《柳河"五七"干校为机关革命化提供了新的经验》一文编者按中，引述了毛泽东的有关指示："广大干部下放劳动，这对干部是一种重新学习的极好机会。"此后，全国各地的党政机关都纷纷响应，在农村办起"五七"干校。党政机关、高等院校、文教科技战线的大批干部、教师、专家、文艺工作者等知识分子被下放到农村，到"五七"干校参加体力劳动。中央、国务院所属各部委及豫、赣、鄂、辽、吉、黑等18个省共创办"五七"干校106所，下放的干部、家属达10余万人。"五七"干校是以"左"倾错误方针为指导办起来的，是夸大体力劳动的重要，轻视脑力劳动的集中表现，浪费了大量人力物力，消耗了大批知识分子的宝贵时光，许多单位把去"五七"干校作为排斥异己，惩治知识分子的手段，作为变相的劳教，许多干校成为迫害干部的场所，大大损伤了广大干部和知识分子的自尊心和身体健康，助长了"知识无用"的风气。1979年2月7日，国务院发出《关于停办"五七"干校有关问题的通知》，各地"五七"干校陆续停办。

五禽戏 wuqinxi; five mimic-animal exercise 模仿虎、熊、鹿、猿、鸟（鹤）五种动物的动作，以保健强身的一种气功动功功法。汉末名医华佗在前人基础上创造的，故又称华佗五禽戏。五禽戏能治病养生，强壮身体，一般说各有5种类型的基本动作，作用各不相同：①熊戏有熊步势、撼运势、按运势、抗靠势和推挤势。练熊戏有加强脾胃功能和增强体力的作用。②鹤戏有鹤步势、亮翅势、独立势、落雁势和飞翔势。练鹤戏有助于增强肺呼吸功能，调运气血，疏通经络。③虎戏有虎步势、出洞势、发威势、扑按势和搏斗势。练虎戏可填精益髓，强腰健肾。④鹿戏共分5个动作，即鹿步势、挺身势、探身势、回首势、蹬跳势。练鹿戏有助于引伸筋脉、益腰肾，增强行走能力。⑤猿戏有猿步势、窥望势、摘桃势、献果势和逃藏势。练猿戏有助于肢体的灵活性。

五禽戏动作之五——鹤飞翔

练习五禽戏需形、神兼似，做到心静体松，动静相合，刚柔并济，以意引气，气贯全身，以气养神，精足气通，气足生精。

五权宪法 five-power constitution 中华民国时期孙中山提出的实行行政、立法、司法、考试、监察五权分立的宪法原则。初次提出于1906年12月2日，是日，在日本东京举行中国同盟会机关报《民报》创刊周年庆祝大会上，孙中山参照欧美资本主义国家立法、行政、司法三权分立的制度，结合中国封建时代的考试制度和御史监察制度，在演说中提出革命成功后的中华民国宪法将实行行政、立法、裁判、考试、监察五权分立制度。辛亥革命后成立的南京临时参议院和国会均未制订此项宪法。1921年4月，孙中山在广东省议会和教育会的演说中，再次以五权宪法为题阐述了这一原则。1924年4月22日，五权宪法以中央政府当设立五院，其序列是：行政院、立法院、司法院、考试院、监察院，以试行五权之治，载入《建国大纲》，作为政权建设原则而确定下来。

五卅运动 May Thirtieth Movement 1925年5月30日，在中国共产党领导下上海爆发的以工人为主体的有全国各阶层人士广泛

参加的反帝爱国运动。1925年2月在中国共产党的号召下，上海日商纱厂工人罢工并取得胜利。5月15日，上海内外棉七厂厂方宣布停工，工人顾正红带领工人冲进厂内，要求上工和照发工资。日本厂方不仅不允，而且枪杀了顾正红，打伤10多名工人。上海日本内外棉11个纱厂2万多工人立即罢工抗议。中共中央和上海党组织号召各界大力支援。24日，中国共产党在沪西工友俱乐部

广州各界为五卅惨案举行示威游行

组织1万多人参加顾正红追悼会。上海租界工部局准备在5月30日进行非法审讯被捕的工人和学生，还决定对租界内的华人加强镇压和限制，并要越出租界筑路，更加激起中国人民的反抗情绪。5月30日，上海各校学生2 000多人到租界内进行反帝宣传讲演，要求释放被捕的工人、学生等。英巡捕又拘捕学生100多名，关押在南京路的老闸捕房。上海各阶层群众数千人，赶到捕房周围，要求释放学生。英国巡捕蓄意向群众开枪，当场打死10多人，打伤数十人，造成了五卅惨案。6月1日，在共产党人蔡和森、李立三、刘少奇、刘华等人领导下，上海总工会宣告成立，随即宣布实行全市工人总同盟罢工，参加罢工的有20多万工人。还有5万多学生罢课，公共租界的商人全体罢市，英租界的华籍巡捕也举行罢岗。6月7日，由上海总工会、上海学生联合会和各马路商界总联合会推举代表组成的上海工商学联合委员会成立，提出取消领事裁判权、惩凶、赔款等17项要求。

北京、广州、天津、南京、汉口、长沙、焦作、水口山等几十个大中城市和矿区，1 200多万群众，先后起来支援上海人民的反帝斗争，形成了全国规模的反帝爱国运动。其中省港大罢工规模最大，时间最长，给英日等帝国主义以沉重打击。五卅运动显示了中国工人阶级和人民群众的伟大力量。

五三惨案 May Third Tragedy　1928年5月3日发生在济南的日军屠杀中国军民及外交官员的事件。见济南惨案。

五输穴 five-shu point　中医学中十二经脉在四肢肘、膝关节以下5个重要腧穴的总称。即井穴、荥穴、输穴、经穴、合穴，属特定穴范畴。

根据经脉之气在四肢肘、膝关节以下由微而盛、由小到大、由浅而深的特点，从指、趾末端起至肘、膝关节止的五个重要穴位按井、荥、输、经、合的顺序排列。井穴为经气初出处，如水之源，位于四肢末端指、趾甲之侧；荥穴为经气稍盛处，如较细小的水流，多位于掌指、跖趾关节之前；输穴为经气由小到大、由浅而深处，多位于掌指、跖趾关节之后；经穴为经气更盛处，如水流畅通由此经过，多位于腕踝附近及臂胫处；合穴为经气大盛处，如水流汇合由此深入，多位于肘、膝关节附近。

十二经脉各有五输穴，共60个。根据五行理论，五输穴可与五行相配，即阴经五输穴井、荥、输、经、合分别配属五行的木、火、土、金、水；阳经五输穴则分别配属金、水、木、火、土，均依五行相生规律排列。

五输穴主治范围很广，取用安全：①每一经脉的井、荥、输、经、合各穴，都是治疗本经病症的重点穴。②十二经的井、荥、输、经、合穴之间有其共同的主病规律。③五输穴还可用五行配属理论指导进行配穴，常用方法是补母泻子法，实证取子穴，虚证取母穴。④五输穴和原穴可按时取穴，临床上称为子午流注针法。

五四运动 May Fourth Movement　1919年5月4日在北京爆发的中国人民反对帝国主义、封建主义的爱国运动。

1914年第一次世界大战爆发，日本借口对德宣战，攻占青岛和胶济铁路，夺取了德国在山东强占的各种权益。1918年大战结束，德国战败。1919年1月18日，战胜国在巴黎召开“和平会议”。北京政府和广州军政府联合组成中国代表团，以战胜国身份参加和会，提出取消列强在华的各项特权，取消日本“二十一条”，归还大战期间日本从德国手中夺去的山东各项权利等要求。巴黎和会在帝国主义列强操纵下，不但拒绝中国的要求，而且在对德和约上，明文规定把德国在山东的特权，全部转让给日本。北京政府竟准备在“和约”上签字，从而激起了中国人民的强烈反对。

1919年5月4日北京大学学生的游行队伍

5月4日下午，北京大学、高等师范学校等13所学校的3 000多名学生，冲破军警的阻挠到天安门前集会演讲，后举行游行示威，提出“外争主权、内除国贼”、“取消二十一条”、“拒绝和约签字”等口号，同时要求惩办亲日派曹汝霖、章宗祥、陆宗舆。游行队伍向东交民巷进发，遭到使馆巡捕的阻拦，转而来到赵家楼胡同曹汝霖的住宅。学生冲入曹宅，曹汝霖急忙躲藏起来，正在该处的章宗祥受到学生痛打，曹宅也被焚烧，军警当场逮捕了30多名学生。北京学生实行罢课，通电全国表示抗议。北京学生爱国运动的影响迅速扩大。天津、上海、长沙、广州等城市和全国各地纷纷举行游行示威。在国外的中国留学生和华侨也展开了爱国活动。北京政府被迫于5月7日释放被捕学生，但又下达镇压学生运动的命令。6月3日北京各校学生分组出发到街头演讲。6月4日出动更多的学生进行宣传活动，两天内竟有近千学生遭到逮捕，从而激起了全国人民更大的愤怒。上海人民首先起来，学生罢课，工人罢工，商人罢市，大力声援北京学生。南京、天津、杭州、济南、武汉、九江、芜湖等地工人，也都先后举行罢工和示威游行。北京政府不得不于6月6日释放全部被捕学生。10日宣布“批准”曹、章、陆3人“辞职”。28日，中国代表团拒绝在对德和约上签字。五四爱国运动胜利地告一段落。

五四运动也是新文化运动的继续和发展。1915年陈独秀创办《青年杂志》，次年改称《新青年》，举起“民主”和“科学”两面旗帜，猛烈抨击封建主义旧文化，提倡新文化。随后，还提倡白话文代替文言文，并在“文学革命”的口号下，提倡新文学。1917年俄国十月社会主义革命的胜利，在中国人民中产生了巨大的影响。中国的先进分子开始用无产阶级的宇宙观作为观察国家命运的工具。1918年11月李大钊发表的《庶民的胜利》、《布尔什维主义的胜利》等文，代表了中国先进分子的新觉醒。新文化运动不仅为五四爱国运动作了思想准备，同时随着这次运动而更加深入发展，使社会主义思潮逐渐代替资产阶级思潮而成为运动的主流，并在思想上和干部上为中国共产党的建立作了准备。

五四运动是中国旧民主主义革命的结束和新民主主义革命的开端，中国革命从此进入了一个新的历史时期。中华人民共和国建立后，中央人民政府政务院于1949年12月正式宣布以5月4日为中国青年节。

五台山 Wutai Mountain 中国四大佛教圣地之一。国家级风景名胜区。位于山西省东北部五台县境内。山体由五座山峰环抱而成，峰顶皆平坦宽阔，如“垒土之台”，故名。平均高度2 000米，五座主峰海拔都在2 500米以上。其中北台叶斗峰最高，海拔3 061.1米，是华北最高峰，素有“华北屋脊”之称。五台山有很多古老的寺庙。

五台山显通寺

东汉明帝首先在台怀镇修大孚灵鹫寺（明称显通寺），其后魏、齐、隋、唐至清不断修建，成为庞大寺庙群，最多时达300余座，现存47座。著名的舍利大白塔高70米，从上到下呈圆形。塔的上部有一个大铜盘，盘内有一个5米高的风磨铜宝瓶，铜盘周围悬挂着许多大大小小的铜铃，微风吹动，铃声悠扬。般若泉有“五台圣水”之称。显通寺是五台山最大的寺院，寺里建有3米高的铜殿，铜殿前面有两座6米多高的13层铜塔。佛光寺保存了更古老的特色，殿内塑像、壁画及殿外经幢、墓塔、石雕，被誉为中国历史文物瑰宝。南禅寺为中国最古老的木构建筑。五台山植物资源丰富，植被以冷中生草本植物为主。一年一度的骡马大会（又称六月大会）在此举行，为北方牲畜交易场所。

《五体清文鉴》 中国清代官修的满文、藏文、蒙古文、维吾尔文、汉文5种文字对照的分类词汇集。编撰者和成书年代不详。有人估计完成时间为1773年前后。此书是清代官修的以清文鉴命名的辞书中的一部。《御制五体清文鉴》是以《御制增订清文鉴》为蓝本，在《御制四体清文鉴》满文、藏文、蒙古文、汉文对照词汇的基础上，加上维吾尔文而成，并增加和替换了少数词。词按意义分类。正编32卷，分36部、292类、556则，收词17 052条；补编4卷，分26类、71则，收词1 619条；共收词18 671条。5种文字的次序是满文、藏文、蒙古文、维吾尔文、汉文。其中在藏文栏下附有两种满文注音，一种称“切音”（用满文字母逐个转写藏文字母），一种称“对音”（用满文字母为该词标音）。在维吾尔文栏下，附有“对音”。1957年，民族出版社根据故宫博物院所存抄本分3册影印出版，题名《五体清文鉴》。1966年，日本出版了用拉丁字母转写的《五体清文鉴译解》。

五味子 *Schisandra chinensis*; Chinese magnolia vine 木兰科五味子属的一种。多年生落叶藤本植物。植株可供观赏，果实习称“北五味子”，供药用。中国东北、华北等地都有野生或栽培。俄罗斯、韩国、朝鲜、日本也有出产。

茎高4～8米，小枝灰褐色，叶倒卵形至椭圆形。开乳白色或淡红色小花，单性，雌雄同株或异株。浆果球形，聚合成穗状，成熟时呈紫红色。喜肥喜光，主要用种子繁殖。定植后3～5年进入旺果期。秋后果实呈紫红色时采摘，晒干或阴干。果实作中药，有益气生津、敛肺滋肾、止汗、止泻、涩精、安神等功能，可治久咳虚喘、津少口干、自汗盗汗、遗精久泻、健忘失眠等症。能调节中枢神经系统的兴奋和抑制过程，促进肌体代谢，调节胃液和胆汁分泌。果皮及成熟种皮含木脂素，是五味子的药用有效成分，其中包括多种五味子素。种子含脂肪，油脂可制肥皂或机械润滑油。茎叶及种子均可提取芳香油。

五味子素 schisandrin 从木兰科植物五味子的果仁中提取的木脂素类，其结构可以五味子丙素为代表。在不同的产物中，苯环上的亚甲二氧基可由两个甲氧基所代替，八元环的脂架部分也可以具有一个或多个羟基（或其酯基）。五味子为常用中药，对于迁延性和慢性病毒性肝炎、血清谷丙转氨酶（SGPT）升高患者有一定的疗效。

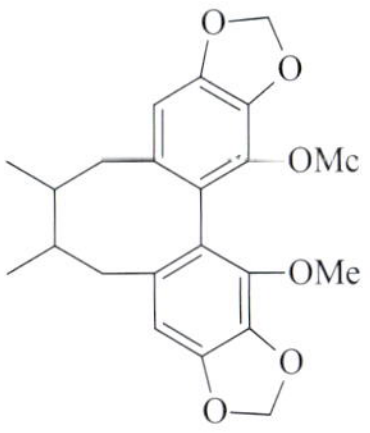

五味子丙素

五线谱 staff 现代世界上通用的记谱法。在5根等距离的平行横线和间上，标以不同时值的音符、休止符及其他记号来记录音乐的一种方法。五线谱的5条线以及线与线之间的4个间，各代表1个音级。若所标记的音乐音域较宽，可根据需要在谱表的上下加临时线。一定音级的固定高度根据所用的谱号来决定。常用的谱表与谱号有3种，即高音谱号（G谱号）、低音谱号（F谱号）、中音谱号（C谱号）。

五线谱可分3种形式：①总谱，记载合奏或合唱乐谱，由多行单行谱构成。②分谱，为便于演奏分别记载每种乐器或声部的乐谱。③大谱表，由高音谱表与低音谱表联合组成，用于钢琴、管风琴、竖琴及混声合唱等。

五线谱源于中世纪的纽姆记谱法及有量记谱法。纽姆谱出现于7世纪欧洲的天主教堂内，最初仅用1根线代表F音高，11世纪经阿雷佐的圭多发展为4条线，16～17世纪在增至使用6线、7线的基础上，逐步规范、完善为五线谱沿用至今。13世纪科隆教士弗兰科创制有量记谱法，用音符、休止符和记号严格规定了音的长短，是对纽姆谱的补充和丰富。五线谱于18世纪传入中国，19世纪中叶以后，随着西方传教士及新学的兴办而逐渐流传推广。

五刑 five chief forms of criminal punishment in ancient China 中国古代统治阶级对犯罪者使用的5种刑罚手段的总称。五刑的具体名称，见于《尚书·吕刑》的为墨、劓、剕、宫、大辟；见于《周礼·秋官·司刑》的为墨、劓、宫、刖、杀。

墨、劓、剕、宫、大辟等在古文献和甲骨文中都有记载。西周已较普遍地施行墨、劓、剕、宫、大辟5种刑罚。墨刑是在罪犯面部或额上刺刻后涂以墨的刑罚。劓刑是割掉罪犯鼻子的刑罚。剕刑也称刖刑，是断足的刑罚。宫刑是破坏罪犯生殖机能的刑罚，即男子割势、妇女幽闭的刑罚。大辟即死刑。西汉初，曾废除肉刑，以笞、杖来代替。虽然终汉之世，肉刑并未真正废除，但是，夏、商、周以来的传统五刑制度已开始发生变化。自汉代以后，历魏、晋、南北朝，不断有关于除、复肉刑之议，并对原有的五刑屡加更定。至北齐，已确定鞭、杖、耐（后为徒）、流、死为五刑。到封建制高度发展的隋、唐时期，商周以来的墨、劓、剕、宫、大辟五刑制度终于为笞、杖、徒、流、死的五刑制度所代替，直至明、清沿用不改。

中国古代五刑制度前后发生了两次变化，通常把商周以来的五刑称为“前五刑”、“旧五刑”或“奴隶制五刑”；隋唐以来的五刑称为“后五刑”、“新五刑”或“封建制五刑”。

五行 five phases 中国古代哲学概念。原指“五材”，即水、火、木、金、土。《左传》：“天生五材，民并用之。”后指构成宇宙万物的五种物质元素。西周末年，史伯提出了“以土与金、木、水、火杂，以成百物”的观点，反映出探求事物间相互关系的思想。阴阳五行家邹衍释“五行”金、木、水、火、土为“五德”，认为王朝交替是五德循环转移的结果。西汉董仲舒吸取阴阳家思想，明确提出“五行相生”的观点，著有《五行相生篇》。五行又称五常。《荀子·非十二子》：“案往旧造说，谓之五行。”杨倞注：“五行，五常仁、义、礼、智、信是也。”佛学中的五行指圣行、梵行、天行、婴儿行、病行（《涅槃经》），又指布施行、持戒行、忍辱行、精进行、止观行（《大乘起信论》）。

五行学说 five-phase theory 中国古代以木、火、土、金、水五种物质属性来概括自然界一切事物具有共同功能结构的朴素的系统理论。中医学的理论基础五行学说理论的实质是建立了一个关于一切事物普遍适用的整体结构模型。中医学不仅运用五行理论作为方法论归类系统，而且以其生克胜复的反馈联系论述人体和自然界保持相对平衡和稳定的原因，借以说明人体生理功能和病理变化，指导诊断和治疗。

基本内容 可概括为两个方面：一是事物属性的五行归类，二是事物联系的五行法则——生克乘侮。

五行归类是将自然界和人体按木、火、土、金、水五种物质属性归纳概括为五大类。以自然界的季节和人体五脏为例，则春季和肝脏属木，夏季和心脏属火，长夏和脾脏属土，秋季和肺脏属金，冬季和肾脏属水。

五行学说以五行之间生克乘侮的法则来探索和阐述事物之间的相互联系，以及事物之间的平衡、不平衡乃至复归平衡的过程和方式。

五行的相生是一行对另一行具有促进、助长和资生的作用，即“母”与“子”的关系；相克是指一行对另一行具有克胜和制约的作用。相生和相克意味着自然界的生态平衡和人体的生理平衡，属于正常现象。五行相生之序是木生火，火生土，土生金，金生水，水生木；相克之序是木克土，土克水，水克火，火克金，金克木。

五行的相乘相侮是指五行之间的生克制化遭到破坏后出现的反常现象。乘，有乘虚侵袭的意思；侮，有恃强凌弱的意思，因其强故能反克。例如木过于强盛，则可以加倍地克制土，称为“木乘土”；也可以反克金，称为“木侮金”。如木虚时，则金可来乘之，称为“木虚金乘”；而土可来反侮，称为“木虚土侮”。五行乘侮的法则打破了相克的单向关系，揭示了反常情况下五行相克力量的改变、失衡以及复归平衡的原理。

在医学中的应用 五行学说应用于中医学就是以五行归类的方法以及生克乘侮、亢害承制的变化规律具体地解释人体生理、病理现象，指导临床医疗实践。中医学的脏象学说是在阴阳五行学说指导下以五脏为中心的理论，即肝属木，心属火，脾属土，肺属金，肾属水，赋予五脏及其类属以五行的特性。如木性可曲可直、枝叶条达，有生发的特性，而肝体阴而用阳、喜条达而恶抑郁，有疏泄功能，故以肝属木。火性温热炎上，心阳有温煦之功，故以心属火。土性敦厚，能生化万物，脾能运化水谷精微、营养脏腑肢骸，为气血生化之源，故以脾属土。金性清肃收敛，而肺清肃之性，以肃降为顺，故以肺属金。水性润下，有寒润、趋下、闭藏之性，肾有藏精主水之功，故以肾属水。又以五脏为中心，将其与五官、五体、五志、五声等人体组织器官和生理功能联系起来。进而将自然界的事物也按五行的性质，用取象比类的方法归纳为五方、五季、五色、五味、五音等，以此来说明人体的整体性和人与自然界的统一性，从而指导临床实践。

人体五脏的功能活动不是孤立而是互相联系着的。五脏之间既有相互资生的关系，又有相互制约的关系：①用五脏相生说明脏腑之间的联系。如用木生火即肝木济心火，说明肝藏血功能正常，有助于心主血脉功能的正常发挥；用火生土即心火温脾土，说明心主血脉功能正常，血能营脾，脾才能发挥主运化、生血、统血的功能；用土生金即脾土助肺金，说明脾主益气的功能正常，化生气血、转输精微以充肺，才能促进肺主气的功能，使之正常宣肃；用金生水即肺金养肾水，说明肺气肃降，有助于肾藏精、纳气、主水的功能；用水生木即肾水滋肝木，说明肾精可以化生肝血以助肝功能的正常发挥。②用五脏相克说明脏腑之间的联系。如水克火，肾水上济于心，可以防止心火之亢烈；火克金，心火之阳热可抑制肺气清肃之太过；金克木，肺气清肃可抑制肝阳的上亢；木克土，肝气条达可疏泄脾气之壅滞；土克水，脾土的运化能防止肾水的泛滥。③五脏中每一脏都具有生我、我生、克我、我克的生理联系。五脏之间的生克制化，说明每一脏在功能上因有他脏的资助，不至于虚损；又能克制他脏，使其不致过亢；本脏之气太盛则有他脏之气制约；他脏之气虚损，又可由本脏之气补之。如肝木之气，其虚，则有肾水生之；其亢，则有肺金克之；心火之气不足，木可生之；脾土之气过亢，木可克之。这种生克关系把五脏紧密联结成一个整体。

五脏在生理上相互联系，在病理上也必然相互影响。本脏之病可以传至他脏，他脏之病也可以传至本脏，这种病理上的相互影响称为传变。相生关系的传变包括母病及子和子病犯母两方面。母病传子，生气不绝，一般病情较轻；子病传母为逆，病势较重。

相克关系的传变包括相乘和相侮两个方面：①相乘，指相克太过为病。如木旺乘土，由于肝气横逆、疏泄太过，影响脾，导致消化机能紊乱。②相侮，指反克为害。如木火刑金（木侮金），由于肝火偏旺，影响肺金清肃，出现胸胁疼痛、口苦、烦躁易怒、脉弦数等肝火过旺之证。疾病按相克规律传变，为顺传，其病较轻浅；按乘侮规律传变，为逆传，其病较深重。

五行学说所以能用于诊断，是由于当内脏有病时，人体内脏功能活动及其相互关系的异常变化可以反映到体表相应的组织器官，出现色泽、声音、形态、脉象等方面的异常变化。由于五脏与五色、五声、五味等都以五行分类归属，因此在临床诊断疾病时可以综合望、闻、问、切四诊所得材料，根据五行所属及其生克乘侮的变化来推断病情。

五行学说在治疗上的应用十分广泛，适用于药物治疗、针灸及精神疗法等各个方面。

阴阳学说与五行学说虽各有特点，但它们是互相补充、彼此印证的。因此，在研究人体生理活动和病理变化时，必须把五行学说和阴阳学说结合起来，才有利于正确认识人体的各种生命活动。

五旬节 Shavuot 犹太民族和犹太教的三大朝圣节期之一。又称七七节或收获节。每年犹太教历息汪月（公历5～6月间）6、7日举行，在以色列仅1日，在流散地为2日。该节在逾越节第2日起计算至第50日。按传统，节日各家皆停止工作，取面粉发酵制成圆形饼，并取未满周岁的羔羊7头，雄牛犊1头，雄绵羊2头，向上帝祭献。还遗余禾于田中，让贫民拾取。犹太教亦以此节纪念以色列人出埃及、过红海后的第50日，在西奈山领受上帝的诫命。会堂在该日要诵读《路得记》和十诫。

五桠果科 Dilleniaceae; dillenia family 双子叶植物纲五桠果亚纲的一科。有10属400种，主要分布于热带亚热带，以澳大利亚最盛。中国有五桠果属及锡叶藤属，为比较原始的属。直立或缠绕藤本，无托叶或托叶翅状并与叶柄合生。花两性，稀单性，多数为辐射对称，亦有两侧对称。萼片3～5，有时更多，常宿存。花瓣5～2，雄蕊多数，螺旋排列，常有退化雄蕊。心皮多个至1个，离生，或腹面与中轴连生。果实从腹面或背面裂开，有时浆果状。

五言诗 poem with five characters to a line 中国古代诗歌体裁。全篇由五字句构成的诗。汉代以前，偶有五言的诗句，但没有完整的五言诗。五言诗是在两汉民谣和乐府民歌中首先产生和发展起来的。《汉书·五行志》和《尹赏传》所引西汉成帝时歌谣，已为完整的五言形式；东汉时五言歌谣继续产生，并被采入乐府，其中如《陌上桑》、《江南可采莲》等，已是比较成熟的五言作品。今存最早的文人的五言诗当为东汉班固的《咏史》，钟嵘《诗品》说它“质木无文”，这说明文人初学五言诗体，技巧还很不熟练。继作者有张衡《同声歌》、秦嘉《赠妇诗》、赵壹《疾邪歌》等，表现技巧日趋成熟。东汉末年无名氏《古诗十九首》的出现，标志着五言诗已经达到成熟阶段。至建安和魏晋南北朝时期，五言诗已“居文词之要”（钟嵘《诗品》），成为最盛行的诗体，出现了大批名作。

五言诗可以容纳更多的词汇，从而扩展了诗歌的容量，能够更灵活细致地抒情和叙事。在音节上，奇偶相配，也更富于音乐美。因此，它更为适应汉以后发展了的社会生活，从而逐步取代了四言诗的正统地位，成为古典诗歌的主要形式之一。初唐以后，产生了近体诗，其中即有五言律诗、五言绝句。唐代以前的五言诗便通称为“五言古诗”或“五古”。

五氧化二钒 vanadium pentoxide 化学式V_2O_5。橙黄或砖红色固体；无臭，无味，有毒性；密度3.357克/厘米^3，熔点690℃，熔体冷却时形成橙红色正交针状晶体；高于700℃时明显地蒸发并部分地分解为VO_2和O_2。五氧化二钒具有两性，但以酸性为主。微溶于水，生成淡黄色酸性溶液，溶于强碱生成钒酸盐，溶于强酸常形成钒氧离子VO_2^+。五氧化二钒在酸性溶液中呈中等强度的氧化性，可被还原成为低氧化态的氧化物。五氧化二钒可由偏钒酸铵热分解来制取。五氧化二钒和钒酸盐在化学工业中广泛用作催化剂，可作为接触法制硫酸的催化剂，也可作许多有机氧化反应的催化剂。还可用于制造彩色玻璃和陶瓷。

五原县 Wuyuan County 中国内蒙古自治区巴彦淖尔市辖县。位于自治区西部，黄河冲积平原中部。面积2 493平方千米。人口30万（2008），有汉、蒙古、满、回等民族。西汉元朔二年（前127）置五原郡。清光绪二十九年（1903）设五原厅，1912年改为五原县。南临黄河，北靠乌加河，境内灌渠纵横。水资源丰富，旱涝均可保收。地上无山，地下无矿。经济以农业为主，主产小麦、糜、黍、玉米等。土特产为葵花子、枸杞等。工业有化工、建材、农机修造、玻璃制品、制糖、食品加工、造纸、印刷、皮毛、制革、编织、制药等。名胜古迹有汉代古城遗址、兰含贵海子等。

“五月花”号 Mayflower 英国移民驶往北美的一艘船只。“五月花”号载重约180吨，长90英尺。以运载一批分离派清教徒到北美建立普利茅斯殖民地和在该船上制定《“五月花”号公约》而闻名。

分离派是英国清教中比较激进的一派，由于受英国国教的残酷迫害，1608年8月

离开英国到荷兰。其中一部分教徒决定迁居北美，并与弗吉尼亚公司签订移民合同。1620年9月23日，在牧师布莱斯特率领下乘“五月花”号前往北美。全船乘客102名，其中分离派教徒35名，其余为工匠、渔民、贫苦农民及14名契约奴。11月21日，到达科德角（今马萨诸塞州普罗文斯敦），于圣诞节后第一天在普利茅斯地方上岸。在登陆前，即11月21日，由分离派领袖在船舱内主持制定一个共同遵守的《“五月花”号公约》，有41名自由的成年男子在上面签字。其内容为：组织公民团体，拟定公正的法律、法令、规章和条例。此公约奠定了新英格兰诸州自治政府的基础。

五月画会 Fifth Moon Art Group 中国现代美术社团。1956年成立于台湾省台北市。画会最初缘于在台湾师范大学艺术系举办的“四人联合画展”，经参展人刘国松提议成立画会，因向往巴黎和崇拜“五月沙龙”而取名“五月画会”。1957年5月在台北举行第一届五月画展（油画），成员有刘国松、郭东荣、郭豫伦等。此后又举办历届画展，增加了一些成员。1974年后，活动渐稀。“五月画会”初创时主张全盘西化，走西方抽象表现派之路，50年代末转向传统绘画工具材料与西方技巧的融合，并探求材料、肌理的表现可能，以求风格出新。

五岳 Five Holy Mountains 中国五大名山的总称。“岳”一作“嶽”。传说为群神所居。历代帝王多往祭祀。《周礼·春官·大宗伯》：“以血祭，祭社稷、五祀、五嶽。”《礼记·王制》：“天子祭天下名山大川，五嶽视三公，四渎视诸侯。”古代天子、诸侯对名山大川，都有所敬畏，故有祭祀之制。各地的名山很多，然五岳制度实始于汉武帝，谓尧、舜时已有之，乃汉代经学家的附会。汉初，封同姓诸侯王，恒山、泰山均不在汉王朝中央直接控制范围之内。武帝时“济北王以为天子且封禅，上书献泰山及其旁邑，天子以它县偿之，常山王有罪，迁，天子封其弟真定，而以常山为郡。然后五嶽皆在天子之郡”。于是武帝定有五岳之制。五岳所指历代不一。《尔雅·释山》：“河南，华；河西，嶽；河东，岱；河北，恒；江南，衡。”下文又云：“泰山为东嶽，华山为西嶽，霍山为南嶽，恒山为北嶽，嵩山为中嶽。”汉宣帝时确定今河南嵩山为中岳，山东泰山为东岳，安徽天柱山为南岳，陕西华山为西岳，河北恒山（今曲阳县西北）为北岳。其后又改今湖南衡山为南岳。隋文帝后遂成定制。明弘治中，于今山西浑源县恒山建北岳庙。清顺治中移祀北岳于此。

五蕴 pañcaskandha 佛教术语。蕴，有聚集、集为一类、以类相分的意思。五蕴属于佛教三科之一。佛教讲“五蕴”，指构成有情生命的物质与精神成分。从大类上分，五蕴可以分为色心二法；具体说，指有情众生的“色、受、想、行、识”五类要素。“蕴”也作“阴”，故又称五阴。有情众生的结构中，色蕴相当于物质成分，包括四大（地、水、火、风）和四大所造。受蕴是有情众生在与外界事物接触时所产生的各种感受。在佛教，感受是有道德指向性的，其可分三种：苦受、乐受、不苦不乐受。想蕴相当于知觉或表象认识，属思维认识活动。青黄赤白、长短方圆等，都是想蕴的内容。行蕴相当于行动意志，是人们的判断性的意向活动。识蕴相当于意识，即统一各种心理认识作用于一身的根本意识。众生由五蕴构成，故五蕴又是有情众生的代名词。

五指山 Wuzhi Mountain 广义为中国海南岛中南部山区的统称。狭义指位于海南岛中部偏东的山系，包括母瑞山、白马岭、五指山、七指山、马嘴岭。其中最高峰五指山海拔1 867米，坐落于琼中黎族苗族自治县境内，为海南岛第一高峰。山脉东南麓平均年降水量2 866毫米，是全岛雨量最多地区。五指山森林成片，生长茂密，种类繁多，群落层次多而复杂，垂直地带性分异明显。有坡垒、青梅、花梨、红椤等珍贵木材，并有可栽种橡胶等热带经济作物的大片宜林地和天然牧场，有绿色宝库之誉。多珍贵动物。已建有五指山自然保护区。矿产丰富，铁和水晶储量大，质量好。著名的石碌铁矿即位于山区西部昌江黎族自治县内。五指山区是黎、苗民族聚居地，五指山是海南岛老革命根据地。

五指山市 Wuzhishan City 中国海南省直辖县级市。森林旅游城市。位于海南岛中南部，五指山西南麓。面积1 129平方千米，人口10万（2010），有汉、黎、苗等民族。原属保亭县地。1958年析置通什镇，1987年升为通什市，2001年改今名。属热带季

风气候。矿产有铜、铅、锌、锡、钨、汞等。森林覆盖率75%，珍贵木材有青梅、绿楠、花梨等150多种。农业以产粮食、林木、橡胶、水果、瓜菜、黄牛为主。工业有木材加工、水电、机械、水泥、橡胶、皮革等。名胜古迹有通什旅游山庄、五指山第一村、五指山国际度假寨、太平山瀑布、冯子材遗址，纪念地有毛阳革命根据地等。

五铢钱 wuzhu coin 中国西汉中晚期至隋代通行的圆形方孔铸币。多为铜质。面文“五铢”，为纪重币名。从汉武帝元狩五年（前118）罢**半两钱**，准郡国铸五铢钱始，至唐高祖武德四年（621）废五铢、铸行**开元钱**止，前后使用700多年，是中国历史上行用时间最长的一种钱币。武帝时郡国所铸五

五铢铜钱

铢，大小轻重不均。武帝元鼎四年（前113），将铸币权收归中央，由上林苑三官统一铸造，后世称上林三官五铢。钱径2.5厘米左右，重约4克，平整光滑，内外郭宽匀高峻，钱型精整，钱文规范，其铸造首次实现全国货币标准的真正统一，在中国货币经济史上有重要意义。因美观适用，以后长期作为铸币模式，但形状、大小不尽相同。五铢钱除铜质外还有铁钱、铅钱。此外还发现极少量汉代的金、银及鎏金五铢钱，为纪念或赏赐用的非流通铸币。

五子棋 gomoku; gobang 源于中国古代的黑白传统棋种之一。又称“连五子”。大约在南北朝时期传入高句丽（朝鲜），后在日本得到充分发展。现五子棋的专用棋盘为15×15条线的正方形。盘中心点为“天元”。棋子为黑白两色，黑子为113枚，白子为

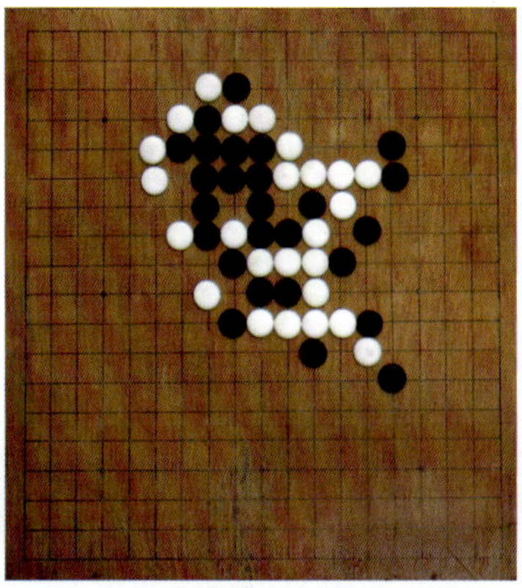

112枚。由两人进行对局，先手执黑，后手执白，从棋盘中央的“天元”点开始，一人一手轮流走棋，棋落在线和线的交叉点上，无论是在竖线、横线或斜线上，先连成五个子的一方为胜。1988年，国际连珠联盟（RIF）在瑞典成立，中国于1996年正式加入该联盟。国际连珠联盟主办的比赛有世界锦标赛、世界青少年赛等，其中影响最大的世界锦标赛至2009年已经举办11届，冠军多由日本和爱沙尼亚棋手获得。1999年7月在北京举行了第6届世界锦标赛。2002年8月，中国棋院举办了首届全国五子棋邀请赛。

伍德沃德 Woodward, Robert Burns（1917－04－10～1979－07－08） 美国化学家。生于波士顿，卒于马萨诸塞州剑桥。1933年入麻省理工学院学习，1936年获理学士学位，

1937年获哲学博士学位。1950～1960年，任哈佛大学教授。1963年瑞士汽巴公司为他在瑞士的巴塞尔建造了伍德沃德研究室，此后他在哈佛大学和巴塞尔两处指导研究工作。他发现了前所未知的一类天然产物——大环内酯抗生素。他是第一个提出甾体激素的正确生物合成理论的人。他最早正确地推测了**二茂铁**的结构。1944年合成**奎宁**，1954年合成**番木鳖碱**，1956年合成**利血平**；他还合成了胆甾醇、叶绿素、维生素B_{12}、红霉素等。1965年提出了分子轨道对称守恒原理，又称伍德沃德－霍夫曼规则。它不但解释了以前很多不理解的反应，并且推动了一大类基本有机反应的发展，成为有机化学中重要的理论。1959年获英国皇家学会的戴维奖章，因合成甾醇和叶绿素等有机化合物的贡献获1965年诺贝尔化学奖。

伍迪·艾伦 Woody Allen（1935－12－01～） 美国电影编剧、导演、演员。生于纽约布鲁克林。原名艾伦·斯图尔特·科尼斯伯格。20世纪60年代中进入电影界，从编剧开始逐步走上了

自编、自导、自演的从影道路，同时还编舞台剧、写小说和演奏音乐。他创作的喜剧片一般较为严肃，常以诙谐的语言、滑稽的动作去讽刺、嘲弄社会习俗。他最著名的作品当推《安妮·霍尔》（1977）和《曼哈顿》（1979）。前者是一部自传性喜剧片，曾获得1977年**奥斯卡金像奖**最佳影片奖，并为艾伦赢得奥斯卡金像奖最佳导演和编剧奖。后者通过主人公与妻子、情妇、女友的爱情纠葛，反映了美国知识分子的精神空虚和社会存在的道德问题，使艾伦于1979年被美国全国电影评论家协会评选为当年最佳导演。其他重要影片还有《汉娜姐妹》（1986）、《曼哈顿谋杀疑案》（1993）、《百老汇上空的子弹》（1994）、《好莱坞结局》（2002）、《独家新闻》（2006）等。

伍连德 Wu Lien Teh（1879－03－10～1960－01－20） 中国公共卫生学家、医学史家，检疫、防疫的先驱。生于马来西亚槟榔屿，卒于槟榔屿。1896～1899年留学英国剑桥大学。1902年毕业于伦敦医学院，获医学学士学位。于1905、1924、1926年先后获得剑桥大学医学博士学位、约翰斯·霍普金斯大学公共卫生博士学位、日本东京帝国大学（今东京大学）医学博士学位。1907年由英国回马来半岛开业，1908年就职天津陆军军医学堂会办。1910年东北鼠疫大流行，任全权总医官，迅速将鼠疫扑灭。1911年在奉天（今沈阳）主持中国首次召开的国际医学大会——“万国鼠疫研究会”。1912年成立“满洲鼠疫防治处”，任处长。1915年与颜福庆等在上海组织全国性中华医学会，任第一届书记，第二、三届会长。创刊《中华医学杂志》，任第一、二届总编辑。1926年创立哈尔滨医学专门学校（哈尔滨医科大学前身），任校长。1912～1935年，先后兴办东北防疫医院（所）、研究所及中央医院（今北京大学附属人民医院前身）等20多处机构。1937年举家迁回马来西亚，定居怡保市。晚年在怡保市开私人诊所。主要著作有：《肺鼠疫专论》（1926）、《霍乱概述》等。

伍廷芳 Wu Tingfang（1842－07－30～1922－06－23） 中国清末民初时期政府外交、司法高级官员。字文爵，号秩庸。广东新会人。生于新加坡，卒于广州。1845年随父归国。1874年留学英国林肯法律学院，3年后获大律师资格，到香港任律师、法官。

1896年任清政府出使美国、西班牙、秘鲁大臣。1902年回国，先后任修订法律大臣、会办商务大臣、外务部右侍郎、刑部右侍郎等职。1911年10月武昌起义后，伍廷芳在上海宣布赞成共和，并两次致函清廷，劝告清帝退位。12月被南方独立各

省推为民军方面的议和全权代表，与袁世凯派出的代表唐绍仪在上海正式举行南北议和谈判。次年1月任南京临时政府司法总长，协助孙中山制定和颁布一些符合资产阶级民主制度的法律和法令。袁世凯篡权时，退居上海，反对帝制。1916年11月任段祺瑞内阁外交总长。1917年5月任代总理，后被免职。1917年9月伍廷芳到广州，被孙中山任命为护法军政府外交部长。次年5月改任军政府七总裁之一，兼任外交和财政部长。1920年11月随孙中山回广州，恢复军政府。次年5月孙中山任非常大总统，任命他为外交兼财政部长，并一度代行总统职务。1922年4月兼任广东省省长。6月16日陈炯明叛变，伍廷芳坚定地站在孙中山一边。17日亲登永丰军舰与孙中山会晤，接受指示，通告各国驻广州领事，希望他们严守中立，勿助叛军。但英、美等国置之不理，仍助叛军夺取广州。愤激病发而卒。

伍献文 Wu Xianwen (1900-03-15～1985-04-03) 中国动物学家。生于浙江瑞安，卒于湖北武汉。1921年南京高等师范学校毕业；1928年毕业于厦门大学动物学系；1929年赴法国留学；1932年获巴黎大学科学博士学位。1948年任南京中央研究院国立自然历史博物馆研究员，南京中央大学生物系教授兼系主任，四川北碚（现属重庆）中央研究院植物研究所及动物研究所研究员，中央大学、复旦大学、江苏医学院教授。1950年被任命为水生生物研究所副所长兼太湖淡水生物研究室主任。1977～1983年任所长，1983年5月起为名誉所长。1978～1983年曾兼任中国科学院武汉分院院长。1955年当选为中国科学院学部委员（院士）。曾任国家科委水产组副组长、国务院科学规划委员会委员。

伍献文是中国研究鱼类学和水生生物学的先驱。早期对鸟、蛇、蛙、鱼、线虫、水母等类动物进行过形态学、分类学、组织学和胚胎学的研究。他和助手们共同出版了《中国鲤科鱼类志》，全书70余万字，1982年获全国自然科学奖二等奖。《鲤亚目鱼类分科的系统及其科间系统发育的相互关系》的研究报告，提出了鲤亚目鱼类的一个新的分类系统，其论点已被加拿大学者J.S.纳尔逊引用于权威性著作《世界鱼类》第二版（1983）。

伍子胥 Wu Zixu (?～前484) 中国春秋后期吴国大夫，军事谋略家。名员，字子胥。原为楚国人。父伍奢是楚国大夫，曾任太傅。楚平王七年（前522），楚平王听信佞臣费无极谗言，逼走太子建，杀伍奢及其长子尚。伍子胥经宋、郑等国逃到吴国。乃助阖闾刺杀吴王僚夺取王位，参与国事。荐孙武于吴王阖闾，并助吴王整饬内政，加强武备，使吴国日渐强盛。自吴王阖闾三年（前512）起，多次率吴军攻楚伐越，屡获胜利。六年，指挥吴军在豫章（在今安徽境内）击败楚军，攻占居巢。九年，偕孙武与吴王定破楚之策。吴军一举攻破楚国郢都。后吴国又相继战败越国与齐国，成为一方霸主。伍子胥以功封于申，又称申胥。阖闾死后，夫差即位，任用善于逢迎的伯嚭为太宰，渐疏远伍子胥。吴国打败越国后，伯嚭受越国贿赂，力主与越媾和。伍子胥谏诤吴王，劝其拒绝越国求和并停止伐齐。由于伯嚭谗言，吴王赐佩剑“属镂”于子胥，命他自裁。

仵作 coroner 中国封建社会专管验尸或验伤的役使。其名始于宋代。宋代官府在尸体检验过程中，越来越多地由仵作帮助整理验看尸体。至明、清时期使用较广。清末改称检验吏。北洋政府时期仍有沿用。

武安市 Wu' an City 中国河北省辖县级市。位于省境西南部、晋冀鲁豫腹地。面积1 806平方千米。人口82万（2010）。战国为赵武安邑，西汉高祖元年（前206）置武安县。1988年撤县设市。是全国4大富铁矿、全国重点产煤县（市）之一。工业以煤铁开采业为主，有冶炼、化工、建材等工业。农作物以小麦、玉米、棉花为主。“武安山羊”、“太行黄牛”为全国优良品种。古迹有新石器时代磁山文化遗址、固镇汉代炼铁炉遗址、赵窑仰韶二次从葬墓和京娘湖等。

武昌会议 1958年11月28日至12月10日在武昌举行的中国共产党八届六中全会。与会者有中共中央委员84人，中央候补委员82人。中央和各省、市、自治区主要领导人列席了会议。会上邓小平作《关于人民公社若干问题的决议（草案）》的说明，李富春作《关于1959年国民经济发展计划几个重要问题》的说明。会议在通过的《关于人民公社若干问题的决议》中指出，人民公社仍然是集体所有制的经济组织。要真正建成社会主义并向共产主义过渡，根本途径是大力发展生产力。针对企图取消商品生产和商品交换的错误倾向，《决议》指出在今后一个历史时期内，人民公社仍然要大力发展商品生产、进行商品交换和坚持按劳分配原则，社员个人的生活资料，包括房屋、家具和在银行的存款等永远归社员所有，允许社员经营家庭副业。为了整顿和建设人民公社，毛泽东提出了“统一领导，队为基础；分级管理，权力下放；三级核算，各计盈亏；分配计划，由社决定；适当积累，合理调剂；物资劳动，等价交换；按劳分配，承认差别”的方针。全会一致同意毛泽东提出的关于其不再担任下届中华人民共和国主席候选人的建议。

武昌起义 Wuchang Uprising 引发中国辛亥革命的武装起义。1911年10月10日，湖北新军中的文学社和共进会等革命团体在武昌发动起义。起义的胜利，在各省得到连锁反应，形成全国规模的革命。见辛亥革命。

武昌区 Wuchang District 中国湖北武汉市辖区。位于市境中南部，长江南岸，隔长江与汉口、汉阳相望。面积81平方千米。人口120万（2010）。三国吴为江夏郡治，宋为湖北路治，元为武昌路治，清为湖北布政使司及湖广总督驻地。1912年废府留县。1926年析武昌县城置武昌市。1927年武昌市与汉口市合并为武汉特别市。1937年复置武昌市。1949年与汉口市、汉阳城区合置武汉市。1951年为第一区，1952年改武昌区。盛产蔬菜、西瓜、莲藕、鱼虾和蟹。有冶金、电力、造船、机械、化工、铁路车辆、日用轻工、纺织、电子、建材等工业。境内有武汉大学、湖北大学、武汉理工大学等10多所高校，以及中国科学院武汉分院、湖北省中医院、交通部长江船舶设计院等30多个科研机构。名胜古迹有东湖名胜区、黄鹤楼、长春观、宝通禅寺等，纪念地有武昌起义军政府旧址、起义门、中央农民运动讲习所旧址等。

武昌鱼 *Megalobrama amkeycephala*; blunt-snout bream 鲤形目鲤科鲌亚科鲂属的一种。又称团头鲂。

武当山 Wudang Mountain 中国名山，道教圣地，著名风景区。一名太和山。秦岭、大巴山的东延部分。位于湖北省西北部，汉江南岸。西北起自堵河，东南止于南河，绵延百余千米。主峰天柱峰海拔1 612米。武当山山体四周低下，中央呈块状突起，多由古生代千枚岩、板岩和片岩构成，局部有花岗岩。气候温暖湿润，年降水量900～1 200毫米，多集中于夏季，为湖北省暴雨中心之一。原生植被属北亚热带常绿阔叶、落叶阔叶混合林，次生林为针阔混交林和针叶林，主要有松、杉、桦、栎等。药用植物有400多种。

以主峰天柱峰为中心的武当山风景名胜区有七十二峰、三十六岩、二十四涧、十一洞、三潭、九泉等胜景，还有上、下

武当山紫霄宫

十八盘等险道及“七十二峰朝大顶”和“金殿叠影”等奇景。武当山还保存有规模宏伟的道教建筑群和众多的文物古迹。早期的有唐贞观年间建的五龙祠，宋、元建筑增多。明永乐年间建成33个规模宏大的宫观建筑群，建筑总面积达160多万平方米。建于天柱峰绝顶的金殿又称金顶，为四坡重檐歇山式宫殿，由铜铸鎏金构件铆榫拼焊而成，总重约90吨，是中国现有最大铜建筑物。武当山亦为武当派拳术发源地，以“武当太乙五行拳”闻名中外。武当山古建筑群已被列入《世界遗产名录》。

武丁 Wuding 中国商朝的国王。后世称高宗。名昭，为盘庚弟小乙之子。年幼时，武丁曾在外行役，与“小人”一起劳作，因而了解“稼穑之艰难”。即王位后，提拔傅说。傅说原为刑徒，被武丁发现，加以重用。他还任用甘盘为大臣，力求巩固统治，增强国力，使商朝得以大治。由于武丁将商朝推向极盛，被称作“中兴之王”。

武丁在位期间，不断向西北方面的舌方、南面的虎方、东面的夷方、北面的鬼方以及羌方、周族等进行大规模征伐。其中对舌方作战动员的兵力，有时三千，有时达五千；对鬼方用兵三年才攻克。甲骨文记载，武丁的配偶妇好还亲征羌方。除“伐羌”之外，甲骨文中还有许多“获羌”、“用羌”的记录，即抓获羌人的俘虏并用作人祭的牺牲，且数字惊人。武丁向四方连年用兵，征服了周围的许多小方国。这些征伐战争，为商朝形成“邦畿千里，维民所止，肇域彼四海”的广大疆域，奠定了基础。

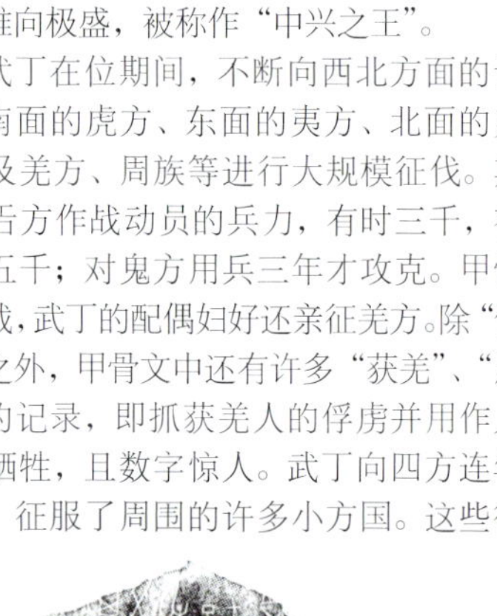

祭祀武丁的甲骨卜辞拓片

武丁在位59年，死后，由其子祖庚继承王位。

武尔贡 Vurgun, Samed (1906-03-21～1956-05-27) 苏联阿塞拜疆诗人、社会活动家。生于尤哈里-塞拉赫利，卒于巴库。哈萨克师范学院毕业，当过教师。主要作品有诗集《诗人的誓言》(1930)、《路灯》(1932)，浪漫主义诗剧《瓦吉夫》(1937)、《法尔哈德和希琳》(1941)，颂扬爱国主义、宣传民族友谊的诗《母亲的话》(1941)、《护士》(1941)，长诗《黑人在说话》(1948)，组诗《回忆欧洲》(1947～1950)等。武尔贡对丰富阿塞拜疆的语言和诗风有重大贡献。

武官 military attache 驻外使馆中代表本国军事部门与驻在国军事部门保持联系和进行交涉的专业外交人员，为派遣国政府国防部或军事主管部门向另一国军事主管部门派遣的现役军人代表。按照军种划分有陆军武官、海军武官和空军武官，也有的国家派出国防武官，代表本国三军武装部门，其中级别最高者为使馆武官处的负责人。武官同时也是大使在军事问题上的顾问。其主要职责是：保持派遣国和驻在国军事主管部门之间的联系和进行有关军事问题的谈判；通过合法手段观察驻在国的军事情势，并及时向本国军事主管部门提出报告；参与安排有助于发展两国军队间的友好关系的各种活动。此外，在驻在国举行军事检阅或演习时，代表本国军队和军事主管部门参加观礼和观察。根据《维也纳外交关系公约》，武官的任命，必须事先征得接受国的同意。武官抵达使馆时，首先要到接受国总参谋部的对外联络部门报到，然后才能开始执行公务。武官享有外交特权与豁免。

武汉长江大桥 Wuhan Yangtze River Bridge 中国第一座跨越长江的固定式永久性公路、铁路两用桥，称万里长江第一桥。位于武汉市汉阳龟山和武昌蛇山之间。桥接通原京汉、粤汉两铁路为京广铁路，连通中国中部的公路网。1913～1953年前期规划和设计工作共计40年，1955年9月正式开工，1957年10月建成通车。桥全长1 670米，分上下两层，上层公路面宽18.0米，两侧人行道各宽2.25米。下层双线铁路。

除此桥外，武汉还有武汉长江二桥、白沙洲大桥等多座长江大桥。

武汉大学 Wuhan University 中国综合性大学。属教育部。校址在武汉。前身是1893年湖广总督张之洞创办的自强学堂。1902年后相继更名为方言学堂、国立武昌高等师范学校、武昌师范大学、武昌大学、武昌中山大学。1928年7月定名国立武汉大学。1938年迁往四川乐山，1946年迁回武汉。1949年10月前设有文、法、理、工、农、医6个学院及8个研究所。幸鸿铭、竺可桢、黄侃、郁达夫、闻一多、朱光潜、叶圣陶、吴宓等学者曾在校任教。1952年全国高校院系调整，医、工、农3个学院先后划出组建新校，同时并入中南地区部分高校相关学科，成为一所文理科综合大学。2000年8月，与武汉水利电力大学、武汉测绘科技大学、湖北医科大学合并组建新的武汉大学。

设有30多个学院（系）。有培养学士、硕士和博士的教学体系；有国家重点学科和国家重点实验室等。

武汉理工大学 Wuhan University of Technology 中国工科高等学校。属教育部。校址在武汉。2000年由武汉工业大学、武汉交通科技大学、武汉汽车工业大学合并组建成立。设有工学、理学、文学、管理学、经济学、法学、哲学、教育学、医学等学科门类。有培养学士、硕士和博士的教学体系；有一级学科国家重点学科、国家重点实验室和工业性试验基地等。

武汉市 Wuhan City 中国湖北省辖市，省会。位于省境中部偏东，长江与汉江交汇处。故又称江城。辖江岸、江汉、硚口、汉阳、武昌、青山、洪山、东西湖、汉南、蔡甸、江夏、黄陂、新洲13个区。面积8 483平方千米。人口979万(2010)，有汉、回、满、壮、土家等民族。

春秋属楚，汉属江夏郡。隋于江南置江夏县，于江北置汉阳县。宋武昌属鄂州，汉阳、汉口属汉阳军。元、明、清时，武昌为湖广行中书省、湖广布政使司，汉阳为汉阳府治所在地，汉口在清时设夏口厅。1912年改江夏县为武昌县，废汉阳府留汉阳县，改夏口厅为夏口县。1926年析武昌县城区置武昌市；改夏口县为汉口市，并辖汉阳县城。1927年1月国民政府自广州迁至

武汉远眺

武汉，4月武昌市和汉口市合并为武汉特别市。1929～1949年几经合并变动。1949年武昌市、汉口市和汉阳县城合并为武汉市，由中央直辖。1954年改为湖北省直辖市。

境内河湖密布，有长江、汉江、涢水等河流，有梁子湖、张渡湖、斧头湖等湖泊。属亚热带湿润季风气候，夏热冬冷，夏雨冬干，夏初多梅雨。年平均气温16.7℃。夏季高温达35℃以上，极端高温41.3℃（1934年8月10日），为长江流域三大高温中心之一。平均年降水量1 280毫米。矿产主要有煤、磷、黄铁矿、膨润土、石灰岩等。土地肥沃，农业主产稻谷、小麦、棉花、油菜子等。盛产鲜鱼、莲藕、武昌鱼等。是中国近代工业发祥地之一。工业主要有冶金、钢铁、纺织、光电子、汽车、化工、船舶等。有中国科学院武汉分院，有武汉大学、华中科技大学、华中师范大学等35所高等院校。武汉地处中国中部中心位置，处汉江、长江交汇处，有“九省通衢”之称。有京广、京九、汉丹、武九铁路纵横交织；多条高速公路过境；武汉港为中国内地最大港口；武汉机场辟有通北京、上海、广州、成都、香港等地航线。

名胜古迹有黄鹤楼、晴川阁、古琴台、宝通禅寺、归元禅寺、长春观、北宋瓷窑群、明代楚王墓群和龟山、蛇山、木兰山、东湖等。纪念圣地有起义门、湖北军政府旧址、辛亥革命烈士墓、八七会议会址、中央农民运动讲习所旧址等。武汉是国家历史文化名城。

武衡 Wu Heng（1914-03-18～1999-01-15） 中国地质学家、科技管理学家。生于江苏徐州，卒于北京。1934年由扬州中学考入清华大学，一年后入地学系地质专业学习。1939年赴延安，先后任中央青年委员会处长、陕甘宁边区学联主席、延安中山图书馆主任、延安自然科学院地质系教员等职。

1945～1953年在东北地区先后任县长、黑龙江省工业厅厅长、中国科学院东北分院秘书长等职。1954年任中国科学院学术秘书处副秘书长，1955年5月被选聘为中国科学院首批学部委员（院士），1956年参与制定“十二年科学技术规划”。历任国家科学技术委员会副主任、中国科技情报学会第一、二、三届理事长、中国科学院执行主席，1983年任国家科委顾问，曾当选全国人大常务委员会委员、中共中央顾问委员会委员，并先后任国务院学位委员会副主任、国家南极考察委员会主任、国家科委自然科学奖励委员会和发明评选委员会主任、中国发明协会会长等职。1984年获世界知识产权组织（WIPO）授予的发明与创造金质奖章。为中国科技情报事业的建设和发展作出卓越贡献。

著作主要有《战争时期解放区科技发展史资料》、《科技战线五十年》等，并主持和参与《当代中国》丛书、《中国大地图集》、《中国大百科全书》（第一版）等影响较大的图书编辑出版工作。

武侯祠 Wu Hou Shrine 中国三国时期蜀汉丞相**诸葛亮**的祀祠。位于四川成都武侯祠大街。诸葛亮生前封武乡侯，死后谥忠武侯，故祠堂称为武侯祠。1961年国务院公布为全国重点文物保护单位。

4世纪初，李雄据蜀时曾建诸葛亮庙，南宋时废。唐宋时的武侯祠位于刘备惠陵西南，与之毗邻。明初武侯祠撤，诸葛亮像位被移至刘备昭烈庙内。明末祠庙毁于兵火，清康熙十一年（1672）重建汉昭烈庙，以后殿专祀武侯，形成君臣合庙体制。但因诸葛亮在人们心目中的地位高过刘备，故仍习称武侯祠。今武侯祠即清建，南向，为三院五重轴线布局。主要建筑由南往北有大门、二门、刘备殿、过厅和诸葛亮殿。其中诸葛亮殿内供祀诸葛亮塑像，左右配塑子诸葛瞻、孙诸葛尚像。刘备殿内供祀刘备塑像，两侧东西偏殿分别祀关羽和张飞像。祠中尚存碑刻40余通，其中以唐元和四年（809）刻《蜀丞相诸葛武侯祠堂碑》最为著名，由宰相裴度撰文，书法家柳公绰（**柳公权**兄）书，名工鲁建刻石。因文章、书法、刻技皆精，世称“三绝碑”（一说为诸葛亮功绩和裴文、柳书并称三绝）。

武侯祠大门

武进区 Wujin District 中国江苏常州市辖区。位于江苏省南部、长江三角洲太湖平原西北部，濒太湖、滆湖。面积1 061平方千米，人口157万（2010）。春秋战国时称延陵邑，秦置延陵县。汉改称毗陵县、毗坛县。晋太康二年（281）始置武进县。此后多次变更。1949年武进县城析出建立常州市。1995年撤武进县设武进市。2002年撤市设区。平原宽广，地势低平，河网稠密，是典型的“江南水乡”。东南一隅与太湖相邻，**京杭运河**和沪宁铁路自西北向东南贯穿境内。土地肥沃，物产丰富，素有“鱼米之乡”之称。矿产主要有石膏、白泥、紫砂、陶土以及优质矿泉水。工业主要有机械、冶金、纺织、化工、电子、建材、食品、饲料等。名胜古迹有淹城、阖闾城等。

武陵源区 Wulingyuan District 中国湖南张家界市辖区。位于省境西北部、市境中部。面积398平方千米。人口5万（2010），有汉、土家、苗、白等民族。原分属大庸市（今张家界市永定区）和慈利、桑植两县，因武陵源风景名胜区开发、发展旅游业的需要，1988年大庸市升为地级市（1994年大庸市更名张家界市），同时析桑植、慈利县和大庸市边境置武陵源区。地处武陵山间，砂岩峰林和石灰岩溶地貌典型。植被垂直分异明显，生物种类繁多，保存着成片原始次生林，设有自然保护区。1979年后，张家界、索溪峪、天子山先后开发为国家级重点风景名胜区。1988年正式命名为武陵源风景名胜区，1992年被列入《世界遗产名录》。该区与张家界城区、慈利县城、桑植县均有公路相通。

武满彻 Takemitsu Tōru（1930-10-08～1996-02-20） 日本作曲家。生于东京，卒于东京。从师清濑保二学习音乐。1950年因发表钢琴曲《缓板两首》而受到关注。1951年与作曲家汤浅让二和钢琴家園田高弘等组成艺术家社团“实验工房”。50年代创作了不少别有新趣的作品，引起国际乐坛注目。1957年，武满彻接受东京交响乐团的委约创作《弦乐追思曲》。1959年加入日本20世纪音乐研究所。1964年，管弦乐曲《织体》获国际现代作曲家会议1965年度最优秀奖。60年代的代表作还有为17件弦乐器而作的《地平线上的多里亚》(1966)、钢琴和乐队演奏的《星群》(1968)以及电影音乐《纪川》(1966，获每日电影音乐奖)、《心中天网岛》(1969，获每日电影音乐奖)。从20世纪60年代后半期到70年代，武满彻创作了许多供日本乐器演奏的乐曲。他在日本传统的音调基础上，成功地运用了西方现代音乐的创作技法，使他的作品既有时代的新鲜感，又具有浓厚的民族特色。

武鸣县 Wuming County 中国广西壮族自治区南宁市辖县。位于自治区中南部。面积3 367平方千米。人口54万(2010)。隋置武缘县，1911年更名为武缘府，1938年置武鸣县。1984年划归南宁市管辖。矿产有铜、钨、锰、煤、铁、铝土等。农作物有稻谷、玉米、烟叶、甘蔗、蔬菜、木薯等。盛产菠萝、西瓜、柑橘。工业有食品、烟草、制糖、建材、矿冶、塑胶、制茶、羽绒制衣等。名胜古迹有伊岭岩、马头西周墓葬群、灵水、明秀园、大明山等。

武器火控系统 weapon fire-control system 控制射击武器或投掷武器自动实施瞄准与发射的装备的总称。又称射击控制系统。现代火炮、坦克炮、火箭、鱼雷、航空炸弹，以及一些小型的制导武器等，大多配有火控系统。非制导武器配备火控系统，可提高瞄准与发射的快速性和准确性，增强对恶劣战场环境的适应性，使武器的毁伤能力得到充分发挥。制导武器配备火控系统，可提高其快速反应能力，改善制导系统的效能，减少失误率。

武器火控系统主要由火控计算机、观测与传感装置、武器随动系统、通信设备和显示与操作设备等部分组成。

对武器射击的控制，由最初使用准星与表尺发展到后来较为复杂的瞄准具，都依靠人眼观测和手动操作。自动化的火控系统直到第二次世界大战期间才出现。火控计算机均采用数字电子计算机，从仅能控制单个武器或多个相同武器用同一诸元射击，发展到可控制不同类型的众多武器有计划地对多个目标射击。随着火控系统功能的增强、体积的减小和通信的完善，其体系结构正向两个方向发展：一是将整个火控系统置于同一个武器平台上的集中式火控系统；二是在通信系统或网络的支持下，由众多观测、跟踪装置共同对某一区域内的所有武器实施控制的分布式火控系统。在功能上，武器火控系统将实现火控、制导、导航和指挥综合一体化。

武强年画 Wuqiang New-Year pictures 流行于中国北方的民间年画品种。武强县位

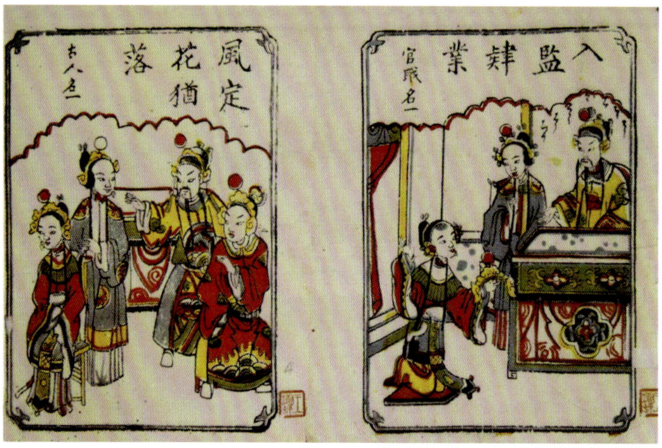

《打金枝》(清末)

于河北省衡水市，其年画始于明代，盛于清代乾隆(1736～1795)、嘉庆(1796～1820)，以武强南关为中心，包括周围20余个村庄皆印制年画，有长年经营的大画店，也有农民家庭副业。所印年画大多为木版水印套色，以阳刻为主，墨白分明，色彩鲜艳浓重，风格质朴，粗犷明快，与其他年画产区相比，具有更为强烈的乡土气息。武强年画题材形式丰富多样，富有装饰性，题材包含大量流行于北方的民间戏曲故事。另外，用于装饰的花瓶、博古、老虎、狮子等大幅年画也颇有特色。门画、神祃，风格古朴，更多地运用夸张变形手法，庄重简括，形象鲜明突出，别具一格。形式则有中堂、屏条、门画、灯画、窗画等。武强年画作者多为农民或农村画师，比较熟悉农村生活和农民欣赏情趣，内容通俗有趣，风格红火强烈，印制成本低廉，大量销行于华北、东北、西北等地农村，一直到抗日战争前夕仍保持相当规模。中华人民共和国建立后，成立了武强年画社和武强年画博物馆，从事武强年画的研究和革新工作。

武强县 Wuqiang County 中国河北衡水市辖县。位于省境东南部，滏阳河下游。面积442平方千米。人口21万(2010)。周前属冀州地，春秋为晋邑，战国初属燕，后属赵，汉置武遂县，晋初析置武强县。属暖温带大陆性季风气候。农业主产玉米、小麦、棉花。工业有化工、纺织、建材等。**武强年画**始于明而盛于清，历史悠久。

武切季奇 Vuchetich, Yevgeny Viktorovich (1908-12-28～1974-04-12) 苏联雕塑家、苏联美术研究院院士、列宁格勒列宾美术学院教授。生于第聂伯罗彼得罗夫斯克，卒于莫斯科。1930年进入列宁格勒美术学院雕塑系学习。1941年卫国战争爆发，他参加红军开赴前线。1942年负伤，后转入格列科夫军事画室工作。50年代后，在列宾绘画雕塑建筑学院任教。他擅长肖像和大型纪念碑创作。卫国战争时期，他作的红军士兵和指挥员肖像，揭示了主人公的爱国主义品德和崇高的献身精神。战后，由他领导的创作集体，在东柏林特雷普托夫公园烈士公墓建立的高达30米的圆雕《苏军战士》，为后来的苏联纪念碑综合体揭开了序幕。1957年完成的《化剑为犁》是一件寓意性雕塑，由苏联政府赠送联合国，立于纽约联合国大厦之前。斯大林格勒战役英雄纪念碑综合体(1967)是武切季奇的代表作品。主雕《祖国——母亲》高101米，建在当年激战过的马马耶夫高地之上，气魄宏伟，创造了苏联国内无依托雕塑的最高纪录，也是世界著名大型纪念碑之一。武切季奇去世前创作的《库尔斯克战役纪念碑》雕塑稿极富表现力，可惜未及开雕就成为遗作。

雕塑《苏军战士》

武清区 Wuqing District 中国天津市辖区。位于市境西北部。西与河北省接壤，北与北京市、河北省比邻。面积1 570平方千米。人口95万(2010)，有汉、回、满等民族。汉置雍奴、泉州两县，唐改武清县。2000年撤销武清县，设立武清区。区内土质疏松肥沃，宜于农业生产。粮食作物主要有小麦、玉米、水稻、杂粮等。经济作物主要有蔬菜、油料、棉花等。水果主要有苹果、梨、桃、葡萄等。主要畜牧品种有猪、牛、羊、鸡、鸭、鹅等。水产资源以淡水养殖为主，有鲢、鲤、白鲳、银鱼等十多个品种。境内野生动物资源比较丰富，有小型哺乳动物、鸟类、鱼类、两栖爬行类等6大类120多种。区内矿产主要有石油、天然气、煤、地下热水等。境内西北部有较为丰富的优质煤储藏。旅游资源境内有杨村小世界、南湖游览区、港北森

林公园、封神宫、北方国际射击场等旅游景点。

武生 acrobatic male role in Chinese opera 中国戏曲表演行当之一。见生。

武胜关 Wusheng Pass 中国古代大别山与桐柏山之间的重要关隘。古称大隧（一说直辕）。南朝齐称武阳关，唐称礼山关，清始称武胜关。位于河南、湖北两省交界处，北距河南信阳市45千米。武胜关与其东侧的九里关和西侧的平靖关共扼南北交通要道之咽喉，因信阳在南北朝时为义阳郡治，故有义阳三关之称。三关中武胜关居中，左右相顾，地位尤为重要，所以又有关中之关的称谓。武胜关南北两侧山高林密，东北侧7 000米处的鸡公山海拔744米，可瞰制关隘。关城南北长750米，东西宽500米，有南、北二门，门外设有吊桥。关隘雄踞于峡谷之中，以山为障，凿山成隘，城墙坚固，古以"车不能方轨，马不能并骑"形容其险，又因经此北上可达中原，南下可抵湖广，历来为兵家所重视。南北朝时期，梁、魏为取得三关的控制权，曾在此反复争夺数十年。现关隘下面是隧道，京广铁路穿隧道而过；关隘之上有郑州—武汉公路穿过。

武士道 Bushidō; code of warriors 武士的道德规范和行动准则。日本武士是以武艺为专业的社会阶层，日本封建社会平安时代中期以后统治阶级的忠实仆从。又名武者、侍。曾先后建立镰仓幕府、室町幕府、江户幕府等武家政权。**明治维新**后作为阶层不复存在，但其思想体系仍有很大影响。在封建时代，失去主君的武士称为浪人。明治维新后，一些没落士族亦称为浪人。

日本武士画像

1908年，右翼总头目头山满组织了"浪人会"右翼团体。浪人会作为玄洋社别动队，其成员到中国为侵华搜集情报，称为"大陆浪人"、"支那浪人"。明治维新后废除了封建的身份等级制度，1872年否定武士身份。此后，武士阶层日渐消失。但武士道精神则长期存在，并有巨大影响。

以主从关系为纽带的武士团为加强战斗力，以忠节、武勇、孝行、廉耻、无欲等要求武士，使之养成绝对服从主君、重言诺、轻生命、勇于战斗的性格。对武士的这些要求称作"弓马之道"或"生死之道"。此为早期粗糙的武士道。自镰仓幕府起，这些要求以法规形式成为封建武士必须遵守的封建伦理。江户幕府成立后，武士受儒学影响，对五伦、五常非常信仰。山鹿素行将这一时期的武士言行与信仰理论化、系统化，定名为"武士道"，武士阶级的思想体系全面形成。

武士道的主要内容是：①强调主从关系中的"忠节"，武士必须无条件绝对效忠主君，为主君坚持节操。一旦有事，以为主君献身为荣。②强调武勇，以杀伐为荣，勇于为主君卖命殉死，勇于切腹自杀。③强调崇拜日本刀，宣扬刀不见血，不算武士。④强调敬神信佛。武士法规《贞永式目》第一条即规定武士必敬神、保护神社、重视祭祀，平日要"参禅悟道"。⑤强调礼仪。要遵守各项清规戒律，甚至是黑社会式的严密纪律。**明治维新**后，日本军国主义者以效忠天皇的形式体现武士道精神，在军内外大力宣扬武士道，使之成为整个社会的伦理观念。随着日本帝国主义对外侵略扩张，军国主义者又将武士道与法西斯相结合，形成现代的法西斯武士道精神。

武氏祠画像石 Stone Reliefs in Wu's Memorial Hall 中国东汉晚期武氏家族墓地石祠堂画像石。位于山东嘉祥县南武翟山，包括武梁祠、前石室、左石室三座祠堂和武氏阙。其中以武梁的祠堂为最早，从桓帝建和元年（147）历数十年营造，故亦称武梁祠画像。

武梁祠为单间结构，现存顶石，壁石共5块，画像近百幅，祠主武梁曾任州从事，卒于桓帝元嘉元年（151）。祠内画像主要有古帝王、忠臣孝子，烈女和东王公、西王母等神话故事。下部刻车骑出行、家居、庖厨等图像，屋顶石底面刻祥瑞图。前石室为双开间单檐歇山顶结构，现存祠石16块，祠主武荣为武梁之弟武开明之子，官至执金吾，约卒于灵帝建宁元年（168），现存画像53幅。内容除神话故事及车骑出行，宴饮、百戏等之外，还有孔子见老子、荆轲刺秦王、孝子邢渠等历史故事。西壁下方有大幅攻战图、南壁小龛正面刻祠主人在楼阁中受人拜谒图像。左石室形

武氏祠左石室后壁小龛西侧画像石

制与前石室相同，现存祠石17块，画像约40幅，过去有人认为祠主为武开明长子武斑，但存在争议。题材内容突出的有周公辅成王、二桃杀三士、管仲射齐桓公及海神出行等。武氏阙建于桓帝建和元年，刻有仙人、禽兽、车骑、门吏、孔子见老子等图像40余幅。

武氏祠画像风格古朴，图像用凿纹减地平面线刻技法，布局疏朗，主次分明，有些构图十分宏大，故事性内容情节表现清楚，生动传神。画面内容各有榜题。

武氏祠画像早在北宋赵明诚《金石录》、南宋洪适《隶释》和《隶续》中即有著录，以后又有海内外学者进行研究考证。是汉代画像石中著名的代表性作品。

武术 wushu; traditional Chinese martial arts 中国传统体育项目。以踢、打、摔、拿、跌、击、劈、刺等技击技术为主要内容，按一定规律组成徒手或持器械的各种攻防搏斗和套路为运动形式。又称国术、武艺。中国武术有着悠久的历史和广泛的群众基础，是中华民族在长期生活与斗争实践中不断积累和发展起来的一项宝贵的文化遗产。武术的起源可以追溯到原始社会。殷商时期，青铜技术有所发展，出现了一些铜制武器。如矛、戈、戟、斧、钺、刀、剑等，同时也出现了这类武器的用法，如劈、扎、刺、砍等技术。春秋战国时期，铁制武器出现，武术的技击性进一步突出，同时武术的健身作用也受到重视。秦时盛行角抵和手搏，比赛时有裁判，有赛场，有一定的服装。汉时是武术大发展的时期，已形成多种技术风格的流派。唐期开始实行武举制，并用考试办法授予武艺出众者以相应称号。这种选拔人才的制度，促进了社会上的练武活动。宋时逐渐走向衰微。元代统治者不许民间"弄枪棒"、"习武艺"，故武艺多以秘密家传的方式冒着生命危险进行传授。明代是武艺大发展时期。出现了不同风格的技术流派，拳术、器械都得到了发展。清代统治者禁止练武，民间多

以秘密结社的形式传授武艺。其中著名的拳种如太极拳、八卦掌、形意拳、八极拳、劈挂拳等多在清代形成。中华民国时期，社会上建立了各种形式的拳社，其中以上海的“精武体育会”最为庞大。曾于1928年和1933年在南京举办两届国术国考，进行拳术、长兵、短兵、散手和摔跤等比赛。中华人民共和国建立后，武术被作为优秀民族遗产加以继承、整理和提高，成为体育事业的一个组成部分。1953年举行了第1届全国民族形式体育表演竞赛大会。1956年中国武术协会成立。从1957年开始，武术列为国家的竞赛项目。每年都举行全国性的比赛。1984年由国务院批准设立了武术硕士学位。1985年制定了《武术运动员技术等级试行标准》。1986年成立了国家体育运动委员会武术研究院。1987年和1990年分别在日本横滨和中国北京成立了亚洲武术联合会和国际武术联合会。1987年和1989年还分别在日本和香港举行了两届亚洲武术锦标赛。1991年在北京举行了第1届世界武术锦标赛。1990年第11届亚洲运动会武术被列为正式比赛项目。1988年中国国际武术节期间，在深圳还举行了散手擂台邀请赛。

在武术分类方面，过去有以地区划分的，有以山脉、河流划分的，有以姓氏或内外家划分的，也有按技术特点划分的。现在一般按其内容分为两种形式，5个类别(见附表)。武术在长期的历史演变中，逐渐形成了自己的运动规律和技术风格。其特点有三：①寓技击于体育之中。武术最初作为军事训练手段，与古代军事斗争紧密相连，技击性非常明显。搏斗运动集中体现了武术攻防格斗的特点，目的在于战胜对方。套路运动尽管在技术规格、运动幅度等方面与攻防技术的原形有所变化，但仍保留了技击的特性，踢、打、摔、拿、击、刺是套路的技术核心。②内外合一，形神兼备的民族风格。武术既讲究形体规范，又追求精神传意，内外合一，练习时要求把内在的精气神与外部的形体动作紧密相合，做到“心动形随”，“形断意连”。③广泛的适应性。武术的练习形式、内容丰富多样，有竞技对抗性的散手、推手、短兵，有各种拳术、器械和对练，还有与其相适应的各种练功方法。它们有不同的动作结构、技术要求和运动量，分别适应不同年龄、性别、体质的人的需要。

中国武术分类

形式	类型	内容	说明
套路运动	拳术	长拳、太极拳、南拳、形意拳、八卦掌、通背拳、翻子拳、地趟掌、劈挂拳、螳螂拳、八极拳、猴拳、醉拳、华拳、花拳、鹰爪拳、绵拳、六合拳、蛇拳、意拳、少林拳、查拳等	皆有各自独特的器械练法
	器械练习	短器械（刀、剑等） 长器械（枪、棍等） 双器械（双刀、双剑、双枪、双钩等） 软器械（九节鞭、流星锤、绳镖等）	器械多由古代兵器演化而来
	对练	徒手对练 器械对练 徒手与器械对练	两人以上按规定的动作顺序进行攻防练习或表演
	集体表演	六人以上进行徒手的或器械的集体演练	动作要整齐划一，可用音乐伴奏，多穿古装
搏斗运动	攻防技术	两人按照一定规则进行搏斗，有散手、推手、短兵、长兵等	动作有实战意义

武威汉简 Han Dynasty wooden and bamboo slips unearthed from Wuwei 中国甘肃武威附近发现的汉代木简。包括《仪礼》简、王杖诏书令简和医药简等。《仪礼》简于1959年在磨嘴子6号汉墓出土，共3个抄本，实存469枚。它们与今存的郑玄注、贾公彦疏本不同，可能为西汉的后（仓）氏本，抄写时间在西汉晚期，是现存《仪礼》的最古写本，在版本校勘和经学研究上有重要价值。王杖诏书令简共两批：一批为1959年磨嘴子18号汉墓出土，共10枚，史学界称为“王杖十简”；一批为1982年征集，共26枚。王杖是汉代政府授给70岁以上老人的手杖，杖顶部雕有鸠鸟，持有者可享受官方对老人的优待。上述诏书令是研究汉代尊老养老制度的重要资料。医药简为1972年旱滩坡12号东汉墓出土，共92枚。内容包括医方30余个，涉及内科、外科、妇科、五官科等。方中所列药物有100余种，还记载了制剂方法和针灸治疗方法。这批简为研究汉代医药学提供宝贵资料。

武威王杖诏令简

武威汉墓 Han Dynasty tombs at Wuwei 中国西汉晚期至东汉的墓葬。位于甘肃武威市郊的磨嘴子、旱滩坡、雷台等地。20世纪50年代以来多次清理。武威即汉代武威郡首邑姑臧县故地。这批墓的发掘，对汉代开发河西四郡的研究有重要价值。

磨嘴子墓地和旱滩坡墓地多为带斜坡墓道的单室土洞墓，夫妻合葬，年代从西汉末年到东汉中期，个别墓属东汉晚期。葬具多为柏木素棺，有的棺盖上放置铭旌、简册和鸠杖。随葬品除习见的樽、杯、盘、壶、罐、几、案及仓、井、灶等模型外，还有木制的俑和家畜、家禽、房屋、车辆、耕犁的模型。磨嘴子一座墓中发现西汉晚期抄写的《仪礼》简469枚（见**武威汉简**）。旱滩坡一座东汉早期单室土洞墓出土医药木简92枚，是继**马王堆帛书**之后又一批研究汉代医学的重要史料。另一座东汉晚期的单室土洞墓中出土麻纸，为质量优良的单面涂布加工纸，纸质细薄，上面的文字墨迹清晰可辨，说明当时的纸张已可取代简帛充当书写材料。雷台汉墓为东汉末年的一座带墓道多室砖墓。出土随葬品230多件。其中铜器有171件，一件马踏飞鸟铜雕，为罕见的古代艺术珍品（见**铜奔马**）。关于此墓的年代，也有学者认为是魏晋时期。

博弈老叟（磨嘴子48号墓出土）

武威市 Wuwei City 中国甘肃省辖地级市。位于省境中部，河西走廊东段。东北和西北与内蒙古自治区接壤，西南与青海省毗邻。辖凉州区、民勤县、古浪县和天祝藏族自治县。面积33 249平方千米。人口182万(2010)，有汉、藏、土等民族。汉武帝置武威郡，隋、唐改为徐州，北宋时为西夏西凉府，清雍正二年(1724)置凉州府。1912年为甘凉道，1949年为武威专区，1970年改称武威地区，2001年设立地级武威市。地处祁连山地和河西走廊东段。属中温带干旱气候。矿藏有煤、铁、金、石膏、石灰岩、石英石等。农业主产小麦、油料作物、蔬菜和瓜类。工业以采煤、电力、化工、机械、建材、纺织、制糖等为主，大力发展以葡萄酒为主的酿造和玉米淀粉系列加工为主的特色优势产业。名胜古迹有西夏重修护国寺感应塔碑，皇娘娘台齐家文化遗址，柳湖墩沙井文化遗址，唐连城遗址及磨嘴子、王景寨、乱墩子滩汉墓群。武威为国家历史文化名城。

武乡县 Wuxiang County 中国山西长治市辖县。位于省境东南部。面积1 610平方千米。人口18万(2010)。西汉置涅氏县，东汉改为涅县。北魏时武乡县治从榆社迁来，易名乡县。唐复名武乡县，以武乡水得名。农作物以小麦、玉米、谷子为主，次为高粱、马铃薯。山区草坡广阔，可放牧牛、羊。近年还栽植优种桑，开创蚕桑业。盛产药材党参、黄芪、大黄、五加皮、知母等。矿产主要有煤、铁、铝、硫磺、油页岩、石膏、硅藻土、白云石、石灰岩、大理石等十多种。在砖壁、王家峪有八路军司令部旧址。

武穴市 Wuxue City 中国湖北省辖县级市。位于省境东部，南邻江西省。面积1 246平方千米。人口64万(2010)。北周大成元年(579)置永宁县，隋末废。唐武德四年(621)复设永宁县，天宝元年(742)改称广济县。1987年撤广济县，设立县级武穴市。由黄冈市代管。矿产资源有铅锌矿、金红石、铜、金、铁和石灰岩、白云岩、花岗岩等。工业以医药、化工、机械、建材、轻工、食品等为主。农业以水稻、小麦、棉花、油菜、苎麻、水果、生姜、山药种植和生猪、牛、家禽、水产养殖等为主。交通位置重要，素有鄂皖赣“三省七县通衢”、“入楚第一门”和“鄂东门户”之称。武穴港为长江沿岸天然深水良港。名胜古迹有双善洞、郑公塔、林隐寺和鲍照读书台等。

武训 Wu Xun (1838-12-05～1896-06-05) 中国近代乡村行乞兴学者。山东堂邑县武庄（今属冠县）人。幼年丧父，家境贫寒。青少年时期曾因不识字而痛尝被地主欺诈之苦，遂立下行乞兴学，让穷孩子上学念书的志愿。在此后的三十余年时间里，他先后兴办了堂邑县“崇贤义塾”、馆陶县“杨二庄义学”和临清县“御史巷义学”三处义学。受到清政府的嘉奖，被授以“义学正”，钦赐黄马褂，颁“乐善好施”匾额一方张挂义塾等。

中华人民共和国建立后，1951年春在中国文化教育界展开了一场对武训及《武训传》电影的批判。在这场批判中，武训被扣上了“大地主”、“大债主”、“大流氓”三顶帽子，从此成为一个死有余辜的历史罪人。中共十一届三中全会以后，对武训及电影《武训传》重新作了评判。

武夷山 Wuyi Mountain 中国东南沿海重要山脉。为东南沿海丘陵与江南丘陵的分界线，也是福建闽江水系、汀江水系与江西鄱阳湖水系的天然分水岭。位于闽、赣两省之间。山脉呈北北东走向，长约540千米，北与仙霞岭相接，南与九连山相连。地势北高南低，北段地势均在海拔1 000米以上。位于武夷山市境的黄岗山海拔2 160.8米，是武夷山最高峰。南段海拔多在1 000米以下。宽度也是北宽南窄，自十数千米至数十千米不等。武夷山脉的东西两坡呈明显的不对称。

武夷山风光

东坡舒缓，有层级地形发育；西坡陡峻，断崖显著。山脉中有许多与山脉走向相直交或斜交的垭口，古称“关”、“隘”、“口”，是重要的交通通道和军事要冲。武夷山脉在一定程度上能阻挡北方冷空气的东侵、削弱东南季风的西侵。

武夷山动植物资源丰富。现有植物1 800多种。地带性植被为常绿阔叶林，以壳斗科、樟科、木兰科和杜英科为主，有不少珍稀、古老树种，如银杏、钟萼木、鹅掌楸、天女花、黄山木兰、银种树、半枫荷、黄山花楸、竹节人参、涧边草、南方铁杉、罗汉松、红豆杉、建柏、三尖杉、金钱松、凹叶厚朴和黄杨等。植被的垂直变化也较明显。野生动物资源丰富，属于国家保护的珍贵动物有华南虎、猕猴、灵猫、苏门羚、云豹、毛冠鹿、穿山甲、鸳鸯、黄腹角雉、白颈长尾雉等。昆虫尤为丰富，占全国32目昆虫中的31目，并发现金斑喙凤蝶。为保护动物植物资源，1979年在武夷山脉北段建立武夷山自然保护区，面积57 257公顷。1987年加入联合国“人与生物圈计划”自然保护区网。

武夷山脉东西山麓红层分布地区有丹霞地貌发育，碧水丹山，奇峰异洞，成为秀丽的风景区，其中以武夷山市南郊的武夷山风景名胜区最负盛名，有“秀甲东南”之誉。古闽越王城遗址作为武夷山的一部分被列入《世界遗产名录》。武夷山区是第二次国内革命战争期间的革命根据地。主要革命纪念地有红都瑞金及闽北人民革命根据地崇安县大安街和赤石暴动遗址。

武夷山市 Wuyishan City 中国福建省辖县级市。位于省境西北部，闽赣两省交界处。面积2 802平方千米。人口23万(2010)。北宋淳化五年(994)正式建立崇安县。1989年设武夷山市。由南平市代管。盛产稻谷，素有“闽北粮仓”之称。农业主产水稻、花生、茶叶、白莲、薯类等。武夷岩茶为全国十大名茶之一，已有1 000多年历史。矿产有煤、石英、石灰岩、钨、硫铁矿、高岭土等。工业有纺织、食品、煤炭、森林、森工、酿造、机械、建材等。武夷山风景名胜区和武夷山自然保护区主要部分位于境内。名胜还有九曲溪、玉女峰、天游观、桃园洞、万年宫等。

武元直 Wu Yuanzhi 中国金代画家。字善夫。为明昌(1190～1196)时名士。其作品屡见于同时人和元明诸家诗文集的题咏中。他以山水画见长，曾画《桃园图》、《风雨回舟图》、《秋江罢钓图》、《雪霁早行图》等作品。存世作品有《赤壁图》，构图、技

《赤壁图》(局部，台北“故宫博物院”藏)

巧均具特色。崖壁以劲利的斧劈皴法，表现石块的嶙峋与坚实，树木细小挺直，峰石只略加皴染，江水波浪涌处，有一小舟顺流而下，舟上人物虽小，其精神面貌可得其大略，是颇为难得的优秀作品。

武则天 Wu Zetian (624～705) 唐高宗李治皇后，中国历史上唯一的女皇帝。称帝后

自名曌。并州文水（今山西文水东）人。

14岁时，唐太宗李世民召入宫为才人。太宗死后，入感业寺为尼。唐高宗即位，复召入宫，拜昭仪。与王皇后、萧淑妃争宠，互相谗毁。永徽六年（655）高宗废王氏改立武氏为皇后。王皇后被废不久，与萧淑妃同被武后害死。

武后素多智计，兼涉文史。显庆五年（660）起，乘高宗体弱多病之机，遂专国柄，威势日重。上元元年（674），高宗称“天皇”，武后称“天后”，宫中称为“二圣”。弘道元年（683）唐高宗去世，太子李显即位，武则天临朝称制。嗣圣元年（684）二月，武则天废李显为庐陵王，立四子李旦为皇帝，继续临朝称制。同年九月，旗帜改为金色，东都改称神都。垂拱四年（688），天授元年（690）九月，武则天称皇帝，改国号为周，降李旦为皇嗣。

武则天在夺取最高统治权的过程中，大肆剪除异己，打击政敌，并滥杀、贬逐一些被她怀疑的大臣。李氏皇室及宗室诸王相继被杀戮、族诛。还奖励告密，任用索元礼、周兴及来俊臣等酷吏广事罗织，严酷逼供，虽然消灭了一些政敌，但也滥杀无辜。到武周政权正式建立以后，斗争趋向缓和，此风才有所收敛。为抬高武氏一族及宠臣李义府等人的社会地位，抑制旧门阀士族及李唐皇族，改《贞观氏族志》为《姓氏录》，把武家列入第一等，并规定凡五品以上官员皆入于《姓氏录》。

高宗在位时，她曾上疏建言十二事，其中有劝农桑、薄赋敛、息干戈、禁淫巧、省力役等主张，高宗大多施行了。在武则天执政的半个世纪中，社会经济呈现出发展趋势。

武则天执政前，唐朝已经平定西突厥，武则天当权后，西边吐蕃于垂拱二年（686）攻占了安西四镇，武则天组织反攻，于长寿元年（692）遣王孝杰等大破吐蕃，恢复了安西四镇；同时于长安二年（702）把天山以北地区从安西都护府划出来，另置北庭都护府，治庭州（今新疆吉木萨尔北破城子）。还在边地普遍设立军镇，常驻军队，并把高宗末年在青海屯田的做法推广到现甘肃张掖、武威，内蒙古五原和新疆吉木萨尔一带。

武则天所书升仙太子碑碑额（拓片）

武则天还很重视著述，召学士先后撰成《玄览》、《古今内范》、《青宫纪要》、《少阳政范》、《维城典训》、《紫枢要录》、《凤楼新诫》、《孝子传》、《列女传》、《内范要略》、《乐书要录》、《百寮新诫》、《兆人本业》、《臣轨》等书。她另有《垂拱集》、《金轮集》等著述。

武则天也有不少消极的行为。她崇佛教、建寺院、筑明堂、造天枢、铸九鼎，浪费了大量的人力物力。在打击政敌的过程中也滥杀了许多无辜。重用武氏宗室武承嗣、武三思等人，并大封武氏宗人为王。在大臣吉顼、李昭德、狄仁杰的劝说下，武则天也感到作为女子，死后只能入李家宗庙享子孙祭祀。她接受臣下建议，于圣历元年（698）迎还庐陵王李显，复立为太子。神龙元年（705）正月，武则天卧病，身边只有男宠张昌宗、张易之兄弟。张柬之等人联合右羽林大将军李多祚发动政变，诛杀二张，逼则天退位，迎中宗复位。中宗上尊号为则天大圣皇帝，后人因此称她为“武则天”。同年十一月去世。

武者小路实笃 Mushanokōji Saneatsu（1885-05-12～1976-04-09） 日本小说家、剧作家。生于东京。1906年入东京大学社会学专业，次年退学。1910年与志贺直哉等人创办文艺刊物《白桦》，提倡新的理想主义文艺，成为“白桦派”的代表作家。作品文体平易，表现出对人生明朗而强烈的愿望。成名作为《天真老实人》（1911）。剧本《一个青年的梦》（1916）作于第一次世界大战期间，反映了人类爱好和平的愿望。同为反战主题的《他的妹妹》（1915）流露出作者的反战情结和对“自由意志”的渴望。1918年创办《新村》杂志，并在日建设乌托邦式的“新村”。这一时期的作品有《友情》（1919）、剧本《爱欲》（1926）以及传记小说《释迦》（1934）、《托尔斯泰》（1936）等。1950年完成长篇小说《真理先生》。《友情》等已有中译本。

武装冲突 armed conflict 国与国之间、政府与反政府武装团体之间或反政府武装团体相互之间的武装敌对行动。①国与国之间的武装冲突，即国际性武装冲突，对暴力或冲突的紧张度、军事组织及领土控制无最低要求。②发生在一国之内的武装冲突，即非国际性武装冲突，暴力程度最低也要大于内部动乱和紧张局势，军事组织最低也要能进行负责的指挥并能够尊重国际法，所控制的领土至少能够实施持久一致的军事行动，可以转化为国际性武装冲突。③构成法律上战争状态的武装冲突，即传统意义的战争。④未构成法律上战争状态的武装冲突，即没有正式的开始方式，没有宣告或通知，没有结束的严格法律要求，只有实际的战斗行为的武装冲突。

国际法对战争权的废除及对非法使用武力的限制，相应限制了国际性武装冲突的发生。但非战争状态的国际性武装冲突，不适用战争状态的武装冲突所适用的诸如限制和没收敌方财产、断绝外交关系等战争法原则与规则。

武装工作队 抗日战争时期，在中国共产党领导下，深入日军占领区，宣传和组织群众，开展军事、政治、经济、文化斗争的武装分队。简称武工队。它组织精干，装备简便，行动灵活。一般由30～50名优秀的军队干部、战士和地方干部组成。通常隶属于军分区，并受中国共产党同级地方委员会领导。主要任务是发动和组织群众，建立和恢复党的组织，成立秘密的人民政权，打击和瓦解日、伪军，摧毁日、伪组织和政权，配合抗日根据地的对敌斗争，使敌占区逐步变为根据地。武工队对粉碎日、伪军的“治安强化运动”，巩固和发展抗日根据地，作出了很大贡献。解放战争时期，武装工作队在新解放区发动群众，清匪反霸，建立人民政权，实行民主改革的斗争中，也发挥过重要作用。

武装直升机 armed helicopter 直接参加战斗，打击敌方目标的直升机。按结构、设计和使用的不同，可分为专用武装直升机、多用途武装直升机和反潜反舰直升机。按打击对象的不同，可分为反坦克、反水雷等类型。按使用基地不同，又有陆基型和舰载型之分。

①专用武装直升机。又称攻击直升机或炮舰直升机。座舱通常按串列式双人设计，有一名驾驶员和一名副驾驶兼射击员。具有良好的机动性和敏捷性，较强的抗弹击、抗坠毁能力；机载武器品种多，火力猛，精度高，攻击能力强。②多用途武装直升机。是一种可执行战斗、运输、搜索、救援等多种任务的武装直升机。机体一般

美国AH-64武装直升机

较宽，双人并列驾驶舱，具有较大的客（货）舱。大多采用模块化设计，留有多种接口，可根据不同作战任务的需要进行快速拆换和改装。携带的武器与攻击直升机基本相同，也能遂行攻击直升机的各种作战任务，但是机动作战能力较差，实施机降作战是其主要作战用途。③反潜反舰直升机。主要用于攻击水面舰艇和**潜艇**。多数机身腹部为船形结构，有的装有充气浮筒，以便在水面滑行起降。配备的主要武器有**反舰导弹**、反潜鱼雷和深水炸弹。机动性好于舰艇，能在短时间内搜索较大面积的海域；但作战半径不够大，易受气象条件影响。

武装直升机的最大平飞速度一般在300千米/时左右，作战半径100～300千米，续航时间2～3小时。武器多挂在机身外部两侧的挂架上，也有的在机身下方装有活动机枪或炮塔；瞄准和观察设备装在机身头部，或装在旋翼轴顶端。

舞蹈 dance 以人的形体动作创造形象为主要表现手段，表达思想感情的艺术。人类最古老的文化现象，最古老的艺术形式之一。从广义上说，凡是借助人体有组织有节律的运动来抒发情感、表达思想的都可称为舞蹈；用于表演的舞蹈，指经过提炼的，结合音乐、诗歌、戏剧、美术、杂技等反映社会生活的综合性艺术。舞蹈艺术包含舞蹈表情、舞蹈节奏和舞蹈构图3个基本要素。节奏是舞蹈的时间因素，构图是它的空间因素，舞蹈表情不仅指表演者的面部表情，而且通过舞者身体各部分的协调、姿态造型以及舞蹈动作的力度、速度和幅度来体现。这3个要素相互结合、相互作用，形成了舞蹈艺术独特的表现形式。

发展简史　舞蹈起源于劳动，是一种比较普遍的认识。远古社会中劳动具有很强的群体性和协同性，贯穿其中的基本动作和节奏逐渐形成同一性规律时，就产生了原始舞蹈的雏形。

在原始社会，舞蹈具有全社会性。人类处在组织散漫和不安定的状态下，需要一种社会感应力才能团结起来。舞蹈就是产生这种感应力的重要手段。不论狩猎还是战争，整个部落必须一起行动，舞蹈就成为共同行动的一种号召和激励。在这方面最具典型的即是人们围绕部落标志——图腾柱而舞的图腾舞蹈，以及表现保卫劳动成果和扩大领地的征战的舞蹈。

中国青海大通上孙家寨出土的公元前3000多年前的舞蹈彩陶盆

原始社会解体，人类进入奴隶社会，图腾崇拜同巫术结合起来产生了**巫舞**。图腾舞蹈是社会性的集体舞，而巫舞则是巫师个人的“表演”。在巫术中，巫师作为人与神之间的桥梁，他用吟唱和舞蹈为手段，制造出神秘气氛，以利于人神的沟通。巫舞比图腾舞蹈前进了一大步。它从比较粗糙的集体舞转向日趋精湛的个人舞，从“业余”转向了职业。舞蹈内容也丰富了，出现了人物（神鬼）和故事情节。从历史记载中可以看出，中国春秋战国时期的楚国，巫舞十分盛行，规模宏大，服饰华丽，形式和内容都丰富多彩。

奴隶社会末期，巫舞开始世俗化，更多地被奴隶主阶级利用。到了封建社会，巫舞逐渐演变为宫廷舞。由于统治者的重视和扶植，宫廷舞得到迅速的发展，按性质它可分为祭祀性的和宴饮助兴的两类。中国的汉魏和隋唐是宫廷舞发展的两个高峰。宫廷内设有专门收集、管理乐舞的机构，如乐府、太常寺、梨园等，负责培养专职的宫廷艺人。东方国家如印度、波斯、日本，宫廷舞也十分发达。古希腊、罗马在奴隶社会后期，宫廷舞一度十分繁荣，但在中世纪，舞蹈被教会认为是不道德的而加以禁止，直到文艺复兴时期，宫廷舞才再度辉煌。从18世纪起，西方宫廷舞有相当一部分成为社交手段，并在资产阶级民主思想影响下走向社会大众，渐渐发展成为舞厅舞。

芭蕾是从欧洲表演性的宫廷舞发展而来的。它在发展过程中形成一整套技术规范和程式要求，因此它是表演性舞蹈中要求最严格、最讲究技巧和形式的舞蹈。20世纪初，在现代主义思潮影响下，**现代舞**兴起。虽然它的流派很多，但总的倾向是反对传统艺术观念，提倡法则自然。芭蕾和现代舞是世界性的舞蹈，流传极广。

民间舞常常被人忽视，其实只有民间舞才是舞蹈发展的主流，也是舞蹈发展的源头。历史地看，原始舞蹈、图腾舞蹈、巫舞本身就是民间舞蹈，而宫廷舞蹈也是从民间舞提炼加工，使其符合贵族审美趣味而形成的。芭蕾和现代舞中也包含着大量民间舞和民间舞素材。民间舞源远流长，它没有因为被禁止而停滞不前，也没有因为被宫廷舞吸收而改变自己的乡土本色，始终以绚丽多姿的风貌在民间流传发展。

功能　中国古籍《毛诗·序》说：“情动于中而形于言。言之不足，故嗟叹之；嗟叹之不足，故永歌之；永歌之不足，不知手之舞之，足之蹈之也。”说明当人的感情高度冲动时，就会不知不觉地舞蹈起来。舞蹈的最原始的意义就在于自娱和宣泄感情，这正是舞蹈的审美功能。它体现在舞蹈的节奏、表情、构图给人的美感和愉悦上。

舞蹈的第二个功能是教育功能。有人甚至认为舞蹈的教育功能早于审美功能而存在。因为在审美作用产生以前，原始人类已经在用舞蹈传授狩猎技艺、厮杀搏击术和宗教信仰了。阶级社会出现以后，舞蹈的教育功能得到加强。自周代起，统治者就利用舞蹈，潜移默化地把一整套规范化的礼仪道德输入贵族子弟之中。同样，在欧洲国家，舞蹈也曾是贵族子弟的必修课。

舞蹈是人类社会的产物，社会的发展决定着舞蹈的发展；舞蹈是社会生活的反映。这就是舞蹈的认识功能。通过各个历史时期的舞蹈，可以直接或间接地了解这些历史时期经济、政治、伦理、哲学、宗教乃至风俗等各个方面，甚至王朝的盛衰。

分类　舞种的分类十分复杂。按产生的时代可分为**古典舞蹈**、现代舞等；按功能可分为祭祀舞蹈、社交舞蹈等；按形式可分为灯舞、**龙舞**、**狮舞**等；按地域可分为日本舞、俄罗斯舞等。具有鲜明特征、严谨程式的芭蕾舞，虽源于欧洲，现在已具有国际性。民族民间舞泛指各个国家民间广泛流传的、以自娱为主要功能的、与民俗紧密相关的各种舞蹈。但民间舞是群众自娱的舞种，以非舞台化加工为主要界定标准，有时也被称为广场舞蹈；而民族舞是指具有特定风格，为某个民族所拥有并在相对稳定的地域流传的舞种，包含自然传衍的舞蹈和舞台艺术作品。

从创作角度着眼，舞蹈可分为两大类别：一是民间广泛流传的生活中的舞蹈，二是艺术家刻意设计的舞台艺术品。作为舞台艺术品的舞蹈，又可按体裁、题材分类。按体裁可分为独舞、双人舞、群舞、组舞、舞蹈诗、舞剧等。按题材则有历史、现代、神话、民俗、爱情、革命等多种题材。

舞蹈病 chorea 以肌肉快速抽动样、无节律的不自主运动为特征的疾病。可累及上、下肢，躯干，颈部、面部。病变的主要部位在尾状核及壳核。

症状性舞蹈病　见于系统性**红斑狼疮**、妊娠病、中毒、红细胞增多症、脑血管病、**甲状腺功能亢进**、肝性脑病、低血钙、低血镁等。

药物性舞蹈病　由左旋多巴、苯妥英钠、酰胺咪嗪、口服避孕药等引起。

风湿性舞蹈病　又称西德纳姆氏舞蹈病、小舞蹈病。多见于儿童期（女孩较多见），或妊娠期链球菌感染后。为风湿病的一种表现。起病多急。主要症状为身体各部位频率极快、不规则、无目的的不自主运动，上肢尤为严重，亦可表现耸肩、挤眉、眨眼、努嘴、伸舌等。肌力弱，肌张力降低。无感觉障碍。情绪不稳，易激怒，可同时出现其他风湿热症状。病程有自限性，3～6周后可缓解。无特效疗法，患者应卧床休息，尽量减少外界刺激，抗风湿治疗，并予镇静药。

慢性进行性舞蹈病　家族遗传性疾病。父或母发病者，子女发病率为50%。1872年G.亨廷顿首先描述了家族病例，故又称亨廷顿氏舞蹈病。起病隐袭，主要表现为舞蹈样动作和痴呆，首发症状往往轻微，仅表现动作笨拙，间断出现耸肩，手指抽搐和扮“鬼脸”等不自主动作，随后出现躯干和四肢肌症状，表现为躯干扭转和脊柱前屈运动，特别在走路时。舌肌和咽喉肌受累则可发生构语困难甚至吞咽障碍。完全安静、松弛时可能无症状。日间症状重，睡眠时症状消失。主要病变为γ-氨基丁酸（GABA）能神经元破坏严重。应用抗多巴胺药物（如氟哌丁醇、泰必利等），胆碱能促效剂（氯化胆碱），增加脑内GABA药物（如异烟肼类）治疗。

舞幡　wielding streamers　中国民间风俗活动之一，也是传统杂技节目。又称舞中幡，俗称耍中幡。幡即中幡，为一根高而笔直的竹竿，粗如碗口，一般长6米余，重60余斤，竿顶4层华盖，内装铜铃数颗，中悬绣金图案长幡，上书“五谷丰登”、“天下太平”等吉祥字样，大都在节日庆祝、赶集、庙会等场合表演。流行于中国许多地区。其产生可追溯到春秋战国时期郑国大将颍考在阅军选将时的舞大旗。此后，郑国一带的百姓在庆丰收和过节时也开展这一活动。中幡本是唐代皇室、贵族出行的仪仗，一些仪仗兵在锻炼臂力中耍弄中幡。后来民间迎佛走会，也把中幡做开路仪仗，艺人逐渐将舞中幡发展为杂技。宋代更成为“诸军百戏”中一个主要杂技节目。明清时代盛行的香走会主要项目《幡会》又称大执事，实际为舞中幡。舞幡共分3套、24路动作（也有72种套路之说）。表演者在肩、头、肘、后腰等部位舞动中幡，做出抛、接、耍、弄等技巧变化。表演可1人，也可2人。二人舞弄称为“二仙传道”，套路繁多，舞幡时多用大革鼓等打击乐伴奏。

北京和义全乐中幡

舞钢市　Wugang City　中国河南省辖县级市。位于省境中部。面积640平方千米。人口31万（2010）。春秋为柏子国。战国属韩，称合伯。汉分属西平县和舞阳县，北魏时属舞阳县。1977年以当地最大企业舞阳钢铁公司命名，称舞钢区。1990年撤区设舞钢市。由平顶山市代管。属暖温带大陆性季风气候。冬冷夏热，春秋凉爽。铁矿丰富，为河南省钢铁工业基地。农作物主要有小麦、玉米、甘薯、芝麻、烟叶、棉花等。是河南省重要产烟县之一。工业以钢铁为龙头，带动了建材、纺织、化工、造纸、医药和农副产业的发展。生产多种合金板材，畅销全国及东南亚国家。有建佛寺、韩棱墓和石漫滩国家森林公园等名胜古迹。

《舞姬》　*Maihime*　日本作家森鸥外的短篇小说。发表于1890年。主人公青年官吏太田丰太郎，官派留学德国。他大量阅读历史文学书籍，呼吸柏林自由的空气，放弃了做政治家的理想。一天傍晚，他遇见一位生活贫苦无力葬父的少女，慷慨解囊相助。少女名叫爱丽丝，是个舞女。两人的友情却导致太田被撤销了留学的官费。朋友相泽为太田谋得某报驻德国通讯员一职。太田住到爱丽丝家共同生活，不久爱丽丝怀孕了。相泽随大臣来到柏林，劝太田向大臣展示才能以恢复名誉。在相泽安排下，太田作为翻译随大臣出使俄罗斯，获得信任。为了自己的前程，太田终于决定独自回国。爱丽丝发觉受骗，精神崩溃。作品充满哀伤的浪漫情调，表现了追求个性解放的青年面对严酷现实希望破灭的悲剧过程，鞭挞了黑暗的官僚体制和封建伦理道德，是日本近代文学初期浪漫主义的代表作。

舞剧　dance drama　以舞蹈为主要表现手段，综合音乐、美术、文学等表现人物和一定戏剧情节的舞台表演艺术。在现实主义风格的舞剧中，戏剧情节和矛盾冲突的因素占有重要地位。在现代艺术风格的舞剧中，艺术结构显现出鲜明的心理动机。

舞剧，在西方统称为芭蕾，起源于文艺复兴时期的意大利，形成于16世纪的法国。经过400年左右的演化发展，已成为世界性的舞蹈艺术形式。

法国J.-G.诺韦尔根据希腊题材创作的芭蕾舞剧《美狄亚与伊阿宋》（1763）

在中国，舞剧于20世纪中叶出现并逐步发展起来。但作为舞剧构成元素的出现，则可追溯至商周年代，如表现灭商建周过程歌颂武王功德的《大武》舞。

中华人民共和国建立以来，中国的舞剧舞台上剧目丰富多彩。既有古典芭蕾名作《天鹅湖》、《吉赛尔》等，又有现代题材的芭蕾《白毛女》、《红色娘子军》、《祝福》等；有以中国古典舞蹈为主的舞剧《宝莲灯》、《小刀会》、《丝路花雨》等，也有少数民族的舞剧《卓瓦桑姆》和《召树屯与喃木诺娜》等。

舞流星　耍弄类杂技节目。又名水担子，古称剑器浑脱。在两米长的绳索两端系上一对水碗或火球、彩带舞弄出种种花样，以模拟流星划破夜空一闪即逝的景象而得名。舞流星源于远古先民在狩猎中使用的一种猎具——飞石索。经过漫长岁月的演变，飞石索成了软兵器“流星锤”和杂技道具“流星索”。

舞流星的表演形式可分为4类：一是在两米长的绳索两端系上一对水碗，即水流星，耍弄起来依靠惯性作用，软索变得像木棍一样挺直，水碗无论转到什么角度都滴水不漏。二是在绳索两端系上燃烧的炭球，舞弄起来像夜空中的流星相互追逐，即火流星。三是在绳索两端系上绣球、彩绸，舞弄起来如彩虹升空，群龙欢舞，称为帛流星。四是利用现代科技创造了电池灯彩流星和流星盘，舞弄起来如节日之夜的焰火。20世纪下半叶，舞流星技巧不断提高，创造了带着流星滚翻、空翻、足蹬双流星等新花样，突破了单一的双手耍弄流星的模式。

舞龙　dragon dance　中国民间传统娱乐活动。舞蹈者手持中国传说中的龙形道具进行表演。又称龙舞。主要流行于汉族地区，壮族、苗族、白族等少数民族也喜爱舞龙，多在年节喜庆日表演。龙被视为中华民族的象征，人们把它看作能行云布雨、消灾降福的神物，吉祥的化身。因此，有的地方久旱不雨时，便舞龙祈雨；有的地方插完秧，要舞龙驱虫。汉代已有较完整的舞龙形式。汉董仲舒《春秋繁露》记载，当时在四季的祈雨祭祀中，春舞青龙，夏舞赤龙和黄龙，秋舞白龙，冬舞黑龙，每条龙都有数丈长，每次5～9条龙同舞。六朝时，年节或祭典已有舞龙表演；在宋代，民间舞龙的风气早已盛行。经过2 000余年，现在的舞龙有很高的技巧性，表演形式丰富多彩。各地舞龙有不同的风格和特点，其中流传较广泛的主要有：①龙灯，也称火龙、金龙。用竹篾扎成龙头、龙身和龙尾，长三至十几节，多为单数。节与节之间以100～170厘米绸布相连，每节中燃有灯烛，

人们在中国香港街头舞龙助兴

节下装有木柄，供舞蹈者握持。舞蹈时，一人手拿“宝珠”(球形的彩灯)，在龙头前领舞，表现龙抢宝珠。多在节日之夜表演，有些地区还同时施放烟火、爆竹，有鼓、锣、钹、唢呐等乐器的伴奏，显得气势更加雄伟、舞姿更加生动。②布龙，也称打龙。主要流行于四川、湖南、河南地区。与龙灯稍有不同，节内不燃烛，一般长十几节。舞弄起来，左耸右伏，九曲十回，时缓时急，蜿蜒翻腾。特点是动作快、幅度大、舞姿轻捷矫健，多由两条布龙一起表演“二龙抢球”。③草龙，主要流行于南方各地。用稻草、青藤或柳枝等扎成龙体。有的地方还在龙身插满香火，故又称香火龙。一般于农历五月和六月间的夜晚表演，舞动起来星光闪闪。往时闹虫灾时多舞草龙。有的地方在祈雨时舞弄，并向龙泼水，故又称水龙。其他还有主要流行在浙江的百叶龙，江苏的段龙，江西的板凳龙，湖南的纸龙，广东中山、珠海和澳门等地的醉龙等。舞龙又有文龙和武龙之别。文龙主要表现龙的气质和神态，动作稳健，百叶龙即属此类。武龙重技巧、动作，以表现龙的雄伟气魄，动作矫健灵活，布龙属此类。

舞龙有广泛的群众性，不仅在街头、场院可以舞弄，还可到各家各户去表演，有贺喜之意，称“送灯”。世界上有华人居住的国家和地区大都保持喜庆节日舞龙的习俗。中华人民共和国建立后，每逢重大节日集会，人们都要以舞龙来欢庆。同时，各种形式的龙舞，经整理加工，运用灯光、纱幕等装置，被搬上舞台表演。

《舞论》 *Nātya-śāstra* 印度现存最早的系统的戏剧理论著作。所谓“舞”，实指戏剧，又译《戏剧论》。作者相传是婆罗多。成书年代约在公元纪年前后。它是一部诗体（歌诀式的）著作，只在很少地方夹杂散文的解说。全书共分37章（孟买本），全面论述了戏剧的各个方面。在戏剧实践方面，它论述了剧场、演出、舞蹈、化装、表演、角色、音乐等各个方面。它基本上是一部注重实际演出工作的书，但在戏剧理论方面也触及一些重要问题。它承认现实生活是戏剧的基础与来源，主张戏剧全面反映现实、模仿现实生活。它分析现实生活中人物的心理状态与感情特征而归结为8种“味”(艳情、滑稽、悲悯、暴戾、英勇、恐怖、厌恶、奇异）和许多“情”，并一一提炼为舞台上的表演程式。《舞论》突出论述了剧本、演员和观众的关系问题，强调了表演艺术在演剧中的特殊作用。通过“情”与“味”的论述，确立了以演员表演为中心、重视观众审美作用的戏剧观。这些理论长期以来影响着印度戏剧的发展，也引起了世界各国戏剧理论研究者的重视。

舞谱 dance notation 用符号或图文说明舞蹈动作和方位变化的一种书面记录方法。舞谱是舞蹈文化的载体，是对一定时期的舞蹈的认知方式和总结，对于舞蹈史的研究和舞蹈创作具有意义。

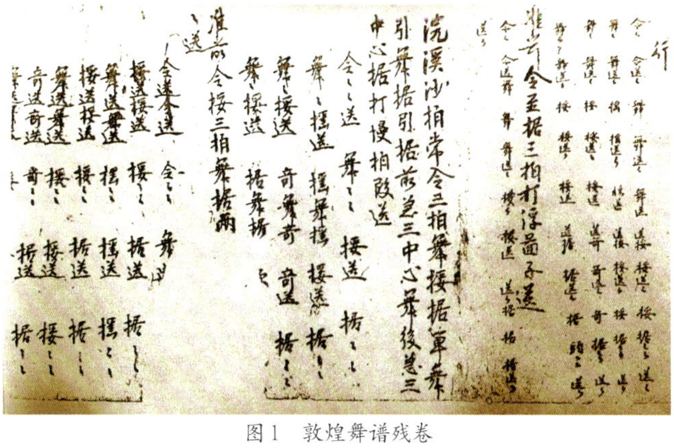

图1 敦煌舞谱残卷

中国舞谱 中国古代有多种舞谱。主要有以下几种：①敦煌舞谱。敦煌莫高窟发现的唐、五代舞谱残卷。包括曲名，说明曲舞的节拍、节奏、段落、起止转换等的序词，以及由令、送、舞、据、摇等组合而成的说明动作的字组。②德寿宫舞谱。

图2 波尚－弗耶舞谱曾通行于欧洲各地。此种舞谱重视对地面调度和舞蹈步伐的记录，有利于准确传授每个舞蹈

南宋德寿宫的舞谱是用当时宫廷歌舞伎人中流行的一些舞蹈术语，记录了9类舞蹈动作以及63种姿态和队形。③东巴舞谱。云南丽江纳西族《东巴经》中记载的东巴祭祀仪式舞谱。它用纳西族古体象形文字（东巴文）记录舞名、类别、舞姿、场位路线、特殊造型、技巧、乐舞器用法和仪式程序等。此外，还有明末万历年间音乐理论家朱载堉曾尝试用象形文字、符号记录人体动作的舞谱。

20世纪中叶中国舞蹈工作者开始研究舞蹈记录方法，80年代先后出版的武季梅、高春林的《定位法舞谱》等影响较大。

各国舞谱 15世纪中叶的西班牙用横的和竖的笔画记录舞步，并用字母代表舞步名称。18世纪，法国人R.A.弗耶在波尚舞谱的基础上发明用曲线表示舞台上舞蹈者的走向，沿曲线注明舞步、手势和身段部位的记谱方法。19世纪，舞蹈家始用火柴棍似的杆状人形记录古典芭蕾舞者的腿部、身体和臂部的位置。俄国的V.斯捷潘诺夫发明结合乐谱的舞蹈记谱法。

20世纪出现3种较为重要的采用抽象符号表示的舞蹈记谱体系，有英国的M.莫里斯的莫里斯记谱法、

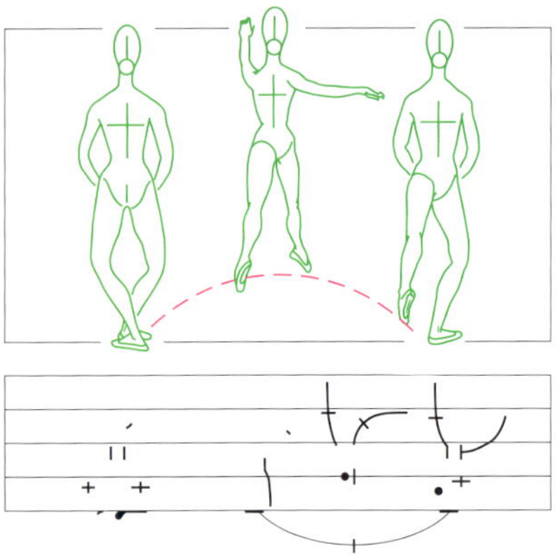

图3 贝尼什舞谱

匈牙利的R.von拉班的拉班记谱法和英国的R.贝尼什和J.贝尼什创造的贝尼什记谱法以及V.色腾的动作速记法。美国人发明的拉班记谱法的舞谱打字机和电子计算机记谱，提高了记谱的速度。

舞曲 dance music 根据舞蹈节奏写成的器乐曲或声乐曲。由于时代、民族特点和功能、用途不一而有多种类型。舞曲往往有特性鲜明的节奏，某种典型的节奏型贯穿始终，并成为不同舞曲相区别的重要标志。不少舞曲（特别是民间舞曲）还要求由某些特殊的乐器或唱法演奏或演唱。主要体裁有：①16～17世纪的古典舞曲，如阿勒芒德、库朗特、萨拉班德等。②各民族、地区具有独特的舞曲，如波莱罗、桑巴、波尔卡等。③城镇舞蹈中用的社交舞曲，如圆舞曲、探戈舞曲等。

舞台布景艺术 scenery on stage 舞台演出视觉形象中构成景物环境实体的部分。它与灯光、化装、服装等共同综合塑造演出外部形象，帮助演员表演，揭示剧本内涵。

在古希腊戏剧的演出中，“换装建筑”上的门和剧场两边的观众出入口已具有指示事件发生地点的作用。古代戏剧中也出现过立体布景如山石、祭台等，这就把绘画引进了剧场。古罗马剧场开始出现了大幕。古希腊和罗马剧场的演出台上还出现过“三棱柱景”和分类布景。中世纪欧洲戏剧“同台（场）多景”的原则具有代表性。15世纪至16世纪初，在意大利出现了焦点透视法则和多种造型手段在舞台上的综合应用。16世纪末至17世纪，欧洲戏剧演出的神话题材和对豪华富丽场面的追求，促进了舞台技术和舞台机械的发展。古代的三棱柱景被借鉴来解决换景问题。透视法在舞台上进一步应用并同舞台技术结合，产生了新的布景样式——侧片布景体系。1618～1619年，为适应侧片布景体系，在帕尔马出现了第一座永久性镜框舞台。17世纪，古典主义戏剧布景特征是类型化，只一般表现“宫殿”、“房间”等环境，在同一布景里可演出任何悲剧（在宫殿中）或喜剧（在房舍中），因此被称为值班布景。18世纪末，在布景中出现了三面墙形式的室内景。19世纪30年代，浪漫主义戏剧开始在舞台上占主导地位，出现了结构复杂的写实景和华丽的服装。19世纪末，俄罗斯布景画派把绘画的构图方法带进了布景，确定了布景设计形象、完整地揭示戏剧内容的原则和现实主义舞台设计与导演寻找共同形象语言的任务，造就了“造型导演”式的舞台美术家。19世纪初出现了卷轴画景。1896年，慕尼黑“公使”剧场在演出中首先使用了机械转台。

20世纪初，舞台不再使用平面画景，开始借助抽象的中性布景形象，在灯光的渲染下创造出无穷变化，以表现想象中的“未来世界”。第一次世界大战前后，表现主义布景利用倾斜的线条、扭曲的形象、强烈多变的光色和光影处理，表达了艺术家主观感受的幻想世界。此外还陆续出现了立体主义（展示几何形体的不同组合）、构成主义（表现抽象的“骨架”结构）、未来主义（表现机械化时代的“骚动”、“速度”和“力”）、超现实主义（把表现梦境场面作为自己的任务）等流派的布景。60年代后，布景的样式不断发生变化。不同的戏剧流派根据自己的戏剧概念，有选择地使用技术手段、形式和方法，形成了千变万化的艺术世界，布景形式倾向抽象化。

意大利17世纪舞台设计家贵迪南多·加里－比比耶那设计的巴罗克式皇宫布景图

中国戏曲的舞台美术素以服装、化装、砌末为主要因素。现代概念的布景是在外来影响下发展起来的。中国话剧布景产生和形成于1907～1930年。20年代初洪深、林徽因留美学习舞台美术，在演出中最早使用了三面墙硬景。到了30年代又使用了三度空间阶梯式的平台结构布景等，反映了此时中国舞台的布景设计有了多样化探索和一定专业水平。

中华人民共和国建立后，形成了一支庞大的舞台美术队伍。1986年中国正式成为国际舞台美术中心成员，1987年参加了在布拉格举办的第6届国际舞台美术四年展，并获得“传统与现代舞台美术卓越结合奖”。2003年12月，第2届全国舞台美术展览举办，展示了中国舞台美术在21世纪的新面貌。

舞台美术 stage art 戏剧及其他演出艺术中除表演以外的各种造型因素的统称。包括化装、服装、道具、布景和灯光。按一般演出惯例，舞台音响也归入舞台美术工作部门。

图1 山西广胜寺水神庙明应王殿戏剧壁画

沿革 在演出史上，舞台美术各组成部分的发展是不平衡的。最早出现的是同表演关系最直接的化装、服装和道具。在西方戏剧的源头希腊戏剧中，服装、面具已有不可忽视的作用。东方戏剧以中国戏曲为例，造型艺术首先集中在人物的装扮上。中国戏曲主要采用涂面化装；服装上的图案先是画的，后来改用刺绣，并成为具有鲜明的装饰风格的特种工艺美术。布景是较晚发明的。它有一个从剧场背景向剧情背景的演变过程。古代中国戏曲的演出，大都用一块幕幔起掩蔽、装饰作用。利用整个背景对剧情地点作大面积的描绘，是从意大利文艺复兴时代的宫廷剧场中开始的。这些围在演员身后的绘画性布景，虽或具有倾动一时的观赏效果，但还没有真正做到同剧情的密切结合，对于演员的表演也缺少直接的帮助。到19世纪，它又向着逼真化和立体化发展。进入20世纪，人们对于剧情背景的观念已由狭隘趋向广阔，既可逼真描绘，也可以暗示、象征，遂带动布景艺术的多样化。灯光是最后参加到演出中的造型因素。早先的戏剧演出均靠自然光照明，近400～500年间戏剧普遍进入室内演出后，才采用人工照明。现代舞台灯光已成为剧场机械设备中用作统一性和说明性力量的最主要也最灵敏的一种手段。

功能　戏剧是动作的艺术，舞台美术总是直接或间接配合动作发挥作用的。它的具体功能表现为以下几方面。

①刻画动作的形象。演员的外形同各种动作形象之间有着大小不等的距离，缩短这个距离，帮助演员转化成为所要装扮的形象，这是化装、服装的基本任务。其具体表现手法又可分为写实与非写实两类。

②组织动作的空间和时间。具体的空间不论是庙宇或其他建筑的一部分，或露天广场，或现代剧场的镜框式舞台，都要经过不同程度的组织、加工才能适应戏剧动作的需要。现代舞台设计对于空间的组织已不局限于演员与舞台、演员与演员之间，也对演员与观众的空间关系作出种种新的处理。空间的组织直接影响到动作的速度、节奏，因此它同时也是对动作时间的组织。在这方面灯光能起很大的作用，灯光不提供实物，但它可以切割空间，可以突显或隐没实物，可以用它的流动性加强演出的节奏感。

③暗示、描绘动作的环境。中国古典戏曲基本上靠演员的唱做来描绘环境，但桌椅的摆列形式，桌围椅披的色彩和花纹，以及烛台、大帐、水旗、布城等道具，也多少起着暗示环境的作用。构成主义者一度把实用性强调到极端，过分排斥舞台装置的形象性，对演技并不有利。战后西方比较时行的是新构成主义，即“找回”一些具象的、装饰的因素，以增加对剧情环境的暗示力。把描绘环境放在突出地位的是幻觉主义的演出，它们要求舞台上出现的任何一个实物形象以及声光效果，都应当是历史的、具体的、个性化的、同剧情密切结合的。中国青年艺术剧院演出的《上海屋檐下》的舞台设计，就是这种类型的代表作。

图2　陈永祥设计《蔡文姬》舞台布景图

④表达动作的情绪和意义。舞台美术对动作的外部条件、外部形象所做的一切，最后是以能向观众传递动作的内在情致、内在意蕴作为最高目标。实现这个目标有两种不同的基本倾向：一种是把表情达意的功能，隐藏在对客观事物的如实再现之中；另一种则对客观事物作种种变形处理，以便把艺术家的感受、理解强烈地表现出来。北京人民艺术剧院演出的《蔡文姬》的布景、灯光，即以浓郁的抒情气氛著称。

特性　舞台美术在整个发展过程中受到绘画、雕塑、建筑等造型艺术的深刻影响。但舞台美术又不同于一般作为独立艺术的造型艺术，它在创作过程、物质体现以及艺术作用的发挥上都有一些特殊的性质，主要表现在以下几方面 。

①“二度创造”的参加者。“一度创造”指剧作家提供剧本。舞台美术作为“二度创造”中的一种艺术要素，决定了舞台美术家必须在拿到剧本之后才能进行创作，必须依附于指定的题材、主题，但舞台美术家可以在不歪曲剧本内容的基础上赋予自己所理解、所想象的特点，可以补充、丰富剧本的某些不足，也可以对同一个剧本作出不同于别人的崭新的造型处理。

②在舞台艺术诸因素的交互作用中获得表现力、生命力。舞台美术作为演出的一个要素，始终处在以表演为核心的各种艺术因素共时、历时的交错网络之中，其表现力不完全决定于它自身，也决定于它同表演艺术等的动态关系。

③在时间流动中变化的空间艺术。由于表演本身具有时、空双重性，始终伴随表演艺术的布景、灯光、服装、化装也都带有时间性。不但观众对舞台美术的欣赏贯穿于演出的全过程，而且，只要舞台美术家需要利用时间因素，也可以对景物造型或人物造型不断地作出改变。

④艺术想象与工艺、科技的结合。对于舞台美术家来说，只要有助于体现自已的艺术构思，一切材料都可以用。现代工业和科技的发展，正在给舞台美术家提供越来越多的新材料。但是工具、技术本身不能产生艺术杰作，精湛的舞台美术主要还得依靠设计师的想象力和才能。

舞台摄影　stage photography　在戏剧、音乐、舞蹈、曲艺等演出现场，通过抓取一个或一组镜头来展现舞台节目亮点与精华的特殊摄影类型。

马撒·格雷厄姆的《致世界的信》

舞台摄影有其独特的艺术特征。①最佳造型的定格。舞台摄影是在表演的时间流程中凝聚典型瞬间的艺术。每幅作品的形象都是情节的焦点，或是情感的浓缩，或是某种情绪的象征。优秀的舞台摄影作品都是把流动的最佳造型转化为凝固的定格。②最佳的光型效果表现。舞台大都设有灯光效果，舞台灯光设计已经是舞台表演不可缺少的一部分。有特色的成功的舞台灯光效果是拍摄生动的舞台摄影作品的基础。③最佳的构图经营。面对狭小的舞台，要拍摄出具有独创性的画面，构图的经营十分重要。需要在审美理想的参照下，进行画面形象的选择，可以注重拍摄表演者的表情、眼神等特写，或拍摄表演者的形体语言、整体的形象，亦或舞台的环境氛围、群体造型等。特别的拍摄角度也会使画面构图新颖独特，同一场面，同一形象从正面、侧面、仰角、俯角拍摄，会呈现多种构图。④静中有动的形象塑造。舞台形象是动态的，摄影形象是静态的。这种动静的转换既是一种局限，又是一种创造形象的广阔天地。

兀良合台　Uriyangqadai（1200～1271）　蒙古国名将。开国功臣速不台之子。兀良合部人。曾抚育皇孙蒙哥。1233年，领兵从贵由征蒲鲜万奴。1235年，拔都率诸王、大将西征，兀良合台从征钦察、斡罗思、孛烈儿（波兰）、捏迷思（德意志）等国。贵由汗去世，大汗位空缺3年。兀良合台积极附和拔都的主张，推戴蒙哥即大汗位。1252年，奉蒙哥命辅佐忽必烈领军远征大理，占领大理城，忽必烈北返后，兀良合台留镇云南，分兵取善阐（今云南昆明）等城，俘获大理国主段兴智。征战两年，平大理五城、八府、四郡及乌蛮、白蛮等37部。1256年，奉命北上夹击南宋四川州县。1257年冬，兀良合台进兵安南，安南王表示降附，还师云南。中统元年（1260），元世祖忽必烈即大汗位后，兀良合台返回上都。

兀鲁伯 Ulūgh Beg (1394-03-22～1449-10-27) 伊斯兰学者、天文学家。又译乌鲁伯格。生于伊朗苏丹尼耶，卒于撒马尔罕（今属乌兹别克斯坦）。帖木尔帝国的创立者帖木儿之孙，沙哈鲁之长子。1409年被任命为河中（以撒马尔罕城为中心的阿姆河与锡尔河之间的地区）长官。在统治河中期间，侵占喀什噶尔地区，并发兵进攻蒙古。1447年登帝位，1449年被其子杀害。兀鲁伯是学者、诗人，精通天文学、数学，他优待和保护文人、学者和艺术家，在撒马尔罕建造了一些有名的建筑物。1420年建造一座天文台，高3层，安装一具半径达40米的巨型象限仪和其他仪器。在他的领导和参加下，从1417年开始经过约30年的观测，于1447年编成《新古拉干历数书》，后世通称《乌鲁伯格天文表》。

乌拉草 *Carex meyeriana*; meyer sedge 莎草科苔草属的一种。又称靰鞡草。多年生草本植物，主要分布在中国东北地区。多生长于沼泽地带。根状茎紧密丛生。秆纤细、坚硬。叶片细长柔软。小穗2～3个，聚生在茎的上部，顶端着生的为雄性，呈圆柱形，侧生的为雌性，呈卵形。苞片为鳞片状，无花被。子房外包有苞片形成囊包（果囊）为圆卵形。小坚果，花果期6～8月。纤维坚韧耐久，可作填充物，也可编织或造纸用。

戊戌变法 Reform Movement of 1898 中国清末资产阶级改良政治运动。发生于清光绪二十四年（1898），因以干支计为戊戌年，故名。又称“戊戌维新”。

19世纪90年代，中日甲午战争后，中国面临严重的民族危机。一部分资产阶级和进步的知识分子，提出了发展资本主义经济、政治和文化的要求，并形成资产阶级改良的社会思潮。

1895年4月，清政府被迫与日本签订《马关条约》。消息传到北京，群情激奋。

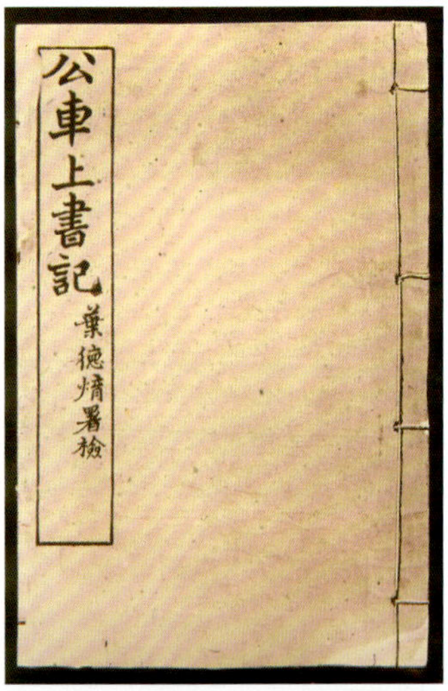

图1 1895年刊行的《公车上书记》，记述了康有为等人上书请愿的活动

时康有为在北京参加会试，联合各省应试举人，讨论上书请愿。会后由康有为起草“万言书”(即《上清帝第二书》)，提出拒签和约、迁都抗战和变法图强3项建议，以及“富国”、“养民”、“教民”等变法图强的具体措施。经康有为、梁启超等奔走联络，“万言书”征集到1 300余名举人的签名，于5月2日呈递都察院。都察院拒绝代呈，但“万言书”已广为流传。此即所谓“公车上书”。对社会的影响和震动很大。

5月29日和6月30日，康有为又连续上书光绪帝（即清德宗载湉），反复陈述变法主张，强调应仿效西方“设议院以通下情”。都察院仅代呈“第三书”，光绪帝阅后颇为赞许。

康有为的变法活动引起帝党的注意。光绪帝师傅翁同龢（时任户部尚书、军机大臣）曾亲自会晤，商讨变法。帝党企图利用维新派的力量，通过变法从后党手中夺取实权，富国强兵；维新派则希图依靠帝党的支持实现其参政目的。于是两种政治势力联合起来，推动变法运动。7月，翁同龢准备呈请光绪帝陆续颁行新政诏书，但为奕䜣拒绝。

从1895年夏至1898年春，维新派为了团结力量、制造舆论和培养人才，积极组织学会，创办报刊，开办学堂。1895年8月17日，康有为在京创办维新派的第一份报纸《万国公报》(后改名《中外纪闻》)，由梁启超等人编辑撰稿，宣传西学，鼓吹变法。11月中旬，在康有为、梁启超奔走推动下，组织了维新派的第一个政治团体强学会。团结和影响了不少爱国官吏和知识分子。同月，康有为又赴上海创立强学分会，出版《强学报》。维新派的活动遭到封建顽固势力的反对。御史杨崇伊于1896年1月20日奏劾强学会结党营私，贩卖西学书籍，刊印《中外纪闻》，强学会和《中外纪闻》遂遭封禁。但维新风气渐开，已难遏抑。8月，维新人士汪康年、黄遵宪等在上海创办以“变法图强”为宗旨的《时务报》，请梁启超任主笔。1897年10月，严复、夏曾佑等在天津创办《国闻报》。两报抨击封建专制统治，传播资产阶级民主思想和社会政治学说，主张实行君主立宪制度，影响广泛，成为维新派鼓吹变法的南北“两喉舌”。1897～1898年，谭嗣同、黄遵宪、唐才常、梁启超等汇集湖南长沙，开展维新运动。由于维新派的努力和巡抚陈宝箴的支持，湖南维新运动蓬勃发展，为全国之冠。

维新派的变法舆论宣传，引起封建顽固派和洋务派的憎恨与恐慌。他们攻击维新派的变法是破坏祖宗成法，离经叛道。面对顽固守旧派的攻击，维新派从“要不要变法”、“要不要实行君主立宪”和“要

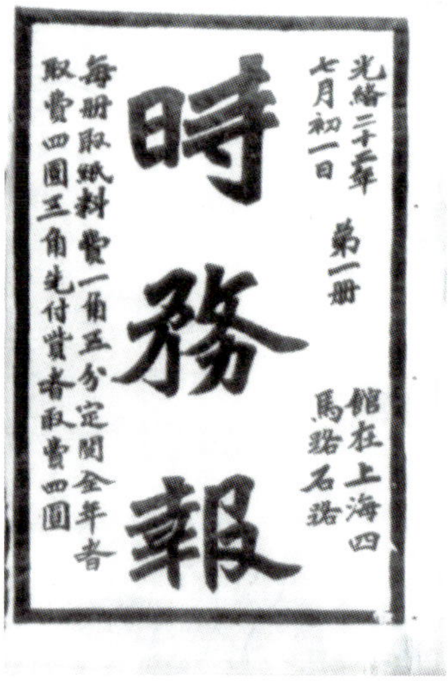

图2 《时务报》

不要改变封建教育制度”三方面痛予驳斥。维新派以进化论批判了“天不变，道亦不变”的形而上学思想，以资产阶级民权思想批判了“君权至上”的封建专制制度，以资产阶级教育观点批判了“禁锢人心”的科举制。经过争论，变法维新思想广泛传播，从而形成中国近代第一次思想潮流。

1897年，德国强占胶州湾，俄国强租旅大，帝国主义瓜分中国的危机日深，康有为迅速从上海赶赴北京，向光绪帝上“第五书”，痛言“瓜分豆剖”的危险局势，提出“采法俄、日以定国是”、“大集群才而谋变政”、“听任疆臣各自变法”的上、中、下三策，供皇帝采择，并建议将国事付国会议行，颁行宪法。书呈工部，请求代递。工部尚书松溎以书中有“犯上”语句，拒绝代呈。而此书已广为传抄，且刊载于报，颇为一些士大夫称赞。光绪帝本拟召见，但受到恭亲王奕䜣阻格，改为“王大臣传询”。1898年1月24日，翁同龢、荣禄、李鸿章、张荫桓等在总理各国事务衙门会晤康有为，询问变法事宜。光绪帝命康有为条陈所见，进呈所著书籍。康有为遂于29日上《应诏统筹全局折》(《上清帝第六书》)。请大誓群臣以定国是，开制度局以定新制，别开法律局、税计局、学校局、农商局、工务局、矿政局、铁路局、邮政局、造币局、游历局、社会局和武备局12局以行新法，各省设民政局，举行地方自治。奏折中未出现以往上书中曾提出过的“开国会”、“定宪法”等建议，表明康有为的变法纲领有了修改。光绪帝命将此折交总理衙门“妥议具奏”，总理衙门却遵照慈禧太后旨意将折中建议逐条驳回。康有为甚感失望，“复思开会振士气于下”。4月，士大夫经常集会，议论时政，变法空气日浓。康有为乘时鼓动帝党官员上书，敦促变法。6月1日，御史杨深秀上《请定国是而明赏罚折》；8日，侍读学

士徐致靖上《请明定国是疏》。两疏均为康有为所代拟。

6月11日，光绪帝根据杨深秀和徐致靖的建议，召集军机全堂，发布《明定国是诏》，变法从此正式开始，直到9月21日慈禧太后发动政变，共103天，史称“百日维新”。

6月16日，光绪帝召见康有为，商讨变法具体步骤和措施。光绪帝根据康有为等人的建议，在百日维新期间颁布了几十道新政诏令。其中经济方面主要有：设立农工商总局，开垦荒地；提倡私人办实业，奖励发明创造；设立铁路、矿务总局；鼓励商办铁路、矿业；裁撤驿站，设立邮政局；改革财政，创办国家银行，编制国家预决算。军事方面主要有：严查保甲，实行团练；裁减绿营，淘汰冗兵，采用新法编练陆海军。文教方面主要有：改革科举制度，废除八股，改试策论；改书院和淫祠为学堂；鼓励地方和私人办学，创设京师大学堂，各级学堂一律兼习中学和西学；准许民间创立报馆、学会；设立译书局，翻译外国新书；派人出国留学、游历。政治方面主要有：广开言路，准许各级官员及民众上书言事，严禁官吏阻格；删改则例，撤销重叠闲散机构，裁汰冗员；取消旗人的寄生特权，准其自谋生计。这些措施有利于民族资本主义经济的发展和资产阶级文化思想的传播，受到维新派和地主阶级开明人士的热烈欢迎。

变法运动危及了封建守旧分子的利益，遭到他们的抵制和反对。在各省，除湖南巡抚陈宝箴外，其他督抚都未能推行新政。在中央，皇亲贵戚、中枢要员秉承慈禧太后旨意，或公开反对新政，或暗中加以阻挠。

在《明定国是诏》颁布后4天，慈禧太后迫使光绪帝发出3道谕旨：罢黜翁同龢，驱逐回籍；新授二品以上大员须到太后前谢恩；任命荣禄署直隶总督（不久实授，加文渊阁大学士衔），兼领董福祥（甘军）、聂士成（武毅军）和袁世凯（新建军）三军。慈禧太后的目的在于孤立光绪帝，打击维新派，将精锐的北洋诸军牢牢掌握在后党手中。继而完全控制了京城防卫。然后又宣布太后与皇帝定于10月19日赴天津阅兵，遂即发生了届时将废掉光绪帝的传闻。

针对后党的各种反变法措施，帝党亦有抵抗。光绪帝在不断发布新政诏令的同时，一面引进新人，一面打击阻挠新政的守旧官员。7月3日，光绪帝召见梁启超，赏六品卿衔，专办译书局事务。8日，斥退攻击康有为的后党御史文悌。8月10日，谕奖湖南巡抚陈宝箴。9月4日，令将阻挠主事王照上书的礼部尚书怀塔布、许应骙等六人全部革职。5日，赏杨锐、刘光第、谭嗣同、林旭四品卿衔，在军机章京上行走，参与新政事宜。四章京代皇帝批阅奏章，草拟谕旨，官轻而权重。7日，罢去李鸿章、敬信的总理各国事务大臣职务。11日，徐致靖根据康有为的授意上《密保袁世凯折》，暗示光绪帝应加意笼络袁世凯，以加强帝党的军事力量，防备不测。次日，有旨令袁世凯即行来京陛见。

但是，在慈禧太后挟制下的光绪帝不得不时时注意向后党让步，并任用若干后党官僚试行新政。他还命人将每日重要奏章呈送太后阅示，并先后12次亲往颐和园向太后汇报和请示变法事项。然而，这种种妥协丝毫未能缓和帝后矛盾。从9月初罢黜礼部六堂官起，帝后党争趋于白热化。内务府满族亲贵环跪于慈禧太后面前，谓皇上妄变祖法，请求训政。怀塔布、杨崇伊等陆续到天津谒见荣禄，密商废立之事。在袁世凯启程进京后，荣禄立即调聂士成部移驻天津陈家沟，董福祥部移驻北京外围长辛店。政变有一触即发之势。

9月13日，光绪帝接受徐致靖、谭嗣同、宋伯鲁的建议，决定开懋勤殿，以便选拔一批维新人士担任新政顾问。次日，光绪帝赴颐和园就此请示慈禧太后，遭到严斥。他预感帝位难保，于次日赐杨锐密诏，命杨锐、林旭、刘光第、谭嗣同等人妥速筹议良策，“俾旧法可以全变”，“而又不致有拂圣意”。两天后，又发出明谕和密诏（由林旭带出），令康有为速赴上海督办《官报》。9月18日，康有为、谭嗣同等见到两道密诏，急商对策，以袁世凯曾入强学会，表示倾向维新，决定由谭嗣同连夜去京郊法华寺对其游说。谭嗣同要求袁世凯在天津阅兵时保护光绪帝，诛杀后党。袁世凯佯作答允，但仅隔一天，即赶回天津向荣禄告密。

图3　囚禁光绪皇帝的南海瀛台旧照

在谭嗣同游说袁世凯的同一天，杨崇伊向慈禧太后上密折，诬指康有为为孙中山大同学会同党，于京师煽动人心，且出入内廷；攻击光绪帝变更成法，斥逐老臣，安置党羽；造作谣言，谓日本前首相伊藤博文“即日来京，将专政柄”。9月20日，光绪帝接见伊藤博文。下午，慈禧太后从颐和园匆忙赶回皇宫。9月21日，发布诏书，宣布临朝“训政”。并下令拿办康有为及其弟康广仁，幽囚光绪帝于南海瀛台。康有为、梁启超逃往海外。变法失败。28日，谭嗣同、林旭、刘光第、杨深秀、康广仁、杨锐六人惨遭杀害，史称“戊戌六君子”。新政除京师大学堂外，全部被废除。

戊戌变法是中国近代史上具有重大意义的事件，是一次爱国救亡运动。它要求发展资本主义经济和扩大资产阶级政治权力，符合近代中国发展的历史趋势，因此也是一次进步的政治改良运动。它传播了资产阶级新文化、新思想，批判封建主义旧文化、旧思想，又是一次思想启蒙运动。

务川仡佬族苗族自治县　Wuchuan Gelao-Miao Autonomous County　中国贵州遵义市辖自治县。位于省境北部边缘，北与重庆市相连。面积2 773平方千米。人口32万（2010），有仡佬、苗、土家、汉等民族。隋开皇十九年（599）置务川县。元至元年间改为婺川县。1959年复称务川县。1986年成立务川仡佬族苗族自治县。矿产资源有煤、汞、铁、铝土矿、铅、锌、硫铁矿、高岭土、石灰岩等。农业主产水稻、玉米、小麦和烤烟、油菜子、花生等。烤烟以烟质优良著称，是全国优质烤烟生产基地。山区多油桐、生漆、乌桕、五倍子等经济林，并多野生银杏，有“野银杏之乡”之称。工业以煤炭、电力、建材、冶金、机械、食品、饮料、农机、造纸、皮革等为主。名胜古迹有龚溪桥、濯水万寿宫、麻王古洞、顺天寨遗址、大坪汉墓群、金银洞宋墓等。

坞壁　fortified building　中国古代具有围墙的防御建筑。又称坞、营坞、坞候。汉武帝时，为防御匈奴，在北方及西北边塞上筑有大量坞壁。边塞的坞壁是一种较城、障为小的防御工事（有时大于小障），筑在亭、隧的外围。坞有时分为内坞与外坞，均有出入口，置门户，有卒守把。坞内有屯兵和居人的房舍。坞上并可举烽。东汉时，最多曾达616所。地方豪强也营建自己的庄院。地主坞壁建筑呈城堡式。周围为高墙，门上有门楼，四角有角楼，有的还有高层的楼橹建筑，门楼、角楼和楼橹乃至墙垣高处开有瞭望孔或射孔。大门有卫士把守。

坞内有坞主居所、卫士和奴婢仆隶乐队等的居处，还有仓廪、手工业作坊等。

魏晋南北朝时期的坞壁也称坞堡或壁垒。多择既有山林险阻，又可进行农耕的宜守宜农之地设置。以宗族与乡里作为团聚的纽带组成坞壁。世家大族或地方豪强自为坞主，或称宗主。他们以宗族乡里关系组织地方割据武装，被控制的宗人乡亲实际上是坞主的私人部曲。此外，也有以流民结集的方式出现的坞壁，坞主都由流民公推有才能或宗族势力相对强大者任之。

坞壁主要盛行于北方地区。十六国和北魏的统治者，往往按坞主的实力大小，分别给予官职，大小坞壁又成为各级地方政权机构的治所。北魏前期，推行宗主督护制，更全面地承认了宗主们及其控制下的大小坞壁的合法地位。魏孝文帝推行三长制，三长代替了宗主；邻、里、党等地方基层组织也取代了大、小坞壁组织。唐以后，坞壁转入衰落。

物 things 存在于人身之外，能为权利主体所支配，并满足其利益需要，依法能够成为民事法律关系客体的物质实体。

法律上物的概念包括：①它不同于物理意义上的物，必须符合法律的规定，即取决于一定的社会生产方式和统治阶级的意志。例如，在奴隶制社会，奴隶无人身自由，被奴隶主视为“物”，任其贩卖、屠杀。②它存在于人身之外。③它能为权利主体所支配。④它能满足权利主体的利益需要。这种需要既可以是生产上的需要，也可以是生活上的需要。它所体现的利益既可以是物质利益，也可以是精神利益。⑤它一般为有体物。但随着科学技术的发展，物的范围不断扩大，电、热、磁力等物质也纳入物的范畴。物在民法中有着重要的地位，它直接关系着民事法律关系的产生、内容及其性质。从不同的角度，物可分为以下种类。

生产资料与生活资料　生产资料指社会生产中的物，包括劳动资料和劳动对象。生活资料指用来满足人们物质和文化生活需要的消费品。

禁止流通物、限制流通物与流通物　禁止流通物指依法不得参与民事流转的物。限制流通物指法律对其流通的范围和程度作出一定限制的物。流通物指法律允许在民事主体之间自由流通的物。在中国，禁止流通物主要包括矿藏、水流、国家专有的物资等。限制流通物主要有计划收购、供应的物资，受管制物品如黄金、白银、文物等。绝大多数的物为流通物。

动产与不动产　不动产即土地、附着于土地上的建筑物及其他定着物和建筑物的附属设备。不动产之外的物都是动产。

特定物与种类物　特定物指具有独立特征而不能以其他物代替的物，如某件文物。种类物指具有共同的物理属性，如粮食。

主物与从物　主物指两种以上的物互相配合、按一定的经济目的组合在一起时，不需要依赖他物而独立存在并起主要作用的物，如房屋。从物指配合主物使用而起辅助作用的物，如房屋的钥匙。

可分物与不可分物　可分物指经分割而不损害其经济用途或降低其价值的物。不可分物指实物分割不符合其经济用途或经实物分割后会降低其价值的物。

原物与孳息　原物指作为本体依其自然属性或法律规定可产生新物的物。孳息指从原物产生的物，包括天然孳息（如果树之果实）与法定孳息（如本金之利息）。

消耗物与非消耗物　消耗物指一经使用就会改变其原有形态、性质的物。非消耗物指经反复使用不改变其形态、性质的物。

单一物、合成物与集合物　单一物指形态上独立成为一体的物。结合物指由数个物结合而成的物，其构成部分虽未失去个性，但形体上已经成为单一之物，如房屋。集合物是指多数单一物或结合物集合而成的物，如羊群、博物馆（由房屋及众多展品组成）。

有体物、无体物与特殊形式的物　有体物指占有一定空间可以为人的感官触觉或测试其存在的物质资料。无体物指没有实体存在、由人们主观拟制之物，如债权、知识产权和用益物权。货币、有价证券是特殊形式的物，它们代表一定价值并可以作为支付手段和信用工具。

物候历 phenological calendar 按物候现象出现的日期编制的一种专门日历。又称自然历。物候是气候等环境条件影响的综合反映，有其顺序性、周期性和相关性，一年一次循环。根据前一物候期可以预测后一物候期到来的日期，根据物候现象和农事活动的相关性，可以预报农时，以便因时因地制宜地安排生产。

物候历将各地一年划分为几个自然季段，按季段分月，以多年平均的物候期的先后顺序把物候现象列入各季段和月。物候历的项目包括：植物的发芽、展叶、开花、果熟、叶变色和落叶的日期；动物的始见、绝见、始鸣和终鸣日期；霜、雪的初、终日期；土壤或河流的结冻和解冻日期；农作物的播种、抽穗、开花和成熟日期，以及农事活动等。

物候型 phenological type 根据生物发育节律与季节周期的关系划分的种以下的类群。生物物候学研究生物周期活动（开花、生殖、迁徙等）与季节和气候变化的关系。长期生活于特定生境的生物经过适应过程，其发育节律与自然周期基本协调。因此，该生境各生物之间也相互协调。大多数植物属这一类。但少数物种的发育节律与自然周期的关系不同于上述类型。如秋水仙属和番红花属的一些种，春季长叶，夏季休眠，秋季后开花。此类植物的发育节律可能与原生境的自然周期相协调，扩散或引种到新地后还没能适应当地季节和气候的周期变化。研究物候型有助于了解生物与环境的关系及其规律，追溯某些物种的原产地，并为引种驯化提供依据。

物候学 phenology 研究自然界生物的生物学周期现象和气候的季节性变化之间相互关系的学科。气象学和生物学之间的边缘学科。

中国最早的物候记载，见于公元前1000年前的《诗经·豳风·七月》。而《逸周书·时训解》更把全年分为七十二候。中国现代物候学奠基者竺可桢在1934年第一次组织了物候观测网，这是中国现代物候观测的开端。

物候学的研究内容主要有：①研究生态环境（主要是气象条件）对各种生物生长发育的影响，又称物候生态学。②研究物候现象的顺序性。③研究物候现象的空间分布规律性，即物候地理学。④编制自然历，再参照天气预报，可以用物候预告农时等，为农业生产服务。

物化劳动 materialized labour 已经完成并物化在产品中的对象化的劳动。为劳动的物质形式，是积累起来的劳动。它作为物的要素（生产资料要素）参加劳动过程和价值形成过程，并将已经消耗的部分转移到新产品中去，但不创造新的价值。又称死劳动或过去劳动。

物化劳动是相对于活劳动而言的。在物化劳动形式上，说明劳动已经成为过去。作为一般范畴，物化劳动只是凝结在产品中的劳动；但作为商品生产范畴，物化劳动就是价值。物化劳动作为价值有两种基本的存在形式，即商品和货币。其中，货币是物化劳动的一般存在形式。

在商品生产中，物化劳动起着双重作用：①在产品的生产上，以生产资料的形式出现，一方面作为劳动对象和加工的物质手段起作用；另一方面作为提高劳动生产力的因素起作用。②在产品价值的形成上，作为价值实体起作用，与活劳动所起的作用完全不同。在活劳动的作用下，把已经存在的价值从旧的物化形式转到新的物化形式中，并成为新商品价值的组成部分。物化劳动的重要性在于前者，而不是后者。在劳动过程中，物化劳动作为生产资料，无论采取何种形式，都不创造任何新价值，只是将自己已经具有的旧价值，按照消耗的程度转移到新产品中去。

物价指数 price index 反映报告期商品或产品实际平均价格水平与基期平均价格水平相比的相对数。又称价格指数。中国目前编制的价格指数主要有：社会商品零售价格指数、居民消费价格指数、农产品收购价格指数、农村工业品零售价格指数、工农业商品综合比价指数等。

价格指数的编制方法主要有加权综合指数和加权平均指数等形式。

物理化学 physical chemistry 以物理学的原理和实验技术为基础，研究化学体系的性质和行为，发现化学体系的特殊规律并建立新的化学体系的化学分支学科。主要应用热力学、统计物理学和量子力学的基本理论和实验方法，研究化学变化过程的方向性、速率和限度以及与过程相伴的体系的能量变化，化学反应机理和控制反应的条件，探讨物质结构与其性质的关系等，是化学学科和化学工艺的基础。

一般认为，物理化学的形成是以1887年德国化学家W.奥斯特瓦尔德和荷兰化学家J.H.范托夫创办德文期刊《物理化学》为起点。从这个时期到20世纪初，物理化学以热力学的蓬勃发展为其主要特征。热力学第一定律和热力学第二定律被广泛应用于各种化学体系，特别是溶液体系的研究，出现了许多对化学热力学有重要贡献的理论工作。例如J.W.吉布斯对多相平衡体系的研究和范托夫对化学平衡体系的研究，阿伦尼乌斯电离理论、能斯特热定理都是在这一时期完成的。20世纪初G.N.路易斯提出处理非理想体系的逸度和活度概念后，化学热力学全部基础已臻于成熟。与此同时，物理化学其他分支学科也逐渐发展，M.von劳厄和W.H.布拉格对晶体结构分析进行的创造性研究为近代晶体学奠定了基础；S.A.阿伦尼乌斯所提出的活化能概念以及M.博登施坦和W.H能斯特关于链反应的概念，构成了化学动力学的基本框架。

20世纪20～40年代是结构化学快速发展的时期。随着量子力学的兴起，物理化学研究深入到原子和分子的微观世界。1931年L.鲍林和J.C.斯莱特建立了化学键的价键理论，1932年R.S.马利肯和F.H.洪德发展了分子轨道理论，这两种理论成为近代化学键理论的基础。鲍林等提出的杂化轨道、氢键和电负性等概念对结构化学的发展也起了重要的作用。与此同时，M.波拉尼和H.艾林计算完成了$H+H_2$二元体系反应势能面的绘制并提出了元反应的过渡态理论；C.N.欣谢尔伍德和N.N.谢苗诺夫各自代表的两个学派发展了自由基链反应动力学；P.J.W.德拜和E.休格尔建立了强电解质离子互吸理论；以及基于溶液中各种分子间力和统计力学理论建立的非电解质溶液理论模型，通过电极过程研究而建立的超电势理论等都是从微观层次认识化学系统性质和行为，促进了对化学反应本质的认识和理解。

第二次世界大战后到20世纪60年代期间，各种谱学技术的发展及微电子学、高真空技术和计算机技术的突飞猛进，使得物理化学的研究对象从稳定物种的基态进入激发态和其他亚稳态体系的研究领域，光化学迅速成长为在理论上和实验技术上比较成熟的学科，其他外场或外力作用下化学体系的物理化学研究也得到重视和发展，如等离子体化学、激波化学、声化学、摩擦化学、磁化学等。快速灵敏的检测手段和时间分辨技术的不断提高，可使人们不仅可以捕捉到反应过程中出现的寿命极短的瞬态中间物种，而且可以同时获得有关它们的结构和能态等多方面的信息。复杂的生物大分子晶体结构的测定，如青霉素、维生素B_{12}、蛋白质、胰岛素的结构测定和脱氧核糖核酸的螺旋体构型的测定陆续获得成功是晶体学研究领域的重大突破之一。表面能谱技术的出现，使结构化学研究能够从固体的体相扩展到表面相。70年代以后，物理化学的研究对象从一般的键合分子扩展到准分子、范德瓦耳斯分子、原子簇、分子簇和非整比化合物。在理论方面，I.普里戈金等提出的耗散结构理论，使得物理化学的理论体系由传统的热力学扩展到全新的非平衡热力学领域，福井谦一提出的前线轨道理论、R.B.伍德沃德和R.霍夫曼提出的分子轨道对称守恒原理、W.科恩提出的泛函理论等都是量子力学应用于化学体系的重要成果。

物理化学的研究内容大致可以概括为三个方面：①化学体系的平衡性质。以热力学三个定律为基础，研究宏观化学体系在气态、液态、固态、溶解态以及高分散态的平衡态性质及规律。属于这方面的物理化学分支有化学热力学、化学统计力学、溶液化学、胶体化学、表面化学等。②化学体系的微观结构和性质。以量子力学为理论基础，研究分子、分子簇和晶体的结构，物体的体相中原子和分子的空间结构、表面相结构，以及结构与物性之间的关系与规律性。属于这方面的分支学科有结构化学、晶体化学和量子化学等。③化学体系的动态性质。研究由于化学或物理因素的扰动而引起体系的化学变化过程的速率和机理。属于这方面的分支学科有化学动力学、分子反应动力学、催化科学与技术、光化学、电化学、磁化学、声化学、力化学（以摩擦化学为代表）等。

随着科学的迅速发展和各门学科之间的相互渗透，物理化学与物理学、无机化学、有机化学之间存在着越来越多的互相重叠的新领域，从而不断派生出许多新的分支学科，如物理有机化学、生物物理化学、化学物理学等。物理化学还与许多非化学学科有着密切的联系，如冶金过程物理化学、海洋物理化学等。

物理-化学流体力学 physico-chemical hydrodynamics 研究流体流动对化学转化或物理转化的影响以及物理、化学因素对流体流动的影响等问题的学科。V.G.列维奇于1952年首先提出此学科名称，后逐渐发展为一门与多相流体力学、化学反应工程以及化工传递过程等学科密切联系交叉学科。研究对象一般是在有限空间内除压差外还常涉及其他物理推动力（如浓度梯度、温度梯度、表面张力和电场力等）或化学推动力的流动体系。流动过程中可伴随有热量和质量的交换或化学反应。研究内容包括：①分散体系的流动。如气泡和液滴的破裂和聚并，固体粒子流态化。②界面和毛细流动。如液体薄膜的表面波，微孔中的扩散，渗流和渗析。③流动体系中的热传递和质传递。如固体粒子流态化或气流输送中的热量和质量传递，气-液-固三相悬浮系中的热量和质量传递。④有化学反应的流动。如微观混合和宏观混合，伴有反应的气-液二相流和气-液-固三相流。⑤电场中的流体运动。如电极动力学，电化腐蚀，极谱，电泳，电渗析和电化学反应器中的流动等。此外，如微重力场中的流动，晶体的成长和迁移，聚合物的生物流体的流动，磁流体和等离子体的流动等，也都属于物理-化学流体力学的范畴。

研究方法着重于从"细观"的角度（如以气泡、液滴或颗粒为基础）对事物进行分析和探测，目的是阐明事物的内在规律并作出机理性的描述，同时注意对宏观影响因素的分析和计算方法，以把理论推进到与复杂的实际过程相适应的程度。

物理力学 physical mechanics 运用近代物理、物理化学和量子化学等学科的成就，通过分析研究和数值计算对介质和材料的宏观性质、表现出的宏观现象及其运动规律作出微观解释的学科。力学的分支。物理力学的基础是量子力学、统计力学和原子、分子物理学。萌生于20世纪50年代末。首先提出这一名称并做了开创性工作的是中国学者钱学森。物理力学之所以出现，一方面是工程技术迫切要求一种有效的手段，能预知介质和材料在极端条件下（如温度达几百万开，压力达几百万大气压，应变率达10^6～10^8秒$^{-1}$等）的性质及其随状态参量变化的规律；另一方面是近代科学的发展，特别是物质的微观结构及其运动规律已比较清楚，为从微观状态推算出宏观特性提供了基础和可能。

其研究方法及特点是：①注重机理分析。着重分析问题的机理，并借助建立理论模型来解决具体问题；只在作机理分析的资料不足时，才求助于新的实验。②注重运算手段。不满足于问题的原则解决，要求直接利用物理力学的成果作彻底的数值计算，力求采用高效率的运算方法和现代化的电子运算工具。③注重从微观到宏观。建立起物质宏观性质的微观理论，是物理力学的主导思想和根本目的。

物理力学的研究内容主要有平衡现象和非平衡现象。平衡现象包括气体、液体、固体的状态方程，各种热力学平衡性质和化学平衡等。解决这类问题主要借助于统计力学方法。非平衡现象包括：①趋向于平衡态的过程，如各种化学反应和弛豫现象（包括能量弛豫和化学弛豫）。②偏离平衡状态较小的稳定的非平衡过程，如物质的扩散、热传导、黏性以及热辐射输运等。③远离平衡态的问题，如开放系统中遇到的各种能量耗散过程。④平衡和非平衡状态下发生的突变过程，如相变等。解决这些问题要借助于非平衡统计力学和不可逆过程热力学理论。物理力学的研究工作主要集中在：①高温气体性质。研究气体在高温下的热力学平衡性质（包括状态方程）、输运性质、辐射性质以及与各种动力学过程有关的弛豫现象。②稠密流体性质。主要研究高压气体和各种液体的热力学平衡性质（包括状态方程）、输运性质以及相变行为等。③固体材料性质。利用微观理论研究材料的弹性、塑性、强度以及**本构关系**等。④激光或等离子体对固体材料的作用机理。研究能量的转换、相变、电离及固体表面结构和性质的改变等。

物理量 physical quantity 物理学中量度物体属性或描述物体运动状态及其变化过程的量。它们通过物理定律及其方程建立相互间的关系。它们中有的有方向，有的无方向；有的有量纲（见**量纲分析**）、单位，有的无量纲、单位；有的描述状态，有的描述过程；有的和质量成正比，有的和质量无关；有的规定为互相独立的基本量，有的是从前者导出的导出量；有的是变量，有的是常量，其中普适性强的称**基本物理常数**，也称基本物理常量。无方向的物理量称标量，有方向的称矢量（有3个分量）和张量（有9个分量）。直接描述物体和物质（包括场）的状态的物理量如力学中描述机械运动状态的速度、加速度、动量、动能、势能，热学中描述物态的压力、体积温度、内能，电磁学中描述电磁场电场强度、电势、磁感应强度等称状态量，中国称直接描述状态变化过程的物理量如冲量、功、热量等为过程量。这些量只存在于过程中，体现为动量、机械能和内能的不断变化，过程完成后，这些量就不复存在。热学中将和质量成正比的状态量如体积、内能、热容等称广延量；而将它们对质量的比值，如比容、比内能、比热容，称强度量；其他的一些与质量无关的状态量，如温度、压力也称强度量。不同的单位制规定了不同的基本量，在国际单位制（见**物理量单位制**）中有7个基本量，即长度、质量、时间、电流、热力学温度、物质的量（以摩尔表示）和发光强度。导出量和基本量的关系用量纲或单位表示。

物理量单位制 physical quantity, system of units of 物理学中对于同一类**物理量**（例如长度），需要规定一个特定量作为单位（例如1米），使同类量都可用这个单位和一个数的乘积来表示。各种物理量通过描述物理规律的方程和新物理量的定义而彼此相互联系。通常在其中选取一组互相独立的物理量，作为基本量，其他量根据物理方程导出，称导出量，从而建立了系统的单位制。物理学中首先使用的是长度以厘米（cm）、质量以克（g）和时间以秒（s）为基本单位的厘米·克·秒制（CGS）。此制用于电磁现象时，有以真空介电常数为定义电量单位，导出的绝对静电制（CGSE）和以真空磁导率为1的绝对电磁制（CGSM），使用不很方便（见**电磁单位制**）。1875年在巴黎制定的《米制公约》中规定：长度以米（m）、质量以千克（kg）和时间以秒（s）为基本单位，称米千克秒制（MKS）。随着电磁学、热力学、光辐射学和微观物理学的发展，以3个基本量为基础的单位制已不适用了，1960年第十一届国际计量大会确认了由国际计量局草拟的国际单位制（SI）。它设有7个严格定义的基本单位：长度（米）、质量（千克）、时间（秒）、电流（安培）、热力学温度（开尔文）、物质的量（摩尔）和发光强度（坎德拉），还设有导出单位和辅助单位。SI制和CGSM制的主要单位的对照关系见表，其中电学以外的部分是CGS制所共有的，电学内单位可根据CGSM和CGSE两制的关系，转换为CGSE制。在粒子物理学中还采用一种特殊的单位制——自然单位制，其中规定玻耳兹曼常数、光速、普朗克常数和真空介电常数都是其值为1的无量纲数，从而只留有一种独立的量纲，只有一种基本单位。在相对论天体物理学中，也有采用光速为无量纲数1的单位制。

国际单位制（SI）与厘米克秒制（CGS）主要单位对照表

单位名称	国际制	符号	厘米克秒制	符号	数值关系
长度	米	m	厘米	cm	1m＝100cm
质量	千克（公斤）	kg	克	g	1kg＝1 000g
时间	秒	s	秒	s	
电流	安培	A			$1A=10^{-1}emu$
热力学温度	开尔文	K	开尔文	K	
物质的量	摩尔	mol	摩尔	mol	
发光强度	坎德拉	cd	熙提	sb	$1cd=1sb\cdot cm^2$
力	牛顿	N	达因	dyn	$1N=10^5dyn$
压力、应力	帕斯卡	Pa（N/m^2）	泊	P	1Pa＝10P/s
能、功、热量	焦耳	J（N·m）	尔格	erg	$1J=10^7erg$
电量、电荷	库仑	C			$1C=10^{-1}emu$
电势、电压、电动势	伏特	V			$1V=10^8emu$
电容	法拉	F			$1F=10^{-9}emu$
电阻	欧姆	Ω			$1\Omega=10^9emu$
电导	西门子	S			$1S=10^{-9}emu$
磁通量	韦伯	Wb	麦克斯韦	Mx	1Wb相当于10^8Mx
磁感应强度	特斯拉	T	高斯	Gs	1T相当于10^4Gs
电感	亨利	H(Wb/A)			$1H=10^9emu$
光通量	流明	lm			
光照度	勒克斯	lx	辐透	ph	$1lx=10^{-4}ph$

表中emu为电磁制单位。

物理疗法 physical therapy 利用自然或人工物理因子作用于人体以防治疾病的方法。简称理疗。一般是利用电、磁、声、光、机械力、热等人工物理因素和日光、海水、矿泉、大气等自然界物理因素防治疾病的方法。其中**放射治疗**、**针灸治疗**等已单列出来。

种类 可按所用物理因素来分类。

自然界物理因素理疗法 有日光疗法、大气疗法、海水疗法、矿泉疗法、高山疗法、溶洞疗法、森林疗法等。

人工物理因素理疗法 有**电疗**、**光疗**、**磁疗**、超声疗、**水疗**、**热疗**、**冷疗**、**冷冻治疗**、推拿手法治疗、**按摩**、负压、生

表1 物理治疗方法的物理特点、治疗作用和适应证

理疗方法	物理特点	治疗作用机理	临床适应证
直流电疗法	方向恒定的电流	利用电解、电渗、电泳，改变电极下体内离子浓度	神经、肌肉和血管疾病
低频脉冲电疗法	频率在10^3赫以下，方向恒定的电流	兴奋神经、肌肉组织，促进局部血循环，镇痛、镇静和消炎	神经炎症和损伤，肢体循环障碍，神经痛，神经症等
中频正弦电疗法	频率10^3～10^5赫的交变电流	镇痛，改善循环，促进渗出吸收和淋巴回流，调制中频正弦电流可兴奋神经肌肉	神经肌肉损伤，疼痛综合征，软组织损伤，肢体循环障碍，胃下垂等
高频电疗法	频率10^5～3×10^{10}赫的交变电流	利用电磁场使人体产生热效应和非热效应，有镇痛消炎、促进循环、促进再生等作用	急、慢性化脓性炎症，疼痛综合征，神经炎，神经损伤，肾功能不全，关节炎等
磁疗法	磁场磁力线	促进循环，刺激组织生长，镇痛，消炎，抑菌，降血压	高血压病，关节炎，软组织损伤，疼痛综合征，神经衰弱，肠胃炎等
紫外线疗法	波长180～400纳米	利用光化学作用，促进代谢，促进维生素D_2、D_3形成，刺激上皮生长，提高人体免疫功能，抑杀细菌	急、慢性化脓性炎症，皮肤溃疡及皮炎，疼痛综合征，佝偻病，支气管哮喘等
红外线疗法	波长760～4 000纳米	利用辐射热效应，促进循环、加速渗出吸收，提高局部代谢，止痛	软组织损伤，关节炎，疼痛综合征，肌肉痉挛，纤维组织炎，骨折或脱位后的软组织水肿等
激光疗法	波长介于红外线和紫外线间，光纯亮度大，相干性好	利用热效应和压力效应，可消炎、止痛、刺激再生，大剂量可以破坏肿瘤组织	急慢性炎症，皮肤溃疡，切除皮肤赘生物，皮炎，口腔溃疡，关节周围炎等
超声波疗法	频率8×10^5～10^6赫的声波	利用其机械、热和理化作用可以消肿、止痛，促进组织再生	软组织损伤，神经痛，脑血管意外后遗症，下腹痛，关节周围炎、肌腱及腱鞘炎等
温热疗法		利用传导热，促进局部血液循环和代谢，消散水肿，软化瘢痕，刺激组织再生	软组织损伤，神经损伤及炎症关节炎，软组织粘连，瘢痕挛缩等

表2 不同病种理疗方法选择

治疗目的	理疗方法选择	常见病种
消除急性炎症	超短波，微波，紫外线，直流电抗菌药物导入	疖，痈，丹毒，乳腺炎，盆腔炎，肺炎等
改善局部血液循环	超短波，红外线，蜡疗，按摩，低中频电疗，磁疗	血栓闭塞性脉管炎早期，雷诺氏病等
治疗软组织损伤	冷疗（24小时内)，红外线，蜡疗，按摩，超声波，中频电疗	肌肉扭伤或挫伤，肌腱及韧带扭伤等
促进关节活动功能	热疗，按摩，水疗，超声波，体疗	骨或软组织外伤后关节活动障碍，关节痉挛，骨性关节病，风湿和类风湿关节炎，神经系统疾病等
促进组织再生	超短波，低频电，紫外线，碘离子导入，按摩	神经损伤，软组织损伤，慢性溃疡，褥疮等
镇痛	中频电疗，间动电磁疗，按摩，温热疗法，直流电止痛药物导入	神经痛，神经炎，软组织损伤，带状疱疹等
松解粘连，软化瘢痕	超声波，蜡疗，按摩，直流电碘离子导入，音频电疗，磁疗	手术后粘连，早期皮肤增生性瘢痕，关节挛缩，烧伤后瘢痕等
调节植物神经功能	直流电，静电，按摩，超短波，低频电	神经症，癔病，更年期综合征
刺激神经肌肉，治疗下运动神经元性麻痹	低频电，调制中频电，按摩，体疗	面神经麻痹后期，神经炎，神经损伤，废用性肌肉萎缩
治疗恶性肿瘤	大功率短波、微波、超声波可用于恶性肿瘤加温治疗，是理疗的特殊用法，多与放射治疗或化学治疗配合	癌及肉瘤

物反馈和运动等（表1)。

作用机理 几种不同的物理因素可具有共同的作用，也具有各自特殊的作用。物理因素对人体的作用有三个方面。

直接作用 如超短波作用于肾脏，可加速肾脏血流，提高肾小球的滤过功能和肾小管的排泄功能，故可利尿。低频脉冲电刺激肌肉，可直接引起肌肉收缩。直流电作用于人体，使体内离子移动，产生一过性离子浓度变化。阳极下，钙、镁离子浓度较正常为大，故使组织兴奋性下降，有镇静止痛作用；阴极下，钾、钠离子浓度较正常大，使组织兴奋性上升。

对神经系统的作用 物理因素可引起神经反射。①非条件反射。直流电刺激乳腺部位，可改善盆腔生殖器官的血流。上背及肩后受物理刺激，可改善大脑血液循环，调节大脑皮质功能。一侧肢体受高频电场作用，可使对侧肢体血管扩张，血流加速，肢体温度略升。脾脏区受电刺激，可影响肾上腺分泌功能，用于类风湿性关节炎急性期。②条件反射。高频电疗患者经多次治疗后，甚至只是放好电极而不通电，也可以出现治疗反应。

体液作用 血液、淋巴和内分泌系统在物理治疗中起重要作用。物理因素使血液循环加速，局部血流增多，既能改善局部营养代谢，又可促进有害物质的吸收。淋巴回流增加对消除机能组织的水肿有明显的效果。物理因素还可直接影响内分泌腺的功能，产生的激素又通过体液循环输送到远隔器官，起积极的治疗作用。

临床应用 理疗在临床上应用的范围可概括为：①消除急性或慢性的感染或非感染性炎症；②缓解或消除不同原因引起的疼痛；③刺激组织再生，促进软组织损伤和溃疡的修复；④促进血液循环，改善局部营养；刺激周围神经和肌肉，改善肢体运动功能；⑤提高人体的防御能力；⑥大剂高频电或超声与放射治疗或化学治疗配合有明显杀伤癌细胞的作用；⑦改善残疾人的功能活动，提高其代偿能力，达到最大限度恢复独立生活的目的（表2)。理疗尚可用于预防和保健。

物理学 physics 研究物质世界最基本的结构、最普遍的相互作用、最一般的运动规律及所使用的实验手段和思维方法的一门学科。实验手段和思维方法是物理学中不可或缺和极其重要的内容，后者如相对性原理、隔离体（包括系统）法、理想模型法、微扰法、量纲分析法等，在古典和现代物理学中都有重要应用。物理学一词，源自希腊文physikos，很长时期内，它和自然哲学（natural philosophy）同义，探究物质世界最基本的变化规律。随着生产的发展。社会的进步和文化知识的扩展、深

化，物理学以纯思辨的哲学演变到以实验为基础的科学。研究内容从较简单的机械运动扩展到较复杂的光、热、电磁等的变化，从宏观的现象剖析深入到微观的本质探讨，从低速的较稳定的物体运动进展到高速的迅变的粒子运动。新的研究领域不断开辟，而发展成熟的分支又往往分离出去，成为工程技术或应用物理学的一个分支，因此物理学的研究领域并非是一成不变的，研究方法不论是逻辑推理、数学分析和实验手段，也因不断精密化而有所创新，也难以用一个固定模式来概括。在19世纪发行的《不列颠百科全书》中，早已陆续地把力学、光学、热学理论和电学、磁学列为专条，而物理学这一条却要到1971～1973年发行的第十四版上才首次出现。为了全面、系统地理解物理学整体，与其从定义来推敲，不如循历史源流，从物理学的发生和发展的过程来探索。

发展史 西方的先哲一般都认为宇宙万物由几个简单的基本元素构成；千姿百态的各种运动也只是这些元素的量和质的变化。这些先进思想和他们的严谨的思辨方式，为后世的自然科学所继承和发扬。但由于他们的观察比较粗糙，又缺乏严格的数学论证，不免带有不少的空想和臆测的成分。例如亚里士多德在所著的《物理学》中就认为大地或月下区域内的物体是由土、水、气、火四元素构成，它们在宇宙中的“天然位置”是土位于最底层（即地球或宇宙中心)，其上顺次为水、气、火，任一物体的运动取决于该物体中占最大数量的元素，在该元素的天然位置的上下作直线运动；月球以上的天体则由截然不同的第五元素即由纯净的以太（ether，希腊文的原意是燃烧或发光）构成的，它们的天然运动是圆周运动。前一运动是有生有灭、永远变化的，后一运动则是无始无终、永远不变的。这样，天、地及其运动之间就存在不可逾越的鸿沟，这观点对后来的科学发展起了负面作用。在中国，以物理为书名的，见之于三国、西晋时代会稽郡（今绍兴）处士杨泉的《物理论》，他认为气是“自然之体”，天是回旋运转的“元气”，万物是阴阳二气的“陶化、播流、气积”而成。不少中国的先哲认为气或元气是构成万物的原始物质，阴阳二气的消长是事物运动变化的原因。也有将“道”视为宇宙的本原及其普遍规律。这些和西方的观点颇多相似之处。也都认为天、地遵循不同的运动规律，如《淮南子·天文训》就说：“道始于虚霩，虚霩生宇宙，宇宙生气，气有涯垠，清阳者薄靡而为天，重浊者凝滞而为地。”清者上浮，浊者下沉，形成天地之别。

经典物理学的发展 古希腊时代的阿基米德已经在流体静力学和固体的平衡方面取得辉煌成就，但当时将这些归入应用数学，并没有将他的成果特别是他的精确实验和严格的数学论证方法汲入物理学中。从希腊、罗马到漫长的中世纪，自然哲学始终是亚里士多德的一统天下。到了文艺复兴时期，N.哥白尼、布鲁诺、J.开普勒和伽利略不顾宗教的迫害，向旧传统挑战，其中伽利略把物理理论和定律建立在严格的实验和科学的论证上，因此被尊称为物理学或科学之父。

伽利略的成就是多方面的，仅就力学而言，他以物体从光滑斜面下滑将在另一斜面上升到同一高度，推论出如另一斜面的倾角极小，为达到同一高度，物体将以匀速运动趋于无限远，从而得出如无外力作用，物体将运动不息的结论。他精确地测定不同重量的物体以同一加速度沿光滑斜面下滑，并推论出物体自由下落时的加速度及其运动方程，驳倒了亚里士多德重物下落比轻物快的结论，并综合水平方向的匀速运动和垂直地面方向的匀加速运动得出抛物线轨迹和45°的最大射程角，伽利略还分析“地常动移而人不知”，提出著名的“伽利略相对性原理”(中国的成书于1800年前的《尚书·考灵曜》有类似结论)。但他对力和运动变化关系的分析仍是错误的。全面、正确地概括力和运动关系的是I.牛顿的三条运动定律，牛顿还把地面上的重力外推到月球和整个太阳系，建立了万有引力定律。牛顿以上述的四条定律并运用他创造的“流数法”(即今微积分初步)，解决了太阳系中的二体问题，推导出开普勒三定律，从理论上解决了地球上的潮汐问题。史称牛顿是第一个综合天上和地上的机械运动并取得伟大成就的物理学家。与此同时，几何光学也有很大发展，在16世纪末或17世纪初，先后发明了显微镜和望远镜，开普勒、伽利略和牛顿都对望远镜作很大的改进。

法国在大革命的前后，人才辈出，以P.-S.拉普拉斯为首的法国科学家（史称拉普拉斯学派）将牛顿的力学理论发扬光大，把偏微分方程运用于天体力学，求出了太阳系内三体和多体问题的近似解，初步探讨并解决了太阳系的起源和稳定性问题，使天体力学达到相当完善的境界。在牛顿和拉普拉斯的太阳系内，主宰天体运动的已经不是造物主，而是万有引力，难怪拿破仑在听完拉普拉斯的太阳系介绍后就问：你把上帝放在什么地位？无神论者拉普拉斯则直率地回答：我不需要这个假设。

拉普拉斯学派还将力学规律广泛用于刚体、流体和固体，加上W.R.哈密顿、G.G.斯托克斯等的共同努力，完善了分析力学，把经典力学推进到更高阶段。该学派还将各种物理现象如热、光、电、磁甚至化学作用都归于粒子间的吸引和排斥，例如用光子受物质的排斥解释反射，光微粒受物质的吸引解释折射和衍射，用光子具有不同的外形以解释偏振，以及用热质粒子相互排斥来解释热膨胀、蒸发等，都一度取得成功，从而使机械的唯物世界观统治了数十年。正当这学派声势煊赫、如日中天时，受到英国物理学家T.杨和这个学派的后院法兰西科学院及科学界的挑战，J.傅里叶从热传导方面，T.杨、D.-F.-J.阿拉戈、A.-J.菲涅耳从光学方面，特别是光的波动说和粒子说（见光的二象性）的论争在物理史上是一个重大的事件。为了驳倒微粒说，年轻的土木工程师菲涅耳在阿拉戈的支持下，制成了多种后以他的姓命名的干涉和衍射设备，并将光波的干涉性引入C.惠更斯的波阵面在介质中传播的理论，形成惠更斯-菲涅耳原理，还大胆地提出光是横波的假设，并用以研究各种光的偏振及偏振光的干涉，他创造了“菲涅耳波带”法，完满地说明了球面波的衍射，并假设光是以太的机械横波解决了光在不同介质界面上反射、折射的强度和偏振问题，从而完成了经典的波动光学理论。菲涅耳还提出地球自转使表面上的部分以太漂移的假设并给出曳引系数。也在阿拉戈的支持下，J.-B.-L.傅科和A.H.L.斐索测定光速在水中确比空气中为小，从而确定了波动说的胜利，史称这个实验为光的判决性实验。此后，光的波动说及以太论统治了19世纪的后半世纪，著名物理学家如M.法拉第、J.C.麦克斯韦、开尔文等都对以太论坚信不疑。另一方面，利用干涉仪内干涉条纹的移动，可以精确地测定长度、速度、曲率的极微细的变化；利用棱镜和衍射光栅产生的光谱，可以确定地上和天上的物质的成分及原子内部的变化。因此这些光学仪器已成为物理学、分析化学、物理化学和天体物理学中的重要实验手段。

蒸汽机的发明推动了热学的发展，18世纪60年代在J.瓦特改进蒸汽机的同时，他的挚友J.布莱克区分了温度和热量，建立了比热容和潜热概念，发展了量温学和量热学，所形成的热质说和热质守恒概念统治了80多年。在此期间，尽管发现了气体定律，度量了不同物质的比热容和各类潜热，但对蒸汽机的改进帮助不大，蒸汽机始终以很低的效率运行。1755年法国科学院坚定地否决了永动机。1807年T.杨以“能”代替“活力”，1826年J.-V.彭赛列创造了“功”这个词。1798年和1799年，B.T.朗福德和H.戴维分析了摩擦生热，向热质说挑战；J.P.焦耳从19世纪40年代起到1878年，花了近40年时间，用电热和机械功等各种方法精确地测定了热功当量；生理学家J.R.迈尔和H.von亥姆霍兹，更从机械能、电能、化学能、生物能和热的转换，全面地说明能量既不能产生也不会消失，确立了热力学第一定律即能量守恒定律。在此前后，1824年，S.卡诺根据他对蒸汽机效率的调查，据热质说推导出理想热机效率由热源和冷却源的温度确定的定律。文章发表后并未引起注意。后经R.克劳修斯和开尔文分别提出两种表述后，才确认为热力学第二定律。克劳修斯还引入新的态函数熵；以后，焓、亥姆霍兹函数、吉布斯函数等态函数相继引入，开创了物理化学中的重要分支——热化学。热力学指明了发明新热机、提高热机效率等的方向，开创了热工学；而且在物理学、化学、机械工程、化学工程、冶金学等方面也有广泛的指向和推动作用。这些使物理化学开创人之一W.奥斯特瓦尔德曾一度否认原子和分子的存在，而宣扬“唯能论”，视能量为世界的最终存在。但另一方面，J.C.麦克斯韦的分子速度分布律（见麦克斯韦速度分布律）和L.玻耳兹曼的能量均分定理把热学和力学综合起来，并将概率规律引入物理学，用以研究大量分子的运动，创建了气体分子动力论（现称气体动理论），确立了气体的压强、内能、比热容等的统计性质，得到了与热力学协调一致的结论。玻耳兹曼还进一步认为热力学第二定律是统计规律，把熵同状态的概率联系起来，建立了统计热力学。任何实际物理现象都不可避免地涉及能量的转换和热量的传递，热力学定律就成为综合一切物理现象的基本规律。经过20世纪的物理学革命，这些定律仍然成立。而且平衡和不平衡、可逆和不可逆、有序和无序乃至涨落和混沌等概念，已经从有关的自然科学分支中移植到社会科学中。

在19世纪20年代以前，电和磁始终认为是两种不同的物质，因此，尽管1600年W.吉伯发表《论磁性》，对磁和地磁现象有较深入的分析，1747年B.富兰克林提出电的单流质理论，阐明了正电和负电，但电学和磁学的发展是缓慢的，1799年A.伏打发明伏打电堆，人类才有能长期供电的电源，电开始用于通信；但要使用一个电弧灯，就需联接2千个伏打电池，所以电的应用并不普及。1820年H.C.奥斯特的电流磁效应实验，开始了电和磁的综合，电磁学就迅猛发展，几个月内，通过实验A.-M.安培建立平行电流间的安培定律，并提出磁分子学说，J.-B.毕奥和F.萨伐尔建立载流导线对磁极的作用力，阿拉戈发明电磁铁并发现磁阻尼效应，这些成就奠定了电磁学的基础。1831年M.法拉第发现电磁感应现象，磁的变化在闭合回路中产生了电流，完成了电和磁的综合，并使人类获得新的电源。1866年E.W.von西门子发明自激发电机，又用变压器完成长距离输电，这些基于电磁感应的设备，改变了世界面貌，创建了新的学科——电工学和电机工程。法拉第还把场的概念引入电磁学；1864年麦克斯韦进一步把场的概念数学化，提出位移电流和有旋电场等假设，建立了麦克斯韦方程组，完善了电磁理论，并预言了存在以光速传播的电磁波。但他的成就并没有即时被理解，直到H.R.赫兹完成这组方程的微分形式，并用实验证明麦克斯韦预言的电磁波，具有光波的传播速度和反射、折射干涉、衍射、偏振等一切性质，从而完成了电磁学和光学的综合，并使人类掌握了最快速的传递各种信息的工具，开创了电子学这门新学科。

直到19世纪后半叶，电荷的本质是什么，仍没有搞清楚，盛极一时的以太论，认为电荷不过是以太海洋中的涡元。H.A.洛伦兹首先把光的电磁理论与物质的分子论结合起来，认为分子是带电的谐振子，1892年起，他陆续发表“电子论”的文章，认为1858年J.普吕克发现的阴极射线就是电子束；1895年提出洛伦兹力公式，它和麦克斯韦方程相结合，构成了经典电动力学的基础；并用电子论解释了正常色散、反常色散（见光的色散）和塞曼效应。1897年J.J.汤姆孙对不同稀薄气体、不同材料电极制成的阴极射线管施加电场和磁场，精确测定构成阴极射线的粒子有同一的荷质比，为电子论提供了确切的实验根据。电子就成了最先发现的亚原子粒子。1895年W.K.伦琴发现X射线，延伸了电磁波谱，它对物质的强穿透力，使它很快就成为诊断疾病和发现金属内部缺陷的工具。1896年H.贝可勒尔发现铀的放射性，1898年居里夫妇发现了放射性更强的新元素——钋和镭，但这些发现一时尚未引起物理学界的广泛注意。

20世纪的物理学　到19世纪末期，经典物理学已经发展到很完满的阶段，许多物理学家认为物理学已接近尽头，以后的工作只是增加有效数字的位数。开尔文在19世纪最后一个除夕夜的新年祝词中说：“物理大厦已经落成……动力理论确定了热和光是运动的两种方式，现在它的美丽而晴朗的天空出现两朵乌云，一朵出现在光的波动理论，另一朵出现在麦克斯韦和玻耳兹曼的能量均分理论。”前者指的是以太漂移和迈克耳孙-莫雷测量地球对（绝对静止的）以太速度的实验，后者指用能量均分原理不能解释黑体辐射谱和低温下固体的比热。恰恰是这两个基本问题和开尔文所忽略的放射性，孕育了20世纪的物理学革命。

1905年A.爱因斯坦为了解决电动力学应用于动体的不对称（后称为电动力学与伽利略相对性原理的不协调），创建了狭义相对论，即适用于一切惯性参考系的相对论。他从真空光速不变性出发，即在一切惯性系中，运动光源所射出的光的速度都是同一值，推出了同时的相对性和动系中尺缩、钟慢的结论，完满地解释了洛伦兹为说明迈克耳孙-莫雷实验提出的洛伦兹变换公式，从而完成了力学和电动力学的综合。另一方面，狭义相对论还否定了绝对的空间和时间，把时间和空间结合起来，提出统一的相对的时空观构成了四度时空；并彻底否定以太的存在，从根本上动摇了经典力学和经典电磁学的哲学基础，而把伽利略的相对性原理提高到新的阶段，适用于一切动体的力学和电磁学现象。但在动体或动系的速度远小于光速时，相对论力学就和经典力学相一致了。经典力学中的质量、能量和动量在相对论中也有新的定义，所导出的质能关系为核能的释放和利用提供了理论准备。1915年，爱因斯坦又创建广义相对论，把相对论推广到非惯性系，认为引力场同具有相当加速度的非惯性系在物理上是完全等价的，而且在引力场中时空是弯曲的，其曲率取决于引力场的强度，革新了宇宙空间都是平直的欧几里得空间的旧概念。但对于范围和强度都不很大的引力场如地球引力场，可以完全不考虑空间的曲率，而对引力场较强的空间如太阳等恒星的周围和范围很大的空间如整个可观测的宇宙空间，就必须考虑空间曲率。因此广义相对论解释了用牛顿引力理论不能解释的一些天文现象，如水星近日点反常进动、光线的引力偏折等。以广义相对论为基础的宇宙学已成为天文学的发展最快的一个分支。

另一方面，1900年M.普朗克提出了符合全波长范围的黑体辐射公式，并用能量量子化假设从理论上导出，首次提出物理量的不连续性。1905年爱因斯坦发表光量子假设，以光的波粒二象性，解释了光电效应；1906年又发表固体热容的量子理论；1913年N.玻尔发表玻尔氢原子理论，用量子概念准确地地计算出氢原子光谱的巴耳末公式，并预言氢原子存在其他线光谱，后获证实。1918年玻尔又提出对应原理，建立了经典理论通向量子理论的桥梁；1924年L.V.德布罗意提出微观粒子具有波粒二象性的假设，预言电子束的衍射作用；1925年W.泡利发表泡利不相容原理，W.K.海森伯在M.玻恩和数学家E.P.约旦的帮助下创立矩阵力学，P.A.M.狄拉克提出非对易代数理论；1926年E.薛定谔根据波粒二象性发表波动力学的一系列论文，建立了波函数，并证明波动力学和矩阵力学是等价的，遂即统称为量子力学。同年6月玻恩提出了波函数的统计解释，表明单个粒子所遵循的是统计性规律而非经典的确定性规律；1927年海森伯发表不确定性关系；1928年发表相对论电子波动方程，奠定了相对论性量子理论的基础。由于一切微观粒子的运动都遵循量子力学规律，因此它成了研究粒子物理学、原子核物理学、原子物理学、分子物理学和固体物理学的理论基础，也是研究分子结构的重要手段，从而发展了量子化学这个化学新分支。

差不多同时，研究由大量粒子组成的粒子系统的量子统计法也发展起来了，包括1924年建立的玻色－爱因斯坦统计和1926年建立的费米－狄拉克统计，它们分别适应于自旋为整数和半整数的粒子系统。稍后，量子场论也逐渐发展起来了。1927年，狄拉克首先提出将电磁场作为一个具有无穷维自由度的系统进行量子化的方案，以处理原子中光的自发辐射和吸收问题。1929年海森伯和泡利建立了量子场论的普遍形式，奠定了量子电动力学的基础。通过重正化解决了发散困难，并计算各阶的辐射修正，所得的电子磁矩数值与实验值只相差2.5×10^{-10}，其准确度在物理学中是空前的。量子场论还正向统一场论的方向发展，即把电磁相互作用、弱相互作用、强相互作用和引力相互作用统一在一个规范理论中，已取得若干成就的有电弱统一理论、量子色动力学和大统一理论等。

物理学实验与理论相互推进，并广泛应用于各部门，成为技术革命的重要动力，也是20世纪物理学的一个显著特征。其中开展得最迅速的领域则是原子核物理学和粒子物理学。1905年E.卢瑟福等发表元素的蜕变理论说明放射性元素因放射α和β粒子转变为另一元素，打破元素万古不变的旧观念；1911年卢瑟福又利用α粒子的大角度散射，确立了原子核的概念；1919年，卢瑟福用α粒子实现人工核反应。鉴于天然核反应不受外界条件的控制，当时人工核反应所消耗的能量又远大于所获得的核能，因此卢瑟福曾断言核能的利用是不可能的。1932年2月，J.查德威克在约里奥－居里夫妇（1932年1月）和W.博特的实验基础上发现了中子，既解决构成原子核的一个基本粒子（和质子并称为核子），又因它对原子核只有引力而无库仑斥力，中子特别是慢中子成为诱发核反应、产生人工放射性核素的重要工具。1938年发现核裂变反应，1942年建成第一座裂变反应堆，完成裂变链式反应，1945年爆炸了第一颗原子弹，1954年建成了第一个原子能发电站，至今核裂变能已成为重要的能源。物理学家还从核聚变方向探索新能源：1938年H.A.贝特提出碳氮循环假说以氢聚变解释太阳的能源，成为分析太阳内部结构和恒星演化的重要理论依据；1952年爆炸了第一颗氢弹。许多国家都在惯性约束聚变和磁约束聚变等不同方面，探索自控核聚变反应，以解决日趋匮乏的能源问题。

对基本粒子的研究最初是和研究原子和原子核结构在一起的，先后发现了电子、质子和中子。1931年泡利为了解释β衰变的能量守恒，提出中微子假设，于1956年证实。1932年C.D.安德森发现第一个反粒子即正电子，证实了狄拉克于1928年作出的一切粒子都存在反粒子的预言。在研究核内部结构时，发现核子间普遍存在强相互作用，以克服质子间的电磁相互作用，还了解核内存在数值比电磁作用小的弱相互作用，它是引起β衰变的主要作用。1934年汤川秀树用介子交换的假设解释强相互作用，但当时所用的粒子加速器的能量不足以产生介子，因此要在宇宙射线中寻找。1937年C.D.安德森在宇宙线内果然找到了一种质量介乎电子和质子间的粒子（后称μ子），但以后发现它并无强作用。1947年C.F.鲍威尔在高山顶上利用核乳胶发现π介子。从50年代起，各国都把高频、微波和自动控制技术引入加速器，制成大型高能加速器及对撞机等，成为粒子物理学的主要实验手段，发现了几百种粒子：将参与电磁、强、弱相互作用的粒子称为强子，如核子、介子和质量超过核子的重子；只参与电磁和弱相互作用的粒子如电子、μ子、τ子称轻子，并开始按对称性分类。1955年发现当时称为θ介子和τ介子的两种粒子，它们的质量、寿命相同应属一种粒子，但在弱相互作用下却有两种不同衰变方式，一种衰变成偶宇称，一种为奇宇称，究竟是一种或两种粒子，被称为θ－τ之谜。李政道和杨振宁仔细检查了以往的弱作用实验，确认这些实验并未证实弱作用中宇称守恒，从而以弱作用中宇称不守恒，确定θ和τ是一种粒子，合称K介子。这是首次发现的对称性破缺。对粒子间相互作用的研究还促进了量子电动力学的发展。60年代中期起，进一步研究强子结构，提出带色的夸克假设，并用对称性及其破缺来分析夸克和粒子的各种性质及各种相互作用；建立了电弱统一理论和量子色动力学，并正在探索将电磁、弱、强三种相互作用统一起来的大统一理论。

此外，基于19世纪末热电子发射现象，1906年发明了具有放大作用的三极电子管，各种电子管纷纷出现，并和基于阴极射线的摄像管相结合，使电子工业，电子技术和电子学都迅速发展。1912年M.von劳厄发现X射线通过晶体时的衍射现象，后布拉格父子发展了研究固体的X射线衍射技术，在发现电子和离子的衍射现象后，鉴于它们的波长可以较X射线更短，发展了各种电子显微镜，其中扫描透射电镜的分辨本领达到0.3纳米，可以观察到轻元素支持膜上的重原子，这些都成为研究固体结构及其表面状态的重要实验工具。在引入量子理论后固体物理学及所属的表面物理学迅速开展起来了。在固体的能带理论指导下，对半导体的研究取得很大成功，1947年制成了具有放大作用的晶体三极管，以后又发明其他类型晶体管和集成电路等半导体器件，使电子设备小型化，促进了电子计算机的发展，并开创了半导体物理学新学科。此外，以爱因斯坦的受激辐射理论为基础，发展了激光技术，由于激光的高定向性、高单色性、高相干性和高亮度，得到了广泛的应用；在低温物理学方面，H.开默林·昂内斯于1906和1908年相继液化了氢气和氦气，1911年发现金属在温度4开左右时的超导电性，以后超导物质有所增加，超导温度也渐提高。现已证实，超导转变温度可提高到130开以上，并已开始应用于超导加速器等。

学科特点 物理学是实验科学，“实践是检验真理的唯一标准”，物理学也同样遵循这一标准。一切假说都必须以实验为基础，必须经受住实验的验证。但物理学也是思辨性很强的科学，从诞生之日起就和哲学建立了不解之缘。无论是伽利略的相对性原理、牛顿运动定律、动量和能量守恒定律、麦克斯韦方程乃至相对论、量子力学，无不带有强烈的、科学的思辨性。有些科学家例如在19世纪中主编《物理学与化学》杂志的J.C.波根多夫曾经想把思辨性逐出物理学，先后两次以具有思辨性内容为由，拒绝刊登J.R.迈尔和H.von亥姆霍兹的论能量守恒的文章，终为后世所诟病。要发现隐藏在实验事实后面的规律，需要深刻的洞察力和丰富的想象力。多少物理学家关注θ-τ之谜，唯有华裔美国物理学家李政道和杨振宁，经过缜密的思辨，检查大量文献，发现谜后隐藏着未经实验鉴定的弱相互作用的宇称守恒的假设。而从物理学发展史来看，每一次大综合都促使物理学本身和有关学科的很大发展，而每一次综合既以建立在大量精确的观察、实验事实为基础，也有深刻的思辨内容。因此一般的物理工作者和物理教师，为了更好地应用和传授物理知识，也应从物理学的整个体系出发，理解其中的重要概念和规律。

应用 物理学是广泛应用于生产各部门的一门科学，有人曾经说过，优秀的工程师应是一位好物理学家。物理学某些方面的发展，确实是由生产和生活的需要推动的。在前几个世纪中，卡诺因提高蒸汽机的效率而发现热力学第二定律，阿贝为了改进显微镜而建立光学系统理论，开尔文为了更有效地使用大西洋电缆发明了许多灵敏电学仪器；在20世纪内，核物理学、电子学和半导体物理、等离子体物理乃至超声学、水声学、建筑声学、噪声研究等的迅速发展，显然和生产、生活的需要有关。因此，大力开展应用物理学的研究是十分必要的。另一方面，许多推动社会进步，大大促进生产的物理学成就却肇始于基本理论的探求，例如：法拉第从电的磁效应得到启发而研究磁的电效应，促进电的时代的诞生；麦克斯韦为了完善电磁场理论，预言了电磁波，带来了电子学世纪；X射线、放射性乃至电子、中子的发现，都来自对物质的基本结构的研究。从重视知识、重视人才考虑，尤应注重基础理论的研究。因此为使科学技术达到世界前列，基础理论研究是绝不能忽视的。

展望 世界进入21世纪，能源和矿藏的日渐匮乏，环境的日渐恶化，向物理学提出解决新能源、新的材料加工、新的测试手段的物理原理和技术。对粒子的深层次探索，解决物质的最基本的结构和相互作用，将为人类提供新的认识和改造世界的手段，这需要有新的粒子加速原理，更高能量的加速器和更灵敏、更可靠的探测器。实现受控热核聚变，需要综合等离子体物理、激光物理、超导物理、表面物理、中子物理等方面知识，以解决有关的一系列理论技术问题。总之，随着新的技术革命的深入发展，物理学也将无限延伸。

《物理学》 *Physika* 亚里士多德的关于自然哲学的著作。它以运动变化的、物质的自然事物作为研究对象，论述了自然界的普遍原理和运动发展的规律。全书各卷原先可能是一些独立的专题论著或讲稿，后来由他的弟子编纂而成。全书共分8卷。前两卷评述以往自然哲学家在自然万物本原问题上的各种不同主张，并提出“四因”说；第3～7卷探讨自然物体的运动及与此相关的空间、时间、无限、有限等概念；最后一卷提出自然万物运动的最终原因，即第一推动者。

该书提出了比较系统的运动的理论。认为运动是事物从潜能变为现实。运动与物体不可分。运动是永恒的，既无开端，也无终结。一切运动都以一定的空间位置和时间为前提，运动和空间、时间是不可分割的。亚里士多德的这部分思想既是唯物主义的，又包含着丰富的辩证法，但是，他认为永恒的运动必定有永恒的原因，因而提出第一推动者，作为整个宇宙永恒运动的根源。这个最高动因是非物质的、自身不动的、超时空的，又是永恒的、独一无二的、不可分的、没有任何量的。

物联网 internet of things; IOT 可唯一标识的物理世界实体通过其数字化表示、按约定的协议所构成的类互联网结构的网络。物联网通过在物理世界物体中部署具有一定感知、存储和计算能力的嵌入式芯片和软件，使之成为数字化表示的“智能对象”，并通过以互联网为核心的泛在网络基础设施实行“智能对象”之间及其与人之间的互联，从而支持人类对物理世界实时便捷的监控和管理，实现人类对生产生活方式的精细动态管理与调度，提高资源利用率和生产力水平，改善人与自然之间的关系。

物联网概念于1999年由美国麻省理工学院的K.阿什顿提出，原意是把所有物品通过射频标识（RFID）等信息传感设备与互联网连接起来，实现智能化识别和管理。2005年国际电信联盟（ITU）发表的《ITU互联网报告2005：物联网》对物联网定义的范围进行了较大扩展，即利用射频标识技术、传感器技术、纳米制造技术、智能嵌入技术、无线通信与网络技术，实现世界上所有物理实体之间互联互通。2009年，国际商用机器公司（IBM）推出了“智慧地球”的概念，力图将电力、交通等传统基础设施与计算机网络融为一体，实现对物理世界更透彻的感知、更广泛的互联和更智能的信息处理，使得物联网成为信息科学技术发展的热点。

物联网的研究和应用尚在起步阶段，在计算技术和通信技术方面还有一系列关键科学技术挑战亟需解决，主要包括节点技术、组网技术、海量数据融合与处理技术、信息-物理融合实时性与并发性处理技术、高能效技术等。

物料搬运机械 materials handling equipment 在企业（包括码头、料场、矿山和货仓等）内部进行物料装卸、升降、输送、堆垛和储存的机械设备。一般包括起重机械、输送机械、装卸机械、搬运车辆和仓储设备等。物料搬运机械用于生产、流通和生活的各个领域，也用于对人员的输送（如电梯、客运索道等）。

分类 按功能大致可分为起重机械、输送机械、装卸机械、搬运车辆和仓储设备等5类。①起重机械用于物料的升降和搬运，搬运距离较短，动作机构作间歇式运动。主要有千斤顶、起重滑车、手（电）动葫芦、绞车、起重机、架空单轨系统、升降机等。②输送机械可连续输送物料，搬运路线一般固定不变，用以输送散状物料和成件物品。主要有各种散状物料输送机、成件物品输送设备、气力输送装置、水力输送装置、架空索道、自动扶梯、自动人行道等。③装卸机械能够自行取物并装卸物料。主要有装载机、翻车机、斗轮堆取料机、装车（船）机、卸车（船）机等。④搬运车辆可灵活安排搬运路线，经济运输距离较长，可在室内或室外作业，具有行驶车轮。主要有叉车、电动（手动、内燃）搬运车、自动导向车辆、气垫搬运装置等。⑤仓储设备是在仓库中完成堆垛、储存、取物作业的机械。主要有高架仓库、巷道堆垛起重机、成件物品输送机等。

现代物料搬运系统 有起重、输送、装卸、储存、堆码、拣选、计数、称量等作业环节或工序，需要物料搬运设备配以自动控制系统组成自动化的物料搬运系统。典型的现代物料搬运系统有：①大宗散状物料出口港搬运系统。②钢铁联合企业原料搬运系统。③集装化物料储存系统。应用最为广泛的是自动化高架仓库储存系统。

物流 materials distribution 商品从供给者向需求者或从生产领域向消费领域的实体转移过程中，运输、储存、包装、装卸、流通加工和信息处理等各种活动的集成系统。

物流一词最早出现于1915年的美国，其发展得益于第二次世界大战。二战期间，美国军队建立了运筹学和后勤理论，将战时物质的生产、采购、运输、配给等活动作为一个整体进行部署和规划，目的是使战略物资补给的费用更省、速度更快。战后，美国企业发现后勤理论用于经营管理活动同样有效，并可为企业带来可观的效益，于是提出了商业物流的概念，由此形成了我们今天所说的物流。

构成要素 ①运输。泛指通过公路、铁路、水路、航空、管道等运输活动，使商品实现从产地到销地的空间位移。②储存。商品离开生产过程之后、进入消费领域之前，在仓库的储存、保管、养护等活动。③包装。包括商品的出厂包装、半成品包装，商品在物流过程中的换装、分装、再包装等活动。④装卸。在运输、储存、配送活动前后，通过人力或机械装置进行的商品装、卸、移送、挑拣等活动。⑤流通加工。对商品的配装、拼装、定量化小包装、贴标记，使商品改变形状、性能，对商品进行挑选、综合利用等方面的加工。⑥配送。按客户需要而进行的集货、配货、送货等活动。⑦信息处理。运用计算机等情报手段，保持上述活动的相互联系和密切配合，形成一个协调一致、高效运转的系统。

合理化 作为一个系统性的整体，通过合理化降低成本、提高效益是物流的基本要求之一。其内容包括：选择合理的运输线路；选择最恰当的运输方式；选择最方便、最经济的运输工具；建立物流中心，采用现代化的仓储设备和先进的仓库管理办法及其他科学的物流手段，促进物流的现代化等。

社会化 初期的物流工作都是由企业自己进行的，不利于物流成本的降低和物流效益的提高。因此，随着市场竞争的加剧和进一步降低成本的迫切要求，出现了为工商企业提供专业化服务的“第三方物流”。这种专业化、社会化的物流公司更有利于提高物流效率、降低物流成本，并能为企业提供更高水平的全方位服务，已成为一种发展趋势。

物流中心 logistic center 从事物流活动的场所或组织。以物流为主营业务，主要面向社会服务，具备一定的物流服务基础设施和设备、相应的组织机构和经营方式、完善的信息网络，具有一定规模的物流量，辐射范围较大，一般依托于交通枢纽。

特点与功能 物流中心一般处于枢纽或重要地理位置，有完整的物流环节，具有将物流集散、信息和控制功能实现一体化动作的据点。物流中心有7个基本功能：运输功能、储存功能、装卸搬运功能、包装功能、流通加工功能、配送功能、物流信息处理功能。

类型 按物流中心在供应链中所处位置，分为服务于原材料供应商、制造商、分销商、零售商的物流中心。按物流中心的主要功能分为：①集散中心。主要功能有集货送货、初级加工、运输包装、集装分装、货物仓储等。②转运中心。实现货物在不同运输方式的设备间的装卸换装作业，以及集散、配载、仓储等功能。③加工中心。能进行专业化的流通加工，还兼有一体化的运输、仓储、配送等功能。④配送中心。集订货、取货、集货、包装、仓储、装卸、分拣、加工、送货、信息服务等多种功能于一体。按物流中心处理货物的类型分为各种专业性的物流中心，如服装物流中心、电器物流中心、食品物流中心、干货物流中心、生鲜商品物流中心、图书物流中心等。

物权 right in rem 权利人在法律规定的范围内，按照自己的意志或者依照授权支配特定物而享受其利益的具有排他性的财产权。

物权的基本法律特征 ①物权以直接就物享受利益为内容，利益分为物的归属、物的利用、就物的价值而设立的债务的担保，以此与所有权、用益物权和担保物权相区别。②物权具有直接支配物的特性，因而被称为支配权，以此与债权相区别。③物权的客体必须是特定物，否则，物权人无从直接支配。④物权为排他性的财产权，以此与债权相区别。⑤物权是对世权，即物权对除权利人之外的任何人都有约束力。

物权制度的发展 1804年《法国民法典》已有物权这一概念，但还没有形成物权编。物权编最早出现于1896年《德国民法典》。有些国家民法虽不设物权编，但并不妨碍物权制度的存在，并在实际上规定了用益物权、担保物权等具体规范。

中华民国时期的《民法典》规定了物权制度，现仍在台湾地区适用。中国1986年颁布的《民法通则》等法律法规虽没有明确使用“物权”一词，但第5章第1节“财产所有权和与财产所有权有关的财产权”中规定的大多数权利符合物权的基本特征，属于物权。2007年3月16日通过的《中华人民共和国物权法》规定了具有中国特色的物权制度。中国确定了所有权、国有土地使用权、农村土地承包经营权、宅基地使用权、抵押权、质权、留置权等物权类型，形成了较为完备的物权体系。

物权的分类 传统民法认为，物权一般包括所有权、地上权、地役权、抵押权、质权、留置权、典权、永佃权等。各种物权按其不同特点可作如下区分：①自物权和他物权。自物权即所有权。他物权包括所有权以外的其他物权。②完全物权和限定物权。前者如所有权，后者如他物权。③用益物权和担保物权。前者如地上权、地役权、典权，后者如抵押权、质权、留置权。④主物权和从物权。前者如所有权、地上权，后者如抵押权、质权、留置权。⑤不动产物权与动产物权。前者包括不动产所有权、地上权、永佃权、典权、不动产抵押权等，后者如动产所有权、质权、留置权等。

物权的效力 有一般效力与特殊效力之分。特殊效力规定于各种物权之中。通常所称的物权的效力仅指其一般效力，包括：①排他效力。②优先效力。③追及效力。指物权成立后，其标的物不论辗转于何人之手，物权人都有权追及至物之所在而主张权利。④物上请求权。又称物权的请求权。分为返还请求权、妨害除去请求权和妨害防止请求权三种。

物态 state of matter 物质在一定的温度和压强下所处的相对稳定的状态，通常指固态、液态和气态。物质的上述三种状态是可以互相转化的。水汽、水、冰是常见的同一物质的三态；氧、氢、氦等在常温下是气态，只在极低温度下才是液态或固态；金、钨等在常温下是固态，只在极高温度下才是液态或气态。固态物质的分子或原子只能围绕各自的平衡位置微小振动，固体有一定的形状、大小；液态物质的分子或原子没有固定的平衡位置，但还不能分散远离，液体有一定体积，形状随容器而定，易流动，不易压缩；气态物质的分子或原子作无规则热运动，无平衡位置，也不能维持在一定距离，气体没有固定的体积和形状，自发地充满容器，易流动，易压缩。

除上述三态外，当气体中分子运动更加剧烈，成为离子、电子的混合体时，称为等离子态；当压强超过百万大气压时，固体的原子结构被破坏，原子的电子壳层被挤压到原子核的范围，这种状态称为超固态；有些原子气体被冷却到纳开（10^{-9}K）温度时，被称为气体原子（玻色子）都进入能量最低的基态，称为玻色－爱因斯坦凝聚态。

《物性论》 *De Natura Rerum* 卢克莱修的哲学长诗。1473年整理出版。现存唯一系统阐述古希腊罗马的原子唯物论的著作。全书依据德谟克利特开创的原子唯物论，以大量事例阐明了伊壁鸠鲁的学说，批判了灵魂不死和灵魂轮回说及神创论。第1卷批驳了宗教和神创论，论述原子与虚空。指责宗教蒙蔽人们的理智，贬低人的尊严，唆使人类作出不道德的行为，使人们陷于极端的贫困。他用“本原”、“原初物体”、“物体”、“种子”、“元素”以及“物质形体”来代替“原子”。认为原初物体的形状是有限的，他从物体的多孔性和比重的不同论证虚空的存在。他认为宇宙是无限的，物质和空间都是无限的，宇宙中有无数世界在形成、发展和消亡，我们的世界并非唯一存在的世界。在第2卷中，他阐述了原子运动的规律性，他还说明了世界和万物形成的原因，指出了为德谟克利特所忽视的偶然性的存在。在第3卷中，他论述了灵魂的本性，区分了灵魂和精神。他认为灵魂是生命的本原，精神是意识和理智，二者都是物质的，是由极其精细的原子所构成的。在第4卷中，他阐述了感觉主义的认识论，主张感觉是一切知识的基础和本源。在第5卷中，他描述了宇宙、生物和社会的形成过程，并着重描绘了人类与社会发展的图景。他还推测到需要是社会发展的动力，认为理性能找到满足需要的手段。在第6卷中，他研究了当时的各门学科，并用原子唯物论观点解释了各种自然现象。书中还表现出生物进化论的思想。《物性论》一书对研究原子唯物主义有重要的参考价值，并对以后唯物主义的发展产生了深远的影响。

物证 material evidence 以外部特征、存在场所和物质属性证明案件事实的物品或痕迹。诉讼证据的一种。刑事诉讼中常见的物证有实施犯罪的工具，犯罪过程中留下的物品或痕迹，犯罪行为侵犯的客体物，犯罪行为产生的物品，在犯罪过程中或者犯罪后为掩盖罪行而伪造的各种物品或痕迹，能够表明犯罪嫌疑人、被告人无罪的物品或痕迹，以及其他可供查明案件真实情况的物品或痕迹。民事诉讼中的物证，包括有争议的物品或受损害的物质痕迹等。

中国刑事诉讼中，收集物证是公安、检察机关的重要职责，有关人员和单位也有向公安司法机关提供物证的义务。民事诉讼中，当事人对自己提出的主张，有责任提供物证（见举证责任）。当事人及其诉讼代表人因客观原因不能自行收集的物证，人民法院应当调查收集。收集物证主要通过勘验、检查、搜查、扣押等方法来进行。收集、调取的物证应当是原物。只有在原物不便搬运、不易保存或者依法应当返还被害人时，才可以拍摄足以反映原物外形或者内容的照片、录像。

物证对于查明案件事实，检验、鉴别其他证据，促使犯罪人认罪伏法和民事、行政诉讼当事人如实陈述案情具有重要作用。对物证应进行审查判断，查明物证是否伪造、物证的来源、物证与案件事实之间有无关联性。用作定案根据的物证，应当经过**法庭**出示和辨认。

物证技术 physical evidence techniques 各种**物证**的发现、记录、提取及检验和鉴定的技术的总称，是物理学、化学、生物学等自然科学的理论、方法在司法和执法活动中的应用。又称刑事技术或犯罪侦查技术。可为司法机关查明案件真实情况并公正处理案件提供科学、可靠的证据。

物证技术应遵循以下基本原则：①应当仔细识别案件中发现的各种物证，如指纹、足迹等，确定其是否与案件有关联。②应以现场细目摄影或物证摄影的方式，将可能有物证意义的客体的原始状态、其在现场的具体位置及其与周围物体的关系固定下来。③对于可能有物证意义的客体，采取“先静后动”的勘验原则，即只能在仔细观察客体的原始状态、与周围物体的相互关系之后，才能移动客体，以仔细研究其本身的特征。④根据各种物证的特点及性质，选用相应的方法提取。提取时要尽量保持客体的原始状态，既不使其增加新的印痕，也不使其受到损坏或者使其上的附着物散落、遗失。⑤根据案件中物证检验或鉴定的需要，注意提取相应的空白样本和（或）已知样本。如进行农药中毒检验时，应提取死者家里存用的农药及当地市售的相应农药作已知样本。⑥应根据提取的各种客体的性质及特点，选择安全、适当的方式妥善包装，注意防止损坏、变形、腐败、挥发、外漏、污染等，并签字加封。

物质 matter 哲学基本范畴，与意识、精神相对应。**辩证唯物主义**认为，物质是不依赖于意识而又能为意识所反映的客观实在。物质范畴是辩证唯物主义对无限丰富的实物、客体、系统及其属性和关系的概括，这一范畴是哲学史和科学史长期发展的产物。古代朴素唯物主义哲学家没有形成一般的“物质”概念。他们把物质理解为某一种或几种具体的物质形态，如古希腊的朴素唯物主义哲学家认为水、火、气、土等是世界的物质本原；中国古代的一些唯物主义哲学家把“**五行**”、“**气**”等看作是世界的本原；古代印度的顺世论者把地、水、火、风等作为世界的本原等。近代的机械唯物主义者则把物质理解为物质的具体层次——原子，认为原子的属性就是物质的属性。这些观点都坚持了物质第一性的唯物主义立场，但由于其时代的局限，都无法对于物质世界的多样性和统一性作出科学的说明。辩证唯物主义的物质范畴继承了古代唯物主义的思想精华，从各种具体的物质形态及其属性的共性的角度、从物质与意识的关系对物质作了科学定义，指出世界是物质多样性的统一。这一物质范畴奠定了辩证唯物主义理论的基石。辩证唯物主义认为物质和意识的关系问题是哲学的基本问题。

物质生物循环 biological cycle of substances 植物吸收空气、水、土壤中的无机养分合成有机质，有机质被动物消化吸收后合成动物机体，动物、植物死后的残体被微生物分解成无机物回到空气、水和土壤环境中，这一过程是一个连续的物质生物循环过程（见图）。又称生物小循环或元素生物地球化学循环。

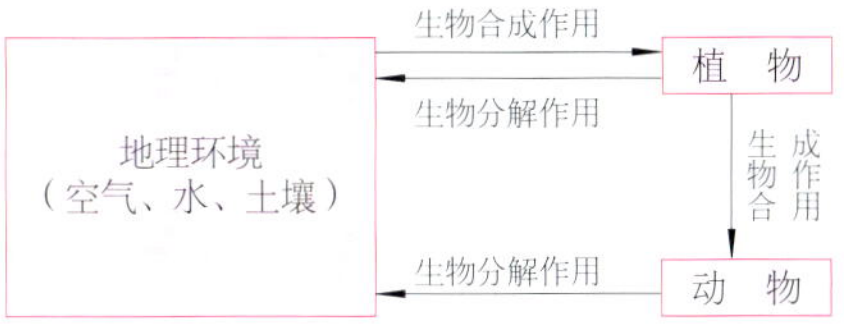

物质生物循环示意图

物质生物循环包括生物的合成作用和分解作用。合成作用指生物有机体通过生命活动从环境中吸收化学元素，合成生物体内复杂的有机化合物。自养型生物的合成作用主要是绿色植物的光合作用。绿色植物利用太阳光能从环境中吸收CO_2、水和无机盐类等，合成碳水化合物，并释放氧。这是物质生物循环的主要起点。细菌的光合作用和化能合成作用也可以合成有机物。一切异养型生物，如动物、真菌和大部分细菌不能直接从无机碳化物和矿物质合成有机物，只能利用绿色植物的光合产物，构成自身的有机体。分解作用指生物在合成和累积有机物的同时，所进行的方向相反的分解有机物过程。又称矿化作用。环境中的微生物分解动植物残体，使之矿质化，形成CO_2、水和简单的无机物，返回环境中。这是物质生物循环的终端。

良性的物质生态循环可保护土壤肥力。合理施肥可以改变栽培植物群落的物质生物循环，提高作物的产量和质量。污染物和有害元素在环境中能危害植物的正常生长和动物的生存，有些污染物在生物循环中通过食物链而富集，危害人体健康。研究物质生物循环对农牧业生产、改善环境有重要意义。

物种 species 具有共同形态特征、生理特性以及一定自然分布区的生物类群。称“种”。

物种保护 species conservation 为维护物种生存和提供人类持续的利用所采取的一项科学行动。古代在农业出现以前，人类仅靠捕捞、狩猎和采集野果为生，那时人口稀少，生物资源丰富，并未明显地改变生物栖息地生境。随着社会生产力的发展，人类从采集狩猎文化进入农业文明，稳定的食物来源促进了人口的增长。于是，生物栖息地大多被垦殖，以养活更多的人口。野生生物被分散在不相连的生境碎块中，种群之间不能进行基因交流，出现局部灭绝现象。另一方面，人类向新的地区移民开拓时，掠夺性地开发野生生物资源，导致它们面临灭绝的危险。随着科学的不断发展，人类认识到，野生生物和人类都是生物圈中的成员，也有生存的权利，而且彼此之间常常是相互依存的。于是，人类采取就地保护、迁地保护和离体保存等方法，以维护生物物种的生存和发展，使它们能长期繁衍下去。人类还通过立法和宣传教育等有效措施贯彻这个持续利用的方针，保证各种保护方法能够顺利实施。

《物种起源》 *Origin of Species* 生物学专著。英国生物学家C.R.**达尔文**撰。1859年11月24日正式出版。书中详细介绍了作者20年间收集到的丰富证据，充分论证了生物的进化，并明确提出**自然选择**学说来说明进化机理。进化论的出现使生物界的种种现象都得到一个统一的解释：生物的一致性可以用共同祖先来说明；物种的多样性则完全是进化适应的结果。进化论的出现在哲学和社会科学领域中也产生极大影响；它猛烈冲击了当时支配思想领域的神学观念。书出版后在社会上引起极大反响。作者在世时出了5版，被译成多种文字，流传世界。

《物种起源》在中国早有中译本出现。科学出版社1955年出版谢蕴贞译本。1972年8月在前版基础上由陈世骧等重译并出版。

物自体 things in themselves I.**康德**哲学的基本概念。又译自在之物。指存在于人们感觉和认识之外的客观实体。康德把它作为现象的基础，认为人们只能认识外物作用于感官时所产生的现象，不可能超越感官去认识物自体，它是永远不可知的。他还把物自体看作是自由意志、灵魂和上帝。

误差 error 数据近似值与其准确值之差。又称绝对误差。绝对误差与准确值之比称为相对误差，它表示近似值的近似程度。数据的准确值往往是不知道的，误差也是如此。通过各种途径估计误差的大小或范围，是确定数据可靠性和精确度的重要方面。

误差按其来源一般分为以下几种。

①客观世界的规律是由多种因素支配的，人们在认识过程中建立的数学模型往

往是近似的，不能完全准确地反映客观规律。由于模型的局限性而引起的误差称为模型误差。

②一些数据是利用测量工具测量得到的，由于测量工具的不准确性和测量时随机因素的干扰引起的数据误差叫作测量误差，前者称为系统误差，后者称为偶然误差。

③数学模型的表达式往往需要用便于计算的近似公式来代替。原来表达式的准确值与近似公式的准确值之差称为截断误差。

④实际计算是在数据的有限位数上进行的，计算过程中出现位数较多的数据需要用位数较少的数来代替，代替的方式通常采用四舍五入的规则，这样产生的误差称为舍入误差。

《悟真篇》 中国道教内丹经典。北宋张伯端撰，书成于宋神宗熙宁八年（1075）。此书以诗词歌颂文体，阐发内丹修炼理论及方法，认为修炼内丹为修道成仙之主要途径。据张氏自序，原书分正编与附录两部分。正编有诗词93首，言“养命固形之术”，即内丹修炼之“命功”。其方法以人体为鼎器，以身中精气神三宝为药。炼精化气，炼气化神而结成金丹。附录部分收入诗曲杂言32首，借用佛教禅宗“明心见性”之说，阐述道教“达本明性之道”，即内丹修炼之“性功”。认为通过心性修养，可以达到虚寂无为，返本还原，与道体合一之境界。全书所述丹法，以性命双修，先修命，后修性为其特点。北宋以后金丹派南宗之修炼理论和方法受此书影响甚大，历代道士皆推崇此书为内丹经典著作。

婺剧 Wu opera 中国戏曲剧种。俗称金华戏。流行于浙江金华、丽水、台州地区和杭州地区建德、淳安等县市，以及江西东北部。明代末叶，这一带就已盛行高腔和昆腔。清乾隆前后又相继流入乱弹、徽戏以及滩簧、时调。这些剧种和声腔长期在这一带同班演出，相互影响，在表演艺术上渐趋接近，形成了统一的风格。因金华古称婺州，1949年秋才改称为婺剧。婺剧班社按其所唱声腔的类别，有三合班、两合半班、乱弹班和徽班等组织形式。婺剧不仅保留了四平腔、义乌腔等许多古老声腔的遗音，而且较多地保存了徽戏的传

婺剧《对课》剧照

统剧目和腔调。它的表演格调粗犷，动作强烈，但在细节处理和人物性格刻画上，却又相当工细，善于运用特技和夸张的艺术手段，多在手腕和手指上下工夫，不同于京、昆等剧种而别具一格。

婺源县 Wuyuan County 中国江西省上饶市辖县。位于省境东北部，乐安河上游，与安徽、浙江省交界。面积2 947平方千米。人口33万（2010）。唐开元二十八年（740）析休宁、乐平县置婺源县，因地处婺水（今乐安河）之源而得名。农作物有松、杉、毛竹和茶叶、油茶、香菇等。矿产资源丰富，有煤、铁、金、钾长石、高岭土、砚石、石灰岩、铜、大理石等。有野生鸳鸯栖息地——鸳鸯湖。森林覆盖率81.5%。土特产有婺源绿茶、龙尾砚、江湾雪梨、中华荷包红鲤鱼。工业有制茶、机械、采煤、电力、水泥、化肥、食品、造纸、酿酒等。风景名胜有灵岩洞群、延村清代民居建筑群、詹天佑故居等。

雾 fog 在近地层空气中由无数小水滴或小冰晶组成的悬浮体。出现雾时，地面的水平能见度降低。

雾按强度可分为重雾（能见度小于50米）、浓雾（能见度50～200米）、中雾（能见度200～500米）和轻雾（能见度500～1 000米）。

雾按成因可分为4类：①辐射雾。夜间地面因辐射而冷却，使贴近地面的空气凝结而成的雾。一般发生在晴朗小风的夜间，日出之前最浓，日出后随地面气温升高而逐渐消散或上升为层云。②平流雾。暖湿空气移至较冷的下垫面上，其下部水汽因冷凝而形成的雾。常在冬季发生。③蒸发雾。冷空气移到较暖的水面上，水面快速蒸发，使水汽达到饱和而形成的雾。④锋面雾。暖锋前降的雨蒸发后，使低层空气接近饱和，加上平流作用，使温度稍有降低而形成的雾。

按照温度，雾可分为暖雾和冷雾。暖雾是指0℃以上的雾；冷雾是指0℃以下的雾，一般由过冷水滴组成，又称过冷雾。也有冷雾含冰晶的，温度越低，雾中冰晶浓度越大。完全由冰晶组成的冷雾，称为冰雾。

雾中水滴称为雾滴，其半径大多数为2～15微米。雾滴浓度一般为1～100个/厘米^3，浓雾中可达500个/厘米^3。雾中含水量一般小于0.1克/米^3。

雾灵山自然保护区 Wuling Mountain Natural Reserve 中国森林生态系统综合自然保护区。1982年建立，1988年列为国家级自然保护区。位于河北省兴隆县、滦平县、承德县和北京市密云县境内。大致呈东北—西南走向，海拔700～1 000米，主峰最高点玉皇顶2 116米，为燕山最高峰。雾灵山秋晴朗凉爽，冬寒冷干燥，春短促多风，夏温和多雨。由于夏雨多，湿度大，终日云雾缭绕。动植物资源丰富，植被属夏绿阔叶林。清为皇陵禁地，灌木丛生，古树参天。20世纪20年代尽遭破坏，现有植被皆为次生林，垂直分布较明显。约有500种植物，其中乔、灌木达100余种。有动物60余种，如直隶猴、麝、狐、熊、豹等。雾灵山多名胜古迹，如红梅寺、钟鼓院、云照寺、七盘井、清凉界碑、黑谷关、明长城等。保护区内山林水石奇特，为风景游览区。

雾凇 rime 低温时空气中水汽直接凝华，或过冷雾滴直接冻结在物体上而形成的乳白色冰晶沉积物。常在严寒的雾天或相对湿度很大的雾天出现。它由无数小冰珠或

小冰晶重叠组成，有时增长得很厚。雾凇有两类：①由水汽在物体表面凝华而成的针状雾凇，呈枝状的白色晶体，质地松散，容易震落，多出现于微风严寒的天气。②由过冷雾滴在物体上冻结而成的粒状雾凇，表面起伏不平，多朝一个方向增长，呈乳白色，多出现于微寒、浓雾、有风的天气。当风较大时，过冷雾滴常撞冻在物体的迎风面上和突出部位。这种雾凇增长较快，有时可很厚。雾凇严重时会影响交通运输、通信和输电线路的正常运行。

雾月政变 Le Coup d’ État du18 Brumaire 拿破仑·波拿巴发动的推翻督政府的军事政变。因发生在1799年11月9～10日，即共和历雾月而得名。E.-J.西哀士神父和C.-M.de塔列朗在波拿巴将军的援助下发动政变、解散下议院，强令元老院下令结束督政府，建立新执政府。见法国大革命。

X

夕卡岩 skarn 主要由富钙或富镁的硅酸盐矿物组成的变质岩。矿物成分主要为石榴子石类、辉石类和其他硅酸盐矿物。细粒至中、粗粒不等粒结构，条带状、斑杂状和块状构造。颜色取决于矿物成分和粒度，常为暗绿色、暗棕色和浅灰色，密度较大。根据成分可分为：①钙质夕卡岩。是交代石灰岩形成的。主要矿物有石榴子石（钙铝榴石-钙铁榴石系列）和辉石（透辉石-钙铁辉石系列）。②镁质夕卡岩。是交代白云岩或白云岩化灰岩形成的。标型矿物有透辉石、镁橄榄石、尖晶石、金云母、硅镁石等。③硅酸盐夕卡岩。是硅酸盐岩石受交代作用形成的。其成分与钙质夕卡岩相似，最典型的矿物是方柱石。夕卡岩一般是侵入体附近的碳酸盐岩或硅酸盐岩经接触交代变质作用形成的。通常按主要矿物直接命名，如石榴子石夕卡岩、透辉石夕卡岩等。与钙质夕卡岩有关的矿产有铁、钴、铜、铂、钨、钼、铅和锌、金、锡、钪、铌、稀土和铀等，与镁质夕卡岩有关的矿产有硼、铁-锌和金云母等。

西哀士 Sieyès, Emmanuel-Joseph（1748-05-03～1836-06-20） 法国大革命时期的政治理论家和活动家，法兰西学院院士（1803）。生于普罗旺斯省弗雷瑞斯城，卒于巴黎。出身于富裕的中产阶级家庭。1789年初被选为巴黎第三等级代表，出席三级会议。他主张第三等级单独集会，改称国民议会，草拟6月20日"网球场誓词"，倡议把议会迁往巴黎，创办布列塔尼人俱乐部（雅各宾俱乐部前身）。参加起草《人权与公民权宣言》。1799年9月任督政府督政。积极参与拿破仑·波拿巴雾月政变。政变后西哀士和拿破仑·波拿巴、P-R 迪科成为临时执政。此后一直任元老院议员。1809年被拿破仑一世封为帝国伯爵。1815年国王路易十八（1814～1824年在位）复辟，西哀士逃亡比利时。1830年七月革命后西哀士回到法国。

西安碑林 Forest of Steles in Xi' an 中国最大的古代石刻集中地。位于陕西西安三学街。一般认为是北宋元祐二年（1087）为保存唐代《开成石经》和《石台孝经》而建（也有建于1103年或1090年之说）。约从明崇祯十五年（1642）起，"碑林"一名

碑林陈列室

始出现。碑林建立以来，迭经修葺和充实。现藏历代碑石2 300多通（方），其中一级文物291件（套），自汉迄清，荟萃历代名家手笔，其中以唐代书法家欧阳询、颜真卿、柳公权、怀素、智永等人的手笔刻石最为珍贵。宋、元、明、清的名家墨迹，如米芾、蔡京、赵佶、苏轼、赵孟頫、董其昌等也有展出。碑文内容丰富，如《大秦景教流行中国碑》、《唐不空和尚碑》以及唐《中尼合文经幢》，是研究中外关系的重要文物，114石的《开成石经》是一座大型石质书库。此外，还有记载农民起义、古代地理、医药、地震，以及兴学、修渠、修路、修城等内容的石刻。西安碑林堪称历史文化艺术的宝库。1961年国务院公布为全国重点文物保护单位。

西安电影制片厂 Xi' an Film Studio 中国以生产故事片为主，科教片、纪录片为辅，并可承担洗印和缩制拷贝任务的综合性电影制片厂。1956年4月开始筹建，1958年8月23日成立。建厂初期拍摄的故事片主要有《草原风暴》、《碧空银花》、《桃花扇》、《天山的红花》（与北京电影制片厂合拍），戏曲片主要有《一文钱》、《尚小云舞台艺术》等。1978年以来拍摄的优秀故事片有《生活的颤音》、《第十个弹孔》、《西安事变》、《没有航标的河流》、《默默的小理河》、《人生》、《野山》、《决战之后》、《双旗镇刀客》、《在那遥远的地方》、《五魁》、《大话西游之大圣娶亲》、《大话西游之月光宝盒》、《秦颂》、《爱情麻辣烫》、《没事偷着乐》、《孩子王》、《美丽新世界》、《美丽的大脚》等。上述影片多数曾获得国内外多项奖励。1986年拍摄的《老井》和1987年的《红高粱》分别在日本东京国际电影节和柏林国际电影节获大奖。2007年，小成本电影《图雅的婚事》捧得柏林电影节金熊奖。科教片《绿色净化器》、《家庭笼养鸡》、《农用水泵》等也曾获奖。

西安交通大学 Xi' an Jiaotong University 中国以理工科为特色的综合性高等学校。属教育部。校址在西安。前身为1896年创办于上海的南洋公学。1912年改交通部上海工业专门学校。1921年与唐山工业专门学校、北京铁路管理学校、北京邮电学校共组交通大学。其后各校时有分合。蔡元培、张元济、吴有训、马寅初等曾在校任职任教。1956～1957年，交通大学大部分系科迁西安，分西安、上海两部。1959年两部分别独立建校，西安部分定现名。2000年与西安医科大学、陕西财经学院合并。设有理学、机械工程、电气工程、材料科学与工程、电子与信息工程、软件、航天航空、医学、经济与金融、管理、网络、职业技术暨继续教育十几个学院和外语部、体育部及附属医院等。有培养学士、硕士和博士的教学体系；有国家重点学科和国家重点实验室等。

西安市 Xi' an City 中国陕西省辖市、省会。位于省境中部。辖莲湖、新城、碑林、灞桥、未央、雁塔、阎良、临潼、长安9区和蓝田、周至、户县、高陵4县。面积9 983平方千米。人口847万（2010），有汉、回、满、壮、蒙古、朝鲜等民族。商末周初，文王都丰，武王都镐。秦武公十一年（公元前687），在所灭汤杜国设杜县，是中国最早设县之一。西汉初将秦内史地分为3郡，不久合为内史。汉武帝时将左右内史地设立京兆尹、左冯翊、右扶风3郡。汉以后，京兆尹改为京兆郡。北周时，划长安城中线以东析设万年县，形成万年县（后改名咸宁县）、长安县东西分治长安城的局面，一直延续到1913年。唐建都长安，改京兆郡为京兆府。元改为安西路，后又改奉元路。明洪武二年（1369）设西安府，清沿明制。

西安经济技术开发区

1928年设西安市，1930年撤销。1944年复设西安市，1948年为中央行政院辖市。1949年为陕甘宁边区辖市，1950年为西北行政区辖市，1953年改为中央直辖市。1954年改为陕西省辖市。

地处秦岭北麓，关中平原，以海拔400米左右的渭河平原为主。境内河流密集，有“八水绕长安”之说，有渭河、灞河、浐河等。属暖温带季风气候。年平均气温13.3℃。平均年降水量604毫米。森林覆盖率为29%。野生植物2 200多种，占中国植物种数的69%以上。其中有许多第三纪古老的残留植物，如水青树、连香树等，被誉为“活化石”。野生动物以大熊猫、金丝猴、羚羊最珍贵，为国家一级保护动物。大鲵是国家保护的珍贵鱼类。已查明的矿产有23种，其中金属矿产主要有铁、锰、铬、铜、铅、锌、钼、钨、铀等。非金属矿产主要有石墨、硫、石灰岩、建材砂砾、白垩土、大理石、钾长石、石英、白云石等。工业以机械、电子、化工为重点，兼有冶金、飞机、汽车、能源、电子、建材、食品、医药等部门。农业方面有大型奶牛、奶山羊、肉牛、禽蛋、水产、优质蔬菜、果林基地。盛产小麦、玉米、棉花、蔬菜和瓜果。主要土特产有辣椒、板栗、猕猴桃、石榴、火晶柿子等。

西安古为丝绸之路起点。中国西北地区重要的交通枢纽。西安咸阳国际机场与近百个国内城市、20个国家和地区通航、公路建设形成以西安市为中心的“米”字型辐射状干线公路系统。

西安是中国重要的高等教育和科研基地。有国家级科研基地9个，高等院校46所。新中国第一台计算机、第一架客机、第一块集成电路、第一台微电子计算机、第一支彩色显像管、第一台炮瞄雷达、第一台电视变相管高速摄影机等都是在西安地区诞生的。

西安是国家历史文化名城，七大古都之一，举世闻名的旅游城市，是国家重点旅游业基地，名胜古迹众多。古迹主要有蓝田猿人遗址、半坡遗址、丰镐遗址，以及阿房宫遗址、长乐宫遗址、大明宫遗址、秦始皇陵及兵马俑、明城墙、碑林、大雁塔、小雁塔、钟楼、鼓楼、兴善寺、乾陵、茂陵、黄帝陵、城隍庙等。风景名胜有华清宫、终南山、翠华山、南五台山、骊山、太白山等。革命纪念地有八路军驻西安办事处旧址、西安事变旧址、张学良公馆等。

西安事变 Xi' an Incident　1936年12月12日，中国东北军领导人张学良和西北军（17路军）领导人杨虎城，为迫使蒋介石答应停止内战，联共抗日，在西安发动兵谏，扣留蒋介石的事件。

九一八事变后，日本帝国主义步步紧逼，进窥华北，而蒋介石为首的国民党当局却坚持“攘外必先安内”的方针，继续进行剿共内战。全国人民要求团结抗日的呼声日益高涨。1935年，中国共产党在红军长征途中，发表《八一宣言》，提出抗日民族统一战线的主张。10月，红军到达陕北，准备开赴抗日前线。这时一二·九学生爱国运动爆发，全国的抗日救国运动进入新的高潮。

西安事变发生后，西安各界民众纷纷游行

当时在西北担负剿共任务的东北军与西北军在与红军几次交战中，连连失利，遭到重创。东北军将士面对国难家仇，对剿共本来就不热心。西北军过去曾有与共产党合作的经历。在全国抗日救国运动和中共统一战线政策的影响下，两军将士更加厌恶内战，希望联共抗日。经多种渠道的试探和谈判，到1936年春，两军皆与中共及红军方面达成协议，停止内战，团结合作，推动抗日，造成东北军、西北军与红军三位一体的政治基础。

蒋介石于1936年10月下旬，亲到西安察视，进一步催逼张、杨剿共。张学良婉劝蒋介石放弃内战，联共抗日。蒋坚拒不纳，月底，飞洛阳，在那里调兵遣将，布置剿共军事。此时，蒋已不信任张、杨部队。故开始调集中央嫡系部队准备向西北集结。

12月4日，蒋介石带领一批亲信军政大员，从洛阳再次飞抵西安。这一次他要为西北剿共军事行动作出最后的决定。向张、杨摊牌，指明两条出路：一是服从蒋的命令，率兵进剿红军；二是拒绝剿共，则张、杨两部分别调往福建、安徽，远离红军，也远离绥远抗日前线，另调中央嫡系部队到西北剿共。显然，这两条出路，张、杨及其部下都是不能接受的。双方立场严重对立，已到了随时可能激发事变的程度。

但是，张学良仍然试图说服蒋介石认清大势，放弃剿共内战，全国一致抗日。他披肝沥胆，坦陈忠言，仍不足以动摇蒋氏一意消灭共产党的决心。

12月9日，西安学生举行纪念一二·九运动一周年大游行。警察当局奉蒋饬令，竟向学生开枪，打伤一名学生，引起公愤。学生们在陕西省府等处请愿，要求实现全国抗日，不得要领，于是决定出城直赴华清池向蒋介石请愿。张学良觉得情况十分严重，便急忙驱车追上学生，一面对学生爱国热情表示理解，一面表示愿将请愿书代交委员长，并热泪盈眶地向大家表示，一星期内必定给大家满意答复。此时，张学良已决心采取一切手段，逼使蒋介石答应停止内战，一致抗日。

将学生劝归后，张学良直赴华清池见蒋，面交学生请愿书，并再次力陈必须放弃剿共内战，团结抗日的主张。尽管张氏情真意切，声泪俱下，蒋氏不但不加慰抚，反而痛责其未能严厉弹压学生。张学良当晚回城后，即与杨虎城秘商兵谏大计，决定由张部负责包围华清池，扣押蒋介石，由杨部负责解除西安蒋系各部武装并扣押随蒋来西安的中央军政大员。

12月12日，凌晨6时许，负责扣押蒋介石的张学良卫队二营营长孙铭九率队抵达华清池，与先期在那里负责守卫的卫队一营会合。他们顺利地解除了担负保卫任务的宪兵队的武装，当进抵临近蒋介石居处的二道门时遭遇抵抗。蒋闻枪声后在卫士帮助下仓皇越后墙逃走，暂藏于后山坡一个浅洞中。翻墙时，腰部及左臂受了轻伤。及天明时，孙铭九等发现蒋氏，将其送到西安城内。与此同时，杨虎城部亦将西安城内所有蒋系军、警、特解除武装，并控制蒋系在西安的各机构。

当日，张、杨通电全国，提出8项救国主张：①改组南京政府，容纳各党派，共同负责救国；②停止一切内战；③立即释放上海被捕之爱国领袖；④释放全国一切政治犯；⑤开放民众爱国运动；⑥保障人民集会结社一切政治自由；⑦确实遵行总理遗嘱；⑧立即召开救国会议。

西安事变震惊了国内外。事变当天，张学良即致电中国共产党，说明蒋已扣押，急盼中共派代表到西安共商大计。中共对事态的这一重大发展，事前一无所知，闻信后，答应派以周恩来为首的代表团前往西安。周于17日下午乘张学良所派飞机飞抵西安。

事变发生后，国内外各方反应复杂，颇出张、杨意料之外，亦颇出中共领导人的意料之外。原指望地方实力派响应的情况完全没有出现。原最盼望的苏联及共产国际的支持也没有成为事实。相反，苏联及共产国际都严厉批评张、杨的行动会导致内战扩大。英、美等国亦均持批评态度，并对蒋介石的安全深表关切。南京方面以何应钦为首的军方作出强烈反应，立即调动军队向西安进发，准备大举讨伐。国民党中央在主战派压力下，决定褫夺张学良本兼各职。大规模内战爆发的危险，与时俱增。此时，宋美龄、孔祥熙、宋子文等坚主和平解决。在派遣昔日蒋介石的顾问端纳飞西安探得蒋氏安全后，宋美龄、宋子文亲赴西安与张、杨谈判，并会见周恩来。在谈判中，张、杨提出6项条件，要蒋介石与南京政府履行。这6条是：①停战，中央军撤至潼关以外；②改组南京政府，排除亲日派，加入抗日分子；③释放政治犯，保障民主权利；④停止剿共，联合红军抗日，共产党公开活动；⑤召开各党各派各界各军救国会议；⑥与同情抗日国家合作。经反复谈商，于12月25日上午达成以下结果：①孔祥熙、宋子文组行政院，肃清亲日派；②撤兵，调胡宗南等中央军离西北；③蒋返京后释放爱国领袖；④停止剿共，3个月后抗战发动，联共抗日；⑤先开国民党会，开放政权，然后再召集各党各派救国会议；⑥一切政治犯分批释放；⑦抗战发动后，共产党公开；⑧联俄联英、美、法。谈判后，蒋介石会见了周恩来。

对于上述谈判结果，蒋介石表示以人格担保，宋美龄和宋子文则担保蒋氏的允诺付诸实行。鉴于形势的紧迫，张学良决定尽快放蒋，并亲自送蒋回南京，表示诚心为国，束身待罪之意。然而，他从此就失去自由，其部队被分化瓦解；杨虎城后来竟被杀害。但无论如何，西安事变终究成为中国由内战到全国抗战的一个关键转折点。

西柏坡中共中央旧址 Site of the Central Committee of Chinese Communist Party at Xibaipo 中国共产党中央委员会和中国人民解放军总部于1948年5月26日至1949年3月23日的驻地。位于河北省平山县西柏坡村。1948年中共中央九月会议、1949年中共七届二中全会曾在此召开，毛泽东、周恩来、朱德等在这里指挥了著名的辽沈、淮海、平津三大战役。1982年国务院公布为全国重点文物保护单位。今中共中央旧址大院，是因修建岗南水库，于1971年开始在原址北面山坡上按原布局、利用原房屋构件复原修建的。建筑为砖木结构平顶房。大门向南，分前后两院，面积1.6万平方米。前院自东向西的各座小院依次为周恩来旧居、任弼时旧居、毛泽东旧居、军委作战室旧址、刘少奇旧居、董必武旧居、中共中央九月会议旧址。后院东北部3间窑

西柏坡中共七届二中全会会址

洞式建筑为朱德的旧居和办公室旧址。大院西部前后院之间有中共七届二中全会旧址。旧址和故居内均有复原陈列。1978年5月26日，西柏坡纪念馆正式对外开放。

西班牙 Spain; España 欧洲西南部国家。位于伊比利亚半岛，西北和北面临大西洋、比斯开湾，西邻葡萄牙，东北接法国和安道尔，东和东南濒地中海，南隔直布罗陀海峡与非洲摩洛哥相望。领土还包括地中海上的巴利阿里群岛和大西洋上的加那利群岛等。面积505 925平方千米（其中本土部分491 300平方千米）。人口4 675.58万(2009)。居民主要为西班牙人（卡斯蒂利亚人），约占人口70.2%，其余为加泰罗尼亚人(18.8%)、巴斯克人(8.2%)、加利西亚人(2.3%)等。西班牙语为官方语言和通

用语言。加泰罗尼亚、巴斯克、加利西亚、巴伦西亚、纳瓦拉和巴利阿里群岛6个自治区的少数民族语言在本地区同为官方语言。96%的居民信奉天主教。首都马德里。

地形以山地、高原为主，是欧洲地势最高的国家之一。梅塞塔高原，约占全国土地面积的60%。断块山地东西横穿高原，中央山脉将高原分为南北两大盆地：老卡斯蒂利亚盆地（海拔800米）和新卡斯蒂利亚盆地（海拔600米）。高原东高西低，西部发育了狭长深邃的峡谷，南部镶有佩尼韦蒂科山脉，最高峰穆拉森山海拔3 478米。高原东北边缘为伊比利亚山脉，其北侧为阿拉贡平原。高原西北为加利西亚丘陵，因地体沉降形成里亚斯式海岸。境内河流众多，最长河流为塔霍河，其次为杜罗河、埃布罗河、瓜迪亚纳河和瓜达尔基雅尔河。矿产丰富，主要有煤、铁、铅、锌、汞、锰、锑、钨、铀等，汞储量居世界首位。能源矿较贫乏。森林覆盖率约28.4%。渔业资源丰富，盛产金枪鱼、沙丁鱼、鳕鱼等。

公元前9～前8世纪凯尔特人陆续进入。前8世纪起先后受古希腊人、腓尼基人、罗马人、西哥特人和摩尔人的统治。15世纪收复失地运动胜利后，西班牙统一。1492年哥伦布发现西印度群岛。15～16世纪成为海上殖民强国。1580年腓力二世征服葡萄牙。1588年西班牙的"无敌舰队"被英国打败，国势日衰。1873年成立西班牙第一共和国。1898年美西战争后，殖民地丧失殆尽。第一次世界大战期间严守中立。1931年建立第二共和国。1936年爆发内战，1939年建立独裁统治。1947年宣布西班牙为君主国家。1978年宣布实行国会君主制。

1978年12月29日生效的新宪法规定，西班牙实行议会君主制，王位由胡安·卡洛

斯一世的直系后代世袭。国王为国家元首和武装部队最高统帅。议会由参、众两院组成。司法领导机构为司法总委员会。政党众多。主要有西班牙工人社会党、人民党、西班牙共产党、加泰罗尼亚民主统一、巴斯克民族主义党等。西班牙对外奉行“和平、裁军、保护人权、国际合作与团结”为主导原则的“欧洲化、西方化、民主化”的外交政策，以推进欧洲一体化为基石，以发展与拉丁美洲和马格里布国家关系为重点，重视发展与地中海国家的合作，保持同美国的战略联盟关系，开展全方位的外交。1955年加入联合国。与世界近200个国家和地区建立外交、领事和商务关系。1986年加入欧共体，并成为首批欧元区成员国之一。1973年3月9日同中国建交。

发达的资本主义工业国。第二次世界大战前为欧洲经济落后的农业国。战后，政府推行引进外资、经济自由化的政策，经济发展很快，2009年国内生产总值1.05万亿欧元。其中工业就业人数占总就业人数的14.69%左右。

主要工业部门有食品、造船、钢铁、汽车、水泥、采矿、建筑、纺织、化工、皮革、电力等行业，为世界主要的汽车和钢铁生产国家之一。

农业以种植业为主，主要农作物有小麦、大麦、玉米、马铃薯、甜菜、向日葵、水果和各种蔬菜等。葡萄、橄榄、柑橘等水果占有突出地位，产量和出口量均居世界前列。软木生产仅次于葡萄牙，居世界第二位。畜牧业中乳牛业比较发达。渔业居南欧各国之首，2005年渔业产量81.5万吨。

第三产业中尤以旅游业最为发达，有“旅游王国”之称。2009年旅游净收入482.42亿欧元。交通运输发达，境内铁路总长18 710.2千米，公路总长165 646千米。港口主要有巴塞罗那、毕尔巴鄂、塔拉戈纳、阿尔赫西拉等。全国共有105个机场。

比利牛斯山脉中的村落

2009年对外贸易额3 666.9亿欧元，逆差501.9亿欧元。主要进口石油、工业原料、机械设备和消费品；主要出口汽车、钢材、化工产品、皮革制品、纺织品、葡萄酒和橄榄油等。欧盟是最大的贸易伙伴，占进出口总额约2/3。

全国实行中、小学免费义务教育（6～16岁）。主要高等学府有马德里孔普鲁腾塞大学，萨拉曼卡大学，巴塞罗那大学等。主要报纸有《国家报》、《阿贝赛报》、《世界报》、《加泰罗尼亚报》和《先锋报》等。有3家主要通讯社，埃菲社为官方通讯社；另外还有私营的欧洲通讯社和罗戈斯通讯社。全国共有200多家电台。

全国拥有许多王宫、教堂和城堡等名胜。西班牙民风民俗古老独特，丰富多彩，如西班牙斗牛、热舞蹈，以及别具一格的风俗习惯和民族节日，是西班牙旅游与经济发展的宝贵资源。

西班牙长枪党 Falange Espanola 西班牙法西斯政党。又称长枪会党。1933年10月29日前独裁者M.普里莫·德·里维拉之子J.A.普里莫·德·里维拉（1903～1936）创建。次年2月与另一法西斯组织国家工团主义进攻委员会合并，时党员总数约3 000人。1936年2月，西班牙人民阵线在国会大选中获胜，成立联合政府。同年7月君主派、高级僧侣、长枪党、反动军官等反动势力发动反共和政府叛乱（见西班牙内战），11月普里莫·德·里维拉被处决。F.佛朗哥成为长枪党领袖。于1937年4月19日将党易名为西班牙传统派长枪党和国家工团主义进攻委员会。从此，长枪党成为总和西班牙反革命力量的庞大集团。西内战结束后，长枪党成为国内唯一合法政党。第二次世界大战前夕，加强同德国纳粹党的联系。1943年2月其志愿军——“蓝色师团”曾参加侵略苏联的战争。1947年7月31日党改称国民运动。1975年佛朗哥死，1977年4月1日长枪党被取缔。

西班牙第一共和国 First Republic of Spain 存在于1873年2月至1874年12月的西班牙联邦制共和国。1833年西班牙国王斐迪南七世去世后，王室发生内战。女王伊莎贝拉二世（1833～1868年在位）企图恢复专制统治，排斥资产阶级参政。1868年9月加的斯港海军起义，不久起义浪潮席卷全国，女王被迫逃离西班牙。右翼自由党人组成临时政府，意大利萨伏依王朝的阿马戴奥被推举为西王。但人民继续推进革命。1873年2月阿马戴奥被迫退位，王宫议会宣布西班牙为共和国，史称第一共和国。1874年1月，反动将领发动政变，建立军事独裁。同年12月，伊莎贝拉之子阿方索十二世（1874～1885年在位）被立为国王，第一共和国时期结束。

西班牙港 Port-of-Spain 特立尼达和多巴哥首都，全国政治、经济、文化中心和主要港口。位于特利尼达岛西北海岸，西临帕里亚湾。人口49万。原为印第安人村落。1595年西班牙殖民者建城。1774年成为特立尼达首府。主要工业有酿酒、食品、纺织、石化以及汽车装配。当地特产安戈斯图拉牌苦艾酒（调料用酒）世界闻名。加勒比地区旅游胜地。市内多历史性建筑，有伍德沃德广场、圣三一大教堂、女王花园。西印度群岛海空交通要站。公路、铁路与全岛各地相通；深水优良海湾港，可同时停靠10多艘吃水10多米深的巨轮。承担全国全部进口贸易和部分出口贸易。市区东部的皮亚尔科机场是加勒比海地区的主要机场，有定期国际航班。

西班牙革命(1808～1814) Spanish Revolution (1808～1814) 西班牙人民反对法国侵略、争取西班牙独立的革命。史称争取独立战争。始于1808年，结束于1814年。1807年拿破仑一世进攻西班牙，1808年囚禁西班牙国王斐迪南七世（1808、1814～1833年在位），另立自己的长兄约瑟夫·波拿巴为西班牙国王。1808年5月2日马德里人民起义，反对法国占领者，斗争很快蔓延到全国。各地先后建立新的地方政权“洪达”（又译政务会），中央洪达设在阿兰胡埃斯，成立了以弗洛里达布兰卡伯爵J.莫尼诺·伊·雷东多（1728～1802）为首的资产阶级和自由化贵族的军政府，并与英国结成同盟。1810年西班牙议会在加的斯召开。1811年，A.W.威灵顿公爵率英军在西班牙游击队的配合下击败拿破仑一世军队。1812年公布宪法，宣布国家最高权力属于国民，规定西班牙为君主立宪国。1814年西班牙军队攻入法国的波尔多，法军要求停战，撤出西班牙。拿破仑一世将扣押的斐迪南七世放回，历时6年的西班牙独立战争结束。斐迪南七世复辟后，取消了1812

F.de 戈雅《1808年5月3日夜枪杀起义者》

年宪法，革命成果遭到破坏。

西班牙工人社会党 Partido Socialista Obrero Español; PSOE 1879年5月2日在马德里正式建党。创始人P.伊格莱西亚斯·波塞。工人社会党曾加入第二国际。1918年召开的第11次代表大会通过反对武装干涉苏俄的决议。1920年6月，党内发生分裂，一部分党员参加西班牙共产党。1936年1月工人社会党参加人民阵线。西班牙内战期间，工人社会党曾与共和党、共产党一起组织联合政府。F.佛朗哥实行独裁统治后，宣布西班牙工人社会党非法。工人社会党被迫转入地下，主要领导人流亡国外。1976年4月获得合法地位。1977年6月参加大选，在众议院获124席，成为国内最大的反对党。1978年同人民社会党合并。在1982、1986、1989年3次大选中连续获胜，工人社会党成为执政党。总书记F.冈萨雷斯·马克斯任首相。1996年人民党在大选中获胜后，成为议会中的主要反对党。2004年4月，工人社会党在大选中获胜，重新上台执政。2008年3月，工人社会党再次在大选中获胜。有党员约46万人。有党报《社会主义者》，党刊《社会主义论坛》。

西班牙美洲独立战争 Independence War of Spanish-America 19世纪初西班牙属美洲殖民地人民为摆脱殖民统治而进行的战争。始于1808年，结束于1826年。

1789年法国大革命爆发后，西班牙停止进行自上而下的改革，激起殖民地人民的不满。海地革命揭开了美洲殖民地独立革命的序幕。1808年，拿破仑一世出兵占领西班牙。1810年，西班牙本土大部分地区被拿破仑军队占领。殖民地人民获悉这一消息后，拉丁美洲独立战争普遍展开。

委内瑞拉是最早掀起反殖民主义武装斗争的地区之一。1808年4月19日，加拉加斯城得到法军占领西班牙的消息后，土生白人独立派立即驱逐西班牙殖民官吏，改组民团，建立执政委员会。1811年7月5日，新召开的委内瑞拉国会。宣布成立委内瑞拉共和国。西班牙殖民军同天主教势力向共和国发动进攻。1812年7月第一共和国失败。

革命失败后，第一共和国领导人之一S.玻利瓦尔于1813年2月，率领队伍重新开始战斗，8月7日解放加拉加斯，重建委内瑞拉共和国，即第二共和国，玻利瓦尔被授予“解放者”的称号，并成为共和国最高执政者。1814年7月10日，第二共和国又被殖民者扼杀。

1816年11月，玻利瓦尔率领革命武装，在委内瑞拉东部登陆。1818年2月，革命派宣布成立第三共和国。1819年初制定新宪法。同年8月7日玻利瓦尔在博亚卡击败西班牙军队，接着又解放波哥大。12月，建立哥伦比亚共和国，疆域包括新格拉纳达和委内瑞拉，玻利瓦尔被选为共和国总统。

1821年6月和1822年5月，革命军先后取得卡拉博博和皮钦查两次大捷。成立了大哥伦比亚共和国。至此南美北部的独立战争基本结束。

拉普拉塔地区（包括阿根廷、巴拉圭、乌拉圭和玻利维亚等地）是独立战争在南美南部的中心区域。1806～1807年，英国海军两次登陆并占领布宜诺斯艾利斯，西班牙总督逃走。1810年5月25日，布宜诺斯艾利斯爆发群众示威，成立由土生白人独立派组成的临时政府，开始了著名的阿根廷五月革命。附近各省随即响应，巴拉圭、乌拉圭相继起义，从而使拉普拉塔各省的政权先后从西班牙人手中转到土生白人富商、大牧场主、大地主阶级手中。1813年2月，J.de圣马丁击败进犯布宜诺斯艾利斯的保王派军队。1816年7月，各省代表宣布成立拉普拉塔联合省，脱离西班牙独立。

1817年初，圣马丁率领安第斯军翻越安第斯山隘，解放智利。1818年2月，B.奥希金斯宣布智利独立。1820年9月，圣马丁的军队向秘鲁进军。1821年7月，攻入秘鲁首府利马。28日秘鲁宣布独立。

1822年7月26～27日，圣马丁与玻利瓦尔在厄瓜多尔的瓜亚基尔秘密会谈，但未能取得一致意见。圣马丁回到利马后，辞去秘鲁政府首脑职务，玻利瓦尔独立承担解放秘鲁的事业。1823年9月，玻利瓦尔进军秘鲁。次年12月，A.J.de苏克雷统帅的联军在阿亚库乔战役中大获全胜，摧毁了西班牙殖民军的主力。1825年1月，苏克雷解放上秘鲁，25日上秘鲁宣布独立，以玻利瓦尔的名字命名新建的共和国为玻利维亚。

卡拉博博战役（1821-06-24）

乌拉圭东岸地区的独立运动因葡萄牙、英国等的插手，一直到1830年乌拉圭共和国才宣布建立。至此，西属南美殖民地全部独立。

新西班牙（即墨西哥和中美洲地区）是独立战争在北部的中心区域。1810年9月16日，瓜纳华托州的多洛雷斯村乡区神甫M.伊达尔戈-科斯蒂利亚发动起义。印第安农民、牧民、城市贫民、银矿工人、下层神甫以及一部分土生白人知识分子等纷纷响应。

1811年1月，起义军在瓜达拉哈拉近郊受到很大挫折，7月，伊达尔戈-科斯蒂利亚率领的队伍被打散，他本人和其他3位领导者均被杀害。此后，在墨西哥南部领导武装斗争的J.M.莫雷洛斯成为独立战争的领导者。1813年11月6日正式宣布墨西哥独立。1814年斐迪南七世复位后，西班牙殖民军进攻南部解放区。1815年11月，莫雷洛斯被捕牺牲，革命转入低潮。

1820年，西班牙资产阶级革命的消息传到美洲，墨西哥殖民当局、教会、军队和土生白人上层阶级企图使墨西哥脱离革命的西班牙的控制。1821年9月，前西班牙殖民军军官A.de伊图尔维德9月率军进入墨西哥城，宣布墨西哥独立。1824年墨西哥建立起自由派地主和资产阶级掌权的联邦共和国。

中美地区也于1821年脱离西班牙宣布独立，并加入墨西哥共和国。1823年建立独立的联邦共和国中美联合省。1838年又分为危地马拉、萨尔瓦多、尼加拉瓜、洪都拉斯、哥斯达黎加5个国家。

西班牙内战 Spanish Civil War 1936～1939年西班牙法西斯军人发动的反对共和政府的军事叛乱。1936年2月16日，西班牙举行大选，人民阵线获胜，成立联合政府。议会选举M.阿萨尼亚·伊·迪亚斯为共和国总统。人民阵线联合政府成立后，进行一系列改革。1936年7月18日，西班牙军官F.佛朗哥发动武装叛乱。7月30日，叛军在布尔戈斯成立政府，开始了西班牙内战。

内战初期，西班牙人民在南部阻止了法西斯叛乱军队的进展。当A.希特勒、B.墨索里尼看到西班牙叛军受挫之后，德国派军5万人，意大利派军15万人协助叛军作战。国际进步力量支持西班牙联合政府，由来自54个国家的大约3.5万名志愿军组成国际纵队，与西班牙人民并肩作战。另有2万名外国人士在医疗队和辅助队服务。

英、法等国在“不干涉政策”的名义下，对西班牙政府进行封锁。1936年7月25日，法国政府撕毁协议，宣布对西班牙实行武

国际纵队战士

器禁运。英国政府对西班牙共和国政府采取敌视态度，美国则一直向叛军提供石油。

在西班牙人民面对佛朗哥叛乱的困难形势下，苏联政府给西班牙人民以巨大支持，提供大量的武器和弹药。

1936年9月至1937年3月18日，佛朗哥先后向西班牙至共和国的首都马德里发动4次大规模的进攻。西班牙共产党参加了马德里保卫战的领导工作，广大劳动人民保卫了马德里。

1939年3月底，佛朗哥军队在德、意法西斯支持下占领了西班牙大部分土地。3月27日马德里失守，4月1日，共和国政府被推翻，开始了佛朗哥的独裁统治。

西班牙王位继承战争 Spanish Succession, War of the　1701～1714年英、法等国利用西班牙王位继承危机争夺西班牙及其殖民地和海上霸权的战争。1700年西班牙哈布斯堡王朝查理二世国王（1665～1700年在位）死后绝嗣。查理二世为防其帝国被肢解，生前曾立遗嘱，指定法国国王路易十四之孙安茹公爵腓力为唯一继承人，但规定法、西不得合并。1701年法王宣布腓力为西班牙国王，称腓力五世（1700～1746年在位），并侵犯西班牙领地尼德兰。英国不能容忍法国独霸欧洲，遂与荷兰结盟，支持奥地利查理大公继承西王位，先后加盟的还有普鲁士、德意志诸邦国、葡萄牙和萨伏依等，称反法“大联盟”。西班牙和巴伐利亚、科隆等选帝侯国则与法国结盟。同年3月双方战争爆发，主要战场在意大利、尼德兰、德意志和西班牙等地。

1702～1703年，法、西联军在德意志境内取得胜利，后又接连失败。1704年，英荷等国大联盟军在英马尔伯勒公爵指挥下，在巴伐利亚的布伦海姆大败法、巴联军，扭转整个战局。查理大公于1706年7月2日进驻马德里。但随后法军在西又转败为胜，腓力五世又统治西班牙广大地区。1711年查理大公因其兄亡故而继承奥地利王位和神圣罗马帝国皇位，称查理六世（1711～1740年在位），使英国改变态度，不再支持查理六世继承西班牙王位的要求。荷兰也不愿查理大公势力过大。1713年，英、荷、普、萨伏依等国在荷兰乌得勒支与法、西签订乌得勒支和约。次年奥、法又签订《拉施塔特和约》，承认腓力五世为西班牙国王。1714年，王位继承战争结束。法国不再称霸欧洲。英国加强了在海上和殖民地的势力。

西班牙语 Spanish language　西班牙和拉丁美洲绝大多数国家的官方语言，也是联合国的工作语言之一。此外，美国南部的几个州、菲律宾以及非洲的部分地区，也有相当数量的使用者。全世界说西班牙语的人在2.5亿以上。属印欧语系罗曼语族西支。公元前218年，罗马入侵伊比利亚半岛，拉丁语逐渐通行于半岛。公元5世纪，罗马帝国崩溃，拉丁语逐渐分化。俗拉丁语演变为罗曼诸语言，其一即西班牙语。12～13世纪，卡斯蒂利亚的方言成为西班牙最具优势的方言，现代标准西班牙语在卡斯蒂利亚方言的基础上形成。因此，西班牙语也称为卡斯蒂利亚语，特别是在拉丁美洲。

西班牙语的语音、词汇、语法体系等继承了拉丁语的特点。共有24个音位，其中有a、e、i、o、u 5个单元音和19个辅音。此外还有大量二合元音和三合元音。重音很规则：以元音、n或s结尾的词，重音落在倒数第二个音节上；以其他辅音结尾的词，重音落在最后一个音节上。大部分词语源自拉丁语。由于历史上民族间的接触，西班牙语还受过日耳曼语和阿拉伯语的影响。15世纪，发现美洲新大陆，西班牙语传入新大陆（后来的拉丁美洲国家），同时也吸收了美洲本地语言中的一些词语。西班牙语属屈折型语言。经过长期演变，它的词尾屈折已大大简化。除作主语、宾语的代词及其反身形式外，拉丁语的格系统几乎已完全消失。名词分阳性和阴性，但在某些结构中还能见到中性的痕迹。复数在词尾加-s或-es。形容词在语法上与名词有协调关系，词尾变化与名词同。动词仍保留相当多的屈折，但很有规则。由于动词词尾已足以表示人称，主语往往省略。西班牙语采用拉丁字母书写，并补充了腭化符号和尖音符。

经过几个世纪的演变，拉丁美洲的西班牙语形成了若干地区方言，它们在语音、词汇和语法的某些方面具有不同于欧洲西班牙语的特点。

西班牙语美洲现代主义 Modernismo Hispanoamericano　拉丁美洲第一个相对独立的文学流派。受欧洲象征主义和早期印象主义的启发，注重主观感受，强调感官愉悦；同时继承了西班牙语文学中源远流长的巴罗克诗风，把形式美提到了绝对的高度。它发轫于19世纪80年代，创始人是墨西哥诗人M.古铁雷斯·纳赫拉。他于1882年开始发表带有明显唯美主义倾向的作品，而且现代主义这个名称也是针对他的作品，由墨西哥诗人胡斯托·谢拉最先提出。稍后，另一位墨西哥诗人S.迪亚斯·米龙也相继发表了具有类似倾向的作品。尼加拉瓜诗人R.达里奥在文集《蓝》(1888)中，率先突破象征主义和早期印象主义诗歌的影响，把“为艺术而艺术”的唯美主义诗风推向了极致。因此，达里奥被公认为是西班牙语美洲现代主义的主帅。

西班牙语美洲现代主义的主要特点是：①逃避现实，追求离群索居的诗境。②崇尚高雅，有一股语不惊人死不休的激情。③强调创新，反对墨守成规。

1910年，E.贡萨莱斯·马丁内斯发表十四行诗《扭断天鹅的脖子》，宣告了西班牙语美洲现代主义的终结。

西班牙政治改革 political reforms of Spain　20世纪70年代以后，在西班牙实行的政治改革。1975年11月，统治西班牙36年的独裁者F.佛朗哥去世，末代国王阿方索十三世之孙胡安·卡洛斯一世继承王位。1976年7月，国王任命A.苏亚雷斯为首相，国家开始政治改革，制定新宪法，进行议会普选，承认各政党和工会的合法地位。新宪法成为社会各阶层、各民族共处的基本准则。根据1979年10月通过的《区域自治法》，全国成立17个自治区和50个省，各自治区享有许多自治权，设有自己的议会和政府。军队也进行了改革和调整。1982年10月，西班牙工人社会党参加大选并获胜，费利佩·冈萨雷斯出任首相，并在随后的1986、1989、1993年三次大选中蝉联执政。其间根据新宪法继续改革，在内政、外交、发展经济等方面多有建树，保证了国家的社会稳定和经济发展。1996年人民党在大选中获胜，何塞·玛丽亚·阿斯纳出任首相。

西北大学 Northwest University　中国综合性大学。属陕西省。校址在西安。西北大学的前身为1902年创办的陕西大学堂。1912年与陕西省法政学堂等合建西北大学。1937年抗日战争全面爆发后，北平大学、北平师范大学、北洋工学院内迁西安，联合组成西安临时大学。1938年更名为西北联合大学。1939年改名为国立西北大学。20世纪50年代曾进行多次院系调整。

设有经济管理、文学、法学、新闻传播、艺术、公共管理、外国语、生命科学、化工、软件、化学、数学、物理学、环境科学、应用社会科学等系和体育教研部。有培养学士、硕士和博士的教学体系；有国家重点学科、国家工程技术研究中心和国家重点实验室等。

西北工业大学 Northwestern Polytechnical University 中国以发展航空、航天、航海工程教育为特色的高等学校。属国防科委。校址在西安。1957年10月，由西北工学院与华东航空学院合并为西北工业大学。1970年，哈尔滨军事工程学院的空军工程系并入。设有十几个学院，有培养学士、硕士和博士的教学体系；还被中国人民解放军二炮、空军、海军等确定为军官培养基地。有国家重点学科和国家级重点实验室等。

西北科学考察 Scientific Expedition to the Northwestern Provinces of China 1927～1935年中国、瑞典合作进行的综合性科学考察。涉及6个省（区）、460万平方千米地区，规模宏大、成果丰硕、影响深远。

1926年末，瑞典探险家、考古学家斯文·海定第4次来华考察。双方协议，在中国学术团体协会领导下，成立西北科学考察团，由北京大学教务长、史学家徐炳昶（1888～1976）和斯文·海定分任双方团长。1927年5月，从北京出发，在包头集中并就近考察；然后分3路，经嘎顺、苏古诺尔等地西进。1928年3月，从乌鲁木齐分组赴新疆各地。1935年秋，结束野外工作。

考察的重大发现和成果有：①丁道衡在白云鄂博首先发现铁矿。②袁复礼在新疆博格达山一带地层中发现新疆二齿兽、布氏水龙兽、赫氏水龙兽、魏氏水龙兽、袁氏阔口龙、袁氏三台龙、奇台天山龙等动物化石。③先后7次进入罗布泊，对罗布泊的成因、位置、变迁及环境变化进行了考察研究。④黄文弼考察吐鲁番的高昌、交河城址，在额济纳河下游掘得大量居延汉简。⑤在额济纳河、若羌、库车、乌鲁木齐等地设立气象站，为中亚现代气象观测的空白区积累第一批资料。

1930～1948年，中国以《西北科学考察团丛刊》形式共出版专著8种；从30年代起，中国团员共发表论文专著60多篇（册）；从1937～1992年，瑞典以《中瑞西北考察团报告集》为总标题，共出版11类56卷专册，还有少量人种学、生物学领域的材料仍在继续整理中。

西北联合大学 Northwest Union University 简称“西北联大”。1937年抗日战争全面爆发后，北平大学、北平师范大学和天津北洋工学院（原名北洋大学）三院校迁至西安，组成西安临时大学。太原失陷以后，西安临时大学又迁往陕南。不久，临时大学改名为国立西北联合大学。这时全校共设6个院23个系。学制一般为4年，医学院为5年。此外，还附设大学先修班。1938年7月，工学院单独设立，称西北工学院；农学院也单独设立，称西北农学院；教育学院改称为师范学院。1939年7月，西北联合大学改称国立西北大学，有文理、法商、师范和医学院。不久，师范学院和医学院又相继独立，称西北师范学院和西北医学院。文理、法商学院组成西北大学。1941年起，西北师范学院陆续迁往兰州。抗日战争胜利后，部分师生迁回北平复校，称北平师范学院，1948年底复称北平师范大学。1946年西北大学迁西安。

西北“三战三捷” Winning Victories in All Three Battles in Northwest China 解放战争时期，中国人民解放军西北野战部队在陕北地区为粉碎国民党军的进攻所进行的运动战、攻坚战战役。

青化砭战役 1947年3月19日，中国人民解放军西北野战部队主动撤出延安后，主力隐蔽集结于甘谷驿、青化砭等地待机。国民党军第一战区司令长官胡宗南部占领延安后，判断西北野战部队主力在延安西北地区，遂于21日以整编第1军的5个旅由延安地区向安塞前进，另以第31旅（欠1个团）由延安东南的临真镇向青化砭前进，以保障其主力翼侧安全。西北野战部队在青化砭地区利用有利地形布成袋形阵地，伏击孤军前进的第31旅。24日，胡宗南部5个旅进至安塞。次日拂晓，第31旅旅部率1个团由拐峁北进，10时许进入西北野战部队的伏击圈内。西北野战部队采用拦头、断尾、两翼夹击的战法，突然发起猛攻，激战1个多小时，全歼第31旅2 900余人，俘旅长李纪云。这是西北野战部队撤出延安后的首战胜利，打击了胡宗南集团的气焰。

羊马河战役 青化砭战役后，胡宗南集中11个旅由安塞、延安等地分3路向延川、清涧前进，寻找西北野战部队决战。西北野战部队以4个旅在子长西南的羊马河地区设伏，求歼孤军南下的胡宗南部第135旅。14日10时，第135旅进入西北野战部队的伏击圈内。西北野战部队立即发起攻击，激战至16时，将其4 700余人全歼，俘代旅长麦宗禹。

彭德怀（左二）、习仲勋（左三）在前沿阵地上

蟠龙战役 羊马河战役后，国民党政府主席蒋介石误判中共中央机关和人民解放军西北野战部队在绥德附近地区，并开始东渡黄河，遂令胡宗南部由永坪、蟠龙地区北上，消灭中共中央机关及西北野战部队于葭县（今佳县）、吴堡地区。胡宗南即以整编第1军、第29军共9个旅的兵力北进；仅留第167旅（欠1个团）及地方团队1个总队守备其补给基地蟠龙。西北野战部队集中第1纵队第358旅、独立第1旅和第2纵队独立第4旅及新编第4旅共4个旅的兵力攻取蟠龙。5月2日，西北野战部队对蟠龙守军发起攻击，至4日，全歼守军6 700余人，俘旅长李昆岗，缴获大量武器弹药和粮食。

青化砭、羊马河、蟠龙三次作战西北野战部队共歼灭国民党军1.4万余人，西北“三战三捷”稳定了陕北战局，为陕北战场人民解放军转入反攻奠定了基础。

西贝柳斯 Sibelius, Jean (1865-12-08～1957-09-20) 芬兰作曲家。生于海门林纳，卒于耶尔文佩。9岁开始学钢琴，15岁又学小提琴，在赫尔辛基大学学法律时以特别生入音乐学院学小提琴和音乐理论，不久放弃法律转入音乐学院。1889年赴柏林和维也纳深造。1891年回国后在赫尔辛基音乐学院任教，同时从事创作。20世纪初辞去教学工作专心创作。1914年接受美国耶鲁大学博士学位。他最重要的成就是7部交响曲，以深邃的意境、内在的力量和严谨的构思而独具一格。唯一的一部协奏曲是小提琴协奏曲，具有鲜明的民族色彩，把具有个性的抒情和宏大的气势很好地结合在一起。他根据芬兰史诗《卡勒瓦拉》创作的交响诗《库莱尔沃》、传奇曲《勒明基宁组曲》（包括4部分，以第三部《图奥内拉的天鹅》最为突出）和交响幻想曲《波约拉的女儿》，从题材内容到音乐风格都富有鲜明的民族特点，鼓舞了芬兰民族意识的觉醒。1899年是芬兰人民反对俄国沙皇斗争尖锐的一年，他在这一年创作了

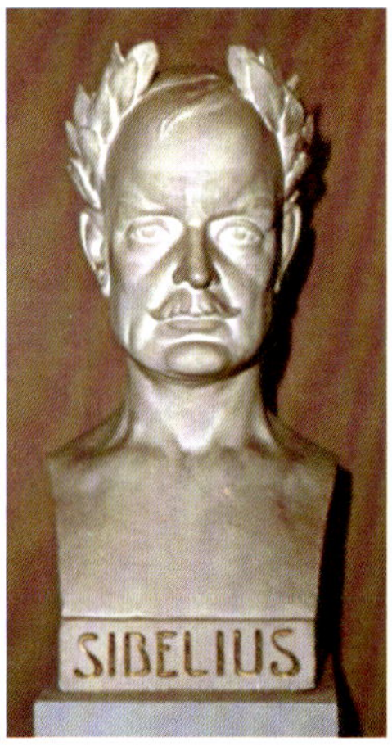

合唱《雅典人之歌》、乐队组曲《历史场景》和具有广泛国际声誉的音诗《芬兰颂》，给芬兰人民以极大的鼓舞。他的最后一部重要作品是1926年写的交响诗《塔皮奥拉》。他是E.H.格里格之后北欧民族乐派的代表人物，为芬兰音乐开拓了一个新的时代。从1950年起赫尔辛基每年举行一次西贝柳斯音乐节，赫尔辛基音乐学院也以西贝柳斯命名。

西伯格 Seeberg, Eva (1931-06-25～) 挪威作家。生于奥斯陆。18岁发表小品文集《惊讶》(1949) 轰动挪威文学界。1961年以来一直定居瑞典，同时用挪威语和瑞典语创作。长篇小说《他在我身边》(1952)、《再也不孤独了》(1953) 和《多情的年代》(1966) 通过对不同类型女性的描述，反映当代妇女问题。《死亡后三天》(1981) 叙述一个中年妇女突然死亡，其灵魂听到亲朋好友在她死后的议论，算计，突然复活，大悟昨非今是。《旅行可以开始》(1990) 指出人类面临的环境污染问题。其他作品还有宣传佛教思想的《她没有死》(1972)，长篇小说《再来一遍》(1985)、《奇迹的时代》(1989) 等。作品注重从平凡琐事中探讨妇女的人生，描写细腻生动，富有生活情趣。

西伯利亚 Siberia 亚洲北部的广大地区。属俄罗斯。东西介于乌拉尔山脉和太平洋岸之间，北临北冰洋，西南抵哈萨克丘陵，南与中国、蒙古和朝鲜为邻。面积约1 300万平方千米。

西伯利亚地域辽阔，自然条件复杂多样。西部为西西伯利亚平原，介于乌拉尔山脉和叶尼塞河之间，沼泽广布，平均海拔120米。高原和山地约占全区面积的2/3以上。中部为中西伯利亚高原，介于叶尼塞河和勒拿河之间，平均海拔500～700米。南部和东北部是山地，包括切尔斯基山、上扬斯克山、贝加尔诸山、东萨彦岭和西萨彦岭、阿尔泰山（西北段）等。地处中高纬度，自北而南分属寒带、亚寒带和温带。大陆性气候显著，自西向东逐渐增强。冬季寒冷漫长，夏季温和短暂。有600万平方千米的永冻层。年平均气温几乎各地均低于0℃。绝对最低气温达-70℃。降水时空差异明显，北冰洋沿岸年降水量100～250毫米，针叶林地带500～600毫米，阿尔泰山地达1 000～2 000毫米。75%～80%的降水集中于夏季。在平原地区自北而南分布着苔原、森林苔原、森林、森林草原和草原带。山地呈现垂直自然带。自然资源丰富多样，煤炭、石油、天然气、铜、镍、锡、金、铂族、金刚石、云母等矿藏的探明储量均居全国首位。木材蓄积量约占全国的4/5。

西伯利亚秋景

季莫费耶维奇征服西伯利亚汗国

西伯利亚原为游牧民族生息地。16世纪下半叶以后，沙俄往东越过乌拉尔山向西伯利亚扩展，并割去了原属中国的100多万平方千米领土。19世纪60年代，西伯利亚大铁路西段筑成通车；1891年东段动工，1916年全线通车，以俄罗斯民族为主的人口大量东移。十月革命胜利后，对东部地区的开发，加速了人口的增长。全区人口4 010万 (2002)，其中俄罗斯人约占85%，余为乌克兰人、布里亚特人、萨哈人（雅库特人）、图瓦人、犹太人、涅涅茨人、埃文基人等。人口沿铁路线分布。

1916年西伯利亚大铁路的全线通车促进沿线大规模发展。20世纪30年代建立的乌拉尔-库兹巴斯煤炭-冶金基地，又带动了工业的发展。第二次世界大战后，资源开发步伐明显加快。20世纪50年代西伯利亚南部地区农牧业发展迅速。60～70年代着手安加拉-叶尼塞河的水力资源开发。60年代中至80年代成为全国最大的能源生产基地和重要的钢铁、有色金属及化工产品等原材料基地。1974～1984年，修建了第二条铁路——贝阿铁路。工业结构以重工业为主，特别是能源、原材料工业较发达，机械电子、轻纺、食品工业发展较差。农业主要分布于南部河谷平原区，尤以西西伯利亚南部平原连片分布。以小麦和乳-肉用畜牧业为主要部门。北部少数民族为主，仍以驯鹿饲养、狩猎及捕鱼业为生。

西伯利亚主要经济中心有：新西伯利亚、鄂木斯克、克拉斯诺亚尔斯克、新库兹涅茨克及伊尔库茨克等。

西伯利亚汗国 Siberia Khanate 15世纪末从金帐汗国分离出来的封建国家。又译失必儿汗国。首府成吉-图拉（今秋明城附近）。16世纪初移驻卡什雷克城（又称伊斯凯尔城或西伯利亚城，位于托博尔斯克近处）。占有托博尔河、额尔齐斯河与鄂毕河之间的广大地区。西部与俄罗斯大封建主斯特罗加诺夫家族的领地相连。地处欧、亚陆路贸易的必经之路。

16世纪中叶，俄国吞并喀山汗国和阿斯特拉罕汗国之后，进而入侵西伯利亚汗国，以夺取该汗国的毛皮产地并打开与东方进行贸易的通道。叶吉格尔汗屈从俄国的压力，于1555年被迫宣布臣服俄国。沙皇伊凡四世（雷帝）自封为全西伯利亚的君主。1563年库楚姆起兵，推翻了叶吉格尔汗，登上了汗位。1579年俄国封建主斯特罗加诺夫家族受沙皇之命，招募了一支以叶尔马克·季莫费耶维奇为首领的哥萨克队伍。1581年9月10日，叶尔马克向西伯利亚汗国进军。1582年11月4日俄军开进汗国首府。库楚姆汗逃往南方，组织力量，继续同俄军周旋。1598年，库楚姆汗被害，汗国被俄国灭亡。

《西伯利亚理发师》 *The Barber of Siberia* 俄罗斯故事片。1998年俄罗斯、法国联合出品。编剧R.伊勃拉克姆别科夫，导演N.S.米哈尔科夫，摄影P.列别科夫，主演J.奥尔蒙德（美国）、O.E.梅尼什科夫、R.哈里斯（美国）。影片描写美国冒险家麦克拉肯企图从俄罗斯得到生产蒸汽伐木机——“西伯利亚理发师”的订货。为此，他将珍妮以女儿的身份派出。珍妮结识了军官学校士官生安德烈和军官学校校长兼新技术管理委员会副主席拉德洛夫将军。将军认真地向珍妮求婚，但珍妮真心爱的是安德烈。剧院里，学生排演的戏剧《塞尔维亚理发师》上演，安德烈扮演剧中的费加罗。失去理智的安德烈打伤了拉德洛夫将军。随后，他被宣布为欲谋杀亲王而被流放到西伯利亚。10年后珍妮到西伯利亚寻找安德烈，却见安德烈已与他的女仆生了几个孩子。珍妮伤心离去。又过了10年，珍妮和安德烈的一夜结晶安德罗成为一名出色的音乐家。这个浪漫的爱情故事充满了爱国的情怀，洋溢着理想化的、俄罗斯式的博大、精致、悲悯和智慧。

西伯利亚铁路 Siberian Railway 横贯俄罗斯西伯利亚的世界上最长的铁路。又称西伯利亚大铁路。起自车里雅宾斯克，经鄂木斯克、新西伯利亚、克拉斯诺雅尔斯克、伊尔库茨克、赤塔和哈巴罗夫斯克（伯力），至太平洋沿岸的港口城市符拉迪沃斯托克（海参崴），全长7 400千米。轨距1 524毫米。1891、1892年分别从符拉迪沃斯托克和车里雅宾斯克开始对向修建，1916年全线通车。20世纪30年代完成全部复线工程。70年代中期，从车里雅宾斯克到赤塔以东的卡雷姆斯科耶全部实现电气化。为了开发西伯利亚北部的资源，苏联决定修建一条从贝加尔地区的勒拿到阿穆尔地区共青城的新铁路，简称贝阿铁路，全长3 145千米，途经查腊、滕达、乌尔加尔等地，1974年1月开工，1984年10月竣工，1985年正式运营。连同从勒拿到原有西伯利亚铁路的泰谢特站以及从共青城通往苏维埃港的两段铁路，全长4 350千米，称为第二西伯利亚铁路。

西博格 Seaborg, Glenn Theodore (1912－04－19～1999－02－25) 美国核化学家。生于密歇根州伊什珀明，卒于加利福尼亚州拉斐特。1934年毕业于加利福尼亚大学洛杉矶分校，1937年在加利福尼亚大学伯克利分校获化学博士学位。他长期任加利福尼亚大学伯克利分校化学教授，1961～1971年，任美国原子能委员会主席。为加利福尼亚大学的全大学（包括九个分校）名誉教授。1940年他与E.M.麦克米伦等人共同发现了钚。在第二次世界大战期间，他领导的实验室，创立了生产钚的化学流程。战后，他和同事一共发现了9种超铀元素：95号镅、96号锔、97号锫、98号锎、99号锿、100号镄、101号钔、102号锘和106号𨭎（为了纪念他在这方面的重大贡献，这一元素即以他的姓氏命名）。1944年他提出了锕系理论，即在元素周期表中存在着与镧系元素位置相似的另一系列重内过渡元素——锕系元素。他还参与了许多有重要实际应用价值的放射性核素的发现工作。西博格得到49个荣誉博士学位。他和麦克米伦因发现并研究超铀元素而共获1951年诺贝尔化学奖。著有《锕系元素》、《锕系元素化学》、《人与原子》（合著）等。

西部大开发 China's Western Development Program 中国政府于1999年作出的，在未来数十年间对西部地区经济、社会、科学教育和生态发展实施大力开发的战略决策及其总体部署与行动纲领。

开发范围 包括重庆市、四川省、贵州省、云南省、西藏自治区、陕西省、甘肃省、青海省、宁夏回族自治区、新疆维吾尔自治区、内蒙古自治区和广西壮族自治区（上述地区又称西部地区）。其他地区的民族自治州（包括湖南湘西、湖北恩施、吉林延边），在实际工作中比照有关政策措施予以照顾。

开发意义 实施西部大开发，是贯彻邓小平“两个大局”战略构想，逐步缩小地区差距，增强民族团结，保障边疆安全和社会稳定，推动社会进步的重要举措；是调整地区经济结构，发挥各地优势，促进生产力合理布局，提高国民经济整体效益和水平的迫切要求；是扩大国内需求，开拓市场空间，保持国民经济持续快速健康发展，实现现代化建设第三步战略目标的重大部署，具有重大的经济、政治、社会、国防、建设生态屏障的意义。

主要内容 2002年2月，中国第十个五年计划中有关西部开发的总体规划正式公布实施。主要任务是：加快基础设施建设；加强生态建设和环境保护；巩固和加强农业基础地位，积极调整产业结构；加快发展科技教育，促进社会事业发展。战略目标是：力争用5～10年时间，使西部地区基础设施和生态环境建设取得突破性进展，西部开发有一个良好开局；到21世纪中叶，要将西部地区建设成一个经济繁荣、社会进步、生活安定、民族团结、山川秀美的新西部。重点区域是：依托亚欧大陆桥、长江黄金水道、西南出海通道等交通干线，发挥中心城市的集聚功能和辐射作用，以线串点，以点带面，实行重点开发，

2004年12月1日，克拉2气田作业区工程技术人员为西气东输气源井放喷

促进西陇海兰新线经济带、长江上游经济带、南（宁）贵（阳）昆（明）经济区的形成，带动周围地区和农村发展。引导农村富余劳动力和人口合理转移，繁荣城镇经济，因地制宜地发展大中小城市，加快小城镇建设，提高城镇化水平。

政策措施 包括4个方面：①增加资金投入的政策。②改善投资环境的政策。③扩大对外对内开放政策。④吸引人才和发展科技教育的政策。

成效评价 实施西部大开发8年取得的明显成效是：①国家加大资金投入力度，西部经济保持平稳较快增长势头。②基础设施建设和生态保护与建设显著加强，一批重点工程相继建成并开始发挥效益。③农村基础设施和社会事业建设力度加大，人民群众生活条件初步改善。④特色优势产业发展步伐明显加快，对外开放和东西互动深入推进。⑤有效地拉动了国内需求，促进了全国区域经济走向协调发展等。

2007年1月，国家发展和改革委员会与国务院西部开发办印发了《西部大开发“十一五”规划》。这是“十一五”期间继续推进西部大开发的重要指导性文件。这一文件的实施，将使西部大开发取得更大的成效。

西部片 Western 好莱坞开创的一种影片样式。它以19世纪美国开拓西部疆土为背景，以白人征服美洲大陆，掠夺、屠杀印第安人，颂扬拓荒精神为主要内容。初期的西部片都是一些短片，最早的一部长片《横越平原》（二本）由专拍西部片的T.H.英斯导演。他和专演西部片主角的演员W.S.哈特对西部片的发展作出了贡献。英斯的西部片采取美国西部的通俗题材，主人公都是头戴宽沿帽、腰挎左轮枪的牛仔。初期作恶的反面人物多是印第安人或黑人。酒吧、赌场和荒野是西部片的三大场景。故事内容大同小异，宣扬善有善报，恶有恶报；美人遇难，英雄相救；有情人终成眷属。第一次世界大战后，西部片的思想境界和艺术特色有了新的提高。由J.克鲁兹直接取材于美国历史的无声片《篷车》，被誉为歌颂开拓西部地区的史诗；J.福特的《铁骑》、《关山飞渡》被世界电影史家推为经典之作。

西部裕固语 Western Yugur language 属阿尔泰语系突厥语族东匈语支。分布于中国甘肃省肃南裕固族自治县的大河区、明花区等地。无方言差别。语音方面，有8个基本元音，6个带擦元音，元音是否带擦音可区别词义。有28个辅音，塞音和塞擦音均为清音，分送气与不送气两套，有些词的读音保存古代语音的特点。词汇方面，保存一些见于突厥、回鹘文献中的古词，

有大量的汉语借词和一些蒙古语、藏语借词。语法方面，名词的人称附加成分已退化。动词没有人称附加成分，陈述式各种时有确切口气与普通口气的区别。

西餐 Western meal 中国人对西式（欧美）菜点的统称，与中餐相对称。广义上也可以说是对西方餐饮文化的统称。

西方饮食文化具有悠久的历史。早在公元前5世纪在古希腊属地西西里岛上便出现了发达的烹饪文化。当时已有了多种烹饪方法，技术高超的厨师在社会上也颇受尊敬。古罗马文化受希腊文化的影响，对餐饮文化开始重视起来，烹饪技艺也有所发展。后来古罗马宫廷的膳房已有庞大的队伍并有很细的分工，厨师总管的身份与贵族大臣不相上下，烹调方法也日臻完善，发明了数十种“沙司”(sauce，调味汁）的制作方法。这些餐饮文明后来影响了大半个欧洲，被誉为“欧洲大陆烹饪之始祖”。

至15世纪中叶欧洲文艺复兴时期，欧洲的餐饮文化在经历了漫长的发展时期以后，又以意大利为中心蓬勃发展起来。至17世纪出现了刀、叉、勺等餐具（在此之前，人们只是使用厨房用的刀、叉切割食物，然后用手抓食）。18～19世纪，欧洲人又发明了大量先进精美的炊具和餐具，社会上也涌现大量的饭店和餐厅，形成了高度的餐饮文明。至20世纪，西餐的发展进入了鼎盛时期。20世纪50年代，“快餐”这种适应快节奏生活方式需要的餐饮形式在美国应运而生。受美国的影响，西方其他国家的快餐业也逐渐发展起来。

西方各国的饮食文化虽然有许多共同之处，但不同国家和地区人民的风土人情和饮食习惯也有不少差异，从而也就出现了风格不同的菜系流派，其中影响较大的有法国菜、意大利菜、英国菜、美国菜和俄国菜等。

17世纪中叶，西方一些传教士和外交官不断到中国内地传播西方文化，同时也将西餐技艺带到了中国。据记载，明末来华的德国传教士汤若望在京居住期间，就曾以蜜面和以“鸡卵”制作的“西洋饼”来招待中国官员，食者皆“诧为异味”。西餐真正传入中国则是在鸦片战争以后。西方人大量涌入中国的同时也带来了西方厨师，此外他们也雇用中国厨师。于是西餐技艺逐渐为中国厨师所掌握。到光绪年间，上海、北京、广州、天津等出现了由中国人经营的西餐厅（当时称“番菜馆”）以及咖啡厅、面包房等。

西方人用餐时也有诸多讲究，如左手持叉，右手持刀，刀刃不可向外；吃东西要闭嘴咀嚼等。

西昌市 Xichang City 中国四川省凉山彝族自治州辖市，自治州首府。著名的“航天城”。位于省境西南部，安宁河畔。面积2 655平方千米。人口71万（2010），有汉、彝、回等民族。古称越西、邛都、建昌，清雍正六年（1728）置西昌县。1979年析西昌县部分地区设西昌市，1986年西昌县撤销并入西昌市。土壤肥沃，水源充足，农业发达。山场林木及林特产品资源丰富。是四川省铁、铜、铅、锌等多种金属集中分布区，尤以储量大的钒钛磁铁矿为重要，攀（枝花）西（昌）地区是全国四大铁矿区之一，开发利用潜力大。农业以粮食、油菜、花生、烟叶、蔬菜、水果等为主。工业主要有机械、食品、化工、建材、纺织、酿造、粮油加工、木材加工等。西昌机场辟有通成都、昆明、广州、深圳等地航线。西昌卫星发射中心为中国三大航天基地之一。风景名胜有邛海、泸山、螺髻山、西昌土林等，还有彝海结盟纪念碑、凉山彝族奴隶制社会博物院等纪念地。

西昌卫星发射中心 Xichang Satellite Launching Center 中国航天发射场。位于四川省西昌市西北，中心区的坐标是东经102°、北纬28°。20世纪70年代始建，主要发射地球静止轨道卫星。多次成功发射“东方红”号系列通信卫星、“风云”2号气象卫星，并于1990年4月开始发射国外通信卫星。发射中心主体是活动勤务塔和固定发射塔。活动勤务塔高97米，自身质量4 000余吨；固定发射塔高74米，自身质量1 050吨，耸立在深23米的导流槽上。装备有运载火箭和人造卫星发射前的综合测试和推进剂加注等勤务保障设施。

西厂 Western Depot 中国明代宦官掌管的侦缉机构。始设于成化十三年（1477），由专权宦官汪直所置，权势在东厂之上。因群臣反对，于十八年罢。正德初刘瑾专权时复设。刘瑾被杀后罢。见厂卫。

西城区 Xicheng District 中国北京市辖区。位于城区西部。1929年设区，1952年为西单区、西四区，1958年两区合并改置西城区。2010年撤销西城区、宣武区，设立新的西城区。新西城区面积50.7平方千米，常住人口124万。驻有中共中央、国务院、全国人大、全国政协等党和国家领导机关。是北京市商贸金融区。国家经济指挥中心及国家级银行、金融机构总部大多设在区内。有西单、西四、大栅栏等多个商业区。有中国科学院、首都博物馆、民族文化宫、北京展览馆、天文馆、全国儿童少年活动中心、国家大剧院、北京音乐厅等大型文化科技设施。名胜古迹有北海公园、景山公园、什刹海、恭王府、白塔寺、琉璃厂、牛街礼拜寺、法源寺、天宁寺塔、大观园、陶然亭公园、北京动物园等，以及鲁迅故居、宋庆龄故居、郭沫若故居等。

西道堂 中国伊斯兰教教派。1903年马启西脱离北庄门宦后创建于甘肃临潭。初名金星堂，1909年正式定名西道堂。因其以刘智等人汉文著译为传教依据，又称汉学派。教义上以刘智的学说为依据，坚持正统信仰，履行五功，简化宗教仪式，重视文化教育；教权结构实行教主集权制。教主的言行对教徒有约束力，任职终身，但不世袭。死后建拱北，受朝拜，忌日为重大宗教节日。内部有集体户400户，在道堂内过集体生活，集体经营商、农、牧、副各业，全部财产归道堂所有。设总经理统管，其下有各业经理和专门负责人，统一管理，统一分配。另有散居户万余人，分布于甘肃、青海、新疆、四川等地。后因受地方军阀势力打击，其经济组织濒于解体，该派也呈衰落之势。

西点军校 West Point Academy 美国陆军培养初级军官的学校。正式名称为美国陆军军官学校。因校址设在纽约州的西点而得名。1802年3月由美国国会批准创建。建校初期由工程兵领导，后改属军事部（陆军部前身）。1817年S.塞耶任校长后，对军校进行全面改革，被誉为“西点之父”。招收对象为17～22岁、高中文化程度的未婚青年，但必须有政府高官或国会议员推荐，并经考试合格择优录取。每年招收新生约1 400人，毕业学员约900人，学制4年。在校学员4 500名，编为1个学员旅，下辖4个团36个连。1976年开始招收女生。设有行为科学与领导艺术、化学、电气工程与计算机、土木与机械工程、历史、法律、数学、物理、军事教育、体育等15个系，开设30余门基础课程和部分选修课程。注重智力、领导和各种技能培养，使学员全面发展。毕业成绩合格者被授予理学学士学位和少尉军衔。U.S.格兰特、D.D.艾森豪威尔、D.麦克阿瑟等名将均毕业于该校，故

美国陆军军官学校举行阅兵式

被誉为“美国将军的摇篮”。

西电东送 sending power from west to east 中国重大的资源发展战略。以三峡电站为中心，向东、西、南、北四个方向辐射，建设四个方向的联网和骨干线路。由三峡地区向东部沿海一带输电，以500千伏交流超高压输电线路和±500千伏直流输电线路为主干线，输送强大的电能。三峡至广东±500千伏直流输电的换流站工程已竣工。500千伏双回路阳（山西阳泉）—淮线（江苏淮南）超高压输电线路长770千米，于2001年建成投运。2002年6月，天生桥—广东500千伏超高线路建成投产，将通电能力由原有的300万千瓦提高到370万千瓦。

2005年建成中国最高电压等级750千伏超高压输电线路，是逐步发展750千伏电网建设并作为东送电力的主网架。2001年12月，内蒙古永圣域500千伏变电站建成投入运行，东送最大负荷约150万千瓦。500千伏山西大同—北京房山双回线加装串补装置，大幅度提高了西电东送的容量。

西电东送还缓解了1993～1995年、2000～2001年广东电力紧张局面，优化了1996、1999年广东的电力结构；同时缓解了广西枯水期缺电和半水期调峰手段不足的局面。提高了机组利用效率，增强了粤、桂、黔、滇四省（区）抵御事故的能力和运行可靠性，对香港、澳门电网的安全运行也起到了积极的作用。

西番莲科 Passifloraceae; passionflower family 双子叶植物纲五桠果亚纲的一科。有16属500余种，约3/4的种类产于美洲热带。中国有2属22种（包括引种栽培7种），产中南、华南、西南地区，以云南种类为最多。草质或木质藤本，有卷须，单叶互生，具叶柄，其上通常具2枚腺体，聚伞花序，有时退化仅存1～2花。花两性，单性，偶有杂性，萼片5，常成花瓣状，其背顶端常具1角状附属器；花瓣5，有时无，花冠与雄蕊之间具1至数轮丝状或鳞片状副花冠，有时无；内花冠各异；雄蕊通常5；雌蕊由3～5枚心皮组成，子房上位，生于雌雄蕊柄上，1室。果为蒴果，室背开裂或为肉质浆果。

西番莲科的一些植物，其根、叶、果实均可入药，如三开瓢、杯叶西番莲等具有祛风清热、消炎止痛、活血散瘀、兴奋强壮的功效。鸡蛋果原产南美洲及西印度群岛，中国引种作观赏植物，其花特大，直径达10厘米，俗称大丽花，花冠奇特，色彩鲜艳。鸡蛋果和一些大果种类常作水果或饮料。

西方经济学 Western economics 一个内容相当广泛且松散的名词。可以泛指西方国家大量与经济问题有关的各种著作、论文、资料和统计报告等所涉及的内容。一般来说，它至少应该包含以下3种类别的内容：①企事业单位的经营管理方法和经验，如财务管理、行情研究、存货管理等。这一类别的内容可以涉及现代西方经济理论，也可以与它关系不大，所以往往被认为属于经济管理专业的范围。它可以包括会计和财务管理、企业战略管理、人力资源管理等。②对一个经济部门、经济领域或经济问题的集中研究成果，如资源经济学、农业经济学、发展经济学等。与前一类别的内容相比较，这一类别的内容更注重经济理论的研究，往往被当作是对西方基本经济理论的延伸与应用。③基本经济理论的研究和考察，主要有微观经济学、宏观经济学等，这一部分主要侧重于理论分析。通常所说的西方经济学即是指这部分内容。

西方马克思主义 Western Marxism 现代西方出现的一种重新解释和建构马克思主义的思潮。它出现于20世纪20年代，起初由卢卡奇的《历史和阶级意识》与K.科尔施的《马克思主义和哲学》反映出来。后来扩展形成一股国际性的思潮。西方马克思主义强调同列宁主义的对立。这种思潮是从人本主义和社会批判的角度来理解和建构马克思主义的。50～60年代以后，它的影响迅速扩展。P.安德森出版《西方马克思主义探讨》一书，又把第二次世界大战后出现的带有新实证主义和结构主义特征的马克思主义派别囊括进来。

70年代末，西方马克思主义思潮被介绍到中国时，就是大致按照安德森所概括的范围，包含人本主义（或批判）的马克思主义和科学主义（或实证）的马克思主义这两大基本派别。属于人本主义派别的有：卢卡奇、科尔施、A.葛兰西等人所代表的早期思想；M.霍克海默、T.W.阿多诺、J.哈贝马斯、C.施密特等人所代表的法兰克福学派；W.赖希、H.马尔库塞、E.弗罗姆等人所代表的弗洛伊德主义的马克思主义；H.勒斐伏尔、M.梅洛-庞蒂、J.-P.萨特所代表的存在主义的马克思主义。属于科学主义派别的有：G.德拉·沃尔佩、L.科莱蒂等人所代表的新实证主义的马克思主义；L.阿尔杜塞、N.普兰查斯等人所代表的结构主义的马克思主义等。此外，自50年代中后期出现的东欧一些研究马克思主义的派别，比如南斯拉夫的实践派，匈牙利的布达佩斯学派，波兰的人道主义学派，捷克的存在人类学派等，通常称之为“东欧新马克思主义”。一般地说，人本主义方面的派别受整个西方传统文化的影响，着重发掘马克思主义的人本主义的思想渊源，揭示马克思主义的人道主义的性质。科学主义方面的派别则在现代科学技术发展的影响下，尽力把马克思主义科学化，作实证主义或结构主义的解释。在两个基本派别之间，在有关马克思主义的实质、马克思主义的早期著作与晚期著作的关系、马克思主义与黑格尔思想的关系、马克思主义与人道主义的关系等方面，存在着重大分歧，甚至互相批评与诘难，在对列宁主义的认识和态度上，也有重大差别。不仅两大基本派别之间，就是属于人本主义的各个派别之间，甚至同一派别或同一代表人物的前期与后期，也有不少差别或变迁。因此，西方马克思主义思潮并没有共同的思想体系，也不是一个统一的学派，它包含着比较复杂的思想成分，很难对它笼统地定性或一概而论地进行评价。但是，它又确实具有某些共同的理论倾向和特征。

在20世纪60年代末期西方的新左派运动中，特别是在1968年的法国“五月风暴”中，西方马克思主义思潮曾被激进的青年学生和工人奉为反对发达资本主义社会等级制和各种异化制度的思想武器。但是，并未使任何国家的革命运动或反对资本主义的斗争取得成功。70年代以后，这一思潮逐渐进入低谷，80～90年代以后，原有的各种派别已实际解体。但是，属于这一思潮的各种代表人物，又从各个侧面进一步研究当代资本主义和社会主义的诸多重大问题，并把注视科学和社会的目光投向了全球性的问题，如市场经济、生态危机、人类未来、女性主义、现代家庭等，形成了若干新的热点和派别，如“市场社会主义”、“生态社会主义”以及“分析的马克思主义”等。

西方文官制度 Western system of civil service 西方国家由法律、法规、政策规定的有关政府文官之考试、任用、考核、奖惩、培训、工资、待遇、晋升、调动、离职、退休、职位分类、管理机构和体制等具体内容的总称。又称西方公务员制度。西方国家一般都通过制定法律确保文官制度的建立和运行。

文官一般区分为政务官和事务官。①政务官是随着政府更迭而进退，以自己所属政党在竞选中的胜败为转移的行政首脑，包括经民选、代议机构选举或经由代议机构同意任命的政府首脑、内阁阁员、部委主要长官及由他们直接委任的官员。他们掌握着行政机关的决策权和领导权，负责决算、计划、协调、组织、监督等重要行政职责，并以宣传和推行执政党的政策和主张为己任，任职须顾及其政治背景、党派关系、政治主张等因素，不必注意特殊的专业知识和专业能力，实行任期制。②事务官是政府的中下级公务人员。他们经过公开考试，择优录用，不受执政党和政府更替的影响，非违法失职，不得任意撤换，受文官制度保护。他们负责为行政决策机构提供咨询、草拟文件、设计方案、执行决策、管理日常公务等，实际操纵着行政机构的运转。他们需要有从事行政的专业知识和能力。

文官的录用办法主要是采取考任制，还有选任制、委任制、聘任制等。第二次世界大战后，西方文官制度普遍重视功绩、实效、能力和专业化；强调文官中通才和专才两种标准互补，博专结合；实行低级文官重专才、高级文官重通才的任用方式；还实行试用期考察制度。为防止文官录用中徇私舞弊、弄虚作假等现象发生，还采用了法律保障和技术保障等措施。

文官的权利和义务，一般均通过有关的法律、法规加以确定。权利主要有身份保障权和工资、退休金、抚恤金的领取权等。义务主要有：①执行任务。②服从命令。③严守秘密。④对国家忠实。⑤遵守法令。⑥政治中立。文官的政治中立保证文官不与内阁共进退，保证政府权力程序化移交，维护政府政策的连续性和政治稳定。

职位分类是西方文官制度的一个典型特征，采用职位分类的国家一般都制定有关法规，并由政府最高一级机关主持实施。20世纪70年代以后实行职位分类的国家趋于重视人对职位的影响。如1978年美国文官制度改革，设立高级文官系列，这个系列的文官可不受原职位分类法的限制，总统和联邦政府各机构行政首长可灵活地选择适合的人选调到更需要的职位上。此外，职位分类的结构也趋于简化。

文官考核以实绩为依据，实绩以完成工作数量和质量的实效来考查。各国文官考核内容和方法各有差异，但在重实绩、重考评、设有专门机构统一负责方面则是一致的。根据考核结果最后决定公务人员的职务升降或奖惩。

西方国家文官职务晋升一般有4种方式：年资晋升制、功绩晋升制、越级晋升制、考试晋升制；文官降职也有具体明确规定。

西非 West Africa 非洲西部地区，范围北起撒哈拉沙漠，南达几内亚湾，东抵喀麦隆边界，西至大西洋岸，通常包括毛里塔尼亚、西撒哈拉、塞内加尔、冈比亚、马里、布基纳法索、几内亚、几内亚比绍、佛得角、塞拉利昂、利比里亚、科特迪瓦、加纳、多哥、贝宁、尼日尔、尼日利亚和加那利群岛等国家和地区。面积650余万平方千米，人口近2.5亿（2000），分别占非洲的21%以上和近30%。苏丹语系民族、部族众多。

西哥特王国 Visigothic Kingdom 5世纪至8世纪初西哥特人在西罗马帝国境内高卢西南部和西班牙建立的日耳曼国家。376年西哥特人遭到匈奴人袭击，被赶过多瑙河，进入罗马帝国。410年，西哥特人在阿拉里克（395～410年在位）率领下洗劫了罗马城。418年末，阿拉里克之孙狄奥多里克一世（418～451年在位）率领西哥特人，以西罗马帝国同盟者身份定居于阿奎丹，建立了第一个日耳曼王国，定都土鲁斯。后扩张到西班牙。

国王尤里克在位期间（466～484），西哥特王国颁布法典，废除了与罗马的同盟关系。领土包括高卢西南部和西班牙大部。失去高卢大部分土地。

西哥特的封建制度是在瓦解的罗马奴隶制和解体的日耳曼氏族公社的基础上产生的。后来罗马大地主也逐渐与西哥特大地主合流。大地主以服役为条件把土地授与他的亲信和亲兵，形成封建等级土地所有制。714年阿拉伯人灭西哥特王国。

西格斯 Seghers, Anna（1900-11-19～1983-06-01） 德国小说家。原名内蒂·赖林。生于美因茨，卒于东柏林。1919～1924年在海德堡、科隆学习，1924年获博士学位。1933年被捕，后逃亡国外。1947年后任民主德国作家协会主席。她的创作始终围绕着德国人民在20世纪多变的历史命运。长篇小说《第七个十字架》（1942），描写纳粹统治时期一个集中营7个囚徒成功越狱的故事，戳穿了法西斯制度不可摧毁的神话。《过境》（1944）是作者的自白式长篇小说。描写德军逼近，流亡者在马赛争取出境时种种不安和痛苦。其他主要作品还有短篇小说《圣·巴巴拉渔民起义》（1928）、《已故少女的郊游》（1946），长篇小说《死者青春常在》（1949）、《抉择》（1959）、《信任》（1968）等。1951年访华。

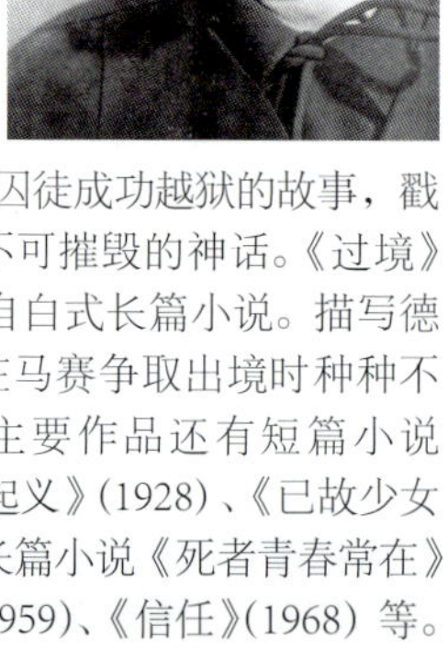

西瓜 *Citrullus lanatus*; watermelon 葫芦科西瓜属的一种。一年生蔓性草本植物。主要以果实和种子供食用。原产非洲。现中国普遍栽培，总产量占世界首位。其根系发达，入土深、分布广。茎蔓生，密生细毛，叶腋生分歧性卷须。叶有深缺刻，浓绿。单性花，雌雄同株。瓠果，多胎。果实一般为圆形或椭圆形，皮色深绿、绿白或绿带蛇纹。瓤色深红、淡红、黄或白色。中国西瓜包括果实用和种子用两大类型。前者瓜大，味甜；后者果小，皮厚，味淡，种子大。按生态型可分为西北生态型、华北生态型、华南生态型和华东生态型。性喜高温干燥气候，要求排水良好、土层深厚的砂质壤土。西瓜果实是夏季主要水果。果实富含葡萄糖、果糖和蔗糖，瓜子可作茶食，瓜皮可加工制成西瓜酱。在中医学上以瓜汁和瓜皮入药，功能清暑解热。

西哈努克市 Sihanoukville 柬埔寨西南部港口城市。原名“磅逊”。全国最大海港和对外贸易中心。位于泰国湾东北磅逊湾口，面积868平方千米。人口约17.59万（2005），其中市区人口6.67万。1955年兴建深水港，1966年建市，1968年完成全部工程。1983年成为直辖市。城市西南部为港区，港口外有一小岛，为天然屏障。码头长300米左右，可同时停泊4艘万吨轮船。主要工业有炼油、啤酒、拖拉机和汽车装配。港区腹地宽广，有公路和铁路通首都金边。港口两侧的陡岸建有饭店、别墅，为旅游胜地。

西汉 Western Han Dynasty 中国汉高祖刘邦建立的以长安（今陕西西安）为统治中心的统一王朝（前202～公元8）。又称前汉。西汉王朝经历了吕后称制、文景之治、汉武帝时代、昭宣中兴等重要时期，公元8年因王莽建立新朝而终结。见汉朝。

西汉匈奴战争 War against the Hun Tribes by the Western Han Dynasty 中国汉武帝元光二年（前133）至征和四年（前89），西汉王朝为抗御、打击匈奴而进行的长期战争。

汉初，匈奴势力强盛，连年南下侵扰，占据河南地（今内蒙古河套地区），对汉王朝形成极大威胁。在无力反击的情况下，汉初采取“和亲”政策，缓解紧张关系；同时励精图治，积蓄力量。至汉武帝时，汉已具备与匈奴决战的条件和实力。

为消灭匈奴主力，西汉从元朔二年（前127）起，以卫青、霍去病为将，9年内集结优势兵力连续出征河南、漠南（今内蒙古河套地区）、河西（今河西走廊及湟水流域）、漠北（今蒙古高原）地区，大规模反击和远程奔袭匈奴。经数次大战，匈奴被逐出漠南和河西，失去阴山和祁连山蓄息之地，退回漠北草原。

为了巩固河南、河西地区的防御，从元狩五年起，汉廷不断移民充实边郡。由令居（今永登西北）筑塞至酒泉，是为汉长城之始。在河南、河西地区设田官，以大批戍卒垦田。元封四年（前107）屯田朔方。

卫青率军击匈奴的出塞隘口高阙

太初三年（前102），在五原塞外筑城、障、亭，这些措施有力地保障了西北边地的安定，也使西汉减轻了战争负担。

天汉元年（前100），匈奴扣留汉使**苏武**，汉匈关系再次恶化。此后，汉将李广利、李陵先后三次攻匈奴均败。征和四年，匈奴狐鹿姑单于提出媾和，武帝亦下诏休兵养民，持续45年的西汉与匈奴战争结束。

西汉对匈奴的战争持续时间长，作战范围广大。汉初的休养生息，为与匈奴作战提供了物质基础。西汉军大规模使用骑兵作战，快速机动，长途奔袭，是战胜匈奴的主要手段，也是中国古代战争由车骑并用过渡到以骑兵为主的转折时期。但战争消耗巨大，也使西汉国力民力消费达到极限，致武帝晚年出现了统治危机。

西河大鼓 中国曲艺曲种。初名大鼓书、梅花调、弦子鼓或河间调，也一度称作河间大鼓。约在清代中叶由流行于河北中部的弦子书和木板大鼓演变而来。20世纪20年代有艺人进入天津演出时，由于天津人将其发源流行的冀中河间地区（大清河、子牙河一带）称为“西河”，故定名为西河大鼓。创立人**马三疯**系河北高阳的木板大鼓艺人，他舍木板而改用铁犁铧片，舍小三弦而采用大三弦，并改进唱腔、唱法，使弦子书和木板大鼓结合成西河大鼓。此后，又出现了“北口”朱（化麟）派和王（振元）派，“南口”李（德全）派和赵（玉峰）派，以及20世纪40年代后由马连登和马增芬父女创立的专工短段演唱的马派等。艺术影响也日益增大，广泛流传于北京、天津以及华北、东北、西北、华东的部分城镇。西河大鼓采用冀中语音表演，唱腔为板式结构体。传统节目包括中、长篇150余部，小段、书帽370余篇。内容大部分来自历史演义、民间故事、通俗小说和笑话寓言等。

西葫芦 *Cucurbita pepo*; summer squash/pumpkin 葫芦科南瓜属的一种。一年生草本植物。又称美洲南瓜。原产北美洲南部。中国于19世纪中叶始有种植，分布南北各地。直根系，茎矮生或蔓生，有棱及棱沟。叶宽三角形，掌状深裂，叶面粗糙。花单生，雌雄异花同株，花冠黄色。果实多为长圆筒形，果面平滑。墨绿、黄白或绿白色。喜温暖，蔓生种较耐热，矮生种较耐寒，高温干旱时易染病毒病。喜光，对土壤要求不严格。西葫芦按茎蔓生长习性可分为蔓生、半蔓生和矮生三类。常用矮生品种有早青、黑美丽、香蕉西葫芦、飞碟瓜等。以种子繁殖。多行春季栽培，于早春在保护地播种育苗，苗龄30～50天，终霜后定植。也可直播。西葫芦含有较多的碳水化合物、胡萝卜素和钙等营养物质。可炒食，也可作馅。

西湖风景名胜区 West Lake Scenic Area 中国风景名胜区。西湖古称上湖、武林水、钱塘湖、西子湖，唐后始称西湖。位于浙江杭州市区西侧。原为小海湾，宝石山构成其北翼岬角，吴山为其南翼岬角。由于**长江**、**钱塘江**带来的泥沙不断堆积，河口沙坎日益填高，因而成为内湖。湖南北长3.3千米，东西宽2.8千米，周长约15千米，面积约6平方千米（包括湖中洲岛），其中水面为5.66平方千米。由白堤和苏堤将湖面分割成几部分：二堤之间的广大湖面称西湖，白堤和孤山以北湖面称北里湖，苏堤以西的湖面称西里湖，玉带桥以北到岳坟沿岸称岳湖，花港公园以南称小南湖。西湖平均水深1.5～1.8米，流域面积21平方千米。在以西湖为中心的49平方千米的园林风景区内，主要风景名胜有40多处，重点文物古迹30余处。西湖的景色随四季、朝暮、晴雨而不同，变幻莫测，各有风姿。登上葛岭的初阳台、孤山的日照阁及吴山、玉皇山等处，举目眺望，西湖全景尽收眼底。沿湖主要景点可分为6个区：①湖滨区。湖滨公园、柳浪闻莺、雷峰夕照。②湖中区。三潭印月、湖心亭、白堤、断桥、平湖秋月、孤山、放鹤亭、中山公园、文澜阁、西泠印社、苏堤。③北山区。宝石山、保俶塔、初阳台、紫云洞、黄龙洞、曲院风荷、夕照山、岳庙和岳坟、玉泉、灵隐寺、天竺。④西山区。花港公园、刘庄、龙井。⑤南山区。吴山、玉皇山、动物园、虎跑、满觉陇、石屋洞、水乐洞、烟霞洞、净慈寺。⑥钱江区。六和塔、九溪十八涧、五云山、云栖、梅家坞。此外，以南宋故宫遗址，辟为故宫公园；梵天寺遗址改建成南宋文物陈列室。2011年，西湖文化景观作为文化遗产被列入《世界遗产名录》。

杭州西湖

西江 Xijiang River 中国珠江主干流。见**珠江**。

西进运动 Westward Movement **北美独立战争**后至19世纪末发生的越过阿巴拉契亚山脉开发西部的群众性移民垦殖运动。美国独立后，废除了1763年英国阻止移民西进的敕令，来自沿海地区和欧洲的移民越过阿巴拉契亚山脉涌向西部。在西进运动中，出现过4次巨大的移民高潮。第一次移民高潮出现在18世纪末期和19世纪初期，由于美国政府颁布一系列的土地法令并从法国购买了路易斯安那广大地区，移民们感到拓殖活动有了一定的保证，纷纷涌向西部，开拓俄亥俄、肯塔基和田纳西等地区，为后来日益扩大的中西部产粮区奠定了基础。第二次移民高潮出现在1815年以后，两股移民朝着两个方向移动。一股是来自沿海地带和德国的移民，他们会合起来，朝向大湖平原区迁徙，逐步开拓了俄亥俄河以北的整个地区，建立了美国谷物生产和牧畜业的基地。另一股是来自东南部的移民，他们进入濒临墨西哥湾介于佐治亚南部与路易斯安那之间的平原地区。第三次移民高潮是伴随着19世纪中叶美国领土扩张和兼并到来的。另一方面，也是由于1848年在加利福尼亚发现金矿，激起涌向西部采掘黄金的移民浪潮。内战结束后，新的移民运动再次兴起，除了向远西部迁移之外，重点是曾经被视为“大沙漠”的中部大平原，那里成了美国的“最后边疆”。大批牧牛人在20多年内，把荒芜的大平原改造成为一片巨大的牧场。1890年“边疆”在美国正式消失。

西进运动使美国领土增加到建国时的三倍，扩大了发展工业所需的各种基本资源，对美国社会制度和资本主义的发展以及美利坚民族性格的形成都产生了巨大的影响。

西晋 Western Jin Dynasty 公元3世纪60年代建立的以汉族为主体的王朝。中国魏咸熙二年（265）十二月，晋王司马炎（即晋武帝司马炎）夺取政权，建立晋朝，先都洛阳，后迁长安，历四帝。建兴四年（316）为匈奴刘氏所灭，史称西晋。见晋朝。

《西京杂记》 *Miscellaneous Records of the Western Capital* 中国轶事型志人小说集。作者不详。《隋书·经籍志》著录为2卷，不著撰者。《旧唐书·经籍志》题葛洪撰。《郡斋读书志》著录说：“江左人或以为吴均依托为之。”《直斋书录解题》著录作6卷，陈振孙认为乃后人所分。据卷末后序，又似为葛洪抄辑刘歆《汉书》材料而成，书中多有以刘歆口气叙事之处。《四库全书总目》始列入小说家杂事之属，兼题刘歆、葛洪姓名。近世考证者多认为是葛洪依托之作。共129则，都是写发生于“西京”（东汉人称西汉首都长安）的西汉统治阶级与文士的逸闻轶事，夹杂一些怪诞的传说。其中所写的故事，如王昭君为画工所欺远嫁匈奴，卓文君作《白头吟》，赵飞燕、赵合德姊妹的骄奢淫逸，以及9月9日佩茱萸、饮菊花酒的习俗等，常被后人引用为掌故。文笔简洁而有文采。通行本有《四部丛刊》影明嘉靖本，《抱经堂丛书》本。中华书局校点排印本（1985），罗根泽校勘、断句。

西凯里阿诺斯 Sikelianos, Angelos（1884-03-28～1951-06-19） 希腊诗人。生于莱夫卡斯岛，卒于雅典。曾在雅典学习法律，到过欧洲、埃及和美国等地。年轻时开始文学创作，有诗歌选集《诗歌的生活》。最早一首成名的诗是《阴影》，写成于1907年，两年后才发表。这首诗表现出他的抒情天才，有对自然很美妙的歌颂。长诗《生命的序曲》在1915～1917年间陆续发表，诗中歌颂自然、种族、女人、信仰和人的创造力。1917年发表极富于音乐性的长诗《上帝的母亲》。1918～1919年写有长诗《希腊人的复活节》，但没有完成。在巴尔干战争和在对意大利的战争中，他的两部《胜利之歌》对当时的抵抗运动起了积极的作用。1927年后曾组织过民间艺术节，写过悲剧，但均不甚成功。

西凯罗斯 Siqueiros, David Alfaro（1896-12-29～1974-01-06） 墨西哥壁画家。与J.C.奥罗斯科、D.里韦拉并称“壁画三杰”。

壁画《狄亚斯的独裁》

生于奇瓦瓦，卒于库埃纳瓦卡。1910年，墨西哥民族民主革命爆发，他参加了革命军。1919～1921年赴法国学画，在巴黎接触到当代欧洲艺术。回国之后，成为墨西哥革命画家工会总书记，并创办《砍刀》杂志，提倡新的民族的大众艺术。1922～1924年为国立预科学校画壁画《工人的安葬》。20年代晚期从事矿工工会的组织活动，1930年在一次罢工中被捕，获释后流亡国外。1934年回国后参加反法西斯和反战运动，再次被捕，获释后迁居美国。1939年回国后为墨西哥电力联合工会画壁画《资产阶级的画像》，画面占满了楼梯、三面墙壁和天花板。1941～1942年画壁画《处死侵略者》。1945年为纪念反对德国法西斯战争的胜利，在墨西哥艺术宫创作壁画《新民主》，以概括的象征性形象来表现人民战胜法西斯的胜利。晚年，创作了一系列内容进步的壁画。

西崑体 xikun style 中国北宋初年一种追求辞藻华丽，对仗工整的诗体。景德二年（1005）宋真宗令资政殿学士王钦若、知制诰杨亿编《册府元龟》，参与编修和一些未参与编修的文人，不时以诗唱和酬答。大中祥符元年（1008）杨亿把这些诗汇为《西崑酬唱集》，主要收杨亿、刘筠、钱惟演3人的酬唱之作，同时还收有李宗谔等15人的酬唱之作。其诗宗法李商隐，以用典赡博、属对精工、音韵和谐、语言浓艳为特征，与当时流行的以浅切为特征的白居易体形成鲜明对比，引起学子的争相效法，统治真宗朝和仁宗朝初年的诗坛达三四十年之久，被称为西崑体或西崑派。到宋仁宗时，西崑体末流只是刻板模仿李商隐的诗题、用典、辞藻，石介撰《怪说》以攻之，西崑体的影响渐微。但正如《四库全书总目》卷一六八所说：“其取材博赡，练词精整，非学有根柢，亦不能熔铸变化，自名一家。”故对西崑体不可一概否定。

西拉德 Szilard, Leo（1898-02-11～1964-05-30） 美国物理学家。犹太血统。生于匈牙利布达佩斯，卒于加利福尼亚的拉霍亚。1922年获德国柏林大学博士学位。他在论文中阐述了熵和信息之间的关系，被认为是信息论发展的先兆。1934年在伦敦和T.A.查尔默斯共同发现以他们姓氏命名的西拉德－查耳默斯效应，提出了分离同位素的新方法。曾在20年代末和A.爱因斯坦一起作出过一些重要发明。他设计过比较先进的粒子加速器，参与裂变的研究并在E.费米建造第一座裂变反应堆的工作中卓有贡献。1945年和费米共同取得的第一座原子反应堆的专利权。第二次世界大战后，他转而研究生物学，1946年受聘为芝加哥大学放射生物学和生物物理研究所的教授。

西里西亚 Silesia 欧洲中部地区名。指奥得河中、上游流域，主要在波兰西南部境内，还包括德国东部和捷克东北部。面积4.9万平方千米。公元6世纪，斯拉夫人已在此定居。9～10世纪属于摩拉维亚国家。11世纪成为波兰王国的一部分。1163年被分为东南部的上西里西亚（奥得河上游）和西北部的下西里西亚（奥得河中游），以后南部又称奥地利西里西亚。1335年属波希米亚王室。1526年归属奥地利哈布斯堡王朝。1618～1648年遭受欧洲“三十年战争”破坏。1742年除奥地利西里西亚外，其余大部分被普鲁士占领。第一次世界大战后，上西里西亚大部分并入波兰，德国保留下西里西亚，奥地利西里西亚则分属波兰和捷克。第二次世界大战期间，整个西里西亚地区被德国占领。1945年后大部属于波兰、小部属于捷克斯洛伐克。本区土地肥沃，生产小麦、甜菜等；煤、铁、铜、铝、锌等矿藏丰富。以煤炭、钢铁、有色金属、化学、机械制造等重化工业为主。主要城市有弗罗茨瓦夫、莱格尼察、卡托维兹（波兰）和俄斯特拉发（捷克）等。

西里西亚纺织工人起义 Textile Worker's Uprising in Silesia 1844年6月普鲁士王国西里西亚纺织工人的起义。1844年6月4日，以争取提高工资被拒绝为导火线，在欧根山麓两个纺织村镇彼特斯瓦尔道和朗根比劳爆发纺织工人自发的起义。起义队伍扩大到3 000人，以简陋武器迎战前来镇压的包括骑兵和炮兵的政府军。坚持到6月6日，起义被镇压。

西利 Selye, Hans（1907-01-26～1982-10-16） 加拿大病理学家。又译泽利厄。生于奥地利维也纳，卒于加拿大蒙特利尔。曾

经就读于布拉格德语大学医学系及巴黎大学和罗马大学，1931年在约翰斯·霍普金斯大学工作，后往加拿大麦吉尔大学，1945年任蒙特利尔大学实验内科和外科学研究所所长。

他提出非特异性反应理论（即应激学说），认为应激是强烈刺激引起的、伴以身体防御系统的普遍动员状态。他引进全身适应综合征概念，提出胸垂体前叶－肾上腺皮质系统是适应机制以及适应性疾病概念等。著有《不同毒素引起的综合征》(1936)、《生命的紧张状态》(1956)、《激素与抵抗力》(1971)。

西凉 Xiliang 中国古代十六国之一。汉族李暠所建。都酒泉（今属甘肃）。盛时有今甘肃西部酒泉、敦煌一带，西抵新疆葱岭。历三主，共22年。

李暠，世为西州大姓。先祖仕晋为郡守。后凉主吕光时，段业于397年在张掖自称凉州牧、建康公，以暠为效谷县令，后迁敦煌太守。400年，暠据敦煌自称大都督、大将军、凉公，设官建号，发兵攻下玉门以西诸城，控制了西域，史称西凉。

西凉世系表

①太祖武昭王李暠（400～417）——②后主（凉公）李歆（417～420）
　　　　　　　　　　　　　　└—③冠军侯李恂（420～421）

401年，沮渠蒙逊攻杀段业，建北凉。暠常对北凉作战。405年暠迁都酒泉，并徙胡、汉各族2.3万户于酒泉一带，以汉人一万户侨置会稽、广夏二郡，余户分置武威、武兴、张掖三郡。北凉沮渠蒙逊每年进攻，西凉力不能敌，故与其通和立盟。但北凉背盟进攻，暠不得不迎战。417年二月暠病死，子李歆即位，继续对北凉作战。420年歆闻沮渠蒙逊南伐西秦，率军三万往攻北凉都城张掖，途中为蒙逊所败；蒙逊杀李歆，进占酒泉。同年九月，歆弟李恂据敦煌，称冠军将军、凉州刺史。421年三月蒙逊攻破敦煌，恂自杀，西凉灭亡。

西泠八家 Eight Specialists of Xiling 中国清代篆刻流派。指丁敬、蒋仁、黄易、奚冈、陈豫钟、陈鸿寿、赵之琛、钱松8位篆刻家，见浙派。

西泠印社 Xiling Seal Engravers Society 中国近现代研究金石篆刻的学术团体。社址在浙江省杭州市的西湖孤山。清光绪三十年(1904)，由篆刻家丁仁、叶铭、王禔、吴隐等人以保存金石、研究印学为目的而倡议发起，1913年正式成立，推举吴昌硕为社长。继任社长有马衡、张宗祥、沙孟海等。西泠印社每年雅集，每10年举行一次大规模纪念活动，同时举办印社珍藏及社员篆刻书画展览。

西泠印社重视对古代历史文物的收藏和保护，收藏有古代的碑刻墓志、摩崖造像、书画图书等，尤其是古代玺印、明清篆刻印谱的收藏最为丰富。西泠印社还编辑出版印谱、碑帖、画册及相关的理论著作，如《西泠前四家印谱》、《西泠后四家印谱》、《二百兰亭斋印谱》、《忠义堂法帖选》等。主办了《西泠艺丛》、《西泠艺报》等刊物，并与上海人民美术出版社合作出版了《吴昌硕作品集》(绘画、书法篆刻2册)。

西泠印社先后发展社员100多人，一些著名的书法家、篆刻家、画家如吴昌硕、胡镬、李叔同、金明斋、张宗祥、潘天寿、傅抱石、启功、王个簃等均曾为该社成员。

西陵峡 Xiling Gorge 见长江三峡。

《西楼记》 *Romance of Western Mansion* 中国明代传奇作品。又名《西楼梦》。作者袁于令(1592～1674)，初名晋，字韫玉，号凫公、箨庵。江苏吴县(今苏州)人。明生员。清兵南下，受苏州绅士之托，作降表。授荆州知府。居官十年被革职。工曲，著有杂剧《双莺传》和传奇《西楼记》、《金锁记》、《玉符记》、《珍珠记》、《鹔鹴裘》(合称《剑啸阁传奇》)等。《西楼记》写书生于鹃和妓女穆素徽的爱情故事。二人因擅长词曲而互相爱慕，曾在西楼同歌〔楚江情〕。事为于鹃之父御史于鲁所知，将穆素徽逐徙杭州。相国公子池同乘机以巨款买穆为妾，穆不从，备受虐待。于鹃应试中状元，后来在侠士胥表的帮助下，有情人终成眷属。据《书隐丛说》等书记载，此剧为作者自况，袁于令曾为与人争夺一妓女，被其父送官下狱，《西楼记》即在狱中写成。而剧中主人公"于鹃"之名，切音即为"袁"。全剧音调工整，结构严密，关目安排波澜起伏，当时即曾到处搬演，《楼会》、《拆书》、《错梦》等出一直在剧坛流行。今存明刊《剑啸阁自订西楼梦传奇》等刊本。另有冯梦龙的删改本，题名为《楚江情》。

西伦佩 Sillanpää, Frans Eemil (1888-09-16～1964-06-03) 芬兰作家。生于海门屈勒，卒于赫尔辛基。1908年进入赫尔辛基大学生物系学习，加入文学艺术社，使其决定终生从事文学创作。后因家境困难辍学。一生共发表近20部小说，还写过不少杂文和随笔。长篇小说《生命和太阳》(1916)，以亲身经历为素材，规劝那些颓废堕落的青年人要勇敢创建新生活。《赤贫》(1919)刻画一个孤苦伶仃的弱者被战争的狂涛恶浪吞没，力图探索战争和死亡的原因。《少女西丽娅》(1931)，通过一个贵族少女的悲惨命运和死亡，象征着芬兰贵族阶级的最后覆灭。西伦佩一直采用现实主义的创作方法，对处于饥寒交迫中的小人物的命运掬以同情之泪，充满人道主义精神。1939年获诺贝尔文学奖。其他作品还有小说《夏夜的人们》(1934)，散文集《人生的甘苦》(1945)，短篇小说集《地平线上》(1924)等。

西门豹 Ximen Bao 中国战国魏文侯时曾任邺(今河北省临漳县西南邺镇)令，生卒年不详。曾破除当地"河伯娶妇"的迷信，并开凿水渠十二条(见引漳十二渠)，引漳水灌溉，成效显著。

西门子 siemens 国际单位制中表示电导的导出单位。简称西。符号S。是二次方安培三次方秒每千克二次方米〔$A^2 \cdot s^3/(kg \cdot m^2)$〕的专门名称。定义为电阻为1欧姆的导体的电导，即1西＝1欧$^{-1}$。国际电工委员会1933年批准这个单位，1971年第14届国际计量大会承认。在直流电路中，以西门子为单位的电导值是以欧姆为单位的电阻值的倒数；在交流电路中则是以欧姆为单位的阻抗值的倒数。西门子的旧名是姆欧(mho)，它由欧姆(ohm)按字母顺序颠倒过来而构成。西门子这一单位是为纪念德国出生的英国工程师K.W.西门子，还是为纪念他的哥哥、科学家和实业家E.W.von西门子而命名，仍有争议。

西门子 Siemens, Ernst Werner von (1816-12-13～1892-12-06) 德国电工科学家、实业家，在发展电报工业中起了重要作用。

生于普鲁士的伦特，卒于柏林。1837年入柏林炮兵工程学校就读。1842年发明电镀工艺。1844年任柏林火炮厂厂长。1847年他与J.G.哈尔斯克合办电报机工厂(后发展成世界著名的西门子股份公司），1848年为军队铺设柏林至法兰克福的地下电报线路。同年，他发现产于马来群岛的杜仲胶具有良好的绝缘性能。不久，西门子就用杜仲胶作电缆绝缘，制成了通信电缆。1850年西门子－哈尔斯克公司铺设自多佛至加来的第一条海底电报电缆。并于1874年开始了在大西洋海底铺设6根通信电缆的工程，为沟通欧洲与美国的电信联系作出了贡献。1866年西门子发明了西门子电机（自励直流发电机）。1879年在柏林贸易展览会上表演了由他发明并建造的世界上最早的电气铁道，并于1881年建立了第一个电力公共交通系统，使有轨电车行驶在柏林近郊。

西门子股份公司 Siemens AG 德国最大的电气工程和电子公司，世界主要的电气工程和电子公司之一。总部设在德国柏林和慕尼黑。21世纪初，在50多个国家运营着约500个生产设施。2007年在世界190多个国家有386 200名员工，仅在德国就拥有约18万名员工。公司的前身是西门子－哈尔斯克商行，创建于1847年，创始人E.W.von西门子和J.G.哈尔斯克。1914年，在10个国家成立了分公司，并在其他49个国家建立了168个办事处。1897年，由家族企业改组为股份制公司，更名为西门子与哈尔斯克股份公司。1966年，改组为西门子股份公司。1978年，西门子公司获得了欧斯朗有限公司的全部股权。公司逐步从电气工程领域发展到电子领域；业务重点转移到信息技术方面，并且发展到半导体领域。产品极为多样，从发电机到发电站，从电话机到大型计算机，从电子元件到X射线装置，产品超过10万种，核心业务则集中在信息与通信、自动化与控制、电力、交通、医疗和照明等领域。

西蒙 Simon, Claude (1913－10－10～2005－07－06) 法国小说家。生于马达加斯加塔那那利佛，卒于巴黎。曾在巴黎、牛津、剑桥等地学习。第二次世界大战期间在骑兵团服役，被俘后越狱。战后幽居乡间，潜心绘画和写作。早期创作基本遵循传统手法写成，如《作弊者》(1945)、《格利佛》(1952)、《春天的加冕》(1954)。自1957年发表的《风》开始，写作风格变化明显，成为新小说派作家。这一时期作品有《草》(1958)、《弗兰德公路》(1960)、《豪华旅馆》(1962)等，其中《弗兰德公路》以战争为题材，打破传统的时空和小说叙述逻辑，把情节、线索、人物、景物都比喻成色块，拼凑组合，产生出类似绘画的共时性效果。60～80年代主要作品有《历史》(1967)、《法萨尔战役》(1969)、《三折画》(1973)、《农事诗》(1981)、《百年槐树》(1989)等。西蒙还撰有一些有关小说创作的论文。1985年获诺贝尔文学奖。

西蒙 Simon, Herbert Alexander (1916－06－15～2001－02－09) 美国经济学家，现代决策理论的主要代表人物。生于威斯康星州密尔沃基市，卒于宾夕法尼亚州匹兹堡。

1936年毕业于芝加哥大学政治学系，获文学学士学位，1943年获哲学博士学位。1942年任伊利诺伊理工学院政治学助理教授，1947年成为教授。1949～1955年，在匹兹堡卡内基理工学院（现为卡内基－梅隆大学）任管理和心理学教授；1955～1988年退休之前担任计算机科学和心理学教授。1978年获得诺贝尔经济学奖。

西蒙的重要贡献在于他把心理学、数学、统计学、运筹学等很多领域综合成一个关键性的理论体系。他对经济学的贡献在于他建立了现代决策理论，拓宽了经济学研究的领域。他所创建的这一有关决策程序的基本理论被公认为是关于企业实际决策的独创见解。

西蒙有关组织决策的理论已成功地解释或预示如公司内部信息和决策的分配、有限竞争情况下的调整、对各类有价证券的投资选择以及对外投资的国家选择等多种活动。西蒙的思想为现代企业管理和管理经济学的研究奠定了基础。在西方经济学界，西蒙以博学著称，其研究领域远超出他的专业范围。主要著作有《管理行为》、《公共管理》(合著)、《人类模型》、《管理决策的新科学》、《自动化的形成》、《经济学，有限理性与认知革命》等。

西蒙调查团 Simon Commission 英国政府派往印度研究修改殖民管理制度的“调查团”。由英国自由党人J.西蒙率领，故名。其具体任务是：研究印度行政管理体系的效果、教育的普及程度、英印立法机构的发展状况、建立责任制政府的可能性以及在地方立法机关中设立下院等问题。

1927年和1928年，调查团两次莅印，但均因调查团中没有印度人参加而未能得到任何一个印度全国性政党的合作。印度国民大会党在1927年年会上通过抵制西蒙调查团、要求实现民族独立的决议，1928年1月成立反对西蒙调查团委员会。在西蒙调查团所到之处不断发生抗议性示威活动。国大党著名领袖L.拉伊在斗争中被军警殴打致死。1928年2～5月，国大党、印度教大会和穆斯林联盟等召开3次全国性政党集会，拒绝同西蒙合作。

1930年6月发表西蒙调查团报告书。报告书建议：废除印度政府组织法中规定的双重管理体制，在保持选民单位制的条件下稍许扩大居民选举权，实施省自治，建立某种类型的全印联邦政府；但未规定给印度以自治领地位。

1930年11月至1931年2月，英国政府同印度各主要党派的代表在伦敦举行第一次圆桌会议（遭国大党抵制），西蒙调查团报告书成为会议讨论的主要内容，同时亦成为《印度政府法案》(1935)的主要蓝本。

西蒙诺夫 Simonov, Konstatin Mikhailovich (1915－11－28～1979－08－28) 苏联作家。生于圣彼得堡，卒于莫斯科。历任多家文学刊物编委、主编。剧本《我城一少年》(1941)表达苏联人民对即将来临的战争的必胜信心。长篇小说《日日夜夜》(1943～1944)描写苏联红军在保卫斯大林格勒战役中的英勇事迹。其他主要作品还有抒情诗《等着我吧……》，剧本《俄罗斯人》(1942)，长篇小说三部曲《生者与死者》(1959～1971，包括《生者与死者》、《军人不是天生的》、《最后的夏天》)，战时札记《洛巴金日记摘录》以及《战争的不同日子》(1975)、《我这一代人眼里的斯大林》(1988)等。

西盟佤族自治县 Ximeng Va Autonomous County 中国云南省普洱市辖县。位于省境南部，西和西北与缅甸毗邻。面积1 391平方千米。人口9万(2010)，有佤、拉祜、汉、傣等20多个民族。西汉属哀牢地。1913年置镇边县，1929年设西盟县佐，1933年改称西盟区，1965年成立西盟佤族自治县。县境地处怒山山脉南段中高山峡谷地带。属亚热带季风气候。矿产资源有锡、金、硫、萤石、大理石等。农业主产粮食、油料、茶叶、水果、药材等。工业有采矿、选矿、茶叶加工、农机、陶器等。交通运输以公路为主，通澜沧、普洱等地。名胜古迹有勐梭湖、佛殿山、睡大佛等。

西默农 Simenon, Georges (1903－02－13～1989－09－04) 比利时法语作家。生于列日。曾做书店职员、报社记者。1919年用笔名乔治·西姆发表第一部小说《在阿什桥上》。后旅居法国、美国、瑞士等国家。

西默农以写梅格雷探案而闻名于世。包括《拉脱维亚人皮埃尔》(1930)、《已故加莱先生》、《梅格雷在纽约》等80多部以梅格雷为主人公的侦探小说。小说《雪是

脏的》（1948），写纳粹统治下一个青年如何在环境的影响下日渐堕落。《关于贝贝·董热的真相》、《玻璃笼子》等，着重分析犯罪的主客观原因。作品文风朴素，结构严谨，深受读者喜爱。有《西默农全集》（1967～1973）72卷。不少小说已改编成电影等，译成了几十种语言。

西姆拉 Simla 印度西北部城市，喜马偕尔邦首府。位于该邦南部，南距首都新德里280千米。人口约14.22万。喜马拉雅山脉间的山城，海拔2 213米。以林木葱郁，景色秀丽著称。6月平均气温仅20℃；降水丰沛，平均年降水量1 550毫米。始建于1819年，后逐渐发展为避暑胜地，1865～1939年为英属印度的夏都。1947年后为旁遮普邦首府，1953年被昌迪加尔取代。1971年后又成为新组建的喜马偕尔邦首府。市区自天文台山沿鞍形山脊至贾库山

西姆拉殖民地时期的总督官邸

延伸，长逾4千米。有中轴线性质的林荫道东西横贯。军政建筑设施众多，主要有政府机构、总统别墅、陆军司令部以及大量私人别墅、住宅、旅馆和高级文娱场所等，均依地形顺坡而筑，分布于干道两侧。市中心在贾库山脊一带，旅店、商店、娱乐场所一应俱全，俨然英国旅游-疗养地气派。供水来自13千米外的资库山水库。有喜马偕尔邦大学和历史悠久的天文台等。交通便利，有公路和山区铁路南经昌迪加尔通往德里等地，市北辟有机场；市内交通多以步行为主，林荫道也能通行轻便车辆。

西姆拉会议 Simla Conference 英国殖民者炮制的干涉中国内政、策划西藏独立、阴谋侵占西藏的会议。会议于1913年10月至1914年7月在印度的西姆拉（今喜马偕尔邦境内）召开。与会者包括中国中央政府的代表、西藏宣抚使陈贻范，中国西藏地方政府的代表、十三世达赖特使伦钦夏托拉，英国政府代表、英印殖民政府外交政务秘书H.麦克马洪。

基于策划西藏独立的目的，麦克马洪在会议期间提出划分“内藏”、“外藏”和中国内地与西藏之间的界线问题，即所谓“中藏边境事宜”。麦克马洪和伦钦夏托拉又在会下私自商讨不丹和缅甸间的中印东段边界走向。麦克马洪提出一条边界线，画在比例为1英寸（1英寸=2.54厘米）等于8英里（1英里=1.609 3千米）的地图上。1914年3月24日，伦钦夏托拉背着中国中央政府的代表在德里同麦克马洪秘密换文，接受了麦克马洪提出的上述边界线。秘密换文中未就麦克马洪线走向作任何文字说明，亦未提出划线依据。

麦克马洪为会议准备了一份备有附图的条约草案。该图用蓝线标明拟议中的内外藏界线，用红线标明中国西藏地区同内地的分界线，并将红线南端延伸成弧形，用秘密换文中的麦克马洪线取代了中印东段边界的传统习惯线，因而将中印边界东段边界线悄悄向北推移约96千米。该线西起不丹边境，向东延伸，在中印东段边境地区，把历来属于中国、面积达9万平方千米的地区划归英属印度。麦克马洪利用这种欺骗手段将麦克马洪线塞进西姆拉会议条约草案之中，并诱使陈贻范在条约草案和附图上“画行”（即草签）。陈当即声明，正式签约需在接获中央政府命令后方可进行。中国中央政府电饬陈贻范不承认麦克马洪同伦钦夏托拉秘密签订的一切条约和文牍，并立即声明取消草签。麦克马洪亦承认，未能使中国政府“正式签字”。

西奈半岛 Sinai Peninsula; Shibh Jazīrat Sīnā' 连接非洲和亚洲的三角形半岛，埃及在亚洲的领土。西界苏伊士运河是亚、非两大洲的分界线；东面与以色列、巴勒斯坦地区接壤；北濒地中海；南部临苏伊士湾、红海和亚喀巴湾。面积6.1万平方千米。人口36.6万（2004），主要分布在北部地区，南部人烟稀少。行政上分为北西奈省（省会阿里什）和南西奈省（省会图尔）。历史上曾先后被罗马帝国、奥斯曼帝国、英国统治。第一次世界大战后归属埃及。1967年被以色列占领，1982年归还埃及。西北部及北部沿海平原沙丘广布；中部为

鸟瞰西奈半岛

提赫高原，向北缓倾，平均海拔1 000米；南部是结晶岩山地，地势高峻，凯瑟琳山海拔2 637米，为埃及最高峰。气候干热，植被稀少。北部灌溉条件较好的沿岸地区和少数绿洲产大麦、椰枣、橄榄、蔬菜和水果等。矿产资源丰富。陆上及苏伊士湾沿海石油已开采，还有天然气、铜、锰、煤等矿藏。半岛交通以公路为主，苏伊士运河东岸有从舍特通往巴勒斯坦的铁路。在图尔、阿里什和沙姆沙伊赫有机场。主要游览景点有圣凯瑟琳修道院等宗教圣地以及亚喀巴湾沿海、南端穆罕默德角等，哈姆迪隧道东口的舍特为旅游服务中心。半岛南端的沙姆沙伊赫因常举行国际会议而闻名于世。

西南交通大学 Southwest Jiaotong University 中国工科高等学校。属教育部。校址在成都，在峨眉设有分部。1896年创办于山海关，称山海关北洋铁路官学堂。1905年迁河北唐山，改名唐山路矿学堂。1921年参与组建交通大学，先后称为交通大学唐山分校、唐山交通大学。1952年改名唐山铁道学院。1972年迁四川峨眉，改现名。1989年校部迁成都。设有土木工程、电器工程、计算机与通信工程、经济管理、人文社会科学、交通运输、建筑、理学、外国语、药学等20多个学院及应用力学与工程、生物工程、载运工具信息工程等系。有培养学士、硕士和博士的教学体系。有国家重点学科和国家重点实验室等。

西南联合大学 Southwest Union University 中国抗日战争期间设于昆明的一所综合性大学。1937年抗日战争全面爆发，北京大学、清华大学、南开大学迁至长沙，组成临时大学。1937年10月25日开学。设有文、理、工、法商4个学院17个系。1938年4月又迁昆明，改称西南联合大学，简称西南联大。设理、工学院于昆明，文法学院于蒙自（后迁昆明）。1939年后联大设立文、理、法商、工、师范5个学院26个系，2个专修科、1个先修班。

抗战胜利后，1946年西南联大解散，

西南联合大学旧址

三校分别迁回北京、天津复校。这所不满9年历史的大学无论在共产党所领导的民主革命中，或者在学术研究和教学工作中，都作出了重要的贡献。震惊中外的“一二·一”反内战、反暴行、争民主运动就发生在联大；著名的诗人和学者**闻一多**，历史学家**吴晗**等都在联大成长为民主战士。抗战期间，西南联大被誉为大后方的“民主堡垒”。

西涅克 Signac, Paul (1863-11-11～1935-08-15) 法国画家。**新印象主义**的倡导者和组织者。生于巴黎，卒于巴黎。最初学建筑，1880年参观C.**莫奈**的画展后转学绘画，并和一些**印象主义**画家交往，临摹E.**德加**、É.**马奈**的作品。他于1884年与G.**修拉**结为至交，开始接受新印象主义理论，并成为这一运动的骨干人物。他比修拉更热衷于色彩的光学理论，他在1899年写的《从E.德拉克洛瓦到新印象主义》，是新印象主义的理论著作。1886年，应C.**毕沙罗**之邀，与修拉一起参加了第八届印象主义展览，这届展览体现出印象主义运动的终结和新印象主义的诞生。1888年，他参加了安特卫普的“二十人展”。1908年，被选为独立画家协会的会长，直到去世。

西涅克的早期作品是航海途中的速写，画风清晰明朗。19世纪80年代中期的油画，采用印象主义技法。从1886年起，他用新印象主义的分割法作画。1910年以后，创作了很多注重色彩的装饰性和表现效果的水彩画。他的画富于炽烈的情感，常以红色作为基调，采用各种协调的、镶嵌画似的点描法绘制。代表作有《圣特罗佩港的出航》(1902)、《马塞港的入口》(1922)等。

《马塞港的入口》

西宁市 Xining City 中国青海省辖市、省会。位于省境东北部。辖城中、城东、城西、城北4区和大通回族土族自治县、湟源县、**湟中县**。面积7 472平方千米。人口221万(2010)，有汉、回、土、藏等36个民族。西汉时为临羌地，属金城郡。东汉建安年间置西都县。北魏改为鄯善镇。隋为湟水县地。唐改置鄯城县。五代时为吐蕃青唐城。北宋改为西宁州及倚郭县。明设西宁卫。清雍正年间改为西宁县。1913年改称西宁道，1926年废道改为行政区。1929年建立青海省始为省会。1944年改西宁县为西宁市。市区大部分位于河谷低阶地上，沿河谷展开。属高原温带草原气候，年平均气温5.6℃，1月平均气温－8.6℃，7月17.2℃；平均年降水量371毫米。

西宁市东关清真大寺

新型工业城市。主要有机械、轻纺、冶金、机械、化工、电子、建材、塑料、食品、造纸等工业。境内有全国最大的电解铝厂——青海铝业公司。矿产主要有煤、石英石、石灰岩、石膏等。农业以小麦、马铃薯、蚕豆、油菜、蔬菜种植为主。牧业以饲养牛、羊为主，西宁毛（西宁藏羊）驰名中外。西宁自汉代起即为丝绸之路上的金城郡与张掖、酒泉间中继站。唐以来又为内地进藏通道之起点。现已形成以西宁为中心辐射全省的交通网络。青藏铁路通车使西宁成为青藏高原铁路枢纽。西宁机场通航全国各主要城市。有青海大学、青海师范大学、青海民族学院等大专院校。设有高原生物、盐湖、牧业等科研机构。名胜古迹有青铜时代卡约文化、齐家文化、辛店文化遗址和南凉王修建的虎台等。北山有北魏时修建的北禅寺；南山有清代修建的南禅寺；市区内有始建于明代的东关清真大寺，是中国西北四大清真寺之一，大殿金碧辉煌，具有中国古代宫殿式建筑风貌。

西欧 West Europe 欧洲西部大西洋沿岸地区和附近岛屿。包括英国、爱尔兰、比利时、荷兰、卢森堡、法国和摩纳哥7国。面积94.06万平方千米，占欧洲总面积的9.3%；人口14 149.1万(2002)，占欧洲总人口的20.6%。

西欧采邑制 feoff system in West Europe 西欧封建土地所有制形式之一。采邑原指西欧中世纪早期国王封赏给臣属终身享有的土地。**法兰克王国**墨洛温王朝时期，国王对于服军役或执行其他任务的臣属，已封赐土地或金钱等作为恩赏，称作采邑（采邑一词的原意即恩赏，拉丁文为beneficium）。加洛林王朝时采邑制大为发展，不但国王封赐采邑，许多大封建主也分赐采邑给自己的封臣。作为采邑封赏的主要是土地，但往往也包括伯爵等国家官职和教会职务。受领采邑者必须服军役。后来随着加洛林王朝的衰落，采邑世袭已成为不可阻遏的趋势。转化成为世袭领地的采邑，习惯上称为封土（英文feoff，拉丁文feodum）。采邑的封赏使一些农民沦为封建主的依附农民，促进了西欧封建土地制的发展和封建主阶级的强大。

西欧农奴制 serfdom in West Europe 西欧封建社会中一种依附农民的经济地位、法律身份等的综合制度。农奴（serf）一词源自罗马人对奴隶的称呼——servus，是人身属于主人的农业劳动者，社会地位极为低下，受到封建主多方面的剥削和奴役。其生命得到保障，主人不能随便将其杀害，但可以买卖、转让、交换或赠送他人。农奴不得服军役，亦不得担任教职。

由于生产力的发展以及商品货币关系的影响，一些地区的农奴逐渐积得金钱，赎回与人身有关的义务，获得自由。也有一些农奴通过逃亡与垦荒等途径得到自由。至15世纪末，除个别情况外西欧大多数农奴获得了自由，农奴制瓦解。

西欧庄园制 manor system of West Europe 封建主凭借土地占有及超经济强制等权力形成的剥削农民的实体。广义的庄园和领地的概念相似；狭义的庄园指封建主用劳役地租剥削依附农民，并独立进行经营及核算的一个地段。

封建庄园是自给自足的自然经济单位，庄园内的一切生产都是为了供应领主消费和依附农民及其家庭的生活需要，只有庄园不能生产的如盐、铁等，才从行商手中购取。庄园经济的兴盛时期约在9～13世纪。它的形成大约和生产力低下有关。14世纪起西欧经济变化剧烈，庄园主纷纷放弃自营地，货币地租流行，农奴也通过各种途径取得人身自由，劳役制庄园趋向瓦解。

西气东输管道 West to East Gas Pipeline 中国将西部新疆塔里木盆地发现的天然气资源，输送到东部上海、浙江的多压气站、多用户、长距离、大口径的输气管道。经过甘肃、宁夏、陕西、山西、河南、安徽、江苏，管道总长3 895千米，管径1 016毫米，管道年输量120亿立方米，供应沿线各省的民用和工业用气。2002年7月4日动工，2004年开始向上海等城市供气，2005年1月1日正式运营。西气东输管道建成后，创造了多项中国的管道之最：①中国最长的管道。②途经行政区域最多的长输管道。③地形、地貌、地质条件最复杂多样。④输气量最大的管道。⑤工程投资最高。⑥大型河流穿越最多。⑦输气用户最多。

西秦 Western Qin 中国古代十六国之一。陇西鲜卑族（一说属赀虏）酋长乞伏国仁所建。都苑川（今甘肃榆中东北）。盛时有今甘肃西南部和青海一部。历4主，共47年。

西秦世系表

①烈祖宣烈王乞伏国仁（385～388）
②高祖武元王乾归（388～412）
　③太祖文昭王炽磐（412～428）
　④后主暮末（428～431）

鲜卑乞伏氏在汉魏时自漠北南出大阴山，迁往陇西。前秦主苻坚在位时，酋长乞伏司繁被命为镇西将军，镇勇士川（今甘肃榆中东北）。司繁死，子国仁代镇。淝水之战，苻坚败亡，国仁招集诸部，众至十余万。385年，国仁自称大将军、大单于、领秦河二州牧，筑勇士城为都（在勇士川内，即后苑川郡城）。388年六月国仁死，弟乾归即位，称河南王，迁都金城（今甘肃兰州西北）。394年前秦主苻登败死，乾归尽有陇西之地，改称秦王，史称西秦。400年迁都苑川。同年败于姚兴，遂降附后秦，为其属国。407年乾归被姚兴留居长安，两年后回到苑川，复称秦王。412年乾归死，子乞伏炽磐即位，称河南王，迁都枹罕（今甘肃临夏）。414年攻灭南凉，十月改称秦王。428年六月炽磐死，子乞伏暮末即位，政刑酷滥，民多叛亡；又屡为北凉主沮渠蒙逊所侵逼。430年暮末欲东趋上邽（今甘肃天水），归附北魏，途中遭夏主赫连定阻击，退保南安（今甘肃陇西东南）。431年一月夏军攻围南安，暮末出降，西秦亡。

西青区 Xiqing District 中国天津市辖区。位于天津市西南部，西与河北省接壤。面积545平方千米。人口36万（2008），有汉、回、满、朝鲜等民族。1949年为天津县第五区。1953年改置津西郊区。1955年改西郊区。1958年撤销，1962年复置。1992年更名为西青区，取津西杨柳青之意。农作物以水稻、小麦为主。工业以汽车、化工、机械、纺织为主。名胜有文昌阁、霍元甲故居及墓、平津战役天津前线指挥部旧址等。

《西清古鉴》 中国清代金石学著作。乾隆十四年（1749）由梁诗正等奉敕编纂，乾隆十六年编定，被收入《四库全书》。共40卷，著录当时宫廷所藏商周至唐代青铜器1529件。每卷先列器目，然后按器绘图，附有铭文并加考释。对每器还记录高度和重量。该书图绘未注比例，铭文摹绘失真，又多改写、缺讹之处，考订亦较疏陋，还收录不少伪器。但作为资料书，仍有价值。书中另附《钱录》16卷，著录历代钱币。

西撒哈拉 Western Sahara 位于非洲西北部，北邻摩洛哥，东、南连阿尔及利亚和毛里塔尼亚，西濒大西洋，隔海与加那利群岛相望。面积26.6万平方千米，人口27万（2005）。居民为阿拉伯人和柏柏尔人。通用阿拉伯语和西班牙语，信奉伊斯兰教。主要城镇阿尤恩、达赫拉。

地处撒哈拉沙漠西部，境内大部为荒漠和半荒漠。海岸线长约900千米。境内地势自大西洋岸逐渐向东升高，海拔一般300米以下，北角800米左右。热带荒漠气候，干旱少雨，各地平均年降水量不足100毫米。多沙暴。沿海较温和。

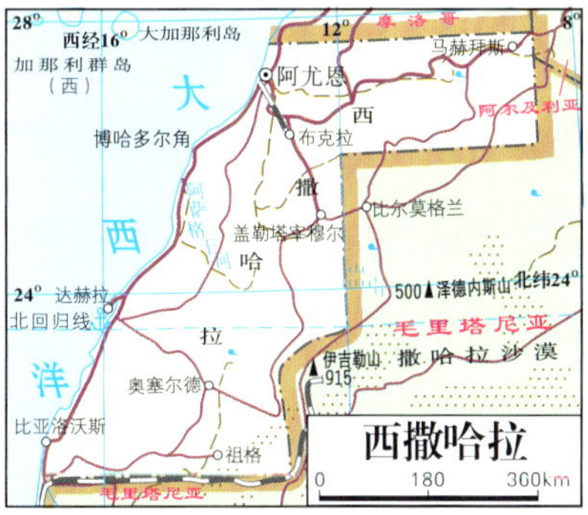

公元7世纪，阿拉伯人进入。15世纪中叶，葡萄牙人入侵。19世纪，西班牙人入侵，1886年将其划为“保护地”，1958年改划为海外省。1973年5月萨基亚哈姆拉和里奥德奥罗人民解放阵线（简称西撒人阵或波利萨里奥阵线）成立，决定通过武装斗争争取西撒独立。1975年11月摩洛哥35万名志愿者开进西撒，同月西班牙、摩洛哥、毛里塔尼亚签订《马德里协定》。按照协定，西班牙于1976年2月26日撤退。但摩、毛随即签订分治西撒协定，两国分别占领北部（2/3）和南部（1/3）。1976年2月27日西撒人阵宣告成立阿拉伯撒哈拉民主共和国后，摩、毛与西撒人阵间不断发生武装冲突。1979年8月，毛退出占领区和西撒战争，摩趁机占领原毛占区，实际控制西撒90%以上土地。

20世纪70年代后非洲统一组织和联合国为和平解决西撒冲突进行积极斡旋。1989年6月，联合国秘书长德奎利亚尔提出《解决计划》，1990年6月该计划获安理会批准。1991年4月29日安理会通过690号决议，批准秘书长关于在西撒举行公民投票的修正案，5月17日联合国大会批准西撒特派团预算，9月5日联合国特派团进驻西撒，9月6日摩与西撒人阵宣布正式停火，结束长达16年的西撒战争。

工业以磷酸盐矿开采为主。磷酸盐矿藏丰富，仅北部布克拉探明储量即达17亿吨。其他矿产铁、铜、锌、钾、石油等多未开采，以北部铁矿储量较丰，品位达60%以上。多数居民从事畜牧业，内地放牧骆驼，沿海和北部牧羊。沿海渔业资源丰富，居民以捕鱼为生，达赫拉有鱼、肉类加工业。有公路北通摩洛哥，东南达毛里塔尼亚。达赫拉为主要港口，与加那利群岛间有海上航运。阿尤恩、达赫拉有航空站。

西塞罗 Cicero, Marcus Tullius（前106～前43） 罗马政治家、思想家。生于罗马的一个骑士家庭。公元前63年当选为罗马执政官，后为元老院元老。公元前51年赴小亚细亚任奇里乞亚总督。他反对独裁，维护贵族共和制。在第二次“三头同盟”成立后，他被三头之一的安东尼的部下于公元前43年12月7日杀害。

西塞罗认为国家并非人为的产物，而是在历史进程中逐渐形成的，其根源在于人的天生的社会性。他认为正常的国家政体可分为君主制、贵族制和民主制3种。唯有3种正常政体互相联合而成的混合政体，才是富有协调、均衡能力的理想政体。西塞罗认为罗马共和国是最理想的政体。

西塞罗是古罗马第一个依据斯多葛派观点系统阐发自然法思想的人。

西塞罗的思想直接影响过帝国时期的罗马法和罗马法学家，并进一步影响了后来西方政治思想的发展。古罗马的政治思想是沟通古代和中世纪乃至近代思想的桥梁，而西塞罗则是这一历史联系的代表。他一生著述甚丰，在政治方面主要有《论

国家》(又译《共和国》、《国家论》)、《论法律》等。

西沙群岛 Xisha Islands 中国南海诸岛四大岛群中最西部的群岛。距海南岛榆林港东南约330千米，西距越南中部海岸约440千米。包括23个岛屿和4个不包含岛屿的礁环。总面积约8平方千米。群岛各岛屿间有8门，为往来水道。按岛洲散布状况可分为东西两群。东部宣德群岛（曾称东七岛），主要由永兴岛、石岛、赵述岛、南岛、北岛、中岛、东岛7岛，东新沙洲、西新沙洲、南沙洲、中沙洲、北沙洲、西沙洲及西渡滩、银砾滩等组成。以永兴岛最大，面积1.85平方千米，海拔8.5米，岛上树木茂密，有码头、灯塔、气象站、海洋博物馆、商店等，是南海诸岛的政治、经济中心。东岛为西沙群岛第二大岛，面积1.62平方千米，为野牛、野猪等的自然保护区。西部永乐群岛（曾称西八岛），主要由金银岛、甘泉岛、珊瑚岛、全富岛、晋卿岛、琛航岛、广金岛、中建岛及玉琢礁、华光礁、北礁等组成。岛屿均发育在环礁上，中为潟湖。高尖石是西沙唯一的火山岛。西沙自然资源丰富，是南海重要渔场，盛产海参、海龟、玳瑁、各种鱼类等。部分岛上种有高粱、玉米、白菜等作物。西沙又是海鸟天下，以白腹褐鲣鸟最多，有厚层鸟粪堆积，为肥料和工业原料。西沙扼南海航运要冲，不仅为渔船中途寄泊地，亦为南海国防前哨。

石岛

西沙群岛历来是中国的领土，不同时代有不同的名称，北宋称九乳螺洲，海面称七洲洋；清则称千里长沙等。现属海南省管辖。

西沙自卫反击战 Counterattack in Self-Defense of Xisha Islands 1974年1月，中国人民解放军海军南海舰队所属部队与陆军、民兵协同，对入侵西沙群岛的南越军队进行的反击作战。

南沙群岛、西沙群岛、中沙群岛、东沙群岛历来是中国的领土。南越当局继日、法侵略军之后，侵占中国西沙群岛之珊瑚岛；1973年，又非法宣布中国南沙群岛的南威、太平等岛屿归其“管辖”。中国政府严厉谴责南越当局对中国的肆意侵犯，重申中国对南沙、西沙、中沙和东沙各群岛拥有领土主权。南越当局不顾这一严正警告，于1974年1月15日派驱逐舰侵入西沙群岛的永乐群岛海域；17～18日，又增派军舰侵入上述海域，强占甘泉、金银两岛。19日再向琛航、广金两岛发动进攻，中国人民解放军海军、陆军各一部在民兵配合下当即进行反击。20日全歼入侵的南越军队，收复了西沙群岛的永乐群岛。此战击沉南越军队护航炮舰1艘，击伤驱逐舰3艘，俘虏49人（战斗结束后不久，中国即将全部俘虏遣返）。这次反击作战沉重打击了南越当局的扩张主义，维护了中国领土主权不可侵犯的神圣权利。

西山 Xishan Mountain 中国太行山脉的一部分。因位于北京西部而得名。东北方以北京市昌平区的关沟为起点，西南抵北京市房山区的拒马河畔，西北至市界，东南部临北京平原的全部范围。南北长近90千米，东西宽约60千米。西山形成于约1亿年以前的褶皱运动，整个山体呈北东—南西走向。主峰东灵山海拔2 303米，是北京市最高峰。自然植被为夏绿阔叶林，但破坏比较严重，多为杨、桦、柏、松等为主的次生林及灌丛。建有百花山、东灵山和龙门涧等自然保护区。西山有许多名胜古迹，如香山、八大处、百花山、上方山等，都是京西的著名游览区。

西山会议派 Xishan Mountain Conference School 中国国民党内的反共政治派别。因首次反共会议举行于北京西山而得名。其主要成员为邹鲁、谢持、林森、张继、居正等。1925年11月23日，邹鲁等人在北京西山碧云寺非法召开仅有中央执委8人、候补委员3人、中央监委2人出席的“国民党一届四中全会”，通过取消共产党员的国民党党籍、开除国民党中央执行委员会中的共产党员、解雇顾问M.M.鲍罗廷等议案，宣布停止广州国民党中央执行委员会职权，由他们另定国民党二大日期。会后，又在上海成立“国民党中央党部”，公开对抗广州国民党中央。邹鲁等人的分裂活动遭到国民党中央执行委员会及各级地方党部的反对。1926年1月，国民党二大召开，通过弹劾西山会议派决议，宣布永远开除邹鲁、谢持党籍。但邹鲁等人坚持另立中央。1927年四一二政变后，蒋介石通令取消“打倒西山会议派”等口号，恢复邹鲁、谢持党籍。西山会议派从此逐渐与蒋介石集团合流。

西山会议会场

西商 Western Merchants 中国古代商人集团。居于陕西和山西一带，故名。又称西客、山陕商人、秦晋大贾。明清时期，与徽商并雄，为当时两大主要商业资本集团之一。陕西的西、北部是明代鞑靼、瓦剌诸部的游居地；山西北部的大同、宣府一带，是明抵御鞑靼、瓦剌的重镇，故明代西部、北部边防需要的许多重要物资如布匹、粮食等，大部分经陕西、山西运给。明代山陕商人的贸易也就以布匹、粮食、茶、马、食盐等为主。进入清代以后，陕西、山西西北部作为军事消费地带的作用已经消失，许多山陕商人因而没落。但由于山陕商人所经营的布、盐等行业与封建财政有密切的关系，因此他们又与清政府结下不解之缘，除经营传统的商品外，又经营为清王朝所必需的洋铜的采买以及贵重药材的贩卖。清代中后期，不少西商、尤其是山西商人的资本开始转向经营票号。票号的业务主要是汇兑和存放款，业务对象亦多是政府及其官吏。山陕商人资本日益向官僚资本转化，是其业务成功的根本原因，但也使他们日益失去独立地位。清末，山陕商人不能适应新的发展，大部分无法向近代资本家转化，纷纷没落，繁盛一时的山西票号亦随之衰落。

西施 Xishi 中国春秋末期美女。一作先施，又称西子。越国苎萝村（今浙江诸暨南）西鬻薪之女。据汉人所撰《吴越春秋》和《越绝书》传，越王勾践被吴军困于会稽，范蠡以西施献吴王夫差，伍子胥谏，夫差不听，喜而纳之，成为宠妃。《吴地记》又传，西施复归范蠡，同泛舟五湖。或言越败吴，为答子胥之谏而沉西施于江。明人写有传奇故事《浣纱记》即讲有关西施事。

西施舌 *Coelomactra antiquata* 双壳纲帘蛤目蛤蜊科蛤蜊属的一种。广泛分布于太平洋西部。贝壳大，略呈三角形，较薄。壳顶位于贝壳中部，稍靠前方。壳顶前方略凹，后方较突出。腹缘圆，壳表具有黄褐色发亮的外皮。顶部淡紫色，壳顶部颜色较深。绞合部宽大，左壳主齿一枚呈“人”字形，右壳主齿两枚呈“八”字形。前、后侧齿发达，左壳单片，右壳双片。外韧带小，棕黄色；内韧带极发达，位于宽而深的三角形韧带槽当中。前闭壳肌痕近方形，后闭壳肌痕卵圆形。外套窦宽，但较浅，半圆形。生活在潮间带下区和浅海的细沙滩中。足部和闭壳肌是珍贵的海产食品。中国沿海都有出产，但产量不多，现已进行人工养殖。

西双版纳傣族自治州 Xishuangbanna Dai Autonomous Prefecture 中国云南省辖自治州。中国热带作物基地及著名风景名胜游览区，有“中国热带动植物王国”之称。位于省境南部，东南部与老挝、缅甸接壤。辖**景洪市**、勐海县、勐腊县。面积19 700平方千米。人口113万（2010）。有汉、傣、哈尼、拉祜、布朗、基诺、瑶等民族。自治州首府驻景洪市。1953年置西双版纳傣族自治区，1955年改西双版纳傣族自治州。

西双版纳的热带地区，多分布在海拔800米以下的低热河谷和陷落盆地内，利于南方海洋性湿热气流北上。有热带森林覆盖。自第四纪以来未受冰川影响，使新老动物多荟萃于此。自治州面积虽仅占全国总面积的0.2%，但却有植物5 000多种，约占全国的1/6，其中有珍稀植物341种，被列为国家重点保护的珍稀、濒危的植物58种，占全国保护类植物的15%。如被称为活化石的云南苏铁、桫椤等及特有树种细蕊木莲、望天树等，还有稀有种西南紫薇、隐翼、铁力木等和珍贵药用植物龙血树、美登木、白木香等。哺乳类动物占全国总数的1/4，中国绝大部分灵猫类和灵长类动物几均集中于此。亚洲象、印度野牛、白颊长臂猿、鼷鹿、印支虎等均为西双版纳所特有，亦为国家一级保护珍稀名贵动物。鸟类占全国总数的1/5以上，孔雀雉、棕颈犀鸟、白喉犀鸟等均为特有种。1958年在自治州建立了西双版纳自然保护区（国家级），1993年保护区加入联合国“人与生物圈计划”自然保护区网。州内还建有国家级的西双版纳风景名胜区。

西双版纳农业以粮食、橡胶、甘蔗、茶叶为四大支柱，是驰名中外的普洱茶产地，又为世界海拔最高、纬度最北的植胶区和中国主要橡胶产区之一。作物一年三熟。工业有煤炭、电力、机械、制糖、制茶、医药、制盐、建材、造纸、服装等。国家一类口岸磨憨，二类口岸打洛、勐龙等建有边境贸易区。景洪港属国家级水路口岸。西双版纳机场辟有通北京、上海、天津、昆明等国内航线和泰国曼谷国际航线。名胜主要有勐仑自然保护区和热带植物园、三岔河原始森林、**曼飞龙塔**、景真八角亭、勐海南糯山、版纳原始森林公园、曼点热带沟谷雨林、勐远溶洞、版纳民族风情园、橄榄坝傣族山寨、基诺山寨等。

西双版纳热带森林

西斯莱 Sisley, Alfred（1839-10-30～1899-01-29） 法国画家。**印象主义**展览会的参加者。生于巴黎，卒于巴黎近郊的莫雷。1862年从英国回到巴黎，进C.格莱尔画室，与C.**莫奈**、P.-A.**雷诺阿**、J.-F.巴齐耶结为至交。他主要画风景画，在运用明亮的色调和迅疾的笔触表现空气流动和瞬间的水面反射效果上，与莫奈的画风相近。他的早期作品如1866年的《枫丹白露林边》，明显受到G.**库尔贝**的影响。1870年的《圣马丁运河》，色彩变得更为和谐自然，画面色调也比较统一。1872年的《阿让特伊小广场》开始显示出自己的独特风格，他用微妙的色彩关系来表现有诗意的自然景色，注重对外光的探索。在印象派画家中，他的雪景十分精彩，他不仅善于从白色和灰色中取得色彩和谐，而且还得心应手地用色调的对比来创造喜悦的和乐观主义的情绪，突出的是《鲁弗申的雪》（1874）。70年代中期代表作有《马尔港的洪水》、《洪水泛滥中的小舟》（1876）（见图）。

《洪水泛滥中的小舟》（奥塞美术馆藏）

从80年代中期起，西斯莱受到**新印象主义**，即点彩派的冲击，在作品中尝试用点彩的技法。他的晚期作品有转向表现物象实体感的倾向，色彩明亮，但缺乏早期创作中的抒情和诗意。虽然从1890年西斯莱的许多油画在官方的沙龙展出，但直到逝世他始终没有得到社会的承认。

西斯蒙第 Sismondi, Jean-Charles-Léonard Simonde de（1773-05-09～1842-06-25） 法国政治经济学家。经济浪漫主义的奠基人。生于瑞士日内瓦，卒于日内瓦。原籍意大利，后移居法国。曾在巴黎上过大学，后中途退学到里昂一家银行当职员。法国大革命时回到瑞士。曾移居英国、意大利。1800年西斯蒙第重返瑞士，以后一直从事著述活动。1803年出版《论商业财富》时，他还宣传**亚当·斯密**的学说。但法国大革命后小生产者的破产分化和英国的经济危机使他成为英国古典政治经济学的激烈反对者。1819年发表《政治经济学新原理》。他从小生产者的立场出发，批评英国古典政治经济学以财富为研究对象，忽视了人和人的享受，认为**经济自由主义**给社会带来灾难，要求依靠国家政策调节社会经济生活。他强调消费先于生产、生产服从消费，反对**大卫·李嘉图**为生产而生产的思想。西斯蒙第还指出，资本家为利润拼命扩大生产，但小生产的破产和社会分配不公使广大人民收入不足，收入不足使消费不足，因而一部分产品不能实现而必然产生经济危机。他最早论述了资本主义生产过剩危机的必然性，这是他的科学功绩。但他的危机理论仅归结为主要是生活资料消费不足，并未真正认识危机的原因。他赞美中世纪行会手工业和宗法式农业的原则和规范，他的改革建议实际上未超出小生产者的眼界，从而形成了小资产阶级经济浪漫主义的思想体系。著有《政治经济学研究》等。

西斯瑞 Cicéri, Pierre-Luc-Charles（1782-08-17～1868-08-22） 法国舞台美术家。生于圣克卢，卒于圣谢龙。1806年进巴黎歌剧院为绘景师，1818年任主任设计师，同时为喜歌剧院、**法兰西喜剧院**、伦敦的剧院等兼做舞台设计。初期创作明显受新古典主义影响，后转向浪漫主义，1822年与另一设计家L.-J.-M达盖尔合作在《神奇的阿拉丁神灯》一剧的舞台演出中初次使用煤气灯照明，取得新颖的舞台效果。西斯瑞第一个使观众席灯光具有了渐明渐暗的效果，初次在舞台上使用了全景画和透景画技巧。1830年为V.**雨果**的史诗剧《**艾那尼**》的演出大胆设计了一组高大台阶，加强了表演区雄伟庄严的气氛，因而被誉为“现代布景之父”。

西斯廷教堂 Chapel Sistine 梵蒂冈教皇国城中的教堂。以教堂内墙壁和券顶珍贵的壁画而著称于世。又称西斯廷小教堂或西斯廷礼拜堂。教皇西斯托四世于1473年修建，原是教皇个人的祈祷所，现为梵蒂冈博物馆的一部分。教堂平面为长方形，

西斯廷教堂内景壁画

长40米、宽14米，屋内券顶高约20米。两侧墙壁上部的一半各有一排6个券顶窗，屋顶为横卧的圆柱面，圆柱面两侧下部与侧墙相交处有肋形拱。墙壁前有祭台的壁面为正壁，壁上画《末日审判》。面向正壁的左侧壁画是摩西连续故事，右侧壁画是耶稣连续故事，每侧6幅共12幅。券顶画《创世记》由米开朗琪罗绘制。

《西斯廷圣母》 *The Sistine Madonna* 16世纪意大利文艺复兴时期艺术家拉斐尔众多圣母像中最负盛名的油画作品。作于1515～1519年。《西斯廷圣母》曾是意大利皮亚琴察圣西斯廷教堂墙上的祭坛画。画中的帷幕启开处，圣母抱着圣子耶稣脚踏

白云向人间走来，左右两边的圣西斯廷与圣巴巴拉正向圣母致敬，两个小天使伏在画的底端，在出神地向上凝望，他们在布局中起着联系和呼应的作用。圣母全身正面，是画面的主体，视觉的中心；圣西斯廷呈正侧面，他抬头仰视圣母，右手指向画外，使画面显示纵深感；圣巴巴拉双手交叉扪胸，俯视画下方的小天使。金字塔形的构图，端庄、娴静、温婉的圣母，虔诚的圣西斯廷和美丽而有教养的圣巴巴拉等形象，表明拉斐尔的美学追求，已接近古希腊的理想。

西塔尔 sitar 拨奏弦鸣乐器。流行于印度与南亚地区的拨弦乐器。中世纪受伊斯兰乐器影响，在维纳基础上演变而来。北印度西塔尔的琴体为木制，长约1米，共鸣体呈半球状，由一个镶薄木面板的大葫芦构成。琴颈扁长而宽，指板上有20个可移动的环形金属品。有4～7根弦，较流行的是7弦。第1、3、5、6、7根为钢丝弦，用以演奏旋律；第2、4根是铜丝弦，用来奏低音。主奏弦之下装有10多根金属共鸣弦。部分西塔尔颈上端还装有一个小葫芦，起增强共鸣作用。南印度的西塔尔琴柄稍短而细，金属品约14个，没有共鸣弦。演奏时左手按弦，右手食指套上金属拨子弹拨或手持弓子擦弦，适于演奏装饰滑音，音域达3个八度。可独奏，也可与坦布拉、塔布拉一起合奏。印度专供西塔尔演奏的古典乐曲近千首，并且组建了西塔尔演奏团。R.香卡是世界驰名的西塔尔演奏大师。

西田几多郎 Nishida Kitarō (1870－05－19～1945－06－07) 日本近代哲学家。生于石川县河北郡，卒于镰仓。1883年入金泽师范学校，后托病退学，进行自学；以后转入东京帝国大学哲学科选修科。毕业后，回乡任中学教员。不久转向佛教，1903年开始正式研究哲学。历任东京学习院教授，京都帝国大学文学部副教授、教授。并获得文学博士学位。他和田边元在京都帝国大学先后培育出一批知名的哲学家，在日本近代哲学史上形成京都学派。西田企图建立一个超越唯心主义和唯物主义的哲学体系。他的第一部著作是1911年出版的《善的研究》。这本书曾经是日本明治维新以后销售最多、影响最大的哲学著作。西田声称，他研究哲学的根本动机是为了解决人生问题。他在书中第一次提出并且阐述了他的基本概念“纯粹经验”。“纯粹经验”指的是所谓“主观和客观合一”的直接经验，是唯一的“实在”，而主观与客观是这“实在”中统一的两个方面，“善”就是实现主客合一的意识状态，也是自我的发展完成。西田后来把“纯粹经验”表述为先验的自觉；展开了他特有的所谓“场所逻辑”。西田认为，自我与非我、意识与对象要发生联系，就必须有一个把两者联系起来的“场所”，这个“场所”就是东方宗教哲学中的“无”。西田把“场所”分为“有的场所”、“相对无的场所”、“绝对无的场所”3个阶段，认为“绝对无的场所”才是“真无的场所”。“绝对无”既非“有”，也非“无”，它的根本作用就是像镜子一样，把“对象按照原样反映出来”。把“场所”观点具体化为“个体互相规定即一般者自己规定”的“辩证法一般者”观点。形成所谓“多和一”的“绝对矛盾的自己同一”逻辑。

西田哲学尽管在其发展过程中有迂回曲折，但是他的“主客合一”和“直观”观点却贯彻始终。西田哲学在第二次世界大战前的30多年间，对日本的思想界产生过很大的影响，从20世纪60年代起，日本有一些哲学家对西田哲学重新评价，提出不同的见解，这种哲学又受到一些人士的注意。

西瓦古猿 *Sivapithecus* 古猿化石。属名。距今1 200万～700万年。最先发现于印度北部与巴基斯坦接壤的西瓦立克山区而得名。化石多为上下颌骨和牙齿以及少量肢骨，完整的头骨很少。以后在非、亚、欧洲多个地区发现。个体较小的曾被命名为腊玛古猿，然而愈来愈多的化石标本显示，它们总是与西瓦古猿同时发现，两者之间形态上也有很大的相似性。因而研究者于20世纪七八十年代一致将腊玛古猿归并到西瓦古猿中，认为它们是雌雄性别差异，而不是属种的差异。西瓦古猿具有许多与猩猩相似的形态特征，被认为是现代猩猩的祖先类型。

西瓦吉 Śivājī (1630－02－19～1680－04－03) 印度马拉提联邦的缔造者，反抗莫卧儿王朝统治的印度教英雄和领袖。生于浦那希次内附近山寨中的马拉提人酋长、小封建主家庭，卒于拉杰格尔。父亲沙吉·蓬斯尔任职于比贾普尔苏丹国。

1646年任马拉提军少年队队长，以浦那为据点展开反抗比贾普尔苏丹和莫卧儿王朝的斗争，并把马拉提人团结成为统一的战斗集体。

西瓦吉领导马拉提人进行了35年的反抗莫卧儿帝国的武装斗争，把马拉提人96个部族联合成为独立的军事强国。内政上实行颇得民心的改革，驱逐了穆斯林封建

主，农民的田赋减少到收成的1/3，财政来源主要是依靠向莫卧儿帝国统治区征收的军事保护税。军事上建立了军纪严明的以农民为骨干的、善于进行山地游击战的轻骑兵。西瓦吉领导的马拉提游击战沉重地打击了奥朗则布的统治，使莫卧儿王朝加速了瓦解、崩溃的进程。1680年4月死于征伐莫卧儿人的途中。

西王母 Queen Mother of the West 中国先秦以来广泛流传的神话人物。渊源古远，又说最初为西方部落或部落首领等，难以确考。中国战国时代，西王母为昆仑神话中心人物之一，保存有部落图腾遗迹，如《山海经·西次山经》称“西王母其状如人，豹尾虎齿而善啸，蓬发戴胜，是司天之厉及五残”。此后因神话传说，流传益广。《穆天子传》称周穆王西征，见西王母，为艳丽女仙；《汉武帝内传》称西王母驾临汉宫，赠仙桃等物。东晋以降，道教称西王母为元始天王与太元圣母所生，号太真西王母，领治群仙。一说由西华至妙之气所化生，生于神州伊州，姓侯氏，生而飞翔，与东王公（又称东木公）共理阴阳二气，育养天地，陶钧万类。又说西王母姓杨，名回，或说字婉妗。诸说不一，但西王母为女仙宗主，则自东晋后已成定论。明清以后，东王公在民间流传中附会为玉皇大帝，与东王公阴阳匹配的西王母，也被附会为玉帝配偶王母娘娘。道教中则有“九灵太妙龟山金母”、“太虚九光龟台金母之君”等称谓。

汉代石刻西王母玉兔捣药

西维因 carbaryl 氨基甲酸酯类杀虫剂。商品名Sevin的音译。又称甲萘威。学名1-萘基-N-甲基氨基甲酸酯或甲胺基甲酸-1-萘酯。结构式：

纯品为白色晶体，熔点142℃，30℃时在水中溶解度为0.004%。易溶于极性有机溶剂，在常温和日光下稳定，在碱性条件下易水解失效。有触杀、胃毒和微弱的内吸作用，进入虫体后抑制胆碱酯酶的活性。对为害多种农作物和森林的害虫具有良好防治效果，对不易防治的咀嚼口器害虫，如棉铃虫、棉红铃虫、棉铃象甲等药效显著。亩用有效成分50～100克。也可用作苹果的疏果剂。西维因在哺乳动物体能被分解，排出体外而无累积。

西魏 Western Wei Dynasty 中国北朝之一，由北魏分裂出来的割据政权。都长安（今西安）。据有今湖北襄樊以北、河南洛阳以西，原北魏统治的西部地区。历3帝，共22年（535～557）。

西魏世系表

①文帝元宝炬（535～551）——②废帝钦（551～553）
　　　　　　　　　　　　　└③恭帝廓（554～557）

北魏永熙三年（534），孝武帝元修脱离高欢，从洛阳逃至长安，投靠北魏将领、鲜卑化的匈奴人宇文泰。次年宇文泰杀孝武帝，立元宝炬为帝（文帝），史称西魏，政权实由宇文泰掌握。

西魏政权建立后，于大统元年（535）颁布24条新制，后又增加至36条，称为“中兴永式”。其主要内容是：严禁贪污、裁减官员、置立正长（正即闾正、族正，长指保长。保、闾、族为地方基层组织名称）、实行屯田、制定计账（预计次年赋役的概数）和户籍等制度。七年，关中大族出身的苏绰把汉族封建统治的经验总结为6条：清心、敦教化、尽地利、擢贤良、恤狱讼、均赋役。宇文泰对这些统治经验非常重视，颁行为“六条诏书”，作为施政纲领，并专门组织中下级官吏学习，规定不通晓这六条及计账的人，不能当官。十六年，又正式建立由八柱国分掌禁旅的府兵制。府兵共有兵力约5万，除宇文泰和宗室元欣外，分别由6个柱国大将军统领。此制的建立，对军队进行统一指挥和训练，有利于中央政权的加强。继续推行均田制。

西魏期间，社会较为安定，国力日趋强盛，有效地抗击了东魏的多次进攻，而且于废帝二年（553）取得南朝梁的蜀地，次年又夺得江陵。恭帝四年（557）初，宇文觉废西魏恭帝自立为帝，即孝闵帝，建立北周。

西巫拉帕 Sriburapha（1905-03-03～1974-06-16） 泰国作家、翻译家。原名古腊·塞巴立。生于曼谷，卒于中国北京。读完中学即从事新闻工作和文学创作，并半工半读入曼谷法政大学深造。曾担任多种报刊主笔和泰国报业协会主席。1958年应邀访华，因泰国发生政变而滞留中国。组织过文学团体君子社。创作有10余部长篇小说和许多短篇小说。成名作为长篇小说《生活的战争》（1932）和《画中情思》（1937）。代表作为长篇小说《向前看》（1955），通过乡村苦孩子詹塔的遭遇表现1932年资产阶级维新政变前后的社会生活。他的作品对泰国新文学的产生、发展影响深远。

西西伯利亚平原 West Siberian Plain; Zapadno-Sibirskaya Ravnina 世界最大的平原之一。在俄罗斯中东部，介于叶尼塞河同乌拉尔山之间，北抵北冰洋喀拉海，南接哈萨克丘陵和阿尔泰山区。南北延伸2 500千米，东西宽1 000～1 900千米。面积约300万平方千米。地势开阔平坦，中、北部一般海拔50～150米，南部及东部边缘海拔220～300米。大陆性气候。鄂毕河水系纵贯全境，河网密布（有2 000多条大小河流），湖泊众多，沼泽连片。从北到南依次为：苔原带、森林苔原带、森林（泰加林）带、森林草原带及草原带。石油、天然气资源丰富，有世界著名的西西伯利亚油气区（秋明油田）。森林面积6 000万公顷。南部草原大部已开垦，为俄罗斯重要的乳用畜牧业和谷物产区之一。

西西里岛 Sicily; Isola di Sicilia 意大利属岛，地中海第一大岛。处地中海中心，在意大利半岛与北非之间。面积2.54万平方千米。加上周围小岛构成西西里自治区，面积2.57万平方千米；人口约504.4万（2010），是全国人口最稠密的行政区之一。首府巴勒莫。西西里岛呈三角形。地形以山地和丘陵为主，为本土亚平宁山脉的延续，东西横亘全岛；平原限于西部和沿海地区。地震、火山活动频繁。位于东北部的埃特纳火山为全岛最高峰。地中海型气候。森林覆盖率仅8%。公元前3世纪为罗马的一个省。6～11世纪先后被拜占廷人、阿拉伯人与诺曼人占领和统治。13世纪成为西西

西西里岛海港

里王国的一部分。18世纪被西班牙波旁王朝统治。1861年并入意大利。1947年获自治区地位。主要港口是巴勒莫、卡塔尼亚和墨西拿。

《西狭颂》 中国东汉摩崖刻石。隶书。汉灵帝建宁四年（171）六月刻。纵290厘米，横198厘米。22行，行20字。在甘肃成县天井山。此石全称《汉武都太守李翕西狭颂》，又称《李翕颂》。颂前有《李翕黾池五瑞图》，刻有黄龙、白鹿、嘉禾、甘露、木连理等图像，并题记2行26字及画像签6处；后有（武都）丞右扶风陈仓吕国等12人题名，上有“惠安西表”四篆书题额。其文系颂扬武都太守李翕奉敕修治西狭中道之事。据颂后题名可知撰文、书丹者皆为仇靖。

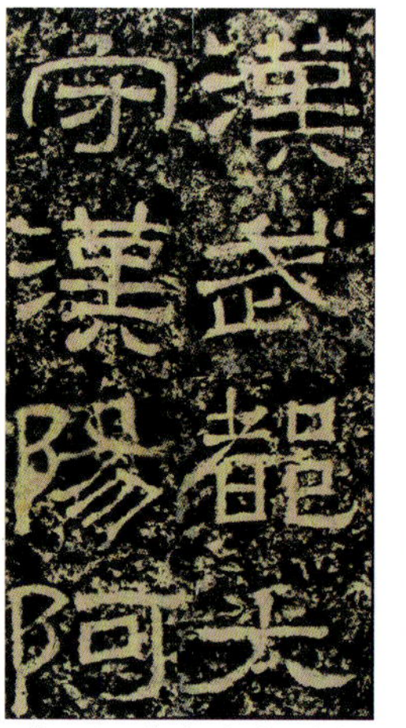

《西狭颂》拓片（局部）

《西狭颂》与《石门颂》、《郙阁颂》并称“汉三颂”。其结字宽博疏朗；用笔方圆兼施，极富变化，且带篆意；行气整肃，章法茂密，古逸浑穆，宏伟壮观。自宋曾巩、赵明诚、洪适以来金石家迭经著录。

上海艺苑真赏社出有珂罗版影印本。神州国光社出有影印本。日本二玄社《书迹名品丛刊》、《中国美术全集·书法篆刻编》收入。

西夏 Western Xia Dynasty 中国宋代西北地区以党项羌为主体民族的王朝（1038～1227）。自称大夏国或白高大夏国，嵬名元昊（西夏景宗李元昊）建立，首府兴庆府（今宁夏银川），初时辖18州，版图最大时有22州，辖今宁夏回族自治区、甘肃省大部，陕西省北部以及青海省东北、内蒙古自治区西部地区。先后与辽、北宋及金、南宋鼎立。传十代帝王，后为蒙古所灭。

西夏的兴亡 党项族是羌族的一支。原居地在今青海省东南部黄河曲一带。隋开皇五年（585）徙至旭州（今甘肃临潭境）。唐贞观八年（634），党项首领拓跋赤辞降唐。唐即其地设羁縻州。拓跋赤辞赐姓李。吐蕃北上扩展，散居在今甘肃南部与青海境内的党项部落，内迁至庆州（今甘肃庆阳）、夏州（今陕西靖边北白城子）一带。唐代末年，拓跋思恭因参与镇压黄巢起义，升任夏州定难军节度使，再次赐姓李，晋爵夏国公。从此夏州拓跋氏改称李氏。宋太宗授李继捧为彰德军节度使，发兵前往接收

西夏世系表

改姓嵬名
①景宗李元昊更名曩霄始称皇帝（1031～1048）——②毅宗李谅祚（1048～1067）——③惠宗李秉常（1067～1086）
④崇宗李乾顺（1086～1139）——越王李仁友——⑦襄宗李安全（1206～1211）
④崇宗李乾顺——⑤仁宗李仁孝（1139～1193）——⑥桓宗李纯祐（1193～1206）
④崇宗李乾顺……李某……齐国忠武王李彦宗
⑧神宗李遵顼（1211～1223）——⑨献宗李德旺（1223～1226）
⑧神宗李遵顼——清平郡王李某——⑩末帝李晛（1226～1227）

统治权力。李继捧族弟李继迁反对降附，率领族属逃奔夏州东北300里的地斤泽（今内蒙古鄂尔多斯市鄂托克旗境）反宋。

辽淳化元年（990），辽册封李继迁为夏国王。淳化五年，李继迁与李继捧合作，联结契丹抗宋。李继迁子李德明，遣使向辽请求册封，又向宋朝纳贡乞和。在李德明统治时期，境内保持相对的安定，农业有了较大的发展。商业贸易也因控制了河西走廊而有所增长。李德明在灵州怀远镇（今宁夏银川）筑城，更名兴州。

元昊建国 宋仁宗天圣九年（1031），李德明长子李元昊嗣位。天授礼法延祚元年（1038），元昊正式称帝（景宗），国号大夏，又自称邦泥定国兀卒，意即白上国青天子。领域东临黄河，西尽玉门关（今甘肃敦煌西小方盘城），南迄萧关（今宁夏同心南），北抵大漠。西夏景宗称帝后，与宋连年交战。七年，与宋达成和议。同年，夏辽关系激化。元昊在重创辽师后与辽议和。从此形成北宋、辽、夏三足鼎立局势。

统治集团内部斗争 夏国是以党项族为主体的多民族政权。西夏景宗李元昊为了强化自己的统治权力，一方面效法汉官仪式，借以提高君权；一方面又蓄意保存和发扬党项固有的淳风悍俗。集中皇权与坚持享有平等议政旧俗的贵族领主势力不可避免地产生矛盾。西夏景宗对于这些显贵氏族首领都进行镇压。西夏毅宗时，下令停止使用蕃礼，改行汉礼，并向宋请求书籍及宋廷的朝贺仪式。拱化元年（1063），他改用汉姓，恢复姓李。拱化五年毅宗李谅祚死，子李秉常（惠宗）继位，年仅7岁，母梁太后摄政，梁乙埋任国相。他们一反毅宗所为，废止汉礼，恢复蕃礼。西夏惠宗亲政后，又下令以汉礼代替蕃礼。这项措施虽得到皇族的支持，但遭到朝中后党的强烈反对，无法实行。

崇宗亲政以后，对外采取了附辽和宋的方针。崇宗在国内扶植宗室掌权，消灭贵族酋豪势力，以巩固皇权。他积极倡导学习汉族的仪制与文化；建立国学（即汉学），以培养官僚人才，贞观十二年（1112），又公布了按照资格任用官员的规定，对于擅长文学者也特予优待。他还确立了后妃等级及有功宗室册封王爵的制度。金灭辽后，元德五年（1123），崇宗向金称臣，共同对北宋作战。大德五年（1139），崇宗死，子李仁孝（西夏仁宗）即位。仁宗十分重视儒学教育。大庆四年（1143），下令各州普遍设置学校。又在宫廷内设立皇家学校，宗室子弟都必须入学学习。尊孔子为文宣皇帝，令州郡兴修孔庙。人庆五年（1148），又兴建内学，选名儒主持讲授。人庆四年，仁宗依仿宋朝科举制，策试举人，立唱名法；又设立童子科。通过科举擢用官员，限制了贵族的特权。

仁宗统治时期，贵族、官僚都以奢侈相尚，对百姓的诛求克剥越来越重。官员、军队人数激增，僧徒遍布境内。任得敬以后戚镇压反乱有功，官位迅速上升，独揽朝权。在金国的支持下，仁宗令弟仁友等捕杀任得敬，尽诛任氏族党，改任斡道冲主持国政。

夏的灭亡 13世纪初，蒙古在漠北兴起。天庆十二年（1205）、应天元年（1206）、应天四年蒙古3次侵夏。光定六年（1216），成吉思汗开始集军图远征中亚，屡向夏国征兵，夏不堪其苦，表示拒绝。于是又招致蒙古军第四次来侵，东京中兴府被围。乾定四年（1226），成吉思汗亲率大军攻夏。十一月，蒙古军进围中兴府。中兴府被围半年，粮尽援绝，末帝乞降。宝义二年（1227），蒙古军陷中兴府，夏亡。

西夏的制度 唐末、五代以来，拓跋（李）氏统治者既是诸蕃落的首领，又受封为节度使。因此夏州政权设有州衙和蕃落两种行政机构。1033年，元昊仿宋朝制度设官分职。包括中书（最高行政机关）、枢密（最高军事机关）、三司（财政机关）、御史台（谏察机关）、开封府（管理都城事务）等。夏国的官制，基本上是蕃汉并行，实

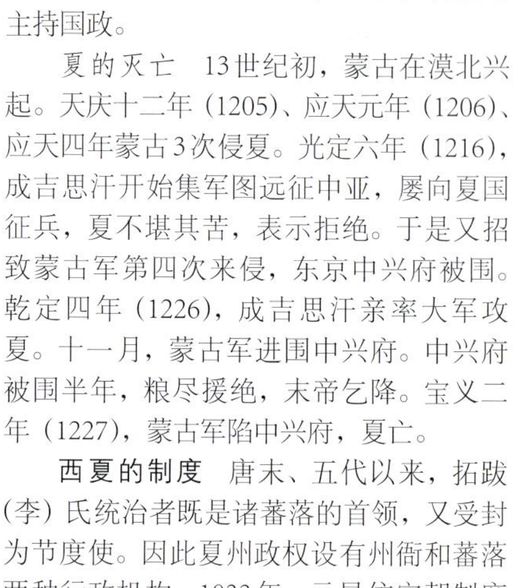

图1 西夏文敕牌（西夏驿站传递文书用的符牌，牌上文字译为：“火急驰马”）

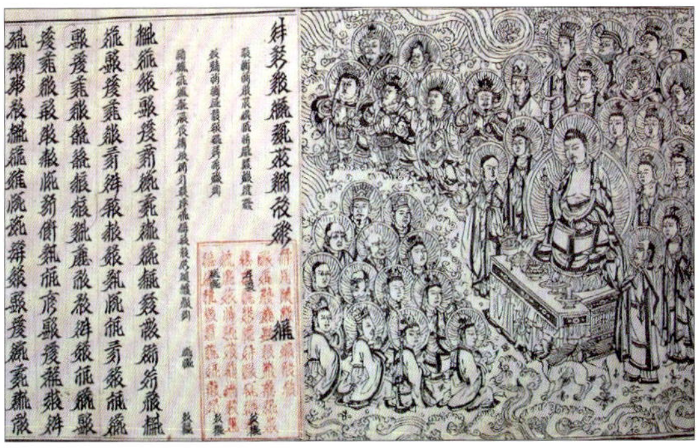

图2　西夏文写本《佛说宝雨经》（俄罗斯科学院东方学研究所圣彼得堡分所藏）

行蕃汉分治。文武官员的冠服有严格的等级规定。地方行政编制分州县两级。

夏国所有的男子，平时从事农牧业，有战事则接受征发。国王布置行军作战任务。全境分为左右两厢，各军驻地设置监军司，由都统军、监军使等统率。

夏国的法律，一部分当是来源于党项部族沿行的习惯法，另一部分则是杂采宋、辽的条法、制度。仁宗在位时期编行的《天盛年改定新律》，便是一部仿照宋朝政书编修的夏国政治制度和法令的汇编。

经济状况　党项族在唐末、五代时期，奴隶制有了很大发展。李元昊建国称帝，从奴隶制转化为早期封建制，即领主封建制。11、12世纪之交崇宗统治时期，转变为更加成熟的地主封建制。

农业和畜牧业　党项人原来主要从事畜牧业。李继迁提倡垦殖，兴修水利，使境内农业生产有所发展。李德明统治时期，国内相对安定，农业出现兴盛局面。夏国的主要农产区，除东部的横山，西部的天都、马衔山一带外，还有兴庆府、西平府、甘、凉诸州之地。河西、陇右地区历来是著名的牧区，但也有相当发达的农业。夏国的农业生产技术和农产品种，基本上与汉族地区相同。从事农耕的多是汉人，党项、吐蕃和回鹘人则以畜牧业为主，横山以北和河西走廊地带是良好的牧场。牲畜品种以羊、马、牛、驼为主。

手工业　手工业主要由官府控制工匠生产。夏国毛皮原料丰富，毛纺织业发达。产品有氆氇、毛布、毡、毯等。夏国统治者十分重视兵器制造。夏国从宋、金输入大量汉文典籍。夏国刻印书籍，以佛经为多。此外，还刻行诗、文、小说、谚语、文字、音韵、法律、医术、日历、卜筮、咒文等书籍，以及以西夏文翻译的汉籍。政府设有“刻字司”，作为官家的出版机构。

商业和贸易　夏国前期，主要是与宋朝；后期则为金国。夏与宋、金间的贸易，主要方式有：在双方边境设立榷场，进行大宗货物交易；在沿边开设小规模的和市，以满足双方边民日常生活需要；通过贡使进行贸易。夏国从宋、金取得的商品主要为缯、帛、罗、绮、香药、瓷器、漆器、姜、桂等。茶叶是夏国最感兴趣的商品。夏国的输出品以牲畜、毛皮制品和毛纺织品为大宗。夏国所产的大黄最负盛名，商人远贩到各地。夏国地处中国与中亚地区往来的要道。它从回鹘或中亚商人那里抽取实物或承买转卖，从中获取厚利。为了便利交通，夏国修筑驿道，通贯全境。

宗教和文化　党项人原崇信鬼神和自然物，巫术流行。西夏建国以后，大力提倡佛教。此后，以西夏文翻译了大量佛经。夏国境内庙宇遍布。约自景宗时起，藏传佛教在夏国已见流行，后期影响更加扩大。夏国也流行道教。据《马可·波罗游记》中记述夏国地区除偶像教徒外，还有景教（基督教聂思脱里派）及伊斯兰教徒。夏人笃信巫术，出兵作战时，总要求巫师卜问吉凶。

李继迁、李德明两代是夏国学术文化的发轫时期。及至崇宗、仁宗之世，汉文化影响日益深广。夏国统治者多喜爱汉文化，大量翻译汉文典籍，或依据汉籍编译书籍。夏国的文士多有诗词之作。佛教艺术在夏国有较突出的发展。党项人早期使用的乐器有琵琶、箫、笛等。唐僖宗曾赏给拓跋思恭一部鼓吹乐（即军乐），这是夏人有完整乐队的开始。景宗时，汉族音乐在夏国仍有相当的影响。党项人多住毡帐。建国前后，大批汉人工匠来到夏国与党项工匠一起，修建了宫殿寺庙。党项人中以十二生肖纪年；藏历对他们有着明显的影响。宋朝每年要向夏国颁发新历，在夏国行用。西夏建国以后，《千金要方》、《神农本草经》等汉人医书传入夏国。党项人从隋唐以来，盛行收继婚制、多妻制。党项人旧俗，死则焚尸，名为火葬。西夏建国以后，皇室、贵族多改行土葬，并仿汉人制度修建豪侈的陵墓。

西夏景宗李元昊　Emperor Jingzong of Western Xia Dynasty (1003～1048)　中国西夏皇帝。小字嵬理，后更名曩霄，李德明长子。通汉文。26岁奉父命领兵攻破甘州回鹘，被立为皇太子。1031年嗣位。宋授其为定难军节度、夏银绥宥静等州观察处置押蕃落使、西平王。辽封他为夏国王。1032年，废弃唐、宋所赐李、赵姓氏及拓跋旧姓，改姓嵬名，自称兀卒（“青天子”）。1034年，建年号开运，下秃发令；升兴州（今宁夏银川）为兴庆府，扩建宫城；更新官制，分立文武两班，由蕃、汉人分任，另设“专授蕃职”，限党项人充任。定服制、朝仪，废除唐宋的烦琐礼制。李元昊亲自主持创制西夏文；大庆二年（1037），设立夏、汉学院，建立“番学”（党项学），并以夏字翻译《孝经》、《尔雅》、《四言杂字》等汉文书籍作为教材；选拔蕃汉官僚子弟入学学习。他实行征兵制，扩充兵员，并把全国分为左右两厢，创设各地监军司，军队沿用部落组织形式，各有固定驻地，形成以首都为中心，列兵四向的兵力配置。天授礼法延祚元年（1038）十月，他更名曩霄，建国号大夏，自称皇帝。进表宋朝，要求承认。宋朝下令削赐姓官爵、禁断互市贸易。双方随即发生战争。七年，双方重新媾和。西夏景宗进誓表以夏国主称臣，宋朝同意每年给予银、绢、茶，并在保安军（今陕西志丹）、镇戎军（今宁夏固原）置榷场互市。夏宋媾和，夏辽矛盾随着激化。西夏景宗与辽兴平公主婚后失和，辽境内的党项部落多叛附西夏，纠纷日益扩大。七年，辽兴宗亲率大军西征，为西夏景宗所败。从此夏、宋、辽三方鼎峙的局势形成。在西夏内部，皇权急剧扩张，激化了与党项贵族势力的矛盾。西夏景宗实行“峻诛杀”的政策，镇压反对势力。他夺娶太子宁凌哥妻没㖫氏，号称“新皇后”。天授礼法延祚十一年正月十五日，宁凌哥入宫行刺，西夏景宗受伤而死。谥武烈皇帝，庙号景宗，陵号泰陵。

西夏陵　Mausoleums of Western Xia Dynasty　中国西夏陵位于今宁夏回族自治区银川市西的贺兰山东麓。共11座陵，年代约自11世纪中叶至13世纪初。1972～2001年进行发掘。西夏陵的营建受到中原文化的影响，又具有自身特点，是研究西夏物质文化、社会历史及与中原文化关系的重要实物资料。1988年国务院公布为全国重点文物保护单位。

陵区东西宽约4千米，南北长约10千米。分布有9座帝陵、250余座陪葬墓、1

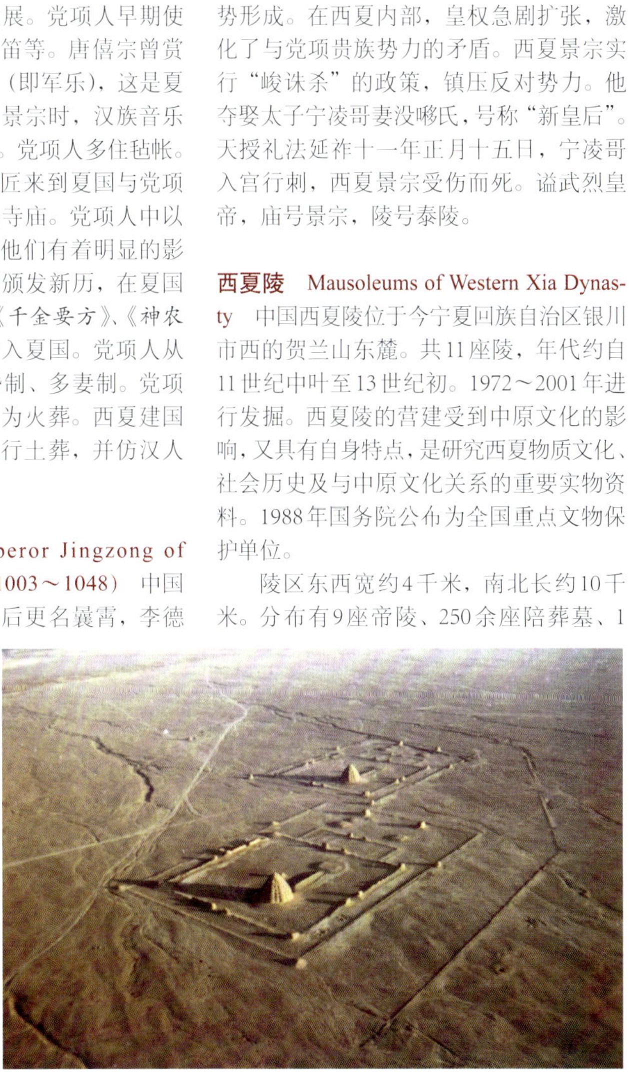

1号、2号陵俯视图

处建筑遗址和若干处窑址。陵墓按陵区地形从南向北分作4区，与《宋史·夏国传》记载基本相符。其中，1～6号陵地面遗迹保存较好，平面布局清楚。陵园均坐北朝南，呈纵长方形，四角置角台，神道两侧从南向北依次有双阙台、双碑亭或三碑亭。亭北为月城、内城。月城内神道两侧置石象生。内城方形或长方形，每面正中辟门，四角置角楼，南门内偏西为献殿。地宫在内城西北隅，地面为八角密檐式塔状陵台。各陵园规模和平面布局略有差异。有的为单重城，有的为双重城。

唯一经过正式发掘的帝陵6号陵为多室土洞墓，地宫由墓道、甬道、主室和东西侧室组成。甬道壁上绘佩剑武士等题材的壁画。墓室早年遭破坏。各陵陪葬墓成组排列。陪葬墓规模小，形制简单，已发掘的墓皆为方形穹窿顶土洞墓。随葬品中有茂花闪色锦、石马、鎏金铜牛等。

西夏文 Xixia script 中国古代西夏党项人使用的**文字**。11世纪西夏主李元昊称帝，在广运三年(1036)颁布西夏文，命野利仁荣加以演绎。其间西夏文与汉文并用。西夏国灭亡(1227)后，党项后裔仍有人使用。元代居庸关石刻、明代中叶保定石幢均有西夏文。以后湮没，成为一种死文字。字体仿汉文楷书，但无一字与汉文相同。此外，尚有篆字、草字，共有6 000余字。每字由一至数个小方块字素构成，分左、右、上、下、中等块，会意字占大多数，形声字很少，对转字更少。

西乡隆盛 Saigō Takamori (1827-01-23～1877-09-24) 日本**明治维新**时期政治家、军事家。生于萨摩藩(今鹿儿岛县)。自幼受严格武士训练。1854年成为开明派藩主岛津齐彬(1809～1858)的亲信扈从，随其住江户(今东京)，参与藩政，并为尊王攘夷运动奔走。1858年幕府兴安政大狱，两次被流放，1864年被召回藩，在京都掌握藩的陆海军实权。1868年1月3日，与岩仓具视(1825～1883)、**大久保利通**等人发动王政复古政变，推翻了德川幕府的统治，建立明治新政府。在同年的戊辰战争中任大总督参谋，指挥讨幕联军，取得了战争的胜利。1870年初，由于与大久保等人在内政方面的分歧，辞职回鹿儿岛任萨摩藩藩政顾问，后任藩大参事，参与藩政改革。1872年任陆军元帅兼近卫军都督。他鼓吹并支持对外侵略扩张。1873年10月，因坚持征韩论遭大久保利通等人反对，辞职回到鹿儿岛。1877年1～9月，被旧萨摩藩士族推为首领，发动反政府的武装叛乱，史称西南战争。9月24日兵败，自杀于鹿儿岛城山。

《西厢记》 *Romance of the Western Bower* 中国元代**杂剧**作品。见**王实甫**。

西匈语支 Western Huns branch 阿尔泰语系**突厥语族**的语支之一。按照俄罗斯突厥语专家N.A.巴斯卡科夫的分类法，突厥语族的语言分**东匈语支**和西匈语支。这是关于突厥语族语言的多种分类法之一。西匈语支的语言指古代分布于西方，后来加入西匈奴和西突厥部落联盟的各部落及其后裔使用的语言。西匈语支分布尔加尔语组、乌古斯语组、克普恰克语组和卡尔鲁克语组。各语组均有古代和现代的几种语言。布尔加尔语、塞尔柱语、古奥斯曼语、波罗维茨语、喀喇汗国突厥语等是西匈语支中的古代突厥语；楚瓦什语、**土库曼语**、**土耳其语**、**阿塞拜疆语**、鞑靼语、**哈萨克语**、**维吾尔语**、**乌兹别克语**等是西匈语支中的现代突厥语。突厥语族的多数语言属于西匈语支，使用人口也占绝大多数，共约1亿多。西匈语支各语言的特点：一些词中古代的辅音特点已有变化；某些辅音有清浊对立；有几个较晚出现的辅音。复合句的结构比较发达。有大量的**阿拉伯语**和伊朗语的借词。

西叙福斯 Sisyphos 希腊神话中科林斯的创建者。又译西西弗斯。荷马史诗说他极其狡诈，死后受到惩罚。在冥府，他向山顶推一巨石，刚到山顶，巨石又滚回山下，他只得重新开始，如此反复不停。关于他受惩罚的原因，后世作家有各种说法，如泄露众神的计划；推动行人；告诉河神阿索波斯是宙斯抢走他的女儿和藏匿的去处。据传死神曾被他捆缚拘禁，几年之内无人死亡，后来阿瑞斯救出死神，也将他一起带走。他禁止妻子为他举行葬礼，到冥土后请准重回尘世。关于他的传说常出现于古希腊、罗马的文学艺术作品中。“西叙福斯式的劳作”比喻沉重、无休止、无结果的工作与苦难。

西学东渐 transmission of Western learning into China 16世纪晚期至20世纪初西方文明东传中国的历史事件。西学东渐始自1582年意大利传教士**利玛窦**来华，止于20世纪初。300多年间大致以清雍正二年(1724)禁教等为界，分为两次。

第一次西学东渐 1582年利玛窦到中国澳门，次年与罗明坚进入中国内地，开创科技传教的局面。1724年雍正皇帝下令禁止传教和1773年罗马教皇下令取缔耶稣会，宣告第一次西学东渐失败。100多年间，伴随宗教的传播，西方的科学技术大量传入中国。

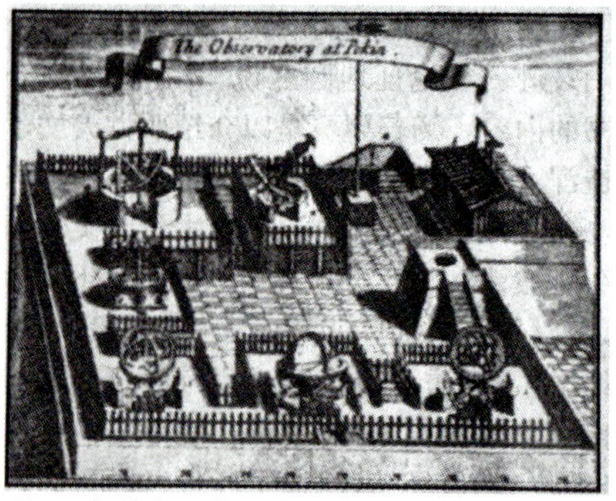

图1 北京古观象台安置南怀仁制造的六架天文仪器(法国来华传教士李明著《中国现状新志》书中插图)

西方天文历法知识东传 1582年利玛窦带进中国一幅反映地圆说的世界地图，这是西方地圆说第一次传入中国。以后，他在中国内地制造天球仪、地球仪、日晷等天文仪器；最早把西方于1582年3月颁行的按照儒略历修改而成的现行公历，介绍到中国；著译《经天谈》(1601)、《乾坤体义》(1605)、《浑盖通宪图说》(1607)等，介绍地心说和地球、太阳、月亮、黄道、坐标系、经纬度等概念，以及西方测定的各种星体等。康熙帝亲政后，启用**汤若望**、**南怀仁**等传教士主持钦天监业务，同时使用大统历、回回历和西洋历。传教士制作各种天文仪器，最为重要的是现存放北京古观象台的黄道经纬仪、赤道经纬仪、地平经仪、象限仪、纪限仪、天体仪(图1)。

西方数学知识东渐 始自利玛窦译作《乾坤体义》(1605)第3卷(专论数学)。最为重要的是利氏与**徐光启**合译的《**几何原本**》(前6卷)，1607年在中国出版。把西方初等数学方面的几何学、三角学、对数学，以及算术笔算法、计算工具等传入中国。

西方地理知识东进 1584年，利玛窦在肇庆绘制中国第一幅世界地图《山海舆地图》；在北京绘制现存中国最早的世界地图《坤舆万国全图》(1602)和在中国最早用球面投影法制成的东、西半球图《两仪玄览图》(1603)等地图；著有中国第一部世界地理著作《万国图志》(1595)等。把五大洲、四大洋、世界分五大气候带等地理大发现后的世界地理知识介绍进中国；把西方的经纬度制图法、投影制图法带入中国，打破中国古代传统的画里计方方法一统天下的绘制地图的局面。康熙帝任用外国传教士与中国学者一起用11年时间编绘成《**皇舆全览图**》(1708～1718)。

西方医药知识东入 始自葡籍传教士M.卡内罗于1569年在澳门建立中国第一所西医院——白马行医院(1973年关闭)。该院在中国最早使用西医术、西药。以后，

图2 澳门玫瑰圣母堂（1587年建。因堂内供奉玫瑰圣母而得名。最初用樟木板兴建，故俗称板樟堂）

瑞士传教士邓玉函（一说德国人）著《泰西人身说概》（又称《人身说概》、《人身概说》），在中国系统介绍西方人体解剖学知识；传教士石铎碌在中国最早编译全面介绍西药的著作《本草补》等。

西方建筑知识进入　始于外国传教士在澳门建立教堂（图2）和居所，如澳门最具艺术价值的遗址大三巴牌坊。以后，传教士在广州、南京、北京和中国其他地区建造教堂等。最具代表性的是清乾隆年间建造的圆明园中的西洋楼。

西方绘画艺术进入　始于传教士携入的圣母像、耶稣受难图等。郎世宁于1715年到中国后，将西洋画法和中国画法融会贯通，首创线法画，以《十骏马图》、《大宛骝图》等群马图著称。

天主教教义与古典哲学等的传播　传教士进入中国的根本目的是传播天主教义，在传教的同时也传入了作为当时欧洲神学的理论基础的西方古典哲学等大量内容。

第二次西学东渐　始自1805年牛痘入传和1807年英籍新教传教士**马礼逊**到华，止于20世纪初清王朝灭亡、中华民国建立。它将中国带进了半殖民地时代，同时逼迫中国向近代化方向发展。马礼逊在华，首次把《圣经》翻译成中文，编纂第一部《华英字典》（1816），创办英华书院（1815），在澳门参与创办西医诊所、眼科医院等。在宗教广泛传播的同时，西方的近代科学技术知识、政治思想和军事经济学说大量东传。

西方近代医学知识传入　①1805年牛痘入传，1806年东印度公司英国医生A.皮尔逊在澳门创办中国第一个牛痘种痘诊所。1827年，东印度公司英国医生郭雷枢在澳门建立中国第一所眼科医院。英国传教士、医生合信1843年在香港设立香港医院。同年，医师传教士雒魏林在上海设仁济医院。美国传教士1886年在北京建同仁医院。截至1890年，在中国的教会医院、诊所已达100多所。②1806年皮尔逊著《牛痘奇法》。合信著《合信氏医书五种》较为系统地介绍了近代西方医学知识。③美籍传教士、博济医院院长嘉约翰1865年在广州创办博济医院附属学校，1903年改名为南华医学堂，它是中国历史上第一所西医学校。引进大量西医新医术、新仪器，例如博济医院及其前身眼科医局，施行乳腺癌切除术、膀胱结石切除术、胚胎截开术、卵巢肿瘤切除术、产妇剖腹取儿术、刮宫术、植皮术、开胸术、截肢术等。涌现出以**黄宽**为代表的中国第一代西医医师，西医学在中国近代发展起来。

西方高等数学知识传入　**李善兰**和英国伟烈亚力合译的《代微积拾级》（1859），**华蘅芳**和英人傅兰雅合译的《微积溯源》（1874），最早将西方近代解析几何、微分学、积分学等高等数学传入中国。还有《几何原本》后9卷中译本（1857）、《决疑数学》、《弦切对数表》等。

西方近代天文、物理知识东渐　李善兰和伟烈亚力合译的《天谈》（1859），为哥白尼学说在中国的确立作出决定性贡献。李善兰和英人艾约瑟合译的《重学》（1858），最早介绍了牛顿三大定律。还译有《光论》、《光学》、《声论》、《电学》、《热学》、《通物电光》、《无线电报》等。

西方近代化学知识东传　合信编译的《博物新编》（1855）首次对西方近代化学知识作了介绍。中国化学家**徐寿**和傅兰雅编译《化学鉴原》（1871）、嘉约翰及其学生何了然合译《化学初阶》（1870）。徐寿之子徐建寅和傅兰雅合译《化学分原》（1871）。

西方近代地学知识传进　19世纪中译西方地学著作影响大的有：英人慕维廉编译的《地理全志》（1853）10卷。华蘅芳和美国玛高温合译《金石识别》（1872）、《地学浅释》（1873）。

西方近代生物学知识进入　主要有：合信的《全体新论》（1855），李善兰和英国韦廉臣合译的《植物学》（1858）。中日甲午战争前后，达尔文进化论引进中国，产生巨大影响。

西方机械火器等技术传入　如丁拱辰编译的《演炮图说》（1841），徐寿翻译的《汽机发轫》、《西艺知新》，徐建寅编译的《船政丛书》、《兵学新书》。

西方政治、军事和思想传入　较为知名的有《防海新论》（1874）、《万国公法》（1864）、《公法会通》（1880）、《富国策》、《中东战纪本末》（1896）等书籍，《万国公报》和《格致汇编》等杂志，马礼逊学堂、格致书院等学校。

西雅图　Seattle　美国本土西北部最大的城市和海港。位于华盛顿州西部，西临与太平洋相通的皮吉特湾，东滨华盛顿湖。市区面积217平方千米，人口59.85万（2008）；西雅图－塔科马－布雷默顿大都市区包括周围6个县，人口约394.78万（2008）。

城市建在7座小丘上，东、西水域外围群山环抱，山、湖、海浑然一体。温带海洋性气候，气温1月2～7℃，7月13～24℃，平均年降水量940毫米，以冬雨为主。

1851年始建移民定居地。1869年设市。1889年毁于大火，后重建。1914年巴拿马运河开通，1917年建成连接皮吉特湾与华盛顿湖的运河，海港地位日见重要，工商业兴起。

美国主要飞机制造中心之一，世界上最大的飞机制造公司波音公司（1916年创建）总部所在地，素有"波音城"之称。计算机软件、宇航、生物医学、电子设备、电信等高新技术产品也占重要地位，是世界著名的微软公司（1975年创建）总部所在地。其他工业还有造船、金属冶炼、木材加工、纺织等。金融、保险业和商业贸易发达。也是重要渔业基地，拥有一支大渔船队，主要捕捞大比目鱼、鲑鱼等。美国太平洋岸主要海港，通往阿拉斯加和远东的门户。主要港区在皮吉特湾内的埃利奥特湾，水深港宽，装卸仓储设施优良；沟通华盛顿湖的运河长13千米，筑有水闸，可供海轮通行。横贯大陆铁路、公路干线的起讫点，并贯通美国和加拿大太平洋沿岸主要城市。城南有西雅图－塔科马国际机场。

著名的文化教育中心。市中心先驱者广场是城市的发祥地，竖立着西雅图酋长的铜像和印第安图腾柱，保留有许多老建筑。高185米、名为"宇宙针"的瞭望塔，被视为城市的标志。市内有华盛顿大学（1861）、西雅图大学、西雅图太平洋大学等10余所高等院校，以及众多图书馆、博物馆、美术馆、剧院、水族馆等文化设施。

西雅图城市风光

城市周围水光山色，风景优美，奥林匹克国家公园、雷尼尔山国家公园和北喀斯喀特国家公园均距城不远。

西亚 West Asia 亚洲西部地区。又称西南亚。陆上北以大高加索山脉与欧洲为界，东北与中亚毗邻，并以很窄的地带与东亚相连，东与南亚相邻。水上西临地中海及其支海爱琴海，北濒黑海和世界最大湖泊里海，西南濒红海，南滨阿拉伯海及其边缘海域亚丁湾和阿曼湾；另有波斯湾深深楔入这个大区的内部。整体形成三大洲交接和五大海（湖）环围的天然态势。包括20个国家（阿富汗、格鲁吉亚、亚美尼亚、阿塞拜疆、伊朗、科威特、沙特阿拉伯、巴林、卡塔尔、阿拉伯联合酋长国、阿曼、也门、伊拉克、叙利亚、黎巴嫩、约旦、巴勒斯坦国、以色列、塞浦路斯和土耳其）。总面积722万平方千米，占亚洲面积（4 400万平方千米）的16.4%；人口2.93亿，占亚洲人口的7.89%（2002）。

西燕 Western Yan 中国十六国时期鲜卑族慕容泓所建。都长子（今山西长子西南）。不在十六国数之内。盛时有今山西、河南各一部分。历7主，共11年。

前秦主苻坚灭前燕，徙鲜卑4万多户于长安及近畿各地，鲜卑部众受到奴役，希望东归。淝水之战前秦失败后，前燕主慕容暐弟慕容泓闻慕容垂于河北起兵反秦，乃集关内外诸马牧鲜卑，屯兵华阴。384年泓自称大将军、雍州牧、济北王，以兴复燕国为号召，建元燕兴，有众十余万，进逼长安。不久，因慕容泓“持法苛峻”，鲜卑贵族杀泓，立其弟慕容冲为主。冲率众进围长安，385年于阿房（今陕西西安西）称帝。及苻坚父子出奔，冲入据长安。386年二月，冲部将利用鲜卑军民思归关东的情绪杀冲，拥立鲜卑贵族段随为燕王。三月，慕容永等杀段随，立慕容觊（一作觊）为燕王，率鲜卑男女30余万人离长安东去。继之，觊被杀，冲子瑶（或作望）被立为帝。瑶旋被杀，泓子忠被立为帝。六月，忠亦被杀，慕容永被推为大将军、大单于、河东王，率领部众继续东进。前秦苻丕派兵阻其东归，双方在襄陵（今山西临汾东南）会战，苻丕军大败。386年十月，慕容永自称皇帝，建都长子，改元中兴。他与后燕慕容垂同是前燕的宗室，遂产生法统之争。慕容垂在巩固了自己的后方之后，于393年冬向西燕大举进攻，394年八月攻克长子，杀慕容永，灭西燕。

西燕世系表

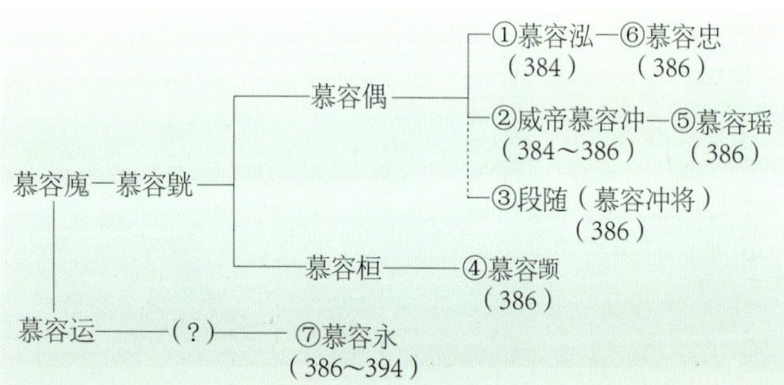

西洋参 *Panax quinquefolium*; American ginseng 五加科人参属的一种。多年生草本植物，又称花旗参、五叶人参等。原产北美洲，名贵的滋补药。北京、吉林、黑龙江、辽宁、陕西等地均有栽培。西洋参含人参皂苷，人参二醇、三醇，齐墩果醇。与人参相比，其人参皂苷中Rb_1含量高，而Rg_1含量低，使其品性与人参也有所不同。其味甘，微苦，性凉。有补肺降火、养胃生津、清虚热的功能，主治肺虚久咳、肺胃津亏、虚热烦倦，还可调理神经衰弱和植物神经紊乱。对高血压、心肌营养性不良、冠心病有一定疗效。因其品性凉而补，老年人、高血压患者及不受人参之温补者皆可用之。

西医学 western medicine 自亚里士多德提出的原形与原质原理以来，通过西方文艺复兴时期发展至今的医学基础理论与临床医学体系。又称现代医学。是当今世界医学的主体。西医学从研究原质人入手，以器官、组织、细胞、分子层次的结构与功能为对象，用还原方法，按分析归纳逻辑，形成西医生物医学理论。基础理论包含生理、解剖、组织胚胎、病理、药理、流行病以及生物化学、生物物理、细胞生物、分子生物、微生物等学科。与西医学相对应的是中国传统医学（简称中医学）则从研究原形人入手，以整体层次的证候为研究对象，用综合系统方法，按综合演绎逻辑，形成中医学理论。

西印度群岛 West Indies 北美洲东南部岛群。位于大西洋及其属海墨西哥湾、加勒比海之间。由大约1 200个岛屿以及众多沙洲和珊瑚礁组成。陆地面积约23.6万平方千米。由北往南依次分为巴哈马群岛、大安的列斯群岛和小安的列斯群岛三列岛群，后两者又合称安的列斯群岛。巴哈马群岛是以海岛石灰岩浅台为基础的珊瑚岛礁，地势低平，约占总面积的6%。大安的列斯群岛多属大陆岛，为科迪勒拉山系的延伸，约占总面积的88.5%；伊斯帕尼奥拉岛（又名海地岛）上的杜阿尔特峰海拔3 175米，为西印度群岛的最高峰。古巴岛为面积最大的岛屿。小安的列斯群岛大部分是多山小岛，约占总面积的5.5%。大部分岛屿土地肥沃。河流短促，季节变化很大。全境介于北纬10°～27°，终年受东北信风的影响，盛行暖湿海洋气团。除山地外，气温终年较高。年平均气温在26℃以上。各岛北部和东部向风坡地区，年降水量1 500～1 800毫米，背风坡地区年降水量500～1 000毫米。多数岛屿的沿海生长着红树林。岛上覆盖着热带雨林，多棕榈树、樟科植物等。鸟类和爬行类动物丰富。特立尼达岛上栖息着树懒、浣熊、吼猴等多种珍稀哺乳动物。

黑人和混血种人占居民总数的90%，但白人在古巴和波多黎各占优势，特立尼达岛人口中约有40%是印度人后裔。大约90%的人口居住在大安的列斯群岛。主要使用的语言有西班牙语、英语和法语，以及由这些语言派生的混合语。西班牙语和法语居民多信仰天主教，而英语和荷兰语居民多信仰基督教。海地民间盛行伏都教，许多原印度斯坦裔居民则是印度教徒或伊斯兰教徒。在欧洲殖民者到达前，当地主要居民是印第安阿拉瓦克人、西博尼人和印第安加勒比人。1492年C.哥伦布首航到此，误为印度附近岛屿，后因群岛位于西半球，故称西印度群岛。15世纪末至16世纪中叶，西班牙开始在此进行殖民掠夺。17世纪，英国、荷兰、法国等国也加入了争夺西印度群岛的行列。1815年拿破仑战争结束后，各国的殖民地范围大体确定下来。受美国独立运动的影响，自18世纪末始，拉丁美洲民族解放运动蓬勃兴起。1804年海地成为第一个独立国家。随后多米尼加和古巴相继独立。20世纪60年代以来，又有10个国家先后独立。

到2004年底，共有13个国家和11个尚未独立的地区。

农业在多数岛屿占有重要地位。甘蔗是主要的经济作物。矿产资源较少。海地和牙买加的铝矾土储量丰富。特立尼达岛有世界上最大的天然沥青湖，其天然沥青产量居世界首位。工业主要有制糖、酿酒、水果罐头、雪茄、化工、制药、服装等。炼油业在特立尼达和多巴哥、库腊索和阿鲁巴的经济中占有重要地位。巴哈马、开曼群岛等地金融业发达。各岛利用优越的自然环境和地理位置，积极发展旅游业。良港众多，主要有哈瓦那、太子港、金斯敦、圣胡安、西班牙港等。

《西游记》 *Pilgrimage to the West* 中国明代长篇小说。全书20卷100回。吴承恩根据历代民间传说，对传统题材加以改造，注入对现实生活的感受、认识，创作而成。借神话故事批判现实是作者创作思想的出发点。

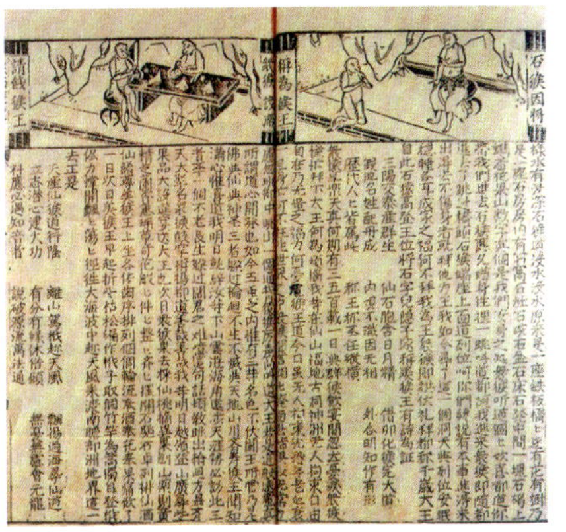

百回插图本《西游记》书影

《西游记》的故事经过了一个漫长的演变过程。唐僧玄奘赴天竺（今印度）取经的史实，经《大唐西域记》和《大唐大慈恩寺三藏法师传》的记述和某些夸张，在唐代广为流传，并演化成带有神话色彩的故事。至刊印于南宋的说经话本《大唐三藏取经诗话》，取经故事有重要发展，已初步具有《西游记》故事的轮廓。猴行者已取代唐僧而成为取经故事的主角。到元代（至迟到明代），又出现了更加完整生动的《西游记平话》。它很可能是吴承恩直接据以加工创作的底本，在《西游记》的成书过程中具有重要意义。由宋至明，取经故事也活跃在戏剧舞台上。其中某些情节、内容均与吴著《西游记》相似。这说明在吴著《西游记》之前，取经故事已经众手加工而广为流传。孙悟空的形象，也经历了一个同样漫长的演变过程，与大禹治水时收伏的一个淮涡水神无支祁有关。无支祁原是个神通广大的猴精，后被镇锁在淮阴龟山脚下。吴承恩就是在前代传说和平话、戏曲的基础上将无支祁传说与取经故事结合到一起，并熔铸进现实生活的内容，创作出这部规模宏大的杰出神话小说《西游记》。

《西游记》由三部分内容组成。第一部分写孙悟空的出身和大闹天宫。第二部分写唐僧身世及取经缘由。第三部分写孙悟空皈依佛门，保护唐僧到西天取经，一路上降妖捉怪，和险恶的自然环境作斗争，历尽九九八十一难，终于取回真经，成了“正果”。大闹天宫的故事生动地塑造了一个蔑视皇权、敢于造反的孙悟空的英雄形象，表现了作者对反抗权威、蔑视等级制度等反封建的叛逆思想和斗争精神的热情歌颂。第二部分主要起过渡和连接的作用，有较明显的宗教迷信色彩。故事主体部分的取经故事在题材内容和主题思想上存在着明显的差异和矛盾。但由于主人公前后性格的一贯性，斗争对象和情势的变异并未能影响小说思想内容的大致统一。孙悟空因法力不及如来佛，造反失败，皈依佛门，最终表现了“佛法无边”的宗教思想，这与作者的历史局限和题材的宗教性质都是分不开的。但作为孙悟空这一主人公形象，不管前后都始终保持了战胜邪恶、勇敢无畏的斗争精神，这也是《西游记》这部书的积极意义所在。《西游记》通过神话的形式，表现了丰富的社会内容，曲折地反映出现实的社会矛盾，表现了人民群众惩恶扬善的愿望和要求。在孙悟空身上集中反映了人民群众反抗专制压迫、战胜黑暗势力和征服自然的强烈愿望。孙悟空的积极乐观、敢于斗争的精神，是中国人民长期斗争生活的艺术概括，是理想和现实相结合的产物。作为孙悟空对立面的神佛世界和妖魔，都具有非正义的性质，玉皇的昏庸暴戾正是当时封建统治阶级的缩影；而取经路上妖魔的阴险淫恶则反映了社会上黑暗势力的共同特征。正由于有了这样的对立面，孙悟空才成为人民群众喜爱的英雄人物。也正是因为书中突出了斩妖除怪的内容，而使取经的目的退居次要地位，甚至仅有象征性意义。对于唐僧这个人物，作者是批评大于肯定。他恪守宗教信条和封建礼仪，迂腐顽固，不分是非，从而由一个被歌颂的人物变成一个被讽刺嘲笑的对象。这也是《西游记》与传统的取经故事的不同之处。此外，书中还刻画了猪八戒这样一个既憨厚纯朴、吃苦耐劳、对敌斗争从不屈服，又贪馋好色、不能辨识敌我、以及嫉妒心强、斗争不够坚定的社会小生产者的形象，作者对他给予了戏谑嘲笑和善意的批评。作者正是通过对书中不同人物的不同描写，歌颂了正义、无畏和勇敢的斗争精神，鞭笞了黑暗、邪恶势力，劝诫人们透过现象认识本质，对敌要狠，除恶务尽。从而使这部书具有深刻的寓意。

《西游记》在思想内容上还存在一些糟粕，如佛法无边的思想、宿命论观念和因果报应思想等。

《西游记》在艺术上有着鲜明的特色。故事情节生动、奇幻、曲折，表现了丰富大胆的艺术想象力。书中人物既有浓厚的神奇色彩，又有强烈的现实感。神性（幻想性）、人性（社会性）、物性（自然性）三者的有机结合，是《西游记》人物塑造的一个突出特点。《西游记》的语言生动、流利，人物对话具有明显的个性特征，而且富有浓烈的生活气息，表现了一种幽默诙谐的艺术情趣，使整部作品充满了艺术魅力。

《西游记》在中国小说史上占有重要地位，是明代神魔小说的杰出代表。和《三国演义》、《水浒传》一样成为中国人民家喻户晓的古典小说名著。现存《西游记》最早的刊本是明万历二十年（1592）金陵唐氏世德堂《新刻出象官板大字西游记》。1954年出版了整理本。1980年人民文学出版社又刊行二版。

西域 Western Regions 古代地区名。出现在公元前2世纪中汉朝张骞凿空以后，意为西部地域，所指范围按中原王朝政治势力的伸张、地理知识的扩展或时代与情况不同而异。一般没有固定的界限，主要有广、狭两义：狭义最早主要指玉门关（今甘肃敦煌市西北）、阳关（今敦煌市西南）以西，葱岭（今帕米尔高原）以东，南山（今昆仑山脉）以北，北山（今天山山脉）以南地区，大致相当今新疆维吾尔自治区南部；后逐渐扩展到今天山以北，即包括巴尔喀什湖以南地区；一度扩展至今帕米尔高原以西的大宛故地中亚费尔干纳盆地一带，如西汉的西域都护府即领有大宛。狭义西域往往是指原王朝政治势力直接控制的地区，西汉至十六国曾先后设置西域都护、长史、校尉府于此。广义常指玉门关、阳关以西的今中国新疆以及帕米尔高原以西的中亚、西亚、南亚、东欧和北非的广大地区，历史上的大秦、安息、条支（塞琉西王国）、罽宾、天竺（今印度）等都包括在内。《汉书·西域传》对西域的定义虽明确为狭义，但记录的地域范围却已是广义；3世纪中《魏略·西戎传》记载的即为广义的西域。北魏太延中（435～439）曾出使西域的董琬，对当地的地理情况已有比较清晰的了解，他将西域划分为4个地理区：葱岭以东，流沙以西为一域，即相当今中国新疆地区；葱岭以西，海曲（当今红海、波斯湾）以东为一域，即约当今西亚地区；者舌（今乌兹别克斯坦塔什干）以南，月氏（今阿姆河上游）以北为一域，即相当今中亚南部；两海之间，水泽以南为一域，或指今里海以东的中亚北部。隋、唐时代的西域多为广义，如将西亚来中国广州的海船称为“西域舶”（《旧唐书·李勉传》），记载中亚、南亚各国情况的称为《大唐西域记》。蒙元时代所指范围更为扩大，如《元史·昔里钤部传》记13世纪初征西域，至宽田吉思海（今里海）及斡罗斯也里赞城（今俄罗斯莫斯科东南梁赞），则欧洲也包括在内。清代一般指新疆或新疆及中亚地区，有时为了区别新疆，也有专指中国以西的中亚诸国为西域。

《西域水道记》 *Records of Waterways in the Western Region* 中国清代新疆以河流为纲的地理书。作者徐松，嘉庆十七年（1812）因故谪戍伊犁，在实地考察基础上，仿《水经注》体例，于道光元年（1821）撰成此书。此书和其所著《新疆识略》均系当时伊犁将军松筠命纂。全书以罗布淖尔（今罗布泊）、哈喇淖尔（今敦煌西北的哈拉湖）、巴尔库勒淖尔（今巴里坤湖）、额彬格逊淖尔（今玛纳斯湖）、喀勒塔拉额西柯淖尔（今艾比湖）、巴勒喀什淖尔（今巴尔喀什湖）、赛喇木淖尔（今赛里木湖）、特穆尔图淖尔（今伊赛克湖）、阿拉克图古勒淖尔（今阿拉湖）、噶勒札尔巴什淖尔（今布伦托海）、宰桑淖尔（今宰桑泊）等11个大湖泊为纲，记述各水系河流的发源和流向，以及沿途所经山脉走向，并稽核古籍，印证史实，旁及交通、物产、地邑的兴废与民族的分布。全书分5卷，其中第2、3、4、5卷各附地图，可和正文对照，对研究新疆历史地理有重要参考价值。此书版本有4种：清道光三年(1823)刊本，《徐星伯著书三种》本，《皇朝藩属舆地丛钞》第四集本，《小方壶斋舆地丛钞》本。

《西园记》 *Story of West Garden* 中国明代戏曲作家吴炳传奇的代表作。叙襄阳才子张继华与赵玉英、王玉真两女之间的幽明情缘。赵、王二女同住于西园，书生张继华游园先与王玉真相遇，一见钟情，但把赵玉英错认为王玉真。玉英因被父母错配纨绔子弟忧愤而死，张继华以为死的是他的意中人玉真，于是夜夜错唤玉英名字，玉英鬼魂感其情意，托名玉真与之幽媾。后友人夏玉为张继华和玉真执柯，二人新婚之夜始明事情真相。作品运用巧合造成的重重误会，以及一连串的颠倒错讹推动情节发展，构思巧妙，转合无痕，人物形象也在情节发展中得到生动细腻的刻画。今存明金陵两衡堂本。中华人民共和国建立后，《西园记》曾整理改编上演，并摄制成影片，还被移植为昆曲与越剧。

西园寺公望 Saionji Kinmochi (1849-12-07～1940-11-24) 日本政治家，历经明治、大正、昭和三朝的元老。生于京都，卒于兴津。右大臣德大寺公纯次子。3岁时过继给宫廷贵族西园寺师季。自幼担任天皇侍从、右近卫中将等职。早年曾参加倒幕维新运动，后历任明治政府参与、越后府知事等职。1871年赴法国留学，1880年回国。1882年随伊藤博文赴欧洲考察宪法。1885～1891年历任驻奥地利公使、驻德国公使兼驻比利时公使。回国后，历任赏勋局总裁、法典调查会副议长、贵族院副议长、枢密顾问官等职。1903～1914年，任立宪政友会总裁。1906年1月至1908年7月任内阁总理大臣，实行铁路国有，并在中国东北建立殖民侵略机构南满洲铁路股份公司。1919年，以日本首席全权代表身份出席巴黎和会，为日本争得与欧美列强同等的地位，并参与决定侵掠中国山东权益的活动。1920年受封公爵。

西藏八王 中国明代在西藏分封的三大法王（大宝法王、大乘法王、大慈法王）和五大地方之王（阐化王、护教王、赞善王、辅教王、阐教王）的合称。

永乐初年，为了进一步加强对西藏地方的管理，明政府派遣太监侯显等和僧人智光等持节入藏，与各地方、各教派领袖人物多方接触，广泛交往，开始了明朝中央直接从藏区遴选领袖人物的新时期。先后封授了3个法王和5个地方之王。永乐四年（1406），封授乌斯藏帕竹噶举的吉剌思巴监藏为灌顶国师阐化王。帕竹噶举是噶举派中的一支。永乐五年，封尚师哈立麻为万行具足十方最胜圆觉妙智慧普应佑国演教如来大宝法王西天大善自在佛，领天下释教。哈立麻（又作哈尔麻）即噶玛，是噶举派四大支系之一。明廷把大宝法王誉封给噶玛派是最为隆重的礼遇，噶玛派亦视这一崇封为最高荣誉。同年，朝廷又下诏封馆觉（今西藏贡觉）灌顶国师宗巴斡即南哥巴藏卜为护教王；封灵藏（今属四川）灌顶国师着思巴儿监藏为赞善王。永乐十一年，明廷为安抚萨迦派，封尚师昆泽思巴为万行圆融妙法最胜真如慧智弘慈广济护国宣教正觉大乘法王、西天上善金刚、普应大光明佛，领天下释教。这是继大宝法王之后的第二位超越地域的教法王爵，位亦尊显。同年，明廷还封萨迦派另一支系的南渴烈思巴为思达藏辅教王。思达藏地处萨迦之南，为萨迦人封邑。南渴烈思巴属萨迦派的都曲喇让支系。明代中央在同一年中给予萨迦系统两道王爵的封授，从侧面反映出萨迦人在明代的西藏仍是举足轻重的力量。同年，明廷还封领真巴儿吉监藏为必力工瓦阐教王，赐金印诰敕，意在使之与帕竹、萨迦诸派抗衡。格鲁派是在藏区新起的宗教、社会力量，其领袖人物宗喀巴声名远扬，于永乐十二年遣其上首弟子释迦也失为代表晋京。宣德九年（1434）释迦也失再度入朝，宣宗册封为万行妙明真如上胜清静般若弘照普慧辅国显教至善大慈法王、西天正觉如来大圆道佛。宣德十年辞归，卒于途。明代法王称为游僧，不常厥居；地方王各有封邑，互不统属。咸受命于朝廷。明廷又置驿站，通道往来，以厚赐贡使、任官封爵、茶马互市、利益边民的办法，使西藏地方基本保持安定的政局。

西藏大学 Tibet University 中国综合性大学。属西藏自治区。前身是创办于1951年的藏文干部培训班。1985年7月正式成立西藏大学，现有拉萨、林芝两个校区。设有理学院、工学院、农学院、医学院、经济与管理学院、文学院、旅游与外语学院、艺术学院、植物科学技术学院、动物科学技术学院、资源与环境学院、工程技术学院等学院和公共教学部、留学生部。共有60多个本科专业，涵盖理、工、农、医、管理、文、法、艺术等十几个学科。有十余个硕士学位授予点。有十几个实验室，其中有国家级重点实验室等。

西藏地域人种 Tibetan local race 亚洲地理人种的一个亚群。美国学者S.M.卡恩所分32个地域人种中的一个，相当于一个遗传隔离种群。分布于中国西藏、青海和四川的部分地区，以及尼泊尔，印度锡金、那加兰邦等地。典型体质特征：身材较高，体格健壮；肤色为棕褐或深褐色；头发黑色，呈波型；内眦褶少；鼻梁较高，鹰钩鼻尖较为常见等，以适应高寒、低钙环境。

西藏地域人种男性

西藏佛教雕塑 Buddhist sculptures in Tibet 中国古代西藏地区的喇嘛教雕塑。7世纪中叶，吐蕃赞普松赞干布在妃子尼泊尔公主尺尊和唐文成公主的影响下，引进佛教。佛教与西藏当地的本教经过长期斗争与相互吸收，形成喇嘛教，为佛教的一支。西藏的宗教美术，随喇嘛教的兴盛而发展。在西藏众多的寺庙里，有极为丰富的塑像和壁画、轴画。塑像的题材主要为佛、菩萨、声闻像，包括释迦牟尼、观音、文殊、普贤、地藏，以及其他显、密两宗的佛造像。这些造像大都是按照《造像量度经》的规格塑造的，具有西藏佛教造像的一些特点，如观音仍作男身，罗汉为十六罗汉，吉祥天女面目凶恶，密宗护法、金刚、天魔等像，皆咸猛狰狞，巨口獠牙，头饰骷髅，火焰四射，手持血供颅骨，足踏裸形男女。究

图1 六面阎罗王塑像（吐蕃时期）

其实义，皆为菩萨护法示现威猛之象，镇魔克敌，行“无畏施”，用以驱邪向善，化导群迷，使信徒心目中产生依赖、庇佑和安全之感。这些具有象征主义色彩的造型表现了喇嘛教的原始、野性、犷悍、粗放的特点，同时，也反映出了塑造者丰富的想象力。

在藏文大藏经的《丹珠尔》中，有所谓三经一疏的“工巧之明”，它们是传统佛教塑像和绘画的依据和仪规。这些经典从宣传宗教的目的出发，对佛教中制作人体比例等方面作出严格规定，然而藏族艺术工匠在创作过程中并未完全受其限制，而是力图将自己对现实生活的观察和思想感情、艺术个性融入作品之中，使某些佛像具有地方特点和人间情趣。历辈高僧的塑像，多着重表现其生理上和精神上的特征，个性鲜明，作者将他们人间化而不是神化。

西藏佛教雕塑工匠的技艺世代相传，著名的塑手受到社会的尊重和优待。有些上层的喇嘛也精通雕塑、绘画技艺，亲自参加塑造佛像的活动，如达赖一世根敦珠巴塑造了日喀则扎什伦布寺错钦殿的观音、文殊菩萨立像。参加西藏佛教雕塑创作的还有很多汉族的和来自尼泊尔、印度的雕塑匠师。

西藏的佛教雕塑以铜铸和泥塑材料为主，铜像以失蜡法铸造，外表镀金或贴金，有的并施加彩绘和饰以绿松石、天青石、珊瑚、珍珠等材料，最尊贵的神像以8种合金制作。西藏地区最大的铜铸佛像为日喀则扎什伦布寺的强巴佛，总高26.2米，造于近代，作者为索南塔杰。一些密宗的双身塑像和四臂观音、十二面观音等，结构复杂，构思精巧，表现了很高的铸造技艺。泥塑佛像面目手足光润柔和，妆銮多用鲜艳、对比强烈的色彩，大量用金，造成金碧辉煌的效果。西藏佛教雕塑在其长时期的发展过程中，受到印度、尼泊尔和内地汉族等宗教艺术的影响，经过融汇，形成具有鲜明地区特色的艺术风格。

早期的西藏佛教雕塑作品有一些还保存在拉萨大昭寺。**大昭寺**相传建于7世纪松赞干布赞普在位期间，为汉藏文化交流的见证，中经多次复修、改建，面目全非，其中可以确认为原来的雕塑作品的有大门木框雕花、柱头花纹，有飞天、人物、飞禽和叶蔓花衍等浮雕彩画；大殿西南回廊下的山羊头石雕，皆古朴、粗放，隐然仍存唐风。大殿正中供奉的释迦牟尼16岁身量铜像，和眉善目，宁静安详，给人以精神上的安抚，一直受到藏族人民的顶礼膜拜，为10世纪的作品。

阿里地区建立于11～17世纪的古格王国白庙、红庙遗迹，尚保存有天王、菩萨等泥塑像，菩萨裸上身，形体修长，形象娟好。

图2　扎什伦布寺强巴佛

肖像性作品最为著名的为拉萨布达拉宫的松赞干布、文成公主、尺尊公主，以及当时的重臣禄东赞、通米桑布扎的泥塑像。松赞干布形象英武豪迈，公主像则美丽端庄，相传都是7世纪末的作品。大昭寺内的松赞干布像和两公主像则是13～14世纪的作品，也很有艺术个性。

具体人物的塑像在藏区所在皆有。最著名的有：萨迦寺（1073年建）内的萨迦班智达·贡噶坚赞塑像和大元帝师、萨迦五祖八思巴的塑像，庄重肃穆，骨格清奇，近于写实。夏鲁寺（1087年始建）内夏鲁派的创始者布顿大师塑像，是最受学术界重视的作品。立于聂塘卓玛拉康的阿底峡大师塑像更富于传奇色彩，据传匠师塑完之后，请阿底峡本人过目，大师笑而颔之，以指摁其额，说“像我，像我”。像上遂留有指印。以后此像俗称为“阿扎玛”，意为“像我”。可知当时一些肖像雕塑的作者已具有相当熟练的写实技巧。

西藏佛教雕塑中石雕很少，已知的有查拉路甫石窟，位于拉萨药王山东面半山腰处，共有造像71尊，约开凿于7世纪中期，后陆续增添。其中造像题材除佛、菩萨、弟子、声闻、金刚力士等外，还有松赞干布、文成公主、尺尊公主及禄东赞、通米桑布扎、莲花生、索尔回、喜饶扎巴等。菩萨造像均袒裸上身，下着紧身的长、短裙，躯体转折作S形，臀部突起，动作姿态优美，近于印度健陀罗艺术造像的特点。在桑鸢寺（779年建）内有汉白玉石像，造型古朴，厚重有力。

西藏人民日常生活和宗教生活中还有形式多样、数量繁多的雕塑品，如用作护身符或置放于灵塔中的徽形模印浮雕佛像“擦擦”，是以掺加了奶油、青稞、灰土等物的泥土模制的，这些小型佛像造型异常精美，具有微雕艺术的特色。在宗教祭仪的舞蹈中使用的以纸、木、金属材料制造的鬼、神、动物形象面具，具有粗犷、野性的魅力和原始的、巫术的文化气息。佛经木板护封上的浮雕，多刻有佛像和各种装饰花纹，雕刻严谨精工，很有艺术价值。以酥油制作的各种供佛用的塑像、饰物，五彩缤纷，为藏族地区独特的、具有民间艺术特点的宗教艺术样式。

西藏和平解放　peaceful liberation of Tibet

1951年底根据中国中央人民政府和西藏地方政府谈判达成的协议，中国人民解放军和平进驻拉萨等地，西藏实现全境解放。

西藏历来是中国领土不可分割的一部分。1949年10月1日，羁留青海的十世**班禅额尔德尼·确吉坚赞**，致电中央人民政府主席**毛泽东**和人民解放军总司令**朱德**，明确表示拥护中央人民政府，要求人民解放军早日解放西藏。以摄政达扎·阿旺松绕为首的西藏地方政府上层分裂分子，在外国势力的指使下，策划西藏独立，极力抗拒人民解放军解放西藏。中央人民政府考虑西藏的历史和现状，提出了和平解放西藏的方针。1950年7月，西南军政委员会委员、西康省（1952年划入四川）人民政府副主席格达·洛桑丹增活佛主动请命入藏劝说十四世**达赖喇嘛·丹增嘉措**接受中央人民政府和平解放西藏的方针，到达昌都后不幸被敌对分子毒杀。达扎为阻止解放军进藏，将西藏地方政府的大部分军队调集到昌都一带，妄图凭借金沙江天险顽抗。中央人民政府在迫不得已的形势下，命令人民解放军发起昌都战役。解放军从10月16日开始出击，经过十昼夜战斗，消灭了藏军主力，德格·格桑旺堆率领藏军第九代本（藏军建制单位，相当于小团）全体官兵起义，昌都解放，为和平解放西藏奠定了基础。1950年11月14日，达扎下台，达赖亲政。在中央人民政府的一再号召和西藏广大爱国僧俗的敦促下，达赖于1951年2月20日作出决定，派以**阿沛·阿旺晋美**为首的西藏地方政府代表团赴京就和平解放西藏事宜同中央人民政府进行谈判。西藏地方政府代表团到京

西藏和平解放后，中国人民解放军进驻拉萨（1952）

后，中央人民政府指派以李维汉为首的中央政府代表团于4月29日开始与之谈判。双方经过充分协商，于5月23日共同签署了《中央人民政府和西藏地方政府关于和平解放西藏办法的协议》(简称《十七条协议》)。根据这一协议，中国人民解放军和平进驻西藏各地，西藏宣告和平解放。

西藏农奴制 feudal serf system of Tibet 中国西藏历史上存在的以封建土地所有制和农奴主对农奴人身不完全占有为基础的社会制度。始于10世纪末，到13世纪初普遍确立，1959年西藏民主改革时被废除。

西藏农奴制社会的生产力水平低下，农业生产工具简陋，主要农业区仍用木犁、木锄，间或有铁铧木犁、铁锄。收获量仅为种子的4～5倍。畜牧业牛羊的成活率约为50%。手工业一般作为家庭副业，如捻毛线、织氆氇、畜产品加工等，工具和技术也很落后。专业手工业者对封建领主有人身隶属关系。传统产品流通主要以农牧产品的物物交换形式进行。

农奴主阶级占西藏人口5%，包括三大领主（地方封建政府、贵族和寺院）及其代理人，他们占有西藏全部土地、山林和大部分牲畜、农具、房屋及其他生产资料。农奴阶级占西藏人口90%，人身依附于农奴主。可划分为富裕农奴、中等农奴、贫苦农奴等阶层。其中“差巴”和“堆穷”是农奴阶级的主要组成部分。差巴意为支差者，是领种地方政府的差地，为地方及其所属机构支差的人，地位高于堆穷。堆穷意为小户，是耕种所属领主及其代理人分给的少量份地，并为其支差的农奴。在阶级分化中差巴可下降为堆穷，堆穷也可上升为差巴，差巴和堆穷破产后还会下降为奴隶。奴隶占西藏人口5%，他们无生产资料和人身权利，完全被农奴主占有，用于家内劳役。

在农奴制条件下，地方政府占实耕土地的31%，贵族占30%，寺院占39%。“政教合一”的西藏地方封建政府，对贵族和寺院领主有封赐、没收和调整土地的权力，有对非耕地开荒的批准权及对土地纠纷的裁决权，还有对所有耕地摊派或增减差役的权力。

在全部土地被三大领主占有的情况下，农奴主分配给农奴一块瘠薄的“份地”，农奴除了长年在农奴主的“自营地”上无偿劳动外，还要负担名目繁多的差役和捐税。在牧区，大部分牲畜被农奴主占有。牧奴虽占有一些牲畜，但由于是在农奴主的牧场上放牧，所以农奴占有牲畜的数量，便成了农奴主支派差税的依据。农奴为了领得“份地”，而投在农奴主自营地上的剩余劳动，构成了劳役地租，这是西藏农奴制社会中封建地租的基本形式。此外还有劳役、实物、货币三者兼有，而以劳役为主的混合地租。大致计算，无论是堆穷向农奴主庄园自营地支差的份地，即“内差”份地，还是差巴向地方政府支差的份地，即“外差”或“差岗”份地，以及专支地方政府兵差的份地，其剥削率均在70%左右。在牧区，牧租剥削率在50%以上。西藏的农奴主都放债，债利是其收入的主要来源之一。80%以上的农奴都负有债务，有的数量奇大，无法按时还贷，形成累积几代的子孙债。西藏农奴主对土地的占有及对其他重要生产资料的垄断，是他们残酷剥削农奴的基础，也是强制农奴人身依附于农奴主的重要条件。农奴主可随意出卖、抵押、转让或处死农奴。嫁出或外赘一个农奴要换进一个农奴。农奴主还强迫那些未直接为其支差的堆穷缴纳人役税，以示人身依附关系。

民主改革前，西藏地方政府虽分僧官和俗官两个系统，但他们都出身于贵族，政府实质上是封建贵族专政的“政教合一”政权组织。

1959年3月28日，中华人民共和国政务院总理周恩来发布命令，解散西藏地方政府，由西藏自治区筹备委员会代行西藏地方政府职权，宣告西藏封建农奴制政权的终结和封建农奴制的解体。2009年1月19日，西藏自治区人民代表大会九届二次会议通过决议：将3月28日定为西藏百万农奴解放纪念日。

西藏平叛 中国人民解放军驻西藏部队平息西藏地方上层反动集团发动的武装叛乱的作战。西藏地方的和平解放，深受西藏各族人民拥护。但西藏地方上层反动集团，为了维护农奴制度，在国外势力策动下，蓄意破坏中华人民共和国中央人民政府与西藏地方政府达成的《十七条协议》的执行，密谋策划叛乱，制造分裂。1959年3月10日，西藏地方上层反动分子竟宣布“西藏独立”，并先后在拉萨集结7 000余名武装，于3月20日凌晨进攻驻拉萨人民解放军和中央代表机关。在此前后西藏其他地区也发生了武装叛乱。为维护国家统一，驻西藏人民解放军在司令员张国华、政治委员谭冠三指挥下，于3月20日10时开始对拉萨叛乱武装实施反击。当天下午，人民解放军攻占叛乱指挥机关所在地罗布林卡，消灭了叛乱武装主力，并迅速对拉萨其余叛乱武装达成包围。在人民解放军强大政治攻势和军事压力下，至3月22日9时，被围叛乱武装相继放下武器，拉萨叛乱遂告平息。4月8日，人民解放军向盘踞山南地区的叛乱武装实施多路反击，迅速平息了山南地区的叛乱，摧毁了叛乱武装的指挥中心，切断了叛乱武装与外国联系的陆路交通。此后，人民解放军遵照中国共产党中央委员会关于“政治争取为主，军事打击为辅”的方针，依靠西藏广大爱国僧俗群众相继平息了其他地区的武装叛乱。西藏叛乱的平息，维护了国家统一和民族团结，为西藏民主改革开辟了道路。

西藏寺庙壁画 Tibetan temple murals 佛教于7世纪传入中国西藏（古称吐蕃）高原，西藏佛教艺术随之兴盛起来。西藏佛教艺术是印度密宗造像艺术吸收一些藏地固有的神祇，即密宗与西藏原始宗教——本教相结合的产物。具有自己独特的地方风格和民族特色，在中国佛教艺术史上占有重要地位。西藏佛教艺术中具有较高成就的是保存在寺庙殿堂中的壁画艺术。迄今在拉萨（前藏）、山南、日喀则（后藏）等地，在被称作西藏三大艺术宝库——拉萨布达拉宫、江孜白居寺、萨迦萨迦寺等寺庙中，仍保存大量的壁画。

西藏的绘画总称藏画，主要分三大流派：康赤、藏赤与卫巳赤（赤为写画之意）。前藏一带绘画，色淡雅而高贵。后藏一带绘画，色鲜艳而突出黄色。山南一带绘画，色相复杂，笔意细致。此外，还有三类外来的绘画：①汉画，似唐宋青绿山水画，强调线描，多勾勒、白描与平涂；②印度画，似印度阿旃陀石窟壁画，菩萨鼻高腰细，姿态婀娜，色泽浑厚，多工笔画；③尼泊尔画，人物造型富于舞蹈姿态，鼻小略陷，眼眶突出，用色单调，以黑、红为主色。10世纪，西藏佛教进入后弘期以后，先后出现宁玛、噶当、萨迦、噶举和格鲁（黄教）等不同佛教教派，不同教派的绘画风格亦有不同。总的来说，黄教以前各教派的绘画艺术较为自由奔放，而黄教绘画则较拘谨、工整。西藏壁画艺术的构图、设色和勾线等技巧，就是在藏民族绘画传统上，融汇、借鉴中国内地以及印度、尼泊尔的绘画风格，形成富于装饰效果、色调鲜艳的藏族绘画格调，在人物刻画、景物配置、赋彩象类和技法驾驭上都达到了新的水平。

图1 托林寺杜康大殿佛传壁画《诞生》

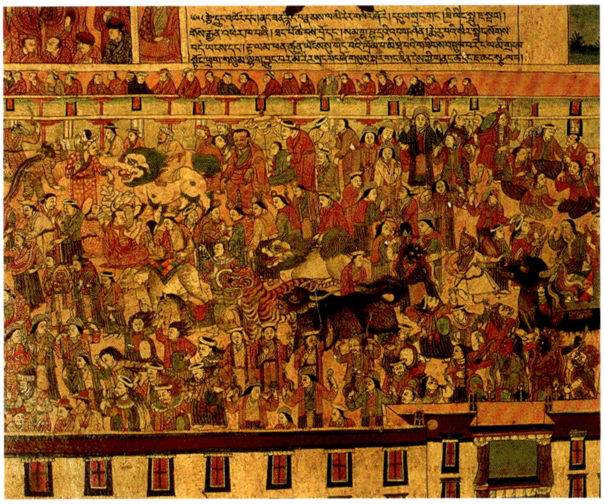

图2 布达拉宫红宫二层回廊西侧壁画：描述1693年红宫扩建竣工后举行庆典活动时的情景

西藏寺庙壁画大都依据《造像量度经》等“三经一疏”，作为绘画仪轨，从宣传宗教的目的出发，对佛像的人体比例等方面提出要求。壁画中的释迦、观音、文殊、普贤、地藏及其他显、密二宗中的形象，多具有西藏佛教艺术的一些特点。如观音做男身，罗汉为十六罗汉，吉祥天女面目狞恶，怖畏金刚凶险可怖，以骷髅做装饰，持头盖为饮器，表现了西藏佛教原始、野性、犷悍的一面。但是，藏族艺术工匠在创作壁画时并未完全受佛经仪轨的限制，相反，却时而摆脱那种统一、呆板的规定，把自己对现实中人的形象的观察、自己的思想感情和艺术个性，渗透到作品中，使得某些佛像具有地方特点和人间情趣，所描绘的风物、景观和世俗生活场景，也大多栩栩如生，表述了现实感和人民性。壁画构图多用之字形，形成横卷式连环画，而俯视散点透视的绘法，即使在表现宏大壮观的场景时也能驾驭自如。西藏壁画注意刻画人物，其艺术形象具有感人的力量。

西藏寺庙壁画的另一特点，是它所表现的历史传统。西藏寺庙中有大量的历史风俗性画面，真实生动地反映了西藏千余年中的重大历史事件和杰出的历史人物，歌颂了祖国统一、民族团结的主题，而且达到了相当高的艺术水平。这类壁画大部分有藏文榜题，成为研究西藏历史和艺术发展的重要资料。例如，松赞干布、文成公主与尼泊尔尺尊公主的绘像，大都很有艺术个性。

西藏许多重要壁画，都参照依据《西藏王统记》、《巴协》、《红史》等历史著作绘出。例如，描绘西藏先民从猿变人的传说，各地寺庙历次修建的画面、各教派的传承系统及重要事件人物等，也都具有史料价值。布达拉宫一组由上百个画面绘成的17世纪重建布达拉宫壁画，表现了成千上万的工匠负石爬山，砍树行船，叠墙搭架，冶炼加工的劳动场面，令人过目难忘。布达拉宫东大殿五世达赖画传中，有五世达赖朝觐顺治，十三世达赖朝觐慈禧、光绪以及顾实汗会见五世达赖的场面。

西藏现存寺庙壁画，大多为元代以后的遗存。其中，萨迦寺、夏鲁寺、白居寺和桑耶寺时代稍早，而拉萨三大寺——哲蚌寺、色拉寺、甘丹寺和布达拉宫、罗布林卡及日喀则的扎什伦布寺等处壁画，则主要为明清以来的作品。值得注意的是，创建于唐大历十一年（776），作为西藏历史上第一座剃度僧人出家寺院的桑耶寺，以描绘西藏历史的壁画而闻名。萨迦寺为萨迦派艺术的大本营，绘有多幅曼荼罗（坛城）壁画。白居寺则是集萨迦、夏鲁、格鲁3个教派，西藏、尼泊尔、内地3种艺术风格于一炉的寺院，壁画艺术独具一格。而大昭寺依据《如意宝树史》绘制的108幅佛传壁画，是国内现存此一题材种类最多的一处。

《西藏王统记》 *Rgyal-Rabs-Gsal-B`i-Me-Long* 中国藏族学者记述藏族古代历史的著作。又译《西藏王统世系明鉴》。为西藏佛教萨迦派僧人丹巴·索南坚赞用藏文撰写。约元至正十二年（1352）成书于西藏古寺桑耶寺，木刻版共18章，104页。汉译本有刘立千《西藏王统世系明鉴》（1945～1946）、王沂暖《西藏王统记》（1948）和陈庆英、仁庆扎西1985年的译本3种。国外有库兹涅佐夫俄译本（1966）及1986年英译本。此书主要记述吐蕃王统传承。对松赞干布、墀松德赞、墀祖德赞（热巴巾）3位赞普的事迹，记述尤为详尽。对文成公主、金城公主入嫁吐蕃，以及唐朝与吐蕃文化交流等历史，也有翔实的记载。在叙述世界的形成、藏族的由来以及传说中的吐蕃早期诸赞普的事迹时，还采用了一部分藏族古代的神话和传说，具有浓厚的文学色彩。所叙吐蕃王朝时期历史，多为汉文史料所未记载，是研究藏族古代史的重要书籍。

西藏自治区 Tibet Autonomous Region 中国西南边疆藏族主要聚居区。简称藏。位于青藏高原西南部，北连青海省和新疆维吾尔自治区，东南与云南省相毗连，东以金沙江为界与四川省相邻。西和南分别与克什米尔地区、印度、尼泊尔、不丹、缅甸等国家和地区接壤。辖6个地区、1个地级市、1个县级市、71个县、1个市辖区。自治区人民政府驻拉萨市（见表）。面积约123万平方千米，约占中国陆地面积的12.6%，仅次于新疆，居第二位。人口300万（2010）。是以藏族为主体的少数民族地区，藏族人口占总人口的90%以上。次为汉、门巴、珞巴、回、纳西族和夏尔巴人、僜人，有少数怒、满、傈僳、蒙古、土、壮、苗、独龙、白族等。

建制沿革 西藏自治区是中国领土不可分割的一部分。藏族自古以来即繁衍生息于青藏高原上，历史悠久，文化灿烂。公元7世纪藏族的民族英雄、雅隆河谷的悉补野部首领松赞干布统一了各原始部落，建立了吐蕃王朝政权，定都逻娑（今拉萨）。唐贞观十五年（641）吐蕃王松赞干布与唐文成公主联姻，奠定了吐蕃与唐朝“同为一家”的亲密关系。唐高宗时，封吐蕃王松赞干布为驸马都尉、西海郡王，后又封为宾王。

1253年元宪宗蒙哥派军队入藏，结束了西藏混乱局面，西藏正式纳入中国版图。元世祖忽必烈1260年即汗位后，即封西藏萨迦领袖八思巴为国师（后称帝师）。1264年设释教总制院，命八思巴兼领院事。此后，元王朝还在西藏地区设立3个宣慰使司都元帅府，成为中央政权在西藏地区首次正式建制，行使完全的主权。除向西藏委派官吏外，还在西藏驻扎军队。

明太祖洪武五年（1372）封噶举派法王为大司徒、勤国公、灌顶圆师，西藏进入了噶举王朝统治时期。明王朝在河州（今甘肃省临夏）设立了乌斯藏行都指挥使司，统一管理西藏地方事务。

清朝对西藏的管理作了重大的改革。清初，中央设置了理藩院（后改部）专管蒙古、西藏事务；1653年清顺治皇帝正式册封五世达赖喇嘛为“西天大善自在佛所领天下释教普通瓦赤喇怛喇达赖喇嘛”。1793年颁布钦定《藏内善后章程》，规定由驻藏大臣同达赖、班禅督办西藏地方事务。

1913年，西藏在南京设立了“西藏驻京办事处”。1934年国民党政府册封十三世达赖喇嘛为“护国弘化普慈圆觉大师”，并

图1 西藏自治区藏东横断山脉

在拉萨设立了蒙藏委员会驻藏办事处。

中华人民共和国建立后，中央人民政府根据包括西藏人民在内的全国各族人民的心愿，多次发表声明，决心粉碎帝国主义势力的阻挠和破坏，坚决完成解放西藏、维护祖国统一的神圣大业。1951年5月23日，西藏地方政府全权代表与中央人民政府全权代表在北京签订了《中央人民政府和西藏地方政府关于和平解放西藏办法的协议》。西藏和平解放后，行政区划上分前藏、后藏和阿里3部分，共辖123宗。1956年原西康省昌都地区并入西藏，成立了西藏自治区筹委会。1959年废除了封建农奴制，西藏进入了社会主义康庄大道。1965年9月1日西藏自治区人民政府成立。

自然条件 西藏自治区占据青藏高原主体，海拔一般4 000米以上，居中国大地势的最高一级台阶，以海拔高、面积大、形成时代新为特点，素有“世界屋脊”之称。地势总趋势西北高、东南低，自然条件复杂多样。西藏地层发育，岩浆活动频繁，地质构造复杂。地壳厚度差异很大。雅鲁藏布江以北地壳厚度为70～73千米，以南的喜马拉雅地带为40～68千米。受印度板块向北漂移的水平挤压作用，喜马拉雅地区仍在不断上升。西藏分布有东西向、南北向两组高大山脉，山势雄伟壮观，素有“地球第三极”之称，近东西向山脉从南向北依次为**喜马拉雅山脉**，平均海拔6 000米以上，其中珠穆朗玛峰海拔8 844.43米，是世界第一高峰；**冈底斯山**，平均海拔5 500～6 000米；冈底斯山向东延伸部分为**念青唐古拉山**，平均海拔5 000～6 000米，**唐古拉山**，平均海拔5 500～6 000米；**昆仑山脉**，平均海拔约6 000米。唐古拉山、念青唐古拉山由西向东延伸转折形成近南北向的横断山脉，从东向西依次为沙鲁里山、芒康山、他念他翁山（见**怒山**）、伯舒拉岭。山岭中分别夹持**金沙江**、**澜沧江**、**怒江**，构成著名的藏东南高山深谷区。

西藏自治区行政区划表(2010)

拉萨市		朗县	
城关区	林周县	**山南地区**	
当雄县	尼木县	乃东县	扎囊县
曲水县	达孜县	贡嘎县	桑日县
堆龙德庆县		琼结县	曲松县
墨竹工卡县		措美县	洛扎县
那曲地区		加查县	隆子县
那曲县	嘉黎县	错那县	浪卡子县
比如县	聂荣县	**阿里地区**	
安多县	申扎县	噶尔县	普兰县
索　县	班戈县	札达县	日土县
巴青县	尼玛县	革吉县	改则县
昌都地区		措勤县	
昌都县	江达县	**日喀则地区**	
贡觉县	类乌齐县	日喀则市	南木林县
丁青县	察雅县	江孜县	定日县
八宿县	左贡县	萨迦县	拉孜县
芒康县	隆县	昂仁县	谢通门县
边坝县		白朗县	仁布县
林芝地区		康马县	定结县
林芝县	工布江达县	仲巴县	亚东县
米林县	墨脱县	吉隆县	聂拉木县
波密县	察隅县	萨嘎县	岗巴县

图2 拉萨布达拉宫

西藏气候类型复杂多样，总的特点是气温低、空气稀薄、大气干洁、日照时间长、太阳辐射强。年平均气温南部高，北部低。1～7月平均气温比同纬度的东部地区低15～20℃。6～9月为雨季。印度洋暖湿气流由西南季风输入本区，降水量从东南部的1 000～4 000毫米，向西北部递减至50～100毫米。墨脱地区为中国著名多雨区之一。主要农牧区为半干旱气候。

动物中鸟类有474种，哺乳动物126种，鱼类61种，两栖类24种，爬行类49种。主要有中国特有种白唇鹿、毛冠鹿、黑鹇；西藏特有种野牦牛、藏羚羊、藏野驴、藏马鸡、藏雪鸡、黑颈鹤；珍贵动物有羚牛、长尾叶猴、虎、金钱豹、雪豹、小熊猫、黑头角雉、红胸角雉、灰腹角雉、红腹角雉、棕尾虹雉、白尾梢虹雉、雪豹、盘羊、鬣羚、马麝等。高等植物5 800多种，其中药用植物1 000种以上。药用动物有15种以上。常用中草药400多种，具有独特风格的藏药300多种，以大黄、胡黄连、党参、秦艽、贝母、虫草、天麻等为著名。

在中国综合自然区划中，西藏自治区属于青藏高原区的5个自然地理区：①喜马拉雅南翼山地热带、亚热带森林区。包括察隅、墨脱、亚东、樟木、吉隆等地，为西藏主要农林区。②藏东、川西切割山地针叶林、高山草甸区。西藏主要农林区。包括雅鲁藏布江中下游、三江中游的横断山北段地区。③藏南山地灌丛草原区。西藏最主要农业区。位于冈底斯－念青唐古拉山和喜马拉雅山之间高原宽谷湖盆地区。④羌塘高原、青南山地高寒草原、山地草原区。位于冈底斯山、昆仑山、可可西里山之间，即羌塘高原腹心地区。⑤阿里－昆仑山地高寒荒漠和荒漠草原区。位于自治区的最西部和最北部，属农牧区。

经济概况 由于地理、历史和交通等原因，长期以牧为主，经济基础薄弱，生产水平低，随改革开放的深入发展和对外贸易及旅游业的兴起，西藏城乡经济和各项建设事业发生了前所未有的变化，经历了一次新的崛起。

农业生产以牧为主，农牧并重，具有独特的高寒农业特色，地区差异和垂直差异显著。种植业主要集中于水、热、土条件较好的河谷地区和局部高原湖盆。农作物以青稞为主，次为小麦、油菜、豌豆等以及少量的水稻、玉米、鸡爪谷、荞麦和元根。畜牧业是西藏农业经济的主体，生产历史悠久。全自治区可利用的天然草场有5 713万公顷，是中国五大牧区之一。牧畜以牦牛、藏绵羊、藏山羊、黄牛为主，又以藏绵羊、牦牛数量最多。西藏是中国五大林区之一。全区活立木总蓄积量居全国第1位，是全国极为重要的后备用材林基地和亚洲许多巨大江河水源涵养中心。主要树种为云杉、冷杉、松类、铁杉等。

西藏过去只有传统手工业，没有现代工业。1951年和平解放后，特别是1959年民主改革后，工业从无到有迅速发展，基本形成了以电力、采矿、建材、机械、医药、农产品加工和民族手工业为主的工业体系。已发现的矿产约有60余种。主要有铬、铁、铜、钼、钴、金、锂、硼、硫、菱镁矿、重晶石、芒硝、石膏、食盐、天然碱、白云母、刚玉等。其中，铬、刚玉的储量居全国首位，铜居第2位，硼居第3位。锂的蕴藏量居世界前列。

西藏自治区水能蕴藏量约2.0亿千瓦，占全国的29.7%。雅鲁藏布江水能蕴藏量1.1亿千瓦，占全国的1/6，仅次于长江，居第2位，而单位河长电力则居中国河流之首。地热资源丰富，仅次于云南，居全国第2位。地热分布广，类型多，已知水热区有600多处，其中部分水热区构成有开发价值的地热田，如羊八井地热田已开发利用。拉萨附近的羊应乡打出了中国第一眼超过200℃高温地热井。太阳能资源居世界第2位。

手工业历史悠久，主要产品有卡垫（地毯）、围裙、氆氇、藏鞋、藏帽、藏被、木碗、藏刀、马鞍具、酥油桶、金银首饰等。其中尤以江孜地毯、姐德秀围裙、松巴鞋等著称。江孜地毯以织法独特、色泽鲜艳、图案多样，享誉国内外。

交通运输方面已形成了由青藏、川藏、

新藏3条公路干线，中尼、滇藏、黑阿、川藏南线等主要公路干线及区内干线和众多的县乡公路、边防公路等构成的以拉萨为中心的公路网络。青藏铁路格尔木至拉萨段已于2006年7月1日正式通车。格尔木到拉萨铺设了输油管，成为世界海拔最高的输油管道运输。民航开辟有拉萨到成都、西安、北京、重庆、西宁等地的国内航线和至尼泊尔加德满都的国际航线，设有日喀则、林芝米林、昌都邦达等机场。

名胜古迹　西藏有世界屋脊奇异的地质地貌，有独特的雪山、蓝湖和草原牧区风光，又有灿烂辉煌的古代文化遗迹。主要名胜古迹有：雍布拉康，是西藏最早的宫殿建筑遗址；桑耶寺；藏王陵，为吐蕃时期的王陵区；布达拉宫，是西藏现存规模最大、最完整的古代宫堡建筑群；大昭寺，保存有大量历史文物；罗布林卡，为历代达赖夏宫；以及哲蚌寺、色拉寺、甘丹寺、扎什伦布寺、萨迦寺、夏鲁寺、宗山炮台、古格王国遗址等。有国家历史文化名城拉萨、日喀则、江孜。

西周　Western Zhou Dynasty　始于公元前1046年周武王伐纣灭商，终于公元前771年周幽王覆亡的中国统一王朝。在这一时期内，全国大小诸侯均向王朝负担一定义务，周朝维持着统一局面。由于周王居于西方的都城宗周，故称西周。

西周世系表

古公亶父（太王）——季历——文王——①武王——②成王——③康王——④昭王——⑤穆王——⑥共王——⑦懿王——⑨夷王——⑩厉王——⑪宣王——⑫幽王

⑤穆王——⑥共王

⑤穆王——⑧孝王

西周的兴亡　周人的兴起　周人是古老的农业部落，兴起于今陕甘一带。传说其始祖名弃，为姜姓有邰氏女姜嫄所生，在尧、舜时任农师之职，受封于邰（今陕西武功西），号后稷。弃死后，子孙世代为夏朝农官。传至不窋，因夏政衰，失官而奔于戎、狄之间。其孙公刘率族人定居于豳（今陕西旬邑西南），发展农耕，势力渐兴。后又传九世，到古公亶父时，因受薰鬻、戎狄的进攻，从豳迁徙到岐山之下的周原（今陕西扶风、岐山间）。商代晚期，古公在那里兴建城郭房屋，划分邑落，设立了官吏机构，国号为周。古公后被周人追称太王。古公卒，少子季历继位，是为公季，后周人追称王季。周国势发展，加强与商朝的关系。商王武乙末年，季历入朝。随后季历征伐西落鬼戎。商王文丁时，季历进一步对诸戎作战，使周的势力深入今山西境内。文丁（一说帝乙）封季历为牧师（即方伯）。季历之子昌，即周人追称的**周文王**，曾被纣囚禁。他得释后向纣献洛河以西土地，请除炮烙酷刑，为纣所许，封为西伯。诸侯多叛商归周。文王在沣水西岸兴造丰邑，迁都到那里。文王时期，周已相当强大，但在名义上仍是商朝属下的一个诸侯国。

武王伐纣　文王长子伯邑考被纣所杀。文王死后，由后立的太子发继位，即**周武王**。后来，商王纣更加暴虐，商朝矛盾急剧激化。周武王又率军东征，渡孟津，与诸侯相会，作誓声讨纣的罪行。在甲子日清晨，周军与纣兵于牧野决战。周军全胜。纣被迫自焚而死，商朝亡。武王进入商都，分商的畿内为三国，以纣子禄父（即武庚），武王之弟管叔鲜、蔡叔度分别管理，合称三监。克商后，武王还师西归，在他新迁

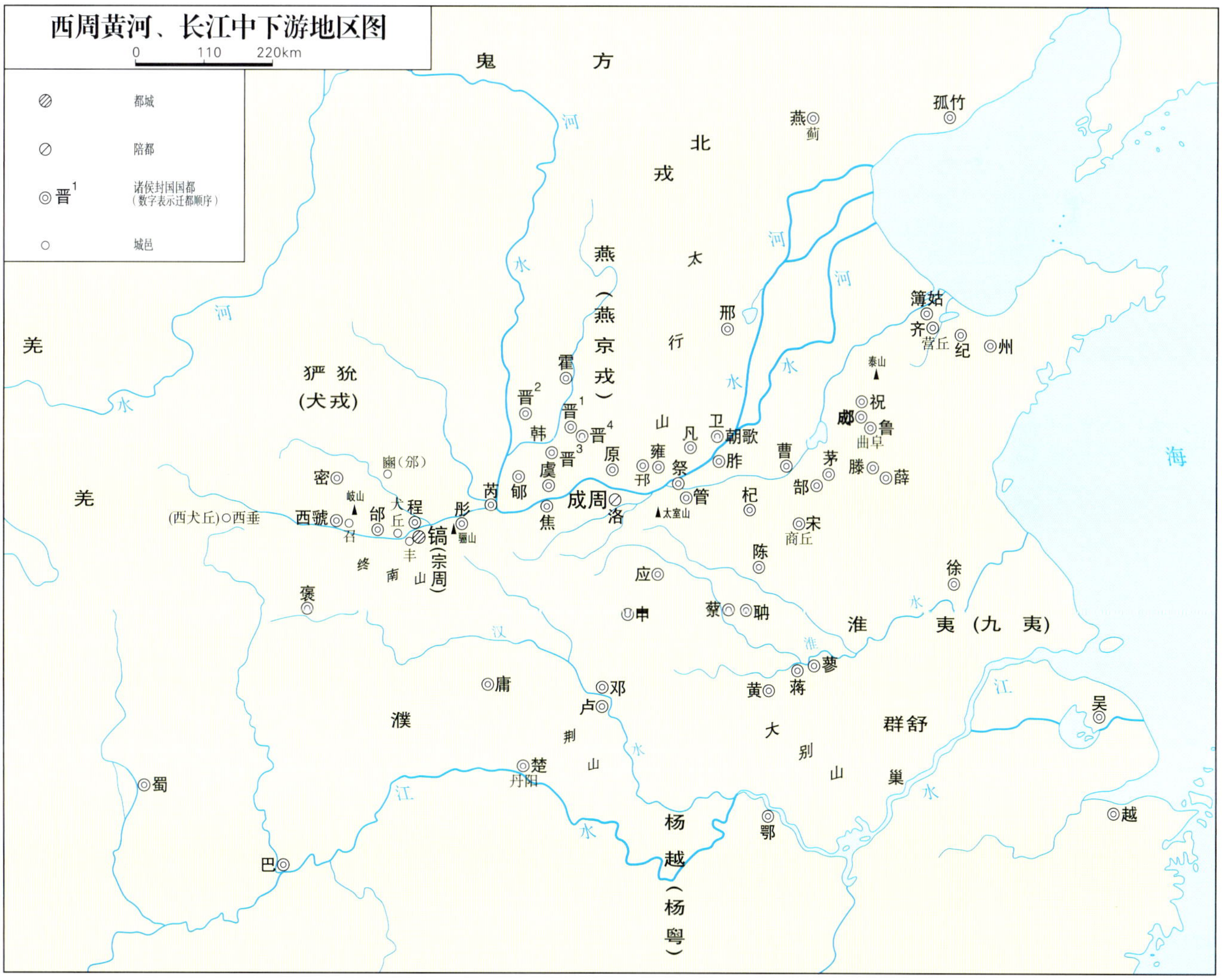

的都邑镐京（即宗周，今陕西长安西北沣水东）举行盛大典礼，正式宣告周朝的建立。

周公东征　武王死后，太子诵继立，是为成王。成王年幼，武王之弟周公旦摄政。管叔、蔡叔怀疑周公将篡取王位，武庚也谋划复国，与管、蔡结合叛周。周公奉成王命东征，平定叛乱。为了消弭殷商残余势力叛周的隐患，周朝首先命令诸侯在伊洛地区合力营建新邑，即周朝的东都洛邑（成周）。东都既成，遂迁曾反对周朝的殷顽民于此，加以控制。同时，封降周的商贵族微子于商朝故都宋（今河南商丘）地，以代殷商之后；封武王少弟康叔于纣都，成立卫国，赐以殷民七族；封周公长子伯禽以奄国旧地，成立鲁国，赐以殷民六族。这样，殷商余民遂被分割，逐渐服从于周朝的统治。

成康之治　东都成周建成，周公还政成王，周朝进入巩固的时期。传说周公制礼作乐，即指王朝各种制度的创立和推行。其中以周初分封最具深远影响。西周分封，以宗法血缘关系为纽带，建立起周天子统辖下的地方行政系统，从而在一定时期内起到了加强周王朝统治的作用。分封制还为维护天子、诸侯、卿、大夫、士这一等级序列的礼制的产生，提供了重要前提。周初所封诸侯，均由中央控制。成王之时，周公、召公是朝中最重要的大臣。成康时期，周朝最为强盛。

昭王南征与穆王游行　康王死后，子周昭王瑕继位。昭王十六年，他亲率大军南征楚荆，直至江汉地区。南征共经3年，昭王还师渡过汉水时溺死，军队也遭覆没，使周朝蒙受前所未有的挫折。继昭王而立的是其子周穆王满，在位长达55年。他好大喜功，仍想向四方发展。穆王好游行，致使朝政松弛。东方的徐国率九夷侵周，甚至西至河上。穆王南征，通过联合楚国的力量，才得以平定。

西周中期列王　经过昭穆时代，周朝实力削弱。这一时期，西北地区的戎狄逐渐兴盛。懿王时，出现戎狄交侵，暴虐中国的局面，周人深为所苦。

国人起义与共和行政　夷王卒，子周厉王胡立。厉王在位的期间，西北戎狄，特别是猃狁，不时入侵；曾臣服于周的东南淮夷不堪承受沉重压榨，奋起反抗。连年战乱，给民间带来深重的疾苦。与此同时，厉王任用荣夷公为卿士，将社会财富和资源垄断起来。为压制国人的不满，厉王命卫巫监视，有谤王者即加杀戮。结果人人自危，终于酿成国人起义。公元前841年，国人大规模暴动，厉王被迫出奔到彘（今山西霍县）。朝中由召公（召穆公虎）、周公（周定公）两大臣行政，号为共和（一说由诸侯共伯和摄行政事）。

宣王中兴　共和十四年（前828），厉王死于彘。次年，太子静即位，是为周宣王，在位共46年。宣王励精图治，朝政有明显起色。在国人支持下，宣王对西北防御猃狁，对东南讨淮夷。经过一段时间积蓄力量后，宣王命尹吉甫、南仲等出军征伐猃狁，迫使猃狁远去。淮夷叛周而犯江汉地区，命穆公前往平定，为巩固南土，宣王将王舅申伯徙封于谢（今河南南阳）。宣王晚年，周王朝重新出现了衰象。宣王干涉鲁国的君位继承，用武力强立鲁孝公，引起诸侯不睦。三十六年，征伐条戎、奔戎，惨遭败绩。三十九年，与西戎别支姜氏之戎战于千亩（今山西介休南），惨败，丧失了南国之师。

西周的覆灭　公元前781年，周幽王宫涅（或作生、涅）继位，任用好利的虢石父执政，朝政腐败激起国人怨恨；三年（前779），伐六济之戎失败；同时天灾频仍，周朝统治内外交困。幽王废掉正后申侯之女及太子宜臼，改以嬖宠美人褒姒为后，其子伯服（一作伯盘）为太子。宜臼逃奔申国，申侯联合缯国和西方的犬戎进攻幽王。幽王与伯服均被犬戎杀死于戏（今陕西临潼东）。公元前771年，西周覆亡。幽王死后，申侯、鲁侯、许文公等共立原太子宜臼于申，虢公翰又另立王子余臣于携（今地不详），形成两王并立。宜臼为避犬戎，迁都到洛邑，是为周平王。余臣在公元前760年被晋文侯所杀。

典章制度　西周的国家实行分封制。分封制的基础是宗法。国君的嫡长子立为太子，继承君位，其他各子即为别子。别子又称公子。别子必须分出去自立家族，成为这个家族中嫡长继承系统的始祖，不再改变，称为大宗。别子的长子以外各子，长孙以外各孙都是庶子，对大宗而言，称为小宗。小宗围绕大宗，卿、大夫拱卫国君，诸侯藩屏周王。再加上与异姓间的婚姻联系，构成庞大的血缘关系网。

西周时期，周王直接治理的地区称为王畿；以王畿为中心，直至周朝势力所及的远方，按照地理的远近和王朝关系的疏密，划分若干服，合称畿服。

西周的诸侯有同姓、异姓之别。建立诸侯国，要赐以土地山川和人民，同时分予宝器，并有等级差别。传统说法认为公、侯、伯、子、男五等爵，而从土地看，公、侯均方百里，伯70里，子、男均50里，实际是3个等级。至于土地不足50里的，则附属于诸侯，叫做附庸。

周王朝设有各统辖若干官员的六卿，包括冢宰、司徒、宗伯、司马、司寇和司空。六卿的设立，是王朝官制的中心，诸侯国的官制与王朝相似，但规模较小，官名多同于王朝。

西周时期，周王直接统治地区和各诸侯国都有国、野。王或诸侯所居都城及其近郊称为国，郊以外称为野。居住在国中的是国人，其余则是野人。国中分划为乡。国人的多数是与贵族有宗法血缘关系的士阶层，他们有议政的权利。其丁壮日常有义务参加国家组织的田猎、力役；遇有战争，则参加军队。野一部分分划为遂，其余封予卿大夫作为采邑。野人属于庶人，战争时期只在军中从事配合性的杂务。

周王朝设六军，或称六师，即由六乡的丁壮组成。六师人员在发生战争时征调组合，但在平时也要定期训练，其方式是在农闲时节举行田猎。周王朝还有师氏虎臣，是常设的军队，由国中贵族子弟中精选的勇士所组成。师氏虎臣侍卫国王，护守王宫，从属者有少数民族的奴隶。西周时期的战争形式主要是车战，与车配合的有徒兵。

相传西周法律名为《九刑》，或说是“刑书九篇”。《尚书·吕刑》作于周穆王时，记述当时有墨、劓、(即刖刑)、宫、大辟（即死刑）五刑。

社会经济　西周社会中，奴隶制十分盛行。奴隶被主人驱使从事家内劳动和生产劳动。主要承担生产劳动的是庶人。他们的地位几与奴隶无异。国家将土地分授给耕种者，有井田之制。九田排成“井”字形，周围八田分由八家耕种，为私田；中央一田则大家合耕，收获归国家所有，为公田。井田制下受田的夫，也就是战争时服兵役的丁壮；作战所用物资也由国家规定的井数来承担，是为军赋。整个西周时期，农业是最重要的生产部门。这一时期的农业工具，仍多为木、石、蚌、骨所造。农作物种类较商代有所增加。已种植黍、稷、稻、麻、大豆、小豆、麦、粱、苽。当时人们已采用休耕制，对促进农业生产有一定作用。

在国中居住的，还有百工和商贾。当时的百工多在官府手工业中工作，商贾也从属于官府。百工身份卑微，往往与臣妾奴隶并列。商贾地位则较百工为高，但其交易受到官府的严格控制。西周使用贝币，单位为朋。金（铜）作为货币，也较商代更为流行。金文常见以金为赏赐，其单位为锊。

西周的文化　西周的宗教观念与商代已有较大不同，教育制度更加完备，自然科学知识也有所增长。

礼乐　周初，力求扭转商末流行的奢靡风气，曾反复告诫禁止酗酒。商朝常见的许多酒器，西周时逐渐归于消失。周礼非常繁缛，据《周礼》有吉、凶、军、宾、嘉五礼：吉礼指对先祖与各种神祇的祭祀；凶礼指丧葬，还包括对天灾人祸的哀吊；军礼指战争，以及田猎、筑城等动员大量人力的活动；宾礼指诸侯对王朝的朝见、诸侯间的聘问和会盟等；嘉礼指婚、冠、飨燕、庆贺、宾射等。乐在西周很受重视，有专门职官管理。金文中也记有乐官。

宗教　商代那种尚鬼的神秘色彩，到西周已经淡薄。周代的祭祀对象分为天神、地祇、人鬼3类。天神有昊天上帝、日月星辰、司中、司命、风师、雨师；地祇有社稷、五祀、五岳、山林川泽、四方百物；人鬼则指祖先而言。

祝宗卜史　周初封周公长子伯禽于鲁，曾分以祝、宗、卜、史宗教事务的官员。祝管理祷祝，宗管理祭祀，卜职司卜筮，史职司文书记事。殷商时期使用甲骨的卜法继续流行。

学校　在国人乡里中设立的学校，称为庠（一说称序），教授知识技艺。贵族子弟的教育更为完备，专设有小学、大学。教育的内容包括德行、技艺和仪容等方面。技艺兼及文武，有礼、乐、射（射箭）、御（驾车）、书（文字）、数（算术），称为六艺。

典籍　《**尚书**》中出于西周的，有《牧誓》、《洪范》、《大诰》、《康诰》、《酒诰》等篇，有重要历史价值。《逸周书》也有一些篇属于西周。有重大文学价值的《**诗经**》，包括有很多西周时期的作品。《**周易**》本为占筮用书，其经文主要成于西周时期。卦辞、爻辞中有些内容与周人历史有关。

天道观　西周统治者强调天命和德的观念。德的内涵包括敬天、孝祖、保民，既有宗教意义，也有伦理性质。西周晚期，由于当时社会动乱，灾祸频仍，人们对天和祖先的神圣产生了怀疑。有朴素唯物主义性质的阴阳五行说开始形成体系。

科学技术　在天文历法方面，《诗经》若干章里出现有星宿名称，而且以其在天空的位置来确定季节和农作。传统的二十八宿体系，很可能在这时已构成。周人非常注意月相，《诗经·小雅·十月之交》还详记了周幽王六年（前776）的一次日食的月日干支，并涉及其前半个月的一次月食。地理知识也有发展。成王时建洛邑曾绘有地图。《诗经》有许多草木虫鱼名称，分类繁细，表明人们对动植物的认识渐趋进步。**青铜器**的冶铸继承了商代的传统。商代曾经出现的嵌铸陨铁的青铜器，西周也有实例。说明当时对陨铁的性质有了进一步的了解。《诗经》不少篇描述了西周蚕桑生产的情况。当时丝织品在考古工作中已有发现，并证明《**周礼**》及金文所谓黹即刺绣的存在。

《西洲曲》 *Xizhou Lyric*　中国南朝乐府民歌。《乐府诗集》收在“杂曲歌辞”中。共32句。歌辞写一个少女对情人深长的思念，随着季节的转换，少女的思念不断变化加深。歌辞色彩明丽，音节流畅，语言精巧。双关谐音修辞手法的使用，更增强了艺术效果。正如《**古诗源**》所说：“续续相生，连跗接萼，摇曳无穷，情味愈出。”

西装　western style suit　欧洲的传统套装。曾称洋装，又称西服。上衣翻驳领、收腰、有背缝，男装配西装裤，有的还配背心，分别称二件套西装、三件套西装；女装配

西装示意图

裙，称裙套，也可配裤。

沿革　西装源于欧洲。19世纪50年代以前的西装并无固定式样。90年代西装基本定型，并广泛流传于世界各国（见图）。19世纪40年代前后，传入中国。1911年，民国政府将西装列为礼服之一。1919年后，西装作为新文化的象征，冲击传统的长袍马褂，中国西装业得以发展，逐渐形成一大批以浙江奉化人为主体的“奉帮”裁缝，专门制作西装。20世纪30年代后，中国西装加工工艺在世界上享有盛誉，上海、哈尔滨等城市出现一些专做高级西装和礼服的西服店。80年代后，中国成为西装生产大国。

工艺　西装制作工艺通常有精做和简做两种。精做工艺用于高级西装，在前衣片的胸部、腰部，后衣片的背部、腰部，裤片中裆、臀部等处，用推、归、拔工艺热烫定型，使胸部隆起，背部合体，腰部收小，裤裆平服，臀部凸出，构成立体造型。精做西装一般选用软衬、麻衬、蜡线衬、黄衬作底衬，用弹性较好的黑炭衬、马尾衬作胸衬。定制西装还须经过量体、试样、调整等工序。简做工艺用于普通西装，仅在胸、背、腰等主要部位略加归、拔。一般采用单层棉质软衬作底衬，以机缝为主。20世纪70年代开发出热熔黏合衬，西装加工工艺有新的发展。

款式　男西装上衣的款式主要有X型（中间小、上下大）、V型（上大下小）、耸肩和平肩等；门襟有单排纽、双排纽和圆角、方角之分；驳领有平驳领、戗驳领、蟹钳领等，并有宽窄长短之分；袋有开袋、贴袋两种。女西装上衣变化较多，衣身的长短、驳领的形状、前后衣片的分割，不拘一格。西装裤在前后腰节凹部收褶以适应体型，外侧缝设直插袋。男裤后臀部有1～2个挖袋，前裆缝开门；女裤通常在右外侧缝开门。西装裤的款式在褶裥、口袋、脚口、臀部等起变化。女西装上衣一般配以小下摆裙，也可配喇叭裙或褶裥裙（见**裙**）。

保养　西装的面料、里料、衬料的缩水率不尽一致，水洗会导致起皱变形，宜干洗。宜用衣架悬挂收藏，避免折叠受压。

吸尘器　vacuum cleaner　利用电动机驱动风机产生负压进行除尘的清洁电器。又称真空吸尘器。

吸尘器按装配和外形分为立式（电动机主轴垂直于地面）、卧式（电动机主轴平行于地面，又称罐式或筒式）和便携式三大类，按使用功能分为干式、湿式和干湿两用式。吸尘器主要由起尘、吸尘、滤尘三部分组成，一般包括串激整流子电动机、离心式风机、滤尘器（袋）和吸尘附件。吸尘器工作时，电动机高速驱动风机叶轮旋转，使空气高速排出，而风机前端吸尘部内的空气不断地补充给风机，致使吸尘部内产生瞬时真空，从而与外界大气压形成负压差，在此压差的作用下，吸入含尘屑的空气，经滤尘器过滤，排出清净的空气。

吸虫纲　Trematoda　扁形动物门一纲。所有种类均营寄生生活。按形态特征和生活史类型的不同分为3个亚纲：单殖亚纲、盾腹亚纲和复殖亚纲。虫体柔软，左右对称不分节，三胚层，无体腔。一般呈叶片状，长椭圆形或圆形；附着器官有角质的钩、棘、刺和吸盘。消化系统包括口、食道及肠管。排泄系统由焰细胞、管细胞、排泄小管、排泄囊和排泄孔组成。神经系统由神经结、神经纤维及围绕食道的神经环组成，并有神经分支两侧对称分布于虫体各部。生殖系统除裂体吸虫外，均为雌雄同体。生殖系统发达，器官构造复杂。3个亚纲的吸虫生活史类型不同，因而有着不同的生活习性。①单殖亚纲多数种类营体外寄生，只有少数为内寄生。成虫寄生在水生或两栖性脊椎动物体上，偶尔也可寄生在甲壳类、软体动物等无脊椎动物体上。主要寄生部位为鳃腔、皮肤、口咽腔、鼻窦、眼、耳、泄殖腔、直肠腺和膀胱等直接或间接与外界相通的器官。生活史简单。通常为卵生，少数为卵胎生。②盾腹亚纲的成虫寄生于软体动物围心腔及冷血动物肠道内。个别种类营外寄生。生活史简单。③复殖亚纲

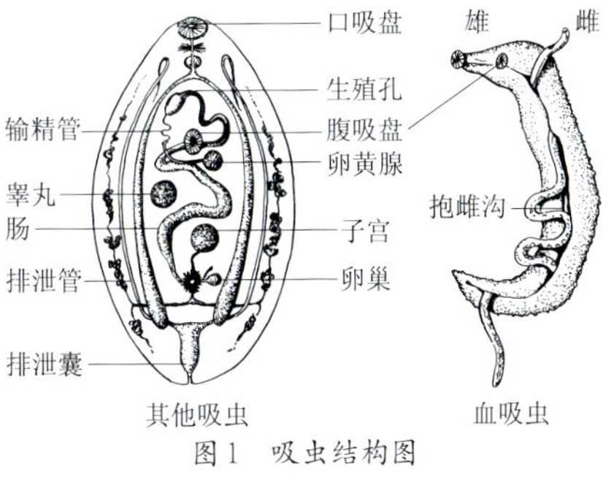

图1　吸虫结构图

的成虫为各类脊椎动物的体内寄生虫。生活史包括数个无性世代和有性世代的交替。

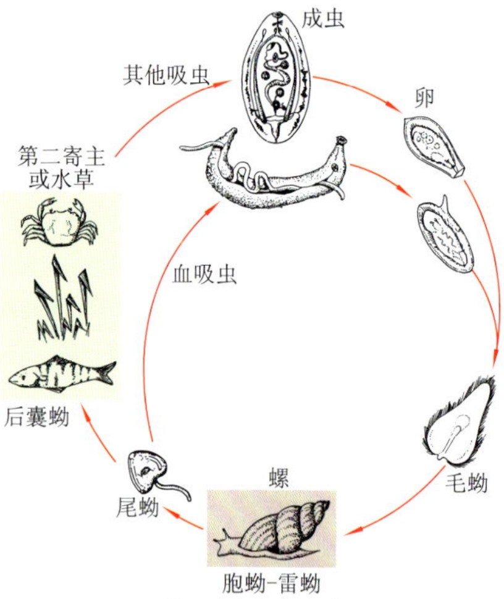

图2 吸虫生活史

绝大多数吸虫为各类脊椎动物寄生虫病的病原。软体动物因受吸虫幼虫的寄生而受到损害。不少种类，如血吸虫、肺吸虫、肝吸虫等都是引起人和哺乳动物严重疾病的元凶。

吸附 adsorption 物质在相界面上富集的现象。一般常指液体或气体在固体表面富集的现象。通常把能有效地吸附其他物质的物质（固体）称为吸附剂，被吸附的物质称为吸附质。根据吸附剂与吸附质分子间作用力不同可分为物理吸附和化学吸附。物理吸附是靠吸附剂和吸附质分子间的范德瓦耳斯力，被吸附分子保持其原来的化学本性；而化学吸附实质上是一种化学反应，吸附质与吸附剂形成表面化合物。这两种吸附在许多性质（如选择性、吸附热、吸附速率等）上有明显差别，但有时可相伴发生。

当吸附速率与脱附速率相等时即达到吸附平衡。吸附平衡时，单位质量吸附剂上吸附质的量（摩/克、毫升/克、克/克）称为吸附量。吸附量不仅与吸附剂、吸附质的性质有关，而且与吸附质在体相中的浓度、吸附温度等因素有关。

吸附作用在石油、化工、轻工、医药、农业等部门都得到广泛的应用。例如，通过改变温度、压力及利用吸附剂的选择性可以将混合物中的组分分离；利用吸附可从气体和液体中回收有用物质或去除某些杂质；气体反应物分子在固体催化剂上的吸附是多相催化反应的基本条件；利用活性炭或其他多孔吸附剂使有机石油产品脱色、脱臭等。色谱和某些分析方法也应用吸附的原理。

除在固气、固液界面会发生吸附现象外，在一些溶液中，由于溶质与溶剂分子间作用力有别于纯溶剂分子间作用力，导致溶液表面溶质的浓度与内部浓度的差别，这种现象称为溶液的表面吸附。发生溶液的表面吸附时，溶液表面溶质的浓度可以大于或小于溶液内部溶质的浓度，分别称为正吸附和负吸附。当溶液发生正吸附时，溶液的表面张力将小于纯溶剂的表面张力。加入很少量即能显著降低水的表面张力的物质称为表面活性剂。表面活性剂在工业和生活中被广泛应用于乳化、润湿、洗涤去污、发泡、浮选等过程。

吸积 accretion 大质量天体通过其引力场的吸引从周围获取物质的过程。陨石落向地球就是一种吸积。太阳这样的普通恒星也在不断从星际空间吸积物质，不过规模很小。具有强引力场的天体如中子星、黑洞等吸积要强烈得多。特大质量的活动星系核甚至每年可吸积一个太阳那么多的质量。具有角动量的物质落向致密天体时在

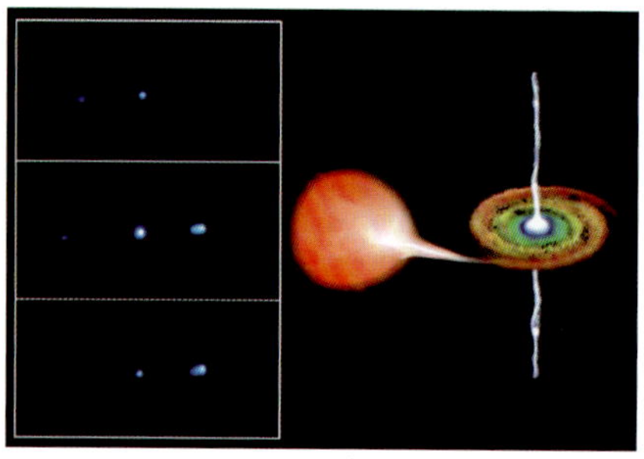
吸积与喷流

其周围形成一种盘形结构，称为吸积盘。在年轻恒星、相互作用双星和活动星系核中都观测到了吸积盘。

吸收不良综合征 malabsorption syndrome 小肠的营养吸收功能受损所致粪便中营养物质过度丢失的一组综合症状。在中国继发于其他疾病的小肠吸收不良较为多见，而原发性小肠吸收不良少见。病因为原发性或继发性小肠黏膜吸收功能障碍（如小肠的炎症、感染、肿瘤），小肠吸收面积减少（小肠切除、胃回肠吻合术等），小肠淋巴淤滞，及其他全身疾病。小肠吸收不良常以脂肪吸收障碍较为突出，故多数表现为腹泻，粪便量多而含有脂肪，因此，脂肪泻是本综合征的重要诊断指标。其他表现有腹胀、腹痛、体重下降、消瘦无力等。确定诊断后，尚需进一步明确引起吸收不良的病因，以便针对病因给予有效的治疗；也可采用综合性治疗，如高蛋白质、低脂肪饮食，补充脂溶性维生素、叶酸、电解质等，必要时可输血。

吸血蝠 vampire bat 吸血蝠科三种吸血蝙蝠的统称。包括普通吸血蝠、白翼吸血蝠以及毛腿吸血蝠。原产于美洲热带。性胆怯，无尾，毛褐色，跑动迅速，跳跃灵活。体长约6～9厘米，体重约15～50克。吸血蝠夜间离开隐蔽的栖息处，在近地处低飞觅食，几乎吸食任何熟睡的温血动物的血。用尖利的切牙在熟睡的兽类和鸟类身上咬一个小口（常不惊动被吸血的动物），从切口中舐食流出的血。时常吸食家畜的血，偶尔吸人血。所咬的伤口不大，但可能传染狂犬病或其他疾病。

吸烟危害 smoking, harm of 人类的吸烟行为对人体产生的危害或对环境产生的不利影响。吸烟有害健康最早于16世纪在英国提出。20世纪50年代起引起世界性的普遍关注。1954年英国皇家医学会和1964年美国医政总署分别发表“吸烟与健康”的报告，明确提出吸烟对健康是有害的，特别是与肺癌及心血管疾病有关。80年代，根据流行病学的调查数据，医学界提出被动吸烟也有危害的结论。

烟气中的有害成分 在烟草和卷烟烟气中分离鉴定出5 200多种成分，其中绝大多数是无害的。美国D.霍夫曼列出卷烟烟气中的44种有害成分，除焦油、烟碱和一氧化碳这些主要成分外，其他大致可分为九类：①氨。②四种芳香胺，如1-氨基萘、2-氨基萘、3-氨基联苯、4-氨基联苯。③苯并芘。④八种醛酮类化合物，如甲醛、乙醛、丙醛、丙烯醛、巴豆醛、丁醛、丙酮和甲基乙基酮。⑤氢氰酸。⑥七种无机元素，如镍、铅、铬、镉、砷、硒、汞。⑦七种酚类化合物，如苯酚、儿茶酚、间苯二酚、对苯二酚、邻甲基苯酚、间甲基苯酚、对甲基苯酚。⑧四种烟草特有亚硝胺，如4-（甲基亚硝基胺基）-1-（3-吡啶基）-1-丁酮、N-亚硝基降烟碱、N-亚硝基新烟碱、N-亚硝基假木贼碱。⑨其他挥发性有机成分，如吡啶、喹啉、苯乙烯、1,3-丁二烯、异戊二烯、丙烯腈、苯和甲苯等。致突变物质大多存在于烟气粒相部分内，因而焦油量的高低可大致显示卷烟的危害程度。

吸烟对健康的影响 1986年国际癌症研究中心（IARC）详细总结有关吸烟与健康方面的研究结果，结论是吸烟与多种疾病有关，有些疾病则与吸烟无关，吸烟也可防止某些疾病。①与吸烟明显相关的疾病：肺癌、局部缺血性心脏病、呼吸性心脏病、主动脉瘤、外周心血管疾病和慢性阻塞性肺病。②吸烟与其他因素协同作用导致的疾病或后果：酒精中毒、肝硬化、中毒和自杀。③尚未肯定与吸烟有关的疾病：食道癌、唇癌、舌癌、口腔癌、咽喉癌和胃癌等共20种。④吸烟对其有一定保护作用的疾病：子宫内膜癌、帕金森氏病、溃疡性结肠炎、妊娠中毒性贫血、骨质疏松、老年性痴呆和注意力下降等。比较一致的看法是：吸烟与多种呼吸系统及心血管系统疾病有关。

吸油烟机 smoke ejector 用于净化厨房空气的设备。可排除厨房中的烟气、尘埃、油烟、蒸汽等以防止食品受污染和保护操

作者健康。多安装在灶具正上方，主要由油烟集流罩和微电机两部分构成。微电机驱动小风机，将污染气体吸入集流罩，经烟道直接排放到室外大气中；或在集流罩内将气体中的油滴、水滴、尘埃滤除后再排回室内。按用途可分为三种：①外排式吸油烟机。抽吸室内的油烟气体，分离油雾后经管道排向室外。②循环式吸油烟机。抽吸室内的油烟气体，经过滤装置清除油雾和气味，并重新返回室内。③两用式吸油烟机。既能装上过滤装置作循环式吸油烟机用，又能拆除过滤装置，装上排气管作外排式吸油烟机用。

希波克拉底誓言 Hippocratic oath 以公元前5～前4世纪古希腊医生希波克拉底的名字命名的，确定医生对患者、对社会的责任及医生行为规范的誓言。直到17世纪，在西欧国家每个医生就业时还必须按此誓言宣誓。全文如下：

“仰赖医神阿波罗、埃斯克雷彼及天地诸神为证，鄙人敬谨宣誓愿以自身能力及判断力所及，遵守此约。凡授我艺者敬之如父母、作为终生同业伴侣，彼有急需我接济之。视彼儿女，如我弟兄，如欲受业，当免费并无条件传授之。凡我所知无论口授、书传俱传之吾子、吾师之子及发誓遵守此约之生徒，此外不传于他人。

我愿尽我力之所能与判断力所及，遵守为病家谋利益之信条，并检束一切堕落及害人行为，我不得将危险药品给予他人，并不作该项指导，虽有人请求亦必不与之，尤不为妇人施堕胎手术。我愿以此纯洁与神圣之精神，终身执行我职务。凡患结石者，我不施手术，此则有待于专家为之。

无论至于何处，遇男遇女，贵人及奴婢，我之唯一目的，为病家谋幸福，并检点吾身，不作各种害人及恶劣行为，尤不作诱奸之事。凡我所见所闻，无论有无业务关系，我认为应守秘密者，我愿保守秘密。使我严守上述誓言时，请求神灵让我生命与医术能得无上光荣，苟违誓言，天地鬼神共灭之。”

第二次世界大战结束后医生职业道德的特殊性和重要性重又引起了人们的重视。1948年世界医学会（WMA）在希波克拉底誓言的基础上，制定了《日内瓦宣言》，全文如下：

“值此就医生职业之际，我庄严宣誓为服务于人类而献身。对施我以教的师友衷心感佩。在行医中一定保持端庄和良心。把病人的健康和生命放在一切的首位，病人吐露的一切秘密，我一定严加信守，绝不泄露。我一定要保持医生职业的荣誉和高尚的传统。待同事亲如弟兄。绝不让我对病人的义务受到种族、宗教、国籍、政党和政治或社会地位诸方面的干扰。对人的生命，自其孕育之始，就保持最高的尊重。即使在威胁之下，也绝不用我的知识作违反人道法规之事。我出自内心以荣誉保证履行以上诺言。”

1988年美国医学伦理学家E.D.彼莱格里诺和D.C.托马斯马在《为了病人利益》一书中根据医学的发展和人类社会的进步，提出“一个医生所承诺的促进病人利益的义务”，这被西方国家许多医学院校采用来作为医学生毕业时需背诵的誓词，有人称为“后希波克拉底誓言”。全文如下：

“我保证履行由于我的专业我自愿承担的治疗和帮助病人的义务。我的义务是基于病人所处的软弱不利的地位，以及他必然给予我和我的专业能力完全信任。所以，我保证把病人多方面利益作为我专业伦理的第一原则。由于承认这种约束，我接受下列义务，只有病人或病人的合法代理人才能解除我这些义务：①将病人的利益置于我专业实践的中心，并在情况需要时置于我的利益之上。②拥有和保持我的专业要求的知识和技能的能力。③承认我的能力的局限，只要我的病人病情需要，我应向我的各种卫生专业的同事求助。④尊重其他卫生专业同事的价值和信念，并承认他们作为个人的道德责任。⑤用同等的关切和献身精神关怀所有需要我帮助的人，不管他们有没有能力付酬。⑥主要为了我的病人的最佳利益，而不是主要为了推行社会的、政治的或财政的政策或我自己的利益而行动。⑦尊重我的病人的参与影响他（或她）的决策的道德权力，明确地、清楚地、用病人理解的语言说明他（或她）的疾病的性质，以及我建议采用的治疗的好处和危险。⑧帮助我的病人作出与他们的价值和信念一致的选择，不强迫，不欺骗，不口是心非。⑨对我听到、知道和看到的保守秘密，作为我关怀病人的一个必要部分，除非对别人有明确的、严重的、直接伤害的危险。⑩即使我不能治愈病人，也总要帮助他们，当死亡不可避免时，要帮助我的病人按照他（或她）自己的打算死亡。⑪绝不参与直接的、主动的、有意识的杀死一个病人，即使为了仁慈的理由，或应国家的要求，或任何其他的理由。⑫为了履行我对社会的义务，参与影响国民健康的公共政策决定，提供领导以及专家的和客观的证言。⑬将我所说和所信的付诸实践，从而在我的专业生涯中体现上述原则。”

希波战争 Greco-Persian Wars 公元前5世纪上半叶希腊诸城邦反抗波斯侵略和压迫的战争。公元前546年起处于波斯帝国统治之下的小亚细亚诸希腊城邦，除须向波斯纳税外，还要服军役和劳役。小亚细亚的希腊城邦与波斯的矛盾日益尖锐化。公元前515～前514年，波斯国王大流士一世率军进攻多瑙河沿岸的斯基泰人，占领了色雷斯沿岸一些地方，进一步威胁到欧洲一些希腊城邦的安全。

约公元前500年，米利都僭主阿里斯塔戈拉斯发动反波斯起义，雅典和埃雷特里亚应邀分别派军舰支援，导致战争爆发。波斯军队三次大规模入侵希腊：公元前492年，波斯陆海军进犯希腊，陆军在色雷斯境内受阻，海军在阿索斯海角遇大风暴损失惨重而折回。公元前490年夏，波斯的10万军队、600艘战舰横渡爱琴海，但在马拉松战役失败。

公元前480年，波斯国王薛西斯一世率大军约50万众、战舰千艘越过达达尼尔海峡，水陆两路进犯希腊。8月中旬，以斯巴达国王列奥尼达斯为首的希腊军队在温泉关顽强抵抗波斯军，列奥尼达斯及所部300名斯巴达士兵壮烈牺牲。9月下旬，在萨拉米斯海战中，以雅典人为主力的希腊海军大败波斯海军。此后，薛西斯一世撤回亚洲。公元前479年，马多尼乌斯指挥的波斯陆军在普拉蒂亚被打败，马多尼乌斯阵亡。公元前449年，雅典海军又在塞浦路斯的萨拉米斯城附近大败波斯军，取得战争的最后胜利。

公元前449年雅典与波斯签订和约规定波斯放弃对小亚细亚诸希腊城邦的统治，波斯军舰不得进入爱琴海，塞浦路斯归波斯管辖。

《希伯来圣经》 *Hebrew Bible* 犹太教《圣经》，因原文为希伯来文，故称《希伯来圣经》。这是古代以色列民族在1 000多年间收集、创作、修订、整理的宗教文献汇编。约于公元前4世纪完成。作为犹太教存在的基础，它是一切律法和教义思辨的源泉。拉比以《希伯来圣经》三部分《律法书》、《先知书》、《圣著》的希伯来文名的首字母拼读为“泰纳克”（Tanakh）。

《希伯来圣经》共31种书，按犹太教说法，《律法书》即《摩西五经》为一种。前后先知书19种：其中包括《约书亚记》、《士师记》、《撒母耳记》、《列王记》、《以赛亚书》、《耶利米书》、《以西结书》和《何西阿书》等12种小先知书。圣著11种：《诗篇》、《箴言》、《约伯记》、《雅歌》、《路得记》、《耶利米哀歌》、《传道书》、《以斯帖记》、《但以理书》、《以斯拉尼希米记》和《历代志》。

希伯来语 Hebrew language 以色列的通用语言。其他地区的犹太人中也有不少使用者。使用人口共计300万以上。属阿非罗-亚细亚语系闪语族。希伯来语的历史可上溯至公元前1100年左右。《旧约全书》几乎都用这种语言书写。据《旧约全书》第一卷《创世记》载，希伯来语由一个小的游牧部族带到迦南地区（今巴勒斯坦地区）。

公元200年左右，希伯来语口语逐渐消失。它作为犹太人口语的地位先后被阿拉

用希伯来文书写的死海文书

来语、阿拉伯语和一些欧洲语言所取代；**依地语**便是犹太人迁徙到欧洲东部之后使用的一种方言，后发展为一种独立的语言。作为口语停止使用后，希伯来语继续被用做一种书面语言，不仅用于祈祷文和宗教典籍，而且也用来撰写法律、科学和哲学文献，以及世俗的纯文学作品。作为书面语言使用的希伯来语，从犹太人说的其他语言中吸收了许多词语。

中世纪和18世纪之间，希伯来语除了引进某些依地语成分外，变化不大。但1882年初，犹太人在后来成为以色列人居留地的地方重新定居，复活一种共同语成了当务之急。希伯来语口语正是在这种情况下获得全面新生的。这在很大程度上应归因于一个名叫埃利泽·本-耶胡达的年轻俄国犹太人，他为复活希伯来语奔走呼吁，并在一切场合带头说希伯来语，曾遭到少数人的反对，因为这些人认为用《圣经》的语言来描述一些世俗的事情是渎圣的。希伯来语作为一种口语从被弃之不用到获得新生，其间它虽然主要用作宗教仪式语言和文学语言，但偶尔也被那些不懂得其他语言的犹太人用作“媒介语”。

从19世纪后期开始，希伯来语变成了一种以书面语言为基础的口头语言，它现在还在不断变化，以满足现代社会对词语的巨大需求和新的知识领域的不断发展。

始于《圣经》的希伯来语，其特点是：基本词汇量很小，缺少描写性词语和抽象名词；具有三辅音词根，词以这些词根为基础，按照严格的规则插入元音、添加前缀或后缀等；动词的时态很少。文字由22个辅音字母（无元音字母）组成，自右至左书写。7世纪后，有人制定了一套符号来表示元音，称“提伯里亚系统”，由一组组圆点和长画组成，其中大部分置于辅音之下，小部分置于辅音之上。

希尔 Hill, Robert（1899-04-02～1991-03-15） 英国生物化学家、植物生理学家。生于沃里克郡利明顿皇家矿泉市郊新米尔弗顿。1922年毕业于剑桥大学，1927年在同校获博士学位。1929～1942年在剑桥大学任研究员和高级研究员。1942年获剑桥大学科学博士学位，1946年被选为英国皇家学会会员。1943～1966年任英国农业研究委员会生物化学评议员。于30年代开始研究**光合作用**，1937年发现希尔反应。希尔反应把放氧作用与二氧化碳固定作用分开，是光合作用研究史上的重要里程碑。还从叶绿体中首次分离出铁氧（化）还（原）蛋白和几种细胞色素，这些工作对于阐明光合作用的电子传递途径有重要意义。1960年希尔与F.本多尔共同提出Z-图式假说，为光合作用电子传递途径的研究指明了道路。曾多次获得英、美等国的科学奖状，1975年被选为美国国家科学院外籍院士。

希尔伯特 Hilbert, David（1862-01-23～1943-02-14） 德国数学家。生于柯尼斯堡（今俄罗斯加里宁格勒），卒于格丁根。1880年入柯尼斯堡大学，1885年获博士学位，1892年任该校副教授，翌年为教授，1895年赴格丁根大学任教授，直至1930年退休。他自1902年起，一直是德国《数学年刊》主编之一。

希尔伯特是20世纪最伟大的数学家之一，他的数学贡献是巨大的和多方面的。他典型的研究方式是专攻数学中的重大问题，开拓新的研究领域，并从中寻找带普遍性的方法。他的数学工作依年代次序大体上可分为：①代数不变式问题。②代数数域论。用新的统一的观点，将以往代数数论的知识融为一个整体。③几何基础。1899年发表了著名的《几何基础》一书，第一次给出了完备的欧几里得几何公理系统。④狄利克雷原理与**变分法**。用对角线方法证明并拯救了狄利克雷原理，解决了它的适用范围问题。而在此之前，该原理因**K.外尔斯特拉斯**的批评而被数学家们闲置不用。希尔伯特的工作大大丰富了变分法的经典理论。⑤积分方程与无穷维空间理论。发展了I.弗雷德霍姆的积分方程论，确立了这一理论与二次型主轴化代数理论之间的相似性，并综合运用分析、几何和代数方法发展了特征函数与特征值理论。⑥物理学。曾专注于理论物理领域，目标是用公理化手法整理近代物理学的重要部门。首先是成功地将积分方程论应用于气体理论，随后又处理了初等辐射论、物质结构理论和广义相对论等。⑦数学基础。其主要思想被概括为所谓“形式主义计划”。按照这一计划，整个数学理论被表现为仅由符号、公式和公理组成的相容的形式系统。他提出**证明论**（或称元数学）作为证明形式系统相容性的途径。元数学坚持推理的有限性。1931年，**K.哥德尔**证明希尔伯特的上述想法是行不通的，但希尔伯特的形式主义计划仍不失其重要性，它带动了20世纪数学基础研究的发展。

1900年，希尔伯特在巴黎举行的国际数学家会议上发表演说，提出了新世纪数学面临的23个问题。对这些问题的研究有力地推动了20世纪数学发展的进程。

希尔伯特空间 Hilbert space n维**欧几里得空间**的推广，可视为无限维的欧几里得空间，是**泛函分析**的基本研究对象之一。第一个具体的希尔伯特空间是20世纪初由**D.希尔伯特**提出，他在研究积分方程时，在平方可和的无穷实数序列$x=(x_1,x_2,\cdots)$组成的线性空间l^2中定义了内积：

$$(x,y)=\sum_{i=1}^{\infty}x_iy_i$$

并把l^2视作无限维的欧几里得空间，此后人们把定义了内积的线性空间（见**向量空间**）称为希尔伯特空间。

设H是实数域或复数域上的线性空间。如果对于H中任何两个有序元素x与y，都对应于一个复数(x,y)，并满足下列条件：①$(x,x)\geqslant 0$，当且仅当$x=0$时$(x,x)=0$；②$(\alpha x+\beta y,z)=\alpha(x,z)+\beta(y,z)$对任意$x,y,z\in H$与$\alpha,\beta\in\mathbf{C}$成立；③对任意$x,y\in H$，$(x,y)=\overline{(y,x)}$，则称在$H$上定义了内积。定义了内积的线性空间称作内积空间。

设H是一内积空间。这时内积在H上诱导了一个范数$\|x\|=\sqrt{(x,x)}$，因而H成为一个赋范空间。如果H作为一个线性赋范空间是完备的（见**巴拿赫空间**），那么H称为希尔伯特空间。

在内积空间中，由内积导出的范数必有下列公式：

$$\|x+y\|^2+\|x-y\|^2=2\left(\|x\|^2+\|y\|^2\right)$$

它是平面几何中平行四边形公式的推广。反之，若一个赋范线性空间中的范数成立上述公式，则该范数一定由某内积空间的内积所诱导。

由内积定义还立即导出施瓦兹不等式：

$$|(x,y)|\leqslant\|x\|\|y\|$$

在内积空间中，若$(x,y)=0$则称x与y正交，记作$x\perp y$。此时成立勾股定理：

$$\|x+y\|^2=\|x\|^2+\|y\|^2$$

设M是内积空间H的一个子集。若x与M中一切元素正交，则称x与M正交，记为$x\perp M$。

希尔伯特空间理论中的一个基本定理

是所谓投影定理：设M是希尔伯特空间H中的凸闭子集，则对H中的每一个元素x，都存在M中唯一的y，使得

$$\|x-y\| = \inf_{y'\in M}\|x-y'\|$$

特别地，当M是H的一个闭线性子空间时，$z=x-y$必与M正交。这个定理不仅在理论研究中，而且在许多应用学科，如数值计算、最优化等方面也有广泛应用。

对于希尔伯特空间H上的任一连续线性泛函F，都存在唯一的$y\in H$，使得$F(x)=(x,y)$，并且有$\|F\|=\|y\|$。这就是里斯的连续线性泛函表示定理。这个定理是说，希尔伯特空间H与其对偶空间H^*之间存在一个保持范数的同构。这个结果在希尔伯特空间算子理论中具有重要地位。

希尔伯特问题 Hilbert's problems 1900年8月，德国数学家D.希尔伯特在巴黎举行的第二届国际数学家大会上作的“数学问题”的报告中所提出的23个问题。他在报告中强调问题对于数学发展的重要性，并且根据他十多年对于数学诸多领域的探讨中所考虑的大量问题选出他认为对未来发展有重大意义的一些问题。大多数问题在20世纪的数学发展中起着重要的推动作用。一个多世纪以来，这些问题许多已得到圆满解决或取得不同程度的进展，但也有少数问题有待进一步研究。

希法亭 Hilferding, Rudolf (1877-08-10～1941-02-11) 德国社会民主党和第二国际的领袖及理论家。生于维也纳，卒于巴黎。1902年加入奥地利社会民主党，后加入德国社会民主党。

1904年参与编辑《马克思研究》丛书。1907年任《前进报》编辑。第一次世界大战后，任德国独立社会民主党机关报《自由报》主编。1922年，他促进了德国独立社会民主党与德国社会民主党重新合并，并成为该党领导人之一。1924年以后任党机关刊物《社会》主编。1923～1929年先后任德国政府的社会化委员会委员、财政部长。1933年逃亡国外，1940年在法国被德国盖世太保逮捕，1941年在巴黎狱中去世。他的《金融资本论，对资本主义最新发展的研究》(1910)，利用德国帝国主义的素材为分析背景，目的是研究“资本主义最新阶段”。V.I.列宁指出，虽然作者在货币论的问题上犯了错误，并且有一种把马克思主义同机会主义调和起来的倾向，但是这本书对资本主义发展的最新阶段作了极有价值的理论分析。

希吉来历 Anno Hegirae 即伊斯兰教历。中国旧称回回历。是以太阴运行计算年月和穆罕默德迁徙（希吉来）之年为纪元的历法。伊斯兰教节日和宗教活动均以该历为据。中国穆斯林亦采用该历法。

希克斯 Hicks, John Richard (1904-04-08～1989-05-20) 英国经济学家。生于沃里克郡利明顿斯帕，卒于格洛斯特郡布洛克利。1926年和1932年先后获牛津大学硕士和博士学位。

曾任伦敦经济学院讲师、剑桥大学研究员和教授、曼彻斯特大学教授、牛津大学教授和研究员。1943年被选为英国科学院院士，1964年被封为勋爵。曾任皇家经济学会会长。1972年与美国经济学家K.J.阿罗一起获诺贝尔经济学奖。

希克斯完善了以序数效用论和无差异曲线来解释的边际效用价值论，发展了一般均衡理论。提出了IS-LM模型，其中，I代表投资，S代表储蓄，L代表货币需求，M代表货币供给，并利用它分析产品市场和货币市场达到同时均衡时，国民收入与利息率的同时决定，以及它们之间的相互关系。这一模型把新古典经济学的一般均衡分析与J.M.凯恩斯的国民收入决定理论结合在一起，成为现代凯恩斯主义宏观经济学的理论核心。他继N.卡尔多之后提出了新的补偿标准，在批评A.C.庇古福利经济学基础上，建立起新福利经济学理论体系。他还研究了通货膨胀，提出结构性通货膨胀理论。他与P.A.萨缪尔森提出乘数-加速原理，用以解释经济中产生周期性波动的根源。他在工资理论、货币理论、增长理论、资本理论以及经济学方法论和经济史理论方面均有建树。著有《工资理论》、《价值与资本》、《资本的纯理论》、《论经济周期理论》、《需求理论的修正》、《资本与增长》、《经济史理论》、《凯恩斯经济学的危机》等。

希拉克 Chirac, Jacques (1932-11-29～) 法国总统（1995～2007），保卫共和联盟主席。生于巴黎科雷兹镇。1967年当选为国民议会议员，后多次当选。1974年出任法国总理。1976年辞去总理职务后，创立保卫共和联盟，并任主席。1977～1995年3次连任巴黎市长。1986～1988年再次担任政

府总理。1995年5月当选法国总统，2002年5月连选连任。1997年6月，左翼联盟在立法选举中获胜，任命社会党领袖L.若斯潘为总理，形成第三次“左右共治”的局面。在国内，将恢复经济增长的活力和解决失业问题作为重中之重，主张改革社会保障体系。在国际问题上，继承C.戴高乐的传统，寻求法国在国际事务中的突出地位，努力在大西洋联盟中发挥作用；积极推进欧洲联合；主张改善法美关系，但抵制美国文化对法国的侵袭和渗透；重视发展与中国的友好关系，着力加强两国在安全和防务领域内的合作。他对中国的历史文化有浓厚兴趣，曾多次访华。在2007年5月卸去总统职务。喜爱文学。

希拉里 Hillary, Edmund Percival (1919-07-20～2008-01-11) 新西兰登山运动员。生于奥克兰，卒于奥克兰。1951年首次进入喜马拉雅高山区登山，并参加了以著名英国登山家J.亨特为队长的英国珠穆朗玛峰登山队。

1953年5月29日，他作为英国登山队的突击队员与向导丹增·诺尔盖一起沿东南山脊首次登上世界最高峰珠穆朗玛峰峰顶（2005年测量数据为8 844.43米）。希拉里继登顶世界最高峰之后，随英国南极探险队于1958年1月3日胜利到达了南极点。英国女王授予他“爵士”称号，以表彰其为国际登山运动作出的贡献。20世纪70年代他曾长期旅居尼泊尔，为尼泊尔培训了许多高山向导。

希腊 Greece; Ellás 欧洲南部国家。位于欧洲东南部的巴尔干半岛南端，东濒爱琴海，西滨伊奥尼亚海，南临地中海，北与阿尔巴尼亚、马其顿、保加利亚和土耳其接壤。面积131 957平方千米。领土由大陆、半岛和岛屿组成，岛屿面积约占总面积的15%。海岸线绵长、曲折、多港湾。人口1 131万（2010）。大多为希腊人，余为马其顿人、土耳其人、保加利亚人和阿尔巴尼亚人等。希腊语为官方语言，英语与德语等广为流行。东正教为国教。少数

信奉伊斯兰教、天主教和基督教新教。首都**雅典**。

地理 山地为主，岛屿众多，岸线曲折。地震多发。全境4/5是山地，其奥林波斯山海拔2 917米，为全国最高峰。主要岛屿有克里特岛，以及北斯波拉泽斯群岛、南斯波拉泽斯群岛、基克拉泽斯群岛和伊奥尼亚群岛等。南部与中部属地中海型气候，夏季炎热干燥，冬季温和湿润。北部为大陆性气候，冬季寒冷。河流短促湍急，夏多断流，少航运之利。主要有阿谢洛奥斯河、阿利阿克蒙河与斯特里蒙河等。自然资源比较贫乏，以铝土为主，次为褐煤。铀、石油、石棉、镍、菱镁矿与大理石等也有一定的储量。

历史 世界著名的文明古国。早在公元前30世纪～前11世纪，克里特岛出现欧洲文明最早的米诺斯文化。前16世纪～前11世纪，伯罗奔尼撒半岛出现迈锡尼文化。前12世纪相继被来自北方的多利亚人取代。前8世纪出现众多奴隶制城邦国家。公元前338年被马其顿占领。前146年被罗马吞并。公元4世纪后属拜占廷帝国。11世纪起，诺曼人与法兰克人在伯罗奔尼撒半岛建立封建王国，威尼斯人则控制了伊奥尼亚海与爱琴海域的许多岛屿。1453年拜占廷帝国灭亡后，奥斯曼帝国统治长达数百年。1821年希腊爆发独立战争。1832年建立希腊王国。1863年伊奥尼亚群岛归属希腊。1881、1913、1918年，色萨利、伊庇鲁斯、马其顿与色雷斯先后成为希腊领土的一部分。第一次世界大战后，在土耳其居住的希腊人被大批驱逐回国。第二次世界大战期间被纳粹德国侵占，1944年10月15日全国解放，恢复独立。1967年

废黜国王，实行军人统治。1973年建立希腊共和国。

政治 希腊实行总统议会共和制。总统为国家元首。立法权属议会和总统，行政权属总统和总理，司法权由法院行使。1986年通过的宪法修正案，对总统的权力有较大的限制。议会实行一院制。立法和监督政府工作为其主要职能。希腊军队受本国与北约双重指挥。总统为名义上的武装部队最高统帅。总理负责国防政策和军队建设，并任最高国防委员会主席。主要政党有泛希社运、新民主党、希腊共产党、左派和进步联盟党、人民东正教阵线。

经济 希腊是欧洲联盟各国中经济欠发达的国家之一。2009年国内生产总值为2 401.5亿欧元。长期以来，农业和农产品（烟草与干果等）出口在经济中占有重要地位。第二次世界大战后，逐步实现了工业化。旅游业发展迅速。1981年成为欧共体成员国后，经济发展外部环境不断改善。2009年国内生产总值中，服务业占75.8%，工业占20.8%，农业占3.4%。旅游业、海运业与侨汇是希腊经济的3大支柱和国民收入的主要来源。

工业基础较薄弱，规模较小。主要工业有采矿、冶金、造船、卷烟、纺织、服装、制鞋、水泥和化肥等。

农、牧、渔业占全国就业总人口的近1/5。全国虽有约1/4的土地用于耕作，农作物的单位产量较低。农业以种植业为主，约占农业总产值的2/3。主要谷物有小麦、大麦、玉米和稻米。小麦种植面积与产量分别占谷物总面积与总产量的60%左右。粮食不能自给。经济和园艺作物有烟草、棉花、甜菜、蔬菜、葡萄、橄榄和水果（柑橘、苹果等）等，其中烟草与橄榄油为主要出口农产品。畜牧业以饲养牛、羊为主。

旅游业是希腊获得外汇和保持国际收支平衡的最有活力的产业之一。希腊是西方古文化的发祥地，被誉为人类历史的博物馆，古迹众多，有**雅典卫城**、阿索斯山、埃皮达鲁斯遗址、塞萨洛尼基的历史建筑、罗得中世纪古城、奥林匹亚考古遗址、提洛岛等，均已列入《世界遗产名录》。其他名胜还有克里特迷宫、圣山等。

世界最大的海运国之一，2009年拥有千吨级以上船只2 112艘，载重量4 164万吨，海运业收入在服务业总收入中稍次于旅游业。全国港口众多。主要港口有比雷埃夫斯、塞萨洛尼基、沃洛斯与帕特雷。国内运输以公路为主，铁路为辅。2008年公路里程为8 000千米，铁路总长2 551千米（2007），纵贯南北各岛屿之间的往来主要靠海运。雅典的埃利尼科机场是全国最大的国际机场和东地中海地区空运中心之一。

2009年外贸进出口总额855亿美元，其中出口额213亿美元，进口额642亿美元，逆差429亿美元。与100多个国家有贸易联系，欧盟成员国是最大的贸易伙伴，约占其进出口总额的2/3弱。主要出口食品、烤烟、纺织品、橄榄油与水泥，进口机械、汽车、食品、化学品和石油等。主要出口对象国为德国、意大利、英国和美国。进口商品主要来自意大利、德国、法国、荷兰和英国。

文化 实行9年义务教育制，公立中小学免费入学，大学采用奖学金制。著名大学有雅典大学（1837）、克里特大学、卡波迪斯特里亚大学（1837）、雅典工科大学（1836）、亚里士多德大学（1925）。雅典是全国文化教育中心。希腊主要日报有《新闻报》、《自由新闻报》、《海日报》。雅典通讯社为官方通讯社。1938年成立的希腊广

雅典城市一角

播和电视组织，受政府新闻部领导，统一管理3个国营广播电视台。

对外关系　维护民族利益和国家安全是希腊外交政策的基本原则，保持同美国与欧盟的密切关系、改善和发展同巴尔干邻国的关系为其外交的重点。希腊是北约成员国，在军事上长期依赖美国，两国签有防务合作协定。经济上与欧盟关系密切。自1981年加入欧共体后，获得的大量经济援助是其改善交通、通讯状况，提高环境质量及进行基础设施建设的重要资金来源。希腊重视发展同巴尔干国家的区域合作。支持建立多国快速反应部队。希腊与土耳其多年来在爱琴海的大陆架划分和石油开采权益、少数民族地位与塞浦路斯等问题上存在较大分歧，但近年通过谈判，两国关系有所缓和。希腊注重发展同俄罗斯的关系，两国签有友好合作条约和经济、科技、旅游与军事合作等多项协定。1972年6月5日与中国建交。

希腊城邦　polis; city-state of ancient Greece　公元前8～前4世纪古代希腊的城市国家。当时数百个城邦并存，出现过许多城邦联盟。所有希腊城邦都是小国。希腊城邦的居民按照政治地位可以分为三大类：①拥有公民权因而能够参加政治活动的自由人。②没有公民权的自由人。③处于被剥削、奴役地位的奴隶。奴隶多系非希腊人，但也有一部分是希腊人，例如斯巴达的“黑劳士”（见黑劳士制度）。

城邦的重要任务是保卫国家的独立和内部安全。在城邦中，全体成年男性公民组成一个军人团体，每个公民有随时应征参战的义务，而且在一般情况下由应征者自己负担军需和武器装备。

在城邦制度发达时期，以共和政体居多。共和政体中又有民主共和与贵族共和之别。长期实行民主共和政治的主要是雅典等少数城邦。

以雅典和斯巴达为代表的希腊城邦，在公元前5世纪经历了繁荣时期。从公元前4世纪起逐渐衰落。由于公民中贫富分化加剧，公民权与土地的关系日趋松弛，公民集体内部矛盾增加，公民兵制开始瓦解。公元前338年马其顿国王亚历山大大帝的征服以及公元前323～前30年的希腊化时代许多国王对希腊的奴役，剥夺了希腊绝大多数城邦的政治独立，瓦解了原有的公民集体，使这些城邦演变成在庞大的中央集权管辖下的地方自治单位。

希腊独立战争　Greek War of Independence　1821～1829年希腊人民反对土耳其奥斯曼帝国统治，争取民族独立的战争。1821年3月希腊本土爆发起义。1822年1月1日第1届国民大会宣布希腊独立，成立希腊执行委员会。

土耳其苏丹一面再调大军反扑，一面策动埃及入侵希腊。1825年2月11日埃军在伯罗奔尼撒登陆，1826年8月占领雅典城。1827年6月24日雅典卫城也落入土军之手。至此，义军控制区已所剩无几。但他们仍坚持游击战。

希腊宣布独立后，欧洲列强开始进行干涉和争夺。1827年10月发生纳瓦里诺海战，英法俄联合舰队击溃土埃舰队。1828年爆发俄土战争，随后法国也出兵占领伯罗奔尼撒。1829年9月俄土签订《亚得里亚堡条约》，土耳其被迫接受英法俄《伦敦三国条约》。

希腊军民利用土军被牵制和被削弱的有利时机，发起进攻。不久，整个东希腊除提佛等地外全部获得解放。9月迫使敌人撤出大陆希腊地区，从而胜利地结束了独立战争。

希腊共产党　Communist Party of Greece　希腊无产阶级政党。原称希腊社会主义工人党，成立于1918年11月17日。1919年5月加入共产国际。1924年党的第3次特别代表大会上改名为希腊共产党。1941年德国法西斯占领希腊。希共积极参加并领导人民的抵抗运动，组织了民族解放阵线和民族人民解放军。在抵抗运动中，希共党员人数达40万，同时掌握了一支7万多人的武装力量。在1946～1949年的希腊内战中被宣布为非法，由于英美等国的干涉和希共领导人的一系列错误，党的力量遭到严重破坏。1958年1月七届八中全会宣布解散国内地下党组织，全体党员加入统一民主左翼党。1967年该党被宣布为非法。1968年分裂为希腊共产党和希腊共产党（国内派）。1974年7月希共两派均取得合法地位。后参加议会竞选。1981年希共在议会中占13席，成为国内第三大党。1991年2月选举A.帕帕莉卡为总书记。2005年有党员约3万人。2007年在普选中获22个议会议席。

希腊化时代　Hellenistic Age　从公元前323年古代马其顿国王亚历山大大帝去世到公元前30年罗马征服托勒密王朝统治下的埃及这个时期地中海东部诸国的历史。希腊化一词最早出自德国历史学家J.G.德罗伊森（1808～1884）的《希腊化史》一书。

亚历山大死后，他的部将之间发生了争权夺利的激烈斗争。公元前3世纪上半叶陆续形成一系列各具特色的希腊化国家。其中最重要的有以埃及为中心的托勒密王国、以叙利亚为中心的塞琉西王国和以马其顿为中心的马其顿王国。公元前229年起，罗马不断向地中海东部地区扩张，先后于前168、前64、前30年分别灭了马其顿、塞琉西和托勒密王国，逐步使各希腊化地区并入罗马。

希腊化时代地中海东部地区社会生产力有所提高，农业、手工业和商业都有一定程度的发展。文化上，数学、物理学、天文学等都有很大发展，欧几里得、阿基米德、阿里斯塔克等为其代表。埃及亚历山大里亚博物馆及其图书馆，在当时享有国际性学府的声誉。

希腊内战　Greek Civil War　1946～1949年以希腊共产党为代表的民主力量反抗英、美武装干涉和国内反动政权的革命战争。在第二次世界大战中，希腊政府和国王均流亡国外。在国内，希腊共产党和一些左翼党派于1941年9月和12月先后建立民族解放阵线和民族人民解放军，开展对法西斯占领军的抵抗运动。解放阵线解放了大部分国土，建立了地方临时民主政权。

英国政府为维护它在希腊的利益，力

希腊内战中的共产党游击队员

图在战后恢复希腊战前的旧制度。1944年10月德军撤出希腊时，英国军队以对德作战的名义在希腊登陆，并护送希腊流亡政府回到雅典。12月3日民族解放阵线组织雅典数十万人的游行示威和罢工，遭到警察和英军的血腥镇压。12月5日起民族人民解放军与英军等发生了长达33天之久的武装冲突。1945年1月5日民族人民解放军被迫撤出雅典。2月12日双方签订《瓦尔基扎协定》，民族人民解放军交出武器，宣布解散。

1945～1946年冬，前民族解放阵线和民族人民解放军转入山区开展游击战。1946年10月28日组成以M.瓦菲阿迪斯为总司令的希腊民主军，粉碎敌人多次围攻，1947年12月民主军在北部山区建立了临时民主政府。

1947年3月美国取代英国插手希腊内政，向希腊政府提供了援助和军事装备。并派遣美国军事代表团直接指挥希腊政府军打内战。与此同时，希腊共产党失去了南斯拉夫的援助，希共中央内部发生分裂。1949年8月希腊民主军战败。10月16日临时民主政府被颠覆，内战结束。

希腊人 Greeks 东南欧巴尔干半岛的民族。约1 200万人（2001）。主要分布在希腊共和国。另有约200万人分布在美国、俄罗斯、澳大利亚、土耳其。多属欧罗巴人种地中海类型，部分属阿尔卑斯类型。使用希腊语，属印欧语系希腊语族。文字有古希腊文与新希腊文之分。多信东正教，少数信天主教和伊斯兰教。

公元前2千纪，讲印欧语的部落从巴尔干半岛北部陆续进入希腊半岛。最初来到希腊中部和南部的是亚该亚人和伊奥尼亚人，尔后于公元前12世纪进入希腊南部和克里特岛的是多利亚人。他们征服并同化当地居民佩拉斯吉人、卡里亚人和莱莱吉人，逐步形成古希腊民族，于公元前8～前6世纪有了共同的民族自称“希腊人”（Hellene）。

前8～前6世纪，古希腊人建立了一系列奴隶制城邦，以雅典和斯巴达最为强盛。前5～前4世纪，政治和经济高度发展，创造了丰富多彩的古典文化。早期文学最著名的有荷马史诗以及诗人萨福和品达罗斯的抒情诗。历史学家以希罗多德和修昔底德为代表，哲学家以德谟克利特和柏拉图最负盛名。亚里士多德在哲学、逻辑学以及科学知识的许多方面，都有重大贡献。数学和天文学获得显著发展，建筑术和造型艺术取得巨大成就。随着各城邦的广泛殖民活动以及马其顿王亚历山大大帝的远征，把古希腊文明传播到东西地中海以及黑海沿岸，对欧亚许多国家经济文化的发展产生了深远的影响。

希腊人的舞蹈

公元前146年古希腊被罗马征服，公元395年后成为拜占廷帝国的一部分，自15世纪起又受奥斯曼帝国近400年的统治。在此期间，吸收、同化了先后进入希腊境内的斯拉夫人、保加利亚人、瓦拉几亚人、阿尔巴尼亚人、土耳其人。最终形成现代希腊人。

过去多以农业为生，畜牧业、渔业、手工业和商业自古就很发达，现代工业已发展起冶金、化工、电机、造船、采矿、塑料、纺织和食品等工业。海运业发达，是外汇收入的重要来源。

希腊神话 Greek mythology 希腊关于神和英雄的故事、传说。神的故事包括天地的开辟、神的产生、神的宗谱、神的活动、人类的起源等。希腊神话里的神有新老之分。根据赫西奥德的《神谱》记载，宇宙中最先生出了卡奥斯（混沌）、“胸脯宽大的”盖亚（大地）、塔尔塔罗斯（地狱）和埃罗斯（爱），他们及他们繁衍的子女们是希腊神话里最老辈的神。而以宙斯为首的“奥林波斯众神”则是新神，在希腊神话里统称十二主神。在古典时代及以后的神话里，有些神失去了“新”、“老”之别，如老太阳神赫利奥斯自公元前5世纪开始即与“新神”阿波罗混同；老神埃罗斯后来却成了爱与美之神阿佛罗狄忒的儿子，调皮的小爱神。在文学作品中，希腊的神都是人格化了的形象，他们被描写成是永生的，具有无与伦比的威力，他们的好恶对人有决定性的影响。英雄传说是神话化了的历史事件、远古社会生活和人与自然斗争的故事。传说里的英雄多是神和人所生的后代，每个英雄都是特定的希腊部落（后来是城邦）崇拜的对象。以不同的英雄或事件为中心，形成系列传说。据考证，某些传说是以一定的历史材料为依据或有真实的历史人物作基础。除神的故事和英雄传说外，希腊神话还包括对自然现象的成因、习俗和名称的起源的解释。

希腊神话产生于希腊的远古时代，它的内容反映了古代希腊人对自然和社会的朦胧认识及婚姻和家庭早期发展史上的各个不同阶段的状况。希腊神话与古代希腊的宗教曾经密不可分。古代希腊宗教崇拜的对象就是希腊神话中那些主要的神和英雄。古希腊有很多宗教节日和宗教仪式，正是希腊神话产生的土壤，同时这些神话又是对宗教的补充。

希腊神话中的帕尔纳斯神山

希腊神话又是古希腊文学艺术的宝库，从荷马史诗《伊利昂纪》和《奥德修纪》，赫西奥德的长诗《神谱》，到三大悲剧作家埃斯库罗斯、索福克勒斯、欧里庇得斯的绝大多数剧作以及诗人品达罗斯、历史学家希罗多德、雕塑家弥龙等的作品，多以神话为重要题材，神话本身也赖以传世。

希腊神话还在很大程度上影响了欧洲哲学家和历史学家的思想。对古代罗马的神话和文学也产生了巨大影响。古罗马神话中的神或是被赋予希腊神的相同经历，或是原封照搬。从文艺复兴时期开始，希腊神话在欧洲引起人们的广泛注意和浓厚兴趣。英国的W.莎士比亚，法国的P.高乃依和J.拉辛，德国的J.W.von歌德和J.C.F.von席勒等的作品中也利用了希腊神话的素材。意大利的达·芬奇和提香，荷兰的P.P.鲁本斯和伦勃朗，法国的N.普桑和F.布歇，也都有取材于希腊神话的绘画。

希腊语 Greek language 印欧语系中一种独立的语言。主要分布于希腊，使用人口900多万，其次在塞浦路斯有40多万、意大利有10多万、土耳其近10万，在埃及的亚历山大港、巴尔干地区、非洲和美洲的部分地区都有数量不等的使用者，使用人口总计1 150万左右。希腊语是印欧语系中较早有文字记录的语言，仅略晚于赫梯语。

古希腊语的最早文献见于克里特岛上克诺索斯王宫废墟里的泥板文书，这是公元前15世纪前期希腊阿卡亚族人征服克里特岛时的遗物。公元前第2千纪末多里亚族入侵希腊，迈锡尼文化衰亡。伊奥尼亚的希腊人开始采用腓尼基字母，并把原来只有辅音符号的腓尼基字母改为兼有元音符号，从而创立了希腊字母体系。希腊字母

古希腊语文字

传给罗马人，成为拉丁字母，中世纪时又传给斯拉夫人，成为西里尔字母。

希腊民族各部落在公元前2000年前后从巴尔干半岛北部来到希腊本土和爱琴海沿岸的岛屿，后来建立起众多的城邦国家，于是形成了各部落自己的方言。主要有4种：①伊奥尼-阿提卡方言，②阿尔卡底-塞浦路斯方言，③爱奥利方言，④西希腊语-多里亚方言。4世纪时，形成了一种以阿提卡方言为基础并带有浓厚的伊奥尼色彩的语言，后来成为希腊文化世界的交际语，即“共同语”，并由此演变为近代和现代希腊语。

早期古希腊语及古典阿提卡语保存了原始印欧语的元音系统，乐调重音也没有改变，但辅音变动较多。古希腊语的屈折变化比原始印欧语简单。原始印欧语有8个格，希腊语只剩5个，但还保存着双数、动词的中动语态、过去叙述时和愿望语气。公元1世纪基督教兴起，《圣经》流传地中海沿岸各地，希腊共同语成为《圣经》传播的主要媒介。《圣经·旧约》于公元前3～前2世纪译成希腊共同语，《圣经·新约》在成书的时候即是用希腊共同语写的。拜占廷时期（5～15世纪）的希腊语称中古希腊语。近代希腊语一般认为从君士坦丁堡陷落时（1453）开始。在近代希腊语里，古代的乐调重音变成送气重音，元音的长短音区别已经消失。语法已失去了双数、愿望语气和过去叙述时。近代希腊语从邻近民族或统治民族那里接受了大量借词，而书面语还保留着许多古希腊语词。古希腊哲学、科学、逻辑学、数学创造的大量词语仍沿用至今，现代很多新学科也借用希腊词语，并根据希腊语的构词规则，创造新词来表达新概念。

希罗多德 Herodotus（约前484～约前430） 古代希腊历史学家。公元前484年生于小亚细亚的哈利卡纳苏斯城，卒于公元前430年（一说前420年）。因参加当地反对僭主统治的斗争被迫离开故乡。在萨摩斯岛居

住一段时间后，长期在地中海周围地区游历，到过埃及、巴比伦、黑海沿岸和希腊的许多地方。在雅典居留期间，他和伯里克利、索福克勒斯等人交往甚密。公元前443年，雅典在意大利南部建立图里城，希罗多德成为这个新建城邦的公民，并在这里度过晚年，直至去世。

在古罗马时代，希罗多德就被誉为“历史之父”。所著《历史》一书，共9卷。1～5卷第28章，叙述西亚、北非及希腊诸地区之历史、地理及民族习俗、风土人情。第5卷第29章起，主要叙述波斯人和希腊人在公元前478年以前数十年间的战争。

希梅内斯 Jiménez, Juan Ramón（1881-12-24～1958-05-29） 西班牙诗人。生于莫格尔，卒于波多黎各圣胡安。1900年在马德里出版诗集《紫罗兰色的灵魂》和《白睡莲》，与友人共同创办了《赫利奥斯》和《复兴》等诗歌杂志。

1956年获诺贝尔文学奖。创作前期（1900～1915）受现代主义影响，诗集《悲哀的咏叹调》（1903）、《遥远的花园》（1904）、《牧歌》（1911）等，具有较强的音乐性，歌咏自然景色，情调忧郁而哀伤。《哀歌》（1908）、《有声的孤独》（1908），采用复杂而严格的亚历山大诗体形式，显出雕琢的痕迹。《春天歌谣集》（1910），带有民歌和谣曲的特色，朴素而有清新感。创作后期（1916年以后）形成独特的风格，自然淳朴，用词精当，咏景抒怀，浑然一体。主要有《新婚诗人的日记》（1916）、《一致》（1925）、《全季》（1936）等。他提出“纯诗论”诗歌理论，主张创作没有任何修饰和雕琢的“纯粹的诗”，要求摆脱韵律和节奏的束缚，大胆追求直接的表达方式，提倡自由体。其他作品有散文集《三个世界的西班牙人》（1942），描写了西班牙和拉丁美洲的一些文学家和艺术家的风貌。

希姆博尔斯卡 Szymborska, Wislawa（1923-07-02～ ） 波兰诗人。生于波兹南库尔尼克。1945～1948年在克拉科夫雅盖沃大学学习。曾任文学周刊编辑并主持书评专栏。发表的诗集有《我们为此而活着》（1952）、《给自己提出的问题》（1954）、《呼

唤雪人》（1957）、《盐》（1962）、《一百种乐趣》（1967）、《各种情况》（1972）、《大数字》（1976）、《桥上的人们》（1986）和《结束和开始》（1993）等。她的诗以幽默、怪诞和讽刺等手法来表现她对世界的看法。1996年获诺贝尔文学奖。

希姆莱 Himmler, Heinrich（1900-10-07～1945-05-23） 德国党卫队和秘密国家警察首脑，第二次世界大战主要战犯。生于慕尼黑，卒于吕讷堡。1922年毕业于慕尼黑大学。

1923年11月参加A.希特勒发动的啤酒店暴动。1925年加入纳粹党和党卫队。1929年1月任党卫队全国领袖。1933年起先后任慕尼黑、巴伐利亚政治警察局局长，在达豪建立纳粹德国第一座集中营，并很快控制全国的秘密警察。1936年6月任德国警察总监。1939年9月将党卫队保安处与盖世太保合并组建德国中央保安局。1943年8月任内政部长。1944年7月任国内后备军司令，12月任西线上莱茵集团军群司令。1945年1～3月任维斯瓦集团军群司令。他对希特勒加强对纳粹党和军队的控制起了重要作用，是实行法西斯恐怖统治、设置集中营、强行向德国驱赶和大肆屠杀占领地平民、对欧洲犹太人实行灭绝政策的主要组织者之一。1945年4月背着希特勒企图与英美谈判投降未果。后化装成士兵企图逃匿，被盟军俘虏后服毒自杀。

希尼 Heaney, Seamus（1939-04-13～ ） 爱尔兰诗人。生于北爱尔兰伦敦德里。1961年毕业于贝尔法斯特的女王大学。曾在中学和大学任教。他的第一本重要诗集是《一

位自然主义者之死》（1966）。其他诗集有《进入黑暗之门》（1969）、《北方》（1975）和《外勤工作》（1979）。《诗选，1966～1987》于1991年出版。还写有论述诗歌和

诗人的文章，收在《全心关注的事物：1968～1978散文选》(1980)中。希尼的诗以再现爱尔兰历史和引用爱尔兰神话著称，诗风简朴明晰。1995年获诺贝尔文学奖。

希区柯克 Hitchcock, Sir Alfred (Joseph) (1899-08-13～1980-04-29) 英国电影导演。生于伦敦，卒于美国洛杉矶。1920年进入电影界。1922年当助理导演，同时兼做编剧、艺术指导。1925年升任导演，拍摄了《快乐的花园》。但他认为《房客》(1926)才是自己第一部得力作品，并从此开始拍摄使之成名的惊险片。1929年拍的《讹诈》在运用音响手法方面，有许多创新。在完成《三十九级台阶》(1935)和《失踪的女人》(1938)两部传世之作后，他为好莱坞导演了《蝴蝶梦》(1940，获1940年第13届奥斯卡金像奖最佳影片奖)。此后每年都有新片问世，他那富于幽默、擅长制造悬念的手法风靡世界。在他导演的30部影片中，《救生船》(1944)、《爱德华大夫》(1945)、《后窗》(1954)、《精神病患者》(1960)都获得奥斯卡金像奖最佳导演奖提名。1967年美国电影艺术与科学学院授予他撒尔伯格纪念奖；1979年美国电影研究院授予他终身成就奖。1980年英国女王伊丽莎白二世封他为爵士。

希什金 Shishkin, Ivan Ivanovich (1832-01-25～1898-03-20) 俄国画家。生于叶拉布加，卒于圣彼得堡。在维亚特省度过童年，该省的自然景色和雄伟的森林在他的创作中留下不可磨灭的痕迹。1852～1856年，在莫斯科绘画雕刻建筑学校学习。1856年考入圣彼得堡皇家美术学院。1860年因毕业创作获得金质大奖而公费去德国和瑞士进修。1865年回国后，获得圣彼得堡美术院院士称号。60年代后期，成为圣彼得堡自由美术家协会的成员。1870年，他与I.N.克拉姆斯科伊、V.G.彼罗夫等一起，筹建俄国巡回展览画派。在1872年的巡回展览画派的画展上，他的《松树林》被克拉姆斯科伊称赞为“俄罗斯画派的杰作之一”。希什金的早期创作，如《白桦林》、《麦田》、《密林深处》等，素描精确，描绘细腻，注重结构，但流于琐碎。80年代是希什金的创作盛期。《在平静的原野上》(1883)构图富有节奏，表达了画家对俄罗斯乡土的深厚感情。作于1887年的《三棵橡树》和《橡树林》，充满了生命的活力和大自然的欢乐。《松林中的早晨》(1889)是希什金创作中流传最广的作品，描绘了晨曦薄雾中森林里的秘密，几只顽皮的小熊在母熊的带领下玩耍嬉戏。他以卓越的技巧描绘了林间潮湿的空气和枯树上鲜嫩的青苔，画中的熊是K.A.萨维茨基所作。他90年代的创作，以宏伟的构图著称，代表作有《冬天·雪松林》(1890)等。希什金一生为万树写照，被人们誉为“森林的歌手”。他的作品在俄国19世纪后期的画史上独树一帜，被艺术史家称为俄罗斯风景画派的奠基人之一。

《松林中的早晨》(特列恰可夫画廊藏)

希思 Heath, Edward Richard George (1919-07-09～2005-07-17) 英国首相(1970～1974)，保守党领袖。生于肯特郡布罗德斯泰斯，卒于威尔特郡索尔兹伯里。1937年当选为该大学保守党协会主席。1938年任大学保守党协会联盟主席和牛津大学联盟主席时，极力反对保守党首相张伯伦所奉行的对纳粹德国的绥靖政策。第二次世界大战期间在陆军中服役。1950年2月选入议会。1951年2月任保守党助理督导员。1955年12月任财政部政务次官和保守党总督导员。1959年10月至1960年7月在M.H.麦克米伦的政府中任劳工大臣，后改任掌玺大臣，并代表英国进行加入欧洲经济共同体的谈判。1963年10月任工业、贸易和地方发展大臣以及贸易大臣。1965年7月当选为保守党领袖。1970年6月在选举中获胜，当选为英国首相。1973年，促成英国加入欧洲经济共同体。

保守党在1974年2月28日大选失败后，希思辞去首相职位。希思对中国人民怀有友好感情，自1974年起共26次访问中国，会见过毛泽东、邓小平和江泽民三代中国领导人。1982年4月作为撒切尔夫人特使访问中国，与中国政府商谈香港问题。2002年11月26日，中国人民对外友好协会授予希思“人民友好使者”荣誉称号。

希特勒 Hitler, Adolf (1889-04-20～1945-04-30) 德国纳粹党党魁，法西斯德国元首(1934～1945)，第二次世界大战头号战犯。生于奥地利的布劳瑙，卒于柏林。1913年移居德国慕尼黑。第一次世界大战期间，入巴伐利亚团，军衔为下士，为狂热的种族主义者和反犹主义者，获一枚铁十字奖章。

1919年加入德意志工人党(次年改名为德意志民族社会主义工人党，简称纳粹党)，1921年成为该党党魁。1923年在慕尼黑发动啤酒店暴动失败，被捕入狱。在狱中写《我的奋斗》，鼓吹反动种族论，仇视共产主义。1924年出狱，次年重建纳粹党及其武装组织冲锋队，另建党卫军。1932年被任命为不伦瑞克政府参事后取得德国国籍，并参加总统竞选，失败后利用纳粹党获得选票最多的有利时机，在大资本家、大地主、军国主义者的扶助下，于1933年1月30日被P.von兴登堡任命为德国总理。

希特勒执政后，1933年2月利用H.戈林和P.J.戈培尔策划的国会纵火案嫁祸于德国共产党，在全国大搞白色恐怖。3月，操纵国会通过授权法取得为期4年的独裁大权，从此确立法西斯独裁统治。1934年8月兴登堡死后，希特勒通过德国元首法集总统和总理两职于一身，独揽立法和行政大权，大力推进重整军备，加速国民经济军事化，对外实行侵略政策。1936年同意大利建立柏林-罗马轴心，进军莱茵非军事区，武装干涉西班牙内战。1937年与意大利结成军事同盟。1938年自任最高统帅独掌海陆空三军指挥权。同年3月占领奥地利。9月签订慕尼黑协定，10月吞并捷克斯洛伐克的苏台德区，1939年3月侵占整个捷克斯洛伐克领土。1939年8月与苏联缔结互不侵犯条约，9月1日即悍然进攻波兰，挑起第二次世界大战，先后侵占北欧、西欧和东南欧等14国。1941年6月22日进攻苏联。同年12月日本偷袭珍珠港后，对美宣战。1944年7月20日遇刺，但仅受轻伤。1944年9月，盟军攻入德国本土，希特勒在第三帝国的末日里，仍起用纳粹官员任军事要职，严禁军队投降，下令实行焦土政策。1945年4月29日，在总理府地下避弹室与E.布劳恩举行婚礼，次日两人同时自杀身亡。除《我的奋斗》外，其部分文件于1961年以《希特勒的第二本书》为题出版。

希土战争 Greco-Turkish Wars 1897年与1919～1922年期间希腊与土耳其之间发生的两次战争。第一次战争又称"三十天战争"。1897年2月初，希腊军占领克里特岛，4月希腊军袭击在色萨利亚的土耳其军队，希土战争开始。4月底希腊军战败，5月20日停战。12月4日，缔结和约。不久，土军撤离克里特岛，该岛成为国际保护领地。1913年签订的《伦敦条约》最后把克里特划归希腊。

第二次战争于第一次世界大战后爆发。协约国支持希腊对小亚细亚的领土要求，希腊于1919年5月15日占领士麦拿，导致第二次希土战争，1921年7月17日希军占领屈塔希亚，并企图攻占安卡拉。土军撤退到萨卡里亚河东岸，连续激战22天，阻止了希军进攻。1922年8月26日土耳其发动反攻，希军开始全线溃退，9月9日土军夺回了士麦拿，16日将最后一批希军赶出小亚细亚。1923年7月24日签署了《洛桑条约》，希腊被迫将东色雷斯、伊姆雷斯岛和特内多斯岛归还土耳其，放弃对士麦拿的要求。

战争给希腊人民带来巨大灾难，使希腊的社会、政治、经济长期处于危机和动乱之中。

希瓦汗国 Khiva, Khanate of 中亚的封建国家。又称花剌子模汗国。位于阿姆河下游的花剌子模绿洲，统治范围西及里海，南达呼罗珊北部。19世纪初，人口约50万～70万。主要居民为乌兹别克人，次为土库曼人、卡拉卡尔巴克人和哈萨克人，信奉伊斯兰教（逊尼派）。

16世纪初，花剌子模被昔班尼汗征服。他死后，暂归伊朗统治。约1512年，当地居民在伊斯兰首领鼓动下赶走伊朗总督，拥立乌兹别克王族伊尔巴尔斯（1512～1525年在位）为汗，建立独立的国家。首都最初在乌尔根奇，16世纪末迁至希瓦（今咸海南之基发）。建国初期，政局动荡。1593年被布哈拉汗征服。1598年，恢复独立。阿拉布·穆罕默德（1602～1623年在位）即位后，国势转强，他和他的儿子阿努沙（1663～1687年在位）曾多次侵入布哈拉汗国境。1740年，希瓦被伊朗纳迪尔沙征服。纳迪尔沙死后，希瓦摆脱伊朗的控制，但内乱日甚。穆罕默德·拉希姆汗时期（1806～1825）汗国实现政治统一，国势日益强盛。希瓦与布哈拉为争夺谋夫城进行长期战争。与此同时，它面临来自俄国日益严重的威胁。1873年，汗国沦为俄国的保护国。1920年2月，在当地人民和苏俄红军的打击下，汗国覆亡，建立花剌子模苏维埃人民共和国。1924年并入乌兹别克斯坦和土库曼斯坦。

希望工程 hope project 中国青少年发展基金会（以下简称中国青基会）于1989年10月发起并组织实施的一项社会公益事业。宗旨是：通过动员海内外力量，资助中国农村贫困地区的失学儿童继续小学学业，改善贫困地区的办学条件，协助政府普及九年义务教育，积极推动中国社会向现代化迈进。希望工程得到了政府的大力支持和海内外各界的踊跃参与，成为20世纪中国最具影响力的公益事业。先后有1亿多人次捐款，募集资金累计17.8亿元人民币，已经救助200多万贫困失学少年儿童重返校园，为贫困地区援建7 000多所"希望小学"，为农村小学捐建1万套"希望书库"、2 000套"三辰影库"少儿音像制品系列及配套录放设备，培训和表彰了6 000余名乡村小学教师。自1995年起，中国青基会开始了希望工程的重点转移，主要是：①实施"希望工程全国教师培训"计划。②评选"希望之星"奖学金获得者。

希沃特 sievert 国际单位制中表示辐射剂量当量的导出单位。简称希。符号为Sv。是焦耳每千克（J/kg）的专门名称。为纪念瑞典物理学家R.M.希沃特而命名。定义为1焦/千克（1J/kg）的剂量当量。由国际辐射单位与测量委员会推荐，于1979年第16届国际计量大会通过，取代旧的剂量当量单位雷姆（rem）。1雷姆＝0.001希沃特。在许多应用中，希沃特单位太大，常用它的分数单位即毫希。1毫希相当于1克活组织经受10^{-6}焦的γ射线辐射能。

希夏邦马峰 Xixabangma Peak 中国喜马拉雅山脉中段高峰。位于西藏自治区聂拉木县境内，海拔8 027米，东距珠穆朗玛峰120千米。山势雄伟，峰体周围超过7 000米以上的高峰有5座。山峰终年积雪，南坡雪线高度达5 000米，北坡6 000米。冰川面积789.75平方千米，长度超过10千米的冰川有4条，最大者为野博康加勒冰川，长13.5千米。1964年5月中国科学家在对希夏邦马峰进行多学科的综合考察时，于5 700～5 900米的野博康加勒群地层下部发现高山栎、毡毛栎、刺栎等化石层，推断出上新世以后希夏邦马峰地区约升高了2 000米。

希曾 Heezen, Bruce Charles（1924-04-11～1977-06-21） 美国海洋地质学家。生于艾奥瓦州文顿，在冰岛以南的雷克雅内斯海岭潜水考察时殉职。1948年毕业于艾奥瓦州立大学，1955年在哥伦比亚大学拉蒙特地质研究所任职，1957年获博士学位。50年代，他和W.M.尤因首次发现大西洋中脊、印度洋中脊和东太平洋海隆首尾相连，构成环绕全球的大洋中脊体系；首次发现沿中脊顶部延伸的大洋裂谷系。上述发现为海底扩张说和板块构造说的问世迈出了最重要的一步。1952年，他运用浊流说解释1929年纽芬兰大浅滩地震引起的海底电缆折断事件，为海底浊流的存在提供了有力论据。他最早认识到深海底流在塑造洋底地形和沉积物中的重要作用，在1966年首先提出等深线流的概念。他与M.撒普合作绘制的世界洋底立体地形图，已在全世界广泛应用。他还在研究海底峡谷、深海平原、大地构造和地震等方面作出杰出贡献。撰有300多篇论著，主要有《洋底》（与尤因、撒普合著）、《深海面貌》等。

昔班尼汗 Shaybani Khān（1451～1510） 中亚乌兹别克国家的奠基人。成吉思汗的长子术赤的后裔。15世纪上半期，其祖父阿布尔海尔在西伯利亚和锡尔河之间建立了一个游牧国家。1468年阿布尔海尔死后，昔班尼一度逃亡到阿斯特拉罕，后回到钦察草原。1494年昔班尼率乌兹别克游牧民大举侵入河中绿洲地区，1500年攻陷布哈拉等城。1501年，昔班尼在泽拉夫尚河畔的萨里普尔打败帖木儿王朝亲王巴布尔，占领撒马尔罕，建立昔班尼王朝，并定都于此。1507年5月下旬，攻陷赫拉特。这样，从里海到中国边境，从锡尔河到伊朗高原的辽阔地区一时都处于他的统治之下。

昔班尼不仅骁勇善战，而且崇尚文化，留心经济建设，但不久又与伊朗萨非王朝的建立者伊斯梅尔一世（1502～1524年在位）因领土纠纷和宗教分歧而发生冲突。1510年，双方军队激战于谋夫城下，昔班尼战败身亡。

昔阳县 Xiyang County 中国山西省晋中市辖县。位于省境东部，邻接河北省。面积1 943平方千米。人口23万（2010）。西汉设立沾县，北魏孝昌二年（526）改乐平县。后几经改置，1912年复置乐平县。1914年更名昔阳县，因境内昔阳城而得名。矿产资源主要有煤、铁、铝、铅等，其中煤炭资源丰富，有煤田面积151.1平方千米，初步探明储量14.3亿吨。铁储量约20亿吨。主要工业有煤炭、化肥、酿造、冶铁等。产品主要有煤炭、大曲酒、化肥、水泵、地毯、生铁等。农作物有高粱、玉米、小麦、棉花等。名胜古迹有石马寺、北齐古长城、农业旅游区——大寨等。

析言 specific meaning, theory of 对同类事物细加分别，辨析异同，另加别名。见浑言。

息烽县 Xifeng County 中国贵州省贵阳市辖县。位于省境中部，乌江中游。面积1 037平方千米。人口21万（2010），有汉、苗、布依和其他少数民族。明崇祯三年（1630）为息烽守御千户所。息烽为“烽火平息”之意。清康熙二十六年（1687）入修文县。1914年建息烽县。气候温和，降水充沛，四季分明。矿产资源有煤、铁、铝、磷和重晶石、大理石等。农业主产水稻、玉米、小麦和油菜子、花生、烤烟、茶叶、水果等。林特产有油桐子、生漆、竹荪等。工业主要有采矿、机械、铸造、磷化工、建材、造纸、酿造、皮革、食品饮料等。风景名胜有息烽温泉、西望山、云天洞、多缤洞等，纪念地有息烽集中营旧址等。

奚 Xi Tribe 中国古代北方民族之一。原为东部鲜卑宇文部的一支（又称匈奴别种），北魏时称库莫奚，居地在弱洛水（今内蒙古西拉木伦河）、吐护真水（今内蒙古老哈河）流域，东与契丹为邻。以畜牧射猎为生，冬夏迁徙，居毡帐，环车为营。登国三年（388），被北魏攻掠，后入贡于北魏。隋时略称为奚，分五部（辱纥主、莫贺弗、契苾、木昆、室得），各有首领一人，号俟斤（irkin）。阿会氏最强，诸部皆归之。初臣属突厥，突厥人称之为Tatabi。大业中遣使入隋朝贡。隋末突厥强盛，奚再次臣服于突厥。贞观三年（629）来唐朝贡。贞观十八年（644）唐征讨高句丽，奚充先锋。贞观二十二年（648），唐以其地置饶乐都督府，以其首领为都督，赐姓李。下置羁縻州九个，亦各以其部落首领为刺史。万岁通天元年（696），与契丹背唐附后突厥。开元三年（715），复来附唐，唐封其首领李大酺为饶乐郡王，复为饶乐都督，隶营州都督府，以宗室甥女辛氏为固安公主，妻之。八年，大酺与契丹战，死。其弟鲁苏继位，袭爵饶乐郡王，唐复以甥女韦氏为东光公主，妻之。十四年，改封奉诚郡王。二十三年，改饶乐都督府为奉诚都督府。奚所属各部并不统一，与唐的关系也背附不常。自唐至德（756～758）之后，河北地区为藩镇所据，双方关系甚为和好，每岁常遣数百人至幽州，亦从中选三五十人至长安朝贡，实际是进行贸易，保持密切的经济文化交流。唐末，奚势力渐渐衰落，一部西迁妫州（今河北怀来），于是形成“东奚”和“西奚”。与此同时，契丹势力崛起，不断侵掠奚地，俘掠人户。唐天祐三年（906）十一月，奚部被契丹最后征服。

辽建国后，仍保存奚为遥里、伯德、奥里、梅只、楚里五部，号“五部奚”，部设节度使监领。天赞二年（923），又收合流散及隐丁组成堕瑰部，合称“六部奚”。辽太祖仍保持奚王名号，在朝中置奚王府。辽太宗时，奚王府设宰相、常衮。辽把战争中掳掠的一部分人口，迁徙到奚地。于是奚六部地也杂有汉人和其他民族。奚王府官职设有奚六部汉军详稳，大约就是管理汉人军队的官员。辽圣宗时，一度废奚王府。奚王牙帐故地在土河（即吐护真水）上游，圣宗于此建中京（今内蒙古宁城西大明城）。

辽时奚人一般随契丹后族以萧为姓。奚族与契丹言语相通。最初从事畜牧业，唐时已有农业耕作。辽代奚人的农、牧、猎、手工业都有较大的发展。

辽天祚帝时，女真攻辽。金天辅六年（1122），金兵攻北安州（今河北承德西），奚王萧霞末降。不久奚部节度使讹里剌也以本部降金。次年，奚王萧幹（回离保）在箭笴山号奚国皇帝，改元天复，分司建官。萧幹立国八月，败亡。金太祖完颜旻先后平定了奚族的反抗，以女真贵族挞懒为奚六部军帅，统治奚人。奚部在金朝被编入猛安谋克。其后，逐渐与女真、汉族融合。

硒 selenium 化学元素，元素符号Se，原子序数34，原子量78.96，属周期系ⅥA族。1817年J.J.贝采利乌斯从硫酸厂铅室泥中发现硒。英文名来源于希腊文Selēnē，原意是“月亮”。硒在地壳中的含量为9×10^{-4}%，主要分散在铜、锌、铅、汞的硫化物矿中，是稀散元素。

硒有6种同素异形体：粉状（红色）、玻璃状（黑色）、α单斜晶体（深红）、β单斜晶体（深红）和六方晶形（灰色）。灰硒的禁带宽度1.79电子伏，能导电、导热，在光照（波长700纳米）下电导是处于暗处时的千倍，是光导、光电材料。硒的氧化数−2、+2、+4、+6。和氢生成硒化氢。能和卤素直接反应。在空气中硒被氧化成二氧化硒。能和金属直接化合成硒化物。

电解炼铜、铅的阳极泥是提硒的主要原料。将阳极泥脱水后和浓硫酸混合焙烧，生成的二氧化硒在700℃挥发，用水吸收成亚硒酸（H_2SeO_3），并被烟气中二氧化硫还原为单质硒。约30%的硒以纯硒（99.999%）用于低压整流器、光电池、热电材料、复印机的光接受器（硒鼓）。15%的硒以硒化物形式用作有机反应的氧化剂、催化剂、动物饲料微量（10^{-4}%）添加剂。大量的硒用作玻璃着色剂、橡胶硫化剂、炼钢的细晶粒化剂。

20世纪60年代以来，硒对人和动物的营养作用日益受到重视，缺硒和碘可引起人的大骨节病、克山病及牲畜的白肌病。

悉尼 Sydney 澳大利亚第一大城市和港口，新南威尔士州首府。位于大陆东南岸，东濒塔斯曼海，西靠蓝山山脉。由杰克逊港湾南岸的悉尼市和周围的40多个市镇组成。人口411.92万（2006年8月），是澳大利亚人口密度最大的城市。

市区位于沿海丘陵地带。附近海岸曲折，多条港湾深入内陆并与来自蓝山山脉东坡的河流相连。帕拉马塔河与河口沉降形成的杰克逊港湾将市区分隔为南北两部分。植物学湾和乔治河、米德尔港和米德尔河等港湾、河流也从城市边缘穿越而过。杰克逊港湾和植物学湾水深港阔，湾口位置隐蔽，均具有较好的建港条件。气候温暖湿润，年均气温17.4℃，平均年降水量1 215毫米。

始建于1788年1月，为英国在澳大利亚最早建立的殖民地点。最初的定居人群是由官员及其家属、士兵和犯人组成。登陆的港湾和兴建的居民点均以当时的勋爵悉尼的姓氏命名。19世纪30～40年代，附近地区的小麦种植和养牛业兴起，商业日渐繁荣。1842年设悉尼市。1855年铁路通达。1926年市区地下铁道通车。1932年建成跨

悉尼城市风光

越杰克逊港湾的悉尼港桥。第二次世界大战期间和战后，悉尼发展迅速。20世纪欧洲与亚洲等移民的涌入，增添了悉尼的国际魅力。

现为全国最主要的工商业城市和经济中心。工业生产能力占全国的30%。特别是在机械、飞机、汽车、造船、金属、电子、化学、石油精炼等方面，有着十分重要的地位。

全国最大的海陆空综合交通中心。港区分别位于杰克逊港湾南岸和植物学湾北岸。铁路直通蓝山山脉以西的内陆平原和布里斯班、堪培拉、阿德莱德等国内重要城市。公路网发达。悉尼国际机场为南半球最大的航空港。

中心市区位于杰克逊港湾南岸，为政府机关、大百货商店、各种金融贸易机构和娱乐场所的聚集地。位于本尼朗角的悉尼歌剧院的风帆式建筑已成为悉尼的标志，悉尼港桥和悉尼塔也是远近闻名的重要建筑。有1850年建立的澳大利亚第一所大学——悉尼大学和新南威尔士大学（1948）等著名高校。博物馆、美术馆、图书馆、剧院、动物园、天文台等文化设施也具有悠久的历史和较高的水准。市内园林众多，绿化面积广阔。市区南部有皇室国家公园，市区北部有库林盖猎场等自然风景区。自布罗肯湾至赫肯港沿岸有多处海滨浴场，冲浪运动世界闻名。悉尼还举办过多项体育盛事，2000年成功举办第27届奥林匹克运动会。

悉尼奥林匹克体育场 Sydney Olympic Stadium 澳大利亚最大的体育建筑。位于悉尼市霍姆布什港湾奥林匹克公园，距离悉尼市区14千米，是2000年第27届奥林匹克运动会主体育场，也是奥运史上最大的体育场。用于第27届奥运会开、闭幕式及田径、足球等项目的比赛场地，可容纳11.5万名观众，其跨度可并排停放4架波音747客机，最高点58米，屋面面积3万平方米，屋面重量4 100吨，两年半建成。篷顶采用钢结构，顶板为透明聚碳酸酯板材，重量轻，虽比玻璃耐久性差，但容易弯曲以适应顶部曲面形状，并使运动场草坪上太阳的阴影降到最小程度，为电视转播创造了最佳条件，此为世界上大体育场建设的一个技术突破。主看台采用混凝土结构，内墙面采用铝塑板和涂料，副看台基础采用混凝土结构，其余为钢结构，看台地面是水泥面。

悉尼大学 University of Sydney 澳大利亚最早的综合性大学。创建于1850年。主要校区在悉尼市，占地72公顷。初为私立，第二次世界大战后改为公立。由悉尼学院发展而成。初创时效仿英国大学的传统，旨在培养政治和学术上的精英。1851年设立古典文学、数学、化学和实验物理3个讲座。1880～1918年陆续设立文科、法学、经济、工程、医学、理学、建筑、农业、牙科、兽医学院以及研究所、研究中心等。

设有农学、建筑、文科、商科、计算机科学、牙医、经济、教育、工程、健康科学、法律、医学、音乐、宗教研究、理科等近20个学院近百个专业。学校可授予学士、硕士以及博士学位。医学、法律、音乐、经济、海洋生物等学科专业在澳大利亚名列前茅。

悉尼港桥 Sydney Harbour Bridge 世界大跨度钢拱桥。位于澳大利亚跨悉尼港城市桥。全长1 149.1米，主跨503米。建于1924～1932年。英国人R.弗里曼设计。桥型为双铰钢桁拱桥。桥面总宽48.8米，沿桥中线设17.4米宽的公路车行道，每一拱肋的两侧各设有轨电车线，另有各3.05米宽的两条人行道。钢拱上弦为反弯曲线，两端各有一造型简朴的桥头建筑。近年加建平行的海底沉管隧道，即以一桥头建筑为通风塔。悉尼港桥位置的重要性、造型的完美及其结构能承载的重量，使其仍居于世界钢桁拱桥的前列。特别是与悉尼歌剧院建筑交相辉映，令人称颂。

悉尼歌剧院 Sydney Opera House 澳大利亚悉尼市一个大型综合性文艺演出中心。以建筑形象独特而著称于世，是悉尼市的标志。它建在悉尼港内一块伸入海面的地段上，东、西、北三面临水，南面对着植物园。为兴建这座歌剧院于1955年举行国际建筑设计竞赛，从233个方案中选定丹麦建筑师J.伍重的设计。歌剧院从1959年破土动工，1973年竣工。建筑总面积为88 258平方米，包括一个2 690座的大音乐厅，一个1 547座的歌剧厅，一个可容500多人的剧场和一个小音乐厅。此外，还设有排演厅、接待厅、展览厅、录音厅以及戏剧图书馆和各种附属用房，同时可容6 000多人在其中活动。悉尼歌剧院的外观为3组巨大的白色壳片，耸立在南北长186米、东西最宽处为97米的现浇钢筋混凝土结构的基座上，像是海上的船帆，又如一簇簇盛开的花朵。

烯烃 alkene; olefin 含碳－碳双键的不饱和烃。其碳－碳双键是由一个σ键和一个π键组成，π键较活泼而能发生加成反应、聚合反应、氧化反应等。根据分子中双键的数目分为单烯、二烯和多烯。

单烯通式为C_nH_{2n}。最简单的单烯是乙烯。在烯烃同系列中，碳链中双键位置不同也可以产生同分异构体。因此，烯烃的结构异构体的数目比含同数碳原子的烷烃为多。由于双键不能绕键轴自由旋转，当与含双键的两个碳原子相连的两个原子或基团不同时，即产生几何（顺－反）异构体。烯烃的命名原则与烷烃相似，复杂的按国际命名法命名，即选择含双键的最长碳链为主链，从靠近双键一端的碳原子开始编号，把侧链当作取代基，例如：

$$H_2C{=}CHCH_3$$
丙烯

$$CH_3CH{=}CHCH_3$$
2－丁烯

$$\overset{1}{H_2C}{=}\overset{2}{C}(CH_2CH_3)\overset{3}{C}H_2\overset{4}{C}H_3$$
2－乙基－1－丁烯

烯烃的沸点与相同碳骨架的烷烃接近，熔点略低，不溶于水，能溶于乙醇、乙醚等有机溶剂。低级烯烃（C_1～C_4）在工业上由天然气或石油产品热解得到；在实验室中由醇脱水或卤代烷脱卤化氢生成。烯烃是最重要的有机化工原料。

二烯的性质与两个双键的位置有关，最重要的一类是共轭二烯，它的两个双键仅被一个单键隔开，另外两类是聚积二烯（如丙二烯）和孤立二烯（如1,4－戊二烯）：

$$CH_2{=}CH{-}CH{=}CH_2$$
1,3－丁二烯（共轭二烯）

$$CH_2{=}C{=}CH_2$$ 丙二烯（聚积二烯）

$$CH_2{=}CHCH_2CH{=}CH_2$$
1,4－戊二烯（孤立二烯）

丁二烯和异戊二烯都是共轭二烯，主要用作合成橡胶的原料。共轭二烯还有独特的反应性能。

一些多烯烃存在于动植物体中，并有重要的生理作用，如香叶烯存在于月桂油中，角鲨烯存在于鱼肝油中。含多个共轭双键的多烯有颜色，如含11个共轭双键的番茄红素为红色。

烯烃复分解反应 olefin metathesis 烯烃在某些过渡金属（如钨、钼、铼、钌等）络合物的催化下，发生双键断裂，重新组合成新的烯烃的反应。又称烯烃易位反应。20世纪中叶在烯烃聚合反应研究中发现烯烃复分解反应，该反应广泛应用在化学工业，主要用于研发药物和先进聚合物材料。烯烃聚合反应是一个平衡反应，产物中含有所有可能组合的烯烃：

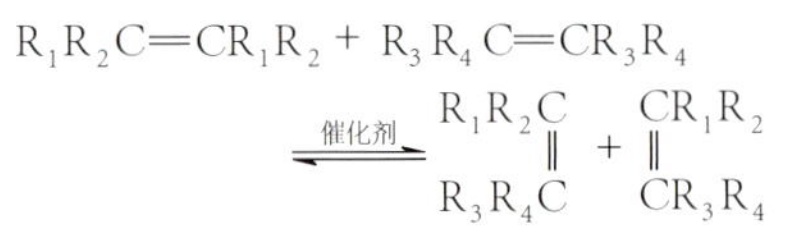

当起始原料中两个烯烃的八个取代基都各不相同时，产物中可包含十个不同的烯烃，其比例取决于各个烯烃的热力学稳定性。当产物中有一个是易挥发的低沸点气体时，平衡可完全移向右方，使该反应具有制备价值：

$$2RCH{=}CH_2 \xrightarrow{\text{催化剂}} RCH{=}CHR + CH_2{=}CH_2\uparrow$$

当两个双键存在于同一个分子中时，即可发生闭环复分解反应（RCM），生成环烯烃（Ts表示对甲苯磺酰基）：

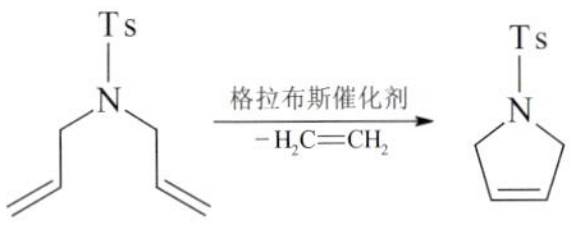

相反，环烯烃在催化剂存在下与过量的乙烯发生开环复分解，生成链状端基二烯。已经发现很多过渡金属络合物能催化烯烃复分解反应，其中以施罗克催化剂和格拉布斯催化剂最有效、最常用。

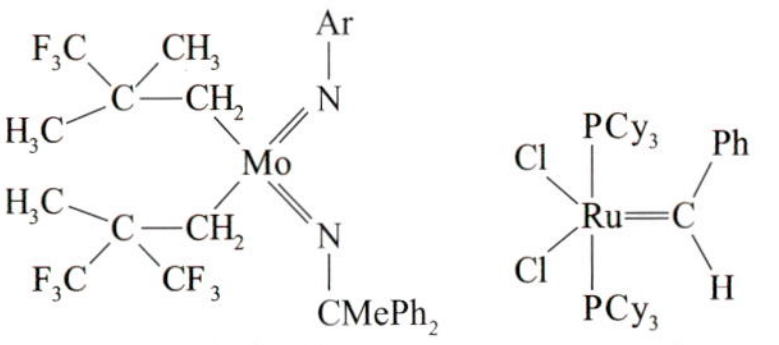

施罗克催化剂 Ar为C_6H_3-2,6-di-$CH(CH_3)_2$　　格拉布斯催化剂 Cy为环己基

稀缺资源 scarce resource 与需求相比数量上不足的资源。造成资源稀缺的原因首先是物资的有限性，但更主要的是人类无限制的需求、不合理的利用、不适当的管理、人口增长过快、经济-社会结构的不适应、科学技术的欠缺等因素。对稀缺资源要从全球和区域两个尺度上认识。在全球性尺度上，一般认为在可预见的将来，世界经济发展并不会因储存性资源可得性的限制而突然停滞。对多数矿产而言，新发现和技术、经济变动使探明储量增加的速度一直超过（或至少持平）消费量的增加速度。在区域尺度上，资源稀缺、贫困和饥饿则广泛存在。这在很大程度上归咎于全球自然资源分布的不均衡，国际经济秩序的不合理，经济发展水平不平衡，分配不公等原因。

稀散金属 rare-dispersed metal 镓、铟、铊、锗、硒、碲和铼等元素的统称。在自然界中不形成独立矿床，而以杂质状态伴生在有色金属矿、铁矿和煤中。稀散金属都是在冶金过程中或处理含有稀散金属的煤及其他化工过程中的烟尘、残渣或其他副产品中回收和提取的。①**镓**。从生产氧化铝的副产品中回收得到，主要用于电子工业。含镓的化合物半导体用于制造发光二极管、固体激光器、太阳能电池和大规模高速集成电路的材料。②**铟**。从铅锌冶炼的副产品中回收得到。主要用于制造低熔点合金和真空密封材料。铟化合物半导体材料广泛应用于电子工业，是液晶显示、摄像管、检波器的元器件材料。③**铊**。从有色金属冶炼过程的烟尘中回收得到。在电子工业、仪器仪表制造部门有广泛用途。铊及其化合物用于制造光电倍增管、γ探测器、屏蔽窗、玻璃密封和红外通信设备。④**锗**。从重有色金属冶炼过程中回收制得。在电子、光学、仪器仪表工业中用于制造高速开关、锗窗、透镜、红外器件、探测器和光学转换器。⑤**硒、碲和铼**。从电解炼铜的阳极泥中提纯而得。硒用于制造整流器、光电池、热电材料，也用于静电复印中；碲用作合金添加剂、催化剂和玻璃着色剂；铼还可从辉钼矿的烟尘中提取，用作高温热电偶、笔尖材料、催化剂和高温合金。

稀释热 dilution, heat of 在指定的温度及压力下，将一定量纯溶剂加到一定组成的溶液中产生的热效应。又称稀释焓。稀释热与溶质和溶剂性质、温度、压力、溶液的起始与终止浓度有关。稀释热通常可分为积分稀释焓和微分稀释热。前者是定温定压下，将一定量溶剂加入到含1摩尔溶质的一定组成的溶液中，使之稀释成另一组成的溶液所产生的热效应，其数值与溶液的起始与终止浓度有关。后者是定温定压下，将一定量的纯溶剂加入到大量的一定组成的溶液中（溶液的浓度不发生变化）所产生的热效应，其数值与溶液的浓度有关。

积分稀释热可用量热计直接测量，也可用积分溶解热计算，计算公式为：

$$\Delta_{dil}H = \Delta_{sol}H_2 - \Delta_{sol}H_1$$

式中$\Delta_{dil}H$为积分稀释热，$\Delta_{sol}H_1$和$\Delta_{sol}H_2$分别为稀释前后溶液的积分溶解热。微分稀释热通常用作图法求出。工程上主要应用积分稀释热。

稀树草原 savanna 热带年雨量不足1 000毫米地区的典型植被类型。由多年生耐旱禾草组成，并混有耐旱灌木和零散的孤立乔木。主要分布区在热带森林和热带荒漠之间。稀树草原在非洲分布最广，而且典型，称为萨旺那。中国的稀树草原主要分布在海南岛西南部和云南南部的红河、澜沧江、怒江等河流及其支流峡谷中的低丘和台地，北部金沙江部分峡谷中以及广东省阳江以西一带滨海低丘和台地。植物种类因地而异。中国的热带稀树草原多为次生植被。主要是热带落叶阔叶林遭受到反复破坏后形成的群落。海南岛西部沿海草原主要由黄茅、华三芒草、丈野古草等禾草以及艾纳香、黄花稔等耐旱草本植物组成。混生的灌木有火索麻、刺篱木、坡柳、银柴和簕竹属等。散生乔木有木棉和厚皮树等。

稀土元素 rare earth element *元素周期表*中ⅢB族原子序数为21、39和57～71的17种化学元素的总称（见表）。化学符号RE。又称稀土金属。其中57～71号元素称为*镧系元素*。从镧到铕为铈组（轻稀土），从钆到镥及钇为钇组（重稀土）。“稀土元素”是历史遗留下来的名称，通常把不溶于水的固体氧化物称为“土”，而在18世纪，这17种元素都是很稀少的尚未被大量发现，因而得名为稀土元素。现已查明，它们并不稀少，特别是中国的稀土资源十分丰富，有开采价值的储量占世界第一位。稀土元素性质非常相似，在自然界中共存于某些

稀土元素的发现、在地壳中的含量及基本性质

元素名称	化学符号	原子序数	发现年代	发现人	地壳中的含量（%）	主要化合价	熔点（℃）	沸点（℃）	密度（g/cm^3）	Ln^{3+}离子颜色
钪	Sc	21	1879	L.F.尼尔松	5×10^{-4}	+3	1541	2 836	2.989	无色
钇	Y	39	1794	J.加多林	2.8×10^{-3}	+3	1522	3 345	4.468 9	无色
镧	La	57	1839	C.G.莫桑德尔	1.83×10^{-3}	+3	918	3 464	6.145	无色
铈	Ce	58	1803	M.H.克拉普罗特等	4.6×10^{-3}	+3、+4	798	3 424	6.77	无色
镨	Pr	59	1885	C.A.von韦耳斯拔	5.53×10^{-4}	+3、+4	931	3 520	6.773	绿
钕	Nd	60	1885	韦耳斯拔	2.39×10^{-3}	+3	1 021	3 074	7.008	浅红
钷	Pm	61	1945	J.A.马林斯基	—	+3	1 168	2 460	7.22	浅红黄
钐	Sm	62	1879	P.-É.L. de布瓦博德朗	6.47×10^{-4}	+2、+3	1 074	1 794	7.52	黄
铕	Eu	63	1901	E.A.德马尔盖	1.06×10^{-4}	+2、+3	822	1 529	5.244	无色
钆	Gd	64	1880	J.C.G. de马里尼亚克	6.36×10^{-4}	+3	1 313	3 275	7.901	无色
铽	Tb	65	1843	莫桑德尔	9×10^{-5}	+3、+4	1 356	3 230	8.23	无色
镝	Dy	66	1886	布瓦博德朗	4.5×10^{-4}	+3、+4	1 412	2 567	8.551	黄
钬	Ho	67	1879	P.T.克莱夫	1.15×10^{-4}	+3	1 474	2 700	8.795	浅红黄
铒	Er	68	1842	莫桑德尔	2.47×10^{-4}	+3	1 529	2 868	9.006	浅红
铥	Tm	69	1879	克莱夫	3×10^{-5}	+2、+3	1 545	1 950	9.321	绿
镱	Yb	70	1878	马里尼亚克	2.66×10^{-4}	+2、+3	819	1 196	6.903	无色
镥	Lu	71	1907	韦耳斯拔和G.于尔班	7.5×10^{-5}	+3	1 663	3 402	9.841	无色

矿物中，提取稀土元素主要的矿物有**独居石**、氟碳铈矿和磷钇矿等。

稀土元素是银白色有光泽的金属，质地较软，有延展性。化学性质活泼，在空气中能迅速被氧化，失去光泽而变暗。稀土金属具有仅次于碱金属和碱土金属的强还原性，能将铁、钴、镍、铜等许多金属的氧化物还原为金属。常温下除镧、镱和镥外，其他稀土金属都呈顺磁性。稀土元素的荧光谱呈锐线谱，这种特性使许多稀土元素用于制作激光材料和发光材料。稀土元素主要的化合价为+3价。重要的化合物有卤化物、氧化物、硫酸盐、硝酸盐、草酸盐等。稀土元素与羧酸、β-二酮、乙二胺四乙酸及大环聚醚等生成稳定的**配位化合物**。稀土元素的制备是一个相当复杂的过程，首先利用化学处理从矿石中获得稀土氯化物或氧化物的混合物，然后再通过溶剂萃取法或离子交换法进行单一稀土元素的分离和提取。可以把若干个单级萃取器串联起来，使有机相和水相多次接触、混合、澄清、再分开。徐光宪等创立了相应的串级萃取理论与计算仿真技术相结合，指导稀土生产工艺的设计和自动控制，可以在一条生产线上萃取分离出若干个单一稀土元素。稀土金属的制备方法有熔盐电解法和金属热还原法。稀土元素在冶金、玻璃、陶瓷、化工、原子能、磁性材料、发光及激光材料、农业及医药等方面具有广泛的用途。稀土元素具有低毒性。

稀有金属 rare metal　地壳丰度小，天然资源少；或地壳丰度虽大，但赋存状态分散，不容易被经济地提取；或物理-化学性质近似而不容易分离成单一物质等原因，过去制取和使用得很少的金属。稀有金属在地壳中的含量并不都很少。如钛、锆、钒在地壳中的含量大于常见的有色金属镍、铜、锌、钴、铅、锡。20世纪后半叶以来，生产量逐渐增多。稀有金属之中有些已经不"稀"。所包括的金属种类也在变化，如钛在现代技术中应用日益广泛，产量增多，所以有时也被列入轻金属。

从技术上分为5类：①稀有轻金属。包括锂、铷、铯、铍，比重较小，化学活性强。②稀有难熔金属。包括钛、锆、铪、钒、铌、钽、钼、钨，熔点较高。③稀散金属。包括镓、铟、铊、锗、铼以及硒、碲，大部分赋存于其他元素的矿物中。④稀土金属。包括钪、钇及镧系元素，它们的化学性质非常相似，在矿物中相互伴生。⑤稀有放射性金属。包括天然存在的钫、镭、钋和锕系金属中的锕、钍、镤、铀，以及人工制造的锝、钷、其他**锕系元素**和104至112号元素。

一般先将矿石用化学试剂分解作为原料的精矿，再脱渣、提纯，制成纯净的化合物，然后用还原法、电解法或热离解法制得纯金属。但对熔点较高的稀有金属这时仅能获得粉末状或海绵状金属。根据工业上的要求，有些稀有金属还须通过高温处理制备出致密金属；为达到高纯度，多数稀有金属还须经过提纯处理。

稀有气体 rare gas　包括氦、氖、氩、氪、氙和氡6种**化学元素**，属周期系零族元素。它们的化学惰性和在地球上含量极少，又都是气体，所以称惰性气体或稀有气体。但氦是宇宙中除氢以外含量最丰富的元素，几乎占宇宙总质量的25%。所有的稀有气体都存在于地球的大气中，它们在空气中的含量（体积）为氩0.934%、氖0.001 8%、氦0.000 5%、氪0.000 114%、氙0.000 008 6%，氡是放射性矿物的衰变产物。它们都是无色、无臭、无味和不可燃的气体。气体分子由单原子组成，在低温时可以被液化。稀有气体原子的最外层电子结构为ns^2np^6（氦为$1s^2$），是稳定的8电子组态，因而不易得到或失去电子，使稀有气体一般不具备化学活性。它们只能以范德瓦耳斯力在冰中与水分子生成水合物晶体，或与CH_4、H_2S、CO_2、SO_2等生成笼形包合物。自从1962年英国的N.巴利特首次合成了稀有气体化合物六氟合铂酸氙$Xe[PtF_6]$以后，至今已合成出很多氙的化合物。

稀有气体广泛应用在光学、冶金和医学等领域。例如，氦氖激光器、氩离子激光器等，氩和氦的最大用途是为电弧熔焊铌、钽或不锈钢等时提供惰性气氛。氪、氙和氡还能用于医疗，氙灯能放出紫外线，氪、氙的同位素被用来测量脑血流量等。

犀鸟 Bucerotidae; hornbill　**佛法僧目**犀鸟科鸟类的统称。世界有9属57种。广泛分布于非洲中南部、印度、中南半岛、大洋洲和太平洋群岛，为典型的热带森林鸟类。中国有4属5种：冠斑犀鸟、白喉犀鸟、棕颈犀鸟、花冠皱盔犀鸟及双角犀鸟，仅见于云南南部西双版纳地区和广西西南部。善于攀缘的并趾型鸟，其外趾和中趾基部有2/3互相并合，中趾与内趾基部也有些并合；嘴形粗厚而直，嘴上通常具盔突。犀鸟每年约5～6月由群居转为成对活动，选择高大树干距地约在15～35米处的天然腐朽或白蚁侵咬的洞穴为巢。每窝产1～4枚纯白色的卵。

犀鸟为珍禽。在东南亚一带被视为吉祥之物。

犀牛 Rhinocerotidae; rhinoceros　**奇蹄目**犀科动物的统称。共有4属5种。体肥笨拙，体长2.2～4.5米，肩高1.2～2米；体重2 800～3 000千克，皮厚粗糙，并于肩腰等处成褶皱排列；毛被稀少而硬，甚或大部无毛；

黑犀

耳呈卵圆形，头大而长，颈短粗，长唇延长伸出；头部有实心的独角或双角（有的雌性无角），起源于真皮，角脱落仍能复生；无犬齿；尾细短，身体呈黄褐、褐、黑或灰色。栖息于低地或海拔2 000多米的高地。夜间活动，独居或结成小群。生活区域从不脱离水源。食性因种类而异，以草类为主，或以树叶、嫩枝、野果、地衣等为食物。母兽妊娠期18～19个月。寿命30～50年。

犀牛是非常珍贵的动物，但由于大量捕杀使数量下降，分布范围不断缩小，已被列为濒危物种予以保护。

锡 tin　**化学元素**，元素符号Sn，原子序数50，原子量118.710，属周期系ⅣA族。在远古时代，人们已知锡和铜的合金——青铜。在古代已开始用纯锡制作装饰品。工业上用锡开始于14～15世纪。有工业价值的含锡矿物主要是**锡石**，其次是黄锡矿。中国云南个旧锡矿山闻名于世。

锡有3种同素异形体，即灰锡（α型）、白锡（β型）和脆锡（γ型），它们之间的转变温度为：

$$\text{灰锡} \underset{}{\overset{13.2℃}{\rightleftharpoons}} \text{白锡} \overset{161℃}{\rightleftharpoons} \text{脆锡}$$

普通的锡是白锡，具有金属光泽的银白色金属，质地较软。熔点231.93℃、沸点2 602℃，密度7.265克/厘米^3，莫氏硬度2，延展性好。由白锡转变为灰锡时，由于体积膨胀25.6%，灰锡就分解成灰色粉末，这种转变在-33℃加速进行，一旦有一点灰锡籽晶生成，就立刻蔓延到整个锡锭，这种转变被形象地称为"锡疫"。锡的氧化态+2和+4。常温下，金属锡表面因生成二氧化锡薄膜而稳定，但在加热条件下，锡可以和卤素、硫、盐酸、浓硫酸、浓硝酸、强碱等反应。重要化合物有一氧化锡、二氧化锡、二氯化锡、四氯化锡、锡酸、锡酸盐（如锡酸钠、亚锡酸钠）。

将锡石精矿与碳、助熔剂在反射炉中熔烧，得到含锡97%～99%的粗锡，经多次精炼，可得纯度达99.56%～99.90%的纯锡。半导体工业用的99.999 85%的高纯锡是用区域熔融法得到的。金属锡主要用于制备**锡合金**，如锡和铅的低熔点合金，用作焊锡；铜和锡的合金俗称青铜，可制作器具；铜、锑和锡合金用于制作轴承。约

40%的锡是用于制锡箔和制作镀锡防锈的马口铁板。锡无毒，无机锡化合物毒性较低，但是有机锡化合物R_nSnX_{4-n}(R为烷基、苯基)毒性很大。

锡版法 tintype; ferrotype process 由金属直接形成正像的白铁版摄影法。摄影史上曾流行的摄影法。实际上也是一种玻璃湿版摄影法的改进。1853年英国A.A.马丁叙述过基本工艺，1856年美国化学家H.史密斯、英国的W.克洛恩和D.琼斯取得专利权。基本方法是：感光层与湿版摄影相同，采用火胶棉银盐，片基为涂有黑色或深褐色瓷釉的金属版，如锡片等，操作前先进行光敏处理，曝光后经冲洗加工，直接形成正像，每次只能得到一张照片。加工快速，成本较低，具有立等可取的特点，使即时拍照得到普及。流行于19世纪后半叶，19世纪80年代被明胶乳剂干法金属版所取代。

锡伯文 Xibe writing 中国新疆锡伯族使用的一种拼音文字。1947年锡伯族语文工作者改变了满文个别字母的形体，增删了一些音节，形成锡伯文。锡伯文书写时以词为单位，从上到下，行款从左到右。采取通用的标点符号，标明句读、语气和专名。锡伯文有6个元音字母、24个辅音字母和10个专用于拼写外来语的字母。字母单用或出现在词首、词中、词末等不同位置时往往有不同的形体。

锡伯语 Xibe language 属阿尔泰语系满－通古斯语族满语支。主要分布于中国新疆伊犁哈萨克自治州察布查尔锡伯自治县、霍城、巩留、塔城等县，以及乌鲁木齐市和伊宁市。无方言差别。锡伯语原为满语的一种方言，18世纪中叶部分锡伯族从东北迁至新疆后，逐渐发展成独立的语言。目前国外仍有人称锡伯语为满语的方言。语音方面，有8个单元音、17个复元音、29个辅音及腭化辅音和唇化辅音；元音有弱化和前化现象；有元音和谐律。名词可以接复数、格、人称领属等附加成分；动词有态、体、式等语法范畴。词根后接各种附加成分是主要构词方法。锡伯族西迁后，从维吾尔语、哈萨克语以及当地的汉语方言中吸收了一些借词。句子语序是主语在谓语前，从属成分在中心成分前。

锡伯族 Xibe 中国少数民族。主要分布在辽宁、黑龙江、吉林、新疆、内蒙古等省区。人口188 824人(2000)。居东北者已通用汉语文。居新疆者使用锡伯语，属阿尔泰语系满－通古斯语族满语支；用锡伯文。初居于大兴安岭，后迁至嫩江中下游地区，至17世纪为满洲统治者征服，全部

锡伯族男子

编入满洲八旗。清乾隆二十九年(1764)，调锡伯族官兵偕亲眷共3 000余人远戍新疆，在伊犁河南屯防。从此，锡伯人分居东北、西北两地。“锡伯”是自称，认同自己是古代鲜卑人的后裔。原以渔猎为主，南迁后渐转向农业，及至西移新疆，为屯垦戍边作出了贡献。居东北者习俗已与满族、汉族基本相同；居新疆者尚保持本民族的许多特点。男子喜穿蓝、青、棕等色的左右开衩的长袍及短袄，坎肩，长裤。女子多穿滚边布旗袍，扎裤脚，穿绣花鞋。饮食以面食为主。住房为土木结构平房。婚姻行一夫一妻制。普遍行土葬。主要节日有农历四月十八西迁节、正月十六抹黑节。多信萨满教，相信万物有灵，崇拜祖先。1954年在新疆成立了察布查尔锡伯自治县，并先后建立了6个民族乡。

锡达莫人 Sidamo 东非埃塞俄比亚联邦民主共和国的民族之一。主要分布在西南部锡达莫省。约133万人(2002)。属埃塞俄比亚人种，系库希特人的一支。包括锡达莫人本支、达拉萨人、坎巴塔人、阿拉巴人、哈迪亚人和坦巴罗人等支系。使用锡达莫语，属阿非罗－亚细亚语系库希特语族。无文字。部分人信奉伊斯兰教或基督教；多数人仍保持万物有灵信仰，崇拜上苍和祖先。13～16世纪，曾建哈迪亚苏丹国。16世纪起先后受奥罗莫人和安哈拉人控制。婚姻行一夫多妻制。男女均行割礼。按父系续谱和继承财产。主要以农业为生，种植高粱、玉米、大麦、小麦、香蕉和咖啡；兼事畜牧业，饲养牛、羊。

泛指埃塞俄比亚除奥罗莫人外，所有使用库希特语各族。有400多万人(2002)。均属埃塞俄比亚人种。使用语言在阿非罗－亚细亚语系库希特语族中自成奥梅托语支。主要分布在西南部山区的卡法省、格穆戈法省、锡达莫省和伊路巴博省部分地区。包括锡达莫人、奥梅托人、卡法人、吉米拉人和马吉人等支系。系非洲之角最早的农耕居民。13～16世纪，曾先后建立卡法、哈迪亚、伊法特等苏丹王国。16世纪起先后受奥罗莫人和安哈拉人控制。曾创造巨石砌坝的台田农耕文明，培育了“卡法咖啡”。

锡德尼 Sidney, Philip (1554－11－30～1586－10－17) 英国诗人、学者。生于肯特郡彭斯赫斯特，卒于荷兰阿纳姆。牛津大学肄业。曾去法国、德国、意大利等国旅行。

回国后任宫廷朝臣，因触怒女王，不得不退隐乡间。1582年被封为爵士。1585年任总督。创作的牧歌传奇《阿卡迪亚》是英国文学早期最重要的一部散文体小说。情节复杂、离奇，行文优美，比喻生动、形象。《为诗一辩》(1595)是锡德尼为反驳清教徒S.高森对诗歌的质疑而写的批评力作。他把文学批评的重点从分析模仿的对象转向文学作品的效果和影响，在西方文学批评史上占有非常重要的地位。还有用口语对话体创作的十四行诗组诗《爱星者和星星》(1591)等。

锡尔河 Syr Darya 中亚最长河流。源出中天山。流经乌兹别克斯坦、塔吉克斯坦和哈萨克斯坦。由费尔干纳盆地东部的纳伦河、卡拉达里亚河汇流而成。经克孜勒库姆沙漠东缘注入咸海。全长2 212千米(自纳伦河源地起长3 019千米)，流域面积21.9万平方千米。河水补给主要来自冰雪融水。每年3、4月至9月水位较高。下游自12月至翌年3月封冻。在河口形成三角洲。平均流量：上游约500米3/秒，在奇尔奇克河交汇处附近为703米3/秒，在卡扎林斯克附近为446米3/秒。锡尔河及其支流广泛用于灌溉，河上建有凯拉库姆、法尔哈德、恰尔达拉等水电站，有渔业；卡扎林斯克以下部分河段可通航。沿岸有苦盏市、克孜勒奥尔达市。

锡合金 tin alloy 以锡为基加入其他元素组成的合金。熔点低、强度不高，但耐大气腐蚀，容易与钢、铜、铝等材料焊合，是很好的焊料和耐腐材料。可用作：①涂层材料。具有良好的抗蚀性能。广泛应用于电子工业、家用电器、钟表、仪器仪表和造船工业。②焊料。Sn－38.1%Pb共晶合金俗称焊锡，熔点183℃，易与其他金属焊合，是应用广泛的焊料，用于汽车散热器、

锡合金家用器皿

空调、热交换器的密封，家用电器和电子工业中仪器仪表电接触元件的焊接。锡与金、银、铜等金属组成的合金焊料，抗蚀、无毒，适用于高级仪表和半导体器件的焊接。锡与铋、铅、镉等组成的中低温焊料，用于限温装置的焊接。③轴承。锡基和铅基轴承合金又统称为巴氏合金。

锡霍特山脉 Sikhot-Alin 俄罗斯远东区南部山脉。中国名称为老爷岭，满语意为“牲畜稀少的地方”。临鞑靼海峡和日本海。长1 200千米，宽200～250千米。平均海拔800～1 000米。最高峰托尔多基－亚尼山海拔2 077米。大部由砂质页岩及砂岩组成。森林资源丰富，以云杉、冷杉、银松等为主要树种。矿藏有煤、锡、铅、锌、金等。原为中国领土，1860年《中俄北京条约》签订后被沙俄割占。

锡剧 Xiju opera 中国戏曲剧种。流行于江苏南部和上海一带。发源于太湖之滨的无锡、常州农村，初为乡民用当地的民歌小曲说唱故事以自娱，称为“东乡调”，后逐渐发展成曲艺形式的“滩簧”。之后，滩簧吸收了江南民间舞蹈“采茶灯”的身段动作，开始演唱生活中的小故事。所演节目只有一旦、一生（或一丑）两个，称为“对子戏”。此后，又相继出现了两档同场合演的“双对子戏”、几档同场演出的“小同场戏”，以及多至几十人同场演出的“大同场戏”。辛亥革命前后，正式搬上舞台，并先后进入上海，逐渐合班演出，改称“常锡文戏”，1952年定名为锡剧。锡剧的唱腔基本上是上下句的板式变化体结构，曲调主要为簧调。20世纪30年代，又吸收了杭州武林班的大陆板，苏州文书调的“玲玲调”，苏滩和申曲的“迷魂调”与“三角板”，京剧的“高拨子”以及江南民歌小调，使唱腔更加丰富多彩。伴奏乐器以正、副二胡为主，琵琶、三弦、扬琴为辅，箫、笛等管乐器也开始伴奏唱腔。

较有影响的剧目为经过整理改编的传统戏《双推磨》、《庵堂相会》、《珍珠塔》、《双珠凤》、《孟丽君》等。

锡克教 Sikhism 印度旁遮普地区的民族宗教。“锡克”（Sikha）在巴利文或梵文中原意均为“门徒”，因该教信徒自称祖师的门徒而得名。该教是印度教毗湿奴虔信派运动特别是伽比尔宗教思想体系继续发展的产物，也受到伊斯兰教苏非派的影响。15世纪末由第一代祖师那纳克创建于旁遮普。至第十代祖师戈宾德·辛格，宣布以后再无祖师，以前集中于祖师和教区长手中的宗教和世俗权力，转交给锡克教徒公社“卡尔沙”（意为“纯洁”）。在戈宾德·辛格领导下，该教团多次打败莫卧儿王朝和印度土邦的联军。1966年，在锡克教徒的要求下，旁遮普分割为以锡克教徒为主的旁遮普邦和以印度教徒为主的哈里亚纳邦。

锡克教第十代祖师戈宾德·辛格

锡克教的主要经典是《阿底格兰特》（意为“原初圣典”），为第五代祖师阿尔琼编纂，通用版本在1704年经戈宾德·辛格审订，并要求教徒以后奉该经典为祖师。全书共收3 384首赞歌，主要阐述该教基本信仰和哲学思想，记述历代祖师生平事迹及对他们的颂扬。锡克教反对偶像崇拜，庙里除圣典《阿底格兰特》外不供奉任何神像。该教强调神是唯一的，它是世界的创造者，神是全知全能的、公正仁慈的；只靠人类的理智无法理解神，只有依靠祖师的指导，努力修行，默念神的名字，通过神秘的直觉，才能与神交接，亲证神，才能获得最后解脱。

锡克教的主要圣地是阿姆利则的哈蒙底儿寺，即金庙，为第五代祖师阿尔琼创建于1601年。其次为那纳克的诞生地嫩加纳（巴基斯坦拉合尔附近）。锡克教有自己独特的风俗习惯和祭祀仪式，最隆重的节日是3～4月间的拜萨哈节，即卡尔沙教团成立纪念日。

锡克人 Sikhs 南亚印度共和国信仰锡克教的旁遮普人。约1 500万人（2001）。主要分布在旁遮普邦，相邻各邦亦有分布。另有部分人分布在英国、美国、加拿大、伊朗、阿富汗、泰国、马来西亚、印度尼西亚、菲律宾、澳大利亚和斐济等国。属欧罗巴人种地中海类型，混有蒙古人种的特征。使用旁遮普语，属印欧语系印度－伊朗语族。文字用锡克师尊创制的古鲁穆奇字母、阿拉伯字母或梵文天城体字母。原信印度教。自15世纪末叶旁遮普高僧那纳克师尊创立锡克教派以后，出现锡克人之称。现代锡克人男子都蓄发、挽髻、插梳、戴臂镯、佩匕首、穿围裤、留大胡子、缠头布。青年人尤爱将头巾缠成船形。大多数人以农业为生，少数人从事放牧。

锡林郭勒草原自然保护区 Xilin Gol Grassland Nature Reserve 中国温带草原自然保护区。1985年设立，1987年加入联合国“人与生物圈计划”自然保护区网。位于内蒙古自治区锡林郭勒盟境内。总面积1.07万平方千米。植被主体类型为草原。野生动植物均具有蒙古高原特色。有高等植物74科、291属、625种，并有大量药用植物。野生动物有黄羊、狼、獾、狐、旱獭、鼬，以及各种啮齿类动物及鹰、百灵鸟等，并有多种昆虫。保护区重点保护对象有3类：①草甸草原。分布在东部低山丘陵及南部玄武岩台地一带。主要由线叶菊、贝加尔针茅、羊草占优势的生物群落构成，其中羊草草原面积最大。②典型草原。主要分布在锡林河中游塔拉。大针茅、羊草草原在厚层壤质暗栗钙土的发育达到十分完善和稳定的程度。③沙地疏林草原。分布在锡林河中上游。沙地分布有榆树疏林草原和残留的云杉、山杨、白桦、家榆、山杏等小片林木及各种沙生灌木丛和半灌木丛等。

锡林郭勒草原

锡林郭勒盟 Xilin Gol League 中国内蒙古自治区辖盟。位于自治区中部偏东。北与蒙古国交界。辖锡林浩特市、二连浩特市、东乌珠穆沁旗、西乌珠穆沁旗、阿巴嘎旗、苏尼特左旗、苏尼特右旗、镶黄旗、正镶白旗、太仆寺旗、正蓝旗、多伦县等。面积202 580平方千米。人口103万（2010），有蒙古、汉、满、回、朝鲜、达斡尔、鄂伦春等民族。盟行政公署驻锡林浩特市。汉至唐，或为匈奴、突厥、鲜卑统治。宋时为辽和金所控制。13世纪中叶建元代第一都城——元上都。至清朝统一中国，锡林郭勒盟（锡盟）逐步形成。1928年锡盟南部划归察哈尔省，1934年设察哈尔盟。1947年内蒙古人民政府成立后，两盟划归内蒙古。1958年两盟合并，称为锡林郭勒盟。地处内蒙古高原中部，以高平原为主。属中温带半干旱大陆性气候。年平均气温大部地区在0～1℃。年降水量200～350毫米。矿产资源十分丰富，主要有煤、铁、铬、钨、铜、锌、锡、金，以及水晶、明石、氟石、池盐、天然碱、芒硝等。锡盟铬矿储量居全国第2位，钨、铋、钾盐、珍珠岩等储量居自治区首位。锡盟有内蒙古细毛羊、苏尼特羊等著名畜种。有锡市-赛汗德拉等公路干线和锡林浩特机场。主要旅游景点有贝子庙、平顶山等。

锡林浩特市 Xilinhot City 中国内蒙古自治区锡林郭勒盟辖市、盟行政公署驻地。位于自治区中部，锡林郭勒大草原中部。面积15 758平方千米。人口25万（2010），有汉、蒙古、回、满等17个民族。曾名贝子庙，1953年改称锡林浩特，蒙古语为“丘陵城市”。1963年改称阿巴哈纳尔旗，1983年改为锡林浩特市。市境为波状平原环抱，锡林河绕城而过。属中温带大陆性干旱气候。矿产有煤、铜、锡、钨、铁、天河石、绿柱石、萤石、天然碱、芒硝、耐火土、大理石等。工业已初步形成畜产品加工、饲草饲料加工、矿产品加工、建材、食品加工5大产业。交通以公路为主，锡林浩特机场有至北京、呼和浩特的定期航班。

锡石 cassiterite 化学组成为SnO_2，晶体属四方晶系的氧化物矿物。常含铁、钽、铌等混入物，它们以类质同象方式替代锡，或以氧化物的细分散包裹物形式存在。具金红石型结构。常见由四方双锥和四方柱组成的聚形晶（见图）、锥柱状或双锥状的完好晶形。膝状双晶普遍。集合体大多呈粒状、致密块状。外壳呈葡萄状或钟乳状，而内部具同心放射纤维状构造的，称木锡石，是在胶体溶液里形成的。纯净的锡石几乎无色，但一般均被杂质染成黄棕色或棕黑色。条痕白色。金刚光泽，断口呈油脂光泽。莫氏硬度6～7。密度6.8～7.1克/厘米^3。解理不完全。无磁性，但富铁的锡石具有电磁性。锡石是最常见的锡矿物，含锡量78.6%，也是提炼锡的最主要的矿石矿物。主要产在花岗岩类侵入体内部或近岩体围岩的热液脉中，在伟晶岩和花岗岩中也常有分布。常富集成砂矿，称为砂锡。锡石大部分采自砂矿。中国、马来西亚、泰国、印度尼西亚、澳大利亚、玻利维亚等是锡石的主要生产国。中国主要分布于云南、广西及南岭一带，其中以广西南丹大厂规模最大。云南个旧锡矿开采历史悠久，有中国“锡都”之称。

锡石晶体

锡特拉尔特佩特火山 Citlaltépetl, Volcán 墨西哥第一高峰。又称奥里萨巴火山。位于墨西哥高原东南横断火山带东部。海拔5 610米。是休眠火山，山体呈圆锥形，顶部有3个火山口。1545、1566和1687年都曾剧烈喷发，至1878年几乎完全熄灭。1941年又有微弱活动。1848年有人首次登上该峰。山区气候温暖，降水适中，植被垂直分异明显。山麓低坡地带种植香蕉、咖啡。

锡耶纳画派 Sienese school 意大利14世纪文艺复兴时代的美术流派。创始人杜乔·迪博宁塞纳曾在佛罗伦萨工作，与佛罗伦萨画派的前驱奇马布埃风格相近。杜乔着重抒情，用色精细，奠定了锡耶纳画派的特色。后继者是S.马丁尼，刻画圣母和天使的形象很有特色。14世纪中期，锡耶纳画派的主要代表是洛伦泽蒂兄弟：P.洛伦泽蒂和A.洛伦泽蒂，他们在写实方面更有进展，尤以A.洛伦泽蒂为著。15世纪时，锡耶纳画派随着该城的衰落而衰落。

杜乔·迪博宁塞纳作《雷采里的圣母》

溪口镇 Xikou Town 中国浙江省奉化市辖镇。位于市区西偏北13千米。地处奉化江支流剡江之口，故名。面积379.6平方千米，人口8.4万（2006）。1950年置溪口乡，1956年改溪口镇。浙东历史名镇和旅游胜地。镇郊产稻谷、茶叶、水果。特产苔菜千层饼、水蜜桃、芋头。工业有丝织、服装、针织、摩托车、罐头、陶器等行业。镇中有蒋介石故居丰镐房，镇东武陵山口有武岭门楼，镇北有蒋母墓道，镇西7 500米处的雪窦山有千丈岩瀑布、御碑亭、妙高台、三稳潭等名胜。

《熙德》 *Le Cid* 法国剧作家P.高乃依的代表作。五幕诗剧。1636年在巴黎上演，为古典主义戏剧奠定了基础。

剧情描写的是中世纪西班牙贵族青年罗德里克和施曼娜曲折的爱情故事。剧本情节发展扣人心弦，突出了责任与爱情的冲突。男女主人公都表现出刚毅的美德和百折不挠的精神，既完成义务，又成全了爱情。剧本在很大程度上体现了高乃依戏剧的崇高风格，但由于它创作于古典主义尚未定型之前，因而引起了以A.-J.du P.黎塞留为首的政客和文人的抨击，除了说他剽窃之外，更指责他多处违反王令与“三一律”等。

《熙德之歌》 *El Cantar del Mio Cid* 西班牙英雄史诗。为流传下来最早的、较完整的卡斯蒂利亚文学作品。约写于1140年。熙德是8世纪西班牙人民反抗异族侵略斗争的英雄人物。有关他的传说和谣曲很多，史诗是其中一部杰出的作品。现存于马德里国立图书馆的74页手稿，是佩德罗·阿巴德1307年抄写原作的手抄本。全诗共3章，52节，3 730行，各章标题分别是：《流放》、《婚礼》、《科尔贝斯橡树林里的凌辱》。史诗通过叙述熙德从被诬陷招致流放，打败摩尔人以及巴塞罗那伯爵，征服巴伦西亚，将自己的两个女儿许配给纳瓦拉和阿拉贡两位王子的故事，塑造出熙德这样有着坚强的意志、从容稳重的风貌、忠诚真挚的情感世界以及宽宏而英勇的骑士精神的民族英雄人物。史诗具有浓郁的抒情色彩、强烈的民族精神和地域特征。它产生于西班牙语尚不完全成熟的时期，故遣词造句单纯有力，显出自然刚劲的风格。

蜥蜴 Sauria; lizard 爬行类蜥蜴亚目动物的统称。俗称四脚蛇。此亚目包括17科3 700多种，分布欧、亚、非、美洲和大洋洲。中国分布于新疆西部及东北大兴安岭山区。体形修长。头长大于宽，略呈三角形。吻端钝圆，有后鼻鳞。领围显著。有嚼肌。头背具对称大鳞。躯干背面具粒鳞；腹面大鳞6～10纵行，长方形，平滑。尾长，圆柱形，基部略平，向后渐尖。四肢较粗短。指、趾圆形或侧扁，下方常有结节或强烈起棱。

有股窝7～12个。体背灰色，有均匀而不甚明显的棕色脊纹或点斑；腹鳞灰黑无斑，边缘色浅。生活于山区林间草地或沼泽地带。以鞘翅目（甲虫）、直翅目、蝇类、鳞翅目等昆虫及其幼虫为食，也吃蚯蚓、软体动物，偶吃小型蜥蜴。每年3～5月出蛰活动，8～9月开始冬眠。卵生或卵胎生。卵生者5～6月产卵于土窝，每雌产卵3～15枚。卵胎生者，雌蜥可产仔13只，仔蜥全长38～42毫米，体背黑褐，具光泽；腹面青灰，斑纹不显。主要以昆虫、蜘蛛、多足类为食。

熄风 calming endogenous wind 中医临床治疗内风病证的方法。中医学认为风证有外风、内风之别。外风证是人体感受自然界风邪所致的病证，治疗以发散为主。内风证主要由脏腑病变所致，其临床表现有类似风的动摇不定、急骤、变化快的特点，治宜熄风。在中医学中风与肝脏的关系最为密切，故熄风法主要是通过清热、滋阴、养血、解痉等使肝脏的功能恢复正常，筋脉得到阴血的充分濡养，达到治疗各种风证的目的。常用的熄风药物有天麻、钩藤、羚羊角、龙骨、牡蛎、石决明、白芍、龟板、全蝎、蜈蚣等。熄风法适用于治疗头晕目眩，四肢抽搐，肢体震颤，或肢体强直，或卒然昏倒不省人事，口眼㖞斜，半身不遂等内风病证。引起内风的原因有：①邪热亢盛，引动肝风。②肝肾阴虚，肝阳化风。③阴亏血少，虚风内动等。熄风法包括清热凉肝熄风、育阴平肝熄风、滋阴养血熄风等法。

膝半月板损伤 meniscus tear 膝关节内的半月形纤维软骨的损伤。正常膝关节由股骨髁的球形关节面与胫骨平台连接，内外侧的楔形间隙由内外侧半月板充填，以增加胫骨承受载荷传导的面积，起到稳定关节的作用。半屈膝位时受到扭转载荷或者反复下蹲起立均可能引起半月板损伤。伤后可出现关节绞锁、弹响、疼痛及关节不稳或滑落感，股四头肌萎缩，关节间隙压痛，回旋挤压患侧引起疼痛及弹响。X射线平片、关节造影、超声检查及关节镜检查有助于进一步确诊。半月板损伤后不要轻易完全切除，以免破坏正常载荷传导规律和日后可能出现的骨关节病。半月板边缘有血运，可缝合修复。桶柄型、鸟嘴型或横型撕裂者可部分切除，但撕裂严重或已变性丧失功能者仍需完全切除。手术前后应行股四头肌锻炼，以防肌肉萎缩。

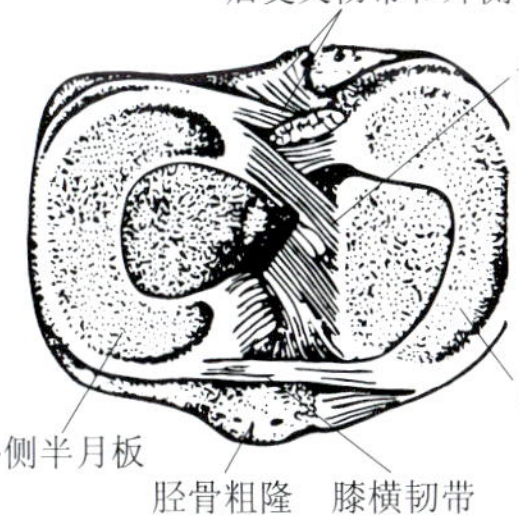

膝半月板

嬉皮士 hippie 反对并拒绝传统社会标准与习俗的亚文化群体。出现于20世纪60年代的美国，以奇装异服、蓄长发、群居、吸毒等行为发泄对社会的不满。“嬉皮士”一词出自美国作家N.梅勒写于20世纪50年代的小说《白色的黑人》。60年代，美国一些大学生在旧金山海特-埃斯伯里区建立名为“海特-埃斯伯里独立者”的组织，并因缩写H.I.P.得名嬉皮士。最初的嬉皮士来自中产阶级，家境优裕、受过良好教育，对政府、家长制和越南战争极其不满。嬉皮士的精神核心是“干你自己的事，逃离社会去幻游”。他们希望通过放荡与自由自在的生活方式，找回在现代社会中丢失的原始情欲和创造力，宣扬和平主义、快乐主义和社会理想主义，希望建立一种乌托邦式的原始和自然的理想社会。嬉皮士运动曾席卷整个欧美社会，70年代以后走向衰微，但影响深远。

《熹平石经》 *Stone Classics of the Xiping Reign* 中国东汉石经碑刻。立于汉灵帝熹平四年（175）。又名《汉石经》；因仅以隶书一体书刻，又称《一体石经》。原在洛阳

《熹平石经》残块

东汉太学，刻成不久即遇董卓之乱，后又遭晋永嘉之难，遂毁于兵燹。其残石自宋代以来屡有发现，20世纪20年代以后出土渐多，现存《熹平石经》残石分别藏于中国国家博物馆、陕西历史博物馆和河南博物院等处。

《熹平石经》内容为《尚书》、《周易》、《仪礼》、《春秋》、《鲁诗》、《公羊传》、《论语》等儒学经典，共46石，是最早的官定儒学经典著作版本，据记载由蔡邕以隶书书写。

从现存残石来看，《熹平石经》的隶书技法纯熟，用笔沉稳，方正均匀，神态规整，端庄雍容。虽然在经学史和版本学上有较高价值，但由于讲究文字规范有加，结体大小与笔画粗细变化不多，故显得刻板，书法价值并不显著，而且世间流传多有伪造者，真赝混杂，较难辨究。传世著录有马衡的《集拓新出汉魏石经残字》、《汉石经集存》及罗振玉的《汉熹平残字集录》等。

蟋蟀 Gryllidae; cricket 直翅目蟋蟀科昆虫的统称。地下害虫。常见的种类有大蟋蟀（见图）和油葫芦。大蟋蟀体长约40毫米，棕褐色。雄成虫的两前翅上具有发音器，翅振动时由粗糙的肘脉与后翅的括片相摩擦而发声。若虫与成虫相似，体小，仅具翅芽。喜在砂质旱地营穴而居，是夜出性地下害虫。油葫芦体长19～24毫米，黑褐色有光泽，头部复眼的内缘和两颊黄褐色。其余特征与大蟋蟀相似。成、若虫白天潜伏于薄层积草或砖瓦土块下，夜间外出觅食，行动敏捷。成虫好斗，虫数多时常互相残杀。

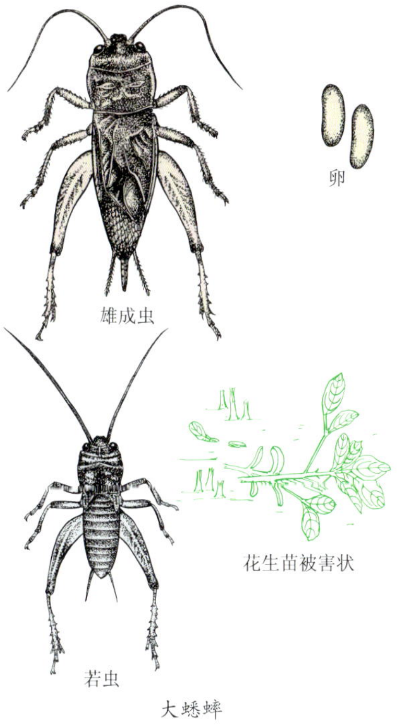

大蟋蟀

蟋蟀是中国东北地区、华北地区、长江下游和华南地区的重要农业害虫，食害各种作物的根、茎、叶、果实和种子，对幼苗的损害特别严重。防治蟋蟀常用糠麸或瓜菜拌药制成毒饵，傍晚撒在田间诱杀，或田间喷撒药粉。油葫芦可堆草诱集捕杀。

鼷鹿科 Tragulidae; traguline 偶蹄目一科。在分类上介于骆驼科和鹿科之间。此科包括3属：水鼷鹿属仅1种，产于非洲；斑鼷鹿属1种及鼷鹿属2种，产于亚洲东南部。中国仅鼷鹿1种，产于云南西双版纳。外貌似鹿而非鹿，无角，上犬齿发达，雄性尤甚，伸于唇外；前臼齿高冠具锐利切迹，吻尖而窄，鼻孔似裂缝，无颜面腺和足腺，脚长而细，每足具4趾。反刍，胃分3室，第3室退化。中国种鼷鹿是中国偶蹄类动物中体型最小的1种，体长仅50厘米左右，体重约2.5～4.5千克，肩高不足33厘米，尾长不到10厘米。鼷鹿为热带亚热带地区的林栖动物，多栖息在林缘和草丛中。性温驯，怕人。不结群，夜间单独活动，行动敏捷，奔跑时似兔。由于体小，极易隐蔽。以植物性食物为食。每年主要在6～7月交配，其他月份也可繁殖。妊娠期120～155天。每胎产1～2仔。现数量极少。

习惯 habit 在一定条件下经常完成某种行动的需要。习惯使人遵循着一定方式行动，在培养积极的个性品质中有重要作用。

习惯与技能虽然都是人在生活实践中由于重复或练习而逐步形成的，但二者并不相同。习惯是驱使人去完成某种行动的需要，实现了这种行动，即满足了这种需要。作为习惯的某种需要一经形成就比较稳定。技能则不同，它本身并不是一种需要，而是为实现某种目的而采取的一种动作方式或手段。例如，成人都有洗澡的技能，但未必人人都有天天洗澡的习惯。技能一般都是在有意识、有目的、有组织的练习过程中形成的。虽然有的习惯也是在有意识、有目的、有组织的练习过程中形成的，但不少习惯却是在无意中由于多次重复某种行动而形成的，如某种走路姿势、讲话的口头禅等。习惯具有社会意义，有良好习惯和不良习惯之分。

习惯法 customary law 由国家认可并赋予法律效力的习惯。不成文法的一种。在不同时期、不同国家不尽相同。奴隶制社会初期，习惯曾是法的唯一渊源。初期的成文法也大多是习惯的记载。奴隶制社会后期和封建制社会时期，随着社会的发展和社会关系的日趋复杂，国家立法有了更多的发展，但习惯仍占有相当重要的地位。封建制时期的西欧，习惯法在社会生活中有相当大的作用。特别在封建割据时期，多数国家和地区习惯法仍是法的主要渊源。资本主义制度建立后，习惯法的作用逐渐减弱，成文法在法的渊源中逐渐占主导地位，但实际上在民商法方面不少规定仍依习惯。在社会主义法的渊源中，习惯只在个别情况和少数民族聚居的地方才作为法的渊源而起作用。普通法法系国家中的判例法也被称为习惯法，但与上述的习惯法不是一个概念。

习近平 Xi Jinping (1953-06～) 中国共产党中央政治局常务委员会委员、中央书记处书记、中央军事委员会副主席，中华人民共和国副主席，中华人民共和国中央军事委员会副主席，中央党校校长。陕西富平人。1974年1月加入中国共产党。1969年1月参加工作。1969～1975年在陕西省延川县文安驿公社梁家河大队当知青、中共支部书记。1975～1979年在清华大学化工系基本有机合成专业学习。1979～1982年任国务院办公厅、中央军委办公厅秘书（现役）。1982～1983年任中共河北省正定县委副书记。1983～1985年任中共河北省正定县委书记。1985～1988年任中共福建省厦门市委常委、厦门市副市长。1988～1990年任中共福建省宁德地委书记。1990～1993年任中共福建省福州市委书记、市人大常委会主任。1993～1995年任中共福建省委常委，福州市委书记、市人大常委会主任。1995～1996年任中共福建省委副书记，福州市委书记、市人大常委会主任。1996～1999年任中共福建省委副书记。1999～2000年任中共福建省委副书记、福建省代省长。2000～2002年任中共福建省委副书记、福建省省长（1998～2002年在清华大学人文社会学院马克思主义理论与思想政治教育专业在职研究生班学习，获法学博士学位）。2002年任中共浙江省委副书记、浙江省代省长。2002～2003年任中共浙江省委书记、浙江省代省长，浙江省军区党委第一书记。2003～2007年任中共浙江省委书记、浙江省省人大常委会主任，浙江省军区党委第一书记。2007年任中共上海市委书记，上海警备区党委第一书记。2007～2008年任中共中央政治局常委、中央书记处书记，中央党校校长。2008～2010年任中共中央政治局常委、中央书记处书记，中华人民共和国副主席，中央党校校长。2010年任中共中央政治局常委、中央书记处书记、中共中央军事委员会副主席，中华人民共和国副主席，中华人民共和国中央军事委员会副主席，中央党校校长。是中共第十五届中央候补委员，第十六、十七届中央委员，第十七届中央政治局委员、常委、中央书记处书记。在第十一届全国人大第一次会议上当选为中华人民共和国副主席。第十七届五中全会增补为中央军事委员会副主席。第十一届全国人大常委会第十七次会议上任命为中华人民共和国中央军事委员会副主席。

习仲勋 Xi Zhongxun (1913-10-15～2002-05-24) 中国无产阶级革命家，中国共产党和中国人民解放军政治工作领导人，陕甘边区革命根据地的主要创建者和领导者之一，全国人大常委会副委员长，国务院副总理。陕西富平人。卒于北京。1926年加入中国共青团。1928年转入中国共产党。1930年到西北军从事兵运工作。1932年在甘肃发动“两当兵变”后，历任红军陕甘游击队第五支队队委书记、中共陕甘边区特委军委书记、陕甘边区苏维埃政府主席、中共关中特委常委、环县县委书记、关中分委书记、关中军分区和警备区第1旅政委、中共西北中央局党校校长。1945年当选中共七届中央候补委员，任中共中央西北局书记。1947年后任陕甘宁野战军政委、西北野战军副政委，协助彭德怀指挥青化砭、羊马河、蟠龙三次战役。中华人民共和国建立后，历任西北军政委员会副主席、代主席，中共中央宣传部部长兼政务院文教委员会副主任，国务院秘书长。1956年当选中共八届中央委员。1959年后任国务院副总理兼秘书长。1962年被错误地批判审查，撤销职务。“文化大革命”中受到迫害。1978年任中共广东省委第一书记，增选为中共十一届中央委员。1980年中共中央为他平反，同年被补选为第五届全国人大常委会副委员长。1982年当选中共十二届中央政治局委员、中央书记处书记。1988年当选第七届全国人大常委会副委员长。

席草 mat grass 以茎作编席原料的一些草本植物的统称。中国席草资源丰富，常用的席草有灯芯草、蒲草等10多种。用以编制草席等席草工艺品。

灯芯草为灯芯草科灯芯草属多年生沼生草本。俗称灯草，古称“蔺”。茎直立，单生，细柱形，无节，叶片退化，茎内充满白色髓心。由于茎的构造外坚内松，故坚韧而富弹性，适于编席。灯芯草为长日照作物，喜阴凉湿润气候，较耐寒，宜栽于腐殖质多、微酸性至中性（pH6～7）、水位较浅的水田中，需肥较多。生产上常用分株繁殖，种子繁殖生长缓慢。秧苗移栽至收割约需260天。亩产干草500～750千克，约可织席250条。灯芯草纤维长、拉力强，也是制高级纸张的原料。髓芯可做枕芯、灯芯，中医学上用作利尿药。

蒲草为莎草科蒲草属草本植物。广东产的肇庆席即以此编织。除蒲草外，还有藨草属的龙须草、水毛花、藨草、水葱、萤蔺和荆三棱以及莎草属的高杆莎草等也可编席。中国长江流域以北许多地区，用香蒲科香蒲属的某些植物如水烛等编席；西南地区用禾本科的拟金茅编席。

席格蒙迪 Zsigmondy, Richard Adolf (1865-04-01～1929-09-23) 德国胶体化学家。生于奥地利维也纳，卒于格丁根。16岁时入维也纳大学学习。后入慕尼黑大学，1889年获有机化学博士学位。1893年任奥地利格拉茨工业大学化学工艺学讲师。1897～1900年，在德国耶拿城丘德·吉诺森玻璃厂任职，在实验中发现了某些彩色玻璃的秘密，如宝石红玻璃中含有胶体金。他的这种精密实验引起了耶拿城蔡司工厂显微镜部主任、著名光学家H.F.W.西登托夫的重视，推荐他到蔡司工厂工作并拨出专款来供他研究，席格蒙迪终于在1903年与西登托夫一起研制成功超显微镜，可以观察到10纳米的微粒的形状。1908年起，任格丁根大学无机化学和胶体化学教授。因阐明胶体溶液的多相性和创立了现代胶体化学研究的基本方法而获1925年诺贝尔化学奖。

席勒 Schiller, Johann Christoph Friedrich von (1759-11-10～1805-05-09) 德国诗人、剧作家。生于马尔巴赫，卒于魏玛。13岁时被送进公爵创办的对学生实行专制教育的军事学校。学校铁一般的兵营纪律促使他形成了反对专制、向往自由的革命思想。1780年毕业后当军医，月俸微薄，不敷温饱。1781年他把反抗暴君的剧本《强盗》送到公爵领地之外的曼海姆出版，次年在那里公演，引起广泛注意。因此触怒公爵，被关禁闭两周。他于1782年逃离斯图加特到达曼海姆。先在迈宁根附近的鲍尔巴赫居住，后任曼海姆剧院诗人，其间完成市民悲剧《阴谋与爱情》(1784)。描写某邦宰相儿子斐迪南爱上乐师女儿路易丝，宰相和秘书用阴谋破坏两人的爱情。这是席勒青年时代最成功的一部剧本，反映了当时德国统治阶级政治的腐败。

1785年，席勒在曼海姆创办刊物《莱茵塔莉亚》。4月应朋友之邀前往莱比锡，写成名诗《欢乐颂》。同年秋，随友人迁居德累斯顿，写了中篇小说《失去荣誉的犯罪者》和未完成的《视鬼者》，同时完成描写16世纪西班牙宫闱故事的剧本《唐·卡洛斯》，这是他文艺创作从狂飙突进时期进入古典时期的过渡作品。

1787年7月应卡尔普夫人之邀来到诗人荟萃的文艺中心魏玛。1788～1795年，在这里进行了长时期的历史和哲学研究，撰写了《尼德兰独立史》和《三十年战争史》。1789年3月到耶拿大学任历史教授。席勒最初拥护法国革命，但在路易十六断头之后，不满意雅各宾党人的政策，决心通过文艺来挽救堕落的人心。1793～1795年，写成《论悲剧艺术》、《论秀美与庄严》、《论激情》等论文十多篇，其中最重要的是《审美教育书简》27篇(1795)和《论素朴的与感伤的诗》(1796)。在后者中，他较早指出文艺的两种不同创作方法，对欧洲文化和文艺的发展作了精辟概括的总结。

席勒与J.W.von歌德在一次科学报告会之后相遇，结为深交。两大诗人的友谊为德国民族文学作出巨大贡献。他们在文学创作中合作的10年被称为古典文学时期。两人的书信达千余封，席勒写了若干哲理诗、警语诗和大量叙事诗，如《潜水者》、《手套》、《波吕克拉特的指环》、《去铁匠铺的路上》、《伊毕库斯的鹤》以及后来的《人质》、《斗龙记》等，都是对高尚德行的歌颂，具有戏剧性的紧张情节，格调优美，语言生动，是他在戏剧以外取得的最大艺术成就。

此后席勒继续戏剧创作，先后创作了历史剧《华伦斯坦》三部曲(1799)、《奥尔良的姑娘》(1801)和《威廉·退尔》(1804)等。1799年12月席勒举家迁往魏玛。1804年，席勒在贫病交困中开始写新剧本《德梅特里乌斯》，但只完成了两幕。沉疴与新疾终致不治，次年逝世。

檄 official summons 中国古代官府往来文书的下行文种名称之一。原是文书(见文件)载体名称，指比较长的竹木简，用于书写比较重要的文书。以后用檄书写的文书也称为檄。战国时期秦相张仪曾用檄指斥楚相的过错。西汉时期凡高级官员对官民有所告谕、征召以及征调军队都用檄。遇有紧急军情，檄书插上标志加快传递的羽毛，称为"羽檄"。东西汉之际，内战频繁，一些统兵将帅常用檄告谕军民，指斥敌方罪过，夸耀己方实力，借以提高士气、瓦解敌军。此后直到南宋初的一千多年中，檄主要作为战时政治宣传品使用。南宋以后使用得很少。1367年朱元璋派兵北伐时作《谕中原檄》，指斥元朝残余统治势力的罪恶，安抚中原地区民心。近代中国农民革命政权和一些群众团体也曾使用过檄文。唐、宋到清代，檄又作为下行的符、牒、牌、札等文种的别称；"文檄"一词常被用作一般官府往来文书的统称。

洗涤剂 detergent 用于清洗物体表面污垢的化合物。洗涤剂包括天然和合成两大类，按用途又分家用和工业用两大类。通常由表面活性剂和辅助组分如助洗剂、添加剂等组成，适用于个人清洁护理、家庭清洁、公共设施和工业清洗。洗涤剂包括合成洗涤剂、肥皂、表面活性剂等。洗涤剂工业还包括主要原材料、助剂、辅助材料以及肥皂的相关产品，如烷基苯、脂肪醇、三聚磷酸钠、4A沸石、芒硝、抗再沉积剂、酶制剂、增白剂等以及油脂、脂肪酸、硬化油、甘油等的生产。由于洗涤剂废水排入河流湖泊，造成污染，又发展了以4A沸石为代表的代磷助洗剂。非离子和阳离子表面活性剂、两性表面活性剂也逐步发展，组成了较完整的洗涤用品工业体系。

洗礼 baptism 基督教三大教派共有的圣事之一。又称圣洗。是入教必须举行的仪式。洗礼源于《圣经》，被认为是由耶稣亲自定立的圣事，受洗的人可以被赦免其"原罪"和"本罪"，得到上帝恩宠。只有受洗成为正式教徒后才可领受别的圣事。各派洗礼方式不一，一般有两种方式：浸礼，注水礼或洒水礼。施行洗礼者均为神父或牧师。

洗钱 money laundering 将非法收入转变为不受执法者或社会注意的形式上的合法所得的过程或活动。非法收入泛指一切非法活动的经济收入，其来源往往与贩毒、收取保护费、卖淫、勒索、赌博、走私等犯罪组织或活动直接相关。这些经常性的且数额巨大的现金收入，因其难以直接转化为账面收入而不被发现其非法来源，同时大量使用现金也受到法律限制，这就需要一个合法经营活动来吸收这类"赃钱"作为形式上的"合法所得"，以便合理入账、纳税并自由支配。20世纪初，美国芝加哥以A.卡彭等为首的犯罪团伙以为顾客洗涤衣物作掩饰，将洗衣所得与街头贩毒所得混杂在一起向税务机关申报。此后便产生"洗钱"一词。洗钱大致可以分为3个过程：①放置，即通过初加工将非法收入和其他合法收入混合。②离析，即通过复杂的金融操作进行再加工，模糊非法收入的来龙去脉。③归并，即将"洗白"的非法收入转移至个人或合法组织的名下。

一国范围内的洗钱往往受到相对完善的法律管制与监管环境的约束，而跨国的洗钱业则能够规避一国的金融管制，并支持与配合跨国犯罪活动。伴随金融全球化，洗钱已成为相当严重的国际性问题。

洗碗机 dish washer 利用电力清洗碗、碟、杯、盘等餐具的厨房电器。又称洗碟机、餐具清洗机。

家用洗碗机按工作原理分为叶轮式和喷射式，后者较为流行；按装配方式分为前装式和顶装式，以前装式居多。叶轮式洗碗机中由电动机带动特殊形状的叶轮快速旋转（转速在1 000转/分以上），将水向各方向甩出以产生洗涤作用。喷射式洗碗机（见图）工作时，先将洗涤用水加热，然

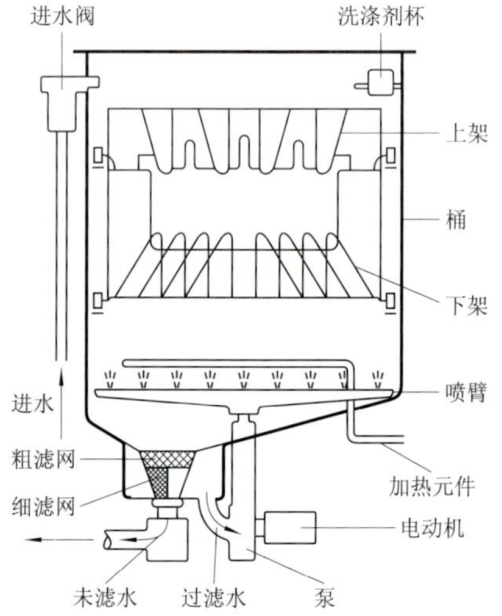

喷射式洗碗机结构

后由泵将热水抽进喷臂，从喷臂上的喷嘴喷出。由于水的喷射方向与喷臂倾斜成一角度，水喷射的反作用力驱动喷臂快速旋转，使水不停地改变喷射方向，喷射到机内的各个角落。洗涤干净后烘干。整个程序由程序控制器操作。

洗胃 stomach lavage 将胃内容物冲洗出来的临床操作。目的是彻底清除自服或误服的毒物，或排空胃内食物残渣为切除术作准备，或对毒物进行鉴定，或对肿瘤进行细胞学分析等。一般服毒者，除吞服腐蚀剂（强酸、强碱等）者外，一律要在6小时内，迅速、彻底洗胃；超过6小时以上者，也要争取尽可能洗胃。通常根据吞服的毒物，选择1∶5 000高锰酸钾溶液、2%碳酸氢钠溶液、生理盐水或温开水，加入导泻药（一般为25%～50%硫酸镁）促进毒物排出。合并门静脉高压食管静脉曲张，以及上消化道出血的患者，不宜强行洗胃。洗胃方法根据情况而定。若患者神志清楚，服药量少且时间不长，则应争取其主动配合，让其一次饮入500～1 000毫升灌洗液，然后用压舌板或令其用自己的手指刺激咽部，胃内容物立即涌吐而出，如此反复多次，直至吐出液清净为止。对病情较重或躁动的患者，可在压舌板、舌钳、开口器协助下放置口含管，迅速插入胃管（男性插入长度为55～60厘米，女性45～50厘米，儿童为眉弓至剑突的距离），注意勿误入气管。首先抽取胃内容物送检，再接电动洗胃器或洗胃漏斗，注入洗胃液反复冲洗，直到洗出液透明无药味为止。最后注入导泻药，再将胃管反折迅速拔出。

洗衣机 washing machine 利用电能产生机械作用来洗涤衣物的电器。按其额定洗涤容量（一次可洗涤的最大干衣物重量，以千克计算）分为家用和业务用两类。中国规定洗涤容量在6千克以下的属于家用洗衣机。家用洗衣机主要由箱体、洗涤脱水桶（有的洗涤桶和脱水桶分开）、传动和控制系统等组成，有的还装有加热装置。

洗衣机按操作自动化程度分为：①普通型。洗涤、漂洗、脱水各功能的操作均需用人工转换。②半自动型。洗涤、漂洗、脱水各功能中任意两个功能的转换自动完成。③全自动型。洗涤、漂洗、脱水各功能的转换全部能自动进行。按结构原理分为三种：①搅拌式（又称摆动叶式）。通过搅拌（摆动）叶的连续往复摆动，带动洗涤液和洗涤物互相作用而进行洗涤。②滚筒式（或称滚桶式）。内、外筒套装，水平放置，内筒壁上有许多小孔和几条凸筋；当内筒转动时，洗涤物随凸筋上升而后被抛下，不断翻滚摔打进行洗涤。分上装入式和前装入式。③波轮式。通过洗涤桶内波轮的转动，推动洗涤液和洗涤物不断翻滚、摩擦而进行洗涤。波轮位于洗涤桶底部的称为涡卷式，位于洗涤桶侧面的称为喷流式。集体用和商业用洗衣机最常见的是滚筒式机型。

《洗冤集录》 *Records of Redressing Grievances* 中国南宋人宋慈所著的一部法医学专著。又名《洗冤录》。宋刊本已佚，现存最早刊本为元刊本，分为检验总论和验尸、验骨、验伤、中毒、救死方5个部分。清康熙三十三年（1694），律例馆对《洗冤集录》作了校订，调整了条目次序，删去宋元条令，改为4卷，以官书《律例馆校正洗冤录》颁布。《洗冤集录》对检验尸体，判断伤亡原因以及具体检验方法论述详尽，为南宋以来的历代官府奉为尸伤检验经典，验官、仵作人手一册。关于杀人创疾的司法检验，皆以此书为据。清代《大清律例》还在卷末附印此书，以供断案参考。《洗冤集录》虽成书于1247年，但其中的许多论述被现代法医学证明是科学的。它是中国最著名的法医学专著之一，在世界法医学史上也占有十分重要的地位，它不仅指导了宋朝及其后世的司法实践，同时还对世界各国产生了重大影响。数百年来，被译成荷兰、英、法、德、日、朝鲜等国文字，被奉为法医学的经典。

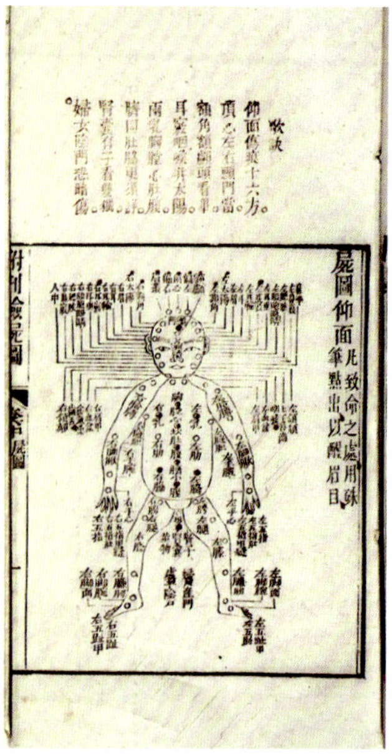
《洗冤集录》中，宋宁宗嘉泰四年（1204）诏颁的验尸正面人形图

玺印 seal 即印章。中国古称鉨或坏，后作玺，俗称图章，另有记、朱记、关防等异名。约起源于春秋末，当时官、私印均称玺。秦汉以后，规定天子称玺，臣民称印；玺为王权的象征，印则是官吏权力的凭证和百姓在社会生活交往中的信物。材质以铜为多，亦有用金、银、骨、玉、石、木、琉璃及琥珀等为材料者。形状一般为正方形，也有长方、圆、椭圆、曲尺、三角、葫芦、柿蒂、鼎及不规则等形。印钮有鼻、坛、覆斗、瓦、龟、驼、虎豹、辟邪等形。汉代以后，印钮的使用已有等级区分。玺印上刻的印文有阴、阳之别，印面文字凹陷的称阴文印或白文印，凸起的称阳文印或朱文印。书体以籀、篆为主，但也有用其他字体甚至八思巴文等少数民族文字的。通常单面刻文，亦有玺印多面刻文。汉代及以前，玺印的用途主要是封发物件和简牍，在封泥上打出印文，以防私拆，并作信验。纸帛盛行后，封泥渐废，改作用朱色钤盖。除日常应用外，还用于书画题识。古代玺印大致可分为官印、私印、吉语印、肖形印、"陶工"印、收藏印、闲文印、斋馆印等，而以官印和私印为大宗。古代玺印尤其是官印中有大量的职官与地理资料，

"皇后之玺"玉印与印文（西汉，高2厘米，边长2.8厘米，1968年陕西咸阳韩家湾乡狼家沟出土）

具有重要的史料价值。古代玺印还是重要的艺术品。

喜多川歌麿 Kitagawa Utamaro（1753～1806-01-31） 日本画家，浮世绘美人画的代表人物。原姓北川。据说出身于江户（今东京）北面上野山麓一带的农家。20岁时，他所画的书籍封面有“北川丰章”的落款，29岁才从丰章改为歌麿。自那以后，逐步成为浮世绘美人画的第一位代表性画家。

作为浮世绘美人画家，喜多川歌麿与当时的文学名人结交，在绘画中追求合乎市民文化审美趣味的美，对社会地位低下的歌舞伎、妓女也充满同情。他的画以准确的线条和单纯的色块，描绘女性的官能美，刻画女性的心理活动。他靠自学成才，一生描绘女性，留下许多优秀作品。1804年因绘制《太阁洛东五妻游观》获罪于幕府，受手铐刑，不久死去，葬于浅草菊屋桥专光寺。

《三美人图》（约1790）

歌麿的美人画画风一直影响到近现代的镝木清方、上村松园、伊东深水等人。

喜剧 comedy 戏剧主要体裁之一。发源于古希腊，由秋季祭祀酒神时狂欢游行演变而成。公元前7世纪形成一种滑稽戏，之后逐渐发展成一种完整的戏剧形式。喜剧的外在表现特征是可笑性。在喜剧作品中，遵从滑稽突梯的艺术规律，使得本质与现象、内容与形式、目的与手段、动机与效果相悖逆，因而产生滑稽戏谑的效果。喜剧的主人公一般都缺少自觉的意识，对自己所处的境地和自身的矛盾是盲目的，也不会对自己的行为进行反思。

喜剧可以分为不同的类型。如讽刺喜剧、幽默喜剧、闹剧、正喜剧等。讽刺喜剧的对象是社会生活的否定事物和人类本性中失去意义的东西。剧中主人公或者用假象遮盖自身的丑，甚至以美自炫，或者尽心竭力追求失去合理性的目的，从而构成讽刺意义上的滑稽。幽默喜剧的主人公追求的目的是合理的、有价值的，但是，为达到目的而进行的活动却与目的相悖，行动使目的落空；肯定自身价值的人对弱点的自嘲、调侃，也可以产生幽默效果。喜剧的一个极端是闹剧。它起源于法国中世纪流行的市民戏剧，其特点是把人物漫画化，充满插科打诨的场面和粗俗的戏谑。喜剧的另一种类型是正喜剧，其对象是生活中的肯定方面，可笑性转向歌颂人的美德和智慧。正喜剧如果减弱了可笑性，就容易与正剧混同。

1670年法国、意大利著名喜剧（滑稽）演员的画像（左第一人为莫里哀）

在中国，喜剧起源于秦汉的俳优和唐代的参军戏，作为一种成熟的戏剧类型则产生于12世纪。古典戏曲《看钱奴》是第一部现存的讽刺喜剧。元杂剧《李逵负荆》是幽默喜剧的代表作。关汉卿的《救风尘》、高濂的《玉簪记》等，则可以看作是正喜剧。在中国现代戏剧中，喜剧艺术则以配合政治斗争和针砭时弊为原则，多为讽刺喜剧。

喜克索人 Hyksos 由亚洲侵入埃及的游牧部族。又译海克索斯人。该名起源于埃及语，意为外国的统治者。初指侵入埃及的西亚部落首领，后来扩大为整个部落集团。该部族可能原居于叙利亚、巴勒斯坦一带，人种来源不明，主要是塞姆语系人，但也有胡里特人的因素。

在埃及中王国时期以前，喜克索人即开始侵扰埃及东北边境，第一中间期（前2181～前2040）已进入尼罗河三角洲，到第二中间期（前1786～前1567）时乘中王国衰落之机，征服了三角洲地带，并以阿发里斯为中心，建立牧羊王朝，相当于埃及第15、16王朝，其年代约延续100余年，这一王朝在希安王和奥塞雷·阿波皮一世统治时国力强盛，特别是后者统治时间至少在50年以上。喜克索王朝的统治范围，基本上只是尼罗河三角洲一带。喜克索人以武力奴役埃及人民，向他们征收贡赋；但同时也给埃及带来养马以及马车排弓、战斧等新的技术。公元前16世纪初，底比斯第17王朝塞格嫩拉二世及其继承者卡莫斯王领导埃及人民反抗喜克索人的统治。在阿赫摩斯一世时期（前1570～前1546），埃及人占领阿发里斯，喜克索人的统治崩溃。

喜马拉雅山脉 Himalaya Mountain Range 世界最雄伟高大的山脉。由数条大致平行的支脉组成。向南凸出呈弧形。分布于青藏高原南缘，西起克什米尔的南迦-帕尔巴特峰（海拔8 125米），东至雅鲁藏布江大拐弯处的南迦巴瓦峰（海拔7 782米）。全长约2 500千米。南北宽度约200～300千米。由北而南依次为大喜马拉雅山、小喜马拉雅山及西瓦利克山等。大喜马拉雅山大部分在中国境内，其西端和南侧支脉大多在巴基斯坦、印度、尼泊尔和不丹等邻国境内。主峰珠穆朗玛峰海拔8 844.43米，为世界第一高峰。

喜马拉雅山名源于梵文，意为“雪的居所”，藏民则称雪山。主脉大喜马拉雅山平均海拔6 000米以上，7 000米以上的山峰50余座，全球14座海拔8 000米以上的高峰中有10座分布于此。主脉上的一些山口要隘也多分布于海拔4 000～5 000米。其中较著名的如东段的唐拉山口（海拔4 633米）、中段的聂聂雄拉山口（海拔5 000米）及西段的索吉山口（海拔3 529米）等。高山顶部终年积雪，现代冰川作用强盛，冰川规模较大，著名的有珠穆朗玛峰中国境内的绒布冰川、加布拉冰川及印度锡金境内的热木冰川等。冰川总面积3.3万平方千米，中国境内约占1/3。雪线高度5 800～6 200米，南坡雪线低于北坡。

喜马拉雅山脉的希夏邦马峰

喜马拉雅山脉是青藏高原上隆起最晚的年轻山脉。于始新世古地中海撤退时开始升起，后经数次断块上升而形成。同时，南北向水平挤压，形成向北倾斜的叠瓦状构造，山脉南陡北缓，两坡不对称。喜马拉雅山地壳极不稳定，新构造运动十分活跃，地震活动频繁而强烈，是世界上主要大地震带之一。

喜马拉雅山脉南北两侧气候、地形、水文、生物、土壤及农业生产迥异。以喜马拉雅山脉东段为例，南坡地势险峻，河网密，流水侵蚀强，气候暖热湿润，原始森林葱郁，植物种类丰富，森林土壤多样。垂直自然带属海洋性湿润型系统。种植上限不超过4 000米。在山麓谷地内可种植水稻、鸡爪谷、玉米和小麦等多种作物，一年两至三熟。可种茶树、甘蔗、柑橘与香蕉等。密林中常见鹿、麝、黑熊、猴、小熊猫、各种毒蛇和鸟禽等。北坡地势相对和缓开阔，海拔一般在4 000米以上，气候寒冷干燥。垂直自然带属大陆性半干旱型系统。大部分地区为天然牧场，仅沿河沃土辟为耕地，可种植青稞、小麦、油菜和豌豆等作物，一年一熟。最高种植上限在聂拉木附近海拔4 760米处，有野牦牛、藏原羚、旱獭、鼠兔和狐等野生动物。喜马拉雅山脉东湿西干，西段（吉隆一带以西）的山麓地带已无热带森林。

在中国境内的喜马拉雅山地区内的主要城镇有普兰、吉隆、樟木、聂拉木、亚东、定日、墨脱等县、镇，居民以藏族为主，邻近国境地区有珞巴和门巴族以及夏尔巴人、僜人等。

山区交通艰险而闭塞。南北通商往来主要经由较低的山口。现有从拉萨经聂拉木通往尼泊尔首都加德满都的中尼国际公路和拉萨至亚东、拉萨至隆子、拉萨至普兰等公路干线。

喜马拉雅运动 Himalayan movement 新生代以来的造山运动。在亚洲大陆广泛发育，因首先在喜马拉雅山区确定而命名。中国地质学家黄汲清（1945）首先应用。这一造山运动使中生代在印度次大陆和欧亚大陆之间的特提斯海变成巨大的喜马拉雅山脉，更新统的河、湖沉积物隆升高达2 000多米。喜马拉雅运动一般认为包括3个造山幕：第一幕在古近纪始新世末至渐新世初，海水从青藏高原全部退出，并伴有强烈的褶皱、断裂以及中酸性岩浆侵入；第二幕开始于新近纪中新世初，有强烈的褶皱、断裂、岩浆侵入、变质作用等，形成了大规模逆冲推覆构造，导致地壳大幅度隆升，其侵入岩的同位素年龄为1 000万～2 000万年前；第三幕从第四纪的更新世至现在，主要表现为青藏高原的急剧隆起、周围盆地的大幅度沉降以及老断裂的继续活动，部分地区有第四纪火山喷发活动。

喜马拉雅运动不仅限于喜马拉雅山区，也发生在中国台湾省、菲律宾、印尼、缅甸西部、日本、堪察加和地中海沿岸等地。由喜马拉雅运动造成的褶皱带称喜马拉雅褶皱带。

喜鹊 *Pica pica*; common magpie 雀形目鸦科鹊属的一种。除中、南美洲与大洋洲外，几乎遍布世界各大陆。在中国，除草原和荒漠地区外，见于全国各地，有4个亚种，均为当地的留鸟。

外形似鸦，但具长尾。全长435～460毫米。除腹部及肩部外，通体呈黑色且发蓝绿色的金属光泽。翅短圆，尾远较翅长，呈楔形。嘴、腿、脚纯黑色。雌雄羽色相似。幼鸟羽色似成鸟，但黑羽部分染有褐色，金属光泽也不显著。

栖息于阔叶林内，在旷野和田间觅食，尤喜在居民点附近活动。除秋季结成小群外，全年大多成对生活。鸣声洪亮。杂食性，繁殖期捕食蝗虫、蝼蛄、地老虎、金龟甲、蛾类幼虫以及蛙类等小型动物，也盗食其他鸟类的卵和雏鸟，喜吃瓜果、谷物、植物种子等。在高树、烟囱、输电铁塔上营巢，由雌雄共同筑造。巢呈球状，以枯枝编成，内壁填以厚层泥土，内衬草叶、棉絮、兽毛、羽毛等，每年将旧巢添加新枝修补使用。喜鹊为多年性配偶。每窝产卵5～8枚。卵呈淡褐色，布褐色、灰褐色斑点。雌鸟孵卵，孵化期18天左右。雏鸟为晚成性，双亲饲喂一个月左右方能离巢。

喜树 *Camptotheca acuminate*; common camptotheca 紫树科喜树属的一种。落叶乔木。又称旱莲、千丈。此属仅一种，中国特有种。属中国重点保护植物。主要分布于四川、湖北、湖南、江西、云南、贵州、广东、广西、浙江、福建等地。

树高20～25米。叶互生，纸质，长椭圆状卵形。花单性，雌雄同株。瘦果长三棱形，筒状，果序球形，黄褐或红褐色。喜光性中等。在溪流两岸和沟谷肥沃、湿润处生长迅速，对酸性、碱性、中性土均能适应。采用种子繁殖育苗。圃地宜选择向阳避风、排水良好的疏松壤土。

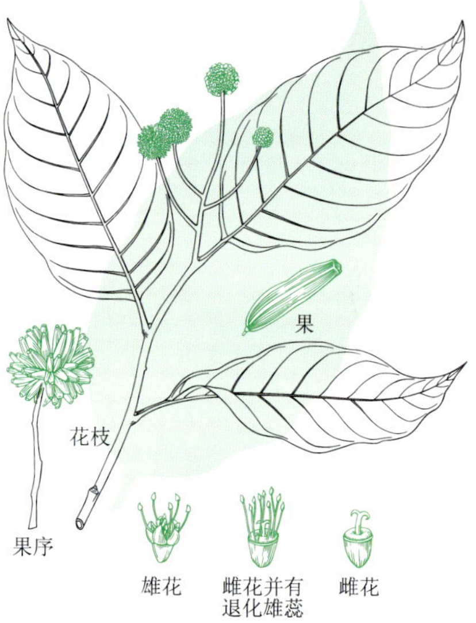

喜树形态

木材一般仅作造纸、火柴工业用材。种子、根皮中所含的喜树碱是一种抗癌药物。喜树通常用于四旁绿化和营造用材林及防护林。树姿雄伟，主干端直，少病虫害，常栽植为行道树或用于园林绿化。

喜树碱 camptothecin 喹啉型生物碱，分子式$C_{20}H_{16}N_2O_4$。存在于中国特有的珙桐科乔木喜树中，也存在于印度产铁青科小灌木马比木中。

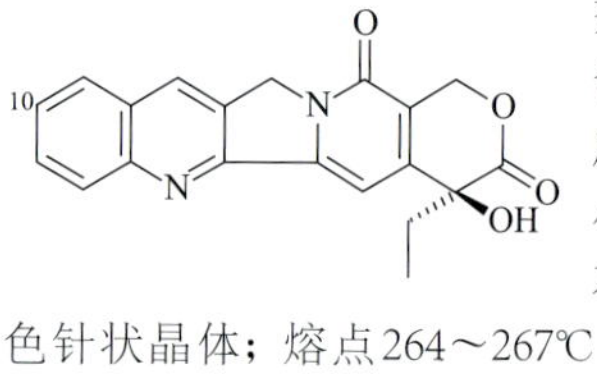

浅黄色针状晶体；熔点264～267℃（分解），比旋光度$[\alpha]_D^{25}$+31.3（氯仿：甲醇为8:2）。与酸不易生成结晶盐。喜树碱多从喜树果实中提取。1976年高怡生等合成了消旋喜树碱。喜树碱对胃肠道和头颈部癌等有较好的近期疗效，少数病人有尿血副作用。10

位（见图）上引入羟基的喜树碱称10-羟基喜树碱，它比喜树碱抗癌活性强，对肝癌和头颈部癌有明显疗效，且副作用较少。

戏法 magic　中国杂技名词。又称变戏法。泛指魔术。当代习惯将中国传统幻术称为戏法。

戏剧 drama　综合艺术的一种。有两种含义：狭义专指以古希腊悲剧和喜剧为开端，首先在欧洲各国发展起来继而在世界广泛流行的舞台演出形式，英文为drama，中国称

图1　中世纪欧洲市民戏剧（绘画）

之为话剧。广义还包括东方一些国家、民族的传统舞台演出形式，如中国的戏曲、日本的歌舞伎、印度的古典戏剧、朝鲜的唱剧等。

起源　戏剧作为人类文化的一个组成部分，与其他文化成分有着紧密联系，其起源可以追溯到古代的祭祀性歌舞。

欧洲戏剧发端于古代希腊祭祀大典上的歌舞表演。公元前6世纪末，阿里翁在春季大典上表演酒神颂时，即兴编唱诗句以回答歌队长提出的问题，忒斯庇斯则在酒神颂的歌舞中加进一个演员，由他轮流扮演几个人物，并与歌队长对话，被认为是最初的戏剧因素。古希腊悲剧的创始人埃斯库罗斯把演员增至2人，逐渐减少了歌舞叙事的因素，增加了戏剧因素，戏剧作为一种独立的艺术样式至此成型。古代希腊冬季举行祭典时，人们化装成鸟兽，狂欢游行，称之为“狂欢队伍之歌”。到公元前6世纪，它在希腊本部发展成滑稽戏，被看作是原始的喜剧。

东方民族戏剧的起源比欧洲戏剧要晚一些。在印度，公元前1世纪以前的民间迎神赛会上的表演，被看作是民族戏剧的萌芽。到2世纪，第一部戏剧理论著作《舞论》的出现，被确认为戏剧艺术臻于成熟的标志。中国戏曲艺术的血缘，可以追溯到上古时代的歌舞、巫觋等多种成分。到了唐代，古时的歌舞已发展成小型的歌舞戏，周秦的俳优表演已发展成参军戏。一般认为，中国戏曲发展成完整的、独立的艺术样式的标志是12世纪宋代的永嘉杂剧，又称南戏。在日本，古代人借助面具装扮成天神或恶魔，祈求丰收和生殖后代，有人把这种原始艺能视为民族戏剧的胚胎。12世纪前后形成的猿乐，加进了杂技、歌舞的成分。到中世纪后期创立的能乐与狂言，都具有浓重的祭祀性。起源于16世纪末的歌舞伎，到17世纪中叶已发展成歌舞与对话结合的大型古典剧。

戏剧与歌舞有血缘关系。欧洲戏剧在形成和发展进程中，歌舞成分逐步减少，而发展成以形体动作和对话为基本手段的戏剧形式；东方民族戏剧在形成和发展中，戏剧成分逐步增强，但大量的歌舞成分却被保留下来，形成了以歌舞抒情性与戏剧性并重的艺术特点。东西方戏剧的这种区别，构成人类戏剧文化的两大支脉。

历史概况　源于古希腊的西方戏剧的历史可以划分为：古希腊罗马戏剧、中世纪戏剧、文艺复兴时期戏剧、古典主义时期戏剧、启蒙运动时期戏剧、19世纪戏剧、现代戏剧和当代戏剧。

古希腊戏剧是人类戏剧的童年时期，也是它的第一个繁荣期，有许多悲剧和喜剧作品流传下来。著名悲剧作家有埃斯库罗斯、索福克勒斯、欧里庇得斯。著名喜剧作家有阿里斯托芬、米南德。在古代罗马，戏剧创作和演出也很繁荣，主要剧作家有普劳图斯、泰伦提乌斯。

欧洲的中世纪是封建专制统治的历史时期，戏剧创作和演出也以宣传宗教观念和道德说教为基本内容。有从教会仪式中的唱诗发展起来的宗教剧，在各种传奇性

图2　中世纪的戏台多为圆形，观众在四周围坐

的情节中渗透着宗教和道德的宣传的奇迹剧，取材于耶稣和圣徒传奇故事的神秘剧，从抽象的道德说教转向对社会道德的批判的道德剧，以表现世俗生活和辛辣的社会讽刺为特征的笑剧。

欧洲的14～16世纪，是人类文化发展史上的一个重要时期。发源于意大利的强大的人文主义运动，从反对封建专制、教会权威和禁欲主义的历史要求出发，提倡人对现世幸福的追求和个性自由。它大大推动了文学艺术的发展，在戏剧史上也形成了第二个繁荣期，出现了C.马洛、W.莎士比亚、B.琼森、L.de鲁埃达、L.F.de维加·卡尔皮奥等优秀剧作家。

到17世纪，欧洲戏剧进入古典主义时期。它强调理性，强调表现人类的本质，悲剧与喜剧界限严格，提出三一律作为结构的模式，强调语言的质朴典雅。这一时期的戏剧以法国为旗帜出现了P.高乃依、莫里哀、J.拉辛等优秀剧作家。

18世纪欧洲启蒙运动时期，法国启蒙运动主将D.狄德罗根据历史的要求提出建立市民戏剧、严肃喜剧的纲领，剧作家P.-A.C.de博马舍则为这种新兴戏剧提供了实践的范例。在德国，G.E.莱辛成为民族戏剧的创始人，到70年代，狂飙突进运动推出了伟大的剧作家J.W.von歌德和J.C.F.von席勒。在意大利，长期流行的即兴喜剧的传统，造就出启蒙剧作家C.哥尔多尼，他的喜剧作品对后世有很大影响。

在19世纪，欧洲戏剧分为两大流派：浪漫主义戏剧与现实主义戏剧。浪漫主义戏剧以强调表现主观的内心生活、强调创作自由为原则，代表性作家有法国的V.雨果、A.de维尼、A.de缪塞、大仲马，德国的H.von克莱斯特，俄国的A.S.普希金等。在19世纪30年代以后发展起来的现实主义戏剧，则更重视客观性及细节真实，它强调再现完整的人，重视人的个性特征。优秀剧作家有挪威的H.易卜生，法国的小仲马，英国的萧伯纳、J.高尔斯华绥，俄国的N.V.果戈理、A.N.奥斯特洛夫斯基、L.N.托尔斯泰、A.P.契诃夫、M.高尔基等。与现实主义戏剧密切相关的是自然主义戏剧。这一流派的创作原则与现实主义相通，但却更强调用实验的方法去研究与表现人的精神生活，强调从生理与病理的角度去发掘人的本能。法国的É.左拉是自然主义小说和戏剧的倡导者，德国的G.豪普特曼、瑞典的J.A.斯特林堡等也曾受其影响。

19世纪末以后，世界戏剧呈现出多种流派相互竞争、相互吸收的局面，这段历史时期的西方戏剧可以第二次世界大战为界划分为现代和当代，也可以统称为现代戏剧。在这一阶段，美国戏剧大有后来居上之势，被誉为美国现代戏剧之父的E.奥

尼尔有大量现实主义剧作问世，也写过属于其他流派的作品。其间与现实主义戏剧并存的是此起彼伏的诸多新流派，诸如象征主义、表现主义、未来主义、超现实主义、存在主义、荒诞派等，也可统称为现代派戏剧。

东方各国的民族戏剧很难纳入以上的历史分期，而西方戏剧的引入则是近代的事情。

在日本，到17世纪发展成熟的歌舞伎，乃是民族戏剧最完整的形式。20世纪初，坪内逍遥把欧洲戏剧形式引进日本，称之为新剧（即话剧）。印度戏剧从公元前后到12世纪为古典梵剧时期。从17世纪下半叶到19世纪，是印度戏剧的近代时期。1919年以后，是印度戏剧的现代时期。在朝鲜、印度尼西亚、泰国、越南等也都有自己的民族戏剧和从西方引进的戏剧，后者的形式是相近的，而民族戏剧则各有特色。

中国戏曲艺术有800年以上的历史，由南宋戏文、金元杂剧、明清传奇、近代北方小戏直到现代新戏曲，不断繁衍，创造了在世界戏剧中自成体系的舞台艺术，对世界戏剧宝库作出了宝贵的贡献。20世纪初，西方戏剧传入中国，1928年，戏剧家洪深提议把它定名为话剧。以1949年中华人民共和国建立为标志，中国话剧分为现代和当代两个时期。

本质 公元前4世纪，亚里士多德在《诗学》中已经表述了对戏剧本质的认识。他认为：一切艺术都是模仿，戏剧是对人的行动的模仿。两个世纪以后，印度的第一部戏剧理论著作《舞论》也指明："戏剧就是模仿。"19世纪以后，对戏剧本质的研讨出现了众说纷纭的局面，主要有观众说，冲突说，激变说，情境、实验室说等。

"观众"说 认定观众是戏剧的必要条件，也是戏剧的本质所在。法国戏剧理论家F.萨赛断言：不管是什么样的戏剧作品，都是为了给观众看的。"没有观众，就没有戏剧"，因而，戏剧的一切器官都必须与观众的欣赏相适应。

"冲突"说 以法国戏剧理论家F.布伦退尔为代表。19世纪末，布伦退尔指出：舞台乃是人的自觉意志发挥的场所，人物的自觉意志的发挥必定会遇到阻碍，主体为克服阻碍就要与之斗争，这就构成"意志冲突"，戏剧的本质就在于此。美国戏剧理论家J.H.劳森则把戏剧的本质归之为"自觉意志在其中发挥作用的社会性冲突"。他认为：由于戏剧是处理社会关系的，而人的自觉意志又必须受社会必然性的制约，因而，真正的戏剧性冲突必须是社会性冲突。这种观念可以一句话来表述："没有冲突就没有戏剧。"

"激变"说 英国戏剧理论家W.阿契尔否定布伦退尔的"冲突"说，他把小说与戏剧相比较，认为小说是"渐变"的艺术，而戏剧是"激变"的艺术，戏剧所处理的是人的命运和环境的一次激变，这就是戏剧本质的所在。

"情境、实验室"说 早在18世纪，法国哲学家D.狄德罗就曾把"情境"看作是戏剧作品的基础。G.W.F.黑格尔在谈到戏剧的特性时，也曾把"情境"与"冲突"联系在一起，并强调情境的本体意义。存在主义哲学家、剧作家J.-P.萨特把自己的剧本称为"情境剧"，并把戏剧的对象说成是人在情境中的选择行为。B.布莱希特则把戏剧看作是一种科学的方法，认为剧院乃是检验人类在特定情境中行为的实验室。这种观念也从一个特定的角度界定了戏剧的本质。

形态 在古代希腊，艺术被划分为音乐、绘画、雕塑、建筑与诗，戏剧被划归诗的范畴。但是，真正的戏剧艺术应该包容诗（文学）、音乐、绘画、雕塑、建筑以及舞蹈等多种艺术成分，因而被称为综合艺术。

每一种艺术都有特殊的表现手段，从而构成形象的外在形态。作为一种综合艺术，戏剧融合了多种艺术的表现手段，它们在综合体中直接的、外在的表现是：①文学。主要指剧本。②造型艺术。主要指布景、灯光、道具、服装、化装。③音乐。主要指戏剧演出中的音响、插曲、配乐等，在戏曲、歌剧中，还包括曲调、演唱等。④舞蹈。主要指舞剧、戏曲艺术中包含的舞蹈成分，在话剧中转化为演员的表演艺术——动作艺术。

在戏剧综合体中，演员的表演艺术居于中心、主导地位，它是戏剧艺术的本体。表演艺术的手段——形体动作和台词，是戏剧艺术的基本手段。其他艺术因素，都被本体所融化。剧本是戏剧演出的基础，它作为一种文学形式，虽然可以像小说那样供人阅读，但它的基本价值在于可演性，不能演出的剧本，不是好的戏剧作品。戏剧演出中的音乐成分，无论是插曲、配乐还是音响，其价值主要在于对演员塑造舞台形象的协同作用。戏剧演出中的造型艺术成分，如布景、灯光、道具、服装、化装，也是从不同的角度为演员塑造舞台形象起特定辅助作用的。以演员表演艺术为本体，对多种艺术成分进行吸收与融化，构成了戏剧艺术的外在形态。

戏剧文学 dramatic literature 与诗歌、散文和小说并列的4种最重要的文学形式之一，主要有话剧和歌剧两个品种。在欧美国家，一般指话剧，而歌剧则被归入音乐作品之列。戏剧文学是为舞台表演而写作的文学作品（剧本），由戏剧角色的独白和对话，以及作者的舞台提示（事件展开的时间和环境、角色的身份等）和对演员表演的指示或说明组成。此外，也有作者无意付诸演出或不适于舞台演出的"阅读剧"。

西方的戏剧文学起源于古代希腊，是继抒情诗、史诗之后形成的第三类文学体裁。最初的雏形是宗教祭祀仪式上的表演，伴以歌唱和音乐，目的是创造宗教崇拜的气氛。后来，这种每年冬春两季在祭祀酒神狄奥尼索斯的庆典上举行的活动，渐渐过渡到以诗人们所写的剧本为基础的、相对独立和完整的演出活动。公元前5世纪以后，陆续出现了埃斯库罗斯、索福克勒斯和欧里庇得斯等优秀悲剧作家以及喜剧作家阿里斯托芬，戏剧的基本形式得以确立，并形成两大主要类型——悲剧和喜剧。中世纪的戏剧以来源于弥撒活动的宗教戏剧为主，以表现《圣经》中的思想为主题。这一时期还产生了神秘剧、奇迹剧和道德剧的形式。文艺复兴时期，英国戏剧创作达到了一个高峰，出现了W.莎士比亚等杰出剧作家和一大批优秀作品。在17世纪，法国古典主义剧作家和戏剧理论家N.布瓦洛、P.高乃依等主张戏剧应效仿古代希腊罗马的题材和形式，严格遵守"三一律"。但这一主张在18世纪的文学争论（"古今之争"）中遭到以D.狄德罗和G.E.莱辛为代表的启蒙思想家和文学家的尖锐批判，随之在德国和法国出现了表现现实内容和普通人生活的"市民戏剧"。此后，在历次文学潮流的变迁与更迭之中，戏剧的形式和内容不断发展，出现了各种戏剧流派与风格。20世纪的戏剧更加多种多样，特别值得一提的是以H.易卜生、G.豪普特曼为代表的自然主义戏剧、J.A.斯特林堡等人的表现主义戏剧、B.布莱希特创造的叙事剧和J.-P.萨特、A.加缪、S.贝克特等人的"存在主义戏剧"和"荒诞派戏剧"。

与欧美国家不同，在中国，"戏剧文学"一般取其广义概念，即包括话剧、歌剧和戏曲。话剧和歌剧是在五四运动以后才传入中国的，而戏曲作为中国传统戏剧形式，已有2 000多年的历史，它是包含文学、音乐、舞蹈、美术、武术、杂技以及人物扮演等各种因素的综合艺术，是人民大众、戏曲作者和戏曲艺人共同创造的成果。中国戏曲源于秦汉的乐舞、俳优和百戏。唐代有参军戏，北宋时形成了宋杂剧；南宋时温州一带产生的戏文，一般被认为是中国戏曲最早的成熟形式；金末元初在中国北方出现了元杂剧；明清两代又在戏文和杂剧的基础上形成了传奇剧。各种地方戏剧也纷纷产生，而昆腔和京剧是其中普及面最大的剧种。

《戏剧小工具篇》 *Little Organum for the Theatre* 德国戏剧家B.布莱希特的总结性戏剧理论著作。1948年完成。全书分77篇，以论纲的形式全面阐述了布莱希特叙述剧的理论、美学思想与演剧方法，是一部系统的“科学时代的戏剧”的理论作品，因而又被称为“新诗学”。书中指出，戏剧的目的为娱乐人，而不是宣扬道德，戏剧作为人类生活的反映，必须要投身于现实，反映现实，甚至于改造现实。为此，它必须与传统的戏剧决裂，即打破建立在情感共鸣基础之上的亚里士多德“戏剧性戏剧”模式，代之以建立在陌生化效果之上的“叙述体戏剧”。此外，布莱希特还就如何帮助观众破除幻觉、如何在舞台上制造陌生化效果、如何创造人物等作了细致深入的阐述。作为补充，布莱希特后来还发表了《戏剧小工具篇补遗》。

戏剧性 theatricality　戏剧的特性在作品中的具体体现。主要指在假定情境中人物心理的直观外现。

戏剧性是把人物的内心活动（思想、感情、意志及其他心理因素）通过外部动作、台词、表情等直观外现出来，直接诉诸观众的感官。在戏剧作品中，人物的心理活动都受情境的规定和制约，而作为心理直观外现的手段——动作，也都以情境为前提条件。特定的情境——特定的心理内容——特定的动作，这是体现在戏剧作品中的一个因果性链条。同时，在戏剧作品中，每一个情境都具有不同程度的假定性。据此，“假定情境”也应该成为戏剧性的内涵。

人们在谈到戏剧性的时候，还常常涉及偶然性、巧合、骤变等现象，这是戏剧性的原始的、外在的含义。

由于戏剧理论家们对戏剧的特性持有不同的观点，因而对戏剧性的解释也不一样，如有人把戏剧性与冲突联系在一起，认为戏剧性就在于紧张、深刻的矛盾冲突，所谓“没有冲突就没有戏”等。

戏曲 Chinese opera　中国传统戏剧的独特称谓。为包括宋元南戏、元明杂剧、明清传奇，以及近代的京剧和所有地方戏在内的通称。

独树一帜的戏剧文化　戏曲具有三大特征。其一是综合性。世界各国戏剧都是时间艺术与空间艺术的综合，而中国传统戏剧的综合有其独特的历程和形态。从艺术因素的构成看，戏曲主要来源于歌舞、滑稽戏、说唱三种表演艺术。此外，还有武术、杂技、傀儡戏、影戏等民间技艺的参与。中国历史上长期存在把各种表演艺术集中在一个场所进行演出的习惯，唐代的庙会、宋代的“瓦舍”就是这种集中各种技艺的演出场所。它们起着促使各种技艺相互竞争、相互渗透、相互吸收的作用，终于在12世纪催生了宋元南戏、金元杂剧这样完整的戏剧体制。戏曲的综合，首先是以唱念做打为中心的表演艺术手段的综合。在各种技艺长期进行交流的艺术实践中，它们逐渐从各种技艺中被提取出来，成为戏曲的表现手段，这使戏曲拥有了不同于世界其他戏剧的独特形态。其次是文学、音乐、美术与表演的熔铸为一。在具体的剧目里，由节奏把它们统驭在一起，从而达到相互间的艺术和谐。这两种综合充分调动了各种艺术手段的表现功能，也充分发挥了曲词、音韵、色彩、表情的感染力，形成中国独有的节奏鲜明的戏曲表演艺术。

其二是虚拟性。世界上的古老戏剧都是在物质条件低下、舞台技术落后的演出环境中形成和发展起来的。西方戏剧由此出发，经过长期的探索和创造，终于走上了写实的道路，力图模仿生活的原形，在舞台上制造出生活的幻觉。中国传统戏剧则在深厚的民族文化和美学传统的影响下，没有走上写实的道路，而是开辟出一条独特的反映生活的途径。其中重要的一点就是虚拟性。虚拟是戏曲反映生活的基本手法。

戏曲的虚拟性首先体现为对舞台时间和舞台空间处理的灵活性，即用有限的舞台空间反映无限的生活，在以时计的演出时间里反映时间跨度往往以年、月计的戏剧情节。它把舞台空间和时间设定、处理成不固定的、自由的、流动的空间和时间，从而突破了舞台的限制。一个圆场，十万八千里；几声更鼓，夜尽天明；一桌二椅，演化出千家万户；刹那间的思量，生发出婉转漫延的歌唱。运用自如、富有弹性的舞台空间和时间，完全由剧作者和演员予以假定，这就给予艺术创造以广阔天地，开拓了戏曲表现生活的自由领域。

戏曲的虚拟性还体现为演员表演动作的虚拟。大凡登山、涉水、行船、走马等生活动作，皆可用虚拟动作在舞台上呈现出来。虚拟动作是虚实互补、美化了的生活动作，能够调动观众的生活经验，借助观众的联想来完成艺术创造。这就是戏曲艺术家可以在几乎是空旷的舞台和广场上，表现出异彩纷呈的场面和千姿百态的人物的奥秘所在。

其三是程式性。程式是戏曲反映生活的一种规范化的艺术形式。表演程式就是生活动作的规范化，它赋予表演动作以固定的或基本固定的格式。正冠、捋髯、上下楼、开关门等表演动作都有一套固定的程式。有些程式动作有自己的特殊名称，诸如“卧鱼”、“吊毛”、“抢背”等。程式动作往往与虚拟动作融为一体，是生活动作的舞蹈化，使生活动作升华为美化和节奏化了的艺术形态。昆剧《千金记》中有一出描写项羽随叔父项梁起兵灭秦的戏，其中项羽有“且把那盔甲披装，精神抖擞”的唱词和动作，突出了项羽的威武勇猛。《缀白裘》选录此出戏时，把原出名《励兵》改作《起霸》。后来的戏曲演员丰富了项羽整盔束甲的动作，形成程式化的舞蹈套路，广泛用于其他武将整盔束甲的动作，遂名之为“起霸”。

戏曲程式不限于表演动作，其他如剧本体制、脚色行当、音乐唱腔、化妆服装等带有规范性的表现形式，都可以泛称为程式。程式的普遍运用，形成戏曲既反映生活、又同生活形态保持距离；既取材于生活，又比生活夸张、精美的独特色彩。戏曲程式不是一成不变的，千百年来，戏曲艺术家为了表现丰富多彩的生活，创造性地运用、改造、发展了程式，表明戏曲程式既有规范性，也有灵活性，是不断发展变化的。

综合性、虚拟性、程式性是戏曲的主要艺术特征。它们凝聚着中国传统文化的美学思想精髓，使中国的传统戏剧——戏曲在世界戏剧文化的大舞台上闪耀着东方艺术的特异光辉。

植根于人民生活的戏曲　戏曲之所以具有旺盛的生命力，原因是它深深植根于广大人民生活的土壤。原始公社时期，氏族聚居的村落产生了原始歌舞。中国古老的农村中往往保持着这种源远流长的歌舞传统，“傩”就一直存留于南方的一些偏僻农村。而且在古老的歌舞传统消失的地方，

图1　西周青铜傩面具（河南禹州出土）

一些新的歌舞如社火、秧歌又会适应人民精神生活的需要而诞生。

自汉代以来，农村的歌舞艺术中出现了具有故事性的歌舞节目，远如《东海黄公》、《踏摇娘》，近如《小放牛》和东北二人转等。它们有了人物形象的雏形，但没有完整的故事情节，是介于歌舞与戏曲之间的过渡型表演艺术。12世纪中叶到13世纪初，由于城市商品经济和商业手工业的发展，逐渐产生了职业艺人和商业性演出团体，出现了反映市民生活和观点的宋杂剧和金院本。以后的百余年间，在宋、金时代和金、元时代，诞生了南戏和北杂剧。这一时期，剧作家辈出，并且与人民群众息息相通。他们对自己所处时代十分敏感，

尽管于现实的态度各不相同，但不满现实却是共同的。关汉卿是其中最富于斗争性的伟大剧作家。他在《窦娥冤》中借枉死的窦娥倾诉了胸中的愤懑，又在《救风尘》、《望江亭》等剧中倡导要对权豪势力进行有策略的机智的斗争。纪君祥的《赵氏孤儿大报仇》以壮烈的悲剧寄托了对赵宋时代的怀念。马致远的《汉宫秋》通过一个年轻女子的和亲遭际，痛斥了前朝文臣武将在危急存亡之秋不能为国分忧的卑怯。《拜月记》充满同情地描写了在乱离中结为夫妻的王瑞兰和蒋世隆的命运，对王瑞兰父亲的封建家长思想和态度极其反感。《琵琶记》赞赏在饥荒年月牺牲自己、孝敬公婆的赵五娘，颂扬急公好义、怜贫惜老的张大公，而对富贵以后不顾贫贱父母、糟糠妻室的蔡伯喈作了严厉的批判。这些作品以不同题材、从不同角度反映了这一时期人民群众的思想感情。

图2 戏剧砖石雕上的人物形象（山西稷山马村2号金墓出土）

16世纪的明代中叶，在资本主义萌芽的江南一带，昆山腔兴盛起来。它受到封建上层人士的欢迎，经常演出于豪门富室的厅堂和庭院。从明中叶到清初，昆山腔剧作家创作了大量作品，其中最杰出的就是汤显祖"四梦"中的《牡丹亭》，它揭示情与理的矛盾，呼唤人间真情，突出体现了晚明的人文主义思潮。那个时期的昆山腔剧目着力反映了当时的政治斗争。最有代表性的就是描写忠奸斗争的《鸣凤记》，以及描写清官为民请命而与各级官僚进行斗争的《十五贯》。那个时期还出现了反映市民运动和市民生活的戏剧作品，前者如描写市井民众反对官府横征暴敛的《清忠谱》，后者如描写卖油郎与花魁娘子爱情故事的《占花魁》。这类新颖题材都是当时的观众所欢迎和关心的。由此可见，昆山腔的一些剧作家在思想感情上与人民群众是紧密相连的。

这个时期比较受农民欢迎的戏，是弋阳腔的演出剧目。弋阳腔产生在江西的弋阳，并随着当地商人的四处流动而遍及全国。它的演出剧目有一部分改编自宋元南戏以及和它同时代的一些声腔剧种，大量是由下层社会文人和无名作家所创作的。其中有很多历史故事戏，比如《古城记》、《草庐记》、《白袍记》等。它们按照农民的观点和趣味来评价历史生活和历史人物。还有相当数量的民间故事戏，比如《织锦记》、《长城记》、《同窗记》等。

明末清初，多种地方戏在各地孕育、产生。这是一个动荡、离乱的时代，也是一个英雄辈出的时代。这时的地方戏，主要是北方的梆子和南方的皮黄，它们顺应时势，推出许多新的内容。舞台上出现了隋唐之际瓦岗寨群雄中的秦琼、程咬金、单雄信，五代和宋初的历史风云人物赵匡胤、郑子明、陶三春，以及杨家将故事中的杨继业父子、焦赞、孟良、穆桂英、杨排风。这些戏曲人物都是依据演义小说重新塑造的。他们中间有起义于乱世的豪杰，有可以共患难而不能共安乐的皇帝，有闹朝、打朝的斗士，有风趣、颟顸的武夫，有英姿飒爽的女英雄。他们具备如此强烈而鲜明的性格，是以前的戏曲舞台未曾见过或很少见过的人物。还有一类描写军人生活的戏，比如具有悲怆色彩的正剧《投军别窑》，描写薛平贵、王宝钏久别重逢的喜剧《武家坡》，它们是许多农民离乡背井、长期从军、思家情切的一种曲折反映。

戏曲形式的不断革新 为了表现不同时代的生活内容，戏曲形式需要不断革新。戏曲形式的革新，首先是多方运用新的艺术手段塑造新的人物，逐渐形成新的行当。元杂剧之所以能从金院本脱颖而出，成为当时居于首席地位的独立大剧种，就是因为能在舞台上塑造金院本无力表现的新人物。金院本只有一些喜剧和闹剧人物，他们是市井中常见的小官吏、小商人、村俗妇女、酸秀才、和尚、道士、兵卒、乞丐、骗子、小偷之类。他们之间的矛盾往往是生活琐事，又出之于调侃、滑稽。因此，它的脚色行当也局限于副净、副末、装旦的范围。元杂剧所处理的题材较之金院本要复杂、深刻、严峻得多。它所反映的官吏贪赃枉法、草菅人命，就是一个严重的社会问题。元杂剧中常出现的"斋郎"、"衙内"、"舍人"之类的权豪势要横蛮凶狠、愚顽卑劣。相对于贪官污吏、权豪势要等形象，涌现出一批富有斗争精神和斗争智慧的妇女形象和清官形象。于是元杂剧就从金院本的基础上推陈出新，创造了以正末、正旦为主，以唱为主的新体制。唱在元杂剧中得到重大发展，成为抒发人物感情的最重要手段，艺术表现力有了很大的加强。

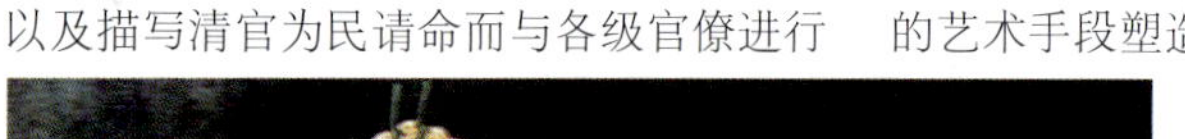

图3《群英会》戏画（程长庚饰鲁肃，卢胜奎饰诸葛亮，徐小香饰周瑜）

明传奇中的昆山腔也开拓自己的题材，创造了一批新人物。清官、忠臣、权奸、市民起义的领袖和其他形形色色的市民活跃于当时的舞台，有些戏中的市民还由配角变成了主角。如果说元杂剧里一再出现的包待制、王翛然还多少带有想象成分，昆山腔里的忠臣、清官却是从现实生活提炼出来的人物。他们抬着棺材犯颜直谏，可以置身家于度外；为了给老百姓平反冤狱，甘心承担丢官罢职的风险。新题材的开拓，新人物的创造，促进了脚色行当的演变。昆山腔按人物性格类型分行，把老生与正生（小生）、老外、末区别开来，较之元杂剧的正末，说明表演艺术有了很大发展。大面（净）区别于二面（付）、三面（丑），又有白面、黑面、红面之分，较之元杂剧的净行脚色，也说明表演有了艺术的专工。丑与付扮演的人物同样是各有侧重，各有独特的艺术创造。

在戏曲的革新中，唱腔的变化也是一个重要方面。剧种的兴替，一个剧种的发展，都与唱腔的演进有着密切关系。明代戏曲理论家王骥德所说的戏曲声腔三十年一变，意在指出戏曲声腔在一定时间内会有变化，他看到了戏曲发展的某种规律。南曲掩蔽了风靡一时的北曲，海盐、余姚、弋阳、昆山等腔应运而生，就是因为时世推移，旧听众已被新听众取代的缘故。谭鑫培化用其他行当的唱腔，丰富老生的唱腔，京剧的演唱由此得到发展。变易是事物生生不已的规律，戏曲亦莫能外。

《礼记·乐记》："是故治世之音安以乐，其政和；乱世之音怨以怒，其政乖，亡国之音哀以思，其民困；声音之道，与政通矣。"这说出了包括戏曲声腔在内的音乐与社会政治变化的关系。皮黄初传至北京时，程长庚的唱腔实大声洪，到了谭鑫培，唱腔中哀伤、悲愤之音多起来，这反映了清末国事日非，人民极端不满而又看不到出路的心情。

中国幅员辽阔，人口众多，方言语音复杂，民间艺术多样，因而声腔剧种的产生总要受到地域文化的重大影响。无论南昆、北弋、东柳、西梆，或是高腔、皮黄，在地域文化的影响下，不仅唱腔不同、表演有异，还拥有各具特色的剧目。声腔剧种的流布同样受到地域文化的影响。产生于山西、陕西之间的山陕梆子，流入关中演为**秦腔**，在河东则是蒲州梆子，到晋北则是北路梆子，入晋中成为中路梆子，进河北成为**河北梆子**，再传河南形成河南梆子，继续往东形成山东梆子。它们与各地的方言、语音、民歌、小戏结合，业已衍变为许多独立的剧种。故此，今日中国各地的戏曲剧种既有共同的风格，又有千差万别的个性和丰富多彩的艺术表现能力。

中国近代社会发生了急剧变化，一些有远见的艺术家也努力创造出一些反映这个时代的新剧目。**汪笑侬**的《哭祖庙》，黄吉安的《柴市节》，**梅兰芳**的《生死恨》，**程砚秋**的《荒山泪》，**周信芳**的《洪承畴》，以及田汉的《江汉渔歌》，欧阳予倩的《梁红玉》等，都能透过各自的艺术创造传达出时代的声音。中华人民共和国建立后，

图4　京剧《义责王魁》剧照（周信芳饰王中）

古老的戏曲循着“百花齐放，推陈出新”的方针前进，更是充满生机，在整理、改编、创作传统剧目、历史题材剧目、现代题材剧目等方面，都做出很大成绩。与此同时，发展了表、导演艺术和舞美艺术，培养出几代优秀的戏曲演员，一些年轻剧种也因此获得旺盛的生命力。对戏曲的研究亦有很大进展，近60年来编纂出多部演员的传记和艺术经验谈，撰写了多部探讨戏曲艺术历史和规律、技巧的著作，对古代戏曲理论也作了有效的整理。

戏曲片　opera film　中国民族戏曲与电影艺术结合的一个片种。1905年，中国摄制的第一部无声片《**定军山**》，实际上是京剧老生**谭鑫培**主演的同名京剧片段。1954年新中国摄制的第一部彩色影片《梁山伯与祝英台》也是戏曲片。戏曲片有记录一出完整戏曲剧目的，也有记录著名戏曲演员表演片段和折子戏集锦的。如《群英会》、《盖叫天的舞台艺术》。还有的突破舞台框子，采用布景或实景，将戏曲艺术表现手段与电影艺术表现手段结合起来，使之兼备二者之长，比如《野猪林》（京剧）、《红楼梦》（**越剧**）。在美工及其他艺术处理上，戏曲片都注意保持戏曲的特点和原剧的风格，以满足观众对传统戏曲的欣赏习惯。

戏曲曲谱　music score of Chinese opera　中国戏曲唱词格律谱和戏曲唱腔乐谱等的总称。

戏曲唱词格律谱　联曲体戏曲曲调格律谱。通常也称“曲谱”。联曲体戏曲的曲调句式、字声、韵位等皆有基本的定式，“曲谱”便是列出曲调的具体谱式，供作家依谱填词。“曲谱”通常按宫调排列曲调，按照不同的声情，将曲调分隶于相应的宫调之下。

“曲谱”有南曲谱与北曲谱之分。北曲谱的编撰始于元代。元代泰定年间周德清所编撰的《中原音韵》，具有了北曲谱的雏形。明代初年，朱权的《**太和正音谱**》是第一部体制完备的北曲谱。此后，在明代又陆续出现了一些北曲谱，但在体制和内容上都没有新的发展。直到清代初年李玉的《北词广正谱》的出现，北曲谱的编撰才在《太和正音谱》的基础上有了较大的发展，使北曲谱在体制与内容上都臻于完善。该谱为当时及后世的戏曲家们争相依奉，成为最常用的一部北曲谱。

刊刻于元天历年间（1328～1330）的《十三调谱》与《九宫谱》是目前所知道的两部最早的南曲谱。但两谱在明代就仅存曲目，其体制是否完备，已无法考见。从现存的南曲谱来看，体制较完备的南曲谱，首推明代蒋孝的《旧编南九宫词谱》。《旧编南九宫词谱》简称《旧谱》，是在元代《九宫谱》的基础上编撰而成的。其所列的曲目，在南戏和传奇剧本中找到相应的曲文收入谱中，使每一支曲调下都有了范例，这样就大致规定了该曲调的句格，使作家有了借鉴的依据。《增定查补南九宫十三调谱》，又名《南九宫词谱》或《南词全谱》，是**沈璟**为纠《旧谱》之弊而作。自沈谱以后，南曲谱的编者渐多，较有影响的有沈自晋的《南词新谱》、**冯梦龙**的《墨憨斋词谱》、**张大复**的《寒山堂新定九宫十三摄南曲谱》、查继佐的《九宫谱定》、王奕清等合编的《钦定曲谱》、吕士雄等合编的《南词定律》、周祥钰等合编的《九宫大成南北词宫谱》（简称《九宫大成谱》）、钮少雅、徐于室合编的《南曲九宫正始》等。在这众多的曲谱中，以《南曲九宫正始》与《九宫大成谱》的成就最高，它们从不同的角度，集南曲谱之大成，继沈谱以后，把南曲谱的编撰发展到了一个新的高度。

自清代中叶起，联曲体戏曲渐趋衰落，故对于曲谱的编撰也进入尾声，尤其是进入中华民国以后，编撰曲谱者更是凤毛麟角，**吴梅**的《南北词简谱》可以说是最后一部曲谱了。

戏曲唱腔乐谱　用工尺谱、简谱、五线谱记录的戏曲唱腔乐谱。传统称作“宫谱”。戏曲宫谱多为工尺谱，即是用合、四、一、上、尺、工、凡、六、五、乙等俗字来标注曲调的唱腔。戏曲由于有脚色之别，同一曲调因脚色及所扮演的人物类型不同，在声情上有所区别，故戏曲工尺谱采用可变动的首调唱名法，以笛色定调。

戏曲工尺谱工尺字符的标注有三种形式：一是蓑衣式，将字符斜注于曲字旁，状如蓑衣，故称；二是玉柱式，将字符垂直标注于曲字旁，状如一炷香，故俗称一炷香式；三是一字式，将字符横向平行标注在曲字旁。戏曲工尺谱除了标注工尺等字符外，还标注节奏符号，即板眼。另外，戏曲工尺谱还标注了装饰小腔，如常用的有叠腔、嚯腔、豁腔、断腔、擞腔、掇腔等。

戏曲工尺谱多出于文人清唱家之手，但由于订谱的目的不同，戏曲工尺谱有清宫谱与戏宫谱之分。前者用于清唱，后者则是为指导和规范戏班艺人的演唱而编订。清宫谱的曲字腔格按字声严加考订，工尺音符标注精严细致，但通常只标注**板式**、中眼，不标注小眼，不分正衬，又谱中只收列曲文，不收科白，所选剧目，也多以**生**、**旦**行当的唱工戏为主。戏宫谱多是根据舞台演出本整理而成，曲文、科白皆收，为方便艺人按谱演唱，板式标注具体细致，不仅标明各种板式符号，而且也注明豁腔、擞腔、断腔等装饰小腔。所收剧目，注重舞台的演出效果，除了选收生、旦等唱工戏外，兼顾其他行当的戏。

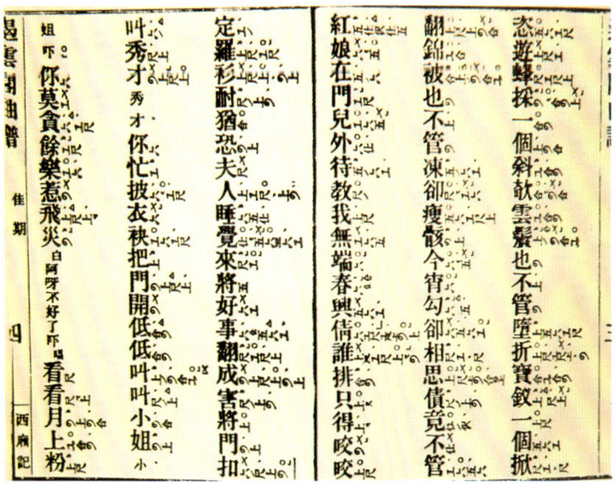

王锡纯辑《遏云阁曲谱》[清同治九年（1870）上海著易堂书局刊印]

在前人所编的戏曲工尺谱中，属于清宫谱的有《九宫大成南北词宫谱》、《太古传宗曲谱》、《吟香堂曲谱》、《纳书楹曲谱》等工尺谱，属于戏宫谱的有《遏云阁曲谱》（见图）、《六也曲谱》、《昆曲大全》、《春雪阁曲谱》等。另《集成曲谱》兼戏宫谱与清宫谱之长。

近代以来，随着西洋音乐的传入，出现了一些用简谱或五线

谱来记录戏曲唱腔的乐谱，如1915年刊印的《风琴戏曲谱》，收录了《天水关》、《洪洋洞》、《文昭关》、《三娘教子》、《二进宫》、《空城计》等十余出京剧的唱腔选段；又如刘天华的《梅兰芳歌曲谱》则是用五线谱记录的戏曲唱腔乐谱。

戏文 Southern drama 中国宋元时期流行于长江中下游和东南沿海一带的、以演唱五声音阶的南曲为主的戏曲艺术。由宋杂剧和唱赚、宋词演唱和当地民间村坊小曲、里巷歌谣等艺术综合发展而成。戏文亦称南戏，又有“温州杂剧”和“永嘉杂剧”之称。今知戏文剧本有200余种，但大部分散佚，全本流传的仅有《小孙屠》、《张协状元》、《宦门子弟错立身》、《拜月亭》、《荆钗记》、《白兔记》、《杀狗记》、《琵琶记》等10余种，大都经过明人增删改写。现在东南沿海地区的一些古老剧种中还保留戏文的一些传统剧目，浙、闽等地仍以戏文作为戏曲艺术的泛称。见宋元南戏。

系统 system 由多个部分（组分）经过相互作用、相互依赖、相互约束形成的具有一定功能、结构的整体。系统科学将客观世界的所有对象都作为系统来研究。

系统概念包含组成系统的组分、组分之间的关系和系统整体。组分可以作为另一研究问题的系统。如原子系统的组分有原子核、电子；原子核又可以作为系统，其组分为中子、质子。组分之间的关系是指组分之间相互作用，这些相互作用是客观存在的，在系统存在的整个过程中一般不变。研究相互作用的特点是我们研究系统的任务之一。整体是系统概念中最重要的内容，研究系统主要是研究该系统作为整体表现出来的性质、行为，更强调它的整体功能。

对自然界天然系统，主要研究它们作为整体表现出来的行为特点，与组成系统的组分及相互作用之间的联系。对人工制造系统，主要研究在给定条件下，能否达到我们的要求，实现设定目标。

系统辨识 system identification 利用系统的输入输出数据来确定描述系统行为的数学模型，现代控制理论中的一个分支。系统分析是根据输入函数和系统特性来确定输出信号的特征；系统控制是根据系统的特性设计控制输入，使输出满足某种预先规定的要求。而系统辨识是从系统的输入输出来确定系统的动态特性，因此它是上述两个问题的反问题。系统辨识有3个要素：①选定一个模型集{M}，一般可根据先验知识或观察输入输出数据的特征确定。②有一组（或相当数量）输入输出数据。③一个优良性准则函数$J(y,y_M)$，它是系统输出y与模型输出y_M的一个泛函或某种误差函数。系统辨识就是在模型集{M}中利用输入输出数据，根据优良性准则选出一个模型，作为系统的数学模型，或根据噪声的有界性或噪声功率的有界性，确定一个包含系统参数的参数集合或包含真系统的集合模型，后一种称集元辨识。

系统辨识包括结构辨识、参数辨识（又称参数估计）、集元辨识、辨识算法及其收敛性、辨识误差估计、未建模动态估计、输入信号和采样间隔设计以及模型证实等。通过辨识建立数学模型通常有4个目的：①估计具有特定物理意义的参数。②仿真。③预测。④控制。

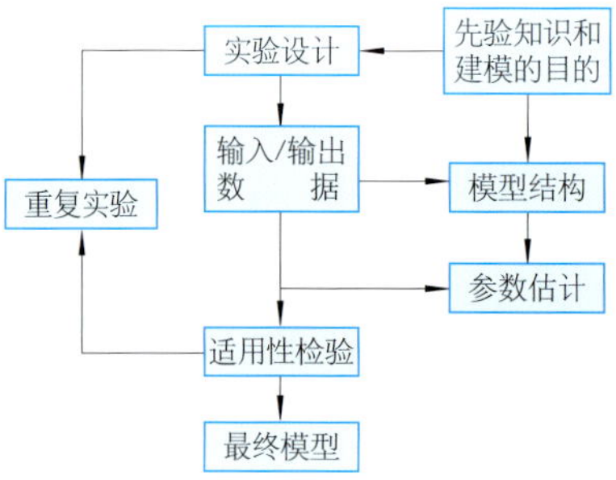

辨识过程框图

辨识是一个反复迭代的过程，基本步骤如图：从实验设计起到模型证实，如果不符合要求必须重新做实验收集数据进入下一个循环，直至所求得的模型符合要求为止。辨识首先考虑先验知识和建模的目的。先验知识是指关于系统运动规律、数据以及其他方面的已有知识。建模的目的对于确定模型的结构和辨识方法有重要意义。在估计具有特定物理意义的参数时，主要考虑模型的参数值与真实的参数值是否一致。辨识的基础是输入和输出数据，数据来源于对系统的实验和观测。设计实验的目标之一是要使所得到的数据能包含系统更多的信息。模型是否适用与建模的目的紧密相关，模型证实的主要方法有两类：①利用先验知识是适用性检验的一条重要途径。②利用数据在同一模型集中或在不同的模型集中进行比较。凡是需要通过实验数据确定数学模型和估计参数的场合都可利用辨识技术，辨识技术已经推广到工程和非工程的许多领域，如化学化工过程、核反应堆、电力系统、航空航天飞行器、生物医学系统、社会经济系统、环境系统、生态系统等。适应控制系统是辨识在控制系统中的应用。

系统分析 system analysis 应用建模、仿真等技术对系统的各个方面进行定量和定性分析，为选择最优的系统方案提供决策依据的分析研究过程。可应用于包含人、资源和活动的任何系统。广义的系统分析与系统工程含义基本相同。狭义的系统分析是一种决策方法，主要用于决策阶段。系统分析一般分4个步骤：①确定问题。明确分析的目的、系统工作的范围、主客观的限制条件以及要达到的各个目标的优先等级。②描述情况，找出发生问题的原因。③进行可行性分析，设计若干方案。④进行择优。采用从定性到定量综合集成方法，选择最优方案。

系统工程 systems engineering 从总体出发合理开发、设计和管理系统的工程技术。系统工程在系统科学体系中属于工程应用层次，核心问题是系统的开发、组织、管理与决策，涉及一般系统论、大系统理论、控制论、管理学、运筹学等理论和方法，并受到非线性自组织理论、复杂适应系统理论、复杂巨系统理论等新理论的直接影响。

研究对象 系统工程的研究对象是大规模复杂系统。系统是由相互依赖和相互作用的若干要素构成，具有特定功能、结构和环境的有机整体。系统的复杂性主要表现在：①系统的功能和属性多样，由此带来的多重目标间经常会出现相互消长或冲突的关系。②系统通常由多维且不同质的要素所构成。③一般为人机系统，而人及其组织或群体表现出固有的复杂性。④由要素间相互作用关系所形成的系统结构日益复杂化和动态化。⑤经济性突出。

发展历史 20世纪40年代，美国贝尔电话公司在设计通信网络时，按时间顺序把工作划分为规划、研究、开发、开发过程中的研究和通用工程5个阶段，他们把这种工作方法称为系统工程。50年代中期，美国密歇根大学的H.H.古德和R.E.麦克霍尔发表了第一本系统工程专著，并于60年代中期编著了《系统工程手册》。60年代初，A.D.霍尔发表了《系统工程方法论》，1969年又提出了著名的霍尔三维结构，为系统工程提供了一种广泛采用的方法论。50年代末，美国在研制北极星导弹时首先创用了计划协调技术（PERT）。60年代，美国国家航空航天局（NASA）在执行阿波罗登月计划中又把PERT发展成图解协调技术（GERT）。60年代初，中国在导弹研制过程中建立了总体设计部，采用了计划协调技术。从70年代初开始，系统工程开发与应用的重点由大型、复杂的工程系统逐步转向各种复杂的社会技术、社会经济及其管理系统，出现了如P.切克兰德的软系统工程方法论。1978年，中国科学家钱学森、许国志等发表《组织管理的技术——系统工程》，把系统工程看成是系统科学中直接改造客观世界的工程技术，随后又提出系统工程可以分为工程系统工程、企业系统工程、经济系统工程和军事系统工程等十几个专业。1980年成立了中国系统工程学会。从70年代末开始，应用系统工程理论和方法研究与解决中国社会经济发展中的重大现实问题，取得了较好的效果。90年代以来，系统工程在与企业发展结合、与现代信息技术结合、与实施可持续发展战略结合、与思维科学结合等方面已具有初步成效。这一时期，钱学森等针对复杂巨系统，提出了综合集成方法。

应用领域　主要有社会系统工程、经济系统工程、区域规划系统工程、环境生态系统工程、能源系统工程、水资源系统工程、交通运输系统工程、农业系统工程、企业系统工程、工程项目管理系统工程、科技管理系统工程、教育系统工程、人口系统工程、军事系统工程、信息系统工程、物流系统工程等。

系统建模　system modeling　建立系统模型的过程。又称模型化。可以通过对系统本身运动规律的分析，根据事物的机理来建模；也可以通过对系统的实验或统计数据的处理，并根据对系统的知识和经验来建模。还可以同时使用几种方法。系统建模主要用于4个方面：①分析和设计实际系统。例如工程界在分析设计一个新系统时，通常先进行数学仿真和物理仿真实验，再到现场做实物实验。用数学仿真分析和设计实际系统时，必须有描述系统特征的模型。②预测或预报实际系统的某些状态的发展趋势。例如根据以往的测量数据建立气象变化的数学模型，用于预报气象。③对系统实行控制。运用控制理论设计控制器或最优控制律的关键或前提是有一个能表征系统特征的数学模型。④利用大系统的分层模型，对系统进行优化管理。

任何模型都只是实际系统原型的简化，因此，必须在模型的简化与分析结果的准确性之间作出适当的折中，这是建模遵循的一条原则。

系统科学　system science　以系统为研究和应用对象的一门科学。系统科学是从事物的部分与整体、局部与全部以及层次关系的角度来研究客观世界，着重考察各类系统的关系和属性，揭示其活动规律，探讨有关系统的各种理论和方法。系统科学的理论、方法和技术具有广泛的适应性，并从自然科学和工程技术向社会科学转移。人们还将系统科学与哲学相互作用，探讨系统科学的哲学问题，从而形成了系统哲学。

系统科学发端于20世纪20年代，奥地利生物学家L.von贝塔朗菲倡导的机体论就是一般系统论的萌芽，与此同时，英国军事部门的科学家研究和解决雷达系统的应用问题，提出了运筹学，为系统工程的萌芽。40年代，美国贝尔电话公司在发展通信技术时，使用了系统工程的方法。美国研制原子弹的曼哈顿工程，是系统工程的成功实践。50年代，系统科学的理论研究和教学工作全面展开，美国麻省理工学院等院校开设了系统工程的课程。60年代，系统科学在西方和苏联得到广泛的传播。系统的理论研究取得重要成果，美国阿波罗登月计划的实现，就是突出的范例。70～80年代，系统科学广泛应用于经济、政治、军事、外交、文化教育、生态环境、医疗保健、行政管理等部门，并取得了好的效果。中国科学家钱学森于70年代末提出了系统科学和系统科学体系结构。它由3个层次、多门学科和技术构成：①处在应用技术层次上的是系统工程，这是直接改造客观世界的工程技术。系统工程是组织管理系统的技术，可以应用到各类系统中去。②处在技术科学层次上，直接为系统工程提供理论和方法的有运筹学、控制论、信息论、系统方法等技术科学。还有其他科学技术，如数学科学、计算机科学技术以及现代信息技术等提供的方法和手段。③处在基础理论层次上的是系统学。系统学是研究系统一般规律和普遍性质的基础科学。系统科学与辩证唯物主义联系的桥梁是系统论，又称系统观，属于哲学范畴。

系统可靠性　system reliability　在规定的时间内和规定条件（使用环境和维护条件等）下能有效地实现规定功能的概率。衡量系统可靠性的主要指标是：①保险期。系统建成后能有效地完成规定任务的期限，超过这一期限，系统可靠性就会逐渐降低。②有效性。规定时间内能正常工作的概率。概率的大小取决于系统故障率的高低、发现故障的快慢和故障修复时间的长短。③狭义可靠性。由结构可靠性和性能可靠性两部分组成。

系统可靠性首先必须从系统设计、制造和管理等方面加以保证，并依靠对系统的检验和实验获得。定量描述系统可靠性的指标主要有可靠度、故障率、平均无故障工作时间和平均故障修复时间等。

系统论　system, theory of　研究系统思想和系统方法的哲学理论。又称系统观。辩证唯物主义认为，物质世界是由无数相互联系、相互依赖、相互制约、相互作用的事物和过程形成的统一体，这就是系统普遍存在的哲学基础。系统思想和系统方法又为辩证唯物主义的发展提供了素材。系统论可分为一般系统论和广义系统论。也有人将系统思想和一般系统论称为系统论，与控制论和信息论一起俗称三论。

一般系统论是运用逻辑和数学学科的方法考察一般系统的理论。目的是把对象作为一个有机整体——系统来加以专门研究，试图确立适用于系统的一般原则；寻求适合于一切综合系统（整体）与子系统（部分）的模式、原则和规律。它包括三部分内容：①系统的科学，或称数学系统论。即对各种不同的系统科学（如物理学、生物学、心理学、社会科学等的系统）进行科学的理论研究，用精确的数学语言描述各种系统，适合一切系统的根本学说。②系统技术（包括系统工程）。运用系统论的新概念、新方法，特别是整体论方法与系统方法解决复杂系统的实际问题。③系统哲学。研究由于系统这一新的科学规范而产生的世界观方面的变化。

广义系统论是把对象作为组织和自组织的非线性复杂系统进行专门的科学技术哲学研究的理论。

系统总线　system bus　在多台设备间传送信息的通路。简称总线。一般包括地址线、数据线和控制线。控制线中包含有仲裁控制、传输控制、主脉冲、中断及状态等信息线。总线由各设备分时使用。

系统总线的种类很多。如在单片机系统中，为减少信号线，采用地址线和数据线复用，用时序把它们分开。在微型机中，为了加快处理速度和加大存储容量，数据线宽度已达到64位，地址线已达到32位，并且支持突发式传输，即每个时钟周期可以传送64位代码。对多处理器的系统，可采用网格式的多条总线，各网格结点具有存储转发和路由选择功能，使多台处理器同时使用总线。

提高总线传输能力的方法一般为增加数据线的宽度，提高脉冲频率，采用突发传输增加总线的个数。

系综　ensemble　大量处于相同宏观条件下性质完全相同、各处于不同微观状态，且相互独立的系统集合。又称统计系综。系综在相空间里的几何表示是无数个相点的集合。随着时间的演变，这些相点分别以各自的轨迹在相空间中运动，这种运动可比喻为流体的流动。系综理论中重要的物理量是相点的密度函数$D(q,p,t)$；归一后的密度函数称为概率密度函数$\rho(q,p,t)$，显然有：

$$\iint \rho(q,p,t)\,\mathrm{d}q\mathrm{d}p=1$$

式中$\rho(q,p,t)\,\mathrm{d}q\mathrm{d}p$表示任意时刻系统处于相点$(q,p)$附近相体元$\mathrm{d}q\mathrm{d}p$内的概率。

郄穴　cleft point　中医学中经脉气血曲折会聚之处的腧穴。大多分布在四肢肘、膝关节以下。属特定穴，十二经及阴跻、阳跻、阴维、阳维脉各有一个郄穴，共16个郄穴。

在临床上郄穴用于治疗本经循行部位及所属脏腑的急性病证。阴经郄穴多治血证，如孔最治咳血、中都治崩漏等。阳经郄穴多治急性疼痛，如颈项痛取外丘、胃脘疼痛取梁丘等。当某脏腑有病变时，常在其相应郄穴处产生疼痛、酸胀等反应，可作为临床诊断的参考。

细胞 cell 生物结构和功能的基本单位。它能够表现各种生命现象，例如新陈代谢、生长和发育、繁殖、遗传、变异、应激性和对环境的适应等。病毒等生物并无细胞结构，但其生命活动离不开细胞。

化学组分 所有细胞都是由水、盐类、核酸、蛋白质、糖、脂质，以及其他微量物质如维生素、细胞代谢中间产物等组成的。水、盐离子和某些维生素或与细胞中的大分子组成复合物，或者游离存在。在不同的细胞或不同的生物中，它们含量的差别往往很大。

水分 活细胞的80%是水。营养物质和氧都是以水溶液的形式运送到细胞中。细胞一旦失去水分，生命过程就会停止，甚至死亡。此外，水还具有稳定生物体温的作用。

盐类 无机盐物质在细胞中以离子形式存在，浓度变动范围很小，主要作用包括两方面：①维持渗透压。溶解的总盐浓度对水分的进入或移出细胞起调节作用。②特异的作用。不同的盐离子在细胞中各有其特殊的功能。

生物大分子 核酸、蛋白质、糖和脂质四种大分子物质约占细胞干重的90%以上。细胞的生长、繁殖和分化等都要依靠这些分子的特性才得以表现。

基本结构 根据结构，通常把细胞分为两大类：原核细胞和真核细胞。

原核细胞 主要结构有细胞膜、细胞质、核糖体，以及由一条裸露的DNA双链所构成的拟核。拟核没有与细胞质部分相隔开的界膜（核膜），这是与真核细胞的主要区别。此外，原核细胞中除含有核糖体和间体（原核细胞近核区的细胞膜内褶，有人认为其功能与细胞分裂及呼吸有关）外，没有真核细胞中的各种细胞器。但是许多细菌表面有运动器鞭毛或纤毛。能够进行光合作用的蓝藻和细菌具有内膜结构，膜上附着与光合作用有关的色素组分。

真核细胞 真核细胞的结构要比原核细胞复杂得多（见真核生物）。细胞由细胞核和它周围的细胞质，以及包在外面的质膜（见细胞膜）所构成。大多数植物细胞在质膜之外还有细胞壁。细胞质内存在许多亚细胞结构（细胞器），它们分别担负着某些专一性功能。在同一个多细胞有机体内，因为所执行的功能不同，细胞的形态和结构也有明显差别。

细胞的整体性 细胞是有高度组织性的整体。细胞的不同结构和组分在功能活动上既有独立性，同时又通过分子和能量的流动相互联系和协调，以保证各种生命现象有序地进行。

膜系统的连续性 真核细胞的高度分室化是进化的特征之一。细胞内的专一性代谢活动，大多是在内膜所分隔的部位，或内膜所包被的亚细胞结构中进行的。糙面内质网中形成的磷脂，很快就被分配并参入到整个细胞的膜系统内质网中。膜蛋白在核糖体上形成之后，先储存于糙面内质网，随后转运到高尔基体中加工，并与碳水化合物相结合，再通过分泌泡参入到质膜。在分子流动的同时，膜结构也在不断地更新。膜结构的来源是内质网膜，但是核膜与内质网膜结构的补充则是双向的。

能量流 活细胞是一个动态体系，时刻进行着代谢活动。例如，细胞组分的合成和分解、化学物质的输入与输出以及运动等，这一系列生命活动都需要消耗能量。绝大多数生物所需的能量的最初源泉都是太阳的光量子。某些原核生物和某些原生动物，以及绿色植物都能通过光合作用，把太阳的光能储存在碳水化合物分子里（自养生物）。而大多数原核生物、大多数原生动物、真菌和动物则摄食其他生物，间接获得太阳的能量（异养生物）。异养生物所摄取的蛋白质、碳水化合物和脂类在细胞中逐步降解和氧化，最后形成二氧化碳和水。所释放出的自由能，被利用于腺苷二磷酸（ADP）和无机磷合成腺苷三磷酸（ATP）。在生物能学中，ATP为生物合成、机械功、主动运输和其他代谢反应所利用。在这些过程中也产生热，显示熵的增加，再通过细胞外体液环境的调节而散失。在生物系统，能量流一般是单向的、不可逆的。

信息的传递 活细胞在不断地合成各种蛋白质，包括结构蛋白、调节代谢过程的蛋白、催化化学反应的酶蛋白，以及许多其他种类的蛋白质。核糖体是合成这些蛋白质的场所。线粒体是供应合成过程所需能量的细胞器。各种蛋白质合成的指令信息都来自细胞的遗传物质——DNA。信息的传递是有方向性的，即由DNA通过转录产生信使核糖核酸（mRNA），mRNA再经由核糖体来指导特异蛋白质的合成。虽然借助逆转录酶的作用也可以RNA为模板合成DNA，但是以DNA为模板的信息传递，在一切细胞中仍然是基本的法则。

每个细胞在一定发育阶段，或一定生理状态下，只有部分遗传信息（基因）表达。在不同类型细胞中表达的基因不完全相同，这是多细胞有机体细胞特化的基础。

特化的细胞 单细胞生物 营独立生活的单细胞有机体，也表现一定程度的结构分化及其负责的特定功能。例如原生动物门的草履虫就具有口沟、食物泡、肛门点和辐射管等。

细胞群体 由细胞联合所形成的群体，开始显示了轻微程度的细胞间的分工。例如绿菌门的团藻，虽然是由数百个甚至几万个形状和结构相同的细胞联合而形成的球形或卵球形群体，但是还存在着少数体积较大、专司繁殖的细胞，以区别于绝大多数营养细胞。

多细胞生物 在高等有机体，大部分细胞都属于这种或那种特化细胞群。它们分别具有特殊的形态、结构和生化过程，以及与之相适应的特定功能。例如：肌肉

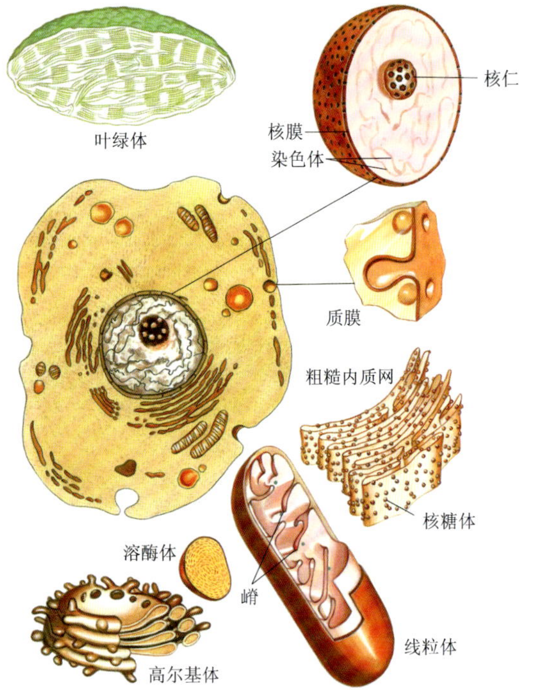

a 细胞和细胞器

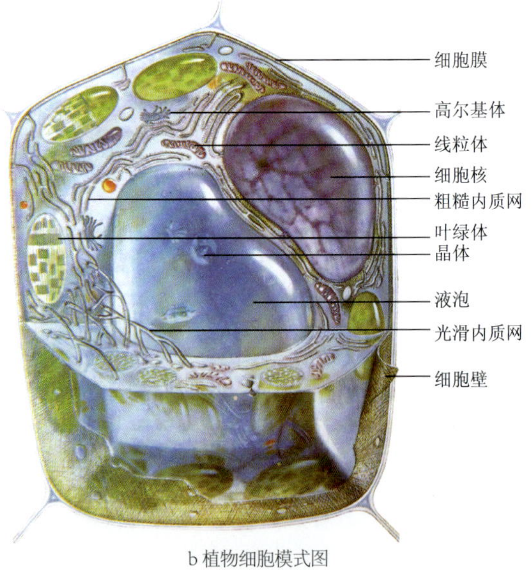

b 植物细胞模式图

细胞结构示意图

细胞（肌纤维）一般呈梭形，有收缩特性。每个细胞都被覆一层弹性膜（肌膜）；细胞质中有沿长轴分布的肌原纤维。在横纹肌细胞中肌原纤维的主要成分为肌动球蛋白，是肌肉收缩的成分。神经细胞包括细胞体和突起两部分。突起又分为轴突和树突，前者可长达1米多，构成神经纤维，起着接受刺激和传导冲动的作用。

此外，在特化细胞形成过程中，也有逐渐失去原初细胞所具有的结构和大部分生化过程的情况，如哺乳类动物的红细胞。各种特化细胞分别表现特定的基因活动，以合成专一的mRNA和蛋白质。各种特化细胞组成不同的组织，组织再建成器官和系统。它们之间相互作用又相互协调，进而使高等有机体达到完善的高效能的生理水平。

细胞壁 cell wall 包在细胞膜外面的壁。植物细胞、原核细胞和真菌细胞特有的结构，具有保护和支持作用，并与植物细胞的吸收、蒸腾和物质的运输有关（图1）。

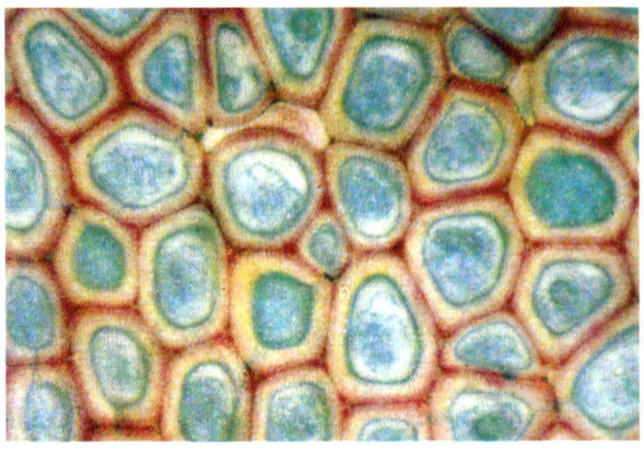

图1 细胞壁显微照片

多细胞植物的细胞壁分为3层，即胞间层（中层）、初生壁和次生壁。胞间层把相邻细胞粘在一起形成组织；初生壁在胞间层两侧，所有植物细胞都有；次生壁在初生壁的里面，又分为外（S_1）、中（S_2）、内（S_3）三层（图2）。有些植物的次生壁上具瘤层，还分化有特殊结构，如纹孔和瘤状物等。纹孔是细胞间物质流通的区域，而瘤状物则是次生壁内层上的突起。

新细胞壁的形成始于细胞分裂末期的赤道面上分裂的母细胞先形成的成膜体。在染色体分向两极时，高尔基体分离出的小泡与微管集合在赤道面上成为细胞板。新的多糖物质沉积在细胞板上就逐渐形成胞间层。其后细胞内合成一些纤维素组成微纤丝沉积在胞间层的两侧，就出现了初生壁。当细胞成熟停止生长以后，一层层新的纤维素和半纤维素以及木质素陆续添加在初生壁上，就建成了次生壁。

细胞壁的化学组成：不同的生物细胞壁的化学组成也有所不同。植物细胞胞间层基本上是由果胶质组成；初生壁是由水、半纤维素、果胶质、纤维素、蛋白质和脂类组成；次生壁的主要成分也是半纤维素和纤维素，果胶质很少；这些化学组成在

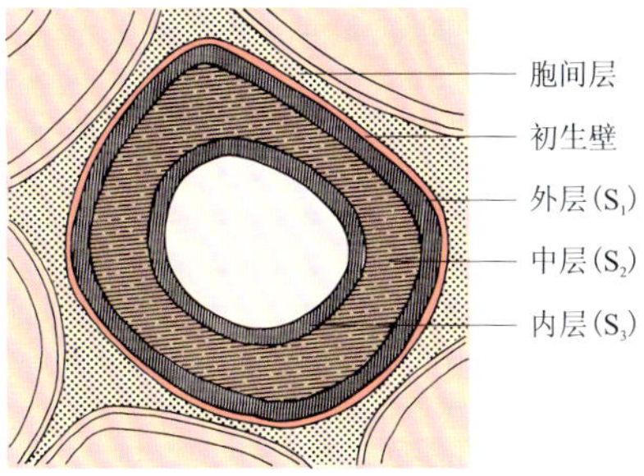

图2 细胞壁的胞间层、初生壁和三层次生壁

生长和发育过程中是不断变化的。原核生物如细菌和蓝藻的细胞壁的主要成分是肽聚糖。真菌细胞壁的化学成分中除有些种类也含纤维素外，大多为几丁质、β葡萄糖等。硅藻细胞壁的主要成分为硅质等。

细胞凋亡 apoptosis 在胚胎形成、个体发育、变态、组织萎缩及肿瘤消退等过程中，细胞遵循其自身的"程序"，结束自己生命的生理性死亡过程。又称细胞编程性死亡或生理性细胞死亡。细胞凋亡是生物界普遍存在的生命现象，它发生于许多依赖激素和生长因子的组织和细胞中，如淋巴细胞、胸腺细胞、肝细胞、皮肤细胞和胚胎发育过程中的细胞等。

细胞凋亡是由细胞内在因素引起的，其形态特征是细胞首先变圆，随即与邻周细胞脱离，失去绒毛，胞浆浓缩，内质网扩张呈泡状，并与细胞膜融合，线粒体无大变化，染色质密度增高呈半月形并凝集在核膜边周，核仁裂解，细胞膜进而内陷将细胞自行分割为多个细胞凋亡小体，而被邻周正常细胞或巨噬细胞所识别、吞噬，或自然脱落而离开生物体。细胞凋亡过程不导致溶酶体及细胞膜破裂，没有细胞内含物外泄，因而不引起炎症反应。

细胞凋亡具有重大的生物学和临床意义。随着细胞凋亡规律的阐明，人类将能够通过控制细胞的生死存亡，治愈一些严重的疾病，如肿瘤、艾滋病、自身免疫病和老年性痴呆等。

细胞分化 cell differentiation 同一来源的细胞逐渐发生各自特有的形态结构、生理功能和生化特征的过程。动物受精卵经过卵裂形成囊胚，这一时期主要是细胞数量增加，以后经过一系列形态发生运动形成内、中、外三个胚层，进而分化成各种细胞组织及器官。分化形成的各种特化细胞，产生专一的蛋白质。分化实质上是基因的选择性表达和调控。

特点 细胞分化所发生的变化是稳定的，一旦受到某种因素的刺激就会向一定方向分化。而且变化是不可逆的，不因某种刺激的消失而逆转，并可保持这种"记忆"，通过细胞分裂而继续下去。细胞在分化之前，即尚未出现形态、生化和功能的改变之前，已经发生了决定分化的细胞团（即细胞决定）。如果蝇中的成虫盘细胞团，分别决定将来分化成触角、腿、翅膀等。这种决定是稳定的，可遗传的。各种分化细胞最初皆来源于干细胞。

植物细胞不同于动物细胞，高度分化的植物组织仍然保持发育成完整植物植株的全能性。

动物细胞的全能性虽是指细胞而言，但细胞核却保持它的全部完整的基因组，因而细胞核即具有全能性。

分化与细胞核、细胞质的关系 在细胞分化中，细胞核是起决定作用的。伞藻（一种单细胞海生绿藻）移核实验即为明显的例证。细胞分化同样也受到胞质的影响。例如，马蛔虫卵的植物极有极质，细胞极质决定了生殖细胞的分化。

分化与细胞间的相互作用 细胞间的相互作用是各式各样的，既可是诱导作用，也可是抑制作用。就作用方式而言，有的需要相互接触，另一些可能需经过化学物质的扩散而实现较远距离起作用。

诱导作用 两栖类胚胎背部的外胚层细胞，在脊索中胚层的作用下，分化为神经细胞，以后发育为神经系统。一般认为，脊索中胚层细胞释放某种物质，诱导外胚层细胞分化为神经组织。

抑制作用 细胞间的相互影响还包括对细胞分化的抑制作用。如将蝾螈幼虫或成体摘除水晶体后，可以从背部的虹彩再生出一个新的。实验证明，正常水晶体能产生一种可抑制虹彩背部细胞产生水晶体的能力。摘除水晶体或热杀伤水晶体后，虹彩转分化生成水晶体的能力才得以表现。

细胞分裂 cell division 一个细胞分裂为两个细胞（极少情况下分裂为更多细胞）的生理过程。分裂前的细胞称母细胞，分裂后形成的新细胞称子细胞。细胞分裂通常包括核分裂和胞质分裂两步。单细胞生物的细胞分裂就是个体的繁殖，在多细胞生物中细胞分裂是个体生长、发育和繁殖的基础。

原核细胞的分裂 原核细胞既无核膜，也无核仁，只有由环状DNA分子构成的核区，又称拟核。拟核具有类似细胞核的功能。拟核的DNA分子或者连接在质膜上，或者连在质膜内陷形成的"质膜体"上，质膜体又称间体。随着DNA的复制，间体也复制成两个。两个间体由于其间的质膜的生长而逐渐离开。与它们相连接的两个DNA分子环分开，每一个DNA环与一个间体相连。在分开的两个DNA环之间细胞膜向中央长入，形成隔膜，最终使一个细胞分为两个细胞。

真核细胞的分裂 按细胞核分裂的状况可分为3种：有丝分裂、减数分裂和无丝

分裂。有丝分裂是真核细胞分裂的基本形式。减数分裂是在进行有性生殖的生物中导致生殖母细胞中染色体数目减半的分裂过程，由相继的两次分裂组成。无丝分裂又称直接分裂，其典型过程是核仁首先伸长，在中间缢缩分开，随后核也伸长并在中部从一面或两面向内凹进，使核变成肾形或哑铃形，然后一分为二。几乎同时细胞也在中部缢缩分成两个子细胞，由于在分裂过程中不形成由纺锤丝构成的纺锤体，不发生由染色质浓缩成染色体的变化，故名。

与细胞分裂有关的结构及其功能 中心体与中心粒 动物细胞有丝分裂前期时靠近核膜有2个中心体，参与装配纺锤体。植物细胞不含中心体，但有类似动物细胞纺锤体样的结构。

动粒与着丝粒 着丝粒是指染色体主缢痕部位的染色质，而动粒（又称着丝点）是附着于着丝粒上的结构。染色体依靠动粒捕捉由纺锤体发出的微管。

纺锤体 细胞分裂过程中的一种与染色体分离直接相关的细胞器。通常呈纺锤状，由微管和微管结合蛋白组成。

联会复合体 减数分裂机制的核心是同源染色体的联会和基因重组（交换）。用电子显微镜观察发现，在配对的同源染色体之间沿纵轴形成联会线复合体（SC）。联会是实现交换的前提条件。

细胞分裂素 cytokinin 一类促进细胞分裂、诱导芽的形成并促进其生长的植物激素。1963～1964年，D.S.莱萨姆等从幼嫩的玉米种子中分离并鉴定了第一个天然细胞分裂素——玉米素。细胞分裂素都是在第6位氮原子上的氢被其他基团取代的嘌呤衍生物。活性因侧链的长度、不饱和度和其他性质不同而有很大差异。

植物中的细胞分裂素主要在根中合成，通过木质部转运到地上部。因而伤流液中细胞分裂素较多。此外，在萌发的种子中、正在发育的果实中都有强烈的细胞分裂素活性。

细胞分裂素的生理作用主要是引起细胞分裂，诱导芽的形成和促进芽的生长。对组织培养的烟草髓或茎切段，细胞分裂素可使已停止分裂的髓细胞重新分裂。这种现象曾被用于细胞分裂素的生物测定。茎切段的分化常受细胞分裂素及生长素比例的调节。当细胞分裂素对生长素的浓度比值高时，可诱导芽的形成；反之则有促进生根的趋势。如对抑制的腋芽局部施用细胞分裂素，可以解除顶端对腋芽的抑制。

除天然的促进细胞分裂的物质外，DNA经高压处理后，就会产生促进细胞分裂的活性物质，如6-呋喃腺嘌呤，又称激动素。还用化学方法人工合成了一些类似激动素的物质，通常也统称细胞分裂素。其中活性较强也最常用的是6-苄基腺嘌呤。

细胞分裂素可用于蔬菜保鲜、延缓农作物衰老和打破种子休眠等。在组织培养工作中，细胞分裂素是分化培养基中不可缺少的附加激素。

细胞工程 cell engineering 在细胞水平上改造细胞遗传结构，从而获得具有新性状的生物个体或细胞群体。细胞工程主要包括体细胞融合、核移植、细胞器摄取和染色体片段的重组等，是现代生物工程的重要组成部分。广义的细胞工程包括利用体外培养细胞技术，生产有价值的生物品，或快速繁殖珍贵的植株。对细胞的遗传操作可以在细胞结构的不同层次上进行。将体外重组的基因导入细胞，实际上是与基因工程交叉的领域。按操作对象的结构层次，细胞工程可分为以下6个方面。

细胞培养技术 利用合成或提取的营养成分，在人工条件下进行生物体外的细胞培养。大规模的细胞培养可分为3个层次：单个细胞培养、组织培养和器官培养。细胞培养的方式主要有贴壁培养与悬浮培养两种。

染色体工程 将一种真核生物的特定染色体按照人们的意图予以消除、添加或同别的生物的染色体置换等改造的技术。

动物细胞的染色体工程又称为染色体转导、转染色体工程。方法包括微细胞转移术、染色体介导的基因转移和激光显微切割术等。植物染色体工程按设计有计划削减、添加和代换同种或异种植物染色体，也称为植物染色体操作。基本程序是人工杂交、细胞学鉴定和在杂种或杂种后代中筛选所需要的材料。

染色体组工程 诱导增加或减少一个生物体内整套染色体组数的技术。增加同种染色体组数的称同源多倍体；增加异种染色体组数的称异源多倍体，异源多倍体必须经过杂交才能得到。

细胞质工程 研究真核细胞的核、质相互关系以及细胞器、胞质基因的转移等细胞拆合，所以又称细胞拆合工程。主要研究内容是细胞质的置换。由于核移植和原生质体的分离方法的改进，推进了这项工程的进展。

细胞融合工程 细胞融合是指用自然或人工的方法，使两个或几个不同的细胞融合成一个细胞的过程。细胞融合的结果，一个细胞中含有两个不同的细胞核，则称为异核体；随后的有丝分裂中，来自不同细胞核的染色体可能合并到一个结合核内。因此，又称为体细胞杂交。

干细胞工程 实质上属于细胞质工程，现已形成了一门独立的工程技术。干细胞是那些具有无限的或延长了的自我更新的能力，并且可以产生不止一种类型的高度分化的子代细胞（多方向分化潜能）的前体细胞。干细胞分为胚胎干细胞和成体干细胞两类。成体干细胞又包括造血干细胞、神经干细胞、脂肪干细胞等。

干细胞工程从人的胚胎期胚囊组织中分离得到内细胞群细胞，扩增后即为人胚胎干细胞，在体外诱导分化成胰岛细胞、神经元、心肌细胞等，将这些细胞移植至发病部位，修复病人的组织或器官；或者从病人身体中分离出一些成体干细胞，经过体外诱导分化成移植所需的身体的任何组织，移植至发病部位。

细胞骨架 cytoskeleton 细胞内构成网架结构的蛋白质纤维。细胞中的纤维系统，通过自身的动态变化参与细胞的生命活动及其调节。细胞骨架定位和驱动多种层次的亚细胞结构的传递和流动，支撑物理结构薄弱的细胞膜系统，从而赋予细胞强度和张力。在细胞分裂时，细胞骨架将复制了的染色体拉向两极并将整个细胞一分为二。细胞骨架还为一些细胞的特化功能，如精子游动、肌肉收缩、细胞吞噬、神经信号的传导等提供结构和功能的支持。

细胞骨架主要具有3种类型：微管决定细胞器的位置和细胞内运输；微丝决定细胞的形态和运动；中等纤维则为细胞提供强度和机械支持。

微管 由管蛋白亚单位和微管结合蛋白聚合而成的直径为22～26纳米的管状纤维。随着细胞周期进行重新组织。间期由微管组织中心锚定微管的负极组装成胞质微管复合体，执行细胞内运输等功能。细胞分裂时，胞质微管彻底解聚，由微管组织中心组装成有丝分裂器的主要结构之一——纺锤体。动物细胞的胞质微管组织中心又称为中心体，在有丝分裂期位于纺锤体的两极。此外，微管还是构成结构与功能类似的高度特化的细胞动力装置——鞭毛和纤毛的主要成分。

微丝 由肌动蛋白亚单位构成的直径约为7纳米的螺旋状纤维。微丝可形成多种细胞表面的特殊结构，如微绒毛、伪足和片足等。微丝是非肌肉细胞中肌动蛋白的一种存在方式，其束状纤维多具有收缩或滑动功能。微丝的许多功能也和细胞的动态变化或运动有关，如可收缩的张力纤维、可变化或运动的伪足和不断摆动的小肠微绒毛。

中等纤维 细胞质中10纳米左右的绳索状网络结构，因直径介于微丝和微管之间而得名。中等纤维有几种类型，包括角蛋白类纤维、波形蛋白纤维、神经纤维等，由不同的单体蛋白组成，有些类型的存在有细胞特异性。这些纤维或条索状结构除提供细胞机械强度外，还与多种细胞功能如细胞间联系和神经传导等有密切关系。

细胞核 nucleus 真核细胞中以染色体形式贮存了绝大部分遗传信息的细胞器。真核细胞内最大、最重要的细胞器，是细胞遗传与代谢的调控中心。细胞核是遗传信息的贮存、复制的场所，也是基因转录和转录初产物的加工场所，进而控制细胞的遗传与代谢活动。

所有真核细胞，除植物成熟的筛管和哺乳动物成熟的红血细胞等极少数例外，都含有细胞核。细胞核大多呈球形或卵圆形，但也随物种和细胞类型不同而有很大变化。细胞核的体积大小约占细胞总体积的10%左右，高等动物细胞核直径一般为5～10微米，高等植物细胞核一般为5～20微米，低等植物细胞核约1～4微米。

细胞核主要由核被膜、染色质、核仁及核骨架组成（见图）。

核被膜与核孔复合体是真核细胞间期所特有的结构。核被膜将细胞分成核与质两大结构与功能区域，从而使转录与翻译这两个基因表达的基本过程在时空上分开。核孔复合体是一种复杂的跨膜运输蛋白复合体，核、质之间主要通过核孔复合体实现频繁的物质交换与信息交流。

真核细胞的染色质是由DNA、组蛋白、非组蛋白及少量RNA组成的纤维性复合结构。DNA与组蛋白紧密结合，形成核小体，核小体是构成染色质的基本结构单位。染色体是细胞有丝分裂时遗传物质存在的特殊形式，是间期染色质聚缩的结果。在真核细胞，染色质的结构与基因表达有密切关系。

核仁是真核细胞间期核中最显著的结构，没有膜包被，其形态、大小随细胞类型和细胞代谢状态不同而变化。核仁的主要功能涉及核糖体的生物发生，该过程包括rRNA的合成、加工和核糖体亚单位的装配。在细胞周期中，核仁是一种高度动态的结构，在有丝分裂过程表现出周期性解体与重建。

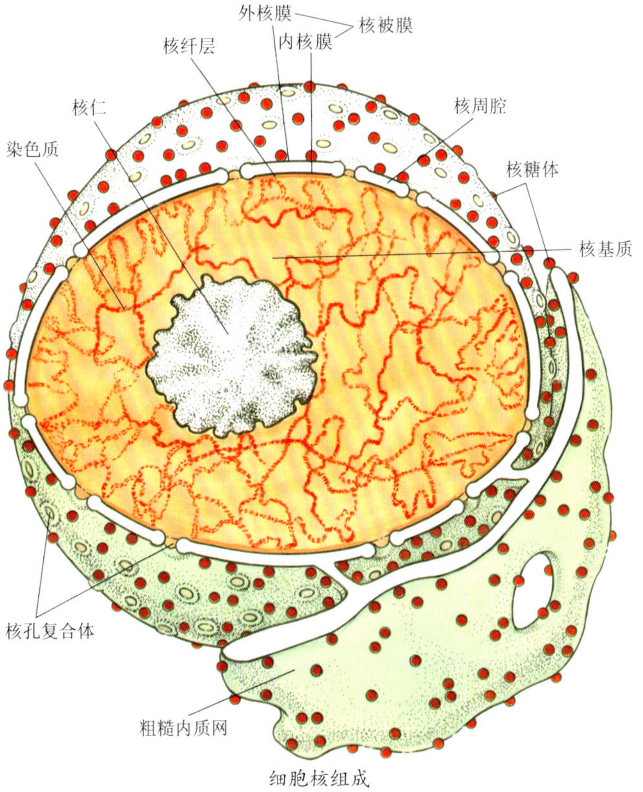

细胞核组成

在真核细胞的核内除上述结构外，还有一个以蛋白质成分为主的网架结构体系，即核基质，这一结构体系与DNA复制、基因表达和染色体包装与构建等有密切关系。

细胞坏死 necrosis 细胞受到外界因素影响（如加热、射线、微生物入侵、物理化学损伤等）造成急速死亡的现象。又称意外性细胞死亡或病理性细胞死亡。细胞坏死的形态学特征首先是细胞膜通透性增加，细胞外形发生不规则变化，内质网扩张，线粒体及核肿胀，核染色质不规则位移而不均一地聚集成块，溶酶体破坏，细胞膜破裂，细胞内容物外泄，因而常常引起严重的炎症反应。细胞坏死产生的细胞碎片可被巨噬细胞所吞噬。

细胞膜 cell membrane 包围细胞质的一种生物膜。又称质膜或外周膜。它是由蛋白质、脂质、多糖等分子有序排列组成的动态薄层结构，平均厚度约10纳米。有些细胞膜外还有一层含多糖的物质，称为外被。细胞膜和外被合称为细胞表面。

化学组成 细胞膜主要由脂质、蛋白质（包括酶）和多糖组成。脂质和蛋白质各约占膜干重的一半稍弱，多糖不到10%，水约占膜湿重的1/5。此外还有少量的无机离子等。

脂质 脂质中大部分是磷脂，其次是鞘脂（包括糖脂）和胆固醇，有些细胞膜（如嗜盐菌细胞膜）还含有硫脂，它们都是兼性分子。细胞膜中磷脂分子的亲水端向外，疏水端向内，排成脂质双分子层。胆固醇以其第三个碳原子上的羟基为亲水端，以芳香环作为疏水端与磷脂的相应部分并列在脂双层中。

膜蛋白 细胞中大约有20%～25%的蛋白质分子是与膜结构结合的，称为膜蛋白。细胞膜的功能主要就是由膜蛋白来体现。根据这些蛋白质与膜脂的相互作用方式及其在膜中分布部位的不同，可分为两大类：①外周膜蛋白，分布于膜的外表面，约占膜蛋白的20%～30%，为水溶性蛋白质。②内在膜蛋白，约占膜蛋白的70%～80%，有的部分嵌入双分子脂质层中，有的跨膜分布，还有的则全部埋藏在双分子层的疏水区内部。

糖 细胞膜约含5%～10%的糖，主要以糖脂或糖蛋白形式存在。细胞与周围环境相互作用（如细胞间识别、激素作用等）中几乎都涉及糖脂和糖蛋白，它们也是膜抗原的重要组分。

特性 不对称性 脂质分子在膜脂双层的分布是不相等的。如人红细胞膜的外层中磷脂酰胆碱和鞘磷脂较多，内层中磷脂酰乙醇胺和磷脂酰丝氨酸较多。

膜蛋白在脂双层的分布也是不对称的。有的镶在脂双层的表面，有的部分或全部嵌入其内部，有的则横跨脂双层。

以糖脂或糖蛋白的形式存在的糖残基一般都位于细胞膜脂双层的外层表面。

流动性 流动性是细胞膜结构的基本特征，它既包括脂质的运动，也包括膜蛋白的运动。细胞膜的流动性与其功能密切有关，如细胞融合、细胞间识别、细胞表面受体的功能及其调节、物质运送及膜结合酶系的活性等。

影响细胞膜流动性的因素很多，除膜脂和膜蛋白本身的组分外，温度、pH、金属离子以及离子强度等都会对流动性产生影响。合适的流动性是膜蛋白（包括酶）呈现合适的构象，从而具有较高活性的重要条件。

细胞膜结构的分子模型 对于细胞膜的分子结构先后提出了几十种模型，1972年美国S.J.辛格和G.L.尼科尔森提出的“流体镶嵌模型”仍是一种被广泛接受的模型（见图）。它的特点首先在于膜的结构不是静止的，流态的脂质双分子层构成膜的连续体。其次，这个模型显示了膜蛋白分布的不对称性，有的镶在脂质双分子层表面，有的则部分或全部嵌入其内部，有的则横跨脂质双分子层。新的研究发现，这一模型需要进一步修正。

细胞膜的功能 细胞膜具有多种功能，主要为物质运送、能量转换和信息传递。

物质运送 通过细胞膜的运送过程具有高度选择性。这是由于在膜上含有专一的运送载体、通道或运送酶系。根据运送过程自由能的变化情况，细胞膜的运送基本上可分为两大类：主动运送和被动运送。物质从浓度较大一侧通过膜运送到浓度较小的一侧，称为被动运送，它的速率依赖于膜两侧被运送物质的浓度差及其分子的大小、电荷性质等，这是一个不需供给能量的自发过程。凡物质逆浓度梯度进行运送称为主动运送，在此过程中自由能是增加的，需要供给能量才能进行。通过细胞膜的运送大多属于主动运送。

细胞膜流体镶嵌模型图

内吞和外排是大分子物质通过细胞膜的另外一种方式，通过细胞膜内凹形成囊泡将细胞外的内运物质包裹在内从而运入胞内，称为内吞。反之，以囊泡形式将细胞内要排出的物质予以包裹，随后囊泡运送至细胞膜，通过膜融合将内含物质排至胞外，称为外排。

能量转换　有些原核细胞的能量转换过程可在细胞膜上进行，如大肠杆菌的细胞膜也分布有氧化磷酸化酶系，通过氧化进行能量转换，合成能源物质腺苷三磷酸(ATP)。

信息传递　全过程包括信息分子的产生、识别、接受和传递。细胞表面在信息传递过程中起着中间媒介作用。细胞膜上的受体具有识别、接受胞外信息分子的作用。

此外，在多细胞动物中细胞膜通过其特化结构——细胞间连接与相邻细胞发生密切关系，使细胞相互黏着或使相邻细胞的膜间产生孔道，让细胞内的小分子通过，从而与邻近细胞在功能上相互联系。

细胞器 organelle　细胞质内有界膜的或执行相对明确功能的结构的总称。所有的真核细胞都有一套由内膜包围的细胞器，各种生化反应能在不同细胞器上进行，使不同代谢过程既相互联系又互不干扰，充分发挥各自在生命活动中的特殊作用。

主要的细胞器有内质网、高尔基体、溶酶体、过氧化物酶体、线粒体和内体等。内质网是一种相互连通的、由小管状和膜囊状膜结构连成的细胞器，在膜表面有核糖体附着的称糙面内质网，没有核糖体附着的称光面内质网。糙面内质网的主要功能是合成蛋白质，而光面内质网则与合成类固醇激素等功能有关。高尔基体由扁平膜囊堆组成，其功能是对来自内质网的蛋白质和脂类进行加工和修饰，并把加工产物送往细胞的其他部位。溶酶体是细胞的消化装置，内含各种酸性水解酶，其功能是消化废旧细胞器和胞吞的各种物质。过氧化物酶体又称微体，含有多种细胞内氧化反应所需的酶类。线粒体是有两层膜结构包围的囊状结构，其功能是通过氧化磷酸化产生腺苷三磷酸(ATP)，供应细胞活动所需的能量。内体是指胞吞物质从细胞表面到溶酶体之间所经过的一系列区室，在胞吞过程中起重要作用，并与溶酶体形成有关。细胞质内除上述细胞器外还有许多小泡，它们是细胞内物质运输的载体，称运输小泡。值得注意的是，中心体并无可见的界膜，但结构和成分相对明确，执行明确的功能（承当微管组织中心），也是重要的细胞器。细胞器概念的外延并不明确。

细胞学 cytology　研究细胞的结构和功能的生物学分支学科。具体地讲，细胞学研究的一个方面是细胞的构成成分，以及各组分的结构组成；另一个方面是细胞作为整体的功能，及其各部分在功能上的相互关系。

细胞学的产生　1665年英国人R.胡克发表《显微图谱》，首次描写了细胞的存在。不过胡克所看到的只是死细胞的细胞壁，而非活的结构。随后，学者们陆续观察到各种生物体的细胞、细胞核，并发现了细胞的内容物。1839年德国生物学家M.J.施莱登和T.A.H.施万分别针对植物和动物提出了细胞学说。1855年，R.菲尔肖在结缔组织研究的基础上指出一切细胞都来自细胞的观点。1861年，M.舒尔策将细胞定义为"一团具有一切生命特征的原生质"，并指出细胞核处在其中。细胞学从此发展为一门生物学分支学科，并与其他生物学科相互渗透，极大地推动了对生命现象本质的科学研究。

细胞形态结构的研究　细胞是由膜包围的能够进行独立生活和繁殖的最小原生质团。不同类型的细胞大小差异很大。原核细胞的直径大约为1～10微米，真核细胞直径大多数在10～60微米。细胞的形态各异，特别是高等生物的细胞，有许多适应于特定环境条件的特殊类型。如肌细胞为梭形，神经细胞形成长纤维突起，胃壁细胞表面顶端内陷成胞内小管等。一般来说，细胞的结构包括细胞膜、细胞质和细胞核。真核细胞内形成了结构、功能或

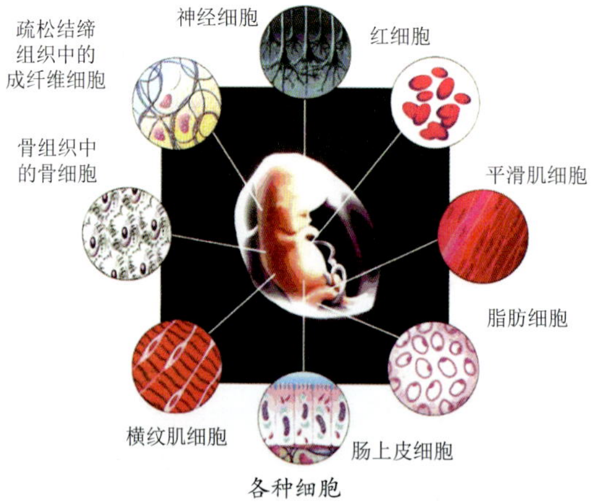

各种细胞

发生上相互联系的有界膜的细胞器。这些由内膜形成的结构构成细胞的内膜系统，如内质网、高尔基体、溶酶体、线粒体、叶绿体、过氧化物酶体等，作为最大的细胞器的细胞核由双层膜包被。在细胞质中，还有不具备界膜的细胞器，如核糖体、中心粒、微管、微丝和中等纤维等。细胞内的这些结构相互依存，高度协调，完成各种生命活动。细胞表面的细胞被在细胞识别、抗原决定等方面发挥重要作用。植物细胞特有的细胞壁具有保护和支持作用。

在细胞形态结构的研究历史中，人们发现了染色体，并进一步观察到X染色体和Y染色体；对有丝分裂现象进行了仔细分析，并进而观察了减数分裂，区分出单倍体和双倍体的染色体数目。对于光学显微镜下所见到的细胞内最明显的结构——细胞核，自19世纪中期到20世纪初期就有了较为深入的理解。细胞核以染色质的形式储存了细胞的遗传物质。在细胞质物质的探讨中，人们发现了中心体、高尔基体、线粒体、内质网等细胞器。进入20世纪后，细胞遗传学的研究促使染色体等方面研究的进一步深入，并发现和详细研究了多线染色体及其功能。40年代电子显微镜的广泛使用，标本包埋、切片制作等技术的完善，使得细胞器的细节得到深入研究，并发现了溶酶体、过氧化物酶体、核糖体、细胞骨架纤维甚至微梁系统和细胞中的各种膜，单位膜的真实结构也被逐步阐明。在细胞膜上，还发现了细胞间连接（桥粒、紧密连接和间隙连接等）。70年代，人们在电子显微镜下观察到核小体，染色体的多级包装结构理论不断发展。此时，正是分子生物学引入经典细胞学，形成当代细胞生物学的历史阶段。

细胞功能的研究　细胞是生命活动的基本功能单位，能够表现各种生命现象，如新陈代谢、生长和发育、繁殖、遗传和变异、应激性、环境适应性等。细胞是高度组织性的整体，其不同的结构和组分既相互独立，又相互联系。如细胞壁具有保护细胞的作用，细胞膜控制细胞物质内外交流和信号接收，细胞核储存遗传信息和控制细胞生命，线粒体产生能量，内质网参与蛋白质储运及激素合成，核糖体是蛋白质的合成场所，高尔基体常与细胞分泌过程相关，溶酶体是细胞的再生清除场所，中心粒构成细胞分裂时纺锤体的两极等。

细胞功能的研究是在其他学科的推动下不断得到进展的。胚胎学的研究通过发育过程看到了卵子各部分的作用，通过杂交研究了异种精核的作用，将细胞与遗传联系起来；通过发育过程，

认识到细胞核的遗传潜能等同性、细胞质与细胞核的协调关系。遗传学的研究确立了遗传因子（基因）的载体是染色体，为遗传变异、物种分化和性别决定等找到了细胞学基础。细胞学与其他学科的渗透发展产生了细胞生理学，在细胞膜对于物质内外交换中的作用、细胞呼吸等方面做了大量工作。细胞学与其他许多学科并行发展、相互促进。例如，电子显微镜的应用产生了超显微形态学；细胞结构和生物大分子染色技术等的发展，促成了细胞化学。

20世纪70年代以来，亚显微结构研究不断深入，生物化学技术不断发展，分子生物学和分子遗传学的概念及技术不断引入，促使经典的细胞学发展为细胞生物学。

细胞学说 cell theory　有关细胞是生物体结构的基本单位和生命活动的基本单位的学说。基本含义为：所有生物（从单细胞生物到高等动植物）均由细胞组成；细胞是生物形态结构和功能活动的基本单位。

主要内容　由M.J.施莱登和T.A.H.施万奠基的细胞学说可以高度概括为三条基本原理：细胞来自细胞的原理、细胞是有机体基本结构单位的原理、细胞的普遍性原理。具体地讲，细胞学说主要有以下几个方面的内容：①细胞是植物体、动物体的基本结构单位，也是生物进行生命活动的基本单位。②细胞在结构和组成上具有共同的基本特征。③生物体的功能通过细胞的活动而实现。新陈代谢现象是细胞所特有的生命现象，是细胞生命活动的基本特点。④新细胞是从已经存在的旧细胞通过分裂而产生的。⑤细胞功能失常，导致生物体的病患。

意义　细胞学说的建立和发展，使人们认识到细胞是生物体的生理机能和所有生命现象的基础。现在进一步证明，虽然存在非细胞形态的病毒、类病毒和朊病毒，但它们仍以细胞为生命活动的基本单位。细胞学说论证了整个生物界在结构上（进而在生命活动规律上）的统一性，进一步诠释了各类生物共同起源的基础。

细胞因子 cytokines　能够调节细胞功能的一类高活性、多功能多肽。可以通过自分泌或旁分泌方式参加复杂的细胞与细胞间网络调节作用。

细胞因子家族主要有六大类群：①干扰素（IFN）。②白介素(IL)。③集落刺激因子（CSF）。造血系统的重要调节者。对于髓系细胞的发育分化尤为重要。④肿瘤坏死因子（TNF）。⑤趋化因子。⑥转化生长因子β（TGF-β）。细胞因子网络中为数不多的生长抑制因子之一。

细胞因子都是低分子量的多肽，很多细胞因子含有半胱氨酸（cys），形成的二硫键对维持细胞因子的空间结构具有重要作用。天然细胞因子大多有糖基化修饰。糖基化很可能影响细胞因子的半寿期及其在体内的分布。细胞因子由单拷贝基因编码，除IFN-α和IFN-β基因外都含有内含子。很多细胞因子的成熟分子含有4个α螺旋。细胞因子发挥作用，一定先要与细胞膜上特异性受体结合。

细胞因子有许多重要的生物功能，如参与干细胞的定向分化。细胞因子主要着眼于调动机体自身的抗癌能力，通过增强机体固有的抗癌机制来杀伤或抑制肿瘤细胞生长，以达到根治的目的。

细胞质基质 cytoplasmic matrix; cytoplasmic ground substance　细胞质中除能分辨的细胞器和颗粒以外的胶态的基底物质。细胞膜以内、细胞核以外的全部物质称为细胞质。随观察方法、研究手段的改进，细胞质基质的含义有所改变。显微水平上称为透明质或细胞液；亚显微水平上称为细胞质基质；细胞生化上称为胞质溶胶，即细胞匀浆经超速离心除去所有细胞器和颗粒后的上清液部分。约占细胞总体积的55%。细胞质基质实质上是一个在不同层次均有高度组织结构的系统，分为两个部分：①微梁网络，分布在整个细胞中，由蛋白质性质的微梁纤维构成；②水状的网络空间，其中溶解或悬浮着多种小分子，如糖、氨基酸、无机盐等。微梁网络的边缘附着在细胞的质膜上，并与微管、微丝等细胞骨架成分交织成为网架，支挂着内质网、线粒体等细胞器。游离的多核糖体则悬于微梁网络的交叉点上。细胞质基质的多种结构成分使整个细胞质呈现复杂的结构秩序。

细胞周期 cell cycle　以有丝分裂方式增殖的细胞从一次分裂结束到下一次分裂结束所经历的过程。包括间期和有丝分裂期。

细胞生命活动大部分时间是在间期度过的。间期是细胞合成DNA、RNA、蛋白质和各种酶的时期，是为细胞分裂准备物质基础的主要阶段，分为G_1期、S期和G_2期。

①G_1期。进行大量物质合成时期。细胞体积逐渐增大，合成RNA。RNA的合成又导致结构蛋白和酶蛋白的形成，这些酶又控制着形成新细胞成分的代谢活动。G_1期持续时间变异很大，多数细胞的G_1期较长，是与细胞需要增加质量有关。

②G_0期。细胞周期的调节主要是通过G_1期的阻留而实现的，G_0期即指细胞处于阻留的状态。细胞通过M期一分为二，有的可继续分裂进行周期循环，有的转入G_0期。G_0期是脱离细胞周期暂时停止分裂的一个阶段，但在一定适宜刺激下，又可进入周期。

③S期。在这一阶段完成DNA的合成以及与DNA组装构成染色质等有关的组蛋白的合成。DNA含量在此时期增加一倍。S期终结时，每一染色体复制成两个染色单体。

④G_2期。DNA复制结束和有丝分裂开始之间的间隙。在这期间细胞合成某些蛋白质和RNA分子，为进入有丝分裂提供物质条件。G_2期合成的是染色体浓缩以及形成有丝分裂所需的成分。

⑤M期。有丝分裂期，分为前期、中期、后期和末期（见有丝分裂）。

细胞周期中，细胞形态也发生一系列变化，G_1期细胞最小，细胞扁平而光滑，随着S→G_2→M期的发展细胞逐渐增大，从扁平变成球形。细胞周期的运转是井然有序的，这和细胞分裂周期（cdc）基因在精细调控下的有序表达有密切关系。细胞周期中有几个检验点，酵母在G_1/S间有一启动点，高等真核生物中称为R点或限制点。其他还有G_2/M及M期的中期/后期纺锤体检验点等（见图）。如果细胞大小及营养情况未达标准，前次分裂完成不良，则不允许通过R点。细胞或开始新一轮的增殖，或退出周期分化为特殊功能的细胞，或暂时处于G_0状态。一旦通过R点，细胞便决定启动一轮自我复制，按既定程序完成细胞周期。

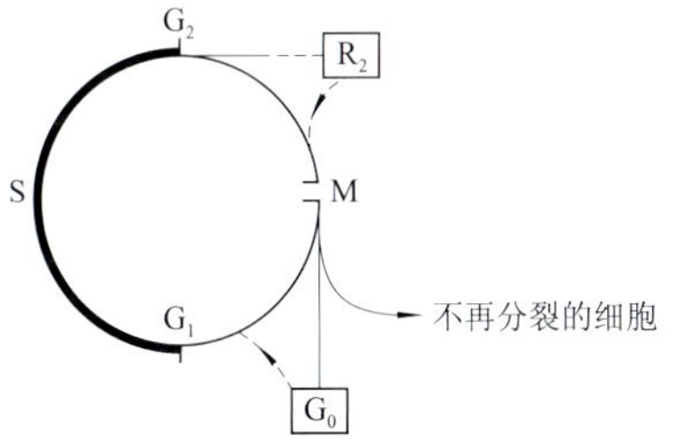

细胞群体和细胞周期

G_0细胞是休止细胞，它能在适宜刺激下合成DNA和分裂。R_2细胞是被阻滞在G_2期的细胞，但受到刺激时能进入有丝分裂期（无DNA的复制）

已发现很多体内因素可以激发或抑制细胞的增殖，例如多种激素、血清因子、多胺、蛋白水解酶、神经氨酶、环腺苷酸（cAMP）、环鸟苷酸（cGMP）以及二脂酰甘油（DG）、三磷酸肌醇（IP_3）和Ca^{2+}信使系统等。cAMP能抑制细胞的分裂，促进细胞的分化；cGMP则能抑制细胞分化，促进细胞增殖。在正常生长的细胞中，cAMP和cGMP维持在适当的水平，调节控制细胞周期的运转。细胞周期也受机体调节系统的影响，例如肝再生就是由调节系统的作用加速肝细胞增殖。

细川护熙 Hosokawa Morihiro（1938-01-14～　）　日本首相（1993～1994)、日本新党创始人。生于东京都千代田区的一个政治世家。1963年毕业于东京上智大学法律系。1969年参加议员竞选并步入政坛，1971年当选参议院议员。1992年号召权力下放、结束腐败和一党统治，组建日本新党。1993年7月众议院选举中，新党获35个席

位。同年7个反对党联合提名细川为日本首相，并于8月6日当选，成为自1955年以来第一个非自民党首相。1994年4月8日，因联合政府内部纷争而辞职。1994年3月19～21日访问中国，以毫不含糊的态度承认日本所犯过的战争罪行。1998年与澳大利亚前总理R.霍克、菲律宾前总统F.拉莫斯一起提出建立"亚洲论坛"的设想，为博鳌亚洲论坛的创设奠定了基础。1999年辞去议员职务。著有《掌权勿超10年》、《日本新党的责任变革》等。

细晶岩 aplite 缺少暗色矿物并具细晶结构的浅色脉岩。基本上全由钾长石、斜长石和石英等浅色矿物组成。有时可有少量黑云母、白云母、角闪石、辉石。根据矿物成分不同，有辉长细晶岩、闪长细晶岩、斜长细晶岩、花岗细晶岩、钠长细晶岩、歪正细晶岩、霓霞细晶岩等种属。最常见的是花岗细晶岩，也即通常所说的细晶岩。花岗细晶岩成分和花岗岩相同，灰白、浅肉红色，几乎全由钾长石、石英和酸性斜长石组成。可有极少量的黑云母和白云母，副矿物有磷灰石、磁铁矿。有些花岗细晶岩还有绿柱石、黄玉、电气石、褐帘石。细晶岩一般呈小岩脉产于相应的深成侵入岩体裂隙中，有时也形成于围岩的裂隙中。与一些硫化矿脉和铌钽矿床有关。中国湖南有这种铌钽矿床类型。

细菌 bacteria 广泛生存于生物圈的单细胞原核生物。它个体微小，结构简单，胞壁坚韧，无真正细胞核和单元膜隔开的细胞器，核糖体为70S型，多以二分裂法繁殖，趋水性较强。

广义细菌包括放线菌、立克次氏体、衣原体、支原体和螺旋体。狭义的细菌基本形态为：杆状，称杆菌；球状，称球菌；螺旋状，称螺菌。因微观生物的细胞质透明，显微镜下难以观察，故借助于染色法克服。丹麦医生C.革兰1884年建立了革兰氏染色法，将细菌分成两类：细胞壁含有可溶于乙醇的脂类物质者称为不能保留染色的革兰氏阴性菌，不含这种脂类者称为能保留染色的革兰氏阳性菌。此外还有抗酸染色法、鞭毛染色法、荚膜染色法和芽孢染色法等。

大多数细菌有独特的细胞壁（支原体除外），其主要成分为含壁酸的肽聚糖。细胞壁内为细胞膜，常称质膜；膜内为原生质，基因所在地为无定形的拟核区，DNA双螺旋丝分布其中。拟核外的细胞质内，还有小得多的环状、线状的双螺旋DNA，称为质粒，以及大量散在的核糖体，其沉降系数为70S。有些细菌的细胞质含有肝糖等储存物。少数细菌，如芽孢杆菌属和梭菌属的成员，在生长发育的一定阶段，能形成高抗性内生孢子，也称芽孢，可耐受干燥、热和药物等不利因素；环境条件适宜时，芽孢可萌发成营养细胞。光合细菌的细胞质中可看到气泡。有些细菌在细胞壁能形成由多糖和蛋白质构成的黏胶层，有明确界限的称为荚膜。能游动的细菌具有鞭毛。许多细菌，尤其是革兰氏阴性菌具有菌毛或性菌毛。

细菌在生物圈中广泛存在，参与各种物质和元素的生物地球化学循环，在维持生态平衡中发挥着不可置换的重要作用。有些细菌虽是传染病的病原体，但大部分菌种及其生命活动具有经济价值。许多细菌是处理、修复被污染环境的积极参与者。一些细菌菌种已成为基因工程的主要工具。

细菌素 bacteriocin 一大类多肽抗菌素的总称。由某些细菌株系分泌，可以杀灭其他敏感（经常是相关）株系的细胞。在敏感株系细胞表面存在着细菌素的特异受体。细菌素是由细菌质粒编码的，而且仅有一部分细菌细胞含有产生细菌素的因子。寄生细胞对细菌素的免疫性也由质粒控制。

1925年A.格雷西亚首次报道，大肠杆菌V株系产生一种对大肠杆菌Φ株系有杀菌作用的物质，并称之为大肠杆菌素。后来，人们相继发现其他一些肠道细菌也能分泌大肠杆菌素。利用细菌素或将其与噬菌体方法结合，可以有效地进行某些细菌的分型和病原菌的流行性检查。

细菌性感染 bacterial infection 细菌在人体引起的感染。包括医院外感染和医院内感染。引起医院外感染最常见的细菌为革兰氏阳性菌如金黄色葡萄球菌、肺炎链球菌、化脓性链球菌和革兰氏阴性的大肠杆菌、流感嗜血杆菌等；引起医院内感染的则多为金黄色葡萄球菌、表皮葡萄球菌、肠球菌、克雷伯氏菌、产气杆菌和绿脓杆菌等。偶有难治的不动菌属引起的感染。因医院外感染的细菌对抗生素敏感，故医院外感染容易控制；而医院内感染则一方面由于患者有原发病，抵抗力差，另一方面引起医院内感染的细菌往往有耐药性，故不易控制，所以病死率高。各种感染均有发冷发热，局部红、肿、热、痛等表现，确诊依据是取血或脓液培养出病原菌，脓液涂片找细菌有助于诊断。治疗最重要的原则是及时应用有效的抗细菌药物，20世纪40年代以来，随着抗菌药物的出现及广泛应用，细菌性疾病的致病菌发生了改变。

细菌性痢疾 bacillary dysentery 由痢疾杆菌（志贺氏菌）引起的急性肠道传染病。简称菌痢。

临床表现及分型 机体感染病原菌后，经过数小时至7天（一般1～3天）的潜伏期才出现症状。按病程长短分急性、慢性两期。临床表现轻重不一，因患者年龄、机体状况、感染菌群而异，可分为轻型、普通型及中毒型。

急性菌痢 分成2型：①普通型。起病急，有发热、畏寒及乏力、食欲减退、恶心、呕吐等毒血症表现，腹痛、腹泻、里急后重，稀便转成脓血便，每日数十次，量少，失水不显著。一般病程10～14天。②轻型。不发热或低热，全身中毒症状、腹痛、里急后重均不明显，大便每日10次以下，糊状或水样便，混有少量黏液，无脓血。一般病程3～6天。

中毒型菌痢 此型多见于2～7岁的儿童。起病急骤，全身中毒症状明显，高热达40℃以上，而肠道炎症反应极轻。根据临床表现可分为3型：①休克型（循环衰竭型）。主要表现为周围循环衰竭，血压降低，口唇及肢端青紫，皮肤呈花斑状，少尿、无尿，不同程度的意识障碍，甚至昏迷。②脑型（呼吸衰竭型）。可见烦躁不安、嗜睡、昏迷及惊厥，血压升高，反复呕吐等颅压增高表现，可出现呼吸衰竭，病情严重，病死率高。③混合型。是以上两型的混合表现，更严重。由于中毒型的肠道症状不明显，极易误诊。

慢性菌痢 急性患者反复发作或迁延不愈病程达2个月以上者。弗氏菌感染者易转为慢性，急性期治疗不当、全身情况差或胃肠道局部有慢性疾患者亦易成为慢性。分为3型：①慢性隐匿型。有急性菌痢史，但长期已无临床症状，大便病原菌培养阳性，乙状结肠镜检查可见炎症、溃疡病变。②慢性迁延型。有急性菌痢史，且长期迁延不愈，腹胀或长期腹泻，黏液脓血便，长期间歇排菌。为重要的传染源。③慢性急性发作型。有急性菌痢史，急性期后症状已不明显，受凉、饮食不当等诱因可使症状再现。

诊断 夏秋季发病，有腹痛、腹泻、里急后重、黏液脓血便者均应考虑本病，对无典型症状而有高热等毒血症表现的儿童，更应警惕本病，应及时作肛拭子或用温盐水灌肠取大便检查，如果镜检见大量白细胞和红细胞即可诊断。粪便细菌培养检出痢疾杆菌可确诊，并可鉴定菌群及作药物敏感试验以指导治疗。对慢性菌痢患者，应作纤维结肠镜检查，直接观察肠黏膜病变，并采取标本作培养，以助诊断。

治疗 患者应予胃肠道隔离，除一般治疗外，可根据大便细菌培养及药物敏感试验选用有效的抗菌药物作病原治疗，可选用氟喹诺酮类、复方磺胺甲噁唑等，严重患者可选用三代头孢菌素。中毒型菌痢应予相应的抢救措施，如抗休克、冬眠药物和脱水药的应用等。慢性菌痢可抗菌药物联合应用，亦可采用药物保留灌肠治疗。

预防　采取以切断传播途径为重点的综合措施。做好饮食卫生、水源及粪便管理，消灭苍蝇。隔离及治愈患者，对托幼、饮食业及自来水厂工作人员定期检查，及时发现带菌者，发现后调离工作岗位并予治疗。口服痢疾减毒活菌苗如F2a型“依链株”，以刺激肠道持续产生分泌型IgA，免疫力可维持6～12个月。

细菌学　bacteriology　研究细菌的形态、生理、生化、生态、遗传、进化、分类及其应用的科学。微生物学的一个分支学科。1676年，A.van列文虎克首先发现口腔中的细菌。1861年，L.巴斯德证明了空气中有细菌存在，其生命活动能引起有机物发酵，产生各种有用的产物；空气中也存在着人和动物的病原菌，能引起各种疾病。为排除杂菌，1886年创造了巴氏消毒法。1877年，英国化学家J.廷德尔建立了间歇灭菌法（或称廷氏灭菌法）。1876年创立了无菌外科。同年，德国人R.科赫分离出了炭疽菌，提出有名的科赫法则。他为弄清霍乱弧菌与形态上无法区别的其他弧菌的不同，进行了生理、生化的研究，使医学细菌学率先得以发展。1880年前后，巴斯德研究出鸡霍乱、炭疽、猪丹毒的菌苗，奠定了免疫学的基础。19世纪最后20年，细菌学的发展超出了医学细菌学范畴，工业细菌学、农业细菌学也迅速建立和发展起来。20世纪初，细菌学家们在研究传染病原、免疫、化学药物、细菌的化学活性等方面取得较大进展。在用大肠杆菌制造出胰岛素之后，1980年，W.吉尔伯特又用细菌制造出人的干扰素，从而将细菌学的研究推进到分子生物学水平。20世纪末，细菌学已进入基因组时代，已有近百种细菌的基因组序列测定完成或接近完成。

细密画　miniature　一种精细刻画的小型绘画。主要用作书籍的插图及封面和扉页上的装饰图案。可以画在羊皮纸、纸张或是书籍封面的象牙板或木板上，形式不一。多数采用矿物质颜料绘制，甚至把珍珠、蓝宝石磨成粉当颜料。埃及新王朝（公元前16世纪）法老陪葬品中曾发现插图卷物，一般认为是最早的细密画。后细密画曾在希腊和罗马广泛流行，但留存下来的实物很少。目前存世的细密画绝大多数是拜占廷、波斯、加洛林、奥托、尼德兰的手抄和小型木板蛋胶画。最著名的是尼德兰林堡兄弟1433年开始为贝里公爵画的10幅《祈祷文插图》，画面极为精美，用珍贵颜料画在羊皮纸上。另外，波斯细密画也很著名。它盛行于阿尔－卡尼德时期、萨菲时期和后萨菲时期，14～16世纪间有一支庞大的细密画队伍。细密画在宫廷、贵族中广为流传，它代表伊朗伊斯兰美术的一个高峰。

细密画本质上是贵族艺术，并没有在民间普遍流传。随着活字版印刷术和照相术的发明与普及，细密画形式逐渐消失，但其艺术风格仍对现代艺术继续产生影响。

细叶榕　*Ficus microcarpa*; smallfruit fig　桑科榕属的一种。分布于中国广东、广西、福建、台湾、浙江南部、云南、贵州等省区。印度、缅甸、马来西亚也有分布。常绿大乔木，有气根，具乳汁。单叶，互生，椭圆形、卵状椭圆形或倒卵形，全缘或浅波状，基出脉3条；叶柄长7～15毫米；具环状托叶痕。花序托（隐头花序）无梗，单生或成对生于叶腋，扁倒卵球形，直径5～10毫米，乳白色，成熟时黄色或淡红色；雄花、瘿花和雌花同生于一花序托内；雄花被片3～4，雄蕊1；雌花被片3；瘿花与雌花相似。生长在村边或山林中。树皮纤维可制鱼网和人造棉；气根、树皮和叶芽入药，可清热解表；树皮可提制栲胶；可作为行道树。

潟湖　lagoon　泥沙沉积或珊瑚礁将海湾与海洋分隔而成的湖泊。有的在高潮时可与海水相通，如中国河北昌黎县七里海；有的与海水不通，经过较长年月的雨水和地表淡水的注入而淡化，逐渐演变为淡水湖，如中国杭州的西湖。

虾　Caridea; shrimp/prawn　十足目中腹部发达、营游泳生活种类的统称。包括对虾派、真虾派、蝟虾派。爬行生活的十足类，如龙虾派、螯虾派以及铠甲虾总科中的虾形种也可称为虾类。甲壳动物中有不少类群虽然体形似虾，但与十足目的虾类构造不同。

游泳生活的虾类体多侧扁，具发达的头胸甲和腹部体节。头胸甲鳃腔很少封闭。第1、2对触角的鞭发达，第2触角有发达的鳞片，掌握游泳时升降方向。步足一般纤细（可能有1对强大的螯足），有时有外肢；腹部附肢发达，适于游泳；尾肢发达，与尾节形成尾扇。

虾类主要为海产，淡水中也常见。许多种是营养价值较高的水产品。

虾衣草　*Calliaspidia guttata*; shrimpplant　爵床科虾衣草属的一种。又称狐尾木。原产美洲墨西哥。世界各地引种栽培，中国有引种。多年生草本，茎圆，基部分枝多，有短粗毛。叶对生，卵形，长6厘米，全缘。穗状花序长9厘米，下垂；花两性，花萼淡绿色，5裂；花冠白色，长3厘米，稍伸

出苞片外，外有短毛，二唇形，上唇稍2裂，下唇3浅裂，有3行紫斑点，雄蕊2，2药室不等高，基部有短距。蒴果长椭圆形，有柄。花期6～8月，果期8～9月。著名花卉，其棕红色大苞片排列有序，引人注目。

鰕虎鱼　Gobiidae; goby　鲈形目鰕虎鱼科动物的统称。海洋鱼类中最大的一科。有212属1 875种。广布于除极地以外的海水和淡水水域，但主要密集于印度－西太平洋暖水区域、大西洋中美洲及地中海欧洲沿岸。中国约产79属218种。大多数种类体长100毫米以下，最大者达500毫米。体卵圆形、长形或鳗形，侧扁。头侧扁或平扁。眼不突出于头的背面，无游离下眼睑。口大，两颌等长或下颌及颏部突出。上、下颌牙多行，有时平直或弯曲，腭骨常无牙。前鳃盖骨边缘光滑或具细锯齿，鳃盖上方有时具凹陷。鳃盖条5。体被栉鳞或圆鳞，有时鳞退化或完全无鳞。无侧线。背鳍2个或1个，臀鳍常与第二背鳍同形、相对；背、臀鳍有时与尾鳍相连；胸鳍或大或小，圆形，基部肌肉不发达，不呈臂状；左右腹鳍愈合成一吸盘，后缘完整或凹入；尾鳍圆形、尖长或内凹。

为暖水性和温水性海洋小型鱼类，少数为淡水鱼类。此科包括世界最小的脊椎动物。微鰕虎鱼成体仅8～10毫米，为最小的海洋鱼类。矮鰕虎鱼是最小的淡水鱼类，体长仅10～11毫米。栖息于近岸潮间带，底质为泥沙、岩礁的浅海区。大都游泳力不强，活动范围较窄。少数种类有生殖洄游习性，进入河川。有些种类与海绵类、虾类及海胆类有共生现象。主要以虾、蟹等甲壳类、小型鱼类、蛤类幼体为食，有的摄食底栖硅藻。生活在淡水的种类也食水生昆虫和蠕虫。生活力强，离水不易死亡。性成熟期较早，一般肉食性种类1年成熟，植食性种类2年成熟。在石砾或洞穴中产卵，大多为黏性卵。寿命较短，一般2～3年，最多4年。大多数鰕虎鱼类个体小，无食用价值，少数种类可供食用。吻鰕虎鱼因数量多，有一定

经济价值。

侠义公案小说 chivalrous and legal case novel 中国近代小说流派。侠义小说和公案小说合流的产物。近代以前，侠义小说和公案小说各自独立发展，两派合流的现象最初出现在清嘉庆年间，代表作是《施公案》，此后有《三侠五义》、《彭公案》、《李公案》、《永庆升平前传》和《永庆升平后传》等，而且不断出现续书。《施公案》达到“十续”，《三侠五义》后有《小五义》、《续小五义》等，《彭公案》续至300余回。数量众多，风靡一时，形成流派。

侠义公案小说的内容，基本以一名臣大吏为主，一些豪侠之士为其清廉刚正所折服，保护和辅佐他破案断狱，铲除危害朝廷的谋逆奸臣、绿林豪强、劣绅恶徒等。侠义公案小说盛行，一方面是从“剪恶除奸，匡扶社稷”出发，宣扬“尽忠”思想，提倡“奴才”哲学。另一方面，清末政治腐败，社会混乱，深受其害的底层平民百姓，往往把幻想寄附在能与权奸酷吏和盗匪恶霸对抗的清官和侠客身上。

侠义公案小说把官吏破案的曲折过程和侠客除恶的惊险行动糅合起来，一案数回，各案相接，组织成跌宕起伏的情节，比较吸引人。但大多数作品均“荒率殊甚”，艺术粗糙。少数作品如《三侠五义》，在艺术上有一定成就。

狭唇纲 Stenolaemata 苔藓动物门一纲。全部海产。个虫的垂壁、基壁和前壁皆钙化，几乎所有的骨骼皆由方解石构成，但侏罗纪少数种的骨骼由霰石构成。基面的个虫体壁在大多数群体中系被覆的多个虫群体壁之一部分，故是沿群体基面延伸的外壁。个虫垂壁呈延长的圆锥形或管形。垂壁的生长方向与个虫中轴平行。前壁是外体壁，只存在于少数狭唇口类，尤其是古生代晚期的类群中。个虫体壁由于口孔区生长而延长。膜囊是狭唇类触手冠外翻或内缩的机构。膜囊容积缩小，触手冠便伸出体外正常捕食。多形结构普遍存在于狭唇类中。在现生类群中，胚胎孵育发生在形状和生长方式多变的个虫或个虫外育卵室的体腔内。按现有分类体系狭唇纲分为变口目、管孔目、隐口目、泡孔目和窗格目5目，除管孔目从二叠纪延续到现代外，其余4目均为从奥陶纪至二叠纪的古生代化石类群。

狭邪小说 courtesan novel 中国小说流派。即“伎家故事”，主要写妓女与嫖客、优伶与名士生活。唐代传奇《霍小玉传》、《李娃传》等即以妓女为主人公。明代梅鼎祚的《青泥莲花记》、清代余怀《板桥杂记》等，亦属此种，但多为短篇或笔记小说。近代大量出现此类长篇小说，始有《品花宝鉴》，继有《花月痕》、《青楼梦》、《海上尘天影》、《海上花列传》以及《九尾龟》、《海上繁华梦》等，故鲁迅在《中国小说史略》中名之为“狭邪小说”。

近代狭邪小说受明清长篇通俗小说的影响，由短篇发展到长篇，往往多达数十回。在内容上也有变化。主要表现在作者对妓女的态度和倾向上，是非褒贬，非常鲜明。如俞吟香的《青楼梦》，用虚写的手法把妓女写得多情多义，风流高雅，创作出理想化的妓女形象；而张春帆的《九尾龟》，把妓女都写成坏人，狎客也都是无赖；韩邦庆的《海上花列传》对妓女生活的描写则比较客观，较真实地反映了半封建半殖民地的上海妓女的现实生活。狭邪小说是近代畸形社会的产物和反映，是明末清初才子佳人小说的末流。

狭鳕 *Theragra chalcogramma*; Alaska pollack 鳕形目鳕科狭鳕属的一种。又称明太鱼。分布于日本海南端到白令海峡北侧的楚科奇海及加拿大等沿海，沿寒流少数可达朝鲜半岛西侧。狭鳕身体长形，后部侧扁；体长可达900毫米。眼侧上位。口大，前位，斜形。下颌前端较上颌长。头体有小圆鳞。侧线前部侧上位，到第二背鳍降为侧中位且呈断续状态。尾鳍凹叉状。体背侧橄榄色，腹侧银色，两侧各有2～3纵行暗黄斑。背鳍与胸鳍暗橄榄色，臀鳍与腹鳍灰色。狭鳕为冷水性海鱼，在日本海为重要经济鱼类之一。

狭义相对论 special relativity 适用于惯性系，从时间、空间等基本概念出发将力学和电磁学统一起来的物理理论。1905年由A.爱因斯坦创建。这个理论在涉及高速运动现象时，同经典物理理论显示出重要的区别。

产生 到19世纪末，经典物理理论已经相当完善，当时物理学界较为普遍地认为物理理论已大功告成，剩下的不过是提高计算和测量的精度而已。然而某些涉及高速运动的物理现象显示了与经典理论的冲突，而且整个经典物理理论显得很不和谐：①电磁理论按照经典的伽利略变换不满足相对性原理，表明存在绝对静止的参考系，而探测绝对静止参考系的种种努力均告失败；②似乎存在着经典力学无法说明的极限速度；③电子的质量依赖于它的速度。在这种形势下，有见地的物理学家预感到物理学中正孕育着一场深刻的革命。爱因斯坦考察了一些普遍的物理事实和经典物理学中如运动、时间、空间等基本概念，看出以下两点具有根本的重要性，并把它们作为建立新理论的基本原理：①狭义相对性原理，不仅力学实验，而且电磁学实验也无法确定自身惯性系的运动状态，也就是说，在一切惯性系中的物理定律都具有相同的形式。②光速不变原理，真空中的光速对不同惯性系的观察者来说都是c。承认这两条原理，牛顿的绝对时间、绝对空间观念必须修改，异地同时概念只具有相对意义。在此基础上，爱因斯坦建立了狭义相对论。

内容 洛伦兹变换 根据相对性原理和光速不变原理，可导出两个惯性系之间时空坐标之间的洛伦兹变换。当两个惯性系S和S'相应的笛卡儿坐标轴彼此平行，S'系相对于S系的运动速度v仅在x轴方向上，且当$t=t'=0$时，S'系和S系坐标原点重合，则事件在S系和S'系中时空坐标的洛伦兹变换为$x'=\gamma(x-vt)$，$y'=y$，$z'=z$，$t'=\gamma(t-vx/c^2)$，$\gamma=(1-v^2/c^2)^{-1/2}$，$c$为真空中的光速。洛伦兹变换是狭义相对论中最基本的关系，狭义相对论的许多新的效应和结论都可从洛伦兹变换中直接得出，它表明时间和空间具有不可分割的联系。当速度远小于光速，即$v \ll c$时，洛伦兹变换退化为伽利略变换，经典力学是相对论力学的低速近似。

同时性的相对性 在某个惯性系中看来异地发生的两个事件是同时的，则在相对于这一惯性系运动的其他惯性系看来就不是同时的，因此在狭义相对论中，同时性概念不再具有绝对的意义，只具有相对的意义。不仅如此，在不同惯性系看来，两异地事件的时间顺序还可能发生颠倒；但是具有因果联系的两事件的时间顺序不会发生颠倒。同时性的相对性是狭义相对论中非常基本的概念，时间和空间的许多新特性都与此有关。

长度收缩 狭义相对论预言，一根沿其长度方向运动速度为v的杆子的长度l比它静止时的长度l_0要短：

$$l=l_0\sqrt{1-v^2/c^2}$$

长度收缩不是物质的动力学过程，而是属于空间的性质。它是由于测量一根运动杆子的长度须同时测量其两端，在不同惯性系中，同时性具有相对性，因而不同惯性系中得出的结果不同，只具有相对的意义。

时间延缓 狭义相对论预言，运动时钟的时率比时钟静止时的时率要慢。设在S'系中静止的时钟测得某地先后发生两事件的时间间隔为$\Delta\tau$，在S系中，这两个事件不是发生在同一地点，须用校准好的同步钟测量，测得它们先后发生的时间间隔为Δt，$\Delta\tau=\Delta t\sqrt{1-v^2/c^2}<\Delta t$。时间延缓是同时性的相对性的结果，是时间的属性，不仅运动时钟的时率要慢，一切与时间有关的过程如振动的周期、粒子的平均寿命等都因运动而变慢。

速度变换公式 按照狭义相对论，

当S'系和S系相应坐标轴彼此平行，S'系相对于S系的速度v沿x方向，则质点相对于S系的速度$\boldsymbol{u}=\{u_x, u_y, u_z\}$和相对于$S'$系的速度$\boldsymbol{u}'=\{u'_x, u'_y, u'_z\}$之间的变换关系为：

$$u'_x=\frac{u_x-v}{1-\dfrac{v}{c^2}u_x}$$

$$u'_y=\frac{u_y\sqrt{1-v^2/c^2}}{1-\dfrac{v}{c^2}u_x}$$

$$u'_z=\frac{u_z\sqrt{1-v^2/c^2}}{1-\dfrac{v}{c^2}u_x}$$

当$v<<c$时，相对论速度变换公式退化为伽利略速度变换公式。

相对论多普勒频移　设光源相对静止时发射光的频率为v_0，当光源以速度v运动时，接收到光波频率为v，狭义相对论预言，$v=v_0(1-v\cos\theta)/\sqrt{1-v^2/c^2}$，式中$\theta$为光源运动方向与观测方向之间的夹角。与经典的多普勒效应不同，存在着横向多普勒频移，当光源运动方向与观测方向垂直时，$\theta=90°$，则$v=v_0\sqrt{1-v^2/c^2}$。横向多普勒频移是时间延缓的效应。

质速关系　狭义相对论预言，与经典力学不同，物体的质量不再是与其运动状态无关的量，它依赖于物体的运动速度。运动物体速度为v时的质量为$m=m_0/\sqrt{1-v^2/c^2}$，式中m_0为物体的静质量。当物体的速度趋于光速时，物体的质量趋于无穷大。

关于狭义相对论中的质量，还存在另一种观点，认为只有一种不变的质量，即物体的静质量，无法明确定义运动质量。两种观点对于狭义相对论的基本看法上没有分歧，只是对质量概念的引入上存在分歧。后一种观点在概念引入的逻辑严谨性上更为可取，而前一种观点对于某些物理现象，如回旋加速器的加速限制、康普顿效应以及光线的引力偏折等，作浅显说明颇为有效。

质能关系　狭义相对论最重要的预言是物体的能量E和质量m有当量关系，$E=mc^2$。与物体静质量m_0相联系的能量$E_0=m_0c^2$。质能关系是核能释放的理论基础。

能量动量关系　狭义相对论中动量定义为$p=m_0v/\sqrt{1-v^2/c^2}$，能量动量关系为$E^2=c^2p^2+m_0^2c^4$。

极限速度与光子的静质量　真空中的光速c是一个绝对量，是一切物体运动速度的极限，也是一切实在的物理作用传递速度的极限。从质速关系可以看出一切以光速c运动的物质的静质量必为零，光子的静质量为零。

在狭义相对论中，牛顿定律$\boldsymbol{f}=m\boldsymbol{a}$的形式不再成立，它在洛伦兹变换下不能保持形式不变，不满足相对性原理而必须修改，代替的力学规律的形式是$\boldsymbol{f}=\mathrm{d}\boldsymbol{p}/\mathrm{d}t$，式中$\boldsymbol{p}$为物体的动量。电磁场的麦克斯韦方程组和洛伦兹力公式$\boldsymbol{f}=q(\boldsymbol{E}+\boldsymbol{v}\times\boldsymbol{B})$在洛伦兹变换下形式保持不变，它们是狭义相对论的电磁规律。在狭义相对论中，动量守恒、能量守恒定律仍然成立，能量守恒包括了质量守恒。

在经典物理学中，物理定律总是表述为把时间坐标和空间坐标分开来，洛伦兹变换表明时间坐标和空间坐标应作统一处理。H.闵可夫斯基发展了狭义相对论的形式体系，采用在四维时空中表述物理定律和公式。这样表述，相对论的协变性质表达得更为明晰，物理定律的形式更为简洁，许多问题的求解也更为简便。

意义　狭义相对论经受了广泛的实验检验，所有的实验都没有检测到同狭义相对论有什么不一致的结果。狭义相对论是基础牢靠、逻辑结构严谨和形式完美的物理理论，广泛应用于许多学科，和量子力学成为近代物理学的两大理论支柱。

狭窄性腱鞘炎　stenosal tendosynovitis　屈指肌腱在掌骨颈掌侧通过的纤维性骨性鞘管遭受挤压，或拇长展肌腱与拇短伸肌腱在桡骨茎突处反复受摩擦，致腱鞘纤维组织增厚的疾病。女性多于男性。婴幼儿中偶见先天性腱鞘狭窄症，多发生于拇长屈肌腱。

临床表现　在桡骨茎突部狭窄性腱鞘炎，局部隆起、压痛。拇指作大幅度伸展和屈曲活动时疼痛加重。有时可触及摩擦音。该病在指屈肌腱。患者常感握持无力；指屈伸时该部位有疼痛、弹响，局部有明显压痛。病程较长者，在掌指关节掌侧可触及硬结。患指乏力和易疲劳。发病初期，屈肌腱还可勉强通过鞘管的狭窄环；当手指屈伸到某一角度时，肌腱被狭窄的腱鞘纤维环绞锁，不能活动。用力伸屈或被动伸屈时，肌腱通过狭窄处发生弹响，又称扳机指。严重时患指常交锁在屈曲位或伸直位。该病在小儿拇长屈肌。出生后不久或2～3岁时，拇指屈伸时发生弹响，或拇指末节交锁在屈曲位，掌指关节掌侧皮下可触及硬结，并有压痛。

治疗　患指应当休息制动。物理治疗，按摩可使症状减轻。皮质类固醇局部封闭多能使早期腱鞘炎得到缓解。非手术治疗无效或反复发作狭窄性腱鞘炎应作腱鞘切开或切除，粘连要松解，肉芽要清除。术中如发现鞘管内有迷走肌腱或有纤维间隔，必须将其切除。

霞浦县　Xiapu County　中国福建省宁德市辖县。位于省境东北部，东濒东海。陆地面积1 716平方千米，海域面积29 592.6平方千米，海岸线长404千米。人口46万（2010）。有汉、畲、回、藏、苗、壮、瑶等民族。晋太康三年（282）建温麻县，后历经多次变更，清置霞浦县。农业主产水稻、甘薯、花生、油菜子、麻类等。东临闽东渔场，盛产黄鱼、带鱼、目鱼、石斑鱼和鳗鱼，产量居全省前列。官井洋系全国著名的大黄鱼天然繁殖场。有三尖杉、四季千年桐、千年银杏、桫椤等珍贵林木。东吾洋沿岸晚熟荔枝为名贵水果。矿产有硅石、花岗岩、沸石、蛭石、高岭土、紫砂土等。工业以食品工业为主。古镇港乃深水良港，可泊万吨级轮船。名胜古迹有赤岸、杨家溪、大京古城堡、塔岗虎镇塔、东关建善寺、三沙留云洞、下浒外滩。

霞浦海上村庄

霞石　nepheline　硅酸盐类似长石矿物，化学组成为$(Na,K)[AlSiO_4]$，晶体属六方晶系。成分中硅的含量一般多于铝，表现出铝的不足。晶体呈六方短柱状或厚板状，常呈粒状或致密块状。无色、灰白色，因含杂质而染成浅黄、浅绿、浅褐、蓝灰或浅红等色。玻璃光泽，断口油脂光泽。呈油脂光泽的致密块状霞石，又称脂光石。莫氏硬度5.5～6。密度2.55～2.66克/厘米^3。无解理。性脆。主要产于与正长岩有关的碱性侵入岩、火山岩及伟晶岩中。挪威、加拿大是霞石最大生产国，在瑞典、俄罗斯的科拉半岛和伊尔门山、肯尼亚和罗马尼亚都有著名产地。中国辽宁、山西、四川、云南、安徽等省也有产出。主要用作玻璃和陶瓷工业的原料，橡胶、塑料、颜料、涂料的填充剂，生产矿棉和玻璃纤维的助熔剂，也用作生产氧化铝、碱金属碳酸盐、化肥的矿物原料。

下半旗 flying a flag at half-mast 公众表示哀悼的重要礼节。通常是将国旗升至杆顶，然后下降到离旗杆顶端约占全杆1/3处。在国家领导人逝世后，或本国人民经受了重大灾难之后，全国各公开场合的国旗，驻外国的使、领馆的国旗，均应下半旗致哀。下半旗最初源于船上，后传至大陆，世界各国均采用。

下川文化 Xiachuan Culture 中国旧石器时代晚期后段的文化。因山西沁水下川遗址而得名。分布于沁水、阳城、垣曲三县相毗邻的中条山、历山一带。1970年发现，后多次调查和发掘。获得数以千计的石制品，其中以细石器（见石器）为主体，包括细石核、细石叶、石镞、琢背小刀等。细石叶以间接打击技术产生。石镞数量多，在狩猎中发挥很大作用。细石器的大量出现，表明当时已普遍使用复合工具，即以细石器镶嵌成刀、锯、短剑，以及制成弓箭、标枪等新型投射武器。石制品中还有少量粗大石器。从出土物可知，下川先民过着以狩猎为主、采集为辅的经济生活，生产力较以前的旧石器文化有了很大提高。下川文化继承峙峪文化的先进因素，代表了中国旧石器时代晚期细石器制作技术的最高水平。据碳-14测年距今3.6万～1.3万年，有研究者估计为距今2.4万～1.6万年，处于由更新世晚期向全新世过渡阶段。

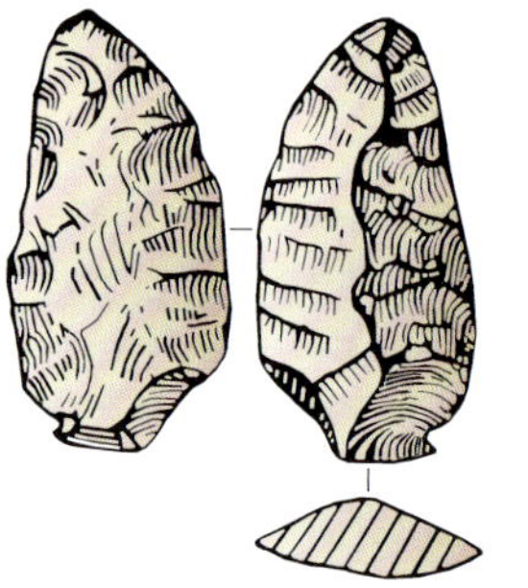
尖底石镞

下法 purgative method 中医临床运用具有泻下作用的药物通泻大便，逐邪外出的治法。又称泻下法。属治疗八法之一，有通导大便、排除胃肠积滞、荡涤实热、攻逐水饮和寒积，以及祛瘀的作用。适用于胃肠实热内结或寒积、宿食积滞、水饮、痰湿、瘀血等停留体内的里实证。证见大便秘结、腹痛胀满、发热、鼓胀、水肿等，以及肠痈、痢疾等。由于里实证的病机有热结、寒结、燥结和水结的不同，以及患者的体质有虚实的差异，因此下法的运用相应地又分为寒下、温下、润下（润肠通便）和逐水等法。由于里实证的病情有轻重缓急之别，下法又有峻下、缓下之分。

临床上应注意：①表邪未解、里实不甚时应先解表，待表证缓解、里实已成时方可泻下。②表里俱实，当用解表通里法。③年老、体弱、产后、孕妇、久病、虚证等兼有大便秘结或水肿鼓胀实证，慎用下法；若必须用下法时，应配合益气、养血、养阴生津药同用。④下法易伤胃气，不可泻下过度，不宜食用不易消化的食物。

下关 Shimonoseki 日本本州岛西端港口城市。属山口县。又称马关。地处本州岛与九州岛之间，扼关门海峡。面积224.11平方千米。人口约24.63万（2003）。古代即以军事要镇和商埠著名。1863年发生马关战争。1889年设赤间关，后写作赤马关，简称马关。1895年中日甲午战争后，日本在马关春帆楼强迫中国签订《马关条约》。1902年改称今名。1905年开通与北九州的火车轮渡。1932年筑渔港，成为远洋渔业和捕鲸业基地，水产加工、渔业用品制造和造船等工业发达。1940年其港口与门司港及小仓港合并为关门港。1944年与北九州之间修通海底铁路隧道后，成为重工业中心，有有色金属、化学工业等。1958年修通海底公路（汽车、人行）隧道。1973年相继建成新关门海底铁路隧道和与之相配套的跨海公路大桥关门桥，1975年山阳新干线铁路开通等，使其与北九州市的联系更加紧密，成为广义上的北九州工业地带的组成部分。

下合穴 lower-he-sea points 中医学中六腑在下肢足三阳经上的六个合穴。属特定穴。即胃合于足三里，膀胱合于委中，胆合于阳陵泉，大肠合于上巨虚，小肠合于下巨虚，三焦合于委阳。因为都合于下肢而得名。大肠、小肠、三焦属手三阳经，虽在上肢经脉的五输穴中各有合穴，但大肠、小肠与胃在功能上是密切相关的，故其下合穴分别在足阳明胃经的膝下；三焦经下合穴为足太阳膀胱经膝下的委阳穴，也是因为三焦与膀胱在生理功能上有着密切的联系。故六腑的下合穴皆出自足三阳经。

下合穴是治疗六腑病候的主要穴位。临床上对一些比较顽固的六腑病证和急性腹痛，常用下合穴配合郄穴以通经活络，对缓急止痛有较好效果。下合穴是六腑气血汇集的部位，不仅在治疗腑证方面收效较好，而且在辅助临床诊断方面运用也较广，如肠痈患者按压上巨虚穴处常出现异常感觉，胆道疾患按压阳陵泉部位常出现痛感。

下加利福尼亚半岛 Baja California Peninsula 墨西哥西北部半岛。东临加利福尼亚湾，南、西为太平洋，北部与美国接壤。南北长1 223千米，东西宽50～250千米，总面积约143 396平方千米。形状狭长，被称为墨西哥的“瘦臂”。地势北高南低，有数条平行山脉纵贯整个半岛，海拔一般在500米以上，最高峰恩坎塔达峰海拔3 078米。中部多火山，特雷斯·比赫纳斯火山海拔1 995米。南部的太平洋沿岸为平原。东北部为科罗拉多河冲积而成的三角洲。海岸线曲折，沿岸岛屿众多，多深水良港。气候干燥，平均年降水量不足250毫米。河流稀少。以北纬28°为界限，半岛划分为下加利福尼亚州和南下加利福尼亚州。20世纪60年代，墨西哥政府开始在此大力兴建公路、港口和机场。北部经济发展较快，相对闭塞的南部发展缓慢。农业依赖灌溉，主要出产长绒棉、谷物、苜蓿、蔬菜等。有金、银、铜等矿产和食品加工、有色冶金等工业。北部边境城市旅游业较发达。主要城市有墨西卡利、蒂华纳、恩塞纳达和拉巴斯。

下降流 downwelling 因表层流场的水平辐合，使海水从表层铅直下降的海流。见上升流。

下诺夫哥罗德 Nizhniy Novgorod 俄罗斯历史文化名城，伏尔加河沿岸最大城市，伏尔加河沿岸联邦区驻地和下哥罗德州首府。1932～1990年称高尔基，1990年恢复原名。在伏尔加河与其右岸支流奥卡河汇流处，西距莫斯科约400千米。人口127.1万（2010）。建于1221年。16世纪为重要的工商业中心。1817年俄国著名的马卡尔耶夫斯基大市场从伏尔加河下游迁此后，成为重要的贸易市场。1849年建立索尔莫沃造船厂，1862年至莫斯科的铁路通车。机械制造约占全市工业总产值的60%，生产汽车、内河船舶、动力机械、机床、仪表、飞机及军工产品等。石油加工、木材加工、食品工业、轻工亦较发达。是重要的河港与航空港，铁路及管道运输枢纽。市区分为8个区，5个区位于奥卡河东岸高地，西岸3个。为M.高尔基的故乡，建有11所高等学校、5座剧院，以及高尔基故居博物馆等。同其周围城镇形成了一个城市群。

下丘脑 hypothalamus 间脑的组成部分。旧名丘脑下部，占据第三脑室底的大部，是较高级调节内脏及内分泌活动的中枢。人的下丘脑约4克，结构复杂，功能多样。它不仅通过神经和血管途径调节脑垂体前、后叶激素的分泌和释放，而且还参与调节自主神经系统，如控制水盐代谢、调节体温、摄食、睡眠、血管和消化道等内脏活动以及情绪等。

下丘脑背面围绕第三脑室的外侧及底部，其腹侧由垂体柄与脑下垂体相连接。下丘脑前端为视前区，但两者无明显界限，合称视前区－下丘脑前部；后部以乳头体后缘为界；背侧以下丘脑沟与丘脑分界；其腹侧表面的标志自前向后为视交叉、灰结节、乳头体，外侧为腹侧丘脑顶盖部、内囊及视束。

从第三脑室向外侧，下丘脑可分为3个纵向的区：脑室周围区、内侧区和外侧区。

下丘脑各部自前向后又可分3部，即前部（又名视前区和视上区）、中部（结节区）和后部（乳头体区）。

下丘脑含能分泌激素的神经细胞——神经分泌细胞。神经细胞能分泌激素类物质的现象称神经分泌。下丘脑主要分泌加压素（抗利尿激素）和催产素（子宫收缩素）。这两种激素沿视上垂体束被运送到神经垂体贮存和释放。下丘脑还能分泌肽类活性物质，经结节漏斗束运至中隆部释入垂体门脉系统，以调节腺垂体各种促激素的分泌。根据其功能可分两类，即下丘脑释放激素和释放抑制激素。已发现十余种下丘脑释放激素或释放抑制激素。

体温调节的主要中枢在下丘脑。下丘脑前部为散热中枢，电刺激此区可引起动物呼吸浅快，皮肤血管扩张及汗腺分泌增加等散热反应，从而使体温降低。下丘脑后部为产热中枢，刺激此区可引起寒颤、皮肤血管收缩等产热和保温反应。损毁两部位则散热和产热功能将分别丧失。

下丘脑是中枢神经系统中调节摄食和能量代谢的主要部位。下丘脑外侧部可能存在“摄食中枢”，电刺激此区引起摄食增加，损毁此区导致动物摄食减少或拒食。下丘脑腹内侧核可能存在“饱中枢”，电刺激此区引起动物摄食减少，损毁此区导致动物摄食增加而发胖。

下丘脑对水平衡的调节包括：①控制抗利尿激素的分泌和释放。②控制渴感和饮水行为。“饮水中枢”靠近摄食中枢。电刺激此区，使动物饮水增多，损毁此区使动物饮水减少乃至不饮。临床观察及动物实验表明，损毁视上核和室旁核区，可产生“尿崩症”。

损毁下丘脑腹侧中央部，动物摄食、饮水和活动的昼夜节律消失。

由于下丘脑产生的促滤泡刺激素释放素、促黄体（生成）素释放激素、泌乳素抑制因子和泌乳素释放因子可分别控制和调节垂体前叶卵泡刺激素、黄体生成素、泌乳素的释放，因此这些激素和下丘脑产生的催产素均与生殖器官的发育和性行为有密切关系。下丘脑疾患可导致儿童性早熟或性功能降低。

下丘脑的视上区、视前区等部位与副交感神经活动有密切关系，刺激此区可引起心搏减慢、外周血管扩张、血压下降和胃肠蠕动增强等副交感反应。下丘脑后外侧区与交感神经活动有关，刺激此区可引起心搏加快、血管收缩、血压升高、呼吸加深加快、胃肠蠕动减慢和瞳孔散大等交感反应。下丘脑这些部位损伤后，可出现阵发性高血压、肺水肿、胃溃疡和出血等症状。

利用刺激和损毁实验证明，下丘脑内侧近中线两旁的腹内侧区存在“防御反应区”。刺激清醒动物的此区，可引起防御性攻击行为。

下丘脑垂体门脉系统 hypothalamo-hypophysial portal veins 腺垂体的分泌功能与神经系统的下丘脑之间通过特殊的门脉系统而紧密地联系起来的系统。垂体是内分泌腺中最主要的腺体，是内分泌腺活动的中心。垂体是一个呈扁形似豌豆状的小体，位于间脑（指下丘脑）的前腹面。腺体分成前叶和后叶两部分，前叶又称腺性垂体，后叶又称神经性垂体。

下丘脑促垂体神经分泌细胞的轴突末梢与门脉系统的毛细血管网接触，可将促垂体或抑制垂体的神经激素释放入门脉系统，从而调节腺垂体活动。因此，腺垂体的分泌活动受下丘脑产生的化学物质所控制。

下丘脑促垂体区的一些神经元既能分泌肽类激素（神经激素），具有内分泌细胞的作用，又保持典型神经细胞的功能。这些神经细胞可将从大脑或中枢神经系统其他部位传来的神经信息，转变为激素的信息，起换能神经元的作用。它们所分泌的调节腺垂体功能的生物活性物质，总称为下丘脑调节肽。

下寺楚墓 Tombs of Chu State at Xiasi 中国春秋中晚期楚国贵族墓地。位于河南淅川丹江口水库西岸。1978～1979年发掘。

2号墓青铜鼎（内壁铸铭文86字，记公子午铸此鼎事）

墓葬分为三组，都是土坑竖穴墓。中组有2座大型墓、2座中型墓及分布在它们两侧的15座小型殉葬墓。另两组分布在中组两翼，每组包括2～3座中型墓和2个车马坑。9座大中型墓出土大量青铜器和璧、璜、琮等玉石饰物。其中规模最大的2号墓有青铜礼器155件，包括7件一组的平底鼎，以及编钟、编磬、兵器和车马器等。其余的墓规格较此为低。9座大中型墓多二三墓并列，应属夫妻异穴合葬。依据2号墓所出鼎的铭文，推测墓主是楚国共王和康王时的令尹公子午（卒于前552），另一说是继公子午任令尹的薳子冯（卒于前548）。

下肢静脉曲张 varicose vein of lower extremity 下肢浅静脉呈现扩张、伸长、弯曲的病理现象。多见于长期站立工作者，可一侧或双侧发病。其发病除与职业因素有关外，与先天性静脉壁薄弱亦有关。初期症状为下肢酸胀不适和疼痛，站立时明显，行走或平卧时消失。后期，患肢皮下可见蚯蚓状蜿蜒迂曲扩张的曲张静脉，多分布于小腿后面、下部，并延伸到踝的外侧和足背。下肢浅静脉曲张的诊断不难。可用大隐静脉及小隐静脉瓣膜功能试验可靠地检测两种静脉瓣的功能。轻症及无症状者可穿用弹力袜减缓其发展。有症状或并发症（皮炎、湿疹及溃疡等）而影响劳动者，应施行大隐静脉高位结扎剥脱术。手术治疗效果良好。

夏 Xia Dynasty 中国古代第一个王朝。存在于约公元前2070～前1600年，延续约400年，传13世、16王。

综合《竹书纪年》、《史记·夏本纪》等记载，黄河中游一个强大的部落联合体首领禹死后，其子启用暴力夺取了领袖职位，建立了夏王朝，开始了夏后氏的统治。虽然夏后启是夏王朝的创建者和第一位君主（在古籍中称“后”），却因为其父禹曾为孕育了新朝的部落联合体首领，所以《史记·夏本纪》从禹讲起，其他传统史学著作亦多如此，称传13世、17王，实为13世、16王。

政治概况 夏部族处于原始氏族社会阶段的主要活动区域和夏王朝的统治中心地带，大致西起今河南省西部（豫西）与山西省南部（晋南），东至河南省与山东省交界处，北入河北省、南接湖北省。另据文献记载和传说，山西晋南的汾、浍水流域，也是夏族祖先活动过的重要区域之一。

在夏王朝建立之前，曾出现过夏部族与周围其他部族之间争夺联盟首领的频繁战争。由于禹治水有功和发展农业生产，夏部族势力增强，成为部族联盟首领。禹将三苗驱赶到今湖北西北与河南交界处的丹江与汉水流域，进一步巩固了王权。夷、夏诸族首领完全臣服于夏王朝的统治，成为维护王权的世袭贵族。夏禹死，其子启继王位。这种废禅让而实行父传子的王位

夏世系表

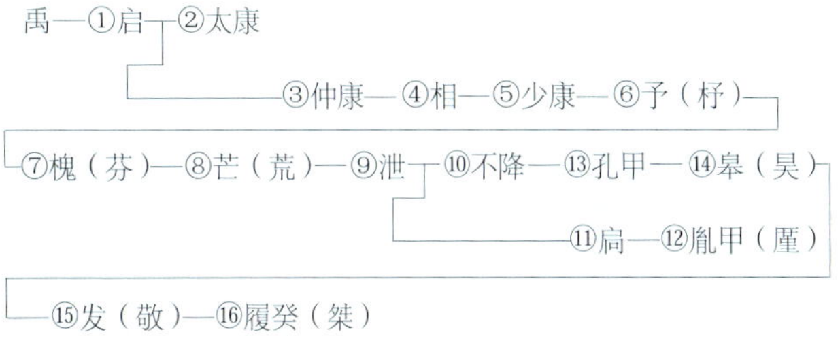

继承方式，引起了夏朝争夺王位的激烈斗争。夏启经过斗争，确立了王位世袭制。于是众多邦国首领都到阳翟朝会，启在钧台（今河南禹州境内）举行宴会。此即著名的钧台之享。夏启死后，子太康继立。太康追求奢侈淫乐的生活，于是在夏王朝的统治集团内部，先发生太康兄弟5人争夺王位的斗争，后出现武观叛乱，虽被平息，但夏王朝统治力量已经削弱。太康死后，子仲康立。仲康死后，子相立。这时东夷族有穷氏首领后羿，趁夏王朝内部王权之争，攻入夏都，夺取了王位。但善射的后羿恃其武力而不修民事，终日以田猎为乐。不久后羿被东夷族伯明氏寒浞所杀。寒浞杀掉了夏后相。夏后相妻生下遗腹子少康。后少康结束了后羿与寒浞40年左右的统治，恢复了夏王朝的政权。少康死后，子杼立。他重视发展武装和制造兵甲。杼执政后曾“征于东海”，东夷诸族都臣服于夏，受其爵命。夏代中兴局面得以形成。夏王朝经过较长一段时间的中兴稳定局面，到孔甲时，内部矛盾日趋激化。从孔甲经皋与发，到履癸（即夏桀）内乱不止。夏桀是一个暴君。故汤起兵伐桀时，桀众叛亲离，身死而国亡。

图1 二里头遗址（考古学的二里头文化当为夏文化已成为共识）

夏王朝为了加强和巩固统治，除建立了由六卿统领的国家统治机构和军队外，还修筑城郭以保卫王室贵族。同时制定刑法，修筑监狱，以镇压奴隶和平民的反抗斗争。禹刑是中国历史上最早的刑法。夏代奴隶数量较多，王室贵族不仅强迫他们劳动，而且还任意杀戮。奴隶往往用于人殉人祭。夏代王室贵族对一般平民亦加盘剥。此外，其他各部族也要定期向夏王纳贡。

社会经济 从古代起，聚居在黄河两岸的夏部族，就已经以农业生产作为生活资料的主要来源之一。到了夏代，农业有了明显的进步。水利是农业的基础。鲧和禹曾相继治水，其治水区域大致在当时夏部族聚居的中原地区，即今河南省和山西省南部。农业生产工具以木石工具为主，兼有一部分骨器与蚌器。河南豫西龙山文化中晚期出土的陶器中，有较多制作精致的酒器，文献中也多有贵族饮酒成风的记载。酒在中国古代向来都是用谷物酿造的，说明夏代已有剩余的谷物可以用于酿酒。随着农业生产的发展和生产部门的分

工，烧制陶器，琢磨石器，制作骨器、蚌器，冶铸青铜器和制作木器等各种手工业，也有了新的发展和分工。陶器多呈灰黑色、灰色或黑色，质地坚硬。陶器表面还有精美而细致的装饰。器形品种达30多种。在石器制造方面，以钻孔石铲与石刀为主，磨制精致。在文献中，有夏代冶铸青铜器的记载。此外，制造木器、玉器、骨器和蚌器，以及纺织和酿酒等，在夏代都可能已成为独立的手工业生产部门。

文化 夏代天文历法有了新的发展与提高。如《左传》所引《夏书》中的“辰不集于房”，就是记录当时发生在房宿位置上的一次日食。这是世界上最早的日食记录。又如《竹书纪年》中记载夏桀时“夜中星陨如雨”，也是世界上最早流星雨的记录。当

图2　陶鼎（1973年河南偃师二里头出土）

时已经使用传统的干支纪日法。夏代的历法，依据北斗星的旋转确定月份，并把斗柄的正月定为岁首，比较正确地反映了天象。夏代的有些陶器具有较高的艺术价值。胎薄似“蛋壳”的磨光黑陶器，不但造型秀丽、制作精湛和器表黑亮，而且器表还刻有精细美观的划纹与镂孔。乐器的出现，说明夏代文化艺术已达较高水平。夏代的文字在目前的发掘材料中尚不多见。

夏 Xia　中国古代十六国之一。匈奴铁弗部赫连勃勃所建。都统万（今陕西靖边东北白城子）。盛时有今陕西北部、内蒙古南部和甘肃一部。历3主，共25年。

391年勃勃父刘卫辰被北魏攻杀，勃勃投奔后秦。后秦主姚兴以勃勃为安北将军、五原公，配以五部鲜卑及杂虏两万余落，镇朔方（今内蒙古乌拉特前旗东南）。407年勃勃袭杀后秦高平公没奕于，众至数万；六月，自称大夏天王、大单于，国号大夏。夏国初建，不立都城，流动袭击，消灭后秦有生力量；413年始发民十万筑统万城为都。417年东晋大将刘裕北伐灭后秦，留子义真守长安。次年，勃勃攻下长安，即皇帝位，并追歼义真所率晋军。425年八月，勃勃死，子昌即位。426年北魏攻占长安，次年又攻统万，昌战败逃往上邽（今甘肃天水）。428年四月北魏攻克上邽，俘赫连

《湘江风雨图》（局部，故宫博物院藏）

昌；昌弟赫连定率余众数万至平凉（今甘肃平凉西南）称帝，继续与北魏作战。431年定击灭西秦，掳其民十余万口欲渡黄河西去，六月渡河时遭北魏属国吐谷浑袭击，定被俘，夏亡。

夏国的统治者凭借武力，经常强徙被征服地区的各族人民于统万及各军事重镇。境内不立郡县，只设城堡、军镇，实行军营统户制，城镇所属户口即是军营所统户口。赫连勃勃以残暴著名，为筑统万城和制造兵器，杀死无数民工和数千工匠。对外连年战争，穷兵黩武，以掠夺人口和财富。

夏巴尼 Shaaban, Robert（1909～1962）　坦桑尼亚斯瓦希里语诗人、小说家、语言学家。他创作了20多部作品，包括诗歌、散文、小说和寓言，并整理了一些古代的史诗。主要有《随笔与诗歌》、诗集《非洲人之歌》以及自传《我的生活和五十岁以后》。他以质朴简练的笔触，表达了对人民疾苦的关切和对祖国、对非洲的热爱，谴责殖民主义的压迫与欺凌，寄托了对美好社会的向往。小说《可信国》以象征手法描写天国的人们对社会不合理现象的控诉，借以抨击殖民主义的残暴统治与愚民政策；《农夫乌图波拉》反映民族独立运动影响下人与人之间关系的可喜变化。

夏布 grass cloth　用手工把半脱胶的苎麻撕劈成细丝状，再头尾拈绩成纱，然后织成狭幅的苎麻布。中国传统纺织品之一。因专供夏令服装和蚊帐之用而得名。穿着时有清汗离体、透气散热、挺爽凉快的特点。夏布历史悠久，品种和名称繁多。有淡草黄本色或经漂白的，也有染色和印花的；有仅头尾拈绩成纱而中段无拈度的，也有统体加拈甚至加强拈的。以平纹组织为主，有的细致，有的粗糙，由手工操作者掌握。20世纪以来，夏布生产趋于衰落。但由于夏布的特性，仍受到人们喜爱，在中国江西万载、湖南浏阳、四川隆昌等地仍有手工生产的夏布。一般以平纹狭幅为主，仅本色和漂白两种，苎麻纱用头尾拈绩，不统体加拈，精细程度只能达到一般细布水平。

夏昶 Xia Chang（1388～1470）　中国明代画家。一作夏昺。幼家贫，继舅父改姓朱，名昶，号自在居士，又号玉峰。江苏昆山人。永乐十三年（1415）登进士，后复夏姓，成祖为之更名景，字仲昭。官至太常寺少卿。善画墨竹，其画讲究法度，结构严谨，起笔收笔均以楷书入画，笔墨厚重，又具潇洒清润之趣。主张画竹一气呵成，画巨幅尤须如此。强调勤学苦练，曾自述画竹30余年，方知一二。传世作品《湘江风雨图》用水墨画丛竹坡石，枝叶纷披，临风摇曳，笔势挺劲潇洒。亦能画人物，有《野林大士图》传世。

夏承焘 Xia Chengtao（1900-02-10～1986-05-11）　中国古典文学研究家。字瞿髯。浙江温州人。卒于北京。早年就读于温州师范学校，1918年毕业后当小学教员。1920年开始发表诗词作品。翌年任北京《民意报》副刊编辑。嗣后长期任教于陕西、江苏、浙江等地的中学和大学。1952年起历任浙江师范学院中文系主任、杭州大学中文系教授、中国社会科学院文学研究所特约研究员、《文学研究》编委、《词学》主编等职。一生致力于唐宋词研究，并从事旧体诗词写作。因他对词学的精深研究及词的创作成就，在学界享有“一代词宗”之誉。主要著述有《唐宋词录最》、《唐宋词人年谱》、《唐宋词论丛》、《姜白石词编年笺校》、《唐宋词选》、《读词常识》、《词源注》、《月轮山词论集》、《瞿髯论词绝句》、《唐宋词欣赏》、《夏承焘词集》、《放翁词编年笺校》、《域外词选》等多种。

夏多布里昂 Chateaubriand, François-René de（1768-09-04～1848-07-04）　法国作家。生于圣马洛，卒于巴黎。1786年以士官生投身军界，曾任陆军中尉。后在伦敦开始写作《革命论》（1797）和《美洲游记》（1827）、《纳切兹人》（1826）以及《基督教真谛》（1802）。

夏多布里昂的第一部小说《阿达拉》（1801）是《基督教真谛》的一章。小说写的是酋长女儿阿达拉和印第安青年夏克达

斯因爱情与宗教的矛盾而导致的爱情悲剧。这是法国第一部浪漫主义小说，阿达拉的悲惨命运和小说中对异域风光的描写都十分动人。

第二部小说《勒内》(1802)也是《基督教真谛》的一章。主人公勒内出生时母亲因难产而死，与胞姐亚美丽相依为命。亚美丽对胞弟发生了爱情，为了恪守道德规范进了修道院。勒内遁迹蛮荒绝域。作品出版后影响极大，勒内一时成为以忧郁为特征的“世纪病”的典型。

散文史诗《纳切兹人》是《阿达拉》和《勒内》的续篇。已成老人、双目失明的夏克达斯，坐在树下对勒内叙说他自己的遭遇。

夏多布里昂晚年作品有《论英国文学》、《历史研究》等。《墓畔回忆录》是一部6卷本的长篇巨著。

夏多布里昂是写景巨匠，留有多篇月夜写景作品。散文韵调悠扬，富于诗意。

夏尔丹 Chardin, Jean-Baptiste-Siméon (1699-11-02～1779-12-06) 法国画家。生于巴黎，卒于巴黎。擅长静物画和风俗画。早年入学院派画家P.-J.卡泽的画室，后一度成为N.-N.科伊佩尔的助手。1728年以《鳐

《午餐前的祈祷》

鱼》一画展出成功，被接纳为皇家学院院士。

夏尔丹的静物画早期受小荷兰画派的影响，比较注意装饰效果和表面趣味，18世纪30年代逐渐进入成熟时期。他所描绘的多是市民家庭中最普通的用品，如《铜水箱》(1733)等，这些作品令人联想到主人的简朴生活，艺术语言也益趋简洁明晰。他在静物画方面的成就突出地表现在50岁以后的作品中。在30年代后半期，夏尔丹开始大量创作风俗画，直接反映市民家庭的日常生活。如《洗衣妇》(约1733)、《厨娘》(1738)、《小孩和陀螺》(1738)、《午餐前的祈祷》(1740)、《吹肥皂泡的少年》(1730)等。他的风俗画和当时以F.布歇为代表的洛可可绘画形成了鲜明对照。他还是肖像画家，晚年用色粉笔完成的自画像和第二位妻子的肖像是这方面的代表作。启蒙运动思想家D.狄德罗在他著名的沙龙评论中对夏尔丹的艺术曾经给予高度评价。

夏尔丹 Chardin, Pierre Teilhard de (1881-05-01～1955-04-10) 法国基督教哲学家、神学家、古生物学家。见德日进。

夏尔多内 Chardonnet, Hilaire Bernigaud, comte de (1839-05-01～1924-03-12) 法国纤维工艺学家。生于贝桑松，卒于巴黎。1861年毕业于法国巴黎综合工科学校。他从L.巴斯德对蚕的研究中得到启示，决定模仿蚕的吐丝过程，用人工的方法生产纤维，先将硝酸纤维素溶解在醇和醚的混合溶剂中，得到的溶液经很细的玻璃毛细管挤出，细流在空气中固化，得到一种类似蚕丝的纺织材料。这是人类最早生产的化学纤维。他于1884年发表题为“一种类似蚕丝的人造纺织材料”的论文。在1889年的巴黎博览会上展出了纤维产品，获得博览会大奖。同年在贝桑松建立了夏尔多内丝织品公司。

夏圭 Xia Gui 中国南宋画家。亦作夏珪。字禹玉。钱塘（今浙江杭州）人。其艺术活动时间主要在南宋宁宗至理宗（1195～1264）年间。宁宗朝时任画院待诏，赐金带。长于山水画，亦能画人物。他的山水画喜用秃笔，下笔较重，因而老苍雄放。用墨善于调节水分，取得淋漓滋润的效果。在

《溪山清远图》(局部，故宫博物院藏)

山石的皴法上，常先用水笔淡墨扫染，然后趁湿用浓墨皴，造成水墨浑融的特殊效果，被称作拖泥带水皴。夏圭善于表现烟雨迷濛的江滨湖岸景色，点景人物亦简括生动，楼台等建筑物不用界尺，信手而成，取景剪裁极为精练。亦喜用一角半边的构图，故有“夏半边”之称。尤擅长布置铺排长卷构图，现存的几件名作都是长卷形式。在题材上，他多画长江、钱塘江等江南水乡以及西湖景色，又喜画雪景及风雨气象。现存作品有《溪山清远图》、《西湖柳艇图》、《松崖客话图》等。其中《溪山清远图》，纸本，水墨，纵46.5厘米，横889.1厘米，画溪山丛树，天水一色，极尽淡远微茫之趣。其子夏森，亦善画山水，但成就不如其父。

夏荷生 Xia Hesheng (1899～1946) 中国苏州弹词艺人。浙江嘉善人。卒于上海。幼随伯父夏吟涛学习说唱《倭袍》。后师从说唱《描金凤》和《三笑》的名家钱幼卿学艺。因师傅未带他在苏州评弹的行会组织“光裕社”出道，1926年自己收徒时违犯了该社“未出道不可收徒”的行规而被开除。1931年重新入社并在师兄钱玉荪的带领下正式出道。其间他在上海加入了另一个苏州评弹艺人的行会组织“润余社”。艺术上兼容并蓄，气象一新。他的说唱表演善于“起脚色”(摹学故事中的人物)，擅用“乡谈”(摹学各地方言)，说表叙述一气呵成，语言简洁，口风火暴。演唱真假嗓音并用，刚劲爽朗高亢，人称“夏调”。其高亢挺拔和一波三折的唱腔运用，被誉为“海底翻”和“江南铁嗓”。尤以说唱表演《描金凤》著称，世称“描王”。

夏加尔 Chagall, Marc (1887-07-07～1985-03-28) 俄裔法国画家。生于白俄罗斯维捷布斯克的一个贫困的犹太大家庭，卒于法国滨海阿尔卑斯圣保罗。从小受到俄国和犹太人民间、民俗艺术的熏陶，并对犹太教信仰笃厚。他最初在圣彼得堡学画，受到舞台设计家L.巴克斯特的指导。1910年抵巴黎，和A.莫迪利亚尼、R.德洛内等前卫派艺术家交往，立体主义对他的创作一度产生影响。1915年以后，他的个人风格愈来愈鲜明和独特。第一次世界大战爆发后，他返回俄国。1922年，为莫斯科的犹太剧场设计了大型装饰壁画。不久，取道德国到巴黎，长期在法国进行创作，直到逝世。《我与我的村子》、《在维捷布斯克》是他的代表作。20年代以后，画风变得更加自由浪漫，更具有梦幻的特点，如油画《蓝色天使》。他作了大量的以犹太教为题材的画，表现自己对幸福生活的憧憬和对故乡的回忆。他还为N.V.果戈理的《死魂灵》、

《生日》(1915～1923)

J.de 拉封丹的《寓言集》等名著以及《圣经》作插图。巴黎大剧院的天顶画也出于他的设计。

夏家店下层文化 Lower Xiajiadian Culture
中国夏商时期的青铜文化。主要分布于老哈河和大、小凌河流域。同中原地区的二里头文化年代相当。因最早发现于夏家店遗址下层而得名。

居民过定居的农业生活，种植谷物，饲养牛、羊、猪、狗等家畜，兼行狩猎。石器中多见磨制石铲、石刀和打制的石锄等。还有骨角器。手工业产品有特色。金属制品多为小型装饰品，如青铜耳环、指环、杖首、斧柄饰件和金耳环等。已能运用内、外范组合的方法铸出薄壁型器物。漆器中可辨器形的有觚，内外皆髹朱漆。还发现螺钿制品。彩绘陶器上绘有复杂的图案，纹饰母题可分为有目和无目两种。前者与中原地区商代铜器上的饕餮纹相似，其流行可能与当时人们的宗教信仰有关，或为部族图腾的孑遗。居民有用卜骨占卜的习俗。城址一般位于河流两岸险峻的山冈上，以石块垒砌城墙。城址多成群、成组分布，各群中均有较大的一二处中心城址。居住址有半地穴式和地面建筑两种。聚落附近有墓地，在内蒙古赤峰大甸子墓地发掘墓葬804座，分布密集，整个墓地被分成北、中、南三区，均为长方形土坑竖穴墓，分为大、中、小型三类。各区和各类墓葬随葬品种类与数量也有差异。此文化所处社会发展阶段应与中原地区龙山时代晚期基本相当，即处于邦国时代，可能已迈入早期文明社会的门槛。

彩绘陶鬲

夏坚白 Xia Jianbai (1903-10-20～1977-10-27) 中国大地测量学家。生于江苏常熟，卒于湖北武汉。1929年毕业于清华大学。1934年赴英国伦敦大学帝国理工学院测量专业学习，1935年转赴德国柏林工科大学大地测量系学习，1939年获工学博士学位。回国后，历任中国地理研究所副研究员，中央陆地测量学校教育处长，陆地测量局教育处长，同济大学教授、副校长、校长，武汉测绘学院副院长、院长等职。1955年当选中国科学院学部委员（院士）、中国测绘学会第一届副理事长。是中国现代最早从事大地测量学教学和科学研究的学者之一。在大地天文学方面的工作尤为突出，著有《应用天文学》(1932)，合编《实用天文学》(1952)，主编《大地天文学》(1963)、《全能经纬仪 T_4 的检验与应用》(1965) 等。

夏菊花 Xia Juhua (1937-10-16～) 中国杂技演员。安徽潜山人。6岁始学杂技并演出。1953年参加武汉市杂技团。她是中华人民共和国建立后新一代的杂技表演艺术家。1952年秋，首演《软腰咬花》，1954年被摄入《中国杂技艺术》影片。1957年，在莫斯科举行的第六届世界青年联欢节杂技马戏比赛中表演的《顶碗》获金奖，1963年被摄入《春燕展翅》影片。1965年在法国访问演出时，轰动巴黎，被誉为“最美的中国艺术”、“顶碗皇后”。创新并首演“单手顶顶碗”、“双层双飞燕顶碗”、“脚面夹碗”、“双层双飞燕拐子顶顶碗”、“单撑单飞燕拐子顶脚面夹碗”等。曾获阿富汗政府授予的独立勋章和柬埔寨西哈努克亲王授予的一级艺术勋章。1979年被评为全国三八红旗手。由于她对中国杂技事业的卓越贡献，1992年中国杂技家协会授予她中国杂技界的最高荣誉奖——金狮奖。2006年武汉市人民政府授予她人民艺术家称号。

夏枯草 *Prunella vulgaris*; common selfheal
唇形科夏枯草属的一种。夏至自枯，故名。分布几遍中国各地。欧洲、亚洲、美洲、非洲北部和大洋洲均有分布。多年生草本，茎高10～30厘米，稍被毛。叶片卵状矩圆形或卵形，长1.5～6厘米。轮伞花序密集排列成顶生的假穗状花序，长2～4厘米；花两性，花萼钟状，二唇形；花冠紫色、蓝紫色或红紫色，长约13毫米，二唇形，下唇中裂片宽大；雄蕊4，花丝先端有2齿，下齿有花药。小坚果矩圆状卵形。生于山坡、草地、路边。果穗入药，有清肝火、散郁结的功能，用于头痛眩晕、目赤肿痛。

夏里亚宾 Chaliapin, Feodor Ivanovich (1873-02-13～1938-04-12) 俄国男低音歌唱家。生于喀山，卒于巴黎。1890年参加地方歌剧团。1892～1893年在第比利斯学声乐。1896年参加莫斯科的马蒙托夫歌剧团，因演唱N.A.里姆斯基－科萨科夫的《普斯科夫的姑娘》中的暴君伊凡、A.S.达尔戈梅日斯基的《水仙女》中的梅尔尼克和M.穆索尔斯基的《鲍里斯·戈都诺夫》中的戈都诺夫等而声名大振。1899～1914年为莫斯科大剧院的演员。1901年首次在米兰斯卡拉歌剧院登台，获得国际声誉。1913～1914年在伦敦演出。1918年重返彼得格勒的马林斯基剧院，担任演员及艺术指导。1921年后定居巴黎。1935年曾来中国演唱。

夏里亚宾是一位具有独创精神的艺术家，他塑造的人物形象逼真，性格鲜明，突破了刻板的传统表演方法，形成了音乐与戏剧、表演与人物、语言与歌唱高度融合的艺术风格。他摈弃了历来的违反真实生活的形式主义台风，创造了尊重生活的现实主义表现艺术，把歌剧演出推到了新的高度。他的嗓音洪亮、有力，音域宽广，色彩更像低音男中音。拍有电影《可怕的沙皇伊凡》和《堂吉诃德》。录有近200张唱片。著有《我生活的一页》(1926) 和《面具和人》(1932)。

夏历 Chinese calendar 中国传统历法。一年有二十四节气，指导农事活动，主要在广大农村中使用，又称农历。

夏连特拉王朝 Śailendra Dynasty 公元8～9世纪印度尼西亚信奉大乘佛教的王朝。又称山帝王朝。8世纪后半期，兴起于中爪哇（一说苏门答腊），灭诃陵，统治爪哇大部分地区，攻略南洋各地。8世纪60～80年代，其势力扩展到占婆，曾一度征服真腊。夏连特拉曾征服信奉湿婆教的珊阇耶家族。为了宣扬大乘佛教，消除湿婆教的势力和影响，修建婆罗浮屠等佛教建筑。中爪哇、苏门答腊等地的佛教建筑给后世留下光辉的建筑艺术遗产，但是也给人民带来沉重的负担，使人民转而支持珊阇耶家族。约在832年，夏连特拉国王萨摩罗统迦去世，珊阇耶王室巴塔潘亲王乘机夺取王位。夏连特拉王子波罗普陀罗被迫逃往苏门答腊，入赘室利佛逝王国，后为该国国王。夏连特拉势力被逐出中爪哇。

夏令营 summer camp 利用暑假，选择城市附近、郊外或其他场所为营地，组织学生开展各种丰富多彩而有意义的活动，让学生在愉快活动中得到休息、受到锻炼和教育的一种组织形式。最早的夏令营始于美国，由于都市化的日益发展引起各种返回自然的运动，目的是使城市儿童熟悉户外活动。其后又产生了许多不同形式而各有重点或主题的夏令营。在中国多由中国共产主义青年团和教育部门联合举办，也可由大、中、小学校自行举办。

夏洛特阿马利亚 Charlotte Amalie 美属维尔京群岛首府和最大城市。曾称圣托马斯。位于圣托马斯岛南部圣托马斯港湾顶端。市区建在5个低矮的火山顶上。人口约1.1万（2005），主要是黑人，还有法国胡格诺派教徒的后裔。1672年由丹麦人所建，称作夏洛特阿马利亚或阿马林堡。18世纪为西半球最大的奴隶贩运港。1755年丹麦宣布其为自由港。现为美国潜水艇基地。有甜酒、香水、食品加工、机械和船舶制造、手工艺品制作等工业。港湾条件优良，水深隐蔽，大部分进出口货物由此港经运。旅游业发达。市内有1666年兴建的路德教堂和1671年建的克里斯蒂安堡等古建筑。冬季游览、疗养胜地。

夏梦 Xia Meng（1932-02-16～ ） 中国电影演员。原名杨濛。祖籍苏州。生于上海。1947年移居香港，就读于香港玛利诺女书院。1950年开始拍片，饰演《禁婚记》主角。1950～1956年，共主演18部电影，其中有入选爱丁堡国际电影节的《孽海花》(1952)，获文化部优秀影片奖的《绝代佳人》(1953)，以及《花花世界》、《日出》、《新寡》、《一家春》等。1956～1967年主演了21部影片，其中有故事片《新婚第一夜》、《抢新郎》、《甜甜蜜蜜》、《称心如意》、《满园春色》、《我

们要结婚》、《故都春梦》，戏曲片《同命鸳鸯》、《三看御妹刘金定》、《金枝玉叶》、《王老虎抢亲》。她善于饰演端庄贤淑的正派角色。1978年与人合办青鸟电影公司，出品《投奔怒海》(1982)、《似水流年》(1984) 等影片。

夏眠 estivation 夏季动物停止活动进入休眠状态的现象。又称夏蛰。休眠现象的一种。与冬眠一样，其实质是用减少活动来对抗不良生存环境的一种求生机制，以适应夏季高温炎热或少雨干旱的条件。主要表现为心跳减缓，体温下降，进入昏睡状态。

夏目漱石 Natsume Sōseki（1867-01-05～1916-12-09） 日本作家。原名夏目金之助。生于江户（今东京），卒于东京。幼年时曾送给他人做养子，度过一些不幸岁月。后辗转归家复姓。少时喜读汉诗文，涉猎大量汉文学著作。1893年毕业于东京大学英文科。1900年赴英国伦敦留学。其间，阅读了大量英国和欧洲其他国家优秀的文学作品、理论著述，体验了西方近代文学创作的新视角、新技巧，为其后文学评论和创作奠定了基础。1903年返回日本，在第一高等学校和东京大学任教。1905年发表了《我是猫》第一章，反响强烈。夏目漱石一跃而成为日本文坛的知名作家。1907年辞掉教职，从事专业创作。《三四郎》、《后来》、《门》三部曲以爱情悲剧为主题。《过了春分时节》、《行人》、《心》三部曲侧重刻画知识分子多疑、厌世的心理。未完成的《明暗》(1916) 心理描写细腻生动，暴露人们自私自利、苦闷无望的心态，集中体现了作者后期的创作思想。

夏目漱石一生著有两部文论、大量俳句、几百首汉诗、若干随笔和书信，最大贡献是十几部长篇小说和大批短篇小说。

中国翻译出版了《夏目漱石小说选》等。

夏鼐 Xia Nai（1910-02-07～1985-06-19） 中国考古学家。字作铭。浙江温州人。卒于北京。1934年清华大学历史系毕业。1935～1939年留学英国伦敦大学，1947年获埃及考古学博士学位。回国后曾先后任中央博物院筹备处专门委员，中央研究院历史语言研究所副研究员、研究员。中华人民共和国建立后，历任中国科学院考古研究所副所长、所长，中国科学院哲学社会科学学部委员（院士），中国社会科学院副院长兼考古研究所名誉所长；又任中国考古学会理事长、国家文物委员会主任委员，《中国大百科全书》（第一版）总编辑委员会委员兼考古学编辑委员会主任。1974～1985年先后被英国学术院、美国全国科学院等6个外国国家学术机构授予通讯院士等荣誉称号。参加和主持的田野调查、发掘有：安阳殷墟，英国梅登堡山城，埃及艾尔曼特，巴勒斯坦杜韦尔，四川彭山汉代崖墓，甘肃敦煌、河西走廊等地古遗址、古墓葬，河南辉县、郑州、洛阳、渑池等地新石器、商周及汉唐遗址，湖南长沙战国墓和汉墓，北京明定陵。主要学术活动和成就有：确认仰韶文化早于齐家文化，纠正了瑞典地质学家、考古学家J.G.安特生关于甘肃新石器时代文化的分期；撰《碳-14测定年代和中国史前考古》，对各地新石器时代文化的发展谱系作全面系统的研究；在辉县第一次发现了早于殷墟的商文化遗迹；确认二里冈遗址为又一处早于殷墟的重要商代遗迹；湖南长沙的发掘，究明当地战国楚墓的演变过程；发表一系列关于中国史前考古学、中国历史时期考古学的论文，特别是对中西交通史和中国科技史的考古学研究有开拓性的贡献。夏鼐还在1949年以后致力于中国考古队伍的建立、文物保护工作的开展、考古研究规划的制定、田野考古工作水平的提高、自然科学方法在考古学上的应用、与外国考古学界的学术交流，从而极大地推进了中国考古学的全面发展。参与制定了《文物保护管理暂行条例》、《中华人民共和国文物保护法》等多项法规。著有《考古学论文集》、《考古学与科技史》、《中国考古学研究》(日文版)、《中国文明的起源》(日文版)、《汉代的玉器和丝绸》(英文版) 等，主编并参与编写了《辉县发掘报告》、《长沙发掘报告》等，主编《新中国的考古收获》、《新中国的考古发现和研究》等。

夏内尔 Chanel, Gabrielle（1883-08-05～1971-01-10） 法国女装设计师。又译夏奈尔。生于法国奥韦尼农村，卒于巴黎。约1910～1913年，夏内尔到巴黎开设女帽店，并成为女帽设计师。不久后创办沙龙式服装艺术展览会（现称夏内尔时装中心）。第一次世界大战爆发后，夏内尔去多维尔为红十字会工作，给职业妇女设计穿于褶裙上的套头上衣，获得成功，自此从事服装设计。1916年率先以针织面料设计时装，

推出针织连衣裙、天鹅绒滚边的运动服套装等。1920年回巴黎，全力经营女装，坚持设计式样简练且便于活动的服装，使时装业发生一场革命。此后几十年，她所设计的百褶裙、喇叭裤、无领无袖式外套、高领毛线衫、方形外套与及膝长裙搭配的套装、军式雨衣、三角围巾、珠宝项链、软皮提包等，都被认为是典型的服饰革新。1930年其女装设计和经营进入鼎盛时期，其产业包括时装公司、纺织品商店、珠宝饰物店和几座香水厂。夏内尔于1938年隐退，1953年重新经营女装和从事女装设计。1960年后，她于每月5日定期展出她设计的女装，其作品被称作"夏内尔风貌"。

夏培肃 Xia Peisu (1923-07-28～) 中国计算机专家。生于重庆。1945年毕业于中央大学电机系，1950年获英国爱丁堡大学博士学位。1951～1952年在清华大学电信网络研究室工作。1956年起在中国科学院计算技术研究所任研究员。研制成功多台计算机，主要有中国第一台自行设计的通用电子数字计算机，使中国石油勘探中的地震资料处理速度提高10倍以上的阵列处理机，不同类型的分布式计算机和并行计算机。解决了大型计算机中的高速信号传输的关键问题，提出最大时间差流水线原理和基于反图拓扑的可伸缩的高速互连网络等。主编《英汉计算机辞典》。创办《计算机学报》，并任第一任主编。1985年获英国赫里奥-瓦特大学名誉科学博士学位。1991年当选中国科学院学部委员（院士）。

夏皮尔 Shapere, Dudley (1928-05-27～) 美国科学哲学家。1957年获哈佛大学哲学博士学位。先后任教于俄亥俄州立大学、芝加哥大学、伊利诺大学，1975年起任马里兰大学教授，1983年兼任该校科学史与科学哲学委员会主任。夏皮尔的科学哲学观点具有某种折衷的性质，强调科学的发展中有一个理由、有一个逻辑。认为科学哲学的研究对象是整个科学推理过程，居于科学哲学中心地位的是"学科范围"，即人们已掌握的包括理论和事实两方面的知识整体。著有《自然科学的哲学问题》等。

夏商周断代工程 Xia-Shang-Zhou History Division Project 研究中国夏商周三代年代学，建立夏代和商代前期年代框架，确定商代后期和公元前841年前西周各王比较准确的年代的综合性研究工程。是中国国家"九五"计划重点科技攻关项目，1996年5月正式启动，到2000年取得阶段性成果，编制出《夏商周年表》。

长期以来，中国古代年表公认可依据的绝对年代，只能追溯到西周晚期的共和元年，即公元前841年，此前历史尚未建立起年代学标尺。

夏商周断代工程采用自然科学和人文科学、社会科学相结合，历史学、考古学、文献学、古文字学、历史地理学、天文学和测年技术等多学科联合攻关的方法进行。参加工程的有中国社会科学院、中国科学院、北京大学等单位约200位学者，聘任李学勤、仇士华、李伯谦、席泽宗为首席科学家。9个课题44个专题。课题一，有关夏商周年代、天象及都城文献的整理及可信性研究。专题包括：夏商周年代与天象文献资料库，文献中夏商西周编年的研究，有关夏商西周年代、天象的重要文献的可信性研究，夏及商前期都城文献资料的搜集与整理等。课题二，夏商周天文年代学综合性问题研究。专题包括：夏商周天文数据库、计算中心和联网设备的建立，夏商周三代更迭与五星聚合研究，夏商周三代大火（心宿二）星象和年代研究，夏商周时期国外天象记录研究等。课题三，夏代年代学的研究。专题包括：早期夏文化研究，二里头文化分期与夏商文化分界，《尚书》仲康日食再研究，《夏小正》星象和年代，商州东龙山文化分期与年代测定，禹伐三苗综合研究，新砦遗址的分期与研究等。课题四，商前期年代学的研究。专题包括：郑州商城的分期与年代测定，小双桥遗址的分期与年代测定，偃师商城的分期与年代测定，邢台东先贤文化分期与年代测定等。课题五，商后期年代学的研究。专题包括：殷墟文化分期与年代测定，殷墟甲骨分期与年代测定，殷墟甲骨文和商代金文年祀的研究，甲骨文天象记录和商代历法，甲骨文宾组、历组日月食卜辞分期断代研究，洹北商城的遥感与物探等。课题六，武王伐纣年代的研究。专题包括：武王伐纣时天象的研究，先周文化的研究与年代测定，周原甲骨的整理及年代测定，丰、镐遗址分期与年代测定，周原西周文化分期与研究等。课题七，西周列王的年代学研究。专题包括：琉璃河西周燕都遗址分期与年代测定，天马-曲村遗址分期与年代测定，晋侯墓地分期与年代测定，西周青铜器分期研究，晋侯苏钟专题研究，

夏商周年表

朝代	王	年代	年数
夏	禹、启、太康、仲康、相、少康、予、槐、芒、泄、不降、扃、廑、孔甲、皋、发、癸（桀）	约前2070～前1600	
商前期	汤、太丁、外丙、中壬、太甲、沃丁、太庚、小甲、雍己、太戊、中丁、外壬、河亶甲、祖乙、祖辛、沃甲、祖丁、南庚、阳甲、盘庚（迁殷前）	前1600～前1300	
商后期	盘庚（迁殷后）、小辛、小乙	前1300～前1251	50
	武丁	前1250～前1192	59
	祖庚、祖甲、廪辛、康丁	前1191～前1148	44
	武乙	前1147～前1113	35
	文丁	前1112～前1102	11
	帝乙	前1101～前1076	26
	帝辛（纣）	前1075～前1046	30
西周	武王	前1046～前1043	4
	成王	前1042～前1021	22
	康王	前1020～前996	25
	昭王	前995～前977	19
	穆王	前976～前922	55（共王当年改元）
	共王	前922～前900	23
	懿王	前899～前892	8
	孝王	前891～前886	6
	夷王	前885～前878	8
	厉王	前877～前841	37（共和当年改元）
	共和	前841～前828	14
	宣王	前827～前782	46
	幽王	前781～前771	11

西周金文历谱的再研究，“懿王元年天再旦于郑”考，西周历法与春秋历法——附论东周年表问题，金文纪时词语（“月相”）研究等。课题八，^{14}C测年技术的改进与研究。专题包括：常规法技术改造与测试研究，骨质样品的制备研究，AMS法技术改造与测试研究等。课题九，夏商周年代研究的综合和总结。专题包括：夏商周年代研究的综合和总结，世界诸古代文明年代学研究的历史与现状等。上述课题和专题，都由不同学科的学者专家共同承担，发挥多学科交叉研究的优势。

以确定作为商周分界界标的“武王伐纣”年代为例，多年来，海内外学者有100多种论著、44种不同年代结论，年代范围最早的和最晚的相差达112年。针对这一情况，文献学家把有关资料和不同年数的论点加以搜集、整理、研究；考古学家对有关考古遗址进行分期研究，提供系列样品进行^{14}C测定；天文学家用现代天文学方法对古籍中有关天象记载进行全面考察和推算。经过多方论证，将“武王伐纣”的年代缩小到公元前1050～前1020年的范围内，最后推定“武王伐纣”年为前1046年。

夏商周断代工程于2000年9月通过验收，于同年11月正式公布其标志性成果《夏商周年表》。初步确定夏朝起始年代约为前2070年，夏商分界约为前1600年，盘庚迁殷约为前1300年，商周分界为前1046年，并排出西周10王在位年代和商后期12王大致在位年代。随着考古学资料的逐渐丰富和科学手段的逐渐进步，夏商周断代工程开创的多学科结合的三代年代学研究，还将继续进行下去。

夏娃 Eve 犹太教和基督教《圣经》中记载的人类的第一个女性。为人类始祖亚当之妻，故又是第一个妻子和第一个母亲。来自希伯来文Ḥawwāh，原意为“母性”、“生命之源”。《旧约·创世记》载，上帝认为亚当独居不好，就使他沉睡，取其一条肋骨造成女人，作为其配偶来帮助他。亚当因其是自己“骨中的骨，肉中的肉”而称之为女人并为之起名夏娃，意为众生之母。后来在蛇的诱惑下，采食了禁果，并给亚当吃，二人因违反上帝禁令而遭到诅咒和惩罚，被逐出伊甸园。与亚当生有三个儿子：该隐、亚伯和塞特。

夏完淳 Xia Wanchun（1631-10-04～1647-10-16） 中国明末诗人，南明抗清将领。原名复，字存古，号小隐，又号灵首（或灵胥）。松江华亭（今上海市松江）人。其父夏允彝为江南名士，与其师陈子龙创立几社。夏完淳受父亲影响，矢志忠义，崇尚名节。他天资聪明，5岁读经史，7岁能文。顺治二年（1645）清军南下，随父、师起兵抗清，次年南明鲁王授他为中书舍人。义军失败后流离湘鄂，后返家。顺治四年被清军捕获，拒绝诱降，英勇就义，年仅17岁。夏完淳著有赋12篇，诗337首，词41首，曲4首，文12篇。其作品直抒胸臆，不事雕琢，表现出高昂的抗战激情和坚定的民族气节，具有矢志复国的崇高境界。朴直爽朗、慷慨悲壮是其创作风格。有嘉庆间《夏节愍全集》14卷本传世，中华书局1959年有校订本《夏完淳集》8卷本。

夏威夷群岛 Hawaiian Islands 美国夏威夷州面积最大岛屿。

夏威夷人 Hawaiians 美利坚合众国的少数民族之一。自称卡纳卡人。约13万人（2001）。分布在太平洋东北部夏威夷群岛。属南方蒙古人种和澳大利亚人种的混合类型，为波利尼西亚人的一支。使用夏威夷语，属南岛语系波利尼西亚语族。信奉基督教。其祖先最早系由东南亚迁入太平洋中南部马克萨斯群岛和塔希提岛，在500～1 300年间陆续移居现地。1810年建夏威夷王国。19世纪末，美国殖民主义者逐步排除英、法势力，于1898年8月最后吞并夏威夷群岛，1959年建夏威夷州。在欧美殖民者侵略、统治期间，人口一度锐减，到19世纪末仅存3万人。20世纪末人口逐步回升，但多为混血种人。只有部分人保留传统文化和语言，多数人通晓英语。由于土地被侵占，夏威夷人只能到甘蔗和菠萝种植园做工，或外出谋生，处在社会底层。

夏威夷州 Hawaii State 美国唯一的群岛州。位于北太平洋中部，由132个岛屿组成。从西北端的库雷岛向东南延伸至夏威夷岛，斜贯北回归线，形成长达2 400多千米的岛链。总面积28 311平方千米，其中陆地面积16 637平方千米。人口128.82万（2008），其中白种人占24.3%，亚裔人种占41.6%，土著夏威夷人和太平洋岛屿人种占9.4%，混血种人占22.7%，是美国唯一白种人不占多数的州。全州约3/4人口集中在瓦胡岛。州府和最大城市为火奴鲁鲁（檀香山）。

群岛由海底火山多次喷发、堆积而形成。西北岛群形成较早，经长期侵蚀，面积很小，地势低平，周围多被珊瑚礁环绕，人烟稀少。东南岛群包括夏威夷、毛伊、瓦胡、考爱、莫洛凯、拉奈、尼豪和卡霍奥拉韦8个较大岛屿，总面积约占全州99%，形成较晚，盾状火山耸立。夏威夷岛上的冒纳凯阿火山海拔4 205千米，为全州最高点；冒纳罗亚火山（海拔4 170米）和基拉韦厄火山（海拔1 247米）是世界著名的活火山。热带海洋性气候，终年温暖宜人，除高山地区外，最冷月和最暖月平均气温分别为22℃和26℃。降水量受地形影响较大，各地相差悬殊。东北迎风坡平均年降水量在2 500毫米以上，遍布热带雨林；考爱岛的怀厄莱阿莱峰迎风坡平均年降水量高达11 684毫米，为世界上平均年降水量最多的地方之一。西南背风坡平均年降水量约500毫米，植被以草原和灌丛为主。森林覆盖率43%。

公元4世纪来自南太平洋诸岛的波利尼西亚人是夏威夷最早的居民。1778年英国航海家J.库克船长在瓦胡岛登陆，从此欧、亚移民陆续来此。当地酋长卡米哈米哈一世统一诸岛，于1810年建立夏威夷王国。1893年王国被当地白人移民推翻，次年建立美国支持的新共和国。1898年被美国吞并。1900年成为美国领地。1941年12月7日发生日本飞机偷袭珍珠港事件，震动世界。1959年加入联邦，成为美国第50州。

农业以种植热带经济作物为主，首要作物是菠萝和甘蔗，还种植咖啡、花卉、水果、蔬菜等，饲养肉牛、乳牛。近海渔业盛产金枪鱼。制造业已趋多样化，但以制糖、菠萝罐头、咖啡等为主的食品加工业仍占重要地位，约提供工业总产值的1/3。还有少数炼油、化工、水泥、纺织、服装、金属制品等工厂。旅游业是州经济的支柱产业，旅游收入及其就业人口居各项产业之首。夏威夷岛上的夏威夷火山国家公园被联合国列入《世界遗产名录》；瓦胡岛上的怀基基海滩、波利尼西亚文化中心、珍珠港太平洋战争遗址及“亚利桑那”号纪念馆等也均享有盛名。地处太平洋的“十字路口”，是亚洲、美洲和大洋洲之间的海、空运输枢纽，战略地位重要。美国在此建有许多海、空军基地及设施，太平洋舰队司令部设在珍珠港。

夏威夷海滨

各主要岛屿均有港口和机场，其中火奴鲁鲁是横贯太平洋航空线的中继站和全州最大海港。有夏威夷大学等高等院校。1985年5月与中国广东省建立友好州省关系。

夏夏 Sciascia, Leonardo (1921-01-08～1989-11-20) 意大利作家。生于拉卡尔穆托，卒于巴勒莫。长期任教。青年时代发表过诗歌、童话。第一部小说《雷加尔佩特拉教区》(1956)，以作者任教员的经历为素材，表现外省生活。中、短篇小说集《西西里大叔》(1958)，描写第二次世界大战后西西里人政治理想的破灭。历史小说《埃及卷宗》(1963)，以古籍《埃及卷宗》抄本的发现为线索，反映西西里封建统治阶级同民主主义者在思想意识上的冲突。其作品都具有鲜明的社会、政治内容，艺术上借用推理小说的手法。如长篇小说《各得其所》(1966)、《出色的尸体》(1971)、《千方百计》(1974)、《马约拉纳的失踪》(1975)和《刺客》(1976)等。

夏县 Xiaxian County 中国山西省运城市辖县。位于省境西南部，邻接河南省。面积1328平方千米。人口35万(2010)。古称安邑，是中华民族发祥地之一，城址为今禹王城。战国时，禹王城又是魏国都城。秦置安邑县。北魏太和十一年(487)分置南安邑县和北安邑县。北魏太和十八年(494)改北安邑县为夏县，迁县城于今址，因系夏禹古都而得名。主要有铜、铝、锌、金、硅、水晶、磷铁矿、石灰岩、白云岩等矿产。中药材种类多、产量高，有天麻、血参、党参、蒿本、桔梗等多达448种。森林覆盖率达46.91%。农作物有小麦、谷子、玉米、棉花等。工业有煤炭、冶金、机械、制药、针织等。名胜古迹有堆云洞、余庆禅院、杏花碑、鱼子石碑等。

夏言 Xia Yan (1482～1548) 中国明嘉靖时大臣。字公谨，号桂州。江西贵溪人。正德十二年(1517)进士，授行人，后擢兵科给事中。嘉靖二年(1523)，出按皇庄，力主归还侵民之产，禁止勋戚受献庄田。迁兵科都给事中，九年进吏科，以赞四郊礼及所撰青词得明世宗赏识，授四品服。九月进侍讲学士，直经筵日讲。十年晋少詹事兼翰林学士，七月擢礼部右侍郎，兼学士，署翰林院事，寻进礼部尚书。十五年加少保、少傅、太子太师，以本官兼武英殿大学士入内阁预机务。十七年为内阁首辅。十八年加少师，特进光禄大夫、上柱国。二十一年七月革职闲住。严嵩入阁后，尽去夏言亲党。二十四年九月，夏言复入阁，居严嵩上，斥退严嵩之党，招致严嵩忌恨。后以支持陕西总督曾铣复河套之议，为严嵩所陷。二十七年正月，被夺俸致仕。严嵩复激帝怒，同年十月被杀。隆庆初，复故官，谥文敏，赐祭葬。

夏衍 Xia Yan (1900-10-30～1995-02-06) 中国文学家、剧作家、文艺评论家，中国电影的创建者之一。原名沈乃熙，字端先。生于浙江杭县，卒于北京。五四运动爆发后，积极参加杭州学生声援北京学生的爱国运动。1920年留学日本，1927年5月回国，7月在上海加入中国共产党。1929年秋，与郑伯奇、阿英等创办了上海艺术剧社，在团结戏剧界和引导戏剧运动方向上起了很大作用。1930年和1933年，先后参与组建了中国左翼作家联盟（公开）和党的电影小组（秘密），并成为领导者之一。1933年，共改编、创作了6部电影剧本，其中《春蚕》是将中国新文艺作品搬上银幕的首次尝试，在中国电影史上占有重要地位。1934～1935年，在白色恐怖严重，条件极端困难的情况下，创作了《女儿经》、《自由神》和《压岁钱》等电影剧本和多幕剧《赛金花》。由于抗日救亡运动的需要，从1935年以后离开了电影战线，但仍写了许多电影评论和电影剧本如《白云故乡》、《恋爱之道》等。1937年，夏衍所写剧本《上海屋檐下》，描写被捕入狱八年匡复释放后的生活遭遇，将时代特征注入作品中的人物。结构和布局也符合小市民“各自为政”的生活特点。此剧在夏衍的创作上是一次大的突破，由此形成深沉、凝重、淡远的艺术特色。抗日战争期间，夏衍一直在文艺界担任领导工作。1941年，写了唯一一部长篇小说《春寒》。

中华人民共和国建立后，从事文艺领导工作，在上海创办了电影文学研究所。1956年，根据鲁迅的原著改编了电影剧本《祝福》，1958年，又根据茅盾的原著改编了电影剧本《林家铺子》。这两部作品，风格朴实、结构严谨，时代气息浓郁、人物形象饱满，既体现了原著的神韵风采，又达到了电影再创造的新高度，成为中华人民共和国早期电影改编的典范。此后，他又先后改编（或与人合作改编）了电影剧本《革命家庭》、《故园春梦》和《烈火中永生》。其中《革命家庭》获第一届电影百花奖最佳编剧奖。夏衍的电影论文大部分收入《写电影剧本的几个问题》和《电影论文集》中。1977年后，夏衍重新回到电影领导岗位，任中国文联副主席，中国电影家协会主席，并担任中共中央顾问委员会委员、中国人民对外友好协会顾问、中国日本友好协会顾问等职。1985年，他的回忆录《懒寻旧梦录》出版，详尽地回顾了他半个多世纪的人生道路。

夏原吉 Xia Yuanji (1367～1430) 中国明代大臣。字维。江西德兴人。以乡荐入太学，选入禁中书制诰，以端谨为朱元璋所重，授户部主事。建文二年(1400)，为采访使，巡视福建。所至郡邑，核吏治，咨民隐，人皆悦服。明成祖即位初，转户部左侍郎，进尚书。与吏部尚书蹇义等详定赋役等制。永乐元年(1403)，奉命疏浚吴淞江，次年工毕，苏、松农田大利。三年，户部尚书郁新卒，召还掌部事。原吉以理财见长。初理部事，首请裁冗食，平赋役，严盐法、钱钞之禁。又清仓场、广屯种，以给边利民，且便商贾。时兵革初定，为封赏功臣、分封诸藩、建北京宫殿、增设武卫百司等，钱粮转输以亿计，他均悉心计应之，国用不绌。七年，随成祖北巡，兼摄行在礼部、兵部、都察院事。此后，长期留辅皇太孙于北京。总行在九卿事。十九年，因反对成祖继续北征下狱。仁宗即位后复官。进少保，兼太子少傅、尚书。宣祖即位后，以旧辅益亲重。宣德元年(1426)，高煦之乱发，力请宣宗亲征平叛。三年，以年高辍部务，专与阁臣参决重大政务。死后，赠太师。史称其为官尤持大体，有古大臣风。有《夏忠靖集》传世。

夏至点 summer solstice 太阳沿黄道从天赤道通过春分点到达黄道上最北的那一点。用符号♋表示。见分至点。

厦门大学 Xiamen University 中国综合性大学。属教育部。校址在厦门。1921年由著名爱国华侨领袖陈嘉庚创办，1937年改

厦门大学嘉庚楼群

为国立。抗日战争全面爆发后，被迫内迁闽西山城长汀。1946年回迁厦门，1952年成为文理综合性大学。设有研究生院、20多个学院和150多个研究机构等。有培养学士、硕士和博士的教学体系。图书馆藏书460多万册。出版有《厦门大学学报》等。

厦门市 Xiamen City 中国福建省辖市。位于东南沿海，福建东南部，九龙江入海处。濒临台湾海峡，面对金门诸岛，与台湾岛和澎湖列岛隔海相望。辖思明、海沧、湖里、集美、翔安和同安6区。陆地面积1 569平方千米，海域面积300多平方千米。人口353万（2010），有汉、回、满、壮、畲、苗、高山等民族。远古时为白鹭栖息之地而称鹭岛。宋称嘉禾屿。明洪武二十年（1387），为防御倭寇入侵筑城于此，号厦门城。1933年设厦门市。1980年设立厦门经济特区。厦门市由厦门岛、鼓浪屿及内陆九龙江北岸沿海部分地区和同安组成。属亚热带季风气候，夏无酷暑，冬无严寒，温和多雨。年平均气温在21℃左右。平均年降水量1 100毫米。农业主产水稻、蔬菜、龙眼等，还有丰富的鱼类、贝类等水产资源。工业以电子、机械、纺织、食品、化工、医药、建材为支柱。厦门港已拥有东渡、海沧、鹭江、杏林等港区，开通了至美国、欧洲、地中海等地航线。高崎国际机场已成为国家一类机场，是国家十大重点枢纽机场之一。有国家级重点风景名胜区鼓浪屿，素有“海上花园”的美称，著名景点有日光岩、菽庄花园、皓月园、毓园、琴园、观海园等。岛外的集美区拥有以旅游、教育为主的著名侨乡——集美镇。传统上以种植业、渔业为主。是重要的台商投资开发区。

厦门远眺

仙后座 Cassiopeia 秋天的代表星座之一。在拱极天区内，与大熊座遥遥相对，它主要的星都处在银河中。座内目视星等亮于6等的星有106颗，其中亮于4等的星有11颗。β、α、γ、δ、ε（中名王良一、王良四、策、阁道三、阁道二）五星形成一个歪斜的W形或M形。γ、α、β三星的夹角对着一颗暗星κ（中名王良二），将α到κ星的连线延长约4倍，即北极星的位置。当仙后座落下时大熊座正好升起，故这两个星座常常交替被用来当作寻找北极星的指标。仙后的β星Caph，中文名王良一，亮度2.3等左右，颜色呈白色，由于它正好位于天球经度的零度线附近，故亦常被当成现成的经度标之一。

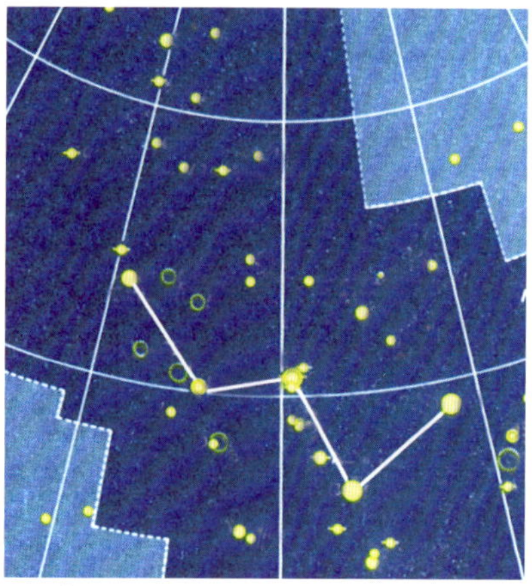

仙境 celestial realm 中国道教所称神仙所居的胜境。或在天上或在海中，或在幽远的名山。《恒真人升仙记》称：“有长年之光景，日月不夜之山川。宝盖层台，四时明媚，金壶盛不死之酒，琉璃藏延寿之丹。桃树花芳，千年一谢，云英珍结，万载圆成。”仙境之说源于中国远古神话。道教承袭前代神仙传说，加以增益。托名汉代东方朔著《海内十洲记》有“十洲三岛”之说，认为此皆神仙所居，道士修真成仙之归宿。南北朝时期，道教汲取佛教思想，构造神仙所居之天界，创三十六天之说。即欲界六天、色界十八天、无色界四天，“四种民天”、“三清天”和大罗天。此说见于《云笈七签》等多种道教典籍。隋唐以后，许多名山胜地也被道教视为神仙所居之洞府，或修道成仙之佳境。称天下名山中有十大洞天、三十六小洞天和七十二福地。

仙客来 *Cyclamen persicum*; florists cyclamen 报春花科仙客来属的一种。多年生草本植物。又称兔耳花、一品冠。原产南欧及地中海一带，现为世界名花，各地都有栽培。

肉质块茎扁圆形。叶着生于块茎顶端的中心部，叶片大，肉质，心脏形，表面深绿色。花单生，花瓣蕾期先端下垂，开花时上翻，形似兔耳。花期从10月到翌年4月。主要变种有大花型、皱瓣型和平瓣型。喜凉爽、湿润及阳光充足。生长和花芽分化的适温为15～20℃。为中日照植物。宜于疏松肥沃、排水良好、富含腐殖质的微酸性砂质壤土。繁殖以播种为主，也可分割块茎和组织培养。常用于室内花卉布置，又宜作切花，水养持久。

《仙女》 *La Sylphide* 法国浪漫主义芭蕾舞剧。芭蕾史上开脚尖舞之先河的里程碑之作。全剧2幕。1832年3月12日由巴黎歌剧院芭蕾舞团首演。编剧A.努里，编导F.塔里奥尼，作曲J.-M.施奈泽弗，布景设计P.西塞利，服装设计E.拉米。主要演员有M.塔利奥尼、J.马齐耶、L.诺布莱。舞剧讲述19世纪的苏格兰青年农民詹姆斯随仙女私奔，为了真正得到仙女而致仙女死去的故事。在《仙女》中，意大利舞蹈家塔利奥尼将脚尖舞的技术提高到惊人高度，并与过膝的白色纱裙一道，为浪漫主义芭蕾时期开创了轻盈飘逸的舞风，影响至今。

《仙女》剧照

仙女星系 Andromeda galaxy 位于仙女座的巨型旋涡星系。2 000历元的天球坐标是赤经$00^h42^m44^s.2$，赤纬41°16′09″。视星等V=3.38。照片上呈现为倾角77.7°，长轴方位角37.7°的SbI－Ⅱ型星系。在《梅西耶星表》中的编号为M31，在星云星团新总表的编号为NGC224。习称仙女座大星云，现称仙女星系。1924年，E.P.哈勃在照片上证认出M31旋臂上的造父变星，并根据周光关系算出其距离，确定它是银河系以外的恒星系统。现代测定的距离是760千秒差距（250万光年）。绝对星等M_v=－21.2，大小为20千秒差距×44千秒差距，成为本星系群

仙女星系M31

中最亮的和最大的一个。M31的总质量为$(1.8\sim3.7)\times10^{11}M_{\odot}$，中性氢HⅠ的质量为$5.8\times10^{9}M_{\odot}$，电离氢HⅡ的质量大约为$2\times10^{7}M_{\odot}$，分子氢$H_2$的质量只有$3\times10^{8}M_{\odot}$。这表明M31中只有约2%的物质以气体氢的形式存在，而其原星系中的大部分气体都已形成恒星或被抛掉。

仙女座 Andromeda 秋天的代表**星座**之一。座内目视星等亮于6等的星有108颗，其中亮于4等的星有18颗。α（中名壁宿二）是分光双星，与人马座的3颗主星组成醒目

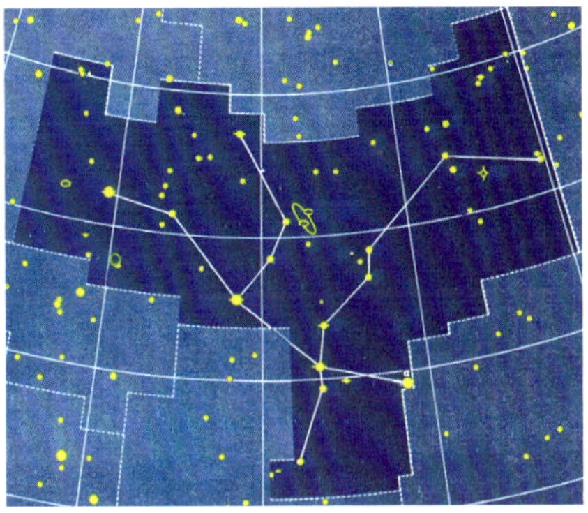

的大四边形。ν（中名奎宿七）附近有一著名旋涡星系M31，习称仙女座大星云（现称**仙女星系**）。仙女座流星群是最著名的流星群之一，每年11月中旬出现，20～23日最盛，辐射点在γ星附近。

仙人洞遗址 Xianrendong 中国**旧石器时代**末期至**新石器时代**早期的洞穴遗址。位于江西万年大源盆地内的小山上。1962年起发掘，90年代还同时发掘了附近旧石器时代晚期的吊桶环遗址。两遗址初步揭示出华南地区上述年代范围内较完整的文化演进过程，并为稻作农业和陶器的起源提供了典型例证。仙人洞为固定住地，吊桶环属季节性营地，两处遗存分为三个时期。吊桶环下层属旧石器时代晚期，距今约2.3万年。吊桶环中层、仙人洞下层属旧石器时代末期或中石器时代，在吊桶环发现了采集的野生稻的植硅石。两遗址的上层属新石器时代早期，距今约1.4万～0.9万年。这一时期除有大量打制石器外，出现少量局部磨制的石器和个别精磨石器，还出现饰条纹、绳纹的夹粗砂厚胎陶器。渔猎、采集经济占主要地位。吊桶环上层时期已萌芽出原始稻作农业。

仙人掌科 Cactaceae; cactus family 双子叶植物纲石竹亚纲的一科。有140属2 000余种，大多原产美洲热带、亚热带沙漠或干旱地区，以墨西哥及中美洲为分布中心。中国栽培的有600余种，供观赏。仙人掌属和量天尺属等少数属种在南方诸省逸生。多数为多年生草本，少数为灌木或乔木状植物。茎肉质，呈球状、柱状或扁平，常

群生四棱柱

有关节和分枝，茎上有螺旋状排列的特殊刺座，其上着生有刺、毛、腺体或钩毛、花。花通常为两性，辐射对称或两侧对称，花萼和花瓣有明显的区别或难以区分，雄蕊多数，多着生于花的喉部，子房上位，1室。果常为肉质浆果。

大多数栽培作为观赏，但在墨西哥及中南美洲则作为经济作物栽培。果实有丰富的养分和维生素，可作水果食用，如火龙果；嫩茎可作蔬菜或制蜜饯。无刺仙人掌是牲口的优良饲料。仙人掌茎内含有三萜、苹果酸、琥珀酸和生物碱，可医治疾病。多刺型可作庭院绿篱；枝干作燃料或支撑物。沙漠中的大仙人球是旅行者的临时水库。有些种类可饲养胭脂虫。

仙台 Sendai 日本本州岛东北部城市，东北地方经济、文化中心，宫城县首府。东临仙台湾。面积783.54平方千米。人口约99.12万（2003）。西、北为奥羽山脉延伸的丘陵，东、南地势低平。原称千代，1600年另筑新城时改今名。1871年设仙台县，翌年改名为宫城县，县府仍驻仙台。1889年设市。第二次世界大战前为日本的军都与学都。1955年定为“综合开发特定地区”，1963年又定为“仙台湾临海新产业城市”，与东北沿海的盐釜组成仙盐工业区。1971年开始港口建设，在新港北部临海工业地区上建有大型综合炼油厂和发电站，为全国石油加工工业中心之一。特种钢和橡胶工业较著名。电子、出版印刷、食品、金属加工、电机等工业较发达。近年来高新技术产业和研究所相继建立，形成了仙台北部中心工业区和高科技圈的核心。市郊农业发达，是著名稻米产地，蔬菜和花卉种植也较盛。仙台湾为天然渔港，水产丰富，盛产紫菜等。有东北大学等院校和多所科研单位。鲁迅曾于1904～1906年就读于医学专门学校（今东北大学医学部），1960年在青叶山麓、宫城县市立博物馆旁建鲁迅纪念碑，供人瞻仰。还有古国分寺、国分尼寺遗址、大崎八幡神社、青叶城等古迹以及市区东北“日本三景”之一的松岛等。

仙桃市 Xiantao City 中国湖北省直辖县级市。位于省境中南部，北临汉江。面积2 538平方千米。人口118万（2010）。春秋战国属楚。梁天监二年（503）置沔阳郡，设沔阳县。1986年撤县设立县级仙桃市，1994年成为省直辖市。矿产有煤、石油、天然气、石膏、盐等。工业以纺织、食品、机械、服装、建材等为支柱产业。工业总产值和乡镇工业产值均居全省各县（市）之首。农业以水稻、小麦、棉花、油菜、蔬菜种植和肉牛、奶牛、生猪、家禽、水产养殖等为主。名胜古迹有陈友谅故居等，纪念地有鄂中特委旧址、坡场革命纪念馆等。

仙霞岭 Xianxia Mountain 中国**钱塘江**水系与**瓯江**水系分水岭。又称古泉山、泉岭山。位于浙江省西南部，江山县西南。仙霞岭山脉由闽、赣交界的**武夷山**向东北延伸而成，再向东北延续则称**天台山**。仙霞岭山脉地势高峻，中山广布，平均海拔千米左右，多为中生代侏罗系火山岩覆盖，岩性坚硬，节理发育，侵蚀后常成陡崖峭壁。仙霞岭自古以来为浙、闽要冲。有黄巢起义军进军福建时所辟山路。岭上仙霞关有360级、28曲，长10千米，崇峻雄伟，素称天险。仙霞岭山岭重叠，北有窑岭，南有茶岭、小竿岭、大竿岭、梨岭，与仙霞岭合称六岭。六岭之险皆在几十千米中，历史上为军事要地，古时设安民关、二度关、木城关、黄坞关、六石关关隘5处，与仙霞关合称六大关。

仙游县 Xianyou County 中国福建省莆田市辖县。位于省境沿海中部，东南濒临湄洲湾。面积1 835平方千米。人口82万（2010）。唐圣历二年（699）划莆田县西部设清源县，天宝元年（742）改称仙游县。属亚热带海洋性季风气候。矿藏资源有铬、铌、钽、黄铁矿、高岭土、钾长石与石英、叶蜡石等。盛产龙眼、柑橘、荔枝、枇杷、文旦柚、香蕉等。抽纱、竹编、漆器、冰糖、蘑菇罐头为传统名特产品。工业有制糖、林工、工艺美术、酿酒、粮油加工等。名胜古迹有九鲤湖、菜溪岩、麦斜岩、天马山、九座寺、仙门洞、塔斗山等。

先锋派电影 avant-garde film 20世纪20年代以后，主要在法国和德国兴起的一种电影运动。其重要特点是反传统叙事结构而强调纯视觉性。作为一种影片样式，也有人称之为纯电影、抽象电影或整体电影。

第一次世界大战后，德国的许多艺术家和知识分子对传统的价值观念和美学原则提出怀疑。其中包括对年轻的电影艺术的认识。他们看到电影最大的直观特性在于能使静态的画面产生运动感。因此，有几位画家首先进行了有益的实验。他们拍摄了一些一般不超过5分钟的短片，以线条规律性变化、转换的视觉形象为内容，排

斥人物形象和故事情节。1925年起，德国先锋派电影转入一个新的阶段。与前一阶段强调电影的“纯”运动感不同，新阶段更多地强调剪辑的作用。

法国先锋派电影运动开始于L.德吕克的艺术创作，他要求以电影手段发掘人与物的特征美。法国先锋派电影运动大致可分为3个阶段：①以立体派画家F.莱热1924年拍摄的短片《机械舞蹈》和R.克莱尔同年拍摄的《幕间节目》为代表。这些影片又称作“达达主义电影”、“抽象电影”或“纯电影”。②以立体派画家G.杜拉克1928年拍摄的短片《贝壳与僧侣》(舞台剧编剧和青年诗人A.阿尔托编剧）和原籍西班牙的L.布努艾尔同年拍摄的《一条安达鲁狗》为代表。这种电影又被称为超现实主义电影。③1929年以后，法国电影的“先锋派”运动转入纪录电影，迈进第三阶段。这种纪录电影很快就分化为两种倾向：一种以嘲讽社会现象为主，如法国导演J.维果的《尼斯景象》(1929～1930)；另一种则具有抒情色彩或唯美主义倾向，如J.伊文思拍摄的《桥》(1928) 和《雨》(1929)。

先锋派电影的理论主张大致可归纳为4点：①反对叙事，主张“非情节化”、“非戏剧化”；②鼓吹通过联想的绝对自由来达到电影诗的境界，排斥任何真实、理性的意义；③描写梦的世界，即一个充满潜意识活动的非理性世界；④把表现物放在比表现人更重要的地位。鼓吹上述理论的代表性著作有德吕克的《上镜头性》(1919)、杜拉克的《完整电影》(1927) 和《电影——视觉的艺术》(1928) 等。

“先锋派”运动的主旨是企图从电影的形象性和运动性出发，扩大、挖掘电影的可能性，使电影最终成为一种独立的新艺术。作为一次艺术运动，许多实验性影片在表演手法、镜头技巧等方面的探索，对电影艺术的发展起了一定的推动作用。

欧美电影界，尤其是评论界有时也用“先锋派”一词去形容具有独创性意图的影片或创作手段。自然，它们与上述电影创新运动无直接关系。

先锋派音乐 avant-garde music 欧洲专业音乐风格特征的派别之一。采用极端不同于传统的表现手法、目的和技巧的音乐家及其作品。尽管R.瓦格纳和C.德彪西在他们的同时代人眼中就是“先锋派”，但这个词在第二次世界大战后却用来特指K.施托克豪森、P.布莱兹等人的音乐，因为只是这时才形成了所谓的“先锋派技巧”，包括整体序列、电子、偶然音乐等。布莱兹在一些著作中明确地陈述了先锋派的美学观念，认为先锋派必须“忘掉过去的一切而锤炼毫无先例可援的知觉力，抛弃过去留给人们的遗产去发现尚未有人梦见过的新天地。”也有人在先锋派内部又划分为已获公开承认的和更具实验性而尚未获得承认的两类。从总体上来说这个词更像一个口号而不是一个定义。

先锋文学 avant-garde literature 中国当代文学思潮。统指具有前瞻性和实验性的创新文艺作品。就中国当代文学而言，指20世纪80年代以后，在西方文化涌入中国并与中国传统核心文化碰撞的文化背景下，一批年轻作家借鉴西方现代主义和后现代主义哲学思潮、文学观念和写作技巧创作的小说。它可以分为两个阶段：前一阶段又称新潮小说，包括莫言、残雪、刘索拉、徐星等人的作品。这些作家往往用情绪性、感受性的叙述取代写实。莫言的《透明的红萝卜》、《红高粱家族》、《枯河》等小说，在批判当代中国人“种的退化”，寻找民族血性状态的同时，用感官意象创造出复杂的、充满色彩感的艺术世界；残雪的《山上的小屋》、《黄泥街》等小说模仿梦魇人和精神分裂者的视角和语言，构筑奇异荒诞的世界，放大了人性恶的一面；刘索拉的《你别无选择》和徐星的《无主题变奏》以变形、夸张的手法表现年青一代对传统人生观念和价值观念的反叛，以及对精神自由和主体创造性的追求。后一阶段又称后新潮小说，包括马原、洪峰、余华、格非、苏童、孙甘露、北村、吕新等人的创作。他们的小说有如下特点：①打破传统写实小说的拟真性，公开暴露小说虚构的本质和手段；②取消情节之间的因果联系，不对人物的行为和事件的发展做出解释，破坏读者把小说作为一个有机整体进行理性阐释的愿望；③把幻觉和现实混在一起，造成真假难辨、扑朔迷离的艺术效果。进入20世纪90年代后，这一群体很快分化，其创作不再作为有突出特征的潮流被描述。

《先秦汉魏晋南北朝诗》 *Complete Edition of Poetries in Pre-Qin, Han, Wei, Jin, Northern and Southern Dynasties* 中国先秦至隋的诗歌总集。135卷。今人逯钦立纂辑。此书的优点是：①取材广博。隋代以前的作品，除《诗经》、《楚辞》外，凡歌诗谣谚，悉数编入。引用四部群籍达300种。②出处详明。每诗必注明见于何书何卷，无一例外。③异文翔实。各书的异文，或一书不同版本的异文，乃至前人的校勘成果，凡足资参考者统予记录。④考订精审。书中按断多有独到见解。⑤编次得当。依据作者生卒前后分卷编次，能显示出同期作家之间的联系和影响，易于比较不同的诗风和流派。在同类书中属最为完善和使用方便的一部。此书于1983年由中华书局排印出版。

先秦散文 Pre-Qin prose 中国远古至秦统一前的无韵文。先秦散文的形成和发展，有其政治、经济、思想文化等多方面的社会基础。中国文字的起源可上溯到6 000年前。半坡遗址中陶器上刻划的类似符号的图案，是迄今发现的最早文字的孑遗。直至商代，中国才有了比较成熟的文字，这就是甲骨文和青铜铭文。商周之际，中国出现了一部以卜筮为主要内容的巫书《周易》。《周易》是巫官文化的代表，它驳杂零乱，仅处于散文的萌芽阶段。

先秦散文形成的标志是《尚书》。《尚书》是中国第一部历史文献的汇编。现存的《尚书》已几经聚散，真伪杂糅。其中《盘庚》三篇和《周书》部分，分别保存了商、周二代的重要文献，具有较强的史料价值和文学价值。

先秦散文的成就，主要集中在春秋战国时代。这个时代既是社会制度大变革的时代，也是文化学术空前辉煌璀璨的时代，出现了偏重于论说的诸子散文和偏重于记述的历史散文。

诸子散文　春秋时期，社会关系发生了急剧的变化，从而打破了贵族官府垄断文化的局面，使文化由贵族转移到了“士”这一阶层手中。私家著述和私人讲学的风气随之兴起。由于“士”阶层比较复杂，在讲学和著述中所代表的阶层利益不同，出现了不同的学派。各家学派相互展开辩论，活跃于政治舞台，形成了“百家争鸣”的局面。各家学派为宣传自己的主张纷纷著述立说，遂产生了九流十家丰富多彩的诸子散文著作。

据《汉书·艺文志》，先秦诸子有儒、道、阴阳、法、名、墨、纵横、杂、农、小说等十家。其中儒家著作有《论语》、《孟子》、《荀子》；道家著作有《老子》、《庄子》；法家著作有《韩非子》；墨家著作主要有《墨子》；杂家有《吕氏春秋》等。

先秦诸子散文的发展主要经历3个阶段：①春秋战国之交以《论语》、《老子》为代表，以简短的不成文的语录体或格言体为主要形式。其中《论语》是语录体散文的典范。全书没有完整的体系和篇章结构；风格温文尔雅、雍容和顺；语言简明深刻、语约义丰，往往在一两句话里包含着深刻的人生哲理和人生经验，不少成为常用的成语或格言。②战国中叶，以《孟子》、《墨子》、《庄子》为代表，以富有文学性的对话体为主要形式。其中《孟子》以善辩著称，多带驳论性质。其论辩，高屋建瓴，锐气逼人，机锋百出，喷薄有力，往往有一种“其锋不可犯”的气势，使对方理屈词穷，无以置辩。《孟子》虽尚未脱离语录体，但无论从篇章结构，还是文采言辞来说，都较之《论语》有了很大发展。《墨子》成书略晚于《孟子》，在形式上仍属记言，但已不是只言片语而是首尾完整、富有逻辑性的论文了。它质朴无华，以逻辑严密著称。《庄子》虽然也未完全脱离对话论辩的形式，但已实现了向专题论文的转化。它行文汪洋恣肆，想象奇特，寓说理于形象之中，极富于文学色彩。③战国末期，以《荀子》、《韩非子》为代表。它们已完全摆脱了以驳论为主的对话体，成为讲究逻辑、注重修辞的学者个人的论文集，以正面论说为主。其中《荀子》可称为长篇专题学术论文集。它论点突出，比喻繁富，注重修辞，表现出高度的组织和驾驭文字的能力和技巧。《韩非子》多为长篇议论文，有立论，有驳论，峻峭挺拔，切中要害，具有极强的说服力和感染力。这是百家争鸣不断深入的结果，也是先秦论说文体成熟的标志。

历史散文　春秋战国时代，周王朝及各国王者身旁都设有史官。"左史记言，右史记事"(《汉书·艺文志》)。大事记于策，小事记于简。把简策按时间顺序编列起来，就成为史书，或称"春秋"，或称"史记"。据《墨子·明鬼》记载，当时有周之春秋、燕之春秋、宋之春秋、齐之春秋等所谓"百国春秋"。只可惜这些诸侯国的"春秋"后来大都亡佚了，只有"鲁春秋"流传下来，这就是儒家经典之一《春秋》。

《春秋》相传为孔子所著。它记事极为简略，用字严谨、措辞隐晦，暗喻褒贬。这种写法被后人称之为"《春秋》笔法"或"孔子的微言大义"。正是由于文字过于简质，后人不易理解，所以相继出现了各种解释《春秋》的书。现存的有《春秋公羊传》、《春秋穀梁传》、《春秋左氏传》，世称春秋三传。

《左传》是中国第一部叙事详尽完整的编年体史书，它以《春秋》为纲，兼采了各国的史书文献、野史逸闻，具体地展现了春秋时代各国的政治、军事、外交、文化等各方面的活动，形象地反映了社会内部的变革及其趋向。突出地表现了作者的"民本"思想。《左传》特别讲究叙事艺术，善于描写战争和"行人"辞令，注重文采、修辞和合理的铺陈夸饰，标志着历史散文的重大发展，也创立了中国历史撰述的优良传统。

除此之外，记载春秋历史的散文著作还有《国语》。《国语》是中国第一部国别体史书，分别记载了周、鲁、齐、晋、郑、楚、吴、越等8国的部分史实，以记言为主。所记内容残缺不全，无论从史学还是文学的角度看都远不如《左传》，但比《尚书》、《春秋》等历史散文还是有所发展和提高。

继《国语》之后，又出现了一部国别体史书《战国策》。《战国策》是战国时代纵横家的言论总集。它铺张扬厉、纵横驰骋；指陈利害、危言耸听；极富于雄辩夸饰的特点，有说服力和鼓动性。比起《左传》来，《战国策》更注重故事情节和人物塑造，如苏秦、张仪、鲁仲连等等，都写得神采奕奕、栩栩如生。《战国策》的出现，标志着历史散文已由纲目式的大事记发展到了以多采的文笔对历史人物和历史事件作形象生动的刻画，标志着历史散文达到了成熟的阶段。

《先驱》 *The Pioneer*　中国社会主义青年团中央的第一张机关报。1922年1月15日在北京创刊。邓中夏、刘仁静任主编。因被北洋军阀政府查禁，从第4期起迁上海。施存统主编，蔡和森、高君宇一度主持编务。半月刊（常不能按期出版）。

《先驱》着重宣传马克思列宁主义理论，介绍苏联和国际共产主义运动的状况，反映中国社会主义青年团的活动情况，并就青年团的工作方针、青年运动的方向、青年团同中国共产党的关系等问题进行讨论。引导青年摆脱无政府主义思想的影响，号召并团结青年与帝国主义、封建军阀进行斗争。1923年8月15日停刊，共出25期。

《先驱报》 *The Herald*　澳大利亚全国性的英文对开晚报。在墨尔本市出版，属于先驱和时代周刊集团。1840年创办时名为《菲利普港先驱报》。1849年改为《墨尔本先驱晨报》。1869年改为晚报后称现名。内容广泛，有墨尔本市和其他城市的消息，以及重要的国际政治、经济新闻。读者主要是墨尔本市和其他城市的居民。每周5天出版，每天30～40版。

先天畸形　congenital malformation　在出生时即可见到的躯体形态或结构的异常。体表异常出生后即可发现，如唇腭裂、多指、并指等。内部结构的异常，如先天性心脏病、先天性髋关节脱位、幽门狭窄、多囊肾、骨质稀疏或致密等，往往待发展到出现症状或经医生检查后方能发现。先天畸形有单发或多发，总发生率在活产新生儿中约占2%～4%，各国、各民族、各地区略有不同。单发畸形指单独存在一种畸形，占先天畸形的60%左右。多发畸形指同时存在一种以上或一组的畸形；表现多种多样，畸形不仅在体表而且常累及体内器官。先天畸形是围产期死亡的主要原因，存活者多终身致残，兼或致愚，这无疑是家庭和社会的沉重负担。因此，预防减少畸形儿的出生是每个家庭的愿望，社会关注的热点，也是优生学研究的主攻方向。

先天性马蹄内翻足　congenital talipes equinovarus　足内翻、内收、下垂的一种先天性足部畸形。又称拐棍足。占新生儿的1‰。男孩发病率为女孩的两倍，单足畸形较双足畸形略多。主要症状为脚内翻、内收、下垂。站立时，轻者用足跖外缘负重，重者用足背外侧负重，负重部出现胼胝及皮下滑囊，踝关节和小腿也向内旋转。出生后应立即开始治疗，先用手法纠正，以胶布、塑料或金属夹板固定。3月龄后应作石膏固定纠正畸形。1岁后手法治疗失败或治疗好转又复发者，必须手术治疗。根据年龄、畸形类型及程度采用不同术式，常用方法有后路松解术、内侧松解术、外侧足弓缩短术、胫骨前肌转移术等。

先天性心血管病　congenital cardiovascular diseases　胎儿期发育异常引起的、在出生时病变即已存在的心脏及大血管畸形。简称先心病。最常见的类型有房间隔缺损、室间隔缺损、肺动脉瓣狭窄、动脉导管未闭、法洛氏四联症及心内膜垫缺损等。

病因　95%的患者无明显原因，5%患者的母亲妊娠时有风疹史。约5%的先心病有遗传及家族因素。部分动脉导管未闭的病因是高原缺氧或患肺部疾病导致动脉导管未及时闭合。

分类　按解剖部位依次粗略列举如下：①静脉系畸形。包括上、下腔静脉畸形，肺静脉畸形引流（完全性、不完全性），冠状静脉窦畸形等。②心房畸形。包括卵圆孔未闭、房间隔缺损（图1）、三房心、单心房等。③房室瓣畸形。包括先天性二尖瓣狭窄、先天性二尖瓣关闭不全、先天性三尖瓣畸形等。④心室畸形。包括室间隔缺损（图2）、右室双腔心、单纯右室流出道狭窄、心室憩室、单心室、心内膜硬化

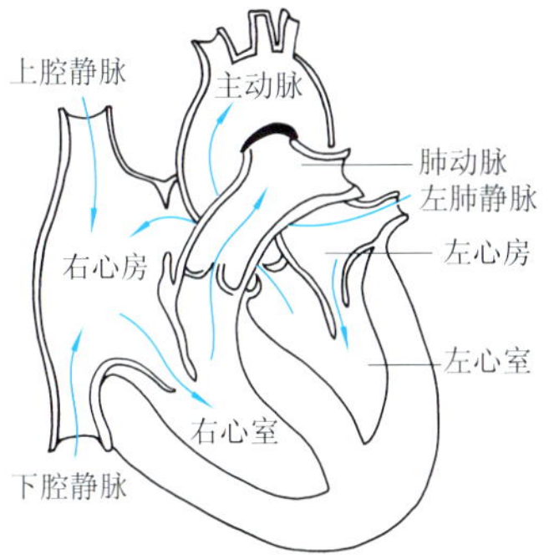

图1　房间隔缺损及其血液动力学改变的示意图

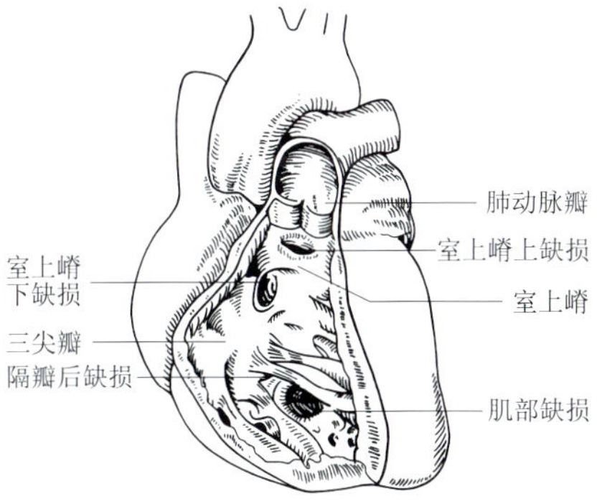

图2　室间隔缺损的病理解剖类型

症等。⑤肺动脉系畸形。包括肺动脉闭锁、肺动脉瓣狭窄、肺动脉狭窄、一侧肺动脉阙如、迷走肺动脉等。⑥主动脉系畸形。包括主动脉瓣狭窄、先天性主动脉窦瘤、主动脉缩窄、主动脉弓中断、主动脉环等。⑦先天性冠状动脉畸形。包括冠状动脉瘘、冠状动脉起自肺动脉、先天性冠状动脉瘤、冠状动脉左主干开口狭窄等。⑧大动脉系畸形。包括动脉导管未闭、主动脉－肺动脉间隔缺损、共同动脉干等。⑨全心综合畸形。包括法洛氏四联症、心内膜垫缺损、心脏位置异常、大动脉转位等。

诊断　根据临床症状、体征、心电图、X射线平片、超声心动图等检查，大部可获诊断，对不典型以及有复合畸形的病例，则可能需心导管及心血管造影等进一步检查。

治疗　对有手术治疗指征的病例，要适时进行手术矫治。手术的最好时机根据条件而定，一般为6岁以下。对病情严重及有紫绀者，应在学龄前进行手术。对不适于手术或暂时无须手术者，应定期随访，积极防治并发症。已开展非外科手术的介入疗法。例如肺动脉瓣口狭窄，可用经导管球囊扩张术；动脉导管未闭、房间隔缺损、膜部室间隔缺损可用经导管封堵术。

先天综合判断　synthetical judgments a priori　I.康德哲学的基本概念。指谓项不是从主项分析出来的、但又必然地和主项联结着的判断。也就是指既增加新内容，又具有普遍必然性的判断。康德断言，一切科学知识都是由这类判断构成的。如几何学命题：两点间直线是最短的线，主项中“直”的概念不包含量，只包含质，因此“短”这个量的概念不能从主项分析得出，只能由直观加上去，但是这个命题又公认为普遍有效。只有先天综合判断才能构成科学知识。康德把先天综合判断作为批判哲学的中心问题，从纯粹理性、实践理性和判断力3方面来解答这个问题。他在《纯粹理性批判》里，提出科学知识的可能性；在《实践理性批判》里提出道德意志先天法则的客观有效性；在《判断力批判》里提出愉快与不快情感判断的普遍必然性，都是以先天综合判断为依据。先天综合判断的提出，表现出康德哲学力图克服唯理论和经验论的片面性的调和倾向。但康德所强调的是理性的先天性，认为没有理性的先天因素，经验知识、实践道德和审美活动都不可能。

先行给付　advance performance　法院在判决作出前，或者在判决生效前，经原告申请，或者由法院依职权裁定，由被告预先给付部分金额或者财物，以解决原告生活上的急需的制度。见先予执行。

先验论　apriorism　一种把认识看作是先于人的经验的唯心主义认识学说。认为人的知识和才能是先于客观事物、先于社会实践、先于感觉经验的东西，人们只能通过先天的形式或手段才能获得。客观唯心主义主张，人的认识来自某种“神的启示”，是先天赋予的；主观唯心主义主张，认识是人们心灵的创造，是头脑中固有的。

先予执行　advance performance　法院在审理民事案件过程中，为解决原告生活或生产经营上的迫切需要，在判决作出以前，根据当事人的申请，裁定被告先行给付原告一定财物，或者立即实施或停止某种行为的诉讼制度。

根据《中华人民共和国民事诉讼法》的规定，人民法院根据当事人的申请，可对下列案件裁定先予执行：①追索赡养费、扶养费、抚育费、抚恤金、医疗费用的案件。②追索劳动报酬的案件。③因情况紧急需要先予执行的案件。人民法院裁定先予执行，应符合下列条件：①当事人之间权利义务关系明确，不先予执行将严重影响申请人的生活或生产经营。②被申请人有履行能力。

先予执行必须由当事人向人民法院提出申请，并提供对方当事人履行能力的情况。人民法院可以责令申请人提供担保，申请人不提供担保的，驳回申请。申请人败诉后，应赔偿被申请人因先予执行遭受的财产损失。当事人对先予执行的裁定不服的，可申请复诉一次。复议期间不停止裁定的执行。

先轸　Xian Zhen（?～前627）　中国春秋中期晋国主政之卿，名将。受领封邑于原（今河南济源西北），故又称原轸。晋献公时，为公子重耳近臣，与狐偃、赵衰等随重耳长期流亡国外。及重耳回国即位为文公，任大夫。周襄王十九年（前633），因宋国背楚从晋，楚联合多国攻宋。先轸明察大势，主张出兵援宋，抓住时机以求取威、定霸，促使晋文公定下以武力与楚争夺霸权的决心。次年，为实施攻楚之盟国曹、卫以调动楚军北上的决策，出谋与齐结盟，迫鲁中立，使晋军得以避免两面作战。旋以知兵善谋而升任中军元帅，指挥全军。城濮之战中，运用外交权谋，加深齐、秦与楚的矛盾，促成两国出兵助晋，将战略形势由不利转化为有利。又以诡对诈，破坏曹、卫与楚的关系，并扣留楚军使者，终迫楚军主帅子玉撤围北进，与晋军决战于城濮（今山东鄄城西南）。针对楚军部署及主帅骄躁轻敌的弱点，采取避强击弱、佯退诱敌、各个击破的战法，破楚左、右军，迫其中军撤退，取得争霸中原的决定性胜利。二十五年，秦国乘晋文公新逝，发兵偷越晋境袭击郑国，欲插足中原以争霸，先轸力主乘机打击秦军，以绝数世之患。于次年率军设伏于崤山（今河南三门峡东南）隘道，全歼灭滑国后返回的秦军，使秦东进中原的企图破灭。同年八月，偕晋襄公率军抗御狄兵于箕（今山西太谷东），为补曾对襄公无礼之过，故意免去头盔冲入狄阵，战死军中。

先知　nabi　伊斯兰教指直接得到或通过天使、做梦获得安拉“启示”并能作出预言的人。阿拉伯文“纳比”、“乃宾衣”的意译，意即预言者。波斯语的“派安拜尔”，亦称使者。据称伊斯兰教共有12.4万名先知，其中有315位使者。《古兰经》中指名为先知的有28人。使者负有安拉委以的专门使命，故地位高于先知和一般的人。伊斯兰教认为穆罕默德是安拉最后的使者，即“众先知的封印”。特受真主之使命传达真主的真理与启示，向世人传播伊斯兰教义，引导、教诲人们归信独一的真主，向世人传警告，报喜信，传授知识。《古兰经》是真主赐予穆罕默德的明证和奇迹。信穆罕默德是安拉的使者，为伊斯兰教的基本信条之一。最有名的六大使者是阿丹、努海、易卜拉欣、穆萨、尔撒和穆罕默德。中国穆斯林称“圣人”，分为至圣、大圣、钦圣、列圣4个等级。至圣专指穆罕默德。

先知寺　Mosque of the Prophet; al-Masjid al-Nabī　伊斯兰教第二大圣寺。位于沙特阿拉伯麦地那城。622年穆罕默德迁徙麦地那后创建。自欧麦尔一世后，历代统治者不断扩建，规模逐渐宏大。现有的建筑为1848年后重建，1955年又加以扩建，面积扩充为1.6万余平方米。寺内有5座宣礼塔，其中2座新塔高70米。原有5座大门，现

先知寺景观

又增建9座门，均高6米，宽3.2米。寺院墙东西长128米，南北宽91米。大殿与回廊由232根圆柱、474根方柱、689个拱形结构相连接，地面铺白色大理石。寺内东南角有穆罕默德陵墓，其北为艾布·伯克尔和欧麦尔一世的坟墓。另有一处据说是法蒂玛的坟墓。该寺是穆斯林瞻仰的圣地，并成为朝觐后的拜谒地。

纤维光学 fiber optics 研究光在光学纤维中的传输特性、光学纤维的制作技术及其应用的光学分支。20世纪50年代后兴起。

研究光在纤维中传输的理论有两种：一种是根据几何光学中的全反射原理，不考虑光的波动性；另一种是以电磁波理论作基础，把光看作是电磁波，光学纤维就是一个波导管，从麦克斯韦方程组和边界条件出发，可求得特定光学纤维中允许存在的电磁波性质，每一种允许存在的电磁波称为模。若纤维足够小，则仅有一个基模能在纤维中传输，称为单模光学纤维，其特点是色散小、传输信息容量大，在光纤通信技术中是人们最感兴趣的传输介质。

大量按一定阵列排列的光学纤维可用于图像的直接传送。纤维可按一定的秘密方式排列，使传输的图像失去原来的图形结构，然后用相应的纤维束将图形重新恢复，以达到保密传送图像的目的。这种元件已应用于无线电传真系统。单根变折射率光学纤维具有聚焦和成像的性质，截取一定长度的纤维可制成棒状透镜，其直径可从几十微米直到几十毫米。制造损耗低、带宽大的光学纤维对光纤通信具有重大意义。

纤维素 cellulose 天然有机高分子化合物。通式$(C_6H_{10}O_5)_n$。由D-吡喃型葡萄糖基以1,4-β-苷键连接而成的多糖。构成植物细胞壁的主要成分，常与半纤维素、木素、树脂等伴生在一起。棉纤维是较纯的纤维素，一般含量在90%以上，木、竹、麦秆、稻草等也含有丰富的纤维素。

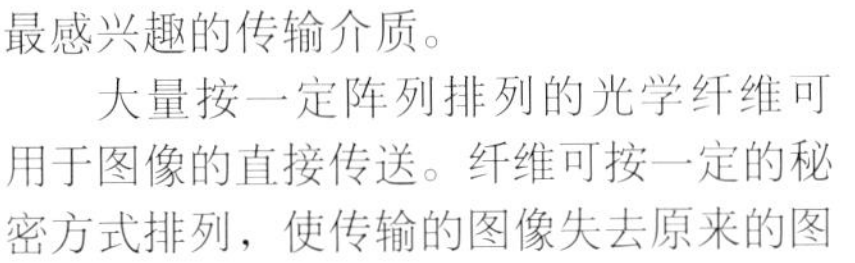

纤维素不溶于水和乙醇、乙醚等有机溶剂，能溶于铜铵$Cu(NH_3)_4(OH)_2$溶液和铜乙二胺$[NH_2CH_2CH_2NH_2]Cu(OH)_2$溶液等。水可使纤维素发生有限溶胀，某些酸、碱和盐的水溶液可渗入纤维结晶区，产生无限溶胀，使纤维素溶解。纤维素加热到约150℃时不发生显著变化，超过此温度会由于脱水而逐渐焦化。纤维素与较浓的无机酸起水解作用生成葡萄糖等，与较浓的苛性碱溶液作用生成碱纤维素，与强氧化剂作用生成氧化纤维素。

纤维素的工业制法是用亚硫酸盐溶液或碱溶液蒸煮植物原料，主要是除去木素，然后经过漂白进一步除去残留木素，所得漂白浆可用于造纸。如果作为制备纤维素衍生物的原料，还需要尽可能除去半纤维素。

纤维素可制纸张、纤维。纤维素分子中的羟基与化学试剂发生酯化或醚化反应，分别生成纤维素酯类（如硝酸纤维素、乙酸纤维素等）和纤维素醚类（如甲基纤维素、羧甲基纤维素等），用于制造塑料、炸药、照相软片、涂料及人造丝等。

人类膳食中的纤维素（膳食纤维）虽然不能被消化吸收，但有促进肠道蠕动、利于排便等功能。草食动物则依赖其消化道中的共生微生物将纤维素分解而吸收利用。

氙 xenon 化学元素，元素符号Xe，原子序数54，原子量131.293，属周期系零族元素，稀有气体。1898年英国W.拉姆齐和M.W.特拉弗斯重复分馏在6个星期前所发现的稀有气体氪时，从中又分出一种质量比氪更大的新气体，命名为xenon，希腊文"陌生的"之意。氙在地球大气中的含量为0.000 008 6%（体积）。天然氙是9种稳定同位素的混合物。

氙在通常条件下为无色、无臭、无味的气体，熔点-111.9℃，沸点-107.1℃，气体密度为5.887克/升（0℃，100千帕）。氙是稀有气体中能在室温下形成稳定化合物最多的元素。化合物主要是氟化物及其加合物、氧化物和氙酸盐等，如XeF_2、XeF_4、XeF_6、XeO_3、XeO_4、$XeOF_4$、$MHXeO_4$和M_4XeO_6等。

氙用液态空气分馏法生产。氙在电场的激发下能放出强烈的白光，高压长弧氙灯俗有"人造小太阳"之称，用于电影摄影、舞台照明等，氙闪光灯可用于激活红宝石激光器，氙灯还能放出紫外线，氪、氙的同位素还被用来测量脑血流量等。

氙灯 xenon lamp 利用氙气放电而发光的电光源。其特点是：光色接近日光，显色指数超过94；在寿命期内光谱能量分布稳定，并与灯输入功率的变化无关；光、电参数一致性好；即开即亮，可重复热启动；光效较低，仅为20～50流/瓦。可分为三类。

超高压短弧氙灯 一种椭球形石英泡壳内充有4.05～7.09兆帕高压氙气、极间距离小于10毫米的氙灯。按使用特点可分为自然冷却、风冷和水冷三种。发光效率约40流/瓦，是一种理想的点光源。工作时需配备专用的触发器和直流电源，寿命约为500～1 500小时。因充有高压氙气，储运、保存均应放在专用盒内，以防爆炸。使用时应采取必要的防爆及防紫外辐射措施。广泛用于电影放映、太阳模拟器、印刷制版和光学仪器等。

长弧氙灯 这种灯的极距较长，灯内一般充有2.7～53千帕的氙气，色温为5 500～6 000K，功率为10^2～2×10^5瓦，发光效率为24～60流/瓦。工作时需配备触发器，规格有带镇流器的和不带镇流器的两种。适用于大面积照明，也可用作电影摄影、彩色照相制版、光化反应等方面的光源。由于光效较低，作为照明应用已被其他光源所取代。

脉冲氙灯 利用储存的电能或化学能，在极短时间内发生高强度闪光的氙灯。其脉冲宽度时间一般为10^{-9}～10^{-2}秒，瞬时亮度可达10^{10}坎/米^2，是除激光外亮度最高的人造光源，瞬时光通量可达10^9流，闪光重复频率为1～10^6次/分，峰值功率可达2×10^8瓦，工作寿命达10^5次以上。适于需瞬时超高光强的各种用途。

祆教 Zoroastrianism 中国对古代伊朗琐罗亚斯德教的称谓。

酰胺 amide 羧酸中的羟基被氨基（或胺基）取代而生成的化合物，

也可看成是氨（或胺）的氢被酰基取代的衍生物。R、R′、R″可以是氢或烃基。广泛存在于自然界，蛋白质是以酰胺键—CONH—（或称肽键）相连的天然高分子化合物。哺乳动物体内蛋白质代谢的最终产物尿素就是碳酸的二酰胺H_2NCONH_2。许多生物碱如秋水仙碱、常山碱、麦角碱等分子结构中都含有酰胺键。

除甲酰胺外，大部分具有$RCONH_2$结构的酰胺均为无色固体。脂肪族取代酰胺RCONHR′、$RCONR'_2$常为液体，其中最重要的是N,N-二甲基甲酰胺。分子量较小的酰胺能溶于水，随着分子量增大，溶解度逐渐减小。液体酰胺是有机物和无机物的优良溶剂。酰胺的沸点比相应的羧酸高。酰胺是一种很弱的碱，它可与强酸形成加合物，如$CH_3CONH_2\cdot HCl$，很不稳定，遇水即完全水解。酰胺也可形成金属盐，多数金属盐遇水即全部水解，但汞盐$(CH_3CONH)_2Hg$则相当稳定。酰胺在强酸强碱存在下长时间加热，可水解成羧酸和氨（或胺）。酰胺在脱水剂五氧化二磷存在下小心加热，即转变成腈。酰胺经催化氢化或与氢化铝锂反应，可还原成胺。酰胺还可与次卤酸盐发生反应，生成少一个碳原子的一级胺。

酰胺可以通过羧酸铵盐的部分失水，或从酰卤、酸酐、酯的氨解来制取；腈也可部分水解，停止在酰胺阶段。低分子液态酰胺是优良的非质子极性溶剂，也可用作增塑剂、润滑油添加剂和有机合成试剂。长链脂肪酸酰胺，如硬脂酸酰胺可作纤维织物的防水剂，芥酸酰胺是聚乙烯、聚丙烯挤塑时的润滑剂。N,N-二羟乙基长链脂肪酸酰胺是非离子型表面活性剂，也是氯乙烯-乙酸乙烯酯共聚物的增塑剂。N-磺烷基取代的长链脂肪酸酰胺是合成纤维的柔软剂。二元羧酸与二元胺缩合聚合形成的聚酰胺是具有优异性能的合成纤维。

酰卤 acyl halide 羧酸中的羟基被卤素取代的衍生物，分子式RCOX（R为氢或烃基；X为氟F、氯Cl、溴Br、碘I）。

$$R-\overset{O}{\overset{\|}{C}}-X$$

酰卤是非常活泼的化合物，不存在于自然界，只能通过化学合成制得。其中以酰氯最为重要。低级的酰氯为具有刺鼻气味的无色液体，高级酰氯为无色固体。甲酰氯在常态下不存在；甲酰氟在低温下可以存在，在室温下数小时后即自行分解。酰氯与酸酐近似，易发生水解、醇解和氨解反应，分别生成酸、酯和酰胺。在反应中，水、醇（或酚）、胺分子中的氢被酰基取代，所以这些反应又称酰化反应：

$$R-\overset{O}{\overset{\|}{C}}-Cl+H-A \longrightarrow R-\overset{O}{\overset{\|}{C}}-A+HCl$$

式中A为OH、OR′、NH_2、NHR′、NR_2'等（R′为烃基）。酰氯与格利雅试剂发生加成反应，先生成酮，酮再反应，生成三级醇。酰卤可被氢化铝锂还原成醇。酰氯可由羧酸与无机酸的酰氯如三氯化磷、五氯化磷、亚硫酰氯$SOCl_2$作用制得。草酰氯$(COCl)_2$是合成其他酰氯的有效试剂。亚硫酰氯和草酰氯适于制备沸点较高的酰氯。酰氯中以乙酰氯和苯甲酰氯最重要。酰氯是有机合成的重要酰化试剂，也可用于有机化合物中羟基或氨基的测定。

鲜卑 Xianbei 中国古代东胡系民族。居于鲜卑山（今大兴安岭），因此为族名。先秦时已活动于大兴安岭中部与北部，其名则始显于东汉初年。语言、习俗与乌桓同。秦、汉之际匈奴灭东胡，乌桓、鲜卑并受匈奴役属。汉武帝大败匈奴，徙乌桓于上谷、渔阳、右北平、辽西、辽东五郡塞外，鲜卑人随之南迁乌桓故地饶乐水（今西拉木伦河）流域，一部分（拓跋部）则南迁至大泽（呼伦贝尔草原）。东汉初，乌桓内迁，鲜卑又因之迁到五郡塞外。北匈奴西迁，鲜卑进至匈奴故地，并其余众，势力渐盛。汉桓帝时，首领檀石槐建庭于高柳北弹汗山（今山西阳高西北），组成诸部军政联合体，东、中、西3部各置大人率领。檀石槐任用汉人，制法律，由汉地输入铁器，促进了鲜卑社会的发展。其势力“东西万二千余里，南北七千余里”，尽有匈奴故地。檀石槐死后，诸部联合瓦解，有步度根、轲比能等首领，各拥所部，附属汉魏。魏晋时期，北方草原上活动的主要是鲜卑各部。晋南北朝时期，内迁鲜卑慕容氏曾建立前燕、后燕、西燕、南燕；乞伏氏曾建立西秦；秃发氏曾建立南凉；拓跋氏先建代国，后改魏，终于统一北部中国。北魏分裂为东、西魏后，鲜卑化汉人高氏与鲜卑化匈奴人宇文氏分别建立北齐、北周。另有出自慕容氏的吐谷浑迁到青海统治羌人，直到唐初才为吐蕃所灭。

内迁鲜卑建立政权后，部落大都解体，人民多转向定居农业生产，渐与汉族及其他各族融合。降至隋唐，鲜卑已不再作为政治实体和民族实体存在。

鲜于枢 Xianyu Shu（1257～1302） 中国元代书法家。字伯机。渔阳（今天津蓟县）人。先后寓居扬州、杭州，曾任浙东都省史掾等。擅长诗歌，通晓音律，长书法，精鉴赏。著有《困学斋诗集》、《困学斋杂录》。兼长楷、行、草书，尤以草书为最。其书多用中锋回腕，笔法婉转遒劲，气势雄伟跌宕，酒酣作字奇态横生。传世作品主要有楷书《老子道德经》上卷、行书《杜工部行次昭陵诗卷》、行草书《唐诗卷》等。

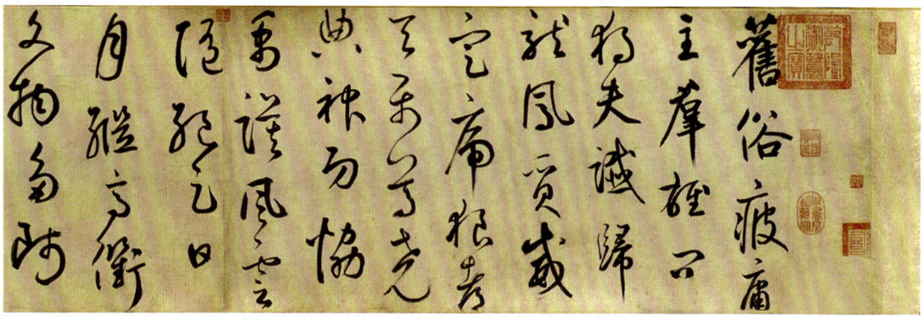

《杜工部行次昭陵诗卷》（局部，故宫博物院藏）

暹罗 Siam 泰国旧名。“暹罗”一名始见于13世纪末周达观所著《真腊风土记》，因当时泰国境内有罗斛国和暹国两个王国。1349年罗斛国兼并暹国后，称暹罗斛国，《明史·外国传》记载明洪武十年（1377）明朝赐其“暹罗国王之印”，遂以暹罗为正式国名，沿用至现代。1939年6月24日改称泰国，意为“自由人的土地”。1945年9月恢复旧称暹罗。1949年5月，再次改称泰国，一直沿用至今。

暹罗语 Siamese language 泰语的旧称。

《闲情偶寄》 *Sketches of Idle Pleasures* 中国清代李渔的戏曲理论著作。有多种版本，题名并不相同：康熙十年（1671）翼圣堂刻本题《笠翁秘书第一种》，雍正八年（1730）芥子园刻本《笠翁一家言全集》本题《笠翁偶集》。《中国古典戏曲论著集成》本题《闲情偶寄》，以翼圣堂本为主，用芥子园本加以校补。

《闲情偶寄》内容较为驳杂，八部之中涉及戏曲理论的只有《词曲部》、《演习部》、《声容部》，故后人裁篇别出，辑为《李笠翁曲话》。《词曲部》共分6章，他以《结构第一》、《词采第二》、《音律第三》、《宾白第四》、《科诨第五》、《格局第六》的排列次序，广泛地论述了戏曲创作各方面的问题。其中对戏曲结构、语言、题材等问题的论述尤为精辟。关于结构，他提出了“立主脑”、“减头绪”、“密针线”等一套完整的主张。关于语言，他要求首先要适合舞台演出，不能只是“纸上分明”，还要兼顾“口中顺逆”，悦耳动听。但是他并没有把“本色”与“文采”对立起来。

李渔强调戏曲取材的创新，认为“窠臼不脱，难语填词”。同时他又指出创新并不是追求怪诞，而是要根植于现实生活的土壤，从常事中求新，从人情中求奇。在《演习部》的《选剧第一》、《变调第二》、《授曲第三》、《教白第四》、《脱套第五》5章和《声容部》的若干章节中，李渔把剧本创作之外的有关排演、表演、戏曲音乐等演出艺术，称为“登场之道”，进行了开创性的探讨。总之，理论与舞台演出的结合，使《闲情偶寄》在中国古代戏剧理论史上有所突破，成为自成体系的一家之言。见李渔。

《贤者喜宴》 *Mkhas Pai Gaton* 中国藏族历史文学名著。作者巴卧·祖拉陈哇（1504～1566），是西藏佛教噶举派噶玛支系的第九世活佛。42岁时开始撰写此书，60岁时重新撰修，1564年成书。全书共5编17章。内容包括世间形成、古印度简史、佛教产生及发展简况、印度王统史、吐蕃王统史、各教派之兴起等。广征博引，史料丰富。本书的特点是常将不同的说法和意见加以引述和比较，而后始提出自己的看法，作出一些异于其他学者、甚至违背传统说法的新论断。全书散文与诗歌相间。文字朴素无华，不尚雕琢藻饰。由于叙述史实比较翔实，受到国内外有关学者的重视。

弦子 xianzi 中国藏族民间歌舞。藏语称“嘎谐”，意为圆圈舞。因以牛角胡或二胡在队前领舞伴奏，故俗称“弦子”。主要流布于四川巴塘、云南中甸、西藏昌都一带，以巴塘弦子最负盛名。相传因巴塘地处康藏要道，受汉民族舞蹈影响，17世纪时，当地锅庄加用胡琴伴奏，舞蹈、曲调随之变化，逐步演变而成。每逢喜庆佳节，集会野营、劳动之余，人们聚集在“林卡”（林中空地）或坝子表演。男女不拘，人数不限。首先由一人操牛角胡站在排头，拉起胡琴边奏边唱边舞，众人鱼贯而入，挥袖翩翩起舞。舞时成圆圈队形，顺时针方向行进。舞蹈柔美、舒展流畅。歌词内容多以蓝天、日月、雪山、雄狮等为喻，表达爱情，歌颂自然景物，歌颂家乡。伴奏乐器除胡琴外，还有串铃、笛子等。

咸海 Aral Sea; Aralskoye More 中亚地区内陆湖泊。在里海以东、哈萨克斯坦和乌兹别克斯坦之间。20世纪60年代初，湖面海拔53米，面积6.7万平方千米，平均深度16米，最深处近70米。因其盐度达10以上，故名咸海。到1987年，该湖水位急剧下降了12.7米，面积也缩小到4.1万平方千米，容积减至404立方千米。咸海已分为两个部分，即南部的“大海”和北部的“小海”，其含盐量均为50年代的3倍。至1992年，两部分的总面积又减至大约3.38万平方千米，平均海平面下降约15米。进入21世纪，咸海的面积更减至2.52万平方千米。居亚欧大陆中部干旱地区，四周被广大沙漠围绕，平均年降水量不足100毫米，湖面蒸发量在1 000毫米以上。过去有阿姆河和锡尔河两条河流补充，水量收支基本平衡。多年来在中亚地区发展了以种植棉花为主的灌溉农业，在阿姆河与锡尔河干支流上，兴建了一系列大中小型水库和灌渠，大量的河水被截取用于灌溉和城市工业生产、生活用水，使注入咸海的水量大大减少，水量收支失去平衡，咸海在日渐缩小。咸海干涸和周边生态环境的退化，是人类经济活动的直接后果。为解决咸海环境问题，中亚五国（哈萨克斯坦、乌兹别克斯坦、塔吉克斯坦、土库曼斯坦、吉尔吉斯斯坦）1993年联合组建了拯救咸海国际基金会，由联合国开发计划署和世界银行参与制定的“咸海流域规划”也于1994年开始实施。

咸宁市 Xianning City 中国湖北省辖地级市。位于省境东南部。辖咸安区和嘉鱼县、通城县、通山县、崇阳县，代管赤壁市。面积10 019平方千米。人口246万（2010）。秦为南郡地，汉为江夏郡地，三国吴属武昌郡，元属武昌路，明、清属武昌府。1914年属江汉道。1965年设咸宁专区，1970年改称咸宁地区。1998年设立地级咸宁市。矿产有钒、锰、锑、硫铁矿、磷、煤和大理石、石英岩、陶土、瓷土等。工业以轻工、纺织、建材、造纸、机电、采矿、冶金、医药、化工、电力等为骨干产业。农业以水稻、小麦、棉花、油菜、花生、蔬菜、苎麻、水果、茶树、桂花、楠竹种植和生猪、家禽、水产养殖等为主。市境内汀泗桥、贺胜桥均为北伐时著名战役之地。名胜古迹有咸宁温泉、九宫山、李自成墓、钟台山等，纪念地有北伐阵亡将士墓等。

咸兴 Hamhŭng 朝鲜中东部临海化学工业城市，咸镜南道首府。位于日本海咸兴湾北岸，城川江下游左岸，咸兴平原东部。人口约80万。城川江及其支流湖涟川流经市域。1967年划为直辖市，1970年又恢复为道首府。高丽时代以来成为农产品和沿海水产品的集散地。日本统治时期在长津江、赴战江上修建水电站，建立化肥和火柴工业。1948年后，重点发展化学工业。1960年将兴南市、退潮郡、咸州郡并入，组成咸兴－兴南化学工业区，成为东部最大的工业基地。氮肥、磷肥产量占全国总产量的3/4以上。有著名的二·八维尼龙厂，还有兴南化肥厂、宫本化工厂等。东部沿海地区的交通要冲。有国立历史博物馆、图书馆、科学院咸兴分院及化工、医科、师范和艺术等十几所高校。多名胜古迹。咸兴古城是高丽时代建筑的石城，遗迹尚存。旧城正门南华门城楼上的大钟梵钟，系李氏王朝玄武宗所铸。1979年5月在兴南化肥厂厂区建有周恩来的半身铜像和纪念碑。

咸阳市 Xianyang City 中国陕西省辖地级市。位于省境中部。辖秦都、杨陵、渭城3区和三原、泾阳、乾县、礼泉、永寿、彬县、长武、旬邑、淳化、武功10县，代管兴平市。面积10 246平方千米。人口489万（2010），有汉、回等33个民族。夏、商时为邰、崇、程、毕等国封地。秦孝公十二年（前350）在今市区东北部建立都城，因地处九峻山之南、渭水之北，山水俱阳，故名咸阳。秦统一中国后，在此定都。前秦置咸阳郡，隋并入京兆郡。1950年置咸阳专区，1952年析咸阳县城区设县级咸阳市，1953年撤咸阳专区，1961年复置，1968年改咸阳地区，1983年撤地区改设咸阳市。矿产有煤炭、石灰岩、铁矿石、大理石、油页岩及石油等。工业主要有纺织、电子、机械、化工、建材、煤炭、电力、造纸、印刷、服装、食品等。农业以种植小麦、玉米、棉花为主，兼产油菜子、辣椒、甜菜、烤烟、中药材、水果等。有西北农林科技大学、陕西中医学院、陕西科技大学、西藏民族学院等大专院校。咸阳历史上曾经是中国第一个封建国家秦王朝的国都及汉、唐等13个王朝的京畿之地。境内有27座帝王陵和400余座皇亲国戚王公大臣的陪葬墓，绵延百里，蔚为壮观，素以“秦都、汉陵”闻名于世，是陕西省主要旅游地之一。有古邰国、秦咸阳城、郑国渠等重要古代遗址。境北部属陕甘宁革命老区，已建成淳化、旬邑烈士陵园，以及爷台山、安吴堡青训班旧址等革命纪念地。

冼星海 Xian Xinghai (1905-06-13～1945-10-30) 中国作曲家。曾用名黄训、孔宇。祖籍广东番禺。生于澳门，卒于莫斯科。1921年入广州岭南大学附中，并参加大学乐队活动，演奏小提琴和单簧管，还担任过指挥。1926年到北京，入国立北平艺术专门学校学习小提琴。1928年到上海，入国立音乐院学习小提琴。1929年冬赴法国，在巴黎学习小提琴和作曲理论。1935年春考入巴黎国立高等音乐学院杜卡教授的高级作曲班。这期间创作了女高音独唱、单簧管与钢琴《风》和《d小调小提琴奏鸣曲》。1935年秋回国后，在上海、武汉等地投身于抗日救亡运动。创作有《救国军歌》、《夜半歌声》、《到敌人后方去》、《在太行山上》等歌曲。1938年到延安，任教于鲁迅艺术学院音乐系。创作有《黄河大合唱》、《生产大合唱》等。1940年被派往苏联工作学习。这期间创作完成有《民族解放交响曲》、《神圣之战交响曲》、《满江红》、《中国狂想曲》等多部管弦乐和一些声乐、器乐作品。冼星海的音乐作品富于艺术性、民族性和时代感，一些作品如《黄河大合唱》等，已经成为中国近现代音乐发展的里程碑。在苏联病逝后，毛泽东曾为他题写悼词：“为人民的音乐家冼星海同志致哀。”

显克维奇 Sienkiewicz, Henryk (1846-05-05～1916-11-15) 波兰作家。生于沃拉－奥克热斯卡，卒于瑞士沃韦。曾在华沙中央学校学医学、文学。后移居瑞士。1905年获诺贝尔文学奖。长篇小说《你往何处去》(1896)，通过古罗马青年将领和信奉基督教少女的忠诚、曲折的爱情故事，揭露了暴君尼禄的专制统治和基督教徒早期受迫害的惨景。历史小说《十字军骑士》(1900)，再现了14世纪末和15世纪初的波兰社会生活。其他主要作品还有中篇小说《徒劳无益》(1872)，历史小说三部曲《火与剑》、《洪流》、《伏沃迪约夫斯基先生》，儿童小说《在沙漠和丛林中》(1911)等。作品人物性格鲜明，情节引人入胜，语言优美流畅，有“波兰语言大师”之称。

显生宙 Phanerozoic Eon 从隐生宙结束到现在约5.43亿年的地史时期。显生宙，即可见生物的时期。该时期生物界具备了自养和异养、合成与分解的两个环节，形成了一个完整的生态系统。生物界种类繁多，演化和发展迅速，主要根据动物界演化的重要阶段和特征，可进一步分为古生代、中生代、新生代三个时期。显生宙仅仅代表地球形成以来的最后1/8时间。时间虽短，但重要性不言而喻。显生宙形成的地层称显生宇。

显微镜 microscope 将微小物体或物体的微细部分高倍放大，以便观察的仪器或设备。分光学显微镜和电子显微镜。经显微镜放大后的像，可直接从目镜观察，也可通过光屏观察，还能拍摄成照片。用显微镜观察的物体可以是透明的，也可以是不透明的。

15世纪中叶就有了单片透镜的单显微镜，用来观察昆虫。1610年左右，伽利略首创两级放大的显微镜。后来荷兰显微镜学家A.van列文虎克研制成放大率达200多倍、分辨率为1.4微米的显微镜。19世纪末的40～50年间，光学显微镜的物镜、目镜及基本结构已大体确定。1935年，在英国首先开始电子显微镜的商品生产。

光学显微镜结构包括光学系统和机械装置。光学系统主要由目镜、物镜、聚光器、光阑及光源构成。机械装置主要包括镜筒、镜柱、载物台、镜座、粗细调节螺旋等部分。优良的光学显微镜放大倍数可达2 000倍，可分辨相距1×10^{-5}厘米的两点。

近代科学的发展，对显微镜提出各种特殊要求，各种新型的显微镜也应运而生，如扫描电化学显微镜、原子力显微镜、场离子显微镜、扫描电子显微镜、扫描隧道显微镜、超声显微镜、原子力显微镜。20世纪50年代电子显微镜的出现大大推动了人类的科学研究。

显微摄影 photomicrography 通过显微镜的成像系统对微小物体进行放大的摄影技术。显微摄影为观察与记录微观世界提供了重要的技术手段。按照显微镜成像的原理可以分为两大类：①光学显微镜摄影。一般使用光学显微镜的物镜作摄影镜头，将照相机的机身安装到显微镜的镜筒或镜座上，记录显微镜所形成的光学影像。光学显微摄影根据显微镜的用途又可分为：用透射光对透明染色标本成像的生物显微摄影，用反射光对不透明标本成像的金相显微摄影，对不能染色的活体标本成像的干涉显微摄影，拍摄岩石或高分子结晶形态的偏光显微摄影及使用特殊光线成像的荧光、紫外线、红外线显微摄影等。光学显微摄影受光波波长的限制，摄影倍率只能达到数千倍。②电子显微镜摄影。记录由电子显微镜形成的电子影像所转化成的光学影像，由于电子显微镜依靠波长极短的电子束成像，放大倍率可以高达十几万倍（扫描电子显微镜）至一百万倍（透射电子显微镜）。

显像管 picture tube 将电信号转换为光图像的电子束管。分黑白和彩色显像管两大类。黑白显像管主要由电子枪、荧光屏、玻壳和偏转线圈组成。彩色显像管除有这些基本部件外，还增加荫罩板这一遮色机构，电子束只有通过荫罩板上的小孔才能打到彩色荧光屏上。显像管玻壳内保持真空，电子枪发射一个被调制的电子束，经聚焦、偏转后打到荧光屏上显示出发光的图像。黑白显像管只有1个电子枪，产生1个电子束。彩色显像管具有3个和1个电子枪两种类型，但都能够产生3个电子束，分别轰击彩色荧光屏上按规律排列的红、绿、蓝3种荧光粉，产生彩色图像。显像管要求有高的亮度和图像分辨率，彩色显像管还要求有好的彩色还原性。显像管主要用于电视机和计算机终端监视器等显示设备中。

险工 critical levee section 依附于大堤之上，防止堤防冲决的险要防洪工程。广义的险工是指在设计运用条件下可能发生危险的工程区段，习惯上称为险点或险段。

造成险工的原因主要有：①规划不当。在规划阶段，设计防洪标准偏低或对泥沙淤积估计不够，导致堤防或拦河坝的高度不够。②设计失误。工程竣工后发现有重大地质问题没有查清或结构计算有误等，致使设计工程不能达到设计标准。③施工质量差。④建筑材料使用不当。⑤运行期间管理不善。在工程运行期间，部分工程被破坏或部分工程的强度被削弱，造成工程达不到设计要求。⑥历史遗留问题和其他原因。⑦在某些特殊情况下，工程非险工区段也可能转化为险工区段。

修建水利工程的目的是为了除害兴利，险工区段不仅会影响兴利，而且一旦破坏还会造成巨大的灾害。因此，修建工程时必须精心规划、设计、施工，工程建成后必须精心管理，防止出现险工。

蚬科 Corbiculidae; little mussel 双壳纲帘蛤目一科。广泛分布于中国的江河、湖泊，也分布于俄罗斯、日本、朝鲜半岛和东南亚等国。壳厚而坚固，外形圆形或近三角形，小至中型，壳面光泽，具有同心圆的轮脉，黄褐色或棕褐色，壳内面白色或青紫色。铰合部有3枚主齿，左壳前后侧齿各一枚，右壳前后侧齿各两枚，侧齿上端呈锯齿状。足大，呈舌状。雌雄异体或同体。发育成熟的精子或卵子排入水中，在水中受精，

河蚬

受精后经过一段浮游幼虫阶段，随水流漂浮后沉入水底，发育变态成幼蚬，开始营底栖生活。亦有卵胎生的种类。栖息于咸淡水和淡水域内。可供食用，也是鱼类、水禽的天然饲料。又为中药药材。贝壳亦可作改良酸性土壤的肥料。为棘口类吸虫第二中间宿主。

蚬木 *Excentrodendron hsienmu*; hsienmu 椴树科蚬木属的一种。半常绿大乔木。木材横断面具高度偏心年轮，很似蚬壳环纹，故名。蚬木属约7种，中国有5种，产于广西西南部和云南南部。泰国、缅甸、越南也有分布。

树高可达30米以上，胸径可达3米。树皮灰色、平滑，具板状根。叶革质，椭圆卵形或阔卵形。花单性，雌雄异株。蒴果狭圆状，具五纵翅。阳性偏阴树种，幼年耐阴，以后逐步喜光。生长需温暖湿润气候，抗寒性弱，低于-4℃导致死亡。要求有明显的干旱季节，肥沃的钙质石灰岩立地，不适宜酸性土。耐旱性强，生长速度中等。

木材坚重，结构均匀，纹理美观，为用于船舶、水工、车辆、特种建筑、高级家具、机械垫木、木制车轴、手工刨床等的优质材。

苋菜 *Amaranthus*; amaranth 苋科苋属植物的统称。一年生草本植物。原产于中美洲和亚洲热带、亚热带地区，中国是苋菜原产地之一。苋属植物有50多个种。

栽培苋菜可按用途分为菜用苋和粒用苋两类。叶片多数呈倒卵形，尖端圆或尖。叶色多样，分为绿苋、红苋和彩色苋三个类型。叶面平滑或皱缩，或有毛。穗状花序，黄绿色。种子极小而多，黑色或白色。喜高温，耐热力强。适应性强，中国及世界各地都有分布。有的地区育苗移栽，以采收肥大茎为目的。

由于富含氨基酸和蛋白质，味道又鲜美，多作蔬菜鲜食。也可取肥大肉质茎腌食。

苋科 Amaranthaceae; amaranth family 双子叶植物纲石竹亚纲的一科。有65属850余种，主要分布于热带和温带地区。中国13属39种，南北各省均有分布。多为一年

鸡冠花

生或多年生草本，稀攀缘藤本或灌木。单叶，互生或对生，无托叶。花两性，稀单性，为腋生的聚伞花序或排成圆锥花序；苞片小，小苞片2，干膜质。花被片3～5，常干膜质；雄蕊常和花被片同数且对生；子房上位，1室，具基生胎座。果为胞果、小坚果或盖裂的胞果。胚环形。苋科药用植物有牛膝属、青葙属、杯苋属、莲子草属和苋属等。苋菜嫩茎叶可供食用。鸡冠花（见图）、千日红、锦绣苋可栽培供观赏。

县 county 中国行政区划单位。春秋早期已出现县，最早出现在楚国，其后晋、秦、齐、吴等国也相继建县。起初的县大多设在边地，这是往往在灭了邻国之后在其地置县的缘故。县往往设在经济比较发达的地区。

春秋时期关于县的史料，楚、晋两国比较多。楚县是直属于国君的统治地区，也常是国君到边境上处理军国重大问题的地方。县具有边防重镇的性质，县里的贵族和“国人”都被编制成军队，军队的长官也就是县的长官，称为“尹”或谓之“公”。其职由国君调配，贵族轮流担任，也有父子相袭的。所以国君的权力比较集中，但是县长官的兵力也相当强大，大县可达千乘。晋国的县与楚国大致相当。其县的长官称大夫，职位也有世袭的。晋县比楚县小，所以也没有发生像楚国那样县的长官杀掉国君的大事件。

春秋末年，晋国又在新攻占而且比较荒凉的地区设立郡，面积比县大得多，而其长官的地位却比县低。到战国时代，由于经济的发展，郡地逐步繁荣，遂在郡下分设若干县，或在若干县上设立郡，于是产生了县属于郡的地方行政制度。这种制度最初出现在三晋，如魏的上郡有十五县（《史记·秦本纪》），赵的代郡有三十六县（《战国策·秦策一》），韩的上党郡有十七县（《战国策·秦策一》）。后来秦、楚、燕等国也逐渐实行郡县二级制。只有东方的齐国始终没有置郡，但有相当于郡的五都制度。

春秋时期的县还保留了不少分封制的残余，如父子可以世袭外，又可以把县分赐给臣下作奉邑。也有的食邑县可以互相交换。另外当时县的大小差别很大，大至若楚灭陈、蔡那样的中等国家置一县。

战国时期各国普遍设县，大凡有城市的都邑已建为县，所以史书上往往“县”与“城”互称。此时县的长官完全取消了世袭制，出现了官僚制度，国君可以直接任免县的长官。同时还有上计制度，即对地方官进行年终考核。规定县官年终要面见国君，带上统计的簿册，包括土地开垦、种植面积、人口增长、税收情况等统计数字向国君汇报，根据政绩决定其升免或调任。另外还有“行县”制度，即国君本人或派员到县里去巡视的监察制度。战国时期县的组织，基本上与中央政府组织相似。商鞅在秦变法时，每县设有令、丞和尉。县令是一县之长，下设丞、尉，丞主管民政，尉主管军事。韩、魏等国在县令下设有御史，是秘书兼监察的性质。韩国还设有司寇，主管刑法。在县以下，有乡、里、聚或连、闾等基层组织。

秦统一六国以后，郡县制遂遍行全国，当时大约有近1 000个县。汉承秦制，郡县制发展得更加完善。据《汉书·地理志》载西汉末年制度，有1 587个县。东汉初省并400余，至《续汉书·郡国志》所载永和五年（140），为1 180个县。西汉县级政区分成四类，即县、侯国、邑、道。列侯所封食邑为侯国，皇太后、公主所封食邑称邑，境内有少数民族的县为道。侯国的长官称相，县、邑、道的长官均称令或长。据《汉书·百官公卿表》谓：“万户以上为令，秩千石至六百石。减万户为长，秩五百石至二百石。”东汉末年为州郡县三级制，县仍属郡。三国时魏、吴、蜀分立，魏有县700多，吴有县300多，蜀有县100多，共有县1 200个左右。但因南方经济开发快，人口增加多，故县的数量也比北方增加明显。西晋统一后，全国县的数量略有增加。

东晋南朝另有侨州郡县制度，即南方政府在其管辖地，对北方南迁的人民，用其原来籍贯的郡县名设立的郡县。本是作为恢复故土的临时措施，所以不给实土。后北归无望，便行“土断”，出现新的政区。如今安徽长江南岸的当涂县，东晋前在今安徽北部淮河南岸蚌埠市西，就是东晋后侨长江南岸保留至今的。

州郡县三级政区，到了南北朝时已混乱到极点，州郡泛滥到了“百室之邑，便立州名，三户之民，空张郡目”（《北齐书·文宣纪》）。实际上郡一级形同虚设。于是在隋开皇三年（583）罢天下郡，改变了县属郡的古制，出现了州领县的新制。大业三年（607）又改州为郡，从此州即郡，郡即州。《隋书·地理志》全国有1 255个县。据《通典·职官志》，“隋县有令，有长，炀帝以大兴、长安、河南、洛阳四县令，并增正五行品。诸县皆以所管閒剧及冲要之处，以为等级”。

唐武德元年（618）又改郡为州，恢复了州领县的制度。以后在天宝元年（742）至乾元元年（758）间，又曾一度改州为郡，行郡领县的制度。据《旧唐书·地理志》记载，唐开元二十八年（740）全国有县1 573个。以其地位轻重、辖境大小、经济发展水平及人口多少，分为赤（京）、畿、望、紧、上、中、下7等。其长官不再分令、长，而一律称令。

北宋大约有1 200个县，南宋时疆土缩小，只有700多个县。宋代把县分成十等，即增加了次赤、次畿和中下。宋代加强中央集权，县令之名虽存，事实上多以京朝官执行其职务，称“知某县事”，简称“知县”。辽代有一特别的行政制度，即名“头下军州”，这是贵族、功臣将战争中掠夺来的人口作为他们的私奴所建立的州县，也按其人口多少分成若干等级。由于辽对北边游牧部族不采用中原王朝传统的州县制，故县的数量较少，据《辽史·地理志》载仅有309个县。金代也不多，据《金史·地理志》，金后期有县683个。县置令，按户口多少分为赤、京、剧（次赤）、次剧、上、中、下7等。

元代出现了行省，行省以下有路、府、州、县4级行政单位，统属关系比较复杂，县或直接属路，或隶于府，或隶于州。据《元史·地理志》，元初有1 127个县。也依据户口的多少分为上、中、下三等。县的长官均称“尹”。而明代省以下只有府、州、县，县或直接属府，或隶于州。据《明史·地理志》载，明有县1 138个。但它是依据纳粮的多少来分上、中、下三等的。县的长官又改称为“知县”。

清代省以下行政单位基本沿袭明制。另外在内外蒙古、青海、新疆及东北等地建立有盟旗制度，旗相当于县。清代县的数量有较大增加，清末有1 353个。根据“冲、繁、疲、难”四者分县的要缺，“地当孔道曰冲，政务纷纭曰繁，赋多逋欠者曰疲，民刁俗悍、命盗案多曰难”。其长官仍称“知县”。

中华民国初有县1 791个（1913），1947年为2 016个。北洋政府时，改“知县”为“县知事”，县行政机关称为县知事公署。县知事由民政长呈内务总长提请国务总理荐大总统任命。县有依法执行县行政事务等职权。县知事公署依县的大小及事务繁简置二至四科。县以下北方各省都划分为城、镇、乡，南方各省划分为市、乡。南京国民政府时期，又改“县知事”为“县长”，县知事公署为县政府。县政府设县长一人，由民政厅提出二至三个人选，经省政府委员会议决定任用，任期三年，政绩优良者可连任。县以下划分为区、乡（镇）、闾等组织。

中华人民共和国初期有县2 075个（1949年，未含西藏），1988年底为1 765个（未含台湾），2007年底为1 463个（未含台湾）。县下分乡、镇，2007年底全国有13 928个乡、19 249个镇。

岘港 Da Nang 越南中部重要军港，1996年划为直辖市。旧名沱灢或土伦。位于翰江口的岘港湾南岸。面积942平方千米。人口约67万（2005）。背山面海，西靠长山山脉的五行山、福禅山。北有山茶半岛作屏障，海湾呈马蹄形，港阔水深，为天然良港。自古为贸易港。1787年割让给法国。1858年法国正式占领，并以此地为据点，不断向南部地区扩张。1965年美国在此扩大港口设备，建立空军基地。港湾内可作水上飞机的停泊地。现为海军基地，可停靠万吨级军舰。有纺织、制碱、橡胶、水泥、造纸等工业。郊区产稻米、玉米、橡胶、椰干、木炭，并以此为集散地。交通枢纽，铁路北通河内，南连胡志明市；1号公路通过。建有岘港国际机场。市内有博物馆和技术学校。市郊的石灰岩洞凿有佛像，西南部的美山有古代占婆塔群遗迹，为游览胜地。

现场勘查 crime scene investigation 侦查人员为了收集证据、判明案件性质和分析案情，依法对现场及其周围场所进行勘验，对事主及有关群众进行访问的专门活动。现场即案件或事件发生的地点或场所。现场勘查是侦查的起点和基础，包括实地勘验、现场访问和现场分析三个环节。

实地勘验 分为三个步骤：整体勘验、局部勘验和个体勘验。实地勘验又分为静态勘验和动态勘验。前者又称初步勘验，指勘验人员不加触动地观察现场与作案行为有关的物体或痕迹的位置、状态及相互关系，并进行固定、记录和研究。后者又称细致勘验，指勘验人员在静态勘验的基础上，对怀疑与案件有关的痕迹、物品等进行翻转移动的全面勘查检验。

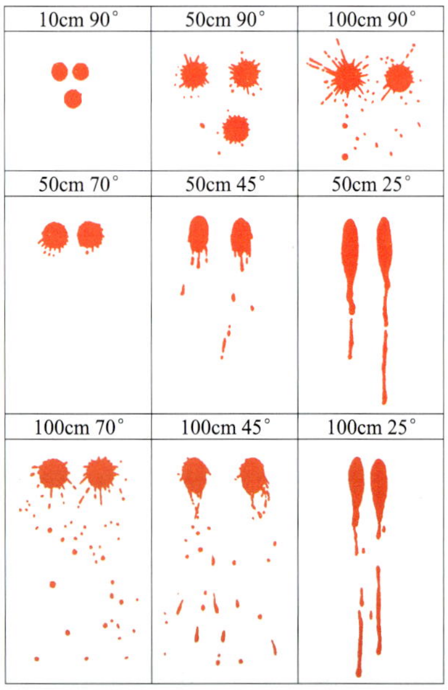

不同高度及斜度落下的血滴形状

现场访问 对事主、受害人、知情人及现场周围有关人员进行调查访问，以了解案件发生的时间、地点、经过、异常声响，查明作案人的人数、体貌特征、逃跑方向、路线等重要情况，为分析案情和采取紧急措施提供依据，为寻找和发现痕迹、物证提供线索。

现场分析 其内容包括：案件的性质，作案的时间、地点、工具、手段，作案人实施犯罪的过程，作案人数、个体特征和应具备的条件。

现场勘查记录 对实地勘验、现场访问和现场分析制作的记录。包括现场勘查笔录、现场绘图和现场照相。对于重大案件和特别重大案件的现场，还制作现场录像。现场勘查记录能为分析案情、采取侦查措施提供准确、生动、形象的依据，为诉讼提供证据。

现场总线 fieldbus 应用于生产现场的在各个测量和控制设备之间实行双向、串行、多点数字通信的技术。其功能是把工作于生产现场并具有数字通信能力的各种可变程控制器、开关、接触器、变送器、调节阀、按钮、工业控制计算机等使用双绞线、电缆或光纤连接成网络，以传输测量参数和控制参数的数值、状态、指令等信息，完成测量和控制的任务。

现场总线采用短帧传送的方式。按通信帧的长短，可分为传感器总线、设备总线和现场总线。通信帧的长度从几位（比特）到十几位的称为传感器总线，从几个到几十个8位字节的称为设备总线，现场总线通信帧的长度可达到几百个字节。现场总线技术包括通信协议与规范、通信和控制器的软硬件、各种控制功能块、网络与系统管理、应用系统设计等。

现场总线的主要特点：①结构的开放性。②节点之间具有互操作性。③能适应野外高温、严寒、电磁干扰、振动、粉尘、易燃易爆等特殊工作环境。④有些现场总线还能支持利用通信总线为设备提供工作电源。⑤用于有严格定时与时序要求的控制时，能满足通信实时性的要求。

《现代》 *The Modernism* 中国现代文学刊物。月刊。1932年5月创刊于上海，现代书局发行。前两卷由施蛰存编辑，第3卷起由施蛰存、杜衡合编。6卷1期出版后，改由汪馥泉接编。1935年5月出至6卷4期，因现代书局关闭而停刊。

在20世纪30年代激烈复杂的斗争中，《现代》曾经采取比较超脱的中间路线。许

《现代》创刊号

多不同倾向的作家都在这个刊物上发表过作品或论文。

它曾以显著地位发表过一批具有现代派特点或倾向的作品，促进了中国现代派的形成。刘呐鸥、穆时英的新感觉派小说以及施蛰存按精神分析学所写的心理小说也都在这个刊物上发表。在诗歌方面，《现代》不仅刊出戴望舒、李金发等人的现代派诗作，编者施蛰存自己还创作了一组《意象抒情诗》。《现代》上介绍的外国作家也以现代派居多。

《现代》有计划地发表过一批有关新文学社团与作家的重要史料。此外，它还刊发过许多论争文章，现代文学史上著名的“文艺自由问题论辩”，主要就是在《现代》杂志上进行的。在1932年一·二八抗战后上海出版界一度比较沉寂萧条的情况下，《现代》杂志发挥了重要的作用，在文学界产生过较大的影响。

《现代汉语词典》 *Contemporary Chinese Dictionary* 以记录汉语普通话语汇为主的中型词典。中国社会科学院语言研究所词典编辑室编，1978年商务印书馆初版。词典中所收条目，包括字、词、词组、熟语、成语等，约56 000条。2005年出版第5版，收词约65 000条。该词典注重推广普通话和促进汉语规范化。除一般语汇外，也收了一些常见的方言词语、旧时使用的词语和现代书面上还常见的文言词语。另外，还收了一些习见的专门术语。收词方面较广，选择较细。解释注意科学性、知识性和准确性，力求详明。必要时还注明所收词属口语，还是文语或是方言。一词多义的，尽量根据实际用例，区别其意义，有分析，有综合，并且兼顾到语法和词与词在搭配上出现的意义。

这部词典在单字条目下统领多字条目。单字条目和多字条目都有字形相同而字音或字义不同的现象，书中都分别处理，各立条目。体例精当，审辨明晰，是此书的特色。

“现代”级驱逐舰 Sovremenny class destroyer 苏联建造的对海型驱逐舰。俄罗斯称956型驱逐舰。主要用于为航空母舰编队护航。首制舰“现代”号1980年8月建成服役。编制舰员344名。满载排水量7 940吨，

俄罗斯“现代”级驱逐舰

最大排水量8 480吨。舰长156.5米，舰宽17.2米，吃水5.99米。装增压锅炉4台、蒸汽轮机2台。最大航速32.7节，经济速度18节。续航力为4 500海里，自给力30昼夜。可携载“卡-25”或“卡-27”反潜直升机1架。舰上可发射超声速舰舰导弹、舰空导弹、水雷、鱼雷。还装备有舰炮及火箭式深弹发射炮。主要电子设备有对空搜索、对海导航、导航、导弹制导、炮瞄、敌我识别等雷达，以及主动式舰壳声呐、电子对抗系统、卫星通信系统、作战指挥系统等。

现代企业制度 modern enterprise system 适应社会化大生产的需要，反映市场经济的要求，使企业真正成为法人实体和市场竞争主体的企业体制。在市场经济体制中，以公司制为主要的和典型的资本组织形式。是市场经济与公有制有效结合的一种形式。是中国国有企业改革的方向。

现代企业制度内含的公司都是法人实体，拥有法人财产权；出资者只以出资额对公司债务负有限责任；公司建立有决策权、执行权和监督权相互分立又相互制约的法人治理结构，实行科学管理。在中国，除一般特征外，现代企业制度还有一些具体特征：①产权清晰。中国企业制度的改革，就是要明确公司是产权主体，拥有法人财产权；把企业财产的单一国家所有变为包括国家在内的多元投资主体所有；明确国有产权投资主体和国有产权代表，使出资人代表进入公司内部。②权责明确。即用法律的形式界定包括国家在内的出资者与公司法人的关系，以及在公司内部经营者与生产者之间的关系。③政企分开。这是中国社会主义市场经济体制中现代企业制度所独有的特征。其实质是政企职责分开。其目的在于使公司真正成为法人实体和市场竞争的主体。④管理科学。即要求公司实行严格规范的科学管理，特别是应建立科学的公司法人治理结构。

《现代启示录》 *Apocalypse Now* 美国故事片。1979年美国佐伊特罗普制片公司出品。约翰·米留斯编剧，F.F.科波拉导演，马龙·白兰度、马丁·希思主演。越战中为理想而战的美军特种部队上校柯兹被荒谬的现实逼疯，抗命退向柬埔寨丛林并成

《现代启示录》剧照

为土著首领，杀人无数。上尉威拉德奉命将其除掉。他率领一艘巡逻艇溯河而上，沿途目睹战争造成的种种残酷悖谬的景象。找到柯兹后他发现后者言谈富有哲理，但行为怪诞。相处数日，威拉德悟出他理想破灭后内外求索不得其解，便以杀人宣泄幻灭，他需要有人帮他超脱痛苦。朦胧中威拉德砍杀了柯兹……本片编导以富有表现力的电影语言阐释了自己对侵越战争的看法，这部名为“启示录”的意念电影通过柯兹被逼疯的经历引导观众探讨越战如何使人异化、使人道德沦丧等哲理性问题。1979年获第32届戛纳电影节金棕榈奖、第52届奥斯卡金像奖最佳摄影等两项奖。

现代五项运动 modern pentathlon 由射击、击剑、游泳、马术、越野跑5个单项运动组成的一种综合性比赛项目。19世纪下半叶由瑞典兴起，后推广到其他国家。1912年现代五项运动被列入奥林匹克运动会比赛项目。1948年在伦敦成立。从1949年开始，每年都举办现代五项的世界锦标赛。1969年成立国际现代五项和冬季两项联盟。1998年国际现代五项和冬季两项分开，独立称国际现代五项联盟。2000年在第27届奥运会（悉尼）将女子个人项目列为正式比赛项目。

奥运会现代五项比赛设男子、女子个人项目。5个项目比赛在一天完成。世界锦标赛赛期通常为6天，分别设男、女预赛，男、女个人赛，团体赛和男、女接力赛。2005年在华沙举行的现代五项世界锦标赛上，中国运动员钱震华以5 756分的总成绩夺得男子个人冠军。这是在欧美强手占先的该项运动世界大赛中，实现了中国乃至亚洲运动员金牌零的突破。

现代舞 modern dance 20世纪初兴起于美国和德国的舞种。现代舞是在反对古典芭蕾封闭僵化之际产生的，它的出现体现了杜绝古典唯美，探求舞蹈本体，追求个性解放、弘扬原创的时代精神。现代舞的历史是一部舞蹈革命史。

美国现代舞 一般分为5个时期。

①自由舞时期（1898～1927）。代表人物是舞蹈家I.邓肯。她将舞蹈从古典芭蕾的清规戒律中彻底解放出来，她的舞蹈动作源于自我感觉，始终都表现生命的主题。

②早期现代舞时期（1915～1932）。美国现代舞的创建者，即第一代现代舞人是R.圣丹尼斯和T.肖恩夫妇。他们将视点聚集在东方，作品充满东方情调，给美国舞蹈带来了宗教和哲学思想，并以此奠定了现代舞的地位，丹尼斯-肖恩舞蹈学校和舞团也成为美国现代舞的摇篮。

③古典现代舞时期（20世纪20年代中后期至50年代末）。这一时期的现代舞从理论到实践均形成规模，出现以“收缩-放松”为动作原理的“格莱姆训练体系”和以“倒地-爬起”为动作原理的“韩芙丽-韦德曼训练体系”，涌现大批量风格迥异的现代舞作品，以及一批著名的舞蹈家。现代舞风靡全球。其中M.格莱姆一生留下180部作品，在西方文化史上与P.毕加索和I.F.斯特拉文斯基共同被称为“20世纪三大艺术巨匠”。

④后现代舞时期（60年代初至70年代末）。在这个时期格莱姆和韩芙丽-韦德曼两大训练体系业已进入完备状态，日益成为必须照搬的新教条。“古典现代舞”和

德国鲍希的现代舞代表作《春之祭》(1975)

"后现代舞"终于分野。纽约市的"贾德逊教堂舞蹈剧场"成为大批年轻舞蹈家从事创作的"实验田"，并引发"小剧场舞蹈"的兴起，为整个后现代舞提供了必要的发展空间。大多数舞蹈家创办有自己的舞团，他们的观念、方法、技术和作品具有个体化、小型化、多样化、国际化的整体特点。他们的创作理念与方法一直延续至今。

⑤后后现代舞时期（1980年代后期至今）。是美国现代舞历史上的最高阶段。此期的现代舞称作"后后现代舞"，又称"反后现代舞"。主要特征是舞者大多接受过高等教育，注意吸收与借鉴各大流派的舞蹈和肢体开发体系的精华，以及冥想、气功、太极、瑜伽等东方的哲学与技术。由于是站在世界大文化的高度从事舞蹈创作和表演，作品达到了雅俗共赏、老少皆宜的境界。

德国现代舞　现代舞在德国的鼻祖是拉班和M.魏格曼师生，他们深受邓肯的影响，其舞蹈最初被称作"新舞蹈"、"表现派舞蹈"、"中欧舞蹈"和"德国舞蹈"。这种新舞蹈一开始便向两个方向发展：一是与"陈腐"的古典芭蕾彻底划清界限，创造一种在思想观念、训练体系、创作方法和舞蹈形象上"全新"的舞蹈，代表人物有魏格曼及其传人H.霍尔姆等；一是仅在观念上追求与时代同步，而在创作上采取比较自由和包容的态度，甚至经常使用古典芭蕾的动作语汇，代表人物有拉班及其传人K.尤斯、S.里德。拉班创建了人体动律学，并发明了拉班舞谱。拉班舞谱至今仍是使用最广的记谱方法。

德国现代舞以"新舞蹈"的概念和方法于20世纪20～30年代相继流传到欧、美、亚、大洋洲四大洲的许多国家。成为早期现代舞在世界范围内的火种，尤以在英、美发展较快。

60年代以后，一贯注重哲学思辨的德国现代舞在与美国后现代舞和后后现代舞的碰撞与交融中，产生出"舞蹈剧场"这种综合性的剧场舞蹈形式。舞蹈家们有的以针砭时弊作为己任，表达对现实生存环境和社会中女性的地位等问题的看法；有的偏重以纯舞蹈变化，探索日常生活中各种实用器具和各类抽象线条可能对观众感官和想象产生的冲击。他们的共同主张是寻找用不同于古典芭蕾的表现方式，揭示生活中残酷的一面，歌唱美好的一面。

德国新舞蹈经过数十年的发展，吸收借鉴美国后现代舞和后后现代舞的成果，在同各国本土文化结合之后产生了"当代舞"、"身体剧场"和"舞踏"等崭新的现代舞品种，并逐步成为"主流"，为越来越多的观众所喜爱。

现代戏　modern Chinese opera　中国以1919年五四运动以来的现代历史和生活故事为题材的戏曲剧目。反映当代生活是中国戏曲的优良传统。如元代杂剧《窦娥冤》、《拜月亭》，明代传奇《鸣凤记》、《清忠谱》，清初传奇《桃花扇》等，都是描写当代时事的剧目。辛亥革命前后，王钟声等编演的宣传革命的新戏，梅兰芳、周信芳等编演的时装新戏，也都是当时的现代戏。1942年在延安举行文艺座谈会以后，编演了秦腔《血泪仇》、《穷人恨》，眉户剧《十二把镰刀》，秧歌剧《兄妹开荒》、《夫妻识字》等。1951年后，不少地方戏都坚持演出现代戏，同时，京剧、昆剧等历史较久的大剧种也作了不少有益的试验。新编历史剧、经过整理改编的传统戏和现代戏"三者并举"的戏曲剧目政策的提出，促使各剧种产生了一大批优秀的现代戏，如京剧《红灯记》、《黛诺》、《六号门》，昆剧《琼花》，评剧《小女婿》、《刘巧儿》，吕剧《李二嫂改嫁》，沪剧《罗汉钱》、《芦荡火种》，豫剧《朝阳沟》，湖南花鼓戏《三里湾》，眉户剧《梁秋燕》等。

秦腔《血泪仇》

现代新儒学　modern Neo-Confucianism　一个与现代中国自由主义和激进主义同时兴起的文化思潮。它是针对近代以来传统文化价值体系濒临解体的文化境域而发生的。

面对近代尤其是五四运动以来对以儒学为主的传统文化的否定，一批热爱中国文化、执著地认为儒家思想包含着有价值的内容的学者，试图通过发动一场儒学复兴运动使中华民族摆脱近代以来所遭遇的文化危机。他们以弘扬儒学为己任，以会通中西，实现儒学思想的现代转型为宗旨，以儒家内圣之学为主导，以服膺孔孟、程朱、陆王为特征，重新调整儒学内圣外王的义理结构，并以此为主体来吸收、接受和改造西方哲学和思想，以寻求当代中国的现实出路，表现出强烈的民族意识和历史使命感。他们的学术探索渗透着对中华民族现代化道路的思考和选择。这一学术思潮被称为现代新儒学，这一批学者被称为现代新儒家。

通常认为从五四到现在，现代新儒学的发展已经历了三代人的努力。梁漱溟、熊十力、冯友兰、张君劢、贺麟等属于第一代，继续着他们事业的第二代学者有唐君毅、牟宗三、徐复观等，仍致力于此的是以杜维明、刘述先为代表的第三代人。

现代新儒学在发挥儒学心性之学和道德形上学方面取得了丰硕的成果，但在制度建构方面，即从内圣心性之学怎样开出现代外王事业，也就是儒学如何与现代科学、民主、法治接轨的问题上，并没有取得他们所期望的成绩。它的影响主要停留在学术文化界，在现实社会中的影响并不大。

现代医学　modern medicine　源于西方医学体系、形成于文艺复兴之后的国际通用的主流医学体系。简称西医学。在中国，与简称为"中医"的中国传统医学各有所长、互为补充。

现代医学可分为临床医学、群体医学、基础医学。20世纪50年代以来学科相互交叉渗透，呈现重新组合的趋势。

临床医学　以求诊患者为对象，探讨疾病的诊断和治疗方法。古代以药物为治疗手段的部分演化为现代的大内科；以手法操作为治疗手段的部分，即现代大外科的前身。后者以专项技艺形式单独出现，有的出现极早，有的分工不细。但技术要求较高且风险大的技艺，如处理创伤、拨障（白内障）和取石（膀胱结石），则有赖于专业人员。这些技艺18～19世纪逐渐形成现今大外科的各分支。

内科是大内科中最大的科。按疾病侵犯的器官系统或病原体的类型，分为心血管、呼吸、肾、胃肠、肝胆、血液、肿瘤、营养、代谢、内分泌、感染性疾病、寄生虫病、免疫、风湿（结缔组织）病等科。儿科许多疾病和内科相同，但营养问题、感染性疾病、先天性疾病等较为突出，且新生儿同产妇密切相关。围产医学是儿科和妇产科的交叉，研究对象还包括未娩出胎儿。皮肤科处理的疾病包括具有明显皮肤表现的系统病，故与内科、儿科都有重叠。梅毒有复杂多变的皮肤表现，故传统上把性病（花柳病）与皮肤病合在一起，归入皮肤花柳科的范围。临床神经学到19世纪末才有较大发展，逐渐有医院成立专科。精神病科的情况最特殊。在古代，精神病患者曾被视为鬼怪附体而受虐待或被驱逐，后又被视为社会不安定分子而被拘禁，直到19世纪才逐渐被当作患者对待，故精神科形成较晚。神经科和精神科一度合在一起，后精神科独立出来。急症医学是高技术的产物，专门负责处理危重病情，如心肺功能衰竭等。

大外科中，专门化技艺成为分科基础。腹部手术属普通外科，但颅腔和胸腔手术则分属神经外科和胸外科（包括心肺外科）。其他历史悠久的技艺分别演化为产科、口腔科、矫形科、泌尿科、眼科等。妇科随着外科技术的进步独立成科。耳鼻喉科出现较晚，整形外科和血管外科出现更晚。

护理学对患者身心的护理是促进康复的必要保证。制药调剂是另一个重要的部门。还有许多辅助诊断和治疗的学科，如医学影像学、实验室医学、放射治疗学、核医学、麻醉学等。物理治疗科也在扩大，并倾向融合于范围更广的康复医学。

从20世纪初特别是中叶以来，学科又有新的分化和组合，它们常和原有学科并存。如医学按对象的年龄和性别进一步分化和组合。在年龄方面，出现了老年医学、青春期医学和毕生医学。在性别方面，出现了男性学，它包含原泌尿科中与男性生殖系统的有关部分。还有不少学科的内容发生了质的变化。例如风湿病学已不限于关节病，已扩大到一般结缔组织疾病，并包含免疫学内容。

群体医学　以一定社群为对象，研究人群的健康情况和疾病在人群中的分布，探讨致病原因及相应预防措施。即过去的公共卫生学。都市化污染造成严重的卫生问题，必须改善卫生条件，包括兴建卫生工程等。群体医学的社会实践性使之同卫生行政部门关系密切。

临床医学曾被称为治疗医学，而群体医学则被称为预防医学。现代预防工作包括三个层次：①初级预防。指预防疾病的发生。②二级预防。着重于疾病的早期发现和早期治疗。③三级预防。着眼于康复，减轻疾病的不良后果，预防后遗症。

流行学调查是群体医学的主要研究方法，调查结果是以某时段内人群总数为基数的统计指标，如发病率、患病率、病死率等。探索致病因素从而制订预防措施是流行学的主要目的，这称为分析流行学，以别于仅作一般了解的描述流行学。早期群体医学侧重于研究感染性疾病，后扩大到其他疾病。创伤、毒瘾、污染事件都纳入调查之列。

此外，研究特殊环境和特殊职业背景的学科，如工业医学、军事医学、航海医学、航空医学、航天医学等，包含临床医学和群体医学两方面内容。

基础医学　包含许多基础学科与医学结合的内容。如医学统计学、医学物理学、药物化学、医学心理学、医学社会学、健康经济学、医学人类学、法医学、生物医学工程、医学伦理学、医学情报学等。

基础医学中，生物学部分是核心，其中传统学科有生物化学、细胞学、组织学、解剖学、生理学、免疫学、遗传学和胚胎学等。20世纪50年代起，学科有新的分化和组合。分子生物学、细胞生物学和发育生物学等内容比传统学科广得多，例如分子生物学包括分子遗传学和分子免疫学的内容。以异常人体为对象的生物学科主要有病理形态学和病理生理学。药理学探讨药物对人体的作用机理。以上各科都是以个体为研究对象的。以群体为对象的生物学科主要是医学生态学。以病原体、媒介生物为对象的生物学科也是基础医学的重要组成部分，其中包括病毒学、细菌学、真菌学、寄生虫学和医学节肢动物学等。

随着人类知识的拓展、技术的进步，现代医学必将包含更多更先进的手段、更新的内容。

现代艺术周　Semana de Arte Moderna　巴西文学进入现代主义时期的重要标志。20世纪初期，在欧洲接受教育的巴西年轻知识分子接触到各种新思潮，从而对处于停滞状态的巴西文学艺术感到强烈不满，回国后便积极宣传欧洲文学艺术思想，力图革新巴西文学艺术。一些主张现代主义文学艺术的团体开始频繁接触，巴西文学艺术界出现大动荡和大辩论的局面。1922年2月13日、15日和17日，巴西各现代主义文学艺术流派的代表人物云集，在圣保罗大歌剧院举办了“现代艺术周”。其间J.P.da格拉塞·阿拉尼亚、梅诺蒂·德尔·皮克希亚分别作了题为“现代艺术的美学情感”和“文学与诗歌”等专题讲演，展出了现代派雕塑与绘画作品，朗诵了现代主义诗歌，在社会上引起强烈反响。“现代艺术周”为巴西文学走向现代起了决定性推动作用。在其影响下，巴西现代主义文学由此进入第一阶段。“现代艺术周”的主要组织者有格拉塞·阿拉尼亚、梅诺蒂·德尔·皮克希亚、奥斯瓦尔德·德·安德拉德、马里奥·德·安德拉德等。

现代主义　modernismus　19世纪末西方兴起的一种艺术潮流。出现于诗歌、小说、戏剧、音乐、绘画、建筑之中。一般认为它始于1890年前后，在第一次世界大战前后达到高峰，20世纪30年代开始衰落。现代主义深受虚无主义、存在主义、精神分析学等的影响，与传统的观念和创作方法相决裂。现代主义在文学上又称“现代派”，包括印象主义、象征主义、表现主义、超现实主义、未来主义、达达主义以及“荒诞派戏剧”、“意识流小说”、“黑色幽默”、“新小说派”等。内容上着力表现世界的破碎、混乱、冷漠与陌生，意义和价值的失落与虚无，人生的荒诞，人的异化和主体性的丧失等。在绘画方面，出现了立体主义、未来主义、印象主义、表现主义以及抽象派、野兽派等画派。在音乐中则出现了“十二音阶作曲法”和“无调性音乐”。它们不再把反映和再现外部世界的现实作为根本任务，而着重表现人的内心世界及其对现实的主观体验和感受；打破了传统作品中的时空结构，试图建立一种纯属主观的时间和空间；作品大多具有多义性和语言的模糊性，读者一般难以从中读出某种明确的意义和道德结论。

现代主义建筑　modernism in architecture　20世纪20年代开始在西方建筑界居主导地位的一种建筑风格。这种建筑的代表人物主张建筑师摆脱传统建筑形式的束缚，大胆创造适应于工业化社会的条件和要求的崭新的建筑，具有鲜明的理性主义和激进主义的色彩。又称现代派建筑。

1919年德国建筑师W.格罗皮乌斯担任包豪斯校长。在他的主持下，包豪斯在20年代成为欧洲最激进的艺术和建筑中心之一，推动了建筑革新运动。法国建筑师勒·柯布西耶于1923年出版《走向新建筑》一书，热烈鼓吹创造反映时代精神的新建筑。德国建筑师L.密斯·范·德·罗在20年代初发表了一系列文章，阐述新观点。影响较大的建筑作品有格罗皮乌斯的包豪斯校舍，勒·柯布西耶的萨伏伊别墅（见图）以及密斯·范·德·罗的巴塞罗那博览会德国馆等。在这三位建筑师的影响下，在20年代后期，欧洲一些年轻的建筑师如芬兰建筑师A.阿尔托也设计出一些优秀的新型建筑。1928年，来自12个国家的42名建筑师在瑞士集会，成立国际现代建筑协会，“现代主义建筑”一名也四处传播。

现代主义建筑强调建筑要随时代而发展，现代建筑应同工业化社会相适应；强调建筑师要研究和解决建筑的实用功能和经济问题；主张积极采用新材料、新结构，在建筑设计中发挥新材料、新结构的特性；主张坚决摆脱过时的建筑样式的束缚，放手创造新的建筑风格；主张创造建筑新风格，提倡新的建筑美学原则。对这些建筑观点，有人称为“功能主义”，有人称为“理

萨伏伊别墅（1928～1931）

性主义”，现在更多的人则称为“现代主义”。在20世纪20～30年代，持有现代主义建筑思想的建筑师设计出来的建筑作品，有一些相近的形式特征，如平屋顶，不对称的布局，光洁的白墙面，简单的檐部处理，大小不一的玻璃窗，很少用或完全不用装饰线脚等。这样的建筑形象一时间在许多国家出现，于是有人给它起了一个名称“国际式”建筑。

在20世纪30年代现代主义建筑思想从西欧向世界其他地区迅速传播，在实用为主的建筑类型如工业厂房、中小学校校舍、医院建筑、图书馆建筑以及大量建造的住宅建筑中得到推行。到了50年代，在纪念性和国家性的建筑中也得到实现，如联合国总部大厦和巴西议会大厦。现代主义思潮从20世纪中叶起，在世界建筑潮流中占据主导地位。

现代主义美术 modernism art　20世纪以来具有前卫特色、与传统文艺分道扬镳的各种美术流派和思潮。又称现代派。

发展状况　现代主义的源流可以追溯到法国的印象主义。19世纪80年代，法国的新印象主义、后印象主义和象征主义画家们提出的“艺术语言自身的独立价值”、“绘画不作自然的仆从”、“绘画摆脱对文学、历史的依赖”、“为艺术而艺术”等观念，是现代主义美术体系的理论基础，所以，法国后印象主义画家P.塞尚因在作品中追求绘画语言的几何结构和形体美感，被人们称作“现代绘画之父”。

较为明显的现代主义绘画风格首先是1905年在法国野兽主义画家们的作品中出现的，以H.马蒂斯为代表（图1）。1908年，另一群年轻画家以P.毕加索、G.布拉克为代表，在法国推出立体主义绘画。立体主义的原则最初出现在毕加索的油画《亚威农少女》中。这幅画被认为是传统艺术与现代艺术的分水岭。立体主义用块面的结构关系来分析物体，表现体面的重叠、交错的美感，是立体主义追求的目标。野兽主义和立体主义都从非洲雕塑中吸收了养料，它们的艺术语言与传统法则相去甚远，标志着现代主义已进入自我确立的阶段。与此同时，在德国1905年组织的桥社、1909年成立的青骑士社等表现主义社团崛起。他们的美学目标和艺术追求与法国的野兽主义相似，只是带有浓厚的北欧色彩与德意志民族传统的特色。如果说表现主义受工业科技的影响，表现物体静态的美，那么在意大利兴起的未来主义美术则是在现代工业科技的刺激下，用分解物体的方法来表现运动的场面和动的感觉。他们还热衷于用线和色彩描绘一系列重叠的形和连续的层次交错与组合，并且试图用线来描绘光和声音。

上述思潮和运动，特别是未来主义，在雕塑领域内均有所反映，如未来主义画家和雕塑家U.博乔尼的代表作《在空间连续的形》(1913)。

相应的现代主义美术思潮在20世纪初的俄国也相当活跃。俄国的构成主义对现代艺术探讨如何表现工业美方面有独特的贡献。

抽象主义的美术作品最早于1910年前后产生。首先从事抽象主义艺术创造的是俄国画家W.康定斯基。他用点、线、面的组合、构成，参照音乐的表现语言，用绘画来传达观念和情绪（图2）。他的著作《论艺术中的精神》(1912)、《点、线、面》(1923)等奠定了抽象主义的理论基础。作为实践家，他主要从事抒情抽象绘画的创造，但同时也在几何抽象方面有所探索。俄国画家K.马列维奇于1913年左右创建的至上主义，属于几何抽象的范畴。至上主义在平面构成上的努力，在探讨艺术的虚、空、无方面的尝试，应该说是有意义的。真正奠定几何抽象主义理论基础和在艺术实践上有突出贡献的是荷兰画家P.蒙德里安创建的风格派（又称新造型主义）。在整个20世纪，抽象主义基本上遵循着抒情的抽象和几何的抽象两个方面发展，只是在各个阶段有所变化而已。

第一次世界大战期间在瑞士苏黎世出现的达达主义社团，影响波及欧美各国。在法国、德国都有达达美术社团。达达主义反对战争，反对权威和反对传统，同时也反对艺术、反对一切，作为社团它必然要走到自我否定的境地。达达的虚无主义和反传统的精神，贯穿在整个西方现代文艺的进程之中。在平面的绘画中采用拼贴手法，把偶然性、机遇性运用在美术创作中，是达达对现代美术的贡献。

图1　马蒂斯作《奢侈、宁静和享乐》(1904，奥塞美术馆藏)

超现实主义的社团是从达达内部分化出来的。它用建设性的态度对待艺术创作，以取代达达主义的破坏和挑战。它直接从S.弗洛伊德的潜意识学说中汲取

图2　康定斯基作《第十三号即兴曲》(1910)

思想养料，并以弗洛伊德的理论作为这一艺术运动的指导思想。超现实主义的美术家们从儿童、精神病患者、梦境中汲取灵感，致力于探讨人类经验的先验层面，试图突破现实观念，把现实观念与本能、潜意识和梦的经验相糅合，以达到一种绝对的和超现实的境界。超现实主义者常常采用出其不意的偶然结合、无意识的发现、现成物的拼集等手法。写实与抽象的语言在他们的作品中兼而有之。

第二次世界大战以后曾在美国产生的抽象表现主义（又称行动绘画或纽约画派），是集表现主义、抽象主义和超现实主义大成的流派，也是重视个性、重视风格的现代派绘画顶峰。它强调创作者行动的自由性、自动性和无目的性，把创作行为本身提高到重要的位置，已经孕育着以创作者的行动作为艺术传播媒介的因素。

继此之后产生的硬边抽象、后绘画性的抽象是几何抽象主义在新形势下的变化和发展，也说明艺术从强调主观感情到侧重于客观表现的转变。这种转变在与抽象表现主义完全相悖的波普艺术中表现得更为明显。波普艺术的兴起，说明西方的现代主义向后现代主义转变。当然，对于后现代主义这一概念，西方美术史论家们的论说很不一致。首先在建筑中使用的后现代主义是一个相对的、模糊的、充满着争论的概念。

严格地说，后现代主义是不能与现代主义截然分开的。

后现代主义加以弘扬的许多方法与原则，在现代主义的美术中已经尝试过、试验过，只是在后工业社会里把个别的方法和原则加以极端地发展和夸张。后现代主义在某些方面也确实是现代主义的反拨。然而，现代主义的审美原则仍然强烈地影响着当代西方的美术家们。新表现主义、新超现实主义、新抽象等流派在20世纪80年代的兴起，多少说明了这个问题。在现代主义与后现代主义美术思潮的变化中，似乎可以看到，艺术中的主观与客观、理性与感性、人性与共性、风格特征的加强与消失、人性与机械性、阳春白雪与下里巴人、艺术的审美与反审美，

永远是使艺术家困惑并驱使他们去不断探索的课题。在艺术发展的历史过程中，常常会产生此长彼消或此消彼长的状况，尤其在工业化社会和后工业化社会，这种状况更是常见。观念艺术及其他后现代派思潮之所以那么惊世骇俗，就是因为它们不仅和传统艺术背道而驰，而且在向现代主义挑战。但是，历史本身似乎在昭示着这样一个事实，艺术发展存在着不以人的意志为转移的客观规律。艺术的本身进程犹如社会本身的进程一样，本身具有一种自我调节的力量，它要在上述列举的种种两极之间寻求平衡。当然，平衡是短暂的、临时的，不平衡则是绝对的、永久的。唯其不平衡和充满着矛盾，艺术才不断向前发展。即使在发展过程中充满着矛盾和曲折，整个趋势则是向前的。从这个意义上说，现代主义艺术应该被认为是对现实主义的一个有力补充。或者说，现代主义是一个新的艺术表现体系，它有别于现实主义，更与现代工业社会的时代节奏相吻合。至少它已经获得了与现实主义共存的力量。

特征 既然现代主义美术是西方进入垄断主义时代以后产生的，是伴随第二次工业革命的产物，不可避免地反映了这个时代政治、经济和精神文化生活的重要变革，反映了这个时代人们极其复杂、丰富的思想感情和极为深刻的哲学思考。现代主义的美术在对待社会、人、自然与自我的关系上失去了平衡，关系是扭曲的。现代主义美术家似乎是超脱社会、超脱自然的人，他们不直接描写社会和人生（少数艺术家例外），但他们的作品影射着社会和人生，采用的语言是荒诞的、寓意的或抽象的。在他们的作品中，可以感觉到这些艺术家表现了现代人们（包括艺术家们自己）的精神创伤和变态心理，感觉到他们对现实生活的消极、悲观和失望的情绪，感觉到他们思想上强烈的虚无主义。这些特征使它们具有不可忽视的社会历史的和审美的价值。因为它们正是西方现代社会和现代精神生活重要方面的写照。

对现代主义美术发展起了重要作用的是现代工业和科学技术。现代主义的美术家们对待工业社会人性的贬值、机械的升值表示不满。但这丝毫并不意味着现代主义美术的主流与工业社会的进程相反。事实上，工业、科技文明剧烈地改变着现代社会的面貌，从精神上有力地推动了现代艺术的迅速变化。

现代主义艺术最早从I.康德的先验唯心主义武库中汲取了养料，同时又受到现代哲学思潮，特别是F.尼采、S.弗洛伊德、H.柏格森、C.G.荣格、J.-P.萨特等人的哲学、心理学的强烈作用。尼采的学说，不仅对德国的表现主义运动起过推动作用，也对整个现代主义的文艺运动产生很大影响。尤其是他否定权威，主张发挥以人的意志、本能为基础的创造力，蔑视中产阶级的文明和虚伪道德，对无意识和本能的推崇，对世界前途的悲观主义，在现代主义的各个流派的理论和实践中，都有所反映。弗洛伊德的潜意识学说、他的“无意识才是精神的真正实际”，是超现实主义运动的理论支柱，正是在弗洛伊德理论的引导下，超现实主义以及其他流派的美术家们用多种手法挖掘人们精神世界的深层，其后果是一方面开拓新的艺术表现领域，另一方面使艺术语言趋向荒诞和怪异。自然不少作品创造了荒诞、怪异的新境界。

现代主义美术比起以写实和模仿为基础的传统美术来，具有象征性、表现性和抽象性的特点。现代主义流派多标榜自己是反传统的，实际上它不可能完全抛弃传统。

它竭力否定和排斥的是19世纪中期以来的含有学院派特征的写实主义传统。在对待历史遗产方面，它们更重视对原始社会艺术、埃及和美索不达米亚的美术、希腊古风时期美术、欧洲中世纪美术的研究。自印象主义之后，西方美术家开始把目光转移到中国、日本和印度的绘画、工艺品的表现语言上，探索写意的表现手法。野兽主义、立体主义的美术家们直接受益于非洲雕塑。同时，中东的伊斯兰教美术和大洋洲的艺术遗产，也是现代主义艺术家们研究的对象。

现汇贸易 spot exchange trade 以能够自由兑换的货币为清偿工具所实现的贸易。又称自由结算贸易。其特点是通过银行逐笔支付货款以结清债权债务。在国际贸易中，能够作为现汇贸易清偿工具的货币主要是西方发达国家的货币，如美元、欧元、英镑、日元等。现汇贸易是国际贸易中最普遍的贸易形式，其结算方式以信用证为主，此外还有托收和汇付等。

现金流量表 cash flow statement 以现金为基础编制的、反映企业在一定期间现金和现金等价物流入和流出的财务状况变动表。现金流量表中的现金，是指企业的库存现金、可以随时用于支付的存款；现金等价物，是指企业持有的期限短（一般指从购买日起，三个月到期）、流动性强、易于转换为已知金额现金、价值变动风险很小的投资。

现金流量表分主表和补充资料两部分。主表部分从编制需要出发，按照影响现金流量的因素不同，把现金流量表分成三大主要部分，以充分揭示企业经营活动、投资活动和筹资活动所提供现金流入、现金流出和现金净流量的状况。补充资料部分主要披露不涉及现金收支的投资和筹资活动，按间接法反映的经营活动产生的现金流量、现金流量净增加额等信息。

现实主义 realism 存在于各民族文学艺术中的基本的文艺创作方法和19世纪30年代以后在欧美国家文学艺术创作中占主导地位的美学主张或流派。

对现实主义的理论探讨，可以追溯到古希腊的“模仿”说。文艺复兴时期的人文主义者坚持并发展了“艺术模仿自然”的观点。18世纪末J.C.F.von席勒首次在文学领域使用“现实主义”一词。法国作家尚弗勒里和杜朗蒂等人创办了一个名为《现实主义》的刊物（1856～1857），发表法国画家G.库尔贝的宣言，主张作家应“不美化现实”，如实描写普通人的日常生活。现实主义由此取代浪漫主义在19世纪30年代登上历史舞台。

现实主义文艺的基本特征是：①如实反映现实，社会理想和道德立场通过对历史和生活的真实描绘而自然流露。②注重在深入细致观察、体验现实生活的基础上，对客观事物加以典型化，强调在人物和环境的联系中塑造典型性格。③扩大了文艺题材的范围，要求全面反映客观现实，特别注重描绘社会的黑暗现象，具有强烈的批判性和揭露性。④扩大了小说这一文学体裁的容量，使它成为综合反映整个时代各阶层生活和错综复杂的历史事件的载体。⑤在艺术技巧方面，不但善于通过环境和生活细节的描写来烘托、突出人物的性格特征，而且注重深入细致地揭示人物内心的矛盾变化。

法国现实主义文学的奠基人是斯丹达尔和H.de巴尔扎克。前者的代表作《红与黑》是法国现实主义文学的第一部成熟作品；后者的《人间喜剧》真实地描绘了法国社会各阶层的生活，塑造了资本主义社会形形色色的典型形象，把现实主义文学推向高峰。继他们之后，又涌现了G.福楼拜、G.de莫泊桑、罗曼·罗兰等杰出的现实主义小说家。英国现实主义文学中，C.狄更斯、W.M.萨克雷主要反映工业资产阶级兴起后的社会生活，描写日益尖锐的劳资矛盾，揭露人与人之间的冷漠关系以及资产阶级的伪善。T.哈代、萧伯纳、J.高尔斯华绥则运用社会心理小说和社会讽刺喜剧等形式，对资本主义社会的政治、道德、宗教和文化作了揭露与批判。德国现实主义文学的代表H.海涅把批判的锋芒指向君主专制和诸侯割据。亨利希·曼和托马斯·曼等作家的小说则反映了德国从自由资本主义走向垄断资本主义的历史过程，辛辣地讽刺了大资产阶级及其帮凶的贪婪无耻。北欧H.易卜生的一系列“社会问题剧”尖锐地揭露资本主义虚伪的自由民主以及资产阶级的利己主义、市侩主义，达到了思想深度和戏剧性的有机统一。俄国现实主义文学的批判锋芒主要针对封建农奴制及其残余。A.S.普希金完成了俄罗斯文学由浪漫主义向现实主义的过渡，而以N.V.果戈理为代表的“自然派”的崛起，使农民、城市贫民、小公务员等“小人物”成为文学描写的对象。L.N.托尔斯泰后期的创作、A.P.契诃夫和V.G.柯罗连科的作品，表现了俄国民主力量变革现实的愿望和对“新生活”的追求。

现象学 phenomenology 20世纪西方的一种哲学思潮。它具有狭义和广义两种解释。狭义现象学指20世纪西方哲学中的一个重要学派，创始人为德国哲学家E.胡塞尔，其学说主要由胡塞尔本人及其早期追随者的哲学理论所构成。广义现象学还包括直接和间接受胡塞尔哲学影响而产生的种种哲学理论及20世纪西方各人文学科运用了现象学原则和方法的体系。

胡塞尔赋予“现象”的特殊含义，是指意识界种种经验类的“本质”，而且这种本质现象是前逻辑的和前因果性的，它是现象学还原法的结果。现象学不是一套内容固定的学说，而是一种通过“直接的认识”描述现象的研究方法。现象学所说的现象既不是客观事物的表象，亦非客观存在的经验事实或马赫主义的“感觉材料”，而是一种不同于任何心理经验的“纯粹意识内的存有”。

现象学思潮从20世纪初以来，按时序可分为三个阶段，即：胡塞尔现象学时期(20世纪初至30年代中)、存在论现象学时期（20年代末至50年代末）和综合研究时期（40年代以后）。三个时期互有交叉，各时期均包括一些主要代表人物。

胡塞尔现象学时期 胡塞尔现象学是在德国哲学家、心理学家F.布伦塔诺意向性心理哲学的影响下创立的。在胡塞尔的倡导下所形成的早期现象学运动，旨在使哲学关注的重点从当时新康德主义的“批判唯心主义”的主体概念转向意识经验中的实在对象。早期现象学运动兴起不久便由于胡塞尔转向先验现象学而趋分化，最终由于M.海德格尔学说的提出以及舍勒去世（1928）和纳粹上台而宣告结束。

存在论现象学时期 胡塞尔的弟子海德格尔在20年代末改变了现象学研究的方向，开创了侧重探讨存在问题的新思潮。这一时期一直持续到50年代末，研究基地也从德国移向法国，并逐渐扩展到其他地区。海德格尔认为，只有通过对此在结构的研究，才能了解意识和先验自我的可能性及其条件，从而揭示隐蔽的“存在”。

20世纪中期，在胡塞尔哲学和海德格尔的早期哲学影响下，形成了法国现象学运动。这一运动的主要创始人是J.-P.萨特和M.梅洛－庞蒂。萨特的现象学还原不是对意识的反思，而是使意识虚无化，以达到纯粹的意识。萨特的现象学由于扩大了意识与意向关系概念，并使主体不只限于理智活动，而是指进行着各种心理体验（包括想象与情绪）的具体生存的人，从而使现象学研究的对象扩大到人类生存的外在方面，即历史、文化、政治等方面，并由此开创了相对独立于现象学思潮的法国存在主义运动。

梅洛－庞蒂是法国现象学最主要的代表之一。他认为“我思”必然把我显示于历史情境中，现象学还原的结果是先验性的“知觉世界”。梅洛－庞蒂是现象学意义论的重要研究者，认为知觉世界是一切意义的源泉，但意义始终是含混性的，其结果是意义与无意义混杂难分，现象学还原也就永无完成之日。

综合研究时期的现象学 第二次世界大战以后，比利时、联邦德国、美国、法国分别建立了胡塞尔研究中心，对胡塞尔的思想重新深入研究，出现了不少精通胡塞尔哲学的现象学者。这一时期的现象学者尽管在研究的原则对象和方法论上具有更大的综合性，但其学术地位一般而言尚不及前两个时期的主要现象学者。然而，它作为一个整体的现象学思潮，在当代西方人文科学领域的影响却比以前大得多。它的突出特点是：①研究活动扩展到东西欧、南北美以及亚非各洲，研究人数与学术活动均较前增加。②与其他哲学流派如分析哲学、实用主义、结构主义、精神分析学、解释学、西方马克思主义等的比较研究进一步增强。③作为方法论的现象学，较为广泛地应用于历史学、社会学、语言学、宗教学、精神病理学、文学理论等人文学科的研究中。

现象学社会学 phenomenological sociology 20世纪60年代后在美国兴起的一种反自然主义的社会学理论。代表人物是奥地利哲学家、社会学家A.舒茨和美国社会学家H.加芬克尔等人。

舒茨批判地接受了E.胡塞尔的意向性理论，尝试着把生活世界、主体间性等概念引入社会科学，并把它与M.韦伯的“理解”概念相结合，主张社会学回到生活世界的基本事实上，开辟了当代社会学理论的一个新方向。现象学社会学在理论上提出的基本问题，是怎样使按照自然科学方式建立起来的“社会学”在整体上不致成为一桩错误的事业，以及怎样选择一种研究社会现象的方式，使之更富成效。它力求选择一种使自己植根于社会现象独特性的基础，强调这一独特性要求使用有别于自然科学的方法。在方法上，现象学社会学对按自然科学理想建立的传统社会学持批判态度，认为这种社会学历来忽视人们日常生活赖以建立的基质构造，轻信自然观点把社会现象视为自然事实而加以研究，其根本弊病在于它混淆了自然科学对象和社会科学对象之间的本质差异。舒茨提出“自然态度的悬置”方法，把对这个世界的怀疑“悬置”起来存而不论，以便社会科学研究者更接近于生活世界本初的、最高的实在，从而理解这个由多重实在组成的日常世界的意义结构。

现象学社会学在本质上有一个致命的缺陷，即在社会认识中片面夸大意识、意义主观因素的作用，必然导致主观唯心主义的唯我论。20世纪70年代以后，现象学社会学逐渐失去了原来的现象学本质和特征，开始走上与其他各门社会科学相互融合的发展道路。

限制行为能力人 person limited in disposing capacity 只有部分法律行为能力的人。

一般国家对达到一定年龄而未达成年年龄的未成年人，为了日常生活的便利，规定他们在一定范围内具有有限制的行为能力。例如：按未成年人的年龄和身份，对日常生活中所必需的行为，纯获法律上利益而不承担义务的行为，以及法定代理人允许处分的财产，限制行为能力人都可以独立地自行处理。其他民事活动，则应由他们的法定代理人代理，或者事前取得法定代理人的同意，或者事后得到追认（包括本人在限制消灭后的承认）才发生效力。法国则采用自治产制。经1974年修改后的《法国民法典》规定，未成年人因结婚而成为自治产人。年满16岁虽未结婚，得由他们的父母向治安法官宣告他们为自治产人。没有父母的，得由亲属会议会同治安法官宣告。自治产人有处理民事生活一切行为的能力，但不得自行经商，如结婚或被收养时，仍应遵守有关未成年人的规定。一些国家还把生理有缺陷的人，如精神衰弱的人、聋哑人、挥霍无度以致将陷入贫困或影响履行家庭义务的浪费人，经法院宣告限制他们的行为能力，称准禁治产人，并对他们设置保佐人，辅助他们的法律行为。保佐人的设置，一般适用监护人的有关规定，他与监护人的区别在于，保佐人一般仅辅助管理被保佐人的财产，而不及于他们的人身。

《中华人民共和国民法通则》规定，年满10周岁以上的未成年人和不能完全辨认自己行为的精神病人为限制民事行为能力人，可以进行与他的年龄、智力以及健康状况相适应的民事活动。其他民事活动由他的法定代理人代理，或者征得他的法定代理人的同意。精神病人为限制民事行为能力人的应经法院宣告。精神病人的利害关系人可以向人民法院申请宣告精神病人为限制民事行为能力人。被人民法院宣告为限制民事行为能力人的，根据他健康恢复的状况，经本人或者利害关系人申请，人民法院可以宣告他为完全民事行为能力人。见自然人、民事行为能力。

线虫动物门 Nematoda 动物界的一门。具假体腔的后生动物。分为无尾感器纲和尾感器纲2纲，共约1.5万种。遍布全球。由于具有假体腔，在进化上高于扁形动物门；但因缺循环系统，体不分节，又低于环节动物门。

虫体绝大多数长圆筒形，两端尖细，无纤毛，不分节，两侧对称。头部有口、唇片和乳突。雌虫尾部大都尖直，雄虫尾部弯曲或有交合伞。肛门位于体的后端腹面。虫体大小不一。大多数线虫雌雄异体，两性生殖，卵生；但也有些线虫是卵胎生。由卵发育到成虫一般要经4次蜕皮。生活史有两种类型：土源性线虫（如蛔虫、鞭虫）和生物源性线虫（如丝虫、颚口线虫）。

营寄生生活或自由生活，或二者兼营。营寄生生活的动物寄生线虫对人畜的健康危害极大；植物寄生线虫穿刺植物根部细胞组织，影响作物收成。动物寄生线虫中的索科线虫可用于生物防治。

线粒体 mitochondrion 真核细胞的一种半自主的细胞器。由双层膜组成的囊状结构，其内膜向腔内突起形成许多嵴。主要功能在于通过呼吸作用将食物分解产物中储存的能量逐步释放出来，供应细胞各项活动的需要，故有“细胞动力站”之称。

外形、大小、数量和分布　线粒体外形和大小常随细胞类型及生理条件的不同而有较大差别，在光学显微镜下呈很小的球、杆或细丝状，以杆状的居多。直径在0.5～5微米，长度为2～3微米，最长可达到10微米。不同细胞的线粒体数量差别较大。线粒体在细胞内的分布，一般在需要能量较多的部位比较密集。

结构和组成　线粒体可大致分三部分：①外膜和内膜，平均厚度都为5～6纳米，内膜向腔内突起形成嵴。②内外膜之间的空间，称为膜间腔。③嵴与嵴之间的介质称为基质（见图）。嵴的朝向基质的一面排列着许多直径8～9纳米的圆球形颗粒，并有短柄与膜连接，称为ATP酶复合体或ATP合酶（H^+-ATP合酶）。

线粒体主要由蛋白质和脂质组成。此外还含有两种核酸（DNA、RNA）、无机盐和辅助因子等。因具有自身的遗传物质，线粒体是重要的细胞质遗传基础。整个线粒体的脂质和蛋白质比例为200～300毫克脂质/1克蛋白质。脂质中约有90%以上是磷脂。蛋白质中有很多是酶。

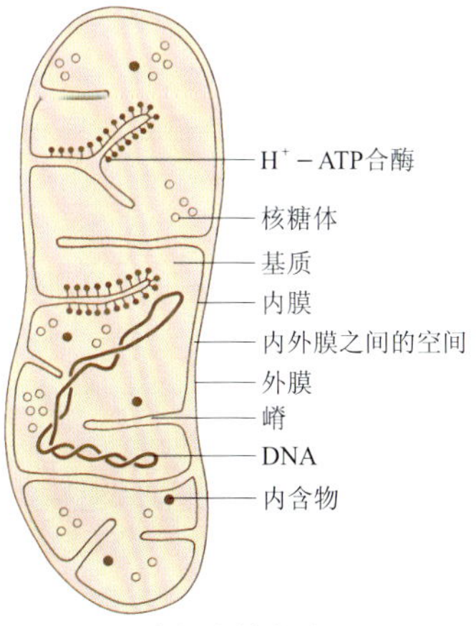

线粒体模式图

主要功能　线粒体含有酶和辅酶共70多种，能催化很多代谢反应，如氨基酸代谢、脂肪酸氧化分解等，并能进行DNA的复制、转录和RNA的转译等，但主要功能在于催化供能物质的氧化以释放能量，供细胞各种活动的需要。如葡萄糖（或糖原）氧化产生CO_2和H_2O的过程可分为两个阶段，即三羧酸循环和呼吸链的电子传递。呼吸释放能量的过程主要是在后一阶段发生的。

线粒体与人类疾病　线粒体病指那些在病变细胞内线粒体异常极为明显，且出现也较早的疾病。早期这方面的研究主要集中在肌病，故有“线粒体肌病”之称。一般它们都属于遗传性疾病。克山病也是一种线粒体病，可称为心肌线粒体病，但它不是遗传性的，而是一种与营养缺乏（缺硒）密切相关的线粒体病。线粒体病与线粒体基因组（mtDNA）的损伤、缺失相联系。心血管病、神经退行性疾病（如帕金森氏病、阿尔茨海默氏病）等都发现与线粒体DNA的缺失有一定关系。

线描 line drawing 中国画表现技法的一种。其一指完全以线造型的方法（见白描），其二为运用这种方法创作的画作。

线描作为一种方法，滥觞于史前时期的原始岩画、壁画及彩陶绘画创作。在先秦及秦汉时代，绘画以线条勾勒，已成为基本造型方法。但线描作为一种法式则出现于三国两晋以后，其标志是曹不兴、顾恺之等人创立描法，将绘画造型中的线条加以规范，使其成为真正的绘画技法。其后，唐代吴道子所创的兰叶描拓展了描法的形态。至明代，邹德中《绘事指蒙》将描法加以总结，称“古今描法一十八等”，对曹不兴、顾恺之以来的描法加以形象的归纳并命名，对以后描法的发展有一定促进作用。

线描既作为中国画的一个种类，又用来绘制粉本和草图，且由于描法的确立，线本身已成为审美对象，使得纯粹的线描作品也获得欣赏价值。由于对描法的重视，魏晋南北朝时期，线描颇为盛行，被称为“白画”。唐宋以后，许多画家专擅线描，如宋代李公麟、元代张渥等都取得了突出成就。另外，魏晋南北朝及唐宋等时代的砖石刻线画，起初都以线描为底本而制作，因此也可以看做另一种线描作品。明清以来，线描进一步发展，直至20世纪，线描已扩展到年画、连环画等绘画领域。

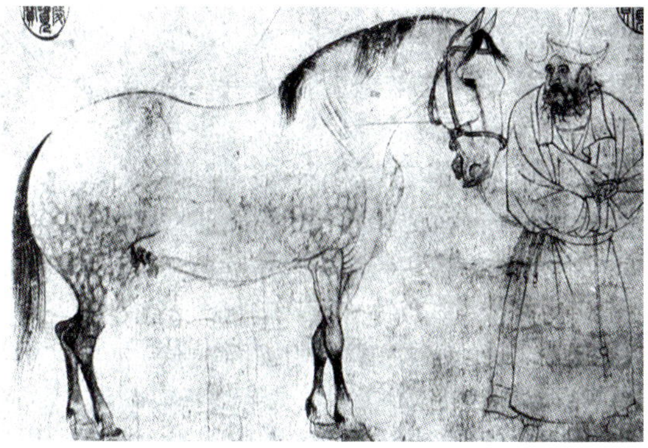
李公麟作《五马图》(局部)

线形动物门 Nematomorpha 动物界一门。分铁线虫纲和游线虫纲2纲，约230种，前者生活于淡水水域和潮湿的土壤，后者分布于海洋。具假体腔的后生动物，为马鬃状或毛发状的蠕虫。体形与线虫动物门近似，但线形动物没有背线、腹线和侧线。体细长呈线形，前端钝圆，体表角质膜很坚硬，表皮细胞分界清楚，体腔周围有实质组织。雌雄异体。成虫生活在湿土或水中，幼虫寄生于昆虫、蟹类、寄居蟹类等动物体内。寄生于昆虫的种类可用作有害昆虫的生物防治。

线性代数 linear algebra 代数学的一个分支，主要处理线性关系问题。线性关系意即数学对象之间的关系是以一次形式来表达的。例如，在解析几何里，平面上直线的方程是二元一次方程；空间平面的方程是三元一次方程，而空间直线视为两个平面相交，由两个三元一次方程所组成的方程组来表示。含有n个未知量的一次方程称为线性方程。关于变量是一次的函数称为线性函数。线性关系问题简称线性问题。解线性方程组的问题是最简单的线性问题。

线性代数作为一个独立的分支在20世纪才形成，然而它的历史却非常久远。最古老的线性问题是线性方程组的解法，在中国古代的数学著作《九章算术》方程章中，已经作了比较完整的叙述。随着研究线性方程组和变量的线性变换问题的深入，行列式和矩阵在18～19世纪期间先后产生，为处理线性问题提供了有力的工具，从而推动了线性代数的发展。向量概念的引入，形成了向量空间的概念。凡是线性问题都可以用向量空间的观点加以讨论。线性代数研究的主要内容有行列式、矩阵运算、向量空间及其线性变换、线性方程组理论、二次型、欧氏空间（即欧几里得空间）等。

线性代数的含义随数学的发展而不断扩大，把线性空间的基域换成环（见环论），可得更广的概念——模。线性代数的理论和方法已经渗透到数学的许多分支，同时也是理论物理和理论化学所不可缺少的代数基础知识。

“以直代曲”是人们处理很多数学问题时一个很自然的思想。很多实际问题的处理，最后往往归结为线性问题，它比较容易处理。因此，线性代数在工程技术和国民经济的许多领域都有着广泛的应用，是一门基本的和重要的学科。线性代数的计算方法是**计算数学**里一个很重要的内容。

线性规划 linear programming 目标函数是线性函数而且约束条件是一组线性等式与不等式的最优化问题。数学规划中最早受到广泛重视和应用的一个分支。

1939年苏联出版了数学家L.V.坎托罗维奇的书《生产组织与计划的数学方法》，这是关于线性规划的最早文献。1941年美国F.L.希契科克关于运输问题及其解的文章也是线性规划的早期的重要文献。由于研究第二次世界大战中出现的有关规划、计划、训练、生产、后勤保障等方面的问题，1947年美国数学家G.B.丹齐克提出了一般的线性规划模型和理论，以及著名的单纯形法，从而奠定了数学规划作为一门学科的基石。1950年后，线性规划的应用迅速扩展，产生了巨大的经济效应，在国际上影响巨大，它已成为策划商业活动、工业生产和军事行动的一个重要手段。1975年诺贝尔经济学奖授予坎托罗维奇和美国的T.C.库普曼斯，以奖励他们对于资源最优分配理论的贡献。

基本概念和性质 考虑下面的标准型线性规划问题：

$$\min \quad f(x)=c_1x_1+c_2x_2+\cdots+c_nx_n$$

满足约束条件：

$$\begin{cases} a_{11}x_1+a_{12}x_2+\cdots+a_{1n}x_n=b_1 \\ a_{21}x_1+a_{22}x_2+\cdots+a_{2n}x_n=b_2 \\ \vdots \quad \vdots \quad\quad \vdots \quad \vdots \\ a_{m1}x_1+a_{m2}x_2+\cdots+a_{mn}x_n=b_m \end{cases}$$

$$(x_j\geqslant 0, j=1,2,\cdots,n)$$

这里$x_1,x_2,\cdots,x_n$是待定的决策变量，$f(x)=c_1x_1+c_2x_2+\cdots+c_nx_n$被称为目标函数，约束条件的系数矩阵$\boldsymbol{A}=(a_{ij})$被称为约束矩阵，满足所有的约束条件的点$\boldsymbol{x}=(x_1,x_2,\cdots,x_n)$被称为可行解或可行点，所有可行解构成的集合被称为可行域，使目标函数在可行域上取最小值的可行解被称为线性规划的最优解。若约束条件中有不等式约束条件$a_{i1}x_1+a_{i2}x_2+\cdots+a_{in}x_n\leqslant b_i$，则可增加一个非负的松弛变量$x_{n+i}$，使不等式约束条件化为等式约束条件$a_{i1}x_1+a_{i2}x_2+\cdots+a_{in}x_n+x_{n+i}=b_i$和$x_{n+i}\geqslant 0$。若问题是求目标函数$f(x)$的最大值，则可等价地化为求$-f(x)$的最小值。所以标准型线性规划具有普遍形式。线性规划的可行域是一个有界或无界的凸多面体。有的线性规划问题可能没有可行解，即它的约束条件为不相容。有的线性规划问题即使有可行解，但它可能没有最优解。若一个线性规划问题有最优解，则最优解一定能在可行域的一个顶点上达到。

求解一般线性规划问题的重要方法有单纯形法，还有椭球法和内点法。椭球法由苏联的L.G.哈契扬在1979年提出，它在理论上被证明是一种多项式时间的计算方法，但实际计算效果并不好。1984年美国的N.卡马卡提出的投影法激发了对内点法的众多研究。包括投影法在内的多种内点法被证明是多项式时间的算法，而且它们对于大规模线性规划问题有很好的计算效果。

对偶理论 每个线性规划问题都有另一个线性规划问题与之对应，被称为原线性规划的对偶线性规划。标准型线性规划问题的对偶线性规划是：

$$\max f(u)=b_1u_1+b_2u_2+\cdots+b_mu_m$$

满足约束条件：

$$\begin{cases} a_{11}u_1+a_{21}u_2+\cdots+a_{m1}u_m\leqslant c_1 \\ a_{12}u_1+a_{22}u_2+\cdots+a_{m2}u_m\leqslant c_2 \\ \vdots \quad \vdots \quad\quad \vdots \quad \vdots \\ a_{1n}u_1+a_{2n}u_2+\cdots+a_{mn}u_m\leqslant c_n \end{cases}$$

对偶线性规划问题中的变元$(u_1,u_2,\cdots,u_m)$被称为影子价格或边际价格。线性规划的对偶定理指出：若原线性规划问题和对偶线性规划问题两者之一有最优解，则另一问题亦有最优解，且两者的目标函数的最优值相等。若其中之一无最优解，则另一问题必无可行解。对偶理论很重要，可被用来研究线性规划的算法。

线性集成电路 linear integrated circuit 以放大器为基础的一种集成电路。用线性一词表示放大器对输入信号的响应通常呈现线性关系。后来，这类电路又包括振荡器、定时器以及数据转换器等许多非线性电路、数字和线性功能相结合的电路。由于处理的信息都涉及连续变化的物理量（模拟量），又称为模拟集成电路。20世纪60年代初，用半导体硅片制成第一个简单的集成放大器。70年代各种高精度的数-模和模-数转换器成为数字技术和信息处理中的关键器件，得到广泛应用。线性集成电路大致分为：①通用电路，包括运算放大器、电压比较器、稳压电源电路等。②工业控制与测量电路，包括定时器、波形发生器、检测器、模拟乘法器、模拟开关、马达驱动电路、功率控制电路等。③数据转换电路，包括数-模和模-数转换器、电压-频率转换器等。④通信电路，包括电话电路、移动通信电路等。⑤消费类电路，包括电视机、录像机、音响等电路。还有许多其他应用电路，如心脏起搏器等医疗用电路。线性集成电路大多数采用标准双极型工艺制造；后来，又开发出金属-氧化物-半导体（MOS）新工艺。

线性系统 linear systems 状态变量和输出变量对于所有可能的输入变量和初始状态都满足叠加原理的系统。叠加原理是指系统的输出和状态对于输入和初始状态具有可加性和齐次性。一个由线性元部件所组成的系统必是线性系统，相反的命题在某些情况下可能不成立。通常，线性系统的状态变量（或输出变量）与输入变量间的因果关系可用一组线性微分方程或差分方程来描述，这种方程称为系统的数学模型。线性系统的一个重要性质是系统的响应可以分解为由非零初始状态引起的响应和由输入引起的响应，两者可分别计算然后叠加。这一性质为线性系统的分析和研究带来很大方便。

严格地说，实际的物理系统都不可能是线性系统。但是，通过近似处理和合理简化，大量的物理系统都可在足够准确的意义下和一定的范围内视为线性系统进行分析和综合。

线装书 thread-bound book 用中国传统线装工艺装订的书册。中国用线装订书籍，大约出现在唐末、五代，盛行于明代中期以后。线装书在折页方面与包背装完全相同，即正折，版心外向。所不同者，包背装是以整张书皮粘裹书背；线装则是采用两张与书页大小相同的书皮，书册上面一张，下面一张，与书背戳齐，然后打眼用明线穿缝装订。作为一种书籍装帧形式，线装书既便于翻阅，又不易散破；即使散破亦易重装，恢复原貌，所以此方式至今流行，并被视为典雅的装帧形式。

宪兵 military police 某些国家的军队里执行警察和特殊任务的部队。通常主要担负维护军法军纪、社会治安、护送军运、监督交通和警卫重要军事目标及要人安全等任务，必要时参与作战和追捕罪犯。有些国家在陆军、海军、空军中设有宪兵；法国、土耳其、菲律宾等国家的宪兵不但担负在军队里执行维护军法军纪等任务，还担负地方警察任务，实行“以宪代警”。1791年法国建立了世界上最早的宪兵分队。中国北洋政府和国民党政府曾建立宪兵。20世纪80年代，世界各社会主义国家均取消了宪兵。

宪法 constitution 国家的根本法。在一国的**法律体系**中，宪法具有最高的**法律效力**，是制定其他各种法律、法规的最高依据，构成国家整个法制制度和法制统一的基础。

宪法的起源和发展 宪法的出现比一般法律晚，它是资本主义生产方式发展和壮大的产物，是资产阶级革命的结果。

历史上最早出现的宪法是1688年前后形成的英国不成文宪法，它是当时资产阶级与贵族争夺政权并相互妥协的产物，由一系列限制王权和保障公民基本权利的宪法性法律和一些宪法惯例、宪法判例构成。历史上最早出现的成文宪法是1787年通过的《美利坚合众国宪法》。在欧洲大陆，最早出现的成文宪法是法国1791年宪法。

宪法分类　从时间上，可分为近代宪法与现代宪法；按制定主体的不同，可分为钦定宪法、民定宪法和协定宪法；以国家权力在法律上的归属为标准，可分为立宪君主制宪法和共和制宪法；按国家权力行使权在国家机构内纵向配置的不同，可分为单一制宪法和联邦制宪法；按宪法是否得到实施为标准，可分为规范宪法与名义宪法；以宪法作用的不同，可分为纲领性宪法、确认性宪法和中立性宪法；按采取的文书形式的不同，可分为成文宪法与不成文宪法等。

宪法结构　现代国家宪法结构一般由宪法序言、宪法正文和附则组成。中华人民共和国1982年宪法依次由序言，总纲，公民的基本权利和义务，国家机构，国旗、国徽、国歌、首都五个部分构成。

宪法的特点　与普通法律相比，宪法是母法，是国内其他一切立法的基础。其他一切立法都只是贯彻落实宪法的规定，与宪法内容相抵触的法律无效。《中华人民共和国宪法》在序言部分第5条中分别明确规定："本宪法以法律的形式确认了中国各族人民奋斗的成果，规定了国家的根本制度和根本任务，是国家的根本法，具有最高的法律效力"；"一切法律、行政法规和地方性法规都不得同宪法相抵触"。《日本国宪法》第98条规定："本宪法为国家最高法规，凡与本宪法相违反的法律、命令、诏敕及有关国务的其他行为之全部或一部，一律无效。"

宪法的制定和修改　采用特别程序，除实行不成文宪法的极少数几个国家外，世界各国制定和修改宪法程序都在不同程度上比制定普通法律困难和复杂。主要表现在提出修宪动议，通过宪法或宪法修正案所需要的特殊资格要求和特别的赞同比例要求上。制定和修改宪法采用特别的程序或给予特别的限制，主要目的在于树立宪法的权威和维护宪法的稳定性。除上述特点外，宪法还具有文字的简洁性、规范的无制裁性、内容的广泛性、文本的稳定性等特点。

1954年6月14日中华人民共和国中央人民政府委员会第三十次全体会议通过《中华人民共和国宪法草案》

宪法法院　constitutional court　依据宪法成立的、负责保障宪法实施的特殊司法机关，是宪法性司法机构。宪法法院是一种介于普通政治机构（议会、行政机关）与普通司法机构（法院）之间的一种特殊司法机构，其基本功能是保证政府和社会的行为既是民主的，同时又是科学的、理性的、公平的。主要职权包括：解释宪法；审查立法机关制定的法律是否违反宪法；审查行政机关的行为（包括抽象行政行为）是否违反宪法；处理国家机构之间发生的权限争议；处理涉及公民宪法权利被侵犯的案件；处理政党违宪案；处理弹劾案；处理全国政府与区域政府之间以及区域政府之间发生的权限争议；处理有关国际条约效力的争议。在有些国家，宪法法院还有权监督选举、监督全民投票并负责宣布其结果。宪法法院法官的任职资格有严格的限制，一般由议会和行政机构共同产生，实行长期任职制或者终身制。对法官的兼职一般也有严格的限制。

宪章派的集会

宪法解释　constitution, interpretation of　对宪法规范的含义和精神实质作出说明的活动。解释宪法是保障宪法实施和使宪法能够随社会发展而变迁的一种手段，通常具有创造性。

在实施过程中，宪法难免会因这样那样的原因而需要解释，其中较常见的原因是：①宪法有关条文或词语的含义比较笼统、概括，在适用于具体案件或情况时发生争议，需要探求、阐明其原意。②有漏洞需予补充。各国往往用解释宪法的形式来补充制宪时的疏漏。③使宪法适应社会生活的发展。

行使宪法解释权的机关可分为三种：①司法机关解释制。普通法院在审查具体案件时，得审查和说明有关案件所适用的法律是否违宪，若各级法院意见不同，由最高法院作最终的裁决，被宣布为违宪的法律或法律的有关条款无效。②专门机关解释制。在立法机关、行政机关和司法机关之外设立名称为宪法法院、宪法委员会之类的专门机关行使宪法解释权及其他有关权力。③立法机关解释制。解释宪法的权力为国家的最高代表机关所专有。中国由全国人大常委会解释宪法，也属于立法机关解释制。

宪章运动　Chartism　19世纪30～50年代英国发生的争取实现"人民宪章"的工人运动。1838年5月8月，伦敦工人协会公布《人民宪章》提出年满21岁的男子普选权、秘密投票、废除议员财产资格、议员支薪、平等选区和议会每年改选一次等6条要求，于1838年5月8日以《人民宪章》名称发表，宪章运动由此得名。宪章拥护者在全国各地集会、游行，要求实现宪章。分别在1839、1842、1848年掀起三次高潮。三次运动均被镇压，运动逐渐衰落。

宪章派内部从一开始就存在分歧。以W.洛维特为首的"道义派"主张用和平宣传手段争取政治权利，以F.E.奥康纳为首的"暴力派"主张用革命手段争取普选权。他们先后脱离运动成为改良主义者。1848年以后，以G.J.哈尼和E.C.琼斯为首的宪章派左翼在K.马克思、恩格斯支持下力图复兴宪章运动。运动到50年代末消失。宪章运动是无产阶级作为独立政治力量登上历史舞台的重要标志之一。

献血　blood donation　健康人献出自己的血液，输给伤病人的行为。1991年布达佩斯红十字会国际联合会通过自愿无偿献血者的定义为：出于自愿无偿提供自身血液、血浆或其他血液成分而不收取任何报酬者称为自愿无偿献血者。无论是现金或礼品都可视为金钱的替代，包括休假和旅游等；

而小型纪念品、茶点、交通费用则是合理的。

中国1998年10月1日起开始实施无偿献血制度。《中华人民共和国献血法》规定，国家提倡满18～55周岁的健康公民自愿献血。一次献血量为200毫升，两次献血间隔时间不得短于三至四个月。无偿志愿献血者给予表彰和奖励，采血单位发给纪念品。本人或直系亲属需要用血时，凭无偿志愿献血证，由采血单位提供等量的血液或血液成分。有偿义务献血者，发公民义务献血证和一定营养费。献血法禁止非法采集血液，血站、医疗机构不得出售无偿献血的血液，不得非法组织他人出卖血液。血站是采集、制备、储存和供应临床用血的不以营利为目的的公益性卫生事业机构。

献血前注意保证充足睡眠，休息好；前两天勿吃肥肉或其他油腻食物；勿暴饮暴食，适当补充营养；献血前精神不要紧张。献血后注意当天不要进行剧烈运动；保持针眼处清洁，三天内不要擦洗；不要饮酒；避免细菌感染。

腺 gland 由腺细胞或腺细胞群组成的专门执行分泌功能的结构。腺细胞胚胎期主要由被覆上皮分化形成，在成体中仍保留着上皮组织的结构特点。

分泌是指细胞从血液摄取小分子的物质，经过细胞内的生物合成，形成分泌物，进而排出细胞外的过程（一般汗腺分泌的汗液是不经过生物合成的）。实际上具有分泌功能的不仅见于上皮源的腺细胞。只有起源于上皮，以分泌为主要功能活动，并将其分泌物排放到细胞游离面或血液、淋巴内的细胞，才是腺细胞。

有些腺以单个腺细胞散在被覆上皮内，有的由被覆上皮向深层凹陷生长，形成位于器官内结缔组织中的多细胞腺，有的则与结缔组织构成一个独立的器官，如唾液腺、肝和胰。多细胞形成的腺一般都具有导管；但有些多细胞腺在发生过程中与被覆上皮脱离，分泌物排放到血液或淋巴中，没有导管。前者称外分泌腺或有管腺，后者称内分泌腺或无管腺。

各种腺细胞分泌物的性质很复杂，包括蛋白质、糖类、脂类、糖蛋白复合体、多肽、维生素、无机盐、离子和水分等。它们在维持和调节机体的生命活动中有着重要意义。

外分泌腺的活动主要依赖于神经和体液的调节。大多数腺对神经和体液的调节都很敏感，但常常是其中一种起主要调节作用，如胰腺腺泡的分泌主要依赖于促胰液素的刺激，而唾液腺的分泌则主要受神经调节。

腺病毒 Adenovirus 一种DNA病毒。又称APC病毒。1953年从人的增殖腺分离出来，可感染人和畜禽。病毒粒外形呈立体对称的二十面体，无包膜。腺病毒耐脂溶剂，对多种酶有抵抗力，对酸碱度及温度的耐受范围较宽。

腺病毒分两个属：①哺乳动物腺病毒属。②禽腺病毒属。人腺病毒经呼吸道和粪便途径传播；禽腺病毒感染多呈无症状带毒状态，可用疫苗预防。腺病毒可作为分子载体用于疾病的基因治疗。

腺苷三磷酸 adenosine triphosphate; ATP 由腺嘌呤、核糖和三个磷酸基团按特定排列方式连接而成的化合物。简称腺三磷（图1）。ATP水解时释放出能量较多，是生物体

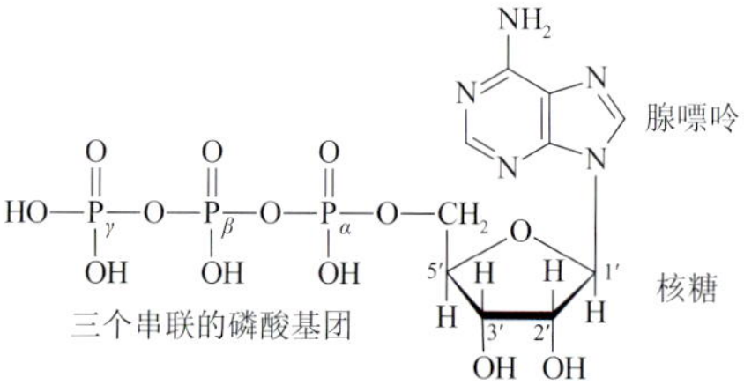

图1 ATP结构式

内最直接的能量来源。在ATP结构式中，3个串联的磷酸基团分别用α、β、γ标示。α-磷酸同核糖之间是通过磷酸酯键连接，而α-磷酸同β-磷酸以及β-磷酸同γ-磷酸之间则是形成焦磷酸键。焦磷酸键在形成时需要吸收较高的能量；在其分解逆反应中，也可以释放出相等的能量。

线粒体和叶绿体是细胞制造ATP的两个主要场所。在线粒体里，ATP是通过一系列的氧化磷酸化反应合成的。叶绿体则是通过光合磷酸化反应来合成ATP（见光合作用）。细胞从光量子或氧化有机物获取能量以生成ATP分子，再通过ATP使其他分子磷酸化进行能量转移以推动生物体内的各种需能反应和实现细胞的各种功能活动（图2）。

ATP还是合成生物体内许多重要物质的原料。可作为腺苷酸组分合成核糖核酸（RNA）和腺苷酸的衍生物（见核苷酸）；提供磷酸基以合成糖类的一磷酸或二磷酸衍生物，合成磷酸胆碱以及在激酶催化下对蛋白质的磷酸化；提供无机焦磷酸以合成某些焦磷酸衍生物。

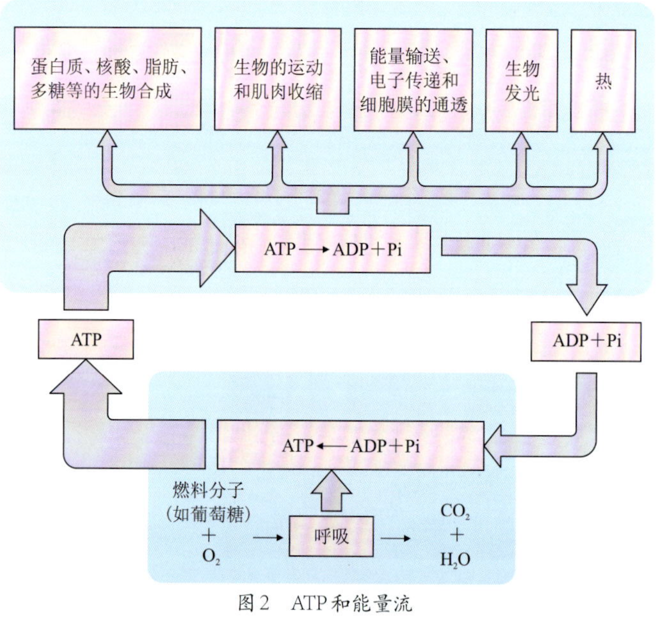

图2 ATP和能量流

腺样体炎 adenoiditis 因细菌或病毒感染所致腺样体部位的炎症。腺样体又称增殖体或咽扁桃体，是鼻咽腔的淋巴组织团块，约6岁时最大，10岁以后逐渐退化。本病常见于儿童。小儿肥大的腺样体可致鼻腔或咽鼓管阻塞，引起鼻炎、鼻窦炎或中耳炎，乙型溶血性链球菌、葡萄球菌等引起腺样体急性发炎时，腺样体肿大增生，更容易诱发上述各种并发症。患儿常有鼻塞、流黏脓性鼻涕，经常张口呼吸，睡眠时打鼾，长期张口呼吸可致颌面骨发育障碍，表现为硬腭高而窄，上切牙向前突出，牙列不齐，上唇短而厚，下颌骨下垂，面部缺乏表情，呈现“腺样体面容”，并会发生鸡胸或漏斗胸，易发生下呼吸道感染。有中耳炎反复发作者听力下降。症状轻者可鼻内滴用血管收缩剂如1%麻黄素液等以减轻症状，重者须行腺样体切除术。

乡 township 中国最低一级政权单位，县以下的农村行政区域。中华人民共和国建立之初曾设乡政权。1958年人民公社化后撤销，实行政社合一的人民公社体制。“文化大革命”期间改称人民公社革命委员会。1982年的《中华人民共和国宪法》规定，恢复乡政权。乡政权不设人民代表大会常设机关，也不设独立的审判和检察机关。乡人民代表大会代表由选民直接选举产生，任期3年。乡人民政府实行乡长负责制。

乡村 rural 区别于城镇的居民点及地区的总称。又称农村。从经济功能上看，乡村指的是以农业生产为主体的地域，是以农业生产为主的人群聚居场所。其主要标志是居民以农业为经济活动的基本内容，村落主要作为村民生活场所和生产活动基地而存在。从生态角度上看，乡村指的是：人口规模较小的聚落，这些聚落之间有较大的开敞地带；城市以外的一切地域，即乡村地域；与人口较多的地方来往较少的隔离开的定居

区，是受城市影响较小的地方。从社会文化角度看，乡村社会以家庭为中心，家族、血缘观念重；人与人之间关系直接、密切，风俗、道德的习惯势力较大；物质文化设施简单。在城市化的大趋势下，传统乡村特征逐渐在弱化，表现在经济上向非农业转化，社会构成上农民向兼业农民、非农民或新式农民转化，聚落从乡村型向城市型转化，景观也向城市化转型，出现了介于城市与乡村之间的城乡地区。

乡村建设运动 Rural Construction Movement 20世纪20～30年代由中国一批知识分子倡导并参加的一场社会改良运动。在中国农村经济日益走向衰落的背景下兴起，旨在通过对农民生活方式的改造，复兴中国农村，从而实现"民族再造"或"民族自救"。参加这一运动的学术团体和教育机构有600多个，建立各种实验区1 000多处，运动在抗日战争全面爆发后趋于终结。

乡村建设运动中影响最大的实验区为晏阳初领导的定县教育实验区，梁漱溟领导的山东邹平乡村建设研究院，江苏省立教育学院主持的无锡实验区。此外，还有其他一些实验区。这些实验区遍及山东、山西、河南、河北、江苏、浙江、安徽、湖南、四川、广西、绥远（今内蒙古中部）等省。各实验区的工作重点也各有不同。有的以教育为主；有的以人民自卫为主，以培养人民武力为自治的基础；有的以政教合一为基本原则，从乡办文化教育入手，以学校农校为活动中心，代替自治机构；有的从改良农业品种入手，以增加产量，提高民众日常生活。

乡村建设运动在改进农业生产技术，提高民众教育文化水平方面取得了一定的成效。许多知识分子通过亲自参与乡村建设运动的体验，进一步加深了对中国农村状况及农村出路的认识，有的逐渐转变为马克思主义者。但乡村建设运动并没有实现预期的复兴农村经济的目的。

乡村舞 country dance 英国民间舞蹈。有三种典型队形：①轮舞型。成对的舞伴按圆圈队形舞蹈，参加对数不限。②双纵队型。男女分开各列一行，参加人数不限。③几何图案型。几对舞伴站成三角形或四边形。每种乡村舞都由几个舞段组成，每个舞段称为一个花样，跳出特定的图案，如十字、小星、亭子、穿行（队与队之间或各对舞伴之间互相穿过）等。队形的变化和行进路线都有严格的规定，舞蹈者按事先安排好的顺序一段一段跳下去。舞蹈者的修养主要表现在整体的协调感和礼仪风度等方面。在传统的乡村舞中，轮舞型和双纵队型较多见，而传入宫廷中的则多为几何型图案和双纵队型。

乡村音乐 country music 美国乡村歌曲。起源于英国移民带来的古老民歌和民谣，后来加进了黑人音乐、爵士乐、拉丁美洲的民间音乐因素，成了一种风格独特的流行音乐体裁。乡村音乐以歌唱为主，辅助以小提琴、班卓琴和吉他等乐器的伴奏。演唱时唱说结合，叙事性很强，并带有一定的即兴性。音乐以五声音阶为主，旋律优美，节奏简单，有浓厚的民谣特点。经过多年的发展后，乡村音乐形成了多种不同的风格，如蓝草小伙子演唱小组创立的蓝草音乐；起源于美国西南部的西部摇曳和得克萨斯花花公子及进步乡村乐等。20世纪50年代以后，美国先后成立了美国乡村音乐协会和美国乡村音乐基金会，并建立了博物馆、图书馆、研究机关，还出版各种杂志、刊物。1970年美国总统和40位州长联合确认了每年10月为乡村音乐月。

美国西部乡村音乐表演

乡规民约 village regulations and folk conventions 中国民间社会长期以来自发形成的依靠习惯和道德力量发挥约束力的行为规范和行为模式。流行于全国各民族。宋代京兆兰田县（今陕西西安境内）吕氏四兄弟倡导著述的《乡约》是中国历史上第一部成文的乡规民约。乡规民约的产生与区域社会的自然因素、社会文化因素和历史因素有密切关系。乡规民约是礼治民俗的延续，同时也是一种传统法律制度和文化。它规范着中国社会，特别对于农村社会生活的方方面面，具有较强约束力，在维护地区稳定、促进区域经济和社会协调发展等方面起积极作用。特点有：①效力范围具有地域性。只对辖区内的人和事产生效力。②灵活性。原有的乡规民约一旦不适合新形势，不符合地区居民意愿，可进行修改补充。③补充性和可操作性。在没有政策法规或政策法规不具操作性的情况下，乡规民约起着补充和替代作用。④内容的广泛性。

中国几乎每一个民族都有自己的乡规民约。如瑶族的石牌律、苗族的榔规。除部分民族如京、壮、苗、蒙古、藏族等民族用文字记载乡规民约外，其他绝大多数民族都依靠口耳相传的方式传承。现代仍然存在众多乡规民约，在当代人的生活中发挥不可替代的作用。

乡土文学 native literature 中国现代文学中的一个创作派系。通常指以农村生活为题材，具有较浓郁的乡土气息与地方色彩的一部分小说创作。鲁迅和沈雁冰最早提出这一概念。鲁迅的小说如《孔乙己》、《风波》、《故乡》、《阿Q正传》等，便是最早的代表作。在鲁迅的带动和影响下，20世纪20年代中期，出现了一个以文学研究会青年作者为主的乡土文学作家群。其中包括潘训、叶绍钧、许杰、鲁彦、许钦文、徐玉诺、王思玷、蹇先艾、彭家煌、台静农、黎锦明等。他们的作品宽广而真实地描绘了内地宗法形态和沿海半殖民地形态的村镇生活，具有较浓的地方色彩和风俗画意味，推进了现实主义的深入发展。台湾杨逵等作家的创作，也形成了一股乡土潮流。30年代，沈从文、废名和萧红、萧军、端木蕻良，分别代表着不同风格的乡土文学类型。40、50年代以后，乡土文学朝具有地区特点的流派（如山药蛋派、荷花淀派）方向发展，从单一走向丰富多样，理论主张更为自觉。

乡勇 中国清朝用兵时临时招募的辅助部队。源于清代前期的乡兵。乾隆末年，由于八旗兵业已腐朽，不堪战斗，绿营兵也暮气日深，渐趋腐败，福康安镇压台湾林爽文起义时，不得不招募地方"义勇"，与官兵并用。以后镇压湘黔苗民起义及嘉庆年间镇压川楚白莲教起义时，都招募乡勇，官给口粮，在绿营之外别自成营，随军战守，时称"勇营"。从此相沿成例。但在咸丰以前，有事招募，事后即予裁撤，是一种临时性质的非正规部队。太平天国起义后，咸丰二年（1852）曾国藩在原乡勇基础上创建营哨之制，编练了一支有独特制度的正规军，称为湘勇，通称湘军。咸丰十一年（1861）李鸿章遵照湘军的营制、营规组建了淮军。随后其他各省也相继招募乡勇，仿照湘军营制编练部队，使勇营成为镇压太平军和捻军起义的主力军。太平军、捻军失败后，部分勇营改为防军，后又改为巡防队，直至清末被编为陆军。由乡兵到勇营，经历了一系列发展变化后，最终代替了经制的绿营兵，成为清代后期镇压反抗和维护统治的极为重要的武装力量。

乡镇企业 village-and-town enterprise 以中国农村集体经济组织或者农民投资为主，在乡镇（包括所辖村）举办的承担支援农业义务的各类企业。

由来 乡镇企业的前身是产生于1958年“大跃进”、“人民公社化”运动中的社办企业。后改称社队企业。1984年起，社队企业改称乡镇企业。原因：①人民公社制度解体后，社队企业不再属于已经不存在的社队。②在农村改革开放进程中新办的多种经济成分、多种形式的经济组织，也不宜采用社队企业的名称。

地区分布 在中国三大经济地区中，东部地区人口稠密，交通便利，有良好的社会经济条件和自然条件，是乡镇企业经济实力最强的地区；中部地区较弱；西部地区属经济欠发达地区，交通不便，信息不灵，经济、技术、自然等基础条件较差，少数民族地区、边远地区、贫困地区大多在西部，因此实力最弱。

地区间乡镇企业发展的差距，是地区间经济发展差距扩大的重要原因。为改变乡镇企业地区分布的极不均衡性，国家实行引导中西部乡镇企业加速发展的政策，并在财政、信贷等方面给予资金支持，同时大力提倡中西部地区和东部地区乡镇企业之间的合作。

经济体制 在经济体制改革前通行的统计口径将乡镇企业按行业划分为农业企业、农村工业、建筑业、运输业、商饮服务业及其他。随着乡镇企业产权制度改革的不断深化，逐渐形成多种经济成分、多种组织形式共同发展的新格局，统计口径也作了相应的调整，将乡镇企业分为集体企业（包括集体独资企业、集体控股企业和股份合作制企业）和个体私有企业（包括合伙企业、个体企业和私有企业）两大类。改革内容主要包括：①集体所有制企业改革。主要方式：一是具有一定规模、效益较好的企业改建成股份合作制企业。二是规模较大、效益较好、有一定知名度的企业，组建规范化的股份制企业。三是以优势产业、名牌产品和骨干企业为龙头，组建企业集团。四是对小型、微利、亏损企业实行兼并、租赁、拍卖和风险抵押承包等。②发展个体、私有企业。③引进外国和港澳台资本。

地位和作用 在农村，乡镇企业已成为经济的主体力量。其作用主要表现在：①增加农民收入。②转移农村剩余劳动力。③增加农业投入。④发展农业产业化。⑤推动小城镇发展。⑥巩固和壮大农村集体经济。⑦加快农村精神文明建设。

在全国，乡镇企业已成为国民经济的一大支柱。其作用主要表现在：①增加社会供给。②促进国家工业化。③促进外向型经济发展。④增加国家财政收入。⑤提高综合国力。⑥保障社会稳定。

一乡镇企业车间

相对论 relativity theory 分狭义相对论和广义相对论，是A.爱因斯坦分别于1905年和1916年建立起来的新的（平直）时空理论和新的（弯曲时空）引力理论。

相对论天体物理学 relativistic astrophysics 以广义相对论等引力理论为主要工具来研究引力非常强的从而能把天体加速到近于光速的情况的有关天体现象的学科。

1915年A.爱因斯坦建立广义相对论时给出的第一个应用，就是定量地解释水星近日点进动问题（用来解释牛顿引力理论不能解释的部分）。所以原则上说，相对论天体物理学也同时诞生。但在1915年以后的40多年里，除了几何宇宙学以外，广义相对论对天体物理学并没有产生大的影响。这是因为在“通常”的天体对象中引力场太弱，没有应用广义相对论的必要。在太阳系中只有引力红移、光线偏转、水星近日点进动、雷达信号的延迟等几个效应与广义相对论有关。20世纪60年代起，一大批具有很强引力场的天体的发现，以及宇宙学的空前活跃，相对论天体物理学得到了迅猛的发展。相对论天体物理学包括以下几个方面：①相对论宇宙学。研究宇宙的大尺度时空结构和几何特征。比较有影响的是膨胀宇宙模型、大爆炸宇宙学等。②致密天体物理学。研究恒星核能源耗尽后将发生的引力坍缩过程，以及坍缩后形成的致密星，如简并矮星、中子星、黑洞等。③引力波天文学。研究各种天体过程的引力波发射，以及引力辐射对天体现象的影响。④后牛顿天体力学。研究广义相对论对“普通”天体力学（即以牛顿引力理论为基础的天体力学）的各种修正。如双星的近星点的相对论进动，自转轴的相对论进动等。

相对运动 relative motion 一物体相对另一运动物体的运动。定量描述此运动须研究该物体中各质点相对于固定在运动物体上的坐标系（简称动坐标系）的运动。设运动物体（视为刚体）对惯性坐标系的角速度、角加速度为$\boldsymbol{\omega}$和$\boldsymbol{\alpha}$，则其中某质点对动坐标系原点的矢径为$\boldsymbol{r}$，动坐标系原点对惯性坐标系的加速度为$\boldsymbol{a}_0$，质点对动坐标系的相对速度、相对加速度为$\boldsymbol{v}_r$和$\boldsymbol{a}_r$，则该质点相对动坐标系的运动规律为：

$$m\boldsymbol{a}_r = \boldsymbol{F} + \boldsymbol{N} + \boldsymbol{F}_c + \boldsymbol{F}_e$$

式中$\boldsymbol{F}$、$\boldsymbol{N}$为作用在质点上的主动力和约束力；$\boldsymbol{F}_c = -m(2\boldsymbol{\omega}\times\boldsymbol{v}_r)$，称科里奥利（惯性）力（简称科氏力），$2\boldsymbol{\omega}\times\boldsymbol{v}_r$称科里奥利加速度；$\boldsymbol{F}_e = -m[\boldsymbol{a}_0 + \boldsymbol{\alpha}\times\boldsymbol{r} + \boldsymbol{\omega}\times(\boldsymbol{\omega}\times\boldsymbol{r})]$，称牵连惯性力，其中$-m\boldsymbol{\omega}\times(\boldsymbol{\omega}\times\boldsymbol{r})$称惯性离心力。$\boldsymbol{F}_c$、$\boldsymbol{F}_e$是为使动坐标中的观察者看到的力学现象仍能适用牛顿第二定律所必须考虑的修正项。它们只在形式上同力一样，但并不是真实的力。通过铅垂线偏离地心、自由落体偏向铅垂线以东、河岸冲刷以及台风和海水暖流的运动等现象，可以看出在质点相对于转动地球的运动中牵连惯性力和科氏力的作用和影响。

相对主义 relativism 割裂相对与绝对，夸大相对，从而否定绝对的观点。与绝对主义相对应。存在着两种相对主义：知识相对主义认为，关于世界的普遍真理是根本不存在的，世界本身并无所谓内在的本质，存在的只是我们对世界的不同的解释方式。古希腊哲学家普罗泰戈拉是已知的历史上最早的相对主义者。他的一个相对主义的名言是：人是万物的尺度，是存在者存在的尺度和不存在者不存在的尺度。道德相对主义则坚持，没有任何绝对的价值，所有价值都是相对于个人及其所处的时间、地点和环境而言的。如果我相信某些事物是有价值的，那是因为我生活在这个特定的文化和社会环境中的缘故。作为一种思维方式，相对主义否认任何确定的、共同的、普遍的东西，即绝对的东西。

相关分析 correlation analysis 研究随机变量之间的相关关系的一种统计方法。相关关系是一种非确定性的关系，例如，以X和Y分别记一个人的身高和体重，或分别记每公顷施肥量与每公顷小麦产量，则X与Y显然有关系，而又没有确切到可由其中的一个去精确地决定另一个的程度，这就是相关关系。

相关分析与回归分析在实际应用中有密切关系。然而在回归分析中，所关心的是一个随机变量Y对另一个（或一组）随机变量X的依赖关系的函数形式。而在相关分析中，所讨论的变量的地位一样，分析侧重于随机变量之间的种种相关特征。例如，以X、Y分别记小学生的数学与语文成绩，感兴趣的是二者的关系如何，而不在于由X去预测Y。

相和歌 xianghe songs 中国汉魏晋时期各种民间歌曲的总称。演唱形式包括当时清唱的“徒歌”和一人唱、三人和的“但歌”

相和歌（南阳汉画像石拓片）

（《晋书·乐志》）。“相和歌”之名，最早记载见于梁沈约《宋书·乐志》。歌者自击节鼓与伴奏的管弦乐器相应和，并由此而得名。据南朝张永《元嘉正声伎录》、王僧虔《大明三年宴乐伎录》，常用伴奏乐器还有琴、瑟、筝、琵琶、笙、笛等。汉代相和歌主要有清、平、瑟三调和楚调、侧调。其旋律音调特征已很难确知，但部分歌辞保存在宋代郭茂倩的《乐府诗集》中，这些诗被编为《相和歌辞》一类，共18卷，分为《相和六引》、《相和曲》、《吟叹曲》、《平调曲》、《清调曲》、《瑟调曲》、《楚调曲》诸类。其中既保留了一些汉代民歌，也收录了三国至唐五代文人的拟作。汉代还发展有大型歌舞大曲，名相和大曲。相和歌的音乐在南北朝时被新兴的清商乐吸收，隋唐时，清商乐改称清乐转入隋唐燕乐。有不少乐曲被移植为琴曲或鼓吹曲流传后世。唐代以后，作为独立意义的相和歌已不复存在。现存相和歌的歌辞主要有《陌上桑》、《采菱》、《绿水》、《激楚》、《善哉行》和《病妇行》等。

相邻关系 neighbourhood relationship 相邻近的不动产所有人或利用人之间，一方所有人或利用人的支配力与他方所有人或利用人的排他力相互冲突时，为调和其冲突以谋共同利益，而由法律直接规定的权利义务关系。又称相邻权。相邻关系有以下类型：

土地相邻关系 法律为调和相邻土地所有人或利用人间的利害冲突，规定土地所有人或利用人行使其权利时须负有注意、容忍、不作为或作为的义务。土地相邻关系，就其种类而言，主要有：因土地利用而发生的相邻关系，如邻地通行权、邻地管线铺设权、邻地使用权；邻地地基动摇或其他危险之防免的相邻关系；土地的环境保护相邻关系等。对邻人土地的利用以必要为限，并须给邻人一定的补偿。相邻一方的行为对相邻另一方产生危险时，相邻另一方可以行使排除妨碍、恢复原状以及赔偿损失的权利。

水流的相邻关系 相邻人应合理地使用地上水与地下水，不得妨害邻人用水利益。相邻各方在共同使用同一自然水流时，应当遵循其自然形成的流向，按照由远及近、由高至低的原则依次使用。对于自然流至之水，土地占有人有承受义务，使用相邻一方土地进行人工排水，须有充分的理由，并须采取一定的合理措施。

建筑物相邻关系 包括区分所有建筑物内，因各所有人或利用人的住宅单元——专有部分彼此邻近而发生的相邻关系；相邻近的建筑物所有人或利用人之间，因其建筑物彼此邻近而发生的相邻关系；建筑物所有人或利用人与邻近的土地所有人或利用人之间，因建筑物与土地相邻近而发生的相邻关系。

相扑 sumo 两名力士徒手较量，将对方摔倒或推出规定界外为胜的一项竞技体育运动。中国和日本在历史上均有类似于相扑的角力运动。据考古发现，中国秦汉时

相扑比赛场面

期的角抵形象同日本现在流行的相扑很相似。西晋初年，已有相扑的称谓，至清代中叶，相扑的名称才逐渐消失。相扑运动作为日本的国技开展得非常广泛。相扑有职业比赛和业余比赛两种类型。职业相扑比赛要在用湿黏土堆成的相扑台上进行，台高40～60厘米，727厘米见方，四边为40°～50°斜坡，相扑台中央比赛场地为圆形，直径455厘米，边沿用稻草扎成。运动员（力士）按比赛成绩分为序之口、序二段、三段、幕下、十两、前头、小结、关胁、大关和横纲10个等级。横纲是相扑力士的最高等级，也是终身荣誉称号。其他等级的力士，可根据比赛成绩由相扑裁判员（行司），按年限也分为10级，“横纲格”是行司的最高级称号。力士比赛时可以互相抓腰带，握抱头颈、躯干和四肢，亦可以用腿使绊或拍打对方胸部，但不许踢对方胸腹，不许抓兜裆和生殖器官等要害部位。相扑比赛没有时间限制，如双方精疲力竭，行司可宣布比赛暂停，稍事休息后继续进行，直到决出胜负。职业相扑力士体形高大魁梧，一般也有120～130千克。在成为职业相扑力士前，必须参加由日本相扑协会举办的学习班，成绩合格后方可参加职业相扑比赛。

相思鸟 *Leiothrix*; leiothrixes 雀形目画眉科相思鸟属鸟类的统称。有银耳相思鸟和红嘴相思鸟2种。为典型的东洋界种类，从印度向东直至越南、印度尼西亚均有分布。

红嘴相思鸟

中国分布于秦岭以南。体小，全长105～180毫米。嘴形粗健，长度约为头长的一半；鼻孔裸露。两性大体相似。性活泼，羽色华丽，鸣声婉转动听。杂食性，除吃瓢虫、象甲等昆虫外，也吃种子、果实等。

香包 sachet 储放香料用的小袋。又称香荷包、香囊、香袋、容臭等。周代已出现。一般为上端作细褶并以绳贯穿的小袋，内装香草，称“薰”或“蕙草”；也有用布料剪裁成石榴、桃、鱼等形状，包上棉花，掺以苍术、白芷、艾草、冰片等药物、香料缝制而成，袋下垂长穗，取“长岁”之意。还有将若干小香包系成一串者。北方多以绫罗绸布缝制布老虎、葫芦、五毒、生肖等形状，南方多取丝线缠绕成粽子形。香

包内香气自然散发，有增加体香、驱虫、除秽、保健的作用，可挂于帐内或佩于身边。中国汉、满、蒙等许多民族都有使用。佩带香包的习俗一直延续到清末民初。韩国在端午节也有此俗。如今，香包作为配饰在中国城市几近消失，但乡镇仍有使用，特别在端午节期间多给孩子佩带，内装雄黄，以作驱恶避邪之用，在民族地区多为馈赠礼品或定情信物。

香槟集市 Champagne, fairs of 12～13世纪法国香槟伯爵领地内4个城市轮流举行的集市贸易的统称。当时欧洲规模最大的国际性集市贸易。

集市贸易是中世纪欧洲进行商品交换的一种重要形式，是交易中心特别是批发贸易中心。集市受到所在地的领主保护并向领主纳税。一次集市延续几天至几个星期，一般每年不超过两次。

11世纪末和12世纪上半叶，香槟集市是西欧最大的集市。香槟伯爵领地地处西欧各国毗邻处，从意大利运来的东方货物，从英国运来的羊毛，从佛兰德运来的呢绒，以及从斯堪的纳维亚及低地国家运来的货物都在此交易。同时，香槟伯爵又竭力保障集市上商人的安全和通往香槟道路的安全。于是，香槟集市成为全欧性的商业中心，并在13世纪后半叶达到全盛期。香槟集市，包括香槟伯爵领地内4个城市轮流举行的6个各为期至少6周的集市。在香槟集市上，商人的结算及商业债务，已使用清偿余额划汇结算的办法；期票、汇票等信用凭证也已使用。香槟集市对推动西欧商品货币经济的发展起过重要作用。

进入14世纪，香槟集市开始衰落，到14世纪中期已成为地方性的集市。

香槟酒 champagne 特产于法国香槟地区的起泡葡萄酒。制造香槟酒的方法由法国17世纪的修道士D.佩里尼翁创造。当时制成一种含有大量二氧化碳气泡的葡萄酒，质轻、味纯，深受饮酒者欢迎，而以香槟地区所产最负盛名。习惯上将起泡葡萄酒称作香槟酒。事实上只有在法国香槟地区用专用的葡萄品种，以固定的工艺规程酿制的含二氧化碳的白葡萄酒，才能称为香槟酒。此外含二氧化碳的葡萄酒只能称作起泡葡萄酒。香槟酒的酒精度，一般在11%～15%（体积分数）。按其含糖分的多少有绝干酒、干酒、半干酒和甜酒之分。

香肠 sausage 以畜肉为原料，经腌制、加工、调味制成的食品。古老的肉食加工产品之一。可以是经过加工的半成品，也可以是直接食用的成品。各种香肠的配料与加工工艺各有特色，制品也各具风味。如中国广东香肠，又称腊肠，用上等的猪前、后腿为原料（瘦肉用量约占70%，肥肉约占30%），配料有精盐、砂糖、上等白酒、酱油、亚硝酸钠等。生产过程是先将瘦肉绞碎，肥肉切成丁状，两者混合，加入腌制剂和配料拌和均匀，然后灌肠扎结，串挂晒干，进入烘房进行烘烤，温度约50℃，时间24小时，包装后即为成品。

国际上香肠生产和消费量很大，品种与风味与中国香肠差别很大。生产过程是将猪肉经过处理后切成条状，按一定配比加入食盐、亚硝酸钠、砂糖等辅料进行腌制，加入香料、淀粉、冰等进行斩拌，制成肉糜状态，直接装入肠衣中，再经烟熏、预煮或烘烤，即为香肠成品。

香豆素 coumarin 分子式$C_9H_6O_2$。以与葡萄糖结合的形式存在于圭亚那黑香豆中，也存在于甜苜蓿和其他植物中。无色棱状晶体，具有新割干草的特有气味；熔点71℃，沸点301.7℃；溶于乙醇、氯仿、乙醚，不溶于水，较易溶于热水。对光敏感，易生成二聚体。香豆素的衍生物中有些存在于自然界，有些则通过合成方法制得；有的游离存在，有的与葡萄糖结合在一起，其中不少具有重要经济价值。例如双香豆素，其化学名称为3，3′－亚甲基－双（4－羟基香豆素），过去由甜苜蓿植物腐败而析出，后来用人工合成，可用作抗凝血剂。异香豆素是香豆素的同分异构体，为板状晶体；熔点47℃，沸点285～286℃（719毫米汞柱）；可以水蒸气蒸馏。以异香豆素为母体，也构成一大类衍生物，有些具有生理活性。香豆素可用于制造香料，也是制造多种其他化学品的基本原料。它和香兰素一起可用于糖果、糕点的调味。在镀锌（或镉、镍）的电镀液中加入香豆素，可减少镀层起孔，增加光亮度，在激光染料中也有应用。

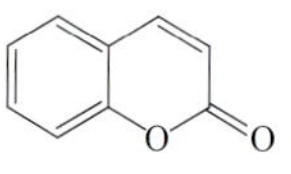

香豆子 *Trigonella foenum-graecum*; fenugreek 豆科胡卢巴属的一种。一年生草本植物。又称胡卢巴、香草。为绿肥作物。原产亚洲西南部，现分布于欧洲南部和亚洲北部。中国以西北地区栽培较早，江淮流域以及东北、华北、西藏等地区也有种植。

根系分布于30厘米土层，主根、侧根均生根瘤。株高70～100厘米。分枝轮生于主茎四周。叶具三小叶，中间小叶呈倒卵形。总状花序，花黄色。荚果细长，种子矩圆形。性喜冷凉，宜在早春和秋季播种，不耐干旱、盐碱，耐阴性也差。中国一般早春在稻田插秧前播种或与中耕作物套种，秋季在作物收后的茬地上播种，全生育期90～100天。如土壤水肥条件良好，每公顷可年产鲜草20～30吨，种子1 500～2 300千克。可用作牛的饲草。茎、叶和种子均含有芳香油，可提取作香料。

香榧 *Torreya grandis*; Chinese torreya/grand torreya 红豆杉科榧属的一种。常绿乔木。又称榧、玉山果。此属有7个种，分布在东南亚及北美。中国除香榧为常见的栽培种外，尚有巴山榧、长叶榧、云南榧和引自日本的油榧。香榧树高15～25米。枝条轮生，小枝近对生。叶片二列，线状披针形，质坚硬，叶背有两条白色气孔带。雌雄异株。种子卵形，核果状，有肉质假种皮、骨质外种皮和膜质内种皮。作为果树栽培的品种有10余个，以香榧、芝麻榧味美质脆而香，品质最优。性喜温暖湿润，忌强烈日光，不耐旱涝。以年平均温度16～17℃、平均年降水量1 600毫米左右的半阴丘陵谷地最适生长。常采用皮下接或切接法繁殖。用实生大砧木嫁接后五六年开始结果，约15年可达盛果期。种子胚乳中含油量一般高达51%左右，可炒食，但不宜生食。在中医学上有化痰、消痔、驱除肠道寄生虫等功效。也作造林树种栽培，常与松、杉等混生。

香附子 *Cyperus rotundus*; nutgrass flatsedge 莎草科莎草属的一种。多年生草本植物。又称回头青、紫香附子。广泛分布于北纬45°以南的温带和热带地区，中国华南、华东、华中、西南、西北普遍存在。此属300余种，中国约有35种。

株高15～95厘米。须根，根状茎较长，块茎椭圆形，有香味。茎散生，三棱形。叶鞘棕色，常裂成纤维状。长侧枝聚伞花序，小穗条形，紫红色。小坚果倒卵形，有三棱。喜光、耐旱不耐阴。种子与块茎都能繁殖。是为害旱地作物和经济林木的杂草。块茎入药，称香附，有行气解郁、调经止痛作用。

香港 Hong Kong 地理上包括香港岛、九龙和新界。见香港特别行政区。

香港大学 The University of Hong Kong 中国综合性大学。校址在香港。前身为1887年创办的香港西医书院。1911年建立香港大学，始设医学院及工程学院。翌年正式招生。1912、1939年先后成立文学院和理学院。1951年设立建筑学院，1958年并入工程学院。1976～1989年相继设立了社会科学院、法律学院、牙医学院等。设有建筑、文学、经济及工商管理、李嘉诚医学、牙医、工程、教育、法律、理学、社会科学等学院及研究生院、专业进修学院（校外课程部）。有培养学士、硕士和博士的教学体系。

香港岛 Hong Kong Island 俗称港岛。位于中国香港特别行政区南部，珠江口东南侧，北邻九龙半岛。中国南方重要出海门户，也是世界著名商港。秦属南海郡番禺县，东晋属宝安县，唐属东莞县，明清属新安县。鸦片战争时期，清廷与英国侵略者签订《南京条约》割让此岛。宋代以后岛为南粤香料集散地，运香料出口之地称香港村，香港岛之名源于此。

岛呈东西走向，长15千米，宽11千米，岸线长84.25千米，面积75.97平方千米。地势高峻，山峦起伏，主要山峰有15座，最高峰扯旗山（太平山）居西北部，海拔552米，山间多狭长谷地。鹤嘴半岛、赤柱半岛、深水角由北向南突出入海。表层为赤红壤，植被茂密，多为林地。属南亚热带海洋性气候，年平均气温22.5℃，年降水量2 000～2 200毫米。3～4月多雾。夏季多台风。岛岸曲折多湾，四周岛屿较多，水道纵横交错。附近水域盛产真鲷、蓝圆鲹、鱿鱼等。

香港岛为香港地区政治、经济、交通中心，分设中西区、湾仔区、东区、南区，居民多集中于北部沿岸的香港市区。商业繁荣，有"东方百货总汇"和"购物者的天堂"之称。有香港国际机场、世界上最优良的天然海港之一**维多利亚港**。还是亚太地区旅游中心。著名游览地有山顶公园、海洋公园、迪斯尼乐园、浅水湾海滩公园、香港仔、扯旗山、跑马场等。主要古迹有大浪石刻和铜锣湾天后庙。

香港电影 cinema of Hong Kong　中国电影的重要组成部分。香港是中国最先接触电影的地方。1896年，卢米埃尔兄弟派技师到此放映影片并拍摄风光素材。1909年，上海亚细亚影戏公司在香港拍摄了影片《瓦盆伸冤》。1913年，**黎民伟**创办了香港第一家制片机构——华美影片公司，摄制了短故事片《庄子试妻》。1923年，黎民伟和他的兄弟组建民新影片公司，拍摄了《中国国民党全国代表大会》、《孙中山先生北上》等新闻片和香港第一部长故事片《胭脂》（1925）。1930年，联华影业制片印刷公司在香港成立。从1913年到1930年，是香港电影的"萌芽时期"。此期一共生产了十多部无声电影。从1930年到1941年香港沦陷，构成香港电影的成长期。1933年出现有声影片《良心》。此间成立了大观、南粤等50多家粤语制片公司，共生产了550多部影片。这些影片大部分是平庸、色情的商品，但也有不少宣扬爱国主义的作品。七七事变后，"华南电影界赈灾会"成立，创作了《最后关头》、《血肉长城》、《大义灭亲》等抗战题材影片。上海失陷后，一批电影工作者转移到香港，与香港电影工作者团结合作，拍摄了大量抗日题材的作品，如《血溅宝山城》、《孤岛天堂》（图1）和纪录片《广州抗战记》、《西北线上》以及由全体电影工作者义拍的影片《最后关头》等。其他题材的代表作有反映社会现实的《铁骨兰心》、《人海泪痕》，历史片《岳飞》、《洪承畴》，侦探片《夜半枪声》，民间故事片《斩龙遇仙记》和第一部粤语片《泣荆花》等。

图1 《孤岛天堂》剧照

1941年12月至1945年8月，香港被日本帝国主义者侵占。这个阶段香港电影制片事业完全停顿。抗日战争结束后到1949年，是香港电影的复苏期。该时期成立了大中华影业公司、永华影业公司等制片机构，共生产影片440多部。较有影响的是《同病不相怜》、《三女性》、《风雪夜归人》、《正气歌》等。

1950年到1966年是香港电影的繁荣时期，先后成立了一批进步制片公司，如长城电影制片有限公司、新联影业公司、中联电影企业有限公司等，使香港影坛朝气勃勃。其中永华影业公司、邵氏兄弟（香港）有限公司与长城电影制片有限公司鼎足而立，成为当时香港三家最大的制片机构。这个时期生产影片4 000多部，年平均出品200多部，最高的1961年达300部。**粤剧**戏曲艺术片最流行，深受观众欢迎的粤剧演员任剑辉、芳艳芬、**红线女**、**马师曾**等经常主演这类影片。武侠片也风靡一时，最著名的是以广东民间传说英雄人物黄飞鸿的故事为题材的影片集。这一时期的故事片多以家庭伦理道德题材为主，代表性作品有《父母心》、《寸草心》、《慈母泪》等。在国内外都有很大影响的作品有《一板之隔》和《阿Q正传》、《四千金》和《江山美人》（分获第5届、第6届亚洲影展最佳影片）以及《绝代佳人》等。著名的电影艺术家有吴楚帆、白燕、**朱石麟**、**李翰祥**、**夏梦**、林黛、李丽华等。

1967年到1978年是香港电影的转型时期。香港电影逐渐脱离社会写实传统，发展出完全以娱乐为目的的新派功夫武侠片、功夫喜剧、小市民喜剧、社会奇案电影、黑社会电影等类型电影。新派功夫武侠片的代表作有《大醉侠》（胡金铨导演）、《独臂刀》（张彻导演）以及李小龙主演的《唐山大兄》、《精武门》、《猛龙过江》、《龙争虎斗》。**李小龙**建立起的英雄暴力美学，在西方掀起"功夫热"。功夫喜剧的代表人物是洪金宝和**成龙**。洪金宝自导自演了《三德和尚与舂米六》，成龙主演了《蛇形刁手》与《醉拳》。

图2 《喋血双雄》剧照

1979年至今，是香港电影发展的多元化创作时期。其主要特征是多种多样的类型电影发展成熟，形成了多元化的创作格局。

1979年，香港影坛兴起**新浪潮**运动。新浪潮电影的代表作品有**许鞍华**的《疯劫》、**徐克**的《蝶变》、方育平的《父子情》、章国明的《边缘人》、关锦鹏的《胭脂扣》、程小东的《倩女幽魂》、王家卫的《旺角卡门》等。这些影片在技术、影像风格上都有突破和创新，而且蕴涵浓厚的人文色彩，贯穿着创作者对社会人生的思考。

多元化时期香港的制片机构主要是邵氏兄弟公司、嘉禾电影机构、新艺城公司、银都机构、第一机构等，每年生产影片100余部。电影的主要类型有：①武打片。武打片分**功夫片**，如李连杰主演的《少林寺》、徐克导演的《黄飞鸿》系列、《新龙门客栈》；枪战片如麦当雄导演的《省港奇兵》；警匪片如成龙自编自导自演的《警察故事》（1985），吴宇森导演的《喋血双雄》（图2），刘伟强导演的《无间道》系列（2003）等；黑帮片如**吴宇森**导演的《英雄本色》。②喜剧片。分为武打喜剧，如已成为经典的成龙电影、许冠文的《摩登保镖》、麦嘉的《女皇密令》等；无厘头喜剧，以周星驰为创作中坚，代表作如《武状元苏乞儿》、《唐伯虎点秋香》、《大内密探零零发》、《功夫》等；社会生活喜剧，如张坚庭执导的《表错七日情》、杜琪峰导演的《八星报喜》、刘镇伟导演的《大话西游》等；鬼怪喜剧，如刘观伟导演的《僵尸先生》、陆剑明导演的《天官赐福》、黎大伟导演的《富贵开心鬼》等。③其他类型影片。如文艺片《倾城之恋》、《等待黎明》、《红玫瑰白玫瑰》，爱情片《最爱》、《新不了情》、《甜蜜蜜》等，写实片《香港制造》、《千言万语》、《榴莲飘飘》、《人民共厕》等，历史片《垂帘听政》、《火烧圆明园》、《西楚霸王》等，传记传奇片《阮玲玉》、《中国最后一位太监》等。

这个时期出现了一批光彩熠熠的明星，他们是成龙、周润发、李连杰、张国荣、刘德华、梁朝伟、周星驰、张曼玉、梅艳芳、杨紫琼等。也成就了一群各具特色的导演，主要有王家卫、吴宇森、成龙、关锦鹏、许鞍华、陈果、张之亮、舒琪等。

香港国际机场 Hong Kong International Airport 中国香港特别行政区机场。因香港启德机场经过70年的发展，到20世纪90年代初旅客吞吐量逾2 000万人次，且机场位于人口稠密区，无法扩建，香港政府决定在离香港市中心25千米以外的赤鱲角和榄洲岛建设新的国际机场，以及与此有关的青屿干线、高速铁路等10项工程，总投资1 553亿港元，其中机场工程500亿港元。建造工程于1992年正式展开，1998年7月6日竣工启用。机场面积12.55平方千米。有两条跑道，长3 800米，双向起降。机场最终吞吐能力达每年8 700万人次，货运量每年900万吨。机场客运大楼2座总面积55万平方米。机场拥有全球最先进的空中交通管制系统和飞行数据处理系统。货运量居世界民航机场的前列。

香港国际机场停机坪

香港恒生股价指数 Hong Kong Hangseng Index 由中国香港恒生银行于1969年11月24日开始编制并公布的股票价格指数。简称恒生指数（HSI）。它选择最具代表性，占香港上市股票市值70%的33种成分股，以1964年7月31日为基期，采用修正的加权综合法计算，基期值为100。为使成分股更具代表性，准确反映股市变动，先后进行过10次调整。2005年12月的指数是以1984年1月13日收盘指数975.47点为新基期数，包括4种金融业股票、6种公用事业股票、9种房地产股票及14种工商业股票。这些股票分布在香港的主要行业，代表最具实力和有代表性的大公司，市值占香港所有上市公司总市值的70%。

香港话剧团 Hong Kong Repertory Theatre 中国香港特别行政区职业话剧团体。成立于1977年，是香港规模最大、历史最久的专业剧团。初建时钟景辉任艺术总顾问。1983年起杨世彭、陈尹莹等先后任艺术总监。其宗旨是推广粤语话剧及鼓励香港话剧人士参与工作。1977年8月开始首季公演，到2007年演出逾240个剧目，如中外名剧《哈姆雷特》(改名《王子复仇记》)、《罗密欧与朱丽叶》、《莫扎特之死》、《日出》、《太平天国》，以及当地编导创作的《窦娥冤》、《西太后》、《青春的价值》等剧。剧团致力于向观众介绍西方各戏剧流派的新观念、新技法，进行各种舞台实验和小剧场演出；同时鼓励本地作者创作反映现实生活的剧目。

香港回归 Hong Kong's Return to the Motherland 1997年7月1日中国政府对香港恢复行使主权，香港回归祖国的历史事件。

香港自古以来就是中国领土的一部分。1840年英国发动侵略中国的鸦片战争，于次年占领香港。1842年清政府被迫与英国签订《南京条约》，割让香港岛。1856年英法两国对中国发动第二次鸦片战争，1860年强迫清政府签订《中英北京条约》，强行割走九龙半岛界限街以南。1898年，英国又迫使清政府签订《展拓香港界址专条》，强行租借九龙半岛界限街以北、深圳河以南的大片中国领土及附近岛屿。清政府被推翻后，中国历届政府从未放弃通过外交途径收回香港的要求。中华人民共和国建立后即宣布不承认历史上帝国主义强加给中国人民的不平等条约，当时考虑到国际形势及国内建设需要，决定暂不收回香港，对香港采取“长期打算，充分利用”的方针，使香港成为中国与西方国家保持联络的一个通道，为中国的建设和外交服务。

1979年3月29日，邓小平会见香港总督麦里浩时提出：要用“一国两制”的办法解决香港问题。解决香港问题的时机渐趋成熟。1982年英国首相撒切尔夫人访华，中英两国开始为期两年的香港问题谈判。1984年12月19日，中英两国政府在北京正式签署《中英关于香港问题的联合声明》，宣布中国将于1997年7月1日起对香港恢复行使主权；设立直辖于中央人民政府的香港特别行政区；香港特别行政区除外交、国防外拥有高度的自治权，现行的社会、经济制度不变，生活方式不变。随后，全国人民代表大会根据“一国两制”、“港人治港”和高度自治的原则，起草并通过了《中华人民共和国香港特别行政区基本法》。按照中英联合声明和基本法的原则，中国政府排除各种阻力，有条不紊地进行香港回归的准备工作。

1997年6月30日，江泽民主席发布中国人民解放军驻香港部队进驻香港的命令。同日，江泽民率中国政府代表团抵达香港，出席中英香港政权交接仪式。6月30日午夜至7月1日凌晨，中英香港政权交接仪式在香港会议展览中心举行。中华人民共和国国旗和中华人民共和国香港特别行政区区旗在香港升起。江泽民代表中国政府庄严宣告：“中国政府对香港恢复行使主权。中华人民共和国香港特别行政区正式成立。”交接仪式后，举行了中华人民共和国香港特别行政区成立暨特区政府宣誓就职仪式，香港特别行政区首任行政长官董建华和第一届政府主要成员宣誓就职，李鹏总理宣布《中华人民共和国香港特别行政区基本法》从7月1日起实施。与交接仪式进行的同时，中国人民解放军驻香港部队1997年7月1日零时整接管了香港防务。当天，香港特别行政区成立庆典、庆祝香港回归招待会和首都各界庆祝香港回归祖国大会分别在香港会议展览中心、北京人民大会堂、北京工人体育场举行。香港回到祖国怀抱，结束了香港被英国统治一百多年的屈辱历

中英香港政权交接仪式

史，是世界和平与正义的胜利，也是用“一国两制”方式解决历史遗留问题和国家争端的范例。

香港汇丰银行集团 Hong Kong and Shanghai Banking Corporation; HSBC 中国香港英资银行之一。全称香港上海汇丰银行。1865年在香港注册成立，业务活动以香港、上海为重点。中华人民共和国建立后，汇丰的业务撤出内地，开始以香港为总部，仅在上海保留1个办事处。20世纪50和60年代，汇丰银行在香港努力扩大势力，积极向东南亚、南亚和中东渗透。70年代又开始向欧美和大洋洲扩展，至70年代末已发展成为国际性的大银行。1999年12月发行的港币钞票占全港发行额的65.1%。按股本排列已跻身世界10家最大银行之一。90年代初迁册伦敦。2001年12月29日重返上海，成为上海银行的外资股东。已在全球82个国家和地区共设有约1万个分行及办事处，是世界上规模最大的银行和金融服务机构之一。

香港科技大学 Hong Kong University of Science and Technology 中国理工科高等学校。校址在香港。1991年正式建校并招生。设有理学、工程、工商管理、人文和社会科学等学院。建有先进制造、生物技术、香港电讯信息技术、环境及持续发展、集成微系统、纳米科技、物流与供应链管理等研究所及研究中心。有培养本科生和研究生的教学体系。

香港特别行政区 Hong Kong Special Administrative Region 中国特别行政区。简称港。又称香江、香海。位于中国南部，南海之滨，珠江口东侧，深圳市之南。包括香港岛、九龙和新界。西隔伶仃洋与澳门相望，距广州市约130千米。地处世界航道要冲，中国进出南海门户，远东自由港，亚洲和太平洋地区贸易、航运中心和国际金融中心之一。面积1 104平方千米。特别行政区政府驻香港岛中西区。根据《中华人民共和国香港特别行政区基本法》，香港实行“一国两制，港人治港”，现有的经济、法律和社会制度最少保持50年不变。除国防和外交事务属中央人民政府管理外，享有高度自治。香港特别行政区设中西区、东区、九龙城区、观塘区、南区、深水埗区、湾仔区、黄大仙区、油尖旺区、离岛区、葵青区、北区、西贡区、沙田区、屯门区、大埔区、荃湾区、元朗区18个区。根据《中华人民共和国香港特别行政区基本法》有关规定，以上各区只设立非政权性地区组织。人口709.76万(2010)，人口密度为每平方千米6 429人。80%的人口集中于背山面海的狭长地带，人口密度极高。98%的居民为中国同胞，以广东籍居多。居于香港的外籍人士主要来自菲律宾、印度尼西亚和加拿大等国。香港男性平均寿命为77岁，女性为82岁，是世界平均人口寿命最长的地区之一。

建制沿革 公元前4000年左右，已有使用新石器和陶器的中国先民在此居住。秦属南海郡番禺县。晋属宝安县。唐属东莞县。从宋至明，中国内地居民迁居香港者日众。明末清初，香港岛上的香港村已成为广东省东莞等地所产沉香的出口要地。明、清归广东省新安县（今深圳市）管辖。1842年英国殖民者强迫清政府签订《南京条约》，侵占香港岛。1860年再次迫使清政府签订《北京条约》，割去九龙半岛界限街以南的部分（即九龙）。1898年又迫使清政府签订《展拓香港界址专条》，强行租借九龙半岛深圳河以南、界限街以北的“新界”(内九龙城管辖权仍属中国)，租期99年。历史上遗留下来的香港问题，经过中英两国政府的反复谈判得到了圆满解决。1982年英国首相撒切尔夫人访华，中英双方同意通过外交途径进行有关香港前途问题的谈判。1984年12月19日中英两国政府正式签署《中英关于香港问题的联合声明》。1985年5月27日两国政府在北京交换批准书，联合声明立即生效。中国政府于1997年7月1日对香港恢复行使主权，设立中华人民共和国香港特别行政区，英国政府在同日将香港交还中国。

自然条件 地处亚热带，气候温暖湿润。南临南海，有得天独厚的渔业生产环境。

图2 紫荆花广场

香港地区覆盖着古生代、中生代、新生代的岩层，为大陆地层和山脉的延伸部分，82%以上的地区为海拔50米以上的山地丘陵。九龙和新界地势大体为中高周低，以957米的大帽山（又称大雾山）为起点，构成东北—西南向华夏式山脉向各方延伸，直至海面。香港岛是一个陡峭的岩岛，以东西走向的丘陵为主，南北窄，地势高峻，最高峰扯旗山海拔552米。北部维多利亚湾沿岸有一条狭长的低平地。街道、马路随地形和等高线而建，蜿蜒于绿树丛中，景色优美。香港岛和与之隔海对峙的九龙半岛南端是香港的中心地带。香港地区拥有大小岛屿230多个，海岸线绵长曲折（其中岩岸占70%以上），多海湾、岬角、半岛和岛屿。在众多岛屿中，以大屿山为最大，约为香港岛的2倍。天然植被和人工植被茂盛，景致优美。矿产有铁、钼、铅、建筑石料等。

香港属南亚热带海洋性季风气候。每年10月至翌年4月多东北风，干燥寒冷；5～9月多西南风，炎热潮湿。年平均气温22℃。最高气温36.1℃，最低气温0.0℃。平均年降水量2 214.3毫米，多雨年份可超过3 000毫米。夏秋常受台风侵袭。

经济概况 香港100多年的经济是基于优越的地理位置、独特的天然良港和免

图1 香港特别行政区鸟瞰

税自由贸易而发展起来的。经历了1841～1945年从开埠到转口港形成时期，1946～1950年经济恢复时期，1951～1970年从转口贸易到“工业贸易”过渡时期。20世纪70年代以后工业生产从低档、劳动密集型，向高档技术密集型转变，经济高度发展。90年代末，受世界金融危机的影响，香港经济出现衰退，处于低潮。21世纪初，香港经济开始恢复，走向稳定发展。进出口贸易增长迅速，旅游业旺盛，航运业表现优异，金融市场平稳，财政状况稳健。香港保持了国际尤其是亚太地区的贸易、金融、交通、旅游中心及亚洲会议中心的地位。经济结构以贸易为基础，制造业、金融、房地产、旅游等多元化发展。香港奉行自由贸易，法治体制历史悠久，规章条文透明度高，税率低而明确，是全球输出服装、钟表、玩具、电脑、游戏机、电子等轻工业产品的主要地区。香港特别行政区成立以来，香港生产总值平均每年的增长速度超过了世界经济平均增长速度。

内地是香港最大的贸易腹地，也是香港转口货物的最大市场和最主要来源地，香港约有90%的转口货物是来自内地或以内地为目的地。香港是内地，特别是华南的主要服务中心，为内地提供多元化的金融和其他商业支援服务。香港还是进入内地经商和旅游的大门，客轮、航班、列车等穿梭内地和香港两地。

香港工业以制造业为重点，包括纺织、服装、塑料、电子、食品、饮料、皮革、制鞋、木材、家具、造纸、机械、钟表、交通工具、光学制品及非金属矿产品加工等。重工业主要有普通机械、造船、修船、钢铁和水泥等，所占比重很小。工业所需原料和燃料全依赖进口。工业原料主要从日本和中国大陆进口，加工后的工业产品约90%出口，主要销往美国和西欧等地。

20世纪中期以前，香港以耕种为生者甚众，农业以水果、蔬菜、花卉和禽畜饲养业为主。但随工业发展，农田被大量占用，耕地已不及全港土地面积的1/10，农民和渔民则不及总人口的1%。蔬菜种植及禽畜业逐渐取代了传统的稻米生产。粮食、生猪、菜牛、鸡、鸭、鹅和塘鱼等鲜活产品长期以来主要靠内地提供，或者进口。

香港的海陆空交通都很发达。粤港之间陆上客货运输主要靠广九铁路，次为文锦渡、沙头角和落马洲汽车通道。香港岛和九龙半岛之间建有可通汽车的多条海底隧道。香港的城市交通也相当发达。香港国际机场是世界上最繁忙的机场之一。全球各大航空公司都有航班飞往香港。香港以其优良的港口而闻名于世。其中，以外运和集装箱码头为主的**维多利亚港**是全球最繁忙海港。港澳码头和客运码头，沟通香港与澳门、广州及内地20多个港口的客货航运。

文教科技　香港是东西方文化的交会地。中文和英文同属香港的法定语言。政府机关、法律界和商界等均广泛使用英文。香港不乏受过良好教育且精通双语甚或三语（即英语、广东话和普通话）的专才。

教育是公共开支中的最大项目，预算开支约占政府开支总额的1/5。香港提供九年免费普及基础教育。凡年龄6～15岁的儿童，均可免费入学。香港有11所颁授学位的高等教育院校，包括香港中文大学、**香港大学**、香港理工大学、香港科技大学、香港城市大学、香港浸会大学、岭南学院、香港教育学院、香港树仁学院和**香港演艺学院**等。

香港是世界主要的印刷及出版中心，有4 000余家从事印刷或出版的机构。香港的公立图书馆经常跻身世界最高读者数目的行列。

康乐文化为香港市民提供丰富的生活。政府鼓励自由创作，促进艺术多元化发展。同时办各类型的文化康乐活动，包括香港艺术节、香港国际电影节、国际综艺合家欢、秋季专题艺术节、灯饰大汇和花卉展览。

名胜古迹　香港具有众多的亚热带风光景观。从香港岛的太平山顶，可鸟瞰维多利亚港及两岸的城市风光。名胜主要有“香火最旺处”的黄大仙祠，号称九龙半岛“市肺”的九龙公园，世界最大展览馆之一的香港会议展览中心，世界上最高最大的露天释迦牟尼青铜像天坛大佛，最古老的西式建筑茶具博物馆，香港最大的户外公园维多利亚公园，以及青马大桥、海洋公园等。

香港演艺学院　Hong Kong Academy for Performing Arts　中国香港地区高等艺术院校。成立于1984年。1992年经由香港学术评审局评核而获得学位颁授资格。下设舞蹈学院、戏剧学院、电影电视学院、音乐学院和科艺学院。学校注重理论与实践紧密结合的原则，以期逐步提高学生的修养和能力。为提高教学质量，学院多方延聘国际、国内优秀教师，不断投资增添先进的教学设施。经过多年的努力，已培养了一批专业和业余的演艺人才。

香港渣打银行　Hong Kong Standard Chartered Bank　中国香港主要的英资大财团之一。原名印度新金山中国汇理银行。1853年成立于伦敦，J.威尔逊创办。1859年在香港开设首家分行，1862年获港府批准为发钞银行之一。1969年改名渣打银行。1970年与总行设于伦敦的标准银行合并，成立标准渣打银行。香港渣打银行始终在香港金融体系中占有重要的地位，与汇丰银行、**中国银行**同为香港的三家发钞银行，发钞量约占香港总发钞量的10%左右。2004年2月香港渣打银行开始在香港经营人民币业务，开创香港银行界一个里程碑。

香港中文大学　Chinese University of Hong Kong　中国综合性大学。校址在香港。1963年建校，由新亚书院、崇基学院、联合书院合并组成。1986年增设逸夫书院。设有文学、工商管理、教育、工程、理学、医学、社会科学等学院，以及十多个研究所。有培养学士、硕士和博士的教学体系。

香格里拉县　Xianggelila County　中国云南省迪庆藏族自治州辖县。自治州人民政府驻地。位于省境西北部。邻接四川省。面积11 613平方千米。人口17万（2010），有藏、汉、纳西、傈僳等民族。明代称忠甸，隶属丽江府。清乾隆二十二年（1757）设中甸抚夷同知。1913年改设中甸县，2001年更名为香格里拉县。地处横断山脉著名的高山峡谷地带，中为大小中甸坝。属寒温带高原气候。矿产资源有钨、铅、锌、金、银、硅、钼、大理石等。农业因受山高谷深形成的立体气候影响而具有立体农业特征。高寒山区以发展青稞、燕麦、荞麦和马铃薯等为主，山区和半山区主产玉米、小麦、马铃薯等及野生食用菌、松茸等特产。河谷坝区产水稻、小麦、豆类等。中甸坝区建有郁金香花卉生产基地。畜牧业以牛、马、羊、猪等为主。工业有毛纺、采矿、冶炼、木材加工、酿造、皮革等。滇藏公路通过县境。名胜古迹有三江并流风景名胜区、虎跳峡、长江第一弯、碧塔海、鸡公石、白水台、天生桥、松赞林寺等。

云南香格里拉草甸

香菇　*Lentinus edodes*; shii-take　口蘑科香菇属的一种。食用菌。又称香蕈。中国香菇产量居世界前列。

营养器官为色白而浓密的菌丝体；繁殖器官为能产生大量有性孢子（担孢子）的子实体，即食用部分。菌盖扁半球形，表面褐色，菌褶白色。菌柄筒状或稍扁，白色，内实，纤维质。由于香菇为木腐性真菌，靠分解吸收枯木中的养料生存。栽培时多用壳斗科树种或枫香树等截成1～1.2米长木段作材料，称段木栽培，俗称“棒栽”。

香菇营养丰富，香味浓郁。含有较多的蛋白质和各种氨基酸以及维生素如硫胺素、核黄素、烟酸和维生素B_{12}等。所含麦角甾醇，是维生素D原。除供食用外，兼具较高的医疗价值。长期食用对预防高血压、心脏病和婴儿佝偻病有益。所含多糖体对某些肿瘤有抑制作用。

香瓜茄 *Solanum muricatum*; melon pear 茄科茄属的一种。多年生小灌木，常作为一年生蔬菜栽培。又称香艳茄、人参果。原产南美洲。中国广东、四川较早引进，山东、河北有栽培。

根系发达。株高80～100厘米，茎基部木质化，多分枝。叶长卵形，互生。聚伞花序，两性花。浆果，卵圆或宽圆锥形。种子扁圆形，黄至黄褐色。喜温和气候，不耐霜冻。喜光，较耐旱，不耐涝。一般行种子繁殖，也可扦插繁殖。

香瓜茄富含钾，且含有钼、钴等矿物元素，对防癌及防心血管栓塞有一定功效。可生食、凉拌、炒食或制作保健饮料。

香花石 hsianghualite 硅酸盐矿物，化学组成为$Li_2Ca_3[BeSiO_4]_3F_2$，晶体属等轴晶系。因发现于中国湖南香花岭而得名。晶体呈球粒状，小者粒径0.2～2毫米，大者粒径5～

7毫米；粒状集合体。无色、微带黄的乳白色。透明。玻璃光泽。莫氏硬度6.5。性脆。密度2.9～3.0克/厘米^3。是花岗岩与石灰岩接触交代的产物，接触带中有含铍的绿色和白色两种条纹岩，香花石晶体产于白色条纹岩中的黑鳞云母脉中，与锂铍石、塔菲石、尼日利亚石、金绿宝石、萤石等共生。

香蕉 *Musa nana*; banana 芭蕉科芭蕉属的一种。多年生大型常绿草本植物。又称牙蕉。热带水果。原产东南亚、中国南部和印度。分布于南北纬30°之间的热带、亚热带地区。主产国有巴西、印度、印度尼西亚、厄瓜多尔和泰国。中国以台湾、广东、福建、广西、云南等地最多。其茎干为黄绿色带紫褐色斑纹的假茎。叶片长大，先端圆钝，柄短粗，有叶翼。穗状花序顶生，花序基部为结果雌花，前端是雄花，中间为中性花。果梗下垂、小果弯曲，果肉黄白色有浓郁香味。根系是地下球茎生出的细长肉质不定根。香蕉可周年结果。生长最适温度24～32℃。其栽培品种多由野生种尖叶蕉和长梗蕉的杂交后代演化而来。全世界约有300个品种。中国南方有大种高把、大种矮把等品种。对土壤要求不严，以避风、光足而有水源处为好。用吸芽及地下茎切块进行无性繁殖。性喜温暖。香蕉果实富含碳水化合物，钾，维生素A、C，糖分多。可鲜食，也可炸食或用以做馅饼和布丁等。茎、叶可加工利用。

香精 flavour and fragrance compound 以天然香料和合成香料为主要原料调配成的具有预定香型的混合物。为了使用和保存的需要，可加入合适的溶剂、载体、色素、防腐剂和抗氧化剂等辅料。

按用途可分为日化香精（日用香精）、食用香精两大类。通常将烟用香精、饲料香精、口腔卫生用品香精划入食用香精范围，而将其他工业产品用香精（如塑料、涂料、纸张、纺织品用香精）划入日化香精范围。

香精中的香料按其作用可分为：①主香剂。赋予香精基本香型特征的原料，代表整个香精香气的主体。②调和剂。大都和主香有相似的韵调，用以调和主体香气的各种成分，使香气和谐。③变调剂。一般由与主香不同韵调的香料组成，用以修饰主体香气，变化香精格调，使整体香气更丰盈、多调，并突出个性。④定香剂。由香气持久、挥发度较低的香料组成，使香精的香气挥发均匀，留香久长。

香气是香精的主要特点。按照在挥发过程中随时间所发生的变化，可分为三类，常用于日化香精：①头香。被最先闻到的那部分香气。蒸气压高、挥发快、香气持久性差的香料常作为头香成分。②体香。又称中段香韵。代表整体的基本特征香气。作为体香成分的香料，其挥发性能和持久度均属中等。③底香。又称尾香。挥发最后阶段的香气。一般可持续数日甚至更长的时间。蒸气压低、不易挥发、香气持久的香料常作为底香成分。

香味（风味）是人们对香精产生的嗅觉和味觉的总和，常用于对食用香精的描述。

香卡 Shankar, Ravi (1920-04-07～) 印度作曲家，西塔尔演奏家。生于贝拿勒斯。从小在其兄指导下学音乐和舞蹈，1930年到巴黎，接触了西方音乐。1935～1942年学习古典音乐和西塔尔，1949～1956年任全印广播电台民族乐团指导，并从事音乐创作。1956年后到世界各国演出和教学。他与小提琴家Y.梅纽因合作举行的西塔尔和小提琴二重奏音乐会，在西方音乐界反响很大。他还与伦敦交响乐团、纽约爱乐交响乐团合作，成功地演出了两首西塔尔协奏曲。他创作有大量西塔尔独奏曲、器乐合奏曲、西塔尔与小提琴或长笛的二重奏曲、舞剧《不朽的印度》和《印度的发现》，以及电影《阿普三部曲》、《查理》、《甘地》等的配乐。著作有《我的音乐，我的生活》、《拉格》。由于他对印度音乐文化所作的贡献，印度总统亲自授予他莲花奖。

香料 flavour and fragrance material 具有令人愉悦的香气和（或）香味，能用于调配香精的有机化合物。按来源有天然香料和合成香料之分；按用途有日化（日用）香料和食用香料之分，但也有兼用的。

天然香料　来自植物、动物或微生物原料的香料。包括从这类原料经酶法或传统的制备工艺（如干燥、焙烤或发酵）加工所得的香料。根据来源通常分为三大类。①动物性香料。较珍贵的、来自动物的香料。主要有麝香、灵猫香、海狸香和龙涎香4种。一般用于日用香精。②植物性香料。来自芳香植物的天然香料。主要有精油（包括果汁精油）、浸膏、净油、油树脂、酊剂、花香脂及香树脂等。③发酵香料。食品原料或动植物材料（不管是处于原始状态或经过食品制备的加工过程）经微生物或酶的作用而生成的有香气和（或）香味的物质。可以是化合物（如发酵法产生的丁二酮、酯、内酯），也可以是混合物（如酶法水解的动植物蛋白、乳香风味料）。主要用于食用香精。

合成香料　指天然等同香料和人造香料。以不同原料通过化学方法制得。主要原料有得自精油的某些成分，其次是石油、煤炭等化工原料，也有一些来自其他行业的中间体。根据化学结构可分为烃、醇、酯、醛、酮、缩醛（酮）、腈、酚、醚、内酯、杂环以及双官能团和含硫化合物等。

香茅 *Cymbopogon*; lemongrass 禾本科香茅属植物的统称。多年生草本植物。重要的热带香料作物。原产东南亚热带地区，现已广泛种植于世界热带、亚热带地区。

植株高60～150厘米，分蘖性强，丛生。基部有残存的叶鞘，叶片线形。圆锥花序，小穗成对，无柄小穗具两性花，有柄小穗只有雄花。香茅喜高温潮湿和阳光充足的环境，以及深厚、肥沃、排水良好的酸性砂壤土为宜。分株繁殖。栽植6个月后开始收获，可连续收获4年。年平均亩产鲜叶500～1 000千克以上（折油5～10千克）。

以茎叶蒸出的油称香茅油，广泛用于配制香皂、香精、香水、香粉、牙膏等日用品。香草醛可加工成羟基香草醛、柠檬醛等，为重要的食品香料。香茅油还具杀菌、消炎、舒筋、活络、止痛等功效。

香农 Shannon, Claude Elwood (1916-04-30～2001-02-24) 美国数学家，信息论创始人。美国国家科学院院士。生于密歇根州盖洛德城，卒于马萨诸塞州梅德福。1936年获密歇根大学理学士学位，1940年获麻省理工学院哲学博士学位。1941～1956年任贝尔电话实验研究所数学研究员。1956年到麻省理工学院任教，先后担任客座教授、教授，1958年后为终身教授。1957～1958年还担任过斯坦福行为科学高级研究中心的研究员。曾获电气和电子工程师学会(IEEE)的诺布尔奖，美国无线电工程师学会的利布曼奖，富兰克林学会的巴兰坦奖章(1955)，美国全国研究协会奖(1956)和哈维奖。

香农在1948年发表《通信的数学理论》和1949年发表《噪声中的通信》的论文奠定了信息论的基础。1949年发表《保密系统的通信理论》，使他成为密码学的先驱。1956年与J.麦卡锡合编的论文集《自动机研究》是自动机理论方面的重要文献。

香芹酮 carvone 分子式$C_{10}H_{14}O$。单环单萜。有特有的留兰香香气的液体。香芹酮有一个手性中心，存在一对对映体。左旋、右旋和消旋的香芹酮在天然界中都有存在。

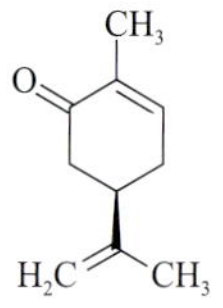

左旋(－)-香芹酮

左旋(－)体的构型为*R*，存在于留兰香等精油中；右旋(＋)体的构型为*S*，存在于莳萝、葛缕子等油中；来自姜油的则为消旋体。香芹酮溶于一般有机溶剂，不溶于水。左旋(－)-香芹酮沸点230～231℃；比旋光度$[\alpha]_D^{20}-60.1$(乙醇)；相对密度0.959(20/4℃)。右旋(＋)-香芹酮沸点230℃；比旋光度$[\alpha]_D^{18}+61.7$(乙醇)；相对密度0.966(20/4℃)。(±)香芹酮沸点231℃。香芹酮可由天然精油精馏后，再经结晶性亚硫酸氢钠加成物分离纯化而得。香芹酮主要用于香精。手性纯的香芹酮，尤其是易得的左旋(－)-香芹酮，也广泛用于手性纯化合物的合成。

香山 Xiangshan; Fragrant Hill 中国北京山林公园。位于西山东麓。面积约150多公顷，最高峰香炉峰海拔557米。园内林木繁茂，泉涌溪流，景色秀丽，以秋季红叶最为诱人。古为皇家禁地，辽开始兴建寺院，金大定二十六年(1186)建大永安寺。元、明各代均在此营建亭榭。清乾隆十年(1745)大兴土木，建筑亭台楼阁，共成28景，号“静宜园”。园内有乾隆御制燕京八景之一

香山红叶

的“西山晴雪”碑。咸丰十年(1860)和光绪二十六年(1900)先后被英法联军和八国联军破坏。20世纪50年代经修缮辟为香山公园。80年代初建成攀登香山主峰“鬼见愁”的空中索道和风格别致的香山饭店。香山名刹碧云寺原为碧云庵，创建于元至元二十六年(1289)。内有清乾隆年间所建金刚宝座塔、五百罗汉堂等。1925年孙中山逝世后灵柩曾暂厝金刚宝座塔内，寺内辟为中山纪念堂，金刚宝座塔有孙中山衣冠冢。附近卧佛寺有元代铸侧卧铜佛一尊，长5米余，是珍贵历史文物。山中还有双清别墅、香山寺、朝阳洞、眼镜湖等名胜古迹。

香山慈幼院 Xiangshan Charity School 中国近代早期幼稚教育机构。院址在北京香山静宜园，1920年10月3日正式建立，前身是1917年11月20日所建的慈幼局。院长熊希龄。主要收容贫孤儿童。主要分5部：①婴儿教保园、蒙养园和家庭总部。婴儿教保园招收4岁前的儿童，蒙养园招收5～6岁的儿童。两园同时也是保育人员的训练场所。家庭总部成立于1934年，即把小学的儿童分成10人一组，每家有一位女管理员。②小学部。学生半天上课，半天劳动，毕业后免费升学。③中学部。包括男子中学、女子中学和男女师范学校，主要是办师范。1930年男子中学停办，改为北平幼稚师范学校。④职业部(农工实习场)。设木工、织染、刺绣等小作坊和农场，为学生提供劳动场所。⑤北平工徒学校。内设5个工厂，是为年龄较大而考不上中学的学生筹谋生计而设。抗日战争全面爆发后，慈幼院在桂林设分院，抗战胜利后停办。先后保育儿童数千人，培养了许多保教人员。1949年后，人民政府接管，迁至阜成门外，现为北京立新学校。

香石竹 *Dianthus caryophyllus*; carnation/clove pink 石竹科石竹属的一种。又称康乃馨。多年生草本植物，原产南欧、地中海北岸、法国、希腊一带。世界各地广泛栽培。茎直立，多分枝，植株高70～100厘米，基部半木质化。整个植株被白粉，呈灰绿色。叶线状披针形，全缘，叶质较厚。花通常单生，聚伞状排列，花冠石竹形，花萼长筒状，花蕾橡子状，花瓣扇形，有香气。喜空气流通、干燥和阳光充足。喜肥，宜于排水良好、腐殖质丰富、保肥性好、微酸性土壤。喜凉爽，不耐炎热，忌连作。通常用扦插、播种或压条繁殖，以扦插为主。是制作插花、花束、花篮、花环、花圈等的好材料。花坛香石竹则是布置花坛的理想材料。

香水 perfume 一种能散发芳香气味的液态化妆品。外观清澈透明如水状，无色或微黄色，香气持久，包装设计时尚。高品质的香水赋香率可达30%，价格昂贵。香水能烘托气氛，调节人的情绪，增加人体魅力。使用香水应注意场合和与衣着的谐调。香水的香型很多，依香调可分为花香型香水和东方幻梦型香水。后者是依调香师的艺术灵感调制而成的非天然型香调。

香水的主要原料包括香精、酒精和纯净水。香水中的香精多选用天然花、果的芳香精油及动物型香料如麝香、灵猫香等。香精是香水的主体，含量一般为10%～20%；酒精作为香精的溶剂，用量可达80%～90%；有时根据需要还可添加微量的色素、抗氧化剂、金属离子螯合剂和表面活性剂等助剂进行调配。香水的配制需依次经过配料混合、储存陈化、低温冷却、加压过滤、调整色泽及酒精含量、质量检验、灌注包装等过程。陈化期一般为3～6个月。

香榭丽舍大街 Avenue des Champs Élysées 横贯法国首都巴黎的东西大干道。东起协和广场，西讫星形广场，全长1 800多米，最宽处约120米。街名在法文中意为田园乐土。这里原是一片低洼潮湿的空地，17世纪路易十四在位时，大加绿化造林，使之成为专供宫廷贵族游乐的禁区。后来由图勒里公园的东西轴线向西延伸，建成近1千米的林荫道，以后又加扩展。1709年正式命名为香榭丽舍大街。1828年由巴黎市政府接管。整个大街以南北走向的隆布万街为界，划分为风格迥异的东西两段：东段长700多米，一排排梧桐树苍翠茂盛，街心花园里鲜花争妍，体现了幽静的田园风光；西段长1 000多米，为人流熙攘的闹市区。大街东端的协和广场上，矗立有埃及卢克索神庙的方尖碑；西端星形广场，有雄伟

香榭丽舍大街街景

的凯旋门。西段林荫道两侧则有巴黎最繁华的百货公司、时装店、大银行、电影院、酒吧间、咖啡馆和夜总会等。大街附近还有波旁宫、图勒里公园、**卢浮宫**、玛德琳娜大教堂、**爱丽舍宫**和市府大厦等名胜古迹。法国的一些重大节日庆典，如国庆阅兵式、新年联欢会等多以这条大街为中心举行。

香叶醇 geraniol 无环单**萜**，分子式$C_{10}H_{18}O$。在自然界以游离**醇**或结合态存在。沸点229～230℃，密度0.889 4克/厘米^3(20℃)。香叶醇的几何异构体称橙花醇，存在于苦橙花油及其他**精油**中，沸点224～225℃(745毫米汞柱)，相对密度0.875 6(20/4℃)。结构式如下：

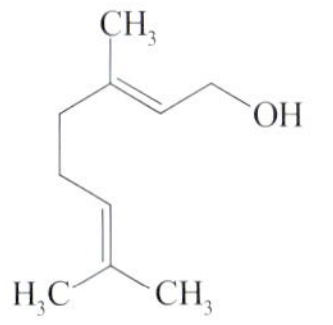

香叶醇

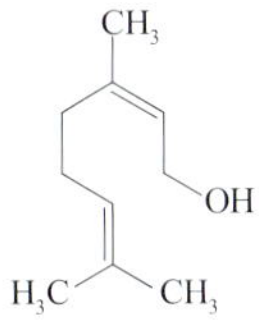

橙花醇

香叶醇和橙花醇在铜催化剂存在下加热，可重排成香茅醛。在真空下将香叶醇和橙花醇蒸气通过铜催化剂脱氢得**柠檬醛**。香叶醇、橙花醇与金属醇化物加热，可发生异构化；用高锰酸钾氧化，主要生成**丙酮**、**甲酸**和乙酰丙酸；与稀磷酸作用，生成消旋**柠檬烯**。天然的香叶醇主要从香茅油分馏得到，并可通过其氯化钙加成物纯化。工业上生产香叶醇，以月桂烯为原料。用α-**蒎烯**为原料，通过芳樟醇可生产高质量的香叶醇。香叶醇和橙花醇在工业上用作香料，也是制造香草醇、香草醛、柠檬醛、羟基香草醛、**紫罗兰酮**和维生素A的原料。

香叶天竺葵 *Pelargonium graveolens*; rose pelargonium 牻牛儿苗科天竺葵属的一种。多年生草本植物。起源于南非洲。中国主要产于云南、四川及上海等地。株高1.5～2米。全株有柔毛和腺毛。叶柄长，叶片心脏卵圆形。伞状花序，花较小，红或淡紫色，4～5月开花。为喜温植物，不耐低温。耐旱，但需较高的土壤水分及空气湿度。耐弱碱土，不喜酸性土。**扦插**繁殖。一般于上一年冬季在温室或温床内育苗。次年晚霜过后定植。应注意防治**蚜虫**和**红蜘蛛**。每年6～7月及10月中旬可各收割一次，多者可收割三四次。得油率为0.1%～0.2%。

用嫩枝叶提取的香叶天竺葵油，可作玫瑰油的代用品，主要用于调制香精，作为食品、香皂和牙膏等的添加剂。

香鱼 *Plecoglossus altivelis*; sweet-fish 鲑形目香鱼科香鱼属的唯一种。因肉有香味得名。又称年鱼、记月鱼、海胎鱼。分布于中国、日本和朝鲜、韩国。中国从辽宁一直到福建、台湾沿海、广西钦州至北仑河都有此鱼。体形细长，侧扁。头小，吻钝尖，吻端向下弯成钩状。口大。眼中等大，

侧上位，眼间隆起。下颌前端左右各有1突起。上下颌有宽扁的细齿，前上颌骨及舌上均有齿。口底在舌的前方有囊形的黏膜皱褶。体被有细小的圆形鳞片，侧线鳞略长。成熟雄鱼鳞上布满细小乳突。脂鳍小，尾鳍分叉。体背部黑绿色，体侧由上半部至下半部逐渐带黄色，腹部银白，各鳍皆呈淡黄色，脂鳍的周围呈微红色，在胸鳍的上方有一块鲜黄色的斑点。

属溯河产卵的洄游性适温鱼类，喜栖息于沿海山溪水质清澈处。在海中以小型浮游动物为食。进入淡水水域以后，常以扁齿和吻钩在水底岩石面上刮取硅藻、蓝藻等，也摄食浮游动物和水生昆虫。8～9月由淡水河流的上游回到中游产卵，卵性黏。寿命一般为1年。肉可食用。中国1980年人工繁殖香鱼取得成功。

厢兵 prefectural army 中国宋代承担各种杂役的军队。北宋初，将各地藩镇的精兵抽调中央，剩余的老弱残兵留在本地，另加新设供劳役的军队，组成厢兵。招募厢兵一般不讲求体质，还有部分厢兵来源于流放的罪犯，**禁兵**武技不合格或者犯法，也可降充厢兵。厢兵在名义上按马兵和步兵，分别隶属侍卫马军司和步军司。各种番号的厢兵一般有都和指挥两级编制，并以指挥为单位，分驻于各州府，或直属某些机构，部分厢兵还有军一级的编制。各州府也往往设置厢兵的马步军都指挥使、副都指挥使和都虞侯，以统辖本州府不同番号的厢兵若干指挥。**宋仁宗赵祯**时，设置“教阅厢军”，实际上是发放厢兵的低等军俸，而作禁兵使用。于是厢兵遂分“教阅”和“不教阅”两部分。**宋神宗赵顼**时，又将教阅厢兵升格为下等禁兵，于是厢兵又成为清一色的役兵。南宋时，厢兵制度并无变化。

厢坊制 township and precinct, system of 中国宋代城市的区划制度。唐代的城市制度是“坊市制”，居民区“坊”与商业区“市”是分开的，四周都筑有围墙，坊、市门按时启闭。随着商业的发展，到北宋初年，坊、市的围墙破坏了，居民区与工商业区不再有区别，凡是向街的地方都可以开设商店。10世纪末11世纪初，一种新的城市制度“厢坊制”代替了原先的“坊市制”。至道元年(995)，**开封城**内设立了左第一厢、城东厢等8厢，这种基层厢代替了坊，成为附郭县直属的基层政权，每个基层厢下属有2～20多个坊。

熙宁三年(1070)，开封城内东、西两部分，划分为两个区，称为“左厢”和“右厢”，办公处称为左、右厢公事所，地位相当县，主要职责为狱讼刑法。从此，附郭县只治理郊区，厢统治城内市区(有时城外市区也归厢统治)，直属于州府，这种城乡分治的制度后来推及全部城市。厢坊制成为城市的一种新的行政区划制度。

湘菜 Xiang cuisine 中国**湖南菜**的简称。

湘方言 Xiang dialects **汉语**重要方言之一。又称湘语，俗称湖南话。中国湖南省有多种方言，湘方言是其中最有影响的一种。主要分布于湖南湘江、资江流域和沅江中游少数地区的56个县市，以及广西北部的兴安、灌阳、全州和资源4县。四川省约45个县市的局部地区也有湘语分布。主要特点是：①不同程度地保留古全浊声母，许多地方〔n〕、〔l〕声母常常混读，部分地方〔f-〕和〔x(u-)〕混读，韵尾〔-n〕、〔-ŋ〕在音系中对立不明显，鼻化韵母较丰富，古入声韵尾多消失，连续变调现象较简单。②有些词语颇能体现本方言特点，如“里手”(内行)；有的词语虽与普通话同形，但在词义宽狭、使用范围等方面却大不相同，如“吃”兼指喝、吸，“伯伯”可用于伯母(女伯伯)。有些词序颇特殊。如长沙话的宾语可以插入可能式内部，放在补语前边，如“对得人住”(对得住人)；有时放在否定词“不”的后边，如“走不路稳”(走不稳路)；宾语可以放在“得”和补语之间，如“吃得药有”(吃药吃得很多)；“很”“净”放在动词后面作状语，如“天天发净脾气”(每天净发脾气)；表示时间、顺序的词可以放在动词后边，如“头”、“后”，

"你走头"(你先走)；全面否定用"不……一……"的句型，如"连不帮一点忙"(一点忙也不帮)。

湘赣边界秋收起义 Autumn-Harvest Uprising in the Hunan-Jiangxi Border Region 土地革命战争时期，中国共产党领导一部分工人、农民和革命军人在湖南、江西两省边界地区举行的武装起义。

1927年4月和7月，国民党内的蒋介石集团和汪精卫集团相继叛变革命，国民党与共产党的革命统一战线彻底破裂，国共两党合作进行的大革命归于失败。中国共产党决定举行南昌起义和发动湖南、湖北、广东、江西等省农民秋收起义，独立进行革命武装斗争。8月7日，中共中央在汉口召开紧急会议，决定实行土地革命和武装起义的方针。会后，指定中央临时政治局候补委员毛泽东及彭公达分别任中央特派员和湖南省委书记，到湖南改组省委，领导秋收起义。

8月中下旬，改组后的中共湖南省委决定组织以长沙为中心，包括湘潭、醴陵、浏阳、平江、岳阳、宁乡和江西安源7个县(镇)在内的武装起义。同时决定以易礼容为书记组成省委行动委员会，领导上述各县农民起义；以毛泽东为书记组成省委前敌委员会，领导聚集在安源、铜鼓、修水地区的党所掌握的武装力量举行起义，并率部在农民起义军配合下夺取长沙。9月上旬，毛泽东到安源、铜鼓，向当地中共组

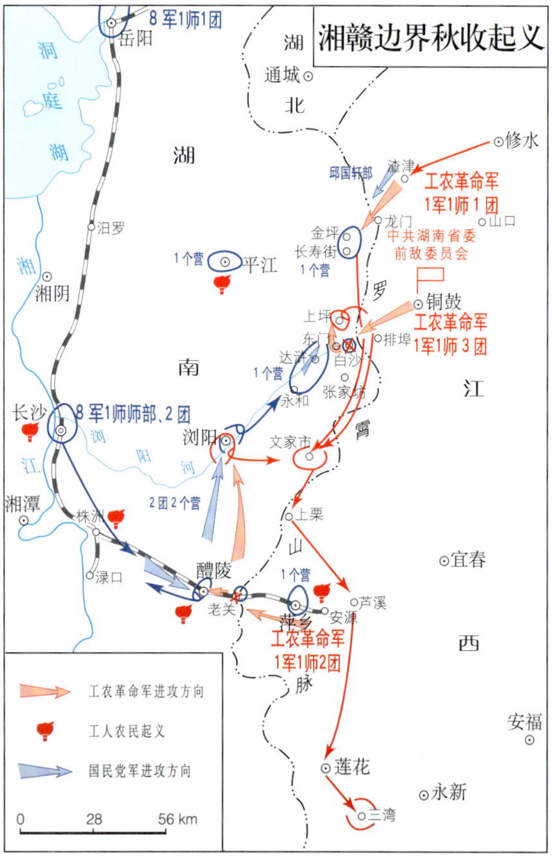

参加湘赣边界秋收起义的部分人员1937年在延安合影

织和各级领导人传达八七会议精神和湖南省委的秋收起义决定，并将边界地区5 000余人的武装力量编为工农革命军第1军第1师，下辖3个团：国民革命军第二方面军总指挥部警卫团大部、平江工农义勇队、湖北崇阳与通城两县农民自卫军合编为第1团；安源工人纠察队、矿警队和安福、永新、莲花、萍乡、醴陵等县部分农民自卫军合编为第2团；以警卫团1个营和浏阳工农义勇队合编为第3团。原警卫团团长卢德铭任总指挥，副团长余洒度任师长，并拟订了分三路向长沙攻击的起义计划。

9月11日，毛泽东率领工农革命军第1军第1师按计划起义。但各团进入湘东北后均遇挫折，毛泽东于17日命令各团转到浏阳文家市集中。19日，工农革命军第3团全部、第1团余部和第2团零散人员到达文家市。当晚，中共湖南省委前委根据毛泽东的意见，决定放弃进攻长沙计划，部队沿湘赣边界南下湘南，寻求发展。

20日，工农革命军撤离文家市向南转移。25日晨，在萍乡芦溪遭到江西国民党军一部袭击，卢德铭牺牲，部队受到重大损失。29日，工农革命军进到江西永新三湾村，所剩已不足1 000人，思想混乱。当晚，毛泽东主持召开前委会议，决定对部队进行改编，缩编为1个团，将中共的支部建在连上，实行民主制度等。三湾改编后，工农革命军进入宁冈古城。毛泽东与当地共产党组织以及井冈山农民武装首领袁文才、王佐取得联系，安置了伤病员。10月中旬，发现湘南国民党军力量强大，原定在湘南求发展的计划不能实现。毛泽东率部于下旬到达井冈山茨坪。此后，在井冈山地区开展游击战争，创建革命根据地。

湘赣边界秋收起义首次公开打出中国共产党的旗帜。这次起义保存的力量，后来成为中国工农红军的骨干之一部分。工农革命军向农村进军，代表着当时中国革命斗争发展的正确方向。

湘江 Xiangjiang River 中国长江中游南岸支流。又称湘水。主源海洋河，源出广西东北部海洋山西麓。于全州附近，汇灌

湘江风光

江和罗江，北流入湖南省，经17县市，在湘阴濠河口分为东西2支，至芦林潭又汇合注入洞庭湖。干流全长856千米，流域面积9.46万平方千米，河源与河口高差460余米，水能蕴藏量521.7万千瓦。主要支流有灌江、潇水、舂陵水、浏阳河等。零陵以上为上游，流经山区，谷窄、流短、水急，汛期多暴雨，枯水期地下水补给占25%左右。零陵至衡阳为中游，沿岸丘陵起伏，红层盆地错落其间。衡阳以下为下游。沿河泥沙淤积，多边滩、心滩、沙洲、汊道和湖泊。河口冲积平原与资水、沅江、澧水的河口平原连成宽广的滨湖平原。湘江流域资源丰富，矿产以煤、铁、锰、铅、锌、铜、锑等为主，湘潭是中国著名的锰矿区。流域内建有欧阳海、千金庙、双牌等大型水库和东江水电站(装机容量50万千瓦)。农副产品以稻、薯、烟、茶为大宗。

湘剧 Xiangju opera 中国戏曲剧种。流行于湖南及江西萍乡、吉安等地。用中州韵、长沙方言演唱。有高腔、低牌子、昆腔、弹腔4种声腔。高腔由弋阳腔逐渐地方化后形成。又受青阳腔和地方音乐的影响，在曲牌中加入大段滚唱，形成"放流"。低牌子是一种曲牌联套体结构的唱腔，唱时用唢呐或笛子伴奏，配以锣鼓。昆腔稍晚于

弋阳腔传入，清初曾一度盛行。清代中叶徽调和汉调流入，湘剧始有弹腔（又称乱弹），称为南北路。同治、光绪年间以后，弹腔成为湘剧的主要唱腔。脚色行当分大靠把（正末）、二靠把（副末）、唱工（正生）、小生、大花脸（大净）、二花脸（二净）、紫脸（重唱的净）、三花脸（丑）、正旦（青衣）、做工旦（花旦）、跷旦（贴，包括小旦、武旦）、婆旦（老旦）等。小生不仅有文巾、罗帽、雉尾、蟒靠之分，而且有穷、文、富、武4种戏路做派。乐队原为文场2人，武场4人。

湘军 Xiang Army 中国晚清时期曾国藩以湘乡练勇为基础，在湖南创建的一支军队。又称湘勇。湘军将领主要是湘乡人，大多是封建儒生，士兵则招募湘乡一带农民。湘军的士兵由营官自招，并只服从营官，上下层层隶属，全军只服从曾国藩一人。曾国藩治军重在思想纪律而不在技术性的教练，使湘军成为一支有力地维护封建统治的军队。湘军分陆军、水师两种。其营制主要采用明代军事家戚继光的“束伍”成法。在武器装备上，湘军不仅向外国采购洋枪洋炮，还自设船厂，仿造新式武器。湘军于1854年初在衡州（今衡阳市）编练建成，共1.7万余人。是年夏，出省作战。以后几年间与太平军在湖北、江西的沿江地区争夺。1858年5月，其精锐李续宾部即深入皖中，气势很盛。至11月间，李续宾及所部6 000余人在庐州（今安徽合肥）三河之役被太平军歼灭，锐气顿减。1860年，曾国藩任钦差大臣、两江总督后，掌握地方军政大权，号令统一，筹饷较易，湘军势力大为扩充，成为镇压太平天国的清军主力。1861年9月，攻陷安庆。次年（同治元年）春，曾国藩再以曾国荃率湘军主力沿江进逼太平天国首都天京（今江苏南京），以左宗棠部及李鸿章新募淮军进攻江浙其他地区。1864年7月，湘军攻破天京。湘军镇压太平天国后，声势愈大。曾国藩为避免清廷的疑虑，又因湘军暮气日深，大量裁撤直系部队，其支系仍在安徽、湖北、河南、山东、江苏等地镇压捻军。湘军水师则守湘军旧制，取绿营规模，改建为长江水师。以后，左宗棠平定新疆虽也利用湘军，但湘军已不是国家的主要军队。

湘潭市 Xiangtan City 中国湖南省辖地级市。位于省境中部偏东，湘江下游。辖雨湖、岳塘2区和湘潭县，代管湘乡市、韶山市。面积5 006平方千米。人口275万（2010）。1950年析湘潭县城关设湘潭市。夏秋之间雨水较少，气温较高，是湖南酷暑地区之一。矿藏有锰、硅砂、煤、重晶石、石英石和磷等。农作物有水稻、甘薯、花生、蔬菜和湘莲等。经济林有柑橘和茶叶等。工业有冶金、建材、机电、化工、纺织、食品加工、电子、轻工等。市内有湘潭大学和湘潭师范学院等高校。名胜古迹有关圣殿、昭山风景区、水府庙水库等，革命纪念地有韶山毛泽东故居、乌石彭德怀故居、秋瑾故居。

湘西土家族苗族自治州 Xiangxi Tujia-Miao Autonomous Prefecture 中国湖南省辖自治州。位于省境西北部，与湖北省、重庆市、贵州省毗邻。辖吉首市和泸溪、凤凰、花垣、保靖、古丈、永顺、龙山7县。面积15 461平方千米。人口255万（2010），有土家、苗、回、瑶、侗、汉等民族。自治州人民政府驻吉首市。1952年置湘西苗族自治区。1957年改置湘西土家族苗族自治州。矿产资源丰富，已发现矿种63种，探明储量34种，其中锰、汞的储量位居中国前5名。铝土和铅、锌矿储量较大。农作物有水稻、玉米、甘薯、烟叶、苎麻、豆类等。畜牧养殖以“湘西黄牛”、“武陵黑猪”著名。森林资源丰富。有成片原始次生林，保存了金丝猴、猕猴和水杉、珙桐等珍稀野生

永顺湘西猛洞河风光

动植物。工业有采矿、冶金、卷烟、食品、机械、民族工艺等。“酒鬼”酒为畅销产品。名胜古迹有猛洞河、凤凰古城、德夯风景区、皮渡河、栖凤湖、南华山等以及溪州铜柱、老司城、黄丝桥古城等。

湘乡派 Xiangxiang school 中国近代古文流派。由桐城派古文衍变发展而形成，因代表人物曾国藩为湖南湘乡人而得名。

鸦片战争前后，桐城派经姚鼐弟子梅曾亮等传扬，流衍益广，但拘守义理、内容空疏、文多禁忌，渐不能适应现实变化。太平天国起义后，曾国藩从卫护皇权和封建“圣道”出发，扶持自命继承道统、文统的桐城派。桐城派古文遂形成“中兴”局面。曾国藩虽推崇桐城派但不墨守，实际利用桐城派“私立门户”。他编选《经史百家杂钞》，补充姚鼐《古文辞类纂》摒弃经史的缺陷，扩大古文的学习范围，更为通达。更重要的是接受经世思潮的影响，于桐城派标榜的义理、考据、辞章之外，加以“经济之学”；又指出“古文之道，无施不可，但不宜说理耳”（《致吴南屏书》），把古文引向关心经世要务、切实致用的路径。而为文少禁忌，奇偶并用，使文章舒展有气势，雄厚有内容，矫正桐城派专在文辞上洗刷，求雅洁而偏柔弱之弊，使古文从局促迂缓的狭小天地里解脱出来。晚清李详认为：“文正之文，虽从姬传入手，后益探源扬、马，专宗退之，奇偶错综，而偶多于奇，复字单义，杂厕相间，厚集其气，使声采炳焕，而戛焉有声。此又文正自为一派，可名为‘湘乡派’，而桐城久在祧列。”（《论桐城派》）曾国藩对桐城派文论和文风的改造，反映鸦片战争后文学向经世致用发展和风格转换的趋势，但也包含把经世文风纳入“卫道”轨道，以适应统治者需要的意图。曾国藩事功、文章名噪一时，幕府鼎盛，产生很大影响。尤其被称为“曾门四弟子”的黎庶昌、薛福成、张裕钊、吴汝纶，服膺其文论而付之践履，为湘乡派中坚。但湘乡派未能扭转传统古文衰变的趋势。曾门弟子之后，桐城派转回方苞、姚鼐旧辙，湘乡派亦告终。

湘乡市 Xiangxiang City 中国湖南省辖县级市。位于省境中部，涟水河畔。面积2 003平方千米。人口79万（2010），有汉、苗、回、朝鲜、土家等民族。西汉为湘南县地。东汉析湘南县置湘乡县。1986年撤县设市。由湘潭市代管。矿藏有含锌矿泉水、白云石、硅石、石膏、铁、锰和金、银等。农作物有水稻、棉花、烟叶、蚕桑、豆类、木瓜、湘莲等。工业有冶金、建材、食品加工、机电、化工、皮革等。东山书院旧址为全国重点文物保护单位。名胜古迹还有云门寺、东台山、伏虎井、褚公祠等。

湘绣 Hunan embroidery 以中国湖南长沙市为生产中心的地域性刺绣品种。近现代中国四大名绣之一。在湖南民间刺绣基础上，吸收苏绣与粤绣的特点，逐渐形成地域性特色。光绪二十四年（1898），胡莲仙

湘绣“虎”

在长沙开设绣庄，因做工精美、风格迥异而名声大振，为湘绣的发展奠定了基础。湖南宁乡县画家杨世焯参与湘绣的设计，使湘绣吸收中国传统绘画的营养，更丰富了刺绣的表现能力。狮、虎是湘绣的传统题材。湘绣运用“鬅毛针”表现狮虎皮毛，效果逼真。1915年，在美国旧金山举行的巴拿马博览会上获4块金牌。当代又创制双面全异绣，即正、反两面的形象、色彩、针法完全不同的绣法。湘绣主要用于戏装、袈裟、裙袍等服装，荷包、椅披、桌围等日用品及床上用品的装饰，并有中堂、条屏、屏风等观赏品。

湘雅医学专门学校 Xiangya Medical Academy 中国创办较早的西医高等学校。校址在湖南长沙。1914年由湖南育群学会与美国雅礼协会联合创建，首任校长是中国现代医学教育家颜福庆博士。湘雅医学专门学校创办伊始，即以欧美“甲种”医科大学的标准来办学。学制7年，其中医学预科2年，医学本科5年。在教学过程中强调基础训练，注重临床教学，采取严格的淘汰制。学校为确保高标准的教学质量，还建立了一支高水平的教师队伍。1925年湘雅医学专门学校更名为湘雅医科大学。大革命时期，学校曾一度停办。1929年又重新恢复招生。1931年，更名为私立湘雅医学院。抗日战争期间，湘雅医学院于1938年迁往贵阳。1940年更名为国立湘雅医学院。1944年又迁往重庆。1946年抗战胜利后，湘雅医学院迁回长沙。1953年更名为湖南医学院，1987年经国家教委和卫生部批准改名为湖南医科大学。2000年，又与中南工业大学、长沙铁道学院合并，共组中南大学，更名为中南大学湘雅医学院。

襄城县 Xiangcheng County 中国河南省许昌市辖县。位于省境中部，京广铁路西侧。面积920平方千米。人口67万（2010），民族有汉、回等。春秋时周襄王为躲避叔带之难居此。后人筑城，取名襄城。秦置襄城县。属暖温带大陆性季风气候。矿产有煤、耐火黏土、红石等。农作物有小麦、甘薯、玉米、烟叶、花生等。“里川烟”、“山里柿饼”为传统名产。工业主要有农机、电力、棉纺、烟草加工、酿造、造纸等。名胜古迹有乾明寺、文庙、玻璃影壁、紫云书院、颍阳县故城遗址、城隍庙等。

襄阳市 Xiangyang City 中国湖北省辖地级市。位于省境北部，汉江中游。辖襄城、樊城、襄州3区和南漳、谷城、保康3县及老河口、枣阳、宜城3市。面积19 626平方千米。人口550万（2010）。1950年析襄阳县襄阳、樊城两镇置襄樊市。2010年，襄樊市更名为襄阳市。矿产资源以磷矿石最为丰富，储量2亿多吨，品位居中国首位。金红石产量居中国第一、世界第三位。工业以汽车、纺织、建材等为支柱产业。20世纪80年代后逐渐发展为中国内陆“汽车城”。农业以粮食、棉花、油料、蔬菜、畜禽、水产养殖等为主。襄阳居南（阳）襄（阳）陆路要冲，素有“南船北马”、“七省通衢”之称。襄阳机场、老河口机场辟有直达广州、北京、上海、深圳、西安、武汉等空中航线。有襄樊学院等大专院校。名胜古迹有古隆中、武侯祠、三顾堂、野云庵等，以及襄阳城、绿影壁、米公祠、广德寺、多宝佛塔、古邓城遗址等，是国家历史文化名城。

镶牙 restoration 用假牙修复缺失牙的技术。在口腔医学中称缺牙修复。指利用各种符合生理要求的人工材料制作各种缺牙修复体（又称义齿，俗称假牙）以修整、重建牙齿、牙列的各类缺损和缺失，恢复其正常形态和功能。

种类 义齿有4种：

固定局部义齿 又称固定桥。俗称固定假牙。利用缺失牙两侧的健康天然牙作为基牙（类似桥墩），在其上制作各种冠，作为固定局部义齿的固位体，与假牙相连接成为一个整体。固定桥做好后，使用黏固剂将义齿黏固在基牙上，患者不能自行摘戴。这种假牙稳固、坚实、舒适、美观。感觉与真牙近似，戴后容易适应。缺点是设计制作要求严格、精密，在制备基牙过程中要切割真牙，带来不适；修复后缺牙处所承担的咀嚼力由两侧基牙分担，加重基牙的负荷。

可摘局部义齿 又称活动义齿，俗称活动假牙。利用存留的牙和黏膜共同来为义齿承受负荷，通过卡环和基托将此义齿固定在口腔内。可以自由摘戴，容易清洗，对真牙切割很少、负重较轻，制作容易、方便、价格便宜。但咀嚼功能和稳固性不如固定桥。

固定-活动联合义齿 用附着体或双重冠技术将固定义齿和活动义齿的结合。采纳了固定义齿和活动齿的优点，可应对缺牙的复杂情况而制成各种类型修复体，恢复咀嚼功能。要求设备技术高，制作精密难度大，价格昂贵。

全口义齿 由基托和人工牙两部分连接在一起组成。靠义齿基托与口腔黏膜紧密黏合及边缘封闭产生的吸附力和大气压力固位。吸附在上下颌牙槽嵴上（上下牙床）黏膜上，由它承受咀嚼压力，属黏膜支持式义齿。全口义齿要根据患者口腔解剖生理及面容特点，选用适当的材料，按照一定的程序和方法制作。须几次就诊才能完成。

牙科材料 又称齿科材料。各类性能良好、美观、坚固的牙科材料日新月异，常用的有以下几种：

塑料牙 成分是甲基丙烯酸甲酯。密度小、不易碰裂和折断、色泽接近天然牙、价格便宜；但强度低、硬度低、耐磨性差。

复合树脂牙 在塑料牙的基本成分中加一定量的无机物作为增强填料，以增加耐磨性。是常用的假牙材料。

陶瓷牙 成分是无机非金属陶瓷。色泽与天然牙相仿，强度比塑料牙高，硬度高，接近釉质，耐磨性好。但脆性较大易折断，价格比塑料牙贵。用瓷料又称烤瓷粉做成的假牙称烤瓷冠。

金属牙 以金合金、银合金、金-钯合金为常用。有良好的机械性能、理化性能、加工性能和生物学性能，是理想的制作假牙材料。但要求制作工艺高，价格贵，色泽不似天然牙，不宜用在前牙。

金属烤瓷牙 既克服烤瓷材料的强度不足和脆性，又利用金属底层冠的强度。兼有陶瓷和金属两者的优点。

注意事项 ①初戴义齿常有异物感和不舒适，发音不清晰，咀嚼不便，恶心欲呕等现象。戴用1～2周后即可适应。②初戴义齿勿食硬物。前牙更不宜切咬硬物。③不宜用力摘戴活动义齿，或用牙咬着使义齿就位。④饭后和睡前应将活动义齿取下，用清水和牙膏刷洗干净。切忌用开水烫洗，以免义齿变形。睡前可将义齿泡在冷水中。⑤固定义齿应注意口腔卫生，按口腔医师嘱咐的方法刷牙。⑥初戴后若造成黏膜压痛、破溃等情况，可暂时取下义齿，浸泡在冷水中。复诊前数小时应戴上义齿，便于医师准确发现痛点，进行修改。切忌患者自行修改。⑦义齿发生裂纹或折断时，应及时修补。戴义齿后应定期复诊。

翔安海底隧道 Xiang' an Tunnel 中国大陆第一条海底公路隧道。起于福建厦门岛五通，止于厦门市翔安区西滨，是连接厦门市岛和翔安区陆地的重要通道。是第一条由国内专家自行设计的海底隧道，兼具公路和城市道路双重功能。工程主要包括跨五通互通、跨海翔安隧道和西滨互通三部分工程。线路总长8.695千米，翔安隧道全长5.9千米，其中海域段4.2千米，隧道最深处在海平面下约70米。设计采用三孔隧道方案，两侧为双向行车主洞，各设置三车道。中孔为服务隧道，与主洞隧道净间距为22米。工程于2005年9月6日动工，2010年4月26日通车。

翔安海底隧道是世界上断面最大的海底隧道，地质复杂，存在全强风化地层、富水砂层、风化深槽多种难题，采取钻爆法暗挖、“地下连续墙井点降水”等先进施工方案修建。

响板 castanets 碰奏体鸣乐器。流传于西班牙民间的打击乐器，主要用于歌舞的伴奏，后亦用于欧洲艺术音乐中。以贝壳形的两片乌木（亦有用象牙或塑料）碰击发声。最初是将两块乌木分别绑在大拇指与中指上，后改为握于掌心内碰奏，或装在一木柄上碰奏，或以双手持板碰击。响板发出坚硬的嗒嗒声，活泼而清脆，富有特色。

响堂山石窟 Xiangtangshan Caves 中国佛教石窟。位于河北邯郸峰峰矿区的鼓山。北齐时开凿，包括北响堂、南响堂及小响堂（水浴寺）3处，总计有造像4 000余尊，并有北齐石刻佛经。20世纪初，石窟遭严重破坏，不少雕刻精品散失在日本和欧美各国。1961年国务院公布响堂山石窟为全国重点文物保护单位。

北齐洞窟方形平面，平顶，分中心塔柱式和三壁开龛式两种。窟前大多雕仿砖木结构前廊，上雕覆钵式塔顶，形成独具特色的塔形窟。北响堂第7窟（北洞）规模最大，雕刻最精。中心塔柱三面开龛，后面凿礼拜道，龛内造像为一佛二菩萨。窟门两侧残存浅浮雕礼佛图。南响堂第1、2窟前壁有最早的大型西方净土变浮雕。北响堂第3窟（南洞）、南响堂第1、2、4窟均刻佛经。将佛经刻于窟内是响堂山石窟特色之一。响堂山石窟雕刻精美，显示了皇家雕刻的宏伟气势。在雕刻技法和人物造型上与北魏晚期明显不同，侧重于表现

北响堂第7窟石雕佛像与窟顶雕绘装饰

人物丰腴健壮的体态，手法写实，成为北齐佛教雕刻的范本，在中国雕塑艺术发展史上有重要地位。

响尾蛇 Crotalinae; rattlesnake 蝮蛇科响尾蛇亚科动物的统称。有2属30余种。广泛分布在加拿大到南美洲的新大陆。不同种的身长差异较大，最小的身长只有30厘米，如侏响尾蛇；最大的是菱背响尾蛇，身长可达250厘米。两眼和鼻之间有一个能感觉热的颊窝，尾部有一串角质的锁环，摆动时可发出声响。成年响尾蛇的尾巴有6～10块锁环。体色大多呈淡灰色、淡褐色，都有褐色的菱形、六角形斑点，也有些种体色呈橙色、红色或者绿色，因此根据体色鉴别种类很困难。通常栖息在比较干燥的地区。大多数种类以小型哺乳类为食，主要是啮齿动物。幼蛇或者体型较小的种类

角响尾蛇在松软沙地上运动

主要以蜥蜴为食。同其他种类的蛇一样，响尾蛇不能适应过冷或过热的环境。夏天为夜行性，冬天则在岩石的缝隙中冬眠。所有的种类都具毒牙，毒液主要为神经毒素，对牲畜或人类有很大的危险性。加勒比海的阿鲁巴岛响尾蛇属濒危动物。

“响尾蛇”空空导弹 Sidewinder air-to-air missile 美国研制的红外制导近程空空导弹。主要用于近距空战。世界上第一种用于实战的空空导弹。有十余种型号，仅基本型就生产约8万枚，出口到十余个国家。

“响尾蛇”AIM-9P空空导弹

优点是体积小，质量轻，结构简单，维护方便，成本较低，适于大量生产和装备；但只能从目标尾后攻击，机动性差，受气象和阳光影响较大。导弹采用鸭式气动布局，圆柱形弹体，半球形头部，三角形舵面与梯形弹翼呈“XX”形配置，弹翼翼尖部位装有陀螺舵。弹长2.84米，弹径0.127米，翼展0.609米，弹重75千克，飞行速度马赫数2，射程11千米，使用高度15千米。采用质量为11.4千克的破片式杀伤战斗部，装近红外近炸引信和触发引信，有效作用半径9米。推进装置为单室单推力固体火箭发动机。制导方式为被动红外寻的制导。

想象 imagination 人在头脑里对记忆表象进行分析综合、加工改造，从而形成新的表象的心理过程。思维的一种特殊形式，即形象思维。

想象可分为不随意想象和随意想象。不随意想象是没有预定目的和计划而产生的想象。梦是不随意想象的极端情况。随意想象是有预定目的、自觉地进行的想象。根据想象的创造性程度的不同，又可分为再造想象和创造想象。根据别人的描述或图样进行的想象称为再造想象。不依现成的描述或图样独立进行的想象称为创造想象，在创造想象中注意力高度集中时意识清晰、思维活跃，往往导致灵感的产生。幻想是与个人愿望相结合并指向未来的想象。它是创造想象的特殊形式。

向达 Xiang Da (1900-02-19～1966-11-24) 中国历史学家。字觉明，笔名方回，有时署佛陀耶舍。土家族。湖南溆浦人。卒于北京。1924年毕业于南京高等师范学校，入上海商务印书馆编译所任编辑。1930年任北平图书馆编纂委员会委员，着重于敦煌俗文学写卷和中西文化交流等领域的研究，完成力著《唐代长安与西域文明》。翌年刊出《中西交通史》。

1935年秋赴欧洲，访求中西交通史、敦煌写卷、汉籍及俗文学写卷等重要资料，1938年秋，携带数百万字资料返国。返国后，先在迁到广西宜山的浙江大学史地系任教，不久转任昆明西南联大历史系教授兼北京大学文科研究所导师。1941年，国立中央研究院组织西北史地考察团，向达代表北京大学于1942年春到达敦煌，考察了莫高窟（千佛洞）、万佛峡等。返重庆后，发表《论敦煌千佛洞的管理、研究及其连带的几个问题》。1943年7月至1944年，向达作为西北科学考察团历史考古组组长，再赴河西。他两到敦煌，除对敦煌地区诸石窟留下了重要记述外，写成多篇有关敦煌和西域考古方面的论文初稿，后来陆续发表。1949年后，任北京大学教授、图书馆馆长、中国科学院历史所第二所副所长兼学部委员（院士）等职。1959年以后刊出了一系列中外交通史资料，并发表有关中西交通、南海交通、敦煌学方面论文多篇，出版了《蛮书校注》。

向风群岛 Windward Islands 加勒比海小安的列斯群岛中部岛群。因其面向东北信风而得名。位于加勒比海东部，北隔多米尼克海峡与背风群岛相邻。自北向南包括多米尼克、马提尼克、圣卢西亚、圣文森特、格林纳达5个较大岛屿及格林纳丁斯群岛。面积3 239平方千米。多为黑人和黑白混血种人。多火山岛，地势高峻，有活火山。属热带雨林气候。年平均气温28℃。平均年降水量约2 000毫米。原为英、法两国反复争夺的殖民地，现除马提尼克仍为法国海外省外，其他各主要岛屿均于20世纪70年代独立。经济以农业、旅游业为主，盛

产甘蔗、海岛棉等热带经济作物。各岛屿文化受英、法影响程度不同，差异较大。

向海自然保护区 Xianghai Nature Reserve 中国丹顶鹤及其栖息环境自然保护区。1981年建立。1986年列为国家级森林和野生动物自然保护区，1992年被列入《国际重要湿地名录》。位于松辽平原边缘、科尔沁草原东部，吉林省通榆县西部额穆泰河与霍林河下游，面积105 467公顷，其中水域面积1.2万公顷，沼泽面积2.3万公顷。主要保护对象是湿地及丹顶鹤等珍贵水禽。也是观赏草原原始特色的水塘、沼泽、湖泊、鸟兽、黄榆、苇荡、浅滩、杏树林等自然景观的风景区。区内有各类珍禽253种，其中鹤类就有丹顶鹤、灰枕鹤、白枕鹤等6种，野鸭、鸿雁等鸭类26种。

向警予 Xiang Jingyu（1895～1928-05-01） 中国无产阶级革命家，中国共产党早期领导人，中国妇女运动的先驱和领袖。原名俊贤。土家族。湖南溆浦人。卒于汉口。1919年参加新民学会，发起成立周南女学留法勤工俭学会。同年底在法国留学，开始接受马克思主义。并在法国与蔡和森结婚。1921年回国。1922年加入中国共产党，在中共二次、三次全国代表大会上当选为候补中央委员。任中共中央妇女工作委员会委员长，创办《妇女周报》并任主编。1924年领导上海丝厂女工罢工和南洋烟厂罢工。1925年赴莫斯科东方大学留学。1927年回国后出席中共五大。并负责武汉总工会宣传部和中共汉口市委宣传部的工作。七一五政变后，在武汉负责中共湖北省委宣传工作，主编中共秘密刊物《长江》。因叛徒出卖1928年3月28日被捕，后就义。

向量分析 vector analysis 向量函数的微积分运算及其应用。

自变量是实数而因变量是向量的函数称为向量函数。设有一个依赖于$t(\alpha\leqslant t\leqslant\beta)$的向量函数$\boldsymbol{A}(t)$。则它可以表示成分量形式：$\boldsymbol{A}(t)=(X(t),Y(t),Z(t))$，式中$X(t)$、$Y(t)$、$Z(t)$是$\boldsymbol{A}(t)$的三个分量。如果$\boldsymbol{A}(t)$的三个分量是连续的（或可微的），则称$\boldsymbol{A}(t)$是连续的（或可微的），并定义：

$$\frac{\mathrm{d}\boldsymbol{A}}{\mathrm{d}t}=\left(\frac{\mathrm{d}X}{\mathrm{d}t},\frac{\mathrm{d}Y}{\mathrm{d}t},\frac{\mathrm{d}Z}{\mathrm{d}t}\right)$$

上式记作$\boldsymbol{A}'(t)$。当$\boldsymbol{A}(t)$是$t\in[\alpha,\beta]$的连续函数时，$\boldsymbol{A}(t)$在空间中描绘了一条连续曲线。当$\boldsymbol{A}'(t)$在$[\alpha,\beta]$上连续时，$\boldsymbol{A}(t)$代表着一条光滑曲线。若$\boldsymbol{A}'(t_0)\neq 0$，则$\boldsymbol{A}'(t_0)$是曲线在点$\boldsymbol{A}(t_0)$处的切向量。

向量函数也可以有多个自变量的情形：$\boldsymbol{A}=\boldsymbol{A}(u,v)$或$\boldsymbol{A}=\boldsymbol{A}(u,v,w)$等。连续的二元向量函数$\boldsymbol{A}(u,v)$代表空间中一张曲面。可以像多元函数那样定义$\boldsymbol{A}(u,v)$的偏导数：

$$\frac{\partial\boldsymbol{A}}{\partial u}=\lim_{\Delta u\to 0}\frac{\boldsymbol{A}(u+\Delta u,v)-\boldsymbol{A}(u,v)}{\Delta u}$$

$$\frac{\partial\boldsymbol{A}}{\partial v}=\lim_{\Delta v\to 0}\frac{\boldsymbol{A}(u,v+\Delta v)-\boldsymbol{A}(u,v)}{\Delta v}$$

当$\frac{\partial\boldsymbol{A}}{\partial u}$与$\frac{\partial\boldsymbol{A}}{\partial v}$不为零时，分别代表曲面上$u$曲线与$v$曲线的切向量。所谓$u$曲线是指固定$v$而变动$u$所形成的曲线，$v$曲线类同。当$\frac{\partial\boldsymbol{A}}{\partial u}\times\frac{\partial\boldsymbol{A}}{\partial v}\neq\boldsymbol{0}$时，它代表着曲面在一点处的法向量。因此，向量分析在微分几何中有重要应用。

向量分析在场论中也有重要意义。一个向量场$\boldsymbol{A}=\boldsymbol{A}(x,y,z)$本身就是一个多元向量函数。向量场$\boldsymbol{A}$通过给定曲面$S$的通量是积分$\iint_S\boldsymbol{A}\cdot\boldsymbol{n}\mathrm{d}S$，式中$\boldsymbol{n}$是曲面上一点处指定的单位法向量。又如，向量场$\boldsymbol{A}$沿一条有定向的光滑闭曲线$l$的环量是积分$I=\oint_l\boldsymbol{A}\cdot\mathrm{d}\boldsymbol{r}$。

向量分析为力学和物理学中的某些计算带来方便而被广泛采用。

向量空间 vector space 代数学乃至数学中最重要和最基本的代数结构。又称线性空间。线性代数的中心内容。它的理论和方法在科学技术各个领域中有广泛的应用。

定义 设V是一个非空集合，F是一个域。在集合V中的元素之间定义了一种代数运算，称为加法，即对V中任意两个元素$\boldsymbol{\alpha}$与$\boldsymbol{\beta}$，在V中都有唯一的一个元素$\boldsymbol{\gamma}$与之对应，称为$\boldsymbol{\alpha}$与$\boldsymbol{\beta}$的和，记为$\boldsymbol{\gamma}=\boldsymbol{\alpha}+\boldsymbol{\beta}$。在集合$V$的元素之间还有一种运算，称为数量乘法，即对$V$中任一$\boldsymbol{\alpha}$都有$V$中唯一一个元素$\boldsymbol{\delta}$与之对应，称为$k$与$\boldsymbol{\alpha}$的数量乘积，记作$\boldsymbol{\delta}=k\boldsymbol{\alpha}$。$k$为$F$中的一个元素，如果所述的加法和数量乘法还满足以下规则，则称V为F上的一个向量空间。

加法的4条规则：

①结合律，即$\boldsymbol{\alpha}+(\boldsymbol{\beta}+\boldsymbol{\gamma})=(\boldsymbol{\alpha}+\boldsymbol{\beta})+\boldsymbol{\gamma}$；

②交换律，即$\boldsymbol{\alpha}+\boldsymbol{\beta}=\boldsymbol{\beta}+\boldsymbol{\alpha}$；

③在V中唯一一个“零元素”，记作$\boldsymbol{0}$，对于V的任意元素$\boldsymbol{\alpha}$，都有$\boldsymbol{0}+\boldsymbol{\alpha}=\boldsymbol{\alpha}$；

④对于V的每个元素$\boldsymbol{\alpha}$，在V中存在唯一一个负元素$-\boldsymbol{\alpha}$，使得$(-\boldsymbol{\alpha})+\boldsymbol{\alpha}=\boldsymbol{0}$。

数量乘法的两条规则：

①结合律，$(lk)\boldsymbol{\alpha}=l(k\boldsymbol{\alpha})$；

②设1是F的单位元，则对于V中任意元素$\boldsymbol{\alpha}$，有$1\boldsymbol{\alpha}=\boldsymbol{\alpha}$。

加法和乘法的两条规则：

①$k(\boldsymbol{\alpha}+\boldsymbol{\beta})=k\boldsymbol{\alpha}+k\boldsymbol{\beta}$；

②$(k+l)\boldsymbol{\alpha}=k\boldsymbol{\alpha}+l\boldsymbol{\alpha}$。

以上各式中$\boldsymbol{\alpha}$、$\boldsymbol{\beta}$、$\boldsymbol{\gamma}$是V的任意元素，而k、l是F的任意元素。

概念推广 线性相关 这个重要概念是几何中向量共面或不共面的推广。设$\boldsymbol{\alpha}_1,\boldsymbol{\alpha}_2,\cdots,\boldsymbol{\alpha}_k$是域$F$上向量空间$V$中的向量，$l_1,l_2,\cdots,l_k$是$F$中元素，表示式$l_1\boldsymbol{\alpha}_1+l_2\boldsymbol{\alpha}_2+\cdots+l_k\boldsymbol{\alpha}_k$称为$\boldsymbol{\alpha}_1,\boldsymbol{\alpha}_2,\cdots,\boldsymbol{\alpha}_k$的线性组合。如果有不全为零的$l_1,l_2,\cdots,l_k$使线性组合$l_1\boldsymbol{\alpha}_1+l_2\boldsymbol{\alpha}_2+\cdots+l_k\boldsymbol{\alpha}_k=\boldsymbol{0}$，则称$\boldsymbol{\alpha}_1$，$\boldsymbol{\alpha}_2$，$\cdots$，$\boldsymbol{\alpha}_k$是线性相关的。在相反的情形，即$l_1\boldsymbol{\alpha}_1+l_2\boldsymbol{\alpha}_2+\cdots+l_k\boldsymbol{\alpha}_k=\boldsymbol{0}$当且仅当$l_1=l_2=\cdots=l_k=0$，称$\boldsymbol{\alpha}_1,\boldsymbol{\alpha}_2,\cdots,\boldsymbol{\alpha}_k$为线性无关的。

基与坐标 一个向量空间V中若有n个线性无关的向量$\boldsymbol{\alpha}_1,\boldsymbol{\alpha}_2,\cdots,\boldsymbol{\alpha}_n$，使得任意$\boldsymbol{\alpha}\in V$是它们的线性组合，则称$\boldsymbol{\alpha}_1$，$\boldsymbol{\alpha}_2,\cdots,\boldsymbol{\alpha}_n$为$V$的一组基。任意$\boldsymbol{\alpha}$写成$\boldsymbol{\alpha}=x_1\boldsymbol{\alpha}_1+x_2\boldsymbol{\alpha}_2+\cdots+x_n\boldsymbol{\alpha}_n$，式中$x_1,x_2,\cdots,x_n$皆为$F$的元素，它们是唯一决定的，称为$\boldsymbol{\alpha}$在基$\boldsymbol{\alpha}_1,\boldsymbol{\alpha}_2,\cdots,\boldsymbol{\alpha}_n$下的坐标。

维数 V中可能有两组基，则这两组基中所含向量的数目是相同的。向量空间V的基中向量的数目称为V的维数。仅由零向量作成的向量空间没有线性无关的向量组，约定其维数为零。若向量空间V中有任意多个线性无关的向量，则称为无限维的。

平面上全体向量的集合是实数域上的向量空间。任取两个互相垂直的单位向量都可组成一组基，故平面上向量可作成二维空间。同样空间中全体向量可作成三维空间。任意域F上全体形为$a_0+a_1\boldsymbol{x}+\cdots+a_n\boldsymbol{x}^n(a_0,a_1,\cdots,a_n\in F$，$n$是固定的正整数）的多项式的集合是$F$上向量空间。$\boldsymbol{1},\boldsymbol{x},\cdots,\boldsymbol{x}^n$是它的一组基，故它是$F$上$n+1$维向量空间。$F$上全体多项式也作成$F$上向量空间，它是无限维的。

向量空间的同构 域F上两个向量空间V及V'，如果存在V到V'的一个双射φ，即$V\to V'$，φ满足$\varphi(\boldsymbol{\alpha}+\boldsymbol{\beta})=\varphi(\boldsymbol{\alpha})+\varphi(\boldsymbol{\beta})$（保持加法），$\varphi(k\boldsymbol{\alpha})=k\varphi(\boldsymbol{\alpha})$（保持数量乘法），其中$k$是$F$中任意元，$\boldsymbol{\alpha}$、$\boldsymbol{\beta}$是$V$中任意向量，则称$V$与$V'$是同构的。同构映射保持线性组合、线性相关及线性无关。V与V'中元素除了记号不同而外，即V中元素为$\boldsymbol{\alpha}$，V'中就记为$\varphi(\boldsymbol{\alpha})$，运算性质是相同的。易知同构的向量空间有相同的维数，反之亦然。

向日葵 *Helianthus annus*; sunflower 菊科向日葵属的一种。一年生草本植物。因幼苗和花盘有向日性而得名。重要油料作物之一。中国栽培向日葵已有400年历史，主要分布在东北、华北和西北地区。

有油用型、食用型和中间型三个类型。根系强大，可深入土层2～2.5米，耐旱性强。茎直立，高大圆形多棱角。叶大，互生，卵形或卵圆形。头状花序习称葵花盘，着生于茎秆顶端，直径一般为20～30厘米，四周有绿色苞叶。边缘是舌状花，花瓣大，中间为管状花，多为橙黄色，两性花，一个葵花盘一般有管状花1 000～1 500朵。果实为瘦果，倒长卵形，俗称葵花子。喜光喜温，为短日照植物。耐旱，需较多水分。耐瘠薄，耐盐力比玉米高1倍。在全盐量0.4%以下的土壤上都能生长结实。但需肥较多，尤需钾肥。

葵花子油除作普通食用油、人造奶油、色拉油外，还供制造油漆、印刷油、润滑油、合成橡胶、肥皂和蜡烛等。油粕可作糕点馅、酱油、干酪素和味精，也是家禽、家畜的精饲料。脱粒后的葵花盘是良好的饲料。茎秆可作造纸原料和压制隔音板，皮壳可用以提取活性炭、染料、酒精、糠醛以及制纤维板。茎秆和皮壳的灰分含钾量较高，可作钾肥。向日葵也可作青储饲料，还是重要的**蜜源植物**。

向斜 syncline **褶皱**构造的基本形式之一。弯曲的岩层向下凹，从两侧向中间相向而斜，核部由新地层组成，从核部向两翼地层时代逐渐变老。

向心加速度 centripetal acceleration 作曲线运动物体**加速度**的法向分量。因它的方向指向曲率中心而得名。又称法向加速度。向心加速度$\boldsymbol{a}_n$只改变速度$\boldsymbol{v}$的方向，不改变速度的大小。其值为$a_n=v^2/R$，式中v为物体速度数值，R为曲率半径。向心加速度不等于零是物体作曲线运动的必要条件。物体作变速直线运动时，向心加速度为零。

向心力 centripetal force 迫使作曲线运动的物体不断转变运动方向的作用力。对于作圆周运动的物体来说，向心力指向圆心，大小等于mv^2/R，其中m和v分别是物体的质量和速率，R是圆周的半径。对于作一般曲线运动的物体来说，物体所受到的力可以分解为沿轨道的切线方向的分量f_t和法线方向的分量f_n。f_n即向心力，其作用只是迫使物体不断转变运动方向，而不改变物体速率；由它导致的法向加速度等于v^2/R，R是该点轨道的曲率半径，因此$f_n=mv^2/R$。

按照牛顿第三定律，在向心力作用的同时还存在着一个和向心力大小相等而方向相反的力。这个力作用在迫使物体不断转变方向的物体（即某些“约束物”）之上，称之为离心力。

向秀 Xiang Xiu（约227～272） 中国魏晋**玄学**家。字子期，河内怀县（今河南武陟）人。**竹林七贤**之一。早年淡于仕途，**嵇康**被司马昭杀害后，为避祸计，不得已而出山，官任黄门侍郎、散骑常侍等职，但“在朝不任职，容迹而已”。

向秀主要著作有《庄子注》，全书已佚，东晋张湛《列子注》等书中保存了个别佚文。西晋**郭象**《庄子注》采撷了向秀的思想。向秀还著有《周易注》，然此书亦佚，唐代李鼎祚《周易集解》中保留有部分片断，清代马国翰《玉函山房辑佚书》中有辑本。又有《难养生论》一篇，存《嵇康集》中；《思旧赋》一篇，存《**文选**》和《晋书》本传中。

向秀在宇宙论方面以“无”为“万物之总名”，认为万物都是自生、自化的，不存在“生生者”或“化化者”；又提出“明夫不生不化者，然后能为生化之本也”，表现出思想的矛盾。在**名教**与自然关系上，既肯定“口思五味，目思五色”是“自然之理”、“天地之情”，“不得相外也”；又认为必须“节之以礼”、“求之以事，不苟非义”，显现出合“自然”与“名教”为一的宗旨，尤其是“自然”应合于“名教”。这对以后**郭象**所倡“名教”即“自然”的思想有所启发。

向忠发 Xiang Zhongfa（1880～1931-06-24） 中国共产党早期领导人。又名仲发。湖北汉川人。生于上海，卒于上海。1922年加入中国共产党，任汉冶萍公司总工会副委员长。1923年后任中共武汉区执行委员会委员。1925年加入国民党。后任中共湖北区委委员、湖北省总工会委员长、国民党汉口市党部工人部长。1927年5月在中共第五次全国代表大会上当选为中央委员，不久当选为中华全国总工会执行委员，同年在**八七会议**上当选为中央临时政治局委员，后率领中国工农代表团和学生代表团赴苏联，并任中共驻共产国际代表。1928年2月，在共产国际执委会第九次扩大会议上当选为执委会委员和主席团成员。6月，参加在莫斯科召开的中共第六次全国代表大会。由于当时中共党内过分强调“领导干部工人成分化”，在六届中央委员会中任中共中央政治局主席兼常务委员会主席，但实际上并未起到党的主要领导人的作用。他曾附和**李立三**的“左”倾冒险主义的错误。因个人自由行动，于1931年6月22日被国民党政府逮捕，随即叛变，24日被枪决于上海龙华。

项伯 Xiang Bo（?～前192） 中国楚汉相争时期楚军将领。名缠，字伯。下相（今江苏宿迁西南）人。楚国贵族。秦末，**张良**因谋刺秦始皇未遂，匿居下邳（今江苏睢宁），庇护过项伯。秦二世元年（前209），项梁、**项羽**在吴（今江苏苏州）举行反秦起义，项氏家族多人卷入，项伯亦在其中，后以功官左尹。公元前206年，项羽大破秦军，率40万大军进驻新丰鸿门（今陕西临潼东），与谋士**范增**设计攻打先于项羽入秦的刘邦。时刘邦驻军霸上，仅有10万余众。项伯因与刘邦谋士张良友善，当夜驰往刘军驻地劝其逃走。张良引项伯见刘邦，商定挽救之计。次日刘邦亲至鸿门见项羽。范增命项庄以助酒兴为名舞剑，欲乘机杀刘。项伯亦拔剑起舞，以身翼蔽，刘邦赖以得免。西汉建立后，被赐刘姓，封射阳侯。

项城市 Xiangcheng City 中国河南省辖县级市。位于省境东部沙颍河中游南岸，南与安徽省交界。面积1 083平方千米。人口100万（2010），有汉、回、满、藏、壮等民族。周初为项国，西汉置项县，隋改项城县。1993年撤县建市。属暖温带大陆性季风气候。农作物有小麦、大豆、玉米、甘薯、棉花、油菜、花生等。畜牧优良品种有“项猪”、槐山羊。盛产山羊板皮、安哥拉兔毛，为出口产品。工业主要有味精、皮革、医药、纺织、机械、电力、化工、建材、酿酒、制笔等。孙店乡汝阳刘村生产毛笔，已有2 000多年历史，制笔工艺精湛，品种多，有“妙笔之乡”的美称。名胜古迹有光武庙、高寺集龙山文化遗址、骨头冢遗址、袁世凯故宫和行宫等。

项链 necklace 用金属或各种宝石串成链子，套在颈部的**首饰**。颈饰的一种。现代项链除链子外，还包括坠子和搭扣。

在两河流域的古巴比伦、迦勒底国和非洲的索马里遗址中，都发现有用琥珀、珊瑚和其他宝石串成的项链。古埃及有用象牙、贝壳和玳瑁串成的项链。古希腊和古罗马的项链用金与宝石制成，贵族妇女的项链中间还有月亮形的小金盒。古代伊朗的金项链制作精良，有的还有用金、红玉髓、珍珠镶成的鸟形、羊形、苹果形坠子。欧洲文艺复兴后，妇女开始穿敞胸上衣，各种项链随之而生。15～16世纪，法国贵妇时兴佩戴镶着珍珠、宝石的金项链。19世纪，南非钻石大量开采，钻石成为项链坠子的主体。

中国新石器时代的装饰品中，有将兽牙、骨管、贝壳、石子打孔串成的原始项链。商周至汉代，有用玉石、陶珠、琉璃珠制成的项链。隋代，有用金珠、宝石制成的项链，还带着花形的宝石坠子。唐宋时，信佛的妇女佩戴用金玉宝石制成的项链，称璎珞，是佛家特殊的饰品，用以表明对佛的虔诚之心。清代，朝官和命妇佩戴**朝珠**，以表明各种官阶。清末民初，西方的项链传入中国，出现由珍珠串成的珠链，以后逐渐演化为金银和各种宝石尤其是钻石的项链和坠子。坠子以鸡心形居多。现代还有用铜、铝、塑料、皮革、棉麻绳等材料制成的项链。

项目法人责任制 project corporate responsibility system 对建设项目实行法人责任约束的管理制度。新建重大建设项目在项目建议书被批准后，及时确定项目法人，具体负责项目筹建工作。项目法人由项目的出资方代表组成。有关单位在审批项目可行性研究报告时，同时提出项目法人的组建方案；在项目可行性研究报告批准后，正式成立项目法人。项目法人对项目的策划、筹资、建设、经营、偿债和资产的保值增值，实行全过程负责。**法人**在享有投资决策权的同时，承担相应的投资风险责任。

项英 Xiang Ying（1898-05～1941-03-14） 中国无产阶级革命家，工人运动活动家，中国共产党和中国工农红军早期领导人之一，新四军的创建人和主要领导人之一。原名项德隆，化名江钧、江俊、张成。湖

北武昌人。卒于安徽泾县。早年当工人。1922年4月加入中国共产党。长期在武汉、上海等地从事工人运动和党的工作，曾任平汉铁路（今北京—汉口）总工会总干事、中共中央职工运动委员会书记，参与领导1923年平汉铁路“二七”大罢工等工人运动。在中国共产党第三次至第六次全国代表大会上，均当选为中央委员。大革命失败后到上海，从事党的秘密工作。1928年2月任中共江苏省委书记、中华全国总工会副委员长，同年7月在中共六届一中全会上当选为中央政治局委员、常务委员。后又参加在莫斯科召开的共产国际第六次代表大会，当选为共产国际监察委员会委员。1929年任中华全国总工会委员长兼中共党团书记。

1930年8月任中共中央长江局书记。1931年1月起任中共苏区中央局委员、代理书记兼中央革命军事委员会主席。1934年1月，在中共六届五中全会上当选为中央政治局委员、书记处书记。并曾两次当选为中华苏维埃共和国副主席。中央红军长征后，与**陈毅**一起在南方坚持游击斗争。

1937年**抗日战争**全面爆发后，与陈毅一起，按照中共中央关于国共合作团结抗日的精神，先后在赣州、南昌与国民党地方当局进行停止冲突、合作抗日的谈判。同年12月起，任新四军副军长、中共中央东南分局（后改为东南局）书记、中央军委新四军分会书记。依据中共中央指示，代表中国共产党到武汉同国民党当局谈判，就新四军的具体编组达成协议。1938年春，向各游击区传达中共中央指示和抗日民族统一战线政策，用很短时间将分散在南方8省14个地区的红军和游击队编组为新四军。1940年4月在皖南指挥春季反“扫荡”，10月参与指挥秋季反“扫荡”，共歼日伪军3 000余人。但他对抗日民族统一战线中的独立自主原则认识不足，对向敌后发展采取的措施不力，对付国民党顽固派的反共阴谋准备不充分，对新四军军部和皖南部队的转移未能抓住有利时机，在1941年1月转移途中犹豫动摇，处置失当，对新四军在**皖南事变**中遭受严重损失负有责任。事变后，率军部十余人隐蔽于附近山区，3月14日凌晨在泾县蜜蜂洞被叛徒杀害。

主要著述有《三年来坚持的游击战争》、《南方三年游击战争经验对于当前抗战的教训》（1937）、《项英将军言论集》（1939）等。

项羽 Xiang Yu（前233～前202） 中国秦末重要的反秦将领之一。下相（今江苏宿迁西南）人。名籍，字羽。祖父项燕为战国末年楚国将领。项羽少时学习书写和剑术，都无成就，叔父项梁教他兵法，他略知大意，也不肯深学，然力能扛鼎、才气过人。

秦二世元年（公元前209）七月，陈胜、吴广首义反秦（见**陈胜、吴广起义**）。同年九月，项梁与项羽也举吴中兵反秦。陈胜牺牲后，项梁、项羽所部成为当时反秦武装的主力。项梁阵亡后，秦将章邯率军击赵。义军领袖楚怀王命宋义为上将军，项羽为次将，率兵救赵。项羽袭杀宋义，受命为上将军，统率全军，随即亲自率全军渡河，破釜沉舟，大破秦军。从此，各路诸侯军都听从项羽指挥。又招降章邯，在新安城南将秦卒20万全部坑杀。

项羽入关后，企图消灭先入定关中的刘邦，独霸天下。因刘邦卑辞言和，双方暂时和解。项羽随即引兵西屠咸阳，诛秦降王子婴，掳掠货宝和美女东归，秦民大失所望。汉高祖元年（前206），项羽以义军共主楚怀王为义帝，都郴，又分封诸侯，自立为西楚霸王。不久，田荣、陈余、彭越等相继举兵反楚。汉王刘邦也还定三秦，决策东向，于是爆发楚汉战争。

楚汉战争时，项羽取得一系列战役的胜利，但其政治、军事上的弱点却导致他的最终失败。汉高祖五年十二月，楚军被围困于垓下（今安徽灵璧东南），人少食尽。汉军四面唱起楚歌。项羽与虞姬对饮，慷慨悲歌。随即引兵突围至乌江（今安徽和县东北），自刎而死。汉高祖刘邦以鲁公礼葬项羽于谷城。

相和相变 phase and phase transition 物质系统中物理、化学性质完全相同，与其他部分具有明显分界面的均匀部分称为相。物质从一种相转变为另一种相的过程称为相变。相变广泛存在，材料科学、热力工程、冶金工程、化学工业和气象学等领域都涉及各种相变过程。

各部分的性质完全一致的系统称为单相系或均匀系，如物质的气态、液态或固

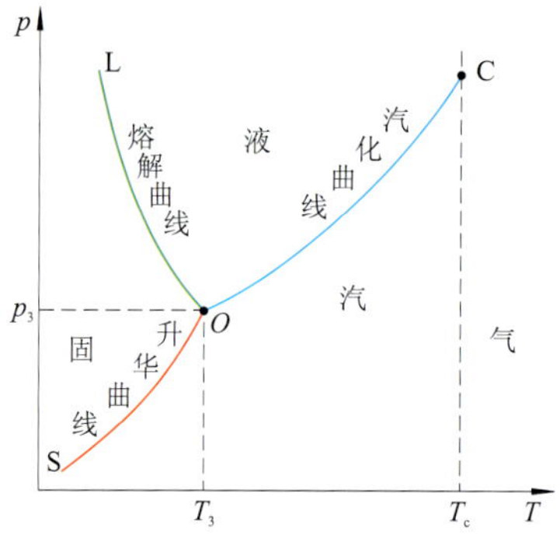

纯物质相图

态都是单相系。系统各部分性质之间有差别，由若干个被界面隔开的均匀部分组成时，称为复相系或非均匀系。在一定温度达到平衡共存的水蒸气与水、铝硅合金和铝碳复合材料等都是复相系。

以温度T和压强p作为独立状态参量，确定纯物质所能处的物态（如气、液、固相）或其同素异构态的pT图称为该物质的相图。如图所示，纯物质的相图上，表示气液、气固和液固两相达到平衡共存的3条曲线分别叫作汽化曲线、升华曲线和熔解曲线，它们把相图分割成三个区域，表示与该物质气、液、固相时相应的温度和压强的数值。图上的O点称三相点，它是三条相平衡曲线的交点。在三相点上该物质气、液、固三相共存达到平衡。任何物质的三相点温度T_3和压强p_3取确定的数值。如水的三相点是90国际实用温标的定义固定点，它的温度定义为T_3=273.16K，相应的压强p_3=600帕。若用T_c和p_c分别表示纯物质临界点处的温度和压强，则等于和高于临界温度和压强的区域里，物质的气液两相之间的差别消失；物质的气态转变为液态，只有密度的连续变化，不再出现反映两相密度发生跃变的气液两相共存区。高于临界温度后，物质不再可能通过等温压缩被液化，如水临界点的T_c=374.15℃和p_c=2.21×10^7帕。

参与相变的各相物质的质量可变是相变的基本特征。质量可变的系统叫作开放系，简称开系。除传热和做功可引起开系**内能**的改变外，物质交换也将导致其内能的改变。研究表明，若热量传递起源于温度差，体积改变起源于压强差，其物质质量改变的起因是两相的化学势不等。化学势μ定义为单位物质的量的自由焓G（或称吉布斯函数）：

$$\mu=G/n=U_m+pV_m-TS_m$$

式中的n是摩尔数；U_m、V_m和S_m分别表示物质的摩尔内能、摩尔体积和摩尔熵。相变中质量总是从高化学势的相向低化学势的相转变，直到两相的化学势相等。在有限化学势差作用下发生的相变是非平衡相变，为一不可逆过程；维持化学势相等条件下发生的相之间的质量转变是平衡相变，

是一可逆过程。

相变中有潜热且体积发生跃变的相变称为一级相变。物质的汽化、凝结、熔融、凝固等都是一级相变。不伴随潜热和体积突变的相变称为二级相变。实验中已观察到的二级相变的有液态氦中发生的HeⅠ-HeⅡ转变；铁磁体和顺磁体之间的转变；二元合金的有序态和无序态之间发生的转变；临界点处发生的气液相变以及无外磁场作用时超导材料中发生的正常态和超导态之间的转变等。

临界点附近发生的气液相变和其他二级相变都是连续相变。与之有关的物理现象称为临界现象。

相火妄动证 hyperactivity of ministerial fire, syndrome of 因肝肾阴虚，阴不济阳，相火偏亢所引起的中医学证候。常见于眩晕、头痛、阳强、遗精等疾病。

相火居于下焦，以潜藏守伏为宜。久病伤肾、房事过度、过服温燥药物可损伤肝肾阴精，致使阴不济阳、水不制火而形成相火妄动证。临床表现以头晕目眩，性欲亢进、阳强易举，遗精、早泄，五心烦热，潮热盗汗，耳鸣、耳聋，腰背酸痛，舌红、少津，脉细数为主。治疗以滋阴降火为大法，常用知柏地黄丸等方。

相机抉择 discretionary approaches 用于阐释政府对宏观经济进行调控时，根据不同的经济形势，采取适当的财政政策和货币政策，并发挥它们的相互协调作用，以使宏观经济保持良好运行势态的一个概念。又称逆经济风向行事。由英国经济学家J.M.凯恩斯在论及宏观经济政策时提出。

当社会总需求小于社会总供给，即总需求低于充分就业产量，失业扩大时，政府就实行扩张性财政政策，减少财政收入，增加财政支出，扩大财政赤字；或者实行扩张性货币政策，即增加货币供应量以降低利率；或者同时实行这两种政策，以刺激社会需求。当社会总需求大于社会总供给，即总需求高于充分就业产量发生通货膨胀时，政府就实行紧缩性财政政策，增加财政收入，压缩财政支出，减少财政赤字；或者实行紧缩性货币政策，减少货币供应量以提高利率；或者同时实行这两种政策，以抑制社会需求，使需求与供给均衡，消除通货膨胀。相机抉择还包括财政政策和货币政策的松紧搭配运用，即扩张性财政政策与紧缩性货币政策同时运用，或者扩张性货币政策和紧缩性财政政策同时运用。财政政策和货币政策上述4种搭配形式，政府采用何种形式，取决于当时的宏观经济运行势态和政府的政策目标决定。

20世纪60年代末，西方国家开始出现失业与通货膨胀并存的滞胀局面，引起了对相机抉择货币政策的批评。批评者认为，“相机抉择”具有很大的主观随意性，由于货币政策时滞长而且不稳定，往往导致过头的政策行为，加深对经济的干扰。但是，多数国家仍实行权衡性货币政策，有少数国家在治理通货膨胀时则主要实行稳定货币增长率的政策。

相空间 phase space 多维的抽象空间。经典系综理论中为了描述系统的微观运动状态而引入的基本概念。又称相宇、Γ空间。对于一个具有s个自由度的力学系统，其运动状态可用广义坐标$q_1,q_2,\cdots,q_s$和广义动量$p_1,p_2,\cdots,p_s$描述，把2s个p和q取作直角坐标，构成的2s维空间就是相空间。相空间中的一点称为相点，代表系统的一种可能的运动状态。随着系统运动状态的改变，相点在相空间中描绘出一条轨迹。这里的相是指运动状态，与相变毫无关系。相空间概念是美国物理学家J.W.吉布斯在1902年引入的。

相量法 phaser method 分析正弦稳态电路的一种方法。用称为相量的复数代表正弦量，将描述正弦稳态电路的微分（积分）方程变换成复数代数方程，从而简化了电路的分析和计算。该法自1893年由德国人C.P.施泰因梅茨提出后，得到广泛应用。相量可在复平面上用一个矢量来表示（图1）。这种表示相量的图称为相量图。若相

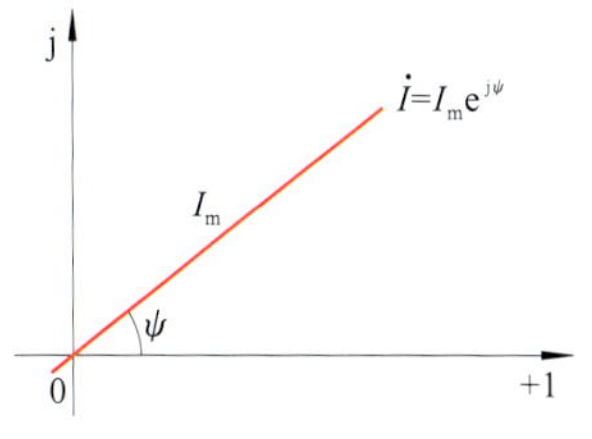

图1 相量的复数表示

量乘上$e^{j\omega t}$（$j=\sqrt{-1}$），则表示该相量的矢量以角速度ω绕原点反时针旋转，于是得到一个旋转矢量，称为旋转相量（图2）。它

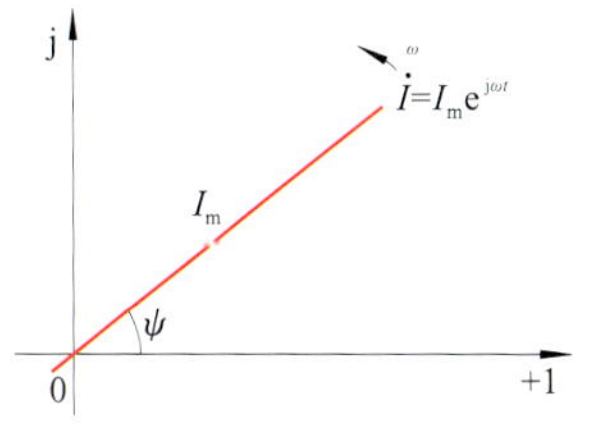

图2 旋转相量

在任何时刻在虚轴上的投影即为正弦量在该时刻的瞬时值。引入相量后，两个同频率正弦量的加、减运算可以转化为两个相应相量的加、减运算。相量的加、减运算既可通过复数运算进行，也可在相量图上按矢量加、减法则进行。正弦量与它的相量是一一对应的，因此求出相量就不难写出原来要求的正弦量。

相面 physiognomy 根据人的面部生理特征与人的神情状貌来推断吉凶祸福的方法。又称面相术。流行于世界许多国家和地区。各国论述此术的著作数量极多，但内容互相矛盾，以欧洲文艺复兴时期出现的著作影响最大。中国较为著名的相书有宋、明时出现的《柳庄相法》、《麻衣相术》及《神相全编》等。中国早在春秋战国时期谈相论面已相当普遍，并广泛运用于处世谋略中。汉代相面理论更为系统，此后历代逐步完善，形成整套面相系统。它反映了天人感应与宿命论的观点，并在发展的过程中糅入阴阳五行、八卦等学说。从相法来看，分为面部结构与眼、耳、口、鼻等器官关系的命禄格局与各自的具体部位命禄之说。相面至今仍流传于民间。虽然中国的相面与中医的辨证论治方法相结合，包含一定合理成分，但用人的面相部位特点来推究人的前途命运，尚未得到科学证实。

相声 中国曲艺曲种。因使用普通话表演而流行全国。约在清代咸丰年间形成。表演形式通常为一至三人徒口讲说表演。其中一人表演的称“单口相声”，二人合演的称“对口相声”，三人或三人以上表演的称“群口相声”，以二人表演的“对口相声”最为常见。“对口相声”和“群口相声”中起主导作用的一方称为“逗哏的”，配合“逗哏”进行表演的一方称为“捧哏的”，“群口相声”在一逗一捧或多捧之外，还有一个调解捏合的一方，称“腻缝的”。表演讲究“说学逗唱”，“说”是叙说，统领表演；“学”是模仿，包括学方言、学演唱、学各种事物及其声响（口技运用）等；“唱”在早期表演中专指演唱“太平歌词”，属招徕观众和闹场的手段，后来专指“学唱”，属“学”的一种；“逗”是相声进行艺术审美的根本手段，即通过喜剧性的讲说表演令人发笑，启人心智，以笑明理。社会功能以讽刺见长，也有一些富于哲理性和知识性的幽默娱乐段子。据不完全统计，相声自形成以来积累的传统节目有300多段。代表性的有“单口相声”《小神仙》、《巧嘴媒婆》、《连升三级》等，“对口相声”《改行》、《阴阳五行》、《歪批三国》等，“群口相声”《扒马褂》、《四字联音》等。中华人民共和国建立以来，编演的反映现实生活的优秀节目，有《一贯道》、《买猴儿》、《打电话》等。

象岛石窟 Elephanta Caves 印度中世纪印度教石窟。位于孟买东南约15千米的象岛上。现存编号洞窟5座。象岛石窟通常指主窟，即第1窟，约开凿于7世纪，系暗褐色砂岩雕造，平面近十字形，三面开门。主窟面阔、进深均为40.15米，窟中央雕出20根石柱，后端雕凿一座平面方形的林伽

1号窟内的湿婆三面像

殿。主窟东西两侧各有一附窟，有庭院与主窟相连。主窟右壁及各门廊侧壁均开龛造像，共9龛。内容表现印度教大神湿婆——宇宙活力化身的各个不同侧面。最著名的是主窟右壁中央的湿婆三面巨像，雕造精湛，达到高度的审美和谐，是印度中世纪宗教艺术的不朽杰作。1987年，象岛石窟作为文化遗产被列入《世界遗产名录》。

象甲 Curculionidae; weevil 鞘翅目象甲科昆虫的统称。又称象鼻虫。动物界最大的科之一，全世界已记载6万种以上，分布遍及全球。中国象甲种类丰富，据估计可能达1万种，记录的已超过1 200种。小型至大型种类。体长2～70毫米（不算喙长）。体壁骨化强，多数种类被覆鳞片。喙显著，由额向前延伸而成；触角膝状，末端3节呈棒状。跗节5节，假4节型，第4节很小，藏于第3～5节。幼虫通常为白色，肉质，身体弯成“C”字形，没有足和尾突。

绝大多数象甲是陆生的，性迟钝，行动缓慢，假死性强，少数有趋光性。稻象属和水象属为水生。象甲营有性生殖，但有一些种类营孤雌生殖。多数象甲1年一代，有些则是2年一代。多数以成虫越冬；少数以卵和初龄幼虫越冬，如杨干隐喙象。

均为植食性，危害根、茎、叶、花、果、种子、幼芽和嫩梢等。多数幼虫蛀食植物内部，不仅为害严重，而且难以防治。许多种类是农林和仓库的重要害虫。个别种类是有益的，如蚊母草直喙象。

象脚鼓舞 elephant-foot drum dance 中国少数民族民间舞蹈。男子自娱性舞蹈，因舞者身挎象脚鼓而得名。流布于云南省傣、景颇、阿昌、德昂、布朗等少数民族地区。象脚鼓用杧果树或木棉树木和牛皮制成，形如象脚。象脚鼓的大小不同，舞蹈动作也不同。①长象脚鼓舞。鼓长1.7米左右，主要流布于瑞丽、耿马和孟连等傣族聚居区。鼓的打法有指打、掌打、拳打、肘打，舞至高潮时甚至用脚打、头打。舞姿端庄潇洒，步伐缓慢。②中象脚鼓舞。鼓长约1米，主要流布在潞西、盈江、陇川、双江、耿马、沧源、景谷等地傣、景颇、阿昌、德昂、布朗族聚居区。各族舞蹈的动作不尽相同。傣族有甩鼓、转鼓、点伸、跨腿转、掖腿和吸腿跳等动作，有“三道弯”的舞姿造型，身体在音乐的重拍时向下均匀颤动；景颇族两舞者相对，身向前倾，双脚踏步，鼓尾上翘，鼓面向下，随着打鼓，做重拍向上的不均匀颤动。③小象脚鼓舞。鼓长0.7米左右，为西双版纳地区傣族所特有。舞步灵活跳跃，以斗鼓、赛鼓为主，一对或多对斗赛。在象脚鼓舞流行地区，

傣族象脚鼓舞

每逢盛大节日，如傣族、布朗族的泼水节，景颇族的木脑纵歌和阿昌族的赶会街均有象脚鼓舞的表演。

象棋 Chinese chess 起源于中国的一种棋戏。又称中国象棋。两人轮流走子，以“将死”或“困毙”对方将（帅）为胜。“象棋”这个名称已有2 000多年的历史。1949年中华人民共和国建立后，象棋得到了前所未有的发展。1956年起，象棋被列为国家体育项目。以后，几乎每年都举行全国性的象棋比赛。1962年中国象棋协会成立。象棋在东南亚地区也广泛流传，1978年成立了亚洲象棋联合会。随着象棋在欧、美等洲逐步推广以及洲际象棋交往逐渐增多，1993年世界象棋联合会成立。这两个象棋组织分别定期举办亚洲象棋锦标赛和世界象棋锦标赛。

象棋的棋盘由9道直线和10道横线交叉组成。棋盘上共有90个交叉点，象棋子就摆在这些交叉点上。棋盘中间没有画通直线的地方称为“河界”，画有斜交叉线的地方，称为“九宫”。棋子共有32个，分为黑、红两组，每组16个，各分7种，名称和数目为：红棋子：帅1个，车、马、炮、相、仕各2个，兵5个。黑棋子：将1个，车、马、炮、象、士各2个，卒5个。对局开始前，双方棋子在棋盘上的摆法如图。开始后由执红棋一方先走，以后双方轮流各走一着，将某个棋子从一个交叉点走到另一个交叉点，均算走了一着。双方各走一着，称为一个回合。各种棋子的走法为：将（帅）每一着只准走一步，前进、后退、横走均可，但不准走出“九宫”。将与帅在同一直线上不准直接对面。士（仕）每一着只准沿“九宫”斜线走一步，可进可退。象(相)不准越过“河界”，每一着斜走两步，可进可退，俗称“象走田字”；当“田”字中心有其他棋子，俗称“塞象眼”时，则不能跳过。车可直走、横走，进退步数不限。马走一直（或一横）一斜，可进可退，俗称“马走日字”；如果在一直（或一横）的地方有其他棋子，俗称“蹩马腿”时，则不能走过。炮在不吃子的时候，走法与车同，但在吃子时必须中间隔一个子，这个子俗称“炮架”。卒（兵）在未过河界时，每着只准向前直走一步；过“河界”后，每着可向前走或横走一步，不能后退。走棋时，如果己方棋子可以走到的位置有对方棋子存在，即可将对方棋子吃掉，占领那个交叉点。除将（帅）外，任何棋子都可以听任对方吃掉，或主动送吃。一方棋子攻击对方的将（帅），并能在下一着把它吃掉时，称为“将军”，或简称“将”。被“将军”的一方必须立即“应将”，如果无法“应将”，就算被“将死”。轮到走棋的一方，将（帅）虽然没有被对方“将军”，但被禁在一个位置上无路可走，而己方其他棋子也都不能走动时，就算被“困毙”。被对方“将死”或被“困毙”，则为输棋。双方的棋子或棋势均无取胜的可能，双方走棋出现循环反复3次即为和棋。

在正式比赛中要做到摸子走子，即摸触自己一方的哪个棋子，就应走哪个棋子。落子无悔，即一着棋走了之后，不得再更改。纠正错误，即对局过程中如果发现有一着走得与行棋规定不符，或者发现有的棋子曾意外地移动了位置，则应纠正，纠正后由发生错误的那一着起重新走棋。要做记录，即每方必须在走完每一个回合之

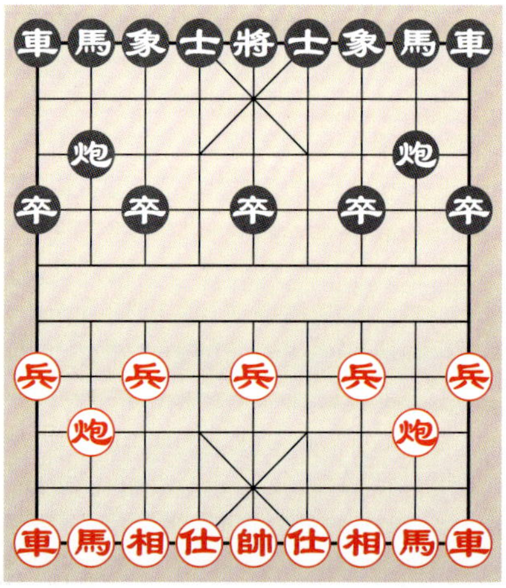

象棋开局前双方棋子在棋盘上的摆法

后，自己把双方着法精确地记录下来。按规则需要计时，一般有两种，一是时间总计制，即采用具有两个钟面的棋赛计时钟，分别累计双方的走棋时间。开局后每方在1小时30分钟内必须走满40着，以后每30分钟内必须走满20着。二是时间分计制，即用停表或手表计时，采用本制度时，每方走每一着棋的时间不得超过2分钟。同时，每方每局棋有30分钟的延长时间由自己支配，可以一次或几次用完。延长时间用完后，如果有一着超过2分钟，则判负。另外，针对“封棋”、续赛、“限着”、禁止着法、允许着法等，都有严格规定。

象生瓷 porcelain figures 中国清代模仿生物形象的瓷塑。名称最早见于清代朱琰（字桐川，号笠亭）《陶说》。烧造鼎盛于乾隆年间（1736～1795），以景德镇窑烧制最多。

粉青釉鸡形薰（清，故宫博物院藏）

象生瓷一般为粉彩。器形有鸭、鹤、鹌鹑盒、海螺、秋叶蝈蝈、螃蟹和内有瓜、石榴、樱桃、栗子、花生的果盘，色调、形态惟妙惟肖。除象生瓷塑外，雍正（1723～1735）、乾隆时还盛行仿烧铜、漆、石、木、锦等各种工艺品，几可乱真。

象牙椰子 *Coelococcus carolinensis*; caroline coelococcus 棕榈科象牙椰子属的一种。原分布波利尼西亚。新加坡有引种。乔木，茎粗大，直径60～90厘米。叶羽状全裂，裂片狭，下垂。花单性，雌雄同株，肉穗花序长2～3米。果球形，径9厘米，外有小鳞片，熟时红褐色，有光泽，种子大部含角质胚乳。象牙椰子的角质胚乳有植物象牙之称，断面白色，纹理致密，磨之有光泽，如上色则更美观，用作西服纽扣原料，还可作戒指、雕刻等用。

象征派 symbolism, school of 20世纪20～30年代中国新诗创作中的一个流派。源出于19世纪末法国兴起的象征主义。中国五四文学革命初期，《新青年》、《新潮》、《少年中国》、《小说月报》等杂志，对象征主义的文学思潮及创作有所介绍和评述。曾留学法国的李金髪的《微雨》（1925）等诗集，是中国最早出现的象征主义新诗。他用欧化的句法和晦涩的语言表现颓废朦胧的思想和情调，被朱自清称为是把法国象征派手法第一个介绍给中国诗的诗人。此后取法于法国象征派诗而进行新诗创作的，还有王独清、穆木天、冯乃超、戴望舒、姚蓬子等人。抗日战争爆发后，这个流派的诗风逐渐衰落，一些诗人或走向现实主义，或吸收象征主义方法进而发展创新到现代主义的阶段。

象征主义 symbolisme 法国文学史上的一种流派和文学思潮。出现于1886年。巴黎一个笔名J.莫雷亚斯的年轻诗人，在《费加罗报》上发表了一篇文学宣言，主张用“象征主义者”这个称号来称呼当时的前卫诗人。这篇宣言标志着象征主义流派的产生。

象征主义作为新的创作方法和文学思潮，早在浪漫主义盛行的时期就已经萌芽。许多浪漫主义诗人在一定程度上运用了后来为象征派诗人所喜爱的艺术手法：暗示多于解释，含蓄多于尽情地发挥。象征主义这个名称出现以前，象征主义先驱C.波德莱尔、洛特雷亚蒙、S.马拉梅、A.兰波和P.魏尔兰等象征主义名家就已经发表了大量象征主义诗歌。

与帕尔纳斯派不同，象征主义重新回到以抒写个人感情为重点的老路上。但它抒写的不是日常生活中肤浅的喜怒哀乐，而是不可捉摸的内心隐秘；或者如马拉梅所说，表现隐藏在普通事物背后的“唯一的真理”。为此，象征主义对诗的语言进行了改造。对于日常用的字和词加以特殊的、出人意料的安排和组合，使之发生新的含义。象征主义不满足于描绘事物的明确的线条和固定的轮廓，它所追求的艺术效果，是要使读者似懂非懂，恍惚若有所悟。追求半明半暗，明暗配合，扑朔迷离。象征主义诗歌十分强调音乐的效果，但不是单纯通过机械的协韵表现出来，而在于诗句内在的节奏和旋律。散文诗的音乐感并不亚于格律诗，有时反而胜过格律诗，因此许多象征派诗人的散文诗都写得很有特色。

1886～1891年是法国象征主义诗歌的昌盛期。这一时期出版的重要作品有H.de雷尼耶的《插曲》（1888）、J.拉弗格的遗著《善意之花》（1890）以及马拉梅的《诗与散文》（1893）等。1891年，莫雷亚斯首先宣布脱离象征派，许多象征派诗人也纷纷向自己选择的方向发展，不再遵循共同的象征主义艺术标准。象征主义流派从此解体。但是，象征主义作为文学思潮和艺术风格，影响却非常深远。20世纪法国的重要诗人P.瓦莱里、P.克洛代尔、F.亚默甚至圣琼·佩斯等，都被评论家列为后期象征主义者。比利时的象征主义诗人有著名的É.维尔哈伦和M.梅特林克，后者主要写作象征主义诗剧。中国五四以后的新诗坛上，也曾出现戴望舒、李金髮等受过象征主义诗歌气息熏陶的诗人。

象尊 elephant-shaped bronze zun 中国古代青铜器。为商、西周青铜器中鸟兽形器物中较多见的器类，出土较多，以1975年

湖南醴陵狮形山象尊（商）

出土于湖南醴陵狮形山的象尊最为著名。此象尊高22.8厘米，长26.5厘米，重27.7千克，现藏湖南省博物馆。造型生动精美，形体圆浑饱满，四腿粗壮有力。背部有口，盖已失，长鼻上卷，鼻中空，与腹部相通。鼻端塑作凤首形，顶部塑一卧虎，与象额部的一对盘曲的蛇相对，象身满布三层花的装饰花纹：耳下为鸟纹、兽面纹，前腿饰侧立虎纹，后腿饰兽面纹。

像差 aberration 实际光学系统所成的像与理想光学系统所成像之间的偏差。分单色像差和色像差两类。初级像差理论中前者又可分为球差、彗差、像散、像面弯曲和畸变5种。球差、彗差和像散破坏了出射光束的同心性。像面弯曲造成像平面上的像点变成一弥散斑。畸变破坏了像与物的相似性。这些像差均是由于非近轴光线参与成像的结果。上述五种单色像差在一个实际光学系统中往往可同时存在。

共轴球面系统在近轴条件下可视为理想光学系统，此即高斯光学所要讨论的无单色像差成像。实际光学系统中参与成像的光线并非都是近轴光线，对近轴理论必须修正。

处理像差问题一是严格按几何光学定律进行计算，所得像差称为几何像差，上述各种像差均属此类。另一是从波动理论出发，考虑出射光相对入射光的波面畸变，称为波像差。波像差不仅包含了几何像差，还包括了由衍射效应造成的成像偏差。

除单色像差外，因元件材料的折射率与波长有关，用白光或复色光时还会产生色像差。

像差的存在会严重影响成像仪器的像

质，光学设计中必须加以消除或部分消除。采用非球面设计消除像差已日益普遍。在天文望远镜中，为提高光通量和分辨本领，常采用大孔径的反射式物镜，反射面一般为旋转抛物面。装置中也常使用旋转椭球面和双曲面。这些曲面的两个焦点是一对无像差的共轭点，称齐明点（或等光程点、不晕点），抛物反射面的一个焦点与天文望远镜的观察对象同在无穷远处，因而在另一个焦点处可得到无像差的像。反射式物镜也不存在色差。

橡胶 rubber 高弹性的高分子化合物。又称弹性体。英国化学家J.普里斯特利发现橡胶能擦去铅笔写下的痕迹而命名为rubber（原意为擦子）。橡胶的印第安语caoutchouc，意为“树流的泪”。天然橡胶由三叶橡胶树割胶时流出的胶乳经凝固及干燥而制得。橡胶按原料分天然橡胶和合成橡胶。按性能可分通用型和特种型。通用橡胶指综合性能较好、应用面广的品种，包括天然橡胶、异戊橡胶、丁苯橡胶、顺丁橡胶等；特种橡胶指具有某些特殊性能、产量较小的合成橡胶，如耐老化的乙丙橡胶、耐油的氯醇橡胶、不燃的氯丁橡胶、透气性小的丁基橡胶等。橡胶在受外力发生变形时，具有迅速复原的能力，并具有良好的物理机械性能及化学稳定性，广泛用于制造轮胎、胶管、胶带、电缆及其他各种橡胶制品。

橡胶加工过程就是先将弹性体塑炼成塑性高的材料，然后与各种必需的配合剂混炼成胶料，并通过压延、压出（挤出）、贴合、成型、定型等工序制成所需形状的半成品，最后通过硫化交联，转变为弹性高、性能好，能满足不同使用性能的橡胶制品。原材料有天然橡胶和各种合成橡胶，还有硫化剂及硫化促进剂、防老剂、补强剂、软化剂、增塑剂、填充剂等各种橡胶助剂以及各种纤维织物和金属材料等。

轮胎是橡胶工业的主体，世界橡胶总耗量约有一半用于轮胎生产。近期的发展主要围绕节约能耗、开发新产品、改进工艺装备、提高劳动生产率、推广应用新型材料、发展橡胶与其他材料并用和复合技术。不断开拓新的应用领域，如地下铁道用橡胶轮胎、橡胶气垫船和气垫车、建筑工程用防震橡胶、橡胶人工心脏以及其他精密医疗卫生制品。

橡胶机械 rubber machinery 用以制造各种橡胶制品的机械。包括通用橡胶机械、轮胎机械和其他橡胶制品机械三大类。

通用橡胶机械 制备胶料或半成品的机械，包括原材料加工机械、炼胶机、挤出机、压延机、帘帆布预处理装置和裁断机等。①炼胶机。主要用于橡胶的热炼、压片、破胶、塑炼和混炼。②挤出机。橡胶加工的主要设备。用于挤出胎面、内胎、胶管、各种橡胶型条和包覆电缆电线等。③压延机。主要用于纤维织物与钢丝帘帆的贴胶或擦胶，胶料的压片、贴合、压型和压花。

轮胎机械 主要包括轮胎成型机、轮胎定型硫化机、胶囊硫化机、垫带硫化机、内胎接头机和内胎硫化机，以及力车胎机械、轮胎翻修机械和再生胶生产机械。①轮胎成型机。用于将挂胶帘布、钢丝圈、胎面等各种部件贴合加工成轮胎的胎坯。②轮胎定型硫化机。用于充气轮胎的外胎硫化。可分连杆式和液压式。

其他橡胶制品机械 胶带、胶管、胶鞋、模型制品、胶浆和乳胶制品以及再生胶所用的机械。①硫化罐。用于硫化胶管、胶鞋、电缆、胶辊、胶布、胶板等橡胶制品。②平板硫化机。用于硫化橡胶模型制品、胶带和胶板等。③鼓式硫化机。用来硫化胶带和胶板。④胶浆和乳胶制品机械。包括原材料加工机械、浸渍制品机械、压出制品机械和海绵制品生产机械等。⑤载布机。

橡胶树 *Hevea brasiliensis*; para rubber tree/caoutchouc tree 大戟科橡胶树属的一种。高大乔木。又称巴西橡胶树、三叶橡胶树，俗称胶树。所分泌胶乳的加工品橡胶，是重要的工业原料。在已知的产胶植物中以橡胶树的产胶量最高，质量最好。树的经济寿命可达30年左右。世界上使用的天然橡胶，绝大部分由橡胶树生产。橡胶树原产于南美洲亚马孙河流域热带雨林中。中国试种橡胶树始于20世纪初。

形态和特性 植株高20～40米。主根圆锥形。侧根轮生，第一轮离地面10～20厘米，为主要吸收根系；第二轮离地面40厘米以上，起支撑作用。三小叶复叶。花小，单性，雌雄同株。蒴果，球形。种子椭圆形，具褐色斑纹，种背常隆起，种腹略扁平。树皮是产胶组织——乳管系统的所在部位，生产上常由外向内将其分为粗皮、砂皮、黄皮（含有大量乳管，为主要产胶部分）、水囊皮（割胶只割到水囊皮之外）和形成层。

对环境条件的适应性较强。特别是对温度敏感。要求光照度500～30 000勒（克斯），30℃能正常生长和产胶，40℃以上时嫩叶灼伤。在15℃以下，低于10℃时出现轻微冻害以至枝梢枯死。要求年降水量为1 500～2 500毫米，静风与肥沃土层深厚的立地条件，生长和产胶的最适温度为25～28℃。种植一般要求土层厚1米以上、有机质丰富、结构疏松、排水良好的肥沃酸性土壤。可用种子或芽接繁殖。

用途 天然橡胶是异戊二烯的高分子聚合物，具有很好的弹性、绝缘性、强度和较好的防水性、气密性、耐磨性，因而用途很广。现在世界上的橡胶制品已达5万余种，主要用于制造飞机、汽车等所用的轮胎。橡胶树种子含油率22%～25%，油为半干性，可用作制造油漆、肥皂、醇酸树脂等的原料；精炼去毒后可供食用。果壳能制活性炭、糠醛等。木材经处理后，可制作家具、纸浆、纤维板、胶合板等。

肖 Shaw, Sir Napier（1854-03-04～1945-03-23） 英国气象学家。生于伯明翰，卒于伦敦。1877～1906年在剑桥大学讲授物理学。1879年起受英国政府气象委员会委托，研究空气中水汽含量测定法。1899～1905年任英国政府气象委员会秘书。1891年被选入英国皇家学会。1905～1920年任英国气象局局长。1920～1924年在伦敦的帝国理工学院所属的皇家理学院中任首席气象学教授。1918～1920年任英国皇家气象学会理事长。1907～1923年任国际气象组织主席，兼任国际大地测量学和地球物理学联合会气象学会主席。1910年获英国皇家气象学会西蒙斯纪念金质奖章。1945年英国皇室授予他爵士称号。

发表科学论著达380篇（种，卷）。1906年与R.G.K.伦普弗特合著《地面气流生命史》，首先绘制空气运动轨迹，研究气流和主要天气系统的关系。1912年研究大气的结构，提出气旋中气流辐合的模式。1923年发表《大气热力学》一文，用温熵图改进了热力学图解法。还著有《天气预报》、《大气原理》、《空气及其路径》、《气象学大全》等。

肖邦 Chopin, Fryderyk Franciszek（1810-03-01～1849-10-17） 波兰作曲家、钢琴家。生于华沙郊区热拉佐瓦沃拉，卒于巴黎。父亲原籍法国，肖邦幼年时向捷克音乐家W.日夫尼学习钢琴，8岁时开始公开演奏。1826年入华沙音乐学院学习，1829年毕业。1830年3月肖邦在华沙演出了自己的早期代表作《第二钢琴协奏曲》（f小调），同年10月在告别华沙的音乐会上演奏了自己的另一部代表作《第一钢琴协奏曲》（e小调），均获得成功。11月2日肖邦离开华沙，出国深造，从此永远离开了祖国。12月初在维也纳逗留期间

肖邦手稿

得知华沙爆发起义的消息，他为未能参加这次起义而焦急。当时曾想返回波兰参加斗争，被友人劝阻。次年9月初在赴巴黎途经斯图加特时得知起义遭沙俄镇压、华沙陷落的噩耗，精神受到强烈震撼。这些都在他当时的创作中留下了深刻印记。在巴黎定居，从事钢琴演奏、教学和创作活动。

从30年代初抵巴黎到40年代中期，肖邦的思想和艺术高度成熟，在创作上获得了极其丰硕的成果。从1846年起，肖邦的创作开始出现衰退的趋势。原因是多方面的：40年代波兰民族运动的几次挫折，使对此一直抱着热烈期望的肖邦在精神上受到沉重打击，深深陷入失望和消沉的情绪之中；同法国女作家乔治·桑之间爱情的破裂、故乡亲人和挚友的相继去世、自己健康状况的不断恶化，这一切都给他的身心造成深深的创伤。1848年衰弱的肖邦去英国逗留了一段时间，在那里他为流亡国外的波兰侨胞举行了最后一次演奏会。回巴黎后健康急剧恶化，临终时嘱咐死后将自己的心脏运回祖国波兰安葬。

1830年之前是肖邦创作的起点，其中已经闪耀着民族感情和民族风格的光辉，这在他的《d小调波洛奈兹舞曲》、钢琴与乐队合奏的《波兰主题幻想曲》和《克拉科维亚克舞曲风格回旋曲》、《C大调马祖卡舞曲》、《F大调马祖卡舞曲》、钢琴与乐队合奏的《降E大调大波洛奈兹舞曲》中都有鲜明的体现。这个时期最重要的作品是1830年创作的两部钢琴协奏曲。1830年末至1831年华沙起义的短暂时间里，肖邦的创作出现一个飞跃。《b小调诙谑曲》写于逗留维也纳时期。起义激起的爱国热情同对祖国亲人的思念交织在一起，构成一首既严峻又温存的音诗。《c小调练习曲》（又称《革命练习曲》）、《d小调前奏曲》则写于得知华沙沦陷之后，激愤、悲痛之情同严整洗练的艺术形式之间达到高度完美的统一，成为肖邦早期音乐创作中的杰作。同时期创作的《a小调前奏曲》则充满了迷惘、茫然的情绪，音乐构思奇特而新颖。

1832～1845年肖邦进入了创作的全盛时期。此时的创作中，深刻的民族内容、富于独创性的艺术形式和娴熟的音乐风格使他的艺术达到了炉火纯青的地步。肖邦的绝大部分练习曲都是在这个时期创作的，其中《E大调练习曲》、《b小调练习曲》、《a小调练习曲》等最为突出。

肖邦的三首奏鸣曲中，在内容的深刻性和艺术的独创性方面最突出的是《降b小调钢琴奏鸣曲》。

夜曲是肖邦创作中最富于浪漫主义气质的体裁。他的《c小调夜曲》标志着肖邦已经将夜曲的创作提高到前所未有的水平，大大地挖掘了夜曲的表现潜力，使它成为一种能容纳深刻社会内容的音乐体裁。

肖邦的四首叙事曲均是这个时期创作的，其中有的是直接同波兰的民族史诗和民间传说相联系。如《g小调叙事曲》的创作是直接受到了波兰民族诗人密茨凯维奇的长诗《康拉德·华伦洛德》的启示。《F大调叙事曲》（1839）则取材于同一位诗人的民间幻奇故事诗《希维德什扬卡》。

波洛奈兹舞曲是肖邦在这个时期创作中民族精神体现得最为强烈的体裁。《A大调波洛奈兹舞曲》是一首胜利凯旋的颂歌。《c小调波洛奈兹舞曲》则是一首哀叹祖国沦亡的沉痛音诗。《升f小调波洛奈兹舞曲》规模宏大，富于戏剧性，它同对波兰历史上民族战争情景的想象有联系。《降A大调波洛奈兹舞曲》是同类体裁乐曲中性格最刚毅、豪迈，气势最宏伟、磅礴的一首。1846～1849年间，这一时期肖邦的创作呈现出明显的衰退趋势。《幻想波洛奈兹舞曲》是这个时期的重要作品，虽然在这里已听不到像《降A大调波洛奈兹舞曲》那样高昂、豪迈的声音，但那些由于对祖国、民族未来的某种憧憬而唱出的激昂慷慨的段落仍是极富于感染力的。《g小调马祖卡舞曲》、《f小调马祖卡舞曲》是肖邦最后的两部作品。前者是一首亲切、温存的歌，表达了对生活的最后一点眷恋；后者在淡淡的哀愁中倾诉着对故国和亲人的最后思念。

肖恩 Shawn, Ted（1891-10-21～1972-01-09） 美国现代舞表演家、编导家、教育家，早期现代舞的代表人物，美国学派现代舞的创始人之一。生于堪萨斯，卒于佛罗里达。与R.圣丹尼斯结婚，后创办丹尼斯-肖恩舞蹈学校及舞蹈团。与圣丹尼斯离异后，在马萨诸塞州山区组建男子舞蹈团，发展男子舞蹈技巧，提高了男子在舞蹈中的地位。他提倡不同民族和戏剧的舞蹈风格，注意从民间舞蹈中汲取营养。舞台代表作有《阿多尼斯之死》、《被缚的普罗米修斯》、《运动的活力》等。著作有《舞蹈教育基本原理》、《每个细小的动作》、《美国舞史33年》，以及自传《1001夜永垂青史》等。被誉为“美国舞蹈之父”。

肖恩（中）与他的男人舞蹈团在表演代表作《运动的活力》（1935）

肖克莱 Shockley, William Bradford（1910-02-13～1989-08-12） 美国物理学家。生于英国伦敦，卒于美国巴罗阿尔托。1936年获麻省理工学院博士学位。历任贝尔实验室晶体管物理学研究主任，美国海军反潜战运筹学组研究主任，肖克莱晶体管公司经理，斯坦福大学教授。

肖克莱专长于固体能带理论。1945年预言：假如半导体片的厚度与表面空间电荷层相近，即有可能用垂直于表面的电场来调节表面层的电阻率，使平行于表面的电流受到控制。同在贝尔实验室的J.巴丁提出了表面态理论；W.H.布拉坦发现硅表面的光生电动势。他们三人合作，于1947年底发明了点接触晶体管，并同获1956年诺贝尔物理学奖。1950年研制出结型晶体管。20世纪60年代因提出“人种-智能-遗传”这一颇有争议的论题而成为毁誉参半的人物。

肖伦 Xiao Lun（1911-12-15～2000-11-15） 中国放射化学家。生于四川郫县，卒于北京。1939年毕业于清华大学化学系。1951年获美国伊利诺伊大学博士学位，从事放射化学研究。1955年回国后历任北京原子能研究所研究员、北京大学教授、中国原子能科学研究院研究员。曾任中国同位素学会理事长、《同位素》杂志主编。1980年当选中国科学院学部委员（院士）。长期从事放射化学和同位素研究。在美留学期间发现钽-183、钽-185和钨-185m等新核素。还从事过表面化学的研究，发现非离子型洗涤剂在水溶液中带正电的现象。在中国发展核技术事业中，指导军工和民用放射性核素以及

特种军用放射源的研究、开发和生产，作出贡献。发表论文数十篇。

肖洛霍夫 Sholokhov, Mikhail Aleksandrovich (1905-05-24～1984-02-21) 苏联作家。生于顿河军屯维奥申斯卡亚，卒于维奥申斯卡亚。曾做过办事员、扫盲教师、宣传员等。1923年开始写作。早期作品多以国内战争顿河地区的生活为题材，通过简洁生动的语言、离奇的情节和严谨的结构，揭示哥萨克内部阶级冲突的尖锐性和悲剧性。

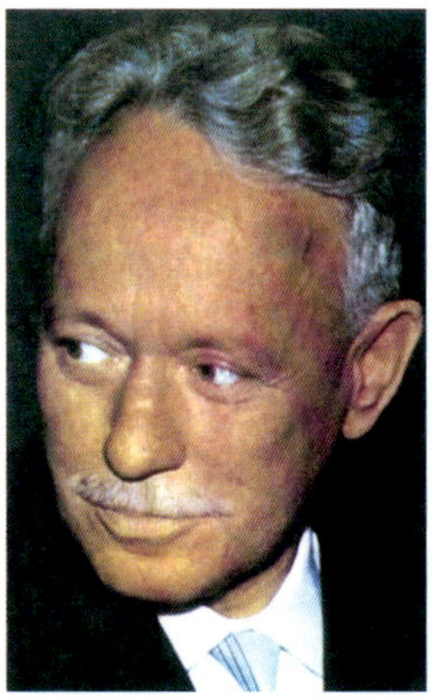

《静静的顿河》(共4部，1928～1940)描绘了1912～1922年间两次革命（二月革命和十月革命）、两次战争（第一次世界大战和国内战争）中的重大历史事件和顿河的哥萨克在这10年中的动荡生活。其他主要作品还有长篇小说《被开垦的处女地》(1932～1960)、《他们为祖国而战》(未完成)，短篇小说《人的命运》(1957)、《胎记》(1924)、《野山鬼》(1925)等。1965年获诺贝尔文学奖。

肖蛸 Tetragnathidae; long jawed spider 蜘蛛目肖蛸科动物的统称。中国古书中作“蟏蛸”，又称“喜蛛”、蟢子、喜母。全世界已记录57属986种和亚种，中国已知20属111种。体多细长；步足也细长，多刺。8只眼排成两列。螯肢长，前、后齿堤各有一行发达的齿。步足腿节上有一列听毛。除银鳞蛛外，一般无外雌器。结水平或垂直的圆网，生活在水田或苇塘的植株上，或在小水沟两岸的植株间拉网。

肖斯塔科维奇 Shostakovich, Dmitry Dmitriyevich (1906-09-25～1975-08-09) 苏联作曲家。生于圣彼得堡，卒于莫斯科。童年时接受母亲的钢琴指导，并在格利亚塞尔音乐学校学习。9～11岁写作了钢琴曲《自由颂》、《纪念革命烈士的葬礼进行曲》等第一批作品。1919年考入彼得格勒音乐学院。1923和1925年先后从钢琴专业和作曲专业毕业。毕业作品《第一交响曲》引起当时乐坛的注目。

一生创作丰富，遍及各种音乐体裁的作品。20年代后半期至30年代初，广泛借鉴俄国和西方现代音乐流派的经验，试图以新风格、新技法表现新主题，写作了许多作品如《第二交响曲》(《献给十月》)、《第三交响曲（《五一》）》等。1927～1932年，创作2部歌剧、2部舞剧、5部话剧配乐以及4部电影音乐。1930～1932年，根据俄国作家N.S.列斯科夫的同名小说写作了歌剧《姆钦斯克县的麦克白夫人》(又名《卡捷琳娜·伊兹迈洛娃》)，剧情描写一个商人的妻子为追求自由爱情而杀人犯罪，并惨遭毁灭。作者称该剧为“讽刺悲剧”。歌剧于1934年1月在列宁格勒（今圣彼得堡）首演，随即又在欧洲许多剧院上演。这部歌剧标志肖斯塔科维奇艺术上臻于成熟。在器乐曲创作方面以3部交响曲最重要。《第四交响曲》是他的第一部哲理性悲剧交响曲。《第五交响曲》也是一部哲理性悲剧交响曲，反映当时苏联知识分子的精神生活。《第六交响曲》表现从悲哀的思考与回忆过渡到生活的欢乐。他的其他器乐作品如《二十四首钢琴前奏曲》、《第一钢琴协奏曲》、《第一弦乐四重奏》等形成另一种格调。这时期的最后一部大型作品是《钢琴五重奏》。

在卫国战争期间的重要作品是两部交响曲。《第七交响曲》是作者在战火纷飞的列宁格勒，仅用3个多月写成的，作者将它题献给这座英雄的城市。这是第一部反映卫国战争，反映重大社会事件的音乐作品。它极大地鼓舞了苏联人民的抗敌意志。《第八交响曲》“试图表现人民的体验，反映战争的可怖悲剧”，立即在欧美各国受到重视。战后的第一部大型作品《第九交响曲》，是一部具有古典主义的和抒情喜剧色彩，并包含若干悼念篇节的作品。从1948年起，写了大量声乐作品。其中最突出的是清唱剧《森林之歌》，这一时期的重要作品还有《第十交响曲》、《第十一交响曲》、《第十二交响曲》、《第十三交响曲》以及管弦乐声乐曲《斯捷潘·拉辛的死刑》等。

1965～1975年疾病缠身，但仍创作了27部作品，其中重要作品为《第十四交响曲》、《第十五交响曲》、《第二大提琴协奏曲》以及声乐套曲和第11～15首弦乐四重奏等。

作为现实主义艺术家，肖斯塔科维奇从不旁观生活、回避矛盾，而是置身于社会生活，以满怀激情和鲜明的爱憎反映生活。他的音乐语言和风格自成一家。他的旋律常以古调式为基础，降音级的频繁运用，形成一系列具有特殊表现力的乐汇。惯用不协和的和声处理与繁复的对位结构。扩展了传统的复调技术，给赋格、帕萨卡里亚等古老复调形式注入了现代内容。所创作的15部交响曲使他享有20世纪交响乐大师之誉。

肖扬 Xiao Yang (1938-08～) 中华人民共和国最高人民法院院长。首席大法官。广东河源人。1966年5月加入中国共产党。1962年1月参加工作。1957～1962年在中国人民大学法律系学习。1962年1～8月任新疆维吾尔自治区政法干校教师。1962～1969年任广东省曲江县公安局干部。1969～1975年任中共广东省曲江县委宣传部干事，县委办公室干事、副主任。1975～1981年任中共广东省曲江县龙归公社党委书记、中共曲江县委常委兼办公室主任。1981～1983年任中共广东省韶关市武江区委书记、中共广东省清远地委副书记。1983～1986年任广东省人民检察院副检察长、党组副书记。1986～1990年任广东省人民检察院检察长、党组书记。1990年后任最高人民检察院副检察长、党组成员、检察委员会委员。1993～1998年任司法部部长、党组书记。1998年任最高人民法院院长、党组书记、审判委员会委员。2003年3月当选最高人民法院院长。是中共第十五届、十六届中央委员。

逍遥津 Xiaoyaojin 中国三国时期的古战场，游览胜地。位于安徽省合肥市东北隅。古为淝水上的渡口，有津桥可渡。三国时的“张辽威震逍遥津”即发生于此处。有张辽衣冠冢。逍遥津公园占地30余公顷，其中湖水面积11公顷，湖中有小岛、湖心亭。园内建有青年广场、儿童乐园、动物园、花圃、水榭、长廊等景点，亭台水榭，花木成荫，为典雅的中国式园林。

逍遥学派 Peripatetic school 亚里士多德创立的学派。又称亚里士多德学派。亚里士多德死后，该派由他的弟子继承下来。公元前287年以前领导该派的是泰奥弗拉斯托斯。他继续老师的所有研究领域，尤其致力于生物学的研究，在植物学和逻辑方面作出了贡献。在哲学上，他提出了物质自己运动的观点，反对在自然界中寻找目的因。前287～前269年，该派由斯特拉图领导。他致力于自然科学研究，并作出了贡献；在哲学上他反对灵魂不朽。继斯特拉图之后领导该派的是吕康（约前299～前225），但从这时起，该派已失去其重要地位。

前1世纪，该派继承者安德罗尼科重新

开始了对亚里士多德学说的研究，他主要是对亚里士多德著作进行校勘、整理、编纂和注释。该派由此活跃起来，持续数世纪。2世纪，亚弗洛弟西亚的亚历山大对亚里士多德的主要论著作重要的评注，使注释工作达到高峰。逍遥学派主要是对亚里士多德著作的保存、流传和研究作出了重要贡献。6世纪初，拜占廷皇帝查士丁尼一世下令禁止亚里士多德学说的传播，该派因而瓦解。

鸮形目 Strigiformes; owl　鸟纲一目。俗称猫头鹰。分草鸮科和鸱鸮科两科。草鸮科世界有16种，中国有3种。鸱鸮科世界有189种，中国有24种。夜行性猛禽。嘴坚，成曲钩状。嘴基蜡膜为硬须掩盖。尾短圆。脚强健有力，常全部被羽，第4趾能向后反转。爪大而锐。雏鸟为晚成性。尾脂腺裸出。无副羽，间或留存，但形甚小。雌鸟较雄鸟大，脸呈盘状，眼形大，两眼均向前，羽毛柔软。夜间活动，飞时无声，营巢于树洞或岩隙中，或抢占喜鹊、乌鸦等鸟类的巢，偶见营巢于地面。属国家保护动物。

消除反应 elimination reaction　使反应物分子失去两个基团或原子，从而提高其不饱和度的反应。

分类　按失去的两个基团在分子中的相对位置进行分类：①1,2-消除，又称β-消除。为处于相邻原子上的两个基团失去后在这两个原子之间生成π键的反应。两原子都是碳原子时就发生成烯消除反应：

$$CH_3CH_2OH \xrightarrow[加热]{Al_2O_3} CH_2=CH_2+H_2O$$

②1,1-消除，又称α-消除。为同一原子上的两个基团失去后该原子形成不带电荷的低价结构（如卡宾或氮烯）的反应（式中R为烃基）：

$$CHCl_3+RO^- \longrightarrow :CCl_2+Cl^-+ROH$$

③1,3-消除等。为分别连在1,3-或更远的相对位置上的两个基团消除后得到环状产物的反应。这些反应也可视为分子内取代反应。

反应速率　在离子型1,2-消除反应中，带着成键电子对一起从反应物分子的1位或α碳原子上断裂下来的基团称为离去基团（L），另一个失去的基团往往是连在2位或β碳原子上的氢，称β氢原子。如1-溴丁烷与氢氧化钾在乙醇中共热，溴带着键合电子对断裂下来，生成溴负离子，β氢原子以质子形式断裂下来与碱中和，同时在1和2位之间形成烯键：

$$CH_3CH_2\underset{\displaystyle H}{\underset{|}{CH}}-\underset{\displaystyle Br}{\underset{|}{CH_2}}+KOH \xrightarrow{乙醇}$$
$$CH_3CH_2C=CH_2+H_2O+KBr$$

这类消除反应的速率与卤代烷结构有关，在相同条件下以三级卤代烷最快，二级卤代烷次之，一级卤代烷最慢。以碱为试剂的消除反应常伴有亲核取代反应，同时也可能发生重排反应，三种反应之间的竞争与卤代烷结构、试剂性能和反应条件等因素有关，强碱和高温有利于发生消除反应。

反应机理　在离子型反应中可分为三种：①单分子消除反应（E1）。反应物先电离，L断裂下来，同时生成一个碳正离子，然后失去β氢原子并生成π键。反应分两步进行，决定速率的电离这一步只有反应物分子参加。故E1的速率只与反应物的浓度成正比。②共轭碱单分子消除反应（E1CB）。反应物先与碱作用，失去β氢原子，生成反应物的共轭碱碳负离子，然后从这个碳负离子失去L并生成π键。在生成π键的步骤中只有共轭碱碳负离子参加。E1CB也分两步进行，反应速率不仅与反应物浓度成正比，也与碱的浓度有关，其关系较复杂，在多数情况下也成正比。一般只有β碳原子上连有硝基、羰基或氰基等的反应物，才能按E1CB机理进行反应。③双分子消除反应（E2）。反应一步完成，L的断裂、β氢原子与碱中和、π键的生成三者协同进行，反应物和碱同时参加反应。E2的速率与反应物浓度和碱浓度都成正比。上述三种机理以E2最普遍。

热消除反应　一般在气相进行，是不需要酸或碱催化的单分子反应。反应物通过环状过渡态直接把β氢转移到L上，同时生成π键。羧酸酯加热至约400℃，便发生热消除。黄原酸酯可在约200℃发生热消除。三级胺氧化物加热约至150℃也发生热消除。

消导剂 digestive formula　中医治疗各种食积证的方剂。以消食、化积、导滞、健脾等为主要作用，体现中医治法中的消法。分为3类：①消食导滞剂。适用于食积内停证。症见脘腹痞闷，嗳腐吞酸，恶食呕吐，腹痛泄泻，舌苔厚腻，脉滑等。代表方如保和丸、枳实导滞丸、木香槟榔丸。②健脾消食剂。适用于脾虚食积证。症见食少难消，脘腹痞满，面色萎黄，倦怠乏力，大便溏薄等。代表方如健脾丸、枳实消痞丸、葛花解酲汤。③消积杀虫疗疳剂。适用于食积内停兼染虫积、消化不良所致小儿疳积、形体消瘦、肚腹膨胀、青筋暴露、面色萎黄无华、精神不振或睡眠不宁、嗜食异物、食欲不振或多食多便者。代表方如肥儿丸。消导剂虽较泻下剂缓和，但毕竟属于攻伐之剂，故不宜久服，纯虚无实者禁用。服药期间忌食油炸黏腻、生冷粗硬、不易消化的食物。

消毒 disinfection　杀灭外界的病原体，使之不能侵入人体而致病的卫生措施。一般常指杀灭病原微生物。而“灭菌”指杀灭物品中一切致病性和非致病性微生物（包括其芽孢）。灭菌所用措施较为强烈（如火烧），只适用于无生命的物体，一般不用于人体。消毒可按有无已知的传染源分为两类：①预防性消毒。即在未发现病原体的情况下对饮水、食品、理发用具、医疗器械等用具及某些场所的消毒，可以经常进行。②疫源地消毒。即对传染源存在的场所及其排泄物、分泌物和受病原体污染的物品进行的消毒。消毒又可按进行的时间分为：①随时消毒。经常进行的对传染源的住所、衣物及排泄物的消毒。②终末消毒。在患者离开、痊愈或死亡后进行。又可按所用方法分为两类：①物理消毒法简单易行，主要有日晒法、煮沸法、蒸汽法、火烧法、微波消毒法、紫外线消毒法、机械消毒法（洗、刷、通风等）。②化学消毒法的种类繁多，如酒精、碘剂、漂白粉消毒等。应用时应注意：①有漂白作用的化学消毒剂不能用于有色布类，对金属有腐蚀作用的化学消毒剂不能用于金属器械。②注意其稳定性及有效期。③两种消毒剂同时应用时应注意有无相互抵消作用，如新洁而灭不可与肥皂水同时使用。

消法 resolving method　中医临床针对气、血、痰、食、水、虫等积聚的实邪，使之消散的治疗方法。消法应用范围较广，凡食积、痞块、积聚、蓄水、痰核、瘰疬、痈肿初起等证，均可用消法。由于致病原因和病情的不同，消散的方法有消食化滞、消痞化积、软坚散结、消肿溃坚等。

消法常同其他方法配合使用。若因痞满积聚、日久渐积，临床见证虚实兼夹，消法可与补法配合使用，通称为消补兼施；若积滞内停，则气机运化不畅，气机阻滞，又可加重积滞，消法可配合理气法使用；若食积难化，病程稍短而病人体质较好，消法又可同下法配合运用。

消法虽较下法缓和，但仍属祛邪之法，纯虚无实之证禁用。

消费 consumption　人们使用物质资料以满足生产和生活需要的过程。主要包括生产消费和生活消费。①生产消费是在物质资料生产过程中生产资料和劳动力的使用和耗费。是直接的生产行为。其中生产资料的消费是生产的客体的消费，如原料、燃料、辅助材料和机器、厂房、工具等的使用价值的丧失，就是新产品的使用价值的形成；劳动力的消费是生产的主体的消费。生产消费是生产资料和劳动力结合的过程，它不仅是保存生产资料使用价值的唯一手段，而且也是增加社会财富、扩大再生产的重要途径。生产消费的形式和水平，反映人们控制和改造自然的能力。②生活消费是人们把生产出来的物质资料和精神产品用于满足人类生活需要的行为和过程。直接影响劳动力的生产和再生产。由于劳动力也是生产的要素，因而生活消费直接关系到生产消费。生活消费是人们用来发展自身，保证生产过程不断进行的前提。生活消费的方式和水平，反映人类物质文明和精神文明的发展程度。

消费是社会再生产过程的最终环节。在社会再生产过程中，处于起点的生产与消费之间的关系是：在生产消费上消费与生产具有同一性；在生活消费上，生产决定消费，生产创造出消费的物质对象，创造出消费方式和消费结构，创造出消费的动力，消费反作用于生产，消费再生产出从事生产活动的劳动者，消费使生产成为现实并创造出新的需求。

消费函数 consumption function 消费与其决定因素之间的函数关系。决定消费水平的因素很多，如收入、财产、利率、预期未来收入等。其中收入是最根本的因素。因此，消费函数实质上指消费与收入之间的函数关系。消费函数主要应用于宏观经济分析之中。

消费函数这一概念最先由英国经济学家J.M.凯恩斯提出。他在《就业、利息和货币通论》中提出：总消费是总收入的函数；消费随收入的增加而增加，但消费的增加低于收入的增加。这一思想用线性函数表示为：$C_t=a+bY_t$。式中C表示总消费，Y表示总收入，下标t表示时期，a、b为正参数。参数b称为边际消费倾向，其值介于0与1之间。

第二次世界大战以后，许多经济学家提出了若干新的假说及相应的函数式。其中最有影响的是F.莫迪利亚尼的生命周期假说。基本思想是：人们根据一生的收入安排一生的消费。安多和莫迪利亚尼根据此思想提出的消费函数式是$C_t=\alpha E_t(YL)+\delta A_t$，其中$E_t(YL)$表示在时期$t$预期未来的实际劳动收入，$A_t$表示金融资产的实际价值。

消费基金 consumption fund 计划经济体制下的经济范畴。国民收入中用于个人消费和社会公共消费的基金。其物质内容是各种各样的消费资料，即最终产品；在价值形态上，表现为满足非生产消费需要的那部分社会产品的价值。它是由劳动者为自己的劳动所创造的必要产品的价值和为社会的劳动所创造的一部分剩余产品的价值组成的。与消费基金相对应的是积累基金，即国民收入中用于扩大再生产、进行非生产性基本建设和建立物资储备的那部分社会产品的价值。消费基金一般可分为：①个人消费基金，即支付给社会成员的劳动报酬，其中包括养老退休金、医疗保险、失业保险等费用，以满足他们个人及其所赡养的家庭成员的生活需要。②文教卫生基金，即用于科学、文教、艺术、保健等方面的支出。③社会保障基金，即用于社会救济和社会福利的支出。④国家管理和国防基金，即用于国家行政管理和国防方面的开支。

消费结构 consumption structure 各种生活要素在消费过程中的相互关系和数量比例的总称。属多层次组合体，可以按不同的标志加以分类。按消费的规模或范围，可分为微观消费结构与宏观消费结构；按消费的目的或效果，可分为生存、享受和发展消费结构以及三者的内部结构；按消费主体的不同社会属性，可分为城镇居民消费结构和农民消费结构；按生活要素，可分为吃、穿、用、住、行消费结构；以消费对象的不同，可分为商品消费与劳务（服务）消费结构；按计量尺度不同，可分为实物消费结构和价值消费结构。消费结构受周围社会经济条件的制约，随着条件的变化而改变。中国在全面建设小康社会的过程中，消费结构将呈现新的若干发展趋势，主要有食品消费减弱的趋势，服务消费、绿色消费、文化消费和数字消费增强的趋势等。

消费市场 consumption market 消费品买卖的场所或消费品供求关系的总和。它反映消费品生产者和消费者之间的关系。消费市场主要包含三个要素：出卖者、购买者愿望和购买能力。特点是：①多样性，即消费需求千差万别，多种多样。②发展性，即消费需求随着经济的发展而发展。③层次性，即消费需求因收入不同而分为不同的层次。④伸缩性，即消费需求随支付能力和外界的影响可多可少。⑤可诱导性，即消费需求方向可以随广告宣传等的变化而变化。⑥潮流性，即消费者在不同的时期会出现不同的购买热潮。

狭义的消费品市场指消费品零售市场。其特点是：消费品的最终交易面对直接消费者；消费品供应具有复杂性和多变性；每次成交量少、金额小，必须采取零售形式。在中国，各种专卖店、百货商店、商场、仓储商店、购物中心、商业街以及农村集市等，都是从事消费品交换的场所。

消费税 consumption tax 以消费品为课征对象的税种。中华人民共和国建立以后，对某些消费品、奢侈品征税是作为税目先后列入货物税、商品流通税、工商统一税、工商税、产品税等流转税中征收的。1989年2月1日起，对彩电、小轿车开征特别消费税。1993年12月13日，国务院发布《中华人民共和国消费税暂行条例》，规定对11类商品课征消费税：①烟类。②酒及酒精类。③化妆品。④护肤护发品。⑤贵重首饰及珠宝玉石。⑥鞭炮、焰火。⑦汽油。⑧柴油。⑨汽车轮胎。⑩摩托车。⑪小汽车。这11类商品按不同税率征税，自1994年1月1日开始执行。此条例在后续执行中作了大量调整。

消费信贷 consumer credit 依靠信用，采取赊销、借款等方式进行消费的一种形式。消费者凭借信用先取得商品的使用权，然后按期归还贷款，最后取得商品的所有权。它是促进消费服务社会化的一种措施。消费信贷通常有下列形式：①赊销。即先提取货物，后付款。这是一种短期信用。②分期付款。即购买时只付部分货款，其余按计划逐月分付。这是一种中期信用。③金融借款。即消费者向金融机构借款，用于购买商品并定期偿还。这是一种较长期的信用。前两种形式是消费者取得的商业信用，多用于购买价格较高、消费者难以一次性付费的耐用消费品；后一种形式是消费者取得的金融信用，多用于购买永久性消费品（如住宅）。

消费者权益保护法 consumer protection law 调整在保护消费者权益过程中发生的经济关系的法律规范的总称。立法宗旨是：保护消费者的合法权益，维护社会经济秩序，促进市场经济的健康发展。

无论是英美法系还是大陆法系国家，消费者权益保护法主要以制定法为主。例如，美国早在1906年就颁布了《联邦食品和药品法》，英国在1987年制定了专门的《消费者利益保护法》，日本于1968年公布施行了《保护消费者基本法》等。此外，各国还在诸如反垄断法、反不正当竞争法、产品质量法、广告法等相关法律中规定对消费者的保护。

在中国，1993年10月31日，第八届全国人大常委会第四次会议通过了《中华人民共和国消费者权益保护法》。它是中国保护消费者权益的重要法律，是国家基于消费者的弱者地位而给予特别保护，以维护真正的公平交易及市场秩序的法律。此外，在《反不正当竞争法》、《食品卫生法》、《药品管理法》、《进出口商品检验法》、《产品质量法》以及《化妆品卫生监督条例》等法律、法规中，也有大量关于保护消费者权益的法律规范。

消费者心理学 consumer psychology 研究消费行为的心理活动规律的学科。社会心理学的分支学科。消费者心理学的研究内容包括影响消费行为的心理因素，如消费者的认知、态度、情感、爱好以及决策过程等；影响消费行为的社会文化因素，如风俗习惯、宗教信仰、价值观念等，以及消费者的家庭和社会群体对消费行为的影响。消费者心理学的实际应用包括广告、商品包装、商标、企业形象设计、价格的制定等。

消费者心理学全面研究消费者的行为及影响这个行为的一系列社会和个人因素。对于购买行为，要研究消费者购买前、购买中和购买后的全部心理历程。不仅要研究怎样说服消费者购买已有的产品，还要研究消费者需求什么，以及怎样保护消费者的权益。商业心理学和广告心理学都是消费者心理学在营销领域的具体应用。

消费者心理学的研究方法包括自然观察法、调查法（访谈和问卷调查）、测验和实验法等。测验法常用来研究产品的特点，而产品的改进和新产品的开发主要依赖通过产品测验从消费者收集到的信息。调查法主要是了解消费者的态度和意见。按不同的需要、不同的购买能力和购买愿望对消费者作出的划分，有助于把握市场需求的现状和动态，有针对性地开发应需适销的产品。

消化 digestion 机体通过消化管的运动和消化腺分泌物的酶解作用，将大块的、分子结构复杂的食物，分解为能被吸收的、分子结构简单的小分子化学物质的过程。

消化有利于营养物质通过消化管黏膜上皮细胞进入血液和淋巴，为机体的生命活动提供能量。消化过程包括机械性消化和化学性消化。前者指通过消化管壁肌肉的收缩和舒张（如口腔的咀嚼，胃、肠的蠕动等）把大块食物磨碎；后者指各种消化酶将分子结构复杂的食物，水解为分子结构简单的营养素，如将蛋白质水解为氨基酸，脂肪水解为脂肪酸和甘油，多糖水

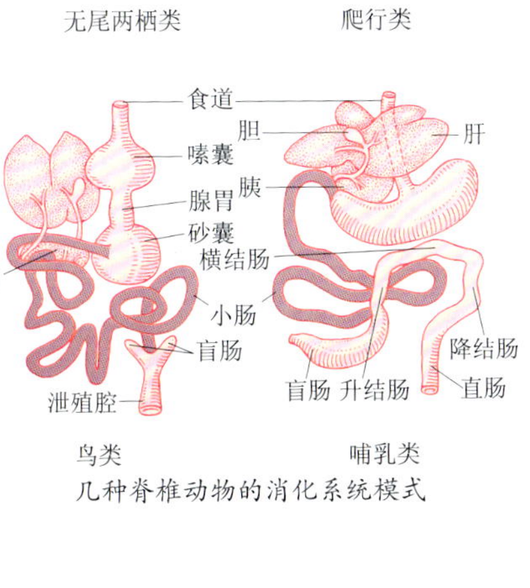

几种脊椎动物的消化系统模式

解为葡萄糖等。消化可分为细胞内消化和细胞外消化。单细胞动物如草履虫摄入的食物在细胞内被各种水解酶分解，称为细胞内消化；多细胞动物的食物由消化管的口端摄入，在消化管中消化，称为细胞外消化。

有机体消化食物和吸收营养素的结构总称消化系统。消化系统分为消化管和消化腺两大部分。消化管包括口腔、咽、食管、胃、小肠、大肠和肛门等各段；消化腺则有唾液腺、胃腺、小肠腺、胰腺和肝脏等。消化系统的主要功能是消化食物、吸收营养素和排出食物残渣。此外，消化道黏膜上皮制造和释放多种内分泌激素和肽类，与神经系统一起共同调节消化系统的活动和体内的代谢过程。

消化系统的活动在机体内与循环、呼吸、代谢等系统有着密切的联系。在消化期内，循环系统的活动相应加强，流经消化器官的血量也增多，从而有利于营养物质的消化和吸收。相反，循环系统功能障碍，特别是门静脉循环障碍，将会严重影响消化和吸收功能的正常进行。

消化道憩室 digestive tract, diverticulum of 胃肠道壁局部向外膨出形成的袋状突出。可分为真性和假性，壁的全层均膨出为真性，仅黏膜和浆膜膨出而不包括肌层则为假性。憩室可发生于胃肠道的任何部位。以十二指肠降部较多见，其次为食管和小肠。可单发，也可多发。常无症状，仅在胃肠道影像学或内镜检查时偶尔发现。若憩室较大或并发炎症可致腹部不适或隐痛，有时可发生出血。一般无需治疗，若并发严重憩室炎、出血、甚至穿孔，则需手术切除。

消化性溃疡 peptic ulcer 发生于消化道，其形成与胃酸和胃蛋白酶的消化作用有关的一组溃疡性病变。主要指发生于胃和十二指肠的溃疡，但也可发生于食管下段、胃肠吻合术的吻合口周围、空肠以及梅克尔氏憩室。是世界性的常见病。

病因和发病机理 病因复杂。是致溃疡的侵蚀力超过胃、十二指肠黏膜的保护作用所致。幽门螺杆菌感染与十二指肠溃疡有密切关系。

致溃疡的侵蚀力 主要有四方面的因素：①胃酸－胃蛋白酶。溃疡只发生在黏膜与胃酸接触的部位。②神经系统和内分泌功能紊乱。精神紧张、情绪激动等神经精神因素在十二指肠溃疡的发生和复发中是一个重要因素。③胃囊郁滞。幽门括约肌功能失调可导致胃内容物排空至十二指肠受阻，食物在胃窦部滞留过久，刺激胃窦部G细胞分泌大量胃泌素，引起高胃酸分泌，从而形成溃疡。④饮食失调和药物副作用。

其他因素 ①多基因遗传。患者的亲属患本病的机会比一般人群高2.5～3倍。O型血者易患十二指肠溃疡。②吸烟。引起血管收缩，抑制胰液和胆汁的分泌从而降低其在十二指肠内中和胃酸的能力；也可引起胆汁返流而破坏胃黏膜屏障。

临床表现 病程可达数年、十多年甚至几十年。

周期性发作 发作与季节（秋末和冬天发作最多，其次是春天）、精神紧张、情绪波动和饮食不调等因素有关，但亦可无明显诱因者。发作期间，上腹疼痛，疼痛处有压痛。可为饥饿样不适感、钝痛、胀痛、灼痛或剧痛。胃溃疡疼痛的节律是：进食－舒适－疼痛－舒适，即进食后约半小时至1.5小时之内感到舒适，接着上腹痛发作，而到胃完全排空时又觉舒适。十二指肠溃疡疼痛节律是：进食－舒适－疼痛，一般在餐后有2～4小时的无痛期，然后发作上腹疼痛，直至下次进餐后才缓解。空腹时疼痛，进食后缓解是十二指肠溃疡的疼痛特征。有时疼痛也可在晚间睡前或半夜出现，称夜间痛。

其他症状 反酸、剑突后烧灼感或嘈杂感以及口涎增多也常见于十二指肠溃疡患者。口涎增多与迷走神经功能亢进有关。其他胃肠道症状如嗳气、恶心、呕吐等可单独或伴随疼痛出现。

并发症 主要有出血、穿孔和幽门梗阻等。

诊断 根据临床表现可作出初步诊断，但还须靠胃镜或X射线检查确诊。有时需与胆石症、慢性胃炎等鉴别。

治疗 急性发作时应注意休息，多数患者可在门诊治疗。饮食定时，进食不宜过快，避免粗糙、过冷、过热和刺激性大的食物，戒烟酒。症状严重者吃流质或半流质饮食1～2周，少食多餐。

治疗的药物为：①抗酸药。氢氧化铝、三硅酸镁、碳酸钙或几种制酸药混合的成药如胃舒平、胃乐等。②组胺H_2受体拮抗剂。拮抗组胺与壁细胞上H_2受体结合而导致壁细胞分泌胃酸。常用甲氰咪呱和雷尼替丁、法莫替丁。溃疡愈合后仍应继续服制酸药以防止溃疡复发。③抗胆碱能药。抑制迷走神经而减少胃酸分泌，解除平滑肌和血管痉挛，改善局部营养和延缓胃排空。有阿托品、普鲁本辛和胃安等。哌吡氮平（必舒胃）抑制胃酸分泌对平滑肌、心脏、唾液腺与前列腺等无明显效应，治疗消化性溃疡有良好疗效。④质子泵抑制剂（洛赛克）。壁细胞最后的泌酸步骤是由质子泵将H^+驱入胃腔。奥美普拉唑，每晨口服20毫克可抑制几乎所有刺激引起的泌酸。⑤生胃酮。属保护黏膜的药物，为甘草的衍生物，防止H^+回渗，促进胃黏膜上皮更新和愈合，增加胃黏液分泌。具类似醛固

酮的效应，有高血压、水钠潴留等副作用。⑥消除幽门螺杆菌有助于溃疡愈合。常用药物为质子泵抑制剂、胶体铋剂及**抗生素**三联治疗，消除该菌的有效率可达80%以上。⑦其他药物。有硫糖铝、前列腺素E衍生物、三钾双枸橼酸铋等。

消渴 consumptive thirst 中医以多饮、多食、多尿、身体消瘦或尿有甜味为特征的疾病。因饮食不节、情志失调、劳欲过度或先天不足所致。见**糖尿病**。

消食化滞 resolving food stagnation 中医临床运用消除食滞的药物以恢复脾胃运化功能的治法。又称消食导滞、消导法。属治疗**八法**中的**消法**之一。主治食积内停证，临床表现为胸脘痞满、嗳腐吞酸、恶食呕逆、饱胀或腹痛泄泻、脉滑、舌苔厚腻等。常用药物如山楂、神曲、谷芽、麦芽、砂仁、鸡内金、莱菔子等，具有消停食、导积滞的作用。代表方如保和丸、枳实导滞丸。

临床上须内有积滞、外无表证时，方可使用消食化滞法。

消息 news story 迅速、简要地报道新近发生的事实的新闻体裁。被广泛、经常地采用。新闻的三大写作体裁之一。消息包括导语和主体。导语是突出中心事实，吸引读者阅读的消息开头部分；主体是消息的主要部分，是对导语的展开和补充。有些消息还提供背景材料，说明新闻事件发生的历史条件和环境。常用的结构是“倒金字塔”式，即以重要性递减的顺序来安排新闻中的各项事实。用电报传递的消息称“电讯”，特别简短的称“简讯”、“短讯”或“简明新闻”。消息写作的基本要求是：①客观叙述。②迅速、及时。③简短、扼要。④生动活泼。

宵禁 curfew 国家禁止一般人夜间在外活动行走的规定。即夜间**戒严**。戒严通常都实行宵禁。宵禁是特殊而常用的紧急措施，广泛用于对付**紧急状态**，但主要是为了防范社会秩序的混乱。宵禁一般在危险局势发生之后采取，有时与戒严并用，有时单独使用。宵禁的特征是：在夜晚某一段时间至凌晨时禁止居民外出活动，这期间采取特别许可证的通行制度。宵禁的时间各国立法规定不同。大体上从前一天深夜至次日凌晨6点之间。宵禁期间，禁止居民在公共场所活动；断绝交通；出门者必须持有军事当局颁发的通行证等。宵禁任务一般由军队承担，地方社会治安力量适当协同承担或协助宵禁的实行。

绡 chiffon 用桑蚕丝或人造丝、合成纤维为原料，以平纹或平纹变化组织织制的轻薄透明的**丝织物**。质地挺爽稀薄，孔眼清晰。宜制作女式晚礼服、连衣裙、披纱、头巾等。常选用不加捻或加中、弱捻的**蚕丝**、黏胶丝以及**锦纶**和涤纶长丝作经纬纱，经纬密度稀，组织采用平纹或假纱罗，织成的织物称为绡地。绡有生织和熟织两类。根据花式有素绡、提花绡和修花绡等。素绡在绡地上呈现金光闪闪的金银丝直条或缎纹直条。提花绡是在平纹绡地上，配有明亮缎条和显花纹经向直条。在提花纵条反面，如有过长的浮长线，需将其修剪掉，则成为修花绡。也有的将织花和印花结合，使花纹更显五彩缤纷、华丽高雅。还可经烂花整理成烂花绡，以显示忽明忽暗的变幻效果。

萧伯纳 Shaw, George Bernard (1856-07-26～1950-11-02) 英国戏剧家。生于爱尔兰都柏林，卒于阿约特圣芬伦斯。父亲嗜酒，无力养家。母亲是优秀的女中音歌手。萧伯纳中学毕业后即在一家地产公司当小职员。1876～1898年到伦敦从事新闻工作。写过很多笔锋犀利的艺术评论文章。他反对“为艺术而艺术”的观点，大力倡导和创作以讨论社会问题为主旨的“新戏剧”，并于1891年发表论文《易卜生主义的精髓》。

萧伯纳的第一部剧作，是揭露和批判资产阶级如何靠经营贫民窟房产重利盘剥的《鳏夫的房产》(1892)。《**华伦夫人的职业**》(1894)则是对资本主义另一条生财之道(开妓院)的鞭挞和剖析。萧伯纳1892～1939年共写了51部戏，其中除《圣女贞德》(1923)是描写法国青年女爱国者在英法**百年战争**中领导农民反抗英军被俘牺牲的唯一一部悲剧外，大都是喜剧或带有喜剧意味的笑剧、闹剧、狂剧以及历史剧、哲理剧、政治幻想剧等，题材、手法虽有变化，讽刺、暴露的精神则始终如一。其他作品有《武器与人》(1894)、《康蒂妲》(1895)、《难以逆料》(1898)、《魔鬼的门徒》(1901)、《凯撒与克莉奥佩特拉》(1901)、《人与超人》(1905)、《英国佬的另一个岛》(1904)、《巴巴拉少校》(1905)、《皮格马利翁》(1913)、《伤心之家》(1920)、《回到玛土撒拉》(1922)、《苹果车》(1929)等。

《皮格马利翁》剧照

萧伯纳的剧作反映生活真实、深入探讨人类的内心世界，特别是他独特的机智幽默和杰出的语言才能，以及对欧洲现代戏剧的象征表现、荒诞手法的尝试，都能引人入胜，给人以启迪。大多数剧本都附有长篇序文，对戏剧、艺术、文化、宗教、政治等问题抒发了独到精辟的见解。1925年获诺贝尔文学奖。

萧长华 Xiao Changhua (1878～1967-04-26) 中国**京剧**演员、戏曲教育家。艺名宝铭，号和庄。祖籍江西新建。生于北京，卒于北京。11岁投徐文波（承瀚）门下，从周长山、曹文奎、周长顺、裕云鹏学老生、老旦和**丑**；12岁在三庆班出台，演娃娃生；13岁在四喜班借台练戏，演老生；18岁拜名丑宋万泰为师，专工文丑。先后与**谭鑫培**、王楞仙、**黄润甫**、刘鸿声、**王瑶卿**、**杨小楼**、**龚云甫**合作演出。1922年后，长期与**梅兰芳**合作，并佐徐碧云、于连泉（筱翠花）、**尚小云**、**马连良**、**谭富英**、**张君秋**演出。

萧长华在京剧《审头》中饰汤勤

以其数十年的艺术实践，在京剧舞台上成功地塑造了一批为人们喜爱的丑角艺术形象。他嗓音清脆响亮，**念白**爽利流畅，尤工韵白。散白中，又以苏白见长。善唱功，咬字行腔，讲求口锋。身段做派细腻简洁，灵活大方，善于运用不同的步法、手势和借助道具，揭示人物内心活动。

自青年时代起，就开始致力于戏曲教育工作。27岁(1904)起，应聘入“喜连成”（后改“富连成”）科班任总教习凡36年。在科班里，除主教丑行外，也教**生**、**旦**、**净**各行。艺术传人有马富禄、茹富蕙、孙盛武等，子盛萱亦能传其艺。有《萧长华戏曲谈丛》和《萧长华演出剧本选集》行世。他参加演出的《群英会》、《贵妃醉酒》、《霸王别姬》已摄制成影片。

萧楚女 Xiao Chunü (1893-04～1927-04-25) 中国共产党早期政治活动家、报刊主编。又名秋，字树烈，笔名楚女。湖北汉阳人。卒于广州。1913年在武昌新民实业学校学习。1915年任武汉《崇德报》主笔，并为《大汉报》撰稿。1917年任《大汉报》编辑。1920～1921年先后参加恽代英组织的利群书社和共存社。1923年任重庆《新蜀报》主笔。1924年到上海，参加中国社会主义青年团中央领导工作，负责编辑《中国青年》。1925年起先后任南京《人权日报》主笔、河南《中州评论》主编、广州《政治周报》编辑、第六届农民运动讲习所教员、黄埔军官学校政治教官等。1927年在广州“四一五”反革命大屠杀中被国民党当局逮捕，不久遇害。著有《国民革命与中国共产党》、《显微镜下之醒狮派》等书和大量政论文章。

萧纲 Xiao Gang (503～551) 中国南朝梁代文学家。即梁简文帝。梁武帝萧衍第三子，字世缵，小字六通。天监八年(509)为云麾将军，领石头戍军事，量置佐吏。天监九年为南兖州刺史，天监十三年出为荆州刺史，普通四年(523)为雍州刺史，曾遣将北伐。昭明太子萧统死后萧纲继立为皇太子，倡导轻艳诗风，东宫文士竞相效仿，时号为“宫体”。太清三年(549)梁武帝死，被侯景立为傀儡皇帝，改元大宝。两年后被侯景所害（见侯景之乱）。

萧纲在文学创作方面，过于追求诗歌形式方面的新变，所倡导的宫体新艳之诗，颇为后人诟病。诗歌理论与创作影响了梁代后期，乃至陈初。《咏疏枫诗》、《和萧侍中子显春别》诸作，皆清丽可读，至《从军行》、《度关山》等乐府，已开唐人边塞诗之先河，未可以瑕掩瑜。著述丰富，据《梁书》本纪，有《法宝联璧》300卷，《长春义记》100卷，《昭明太子传》5卷，《诸王传》30卷及《老子义》、《庄子义》等。据《隋书·经籍志》著录，有文集100卷，久佚。明人张溥辑为《梁简文帝集》，收在《汉魏六朝百三家集》中。

萧何 Xiao He (?～前193) 中国西汉初年大臣。沛（今江苏沛县）人。早年任秦沛县狱吏。秦二世元年（前209）随同刘邦起兵，为沛丞。攻克咸阳后，对秦丞相府、御史府所藏的律令、图书妥善保管，使刘邦得以掌握全国户口、民情和地势。刘邦被封为汉王后，萧何劝说刘邦以巴蜀为基地，与民休息，招纳贤才，然后还定三秦，再与项羽争夺天下，并推荐韩信为大将军。楚汉战争时，萧何以丞相专任关中事，侍从太子，为法令约束，使关中成为汉军的巩固后方。楚汉相持于荥阳、成皋时，刘邦屡遭挫败，萧何及时调遣关中兵卒驰援，并转漕供给军用，保证了前线兵员、粮饷的供应。因此，刘邦称帝后，以萧何功最高，位次第一。萧何还采摭秦法，作《九章律》。高祖十一年（前196），因助吕后定计收捕淮阴侯韩信，被拜为相国。高祖死后，萧何辅佐惠帝。病危时，推荐曹参继任相国，卒于惠帝二年。

萧红 Xiao Hong (1911-06-02～1942-01-22) 中国小说家。原名张乃莹，曾用笔名悄吟、田娣。生于黑龙江呼兰县一个地主家庭，卒于香港。中学时代喜爱绘画和文学，因反抗包办婚姻离家出走。1932年在哈尔滨与萧军相识，并开始为报刊写稿。与萧军合著的小说散文集《跋涉》于1933年自费出版。1934年与萧军一起离开哈尔滨。同年从青岛到上海。在鲁迅的关怀与扶持下，萧红成为20世纪30年代文坛上活跃的女作家。长篇小说《生死场》(1935)是她的代表作，列入鲁迅主编的《奴隶丛书》，鲁迅亲自校阅并作序。小说真实反映了东北人民在封建压迫和帝国主义侵略下的困苦和抗争，描绘出一幅“北方人民的对于生的坚强，对于死的挣扎”的“力透纸背”的图画(鲁迅《萧红作〈生死场〉序》)。1936年7月她只身东渡日本养病，这时期的作品有散文集《商市街》(1936)、《桥》(1936)，短篇小说集《牛车上》(1937)等。1937年初回国。全面抗战时期，她曾在山西临汾民族革命大学任教，并随同西北战地服务团辗转各地，写有短篇小说集《旷野的呼唤》(1939)、散文集《回忆鲁迅先生》(1940)和《萧红散文》(1940)。萧红的散文文笔亲切、细腻，颇具特色。1940年春，萧红与端木蕻良同去香港，先后出版了中篇小说《马伯乐》(1941)、长篇小说《呼兰河传》(1942)，前者用讽刺的手法表现知识分子的生活，后者追忆故乡小镇单调的美丽，写家乡人民的善良与愚昧，感情热烈真挚，文笔清新优美。病逝后，骨灰由香港浅水湾迁至广州安葬。

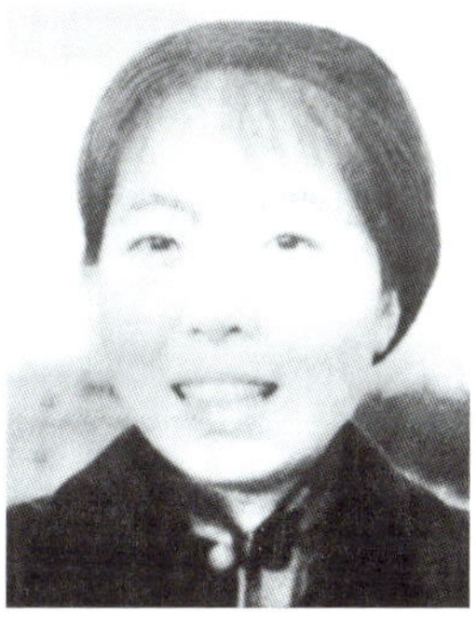

萧华 Xiao Hua (1916-01-21～1985-08-12) 中国无产阶级革命家，中国人民解放军政治工作者，全国政协副主席。生于江西兴国，卒于北京。1928年加入中国共青团，1930年转为中共党员。历任共青团兴国县委书记，红4军军委青年委员，营政委、团政委，红1军团政治部青年部部长，红军总政治部青年部部长，少共国际师政委。参加了长征。任红1军团政治部组织部长、师政委。全面抗日战争时期，任八路军115师政治部副主任、主任，旅政委，八路军东进挺进纵队司令员、政委，冀鲁边区军政委员会书记、鲁西军区政委。解放战争时期，任辽东军区司令员兼政委、中共辽东省委书记、南满军区副司令员兼政委、东北野战军第1兵团政委、第四野战军特种兵司令员、第14兵团政委。中华人民共和国建立后，任解放军空军政委，总政治部副主任，政治学院第一副院长，总干部部长，总政治部主任，中央军委副秘书长，解放军监察委员会书记。1975年后任军事科学院第二政委、兰州军区第一政委、中共甘肃省委书记。中共第八、十一、十二届中央委员。全国政协第六届副主席。1955年被授予上将军衔。著有长诗《长征组歌》。

萧劲光 Xiao Jingguang (1903-01-04～1989-03-29) 中国无产阶级革命家、军事家，中华人民共和国和中国人民解放军的领导人，人民海军的主要创建者，全国人大常委会副委员长。湖南长沙人。卒于北京。1920年在长沙参加“俄罗斯研究会”，同年冬加入社会主义青年团。1921年赴莫斯科学习。1922年转入中国共产党。1924年回国后到安源路矿从事工人运动。1925年冬任国民革命军第2军第6师党代表，参加北伐战争。1927年再次赴苏联学习。1930年回国，任闽粤赣军区参谋长兼政治部主任。1931年冬任中央军事政治学校校长，后任中国工农红军第5军团政治委员，率部参加赣州、水口等战役，北上开辟建宁、黎川、泰宁根据地。1932年底先后任建黎泰警备区司令员兼第11军政治委员、闽赣军区司令员兼第7军团政治委员。1933年11月在“左”倾冒险主义领导时期，被诬为“罗明路线”在军内的代表，受到错误处理，遵义会议后得到纠正。1935年任第3军团参谋长，长征到达陕北后任陕甘宁省军事部部长兼第29军军长。1937年春任中央革命军事委员会参谋长。抗日战争期间历任八路军后方总留守处主任，留守兵团司令员，陕

甘宁晋绥联防军副司令员，担负保卫中共中央、保卫陕甘宁边区的使命。解放战争时期任东北民主联军副总司令兼参谋长，兼南满军区司令员。1948年5月兼东北野战军第一前线指挥部（后为第1兵团）司令员，与萧华率部围困长春，争取国民党军一部起义，迫使余部投降。1949年1月任第12兵团司令员兼政治委员，率部参加平津战役后，南下参加渡江战役，解放武汉，进军湖南，和平解放长沙。8月兼任湖南军区司令员。衡宝战役中，指挥第12兵团，在兄弟部队配合下，歼灭白崇禧部4个主力师。1949年底奉命组建中国人民解放军海军。1950年后，历任海军司令员兼第1海军学校校长、国防部副部长、第五届全国人大常委会副委员长等职。1955年被授予大将军衔和一级八一勋章、一级独立自由勋章、一级解放勋章。中共第七届中央候补委员，第八届至第十一届中央委员。1982～1985年为中共中央顾问委员会常务委员。1988年7月被授予一级红星功勋荣誉章。

萧军 Xiao Jun (1907-07-03～1988-06-22) 中国小说家。原名刘鸿霖，笔名萧军、三郎、田军等。辽宁义县人。曾在吉林军阀部队当过兵。1931年九一八事变后到哈尔滨，开始文学创作。1933年与萧红合著并自费出版小说散文集《跋涉》。1934年夏逃出日本侵略者统治下的东北，任《青岛晨报》副刊编辑。后转赴上海，得到鲁迅的教诲和帮助。1935年8月出版长篇小说《八月的乡村》，较早表现中国人民反抗日本帝国主义侵略的主题，引起强烈反响，奠定了他在文坛上的地位。从此，成为“东北作家群”的代表人物之一。此后，陆续出版短篇小说集《江上》、《羊》和长篇小说《第三代》，形成了雄浑、深沉的艺术风格。1940年至延安，任鲁迅艺术文学院教员。抗战胜利后回到东北。1947年在哈尔滨创办鲁迅文化出版社，创刊《文化报》并任主编。1951年调至北京从事文物研究工作。在此期间，他深入煤矿工人生活，创作长篇小说《五月的矿山》(1954)。1957年出版长篇小说《过去的年代》。此后直至“文化大革命”，一直受到批判。1980年4月恢复名誉后，重新活跃于文坛，陆续出版《吴

萧军和孩子们在一起

越春秋史话》(1980)、《萧军五十年文集》(1981)和《萧军戏剧集》(1984)等。

萧克 Xiao Ke (1907-07-14～2008-10-24) 中国无产阶级革命家、军事家，原中共中央顾问委员会常委，全国政协副主席。生于湖南嘉禾，卒于北京。1926年参加国民革命军和北伐，同年加入中国共青团。1927年转为中共党员。参加了南昌起义和湘南起义，后随部队上井冈山。历任红军连长、营长、纵队参谋长、师

长、军长，红6军团军团长，红二方面军副总指挥，红31军军长。参加了长征。全面抗日战争时期，任八路军120师副师长，冀热察挺进军司令员，晋察冀军区副司令员。出席了中共七大。解放战争时期，任晋察冀军区第二野战军司令员、冀察热辽军区司令员、晋察冀野战军司令员、第四野战军参谋长、华中军区参谋长。中华人民共和国建立后，任军委军训部部长、解放军训练总监部部长、国防部副部长。1959年后任农垦部副部长，解放军军政大学校长，军事学院院长、政委。全国政协第五届副主席，中共第八届中央委员、第十届候补中央委员、第十一届中央委员，中共十二大和十三大当选为中顾委常委。1955年被授予上将军衔。著有长篇小说《浴血罗霄》。

萧三 Xiao San (1896-10-10～1983-02-04) 中国诗人、文学翻译家。原名萧子章，笔名埃弥·萧、爱梅等。湖南湘乡人。卒于北京。早年毕业于湖南省立第一师范学校，1918年参加新民学会。1920年赴法国勤工俭学。1922年底赴莫斯科东方劳动大学学习。回国后到共青团中央工作。1928年赴莫斯科东方学学院任教，开始文

学创作。作为中国左翼作家联盟的代表，参加国际革命作家联盟的工作。曾任两届苏联作家协会党委委员，其间曾入红色教授学院学习。1939年回国，在延安鲁迅艺术学院等部门工作，主编《大众文艺》和《新诗歌》。中华人民共和国建立后，致力于对外文化交流事业，任文化部对外联络局局长、中国作家协会书记处书记、国际笔会中国中心副会长等职。主要诗集有《和平之路》(1952)、《友谊之路》(1959)、《伏枥集》(1963)、《我没有闲心》、《萧三诗选》(1960)，传记《毛泽东同志的青少年时代》，论著《高尔基的美学观》，回忆录《珍贵的纪念》，以及《萧三文集》。编有《革命烈士诗抄》及其续编，还出过《湘笛集》、《埃弥·萧诗集》等俄文版诗集。译有《列宁论文化与艺术》，剧本《前线》、《马门教授》以及普希金等人的一些诗作，还是《国际歌》歌词的主要中文译者之一。诗作感情强烈，多用民歌形式写作，语言通俗，诗风朴实刚健。

萧山区 Xiaoshan District 中国浙江省杭州市辖区。位于杭州市南部，钱塘江南岸。面积1 163平方千米。人口151万(2010)。汉平帝元始二年（公元2年）建余暨县。三国吴改名永兴县。唐代天宝元年(742)改名萧山县。1988年撤县设萧山市，2001年撤市改为杭州市辖区。地处浙江省南北要冲，临江近海，地理位置优越，水陆交通便利。农业以畜牧、水产、蔬菜、花卉苗木、茶果为主，也是浙江省油菜子和棉花的主产区。工业有纺织、服装、化工、建筑、电子、机械、家具、新材料等。花边工艺品享有盛名。旅游资源丰富，多名胜古迹。跨湖桥文化距今有8 000年。有蜀山良渚文化遗址、东晋祇园寺、南朝江寺、岳飞抗金遗迹欢潭、清代抗英名将葛云飞墓，还有中国共产党领导下最早成立的农民协会——衙前农民协会旧址等。每年举办中国国际（萧山）钱塘江观潮节。

萧统 Xiao Tong (501～531) 中国南朝梁文学家。见《文选》。

萧县 Xiaoxian County 中国安徽省宿州市辖县。位于省境北部，黄淮海平原南端，东部与江苏省接壤，西部与河南省毗邻。面积1 885平方千米。人口139万(2008)。秦置萧县，历属江苏省徐州市，1955年划归安徽省。属暖温带半湿润季风气候。盛产小麦、棉花、水果，为国家小麦商品粮基地县和优质棉出口县，是安徽省水果生产大县。水果有葡萄、黄白桃、巴斗杏、干杂果、樱桃、石榴等。矿产主要有煤、耐火黏土、石灰岩、铁矿石、方解石、瓷石、大理石、白云砂、砚墨石、石英石等。工业主要有农机、煤炭、化肥、纺织、制药、酿酒、建材、粮棉油加工等。名胜古迹有皇藏峪、萧窑遗址、文庙等，纪念地有淮海战役总前委指挥部旧址等。

萧逊 Xiao Xun (1883～1944) 中国画家。一作萧愻，字谦中，号龙樵、大龙山樵。安徽怀宁（今属安庆）人。早年师学山水画。后随友人入四川，又转赴东北任幕僚，均

《荒林》

不得志。38岁复至北京，潜心研习**石涛**等人画作。后加入中国画学研究会，并执教于北京美术专门学校（后改为**国立北平艺术专科学校**）。其画化古为我，富个人的情味意象。笔下境界气势苍莽、雄浑深秀，《蜀道难行图》为其代表作之一。出版物有《萧龙樵山水精品二十四帧》、《课徒画稿》等。

萧一山 Xiao Yishan (1902-05-07～1978-07-04) 中国历史学家。原名桂森，号非宇，字一山，以字行。江苏铜山（今徐州市）人。卒于台北。19岁考入北京大学，受学于**梁启超**。两年期间，撰成《清代通史》上卷两册，后续成中卷。大学毕业次年，任教于清华大学，并先后应北京大学、北平师范大学及南京中央大学之聘，讲授清史。30岁时，他获得特款资助，前往欧美各国考察。于1934年返国。以新自海外所获之史料，先后编辑出版了《太平天国丛书》第一集、《太平天国诏谕》等书。嗣后，他出任河南大学文学院院长、东北大学与西北大学两校之文学院院长，仍讲授清史。抗日战争爆发后，被教育部聘为部聘史学科教授。越一年，著《清史大纲》及《曾国藩传》两书。1948年冬，萧携眷赴台。后应台北中华文化出版事业委员会之请，编撰《清史》及《民族文化概论》等书。自1950年始从事修订《清代通史》工作，历十有二载，下卷稿成，全书共400余万字。1976年，被聘为台北“国史馆”史料审查委员及“中央研究院”近代史研究所通信研究员。他尚未出版的著作，还有《中国通史讲义》及《五十自述及卅年来见闻录》等。1985年，中华书局影印发行他的成名之作《清代通史》。

萧友梅 Xiao Youmei (1884-01-07～1940-12-31) 中国音乐教育家、作曲家。字思鹤，又字雪明。原籍广东香山（今中山）。生于香山县，卒于上海。幼年在澳门开始接触西洋音乐。1899年就读于广州时敏学堂。1901年留学日本，先后就学于东京高等师范学校附属中学、东京音乐学校及东京帝国大学哲学科，攻读教育学，并学钢琴、声乐。1906年加入同盟会。1910年回国。中华民国时，曾任南京临时大总统府秘书。1912年10月，留学德国，就读于莱比锡大学及**莱比锡音乐学院**。1916年以论文《中国古代乐器考》（原名为《十七世纪以前中国乐队的历史性的探索》）获莱比锡大学哲学博士学位。1920年春回国，任教育部编审员，并与杨仲子等为北京女子高等师范学院创立音乐体育专修科，任科主任（后音乐体育分科，任音乐科主任）。翌年，应**蔡元培**之聘，任北京大学讲师，并担任学校音乐研究会导师；经他建议，音乐研究会于1922年底改为音乐传习所，他任教务主任，并组织了管弦乐队，自任指挥。1923年兼任国立北京艺术专门学校（后改为**国立北平艺术专科学校**）音乐系主任。1927年学校停办，他到上海，在蔡元培支持下筹建国立音乐院，先后任音乐院教授兼教务主任、代院长。1929年9月，音乐院改组为国立音乐专科学校，他担任校长至病逝。

毕生坚持不懈地致力于发展中国音乐教育事业。他力主学习西洋音乐发展的经验，并具体着手创建专业音乐院校，直接参加教学活动，还编写了许多教材。如《初级中学乐理教科书》(6册)、《新学制唱歌教科书》(3册)、《风琴教科书》、《钢琴教科书》、《小提琴教科书》、《和声学》、《普通乐学》等。此外，还发表了50余篇音乐论文，其中较为重要的有：《中西音乐的比较研究》、《古今中西音阶概说》等。

他也是中国近代较早从事专业音乐创作的作曲家。在德国留学时，他已创作了弦乐四重奏《小夜曲》和钢琴曲《哀悼引》等。回国以后又创作有《别校辞》和《春江花月夜》等近100首歌曲和两部大型合唱曲，以及大提琴曲《秋思》和管弦乐曲《新霓裳羽衣舞》(1923年以钢琴曲形式出版)等。这些不同体裁的创作，在中国都属开创性的尝试。他于1920年所作《卿云歌》，成为辛亥革命后中国政府颁布的第一首国歌。他的歌曲除部分散见于报刊外，多数收入《今乐初集》、《新歌初集》和《新学制唱歌教科书》中。

硝化甘油 nitroglycerin 丙三醇三硝酸酯，分子式$C_3H_5(ONO_2)_3$。又称硝酸甘油、硝酸甘油酯、甘油三硝酸酯。无色或淡黄色黏稠液体；有烧焦甜味；熔点13℃，沸点256℃，相对密度1.593 1 (20/4℃)。常压下加热到50～60℃开始分解，100℃以上大量挥发并冒出亚硝酸黄烟，加热到沸点时发生爆炸。微溶于水，溶于乙醇、乙醚、丙酮等有机溶剂。硝化甘油可由**甘油**与浓硝酸、浓硫酸的混合酸在严格控制的冷却条件下作用制得。硝化甘油有抗心绞痛作用，它能减低心肌需氧量，恢复心肌对氧的供应平衡；也是一种强烈的炸药，爆炸时分解为二氧化碳、水、氮气和氧气。作为炸药用的硝化甘油通常吸附在木屑或木炭上，加入适量硝酸盐帮助吸收剂燃烧，这样处理的硝化甘油稳定性好，使用时须由引爆剂雷酸汞$Hg(ONC)_2$或叠氮化铅$Pb(N_3)_2$等引爆。

硝基苯 nitrobenzene 苯分子中一个氢原子被硝基取代而生成的**硝基化合物**，分子式$C_6H_5NO_2$。淡黄色的油状液体，有像杏仁油的特殊气味，熔点5.7℃，沸点210.8℃，相对密度1.203 7 (20/4℃)。微溶于水，溶于乙醇、乙醚、苯等。硝基是强钝化基，硝基苯须在较强的条件下才发生亲电**取代反应**，生成间位产物；有弱氧化作用，可用作氧化脱氢的氧化剂。硝基苯常用硝酸和硫酸的混合酸与苯反应制取。主要用于制取**苯胺**、**联苯胺**、**偶氮苯**等。硝基苯毒性较强，应避免溅到眼中或皮肤上，吸入大量蒸气或皮肤大量沾染，可引起急性中毒，重者导致死亡。少量时，使血红蛋白氧化或络合，血液变成深棕褐色，并引起头痛、恶心、呕吐等症状。

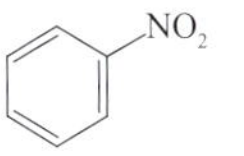

硝基化合物 nitro-compound 烃分子中氢原子被硝基取代而生成的化合物。通式为$R—NO_2$或$Ar—NO_2$（R为烷基，Ar为芳基）。按烃基的不同，可分为脂肪族硝基化合物和芳香族硝基化合物。硝基化合物在还原剂的作用下，产生多种还原产物，其中重要的有**苯胺**。有机分子中引入硝基后，常带有颜色，如硝基染料萘酚黄S等。有些有机化合物中引入多个硝基后可增加氧化性能，成为有爆炸性的物质。有些化合物中引入硝基后能产生特殊的香味，例如在叔丁苯的多硝基化合物中，有些具有类似麝香的香味，可以作化妆品的定香剂，如葵子麝香、二甲苯麝香等**人造麝香**。脂肪族硝基化合物可通过烷烃气相硝化制得，或由简单的硝基烷烃反应得到。芳香族硝基化合物是由芳烃经硝酸或硝酸和硫酸的混合酸硝化反应制得。硝基化合物常用作溶剂、中间原料及火箭燃料等。大部分硝基化合物都有一定的毒性，有些能诱发癌症，如某些硝基呋喃类药物。

硝石 niter 化学组成为$K[NO_3]$，晶体属正交（斜方）晶系的硝酸盐矿物。又称钾硝石、印度硝石、火硝。晶体呈针状、毛发状，集合体呈束状、皮壳状、盐华状。白色或被杂质染成灰白色、浅灰至灰色。玻璃光泽或丝绢光泽。莫氏硬度2。性脆。密度1.99～2.10克/厘米^3。解理完全。在水中溶解度很大，在空气中不潮解。因此，几乎不出现在盐湖矿床中，主要产于干旱地区土壤、岩石的表面和洞穴中，系含氮有机物分解成硝酸根，再与土壤中的钾化合而成。世界著名产地有智利北部沙漠区的塔拉帕卡和安托法加斯塔，在墨西哥、秘鲁、非洲、中国的新疆和青海等干旱地区均有产出。是制取氮肥、钾肥的矿物原料，可用作玻璃釉药、热处理剂、炸药、烟火、起爆器材等。

硝酸 nitric acid 化学式HNO_3。常温、常压下，纯硝酸是无色透明的油状液体，沸点83℃，熔点－41.6℃，密度1.55克/厘米^3。见光、受热时均会缓慢分解：

$$4HNO_3 \longrightarrow 4NO_2+O_2+2H_2O$$

因生成NO_2使硝酸略带黄色，所以硝酸应在阴凉处避光保存。市售硝酸浓度为15.8摩/升（含$HNO_3$68%～70%）。硝酸能以任何比例溶解于水，形成硝酸水溶液。溶有过量NO_2（含$HNO_3$86%～97.5%）的浓硝酸呈棕黄色，在空气中猛烈发烟并吸收水分，称发烟硝酸。硝酸是具有氧化性的强酸，能将硫、磷等非金属单质氧化为硫酸和磷酸。除不活泼金属，如金、铂、钽、铑、铱外，硝酸能和所有金属反应，生成氧化物或硝酸盐。将有机物或碳氧化为二氧化碳。

工业上制硝酸均采用氨和空气或氧气，通过铂、铑丝制成的网作为催化剂，在一定温度下，将氨氧化成氧化氮，进一步再氧化成二氧化氮，然后用水吸收，生成浓度为50%～70%的硝酸。硝酸是重要化工原料，用途广泛，主要有：①生产化肥，如硝酸铵和硝酸磷肥。硝酸铵含氮量34%～35%，比一般氮肥高出一倍。②制备硝酸盐。③有机合成原料与苯、蒽、萘及其他芳香族化合物进行硝化反应，制取硝基苯、苯胺等有机化工原料。④制备**草酸**。⑤合成香料，硝酸与二甲苯反应制得二甲苯麝香，它具有柔和的麝香气味。⑥军火工业，浓硝酸可分别将甲苯、苯酚和乌洛托品硝化，制成TNT、苦味酸、黑索今等烈性**炸药**。

硝酸具较强的腐蚀性，接触到皮肤会引起严重烧伤。当空气中含有低浓度的氮氧化物或硝酸蒸气时会刺激呼吸道黏膜，引起咳嗽等症状；高浓度时引起头痛、胸闷、强烈咳嗽，严重者会出现肺气肿。硝酸与金属粉末、有机物质等发生反应而引起燃烧或爆炸。

硝酸铵 ammonium nitrate 化学式NH_4NO_3。无色或白色的细小颗粒状结晶，熔点169.6℃，密度1.72克/厘米^3。210℃分解为一氧化二氮和水。硝酸铵易溶于水、液氨、乙醇、丙酮，其溶解度随温度升高显著增加。硝酸铵常温下稳定，但受热发生分解，分解产物随受热温度不同而不同，可以生成NH_3、N_2O、NO_2等。400℃以上反应极为猛烈，以致发生爆炸：

$$2NH_4NO_3 \longrightarrow 2N_2+O_2+4H_2O$$

硝酸铵由硝酸与氨作用制得，储运时应注意安全。硝酸铵用作化肥，含氮量高。还用作炸药、冷冻剂，用于制造焰火。硝酸铵对皮肤有刺激作用，吸入其粉尘会引起慢性胃炎、胆囊炎等。

硝酸甘油 nitroglycerin 丙三醇三硝酸酯，分子式$C_3H_5(ONO_2)_3$。见**硝化甘油**。

硝酸纤维素 nitrocellulose; cellulose nitrate **纤维素**高分子中的羟基与**硝酸**进行酯化反应生成的纤维素衍生物。学名纤维素硝酸酯，俗称硝酸纤维素或硝化纤维素。通式$\text{+}C_6H_7O_2(ONO_2)_3\text{+}_n$。不溶于水，溶于甲醇、丙酮、冰醋酸等。干燥的硝酸纤维素非常敏感，受摩擦或冲击立即爆炸。含水量对它的引爆性影响很大，含水1%～2%时瞬间可以引爆，含水7%时勉强可以爆炸；长期暴露于日光下可发生分解。硝酸纤维素由纤维素经不同配比的浓硝酸和硫酸的混合酸硝化而制得。要经过水洗、水煮或碱煮等步骤以除去纤维素硫酸酯。最后用乙醇替代出其中的水，在含30%乙醇的条件下储存或运输。按含氮量，硝酸纤维素分为火棉（含氮量12.5%～13.8%）和胶棉（含氮量10.5%～12%）。火棉可用于制造炸药，胶棉可用于制造赛璐珞和用作纸张、织物、木材、皮革、金属材料的涂层。

硝酸银 silver nitrate 化学式$AgNO_3$。无色、透明、片状晶体。熔点212℃，分解温度440℃，密度4.35克/厘米^3。极易溶于水，20℃时，其饱和溶液的浓度可达69.5%（重量）。见光易分解，应存放在棕色瓶中，并避光保存。硝酸银受热分解：

$$2AgNO_3 \longrightarrow 2Ag+2NO_2+O_2$$

硝酸银能和许多试剂发生沉淀反应，如分别与H_2S、K_2CrO_4、X^-（卤离子）、Na_2HPO_4、NaOH等溶液反应；能与$NH_3 \cdot H_2O$、CN^-、SCN^-、$S_2O_3^{2-}$等反应生成相应的配离子。硝酸银能被一些无机或有机还原剂（如亚磷酸、葡萄糖、醛、肼）还原成单质银。

将银溶于过量的稀硝酸中，蒸发、浓缩即得硝酸银晶体。硝酸银用于制备其他含银化合物；用硝酸银与氨水配制的土伦试剂可被醛或还原糖还原成单质银，用于检验醛及还原糖的存在；用于镀银以制作银镜、光学材料和保温瓶胆；制备卤化银感光材料；在医药工业上用作消毒剂和腐蚀剂。硝酸银有一定的毒性，对皮肤和黏膜有腐蚀作用；进入体内后对肠、胃产生严重的腐蚀。

蛸 Octopodidae; octopus 头足纲蛸科动物的统称。又称章鱼、石拒，俗称八蛸。蛸科又称章鱼科，是头足纲最大的一科，世界共有25属约140种，已开发利用约10种，为重要的海洋经济头足类。分布于世界各海域。大部分为浅海性种类，也有少数深海性种类。头部两侧的眼径较小，头前和口周围有腕4对，长度相近或不等。蛸科的腕上大多具两行吸盘，有的种类只具单行吸盘。右侧或左侧第3腕茎化。腕的顶端变形，称“端器”，无触腕。胴部卵圆形，甚小，不具肉鳍。内壳退化，仅在背部两侧残留两个小壳针。不具发光器。雌体具一对输卵管。主要营底栖生活，在海底爬行或在底层滑行，也能凭借漏斗喷水的反作用短暂游行于水层中。有短距离的生殖和越冬

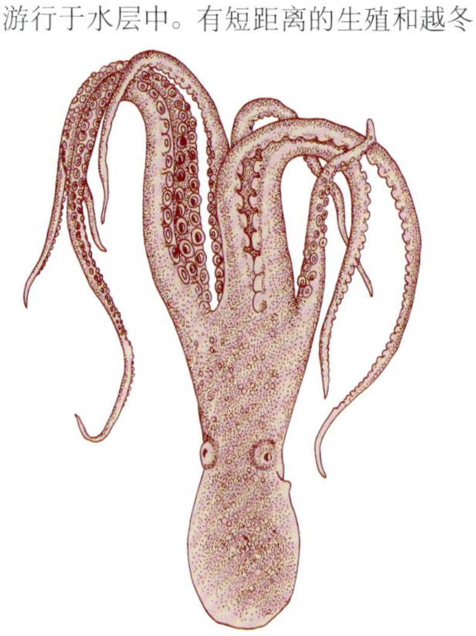

真蛸

洄游，以龙虾、虾蛄、蟹类、贝类和底栖鱼类为食。本身常为鲨鱼、海鳗等的猎食对象。产卵量从几千个至十余万个不等。蛸的干制品称八蛸干或章鱼干，除食用外，在医学上尚有补血益气、收敛生肌的作用。

箫 xiao 中国民间吹管乐器。又称洞箫。以竹制作。上端封口的竹节边缘开吹孔，管身开有指孔6个，前5孔，后一孔，下方另有二对出音孔，底端为开管。相传箫原出于羌中，汉代称篴（即笛），或称长笛。最初为4个指孔。西汉音乐家京房

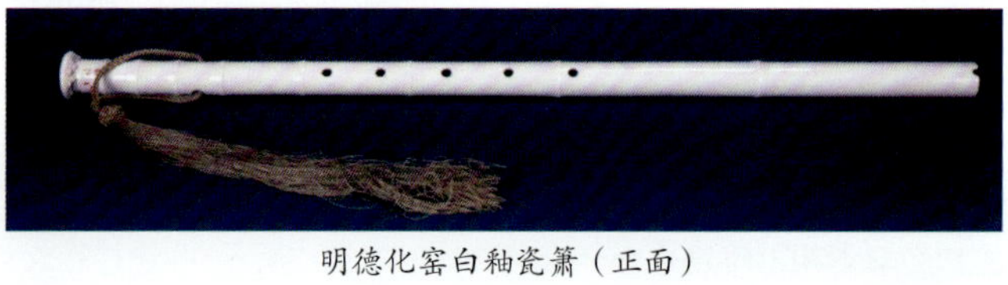

明德化窑白釉瓷箫（正面）

加一孔，成为5孔；晋代的笛（即箫）已有6个指孔，与现代的箫相似。常用的箫多为G调，能吹G、D、C、F、降B等调，音域为d^1～e^3。指孔依七声音阶顺序排列。箫的音量较小，箫音色柔和、幽雅，适于独奏或重奏。

小安的列斯群岛 Lesser Antilles 西印度群岛东部和南部的圆弧状岛群。又称加勒比群岛。位于加勒比海东缘和南缘。由维尔京群岛、背风群岛、向风群岛及南美大陆委内瑞拉以北众多岛屿组成。面积1.29万平方千米。人口约300万。属热带海洋性气候，年平均气温25～26℃。经济以农业、旅游业为主，有食品和农产品加工业，其中特立尼达岛石油工业发达。

小檗碱 berberine 分子式$[C_{20}H_{18}NO_4]^+$。常见的异喹啉型生物碱。又称黄连素。存在于小檗科等4个科10个属的许多植物中。

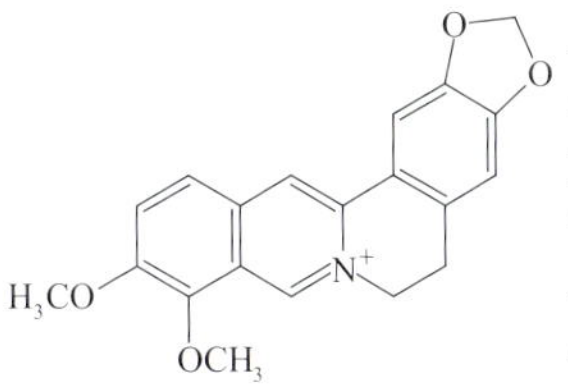

小檗碱为黄色针状晶体（从乙醚中析出）；熔点145℃；溶于水，难溶于苯、乙醚和氯仿。其盐类在水中的溶解度都比较小。小檗碱从水或稀乙醇中析出的晶体带有5.5分子结晶水；若从氯仿、丙酮或苯中结晶，也带有相应的结晶溶剂分子。小檗碱用不同的碱处理，可得到季铵式、醛式和醇式等三种不同形式的小檗碱，其中以季铵式最稳定。小檗碱对溶血性链球菌、金黄色葡萄球菌、淋球菌和弗氏、志贺氏痢疾杆菌等均有抗菌作用，并有增强白血球吞噬作用，对结核杆菌、鼠疫菌也有不同程度的抑制作用。小檗碱的盐酸盐（俗称盐酸黄连素）已广泛用于治疗胃肠炎、细菌性痢疾等，对肺结核、猩红热、急性扁桃腺炎和呼吸道感染也有一定疗效。中医常用黄连、黄柏、三颗针及十大功劳等作清热解毒药物，其中主要有效成分即小檗碱。

小彩舞 Xiaocaiwu (1914-08-31～2002-05-05) 中国京韵大鼓演员。本名骆玉笙。

《小城之春》 *Spring in a Small Town* 中国故事片。文华影片公司1948年摄制。编剧，李天济；导演，费穆；摄影，李伟生；主要演员，韦伟、李纬、石羽。故事发生在中国抗日战争胜利后江南某城一个破落家庭。主妇周玉纹对长期患病的丈夫戴礼言默守妇道，日复一日，过着单调乏味的生活。青年医生章志忱的到来，打破了家庭的平静。因为章既是戴早年的同学，又是周十多年前初恋的情人。重新见面，章、周陷入感情的痛苦和矛盾之中。戴发现这种微妙的关系后，先是自杀未遂，后又心脏病发作假死过去，被章救活。章离去后，周、戴又恢复到过去的生活。影片通过反复交替出现的古老残荒的城头、颓败倒塌的庭院、低沉悲凄的音乐和缓慢的节奏，将这个孤寂的小城、冷落的家庭和如同在一潭死水中生活的人物的精神世界展现在观众面前；同时，对复杂的伦理道德观念进行了探讨，提出了值得深思的问题。该片是费穆后期导演创作中的代表作。2001年，田壮壮以原故事重新拍摄了《小城之春》。

小乘佛教 Hinayāna Buddhism 原始佛教及公元前3世纪至公元1世纪时形成的约20个佛教部派及其学说的泛称。小乘指较小的车乘，是大乘佛教出现后才有的名称。大乘佛教自命为优胜的广大的解脱途径，以区别于它之前的佛教学说。

分布与经典 经过根本分裂的佛教在300多年间一再分立并在五天竺境内外流传开来。根本分裂形成了大众和上座两部。阿育王（前3世纪中）死后，上座部分出说一切有部，它以西北印度为根据地主要活动于迦湿弥罗和犍陀罗；上座部的另一支经南印度而渡海进入斯里兰卡；还有一支在西印度形成法藏部并流入中亚。大约同时，大众部在南印度形成了制多山及西山住等部，即以后的案达罗派，它是大乘思想的源头。说一切有部分出的犊子部则在中西部印度发展，分立出法上、贤胄、密林山和正量四部。以后正量部则成为犊子部的正宗代表。公元之初才出现的经量部前身是说一切有部中的譬喻师。它的活动范围似乎未超出西北印度。部派佛教的理论依据是三藏，其中各部尊奉的经藏与律藏似乎是统一的，实际上却各有差异。论藏因为晚出，区别更大一些。从律藏看，现存有《五分律》(化地部)、《四分律》(法藏部)、《摩诃僧祇律》(大众部)、《十诵律》(说一切有部）以及属南方上座部的《善见律毗婆沙》。至于经藏，完整的现仅存巴利文《长》、《中》、《相应》、《增支》、《小》五部，汉译经典虽有近似此五部之四《阿含》，但却各属不同部派。《长阿含》属法藏部；《中阿含》属有部；《杂阿含》属正统有部；《增一阿含》属大众部。至于论藏，现存论藏仅有上座部的，但7世纪玄奘在印度学过大众部的阿毗达磨论。巴利文系及汉译说一切有部都有近似的七部论书。从玄奘带回汉地却未翻译而以后失传的诸部三藏猜测，各部派的论书分量和内容应有差异。

发展与教义 小乘佛教各派在公元后继续发展。4世纪笈多王朝建立后，印度教开始复兴，刺激了小乘各派的进一步分化，一部分转而靠拢大乘，另一部分则日渐衰落。据法显说，5世纪小乘仍在北印度和南印度占统治地位。但此时比丘沿街乞食现象已减少，对佛塔、佛像的供养崇拜在小乘中流行起来。到7世纪，玄奘所记录的小乘似乎只有大众部、上座部、说一切有部、正量部和说出世部。7世纪末的义净则说中印度有大众、上座、说一切有、正量四部并存。总起来看上座部流行于印度南方及东印度；说一切有部在西北及中印度和西印度；正量部流行于西印度和南印度。说一切有部还传播到苏门答腊、爪哇，而正量部也存于越南中部。

几百年间，小乘佛教教理有了较大变化。小乘各派利用阿毗达磨的论书形式来发挥和组织部派学说。部派之间围绕基本的佛学主张展开了长期的争论。

①说一切有部。此部学说经世亲时代（330～400）而发展出新有部。有部学说集中代表了小乘佛学发展的理论水平。初期有部说人我是五蕴集合并非实有，而包含五蕴在内的一切法在过去、现在、未来三世是实有的，否则认识者即使仅从观念上了解它也是不可能的。有部认为，一切法无非名色。色必然有相，因而可以言说。诸蕴由恒有法体，故可以认识。世亲对有部学说的总结发展，体现在《阿毗达磨俱舍论》中。此外，该论也吸收了经量部的见解。以后在中国、日本都有以《俱舍》为中心的学派。《俱舍》未作汉译之前，有部学说在中国的代表是毗昙师。有部学说直接影响到法相宗理论。

②正量部。此部坚持犊子部中补特伽罗有我说，认为补特伽罗实有且从此世转他世。正量部发展了业力不失的宗教观。从玄奘所述，正量部主张的认识论与瑜伽行派的带相说正相反对。他认为只要有心识活动，就一定有能思想的主体和所思想的客体。

③经量部。该部以经为量，即以佛陀经教为理论认识依据。据说其渊源可上溯至阿难。玄奘以为其原出于有部之譬喻师。它直接反驳有部的三世实有的说法，认为只有现在法为有，但现在法也是随生随灭的；无论是个体的人还是其心识活动无不是刹那生灭，时时交易推移的。认识论方面，经量部直接给大乘瑜伽行派提供了带相说和自证分等思想材料。经量部系的师子铠曾著有《成实论》。该论对中国早期佛教影响极大，被认为是入大乘空宗的门径。

④大众部。大众部与大乘佛教的关系极为密切。起初它主要的理论主张是肯定佛陀的出世性，即佛是不灭的、离染的。佛以一音说一切法，众生的理解随各自的业染而显出深浅差别。佛陀有变化身的说法也出自此部。该部其他的主张尚有：对诸法的认识可以一时而有；一切皆空，实无自我；认知的最终目标是当下把握诸法自性等等。大众系中有一说部和说出世部，前者认为一切事物，包括涅槃等都是假名，

非实有体；后者认为世间法才是假名而无实体，但空与佛陀的出世法却是真实的。

小刀会 Small Sword Society 中国清代民间秘密团体。天地会支派之一。清代乾隆年间在福建创立。道光三十年（1850）福建厦门华侨陈庆真在厦门旗杆脚五祖庙内，与王泉等10人建小刀会。小刀会继承天地会的组织形式，歌诀、口号和腰凭（会员证）等皆与天地会相同。不久，发展到数千人。会员以小刀为标志，故称小刀会。主要成员为农民，城市中有手工业工人、水手、搬运工人、游民及少数工商业主参加。19世纪50年代初发展到上海。咸丰三年（1853）上海小刀会起义，粤籍天地会首领刘丽川称大明国统领政教招讨大元帅，闽籍小刀会首领李咸池称奉天承运开国元勋平胡大都督，继承天地会反清复明的传统口号，不久，将大明国改称为太平天国，刘丽川上书洪秀全，自称未受职臣，表示接受太平天国的领导。上海小刀会起义成为太平天国运动的组成部分。

《小刀会》 *Small Swords Society* 中国民族舞剧。1959年上海实验歌剧舞剧院首演于上海。张拓、白水等编导，商易作曲，主要演员有舒巧、陈健民等。舞剧根据清朝末年小刀会起义的史实创作，分起义、胜利、抗议、夜袭、求援、突围、前进7场，表现了小刀会反抗封建压迫、抗击帝国主义侵略的武装斗争，揭露了帝国主义列强瓜分中国的阴谋和清政府丧权辱国的嘴脸。舞剧以中国古典舞为基础，吸收了民间舞、戏曲舞蹈以及武术的技巧造型，具有鲜明的民族特色，是中国舞剧创立时期的优秀作品之一。其中精彩舞段《弓舞》多次独立演出，在第七届世界青年学生和平与友谊联欢节上获金质奖。1961年上海天马电影制片厂将舞剧制成彩色艺术片。1994年被定为“中华民族20世纪舞蹈经典作品”。

《小刀会》剧照（上海实验歌剧院演出）

小盗龙 *Microraptor* 小盗龙属恐龙的统称。隶于兽脚亚目驰龙科。包括顾氏小盗龙和赵氏小盗龙两个已发现的种。小盗龙

顾氏小盗龙复原图

化石发现于中国辽宁省朝阳地区的九佛堂组湖相沉积地层中，生活在距今约1.1亿～1.2亿年之间的早白垩世。个体很小，是已知恐龙当中个体最小的恐龙。满嘴牙齿，但牙齿形态和典型的肉食性恐龙稍有差别，可能指示食性发生了变化；爪子尖锐弯曲，体短尾长。前肢形态相对始祖鸟而言更接近现代鸟类，发育一很大的胸骨和7对见于较进步鸟类中的钩状突，尾巴棍状，非常僵硬。它的发现为鸟类飞行起源研究提供了重要信息。小盗龙浑身披着羽毛，一些羽毛羽轴两侧的羽片不对称，这种结构一般被认为和飞行是相关的。最为奇特的是，这些恐龙不仅前肢羽化为翼，它们的后肢也羽化为翼。也就是说，这些恐龙有4个翅膀。这种形态还没有在任何其他脊椎动物当中发现。小盗龙的发现表明鸟类的恐龙祖先具4个翅膀，很可能具有滑翔能力，这一发现为鸟类飞行起源于树栖动物，经历了一个滑翔阶段的假说提供了关键性证据。

小豆 *Vigna angularis*; adzuki bean 豆科豇豆属的一种。一年生草本植物。又称红豆、红小豆、赤豆、赤小豆，古名小菽、赤菽。起源于中国。主产中国，次为日本、朝鲜。中国分布于华北、东北、黄河流域、长江流域和华南地区，名贵品种有天津红小豆。小豆有茎直立、半蔓生和蔓生等类型。茎多绿色，少数紫色。同一品种夏播较春播的株型小，由半蔓生可变直立型。初生叶对生，次生叶为三出复叶。总状花序，蝶形花黄色，荚果长圆筒形。子粒短圆或圆柱形，脐白色长条形不下凹。粒色有红、白、杏黄、绿、褐、黑、花斑和花纹。小豆为短日照的自花授粉作物。中、晚熟品种对光照长短反应敏感。喜温暖，不耐霜，耐湿，对土壤要求不严。单作或间、套作。可春播、夏播，台湾则冬播。小豆为粮食、绿肥兼用作物。子粒食用或制豆沙和糕点原料，还可入药。茎叶作饲料。

小蠹 Scolytidae; bark beetle 鞘翅目小蠹科昆虫的统称。全世界已知约6 000种，中国约有500余种。按照食性可分为两类：树皮小蠹类和食菌小蠹类。

虫体微小，体长1～9毫米，暗褐色。无喙；触角折曲呈膝状，末端3节膨大，构成锤状部；无上唇；下颚须3节，节间僵直不能活动。足干扁，足胫节外缘有齿，或足胫节末端有一向干里面弯曲的刺；足跗节5节，其中第4节甚小，成为假4节。翅脉简化。有发达的几丁质前胃。

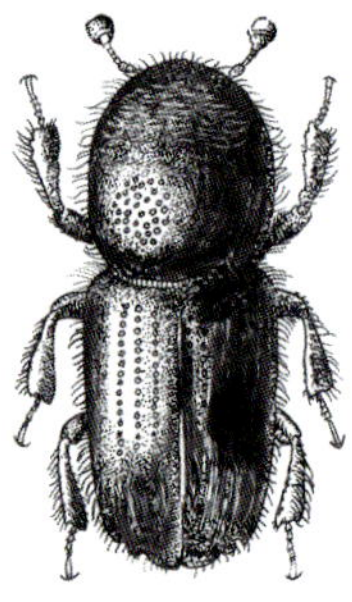

松十二齿小蠹

中国北方分布的小蠹多1年1代，高温年份可出现2年3代或1年2代。小蠹大多是次期性害虫，即只在树身衰弱或采伐以后才入侵树冠、树干和树根。生活于树皮或材心内，为害隐蔽。繁殖力强，有些种类一经侵入树身，繁殖量则不计其数，且终生潜伏树身内部，故而为害时间长久而严重。中国南北林区每年均因小蠹为害而蒙受不同程度的损失。

小儿消化不良 infantile dyspepsia 中医以每日腹泻数次至十余次以上，大便呈淡黄色或黄绿色，混有黏液或呈稀水状，伴见呕吐、食欲减退为主要临床表现的儿科病证。轻证体温正常或有不规则低热，重证多见高热。多由饮食不节、损伤脾胃功能，或感受六淫外邪、侵袭肠胃而致。常合并佝偻病和营养不良。

常见以下证型：①寒湿。便如稀水，纳呆，腹胀，尿少，面色苍白，乏力倦怠，舌质淡、苔白腻，脉濡缓。治宜温中利湿，常用胃苓汤加炮干姜。②湿热。泄泻频频，泻出物为热臭黏滞之稀水并伴有不消化食物残渣，腹胀腹痛，烦啼不宁，肛门灼热发红，小便短赤，常见发热，舌质红、苔黄腻，脉滑数。治宜清热利湿，常用葛根芩连汤加味。发于夏天者，为暑热泻，常见壮热，烦躁，肠鸣，腹痛，甚至抽风昏迷，津脱液竭。初起可用葛根芩连汤合新加香薷饮、六一散。③伤食。便出稀水并夹有奶块，或大便酸臭如败卵，腹胀，纳呆，烦躁啼哭，夜卧不安，或兼恶心呕吐，舌苔厚腻，脉滑。治宜消导和中，常用保和丸、平胃散加减。食滞化热、身热、舌红、苔黄者，加香连丸，呕吐加玉枢丹。④虚实寒热夹杂。泄泻久治不愈，泻出物酸臭并伴有不消化食物残渣，精神困顿，不思乳食，婴幼儿常见溢乳，肛门发红，体重减轻或不见增长。治宜补脾、温中、清热三法并施，可用连理汤（理中汤加黄连）加减。⑤脾虚。久泻不愈或反复发作，大便溏薄，食

少倦怠乏力，消瘦，面色苍白或青黄，舌淡、边有齿痕，脉弱。治宜补脾开陷，常用七味白术散。⑥脾肾阳虚。久泻不愈，大便稀溏，食入即泻，完谷不化，精神困顿，消瘦，四肢欠温，舌质淡胖，脉沉细或迟沉。治宜脾肾兼补，常用附子理中汤合四神丸加减。⑦久泻伤阴。泻下无度，全身皮肤干枯松弛，目眶囟门凹陷，精神萎靡或烦躁不安，口渴引饮，啼哭无泪，舌红无津、起刺，脉细数。治宜清养胃阴，常用沙参麦冬汤合生脉饮，加乌梅、黄连。⑧久泻伤阳。便泻如水，精神萎靡，表情淡漠，或睡中露睛，面色苍白，四肢发冷，出冷汗，舌淡，脉细弱，亟宜温阳固脱，常用四逆加人参汤。艾灸气海、肾俞、神阙。

小二仙草科 Haloragidaceae; wafermilfoil family 双子叶植物纲蔷薇亚纲的一科。有6属约120种，分布于热带和温带地区，主产大洋洲。中国有2属8种。几遍全国陆生、沼生或水生草本。叶互生、对生或轮生。花两性或单性，单生或组成穗状花序、圆锥花序、伞房花序或假二歧伞房花序；萼管与子房合生，萼片2～4或缺；花瓣4、8或缺；花药基着，2室，纵裂；子房下位，2或4室。果为坚果或为核果。

狐尾藻属植物多为湖区的绿肥资源，并为一些鱼群的产卵场所，入药可以清热解毒。小二仙草是优良的羊饲料，全草供药用，有利水祛湿、散瘀消肿之效。

小蜂 Chalcidoidea; chalcid wasp 膜翅目小蜂总科昆虫的统称。全世界已知约22 000种。体小型，长1～5毫米，最小的仅0.2毫米。触角膝状。翅脉退化。前胸背板与翅基片之间胸腹侧片的形状、大小随种类的不同而变化；前胸背板背面部分常具锋锐横脊，将背片和颈部分隔开。完全变态，少数为过变态。

小蜂总科主要可分为以下各科：①无花果小蜂科。②广肩小蜂科。③长尾小蜂科。④刻腹小蜂科。⑤小蜂科。⑥褶翅小蜂科。⑦蚁小蜂科。⑧巨胸小蜂科。⑨金小蜂科。⑩寡节小蜂科。⑪跳小蜂科。⑫旋小蜂科。⑬蚜小蜂科。⑭棒小蜂科。⑮扁股小蜂科。⑯赤眼蜂科（蚁翅小蜂科）。⑰缨小蜂科（柄翅小蜂科）。

从植食性到寄生性均有，完全植食性

广肩小蜂

的如无花果小蜂科，植食性种类及寄生性种类兼有的如广肩小蜂科、长尾小蜂科以及少数金小蜂科，其他绝大多数均为寄生性。寄生的阶段从寄主卵到蛹均有，寄主范围也很广泛，除昆虫外，蜘蛛纲的某些种类也是小蜂的寄主。

多数为控制害虫的天敌，少数则为益虫的敌害，还有一些以植物为食，危害林木、牧草及药材种子，无花果小蜂则是这种果品的唯一传粉昆虫。小蜂在害虫防治中是天敌因子中的重要组成部分，例如，苹果绵蚜蚜小蜂、多种赤眼蜂、红铃虫金小蜂、荔蝽卵平腹小蜂等均已是国内行之有效的几种天敌小蜂。

小孤山遗址 Xiaogushan 中国旧石器时代晚期遗址。位于辽宁海城小孤山仙人洞。1981、1983年发掘。出土古人类化石、大批动物化石以及上万件石制品和骨制品。石器加工主要采用锤击法，兼有进步的指垫法。石器种类有刮削器、尖状器、雕刻器、石球和石钻等。石器以小型为主，刮削器形式多样，与华北常见的旧石器文化传统相一致。骨制品包括渔叉、标枪头、骨针，以及装饰品穿孔兽牙等。其中渔叉和标枪头在欧洲旧石器时代晚期文化中常可见到，在中国旧石器遗址中为首次发现。当时，洞穴附近有大片森林和草地，气候冷暖相间。遗址年代约距今4万～2万年，地质时代为晚更新世。2001年国务院公布为全国重点文物保护单位。

小号 trumpet 唇振动气鸣乐器。广泛用于交响乐队、管乐队、轻音乐队和爵士乐队。它既能吹奏辉煌壮丽的乐句，也能演奏抒情优美的曲调。管身为铜制，长129厘米，约2/3为圆柱形，1/3为圆锥形，号嘴杯形，下端为喇叭口。最常用的小号为$^{\flat}$B调，属移调乐器，记谱比实音高一全音，音域$^{\#}f \sim f^{3}$。各国还流行一种C调小号，非移调乐器，实音记谱。还有一种$^{\flat}$B调八度小号，音高较常用的$^{\flat}$B调小号高八度。尚有一种新的小号——短号，既具有近乎小号的音色，又兼有易于吹奏的优点。演奏小号的姿势站、坐皆可。号嘴在嘴唇正中，借绷紧的双唇振动发音。呼吸采用腹式呼吸法（亦称横膈膜式呼吸法），强奏时用胸腹式呼吸。尚有循环呼吸法，能连续不断地吹奏。小号的音色变化靠口形和呼吸的有机配合，有时可加用各种弱音器以改变音色。弱音器种类繁多，有纱锭形、梨形以及爵士乐队用的“哇哇”弱音器、双层弱音器和铜盆帽式弱音器等。

现代小号的前身是1788年C.克拉格特发明的半音键小号，将D调和$^{\flat}$E调的两支号管用一活瓣（阀键的前身）连在一个号嘴管上，以便于转调。最后于1815年由H.施

特尔策尔和F.布吕默尔发明阀键，先制成两阀键小号，后增加至3阀键，始能奏出完整的半音阶。此后又经不断改进，才使小号具有良好性能。

小黑麦 triticale 由人工用小麦属和黑麦属物种经属间有性杂交和杂种染色体加倍而成的新物种。外部形态介于双亲之间，而偏于小麦。须根系和分蘖节较小麦发达，增强了植株的耐旱耐瘠能力。茎分蘖节成球状体，贮藏营养物质多，分化健壮，新器官的潜力也比小麦强；各节长度和直径一般大于小麦。叶片较小麦长而厚，叶色较深，被茸毛，叶鞘有蜡粉层。麦穗比小麦大，小花数多，芒较小麦长。颖果较小麦大，红色或白色，角质或半角质。果皮和种皮较厚，因而休眠期长于小麦，一般遇雨不易在穗上发芽，且对胚和胚乳有较强的保护作用。耐寒、耐瘠、耐旱、耐干热风和耐阴力强，在气候条件多变、水肥条件较差的高寒地区，能显示其稳产优势，产量高于小麦。抗病性也较小麦强。

八倍体小黑麦，是中国特有种。栽培地区现主要分布在西南、西北高寒瘠薄山区。对土壤要求不严，以土层深厚、肥沃的为宜。因根系发达，适当加深耕作层对提高产量有重要作用。因生育期长、分蘖力强，在瘠薄山区施足基肥常是丰产的关键。为防止倒伏，须合理密植和在拔节期间合理运用肥水，防止徒长。收获后脱粒不易，须用机械脱粒。

《小狐狸》 *The Little Foxes* 美国剧作家L.海尔曼的代表作。写于1939年。剧本通过南方大种植园主哈伯德家庭本、奥斯卡、瑞吉娜三兄妹为纱厂投资而钩心斗角、争夺财产的描写，表现了19世纪末20世纪初美国南方由种植业转向工业投资时资本积累的残酷。瑞吉娜与两个兄长是一伙贪得无厌的“小狐狸”。剧本结构严谨，悬念强烈，是一出典型的佳构剧。在人物塑造上，瑞吉娜的形象鲜明、深刻。

小黄鱼 *Larimichthys polyactis*; little yellow croaker 鲈形目石首鱼科黄鱼属的一种。俗称小黄花、黄花鱼、花鱼。分布于渤海、黄海及东海，向南不超过台湾海峡。朝鲜半岛西海岸也有分布。体长25～30厘米。体延长，侧扁。尾柄细长，尾柄长为尾柄高的2.5倍。头大，具发达黏液腔。颏部有不明显小孔。背鳍连续。背鳍和臀鳍的鳍条基部2/3以上被小圆鳞。臀鳍第二鳍棘小

于眼径。鳔大，鳔侧具31～33对侧肢，具背、腹分枝。体黄褐色，腹面金黄色，各鳍灰黄色，唇橘色。

温水性结群近海底层洄游鱼类，喜栖息于软泥或泥沙质海底。有明显昼伏夜浮的垂直移动习性。食性广，主以十足类、磷虾类、糠虾类和小型鱼类为食。能发声。产卵期在4～6月。中国的重要经济鱼类。

小津安二郎 Ozu Yasujirō（1903-12-15～1963-12-12） 日本电影导演。生于东京，卒于东京。1927年8月导演第一部作品《忏悔的白刃》。1928年导演《年轻人的梦》之后拍了几部喜剧短片。30年代初，先后拍摄了《公司职员的生活》、《结婚学入门》等影片。1932年其代表作《有生以来初次看到的》完成，该片深刻揭露了社会的黑暗、虚伪，受到极大赞誉，被《电影旬报》评为当年最佳10部影片之首。其后两年及1941年的《一念之差》、《浮草》、《户田家的兄弟》也分别获当年最佳10部影片的第一名。战后导演的优秀影片有《贫民街绅士录》(1947)、《东京记行》(原名《东京物语》，1953)、《秋高气爽》(1959)、《秋刀鱼的味道》(1962)等。1959年艺术院颁发给他艺术院奖和特等功劳奖，1963年被选为艺术院院士。曾获文教大臣奖等多项政府奖。

小剧场戏剧 small theatre 现代戏剧的一种存在方式。系不同于大型商业剧院的小型戏剧演出，大多带有实验性质，西方戏剧界常与实验戏剧通称。

小剧场戏剧始于19世纪末。1887年3月，法国戏剧家A.安托万因不满当时庸俗的商业戏剧而创建自由剧院，实现在舒适的剧场上演新剧本的戏剧理想。欧洲和美国等相继建立了类似的小剧场戏剧团体。小剧场戏剧摆脱了商业性剧场在戏剧形式和演出方法上的限制，鼓励自由表现。演出场所规模较小，演出空间与观众席的安排都极其灵活，便于进行各种演出方式的实验。

中国的小剧场戏剧也相当活跃。1989年在南京举行了第一届全国小剧场戏剧节。1995年北京人民艺术剧院小剧场建成后，小剧场戏剧更加蓬勃、兴旺。

小剧院 Maly Theatre 俄罗斯规模最大、历史最悠久的剧院之一。全名为国立模范小剧院。1757年莫斯科大学成立大学剧院，1760年改名为莫斯科俄罗斯剧院。1824年正式取名为小剧院。1919年小剧院荣获模范剧院称号。以上演19世纪俄国现实主义剧作著称。A.N.奥斯特洛夫斯基的大部分剧作都在这家剧院首演，因此有奥斯特洛夫斯基之家之称。19世纪俄国的一批知名演员如M.S.史迁普金、A.P.连斯基、M.N.叶尔莫洛娃等都出自这家剧院。

小康水平 affluent level 介于温饱与富裕的一种消费水平。根据消费水平的高低，一般划分为贫困、温饱、小康和富裕。依据恩格尔系数将消费水平划分为5个层次：凡恩格尔系数在0.6以上的为绝对贫困；0.5～0.6之间为勉强度日，即温饱阶段；0.5～0.4之间属小康水平；0.4～0.3之间为富裕；0.3以下为最富裕。消费水平的层次差别首先是由各国生产力水平的差异以及由此决定的国民收入水平的差异造成的。其次，它还受生产资料所有制的性质以及由此决定的收入分配制度的影响。小康水平的标志为：①生存资料在消费资料中依然占据主要地位，但其质量提高，品种多样，数量增加。②发展资料在消费资料中已占有重要位置，享受资料开始进入一般消费者家庭。③文化教育消费有较大的发展，人的素质有了明显提高。④家庭生活开始普遍实现舒适化、多样化与社会化。⑤城乡居民的劳动条件已得到很大改善，劳动时间开始缩短，劳动强度减轻，闲暇时间增加。

《小蝌蚪找妈妈》 *Little Tadpole Looking for Mummy* 中国第一部彩色水墨动画片。上海美术电影制片厂1960年摄制。集体编导。艺术指导特伟，技术指导钱家骏。影片描写青蛙妈妈在水塘里生下的小宝宝变成了小蝌蚪。小蝌蚪想要找妈妈，但不知妈妈是什么样子。它们向虾公公打听，却错认了金鱼、螃蟹、乌龟为妈妈。后来，当鲇鱼张开口要吃它们的时候，青蛙妈妈赶来把鲇鱼赶跑，把小蝌蚪带回了家。小蝌蚪长大了，变成了青蛙。影片成功地将在国际上享有盛誉的中国水墨画与动画影片结合起来，使齐白石笔下的蝌蚪、青蛙、虾、蟹等小动物栩栩如生地在银幕上动起来，产生墨迹浓淡有致、笔法虚实相辅的效果，打破了历来动画片"单线平涂"的方法，在动画片历史上是一个创举。影片获1962年第1届《大众电影》百花奖优秀美术片奖、1961年瑞士第14届洛迦诺国际电影节短片银帆奖、1964年法国第17届戛纳电影节荣誉奖等多项国内外奖项。

《小蝌蚪找妈妈》剧照

小林多喜二 Kobayashi Takiji（1903-10-13～1933-02-20） 日本小说家。生于秋田，卒于东京。在伯父的资助下从高等商业学校毕业。1930年成为职业作家。1931年参加日本共产党。1933年与同志秘密接头时因叛徒告密被捕，后被酷刑拷打致死。代表作品《蟹工船》(1929)描写被骗到"蟹工船"上参加季节性捕蟹和制造罐头的工农群众，在监工的迫害和非人的劳动中逐步觉醒，奋起斗争，结果遭到镇压而失败。《为党生活》(1933)写于日本发动侵华战争、加紧法西斯镇压的期间。作者一面提防敌人搜捕和叛徒告密，一面挤时间完成创作。作品以第一人称描绘三个共产党员发动并领导工人群众开展斗争。他的作品被译成多种文字。有中译本《小林多喜二选集》(3卷)。

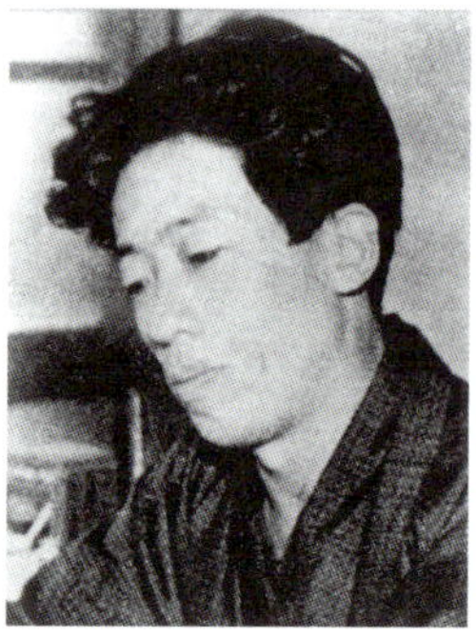

小林秀雄 Kobayashi Hideo（1902-04-11～1983-03-01） 日本文艺评论家。生于东京，卒于东京。1928年毕业于东京大学法文专业。翌年发表评论文章《形形色色的图解》，分析当时文坛的复杂现象，非议发展中的无产阶级文学。1933年与林房雄等创刊《文学界》，开展文艺批评。1935年连载《私小说论》，对无产阶级文学的历史性成就予以肯定，表现出重视社会现实的倾向。第二次世界大战后，一度转向音乐、绘画、哲学等方面的评论。自1965年开始，连载长达11年半的《本居宣长》，是其晚年集成之作。

小流域综合治理 small watershed management 以小流域为单元，在全面规划的基础上，合理安排农、林、牧、副各业用地，

黄土高原小流域综合治理

布置水土保持农业技术措施、林草措施与工程措施，治坡措施与治沟措施，以及其他各种水土保持措施，使各项措施互相协调、互相促进，形成综合的防治措施体系。中国的小流域综合治理相当于国外的“荒溪治理”或“山区流域管理”。小流域又称荒溪流域，其集水面积大小各国并无明确标准，中国目前应用的一般小于100平方千米，美国则为1 000平方千米以下。

小流域综合治理的目的在于防治水土流失，保护、改良与合理利用水土资源，充分发挥小流域水土资源的经济效益与社会效益。

基本原则　①根据小流域内水土资源现状及社会经济条件，正确地确定生产发展方向。变生态与环境的恶性循环为良性循环。②水土保持工作要为调整农村产业结构，促进农村经济的发展和实现农业现代化服务。③合理安排农、林、牧用地的位置和比例，积极建设高产稳产基本农田，提高单位面积粮食产量，促进陡坡退耕，为扩大造林种草面积创造条件。④在部署治理措施时，坚持工程措施与生物措施及农业技术措施相结合，治坡措施与治沟措施相结合，因地制宜。⑤在实施顺序上应是先坡面后沟道，先支、毛沟后干沟，先上游后中下游。但在某些特殊情况下为了获得更高的经济效益，也可以改变上述实施顺序。⑥要讲求实效。有效地解决群众的口粮与经济收入问题、“饲料、燃料、肥料”和人畜饮水问题。

综合措施　①水土保持农业措施。又称水土保持耕作法。大致可分三类：以改变小地形增加地面粗糙率为主的，如等高耕种沟垄种植（或称垄作区田），掏钵种植（或称坑田）、区田等；以增加地面覆盖率为主的，如草田轮作，密植、间套种少耕、免耕、覆盖耕作等；在增加地面覆盖的同时，又能逐步改变小地形，如草田带状间作等；以改良土壤、增加抗蚀力为主的，如深耕、增施肥料等水土保持农业技术措施，是旱作农业技术措施的重要组成部分。②水土保持林草措施。即水土保持造林措施及种草措施，它除具有涵养水源保持水土的作用外，还可以改良土壤、提供“四料”（燃料、饲料、肥料和木料），开展多种经营，促进农林牧全面发展。大量播种水土保持植物，不仅可以解决饲料不足问题，而且可以提供绿肥和燃料。选择优良草种，采取科学的栽培技术，在土壤干旱、贫瘠的水土流失地区具有重要意义。③水土保持工程措施。在坡面治理工程中有梯田、坡面蓄水工程（水窖、涝地）、山坡截水沟等。在沟道治理工程中有沟头防护工程、谷坊、拦沙坝、淤地坝、沟道蓄水工程、引洪漫地工程及山洪、泥石流排导工程等。在山区河沟（荒溪）护岸工程中有用不同材料（干砌片石、浆砌片石、混凝土板铁丝石笼、木桩排、生物护岸、木框装石）修筑的各种护岸设施，以及用以控制水流方向的各种丁坝。

规划　其任务在于以小流域为单元，根据流域内水土资源的现状以及社会经济条件，合理确定生产发展方向及农、林、牧、副各业用地比例，使各项治理措施在具体位置和实施顺序上，有科学、合理的安排，使各项措施形成互相协调完整的综合措施体系。因此，小流域综合治理规划工作本身也是一项重要的水土保持措施，又称水土保持非结构性措施。

方法步骤　①进行自然条件调查与社会经济情况调查。②确定生产发展方向及合理的土地利用方案。为了获得较好的经济效益与生态效益，要求提出两个以上的比较方案进行选优和论证。③治理措施布局。在土地利用规划的基础上，对工程措施与林草措施、治坡措施与治沟措施在平面位置和实施顺序上进行合理安排，使其紧密配合，达到综合治理的目的。

技术经济指标　主要有以下三方面：①进度指标。主要根据劳力、资金等条件，合理确定综合治理中梯田、坝库、林草等各项治理措施每年的实施进度。②投入指标。主要反映各项治理措施，在规划时段内各需投入的劳力、经费和物资。③产出指标。主要反映小流域内实施水土保持措施后，到规划时段末，农、林、牧、副、渔等各业产量和产值及增长百分率。

《小逻辑》 *Erster Teil der Enzyklopädie der philosophischen Wissenschaften: Wissenschaft der Logik*　G.W.F.黑格尔哲学著作《哲学全书》的第一部分逻辑学。有单行本，为了有别于他两厚册的《逻辑学》（《大逻辑》），通常称为《小逻辑》。第一版出于1817年；第二版出于1827年，内容较第一版增加了1倍；第三版出于1830年，内容比第二版又有所增加。包括《小逻辑》在内的《哲学全书》，本来是黑格尔印发给学生的讲课提纲，原书有纲要性的正文和说明两部分，都出自黑格尔的手笔，黑格尔去世后，他的学生在编订全集时，又把听课笔记加进去作为“附释”。

《小逻辑》和《大逻辑》内容基本相同，但文字简明扼要，大体上是《大逻辑》的一个提要或缩写。另外，《小逻辑》比《大逻辑》成书较晚，一些观点比《大逻辑》更成熟，发挥得更充分，其中一些部分还是《大逻辑》所没有的。批判形而上学，创立和发挥唯心主义辩证法，是黑格尔这部著作的最重要成果。

小麦 *Triticum*; wheat　禾本科小麦属植物的统称。一年生或越年生植物。世界上最重要的粮食作物，其种植面积、产量及总贸易额均居栽培作物的首位。在中国，其重要性仅次于水稻。2004年中国小麦产量为9 195万吨，约占世界小麦产量的16%，居世界第一位。

类型和分布　小麦属中有20多个种。国际植物遗传资源委员会把小麦分类为二倍体小麦（一粒小麦等）、四倍体小麦（硬粒小麦等）、六倍体小麦（普通小麦等）等。

小麦分布很广，北至北纬67°的北欧，南至阿根廷的南纬45°地方均有栽种。热带地区较少，多种植在海拔较高的地方。世界主要产麦区有俄罗斯欧洲部分、乌克兰、美国中部、加拿大南部、中国华北和长江流域、地中海沿岸、印度西北部、阿根廷和澳大利亚西南部等。栽培最广泛的是普通小麦，占小麦总面积近90%；其次为硬粒小麦，约占小麦总面积的10%；其他栽培仅有零星种植。小麦在中国各地均有种植，以河南、山东两省种植最多。

生物学特性　小麦主茎第一段为5～6节，叶片窄长，每一叶片包括鞘、叶片、叶舌、叶耳；复穗状花序，穗轴包括穗轴两部分，穗由许多节片组成，每节着生1个小穗，但2～3朵或4～5朵开花结实；1朵发育完全的小花，又包括1个内颖、1个外颖、3个雄蕊、1个雌蕊和2个鳞片，有芒品种的外颖顶端着生芒。芒的长短随品种而异。小麦是自花授粉作物，自然杂交率在5%以下，小麦子粒为颖果，长圆形，顶端有冠毛，腹面有腹沟，由皮层、胚乳和胚组成。

小麦种子从萌发、出苗开始，逐步形成根、茎、叶、穗、花、果实（子粒）等一系列器官，才能完成其生活周期。这些器官在植物学构造、生理功能、发育过程以及对形成子粒产量所起的作用等方面各不相同，同时各个器官的建成，既决定于小麦本身的遗传特性，又受到环境条件和栽培因素的制约。冬小麦为越年生作物，一般是冬前生长营养器官，越冬后形成生殖器官。冬小麦全生育期较长，但不同地区和品种的全生育期长短差异很大。中国南方冬麦区全生育期短的只有120天，北方冬麦区全生育期长的达270天以上，西南部高海拔地区的冬小麦可长达330天以上。春小麦全生育期较短，通常为80～120天。

栽培管理　为保证麦田全苗、壮苗，必须精细整地，提高播种质量，适期播种。冬小麦播种适宜温度15～18℃，在适期范围内争取早播；春小麦常应顶凌播种。小麦单产由单位面积穗数、每穗粒数和粒重构成，穗数是基础。在一定穗数的基础上提高穗重，是获得高产的有效途径。小麦适于土层深厚、排水良好，肥沃的壤土、黏壤土。灌溉小麦应施足基肥和重施拔节肥；无灌溉的旱地麦区则重施底肥为主。小麦较耐旱，一生中耗水量仍达400～600毫米。拔节到乳熟期需水量最多，占总耗水量的60%。其中以抽穗到开花期的日耗水量最大，拔节至抽穗、开花至成熟期次之。旱作麦区应搞好蓄水保墒防旱；南方麦区降雨多，应注意排水防渍。

适时收获脱粒。一般以子粒蜡熟中期（种子含水量不高于30%）时收获的产量最高。机械收割宜在蜡熟末至完熟期（子粒含水量约20%）进行。贮藏种子含水量应低于13%。

小麦病虫害较多，在中国发现有30多种病害和80多种虫害，其中较为严重的病害有条锈病（不断出现新的生理小种）、叶锈病、秆锈病，及白粉病、赤霉病、**根腐病**、黄矮病和纹枯病等；虫害主要有蛴螬、**蝼蛄**、金针虫、**地老虎**、黏虫、麦蚜等。一般通过抗病、虫育种和综合农业措施防治。

用途　小麦子粒富含淀粉，较多的蛋白质，少量脂肪、多种矿质元素和维生素B。面粉经水合发酵后，适于烤制面包和蒸馒头，这是其他粮食作物所欠缺的加工特性。小麦子粒可作葡萄糖、白酒、酱油、醋等的原料。麸皮是家畜的精饲料。麦秆可作粗饲料和造纸原料，编制手工艺品，还可作肥料。

小米 *Setaria italica*; foxtail millet　禾本科狗尾草属的一种。一年生草本植物。又称**粟**。

小脑 cerebellum　位于**大脑**半球后方，覆盖在**脑桥**及**延髓**之上，横跨在**中脑**和延髓之间的脑组织。它由胚胎早期的菱脑分化而来，是脑6个组成部分中仅次于大脑的第二大结构。

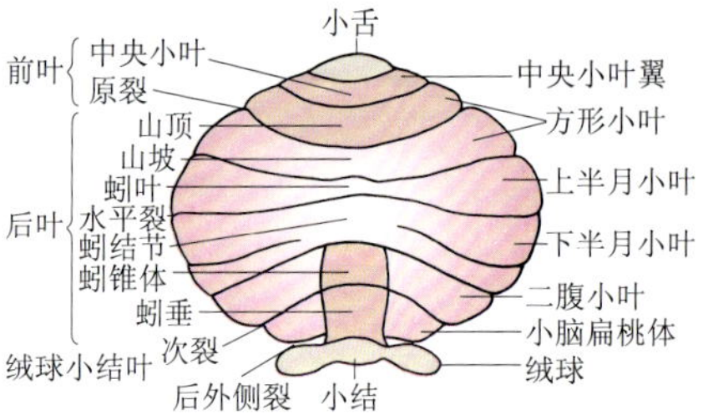

小脑分叶示意图

从外观上看，小脑中间有一条纵贯上下的狭窄部分，称为蚓部。蚓部两侧有两个膨隆团块称为小脑半球。在小脑蚓部和半球表面有一些横行的沟和裂，将小脑分成许多回、叶和小叶。在这些横贯小脑表面的沟和裂中，后外侧裂将小脑分成绒球小结叶和小脑体两大部分；原裂又将小脑体分成前叶和后叶。前叶、后叶和绒球小结叶便构成了小脑3个横向组成的分部。

绒球小结叶出现最早，被称为古小脑，它主要接受来自前庭核和前庭神经的传入纤维，调节躯干肌肉的活动，在维持肌紧张、身体平衡和姿势等方面起重要作用；前、后叶的蚓部及后叶蚓部的后外侧部出现得稍晚，称为旧小脑，其主要功能与头部和身体的本体感受和外感受的传入信息有关，有调节肌紧张的作用；小脑半球的大部分和部分蚓部发展得最晚，称为新小脑，它在人类最为发达，主要接受经脑桥接转的来自大脑皮质的纤维，参与由大脑皮层发起的随意运动的调节。在位相性的活动和肌肉的协调运动过程中起重要作用。

小脑通过与大脑、**脑干**和**脊髓**之间丰富的传入和传出联系，参与躯体平衡和肌肉张力（肌紧张）的调节，以及随意运动的协调。此外，小脑与运动性的学习记忆和心血管活动也有一定的关系。

《小泥车》 *Mṛcchakaṭika*　印度古典梵语剧本。十幕剧。作者相传是首陀罗迦，生平事迹不详。序幕介绍他是位国王，但缺乏历史证据。这个名字与最低级种姓的称谓“首陀罗”有关，很可能暗示作者是个出身低微的人。根据《小泥车》反映的社会生活和达到的艺术成就，可以认为大约是公元2、3世纪作品。剧本取材于现实生活，描写在暴君八腊王统治下的优禅尼城有个妓女春军，爱上穷婆罗门商人善施。国舅企图霸占春军，下毒手陷害春军和善施。牧人阿哩耶迦起义，推翻八腊王暴政，春军和善施由此得救，结成姻缘。剧中人物众多，情节复杂，戏剧冲突紧张激烈，语言朴素机智。

小鲵 *Hynobiids*; hynobius　小鲵科小鲵属动物的统称。有26种。分布于中国、朝鲜半岛和日本。中国有8种，分布于黑龙江、吉林、辽宁、湖北、河南、浙江、福建和台湾等省。全长110毫米左右，小者80毫米，大者166毫米左右，在小鲵科中属体型较小的类群。头扁平，头长大于头宽。上唇无唇褶，犁骨齿列内枝长外枝短。有眼睑，有颈褶。躯干圆柱形或略扁。指4个，趾5个。一般尾部短于头体长，鳍褶不发达，从尾基部向后渐侧扁。体背面颜色因种类不同差异较大，多为暗褐、棕褐、灰棕等色，无斑或有黑褐色斑点，腹面多为灰褐色或污白色等。

多生活于海拔100～1 300米的山区。常栖于土壤疏松潮湿、植被茂密地区的溪流、静水塘、沼泽地及其附近。以陆栖为主，白天隐伏于土穴及覆盖有苔藓或落叶的石缝和泥洞中；夜晚觅食蚯蚓、软体动物、虾类和多种昆虫等。繁殖季节多在冬季，从12月至翌年3月，中国东北则为4月中旬至5月。行体外受精。卵鞘袋坚韧，其长短因种而异，一般90～270毫米，直径9～

云斑小鲵

20毫米，一般每条有卵13～50粒，多者可达75粒左右。胚胎和幼体在静水内或缓流水中发育生长，一般当年完成变态后，幼鲵即营陆栖生活。

小农经济 small peasant economy　个体劳动者在小块土地上使用自己的手工工具进行独立经营的小规模农业经济。最初的小农经济出现于原始社会末期，土地仍然属于氏族公社公有，但已固定地分配给各家私用，工具和产品开始属于私有。奴隶社会和封建社会的小农经济，土地或已归劳动者私有（自耕农），或是租给劳动者使用（佃农）。长时期内，小农经济基本上是**自然经济**，产品绝大部分供自己消费。随着生产力的发展，商品交换关系逐渐渗入，小农经济逐渐增加了**商品经济**的成分。封建社会末期，小农经济被卷入商品经济的大潮，发生分化，少数人发了财，上升为资本主义农场主，多数人破了产，沦为雇佣劳动者。在资本主义社会，小农经济规模小、生产技术落后，逐渐被使用现代机械的大农业所取代。

小农具 manual agricultural implements　农业生产中使用的简单手工具。又称手工农具。由竹、木、荆柳、钢铁等材料制成。中国小农具的品种、规格很多，包括用于耕地、整地、种植、施肥、中耕、灌溉、收获、脱粒、清选、加工、运输、园林管理等项作业的各类小农具。中国使用小农具的历史悠久，新石器时代的仰韶文化遗址已有耕翻土壤用的石器农具。战国时代有了锄、镰、铲、锸（锹）、镬等多种铁制小农具。以后根据各地的自然气候、土壤性质、作物种类、耕作栽培技术、使用者操作习惯和社会经济条件，又不断有所改进和创造，有些仍在大量使用，在农业生产中起了重要作用。

小品 short and simple theatre creation 最短小的戏剧作品。又称戏剧小品。在种类上可分为话剧小品、戏曲小品和电视小品等。最初是一种用来进行表演和导演基础训练的形式，使开始学习表演或导演的学生掌握表演和导演的最基本元素。后来逐渐发展成为一种舞台演出或利用电视进行转播的演出形式。小品具有戏剧作品的主要因素，如中心事件、矛盾冲突和对人物性格的刻画。由于小品的篇幅小，演出的时间一般在15分钟左右，所以要求事件比较单纯，主题明确，人物性格鲜明，语言简练、生动、幽默。小品虽然短小，但仍然可以从一个特定的角度去真实、深刻地反映和评价生活，并揭示出深刻的思想与哲理，塑造出鲜明生动的人物形象。

小品文 essay 散文体裁的一种。其含义在国外文学理论中较为宽泛。西方小品文一词源于法文la feuille，原意是纸张的一页、一小页，也指报告、报纸中各种各样新闻体裁的文章。但在中国，小品文的概念却相对集中，按鲁迅的说法是："讲小道理，或没道理，而又不是长篇的，才可谓之小品。"（《杂谈小品文》）

"小品"一词最早见于《世说新语·文学》，本指佛经节本，并无文体意义。至晚明始将"小品"用于概括短小轻隽的文章，系与经世致用的宏文巨制相对而言。在新文化运动兴起后的20世纪20年代，小品文又称为"小品散文"或"散文小品"，系泛指文学体裁中与诗歌、戏剧、小说并举的散文。1932年，林语堂创办《论语》半月刊，专门刊登盛极一时的小品文。1934年，则有《人间世》、《太白》、《新语林》等以刊登小品文为主的刊物，同时出现了科学小品、历史小品、幽默小品、讽刺小品等名目。

在现代，小品文也被用作随笔、杂感乃至各类艺术性短文的别称。其基本特点是篇幅短小、主题明确；在事实基础上，用文学笔调和文艺形式，深入浅出、简明生动、夹叙夹议地或叙述事情，或介绍知识，或阐明道理；从而使读者在轻松阅读中获得某种知识、信息或启发，同时也获得艺术情趣的享受。

小平邦彦 Kodaira Kunihiko（1915-03-16～1997-07-26） 日本数学家。生于东京，卒于东京。1932年入第一高等学校理科，1935年入东京帝国大学数学科学习，1938年毕业后又到物理系学习三年，1941年毕业。其后在东京文理科大学和东京大学任教。1949年获理学博士学位。同年赴美在普林斯顿高级研究院工作。先后在约翰斯·霍普金斯大学、普林斯顿大学、哈佛大学、斯坦福大学任教授。1967年回日本任东京大学教授，1975年退休后被聘为学习院大学教授。1954年获费尔兹奖，1957年获日本学士院赏和文化勋章。1965年被选为日本学士院会员。获1984—1985年度沃尔夫奖。他还是格丁根科学院和美国国家科学院外籍院士。

小平邦彦在日本完成了关于调和积分论的三篇论文。到普林斯顿之后在代数几何学和复流形方面完成一系列重要工作，包括证明曲面的黎曼-罗赫定理，证明狭义凯勒流形是代数流形以及小平消没定理。

1956年起小平邦彦同D.C.斯潘塞一起，把B.黎曼的模数理论推广到高维复结构的变形理论，形成一个系统的理论。后来小平邦彦又把它推广到由一类复可递的连续伪群所定义的结构的变形理论上。20世纪50年代末，他又转而研究紧复解析曲面的结构和分类，用一个不变量（小平维数）把曲面分为有理曲面、椭圆曲面、K_3曲面等，并且每类都建立一个极小模型，这对后来代数几何学和复解析几何学的发展起着重要推动作用。晚年他致力于教育事业，对日本年青一代数学家有重大影响。

小气候 microclimate 主要由于下垫面物理特性与大范围地区有差异所造成的异于大气候和中气候的、尺度更小的小范围气候。如农田小气候、森林小气候、护田林带小气候、沼泽小气候、水库小气候、积雪（雪被）小气候、地形小气候和城市街道小气候等。小气候的水平范围一般几米到几百米。小气候形成的物理原因主要有：①地面反射率不同。②下垫面干湿情况不同。③下垫面的起伏和粗糙程度不同。

此外，还有比小气候尺度更小的微气候。如室内、洞穴、蜂房、植株，以至叶面上的微气候。小气候和微气候都是同一物理原因所造成，而且在尺度划分上也没有明确界限，因此气象学上也常把它们统一称为小气候。

小球藻 *Chlorella* 绿藻门小球藻科小球藻属藻类的统称。小型单细胞藻类。广布于世界各地。多单生，也有的为多数细胞聚集而成。细胞多为球形、椭圆形，每个细胞具一个杯状或片状周生的叶绿体。仅有无性生殖，每个细胞可产生2、4、8或16个似亲孢子。此属约10种，常见的如小球藻、蛋白核小球藻等。淡水和海水中均有，多生于较小的有机质丰富的浅水水体中，有时在潮湿的土壤、岩石和树皮上也有生长；有的在草履虫、水螅和一些海绵动物的体内与之共生。小球藻细胞的蛋白质含量高达50%以上，还含有脂类以及丰富的多种维生素和胡萝卜素等。可用作饲料添加剂和人的保健品。同时，还将它作为宇宙食物和气体交换发生器进行试验研究。

小泉纯一郎 Koizumi Junichirō（1942-01-08～ ） 日本首相（2001～2006）、保守派政治家。生于神奈川县横须贺市的一个政治世家。1967年毕业于庆应义塾大学经济系。1967～1969年在英国留学。1970年步入政界。1972年12月当选众议院议员，以后又连续11次当选。2001年4月当选日本自由民主党总裁和日本首相，并于2003年、2005年两次蝉联首相。2001～2006年，以首相身份连年参拜供奉有日本第二次世界大战甲级战犯灵位的靖国神社，严重恶化了与中国、韩国的外交关系。

小山内薰 Osanai Kaoru（1881-07-26～1928-12-25） 日本导演、剧作家、小说家、诗人。生于广岛。1902年入东京帝国大学英文科学习。1904年写出第一部剧本《非战争员》。1909年合作创立了自由剧场，并于11月上演了由他执导的H.易卜生的《约翰·盖勃吕尔·博克曼》。1912年他出国考察，深受K.S.斯坦尼斯拉夫斯基和M.莱因哈特的影响，回国后重新上演了M.高尔基的《夜店》等剧。1923年9月关东大地震后，土方与志修建了筑地小剧场，成为小山内薰新戏剧运动的实验基地。他在这里导演了A.P.契诃夫的《海鸥》、B.比昂松的《新婚夫妇》、J.A.斯特林堡的《闪电》、N.V.果戈理的《钦差大臣》和他本人的《地狱》、《儿子》等一大批剧作。

小水电 small hydropower 小容量的水电站。指发电装机规模在工程分等中属于工程等别低的水电站。其装机容量规模因各国国情而异。1980年10月17日至11月8日在中国杭州和菲律宾马尼拉召开的第二次国际小水电技术发展与应用考察研究讨论会，建议对小水电的规模作以下定义：小水电站为1 001～12 000千瓦，小小型水电站为101～1 000千瓦，微型水电站为100千瓦及以下。在中国，按水电站装机容量大小共分为五个等级，各个时期的分等标准也不同（见表）。

沿革　世界上水力发电是从小水电站开始的。很多欧美国家在19世纪就开始小水电站的建设。1878年法国建成世界上第一座水电站。美洲最早的水电站建于美国威斯康星州，于1882年9月开始发电，装机容量25千瓦。20世纪30年代，由于大中型水电站和电力事业的发展，许多国家出现关闭小水电站或缩减小水电站数量和装机容量的现象。到70年代后期，由于世界性石油价格上涨，出现能源危机，许多西方国家对小水电重新关注，开展了一系列勘测设计和科学研究工作。

美国对已关闭的3 000座小水电站进行了调查和登记，并对近5万座未设水电站的大坝进行了研究。这些坝如全部建设水电站，总装机容量可达1亿千瓦，其中1 600万千瓦属于小水电站。70年代以后，世界各国的小水电有不同程度的发展。

中国大陆第一座水电站是1912年在昆明建成的石龙坝水电站。这个电站从滇池出口处的螳螂川引水发电，初期装机容量为2×240千瓦，后经逐步改建，1958年扩建为2×3 000千瓦。1949年，全国500千瓦以下的小水电站有33座，装机容量3 634千瓦（不包括台湾省）。中华人民共和国建立后，随着社会主义建设事业的发展，小水电发展较快。到80年代，小型水力发电设备制造厂已有近百家，年生产能力达100万千瓦。同时自动化水平也在不断提高。小水电的装机容量按国家计委规定，扩大至25 000千瓦。一些地区开始用110千伏高压线路联成本地区的地方电网，实行分级管理，互通有无，调剂余缺。

资源　中国小水电资源分布广，可开发量达1.28亿千瓦。在全国2 300多个县（含县级市、区）中，有1 104个县的可开发资源超过1万千瓦。据2009年统计，全国有小水电站4.5万座，装机总容量5 512万千瓦，年发电量1 600多亿千瓦·时，约占全国水电总装机容量的30%，占可开发小水电资源的43%。与全国水电开发量相比，小水电的开发程度要高得多。用开发小水电来建设有中国特色的农村电气化的方针和方法，促进了中国农村的迅速发展，有利于逐步解决全球所共同面临的环境和贫穷两大问题。

水工建筑　中国小水电规模较小，工程比较简单，建设工期短，收效快。在建设中因地制宜，就地取材，尽可能利用当地材料。小型拦河坝采用土坝、堆石坝、浆砌石坝、砌石拱坝、砌石连拱坝、双曲拱坝、混合坝、碾压混凝土坝等。压力水管采用木制水管、钢筋混凝土管、预应力钢筋混凝土管、钢管等。修建小型调节水库，淹没面积小，移民较少。

问题和展望　中国许多远离大电网的山区，只有利用当地丰富的水力资源，发展小水电，改善人民生活，满足农副产品加工和乡镇企业、县办工业及其他方面的用电需要。不少山区贫困县把发展小水电作为解决增产粮食与脱贫致富的一项重要措施。小水电的在建规模与投产容量将会出现持续增长的局面。中国正在结合400个电气化县建设、农网改造、送电到乡及以电代柴等项目，进一步推动农村水电行业改革，逐步完善小水电的开发机制、清洁发展机制和管理机制，进一步推动小水电建设。

世界上小水电的发展趋势是：①对过去认为开发不经济的坝址重新估价，增加水能效益。②从综合利用的角度去研究开发水力资源。③改进设计与施工组织，降低小水电的造价。④广泛利用现有的水库和大坝，以及供水、输水系统中的水力资源修建小型水电站。⑤改造现有水电站，使充分发挥效益。研究恢复条件较好、已关闭的小水电站。⑥500千瓦以上的骨干电站将逐年增加，100千瓦以下的微型电站将逐年减少。⑦统一设备标准，实现小水电站的自动化。

中国各时期规范、标准确定的水电站指标（10^4千瓦）

工程等别	1959年前	1959年	1964年	SD J12－78①	SD J217－87①	GB 50201－94②
Ⅰ	≥ 25	≥50	≥25	>75		≥120
Ⅱ	25～2.5	50～5	25～2.5	75～25		120～30
Ⅲ	2.5～0.1	5～0.5	25～0.3	25～2.5	25～2.5	30～5
Ⅳ	0.1～0.01	0.5～0.05	0.3～0.05	2.5～0.05	2.5～0.05	5～1
Ⅴ	<0.01	<0.05	<0.05	<0.05	<0.05	≤1

注：①《水利水电枢纽工程等级及划分标准》；②《防洪标准》。

小说　novel; fiction　文学体裁之一。通常认为，借助于艺术虚构，以散体文的形式表现叙事性内容，通过一定的故事情节对人物的关系、命运、性格、行为、思想、感情、心理状态、活动环境进行描写，是小说的基本特征。

中国小说的源头可以追溯到神话传说，真正滥觞期则在魏晋，那时的志怪、志人已具小说雏形。后经唐传奇、宋元话本、明拟话本以至明清以《三国演义》、《水浒传》、《红楼梦》等为代表的长篇小说而日渐成熟和繁荣。五四运动以后，在继承本民族小说传统和借鉴西洋小说经验的基础上，出现了现代白话小说。西洋小说是古希腊史诗和戏剧的共同后裔，以后经中世纪的传奇故事（如冰岛散文叙事文学萨迦），到文艺复兴时期，小说体裁已初步形成。19世纪是西洋小说最繁荣的时期。

情节、人物、环境是构成小说的三大要素。情节是人物性格的历史，是塑造人物形象的重要手段。人物是小说的核心，环境是人物活动的场所和性格赖以形成的重要因素，环境创造人物，人物也创造环境。

小说是文学中表现力最强的一种体裁。凡生活中存在而语言又能加以表现的，小说都有能力加以描写，写人、状物、拟声、描绘人的感受、幻觉、梦境以至于潜意识心理状态等等，无所不能。这就有可能把存在于广阔时空中的历史画面和人物内心深处的精神世界，色彩鲜明、惟妙惟肖地在一定篇幅里刻画出来。同时作者还可以转换叙事视角，变化叙事人称，又可以利用旁白、议论和抒情，使小说的艺术表现获得哲理的和诗的光辉，增强思想力度和艺术魅力。

小说按其篇幅长短可分为长篇小说、中篇小说、短篇小说；此外，还可从其他角度分类，如欧洲中世纪有骑士小说，16世纪西班牙有流浪汉小说，18世纪英国有感伤小说，法国有哲理小说，中国宋代话本有胭粉、公案、灵怪等类，明清有英雄传奇，清代有才子佳人小说、谴责小说，近代、现代则有社会问题小说、心理小说、历史小说、讽刺小说、神话小说、惊险小说、科幻小说、推理小说、侦探小说、武侠小说、黑幕小说、狭邪小说等。

《小说神髓》　*The Essence of the Novel; Shōsetsu Shinzui*　日本第一部近代小说理论著作。1885年出版，由近代文学启蒙家、小说家、戏剧家坪内逍遥所撰。全书分上下2卷，设11个标题，从文学的本质、小说的历史、同传统游戏文学的差异，直到小说功用、文体、情节安排、人物设置、叙述技巧等方面，系统论述小说的创作。书前有一绪论，开明宗义地反对文学的功利主义，力矫劝善惩恶的旧文学观，倡导文学改良。阐明小说的本质“乃是一门艺术”，其“目的在于人生批判”；小说家的使命是描写“人情，世态风俗次之”，把文学从教化的工具中解放出来，赋予独立的价值与品格。同时主张小说应“力求逼真”、“客观如实”。这一主张对确立日本现代写实精神、推动写实主义文学的发展具有深远意义。但这一理论尚未达到概括现实本质的典型化高度，强调文学独立性的同时，也排斥了文学与社会、主体与现实的关系，为日后自然主义文学的产生埋下伏笔。

《小说月报》 *Novel Monthly* 中国近现代文学期刊。1910年创刊于上海，商务印书馆主办印行。

《小说月报》创办之初，先后由王蕴章（莼农）和恽树珏（铁樵）编辑，是鸳鸯蝴蝶派文人的重要阵地，登载言情和即兴小说、旧体诗词、改良新剧及用文言翻译的西洋小说和剧本等。在五四新文学运动的冲击下，1921年该刊从第12卷第1号起由沈雁冰主编，全面革新内容，成为文学研究会的机关刊物。1932年一·二八淞沪会战时停刊。先后共出22卷，计262期（包括增刊4期）。

改革后的《小说月报》所刊载的主要内容有：①理论。多出自沈雁冰之手，如《新文学研究者的责任与努力》、《自然主义与中国现代小说》等，反映了作者当时倡导的现实主义文学思想，并代表了文学研究会的文艺理论主张。②创作。以小说为主，兼及诗歌、戏剧、散文。刊载了鲁迅、叶绍钧、

《小说月报》创刊号封面

冰心、王统照、许地山、朱自清、庐隐、王任叔、老舍、茅盾（沈雁冰）、丁玲、巴金等人的作品。③翻译。从第12卷起至终刊共译介39个国家300余位作家的800余篇作品。

小苏打 saleratus 化学式$NaHCO_3$。碳酸氢钠的俗称。

小提琴 violin 擦奏弦鸣乐器。现代管弦乐队弦乐组中最重要的乐器。作为独奏和重奏乐器，其主要的特点在于辉煌的声音、高度的演奏技巧和丰富、广泛的表现力。

形制与构造 小提琴琴身正面称面板，背面称背板，琴肋称为侧板，三者黏合而成，形成共鸣箱（加强弦的振动）。琴体内

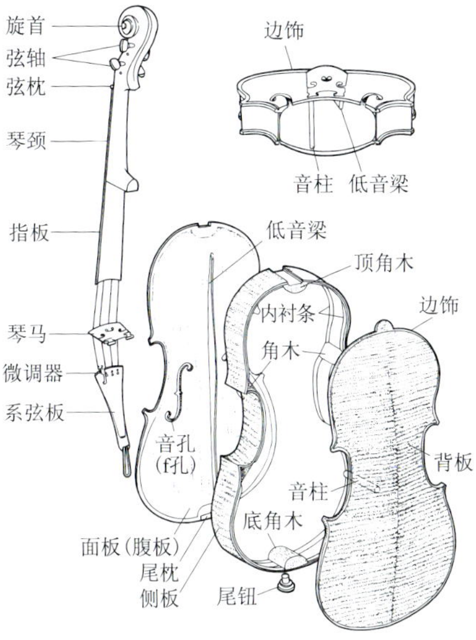

小提琴剖视图及部分构件名称

部是一个音柱和低音条，用来传送弦的振动。琴颈和琴头用整条枫木，指板用乌木。在其顶部是一个弦轴盒，固定调弦轴。在琴的指板和面板上方绷紧了4根琴弦，琴弦为羊肠弦或金属弦。缠在弦轴上的琴弦沿着指板，经过一个称为琴马的木片，连接于另一个木片，称系弦板。弓子在琴弦上方擦过时，弦产生振动，发出声响。接触琴弦的琴马也产生振动，它的振动反过来经过琴体传到琴背。小提琴的4根琴弦定音为：G、D、A、E。小提琴的音域有4个八度：$g \sim d^4$（或g^4）另外，小提琴演奏家可以制造泛音，这进一步向上扩展了乐器的音域。小提琴演奏的基本技巧包括运弓、换把、音准、揉弦、双音、和弦、颤音、泛音、滑音、拨弦等。

制作与演奏 小提琴是从1500年左右所使用的弓弦乐器中发展起来的，它们中间有维奥尔琴、雷贝克琴、手臂利拉琴。现在所称的viola可能是16世纪这种类型的主要乐器。到1600年为止，尽管仍有多种名称，但已是现在所使用的乐器了。小提琴制作的主要中心是意大利的克雷莫纳，历代小提琴制作家都曾在那里工作。小提琴的形制设计基本上没有改变，因此，17和18世纪N.阿玛蒂、A.斯特拉迪瓦里和G.瓜尔内里制作的乐器现在仍被使用。17世纪小提琴演奏技巧的发展主要在意大利和德国。在法国和英国，小提琴主要用于舞曲音乐。18世纪的小提琴音乐创作有了更大的发展，意大利作曲家，如A.维瓦尔第、G.塔尔蒂尼和P.A.洛卡泰利为小提琴写了协奏曲；洛卡泰利创作了具有高难度技巧的随想曲。在德国，J.S.巴赫写了3首优美的小提琴协奏曲和6首无伴奏小提琴帕蒂他与奏鸣曲。同时代的法国作曲家，如J.M.勒克莱尔也创作了许多优秀的小提琴音乐。18世纪中叶出版了两本重要的关于小提琴演奏的著作。18世纪后半叶，小提琴成为乐队中主要的旋律乐器。现代交响乐队中使用大约32把小提琴。通在室内乐中，小提琴保持着主要乐器的地位，作为独奏乐器也越来越重要。19世纪产生了大批伟大的小提琴炫技大师，如N.帕格尼尼和P.de萨拉萨特，小提琴教学在学校和家庭也更加广泛。

小五台山 Xiaowutai Mountain 中国恒山余脉。桑干河与拒马河的分水岭，河北省最高山峰。位于省境西部偏北，呈东北—西南走向，长约45千米，面积1 800平方千米。因有东、西、南、北、中五高峰，俗称五台；又因较五台山低，故名小五台山。以东台最高，海拔2 882米，为华北地区高峰之一。主要植被为夏绿阔叶林，区系组成复杂、植物种类繁多，达670余种，垂直变化比较明显。小五台山动物资源丰富，有世界珍禽国家一级保护对象褐马鸡，还有响尾蛇、金钱豹、麝、貉、黄鼬等。山中主要山谷皆有溪流，常形成急流瀑布。林木葱郁，峰峦起伏，蔚为壮观。山上多古建筑遗迹。

小兴安岭 Xiao Hinggan Range 中国东北地区山地之一。黑龙江干流与松嫩水系间的分水岭。呈西北—东南走向。海拔约300～800米。宽100千米左右，长约400千米，面积3.94万平方千米。最高峰为平顶山（1 429米）。分水岭两侧的斜面不对称，东北坡短而陡，西南坡长而缓。小兴安岭山体西南侧的山前台地上有德都五大连池、科洛、二克山、尖山等火山群。五大连池火山群在1719～1721年尚有火山喷发活动。

小兴安岭原始森林

在铁力—嘉荫一线西北地表平缓呈丘陵性台地状，该线东南呈低山丘陵地貌。

小兴安岭地区冬季严寒，年平均气温0℃左右，1月平均气温-25℃左右，7月平均气温19～21℃，无霜期100～130天。年降水量500～700毫米，多集中在6～8月。年平均相对湿度约70%，广布岛状多年冻土与季节冻土，沼泽发育。河流封冻期约5个月，河川年径流深150～400毫米。

小兴安岭东南段以红松为主的针阔叶混交林占优势，常见的混生树种有：鱼鳞云杉、红皮云杉、臭冷杉、枫桦、兴安白桦、黑桦、山杨、蒙古栎、椴、槭、榆等。西北段由针阔叶林逐渐向针叶林过渡，主要树种为蒙古栎、黑桦、落叶松及樟子松等。混交林破坏后，则成山杨、白桦、蒙古栎等多种阔叶树组成的杂木林，以栎为主的次生林或蒙古栎纯林。林下多藤本植物、草本植物。动物主要有马鹿、麝、狗熊、猞猁、东北野猪，鸟类有鸿雁、鸳鸯等。

小兴安岭是中国重要林区之一。区内有以保护红松母树为主的丰林自然保护区、五大连池自然保护区等。

小行星 asteroid 沿近圆或椭圆轨道环绕太阳运行，没有彗星活动特征，大小从几厘米到1 000千米的固态天体（见图）。它们的绝大多数分布在火星和木星的轨道中间的小行星主带中，与位于外太阳系的半人马族型小天体和海外天体、近地天体（NEO）、特洛伊族小行星以及彗星均属太阳系小天体。

太阳系中的小行星

发现 自从经验地描述大行星与太阳距离的提丢斯-波得定则于18世纪70年代提出以后，火星和木星的公转轨道之间是否存在未知天体问题开始为天文学家所关切。1801年意大利天文学家G.皮亚齐在用望远镜目视巡天时观测到一颗在天球上移动的天体，经过轨道计算表明，它是位于火星和木星轨道之间的行星，但亮度仅7～8视星等（见星等）。后又推算出直径不足1 000千米，和当时已知的任一行星都相差太大，遂称为“小行星”。1802年德国天文学家H.W.M.奥伯斯发现第二个，1804年德国天文学家K.L.哈丁观测到第三个，1807年奥伯斯又发现了第四个，它们也都是使用望远镜沿黄道带目视巡天所得。19世纪下半叶，由于天文观测中引进照相方法，到1900年已发现的小行星增至450个，到1950年总数达1 600个。1994年以来，组建了国际小行星搜索网，采用效率更高的探测组件，使用计算机控制和管理望远镜并主持观测、搜索、发现、计算轨道和验证等全部巡天程序，推动了小行星观测事业的发展。到2008年初，已发现的小行星总数为74万个，有永久编号的12万个。

命名 在发现4个小行星后，西方天文学家按照大行星以古代神话中的神灵为名的传统，也将小行星冠以罗马神话中的女性小精灵之名。它们是谷神星（小行星1号）、智神星（小行星2号）、婚神星（小行星3号）和灶神星（小行星4号）。这一命名传统一直延续到19世纪80年代，发现的小行星总数近300个，神话人物不敷选用。经国际天文界协商，新的命名由有命名权的发现者（天文学家或天文台站）自行取名。1995年国际天文学联合会IAU下属的小行星中心颁布了新修订的命名管理法则。新的发现或疑似发现后，由小行星中心给予“暂定编号”，如1998 CZ 6。在新发现的小行星获得至少4次回归观测资料，并测定精确轨道之后，再给予“永久编号”，如20 146号小行星。与此同时，发现人或发现单位获得专名命名权。

结构和大小 小行星主带中绕日运行的小行星总数不下百万个，但其质量的总和仅为地球质量的0.04%。按组成的化学丰度分为S、C、M、D、F、P、V、G、E、B和A共11类。富岩石S型、富碳质C型和富金属M型三类占了小行星的绝大多数。S型的反照率平均为0.15，C型的平均为0.05。小行星主带中最大的一个是谷神星，直径934千米，大小在200～500千米的24个，150～200千米的45个，其余的都更小。以几十米、几米、几厘米计的小天体不计其数。

轨道特征 主带小行星的轨道半长径a为2.17～3.64天文单位（AU），平均是2.8 AU。轨道偏心率e的平均值是0.15，比行星的大，比彗星的小。公转轨道面与黄道面的倾角i平均为9.4°，也比大多数行星的大，比彗星的小。

近地小行星 公转轨道的一部分延伸到内太阳系，近日点距离不大于1.3AU的小行星称为近地小行星。它们的轨道变异或是源于太阳系演化早期碰撞事件，或是由于受行星主要是木星摄动作用所致。按轨道特征可划分阿登群、阿莫尔群和阿波罗群三类。阿登群的轨道半长径a小于1AU，远日点距离大于1AU。阿莫尔群的近日点距离小于1AU，远日点距离小于3AU。阿波罗群的a不小于1AU，近日点距离不大于1AU。

小行星卫星和双小行星 20世纪90年代以来，行星际探测器已发现了约20个有卫星的小行星和双小行星，将拥有卫星的天体从行星一级延伸到小行星一级。

空间探测 “近地小行星会合”是第一个专为探测小行星而建造的行星际飞行器，简称“NEAR”，载有多色成像、近红外摄谱、X射线-γ射线频谱、雷达测距等仪器设备。1996年发射，1997年飞掠小行星253号“玛西德”，确认其为C型小行星，测定大小为66千米×48千米×46千米，自转周期17.4个地球日。2000年飞临小行星433号“爱神星”。测出这个S型近地小行星的大小是35千米×13千米×13千米，自转周期5.27小时。2001年再度飞临“爱神星”，实现运作终止前的软着陆。

根据2006年颁布的《行星定义》，谷神星已被分类为矮行星。此外，智神星、灶神星和健神星（Hygiea，小行星第十号）也被列入矮行星候选体。

小熊猫 *Ailurus fulgens*; lesser panda 浣熊科小熊猫属的唯一种。分布于印度、尼泊尔、不丹和缅甸北部。在中国分布于西藏、云南和四川。在第四纪更新世时期，小熊猫

曾广泛分布于欧亚大陆，欧洲中部和英国都有化石记录。有学者主张归为熊科熊猫亚科中的一种。体长40～60厘米，体重约6千克，全身红褐色，四肢棕黑色，体毛长而蓬松；脸圆，具白色斑纹，吻、耳缘和颊白色，脸上有白斑，眼鲜艳；尾粗，长超过体长之半，具9个棕黑与棕黄色相间的环纹，很显著。因此，在中国四川省小熊猫又被称九节狼。生活于2 000～3 000米的高山林区或竹林内。栖居在树洞或石洞中，凌晨和黄昏出洞觅食。杂食性，吃竹笋、野果、嫩枝叶，或捕捉小鸟、小鼠、昆虫和鸟卵为食。常在树枝上攀爬，有时高卧树枝上休息。夏季喜欢在河谷地区活动，冬季蹲伏在山崖边或树顶上晒太阳。肛门部和前肢的趾间具分泌腺，繁殖期内散发较强的气味。3～4月间发情交配，常发出求偶叫声。妊娠期3～5个月，每胎产2～3仔。初生幼兽脸和尾上都无斑纹。性情温顺，

易于饲养。已被列入《濒危野生动植物物种国际贸易公约》。

小学馆 Shōgakukan 日本综合性出版社。1922年由相贺武夫在东京创立，开始主要出版中小学各种教学用期刊，现已成为出版图书、期刊、连环漫画、工具书、光盘等媒介读物的大型出版公司。国内有小学馆贩卖株式会社、小学馆不动产株式会社、昭和图书株式会社、尚学图书株式会社4家子公司。

小亚细亚半岛 Asia Minor 亚洲西部的半岛。位于土耳其亚洲部分的中、西部。北临黑海；南滨地中海；西濒马尔马拉海与爱琴海，以博斯普鲁斯海峡与达达尼尔海峡同欧洲的巴尔干半岛紧偎；东侧略以萨姆松（北）至伊斯肯德伦（南）一线与亚洲大陆主体部分为界。面积52.5万平方千米，约当土耳其亚洲部分的69.4%。小亚细亚半岛北岸有黑海山脉横陈，南岸有托罗斯山脉罗列，西岸多为横向山脉与海岸垂直交叉形成的破碎地形。内部基本呈高原形态而又多变化、起伏，还有面积可观的内流湖区。自古是东西方文明的交汇点。1922年起，成为新建立的土耳其共和国的主要组成部分。

小野秀雄 Ono Hideo (1885-08-14～1977-07-18) 日本现代新闻学研究和新闻教育奠基人。生于滋贺县，卒于东京。1910年毕业于东京帝国大学，后到《万朝报》当翻译、记者。1923年起赴德国、美国考察新闻学研究。1925年发起组织新闻学研究会，并辞去报社工作到东京帝国大学任教。1929年创建了日本第一个新闻学研究、教育机构——东京帝国大学文学系新闻研究室。1949年研究室扩大为研究所后任所长。1951年被选为日本新闻学会首任会长，1967年退休后，被推举为终身名誉会长。著作有《日本新闻发达史》(1922)、《新闻研究50年》(1971)等。

小夜曲 serenade 晨歌的对称。起源于中世纪欧洲吟唱诗人在恋人窗前所唱的情歌。通常用吉他或曼多林伴奏。近代的小夜曲既有声乐作品，也有器乐作品。小夜曲有时也包括晨歌，如F.舒伯特的《听，听！云雀》，常被称为小夜曲。18世纪70年代，在欧洲贵族宫廷里出现的一种器乐重奏或小型乐队演奏的娱乐性组曲，也称小夜曲，由小步舞曲、进行曲和奏鸣曲快板乐章组成，性质和嬉游曲相似。W.A.莫扎特的小夜曲大多是少数管弦乐器演奏的组曲。L.van贝多芬、J.勃拉姆斯、P.I.柴科夫斯基、A.德沃夏克、E.埃尔加、A.勋伯格等都作有这一体裁的作品。

小原国芳 Obara Kuniyoshi (1887-04-08～1977) 日本教育家。1905年考入鹿儿岛师范学校，1909年升入广岛高师英语科，1915年考入京都帝国大学文学院哲学系，攻读教育专业。毕业后就职于广岛高师。1929年在东京郊外的多摩丘陵创立玉川学园，提出“全人教育”的培养目标，主张受教育者在学问、道德、艺术、宗教、身体、生活等6个方面得到和谐的发展。制定十二教育信条：全人教育，尊重个性教育，自学自律，高效率的教育，立足于学的教育，尊重自然，师生间的温情，劳作教育，对立的合一，尽量满足他人的愿望和做人生的开拓者，学塾教育，国际教育。1947年创立玉川大学，将玉川学园办成一所从幼儿园、小学、中学、专科学校到大学的综合教育机构。著有《全人教育论》、《自由教育论》、《教育救国论》和《理想的学校》等。

小泽征尔 Ozawa Seiji (1935-09-01～) 日本指挥家。生于中国沈阳。1958年于日本桐朋学园短期大学指挥系毕业。翌年9月参加贝桑松国际指挥比赛获一等奖。1960

年夏在美国坦格尔伍德的伯克希尔音乐中心深造，并获库谢维茨基奖。接着去柏林在H.von卡拉扬门下学习。此后，历任纽约爱乐交响乐团、多伦多交响乐团、日本爱乐交响乐团、旧金山交响乐团、波士顿交响乐团的副指挥、指挥、音乐指导等职。1971年旧金山大学授予他艺术博士的荣誉学位，1972年获日本艺术院奖。2002年任维也纳国家歌剧院、维也纳爱乐乐团艺术总监。小泽征尔的指挥明快，从容不迫，气派大；他具有敏锐的节奏感与色彩感；善于组织乐队发挥其潜在能力，从而获得辉煌的音响，使音乐形象鲜明生动，富于生命力。曾多次来中国访问演出、教学。

小仲马 Dumas, Alexandre, fils (1824-07-27～1895-11-27) 法国小说家、戏剧家。生于巴黎，卒于马尔利勒鲁凡。大仲马的私生子。私生子的身世使小仲马在童年和少年时代受尽世人的讥诮。成年后痛感社会的淫靡之风造成许多像他们母子这样的被侮辱与被损害者，决心通过文学改变社会道德，成为贯穿其文学创作的中心内容。1848年小说《茶花女》问世，小仲马一举成名。改编的同名话剧于1852年首次演出，获得更大的成功。《茶花女》写苦于不能自拔的名妓玛格丽特的恋爱悲剧，揭露资产

阶级道德的虚伪和罪恶，兼有浪漫主义和现实主义的特色，是法国戏剧由浪漫主义向现实主义演变时期的优秀作品。小仲马后来写了20余部剧作，现实主义倾向更为鲜明。其中比较成功的有《半上流社会》(1855)、《私生子》(1858)、《欧勃雷夫人的见解》(1867)、《阿尔丰斯先生》(1873)、《福朗西雍》(1887)等。小仲马的剧作大多以妇女、婚姻、家庭问题为题材，比较真实地反映了资产阶级道德的腐朽性质。作为法国现实主义戏剧的先驱者之一，其剧作富有现实的生活气息，以真切自然的情理感人，结构严谨，语言流畅。

小组工作 group work 社会工作的三大方法之一。又称社会群体工作或团体工作。小组工作的对象是几个人到几十个人的小组。主要以小组为切入点，在小组内外开展工作，向小组成员提供服务或进行治疗，以解决他们的问题，实现既定的社会工作目标。小组成员一般都是在经济上、生理上、心理上、行为上有共同困难或有共同问题的人，需要社会工作者的帮助。

小组工作的过程包括：确定小组目标，确定小组规模，确定小组活动的地点、设施和条件，确定小组成员，确定小组活动日期、活动的时间和小组存在的期限，设计小组活动的方案，推动方案的实施、评估与结案。

在其发展过程中，形成了不同的工作模式。①发展派小组工作。以发展心理学为主要理论。②交互反应派小组工作。强调社会工作者与小组成员的互动。③行为修正派小组工作。将行为修正的理论运用到小组工作中。④组织与环境派小组工作。强调以小组工作的方式来帮助社会适应能力差或卷入生活困扰的人。小组工作的基本原则是：目标明确可行，计划详尽全面，社会工作者与小组成员建立良好的专业关系，帮助小组成员挖掘和发展其能力，引导小组成员互助合作，鼓励小组民主自决，适当运用社会资源，并适时进行总结和评估。

小嘴贝目 Rhynchonellida 腕足动物门具铰纲一目。因腹喙钩曲如鸟喙而得名。以具腕棒为其特征。贝体较小，呈三角形、五角形、椭圆形或圆形。背、腹瓣均凸，铰合线弯短。放射褶线和腹中槽、背中隆

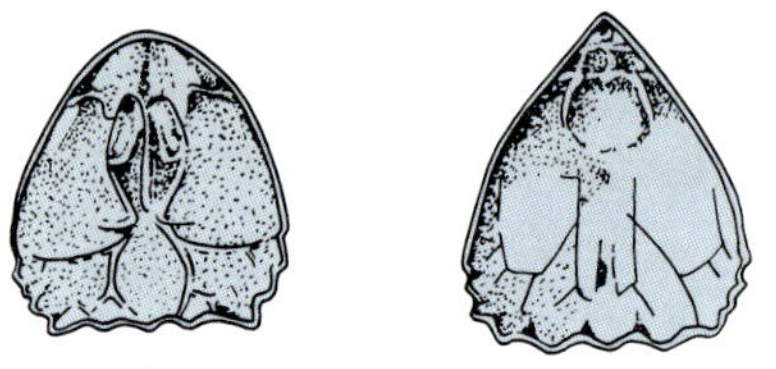

a 背壳内部　　b 腹壳内部

小嘴贝类内部构造

发育，有时还有次级褶起。腹壳内一般牙板发育，少数退化。背壳内主突起一般不发育；背壳内腕棒发育，腕棒形态多样，这是建立此目的主要依据。其分类各家意见不一，一般分为四个超科：小嘴贝超科、狭体贝超科、巴西利贝超科、韦勒贝超科。

晓庄学校 Xiaozhuang School 由中华教育改进社创办的新型学校。原名试验乡村师范学校。创立于1927年3月15日。1928年改名为晓庄学校。陶行知担任校长。校址在南京。1930年4月，南京国民政府借口晓庄学校学生在中共党员领导下参加了南京工人罢工斗争，而下令封闭该校，陶行知被无辜通缉。

办校宗旨是“要造就好的乡村教师去办理好的乡村学校”，通过乡村学校改造乡村。目标是“培养乡村人民儿童所敬爱的导师”。这种导师要有“健康的体魄，农人的身手，科学的头脑，艺术的兴味，改造社会的精神”。晓庄办学的理论根据就是陶行知的“生活教育”理论。它的教育方法称为生活法，就是“教学做合一”，主要是针对当时学校教育中让学生读死书、死读书、脱离生活实际、脱离工农群众的倾向而提出的（见生活教育运动）。晓庄学校的招生章程规定：初级中等学校、高级中等学校、专门大学校学了一年半的学生和在职教职员有相等程度的都可以投考。

学校教师都称指导员，不称教员。他们指导学生教学做，与学生共教、共学、共做、共生活。晓庄学校先后招生有一百多名。

中华人民共和国建立以后，1950年8月，中央人民政府政务院批准恢复南京晓庄学校。该校遂于1951年2月开学。1952年更名为南京晓庄师范学校。

筱文艳 Xiao Wenyan (1922～) 中国淮剧演员。工青衣、花旦。江苏淮安人。原姓陈。5岁随父母逃荒至上海。11岁登台。

筱文艳在淮剧《女审》中饰秦香莲

常与徽剧、京剧、梆子同台演出。1937年开始挑班在上海演出。淮剧是源自苏北农村的地方小戏。唱腔曲调主要有两大流派：流传于盐城、阜宁一带的拉调和流传于淮安、淮阴一带的淮调。筱文艳两派兼唱，唱词不拘字数，活泼自由；曲调节奏变化多，花腔转折多，长于抒情，人称“筱文艳自由调”。代表剧目有《刘全进瓜》、《殷丽华送饭》、《千里送京娘》、《女审》、《王贵与李香香》等。

孝感市 Xiaogan City 中国湖北省辖地级市。位于省境东北部，南濒汉江。辖孝南区和孝昌、大悟、云梦3县，代管应城、安陆、汉川3市。面积8 941平方千米。人口481万（2010）。南朝宋置孝昌县，五代后唐改孝感县，1983年撤县设市。矿产资源以岩盐、石膏、磷为丰富，被誉为孝感“三宝”。还有金、银、铜、锰、镍、重晶石、石英石、芒硝等。工业以盐磷化工、机电、食品、建材、纺织等为支柱。农业以水稻、小麦、棉花、油菜、芝麻、蔬菜和生猪、家禽、特种养殖等为主。太子米和马蹄荸荠、孝感麻糖等为著名特产。名胜古迹有董永墓、董永公园、后湖公园等。

孝堂山画像石 Relief Stone Sculptures in Xiaotangshan 中国汉代石祠画像石。位于山东济南长清区孝里镇孝堂山上，是墓前石祠内壁上所刻的画像。孝堂山石祠为一单檐悬山顶建筑，面阔两间，画像刻于

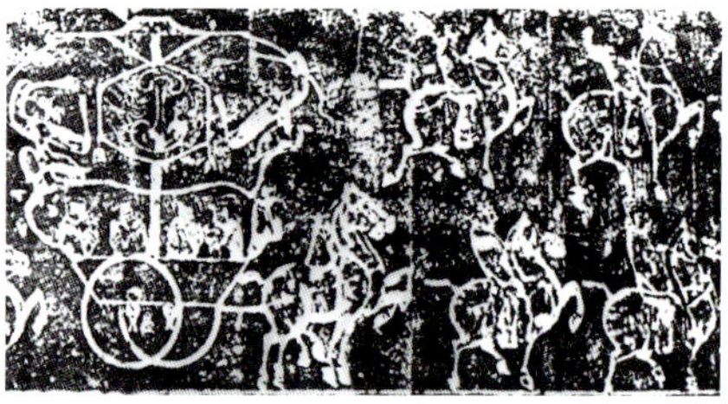

孝堂山画像石《四马盖车》

石祠内东西北三壁及三角石梁的两侧。北壁画像分上下两层。上层刻王者出行图，包括两两相对的导骑、鼓乐车、二马所驾之车及题有“大王车”的四马盖车等；下层刻三座双层单檐庑殿顶式建筑和一对双层阙。建筑物内有朝拜参谒图像。东壁上部为伏羲与东王公等神话人物。其下为轺车骑乘以及二人骑骆驼和三人骑象图，再下为周公辅成王等历史故事，最下层为庖厨、舞乐、杂技、车猎等内容。西壁上部刻西王母、女娲、贯胸国人等神话传说人物。其下是两列车骑出行图和历史人物，再下为战争图及胡王献俘图。石梁东侧刻泗水捞鼎图，西侧为桥上坠车图，石梁底刻日月星辰图像。画像采用阴线刻及凹面线刻，线条遒劲而工整简练，风格质朴单纯。画面情节较完整，人物形象以侧面为主，诸物像呈正视平列安排，虽较原始和简朴，但在人物众多、场面浩大的战争、出行等描绘中仍显示一定艺术水平，是研究早期绘画、画像石的重要遗存。

孝悌 filial piety 中国传统伦理的重要道德规范。孝，指孝顺父母；悌，指尊敬兄长。“孝”最先作为祖先崇拜观念，在氏族社会晚期已经产生。西周初已成为维护家族制度的基本道德规范，周公告诫其弟康叔说：“元恶大憝（大憝，大奸恶），矧惟不孝不友”（《尚书·康诰》）。《诗经》里也有不少有关孝悌的内容。孔子的弟子有若说：“其为人也孝弟（悌），而好犯上者鲜矣。不好犯上，而好作乱者，未之有也。君子务本，本立而道生。孝弟也者，其为仁之本与”（《论语·学而》）。孝悌适应了巩固宗法等级制的需要，为历代封建统治者大力提倡，并赋予法律形式，愈来愈绝对化，在政治上成为维护“族权”和“王权”的工具。但其中也蕴涵了血缘亲情，尊老敬长的人文精神，成为中华民族的优良道德传统。

孝义市 Xiaoyi City 中国山西省辖县级市。位于省境中部。面积948平方千米。人口47万（2010）。唐贞观元年（627）置孝义县。1992年撤销孝义县，设立孝义市。矿产资源丰富，主要有煤、铁矿、铝土矿、石灰岩等。此外，还有石膏、硫铁矿、紫砂工艺黏土、红色黏土、高岭土和饰面石材等。孝义是霍西煤田主要组成部分，储煤面积783.5平方千米，已探明储量70亿吨。全国重点产煤县之一。铝土矿居山西省第一，已探明保有储量占该省储量的41%。主要工业有塑料、采煤、洗煤、炼焦、水泥等。农产主要有高粱、小麦、玉米、谷子和棉花等。主要名特产品有核桃、大蒜、长山药、瓦瓮、陶瓷、砂货等。

孝庄文皇后 Empress Xiaozhuang (1613～1688-01-27) 中国清代太宗皇太极妃。谥号孝庄。博尔济吉特氏，蒙古科尔沁部贝勒寨桑之女。天命十年（1625）嫁给努尔哈赤第八子皇太极为妻。生有3女。崇德元年（1636），皇太极改号称帝，受封为永福宫庄妃。崇德三年，生下皇九子福临。福临即位后（年号顺治），尊为皇太后。清廷由盛京（今沈阳）迁到北京，开始统治全国。顺治十八年（1661），福临死后，福临第三子玄烨即位（年号康熙），她被尊为太皇太后，史称孝庄文皇后。为人聪颖能干，临事果断，颇有心计。顺治七年，摄政王多尔衮死后，辅助13岁的顺治帝亲政。为了加速镇压抗清力量和南明残余势力，她十分重视团结汉族将领，使他们为清王朝效力。玄烨8岁即位，10岁生母病逝，她经常面授机宜，培养康熙帝处理政务的能力，祖孙二人感情深厚。她提倡节俭，多次把宫中节省的

银两赈济灾民和犒劳出征将士。死后葬清东陵，称“昭西陵”。关于孝庄文皇后是否下嫁摄政王多尔衮的问题，众说不一，是清初三大疑案之一。

肖像画 portrait painting 描绘具体人物肖像的绘画。中国古代称为写真、写照或传神等。肖像画按不同的创作要求和表现手法，分为头像、胸像、全身像、半身像和群像等种类。它要求画家对人物的容貌、体形、情态、服饰及背景等做真实生动的描绘，表现其精神特征、身份地位、民族属性、时代风尚，反映画家本人的思想感情。

肖像画追求形神兼备，尤重视对传达人物神情的五官刻画。东晋画家顾恺之曾说：“传神写照，正在阿堵中。”

图1 曾鲸作《王时敏像》（明代）

肖像画在中国有着悠久的历史，湖南长沙马王堆汉墓出土的帛画，绘有墓主人的肖像，已具有明显的肖像画特征和很高的艺术水平。以后历代画家如顾恺之、阎立本、周昉、顾闳中、曾鲸、崔子忠、费丹旭、任颐、徐悲鸿、蒋兆和、靳尚谊等在肖像画创作上均有突出成就。

欧洲的肖像画创作亦有悠久的历史。希腊画家阿佩莱斯曾为当时的王公贵族画过许多肖像。从罗马庞贝古城出土的《女

图2 丢勒作《人像》（普拉多博物馆藏）

画家像》、《布鲁库留斯夫妇像》等，风格写实，神情生动。欧洲肖像画的全盛期是在15世纪以后，著名的肖像画家有：意大利的达·芬奇、提香、卡拉瓦乔，德国的A.丢勒、H.荷尔拜因，西班牙的委拉斯开兹、F.de戈雅，佛兰德斯的P.P.鲁本斯，荷兰的伦勃朗、F.哈尔斯、法国的J.-L.大卫、J.-A.-D.安格尔，英国的W.荷加斯、J.雷诺兹等。其中达·芬奇的《蒙娜丽莎》，以卓越的艺术手法，生动地表现了人物微妙的心理活动，成为肖像画中的不朽之作。

肖像权 portrait rights 自然人享有的以在自己肖像上所体现的利益为内容的权利，即自然人对自己的肖像享有的再现、使用或者许可他人使用的权利。一项重要的人身权。《中华人民共和国民法通则》第100条规定：“公民享有肖像权，未经本人同意，不得以营利为目的使用公民的肖像。”公民的肖像权包括：①拥有并允许他人有偿或无偿使用自己肖像的权利。②禁止他人未经本人同意而以营利为目的使用自己肖像的权利。侵害肖像权的形态主要有：①擅自制作他人肖像。②擅自公开发表他人肖像。③擅自使用他人肖像。第120条还规定，公民肖像权受到侵害的，有权要求停止侵害、消除影响、恢复名誉、赔礼道歉，并可以要求赔偿损失。

哮证 asthma 中医以发作性的痰鸣气喘，病发时喉中哮鸣有声，呼吸困难为特征的病证。因哮必兼喘，故一般通称哮喘。主要病根是宿痰内伏肺系，常因感受外邪或饮食不当而诱发。

病因病机 哮证病机以痰为主，痰因肺脾肾功能失常、津液凝聚而成。痰伏藏于肺，复加外邪侵袭、饮食不当、情志失调、劳累过度等多种诱因而引起发作。哮证的特点呈发作性，发无定时，以夜间为多，发时痰鸣有声，气促不能平卧。发作短者仅数分钟或几小时，甚者持续数天。发作前可有如鼻喉作痒，喷嚏，流清涕，呼吸不畅，胸中窒塞，嗳气，呕吐，情绪不宁等先兆症状。

辨治 哮病的辨证总属邪实正虚，邪实当分寒痰、热痰的不同；正虚应审其阴阳的偏虚，区别其脏腑所属，以及肺、脾、肾的主次不同。治疗当根据“发时治标，平时治本”的原则：发时以攻邪治标、利气祛痰为主，寒痰宜温化宣肺，热痰宜清化肃肺。平时应扶正固本，偏阳虚者应予温补；偏阴虚者则应滋养，分别采用补肺、健脾、益肾等法。如发时正虚邪实、寒热错杂者，又当兼顾之。常见证型有：①寒哮。证见呼吸急促，喉中哮鸣有声，胸膈满闷如塞，咳不甚，痰少、咳吐不利，面色晦滞带青，口不渴或渴喜热饮，天冷或受寒即发，形寒畏冷，舌苔白滑，脉浮紧或弦紧。治宜温肺散寒、化痰平喘，用射干麻黄汤。②热哮。证见痰鸣气粗，胸高胁胀，咳呛阵作，咳痰色白或黄、黏稠厚浊、咳吐不利，烦闷不安，面赤汗出，口苦，口渴喜饮，不畏寒，舌质红、苔黄腻，脉滑数或弦滑。治宜清热肃肺、化痰定喘，用定喘汤。③痰气壅盛。证见喘咳胸闷，痰涎涌盛，但坐不得卧，喉如曳锯，咳痰黏腻难出，舌苔厚浊，脉滑实。治宜涤痰利窍、降气平喘，用三子养亲汤加味。④肺气虚。多见于缓解期。证见自汗，怕风，易感冒，每因气候变化而诱发，发前喷嚏、鼻塞、流清涕、气短声低或喉中常有轻度哮鸣音，咳痰清稀色白，面色皖白，舌质淡、苔薄白，脉细弱或虚大。治宜补肺固卫，常用玉屏风散为基本方。⑤脾虚。多见于缓解期。证见食少脘痞，大便不实，食油腻后即腹泻，往往因饮食不当而诱发，倦怠，气短，语言无力，舌质淡、苔薄腻或白滑，脉细软。治宜健脾化痰，用六君子汤加减。⑥肾虚。证见短气息促、动则为甚，吸气不利，心悸，眩晕耳鸣，腰膝酸软，劳累后喘哮易发。若兼见畏寒，肢冷，自汗，面色皖白，舌质胖嫩、苔淡白，脉沉细，为肾阳不足；若兼见颧红，烦热，汗出黏手，舌质红、少苔，脉细数，为肾阴亏虚。分别予温肾助阳之金匮肾气丸或益肾纳气之七味都气丸。肺虚、脾虚、肾虚虽各有特点，但临证每多错杂并见，表现为肺脾气虚、肺肾气虚或肺肾阴虚、脾肾阳虚等证，故既应区别主次，又需适当兼顾。

《笑府》 *Treasure House of Funny Stories* 中国明代民间笑话集。冯梦龙编辑。原书分上下两卷，共收笑话作品100则。将入选内容分为腐流、殊禀、刺俗、方术、形体、谬说、闺风、杂语8类。一部分是当时产生、流传于民间的，一部分是由编者从古籍中辑录的。其中，不少作品对各色贪官污吏、假道学、市井腐儒进行讽刺和揭露，入木三分，具有鲜明的爱憎和一定的思想意义。《笑府》中大部分笑话抓住生活中的某些丑恶现象，突出一点深入揭露，往往一针见血，醒人耳目。笑话刻画人物多用夸张手法，语言锋利、幽默，形式短小，结构巧妙，常在故事结尾处画龙点睛，造成出人意料的喜剧效果。提供了研究明代社会的资料。

笑嗑亚热 中国蒙古族曲艺曲种。流行于内蒙古自治区以及其他省区蒙古族聚居区。是在继承蒙古族民间艺术幽默讽刺传统的基础上，吸收汉族相声的一些表演手法，于20世纪50年代后期发展形成的。用蒙古族语言表演，以说为主，兼有学、唱，讲求逗乐。节目通常以辛辣的语言讽刺和鞭挞社会上的丑恶现象，或以幽默的语言讴

笑嗑亚热演出照

歌和赞颂美好的事物，使人们在笑声中得到启示和教益。其表演语言的运用，有散有韵，散韵结合，广泛汲取蒙古族的民间谚语、俗语和笑话，采用排比、对比、夸张、双关等修辞手段，表达思想，体现主题。演出形式多为二人对话的“对口”形式。比较优秀的代表性节目有《好相识》、《松树》和《爱情之歌》等，也有一些从汉语相声编译过来即移植演出的段子。

《笑林》 *Forest of Jokes* 中国古代第一部笑话集。三国时魏人邯郸淳编撰。邯郸淳，河南颍川人。“博学有才章”，颇受曹操父子器重。此书在《隋书》、新旧《唐书》中都称3卷，到宋代亡佚，但其中一些笑话散存于《艺文类聚》、《太平广记》、《太平御览》等类书中。清代马国翰《玉函山房辑佚书》辑录27则笑话，鲁迅《古小说钩沉》补充3则，王利器所编《历代笑话集》将30则笑话全数收入。所收笑话反映人情世态，讽刺悖谬言行，生动有趣。

楔形字 cuneiform 5500年前美索不达米亚的苏美尔人创造的文字。这种文字有别致的书写方法：用硬笔在软泥板上压刻，形成一头粗、一头细的笔画，好像是楔子或钉子，故称为楔形字或钉头字。

楔形字在不同时代书写不同的语言。最早书写苏美尔语，也书写过阿卡德语，又传播到四周的民族。

原来从上而下直行书写，后来改为从左而右横行书写，于是，全部楔形符号转了90°，从直立变成横卧。由于右手执笔，从左而右横写，楔形笔画粗的一头（钉脑）在左，细的一头（钉尾）在右。苏美尔楔形

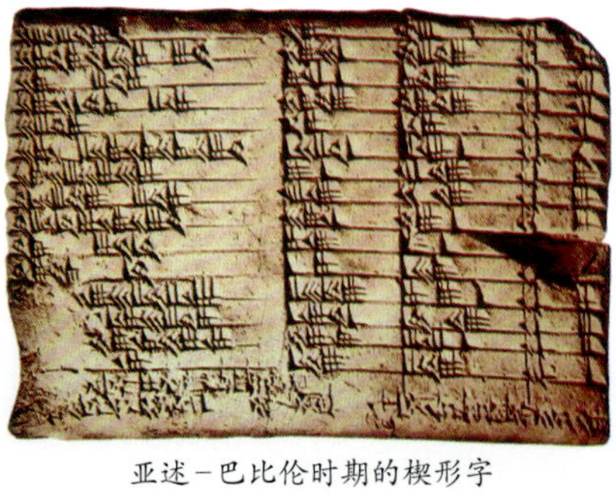
亚述－巴比伦时期的楔形字

字有意符和音符。经过巴比伦人、亚述人、阿拉米人的使用和改造，成为一种半音节文字。在字母发展史上有所贡献。19世纪以来，楔形字已能解读。

楔叶类植物 sphenophytes 一类古老的原始维管植物。根据不同的分类系统，构成一个门或亚门或纲。共20余种，中国约有9种。最早出现于泥盆纪，在石炭纪和二叠纪最繁盛，从中生代起逐渐衰落，侏罗纪以后只有木贼一属生存至今（也有分为问荆和木贼2属，甚至3属）。

楔叶类具有根、茎和叶。其特征是茎具明显的节，枝和叶都轮生于节上，形成叶轮。节间有间距规则的纵脊和纵沟。孢子囊着生于孢囊梗上。孢囊梗聚于茎尖，构成一个孢子叶球。孢子同形，少数为不显著的异形。此类群的一些孢子以具外壁外层为特征，有些属由外壁外层产生弹丝。

楔叶类植物除木贼一属外，主要是一些已经绝灭的植物，它们被归于下列3个目：①羽歧叶目。仅发现于极少数地方，而且至今只有一个种——羽歧叶作为此目的代表。出现于晚泥盆世。②楔叶目。叶呈楔形。出现于泥盆纪至二叠纪，个别分子可延续至三叠纪早期。③木贼目。以往曾将草本和没有次生组织的一些属归于木贼目，把木本而具次生组织的属归于芦木目。现在趋于将所有的属包括在单一的木贼目中。此目时代分布自泥盆纪至现代。

歇后语 two-part allegorical saying 说话时把一段常用词语故意少说一个字或半句而构成的带有幽默性的话。通用的有两种：①原始意义的歇后语，指把一句成语的末一个字省去不说，又称“缩脚语”。如《金瓶梅》里来旺儿媳妇说“你家第五的‘秋胡戏’”，就用来影射“妻”，因为“秋胡戏妻”是有名的故事和剧目。也有利用同音字的，如称“岳父”为“龙头拐”，影射“杖”字，这里代替“丈”。②扩大意义的歇后语，在北京叫“俏皮话儿”，是指可以把一句话的后一半省去不说。如“马尾拴豆腐”，省去的是“提不起了”。有时候也利用同音字，如“外甥打灯笼”——“照舅（旧）”。

蝎 Scorpionida; scorpion 蛛形纲蝎目动物的统称。是最古老的陆生节肢动物。世界上有6科约600种。中国约15种。体分头胸部和腹部，其中腹部又分成前腹部和后腹部。前腹部和头胸部较宽并紧密相连，可合称躯干，后腹部窄长，可称作“尾”，末端还有一袋形尾节，尾节末端为一弯钩状毒针。大多数体长3～9厘米。头胸部短宽，近四边形，背面由1块坚硬的背甲包围。头胸部由6节组成，仍保留6对附肢：1对螯肢、1对触肢和4对步足。螯肢小，位于背

东亚钳蝎

甲前缘的前方。触肢十分强大，着生于背甲前缘的两侧，既可捕食，又可御敌。

蝎完全为肉食性，取食无脊椎动物。有求偶行为。卵胎生或胎生。蝎大多生活于片状岩杂以泥土的山坡，这些地方不干不湿，植被稀疏，有些草和灌木。蝎可入中药，人被螫以后剧痛、肿胀或发烧，有的甚至致人死命。

蝎合物 scorpionate complex 泛指多吡唑硼酸盐－金属配位化合物。

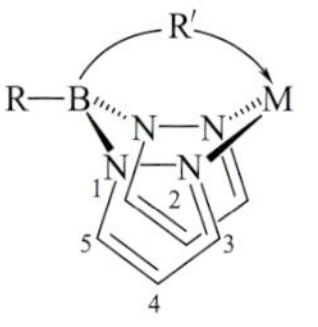

通式RR′B(μ－Pz)$_2$M（其中R、R′代表烷基、芳基或H、NR_2、ArS等基团，Pz代表吡唑基或取代吡唑基，M代表金属）。图示结构中的六员环（BNNMNN）因化学环境不同可形成深浅不同的船形结构。若把两个Pz上的N看作蝎的两个爪钳夹住金属，把拟轴基团R′看作弯卷的“蝎尾刺”（它可与金属成键，也可能仅仅屏蔽金属），则形象地称之为蝎合物，多吡唑硼酸盐配体则被称为蝎合剂。由于“蝎尾刺”可有多种变化而使蝎合物有多种配位模式，因而可得到许多性质各异的配合物。蝎合物因蝎合剂中拟轴基团R′不同而分两大类。一类称均同蝎合物，其R′为Pz；另一类称杂异蝎合物，其R′是除Pz外的其他基团。合成蝎合物的一般方法是在102～120℃温度范围内，用吡唑与碱金属硼酸盐反应，按反应温度由低到高而形成$H_2B(Pz)_2^-$、$HB(Pz)_3^-$、$B(Pz)_4^-$等蝎合剂母体，然后再与金属盐反应而制得不同的蝎合物。自1966年美国化学家S.特罗菲缅科发现吡唑硼酸盐配体以来，已制得该类配体与元素周期表中几乎所有金属和准金属的配合物。蝎合物化学正朝着分子设计－结构模拟－特殊功能－实际应用相结合的方向发展。

蝎虎座BL型天体 BL Lacertae Objects 活动星系核的一个亚型。1928年，在蝎虎座发现了一个暗弱的、变光不规则的点状天体，只有连续光谱，而谱线几乎完全观测不到。当时认为它是一个特殊变星，故按变星命名规则称之为蝎虎座BL。1968年，证认出蝎虎座BL原来是射电源VRO42.22.01的光学对应体，而且还有一小群天体具有类似于蝎虎座BL的特征，遂把它们定名为蝎虎座BL型天体。到2001年为止，已发现608个。天秤座AP和OJ287都是著名的蝎虎座

BL型天体。这类天体的重要特征是：①射电、红外、光学和X射线流量都有不规则的快速变化；②偏振度高；③连续谱强，吸收线和发射线很微弱；④各波段的辐射都是非热幂律谱。

协调论 harmonization theory 主张人与自然环境相互和谐的理论。20世纪60年代形成。在20世纪30年代英国学者的适应论基础上发展形成。它一方面要求人类活动更能顺应地理环境的发展规律，更能充分合理地利用地理环境；另一方面要求人们对已经破坏了的不协调的人地关系进行调整。协调与适应有内在的区别：适应带有被动意义，反映人对自然界的消极适应；协调带有主动意义，反映人类对其生存环境的积极作用。

协调世界时 coordinated universal time 以原子时秒长为基础，在时刻上尽量接近于世界时的一种时间计量系统。简称协调时。由于地球自转长期减慢，世界时的时刻比原子时的时刻逐渐滞后，两者之差逐年积累，造成实用的不便。国际上规定，为保持这两者时刻差在±0.9秒以内，必要时协调世界时跳动1秒，即增加或减少1秒（称闰秒）。规定跳秒可以发生在3月31日、6月30日、9月30日 或12月31日23时59分60秒前后。何时进行跳秒由国际地球自转服务综合处理全世界测时资料后决定并通告。1979年12月初在日内瓦举行的世界无线电行政大会已决定采用协调世界时来取代格林尼治时间，作为无线电通信中的标准时间。

协同反应 concerted reaction 反应物分子彼此靠近并连续转化为产物分子，只经历一个过渡态而没有中间体生成的化学反应。又称一步反应。协同反应遵守分子轨道对称守恒原理，即在此反应过程中反应物和产物的轨道对称性是守恒的。周环反应是一类重要的协同反应，在这样的反应过程中反应分子相互作用，形成环状体系的过渡态，逐渐转化为产物。

协同学 synergetics 研究协同系统从无序到有序的演化规律的综合性学科。协同系统是指由许多子系统组成的、能以自组织方式形成宏观的空间、时间或功能有序结构的开放系统。协同学一词来源于希腊文 synergós，意为共同工作。德国理论物理学家H.哈肯首先提出，他于1969年在斯图加特大学讲课时开始使用协同学的概念，1977年又发表《协同学导论》，从而建立了协同学的理论框架。

协同学研究协同系统在外参量的驱动下和在子系统之间的相互作用下，以自组织的方式在宏观尺度上形成空间、时间或功能有序结构的条件、特点及其演化规律。协同学用序参量来描述一个系统宏观有序的程度。一个系统内部的子系统之间的协同合作产生了序参量，序参量之间的合作与竞争形成自组织系统。序参量的变化遵循概率分布随时间变化的主方程。主方程用确定的方程来描写随机的不确定的过程。在不同的条件下用解析方法求解主方程，在原则上就可以描述系统从无序到有序的演化过程及其形成的宏观结构。

协同学广泛应用于自然科学、社会科学、工程技术等各个方面。协同学与耗散结构理论及一般系统之间有许多相通之处，实际上既有联系又有区别。协同学摆脱了经典热力学的限制，进一步明确了系统的稳定性和目的性的具体机制，为建立系统学奠定了初步的基础。

协整理论 cointegration 从分析时间序列的非稳定性着手，探求非稳定经济变量间蕴涵的长期均衡关系的理论。是20世纪80年代以来数量经济学领域应用较为广泛的一种建模理论。

协整最初由C.W.J.格兰杰于1981年提出概念性设想，后由R.F.恩格尔与格兰杰一道于1987年提出严谨的定理证明及具体的可操作框架，从而开拓了当代经济计量学中的又一崭新分支。

协整的定义为：如果两个（或两个以上）时序变量的绝对值显现出非稳定性（每个变量都存在单位根），但它们的某种线性组合却显现稳定性，则这些变量间存在长期稳定关系（协整关系）。

协整分析方法包括3个步骤：①单位根检验。②协整检验。如果序列都是非平稳的，而且它们是同阶差分平稳，那么我们就可以进行第二步协整检验。关于协整的检验和估计具有许多具体的技术模型，如EG两步法、极大似然法、贝叶斯方法等。③如果存在协整向量，就可以利用纠错模型来表述。

协整理论则把时间序列分析中短期动态模型与长期均衡模型的优点结合起来，为非平稳时间序列的建模提供了很好的解决方法。

协奏曲 concerto 一件或多件独奏乐器与管弦乐队相互竞奏，并显示其个性和技巧的一种大型器乐套曲。音乐史上曾先后产生过教堂协奏曲、大协奏曲、独奏协奏曲等协奏曲形式及其变种二重协奏曲、三重协奏曲和小协奏曲等。18世纪末，W.A.莫扎特谱写了各种不同乐器的协奏曲约50部，最终奠定了沿用至今的协奏曲曲式与风格。与奏鸣曲曲式不同的是：①协奏曲通常由三个乐章组成，省略了小步舞曲或谐谑曲乐章。②第一乐章采用协奏曲——奏鸣曲式，有两个呈示部，第一个由乐队奏出，第二个以独奏乐器为主，乐队协奏。③第三乐章为回旋曲式或奏鸣曲式。④第一乐章末尾通常采用即兴风格的华彩段。

邪教 evil cult 打着宗教旗号，以各种歪理邪说迷惑信徒并进行危害社会、违反法律和人性、扰乱社会秩序甚至自绝于人类的组织。国外邪教大多是19世纪以来出现的新兴宗教，又称膜拜团体或教派中的极端主义派别。20世纪后半期以来，国外新兴宗教中的一部分教派逐渐走向极端。在中国，“邪教”一词最早是佛教对于异端教派的贬称。宋代僧人志磐曾把白莲宗称为“邪教”；之后明清时期的统治阶级把带有宗教色彩的民间秘密教派，如白莲教、罗教、闻香教、八卦教、青莲教等称为“邪教”；清末民初，这类组织大多蜕变为带有邪教性质的会道门，在20世纪50年代被人民政府依法取缔；20世纪80～90年代，中国国内又出现了新型邪教组织。

当代中外邪教的共同特点就是大肆宣扬“末世论”、“救世论”和“创世论”，鼓吹现存世界即将毁灭，加入该教就可以得到救世主（该教教主）的拯救，若不入该教将与现存世界一道毁灭。邪教教主大多来自平民阶层中对现实社会不满或有叛逆思想者，他们倡立邪教后，便以救世主自居，对信徒进行精神控制。为了推翻世俗政权建立神权统治，许多邪教拥有现代化武器和武装，有的还建立了模拟政府。当代邪教已经成为世界各国亟待解决的社会问题。

邪正盛衰 rising and falling of vital qi and pathogen 中医学理论中疾病发生、发展过程中致病因素与抗致病因素的消长变化。邪或称邪气，是致病因素的总称。正或称正气，泛指人体的正常生理功能及抵御外邪、促进身体康复的因素。盛衰则指正邪双方力量强弱的对比，有时也用“消长”二字。正气有盛衰，邪气分强弱，两者相互对立、相互斗争。正气能抵抗邪气，邪气能损害正气，在疾病演变过程中，形成了邪正盛衰消长的变化。这种斗争和变化是虚、实两大类证候的病理基础，不仅直接关系着疾病的发生，而且影响并决定疾病的发展、转归及预后，标志着疾病的不同病机和临床表现，是指导中医辨证论治的关键。

胁从犯 coerced accomplice 在共同犯罪中被胁迫参加犯罪的人。胁从犯有以下两个特征：①在主观上行为人虽然明知自己实施的行为是共同犯罪行为，但从其内心而言，行为人本不愿意或不完全愿意参与共同犯罪，只是由于受到他人的暴力威胁才参加。被胁迫者参与犯罪虽然并非出于自愿，但毕竟还是经过了他的自由选择，其行为也是受自己意志的支配，所以仍然构成犯罪。②在客观上行为人虽然参与了共同犯罪的实施，但其犯罪行为却比较消极，缺乏积极主动精神。如果行为人一开始参与犯罪的实施时比较消极，但在犯罪过程中却变为积极主动，则其行为性质就有所变化，不能再以胁从犯论处。胁从犯的刑事责任，根据《中华人民共和国刑法》第28条规定，应当按照其犯罪情节减轻或者免除处罚。

斜长岩 anorthosite　一种基性侵入岩。几乎全部由基性斜长石组成，斜长石含量大于90%，可含少量的橄榄石、普通辉石、古铜辉石、角闪石和钛铁矿。因含铁镁矿物少，岩石均为浅色。结构以中粗粒半自形或它形粒状结构为主，随铁镁矿物含量增加，可过渡为**辉长岩**。按斜长石的种属不同，斜长岩可分为拉长岩（岩石由拉长石组成）、培长岩（岩石由培长石组成）。斜长岩次生变化多为钠黝帘石化和绿泥石化。斜长岩可形成大的独立岩体，也可与辉长岩共生。和辉长岩共生时，斜长岩主要分布在层状基性侵入体的上部，这种共生关系表明，斜长岩是基性岩浆分异形成的。中国典型的斜长岩在河北省大庙有较多分布，与斜长岩有关的矿产主要是**钛铁矿**。

斜颈 wryneck　头颈一侧的倾斜畸形。外伤、炎症、颈椎融合、半椎体等均可引起，但肌性斜颈则是一岁内最常见的原因。可为先天性及后天性，以先天性及肌性多见。表现为头倾向患侧，下颌转向健侧。刚出生后，胸锁乳突肌内可摸到一质硬、无痛的索条形肿块，以后逐渐消失，代之以肌挛缩及斜颈畸形。本病治疗愈早，预后愈好，若不治疗，会出现颜面不对称。早期患儿不能耐受手术情况下，可采用手法推拿，将下颌转向患侧。手术疗法适用于保守治疗无效及畸形较重而年龄适合的患者，年龄在半周岁以上到12岁的患者，根据症状轻重，可采用不同手术方式：①胸锁乳突肌切断术。适用于轻症患者。②胸锁乳突肌部分切除术。对中度畸形者可以奏效。③胸锁乳突肌全切术。切除前斜角肌与部分增厚的颈动脉鞘，对经手术治疗后复发的和重度斜颈是最彻底的手术方法。

斜拉桥 cable-stayed bridge　用锚在塔上的多根斜向钢缆索吊住主梁的桥。又称斜张桥。斜拉桥是第二次世界大战以后发展起来的重要桥型之一，因主梁为缆索多点悬吊，内力小，建筑高度低，施工方便，跨越能力大，目前跨度已达到千米以上。可用于公路桥、铁路桥、城市桥、人行桥以及管道桥等。

构造　斜拉桥的主要组成部分有缆索、塔柱、桥墩、桥台、主梁和辅助墩等（图1）。

缆索　用于悬吊主梁，将所受荷载传递给塔柱与桥墩（合称塔墩）。索形布置主要有三种：①辐射形（图1a）。德国、法国

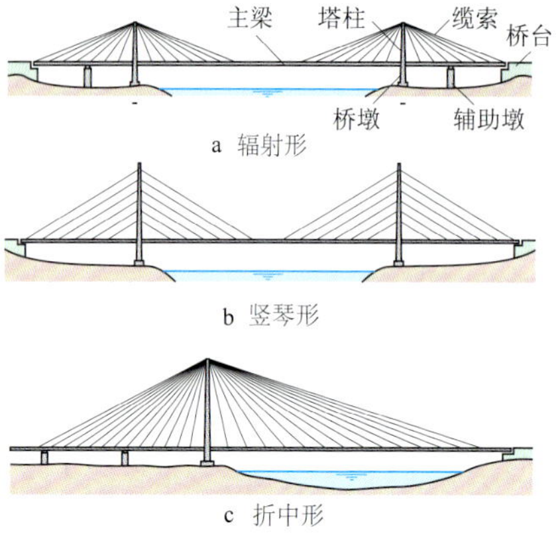

图1　斜拉桥构造与索形

称为扇形。斜索吊点集中在塔顶，这种布置最省钢索，更适用于用缆索悬吊主梁于塔上的悬浮体系。②竖琴形（图1b）。斜索皆平行布置宛如竖琴，故名。用钢量多，但较美观。③折中形（图1c）。美国、英国称为扇形。系辐射形与竖琴形的折中形式，用钢量居中。

塔柱　为桥墩以上支承缆索的结构可用钢筋混凝土或钢材建成。塔柱与桥墩的连接方式有三种：①塔柱与桥墩固结。简称塔墩固结（图2a、图2b、图2c）。这种结构整体稳定性好，施工方便。②塔柱与桥墩分开。塔柱与主梁固结，而与桥墩分开，简称塔梁固结（图2e），可克服墩底弯矩过

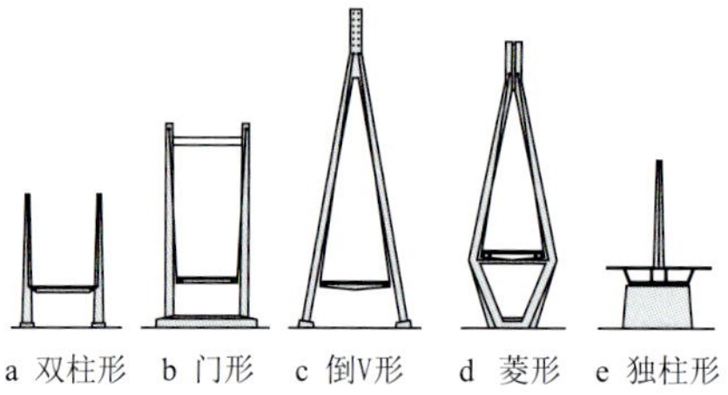

图2　塔柱

大的缺点。③塔柱与桥墩铰接。简称塔墩铰接。能减小墩底弯矩，但构造与施工均麻烦，整体稳定性也差，甚少采用。

顺桥轴线方向塔柱的立面形式，常用的为柱形或A字形。而横桥方向的形式很多，有双柱形、门形、倒V形、用于双倾斜索面的菱形（图2d）、用于沿桥中轴线设置的单索面的独柱形。

主梁　直接支承桥面并锚固斜缆索。其结构形式主要有：①连续梁。整体性好，抗风、抗震能力强，刚度大，行车舒适。②带挂孔的单悬臂梁。结构外部是静定的，适用于软土地基，可以消除混凝土的徐变收缩影响，但结构刚度差。缆索受力大于连续梁，挠度大，不利于高速行车。③T型刚构。除可利用悬臂拼装（灌注）法施工外，其优点同单悬臂梁，缺点是墩内弯矩大。三种结构形式中，以采用连续梁较多。在双跨独塔式斜拉桥中，均采用连续梁。

辅助墩　设于边孔内的桥墩，用以减小跨中挠度、提高全桥刚度，并可改善边孔主梁的受力。当边孔梁底离地面不高时，宜增设辅助墩。

分类　按主梁材料分　有钢斜拉桥、混凝土斜拉桥和两者结合的结合梁斜拉桥。钢斜拉桥的主梁较轻，跨越能力大，施工方便，但用钢量大，养护费用高，造价偏高。混凝土斜拉桥反之，且具有刚度大、抗振性能好、噪声小等优点，采用较多。用钢筋混凝土桥面板的结合梁做斜拉桥，用钢不多，噪声小，可减轻重量，在大跨度桥中有较大竞争力。

按桥塔设置分　有多塔（含双塔）斜拉桥与独塔斜拉桥。前者用于多跨，后者用于双跨，当桥位处无设置高引桥的必要时，以选用独塔斜拉桥为好，可以减少工程费用，对结构受力与抗震均有利。

按索面形式分　有双平行索面斜拉桥（图2a、图2b）、双倾斜索面斜拉桥（图2c、图2d）与单索面斜拉桥（图2e）。双平行索面斜拉桥的缆索布置在两个铅垂平面中，是最常用的形式。双倾斜索面斜拉桥的缆索布置在两个倾斜面内，具有良好的抗风稳定性，适用于大跨度。单索面斜拉桥的缆索只布置在一个铅垂面内，适用于公路桥与城市桥。单双索面配合的斜拉桥，其主跨用单索面，边跨用双斜索面，使独柱塔三面受力，非常稳定，可减小独柱尺寸，有利于行车。

图3　日本多多罗桥

按主梁支承形式分　有刚性铰式支承斜拉桥与悬浮体系斜拉桥。前者在主梁支点处设支座，在塔梁结合体系中，全部反力直接传给墩台；而在塔墩结合体系中，部分反力由支座传给墩台，部分反力由斜索传至塔顶，通过塔柱传给塔墩，反力分配可由支座顶得松紧而定。后者梁在桥墩上不设支座，而是用缆索悬挂在塔上，支点反力通过塔柱传给桥墩。这种体系对削减混凝土徐变和抗震都有利，并可减小主梁

世界跨径前十位的斜拉桥

序号	斜拉桥名称	主跨径（m）	国别	完成年
1	苏通长江大桥	1 088	中国	2008
2	昂船洲大桥	1 018	中国香港	2008
3	鄂东长江大桥	926	中国	2010
4	多多罗桥	890	日本	1999
5	诺曼底桥	856	法国	1995
6	上海长江大桥	730	中国	2009
7	南京长江三桥	648	中国	2005
8	南京长江二桥	628	中国	2001
9	金塘大桥	620	中国	2009
10	白沙洲大桥	618	中国	2001

支点处的内力，但为保证施工时稳定性好，须加设临时支座。自1955年瑞典建成第一座跨径182.6米的钢斜拉桥（斯特劳姆桑德桥）以来，发展非常迅速，跨径不断增大，技术不断进步。2008年中国建成的苏通长江大桥跨径已达1 088米，居世界首位。世界跨径前十名的斜拉桥见表。斜拉桥正朝着跨径不断增大、结构多样化、轻型化的方向发展。

图4　南京长江三桥

斜视　strabismus　两眼视轴不能同时注视同一目标的现象。可分为共同性和麻痹性斜视两大类。前者按视轴偏斜方向又可分为共同性内斜视和共同性外斜视。

共同性内斜视　有调节性与非调节性之分。调节性内斜视为未经矫正的远视眼因过度调节而引起过强的辐辏形成内斜，多发生在3岁左右，最常见。非调节性内斜视常因眼外肌解剖异常、辐辏力过强或分开力过弱所致。患儿往往一眼有器质性眼病，如角膜白斑、先天性白内障、视神经萎缩、眼眶或眼外肌发育异常等。且与遗传因素及中枢神经性疾病有关。

应早期治疗，除增视疗法、压抑疗法和红色滤光片疗法外，遮盖疗法简便有效。利用同视机等视功能矫正仪清除抑制。非手术疗法不能矫正，需行手术矫正，可作内直肌后退或外直肌缩短术；或内直肌后退加外直肌缩短术。

共同性外斜视　多与局部解剖（眶轴向外，眼球外展居休息眼位）或神经支配（辐辏不足或分开过强）有关，系双眼视觉反射未发育成熟前遭到破坏所致。少数先天性或婴儿型外斜视因眼外肌异常，致使双眼视觉反射不能建立而丧失融合功能。

共同性外斜视在间歇期内有双眼视功能，若有近视可完全矫正或稍过矫，以促进调节辐辏功能，协助矫正外斜位；若有弱视，则用同视机进行训练，消除抑制。手术治疗一般行外直肌后退或内直肌缩短术；或外直肌后退加内直肌缩短术。

麻痹性斜视　六条眼外肌之一条或几条发生麻痹所致斜视。分先天性与后天性两种。发病急，有复视，定向定位错误，伴头晕、恶心、步态不稳。常出现代偿头位，又称眼性斜颈。

治疗需排除中枢神经系统疾病、耳鼻喉科疾病、内分泌或代谢障碍性疾病等。药物常用肾上腺皮质类固醇、抗生素、腺苷三磷酸（ATP），维生素B_1、B_{12}等，可辅以针刺及理疗。肉毒杆菌毒素A局部注射可治疗麻痹性斜视，特别对外展神经损伤所致外直肌麻痹的急性期（4～6周内），疗效更佳。在麻痹肌的直接对抗肌注射毒素，可使其对抗肌（内直肌）松弛，并可预防同侧内直肌的继发性挛缩。药物治疗6个月以上，发病原因已查明并控制，而麻痹肌的功能仍无恢复，可以考虑手术治疗。

斜纹布　drill　布面呈现明显的向左或向右斜路的棉织物。斜向视显示斜路的纱线捻向而定，用二上一下斜纹组织织制。正面斜纹纹路清晰，反面状如平纹，故又称单面斜纹。质地较平布松软。有本白、漂白和杂色多种。常用作制服、运动服面料，运动鞋的夹里，金刚砂布底布和衬垫料。阔幅漂白斜纹布可制作被单，经印花加工后制作床单。原色和杂色细斜纹布经电光或轧光整理后，布面光亮，宜制作伞面和服装夹里。斜纹布经、纬纱采用单纱称纱斜纹，其斜路由右下方向左上方倾斜构成左斜纹；经、纬纱采用线经纱纬称半线斜纹，斜路由左下方向右上方倾斜构成右斜纹。斜纹布的经、纬纱粗细接近，经密略高于纬密。按纱的粗细分为细斜纹和粗斜纹。细斜纹布用18特以下（32英支以上）的棉纱作经、纬纱织制而成，织纹细密，质地轻薄，手感柔软。粗斜纹布用32特以上（18英支以下）的棉纱作经、纬纱织制，织纹粗壮不光洁，手感厚硬。为使织纹粗壮光洁且手感厚软，可采用精梳的粗棉纱作经纬纱。

斜压大气　baroclinic atmosphere　密度ρ的分布依赖于压强p和温度T的大气，即$\rho=\rho(T,p)$。在这种大气中，等压面、等比容面（或等密度面）和等温面是彼此相交的。由于大气状态方程为$p=\rho RT$（R为气体常数），等压面上的等比容线（或等密度线）就是等温线。如果等压面上的等温线很稀疏，就表示等压面与等温面相交的交角较小，斜压性就较弱；如果等压面上的等温线很密集，就表示等压面与等温面相交的交角较大，斜压性就较强。

实际大气都是斜压大气。在斜压大气中存在热成风或地转风的铅直切变不为零。所以，在斜压大气中要用多个（至少两个）等压面或多个（至少两个）层次上的运动来表征，这种模式称为斜压模式。在斜压模式中，既能表征大气运动的水平变化，又能表征它的铅直结构。

在斜压大气中，扰动发展的能源主要依靠大气全势能的释放。

谐体民歌　dmangs-bshas　中国藏族民歌形式。包括原流行在西藏、甘肃、四川巴塘地区的“谐”，四川德格一带的“古儿姆”和云南中甸一带的“日玛”等。谐体民歌一般为4句一首，每句6个音节，每两个音节一停顿，一句3顿。不讲求押韵。也有每首6句或8句的，各句亦为6音节3顿。有的通篇为比喻，有的通篇是直陈。也有前两句比喻，后两句指实，或前实后喻的。这种诗歌格律最初见于9世纪前后的敦煌古藏文诗歌中，但大量的是3音节一顿，每句两顿，第三个音节是一个衬音“呢”。与今天格律完全相同的仅见一首。17世纪时，六世达赖仓央嘉措曾运用这种格律写下了近70首情歌（见《仓央嘉措情歌》），流行于世，为群众所咏唱，与传唱于民间的谐体民歌相得益彰。

鞋　shoe　有底、帮，起保护和装饰作用的足部穿着物。鞋的制作包括鞋设计、材料选择、加工成型等过程。

在中国，鞋的形象最早见于氏族社会时期的彩陶。古代的鞋主要有以下五种：①屦。有麻屦、葛屦、皮屦等。麻屦最常用。约自汉代以后，履取代屦，成为鞋的通称；自宋代起，鞵又取代履成为总称。②舄。屦的别名。有单底为屦，木制复底的称舄之别。③屩。又称蹝。是一种草编的鞋，常称芒屩。④屐。即木屐。⑤靸。即拖鞋。

自商周起，鞋的穿着均有制度。如汉代，祭服穿舄，朝服穿履，出门则穿屐。至唐代，官民都可穿靴，只是式样略异，女子流行软底透空锦鞠靴。宋元基本沿用唐代的鞋，但款式品种增多。明代官员着靴或云头履（朝鞋），儒生多穿黑色双梁鞋，庶民则穿布鞋、蒲草鞋或牛皮直缝靴，缠足妇女穿以樟木为高底的弓鞋。清代，皇帝上朝时穿方头朝靴，官吏公服为黑缎靴，武弁穿快靴，高级官员多穿牙缝靴。贵族旗人女子穿花盆底鞋。

近代，中国人多穿布鞋；皮鞋初为上层人士穿用，后来穿者增多；胶鞋随体育运动的兴起而流行。20世纪初，中国有初具规模的制鞋工业，50年代后，逐步形成皮、布、胶、塑为主要材料的制鞋工业体系。

世界各国的鞋中，公元前3000年古埃及的牛皮凉鞋，为现存最古老的鞋。中世纪欧洲曾流行软鞋、凉鞋和简单的长筒靴，贫困的人则多穿木鞋；阿拉伯人用优质皮革制鞋。直至近代，大多数鞋仍由家庭制作。19世纪出现制皮鞋的专用机械，促进了鞋的机械化生产。

鞋按对象、用途、工艺、材料等有多种分类方法。

写生 paint from life　直接以客体为绘画对象的临场习作。在中国古代，写生一词原意指不依靠粉本而直接描绘活的花果、草木、禽兽等动植物，往往也成为**花鸟画**的代名词。在西方，写生的对象除了人物、动物外，也包括风景，还包含石膏等无生命的静物。西方美术传入中国后，写生一词转而用于与西方同义的概念。至今，无论在中国和西方，写生仍被视为培养造型技能和技巧的必要手段或过程，也是美术家提高表现技法和搜集素材的途径。写生在表现形式上有**铅笔画**、**钢笔画**、**水墨画**、**油画**、**水彩画**、**水粉画**等，在题材上一般分为人物、风景、静物等，在场所上有室内和室外之分，在时间上有速写和长期作业之分。写生的结果称为写生画，亦简称写生。

写实主义 realism　西方19世纪的美术思潮。起源于法国，后及于欧洲各国。法国在**新古典主义美术**、浪漫主义美术之后，于30～70年代间，曾掀起过写实主义美术运动，1848年革命后，首次用“写实主义”自称。写实主义美术的代表人物为G.**库尔贝**，最早的理论家为尚弗勒里，其第一份宣言发表于1855年。库尔贝等所提倡的写实主义既反对僵化了的新古典主义，也反对追求抽象理想的浪漫主义。它认为现实生活本身便是最适当的题材来源，无须进行粉饰。它坚持表现当代生活，并往往以社会底层人物为作品的主人公并满怀同情地描绘他们的处境。

“写实主义”在西语中往往包括两个含义：①指艺术的创作方法；②指艺术的写实手法。法国19世纪的写实主义美术中两者兼而有之。库尔贝等的作品在表现手法上是写实的，在内容上有强烈的现实主义精神。

库尔贝作《裸女与狗》(1861)

30～40年代的**巴比松画派**，是风景画中的写实主义的代表。与巴比松画派有密切关系的J.-F.**米勒**，是写实主义美术的重要人物，他满怀同情地描绘农民的生活和劳动。库尔贝是众所公认的写实主义美术运动的领袖。H.**杜米埃**也对发展写实主义美术作出了重要贡献。19世纪中期法国写实主义美术家们发展了美术作品的写实技法，特别在风景画中对表现光线和空间感作了富有成果的探索。写实主义美术运动是法国文艺史上光辉的篇章。它对19世纪欧洲各国的文艺运动影响深远，开辟了民主艺术的新天地。

写意 freehand brushwork　**中国画**表现技法的一种。与“写实”或与“工笔”相对。写意之“写”指抒泄、书写，“意”指胸臆、意趣。“写意”既指以放逸的笔法、简略的设色描绘物象的造型手法；亦指运用这种手法创造的作品类型。画史一般认为，唐代**吴道子**笔法飘动的兰叶描法开写意画法之端倪。唐末、五代以后，尤其北宋**苏轼**等人对**文人画**的推进，使写意画法得以确立。元代文人画的昌盛，使写意画法成为元明清画法主流。在这个过程中，以文人画为主体的写意语体不断完善，与工笔语体一同构成中国画的两大流宗。明初**王绂**《书画传习录》曰：“逮夫元人，专为写意，泻胸中之丘壑，泼纸上之云山，相沿至今，名手不乏。”是对“写意”一词较早的诠释。写意画又分为“大写意”与“小写意”，是就笔法放纵的程度以及造型具体的程度而言。“兼工带写”则与“小写意”略近。写意既与文人画同步产生和发展，可认为是文人绘画理念、美学追求和作画状态的创造，与文人画的功能观有直接联系，即以如倾如泻如泼的笔致，即兴抒发胸中意气，不斤斤计较形似，而求画外之意和情致。

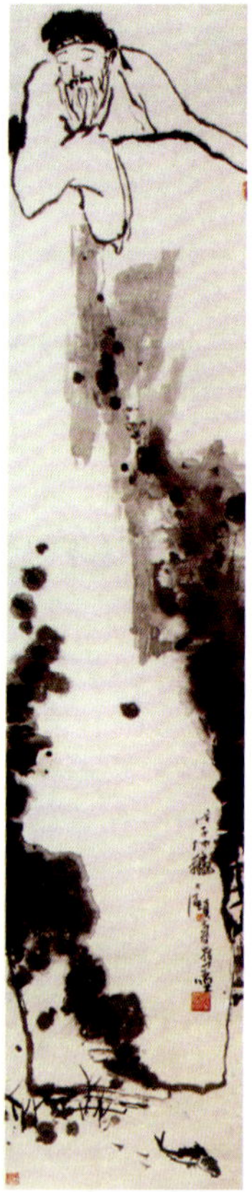

潘天寿作《濠梁观鱼图》(1948)

写真 portrait drawing　中国肖像画的传统名称。又称“写照”或“传神”。见**肖像画**。

泄泻 diarrhea　中医以排便次数增多，粪便清稀，甚则如水样便为主要临床表现的病证。又称泄、濡泄、飧泄、下利等。泄与泻程度不同，泄轻而泻重。脾虚湿胜是导致泄泻的直接因素。多由感受湿邪，饮食不节，过食生冷肥甘、不洁之物，或忧思恼怒、劳倦内伤，或久病体衰等引起。常见证型有：①寒湿困脾型泄泻。证见突发泄泻，腹痛纳呆，苔白脉濡。治宜散寒化浊，方用藿香正气散加味。②湿热内蕴型泄泻。证见泻下急迫，肛门灼热，口渴尿黄，苔腻脉濡数。治宜清化湿热，方用葛根芩连汤加味。③食滞肠胃型泄泻。证见腹痛泄泻，泻后痛减，腹满纳呆，苔厚腻脉滑。治宜消食导滞，方用保和丸加味。④肝气乘脾型泄泻。多在恼怒或紧张后发生腹泻，纳呆，舌红脉弦。治宜抑肝扶脾，方用痛泻要方。⑤脾胃虚弱型泄泻。证见便溏反复发作，水谷不化，面黄乏力，舌淡脉弱，治宜健脾益气，方用参苓白术散加味。泄泻日久，可致肾阳虚衰，出现黎明腹泻，形寒肢冷，舌淡脉沉等寒象，又称五更泻，治宜温肾健脾，方用四神丸加味。

泻下剂 formula for purgation　中医用以治疗里实证的**方剂**。以通导大便、荡涤积滞、攻逐水饮等为主要作用，体现中医治法中的**下法**。

分类　①寒下剂。适用于里热积滞实证。证见大便秘结，腹部胀满疼痛，潮热谵语，苔黄厚，脉实等。代表方如大承气汤、大黄牡丹汤等。②温下剂。适用于里寒积滞实证。证见大便秘结，脘腹胀满，腹痛喜温，手足不温甚或厥冷，脉沉紧等。代表方如大黄附子汤、温脾汤等。③润下剂。适用于肠燥津亏，大便秘结证。证见大便干结，小便短赤，舌苔黄燥，脉滑实；或大便秘结，小便清长，腰膝酸软，手足不温，舌淡苔白，脉迟。前者属肠胃燥热之“热秘”，代表方如麻子仁丸；后者为肾气虚弱之“虚秘”，代表方如济川煎等。④逐水剂。适用于水饮壅盛于里的实证。证见胸胁隐痛或水肿腹胀，二便不利，脉实有力等。此时非一般淡渗利湿治法所能胜任，只宜峻下逐水。代表方如十枣汤。⑤攻补兼施剂。

适用于里实正虚之大便秘结证。常以脘腹胀满，大便秘结兼气血阴津不足为主要表现。代表方如黄龙汤、增液承气汤等。

使用注意事项 泻下剂专用治里实便秘。若表证未解、里实未成者，不可用泻下剂；若表证未解、里实已成，则需要权衡轻重，或先解表、后治里，或表里双解，以免表邪内陷。泻下剂除润下外均较峻烈，有的还有毒副作用，故年老体弱、怀孕、产后、久病体虚、津伤阴亏、血虚者均应慎用，必要时可根据病情及体质的不同，或先予攻下、兼顾其虚，或攻补兼施、虚实兼顾。泻下剂易伤胃气，获效即止，不可过服。凡重症、急症必须急下者，可加大剂量制成汤剂服用；若病情较缓、只需缓下者，药量不宜过大，可制成丸剂服用。服药期间忌食油腻、辛辣及不易消化的食物，以防重伤胃气。

泻药 purgatives and laxatives 用以治疗便秘的药物。可分为五类：①刺激性泻药。直接作用于肠黏膜，使肠蠕动增强而促进排便，如蓖麻油、酚酞、大黄、番泻叶等。②容积性泻药。含有不吸收的吸水性植物纤维，主要借助于容积的增大刺激肠蠕动而引起排便，如甲基纤维素，具有保持水的能力而使粪便变得松软，易于排出。③渗透性泻药。如硫酸钠和硫酸镁，不易被肠道吸收，借助于渗透效应阻止肠道吸收水分而使粪便稀软；镁盐还可以促使缩胆囊素自上部小肠释放，从而影响结肠肌肉的活动，减短胃内容物通过的时间。④滑润性泻药。可滑润肠管，使粪便易于通过，如液状石蜡、甘油等。⑤表面活性剂。如辛丁酯磺酸钠，可降低液体的表面张力，水分得以进入粪便，使之软化。

谢安 Xie An (320～385) 中国东晋政治家。字安石。陈郡阳夏（今河南太康）人。出身于流寓江东的北方世家大族。博闻沉静，少有名望。早年居会稽东山，屡次谢绝征召，遨游山水，以音乐诗文自遣。年逾四十出仕，历任征西大将军桓温司马、吴兴太守、吏部尚书、中护军。太和六年（371）桓温专擅朝政，废皇帝司马奕为东海王（后改封海西县公），改立司马昱为帝（简文帝）。次年简文帝卒，桓温率大兵入朝欲谋帝位，慑于谢安等人，未果。司马曜（孝武帝）即位，桓温又求加九锡，谢安故意拖延，至温死，东晋政局转危为安。桓温死后，孝武帝年幼，谢安兼尚书、中书两省，总理朝政，政由己出。谢安为相施政宽恕，事从简易。为了拱卫京师，又招募北来侨民组成北府兵，由侄谢玄统率，使荆、扬两镇形成均势。太元八年（383），苻坚以重兵伐晋，京师震恐。谢安坐镇建康，运筹帷幄，指挥谢玄等取得淝水大捷。翌年九月，谢安请求北伐，收复徐、兖、青、司、豫、梁六州（今山东、河南、陕西南部地区），但遭会稽王司马道子倾陷排斥，未竟其功。淝水之战后声望日高，进位太保、太傅，然愈为司马道子所不容。太元十年四月被迫出镇广陵步丘，筑新城而居。同年八月卒。

谢枋得 Xie Bingde (1226～1289) 中国南宋文学家。字君直，号叠山。弋阳（今属江西）人。宝祐四年（1256）与文天祥同科中进士。曾任江东提刑、江西招谕使，率兵抗元。宋亡后不仕，被送往大都（今北京），坚贞不屈，绝食而死。为文推尊欧、苏。他的散文格调高奇，很有气势。如《上丞相刘忠斋书》、《宋辛稼轩先生墓记》等。诗多伤时感旧，沉痛苍凉，质朴端正，如《武夷山中》、《初到建宁赋诗一首》等。今存《叠山集》16卷，有《四部丛刊》影印明刊本。

谢德林 Shchedrin, Rodion Konstantinovich (1932-12-16～) 俄罗斯作曲家、钢琴家、音乐活动家。生于莫斯科。1950年入莫斯科音乐学院。1955～1958年为该院研究生。

他的毕业作品《第一钢琴协奏曲》在1955年世界青年学生和平与友谊联欢节获奖，同年上演了他的芭蕾《神驼马》，1958年发表第一部交响曲。1962年起任苏联作曲家协会书记。1972年获国家奖金。1981年获苏联人民演员称号。他的作品有的充满紧张的戏剧性，有的富于优美的歌唱性，内涵深邃，构思独到，蕴含着充沛的活力和强烈的感情力量。重要作品有歌剧《不仅是爱情》、《死魂灵》，芭蕾《神驼马》、《卡门组曲》、《安娜·卡列尼娜》和《海鸥》，清唱剧《列宁活在人民心中》，3部钢琴协奏曲，2部交响曲，管弦乐协奏曲《顽皮的对句歌》、《钟声》，管弦乐曲《苏联60周年庄严序曲》，为管风琴及3支长笛、3支大管、3支长号写的题献给J.S.巴赫的《音乐的奉献》等。

谢德曼 Scheidemann, Philipp (1865-07-26～1939-11-29) 德国社会民主党右翼领袖，魏玛共和国首届政府总理（1919）。生于卡塞尔，卒于哥本哈根。早年为印刷工人，1883年加入德国社会民主党。1903～1918年为帝国议会议员。1911年被选入德国社会民主党执行委员会，1917～1918年与F.艾伯特同任党的主席。

第一次世界大战期间，谢德曼是狂热的社会沙文主义者，支持德国帝国主义进行侵略战争。1918年10月，他参加巴登亲王马克斯组织的帝国政府，任国务秘书。

1918年德国十一月革命爆发后，于11月10日进入临时政府——人民代表委员会，任财政部长。1919年2月13日出任魏玛共和国首届政府总理。由于拒绝在《凡尔赛和约》上签字，于同年6月20日辞职。1920～1925年任卡塞尔市长。1920年起为魏玛共和国国民议会议员。1933年A.希特勒执政后，流亡国外，侨居哥本哈根。撰有回忆录《一个社会民主党人的回忆》。

谢多夫 Sedov, Leonid Ivanovich (1907-11-14～1999-09-05) 苏联力学家、数学家。生于罗斯托夫。1930年毕业于莫斯科大学，1930～1947年在中央空气水动力学研究所工作。1937年起任莫斯科大学教授，1945年起在苏联科学院数学研究所兼职。1965年起任苏联科学院液体与气体力学科学委员会主席。1961～1962年任国际航天协会主席。1946年当选为苏联科学院通讯院士，1953年当选为院士。主要工作领域为流体力学、连续介质力学、量纲分析和相似律理论、爆炸力学。他导出可变形机翼的气动力和气动力矩的方程，解决了机翼在不定常流场（包括在具有速度间断性的流场）中的运动问题。他将相似律理论中的方法应用于湍流问题和气体的不定常运动，提出了自相似运动的概念，解决了强爆炸等问题。在连续介质力学中，他提出一些新模型，这些模型把热力学和电动力学的效应考虑在内，并用新的变分原理求得运动方程和边界条件。著有《连续介质力学引论》、《水动力学和气体动力学平面问题》、《力学中的相似和量纲方法》、《连续介质力学》。

谢尔顿 Sheldon, Sidney (1917-02-11～2007-01-30) 美国作家。生于芝加哥，卒于洛杉矶。毕业于美国西北大学。后在好莱坞编写电影剧本，写过大量电视剧本和多部舞台剧。一生共创作小说18部，在当代美国文学中占有重要的一席。第一部小说《裸脸》(1970) 写一个精神分析医生历尽艰险，侦破并抓获杀害他女仆的凶手的故事。长篇小说《天使的愤怒》(1980) 写一有才华的女律师在种种恶势力的逼迫下最终沦为黑手党头目的情人和保护者的经历。其他小说还有《假如明天来临》(1985)、《子夜的另一边》(1974)、《镜子里的陌生人》

(1975)、《血缘》(1977)、《众神的风车》(1987)等。谢尔顿的小说打破了通俗小说和纯文学小说间的界限，作品多以女性为主人公，内容涉及重大社会问题，暴露现实的黑暗面，艺术上重故事情节，场面多惊险，形象生动，既有细腻的情感描写，又充满了冲突悬念，有很强的可读性。出版有自传体小说《我的另一面》(2005)。

谢非 Xie Fei (1932-11-04～1999-10-27) 中国共产党中央政治局委员，中华人民共和国全国人民代表大会常务委员会副委员长。生于广东陆丰，卒于广州。1949年加入中国共产党。

历任土改工作队队长、区委书记、县委宣传部部长。1955年后任中共陆丰县委书记、中南局政策研究室研究员，广东省科教政治部副主任、省文教办公室副主任。“文化大革命”结束后，调任《红旗》杂志社三人领导小组成员。1979年后任中共广东省委副秘书长、广东省委书记兼省委秘书长、省委党校校长、广州市委书记、广州军分区党委第一书记。1988年后任广东省委副书记、省委书记、广东省军区党委第一书记，澳门特别行政区筹委会副主任。是中共第十二届中央候补委员、十三届中央委员，十四、十五届中央政治局委员。1998年当选为第九届全国人大常委会副委员长。

谢甫琴科 Shevchenko, Taras Grigoryevich (1814-03-09～1861-03-05) 乌克兰诗人。生于莫林采，卒于圣彼得堡。农奴家庭出身。1838年被从地主手中赎身，入圣彼得堡美术学院学习，

并开始诗歌创作。早期作品采用乌克兰民歌形式，富有浪漫主义色彩。描写乌克兰少女不幸命运和揭露沙皇军官伪善的长诗《卡泰林娜》(1838)，是他的代表作之一。1841年他又以乌克兰农民1768年反对波兰贵族地主统治的英勇斗争为题材，写成长篇抒情史诗《海达马克》。1847年因参加秘密政治团体，被流放到中亚细亚一带。1857年才重获自由。其间用俄文写成《音乐家》(1854～1855)、《艺术家》(1856)等自传体小说。其他主要作品还有诗集《三年》(1843～1845)和组诗《命运》、《诗神》、《光荣》(1858)等。谢甫琴科的诗歌创作对乌克兰文学产生了巨大的影响，乌克兰人民视其为乌克兰现代文学的奠基人和乌克兰文学语言的创建者。

谢赫 Xie He 南朝齐、梁人，生卒年不详，事迹不可考。善画，尤善人物肖像，“写貌人物，不俟对看，所须一览，便归操笔”，有很强的默画能力，所画当时贵族仕女“丽服靓妆，随时变改，直眉曲鬓，与世事新”，有创造精神。由于他撰著了《画品》，更使他作为绘画理论家而享名后世。

谢赫 shaikh 伊斯兰教教职。又译筛海、舍赫、夏依赫。阿拉伯语音译，原意为长老。伊斯兰教创立前，阿拉伯氏族部落或村社首领的称谓。穆斯林对宗教学者或社团领袖的尊称，在某些信仰伊斯兰教的国家或地区也用于称呼长者或教师，但一般指伊斯兰教内德高望重、学识渊博或有政治权威的长者。某些教派和苏非教团的首领，特别是精神导师，也称谢赫。

谢惠连 Xie Huilian (407～433) 中国南朝宋文学家。陈郡阳夏（今河南太康）人。谢灵运族弟。少有文才。因父丧期间为其男宠作诗而为时论所非议，长期不能为官。后经他人辩护，才做了彭城王刘义康的法曹行参军。他的作品留存不多，其中《雪赋》颇为有名，为六朝抒情小赋的代表作。诗歌多有牢骚不平之气，遣词构句与谢灵运近似。后人将他与谢灵运、谢朓合称三谢。亦将他与谢灵运并称为大小谢。明代张溥辑有《谢法曹集》，收入《汉魏六朝百三家集》中。

谢家泽 Xie Jiaze (1911-10-11～1993-01-02) 中国水利水文学家和中国水文事业的奠基人之一。生于湖南新化，卒于北京。1934年毕业于清华大学土木系，1938年获

德国柏林工科大学凭证工程师学位。曾任中央大学、交通大学教授，兼任华东军政委员会水利部南京水利实验处水文研究所所长，华东水文资料整理委员会主任委员。后历任南京大学教授、水利部水文局局长、水利水电科学研究院副院长兼水文研究所所长、中国“人与生物圈”国家委员会委员、国际水文组织中国委员会理事长、中国水利学会副理事长等职。

1950年起谢家泽主持建立健全全国水文领导机构；组织制订全国基本水文站网规划，领导恢复和建立了全国水文站网；主持制定中国水文测站规范，统一了水文测验技术标准；领导完成全国历史上保存下来的5.5万站年资料的整编，并刊印成水文年鉴110余册。他还领导创建了全国各类水文实验站；主持制定中国水文科学研究的两个长远规划，推动了水文计算规范的制订；指导编制了《中国暴雨参数图集》和《中国水文图集》。

谢晋 Xie Jin (1923-11-21～2008-10-18) 中国电影导演。浙江上虞人。卒于上虞。1941年考入国立戏剧专科学校。1948年开始从事电影导演工作。1954年执导淮剧短片《蓝桥会》。他导演的影片共有36部。其

中大部分在国内外获各种奖项。如《女篮五号》在第6届世界青年联欢节上获银质奖章；《红色娘子军》获1962年首届《大众电影》百花奖最佳故事片、最佳导演等4项奖；《舞台姐妹》在1980年第24届伦敦国际电影节上获英国电影学会年度奖；《啊，摇篮》获1979年文化部优秀影片奖；《天云山传奇》获1980年文化部优秀影片奖，1981年首届中国电影金鸡奖最佳影片、最佳导演等4项奖和第4届《大众电影》百花奖最佳影片奖；《高山下的花环》、《芙蓉镇》也多次获奖。20世纪90年代的作品有《最后的贵族》、《鸦片战争》等。后者获1997年第17届中国电影金鸡奖和1998年第21届《大众电影》百花奖最佳故事片奖。谢晋的作品在20世纪80年代中期曾引起一场较大规模的理论争鸣。著有创作经验文集《我对电影导演的追求》。

谢觉哉 Xie Juezai (1884-04-27～1971-06-15) 中国无产阶级革命家，社会活动家，法学界的先导，人民司法制度的奠基者，全国政协副主席。生于湖南宁乡，卒于北京。早年在湖南省立第一师范学校任教，参加五四运动，创办

《宁乡旬刊》，任《湖南通俗报》主编。1921年加入毛泽东等创建的新民学会。1923年加入中国国民党。1925年加入中国共产党，任中共《湖南半月刊》主编，主

编《湖南民报》。当选为国民党湖南省党部执行委员，任工人部部长、党校校长。1928年到上海主编中共中央机关刊物《红旗》。1930年负责中共中央创办的《上海报》编辑工作。1931年进入湘鄂西革命根据地，历任湘鄂西省委秘书长、文化部副部长、省委党校教育长。主编《工农日报》。1933年进入中央苏区后，任中华苏维埃共和国临时中央政府和毛泽东的秘书、中央工农民主政府秘书长兼内务部部长。参加了长征。1935年到达陕北后，任中央工农民主政府内务部部长、秘书长、司法部部长、代理最高法院院长和审计委员会主席。全面抗日战争时期，历任中共中央驻兰州八路军办事处代表、中共中央党校副校长、中共陕甘宁边区中央局副书记、陕甘宁边区政府秘书长和政府党团书记、陕甘宁边区参议会副参议长。1946年后任华北人民政府司法部部长。1949年参加中国人民政治协商会议第一届全体会议。中华人民共和国建立后，历任中央人民政府法制委员会委员、内务部部长，政务院政法委员会委员。1956年当选为中共八届候补中央委员。1959年任最高人民法院院长。1964年任全国政协第四届副主席。1966年递补为中共八届中央委员。

谢军 Xie Jun（1970－10－30～ ） 中国国际象棋棋手。祖籍吉林辽源。生于河北保定。自幼天资聪颖，在父亲影响下学习象棋，1980年改学国际象棋。1983年入北京市棋队。

1986年入选国家集训队。1988年获世界女子青年锦标赛并列第2名及亚洲女子青年锦标赛冠军，同时获女子国际大师称号。1990年获女子国际特级大师称号。1991年10月在菲律宾举行的世界冠军赛决赛中，战胜格鲁吉亚的M.G.奇布尔达尼泽，成为第7位女子世界冠军，打破欧洲64年、苏联41年对该桂冠的垄断。1993年11月在摩纳哥击败格鲁吉亚的N.约谢利阿妮卫冕成功。1996年在西班牙失冕于匈牙利苏珊·波尔加后，自强不息，于1999年8月击败俄罗斯的A.加里亚莫娃，夺回失去三年半的桂冠，成为41年来首位冠冕失而复得的女子世界冠军。2000年再次获得女子世界冠军。为1998、2000、2004年第33、34、36届奥林匹克赛女子团体冠军中国队一号主力。2003年4月罗马尼亚国际象棋基金会授予谢军金色证书，以表彰其对中国及世界国际象棋的贡献。1991年任世界国际象棋联合会中央委员、女子委员会主席，后又任中国国际象棋协会副主席、北京棋院院长、首都体育学院副院长等职。

谢拉 Shera, Jesse Hauk（1903－12－08～1982－03－08） 美国教育家，图书馆学家。生于俄亥俄州，卒于克利夫兰。1927年获耶鲁大学文学硕士学位，同年在迈阿密大学图书馆供职。

1941～1944年任美国战略服务局中心情报部主任。1944年起任芝加哥大学图书馆副馆长，并获该校图书馆学博士学位。1947年在芝加哥大学图书学研究院讲授图书馆学、图书馆管理、编目分类、美国图书馆史等课程。参与发起、建立或重建美国文献工作研究所、目录学组织大会和文献工作交流中心。在其所著《图书馆学教育基础》一书中，提出了“图书馆事业是一个有机整体”的观点，并提出文献工作与信息学是这个整体中不可分割的一部分。

谢里丹 Sheridan, Richard Brinsley（1751－10－30～1816－07－07） 英国戏剧家。生于爱尔兰都柏林，卒于伦敦。先入哈罗公学，后学法律。从1775年他的第一部剧作上演，到1779年共写了7部剧本。1776～1809年一直经营朱瑞巷剧院。1780年后主要从事政治活动，当过议员，并在外交部、财政部和海军内任过要职。晚年曾因债务被捕。

谢里丹最有名的剧作是《造谣学校》（1777）。他的全部作品几乎都是以明快的机智嘲弄当时的社会，并以卓越的性格描绘著称。其他作品有喜剧《情敌》（1775）、喜歌剧《少女的监护人》（1775）、据17世纪末英国剧作家J.范布勒《失足》改写的喜剧《斯卡巴勒之行》（1777）、滑稽剧《批评家》（1779）以及据同时代德国剧作家A.von科采布《秘鲁的西班牙人》改编的悲剧《皮扎罗》等。

谢里曼 Schliemann, Heinrich（1822－01－06～1890－12－26） 德国考古学家。生于梅克伦堡的新布科，卒于意大利那不勒斯。青少年时代以当学徒谋生。酷爱读书，尤其专心攻读荷马史诗，自学掌握了英、法、俄、意、阿拉伯、拉丁、古代希腊和现代希腊等13种语言。他坚信荷马史诗所述特洛伊战争皆属史实，立志要发掘出埋藏在地下的特洛伊古城。克里米亚战争时期，他经商致富，随后自费进行考古发掘。1870年后在土耳其小亚细亚半岛西岸的希萨立克组织发掘，发现城垣街道遗址，获得大量惊人文物，从而证明特洛伊城的存在和荷马史诗的真实性，使整个西方学术界为之震动。后又相继在史诗提到的其他希腊古城迈锡尼、梯林斯、奥尔霍迈诺斯发掘，也取得惊人成果。其工作揭开了欧洲古代史研究的新篇章，在希腊考古学和欧洲考古学方面影响深远。他借助于地层学原理，提高了考古发掘的科学性，成为欧洲现代大规模考古发掘的先驱，为普及考古学作出重大贡献。著作有《特洛伊古物志》、《迈锡尼》、《梯林斯》等。

谢林 Schelling, Friedrich Wilhelm Joseph von（1775－01－27～1854－08－20） 德国古典哲学的主要代表，客观唯心主义哲学家。谢林一生的思想发展过程分为早期和晚期两个主要阶段。在早期，他把I.康德与J.G.费希特的主观唯心主义转变为客观唯心主义，把他们的主观辩证法推广到外部世界。在晚期，从包含

合理内核的客观唯心论走向天主教神学。

生平和著作　谢林生于符滕堡的莱昂贝格一个新教徒家庭，卒于瑞士巴德拉卡茨。1790年入图宾根神学院学习，他用启蒙思想研究神学，写出博士论文《对于“创世纪”第三章人类罪恶起源的古老学说的哲学批判解释》，发表了《论一种哲学形式的可能性》、《论作为哲学原理的自我》和《关于独断主义与批判主义的哲学通讯》。1796年，发表了《知识学唯心论集解》。他吸收了G.维柯的历史主义，认为自我应该被理解为变化过程，并用唯心主义改造了B.斯宾诺莎的实体概念，认为实体作为绝对也有从客观到主观的实在变化。他研究数学与自然科学，发展了康德与J.G.赫尔德的自然哲学。1797年出版《自然哲学观念》，1798年出版《论世界灵魂》，同年被聘请为耶拿大学编外教授。

耶拿时期是谢林哲学创造活动的顶峰。在这里，他完成了《自然哲学体系初稿》、《先验唯心论体系》，这两部著作作为“同一哲学”的两个部分，确立了他作为德国古典哲学改造者的历史地位。他还参加编辑《思辨物理学杂志》和《新思辨物理学杂志》，与黑格尔共同编辑《哲学评论》。

谢林于1803年5月离开耶拿，10月任维尔茨堡大学教授。这时他的哲学思想开始发生变化，1804年发表的《哲学与宗教》标志着“同一哲学”的结束和从唯心主义向宗教的过渡。1806年，被任命为巴伐利

亚科学院院士，1808年获得巴伐利亚国内功勋奖章。此后，他的思想进一步转向神秘主义。1809年发表的《对于人类自由的本质的哲学探讨》为其晚期哲学奠定了基础。1820年秋任爱尔兰根大学教授，讲授神话哲学与近代哲学史。1827年5月返回慕尼黑，担任新建的慕尼黑大学教授，并被巴伐利亚政府任命为科学中心总监，由科学院推举为院长。1841年秋，应普鲁士国王威廉四世的邀请，到柏林大学讲授神话哲学和天启哲学，并担任普鲁士政府枢密顾问。其演讲遭到了青年黑格尔派的公开批判。1846年结束了在大学的教学生涯，只在柏林科学院里担任从1832年起就获得的院士职务。他的著作编为14卷本全集，于1856～1861年出版。

哲学思想　谢林最初是作为费希特的拥护者出现在哲学论坛上的，但很快就超过费希特，建立了他自己的“同一哲学”体系。这个体系由3个环节构成：①经过改造的费希特的自我。②遭到歪曲的斯宾诺莎的实体。③前两个环节在他那里的神秘统一，即主观事物与客观事物的“绝对同一性”。他用这种虚构的神秘联系来代替自然和人之间的现实联系，认为自然和人都是在原始对立的推动下，从这个神秘的本原中发展出来的。从“绝对同一性”发展出自我意识的过程是从客观到主观的无意识的创造过程，被称为历史的伊利亚特，构成他的自然哲学的内容；从自我意识返回到“绝对同一性”的过程是从主观到客观的有意识的创造过程，被称为历史的奥德赛，构成他的先验哲学的内容。

社会政治思想　谢林早期的进步社会政治观点是在法国资产阶级革命的影响下形成的，他当时的著作反映了德国资产阶级对于整个德国现实的不满和希望改变现存封建关系的要求。他相信人类历史是不断进步的，人类能够并且应该自己创造自己的历史。他认为人类历史是从“原始状态”开始的，将来则以“理性王国”告终。这种理想化的资产阶级王国被描绘为人类的最高理想和法治的普遍实现。他抨击了封建专制制度，认为这种制度原初就不是由理性造成的，而是由环境的强制造成的，它自身就带有自己灭亡的萌芽。他把封建社会向资本主义社会的转化视为“人的解放”，认为这是理性的大胆冒险，必定会取得胜利，人将随着认识自己和自己的力量而变得更加伟大，迟早会索回自己在环境压迫下放弃了的那些永远不能转让的权利，而实现资产阶级法治。

谢林的社会政治观点一方面主张人类自己创造历史，另一方面又不敢诉诸人民的力量。他寄希望于封建君主实行自上而下的改革，一方面号召人们进行大胆的冒险，在外部世界里获得人的解放；但另一方面又把争取自由的实践活动当作纯粹的内心活动，表现出向封建势力妥协的思想倾向。19世纪30年代末期，当青年黑格尔派作为宗教批判者和共和主义者冲击普鲁士王朝宝座的时候，谢林充当了镇压资产阶级民主运动的思想领袖。

马克思与恩格斯把谢林的早期哲学和晚期哲学明确地区分开，历史地肯定了谢林早期的“真诚的青春思想”，批判地吸收了其中的合理成分，同时无情地揭露了他的晚期哲学是“在哲学幌子下的普鲁士政治”。

谢林　Schelling, Thomas Crombie (1921-04-14～　)　美国经济学家。生于加利福尼亚州奥克兰。1951年获哈佛大学经济学博士学位。1945～1946年供职于美国预算局，

1948～1950年参与制订马歇尔计划，1951～1953年供职于白宫和总统事务办公室。1953～1958年任耶鲁大学经济学副教授、教授。1958～1959年任兰德公司高级职员。1958～1990年任哈佛大学经济学教授，1969～1990年任肯尼迪政府学院教授。曾任美国经济学联合会会长。2005年与R.J.奥曼共获诺贝尔经济学奖。谢林先后提出三个重要理论并共同构成其非数理博弈理论的主要内容，包括讨价还价和冲突管理理论、相互依存的选择和行为理论、自我控制理论。他建立一个理念框架以描述相互期望的困境，并借此将各种零散的理论统一起来，如供不应求市场的分析、军事和外交战略、谈判、团队工作和通信问题。谢林不但早已运用其非数理博弈理论避开主流经济学理论推演的结论严重偏离现实的困境，而且将这一理论非常熟练而又令人信服地运用到了政治学、社会学、心理学及国际关系等不同领域中，从而形成社会科学的经典理论。谢林因此被看作是非数理博弈理论的先驱。

谢林将非数理博弈理论运用到国际关系领域，得到一个惊人的结论，即在讨价还价中，弱者常常是强者，将自己固定在特殊的谈判地位是有利的。著有《国际经济学》、《冲突的战略》、《武器及其影响》、《微观动机与宏观行为》、《选择与结果》等。

谢灵顿　Sherrington, Charles Scott (1857-11-27～1952-03-04)　英国神经生理学家。生于英国伦敦，卒于萨塞克斯伊斯特本。1891年任伦敦大学兽医院布朗研究所的教授和所长，后历任利物浦大学教授、牛津大学教授和英国皇家学会主席。

1894年谢灵顿发现支配肌肉的神经含有感觉神经纤维和引起肌肉收缩的运动神经纤维。感觉神经纤维将兴奋传至大脑，从而决定了肌肉的紧张度。他证明在反射活动中，当一群肌肉兴奋时，相对的另一群肌肉就被抑制。这种交互神经支配理论被称为谢灵顿定律。他把感官分为3类：内感受器（如味觉的）、外感受器（如视觉、听觉、嗅觉和触觉的）和本体感受器（感知身体内部变化的），并阐明了突触的功能。

谢灵顿首先划出大脑皮层的运动区，进而确定了控制身体各部分感觉和运动的区域。他于1906年出版的《神经系统的整合作用》一书，对现代神经生理学特别是脑外科和神经失调的临床治疗，均有重大影响。此外，他在布朗研究所工作时，在研究霍乱和白喉抗毒素方面，也有重要的贡献。由于在研究神经系统功能上的杰出成就，他与E.D.艾德里安同获1932年诺贝尔生理学或医学奖。

谢灵运　Xie Lingyun (385～433)　中国南朝宋诗人。陈郡阳夏（今河南太康）人。生于会稽始宁（今浙江上虞）。因从小寄养在钱塘杜家，故乳名为客儿，世称谢客。又因他是谢玄之孙，晋时袭封康乐公，故又称谢康乐。晋末曾出任琅琊王德文的大司马行参军，豫州刺史刘毅的记室参军，北府兵将领刘裕的太尉参军等。入宋后，因刘裕采取压抑士族政策，降爵为康乐侯，出任永嘉太守、临川内史等职。元嘉十年（433）被宋文帝（刘义隆）以“叛逆”罪名杀害。谢灵运出身名门，兼负才华，但仕途坎坷。为了摆脱自己的政治烦恼，谢灵运常常放浪山水，探奇览胜。谢灵运的诗歌大部分描绘了他所到之处，如永嘉、会稽、彭蠡等地的自然景物，山水名胜。其中有不少自然清新的佳句，如写春天“池塘生春草，园柳变鸣禽”（《登池上楼》），写秋色“野旷沙岸净，天高秋月明”（《初去郡》），写冬景“明月照积雪，朔风劲且哀”（《岁暮》）等，从不同角度刻画自然景物，给人以美的享受。谢灵运的诗歌虽不乏名句，但通篇好的很少。他的诗文大都是一半写景，一半谈玄，仍带有玄言诗的尾巴。尽管如此，谢灵运以他的创作极大地丰富和开拓了诗的境界，使山水的描写从玄言诗中独立了出来，从而扭转了东晋以来的玄言诗风，确立了山水诗的地位。从此山

水诗成为中国诗歌发展史上的一个流派。

谢灵运还有赋10余篇，其中《山居赋》、《岭表赋》、《江妃赋》等比较有名，景物刻画颇具匠心，但成就远不及诗歌。谢灵运早年信奉佛道，曾注释过《金刚般若经》，润饰过《大般涅槃经》，《辩宗论》为其阐释顿悟的哲学名篇。谢灵运还于元嘉间奉诏撰《晋书》，《隋书·经籍志》著录36卷，已佚。《隋书·经籍志》又著录有《谢灵运集》19卷，已佚。明代张溥辑有《谢康公集》2卷，收入《汉魏六朝百三家集》。另有明代李献吉、焦竑辑刻的《谢康乐集》。近人黄节也作有《谢康乐诗注》等。

谢伦伯格 Schellenberg, Theodore Roosevelt (1903-02-24～1970-01-14) 美国档案学家，现代档案学派的代表人物。生于堪萨斯州。祖籍俄国。毕业于堪萨斯州立大学，获硕士学位。1935年起进入美国国家档案馆工作，历任该馆档案管理部主任、副馆长等职。1957年开始负责美利坚大学档案管理工作。1962年退休后，在几所大学讲授档案管理课程。对现代档案学理论作出了突出贡献。代表作是《现代档案——原则与技术》(1956) 和《档案管理》(1965)。他的学术贡献主要包括四点：①对档案的"文化财富"性质和设置档案机构的重要性所作的深刻论述。②提出"文件双重价值论"。③对文件与档案、文件管理与档案管理密切关系的系统论述，改进了档案学的研究方法。④对欧美文件、档案管理原则与技术所作的比较研究，开创了比较档案学的先河。

谢罗夫 Serov, Valentin Aleksandrovich (1865-01-19～1911-12-05) 俄国画家。生于圣彼得堡，卒于圣彼得堡。9岁时拜I.Ye.列宾为师。1880年考入皇家美术学院，在教授P.Ch.契斯恰可夫指导下学习素描。早期的成名作是《少女与桃》(1887) 和《阳光下的少女》(1888)，画中的姑娘端庄沉静，表现了青春的主题。19世纪90年代起，谢罗夫以肖像画闻名俄国。在1905年俄国民主运动高涨的年代，为M.高尔基和M.N.叶尔莫洛娃画了肖像。他还经常为儿童们画像，《在芬兰湾边的两个孩子》是这方面的代表作。他也为儿童喜爱的I.A.克雷洛夫的寓言故事作过很多插图，使寓言故事增添了华彩。1894年他参加巡回展览画派，画了一系列描写俄罗斯中部农村风光的画幅，如《十月》、《马车上的农妇》、《冬》、《农妇和马》等，具有浓郁的乡土气息。1905年他在圣彼得堡皇家美术学院任教时，目睹沙皇军警枪杀工人群众的暴行。出于义愤，他向当局提交了抗议书，并和许多画家一起，画了许多讽刺沙皇及其军队的政治漫画，其中著名的有《士兵们，弟兄们，你们的光荣在哪儿？》、《镇压以后》等。

《在芬兰湾边的两个孩子》(1899，俄罗斯博物馆藏)

20世纪初期，谢罗夫和艺术世界的同仁们一起画了一系列以彼得大帝为题材的历史画，画法新颖生动，对后来苏联插图艺术的发展产生了显著的影响。

谢罗夫创作生涯最后几年所作的几幅肖像，如《吉尔斯曼夫人》、《奥尔洛娃像》、《阿基莫娃》等在艺术上具有创新意义。这时期他的素描肖像组画具有与油画肖像同样的艺术造诣，笔触简练，线条流畅，极富表现力。谢罗夫在俄国绘画中承前启后，对苏维埃绘画有很大影响。

谢苗诺夫 Semyonov, Nikolay Nikolayevich (1896-04-15～1986-09-25) 苏联物理化学家。生于萨拉托夫，卒于莫斯科。1917年毕业于彼得堡大学数理系并留校工作。1920～1931年，在物理技术研究所工作，1928年兼列宁格勒工学院教授。1931年创建苏联科学院化学物理研究所并任所长。曾任莫斯科大学教授。1929年当选苏联科学院通讯院士，1932年当选院士。他发展了链反应理论。1926年他将链反应的概念由光化学反应推广到广阔的热化学反应领域。同年，发现支链反应。支链反应经过各种氧化反应（爆鸣气的燃烧，磷化氢的氧化）的验证，都获得圆满成功。因研究化学动力学，与C.N.欣谢尔伍德共获1956年诺贝尔化学奖。他还曾获列宁勋章。著有《链反应》和《化学动力学和反应能力的若干问题》等书。

谢诺阿 Šenoa, August (1838-11-14～1881-12-13) 克罗地亚作家。生于萨格勒布，卒于萨格勒布。曾攻读法律。当过编辑、议员和克罗地亚文学刊物《花环》主编 (1874～1881)。他在《我们的文学》(1865) 一文中提倡文学应当面向现实生活，作家应当为人民写作，推动了克罗地亚现实主义文学的发展。创作初期他曾用德语和捷克语写作，后改用克罗地亚语。有诗歌、短篇故事、文学评论等作品。他的社会和历史长篇小说成就斐然，主要有《金匠的宝贝》(1871)、《严防塞尼人》(1875)、《农民起义》(1877) 等。《农民起义》描写了1573年斯图比查农奴联合斯洛文尼亚农民举行的一场起义，在克罗地亚文学史上占有显著地位。另有喜剧《柳比查》(1866)、中篇小说《乞丐卢卡》(1879) 和长篇小说《弗拉迪米尔》(1879) 等。

谢泼德 Shepard, Francis Parker (1897-05-10～1985-04-25) 美国海洋地质学家。生于马萨诸塞州的布鲁克莱恩，卒于加利福尼亚拉霍亚。1920年在哈佛大学获学士学位，1922年在芝加哥大学获博士学位，并留校任教。1942年进斯克里普斯海洋研究所工作，历任主任地质师、教授。美国最早从事海洋地质研究的科学家之一。1933～1934年他对加利福尼亚沿海海底峡谷的研究，是美国太平洋海底地质工作的开端；提出部分海底峡谷的形成，与最后一次冰期海平面降低期间河流的下切侵蚀有关。50年代以来，系统研究了海底峡谷顶端的深度变化，论述了多种海底营力在塑造海底峡谷中的作用。所著《海底地质学》是最早系统总结海洋地质研究成果的重要著作之一，与P.F.迪尔合著的《海底峡谷和其他海谷》也有深远的影响。

谢泼德 Shepard, Sam (1943-11-05～) 美国戏剧家。生于伊利诺伊。登过舞台，拍过电影，写过40多部剧作。他的作品具有十分浓厚的美国气息，角色多半是昔日的西部牛仔、过时的摇滚乐明星、科幻小说中的魔怪、好莱坞制片人之类，触及的问题是美国梦的破灭、神话国家的没落、生活的日趋机械化、对自我的探索、家庭中的烦恼等。三部曲《挨饿阶级的诅咒》(1976)、《被埋葬了的孩子》(1978)、《真实的西部故事》(1980)中，《被埋葬了的孩子》旨在表明人们过去的历史有着空白点与耸人听闻之处，眼前的生活亦疑团百出，未来则若明若暗、吉凶未卜。其他重要剧作有《罪恶的牙齿》(1972)、《情痴》(1979)、《心中的谎言》(1985)以及电影《巴黎、得克萨斯》等。

谢时臣 Xie Shichen (1488～?) 中国明代画家。字思忠，号樗仙。吴(今江苏苏州)人。

《策杖寻幽图》(故宫博物院藏)

工山水，多作长卷巨幛，峰峦雄伟。尤善画水，江河湖海种种皆妙。笔墨纵横自如，富有气势。传世作品多为水墨立轴，《溪山揽胜图》绘高远山景，笔法细密苍劲。《策杖寻幽图》用笔劲健，墨色沉郁。《武当霁雪图》为屏幛大幅，层峦叠嶂，高耸险峻，富有宏阔气概。

谢添 Xie Tian (1914-06-18～2003-12-13) 中国电影演员、导演。原名谢洪坤。祖籍广东番禺。生于天津，卒于北京。1935年参加狮吼剧社，1936年在《生死同心》、《四千金》等影片中饰演角色。1937年参加抗日救亡演剧活动。1939年，在西北影业公司拍摄的影片《风雪太行山》中担任角色。1946年以后，在中央电影企业股份有限公

司三厂主演了《圣城记》、《追》等影片。中华人民共和国建立后，进入北京电影制片厂。1955年进入北京电影学院导演班学习，1957年毕业，导演了影片《探亲记》。1959年主演了影片《林家铺子》。之后，导演了《洪湖赤卫队》(1961)、《小铃铛》(1964)、《甜蜜的事业》(1979)、《七品芝麻官》(1979)、《茶馆》(1982)等影片。《甜蜜的事业》获1981年文化部优秀影片奖，谢添获1980年第3届《大众电影》百花奖最佳导演奖。

谢朓 Xie Tiao (464～499) 中国南朝齐诗人。字玄晖。祖籍陈郡阳夏(今河南太康)。曾为齐豫章王萧嶷及王俭属官，与王融、沈约、萧衍等同游竟陵王萧子良西邸，为“竟陵八友”之一。永明中至荆州为随王萧子隆属官，相处甚融洽，因谗被调回建康。历任明帝萧鸾骠骑咨议领记室、秘书丞、宣城太守诸职。明帝末，为南东海太守，适逢其岳父王敬则密谋起兵反叛，约他响应，他向朝廷告发，因功任尚书吏部郎。不久，执政的始安王遥光阴谋夺取帝位，约谢朓同谋，谢朓又加告发，遂为萧遥光所杀。

谢朓作诗讲求平易流畅，注意平仄声相对，号称“永明体”。这一诗体的首创者为王融，提出具体主张的是沈约，而在创作实践方面最有成就的则为谢朓。这个诗派的出现，为后来律诗的形成开了先河。名作有《游东田》、《晚登三山还望京邑》等，后者中“余霞散成绮，澄江静如练”两句，是千古传诵之句。他还都以后及出为宣城太守期间诗作名篇亦多，尤多山水及行旅之作，如《之宣城郡出新林浦向板桥》、《敬亭山诗》、《京路夜发》诸作，皆为名篇。由于处境和题材与谢灵运当时颇有相近处，因此取法谢灵运处颇为明显。大抵篇幅较长，遣词亦多古奥，较之前一时期似略显高古。

谢朓的短诗深受当时南方民歌的影响，如《玉阶怨》、《王孙游》等，已和后来的五言绝句相似。他早年与王融、沈约唱和的一些咏物诗则为后来的“新变体”及“宫体诗”的先声。谢朓曾说过“好诗圆美流转如弹丸”(见《南史·王筠传》)。从他现存的作品看来，这确实很符合他诗歌的特色。但钟嵘《诗品》则认为他笔力较弱，所以“末篇多踬”(结尾陷于平弱)，但“奇章首句，往往警遒”，“古今独步”。谢朓对后世的影响更不容忽视。唐代许多著名的诗人无不受他影响，其中李白尤为突出。

谢朓除了善诗外，亦擅长骈文，其《拜中军记室辞随王笺》一文，为《文选》所收录，历来颇被传诵。

《谢朓集》本12卷，又《逸集》1卷，今已残缺。现在所见最早的本子为《四部丛刊》影印明抄本。近人郝立权有《谢宣城诗注》(人民文学出版社排印本)。今人洪顺隆、曹融南都为《谢宣城集》作注，洪注在台湾出版，曹注由上海古籍出版社出版。

谢铁骊 Xie Tieli (1925-12-27～) 中国电影导演。江苏清江人。1940年参加新四军。1950年在中央电影局表演艺术研究所任教员兼表演系副主任。1956年任北京电影演

员剧团副团长。1959年独立导演影片《无名岛》。1960年导演了《暴风骤雨》。1963年导演了《早春二月》，次年改编、导演《千万不要忘记》。20世纪70年代相继拍摄现代京剧舞台艺术片《智取威虎山》(1970)、《龙江颂》(1972)、《海港》(1972)、《杜鹃山》(1974)，改编、导演《海霞》(1975)，联合导演《大河奔流》(1978，上、下集)。其后编导影片《今夜星光灿烂》(1980)、《知音》(1981，联合导演)、《包氏父子》(1983)、《清水湾，淡水湾》(1984)等。1988～1989年导演的《红楼梦》获1989年第10届中国电影金鸡奖最佳导演奖。他的导演艺术既有浓郁的民族特色，又有新颖脱俗的艺术魅力。出版有《谢铁骊谈电影艺术》、《谢铁骊剧作选》。

谢瓦尔德纳泽 Shevardnadze, Eduard Amvrosiyevich (1928-01-25～) 格鲁吉亚总统(1995～2003)。生于格鲁吉亚古里亚区黑海沿岸马马蒂。18岁时出任共青团库塔伊西区委部长，

后任区委第二书记。1957年任格鲁吉亚共青团中央第一书记。1959年毕业于国立库塔伊西师范学院。1964年任格鲁吉亚内务部第一副部长，1965～1972年任部长。1972年当选为格鲁吉亚共产党中央第一书记。1992年10月，当选为格鲁吉亚议

会主席（国家元首）。1995年11月，以压倒多数票当选为独立后的格鲁吉亚首任民选总统。2000年4月再次当选为总统，在结束国内政治纷争和平息内乱方面发挥了积极作用。2003年11月2日，格鲁吉亚举行议会选举，反对派以当局在选举中舞弊为由，拒绝承认选举结果，并组织大规模示威游行，要求他辞职，从而引发政局动荡。他被迫于11月23日宣布辞去总统职务。曾对中国进行正式访问。

谢瓦莱 Chevalley, Claude (1909-02-11～1984-06-28) 法国数学家，布尔巴基学派的创始人之一。生于南非约翰内斯堡，卒于巴黎。1926年考入巴黎高等师范学校，1929年毕业，并取得国立中学高级教师职衔，1933年获博士学位。1931～1937年得到法国国家科学研究基金（后改中心）CNRS资助。1931～1933年赴德国学习访问，深受E.诺特、E.阿廷等人的影响。1937年赴雷恩大学工作。1938年赴美国，先后在普林斯顿大学（1938～1948）、哥伦比亚大学（1948～1955）任教。1953～1954年间在日本讲学，对日本战后数学复兴很有影响。1955年回到法国，在巴黎大学任教，1978年退休。他在代数数论——类域论、李代数的上同调理论、李群论、代数群论、有限群论、交换环论和代数几何学等方面都有重要的贡献。

谢希德 Xie Xide (1921-03-19～2000-03-04) 中国物理学家。生于福建晋江，卒于上海。1946年毕业于厦门大学数理系。1951年获美国麻省理工学院博士学位。后参加该学院J.C.斯莱特领导的分子和固体研究室的工作，从事半导体共振腔的理论研究。1952年回国，被聘入复旦大学任教，历任复旦大学现代物理研究所所长、副校长、校长，中国物理学会副理事长。曾兼任上海技术物理研究所副所长。1980年当选为中国科学院学部委员（院士）。中国半导体物理学、固体能谱和表面物理学研究的主要倡导者和组织者之一，在表面和界面物理以及量子器件和异质结构电子性质的理论研究方面卓有成就。是国际学术刊物《表面科学》和《电子能谱术和显微术杂志》的编委。主要著述有：同黄昆合编的《半导体物理学》，同方俊鑫合编的《固体物理学》。1981年5月美国史密斯学会和纽约市立学院授予她荣誉科学博士。

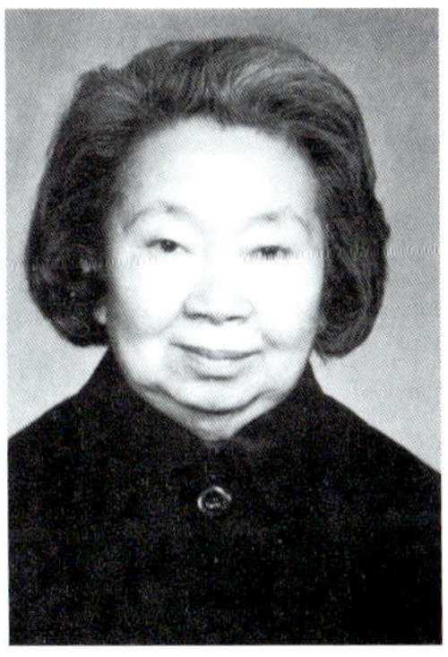

谢侠逊 Xie Xiaxun (1887～1987) 中国象棋家。百岁棋王。浙江平阳人。生于平阳腾蛟，卒于上海。童年即善弈，毕生爱好并研究象棋。他曾校订了许多珍贵的象棋古谱，编成《象棋谱大全》问世。1937年，到菲律宾、马来西亚、印度尼西亚、新加坡、缅甸等国，在华侨中宣传抗日救亡，并利用象棋比赛为祖国募捐。中华人民共和国建立后，先后担任中国象棋协会副主席、上海市棋类协会副主席等职。晚年仍弈棋不辍，94岁时尚在温州进行大象棋表演赛。1985年国家体委授予他"体育运动荣誉奖章"。

谢玄 Xie Xuan (343～388) 中国东晋名将。字幼度。陈郡阳夏（今河南太康）人。谢安兄奕之子，少为谢安所器重，后桓温举为掾属。谢安执政，荐为建武将军、兖州刺史、广陵相，参与组织训练北府兵。太元四年（379）前秦军陷襄阳，又连下彭城（今江苏徐州）、淮阴、盱眙，进围三阿（今江苏金湖东南），东晋朝廷上下震动。谢玄自广陵救援，三阿围解。复与田洛合兵五万大败秦军，连克盱眙、淮阴，前秦军败退淮北，以功封东兴县侯。八年（383），前秦军大举南进，淝水之战爆发。谢玄以前锋都督之职，率八千精兵强渡淝水，终于以少胜多，击溃强敌。次年乘胜克彭城，收复徐、兖、青、豫诸州，进据黎阳（今河南浚县东），以功封康乐县公。司马道子忌谢氏功高，"以征役既久，宜置戍而还"为借口，令谢玄回镇淮阴。旋因病解职，转授会稽内史，卒于官。

谢雪红 Xie Xuehong (1901-10-17～1970-11-05) 中国台湾民主自治同盟（"台盟"）总部理事会主席。生于中国台湾彰化，卒于北京。幼年贫苦，沦为孤儿、童养媳。1923年参加台湾进步团体"文化协会"。1925年在上海参加五卅运动，同年加入中国共产党，入上海大学，随即赴苏联莫斯科东方大学学习。1928年在上海参加组建台湾共产党，回台湾活动。1931年被日本占领军逮捕，1939年出狱。抗日战争胜利后发起组织台湾"人民协会"、"农民协会"。1947年参加和领导台湾二二八起义，失败后赴上海、香港，重新加入中国共产党。同年发起组建"台盟"，任主席。1949年到北京出席全国政协第一届全体会议，当选中华全国民主青年联合会副主席、中华全国民主妇女联合会执行委员。中华人民共和国建立后，历任政务院政法委员会委员、华东军政委员会委员、"台盟"第一届总部理事会主席、全国政协第一届委员、第一届全国人民代表大会代表。反右派斗争中受到错划处理，"文化大革命"中遭受迫害。1980年错划获得改正。1986年恢复名誉，骨灰移至北京八宝山革命公墓。

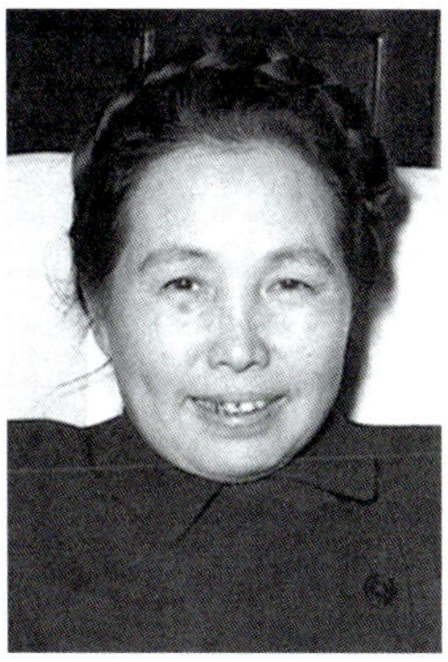

《谢瑶环》 *Xie Yaohuan* 中国京剧作品。田汉编剧，剧本发表于《剧本》月刊1961年7、8月号合刊。唐武则天时期，权贵兼并土地，鱼肉百姓，江南农民被迫聚义太湖。武则天命谢瑶环改名谢仲举，女扮男装，巡按江南。武三思之子武宏及来俊臣异父弟蔡少炳在苏州霸占田土，横行乡里。谢瑶环亲睹武、蔡强抢民女，遇义士袁行健将民女救下。谢瑶环秉公断案，处死蔡少炳，杖责武宏，并与袁行健相爱成婚。武三思、来俊臣挟仇诬告谢瑶环谋反，并擅改武则天口谕，将谢瑶环以酷刑处死。武则天怒杀来俊臣、武宏，追封谢瑶环。此剧系作者据陕西省戏曲研究院演出的碗碗腔《女巡按》改编，《女巡按》则是据碗碗腔原有剧目《万福莲》（清李芳桂作）改编。1961年，中国京剧院于北京首演，杜近芳饰谢瑶环，叶盛兰饰袁行健。

谢义炳 Xie Yibing (1917-04-03～1995-08-25) 中国气象学家。生于湖南新田，卒于北京。1945年留学美国芝加哥大学，1949年获博士学位，1950年回国。1952年任北京大学教授，1978年任北京大学地球物理系主任。1980年当选为中国科学院学部委员（院士）。历任中国气象学会第19、20届理事会副理事长。1982年当选为英国皇

家气象学会荣誉会员。1988年获芬兰帕尔门国际奖。

对大气科学的主要贡献是在天气学和大气环流领域。20世纪50～60年代在大气环流系统三维结构分析、低纬度气象学和中长期天气分析预报等研究中，撰写了《西太平洋及东亚大陆上空的温度场与流场》和《东南亚基本气流与台风发生的一些事实的统计与分析》等20多篇论文，提出东亚上空多层锋区、急流分支和副热带急流的概念，大多数台风发生在热带辐合带，台风生成的切变不稳定性理论，以及有关气候学、农业气象学、水文气象学、长期天气预报等内容。70年代在暴雨研究的基础上，提出了湿斜压大气动力学问题，强调水汽对大气运动和天气系统的发生发展的作用。80～90年代，他又回到大气环流基本理论研究，发表了《斜压大气纬圈平均大气运动特征的振动》和《稳定和不稳定的斜压行星波》等十余篇论文。他还编著有《天气学基础》等。

谢榛 Xie Zhen (1499～1579) 中国明代诗人。字茂秦，号四溟山人，一号脱屣山人。临清（今属山东）人。年轻时刻意为歌诗，渐渐闻名于当世。入京后与李攀龙、王世贞等人建立诗社，谢榛为长，倡文学复古运动，为后七子之一。但随着李攀龙的名声大炽，再加上他论诗与李攀龙的意见有所不合，素性倔强，遂遭排挤。乃遍游诸王府之间，先秦、晋，后燕、赵，声名日著。晚年再游河北，至大名而卒。终身布衣。谢榛论诗的主张主要表现在《四溟诗话》里。他的基本态度与李攀龙、王世贞一致，主张模拟盛唐，鄙视宋人，但与李攀龙等人不同的是他取径较宽。谢榛较重视诗歌创作中各有所得的“天机”和“超悟”。由此出发，他强调情真，不要模拟太甚，并且强调独创性。这些看法显然比李攀龙诗论开通和高明。但是，谢榛提倡“超悟”的目的主要在追求诗篇中的“警句”。这使得他的诗歌创作有时仅得佳句而难见完篇。谢榛的诗歌创作有两方面较为突出。一是因他长期转徙于公卿、藩王之间，过着类似乞讨的生活，所以其诗经常抒发他漂游中的凄苦情怀，如《夜坐感怀寄徐文山》等篇。他描写旅途的困顿也颇为真切精细，如《雨中宿榆林店》。二是由于他长期游历，所以塞外风光常常出于笔端。谢榛擅长近体，五律更优。此外，他的一些七绝也能节制精严、神采焕发，如《怨歌行》等抒发情怀，颇为蕴藉。其诗在前、后七子中堪称第一。著有《四溟集》24卷。

谢志光 Hsieh Chih Kuang (1899-02-10～1967-08-17) 中国临床放射学家和医学教育家。中国放射学的创建、奠基人。生于

广东东莞，卒于广州。1922年毕业于湖南长沙湘雅医学专门学校，获美国康涅狄格大学医学博士学位。1923年到北京协和医学院工作。1928年任协和医院放射科主任。1948年10月之后，任广州岭南大学医学院院长兼放射科主任、广州市第一人民医院放射科主任、中山医学院放射科主任、华南肿瘤医院院长。他第一个全面系统描述中国人肠结核、长骨结核的X射线征象，首次报告原发性肺癌和肺与骨寄生虫病X射线表现。创髋关节的特殊投照位置（谢氏位）。

谢稚柳 Xie Zhiliu (1910-05-04～1997-06-01) 中国画家、书画鉴定家。字壮暮。生于江苏武进，卒于上海。早年学习陈洪绶；中年后，上窥宋元，直溯盛唐五代，工花鸟、山水，兼及人物、走兽，设色雅艳，用笔隽秀；晚年更用阔笔，掩映杂彩。《竹禽图》、《荷塘过雨》、《十幅图卷》、《塞上牧马》等为其力作。其书法亦为别调，工行草。

谢稚柳还是书画理论家和鉴赏家，曾任中央大学艺术系教授。1942年赴敦煌石窟研究壁画，著《敦煌石窟艺术叙录》。中华人民共和国建立后，在上海文物管理委员会长期从事书画鉴定工作，1962年国家文物局成立书画鉴定组，为小组成员之一。1983年文化部文物局又组织全国古代书画鉴定组，任组长。曾当选中国美术家协会理事、美协上海分会副主席，中国书法家

《竹禽图》

协会常务理事、书协上海分会副主席等职。其著述有《鉴余杂稿》、《水墨画》、《董源与巨然》等，出版有《谢稚柳画集》。

榍石 sphene; titanite 硅酸盐矿物，化学组成为$CaTi[SiO_4]O$，晶体属单斜晶系。常有稀土、锡、铁、锰等类质同象替代，形成钇榍石、红榍石等变种。多以单晶体产出，晶体呈扁平的楔形状、板状，菱形的横断面，沿板的方向投影似信封状。蜜黄色、褐色、

绿色、玫瑰色、黑色等。金刚光泽。解理中等或不完全。莫氏硬度5～5.5。密度3.45～3.55克/厘米^3。常以副矿物广泛分布于碱性、酸性和中性火成岩中；在伟晶岩尤其在碱性伟晶岩中，常有粗大的晶体产出。也见于结晶片岩、片麻岩、夕卡岩和砂矿床中。著名产地有俄罗斯科拉半岛、奥地利蒂罗尔、瑞士圣哥达、美国宾夕法尼亚州等。中国辽宁、广西等地也有产出。可作为宝石和提取氧化钛的矿物原料。

獬豸 Unicorn 中国古代传说中的一种灵兽。亦作解廌。以独角为主要特征，故又称独角兽。传说獬豸性格忠诚，善辨是非。

北京十三陵獬豸石雕

上古神话中的司法审判之神皋陶遇到曲直难断的情况，便放出独角神羊，顶触的即是有罪之人。故而獬豸又有神羊之称，象征勇猛、公正。其实物形象多出现于中国皇家建筑的屋脊之上（如北京故宫太和殿），也被广泛用在中国古代法律界，官员的服饰上、衙门的墙上多绘有獬豸图案。执法者的冠称獬豸冠，高五寸，呈桶状，在春秋时已出现，秦代御史执法时使用，汉代袭用。古时称御史冠为獬豸，引申以獬豸代指执法官。

蟹 Brachyra; crab 十足目短尾次目动物的统称。世界约4 700种，中国约800种。

蟹的身体分为头胸部与腹部。头胸部的背面覆以头胸甲，形状因种而异。额部中央具第1、2对触角，外侧是有柄的复眼。口器包括1对大颚，2对小颚和3对颚足。头胸甲两侧有5对胸足。腹部退化，扁平，曲折在头胸部的腹面。雄性腹部窄长，多呈三角形，只有前两对附肢变形为交接器；雌性腹部宽阔，第2～5节各具1对双枝型

附肢，密布刚毛，用以抱卵。

多数蟹为海生，以热带浅海种类最多。极少数能附着在木材或其他漂浮物上生活。也有不少种类与其他动物营共栖生活，还有少数蟹类能适应陆地生活。

蟹类绝大部分为杂食性。

蟹类可供食用。蟹壳可用以提炼工业原料甲壳素，也可提制葡糖胺。有些蟹类可作中药用。蟹幼体或成体均可作饵料及饲料。此外，一些蟹类能破坏农田、水利或为人体寄生虫的中间宿主。

蟹爪兰 *Zygocactus truncatus*; crab cactus 仙人掌科蟹爪兰属一种。原产南美巴西。中国各地温室栽培。附生肉质植物，常呈灌木状，无叶。茎无刺，多分枝，常悬垂，老茎木质化，稍呈圆柱形，幼茎及分枝扁平，每一节间矩圆形至倒卵形，长3～6厘米，鲜绿色，有时稍带紫色。花单生枝顶，玫瑰红色，长6～9厘米，两侧对称，两性花；花萼1轮，基部短筒状，顶端分离；花冠数轮，花瓣多数，下部长筒状，上部分离；雄蕊多数，2轮，伸出，向上拱弯。浆果梨形，红色。为著名观赏花卉。

蟹蛛 Thomisidae; crab spider 蜘蛛目蟹蛛科动物的统称。全球约1 800种。多数种类头胸部和腹部短宽，步足向左右伸展，能横行，宛如螃蟹，因而得名。不结网，常静伏花草丛中等候捕食过往的昆虫，有时举起第1对步足向左右张开。卵袋产于叶面或树干上，雌蛛常伏在卵袋上守护，但通

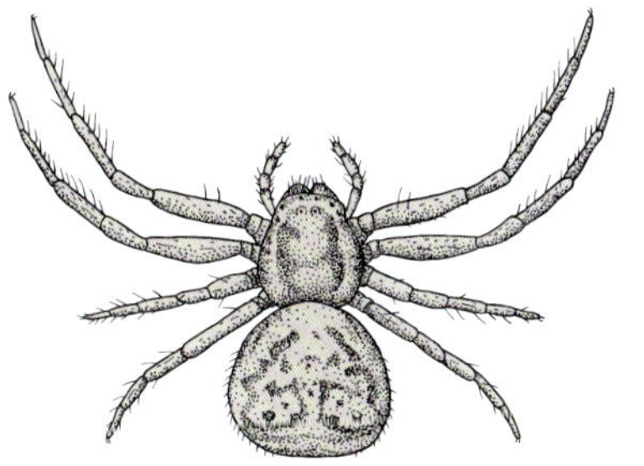

鞍形花蟹蛛

常在幼蛛孵出前死去。常见的有三突花蛛和鞍形花蟹蛛。多生活在花草丛或豆田中，或在靠近豆田的棉田、麦田中捕食害虫。

心 citta 佛教名词。梵文音译为“质多”、“质多耶”等。有五义：①在常识上它指精神性的主体，与物质性的“色”相对言，一切有知觉而无形质的都是心。②包括一切精神性的现象。此意义上，心、意、识三者是等同的。③在唯识的五位百法体系中，阿赖耶识是集起心，因为它能集生诸法种子，能熏令种子新生。末那识体现其思量的功能，这里指其在认识中的统觉作用。“了别”的心，指具体的六识功能（眼耳鼻舌身意识）。④在《楞伽经》一类讲如来藏佛性的经典中，心指的是自性清净本体。⑤内团心（心脏）。

心瓣膜病 valvular heart diseases 心脏的疾患累及瓣膜的一类病变。主要病征如下。

二尖瓣病变 ①二尖瓣狭窄。绝大多数为风湿性心内膜炎所致。②二尖瓣关闭不全。以风湿性者为最常见。③先天性二尖瓣关闭不全。由于先天性腱索畸形、缩短或阙如，瓣叶过短、过长或有裂缺，瓣环扩大等畸形所造成。④二尖瓣脱垂综合征。指心脏收缩时，异常的二尖瓣叶向左房脱垂，此病可发生于任何年龄，以女性为多见。

主动脉瓣病变 ①主动脉瓣狭窄。狭窄性病变可发生于瓣膜本身、瓣上或瓣下等部位。②瓣膜型主动脉瓣狭窄。一般在儿童期或青年期出现者，几乎均为先天性瓣膜畸形；成年期后出现者多为钙化性主动脉瓣狭窄，亦可为先天性畸形或风湿性引起者。③瓣上型主动脉瓣狭窄。位于主动脉瓣窦上方的膜样、局限性或弥漫性狭窄。④瓣下型主动脉瓣狭窄。位于左室出口处的主动脉根部的异常隔膜引起的狭窄，多累及二尖瓣前叶。⑤主动脉瓣关闭不全。慢性者以风湿性为最常见，且常伴有狭窄。

三尖瓣病变 功能性者多见，器质性者较少见。①单纯性三尖瓣狭窄。更少见，几均为先天性者，且在先天性心血管病中亦属罕见。而风湿性者则多合并有二尖瓣或主动脉瓣病变，且多伴有不同程度的关闭不全。②三尖瓣关闭不全。常并发于引起重度肺高压及右室增大的心脏病变。器质性三尖瓣关闭不全见于风湿性心脏病、感染性心内膜炎、埃布施泰因氏畸形、心内膜弹力纤维增生症等。③肺动脉瓣病变。一类少见的心瓣膜病，器质性者多为先天性畸形，而后天性者则多为相对性肺动脉瓣关闭不全。④联合瓣膜病变。其中以二尖瓣病变合并主动脉瓣病变为最多，而合并于二尖瓣的肺动脉瓣病变，多属相对性关闭不全。

心包 pericardium 中医学中心外围的组织器官。又称心包络或膻中。它是心的外膜，包裹着心，附有络脉，以通行气血。心包具有保卫心并能反映其某些功能的作用，“喜乐”的情绪虽然发自心中，但却是通过心包反映出来的，即所谓“代心行令”。心是五脏六腑的主宰，不能受到邪气的伤害，如果受伤则病情危重，当邪气侵犯时，首先由心包承受，以避免或减轻心受到损伤，因此说心包能“代心受邪”，即《灵枢·邪客》篇所谓：“故诸邪之在于心者，皆在于心之包络。”

属于心包的经脉称为手厥阴心包络经，与手少阳三焦经相互络属，构成表里相合的关系。在热性病中，由火热邪气引起的高热、神昏、谵语等证候，其病变部位多在心包，称为热入心包证，以清心开窍法治疗。

心包疾病 pericardial diseases 发生于心包部位的病变。即急性心包炎、心包积液和缩窄性心包炎的统称。三者也可视为同一疾病的不同阶段。

急性心包疾病的病因有结核性、非特异性、化脓性、风湿性、尿毒症性、急性心肌梗死并发、肿瘤性、创伤性、放射性等。其渗液有纤维蛋白性、浆液纤维蛋白性、浆液血性、出血性、化脓性等。大量心包积液可致心包填塞。

慢性心包积液可由急性心包炎发展而来，急性期症状不明显。若积液量多，形成时间较短，患者常有气短、颈静脉怒张、心界扩大、脉压差小及奇脉，重者有肝大、腹水。X射线心脏检查及超声检查可以证实大量心包积液。穿刺心包液体，检查其性质，对病因诊断有极大帮助。

心包积液可形成粘连、纤维化、心包增厚、钙化，成为慢性心包炎（缩窄性）。

心包疾病的治疗与预后视病因及治疗的早晚而不同，及早明确病因并采取恰当的治疗措施是成功的关键。由于心包疾病几乎都是周身疾病的一部分，所以全身病因的去除与治疗极为重要。

心包炎（缩窄性） pericarditis (constrictive) 积液在心包壁层和脏层之间形成坚厚瘢痕组织，影响心脏的舒张及收缩功能，并产生一系列临床症状的病变。是慢性心包炎的一个类型。病因以结核性心包炎占多数。临床表现为劳累后呼吸困难，心尖搏动减弱或消失，心音轻而远、颈静脉怒张、奇脉、肝肿大、腹水、胸腔积液、下肢水肿等。根据病史及临床表现，辅以心电图、X射线片、超声心动图等，腹水、肝肿大、颈静脉怒张而无显著心脏扩大常可明确诊断。只要心包感染已控制，就应尽早施行心包剥离手术。

心导管术 cardiac catheterization 从周围血管插入导管送至心腔及大血管各处，用以检查、诊断、治疗的技术。又称为心血管病介入治疗术。

右、左心导管检查 将导管从周围静脉插入，送至上、下腔静脉，右心房，右心室及肺动脉等处，是右心导管检查，探查“静脉血”循环部分。从周围动脉逆行插管，送至主动脉、左心室；或者利用右心导管经过畸形的通路进入肺静脉、左心房等；或用右心导管经房间隔穿刺进入左心房，探查“动脉血”循环部分，是左心导管检查。

选择性心血管造影 通过心导管将造影剂快速注射于待观察心腔或大血管的局

部，将造影剂随心脏收缩、血液播散的影像记录下来，以分析心脏血管系统某个部位的解剖和功能状况。

选择性冠状动脉造影 把导管插入冠状动脉口内，注射少量（4～6毫升）造影剂，使之集中于该支冠状动脉分布的支流中，用电影摄影动态观察血流的过程，从主干到细小分支都能清晰地显示，而且此法容许多次注药造影，作多角度的投照，明显地提高了观察冠状动脉病变的部位、范围、程度等诊断效果。

以心导管术为基础的诊断检查手段 还有重症患者的心血管腔内血液动力学检测；心脏电生理检查及心内膜起搏术（用电极导管）；心内膜心肌活组织检查；心血管腔内超声探查等。

以心导管术为基础的介入性治疗 有冠状动脉的介入治疗；瓣膜狭窄的球囊成形术；先天性心脏畸形封堵术；**心律失常**的射频消融治疗；周围血管的介入治疗等。

心电图 electrocardiogram; ECG; EKG 描记心动周期中心肌电活动过程的连续曲线。是诊断心血管疾病最常用的辅助手段。其基本原理是通过体表电极（肢体及胸前共12个电极）将心脏生物电活动记录于心电图纸上供临床医师分析。常用的导联包括6个肢体导联（Ⅰ、Ⅱ、Ⅲ、aVR、aVL、aVF）及6个胸前导联（V_1、V_2、V_3、V_4、V_5、V_6）。必要时可加做右胸前（V_1R、V_2R、V_3R）及左胸前导联（V_7、V_8、V_9）。

正常心电图形包括顺序出现的P、QRS及T波，以及各波形间的时间间期，如PR间期，QT间期等。分析各波形出现的顺序及基线水平的变化可为诊断各种心脏疾病或全身疾病提供线索。P波为心房兴奋产生；QRS波为心室除极时的表现；T波为心室激动恢复（复极）的结果；PR间期代表激动由心房传到心室时所需的时间，正常值为0.12～0.20秒，PR间期延长提示房室间传导障碍；QRS间期为心室除极时间，正常应在0.08秒以内，QT间期代表心室复极的时间，在某些疾病时QT间期可明显延长。可用心电图诊断的疾病包括：①心律失常。如房性及室性早搏、室性及室上性心动过速、病态窦房结综合征、房室及室内传导阻滞。主要表现为P、QRS波群出现的顺序及形态，节律的异常以及PR段的延长或P、QRS波无固定关系。②心肌梗死，主要表现为异常Q波及ST段的上移，T波倒置等。③冠心病心绞痛。主要表现为ST段下移和T波倒置或低平。④药物中毒或电解质紊乱，可表现为QRS波增宽，QT间期延长及巨大U波等。⑤心包积液。表现为肢体导联低电压。心电图与运动试验相结合称为运动心电图，主要用于诊断冠心病及某些心律失常如窦性心动过缓及室性心动过速。平时心电图正常者，若运动后出现ST段压低则为冠心病的临床诊断提供了重要依据。

从心电图原理衍生的诊断检查方法有：动态心电图、心电图负荷试验、心向量图、心磁图、高分辨率心电图、心室晚电位、心率变异性、QT离散度、P波离散度、食管电生理检查、心内电生理检查、体表标测、心外膜标测、心内膜标测等。

心动周期 cardiac cycle 心脏每收缩和舒张一次构成一个心动周期。心脏舒张时内压降低，腔静脉血液回流入心；心脏收缩时内压升高，将血液泵到动脉。一个心动周期中首先是两心房收缩，其中右心房的收缩略先于左心房。心房开始舒张后两心室收缩，而左心室的收缩略先于右心室。在心室舒张的后期心房又开始收缩。心室的收缩是推动血流的主要力量，习惯上以心室舒缩的起止作为心动周期的标志，把心室的收缩期叫做收缩期。心室的舒张期叫做舒张期。

心动周期期间，心房、心室内的压力和容积、血流速度、心内瓣膜以及与心脏相连的大动脉内的瓣膜等也出现周期性的改变，这些变化驱使血液沿着一定的方向流动。在心动周期中，同时还有心脏电活动、心音和动静脉搏动等周期性变化，它们反映心脏的功能状态。心电、心音、脉搏的异常是诊断心血管疾患的重要依据。

心－肺－脑复苏 cardio-pulmonary-cerebral resuscitation; CPCR 抢救心跳、呼吸骤停及保护、恢复大脑功能的复苏技术。主要用于复苏后能维持较好的心、肺、脑功能及能较长时间生存的患者。它包括基本生命支持、进一步生命支持和复苏后治疗三部分。前者向心、脑及全身重要脏器供氧，继而应用辅助设备及特殊技术恢复并保持自主呼吸及心跳；后者是脑保护、脑复苏及其他复苏后疾病的防治。

基本生命支持 又称初期复苏或现场急救。是复苏的关键。程序包括心跳、呼吸停止的判定，开放气道（A）、人工通气（B）及人工循环（C）等环节。此即心肺复苏三步骤。可由一人或二人进行。特殊情况下亦可在水中（溺水）和高处（触电）进行。

判定心脏、呼吸骤停 迅速判定：①有无头颈部外伤。头颈部外伤者应尽量避免移动，以防脊髓进一步受压造成截瘫。②有无呼吸停止。③有无心脏骤停。诊断依据为突然意识丧失和颈动脉搏动消失。

开放气道 口内有呕吐物或异物应予清除。开放气道常用手法有仰头－抬颏手法和托颌手法。对疑有颈部外伤者，常仅采用本手法而不配合使头后仰或其他手法，以免进一步损伤脊髓。有条件时可通过放置口咽或鼻咽通气道或气管内插管等方法，以维持呼吸道通畅。

实施人工通气 见**人工呼吸**。

建立血液循环 见**心脏按压**。

进一步生命支持 又称后期复苏。运用辅助设备和特殊技术，建立和维持有效的通气与血液循环，进行心电监护，识别及治疗心律失常，建立有效的静脉通路，使用药物和电学方法等多种措施治疗和保持心肺功能及治疗原发疾病。

给氧 纠正缺氧是复苏中的重要环节。心肺功能尚不稳定时毫不迟疑地予以纯氧吸入；已有自主呼吸者可予40%氧吸入。可用辅助设备开通气道给氧，常用的设备有面罩、S型口咽导气管和气管内插管三种。

电除颤 心室纤颤约占全部心脏骤停的2/3。故除颤的迟早是患者能否存活的关键。

药物治疗及给药途径 避免心脏直接穿刺给药，以防发生气胸、心包填塞及误入心肌等并发症，首选给药途径为静脉给药。

开胸心脏按压 见**心脏按压**。

复苏后治疗 重点在于防治多器官功能衰竭和缺氧性脑损伤。

维持良好的呼吸功能 自主呼吸未恢复者，应进行机械通气治疗。

确保循环功能的稳定 是一切复苏措施能奏效的先决条件。应维持血压在正常或稍高于正常水平。

防治肾衰竭 维持循环稳定，保证肾脏的灌注压。纠正酸中毒，避免应用损害肾功能的药物，使用肾血管扩张药物（如小剂量多巴胺）等。

脑复苏 脱水、降温和肾上腺皮质激素治疗是行之有效的防治急性脑水肿的方法。脱水治疗以渗透性利尿为主（应用甘露醇等），快速利尿药（如速尿）为辅。低温可使脑细胞的需氧量降低，起到脑保护作用，以应用冰袋物理降温为主。肾上腺皮质激素对神经系统组织水肿的预防作用较明显，故激素的应用宜尽早开始。一般使用3～4日即可停药，以免发生并发症。

心火亢盛证 syndrome of exuberance of heart fire 因心火炽盛，扰乱心神所引起的实热性中医学证候。常见于血淋、不寐、癫狂等病证。心阴心阳平衡协调，共同维持心主血脉、主神志的功能活动。火热之邪侵入、平素偏食辛辣之品、愤怒抑郁，均可化热化火，继而损伤心阴、内扰心神，形成心火亢盛证。具体表现为：①心火内炽。心经火热炽盛，扰乱心神，轻则心烦失眠，重则狂言昏乱，嬉笑不休；火热盛，故脉数，甚则火热灼伤血络而见各种出血；因心火内炽胸中，患者自觉心胸烦闷。②心火上炎。舌为心之苗窍，心火旺盛必循心经上炎于舌体，可见口舌生疮，甚则糜烂、舌尖痛、舌质红赤起刺等。③心移热于小肠。心与小肠相表里，心火亢盛亦能循经下移，可见小便黄赤、排尿灼热刺痛，甚或尿血等小肠实热之证。

心火亢盛证的治疗以清心泻火为法。如为心火内炽而引起的衄血、吐血，宜用泻心汤；心烦失眠者可用朱砂安神丸；心火上炎者，可选黄连上清丸；心火移于小肠者，一般选用导赤散；若兼有出血现象，可以加入凉血止血之品。

心肌 cardiac muscle 分布于心脏及其相连的大血管近段且具收缩性的肌肉组织。心脏舒缩活动的功能基础。心肌收缩具有自动节律性特点，缓慢而持久，属不随意肌。另外，还有一种特殊的心肌纤维组成心脏的传导系统，具有发出冲动、传导兴奋、调节心脏按节律收缩的作用。该系统包括窦房结、房室结、房室束及其分支。除窦房结位于有心房的心外膜深部外，其余各部分别分布于心内膜下层。

心肌梗死 myocardial infarction 由冠状动脉内梗阻性血栓所致心肌缺血和坏死。

分类 按心电图上ST段是否抬高，分为非ST段抬高的心肌梗死和ST段抬高的心肌梗死两大类。一般指后者，即以往认为的典型的急性心肌梗死。

诊断 急性心肌梗死的诊断至少需具备以下三个特征中的两条：

①症状。心绞痛或胸部压榨感时间延长，休息或用硝酸甘油不能缓解，可伴有呼吸困难、恶心、呕吐、疲乏、出汗、心悸。老龄、术后、合并有糖尿病或高血压的患者也可能发生无痛性心肌梗死，表现为血压下降、气短、心力衰竭症状恶化或急性的神志不清等。

②心电图变化符合心肌缺血或坏死。包括ST段抬高呈单向曲线，T波直立、尖耸或倒置，新出现的时间长于40毫秒的Q波。上述变化若发生在有定位意义的导联

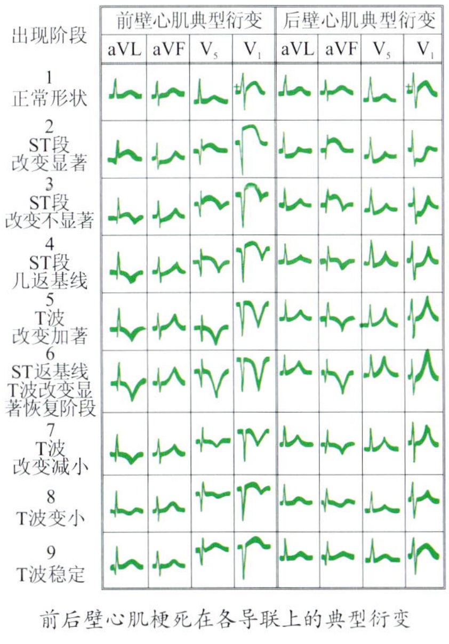

前后壁心肌梗死在各导联上的典型衍变

群，则更具有诊断价值（图1、图2）。

③心肌酶（包括肌酸激酶和心肌特异性的肌钙蛋白Ⅰ和T）升高。均有较高的灵敏度和特异性。

治疗 及早发现，及早住院，并加强入院前就地处理。治疗原则为挽救濒死的心肌，缩小梗死面积，保护心脏功能，及时处理各种并发症。①监护和一般治疗。②镇静止痛。③调整血容量。④缩小梗死面积措施。⑤抗心律失常。⑥急性心肌梗死后合并心源性休克和泵衰竭的治疗。⑦急性心肌梗死二期预防。

恢复期的预防 应重视把具体的治疗方案、措施和对患者及其家属的健康教育密切结合起来；把膳食、运动、良好生活习惯的建立和防治各种风险因素的防治措施结合起来，把减少不良心脏血管事件的复发、改善患者的预后和恢复劳动力、恢复独立生活能力等高度个别化的治疗目标和具体方案结合起来。

心肌炎 myocarditis 主要发生于心肌的一组炎症病变。一般分为感染性心肌炎和非感染性心肌炎两大类。大部分心肌炎的病原为微生物（如病毒、克鲁斯氏锥虫等）；另一部分心肌炎的病原为物理、化学性因素，其中药物占重要位置。绝大多数心肌炎可痊愈。

感染性心肌炎的病因 ①病毒。库克萨基A及B组、埃可病毒、流感病毒、腺病毒等感染较多见。②细菌。白喉、伤寒等细菌的毒素使心肌受损。③真菌。放线菌、念珠菌、曲霉素、隐球菌等可引起败血症，并直接侵犯心肌。④螺旋体。梅毒螺旋体、钩端螺旋体可直接侵入心肌细胞内。⑤立克次氏体。以普氏立克次氏体为主，能损害血管引起继发心肌受损。⑥原虫。如克鲁斯氏锥虫、弓形虫、利什曼原虫，可直接侵入心肌引起炎症。⑦蠕虫。旋毛虫、包虫、血吸虫、丝虫等激发过敏反应或寄生于心肌纤维上。

非感染性心肌炎的主要病因 ①过敏或变态反应。②理化因素。化学毒物或药物（如阿霉素、吐根素、砷剂、锑剂、蛇毒、蝎毒等）除通过过敏反应外，还可由直接毒性作用引起中毒性心肌炎。心脏区过度X射线照射也可引起放射性心肌炎。

临床表现 感染性心肌炎轻症者无明显临床症状，为仅有一过性心电图异常的亚临床型；重症急性（暴发型）心肌炎，表现为突发的泵衰竭或致命性的心律失常，可于数小时或数日内死亡或猝死；少数病例可迁延成慢性直至反复发作导致心力衰竭而死亡。常见的感染性心肌炎如病毒性心肌炎多不危及生命，但可后遗心律失常。

诊断 明确的病毒感染病史、临床表现、心肌酶学改变等。血清心肌酶增高亦有助于诊断。

防治 感染性心肌炎的预防在于防止病毒感染，麻疹、脊髓灰质炎、腮腺炎、流感等预防接种有较好的效果。对库克萨基、埃可等病毒感染尚无特异的预防疫苗。对多数病例只能进行对症治疗。

心悸 palpitation 以患者自觉心跳、心慌为主要临床表现的中医病证。心悸多因心胆气虚，惊忤心神；或失血过多，心失所养；或虚火妄动，上扰心神；或阳虚气衰，心脉不温；或气滞血瘀，心脉痹阻等引起。临床常见以下几型：①心胆气虚型心悸。证见心悸善惊，苔白脉弱。治宜养心安神，方用平补镇心丹。②心血不足型心悸。证见心悸头晕，面白乏力，舌淡脉细。治宜养心补血，方用归脾汤。③阴虚火旺型心悸。证见心悸失眠，五心烦热，腰酸耳鸣，舌红脉细。治宜滋阴清火，方用天王补心丹。④心阳不足型心悸。证见心悸胸闷，气短面白，形寒肢冷，舌淡脉沉。治宜温补心阳，方用桂枝甘草汤加味。⑤气滞血瘀型心悸。证见心悸心痛，唇甲青紫，舌暗红，脉结代。治宜活血化瘀，方用桃仁红花煎。

心绞痛 angina pectoris 一过性心肌缺血引起的一组临床综合征。有稳定型与不稳定型两大类。

稳定型心绞痛 最常见。

临床表现 典型的心绞痛呈发作性胸骨后或心前区压迫性疼痛、不适、沉重或压迫感，可放射至颈部、颏部、肩或臂。往往在劳累或紧张、受压力情况下诱发，休息后能缓解。也有人表现为上腹部或背部的不适。伴随的症状包括气短、出汗、恶心、呕吐，偶尔有心悸或头晕。

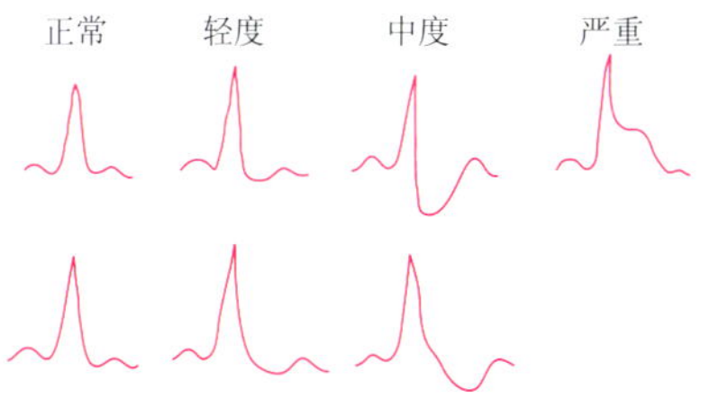

心肌缺血的心电图模式图

诊断 非侵入性的检查方法特别有用，包括：①休息状态时的心电图。可显示明显的Q波（小于40毫秒）符合以往心肌梗死史；休息时ST段压低或升高；提示心肌缺血的倒置T波。有人虽有明确的冠状动脉病而休息时心电图正常，在胸部不适发作时心电图出现ST-T段异常，亦有助于诊断（见图）。②运动心电图。运动量足以使心率达到按年龄预测的最大心率的85%才能达到适宜的灵敏度（75%）。不能运动、休息时心电图不正常和使用地高辛、β阻滞剂药物均能削弱运动心电图的准确性。③影

像学诊断如运动负荷的心肌核素显像灌注试验。运动或药物负荷的**超声心动图**、电子束CT和**磁共振成像**均为近年来发展的非侵入性的检测冠状动脉疾病的诊断方法。

冠状动脉造影和左心室造影是确诊冠状动脉疾病最肯定的试验。管腔直径狭窄大于70%定义为显著的冠状动脉狭窄。冠状动脉造影可提供有关冠状动脉受累及左室功能受累程度的信息，为进一步治疗提供依据。

防治 ①一般治疗。病人教育极其重要。要使患者了解其本身疾病的基本情况，识别冠心病的危险因子，合理安排工作和休息，适当参加一些体育活动，避免诱发心绞痛的因素。针对心绞痛的治疗应包括治疗同时存在的疾病（如高血压、糖尿病、贫血等）。总的目的是减少心肌的耗氧量，改善心肌氧供，以恢复心肌氧的供需平衡。②药物治疗。应根据症状和疾病的严重程度、合并症的存在、患者的年龄、活动水平以及潜在的病理生理机制选择药物。治疗的目的主要是增加冠状动脉血流和降低心肌耗氧量。肯定有效的药物包括：硝酸酯类、β-阻滞剂、钙拮抗剂、抗血小板药物、降低脂质的药物等。③冠心病介入性治疗。包括经皮腔内球囊冠脉成形术（PTCA）及支架植入术。由于介入性治疗后血管再狭窄率可高达30%～40%，近年来研究人员研究用药物洗脱支架来代替普通支架以降低血管再狭窄率。④冠状动脉搭桥术。用静脉（大隐静脉）或动脉（桡动脉、内乳动脉等）在狭窄的冠状动脉上搭桥以改善或恢复冠状动脉血流。

不稳定型心绞痛 其临床表现与诊治如下。

临床表现与诊断 其特征为新发生的心绞痛、休息时或轻微用力时发生的心绞痛，或心绞痛呈逐渐增强和发作次数频繁型。也可发生在有稳定型劳力性心绞痛史的病人，或发生在**心肌梗死**后。偶尔可由严重的贫血、甲状腺机能亢进、心律失常、高血压或心力衰竭等诱发。

治疗 不稳定性心绞痛和非ST段抬高的心肌梗死均为急性冠状动脉综合征的重要组成部分，其临床的危险性并不亚于ST段抬高的急性心肌梗死患者。及时合理的紧急处理包括住院、持续心电图监测、建立静脉用药通路、给予镇静剂、纠正可能诱发和加重心肌缺血的各种诱因、积极给予抗心绞痛药物、抑制血栓形成往往可以取得良好的疗效，减少心脏不良事件的发生并降低死亡率（见**抗心绞痛药**）。

心境 mood 比较微弱而又持久的情绪状态。又称心情。并不具有特定的对象，而是作为情绪的背景起作用，可影响人的行为，也会给人的体验染上情绪的色彩。

心境包括愉快和不愉快两类。愉快的心境使人表现出朝气蓬勃、思想有条理等行为特点；不好的心境常使人委靡不振、轻举妄动、好发脾气。心境可影响人对外界事物的反映，正所谓“忧者见之而忧，喜者见之而喜”。

影响心境的原因是多种多样的。人在社会中所处的地位，对工作、生活状况满意与否，生活中出现的各种矛盾，以及身体的健康水平、自然环境的变化，都会影响一个人的心境。但产生某种心境的直接原因不是总能清楚意识到的。

心境对人的生活有很大的影响。积极的心境使人振奋，有助于发挥人的积极性；消极的心境使人厌烦、消沉，妨碍工作和学习。心境受个性特点的制约，具有乐观主义精神和正确生活目的的人善于克服不良心境，保持朝气和信心。

心理 mind 客观事物在脑中的反映。它是**感觉**、**知觉**、**思维**、**情感**、**性格**、**能力**等功能的总称。人的心理是物质世界发展的最高级产物——人脑的运动形式，或者说是人脑各种机能的活动形式。人的心理是在社会条件和语言环境的影响下发展起来的。心理现象为人类所特有，但它是在动物界长期进化的基础上产生的。在动物的进化过程中也出现了某些最原始的心理现象。它为人的心理的发生和发展准备了前提条件。在心理的发生与发展上，社会条件是一个至关重要的决定因素。当人类的共同祖先类人猿第一次制造工具时，就开始了人类的劳动和人与人间的共同合作、彼此交往，并适应这种需要而产生了语言。随着人类社会的演进，人类生活和文化的不断提高，人的心理也日益向前发展。社会文化以加速度前进，人类心理也加速度地发展。

婴儿初生时基本上只是一个不具备知识的自然的机体。从出生以后，就在社会条件下成长，开始了漫长的社会化过程。自生命的头几天起，婴儿已能反应人的声音，接受人的触抚。婴儿渐次以声音、表情、姿势和动作与他人进行交往，既反应来自他人的影响，也表示自己的意向。开始学会了语言以后，特别是能独立行走以后，他们认识和活动的范围迅速扩大，积极参与了社会的活动，以更多的手段从更多的渠道接受人类的文化遗产，他们的心理也加速发展直至成熟。除人类以外，任何其他动物都不具有人类的社会，因而不会产生人类这样高度发展的心理。

心理测验 psychological test 广义的心理测验指对人的心理品质进行测量的方法技术；狭义的心理测验专指在该过程中所使用的测量工具。

由于人的心理特征不能直接观测，只能通过它在行为上的表现间接地加以了解。因此，编制良好的标准化的心理测验作为工具，通过科学的标准化的施测过程，心理学家就可以按照一定的规律，对人的内部心理活动或心理特质加以评估。心理测验是对人的行为表现的客观的、标准化的测量。

现代流行的各种心理测验或心理量表按测验功能归类有**智力测验**、特殊能力测验、成就测验和人格测验；按测验目的归类有描述性测验、诊断性测验和预测性测验；按测验材料归类有文字测验和非文字测验；按测验方法归类有问卷测验、投射测验和操作测验；按测验方式分类有纸笔测验、操作测验、口头测验和计算机化测验；按测验对象归类有个别测验和团体测验；按测验速度分类有速度测验和难度测验；按测验的应用分类有教育测验、职业测验和临床测验。

对心理测验的发展有最重要影响的应属法国的A.比内。由于推广义务教育的需要，他与医生T.西蒙合作，于1905年编制出**比内-西蒙智力量表**，是世界上第一个标准化的心理测验。

经典测验理论（CTT）是最早的心理测验理论，作为各种心理测验的理论基础，一直是被广泛使用的测验理论。

项目反应理论（IRT）是针对经典测验理论的不足而提出来的一种新的测验理论，最大优点就是项目参数的不变性。

针对经典测验理论存在的误差划分笼统的缺点，L.J.克龙巴赫于1972年进一步提出了概化理论（GT）的基本框架和统计学原理。概化理论与项目反应理论一起被称为现代测验理论，代表了测验理论发展的一大趋势。

心理定势 mental set 一种活动的准备状态或行为倾向，通常是意识不到的。又称心向。心理定势表现在不同的方面，例如：运动定势指个人从事某种运动反应的准备状态；注意定势指观察者准备接受特定信息的状态；知觉定势指人们按照期望和背景而不是按照实际物理刺激去感知刺激。问题解决定势则指心理定势对思维活动的影响。心理定势可以影响人的知觉过程，也影响人的记忆。在日常生活中，它可以使人按照常规不费力地解决问题，但也妨碍创造性的发挥。创造性往往要求打破定势。

心理发展 psychological development 发展包含两层意思：其一是发生，即心理的起源问题，这是指心理的“从无到有”；其二是狭义的发展，指的是心理在时间上的变化过程，即心理的“从简到繁”。

研究个体心理的发生与发展规律的科学称为发展心理学，发展心理学家研究发展的主要目标是描述、解释和优化发展，即研究人类个体随着年龄的增长心理发生了哪些变化，为什么会产生这些变化，是什么样的生理基础或神经过程，以及个体从环境中获得了哪些经验影响了这些变化，从而帮助人们优生优育，改善和优化发展，造福人类社会。

心理发展包括以下三个主要研究领域。

动物种系演进过程中的心理发展　一般认为，能形成明确稳定的条件反射是动物心理发生的标志。条件反射的出现使动物获得了学习能力。动物在适应外界复杂的生活环境的过程中促进了神经系统的发展，神经系统的发展又促进了心理水平的提高，从而也提高了动物适应环境的能力。

动物心理的发展可以划分为三个基本阶段：①感觉阶段，以无脊椎动物为代表，它们只能对信号刺激物的个别属性形成条件反射。②知觉阶段，以灵长类以下的脊椎动物为代表，它们能对各种刺激物进行精细的分析综合，对信号刺激物的各种属性作综合的整体的反映，它们的行为也更为灵活多样。③思维萌芽阶段，以灵长类的类人猿为代表，它们的神经系统更加完善发达，脑的重量、外形及细微结构都已接近人类。类人猿不仅有感觉、知觉以及各种情绪反应，并且能在感知动作水平上思考刺激物的各种关系，通过“顿悟”、“试误”发现解决问题的新手段。它们的反应活动已达到了动物心理发展的最高水平。

由此看来，在漫长的动物种系演化过程中，动物心理是从低级向高级、从简单向复杂发展的。发展心理学的一个分支比较心理学专门对动物在演化过程中不同阶段的现存代表作比较研究，以构成对动物心理大致发展图景的认识。

人类心理的历史发展　人类心理的历史发展即人类作为一个动物种系的心理发展。从动物心理演化为人类的心理即产生了意识，是心理发展的一个飞跃，使人类和动物之间划分了一道不可逾越的鸿沟。意识是人脑借助于语言对客观现实的自觉、能动的反应。社会已进入信息时代。人类社会加速发展，证明人类的心理反映现实的水平也在加速提高。发展心理学的另一分支民族心理学对现存的处于不同历史发展阶段的不同民族的心理进行比较研究，以探讨人类历史发展过程中的心理发展。

人类个体的心理发展　人类个体的心理发展是指个体从出生到衰亡的整个过程中的心理发展。人的一生经过胎儿、婴儿和学步儿、幼儿、童年、少年、青年、成年及老年阶段，个体的心理随年龄的增长也在不断发生变化。一种是向上的变化即生长或获得，另一种是衰退或丧失，这两种变化贯穿于个体生命的始终。通常人们对儿童只看到生长而没有看到衰退，对老年人只看到衰退而没有看到生长。从总体而言，在儿童期是生长一面占优势，经过一段暂时的相对平衡，成年期以后衰退方面逐渐转变为优势。

个体的心理行为是高度可塑的，可以设计各种方法、手段促进各种心理机能完善、健康地发展，也可以对发展过程进行干预，预防各种不符合社会要求的行为的发生，通过训练，克服不良的行为习惯。但另一方面，虽然发展过程是高度可塑的，但由于遗传基因的限制，可塑的程度有一定限度，并且个体之间也有显著的差异。

研究个体心理发展的学科称为个体发展心理学，是发展心理学的一个分支学科。依据专门研究个体不同阶段的心理发展，个体发展心理学又细分为若干分支，如儿童心理学、青年心理学和老年心理学等。

心理防御机制　mental defense mechanism　个体在生活中习得的某些应付挫折的反应方式，目的在于减轻心理矛盾、消除焦虑、更好地适应环境。

“防御”一词最早源于1894年S.弗洛伊德的《防御性神经精神病》一书。当时他提出并描述了9种防御机制。1936年他的女儿A.弗洛伊德在《自我与防御机制》中发展了防御机制理论。至今提出的防御机制已有数十种之多。根据发展过程中出现的早晚，防御机制可分为4类：①精神病性防御机制。最早出现在婴儿期，因为婴儿尚不能区分自我与客观现实的界限，常以否认、歪曲“事实”来保护自己。精神病患者使用否认、歪曲、投射等方法则更为经常和突出。②不成熟的防御机制。出现于婴幼儿期，成人中多见于较轻的精神病患者，也称为幼稚的防御机制。包括倒退、幻想、内向投射等。③神经症性防御机制。在少年期表现突出，并多见于成人神经症患者。主要有压抑、转移、反向、补偿、合理化等。④成熟的防御机制。出现较晚，是比较有效、比较成熟的一种适应环境的方式。包括理智化、升华、幽默等。

心理工作负荷　mental workload　由人的智力活动所致的负荷。又称脑力负荷。与人的体力相类似，人的心理（信息加工）能力也是有限的。如果需要人在某一时刻或某一时段从事的心理（脑力）工作量超过了他的心理能力，就造成心理负荷过高，结果会影响任务的完成并可能损害人的健康。因此，在人机系统的设计和计划过程中，要充分考虑对系统中人的心理负荷的要求。

测量心理负荷的方法有主任务测量法、次任务测量法、生理指标测量法和主观评价测量法4类，每一类又都有其相应的技术方法。

心理年龄　mental age　由智力测验所测定的一种表示智力发展水平的数量指标。又称智力年龄。由W.斯特恩最早提出，用儿童能够通过的各测验项目的总分数来表示，用于计算智商。

心理卫生　mental health　有三种相关的含义。第一种含义指心理康宁状态，心理卫生即心理健康。第二种含义指那些能够维护和增进一个人心理健康的原则和方法。第三种含义指一门专门研究如何使人保持心理健康、预防各种精神疾病发生的科学，又称心理卫生学。

联合国世界卫生组织1948年在其宪章中提出：健康不仅仅是没有疾病和衰弱，而是一种身体上、心理上和社会上的完满状态。这是对人类健康的完整定义。健康的心理既建筑在健康的身体基础上，又反映了一个人成功解决了社会生活中所产生的各种矛盾和冲突，保持了与周围生活环境相对的动态平衡。人的身体、心理和社会适应三个方面融合成一个不可分割的整体，其中心理方面往往扮演更加重要的角色。

随着医学科学技术的进步、人们生活水平的提高，心理卫生的目标和内容已从重点改善精神病患者的待遇、重症精神病的治疗和康复，逐渐转向广大亚健康人群中的心理问题、心理困扰和心理障碍的防治。20世纪90年代后，人们在理论上认识到，必须从出生起就培养健康人格，才能有效地减少各种精神疾病和各种“生活方式疾病”的发生。中国健康人格的指标是：一生为他人造福，个人需求服从家庭、集体、民族、国家的整体利益和道德规范，爱国守法，是非分明，先人后己，尊老爱幼，明礼诚信，心胸开阔，求同存异，团结友善，刻苦耐劳，勤俭自强，敬业奉献。人格健康不仅能预防心理障碍，更能提高生活质量，健康长寿，为社会作出更多贡献。

心理卫生工作除了服务于精神障碍或疾病的防治外，更为重要的是针对健康个体和群体的心理保健服务。不同年龄层次的人有不尽相同的心理卫生要求和内容。从事高空、远洋、海底、地下作业等各种特殊职业的人，会产生一些同其工作有关的特殊的心理问题，需要给予有针对性的心理帮助。群体心理卫生工作是指在各种群体环境如家庭、学校、企业、农村、军队、文艺体育团体中普及心理卫生知识，指导人们营造和谐的人际关系，处理好各种同人际关系有关的问题，预防和减少心理困惑或心理障碍的发生。

心理学　psychology　研究人和动物思维、心理活动、行为表现的科学。人在生活实践中与周围事物相互作用，就产生了对事物的感觉和知觉、记忆和表象，进而进行分析和思考。人对事物产生某种态度，形成各种情绪，还要通过行动去处理和变革周围的事物，这就表现为意志活动。以上所说的感觉、知觉、思维、情绪、意志等都是人的心理活动。人各自都具有不同于他人的特点，这种差异就是人格或个性。心理过程和人格都是心理学研究的重要对象。心理学还研究人的个体的和社会的、正常的和异常的行为表现。

简史　心理学作为一门科学只有很短的历史，但却有一个漫长的过去。心理学可以追溯到古代的哲学思想，哲学和宗教很早就讨论了身和心的关系以及人的认识是怎样产生的问题。人的心理特性一直是哲学家研究的对象，心理学成为哲学的一部分。现代心理学是在1879年建立的，这一年，W.冯特在莱比锡建立了世界上第一个心理学实验室，心理学从此宣告脱离哲学而成为独立的科学。从此，现代心理学经历了100多年的历史。在这期间，心理学出现了几个不同的学派，它们从不同的角度研究心理现象。这些派别主要有构造心理学、行为主义心理学、格式塔心理学、精神分析等。苏联心理学则以I.P.巴甫洛夫的学说为基础，建立辩证唯物主义的心理学，试图从反映论的角度来说明心理现象。

在中国，现代心理学开始于清代末年改革教育制度、创办新式学校的时候。在当时的师范学校里首先开设了心理学课程。1917年北京大学建立心理学实验室。1921年成立了中华心理学会。这时，中国开始有了自己的心理学研究，在30年代前后，已经做出了成绩。1949年中华人民共和国建立后，成立了中国科学院心理研究所。80年代前后，在北京大学等5所大学中设立了心理学系，中国的心理学有了很大的发展。

分支学科　心理学在迅速的发展中与一些邻近学科相互渗透，发展成为一门分支众多、边界模糊的科学。心理学与生物科学结合，探讨心理活动的生理基础；它伸展到技术科学领域，与计算机科学相联系，促进了认知科学的发展；心理学还研究社会、政治、文化对人的影响，以及人际交往中的社会心理现象。当代心理学是把人的复杂心理活动分成不同的层次，在不同的水平上加以研究的。心理学问题概略地分为以下几个层次。

生理心理学　生理心理学从生理学的水平研究各种心理现象。在早期，巴甫洛夫用条件反射方法研究动物的学习活动，提出人的心理活动的高级神经活动学说。现代的生理心理学用神经生理学、生物物理学和生物化学的手段来研究感知、学习、记忆、思维、情绪等过程，目的是阐明各种心理活动的生理机制。生理心理学主要用动物做实验，有时也结合医疗实践进行临床研究。它采用生物科学的通用研究方法，主要是在控制条件下实施手术或使用药物的实验法。由于生物医学技术的进步，这方面的研究取得了很大成绩。

认知心理学　这是20世纪60年代兴起的心理学方向。它以研究高级心理活动，特别是记忆、思维和问题解决为主要目标。认知心理学的主要理论是信息加工理论，这个理论认为人类所具有的概念、观念、表征等脑的内部过程是物理符号过程。人脑是一个物理系统，脑内的活动是对这些符号的操作。计算机也是一个物理系统，其工作原理是对磁场的模式或符号的操作。因此，人类思维中的概念和符号操作可以比拟一个计算机物理系统对符号的加工处理。可以设计计算机程序来模拟人的心理过程。认知心理学和计算机科学相结合，产生了人工智能这一新学科。80年代后期，认知心理学与神经科学相结合，提出认知的平行分布加工模型，可能给人工智能研究带来惊人的突破。

发展心理学　发展心理学研究人从出生到老年不同时期的心理特点和规律。人的身体和心理在时间进程中表现出量和质两方面的变化。随着年龄的增长，儿童的身高体重会增加，词汇量不断扩大，知识范围越加广阔。人的发展在质的方面的变化更为复杂。人的思维、言语、情绪等心理过程都有发展的阶段性。发展心理学研究各种心理活动的年龄特征。人的心理发展，不论是在量的方面还是在质的方面的变化，总是受内在生理因素和外在环境因素的影响。人的心理发展是一个复杂的过程，从心理学研究角度可以把人的发展分为身体、智力和人格发展三个方面。人的心理发展是有规律性的。J.皮亚杰提出的认知发展阶段论是一种有代表性的理论，每一发展阶段都有其特有的智力行为特点。人格的发展主要是社会化的过程，主要受社会环境和人际交往的影响。

中国从20世纪上半叶便开展了比较深入的儿童发展研究。以往的人类发展研究往往局限于研究某一发展阶段，很少着眼于整个生命过程。今天许多心理学家认识到，发展贯穿于人的一生之中，生命的每一阶段都受前一时期的影响，同时又影响到以后的发展。一个称作毕生发展心理学的新的研究方向正在形成。它从人的生命的全程发展着眼，研究从产前到死亡的全部心理和行为变化。

社会心理学　它研究个体和群体在社会相互作用中的社会心理和社会行为的发生和变化的规律。社会心理学在两个水平上对人际关系进行分析，即个体和社会群体的水平。社会心理学研究人的心理发展的社会化过程，包括儿童的交往，言语的发展，伙伴、家庭、居住环境以及学校对人的影响，在成人个体的交往中，又有什么社会心理规律起作用。人属于一定的团体、阶层、民族、国家。在各种各样的群体中，人相互交往和影响，使其心理活动带有某一群体所特有的倾向性。人在群体生活中所产生的社会心理现象，如群体内部的交往结构、无形的群体规范、态度、种族偏见、侵犯行为等，都是社会心理学所要研究的问题。

西方文化中流行的人道主义社会思潮渗入心理学，出现了社会心理学中的人本主义心理学。人本主义心理学探讨人格发展与社会生活的关系。他们认为人在自然进化过程中已获得一些高于一般动物的潜能，包括友爱、自尊、创造性以及对价值的追求等。这些潜能表现为高级需要，它们在人的生理需要和安全需要得到满足以后可能成为支配人的动机和行为的力量。自我实现能使人的这些潜能得到充分的发挥。心理学的任务就是促进人的健康成长和潜在美德的实现。

理论心理学　它是从哲学的高度探讨心理学的方法论问题，包括讨论心理学的对象和方法，意识的起源和发展，身与心的关系，以及评述心理学的思想体系等。中国心理学家特别重视理论心理学的研究。他们试图从宏观上总结心理学的发展历史，研究心理学的现况，并指出心理学的前进方向。

辩证唯物主义的心理学认为心理活动不是物质世界以外的纯精神的活动，也不是某种物质实体。它的实质可以从三个方面去认识：①心理现象是物质世界长期发展和演化的产物。它的产生和发展与脑的发展演化密切联系着。心理功能是在脑的生理功能的基础上产生的。②心理活动是由客观事物所引起的主观反映。客观事物作用于人，人便以特有的心理活动以及相应的行为给予回答。没有客观世界中种种事物的影响和作用，人的心理活动便无从产生。另一方面，人也是一个积极活动的主体。③心理活动与人们的生活实践有着不可分割的关系。心理活动是因生活实践的需要而产生的。在生活实践中，客观事物作用于人、影响着人。同时，人也作用于客观事物，去认识和改造外界事物。

应用　心理学与人类生活关系密切，其应用范围也在不断地扩大。心理学家能参加解决教育、医疗、工业、商业、军事及各种社会问题。下面是心理学在一些应用领域中所形成的分支学科：①教育心理学。它研究教育过程中的心理活动规律，揭示教育过程和心理发展的关系。主要研究内容包括受教育者知识和技能的掌握，心理的个别差异，道德品质的形成，教育者应有的心理品质等。学科教学心理学研究语文、算术等课程的内容和教法。德育心理学研究儿童道德动机、道德判断的形成过程，探讨培养优秀道德品质、正确信念和理想的有效途径。②医学心理学。它是关于疾病和健康的心理学研究，探讨心理因素在维护健康和致病方面的作用，并研究在医疗中医护人员与患者的行为特点。它还探讨心理治疗的方法。医学心理学家也从事心理咨询和心理卫生工作，对促进人的身心健康提供指导与帮助。③工业心理学。主要包括工程心理学和管理心理学。工程心理学研究现代工业中人与机器的关系，在工程设计中使设备适应人体的活动特点，从而使工作效率达到最高。工厂的温度、照明和工作条件，航空工业中飞机座舱的仪表显示，航天员所穿的航天服，车船驾驶系统的合理性都是工程心理学研究的课题。管理心理学研究职工的选拔、训练、评价、使用等人事组织问题，还研究工作动机、鼓励手段、意见沟通、组织结构、领导行为等心理学问题。④商业心理学。研究商业活动中人的心理活动及其规律，运用心理学知识和方法解决商品流通过程中有关的行为问题。它包括市场心理学、消费者心理学和广告心理学。⑤法律心理学。研究人们在司法活动中的心理活动及其规律。可分为犯罪心理学、侦察心理学、审判心理学等。犯罪心理学研究犯罪的动机及对罪犯的教育改造等问题。侦察心理学研究在侦破案件过程中所应依循的心理规律。审判心理学的一项重要内容是分析犯人供词及证人证词的可靠程度。⑥军事心理学。研究人在军事活动条件下的心理学问题。这些问题包括军事人员的选拔和分类，掌握军事技术和武器的学习过程，军事活动所要求的个性心理特征，心理战术，宣传与反宣传等。

现代心理学的发展已有100多年的历史，它不仅是一门理论性强的基础科学，而且发展成为一门应用范围广泛的应用科学。中国的社会主义建设为心理学提出许多研究课题，如工业企业的管理、人口问题、独生子女政策、家庭结构、医疗保健、体育竞赛、犯罪等都有待心理学参与研究解决。现代心理学可以广泛地为社会实践服务。

心理语言学 psycholinguistics 研究人对语言的理解、生成和获得的过程及其规律的学科。认知心理学的重要组成部分，以人的言语活动为研究对象。

“心理语言学”这一术语在学术界得到普遍认可和广泛使用是在20世纪50年代。1954年心理学家C.E.奥斯古德和语言学家T.塞贝奥克出版《心理语言学：理论和研究问题的概述》，标志心理语言学的正式诞生。

20世纪50年代，心理语言学研究主要受行为主义心理学和结构主义语言学理论的支配。新行为主义的代表B.F.斯金纳在《言语行为》一书中系统地表述了行为主义关于言语行为的观点，即人的言语行为像大多数其他行为一样，是通过各种强化手段获得的。言语声音、手势、表情、动作等都能成为言语行为的强化手段。

N.乔姆斯基的现代语言学理论的产生，开拓了心理语言学研究的认知方向。1957年他出版了《句法结构》一书，提出了短语结构规则和转换-生成语法的理论，标志着语言学领域一场革命的开始。

心理语言学研究的范围主要包括：①理解。人在理解语言时的内部心理过程，涉及多个层次，如言语知觉、词汇存取、句子加工和言语理解等。②生成。人在把想要说的东西转换成外部言语时所经历的心理过程。③获得。人类个体的语言是如何获得和发展的。此外，语言与思维的关系、不同社会情境中人们言语活动的特殊性、言语障碍及言语活动的神经学基础等，也是心理语言学家感兴趣的问题。由于脑成像技术的发展，言语的行为研究与脑成像技术相结合，探索人类言语活动的脑机制成为心理语言研究领域的前沿之一。

心理语言学是一门应用面很广的学科。它对失语症和其他语言障碍的诊断与矫治、人工智能系统的研制，特别是语言的教学和学习具有重要的指导意义。

心理战 psychological warfare 运用心理学的原理和方法，从精神上瓦解敌军的作战。又称心理作战。目的是从心理上打击敌方，以求不战而胜或战而胜之。主要利用人在对抗环境中的心理变化规律，通过大量的信息传递，瓦解敌方士气，削弱抵抗意志，使其放弃抵抗、逃避战斗乃至缴械投降。从规模上可分为战略心理战和战役战术心理战；从性质上可分为进攻性心理战和防御性心理战。20世纪80年代以来，世界不少国家都组建了心理战专业部队和指挥机构，并在海湾战争、科索沃战争、阿富汗战争和伊拉克战争中广泛实施了心理战。

运用的心理学原理主要有注意律、需要律、错觉律、思维定势律、从众心理律、逆反心理律等。借助的媒介主要有传单、书报、广播、电影、电视、通信、网络等。手段主要有威慑、谋略、佯动、伪装、欺诈、恐吓、诱惑、收买、谣言、宣传、网络运用等。心理战广泛运用于政治、经济、外交、文化、宗教、商业、体育等多个领域；既可用于军事活动，又可用于非军事活动；既可用于战时，又可用于平时；既可用于敌方首脑人物、决策者、指挥人员，又可用于普通士兵和民众。

心理障碍 mental disorder 在大脑生理、生化机能障碍，主体和客观现实关系失调的基础上产生的对客观现实的歪曲反映的现象。又称精神障碍。

比较常见的心理异常是：在感知过程中有错觉和幻觉；在记忆过程中有遗忘症；在思维过程中有妄想和某些言语、逻辑的障碍；情感过程的失常多表现为焦虑、抑郁、恐怖等；意志行为的失常可表现为兴奋躁动或呆板不动，或怪异行为等；智力的失常可表现为迟滞和痴呆；人格失常主要表现为各种形式的病态人格。

心理障碍大致可划分为5类：精神病性障碍如精神分裂症、偏执性精神障碍、急性短暂性精神病和心境障碍等。神经症如强迫症、恐惧症、焦虑症、躯体形式障碍和神经衰弱等。品行和人格障碍如成瘾、病理性赌博、反社会行为、性变态及少年品行障碍等。大脑疾患及躯体缺陷时的心理异常包括：①大脑器质性损害时出现的心理异常，例如脑动脉硬化、脑萎缩、大脑感染和中毒，以及严重脑震荡、脑挫伤等所致的心理障碍。②精神发育迟滞，表现是智力与思维低于正常人，以及其他学习和社会能力方面的缺陷。根据损伤的程度，精神发育迟滞又有轻度、中度、重度和极重度之分。③聋、哑、盲、跛等躯体缺陷产生的心理异常。癔症、应激相关障碍和心理因素相关生理障碍类中的癔症包括癔症性精神障碍和癔症性躯体障碍；应激相关障碍包括急性应激障碍、创伤后应激障碍、适应障碍和与文化相关的精神障碍；心理因素相关生理障碍包括进食障碍、非器质性睡眠障碍和非器质性性功能障碍。

心理治疗 psychotherapy 在治疗师与来访者建立的良好关系基础上，由经过专业训练的治疗师运用心理治疗的有关理论和技术，激发和调动来访者改善其动机和潜能，以消除或缓解其心理问题与障碍，促进其人格成熟和发展的过程。治疗师与来访者需要建立一种良好的、正式的专业关系，这是心理治疗工作的基础。

心理治疗的理论模型约有几百种。其中最具影响的主要有下面四大取向的治疗模型类别。

分析取向的治疗主要包括从S.弗洛伊德以来的各种精神分析疗法。这一取向的治疗主要以无意识动机、领悟、人格重建等为理论基石。新弗洛伊德治疗更强调患者当前的社会环境，更强调对个体生活经历具有持续影响的事件，更强调社会动机和人际关系的作用和自体概念的发展。

存在主义和人本主义取向的治疗包括存在心理疗法、患者中心疗法（后改称以人为中心疗法）、完形疗法等。这类治疗强调理解人的内心世界，强调个体当前的经验和体验，重视治疗关系的建立对个体内在成长的重要性。

行为和认知取向的治疗包括**行为治疗**以及各种认知疗法，各种认知疗法均认为，导致人出现情绪困扰或心理障碍的原因，是不合理的信念和非理性的思维方式。这些治疗重在改变那些非理性的认知，建立理性的人生观。

系统观的家庭治疗包括各类家庭治疗。均注重了解个体在成长环境中受到不同背景因素影响的重要性，认为调整个体的家庭或其他使之受到影响的系统，才有助于个体改变的产生。

心理咨询 psychological counseling 心理咨询师通过交谈、电话等沟通形式协助求助者解决各类心理问题的过程。其对象主要是有教育、婚姻、职业等心理或行为问题的人。不能合作和无法交谈的患者不能作为心理咨询的直接对象，但可以通过对其亲友提供咨询指导而间接给患者以帮助。心理咨询的范围与内容很广，例如：怎样正确对待职业分工，提高工作和学习效率，协调个人与家庭及社会的关系，恰当解决恋爱、婚姻或教育子女中出现的挫折，消除性功能障碍或矫治其他功能缺陷（如**口吃**），保持心理健康等问题。此外，也有关于防病保健的问题，如协助患者消除**焦虑**、恐惧、紧张，预防某些因绝望而企图自杀的行为发生；劝导患者端正态度、解除疑虑、树立信心；等等。

心力衰竭 heart failure 因心脏排血功能减退，心脏排血量不足以满足全身组织代谢需要的病理现象。又称心功能不全。

病因和诱发因素 各种器质性心脏病，使心脏前、后负荷增加的血液动力学异常，能损害心肌的疾病等都可成为心力衰竭的基本病因。心力衰竭的诱发因素有：**感染**、风湿活动和**感染性心内膜炎**、肺栓塞、过度体力活动和情绪激动、缺血、缺氧、酸碱失衡、电解质紊乱、过多摄入食盐、心律失常、药物用量不当等。

临床表现 ①左心衰竭。主要病理变化为肺瘀血、肺水肿。主要症状和体征有呼吸困难、端坐呼吸、紫绀、冷汗、咯粉红色泡沫痰，肺部有哮鸣音及湿性啰音，心脏扩大，肺动脉瓣区第二心音亢进。心尖部可听到舒张期奔马律等。②右心衰竭。主要病理变化为体循环静脉瘀血及水肿。主要症状和体征有颈静脉怒张、肝脏肿大有压痛、肝功能不良。长期右心衰竭可导致心源性**肝硬化**、皮下水肿、胸水、腹水等。③全心衰竭。同时有左侧及右侧心力衰竭的表现。

治疗原则 除针对病因和诱发因素的治疗措施外，过去立足于针对血液动力学－心脏结构的代偿、重塑，重视强心药、利尿药、血管扩张药；现立足于神经－体液机制的过分激活，对慢性收缩性心力衰竭重视转换酶抑制剂、β－受体阻滞剂、醛固酮拮抗剂的应用。

预防 ①积极防治各种器质性心脏病。②避免各种心力衰竭的诱发因素。③积极防治影响心功能的合并症，如甲状腺功能亢进、贫血及肾功能不全等。

心灵学 parapsychology 研究人类生活中发生的一些超出常规而又不能用科学知识加以解释的精神现象的学科。又称心灵研究。19世纪后期首先在英国和美国出现，此后曾在欧洲风行一时。自20世纪30年代起普遍称其为超心理学。

心灵学的研究内容可分为两类：①**超感官知觉**。不借助于正常的感觉通道就具有获得某些外部信息的能力，主要包括传心术和遥视（又称千里眼）。②心灵致动。不必与事物发生相互接触而使其运动或产生位置变化的能力。此外还有所谓的预知和后知。至于占星术、相面术、手相术、字相术和骨相术等，则被称为伪心理学。

心灵学的研究思想起源于唯灵论。1882年首先在英国伦敦成立了心灵研究会，从事有关思维传递等现象的研究。1885年在美国也成立了心灵研究会。最早试图对超心理现象进行实验研究的是**斯坦福大学**的J.E.库弗。从20世纪30年代起，这方面的工作开始从定性的研究转入定量的研究，其主要研究者有美国杜克大学的J.B.莱因。第二次世界大战后，心灵学的研究曾活跃一时。直到1988年，美国国家科学院、工程科学院和医学研究所共同成立专门委员会，对心灵学进行评估，发表了一篇倾向于持否定态度的报告。

在中国，20世纪80年代以来也不时出现关于人体活动的超常规现象的报道，如被统称为人体特异功能的儿童用耳朵认字、气功中类似于心灵致动的现象等，尽管引用了大量的例子和实验来试图证明超心理现象的存在，但至今对这种能力尚无可接受的证据为科学界作出令人满意的解释。

心律失常 cardiac arrhythmia 心脏跳动的节律、频率或其活动程序发生的异常改变。任何疾病发生的心律失常，或任何因素诱发的心律失常，其发生原理都与心肌的自律性、兴奋性、传导性异常有关。所以心律失常实质上是“心电紊乱症”。

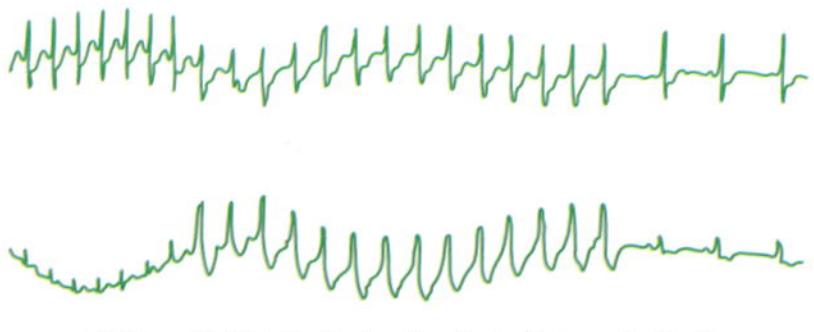

图1 预激综合征伴室上性心动过速

分类 基于临床心电图的特征分类比较实用。

冲动发源异常 ①冲动自窦房结发出。窦性心动过速；窦性心动过缓；窦性心律不齐；窦性停搏。②冲动自异位节奏点发出。ⓐ被动性异位心律。房性逸搏及心房自搏心律；房室交界区逸搏及房室交界区性自搏心律；室性逸搏及心室自搏心律。ⓑ自动性异位心律。期前收缩（分为窦房结性、房性、房室交界性、室性）；阵发性心动过速〔分为室上性（图1，前部分QRS窄者为房室旁道逆转型，后部分QRS宽者为房室旁道前传型，心动过速终止后可见窦性心律时有Δ波、P-R短等特征）、室性〕；非阵发性心动过速（分为房性、房室交界性、室性）；扑动〔分为心房扑动（图2）、心室扑动〕；颤动〔分为心房颤动（图3）、

图2 心房扑动

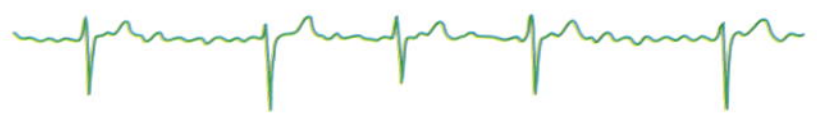

图3 心房纤颤

心室颤动〕。

冲动传导异常 ①干扰及干扰性房室分离。②心脏传导阻滞。ⓐ窦房传导阻滞（图4）。ⓑ房内及房间传导阻滞。ⓒ房室传导阻滞（图5），即第Ⅰ度房室传导阻滞——

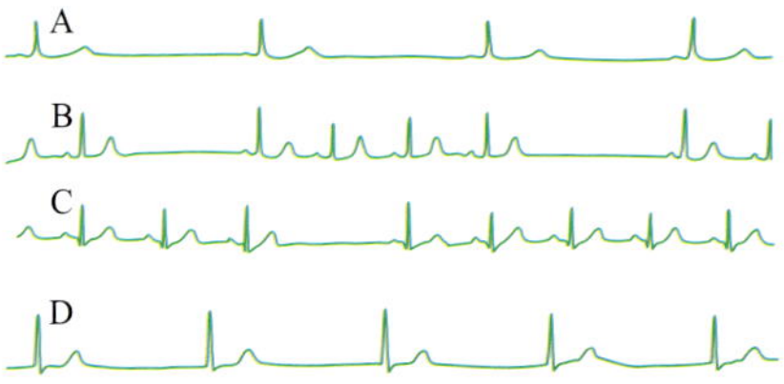

图4 病态窦房结综合征

A 窦性心动过缓 B 窦性停搏

C Ⅱ度窦房阻滞 D 交界区性逸搏

PR间期延长；第Ⅱ度房室传导阻滞——不完全性房室传导阻滞，分为Ⅰ型第Ⅱ度（文氏型）、Ⅱ型第Ⅱ度（莫氏型）房室传导阻滞；第Ⅲ度房室传导阻滞——完全性房室传导阻滞。ⓓ室内传导阻滞，即左束支阻滞——不完全性、完全性；右束支阻滞——不完全性、完全性。ⓔ分支阻滞——左前分支阻滞、左后分支阻滞，各种异常旁路参与传导。

冲动发源异常与冲动传导异常并存 ①并行心律。②异位节律伴传出阻滞。

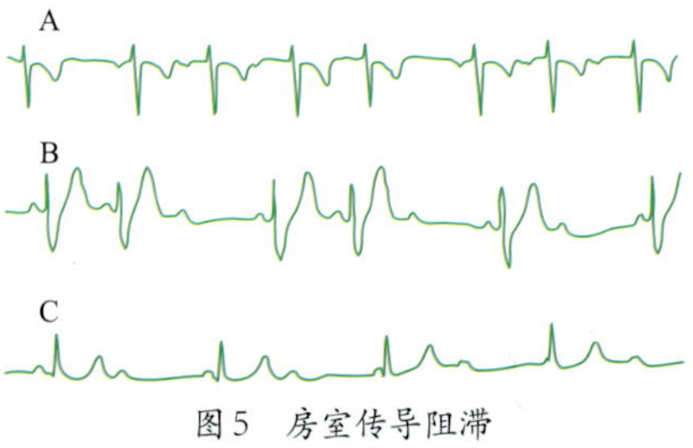

图5 房室传导阻滞

A Ⅱ度Ⅰ型阻滞 B Ⅱ度Ⅱ型阻滞 C Ⅲ度阻滞

诊断方法　最基本而且可靠的方法是分析心电图，要求同步记录三条分别反映左右、上下、前后方向心电活动的导联，图形足够长，没有伪差，分析P波的规律、QRS波的规律以及P波和QRS波关系的规律，大部分心律失常可被判断。进一步深入，还可借助于动态心电图、心电图负荷试验、临床电生理检查等方法。

治疗　①一般治疗。针对相关疾病和诱发因素的治疗。②针对心律失常本身的治疗。见抗心律失常药。

心脉痹阻证　blockade of heart vessel, syndrome of　由于瘀血、痰浊、阴寒、气滞等因素痹阻心脉所引起的中医学证候。多见于胸痹、厥心痛、心悸等疾病。

心脉的正常运行与心气充沛、血液充盈、脉道通利三者有关。若因久病正虚或年高体弱，心气衰减，心之阳气不足以推动血液运行，则易导致瘀血内阻、气机阻滞，出现心脉痹阻证。常因劳累、感受寒邪、痰浊内停或情志变化而诱发或加重。心脉痹阻证虽因于虚，但多为实证，故其性质属本虚标实。疼痛发作时，必须在心悸怔忡、心胸憋闷疼痛并痛引肩背或内臂（循手少阴心经向左上肢放射）等主症的基础上，进一步辨清瘀血、痰浊、阴寒、气滞的不同特点：①瘀阻心脉。在心脉痹阻证中较为常见，辨证要点为心前区刺痛、甚或绞痛、难以忍受，舌色紫暗或有瘀点、瘀斑，脉细涩或结、代。②痰阻心脉。多见于体胖痰多之人，疼痛以闷痛为主，伴见身重困倦、舌苔白腻、脉象沉滑等痰浊内盛的症状。③寒凝心脉。疼痛特点为突发性剧痛、得温痛减，伴畏寒肢冷、舌淡苔白、脉沉迟或沉紧等寒象。④气滞心脉。往往与情志因素有关，疼痛多为胀痛，舌质淡红或黯红、苔薄白，脉弦。以上瘀血、痰浊、阴寒、气滞亦可兼夹为患。

心脉痹阻证的治疗以活血化瘀、温通心阳为法，可选用血府逐瘀汤、枳实薤白桂枝汤等。疼痛发作时，着重祛瘀、豁痰、散寒、行气；缓解时，以温通振奋心阳、疏通心脉为主。

心脾两虚证　deficiency of both heart and spleen, syndrome of　因心血不足，脾气虚弱所引起的中医学证候。包括心脾气虚，心脾阴虚，心脾气阴两虚等几种类型。由于心主血、脾主运化，所以临床上心脾两虚证以心血不足、脾气虚弱者为多。常见于虚劳、心悸、怔忡、不寐、健忘、眩晕、血证等疾病。

临床表现主要为心悸怔忡，失眠多梦，头晕健忘，腹胀便溏，食欲不振，面色萎黄，神倦乏力，以及月经过多、淋漓不尽，便血、皮下出血等多种慢性出血现象，舌质淡嫩、苔白，脉细弱。临证以心悸失眠、腹胀便溏、慢性出血伴见气血两虚表现为辨证要点。

心脾两虚证的治疗以补益心脾为大法，可选用归脾汤。但若以气虚为主，则病变多偏于脾虚，治宜补益脾气，方选妙香散等；若以血虚为主，病变部位多偏于心虚，治宜补养心血，方选养心汤等。

心气虚证　deficiency of heart qi, syndrome of　因心气亏虚，心及全身机能活动减弱所表现的中医学证候。多由久病体虚、暴病伤正、汗下太过、禀赋不足、高年脏气亏虚及各种损伤气血的原因所致。心为五脏六腑之大主，其生理功能主要是主血脉及主神明两方面，故心气虚证的表现，一是由于心气不足，影响了血脉运行，出现局部及全身气血不足的证；二是精神意识思维活动方面的异常。心气虚证的临床表现为心悸、怔忡、气短、自汗（活动或劳累后加重），面色㿠白，体倦乏力，舌质淡，舌体胖嫩，苔白，脉虚、结代；或见惊悸不安，失眠健忘，悲伤欲哭，精神恍惚，喃喃独语等。治宜补心气，安心神，方用养心汤，或甘麦大枣汤等。

心肾不交证　disharmony between heart and kidney, syndrome of　因心肾水火既济失调，心肾阴虚火旺引起的中医学证候。常见于失眠、心悸、不寐、遗精、健忘等疾病。

若久病耗伤精血，或思虑过度、阴血暗耗，或房事不节、耗伤肾精，均可使心肾之阴亏虚；或情志过极，郁而化火，心火亢盛，损及肾阴；或心火独亢于上，不能下交于肾，心肾阴阳水火失去既济协调的关系，形成心肾不交证。临床表现可概括为两个方面：一为心神不安或心火亢盛，表现为心悸易惊、心烦、失眠多梦、口舌生疮、舌质红；一为肾精虚亏，头目失养，骨髓不充，表现为头晕耳鸣、健忘、腰膝酸软，或阴虚阳亢，虚火妄动而见潮热盗汗、梦遗、小便短赤、脉细数。临证以心烦心悸、失眠多梦、遗精、腰膝酸软伴见阴虚证为辨证要点。

心肾不交证的治疗以滋阴降火、交通心肾为法，可选用黄连阿胶汤、交泰丸等方。

心形海胆　Spatangoida; heart urchin　海胆纲心形海胆目动物的统称。该目分为4个亚目：弓星海胆亚目、半星海胆亚目、微星海胆亚目和星口海胆亚目。现存约200种。中国有20多种。两侧对称，壳长，口在前方，肛门在后方，围口部边缘无鳃裂。壳内无支持骨骼。无咀嚼器官。反口面步带呈瓣状。口面前间步带分化，与成对的间步带显然不同，形成盾板或腹板的结构。棘长短不一，壳面有称为带线的特殊结构，带线上密布许多细小的棒状棘。最早出现的心形海胆没有带线。

心形海胆在海洋里很普遍，栖息于沙底、泥沙底或泥底，行底内生活。化石种类很多，最早见于白垩纪。

心宿二　Antares　天蝎座α(αSco)。中文名为心宿二，因色红似火，又名大火，西名Antares（与火星匹敌之意）。2000～3000年前这颗星被测定为夏至的标准。商、周时期就设定"火正"的天官专门来看这颗星，以便定立节气。诗经里就有"七月流火、九月授衣"之说法。心宿二和另一颗目视星等约为5、MK分类约为B4V的蓝矮星组成轨道周期千年数量级的目视双星。

心学　philosophy of mind　中国宋明理学思潮中关于以"心"、"良知"为宇宙天地万物之体的学说。因其主要代表人物为南宋陆九渊和明代王守仁，与北宋程颢和南宋朱熹所倡导的以"天理"为最高范畴的学说不同，故又称为陆王心学。"心学"一词，作为学说名称使用，则始见于北宋邵雍"心为太极"(《皇极经世·观物外篇》)的提法。陆九渊杂糅禅学，提出了"宇宙便是吾心，吾心即是宇宙"(《陆九渊集·杂说》)的命题，创建了以"心"为宇宙之体的哲学体系。他将"心"视为无所不包、无所不能的"主宰"，是宇宙之体和伦理道德实体。陆九渊反对朱熹倡导的读书、穷理的"道问学"，崇尚反省内求的"尊德性"，指出学问之道主要不是靠读书、格物，而要"切己自反"，悟得本心，提出了"先立乎其大者"、"求放心"等道德认识修养方法。陆九渊与朱熹在1175年的信州（今江西上饶）"鹅湖之会"上以及其后的往复通信辩论中，就无极与太极、形上与形下、阴阳、道器、心与理、天理与人欲、尊德性与道问学等基本哲学命题进行了讨论和辨析。

陆九渊心学在当时主要传播于江西、浙东两地，即以江西傅梦泉、邓约礼为首的"槐堂诸儒"和以浙东杨简、袁燮、舒璘、沈焕为代表的"甬上四先生"，他们继承陆学，特别是杨简将陆氏"心即理"命题发展为"万物为我"的唯我论。明朝中期，王守仁以陆学传人自居，倡导陆氏心学，将心学发展至高峰，成为心学的集大成者。王守仁在宇宙观上还提出"心外无物，心外无事，心外无理"(《王文成公全书·与王纯甫》)的命题，主张"意之所在便是物"，认为"良知"是人人具有的先天善良本性，提出"致良知"的体认方法、途径，所谓"致吾心良知之天理于事事物物，则事事物物皆得其理也"(《传习录》卷中)。针对宋儒的知先行后或知而不行的做法，提出"知行合一"说。明代后期，阳明心学大盛，形成许多学派，其中尤以王畿、钱德洪为代表的浙中学派和以王艮为代表的泰州学派影响为大。明末以刘宗周为代表的蕺山学派也承王学之余绪，成为王学的殿军，其弟子黄宗羲的哲学思想也深深地打上了王学烙印。

陆王哲学反权威、不盲从，强调人的自主、自立、自觉、自信，凸显了主体的能动精神。心学对动摇和冲破程朱道学的统治地位及思想禁锢，对于触发早期启蒙思想的萌芽，都产生了深远的影响。在近代史上，康有为、梁启超、谭嗣同、陈独秀等都从王学中得到启发，鼓吹维新变法。现代新儒家代表如熊十力、梁漱溟、贺麟、牟宗三等也都推崇王学，阐扬心学观点。明以后，王学流传至朝鲜、日本，特别是在日本形成“阳明学派”，后来成为推动日本“明治维新”运动的指导思想之一。

心血虚证 deficiency of heart blood, syndrome of 因心血不足，不能濡养心脉而表现的中医学证候。常由久病耗损阴血，或失血过多，或阴血生成不足，或情志不遂，气火内郁，暗耗阴血等因素引起。临床表现为心悸怔忡、失眠多梦、眩晕、健忘、面色淡白无华或萎黄、口唇色淡、舌质淡、脉细弱。

心血虚证常见于心悸、怔忡、不寐、虚劳等病证中。心悸病中见心血虚证，表现为心悸、善忘、心烦、少寐、头晕、少苔、脉细数。在怔忡病中出现心血虚证，表现为心悸阵作、善惊易恐、夜寐不宁、烦躁、舌红、脉弦细。不寐病中见心血虚证，表现为心悸、少寐、健忘、脉细。虚劳病中见心血虚证，表现为心悸怔忡、失眠多梦、健忘、面色无华、舌淡、脉细或结代。心血虚证的治法为养心血、安心神，方用四物汤加味。

心阳虚证 deficiency of heart yang, syndrome of 因心阳虚衰，心脉及全身失于温煦所表现出的中医学证候。心阳虚证的原因同心气虚证，并多由心气虚证进一步发展而来。临床表现是在心气虚证的基础上出现虚寒症状，如畏寒肢冷、心痛、舌淡胖、苔白滑、脉微细。若心阳虚证进一步发展，在心阳虚证的基础上出现虚脱亡阳症状，称为心阳暴脱证。心阳暴脱，阳气衰亡不能卫外，则冷汗淋漓，不能温煦肢体则四肢厥冷。余症有呼吸微弱、面色苍白、口唇青紫、神志模糊或昏迷、脉微细欲绝。心阳虚证的治法为温通心阳，方用桂枝甘草汤、麻黄细辛附子汤、保元汤等；心阳暴脱证的治法为回阳救逆，方用参附汤、回逆汤等。

心阴虚证 deficiency of heart yin, syndrome of 心阴不足，不能濡养心脉而表现的证候。心阴虚证多因内伤七情、五志化火、火热伤阴，或由热病、久病耗伤阴液所致。临床表现为心悸怔忡、失眠多梦、五心烦热、潮热、盗汗、两颧发红、舌红少苔、脉细数。

心阴虚症常见于心悸、怔忡、虚劳、不寐等病证中。在心悸、怔忡病证中出现心阴虚证，表现为心中动悸不安、胸闷不舒、虚烦失眠多梦、口燥咽干、舌红少苔、脉细数，甚至出现心中动悸不能自主、惕惕若惊、心痛阵作、五心烦热、盗汗自汗、脉结代。虚劳病中出现心阴虚证，表现为心悸烦躁、气短乏力、口干、舌淡、脉细数无力。不寐病中出现心阴虚证，表现为心悸、五心烦热、不易入睡、舌红、脉数。心阴虚证的治法是滋养心阴、安神定志，方用天王补心丹、黄连阿胶汤等。

心音 heart sound 心脏收缩舒张时产生的振动音。经过组织的介导传到胸壁表面，可用听诊器在胸壁听到，亦可用电子仪器记录下来成为心音图。根据心音的特征，

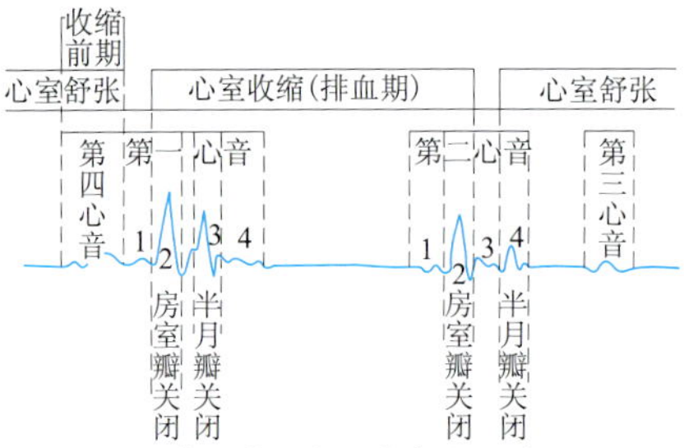

正常心音图各组成部分示意

可反推心血管结构和循环功能的病理生理背景。心音又能反映心动周期的节律（心律）。心脏听诊是心脏病诊断检查的重要手段之一。

正常情况下，心脏听诊时于一个心动周期听到两个心音：第一心音和第二心音。第一心音发生于房室瓣（二尖瓣和三尖瓣）关闭和半月瓣（主动脉瓣和肺动脉瓣）开启之际。标志着心室收缩期的开始，血液从心室喷入大动脉。第二心音发生于半月瓣关闭和房室瓣开启之际。标志着心室舒张期的开始，血液从心房灌入心室。某些情况下能听到第三心音或（和）第四心音。第三心音发生于舒张早期，为灌入心室的血流使心壁振动引起。第四心音发生于舒张晚期，为心房收缩时血流使心壁振动引起。在某些情况下（大多数为病理情况）可听到心音的增强与减弱、分裂、杂音、额外附加心音等。二尖瓣听诊区在心尖部；三尖瓣听诊区在胸骨左缘第四、五肋间；主动脉瓣听诊区在胸骨右缘第二肋间和胸骨左缘第三肋间；肺动脉瓣听诊区在胸骨左缘第二肋间。以这些标志为中心，可作为各种心音的定时、定位之用（见图）。

心脏 heart 血液循环的动力器官。心脏的自动节律性收缩，推动血液在循环系统的各种血管中环流，使机体各组织、器官能不断地吐故纳新、新陈代谢。

心脏是一厚壁的肌性器官，由左右2心房和左右2心室4个心腔组成。上腔和下腔静脉与右心房相连，将静脉血回流于右心房而入右心室，然后再经右心室输出通过肺动脉到肺脏进行气体交换，使静脉血转变为动脉血。动脉血又经肺静脉输入左心房进左心室，然后再经主动脉及其分支输送于全身的各组织和器官。心房和心室的肌壁是由内层的心内膜、中层的心肌、外层的心外膜所组成，其中以心肌层最厚。心内膜的表面是内皮细胞，与血管的内皮相连。心肌层在心房较薄而心室较厚，尤以左心室最厚。心外膜是心包膜的脏层，是浆膜结构，其外表面被覆间皮。心包膜的壁层也是浆膜，与心外膜相续；两者形成心包腔，其中有少量浆液，起润滑作用，使心脏在收缩和舒张时此2层浆膜（壁层和脏层）可以自由滑动。心脏在解剖结构上具有瓣膜装置，其作用在于使血液在循环系统中能够定向流动而不致逆流。左心房与左心室之间有二尖瓣，右心房与右心室之间有三尖瓣，肺动脉与右心室之间有肺动脉半月瓣，主动脉与左心室之间有主动脉半月瓣。心瓣膜实际上是心内膜突入心

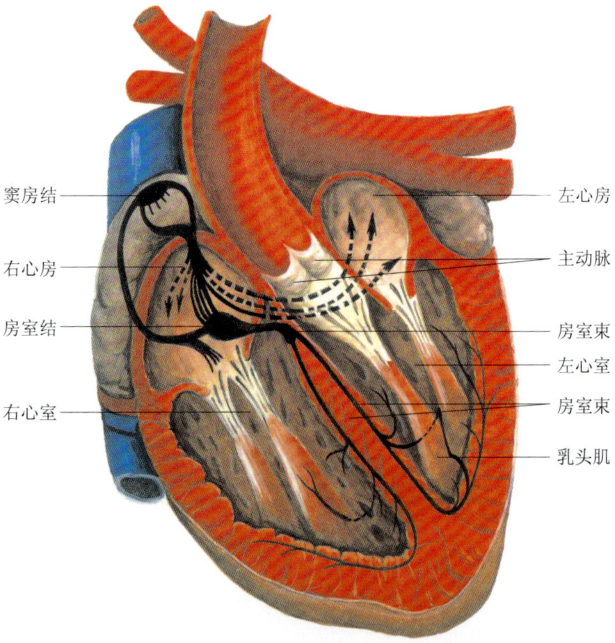

心脏剖面图

脏内的薄片结构，心脏的结构按其功能特征可区分为心脏起搏传导系统和心肌。心脏起搏传导系统是由一些特殊分化了的心肌细胞所组成的特殊功能结构的总称。它所含有的肌原纤维极少或根本没有，因此无收缩功能；但是，它们具有一般心肌细胞所没有的自动节律性（简称自律性）和传导性，因而成为心脏特有的节律起搏和传导兴奋的特殊传导系统。心脏的起搏传导系统是由窦房结、房内束（结间束和房间束）、房室交界部、希斯束、房室束和浦肯野纤维等部分所组成。这些组织细胞的自律性和传导性是心脏自律性舒缩活动的功能基础。心肌是心房和心室的工作细胞，具有收缩和传导的功能，是实现心脏泵血功能的结构。

心脏按压 cardiac massage 直接或间接施压于心脏，以维护心脏的充盈和搏出，形成人工循环的急救方法。心脏按压分为胸外心脏按压和开胸心脏按压两种。

胸外心脏按压 抢救心脏骤停的首要措施。操作方法一旦确定，立即就地施行，原已仰卧于地上者不必搬至床上。首先于患者胸前以手握拳槌击数次，若无反应立即进行按压。操作者跪在患者身旁或站在床边，以一手掌根部置于患者胸骨下端，另一手重叠于前一手的手背上，二肘伸直，自背肩部直至前臂垂直加压，以冲击力量有节奏地按压胸骨下端使之下降约3～5厘米，每分钟按压80～100次，每次按压后立即放松，使胸廓回弹，心脏再舒张。为使舒张期得到足够的心室充盈，放松时间最好为按压时间的两倍。若按压有效，可扪及颈动脉或股动脉搏动，甚至可测出80毫米或60毫米汞柱的压力；患者面色、口唇转红，扩大的瞳孔缩小甚至出现自主呼吸，有尿液滴出（若已插尿管）。

开胸心脏按压 直接按压心脏，效果较好，但对条件和技术要求较高，常于心搏骤停发生后进行开胸手术时应用。

《辛丑条约》 *Xinchou Treaty*; *Treaty of 1901*; *Boxer Protocol* 即《辛丑和约》（又称《北京议定书》，通称《辛丑条约》），是八国联军攻陷北京后，各国（英、美、俄、日、德、奥、法、意、西、荷、比11国）于1901年9月7日与清政府代表奕劻、李鸿章正式签订的条约。见义和团运动。

辛迪加 syndicate 资本主义垄断组织的重要形式。是由同一生产部门的少数资本主义大企业，通过签订统一销售商品和采购原料的协定以获取垄断利润而建立的垄断组织。法语syndicat的音译，原意是“组合”。参加辛迪加的企业，其商品销售、原料购买都必须由总办事处统一办理。这种统一的、集中的购销，意味着辛迪加在流通领域中占有一定的垄断地位，使它有可能抬高商品的销售价格和压低原料的采购价格，从而获取高额垄断利润。在辛迪加内部的各个资本家之间存在着矛盾和斗争。他们为了争夺商品销售份额和原料分配比例而经常展开激烈的竞争。当参加者的实力对比或市场条件发生重大变化时，往往要调整分配的份额或对辛迪加总办事处进行改组。

辛格 Singer, Isaac Bashevis (1904-07-14～1991-07-24) 美国犹太作家。生于帝俄波兰拉济明，卒于美国佛罗里达。自幼接受犹太神学教育。15岁开始用希伯来文写诗和短篇故事，后又用意第绪文为波兰的犹太报刊撰稿。1935年移居美国，1943年入美国籍。

辛格的主要作品有长篇小说《莫斯卡特一家》(1950)、《撒旦在戈雷》(1955)、《卢布林的魔法师》(1960)、《庄园》(1967)、《仇敌：一个爱情故事》(1972)和《舒莎》(1978)，短篇小说集《傻瓜吉姆佩尔和其他故事》(1957)、《市场街的斯宾诺莎》(1961)、《卡夫卡的朋友和其他故事》(1970)等。

辛格的作品情节生动，富有趣味，文笔清晰简练，大多描写波兰犹太人往昔的遭遇和美国犹太人现今的生活，其中也有不少是神秘的灵学和鬼怪故事。1978年获诺贝尔文学奖。

辛格 Synge, John Millington (1871-04-16～1909-03-24) 爱尔兰戏剧家、诗人。生于都柏林，卒于都柏林。1888～1892年同时在都柏林三一学院和爱尔兰音乐学院学习。1892～1894年在德国进修音乐。1894年开始写作。从1898年起连续5年到阿兰群岛体验农村生活，这成为他之后戏剧创作的源泉。自1902年起，在短短的几年里，辛格写出了《补锅匠的婚礼》(1902)、《圣泉》(1905)、《西方世界的花花公子》(1907)、《骑马下海人》(1904)等优秀剧本。

喜剧《西方世界的花花公子》讽刺了某些爱尔兰人好夸口的习性和美化歹徒的弱点，对话妙趣横生。《骑马下海人》的构思来源于作者在阿兰群岛的生活体验，揭示了人类与命运的搏斗这一永恒的主题，被认为是现代戏剧中最优秀的独幕悲剧。

辛格认为生活是戏剧的唯一源泉，舞台上必须有真实性，因此要求布景和道具必须和现实生活中的完全一样。在戏剧语言方面，他力图把英国爱尔兰方言铸成一种新的戏剧语言，使之既具有诗的活力和感情，又具有散文的灵活和自然。他融诗情、乐感和科学精神于戏剧创作中，成为爱尔兰伟大的戏剧家之一。

辛亥革命 Xinhai Revolution 爆发于清宣统三年（1911）的中国资产阶级民主革命。因以干支纪年为辛亥年，故名。是在清朝统治阶级日益腐朽，帝国主义侵略进一步加深，中国民族资本主义初步成长的基础上发生的。目的是推翻帝国主义掌握的工具清王朝的专制统治，挽救民族危亡，争取国家的独立、民主和富强。领导和发起者是中国资产阶级的政党中国同盟会及其领袖孙中山。这次革命，由于帝国主义和中国买办、地主阶级的反对，迅速失败了。但是，它结束了长达2 000年之久的君主专制制度，促进了民主精神在中国的高涨，是中国历史上一次伟大的革命运动。

革命的准备 光绪二十年十月（1894年11月），孙中山在檀香山的华侨中成立了政治小团体兴中会。二十一年二月（1895年2月），孙中山在香港建立兴中会总部，规定誓词为“驱除鞑虏，恢复中国，建立合众政府”，鲜明地提出了中国资产阶级民主革命的第一个纲领。兴中会的成立，标志着中国资产阶级民主革命运动的开始。

20世纪初，资产阶级民主革命运动显示出活跃的势头。留日学生创办的《开智录》上首先出现“排满”字样。《国民报》则明确主张颠覆清政府。光绪二十九年，东京留学界思想愈益活跃，《湖北学生界》、《浙江潮》、《江苏》等宣传民族主义、民权学说的刊物相继出版。上海知识界也出现了新气象。二十八年上海成立了以造成“共和的国民”为目的的中国教育会，接着又在中国教育会支持下成立了爱国学社，学社师生们在演说会上公开倡言革命。组织革命团体，是资产阶级、小资产阶级知识分子走向革命化的一个重要标志。二十九年十月（1903年11月），从东京回国的军国民教育会成员黄兴组织两湖学生在长沙建立了革命团体华兴会。三十年六月（1904年7月），两湖进步学生又在武昌组织了科学补习所。同年11月，上海成立了由军国民教育会暗杀团发展而成的光复会，会长蔡元培。与此同时，江苏、四川、福建、江西、安徽等省也都建立了名目不同的革命团体。

随着资产阶级革命运动的发展，成立全国革命领导中心的要求愈益迫切。三十一年六月（1905年7月），孙中山、黄兴、陈天华等70余人在东京集会，决定成立中国同盟会，把分散的革命力量联合起来，兴中会、华兴会、光复会以及其他小团体的成员陆续加入进来。七月中旬，孙中山在留学生欢迎会上发表了《中国应建设共和国》的演说。七月二十四（8月20日），同盟会召开成立大会，孙中山被推为总理，黄兴被推为执行部庶务，会议确定了“驱除鞑虏，恢复中华，创立民国，平均地权”的16字纲领。十月，同盟会机关报《民报》出版，孙中山在发刊词中首次提出了以民族、民权、民生为核心内容的**三民主义**。

戊戌维新运动失败后，**康有为**、**梁启超**流亡海外，仍以保皇相号召。《民报》创办后即同梁启超主编的《新民丛报》展开论战。辩论结果，革命派占据上风，改良派的政治影响大为衰落。

在进行论战的同时，革命派积极发动了多次武装起义。起义虽然都失败了，使同盟会的精华遭到重大损失，却有力地冲击了清王朝的反动统治，扩大了革命影响。与资产阶级革命运动同步发展的，是多达千余次的自发的群众斗争，抗捐抗租、罢工罢市、抢米骚动和反对教会压迫等风起云涌。这些斗争为辛亥革命的爆发创造了广泛的群众基础。同一时期，民族资产阶级中的一部分，因切身利益与帝国主义发生矛盾，参加并领导了**收回路矿权运动**和**抵制美货运动**。

为了消弭革命，拉拢资产阶级，清政府被迫作出一些开明的姿态。光绪三十一年六月（1905年7月），派载泽等五大臣出洋考察政治。三十二年八月（1906年9月）宣布**预备立宪**。三十三年八月至九月（1907年9～10月），下诏筹设资政院和咨议局，

辛亥革命形势图（1911）

图1 武昌中和门（起义开始后，南湖炮队进驻中和门，开炮轰击湖广总督署。此后，中和门即称起义门）

允许资产阶级可以通过选举取得向清政府提出建议等部分权利。上层资产阶级从中看到了希望。他们纷纷成立预备立宪公会、宪政筹备会、宪政公会、粤商自治会等立宪团体，从事君主立宪活动，准备参与政权。他们被称为立宪派。康有为、梁启超也分别在海外成立国民宪政会、政闻社，准备回国参加政治活动。但是，满洲亲贵们对立宪并不热衷。光绪三十四年八月（1908年8月），清政府颁布《钦定宪法大纲》，规定“大清帝国万世一系”，同时宣布预备立宪以9年为期。不久，光绪帝和实际掌握政权近半个世纪的**慈禧太后**相继去世，3岁的**溥仪**即皇帝位，改元宣统。摄政王载沣采取集权措施，积极推行由皇族独揽国家大权的政策。汉族军机大臣**袁世凯**被罢斥，满洲亲贵和汉族官僚地主之间的矛盾加深。宣统二年，由各省咨议局代表组成的国会请愿同志会在北京连续发起国会请愿运动，要求清政府速开国会。当第4次请愿活动展开后，清政府以“聚众要挟”为名，实行镇压。请愿活动被迫停止。宣统三年四月（1911年5月），清政府发布内阁官制，成立以庆亲王奕劻为总理的“皇族内阁”。立宪派分享政权的希望完全落空。他们对清廷的顽固态度从愤懑发展到绝望，少数人抛弃立宪的幻想，对革命活动开始表示同情。革命的客观条件日趋成熟。

图2 湖北军政府大楼

革命的爆发 宣统三年四月，清政府唯帝国主义之命是从，颁布铁路国有上谕，宣布各省商办干路一律收回，随即同英、德、法、美四国银行团签订了借款合同，将从中国人民手中夺得的权利拱手献给了帝国主义，引起全国人民的愤怒。与铁路国有直接相关的湖北、湖南、广东、四川等省人民强烈反对出卖路权，掀起了轰轰烈烈的保路运动。**四川保路运动**尤为波澜壮阔。七月，保路风潮扩展为全省抗粮抗捐，群众暴动接连发生。四川总督赵尔丰在成都逮捕保路同志会和川路股东会的负责人，并枪杀请愿群众数十名，造成流血大惨案。同盟会员龙鸣剑等和哥老会组成保路同志军进围成都，转战各地，攻城夺地，猛烈冲击清政府在四川的统治。四川保路运动成为辛亥革命的导火线。在清政府全力应付四川保路运动的时候，湖北新军中的**文学社**和**共进会**等革命团体乘机发动武昌起义，揭开了辛亥革命轰轰烈烈的一幕。

宣统三年八月（1911年9月）下旬革命党人感到形势紧迫，召开文学社、共进会联席会议，决定于中秋节（10月6日）发动起义，后由于形势瞬息变化，起义推迟。八月十八（10月9日），在预定起义的那一天，共进会负责人孙武在汉口装配炸弹，不慎爆炸，湖广总督瑞澂下令闭城搜查，汉口和武昌的起义指挥机关遭到破坏，一些起义的领导人被捕、被杀或避匿。在这种情况下，新军各标营中革命士兵深感形势严重紧急，开始主动行动，起义终于爆发了。十九日晚7时左右，武昌城外塘角的辎重营和城内工程第八营几乎同时发动，各标营继起，经一夜苦战，二十日晨革命军占领总督署，全城光复，首义成功。汉阳、汉口也先后为革命军占领。二十日，起义士兵聚集到湖北咨议局，在咨议局议长汤化龙等人的参与下，宣布成立中华民国军政府鄂军都督府，即湖北军政府。革命党的领袖们未亲身参加起义，缺乏政治经验的起义士兵们对自己掌握政权没有信心，清湖北新军协统**黎元洪**在革命士兵的枪口逼迫下做了这个刚建立的湖北军政府的都督。军政府随即发布各种文电，号召各省揭竿而起，推翻清朝，建立民国。九月，湖北军政府公布《中华民国鄂州约法》。它是全国第一个按照资产阶级民主原则拟定的地方宪法。

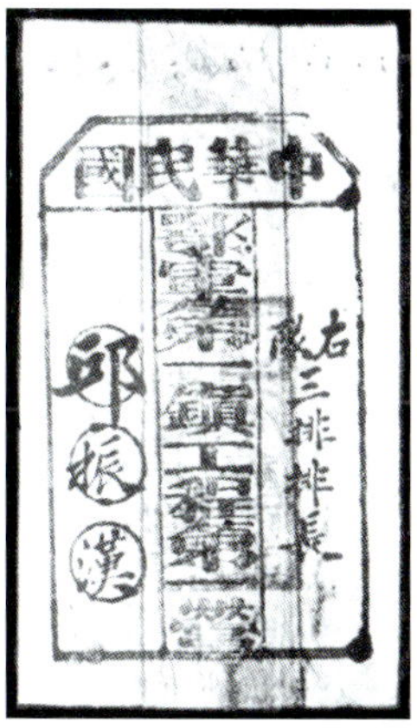

图3 武昌起义军胸章

武昌起义的胜利，在全国得到了连锁反应，各省革命党人纷纷行动起来。最先起来响应的是湖南。

至十月初，全国宣告独立、脱离清政府的省、地区就有14个。北方未独立各省，有的地方清王朝统治较强，如直隶、山东、河南；有的远在边陲，革命党势力较弱，如新疆、奉天。这些省份也不平静，革命党仍然组织了一系列武装起义。武昌起义之后，立宪派纷纷表示赞成革命。广大人民群众在各省起义过程中表现了高昂的热情。新军士兵、会党群众、知识分子、工人、农民、城市贫民、海外华侨、爱国士绅、少数民族都作出了贡献。中国的政治生活出现了前所未有的沸腾局面。

革命的胜利与失败 革命的胜利发展使清政府极为震惊，在政治上和军事上都显得手足失措。九月初六日，清廷起用**袁世凯**为钦差大臣，授予指挥湖北军事的全权。九月十一日，清军攻陷汉口。同日，摄政王载沣宣布解散“皇族内阁”，交出全部军政大权，以袁世凯为内阁总理大臣。黎元洪和黄兴、宋教仁等过高估计了袁世凯的力量和自身的困难，急于取得廉价的胜利，他们企图利用袁世凯和清朝贵族之间的矛盾，以大总统的位置动员他倒戈，把最终推倒清朝的希望寄托于袁世凯。十月初七日，汉阳为清军攻陷。帝国主义看到时机成熟，出面斡旋停战。十月十一日，在英国驻汉口代理总领事葛福撮合下，双方议定停战三日。此后又拟定《续停战条款》，规定双方派出代表讨论大局。停战是辛亥革命从武装斗争走向政治妥协的一个重要转折；而同意谈判，则打开了政治解决南北冲突的大门。二十八日，袁世凯的代表唐绍仪和革命军政府的代表伍廷芳在上海开始和谈。见**南北和谈**。

十月上旬，各省代表议决承认武昌为中华民国中央军政府，以鄂督执行中央政务。接着14省代表会议在汉口英租界召开，筹备成立中央临时政府。十月十二日，江浙联军经过10天的奋战，攻克清两江总督、江南提督盘踞的南京。于是代表会议决定以南京为中央临时政府所在地。各省代表随即自武汉齐集南京。十一月初六日，同盟会总理孙中山自海外归来，对革命派内部的妥协倾向进行了斗争，但他无力改变总的趋势。初十日，17省代表会议以16票的绝对多数选举孙中山为临时大总统。1912年元旦，孙中山到南京就职，发布《临时大总统宣言书》、《告全国同胞书》等文件，正式宣告**中华民国**的诞生。1月2日，通电改用阳历。3日，选举**黎元洪**为副总统，确定临时政府组成人员。中华民国临时政府正式成立。28日，又成立南京临时参议院。

以孙中山为首的南京临时政府是资产阶级民主革命的产物。这个政府包括革命派、立宪派和旧官僚三种政治势力。独立各省的军政府多数为立宪派和旧官僚所操纵，南京临时政府和身为临时大总统的孙中山，对它们事实上不能行使中央政府的权力。革命派自身的弱点也更多地暴露出来。孙中山的许多正确主张都遭到反对。

南京临时政府成立，袁世凯感到大总统的位置难于到手，立即撤销和议代表，造成谈判破裂的形势，迫使革命势力妥协。帝国主义列强拒不承认南京临时政府，并且制造外国干涉的空气。在内外交困的情况下，孙中山被迫退让。1月22日，孙中山声明只要清帝退位，袁世凯宣布赞成共和，即向临时参议院推荐袁世凯为临时大总统。袁世凯得到孙中山的保证后，加紧逼迫清帝退位。2月12日，清朝皇帝终于接受中华民国对皇室的优待条件，正式退位。这样，统治中国260多年的清朝垮台了，延续两千多年的君主专制政体也随之结束。

2月13日，袁世凯向临时政府正式声明赞成共和，孙中山向临时参议院辞职。15日，临时参议院选举袁世凯为临时大总统。袁世凯的实力在北方，拒绝南下就职。孙中山派蔡元培为专使北上迎接，袁世凯表面上装腔作势，表示欢迎，暗地里却指使亲信部队在北京、天津、保定制造兵变；帝国主义也乘机调兵入京，制造紧张空气，以支持袁世凯。南京临时政府再次退让。3月10日，袁世凯在北京宣誓就任临时大总统。次日，孙中山公布《**中华民国临时约法**》。这个约法具有资产阶级共和国宪法的性质，是中国历史上的创举。25日，唐绍仪到南京接收临时政府，组织新内阁。该内阁中内政、陆军、海军、财政、外交等部均由袁世凯的亲信或拥护者担任，同盟会只分配到教育、农林、工商等几个点缀性的席位。4月1日，孙中山正式解除临时大总统职务。5日，临时参议院议决临时政府和该院迁往北京。至此，辛亥革命的成果被袁世凯所篡夺。辛亥革命失败了。

辛亥革命是近代中国比较完全意义上的资产阶级民主革命。它在政治上、思想上给中国人民带来了不可低估的解放作用。革命使民主共和的观点从此深入人心。中国人民长期以来进行的反帝反封建斗争，以辛亥革命作为新的起点，更加深入、更加大规模地开展起来。

辛集市 Xinji City 中国河北省辖县级市。位于省境中南部。面积951平方千米。人口62万（2010）。西汉时开始建县，隋代置鹿城县。唐玄宗天宝十四载（755），节度使安禄山曾作乱于此，次年，唐玄宗改鹿城县为束鹿县（取制伏安禄山之意）。1986年撤束鹿县，设辛集市，由石家庄市代管。农作物有小麦、玉米、棉花等，产鸭梨、蜜桃等。有化工、机械、皮毛、烟花、轻纺、建材、食品和铸造等工业部门。皮革业是传统优势产业。辛集皮革城为省十大国家初级市场之一。

辛可宁 cinchonine **喹啉型生物碱**，分子式$C_{19}H_{22}N_2O$。存在于茜草科金鸡纳属植物

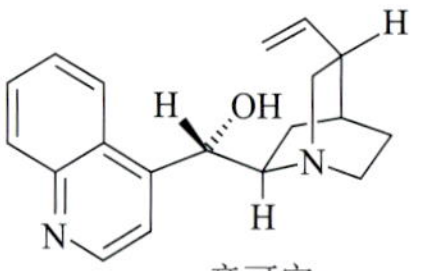

辛可宁

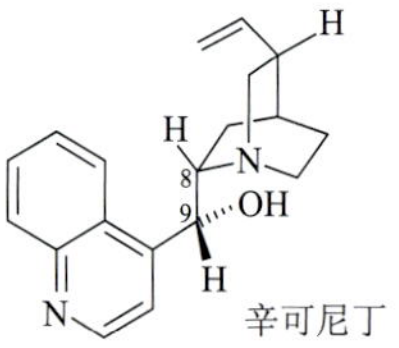

辛可尼丁

中。无色针状或棱柱状结晶，微带苦味；熔点265℃（220℃开始升华），比旋光度$[\alpha]_D^{17}$+229（乙醇）；溶于乙醇、氯仿、沸水，微溶于乙醚，几乎不溶于冷水。半数致死量152毫克/千克。辛可尼丁为辛可宁的8,9位差向异构体，熔点210℃，$[\alpha]_D^{20}$−109.2（乙醇）；半数致死量206毫克/千克。辛可宁和辛可尼丁均有抗疟作用。

辛克莱 Sinclair, Upton (1878-09-20～1968-11-25) 美国作家。生于巴尔的摩，卒于邦德布鲁克。先后在纽约市立学院和哥伦比亚大学读书。15岁开始写作。1906年出版长篇小说《屠场》，揭露芝加哥肉类加工厂恶劣的劳动条件，描写立陶宛移民约吉斯·路德库斯一家在美国定居后的悲惨遭遇。小说出版后反应强烈，成为20世纪初期美国文艺界“揭露黑幕运动”的第一部小说，并迫使美国政府通过有关食品卫生的法案。1906年以后的作品有《煤炭大王》(1917)、《石油》(1927)、《波士顿》(1928)等。

从1940年开始，辛克莱以《世界的终点》为总题，写了11部长篇小说，描述两次世界大战之间美国和欧洲各国的社会情况。1962年出版自传。

辛凉发汗 resolving superficies syndrome with pungent and cool natured drugs 中医临床用性味辛凉、具有疏散风热作用的药物以治疗风热表证的治法。又称辛凉解表。属治疗**八法**中的**汗法**之一。主治身热头痛，微恶风寒，口渴咽痛，有汗或无汗；麻疹初起以及某些**温病**初起如风温初起等。常用药物有桑叶、菊花、薄荷、牛蒡子、升麻、葛根、银花、连翘等。

依据辛凉解表所主治的病证不同，可分为疏散风热和透疹解表两法：①疏散风热，适用于风热表证。证见身热头痛、微恶风寒、咳嗽、咽痛、口渴，或有汗出，舌尖红、苔薄白或薄黄，脉浮数等，常用桑叶、菊花、薄荷等药。代表方剂有桑菊饮、银翘散。如表邪化热、壅遏于肺，证见身热不解、喘咳，甚或鼻煽、口渴者，可用麻杏石甘汤。②透疹解表。“疹”主要指麻疹。此法只适用于麻疹初热期。证见发热，微恶寒，鼻塞流涕，咳嗽，眼睑赤红、目泪汪汪，倦怠思睡，小便短黄，舌苔白薄或微黄，脉浮数，指纹红赤而浮露，疹发不畅等。常用药物有升麻、葛根、荆芥、牛蒡子、西河柳等。代表方剂有升麻葛根汤、宣毒发表汤。

临床上，风寒表证不宜使用辛凉解表之法。

辛普朗隧道 Simplon Tunnel 瑞士布里格至意大利伊塞尔间的山岭铁路隧道。位于瑞士伯尔尼至意大利米兰的铁路线上，穿越阿尔卑斯山脉。

辛普朗隧道由Ⅰ号和Ⅱ号两座平行单线隧道组成，中心相距17米。Ⅰ号隧道于1898年开工，1906年建成，长19.803千米。Ⅰ号隧道采用下导坑法开挖，并在隧道修建史上首次采用了平行导坑。坑道运输采用风动机车牵引。Ⅱ号隧道建于1912～1921年，长19.323千米。Ⅰ号隧道海拔705米，最大埋深为2 135米。Ⅱ号隧道由利用Ⅰ号隧道施工时的平行导坑扩建而成。通过隧道的列车已改由电力机车牵引。

辛普森 Simpson, James Young (1811-06-07～1870-05-06) 英国妇产科医师。生于巴斯盖特，卒于伦敦。早期学习人类学，1832年毕业于爱丁堡大学，获医学博士学位。后留校长期从事产科的教学、临床与研究工作。

1846年辛普森闻知W.T.G.莫顿应用**乙醚麻醉**成功的消息后进行试验，次年1月即将其试用于产科。1847年他报道乙醚对支气管与胃肠道有刺激作用。但经过自身试验证明氯仿优于乙

醚，并最先将氯仿用于分娩止痛。1853年他用氯仿麻醉解除维多利亚女王分娩时的痛苦。他发明长产钳，实施骨盆畸形所致的胎位不正的倒转术。

辛弃疾 Xin Qiji (1140～1207) 中国南宋词人。字幼安，号稼轩。历城（今山东济南）人。1161年（宋绍兴三十一年），金海陵王完颜亮发动侵宋战争，金统治的华北地区人民纷纷起义，辛弃疾时年22岁，也聚众加入耿京起义军，任掌书记。次年，辛弃疾劝耿京归宋，并受命去南宋接洽归附事，返回时，耿京已被叛徒张安国所害。辛弃疾即率王世隆等，将已任知州的张安国俘获，并率反正士兵万人归来。初任江阴军签判，后著《御戎十论》，向宋廷陈述宋金形势，要求备战抗金。乾道四年（1168）开始词的创作。淳熙四年（1177），任知江陵府、兼荆湖北路安抚使，成为封疆大吏，后历江西、湖南安抚使等官。八年冬罢职，退居上饶城郊"带湖"的"稼轩"新居，从此以稼轩为号。在上饶一住10年，他把满腔爱国激情以及南渡以来的无限感慨和义愤，全部寓寄在歌词中。淳熙十五年，第一本词集《稼轩词甲集》问世。辛词慷慨激昂，纵横驰骋，继承并发展了苏轼豪放派的词风，后人以苏辛并称。辛词多方面反映了错综复杂、激烈动荡的社会现实，表现了非凡的英雄气概和创造力，在中国文学史，特别是词史上占有特殊地位。绍熙三年（1192）至五年，他出任福建提刑、知福州兼福建安抚使等职，接着又罢官，不久自上饶移居铅山（今江西铅山东南）。嘉泰三年（1203）起知绍兴府兼浙东安抚使。年末，奉诏入朝。四年三月，出任镇江知府。登北固亭，赋《永遇乐》以抒怀，有句云："凭谁问：廉颇老矣，尚能饭否？"表达了老当益壮的战斗意志。然而次年夏天又被免职，返回铅山，不久病死。现存诗文数量较少，词则有630余首。后人进行辑佚补存，以邓广铭《稼轩词编年笺注》和《辛稼轩诗文钞存》、《稼轩长短句》最为完备。

辛钦 Khinchin, Aleksander Yakovlevich (1894-07-19～1959-11-18) 苏联数学家与数学教育家。生于莫斯科附近的康德罗沃，卒于莫斯科。1916年毕业于莫斯科大学，先后在莫斯科大学和苏联科学院的斯捷克洛夫数学研究所等处工作。1927年成为教授。1939年当选为苏联科学院通讯院士。还是俄罗斯教育科学院院士。

辛钦的早期研究成果属于函数的度量理论，引进了渐近导数的概念，推广了当儒瓦积分，研究了可测函数的结构。这些研究的思想（度量特征）深刻地影响了他在数论和概率论上的研究。在数论上的成就主要是丢番图逼近论和连分数的度量理论的出色成果，关于自然数列和的密率不等式也曾引起数学界的注意。最早的概率论成果是伯努利试验序列的重对数律。他首先与A.N.科尔莫戈罗夫讨论了随机变量级数的收敛性。证明了：①作为强大数律先声的辛钦弱大数律；②随机变量的无穷小三角列的极限分布类与无穷可分分布类相同。还研究了分布律的算术问题和大偏差极限问题。

辛钦对统计力学的考察促使他研究现代概率论的一个重要领域——平稳过程。他提出并证明了严格平稳过程的一般遍历定理；首次给出宽平稳过程的概念并建立了它的谱理论基础。这些直到现在仍然是平稳过程的核心内容的一部分。他还研究概率极限理论与统计力学基础的关系。早在1932年就发表排队论的论文，20世纪50年代写出著名的专著。他还曾致力于信息论的数学基础的研究。

辛钦十分重视数学教育和人才的培养。在他的指导和影响下成长了一批苏联数学家。他以优美的笔调、突出论题本质的风格编写一批初级参考读物、教材以及10本篇幅不大但很引人入胜的专著，内容涉及数学分析、数论、概率极限理论、统计力学、排队论、信息论，对引导后来者以及促进数学发展起了显著的作用。

辛烷值 octane number 评价汽油在发动机中燃烧时抗爆性（又称抗震性）的指标，是评价汽油质量的重要指标。辛烷值越高，汽油的抗爆性越好。辛烷值是在标准单缸发动机中，由参比燃料与所测汽油的抗爆性相比较而直接测定的。参比燃料由异辛烷（2,2,4-三甲基戊烷）和正庚烷组成，其辛烷值分别定为100和0。这两种烷烃以不同的比例混合组成各种参比燃料，其中异辛烷的体积百分含量即为该参比燃料的辛烷值。

汽油的辛烷值与汽油的烃类组成和各类烃分子的化学结构有关。一般来说，芳烃和异构烷烃的辛烷值最高，其次是烯烃和环烷烃，正构烷烃的辛烷值最低。在汽油生产中，由不同原油、不同加工工艺得到的调和组分的抗爆性（辛烷值）差别很大。

提高辛烷值的一个常用的办法是添加抗爆剂。曾普遍使用的抗爆剂是四乙基铅、四甲基铅等烷基铅。但因为铅的毒性能造成环境污染。另外，控制汽车尾气排放的催化转化器中的催化剂也会因铅的毒化作用而失效。一些国家已禁止在汽油中添加铅抗爆剂。还有一些国家使用含锰的有机抗爆剂。

辛温发汗 relieving superficies syndrome with pungent and warm natured drugs 中医临床运用性味辛温并具有发散风寒作用的药物为主组方，以解除表邪的治法。又称辛温解表。该法适用于风寒表证。临床表现为恶寒发热，头项强痛，肢体酸痛，无汗，脉浮紧或有汗脉浮缓等。常用麻黄、桂枝、羌活、防风、苏叶、荆芥等药物组成方剂，代表方剂为桂枝汤、麻黄汤。在具体运用辛温发汗法时，由于风邪与寒邪的偏重不同，临床上又可分为风寒表实证和风寒表虚证，治疗上分别采用发汗散寒和解肌发表的治法。

辛辛那提 Cincinnati 美国俄亥俄州城市和河港。位于该州西南端，俄亥俄河北岸，西距印第安纳州界24千米。市区面积202平方千米，人口33.33万（2008），其中黑人约占2/5以上；范围扩及3州12县的辛辛那提-哈密尔顿大都市区，人口215.51万（2008）。城市坐落在三面为丘陵环抱的平坦盆地中，大、小迈阿密河和俄亥俄河在此汇合，海拔208米。1月平均气温0℃，7月24.5℃；平均年降水量1 050毫米。1788年始建定居点。1802年设镇。1819年设市。1832年随着迈阿密运河和俄亥俄-伊利运河先后建成，成为农牧产品的集散地。1843年铁路通达。机器制造业发达，主要生产机床、汽车和汽车零部件、飞机发动机、电机、农业机械等。肉类加工业名闻全国，素有"猪肉之都"美称。电子、化学、制药、服装、食品等工业也较重要。港口设施优良，以转运煤炭为主，为全国最大的内陆煤港之一。陆路交通枢纽，有3条铁路干线和3条州际高速公路交会于此。有辛辛那提-北肯塔基国际机场。城市标志性建筑为49层的卡鲁大厦。有辛辛那提大学（1819）等10余所高等院校；还有艺术博物馆、自然和历史博物馆、大型公共图书馆以及有百年历史的音乐厅等文化设施。辛辛那提动物园、伊登公园、金斯岛游乐园等均为城市重要名胜。

辛夷 *Magnolia liliflora*; lily magnolia 木兰科木兰属的一种。又称紫玉兰。分布于中国湖北、四川、云南。是著名的观赏植物。落叶灌木或小乔木，高2～5米；小枝紫褐色，具环状托叶痕。单叶，互生，倒卵形、椭圆状卵形或椭圆状菱形，全缘；叶柄粗短。花与叶同时开放或先叶开放，单生枝顶，大形；花被片3轮，外轮3片萼片状，披针形，带绿色，长2～3厘米，内2轮长圆状倒卵形，长8～10厘米，紫色或紫红色；雄蕊多数；心皮多数，离生，花丝与心皮均为紫红色；花期3～4月。聚合果圆柱形；果期8～9月。树皮、叶、花均可提制芳香浸膏。花蕾可入药，有解毒功效。

辛酉政变 Xinyou Palace Coup 中国清朝咸丰十一年(1861)咸丰帝病死后，慈禧太后联合恭亲王奕䜣发动的宫廷政变。以时在夏历辛酉年得名。又因改变祺祥年号而称“祺祥政变”，亦称“北京政变”。

1861年8月21日，咸丰帝病危，立6岁长子载淳为皇太子。次日，咸丰帝病死，肃顺等八人即以赞襄政务王大臣的名义总摄朝政。9月4日，定明年改元祺祥。八大臣不让恭亲王奕䜣分享权柄，仅命他在京办理一切事宜。时载淳生母慈禧太后和东宫慈安太后与八大臣争权，心怀不满，召醇郡王奕譞(慈禧妹婿)密商罢斥肃顺等人，并与在京的奕䜣联系。9月5日，奕䜣奉太后召赶至热河，参与密谋。旋促御史董元醇出面奏请两太后“权听朝政”，在赞襄政务王大臣八人之外，更拣派近支亲王一二人(意在奕䜣、奕譞)参政。9月15日，朝廷会议董折，辩论激烈。八大臣称赞襄皇帝不可听命太后，决定对董折发诏驳斥。

10月26日，慈禧、慈安两太后偕幼帝载淳与载垣、端华等离热河回京。肃顺、奕譞等护送咸丰帝灵柩后发。两太后抵京后，即召见奕䜣，部署对策。11月2日，奕䜣示意大学士贾桢、周祖培等再次奏请两太后“垂帘听政”，胜保亦上奏附和，并请以近支亲王辅政。当日太后以皇帝名义下诏，历数载垣、端华、肃顺等罪状，并令载垣、端华、肃顺解任听勘，景寿、穆荫、匡源、杜翰、焦祐瀛退出军机处。不出一日，又下诏将肃顺等三人革职拿问。11月3日，任命奕䜣为议政王，掌管军机处，桂良、沈兆霖、文祥、宝鋆并为军机大臣。7日，下诏废祺祥年号，以明年为同治元年。次日，再下诏命载垣、端华自尽，斩肃顺于市；景寿、匡源、杜翰、焦祐瀛皆革职，穆荫革职后发往军台。随后，又清除了赞襄政务王大臣的党羽。11日，同治帝载淳正式即位。从此，慈禧、慈安两太后开始垂帘听政。慈禧掌握清政府的最高权力，历时47年之久。

忻州市 Xinzhou City 中国山西省辖地级市。位于省境中部偏北。西邻陕西省，东接河北省。辖忻府区和定襄、五台、代县、繁峙、宁武、静乐、神池、五寨、岢岚、河曲、保德、偏关12县，代管原平市。面积25 180平方千米，人口307万(2010)。秦属太原、雁门2郡。隋开皇十八年(598)改置忻州。明属太原府，清属直隶州。1913年属雁门道。1949年设忻县专区，1967年更名忻县地区。1983年更名忻州地区。2000年撤销忻州地区和县级忻州市，设立地级忻州市。矿产以铁、石灰岩、白云石和石墨较丰富。工业有纺织、采掘、冶炼、机械、化工、建材、造纸、食品、医药、皮革、陶瓷、印刷等。粮食作物以高粱、玉米、小麦、谷子为主。名胜古迹有元好问墓(又称五华坟)、金洞寺、忻口战役遗址、东周晋大夫墓地、九龙岗墓群和五台山风景区等。

欣德米特 Hindemith, Paul (1895-11-16～1963-12-25) 德国作曲家、音乐理论家。生于法兰克福附近的哈瑙，卒于法兰克福。13岁起在乐队中拉小提琴，同时在音乐学院学作曲。1915～1923年任法兰克福歌剧院首席乐师。1927～1935年在柏林音乐高等学校任教授，纳粹上台后被迫流亡，客居于英国和土耳其。1935～1937年任教于安卡拉音乐学院。1940～1950年，先后在美国耶鲁大学、瑞士苏黎世大学教作曲。欣德米特是西方现代音乐领袖之一。他的作品数量繁多，早期作品有歌剧《杀人犯》、《努花-努希》、《卡迪拉克》等。后期作品如歌剧《画家马蒂斯》是他最优秀的作品。此外，还有组曲《韦伯主题交响变奏曲》、《世界的和谐》(有同名歌剧和同名交响曲)，歌剧《长长的圣诞晚餐》，大合唱《像天使般飞速行进》。作为音乐理论家，他的著作有《作曲技法》、《一个曲家的世界》。

欣古河 Xingu River 巴西亚马孙河下游右岸支流。发源于马托格罗索高原，曲折北流，流经马托格罗索州和帕拉州，沿途接纳伊里里河等支流，在莫斯港处汇入亚马孙河，全长2 100千米，流域面积约45万平方千米。年平均流量9 700米^3/秒。

欣谢尔伍德 Hinshelwood, Sir Cyril Norman (1897-06-19～1967-10-09) 英国化学家。生于伦敦，卒于伦敦。曾入牛津大学巴利奥尔学院学习，1914年因战事中断。1916～1918年在皇家兵工厂炸药车间工作。1919年回原校复学，1920年毕业后留校工作。1921～1937年在牛津大学三一学院工作。1937～1946年任牛津大学化学教授。退休后任伦敦帝国理工学院高级研究员。1929年当选英国皇家学会会员，1955～1960年任会长。1930年在氢气和氧气混合生成水的反应中，发现当氢和氧的混合气体压力小时不发生反应，只是达到一定的临界压力时才能反应，超过临界压力时反应迅速进行，直到爆炸。由此得出结论：火药分解和氢氧生成

水等反应是按照链反应机理进行的。他还发现，细菌的繁殖也属于链反应或支链反应。因研究化学反应动力学的贡献而与N.N.谢苗诺夫共获1956年诺贝尔化学奖。著有《气相化学反应动力学》。

锌 zinc 化学元素，元素符号Zn，原子序数30，原子量65.409，属周期系ⅡB族。13世纪印度最早通过用有机物质如羊毛还原炉甘石(锌的硅酸盐)冶炼出纯锌；15世纪中国开始用锌铸币，16世纪已能大规模生产。约在1637年，中国明代宋应星著的《天工开物》中记载了制金属锌的方法。锌在地壳中的含量为0.005%～0.02%。锌矿有55种，主要包括闪锌矿(ZnS)、菱锌矿($ZnCO_3$)、硅锌矿($ZnSiO_3$)等，还常与方铅矿共生，称为铅锌矿。

新切开的锌为有光泽的蓝白色金属，但在潮湿空气中很快失去光泽；熔点419.53℃，沸点907℃，密度7.133克/厘米^3(25℃)；莫氏硬度2.5。常温下质脆，100～150℃时是可延展的。锌是电的良导体，温度0.9K时，是电的超导体。纯锌无铁磁性。

锌的氧化态+2，锌是较活泼的金属，在电化序上位于铁前，能将许多金属离子还原为单质。锌粉在空气中能燃烧，产生蓝绿色火焰和白色的氧化锌烟雾。室温下，氧、硫和卤素在潮湿的氛围下可与锌反应，高温下，反应依旧很剧烈。锌不与氮反应，但在红热下与氨反应形成Zn_3N_2。锌具有两性，能与非氧化性酸反应生成二价锌盐并放出氢气，也能与强碱反应生成锌酸盐并放出氢气。重要的锌化合物有氧化锌、氯化锌、硫化锌、硫酸锌、铬酸锌和锌酸盐等。

锌矿含锌低，可先用浮选法得到精矿。硫化锌精矿经焙烧后转化为氧化锌，用焦炭还原得到金属锌，或转化成硫酸锌水溶液为电解液电解沉积出金属锌。

锌主要用于制造黄铜等及锌合金，另一重要用途是做其他金属，如钢铁器材的保护层，还可用于各种干电池中。锌是许多化学反应的催化剂和还原剂。放射性同位素锌-65在医学上用来了解锌的代谢过程。

锌是所有生命形式中必需的金属元素，许多疾病都是由于缺锌引起的。

锌合金 zinc alloy 以锌为基加入其他元素组成的合金。特点是熔点低，强度不高，抗大气腐蚀，流动性好，容易浇铸成薄壁

零件，容易塑性变形、加工和焊接，但不能作为重载结构件材料使用。按用途和制造工艺可分为：①铸造锌合金。主要有：压力铸造锌合金，用于制造汽车、机器、装饰品及仪器仪表的零件，家用器具和玩具；重力铸造锌合金，比压力铸造合金有更好的铸造性能和强度，可代替锡青铜制造低转速轴承、机器外壳、滑轮、门锁等。②变形锌合金。此类合金可以制成板材、线材、锻件和挤压件。板材合金可用于制造屋面板、日用五金制品、水槽和电池锌板、照相制版、胶印用版等。线材锌合金用于金属喷涂、钎料和五金制品。锻造和挤压锌合金可作为H59、H68、H70等黄铜的代用品，用于制造日用五金和尺寸要求稳定的零配件。

《新爱洛绮丝》 *Julie ou La Nouvelle Héloïse* 法国作家J.-J.卢梭的书信体小说。1761年出版。在瑞士日内瓦湖畔的贵族德·埃唐什男爵家里，朱丽小姐爱上了家庭教师圣普乐，但男爵坚决反对女儿与平民出身的圣普乐结婚。圣普乐无奈避走法国，朱丽遵父命嫁给了乡绅沃尔玛，有了两个孩子。朱丽和圣普乐再相见时内心相爱却不能亲近，十分痛苦。后朱丽因救落水的儿子受了风寒，临终时写信给圣普乐，请他教育她的两个孩子。小说谴责了只以门第论婚姻的阶级偏见，主张在平等的基础上自由恋爱，体现了法国启蒙运动时代的反封建的激情。小说的背景被安排在风景秀丽的日内瓦湖畔，书信体的形式又使主人公可以充分地抒发内心的感情，因此他们具有感伤色彩的爱情悲剧被描绘得情景交融、分外动人，使这部小说成为法国19世纪浪漫主义文学运动的先声。

新安沉船 Sinan Shipwreck 14世纪沉没于今韩国全罗南道光州市西部新安海域的中国船只。1975年发现。1976～1984年发掘。沉船位于水下22米处。打捞起来的船体现陈列在韩国木浦市国立海洋遗物展示馆，全长28.4米，宽6.6米。复原的船体长34米，宽11米，是世界上现存最大、最有价值的中国古代贸易船，也是现存最古老的船只之一。船上装载着200吨货物，包括2万多件青瓷和白瓷器，2 000多件金属制品、石制品和紫檀木，以及800万件、重28吨的中国铜钱，充分说明当时东亚贸易交流的盛况。陶瓷器除极个别为朝鲜瓷和日本瓷外，均为中国产，包括当时龙泉窑、建窑、吉州窑、磁州窑、官窑、钧窑以及景德镇等窑场的大量产品。据考证，此船由庆元（宁波）始发，约1323年前后，在驶往日本途中因台风等原因而沉没。

新安画派 Xin' an painting school 中国明末清初活跃于安徽地区的山水画派。以渐江（弘仁）为首。主要画家还有查士标、孙逸和汪之端，均徽州（今属安徽）人。徽州古称新安、海阳，故以上诸人又合称为海阳四家。新安画派的画家多以描绘黄山奇峰、云海、松石等自然风光为主，画风秀丽清淡。属于新安画派的画家尚有程邃、戴本孝、郑旼等人。

新安江 Xin' an River 中国钱塘江正源。位于安徽省南部、浙江省北部。源出安徽省休宁县南六股尖，在黄山市屯溪区临溪镇汇合率水后始名新安江。曲折东南流再折向东流，经安徽省南部边界，浙江省淳安等县境，穿行新安江水库，经建德市西南，在梅城镇东汇合兰江水系后，东流称富春江。干流全长261千米，流域面积11 772平方千米，安徽省境多年平均年径流量约52.3亿立方米。桐庐以上，水能理论蕴藏量很大，已建成的新安江水电站，装机容量66.25万千瓦。电站建成后，形成了一个面积580平方千米的新安江水库（又称千岛湖），成为著名的旅游风景区。

新安江水电站 Xin' anjiang Hydropower Station 中国第一座自己勘测设计、施工和自制设备的大型水电站。位于浙江省建德市境内钱塘江上游干流新安江上。于1957年4月开始主体工程施工，1960年主体工程基本建成，首台机组投产发电。1977年10月9台机组全部投产。水电站总装机容量66.25万千瓦，设计年发电量18.6亿千瓦·时。水库为多年调节，总库容216.26亿立方米。大坝采用混凝土宽缝重力坝。最大坝高105米，坝顶长466.5米，大坝中间为溢流段，设置9孔溢洪道。溢流式厂房，主厂房内安装9台水轮发电机组。

新安江水电站大坝

因新安江水库有1 078个翠岛星罗其中，故称千岛湖。水库面积580平方千米，是良好的水产养殖场，已辟为旅游风景区。

新奥尔良 New Orleans 美国主要海港之一，路易斯安那州最大城市。位于州东南部，密西西比河畔，距河口170多千米，北临庞恰特雷恩湖。市区面积468平方千米，其中水域面积占47.7%；人口31.19万（2008），其中黑人占2/3以上。大都市区人口113.4万（2008），占全州人口的25.7%。

流经市区的密西西比河呈新月形弯曲，故有“新月城”的别名。地处密西西比河三角洲，水道纵横，地势低洼，平均海拔3.4米，有不少地方低于海平面。亚热带湿润气候，7月平均气温27.7℃，1月平均气温10.7℃，平均年降水量1 570毫米，夏季多暴雨。

新奥尔良俯瞰

原为印第安人居留地。1682年法国探险家溯密西西比河航行至此。1718年始建。1722年成为法属大路易斯安那首府。1762年后归属西班牙。1800年复归法国。1803年随同法属大路易斯安那卖给美国。1805年设市。19世纪上半叶成为重要棉花输出港和黑奴贸易中心，城市发展较快，曾两度为路易斯安那州首府。

重要的运输和贸易中心。是密西西比河流域的出海门户，与中、南美洲贸易联系密切。港区主要分布于密西西比河和通往庞恰特雷恩湖的运河沿岸，入港航道水深9～12米，装卸设施优良。20世纪80年代港口货物吞吐量曾居全国各港之首。多条铁路干线的交会点，水陆联运方便，建有巨大的联合客运站。多座大桥跨越密西西比河两岸。庞恰特雷恩湖双跨大桥长39千米，沟通市区与湖北岸的联系。城西设国际机场，东北部湖滨有一国内机场。

美国南方主要工业城市之一。在丰富的农业和矿产资源基础上，建立纺织、食品加工、木材加工、炼油、石油化工等工业部门；全国重要的造船和宇航工业基地，阿冯尔达船厂和生产火箭、宇航设备的米乔德装配厂是最大的企业。旅游业兴盛，加之近年兴起的博彩业，已成为城市经济的支柱产业之一。

文化教育事业发达。市内博物馆众多，如新奥尔良艺术博物馆、路易斯安那州立博物馆等。有新奥尔良大学、路易斯安那州立大学新奥尔良分校、图莱恩大学等10余所高等院校，也是重要医学教育和医疗中心。富音乐传统，为爵士乐的诞生地，多音乐团体和剧场、音乐厅等。

新奥斯曼人 Young Ottomans 奥斯曼帝国新奥斯曼人协会的参加者和支持者。19世纪60年代初，文学家I.希纳西（1826～1871）团结了伊斯坦布尔的一批青年知识分子，创办报刊，鼓吹建立土耳其民族文学，纯洁土耳其语言。在此基础上，1865年6月正式成立了秘密团体新奥斯曼人协会。参加者有记者、作家、教师、政府官员和军官。协会主席是克里木战争时土军总司令奥梅尔帕夏。主要领导人有诗人纳默克·凯马尔（1840～1888）、政论家齐亚（1825～1880）和阿利·苏阿维（1838～1878）。

新奥斯曼人活动初期无明确的政治纲领，密谋除掉阿里帕夏（1818～1871），必要时准备废黜苏丹阿卜杜勒阿齐兹（1861～1876年在位），另立穆拉德为苏丹。阴谋失败后，1867年凯马尔、齐亚等人逃往欧洲。1871年以后，凯马尔等人先后返回伊斯坦布尔，继续开展立宪运动。1873年春政府逮捕并监禁了凯马尔等人，并严厉镇压新奥斯曼人的活动。1876年新奥斯曼人领导人之一米德哈特帕夏主持制定了奥斯曼帝国第一部宪法，并出任宰相。不久，苏丹阿卜杜勒哈米德二世放逐米德哈特，恢复了专制统治。新奥斯曼人的立宪运动失败，组织瓦解。

新巴比伦王国 Neo-Babylonian Empire 古代西亚两河流域奴隶制国家。系由居住在两河流域南部的迦勒底人首领那波帕拉萨所建。

公元前630年，那波帕拉萨趁新亚述（见亚述）内乱之机，逐渐取得对巴比伦尼亚的控制。前626年自立为巴比伦王（前626～前605年在位）。后与米底结成联盟，在前612年攻陷尼尼微灭亚述帝国。为争夺亚述的遗产，新巴比伦王国同埃及赛斯王朝发生冲突。其军队多次远征叙利亚、巴勒斯坦地区，以遏制埃及在这一地区的影响，并强迫当地诸小国称臣纳贡。前586年灭犹太王国，尼布甲尼撒二世（前604～前562年在位）将犹太的国王、王公贵族及普通民众俘至巴比伦尼亚，此即所谓“巴比伦之囚”。

在尼布甲尼撒二世统治时期，王国处于极盛阶段。尼布甲尼撒二世建造的空中花园，后被誉为古代世界七大奇观之一。末代王那布尼德（前555～前539年在位）同马尔杜克神庙僧侣发生激烈冲突，试图另立新神取代马尔杜克神，但以失败告终。前539年，波斯王居鲁士二世攻入巴比伦尼亚，神庙僧侣迎居鲁士入巴比伦城，那布尼德兵败被俘，新巴比伦王国遂亡。

新巴比伦王国统治时期，天文学等学科迅速发展，精确的天文观测记录出现，迦勒底人也因此被希腊人尊称为“天文学家”。

新保守主义 neo-conservatism 20世纪70年代崛起的西方重要的政治思潮。见保守主义。

新表现主义 neo-expressionism 20世纪80年代在美国和西欧兴起的美术思潮。1980年联邦德国在威尼斯双年展中陈列的作品被人们称为新野兽主义或暴力绘画，特点是运用绘画语言表达强烈的感情。1981年秋，5位联邦德国画家在纽约举行展览，对美国艺术界震动很大，在美国出现了学习这些德国画家表现语言的思潮，被称为新表现主义。20世纪60年代后期，现代派思潮开始进入沉寂阶段，70年代已经没有原先前卫派的锋芒，新表现主义的画家们在原来表现主义的基础上，参照了未来主义、形而上画派的表现语言，吸收了50年代以来一些流派的手法，使现代艺术具有新的反叛精神。新表现主义的表现手法是抽象表现主义的，它采用了色面绘画的色面层次组织，也采用了最少派艺术的直接表现法和波普艺术的形象。他们的作品没有具体的题材内容，追求自由表现、自由联想，强调感情的率直、天真。从某种意义上说，新表现主义的出现是对美国60～70年代缺乏感情的冷漠表现的逆反。在德国新表现主义画家中最有名的是G.巴泽利茨，他的色彩鲜明，追求笔触的自由表现，常在画面上出现头朝下的人物形象。在美国的新表现主义画家群中，D.萨勒和J.施纳贝尔最负盛名。

巴泽利茨作《深橙色》(1981)

新柏拉图学派 neo-Platonists 公元3～6世纪流行于古罗马的唯心主义哲学流派。开创者是亚历山大里亚的阿曼纽斯。著名代表是普罗提诺。约自262年起，波菲利成为这一派的重要代表。4世纪以后，这一学派形成许多新的支派，主要有：以扬布里柯为代表的叙利亚学派；以小普鲁塔泰克和普洛克洛为代表的雅典学派；以许帕提娅为代表的亚历山大里亚学派。其中以雅典学派最著名。529年，东罗马皇帝查士丁尼下令封闭雅典新柏拉图派的学园，该派在组织上趋于瓦解。

新柏拉图学派主要代表著作有普罗提诺的《九章集》，波菲利为亚里士多德《范畴篇》写的《导论》，扬布里柯的《哲学劝学篇》，普洛克洛的《柏拉图神学》等。

这个学派在理论上以柏拉图哲学为基础，吸取了毕达哥拉斯学派、亚里士多德派、斯多阿学派和东方宗教哲学的部分内容，具有浓厚的宗教神秘主义成分。新柏拉图学派在整理、编纂、翻译、注释柏拉图、亚里士多德等希腊哲学家的著作以及撰写哲学家传记方面作出了贡献。

新陈代谢 metabolism 生物体从环境中摄取营养物转变为自身组成成分，同时自身原有组成成分消耗转变为废物排泄到环境中去的不断更新的过程。简称代谢。就化学变化而言，凡将大分子化合物转变为小分子物质乃至排泄废物的化学过程称为分解代谢，如葡萄糖分解为乳酸；凡将小分子化合物转变为大分子化合物的过程称为合成代谢，如葡萄糖聚合成糖原。

新陈代谢的意义 对于维持生物体的结构，新陈代谢体现出惊人的速率与复杂性。不仅在胚胎及生长期通过各种营养成分合成各种机体成分，以完成各个时期发育及生长活动的需要；即使体重变化不大的成年人或成年动物中，也能通过快速的新陈代谢以适应生理活动变化，如神经兴奋、肌肉收缩等。

新陈代谢的化学变化必然偶联着能量的变化，通常将此称为能量代谢。生物虽然可以用不同的形式摄取能量，但是最后的供能形式，则都是一种极易释放自由能的化合物，即腺苷三磷酸（ATP）。新陈代谢中的化学变化必须依靠能量的推动，而化学变化产生的能量变化又可以转换成生命活动过程中的机械能、电能、渗透能等。化学过程中散发的热能最终成为维持体温的热能。

基础代谢 人体处于清醒、安静、并尽可能排除肌肉活动、进食、环境温度和精神紧张等影响下的能量代谢。此时能量消耗仅限于维持心跳、呼吸等一些基本生理活动的新陈代谢。代谢率较低而稳定。

新陈代谢调节 在复杂多变的生物体内，新陈代谢必须适应内外环境的改变而维持稳态平衡，这是通过多方面多层次的调节来完成的。

酶反应的调节 新陈代谢通路中的各种化学过程，几乎都是由多种多样的**酶**来催化完成的。酶分子的结构与功能的改变（修饰），或是酶量的改变（合成变化），是调节化学反应最直接的因素。酶的化学修饰可显著改变其活性，最常见的磷酸化修饰，这在代谢调节上具有更迅速地适应环境变化的作用。在代谢通路中起限速作用的关键酶的调节尤其重要。在环境因素的影响下，改变基因转录的调控、翻译过程的调控，以及翻译后加工乃至蛋白质降解的调控，都会改变某种关键酶的含量而调节物质代谢。酶合成的调控虽然需要较长的时间，效果却较为深入而持久。在酶分子所处的环境中，底物或产物的浓度、辅酶浓度、激活剂及抑制剂的作用以及酶与这些物质在细胞内的分隔状态是否影响酶与它们的接触，都会影响酶作用的发挥。

细胞水平的调节 **细胞**内进行着多种物质代谢通路，从而完成各种细胞活动。这需要适应内外环境的变化进行统一的、相互协调的调节作用，才能顺利完成。已知**激素**、**生长因子**、**神经递质**乃至代谢物都可以通过细胞膜上特异受体，或直接进入细胞，通过细胞内受体。通过这些受体进行信息转导，而作用于多种代谢通路的酶反应，乃至调控基因表达，改变细胞内多种物质代谢及其生物学功能。

整体水平的调节 内外环境对高等生物体的影响主要是通过神经体液的调节来改变其新陈代谢模式。环境中强烈的应激刺激可以通过交感神经、肾上腺、髓质反应核、下丘脑-垂体-肾上腺皮质等作用，产生的激素再作用于全身大多数器官、组织乃至细胞，改变其中多种物质的代谢，以适应环境的变化，保护机体的生存。即使一般的劳动、运动、进食、睡眠、体位改变、情绪波动等也会通过神经体液的改变来调节各器官、组织及细胞中的代谢，以适应整体功能的要求。

病理状态下的调节 炎症、肿瘤或过敏性病变，都可能在相应的组织中出现各种异常的代谢情况，有些是相当特殊的。各种激素的分泌过多、生产不足，或是受体异常，乃至细胞内转导通路的变化，都会引致各种代谢方式的变化，成为导致各种疾病的重要病因。先天性代谢病变常常是基因水平上的变化影响某种物质的代谢，但也可进一步在细胞内影响其他物质代谢，进而在细胞水平乃至整体水平上出现调节异常，形成各种特有的疾病状态。

新德里 New Delhi 印度首都。位于恒河支流亚穆纳河左岸，旧德里城的南侧，海拔217米。人口连同旧德里1 385.1万（2009）。因区别于旧的德里而得名。德里是一座千年古城（建于993年），而新德里完全由英国殖民政府新建。1912年"英属印度"决定将首府从加尔各答迁回莫卧儿帝国时代的都城德里，即着手在德里以南3千米的一片荒地上营建新的行政中心。前后历时15年，于1929年建成。1931年英属印度的首府正式由德里城迁此，并命名为"新德里"。1947年印度独立后，定为首都。但与德里实际上是一个不可分的整体，二者联合组成一级政区德里国家首都区。亚热带季风气候，春夏炎热，冬季温暖。1月平均气温14.3℃，6月34.3℃；最高气温可达41℃以上，极端最低气温-0.5℃。平均年降水量600毫米上下。7～9月的季风雨占全年降水量的66%。城市具西洋建筑风格，与拥有传统风格的德里迥然不同。市区以印度门广场和康诺特广场为枢轴，街道采取辐射形式，伸向四面八方；街头布置有大面积绿茵坪和喷泉花园。市中心耸立着大圆盘式建筑国会大厦和半球形结构的总统府等建筑群，近年市区正向南、向西扩建。有尼赫鲁大学（1956）、甘地纪念馆、尼赫鲁纪念馆、国家博物馆、国家物理研究所、印度农业研究所等。保存有建于1710年的古天文台。交通枢纽，有7条铁路和多条公路通向全国各地。与孟买、加尔各答和金奈合称印度四大航空港，英迪拉·甘地国际机场在西南郊，市南另有瑟夫德尔·章机场。数十条定期航线联系国内外许多大、中城市。

新德里（中央为国会大厦）

新地岛 Novaya Zemlya 俄罗斯北冰洋沿岸岛群。属阿尔汉格尔斯克州。位于巴伦支海同喀拉海之间。南同瓦伊加奇岛相对。长约1 000千米，宽40～110千米。面积约8.26万平方千米。以马托奇金沙尔海峡分成南岛（3.33万平方千米）、北岛（4.89万平方千米），并有许多小岛。多山，地势北高南低。最高点在北岛西岸，海拔1 547米。气候严寒。全岛约有1/4面积覆盖冰盖，其中北岛有全俄面积最大的冰盖（面积2万平方千米）。大部为北极荒漠带，夏季沿岸栖息大量海鸟。居民稀少，以捕鱼和狩猎为生。在小卡尔马库雷、俄罗斯港和希望角建有北极观测站。

新法西斯主义 Neufaschismus 第二次世界大战以后，在德国、意大利、奥地利、法国、美国等60多个西方国家出现的一种反动思潮和社会运动。它承袭了老法西斯主义的反动思想实质，并在新的政治形势下表现出新的特征和适应性，故称新法西斯主义。

新法西斯组织及其活动，随着经济危机涨落时起时伏，其规模和政治主张因国而异，不尽相同，但是都具有共同点：在政治思想和纲领方面宣扬极端民族主义和种族主义（战后主要表现为排外和仇外情绪），反对资产阶级议会民主制和反对共产主义，主张建立以"领袖原则"为指导的"超阶级国家"，宣扬暴力。其组织成员多为年轻人。因有关国家当局对破坏宪法的新法西斯组织制定了监控措施，各类法西斯组织和政党经常处于分散、聚集和调整状态，缺乏群众基础，组织规模不大。新法西斯组织一般分为两类：一类是公开或隐蔽地从事暴力活动，袭击外国人及焚烧外国人住宅和犹太教堂，制造恐怖和凶杀事件。另一类采取合法策略参加竞选，在欧洲一些国家出现了此类新法西斯组织参政的危险。

新芬党 Sinn Féin 爱尔兰民族主义政党。新芬（Sinn Féin）原意为"我们自己"或"自助"。成立于1905年。领导人是《爱尔兰人联合会报》主编A.格里菲思。

1916年4月，新芬党参与反英的复活节起义，遭到英国的残酷镇压。1919年1月，当选为英国议会议员的新芬党人在都柏林组成爱尔兰国民议会。接着宣布成立爱尔兰共和国，建立各级政权，组建武装"爱尔兰共和军"。英国拒绝承认爱尔兰共和国。于是，爆发反英游击战争（1919～1921）。

1921年12月6日，新芬党代表格里菲思和M.科林斯等与英国签订《**英爱条约**》，肢解了爱尔兰。1922年1月，新芬党分裂。新芬党的领导作用日益降低，1961年大选中，新芬党丧失在议会中的最后4个席位。

1969年12月于都柏林举行的“秘密”会议上，新芬党再次分裂为正式派和临时派。正式派主张用政治手段统一，于1977年另组新芬工人党。临时派主张用武力实现统一。1994年8月临时派宣布停止暴力，并就南北统一问题同英国谈判。1998年4月，英爱就北爱问题达成和平协议，选出有新芬党参加的北爱议会。

新凤霞 Xin Fengxia (1927～1998-04-12) 中国评剧演员。工青衣、花旦。原名杨淑敏。天津人。卒于江苏常州。6岁从堂姐学京剧，13岁拜师改学评剧，一年后即担任主角。1949年应聘至北京天桥万盛轩演出。50年代初期，因主演《刘巧儿》声名鹊起。

1953年入中国评剧院。《刘巧儿》之外，还演过《艺海深仇》、《志愿军的未婚妻》、《金沙江畔》、《祥林嫂》、《杨三姐告状》、《花为媒》、《牛郎织女》、《乾坤带》、《无双传》等脍炙人口的好戏。其中《刘巧儿》、《花为媒》分别于1956年和1964年摄制成影片。

新凤霞的演唱清新甜润，玲珑婉转，富有华彩，将传统评剧女声悲腔化为喜腔，塑造了新的妇女形象。晚年因左肢偏瘫，转而以主要精力培养年青一代演员。曾从齐白石学画，后发奋写作。出版有《吴祖光、新凤霞诗书画集》、《新凤霞回忆录》等20余种著作，并有英文译本问世。

新概念武器 new concept weapon 工作原理、杀伤机制和作战运用方式与传统武器有显著不同的高技术武器。具有独特的作战效能，可大幅度提高部队战斗力。正在探索和发展中的新概念武器有定向能武器、动能武器、离子体武器、次声武器、计算机病毒武器、纳米武器、气象武器和非致命武器等。

定向能武器 能以光速或近光速在很小立体角内定向传输的高能射束毁伤目标的新概念武器。主要包括激光武器、高功率微波武器和粒子束武器。强激光武器利用高能激光束毁伤目标，作战距离从数千米到数千千米。定向能武器是一种节能型武器，是有选择地使用能量的武器。见定向能武器。

动能武器 利用非爆炸高速飞行器的巨大动能，以直接碰撞方式摧毁目标的新概念武器。主要有功能拦截弹和电磁炮。技术上比较成熟、重点发展的动能武器是动能拦截弹。见动能武器。

地球物理武器 通过人为改变自然环境以实现军事目的的武器。主要有气象武器、臭氧武器、电离层武器。

非致命武器 利用声、光、电磁、化学、生物等技术手段，使人员或装备暂时或永久丧失作战能力的新概念武器。主要有声波武器、噪声武器、致盲武器、致晕武器、化学失能剂和材料脆化剂、超级粘胶、超级润滑剂等。

新感觉派 neosensualist writers; shinkankakuha 日本20世纪20年代初出现的一个文学流派。1924年，横光利一、川端康成等14名年轻作家创办《文艺时代》，否定盛极一时的自然主义文学，进行文学观念与方法的革新，融合未来主义、象征主义等西方多种现代流派，成为日本现代主义文学的滥觞。评论家千叶龟雄在《世纪》上发表《新感觉派的诞生》(1924)一文，指出这些青年作家重视技巧和感觉，他们的出现意味着新感觉派的诞生。由此，《文艺时代》同人获新感觉派的称号。

代表作家是横光利一，取得最大成就的是川端康成。代表作品有横光利一的《头与腹》、川端康成的《浅草的少男少女》、今东光的《瘦削的新娘子》、中河与一的《冰冷的舞场》、片冈铁兵的《鬼魂船》和佐佐木茂索的《困惑的人们》等。“新感觉派”在1925～1926年间发展到顶峰，后因艺术追求的分化，《文艺时代》于1927年停刊，短暂的“新感觉派”文学活动遂告终结。

新干商墓 Shang Tomb in Xingan 中国商代后期墓葬。位于江西省新干县大洋洲镇。1989年发掘。是目前所知中国南方地区最大的一座商墓。年代约为公元前13～前12世纪。此墓为长方形一棺一椁土坑墓，椁室长8.22米、宽3.6米。出土青铜器475件、玉器75件（不包括近千件玉珠、玉管等），以及陶器、原始瓷器、骨器等。青铜器大部分置于棺室与椁室之间，玉器集中于棺床范围内，陶器主要放在椁室东部。青铜器数量之多、品类之全、造型之奇、纹饰之美、铸工之精，为中国南方地区所仅见。种类有礼器、兵器、工具、农具和生活杂器等，而以兵器和生产工具数量最多，器形有浓郁的地方特色。兵器中带銎钺、虎头戈、梭形戈、短骹矛、宽刃剑等为中原

伏鸟双尾虎

地区所不见。青铜器的纹饰和附饰中有带状燕尾纹，并普遍使用虎的形象，显示出地方特点。玉器雕琢精细，反映了高超的琢玉工艺水平。

新干商墓的发现表明，在三千多年前长江中游的赣江流域，存在一个与中原殷商王朝既有联系又相对独立的方国。墓主可能是这一方国的最高统治者或其亲属。

《新工具论》 *Novum Organum* F.培根未完成的著作《伟大的复兴》的第二部分。1620年出版。书中批判了经院哲学和以演绎方法为主的旧的逻辑方法，强调人要认识和征服自然就要排除各种偏见和阻碍人们获得真理的虚妄观念，提出著名的“四假相说”，进而全面、详细地阐述了新逻辑方法，即归纳法，并把这种方法称为“新工具”。此书奠定了近代归纳逻辑的基础。

新功能主义 neo-functionalism 20世纪80年代以来在美国社会学界兴起的一股力图综合当代最新研究成果以重新建构T.帕森斯的结构功能主义理论传统的流派或理论发展趋势。“新功能主义”这一术语是由美国社会学家J.亚历山大于1985年首次使用的。

60年代中后期起，各种新理论纷纷向帕森斯的“巨型理论”发起冲击。其中以符号互动论、社会交换论、民俗学方法论为主要代表的微观社会学理论猛烈抨击帕森斯理论中侧重对社会结构分析的方面，他们强调对个体行动和行为的分析，要求恢复个体的创造性和自由。以冲突理论为主要代表的宏观社会学理论，则认为帕森斯过于重视秩序、和谐和稳定，忽视冲突、强制和变迁，要求社会学更加注意社会变迁中的暴力、革命、权力等物质结构。这些理论在70年代逐渐取代了帕森斯理论而占据主导地位。与此同时，又形成以符号互动论、社会交换论和民俗学方法论为一方，以冲突理论为另一方的“微观/宏观大分裂”，双方就社会行动、社会秩序、社会变迁等重大理论问题展开激烈的争论。这些争论暴露出上述理论自身的致命弱点——偏执一端而缺乏综合性。70年代后期，帕森斯理论中强烈的综合意识又重新引起社会学界的兴趣，各种理论内部开始出现试图进行新的综合的种种尝试。新功能主义正是力图以批判地继承帕森斯理论遗产，开辟一条新的综合之路而产生的。

新功能主义具有以下3个特点：①对帕森斯理论传统持批判继承态度，既强调与帕森斯结构功能主义的承续关系，又强调从内部批判帕森斯理论的必要性。②对70年代的各种反帕森斯理论流派持开放态度，力图在功能主义理论传统基础上整合上述理论。“新功能主义”对80年代以来盛行的

"文化社会学"给予高度的重视，并力图在功能主义框架内解决文化与社会及人格系统的关系问题。③尚未具备统一的理论形态。被归在新功能主义名下的社会学家，他们除了具有共同的理论传统外，在许多问题上持有不同甚至对立的观点。

新功能主义的理论提出后，引起了社会学界的广泛注意和不同反应。

新构造运动 neo-tectonic movement 地球演化中最新的构造运动。对现代地形的形成起重要作用。苏联地质学家V.A.奥布鲁切夫于1948年首先提出。关于新构造运动的起始时间还存在如第四纪以来、新近纪以来等不同意见。

在不同的岩石圈板块、地块以及地球的各个层圈中，新构造运动有不同的运动形式及机制，水平运动和垂直运动的强度也不同。现代板块边界是新构造活动最为强烈的地带；板块间的俯冲、碰撞或走滑活动的速率，每年可达几厘米至几十厘米。在板块内部，由于岩石圈结构的不均匀，以及来自地球深部或板块间相互作用的影响，也可形成各种复杂的新构造变形，如山脉的隆升、盆地的拗陷、沿断层的位移等。但运动的幅度及速度，一般较活动板块边界要小1～2个数量级。在北美、北欧等第四纪冰盖区，由于冰川融溶释重引起地壳的均衡补偿运动，也是新构造运动的一种重要形式。

新构造运动影响了沉积、地层、岩相的特征和组合，控制了夷平面、阶地、海岸线等地貌形态的变形和发展，以及地震和火山的活动。因此，研究和评价新构造运动，对解决一系列与人类活动有关的实际问题，如大坝和核电站等重大工程的稳定性、城市和港口的规划、土地利用、地震和火山等灾害事件的预报及其防御性减灾，均具有重要的意义。

新古典宏观经济学 neo-classical macroeconomics 20世纪70年代在美国形成的一个宏观经济学流派。又称理性预期学派、合理预期学派。

新古典经济学 neo-classical economics 19世纪70年代开始形成并在同世纪90年代的马歇尔经济学中得以完成的一种经济学流派。这一流派始终坚持奉行经济自由主义，但在其形成前期即所谓"边际革命"时期，主要代表者强调从以往的总量或平均分析转变为边际分析，从劳动价值论、生产要素论或生产成本论转变为边际效用价值论，并以边际生产力分配论取代古典派的分配论；在后期即马歇尔经济学中，又将上述各种理论和方法同古典派传统相结合，构建了一个以供求均衡价值论为基础的综合体系。

"边际革命"虽然确立了以强调需求和消费为特征的边际主义原则在价值论和分配论中的地位，猛烈地冲击了古典经济学以强调供给和生产为特征的基本原理，但是这种极端的理论形式不可能完全替代古典经济学，后来出现的马歇尔经济学体系才起到了这种作用。马歇尔经济学体系的基本特征是将新兴的边际主义经济学原理与古典经济学的传统学说和方法加以综合，是新古典经济学的完成形式，它在19世纪末期和20世纪初期支配了西方经济学讲坛。

1929～1933年资本主义世界经济大危机，宣告了经济自由主义的破产；以A.马歇尔为代表的新古典经济学的支配地位被凯恩斯（宏观）经济学所取代，但J.M.凯恩斯仍然承认马歇尔经济学在完全自由竞争条件下的适用性，而马歇尔经济学也确是后来所谓微观经济学的基础。

新古典增长模型 neo-classical growth model 20世纪50年代，美国经济学家R.M.索洛、澳大利亚经济学家T.W.斯旺、英国经济学家J.E.米德等运用新古典学派的边际生产力、生产函数等基本概念，提出了一系列类似的经济增长模型，统称为新古典增长模型。这类模型是对哈罗德－多马增长模型的一种发展。

新古典增长模型改变了哈罗德－多马增长模型中有关资本－产出比率不变的假设，以解决"刃锋"的增长问题。这类模型假设：只有资本与劳动两种生产要素，但资本－劳动比率是可变的；规模收益不变，但资本或劳动的边际生产力递减；技术水平不变。这样，新古典经济增长理论模型就可以通过调整资本和劳动的比例，实现各种资源都能够充分利用的均衡增长。假定技术不变，新古典增长模型的公式是：

$$G=a\Delta L/L+(1-a)\Delta K/K$$

式中G为增长率；$\Delta L/L$和$\Delta K/K$分别为劳动增长率和资本增长率；a和$(1-a)$分别为劳动与资本在经济增长中的贡献；$(1-a)/a$即为资本－劳动的比率。这个公式说明：为了使实际增长率与合意增长率和自然增长率相一致，不仅可以通过劳动增长率（$\Delta L/L$）的变动，也可以通过资本增长率（$\Delta K/K$）即储蓄率的变动，还可以通过资本－劳动比率的变动。资本－劳动比率的变动是通过市场机制的调节来实现的，即当资本的价格（利率）相对高于劳动的价格（工资率）时，就会减少资本的使用量，增加劳动的使用量，从而降低资本－劳动比率。反之，当资本的价格相对低于劳动的价格时，就会增加资本的使用量，减少劳动的使用量，从而提高资本－劳动比率。这样，通过价格的调节就可以改变资本－劳动比率，即改变资本－产出比率，从而实现经济长期稳定的增长。

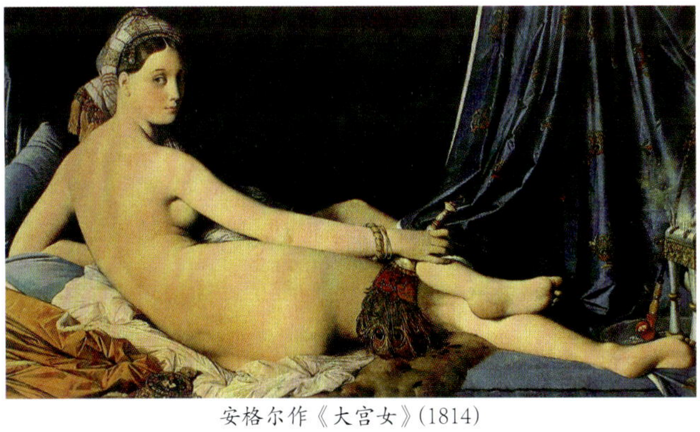

安格尔作《大宫女》(1814)

如果存在技术进步，新古典经济增长模型表示为：$G=a\Delta L/L+b\Delta K/K+TC$。式中TC为由技术进步带来的产出增长率。TC往往表示成一种时间趋势，即$TC=A(t)$，这里t代表时间。这个公式表明：①经济增长率是劳动增长率、资本增长率和技术增长率三者的加权平均之和。②资本－劳动比率是可变的，从而资本－产量比率也是可变的。③资本－劳动比率的改变是通过价格的调节来进行的。④技术进步直接成为影响经济增长率的一个重要因素。作为一个影响经济增长的独立因素，技术进步的直接贡献率等于国民收入增长率与要素投入增长率的差异。此外，技术进步还通过影响劳动或者资本两种要素间接地影响经济增长率。

新古典模型的均衡分析和哈罗德的"刃锋"式均衡状态之间，存在明显的差别，新古典模型认为：①经济系统有一种趋于稳定的内在力量，能够实现稳定状态的均衡。②劳动和资本之间具有完全的替代关系。其实，这两点都是不符合现实的。经济系统处于均衡状态是偶然的，而处于非均衡才是常态。劳动和资本之间的替代作用虽然存在，但有一定的限度。

新古典主义美术 neo-classicism art 18世纪50年代至19世纪初风靡西欧的美术样式。它力求恢复古典美术（主要指希腊美术和罗马美术）的传统，追求古典式的宁静凝重和考古式的精确，受理性主义美学的支持，大量采用古代题材。与衰落的巴罗克美术、洛可可艺术风格相对，它代表着借复古以开今的潮流，并标志了一种新的美学观念。

西方对于古典美术的关心早在18世纪初就已出现，特别是一些意大利文化遗址，如庞贝古城被发掘（1748）后，美术家对古典美术非常向往，使新古典主义获得发展。在美学上，德国美学家J.J.温克尔曼的《关于在绘画和雕刻中模仿希腊作品的一些意见》(1755)、意大利美术家G.B.皮拉内西的《关于罗马人的豪奢和建筑》(1761)，对新古典主义产生了决定性影响。19世纪，拿破仑对罗马帝国的向往更促进了这一倾向。新古典主义至J.-L.大卫及大卫的学生J.-A.-D.安格尔取得优秀成就，并达到高峰。

新古典主义被19世纪的学院派视为典范，长期成为正统。但对远古和异国的热烈憧憬和官能性的倾向，也使它成为浪漫主义美术的先驱。在古埃及美术、现代建筑和日本现代美术中，也常借用这一名称指某种追慕古典的美术样式。

新古典综合派 neoclassical synthesis 当代凯恩斯主义经济学的一个学派。第二次世界大战以后，在西方经济学界长期居于正统地位。

1936年，J.M.凯恩斯发表《就业、利息和货币通论》，企图解释资本主义长期萧条现象，并提出解决的对策，为国家干预经济生活的政策提供了理论依据。第二次世界大战以后，以P.A.萨缪尔森为代表的经济学家把传统的古典经济学作为研究个量问题的微观经济学，把凯恩斯主义称为考察总量问题的宏观经济学，把两种理论综合成一个理论体系，形成新古典综合派。其主要代表还有R.M.索洛、J.托宾、A.奥肯、J.R.希克斯、J.E.米德等。新古典综合派用IS-LM分析（IS代表投资与储蓄相等的一条曲线，LM代表货币供求相等的一条曲线，两曲线的交点代表均衡的就业量，在不同价格下产生的许多交点形成社会总量需求曲线）作为总量需求曲线的基础；在工资下降具有“刚性”的假设条件下，根据“古典”的劳动市场理论得出凯恩斯主义的总量供给曲线；运用菲利普斯曲线说明失业率和通货膨胀的关系；提出新古典经济增长模型，从而论证了国家如何根据不同情况采取不同的财政和货币政策。

新古典综合派的理论在第二次世界大战以后居于正统地位，但70年代西方出现“滞胀”后受到严重冲击，其统治地位已被严重动摇。

新赫布里底群岛 New Hebrides 美拉尼西亚岛群的一个群岛，由南北绵延800千米的圣埃斯皮里图、马勒库拉、埃法特、埃罗芒阿和塔纳等12个大岛和70多个小岛组成，面积1.22万平方千米。其中66个岛屿有人居住。构成了瓦努阿图的全部领土。

新黑格尔主义 neo-Hegelianism 现代西方唯心主义的哲学流派。19世纪下半叶以来从右的方面复活G.W.F.黑格尔哲学的各种思潮的总称。最早在英、美产生并流行，著名代表有T.H.格林、F.H.布拉德雷、B.鲍桑葵、J.罗伊斯等人。20世纪上半叶，特别是两次世界大战之间在德、意等国曾发生巨大影响，在西方其他各国也有代表。新黑格尔主义在不同国家、不同时期的表现形式有很大差别，但共同的特点是：①一般都接受了黑格尔把精神性的“绝对”当作唯一真实存在的客观唯心主义观点，但又往往把“绝对”同具有创造作用的“自我”主体融合起来，表现出向主观唯心主义转化的倾向。②不少新黑格尔主义者企图限制甚至抛弃黑格尔的理性主义。③新黑格尔主义者大多重视辩证法的研究，但主要是突出了黑格尔辩证法中的唯心主义性质，并使之反理性主义化。④许多新黑格尔主义者往往利用并发挥了黑格尔关于国家和社会理论的消极方面，对社会历史作了主观主义和非理性主义的解释，根本否定社会历史的规律性。

新护 Abhinavagupta（10～11世纪） 印度古代文艺理论家。生于克什米尔。撰写有40多部湿婆教宗教和哲学著作，并为婆罗多牟尼的《舞论》和欢增的《韵光》作注。《舞论注》广征博引，对《舞论》中的许多难点作了透彻的阐释，提出对艺术审美心理的深刻探索——味论，代表了印度古代味论达到的最高成就。在新护之后，梵语诗学家大多采纳他的味论。在《韵光注》中，新护也着重阐发味论，认为“欢喜”（审美愉悦）是诗的主要特征，也是诗的最重要的功能。

《新华日报》 *Xinhua Daily* 中国抗日战争时期和解放战争初期，中国共产党在国民党统治区公开出版发行的大型机关报。1938年1月11日在武汉创刊，10月25日迁重庆出版。社长潘梓年，总经理熊瑾玎。

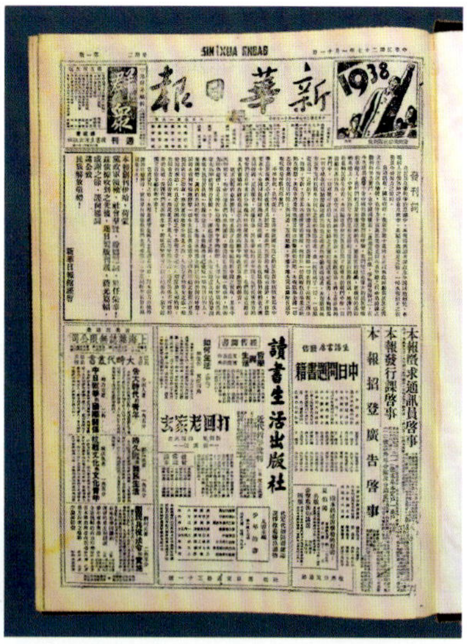
新華日報

《新华日报》1938年1月11日创刊号

历任总编辑有华岗、吴克坚、章汉夫等。1945年9月，根据中共中央指示，在上海设总馆，在南京、重庆设分馆。其中，重庆分馆改为四川省委机关报。后因国民党当局阻挠，上海、南京两馆的出版计划未能实现。重庆分馆先后由傅钟、张友渔任社长，熊复任总编辑，于刚任经理。继续出版至1947年2月28日，被国民党当局查封。

《新华日报》在宣传报道中坚持实事求是的原则，坚持中国共产党在国共合作中光明磊落的态度。它发表过毛泽东、周恩来、刘少奇、朱德、彭德怀、叶剑英等中国共产党领导人的许多重要文章；对包括蒋介石在内的国民党高级领导人的抗日言论，也以热情欢迎的态度予以登载。

《新华日报》提出“为人民讲话，让人民自己讲话，讲人民自己的话”的面向人民群众实际生活的宣传方针；开辟“读者园地”、“青年生活”、“妇女之路”等专栏，在发展抗日民族统一战线和爱国民主统一战线方面，做了大量工作。它的副刊是进步文化运动的重要阵地，团结了一大批优秀的文学艺术和文化工作者。

抗日战争时期，还出版过《新华日报》华北版，为中共北方局机关报；后改为太行版，为中共太行分局机关报。解放战争时期出版过《新华日报》华中版，为中共华中分局机关报。

新华书店 Xinhua Bookstore 中国国有图书发行企业。1937年4月在延安成立。抗日战争全面爆发后，逐步向敌后抗日根据地发展。解放战争时期，各大解放区的新

抗日战争时期延安的新华书店

华书店担负出版、印刷、发行业务。毛泽东在1939年和1948年两次为新华书店题写店名。1949年10月召开全国新华书店出版工作会议，通过《关于统一全国新华书店的决定》。1950年4月在北京成立新华书店总管理处。1951年1月，实行专业分工：以编辑出版部门为基础，成立中央和地方的人民出版社；以印刷部门为基础，成立北京和各省、市、自治区的新华印刷厂；以发行部门及其分支店为基础，改为专营图书发行业务的新华书店。撤销总管理处，其发行部改为新华书店总店。1987年，总

店成为国有一级图书批发企业。进入21世纪以来，各省、自治区、直辖市新华书店多在组建发行集团，推行连锁经营。

新华通讯社 Xinhua News Agency 中华人民共和国国家通讯社，现代化的世界性通讯社之一。简称新华社。

历史 前身为红色中华通讯社，简称红中社。1931年11月7日在江西瑞金创建。同年12月，中华苏维埃共和国临时中央政府机关报《红色中华》创刊后，通讯社与报社为一个机构。1937年1月在延安改名为新华社。

1940年12月30日，新华社开办口语广播，名称是延安新华广播电台，即**中央人民广播电台**的前身。1944年9月1日新华社创办对国外英语广播。抗日战争时期，新华社成为抗日民主根据地对外发布新闻的唯一渠道。解放战争时期，新华社担负中共中央机关报、通讯社和广播电台的任务，成为中共中央指导全国革命斗争的重要工具。1949年中华人民共和国建立后，新华社成为集中统一的国家通讯社。从20世纪50年代起，新华社在强化国家通讯社职能的同时，开始了建设世界性通讯社的进程，在始自20世纪70年代末80年代初的改革开放中取得了巨大的飞跃。

现状 新华社总社设在北京。新闻采集和处理系统由总社、国内分社、国外分社三部分组成。总社除总编室外，还设有国内、国际、对外、摄影、参考新闻、体育、音像新闻、经济信息、台港澳等编辑部门。在国内各省、自治区、直辖市和香港、澳门地区设有分社，并从2000年起在台湾进行驻点采访。还设立了解放军分社和若干军事记者站。在国外100多个国家和地区设有分社和5个总分社，在纽约、莫斯科设有编辑部。

新华社采用文字、图片、音像等多种报道方式，每天24小时不间断地用中、英、法、俄、西班牙、阿拉伯等多种文字向全世界播发报道。向约300家电视台提供各类音像制品；根据用户的特别需求，提供大量专稿和特稿；国际互联网用户可通过新华网，在网上浏览新华社每天播发的采自全国和世界各地的新闻和经济信息。

新华社编辑出版有30多种报刊。其中主要的有《新华每日电讯》、《参考消息》、《瞭望》、《半月谈》、《环球》等。

随着高新技术的发展，新华社建成了包括文字编辑、图片处理、新闻通信、经济信息、资料检索等10多个计算机信息处理系统，拥有包括卫星通信在内的传输网络，形成了以北京为中心、覆盖全国各地和世界绝大多数地区的新闻通信体系。

《新华字典》 *Xinhua Dictionary* 中国第一部按汉语拼音音序排列的小型汉语字典。1953年新华辞书社编，魏建功主编。1953年由人民教育出版社印行第一版，按注音字母顺序排列；以后多次修订再版，改用汉语拼音字母顺序排列，由商务印书馆重排出版。

这部字典有以下特点：①全书按音序排列，另附《部首检字表》。采用的部首与一般字典基本相同。②全书收单字一万余个，单字之下带注解的复音词和词组有3 500多个。③在释义中分别标出引申义、比喻义和转义，使读者能进一步理解多义词不同语义转变之间的关系。④字典第一版内有不少名物的插图，便于读者理解所解释的内容。

新几内亚岛 New Guinea 大洋洲最大的岛屿、世界第二大岛。又称伊里安岛。位于赤道南侧的西太平洋中，西与亚洲东南部的**马来群岛**毗邻，南隔**阿拉弗拉海**和**珊瑚海**与澳大利亚大陆东北部相望，东接美拉尼西亚岛群。面积约78.5万平方千米，含沿海附属岛屿在内共81.8万平方千米。包括附近较小的岛屿在内，有人口约690万(2000)。

全岛略呈西北-东南走向。东西长约2 400千米，中部最宽处640千米。全岛多山。中部群山盘结，自西北伸向东南，形成连绵延续的中央山脉。大部分山地、高原，海拔都在4 000米以上。汇集西部的高耸山脉，总称为雪山山脉，其中最高峰为查亚峰（旧称卡斯登士峰），海拔5 029米，是大洋洲最高点。东段为马勒山脉，山势向东逐渐降低，而后再向东南延伸，形成巴布亚半岛的欧文·斯坦利岭。这些东西向的高大山岭有许多悬崖峭壁，地势崎岖，成为全岛南北交通的巨大障碍。在中部山脊的南北两侧，有宽窄不一的沿海平原，南部的里古-弗莱平原最大，有广阔低平的沿海沼泽和红树林。海岸曲折，多港湾。沿海有许多由于火山作用或珊瑚生长形成的岛礁。较大的河流都发源于中部山区。主要河流有北部的曼伯拉莫河、塞皮克河、拉穆河、马克姆河，南部的迪古尔河和弗莱河。这些河流上游坡陡流急，挟带大量泥沙，在中下游两岸形成大小不等的冲积平原。

大部分地区终年高温多雨，属热带海洋性气候。沿海平原地区各月气温变化不大。随着地势升高，气温逐渐降低。年降水量南部沿海为1 000～2 000毫米，北部沿海为2 500～3 000毫米，中部山区可达3 000～4 000毫米。植物种类繁多，已发现有数千种。受气候的区域差异和高度变化的影响，植被的垂直分布十分明显：海拔1 000米以下的沿海低平地区以热带雨林为主。海拔3 500米以上的高山地区生长有蕨类、高山草甸乃至苔藓地衣之类的寒温带植物。4 400米以上为永久积雪带。野生动物也随着气候和植物分布的地区差异，分布着不同的种类。

重要的矿藏有金、铜、镍、石油和天然气。山区许多河流的中上游水流湍急，水力资源丰富。森林占全岛土地面积的70%以上，其中大部分为原始热带森林。因经济比较落后，交通运输比较困难，绝大部分资源尚未开发利用。

当地居民几乎全部为**巴布亚人**。由于地形复杂和交通困难，部族结构复杂。方言多达700余种。正式场合下，东部居民讲美拉尼西亚语或皮钦语，西部居民通用马来语。少数沿海城镇居民信奉基督教和伊斯兰教，广大内地仍广泛保存原始社会的习俗和笃信神巫术。家庭观念根深蒂固，生活水平普遍低下。

在政治上以东经141°为界，分为东、西两部分：东半部为**巴布亚新几内亚**，原先分为新几内亚和巴布亚两部分，1949年合并；西半部称伊里安查亚或西伊里安，原为荷兰殖民地，现为印度尼西亚的伊里安查亚省。

新加坡 Singapore 亚洲东南部的城市岛国。位于马来半岛南端，处在马六甲海峡东口。北以柔佛海峡与马来西亚柔佛州相邻，有长1 056米的长堤与马来西亚的新山相连；南隔新加坡海峡与印度尼西亚廖内群岛相望。扼新加坡海峡咽喉，为东南亚海空交通枢纽。面积710平方千米，常住人口498.8万（2009），华人约占75.2%，马来人约占13.6%，印度人约占8.8%，其他种族约占2.4%。马来语、华语、泰米尔语和英语为官方语言。马来语为国语。华人多信奉佛教、道教，马来人和巴基斯坦人多信伊斯兰教，印度人多信奉印度教，欧洲人多信奉天主教和基督教。行政中枢**新加坡**。

新加坡没有首都的建制。地理上分中央区、内市区、外市区、新镇、内郊区、外郊区共6个地区，都不设政权机构，由

中央各部直接管理各项事务。中央区与内、外市区即新加坡城市所在。

地理　新加坡有64个岛屿和礁滩，分为新加坡岛、北部岛屿和南部岛屿3部分。新加坡岛为主岛，东西最长约47千米，南北最宽23千米，海岸线长约200千米，面积587平方千米，占全国土地面积83.9%；北部有10余个小岛，散布在柔佛海峡东段；南部有40余个小岛，扼新加坡海峡西段，包括裕廊群岛、武公岛、安乐岛和圣淘沙群岛。

新加坡的地质构造是马来半岛的延续，地势不高，起伏和缓。主岛面积的64%在海拔15米以下。全国最高点武吉知马山海拔165米，位于岛的中部。

1964年起进行填海造陆，国土面积逐步扩大。

地处赤道附近，属热带海洋气候，全年高温多雨。1月平均气温25℃，7月27℃。平均年降水量2 426毫米，多阵雨。主岛四周多分流入海的小河，以实里达河最长，长12千米。主岛用水不足，消费量的50%～60%从马来西亚柔佛州引进。

历史　古称淡马锡。8世纪属室利佛逝王朝。18～19世纪是马来柔佛王国的一部分。1819年英国占领新加坡，辟为自由港。1869年**苏伊士运河**开通，缩短了新加坡与欧洲的航程。1887年天然橡胶在新加坡与马来亚（现马来西亚）试种成功，同年勿拉尼岛建立炼锡厂，逐步发展起农、林、矿原产品的初步加工和过境船舶的修理工业等。新加坡遂发展成为东南亚的商品贸易中心和世界著名的大转口港。1942年被日本侵占。1945年英国恢复殖民统治。1959年成立自治邦，1963年参加马来西亚联邦。1965年8月9日退出，成立新加坡共和国。同年9月成为联合国成员国，10月加入英联邦。

政治　实行议会共和制，总统为国家元首，1993年起总统民选产生，总统委任议会多数党领袖为总理。议会实行一院制，议员由公民投票选举产生。设最高法院和总检察署，最高法院由高庭和上诉庭组成。最高法院上诉庭为终审法庭。注册政党有24个，主要有人民行动党、工人党、新加坡民主联盟。

经济　长期倚重于转口贸易。独立后，推行自由经济政策，实行经济结构多元化，继续发展海运和贸易，引进国外基金与技术，发展资本密集、高增值的新兴工业，着力建设基础设施，以制造业和服务业作为经济增长的动力。1990年起推行“区域化经济发展战略”，加速向海外投资，不断提升产业结构。尤为重视信息产业，在全岛建立“新加坡综合网”。2009年国内生产总值为1 840.3亿美元，人均国内生产总值36 897美元。

工业主要有炼油和化工、船舶和钻井台修造、冶金和机械、电子电器、仪表仪器等；传统工业有食品饮料、纺织成衣、木材、橡胶和油脂加工等。炼油业是新加坡规模最大、最现代化的工业，日炼油能力超过美国的休斯敦和荷兰的鹿特丹，居世界第一位，占东南亚炼油量的40%～50%。炼油业促进了石油化工的发展，产品有塑料、合成橡胶、化纤、肥料等。裕廊和武公两岛为石油和海事工业基地。造船业建造4 000吨以下的近海轮及10万吨级油船和海上钻油平台。军事工业生产轻型武器，维修、组装和制造飞机零部件。20世纪80年代从电脑磁盘驱动器生产开始介入计算机产业，并在世界上名列前茅，逐渐形成新加坡工业的支柱。2009年工业产值429.6亿美元，占国内生产总值的23.6%。服务业发达，是新加坡经济增长的龙头，主要包括零售与批发贸易、饭店旅游、交通与通信、金融服务、商业服务等。2009年产值占国内生产总值的65.5%。

新加坡中央区

新加坡

交通发达、设施便利。是世界重要的转口港及联系亚、欧、非、大洋洲的航空中心。新加坡港实行作业专门化，并划分为6个港区：南岸的裕廊港、巴西班让、岌巴港、东礁湖、直落亚逸和北岸的森巴旺。除直落亚逸外，都有集装箱码头。总计200多条海洋航线，有80多个国家和地区的400多家公司的轮船往返于此，联系世界各地600多个港口。马六甲海峡中过往船只的50%来此停泊，港内经常有800艘轮船寄碇，港口吞吐量居世界第三位。截至2009年年底，共有商船3 950艘，总吨位4 563.2万吨。2009年港口处理货运总量4.72亿吨，集装箱总吞吐量2 586.7万箱。2002年起新加坡成为世界第二位集装箱货运港及亚洲第二大转口港。

空运发展迅速。共有81家国际航空公司的班机同60个国家和地区的188座城市联系。2009年客运量3 720.4万人次，货运量163.4万吨。樟宜国际机场连续多年被评为世界最佳机场。

岛上交通干线从新加坡河口起，呈扇形伸向内地，贯穿全岛，构成便捷的公路网，总长约3 234千米（其中高速公路150千米）。铁路与裕廊工业区相通，经过柔佛海峡上的长堤，向北通往马来西亚，远达泰国。地下铁道从城市分别通往裕廊、樟宜、森巴旺和滨海城，以适应城镇运输量的增长，全长109.4千米。1999年建成轻轨铁路，与地铁相连。

旅游业借助本地区各族历史传统和文化特色，提供现代化服务，发展为东南亚旅游中转站及国际会议和展览中心。旅游胜地除圣淘沙和龟屿等岛外，还有裕廊山花园、飞禽公园、裕华园、星和园、东海岸公园，以及植物园、水族馆等。大力发展生态、文化、休闲、会展、合作五大旅游，成绩斐然。

2009年外国游客968.1万人次。旅游年收入有时高达116亿元，旅游外汇收入成为国家第三大收入。

新加坡被称为亚洲的美元市场，黄金交易所每天8小时的成交量有时可达5万盎司。全世界50家大银行中的45家在新加坡设有分行，就银行数目而论，新加坡被称为世界第四位金融中心。截至2006年底，外汇储备合2 105.29亿新元。

对外贸易在国民经济中历来占有重要地位，转口贸易仍占相当份额。主要出口电子、机电、石化、石油等产品，进口机械设备、集成电路、原油、工业原料、食品等。主要贸易伙伴有马来西亚，美国，日本，欧盟，中国内地和香港、台湾。

文化 保留多民族传统文化，鼓励推进统一民族文化。教育强调识字、识数、双语（学习英文，兼通本民族的母语）、体育、道德教育、创新和独立思考能力并重。推行“资讯科技教育，”促进学生掌握电脑知识。有新加坡国立大学、南洋理工大学、管理大学和33所技术或商业训练学院。

英文报有《海峡时报》、《商业时报》、《新报》；华文报有《联合早报》、《联合晚报》、《新明日报》；马来文报有《每日新闻》；泰米尔文报有《泰米尔日报》。

对外关系 立足东盟，维护东盟国家团结与合作，推动东盟在地区事务中发挥更大作用是外交工作的重要方针；面向亚洲，注重发展与亚洲国家特别是中国、日本、韩国、印度等国的合作关系；奉行“大国平衡”政策，重视发展与美、英、俄等区域外的大国关系；积极开展经济外交。至2006年已同175个国家建立外交关系。1990年10月3日与中国建交。

新加坡 Singapore 新加坡共和国行政中枢和商业中心，东南亚的海运、贸易、金融、会展中心及世界性大港埠。位于新加坡主岛南岸中段，扼新加坡海峡咽喉，海洋航线辐辏于此。面积约102平方千米（即中央区与内外市区），占主岛面积17.4%，人口约160万。

1819年起，英国殖民者在新加坡河口地带建立港埠，经过一个多世纪的经营与扩展，形成当代国际性的都市。20世纪50年代，城市范围北抵麦里芝水库，南至岌巴港，西到花柏山与巴西班让山冈。受地形限制，逐渐向东伸展。市区东界大致到达实乞纳路与巴耶利巴路。其中新加坡河下游两岸原面积8.11平方千米的市中央区是新加坡城市岛国的发祥地，长时期以来也是新加坡的商业、金融和行政中心所在地。60年代起，进行都市重建，调整各区功能，改善居住条件。市中央区自南而北有新加坡河、史坦福沟和梧槽河贯穿。新加坡河以南俗称大坡，滨临海港，商业兴

新加坡金融区

盛，是银行和大公司的集中区，摩天大楼接踵而起，珊顿道为世界知名的银行街。新加坡河与史坦福沟、乌节路之间俗称水仙门，其中近海地带仍为政府及文化机构所在，有议会大厦、最高法院与市政厅、国家图书馆、博物院等，乌节路则为商业大街。史坦福沟与梧槽河之间俗称小坡，现为整齐美观的新式住宅区。梧槽河以北为中型商场、酒楼和旅馆分布区。

新加坡河河口外沿海地带填土造陆，增加土地约4平方千米，形成海滨湖畔新市区，为中央区的延伸和扩大。在史坦福沟东北岸兴建的莱佛士镇，由4幢圆柱式塔形高楼组成，最高72层，高280米，从顶层可以眺望马来西亚和印度尼西亚。迄20世纪末，市中央区已经成为一个综合商业、金融、旅游和办公的新中心城。

新加坡海峡 Singapore Strait 在马来半岛南端，新加坡岛与印度尼西亚廖内群岛之间，呈东西走向，长111千米，东口宽37千米，西口宽18千米，最窄处4.6千米，平均水深25米，航道水深22～151米。东接南海，西通马六甲海峡，与马六甲海峡共同构成太平洋与印度洋之间、亚洲与非洲和欧洲之间海上交通咽喉。战略地位重要，世界上航运最繁忙的水道之一。

新剑桥学派 new Cambridge school 以英国剑桥大学经济学家J.V.罗宾逊、N.卡尔多、L.帕西内蒂等为主要代表的当代凯恩斯主义的一个重要分支。这个学派坚持和发展J.M.凯恩斯的理论观点，批判传统的新古典经济学理论，反对新古典综合派将凯恩斯理论与之相结合的做法，力图建立与它们相对立的新理论体系，因此，又被称为英国后凯恩斯经济学。对这个学派有重要影响的还有波兰经济学家M.卡莱茨基以及剑桥大学的P.斯拉法。

帕西内蒂

新剑桥学派全面否定传统的新古典派理论。主张摒弃新古典派的均衡概念，树立“历史时间”概念。他们坚持凯恩斯对新古典派理论作过的一些批判，彻底否定以边际生产力论为基础的新古典派分配理论，认为这个传统理论是为资本主义社会收入不均的现状辩护的。新剑桥学派从不均衡出发对资本主义经济进行动态分析。认为资本主义经济是在历史时间中增长的经济，但它的增长过程是很不稳定的，因而处于不均衡状态是常规。

新剑桥学派把经济增长理论和收入分配理论融为一体，认为投资支出不仅是生产和就业水平的决定因素，也是国民收入在利润与工资之间分配的主要决定因素。

新剑桥学派以具有垄断因素的不完全竞争作为微观经济分析的基础，从根本上否定了以完全竞争为前提的新古典学派的主观价值论和均衡价格论。

他们还把微观经济分析和宏观经济分析衔接起来，分析了战后通货膨胀和滞胀问题产生的原因。

新剑桥学派承认收入分配不均是资本主义社会的重要弊端，争取一个趋向于均等化的收入分配，是他们主张的一个政策目标。他们还提出要实行对投资进行社会管制的政策。对于如何制止战后通货膨胀，他们反对以管制工资为主要内容的收入政策，而主张实行某种含有调整收入分配意义的政策。

卡莱茨基

新剑桥增长模型 new Cambridge-model of economic growth 20世纪50年代后期，由英国的J.V.罗宾逊、N.卡尔多和意大利的L.帕西内蒂等新剑桥学派经济学家提出的关于经济长期稳定增长的一种理论模型。这一模型是对哈罗德－多马增长模型的发展。其特点在于把经济增长与收入分配结合起来进行分析，把收入分配中的利润与

工资相对份额的变动所引起的储蓄率变动作为实现经济长期稳定增长的条件，并进一步分析了经济增长过程中利润与工资在国民收入中所占份额的变化。新剑桥增长模型可以写为：

$$G=S/C=[S_{P}\cdot P/Y+S_{W}\cdot W/Y]/C$$

式中G为增长率；S为储蓄率；C为资本－产出比率；P/Y和W/Y分别为利润和工资在国民收入分配中所占的份额；S_{P}和S_{W}分别为利润收入者和工资收入者的储蓄倾向。

从上式中可以看出，S取决于P/Y、W/Y、S_{P}和S_{W}。假定S_{P}、S_{W}是既定的，而且$S_{P}>S_{W}$，这样储蓄率（S）就取决于P/Y和W/P。P/Y越大，S就越大。由此可以得到，要使经济有较快的增长，S就要增加，而只有P/Y增加，即利润在国民收入分配中占有的份额增加时，S才能增加。因此经济增长的条件是国民收入分配中利润所占份额的相对增加和工资所占份额的相对减少。

新剑桥增长模型认为社会总的储蓄倾向是可以改变的。而在哈罗德模型中，总储蓄倾向被认为是不可改变的，因此卡尔多模型是对哈罗德模型的一个发展。按照卡尔多的逻辑，工人要想不失业，就要忍受通货膨胀之害，把自己的一部分购买力向利润收入者转移，来增加利润收入者的购买力。经济增长是以加剧收入分配的不平等为前提的，经济增长的结果也必然加剧收入分配的不平等。

新疆大学 Xinjiang University 中国综合性大学。属新疆维吾尔自治区。前身为1924年创办的新疆俄文法政专门学校。1935年改建为新疆学院。1960年定现名。2000年被列入国家西部大开发重点建设高校。同年原新疆大学与新疆工学院合并组建新的新疆大学。设有经济与管理、法学、人文、新闻与传播、外国语、旅游、数学与系统科学、化学化工、生命科学与技术、高等职业技术等20多个学院。有培养学士、硕士和博士的教学体系；有国家级重点学科、国家级人文社会科学重点研究基地和“干旱半干旱区可持续发展国际研究中心”等。

新疆生产建设兵团 Xinjiang Production and Construction Corps 中国中央政府建立在新疆地区的屯垦戍边组织。受中央政府和新疆维吾尔自治区人民政府双重领导。1954年10月，由中国人民解放军的17万多名官兵集体转业组建而成。1955年改称新疆军区生产建设兵团。1975年3月被撤销。1981年12月，恢复新疆生产建设兵团建制。到2006年年底，拥有人口257.94万，土地总面积745.63万公顷，农用地总面积419.86万公顷。下辖14个师（垦区），174个农牧团场，4391个工业、建筑、运输、商业企业，有健全的科研、教育、文化、卫生、体育、金融、保险等社会事业和司法机构。生产建设兵团履行工作队、生产队、战斗队三大任务，劳武结合，卫士守边，在抢险救灾、维护社会稳定等方面发挥重要作用。

新疆事件 1942年中国新疆军阀盛世才逮捕和屠杀中国共产党人的反共事件。抗日战争期间，中国共产党和新疆地方实力派盛世才曾经建立过统一战线关系。应盛世才的邀请，许多共产党员受党的派遣来到新疆工作。由于中共在新疆的政治影响不断扩大，盛世才的疑惧也与日俱增，从1939年起，就对共产党人进行限制、刁难和打击。1941年6月苏德战争爆发，国内抗日战争处于相持阶段，国民党当局先后掀起反共高潮。在这种情况下，盛世才背信弃义，转向投靠蒋介石，反苏反共，接连制造各种所谓“阴谋暴动”案件，把中国共产党在新疆各地工作的干部集中到迪化（今乌鲁木齐）加以软禁。1942年9月，盛世才悍然逮捕了中共驻新疆代表陈潭秋（化名徐杰）为首的共产党员及其家属150余人，1943年9月，杀害了陈潭秋、毛泽民（化名周彬）、林基路等5人。1944年8月，盛世才被国民党当局免去新疆省主席等职务，新疆省政府改组。由于中共中央的营救、张治中的帮助和狱内外中共人员的坚决斗争，1946年6月10日，这批被关押的中共人员及其家属120余人获释，经过长途跋涉，历时一个多月返回延安。

新疆维吾尔自治区 Xinjiang Uygur Autonomous Region 简称新。地处中国西北部，东部与甘肃、青海两省相连，南部与西藏自治区毗邻。新疆是中国面积最大、国境线最长、交界邻国最多的省区。从东北到西南分别与蒙古、俄罗斯、哈萨克斯坦、吉尔吉斯斯坦、塔吉克斯坦接壤，西南部和阿富汗、巴基斯坦、印度相邻，同邻国共有5 400多千米的边界线。新疆维吾尔自治区辖2个地级市，7个地区，5个自治州，19个县级市，62个县，6个自治县，11个市辖区（见表）。面积约166万平方千米，约占中国土地面积的1/6。人口2181万（2010）。是一个多民族聚居的地区，共有55个民族。其中人口超过50万的有维吾尔族、汉族、哈萨克族、回族。自治区人民政府驻乌鲁木齐市。

建制沿革　中国史书将河西走廊以西地区称为西域，意为西部疆域。传说公元前7世纪秦穆公曾任用西方戎族的由余辅政。前3世纪，中国丝织品已通过西域运销希腊。汉武帝建元三年（前138），张骞出使西域。汉宣帝神爵二年（前60）建立西域都护府。东汉末年以后，魏、晋、前凉、前秦、后凉、西凉、北魏的中央政权都到达过西域。隋统一全国后，先后设立鄯善、且末、伊吾等郡。唐在西域东部部分地区实行州、县、乡、里制度。唐显庆二年（657）平阿史那贺鲁，分西突厥东部地置昆陵都护府和西突厥西部地置蒙池都护府。唐长安二年（702）分安西置北庭都护府。至唐贞元六年（790）府治为吐蕃所陷，都护府遂废。元世祖至元二十年（1283）设别失八里行尚书省（省治在吉木萨尔）及宣慰司，统辖天山以北；天山以南则由和州（火州）宣慰司统辖。明成祖永乐四年（1406）建立哈密卫。清统一新疆后，在全疆各地建立统治机构，行使中央政府边疆地区的国家主权。1884年新疆正式建省，始称新疆。中华人民共和国建立后，为贯彻民族区域自治政策，于1953～1954年先后成立5个自治州，6个自治县，7个自治区，9个自治乡。1955年10月1日正式成立新疆维吾尔自治区。

自然条件　新疆地处欧亚大陆中心，远离海洋，地域辽阔，大地形轮廓明显。干旱是新疆自然条件的突出特点和自然环境的重要特征。全疆气候、植被、土壤的地带性分布和垂直变化均有显著差异。大地构造上，主要位于塔里木和准噶尔两地台及阿尔泰山、天山与昆仑山等地槽褶皱带。地形轮廓明显，阿尔泰山、天山、昆仑山3列高大山脉包围准噶尔和塔里木两大盆地，山脉内部又有许多山间盆地，高差相当悬殊。山脉最高点海拔与盆地最低点海拔相差8 765米。

气候干冷，降水稀少，蒸发力强，气温年较差、日较差极大，具有强烈的大陆性，降水和气温的地区差异和垂直差异显著。年平均气温北疆约－4～9℃，南疆为7～14℃。冬寒夏热。1月平均气温北疆约－20～－15℃，南疆约－10～－5℃。7月平均气温约22～26℃。是中国典型的干旱区，平均年降水量约145毫米，为中国平均年降水量（630毫米）的23%。降水的分布规律是北疆多于南疆，西部多于东部。境内共有大小河流570条。主要河流有：额尔齐斯河，中国属北冰洋水系的唯一河流，也是新疆境内唯一的外流河；塔里木河，中国干旱地区最长的内流河；伊犁河，新疆境内水量最大的内流河。主要湖泊以罗布泊较大，湖面变化大，现已干涸。博斯腾湖为新疆最大的湖泊；艾丁湖则为中国海拔最低的湖泊，湖底海拔－154.31米。此外，还有乌伦古湖、艾比湖、赛里木湖、巴里坤湖等及著名的天池。

新疆境内在高山和高山地区及山前洪积－冲积平原分布着大面积的草原，阿尔泰山、天山等高山深处分别有绵延呈带状分布的西伯利亚落叶松和雪岭云杉、云杉等山地针叶林，塔里木河等大河下游沿岸生长着胡杨林与灰杨等为主的阔叶林。此外，大部分地表多为植被稀疏、种类贫乏的荒漠植被所覆盖，土壤类型多种多样，南北

新疆维吾尔自治区行政区划表（2010）

乌鲁木齐市	塔什库尔干塔吉克自治县	**克孜勒苏柯尔克孜自治州**	**伊犁哈萨克自治州**
天山区　沙依巴克区	**阿克苏地区**	阿图什市　阿克陶县	伊宁市　奎屯市
新市区　水磨沟区	阿克苏市　温宿县	阿合奇县　乌恰县	伊宁县　霍城县
头屯河区　达坂城区	库车县　沙雅县	**博尔塔拉蒙古自治州**	巩留县　新源县
米东区　乌鲁木齐县	新和县　拜城县	博乐市　精河县	昭苏县　特克斯县
克拉玛依市	乌什县　阿瓦提县	温泉县	尼勒克县
克拉玛依区　独山子区	柯坪县	**昌吉回族自治州**	察布查尔锡伯自治县
白碱滩区　乌尔禾区	**和田地区**	昌吉市　阜康市	**塔城地区**
自治区直辖县级行政单位	和田市　和田县	呼图壁县　玛纳斯县	塔城市　乌苏市
石河子市　阿拉尔市	墨玉县　皮山县	奇台县　吉木萨尔县	额敏县　沙湾县
图木舒克市　五家渠市	洛浦县　策勒县	木垒哈萨克自治县	托里县　裕民县
喀什地区	于田县　民丰县	**巴音郭楞蒙古自治州**	和布克赛尔蒙古自治县
喀什市　疏附县	**吐鲁番地区**	库尔勒市　轮台县	**阿勒泰地区**
疏勒县　英吉沙县	吐鲁番市　鄯善县	尉犁县　若羌县	阿勒泰市　布尔津县
泽普县　莎车县	托克逊县	且末县　和静县	富蕴县　福海县
叶城县　麦盖提县	**哈密地区**	和硕县　博湖县	哈巴河县　青河县
岳普湖县　伽师县	哈密市　伊吾县	焉耆回族自治县	吉木乃县
巴楚县	巴里坤哈萨克自治县		

差异显著。主要野生动物（野生脊椎动物）640种。列入国家重点保护的野生动物有一级保护动物27种，二级80种，共计107种。新疆的野生动物特有种多，如大头鱼、新疆北鲵、新疆鬣蜥、塔里木兔、普氏野马、野骆驼等，都是只产于新疆的种类。已发现各类矿产138种，已探明储量的矿种68种。在探明储量中居全国首位的有5种，居全国前10位的有41种。一些重要矿产质量较好，富矿比例较高，如煤、铬、蛭石、铁、铜、镍、钾盐、膨润土、石灰岩等，并拥有新疆软玉、钠硝石、皂石、水硝碱镁矾、蛋白石等特色矿产。新疆矿产种类多，配套程度高，资源量大，开发利用潜力很大。

经济概况　新疆原以农牧业为主，绿洲农业和草原放牧畜牧业历史悠久，在自治区占有重要地位。现代工业起步晚，基础薄弱，但发展速度快，现已形成门类较为齐全的现代工业体系。

图1　新疆维吾尔自治区哈密瓜丰收

种植业是新疆农业生产的主导部门。以粮食作物为主，主要有小麦和玉米，其次为水稻、高粱。经济作物以棉花、油菜、胡麻、甜菜为主，是中国最古老的棉区之一和长绒棉主产区。和田、莎车一带桑蚕业自古闻名。盛产多种瓜果，甜瓜（哈密瓜）为著名特产（图1），以品质优异驰名中外，吐鲁番、哈密及喀什三角洲为著名产区。吐鲁番的无核白葡萄、库尔勒的香梨、库车的甜杏、阿图什的无花果、喀什的甜樱桃、和田的红葡萄、叶城大石榴和无子梨、伊犁苹果、阿克苏薄皮核桃等享有很高声誉。已建成中国北方最大的综合性果树资源圃。药用植物丰富，产量在全国占重要地位的有贝母、阿魏、麻黄等。红花是新疆古老的作物，清代曾列为贡品，既是油料作物，又是中药材。新疆天然草场辽阔，面积约0.8亿公顷，占全国草原面积的1/4。畜牧业以绵羊、山羊、牛、马等家畜为主，历来为中国主要牧区和畜牧业生产基地之一，早就以产伊犁马、焉耆马、福海大尾羊、库车羔皮羊、新疆毛肉兼用细毛羊和草原兼用牛等闻名遐迩。新疆是中国西北干旱地区主要的天然林区。新疆森林覆盖率为2.94%，地区分布极不平衡。伊犁地区木材蓄积量大，是自治区主要林业生产基地。温泉至木垒一带的山地森林也为自治区木材生产的重点地区。阿勒泰地区森林面积大，木材质量好，是自治区最重要的林区之一。

新疆工业发展较晚，1949年以前除伊犁皮革厂等使用机器生产外，其余多为手工业作坊。自治区成立以后，在乌鲁木齐、喀什、伊宁、石河子、阿克苏、库尔勒、和田等地，依靠当地及其附近地区丰富的农畜产品资源和蚕茧、芦苇、罗布麻、芨芨草等轻纺工业原料，分别建立了相当规模的棉、毛纺织厂及造纸厂、制糖厂、皮革厂、丝织厂、地毯厂等企业。在重点发展纺织、制糖、造纸和皮革等工业的同时，又建立起冶金、煤炭、石油、电力、化工、机械、建材等现代工业。此外，还大力发展和田地毯及丝绸、喀什小花帽和民族乐器、英吉沙刀、和田玉石制品、库车羔皮、伊犁皮革、维吾尔铜器和铜雕等传统的民族工业品生产。现已形成了乌鲁木齐、克拉玛依、石河子、伊宁、喀什等一些工业基地。

经过几十年建设，已形成以乌鲁木齐为中心，以公路运输为主，铁路、航空运输密切配合的交通运输网。新疆各地、州、县和99%的乡镇都通了公路，形成了以乌鲁木齐市为中心，以7条国道干线为骨架，东连甘肃、青海，南接西藏，西通中亚各国，由境内62条干线组成的四通八达的公路交通网。兰新铁路是连接中国东部与西部的一条干线铁路，也是新疆通往内地的唯一铁路通道。除兰新干线外，还建了吐鲁番至库尔勒、库尔勒至喀什等铁路。新疆是中国拥有民航站最多、航线最长的省区之一。乌鲁木齐机场是中国通往西亚、欧洲的航空通道。

文教科技　已建有新疆大学、新疆师范大学及农、医、石油、教育、财经等高等院校。科研机构有中国科学院新疆分院、新疆社会科学院、新疆农业科学院及其他研究

图2　新疆维吾尔自治区喀纳斯湖

院所。

名胜古迹　新疆是一个文物古迹众多，自然景观独特，民族风情丰富多彩的好地方。旅游资源总量大、类型多，居全国第1位。有中国开凿最早的石窟寺柏孜克里克千佛洞、具有浓厚维吾尔族建筑风格的额敏塔（苏公塔）、典型伊斯兰式古墓建筑香妃墓、古代丝绸之路上极有战略地位的石头城以及历史上闻名的楼兰古城等古迹。天山天池是全国重点风景游览区，风光绮丽，牧草繁茂，山花烂漫。此外还有流传着许多美妙传说的火焰山、中国最大的沙漠塔克拉玛干大沙漠、神秘的喀纳斯湖（图2）、天水相连的赛里木湖、“冰川之父”慕士塔格山及醉人的葡萄沟等。这里民族风情浓郁，文化艺术独特，人民好客、能歌善舞，是极具魅力的旅游胜地。喀什是国家历史文化名城。

新疆细毛羊　Xinjiang fine wool sheep　中国育成的第一个细毛绵羊品种。原产新疆伊犁地区。由高加索细毛羊和泊列考斯公羊分别与哈萨克羊和蒙古羊母羊杂交育成。毛肉兼用。公羊有螺旋状角，母羊一般无角，颈部有皱褶，四肢端正，被毛全白。剪毛量为6～12千克。净毛率稍高于50%。产羔

率130%。体质强健，耐粗饲，生长发育快，遗传性稳定，对中国粗毛羊向细毛和半细毛方向发展起了很大的作用。

新教　Protestantism　基督教三大派系之一。16世纪欧洲宗教改革后分化出来的不属于天主教的各宗派之统称。又称抗罗宗（抗议宗）或更正教，源于1529年拥护宗教改革的诸侯在德国帝国议会上对支持罗马教廷的决议表示抗议。中国人则称之为基督教或耶稣教，新教一词通用于学术界，原义同天主教之贬称“旧教”相并列。全世界新教徒约有3.8亿余，分布在200多个国家和地区。

14～15世纪的欧洲，资本主义萌芽，民族主权加强，此时的天主教会则矛盾重重。文艺复兴运动为宗教改革运动播下了种子。宗教改革运动的先驱，英国的J.威克里夫、捷克的J.胡斯和意大利的萨伏那洛拉派先后提出了建立民族教会和改革教会等主张。16世纪初由马丁·路德发起，宗教改革运动在欧洲迅速蔓延。以路德为代表的温和派建立了适合部分诸侯和市民需要的路德宗；在瑞士，以加尔文为首的激进派建立了长老制教会，创立了加尔文宗；在英国也进行自上而下的宗教改革，英国国教会即安立甘宗获得了独立于教皇的地位。这三个新教宗派的出现，得到了世俗政权与民族国家的支持。根据1555年《奥格斯堡宗教和约》和1648年的《威斯特伐利亚和约》，确定了“教随国定”的原则，自此新教开始从德国向北欧发展。17世纪时，新教各宗派完成了组织、教义、仪式的定型，逐渐趋于保守。此时新教内部又出现了改革的呼声，结果分化出或新出现了公理会、浸礼宗、贵格会以及卫斯理宗等重要宗派。随着向美洲的移民，新教各宗派传到北美并得到巨大发展。在20世纪，新教各宗派企图加强合作，部分宗派发起了普世教会运动，并组成世界基督教协进会（WCC），作为推进运动的联合组织。

新教各派有许多与天主教对立的共同特征，在教义上表现为强调“因信称义”，即主张得救既因蒙恩也因着信，凭着信心可以蒙恩称义。因信称义否定了天主教得救必须以教会、神职人员、圣事为中介的主张，因此信徒皆可为祭司，不仅可以相互代祷，还可宣传福音。同时新教认为《圣经》具有最高权威，信徒可以借助圣灵的指引直接与上帝相遇，接受启示，从而否定了天主教坚持的教会释经权。为此新教各派都注重用民族语言诵经，取消了拉丁语圣经的垄断地位。新教反对圣母及圣徒崇拜，一般也不赞同炼狱之说。

在组织上，新教各派都否定天主教集一切权力于教皇的教阶制，不承认罗马教皇的绝对权威，采用了多种组织制度：以安立甘宗为代表的主教制，主教管理各教区，下设会长和会吏；以加尔文宗为代表的长老制，由平信徒推选长老掌管教务，委派牧师；以浸礼宗、公理宗等为代表的会众制，由教堂的全体信徒掌管教务，聘任牧师。新教还废除了神职人员不许结婚的规定，取消了隐修制度。

在礼仪圣事上，新教各派反对天主教的繁文缛节，摈弃了弥撒仪式，重视讲道诵经，信徒共同唱赞美诗。将天主教的七项圣事精简为两项，即圣餐和洗礼。教堂的陈设布置及宗教服饰方面虽无齐一规定，但也比天主教简朴。有的教会如安立甘宗教会，保留了较多的传统，教堂内有圣像圣画，仪式也较复杂；多数教会则推崇简朴，教堂内只有十字架。新教的节日与天主教一致，尤其重视耶稣诞生与复活的庆典。

1807年英国伦敦布道会的马礼逊到中国，为新教传入中国之始。

《新教伦理与资本主义精神》　*Die protestantische Ethik und der Geist des Kapitalismus*　M.韦伯的代表作之一。最初以论文形式发表（1904～1905），1920年收入《宗教社会学论文集》第一卷。书中论述了资本主义的起源和本质，以及宗教信仰与日常经济行为的关系问题。运用丰富的新教徒宗教行为与经济行为的经验统计资料，论证了在加尔文教“预定论”威慑下，新教徒把做好世俗职业工作视为自己已被上帝预先选择获救的确证，形成在世俗所做的一切都是为了增加上帝荣耀的“天职观”。教徒们勤勉工作，杜绝享乐以至禁欲，在经济活动中工于算计，因而积累了财富，在竞争中处于有利的地位。这就是资本积累时期中产阶级的人格特征。作为一种广泛风行的社会精神气质，它就是“资本主义精神”。近代资本主义的发展正以这种精神作支撑，它是欧洲理性主义长期发展的产物。据此，作者得出了近代资本主义的产生与新教伦理有着一种内在的亲和关系的结论。这一思想不仅奠定了韦伯宗教社会学理论的基本构架，而且成为理解其整个社会学思想体系的一条主线，有着深远的影响。

新教育运动　New Educational Movement　19世纪末20世纪初在欧洲兴起的教育改革运动。它的主要内容是建立与旧式的传统学校在教育目的、内容、方法上完全不同的新学校，因此又称新学校运动。

1889年，英国的C.雷迪创办了欧洲第一所新学校——阿博茨霍姆学校。他建立新学校的原则是：把学生培养成为在个性、能力、智慧、体力以及手工技巧等方面都充分发展，能够自主独立的人；反对死学书本，要求教育与生活相联系，使理论与实际结合起来。法国的E.德莫林赞同雷迪的教育思想，于1898年在法国建立了罗什学校，并出版了《新教育》一书，提出新学校必须重视实际知识与实际能力的训练，学生应在自由活动中得到发展。同一年，德国教育家H.利茨开办了同类学校，称为乡村寄宿学校。以后，欧洲其他国家相继建立了各种形式的新学校，形成广泛的新教育运动，并与差不多同时在美国兴起的进步教育运动相互辉映和影响。

新学校，特别是最初在欧洲开办的一些新学校，大多设在乡村或大城市的郊区，周围环境幽静，风景优美，设备优良，人数不多，采取家庭式教育管理方式。这些学校重视体育、手工、园艺活动，以此培养学生的观察能力、审美能力和独创精神。在教学方法上，反对体罚，重视儿童兴趣与思维能力的发展，注重实际活动和知识的实用。在道德教育上，主要灌输资产阶级民主、合作的观念，培养儿童的责任心和进取心，并要求把体育、智育、手工活动等都作为进行道德教育的重要过程。

瑞士教育家A.费里埃尔根据各国新学校的实践，结合自己的教育主张，把新学

校的基本要求与原则归纳为30条，成为新教育理论体系的基础。1921年，由费里埃尔发起，在法国的加雷成立了国际新教育联谊会，出版杂志《新时代的教育》。1922年正式颁布新教育联谊会章程，提出新教育的7项原则：增进儿童的内在精神力量；尊重儿童个性发展；使儿童天赋自由发展；鼓励儿童自治；培养儿童为社会服务的合作精神；发展男女儿童教育间的协作；要求儿童尊重他人与民族，保持个人尊严等。随着世界经济、政治形势的发展变化，新教育联谊会的章程和宗旨不断修订。1942年，新教育联谊会通过《儿童宪章》，强调“就学机会均等”。1966年，新教育联谊会改名为世界教育联谊会，标志着新教育运动作为一场运动的终结。

新界 Xinjie; New Territories 中国香港面积最大的一个地区。位于深圳河以南，狮子山—飞鹅岭以北的地区。包括北区、大埔区、元朗区、屯门区、荃湾区、沙田区、西贡区等。面积约746平方千米。人口327万。1898年英国政府强迫清政府签订《展拓香港界址专条》，强行租借这一地区99年，直到1997年7月1日才回归祖国。区内植被繁茂，多郊野公园，辟有自然保护区。是香港主要的农业、牧业、渔业和园艺业基地。每年为香港提供1/3以上的鲜菜，50%以上的家禽，1/5的生猪，15%以上的淡水鱼。同时也是工业发展与新区建设的重点地区，海运业的新基地。有纵贯南北的京九铁路，以及罗湖、文锦渡、沙头角等口岸与内地相通。名胜古迹有蓬瀛仙馆、青松观、沙田马场、聚星楼等。

新近纪 Neogene Period 新生代第二个纪。其前为古近纪，后为第四纪。过去一直被作为第三纪的一个亚纪，译为新第三纪或晚第三纪，并被广泛使用，现改称为新近纪，并由亚纪提升为纪。新近纪一名是奥地利地质学家M.赫奈斯于1853年提出的。新近纪约开始于距今2 330万年前，止于距今约180万年前，但中国地质学家和地层表通常采用260万年前为新近纪上限。新近纪时期所形成的地层称新近系，旧译新第三系。新近系分为中新统和上新统。

生物界中植物已基本上由现生属组成，并有大量现生种。无脊椎动物中大量属种也是现生的。一些古近纪特有的门类，最著名的如货币虫等，已完全灭绝。双壳类、腹足类和介形类大量衍生。海洋中各种原生动物，如有孔虫、放射虫等极为繁盛。哺乳动物中，有长鼻目，肉食目中的鬣狗科、熊科，奇蹄目中的安琪马和三趾马，犀类的板齿犀、大唇犀，偶蹄目中的猪类，反刍动物中的鹿、羊、长颈鹿，以及啮齿目、兔形目中的大量属种等。

新近纪全球海、陆轮廓已很接近于现今。新近纪也是重要的山脉形成期，现今地球上较高的山脉都是这一时期形成的，如欧洲的阿尔卑斯山、非洲的阿特拉斯山、亚洲的喜马拉雅山、北美的落基山和南美的安第斯山等。新近纪开始时，气候由凉爽向湿热转变，中中新世以后，西藏高原的升起无疑对全球的气候产生重大影响。在中国的表现则是气候分带日益明显，并逐渐转向干旱凉爽。

新近系形成的最主要的矿产是石油和天然气。此外，还有膏盐、褐煤、铁矿、锰矿和硅藻土等。

新经济政策 New Economic Policy 苏俄在1921年开始实行的向社会主义过渡的经济政策。1921年内战结束后，国内经济破坏严重，战时共产主义政策不利于调动群众的生产积极性，阻碍经济的迅速恢复，不再为农民所接受。为巩固工农联盟，发展工农业生产，为社会主义经济奠定基础，1921年3月，俄共（布）第十次代表大会根据V.I.列宁的建议，决定从战时共产主义政策向新经济政策转变。

新经济政策主要包括：①以征收粮食税代替余粮收集制，并允许农民自由使用土地和在苏维埃监督下出租土地和雇佣工人。②在流通方面，宣布实行产品交换，并允许私人自由贸易；还重建国家银行，统一管理货币流通事务，实行货币和财政改革，稳定卢布价值，规定工商业税额。③在工业方面，允许私人贸易和私人办小企业，把个别企业租让给外国资本家经营等。④国家企业和合作社的管理制度也作了改变。国家企业按部门组成托拉斯，受最高国民经济委员会下属中央工业处管理领导。职工由各企业自行招用，不再由国家统一调配。废止劳动义务制。还实行按生产率高低确定工资级别的制度。

新经济政策的实行，重新建立了工业与农业之间正常的经济联系，巩固了工人阶级同农民的联盟，促进了生产力的发展，受到广大人民，特别是农民的欢迎，使1921年的危机迅速得到克服。国民经济到1925年基本恢复到战前水平，并顺利向前发展。新经济政策是使小生产占优势的经济间接向社会主义过渡的政策，是依靠工农联盟建设社会主义的政策，是利用商品生产和市场贸易来建设社会主义的政策。为在苏联实现社会主义工业化和农业集体化，从资本主义向社会主义过渡，创造了有利条件。

新精神分析 neo-psychoanalysis 在S.弗洛伊德精神分析理论基础上形成的理论观点。代表人物有C.G.荣格、A.阿德勒、E.H.埃里克森、K.霍妮等。

荣格是分析心理学派的创始人。他突出心理结构的整体性，提出“集体无意识”和“原型”等概念，扩大了潜意识的内涵，对心理学以及宗教、历史、艺术、文学等领域有深远影响。集体无意识是人格结构中最底层的无意识，与个体无意识的区别在于，它不是后天获得的，而是先天遗传的。集体无意识的内容是原型，它与本能都是人格中的根本动力。不同的是，原型在心理上追求它的固有目标；本能则在生理上追求满足。

阿德勒创立了个体心理学理论，其核心的概念就是寻求优越。人类寻求优越的动力来自与生俱来的自卑感，对自卑感的对抗就是补偿作用。

埃里克森的理论包括自我认同感（又称自我同一性）的概念和人格发展的八阶段理论。他认为自我执行重要的建构功能——建立人的自我认同感和满足人控制外部环境的需要。自我认同感是一个复杂的内部状态，包括个体感、唯一感、完整感以及过去与未来的连续性。

霍妮强调文化和社会对人格发展的影响，提出所有神经症都是文化取向的，行为模式是特定文化确定的。

新井白石 Arai Hakuseki (1657-02-10～1725-05-19) 日本江户中期学者，政治家。名君美，号白石。2月10日生于江户（今东京）的破落武士家庭，1725年5月19日卒于江户。自幼勤奋好学，1682年侍奉大老崛田正俊。1691年去职，从事私塾教育。1693年为甲府藩主德川纲丰儒臣。1709年纲丰改名家宣，继任幕府第六代将军，白石作为近侍辅佐幕政。辅政期间，以儒学思想为指导，进行稳定社会秩序的改革。第八代将军德川吉宗执政后，受到冷遇，不久引退，专事著述。白石属朱子学派儒学家，通晓儒学、历史、地理、语言和宗教、伦理学、文学等。语言学方面，编有《东雅》20卷，是日本语言学的奠基作；历史学方面，白石尊重史实，力图从历史内在因素来说明其演变的原因，著有《古史通》、《古史通或问》、《读史余论》、《藩翰谱》以及今已失传的《史疑》等，对日本德川时代的史学颇有贡献。在人文地理方面，著有《西洋纪闻》、《采览异言》等，是日本传播洋学的先驱著作。

新剧 new drama 中国早期话剧。因有别于中国传统戏曲，当时叫新剧，又称文明戏。新剧兴起于辛亥革命前夕，主要社团有春柳社、春阳社、通鉴学校。辛亥革命前后，由于进化团的探索创新，新剧进入了全盛时期，涌现了一大批优秀演员，如欧阳予倩、陆镜若、汪优游等。辛亥革命失败后，新剧失去了原先的革命朝气，向商业营利的方向转化，至1916年开始进入没落时期。新剧存在两大流派：一为进化团流派，惯于采用幕表制，角色分派，在剧情中穿插议论，编剧富于传奇色彩，并使用方言；一为春柳流派，比较注意遵循话剧的法则，但后来也逐渐与中国戏曲传统结合。

新军 New Army 中国清朝末年编练的新式陆军。用西方营制编成，以洋操训练，使用洋枪洋炮，要求士兵具有一定的文化，军官多由国内外近代军事学堂毕业生充任。**中日甲午战争**爆发后开始编练，此后主要由**袁世凯**主其事。光绪三十三年（1907），新军编练在全国铺开。辛亥革命爆发后，大量新军走向革命，成为清王朝的掘墓人。见**清末“新政”**。

新喀里多尼亚 New Caledonia 南太平洋西部法国海外领地。地处南纬19°～23°、东经163°～168°之间，美拉尼西亚岛群南端。西隔珊瑚海和塔斯曼海与澳大利亚大陆相望。东北与新赫布里底群岛相邻。面积18 575平方千米。人口22.74万（2009年7月估计）。其中美拉尼西亚人占44.1%，欧洲人后裔占34.1%，其他还有瓦利斯群岛人、波利尼西亚人、印度尼西亚人等。60%的居民信奉天主教，30%信奉基督教新教。官方语言为法语，当地居民使用美拉尼西亚语和波利尼西亚语。首府**努美阿**。

由新喀里多尼亚岛和洛亚蒂群岛等小岛组成。其中新喀里多尼亚岛面积最大，约占全国面积的88%。呈西北—东南走向，长380千米，宽50千米。两列平行山脉纵贯全岛，最高峰帕涅山海拔1 628米。迪亚霍特河为岛上最大的河流，长90千米。洛亚蒂群岛是一群与新喀里多尼亚岛平行的小岛，相距约100海里。均属热带海洋性气候，常年暖热多雨，年平均气温23℃左右。新喀里多尼亚岛东西两岸雨量有较大差别，东岸平均年降水量为2 000毫米，西岸约1 000毫米。

最早的居民分别从巴布亚和波利尼西亚移居而来。1768年法国人布干维尔到此。1774年英国航海家J.库克船长来到该群岛，看见岛上森林茂密，近似苏格兰景象，即

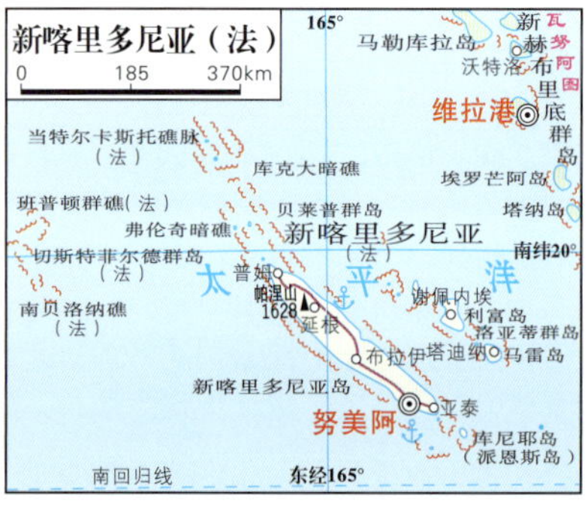

新喀里多尼亚首府努美阿风光

在苏格兰古称“喀里多尼亚”之前冠以“新”字，取名新喀里多尼亚。1853年为法国占领。1885年法国派出总督进行统治。1946年成为法国海外领地。1976年法国允许领地政府享有处理部分内部事务的自治权。20世纪80～90年代，新喀里多尼亚独立运动曾一度高涨。2003年法国议会通过宪法修正案，新喀里多尼亚成为地位特殊的海外属地。现设有3个省，共有54名省议员，并由他们组成领地议会。领地议会选举政府首脑，任期5年，受法国总统任命的高级专员节制。主要政党有共同未来党、保卫喀里多尼亚在共和国内联盟、卡纳克社会主义民族解放阵线、大洋洲联盟等。

采矿业为最重要的经济部门。镍储量占世界的20%～25%，居世界第一位。铬、铁、银等矿藏也很丰富。主要农产品有芋头、玉米、蔬菜、水果、椰子、咖啡等。工业主要有食品、饮料加工和汽车配件、建材、塑料包装、冶炼等。旅游业较发达。镍矿及其产品约占出口总值的90%，还出口水果、咖啡、牛肉及少量农畜产品等。进口食品、纺织品、燃料、机器、运输工具等。主要贸易对象是法国、欧盟其他国家和美国、澳大利亚、新西兰、日本等国。交通运输以水路为主，主要港口是努美阿。有往来澳大利亚、新西兰、瓦努阿图、斐济群岛等地的定期航班。货币名称为太平洋法郎。2007年国内生产总值88亿美元。

对6～16岁儿童实行10年义务教育。学校分公立和教会两种体制，均属教育部管辖。法国政府资助公办中级教育学校。报刊有《喀里多尼亚新闻》和《喀里多尼亚农业》等。广播电台和电视台均用法语广播。

新喀里多尼亚人 New Caledonians 大洋洲西南部新喀里多尼亚岛的居民。有26.4万人（2005）。属澳大利亚人种美拉尼西亚类型，混有一部分波利尼西亚血统。无统一语言，使用30多种方言，均属南岛语系美拉尼西亚语族。受法国文化影响，多已皈依天主教。约4%的人已取得法国国籍。其祖先约在5 000年前从东南亚迁入。18世纪欧洲殖民者侵入时，约有8万人，分为30多个部落集团。1853年，该岛被法国占领，成为罪犯流放地。该岛发现镍、铬、铜、钴、铁等矿藏后，法国自由移民增多，并招来大批外籍劳工。当地居民备受排挤和奴役，曾多次奋起反抗，均遭殖民当局残酷镇压和屠杀，人口锐减。大部分土地被殖民者侵占，资源被掠夺。传统经济和文化受到破坏。除种植供自己食用的玉米、芋薯之外，还必须种植为殖民者所需要的商品作物，如甘蔗、椰子、咖啡、棉花和稻谷等。部分人被迫到种植园和矿山做工。服装的民族特点已不明显，多穿现代服装。

新康德主义 neo-Kantianism 19世纪末20世纪初在西欧各国，特别是在德国广泛流行的一个提倡复兴康德哲学的流派。对新康德主义的形成起重大作用的是德国哲学家O.李普曼和F.A.**朗格**，他们代表早期新康德主义。19世纪70年代以后，新康德主义发展为许多学派，其中最主要的是马尔堡学派和弗赖堡学派，其他还有以A.里尔为代表的实在论派、以F.保尔逊为代表的形而上学派、以L.内尔逊为代表的心理学派等。新康德主义主要关注的是认识论和伦理学问题，其共同特点是否定I.康德关于“物自体”概念的唯物主义因素，发展康德哲学中的主观唯心主义和不可知论。20世纪20年代以后，新康德主义逐渐失势，但其影响始终不绝。

新柯沙里王国 Singosari Kingdom 印度尼西亚东爪哇古国。1222年东爪哇谏义里王国爆发农民起义，杜马坡地方长官庚·安洛进攻谏义里，建立新柯沙里王国。建国之初，宫廷政变和叛乱频仍。1227年，阿努沙巴迪弑杀庚·安洛后即位。格尔达纳卡拉在位期间（1268～1292），平定内乱，对外扩张，国势强盛。先后征服苏门答腊南部的末罗游、巴厘岛和马来半岛的彭亨，势力达到加里曼丹南部，成为取代**室利佛逝**地位的海上贸易大国。居民崇信**印度教**湿婆神和**佛教**密宗，并逐步将二者融为一体。1292年元军远征爪哇。原谏义里王族查耶卡旺乘机起兵，杀格尔达纳卡拉，新柯沙里王国亡。翌年，格尔达纳卡拉之婿罗登·韦查耶利用元军消灭查耶卡旺，旋又击退元军，建立**麻喏巴歇王国**。

新浪潮 nouvelle vague 1958年兴起于法国的新一代导演的电影观念和以这种观念为指导进行创作的热潮。新浪潮涌现出一

《四百下》剧照

大批导演，他们主要有两部分：一是做过多年导演助手及拍过短片、具有专业知识的电影工作者，包括A.雷乃、C.马尔凯、L.马勒、P.卡斯特等；二是《电影手册》杂志的评论家们，即所谓"电影手册集团"，包括A.阿斯特吕克、J.-L.戈达尔、F.特吕弗、C.夏布罗尔、G.弗朗叙、E.罗梅尔、J.里维特等。这些人没有共同的纲领，并不组成一个流派，唯一共同点是他们都反对传统电影的观念及创作手段，强调电影是一种个人的艺术创造，要求电影从传统艺术的束缚中解放出来。他们继承意大利新现实主义电影的做法，不用摄影棚，不用电影明星，使用轻便摄影机，用非专业或不出名的演员在实景中拍片。这种做法主要是由于拍片资金不足决定的，在他们的影片获得成功后就被逐渐放弃。新浪潮电影不提出重大的政治问题或社会问题，主要表现个性，有的是导演个人的经历，如特吕弗描写他童年的《四百下》(1959)(见图)、成年后恋爱的《二十岁的爱情》(1962)、服兵役生活的《装病躲差的士兵》(1961)；有的是导演熟悉或感兴趣的资产阶级、知识分子、寄生者或歹徒的事情，如夏布罗尔的《漂亮的塞尔日》(1958)、《表兄弟》(1959)，马勒的《情人们》(1958)，戈达尔的《筋疲力尽》(1960)。在表现方法上，他们抛弃传统的电影手法(倒叙、反打镜头、背景放映法、划入划出、叠化等)，打破传统的影片样式和戏剧演出概念，广泛使用短镜头、移动摄影、画外音、内心独白、自然音响和从人物背后拍摄，画面具有相当的真实感。他们也使用长时间的摇拍、长镜头、空格、镜头摇晃颤动等技巧。在剪接手法上，他们的影片节奏快，切割频繁，镜头直接跳接。

新浪潮历时不长，1962年后逐渐衰落，这些导演有的走上商业性电影的老路（如夏布罗尔），有的转向"作家电影"或"真实电影"(如雷乃、马尔凯)，有的标新立异，企图全盘否定传统的电影，创造一种新电影（如戈达尔）。

法国新浪潮电影在世界范围留下两点持久影响：一是促使资本主义世界传统制片制度的解体，独立制片制度和与之相适应的发行组织的建立；二是引起人们对电影作品个人风格的重视，并由此形成了导演中心的观念。

新乐市 Xinle City 中国河北省辖县级市。位于省境中南部。面积625平方千米。人口49万(2010)。汉景帝二年（公元前155）置新市县，隋开皇十六年(596)析新市县置新乐县。1992年撤县建市，由石家庄市代管。农作物有小麦、玉米、棉花、花生等。盛产大枣。有化工、机械、纺织、食品、建材、轻工等工业。

新乐文化 Xinle Culture 中国新石器时代晚期文化。以辽宁沈阳新乐遗址而命名。分布于辽河与浑河流域的沈阳、新民和辽中三地。年代约为公元前4500～前4000年。经济生活以农业为主，发现有炭化黍，渔

弦纹深腹筒形罐

猎是经常性的生产活动。石器有磨制的斧、铲、凿、镞、磨盘、磨棒等，还有细石器。发现平面为圆角长方形的半地穴房址三四十座，分属若干区，各区内房址排成数排。陶器多夹砂红褐陶，常饰有压印的"之"字形纹和弦纹。最具特征的器形是筒形罐和形如簸箕的斜口器。还出土有中国最早的煤精饰件和鸟形木雕。

新理学 现代哲学家、哲学史家冯友兰将新实在主义和宋明理学结合起来而创立的新的儒家思想体系。新理学将世界划分为"实际"与"真际"，即事物组成的现象界和由理组成的本体界，认为理在事先，实际中的某一类事物就是真际中某一理的例证。提出"理"、"气"、"道体"、"大全"等一系列逻辑概念。"理"是指实际事物依照的本体；"大全"是众理之全构成的整个本体界；"气"不是指在传统理学中那种实际流行或存在的物质实体，而是事物依照的条件；"道体"是理借助于气派生事物的过程。新理学认为，人不能凭借理性了解真际之理的内容，但可以通过"觉解"使客观的真际内化为人的精神境界。依照人对于"真际"的觉解程度以及由此形成的主观精神状态的不同，新理学把人生境界由低到高分为四种类型：自然境界、功利境界、道德境界、天地境界。

新理学把逻辑分析法引入中国哲学，在某种意义上推进了传统思维方式的现代化进程。

新罗 Silla 朝鲜古代国家。初名徐罗伐，又名斯罗期卢。公元4世纪由三韩的辰韩斯卢部所建，统治地区先在朝鲜半岛东南部，后扩至整个大同江以南地区。都城为金城(今庆州)。

唐朝在新罗的配合下，于660年灭百济，再于668年灭高句丽。百济、高句丽灭亡后，新罗统一大同江以南地区，大同江以北直到辽东则归唐朝管辖。至此，原三韩部落地域完全统一于新罗，并在北界略有扩展。

新罗据有西海岸的仁川湾，便于直航中国。从4世纪末起，大力吸收中国文化。使用汉字并创造用汉字标音的"吏读文"。新罗早期有债奴。"部曲民"实际上是一种被征服的部落奴隶。5世纪后，铁器广泛使用，牛耕普及，禁止人殉，生产迅速发展。654年，新兴贵族掌权，实行一系列改革，把大量土地和牧场分给新兴贵族，实行采邑分封，后又曾实行禄邑制和丁田制。新罗后期，王族间因争夺王位战乱频繁，民不堪命，纷纷起义。935年被半岛北部兴起的王氏高丽所灭。

新马尔萨斯主义 neo-Malthusianism 近代西方流行的一种主张用避孕方法来限制人口增长的马尔萨斯主义者的人口理论。基本观点与T.R.马尔萨斯相同，认为人口增长有比生活资料增长得更快的趋势，是永恒的规律。工人的失业和贫困是人口增长不可避免的结果。19世纪上半期，马尔萨斯人口论的拥护者F.普莱斯、

R.卡莱尔

R.卡莱尔、G.德莱斯代尔在信奉马尔萨斯人口论基本观点的同时，不赞成马尔萨斯的禁欲主义的道德抑制，提倡用避孕方法来节育。这种理论后来被称作新马尔萨斯主义，又称作普莱斯主义、卡莱尔主义、德莱斯代尔主义。

新密市 Xinmi City 中国河南省辖县级市。位于省境中部，嵩山东麓。面积1 001平方千米。人口80万(2010)，民族有汉、回等。因附近密山而得名。西周属密国，汉置密县。1994年改设新密市，由郑州市代管。属暖温带大陆性季风气候。中国耐

火材料和玉石矿基地之一。矿产有煤炭、铝矾土、磷矿石、大理石、玉石等。主要农作物有小麦、玉米、谷子、甘薯、棉花等。传统名产有寒羊、桑杈、貂皮、杏仁、柿饼。中药材以金银花、半夏等驰名。工业有煤炭、建材、耐火材料、冶金、化工、机械、工艺美术、服装及电子等。是国家重点煤炭、玉石、耐火材料生产基地。名胜古迹有轩辕皇帝宫、神仙洞、雪莲宫、天爷洞、打虎亭汉墓等。

《新民丛报》 *The New People's Gazette* 中国辛亥革命前资产阶级改良派的重要刊物。1902年2月8日在日本横滨创刊。半月刊。编辑兼发行人署冯紫珊，实际是梁启超主编。

初办时，强调"新民为今日中国第一急务"，主张"摧陷廓清"，"采合中西道德以为德育之方针，广罗政学理论以为智育之本原"，大力宣传西方资产阶级的新思想、新观点和新知识。还提倡运用资产阶级的理论观点，改良中国的旧史学、旧文学。《新民丛报》的重要文章多出梁启超之手。他文笔平易畅达，富于感情，被时人誉为"新民文体"，对新闻文体的发展有重要贡献。

1903年后，《新民丛报》宣传方针不断变化：介绍"西学"、"新学"的文章明显减少，来稿面和读者面也逐渐缩小。在1905年以后改良派同革命派展开大论战中力主"保皇"，遭到革命派报刊《民报》刊登的一系列文章的批驳。1907年11月20日出至第96期停刊。

新民市 Xinmin City 中国辽宁省辖县级市。位于省境中部偏北，辽河下游平原区。面积3 315平方千米。人口70万(2008)，有汉、满、回、蒙古、朝鲜等13个民族。汉代始设望平县。隋唐及辽代以后，大部地区属辽滨县。元朝时东部属沈州（今沈阳），西部属广宁（今北镇市）。清嘉庆十八年(1813)设新民厅。光绪二十八年(1902)改厅为府，1913年废府设新民县。1993年撤县建市。由沈阳市代管。地处辽河下游，地势低平，北高南低。有丰富的石油、天然气资源。盛产水稻、玉米、高粱、大豆，是国家商品粮生产基地。适宜发展水田和养鱼生产，是国家优质大米和商品鱼开发基地，也是沈阳市副食品生产基地。林地多杨树，杨树占全省1/10，素称"杨树之乡"。工业有机械、化工、炼油、建材、纺织、造纸、皮革、服装、食品等。京沈、高新铁路和京哈、沈京、丹霍、沈环等公路纵贯境内。名胜古迹有辽滨塔、南清真寺、沈阳西湖公园等。

新民体 xinmin style 中国近代出现的散文体式。由梁启超在报章杂志上创立，因发皇于早期《新民丛报》而得名，又称新文体或报章体。

清代文坛原以桐城派为正宗。梁启超"夙不喜桐城派古文"，1896年创办《时务报》时，继承龚自珍、魏源"以经术作政论"的传统，为报刊文体开辟新的道路。戊戌政变后，梁氏逃亡日本，编《清议报》，1902年起又主办《新民丛报》、《新小说》等，专以思想启蒙、宣传爱国主义为业。他受日本德富苏峰等人善于表现"欧西文思"的报刊文的影响，提出文界革命，刻意进行文体改革。他的政论文如《过渡时代论》、《少年中国说》、《新民说》，杂文如《饮冰室自由书》、《说希望》、《呵旁观者文》，史传文如《戊戌政变记》、《罗兰夫人传》、《意大利建国三杰传》等，均为新民体的代表作，半文半白，半雅半俗，洋洋洒洒，极言竭论，感情饱满，具有强烈的感染力和鼓动性，"学者竞效之，号新文体"。新民体打破古文宗派家法的束缚，创造了一种适于传播启蒙思想、形式自由畅达的新体散文，取代桐城派的统治地位而盛行于20世纪初的文坛。

新民体主要是一种报章文体，产生于思想启蒙初期，没有完全摆脱文言气息。1905年后，立宪派和革命派分别以《新民丛报》和《民报》为主要阵地展开论战，双方的文章虽然仍具有新民体的特征，但已趋于更注重逻辑严密的政论文。因此，新民体仍属于杂文学意义上的"文"，是中国传统文言文的一次解放，成为文言文变革为现代散文的过渡性文体。新民体的精华，在白话文运动中得到继承。

《新民晚报》 *Xinmin Evening News* 中国出版时间最长的晚报。前身为上海《新民报》晚刊。1946年5月1日创刊，1958年更为现名。受"文化大革命"影响停刊15年。1982年元旦复刊。日出4开4版。以"宣传政策，传播知识，移风易俗，丰富生活"为编辑方针，着眼于寻常百姓。在内容和形式

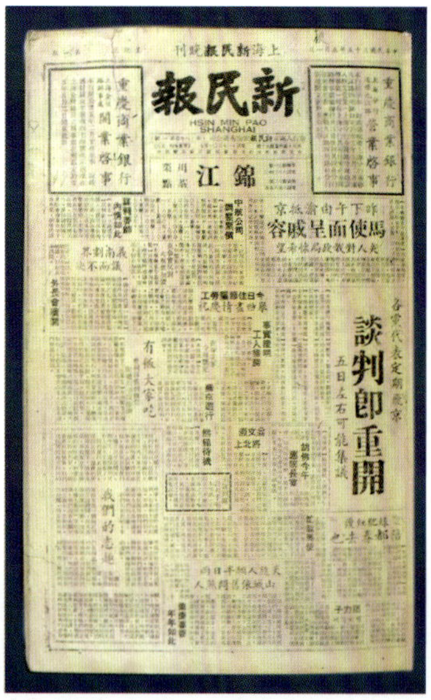
上海新民報晚刊
新民報
HSIN MIN PAO
SHANGHAI
錦江
談判即重開

《新民报》晚刊1946年5月1日创刊号

上，传承"短些、再短些"，"广些、再广些"，"软些、再软些"的办报风格，力求可亲、可近、可信、可读。现日出32版，周五近50个版。在北京、重庆、南京、杭州等十几个城市设有分印点，在美国、加拿大以及港澳地区也能看到当天出版的该报。

《新民主主义论》 *On New Democracy* 毛泽东论述新民主主义革命理论及其政治、经济、文化纲领的代表性著作。是毛泽东1940年1月9日在陕甘宁边区文化协会第一次代表大会上的讲演，原题为《新民主主义的政治与新民主主义的文化》，最早发表在1940年2月《中国文化》杂志创刊号上。收入《毛泽东选集》第2卷。

文章提出，中国革命必须分为两步。第一步是民主主义革命，第二步是社会主义革命。而民主主义革命，已经不是资产阶级领导的旧的范畴的民主主义革命，而是属于世界无产阶级社会主义革命的一部分，即新民主主义革命。它是由无产阶级领导的人民大众的反帝反封建的革命，其目的是建立各革命阶级联合专政，其前途是社会主义。它的经济纲领的基本点是："节制资本"和"平均地权"；允许不能操纵国计民生的资本主义者生产的发展；没收地主土地，分给无地或少地的农民；把大银行、大工业、大商业收归国家所有，这部分国营经济是社会主义性质，是整个国民经济的领导力量。新民主主义政治是经济的集中体现，其国体是几个革命阶级联合专政的共和国，政体是民主集中制，采用人民代表大会组织形式。新民主主义文化是无产阶级领导的人民大众的反帝反封建的文化，即民族的科学的大众的文化。新民主主义政治、经济、文化相结合，就是新民主主义共和国，就是中国共产党人所要缔造的新中国。

新木刻运动 New Woodcut Movement 中国20世纪30年代初期由鲁迅倡导，以进步美术青年为主力的木刻创作运动。中国的新兴木刻是在引进欧洲木刻基础上发展起来的。鲁迅说"当革命时，版画之用最广，虽极匆忙，顷刻能办"，这正是他介绍与倡导创作木刻的主要动机。新木刻运动是中国共产党领导下的左翼文艺运动的一部分，它以鲁迅及其他革命文艺家所介绍的马克思主义文艺观为指导，提倡"为人生的艺术"、"为大众的艺术"，反对"为艺术而艺术"。它采取写实主义的手法，广泛借鉴外国版画的经验与技巧，吸取传统版画的某些特色，在全国各地办社团、展览，出版画集，成为30～40年代最活跃和最有战斗性的美术运动之一。

新木刻运动的发展，可分为两个时期。

初创时期 为了介绍东欧和北欧的文

图1　鲁迅和青年木刻家谈话

艺，输入外国的版画，鲁迅于1929年与柔石等组织了朝花社，通过该社所输入的许多外国版画受到进步美术青年的欢迎。不久，鲁迅又介绍苏联作品，有《新俄画选》出版。1930年左翼文学艺术家联盟成立，左翼文艺运动进一步发展。杭州艺术专科学校的一八艺社就是最早接受“普罗”美术观点而重新改组的木刻社团。1931年夏，鲁迅借日本版画家内山嘉吉到中国探亲休假之机，举办了木刻讲习班，为木刻社团的活跃打下了基础。先后有一八艺社研究所、春地美术研究所、野风画会、现代木刻研究会、上海木刻研究会等专门的木刻组织出现。后来在沪、杭的美术学校里又出现了一批专门以进行木刻活动为主导的社团，有上海美术专科学校的MK木刻研究会、新华艺术专科学校的野穗社、杭州艺术专科学校的木铃木刻研究会、上海美术专科学校的无名木刻社。1934年，上海的木刻社团全部被迫解散；广州还有现代版画会，主要成员有李桦、赖少其、刘仑等；北平有北平木刻研究会、平津木刻研究会，主要参加者有王肇民、杨澹生、沈福文等。1936年以后，上海木刻活动再次活跃起来。出现铁马版画会，主要成员有江丰、郑野夫、沃渣、温涛；刀力木刻研究会，主要成员有陆地、杨可扬、刘建庵等。鲁迅逝世后，在上海的木刻工作者曹白、力群、陈烟桥、马达、江丰等共同发起成立上海木刻作者协会，为抗日战争以后版画活动作了思想和组织上的准备。1935年元旦由平津木刻研究会举办了全国木刻联合展览会，翌年由广州现代版画会举办了第二次全国木刻流动展览会。

新兴木刻从诞生的时候起就把德国版画家K.珂勒惠支和梅斐尔德、比利时版画家F.麦绥莱勒、苏联版画家法复尔斯基和克拉甫琴珂等作为版画创作的榜样。比较突出的作品有陈铁耕的《母与子》、江丰的《码头工人》、陈烟桥的《都市的背后》、张望的《负伤的头》、胡一川的《到前线去》、郑野夫的《黎明》和《搏斗》、陈普之的《黄包车夫》、曹白的《卢那察尔斯基像》、力群的《采叶》、罗清桢的《爸爸还在工厂里》、黄新波的《推》、何白涛的《街头》、刘岘的《马克思像》、温涛的《她的觉醒》和李桦的《怒吼吧！中国》等。这些作品尽管还有幼稚的一面，但为新兴木刻的继续发展走出了可喜的一步。

成长壮大时期　在抗日民主根据地及以后的解放区，新木刻运动创造出辉煌的成绩。

1937～1940年间，原来在白区从事左翼美术运动的青年美术家纷纷来到延安或新四军所在地区，成为推动解放区木刻运动的骨干力量。1938年春，中国共产党决定在延安建立鲁迅艺术文学院。该院美术系的干部与教员，除少数漫画家、油画家之外，主要是木刻家。教员和学生创作最多的作品就是木刻。

1942年毛泽东《在延安文艺座谈会上的讲话》发表以后，木刻工作者和其他美术工作者都用更多的时间到农村、工厂与前线，和工农兵一起参加劳动与战斗，同时向民间美术学习，探索中国木刻的新形式，从而产生了一批思想性、艺术性更高，更加具有民族风格的木刻作品。古元的《运草》、《离婚诉》、《区政府办公室》、《减租会》，彦涵的《抢粮斗争》、《把他们隐藏起来》、《帮助移民建立家业》，力群的《帮助群众修理纺车》，夏风的《货郎担》、《瞄准》，焦心河的《牧羊女》，郭钧的《怎样养娃》，张映雪的《陕北风光》，张望的《八路军帮助农民秋收》和石鲁的《改造西洋景》等都是代表性作品。这批作品风格朴实，具有浓郁的民族特色，是新木刻运动的丰硕成果。到解放战争时期，又出现了一批新作。如古元的《烧毁地契》、《人桥》，彦涵的《审问》、《向封建堡垒进军》，王式廓的《改造二流子》，洪波的《参军图》，艾炎的《过黄泛区》等。

抗战初期，当许多木刻家从全国各地集中在武汉时，通过中华全国木刻界抗敌协会（简称全木协）的建立，结束了众多社团分散活动的局面。全木协在武汉时期的常务理事是马达、力群、卢鸿基、刘建庵、陈九等人。全木协成立不久，举办了全国抗战木刻展览会，通过出版《全国抗战木刻选集》和举办木刻训练班，在团结和动员木刻界力量上发挥了作用。武汉撤退后，全木协迁重庆，由酆中铁、文云龙（金文韶）、黄铸夫、王大化、刘鸣寂负责。举办了第三届全国抗战木刻展览。1939年7月全木协由重庆迁桂林，由刘建庵、黄新波、赖少其主持。举办了鲁迅逝世三周年纪念木刻展（1939）、木刻十年展（1940），出版了《救亡木刻》旬刊（《救亡日报》副刊）、《漫木旬刊》、《工作与学习·木刻与漫画》和全木协会刊《木艺》两期。全木协还根据会员分布情况设立许多分会。

图2　古元作《运草》

图3　王树艺作《自行失踪的人》

皖南事变后全木协被国民党政府解散，木刻运动曾一度沉寂。经重庆木刻家们的努力，于1942年成立了中国木刻研究会，由丁正献、王琦、刘铁华、邵恒秋、罗颂清任常务理事，继续开展木刻运动，举办了1942、1943两年双十全国木刻展览会，并展出了解放区的木刻作品，同时还将作品送往美国、英国、苏联、印度展出，扩大了中国木刻的影响。

抗战胜利以后，各地的木刻工作者集中到上海，将木刻研究会改为中华全国木刻协会，由李桦、郑野夫、王琦、陈烟桥、杨可扬等任常务理事。该协会举办了抗战八年木刻展览会，展出单幅木刻和连环木刻897幅（包括解放区木刻作品），参展作者113人。出版了《抗战八年木刻选集》。该协会还连续两年在春秋两季举办了4次全国木刻展，出版会刊《木刻艺术》两期。1947年5月开始在上海《时代日报》上主编了《新木刻》周刊，历时1年3个月。此外，还选出作品送苏联、日本、英国展出。

国民党统治区的木刻创作始终坚持现实主义的创作方法，反映人民疾苦，揭露黑暗的社会现实，不断创作出一些颇有深度的好作品。著名的有李桦的《怒潮》(组画)、黄新波的《卖血后》、朱鸣岗的《台湾生活》(组画)、刀锋的《家破人亡》。

新南威尔士州 New South Wales, State of 澳大利亚东南部的一个州。北、西、南三面分别与昆士兰州、南澳大利亚州、维多利亚州为邻，东濒太平洋的塔斯曼海，联邦首都直辖区位于州内。面积80.06万平方千米。人口719.15万(2009)。为澳大利亚人口最多、殖民历史最早、经济最发达的一个州。首府悉尼。

大分水岭纵贯州东部。其南端地势上升，有全国最高的科西阿斯科山。台地以东是狭窄的海岸平原，海岸线长1 900千米，多港湾。台地西坡主要为平缓起伏的丘陵地带，并逐渐过渡到占全州面积2/3的内陆平原。平原西面靠近州界的巴里尔山为南澳大利亚州东南部山地的一部分。河流以大分水岭为界，西侧有墨累-达令河及其若干支流，墨累河干流为该州的南部界河。大分水岭以东有为数众多的短小河流。

该州地处南纬28°～38°之间的温带地区，无严寒酷暑。仅西北部因受内陆热风影响，一些地方曾有51℃以上的高温纪录。台地南部的雪山山地气温为全国最低，冬季有霜雪。沿海地区降水量自北向南、自东向西递减，北部平均年降水量2 000毫米，南部700毫米，西部内陆地区仅200毫米。植被自东向西随着降水的减少而逐渐稀疏，由森林依次过渡为疏林、草原和荒漠，其中森林约占全州面积的1/5。林地和草地栖息有许多澳大利亚特有种动物，包括有袋类中的各种袋鼠、袋熊、袋貂、袋狸，鸟类中的各种鹦鹉、不会飞的鸸鹋、营冢灌丛的吐绶鸡和桉林矮林鸟等。

东部矿藏丰富，主要有亨特河谷、悉尼盆地、蓝山等处的优质烟煤，巴里尔山区的铅、锌、银矿，科巴的铜矿和沿海沙滩的金红石矿等。

新南威尔士风光

农牧业发达。内陆平原地区东部，主要是拉克仑河和墨累河之间的河滩地区，为全国最重要的小麦和美利奴羊毛产地。马兰比吉河灌区为重要的水果和蔬菜生产中心。平原西部的半干旱地区主要发展养羊业。台地区主要养殖肉牛和乳牛。北部纳莫埃河谷为棉花产区，海岸附近还有甘蔗、香蕉种植。

工业部门众多。早期以纽卡斯尔和肯布拉港为中心建立了钢铁工业。以后其他工业部门，如机器制造、金属制品、电器、服装、纺织、化学、造纸、食品等也逐渐建立。绝大部分工业集中在沿海城市悉尼-纽卡斯尔-伍伦贡一带，为全国最重要的工业中心。位于该州西部的布罗肯希尔为重要矿业城市。内地主要工商业城市还有奥尔伯里、沃加沃加、奥兰治、塔姆沃思等。悉尼港（包括植物学湾)、纽卡斯尔港和肯布拉港是此州三大港口。

新年 New Year 为庆祝新的一年到来，世界各国、各地区、各民族都要举行各种庆祝活动。从新年的前一晚开始，往往持续几天。由于地理环境和历法的不同，世界各国、各民族新年的时间定位各不相同。埃及历把天狼星和太阳一同升起的那天作为新的一年的开始，犹太人把秋分作为新年，印度人则以每年10月31日起为新年。伊斯兰历季节和月份不固定，在伊朗，庆贺新年就是庆祝春天到来，往往是在公历3月下旬过新年，要隆重庆祝一周。因纽特人把每年第一次下雨的那天作为新年。

在中国，新年开始的第一天称为元旦。元旦一词最早出自南朝梁人萧子云《介雅》诗。元旦是新年开始最重要的标志性时间，也是新年节庆活动最隆重的一天。传说三皇五帝时的颛顼时代就开始以春季第一个月，即农历的正月为元，初一为“旦”。中国历代庆祝新年的时间随历法的变化而有所不同。夏代创立太阴历，即现在的农历，也叫夏历，把元旦定在正月初一。商朝改元旦为十二月初一，周代立国改元旦为十一月初一，秦始皇改元旦为十月初一，到汉武帝时恢复夏历。此后，中国沿袭以正月初一为元旦。根据中国大多数地区的风俗，新年从农历正月初一开始，至正月十五元宵节结束。而庆贺新年的活动则从上一年腊月过小年时开始，其间要举行很多送旧迎新的活动，如扫房、送灶、贴春联、祭祖、吃年夜饭等。

现在，公历日益为世界各国所公认。在大多数以公历为历法的国家，都以每年公历1月1日为元旦日，作为新一年的开始，把元旦作为法定节日，举国放假。孙中山于1912年初就任中华民国临时大总统时宣布中国改用公历，以阳历1月1日为新年，阴历正月初一的传统新年改称春节，沿用至今。

《新青年》 *La Jeunesse* 中国五四运动时期和第一次国内革命战争时期的刊物。1915年9月15日在上海创刊。初名《青年杂志》，第2卷起改名《新青年》。初为月刊。陈独秀主编。群益书社发行。

《新青年》创刊号

1917年1月，《新青年》改在北京编辑，仍在上海印刷。后编辑部迁返上海，陈独秀重任主编。1921年7月中国共产党成立后，成为党的理论刊物。同年9月陈独秀再任主编。1922年7月出至第9卷第2号后休刊。

《新青年》前期宣传科学与民主，是新文化运动的倡导者和主要宣传阵地。所载陈独秀、李大钊、鲁迅、吴虞、胡适、钱玄同、刘半农等人的文章，传诵一时。1918年10月第5卷第5号发表李大钊的《庶民的胜利》和《Bolshevism的胜利》两文，是《新青年》宣传俄国十月革命和社会主义的开始。在编辑业务上有不少改革和创新：开展自由讨论，实行百家争鸣；设立“通信”和“读者论坛”等专栏，和读者共同探讨问题；采用白话文写作，使用新式标点符号，等等。

1923年6月，《新青年》作为中共中央机关理论刊物在广州复刊。曾有瞿秋白任主编。此刊一度改为季刊。第1期发表了《新青年的新宣言》，指出刊物应成为“中国无产阶级革命的罗针”。1925年4月改为月刊，以宣传马克思列宁主义和中国共产党的方针、政策为基本任务。

新人 Neoanthropus 20世纪中期所认识的人类演化三个阶段中的第三阶段的名称。指古人以后演化阶段的人类。这个阶段的化石人类和文化主要以克罗马农类型人类和旧石器时代晚期文化为代表。20世纪中后期，新人一名逐渐为晚期智人或早期现代人等名称所替代。见人类起源与演化。

新儒学 Neo-Confucianism 中国北宋和南宋时期出现的以阐发儒家经典义理为特征的哲学思潮，即理学或宋学思潮。两宋儒学继承了自中唐韩愈开始的儒学复兴运动，是儒学发展的全新阶段，故当代学者特别是西方学者称其为新儒学。北宋初期的范仲淹、欧阳修和胡瑗、孙复、石介等人首倡，北宋中后期的周敦颐、邵雍、司马光、王安石、张载、程颢、程颐等加以奠基和发展，南宋则以胡宏、吕祖谦、张栻、朱熹、陆九渊、陈亮、叶適等为代表，特别是朱熹集儒学之大成。他们一方面以孔孟为宗，批判隋唐以来以空无为体，否定仁、义、礼、智等伦理道德的佛道学说；另一方面则关注社会现实问题，提倡所谓“道德性命”之学。新儒学主要学派虽分为新、濂、关、涑、洛、蜀、闽、婺、湖湘之学，以及陆氏之学、永嘉和永康功利之学等，但都讨论天人、理气、心性、道器、体用关系以及道德修养方法等。新儒学通过解释儒家经义来系统阐明自己的哲学思想，将儒学发展到一个新阶段和新的高峰。

新生代 Cenozoic Era 地球历史最近6 500万年的地质时代。是继古生代、中生代之后最新的一个代。新生代形成的地层称新生界。新生代包括第三纪和第四纪，第三纪又分为古近纪和新近纪，每个纪再划分为几个世，如表。

新生代开始后，地表各个陆块此升彼降，不断分裂，缓慢漂移，相撞接合，逐渐形成今天的海陆分布。印度与亚洲大陆结合发生在距今5 500万年前的始新世；南、北美洲相互连接；格陵兰从北美洲分离，成为岛屿；阿拉伯半岛脱离非洲，成为欧亚大陆的组成部分，红海随之形成；古地中海大大缩减，成为现在的内陆海；喜马拉雅山耸起则是最近200万～300万年的事，与此同时或稍早，欧洲升起了阿尔卑斯山，美洲升起了落基山。

古新世气候较此前的白垩纪冷，晚始新世和渐新世南极大陆出现小型冰盖，中新世中期那里形成相当现代冰盖的2/3，更新世初北半球出现格陵兰冰盖，其后200万年间曾有多次冰期，冰川曾见于几个大陆。

新生代被称为哺乳动物时代或被子植物时代。此前，中生代的恐龙和许多海生无脊椎动物在其末期绝灭了。在新生代，哺乳动物得到空前发展，植物界达到被子植物繁盛阶段。哺乳动物进一步演化，适应不同的生态环境，分化为许多门类，在动物界占据统治地位，并在距今约600万年前出现了人类。

新生代时代划分

代	纪		世	距今年龄值（万年）	持续时间（万年）
新生代	第四纪		全新世	1	1
			更新世	260	259
	第三纪	新近纪	上新世	530	270
			中新世	2 330	1 800
		古近纪	渐新世	3 370	1 040
			始新世	5 500	2 130
			古新世	6 500	1 000

新生儿 newborn 从娩出开始至出生后28天的婴儿。这个时期称为新生儿期。正常新生儿通常指孕37～42周娩出的体重在2 500～4 000克之间，各器官发育相对成熟的足月儿。90%以上的新生儿为正常新生儿，其他为低出生体重儿、早产儿、小于胎龄儿、过期产儿以及巨大儿等。

生理特点 胎儿娩出后，大多数在2秒钟内开始喘气，5秒钟后啼哭，10秒钟到1分钟内开始有规则的呼吸。主要以腹式呼吸为主。

足月新生儿娩出后还保留着在宫内的姿势，即手脚屈曲外展；头相对较大，占身长的1/4，四肢相对较短小；腹部稍饱满；乳头、乳晕已清楚可见，并可触到乳腺结节；生殖器已发育良好，男婴睾丸已下降至阴囊，女婴大阴唇已遮盖小阴唇。

新生儿皮肤为粉红色、较薄嫩，但皮下毛细血管较丰富，很易擦伤，需要好好保护以防感染。头发光亮，有时肩部或背部有少量毳毛。

新生儿几乎大部分时间都在睡眠，一昼夜中，约睡18～22小时。出生时，中耳鼓室尚未充盈空气，并有少量的羊水积留。婴儿有些生理性反射如觅食反射、拥抱反射、躯颈反射、交叉伸腿反射等，出生后立即出现。若不出现，即属异常现象。

新生儿出生后立即就会吞咽。但食管短，而且食管蠕动不协调，括约肌于吞咽时不关闭；胃呈水平位，容量又小，故新生儿很易发生溢奶或呕吐。大多数新生儿在生后10～12小时内开始排出黑绿色胎便，内含胎毛、肠上皮细胞和胆绿素。3～4天后变为含有奶块的黄色便。若生后24小时不见胎便排出，应检查有无消化道畸形。

新生儿对多种传染病都有免疫力，这是胎儿期通过胎盘从母体获得的。但新生儿特异性免疫反应不够活跃，细胞免疫功能也未成熟，体液免疫中分泌型免疫球蛋白A（IgA）缺乏，故易患呼吸道感染。

护理 首先，刚出生的婴儿应予保暖。环境温度在24～26℃较为适宜，湿度应达50%，这样小儿的皮肤温度可维持在36.5～37.5℃。

喂养 应提倡母乳喂养。吃母乳的婴儿，肠道感染、呼吸道感染的发生率远低于人工喂养儿。人乳喂养经济方便，也有利于母亲及时发现新生儿异常情况，吸吮刺激还可以增强母亲子宫的收缩，促进子宫复位。人工喂养的新生儿首先应选用鲜牛奶，无条件时再选用奶粉，其他代乳品不宜使用。

特殊现象 这些现象并非病态，应注意识别。①生理性体重下降。见于新生儿生后几天。只要喂养合理，一般10天内就会纠正。②“螳螂嘴”。为两侧肥厚的颊脂垫，生后会逐渐自行消失。③“马牙”及“板牙”。牙龈部位散在的、淡黄色微隆起的米粒大小的颗粒，这是上皮细胞堆积所致（马牙）。隐约见于牙龈黏膜下的白色斑块，为黏液腺潴留肿胀所致（板牙）。几周后会自行消失。对小儿无影响，也不需要处理。切忌用针挑破或用硬布擦破，以免感染。④乳腺肿大及泌乳。新生儿不论男女皆可发生，多在生后3～5天出现。是孕母雌激素对胎儿的影响以及出生后雌激素中断所致。一般在生后2～3周自行消退。不必处理。⑤假月经。女婴出生后第5～7天，有时阴道有少量出血，持续数天自行停止。这亦是孕母雌激素中断所致，不必处理。

新生活运动 New Life Movement 20世纪30年代蒋介石在中国江西省城南昌发起的“重整道德、改变社会风气”的运动。目的在于控制人民的思想言论，用生活细节的要求来转移人民对政治、社会问题的不满，以维护国民党统治。1934年2月，蒋介石自任会长，在南昌成立“新生活运动促进会”。7月又成立“新生活运动促进总会”。新生活运动的主要内容是：①以礼、义、廉、耻为基本准则，不可犯上作乱。②从改造国民的衣食住行日常生活做起，遵守“拔上鞋跟，扣齐钮颗”，“走路靠左，胸部挺起”，

蒋介石、宋美龄在南昌街头巡视新生活运动

“和洽邻里，同谋公益”等要求。③以整齐、清洁、简单、朴素、迅速、确实为标准，在“一个政府，一个主义，一个领袖”下，绝对统一、团结和服从命令。④以生活艺术化、生产化、军事化特别是军事化为目标，随时准备尽忠报国，维护南京国民政府的统治。1934年7月至1937年抗日战争全面爆发前为此运动的全面推行期。其间，“新运总会”由南昌迁至南京，增设以宋美龄为指导长的妇女指导委员会。全国各省、直辖市和县皆设有分会或支会。新生活运动遭到革命者和进步人士的反对和抵制，也未得到广大民众的支持，实际收效甚微。

新诗 new poesy 中国五四运动以后创作的新体诗歌，为与传统的旧体诗歌相区别，故称新诗。其特点是以现代汉语为基础，形式自由多样，接近口语，不计音韵，内容富有时代气息。又称白话诗、语体诗。在艺术形式上有的借鉴传统诗歌，有的借鉴民歌，有的借鉴外国诗歌，形式、风格多种多样。在中国新文学运动中最早尝试写新诗的有胡适、刘半农、郭沫若、徐志摩等。第一本新诗集是胡适的《尝试集》(1920)，最早从思想艺术上为新诗地位的确立作出重大贡献的是郭沫若的《女神》(1921)。

新石器时代 Neolithic Period 以使用磨制石器为标志的人类物质文化发展阶段。继旧石器时代之后，或经过中石器时代的过渡发展而来，属于石器时代的后期，一般也即人类社会发展的原始社会后期。年代约从公元前1万年全新世之初始，至前第2千纪以后止，有些地区一直延续至公元后若干世纪。

基本特征和分期 一般认为基本特征有四个，即出现农业、饲养家畜、使用磨制石器、制作陶器。这些特征并不是同时起源、同步发展的，在一地区也并非各项特征齐备才算进入新石器时代。有的学者强调农业起源的意义和史前农耕社会的历史地位，认为农业出现意味着由食物的采集向食物的生产转变，是对人类历史影响深刻的“新石器时代革命”。但农业也并非必备因素，在一些地区便存在长期依赖渔猎采集经济的新石器时代遗存。另外，在有的地方，农业产生后的很长一段时期里没有陶器，因而被称为前陶新石器时代或无陶新石器时代。有学者主张从“磨制石器时代”、“新石器时代”名词的由来考虑，着眼于生产资料的决定性作用，把磨制石器的出现作为新石器时代的代表性特征。然而有的地方在1万多年以前就出现陶器，却迟迟没有农业的痕迹，磨制石器也很不发达，仍然进入了新石器时代。可见，世界各地新石器时代的发展道路不尽相同，不能用一种模式去套。不过如要判定一地进入新石器时代，农业、磨制石器、陶器三项标准之中至少应当具备一项。

由于不同地区情况很不一致，所以新石器时代没有统一的分期标准。在晚期阶段往往出现少量铜器，但尚未有意识地制造多量的青铜器。对于这种情况，有人主张单独划分一个铜石并用时代，作为从新石器时代到青铜时代的过渡期；也有人不把这一阶段划出，而是归入新石器时代晚期或划为新石器时代末期。

西亚和中亚 西亚的新石器时代年代约为前8000～前6000年，大体以前7000年为界，划分出前陶新石器和有陶新石器两个时期。其后到前3100年止为铜石并用时代。

西亚新石器文化发展最早和最充分的地区是黎凡特（今以色列、巴勒斯坦、黎巴嫩和叙利亚）、安纳托利亚（今土耳其）和扎格罗斯山山前地区（在今伊拉克、伊朗），即成为世界农业起源地之一的所谓新月形地带。在前陶新石器时期，巴勒斯坦地区耶利哥遗址的前陶新石器A阶段，已出现农业，种植小麦、大麦、扁豆及无花果，建有土坯房屋和石城堡，墙外挖壕，中心有石筑望楼，这是迄今所知世界最早的城堡建筑。耶利哥前陶新石器B阶段，作物品种增多，小麦有两个品种，新增加豌豆、燕麦等，有了家畜山羊。出现特殊的神庙建筑，壁龛中放置石柱或供奉神像。土耳其的恰约尼遗址前陶新石器早期，出土用铜矿石直接打制成的小件铜饰物和铜锥等，年代在前7500年左右，这是世界上已知最早的铜器。从约前7000年开始，西亚各地先后进入有陶新石器时期。在土耳其的恰塔尔休于遗址。出土的农作物种类有小麦、裸麦、大麦、豌豆等，当时已饲养牛、绵羊和山羊，同时辅以渔猎和采集。有了陶器但数量不多，晚期出现彩陶，木制容器成为主要日用器皿，还有少量石制容器。房屋用土坯砌建，出现专门用作神祠的房屋并在墙上饰以壁画、浮雕、神像和牛头塑像。整个居住地建筑群外围筑土墙环绕。哈苏纳文化主要分布在美索不达米亚北部底格里斯河两岸。以农耕为主，作物有小麦、大麦、亚麻等，已知人工灌溉。饲养绵羊、山羊、牛、猪等家畜。陶器以刻画纹陶和彩陶为特征。有用绿松石、大理石等刻制的印章，反映了当时的人们已有所有权观念。

中亚土库曼斯坦境内的哲通文化，年代为前第6千纪至前第5千纪，是中亚最早的农业文化之一。房子用土块垒墙，有的绘有壁画。陶器中有部分彩陶。农具有石刃骨镰刀、石磨盘、石杵等。种植大麦和小麦，饲养狗、羊、牛等家畜，兼营渔猎。克尔捷米纳尔文化分布于咸海周围及阿姆河、锡尔河流域，年代为前4000～前3000年。有的遗址内发现固定的中型公共住房，一般是季节性的临时住地。出土非几何形细石器和陶器。居民主要从事渔猎活动，晚期出现家畜。

北亚和东北亚 蒙古国境内的新石器文化年代约为前第4千纪至前第2千纪中叶。除磨制石器外，还有相当数量的大型打制石器和细石器，尤其细石器长期存在并较发达。陶器多为夹砂陶，常见篦齿纹、绳纹等。约在前第3千纪出现栽培作物黍，同时饲养家畜马、牛、羊。狩猎在经济生活中一直占有重要地位。

西伯利亚地区贝加尔湖沿岸和安加拉河流域的新石器时代渔猎文化（图1），年代约为前第4千纪至前第2千纪。陶器多尖底器、圜底器。渔猎经济色彩强烈且长期存在，其中捕鱼业逐步上升，成为首要经济部门。渔猎工具丰富多样，在男女土坑墓中常以渔具为随葬品。在黑龙江中、下游左岸和乌苏里江以东沿海，最早的新石器文化约始于前第5千纪，都是主要以渔猎为生的定居者遗存。但在前第2千纪，有的地方出现大型打制石锄、石磨盘、石磨棒，可能已出现农业，但不占重要地位。

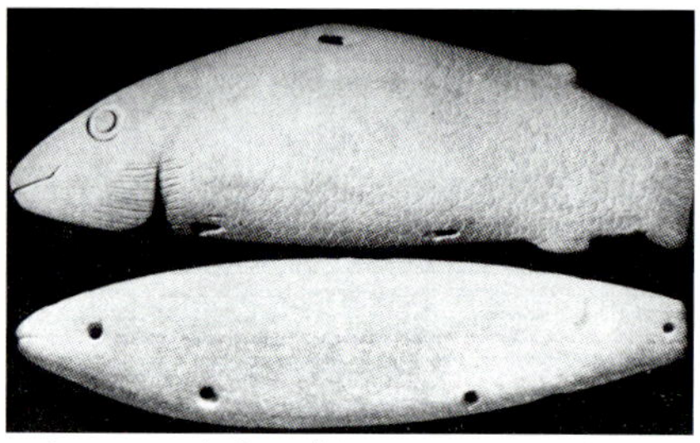
图1 贝加尔湖沿岸新石器时代的石雕鱼像

朝鲜半岛的新石器文化年代约为前5000～前1000年初。早期已出现农业，但采集、渔猎占相当大的比重。到中、晚期，农业生产成为居民生活的主要来源。农具有石铲、角锄、半月形石刀、石磨盘、磨棒等，末期偶见石镰、石犁。谷物有黍和粟。

日本的新石器时代称绳纹时代，年代约为前10000年至前3世纪或稍晚。在很长时期内狩猎、渔捞一直是主要生产活动，发现木弓、石镞、骨镞、石枪、骨渔叉、骨鱼钩、石或陶质网坠等工具，还出土独木舟。人们食后掷弃的贝壳、鱼骨、兽骨等积累形成贝丘。至绳纹时代晚期有了稻作农业，曾在九州惠良原、宇木汲田等遗址发现炭化稻米。住所除洞穴外，一般都是竖穴式房屋。从中期起村落规模已较大，屋群往往围绕中心广场呈环状排列。

南亚、东南亚 南亚俾路支和印度河平原地区的无陶新石器时期，年代约为前6000～前4500年。已种植小麦、大麦，饲养山羊、绵羊、牛等家畜。在这一时期末开始建造土坯房屋。有陶新石器时期的年代约为前4500～前3500年，最初仅有少量彩陶，后来彩陶较发达。这一时期家畜里增加了马，定居村落规模变大。经过铜石并用时代，至前2500年左右过渡到青铜时代的印度河文明。

南亚次大陆北部的克什米尔地区有布尔扎霍姆文化，年代约为前第3千纪初至前第2千纪中叶。早期有竖穴式住所，晚期出现地面式泥土或土坯建筑。发现小麦、大麦、稻、扁豆、豌豆和葡萄子等遗存，饲养狗、山羊等家畜，是较进步的农耕新石器文化。

东南亚中南半岛地区，新石器时代早期如越南的北山文化，年代约为前7000～前5000年。遗址多发现在洞穴或岩荫，居民基本以渔猎采集为生，出土局部磨光石器和少量的粗陶器皿、陶网坠等，伴出大量螺壳和兽骨。新石器时代晚期如越南的冯原文化，年代在前3000年左右。发现稻谷遗存和农业专用工具——石镬，饲养狗、猪、牛、鸡等家畜家禽，已采用轮制技术制陶，反映出新石器时代晚期进而向铜石并用时代过渡的面貌。主要分布在泰国南部及马来半岛北部的班清文化，年代约为前3000～前1000年。住房为干栏式建筑，使用绳纹、席纹陶器。在泰国的能诺他遗址，发现陶片上有水稻壳印痕，年代上限为前3590±320年，有人认为这是东南亚地区最早的水稻遗存。在东南亚岛屿地区的菲律宾和印度尼西亚，陶器和磨制石器共存的新石器时代文化大约始于前3000年。

欧洲　西亚新石器时代的农业、家畜饲养向欧洲传播，首先及于巴尔干半岛地区。半岛南端的希腊前陶新石器文化，年代约在前第7千纪间，是欧洲最早的史前农业文化。作物有大麦、小麦、粟、豌豆、小扁豆和巢菜，家畜有山羊和绵羊。希腊有陶新石器文化的年代约为前6000～前2800年。作物和家畜种类与前陶新石器时期基本相同，但增加了猪。陶器的使用相当普遍，已有彩陶。早期有土墙房屋，中期出现石基土坯墙。晚期的迪米尼遗址位于小丘上，筑有6道石砌围墙的圆形小城堡，当为青铜时代迈锡尼文明卫城式建筑的先驱。

图2　欧洲新石器时代晚期的印纹陶大口罐

中巴尔干半岛的新石器文化年代约在前第6千纪中叶至前第3千纪末。早、中期的代表性文化都已有农业和陶器。如斯塔尔切沃文化的作物以小麦为主，还有大麦和豆，饲养牛、绵羊、山羊、猪等家畜，兼营渔猎。有的陶器施简单彩纹，到前5000年初已有个别红铜器。印纹陶文化因陶器饰有压印的篦齿纹组成的简单图案而得名（图2）。它发源于巴尔干半岛西部，后来向西传播，将先进的农业文化带到西欧各地。至晚期，中巴尔干各地的文化渐趋一致，典型代表为温查文化。此文化定居村落进一步发展，出现二三间的连间房屋，个别遗址出土上刻图形的泥板，可能是图形文字的萌芽。

中欧较早的新石器时代文化为线纹陶文化，因其大体分布于多瑙河一带，又称多瑙河文化。它是在巴尔干地区先进的新石器文化强烈刺激下发展起来的。年代约为前第5千纪中叶至前第4千纪前半叶。主要种植小麦，家畜以牛（只供肉食）为最重要。长屋是此文化特征性的居住形式。继此文化发展起来的漏斗颈陶文化年代约前3600～前2300年。农作物以小麦为主，也有大麦和亚麻。在波兰、丹麦发现此文化的石犁和双牛并列的泥塑小像，被认为是牛耕的物证。

西欧较早的新石器时代农耕文化以印纹陶文化为代表，年代约为前5400～前3700年。它是发源于巴尔干半岛的印纹陶文化向西欧扩展的结果，范围甚至扩展至东欧地区。作物有大麦和小麦，牲畜有牛和羊，捕鱼占重要地位。

在东欧，有前第6千纪中叶至前第5千纪末的布格河－德涅斯特河文化，前第5千纪中叶至前第3千纪中叶的第聂伯河－顿涅茨河文化，都是该地区新石器农业文化的代表。后者最后融入青铜时代的竖穴墓文化。又有伏尔加河－卡马河文化、小窝－篦纹陶文化，它们属于定居的以渔猎为主的文化。

非洲　非洲新石器时代文化的面貌迄今以北非地区较为清晰。年代约为前第8千纪至前第3千纪，开始阶段即出现陶器。按文化面貌可分为4个地区：①地中海新石器文化。年代约为前第5千纪至前第3千纪，主要分布于摩洛哥、阿尔及利亚和突尼斯的沿海地带，已形成农业村落，饲养山羊、绵羊和牛。它与欧洲地中海沿岸经济文化联系密切，两者的印纹陶属于同一系统。②撒哈拉新石器文化。主要分布在撒哈拉大沙漠中南部地区，年代约为前第8千纪至前第3千纪，在北非4区中这里的新石器文化起始最早。阿尔及利亚的阿梅克巴遗址出土陶器和用以加工谷物的石碾磨器，在前第6千纪的文化层中还发现非洲原产的稷类谷物，但是否为人工栽培尚无定论。此时还盛行渔猎，有些遗址就属于渔民村落。③卡普萨新石器文化。分布地区介于地中海新石器文化与撒哈拉新石器文化之间，年代约为前第5千纪至前第3千纪。陶器的使用不甚广泛，而以鸵鸟蛋壳制成容器。晚期出现磨光石斧。④埃及和苏丹东南部的新石器文化。从开始即为有陶新石器文化，后期有的遗存已进入铜石并用时代。上埃及地区的塔萨文化是埃及最早的农业文化，年代在前4500年左右。下埃及地区约在前4400～前4100年已有栽培小麦，不过渔猎经济仍起重要作用。

美洲和大洋洲　16世纪欧洲殖民者入侵前，美洲经历了长期缓慢发展的史前时期，除旧石器晚期文化和个别金属器文化外，其他文化都属于新石器时代。

中美洲是美洲大陆最早产生农业的地区。中美洲古代文化的中心位于墨西哥境内，是古印第安文化发展水平最高的地区。这里在约前7000年的遗址中，已出土处于人工栽培驯化过程中原始形态的葫芦、玉米、辣椒、南瓜和豆类的炭化物，表明由狩猎采集经济向定居农业转化。到前3500年左右，已有了人工培育的玉米、豆类和棉花，标志着进入农业文化阶段。前2000～公元300年的时期称为中美洲古印第安文化古典期，大约相当于发达的新石器文化阶段。它的早期出现陶器，包括彩陶，有了石臼、石杵等农具，还发现土墩石板墓遗迹。晚期以奥尔梅克文化为代表，已建造金字塔式台庙、雕凿巨型人头像，有了用“点”、“画”组成的数字系统、象形文字铭文和历法记号。

北美洲的新石器时代文化约始于前5000年。在前2000年前后，中美洲的农耕文化影响和传播到北美南部，北美许多地区逐渐进入农业阶段。但在西北海岸地带和极地，长期保持着渔猎和采集的经济方式。南美洲的古代文化中心地区在安第斯山中部今秘鲁、玻利维亚一带。安第斯山地区约在前5000年以后开始种植豆类、南瓜、棉花及其他作物，逐步形成分散的定居村落。陶器制作远比农耕要晚，直至近前2000年才出现最初的陶器，它们是美洲最早的陶器。南美洲在有陶新石器时期，玉米种植从中美洲传入，农业成为主要生活来源，有些地方还出现原始的灌溉水渠。

大洋洲最早的人类踪迹发现于澳大利亚约3万年前的旧石器时代晚期。之后，原始文化发展极为缓慢，居民长期依靠渔猎和采集果实、贝类为生。在前2000年左右，农耕和制陶技术从亚洲传入美拉尼西亚群岛，标志大洋洲开始有最初的农耕，种植对象有香蕉、芋头、甜薯、面包果树等。大洋洲居民获取生活资料的方式很少发生显著变化，直到300多年前仍然处于石器时代。

中国　中国大约在不迟于前1万年进入新石器时代。因各地自然环境很不相同，不同地区的经济结构、文化面貌及发展程度有很大差别。大致可分为四大经济文化区：①黄河流域旱地农业经济文化区。主要种植粟、黍，部分地区有稻、小麦、大麻、油菜、芥菜，较早饲养猪、狗，以后又有鸡、牛、羊等。②长江流域水田农业经济文化区。主要在长江中下游，很早就种植水稻，部分地区种葫芦，饲养猪、狗、水牛和羊。③北方边地狩猎采集经济文化区。细石器特别发达，磨制石器很少，陶器也不丰富，局部地区有农业和饲养业。④华南渔猎采集－农业经济文化区。渔猎采集经济长期占较重要地位，濒海临河地区尤其以水生动物为主要肉食来源，晚期有些地区形成稻作农业部门。代表中国新石器文化主体的是原始农耕文化，作为世界农业的起源地之一，中国的史前农业自成体系。与此相应，磨制石器比较普遍（图3）；陶器发达，其中彩陶在晚期十分盛行；定居住房日益进步，一般从半地穴式发展为地面式，有的地区还出现土坯墙，居民点渐次形成规模

图3 北阴阳营文化的七孔石刀

性聚落；社会发展的阶段变化也较明显。另有一种以定居渔猎为主的文化，经济和社会的发展比较缓慢，它们属于中国新石器时代的另一种文化类型。

从发展进程来看：早期约前1万～前7500年，农业萌芽。江西万年吊桶环、仙人洞遗址发现栽培稻植硅体（见仙人洞遗址），湖南道县玉蟾岩遗址出土野生稻和古栽培稻谷壳，这是世界已知最早的栽培稻遗存。当时经济生活仍以渔猎采集为主，种稻仅处于辅助地位。这一时期打制石器、磨制石器和骨、角、蚌器等兼而用之，出现少量陶器以供炊饮存贮之需。华北地区也有数处早期遗址，但尚未发现人工栽培粟的证据。中期约前7500～前5000年，农业逐渐成为主要生产部门，稳定的定居聚落遍布各地。河北武安磁山遗址发现数十座残存朽粟的粮窖（见磁山文化），湖南澧县八十垱环壕聚落遗址出土上万粒稻谷和米粒（见彭头山文化），内蒙古敖汉旗兴隆洼环壕聚落内整齐地分布着八九十座房屋（见兴隆洼文化）。后两处聚落分别是中国南、北地区最初环壕聚落的典型代表。晚期约前5000～前2600年，以前4000年为界分为前后两段。前段农业文化获得大发展，母系氏族社会走向鼎盛。仰韶文化早期的陕西临潼姜寨环壕聚落，房屋围绕中心广场分为5个群组，大体反映了两级社会群体聚居在一起的社会结构（见姜寨遗址）。浙江余姚河姆渡遗址发现大量木构干栏式建筑，代表了中国另一种建筑类型和聚落形态（见河姆渡文化）。长江中、下游发现前4000多年的两处水稻田遗迹，在世界同类遗存中年代最早。后段在经济和技术领域取得新进展，父权制确立并得到加强。仰韶文化晚期的甘肃秦安大地湾遗址出现高规格大型复合体建筑，已具有原始宫室性质。南、北地区均出现个别小型古城，史前聚落形态发生重大变化。辽宁喀左东山嘴遗址红山文化晚期遗存中发现以石头围砌的祭祀建筑群。大汶口文化中、晚期墓葬突出显示了贫富悬殊和社会分化现象。新石器时代末期约前2600～前2000年，或可划为铜石并用时代。这一时期山东龙山文化、河南龙山文化、石家河文化等涌现出一批土筑古城，一些古城成为区域性的统治中心，大、中、小聚落形成不同等级的聚落群体。铜器手工业作为一项先进的专业化生产正在兴起，红铜、黄铜和青铜已用于制作少量小型工具和装饰品。良渚文化的琢玉手工业尤为发达，已出土玉器30多个品类共约万件之多，其中很大一部分属于礼器。此文化还在低矮山丘顶部建有方形祭坛和贵族墓地。不同文化中都发现规格出众的大墓，常常有棺有椁，随葬品丰富精美，墓主很可能是社会组织中具有显赫地位的首领人物。在有的墓葬和墓地中发现人殉、人祭遗迹，在城墙和房屋建筑下还有作为奠基牺牲的人牲，这些当属父权家族奴隶制社会中的现象。随着社会物质财富的增加和社会的两极分化，一些先进地区可能已迈入邦国型的初级文明社会，成为日后王朝型夏代文明社会的先声。

新实在论 neo-realism 20世纪一种主张具体事物和脱离具体事物的共相都具有实在性的折衷主义哲学流派。主要流行于奥地利、英国和美国，尤其在美国影响最大。主要代表人物有德国的F.布伦塔诺，奥地利的A.迈农，英国的G.E.摩尔、B.A.W.罗素、A.N.怀特海、S.亚历山大，美国的R.B.佩里、W.P.蒙塔古、E.B.霍尔特等人。新实在论是在反对唯心主义，特别是反对新黑格尔主义的论战中形成和发展起来的，它承认外部世界和人的认识对象的客观实在性，但都往往把感觉、观念也看作是客观实在的，从而混淆了物质和意识的区别。

新四军 New Fourth Army; NFA 中国抗日战争时期中国共产党领导的在华中坚持

新四军军部成立初期部分领导人合影（左起：陈毅、项英、袁国平、李一氓、朱克靖、粟裕、叶挺）

抗战的人民军队。1937年抗日战争爆发后，中国共产党与国民党谈判达成协议，于10月将在湘、赣、闽、粤、浙、鄂、豫、皖8省边界地区的中国工农红军游击队和红军第28军改编为国民革命军陆军新编第四军（简称新四军）。叶挺任军长，项英任副军长，张云逸、周子昆分任正、副参谋长，袁国平、邓子恢分任政治部正、副主任。同时，成立中共中央革命军事委员会第四军分会，项英为书记，陈毅为副书记。下辖4个支队，共1万余人。改编后，根据中共中央的指示深入华中敌后，开展抗日游击战争，建立抗日根据地。

1941年1月，国民党在第二次反共高潮中，制造了震惊中外的皖南事变，叶挺被扣，项英遇害。蒋介石下令取消新四军番号。20日，中共中央革命军事委员会命令重建新四军军部，任命陈毅为代理军长，刘少奇为政治委员，张云逸为副军长，赖传珠为参谋长，邓子恢为政治部主任。部队整编为7个师和1个独立旅，全军共9万余人。同年5月，中共中央中原局与东南局合并组成华中局，刘少奇任书记，同时组成中共中央军委华中分会，并成立苏中、淮南、盐阜、淮海、淮北等军区。至年底，地方武装和民兵发展到60余万。1943年至1944年春，华中各抗日根据地军民粉碎日伪军多次“扫荡”、“清乡”，度过了困难时期。1944年1月，浙东抗日部队改编为新四军浙东游击纵队。7～8月，第4、第5师各一部出兵河南，恢复豫皖苏边和豫南桐柏山抗日根据地，开辟嵖岈山豫中抗日根据地。这一年，新四军各部队接连向日伪军发动攻势，歼日伪军5万余人，解放国土7 400平方千米，改善了华中斗争局面。1945年1月至8月上旬，各部队先后攻克阜宁、睢宁等县城及重要据点100余处，歼日伪军3万余名，为大反攻创造了条件。1945年8月10日，中国解放区抗日军总司令朱德命令各抗日根据地武装部队积极进攻，迫使日伪军投降。华中各抗日根据地军民对日伪军展开猛烈反攻，基本肃清长江以北、津浦铁路以东、陇海铁路以南的日伪军，使山东、华中两大战略区连接起来。8月26日，

中共中央任命陈毅为新四军军长，饶漱石为政治委员。10月，中共中央军委决定新四军军部兼山东军区机关，统一指挥新四军和山东八路军，后于1947年1月改为华东军区和华东野战军。

在八年抗战中，新四军歼日伪军31.7万余人。到大反攻前，新四军主力部队和地方武装共31万余人，建立了地跨苏、浙、皖、豫、鄂5省的华中抗日根据地，面积达25.3万余平方千米，人口3420余万，有民兵、人民自卫武装96万余人，为坚持和发展华东人民革命斗争奠定了坚实的基础。

新台币 new Taiwan dollar 中国台湾地区现行流通的货币，相对于台湾光复初年流通的旧台币而得名。1946年5月20日，台湾进行第一次币制改革，由台湾银行发行一种与日本占据时期流通的“台湾银行券”等值的货币——台币。受通货膨胀的影响，旧台币发行量急剧增加，发行总额5 270亿元，因而大幅贬值。为了稳定金融体系，1949年6月15日，台湾地区行政当局进行第二次币制改革，颁布《新台币发行办法》。主要内容有：新台币发行机关为台湾银行，最高发行限额为2亿元，与美元兑换汇率为5:1，与旧台币兑换率为1:40 000，并以黄金、白银、外汇为十足准备。新台币发行之初有1元、5元、10元3种主币和1分、5分、1角、5角4种辅币；1961年6月增加50元、100元面额的钞券；1980年2月又发行500元、1 000元面额的钞券；后又增加2 000元面额的钞券，但市面较少流通。新台币的对外汇价，1979年2月以前一直实行与美元挂钩的基本汇率；之后实行有管理的浮动汇率。

新泰市 Xintai City 中国山东省辖县级市。位于省境中南部。面积1 933平方千米。人口132万（2010），有汉、回、满、蒙古、朝鲜、壮、苗等民族。西汉初置东平阳县，东汉省入南城县，三国魏复置东平阳县。晋改为新泰县，取新甫山和泰山而立名。1983年新泰县、新汶市合并建新泰市。由泰安市代管。矿产有煤、铁、石膏、硫、岩盐、钾盐、石灰岩、花岗石等。农业主产花生、甘薯、小麦、玉米、西瓜、蔬菜、水果等，建有粮食、油料、蔬菜、果品、瘦肉型猪、水产品等商业基地。工业以电力、建材、化工、机械、纺织、造纸、电子、冶金等为主。名胜古迹有正觉寺、云露庵、新泰智人化石遗址、师旷墓、新泰古城等。

《新唐书》 *New History of Tang Dynasty* 记载中国唐代历史的纪传体史书。225卷：纪10卷，志50卷，表15卷，列传150卷。北宋宋祁（998～1061）、欧阳修等撰，宋仁宗嘉祐五年（1060）全书完成，由曾公亮进呈。《新唐书》所增列传多取材于本人的章奏或后人的追述，碑志石刻和各种杂史、笔记、小说都被采辑编入。新书诸志大多比旧志详细。《新唐书》增写兵志、选举志和仪卫志，在正史中是第一次，为《宋史》以后诸史所沿袭。兵志简略记载唐代军事制度及其变化。选举志主要记载唐代官吏的来源、学校科举和官吏铨选、考核等方面的内容。《新唐书》恢复了《史记》、《汉书》设表的传统，立宰相、方镇、宗室世系和宰相世系4表。其中《宰相世系表》尤有特色，颇便于稽查人物。但自宋代以来，不断有人指出，它采用各家谱牒，多有谬误与遗漏。《新唐书》最早刻于北宋仁宗时，现存8卷；另有北宋十六行本，现存124卷；南宋刊十行本，现存2卷。涵芬楼百衲本《新唐书》即据上述诸书影印。清乾隆年间武英殿刊本流行较广。1975年中华书局印行的校点本是以百衲本《新唐书》为底本，并参考其他刊本整理而成，是很好的通行本。

新藤兼人 Shindo Kaneto（1912-04-22～ ）日本电影剧作家、导演，日本独立制片运动倡导者。生于广岛。1934年入制片厂工作。20世纪40年代初，师从沟口健二继续电影创作。第二次世界大战后，根据自己从军时的所见所闻编写了剧本《待帆庄》，1946年被改编成《久等不来的女人》，并搬上银幕，翌年被《电影旬报》评为10大佳片第4名。1948年他编剧的《安城家的舞会》被《电影旬报》评为10大佳片之首。1950年，和吉村公三郎设立了独立制片组织近代电影协会。至2002年为止，共写了220多部剧本，导演了46部影片。导演的影片中，以《爱妻物语》（1951）最具代表性。他编导的大多数作品都是通过男女情爱的主题表达人与人之间的信赖与爱情。其中以其自编自导的《裸岛》（1960）最为突出。20世纪90年代以来，他又导演了《三墨东绮谭》（1992）、《午后的遗书》（1995）、《生存的欲望》（1999）等电影。

新托马斯主义 neo-Thomism 20世纪天主教的神学思潮。因以复兴中世纪基督教思想为宗旨，又称新经院主义神学。起源于1879年教皇利奥十三世发表“复兴托马斯黄金般的智慧”通谕，主要目标是构筑一种新的经院学术综合体系，并使之与现代科学步调一致。新托马斯主义者们认为，作为一种教义载体，托马斯主义的真理是永恒的，独立于时间的流变之外；另一方面，作为这种教义在人类历史过程中的表述，托马斯主义又需要适应不断变化的条件。因此新托马斯主义的任务就是将托马斯主义的遗产，如四因学说、关于上帝存在的各种证明、类比理论、关于哲学与神学关系的理论等等，用新的方法使之适用于新的时代。在现代基督教思潮的各种流派中，只有新托马斯主义得到了教廷当局的广泛支持，大量天主教大学成了托马斯主义的研究中心，有几十家杂志专门研究经院神学与哲学。最主要的代表有法国的J.马里旦和É.吉尔松，德国的M.格拉布曼、D.弗里斯，瑞士的J.M.波亨斯基，奥地利的G.A.韦特尔，比利时的F.van斯丹贝根和意大利的法勃洛等。

新文化运动 五四运动前后，中国思想文化领域发生的启蒙运动。辛亥革命失败后，中国的思想文化方面出现了一股尊孔复古的逆流。北洋政府公开命令尊孔读经，倡导尊孔复古。但是，新兴的资产阶级新文化和新闻业蓬勃发展，民主的思潮势不可挡。同时，由于民族资本主义经济的发展，民族资产阶级的力量增强，知识分子和工人阶级的队伍也有所壮大，面对尊孔复古的谬论，激进的资产阶级、小资产阶级知识分子发动了新文化运动。

内容　运动的基本内容是提倡“民主”与“科学”。运动提倡的“民主”，就是资产阶级民主政治，反对君主专制和军阀独裁，反对为专制独裁政治服务的封建旧伦理道德，抛弃官僚的专制的个人政治，实行自由的自治的国民政治；运动提倡的“科学”，就是指自然科学和看待客观事物的科学观点，反对迷信、盲从和武断，树立积极、进取和科学的精神。随着运动的开展，“科学”有了更广泛的意义，它和“民主”一样，都以反封建的思想解放为出发点，提倡民主的同时，必须提倡科学。

兴起和发展　运动以1915年9月5日陈独秀创办《青年杂志》为起点。《青年杂志》从第二卷起改名为《新青年》。陈独秀、李大钊、鲁迅等先后担任《新青年》的编辑或主要撰稿人，成为新文化运动的左翼的主要倡导者。

陈独秀在《青年杂志》创刊号上发表《敬告青年》一文，痛斥当时中国社会的黑暗，公开向传统的封建思想文化挑战，举起了新文化运动“人权”（民主）与“科学”的大旗。李大钊在《新青年》上发表文章，鼓励号召青年们冲决历史上的一切网罗，破除一切陈腐的学说，催促青春之中国的诞生。他还极力反对复古运动，猛烈抨击“偶像”、“圣人”束缚人们的思想，反对帝国主义的侵略战争，要求民主与和平。

五四新文化运动的斗争锋芒集中于以维护封建专制为基本内容的孔子学说，号召“打倒孔家店”。1916年秋，康有为上书黎元洪、段祺瑞，主张定孔教为“国教”，列入宪法，国会也讨论孔教应否列入宪法的问题，引起舆论界的激烈论战。《新青年》连续发表文章，从反对康有为扩大到对整个封建伦理道德的批判，冒“毁圣非法之名”，号召打倒以孔子为护身符的封建独裁者和专制制度，掀起一场讨孔的大波。

随着新文化运动的继续发展，《新青年》从1917年起提出了提倡白话文、反对文言文，提倡新文学、反对旧文学的主张，倡导“文学革命”。

新文化运动得到北京大学校长蔡元培的支持。但反动派视民主和科学为洪水猛兽，进行诽谤、诬蔑和攻击。1919年1月，陈独秀发表纲领性的“答辩书”。1919年3月间，林纾在《新申报》发表影射小说攻击陈独秀、钱玄同、胡适等人，煽动军阀以武力压制新文化运动。他又在《公言报》发表《致蔡鹤卿书》，攻击蔡元培主持的北京大学。蔡元培公开发表《致〈公言报〉函并附答林琴南君函》，重申办学的思想自由原则和兼容并包主义。在这种办学方针指导下，北京大学成为新文化运动的重要阵地。

意义　五四新文化运动反对封建的特权政治，要求政治民主；反对旧道德，提倡新道德；反对旧文学，提倡新文学，是辛亥革命在文化思想领域中的延续，是资产阶级新文化和封建阶级旧文化的一次激烈斗争。它促使人们更迫切地追求救国救民的真理，为马克思列宁主义在中国的传播创造了有利条件。但是，新文化运动也有严重的缺点。运动的倡导者忽视同广大群众相结合，使文化运动局限在知识分子的圈子里。他们回避对军阀政府的政治斗争，也没有正面提出反帝的任务。运动的某些领导人物在思想方法上是形式主义的，他们对中国文化遗产不加分析地一笔抹杀，甚至要“废灭汉文”、采用世界语，而对西方资产阶级文化非常崇拜，这种绝对化态度产生过不好的影响。

新文学运动　New Literature Movement　中国从1917年初到1919年五四运动后一段时期里发生的反对旧文学提倡新文学的文学改革。

清末谭嗣同、夏曾佑、梁启超、黄遵宪等人倡导和实践了诗歌和散文方面的革新运动。梁廷裘等人呼吁提倡白话文。清末民初域外小说的大量翻译，促使中国文人打破思想封闭状态，并为他们提供了借鉴和模仿的样本。胡适在1916年底给陈独秀的信里，在批评旧文学腐败的同时，从“言文一致”的要求出发，首先提出了“文学革命”的概念。这些都可视作新文学运动的酝酿和萌芽。

1917年1月，胡适在《新青年》杂志发表《文学改良刍议》一文，是文学革命的发难之作。他提出文学改良应从“八事”入手，即须言之有物，不模仿古人，须讲求方法，不做无病之呻吟，务去滥调套语，不用典，不讲对仗，不避俗字俗语。阐明了新文学的要求与推行白话语体文的立场。他还以历史进化的眼光，提出了白话文学应为“中国文学之正宗”的思想。接着，1917年2月，陈独秀在《新青年》第2卷第6号上发表了措辞激烈的《文学革命论》一文，表明了更坚定的文学革命的立场，明确提出“三大主义”作为“文学革命”的目标：推倒雕琢的阿谀的贵族文学，建设平易的抒情的国民文学；推倒陈腐的铺张的古典文学，建设新鲜的立诚的写实文学；推倒迂晦的艰涩的山林文学，建设明了的通俗的社会文学。使文学革命的目标和任务更加明确。

《新青年》的文学革命主张很快得到了一些同道和青年的响应。钱玄同、刘半农、傅斯年、周作人和李大钊都著文声援，提倡“国语的革命”、“平民文学”和“为社会写实的文学”。1918年冬天，陈独秀、李大钊创办《每周评论》杂志，傅斯年、罗家伦等创办《新潮》月刊，致力于提倡白话文和新文学，翻译介绍外国文学作品和文艺思潮。文学革命的影响迅速扩大。

新文学运动的先驱者除了批判各种虚伪艰涩的拟古派文学外，还集中力量批判以黑幕派和鸳鸯蝴蝶派为代表的游戏消遣的封建旧文学。周作人写了《论黑幕》，剖析了黑幕小说与封建复辟思潮相同的本质；沈雁冰在《自然主义与中国现代小说》等文中分析批评了鸳鸯蝴蝶派小说“游戏的消遣的金钱主义的文学观念”；鲁迅在《关于〈小说世界〉》等文中也对鸳鸯蝴蝶派小说进行了批判。文学革命的骨干们还对旧文学各种形式的反抗予以坚决有力的回击。蔡元培、李大钊、鲁迅发文驳斥林纾《论古文白话文之消长》、《致蔡鹤卿太史书》、《荆生》等攻击新文学的文章；1922年发生了与以梅光迪、吴宓为代表的文化保守主义派别学衡派的论争；1925年又发生了与以章士钊为代表的甲寅派的论争。通过与各种守旧派的较量，新文学运动的理论倡导变得更加清晰有力。

新文学运动产生了广泛的社会效应，取得了重大的实绩。首先是白话文得到了全面推广。据统计，仅1919年全国出现的白话刊物就有400余种。1920年1月，当时教育部颁令，凡国民学校低年级国文课统一运用白话文。新文学运动还促进了大规模的文学翻译活动和外国文艺思潮在中国的传播。《新青年》、《新潮》、《少年中国》、《文学周报》、《小说月报》等刊物大量登载翻译作品并介绍西方文艺思潮。现实主义、自然主义、浪漫主义、唯美主义、象征主义、意象派、心理分析派、托尔斯泰主义、马克思主义等西方思潮在短短几年间涌入中国，并引起了巨大的反响。受不同文艺思潮影响的不同创作倾向的作家又各自组成文学社团。其中影响最大的是文学研究会和创造社。新月社、语丝社、莽原社、未名社、浅草社、湖畔诗社等文学社团都纷纷成立并显示了自己的创作实绩。

新文学创作实绩的出现要略晚于理论的倡导。1917年2月《新青年》2卷6号刊出胡适的8首白话诗后，又于1918年1月第4卷第1期开始发表胡适、刘半农、沈尹默的白话诗创作，后来鲁迅、李大钊、陈独秀等人也参加了新诗创作。1918年5月，《新青年》发表鲁迅抨击封建礼教的白话小说《狂人日记》，接着又发表了《孔乙己》、《药》等，“算是显示了‘文学革命’的实绩”（鲁迅）。稍后，郭沫若在《时事新报》副刊《学灯》上发表了《凤凰涅槃》等后来收在《女神》中的大量诗篇，洋溢着浪漫主义的色彩和狂飙突进的精神。新文学创作总的来说带有明显的理性色彩和感伤主义情调，同时风格多元。周作人、冰心、王统照、郁达夫、叶圣陶等人都以自己风格迥异的作品呈现了新文学崭新而丰富的面貌。

新文学运动存在着一些明显的弱点，如对待过去的文学作品和西方的文艺思潮缺乏具体分析的历史批判精神，启蒙主义的文学观念导致了过重的功利色彩等。但就其理论主张和创作实绩来看，它是中国历史上前所未有的一次文学革命，带来了文学观念的革新和解放，突破了文言文和僵死的传统文学格式的束缚，创造了一种具有现代意识和崭新形式的新文学。

新闻　news　新近发生或正在发生的事实的报道。事实成为新闻，需经传播者选择，并借助语言、文字、图像、符号等载体及时传播。“事实”、“报道”、“新近”是构成新闻的3个因素。对于印刷媒介刊载的新闻来说，新闻的写作体裁通常被划分为消息、通讯、评论三大类。电子媒介出现后，除了普通口播新闻外，出现了多种报道新闻的节目，诸如现场直播、时事访谈、专题时事报道、电视新闻纪录片、24小时滚动播出新闻等，统称“新闻类节目”。网络新闻除了具有电子媒介新闻的特点外，用户个人亦可以通过各种发布形式传播新闻，但其真实性难以检验。

新闻的类型按事实发生状态分，有突发性新闻、持续性新闻、周期性新闻。按事实发生与报道时间的差距分，有事件性新闻、非事件性新闻。按新闻发生的地区与影响范围分，有国际性新闻、全国性新闻、地方性新闻。按新闻事实的材料组合分，有典型新闻、综合新闻、系列新闻。按传播渠道与信息载体分，有文字新闻、图片新闻、电声新闻、音像新闻。按反映社会生活的内容分，有政治新闻、经济新闻、军事新闻、科技新闻、文教新闻、体育新闻等。

新闻的特性表现为现实性、时间性、公开性和连续性。新闻具有传递信息、宣传鼓动、服务社会以及提供知识和娱乐的功能。

新闻调查 journalistic investigation 有两层含义：①运用新闻手段围绕某事件或某问题所展开的调查活动。也可专指为进行调查性报道或其他深度报道而采取的“挖掘”新闻深层次内涵的行为。②以披露真相、揭露问题为主旨的深度报道形式，又称调查性报道。它从19世纪末20世纪初美国的“揭丑新闻”发展而来，专门揭露政府和公共机构中的腐败行为。21世纪初，新闻调查已不再局限于对某些事件的“揭丑”，还包括对社会问题所进行的深入、全面、综合的调查和分析。新闻调查具有相当难度，它需要记者具有极强的新闻敏感、娴熟的采访技巧和较强的应变能力。同时，它以“揭露”为主，风险性极大，记者常常受到多方面的威胁，甚至有生命危险。因此，采写调查性报道对记者的勇气和毅力也是一种极大的挑战。但因为它能很好地行使新闻作为“社会公器”的职能，维护公众权益，仍为大多数新闻机构和新闻工作者所推崇。

新闻价值 news value 新闻媒体的工作人员用以衡量客观事实是否值得报道的标准。主要以受众接受新闻时的实际需要和心理需要为依据，但具体表现为传播者的价值判断。新闻价值的概念，是由美国、日本的学者于20世纪初提出的。1918年中国新闻学者徐宝璜、邵飘萍在北京大学新闻学研究会上最早讲述了对新闻价值的认识。

新闻媒体因其所处的社会地位和自身利益，对新闻价值的考虑有所侧重。对新闻受众来说，新闻的价值是一种实际的使用价值，要能够满足他们对有关政治、经济利益信息的追求，或满足其好奇心、求知欲、心理安慰和休闲的需要。传播者的新闻价值标准与接受者感受的新闻的使用价值的统一，是新闻传播成功的必要条件。

新闻价值作为选择报道事实的标准，有影响力（或称重要性）、及时性（或称时新性）、接近性、显著性、异常性、冲突性、人情味、选择性等要素。新闻价值对采访、制作、编辑等新闻业务有重要的意义和作用。

新闻检查 censorship 政府管理、控制新闻传播活动的一种制度。具体指政府对报纸、杂志、图书、广播、电视、电影等新闻媒体的出版、发行、报道内容、行为等的检查。

英国是新闻检查制度发端的地方。16世纪前后，英国颁布《星厅条例》、《出版物检查法》等，对宗教、哲学、文学、新

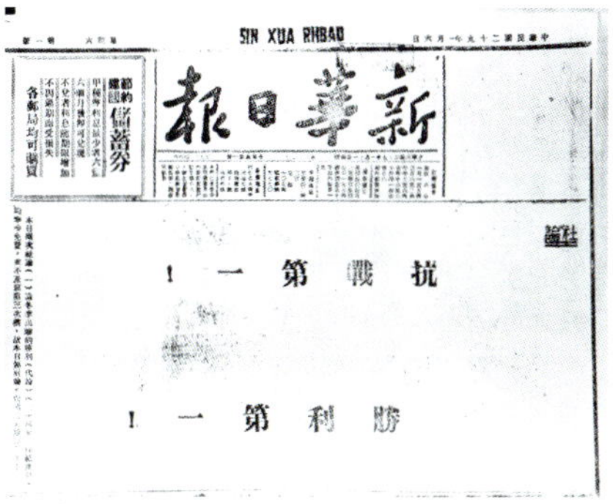
SIN XUA RHBAO

新華日報

各郵局均可購買

社論

抗戰第一！

勝利第一！

《新华日报》1940年1月6日版因社论被国民党当局强令删去，被迫开天窗

闻等各类印刷品实行严格的事前检查。1662年英王查理二世颁布《特许法》，规定严苛，遭到各界反对。1695年议会否决了这个法案，这是言论出版自由最早的胜利。其他国家的新闻检查制度也经历了类似的历程：德国、奥地利在1848年废止了书报检查令；法国根据1791年宪法取消出版的事先检查制；日本则于1869年宣布报纸的出版无须经过事先检查。

新闻检查是政府的一种管理行为。一般认为，言论自由是发现真理、作出正确决策的必要制度。但是，无节制的言论自由会对他人和社会构成威胁，所以任何国家都有不同程度和形式的新闻检查机制。

不同的国家、不同的时期实行新闻检查制度的目的不同，归纳起来主要有：①政治目的，如维护现政权或现行政治制度。②安全目的，如防止重大的政治、军事秘密的泄露，以维护国家的安全。③道德目的，如维护社会公德和公序良俗。④其他目的，如维护宗教、教会等的尊严。

新闻检查方法分为预防制（事先审查）、追惩制（事后检查）等。

新闻立法 press legislation 制定关于新闻传播活动的法律、法规、条例等法律文件的国家立法活动。新闻立法的目的，主要是通过法律、法规或判例，确定有关的权利与义务，调整围绕新闻媒介及其传播活动所产生的新闻媒介与政府的法律关系，新闻媒介与公民、法人、公共组织、利益团体等发生的法律关系。

新闻立法包括一切可以适用于新闻传播活动的法律法规，主要有宪法、民法、刑法、电信法等十余种相关法律以及有关的判例等；而具体的新闻法，是针对新闻媒介和新闻传播活动的专门立法。

新闻立法是宪法中保障新闻自由和言论、出版自由的具体化。新闻立法主要有3种功能：①保障性功能，如保障新闻媒介报道、评论、批评的权利。②限制性功能，如惩罚侮辱、诽谤、虚假广告、著作侵权、行业垄断等行为。③协调功能，用以平衡因新闻媒介及其新闻传播引发的各种利益冲突。随着新的传播手段和媒体格局的演变，新闻立法也要相应作出调整，如20世纪90年代以来，互联网逐步成为重要的新闻传播手段，被称为新媒体，由此各国陆续开始加紧这方面的立法，如德国专门制定了《新媒体法》。

新闻摄影 news photography 使用照相机对新闻事实的现场纪实报道的摄影形式。是新闻形象的现场摄影纪实，以图文结合的形式，传递新闻信息。它具有鲜明的现场纪实性；其视觉传达目的是新闻信息；其拍摄对象是新闻形象；文字说明是其重要组成部分，和图片具有同等重要的作用。基本特性是新闻性、真实性、形象性，优势是视觉直观性、现场可证性和瞬间永久性。新闻摄影的社会功能包括：传播形象新闻；指导社会生活；审美教育功能，等等。

1842年5月5日，德国汉堡大火后，K.F.史特尔茨纳等拍下了大火废墟的照片，被认为是世界上最早的新闻摄影图片和首次新闻摄影活动。早期的新闻摄影器材笨重，技术操作复杂，只能记录静态人像与场景。刊于报刊，尚需画家加工改为线画，制成木刻版。19世纪末20世纪初，英、法、美、德等国的报刊上，开始有少量新闻照片发表，用图片报道新闻并附以简短的文字说明。20世纪20年代，由于传真术、照相制版术、纸张的改进，特别是小型相机问世，新闻摄影才有了发展的物质技术条件。1928年德国E.萨洛蒙用小型相机、室内光和不干涉对象的方法，抓拍新闻镜头，为现代意义上的新闻摄影奠定了美学与技法的基础，被称为“新闻摄影之父”。1952年法国人H.卡蒂埃－布勒松出版《决定性的瞬间》一书，推崇现场抓拍。1935年以后，新闻摄影为画报、画刊提供了大量照片。1936年，美国报业大王、《时代》公司的创立者H.R.卢斯创办《生活》画报，首创专题新闻摄影报道的形式，此为新闻摄影繁荣时代来临的前奏。1942年，美国普利策新闻奖开始设立最佳新闻照片奖，1968年又增设了新闻特写照片奖。1956年，世界新闻摄影荷兰基金会成立，从1957年起，每年举行一次世界性新闻摄影比赛（WPP）。20世纪50年代开始，电视逐渐普及，新闻摄影在报纸版面上的作用与地位受到了重视，人们开始了对新闻摄影学的研究。新闻摄影已成为新闻的一种重要体裁和报纸版面的有机组成部分。1982年9月，《今日美国》在美国创刊并获得成功，标志着新闻摄影新的繁荣时期的到来。

20世纪初，中国杂志上开始出现摄影图片。五四运动中，报纸摄影副刊兴起。20～30年代是中国新闻摄影比较繁荣的时期，摄影记者王小亭拍摄了《上海南站日军空袭下的儿童》等照片，邵飘萍、戈公振等则对新闻摄影的作用、性质等进行理论探讨。中

国共产党领导的红军在长征途中，用缴获来的器材、胶卷，记录了行军的艰难，如《红二五、二六、二七军会师永平》(1935) 等。抗日战争造就了沙飞、罗光达、石少华、吴印咸、徐肖冰等一批优秀的新闻摄影工作者，拍摄了《战斗在古长城上》、《黎明的钟声》、《晓行》等一系列著名作品。1949年中华人民共和国建立后，中央人民政府决定在新闻总署下设立新闻摄影局。1950～1951年间，新闻摄影局和国内的主要报刊建立了发稿关系，和国外通讯社建立了交换图片业务，同时出版了《人民画报》。这一时期，也出现了一批反映中华人民共和国建立的优秀新闻摄影图片，如陈正青拍摄的《开国大典》，齐观山的《斗争地主》等。2004年举办首届中国新闻摄影“金镜头”奖活动。“金镜头”奖是由中国新闻摄影学会和人民摄影报社共同为摄影人设立的，这是一项全国性年度新闻摄影品牌赛事，被业界誉为中国新闻摄影界的“奥斯卡”。

新闻数据库 information database 将新闻信息以计算机数据库的形式保存，供人阅读与检索。它为新闻的获取、保存、分类、检索等提供了方便、快捷的手段。

新闻信息转化成数据库，首先要实现新闻信息的数字化，即将文字、图片、声音、视频等信息输入到计算机中；以“记录”的方式保存到数据库里，数据库里的“记录”可以根据需要进行添加、修改、删除；再利用数据库软件，开发出数据库的多种检索功能，如按关键词检索、按日期检索等。从内容上看，新闻数据库可分为综合、专业、专题等几类。常见的新闻数据库的储存与传播介质是计算机硬盘和计算机网络。

新闻信息数字化 news information, digitalization of 新闻信息以计算机数据的形式存储、处理、发布、传送、接收。

报纸信息数字化的基础是计算机技术和激光照排技术。利用这些技术，文字、图片等信息被录入到计算机中，利用电子排版系统进行组版，再通过激光照排机输出印刷制版用胶片。数字化后的文字与图片信息保存方便、传送与发布渠道灵活、检索简单快捷。广播电视的数字化，首先，体现为节目信号从模拟信号转变为可用计算机处理的数字音频信号与数字视频信号；其次，还体现在数字化广播电视信号不仅可以通过卫星等设备传送，还可以通过计算机网络传送。广播电视的数字化还包括数字化的接收设备，如数字电视等。

新闻要素 news, elements of 新闻构成的基本成分。又称新闻五要素、五个W。19世纪80年代，美联社提出新闻应具备when (何时)、where (何地)、who (何人)、what (何事) 与why (何故)。这五个要素的英文均以字母W开头，故通称五个W。1898年，美联社主编M.E.斯通提出新闻中要回答五个W和一个H，即how (如何)，故又有新闻六要素之说。

新闻五要素或新闻六要素的产生，是电信技术的新发明应用于新闻传播的结果。编辑部指令记者把五个W或五个W和一个H写进新闻的首段，即新闻导语中。一旦发报或收报出现故障，只要收到这电讯的首段，就等于收到一条新闻的大意。从19世纪80年代以来，五个W一直被视为新闻写作的原则之一。

新闻业务综合网 news integrated service network 在新闻机构内部构建的计算机网络。包括新闻机构内的各个业务范围与业务流程，可以实现新闻采编、经营、管理等工作全方位、全过程的计算机化。目前新闻业务综合网主要在报社中使用。一个较完善的报社新闻业务综合网主要包括新闻采编系统、采编管理系统、广告经营管理系统、报刊发行管理系统。利用采编系统，记者和编辑告别了纸和笔，工作环节得到有效的缩减，工作效率提高，新闻的时效性增强。利用管理系统，沟通、协调更为便捷，工作效率大大提高。

新闻纸 news print paper 主要用于印刷报纸，有时也用于印刷期刊的纸。要求有好的吸油墨性能和不透明性。分为两种：卷筒新闻纸，专用于高速轮转印刷机；平板新闻纸，用于平台印刷机，其印速较慢，对纸张强度要求不高。20世纪70年代以来卷筒新闻纸需求量大增。为满足使用要求，卷筒新闻纸需有较高的抗张强度和抗撕裂强度，以避免印刷过程中断纸；要求纸面平整，以使图像网纹清晰；要求适宜的表面强度和平滑度，以防止胶印时掉毛糊版，影响单位时间的印数。

新闻纸一般以廉价的机械木浆 (75%～90%) 配以10%～25%的未漂或半漂化学木浆或化学浆抄造。机械木浆包括磨石磨木浆 (SCTP)、预热木片磨木浆 (TMP)、化学热磨机械浆 (CTMP)、碱性过氧化氢机械浆 (APMP) 等。也可采用废旧新闻纸脱墨后抄制再生新闻纸。新闻纸的定量一般为51克/米^2，为节约纤维原料及降低报纸发行的运输费用，定量在逐渐降低。中国新闻纸A级标准定量为 (45±1.5) 克/米^2，并且生产出42克/米^{2}的新闻纸。

新闻自由 freedom of the press 公民通过新闻媒介传播而获取新闻、发表意见、参与舆论互动的权利。宪法中言论、出版自由在新闻传播领域的具体化。新闻自由的概念最早从出版自由而来，英语国家中至今对两者还使用同一个词汇，即freedom of the press。进入19世纪，自由主义思想在资本主义国家达到高峰，保障言论自由、新闻出版自由的内容，先后写入美国、法国等国家的宪法。

1948年联合国大会通过《世界人权宣言》，其中对新闻自由基本含义给予明确界定，被国际社会普遍接受。

在资产阶级革命上升阶段，新闻自由起到了巨大的历史进步作用。但随着自由资本主义向垄断资本主义的发展，新闻产业不断集中在少数大资本利益集团的手中，虽有普遍自由的形式，但大多数人日益沦为无法表达意见的弱势群体，新闻媒体成为少数人营利和推行利益集团政策的手段。

无产阶级历来主张新闻自由。K.马克思、V.I.列宁对此都有论述。1934年，在江西瑞金通过的《中华苏维埃共和国宪法大纲》规定，“中华苏维埃政权以保证工农劳苦民众言论、出版、集会、结社的自由为目的”，“给予工农劳苦民众以保障他们取得这些自由的物质基础”。

1949年中华人民共和国建立后，即规定人民享有宪法、法律规定的言论、出版自由权利。现行的宪法规定，“中华人民共和国公民有言论、出版、集会、结社、游行、示威的自由”。

《新五代史》 *New History of Five Dynasties* 记载中国五代历史的纪传体史书。74卷：纪12卷，传45卷，考3卷，世家及年谱11卷，四夷附录3卷。北宋欧阳修撰。记载后梁、后唐、后晋、后汉、后周五代 (907～960) 54年的历史。原名《五代史记》，为与薛居正撰《五代史》相区别，故称《新五代史》。在二十四史中，它是唐代以后唯一的私修史书。薛史五代分叙，该书则将五代融而为一。其本纪连叙五代，诏令全删去，事迹简净。传皆用类传，创立家人、死节、死事、一行、唐六臣、义儿、伶官、宦者杂传等传目。专在某代为官者，则列入某代大臣传。唐六臣传皆唐末大臣助朱温篡唐者，名为唐臣，意在讽刺；杂传指历仕各代，无类可归者，实为贬斥。十国称为世家，并有《十国世家年谱》。关于典章制度，只有司天 (天文志)、职方 (地理志) 二考，较简略。该书文字简洁流畅。材料多本《旧五代史》，加以删削，并兼采小说、笔记资料，补充了薛史之缺，两书可互相参考。金章宗泰和七年 (1207)，明令立该书于学官，从此大行于世。书原有徐无党注，多发挥义例。宋吴缜撰《五代史纂误》，纠举《新五代史》谬误，原本已佚，今辑存3卷。清彭元瑞、刘凤浩《五代史记注》，引书200余种，皆可作此书的补充和订正。

新西伯利亚 Novosibirsk 俄罗斯西伯利亚最大城市和经济、科教中心，西伯利亚联邦区驻地，新西伯利亚州首府。又译诺沃西比尔斯克。1895～1925年称新尼古拉耶夫斯克。在西西伯利亚平原东南部、西伯利亚大铁路与鄂毕河交会处。面积506.7平方千米。人口140.9万（2010）。1893年随西伯利亚大铁路修筑兴起，1903年设市。工业以机械制造（重型机床及液压机、重型电机、农机、矿山机械、飞机、电子、仪表等）为主，冶金（炼钢、炼锡）、化工、建材、轻工、食品工业也较发达。西伯利亚最大的水、陆、空交通枢纽，在市北和西郊有两个机场。市区沿鄂毕河两岸延伸43千米，有铁路、公路桥相连。全市分10个区。有俄罗斯农科院西伯利亚分部、新西伯利亚大学等21所高等学校、8座剧院及地志博物馆。

新西伯利亚圣米歇尔教堂

新西伯利亚群岛 New Siberian Islands; Novosibirskiye Ostrova 北冰洋俄罗斯沿岸岛群。在拉普捷夫海同东西伯利亚海之间。属萨哈（雅库特）共和国。面积约3.8万平方千米。由安茹、利亚霍夫及德隆加三组岛群组成。其中以科捷利内、新西伯利亚及大利亚霍夫三岛面积最大。最高点海拔374米。气候严寒，大部地区属北极荒漠和北极苔原带。多湖泊及沼泽。居民稀少，以捕猎北极狐及捕鱼为生。1933年起在科捷利内岛建立北极观测站。

新西兰 New Zealand 大洋洲岛国。位于太平洋西南部，西北隔塔斯曼海与澳大利亚相望，相距1 600多千米。面积270 534平方千米。人口436万（2010）。其中，欧洲移民后裔占67.6%，毛利人占14.5%，太平洋岛国裔占6.9%，亚裔占9.2%，其他占1.7%。70%的居民信奉基督新教和天主教。官方语言为英语、毛利语。全国分为12个大区，设有74个地区行政机构。首都惠灵顿。

地理 领土大部分位于南纬34°～47°之间。由呈东北—西南走向排列的南岛、北岛两个大岛和周围的许多小岛组成，绵延1 250多千米。全境多山，平原狭小，山地和丘陵占全国面积75%以上。北岛多火山和温泉。南岛多冰河与湖泊，纵贯全岛，不少山峰在海拔3 000米以上，其中库克峰为全国最高峰，发育有大量的现代冰川。南阿尔卑斯山西侧断层悬崖直逼海岸，西南角有一些冰川侵蚀形成的峡湾；东侧地势相对和缓，冰川连接着狭长深邃的冰蚀湖，有较为宽广的沿海平原。河流大多短小而湍急，航运不便，水力资源丰富。两岛间的库克海峡沟通塔斯曼海与南太平洋，水深浪大。

矿藏主要有煤、金、铁矿，还有银、锰、钨、磷酸盐、石油等，但储量均不大。森林资源丰富，林地面积810万公顷，约占全国土地面积的30%。动植物多特有种，以几维鸟最著名。

除北岛北部为副热带气候外，其余均属温带海洋性气候。夏季平均气温20℃左右，冬季10℃左右。年降水量600～1 500

毫米。

历史 新西兰的最早居民是属波利尼西亚语族的毛利人。14世纪到新西兰定居，在欧洲探险家到达之前已经形成了较为严密的社会组织。1642年，荷兰人A.J.塔斯曼带领船队在南岛西岸登陆。1769～1777年，英国探险家J.库克船长曾先后5次到此。此后，有大批英国移民涌入。1840年，英国政府诱迫毛利人酋长签订《威坦哲条约》(又译《怀唐伊条约》)，新西兰沦为英国殖民地。1907年，新西兰取得独立地位，成为英联邦自治领，但政治、经济、外交受制于英国。1947年获得完全自主权，为英联邦成员。

政治 实行议会制。无成文宪法，主要是依据英国议会和新西兰议会历次会议通过的一系列法律和修正案以及英国枢密院的某些决定构成的宪法性条款。议会只设众议院，由普选产生，任期3年。1993年11月经公民公决，将议会选举制度由简单多数制改为混合比例代表制。1996年10月举行首次混合比例代表制大选。国家元首为英国女王伊丽莎白二世。总督为女王代表，由女王任命，任期5年。最高行政机构是总督和部长组成的行政会议，由总督主持，总督缺席时由总理或高级部长主持。总督行使权力必须以行政会议的建议为指导。内阁掌握实权，由议会多数党组阁。有大小政党20多个，但自1936年以来一直都是由国家党和工党轮流执政。

经济 新西兰属发达国家。产业结构中服务业所占比重高达2/3。畜牧业发达，是新西兰经济的基础。羊肉和乳制品出口居世界第一位，羊毛出口居世界第二位。种植业产品主要有小麦、大麦、燕麦、水果等。粮食不能自给，需从澳大利亚进口。渔产丰富，拥有世界第四大专属经济区。林业以出口原木、木浆、纸等为主。工业主要有乳制品、食品、皮革、毛毯、造纸和木材加工等轻工业部门，还有炼钢、炼油、炼铝和农用飞机制造等企业。旅游业是新西兰外汇收入的主要来源之一。主要名胜有位于北岛的汤加里罗国家公园、新西兰西南部地区的蒂瓦希普纳穆（包括峡湾国家公园、韦斯特兰国家公园和库克峰国家公园以及派凯森林区、斯诺登森林区、德安－罗沃兰森林区、玛沃拉湖公园和怀土图森林区等）、新西兰次南极区群岛等。交通运输发达，港口众多，航空、公路、铁路四通八达。铁路总长4 000千米，公路总长约9.3万千米，主要港口13个。国际机场有奥克兰机场、克赖斯特彻奇机场和惠灵顿机场。民航客机可达南太平洋、亚洲、北美洲和欧洲多个国家和地区。货币单位新西兰元。2009年国内生产总值为1 333.42亿新元。外贸依存度较高。澳大利亚、中国、美国、日本、英国、韩国为新西兰主要的贸易伙伴。主要进口车辆、机电设备、原油、纺织品等，主要出口铝、羊毛、乳制品、肉类、林产品、水果、鱼类等。新西兰是传统资金输入国，投资来源以澳大利亚、英国和美国为主。

文化 科学技术发达，尤其是在畜牧业繁殖、果树栽培等领域。重视教育，国立中小学实行免费教育。全国有奥克兰大学、怀卡托大学、维多利亚大学、坎特伯雷大学、梅西大学、奥塔哥大学、林肯大学7所大学。土著毛利人的雕刻艺术和歌舞在新西兰文化中占有一定地位。全国有报纸140种，刊物4 700多种，主要报刊有《新西兰先驱报》、《自治领邮报》、《新闻报》、《星期日明星时报》。新西兰报联社是全国性的新闻通讯社。新西兰广播电台遍及全国，共190多家。新西兰电视台于1962年正式播放节目。2004年又成立了毛利电视台。

对外关系 新西兰外交政策的根本目的是维护世界和平，特别是亚太地区的和平，以保障自身的主权与安全，维护其经济利益。已与100多个国家建立外交关系。新西兰与中国于1972年12月22日建交。新西兰同英国有着传统的政治、经济、文化等方面的联系。澳大利亚是最密切的贸易伙伴。历届政府都强调同美国的关系。日本是新西兰外资和旅游业收入的重要来源。新西兰支持东盟关于在东南亚建立和平、自由、中立区和无核区的主张。是东盟对话国和东盟地区论坛的成员。

新西兰南岛风光

新潟 Niigata 日本日本海沿岸最大港口城市，新潟县首府。位于本州岛中北部新潟平原的中央，信浓川的入海口处。面积231.91平方千米。人口51.52万(2003)。古称蒲原津。大分时代，在浜村与寄居岛之间新形成一潟湖，故取名“新潟”。1616年作为海滨城镇兴起。1858年新潟被指定为对外通商五港之一。开港后逐渐发展成为日本海沿岸的贸易中心，经济日渐繁荣。1889年设市。1963年定为新产业都市后始建东港临海工业带，成为重工业和化学工业基地。主要部门为石化、造船、钢铁、纺织、造纸、纸浆等，电子、机械等高新技术工业和加工组装工业发展迅速。市郊生产稻米，向有“日本谷仓”之称。果树园艺业发达，渔业地位重要。陆、海、空交通枢纽，对外贸易和远洋运输发达。主要出口机械、化工制品、金属及其制品等，进口液化天然气、矿物性燃料、木材、磷矿石等原材料和化学制品等。20世纪90年代以来随着东北亚和图们江地区经济合作的开展，日渐成为日本海经济圈的国际性核心城市。

新现实主义 neorealismo 第二次世界大战以后意大利电影、文学流派。最早出现于电影创作。优秀影片《罗马，不设防的城市》、《偷自行车的人》和著名电影剧作家扎瓦蒂尼的理论对新现实主义文学产生积极的影响。后来，不少新现实主义文学作品相继被搬上银幕，又促进了新现实主义电影的发展。

新现实主义文学从诞生到衰退持续了十余年。反映抵抗运动和南方问题，像一根红线贯串在早期新现实主义文学中。作家们描写意大利人民反对法西斯和德国纳粹侵略者的可歌可泣的斗争（A.维加诺《安妮丝之死》，1949）；对法西斯残害善良人民的令人发指的罪行，予以揭发和鞭挞（P.莱维《如果这是人》，1947）；以巨大的现实主义力量，暴露意大利南方惊人的贫困、落后（C.莱维《基督停留在埃博利》，1945）；反映南方农民争取土地的斗争和他们政治上的觉悟（F.约维内《神圣的土地》，1950）。塑造了新的主人公——反法西斯战士、游击队员、夺取土地的暴动者，揭示这些新人的优秀精神品质。他们使意大利文学重新回到现实主义的道路上来，并使之具有新的特征，所以称作新现实主义。

20世纪50年代，作家把笔锋转向描绘普通人平凡、辛酸的生活，暴露社会的阴暗面。从50年代中期开始，随着国内政治经济形势的变化，许多作家把理想破灭产生的失望、痛苦的情绪注入了作品，使新现实主义在50年代后期趋于消失。

新乡市 Xinxiang City 中国河南省辖地级市。位于省境北部，东邻山东省，西靠

新乡潞简王墓

山西省。辖卫滨、红旗、凤泉、牧野4区和新乡、获嘉、原阳、延津、封丘、长垣6县，代管**卫辉市**、**辉县市**。面积8 629平方千米。人口571万（2010）。民族有汉、回、满等。商属牧野地，西汉属获嘉县，隋置新乡县。1949年置新乡市，为平原省省会。1952年划归河南省。属暖温带大陆性季风气候。矿产有重晶石、石灰岩、大理石、铜矿和磁铁矿等。农作物有小麦、玉米、棉花、油菜、芝麻、水稻等。以棉花著称，为豫北棉花集中产区之一。大蒜为传统出口产品。工业主要有纺织、电子、机械、轻工、食品、化工、金属、造纸、医药、建材等支柱产业。纺织行业工业总产值在全省名列第二，电子行业生产能力居全省首位。京华园浓缩了全国56个民族的建筑风格，为旅游胜地。名胜古迹有潞简王墓、南阳城故址、百泉湖等。

新小说派 le nouveau roman 20世纪50～60年代在法国出现的小说创作流派。代表人物有**A.罗伯-格里耶**、**N.萨洛特**、M.布陶、C.西蒙、M.杜拉斯等。他们反对**现实主义**创作方法，认为它不能反映事物的“真实”，诱导读者进入事先安排好的虚构境界，使读者沉浸在一个“谎言的世界”而忘记了真实的现实。新小说派反对小说以人物为核心，主张把人与物区别开来，着重描写独立于人的物的世界。新小说派的作品情节相当简单，其中的人物不过是表现某种心理状态的临时道具，只有一个字母或人称代词作为代号。结构上颠倒时空顺序，运用摄像机般忠实的语言对物的世界进行纯客观的描绘。1960年以后，以P.索莱尔斯为首的新新小说派，甚至连标点都予以废除，文章不分句子和段落。

新小说派的四个主要作家：萨洛特、罗伯-格里耶、布陶、西蒙

新写实文学 new realism literature 中国当代文学创作思潮。20世纪80年代后期，当寻根文学、先锋文学潮流渐渐退落，文坛相对沉寂的时候，池莉的《烦恼人生》、刘恒的《狗日的粮食》、方方的《风景》、刘震云的《塔铺》等小说相继问世。最初，它们被冠以“现实主义的‘回归’”、“现代现实主义”、“新写实主义小说”、“新写实小说”等名称。其中“新写实小说”的概念使用最为广泛。南京的《钟山》杂志自1989年第3期始，开辟了“新写实小说大联展”专栏。一时间相关文学作品与研究这一创作现象的评论文章大量出现。

这些小说体现出一种“写实”的倾向，但又与传统的现实主义有较大的不同。第一，主要描写下层人的生存状态和精神状态，表现他们由于物质生活和精神生活的匮乏所带来的种种烦恼；第二，拒绝传统现实主义典型化的方法，采取拉拉杂杂叙家常的方式，写庸常人物的日常琐事；第三，取消情节与情节之间的因果关系，采用大量的随机性、偶然性情节，造成无序化的生活流；第四，叙述人以平静、冷漠的口吻讲述，不介入故事，不加以评价，不作感情投入，把解释、判断的权力交给读者，被评论界称为零度叙事。

不同的批评家对“新写实”特征的描述并不一致，同被列为“新写实”作家的创作，也存在很大差异。但就创作实绩来说，它对于中国文学创作在20世纪90年代的走向，对于在文学史上占主导地位的现实主义文学观念的消解产生了很大影响。

新星 Saepyolgun 朝鲜最北部的边境城镇和对华公路口岸，新星郡首府。位于咸镜北道东北部图们江中游右岸，东以图们江为界同中国吉林省珲春市隔江相望。面积888平方千米。人口约10万。原称庆源郡，1977年9月改为新星郡。城市西部为山地、丘陵，东部有较窄的图们江沿岸平原。图们江绕北、东边界流过，沿河形成串珠状的小型盆谷地。森林面积占75%，主要树种为松、柞、椴等。主要有采煤工业。地处咸镜北道北部煤田带，古乾原和龙北煤矿生产的烟煤较为著名。农产品有稻米、玉米、大豆，还有羊、奶牛养殖等畜牧业及养蚕业。图们江沿岸有咸北线铁路，还有古乾原运煤铁路专用线。20世纪30年代曾筑有经训戎里至中国珲春甩湾子的铁路、公路大桥，至今仍有部分遗存。新星经柳多岛至中国珲春市沙坨子口岸建有跨越图们江的公路大桥，客货运输来往频繁，也是中国游客赴朝的旅游路线之一。

新星 nova 激变变星（CV）的一种。按光变的原因属爆发变星。激变一词源自希腊文，意谓泛滥、灾难。激变变星与激变双星是同义词，因为这类变星都是**双星**。这类变星主要包括新星、再发新星、类新星、矮新星、磁激变变星。激变变星新星表列出1 323颗的数据（2003）。

新星是可见光波段第一次观测到的亮度在几天内突然剧增，增亮幅度多数在9～15**星等**之间，然后在几个月到若干年期间内有起有伏地下降到爆发前状态的天体。新星光谱随光变发生阶段性的变化，并以每秒100～5 000千米的速度抛射物质。新星的全称是经典新星。一般新星平均增亮11个星等，就相当于增亮几万倍。新星是已演化到老年阶段的星。这种星爆发前通常甚暗，只在爆发后一段时期内才相当明亮，有的甚至亮到影响星座的形状，所以曾被误认为是新生的星而取名“新星”沿用至今。亮度突然增大是主星**白矮星**吸积物质由热核燃烧产生的一种爆发过程，能量释放平均达10^{38}～10^{39}焦/秒，抛射的物质约为10^{-5}～10^{-3}太阳质量，抛射速度约500～2 000千米/秒。新星按光度下降速度分为快新星、慢新星和非常慢新星三类。

新星命名，通常是在新星的星座名称前面加N，在后面加爆发年份。如NHer1934表示1934年武仙座新星。随后新星又纳入变星的命名系统，如1934年武仙座新星即武仙座DQ。自古代起人类就有关于新星爆发的历史记载，中国古代有极丰富的新星观测记录。

不同的星系中新星出现的频数大不相同。据估计，银河系每年50个。Sb星系的频数为最高。

新行为主义 neo-behaviorism 20世纪30年代以后发展起来的后期行为主义心理学理论体系。主要代表人物有E.托尔曼、C.赫尔和**B.F.斯金纳**。托尔曼首先提出了“中介变量”的概念，试图用在刺激和反应之间的有机体内部发生的变化来解释刺激-反应公式所不能解释的事实。赫尔认为有机体内部进行的事实，应该用严格的逻辑，演绎出一系列互相连结的定理，从而建立一种可靠的行为科学理论体系。斯金纳认为，心理学应该研究观察不到的心理活动。早期行为主义把意识经验排除在科学之外的做法是不明智的。他提出操作条件反射的概念，并创制斯金纳箱证实了复杂行为是由强化而建立的操作活动。新行为主义比早期行为主义更注意内部过程，同时扩展了行为主义所研究的范围。

新野县 Xinye County 中国河南南阳市辖县。位于省境西南部。南与湖北省毗连。面积1 056平方千米。人口79万(2008)。民族有汉、回、蒙古等。西汉置新野县。属亚热带季风气候。农作物有小麦、甘薯、玉米、棉花、油菜、花生、芝麻等。中药材有半夏等。南阳黄牛、小尾寒羊为优良畜种。安哥拉兔毛、蜂蜜等远销国外。工业有橡胶、纺织、食品等部门。名胜古迹有汉桑城遗址和汉议事台等。

新沂市 Xinyi City 中国江苏省辖县级市。位于省境北部，北与山东省接壤。面积1 571平方千米。人口92万(2010)，有汉、回、蒙古、满等民族。1943年分宿迁县北部建宿北县抗日民主政府，1949年改称新安县。因与河南省新安县同名，1952年更名新沂县，以境内新沂河得名。1990年撤县建市。由徐州市代管。矿产有黄砂、石英石、蛭石、花岗石、水晶和石棉等。工业有化工、机械、建材、纺织、造纸、食品等。农作物有小麦、水稻、玉米、花生、油菜等。以产板栗著名。名胜古迹有仙人桥、七真岩洞、望海楼、黄巢关、乾隆行宫、钟吾国都城遗址。

新义州 Sinŭiju 朝鲜西北部边境城市，特别行政区。位于鸭绿江下游左岸的冲积平原上，距河口约25千米。跨江同中国辽宁丹东市有长944米的铁路桥相连。人口约30万。原为小村落，后新建市区，距旧义州城西南11千米，故名。1910年辟为河港。1924年为平安北道首府。2002年9月12日定为特别行政区。朝鲜战争中遭破坏，后重建。朝鲜重要轻工业基地。利用本地的木材、芦苇、水电力和部分进口原料重点发展了纺织（化纤、棉纺、毛纺）、造纸和橡胶工业，还有食品、服装、制鞋、制药、钟表、乐器以及机械（纺织机械，矿山机械）工业等。城郊地势平坦，土地肥沃，有完善的水利灌溉系统，是朝鲜的农业基地之一。交通较发达。电气化铁路的起点站，有公路通平壤。朝鲜与中国的贸易口岸，经中国铁路可连俄罗斯西伯利亚大铁路。外港龙岩浦建有造船厂。有轻工业、农业、医学和师范等大学。

新艺术运动 Art Nouveau 19世纪90年代至20世纪初在法国、比利时、德国、奥地利、英国以及西班牙等国掀起的一场艺术设计运动。这场运动并没有一个统一的名称，它在法国和比利时被称作“新艺术”或“1900年派”，在德国被称作“青年派”，在奥地利被称作“维也纳分离派”，在西班牙则被称作“现代派”。

1895年12月，萨穆尔·宾在巴黎开办了一个名为“新艺术之家”的事务所兼画廊，其内部装饰和所陈列的作品反映了一些艺术家的共同理想，这里也成了法国“新艺术运动”的重要据点，“新艺术”一词即由此而来。新艺术运动装饰风格的主要特点是经常运用曲线和非对称性的线条，这些线条大多取自花梗、花蕾、葡萄藤、昆虫翅膀等自然界中优美略有波状曲线的形体。这种艺术风格流布很广，大多表现在招贴画和插图画、建筑设计、室内装饰以及玻璃制品和珠宝首饰等方面，此外还影响到建筑、雕塑和绘画等领域。在新艺术风格的设计作品中，最突出的是招贴画、插图，书籍装帧等也成为艺术家们最易于施展自己才华的地方。

穆哈作《伯恩哈特歌剧海报》(1896)

新艺术运动对自然主义题材的热爱在陶瓷、玻璃、金工等工艺美术品中得到完美体现。新艺术风格的触角几乎延伸到了从餐盘碟盏、花瓶台灯这样的日常用品到珠宝首饰等奢侈品的每一个生活角落。这一领域代表人物包括I.加莱、L.K.蒂凡尼等。

在建筑领域，新艺术的建筑师们极力反对历史样式，想创造出一种前所未有的、适应工业时代精神的装饰。新艺术建筑的特征主要表现在室内，而外形一般比较简洁，其装饰主题主要模仿自然界的草木形态的曲线，包括建筑物内外的墙面、门窗、栏杆以及家具等。代表性建筑师有O.恩德尔、埃克托尔·吉马尔、A.高迪–科尔内、J.霍夫曼等。

新艺术运动在欧洲各国的表现各具特色。在法国，新艺术运动的中心是巴黎和南锡。巴黎新艺术运动的代表建筑家是吉马尔；在南锡，以I.加莱为中心的“南锡派”则成为法国新艺术运动的中坚力量。比利时新艺术运动的主要代表人物是H.van de 维尔德，他的作品同时呈现出行云流水般的装饰与简洁清晰的功能主义结构两种艺术趋向。1896年在慕尼黑创刊的《青年》杂志为年轻的前卫设计师们提供了活动的场所，并因此而成为德国青年新艺术运动的名称。代表人物有O.埃克曼、H.奥布里斯特、O.恩德尔等人。新艺术运动在英国基本上仍然保持着传统的简洁明快的工艺风格，但在平面装饰中更注重于线的运用，尤其是在室内装饰设计中显示了一些新的特色，代表性设计师是以C.R.麦金托什为首的“格拉斯哥四人组”。在西班牙，新艺术运动的主要代表人物是高迪–科尔内。他在建筑设计上体现了对哥特式建筑的兴趣，在装饰设计上带有自然主义的趣味，作品大多具有自由奔放、流畅生动的风格特征。欧洲各国的新艺术运动也存在着一些共同的特点。总的来说，新艺术运动的倡导者都希望通过艺术家集体的力量去探索现代工艺美术与设计的表现语言。他们反对传统的风格，要以新的形式表现出时代的特征。但同时，新艺术运动对传统形式的研究和借鉴亦相当重视。

新印象主义 neo-impressionism 继印象主义之后在法国出现的美术流派。新印象主义的奠基人之一P.西涅克在其著作《从E.德拉克洛瓦到新印象主义》(1899)中，给出了新印象主义定义。新印象主义的出现和科学的迅猛发展有密切联系。光学和色彩学的理论以及实验成果，推动着包括绘画在内的造型艺术的观念和技术的发展。新印象主义画家们吸收了关于色彩对比以及颜色、色调并列所产生的混合效果的理论，认识到单纯色彩通过视觉的混合比色彩色素的混合更有艺术效果。

新印象派的主要理论是：①色彩的分割理论，即分割法。从光学原理看，分割法是色光的混合，能增加光量，提高反射

H.-E.克罗斯作《遇险》

率与明度。画家们在画面上使用纯色，不在调色板上调混颜色，这样，中间色是在观赏者（离画面有一定的距离）的眼中自然混合而产生的。②主张色彩、线的表现性与情感的特质相结合，并从中概括和提炼出科学的法则。新印象派的画家们用色度的对比（明与暗）、色调的对比（暖与冷）、线的变化（升与降）来表达愉快、安定、悲哀等感情。

新印象主义既是印象主义的某些技法和科学实践相结合的产物，同时也是印象派（凭直觉、凭经验的写实主义）向古典主义（重法则、重理论、重秩序）的转化。代表人物有G.修拉、西涅克，新印象主义的理论还曾影响过V.凡高、P.高更、H.de图卢兹-洛特雷克、G.塞甘蒂尼。最早的新印象主义作品——修拉的《阿涅尔的浴场》于1884年夏天在独立沙龙上展出。新印象派的画给人以严谨的秩序感，有独特的情趣和境界。但是，作为一种造型体系，新印象主义有离开客观自然、陷入主观化和概念化的倾向。20世纪初，新印象主义受到新的画风的抵制，逐渐走向衰落。

新余市 Xinyu City 中国江西省辖地级市。位于省境中部偏西，庐山、井冈山之间。面积3 164平方千米。人口114万（2010）。辖渝水区、分宜县。汉属宜春县，三国吴宝鼎二年（267）析宜春县置新渝县，因地处渝水而得名。唐天宝元年（742）县名因传写之误将渝改为喻，元元贞元年（1295）升为州，明洪武二年（1369）改州复县。1957年将新喻改名新余，1960年9月撤县设市。矿产有铁、铜、钨、铅、锌、金、银、硅灰石、透辉石、耐火黏土、白云石、大理石、石棉、水泥灰岩等，其中硅灰石的储量列全国第二，品位极高。工业主要有冶金、机电、化工、纺织、建材、食品等。农业主产水稻、棉花、油料、苎麻、茶叶、水果、蔬菜等。森林覆盖率为37.63%，是国家丰产林基地。名胜古迹有魁星阁、瀛洲书院、龙施洞、无根石等，还有毛泽东和朱德旧居等纪念地，以及仙女湖风景名胜区、抱石公园、北湖公园、大岗山、仰天岗森林公园等。

《新约圣经》 *New Testament* 《圣经》的两大组成部分之一。基督教认为，它作为基督使徒及弟子著作的汇集，表明上帝通过基督流血受死而与人立下新的盟约，故称。

新月社 Crescent Moon Society 中国现代文人社团。它的前身是1923年北京的新月社，先以聚餐会形式出现，后来发展为俱乐部。参加者有梁启超、胡适、徐志摩、余上沅、丁西林、林徽因等人。1925年10月到1926年10月，徐志摩接编《晨报副刊》，办《诗镌》、《剧刊》，撰稿人多数为新月社成员。1926年秋，北伐战争进入高潮，俱乐部的活动遂告终止。1927年春，原新月社的骨干胡适、徐志摩、余上沅等人筹办新月书店，1928年3月创办《新月》月刊，新月社的活动由此而正式开始，参加的成员还有罗隆基、梁实秋、潘光旦、储安平、刘英士、张禹九、闻一多、邵洵美等人。除《新月》月刊外，新月书店还编辑出版了"现代文化丛书"及《诗刊》、《新月诗选》等。1933年6月，《新月》杂志出至第4卷第7期后停刊，书店为商务印书馆接收，新月社便宣告解散。

新月社虽然不是纯文艺的团体，其主要活动和影响却在文艺方面。新月社的诗人们努力推行新诗格律化运动，对于新诗格律化和艺术美的探求有一定积极意义。新月社还于1926年推行"国剧运动"，创办了国立北京艺术专门学校（后改为国立北平艺术专科学校）戏剧系，并在《晨报副刊》上开辟《剧刊》周刊，汇编了《国剧运动》一书，主张在新文学戏剧运动中借鉴传统的中国戏剧艺术。新月社还介绍了W.莎士比亚、H.易卜生、奥尼尔、波德莱尔、勃莱克等西方各种流派作家及西方现代诗人。

新乐府诗歌革新 New Yuefu Poesy Renovation 中国唐代中期由白居易、元稹倡导的以创作新题乐府诗为中心的一次诗歌革新。从诗歌体制上看，新乐府是指唐人自立新题而作的乐府诗。宋代郭茂倩指出："新乐府者，皆唐世之新歌也。以其辞实乐府，而未尝被于声，故曰新乐府也。"（《乐府诗集》）明代胡震亨说："乐府内又有往题新题之别。往题者，汉魏以下，陈隋以上乐府古题，唐人所拟作也。新题者，古乐府所无，唐人新制为乐府题者也。"（《唐音癸签》）元和之前，杜甫善于用乐府诗体描写时事，所作如《兵车行》、《丽人行》、《悲陈陶》、《哀江头》等，"率皆即事名篇，无复依傍"（元稹《乐府古题序》）。元结、韦应物、戴叔伦、顾况等人，也都有新题乐府之作。元和四年（809），李绅写了《新题乐府》20首（今佚），元稹认为"雅有所谓，不虚为文"，于是"取其病时之尤急者，列而和之"，写作了《和李校书新题乐府》12首。后来白居易又写成《新乐府》50首，正式标举"新乐府"的名称。当时张籍、王建等人既写新题乐府，又写古题乐府，都体现了诗歌革新的倾向。

白居易和元稹在其诗文中阐述了新乐府创作的理论主张，所谓"文章合为时而著，歌诗合为事而作"（《与元九书》），"为君、为臣、为民、为物、为事而作，不为文而作"（《新乐府序》），明确提出了新乐府创作的宗旨。所谓"救济人病，裨补时阙"、"上以补察时政，下以泄导人情"（《与元九书》）、"风雅比兴外，未尝著空文"（《读张籍古乐府》），强调了诗歌的社会功能和讽喻作用。所谓"根情、苗言、华声、实义"（《与元九书》），"非求宫律高，不务文字奇"（《寄唐生》），强调诗歌形式与内容的统一。这些诗歌理论，发扬了《诗经》、汉魏乐府和杜甫以来的优良的诗歌传统。白居易、元稹、张籍、王建等人的乐府诗及其他一些作品，反映了中唐时期极为广阔的社会生活面，从各个方面揭示了当时存在的社会矛盾，提出了异常尖锐的社会问题。在艺术上，尽管各人的成就不同，风格互有差异，但大都体现出平易通俗、直切明畅的共同特色。

新泽西州 New Jersey State 美国大西洋沿岸一州。北与东北邻纽约州，西以特拉瓦河与宾夕法尼亚州为界，西南隔特拉华湾与特拉华州相望，东濒大西洋。面积22 587平方千米，其中陆地面积19 214平方千米。人口868.27万（2008），其中白人约占72.6%，黑人约占13.6%。州府特伦顿，主要城市纽瓦克、泽西城、帕特森等。境内地势北高南低，分属2个地形区：阿巴拉契亚高地东北—西南向斜贯西北部，岭谷相间，缓丘起伏，最高海拔550米；东北部和南部为大西洋沿岸平原，约占全州3/5以上。主要河流除特拉华河、哈得孙河分别为西部和东北部州界外，境内还有巴赛克河、拉里坦河、哈肯萨克河等。西北部多湖泊，如霍帕康湖。温带大陆性湿润气候。1月平均气温1℃，7月23℃；平均年降水量1 140毫米，冬季多雪。无霜期160～240天。森林覆盖率45%。早期居民是印第安人。1524年意大利探险家G.da韦拉扎诺、1609年英国航海家H.哈得孙先后到此。1660年荷兰人在伯根——今泽西城附近建立第一个永久性居留地。1664年成为英国殖民地。独立战争期间是主要战场之一，特伦顿、普林斯顿、蒙默斯等著名战役在此进行。1787年加入联邦，成为美国第3州，是美国最初13州之一。进入19世纪后，运河、铁路、公路相继建成，促进了工业发展。20世纪以来，逐步成为美国主要工业州之一，城市化加速发展，州经济也趋于多样化。化学工业领先全国，其中尤以制药著称，世界最大医药公司——强生公司总部即设在州境；其次是电气和电子设备制造，以及机械、炼油、食品、服装等。由发明家爱迪生开创，此州富于科技研究传统，许多科研机构如大卫·萨尔诺夫研究中心、贝尔电话和电器实验室、普林斯顿高级研究院等，在世界上享有盛名，促进电信、生物工艺等高科技产业发展。农业以乳品、肉鸡、禽蛋、水果、蔬菜等为主。旅游业发达。州内多花园和度假胜地，尤其是1978年大西洋城博彩娱乐业开放后，游客激增。新泽西是纽约南下费城、华盛顿等地的交通走廊，公路、铁路网稠密。主要公路、铁路干线通过多座跨越哈得孙河和特拉华河的桥梁或隧道与邻州连通。水运发达。著名纽约港的部分港区在新泽西，港务局由两州共同组成；还有纽瓦克港、伊丽莎白港等。3个主要机场，其中纽瓦克国际机场属全国最繁忙机场之列。设有普林斯顿大学（1746）、州立拉特格斯大学（1766）等著名高等院校。1981年5月与中国浙江省建立友好州省关系。

新正统神学 neo-orthodoxy theology 现代基督教新教中的神学思潮。又称福音传扬神学、辩证神学、危机神学、上帝之道神学。这种思潮发端于瑞士，其影响很快波及大多数新教国家。新正统神学主张回到宗教改革时期的正统神学去。其最主要代表瑞士神学家K.巴特认为，这种神学所关注的是人类应倾听上帝之道，上帝之道只能从神到人，而绝不能从人到神，因此若无启示就不可能认识上帝。它强调上帝的对于人类的绝对相异性和超越性，人的有限性和罪性，上帝与人类之间的绝对鸿沟，反对自由主义神学将上帝人本化和内在化的倾向。

新正统神学在本质上是一种"矫正"神学，它力图使处于危机之中的市民文化的神学摆脱危机，它使用的方法是对传统作出了批判的新回归，将新与旧进行综合。该派其他的主要代表有E.布龙纳，O.库尔曼，G.奥伦，A.尼格伦等，这一神学思潮对20世纪的神学家如P.J.蒂利希、R.尼布尔和D.朋霍费尔等均有不同方面的影响。

新郑市 Xinzheng City 中国河南省辖县级市。位于省境中部，京广铁路线上。面积873平方千米。人口76万（2010），有汉、回等民族。春秋时为郑国都城。东周初年郑武公由今陕西华县迁居黄河、颍水之间，因这里是古代郑国的新迁地，故名新郑。战国时为韩国都城，秦置新郑县，晋废，隋复置。1995年置新郑市。由郑州市代管。属暖温带大陆性季风气候。矿藏有煤等，无烟煤储量丰富。农作物主要有小麦、玉米、甘薯、大豆、棉花、花生、烟叶、水果等。所产大枣畅销国内外。工业主要有化工、建材、冶炼、机械、食品、煤炭等。有国家南水北调中线工程穿过境内。名胜古迹有郑韩故城遗址、轩辕故里、始祖山、炎黄花园、温泉新村、东周车马坑广场、欧阳修陵园、白居易故里、苌山文化旅游区等。

轩辕故里

新政 New Deal 美国F.D.罗斯福政府为克服1929～1933年经济大危机，于1933年3月至1939年间采取的一系列加强国家对社会经济生活的干预政策。新政具有3方面内容：①恢复陷入大萧条的经济。②救济失业者和贫民。③限制垄断资本的某些弊端。新政大体可分为两个阶段。

第一阶段（1933～1934） 为挽救和重建濒于崩溃的金融货币体系，罗斯福于1933年3月6日暂时关闭全国银行，三天后国会通过《紧急银行法》，委托联邦储备银行发行纸币以解救货币荒，授权复兴金融公司购买银行优先股票给全国银行提供流动资金，授权财政部整顿和资助银行，并禁止储存和输出黄金。5月27日国会通过联邦证券法，政府对证券的发行和交易实行管理。6月16日通过《格拉斯－斯蒂高尔银行法》，将投资银行和商业银行分开，防止银行用储蓄者资金投机。1933年4月间放弃金本位制，实行美元贬值和有节制的通货膨胀，以提高物价、刺激生产、鼓励出口和减轻债务人负担。

为恢复工、农、商诸业，1933年5月12日通过《农业调整法》，用政府津贴鼓励农民缩减耕地面积、销毁大量农产品、屠宰大量幼畜，以控制基本农产品产量和牲畜饲养头数，提高农产品价格和农民购买力。6月16日通过《全国工业复兴法》，指导劳资双方订立本行业的公平竞争法则，对各行业产品的产量和价格作出规定，希图实行某种程度的计划经济。为紧急救济大批失业者和贫民，1933～1934年期间，先后建立平民自然资源保护队、联邦紧急救济署等机构，为失业者提供就业机会和起码的救济。1933年5月18日，通过建立田纳西河流域管理局的法案。兴办田纳西河流域水利工程，从事防洪、发展航运、保护环境、生产化肥和提供廉价电力等。新政给美国经济、政治和社会生活带来很大影响，资产阶级的近期利益受到一些限制和损害，反新政活动时起时伏。广大中小企业和农场、失业工人、贫民和一般知识分子处境改善不大。于是，他们一面将新政派选进国会，一面在美国共产党的影响下展开声势浩大的斗争，要求加强改革。

第二阶段（1935～1939） 1935年1月起，罗斯福政府加速改革步伐，逐步采取一些有利于工农群众和贫民并适当限制垄断资本的措施。先后成立工程振兴局、全国青年管理处以解决失业问题，并制定《社会保障法》，规定实行老年保险和失业保险，帮助无力养活自己的人。1935年8月23日通过《1935年新银行法》，建立联邦储备委员会以管理各储备银行的贴现率、利息、兑换率、储备金额以及公开市场活动。8月30日的《1935年税收法》使财产税增到70%的最高限度，公司所得税则以累进制代替单一制。有产阶级称此税为"敲诈富人税"。为加强劳工地位，1935年7月5日总统签署《全国劳工关系法》，宣布公司工会为非法，进一步保证工会通过自选代表与资方集体谈判的权利。由于新政这种改良办法并不能消除资本主义基本矛盾，加之1936年经济形势显著好转后，罗斯福政府紧缩信贷，大力削减联邦政府开支以平衡预算，1937年秋末起，又出现来势凶猛的经济危机，罗斯福政府不得已于1938年夏初起重新放松信贷，扩大联邦政府开支。1938年秋末起，经济又开始回升。罗斯福政府在1938年6月25日通过《公平劳动标准法》。1938年2月16日通过第二个《农业调整法》，以代替被判违宪的第一个《农业调整法》。1939年，国际局势紧张，罗斯福注意力日益集中于国际事务，新政告一段落。

评价 新政通过加强国家干预经济，实行大规模赤字开支为主的办法，使美国基本克服了1929～1933年经济大危机，大大加速了美国私人垄断资本主义向国家垄断资本主义的过渡。在广大人民群众斗争面前，局部改进生产关系，稍稍限制垄断资本某些极端弊病，在一定程度上改善了广大群众政治经济处境并缓和了阶级斗争。新政为此后美国的社会经济体制打下了基础。

新制度经济学 new institutional economics 20世纪70～80年代兴起的经济学（流派），与20世纪初以来以T.凡勃伦、J.R.康蒙斯和W.C.米切尔等人为代表的美国制度学派有重要区别。美国制度学派是作为新古典经济学的对立面出现的。而新制度经济学虽然也致力于制度分析，却以新古典经济学作为基本分析工具。1991年诺贝尔经济学奖获得者R.H.科斯被认为是新制度经济学的创始人，主要代表者有1993年诺贝尔经济学奖两位得主D.C.诺思、R.W.福格尔及O.E.威廉姆森、H.德姆塞茨、A.A.阿尔钦、张五常等。

新制度经济学信奉经济自由主义，强调个人选择的意义和市场机制的有效性，强调制度和文化因素是影响经济行为和经济绩效的重要因素。他们认为制度是约束人的行为的规则体系，构成制度的有所谓“非正式规则”(价值观念、伦理道德、风俗习惯和意识形态等)，“正式规则”(由法律法规确立的各种合约与规则等)和实施规则的环境、措施等；制度的功能在于为追求个人利益最大化的行为提供一种框架结构和行为规范，减少分工和专业化引起的交易费用，提供一种激励机制，促进合作。

产权理论是新制度经济学中影响最大的理论。它强调产权制度构成其他各种制度的基础，对经济效率有极大影响；认为交易费用是衡量制度效率的主要指标。科斯定理和科斯第二定理构成产权理论的核心，科斯认为只要产权清晰，无论产权的初始安排如何，在交易费用为零时，当事人之间的自由谈判和交易，就会获得最佳效果。

企业理论是新制度经济学的另一个重要部分。科斯将企业看作是一种市场机制之外的资源配置方式，他认为企业的产生和存在是因为企业在协调生产时所花费的成本要比通过市场交易所花费的成本低。科斯沿着这种思路研究了决定企业规模或企业与市场的边界的条件，即某种交易通过市场实现所需的成本等于通过企业实现所需的成本。威廉姆森等人进一步深化和具体化了科斯的企业理论。此外，舒尔茨等人研究了制度变迁的原因、机制与过程；福格尔和诺思的“新经济史学”把交易成本作为基本分析工具，解释经济制度的结构和增长等。

新制度学派 neo-institutional school 当代资产阶级经济学流派之一。19世纪末20世纪初美国制度学派的进一步发展。

新制度学派形成于20世纪50年代，60年代以后有较大的发展。主要代表人物，在美国有J.K.加尔布雷思、K.E.博尔丁，在瑞典有G.缪尔达尔。新制度学派继承了制度学派的传统，又比制度学派更注意资本主义的现实问题，所提的政策建议更为具体，在政策目标上和价值准则上所涉及的范围也广泛得多。

新制度学派批评正统经济学理论所惯用的数量分析具有较大局限性，忽视经济中质的问题，忽视社会、历史、政治和文化等因素在社会经济生活中的作用。他们使用制度分析或结构分析等方法，进行权力分析（分析“决策的权力”的产生和分配）、利益集团分析（分析社会上各利益集团的地位和相互关系)、规范分析（分析人们动机和习惯的形成与变化及其影响）等。如加尔布雷思的二元体系分析。他们针对资本主义是病态的、畸形发展的社会，提出“信念的解放”，要建立新的价值准则，即以个人的“独立性”和“公共目标”为衡量尺度的经济学新概念。他们强调改变资本主义国家现存的各种权力分配不平等现象。他们对资本主义现行制度提出改良建议时，特别重视科学教育界和立法机构。

新重商主义 neo-mercantilism J.M.凯恩斯的贸易保护主义理论。20世纪30年代后期根据凯恩斯追求贸易顺差的思想和乘数原理发展起来的一种国际贸易理论和政策。因其奖出限入、赚取顺差的政策主张与传统的重商主义颇多相似之处，故被称为新重商主义。又称新保护主义。

凯恩斯推导出各种对外贸易乘数公式，企图使对外贸易成为刺激经济和扩大就业的有效工具。凯恩斯对传统的自由贸易理论进行了批评，他认为，传统自由贸易理论假定劳动力达到充分就业的前提，在现实经济生活中并不存在。若按传统理论进行自由贸易，将使失业问题趋于严重。他还认为，传统理论只注重国际分工的利益和强调国际收支经自动调节达到均衡的机制，而忽视了贸易差额对国民收入的重大影响。他提出贸易顺差可使一国经济出现收入增加、利率降低、投资提高、就业扩大的繁荣景象；反之，贸易逆差则可能很快就会使一国发生顽固的经济衰退现象。

20世纪20年代末30年代初的世界经济危机助长了重商主义的贸易保护主义思想的复苏，当时英国经济学家R.F.哈罗德将宏观经济学的投资乘数引申到国际贸易理论中，提出了对外贸易乘数论。该理论认为出口类似于投资，对本国经济起到增长乘数的作用；进口类似于储蓄，是国民收入的漏洞。所以应该“奖出限入”。对外贸易乘数论被称为重商主义的现代翻版。

新竹市 Xinzhu City 中国台湾省辖市。位于台湾岛西北部沿海，西濒台湾海峡，其余三面为新竹县环绕。辖18个区，总面积102平方千米，人口40万(2008)。旧称竹堑城，原属平埔人的竹堑社，是台湾北部开发最早的地方。清光绪年间，竹堑城改新竹城，为新竹县治。日本占领期间设新竹州，1945年光复后为省辖市。1950年改为新竹县辖市，1982年7月又升格为省辖市。

地处新竹平原南部。新竹平原一面临海，三面环山，冬季的东北季风、夏季的西南季风从临海一面长驱直入，有“风城”之称。农业生产发达，农产品以稻米、茶叶、柑橘、麻类为大宗，尤以茶叶著称。工业有食品、纺织、化工、化肥、玻璃、机械、电子、汽车、造纸、木材加工等。1980年建立以发展生产高科技产品为目标的新竹科学园区，厂家达150余家，形成集成电路、电脑及周边设备、通信、光电、精密机械、生物技术六大产业，成为带动台湾整个工业的主力，被称为台湾的“硅谷”。新竹城也有“科技城”之称。市街东南部是重要文化区，有台湾的交通大学和清华大学及联合工业研究所等。名胜古迹众多，有竹堑城的东门——迎羲门、开台福地祠、城隍庙、外天后宫、水仙尊王庙、内天后宫、郑氏家庙、潜园、八角古井等。著名风景区有青草湖、十八尖山、古奇峰、南寮海水浴场等。

新竹科学园区

新竹县 Xinzhu County 中国台湾省辖县。位于台湾岛西北部，西临台湾海峡。辖竹北市，关西、新埔、竹东3镇和9个乡，县府驻地新竹市。面积为1 472平方千米。人口50万(2008)，客家人约占90%以上，大部分居住在山坡地区；尖石、五峰2乡为少数民族分布区。原名竹堑，是台湾北部最早开发的地方，原为平埔人聚居地。清康熙年间有大量福建泉州移民来此垦殖，雍正年间置巡检，光绪元年(1875)易名新竹，正式设县。滨海地区受地形影响，季风势力特强，东北风期尤甚，有“新竹风”之称。农产品以稻米、茶叶、柑橘、麻类为大宗。茶叶的种植面积为台湾各县之首，采摘面积为全省的1/3。米粉、贡丸、茶叶、竹器等是新竹的特产。硅砂产量为全省之冠。工业有锻造、水泥、制糖、化肥、玻璃、酸碱、食品加工等。交通便捷，有铁路、公路和高速公路经过。名胜古迹有五指山、鸳鸯谷瀑布群、清泉温泉、桧山神木群、金广福公馆、枋寮义民庙、佛教圣地狮头山等。

新自由主义 neo-liberalism 以宣扬经济自由主义为特征的西方当代经济思潮。形成于20世纪30年代。第二次世界大战以后，尤其是20世纪60年代以后，新自由主义的影响日益广泛。当代新自由主义有几个中心，它们是奥地利维也纳大学的新奥地利学派，英国伦敦大学的伦敦学派，美国芝加哥大学的芝加哥学派，德国弗赖堡大学的弗赖堡学派。新自由主义的最重要代表人物F.von哈耶克与上述几个学派都有密切联系。

各学派的共同点主要有：①以萨伊定律（供给创造它自身的需求）为理论基础，认为通过市场供求作用的自动调节，能够达到充分就业均衡，使资源得到充分利用。②信赖市场供求的自动调节作用，认为通过自由放任可以达到经济均衡的发展。③坚持传统的健全财政原则，主张量入为出，收支平衡，反对赤字财政。④主张稳定物价，反对通货膨胀。

新自由主义不同于早期的经济自由主义，不认为自由竞争能够自动地得到保证，并且承认资本主义存在一系列"弊端"，如垄断统治、比例失调等，正是这些弊端损害了市场机制的调节作用，导致资本主义社会动荡不安。因此，新自由主义认为：为了使资本主义竞争顺利进行，国家必须在一定程度上参预经济活动，但反对国家直接干预企业的生产和经营，反对规定价格的政策。主张国家参预经济活动的主要目的是保证竞争，限制垄断。

一般说来，新自由主义同凯恩斯主义之间的分歧，实质上不在于国家干预经济这一原则本身，而在于干预的程度和形式。

薪炭林 fuelwood forest 以生产薪材或木炭为目的的森林。与防护林、用材林、经济林、特种用途林构成中国的五大林种。适宜薪炭林的树种应具有生长快，适应性和抗逆性强，热能高，易点燃，无恶臭，无毒气，不易爆裂等特点。中国的主要薪炭林树种有马尾松、柳树、桉树、刺槐、相思树、铁刀木、银合欢、沙棘、紫穗槐、柽柳、木麻黄等。薪炭林的经营方式有阔叶树矮林作业薪炭林、灌木薪炭林、头木作业薪炭林、马尾松鹿角桩薪炭林、密植超短轮伐作业薪炭林。

信道 information channels 信息传输的介质或渠道。可以分为两大类：一类是电磁波的空间传播渠道，如短波信道、超短波信道、微波信道、光波信道等；另一类是电磁波的导引传播渠道，如明线信道、电缆信道、波导信道、光纤信道等。前一类信道是具有各种传播特性的自由空间，习惯上称为无线信道；后一类信道是具有各种传输能力的导引体，习惯上称为有线信道。信道的作用是把携有信息的信号（电的或光的）从输入端传递到输出端，因此最重要特征参数是信息传递能力（又称信息通过能力）。在典型的情况（即所谓高斯信道）下，信道的通过频带越宽，工作时间越长，信号与噪声功率比越大，则信道的通过能力越强。

信道编码 channel coding 为克服信道非理想性和提高信道传输的可靠性，在将信号送入信道之前对信号实施的编码。

信道编码的中心内容是研究纠错编码和译码方法（见纠错码）。差错控制编码的基本实现方法是在发送端将被传输的信息附上一些监督码元，接收端按照既定的规则校验信息码元与监督码元之间的关系，一旦传输发生差错，信息码元与监督码元的关系就受到破坏，从而可发现错误并纠正错误。如所有码字加起来为奇数（偶数），则这种校验方式就称为奇校验（偶校验）。差错控制的主要方式有检错重发（ARQ）、前项纠错（FEC）和混合纠错（HEC）。比较重要的编码方法有前向纠错编码、线性分组码（汉明码、循环码）、里德－索洛蒙码、BCH码、FIRE码、交织码、卷积码、TCM编码、Turbo码等。实际信道可能是有线的（如双绞线、同轴线、光纤）或无线的，具有有限带宽，适合于传送连续信号，而不是数字信号。通信系统中，把信号送入信道之前需要将信号进行调制，以适应于信道和提高信息传输的有效性。如脉冲编码调制（PCM）、正交相移键控（QPSK）、正交幅度调制（QAM），配合以余弦滚降滤波器，可提高数字传送的数据率，同时压缩信号的占用带宽。

信德人 Sindhis 南亚民族之一。印度河流域的古老民族。约2 350万人（2001）。主

信德人在椰树林中

要分布在巴基斯坦的信德省、俾路支省和其他地区，印度境内亦有分布。属欧罗巴人种，含有帕坦人、俾路支人和阿拉伯人血统。使用信德语（文字用阿拉伯特殊变体字母）或乌尔都语，属印欧语系印度－伊朗语族。信奉伊斯兰教，属逊尼派；印度信德人信奉印度教。信德人是印巴次大陆上接受阿拉伯文化最早的一个民族。11～16世纪曾建王朝。主要从事农业、渔业、牧业和手工业。

信德语 Sindhi language 印度宪法承认的语言之一。属印欧语系印度－伊朗语族印度（又称印度－雅利安）语支。主要分布在巴基斯坦的信德省，此外还分布于俾路支省东部和印度古吉拉特邦的卡奇区。信德语由通俗梵语的一种方言演变而来。信德和印地原是一义。信德语的音系里还保留着古代印度－雅利安语言特有的龈音和卷舌音的对立。鼻音后的辅音也常发生变化。辅音系统的最大特点在于它发展出一套气音。元音方面的特点之一是：它和其他印度语支西部语言一样，把中古的ɑ变成了ā（东部语言则变成ɒ或c）。另一特点是它保留了词末音节中的短元音。信德语只有阳性和阴性，中性已消失，有单数和复数、主格和斜格。文字采用波斯－阿拉伯字母，在印度学校里也用梵文天城体。

信风 trade wind 低层大气中由副热带高压南侧吹向赤道附近的大范围气流。又称贸易风。在北半球为东北风，南半球为东南风。其位置、范围和强度随副热带高压等天气系统作比较有规律的季节性移动。古代海上航行主要依靠风力，人们将这种气候上预期可以出现的大范围盛行风称为信风。南北半球两支信风汇合带称为信风辐合带，是热带辐合带的一种。北大西洋和太平洋中、东部，10° S～20° N，是飓风发展的主要源地。

信鸽竞翔 pigeon racing 信鸽识别方向、飞翔速度、归巢性等项能力的比赛。古人把信鸽称作"飞奴"。驯养信鸽在中国有着悠久的历史。1929年秋上海竞鸽会成立。1949年中华人民共和国建立后，驯养信鸽的活动更为广泛。现代信鸽主要是竞翔和品评比赛，军鸽则以通信为主。目前在全国范围内的信鸽竞赛、品评已达到规范化、制度化的程度，每年春秋两季进行信鸽竞翔比赛。春季赛是老鸽，竞翔里程一般在1 200千米左右，超远程可达3 000千米。秋季赛是当年出生的幼鸽，竞翔里程一般在600千米左右。竞翔比赛以归巢时间最快

信鸽大赛场面

的为优胜。1984年中国信鸽协会成立，它是组织管理与指导全国信鸽活动的群众性团体，为成立于1948年的国际信鸽联盟的正式会员。

信经 creed 基督教权威性的基本信仰纲要。天主教认为其与圣经和圣传同具最高权威，新教认为其仅为信仰的纲领性表述，东正教认为前7次公会议决议具有信经性质，也有些教派认为不应有固定的信经。信经最初无固定格式，措辞各异，随着各地教会洗礼仪式日趋一致，信经也在3～4世纪形成了齐一的格式。基督教内正式的信经有150部，其中最主要的有《使徒信经》、《尼西亚信经》和《亚大纳西信经》，这3部信经又称普世信经。

《使徒信经》传说出自耶稣的十二使徒，故名。其原型被认为是2世纪时的《古罗马信条》，今本约始于6～7世纪。经文分3部分：相信全能的创造万物的圣父上帝（天主）；相信圣子由童贞女玛丽亚因灵感受孕所生、受难、复活、升天、将来再临；相信圣灵（又译圣神）、教会、圣徒相通、罪得赦免、复活、永生。全文只有12节，文字简洁。《使徒信经》强调上帝创造天地，重申童贞女和因灵受孕，因而成为教会判别异端的标准。

《尼西亚信经》由325年召开的尼西亚公会议确定，故名。主要内容与《使徒信经》大致相同，但更详尽、更明确地强调了圣父、圣子、圣灵三位一体，规定了三个位格之间的关系，驳斥当时的异端教派否认基督神性从而贬低其地位的论点。经文中有一句“圣灵从父出来”，在5～6世纪间由西派教会单方改为“圣灵从父和子出来”，因而引起东西两派教会为“和子”句的长期纷争，东正教与天主教文本之区别正在于这一词之差。

《亚大纳西信经》相传为4世纪时同异端阿里乌派辩论的希腊教父亚大纳西所写，故名。后经考证，否定了此传说，但内容与亚大纳西思想接近。除主要强调三位一体，强调圣父圣子同性同体外，也与《使徒信经》相似，只是篇幅更长，全经共40句。天主教尊其为重要信经之一，规定为主日晨课中的必读经，新教多数宗派不采用，东正教只是在17世纪后将删去“和子”一词的经文收入其礼文集作为附录。

信陵君 Lord Xinling (?～前243) 中国战国时期四君之一。本名魏无忌。战国时魏国贵族。魏安釐王之弟。因受封于信陵（今河南宁陵），故称信陵君。他礼贤下士，广纳门客，据说有食客3 000人。公元前257年，秦围赵都邯郸（今属河北），赵王求救于魏王。初，魏王派晋鄙往救。但魏王害怕秦国，又令禁止，故晋鄙率兵只到邺（今河北临漳）。信陵君窃虎符，杀晋鄙，率军救赵，打败了秦国。后留在赵国10年。公元前247年，秦国攻打魏国时，魏王被迫任他为上将军，他联合五国击退秦军进攻，破秦军于河外。秦收买人中伤他，魏王听信谗言，疏远了信陵君。他因此闭门托病，耽酒而亡。

信摩诃拉达塔拉 Shin Maha Rahtathara (1468～1530) 缅甸阿瓦王朝僧侣诗人。生于阿瓦京都。王族后裔。俗名貌茂。遁入空门后法号拉达塔拉（意为“国之精粹”），后人又以“信”(对僧侣的尊称)、“摩诃”(伟大的) 冠之相称，成现名。被缅王奉为国师。诗作甚多。16岁时根据第543号佛本生故事写成的《布利达》是缅甸最早的一部长诗，写佛陀前生曾是一位龙王的故事。《九章》(1523) 最为有名，是据509号佛本生故事改编而成。写国师婆罗门无嗣求子，天神投胎成为他的4个儿子，成人后向国王、婆罗门以及人民说法，最后全国人民皆出家修成正果的故事。诗作描写细腻，辞藻华丽，比喻生动。诗人的其他一些诗歌，从某些侧面反映了当时宫廷和社会的现实。

《信使报》 *El Mercurio* 智利最大的西班牙文对开日报。拉丁美洲历史悠久的报纸之一。以同一报名、不同版面在圣地亚哥、瓦尔帕莱索、安托法加斯塔和卡拉马出版。瓦尔帕莱索版创刊于1827年，圣地亚哥版创刊于1900年。属信使报报业公司。主要反映国内亲美财团的观点，在拉丁美洲地区颇具影响。每日出50版左右，星期日加专刊。发行量平日12万份，星期日33万份。信使报社还出版《最后消息报》和《最后消息报晚刊》。1992年3月与阿根廷《民族报》、秘鲁《商报》和厄瓜多尔《商报》共同组成“美洲日报集团”。

信天翁 *Diomedea albatrus*; short-tailed albatross 鹱形目信天翁科信天翁属的一种。主要分布于太平洋、印度洋和大西洋及其岛屿。为大型海鸟，飞行能力极强，可在海面上长时间飞行。全长约950毫米。喙长而侧扁。鼻管状，位于嘴峰两侧。体羽白色，头顶、枕和后颈缀有淡黄色羽毛，尾下覆羽呈纯白色。

栖息于海洋近海岛屿和沿海地带，繁殖期多在偏僻的岛屿岩石上成对活动，冬季在食物丰富的地方集群。善游泳，不善潜水。主要以小型软体动物和鱼类为食，昼夜均能觅食，以亲鸟嗉囊内已初步消化的食物反吐育雏。

短尾信天翁

性成熟较晚，一般5～10年。繁殖期为每年的10～12月，每窝产卵1枚，卵白色，有的具红褐色斑点。孵化由雌雄鸟轮流承担。信天翁数量稀少，繁殖分布区域狭窄，已列入世界濒危鸟类名录。海洋污染和过度猎杀是其濒危的主要原因。

信天游 xintianyou folk songs 中国民歌的一种。见山歌。

信托 trust 委托人将其财产权转移给受托人，使受托人为了受益人的利益或特定的目的而加以运用、管理、处理的行为。从法律上看，信托就是委托人、受托人、受益人三方关系人围绕着信托财产的管理和信托利益的分配而产生的一种财产权利义务关系。

各国信托机构所经营的业务内容主要有以下几方面：①信托业务。信托机构接受委托人（法人或个人）的委托，对受托财产进行经营、管理或处理的业务，主要分为信托存款、信托贷款、资金信托、动产及不动产信托。②委托业务。包括委托存款、委托贷款和委托投资。③代理业务。信托机构接受委托人委托，代为办理客户指定的经济事务的业务。主要有：代理收付款、代理清理债权债务、代理组建新公司、信用担保和代理资产保管5种。④咨询业务。信托机构作为接受方，接受另一方客户的委托指令，运用自身的专业人才、设备和信息资料，凭借丰富的知识、经验和技能，按照独立公正的原则，采用调查、分析、预测等科学方法，客观地提供方案和建议，为委托方解决各种问题的智力服务。咨询业务主要是向客户提供信用咨询、金融咨询、理财顾问、商情咨询等。

信托投资 trust investment 信托企业受团体或个人委托以投资者身份直接参与对生产、经营企业的投资。又称投资信托。分为：①指定投资信托。即由信托企业按委托人所指定的投资范围、投资对象、投资期限、投资方式及其他相关条件办理投资事项，信托企业除收取规定的委托手续费外，所有损益均由委托人负责。②代理投资委托。又称特种投资委托，委托人不指定投资范围，由信托企业分析市场状况及预期利润，提出安全有利的投资对象，经委托人指定后，代为经营。③一般投资信托。又称普通投资信托，委托人仅指定投资的范围，不确定具体的投资对象，由信托企业负责全权代理营运。中国现行信托投资一般分为两种：一种是参与经营式，称股权式投资，由信托企业委派代表参与对所投资企业的领导，并按投资比例分取利润或承担亏损；另一种是合作方式，称契约式投资，即在资金上给予支持，不参与经营管理，信托企业投资后按商定的固定比例分取投资收益，到期出让股权并收回所投资金，不承担盈亏责任。

信托投资公司 trust and investment company 信托公司的类型之一。除办理一般信托业务之外，突出特点是受委托进行投资活动。由于投资活动的责任重、风险大、管理复杂，因此，这类信托投资公司的经营管理水平和人员素质等方面，比一般信托公司有更高的要求。信托投资业务按信托的目的分为普通信托投资和特约信托投资，在中国，前者曾称信托投资，后者则称委托投资。进行普通信托投资，委托人不指明信托资金的投资对象或项目，专以资金的升值为目的，信托公司有权自主决定投资对象；特约信托投资，由委托人确定投资对象或项目，这种特殊要求是构成信托目的的内容之一，如实现委托人投资于某种股票或某种债券的目的，以及支持某个企业的目的。

信息产业 information industry 从事信息技术产品生产和信息系统建设、信息内容产品生产和服务的新兴产业部门。信息产业的出现有两个原因：从供给方面看，是信息技术产业化的结果；从需求方面看，是信息需求专业化的结果。

中国国产手机生产企业——宁波波导公司生产车间

信息产业作为工业时代的先导产业和新兴产业、信息时代的主导产业和成熟产业，具有与其他产业不同的特殊性。日本学者梅棹忠夫认为，信息产业在农业、工业发展到一定水平后会迅速发展起来，而成为社会的感觉器官、神经系统和大脑以推动社会前进。20世纪90年代中期，美国一些学者认为，信息产业是一种“液态混合体”，它兼有制造业和服务业，有可能发展成为“第四产业”。更多的学者则从信息产业高技术性、广扩散性、创新性、风险性、外部性（即有外部效应）、产业联系中感应度和影响力大等具体特点来加以说明。

对信息产业可进行各种分类。如分为信息技术产品制造业、信息内容服务业两大类。前一类又分为计算机产品、通信设备、半导体零部件、其他信息设备的制造业等；后一类可分为图书馆业、档案馆业、情报业、出版业、咨询业等传统信息服务业，以及数据库业、信息接入服务（ISP）业、信息内容提供（ICP）业、应用服务提供（ASP）业、系统集成服务业等现代信息服务业，还可分为商品化信息服务部门与非商品化（各组织内部）信息服务部门。在中国通常把信息技术产品制造业称为电子信息产业，但它也正在从单一的制造业向硬件制造、软件生产与应用、信息服务诸业并举的现代电子信息产业方向发展。

进入21世纪后，信息产业的发展正呈现出下述趋势：①产品生产大规模化、超大规模化，而产品需求多样化、个性化。②产业技术数字化、网络化。③企业集团化、跨国公司化和小型化并存。④产业界限模糊化。⑤竞争领域集中化。⑥产业分工全球化、梯级化。⑦对信息产业的领导日趋高层化。

信息产业在世界各国的发展形成了若干模式。一般认为世界上信息产业发展模式主要有：①美国模式。特点是全面发展、整体推进，自由竞争与垄断相结合，实施超大企业战略，有发达的资本市场、先进的技术研发体系、完善的政府支撑体系和政府采购制度。②日本模式。特点是：注重发挥政府作用，由政府全盘统筹、协调发展；注重应用性技术的引进和研发；注重培育有显明特色的产品市场；注重建设富有特色的科技体制。③韩国模式。特点是政府强劲介入，实施大企业战略，注重培育和推出自有品牌。④印度模式。特点是：以软件为突破口，找准产业发展切入点；以出口为主导，立足国际市场。除以上外，比较成功的还有爱尔兰、以色列等国家和中国台湾地区的信息产业发展模式。

信息处理 information processing 对含有信息的随机信号进行的变换。基本规律是信息不增原理，即信息处理后不能增加信息量，相反往往会丢失信息。信息处理的环节越多，信息丢失的概率就越大。但信息处理可突出有用的信息，因此应用十分广泛。

信息处理的目的有以下几方面。①提高有效性。即对数据进行压缩。其中，语音压缩、图像压缩技术已相当成熟，如预测编码、运动补偿、离散余弦变换、小波变换、矢量量化和基于对象的编码等。这些方法利用了语音和图像数据空间上和时间上的相关性，以及信宿（人耳和眼）分辨能力的有限性和对一定失真的忍受能力，主要在信源编码中实现。②提高可靠性。信道通常有噪声，信号会遭受一定程度的影响而失真；对于包交换网络，网络拥塞会导致丢包现象，使数据丢失，最终导致信宿无法获得全部信息。最常用的两种方法是前向纠错编码（FEC）和检错重发（ARQ）。对实时性要求比较高的情况，应该使用前向纠错的方法，即向传输数据中加入一些冗余码字（纠错码），使其具有检错和纠错的能力。检错重发是指接收端在发现错误后，利用反馈信道将错误信息传回发送端。由于只有在接收到信号后，接收端才能发现错误，且将错误信息返回也需要一定的时间，因此存在一定的延迟，适用于实时性要求不高的场合。对噪声干扰后的信号可通过滤波的方法去掉画面的条纹干扰及斑点。提高可靠性主要在信道编码及信息后处理中实现。③增强主观效果。如图像增强技术，通过灰度值的变换及灰度概率分布的改变来提高图像的主观质量。还可将灰度图像变换为伪彩色图像。通过插值方法，可提高图像的空间分辨率和密度分辨率。④模式识别。⑤信息检索和分离。通过将信息按某种特征进行归类，信息检索时就可通过输入关键词对网上的信息进行搜索，服务器将关键词与数据库中的数据进行匹配，最后将匹配的结果列出。信息分离是将对信宿有用的部分和其他数据分离开来，如从嘈杂的环境中选取某个人的讲话，从背景中将活动物体分离出来等。

信息光学 information optics 近代光学的重大进展之一。将电信理论中使用的傅里叶分析方法移植到光学领域而形成的新学科。又称傅里叶光学。

信息技术 information technology 应用信息科学的原理和方法研究信息的获取、变换、传输、存储、处理、显示和利用的工程技术。又称信息工程。包括：①信息获取技术。采用的设备有传感器、打印机、键盘，各种语音、符号、文字、图形的识别装置，以及其中的专用芯片和嵌入软件。②信息传输技术。利用通信系统把分散的数据库和计算机设备连成一体，在各用户之间传输信息，共享信息资源。③信息处理技术。把获取的数据用计算机等信息处理设备进行加工处理。④信息检索技术。预先对数据进行分析和编目，作出索引和摘要，建成数据库，使用户通过终端检索到所需的信息。

为了建设、运行和维护信息系统，往往采用信息技术基础结构来共享技术和人力资源。信息技术基础结构主要包括：人力资源基础结构（信息系统运行、维护和培训人员，用户咨询师，有关专家），共享数据库以及技术基础结构（远程通信网络、消息系统、共享主计算机、数据库管理系统、操作系统和其他共享软件）。

信息经济 information economy 继农业经济、工业经济之后发展起来的一种以信息技术为基础、信息资源为特征的新产业经济。具有广义和狭义之分。广义信息经济是指信息社会的一种经济形态。考虑到生物技术产业等其他高技术产业侧重于知识对经济发展的作用时，又称知识经济。从宏观经济角度着重其与传统经济发展的阶段或形态上的差异时，还可一般地称为新经济。狭义信息经济是指信息产业经济。

信息经济的兴起和发展是20世纪40年代开始、70年代加速、90年代高涨的信息革命的产物。信息革命具有数字化、网络化两大趋势，信息经济有时也被称为数字经济或网络经济。与工农业生产的物质、能量变换型经济不同，信息经济以信息、知识的转换为主要特征，兼具物质生产与精神生产的性质。美国学者M.U.波拉特在《信息经济》9卷本的研究报告中，把信息业列作继农业、工业、服务业之后的第四产业，嗣后，信息经济一词就在全世界广泛流传开来。

信息经济规模的大小是反映一国经济发达与否的重要标志。一般认为：信息经济占国民经济的比重，发达国家为45%～65%，新兴工业化国家与地区为30%～45%，发展中国家在30%以下。信息经济在发展中，受以人均国内生产总值为标志的经济发展水平的制约。当人均国内生产总值达到1 000～4 000美元时，信息经济就会有更大的发展。

同传统的农业经济或工业经济比较，信息经济具有一系列新特点。

①广义信息经济。同工业社会的经济相比较，有“五型”和“五化”等主要特点。“五型”：一是知识型。在经济发展中主要不靠体力而靠智力，智力劳动者占劳动者总数的比重高于以往时期。二是创新型。创新成了经济增长的引擎。三是整合型。通过整合实现突破，使经济在综合集成中取得一体化发展。四是互联型。用开放和互联取代封闭和孤立，经济的联系与合作程度空前提高。五是紧迫型。在竞争中由“大吃小”而变为“快胜慢”，快速反应、灵活决策成了能否成功的关键。“五化”：一是全球化。经济活动受距离的约束弱化，全球统一的大市场已形成，商品、资金、技术、劳力、信息的流动突破国界，跨国公司扮演日益重要的角色。二是数字化。产品与技术正以不同速度从模拟式向数字式转化，数字电话、数字相机、数字电视、数字图书馆日趋普及。三是虚拟化。出现了虚拟企业、网络银行、电子政府、电子商务，以及远距离、多主体的虚拟合作等新事物。四是分子化。经济活动的单元趋向微型化，且可相互联结，易于面向服务对象和特定需要进行组合。五是中空化。中介组织作用弱化甚至消失，使管理效率提高和经济活动的交易成本降低。

②狭义信息经济。同工业部门的经济相比，主要特点有“五性”：一是综合性。为制造业与服务业相混合的经济、物质产品与精神产品相融合的经济、物质文明与精神文明相结合的经济。二是集约性。信息部门发展依赖于科技进步和劳动者素质的提高，其增长主要依赖于投入要素产出率的提高。三是高技术性。信息部门的研究与开发费用占销售总额的比重要比工业部门的一般水平（2%～5%）高出2～6倍。四是高增殖性。信息企业赢利的水平和增速比传统的工业企业高出好几倍，信息部门的劳动生产率也比工业部门高10倍以上。五是可持续性。信息部门不会造成资源枯竭、环境污染、生态破坏，相反，通过信息的自由交流和更大范围的共享，来提高人们获取和处理信息的能力，以改造传统技术，达到有利于可持续发展的目的。

信息科学 information science 以信息为主要研究对象，以信息的运动规律和应用方法为主要研究内容，以计算机等技术为主要研究工具，以扩展人类的信息功能为主要目标的一门新兴的综合性学科。信息科学由信息论、控制论、计算机科学、仿生学、系统工程与人工智能等学科互相渗透、互相结合而形成的。

主要的研究课题有6个方面：①信源理论和信息的获取。研究自然信息源和社会信息源，以及从信息源提取信息的方法和技术。②信息的传输、存储、检索、变换和处理。③信号的测量、分析、处理和显示。④模式信息处理。研究对文字、图像、声音等信息的处理、分类和识别，研制机器视觉系统和语音识别装置。⑤知识信息处理。研究知识的表示、获取和利用，建立具有推理和自动解决问题能力的知识信息处理系统，即专家系统。⑥决策和控制。在对信息的采集、分析、处理、识别和理解的基础上作出判断、决策或控制，从而建立各种控制系统、管理信息系统和决策支持系统。

信息论 information theory 研究信息的表示、传输、处理、存储和利用的理论学科。信息可理解为发送方在通信时所要告诉对方的内容，或者对工作对象的运算和处理所需要的条件、内容和得到的结果。信息也作为人类感知的来源，是关于事物运动的状态和规律的表征。信息论的经典内容是研究信息传输的有效性和可靠性，包括信息的数量定义（信息量）、信道容量、信源和信道编码以及信息失真率理论等。信息论还包括在噪声背景下信号的检测和估计理论，以及计算机科学、经济、社会、心理和生物等领域中的信息表示和处理问题等。

信息论是在通信工程实践和理论研究的基础上发展起来的。1924年，H.奈奎斯特和K.屈夫谬勒分别独立地发现传输电报信号所需要的信道带宽与信号的速率成正比。1928年，R.V.L.哈特莱提出把消息考虑为代码和单语的序列。在s个代码中选N个码即构成s^N个可能的消息。他提出将信息量定义为可能信息数的对数。1948年C.E.香农将基于消息发生概率定义的负熵作为信息量的测度，建立了信道容量的概念，认识到在通信系统中采用适当的编码后能够实现高效率和高可靠的信息传输，得出了信源编码定理和信道编码定理。香农的理论被公认为是信息论的奠基性工作。50年代，各国学者对香农的理论不断予以发展，并在纠错编码的理论和应用上取得进步。最初的代表性工作是R.W.汉明于1950年公布的纠错码技术，后来发展成代数编码理论。1959年香农发表了逼真度准则下的离散信源编码定理，并提出信息率-失真函数的概念。能够计算多种信源在各种失真限度下所需的最小信息率，成为信息处理技术的基础。在此期间出现了卷积码的序列译码和维特比译码技术。从70年代起，计算机技术和通信技术加速发展，使现代信息论的研究范围更加广泛和深入。

在香农信息论形成和发展的同时，信息论的其他分支也在不断发展。1942年N.维纳提出了“平稳时间序列的外推、内插和平滑问题”报告，研究了用滤波和预测等方法从噪声淹没的信号中提取有用信息的处理问题，提出按均方误差最小准则估计信号的维纳滤波理论。到60年代，又出现了以卡尔曼滤波为代表的递推滤波，并与最优控制联系起来，使维纳滤波理论向着与香农信息论不同的方向发展。此外，发端于18世纪的决策和估计理论，成为现代信号检测和估计理论的基础。信息论的这些分支对通信和雷达系统设计都有重要应用。

信息社会 information society 以信息产业为主要支柱的社会。又称信息化社会或后工业（化）社会。工业社会发展的产物，以计算机、微电子和通信技术为主的信息技术为其动力源泉，用电脑来代替和加强人类的脑力智能。由美国社会学家D.贝尔提出。主要特征是：①信息取代物资和能源，成为社会生产最重要的资源，信息和知识被视为生产力发展、竞争成败和经济繁荣的关键，价值的增长主要透过知识的增长来实现。②信息业成为经济中的基干产业。③经济结构从商品生产经济转向服务型经济或“知识经济”，商业性服务机构蓬勃发展，为科技、教育、保健、艺术、消遣等提供高质量的服务，并促使价值增长。④信息社会是智力密集型的社会，社会劳动力结构将发生根本性变化，科技知识分子逐步成为社会劳动力结构中的主导部分，实行科学政治化、科学人才组织化。⑤信息社会化促使权力分散化，信息技术的广泛应用，促使决策科学化、金融化、民主化。⑥信息化带动技术综合化，并对技术的发展进行规划、预测和控制，以减少可能造成的损失和在未来经济中的不确定因素。⑦信息化促进教育的普及和提高，终身教育是信息社会的基础，又是社会信息化的结果。⑧信息化促使人的生活多样化，追求更为丰富的文化生活。其可能产生的问题是：个人事务和隐私可能通过计算机网络而遭到侵犯；信息犯罪可能造成范围广泛、重大的社会和经济损失；高度自动化可能减少劳动力需求，加大就业困难等。

信息市场 information market 信息商品进行交换的场所，或信息商品交换关系的总和。前者仅指交换信息商品的地点；后者泛指信息商品的买卖或流通。一方面，它是独立的有形的市场，为其他市场服务；另一方面，它是寓于其他市场之中的无形的市场，成为其他市场的要素。信息市场寓于其他市场而又高于其他市场。这对非实物化、风险性和投机性大的市场如股票市场、期货市场等尤为明显。中国的信息市场出现于20世纪80年代，其兴起有3次高潮：1984～1985年为第1次，1988～1989年为第2次，1992年以后特别是1995年电子商务崛起以来为第3次。但总体来说它还处于初级阶段。随着信息服务贸易的发展，国外的信息服务企业纷纷看好中国的信息市场。中国正进一步对境内信息市场加强规范和管理。管理的主要内容包括市场准入条件的核定、市场竞争环境的建立、市场交易秩序的维护、市场监督活动的坚持等。

信息素 pheromone 一种由同种个体经体内特殊腺体合成并释放至外界环境，影响同种或异种个体行为、习性、发育和生理过程的化学物质。这类生物活性物质曾被统称为外激素，但这个概念和内分泌系统的激素概念很易混淆，目前已不使用。信息素的研究主要集中于昆虫。

昆虫信息素（以蛾类信息素为代表）包括性信息素、聚集信息素、告警信息素和标迹信息素。其研究主要是昆虫的交配化学通信。昆虫性信息素一般指昆虫在性成熟后，由特定腺体合成并释放至体外，借以吸引同种异性个体进行交配的一类微量、有挥发性的化学物质。

利用昆虫信息素可防治害虫，主要技术有2种：①用于虫情测报。②直接用于防治害虫。包括大量诱捕法、干扰交配法（俗称迷向法）和信息素与其他生物农药联合使用技术。

信息网络 information network 计算机网络、通信网络、广播电视网络等一切传输或处理信息的网络的通称。计算机网络有广域网（WAN）、局域网（LAN）、市域网（MAN）、内联网、外联网、网际网等。通信网有电话网、数据网、光线网、接入网、卫星通信网等。广播电视网有传送网、覆盖网等。这些信息网络构成人类社会的“神经系统”。数字技术的发展与应用，促进计算机网、电信网、电视网的“三网”融合，形成“数字神经系统”。这将更加有利于人类社会的信息、知识进行交流和共享，极大地推动社会不断进步。信息网络化使零星、分散的信息集中上网，得以联线搜寻和查询；还使一个个分立的“信息孤岛”相互联系起来，发挥出网络整体效应。信息网络的建设与运营，是推动和实现信息网络化的基础和保障。

信息网络安全 information internet security 确保计算机信息网络在任何情况下的正常运转和畅通，并确保系统内信息的保密、真实和完整。由于网络的开放性，任何终端用户都可以进入和访问网络中的资源。因此，容易造成信息的泄露与丢失，或信息失真。信息网络安全包括技术安全和信息内容安全两部分。既要防范各类意外事故造成的损害，也要防范人为的恶意攻击或破坏。通常采用安装相关的硬件和软件来达到防范的目的。信息网络安全是一项复杂的系统工程，它的实现不仅是纯粹的物理层面或技术方面的问题，还需要国家法律和行政管理的保障以及用户道德等因素的配合。

信息战 information warfare 为夺取和保持制信息权而进行的作战。包括信息进攻和信息防御两个方面。信息进攻是充分利用各种信息技术手段，通过信息封锁、信息欺骗、信息干扰、信息污染、信息摧毁等方式，影响和削弱对方的信息作战能力。信息防御是采用信息保密、信息防护等方法，保护己方的信息、信息系统、信息作战能力不受对方信息进攻的影响。

信息战实施示意图

特点 ①争夺制信息权斗争的激烈性。②达成作战目的的直接性。信息战直接攻击对方指挥控制系统，可直接瘫痪指挥控制中心。③作战行动的整体性。信息战是整体的信息对抗和斗争。④战时与平时界限的模糊性。⑤攻击效果的高效性。信息战具有很高的费效比。

样式 包括指挥控制战、情报战、电子战、心理战、网络战等多种样式。其中，指挥控制战是信息战的核心，实质是通过物理摧毁和电子攻击等方式，干扰、破坏甚至摧毁对方的指挥控制系统，削弱或破坏对方的指挥控制能力，同时保护己方的指挥控制系统不受对方类似行动的影响，以最终夺取制信息权，掌握战场主导权。在信息战中，其主要作战样式是相互联系、相互交织的。

信息资源 information resource 与物质资源、能量资源相并列的人类赖以生存和发展的第3种重要的基本要素。狭义信息资源指能满足人类某种需要的信息本身（包括信息内容及其不可分离的载体）。广义信息资源还包括信息周转过程中与信息相联系的信息设备、信息系统、信息网络、信息人员等资源。并非所有信息都是资源，只有经过开发而形成有序的、有用的、可共享的信息才构成信息资源。它与物质资源、能量资源相比，又有非实体性（无形性）、同质性（内容不可分割性）、重复使用性（多次消费性）、共享性（使用时无排他性）等个性。信息资源及其重要性被广泛认识，始于20世纪70年代。21世纪初，信息资源的开发和利用已成为推进国民经济和社会信息化的核心任务。对信息资源的开发利用程度是衡量信息化水平的一个重要标志。信息资源的开发利用与信息资源本身一样是分层次的，有国家的、地区的、企业的、政府的、居民的等。就国家层次来说，信息资源的开发和利用需加强统筹规划、推动市场运作、促进信息共享、开拓国际交流和合作；还要重视关于信息资源开发利用的法律、政策和规章制度的制定、修改与完善，以及信息资源安全保护机制的建立等工作。

信阳市 Xinyang City 中国河南省辖地级市。位于省境南部，西部和南部与湖北省交界。辖浉河、平桥2区和息县、淮滨、潢川、光山、固始、商城、罗山、新县8县。面积18 819平方千米，人口611万(2010)，有汉、回等民族。春秋战国时属楚。北宋始称信阳。元改称信阳州。明、清仍设信阳州，后改信阳县。1949年析信阳县城区置信阳市。1998年设立地级信阳市。属亚热带半湿润季风气候。矿产有铁、铜、锰、白云石、水泥灰岩、陶瓷黏土等。农作物有水稻、小麦、大豆、棉花、麻类、油菜、花生、蔬菜等。珍贵树种有银杏、连香树、青檀等。信阳毛尖是中国名茶之一。蜂蜜、薏苡仁远销国外。中药材有二花、桔梗、柴胡等。工业以机械、电子、化工、医药、纺织和粮油加工等为主。名胜古迹有鸡公山、义阳三关(武胜关、平靖关、九里关)、龙潭瀑布、千佛塔、楚王太子城、彭尚春秋墓，以及南湾湖和金牛山风景区等。纪念地有北伐烈士墓。

鸡公山风景名胜报晓峰

信宜市 Xinyi City 中国广东省辖县级市。位于省境西南部。面积3 081平方千米。人口91万(2010)。著名侨乡。有海外华侨、港澳台同胞53万，归侨、侨眷39万。唐武德四年(621)置信义县，北宋太平兴国元年(976)改称信宜县。1995年撤县设市。由茂名市代管。农作物有水稻、甘蔗、花生、大豆、木薯、蔬菜等。盛产荔枝、龙眼、香蕉、柠檬、黑榄、三华李、杧果等。矿产有锡、金、铝、玉石、萤石、稀土、花岗岩等。盛产南方碧玉，被称为“玉都”。工业主要有机械、电力、化工、纺织、陶瓷等门类。风景名胜有大雾岭自然保护区、大田顶、西江温泉等。

信用 credit 不同所有者之间以契约关系保障贷出的本金及相应的利息回流的借贷行为。商品价值运动的一种特殊形式，其运动公式可以概括为：G—G′。在这一关系下，借贷双方约定：贷方将一定的商品或货币贷给借方使用，到期时，借方除归还本金外，还需支付一定的利息。贷方在贷出商品或货币的同时，获得了要求借方按期归还本金和利息的债权；借方在借入商品或货币的同时，承担了按期归还本金和利息的债务。借贷双方以契约形式确定下来的这种债权、债务关系具有法律效力，依法受到国家法律的保护。

起源与发展　人类最早的信用活动，起源于原始社会末期。贫穷者因为缺少生产资料和生活资料而不得不向富裕者借贷，于是便产生了原始的实物借贷。商品、货币出现以后，实物借贷大多被货币借贷所取代，信用关系因而得到了广泛的发展，信用形式也随之增多。到了资本主义社会，借贷资本以其遍布全国城乡各地的银行网点、种类繁多的金融商品、周到的服务吸引和集中全社会的闲散资金，再以相对低廉的价格贷给职能资本家、社会团体和消费者个人使用，从而使借贷资本得以取代高利贷资本在社会信用体系中的主导地位，建成了比较完整的资本主义信用体系。在当今的社会里，随着各国经济现代化和世界经济一体化进程的逐步实现，一个崭新的现代信用体系将以渐趋完善的形态呈现在世人的面前。

现代信用　在资本主义信用高度发展的基础上开始形成，但又与资本主义信用有着显著的区别。其基本特点有：①信用职能增加。除具有调剂货币余缺、将收入转化为资本、对社会现有资本进行再分配等传统信用职能外，还逐渐形成创造信用货币、电子货币等新的信用职能。②信用形式能适应各类经济主体的融资需要。既有传统的商业信用、银行信用、政府信用形式，又有消费信用、租赁信用、证券投资信用、国际信用以及民间信用等新的或补充的信用形式。③信用工具灵活多样，不断创新。既有适合各种信用形式需要的传统信用工具，又有适合形式需要的新兴或补充信用工具。④推行新的“游戏”规则。现代信用实施公开、公平、公正、诚实、守信原则，强调平等竞争、合作双赢。这些规则有利于保障信用事业的健康发展，防止各种不合理、不合法信用对投资者、生产者、消费者的损害。⑤建立有效的信用风险调控体系。国家财政、中央银行、证券监管等部门要建立有效的信用监测、信用供需调控、系统性信用风险防范对策，国家立法、执法及司法部门要针对信用违法、信用欺诈等行为建立相应的法律及违法处置办法，以防止信用危机的发生和蔓延。

信用卡 credit card 一种可用于提供消费信贷、非现金交易付款和存取现金等服务的电子支付卡。信用卡由银行或信用卡公司依照用户的信用度与财力发给持卡人，持卡人持卡消费时无需支付现金，待结账日时再行还款。

最早的信用卡属于商业信用卡，诞生于1915年的美国，其发行机构是一些百货商店、饮食业、娱乐业和汽油公司。当时美国的一些商店、饮食店为招徕顾客，推销商品，扩大营业额，在一定范围内发给顾客一种类似金属徽章的信用筹码，顾客可以在这些发行筹码的商店及其分号赊购商品，约期付款。这就是信用卡的雏形。很快信用卡发行主体就转变为银行和信用卡发行公司等金融机构，银行（金融）信用卡得以产生，并在20世纪60年代就风行于发达国家。

银行（金融）信用卡具有如下特点：①以信用贷款方式向持卡人提供消费信贷。信用额度，即允许持卡人的最高透支限额，根据持卡人提供的财务证明和信用记录确定，并定期调整。②信用卡发行机构的收入主要来自使用信用卡的各项费用和消费信贷的利息。信用卡的各项收费包括：年费或月费，预借现金的手续费，迟交的违约金，刷卡手续费等。③信用卡发行机构鼓励持卡人获取消费信贷。比如，对信用卡消费信贷通常规定20～50天的免息期。对信用卡使用达到一定次数的持卡人通常有年费减免。相反，如果不使用信用卡，即使处于清偿状态也要收取年费。

信用卡的发展在推动第二次世界大战后发达国家耐用消费品销售和提高消费水平，进而拉动经济增长方面发挥了极其重要作用。然而，信用卡的滥发也带来了持卡人资质下降，过度消费和储蓄不足等社会问题，有时会成为金融危机的重要根源。中国处于启动国内消费的阶段，信用卡仍有很大发展潜力。中国大陆地区对信用卡的范围界定与国际有所不同。中国大陆的信用卡广义指贷记卡和准贷记卡；狭义指贷记卡。而国际上所称的信用卡，仅指贷记卡。贷记卡与准贷记卡的区别是：贷记卡持有人不必在账户上预先存款就可以透支消费。而准贷记卡是需通过某种担保或预存保证金才可以有条件、有限度透支消费的信用卡，这种具有“中国特色”的信用卡正在退出金融领域。

信用社 credit cooperative 由个人集资联合组成，以互助为主要宗旨的合作性金融组织。其基本经营目标是以简便的手续和较低的利率，向社会提供信贷服务，帮助经济力量薄弱的个人解决资金困难，以免遭高利盘剥。信用社一般规模不大，主要资金来源于合作社成员交纳的股金、公积金和吸收的存款；贷款主要用于解决其成员的资金需要，起初主要发放短期生产贷款和消费贷款，后来开始为解决生产设备更新、技术改造等提供中长期贷款，并逐步采取以不动产或有价证券为担保的抵押贷款方式。

信用证 credit, letter of 银行根据卖方的要求和指示，开立一定金额，在一定期限内按规定条件付款的书面承诺。这种结算方式是目前国际结算的主要方式。特点是以银行信用为基础，开证银行以自己信用作为付款的保证，承担第一性付款责任。信用证是一项独立保证文件，它源于贸易合同，但不依附于贸易合同，开证银行只对信用证负责。信用证业务的处理以单据为依据，而不是货物。主要作用有保证作用和资金融通作用两个。信用证的内容包括：信用证的性质和开证银行的责任范围；受益人必须履行的条件和提供的货运单据；开证行负责对通知行、代付行乃至偿付行的指示、索偿和寄单方法等。信用证结算程序一般包括6个环节：进口方申请开证，进口地银行开证，出口地银行通知信用证，出口方装货备单，出口地银行议讨、索汇，进口方赎单提货。根据性质、内容、用途的不同而有不同类别的信用证，主要有：可撤销信用证和不可撤销信用证；跟单信用证和光票信用证；即期信用证、远期信用证和预支信用证；可转让信用证和不可转让信用证。21世纪初，中国对西方国家的贸易中主要使用的是不可撤销的跟单信用证。

信源编码 source coding 为了减少信源输出符号序列中的剩余度（传输和恢复消息时所需最少、最必要信息以外的剩余信息在信源全部信息中所占的比重）、提高符号的平均信息量，对信源输出的符号序列所施行的变换。具体地说，就是针对信源输出符号序列的统计特性来寻找某种方法，把信源输出符号序列变换为最短的码字序列，使后者的各码元所载荷的平均信息量最大，同时又保证无失真地恢复原来的符号序列。一切旨在减少剩余度而对信源输出符号序列所施行的变换或处理如过滤、预测、域变换和数据压缩等，均可归入信源编码的范畴。

兴安盟 Hinggan League 中国内蒙古自治区辖盟。位于自治区东北部，西北与蒙古国接壤。辖乌兰浩特市、阿尔山市、科尔沁右翼前旗、科尔沁右翼中旗、扎赉特旗、突泉县。面积59 806平方千米。人口161万(2010)，有蒙古、汉、满、回、朝鲜、达斡尔等民族。盟行政公署驻乌兰浩特市。兴安盟因地处大兴安岭中段而得名。春秋至南北朝为东胡、鲜卑、室韦等北方少数民族栖息地，辽、金时为泰州辖地，元为辽阳行中书省辖地，明为泰宁卫、朵颜卫辖地。清崇德元年(1636)置科尔沁右翼前、中、右3旗，顺治五年(1648)置扎赉特旗。民国时由蒙藏事务局管理。1946年兴安盟成立，1954年撤销，1980年恢复。境内主要为中低山丘陵。属温带大陆性季风气候，立体气候明显，地域差异显著。有3个成矿亚带贯穿全盟，矿产主要有铁、铬、铜、银、铅、锌、钼、金等。经济以农业为主。农作物主要有玉米、小麦、水稻、大豆、高粱、谷子等。工业有冶金、机械、化工、纺织、皮毛、皮革、建材、造纸、食品、服装鞋帽、医药等。名胜古迹有阿尔山温泉、大兴安岭天池、石塘林、杜鹃湖、金古城遗址、成吉思汗庙等。

兴城市 Xingcheng City 中国辽宁省辖县级市。位于省境西南部，辽东湾西岸。面积2 147平方千米。人口55万(2008)，有汉、满、回、蒙古、朝鲜等16个民族。辽圣宗统和八年(990)置严州，设兴城县。明宣德三年(1428)置宁远卫。清为宁远州，民国为兴城县。1987年撤县改设兴城市。由葫芦岛市代管。矿产资源有煤、金、铜、铅、锌、钼、重晶石、石棉、石墨、硅石、大理石等。农作物以玉米、水稻、麦、大豆、花生、蔬菜为主。为辽宁省肉牛生产基地。水产品中以鱼、对虾、海蜇、杂色蛤、海蜇皮为海味珍品。工业以化工、冶金、医药、建材、煤炭、食品等为主。名胜古迹有明宁远卫城、温泉疗养区、菊花岛、大龙宫寺、明代大悲阁、望海亭等。

兴登堡 Hindenburg, Paul von (1847-10-02～1934-08-02) 德意志帝国元帅，魏玛共和国总统（1925～1934）。生于东普鲁士的波森（今波兰的波兹南）贵族家庭，卒于西普鲁士的诺伊德克。1866年入伍，先后参加1866年的普奥战争和1870～1871年的普法战争。第一次世界大战爆发后，任第8军军长，与该军参谋长E.鲁登道夫在东线作战，取得坦嫩贝格战役胜利。

1914年升为元帅，任东线司令。1916年8月任总参谋长，实际上是总司令。提出战争动员的兴登堡纲领，独揽军政大权。1918年参与破坏德国十一月革命和组织武装干涉苏俄。德皇被推翻后，转而与临时政府合作，指挥德军从法国和比利时撤退。1919年7月辞去德军最高统帅职务。战后在右翼政党支持下，于1925年4月当选为魏玛共和国总统。任内一贯敌视共和制度，公开支持军国主义分子、保皇派和法西斯组织。1932年再次当选为总统。执政后起用F.von巴本为总理，谋求与A.希特勒合作，继而在1933年1月30日任命希特勒为总理，从而为建立法西斯专政扫清了道路。希特勒当权后，兴登堡实际成为纳粹统治的热情维护者。

兴都库什山脉 Hindu Kush 亚洲中部高大山脉。东起帕米尔高原，西迄伊朗边境。呈东东北—西西南走向，绵延约1 600千米，宽50～350千米，平均海拔4 000～5 000米。是一个庞大的山脉综合体，由主脉和许多支脉组成。主脉自东而西，包括兴都库什山脉、帕格曼山脉、巴巴山脉和白山（帕鲁帕米苏斯）等山脉。除最东段沿阿富汗和巴基斯坦边境延伸外，绝大部分横亘于阿富汗中部，因而有“阿富汗的脊梁”之称。山脉东段高峻。平均海拔5 500～6 500米，海拔7 000米以上的高峰有20余座。位于巴基斯坦境内的蒂里奇米尔峰海拔7 690米，为整个山脉的主峰。西段逐渐降低，至白山西部降低到800米。大部地区属亚热带干燥气候，并具有垂直分布的特点，气温随高度的增加而降低。雪线高约4 500～5 000米。东兴都库什山脉有荒漠高原，许多大冰川下伸至3 300～3 600米。西兴都库什山脉北坡为草原和森林草原植被，南坡为半荒漠植被，东南坡3 300米以下分布着森林。中、低坡地有牧场，农业区主要限于河谷内。阿富汗的环行公路从东西两端翻越，包括穿过著名的萨朗山口（海拔3 947米）及其下2 600米长的隧道。主要矿藏有金、铜、铅、石油等。

兴都库什山脉鸟瞰

兴奋剂 doping 在医学中指能刺激人体神经系统，使人产生兴奋从而提高机能状态的药物。后在体育界泛指可作用于人体机能，有助于运动员提高成绩的药物。国际体坛把所有使用兴奋剂的行为都称为doping。16世纪时，兴奋剂开始用于赛马。20世纪50年代，在运动竞赛中用兴奋剂的事例大增，60年代达到高峰。由于兴奋剂有严重副作用，滥用致死者屡见不鲜，引起了人们的反对。形势促使国际奥林匹克委员会下决心开展反兴奋剂斗争。1967年，国际奥委会提出禁用的兴奋剂种类，1968年在墨西哥举行的奥林匹克运动会上正式对兴奋剂进行检查。2007年1月1日开始生效的兴奋剂新清单中，共列出9大类200多种禁用物质。大型国际比赛都按此规定执行。

服用兴奋剂等于是预先超支体力和精力，赛后药力消失，就会非常疲倦，不易恢复。这种使机体潜力消耗过度的做法，会破坏自我保护的机制，严重的还会丧失生命。服用兴奋剂还能给人留下慢性后遗症。它能引起肝功能紊乱，青少年服用会出现骨骺提前闭合，女运动员服用会发生内分泌紊乱，出现男性化现象（声音变粗、长胡子）和痛经。兴奋剂还有成瘾性，一旦成瘾，服用的剂量就越来越大，最终导致严重的不良后果。

兴国县 Xingguo County 中国江西赣州市辖县。位于省境南部，平江中上游。面积3 214平方千米。人口77万(2008)。汉属赣县地，三国吴嘉禾三年（234）建平阳县，晋太康元年(280)改称平固县，隋开皇九年(589)入赣县，北宋太平兴国七年(982)析赣县以年号为名置兴国县。矿产主要有钨、金、银、铜、铁、稀土、萤石、煤、石灰岩、大理石、绿柱石等，其中萤石和石灰岩储量和品位在全国居重要地位。盛产甘蔗、烤烟、脐橙、甜橙、油茶、灰鹅等。境内多水塘，淡水养殖发展较快，特产兴国红鲤鱼。工业以制糖、卷烟、冶金、机械、电力、建材、化工、食品等为主。名胜古迹有文昌宫、普惠寺、巩信墓、朱华塔、冰心洞、方石岭瀑布、潋东书院、陈家祠等，还有兴国革命烈士纪念馆。

兴化市 Xinghua City 中国江苏省辖县级市。位于省境中部，里下河地区。面积2 393平方千米（其中水域占25.6%)。人口154万(2008)，有汉、回、满、苗、白、土家等民族。汉属海陵县。五代吴武义二年(920)置兴化县，取“昌盛教化”之意。1987年撤县设市。由泰州市代管。农业主产水稻、棉花、油菜子等，为全国重要商品粮、优质棉生产基地。盛产鱼、虾、蟹、芦苇、蒿草、藕、菱等。工业有机械、电子、医药、化工、建材等。名胜古迹有李家花园船厅、郑板桥故居、施耐庵陵园、明东岳庙大殿等。

兴凯湖 Xingkai Lake 中国黑龙江省最大淡水湖。又称新开湖。属构造断陷湖。位于省境密山市东南部中俄两国边界上，北部属中国，南部属俄罗斯。唐称湄沱湖。因湖形如“月琴”，故金代有“北琴海”之称。清嘉庆年间始称兴凯湖。“兴凯”为满语“水从高处向低处流”之意。湖分为大兴凯湖和小兴凯湖，两湖之间是一条东西延伸约50千米的沙质湖岗。湖面海拔69米。大兴凯

中俄界湖——兴凯湖

湖南北长100多千米，东西宽60多千米，面积4 380平方千米，最深处10米，总储水量约240亿～260亿立方米；小兴凯湖东西长32.5千米，南北平均宽4.3千米，面积140平方千米，最深处4～5米。1858年和1860年不平等的《瑷珲条约》和《北京条约》签订后，大兴凯湖2/3为沙俄所占。兴凯湖盛产翘嘴红鲌（大白鱼）、鲤鱼、尖头红鲌。大白鱼是中国四大淡水名鱼之一。

兴隆洼文化 Xinglongwa Culture 中国新石器时代中期文化。以内蒙古敖汉旗兴隆洼遗址而命名。主要分布在西拉木伦河和滦河流域。年代约为公元前6200～前5400年。是中国东北地区迄今所知最早的新石器文化。经济以粟作农业为主，兼事渔猎和采集，并饲养家猪。石器多打制，种类包括有肩锄、斧、锛、磨盘、磨棒等。陶器较厚重，烧制火候较低，陶质疏松，以装饰压印的网格纹和“之”字形纹为特征，多罐、钵类陶器。已制作玦、锛等小件玉器，是中国已知最早的玉器，为探索玉文化渊源提供重要资料。房屋为方形或长方形半地穴式建筑，聚落有防护性环壕沟，房屋经过统一规划，排列有序。兴隆洼遗址和赤峰市林西县白音长汗遗址是中国已知史前聚落中保存得最为完整的聚落。尚未发现此文化的墓地，但有居室葬。兴隆洼遗

玉玦

址的一座居室墓随葬有两只整猪。出土的人面石雕表明，祭祀活动是当时生活的重要组成部分。兴隆洼文化的许多因素为西拉木伦河流域下一阶段的赵宝沟文化和红山文化所继承。

兴宁市 Xingning City 中国广东省辖县级市。位于省境东北部，毗邻江西省。面积2 104平方千米，人口96万(2010)。西晋属龙川县地，东晋咸和六年(331)析置兴宁县，1994年撤县设市。由梅州市代管。农业主产水稻、花生、甘蔗、烤烟、茶叶、紫胶、柑橘、龙眼、荔枝等。矿产有煤、钒、钛、磁铁矿、石膏、萤石、大理石等。工业有纺织、冶金、机械、建材、煤炭、食品、制药、电子等。名胜古迹有古学宫大成殿、灵化寺、文峰塔、合水水库等。

兴平市 Xingping City 中国陕西省辖县级市。位于省境中部。面积496平方千米。人口58万(2008)。夏、商称犬丘邑，周名犬丘，秦设废丘县。汉高祖二年（前205）改设槐里县，汉武帝析县东部地置茂陵县，始元元年（前86）汉昭帝置平陵县。三国魏撤茂陵、平陵设始平县，隋大业九年(613)将始平县城迁至今址。唐景龙四年(710)更名为金城县，唐至德二载(757)在此置兴平军，后更名兴平县。1993年6月撤县设市。由咸阳市代管。工业有机械、化肥、玻璃纤维等门类。农作物有小麦、玉米、棉花等，盛产辣椒、大蒜。名胜古迹有汉武帝茂陵及霍去病、霍光、卫青墓等陪葬墓冢，以及唐代杨贵妃墓和北塔等。

兴庆府 Xingqingfu 中国西夏都城。故址在今宁夏银川市老城。北周时置为怀远县，属灵州（治今宁夏吴忠北）。宋初废为镇，为灵州河外六镇之一。宋咸平四年(1001)为夏州定难军节度使李继迁所取。次年又取灵州，改为西平府，自夏州（今陕西靖边县北白城子）迁都于此。天禧四年(1020)，继迁子李德明认为西平府形势不利于防守，不如怀远西北有贺兰山之固，黄河绕其东南，西平府为其障蔽，遂建为都城，改名兴州。德明子李元昊继位后，升兴州为兴庆府，成为西夏政治、经济、文化中心。后又改称中兴府。宝义元年(1227)为蒙古军攻占，西夏灭亡。蒙古中统二年(1261)设西夏中兴等路行中书省，为行省治所。

兴义市 Xingyi City 中国贵州西南布依族苗族自治州辖县级市，州政府驻地。位于滇、黔、桂3省（区）交界处。面积2 911平方千米。人口78万（2008），有汉、布依、苗、彝、回等民族。兴义原名黄草坝，因盛产中药金钗石斛（土名黄草）而得名。秦汉时称靡莫国，汉代为宛温县。元代为黄草坝地，又称黎峨。清嘉庆四年（1799）置兴义县。1987年改设县级市。市境以山地为主。矿产资源有金、钼、铁、煤、铜、汞和石灰岩、瓷土等。工业以酿造、建材、化工、采矿、电力、冶炼、卷烟、制药、工艺美术等为主。农业以生产粮食、烤烟、油菜子、花生、蔬菜、水果、茶叶、生猪等为主。名胜古迹有马岭河峡谷、泥凼石林、万峰林和猫猫洞旧石器时代遗址等。

兴义泥凼石林

兴中会 Revive China Society 清末由孙中山创立的中国最早的资产阶级革命团体。光绪二十年（1894）夏，孙中山上书李鸿章要求改革被拒绝后，于秋间出国，前往他早年曾求学的檀香山。11月24日，20多位赞同孙中山主张的进步华侨，聚议成立兴中会，通过了孙中山草拟的《兴中会章程》。

孙中山（左二）与部分兴中会会员合影

1895年2月，孙中山等与香港辅仁文社的杨衢云、谢缵泰达成联合协议，成立兴中会总会，设机关于香港中环士丹顿街13号，用“乾亨行”名义作掩护，筹划在广州举行起义。兴中会已完全不同于反清的旧式会党，而是一个以在中国开展资产阶级民主革命为职志的政治集团。为筹划起义，孙中山、陆皓东、郑士良等多次往返港、穗间，在广州建立兴中会广州分会，对外称农学会；并相继建立秘密据点数十处，在防营、水师和广州附近会党、游勇、绿林里，进行策反及联络活动。同年秋，诸事大体就绪。总会几次集会，先后议决：定九月初九重阳节（10月26日）举义；推杨衢云为会长，约定起义者臂缠红带，以“除暴安良”为口号。同时，加紧制备青天白日旗，草拟《讨满檄文》、《安民告示》等。重九前夕事泄，孙中山逃离广州，偕陈少白、郑士良东渡日本，创立兴中会横滨分会。1896年，杨衢云创立兴中会南非分会。1897年，陈少白创立台湾分会。1899年，他又在香港筹办《中国日报》，1900年1月25日创刊。为最早宣传反清革命的报纸。

1899年冬，原属改良派的唐才常、林圭从日本回国，孙中山、陈少白、梁启超等同席为唐、林饯行，谈论合作事。后因双方分歧较大，合作之议遂寝。不久，杨衢云辞去兴中会会长职务，兴中会和三合会、哥老会代表在香港开会，共推孙中山为总会长。别名为“兴汉会”。

1900年8月底，唐才常组编的自立军被镇压。兴中会联络的湘、鄂一带会党势力因被卷入自立军起事而全部散失。年底，杨衢云被清廷所派刺客杀害。次年夏，郑士良暴病去世。兴中会领导骨干损伤过半，海外各处机构也渐次涣散。因此，孙中山有另行组织大的革命联盟的意念。此后，兴中会新建立的组织还有1902年的河内分会和1904年的旧金山分会。1905年8月同盟会成立后，兴中会并入同盟会。

同盟会成立前，兴中会是中国资产阶级民主革命运动最主要的领导者和组织者。

星表 star catalogue 刊载天体的各种参数，如坐标位置、亮度以及颜色、自行、视向速度、光谱型、视差或距离等的表册。通过天文观测编制星表是天文学中一项历时悠久的经典事业。公元前4世纪中国战国时期天文学家石申编著的《石氏星经》载有121星官809恒星的位置。中国的星表自古以来始终保持按赤道坐标量度恒星位置的传统，而17世纪以前的欧洲星表均采用黄道坐标，后来才改用赤道坐标。

按星表的不同功能，可划分为基本星表、相对星表和专用位置星表三大类。基本星表是一切星表的基础，主要用作天文参考坐标系和恒星位置的相对测定时的定标星系统。19世纪70年代后，建立了现代基本星表系统。如今通用的基本星表有《GC星表》、《FK5星表》、《N30星表》等。1997年根据《依巴谷天体测量卫星》的恒星位置、视差和自行的观测数据编制的《依巴谷星表》和《第谷星表》，前者载有恒星近12万颗，平均精度优于1毫角秒，后者载有恒星超过100万颗，平均精度优于25毫角秒。这两部星表的问世是20世纪一项重大天文成就。

星虫动物门 Sipuncula 动物界一门。属具闭管式循环系统的体腔动物。有2纲4目6科17属约230种，全部海生，广泛分布于三大洋中。中国海域已报道41种。一般体长约10厘米，最大的可达30～40厘米。身体柔软，长筒状，形似蠕虫，不具体节，无疣足，亦无刚毛。体前端有一细长能伸缩的吻，是摄食和钻穴的辅助器官。吻前端为口，口的周围有触手，展开似星芒状。吻后是较粗的躯干，肛门在躯干前端的背面。雌雄异体，非双态，体外受精，发育过程经过担轮幼虫时期。

星虫生活在海洋中，除幼虫期外，皆营底栖生活。多数种栖息在热带和亚热带浅海泥沙内和珊瑚礁间。杂食小型动物、藻类、泥沙中的有机物等。根据其运动、栖息及摄食习性，可归为4个主要生态类群：①穴居－吞食型。②固着石内型。③隐居收集型。④食浮游物（悬浮物）型。星虫中有几种可食用，渔民用作钓饵。

《星岛日报》 *Sing Tao Jih Pao* 中国香港历史悠久的大报。1938年8月1日由华侨实业家胡文虎创办，成为蜚声华人社会的“星系报纸”（1928年后相继创办的以“星”字开头的一系列商业报纸，如新加坡的《星期日报》、《星中日报》，香港的《星岛晚报》等）之一。1953年胡文虎之女胡仙出任星系报业有限公司总经理，负责《星岛日报》社务。1972年星系报业有限公司改名星岛报业有限公司，胡仙任董事长。现由星岛有限公司督印。

《星岛日报》通常日出对开100多版，有时200多版（其中广告约占一半版面）。读者对象主要是工商机构、社团、文教界人士等。主要新闻版面有国际、大陆、台湾和本港新闻等。在纽约、多伦多、悉尼等地发行航空版，后改为卫星传版、网络传版，并加进当地的地方新闻，在海外印刷发行。并积极探索与内地新闻界合作。还办有电子网络版。

星等 magnitude 度量天体相对亮度的数值。公元前2世纪，古希腊天文学家依巴谷把人眼可见的恒星的亮度分为6个等级。最亮的为1等，肉眼刚能看到的星为6等。后经改进和精确化，英国的N.R.普森于1857年用公式

$$m_2 - m_1 = E - 2.5\lg\frac{E_1}{E_2}$$

把两个星的星等m_1、m_2同它们的亮度E_1、E_2联系起来。按照普森公式，1等星比6等星亮100倍；星等增加1等，亮度减小2.512倍。普森的这个星等关系沿用至今。其零点由规定某颗星的星等值来确定。星等值可以为零或负。例如，满月的星等为−12.7等。

直接由光度测量得到的星等称为视星等，它反映天体的亮度。视星等用符号m表示。由于辐射探测器的灵敏度与波长有关，而天体辐射的能量在不同波长也不相同，因此，用不同的探测器测得的星等也不相同。视星等就有许多种，取决于所用的探测器。用人眼测定的视星等称为目视星等，用m_V表示。用照相底片测得的星等称为照相星等，记为m_P。用正色底片加黄色滤光片测得的星等称仿视星等，记为m_{PV}。它同目视星等很接近，实际上已取代了目视星等。用光电倍增管测定的称为光电星等。最常用的光电星等系统是UBV系统，U为紫外星等，B为蓝星等，V为黄星等（接近目视星等）。此外，还有表征天体在整个电磁波段辐射总量的星等，称为热星等，记为m_{bol}热星等。

天体的亮度与天体的发光强度成正比，与天体到观测者（地球）的距离的平方成反比。因此，单由视星等不能比较天体的发光强度。如果天体的距离都相同，视星等才可作为天体发光强度的量度。为了比较天体的发光强度，天文上采用绝对星等。绝对星等（记为M）定义为天体假想地被置于10秒差距处所得到的视星等。绝对星等M和视星等m之间有如下关系：

$$M = m + 5 + 5\lg\pi$$

式中π为天体的视差，以角秒为单位。同视星等一样，绝对星等也可分为绝对目视星等、绝对照相星等、绝对仿视星等、绝对光电星等、绝对热星等。

星风 stellar wind 恒星连续向外发出的物质流。这个概念来自太阳风的启示。光谱分析指出：一些恒星有以每秒上千千米的速度向外扩张的星周物质；一些恒星正在抛出气壳。这些都是星风的间接证据。半人马座X-3的X射线观测提供了一个直接证据：这是一个交食X射线双星系统，如果没有星风，当交食开始时应观测到X射线光度突然下降；如果有星风存在，当中子星渐渐向其伴星后面绕去的时候，发射的X射线要通过越来越厚的，从伴星发出的星风物质，观测的X射线光度应该渐渐减小。实际情况正是这样，下降过程持续约1个小时。可能所有的恒星都有星风，但由此造成的质量损失速率可能相差8个量级，甚至更多。太阳每年损失4×10^{-14}太阳质量，不足以影响它的结构和演化。然而，简单计算表明：一个质量为1太阳质量的恒星以10^{-10}太阳质量／年的速率损失质量，其主序寿命将减少一半。在密近双星中，物质从一个子星到另一个子星的转移，可能通过洛希瓣溢出和星风两种方式，尤其在大质量X射线双星中，星风的吸积是很有效的，可以产生观测得到的X射线光度。

“星火计划” “Spark-Fire” Program 经中共中央、国务院批准，1986年由国家科学技术委员会（现科学技术部）组织实施的依靠科技进步，振兴农村经济，普及科学技术，带动农民致富的指导性科技开发计划。取“星星之火，可以燎原”寓意，目的是通过计划的实施，在中国农村的大地上播下科技的火种。

星火计划的服务对象是乡镇企业和农户；技术开发项目分为国家、省、地、县四级；技术水平定位是以实用为基础，以中间技术为主体，适当采用高新技术；项目选择采用招标和择优评定相结合，以投资少、周期短、效益高和有示范推广意义的项目为主；项目资金主要以企业自筹、银行贷款或星火基金借款的办法筹集。主要任务是：以养殖业、农副产品加工业、山区和滩涂开发以及农用建材的开发为重点，着重开发、推广有关的实用技术，内容包括水产养殖、水禽和家禽的综合利用、食草动物饲养、山区土特产资源的开发利用、发酵技术、酶技术、真菌培植及动物胚胎移植生物技术、生活和旅游小商品、粮食深加工和综合利用以及新型涂料、黏结剂、添加剂等。

星火计划有力地促进了农村经济总量的增长和生产方式的转变，培育了一大批龙头企业，促进了乡镇企业的技术进步和快速发展，使大量的农业剩余劳动力得到转移，推动了农业和农村经济结构调整以及区域经济的发展。

《星火燎原》 *The Spark Sets a Prairie Fire* 中国当代革命回忆录丛书。“中国人民解放军建军三十年”征文编辑委员会编，人民文学出版社1959年12月至1964年5月出版。355万字。分10集，每集1册，以历次革命战争时期的年代先后为序。1～4集为第二次国内革命战争时期；5～7集为抗日战争时期；8～10集为第三次国内革命战争（解放战争）时期。全书以革命回忆录形式，反映中国人民革命武装斗争的光荣历史。由于作者均为革命战争的亲历者，也有亲身经历过斗争的战士和群众，因而具有很强的历史真实性，蕴涵着朴素真挚的感情，具有较高的史料价值和一定的文学价值。除人民文学出版社的版本外，此书另有解放军出版社1979年11月至1982年8月版、1986年6月至1989年11月版（专题版）。

星际分子 interstellar molecule 自然存在于星际空间的气体尘埃云内的分子。第一批星际分子是1930年发现的CH和CN。星际分子谱线通常产生于转动能级之间的跃迁，波长处于毫米波或亚毫米波段，主要通过这些射电波段特定波长的发射线和吸收线探测，已经发现和证认的这类分子达120种以上。已知的星际分子包括氨（NH_3）和水（H_2O），简单的有机分子如乙醇（CH_3CH_2OH）、甲醛（H_2CO）和醋酸（CH_3COOH），各种地球上不稳定的离子和基团如羟基（—OH）、一氧化硫（SO）和HCO^+。也发现了许多同位素分子如半重水（HDO）。还发现了构成生命基础的复杂分子NH_2CH_2COOH。分子也形成于老年恒星周围的气体尘埃包层，称为星周分子，以别于由一般星际物质形成的星际分子。

星际航行 interplanetary and interstellar flight 脱离地球引力，到星际空间的飞行。包括行星际航行和恒星际航行。行星际航行指在太阳系内的航行，恒星际航行指在太阳系以外的恒星际空间的飞行。不载人行星际航行已经实现，而恒星际航行尚处于探索阶段。

星际物质 interstellar matter; ISM 银河系（和其他星系）内恒星之间的物质，包括星际气体、星际尘埃和各种各样的星际云，还可包括星际磁场和宇宙线。

ISM约占银河系可见物质质量的10%，高度集中在银道面，尤其在旋臂中。不同区域的星际物质密度可相差很大。星际气体和尘埃当聚集成质点数密度超过10～10^3个／厘米^{3}时，就成为星际云，云间密度则低到0.1个／厘米^{3}质点。

星际气体的化学组成可通过各种电磁波谱线的测量求出。结果表明，星际气体的元素的丰度与根据太阳、恒星、陨石得出的宇宙丰度相似，即氢约60%，氦约30%，其他元素很低。

星际尘埃是尺度约0.01微米到0.1微米的固态质点，分散在星际气体中，总质量约占星际物质总质量的1%。星际尘埃可能是由下列物质组成的：①水、氨、甲烷等的冰状物；②二氧化硅、硅酸镁、三氧化二铁等矿物；③石墨晶粒。

星际尘埃吸收和散射星光，使星光减弱，这种现象称为星际消光。消光数值依赖于观测方向，朝银极方向较小，银心方向最大。星际消光随波长的减小而增长，

蓝光比红光减弱得更多，使星光的颜色随之变红，这种现象称为星际红化。

星鳗 *Astroconger myriaster*; star-conger eel 鳗鲡目康吉鳗科星鳗属的一种。分布于太平洋西北部北海道到台湾海域，在中国分布于鸭绿江口至台湾北部近海。体鳗形。尾部长于头与躯干长度之和。口中等大、后端可伸到瞳孔的后端下方。胸鳍与奇鳍均较发达；奇鳍互连；背鳍始于胸鳍后上方；臀鳍位于肛门后方。侧线明显。无鳞。背侧灰褐色，下部灰白色；背、臀鳍及尾鳍淡黄色，边缘浅黑色，胸鳍淡黄色无黑色缘；头及体侧具白色斑点。为食用鱼。

星名 star names 人们给亮星起的名字。最古老的星名很多来自古希腊，而大部分的星名则源于继承了希腊星座的阿拉伯。不少星名和位置有关，如大犬座的天狼星，英文名称Sirius，意义为烧焦或灼热，正符合天狼星为全天最亮的恒星。中国星名的命名方法较系统，某一星的名称是它所属中国星座，再加上一个数字，如勾陈一、轩辕十四等。1603年，德国业余天文学家J.拜尔建议命名的方法是：每个星座中的恒星从亮到暗顺序排列，以该星座名称加一个希腊字母顺序表示，如猎户座α（中名参宿四）、猎户座β（中名参宿七）。如果某一星座的恒星超过了24个希腊字母，就用星座名称后加阿拉伯数字，如天鹅座61星，天兔座17星等。

星盘 planispheric astrolabe 测量天体高度的仪器。一说是古希腊天文学家依巴谷发明的，一说是更早的阿波隆尼所创造。

仪器的主体是个圆形铜盘，盘的背面安装有一可绕中心旋转的窥管。观测时，将铜盘垂直悬挂，人目用窥管对准太阳或恒星，就可以从盘边的刻度上得到它们的高度。在盘的正面，有用球极平面射影法绘制的星图和地平坐标网。星图上只有最亮的星和黄道、赤道，地平坐标网有以天顶为中心的等高圈和方位角。地平坐标网在下，星图在上。后者是用透明材料绘制的。由观测得到太阳的高度后，将当日太阳在黄道上的位置转到观测到的高度圈上，二者交于一点。这一点和盘面中心的连线（用游尺）同刻在边缘上时圈的交点，就是观测时间。知道太阳当天的赤纬和中午时的高度，也可以求出观测地的纬度。这种仪器还可以根据不同的需要，在盘面上增加其他的东西，如测影的刻度、罗盘和占星用的符号等。它可以应用于教学、航海和测量等，在欧洲和伊斯兰世界曾经长期使用，直到18世纪中叶才为六分仪代替。

星盘（约1572年制）

星期日学校 Sunday school 英、美等国在星期天为在工厂做工的青少年免费进行识字教育和宗教教育的学校。又译主日学校。英国出版业者R.雷克斯于1780年首创，主要招收贫苦儿童，尤其是童工。1783年，雷克斯在其出版的刊物《格老色斯特纪事》上介绍这种学校，引起社会关注，各地纷纷仿效。1785年英格兰成立了星期日学校协会，有组织地在英格兰各地推广。到19世纪中期，英国此类学校的学生达到250万人。学生主要是贫困的儿童，还有一些青年和成年人。主要目的是利用工作之余，教下层群众及其子女阅读《圣经》，使其养成勤劳和虔诚的品行。教学内容除了宗教教义和道德准则，也包括一些基本的读、写、算知识。1870年英国初等教育法颁布后，星期日学校为公立学校所取代。德国柏林于1788年后建立星期日学校。美国弗吉尼亚州1786年出现星期日学校。1824年美国星期日学校联合会成立。美国星期日学校在后期也趋向于纯宗教教育，公立学校兴起后渐衰。

《星球大战》 *Star Wars* 美国故事片。1977年美国卢卡斯影片公司、20世纪福克斯电影公司出品。编导乔治·卢卡斯，主演马克·汉米尔、哈里森·福特、凯丽·菲雪。很久以前，在遥远的另一个银河系，邪恶的帝国废弃了共和制，以暴力统治宇宙。爱好自由的人们起而反抗，最终摧毁了帝国堡垒——死星。此片富有创意的逼真画面（如壮观的太空攻防战和千奇百怪的太空生物）使其立即成为当时的最卖座片。它的巨大成功使得好莱坞竞相拍摄太空科幻片和超人义侠片。该片不仅影响了美国电影的创作倾向，还引发了以电脑技术为基础的电影制作革命。获1977年第50届奥斯卡金像奖最佳视觉效果等8项奖。

《星球大战》剧照

星球大战计划 Star Wars Plan 美国政府于1983年开始实施的反弹道导弹空间防御系统的研究和发展计划。原名为战略防御倡议，简称SDI，俗称星球大战计划。目标是建立一个多层次、多手段的反弹道导弹的综合防御系统。该计划开发了许多新技术，包括天基激光器、地基激光器以及自动操纵航天器等。1991年，G.布什总统将之修订为采用地基火箭发射拦截机的具有相当限制程度的计划。1993年，负责星球大战计划的组织改组为弹道飞弹组织，该计划进一步发展为国家导弹防御系统（NMD）。但NMD违反1972年签订的《美苏关于限制反弹道导弹系统条约》(ABM)。俄罗斯强烈反对NMD，同时提出不违反ABM的移动泛欧洲导弹防御系统。2001年，G.W.布什总统提议加速发展NMD系统，美国政府随后宣布退出ABM条约。

星天牛 *Anoplophora chinensis*; citrus long-horned beetle 鞘翅目天牛科星天牛属的一种。中国最常见的天牛，除东北、内蒙古自治区、新疆维吾尔自治区未见报道外，几乎遍及全国。朝鲜半岛和缅甸也有分布。成虫体长19～39毫米，体宽6～13.5毫米。体漆黑，有时略带金属光泽。触角柄节、第3节以下各节基部和足被淡蓝色绒毛。前胸背板侧刺突粗壮，胸面具3个瘤突，中瘤明显。鞘翅具小形白色斑，大致排成5横行。肩基部亦常有斑点，斑点变异很大，有时很不整齐，难辨行列。

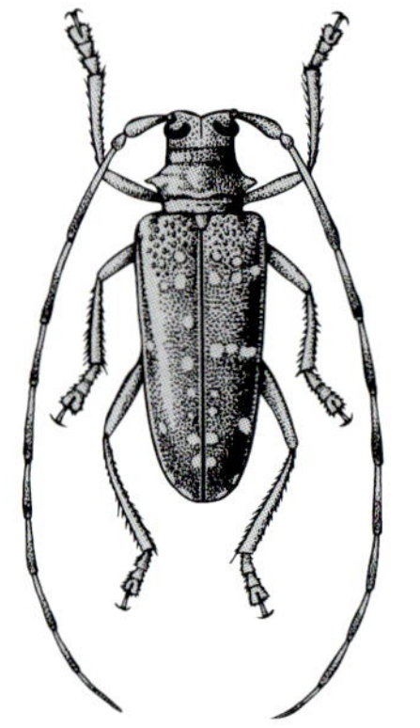

星天牛的成虫

害虫在广东、台湾、浙江和四川每年1代，在北方可能2～3年1代，卵多产于树干基部，以幼虫在木质部隧道中越冬。被害植物有柑橘、苹果、梨、无花果、樱桃、枇杷、花红、柳、白杨、桑、苦楝、洋槐、榆、悬铃木等。

星图 star atlas 将天体在天球上的视位置投影在平面上而绘制的图，或用天体照相仪将拍摄的星空图像编辑而成的图。有全天星图和特定天区星图之分。星图是天文观测、教学和科研的基本工具之一。天球坐标及其历元以及天体的极限星等或辐射源的极限亮度是星图的两大基本要素。大多数星图采用赤道坐标，但也有用黄道坐标或银道坐标的。

中国于705～710年问世的唐代《敦煌星图》载有恒星1 350颗，它是世界上遗存的最古老的绢制星图。1247年刻制的宋代《苏州天文图》载有恒星1 400颗，它是现存最古老的石刻星图。天文望远镜发明后，波兰天文学家J.赫维留编著的《天文图志》共载54幅星图，它是欧洲版本最早的星图。1863年和1887年德国出版的《波恩巡天星图》(简称BD星图）极限星等为9.5～10.0，共载赤纬－23°以北的恒星近46万颗，一直沿用至今。1966年，为人造卫星定位的需要，美国编制了载有近26万颗恒星的《史密森星图》(简称SAO星图)。20世纪末，根据依巴谷天体测量卫星的观测资料汇编成载有百万颗恒星的《千禧年星图》。

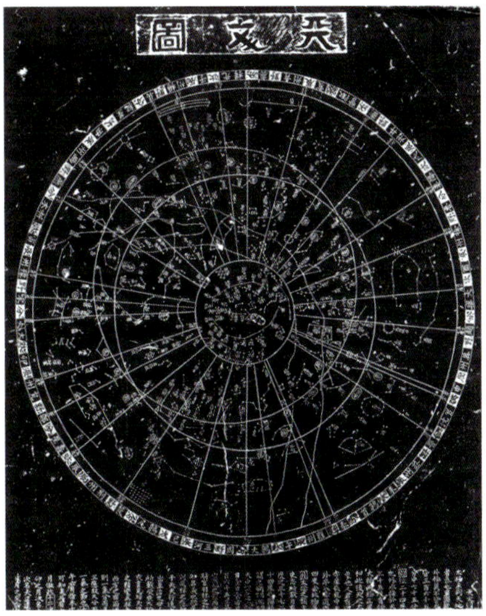

苏州天文图（石刻）

20世纪上半叶，在星图领域增添了用照相方法制作的星团、星云、星系等非星天图。60年代以来又出现了不同波段的星图，如射电、红外、紫外、X射线和γ射线的辐射源巡天图。此外，还有根据星系红移汇编的宇宙大尺度结构天图、按照宇宙微波背景辐射及其起伏再现的早期宇宙结构天图等。

星团　star cluster　由各成员星之间的引力束缚在一起的恒星群体。星团可分为球状星团和疏散星团两种。

球状星团　球状星团由于它们的形状是球对称的或接近于球对称的而得名，直径数十至300光年，含有数万至数百万颗恒星。恒星平均密度要比太阳附近的恒星大50倍左右，而中心则要大约1 000倍。球状星团内恒星如此密集，又离我们十分遥远，通常只有边缘的一部分星在长时间曝光的照相底片或CCD照片上得以分辨，而要把球状星团中大部分成员星分解成单颗的恒星，必须使用具有高分辨率的哈勃空间望远镜或配自适应光学系统的地面大望远镜。银河系内已发现约150个球状星团，它们大部分分布在银晕中，年龄很老，金属含量很低，各自沿高偏心椭圆轨道绕银心运动。

疏散星团　疏散星团形态不规则，在大至50光年的范围年含有数十至数千颗恒星。成员星彼此的角距离较大，一般都能用望远镜分解开，因而得名。疏散星团有半数位于银道面附近宽度为7°的狭带上，因此又名银河星团。银河系中已发现的疏散星团约1 200个。

星系　galaxy　由引力束缚在一起的几百万至几万亿颗恒星以及星际气体和尘埃、暗物质等构成，占据几千光年至几十万光年的空间的天体系统。银河系就是一个普通的星系。银河系以外的星系称为河外星系，一般称为星系。

研究简史　17世纪望远镜发明以后陆续观测到一些云雾状的天体，称为星云。18世纪，德国的I.康德和英国的T.赖特都曾猜想这些云状天体是像银河一样由星群构成的宇宙岛，只是因为距离太远而不能分辨出一颗一颗的星来。1924年，美国天文学家E.P.哈勃用威尔逊山天文台的2.5米大望远镜在仙女座星云、三角座星云和星云NGC6822中发现造父变星，并且根据造父变星的周光关系定出这几个星云的距离，终于肯定了它们是银河系以外的天体系统，称它们为河外星系。现代望远镜，包括哈勃空间望远镜能观测到的星系数目估计在500亿以上。

形态和分类　星系的外形和结构是多种多样的，但大多由椭球形的中央核球和(或）扁平的盘成分构成。1926年，哈勃按星系的形态进行分类，把星系分为椭圆星系、旋涡星系和不规则星系三大类。后来又细分为椭圆、透镜、旋涡、棒旋和不规则5个类型。

椭圆星系没有盘成分，外形近似于椭圆，记为E型，后面标以阿拉伯数字表示椭圆的扁度，从0到7，数字越大，椭圆越扁。旋涡星系核球和盘两种成分都有，外形像旋涡，记为S型，大多数都有两条沿相反方向旋卷的螺线形旋臂，其中一些在核心部分有一棒状结构，称为棒旋星系，没有棒状结构的则称为正常旋涡星系。棒旋星系记为SB型。与旋涡星系类似为盘状但无旋臂的星系归为透镜型，记为S0。不规则星系的形状没有规则，记为Irr型。

在1 000个最亮的星系中，旋涡星系占75%，椭圆星系占20%，不规则星系占5%。如果包括矮星系在内，则相对比例变为30:60:10。

除上述普通的星系外，近年来又发现了许多特殊星系。有些旋涡星系，具有十分明亮的中心区，光谱中有强而宽的发射线，称为赛弗特星系。有些星系具有很亮的近于星状的核心，称为N型星系。有些星系有很强的射电辐射，称为射电星系。有的星系诸如M82，近期发生着大规模恒星形成，称为星暴星系。以上几种星系都是活动激烈的星系，统称为活动星系。有证据表明1963年发现的类星体实际上是具有活动核的星系，是活动星系核（AGN）中的一种。

分布　1934年哈勃对44 000多个星系的视分布进行了研究，证实星系的数目有规律地从银极向银道递减。银道方向星系很少，形成一个隐带。这种视分布是由银河系星际物质吸光造成的。实际上从大尺度来看，星系分布在各个方向都是一样的。星系的空间密度也近于均匀。从较小的尺度来看，星系的分布有成团的倾向。有的是两个结成一对；多的可能几百以至几千个星系聚成一团。银河系同麦哲伦云、仙女星系以及其他40多个星系构成一个集团，称为本星系群。

星系团　galaxies, cluster of　十几个、几十个以至成百上千个星系集聚在一起组成的星系集团。宇宙中确知具有动力学束缚特征的最大结构。其中的每一个星系称为星系团的成员星系。成员数目较少（不超过100个）的星系团称为星系群。现已发现上万个星系团，距离远达70亿光年之外。至少有85%的星系是各种星系群或星系团的成员。小的星系团如本星系群由银河系以及包括仙女星系在内的40个左右大小不等的星系组成。大的星系团如后发座星系团有上千个比较明亮的成员星系，如果把一些暗星系也包括进去，总数可能上万。平均而言，每个星系团内的成员数约为130个。有时又称成员数较多的星系团为富星系团，但贫、富的划分标准也是相对的。尽管不同星系团内成员星系的数目相差悬殊，但星系团的线直径最多相差一个数量级，平均直径约为5兆秒差距。

星协　stellar association　由相似光谱型年轻恒星组成的非常松散的集合。OB星协是大质量高光度的O、B型恒星的集合。R星协是质量较小（3～10倍太阳质量)，能照亮周围反射星云的年轻恒星的集合。T星协是质量与太阳相当的金牛座T型变星的集合。因为O、B型恒星和金牛座T型变星都是十分年轻的天体，所以星协也是一种年轻的天体，它的年龄只有百万年数量级。某些空间区域既有O星协又有T星协，猎户座星协就是这样的例子。星协和年轻的疏散星团、四边形聚星有密切的关系，后者往往构成星协的核心。此外，星协常与气体尘埃星云有物理上的关联。银河系内，星协总是位于银河系的旋臂上。星协的尺度从数秒差距到数百秒差距，含数十到数百颗恒星。在星协中，星协是不稳定的系统，已经发现一些星协在向外膨胀。

星星峡 Xingxing Gorge 中国古代中原地区与西域间的交通要冲。位于新疆维吾尔自治区哈密市东南，紧靠新疆与甘肃省界。地当北山隘口，附近海拔约2 000米。北山为天山山脉最东段和祁连山之间的低山，海拔2 000～2 500米。历史上的驼马商队出嘉峪关后，至瓜州分两道：向西南一道经敦煌至塔里木盆地，向西北一道经星星峡至哈密。哈密以西又分北、南两道。兰新铁路由星星峡之西红柳河进入新疆，再经尾亚、烟墩至哈密。由河西走廊至新疆的公路沿旧道而行。星星峡至今仍保有公路干线交通站的地位。

星星峡公路

星云 nebula 太阳系以外天空中一切非恒星云雾状的天体。一些较近的星系，外观像星云，18世纪以来也称为星云。1924年底解决了宇宙岛之争以后，才把二者分开。位于银河系内的称为银河星云。按形状、大小和物理性质，银河星云可分为：广袤稀薄而无定形的弥漫星云，亮环中央具有高温核心星的行星状星云，以及尚在不断地向四周扩散的超新星剩余物质云。就发旋光性质，银河星云又可分为：被中心或附近的高温照明星（早于B1型的）激发发光的发射星云，因反射和散射低温照明星（晚于B1型）的辐射而发光的反射星云，以及部分地或全部地挡住背景恒星的暗星云。前两种统称为亮星云。反射星云同暗星云的区别，仅仅是在于照明星、星云和观测者三者相对位置的不同。

鹰状星云

用肉眼只能看到一个猎户座大星云，说明一般星云都是十分暗弱的。一般认为行星状星云是由激发它的中心星抛射出来的，将会逐渐消失；新星和超新星爆发所抛出的云也在很快地膨胀而逐渐消失。它们都是恒星演化过程中的产物，也是恒星逐渐变为星际物质的过程。

星族 stellar population 银河系及河外星系内在年龄、化学组成、空间分布和运动特性等方面十分接近的大量天体的集合。1944年W.巴德提出星族Ⅰ和星族Ⅱ的概念。他认为银河系以及其他旋涡星系的恒星可分成两大类，称为“星族Ⅰ”和“星族Ⅱ”。两个星族的差别，明显反映在赫罗图的形状以及最亮恒星的颜色和光度上。对于星族Ⅰ，最亮的恒星是早型白色超巨星；对于星族Ⅱ，最亮的恒星是K型红橙色超巨星。此外，星族Ⅰ和星族Ⅱ在空间分布和运动特性方面也有不同：星族Ⅰ的恒星集中于星系外围旋臂区域内，银面聚度大；星族Ⅱ的恒星则主要集中在星系核心部分，银面聚度小。后来研究表明，把所有的恒星划分为两个星族过于简单。1957年，在梵蒂冈举行的星族讨论会上，将银河系里的恒星划分为5个星族：晕星族（极端星族Ⅱ）、中介星族Ⅱ、盘星族、中介星族Ⅰ（较老星族）、旋臂星族（极端星族Ⅰ）5个星族。晕星族分布如一个球状的晕，由银河系中最老的天体所组成，包括球状星团、亚矮星和周期长于0.4天的天琴座RR型变星。中介星族Ⅱ的主要代表是高速星以及长周期变星。盘星族包括核球内的恒星、行星状星云和新星，周期短于0.4天的天琴座RR型变星以及“弱线星”（光谱中出现较弱的金属线）。中介星族Ⅰ包括强金属线星和A型星。极端星族Ⅰ集中分布在银道面附近（银面聚度最大），主要为旋臂中的年轻恒星，如O型星、B型星、超巨星，经典造父变星一些银河星团和星际物质等。

各星族的年龄相差很大。晕星族最老（其中球状星团年龄在100亿年以上）；从中介星族Ⅱ、盘星族和中介星族Ⅰ到最年轻的旋臂星族，年龄依次递减。后者的年龄大多为几亿年，甚至有3千万至5千万年或者更短的。

各个星族在化学组成上也有差别。一般较老的星族所含的重元素（天文学中重于氦的元素统称金属）百分比，要比年轻星族的低，又称贫金属。

星座 constellation 一种具有特征并容易记忆的恒星在天空的投影图案所占天区。古人为了方便认星，就把位置比较靠近的星星划分成群，并在每一群星中用想象的线条把较亮的星联结起来，形成各种图案，这些星群就称为星座。

公元前4000年左右，生活在美索不达米亚平原两河流域下游（今属伊拉克）的苏

星座表

拉丁名	符号	中名	面积	星数
Andromeda	And	仙女	722	100
Antlia	Ant	唧筒	239	20
Apus	Aps	天燕	206	20
Aquarius	Aqr	宝瓶	980	90
Aquila	Aql	天鹰	652	70
Ara	Ara	天坛	237	30
Aries	Ari	白羊	441	50
Auriga	Aur	御夫	657	90
Bootes	Boo	牧夫	907	90
Caelum	Cae	雕具	125	10
Camelopardalis	Cam	鹿豹	757	50
Cancer	Cnc	巨蟹	506	60
Canes Venatici	CVn	猎犬	465	30
Canis Major	CMa	大犬	380	80
Canis Minor	CMi	小犬	183	20
Capricornus	Cap	摩羯	414	50
Carina	Car	船底	494	110
Cassiopeia	Cas	仙后	598	90
Centaurus	Cen	半人马	1 060	150
Cepheus	Cep	仙王	588	60
Cetus	Cet	鲸鱼	1 230	100
Chamaeleon	Cha	蝘蜓	132	20

续表

拉丁名	符号	中名	面积	星数	拉丁名	符号	中名	面积	星数
Circinus	Cir	圆规	93	20	Musca	Mus	苍蝇	138	30
Columba	Col	天鸽	270	40	Norma	Nor	矩尺	165	20
Coma Berenices	Com	后发	386	53	Octans	Oct	南极	291	35
Corona Austrina	CrA	南冕	128	25	Ophiuchus	Oph	蛇夫	948	100
Corona Borealis	CrB	北冕	179	20	Orion	Ori	猎户	594	120
Corvus	Crv	乌鸦	184	15	Pavo	Pav	孔雀	378	45
Crater	Crt	巨爵	282	20	Pegasus	Peg	飞马	1 121	100
Crux	Cru	南十字	68	30	Perseus	Per	英仙	615	90
Cygnus	Cyg	天鹅	804	150	Phoenix	Phe	凤凰	469	40
Delphinus	Del	海豚	189	30	Pictor	Pic	绘架	247	30
Dorado	Dor	剑鱼	179	20	Pisces	Psc	双鱼	889	75
Draco	Dra	天龙	1 083	80	Piscis Austrinus	PsA	南鱼	245	25
Equuleus	Equ	小马	72	10	Puppis	Pup	船尾	673	140
Eridanus	Eri	波江	1 138	100	Pyxis	Pyx	罗盘	221	25
Fornax	For	天炉	398	35	Reticulum	Ret	网罟	114	15
Gemini	Gem	双子	514	70	Sagitta	Sge	天箭	80	20
Grus	Gru	天鹤	366	30	Sagittarius	Sgr	人马	867	115
Hercules	Her	武仙	1 225	140	Scorpius	Sco	天蝎	497	100
Horologium	Hor	时钟	249	20	Sculptor	Scl	玉夫	475	30
Hydra	Hya	长蛇	1 300	130	Scutum	Sct	盾牌	109	20
Hydrus	Hyi	水蛇	243	20	Serpens	Ser	巨蛇	637	60
Indus	Ind	印第安	294	20	Sextans	Sex	六分仪	314	25
Lacerta	Lac	蝎虎	201	35	Taurus	Tau	金牛	797	125
Leo	Leo	狮子	947	70	Telescopium	Tel	望远镜	252	30
Leo Minor	LMi	小狮	232	20	Triangulum	Tri	三角	132	15
Lepus	Lep	天兔	290	40	Triangulum Australe	TrA	南三角	110	20
Libra	Lib	天秤	538	50	Tucana	Tuc	杜鹃	295	25
Lupus	Lup	豺狼	334	70	Ursa Major	UMa	大熊	1 280	125
Lynx	Lyn	天猫	545	60	Ursa Minor	UMi	小熊	256	20
Lyra	Lyr	天琴	286	45	Vela	Vel	船帆	500	110
Mensa	Men	山案	153	15	Virgo	Vir	室女	1 290	95
Microscopium	Mic	显微镜	210	20	Volans	Vol	飞鱼	141	20
Monoceros	Mon	麒麟	482	85	Vulpecula	Vul	狐狸	268	45

注：①“面积”指星座在天球上所占面积，以平方度为单位。②“星数”指星座内目视星等亮于6等，即肉眼能见的恒星数目。

美尔人就开始将群星“分而治之”。

中国古代采用“三垣二十八宿”的星空体系。《史记·天官书》记载颇详。“三垣”是指北天极周围的三个天区，分别称为紫微垣、太微垣和天市垣；二十八宿是指大致分布在黄道附近的28个天区，它们的名字依次是角、亢、氐、房、心、尾、箕、斗、牛、女、虚、危、室、壁、奎、娄、胃、昴、毕、觜、参、井、鬼、柳、星、张、翼、轸。

1841年J.F.赫歇耳提出星座界线，以赤经线和赤纬线划分。世界通用的星座体系是国际天文学联合会于1928年最终确定的。它以传统的星座为基础，将整个天空划分为88个星座，并规定以1875年的春分点和赤道为基准的赤经线和赤纬线作为星座界线。88个星座的拉丁名、符号、中名、面积和星数见星座表。

猩红热 scarlet fever 由乙型溶血性链球菌引起的急性**传染病**。病原菌首先侵入咽峡部及扁桃体，引起咽痛、扁桃体充血肿胀。病原菌产生的红疹毒素自局部吸收入血循环则引起以下症状：①畏寒，发热，周身不适，腭部黏膜充血并出现红色小出血点（黏膜疹），舌面光滑，呈牛肉色，舌乳头突出红肿（“草莓舌”或“杨梅舌”）。②起病1～2天内，全身皮肤在充血的基础上出现针头大小、稍隆起的点状猩红色皮疹，严重者可有出血疹；皮肤皱褶处如肘部、腕部等处皮疹密集，常因受压或摩擦而出现皮下出血，形成紫红色线条状征（帕斯蒂亚氏线）。③面部充血潮红，口鼻周围相对呈现白色，称口周苍白。出疹后，热度即开始下降，随体温的逐渐恢复正常开始脱皮，轻者为糠屑状，重者呈片状。少数患者于发病后2～3周可发生肾炎、风湿性关节炎等。早期应卧床休息并以足量的抗菌药物（以青霉素为首选）等治疗，早期治疗可明显缩短病程，减轻病情，减少并发症及疾病的传播。预防措施主要是：及时隔离患者；改善居住卫生条件，加强室内通风及换气；对密切接触者给予药物预防也有一定作用。

猩猩 *Pongo*; orangutan 灵长目猿猴亚目人科猩猩亚科猩猩属动物的统称。包括2种，即婆罗洲猩猩和苏门答腊猩猩，前者还有3个亚种。分布于印度尼西亚的婆罗洲、加里曼丹和苏门答腊等地。是猩猩亚科中唯一分布在亚洲的种类，分布区狭小，数量不多。在灵长类动物中，体型仅次于**大猩猩**，雄性比雌性大，雄性体长0.97～1.25米，雌性0.78～0.86米；雄性体重75～100千克，雌性37～80千克；两臂很长，张开宽达2.3～2.4米，站立时双臂下垂可达脚踝部；腿短，且不如臂粗壮；体毛稀疏，暗红褐色，肩和背部有20余厘米长毛；前额突出，嘴突出，唇薄，眼、耳、鼻均小，眼间距较窄；成年雄性的脸侧具有叶状的厚肉垫，在肉叶下面有一气囊；有的颏下有胡子；手脚窄长，臂和手粗壮有力，手长约28厘米，脚长约32厘米；犬齿发达，牙齿32枚，齿式与人类同。无尾。

栖息于热带雨林，雄性单独生活，雌性单独生活或与小猩猩在一起。白天活动，大部分时间用于觅食，吃果实、嫩芽、树叶、树皮、花和动物性食物，包括鸟蛋、幼鸟、甲壳类、小型哺乳动物和白蚁等。能在地面直立行走，但要靠拳指支撑，腰不能直立。臂力强大，除虎、豹外，无其他天敌。孕期223～267天，每胎1仔，寿命25～58年。

刑法 criminal law　规定**犯罪**、**刑事责任**和刑罚的法律。有广义和狭义之分。广义刑法是指一切规定犯罪、刑事责任和刑罚的法律规范的总和。狭义刑法仅指系统地规定犯罪、刑事责任和刑罚的刑法典。在中国，即指1979年7月1日通过、1997年3月14日修订的《**中华人民共和国刑法**》。

刑法的特点和功能　刑法有两个显著的特点：①刑法所保护的社会关系的范围比其他一些部门法更为广泛。刑法所保护的是所有受到犯罪侵害的社会关系，这些社会关系涉及社会生活的各个方面。②刑法的强制性最为严厉。刑法对犯罪人适用的刑罚不仅可以剥夺犯罪人的财产、限制或剥夺犯罪人的人身自由、剥夺犯罪人的政治权利，而且还可能剥夺犯罪人的生命。这是任何其他法律所没有、也不可能有的。

刑法的功能（机能）有以下三个方面：①确定犯罪，惩罚犯罪。②保护社会，维护秩序。③规制司法，保障人权。

刑法的历史类型　人类历史上有四种类型的刑法，即奴隶制刑法、封建制刑法、资本主义刑法和社会主义刑法。

前资本主义刑法　包括奴隶制刑法和封建制刑法，共同特点是：①等级森严。即严格按照犯罪人和受害人的身份等级（社会地位）决定刑罚的有无和轻重。②罪刑擅断。即法官或君主不顾法律规定，任意按个人意志定罪量刑。③刑罚残酷。

18世纪，刑事古典学派提出的罪刑法定、罪刑相称、法律面前人人平等、刑罚人道主义等刑法理论为资产阶级刑法广泛采用，如1791年《法国刑法典》、1810年拿破仑的新《刑法典》。

19世纪后半叶，随着自由资本主义向垄断资本主义转化，社会矛盾激化，出现了刑事人类学派和刑事社会学派，由于它们注意运用当时兴起的自然科学实证研究方法，故被统称为刑事实证学派。第二次世界大战后，一些国家对刑法进行了改革，主要有：①恢复传统的资产阶级观点，认为刑法是超阶级的。②在立法上恢复了资产阶级传统的一些民主原则，重新规定了罪刑法定主义、罪刑相适应原则，改革刑罚制度，减轻刑罚，有的国家还废除了死刑。同时，一些国家又制定许多特别刑事法规而排除普通刑事法律中某些规定的适用。

社会主义刑法　社会主义刑法的最大特色是公开宣布自己的阶级性并明确表达刑法的任务。社会主义刑法还具有其他一些特点：①科学地规定犯罪的一般概念，从阶级实质和法律形式相结合上指明犯罪的基本特征。例如，从中国《刑法》第13条的规定中可以得出：犯罪是危害社会、依照法律应当受刑罚处罚的行为。一定的社会危害性、刑事违法性和应受刑罚处罚性是犯罪的3个基本特征。明确规定犯罪的一般概念，兼具犯罪的实质和形式特征，这在西方各国刑法典中是极其罕见的。②确认并宣示社会主义刑法的基本原则。例如，中国《刑法》在总则中以显著位置集中规定了**罪刑法定原则**、适用刑法人人平等原则、**罪责刑相适应原则**，这在西方刑法典中也是少见的。③从宽处理未成年人的犯罪。中国《刑法》第17条和越南《刑法》第58条都规定，未成年人开始负刑事责任的年龄，对一般犯罪来说是已满16周岁，对故意犯某些严重罪来说是已满14周岁。也即刑事责任年龄的最低限是14周岁。这比某些资本主义国家刑法把刑事责任年龄最低限确定为9周岁甚至7周岁，打击面（或曰犯罪圈）自然要缩小得多。中国《刑法》还规定，“已满十四周岁不满十八周岁的人犯罪，应当从轻或者减轻处罚”；“犯罪的时候不满十八周岁的人……不适用死刑”。越南《刑法》将“对未成年人犯罪的规定”列为专章，这些是一般西方国家刑法所不及的。

1997年3月全国人大常委会副委员长王汉斌在八届全国人大五次会议上作《关于中华人民共和国刑法（修订草案）》的说明报告

刑法时效　criminal law, prescription in　法定刑事追诉权和刑罚执行权在一定期间之内有效的制度。超过法定期限而不行使上述权力，这些权力即归消灭。分为**追诉时效**和行刑时效。

追诉时效　追究犯罪人刑事责任的有效期限。超过这一期限未予追诉，追诉权即行消灭，不能再行使求刑权与量刑权，不能再侦查、提起公诉或自诉，不能再进行审判。

关于时效期间长短的规定，当代各国大多以刑的轻重为标准。《**中华人民共和国刑法**》第87条规定，犯罪经过下列期限不再追诉：法定最高刑不满5年**有期徒刑**的，经过5年；法定最高刑为5年以上不满10年有期徒刑的，经过10年；法定最高刑为10年以上有期徒刑的，经过15年；法定最高刑为**无期徒刑**、**死刑**的，经过20年，如果20年以后认为必须追诉的，须报请最高人民检察院核准。第88条规定，在人民检察院、公安机关、国家安全机关立案侦查或者在人民法院受理案件以后，逃避侦查、审判者，不受追诉期限的限制；被害人在追诉期限内提出控告，人民法院、人民检察院、公安机关应当立案而不予立案的，不受追诉期限的限制。

关于时效的起算时间，第89条规定从犯罪之日起计算；犯罪行为有连续或者继续状态的，从犯罪行为终了之日起计算。还规定在追诉期限以内又犯罪的，前罪追诉的期限从犯后罪之日起计算。

行刑时效　法定对被判处刑罚的人执行刑罚的有效期限。中国《刑法》没有行刑时效的规定。

刑事拘留　criminal detention　中国公安机关、人民检察院对直接受理的案件，在侦查中遇有法定的紧急情形时，对现行犯或者重大嫌疑分子所采取的临时剥夺人身自由的强制方法。又称**拘留**。

刑事强制措施　criminal compulsory measures　法定机关为保证刑事诉讼的顺利进行，依法对犯罪嫌疑人、被告人采取的在一定期限内暂时限制或剥夺其人身自由的强制方法。《**中华人民共和国刑事诉讼法**》规定了5种强制措施：**拘传**、**取保候审**、**监视居住**、**拘留**和**逮捕**。强制措施只适用于犯罪嫌疑人、被告人。在强制措施适用过程中，人民法院、人民检察院和公安机关发现不应当追究刑事责任、强制措施期限届满或者适用强制措施不当的，应当及时予以撤销或变更。犯罪嫌疑人、被告人及其法定代理人、近亲属或者犯罪嫌疑人、被告人委托的律师及其辩护人对适用强制措施超过法定期限的，有权要求解除、变更强制措施。

刑事诉讼法 criminal procedure law 国家制定和认可的关于刑事诉讼的法律规范的总和。现代国家重要的基本法之一。刑事诉讼是警察机关、检察机关和法院追究和惩罚犯罪、解决被追诉者刑事责任问题的活动程序。刑事诉讼法的主要内容是规定刑事诉讼的任务、基本原则和制度、证据、管辖、强制措施、当事人的权利和义务，以及侦查、起诉、审判和判决执行等程序。狭义的刑事诉讼法专指刑事诉讼法典。

资产阶级在取得反封建革命的胜利后，制定了专门的刑事诉讼法典。法国在1808年颁布了《刑事诉讼法典》。英、美两国虽然没有制定刑事诉讼法典，但颁布了不少单行法律，如美国1945年制定了统一的《联邦刑事诉讼规则》。

在中国，北洋政府于1921年颁布了《刑事诉讼条例》。国民党政府于1928年颁行刑事诉讼法。

中华人民共和国建立后，先后颁布了一些有关刑事诉讼的法律，如1954年颁布了《中华人民共和国逮捕拘留条例》。1979年7月1日颁布了《中华人民共和国刑事诉讼法》。这是中国第一部社会主义性质的刑事诉讼法典。1996年3月17日对该法典作了重大修改。

基本原则 资本主义国家的刑事诉讼法的基本原则主要有：审判独立、法律面前人人平等、无罪推定、被告人有辩护权、审判公开、辩论原则、直接原则、言词原则、一事不再理等。除无罪推定外，这些原则基本上为中华民国时期国民党政府的刑事诉讼法所继承。

《中华人民共和国刑事诉讼法》规定的基本原则有：侦查权、检察权、审判权由国家专门机关分别行使；人民法院、人民检察院和公安机关进行刑事诉讼，应当分工负责，互相配合、互相制约；人民法院、人民检察院依法独立行使职权；以事实为依据，以法律为准绳；一切公民在适用法律上一律平等；人民检察院依法对刑事诉讼实行法律监督；用民族语言文字进行诉讼；审判公开；保证被告人有权获得辩护；未经人民法院依法判决不得确定有罪；保障诉讼参与人的诉讼权利。

证据制度 在奴隶制、封建制的刑事诉讼中，实行过神示制度，即依靠神的示意来判断案件事实，包括：神誓，即以对神宣誓的方式来证明案件事实；神明裁判，即以当事人接受神的考验来证明他们陈述的真伪；司法决斗，即以当事人决斗的胜负来证明他们陈述的真伪。中世纪后期，欧洲各国的刑事诉讼实行法定证据制度，即法律机械地规定各种证据的证明力，以认定案件事实。刑讯逼供、据供定罪的口供主义，始终是奴隶制和封建制证据制度的一个基本特点。资产阶级在革命胜利后，在民主、人权思想的指导下，废除了刑讯，摈弃了法定证据制度。大陆法系国家规定了以证据为根据认定案件事实的证据裁判主义和以法官内心确信判断证据的自由心证主义。英美法系国家则一方面规定了一系列证据规则，另一方面也实行对证据的自由评断。

第二次世界大战以后，比较重要的刑事证据规则有：证据的关联性与可采性规则、举证责任规则、传闻证据规则、非法证据排除规则、最佳证据规则、证人拒绝作证特权规则、沉默权规则、司法认知与推定规则、排除合理怀疑和自由心证等。

中国《刑事诉讼法》第五章对证据作了专门规定，主要有：证据必须依照法定程序收集，严禁刑讯逼供和以威胁、引诱、欺骗以及其他非法的方法收集证据。办案必须忠于事实真相。对一切案件的判处都要重证据、重调查研究，不轻信口供。证据必须经过查证属实以后，才能作为定案的根据。

诉讼程序 包括以下几方面内容。

古代的刑事诉讼程序 古代的刑事诉讼程序比较简单，没有专门的侦查机关，侦查程序和法庭审理程序基本不分，上诉和申诉程序不正规。在纠问式程序中，审判不公正，刑讯是合法程序。

资本主义国家的刑事诉讼程序 英美法系和大陆法系由于诉讼模式不同，具体程序也有所区别。①侦查程序。英美法系国家的侦查由警察机关负责。警察询问犯罪嫌疑人必须有律师在场，犯罪嫌疑人享有沉默权。警察机关的搜查、扣押和有证逮捕应当通过司法审查程序。大陆法系国家负责侦查的司法警察要受检察官或预审法官的领导或指挥。②起诉。英国传统上是由警察机关向法院提起诉讼，1985年后改为由检察机关起诉。美国的起诉有两种方式：一为经大陪审团审查批准起诉；二为检察官决定起诉。大陆法系国家的起诉，有的国家（如德国）分公诉和自诉，有的国家（如法国）没有自诉。公诉一律由检察机关负责。③审判程序。英美法系国家实行典型的对抗制，组成陪审团，就事实问题投票决定被告人是否有罪，如果有罪，再由法官判处刑罚。庭审时，控辩双方对证人交叉询问，进行举证、质证和辩驳。法官处于中立、消极的地位，不主动调查证据，但可以对证据的可采性作出提示或决定。法、德等大陆法系国家的职权主义庭审程序虽已吸收英美法系的辩论原则，但仍有一些不同，如强调法官在庭审中的指挥作用，法官可以主动调查证据。

中华人民共和国的刑事诉讼程序 中国《刑事诉讼法》规定的刑事诉讼程序分为立案、侦查、起诉、第一审、第二审、死刑复核、判决执行和审判监督程序。1996年修正后的《刑事诉讼法》在程序上的重大改革主要是：辩护律师在侦查程序中可以参与诉讼以及第一审程序采取控辩式。在第一审程序的法庭调查中，主要由控方和辩方讯问被告人，询问被害人、证人、鉴定人，出示和审查物证、书证。审判长主持庭审，审判长、审判员和陪审员必要时可以调查证据。上诉程序为两审终审制。

刑事责任 criminal liability 行为人实施刑事法律禁止的行为所必须承担的法律后果。负刑事责任意味着应受刑罚处罚。这是刑事责任与民事责任、行政责任和道德责任的根本区别。

具备犯罪构成要件（见犯罪）是负刑事责任的依据。犯罪主体和主观方面要件必须是达到法律规定的年龄、精神正常的人主观上存在故意或过失，犯罪客体和客观方面要件必须是行为人的行为侵犯了刑事法律保护的社会关系，并造成了严重的社会危害性，即已构成犯罪，行为人才应负刑事责任。刑法规定的行为人对自己实施的犯罪行为负刑事责任的年龄，称为刑事责任年龄。各国对此规定不一。印度刑法规定从7岁开始负刑事责任，西班牙、意大利等国刑法规定为9岁，多数国家规定为14岁。《中华人民共和国刑法》规定："已满十六岁的人犯罪，应当负刑事责任。""已满十四岁不满十六岁的人，犯杀人、重伤、抢劫、放火、惯窃罪或者其他严重破坏社会秩序罪，应当负刑事责任。""已满十四岁不满十八岁的人犯罪，应当从轻或者减轻处罚。"还规定，对犯罪时不满18岁的人不适用死刑。已满16岁不满18岁的，如果所犯罪行特别严重，可以判处死刑缓期2年执行。

行为人能够辨认和控制自己的行为并能承担刑事责任的能力称为刑事责任能力。凡达到刑事责任年龄，精神和智力正常而无障碍的，即具有刑事责任能力，应当承担刑事责任。除未成年人外，精神病人在发病期间不能辨认和控制自己的行为，无刑事责任能力，不应追究其刑事责任。但间歇性精神病人在精神正常的时候犯罪，应当负刑事责任。醉酒的人只是暂时减弱了控制自己行为的能力，并非丧失了这种能力，他对所实施的犯罪应当负刑事责任。又聋又哑的人或者盲人由于生理缺陷，他们的刑事责任能力有所减弱，对于他们所实施的犯罪，可以从轻、减轻或者免除处罚。

刑事责任能力 capacity for criminal responsibility 行为人构成犯罪和承担**刑事责任**所必须具备的**刑法**意义上辨认和控制自己行为的能力。

《**中华人民共和国刑法**》对刑事责任能力采取四分法。

完全刑事责任能力 简称刑事责任能力或责任能力。凡年满18周岁、精神和生理功能健全而智力与知识发展正常的人，都是完全刑事责任能力的人。完全责任能力人实施犯罪行为的，应当依法负全部刑事责任。

完全无刑事责任能力 简称完全无责任能力或无责任能力。指行为人没有刑法意义上的辨认或者控制自己行为的能力。即不满14周岁的人和行为时因精神疾病而不能辨认或者不能控制自己行为的人。

相对无刑事责任能力 又称相对有刑事责任能力。指行为人仅限于对刑法所明确限定的某些严重犯罪具有刑事责任能力，如已满14周岁不满16周岁的人。

减轻刑事责任能力 又称限定刑事责任能力、限制刑事责任能力、部分刑事责任能力。中国《刑法》明文规定的当然或可能为限制责任能力人有4种：①已满14周岁不满18周岁的未成年人，因其年龄因素的影响而不具备完全的刑事责任能力；②又聋又哑的人；③盲人；④尚未完全丧失辨认或者控制自己行为能力的精神病人。其中，又聋又哑的人和盲人系可能为限制责任能力人，是否为限制责任能力人，要视其是否因生理功能丧失而使责任能力有所减弱而定。此外，根据中国《刑法》规定，以下两种人不属于限制责任能力人的范畴：在精神正常时犯罪的间歇性精神病人（见**司法精神病鉴定**）和实施触犯刑法行为时的醉酒人，应当负刑事责任。

刑事责任年龄 criminal responsibility, age for 法律规定的行为人对自己实施刑法禁止的危害社会行为负**刑事责任**所必须达到的年龄。《**中华人民共和国刑法**》把刑事责任年龄分为三个阶段：①完全不负刑事责任年龄阶段。即不满14周岁，完全不负刑事责任。②相对负刑事责任年龄阶段。即已满14周岁不满16周岁的未成年人，只对自己实施的严重危害社会的8种犯罪即“故意杀人、故意伤害致人重伤或者死亡、强奸、抢劫、贩卖毒品、放火、爆炸、投毒罪”负刑事责任。③完全负刑事责任年龄阶段。即已满16周岁的人犯罪，应当负刑事责任。

刑天 Xingtian 中国神话人物。又作形天。神话的内容是说：刑天与天帝争夺帝位，失败后被天帝砍头，埋于常羊山。刑天不肯屈服，以双乳为眼，以肚脐代口，手持盾牌和斧头继续与天帝争斗。刑天舞干戚的神话曲折地反映古代先民反对绝对权威，敢于抗争的英雄主义气概。**陶渊明**在《读山海经》中以诗句“刑天舞干戚，猛志故常在”称赞这种勇往直前、矢志不渝的精神。刑天舞干戚的神话见于《山海经·海外西经》。它以男性英雄为叙事中心，说明这个神话可能产生于父系氏族社会形成之后。

刑徒 prisoner-labourer 中国秦汉时被判处剥夺一定时期自由的徒刑罪犯。分为黥、劓、城旦舂、完城旦、鬼薪、白粲、隶臣、司寇几等。秦汉时把判决为刑徒的犯人押解到工地服役，称为“输作”。当时，修城和建陵墓都动用大量的刑徒。此外，在开通道路、修桥、筑宫室和冶铸铜铁等方面也都离不开刑徒的劳动。服役的城旦、鬼薪，颈上和胫上都要戴刑具，还要穿戴红色的衣帽，故秦汉时常用“赭衣”来比喻刑徒。秦、西汉时，主管土木工程之官为司空，故司空又成为管理刑徒的机构，《司空律》则是秦代处理有关刑徒事务的法律。东汉时，洛阳的刑徒归将作大匠下的左、右校管辖。秦汉之制，皇帝下令大赦或特赦，刑徒就可减刑或免刑，否则必须服役满期方能获释。西汉时，皇帝常下诏赦天下徒或专赦修建陵墓的刑徒，这种被赦的刑徒称为弛刑。所谓弛刑，即刑徒可以除去钳釱和赭衣，并由此从刑徒转变为平民身份，但仍须继续服役到期满为止。汉代弛刑常被调遣到边境或其他条件艰苦的地方去作战、戍守或屯田。秦汉时，还有以钱或以粟赎罪减刑的规定；从东汉明帝开始，皇帝更不断颁发诏令，允许刑徒用缣赎刑，在这种制度下，官僚富人即使触犯刑律，也可不再沦为服役的刑徒。秦汉时，刑徒不仅受到沉重劳动的折磨，而且常常因饥寒交迫或疾疫而丧生。

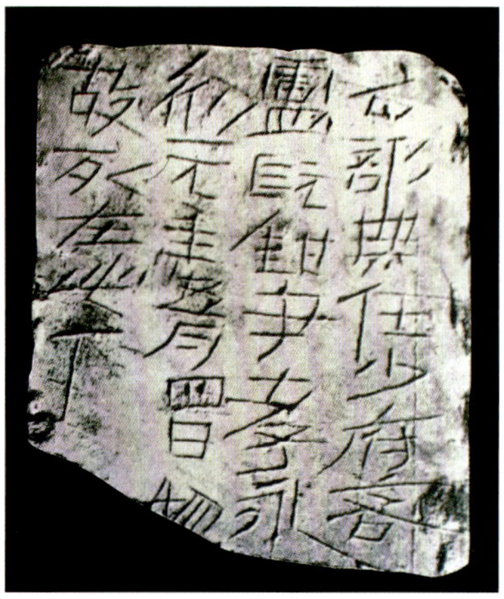

刑徒墓砖铭文（东汉）

邢芬 Xing Fen (1973－10－05～) 中国女子举重运动员。海南琼州人。1988年入选国家举重队。1988年在第2届世界女子举重锦标赛44公斤级比赛中分别以抓举70.5公斤、挺举87.5公斤、总成绩147.5公斤获三项冠军并均打破世界纪录，是中国第1位女子举重世界纪录创造者。1989年在第3届世界女子举重锦标赛中获44公斤级抓举、挺举和总成绩三项冠军，并以72.5公斤和92.5公斤分别打破抓举、挺举世界纪录，以160公斤、165公斤两破总成绩世界纪录。1990年获第11届**亚洲运动会**举重比赛44公斤级总成绩冠军。1991年获第5届世界女子举重锦标赛44公斤级抓举、挺举和总成绩三项冠军，并以93.5公斤、95.5公斤两破挺举世界纪录。1992年获第5届亚洲女子举重锦标赛44公斤级抓举、挺举和总成绩三项冠军，并以抓举75.5公斤、77.5公斤，挺举100.5公斤、102.5公斤，总成绩177.5公斤、180公斤均破世界纪录。1997年获第10届亚洲女子举重锦标赛46公斤级抓举、挺举、总成绩三项冠军，并以挺举105.5公斤打破世界纪录。

邢公畹 Xing Gongwan (1914～2004－07－07) 中国语言学家。原名邢庆兰。祖籍江苏高淳。生于安徽安庆，卒于天津。1937年毕业于安徽大学，随即考入中央研究院历史语言研究所。1942年到南开大学边疆人文研究室工作，同时在西南联合大学执教。自1946年南开大学复校起，一直任该校中文系教授。1953～1956年任莫斯科大学教授。历任南开大学中文系系主任、顾问、汉语侗台语研究室主任，中国语言学会副会长、中国音韵学研究会顾问、中国民族语言学会理事等职。邢公畹在汉藏系语言比较、语言理论、**汉语语法**等领域的研究工作受到国内外学术界的好评。他在《诗经“中”字倒置问题》(1947)、《汉台语构词法的一个比较研究》(1949)、《说“鸟”字的前上古音》(1982)以及《汉

语和侗台语里的-m，-ŋ交替现象》(1986)等论文中，从语法词序、语音对应等方面，特别是利用对应同源体系的研究方法，为论述汉语和侗台语的系属关系提出了丰富的论证。主要著作有1947～1982年语言学论文选集《语言论集》(1983)等。

邢其毅 Xing Qiyi (1911-11-24～2002-12-27) 中国有机化学家。祖籍贵州贵筑（今贵阳)。生于天津，卒于北京。1933年毕业于北京辅仁大学化学系。1936年获美国伊利诺伊大学博士学位，同年赴德国慕尼黑大学进行博士后研究。1937年回国后，历任中央研究院化学研究所研究员、华中军医大学化学教授、北京大学化学系和农业化学系教授兼北平研究院化学研究所研究员、北京大学化学系教授。1980年当选中国科学院学部委员（院士)。多年从事有机化学的教学和科研工作。早年研究出操作简便的测定不饱和脂肪酸结构的方法，已被国外一些有机化学教科书采用。重要研究成果还有：合成氯霉素的新方法，获1978年全国科学大会奖。所参加的合成牛胰岛素的工作，1982年获国家自然科学奖一等奖。合成9种多肽新试剂。著译十余本，其中编写于50年代的《有机化学》和80年代的《基础有机化学》是在中国影响甚广的教科书。发表论文百余篇。

邢劭 Xing Shao (496～?) 中国北朝齐文学家。字子才。河间鄚（今河北任丘北）人。北魏时官任中书侍郎、国子祭酒等职。北齐时累官太常卿兼中书监，后授特进，死于任上。擅长骈文，与温子昇、魏收齐名，合称“北地三才”。他现存的文章多为应用文字，辞藻华丽，讲究对仗。除骈文外，也能作诗赋。诗现存8首，其中如《七夕》、《思公子》等，内容与形式均摹仿齐梁诗。他的《冬日伤志篇》风格比较高古，情调也颇苍凉。他认为“自汉逮晋，情赏犹自不谐；江北江南，意制本应相诡”(《萧仁祖集序》)。他还说：“沈侯文章用事，不使人觉，若胸臆语也。”(《颜氏家训·文章篇》）这些议论都很有见地。《隋书·经籍志》载，邢劭集原有31卷，已佚。明代张溥辑有《邢特进集》，收入《汉魏六朝百三家集》中。

邢台地震 Xingtai Earthquake 1966年3月8日至29日发生于中国河北省邢台地区的一系列地震。首次地震在8日，发生于隆尧县以东，震级6.8级，震中烈度Ⅸ度强；第二次、第三次都在22日，震级分别为6.7级和7.2级，震中在宁晋县东南，震中烈度分别为Ⅸ度和Ⅹ度。有感范围北到内蒙古多伦，东到烟台，南到南京，西到铜川等地区。地震造成8 000余人死亡。地裂缝、冒沙、冒水现象普遍，断续延绵几十米至数千米。滏阳河上几座桥遭严重破坏。艾辛庄大桥桥面向南移动，与桥墩错开1.8米，致使交通中断。这次地震影响区域广。天津市和涿县（今涿州）有发电机掉闸，造成短暂停电现象。石家庄以西和山西昔阳等地破坏程度也较高。邢台地震后，中国的地震科学研究进入以地震预报研究为主的阶段。

邢台市 Xingtai City 中国河北省辖地级市。俗称卧牛城。位于省境南部。辖桥东、桥西2区和邢台、临城、内丘、柏乡、隆尧、任县、南和、宁晋、巨鹿、新河、广宗、平乡、威县、清河、临西15县，代管南宫市、沙河市。面积12 439平方千米。人口710万(2010)。曾为商代国都。公元前11世纪周分封诸侯时，为邢侯国。宋宣和二年（1120)始称邢台。历为都、州、府、路、县治。1945年为太行行署直辖市。1949年改为镇，1953年设市。属暖温带大陆性半湿润季风气候。地下水资源丰富，是华北地区少数富水城市之一。矿产资源主要有煤、铁、瓷土、石膏、菱镁矿、重晶石、石墨等。农业主要产棉花、小麦、玉米等；雪花梨、串枝红杏、辣椒、红枣、核桃、板栗、酸枣仁等享有盛名，其中核桃、板栗、酸枣仁等是传统出口产品。主要有钢铁、煤炭、机械、建材、纺织、化工等工业。名胜古迹有崆山白云洞、野沟门水库、秦王湖风景区、唐邢窑遗址、殷商遗址、开元寺、清风楼、达活泉风景区、郭守敬纪念馆和观星台等。

邢侗 Xing Tong (1551～1612) 中国明代书法家。字子愿，号来禽生。山东临邑人。万历二年（1574）进士，官至陕西行太仆寺少卿，人称邢太仆。工诗文，兼能画竹兰窠石，尤善书法，与董其昌、张瑞图、米万钟并称明末四家。自幼学习书法，7岁即能写擘窠大字。所作书法，笔力矫健，沉着圆浑。其行书紧劲，用笔开张；大草书则又专务浑遒，婉转姿媚。《晚晴赋》是其代表作。尝刻《来禽馆法帖》行世，其中以王羲之的《十七帖》最精。著有《来禽馆集》。

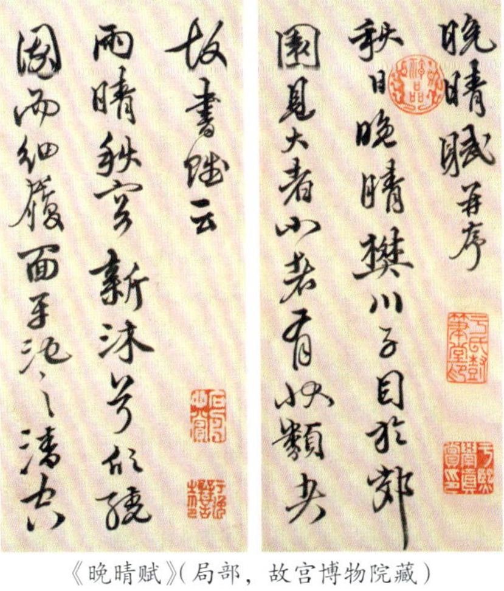

《晚晴赋》(局部，故宫博物院藏）

行道树 avenue trees 按一定方式配植在城乡道路两旁的乔木或灌木。又称荫道树或路树。其功能在于为行人创造良好的小气候环境，使路面、广场、住宅和公共建筑物等不受过烈的阳光照射，调节温、湿度；消烟、滞尘、防风、净化空气和减少噪声；以及美化市容、为路景增色、保护道路等。

适宜作行道树的树种，要求抗性强，能适应街道的特殊环境，尤耐瘠薄而干燥的土壤，大苗定植后易于成活；病虫害少；花和叶无毒、无恶臭；落果少，无毛絮飞扬；主干挺直，树冠整齐；耐修剪；扎根深，树干下方和根际少萌蘖，不在地表生横根；树大荫浓；寿命长。落叶树种还要求发芽早，落叶迟且较整齐。材质优良，或可提供鲜花、药材或干、鲜果等副产品的树种尤佳。中国常用树种主要有：杨树、国槐、木麻黄、樟树、凤凰木、蓝桉、榕树、梧桐、木棉等。

行道树栽植前须对道路、土壤、路旁建筑物、地下和架空管线，以及交通等状况进行调查。行道树的配置方式，一般是在车行道与步道之间栽植1～2行乔木树种，并夹栽一些灌木。树与建筑物以及地下埋设的各种管道之间应保持一定的距离。高压输电线走廊内不宜栽植大树。郊区公路行道树的配置，根据道路宽度不同而有不同方式。

树苗栽植可分春植、秋植和雨季栽植三个时期。干燥季节和冬季临封冻前必须充分灌溉，并要适时采取修剪整形、补植、更新、防治病虫害以及防风等措施。

行动绘画 action painting 美国现代绘画流派。又称抽象表现主义、塔希主义、纽约画派。20世纪40年代中期出现在纽约，50年代风靡美国画坛并波及欧洲。代表画家有J.波洛克、W.德·库宁、F.克兰等人。

行贩 pedlar 往来流动贩卖或收购日常生活生产用品的商贩。世界各地皆有。在中国至迟出现于周代。行贩的主要特点是具有流动性，他们走街串巷、走乡串户，吆喝叫卖或使用特定的响器传递商品信息，以招徕顾客。清末民间艺人画稿《北京民间生活彩图》中有数十幅是描绘行贩的，如卖茶汤、卖鸭蛋、卖豆腐脑儿、卖花、卖春联、卖槟榔的等。英国文化人类学家J.G.弗雷泽在《爱迪生时代的伦敦生活》中也记述了当时伦敦的行贩行当和招徕市声。古今行贩按所经营的货物分为多种行当，均有自己的行业祖师信仰，有些还结成行业组织，有自己的行规、行话和招徕顾客的方式。如中国东北吉林地区的货郎尊奉《白蛇传》传说中的许仙为行业祖师，设立行会，订有行规。各行当的隐语行话千差万别，如卖水烟的行贩，称皮丝烟为"软货"、青丝烟为"硬货"等。作为坐商的补充，行贩大大方便了人们的生活，至今在农村和偏远地区依然十分活跃。

行歌坐月 中国侗族青年男女的一种集体社交和娱乐活动。通过情歌对唱结识异性，以谈情说爱、求偶为中心。广泛流行于贵州、广西、湖南三省（区）毗邻地带的侗族聚居区。各地名称不一，或称"走寨"（对小伙子而言）、"坐夜"（对姑娘而言），或称"坐歌堂"，习惯上合称行歌坐月或行歌坐夜。所谓"行歌"，指男女青年对歌交游；"月"即月堂，指寨子中央低矮的吊脚木楼，白天供妇女做针线活，晚上则是青年男女行歌坐月的场所。一般是在农闲时节，夜晚女子相聚某家或月堂闲谈、做女红，本寨不同房族或外寨男子三五结群而来，对唱情歌，互致情意。男女青年于此相识相知，再由双方父母说合成婚。

行气 activating qi flowing 中医临床运用具有疏畅气机、解郁散结作用的药物治疗气滞病证的治法。理气法之一。主要用于肝气郁滞和脾胃气滞，治法包括疏肝解郁及行气和胃两类。

疏肝解郁 治疗肝气郁滞证的治法，适用于肝气郁滞所致的胸胁胀满，胁肋疼痛，疝气腹痛，妇女月经不调、痛经、乳房胀痛，脉弦等证。常用的疏肝解郁药有香附、柴胡、乌药、青皮、川楝子、小茴香等，代表方如柴胡疏肝散、天台乌药散。疏肝解郁常与清热、散寒、活血、补脾等法配合使用。如肝气郁滞、气郁化火，宜配合清热法，方如金铃子散；寒侵肝脉、气机阻滞，宜配合散寒法，方如天台乌药散；肝气郁滞，常致血行不畅，宜配合活血法，方如柴胡疏肝散；肝郁脾虚，宜配合补脾法，方如逍遥散。

行气和胃 治疗脾胃气滞证的治法，适用于脾胃气滞所致的脘腹胀满疼痛、呕恶食少、肠鸣腹痛、大便失常等。常用的行气和胃药有陈皮、木香、厚朴、砂仁等，代表方如香砂枳术丸。行气和胃法常与疏肝解郁、祛湿、消食化滞、补脾以及散寒、清热等法配合使用。如肝气郁滞、肝气犯胃，宜与疏肝解郁法配合，方如柴胡疏肝散；湿阻脾胃、气机不行，宜配合祛湿法，方如平胃散；食积停滞、胃气不和，宜配合消食化滞法，方如保和丸；脾胃虚弱、胃气不行，宜配合补脾法，方如异功散；寒邪犯胃，宜配合温中祛寒法，方如良附丸；痰热内结、气郁不通，宜配合清热化痰，方如小陷胸汤。

行书 running script 汉字一种书体的名称。指介于草书和楷书之间的书体。行书是由正体字在日常应用中笔画连写或小有变异而形成的，既便于书写，又不像草书那样难于辨认，所以宜于通行。从汉代起，行书随着正体字的发展，而在体势、笔意上有所变化，成为适应性最强、应用范围最广、延续时间最长的书体。东汉中期行书已经出现，西晋时行书大行于世，朝廷曾立书博士，以钟繇、胡昭之法教弟子，包括行书。书法家也多以行书著称，东晋帝王多善行书，书法家中的王羲之为行书大家之一。

《行水金鉴》 *Golden Mirror of Waterways* 中国古代关于长江、黄河、济水，特别是京杭运河的水利文献资料总汇编。清雍正三年（1725）成书，傅泽洪主编，郑元庆纂辑。正文共175卷。其中河水60卷，淮水10卷，汉水、江水10卷，济水5卷，运河水70卷，黄运两河总说8卷，以及官司、夫役等12卷。此外卷首还包括序、略例、总目及黄、淮、汉、江、济、运等河流诸图。全书约120万字，是一部上起《禹贡》、下迄康熙六十年（1721），按河流分类，按朝代年份编排的资料书。所收入文献资料达370种以上，每条记载均注明出处。

道光十一年（1831）成书的《续行水金鉴》由黎世序等主持，俞正燮等编修。所收资料上起顺治八年（1651），下迄嘉庆二十五年（1820）。续书除序、例、图外，正文共156卷，其中河水50卷，淮河14卷，运河水68卷，永定河水13卷，江水11卷，共约200万字。续书着重搜集、编存了大量原始的工程技术档案，累计达121卷，占全书篇幅的77.5%。

1936年全国经济委员会水利处组织编修《再续行水金鉴》，所收资料上接嘉庆二十五年（1820），下迄宣统三年（1911）。1952年中华人民共和国水利部南京水利实验处曾组织编制《行水金鉴》、《续行水金鉴》二书分类索引，还对二书的讹误进行校核订正。

行头 actor's costumes in Chinese opera 中国古代对戏曲服装的称谓，沿用至今。清李斗《扬州画舫录》："戏具谓之行头。行头分衣、盔、杂、把四箱。"在戏曲史上，又有"江湖行头"、"内班行头"、"私房行头"及"官中行头"等名目。江湖行头为一般民间职业戏班所用的行头。这类戏班限于经济条件，一般只有一副行头。内班行头，是清代以扬州大盐商为戏主的戏班，备皇帝南巡时承应演出。其行头较一般为豪华，有各种特制的衣装、砌末。私房行头是演员个人自备的行头。其盛行则在近代。崇彝《道咸以来朝野杂记》："晚近虽二路脚色，皆有私行头，以旦脚、小生为甚。"有了私房行头之后，就把戏班公用的行头称为"官中行头"。私房行头兴起后，虽然有过一些脱离

图1 唐韵笙设计的戏装：箭衣

图2 传统戏曲服装：靠

图3 承德离宫清代戏曲服装：贡缎织金团龙红蟒

图4　传统戏曲部分砌末

戏情戏理，自我炫耀的不良倾向，但总的说来，对戏曲服装的发展起了积极作用。

行为地理　behavior, geography of　研究人类对地理环境的认识过程和行为规律的领域。地理学与行为科学的交叉领域。它把心理、行为等因素引入人地关系的研究中，研究人类在环境感应的基础上产生的内在行为（心理行为）和外在行为（表现行为或社会行为）之间的关系，揭示人类活动与地理环境之间平衡、反馈的空间关系规律。是现代科学整体化过程在地理学研究中的体现，是现代人文地理学的综合研究方向。它着重研究人类环境感应和行为交流过程，包括居民的行为与地理环境的关系，如移民、职业，以及居民地点的选择、康乐活动、生产和各种劳务（服务行业、卫生、教育等）的区位选择的主观因素；规划决策人的行为判断的地理合理性程度；企业经理阶层的区位选择行为；旅游行为与旅游区规划设计的关系以及特殊环境下的人类行为等。

行为遗传学　behavioral genetics　研究支配生物的向光、向地、摄食、求偶、育儿、攻击、逃避以及学习与记忆等行为的基因和基因表达的时间、场所及作用途径等的遗传学分支学科。行为是受基因控制的复杂的生物学过程。每一种生物都有它特殊的行为，一般越是低等的生物，行为模式就越单纯。但是各种生物的行为之间又有许多共同之处，所以对各种行为的遗传学研究既有阐明不同生物特殊行为的遗传基础的意义，又有普遍的生物学意义。

深入了解动物行为的形成和发展的遗传机制将会提高人类利用动物资源的能力，推动仿生学的发展。此外，在阐明基因–神经（脑）–行为之间的关系之后，也将为防治行为异常的遗传疾病提供理论依据。

行为障碍　behavior disorder　随意运动、意志活动以及随意动作之间的关系受到破坏的症状。又称行为动作障碍。

随意动作的异常主要包括：①违拗症。②木僵状态。③被动服从。④刻板动作。常与刻板言语同时出现。⑤模仿动作。⑥持续动作。常与持续言语同时出现。⑦作态。又称装相。患者常做出一些古怪的、愚蠢的或做作性的幼稚动作和姿态。

意志行为和其他兴奋性行为的异常主要包括：①强迫动作。虽然违反本人意愿、却反复出现的动作。②躁狂性兴奋。包括情感高涨、思维奔逸和意志增强三个主要症状，同时还常伴有自我感觉良好的舒适感。③青春性兴奋。患者本能意向增强，严重时可出现意向倒错。④紧张性兴奋。⑤器质性兴奋。这类患者一般有大脑器质性病变，并有不同程度的智能障碍，严重时会出现痴呆现象和人格异常。

行为治疗　behavior therapy　以行为学习理论为基础，按照一定程序矫正人们适应不良行为的一类心理治疗。行为主义心理学在治疗领域中的具体应用。

行为主义研究的只是可观察和可测量的行为，以及引起该行为的外部刺激。因此，刺激–反应被认为是解释行为的普遍公式。行为主义还认为，人的行为大多是后天习得的，因此适应不良行为自然也可以通过学习训练而消除。因而，行为治疗主要是针对外部刺激和行为表现进行控制和矫正。

由于认知心理学的发展，行为治疗开始重视刺激和反应之间的中介因素如认知、情绪、动机等。行为治疗也借鉴和引入了有关认知改变技术，在实践中更多采用认知与行为相结合的方法，即认知行为治疗。

行为治疗的方法除传统的系统脱敏疗法和厌恶疗法及满灌疗法以外，还有操作条件法、行为塑造法、代币制管理、自我调整法、自信训练法、松弛疗法、行为演练法、生物反馈疗法，以及认知行为疗法等。行为疗法不仅用于治疗各种神经症性障碍，而且还用于治疗各种心身疾病；不仅广泛地用以矫正儿童或成人的各种不良行为，而且也广泛地用于矫治各种性功能障碍和性行为偏离。

行为主义心理学　behavioristic psychology　20世纪初起源于美国的一个心理学流派。创建人为J.B.华生。行为主义认为，心理学不应该研究意识，只应该研究行为。所谓行为就是有机体用以适应环境变化的各种身体反应的组合。这些反应不外是肌肉收缩和腺体分泌。它们有的表现在身体外部，有的隐藏在身体内部。华生指出，一向认为纯属意识的思维和情绪，其实也都是内隐和轻微的身体变化。前者是全身肌肉特别是言语器官的变化，后者是内脏和腺体的变化。华生认为心理学研究行为的任务就在于查明刺激与反应之间的规律性关系。这样就能根据刺激推知反应，根据反应推知刺激，达到预测和控制行为的目的。

行为主义者在研究方法上摈弃内省，主张采用客观观察法、条件反射法、言语报告法和测验法。行为主义心理学在方法论上深受进化论问世以来的动物心理学的影响，动物不会作内省报告，所以只能根据它对刺激的反应来推测其心理。华生非常赞赏I.P.巴甫洛夫的条件反射法，因为它可以使像感觉辨别这样的主观经验转化为反应差异的客观事实。华生认为除极少数的简单反射外，一切复杂行为都取决于环境影响，而这种影响是通过条件反射实现的。他在婴儿的情绪行为上做实验，使婴儿的爱、惧通过条件反射的改变而改变。

华生式行为主义心理学的影响在20世纪20年代达到最高峰。它的一些基本观点和研究方法渗透到很多人文科学中，从而出现了"行为科学"的名称。华生的环境决定论观点影响美国心理学达30年。他的预测和控制行为的观点促进了应用心理学的发展。行为主义在中国也有相当大的影响。华生的著作《行为主义心理学》、《行为主义》、《行为主义的幼稚教育》都有中译本。中国心理学家郭任远的环境决定论比华生更极端，20～30年代他在中国出版了《人类的行为》、《行为主义的基础》等著作。

行为主义政治学　politics of behavioralism　20世纪50～60年代在美国兴起的主张运用田野调查、数理分析和模拟实验等技术手段对政治现象进行纯经验的定量分析，使政治学成为可测量和可解释的学科的政治学思潮。行为主义在美国政治学中的应用，被认为是政治学的一场"革命"，它使政治科学取代以道德、价值为取向的传统政治学，成为政治学研究的主流。

20世纪50～60年代，行为主义政治学逐渐在欧美政治学中占据统治地位。这一时期著名的政治学者主张"价值中立"，将政治学当作一门经验科学，进行动态化、定量化的实证研究。行为主义主张摒弃价值，醉心于纯科学的技术手段，忽视了对现实政治问题的研究，日益脱离社会现实，尤其在60年代各国的政治危机面前束手无策，行为主义政治学日渐衰落。

行为主义政治学以政治生活中人们的行为及其互动为研究对象，主要应用于对个体政治态度、政治个性和政治过程等微观层次政治活动的研究，涵盖公共政策和社区政治、国际关系等领域，尤其是在选民投票行为研究和领袖人物的行为研究中具有垄断地位。由于将个体的政治行为作为政治活动的出发点，行为主义政治学被认为是一种微观政治学。

行为主义政治学为政治学研究设定了新的研究重点和研究方向，并提供了相应的方法论，使政治学研究具有了精确性。它使政治学研究从静态描述转向动态研究，从定性分析转向定量分析，从规范理论转向经验事实，从宏观建构转向微观考察，从封闭式研究转向跨学科综合研究。行为主义政治学拓展了政治学的视野和发展空间，催生了大量理论体系和概念范畴，其中具有代表性的有政治心理学、政治社会学、政治生态学、政治系统论、结构-功能主义、团体理论、沟通理论、博弈理论、决策理论、精英理论等。

行星 planet 环绕轨道绕太阳或其他恒星运行的近似球形的天体。远在古代人们就注意到，在天穹上除太阳和月球外，还有5颗明亮的星也不断地穿行于众多星辰之间，遂将彼此之间的相对位置几乎永不改变的星称为恒星，而将时时变化方位的金、木、水、火和土这5颗星称为行星。

现代天文学广义地将行星定义为围绕太阳或其他恒星运行、质量不超过木星质量的50倍因而不能成为由核反应产能发光的较大天体；狭义地则专指太阳系的水、金、地球、火、木、土、天王、海王共八个天体。由行星构成的天体系统称为行星系。为了区别于1801年以来发现的数以十万计的小行星，曾也称大行星。

按质量和物态，分为类地行星和类木行星二类。前者质量小、密度大，后者质量大、密度小。太阳系中的类地行星计有水星、金星、地球、火星，它们体积小、质量小、岩态表面、自转慢、卫星少；类木行星是木星、土星、天王星和海王星，它们体积大、质量大、气态表面、自转快、卫星多。以地球轨道为界，有内行星和外行星之分，前者也称地内行星，系指地球轨道之内的水星和金星；后者也称地外行星，系指地球轨道以外的火星、木星、土星、天王星、海王星。若以小行星主带为界，还可分为带内行星和带外行星。

直到1994年之前，太阳系还是天文学家确切知道的唯一行星系。后主要运用分光测量方法，检测到的太阳系外的行星或行星系已超过200个。天文学家将在其他恒星周围运行的行星称为外星行星。

2006年国际天文学联合会（IAU）第26届大会通过了一个《行星定义》，凡满足以下三个判据的天体定义为行星：①绕日运行；②近球形状；③轨道清空。满足①、②两个判据且不定卫星的天体定义为矮行星；仅满足①一个判据的天体定义为太阳系小天体。根据上述《行星定义》，太阳系共有八个行星，即水星、金星、地球、火星、木星、土星、天王星和海王星。

行星大气 planetary atmospheres 包裹着行星体的中性气体和电离气体的总称。依附在行星体周围的大气之所以没有逃离，是由于受行星的引力和磁场所束缚。对行星大气的研究，也包括对行星的卫星大气的研究。太阳系中的各行星，由于其大小和与太阳的距离不同，因此各行星的大气状态也不同。研究它们的化学组成、结构、物理状态等，有助于探索地球大气演化。

在人造地球卫星上天以前，主要在地面用间接探测方法考察行星大气成分、推算有效辐射温度和反照率等参量。因此，对行星大气的研究受到极大限制。自1961年苏联发射“金星”号探测器，到1977年美国发射“旅行者”号探测器，分别对水星、金星、火星、木星及其卫星、土星及其卫星大气进行探测，有的探测器还穿越行星大气层进行实地探测。获得有关行星大气的大量资料。

①水星大气。水星的引力重量较小，气体粒子容易逃出水星的引力场。故只有一层极稀薄的大气，其表面大气压力仅相当于地球大气500千米高处的大气压力。

②金星大气。金星有一稠密的大气层，表面气压约为地球表面气压的90倍。金星大气有很强的温室效应，主要成分是二氧化碳，约占95%，其次是氮，约占3.5%，此外还有少量的氩、水汽、一氧化碳、氯化氢和氟化氢等。

③火星大气。火星大气比地球大气稀薄，表面大气压相当于地球大气35千米高处的压力，有很强的地方性和全球性尘暴。主要成分是二氧化碳，约占95%；其次是氮，占2.7%，氩占1.6%；此外还有少量的臭氧、氢和水汽。

④木星大气。木星是太阳系中最大的行星，具有庞大的大气层，可分为对流层、平流层、中间层和热层。木星大气中有云层，云带、纬向气流、大红斑是木星外貌的主要特征。主要成分是氢和氦，分别占88.6%和11.2%，其次是氨、甲烷、水汽、氮、氧和硫化物等。

⑤土星大气。上层常为稠密的氨晶体云所覆盖，云层呈彩色的亮带和暗纹，平行于赤道。主要成分是氢和氦，分别占94%和约6%，含少量的甲烷、乙炔和分子硫。

⑥天王星大气、海王星大气。天王星和海王星大气的主要成分是氢和甲烷，还有含量很少的氦和氨。这两颗行星有较稠密的大气和较厚的云层。

⑦卫星大气。太阳系中行星的某些卫星也有大气层。如土星的卫星中最大的土卫六，有一稠密的大气层，是太阳系中唯一有丰富大气的卫星，表面大气压力为1.5×10^5帕左右，比地球大气层稠密得多。土卫六大气主要成分是氮，其次是甲烷、氩、氢等。

行星环 planetary ring 绕大行星运行的由碎小物体构成的天体环。因反射太阳光而发光，故也称光环。1610年发明天文望远镜后，发现土星周围有由多重同心环组成的薄环系。直到1977年的300多年间，土星是已知的唯一拥有环系的带环行星。

1977年发生一次天王星掩恒星的天象。柯伊伯机载天文台，以及一些地基光学/红外望远镜，同时发现天王星也有光环。1986年“旅行者”2号行星际探测器在天王星近处观测到由至少10条环带组成的环系。1979年“旅行者”1号行星际探测器在飞掠木星时，发现由亮环、暗环和尘环组成的环系。木星的又窄又薄的光环反射的太阳光十分微弱，地球上甚至用现有的最大型光学望远镜也难以看到它。1984年在一次海王星掩恒星的过程中，地基望远镜发现有海王星光环存在的迹象，1989年“旅行者”2号飞掠时，证实海王星确有由五条环系组成的光环。至此可认为拥有环系是太阳系的类木行星的共同特征。

行星际物质 interplanetary matter 行星际空间的气体和尘埃的统称。行星际气体的主要成分是太阳风，此外还有来自星际空间的中性氢。尘埃则是起源于原始太阳云的微粒以及太阳系小天体如流星、彗星和小行星的残余物。

行政 administration 国家事务的管理。又称国家行政管理或行政管理。

国家行政的种类，按国家结构类型分，在单一制国家有中央行政与地方行政；在联邦制国家有联邦、邦（州）行政和地方行政。按行政性质分，有一般行政与特殊行政（如特区行政）。按行政业务分，有综合性的职能行政，直线式的专业行政等。此外，还有被赋予自治权的自治行政等。

行政是国家的组织活动。其基本内容包括：行政体制、行政组织、行政领导、行政决策、行政权力、行政法制、行政监督、行政改革和行政机关管理、人事行政、财务行政等。其中以行政组织和行政领导为核心，贯穿于行政的基本过程与环节，形成行政各个部分有机联系的整体。

行政受国家性质和社会制度的影响与制约。其主要功能有：①保卫功能。保卫国家的独立、自由、主权和领土完整，以及维护社会的秩序和安定。②发展功能。社会的进步与发展、国家的繁荣富强、人民的富裕幸福都离不开国家行政管理。③组织功能。行政最主要的特点是组织工作，体现在制定行政目标、建立行政机构、确定行政政策、进行信息沟通与关系协调，并对行政结果进行监督和检查。④服务功能。国家机关通过直接或间接的方式从事各种服务事业的管理，如管理公用事业、文化设施、娱乐活动等，向公众提供有效的服务。

行政补偿 administrative compensation 国家行政机关及其公务员在执行职务时，因其合法、无过错的为公共利益所作的行为给公民、法人或其他组织造成一定损失时，行政机关以负担其经济上的损失为目的所给予的金钱补偿。如为公共利益而合法征用土地时，行政机关对被征用土地的所有者给予补偿。其方式除经济补偿外，还可在生产、生活及就业方面给予优惠待遇。行政补偿的主体是国家，补偿义务机关则是国家行政机关或其他行政主体。

行政处罚 administrative penalty 享有行政处罚权的行政机关、法律法规授权的组织和行政委托的组织依照法定的权限和程序，对违反行政管理秩序，应当受到行政处罚的相对方给予行政制裁的具体行政行为。

种类 主要有：①警告。②罚款。③没收违法所得或没收非法财物。④责令停产停业。⑤暂扣或者吊扣许可证、执照。⑥行政拘留。⑦法律、行政法规规定的其他行政处罚。

适用规则 主要有：①行政处罚与纠正违法行为不能互相替代，不能“罚而不管”或“管而不罚”。②一事不再罚款。③行政处罚折抵刑罚。④行政处罚追诉时限为两年。法律另有规定的除外。

行政处罚与行政强制措施的区别 两者都是行政机关采取的具有强制力的执法方法，但两者有区别：①行政处罚针对的是违法行为；行政强制措施中有些针对的可能是针对违法行为（如查封、扣押财产等），有些并非是针对违法行为（如封锁疫区、留验察看等）。②行政处罚是对违法行为的制裁；而行政强制措施是对相对人权利（特别是财产使用权和处分权）的一种临时限制。③行政处罚是一种最终行政行为，它的作出，表明该违法行为已被制裁完毕；行政强制措施是为保证最终行政行为的作出所采取的临时性措施，没有到达对事件最终处理完毕的状态。

行政处分 administrative sanction 行政机关对违反行政纪律的公务员作出的行政职务上的惩戒措施。行政机关维护行政纪律、纯洁行政队伍的一种有效手段。行政处分是一种惩戒措施或行为，是对被处分人及其行为的否定性评价和谴责，内容是剥夺或限制其权益，即所谓不利行为。但这种剥夺限制权益的行为，不是剥夺限制其公民身份的权益，而是剥夺限制其公务员身份的权益，即职务上的权益。这是行政处分与行政处罚的本质区别。按照中国的法律规定，行政处分的种类有警告、记过、记大过、降级、撤职、开除六种。实践中，其他国家机关、事业单位等也参照适用行政处分的规范和种类。

行政道德 administrative ethics 国家公务人员在行政活动中应遵循的、体现行政职业特征的、调节管理主体与客体以及各管理主体之间关系的道德准则和规范。又称公务员道德或公职道德。国家公务人员以国家的名义履行职能，代表政府的利益和意志，个人人格要受行政组织人格的制约，也受行政目标的制约和影响。

不同的社会以及特定社会在不同的历史阶段有不同的行政道德原则和规范。中国封建官德有忠君爱国、谨奉朝纲、循礼守分、秉公执法、廉洁清正、诚实守信、勤政好学、体恤百姓等。西方现代国家行政道德的内容包括：忠于国家，维护自由、民主制度；不参加政党竞选活动，不公开发表与政府不同的政见；忠实执行法律，服从领导，保守国家和职务秘密；公正地履行职责，为公共利益服务，不利用职权谋取私利；忠于职守，勤勉服务，谨慎克制，不做有损名誉的事等。中国公务员的行政道德包括光明磊落，忠诚积极，钻研业务，使自己的工作有益于社会主义建设，反对和抵制弄虚作假、欺上瞒下、官僚主义、玩忽职守、损人利己、损公肥私、假公济私、金钱至上、以权谋私、以业谋私、欺诈勒索等思想和行为。

行政道德通过个人信念、社会舆论和职业道德传统，以“道德命令”的方式，对行政人员的行为产生影响。

行政法 administrative law 规范行政权及其运作方式的法律，即关于行政权力的授予、行使以及对行政权力进行监督和对其后果予以补救的法律规范的总称。行政法包括四种行政法律规范：①用来设定和分配行政权的法律规范，包括规定行政权力的种类、范围、界域等创设和规定行政权力的载体的法律规范，如行政组织法。②规定行政权力如何行使和运用的法律规范，包括实体法律规范和程序法律规范两部分，如行政处罚法、行政许可法。③监督行政权力的法律规范，即对行政权力的取得、运用等加以监督的规范，如行政诉讼法、行政复议法。④对行政权力产生的后果予以补救的法律规范，如国家赔偿法、补偿法等。

行政法所调整的因行政权而产生的社会关系的范围取决于行政的实际“疆域”，即政府及非政府的社会公共组织所提供的公共服务的范围。传统行政一般仅指国家行政，行政法仅规范国家行政权；现代行政除指国家行政外，还包括日益发展的社会行政，如注册会计师协会依法惩戒违反注册会计师职业纪律的会计师。行政法相应地规范由社会公共组织享有的公共行政权，如行业协会、公共事业组织等行使的社会性行政权。

行政法尚无统一完整的行政实体法典，其内容散见于各类法律、法规、规章中。凡是涉及行政权力的规范性文件，均可视为行政法律规范。在内容上，行政法涉及的领域最为广泛，且规范具有较强的变动性，常集实体与程序规范于一身。行政法是一个重要的法律部门，在法律体系中占有重要地位，是宪法的重要实施法。行政法最主要的作用在于通过规范行政组织及其活动，保护公民、组织的合法权益。

行政法律关系 主要包括三类：①设定或分配行政权力的过程中权力机关与行政机关、国家与非政府社会公共组织之间的关系。由宪法及行政组织法、编制法以及特定单行法律等加以调整。②行政权行使过程中发生的社会关系。③对行政权力实施监督过程中发生的社会关系。行政法的调整对象仅限于与行政权力有关的社会关系。

行政实体法和行政程序法 根据行政法的性质和内容，可以把行政法分为行政实体法和行政程序法。行政实体法涉及公民、法人或者其他组织在行政活动中的实体权利义务，行政主体在行政活动中的权力、职责以及行使权力的效力等。行政程序法主要调整行政主体行使权力的步骤、方式、时间、顺序，同时也调整行政相对人在行政活动中的行为程序，是规定行政主体及相对人有关程序性权利和义务的各种规则的总称。

行政法规 administrative regulation 在中国，国务院为领导和管理国家各项行政工作，根据宪法和法律，按照法定程序制定的具有普遍约束力的规范性文件的总称。其名称有条例、规定、办法、实施细则等。行政法规具有如下特征：①制定权专属于国务院。1982年《中华人民共和国宪法》第89条规定，国务院“根据宪法和法律，规定行政措施，制定行政法规，发布决定和命令”。②具有从属性。因依据宪法与法律而制定，其内容不得与宪法和法律相抵触。③内容相当广泛。除为执行法律的规定需要制定行政法规外，可以就其职权管辖范围之内的具体行政管理事项制定行政法规。经全国人大及其常委会授权，国务院还可以就应当制定法律但尚未制定的事项，先行制定行政法规。待制定法律的时机成熟时，再由全国人大及其常委会制定法律。国务院制定行政法规应遵循程序规划、起草、审定、发布4个程序。

行政附带民事诉讼 administrative litigation with civil action 法院在审理行政案件的同时，附带审理与行政案件相关联的民事案件，并作出裁判的活动。

行政附带民事诉讼，是以行政诉讼为主诉、以民事诉讼为辅诉的诉讼制度，两个不同诉讼系列的诉讼，由于民事纠纷的解决必须以行政争议的解决为前提，因而必须合并审理。

行政附带民事诉讼可分为：行政诉讼与民事诉讼的原被告均相同的诉讼；行政诉讼与民事诉讼原告相同但被告不同的诉讼；行政诉讼与民事诉讼的原被告均不同的诉讼。

行政附带民事诉讼并不是行政附带行政赔偿诉讼，尽管一个合并的诉讼中可能既有附带民事诉讼又可能同时一并提起赔偿诉讼。

行政附带民事诉讼案件的审理，应区别两种不同诉讼，适用不同的诉讼程序（当然也存在相同的程序）。这些区别主要有：行政诉讼的被告不可提出反诉，民事诉讼的被告则可以提出反诉；在法庭调查阶段，行政诉讼的举证责任由被告承担，民事诉讼的举证责任则由主张权利的一方承担；行政诉讼不可以调解，民事诉讼则可以调解甚至案外和解。

在行政附带民事诉讼过程中，受理法院发现民事诉讼与行政诉讼并无关联，法院应作出驳回民事起诉裁定；在诉讼中当庭调解达成一致后，法院可作出准许调解的裁定；可以对主诉先行判决，待民事诉讼案情查明后再行民事判决，当然，也可以主辅诉一并裁判。

行政复议 administrative reconsideration 公民、法人或其他组织认为具体行政行为侵犯其合法权益，向行政机关提出申请，由受理申请的行政机关审查此具体行政行为并作出裁决的法律制度。它是一种行政救济制度，也是行政机关内部监督和纠正错误的一种机制。1999年4月29日第九届全国人大常委会第九次会议通过了《中华人民共和国行政复议法》，对行政复议制度作了全面规定。

行政复议范围 有以下情形之一的，公民、法人或其他组织可以申请复议：①对行政机关作出的警告、罚款、没收违法所得、没收非法财物、责令停产停业、暂扣或者吊销许可证、暂扣或者吊销执照、行政拘留等行政处罚决定不服的。②对行政机关作出的限制人身自由或者查封、扣押、冻结财产等行政强制措施决定不服的。③对行政机关作出的有关许可证、执照、资质证、资格证等证书变更、中止、撤销的决定不服的。④对行政机关作出的关于确认土地、矿藏、水流、森林、山岭、草原、荒地、滩涂、海域等自然资源的所有权或者使用权的决定不服的。⑤认为行政机关侵犯合法的经营自主权的。⑥认为行政机关变更或者废止农业承包合同，侵犯其合法权益的。⑦认为行政机关违法集资、征收财物、摊派费用或者违法要求履行其他义务的。⑧认为符合法定条件，申请行政机关颁发许可证、执照、资质证、资格证等证书，或者申请行政机关审批、登记有关事项，行政机关没有依法办理的。⑨申请行政机关履行保护人身权利、财产权利、受教育权利的法定职责，行政机关没有依法履行的。⑩申请行政机关依法发放抚恤金、社会保险金或者最低生活保障费，行政机关没有依法发放的。⑪认为行政机关的其他具体行政行为侵犯其合法权益的。根据《行政复议法》的规定，相对人在提出审查具体行为的申请时，可以一并提出审查作为该具体行为依据的规范性文件是否合法的要求；但这种规范性文件应为规章以下的行政规范性文件。

行政复议机关 行政复议机关可以是作出具体行政行为机关的上级主管机关，也可以是该机关所属的同级人民政府，两者由申请人选择；但是作出具体行政行为的行政机关属垂直领导体制的，只能向其上一级行政主管机关申请复议。相对人对政府作出具体行政行为不服的，上一级政府作为复议机关；如省、自治区、直辖市政府作出的具体行政行为，相对人不服的，仍由此机关作为复议机关受理复议申请，申请人对其复议决定不服的，可以向人民法院提起行政诉讼，或者向国务院申请再复议，国务院作出的复议决定是最终裁决。

复议程序和决定 行政复议原则上采取书面审查的办法，但是申请人提出要求或者行政复议机构认为必要时，可以向有关组织和人员调查情况，听取申请人、被申请人和第三人的意见。行政复议机关的复议机构，在对具体行政行为进行审查后提出意见，经行政复议机关的负责人同意或者集体讨论通过后，按照《行政复议法》的规定作出下列决定：①具体行政行为认定的事实清楚，证据确凿，适用依据正确，程序合法，内容适当的，决定维持。②被申请人不履行法定职责的，决定其在一定期限内履行。③具体行政行为有以下任一情形的，决定撤销、变更或者确认该具体行政行为违法，决定撤销或者确认该具体行政行为违法的，可以责令被申请人在一定期限内重新作出具体行政行为：ⓐ主要事实不清、证据不足的；ⓑ适用依据错误的；ⓒ违反法定程序的；ⓓ超越或者滥用职权的；ⓔ具体行政行为明显不当的。④被申请人没有在（收到复议申请书副本或者申请笔录复印件之日起）10天内提出书面答复，并提交当初作出具体行政行为的证据和其他有关材料的，视为该具体行政行为没有证据、依据，决定撤销该具体行政行为。行政复议机关应当自受理之日起60天内作出行政复议决定，情况复杂不能在60天内作出复议决定的，经复议机关的负责人批准，可适当延长，但最多不超过30天。复议机关要将延长的情况告知申请人和被申请人。申请人对复议决定不服的，或者复议机关超过60天未作出决定的，申请人可以在60天期满之日起15天内向人民法院提起行政诉讼，但是法律法规规定行政复议决定为最终裁决的除外。

行政改革 administrative reorganization 国家行政机关为适应社会形势和环境的变化，提高行政效能，对行政组织、行政体制及管理方式进行的变革。第二次世界大战结束以来，西方国家大都经历过行政改革过程。为应对战后经济社会矛盾、“石油危机”和现代科学技术的发展，各国从压缩开支、精简机构和人员、改善管理等方面提高行政效率，保持国家行政机关的活力。20世纪80年代以来中国在进行经济体制改革的同时，也实施了行政改革。行政改革主要表现为权力关系的调整、机构与管理方式的变革等，包括：①精简机构。②完善行政决策体制，如建立参谋机构、完善指挥监督系统等。③明确组织内部的权力界限，简化行政工作程序。④改革、完善公务员制度。⑤强化对行政经费的控制。⑥通过职能转移和职能委托等方式，降低政府管理的成本。⑦提高行政活动的整体效益等。

行政监督 administrative supervision 对国家行政机关及其公务人员的监察与督导。现代国家政治制度的重要组成部分。有狭义、广义之分。狭义上专指行政系统内部上级机关对下级机关的监督；广义上除行政系统内部监督外，还包括整个政治系统（政党、立法机关、司法机关、利益集团、社会公众、新闻媒介等）对行政机关及其公务人员的监督，是对国家行政实行控制的主要手段。行政监督通过对行政机关及其公务人员的行政行为实施监督，在行政管理活动中起着控制、纠错、防护的作用，以保证行政管理顺利进行并达到预期目标。

资本主义国家行政监督主要有：立法机关（议会）对行政机关的法律监督、财政监督和一般政务监督；司法机关对行政机关的司法监督；行政机关内部监督，包括行政监察机关的监督、上级行政机关对下级行政机关的监督；被称为“第四权力”的新闻媒体的监督等。

中国行政监督分为国家行政机关外部监督和国家行政机关内部监督。前者包括中国共产党和各民主党派、国家权力机关、国家司法机关、社会团体、人民群众和新闻媒介对行政机关的监督。后者有国家监察部门、国家财政机关和审计机关对其他行政机关的监督，上级行政机关对下级行政机关的监督等。

行政拘留 administrative detention 行政机关限制违法相对人人身自由的处罚行为。又称治安拘留。其特点是：它的主体是行政机关，现行法律规定的主体为公安机关，其他国家行政机关不能作出行政拘留处罚。其适用领域仅限于治安管理；被拘留的对象只能是违反治安管理法规的公民。而且作为人身自由罚，它只能适用于自然人，包括中国公民和外国公民及无国籍人等，对组织则不能适用。它以限制人身自由为内容，这种限制人身自由的期限较短，根据2005年通过的《中华人民共和国治安管理处罚法》的规定，为1～15天。在国外，类似于行政拘留这样的人身自由罚，一般由法官或治安法官作出裁决。

行政决策 administrative decision-making 国家行政机关在法定的权力和职能范围内，按一定程序和方法作出的决定。行政决策是以国家行政机关名义作出的决定，体现国家的意志和利益。行政决策源自国家行政权力，只有被赋予行政权力的组织或个人才能成为行政决策的主体。行政决策是行政职能的一种表现。依法行政是行政管理的根本原则，依法决策是依法行政至关重要的环节。行政决策内容包括国家的政治、经济、文化教育以及社会生活各个方面的重大事务，即除国家法律另有规定之外的一切社会公共事务，都是行政决策所要涉及的对象。行政决策以行政方式作用于社会中的个人和团体，具有法定强制力。

行政抗诉 administrative counterappeal 检察机关认为法院对行政诉讼案件的判决、裁定适用法律法规确有错误，而向法院提起抗诉的一种审判监督程序。

依照《中华人民共和国行政诉讼法》第10条、第64条以及最高人民检察院司法解释的规定，最高人民检察院对各级人民法院已经发生法律效力的裁判、裁定认为确有错误，应向最高人民法院提起抗诉；上级人民检察院对下级人民法院已经发生法律效力的裁判、裁定认为确有错误，应向同级人民法院提起抗诉；地方各级人民检察院对同级人民法院已经发生法律效力的裁判、裁定认为确有错误，应报请上级人民检察院，由上级人民检察院向同级人民法院提起抗诉。

对于人民检察院的抗诉，人民法院应当再审。接受抗诉的法院可以自行再审，也可以指令下级人民法院再审，审结后应将结果告知提起抗诉的人民检察院。

行政赔偿 administrative compensation 行政机关及其工作人员在行使行政职权时因侵犯行政相对人的人身权或财产权，依法给予受害人赔偿。侵犯人身权的情形包括：①违法拘留或违法采取限制公民人身自由的行政强制措施的。②非法拘禁或以其他方法非法剥夺公民人身自由的。③以殴打等暴力行为或唆使他人以殴打等暴力行为造成公民身体伤害或者死亡的。④违法使用武器、警械造成公民身体伤害或者死亡的。⑤造成公民身体伤害或者死亡的其他违法行为。侵犯财产权的情形包括：①违法实施罚款、吊销许可证和执照、责令停产停业、没收财物等行政处罚的。②违法对财产采取查封、扣押、冻结等行政强制措施的。③违反国家规定征收财物、摊派费用的。④造成财产损害的其他违法行为。但属下列情形之一的，行政机关不承担赔偿责任：①行政机关工作人员与行使职权无关的个人行为。②因公民、法人和其他组织自己的行为致使损害发生的。③法律规定的其他情形。行政赔偿与行政补偿不同。行政补偿是对合法行为造成损失的补偿，而行政赔偿是因违法行为而承担赔偿责任。

行政强制措施 administrative coercive measures 行政机关针对具体相对人的人身权或者财产权，依法采取的预防或制止危害行为或后果发生的强制行为。针对人身权的强制措施有：强制戒毒、收容教育、传唤等措施；为了防止传染疾病、疫病的流行和传染而采取的留验查看（5天、6天）、隔离、强制治疗等。针对财产权的强制措施有查封、扣押、冻结等。既针对人身权又针对财产权的强制措施有：责令在一定期限内停业整顿、封锁疫区等。劳动教养在实践上作为强制措施对待。行政强制措施一律由法律法规设定，行政机关不得自行设定、实施。

行政区划 administrative division 国家实施分级管理的区域划分制度。即国家根据政治统治和行政管理的需要，遵循一定的法律规定或原则（自然地理条件，政治、经济、民族、历史、国防等），所实施的行政区域划分制度。它是在一定历史条件下产生的，属于一定的历史范畴。中国古代曾推行过郡县制，把全国划分为若干县和郡，以后历代都有变动。中国现行的行政区域划分，沿袭过去的省制，并对各级行政区域划分有较多变更。全国分为省、自治区、直辖市；省、自治区分为自治州、县、自治县、市；县、自治县分为乡、民族乡、镇。直辖市和较大的市分为区和县。自治区、自治州、自治县都是民族自治地方。此外，还设立有特别行政区。各国行政区划，按各自情况，所定级别和名称有所不同。如：日本的都、道、府、县为一级行政区划，下设市、町（相当于镇）、村。美国划为州和特区，州以下设县、市。

行政失职 administrative duty, negligence of 行政机关及其工作人员怠于履行行政义务的各种情形，包括当作为而不作为和虽有作为但没有尽到足够的注意义务。行政违法的一种形式。行政机关及其工作人员没有履行合法义务，表现为拒绝或不予答复，构成行政不作为，这是行政失职的主要形式。除不作为外，行政机关及其作为人员即使在作为情形下也可能出现没有尽到合法的、应当的注意义务。如行政执法人员对网吧等公共场所虽然进行过安全隐患检查，但检查过程马马虎虎，或者对于检查发现的安全隐患不采取有效措施，致使发生安全事故。

行政诉讼 administrative litigation 当事人认为国家行政机关的行政行为构成行政违法或者行政不当而损害其合法权益时，请求法院给予司法救济的一种手段。具有行政法制监督性质。行政诉讼制度是民主政治发展的产物。

在西方国家，英国的行政诉讼与一般刑事诉讼、民事诉讼一样，均由普通法院管辖，不设独立的行政法院系统。英国公法与私法不分，一般的诉讼程序和原则也适用于行政诉讼。英国普通法院对于行政诉讼和管辖主要通过提审令、执行令、禁止令、确认令、人身保护状5种令状来实现。美国与英国一样没有独立的行政法院系统，由普通法院对违法的行政行为进行司法审查。法国设立独立的行政法院审理行政诉讼案件。行政法院与审理刑事、民事案件的普通法院相分离，适用与普通诉讼不同的法律原则，即区别公法与私法，行政诉讼是对行政机关公法行为的诉讼。德国的行政法院属于司法系统。日本的行政诉讼制度在第二次世界大战前模仿德国，在战后则改而模仿美国。

中国的行政诉讼制度发端于1912年的《中华民国临时约法》。1914年北洋军阀政府颁布了中国第一部《行政诉讼法》。1932年国民党政府也颁布了《行政诉讼法》，行政诉讼制度基本上模仿德国和日本。1949年以后，行政诉讼制度起源于1954年的《中华人民共和国宪法》，始建于1982年《中华人民共和国民事诉讼法（试行）》。1989年4月4日《中华人民共和国行政诉讼法》的颁布，标志着中国行政诉讼制度的全面建立，是中国社会主义民主与法制建设的一个重要里程碑。中国的行政诉讼具有以下特征：①原告是认为其合法权益受到侵犯的公民、法人或其他组织，行政主体无权起诉。②被告必须是行政机关或经法律、法规授权具有行政职能的组织。③审查的对象是具体行政行为，对抽象行政行为不服，不能提起行政诉讼。④行政诉讼必须向人民法院提起，由人民法院行政审判庭审理，与行政复议不同。⑤人民法院主要对行政机关具体行政行为的合法性而非合理性进行审查。⑥行政机关对所作出的具体行政行为负举证责任。⑦行政诉讼的目的是为了保护公民、法人和其他组织的合法权益，维护和监督行政机关依法行使行政职权。

行政诉讼当事人 administrative litigation, parties in 因行政主体的具体行政行为与相对人发生争议，争议各方以自己的名义进行诉讼，并受法院裁判约束的诉讼主体。行政诉讼当事人在第一审程序中包括原告、被告、第三人；在第二审程序中包括上诉人、被上诉人；在执行程序中包括申请执行人、被申请执行人；在审判监督程序中包括申诉人、被申诉人。在不同的行政诉讼程序中当事人的称谓不同，诉讼权利和义务也不完全相同。

行政诉讼当事人应当具备行政诉讼的权利能力和行为能力。其诉讼权利能力是能够以自己的名义进行诉讼活动，并享有诉讼权利、履行诉讼义务的资格和能力。其诉讼行为能力是能够以自己的行为实现诉讼权利、履行诉讼义务的资格。法律规定的公民、法人和其他组织的诉讼行为能力规则的依据是人的辨识与控制能力，主要是自然人的年龄和精神状态。当一个当事人有行政诉讼的权利能力而无行政诉讼的行为能力时，他的诉讼行为应由其法定代理人代为进行。

行政诉讼法 administrative litigation law 规范法院审判行政案件以及当事人和其他诉讼参加人进行行政诉讼活动的基本法律。

行政诉讼法是资产阶级革命取得胜利并建立资产阶级国家以后的产物。现代国家的行政法同刑法、民法不同，大多数国家的行政法律文件中，都既规定了实体法规范，又同时规定了相应的程序法规范。而在刑法领域和民法领域中，实体法同程序法已基本分开，形成了刑法、刑事诉讼法和民法、民事诉讼法等相对独立的法律部门。第二次世界大战以后，有些国家制定了行政程序方面的单行法律，有的国家还设有行政法院，受理行政案件。把程序法同实体法逐步分开来形成两个相对独立的法律部门，已成为当代行政法发展的必然趋势。

在中国，行政诉讼法有广义和狭义之分。广义行政诉讼法是《中华人民共和国行政诉讼法》法典对行政诉讼制度集中、完整、统一的规定和分散在宪法、其他法律法规中规定的行政诉讼法律规范的总称。狭义行政诉讼法仅指国家立法机关专门制定的统一的行政诉讼法典，即1989年4月4日通过、1990年10月1日起施行的《中华人民共和国行政诉讼法》。它有两大作用：一是保护公民、法人和其他组织的合法权益；二是维护和监督行政机关依法行使职权。该法的颁布和实施在中国法治发展史上具有里程碑的意义，对推动依法治国和依法行政进程，保护公民和法人的合法权益，化解行政纠纷，完善行政法治，发展行政法学理论均具有极其重要的作用。

行政诉讼时效 administrative litigation, period of limitation of 行政相对人具有提起行政诉讼权利的期限。《中华人民共和国行政诉讼法》没有使用诉讼时效，而是使用了起诉期限。此法确定起诉期限的一般规则是：经过复议的，应在15日内向法院起诉；直接向法院起诉的，时效为3个月。行政机关作出具体行政行为时，如未告知当事人诉权和起诉期限，致使当事人逾期向法院起诉的，其起诉期限从当事人实际知道诉权或起诉期限之日起算，但不得超过1年。如因起诉人以外的原因致使起诉超过法定期限的，法院应视情况延长起诉期限。因人身自由受限制而不能提起诉讼的，限制人身自由的期间不计算在起诉期限内。此外，《中华人民共和国邮政法》等法律规定起诉期限为15日；《中华人民共和国森林法》等法律规定起诉期限为30日。对于行政机关的不作为行为，法律没有规定期限的，当事人一般可在提交申请或提出请求2个月后提起诉讼。同一具体行政行为如根据两个以上法律作出，而不同法律对起诉期限规定不一致的，依期限长者计算。

最高人民法院的司法解释中规定，行政机关作出具体行政行为时，未告知当事人诉权或起诉期限的，起诉期限从原告知道或应当知道诉权或起诉期限之日起计算，但最长不得超过2年。复议决定未告知诉权或起诉期限的，起诉期限从原告知道或应当知道之日起计算，但最长不得超过2年。当事人不知道行政机关作出的具体行政行为内容的，起诉期限从原告知道或应当知道诉权或起诉期限之日起计算，但对涉及不动产的具体行政行为从作出之日起超过20年，其他具体行政行为从作出之日起超过5年提起诉讼的，人民法院不予受理。

行政体制 administrative system 国家行政机关的设置、职权划分与运行等制度的总称。主要体现在国家行政机关的设置上，是国家政治体制不可分割的组成部分。其体内容及相应类型主要有：①行政权力体制。国家行政机关与其他国家机关、政党组织、群众团体之间权力关系的制度。通常由宪法和法律明确规定。行政权力体制主要有三权分立制、议行合一制、军政合一制、政教合一制、党政合一制等类型。②政府首脑体制。最高行政权力的代表者与其实际承担者之间权力关系的制度。根据国家元首与政府首脑职位担任者的关系及人数情况，可分为："一元制"，又称"单头制"；"二元制"，又称"双头制"；"多元制"，又称"多头制"。③中央政府体制。国家最高行政机关的职权划分、活动方式和组织形式等制度。中央政府体制类型主要有：中央集权型、地方分权型、集权与分权结合型；合议制和首长制；政府首脑负责制和集体领导负责制。资本主义国家的中央政府体制分为内阁制、总统制、委员会制。社会主义国家的中央政府体制一般分为部长会议体制、国务院体制、政务院体制。④行政区划体制。国家将全国领土划分为若干层次的区域单位，并建立相应的各类行政机关的制度。

行政违法 administrative illegality 行政行为违反法律规定的各种情形。与行政不当相对。特点：①一般认为是基于羁束行政情形下的违反法律。因为羁束行政没有给予行政机关自由裁量的余地。②对法律规定与要求的违反，不符合法律授权，违背了立法意图。行政所违之法，包括法律、行政法规、地方性法规，以及与这些法律、法规规定相一致的规章等。根据《中华人民共和国行政诉讼法》的规定，能够构成判决撤销、变更、责令履行的行政违法有：主要证据不足、适用法律法规错误、超越职权、违反法定程序、滥用职权、处罚显失公正、拒绝或不予答复。行政违法的法律后果是承担行政责任。对行政违法行为，相对人可以申请行政复议或提起行政诉讼。给相对人造成实际损失的，相对人可以依法请求行政赔偿。

行政行为 administrative behavior 在行政法上指国家行政机关在职权范围内依法对特定的社会事实或对象实施的具有法律效力的行为；在行政科学中泛指人们在一定行政机构中所进行的活动，尤其是决策和影响他人行为的有关活动。

在行政法上，行政行为的类别有：①抽象行为和具体行为。即行政机关不针对特定对象而实施的行政行为和针对特定的对象实施的行政行为，如进行行政处理，颁发许可证，收税，实施行政强制等。②羁束行为和自由裁量行为。即法律和法规对行为的内容、形式、程序、范围、方法等作了具体和明确规范的行政行为和未有上述明确规定的行政行为。③主动行为和应请求行为。④须受领行为和不须受领行为。

即必须使相对人受领的行政行为和不需相对人受领即发生效力的行政行为。⑤要式行为和不要式行为。即法律和法规规定必须以某种方式或形式进行的行政行为和行政机关可以自行选择形式的行政行为。⑥附款行为和无附款行为。即行为生效附有一定条件限制的行政行为和没有任何条件限制的行政行为。行政行为的内容和形式包括行政命令、行政措施、行政监督、行政处罚、行政强制执行等。

行政学 administration 以国家行政管理及其规律为研究对象的学科。又称行政管理学、公共行政学。研究对象和内容一般认为包括：行政理论、行政功能、行政体制、行政组织、行政权力、行政行为、行政领导、行政决策、行政信息、行政实施、行政监督、行政法制、人事行政、财务行政、行政机关管理、行政方法、行政效率、行政改革等。这些基本内容相互联系，构成了行政学的基本学科体系。

行政越权 administrative authority, excess of 行政机关及其工作人员超越职责权限的行为。在中国，是行政违法的一种形式。它不包括诸如适用法律法规错误、证据不足、滥用职权等行为。行政越权主要有：①主管范围越权，如工商机关超越主管范围，插手公安机关主管范围的事项；②手段越权，如超出法定的罚款处罚手段，法外增加没收非法所得处罚手段；③幅度越权，即在法定幅度以外作出行政行为，如拘留超出法定的1～15天。在各国行政程序法律制度中，对于严重和明显的越权，大多规定了自始无效，有的还赋予相对人对抗权。

行中书省 Branch Secretariat 中国元朝地方最高行政机构，并为一级政区名称。简称行省，或只称省。元置中书省总理全国政务，也称都省；因幅员辽阔，除腹里地区直隶于中书省、吐蕃地区由宣政院管辖外，又于诸路重要都会设立10个行中书省，以分管各地区。在世祖、武宗朝3次改称行尚书省。

行省制度渊源于魏晋的行台。元世祖中统元年（1260），遵用汉法，立中书省总领全国政务。其后，相继于各大地区建立行中书省。以平章政事为最高长官。有时亦设丞相。行省掌管辖境内的钱粮、兵甲、屯种、漕运及其他军国大事，统领路、府、州、县；距离省治远的地方，另设宣慰司统之，作为行省的派出机构。元代行省包括陕西、甘肃、辽阳、河南江北、四川、云南、湖广、江浙、江西、岭北行省。元廷还于高丽置征东行省，但行省丞相由高丽国王兼任，原有的政权机构和制度均不改变，财赋亦不入都省，与元代国内诸行省性质不同。元代还设过几种专主大征伐的行省，是临时性的建置，事毕即罢。元代行省制度的确立，是中国行政制度的一大变革。明灭元后，改行省为承宣布政使司，但习惯上仍称行省，一般简称省。省作为地方一级行政区的名称，一直沿用到现代。

形而上学 metaphysics 通常有两种含义：①研究超感觉的、经验以外对象的哲学。②与辩证法相对立的、用孤立的静止的片面的观点观察世界的思维方式。马克思主义哲学通常在后一种意义上使用它。“形而上学”一词原是吕克昂学园第11代继承人安德罗尼科给亚里士多德的一部著作起的名称，意思是“物理学之后”。安德罗尼科编纂亚里士多德的著作时，把论述超感觉的即经验以外对象的著作，安排在关于有形物体的学说即物理学的著作之后，并以此定名。这本书传到中国后，曾译作《玄学》，后由于《周易·系辞上》中有“形而上者谓之道，形而下者谓之器”的说法，严复把“物理学之后”译为“形而上学”。亚里士多德认为形而上学是“专门研究‘有’本身，以及‘有’借自己的本性而具有的那些属性”的科学。在欧洲中世纪，形而上学主要是指研究神和由神派生出的灵魂、自由意志等的学问。在16～18世纪欧洲的哲学中，“形而上学”一词仍然指研究经验以外的哲学。但由于自然科学的发展和资产阶级革命的兴起，一些唯物主义哲学家，例如F.培根认为，形而上学的主要对象应是物体的永恒不变的形式，即规律。在德国古典哲学中，G.W.F.黑格尔除了用“形而上学”一词指研究经验以外对象的哲学外，还根据西方近代哲学具有与辩证法对立的思维方法的特点，又用“形而上学”一词转指非辩证的思维方法。形而上学思维方法把事物看成彼此孤立、绝对静止、凝固不变的，它只看到一个一个的事物，忘记了它们互相间的联系；看到某一事物的存在，忘记了它的产生和消灭；看到了事物的静止，忘记了它们的运动。这种方法被培根和J.洛克等人带入哲学领域，形成了形而上学的思维方法。

《形而上学》 *Metaphysica* 亚里士多德的哲学代表作。原是他在吕克昂学园讲课的讲稿、笔记或学生的记录，亚里士多德去世后，学园的第11代继承人安德罗尼科整理亚里士多德的旧稿与讲义，编纂了当时所能收集到的全部遗稿，把研究自然界运动变化的著作编在一起，取名《物理学》或《自然哲学》，又把一些杂乱的讨论抽象问题的文章编在《物理学》之后，取名《物理学以后诸篇》，中文译为《形而上学》。

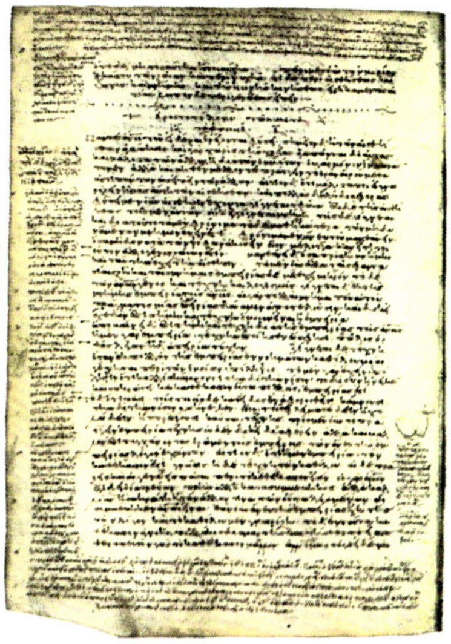

10世纪羊皮书——亚里士多德的《形而上学》第1页

该书共14卷，各卷之间，甚至同一卷中有的章节之间也没有结构上的连续性。古代的注释家已对本书的结构提出各种不同的解释。近代，经德国古典学者W.耶格尔等人的研究，大体认为：第1、3、4、6卷为第1组，第7、8、9卷为第2组，第10、13、14卷为第3组，构成《形而上学》的基干；第2、5、11、12卷则是插进去的。第1组4卷主要研究哲学的性质、对象和范围。其中第1卷是全书的序言，先讨论哲学的形成与性质，进而评介前人关于本原问题的看法。第2组3卷主要是关于实体（或本体）的学说。这是亚里士多德哲学体系的核心部分。第3组的13、14卷驳斥了柏拉图及其学派将数和理念看作独立存在实体的观点。第10卷是从一般理论出发，论述“一”与“多”等最一般的数量范畴不是独立存在的实体，进而说明各种对立与相反范畴之间的关系。第2、5、11、12卷仍然是讨论哲学上的问题。《形而上学》是西方哲学史上第一部专门研究哲学问题的著作，它对于了解亚里士多德和研究古希腊哲学具有重要意义。

《形而上学的沉思》 *Meditationes de Prima Philosophia* R.笛卡尔的著作。1641年用拉丁文在巴黎发表。这部书进一步论证了笛卡尔在《论方法》中提出的论点，同时用一些委婉的辞句谋求教会对他的宽容。书的内容是在宗教的外衣下为科学思想探寻根据。全书包括一封给巴黎神学院的信，一篇内容提要和6篇沉思。第1篇沉思提出我们可以怀疑一切的理由；第2篇说明思想者的存在是无可怀疑的；第3篇进而证明上帝存在；第4篇提出凡是理性清楚明白地理解到的都是真的以及错误的来源是什么；第5篇论述物质事物的本质是广延；第6篇讲物质事物的存在以及人的灵魂和形体的差别。作者在写完原稿后曾经把它分送给当时的思想家们征求意见，收到很多诘难；他把这些诘难一一加上他自己的答辩，分成6组，作为附录。1647年出版了这部书的法文译本，作者作了校订。

形而上与形而下 the formless versus the formal 中国古代哲学术语。《周易·系辞上》："形而上者谓之道，形而下者谓之器。"认为法则是无形的，称为形而上；器用之物是有形的，称为形而下。这个命题的本意是说，有形的卦画体现了无形的道的变易法则。

汉唐以来的哲学家对形而上与形而下的关系展开了长期的争论。王弼派玄学家和宋明时期的理学家都认为形而上的东西先于并决定形而下的东西。朱熹说："理，形而上者；气，形而下者。自形而上下言，岂无先后。""理与气本无先后可言。但推上去时，却如理在先，气在后相似。"（《朱子语类》卷一）相反，有的学者认为，形而上的东西不能脱离形而下的东西存在。王夫之认为，"有形而后有形而上"，反对玄学和理学对"形而上"为"形而下"的根据的解释。

形式逻辑 formal logic 狭义上指研究演绎推理及其规律的科学，即演绎逻辑。它提供检验有效的推理和非有效的推理的标准。广义的形式逻辑包括归纳逻辑。形式逻辑已经历了2000多年的历史。19世纪中叶以前的形式逻辑主要是传统逻辑；19世纪中叶以后发展起来的现代（形式）逻辑，通常称为数理逻辑，也称为符号逻辑。

研究对象和方法 形式逻辑研究的推理中前提和结论之间的关系，是由作为前提和结论的命题的逻辑形式决定的，而命题的逻辑形式（简称命题形式）的逻辑性质则是由逻辑常项决定的。要弄清逻辑常项的性质，系统地揭示推理规律，就要通过建立逻辑演算，进行元逻辑的研究。建立逻辑演算、研究元逻辑的方法是形式化的公理方法。

传统逻辑 形式逻辑的创始人是古希腊的亚里士多德。亚里士多德建立了第一个逻辑系统，即三段论理论。继亚里士多德之后，麦加拉－斯多阿学派逻辑揭示出命题联结词的一些重要性质，发现了若干与命题联结词有关的推理形式和规律。中世纪的一些逻辑学家，发展和丰富了形式逻辑。所谓传统逻辑，就是指由亚里士多德开创、经历2000多年历史、至19世纪进入现代发展阶段前所发展起来的形式逻辑体系和理论。传统逻辑通常把命题分为直言命题、选言命题和假言命题，并研究这几种命题的形式和推理形式。传统逻辑还包括关于矛盾律和排中律等逻辑规律的理论，以及有关词项的理论。

数理逻辑 它是现代（形式）逻辑。之所以称为数理逻辑，一方面是由于在研究中广泛地使用了人工的符号语言，并发展为使用一种形式化的公理方法，同时也应用了某些数学的工具和具体的结果；另一方面则是由于现代形式逻辑的发展受到数学基础研究的推动，特别是受到深入研究数学证明的逻辑规律和数学基础研究中提出来的逻辑问题的推动。数理逻辑之所以又被称为符号逻辑，是由于它使用人工的符号语言。数理逻辑的创始人是G.W.莱布尼茨。莱布尼茨提出建立"普遍的符号语言"、推理演算和思维机械化的思想。尽管莱布尼茨本人并没有实现他所提出的目标，但数理逻辑的发展却逐步（还没有全部）实现了莱布尼茨的理想。G.弗雷格在1879年发表的《概念语言》一书中，建立了第一个一阶逻辑体系。19世纪70年代，G.康托尔创立了集合论。集合论，特别是第一个一阶逻辑体系的建立，是形式逻辑的发展进入现代阶段的标志。

形式主义 formalism 割裂形式和内容的有机联系，片面追求形式而忽视内容的一种形而上学的观点、方法和作风。"形式主义"一词来自希腊文，意为流于形式。形式主义无限夸大形式的作用，否认内容的决定的、主导的地位；不具体分析事物的矛盾和不顾及事物的本质，只是按照事物的外部标志分类，取代对事物本质的认识；满足于现象罗列，而不考虑事情的本质。辩证唯物主义依据形式和内容的辩证原理，肯定形式在事物发展中的地位和作用，但它坚决反对任何形式主义的倾向。

形式主义同认识论中的形式化方法有本质的区别，两者不可混淆。形式化是人们运用一定的符号系统来描述事物的形式、结构，提示事物的客观联系和发展规律的科学方法，是人类科学认识的发展和深化。作为科学认识方法的形式化，并不否认内容和形式之间的辩证关系。

形态分析 species analysis 在分子水平上确定目标成分的存在形式及其含量的方法。众多事实证明，物质所显示的性质，不仅与其组成有关，且与其存在形态密切相关。例如，汞是累积性毒物，但单质汞的毒性远不及甲基汞或乙基汞；铬（Ⅲ）对人体来说是必需的，但铬（Ⅵ）却有高毒性；顺式二氯二氨合铂络合物有强抑癌作用，而其反式物却无此效应等。在生产实践中，很多化学工艺过程与目标成分的形态有关。例如，电镀银时，若用硝酸银溶液，镀的银层粗糙；而用银氰化物，则镀层平滑美观。

形态分析首先要求将目标成分进行形态分类，例如对饮料中痕量镍的形态分析，就是首先按颗粒的粒径大小划分形态，规定以0.45微米孔径的膜为滤器，穿过的为可溶态，被截流的为颗粒态。这实际上就是进行状态分析。然后再分别确定镍在可溶态和颗粒态中实际存在形式。通常水中痕量成分的形态可通过膜过滤、有机溶剂萃取、离子交换树脂吸附、螯合树脂分离等一系列处理，初步分为颗粒态和溶解态；有机态和无机态；离子态和非离子态；络合态和非络合态等。还可根据需要和测定手段细分，如络合态可再分为简单配合物和多元配合物；基于阳极溶出伏安法测定，分为"活性态"和"非活性态"等。在此基础上进而对各态作进一步研究，以确定目标成分的实际存在形式及含量。

形态分析与状态分析、价态分析有密切联系。状态分析分布是形态分析的基础。价态分析即确定元素氧化态，是形态分析的重要内容。

形态学 morphology 生物学的分支学科。研究微生物、动物和植物的整体及其组成部分的外形和结构的科学。

形态学的知识是医学和植物病理学的重要基础，同研究功能的生理学相联系。随着显微技术以及其他相关技术的发展，形态学的研究已从传统的宏观水平发展到分子研究的水平。

早期的形态学只是局限在对生物，包括人类自身的表面形态的描述分类研究。随着人类的进步及科学技术的发展，尤其是显微技术的出现，人类逐渐将形态学的宏观观察比较研究发展到对生物的微观组织的观察研究。由此，形态学发展到今天，已从中分离出了组织学、细胞学、解剖学和胚胎学等生物学领域中的重要分支学科。这些分支学科也构成了形态学的研究内容。

形态学的研究方法主要有化学方法和显微技术。前者有助于了解各种化学成分在细胞中的具体位置，如糖原、蛋白质、各种酶以及DNA等；后者是有助于深入探索细胞的细微结构。

形训 explaining Chinese character by form and structure 汉语训诂学术语。根据汉字的形体结构解说字义的一种释义方式。据形说义，在先秦古书里已经出现。汉代许慎作《说文解字》是注重解说文字形义的书，对字的训释属于形训的例子很多，如：

品："众庶也。从三口。"

喿："鸟群鸣也。从品在木上。"

古："故也。从十口，识前言者也。"

形训的用意在于根据字形结构推求造字的本义，不过往往出于主观的推测。

形状记忆材料 shape memory material 具有形状记忆效应的新型功能材料。包括金属材料，以及陶瓷和高分子等非金属材料。形态记忆材料是20世纪70年代发展起来的。主要有以下3类。①形状记忆合金。某些具有热弹性马氏体相变或应力诱发马氏体相变的合金。当这类合金的组织处于马氏体状态时，对其进行一定限度的变形或形变诱发马氏体后，在随后的加热过程中，当超过马氏体相消失的温度时，合金又能完全恢复到变形前的形状和体积，这种现象称为形状记忆效应。形状记忆合金的应变量可高达百分之几甚至20%，卸除应力后仍能恢复原来的形状。这种在远远超出传统材料弹性极限的变形后仍能复原的现象称为超弹性。②形状记忆陶瓷。这类陶瓷在外应力或外电磁作用下发生超过弹性极限的宏观变形后，通过应力的松弛或通过热激活可以部分或全部恢复到原状态。在陶瓷系统中，已发现有两种产生形状记忆效应的机制，即黏弹性机制导致的形状恢复和类似金属合金中的马氏体相变及其逆相变的记忆效应。③形状记忆聚合物。受热响应、光响应和化学响应而呈现形状记忆效应，分别称为热致感应型、光敏感应型以及化学感应型形状记忆材料（或聚合物）。

荥阳市 Xingyang City 中国河南省辖县级市。位于省境中部，黄河南岸。面积955平方千米。人口61万（2010）。民族有汉、回等。战国时韩国在荥泽之北筑城，名曰“荥阳”。秦置荥阳县，唐代更名武泰县，宋熙宁五年（1072）并入管城县，宋元祐元年（1086）重置荥阳县。1994年撤县建市。由郑州市代管。属暖温带大陆性季风气候。矿产有煤炭、铝矾土、黄铁矿、大理石、石英砂等。农作物主要有小麦、玉米、谷子、棉花、油菜等。传统名产有柿饼、石榴、金银花等。工业主要有阀门、水泵、建材、化工、煤炭、冶炼、机械等。为中国阀门生产基地之一，产量约占全国的1/4。名胜古迹有汉代古荥冶铁遗址、汉霸二王城、鸿沟、虎牢关、郑国京城遗址等。

《醒世恒言》 *Lasting Words to Awaken the World* 中国拟话本小说集。明末冯梦龙纂辑。与冯氏的另两种拟话本小说集《古今小说》(《喻世明言》)、《警世通言》合称“三言”。《醒世恒言》的纂辑时间晚于《喻世明言》与《警世通言》，所收宋元旧作也比前两种少一些。冯梦龙纂辑宋元旧作，已经作了整理、加工，对于《醒世恒言》中大部分明人拟作，则更进行了较多的润色。明人拟作较有价值的多取材于现实生活或民间传说故事。反映阶级压迫的有《灌园叟晚逢仙女》、《郝大卿遗恨鸳鸯绦》和《汪大尹火焚宝莲寺》则暴露了当时宗教势力的罪恶。在《醒世恒言》所收的明人拟作中，关于爱情、婚姻、家庭的描写也占有突出的位置。《醒世恒言》中的这类作品，以《卖油郎独占花魁》成就最为杰出。这一类作品在结构的完整、情节的生动、形象的鲜明、描写的细腻、语言的流畅、词汇的丰富等方面都超过了宋元旧作。此书有人民文学出版社出版的校注本。

兴趣 interest 人力求认识某种事物和从事某项活动的意识倾向。表现为对某件事物、某项活动的选择性态度和积极的情绪反应。兴趣以需要为基础，它在人的实践活动中具有重要的意义，兴趣可以使人集中注意，产生愉快紧张的心理状态。兴趣按其内容可分为物质的和精神的兴趣。按其目的可分为直接兴趣和间接兴趣。兴趣有4种品质：①兴趣的倾向性，即对什么发生兴趣。②兴趣的广阔性，即兴趣的范围。③兴趣的持久性，即兴趣的稳定程度。④兴趣的效果性，即兴趣的力量。

兴趣说 aesthetic delight, theory of 中国古典诗学范畴。指对生命体验的诗意情感表达。这一特点由“悟”影响形成。“兴趣”之“兴”原为古典诗学的重要观念，指诗人因接触外部事物而产生一种诗意情感，即所谓“触物起兴”、“感物兴情”，它侧重于从作者角度立论；“趣”则侧重于从读者角度立论，它主要指诗歌所蕴涵的并能为读者领会到的审美趣味、韵味，即所谓“味外之旨”。首次将“兴”、“趣”二者合论并赋予其独特诗学蕴涵的乃是宋人严羽。他在《沧浪诗话·诗辨》中提出，“诗者，吟咏情性也。盛唐诗人唯在兴趣，羚羊挂角，无迹可求”。这主要针对宋诗创作中“以文字为诗、以才学为诗、以议论为诗”的弊端而言，其目的是恢复诗歌本身鲜活的审美情感。

杏 *Prunus armeniaca*; apricot 蔷薇科李属的一种。落叶乔木。在中国的栽培起源很早，主要分布于北纬44°以南地区，以黄河流域各省为主产地。树冠开张。叶宽卵圆形，有锯齿。花单生，花瓣白色或淡红色。核果球形，果皮及果肉金黄色，种子扁圆形。能自花结实。品种按用途可分为3类：①鲜食类。②仁用类。又分甜仁和苦仁两种。③仁干兼用类。主要用于制干，同时可仁用。

杏树适应性强，能在各类土壤上生长，以排水良好的砂壤土最为适宜。耐旱而不抗涝。喜光，耐寒力强，但在北部地区花期易受晚霜为害。多用嫁接繁殖，可用本砧或其他近缘野生种的实生苗作砧木。

果实富含铁和维生素A。味甜多汁。新疆库车的杏干和北京的杏脯是中国名优特产。杏仁可食用、榨油、入药。杏树木材坚硬，适于制作抗断和抗压的物品。杏花供观赏。杏树还可做防护林和水土保持树种。辽杏和西伯利亚杏，是耐寒砧木和抗寒育种的种质资源。

幸德事件 Kōtoku Incident 日本政府捏造阴谋暗杀天皇的罪名，残酷镇压社会主义运动的事件。又称“大逆事件”。日俄战争后，日本垄断资本主义迅速发展，社会主义运动兴起。“赤旗事件”（1908）后登台的桂太郎内阁加紧镇压社会主义运动。1910年5月，政府发现长野县明科木材厂职工宫下太吉制造炸弹，怀疑有暗杀明治天皇的计划，遂逮捕幸德秋水等许多社会主义者和无政府主义者，并对26人以“大逆罪”进行起诉。除宫下等4人承认有暗杀计划外，别无证据。但大审院特别法庭进行秘密审判，于1911年1月18日判处24人死刑、2人有期徒刑。第二天，以天皇慈悲为名，死刑者半数转为无期徒刑。24日幸德秋水、宫下太吉等11人被处死，25日又处死菅野须贺子。由于这次事件，社会主义运动遭到镇压，一时处于低潮。

幸福 well-being 伦理学的基本范畴之一。人们在物质生活与精神生活中，因意识到实现或接近了自己的目的与理想而引起的精神上的满足感。不同的社会、时代或不同的人们对幸福的理解与感受不同。西方中世纪的宗教神学家们认为，幸福在于对上帝的虔诚信仰和死后进入“天国”；近代唯物主义思想家提出，幸福的主要内容是个人生活欲望的满足。马克思主义伦理学认为，人们的幸福生活，包括物质生活与精神生活两方面。幸福受一定社会经济关系与生活条件的制约，强调社会、集体的幸福是个人幸福的基础。同时主张，社会和集体应为个人幸福尽可能创造条件，集体与个人的幸福是统一的。

性变态 sexual perversion 对不会引起常人性兴奋的某些物体或情景产生强烈性兴奋的变态心理状态。性心理障碍的俗称。又称性行为异常。采用与常人不同的性行为方式满足性欲，或者有变换自身性别的强烈欲望。前者称为性偏好障碍，后者称为性身份障碍。

类型 ①恋物症。性爱对象是异性身体一部分如脚、头发或异性用过的物件如内衣、乳罩等。②窥阴症。窥看别人裸体或阴部以获得性的满足。③露阴症。在异性面前公开暴露自己的外生殖器，从而得到性满足。④易装症。把自己打扮成异性，留异性发型、穿异性的服装，从中得到性满足。⑤易性症。不但打扮成异性，还要求做手术将自己彻底变成异性。⑥施虐症和受虐症。这类人要给对方施加肉体上或精神上的痛苦，或者需要对方给自己施加肉体上或精神上的痛苦，才能达到性满足和性高潮。此外，还有恋兽症、恋童症、恋尸症、性窒息症、挨擦症、电话秽语症等。

病因与治疗 有的是先天遗传的作用，有的是脑部损害或性激素分泌异常的结果，也有的是后天环境影响学习而得。心理疗法有时可取得满意的效果。

性别比 sex ratio 被统计人口的男性人数与女性人数之比。通常用每100个女性人口相对应的男性人口数来表示。它是反映人口性别构成的主要指标之一。计算公式为：

中国六次人口普查总人口性别比 单位：万人

普查年度	1953	1964	1982	1990	2000	2010
总人口（万人）	59 435	69 458	100 818	113 368	126 583	133 972
男	30 799	35 652	51 944	58 495	65 355	68 685
女	28 636	33 806	48 874	54 873	61 228	65 287
性别比	107.56	105.46	106.30	106.60	106.74	105.20

本表未包括香港、澳门特别行政区及台湾省数据。

性别比=（男性人口数/女性人口数）×100。

性别比通常被区别为年龄别性别比和总人口性别比。年龄别性别比指的是某一个年龄段内每100个女性人口相对应的男性人口的数目。总人口性别比指的是被统计人口中每100个女性人口相对应的男性人口的数目。中国从第一次到第六次人口普查所得到的总人口性别比数据见表。

性别角色 sex role 社会规范和他人期望所要求于男女两性的个性特质、举止、兴趣和行为模式，男女两性自觉或不自觉地按照社会规范和他人期望实际表现出来的行为活动。

性别角色是习得的。3岁儿童已经有了性别认同，能分辨典型的男女特质，进而能选择有性别特点的玩具。认知发展阶段论认为，人的发展只有达到一定的认知发展阶段才能产生性别认同和适当的角色行为。

性别角色与性别差异有关。性别差异指男女心理和行为上的实际差别。研究表明，除男性比女性更具攻击性这一点可能有生物学基础以外，其他一切男性和女性在心理和行为上的差异，包括曾一度得到公认的男性在空间和数学能力上略高于女性、女性在语言能力上略高于男性的现象，都不一定是生物学的原因造成的，很可能是社会、文化和环境因素造成的。

性别认同 gender identity 人对自己是男性或女性角色的意识。性别角色并不是个体的生理性别，而是由个体所处的文化规定的、可观察到的男女有别的个性特质和行为特点。个体按照自己对性别角色的认同来规范自己的行为。

性别认同是一种习得的自我知觉，两性人的情况可以证实这一点。如果我们比较两个发育状态相同的两性人，一个当作女孩抚养，另一个当作男孩抚养，一般情况下，被当作女孩的一个会认为自己是个女孩，行为举动都像女孩；而被当作男孩的一个，行为举动像男孩，自我认同也是男孩。

性别认同是在3～4岁时形成的。出生时性别不清的儿童只要在出生后18个月之前确定他们的性别，一般就不会出现问题。如果父母始终如一地把孩子当作男孩（或当作女孩）抚养，儿童就能形成明确的性别认同。如果父母不能及时确定抚养方式，儿童就可能形成与自己的生物学性别不一致的性别认同或产生性别认同混乱。

性病性淋巴肉芽肿 lymphogranuloma venereum; LGV 由沙眼衣原体感染所致的一种性传播病变。主要侵犯腹股沟和直肠周围的淋巴结，形成脓肿、溃疡和瘘管，多年后可引起直肠狭窄、外阴象皮肿等。治疗可选用四环素类、红霉素类或复方新诺明内服，淋巴结未化脓者可行冷湿敷或理疗；化脓时，用注射器抽吸脓液，禁止切开排脓。

性传播疾病 sexually transmitted disease; STD 主要通过性接触传播的一组传染病。又称性传播感染。主要病变发生在外生殖器部位。主要包括梅毒、淋病、非淋菌性尿道（宫颈）炎、尖锐湿疣、生殖器疱疹、软下疳、性病性淋巴肉芽肿、艾滋病等。性病主要通过直接性接触传染，也可通过被污染的衣服、毛巾、便器、浴盆等间接感染，还可通过血液及胎盘感染。性传播疾病的蔓延与社会风尚和知识水平密切相关。要大力开展健康教育，对性关系及性传播疾病有正确的认识。

性反转 sex reversal 从一种性别个体转变成相反性别个体的现象。性反转只发生在生殖腺性别水平以及由此引起的表型性征的变化，而不涉及染色体性别。在哺乳类中至今未发现过具有功能的性反转。但鱼类、两栖类则可出现有功能的性反转。引起性反转的因素很多，如动物的生理状态、外界环境以及激素处理等。某些鱼类也可在正常情况下出现雌雄同体以及自发性反转。雌雄同体的个体具有两个类型的性器官，其发育可先后交替，即“先雄后雌”或“先雌后雄”，后者更常见，如黄鳝。环境因子可诱导性反转，例如从一种群内部去掉雄鱼，能促使雌鱼变成雄鱼并产生正常的精子。注射睾酮可模拟这种性反转。

性犯罪 sex crime 故意侵犯他人的性权利、性健康或妨害与“性”有关的社会风化而违反刑事法律规范并构成刑事犯罪的行为。中国刑法没有采用性犯罪的概念；在研究中，通常用“性犯罪”泛指一组与性有关的犯罪。

根据1997年修订的《中华人民共和国刑法》，可纳入性犯罪的罪名主要有强奸罪，奸淫幼女罪，强制猥亵、侮辱妇女罪，猥亵儿童罪，组织卖淫罪，协助组织卖淫罪，强迫卖淫罪，引诱、容留、介绍卖淫罪，引诱幼女卖淫罪，传播性病罪，嫖宿幼女罪，聚众淫乱罪，走私淫秽物品罪，制作、贩卖、传播淫秽物品罪，传播淫秽物品罪，组织播放淫秽音像制品罪等。它们属于侵犯人身权利和妨害社会管理秩序的犯罪。性犯罪不仅使受害人本身备受摧残，导致自杀等恶果，而且腐蚀人们的灵魂，败坏社会风气，诱发杀人、伤害、诈骗等其他刑事犯罪，严重破坏社会秩序。此外，因性犯罪引起的性病、艾滋病的蔓延还会危及国民素质，妨害生产力的发展。因此，性犯罪是各国刑法严厉打击的犯罪。

一般来说，性行为如果没有危害社会（如个人的自慰行为）是不构成犯罪的，但是如果当众自己或互相手淫、教唆他人手淫，则可能构成犯罪。男女恋爱过程中的越轨性行为不构成犯罪，但是以恋爱为名玩弄异性、情节严重的却构成犯罪。虽然有一定社会危害性，但尚未列入刑事法律调整范围的性行为（如通奸）不能视为性犯罪。对有社会危害性但没有达到犯罪程度的违法行为，不能予以刑事处分，但可以采取治安处罚及其他行政处分的措施。

性格 character 人对现实的态度和行为方式中比较稳定的心理特征的总和。诸如诚实或虚伪，勤劳或懒惰，自豪或自卑，勇敢或怯懦，果断或优柔寡断等都属于性格特征。性格是个性中具有核心意义的部分。

性格的特征大体可以概括为4个方面：①对现实和对自己的态度的性格特征。包括对别人、集体和社会，对劳动和工作以及对自己的态度的特征。②性格的意志特征。包括对行为目标明确程度、对行为自觉控制水平的特征，以及在紧急或困难的情况下表现出来的意志特征等。③性格的情绪特征。包括情绪对人的行为活动的感染程度和支配程度，以及情绪受意志控制的程度，也包括情绪的稳定性、持久性方面的性格特征，还包括主导心境方面的性格特征。④性格的理智特征。包括表现在感知和思维方面的特征。各种性格特征交织在一起构成一个人的性格。

瑞士心理学家C.G.荣格根据生命中的“力比多”活力倾向于人自身或外部环境而把人的性格分成两大类：外倾和内倾。也有人根据智力、情感和意志三种功能在人身上所占的优势而把人的性格划分为智力型、情绪型和意志型。除此之外，还有诸如生物学的类型论、文化－社会学的类型论等观点。

人的性格是后天形成的。学校生活是儿童性格形成和发展的主要时期。培养优良的性格是教育的一个重要组成部分，具有重大的社会意义。

性功能障碍 sexual dysfunction 激发性感的能力丧失或不能达到完全性满足的病理状态。男女表现各异。

男性性功能障碍 可表现在性活动的5个环节（性欲、勃起、性交、性高潮、射精）中。其中以勃起功能障碍和射精功能障碍最常见。

男性性欲异常 性欲的产生与生理因素和社会心理因素相关，也受年龄、健康状况影响。有两个类型：①男性性欲低下。多为心理因素与内分泌因素所致。②男性性欲亢进。在非适当的场合也产生性的需求。主要原因是各种因素导致下丘脑－垂体－性腺轴的病变、雄激素分泌过剩者；精神病患者对性兴奋控制力下降以及不良生活习惯和社会影响的结果。性欲异常均需采用病因及性心理联合治疗。

勃起功能障碍 即“阳痿”。40岁以上，其发生率随年龄增高而上升。分为心理性、器质性及混合性三种。器质性勃起障碍包括内分泌性、血管性、神经性及阴茎组织本身的病变。青壮年以心理因素多见，而老年人多为混合性因素。治疗应针对病因，包括心理、内分泌、药物（中西药）、手术及辅助器械等治疗。

射精功能异常 临床表现有下面三类：①早泄。常见。约占1/3已婚男性。因个体要求差异较大，早泄的定义很难限定。一般认为当阴茎进入阴道前或刚进入阴道就发生射精称为早泄。早泄病因多为功能性。以往的性交习惯、过度手淫的经历以及紧张情绪等心理因素均可导致射精反射异常敏感。治疗方法包括心理和行为方法指导及药物治疗。②不射精。性交时阴茎勃起功能正常，但进入阴道后不能达到射精和性高潮。其病因有功能性及器质性因素。治疗可采取局部电振动、电刺激、物理疗法及α、β受体激动剂（麻黄素）中枢神经系统兴奋剂（左旋多巴）等综合治疗。③逆行射精。性交可达到高潮并有射精感，但精液未从尿道口射出，而从射精管排出逆流入膀胱内。原因是脊髓或交感神经损伤，服用α－受体阻滞剂（利血平、胍乙啶），膀胱颈手术及损伤等。当膀胱颈解剖结构完整、为动力学因素所致时，可采用抗组胺药、抗胆碱类药物及丙咪嗪、麻黄素等治疗；机械性因素所致者，可根据病因采用膀胱颈成形重建术、尿道狭窄修复术等。

女性性功能障碍 表现有性欲异常、性交疼痛、阴道痉挛及性高潮障碍等。

女性性欲异常 ①女性性欲低下。指性幻想和对性生活欲望持续性或反复性不足或完全缺失。与生理、心理及社会因素相关。性欲低下的治疗为在性心理医生指导下克服心理障碍同时应用药物治疗。②女性性欲亢进。表现为频繁强烈的性要求，甚至不避亲疏环境及行为规范。其应针对原发疾病的同时联合进行心理治疗。

性交疼痛 阴道或下腹部发生间歇性或持续性疼痛。发生率为3%～5%。病因主要为器质性因素，可能与男方生殖器畸形有关。心理方面、社会人际关系也值得重视。在排除器质性因素的影响后，应以心理治疗为主，适当辅以性行为方法指导及局部麻醉药物。

阴道痉挛 又称性恐惧综合征。当幻想、预感或试图性交时，阴道外1/3肌肉发生不随意的痉挛收缩。痉挛范围可涉及骨盆底部、阴道外1/3括约肌、提肛肌，甚至影响到大腿内收肌。可通过性心理医生探寻其病因并制定相应的治疗方案治疗。

性高潮障碍 即具有正常性欲者在性活动时，虽有足够的强度和时间的性刺激，但性兴奋过后仍未出现性高潮。性高潮是一种神经反射，即肉体在对性刺激发生血管充血及肌强直中性紧张得到释放的瞬间，也是肉体对性刺激达到反应高峰的一种主观快适的感受。应针对病因治疗。在性心理和性治疗医生指导下，一般均能治愈。

性激素 sex hormone 由动物体的性腺，以及胎盘、肾上腺皮质网状带等组织合成的甾体激素。雌性动物卵巢主要分泌两种性激素——雌激素与孕激素，雄性动物睾丸主要分泌以睾酮为主的雄激素。

雌激素系甾体激素中独具苯环（A环芳香化）结构者，其中雌二醇（又称动情素或求偶素）的活性最强，主要合成于卵巢内卵泡的颗粒细胞，雌酮及雌三醇为其代谢转化物。雌激素的主要作用是促进雌性生殖器官发育和维持雌性第二性征。各种形式的雌激素衍生物已广泛应用于避孕、治疗妇女更年期综合征、男子前列腺肥大症以及其他内分泌失调病等。孕激素又称黄体酮，是许多甾体激素的前身物质，系哺乳类卵巢的卵泡排卵后形成的黄体以及胎盘所分泌的激素。其主要功能在于使哺乳动物的副性器官作妊娠准备，主要作用于子宫内膜和子宫平滑肌，是胚胎着床于子宫并维持妊娠所不可少的激素。孕激素的分布很广，非哺乳动物如鸟类、鲨鱼、肺鱼、海星及墨鱼等卵巢中也有孕激素合成。孕激素和雌激素在机体内的联合作用，保证了月经与妊娠过程的正常进行。

睾丸、卵巢及肾上腺均可分泌雄激素。睾酮是睾丸分泌的最重要的雄激素。雄激素作用于雄性副性器官如前列腺、精囊等，促进其生长并维持其功能，也是维持雄性副性征所不可少的激素。雄激素还具有促进全身合成代谢，加强氮的储留等功能，这在肝脏和肾脏尤为显著。

性激素疗法 sex hormone therapy 通过调节体内性激素水平治疗疾病的方法。性激素主要由性腺（卵巢、睾丸）所分泌，包括雌激素、孕激素及雄激素，均属类固醇（甾体）激素。性激素主要作用于生殖系统，促进生殖器官和副性征的发育、成熟并维持其生理功能，对身体其他系统如骨骼、代谢、心血管、皮肤等也有影响，因此，也具有全身性作用。

雌激素疗法 临床应用广泛。

临床应用 主要用于治疗青春期功能失调性子宫出血、闭经、绝经期综合征、老年性阴道炎、骨质疏松、不孕症、前列腺癌、乳腺癌、痤疮等疾病。

副作用 ①口服雌激素最常见的副作用为恶心、呕吐、眩晕等。②长期单独使用雌激素有增加子宫内膜癌发生的危险。③促凝作用。④雌激素代替治疗期间，胆汁内胆固醇增加，胆汁酸浓度降低，易形成胆石。⑤刺激子宫平滑肌。大剂量时可使子宫肌瘤发展。⑥绝经后妇女用雌激素治疗时，如果出现异常子宫出血，须排除子宫内膜腺癌。⑦妊娠早期服用大量已烯雌酚，有使女婴到青春期发生阴道癌的潜在危险。⑧雌激素使水钠潴留，可引起水肿和体重增加。⑨大剂量损坏肝功能。偶致黄疸。⑩促进骨骺闭合。对未成年者避免长期或大量使用，以免影响身高增长。

孕激素疗法 临床上常用于治疗妇科疾病和避孕。

临床应用 主要用于治疗功能性子宫出血、黄体功能不足、黄体萎缩不全、闭经、先兆流产、子宫内膜异位症、子宫内膜癌、乳腺癌等疾病。

副作用 ①偶见轻度精神抑郁、头晕、乳房胀、疲倦、嗜睡。②体重增加。③去甲睾酮衍生物可使子宫内膜萎缩。对月经稀少者须慎用，偶见长期闭经。④孕早期使用合成孕激素，胎儿可发生脊柱、肛门、心脏、气管、食管、肾、肢体畸形（Vacterl综合征）。⑤有雄激素作用的合成孕激素可致多毛、痤疮。⑥大剂量长期应用，特别是炔诺酮，可使谷氨酸转氨酶升高。有肝炎史者慎用。⑦降低血清高密度脂蛋白的浓度、增加动脉硬化的危险。

雄激素疗法 临床上利用雄激素促雄

性性器官及第二性征发育成熟、对抗雌激素、抑制子宫内膜生长、促进蛋白质合成及骨质形成等作用来治疗疾病。

临床应用　主要用于治疗更年期子宫出血、子宫肌瘤、子宫内膜异位症、女性性欲低下、无睾症及类无睾症（睾丸功能不全）、男性更年期综合征、晚期乳腺癌或乳腺癌有骨转移、身体虚弱、贫血等疾病。

副作用　①女性男性化。停药后症状很快消失。②甲基睾丸酮偶可引起肝性黄疸。③加速骨骺愈合，并干扰正常下丘脑-垂体-卵巢轴的功能。青春期女孩不宜用。④男性长期用雄激素治疗，促性腺激素分泌受抑制，可发生阳痿和无精症。

抗性激素疗法　抗性激素分抗雌激素、抗雄激素、抗孕激素三种类型。

抗雌激素　合成的非类固醇化合物，能在体内减少各种组织对雌激素的特异吸收。

抗雄激素　阻断雄激素对靶组织的作用，影响性功能、各种代谢过程和胚胎分化。临床用于治疗前列腺肥大、前列腺癌、痤疮皮脂溢出、女性多毛症、男性秃发、性欲亢进、性早熟。

抗孕激素　米非司酮作用于子宫内膜（蜕膜）的孕酮受体（PR），使雌激素、孕激素下降，用于抗早孕、终止早期异位妊娠。三烯高诺酮有强抗孕激素作用，使子宫内膜萎缩，临床试用于治疗子宫内膜异位症。

促性腺激素(GnH)疗法　促性腺激素是由垂体分泌的，包括促卵泡成熟激素（FSH）及黄体生成素（LH）。促性腺激素药物有以下3种。

绒毛膜促性腺激素（hCG）　为临床应用最久的促性腺激素。从孕妇尿中提取。能促使发育近成熟的卵泡排卵，模拟月经中期LH高峰的作用。用以治疗排卵功能障碍性不孕症，体外受精时用以刺激超排卵。可治疗黄体功能不全或由此引起的习惯性流产。

绝经期促性腺激素（hMG）　从绝经期妇女尿中提取。具有促使卵泡成熟，诱发排卵的功效。适应证为：①垂体促性腺功能低下的无排卵。②排卵功能障碍性不孕。③用于体外受精可刺激超排卵。

促卵泡成熟激素（FSH）　从促性腺激素中提纯的浓缩制剂。临床用于体外受精刺激超排卵，取得较好效果。

黄体生成素释放激素(LHRH)　由下丘脑分泌常用的制剂为人工合成品。适应证为：①诱发排卵和精子发生。用于治疗下丘脑性闭经或不排卵、多囊卵巢综合征、不孕症、黄体功能不全等。②长期用药，产生垂体-性腺轴功能的抑制作用，治疗与激素相关的疾病。对子宫内膜异位症，用药后卵巢激素分泌受到抑制，子宫内膜萎缩。

性教育　sex education　性知识和性道德的教育。从婴儿到老年都需要有关性的知识的教育，而青春期的性教育更为重要。在青春期，生殖系统与身体的其他系统一样发育迅速，并出现男、女性的特征，男女向往异性，并有性的要求。心理上也出现不少变化，有成人感，意识独立，自尊心加强，情感易波动，不愿透露自己的心理活动。性意识的萌发和随之而来的各种心理活动，使他们加重了疑虑，更羞于启齿。所以，要帮助他们理解各种正常变化，用科学知识处理有关问题，帮助他们理解以理智控制感情的重要性，培养自我情感调节或控制能力。帮助他们充分了解两性关系中的行为规范，正确区别和重视友谊、恋爱和婚育的关系。

性教育对预防生殖系统功能障碍和器质性病变也有一定作用。青年对月经、遗精、手淫、怀孕、生育等应有正确认识。注意经期卫生可减少月经病的发生。遗精纯属生理现象，偶有手淫也不会引起什么后果。怀孕、生育都是生理现象。对性病应有正确认识，性病是通过性行为传播的传染病，也称性传播疾病，是一种社会性疾病，具有很大的危害性。性教育在性病的综合整治措施中是重要的一环。

性灵说　natural inspiration, theory of　中国古代文学理论批评主张。以明代公安派三袁（袁宗道、袁宏道、袁中道）的文学观和清代袁枚的诗论为代表。核心在于提倡文学作品抒发性灵，表现真情实感，崇尚自然天籁，要求摆脱羁绊，不拘格套，反对模拟，反对雕琢，是当时自然人性思潮在文艺上的一种表现。在中国文学批评史上，习惯上将袁枚的诗歌理论概括为“性灵说”，与神韵说、格调说、肌理说并称为清代四大诗歌理论流派。

性灵说作为特定的文学理论主张出现在明代中叶以后。公安派三袁在李贽的童心说、焦竑的“诗非他，人之性灵之所寄”（《雅娱阁集序》）等观点的影响下，建立起以“性灵”为中心的文学思想。公安派性灵说的主要内容：一是主张抒写真情，“任性而发”，反对粉饰蹈袭；二是强调识时创新，提出“穷新极变”的原则，反对复古模拟；三是提倡自然之美，向往天然之趣，以平淡、天真、本色为美，反对雕琢堆砌。性灵说体现了反对理学禁锢，要求思想解放的时代精神。

清代性灵说的代表人物是袁枚，他的诗学以“性灵”为核心，并将“标举性灵”提到“诗之道”的高度，视性灵为艺术发生的本源和艺术魅力的根本。袁枚的性灵说更强调个性、灵机、美感与艺术性，内涵更丰富，也更为流行。一是主张真情与美感结合，要求诗人不失“赤子之心”，佳作应有夺目悦耳、味鲜趣真的美感。二是主张天然与个性结合，推崇天籁化工之作，指出“诗如化工，即景成趣”，提倡独创性。三是主张才气与学力结合，创作需要灵气飞动，天分才气，所谓“天性多情句自工”。

性灵说代表了明清时期文学要求自由抒发心灵和注重主体个性的积极倾向，促使文艺创作在一定程度上回归民间真情，回归自然人性，打破了传统理学的偏见，肯定了爱情诗歌，提高了通俗文学的地位，体现了个性解放的心声。在乾嘉时期，“随园弟子半天下，提笔人人讲性情”。可见性灵说影响一代诗风，直至20世纪二三十年代一些现代作家还曾推崇性灵说。但另一种观点则批评性灵说过分强调心灵和表现闲情逸致的倾向。

《性命圭旨》　*Guide to Healthy Life*　中国道教内丹论著。传为元初道士尹志平弟子所著。明万历四十三年（1615）刊刻行世。全书分元、亨、利、贞4集。元集收录《大道说》、《性命说》、《死生说》等论著20余篇。亨、利、贞3集收录次第解说的内丹口诀，每集3节，计有“涵养本原、救护命宝”，“安神祖窍、翕聚先天”，“蛰藏气穴、众妙归根”，“天人合发、采药归壶”，“乾坤交媾、去矿留金”，“灵丹入鼎、长养圣胎”，“婴儿现形、脱离苦海”，“移神内院、端拱冥心”，“本体虚空、超出三界”9节。解说中以精美而又颇具准确的人体经脉穴位图，详细地加以阐释功法次第，言论中又每每杂糅佛教义理，使佛门弟子亦同参习。此书为明季以来少有的图文并茂的论著，流传甚广，刻本颇多。

性三品　three grades of human nature　中国古代一种关于人性的学说。西汉董仲舒结合天人感应说，提出人性有上、中、下之别的观点，认为：上等的“圣人之性”，先天就是善的，不需教育；下等的“斗筲之性”，是经过教育也难以转化为善的。这两种都是少数，实际上都不可以称为性，只有“中民之性”才能称为性。中民是大多数，需要经过教化方能为善。董仲舒认为，人们要为善去恶，战胜贪欲之情，养成道德品行，达到忠信而博爱，敦厚而好礼，就必须自觉接受教化。

董仲舒以后，王充认为性善是中人以上，性恶是中人以下，善恶混是中人之性。至荀悦方明确提出“性三品”的概念，认为“上下不移，其中则人事存焉”；“性虽善，待教而成；性虽恶，待法而消”。到唐代韩愈写了《原性》篇，专门讨论“性三品”问题，他说：“性之品有上、中、下三：上焉者，善焉而已矣；中焉者，可导而上下也；下焉者，恶焉而已矣。”韩愈的“性三品”说和董仲舒的一样，都是宗法等级关系在理论上的体现。

性骚扰 sexual harassment 原指男上司或男雇员用淫秽的语言或者下流的动作挑逗、侵扰女雇员，甚至强行要求与其发生性关系的行为，后引申为社会上以各种非礼的性信息侮辱异性（主要是妇女），或向异性提出性要求的行为。这一用语最早在美国等西方国家流行。性骚扰这一普遍性的社会问题已引起世界各国的关注，1985年第三次世界妇女大会通过的《内罗毕战略》把“使青年妇女不受性骚扰”列为主要目标之一。

表现形式 性骚扰尚无统一界定，一般认为有口头、行动、人为设置环境三种方式。口头方式如以下流语言挑逗女性；行动方式如故意触摸碰撞异性身体敏感部位；设置环境方式即在工作场所周围布置淫秽图片、广告等，使对方感到难堪。不同形式的性骚扰在中国广大城乡地区各具特色。在城市，某些企业、公司招聘的女职工、女秘书遭受性骚扰的事件日益增多。农村则是性骚扰的高发地区，这与当地经济贫困、文化习俗落后有直接关系。

立法 完善立法是对付性骚扰的重要途径。美国早在1975年就通过法律条文对性骚扰予以禁止。法国、西班牙、新西兰等国相继立法确认性骚扰罪成立。瑞典通过了《平等机会法》，要求雇主对工作场所的性骚扰采取防治措施。中国尚无全面禁止性骚扰的法律规定。1997年《中华人民共和国刑法》修订之前，一般对严重的性骚扰行为按流氓罪追究刑事责任；刑法修订后规定的强制猥亵、侮辱妇女罪则更符合性骚扰的特征。较轻的性骚扰依照《中华人民共和国治安管理处罚法》给予行政处罚，对一般的性骚扰行为则划入道德范畴。

性善论 innate goodness of human nature, theory of 中国战国中期孟子关于人性的观点。孟子所言人性指人之所以区别于禽兽而固有的基本特征。他认为，具备仁、义、礼、智善德是人天生的禀赋，但是在人的本性中它们只是开端、萌芽，即善端，并不等于善的完成，需要人们自觉地反思、积极地保持、主动地培养，才有可能形成善良的道德品质。孟子强调环境和教育在道德品质形成过程中的作用。在此基础上，孟子提出了系统的道德修养理论。宋代以后，性善论为理学所继承，成为主流人性学说。

性腺 gonad 动物体内产生生殖细胞（配子）的主要生殖腺。又称生殖腺。雄体称为精巢（或称睾丸），雌体称为卵巢。

精巢 生成精子和分泌雄性激素的器官。左右各一，呈微扁的卵形，分上、下两端，内、外侧面和前、后两缘。精巢表面光滑，包有一层浆膜。后缘与附睾和输精管下段相接触，后缘上部与附睾头紧密相连。

哺乳类的精巢呈白色椭圆形，一般位于腹腔后方的左右两侧，因种类的不同，其位置也有差异，可分为三种类型：第一类是终生留在腹腔中，如单孔类与多数食虫类、贫齿类、蹄兔类、象类和鲸类。第二类是在生殖期间精巢临时下降到阴囊，阴囊腔保留与腹腔联系，生殖期过后精巢仍可缩回到腹腔，例如啮齿类、若干食虫类和若干猿类。第三类是动物由母体产出后，精巢即下降到阴囊中，阴囊腔与腹腔的联系封闭，精巢终生不再缩回腹腔，例如有袋类、鳍脚类、多数食肉类、有蹄类和猿猴类。

卵巢 产生卵子和雌性激素的腺体，是成对的实质性器官，哺乳类中，呈扁卵圆形，略带灰红色。位于小骨盆腔并包在子宫阔韧带后层中，分内侧面和外侧面、上端和下端。内侧面朝向盆腔，多与小肠紧邻。外侧面紧贴盆侧壁，位于卵巢窝内（相当于髂内外动脉夹角处，窝底有腹膜覆盖）。上端钝圆与输卵管相近。借卵巢悬韧带固定于骨盆壁。左右各一，卵巢外面被以白膜，内部结构主要由三部分构成：一是由结缔组织构成的卵索，内有许多血管、神经和少量的平滑肌纤维；二是周围为一层生殖上皮组织；三是数目众多、大小不等的卵泡。

性腺属于混合腺，具有外分泌和内分泌功能。脊椎动物的性腺有两个主要的机能：①产生配子。雌性动物的卵巢产生卵子，雄性动物的睾丸产生精子，分泌激素来刺激或调节生殖系统和副性征的发育，以及动物交配受精的行为。②脊椎动物性腺的机能往往是周期性的，生殖往往发生在适合于受精卵生存或胚胎发育的季节。

性腺功能低下 hypogonadism 性腺功能异常降低的病变。表现为性器官及第二性征不发育，生长发育迟缓。因染色体异常或其他疾病所致。病变在性腺本身称原发性性腺功能减退，垂体促性腺激素分泌不足所致称继发性性腺功能减退。

男性性腺功能减退 男性性腺睾丸功能损害导致精子生成和／或雄激素分泌障碍的综合征。睾丸自身有病变时，睾酮对下丘脑和垂体的反馈抑制作用减弱，由于下丘脑和垂体功能正常，从而促性腺激素分泌增加。这种类型称为原发性或促性腺激素分泌过多性腺功能减退。下丘脑或垂体病变导致促性腺激素分泌缺乏，影响睾丸功能而引起的性腺功能减退，称为继发性或促性腺激素分泌不足性性腺功能减退。

女性性腺功能低下 多为染色体异常所致。

①特纳氏综合征。又称先天性卵巢发育不全症。约占活产女婴的万分之一。染色体核型多为45，XO。亦可见XX/XO等嵌合体，嵌合体易成活，症状亦轻。外表为女性，体型短小，生殖器及乳腺发育不全。缺乏第二性征，闭经，面容呆板，颈短，颈部皮肤呈蹼状，后发际低。少数病例智力低下。可伴心、肾、骨的畸形。治疗可用雌激素替代疗法。②3X综合征。染色体核型为47，XXX。外表为女性，有内眦赘皮，眼距宽。性腺及性发育多正常，性发育幼稚，多伴智力障碍。亦可见4X综合征、5X综合征。

性早熟 precocious puberty 女孩在8～8.5岁前，男孩在10岁前出现性发育的现象。影响儿童发育的因素很多，主要是种族、遗传，气候、营养、疾病等也起很大作用。性早熟的心理影响明显。儿童应及时诊疗，找不出原因者要定期随访。体质性性早熟并不影响以后的生育能力和健康。治疗原则为去除病因（如切除肿瘤），药物首选孕酮衍生物（如甲地孕酮、氯地孕酮，可阻止性发育的发展，如防止月经再来、乳房长大）。

性早熟可分真性性早熟和假性性早熟两类。

真性性早熟 90%是体质性（特发性）的。少数为病理性，表现为性腺及其他生殖系统器官、第二性征均提前发育，可见于下述情况：①体质性性早熟。下丘脑促性腺释放激素或垂体促性腺激素分泌过早，致性发育提前。②多发性骨纤维发育不良伴性早熟综合征。又称麦丘恩－奥尔布赖特二氏综合征。表现为骨骼系统纤维发育不良、皮肤色素沉着、性早熟。多见于女性。③器质性脑病所致性早熟。因病变影响下丘脑所致。治疗及预后取决于基础疾病。④甲状腺功能减退伴性早熟。见于少数甲状腺功能减退病例。可用甲状腺素替代治疗。⑤分泌性激素的肿瘤伴性早熟。如发生于松果体及卵巢的绒毛膜癌可分泌绒毛膜促性腺激素，睾丸间质细胞瘤可分泌雄激素。

假性性早熟 性腺发育与年龄相符，但第二性征提前发育。主要表现为乳房增大或阴毛早现。有如下类型：①单纯乳房发育。女婴乳房增大，多为单侧性，多呈进行性，以后也可静止或消退、其他性征则按正常规律出现。②单纯性阴毛早现。原因是肾上腺雄酮分泌过多或毛囊对雄激素敏感，不影响健康，多见于女孩。其身材高于同龄儿。③男子女性型乳房。新生儿的乳房受母体的激素影响而增大，数周后自消。本症又见于睾丸间质细胞瘤、肾上腺女性化肿瘤、男性假两性畸形等。④药物性性早熟。使用或误用雌激素可致男孩、女孩乳房发育、乳晕色素沉着，外源性雌激素可致胡须、阴毛、腋毛生长。停药后症状消退。⑤先天性肾上腺皮质增生。21-羟化酶缺陷，致孕酮及17-羟孕酮积聚，睾酮合成增加，可致男性或女性假性性早熟。

性周期 sexual cycle 雌性哺乳动物自初情期到性功能衰退的生命阶段中，在性行为以及生殖系统结构和功能上的周期性变化。在性周期中，除了卵巢排卵外，生殖器官的其他部分亦有变化，如子宫壁在排卵前后增厚。在排卵时期，动物性欲旺盛，故性周期又称发情周期或动情周期。雌性灵长类（包括人类）性周期的显著特点是在性周期中，与子宫内膜周期性脱落的同时，子宫出血并从阴道流出。一般28天左右一次，叫月经或月经来潮，因而雌性灵长类的性周期也叫月经周期。

发情周期的主要变化

组织	发情前期	发情期	发情后期	间情期
卵巢	卵泡生长发育	卵泡成熟排卵	黄体生成分泌	黄体萎缩
子宫内膜	增生	腺体分泌增强	腺体分泌减弱	向发情前期转化
阴道黏膜	上皮增厚	上皮细胞角质化脱落	白细胞浸入	向发情前期转化
阴道涂片	有核上皮细胞	鳞状无核角质化细胞	无核角质化细胞及少量白细胞	大量白细胞、无核角质化细胞逐渐消失，有核上皮细胞逐渐增多

性周期的调节机制还不完全明了。一种学说认为，中枢神经系统经一定的时间间隔发出神经冲动，经下丘脑、垂体的体液性调节而发生周期性排卵。另一种学说则认为，下丘脑-垂体-卵巢内分泌途径的反馈作用系统影响周期性的变化。一般接受第2种学说的较多。复杂的环境因素如季节、湿度、光照、营养、异性刺激等，对于动物发情周期的发生和变化都有着一定的影响。

姓氏 family name 中国先秦时期贵族间区别不同血缘关系的一种制度。

姓起源于部落的名称或部落首领的名字。此外，部落首领之子亦可得姓。夏、商时期，贵族有姓氏。姓的分支为氏，意思相当于家或族。有关周代姓氏制度，见于记载者较多。周王为姬姓，侯国之君和卿大夫有同姓和异姓的区别。虽然周代贵族有姓，但只有女子才称姓。当时有同姓不婚的习俗，故称贵族女子的姓以示与夫家之姓有所区别。周代实行宗法制，有大、小宗之别。一个氏的建立表示一个小宗从大宗（氏）分裂出来，另立门户。建立侯国要经周王认可，卿大夫立新家要得到君主允许。贵族获得氏的方式有以下几种：①以国名为氏。诸侯国君主以受封的国名为氏。②以邑名为氏。卿大夫及其子孙以采邑名为氏。③以官名为氏。贵族及其子孙以其官名为氏。④以职业名为氏。⑤以住地之名为氏。⑥以同周王或侯君主血缘关系远近之称为氏。⑦以贵族的字为氏。按照宗法制度，公族只包括各代国君的近亲三代，公孙之子不属公族而需另外立氏。这些贵族子孙多以其王父（祖父）之字为其氏。以祖父之字为氏最为常见，是得氏通例。春秋以前，贵族之姓承袭自远祖，因此百代不变；氏为贵族得自与自己血缘关系较亲近的先人，则数代即发生变化。

春秋战国时，宗法制度瓦解，姓氏制度也发生根本变革。这时氏开始转变为姓。以往贵族才有姓，平民仅有名，战国以后，平民有姓，百姓遂成为民众的通称。姓氏制度的演化，反映了贵族的没落，平民地位的上升。

匈奴 Hun 中国古代北方游牧民族。又称胡。其族属为操古突厥语的广义古突厥人。无文字。战国末，常扰掠秦、赵、燕北边，三国相继筑长城以拒之。冒顿单于在位（前209～前174）时，统一各部，建立国家，统有大漠南北广大地区。老上单于在位（约前174～前160）时，匈奴势力东至辽河，西越葱岭，北抵贝加尔湖，南达长城，成为历史上第一个草原游牧帝国。汉初，匈奴不断南下侵掠。公元前200年，围汉高祖刘邦于白登山（今山西大同东北），遂迫汉朝实行**和亲**，且岁奉贡献，并开关市与之交易。然而，匈奴仍屡屡背约南侵，成为汉朝一大边患。汉武帝时国力强盛，曾3次（前127、前121、前119）大举出兵反击匈奴，匈奴势力渐衰。汉代，匈奴由于天灾、人祸及汉军的打击，发生过两次分裂：一次是前57年左右出现的五单于并立局面。结果是前53年呼韩邪单于归汉，引众南徙阴山附近。前36年，汉西域副校尉陈汤发西域各国兵远征康居，击杀与汉为敌的郅支单于，消灭了匈奴在西域的势力。前33年，汉元帝以宫人王嫱（昭君）嫁呼韩邪单于，恢复了和亲。另一次是王莽篡汉后，匈奴的势力有所发展。但到东汉光武帝建武二十四年（公元48年），匈奴日逐王比被南边八部拥立为南单于，袭用其祖父呼韩邪单于的称号，请求内附，得到东汉允许。匈奴又一次分裂，分为南、北二部。

南匈奴屯居朔方、五原、云中（在今内蒙古自治区境内）等郡，东汉末分为五部。至西晋，南匈奴人在逐步转向定居农耕生活，但除了上层贵族生活习惯和文化教养受汉文化影响较深外，匈奴仍然聚族而居，社会结构变化不大。304年，匈奴刘渊建立政权，民族共同体开始瓦解，逐渐汉化。除刘赵政权外，十六国中的夏（赫连氏）和北凉（沮渠氏）也是匈奴支裔建立的。随着上述政权的先后被消灭，“匈奴”之名逐渐消失，入居内地的匈奴后裔在内地先进文明的影响下，逐渐与汉族融合。

公元91年，汉军出居延塞（今内蒙古西部额济纳旗一带），围北匈奴单于于金微山（今阿尔泰山）。北匈奴战败后部分西迁，余众后来归附于兴起的鲜卑。

匈奴人 Huns 4世纪中叶出现在伏尔加河流域的一个游牧部落。

匈奴人于372年征服了伏尔加河和顿河之间的阿兰人；接着越过顿河，于375年击溃顿河和德涅斯特河之间的东哥特人，东哥特王厄尔马那里克自杀；进而迫使德涅斯特河到喀尔巴阡山之间的西哥特人大批西迁；最后于376年进抵罗马帝国的多瑙河边界。在以后的半个多世纪里，匈奴人还蹂躏了叙利亚和卡帕多西亚，打败了其他一些日耳曼人，间或作为佣兵帮助罗马同日耳曼人打仗。约430年迫使**拜占廷帝国**年贡350磅黄金。在不断对外征战中，匈奴人逐渐形成以潘诺尼亚为中心的部落联盟国家，势力遍及今德国、多瑙河以北的东欧、黑海和高加索等地。约432年路阿（？～434年在位）成为第一个统一的匈奴王。

434年路阿死，其侄布列达和**阿提拉**即位（434～453年在位）。445年，阿提拉杀其兄布列达，独占王位。阿提拉统治期间，匈奴人势力臻于极盛。其疆域东起里海，西至莱茵河，北达波罗的海，南逾多瑙河，成为一个庞大松散的帝国。453年阿提拉死，众子争位，各被征服地区人民乘机反抗。约455年，潘诺尼亚的涅道河一战，匈奴人被格皮德人、东哥特人、赫卢里人等联军

教皇利奥一世规劝阿提拉撤兵

击溃，遂即分裂解体。

匈奴人是否即中国历史上的匈奴，迄今众说不一。中国史学界历来认为他们即是来自中国北方的匈奴。国外自法国人J.de吉涅（1721～1800）起，在接触中国史籍后，有的持肯定意见，也有持不肯定意见的。问题的关键是对匈奴西迁的具体过程至今仍未搞清。

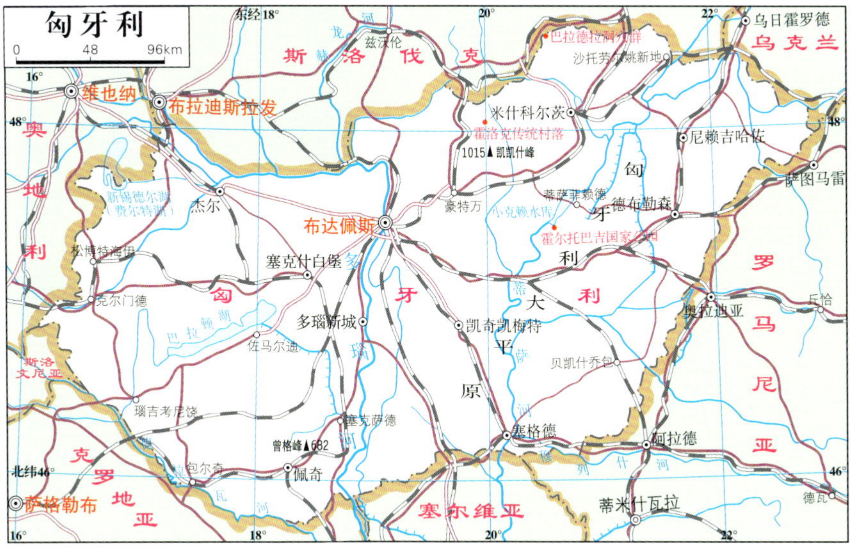

匈牙利 Hungary; Magyarország 欧洲中部内陆国。东邻罗马尼亚、乌克兰，南接斯洛文尼亚、克罗地亚、塞尔维亚，西与奥地利为邻，北同斯洛伐克接壤。国境线长2 246千米。面积93 030平方千米，人口1 001万（2009）。主要民族是马扎尔人（匈牙利人），占全国人口的90%。少数民族有斯洛伐克、罗马尼亚、克罗地亚、塞尔维亚、希腊和日耳曼族。官方语言为匈牙利语。居民主要信奉天主教和基督教新教。首都布达佩斯。

地理 境内平原占优势，低地和波状平原占国土面积的2/3，山地不足1/5。多瑙河以东是匈牙利大平原；多瑙河以西、国境西北部是匈牙利小平原；多瑙河以东的北部山地，为喀尔巴阡山脉的一部分，凯凯什峰海拔1 015米，为全国最高点；多瑙河以西的外多瑙山地，为阿尔卑斯山脉东延余脉。

境内的多瑙河段长416千米，多瑙河最大支流蒂萨河，在境内长579千米。最大湖泊是巴拉顿湖。属温和大陆性气候，越往东大陆性气候越显著。

自然资源较贫乏。主要矿藏有铝土、煤、石油、天然气、锰、铁、铀等。铝土储量居欧洲第三位。全国2/3的地区有地下热水蕴藏，水温平均98℃。森林覆盖率为18%。

历史 896年，马扎尔游牧部落从乌拉尔山区一带移居多瑙河中游。1000年建立匈牙利王国。16世纪中叶起被奥斯曼帝国占领。1711年后相继隶属于神圣罗马帝国和奥地利帝国。1849年建立匈牙利共和国。1867年宣布成立奥匈帝国。1919年建立匈牙利苏维埃共和国。第二次世界大战中被德国占领。1945年4月获得解放。1946年2月成立共和国。1949年8月改成匈牙利人民共和国。1989年10月又将国名改为匈牙利共和国。

政治 实行多党议会民主制和市场经济。总统是国家元首兼武装部队总司令，由国会选举产生。国会是立法机关和国家最高权力机构，每4年改选一次。内阁为匈牙利国家最高行政机关。

登记注册的政党约有180个。国会中共有4个党派，即青年民主联盟－匈牙利公民联盟、自由民主主义者联盟、匈牙利社会党、匈牙利民主论坛。

经济 匈牙利是中等发展水平的工农业国家，经济转轨较早。1968年就开始推行新经济政策。之后，工农业均得到较大发展，尤其农业成效最为显著。2009年国内生产总值（GDP）1 290亿美元。

工业是国民经济的主导部门。主要工业部门有机械制造、电子、冶金、化学、医药、纺织和食品加工等。机械工业产值占工业总产值的1/3强。其中汽车及零配件制造业又占机械工业产值的40%。电子工业近年发展迅速。由于缺乏原料，钢铁工业比较薄弱。化学工业是新兴工业部门，产值占工业总产值的1/4。医药工业很发达，其医药产品的50%供出口。

农业发展条件优越。农业用地约占国土面积的70%左右，其中3/4为耕地，1/5为草地和牧场，余为果园和菜地。农业中以耕作业为主，粮食自给有余，可供出口。葡萄种植在果园业中最为突出。家畜、家禽饲料业发达。

交通发达，已形成以首都为中心、通向全国和邻国的铁路网和公路网。有铁路7 269千米，公路31 363千米。有布达佩斯费里海吉国际机场。

2008年进出口额为2 148.6亿美元，其中进口额为1 074.7亿美元。主要贸易伙伴为德国、奥地利、俄罗斯、意大利、法国。1990～2008年引进外资总额708.57亿欧元，居中东欧国家之首。

文化 实行12年义务教育制，幼儿免费入托，小学免费教育。国家通过补贴办法使每个具备升学条件的学生都有享受高等教育的机会。高等教育分为专科院校和大学（综合性大学）两种。主要大学有布达佩斯工业大学、厄特沃什·罗兰科学大学、米什科尔茨重工业技术大学、李斯特·费伦茨音乐学院、经济科学大学、戏剧与电影艺术大学等。

主要日报有《人民自由报》、《今日报》、《民族体育报》、《匈牙利新闻报》、《人民之

首都布达佩斯国会大厦

身着民族服饰参加祭典的匈牙利人

声报》、《匈牙利民族报》。有国营匈牙利通讯社、科舒特广播电台和裴多菲广播电台、匈牙利电视台，私营多瑙河电视台。

主要城市有布达佩斯、米什科尔茨、德布勒森和佩奇等。布达佩斯的名胜古迹颇多，主要有：新巴罗克式古建筑——布达皇宫，现为历史博物馆、国立图书馆和国家画廊；建在中世纪渔业市场和渔村旧址上的渔人堡；建于16世纪的温泉浴池——帝王池；始建于1851年的圣伊斯特万大教堂；全国最大的花园莫尔吉特岛。米什科尔茨有多处古迹，以“王后城堡”最为著名。德布勒森有建于19世纪的新教大教堂，宏伟壮观。建于1926～1928年的德里博物馆，以收藏丰富的东亚文物而著称。巴拉顿湖在布达佩斯西南100多千米处，是中欧最大的淡水湖，有“匈牙利之海”之称。**巴拉德拉洞穴群**是欧洲最大和最美的洞穴之一。

对外关系 对外政策是全面发展同西方国家的关系，积极参与和推进欧洲一体化进程，谋求同邻国建立睦邻友好关系；维护境外匈牙利人的合法权益。外交重点在欧洲，1999年3月正式加入北约。2004年5月加入欧盟。至2006年已同170多个国家建立了外交关系。1949年10月6日与中国建交。

匈牙利秋玫瑰革命 Autumnal Rose Revolution in Hungary 1918年10月底发生的以布达佩斯工人士兵起义为标志的资产阶级民主革命。起义者以佩戴秋天的白玫瑰为标志，故名。第一次世界大战期间，匈牙利是奥匈帝国的一部分，受奥地利哈布斯堡王朝统治。1918年1月，有几十万人参加全国政治总罢工；2月1日，6万名卡托罗水兵举行起义。各地开始出现工人苏维埃。随着保加利亚的投降和**奥匈帝国**军事上的溃败，维克尔勒政府被迫辞职。10月25日，在卡罗伊·米哈伊伯爵主持下成立国民委员会。次日发布《告匈牙利人民书》，要求结束战争，进行民主改革。10月28日，布达佩斯群众在独立、和平和人民共和国的口号下举行大规模游行示威，要求奥皇查理四世任命卡罗伊·米哈伊为总理。10月30日，布达佩斯各大工厂工人苏维埃发动大罢工，最后酿成武装起义。奥皇慑于革命的压力，任命卡罗伊为总理。11月16日宣布正式成立匈牙利共和国。这次革命结束了哈布斯堡王朝在匈牙利400年之久的统治，奥匈帝国解体，匈牙利赢得了独立。

匈牙利人 Hungarians 中欧匈牙利共和国人口占多数的民族。又称马扎尔人。有1 100多万人，其中900多万人分布在匈牙利，约100万人分布在罗马尼亚、克罗地亚、塞尔维亚、捷克、斯洛伐克、美国、俄罗斯、奥地利等国。属欧罗巴人种和蒙古人种的混合类型。使用**匈牙利语**，属乌拉尔语系芬兰－乌戈尔语族乌戈尔语支。有以拉丁字母为基础的拼音文字。多信罗马天主教和基督教新教，少数人信犹太教和希腊东正教。匈牙利人是芬兰－乌戈尔族系的一个分支，其近亲是曼西人和汉蒂人。其祖先最早居住在伏尔加河中游和卡马河之间的森林地带，以后不断南迁，约在9世纪末到今匈牙利境内定居。1000年建立匈牙利王国。从16世纪起先后受奥斯曼帝国和奥地利统治，1849年宣布独立。原以农牧业为主，种植小麦、大麦、玉米、马铃薯、甜菜，饲养家禽和猪。食物以大米和面粉为主。民族服装与南部斯拉夫各族相似。男子穿粗麻布做的宽袖窄上衣、白色裤子、长筒皮靴；女子穿宽袖上衣、裙子、长筒皮靴，围绣花围裙。

匈牙利事件 Hungarian Event 1956年10月23日至11月4日匈牙利人民共和国发生的严重政治事件。1956年2月苏共二十大后，在匈牙利劳动人民党内外，要求批判**拉科西·马加什**错误的情绪日益强烈。1956年7月，拉科西被解除中央第一书记职务，由其助手格罗·艾尔诺接替。匈牙利政治形势日趋恶化。10月23日，布达佩斯10余万学生、市民举行和平示威游行，要求纠正以前的错误，实行新的经济政策，要求**纳吉·伊姆雷**出任总理。格罗发表广播演说指责示威游行，进一步激化了矛盾。当天夜晚，示威者武装袭击国家广播大楼，攻占国际电信局，以及一些武器仓库和警察哨所，进而袭击公安部队人员和共产党人。深夜，匈牙利政府宣布改组，由纳吉出任总理。10月30日，纳吉宣布结束一党执政。全国立即出现50多个政党。31日夜，苏军越过边界，深入匈牙利国土。11月1日，纳吉向苏联提出抗议。同日，宣布匈牙利退出**华沙条约组织**，实行中立，呼吁联合国进行保护。

11月1日，劳动人民党宣布解散，成立以**卡达尔·亚诺什**为首的匈牙利工农革命政府。后另行成立社会主义工人党，卡达尔任第一书记。11月4日，匈牙利电台宣告以卡达尔为总理的匈牙利工农革命政府成立。政府宣布，已请求苏联派部队帮助恢复秩序。同日，苏军进入布达佩斯。经过八九天的战斗，混乱局面得到控制。大约有4 000名匈牙利军民遇难，苏军有669名官兵战死。

匈牙利语 Hungarian language 匈牙利的官方语言。属**乌拉尔语系**芬兰－乌戈尔语族乌戈尔语支。又称马扎尔语。使用人口1 100多万，其中匈牙利本土超过1 000万，其余分散在罗马尼亚、斯洛伐克等国。匈牙利语有8种方言，各方言之间差别不大。语音的明显特点是元音和谐现象。元音按发音部位的不同分3类：后元音、前圆唇元音和前展唇元音，后元音和前圆唇元音一般不同时出现在同一个词中；辅音丛很简单，而且很少出现在词首；词重音落在第一个音节上。匈牙利语属黏着型语言。语法范畴通常用加后缀的方法表示；名词有数和格的变化，无语法性别；形容词和数词作修饰语时无须和被修饰语一致。匈牙利语的日期按年、月、日次序，姓名是先姓后名，与汉语同。现代有不少来自**德语**的借词。文字采用经过修改的拉丁字母，并使用一些变音符号。基本语序为主－动－宾型，但总体上比较自由。

胸部 chest 位于颈部与腹部之间，其上部两侧借上肢带与上肢相连。由胸壁、胸腔及其内容物所构成。

结构特点 胸部以胸廓为支架，表面覆以皮肤、筋膜和肌等软组织，内面衬以胸内筋膜。胸壁的神经分布具有明显的节段性。胸壁一般划分为胸前区、胸外侧区和胸背区。胸前区又称胸前部，内侧界为前正中线，外侧界为三角肌前缘上份和腋前线静脉切迹、胸锁

苏军坦克进入布达佩斯

关节和锁骨上缘，下界为剑突和肋弓前部。胸外侧区又称胸侧部，介于腋前、后线之间，上界平腋前、后襞下缘中点连线高度，下界为腋前、后线之间的肋弓后部和第11肋前份。胸壁与膈围成胸腔。胸腔分为三部，两侧部容纳肺和胸膜腔，中部为纵隔。纵隔向上经胸廓上口通颈部，向下借横膈与腹腔分隔。

境界　胸部上界自颈静脉切迹、胸锁关节、锁骨上缘及肩峰至第7颈椎棘突的连线与颈部分界。下界自剑突根部向两侧沿肋弓、第11肋、第12肋下缘至第12胸椎棘突与腹部分界。两侧上部以三角肌上份和腋前、后襞与上肢分界。由于膈向上隆凸，故胸部表面的界线与胸腔的范围并不一致，胸壁比胸腔长，腹腔上部的脏器随膈突向胸腔，而表面被胸壁下部所遮盖。

胸膜炎　pleurisy　由感染性炎症（结核性、化脓性、寄生虫性、真菌性等）、肿瘤、变态反应性疾病、胶原病等所引起的胸腔疾病。从病理上看，胸膜炎初起多为纤维蛋白渗出，常常由肺部炎症蔓延至胸膜所致，发生于肺炎的邻近部分，称"干性胸膜炎"。进而浆液及纤维蛋白渗出增加，积聚于胸腔内出现程度不同的胸腔积液，称"渗出性胸膜炎"。胸腔积液久不吸收，大量纤维蛋白沉着，最后纤维化，形成胸膜增厚。

发烧、胸痛、干咳为常见的症状。胸痛常在深呼吸及咳嗽时加重；胸腔积液增多时，出现呼吸困难并有胸腔积液体征。X射线胸片及超声波检查可了解胸水的范围和数量，对诊断有重要价值。胸水检查很重要，可发现胸水蛋白的含量增加，比重上升，白细胞增加，乳酸脱氢酶增高等异常，呈渗出性改变。此外不同原因所致的胸膜炎还有各自的特征。据此有利于胸膜炎病因诊断。要针对胸膜炎的不同原因进行治疗。结核性胸膜炎在抽出胸水的同时，应给予充分的抗结核药物治疗。

胸膜肿瘤　pleural tumor　发生于胸膜部位的肿瘤。可分原发性和转移性两种。

原发性胸膜肿瘤　发病率较低，常见为胸膜间皮瘤。它源于胸膜间皮细胞（覆盖于胸膜表面的扁平细胞）和纤维组织细胞的肿瘤。临床上分局限性和弥漫性两类。

局限性胸膜间皮瘤　多起源于脏层胸膜或叶间胸膜。呈结节状缓慢生长，较少见，多为良性。通常多无明显症状，肿瘤较大时可有压迫症状。临床确诊常需借助在CT或超声定位引导下穿刺针吸进行活体组织检查（活检）。治疗原则是手术切除，良性者术后较少复发。

弥漫性胸膜间皮瘤　来自壁层胸膜或膈胸膜。呈弥漫性生长，使整个胸膜受累增厚或呈结节状，并可包绕侵犯胸内脏层结构，多伴有胸腔积液。常为恶性，40%有纵隔淋巴结转移。临床上男性多见，表现为持续性胸痛并进行性加重，一般镇痛药物难以缓解，而且胸痛并不因胸腔积液增多而减轻。有气短、干咳、低热和消瘦现象。临床诊断仍需通过胸膜活检病理检查加以确定。应通过光镜、电镜、组织化学、免疫组化以及透明质酸测定等方法与胸膜转移性腺癌相鉴别。治疗上应根据病变的不同情况采取手术、手术辅助放疗或化疗。

转移性胸膜肿瘤　约占胸膜肿瘤的95%。主要来自肺癌转移，其次为乳腺癌、卵巢癌、胃癌等。临床表现因转移病灶的范围、胸腔积液量的多少及原发病灶的不同而异。胸部主要表现为胸痛和胸腔积液症状。病史、胸部影像学检查、血性胸腔积液及其病理细胞学检查有助于诊断，确诊仍需通过胸膜肿瘤的病理组织学活检。

治疗原则　包括原发肿瘤的治疗和胸膜转移灶的局部治疗。后者是在原发肿瘤治疗的同时，采用电视胸腔镜（VATS）技术切除胸膜转移灶，排出恶性胸水，胸腔内注入抗癌药物，同时行滑石粉胸膜固定术，以达到减缓或消除胸水的生成，缓解症状，延长生存期和改善生活质量的目的。

胸腔积液　pleural effusion　由多种病因（炎症、肿瘤、免疫性疾病、某些全身性疾病）引起的胸膜腔内液体增多的现象。

分类　主要分为渗出性胸水和漏出性胸水两大类。渗出性胸水主要在有炎症时出现，含有较高的蛋白质和细胞成分。漏出性胸水因静脉压增加和血浆胶体渗透压明显减低而引起，蛋白质含量及细胞成分均低。此外，还有脓性、血性、乳糜性胸水等。可根据胸水性质来诊断引起胸腔积液的原发疾病。

临床表现　炎症性胸腔积液起病较急，肿瘤性胸腔积液不易早期发现。胸部疼痛、干咳、呼吸困难是胸腔积液常见的症状，胸痛随呼吸运动而加重。听诊有胸膜摩擦音。中等量胸腔积液时，原存在的胸痛常消失，但活动后可出现呼吸困难和心悸，病变部位叩诊呈浊音或实音，听诊呼吸音明显减弱。

诊断　首先明确胸腔内存在积液，其次了解胸水的性质和引起胸水的原发疾病。X射线检查是诊断胸腔积液的较好方法。在小量积液时，可见到肋膈角变钝或填平。超声波检查不仅可以确定胸腔积液的存在，而且可以更确切地估计胸水量。抽取胸水进行化验可以明确胸水的性质和病因。胸水大都呈黄色，较清晰。血性胸水则为红色。也可以是脓性或混浊的乳糜状。鉴别胸水是渗出性还是漏出性对诊断胸腔积液的病因有重要意义。比较特异性的检查方法，有胸水细胞学检查、细菌学检查及胸膜活组织检查、胸腔镜检查等。

治疗　首先应治疗原发疾病。经胸壁作胸腔穿刺抽液是胸腔积液的主要治疗方法。

胸痛　chest pain　肺部疾病病变侵犯壁层胸膜及附近器官或胸廓内肺外器官的疾病时均可出现胸部疼痛。

分类　胸痛的病因分为以下五类。

胸膜肺性胸痛　常见于肺炎和胸膜炎。是一种局限性刀割样锐痛，与呼吸有明显关系，吸气时加重。自发性气胸时，常突然发生局部胸痛，伴有气短。此外，肺梗塞也可产生胸痛。

气管支气管性胸痛　多见于急性气管炎和支气管炎。也可因吸入异物、刺激性烟雾或由较大的支气管肺癌引起。急性气管炎的胸痛为胸骨后的灼痛和不适感，咳嗽和深呼吸时加重。

神经肌肉性胸痛　肋间肌、胸肌和肩肌的疼痛常与创伤或剧烈咳嗽有关。带状疱疹在出疹前容易误诊，表现为阵发性烧灼、刀刺、刀割样疼痛，咳嗽或身体动作可引起发作，沿发炎的肋间神经分布处有明显的压痛，出疹以后诊断自明。脊神经根炎所致的胸痛多位于胸部前侧和外侧。胸椎病变所呈胸部或背部疼痛时，在胸椎病变处多有限局性压痛或活动受限。

心血管疾病所致胸痛　心绞痛。发作时心前区有一种压迫、发紧和发重的感觉。发作与用力和情绪有关。经休息和含硝酸甘油片后可缓解，若持续1/2～1小时以上不能缓解，则应怀疑心肌梗死。壁间动脉瘤破裂表现为突然发作的持续性剧痛，向肩部及颈部放射。患者情绪焦虑、躁动不安。

纵隔痛和食管痛　纵隔气肿合并张力性自发性气胸时，表现突然开始的持续性胸骨后疼痛，向肩部放射，心浊音界缩小及黑曼氏征。由食管疾病引起的胸痛为胸内深部疼痛，伴有进行性吞咽困难、呕吐和咽食疼痛。

鉴别与诊治　由食管裂孔疝引起的胸痛常被误诊。这是一种餐后出现的胸骨后钝痛，于过饱后用力或俯身时加重，直坐可减轻。

胸痛是容易引起患者注意的一个症状，需要了解胸痛起病缓急、部位、性质、病程、伴随症状与影响胸痛的因素，此外尚需注意心脏病、肺及胸膜疾病、高血压动脉硬化等病史。通过胸部X射线透视或摄片、体层摄片、纤维气管镜及心电图等检查可以明确病因，并采取有效、相应的治疗措施。

胸腺　thymus gland　由两叶不对称的淡红色或略带黄色的薄片样组织构成的中央淋巴器官（见淋巴循环）。又称初级淋巴器官。脊椎动物都有胸腺。哺乳动物的胸腺一般位于胸骨后，心脏上方的前纵隔内。幼年时期发达，随着性成熟出现年龄性退化，逐步由脂肪组织取代了淋巴组织。人的胸腺大小和结构存在个体差异，以及不同生理和病理状态的差异。人体的胸腺在青春期最大可达30克左右。

胸腺是有结缔组织包被的实体性器官。胸腺实质由外层皮质及内层髓质组成。表面的被膜结缔组织伸入胸腺实质成为胸腺隔，把胸腺分成许多不完全分隔的小叶。外周的皮质主要由淋巴细胞和上皮网状细胞密集构成。胸腺的淋巴细胞又称胸腺细胞，在皮质分布很密并有一定的排列规律。髓质内淋巴细胞较少而稀疏。上皮网状细胞形态变化较多，有些细胞胞质中具有泡状结构，内含半透明物质，这可能是其分泌物——胸腺素。髓质中有大小、形态多样的胸腺小体。胸腺小体由上皮网状细胞以同心圆方式排列组成，中心为角质化或透明变性的破碎细胞，其中还常有巨噬细胞。胸腺小体是胸腺的特有结构，功能还不太清楚。此外，胸腺髓质中有散在的类肌细胞（单核横纹肌细胞）。

胸腺的血管有与其功能相关的血-胸腺屏障和毛细血管后微静脉两种结构。①血-胸腺屏障。由皮质毛细血管和上皮网状细胞组成。使血液与胸腺组织之间的物质交换受到一定的限制，因而抗原物质很难与淋巴细胞接触。血-胸腺屏障可保证胸腺中淋巴细胞在抗原物质难以进入的微环境中增殖分化。②毛细血管后微静脉。血流中的淋巴细胞进出胸腺的重要通道，位于髓质的外周部分。此种血管的内皮细胞呈立方形或柱状。淋巴干细胞可穿过它的内皮细胞或内皮细胞间进入胸腺，在胸腺中分化的T淋巴细胞，可以从同一途径进入血流到达外周淋巴器官。

胸腺对于淋巴细胞的分化、成熟和免疫活性的获得，都起着非常重要的作用。此外，胸腺还影响着多种内分泌腺的活动，并和有些激素有相互协同或互相拮抗的作用。

雄黄 realgar 化学成分为AsS，晶体属单斜晶系的硫化物矿物。又称鸡冠石。呈短柱状的完好晶体比较少见（见图），常呈粒状、块状、皮壳状或土状集合体。长期暴露在日光和空气中会转变成为黄色粉末。橘红色，条痕淡橘红色。晶面为金刚光泽，断口呈油脂光泽。莫氏硬度1.5～2。密度3.56克/厘米^3。解理完全。性脆。雄黄是典型的低温热液矿物，常与**雌黄**共生。在锑、汞矿床中常与辉锑矿、雌黄、辰砂等一起出现。温泉沉积物中也有产出。雄黄含砷70.0%，主要用于提取砷和制备砷化物；也是传统中药材，具杀菌、解毒功效。中国是雄黄的主要出产国，湖南慈利、石门交

柱状雄黄

界的界牌峪雄黄矿为当今世界之最。世界其他主要产地有罗马尼亚、德国、瑞士等。

熊 Ursidae; bear 食肉目熊科动物的统称。共6属7种，或4属7种，甚至6属9种（含大熊猫、小熊猫），因分类观点不同，属种的数目各异。分布于欧亚大陆、北非和南、北美洲。体躯粗壮、肥硕，吻部较长，尾极短小，体长1.5～2米，体重约100～400千克；四肢粗强有力，前、后肢均具5趾，蹠行性，以整个足掌着地而行。熊是食肉兽中杂食性的大型动物。臼齿大而发达，咀嚼力强。栖息于山林中。取食青草、嫩枝芽、苔藓、浆果和坚果，也到溪边捕捉蛙、蟹和鱼，掘食鼠类，掏取鸟卵，更喜舐食蚂蚁，盗取蜂蜜，甚至袭击小型鹿、羊或觅食腐尸。秋天身体肥胖，在皮下储存的脂肪层厚达3～6厘米。熊类冬眠可称为长期半睡眠，蛰伏洞内不食不动，新陈代谢降低，呼吸频率减缓，而体温不显著下降。冬眠洞穴位于向阳的避风山坡或枯树洞内，时间可持续4～5个月。怀孕的雌熊在冬眠洞内产仔，翌年出蛰时带新生幼仔一起出洞。在中国东南各省，黑熊往往不冬眠。熊类除冬眠期外，无固定栖息场所。在非发情交配期，雌、雄皆单独活动。熊类为动物园内代表性展览动物。

熊彼特 Schumpeter, Joseph Alois (1883-02-08～1950-01-08) 美籍奥地利裔经济学家。生于奥匈帝国摩拉维亚省一个织布厂主家庭，卒于美国康涅狄格塔科尼克。

就学于维也纳大学，1906年获法学博士学位。曾游学伦敦。先后在奥匈帝国几所大学、德国波恩大学、美国哈佛大学任教。曾任经济计量学会、美国经济学联合会会长。

熊彼特对资本主义长期发展趋势、经济学说发展史等方面进行了广泛的研究。他用创新理论解释资本主义的本质及其发生、发展和灭亡。他认为，创新是把生产要素和生产条件的新组合引入生产体系，创新包括新财富的创造、新生产方法的采用、新市场的开辟、新资源的开发和新产业组织的形成。企业家的职能就是创新，而经济发展就是整个资本主义社会不断实现新组合。创新通过扩散，刺激大规模投资，引起高涨，一旦投资机会消失，经济转入衰退，从而创新产生资本主义生产的经济周期。经济进步会使资本主义自动进入社会主义。他的学说随科学技术进步在当前受到了更多学者的重视。著有《经济发展理论》、《经济周期：资本主义过程的理论、历史和统计分析》、《资本主义、社会主义和民主主义》、《从马克思到凯恩斯十大经济学家》、《经济分析史》等。

熊彼特创新理论 Schumpeter's innovation theory 美籍奥地利裔经济学家J.A.**熊彼特**在20世纪初创立、用创新理论解释资本主义基本特征的经济学说。又称经济发展理论。其理论体系的主要内容包括以“**创新**”概念为特点的动态发展理论和受新历史学派——制度主义影响而形成的社会“过渡”理论两大部分。

创新是熊彼特理论体系的基础和最显著的特点。它把技术、产业组织和生产方法的变革放在经济发展的头等重要地位，用创新来分析资本主义经济发展的周期波动，研究资本主义社会的垄断和竞争，阐释资本主义发生、发展和灭亡的过程，认为资本主义在本质上是经济变动的一种形式或方法，是一种创造性的毁灭过程。它将创新活动的倡导者和实行者称为企业家。

熊彼特的创新理论中综合运用了理论分析、历史分析和数理统计的方法，是**经济计量学**的具体应用。但熊彼特的创新概念包括的几种情况都属于技术创新的范畴，并且没有明确地区分出组织创新。正是这个理论中的不完善之处，为后来的技术创新理论和制度创新理论的分别发展提供了空间。熊彼特的理论和方法对当代西方**经济增长理论**和经济发展理论，对W.W.罗斯托的**经济成长阶段论**和新制度主义的经济学说产生了较大的影响。

熊大闰 Xiong Darun (1938-09-16～) 中国天体物理学家。生于江西吉安。1962年毕业于北京大学地球物理系天体物理专业，同年到中国科学院**紫金山天文台**工作。后任研究员。1991年当选为中国科学院学部委员（院士）。

熊大闰主要研究恒星对流理论，以及与

之相关的恒星结构、演化和脉动稳定性问题。他摈弃了国际上长期流行的唯象的混合长对流理论，发展了一种非定常的和一种非局部的恒星对流的统计理论，并将其运用于恒星结构、演化与脉动的理论计算，解决了大质量恒星演化计算中所谓的半对流的理论矛盾和造父变星质量矛盾，得到了一个比传统理论与观测符合得更好的太阳对流区模型，解释了变星脉动不稳定区红端边界和长周期变星脉动不稳定区等现象（1977～1984），该成果已为国际同行广泛引用，并被称为“熊氏理论”。获中国科学院自然科学奖一等奖（1989）、国家自然科学奖二等奖（1991）。

熊蜂 *Bombus*; bumble bee 膜翅目蜜蜂科熊蜂属昆虫的统称。全世界已知250余种。中国的熊蜂不少于150种，北方及西南山区种类丰富，南部及西南部平原地区种类稀少。似蜜蜂，但唇基隆起；颚眼距明显；第一亚缘室被斜脉分割；雌蜂和工蜂后胫节具花粉篮，外侧光滑，边缘具长毛；雄蜂阳茎基腹铗和刺缘突突出或明显超过生殖突基节。

熊蜂与蜜蜂同属于社会性昆虫。职能有分工，分雌蜂、雄蜂和工蜂。大多数种类1年1代。一个蜂群只有1个雌蜂。以雌蜂越冬。

熊蜂是益虫，对于农林作物、牧草、中草药以及野生植物的传粉起一定的作用，特别是对牧草的传粉效果显著。有些国家为了提高牧草的产量，已经开始人工繁殖熊蜂。中国已成功地将熊蜂用于温室作物传粉。熊蜂还是自然环境的一种良好的指标动物，对于动物地理学和自然地理学的研究均有一定意义。

熊佛西 Xiong Foxi（1900－12－04～1965－10－26） 中国戏剧教育家、剧作家。生于江西丰城，卒于上海。原名福禧。1920年考入燕京大学。翌年加入民众戏剧社，提倡学校戏剧运动。收于第一部剧本集《青春的悲哀》（1924）中的《这是谁的错》等4个剧本，概括了五四时期知识青年的精神面貌。1924年赴美国哥伦比亚大学读戏剧。1926年获硕士学位回国，在

国立北京艺术专门学校任教，为中国培养了第一批受过高等教育的戏剧人才。其间写有三幕剧《一片爱国心》（1926）和独幕剧《醉了》（1928）等作品。1932～1937年参加并主持定县农民戏剧实验，创造了新式露天剧场、打破“幕线”的演出方法等。1936年，熊佛西创作的历史讽喻剧《赛金花》遭到禁演。抗日战争爆发后，他赴长沙组建抗战剧团。1941年就任中央青年剧社社长。不久到桂林创刊《文学创作》，还参与组织了1944年在桂林举行的西南第一届戏剧展览会活动。

1947年熊佛西就任上海市立戏剧实验学校校长，后改名上海戏剧学院，他一直担任院长。曾当选全国政协委员、全国人大代表、中国戏剧家协会理事等。

熊井启 Kumai Kei（1930－06－01～2005－05－23） 日本电影导演。生于长野县南安昙郡。1953年毕业于信州大学文理学部社会学科，同年任助理导演。1964年根据真实事件自编自导了第一部影片《帝国银行事件·死因》。1965年又以写实手法拍摄了政治纪实性影片《日本列岛》。20世纪70年代是他创作上的

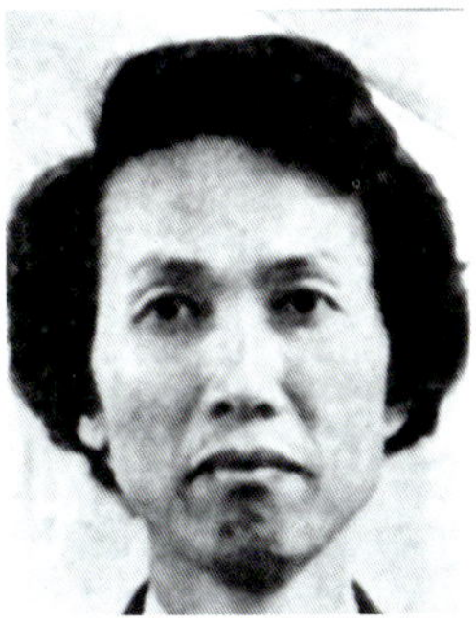

黄金时期。1972年导演的爱情片《忍川》，给充斥着色情、暴力的日本影坛带来了清新的气息，被《电影旬报》评选为当年十大佳片的第一名，获电影导演奖和《每日新闻》的电影作品奖。1974年导演的《望乡》获《电影旬报》评选的电影导演奖、十大佳片第一名。1986年导演的《海与毒药》获柏林国际电影节评委会特别奖和银熊奖。1989年拍摄的《千利休·本觉坊遗书》获威尼斯电影节银狮奖和导演奖。主要作品还有《黑部的太阳》（1968）、《大地的群像》（1970）、《北》（1976）、《天平之甍》（1980）、《式部物语》（1990）等。

熊倪 Xiong Ni（1974－01－24～　） 中国跳水运动员。湖南长沙人。1984年入选湖南省跳水队。1986年参加全国跳水冠军赛，一举夺得1米和3米跳板、5米跳台以及全能四项冠军，继而入选国家跳水队。1987～1988年在民主德国、加拿大、墨西哥、瑞典等国际跳水比赛中连连夺冠。在1988年第24届奥林匹克运动会上获跳台跳水亚军，并在第3届亚洲游泳锦标赛中获跳台跳水冠军。1989年获第6届世界杯跳水比赛10米跳台和男子团体、混合团体冠军。1990年获第2届友好运动会跳台跳水亚军和第11届

亚洲运动会跳台跳水亚军、男子团体冠军。1991年获第7届世界杯跳水比赛跳台季军和男子团体、混合团体冠军，并获第6届世界游泳锦标赛跳台跳水亚军。1992年第25届奥运会获跳台跳水季军。1993年获第17届世界大学生运动会3米板跳水和跳台跳水两项冠军；同年获第8届世界杯跳水比赛跳台和男子团体、混合团体冠军。1995年获第9届世界杯跳水比赛3米板亚军和男子团体、混合团体冠军。1996年第26届奥运会获3米板跳水冠军。2000年获第12届世界杯跳水比赛男子3米板双人跳水冠军和男子团体、混合团体冠军；同年在第27届奥运会上再次获男子3米板跳水单人及双人（与肖海亮合作）两项冠军。

熊庆来 Xiong Qinglai（1893－10－20～1969－02－03） 中国数学家。生于云南弥勒，卒于北京。早年肄业于云南高等学堂及英法文专修科。1913年赴比利时学习，翌年转赴法国，先后就读于格伦诺布尔大学、巴黎大学、蒙彼里埃大学及马赛大学，1920年获理学硕士学位。回国后，历任云南工业学校及路政学校教员，东南大学（现南京大学）数学系教授兼系主任，清华大学数学系教授兼系主任。1931～1933年重赴巴黎深造，在亚纯函数方面作研究，并获法国国家理科博士学位。回国后继续在清华大学任教，1937～1949年任云南大学校长。1949年夏第三次赴法，在巴黎继续攻研亚纯函数。1957年回国，任中国科学院数学研究所研究员和函数论研究室主任等职。1964年当选中国人民政治协商会议全国委员会常务委员会委员。著有《关于亚纯函数及代数体函数，奈望林纳的一个定理的推广》一书，还有各种专著及教材十余种。

熊十力 Xiong Shili（1885～1968－05－24） 中国哲学家。原名升恒，字子真。湖北黄州人。曾参加辛亥革命，后入南京支那内学院学习并研究佛学。1922年开始在北京大学讲学。中华人民共和国建立后，曾任政协第二、三、四届全国委员会委员。著

有《新唯识论》、《体用论》等。《新唯识论》提出“新唯识论”的基本框架，认为“实体”非离心外在的实体，而是包含色法（物质现象）与心法（精神现象）。《体用论》则认为“体用不二”，“物质与精神，皆实体之功用”，并主张“摄体归用”。

熊廷弼 Xiong Tingbi（1569～1625） 中国明末大臣。字飞百，亦作非白，号芝冈。湖广江夏（今湖北武汉武昌）人。万历三十六年（1608）以监察御史巡按辽东。实行军屯，缮垣建堡，按劾将吏，军纪大振。上疏备陈修边筑堡、以守为战的存辽大计，与巡抚杨镐之议不和。不久督学于南直隶，以严明声闻。四十七年，明军与后金军于萨尔浒交战，经略杨镐指挥的大军惨败，从此明朝力量大衰。战后，经廷议，以熊廷弼代杨镐为辽东经略。熊廷弼到任后，立斩逃将，督造军器，修缮城堡，调兵遣将扼守各冲要地点。他还亲巡沈阳、抚顺，相度形势，召置流移，安定民心。策略以守为主，并联合朝鲜牵制后金，卓有成效。熹宗初立，以不进兵为言官所劾，上书自明，求罢，朝廷以袁应泰代。天启元年（1621）后金破沈阳，袁应泰死；不久辽阳又陷，震动京师。熊廷弼被召入朝，首建三方布置策，遂进兵部尚书兼右副都御史，驻山海关，复经略辽东军务。朝廷同时擢王化贞为巡抚。二人一主战，一主守，意见不合。王化贞拥重兵守广宁，而熊廷弼则徒拥经略虚名，仅有数千军士。王化贞握重兵，不听节制，兵败后弃广宁退走，熊廷弼见大势已去，随之撤至关内，被下狱论死。崇祯时获昭雪。有《熊襄愍公集》。

熊希龄 Xiong Xiling（1870－07－23～1937－12－25） 中华民国北洋政府总理。字秉三。生于湖南凤凰，卒于香港。1894年中进士，选翰林院庶吉士。1897年起助湘抚陈宝箴推行新政，先后在长沙创办时务学堂、南学会、《湘报》，倡言变法维新。戊戌政变后被革职，交地方官严加管束。1905年由端方奏保充任五大臣出洋考察宪政随员，回国后调奉天任东三省农

工商局总办等职，渐成名重一时的理财能手。武昌起义后，加入章太炎发起的统一党。1912年任唐绍仪内阁财政部总长。次年8月，应袁世凯之命组阁，任国务总理兼财政总长，号称“第一流人才内阁”。但履职不足7月，便在袁的掣肘和挟制下辞职。此后逐渐绝意仕进，唯以教育、赈济和慈善事业为志。1918年在北京香山静宜园成立香山慈幼院。1928年任国民政府全国赈济委员会委员。九一八事变后，动员家人和香山慈幼院的师生投身抗日救国活动。八一三淞沪抗战时，在上海与红十字会合作设立伤兵医院和难民收容所。京沪沦陷后，赴香港为难民、伤兵募捐。

熊毅 Xiong Yi（1910－04－13～1985－01－24） 中国土壤学家。中国科学院学部委员（院士）。生于贵州贵阳，卒于江苏南京。1932年毕业于北平大学农学院。1947年赴美留学。1951年归国，历任中国科学院土壤队队长、研究员，中国科学院土壤及水土保持研究所所长，中国科学院南京土壤研究所副所长、所长、名誉所长，《土壤学报》主编，中国科学院南京分院院长等职。曾当选中国土壤学会副理事长，国际土壤学会会员。最早研究中国土壤的胶体化学和矿物学状况，基本阐明了中国土壤中黏粒矿物的分布规律；主持中国盐渍土的研究工作，在中国首次采用井灌并排综合治理旱涝盐碱，获得成功。以生态学观点研究中国太湖地区用地和养地相结合的耕作制度，对土壤肥力概念提出了独到见解。撰写和主持编写论著220余篇（部），主要有《中国土壤》、《华北平原土壤》和《土壤胶体》等。

休克 shock 机体组织微循环血液灌注急剧减少，重要生命器官功能衰竭而导致的一种全身性综合征。临床上常见，病因多样，可见于临床各科。主要表现为血压降低，脉搏细速，呼吸急促，尿量减少，皮肤湿冷，神志不清，甚至昏迷。

分类 低血容量休克 失血过多，血容量减少所致。①急性失血。②大量体液丢失。③相对性低血容量。

心源性休克 心脏射血功能不足所致。①大面积心肌梗死、心脏破裂及严重心肌炎、心脏手术后低心输出量综合征。②心律失常。③机械性压迫或梗阻。④化学性心肌抑制。

原发性微循环障碍 微循环内皮损伤或血液凝集所致。①变态反应性（过敏性）休克。②弥漫性血管内凝血。③烧伤、败血症、创伤等。

细胞膜损害 细胞膜受损所致细胞代谢异常，直接引起器官功能衰竭。①感染性休克。②过敏（亦可以通过细胞膜损害导致休克）。③缺血、缺氧、胰腺炎、组织创伤等所致休克。

临床表现 轻度休克 血压下降或仍正常。脉率增快；呼吸稍促；尿量减少，比重增高；皮肤苍白湿冷；口唇和甲床发绀，自觉口渴和冷。可因脑缺氧而表现兴奋、烦躁不安。

中度休克 上述情况加重。眼底检查可见动脉痉挛，软弱无力，表情淡漠，意识模糊。口渴，尿量低。

重度休克 收缩压低于60毫米汞柱，脉搏消失；无尿。此时由于心、脑等重要生命器官血流灌注减少，出现烦躁不安。易激动，随后反应迟钝，神志模糊，嗜睡、昏迷；可有弥漫性血管内凝血，凝血因子大量消耗，导致多处出血；呼吸急促，心律失常，以至心脏停搏。

诊断 ①有导致休克的病因。②意识异常。③脉细速，超过100次/分或不能触知。④四肢湿冷。胸骨部位皮肤指压阳性（压后再充盈时间大于2秒），皮肤花纹，黏膜苍白或发绀，尿量小于30毫升/时或无尿。⑤收缩压低于80毫米汞柱；脉压低于20毫米汞柱。原有高血压者，收缩压较原水平下降30%以上。凡符合上述第一项，以及第二、三、四项中的两项和第五项中任何一种情况者，可诊断为休克。

预后 取决于原发病的性质和休克的严重程度、持续时间和治疗措施等。预后不良的指征是昏迷、酸中毒（pH低于7.30，二氧化碳分压高于45毫米汞柱，血清乳酸高于2毫摩/升。伴有严重感染、无尿、心脏病、肝脏病及高龄患者预后也不佳。

处理 防治原则 ①早期发现，严密观察。②积极控制原发病。③改善微循环。④全面分析，综合考虑，防止并发症。

休克的抢救 ①一般处理。平卧或头低位，腿抬高，注意保暖，减少搬动，尽早建立静脉给药通路，持续给氧。保证呼吸道通畅，定时测量脉搏、呼吸、血压的变化，记录出入水量。烦躁者可慎用少量镇静药。②病因处理。治疗原发病是抢救休克的关键，应早期确诊，早期治疗。③改善微循环。补充血容量，调节血管舒缩功能，纠正酸碱及水电解质平衡紊乱等，以改善微循环灌注情况是抢救休克的关键。④防治并发症。休克晚期的并发症包括心力衰竭、肾功能衰竭、呼吸窘迫和弥漫性血管内凝血等是死亡的主要原因。⑤其他休克的抢救措施，如应用肾上腺皮质激素，体外反搏等。

休伦湖 Huron Lake 北美洲五大湖之一，美国和加拿大界湖。长332千米，最宽处295千米，面积5.96万平方千米，美、加两国各占40%和60%。湖岸线长2 700千米。平均深60米，最深处229米，蓄水量3 543立方千米。湖面海拔176米。冬季沿湖封冻，航运季节限于4月初至11月末。北部多湖岛，其中马尼图林岛是世界最大的湖岛，

面积2 766平方千米。该岛与湖东部的布鲁斯半岛围隔成东北部的佐治亚湾。湖岸有沙滩、砾石滩和悬崖绝壁，风景优美，是休养、游览胜地。接纳许多小河注入，流域面积(不包括湖面积)13.4万平方千米。西经苏圣玛丽运河接苏必利尔湖，西南经麦基诺水道与密歇根湖相连，南经圣克莱尔河—圣克莱尔湖—底特律河注入伊利湖。湖中富渔产。湖区蕴藏铀、金、银、铜、石灰石和盐等矿产资源，是美、加两国重要工业区。圣克莱尔河东岸多炼油厂和石油化工厂，被称为加拿大的“化工谷”。湖区伐木业和捕鱼业也很发达。主要湖港有美国的贝城、阿尔皮纳、麦基诺城和加拿大的萨尼亚、戈德里奇等。

休眠 dormancy 生物的一种相对静止状态。伴有代谢活动的明显降低。常见的包括微生物孢子的休眠；植物种子、植物地下部分或整个植株的越冬休眠；昆虫的滞育，以及高等脊椎动物的冬眠和夏眠，但不包括动物的日周期的生理睡眠。休眠在多数情况下是季节性的，常受机体的内在节律控制，外界条件的变化只起促发作用。

植物的休眠 不同纬度带植物的休眠习性不同。热带、亚热带的木本植物不能忍耐零下的低温，在零下低温情况下会受冻害而死亡；也不能长期处于0～9℃的低温条件中，在这个温度范围也会发生伤害(寒害)。落叶休眠是这些植物抗寒的一种具体表现。寒带与温带的乔木和灌木，其落叶休眠受日照和温度控制。当日照时数逐日减短时，气温也随之下降，此时叶内合成的生长抑制因子输送到芽与茎枝，促使其休眠。在叶柄基部也开始形成离层，逐渐切断水分与养料的供应，于是叶片枯黄脱落，植株进入越冬休眠。若在此时剪取枝条插入水中，置于温室内，枝条仍保持原状而不萌发新叶，该现象称自然休眠，是由内在的生物节律决定的。在自然低温中经过一个月以上的植物枝条，若置于室外，则因寒冷而不能萌发，这称为强迫休眠。热带、亚热带的乔木和灌木一般为常绿树，在年生长周期中没有明显的休眠期，只是在干旱或低温时期暂时停止生长，一旦温度、水分条件适宜即能萌发新梢。许多植物（特别是一年生野草）的种子成熟后不能即时萌发，即使温度、湿度、氧气等条件都满足也是如此，这称为休眠种子。导致休眠的原因有许多，其中包括种皮的限制，必须破除种皮才可促进其萌发。另一些种子则因抑制物质的作用而持续休眠。许多蔷薇科植物如苹果、桃、山李等的种子，需要在5℃左右的湿沙中贮存1～2个月才能萌芽。这类种子的休眠原因主要是抑制物质的作用，其中以脱落酸为主。

动物的休眠 由于水域中条件比较稳定，因此水生动物缺乏典型的休眠现象。但肺鱼可在旱季池沼干涸时钻入泥中休眠，以待雨季来临。上陆后的两栖类以及常年陆栖的爬行类都有冬眠现象。在恒温动物中，鸟类以迁徙方式躲避冬寒。冬眠现象在哺乳类中较为发达，食虫、翼手、啮齿3个目中都有冬眠。冬眠有深浅之别。冬眠的动物也消耗体内储存的养料。哺乳动物进入冬眠前有个过渡阶段，其长短因种类而异。动物在冬眠期中，呼吸次数、心跳频率、呼吸耗氧量均大为减少。休眠动物生理机能的改变主要受神经中枢控制。在休眠期所有内分泌腺均停止活动，各种代谢水平普遍降低。但至觉醒时，各器官的生理活动按一定顺序迅速恢复正常，这个过程要消耗大量能量。经过整个冬眠期后，冬眠动物的体重可减轻40%左右。

昆虫的休眠与高等动物有所不同，除一般的休眠外，另有一种昆虫特有的滞育现象。在温带和寒带地区，昆虫多行冬季休眠。另有一些昆虫，在干燥炎热的夏季休眠，这种现象称为夏眠（夏蛰）。滞育是昆虫发育的一个环节，常由内在生物节律所决定，环境因素可起促发作用。滞育期的长度因虫种而异。每年滞育的虫种，滞育长度在2个月以上。多年滞育虫种，滞育长度在2年以上，如已知滞育期最长的美洲地区的十七年蝉，其幼虫期长度可达17年之久。据研究，昆虫的滞育受神经内分泌系统调节，这种生理状态可以经一定时间后自动消失，也可用激素或光、温刺激加速其消失。在休眠或滞育期中，虫体的生理活动减弱，呼吸耗氧少，体细胞内自由水减少，所以抵抗力增加，有利于生存。

休谟 Hume, David (1711-04-26～1776-08-25) 18世纪英国哲学家、历史学家、经济学家。

生平和著作 生于苏格兰爱丁堡，卒于爱丁堡。11岁进爱丁堡大学。1729年起专攻哲学。1732年刚满21岁就开始撰写他的主要哲学著作《人性论》。1734年去法国自修，继续哲学著述。1748年出使维也纳和都灵。1749年回国，在家乡潜心著述。1751年移居爱丁堡市。1763年任驻法使馆秘书；1765年升任使馆代办。1767～1768年任副国务大臣。1769年8月退休返爱丁堡。

休谟的主要著作有《人性论》、《道德和政治论说文集》、《人类理智研究》、《道德原理研究》、《宗教的自然史》、《自然宗教对话录》、《自凯撒入侵至1688年革命的英国史》(6卷）等。

哲学思想 休谟从经验论观点出发，提出了动摇于唯物主义和唯心主义之间的以怀疑论为特色的哲学体系。

休谟在概述自己的哲学体系时指出，全部哲学可以区分为自然哲学和精神哲学两大部分，而科学的哲学研究方法是实验和观察。自从F.培根以来，哲学家和自然科学家已经运用这种方法建立起自然哲学的体系。但是，在精神哲学方面，仍然没有建立起一个新的体系。休谟给自己提出任务：应用实验推理的方法，直接剖析人性本身，以便建立一个精神哲学的体系。而作为这个体系的基础的“人性”本身，他认为主要由两个部分构成，即理智和情感。他对“理智”的研究是关于认识论问题的论述，对“情感”的研究是关于社会伦理和政治问题的考察，对宗教问题的探讨同理智原理和情感原理都有联系。休谟的精神哲学体系，大致包括认识论学说、社会伦理、政治学说以及宗教哲学学说等几个部分。

在哲学上，他首倡近代不可知论，对感觉之外的任何存在持怀疑态度，对外部世界的客观规律性和因果必然性持否定态度。他认为，感性知觉是认识的唯一对象，知觉分印象和观念两类，但认为人们不可

能超出知觉去解决知觉的来源问题。否认因果联系的客观性，认为因果联系只是由于印象出现先后而形成的一种观念。在伦理观上，主张**功利主义**，认为快乐和利益是一致的。他还用其经验论、怀疑论和功利主义伦理学论述了有关上帝观念和宗教问题。

其他思想 在经济学方面，他是18世纪货币数量论的代表，是反对重商主义的。他关于国际贸易的学说对英国古典政治经济学有很大的影响。他的社会历史观以人性论为基础，把对财富、享乐和权力的追求看作是人的本性，认为无论何时何地，人性是一致的和不变的；历史的作用就在于发现有关人性的普遍原理，提供经验教训。所著《自凯撒入侵至1688年革命的英国史》是一部政治史，但此书在附录和一些章节中对各历史时期的生活方式、道德风尚和精神文化作了分门别类的记述。他是把历史研究范围扩大到社会和文明方面的近代西方史学家之一。休谟政治思想保守，反对英国资产阶级革命，同情查理一世。在书中，他还严厉抨击长期议会和O.**克伦威尔**，歌颂“**光荣革命**”，说它开辟了英国宪法的新纪元，使英国人得以享受人类前所未有的最完备的自由制度。

历史地位和影响 休谟的哲学是近代欧洲哲学史上第一个不可知论的哲学体系。休谟和I.**康德**一样，在哲学发展史上起过很重要的作用。休谟的怀疑论为19世纪英国非宗教的哲学思想提供了理论。休谟的不可知论观点为实证主义、马赫主义和新实证主义所继承，对现代西方哲学产生了广泛的影响。

休斯 Hughes, Langston (1902-02-01～1967-05-22) 美国黑人诗人、小说家。生于乔普林，卒于纽约。1922年入哥伦比亚大学学习。曾当水手、看门人、饭馆厨师、洗衣房工人和旅馆侍者。其间勤奋写作，在黑人报刊上发表诗作。后获硕士学位。

他写过多种体裁的文学作品，而以诗歌闻名。主要作品有诗集《萎靡的布鲁斯》(1926)、《问你的妈妈——爵士十二式》(1961)、《梦乡人》(1932)等，长篇小说《不是没有笑的》(1930)，短篇小说集《白人的行径》(1934)、《共同的东西及其他故事》(1963)，幽默小品集《辛波尔说出他的思想》(1950)、《辛波尔孤注一掷》(1957)，自传《茫茫大海》(1940)、《我漂泊，我彷徨》(1956)等。

休斯敦 Houston 美国主要大城市、大海港之一。位于得克萨斯州东南部，通过长80千米的通海运河与墨西哥湾相连。市区面积1 500.6平方千米，人口224.22万(2008)；包括加尔维斯顿、布拉佐里亚等的大都市区人口572.81万(2008)。

地处坦荡的沿海平原，河湖众多，平均海拔仅15米。气候暖湿，1月平均气温12.6℃，8月平均气温28.9℃，年降水量1 150毫米。夏秋之交常受飓风侵袭。

始建于1836年，翌年设市。曾是得克萨斯共和国首都(1837～1840)。1845年随全州并入美国。

号称“世界石油之都”。城市周围地区井架林立，油管纵横，炼油和石油化学工业发达，炼油能力以及乙烯、合成橡胶等主要石化产品均居美国首位。以休斯敦为中心，东至博蒙特、西至科珀斯克里斯蒂，是美国最大的石油工业地带。原油和油品通过管道输往加利福尼亚、美国东北部和五大湖工业区。美国各大石油公司总部或分公司均设于此。其他工业部门主要为与石油工业配套的钢铁、机械、钢管、采油设备和油轮制造；此外，还有纺织、化学、碾米和肉类加工等。20世纪80年代以来，计算机等高科技产业以及金融业、商业、旅游业等第三产业也有了迅速发展，城市经济日趋多样化。

休斯敦港系人工港。通海运河宽120米，深12米，每年约有5 000多艘海轮由此出入。全国最大的油港，小麦、大米主要输出港。美国西南部陆上交通中心，5条铁路干线和多条公路线呈辐射状通向各地，城周有高速公路环绕。市内设有3个机场。

休斯敦又以宇航和医疗科研闻名于世。美国国家航空航天局于1961年在市东南35千米的克利尔湖畔建成约翰逊航天中心。规模巨大的得克萨斯医疗中心位于市西南。

市内文化、教育、娱乐设施众多。高等院校多达34所，有赖斯大学(1912)、休斯敦大学(1927)、得克萨斯南方大学(1947)等。市民活动中心为一组现代建筑，内有著名的艾莱剧场、音乐厅、会议展览中心等。有60多个艺术馆、博物馆、图书馆和体育场馆等，包括著名的莱斯体育场和星空圆顶体育馆。休斯敦历史公园、东郊的圣哈辛托古战场遗址等，也是重要的游览观光点。

休斯敦夜景

休息权 right to rest 劳动者在规定的劳动时间外，不从事劳动和工作而由自己自由支配时间的权利。休息权是人权内容的重要组成部分，是劳动者享有的基本权利之一。休息权保障主要包括工时限制、工时安排、休息日制度和给薪休假制度四个方面。休息权的行使对于保障劳动者的身心健康和发展生产具有重要意义。

《**世界人权宣言**》第24条规定，人人有享受休息和闲暇的权利，包括工作时间有合理限制和定期给薪休假的权利。国际劳工组织大会第14届会议于1930年6月28日通过的《强迫劳动公约》第13条规定，所有从事任何种类的强迫或强制劳动者每星期有一天休息。

1982年《**中华人民共和国宪法**》第43条规定，中华人民共和国劳动者有休息的权利。国家发展劳动者休息和休养的设施，规定职工的工作时间和休假制度。

休息休假 rest and leave 劳动者在国家规定的法定工作时间外自行支配的时间。又称休息时间。休息休假制度是实现劳动者休息权的一项重要保证。休息权是中国宪法规定的公民的基本权利之一。为保障劳动者休息权的实现，《中华人民共和国劳动法》规定了劳动者每日工作8小时、每周工作40小时的工时制度，并严格限制企业延长工作时间。

根据《中华人民共和国劳动法》和有关劳动法规的规定，劳动者的休息时间主要有以下几种：①工作日内的间歇时间。②两个工作日间的休息时间。③公休假日。④法定节日。中国的法定节日主要有：元旦，放假1天（1月1日)；春节，放假3天(农历除夕至初二)；清明节，放假1天（农历清明当日)；劳动节，放假1天(5月1日)；端午节，放假1天（农历端午当日)；中秋节，放假1天（农历中秋当日)；国庆节，放假3天（10月1～3日)。此外，还有属于部分公民放假的节日，如妇女节（3月8日)、青年节（5月4日)、儿童节（6月1日)、建军节(8月1日）等，这些节日一般放假半天。另外，一些少数民族习惯的节日，可由各少数民族聚居地区的地方人民政府按照该民族习惯，规定放假日期。⑤年休假，即法律规定的职工满一定的工作年限后，每年享有的保留工作带薪连续休假。《劳动法》规定："国家实行带薪年休假制度。劳动者连续工作一年以上的，享受带薪年休假。具体办法由国务院规定。"对职工应休未休的年休假天数，单位应当按照该职工日工资收入的300%支付年休假工资报酬。⑥探亲假。

休伊什 Hewish, Antony (1924-05-11～) 英国天体物理学家。生于康沃尔郡的福伊。1948年毕业于剑桥大学后在卡文迪什实验室工作，1952年获博士学位。曾任剑桥大学射电天文学教授。1964年和他人共同发现了行星际闪烁现象。提出由行星际闪烁随射电源与太阳间角距的改变而变化来测定射电源角直径的方法。为此他主持建造了一架高时间分辨率的射电望远镜。1967年10月，他的研究生J.贝尔使用它搜寻射电源时，意外发现有一个与射电源的行星际闪烁以及人为干扰信号都稍有不同的奇怪脉冲信号，休伊什获悉后决定安装新的能记录快速强度变化的记录装置。1967年11月28日，新的记录表明这个狐狸座方向的射电源以1.337秒的极精确周期发送脉冲射电波。这便是第一颗射电脉冲星CP1919。1968年2月，他与贝尔等人正式公布了这一发现。由此，休伊什获1974年诺贝尔物理学奖。

休渔期 closed fishing season 一年当中多种渔业捕捞作业同时休止的时期。即范围更加广泛的**禁渔期**。是渔业行政主管部门从保护和合理利用渔业资源出发，在国家法律规定的权限内，针对多种资源或多种渔具在渔业水域内规定大范围全面禁止捕捞的特定时期。实行伏季休渔，有利于资源的普遍增殖，使资源总量得以增长，是合理利用渔业资源的有效措施。

中国实行大规模的伏季休渔制度始于1992年。1998年，农业部把伏季休渔作为一项渔业管理制度正式公布，休渔海域扩大到北纬26°30′，并对休渔期再次进行了调整。规定在北纬26°～35°海域，每年6月16日零时至9月15日24时，禁止所有拖网和帆张网作业；35°以北的黄海海域，每年7月1日零时至8月31日24时，禁止所有拖网和帆张网作业。此后，在南海海域也相继开始实施伏季休渔。

修辞格 figures of speech 为了使说话增强表达效果而运用的表达方法。又称辞格、辞式。中国修辞学著作所列修辞格往往多寡不一；修辞格的名目，有名同实异或名异实同的；修辞格如何划分大类，更多分歧。**陈望道**《修辞学发凡》所列举的修辞格及其分类，较有代表性，一般修辞学的论著大多在这个基础上增减变异。《修辞学发凡》列举了38种，即材料上的辞格（甲类）：比喻、借代、映衬、摹状、双关、引用、仿拟、拈连、移就，共9种；意境上的辞格（乙类）：比拟、讽喻、示现、呼告、铺张、倒反、婉曲、讳饰、设问、感叹，共10种；词语上的辞格（丙类）：析字、藏词、飞白、镶嵌、复叠、节缩、省略、警策、折绕、转品、回文，共11种；章句上的辞格（丁类）：反复、对偶、排比、层递、错综、顶真、倒装、跳脱，共8种。

每一种修辞格有它自己的特点，但修辞格之间又有共同之处，而且修辞格之间还有交互作用。比如夸张（铺张）也可以用比喻、借代或比拟来表现。修辞格是各种语言都有的修辞手段，但是不同语言的修辞格有不同的民族特点。**汉语**修辞格的特点和汉民族的语言文字密切相关。对偶、回文、顶真、复叠、析字这些修辞格都能说明这一点。由于汉语的词单音节和双音节的占绝大多数，汉语又是有声调的语言，才便于构成对偶这种修辞格；由于词序是汉语重要的语法手段，才便于构成回文、顶真这些修辞格；由于汉语的词有较发达的重叠形式，才能用来构成复叠的修辞格；由于**汉字**的特点，才能用来构成析字或拆字的修辞格。和汉语汉字密切相关的并不限于以上几种修辞格；有的修辞格，还和民族文化、社会习俗有关，但和汉民族语言文字的关系，是尤其明显的。

修辞学 rhetoric 狭义的研究语言的风格的学科。见**风格学**。

修档制度 archives amendment system 中国古代的**档案**保护制度。唐时统治者就认识到"国家重务，根本所系，在于簿书"，故对于"岁月滋深，文字凋缺"以及年代久远的档案要分期分批重新修写（《唐会要·甲库》）。宋时敕令规定：诸官文书"有损烂者，以雇人誊写，为火所焚，应传写者"（《庆元条法事类》）。至清代，修档制度更为统治者重视。乾隆四十年（1775），最先修缮《满文老档》，对其加以重抄和转抄。乾隆至嘉庆年间，又分别三次对军机处档案进行缮修（《枢垣纪略》）。自嘉庆十年（1805）起，清字档、汉字档定为每五年缮修一次。咸丰四年（1854）又改为汉字档每三年缮修一次，遂成定制（《光绪会典》）。修档包括添修新档和修补旧档两项内容，即照原档另缮副本和将磨损、霉烂档案修补。每届修档之期，由军机大臣奏报皇帝，并成立专门临时机构，名曰"办理军机清（汉）档案处"修就之正、副本档册，一存于宫内方略馆大库，一存于圆明园。

修道院 seminary ①隐修院之另一译名。②天主教培养神职人员的学院。源自拉丁文Seminarium一词。简称"修院"。教授初级课程以及拉丁文者称为备修院；教授拉丁文学及其他古典文学等，学制三年者称为小修院；教授经院哲学、圣经学、教会法、神修学、教义神学等，学制六年者称为大修院。

修拉 Seurat, Georges (1859-12-02～1891-03-29) 法国画家，**新印象主义**的倡导者和组织者。生于巴黎一个笃信宗教的家庭，卒于巴黎。1878年入巴黎国立高等美术学校学习。在学生年代，他临摹过J.-A.-D.**安格尔**的《泉》和其他古典大师的画。1870年普法战争期间，修拉参加国民自卫军，画了许多彩色铅笔速写。1881年退伍，回到巴黎独立作画，并学习E.德拉克洛瓦的明亮色调和P.皮维斯·德夏瓦纳绘画的严密组织结构，对于J.-F.**米勒**用古典的形式表现现代题材，也很神往。修拉有广泛的兴趣和爱好，他研究美学和光学。为发展色彩感觉和色彩混合的理论，他涉猎了D.萨特等人的著作。美学家C.亨利主张艺术创作要依据科学的观察，对他影响尤大。他首先演绎出分割法的理论和运用色彩对比的绘画方法。所谓分割法，就是在画面上使用小块纯色，不在调色板上调混颜料。这样，中间色在观赏者的眼中自然混合而产生。

《大碗岛星期日的下午》

这种方法使颜色的调和达到最鲜明的效果。分割法是色光的混合，能增加光量，提高反射率与明度。此外，修拉还特别注意将色彩、线条的表现性与感情的特质结合起来，并概括和提炼出一种科学法则，讲究艺术表现的理念化和秩序感。

修拉的早期作品虽然在技法上还明显地保存着印象派的特点，但整体效果比印象派更简练概括。1884年，他用分割法理论创作了油画《阿涅尔的浴场》。1884～1886年，修拉完成了大幅油画《大碗岛星期日的下午》(207厘米×308厘米)。为创作此画，他画了20余幅预备性的素描和将近20幅的油画稿。修拉在创作过程中自始至终注重光线与明暗的关系，注意对比现象和追求反射的色彩的均衡或类比关系。

修拉作为新印象主义的首领，所采用的分割法具有革新的意义，创造了绘画的新境界。但这种方法过分理性和科学化，又包含着危险性，可能会有损于或者会阉割艺术家感觉的真实性。

修齐治平 中国古代儒家的伦理政治观。修身、齐家、治国、平天下的简称。语出《礼记·大学》："物格而后知至，知至而后意诚，意诚而后心正，心正而后身修，身修而后家齐，家齐而后国治，国治而后天下平。"儒家认为，自天子以至于庶人，当以修身为本。正心诚意的修养，个人道德的完善，是治家、治国、稳固天下的根本。

修身 中国伦理思想的重要概念，其含义约同于"修养"，即修正自己的缺点错误，陶冶、培养自身的道德品质。春秋末孔子首倡"修己"，主张"修己以敬"，"修己以安人"，"修己以安百姓"。孟子既讲"修身"，又言"养心"，主张向内心用力，认为德性的培养在于"反求诸己"，"尽心知性"，善养"吾浩然之气"。并强调"君子之守，修其身而天下平"。荀子也讲"修身"，但是更注重"注错习俗"和"师法之教"。他尤重君主之修身，"闻修身，未尝闻为国也。君者，仪也；民者，景也。仪正而景正"。《礼记·大学》进一步把"修身"与政治相联系，提出要齐家、治国、平天下，必先以修身为前提；强调"自天子以至于庶人，壹是皆以修身为本"。而修身的途径是格物、致知、诚意、正心，"心正而后身修"。

修斯 Suess, Eduard (1831-08-20～1914-04-26) 奥地利地质学家。生于英国伦敦，卒于维也纳。早年受教于捷克布拉格大学和维也纳大学，曾就职于维也纳霍夫博物馆，1857～1901年任维也纳大学教授。1894年当选为英国皇家学会、奥地利皇家学会会员，1898～1911年任奥地利皇家学会会长，是法国科学院、彼得堡科学院外籍院士。

修斯早期从事古生物学研究，建立了菊石类的分类，后转向大地构造学领域。1883～1888年出版《地球的面貌》(3卷)，首次提出稳定陆块的概念，并区分出五大古陆块：劳亚古陆、芬兰-斯堪的纳维亚古陆（波罗的地盾）、安加拉古陆、冈瓦纳古陆及南极古陆。首创特提斯海（古地中海）一词，认为连接今日印度-非洲与欧洲之间的一系列山链正是当年特提斯海的位置。区分出大西洋型与太平洋型两类不同的海岸。书中还论述了不同古生物化石所反映的水的深度与海水进、退的演变，以及通过沉积对比可以区别陆表沉积与地槽沉积的不同特点等观点。主要著作还有《阿尔卑斯山脉成因》。

修昔底德 Thucydides（约前471～约前401） 古代希腊历史学家。生于雅典一个富裕而显贵的家庭。公元前424年当选为将军。同年冬，斯巴达将领布拉西达斯进攻雅典在爱琴海北岸的重要据点安菲波利斯，修昔底德指挥色雷斯舰队驰援被围困者不力，城陷后获罪流放，凡20年。伯罗奔尼撒战争结束后返回雅典。

流传至今的按编年体记事的《伯罗奔尼撒战争史》是修昔底德用30余年的时间编写的一部未完成之作，记述的事件止于公元前411年。全书共8卷。修昔底德善于借书中历史人物之口，用自己审时度势撰写的演说辞阐述与伯罗奔尼撒战争有关的各种问题。

修正主义 revisionism 国际共产主义运动中以马克思主义为旗号，否定、歪曲、篡改马克思主义基本原则的资产阶级思潮，是机会主义的一种表现形式。修正主义创始人为德国社会民主党人E.伯恩施坦。1899年，他在《新时代》杂志上发表了《社会主义的前提和社会民主党人的任务》一文，对马克思主义系统地进行"全面修改"。伯恩施坦主义产生后，德国社会民主党左派领导人R.卢森堡第一个用"修正主义"一词概括伯恩施坦主义的实质并进行批判。在哲学上，修正主义主张新康德主义，抛弃辩证唯物主义和历史唯物主义，用庸俗进化论和诡辩论代替革命的辩证法；在政治经济学上，主张庞巴维克的边际效应价值论，背叛马克思主义的剩余价值学说；在社会学说方面，鼓吹阶级合作和"和平长入"社会主义，反对马克思主义的阶级斗争学说与无产阶级革命和无产阶级专政的理论；对于社会运动，主张最终目的是微不足道的，运动就是一切，否定了无产阶级革命的目标。修正主义是资本主义发展到帝国主义时代的产物，是资产阶级政策的产物，也是其世界观及其影响在工人阶级内部的反映。

《髹饰录》 中国明代漆工艺著作。为中国现存唯一古代漆工著作。黄成著。黄成，字大成，号平沙，安徽新安（今歙县）人。生卒年不详，隆庆年间（1567～1572）著名漆工，精明古今之髹法。全书分乾、坤两集，共186条，涉及髹饰历史、工具、材料、技术、品种、禁忌、仿古和修复等方面。天启五年（1625）由另一漆工杨明（号清仲，浙江嘉兴人）逐条作注，并撰写序言。此书在中国久已不传，1927年由朱启钤以日本传本刊刻行世。1983年文物出版社出版王世襄《髹饰录解说》，1998年进行了修订。

秀兰·邓波儿 Shirley Temple (1928-04-23～) 美国电影演员。生于加利福尼亚州的圣莫尼卡。4岁上银幕，6岁任主角，在20世纪30年代共拍摄了20多部根据经典儿童文学作品改编的影片，受到广大观众的欢迎。她那带酒窝的笑脸和金色卷发的洋娃娃形象，在美国家喻户晓。她的影片为30年代深受经济萧条煎熬之苦的美国观众带来欢乐，卖座极好。1934年美国电影艺术与科学学院授予她特别奖，以表彰她在电影娱乐方面作出的贡献。到了40年代，作为青少年女演员她还拍过10余部影片，但卖座不佳。1949年退出影坛。60年代末投身政界。代表作有《明亮的眼睛》(1934)、《小上校》(1935)、《海蒂》(1937)、《阳光溪农场的丽贝卡》(1938)、《小公主》(1939)、《青鸟》(1940)等。1988年出版自传《童星》。

《小上校》剧照

岫玉 xiuyan jade 产于中国辽宁岫岩的玉石。见蛇纹石玉。

绣花鞋 embroidered shoes 中国传统鞋式。又称绣鞋、花鞋。多以各色绸缎或布帛为料，在鞋帮绣饰纹样；一些极为讲究

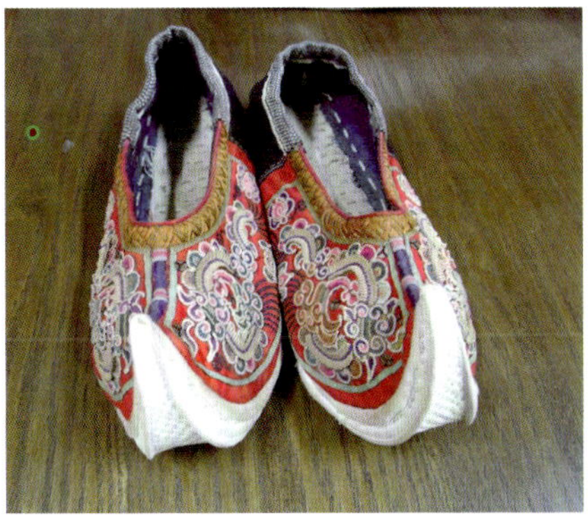

侗族绣花鞋上绣龙纹，采用马尾绣工艺
（北京服装学院民族服饰博物馆藏）

的绣鞋，鞋底、鞋内也有绣饰。至迟在汉代已出现绣花的鞋、靴。最初绣花鞋仅为少数王宫显贵所特有，男女皆可穿用。后来普及民间，穿者渐多。明清时绣花鞋最为流行，成为妇女钟爱的鞋式。民国时绣花鞋渐被新式皮鞋、布鞋所取代，但南方少数民族地区仍保留了盛装时穿绣花鞋的习俗。侗族、苗族、水族的绣花鞋绣饰精美，色彩明快，纹样有花草纹、龙纹、云纹、蝶纹、几何纹等。绣饰方法有平绣、挑绣、补绣、马尾绣等，不同的针法呈现出不同的装饰效果。

《绣谱》 *Treatise on Embroidery* 中国古代有关刺绣工艺的专著。清代刺绣工艺家丁佩撰。丁佩，字步珊，云间（今上海松江）人。成书于清道光元年（1821）。《绣谱》以绘画、书法、诗词、建筑等艺术与刺绣比较，深入浅出地解说刺绣工艺的规律。全书共分六个部分。第一，择地部分，讲述刺绣的环境必须闲、静、明、洁。第二，选样部分，讲述选定绣稿时要注意审理、度势、剪裁、点缀、崇雅、传神的要求，并避免失之巧庸和过于繁简。第三，取材部分，讲述丝线、绫缎、纱罗、绣针、剪刀、绷架等材料和工具的重要性。第四，辨色部分，讲述红、绿、黄、白、蓝、黑、紫、藕色、赭、牙色、灰色、酱色、月白、天青、金、银等18种色彩的特点及用法。第五，程工部分，讲述刺绣工艺的技法以及齐、光、直、匀、薄、顺、密等标准。第六，论品部分，讲述以文品之高下、画理之浅深来品评刺绣的能、巧、妙、神、逸五个等次，以及精工、富丽、清秀、高超四个品格。《绣谱》议论精详，条分缕析，总结了刺绣工艺的技法及其美学特点，对于当今的刺绣仍有着指导意义和借鉴价值。

绣球花 *Hydrangea macrophylla*; largeleaf hydrangea 虎耳草科绣球属的一种。又称阴绣球、斗球。落叶灌木。叶大而稍厚，对生，倒卵形至广卵形，边缘有粗锯齿；叶柄长1～3厘米。伞房花序顶生密集成球形，直径可达20厘米，花大美丽，白、粉

红或变蓝色，均为不孕花；萼片4，宽卵形或圆形，花瓣状，初为淡红色，后变蓝色，长1～2厘米；无花瓣、雄蕊和雌蕊；花期夏季。中国各地久已栽培，为著名观赏植物；花和叶可入药，治疟疾、心悸烦躁、喉痹、阴囊湿疹等症。

《绣像小说》 *Novel With Illustrated Fine-lined Portrait* 中国近代小说期刊。李伯元主编。半月刊，32开线装铅印本。清光绪二十九年（1903）五月在上海创刊，上海商务印书馆印刷发行，共出72期，是清末小说杂志中存在时间最长的一种。刊载著译小说30余种，著名者如李伯元《文明小史》和《活地狱》、刘鹗《老残游记》、欧阳巨源《负曝闲谈》、连梦青《邻女语》，以及《泰西历史演义》、《回头看》等，大都侧重于描写国家危机和社会腐败、人民苦难。期刊中主要作品都配有绣像，图文并茂。

绣眼鸟 *Zosterops*; white-eye 雀形目绣眼鸟科绣眼鸟属鸟类的统称。共有57种，分布自亚洲南部至大洋洲和非洲。中国有3种。体型小，全长90～122毫米。嘴小，为头长的一半，嘴峰稍向下弯，嘴缘平滑；鼻孔为薄膜所掩盖；舌能伸缩，先端具有角质硬性的纤维簇；眼周有白色圈；翅圆长；尾短；跗跖长而健。雌雄相似。

暗绿绣眼鸟为此属常见种类。头顶和尾上覆羽呈暗绿色沾黄；前额黄色明显；眼先和眼的下方呈黑色，眼周成白色；耳羽和颊呈绿黄色；上体呈暗绿色；颏、喉和上胸呈鲜柠檬黄色，下胸呈棕灰色；腹部中央呈白色；两性相似。常集群在阔叶树和竹林间活动。繁殖季节成对，冬季集大群；常在近树顶的树叶间觅食；鸣声清脆而稍带颤音，婉转动听。在胡桃、杨树

暗绿绣眼鸟

和枇杷树等阔叶树上营巢。巢以苔藓、蒲公英、纸屑、蛛丝和绒毛等作材料，内垫以松叶、细草、细根等。每窝产卵4枚。卵呈白色，钝端有暗褐色细斑。主要以瓢虫、蚜虫、象鼻虫、蚂蚁、金花虫、天牛、蝗虫、鳞翅目昆虫的幼虫等为食，也吃部分螺类、花瓣、树叶和植物种子等。因食大量农林害虫而对农林有益。

嗅觉 olfactory sensation 挥发性物质作用于嗅觉器官产生的感觉。嗅觉感受器是位于鼻腔上部的嗅细胞，每一个感受器可以对许多种气味刺激起反应，刺激物只有随呼吸进入鼻腔才能对它发生作用。嗅觉中枢主要是海马回的沟部。进食时气味也可由后鼻孔刺激嗅感受器，所以嗅觉和味觉有密切的联系。

人的嗅觉极为敏感，能闻到5×10^{10}个分子空气中的一个硫醇分子，有训练的人能分辨出5 000种气味。嗅觉的韦伯分数为1/20。

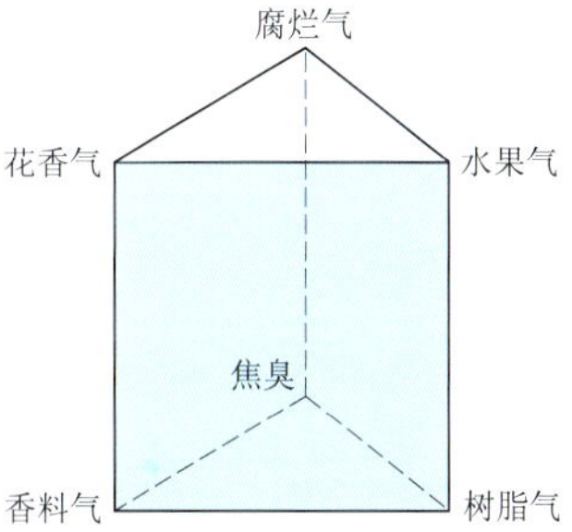

嗅觉柱

空气的温度和湿度，饥饿、妇女月经周期等机体状况都会影响嗅觉的感受性。有些人也会丧失对某种特殊气味的嗅觉。

嗅觉适应表现为闻不到某种气味。两种气味强度差别大时会发生掩蔽现象；强度适宜时会出现气味的混合；彼此越相似越容易混合，也越难把它们区分开来。

嗅觉都用引起嗅觉的物质的名称命名，如水果香、焦臭等。H.亨宁的嗅觉柱（见图）是一种较好的对嗅觉分类的方法。嗅觉柱是个三棱柱，它的六个角分别是六种性质不同的气味。其他气味按相似程度排在各条边上或面上。嗅觉柱的3个面分别是花腐焦香、果树焦腐等，各个面上气味的性质各不相同。

溴 bromine 化学元素，元素符号Br，原子序数35，原子量79.904，属周期系ⅦA（或17）族，卤素。在地壳中，溴的含量为2.5×10^{-4}%，均以溴化物的形式存在。海水中平均含溴6.5×10^{-3}%。某些盐湖、温泉、盐井中也含有溴，自然界还有少量溴化银矿。

在常温、常压下，溴是唯一的液态非金属元素；有恶臭；熔点−7.2℃，沸点59.10℃，密度3.105 5克/厘米^3（25℃）。气态溴为红棕色，液态溴为暗红色，固态

溴几乎为黑色。溴在水中的溶解度为3.53克/100克H_2O(20℃)，溴的水溶液称为溴水。在非极性溶剂（如四氯化碳、二硫化碳）中的溶解度较大。溴的氧化数－1、＋1、＋3、＋4、＋5、＋7。溴不如氯活泼，是中等强度的氧化剂。除个别贵金属外，溴能与所有的金属化合成溴化物，也能与电负性比它小的非金属形成共价型溴化物。如果溴与电负性比它大的非金属化合，则溴呈正氧化态。溴还能与许多有机化合物发生取代反应或加成反应。

生产溴的主要原料为海水，用氯气将溴离子氧化为溴，再用碳酸钠溶液吸收空气吹出的游离溴，得溴化钠和溴酸钠，经酸化，使溴重新释出，然后蒸馏提纯。

单质溴主要用于制备无机和有机溴化物，也用于漂白、消毒和制备杀虫剂。工业上用量最大的溴化物是二溴乙烯，它是汽油抗爆剂的重要组分，可减低铅的毒性。液态溴与皮肤接触会破坏组织，导致难以治愈的溃疡，它还能刺激眼、鼻和气管的黏膜。

溴氰菊酯 decamethrin 拟除虫菊酯类杀虫剂。学名α-氰基苯氧基苄基（1R,3R）-3-(2,2-二溴乙烯基)-2,2-二甲基环丙烷羧酸酯。结构式：

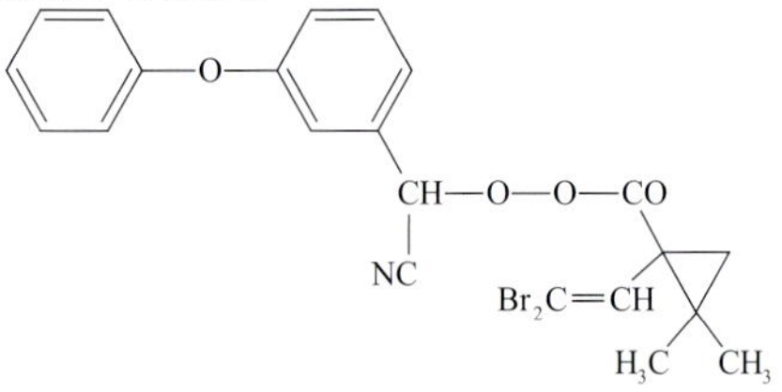

溴氰菊酯为白色斜方晶系针状结晶，几乎不溶于水，但可溶于多种有机溶剂，对光及空气较稳定。是高效杀虫剂之一，商品名有敌杀死、凯安保和凯素灵等。具有触杀和胃毒作用，触杀作用迅速，击倒力强。没有熏蒸和内吸作用，在高浓度下对一些害虫有驱避作用。持效期长（7～12天）。杀虫谱广，对鳞翅目、同翅目、缨翅目昆虫效果极好。主要用于防治棉花等大田作物、果树以及其他一些特用作物上的主要害虫，可使棉花提早吐絮，提高皮棉质量和产量。亩用有效成分0.5～1克。

溴氰菊酯对人的皮肤及眼黏膜有刺激作用，对鱼和蜜蜂有剧毒。对滴滴涕产生抗药性的昆虫，对溴氰菊酯表现有交互抗药性。

须脚目 Palpigradi 蛛形纲中一小目。已知1科4属约50种。分布于热带和温带。中国尚无记载。体小型，不超过3毫米。无眼。前体的背甲分成3部分，最前一片大，叫前背甲，卵圆形，覆盖前4个体节；后面两个自由体节，在第1节的两侧各有一块小的中背甲，在第二节的背方有一大块较大的后背甲。腹部的最末3节变细，后面有一根细长而分节的鞭。

生活在石块下、土中或高湿的洞穴中。取食和生殖行为尚不清楚。有3对束肺或无呼吸器。一次产卵仅数个。

须腕动物门 Pogonophora 动物界一门。唯一没有口和消化管的非寄生三胚层无脊椎动物。共分为2目6科18属，已发现了80多种，在中国东海海域发现2种。身体细而长，多数种体宽（直径）不足1毫米，但体长却超过100毫米。身体前后共分为：①触手区，系动物体躯的前部（前体），具细长的触手。②系带区（中体），又称腺体区，较短，其主要功能是分泌几丁质-硬蛋白，构成栖管。③生殖区，又称躯干部，极长，具许多外乳突和其他几丁质附着构造。④尾体，由5～23个体节构成，内部具隔膜，外部具刚毛。当动物被外力拉曳出海底淤泥时，易与动物体断开而留在淤泥中。

雌雄异体。几乎全为深海动物。可以从其栖息地周围的淤泥中吸收溶解的有机质。绝大多数须腕动物都栖息于海底淤泥中，生活在直立的栖管内。通常密集成群。栖管一般长达10～85厘米，有的甚至超过2米。在栖管管壁上，常有刺胞动物、海绵和苔藓虫等附着生物附着。

虚谷 Xu Gu (1821～1896) 中国清代画家。姓朱，名虚白，字怀仁，出家后以虚谷名，号紫阳山民、倦鹤，室名觉非庵等。安徽歙县人。卒于上海。太平军起义时以参将效力清营。咸丰三年（1853）在安徽九华山出家为僧，但“不礼佛号，以书画自娱”，云游江、浙各地。虚谷性格孤傲，非交往相知深者，不易得到他的佳作精品。每到一地，求画者云集，画倦即行，移住他处。

《梅鹤图》(故宫博物院藏)

虚谷擅长画人物肖像、花鸟和山水。其人物肖像画造型准确，神态生动，注重色彩烘染，用墨不多，面部具有一定的立体感，刻画较精细，衣纹及背景用笔简率，与面部画法有明显区别，但仍能融为一体，主要有《葑山钓徒图》、《沈麟元像》、《秦赞尧像》等。其花鸟草虫画“落笔冷隽，蹊径别开”，擅长运用枯笔逆锋作颤动的线条，似续似断，韵味十足。所画鸟、鱼、松鼠等动物，活泼生动、清新可爱，《绿竹松鼠图》、《蜀葵果品图》、《梅鹤图》、《紫绶金章图》、《松鹤菊花图》等均为精品。其山水画用笔一如花鸟，洒脱清秀，《观潮图》、《日长山静图》等，都富有特色。虚谷的绘画艺术对晚清上海画坛有很大影响。存世作品现已汇编成《虚谷画册》出版。亦工诗，多有奇句，辑为《虚谷和尚诗录》。

虚劳 consumptive disease 中医疾病名。由于脏腑亏损，气血虚弱而导致的多种慢性疾病的总称。包括五劳、六极、七伤等所有证候。先天或后天的多种原因，均可导致脏腑亏损。常见的病因有先天禀赋不足，或后天烦劳过度，房事不节，病后失于调理等。病变主要有阴虚、阳虚、气虚、血虚4种。虚劳为病，多先伤及气血，后累及阴阳，前者病程短，病情轻；后者病程长，病情重。治疗上以补法为主。先天不足重在补肾，后天不足重在补脾。

虚劳的辨证论治应以阴阳气血为纲，五脏虚候为目。气虚以肺气虚和脾气虚较为多见，治宜补肺益气或健脾益气，方用补肺汤和参苓白术散。血虚以心血虚和肝血虚较为多见，心血虚治宜养血安神，方用养心汤。肝血虚治宜补血养肝，方用四物汤加味。阳虚以心阳虚、脾阳虚、肾阳虚为多见，心阳虚治宜温通心阳，用桂枝甘草汤加味。脾阳虚治宜温中健脾，用附子理中汤。肾阳虚治宜温补肾阳，方用右归丸。阴虚之证，五脏俱有，肺阴虚治宜养阴润肺，方用百合固金汤加减。心阴虚治宜滋阴养心，方用天王补心丹加减。脾胃阴虚治宜养阴和胃，方用益胃汤。肝阴虚治宜滋养肝阴，方用补肝汤加减。肾阴虚治宜滋补肾阴，方用左归丸。如虚劳同时兼有表证时，治应扶正解表。

许多疾病的后期，都可出现虚劳的证候。虚劳的预后，与脾胃中气的有无紧密相关。

虚拟资本 virtual capital 以各种有价证券形式存在的、能够给其持有者按期带来一定收入的资本。具体构成包括股票、企业债券、公债券等。从广义上讲，还包括没有黄金保证的银行券和不动产抵押等。这类有价证券是现实资本的所有权证书，能够证明一定数量的现实资本归持券人所有，持券者凭证券可取得定期收入，出让证券可换取现实货币资本，因而被当成资本。由于它们只是实际资本的纸质复制品，所以是一种虚拟资本。

虚拟资本的买卖价格并不依据其票面金额，而是根据其预期收入来确定。计算公式为：

$$\text{虚拟资本价格}=\frac{\text{预期收益}}{\text{平均利润率}}$$

虚拟资本的价格与其预期收益成正比，与平均利润成反比，但同它代表的现实资本价值无直接关系。

虚云 Xuyun (?～1959) 中国僧人。俗姓萧，初名古岩，字德清，别号幻游。原籍湖南湘乡，生于福建泉州。清光绪八年(1882)至福州鼓山涌泉寺依常开和尚出家，

次年依妙莲和尚受具足戒。先在涌泉寺修头陀行数年，后遍参金山、天童、天宁等名刹，参学访道，巡礼佛教四大名山。先后在天台山华顶龙泉庵学习天台教观，在高旻寺听《法华经》，于岳林寺学《阿弥陀经》，于天宁寺听讲《楞严经》等。光绪二十六年去北京，适值义和团运动爆发，八国联军进犯北京，即随清朝帝后一行至西安。后上终南山结茅修行，并改名虚云。旋由终南山入川，转赴西藏，折至云南大理，重兴鸡足山迎禅寺。光绪三十年赴泰国、槟城等地，考察东南亚佛教。1920年应请重兴昆明西山华亭寺并改名云栖寺。历任福建鼓山，广东南华、云门诸大寺主持。1953年被推举为中国佛教协会名誉会长。同年，应请复兴江西云居山真如寺。一身兼承曹洞、临济、云门、法眼、沩仰五家法脉，其禅功和苦行为人所重，是现代中国禅宗代表人物之一。其著作后人辑为《虚云和尚法汇》、《虚云和尚禅七开示录》等。

墟市 country fair 中国乡村定期集市。这类集市是商品交换过程中最原始的低级市场，大概来源于古代的“日中为市”。东晋、南朝到隋、唐文献记载中的草市，就是这类低级市场。宋代乡村定期集市有了较为

汉代墟市画像砖

广泛的发展。广大地区仍称这种集市为草市，两广称为墟市，还有的地方称为痎市、村市、山市、野市、子市、早市等。这些乡村集市都有固定的日期，痎市即间日集。乡村集市是周围村落的农民、小工、小商买卖交换的场所，以自己的农副产品交换农具、日常用品之类，称为赶集或趁墟。在交易之后，一般四散回家，许多集市上没有居民。随着商品交换的发展，不少乡村集市形成为新的居民点，聚集了行商坐贾，发展成为繁荣的贸易点，并上升为镇、县。在经济发达地区，这些定期的乡村集市构成为商业网。宋政府对乡村集市的发展，不加干预，有时还予以提倡。除岭南墟市宋初一度不征商税之外，广大乡村集市都征收商税。但这些集市的商税被当地富豪“买扑”承包。在全国商税中，乡村集市的商税占有一定比重。

明清是乡村集市发展、繁荣时期。除岭南地区仍称为“墟市”外，其他地区多称为“市”或“集”。江南地区乡村集市的发展达到了相当可观的规模。除了商品生产及交易外，茶肆酒楼也大量出现。市之较大且繁荣者，往往不在镇之下。苏州月城市，因地处阊门内，成为“各省商贾所集之处”。由于商品经济的发展，一些市渐渐向专业化转变，某些市还发展为镇，这些分布广泛的市成为仅次于镇的地区性商业中心，并与镇一起初步构成区域性的市镇体系。岭南地区的墟市出现了一些“逐日市”和专业化的墟市。北方地区则以定期集市为主，其繁华程度逊于江南。清代以后，尽管某些市衰落，但总的趋势是仍在发展。

需求弹性 demand, elasticity of 在其他条件不变的情况下，需求量变动的百分比与引起这种变动的某种因素变动的百分比的比值。反映需求量变化对某种因素变化的敏感程度。

根据影响需求变动的不同因素，需求弹性主要包括需求的价格弹性、需求的收入弹性以及需求的交叉弹性等。

①需求的价格弹性。指在其他条件不变的情况下，需求量变动的百分比与商品自身价格变动百分比的比值，它反映需求量对商品自身价格变化的敏感程度。简称需求弹性。影响需求价格弹性的主要因素有：ⓐ商品的可替代性。ⓑ商品用途的广泛程度。ⓒ商品对消费者的重要程度。ⓓ某商品的消费支出在消费者预算总支出中的比重。ⓔ时间跨度的长短。

②需求的收入弹性。指在其他条件不变的情况下，需求量变动的百分比与消费者收入变动的百分比的比值，它反映需求量对于消费者收入变动的敏感程度。

③需求的交叉弹性。指在其他条件不变的情况下，一种商品需求量变动的百分比与引起这种变化的另一种商品价格变化的百分比的比值。又称需求的交叉价格弹性。它反映一种商品需求量对于另一种商品价格变化的敏感程度。

需要 need 个体对内外环境的客观需求的反映，表现为个体的主观状态和个性倾向性。需要是产生行为的原始动力，是个性积极性的源泉。动物的需要是以先天的生物需要为条件，以周围环境中的自然物体作为满足需要的对象。而人，不仅有生物需要，而且有多种多样的社会需要。人不仅以自然界为满足需要的对象，而是在改造世界的过程中创造着满足需要的对象。人即使是在满足其生物需要时，满足这种需要的对象和方式也不同于动物。人的各种需要都是社会历史的产物，具有社会性。

需要是与人的活动联系着的。需要一旦被意识并驱使人去行动时，就以活动动机的形式表现出来，需要是个性积极性的动力，它激发人的活动朝着一定的方向、追求一定的对象以求得自身的满足。人的需要是多种多样的。根据需要的起源，可以把需要分为自然需要和社会需要。根据需要的对象，可以把需要分为物质需要和精神需要。

A.H.马斯洛提出需要层次论，认为人有五个需要层次：生理需要、安全需要、爱的需要、尊重需要和自我实现的需要。C.P.奥尔德弗提出ERG理论，认为人存在三种核心的需要：一是存在的需要；二是关系的需要，即交往的需要；三是成长的需要，即发展的需要。D.C.麦克莱兰提出三种需要是最重要的：一是成就需要，即胜过别人、取得成就；二是权力需要，即

影响别人、控制别人；三是合群需要，即追求人与人之间友谊和密切关系的愿望。

徐悲鸿 Xu Beihong（1895-07-19～1953-09-26） 中国画家、美术教育家。

生平 生于江苏宜兴（现为市）屺亭桥镇，卒于北京。1916年入上海震旦大学法文系半工半读，课余苦修素描。翌年5月，赴日本学习美术，年底回国，应聘任北京大学画法研究会导师，受新文化运动影响，接受民主与科学思想。1919年3月，赴法国留学，入巴黎国立高等美术学校，师从达仰。留学期间曾赴德国访问柏林美术学院，并先后去英国、比利时、瑞士、意大利等国，参观各大博物馆、美术馆和美术遗址，悉心观摩和研究历代艺术杰作。1927年春回国，受田汉之邀出任上海南国艺术学院美术系主任，同时受聘为中央大学艺术系教授，在教学与创作中，提倡写实主义，抨击形式主义。1929年9月，由蔡元培推荐，受聘担任北平大学艺术学院院长。1933年1月至1934年8月，受欧洲诸国之邀，先后赴法国、比利时、意大利、德国及苏联举办中国美术展览和个人画展。1936年冬到桂林作画，并开始创办美术馆。1937年春赴长沙、广州、香港举办个人画展，10月回到重庆中央大学继续任教。1938年底再次到香港举办个人画展，然后赴新加坡举办筹赈画展，宣传抗日救亡，并将所卖全部画款捐献给祖国以救济难民。1940年春应印度诗人和画家R.泰戈尔之邀赴印度国际大学讲学，并举办画展，将所筹画款全部捐寄祖国。随后赴大吉岭，创作国画《愚公移山》。1940年底再次赴新加坡，翌年在马来亚举办筹赈画展，将所得巨额收入全部捐献祖国。1942年夏回到重庆中央大学继续从事教学与创作，并着手筹办中国美术学院。1945年2月，在郭沫若起草的《陪都文化界对时局的进言》上签名。1946年8月到北平，出任国立北平艺术专科学校校长。1949年3月，受邀请作为新中国的代表前往布拉格出席保卫世界和平大会。7月，在中华全国文学艺术工作者代表大会上当选为全国文联常务委员、中华全国美术工作者协会主席。9月，应邀出席中国人民政治协商会议，随后被政务院任命为中央美术学院院长。

绘画创作 徐悲鸿一生创作数千件中国画、油画和素描作品。北京徐悲鸿纪念馆收藏着他各个时期的作品1 000余件。其创作活动大致分4个时期：①旅欧时期（1919～1927）。徐悲鸿初到法国留学时，现代主义诸流派正风靡巴黎，但他悉心研究欧洲文艺复兴以来的艺术名作，1926年进入第一个创作高峰，这个时期的油画创作主要有《老妇》、《持棍老人》、《抚猫》、《自画像》、《箫声》、《黄震之像》以及《男人体》、《女人体》等习作。他留下的近千幅素描，大部分是这个时期的作品。②盛期（1928～1936）。这一时期，他的创作极丰，形成明确的现实主义艺术风格，在中国现代绘画史上独树一帜，代表作有油画《田横五百士》（1928～1930）、中国画《九方皋》（1931）、油画《徯我后》（1930～1933）等。这些作品集中体现了他的爱国主义和人道主义创作思想，代表着他一生的主要创作道路。在中国画创作上，这一时期的作品数量多且成就高，画的较多的是马、牛、狮、雀等，造型精练，生动传神。③抗战时期（1937～1945）。是徐悲鸿艺术创作的鼎盛时期。先后创作了中国画《风雨鸡鸣》（1937）、《漓江春雨》（1937）、《巴人汲水》（1937）、《群马》（1940）、《愚公移山》（1940）、《泰戈尔像》（1940）、《奔马》（1941）、《灵鹫》（1941）、《群狮》（1943）等著名作品。这一时期，也是画家在思想上和艺术风格上高度成熟的时期，西画塑造形

图1 《田横五百士》（1928～1930）

图2 《奔马》（1941）

体的技巧与中国画笔墨的融合尤其在动物题材作品中有较完美的体现。七七事变后，国难当头，徐悲鸿以画笔投入抗日救亡斗争。他画跃起的雄狮、长征的奔马、威武的灵鹫、展翅的雄鹰等，表达对中华民族奋起觉醒的热切期望。④后期（1946～1953）。这一时期，徐悲鸿在美术教育和绘画创作上继续坚持“师法造化，寻求真理”的艺术主张。他从解放区的美术创作中看到自己过去的不足，勇于接受革命真理，深入人民生活，表现战斗英雄、劳动模范和革命领袖人物。这一时期的主要作品有油画《战斗英雄》、《海军战士》、《骑兵英雄邰喜德像》，素描《毛主席在人民中》（画稿）、《劳动模范》、《鲁迅与瞿秋白》（画稿）等。

出版有《徐悲鸿素描集》、《徐悲鸿油画集》、《徐悲鸿彩墨画集》等。

徐冰 Xu Bing（1903-02-17～1972-03-22） 中国人民政治协商会议全国委员会副主席。原名邢西萍。生于河北南宫，卒于北京。早年参加学生运动。1923年赴德国留学。1924年加入中国共产党。后转赴莫斯科中山大学学习。1928年回国，任中共中央秘书处翻译、上海反帝大同盟中共党团书记。1932年被国民党当局逮捕，1933年经营救出狱后从事《世界论坛》、《中外论坛》的编辑工作，进行抗日救亡宣传。1935年在太原、北平组织华北救亡会、北平文化救亡会、华北民众救亡会，参加了北平一二·九运动的组织领导工作。1937年到延安，任中共中央党报委员会秘书长、《解

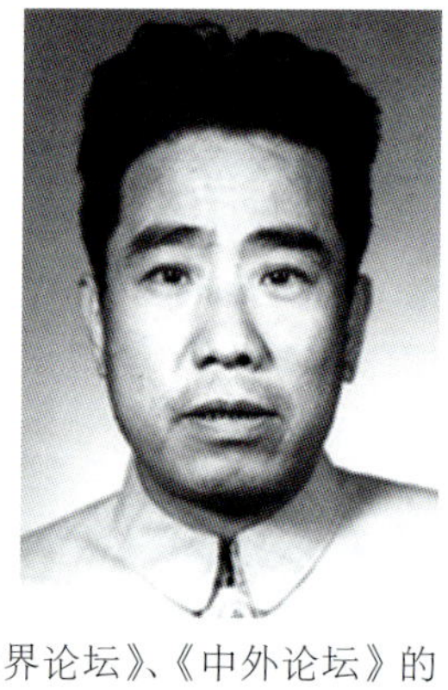

放》周刊编辑。与成仿吾合译《共产党宣言》、《哥达纲领批判》等。1939年到重庆，任中共中央南方局文化宣传工作委员会秘书、文化组组长。1944年后任中共中央重庆工委委员、北平军调部中共方面顾问、中共山东潍坊市委书记、济南市副市长。1949年参加和平解放北平的接管谈判工作，任北平市副市长。中华人民共和国建立后，任中共中央统战部第一副部长，全国政协副秘书长、秘书长，中央人民政府人事部副部长，中共中央统战部部长。是中共八届中央候补委员。1964年任全国政协第四届副主席。“文化大革命”中受到迫害，含冤逝世。“文化大革命”后得到平反。

徐才厚 Xu Caihou (1943-06～) 中国共产党中央政治局委员，中国共产党中央军事委员会副主席，中华人民共和国中央军事委员会副主席，中国人民解放军高级将领。辽宁瓦房店人。1971年4月加入中国共产党，1963年8月加入中国人民解放军。1968年毕业于哈尔滨军事工程学院电子工程系，到陆军第39军农场劳动锻炼。1971年后历任连副指导员、省军区政治部干部处干事、副处长、处长。其间1980～1982年在解放军政治学院培训班学习。1983年后任吉林省军区政治部副主任、群众工作部部长。1985年后任第16集团军政治部主任、军政委。1992年后任解放军总政治部主任助理兼解放军报社社长、总政治部副主任。1996年后任济南军区政委，中央军委委员，解放军总政治部常务副主任兼中央军委纪委书记，总政治部党委副书记。2002年11月后任中共中央书记处书记，解放军总政治部主任。2004年9月后任中共中央军事委员会副主席，中华人民共和国中央军事委员会委员。2005年3月任中华人民共和国中央军事委员会副主席。1990年7月被授予少将军衔，1993年12月晋升为中将军衔，1999年9月晋升为上将军衔。中共第十五至十七届中央委员，十七届中央政治局委员。

徐摛 Xu Chi (474～551) 中国南朝梁代诗人。字士缋（一作士秀）。东海郯（今山东郯城）人。曾任太子家令、新安太守等职。《梁书》本传说他“属文好为新变，不拘旧体”。他曾长期和萧纲在一起写作诗文，在当时形成一种风气，有“宫体诗”之名。他现存的作品仅诗5首，另有两篇骈文，都已残缺。现存诗大抵是一些咏物之作，内容和艺术技巧都很平庸，但没有某些宫体诗中的低下格调。

徐迟 Xu Chi (1914-10-15～1996-12-12) 中国散文家。浙江吴兴人。卒于武汉汉口。1931年在苏州东吴大学读书时开始文学创作。1936年起出版诗集《二十岁人》、《美文集》、《狂欢之夜》等。1943年担任郭沫若主编的季刊《中原》执行编辑。徐迟早期创作受欧美现代派影响。特别是他的诗作，追求意象的蕴蓄，节奏的跳跃，有些作品较为难懂。散文创作则因受美国作家E.海明威的影响，稍趋明朗，叙写细腻，富于诗情。

1949年以后，曾任《诗刊》副主编、湖北省作家协会副主席、《外国文学研究》主编等职。他创作勤奋，著作体裁丰富，有诗集《美丽·神奇·丰富》、《战争·和平·进步》、《共和国的歌》，特写集《我们这时代的人》、《庆功宴》，论文集《诗与生活》等。“文化大革命”结束后，他尝试以报告文学反映自然科学领域的生活，写出了《哥德巴赫猜想》，发表于1978年《人民文学》第一期。作品叙述了数学家陈景润的传奇经历，表现了不屈不挠的坚韧精神。此后他又创作了《地质之光》、《刑天舞干戚》等一系列作品，在社会上引起强烈反响，分别获得第一、二届全国优秀报告文学奖。徐迟以诗人气质写报告文学，特别是写知识分子题材的作品，常能熔政论、诗和散文于一炉，结构宏大，气势开阔，语言华美而警策，独具风格。

徐达 Xu Da (1332～1385) 中国明朝开国军事统帅。字天德。濠州（今安徽凤阳）人。元至正十三年（1353）参加农民起义军，因智勇超群，位在诸将之上。十五年，从朱元璋渡长江，取太平（今安徽当涂），克集庆（今南京）。继又率部攻占镇江等地，为开拓江南基地作出贡献，授淮兴翼统军元帅。二十三年秋，在鄱阳湖之战中，击败陈友谅军前锋。二十四年，因功升左相国。二十五年，以大将军率师出征，先占淮东、继平浙西，连战皆捷，二十七年九月，攻克平江（今江苏苏州），俘获张士诚及其将士25万。同年十月，以征虏大将军率师25万北上，先取山东，旋师河南，然后挥军攻克大都（今北京），灭元朝。明初，他多次率军远征漠北等地，戍守边疆，被朱元璋誉为“万里长城”。徐达长于谋略，治军严整，战功显赫，名列功臣第一，明洪武十八年二月卒，追封中山王。

徐复观 Xu Fuguan (1903～1982) 中国现代新儒学代表人物之一。原名徐佛观。湖北浠水人。卒于香港九龙。1923年毕业于湖北省第一师范学校。早年从军，抗战胜利后退役，把主要精力转向学术研究。1949年在香港创办《民主评论》，成为港台地区新儒家的主要理论阵地。自1952年起，曾先后任教于台湾省立农学院、东海大学和香港的新亚研究所。他“以原始资料与逻辑为导引，以人生社会政治问题为证验”，致力于对传统文化的“现代的疏释”，先后著有《中国人性论史》(先秦篇)、《中国艺术精神》、《两汉思想史》(3卷)、《中国思想史论集》等，他认为中国文化是一种“心的文化”，是在忧患意识中成长起来的，有最强的生命力。中国文化成就的道德理性和艺术精神两大擎天支柱，在现代社会仍然具有现实的意义。因为他的学术研究富于批判精神，赢得了“勇者型的新儒家”的称号。

徐光启 Xu Guangqi (1562～1633) 中国明代科学家、政治家。字子先，号玄扈。上海人。卒于北京。万历三十二年（1604）进士，选庶吉士，迁赞善。从耶稣会传教士利玛窦等学习西方数学、天文、水利、地理、火器等“有用之实学”，译成《几何原本》、《泰西水法》诸书。四十一年，力主以西洋历法修正旧历，遭守旧势力反对，托疾离朝，自购田地，屯垦天津。四十七年，为抗击清兵，累疏自请练兵通州。天启间，遭阉党排陷，告病闲住，从事农业科学的研究和《农政全书》的编写。崇祯元年（1628）召还，二年，以礼部左侍郎理部事，奉敕督造红夷炮，抵抗清军。三年，疏陈垦田、水利、救荒、盐法等拯时急务，擢礼部尚书。五年，以礼部尚书兼东阁大学士入参机务，六年病卒。赠少保，谥文定。主要著作有《农政全书》60卷，并有《崇祯历书》、《测量法义》、《勾股义》、《九章算法》、《徐氏庖言》等，多收入《徐光启集》。

徐光宪 Xu Guangxian (1920-11-07～) 中国化学家。生于浙江绍兴。1944年毕业于上海交通大学化学系。1949年和1951年分别获美国哥伦比亚大学理学硕士和哲学博士学位。回国后，历任北京大学化学系教授、稀土化学研究中心主任、稀土材料化学及应用国家重点实验室主任和学术委员会主任，中国化学会第22届理事会理事长，第4届亚洲化学学会联合会主席，《中国稀土学报》、《分子科学学报》主编，《国际量子化学杂志》顾问编委。1980年当选中国科学院学部委员（院士）。

长期从事稀土化学、萃取化学、量子化学和化学键理论、配位化学等方面的科研和教学工作，关于原子价新概念、原子簇化合物的“$n \times c\pi$”规则和稀土量子化学方面的研究，受到了国内外学者的重视；所创立的“串级萃取理论”在稀土工业得到了普遍应用。曾获得全国科学大会奖（1978）、国家自然科学奖二等奖（1987）和三等奖（1987）、国家科技进步奖二等奖（1998）和三等奖（1991）、国家最高科学技术奖（2008）。合著有《物质结构》、《量子化学》、《神奇之土——稀土科学研究》、《稀土的溶剂萃取》等，发表论文500余篇，获专利6项。

徐海东 Xu Haidong（1900-06-17～1970-03-25） 中国军事家。湖北黄陂（今属大悟县）人。卒于郑州。1925年4月参加中国共产党，被派入直系军阀刘佐龙部学习军事。1926年夏入国民革命军第4军第12师，任代理排长，曾参加北伐战争。1927年大革命失败后返回家乡，11月率队参加黄麻起义。在创建鄂豫皖苏区的斗争中，

历任中共区委书记，县赤卫军大队长，中国工农红军师长。1932年秋，参与重建第25军、第28军，任副军长、军长，在鄂东北、皖西坚持游击战争，使被摧残的革命根据地部分得以恢复和发展。曾指挥陕南石塔寺和袁家沟口等战斗，打破了国民党军发动的两次围攻和3个月内消灭25军的计划。1935年7月，25军与第26军、第27军合编为第15军团，他任军团长，与程子华、刘志丹等一起指挥了劳山战役。所部编入第一方面军后，率部参加了直罗镇、东征、西征和山城堡等战役。1936年12月，任中央革命军事委员会委员，并曾担任红军南路军总指挥。抗日战争初期，任八路军第115师第344旅旅长，率部参加了平型关战斗和晋东南反“九路围攻”，指挥了町店等战斗。1939年9月，随刘少奇赴华中，任新四军江北指挥部副指挥兼第4支队司令员，指挥周家岗战斗，取得反“扫荡”的胜利，对巩固和发展皖东抗日根据地起了重要作用。

中华人民共和国建立后，曾任中央人民政府人民革命军事委员会委员、国防委员会委员，当选为中共第八、第九届中央委员。1955年被授予大将军衔和一级八一勋章、一级独立自由勋章，一级解放勋章。在病中主持编写了《红二十五军战史》。“文化大革命”期间受到林彪、江青反革命集团迫害。

徐怀中 Xu Huaizhong（1929-09-02～ ） 中国作家。河北邯郸人。1945年河北太行中学毕业，入第18集团军总部前线剧团从事美术宣传工作。1950年在西南军区政治部文工团任研究员。1955年调云南军区政治部文化部任干事、秘书。1958年调《解放军报》社任编辑、记者。1963年调总政文化部任专业创作员。1973年任昆明军区政治部

宣传部副部长、文化部副部长。1978年调入八一电影制片厂任编剧。1984年任解放军艺术学院文学系主任。1985年起先后任解放军总政治部文化部副部长、部长。少将军衔。曾当选中国作家协会主席团委员、副主席、名誉副主席等。其主要作品有：中篇小说《地上的长虹》（1954），长篇小说《我们播种爱情》（1957），小说集《没有翅膀的天使》（1986）、《徐怀中小说选》（1986），电影剧本《无情的情人》等。《西线轶事》（1980）等曾获全国优秀短篇小说奖。他的小说不事雕饰，常以从容、自然而又富于激情的语言写人物的情感和心灵，发掘其中的爱和美，不以情节见长而以氛围的营造和抒情性、表现性取胜。

徐汇区 Xuhui District 中国上海市辖区。位于市区西南部。面积55平方千米。人口109万（2010）。1945年置徐家汇区，因明代科学家徐光启后裔汇居于此而得名。1950年改称徐汇区。商业发达，淮海中路商业街横贯区境北部。徐家汇商城已成为上海市商业中心之一，建有港汇广场、东方商厦、六百实业、太平洋百货、中兴百货等大型商厦。淮海中路、肇嘉浜路、中山南二路为区内东西向主干道；漕溪北路、漕溪路、沪闵路为南北向主干道。徐家汇是市区西南部重要交通枢纽。沪杭铁路贯通区境，设上海南站、新龙华站。多条地铁穿越区内。文教、科研、卫生单位较多，有上海交通大学、上海医科大学、华东理工大学、上海师范大学、上海音乐学院、中山医院、天文台和中国科学院直属研究机构。漕河泾新兴技术开发区位于区境西南部。区内拥有上海交响乐团、上海京剧院、上海体育馆、上海游泳馆、上海图书馆等大型体育文化设施。旅游景点有龙华古寺、龙华古塔、黄道婆祠、邹容墓、徐光启墓、徐家汇教堂、东正教堂、宋庆龄故居等。

徐玑 Xu Ji（1162～1214） 中国南宋诗人。字文渊，一字致中，号灵渊。见四灵体。

徐家福 Xu Jiafu（1924-12-24～ ） 中国计算机科学和计算机软件学专家。江苏南京人。1948年毕业于中央大学（今南京大学）。1957～1959年在苏联莫斯科大学进修。1981年任南京大学计算机系教授。曾任南京大学计算机软件研究所所长、计算机软件新技术国家重点实验室主任，国务院电子振兴领导小组顾

问，清华大学、吉林大学兼职教授等。现任南京大学计算机软件新技术国家重点实验室名誉主任。主要研究高级语言、新型程序设计与软件自动化。代表性成果有：研制出中国第一个ALGOL系统、系统程序设计语言XCY、多种规约语言，参加制定ALGOL、COBOL国家标准，研制出数据驱动计算机模型，研制出兼顾函数式和逻辑式风格的核心语言KLND及相应的并行推理系统，完成多个软件自动化系统。

徐阶 Xu Jie（1503～1583） 中国明朝大臣。字子升。松江华亭（今上海松江）人。卒于华亭。嘉靖二年（1523）进士。历官翰林院编修、福建延平府推官、江西按察副使、国子监祭酒、礼部侍郎、吏部侍郎、吏部尚书，三十一年入内阁，四十二年任首辅。徐阶性颖敏，器量深沉，有权略。任官吏部时，接见庶官，多咨询边腹要害、吏治民情，颇得赞誉。但其在严嵩当道时，为得世宗信用，事严嵩颇谨。继严嵩任首辅后，尽反其弊政，先后用高拱、张居正等入阁；清理盐课，减轻百姓负担；谏止滥杀边臣，力救因骂世宗获罪的海瑞。世宗死后，起草遗诏，为大礼议中冤抑诸臣平反。隆庆二年（1568）七月致仕。居乡期间，其家占夺民田达24万亩，子弟家奴横暴乡里。应天巡抚海瑞、兵宪蔡国熙秉公按治，徐阶贿给事中戴凤翔，又使张居正赇使给事中陈三谟劾罢海瑞、蔡国熙，死赠太师。著有《世经堂集》26卷。

徐敬业 Xu Jingye（?～684） 中国唐代反对武则天执政的军事首领。唐初名将李勣

孙。李勣本姓徐，赐姓李。袭爵英国公，历官太仆少卿、眉州刺史。弘道元年（683），中宗即位，武后以太后临朝称制，不久即废中宗，立豫王旦（即睿宗），武后继续临朝称制，掌握全部权力。这一年，敬业因事被贬为柳州司马，便和同时被贬官南方的唐之奇、**骆宾王**等，一起策划起兵反对**武则天**。徐敬业自称扬州司马，组织囚犯、工匠、役丁数百人，占领扬州。随即发布了由**骆宾王**撰写的《讨武曌檄》。武则天派左玉钤卫大将军李孝逸统兵镇压。十一月，敬业兵败，被部下所杀。

徐锴 Xu Kai（920～974） 中国五代、北宋初期文字训诂学家。会稽（今浙江绍兴）人。生于广陵（今江苏扬州）。**徐铉**弟，字楚金。仕于南唐，起家为秘书省校书郎，后主李煜时，迁集贤殿学士，终内史舍人。平生著述甚多，今仅存《说文解字系传》40卷（世称“小徐本”），《说文解字韵谱》10卷。徐锴精通文字训诂之学。《说文解字系传》实际就是《**说文解字**》注。因尊崇**许慎**，以其书为经，而自谦所作训解为传，是自汉魏以后最早作的对《说文解字》系统的、详密的注解。《说文解字系传》以《通释》部分为主体，除引据前代古书以证明许慎训解外，还指出其他引申的意义，并从谐声字的声旁说明声旁与字义的关系，对后代训诂学家有很大影响。在《通释》中也往往说明古书的假借和古今用字的不同，有时还用今语解释古语，在文字训诂学发展史上占有重要的地位。

徐克 Hark Tsui（1951－02－15～ ） 中国香港电影导演。原名徐文光。广东海丰人。生于越南。13岁时拍摄了一部8毫米胶片的魔术表演短片。1966年移居香港。1975

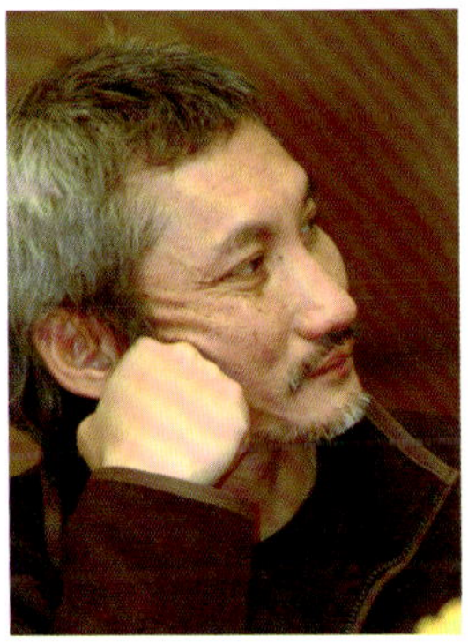

年毕业于得克萨斯州大学。1977年回香港，加入无线电视任编导。不久转入佳艺电视台，拍摄了电视剧《金刀情侠》。1978年参加思远影片公司，执导新武侠片《蝶变》，此片为香港新浪潮的开山作之一。1983年拍摄了大型科幻武侠片《新蜀山剑侠》，开创了武侠片视觉新纪元。1984年创立工作室，导演了《上海之夜》（获法国南特三大洲国际电影节特别奖）、《打工皇帝》、《刀马旦》等喜剧片。监制了《英雄本色》等30余部影片。他的重要作品还有《新龙门客栈》（1992）、《青蛇》（1993）、《梁祝》（1994）、《金玉满堂》（1995）、《七剑》（2005）等。

徐匡迪 Xu Kuangdi（1937－12－11～ ） 中国人民政治协商会议全国委员会副主席。大学学历，教授，中国工程院院士。浙江桐乡人。1983年6月加入中国共产党。1954年入北京钢铁工业学院冶金系钢铁冶金专业学习。毕业后任北京钢铁学院助教，上海工学院冶金工程系助教、炼钢教研室副主任。1971年下放安

徽省凤阳“五七”干校劳动。1972年后任上海机械学院、上海工业大学冶金工程系助教、讲师、教研室主任，冶金工程系副主任、主任，副教授、教授。1982～1983年赴英国帝国理工学院做访问学者，1984～1985年6月赴瑞典斯堪的纳维亚·兰塞尔公司任副总工程师、技术经理。1986年任上海工业大学常务副校长。1989年后历任上海市教卫办公室副主任兼市高教局局长、党组书记，上海市计委主任、党组书记，上海市副市长，中共上海市委副书记。1995年任上海市市长。同年当选为中国工程院院士。2001年后任中共中国工程院党组书记，中国工程院院长。任《中国大百科全书》第二版总编辑委员会副主任。2003年当选为全国政协十届副主席。同年9月兼任中国工业经济联合会会长。中共十四届中央候补委员，十五届、十六届中央委员。

徐陵 Xu Ling（507～583） 中国南朝梁陈间诗人、骈文家。字孝穆。祖籍东海郯（今山东郯城）。早年为梁东宫学士。曾出使东魏，遭侯景之乱，被留邺城7年，后得南返。仕陈，官至左光禄大夫、太子少傅。徐陵的诗文喜用典故，注意辞藻、对仗。历来的评论家常把他和**庾信**合称为“徐庾”。其诗有一些较好的写景之句。他拟作的乐府诗《出自蓟北门行》等，意气豪壮，风格遒劲。流露出对连年战乱的谴责之意。徐陵亦擅长骈文，在当时享有声誉。他的文章一般都写得辞藻华美，音节和谐，对后世有一定影响。徐陵骈文中比较优秀的作品是他羁留北齐时所写的《在齐与仆射杨遵彦书》，此文据理力争，逻辑性强，且沉痛哀切，富于抒情意味。他的《玉台新咏序》绮艳精工，也是一篇传诵的文章。徐陵虽和庾信齐名，但笔力不如庾信遒劲。《徐陵集》原本已佚，今存6卷，乃后人所辑。最通行的版本是清人吴兆宜注本。

徐釚 Xu Qiu（1636～1708） 中国清代词人。字电发，号虹亭。吴江（今属江苏）人。康熙十八年（1679）召试博学鸿词，授翰林院检讨。他的词以咏怀唱和为主，有些作品隐约流露了民族意识。词风初华丽清秀，后趋于沉着老成，偶尔有惊人的艳语。他在词学上最大的贡献是编纂了第一部大型词学理论资料著作《词苑丛谈》12卷，于康熙十七年成稿。此书收录从晚唐到清中叶词人的故实、词作及历代的评论，分为体制、音韵、品藻、纪事、辨证、谐谑、外编等7门。另有《南州草堂集》、《菊庄词》、《续本事诗》等。

徐日昇 Pereira, Thomas（1645～1708－12－25） 旅居中国的葡萄牙耶稣会传教士。生于布拉加，卒于北京。1663年入**耶稣会**，1673年到北京，经**南怀仁**推荐以精通音乐供职于钦天监，襄助治理历法。曾任中俄《**尼布楚条约**》谈判中的中方翻译。1706年任中国耶稣会副会长。精通音乐，曾在宫廷任音乐教师。著有《律吕正义》、《南先生行述》。

徐润 Xu Run（1838－12－14～1911－03－09） 中国清末洋行买办和工商业活动家。字雨之。广东香山（今珠海市）人。卒于上海。家族为买办世家。14岁到上海，在伯父徐昭珩（钰亭）的宝顺洋行学艺办事。1859年，与宝顺洋行另两名买办在上海合伙开绍祥字号，包办各洋行丝、茶、棉花生意，并与人合股开设敦茂钱庄。1861年任宝顺洋行副买办。1859～1864年先后设立经营出口茶、丝和进口鸦片的行号及钱庄10多家，分布温州、宁波、河口等处，同时大规模进行房地产和其他投机活动。1868年自设宝源祥茶栈，在浙江、江西、湖北、湖南等地遍设茶号，成为饶有资产的独立商人。1873年，会同**唐廷枢**接办第一个官督商办的民用企业轮船招商局，招揽大批股本，积极添置轮船，扩建码头、栈房，创办自保船险。1884年，因挪用招商局公款投机地产失败被免职。1887年后，先后办理平泉、鸡笼（今台湾基隆）、开平、贵池等矿务，但未有所作为。晚年转而投资民族工业，1902年创办上海景纶纺织厂，并在全国许多企业中拥有股份，总计资本不下一百二三十万两。1903～1906年，由袁世凯委任重返招商局，为代理总办。著有《上海杂记》一书。

徐绍清 Xu Shaoqing（1907～1969） 中国湘剧演员。工生。湖南浏阳人。幼年进老案堂学戏。抗日战争时期，曾任**湘剧**抗敌宣传第2队队长，辗转湘南、桂北，宣传抗日。后为湖南省湘剧院主要演员。擅演高腔戏，功力深厚，演唱吐字清晰，高亢饱满，音节苍劲。表演朴实严谨。他打破了湘剧传统靠把老生重做、唱功老生重唱的成规，

徐绍清在湘剧《琵琶记》中饰张广才

发展了湘剧大靠老生的表演艺术，塑造出许多性格鲜明的艺术形象，以擅演《琵琶记》张广才、《牛头寨》岳飞、《鹦鹉记》潘葛、《拜月记》王镇等著称。著有《我学湘戏》、《湘剧高腔初探》。

徐士高 Xu Shigao (1908-05-16～1990-12-30) 中国电工专家。字步衢。生于山东黄县（今龙口），卒于北京。1933年毕业于北平大学工学院电机系。1937年赴德国柏林高等工科学校（现柏林大学）学习。1939年毕业，获特许工程师学位，1943年获博士学位。1945年回国。1949年以后历任济南电力公司总工程师，上海公用局电力处副处长、处长，上海市电业管理局副局长兼总工程师，电力工业部技术改进局总工程师，电力科学研究院总工程师等职。1980年当选为中国科学院学部委员（院士）。曾任中国电机工程学会副理事长、名誉理事长。从事变压器油性能与介质损耗的研究，主持了燃油电厂锅炉改烧煤的工作和研制国产低冷冻点绝缘油的工作，70年代，研究中国能源工业发展中的重大政策问题和中国城市供电电网改造问题。

徐世昌 Xu Shichang (1855-10-20～1939-06-05) 北洋政府大总统。字卜五，号菊人。生于河南汲县（今卫辉），卒于天津。1886年中进士，选翰林院庶吉士。后授编修，兼充国史馆协修、武英殿协修等职。1897年，经盟弟**袁世凯**奏请以翰林兼管新建陆军营务处，从此成为袁的重要谋士。后累获擢升，1911年官至皇族内阁协理大臣。**辛亥革命**爆发后，力主启用袁世凯镇压革命。1912年2月，避居青岛。袁世凯复辟帝制前后，两度被任命为国务卿。1918年10月，经皖系军阀操纵的安福国会选举为大总统，标榜“偃武修文”，下令对南方停战。次年2月，召开南北“议和会议”，但无结果。1919年，在巴黎和会外交失败，国内爆发**五四运动**的压力下，徐世昌被迫免去**曹汝霖**、章宗祥、陆宗舆3人职务。1922年6月2日，为直系军阀曹锟等人所逼，宣布辞去大总统之职。晚年，借僚友门客之力，编撰书籍20余种。

徐寿 Xu Shou (1818-02-26～1884-09-26) 中国科技先驱。字生元，号雪邨。生于江苏无锡，卒于上海。早习举业，后改学制造工艺和西方近代自然科学。1861年入军中幕府。1862年与**华蘅芳**等人创建安庆内军械所。1863年，研制成中国第一台蒸汽机。1865年，与次子徐建寅等建立金陵军械所并制成中国第一艘江轮“黄鹄”号。

1866年入上海江南制造局，任委员、提调等职，致力研制各式机器兵船、枪炮、弹药、硫酸等。1868年在江南制造局倡建翻译馆。在馆译书17年，与英国教士傅兰雅等合译西方科技书20多部，发表专论10篇，约290多万字，内容涉及化学、物理、数学、医学、矿学、汽机、兵学、工艺、律吕等。译著中以工艺书最多，化学译著最为有名，如《化学鉴原》和《化学鉴原补编》等。1874年和傅兰雅等在上海创建中国第一所专门培养科技人才的格致书院。

徐寿首创的化学元素汉译名原则和创译的36个元素汉译名沿用至今，因此被誉为中国近代化学的先驱和奠基人。

徐寿自幼热爱乐器制造工艺，并研究声学原理。1881年3月10日在英国《自然》杂志刊出《声学在中国》的论文，开创中国学者在西方杂志上发表论文的先例。

徐寿辉 Xu Shouhui (?～1360) 中国元末天完红巾军领导人。一名真一（或真逸）。罗田（今属湖北）人。至正十一年（1351）八月，与麻城铁工邹普胜等利用**白莲教**组织起义，称红巾军。十月，被拥立为帝。国号天完，建都蕲水（今湖北浠水）。十二年，遣将分兵四出，先后攻克今湖北、江西、安徽、福建、浙江、江苏、湖南的许多城市和地区。所到之处，以摧富益贫为口号，得到贫苦人民的广泛响应。但因兵力分散，得地大多不能坚守，逐渐被元军和地主武装击败。十三年底，蕲水失陷，徐寿辉等避入黄梅山及沔阳湖中。十四年，天完兵势复振，于次年再次攻取湖广、江西的许多地区。十六年正月，天完迁都汉阳，但徐寿辉本人受丞相倪文俊操纵，虚有帝名。次年九月，倪文俊企图杀徐寿辉降元，事败，被部下**陈友谅**杀死，天完实权转归陈友谅掌握。十八年夏，陈友谅攻克龙兴（今江西南昌），徐寿辉欲往，陈友谅不从，遂止。次年十二月，徐寿辉仍欲往龙兴，至江州（今江西九江），陈友谅伏兵城外，尽杀其左右部属。陈友谅即以江州为都城，挟持徐寿辉，自称汉王，一揽大权。二十年闰五月，徐寿辉被陈友谅杀于采石，天完亡。

徐水县 Xushui County 中国河北省保定市辖县。位于省境中部，太行山东麓。面积736平方千米。人口56万（2010）。汉始置县，明、清为安肃县，1914年改名为徐水县。属暖温带大陆性季风气候。农业主产玉米、棉花、小麦、花生。工业有酿酒、建材、陶瓷、机械、电子、化工等。有北宋城墙和刘伶墓等古迹。

徐朔方 Xu Shuofang (1923-12-10～2007-02-17) 中国戏曲史家、戏曲理论家。原名步奎。浙江东阳人。卒于杭州。浙江大学人文学院教授。1947年毕业于浙江大学龙泉分校师范学院英国语言文学系。

学术活动正式开始于20世纪50年代初。戏曲方面的主要著作有编辑、校注《**牡丹亭**》、《**长生殿**》、《沈璟集》、《汤显祖全集》，专著有《元曲选家臧晋叔》、《汤显祖评传》、《晚明曲家年谱》、《徐朔方说戏曲》等，编著《南戏与传奇研究》(合作)。其他方面的主要著作有《史汉论稿》、《论〈金瓶梅〉的成书及其他》、《小说考信编》、《明代文学史》(合作) 等，并编译《〈金瓶梅〉西方论文集》。文学创作有散文集《美欧游踪》，诗集《似水流年》。部分著述结为《徐朔方文集》。

徐特立 Xu Teli (1877-02-01～1968-11-28) 中国无产阶级革命家、教育家。生于湖南长沙县五美乡一贫苦农民家庭。幼年时只读过6年私塾。1895年任私塾教师。1905年考入同盟会在长沙创办的宁乡速成师范学校。毕业后，到长沙城郊的榔梨创办梨江高级小学，从事新式的学校教育工作。1906～1910年，在长沙周南女校任教。曾邀集同事创办平民夜校。早年受《民报》、《浙江潮》、《新湖南潮》等革命刊物的影响。1910年春，到上海入江苏省教育会办的单

级小学教师训练班，后又东渡日本考察小学教育。回国后，仍到周南女校工作，并创办《周南教育》周刊。1911年武昌起义爆发，长沙光复，被选为省临时议会副议长。不久辞职，应邀任湖南省教育司科长。提出发展平民教育，希图用实际教育工作来改革人心。1912年，创办长沙师范学校，任校长。1913年在家乡创办五美高级小学，并从教湖南省立第一师范学校，兼任湖南孤儿院院长。

1919年，赴法国勤工俭学，在巴黎大学学习。后又到比利时、德国考察教育，1924年夏回国。1925年春创办长沙女子师范学校，并担任湖南省立第一女子师范学校校长。1927年春，他投入农民运动，在省农民协会任教育科科长，兼湖南农民运动讲习所主任，同时加入国民党左派，任长沙市党部工农部部长。同年大革命失败后加入了中国共产党。接着参加了八一南昌起义，任革命委员会委员兼第20军第3师政治部主任。1928年，接受党派遣赴苏联莫斯科中山大学学习马克思列宁主义理论。

1930年回国，在中央苏区，历任中央教育人民委员部副部长、代理部长、苏维埃大学副校长等职。1934年随中央红军参加二万五千里长征。到达陕北后，继续负责教育方面的领导工作。抗日战争初期，他回湖南任中共中央驻湘代表兼第18集团军高级参议，开展抗日民族统一战线的工作。1940年秋返回延安，先后担任延安自然科学院院长和中共中央宣传部副部长。解放战争时期，他领导中共中央宣传部教育研究室，研究并总结老解放区的教育工作经验，编辑各种教材，为建立和发展人民教育事业作出了重要贡献。中华人民共和国建立后，继续担任中共中央宣传部副部长，并任中央人民政府委员。为一、二、三届全国人大代表、常委，中共七届、八届中央委员。著有《徐特立教育文集》、《徐特立文集》等。

徐廷柱 Seo Jung Joo（1915-05-18～2000-12-24） 韩国诗人。号未堂。生于全罗北道高敞。中央佛教专科学校肄业。1936年在《东亚日报》上发表诗歌《壁》，从此登上文坛。同年创办同人杂志《诗人的嘱托》，正式开始创作活动。1938年出版第一部诗集《花蛇集》，以恶魔般的、原色性的诗风，引起文坛注目。从《新罗抄》开始，把以佛教思想为基调的新罗故事作为素材，追求永恒主义理念和禅的世界，被称为“生命派”诗人。《在菊花旁边》是一篇颇有影响力的作品，被评为能够代表韩国诗歌艺术成就的作品，至今仍广为传诵。

徐渭 Xu Wei（1521～1593） 中国明代文学家，戏曲家，画家，书法家。字文长，号天池，晚号青藤。山阴（今浙江绍兴）人。幼丧父，青年时屡试不第，曾在胡宗宪府中任幕僚。胡案发后因怕牵连而一度发狂，自杀未遂，后因失手杀妻而入狱7年。晚年以书画为生，生活贫困。徐渭多才艺。其画擅山水、人物，尤长于大水墨写意花鸟，师法林良、周之冕、陈淳，融合前人泼墨、破墨、积墨、简笔、写意手法，挥毫泼洒，随意点染，画面水墨交融、淋漓酣畅、气势豪放、充满激情，充分表达了他孤傲不群的个性和激昂郁愤的思想感情。所绘物象意态生动，简括精练。对后来的朱耷、石涛、扬州八怪以及吴昌硕、齐白石等人影响极大。其书法长于行草书，兴之所至，笔走龙蛇，狂放恣肆。有《墨葡萄图》、《牡丹蕉石图》、《榴实图》等传世。徐渭文学上亦有突出成就。其诗主张独创，反对拟古，多直抒胸臆，表现怀才不遇和愤世嫉俗的思想。其散文受苏轼影响，文笔潇洒自如。亦从事杂剧写作，有《四声猿》，或借古喻今，鞭挞黑暗现实，或歌颂女子的聪明智慧。对南戏有深入研究，撰《南词叙录》，对南戏的渊源、发展及表现形式、作家、作品均有考释，篇末附录大量南戏、传奇目录，保存了南戏的重要史料。遗有《徐文长集》30卷、《逸稿》24卷。

徐闻县 Xuwen County 中国广东省湛江市辖县。位于省境西南部，雷州半岛南端，隔琼州海峡与海南岛相望。面积1 780平方千米，人口71万（2008）。西汉元鼎六年（前111）置徐闻县。中国热带作物基地。盛产水稻、甘薯、甘蔗、菠萝、胡椒、橡胶等。工业主要有制糖、罐头、橡胶、剑麻加工等。海安港是通海南岛和南方各省的重要水陆转换码头。西海岸紧邻北部湾渔场，盛产多种经济鱼类，并有珍珠养殖业。名胜古迹有贵生书院、登云塔、响水潭、鲤鱼潭瀑布、沙湾海水浴场等。

徐锡麟 Xu Xilin（1873～1907-07-07） 中国清末革命党人。字伯荪。浙江山阴（今绍兴）人。卒于安庆。1893年（光绪十九年）中秀才。中日甲午战争后，萌救亡之思想。1901年被聘为绍兴府学堂经学兼算学教习，后任副监督。1903年（光绪二十九年）赴日本参观大阪博览会，受拒俄事件影响，产生反满革命思想。次年冬，在上海与蔡元培、陶成章共组秘密革命团体光复会。1905年，游历浙江诸暨、嵊县、东阳、义乌等地联络会党。并在绍兴创办大通师范学堂，作为革命活动据点。不久，同陶成章、龚宝铨等议捐官去日本学陆军，以便掌握兵权实行革命。遂即捐得道员，于1906年1月前往日本。抵东京后，未能实现学习陆军的愿望。5月下旬归国。12月依靠表伯俞廉三（时任山西巡抚）的推荐，以道员分发安徽，得安徽巡抚恩铭的信任，先任陆军小学堂会办，次年改任安徽巡警学堂会办兼安徽巡警处会办。在学生中积极活动，并联络新军，准备起义。原与秋瑾约定皖、浙同时举事，后因风声走漏，引起恩铭注意，被迫提前发动。1907年7月6日，借恩铭参加巡警学堂学生毕业典礼的机会，在陈伯平、马宗汉配合下，枪杀恩铭，率巡警学堂学生攻占军械所，失败被俘。审讯时慷慨陈词，挥笔直书。次日凌晨，英勇就义。

徐熙 Xu Xi 中国五代南唐画家。钟陵（今江西南昌附近）人，一说金陵（今江苏南京）人。卒于宋灭南唐之前。出身江南名族，一生以高雅自任而不肯出仕。善画花竹、

《池上双禽图》（故宫博物院藏）

禽鱼、蔬果、草虫。在画法上创落墨的表现方法，即先以墨写花卉的枝叶蕊萼，然后傅色。徐熙与黄筌齐名，被称为“徐熙野逸”。然而《图画见闻志》中记徐熙为南唐宫廷所绘的“铺殿花”、“装堂花”，富有装饰性，构成了徐熙绘画的另一风貌。徐熙的画神妙俱完，被誉为“江南绝笔”。现传为徐熙的《雪竹图》、《玉堂富贵图》、《雏鸽药苗图》皆非真迹，只能从中领略其风格和画法。

孙徐崇矩、徐崇嗣、徐崇勋皆善画，其中徐崇嗣创造了一种不用墨笔钩线，直以丹粉叠色渍染的画法，称没骨法。

徐僖 Xu Xi（1921-01-16～ ） 中国高分子化学家和高分子材料专家。生于江苏南京。1944年毕业于浙江大学化工系，1948年获美国理海大学科学硕士学位。1953年任重庆塑料厂总工程师，后历任成都科技大学教授、高分子研究所所长，还兼任上海交通大学、西安交通大学、华东化工学院和西南石油学院等校教授，还任《高分子材料

科学与工程》、《塑料工业手册》和《油田化学》期刊主编。1991年当选中国科学院学部委员（院士）。1948年在美留学期间研制成功五倍子塑料。50年代初，创建了中国第一个塑料厂——重庆塑料厂和中国高校第一个塑料专业，是中国高分子材料科学与工程的奠基人和开拓者之一。他的研究成果，获国家级和省、部级自然科学奖和发明奖20余项。著有《五倍子塑料》和《高分子化学原理》，发表论文200余篇，申请专利20余项。

徐霞客 Xu Xiake（1587－01－05～1641－03－08） 中国明末旅行家兼地理学家、散文家。名弘祖，字振之，别号霞客。南直隶江阴（今属江苏）人。出身于书香门第，自幼“特好奇书”，欲“问奇于名山大川”。21岁开始出游，足迹遍及今江苏、浙江、安徽、山东、河北、山西、陕西、河南、湖北、福建、广东、江西、湖南、广西、贵州、云南、天津、北京、上海等地，旅行中历尽艰险，重视实地考察，成为中国历史上以旅行考察为毕生事业的第一人。其所见所闻按日记载，死后由他人整理成《徐霞客游记》，是一部以日记体裁为主的地理名著。全书包括名山游记（占7%）、西南游记（占91%）、专题论文和诗文（占2%），描述的内容涉及地貌、地质、水文、气候、动植物、历史地理、社会政治经济、城镇聚落、民族风俗等知识，尤以地貌、水文、植物等内容为多，也是最富有地理学价值的部分。它既是世界上第一部广泛系统地记载和探索喀斯特地貌的科学著作，又是一部中国文学史最具文学价值的游记。全书据实写景记事，工笔细密，辞藻丰丽，寓情于景，情景交融，被后人誉为“世间真文字、大文字、奇文字”。

徐霞客在地理学上的重要成就主要有：①对喀斯特地貌的类型、分布和各地区间的差异，尤其是喀斯特洞穴的特征、类型及成因有详细的考察和科学的记述，正确指出一些岩洞是水的机械侵蚀造成，钟乳石是含钙质的水滴蒸发后逐渐凝聚而成等。②纠正文献记载的关于中国水道源流的一些错误。如否定自《尚书·禹贡》以来流行1 000多年的“岷山导江”旧说，肯定金沙江是长江上源。③观察记述很多植物的生态品种，明确提出地形、气温、风速影响植物分布和开花早晚。④调查云南腾冲打鹰山的火山遗迹，科学记录与解释了火山喷发出来的红色浮石的产状、质地及成因；对地热现象的详细描述在中国也是最早的。⑤对所到之处的人文地理情况，包括各地的经济、交通城镇聚落、少数民族和风土文物等，也作了精彩的记述。他在中国古代地理学上开拓了实地考察、研究自然规律的新方向，被尊为中国和世界考察喀斯特地貌的先驱。

《徐霞客游记》 *Diary of the Travels of Xu Xiake* 中国明末以日记体裁为主的地理名著，世界上第一部系统地记载和探索喀斯特地貌的巨著。见徐霞客。

徐向前 Xu Xiangqian（1901－11－08～1990－09－21） 马克思主义者，中国无产阶级革命家、军事家，中华人民共和国的缔造者之一，中国共产党、中华人民共和国和中国人民解放军领导人，全国人大常委会副委员长，中央军委副主席，国务院副总理，中华人民共和国元帅。原名徐象谦，字子敬。山西五台人。1924年4月考入黄埔军校第1期。毕业后留校任排长。1925年春，参加讨伐军阀陈炯明的第一次东征。后在国民军第2军第6混成旅任教官、参谋、团副等职。1926年11月到武汉后，任南湖学兵团指导员。1927年3月，加入中国共产党。4月任武汉中央军事政治学校队长。曾率学生队参加攻打叛军夏斗寅部，后被派往张发奎部任司令部参谋。1927年后，历任工人赤卫队第6联队队长，工农革命军第4师第10团党代表，4师参谋长、师长等职。1929年6月，被中共中央军事委员会派往鄂东北，先后任中国工农红军第31师副师长，中共鄂豫边特委委员，鄂豫边革命委员会军事委员会主席。1930年春，任红1军副军长兼第1师师长。1931年初，红1军与红15军合编为红4军，任军参谋长。协助军长旷继勋等指挥部队连续挫败国民党军对鄂豫皖苏区第一、第二次“围剿”。7月，任红4军军长。11月，当选为中华苏维埃共和国中央革命军事委员会委员，任红四方面军总指挥兼第4军军长。组织指挥了一系列战役，粉碎了国民党军对鄂豫皖苏区的第三次“围剿”。1932年10月，由于敌人强大和张国焘战略指导的错误，鄂豫皖红军未能打破国民党军的第四次“围剿”，红四方面军主力2万多人被迫撤出鄂豫皖苏区，开辟川陕革命根据地。1933年11月至1934年8月，指挥所部抗击国民党军20多万人的“六路围攻”。1934年2月，当选为中华苏维埃共和国中央执行委员。1935年6月，红一、红四方面军会师后，被任命为红军前敌总指挥部总指挥。曾获金质红星奖章。1936年7月，红四方面军与红二方面军会师后，任中共中央西北局委员。8月，再次率军北上，指挥了通（渭）庄（浪）静（宁）会（宁）战役。会宁会师后，中央军委指示，红四方面军一部西渡黄河，执行宁夏战役计划。11月，奉军委命令任西路军军政委员会副主席兼西路军总指挥。抗日战争爆发后，出席了中共中央在洛川召开的政治局扩大会议，被选为中共中央革命军事委员会委员。1937年8月，任八路军第129师副师长。1938年4月，率第129师和第115师各一部进入河北省南部，创建冀南抗日根据地。1939年6月到山东，任八路军第1纵队司令员。1942年任陕甘宁晋绥联防军副司令员，后任抗日军政大学代理校长。解放战争时期，先后任晋冀鲁豫军区副司令员、华北军区副司令员兼第1兵团（后改为人民解放军第18兵团）司令员兼政治委员。1948年3～5月，指挥临汾战役，以大部分新组建之部队，攻克设防坚固的临汾城。6～7月指挥晋中战役，以6万兵力歼国民党军10万余人，解放县城14座。1948年10月至1949年4月初，带病组织指挥太原战役，任太原前线司令部司令员兼政治委员、中共太原前线总前委书记。

中华人民共和国建立后，任人民解放军总参谋长。1954年起，任中央人民政府人民革命军事委员会副主席，国防委员会副主席。1955年被授予中华人民共和国元帅军衔和一级八一勋章、一级独立自由勋章、一级解放勋章。1965年起，任第三、第四届全国人大常委会副委员长。1966～1987年任中共中央军委副主席。参与领导军队革命化、现代化、正规化建设和国防建设。“文化大革命”期间，同林彪、江青反革命集团进行了坚决斗争。1978～1980年，任国务院副总理兼国防部部长。1983年6月至1988年4月为中华人民共和国中央军委副主席。他是中共第七至第十二届中央委员，第八届（十一中全会补选）、第十一届、第十二届中央政治局委员。在战争时期和建国以后，发表过多种军事论著。曾著回忆录《历史的回顾》。

徐肖冰 Xu Xiaobing（1916－08－16～2009－10－27） 中国摄影家、新闻电影摄影师。浙江桐乡人。卒于北京。1933年至抗日战争前夕，先后在上海电通影片公司和明星影片公司担任《桃李劫》、《马路天使》等影片的摄影助理，协助吴印咸拍摄《生死同心》、《马路天使》等影片。经常在报刊上发表电影明星肖像。1937年七七事变后在太原参加八路军，1938年加入延安电影团，并参加解放区第一部大型纪录片《延安与八路军》的拍摄。1941年后，在延安参加《党的七大》等影片的拍摄并

《不能忘记他》(1940)

积累了大量解放区新闻照片素材。抗战结束后，在东北电影制片厂拍摄《民主东北》、《土地改革》等影片。1949年中华人民共和国建立后，在北京电影制片厂工作，参加拍摄《毛主席朱总司令在北平阅兵》、《政治协商会议》等影片，并参加与苏联合作摄制的《解放了的中国》的编导工作。1950年获斯大林奖金一等奖。抗美援朝期间，拍摄《抗美援朝》等片，获朝鲜政府颁发的二级国旗勋章和中国文化部颁发的优秀影片一等奖。曾当选为一届、二届、三届、八届全国人大代表，全国文联一届、二届、三届、四届委员，全国政协五届委员，电影工作者协会理事，中国摄影家协会主席等。

徐小香 Xu Xiaoxiang (1832～1882/1902) 中国京剧演员。工小生。名炘，号蝶仙。江苏苏州人。一说原籍常州，生于苏州，卒于苏州，卒年说法不一。原习昆曲，来北京入吟秀堂学艺，又受教于曹眉仙。长期在三庆班与程长庚合作。以文武昆乱不挡而受程长庚器重。曾因与程长庚发生争执，愤而辍演。从此每日头不去网，足不去靴，自拉自唱研究唱腔，面对穿衣镜演习身段。数年后再应程长庚之请，入三庆班出演，技艺更加惊人。曾以《辕门射戟》、《夺小沛》等小生单出戏演大轴。徐小香对京剧小生的唱念做打有较全面的发展。他创造了以刚为主的二黄调小生唱腔，水袖、翎子、步法以及靠把工架也都有独到之处。王楞仙等受其教益。晚年告别舞台返回苏州，以书画自娱。

徐晓钟 Xu Xiaozhong (1928-07-01～) 中国戏剧教育家、导演。生于武汉。1948年考入南京国立戏剧专科学校，1949年先后在华北大学及中央戏剧学院学习，1955～1960年在莫斯科卢那察尔斯基戏剧学院学习。回国后在中央戏剧学院从事戏剧教育长达50余年。历任中央戏剧学院院长、中国戏剧家协会副主席等职。徐晓钟致力于戏剧教育，强调教学构思的整体性和基础教学的综合性。在导演艺术创作方面，坚持在现实主义美学基础上向表现美学拓宽，追求哲理、诗情和美的形式的统一。导演的主要作品有话剧《乐观的悲剧》(1958)、《年青的一代》(1963)、《春秋魂》(1995)，歌剧《图兰多》(1995)及京剧《天下归心》(2001)等。1987年主持改编并执导的话剧《桑树坪纪事》被戏剧界称为中国新时期戏剧的代表性成果。

徐訏 Xu Xu (1908～1980-10-05) 中国小说家。原名徐传琮，笔名有徐于、史大刚、东方既白、任子楚、姜城北等。生于浙江慈溪，卒于香港。1933年从北京大学哲学系毕业，继而在该校心理学系攻读硕士学位。1934年到上海任《人间世》月刊编辑。1936年赴法国巴黎大学修哲学。抗战爆发后回到上海。先后任《天地人》、《作风》等刊物主编。1937年发表成名作短篇小说《鬼恋》。之后完成《吉布赛的诱惑》、《荒谬的英法海峡》、《精神病患者的悲歌》及《一家》4部长篇小说，成为多产的畅销书作家。1942年到重庆执教于中央大学。1944年出版长篇小说《风萧萧》。1948年出版《进香集》等5部诗集，总称《四十诗综》，收入1932年以来的诗作。1950年到香港，曾与曹聚仁等创办创垦出版社，合办《热风》半月刊。1960年出版长篇小说《江湖行》。1966年起先后在香港中文大学、浸会学院任教。他是一位主观想象型的作家，其早期作品往往以爱情为经，心理分析为纬，将浪漫传奇的幻境与哲学理念有机结合，构成了先锋与通俗的杂陈。其他作品还有《盲恋》、《阿拉伯海的女神》等。

徐铉 Xu Xuan (917～992) 中国五代、北宋初期文字学家、文学家。字鼎臣。会稽(今浙江绍兴)人。生于广陵(今江苏扬州)。五代时期仕于南唐李璟、李煜。南唐亡，入宋，太宗时官右散骑常侍，又迁左散骑常侍。他精于文字学，善写李斯小篆。宋太宗雍熙初奉命与句中正、葛湍、王惟恭等校订许慎《说文解字》，一方面改正传写讹误，驳正唐代李阳冰刊定《说文》的谬误；另一方面略加解说，辨正别体俗字。《说文》传本旧有注音，颇不一致，徐铉改用孙愐《唐韵》反切，又增益许慎未收的经典用字，列于每部之末，称为"新附字"。雍熙三年(986)由国子监雕版，流传至今，世称"大徐本"。现通用的有影印宋刻本和覆宋刻本，为研究文字学和学习小篆者必读之书。徐铉精于篆法。秦始皇东巡会稽，刻石铭功，原石已毁，幸有徐铉摹写石本传世，可与《史记·秦始皇本纪》所载相印证。与弟徐锴自幼苦节自文，未弱冠，以文行称于时。徐铉在南唐时，文章议论与韩熙载齐名，时称"韩徐"。其诗淡雅闲远，真率自然，不用险韵，不用奇字，平易浅切，类白居易。其文章承晚唐骈俪之风，所存文多为骈文，甚至连墓志铭也用四六。所著《骑省集》又名《徐公文集》30卷，有《四部丛刊》本。

徐庾体 Xu-Yu style 中国南北朝后期徐摛、徐陵父子及庾肩吾、庾信父子的诗文风格。徐摛和庾肩吾均为梁后期诗人，以作艳体诗闻名。徐陵和庾信早年亦仕梁，诗风与父辈亦相近。后来徐陵由梁入陈而庾信则因出使被留北周，诗风显得苍凉刚健，与徐陵不同，但二人之重辞藻好用典则仍有相似处，故唐元稹作《唐检校工部员外郎杜君墓系铭》有"杂徐庾之流丽"一语。就骈文而言，则专指徐陵、庾信，二人均擅骈文。文风典丽、超逸，为后人称道。清蒋士铨评二人文风云："徐孝穆(陵)逸而不遒，庾子山(信)遒逸兼之，所以独有千古"(《评选四六法海·总论》)。指出二人异同，不失允当之论。

徐照 Xu Zhao (?～1211) 中国南宋诗人。字道晖，一字灵晖，自号山民。见四灵体。

徐祯卿 Xu Zhenqing (1479～1511) 中国明代文学家。字昌穀，一字昌国。吴县(今江苏苏州)人。少与唐寅、祝允明、文徵明齐名，号"吴中四才子"。弘治十八年(1505)进士。任大理寺左寺副，因失囚，降为国子监博士。徐祯卿的诗因早年沉酣六朝，风格华艳，登第后，与李梦阳等相交，改而学汉魏盛唐，诗风为之一变。前七子之一。《猛虎行》、《苦寒行》等乐府诗，与前期诗风明显不同，稍能注意社会现实，指陈时事，并寓讽刺之意。但其后期诗作仍标格清妍、摛词婉约，所以李梦阳曾讥他"蹊径未化"。他长于七言近体，尤其是绝句。著有文学批评著作《谈艺录》，论诗颇多精警之见。他重情贵实，认为"情无定位，触感而兴"，"情既异其形，故辞当因其势"。此书影响不小，是一部重要的诗话著作。还著有《迪功集》、《迪功外集》、《新倩籍》等。

徐志摩 Xu Zhimo (1897-01-15～1931-11-19) 中国诗人、散文家。名章垿，初字槱森，留学美国时改字志摩，小字又申。笔名有南湖、云中鹤等。浙江海宁人。1916年入北京大学法科。1918年赴美国学习银行学。1921年，入伦敦剑桥大学当特别生，开始新诗创作。1922年回国，在报刊上发表诗文。1923年参与成立新月社，同时也加入了文学研究会。1924年，与胡适、陈西滢等创办《现代评论》周刊，并任北京大学教授。1925年3～7月，历游苏、德、意、法诸国。同年出版第一本诗集《志摩的诗》。1925年10月至1926年10月，主编《晨报副刊》。这一年，写了诗集《翡冷翠的一夜》和散文集《巴黎的鳞爪》、《自剖》、《落叶》中的大部分作品，是他创作最多的一年。这以前的诗作，大多是对于黑暗封建势力的不满，带有激烈的燃烧性的热情，但也流露出享乐主义的生活哲学和庸俗的生活情趣。1927年春，与胡适、邵洵美等筹办新月书店。秋后，任上海光华大学、东吴大学教授。稍后，又任上海大夏大学、南京中央大学教授，并兼任中华书局编辑。1928年3月，《新月》月刊创刊，一度担任该刊主编。同年9～11月，历游英国、美国、日本和印度。1930年到北京大学与北京女子大学任教。1931年，与陈梦家、方玮德创办《诗刊》季刊。这一时期的诗作，抹去了以前的火气，调子低沉，多是颓唐失望的叹息。同年11月，因飞机失事遇难。他的诗集除《志摩的诗》外，还有《翡冷翠的一夜》、《猛虎集》及身后陈梦家为之编辑的《云游集》。小说集有《轮盘》、戏剧《卞昆冈》(与陆小曼合作)、日记《爱眉小札》。译著有《死城》、《曼殊斐尔小说集》等。1991年出版《徐志摩全集》。诗作大都为抒情诗，善于用细腻的笔触表现丰富复杂的情感。语言自然、纯熟，既是地道的口语，又经过艺术的提炼，独具清莹流丽的情致。创作的散文较少形式的束缚，更易表现奔放不羁的情感。

徐中舒 Xu Zhongshu (1898-10-15～1991-01-09) 中国历史学家、古文字学家。初名道威。安徽怀宁（今安庆市）人。1925年考入国立清华大学国学研究院。1927年后历任复旦大学和暨南大学中文系教授、中央研究院历史语言研究所专任编辑员，两年后升为研究员。30年代初期参加整理清代内阁大库所藏明清档案，同时在北京大学历史系讲授“殷周史料”课，与容庚等共同发起成立考古学社。1938年受聘为四川大学历史系教授，还先后在乐山武汉大学、成都燕京大学、华西协合大学、南京中央大学执教。先后兼西南博物馆和四川博物馆馆长、中国先秦史学会理事长、中国古文字学会常务理事等职，并多次当选全国政协委员和全国人大代表。

长期从事科研和教学工作，主攻方向先秦史和古文字学，在治学方法上，继承王国维的“二重证据法”，并扩大研究视野，把田野考古、民族学、人类学、社会学、工艺学诸方面的专业知识结合起来，论证考辨，力求其是。中国古典文学的论文有《古诗十九首考》、《木兰歌再考》等。古史和古文字方面有《耒耜考》、《再论小屯与仰韶》、《文嘏辞释例》、《禹鼎的年代及其相关问题》、《甲骨文中所见的儒》、《西周墙盘铭文笺释》、《西周利簋铭文笺释》、《周原甲骨初论》等代表性论文。他撰写的《巴蜀文化初论》和《巴蜀文化续论》等，把巴蜀史的研究推上新的高度。

著有《厵氏编钟图释附考释》、《史学论著辑存》、《论巴蜀文化》、《左传选》等；还主持编纂了大型辞书《汉语大字典》和《汉语古文字字形表》、《殷周金文集录》、《甲骨文字典》等多种工具书。发表论著逾百篇（部），《徐中舒历史论文选编》收入其论文60篇。

徐州会战 Xuzhou, Decisive Battle of 1938年1～6月，中国军队在以徐州为中心的广大地区抗击日军进攻的战役。日军占领南京后，力求打通津浦铁路，使南北日军联成一片，先后集中8个师团、5个旅团（支队）约24万人，于1938年1月下旬开始南北夹击华东战略要地徐州。中国第五战区司令长官李宗仁指挥12个集团军和军团约60万人防守徐州地区。主力集中于徐州以北，抗击北线日军南犯；一部兵力部署于津浦铁路南段，阻止南线日军北进。南线日军沿津浦铁路北上强渡淮河，中国守军反击。至3月初守军恢复淮河以北阵地，与日军隔河对峙。北线日军以两个师团分路南下，一路从潍县（今潍坊）南犯，直扑临沂。3月14日守军第59军与第40军合击日军，歼其两个联队大部，逼其退入莒县。另一路日军沿津浦铁路南下，连陷界河、滕县（今滕州）、临城（今薛城）、峄县（今峄城），并于3月24日进攻台儿庄。守军乘日军孤军深入，组织大规模反击，在击破日军一个支队的援军后，于4月4日全线出击，击退日军，取得了台儿庄会战的胜利。5月16日，南北日军会师砀山，对徐州形成包围之势。守军为避免在不利形势下同敌人决战，遂向皖豫边界山区突围，19日徐州陷落。日军沿陇海铁路向西追击，6月6日，进至商丘、开封。9日，蒋介石令河南守军于郑县（今郑州）东北花园口掘开黄河堤岸，河水经中牟、尉氏沿贾鲁河南泛，日军退至黄泛区以东，会战结束。

徐州市 Xuzhou City 中国江苏省辖地级市。位于省境北部，邻接山东省、安徽省。辖云龙、鼓楼、九里、贾汪、泉山5区和丰县、沛县、铜山、睢宁4县，代管邳州、新沂2市。面积11 257平方千米。人口858万（2010），民族有汉、回、满、蒙古等。古称彭城，为古九州之一。春秋为宋彭城邑，秦置彭城县，东汉为彭城国。晋为徐州，后废。唐武德四年（621）复置徐州。矿产有煤、铁、石灰岩、白云石、大理石、石英石、石膏、瓷土、水晶、耐火黏土等。工业有煤炭、电力、冶金、机械、化工、建材、纺织、服装、食品、制革、造纸等。煤炭、电力和工程机械等部门居全省首要地位。主要农作物有小麦、玉米、水稻、棉花、花生等。建有山药、芦笋、牛蒡等特种蔬菜生产基地和鳖、螃蟹、牛蛙等特种水产品养殖基地。历史上因“陆路多驿站，水运扼要冲”而素有“五省通衢”之称。京沪、陇海铁路在此交会，是全国重要的铁路枢纽之一，并辐射出符夹、徐沛、徐阜、沂淮等铁路，孟家沟（徐州北）编组站是全国第二大编组站。高等院校有中国矿业大学、徐州师范大学等。旅游资源丰富，城南有云龙风景区（云龙山、云龙湖、云龙公园）、泉山自然保护区；古迹以汉画像石、狮子山西汉兵马俑、洞山汉墓最为著名，被誉为汉代“三绝”，集中体现了汉代文化艺术精华。纪念地有淮海战役纪念馆和纪念塔等。徐州是国家历史文化名城。

徐铸成 Xu Zhucheng (1907-06-24～1991-12-23) 中国新闻记者、新闻学家。江苏宜兴人。卒于上海。1927年入北京师范大学学习。1929～1935年任《大公报》编辑、特派记者。1938年1月参与创办《文汇报》并为编辑部负责人。1939年改任《大公报》香港版编辑主任。香港被日军侵占后，任《大公报》桂林版总编辑、重庆《大公晚报》主编。抗日战争胜利后，历任上海《大公报》总编辑、上海《文汇报》总主笔及《文汇报》香港版总主笔。1949年6月至1957年任上海《文汇报》总编辑。1979年起任中华全国新闻工作者协会理事，复旦大学新闻系、厦门大学新闻传播系兼职教授。论著有《报海旧闻》等。

许鞍华 Xu Anhua (1947-05-23～) 中国香港电影导演。母亲为日本人。出生于辽宁鞍山。1972年毕业于香港大学，之后赴英国伦敦国际电影学校学习。1979年执导《疯劫》，获第17届台湾电影金马奖优秀剧情片、最佳摄影、最佳剪辑奖。1980年执导鬼怪喜剧片《撞到正》(又名《小姐撞到鬼》)。1981年后注重影片对时代和现实的反映。代表作有《胡越的故事》、《投奔怒海》。后者获第2届香港电影金像奖最佳影片奖，被誉为香港新浪潮电影经典之作。1981年将张爱玲的同名小说《倾城之恋》搬上银幕，获第4届香港电影金像奖最佳音乐奖，第25届台湾电影金马奖最佳服装设计奖。之后导演的《客途秋恨》和《女人四十》获多项国际奖。20世纪90年代以来导演了《阿金的故事》(1996)、《半生缘》(1997)、《千言万语》(1999)、《玉观音》(2003)、《姨妈的后现代生活》(2006)等影片。其中《千言万语》获第18届香港电影金像奖最佳影片奖。

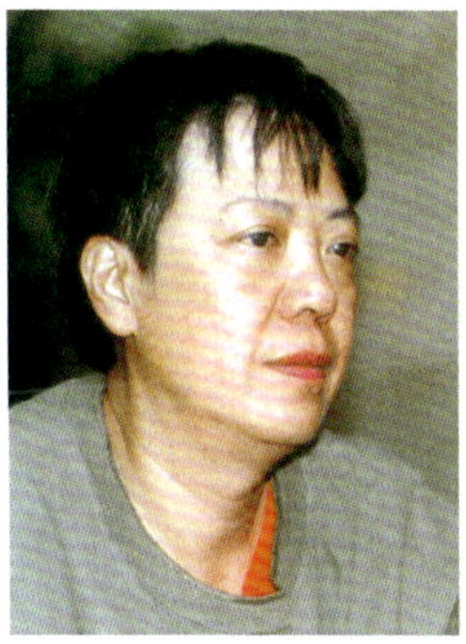

许宝騄 Xu Baolu (1910-09-01～1970-12-18) 中国数学家、统计学家。生于北京，卒于北京。1928年入燕京大学学习化学，1930年转入清华大学攻数学，毕业后在北京大学数学系任助教。1936年赴英留学，1938年获伦敦大学哲学博士学位，1940年获剑桥大学科学博士学位，同年回国任北京大学教授，执教于昆明西南联合大学。1945年再次出国，应邀先后在美国加州大学伯克利分校、哥伦比亚大学和北卡罗来纳大学任访问教授。1947年10月回国，此后一直在北京大学任教授。1948年当选中央研究院院士。1955年当选中国科学院学部委员（院士）。

许宝騄是中国早期从事数理统计学和概率论研究并达到世界先进水平的学者。1938～1945年间，他在多元统计分析与统计推断方面发表了一系列出色的论文。他发展了矩阵变换的技巧，推导样本协方差矩阵的分布与某些行列式方程的根的分布，推进了矩阵论在数理统计学中的应用。他对高斯－马尔可夫模型中方差的最优估计的研究是后来关于方差分量和方差的最佳二次估计的众多研究的起点。他揭示了线性假设的似然比检验的第一个优良性质，推动了人们对所有相似检验进行研究。1940年以来，他也在概率论方面进行工作，得到了样本方差的分布的渐近展开以及中心极限定理中误差大小的阶的精确估计。他对特征函数也进行了深入的研究。1947年与H.罗宾斯合作提出的“完全收敛”则是强大数律的有趣加强，是后来一系列有关强收敛速度的研究的起点。

20世纪50年代以后，许宝騄在长期患病情况下仍以顽强的毅力主持了极限定理、马尔可夫过程、实验设计、次序统计量等科学讨论班，带领青年人开展科学研究。他对于矩阵偶在某些变换下的分类、马尔可夫过程转移函数的可微性、次序统计量的极限分布及部分平衡不完全区组设计等多方面都开展了研究。

他出版的著作有《许宝騄文集》(1981)、《抽样论》(1982)、《许宝騄论文选集》(1983，英文版，美国纽约)。

许布纳尔 Hübner, Carl (1814-06-17～1879-12-05) 德国油画家。写实主义绘画的代表人物。生于柯尼斯堡（今俄罗斯加里宁格勒），卒于杜塞尔多夫。1831年进杜塞尔多夫美术学院。他关心现实生活，同情劳动人民，具有民主主义思想。1844年，他把所见纺织工人的劳动生活情景创作成大幅油画《西里西亚的织工》。作品描绘了织亚麻布的西里西亚工人遭受厂主刁难盘剥的场面，通过工人激愤表情的刻画，流露出明确的倾向性。这幅画先后在杜塞尔多夫、柏林、科隆等地巡回展出，产生极大的影响。恩格斯在《共产主义在德国的迅速发展》一文中曾高度评价这幅作品。随后一些年，他又创作了《休息的权利》(1845)、《移民告别》(共2幅，1845～1846)、《财产清单》(1847)等反映工人和劳动者生活与斗争的作品。1848年，在杜塞尔多夫发起创建了名为“画箱”的画家组织，以描绘现实生活、反映时代特征为宗旨。1856年全德意志艺术家同盟会成立，他为该组织的核心成员。由于许布纳尔和他周围画家的活动，使杜塞尔多夫成为19世纪中叶德国写实主义艺术的策源地。

许昌人 *Human remains from Xuchang* 早期智人化石。2007年12月发现于中国河南许昌灵井地区。包括相当完整的一个人类头盖骨化石，以及数万件骨器、石器和哺乳动物化石。头盖骨眉脊较突、前额低平、枕骨隆起、骨壁较厚，对于研究东亚古人类演化和中国现代人类的起源具有重大学术价值。根据伴生哺乳动物古菱齿象、披毛犀、蒙古野驴、马鹿、河套大角鹿等判断，这些遗物的地质时代属于晚更新世初期。光释光测年初步推定为距今10万～8万年。

许昌人头盖骨化石断块

许昌市 Xuchang City 中国河南省辖地级市。位于省境中部，京广铁路要站。辖魏都区及许昌、鄢陵、襄城3县，代管禹州市、长葛市。面积4 977平方千米。人口431万(2010)。有汉、回、满、壮、苗等民族。春秋为许国地，秦置许县，三国魏黄初二年(221)曹丕称帝后，因“魏基昌于许”，故以许昌名之，并成为五都之一。金、元、明、清均设许州。1913年废州设许昌县。1947年以县城区设许昌市，1986年升为地级市。暖温带大陆性季风气候。农作物主要有小麦、玉米、大豆、烟叶、蔬菜和水果等。烟叶种植历史悠久，量多质优，有“烟叶王国”之称。工业主要有机械、电子、建材、轻纺、化工、造纸、工艺品、食品加工等部门。烤烟、卷烟业在全国占有重要地位。传动轴、烟草机械、造纸机械、电子器材等产品远销国内外。名胜古迹有灞陵桥、汉张公祠、毓秀台、八龙冢、思故台、汉献帝墓、春秋楼、魏文帝墓、华佗墓、晁错墓、文峰塔、许昌故城等。

许常惠 Xu Changhui (1929-09-06～2001-01-01) 中国作曲家、音乐学家。生于台湾彰化县和美镇，卒于台湾台北市。1940年在日本学小提琴。1946年返台读中学，1949～1953年，入台湾师范大学音乐系学小提琴、理论作曲。1955年入法国法兰克音乐学院学小提琴。1956～1958年转入巴黎大学音乐史高级研究班进修。1959年6月返回台湾。他先后在师范大学音乐系、“国立艺专”音乐科、中国文化学院音乐系、东吴大学音乐系执教。曾任亚洲作曲家联盟台湾总会理事长。

许常惠的作品涉及音乐的各种体裁。其中有以现代手法创作的歌剧《白蛇传》、清唱剧《兵车行》和《国火颂》、舞蹈组曲《桃花开》、交响诗《白沙湾》、钢琴与国乐团的协奏曲《百家春》、无伴奏小提琴独奏曲《前奏曲》5首、无伴奏长笛独奏曲《盲》、三重奏《乡愁三调》、独唱曲《女冠子》等。作为音乐学家，1967年他与史惟亮等人发起成立“中国民族音乐研究中心”，并主持过台北民俗艺术基金会的工作，致力于台湾民谣的采集、整理与研究工作10多年。写有论著有《台湾民谣研究》、《恒春调“思想起”之研究》、《寻找民族音乐的根》、《台湾福佬系民歌》以及《以民俗音乐作为音乐教育之基础》、《民族音乐家》、《近代中国音乐史话》等。

许崇德 Xu Chongde (1929-01-15～) 中国宪法学家。上海青浦人。1951年毕业于复旦大学法律系。1953年中国人民大学研究生毕业后留校任教。曾参与过1954年宪法起草的辅助性工作，1982年宪法的草拟，《香港特别行政区基本法》和《澳门特别行政区基本法》的起草工作。1995、1998年，任全国人大香港特别行政区筹备委员会、澳门特别行政区筹备委员会委员。历任中国宪法学研究会副总干事、名誉会长，中国香港法律研究会副会长兼秘书长，中国联合国协会理事，中国政治学会副会长，澳门发展策略研究中心名誉学术顾问，七届全国人大内务司法委员会特约研究员，国务院发展研究中心港澳研究所学术委员会委员，中国民主建国会中央委员会特邀顾问，最高人民检察院咨询委员会委员等职。

他长期从事宪法学、港澳基本法的教学与研究工作，较早地公开提出依法治国首先是依宪治国，对宪法教材的体系结构大胆革新，对宪法的实质、国家主席的法律地位及其职权的分类等问题提出独特的学术见解。共发表学术文章260篇，出版著述及参写学术性书籍59种。主要著作有《中华人民共和国宪法史》、《学而言宪》、《港澳基本法教程》、《宪法与民主制度》、《分权学说》、《中国宪法学》、《国家元首》；主编有《宪法》、《宪法学》、《各国地方制度》、《中国宪法》、《中国宪法教学大纲》等。

许崇清 Xu Chongqing (1888-01-20～1969-03-14) 中国教育家。别号志澄。广东番禺（今广州）人。早年加入同盟会，参加了辛亥革命。1918年、1920年先后毕业于日本京都帝国大学文学部、研究院教育专业。回国后，参与陈独秀主持的广东教育委员会的工作。曾任广州市教育局局长、广东革命政府教育厅厅长、中山大学校长。中华人民共和国建立后，历任中山大学校长，广东省副省长，民盟中央常委兼广东省委主任委员，民进中央常委，广东省政协一届、二届副主席。是一至三届全国人大代表，全国政协二届、三届常委。

许崇清认为大学要有教学与研究的双重任务，综合大学与独立学院理应有区别。他强调教师必须有高远的见识，明白自己所做的事对于全体社会的意义。教师要研究心理学、社会学、教育学、教育史，教师还要参加各种社会活动。著有《许崇清教育论文集》等。

许道宁 Xu Daoning 中国北宋画家。长安（今陕西西安）人。一说河间（今河北河间）人。主要活动于开宝至皇祐之际（969～1054）。善画山水，长于林木、野水，亦擅长人物肖像。据记载：他初卖药于汴京（今河南开封）端门前，以画吸引顾客，渐为人所知。曾在长安凉榭中画终南、太华二山大幅风景屏壁，气势奇伟，为当时人所称道。中年作画行笔简快，命意狂逸，峰峦峭拔，林木劲硬。他爱画秋江、雪景、寒林、渔浦，又常于山水中穿插点缀早行、野渡、捕鱼等人物情节。其作品流传至今者不多，仅有《关山密雪图》、《乔木图》、《秋山萧寺图》、《秋江渔艇图》等。

《乔木图》（台北“故宫博物院”藏）

许德珩 Xu Deheng (1890-10-17～1990-02-08) 中国爱国主义者、政治活动家，九三学社创始人和领导者，全国人大常委会副委员长，全国政协副主席。字楚生。生于江西九江，卒于北京。早年加入中国同盟会，参加过辛亥革命及讨袁运动。1915年考入北京大学。1919年参加五四运动，为学生领袖之一，受北京市学生联合会委托起草了《五四宣言》。之后历任《全国学联日刊》总编辑，参加李大钊组织的“少年中国学会”。1920年赴法国勤工俭学。1927年初归国，任广州中山大学教授，黄埔军校政治教官，国民革命军总政治部秘书长、代主任。1927年后任暨南大学、北京大学和北平大学教授，从事马克思主义著作翻译。1931年后投身抗日救亡运动，被国民党当局逮捕，由宋庆龄、蔡元培、杨杏佛营救出狱。1933年参加中国民权保障同盟，并任北平分会执行委员。1935年参与组织北平文化界救国会，参加一二·九运动。抗日战争时期任历届国民参政会参政员。1944年发起组织民主科学座谈会，1945年改为九三座谈会。1946年改为九三学社，成为最主要的创始人。解放战争时期，在北京大学任教授。1949年出席中国人民政治协商会议第一届全体会议。中华人民共和国建立后，任中央人民政府政务院法制委员会副主任委员，水产部部长。1965～1983年任全国政协四届、五届副主席。1975～1990年任四届、五届、六届全国人大常委会副委员长。1979年加入中国共产党。九三学社一至七届中央主席、八届中央名誉主席。著译有《社会学讲话》、《哲学之贫乏》、《为了民主与科学》等。

许涤新 Xu Dixin (1906-10-25～1988-02-08) 中国经济学家。生于广东揭西，卒于北京。20世纪20～30年代在中山大学、厦门大学、上海劳动大学就读。1925年参加中国共产主义青年团，1933年加入中国共产党。曾任武汉、重庆《新华日报》编辑，《群众》杂志主编。中华人民共和国建立后，历任中共中央统战部副部长，中央工商行政管理局局长，中国社会科学院副院长、经济研究所所长，汕头大学校长等职。是第五届、六届全国人大常务委员。

40年代初研究广义政治经济学，并探索中国社会经济问题。50年代着重研究对资本主义工商业实行社会主义改造的理论和改造的形式。并对社会主义经济问题进行了深入探讨。注重价值规律在社会主义经济中的作用，指出价值规律和计划经济规律既有一致性又有差异性，二者不能相互替代。在制定经济计划和贯彻按劳分配原则时都应以价值规律为依据。80年代以后致力于人口问题和生态经济学的研究。著有《中国经济的道路》、《广义政治经济学》、《我国过渡时期国民经济的分析》、《生态经济学探索》、《中国国民经济的变革》等。主编有《政治经济学辞典》、《中国大百科全书·经济学》等。

许地山 Xu Dishan（1893-02-14～1941-08-04） 中国小说家、散文家。名赞堃，字地山，笔名落华生。生于台湾，卒于香港。1917年考入燕京大学，先后获得文学学士、神学学士学位。文学研究会发起人之一。1923～1926年在美国哥伦比亚大学研究院、英国牛津大学研究宗教史、哲学等。回国后任燕京大学教授。1935年后任香港大学教授。抗战时期曾任中华全国文艺界抗敌协会香港分会常务理事。

许地山的早期短篇小说集《缀网劳蛛》（1925），具有异域情调和浪漫主义色彩，积极进取精神与佛教宿命思想相间。《命命鸟》、《缀网劳蛛》是其中的代表作。写于1928年以后的短篇小说集《危巢坠简》（1947）现实主义因素增强。其中的《春桃》是他的代表作。作品描写女主人公春桃新婚之后遭兵灾，与丈夫失散，逃难北平，靠拣烂纸过活。出于同情，她不拘礼法与难友同居，在与残废的丈夫重逢后又帮他克服封建意识，三人合伙谋生，刻画出春桃善良、直爽、刚毅的品格。

许地山早年的散文集有《空山灵雨》（1925），其中的《落花生》充满朴实、淳厚的情致，是读者喜爱的名篇。此外，还著有《印度文学》、《大藏经索引》、《道教史》（上）等学术著作。

许光达 Xu Guangda（1908-11-19～1969-06-03） 中国无产阶级革命家、军事家，中国人民解放军装甲兵主要创建者。原名许德华。湖南长沙人。卒于北京。1925年加入中国共产主义青年团，同年9月转入中国共产党。1926年春入黄埔军校学习。1927年7月，在国民革命军第4军炮兵营任见习排长，8月，在江西宁都加入南昌起义部队，曾任排长、代理连长。1930年2月，参加组建中国工农红军第6军，先后任军参谋长、第17师政治委员和师长等职。参与开辟了以洪湖为中心的湘鄂西苏区。1932年春身负重伤，后赴苏联治疗。在苏联期间，曾入国际列宁学院和东方劳动者共产主义大学学习。抗日战争爆发后回国，历任抗日军政大学训练部部长、教育长、第3分校校长。1944年1月，任中共中央革命军事委员会参谋部部长，兼延安交通司令、防空司令、卫戍司令。后任八路军第120师独立第2旅旅长兼晋绥军区第2军分区司令员。解放战争初期，任晋绥军区第3纵队司令员。1947年8月，率3纵队西渡黄河，改属西北野战军（后为第一野战军），参加了沙家店、延（川）清（涧）、宜川等战役，1949年1月任军长，7月任第2兵团司令员。中华人民共和国建立后，受命组建装甲兵。1950年6月，任装甲兵司令员。曾先后兼任坦克学校校长和装甲兵学院院长。1955年9月被授予大将军衔，获一级八一勋章、一级独立自由勋章、一级解放勋章。1956年，被选为中共第八届中央委员。1959年9月任国防部副部长，在“文化大革命”中遭受迫害。著有《战术发展的基本因素》、《论新战术》、《许光达论装甲兵建设》。

许国璋 Xu Guozhang（1915-11-25～1994-09-11） 中国英语教育家，语言学家和语言哲学家。生于浙江海宁。1934年考入上海交通大学，1936年转入北平清华大学外文系。1939年7月毕业于西南联大外文系。曾执教于上海交通大学、复旦大学等校。1947年12月赴英国留学，先后在伦敦大学、牛津大学攻读英国近代文学。1949年10月回国，投身于新中国的教育事业。历任北京外国语学院（现北京外国语大学）英语系主任、外国语言研究所所长，中国英语教学研究会会长，《外语教学与研究》主编，《中国大百科全书·语言文字》副主编等职。曾获国家教委和北京市高校哲学社会科学优秀成果奖。

许国璋主编的大学《英语》（1～4册）和《许国璋英语》等，从20世纪60年代初开始，畅行全国30余年，成为中国卓有成效的英语教材。许国璋学贯中西，数十年来在语言学研究中发表了许多有创见的论著。如《从两本书看索绪尔的语言哲学》（1983）、《语言的定义、功能、起源》（1986）、《论语法》（1986）、《语言符号的任意性问题》（1988）和《〈马氏文通〉及其语言哲学》（1991）等。他提出了许多不同于前人的新思想、新观点，在语言学界产生了重要影响。许国璋在文化研究、外国文学研究、鲁迅研究及翻译研究等领域均多有建树。

许国志 Xu Guozhi（1919-04-20～2001-12-15） 中国运筹学、系统工程和系统科学专家。生于江苏扬州，卒于北京。1943年毕业于国立交通大学（上海本部）机械系。1953年在美国堪萨斯大学获博士学位。1955年回国。先后任中国科学院力学研究所、数学研究所、系统科学研究所和数学与系统科学研究院研究员，中国科学院系统科学研究所副所长。1995年当选中国工程院院士。长期致力于运筹学，组合最优化，系统工程和系统科学的科研、教学和学术组织领导工作。1956年筹建中国第一个运筹学研究室。1961年在中国科技大学开设中国第一个运筹学专业。1979年参加创建中国科学院系统科学研究所，筹建和组织中国系统工程学会，1981年在国防科技大学参加开设中国第一个系统工程系。创办《系统工程理论与实践》杂志。领导编写中国最早的运筹学著作《一个崭新的科学——运筹学》和《运筹学》等。

许海峰 Xu Haifeng（1957-08-10～　） 中国射击运动员、教练员。安徽和县人。曾当营业员。虽未经过专业训练，但凭借自己的艰苦努力，练得一手好枪法。1983年入选国家射击队。1984年在第23届奥林匹克运动会上获自选手枪60发慢射冠军，为中国夺得第一枚金牌，实现了中国奥运会金牌零的突破。1986年在第10届亚洲运动会射击比赛中，以660环打破自选手枪慢射世界纪录，并获这个项目的个人和团体冠军。1987年获第6届亚洲射击锦标赛气手枪冠军。1990年获世界杯射击总决赛自选手枪慢射冠军。1991年第7届亚洲射击锦标赛一举夺得自选手枪慢射个人和团体冠军、气手枪个人和团体冠军、中心发火手枪团体冠军，5枚金牌。1993年获世界杯射击总决赛自选手枪慢射季军。1994年获第46届世界射击锦标赛气手枪团体冠军。1995年起任中国国家射击队教练、副总教练、总教练。2003年出任国家体育总局射击射箭运动管理中心副主任。2004年任自行车击剑运动管理中心副主任。

许海峰夺得第一枚金牌的比赛场面

许衡 Xu Heng（1209～1281） 中国元代思想家，教育家。字仲平，人称鲁斋先生。原籍怀州河内（今河南沁阳），迁居河南新郑。曾任京兆提学、集贤殿大学士兼国子祭酒等职。认为道是世界本原、道生太极，太极函一气，气具阴阳，由此化生天地万物。万物皆有刚柔、动静，但“以静为主”。

心性问题上认为人具有“本然之性”和“气禀之性”，前者才是严格意义上的性。主张人通过静时“存养”，动时“省察”的修养方法，达到天人合一，尽心、知性、知天。他奠定了元国子学的基础并阐扬程朱学说，使朱熹学说得以普及，终至定于一尊。著有《中庸直解》、《大学直解》等，均收入《鲁斋遗书》。

许浑 Xu Hun（788～860后） 中国唐代诗人。字用晦，一作仲晦。润州丹阳人（今属江苏）。文宗大和六年（832）进士。宣宗大中三年（849）为监察御史，次年抱病退居润州丁卯涧村舍，辑缀诗作，因名《丁卯集》。后复起官，历虞部员外郎，睦、郢二州刺史，世称许郢州。

许浑诗以抚迹寄慨的怀古之章最为传诵，成就也最高。《咸阳西门城楼晚眺》、《凌歊台》、《金陵怀古》、《姑苏怀古》、《故洛城》皆为登临怀古的名篇。此外，宦游、寄酬、伤逝、纪行、送别和描写隐逸生活的作品，皆有佳构，且多见秀句，如“碧云千里暮愁合，白雪一声春思长”、“回日眼明河畔柳，去时肠断岭头花”，都善用景语寓情，婉丽可讽。

其诗现存530多首，多为近体五、七言律诗，讲究整炼意工、属对精切的诗格，第二联往往最为警策，如“溪云初起日沉阁，山雨欲来风满楼”（《咸阳西门城楼晚眺》）、“湘潭云尽暮山出，巴蜀雪消春水来”（《春日思旧游寄南徐从事刘三复》）。有些作品过分追求工整对称的美感，反而失之板滞。然时用拗体，形成“丁卯句法”，能救过于圆熟工稳之弊。传本有宋蜀刻本《丁卯集》2卷、拾遗2卷。今有罗时进《丁卯集笺证》。

许家窑人 *Human remains* from Xujiayao 早期智人化石。1973发现于中国山西阳高县许家窑村和河北阳原县侯家窑村之间，1974～1975年发掘。地质时代为晚更新世初，考古年代为旧石器时代中期，据铀系法断代距今约10万年。出土化石近20件，分属于十多个个体。头骨骨壁的厚度、牙齿粗大和齿冠嚼面纹理的复杂程度都像北京猿人，但更多特征与早期智人相同。文化以石制品和骨、角器为代表。1.4万余件石制品，包括各种形式的刮削器、尖状器、雕刻器、石钻、砍斫器、石球等。已发现石球1 079个，数量之多，极为罕见，有些小型石球可用作狩猎工具“飞石索”上的弹丸。伴生动物群包括华北晚更新世许多常见种类，如诺氏古菱齿象、河套大角鹿、普氏野马、披毛犀等。

许家窑人用的石器

许嘉璐 Xu Jialu（1937-06～ ） 中华人民共和国全国人民代表大会常务委员会副委员长。中国语言学家。江苏淮安人。1954～1959年在北京师范大学中文系学习。毕业后历任北京师范大学中文系助教、讲师、副教授、教授，教研室副主任、主任，中文系主任。1987年加入中国民主促进会。1987年后任北京师范大学副校长，民进北京市委会副主委、中央副主席、中央主席（至2007年12月），北京市政协副主席，国家语言文字工作委员会主任，《中国大百科全书》第二版总编辑委员会副主任。1998、2003年当选第九届、十届全国人大常委会副委员长。在古代汉语、训诂学、音韵学、《说文解字》学、古代文化学等方面有深入的研究，著述颇丰，参加主编中国学前教育和小学、中学教育等多种百科全书。

许杰 Xu Jie（1901-01-29～1989-07-11） 中国地质学家。字兴吾。生于安徽广德，卒于北京。1925年毕业于北京大学地质系。曾任中央研究院地质研究所研究员、云南大学教授、安徽大学校长、中华人民共和国地质部副部长、中国科学院生物地学部副主任、地质部地质科学研究院院长、中国地质学会副理事长。1955年当选为中国科学院学部委员（院士）。1958年当选为苏联古生物学会名誉会员。30年代初研究长江下游奥陶纪笔石，建立了地层系统和笔石带，至今仍是中国东南地区奥陶系划分、对比的标准。40年代，着重研究鄂西和长江中游的奥陶系生物地层，为扬子地区奥陶系划分、对比打下了基础。60年代，研究了保存完好的三角笔石立体标本，为解决其分类位置提供了证据。80年代，发表了《中国奥陶纪笔石动物群的若干重要问题》（合著），全面论述了中国奥陶纪笔石群的类型、分区、笔石带的组合特征和分布规律，讨论了奥陶系的顶、底界线，探讨了世界笔石群的发源、古地理分区等理论问题。主要著作还有《长江下游之笔石化石》、《宜昌建造及宜昌期生物群》、《柴达木下奥陶系一个新笔石群》和《中国笔石科的演化和分类》等。1985年联邦德国地质学会授予他利奥波德·冯布赫奖。

许靖华 Hsü, Kenneth Jinghwa（1929-07-01～ ） 瑞士籍华裔地质学家。中国江苏扬州人，生于南京。1948年毕业于中央大学（今南京大学）。同年赴美。先后获俄亥俄州立大学硕士、加利福尼亚大学洛杉矶分校博士学位。美国国家科学院外籍院士、第三世界科学院院士、意大利地中海学院院士、中国台湾“中央研究院”院士、美国地质学会荣誉会员、中国科学院名誉研究员。曾任瑞士苏黎世联邦理工学院教授、地质研究所所长、地球科学系主任。曾任国际沉积学会（IAS）主席、国际地科联（IUGS）沉积委员会主席、国际地科联海洋地质委员会主席等。他还担任过世界许多著名学术刊物的主编或编委，许多大型国际科学计划和国际合作项目的主席或首席科学家。

在沉积学、海洋地质学、大地构造学等领域有贡献。50～60年代研究地壳的均衡作用，对地质学的一些基本概念提出质疑。提出纵向浊流说，解决了文杜拉盆地的油气勘探问题。他最先应用混杂岩的概念，解决了对美国西海岸弗朗西斯科杂岩近百年的争论，并导致非史密斯地层学的诞生。1967年定居瑞士，研究阿尔卑斯地质，提出复理石沉积的双盆地模式；提出白云岩形成的蒸发泵说。60年代后期，参加深海钻探计划（DSDP），在地中海深海区发现萨布哈型的蒸发岩，提出地中海盐度危机和蒸发岩形成的干化深盆地模式；提出薄壳板块碰撞模式；提出白垩纪末期地外星体撞击地球导致全球环境恶化最终引起生物大灭绝的假说，并在此基础上指出达尔文主义的三个错误。

发表论文300余篇，著有《大地构造与沉积作用》、《物理沉积学》等，并主编《深海沉积》、《造山作用》、《中、新生代古海洋学》、《南大西洋古海洋学》、《阿尔卑斯地中海地球动力学》、《苏黎世湖第四纪地质》等专著和数卷《深海钻探计划初步报告》。曾获美国经济古生物与矿物学家协会童霍菲奖章、伦敦地质学会的伍拉斯顿奖章、俄亥俄州立大学的鲍诺克尔勋章和奥顿奖。

许可证贸易 licensing trade 技术贸易的一种方式。是许可人与受许可人之间的一种协议。通过这种协议，许可人允许受许可人使用其专利、商标或专有技术；受许可人则向许可人支付提成费或其他报酬，作为使用其技术的代价。

许楣 Xu Mei (1797～1870) 中国清代货币理论家。字金门，号辛木。浙江海宁人。道光癸巳（1833）进士，官户部主事。著有《真意斋随笔》、《真意斋诗存》、《真意斋文集》、《钞币论》。以《钞币论》影响最大。其兄许梿（1787～1862），字叔夏，号珊林，癸巳进士，首为《钞币论》写序并加按语，成为该书重要组成部分，故《钞币论》可视为许氏兄弟合著。《钞币论》刊于道光二十六年（1846），是为批驳王鎏的《钱币刍言》而作，批判名目主义货币理论和无限制发行货币、铸大钱、搜刮民财以“足君”的主张。

许慎 Xu Shen (58?～147?) 中国东汉经学家、文字学家。字叔重，汝南召陵（今河南漯河市郾城区）人。

许慎曾为郡功曹，后被举为孝廉，又为太尉府南阁祭酒，当即丞相府阁下之令史。安帝永初四年（110）与刘珍、马融等于东观校书。东汉时期，古文经盛行，许慎从名儒贾逵问学，通籀篆古文。因鉴于当时俗儒说字解经多与古义不合，所以作《说文解字》14篇及叙目1篇，成于和帝永元十二年（100），安帝建光元年（121）遣子许冲上之于朝廷。

《说文解字》以小篆为主，并采录见于秦国所使用的籀文和六国古文，按540部首编排。每篆注明字义，并说明形体的结构，间或指明读音，是中国最早最有权威的一部古文字字典，对后代研究中国古代文字的形音义和文字发展的历史贡献极大。许慎还著有《五经异义》和《淮南子注》，已散佚不存。

许世友 Xu Shiyou (1905-02-28～1985-10-22) 中国无产阶级革命家，中国人民解放军军事指挥员，中国人民解放军上将。生于湖北麻城乘马岗（今属河南新县），卒于南京。1914～1921年在少林寺作俗家弟子并习武功。1926年在国民革命军第1师任连长，同年加入中国共产主义青年团。1927年转入中国共产党。参加了黄麻起义。土地革命战争时期，任中国工农红军第4军31师班长、排长、营长，红四方面军第12师34团团长，红9军副军长兼25师师长，红4军军长，红四方面军骑兵司令员。参加了长征。抗日战争时期，任八路军第120师第386旅副旅长，山东纵队第3旅旅长、纵队参谋长，胶东军区司令员。解放战争时期，任华东野战军第9纵队司令员，山东兵团司令员，山东军区副司令员、司令员。中华人民共和国建立后，历任中国人民志愿军第3兵团司令员，中国人民解放军华东军区第二副司令员，中国人民解放军副总参谋长，国防部副部长兼南京军区司令员、中共中央华东局书记处书记，中共江苏省委第一书记，广州军区司令员，中共中央军委常委。是一至三届国防委员会委员，中共八届中央候补委员、九至十一届中央委员和中央政治局委员、中央顾问委员会副主任。1955年被授予上将军衔。

许仕廉 Xu Shilian (1896～ ?) 中国社会学家。湖南湘潭人。早年留学美国，获艾奥瓦大学哲学博士学位。1924年回国，先后在国立武昌师范大学、燕京大学任教，1926年任燕京大学社会学系主任。1927年创办《社会学界》年刊。1928年主持创办了清河实验区。1930年参与筹建中国社会学社。1931年任美国芝加哥大学社会学系研究导师，1933年兼任伦敦社会学会及意大利人口问题研究委员会驻华通讯员。抗日战争爆发前夕赴美定居。

许仕廉认为，一个民族要取得竞争的胜利，关键在于提高人口素质，所以要讨论中国的一切经济、社会与政治问题，必须从人口问题入手。他还积极提倡发展中国的社会学，提出中国社会学的宗旨在于为本国培养专门的社会学理论家、研究家和高等的社会服务专门人才。著有《文化与政治》、《一个市镇调查的尝试》（英文版）、《社会教育与社会理论》、《中国人口问题》、《人口论纲要》等。《中国人口问题》是中国早期研究人口问题的代表作之一。

许逊 Xu Xun (239～374) 中国东晋道士。字敬之。高阳（今河南汝南）人，久居豫章（今江西南昌）。中年时跟随吴猛学道，博通经史，隐居于西山，尽传吴猛、丁义神方秘法。晋太康元年（280）复出，曾为旌阳县（今湖北枝江，一说为四川德阳）县令。政绩颇佳，吏民悦服，尊为许旌阳、旌阳真君、许真君、慈济真君、感天大帝。后见晋室纷乱，弃官归里，周游江湖。拜谌母为师，求得太上灵宝净明法，以及净明五雷诸法术，遂以灵宝救苦天尊、太阳真君孝道明王为教主，创立了道教净明派。传著有《太上灵宝净明飞仙度人经法》、《灵剑子》、《石函记》等。

许英魁 Xu Yingkui (1905-07-12～1966-09-21) 中国神经病学和精神病学专家。中国神经病理学奠基人。生于辽宁辽阳，卒于北京。1934年毕业于私立北平协和医学院，后留校任住院医师、助理教授。1938年赴德国慕尼黑、1939年赴美国芝加哥学习临床神经病理学。1941年任北京大学医学院神经科主任、教授，兼北京市立精神病疗养院主治医师、医务主任。1948年任协和医学院神经科助理教授兼主任。1954年任《中华神经精神科杂志》总编辑。1961年任卫生部临床医学学术委员会委员。1937年对两例一氧化碳中毒死亡者进行尸检，证实了大脑苍白球前部软化是一氧化碳中毒最典型的病理变化特征。20世纪60年代初，认为中国多发性硬化的特点是坏死比硬化突出，后来这被证实是亚洲型多发性硬化的病理特点，这一发现比日本学者早十多年。

序 preface 依附于作品或书籍的一种文章。又称“叙”、“绪”、“序言”、“弁言”、“引”等，今多称“前言”。序的文字，主要是说明作品书籍的创作意图、编写体例，或者介绍作者经历与创作情况，以及资料来源、版本情况，也可包括对作家作品的评论，或者对其中有关问题的研究和阐发。中国古籍最早的序文，一般认为是汉代人为《诗经》所作的《毛诗序》以及为《诗经》中每篇作品所作的“小序”。序文可以列在作品或书籍的前面，也可以列在书籍之后。列于书后的序文一般称为“后记”。序文分为他序和自序两种。他序是由他人撰写的序文；自序则是作者自己撰写的序文。外文译稿，又有译序。

中国文学史上，曾有单独成章的序文，成为独立的文体。有序传、赠序和寿序三种。序传是从介绍作者自身经历的“自序”生发出来的一种文体；赠序是为与友人宴集或送行而用以表达情意的一种文体；寿序是为人祝寿的文辞，自成一体。

序贯分析 sequential analysis 数理统计学的分支。研究对象是序贯抽样方案，及如何用这种抽样方案得到的样本去作统计推断。其名称源出于A.瓦尔德在1947年发表的一本同名著作。序贯抽样方案是指在抽样时，不事先规定总的抽样个数（观测或实验次数），而是先抽取少量样本，根据其结果，再决定停止抽样或继续抽样，抽多少，这样下去，直至决定停止抽样为止。反之，事先确定抽样个数的那种抽样方案，称为固定抽样方案。例如，一个产品抽样检验方案规定按批抽取样品20件，若其中不合格品数不超过3，则接收该批，否则拒绝接收，这是固定抽样。若方案规定为：第一批抽出3个，若全为不合格品，拒收该批，若其中不合格品件数X_1小于3，则第二批再抽$3-X_1$个，若全为不合格品，则拒收该批，若其中不合格品件数X_2小于$3-X_1$，则第三批再抽$3-X_1-X_2$个，这样下去，直到抽满20件或抽得3个不合格品为止。这是一个序贯抽样方案，其效果与前述固定抽样方案相同，但平均抽样个数要少些。序贯抽样方案除可节省抽样量外，还有一个作用，即有时为了达到预定的推断可靠程度及精确程度必须使用序贯抽样。利用序贯抽样方案得到的样本去作各种统计推断和决策，如假设检验、点估计等就构成了序贯分析的内容。

序曲 overture 歌剧、清唱剧、舞剧及其他戏剧作品和声乐、器乐套曲的开始曲。17世纪早期歌剧的序曲是一种简短的开场音乐，无固定形式。18世纪后半叶以后的古典序曲，大多采用奏鸣曲式的戏剧性结构。L.van贝多芬的《埃格蒙特》序曲开了为话剧写作序曲的风气之先。贝多芬还把序曲发展成为一种独立的标题性管弦乐曲，如他的《科利奥兰》序曲。19世纪浪漫派作曲家对这种独立音乐会序曲很感兴趣，如F.门德尔松、R.舒曼、H.柏辽兹等都创作过此类音乐会序曲。F.李斯特则将这种具有特定标题内容的、单章性管弦乐曲进一步发展成交响诗。

序数 ordinal number 集合论的基本概念之一，用来编序的自然数第一、第二、…等的推广。序数概念是G.康托尔首先提出来的。设A是一个非空集。如果在A上建立了一个关系≤，满足①对每个$x\in A$，有$x\leqslant x$（自反性）。②$x\leqslant y$与$y\leqslant x$蕴涵$x=y$（反对称性）。③$x\leqslant y$与$y\leqslant z$蕴涵$x\leqslant z$（传递性）。④对任何$x\in A$，$y\in A$，$x\leqslant y$或$y\leqslant x$中必有一成立，则称A为全序集。设E是全序集A的一个子集，如果E的元素a满足：对一切$x\in E$，有$a\leqslant x$，则称a为E的最小元。如果全序集A的任一非空子集都有最小元，则称A为良序集。例如自然数集在通常≤关系下是良序集。康托尔把序数定义为良序集的序型。如果两个良序集A和B的元素之间能够建立一一对应，并使A中一前一后的任意两个元素所对应的两个元素，在B中仍保持前后顺序不变，则这样的两个良序集就称为相似集，利用相似关系将良序集分类，凡相似的良序集划入一类。一个这样的相似集的类就称为良序集的一个序型。序型描述了一类集合构造上的共性。例如，所有单元素集互相相似，合为一类，序型相同，所有双元素集互相相似，合为一类，序型也相同，如此等等，所有有可数集都可良序化，从而与自然数集**N**有相同的序型。由此可知，序数是同类良序集构造上的共性的抽象。用0表示空集∅的序数，1表示单元素集的序数，等等，就可以一个接一个地将序数排列起来。用ω表示自然数集**N**的序数。在序数之间再给出大小关系定义，规定加法和乘法，那么将所有序数从小到大排起来，就形成一个无穷序列：

$$0,1,2,\cdots,\omega,\omega+1,\omega+2,\cdots,\omega+\omega\ (=\omega\cdot 2),\omega\cdot 2+1,\cdots,\omega\cdot 3,\cdots,\omega\cdot\omega\ (=\omega^2),\omega^2+1,\cdots,\omega^3,\omega^3+1,\cdots,\omega^\omega,\omega^\omega+1,\cdots,\omega^{\omega\omega},\cdots$$

1904年E.F.F.策梅洛证明了任一集合都可以良序化，以后，说明了任一基数等同于一个序数。

叙拉古 Syracuse 古代希腊城邦。位于西西里岛东部。约公元前734年由科林斯的移民所建。公元前7和前6世纪，叙拉古贵族当权，奴役当地被征服居民。公元前485年，位于西西里南部的希腊城邦盖拉的僭主格隆利用叙拉古居民内部的不和占领叙拉古，自立为叙拉古僭主。公元前480年，格隆在希梅拉附近大败迦太基军队，使叙拉古得以在西西里岛东部称雄。约公元前466年，叙拉古人建立了民主政体，政事由公民大会、议事会和每年选举的将军处理。

公元前415～前413年，雅典派大军攻打叙拉古，遭到惨败。在与迦太基的长期斗争中，双方互有胜负。从公元前4世纪50年代后期起，叙拉古内部纷争不已，国势日衰，人口减少。公元前343年恢复民主政体。公元前317年起当政的僭主阿加索克利斯一度率军在非洲与迦太基作战，又曾向意大利南部和西西里西部扩张，约公元前304年自立为西西里王。公元前211年被罗马人攻占。从此，叙拉古长期处于罗马的统治之下，成为西西里行省的一部分。

叙利亚 Syria; Sūrīyah 亚洲西部国家。西濒地中海，北毗土耳其，东和东南邻伊拉克，南连约旦，西南与黎巴嫩、巴勒斯坦地区接壤。面积185 180平方千米，人口2 050万（2009）。阿拉伯人约占86%，余为库尔德人、亚美尼亚人、土库曼人等。约85%信奉伊斯兰教（4/5为逊尼派），约14%信奉基督教。阿拉伯语为国语，通用英语和法语。首都大马士革。

地理 西部由沿海狭窄平原（宽20～30千米）、安萨里耶山、阿西河谷以及东面的外黎巴嫩山及其南延部分谢赫山（海拔2 814米，全国最高点）和戈兰高地南北平行延伸组成；东部是由草原、半沙漠和沙漠共同组成的广阔地带，整体上自西向东倾斜，从1 000米下降到500～200米不等，约占国土面积的一半以上。其北半部大体属于干草原，有幼发拉底河及其支流哈布尔河等流贯；南半部属叙利亚沙漠，为阿拉伯高原的一部分，干河床（干谷）广为分布，间有绿洲散布其间。

沿海和北部地区属亚热带地中海气候，冬季温暖而潮湿，夏季炎热干旱。山区气候温和（平均年降水量达1 500毫米）。东部属大陆性荒漠气候，夏季干旱炎热，冬季凉爽。平均年降水量，沿海地区超过1 000毫米，叙利亚沙漠约100毫米。沿海地带和部分山脉西坡分布着乔木和灌木。其余地区多为干旱草原和半荒漠植物。

自然资源主要有石油、天然气、磷酸盐、岩盐、沥青等。已探明的石油储量25亿桶。已探明的天然气储量6 500亿立方米，磷酸盐储量6.5亿吨，岩盐储量5 500万吨。森林占国土面积的2.7%。

历史 公元前3000年已有原始的城邦。前8世纪起，先后被亚述帝国、马其顿人、罗马人、阿拉伯帝国、塞尔柱突厥人、欧洲十字军、埃及马木鲁克王朝占领。16世纪初起，受奥斯曼帝国统治长达400年。1920年4月沦为法国“委任统治地”。1941年9月27日叙利亚独立。1943年8月叙利亚成立民族政府，1946年4月17日英法撤军。1958年曾与埃及合并，成立阿拉伯联合共和国，简称阿联。1961年9月28日脱离阿联，成立阿拉伯叙利亚共和国。

政治 总统为国家元首，全民投票选举产生，任期7年。总统集党、政、军大权于一身，由他任命的总理组织政府。现行宪法1973年3月12日经全国公民投票通过。规定叙利亚是人民民主社会主义国家。由选举产生的一院制人民议会是最高立法机关，现有议员250名，任期4年。阿拉伯复兴社会党自1963年以来一直是执政党。此外，有“全国进步阵线”，把所有政党（叙利亚共产党、阿拉伯复兴社会党等）都包

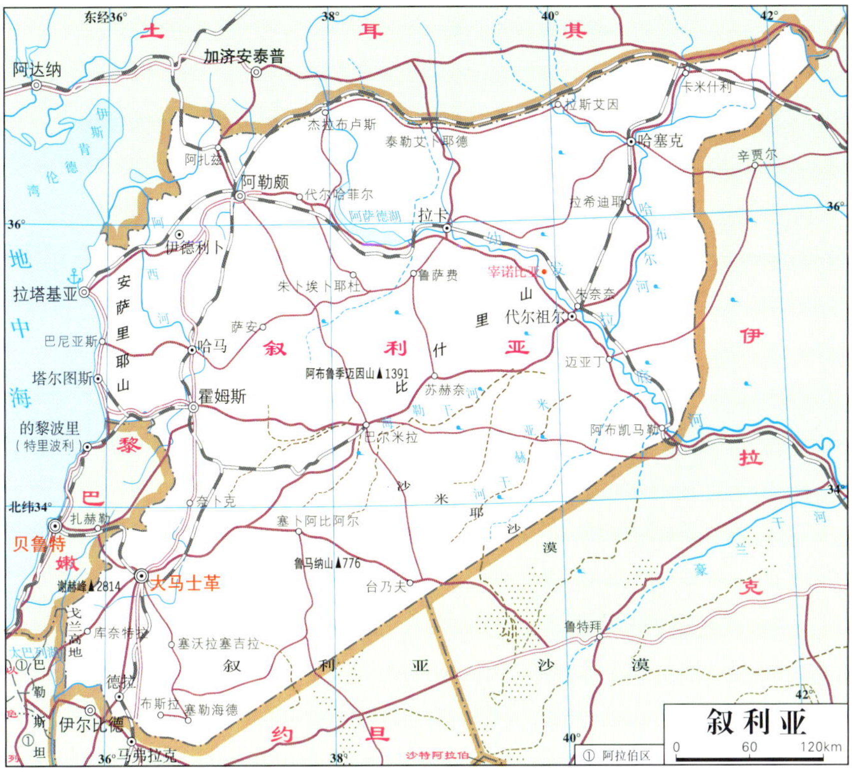

括在内，实际是一种统一战线组织。

经济 政府近年来大力发展农业、石油等支柱产业；稳妥、谨慎地推进包括金融领域和国有大中型企业在内的经济改革。积极鼓励出口创汇，简化进出口手续，调整汇率。放宽私营经济，扩大私营经济和公私合营企业在国民经济中的比例。但受制于国内外种种因素的牵掣，改革措施步履维艰。现代工业主要包括采掘工业、加工工业和水电工业等部门。采掘工业以石油和天然气最为重要，其次有磷酸盐、大理石等的采掘。由于石油的发现，已实现石油及其产品的自给，并出口部分原油和石油产品。油田主要分布于国境的东部尤其东北。盖拉舒克、苏韦迪耶和鲁迈兰三大油田于20世纪50年代先后投产。2005年日产石油52万桶。天然气年产50亿立方米。分别在巴尼亚斯和霍姆斯设立了两座炼油厂，日炼油能力25万桶。加工工业主要有纺织、食品、皮革、化工、水泥、烟草等。农业产值约占国内生产总值的1/4，农业耕种面积480.3万公顷，其中2/3用于种植小麦和大麦。还有棉花、甜菜、柑橘和橄榄等经济作物。粮食自给有余，略有出口。政府积极发展水利事业，1978年完成幼发拉底河水坝工程，建起阿萨德水库，蓄水量110亿立方米，可灌溉64万公顷耕地。旅游业发展迅速，2006年旅游人口达600余万，旅游收入22亿美元。

叙利亚历史遗迹众多，迄今已有大马士革古城、布斯拉古城和巴尔米拉考古遗址、阿勒颇古城、武士堡和萨拉丁城堡等，被作为文化遗产列入《世界遗产名录》。

2006年铁路总长2 798千米，有大马士革和阿勒颇两大铁路枢纽。连接国内重要城市，还通达除以色列的所有邻国。国内交通运输主要依靠公路。2006年，全国公路总长约45 860万千米（23%为沥青路面），路网以西部经济发达地区最为稠密，有两条高速公路并行南北纵贯其间。东部路网也迅速扩展。内河航道近500千米，主要限于幼发拉底河。

大马士革一角

海运共有5个港口，以拉塔基亚和塔尔图斯两大港口为主，巴尼亚斯港是原油出口港。大马士革国际机场有40条航线通达亚、非、欧30多个城市。从国境东北角石油产地到巴尼亚斯，敷设有长达663千米的输油管道，日输油25万桶。另有从伊拉克伸展过来的输油管。

2009年国内生产总值524亿美元，人均国内生产总值2 556美元。货币主币名叙利亚镑。对外贸易在国民经济中占有重要地位，外贸额约占国内生产总值的20%以上。主要物资进出口均由国家控制。主要出口石油和石油产品、棉花和棉花制品、磷酸盐、香料、皮革等。主要出口对象国为欧盟国家、独联体各国和东欧等。主要进口机械、钢材、纺织品、燃料、粮食、罐头、糖、化工原料、文教用品、医药、木材等。主要来自欧盟、日本和美国。

文化 小学实行义务教育，初中也基本实行义务教育。有大马士革大学（1903）、阿勒颇大学（1946）、霍姆斯的十月大学（1971）和拉塔基亚的复兴大学（1979）4所高校。有《复兴报》、《革命报》、《十月报》，均为阿拉伯文。另有英文日报《叙利亚时报》。阿拉伯叙利亚通讯社为官方通讯社。有叙利亚广播电台（1936）和叙利亚电视台（1960）。

对外关系 联合国创始会员国之一，又是阿拉伯国家联盟的成员国。与邻国黎巴嫩历史上有密切关系，在现实政治中又保持着一种“特殊关系”。与以色列的关系紧张，西南部仍有面积1 200平方千米的国土戈兰高地被以色列占领。在发展经济过程中大量争取和接受外援。主要援助国有日本、德国、沙特阿拉伯、科威特、阿拉伯联合酋长国等。1956年8月1日与中国建交。

叙事诗 narrative poetry 诗歌的一种体类。其特点是叙事与抒情相结合，既具有诗歌艺术的一切特征，又有叙事成分。诗人一般不直接抒发感情，而将自己的思想感情融化在他所描述的形象、事件和故事之中。一般又称具有完整故事情节的诗为“故事诗”。见诗歌。

叙事谣曲 ballade 一种短小的民间叙事歌谣。叙事谣曲的故事大多来自欧洲各民族早期历史、神话、民间传说和英雄史诗，题材涉及历险、爱情、死亡、命运惩罚、魔怪事件等，带有强烈的悲剧性和神秘色彩。为了取得戏剧性效果，叙事结构开门见山，人物形象仅通过情节和对话来展现。一般有6～8个诗节，每节由4个3重音或4重音的抑扬格诗行组成。

在丹麦，叙事谣曲的出现可以追溯到12世纪，由行吟诗人以口头方式传播；收集和出版工作直到18世纪才开始。英国叙事谣曲集大成者是费兰西斯·恰尔德的《英格兰和苏格兰叙事谣曲集》(1882～1898)。德国L.A.von阿尔尼姆和C.布伦塔诺于1806～1808年出版的《男童的神奇号角》几乎囊括了所有德国民间叙事谣曲。18世纪下半叶，叙事谣曲开始成为一种诗歌创作的形式，以德国的J.W.von歌德和J.C.F.von席勒、英国的W.华兹华斯等为代表。

畜产品加工 animal husbandry products processing 以畜禽产品或其副产品为原料进行加工制造的技术。目的在于保存或改进畜禽产品的品质，扩展用途，提高利用价值，并便于贮藏、运输，以调节市场供需。

加工的基本技术手段可概括为两方面：一是防止畜禽产品腐败变质和保障畜禽产品使用安全，如冷藏、盐藏、干藏、密封等；一是提高畜产品商品价值，如着色、整形、风味改良等。按加工的对象，现代畜禽产品加工主要分为：①乳品加工。包括鲜乳的处理，以及各种乳制品如奶油、炼乳、干酪、乳粉和发酵乳饮料的制作等。②肉品加工。包括家畜屠宰，肉的冷却、冷藏，以及各种肉制品如肉品罐头、香肠、熏肉和肉松的加工制造等。③蛋品加工。包括鲜蛋的保存和各种蛋制品如皮蛋、咸蛋、冰蛋品和蛋粉的加工制作等。④毛皮加工。如皮革鞣制和猪鬃、羊毛、羽毛的加工等。⑤其他副产品的加工。如肠衣、骨粉、骨胶和血粉等的加工，以及从脏器、腺体中提制生化药品等。

畜牧场 livestock farm 具有一定规模并按科学的生产工艺集中饲养畜禽的场所。按饲养畜禽的种类可分为猪场、鸡场、牛场、羊场、马场、兔场及其他经济动物饲养场；按经营性质可分种畜（禽）场和商品场，前者从事家畜（禽）品种选育、改良和良种繁殖，后者从事肉、蛋、奶、毛、裘皮等畜产品生产。畜牧场规模一般按存栏量计，商品肉畜禽场亦可按年上市头（只）数计，规模大小不等。

场址选择 场地的自然条件应当是：①场地要开阔，地形要整齐。②地势应高燥、平坦，不积水、不窝风，地下水位不少于2米；山地建场应选向阳坡，坡度不大于25%。③水源须水量充足、水质良好，便于取用和进行卫生处理。④场地土质宜透气透水性好、自净能力强、不泥泞、有足够的承载力；避免在旧畜牧场场地或被病原微生物污染的场地建场。场地的社会条件应当是：①饲料、电力及其他能源可就地供应，产品就近销售，粪便污水就地处理和利用。②交通方便，但应与公路、铁路保持一定的兽医卫生间距。③与居民点、工厂、其他畜牧场应保持500～3 000米的兽医卫生间距，地势应低于居民点并在其下风向，还须避开可能传播病原或产生其他污染的工厂。

场地规划 ①畜牧场一般可分为场前区、生产区、隔离区。以上各区应按当地全年主风向和地势高低顺序安排，区间最好有不小于30～50米的卫生间距。②场内道路应为硬路面，并区分为净道和污道，两者尽量不要重叠和交叉。③场区地面降水可明沟排放，畜舍内产生的污水应由地下管网排至污水处理场，两者不得混排。④畜牧场围墙外、各场区间应植树种草，美化绿化，减少环境污染。布局：建筑物布局应遵循便于管理和生产联系、有利于防疫、改善环境和防止污染、节约占地的原则。

粪污处理和利用 粪污处理和利用应做到生产过程减量化，处理达到无害化，处理后物料资源化。减量化的主要措施是采用粪便和尿、水分离的“干清粪”工艺，“雨污分流”的排水系统，合理的饲料配方等。无害化处理主要方法是，固体粪污进行高温堆肥或用作培养料，达到粪便无害化卫生标准；污水进行厌氧、好氧综合处理，达到农田灌溉水质标准或渔业水质标准加以利用，或排放标准达到畜禽养殖场污染物排放标准而排放。资源化的主要途径是堆肥后的活性有机肥还田或出售，生物处理后的污水用于灌溉或养鱼。

发展趋势 随着畜牧兽医科学的发展和饲养管理技术、经营水平的提高，畜牧场正从粗放经营向集约化生产发展，从手工操作向机械化、自动化生产发展。

畜牧业 animal agriculture 从事经济动物饲养、繁殖和动物产品生产、加工、流通的产业。它与种植业一起，构成农业中相互依存的两大支柱。现代畜牧业生产的对象范围，已从早经驯化的家畜、家禽扩大到许多种原来野生的动物，以至哺乳类和鸟类以外的许多动物门类。但畜牧业生产对象的主体，至今仍局限于少数哺乳类和鸟类中的某些物种。其原因可能与纳入畜牧业生产范围的动物易于饲养、对人无害以及不与人争食物或少与人争食物有关。

中国西藏高原牧区

产业类别 现代畜牧业存在着牧区的纯牧型、农区的农牧结合型和都市的专业企业型3种代表畜牧业历史发展的生产类型。其中前二者是传统的，后者是近代趋于发达的。按生产的对象，主要又可分为下列类别：

奶牛业 牧区奶牛业大多终年放牧黄牛，中国青藏高原牧区还放牧牦牛。主要产品为鲜奶、干酪和黄油（酥油）。农区奶牛业有印度和欧美两种类型：前者利用当地瘤牛或水牛产奶，就地销售；后者以农牧兼营的酪农户为主，饲养兼用或专用型奶牛，靠草田轮作或改良草地生产青、干饲草和饲料，以鲜奶、炼乳、黄油和奶酪等产品供应城市；同时兼营犊牛、肉牛生产。都市型奶牛场多位于大城市外围，除自产部分青粗饲料外，饲料主要靠外购；其生产过程高度集约。

肉牛业 除专用肉牛外，奶用公阉牛、淘汰公母牛、幼公犊和役用老牛、牧区牛也供肉用。生产方式有集中肥育法或草地肥育（如新西兰）和一贯肥育法或精料肥育（如美国的围栏肥育），以及淘汰牛短期催肥等。

养猪业 猪的生产方式在许多发达国家已从个体散养转向育种、繁殖和商品猪生产专业分工协作的垂直联营。欧盟成员国的企业主以育种、繁殖为主，生产杂种仔猪售给养猪户育肥；北美仍主要实行由个体农户或农场生产仔猪、养猪与粮食生产相结合的方式。世界上万头以上规模的大型猪场日益增多。

养鸡业 养鸡业日益趋向大型工厂化。无论蛋鸡或肉鸡大都是双杂交种，饲料按营养配方由工厂生产，同时建立了高效率的孵化和运销渠道。发达国家的少数大型养鸡场几乎可垄断市场。

绵羊业 世界绵羊业一向以产毛为主，现在已重视发展羊肉生产。细毛羊多属美利奴系统，肉用绵羊品种多源自英国，中毛品种则多为二者的杂交产物。细毛羊在牧区大群放牧，纯种繁殖或与肉用品种杂交轮换交替，以便既保持产毛种性又能产肉。断奶羔送农区肥育。

专业化生产体系 现代畜牧业专业分工的深化，促进了许多专业化企业的产生。它们彼此间联系密切，已形成一个内容广泛的生产体系，不仅与种植业等部门相互依存，与工业以及科学研究部门也有密切联系。构成这个体系的行业主要包括种畜业、配合饲料工业、畜产品加工业、畜牧装备工业、兽医事业和兽药工业。

中国畜牧业 中国是某些畜种驯化最早的国家之一。在漫长的发展过程中，各地培育并保存了丰富的畜、禽种质资源，如适应高海拔的牦牛和藏羊，持久耐劳的蒙古马和西南马等。同时还创建了适合不同地区特点的牧区和农区生产经营体制。至于中国的畜产品加工工艺则尤有独创。传统畜产加工品如火腿、香肠、板鸭、松花蛋以及猪鬃、肠衣等至今仍驰名世界。

但从19世纪下半叶到20世纪上半叶的近百年间，畜牧业的发展停滞不前。50年代以后，在较长时期中，由于片面重视粮食，忽视饲料生产，商品畜牧业的发展受到限制，无论农区或牧区都停留在传统水平。80年代以后，由于实行了农牧业体制改革和科学技术进步，奶牛、鸡和猪的专业化生产迅速发展，主要畜产品产量明显提高。中国已成为畜牧业生产大国，肉类和禽蛋产量居世界首位，人均肉类产量已超过世界平均水平，人均禽蛋产量已接近或达到发达国家水平，但奶类生产还很不够，仅达到世界人均水平的1/3。正通过发展种畜业、畜产品加工业和饲料工业，在条件适合的地区建立适度规模奶牛场、养鸡场和养猪场，采用较新的技术装备、加强畜牧教育和科研以及产业化经营等措施，加速实现畜牧业的现代化并保证畜牧业可持续发展。

续随子 *Euphorbia lathyris*; moleweed 大戟科大戟属的一种。原产欧洲，中国久已栽培或逸为野生。二年生草本，具乳汁。单叶，对生，披针形至卵状披针形，全缘。总花序生于茎顶，具伞梗2～4，基叶2～4对，轮生，每伞梗再1～2次叉状分枝，呈聚伞状，杯状聚伞花序（大戟花序）生于上部叶腋；总苞杯状，顶端4～5裂，具4～5个新月形腺体，两端具短而钝的角。花单性同株，无花被，雄花多朵和雌花1朵同生于杯状总苞内；每雄花仅具1枚雄蕊；雌花心皮3，子房3室；花期4～7月。蒴果三棱状球形，无毛，3瓣裂；种子长圆形，表面有黑褐相间的斑纹；果期6～9月。种子含油50%，可制皂及润滑油；种子可药用，能泻下逐水、破血通经。

《续资治通鉴长编》 *Supplement to Historical Mirror to Aid in Government* 中国古代私家著述中卷帙最大的断代编年史。原本980卷，今存520卷。作者李焘（1115～1184），字仁甫，眉州丹棱（今属四川）人，绍兴八年（1138）进士，累迁州县官、实录院检讨官等，官至礼部侍郎、同修国史。李焘仿司马光著《资治通鉴》体例，起自宋太祖赵匡胤建隆，讫于宋钦宗赵桓靖康，记北宋9朝168年事，定名《续资治通鉴长编》。焘于正史、实录、政书之外，凡家乘、野记，广征博采，校其同异，订其疑误，考证详慎，多有依据。作者依"宁失于繁，无失于略"的原则，凡记载不同者，则两存其说，时附己见，以注文标出，与《通鉴考异》相类。该书于宋孝宗淳熙十年（1183）成书，共980卷，另有《举要》68卷，《修换事总目》10卷，《总目》5卷，总计1 063卷，前后历时40年。《长编》记述详赡，史料丰富，为研究辽、宋、西夏等史的基本史籍之一。980卷本久已亡佚，今本系清编《四库全书》时从《永乐大典》中辑录，厘为520卷，中华书局出版的《续资治通鉴长编》点校本是目前流行的较好版本。

蓄电池 storage battery; accumulator 放电后可充电再用的化学电池。又称二次电池。在放电和充电时，蓄电池中发生的化学反应互逆，即充电后使蓄电池恢复到放电前的状态。对于多数蓄电池，这种反复充放电循环一般为几百次，甚至可达几千次。蓄电池的性能常用电池容量（电池输出的总电量）、电池能量密度（电池输出的电能与电池质量或体积的比值）等参量描述。蓄电池的类型较多，常用的几种蓄电池的主要性能见表。

几种蓄电池的主要性能

电池	锂离子电池	镍氢电池	镉镍电池	铅酸电池
比能量（W·h/kg）	100～150	60～70	50	35
电池电压（V）	3.6	1.2	1.2	2.0
自放电（%/mon）	0.1	10	10	30
循环寿命（次）	700	1 000	3 000	400
污染	无	无	有	有
相对成本	1.5～2.0	5～7	4～6	1

宣城市 Xuancheng City 中国安徽省辖地级市。位于省境东南部。东邻浙江省、北邻江苏省。辖宣州区和郎溪、广德、泾县、旌德、绩溪5县，代管宁国市。面积12 340平方千米。人口253万（2010）。秦置鄣郡。西汉改丹阳郡。西晋太康二年（281）置宣城郡。1949年为宣城专区，1971年改宣城地区。2000年设地级宣城市。属中亚热带季风气候。盛产水稻、小麦、油菜子、棉花、茶叶、烟叶、蚕茧、水产品、水果和竹木。土特产有宣木瓜、水东蜜枣、枣木梳子。工业以纺织、煤炭、化工、食品、建材、农副产品加工为主。名胜古迹有敬亭山、宋塔、唐开元寺遗址、永宁塔、古北楼旧址、龙首塔、梅公祠遗址、文天祥衣冠冢、古昭亭石坊、东庙铜钟、龙溪左塔等。

宣传 propaganda 运用各种符号传播一定的观念以影响人们的思想和行动的社会行为。

分类 宣传有各种类型。按宣传的内容分，有政治宣传、宗教宣传、军事宣传等。宣传运用多种宣传手段：人际间面对面的宣传，要运用语言、姿势、表情等宣传手段；面向大众的宣传，要通过大众传播媒介，如报纸等印刷媒介和电视等电子媒介；理论文章、文艺演出、新闻报道也可作为宣传手段；一面旗帜，一枚徽章，一套制服，一座博物馆……都可以成为宣传手段。宣传还可按需要划分为不同的层次，如灌输、鼓动、教育、劝说、诱导、批判等。

特点 ①目的性。宣传者旨在影响受众，力图使受众按宣传者的意图行动。②倾向性。在意识形态领域，宣传的倾向性不仅表现在不同阶级、阶层和集团的宣传者所宣传的内容上，也表现在他们所运用的手法上。③社会性。宣传要面向社会各阶级、各阶层，以求影响最大多数的受众。④现实性。表现在宣传目标、宣传材料和宣传效果等方面。⑤附和性。宣传往往依附于其他的文化传播领域。新闻是宣传最易依附的手段，教育也是宣传易于依附的领域，文艺也是宣传的一种好形式。

功能 宣传具有激励、鼓舞、劝服、引导、批判等多种功能。基本功能是劝服，即通过多种内容和形式，阐明某种观点，使人们相信并随之行动。

要素 在宣传的过程中，决定成败的要素有下列几个环节：①确立宣传目标。②确定宣传者或建立宣传机构。③确定相应的受众范围。④选择宣传内容和宣传形式。⑤选择使用媒介。⑥测量宣传效果。⑦对付反宣传的措施。

方法 宣传是一项系统工程，贯穿着一系列战略、战术和方法问题。它的战略制定，有心理动态说服和社会文化说服两种方式。宣传过程中的战术手段，可以从宣传者的态度，宣传内容的强度及宣传形式的灵活度等主要方面加以设计。宣传的战略战术，还包括宏观领域的控制和管理。

作用 宣传是一种由各种阶级、各种势力所参与的社会活动，宣传的倾向性带有明显的阶级烙印，不同阶级的宣传，对社会历史的发展有不同的影响和作用。

新闻是宣传的一种重要形式。新闻和宣传都是信息的传递，两者既有明显的区别，又在很大程度上交叉。新闻和宣传的结合必须尊重新闻规律和宣传规律，通过受众所关注的事实的传播，表达思想观点，使受众乐于接受，从而达到预期的效果。

宣传画 poster 以宣传鼓动、制造社会舆论和气氛为目的的绘画。一般带有醒目、号召性、激情的文字标题。又名招贴画。

陈绍华作《绿，来自您的手》(1984，中国美术馆藏)

特点是形象醒目，主题突出，风格明快，富有感召力。宣传画一般都张贴或绘制在引人注目、行人集中的公共场所，通过直接面向群众、影响人心而及时地发挥社会作用，按其性质大致可分为社会性、文化性和商业性等。

宣传画最早以凸版版画的形式出现于15世纪的欧洲。18世纪，欧洲石版印刷尤其是彩色石版印刷技术的发明，将宣传画推进到一个新阶段。第一次世界大战前后，宣传画成为发动群众、激扬社会情绪的重要的工具，如法国的《我要你参加海军》、美国的《你的祖国需要你》、苏联的《你参加了志愿军吗》，都是影响深远的优秀作品。宣传画也是中国革命战争和社会主义建设时期美术创作的一个重要组成部分，如阙文的《我们热爱和平》，哈琼文的《全民皆兵，保卫祖国》、《祖国万岁》等。宣传画已成为现代社会国际间进行经济、文化交往的重要的艺术形式。

宣传画作为宣传艺术，其艺术感召力取决于两个方面：一是对社会问题的敏锐感受、深入思考和及时传达。二是宣传画的倾向性和教诲性要通过审美方式体现出来，使观众在审美感受中受到启发和教育。因此，真实性和深刻性要借助易于理解的形式和新颖的表现手法来体现。宣传画有着明确的社会功利性，并直接反映到社会效果上，因此又决定了它创作的严肃性。优秀的宣传画都是艺术家饱满的政治热情和强烈的社会责任感的体现。

宣德炉 Xuande incense burner 中国明代宣德年间铸造的香炉。用当时暹罗国（今泰国）的风磨铜和日本红铜，再配合以金、银、铅等金属和多种材料冶铸而成。造型多样，

朱砂色宣德炉（南京博物院藏）

主要有：①仿商周鼎彝类。②仿宋代官、哥、汝、定等著名瓷窑瓷器类。③仿缸、罐、桶、瓮等日用器皿类。炉的色泽亦多样，有黄、红黄、栗壳、蟹壳、枣红等几十种颜色。款识多铸于炉底，有7种字款如“宣”、“宣德”、“宣德年”、“宣德年制”、“大明宣德年制”，以及八字款“宣德五年吴邦佐造”等，十六字款“大明宣德五年监督工部官臣吴邦佐造”正方印款等。其中以有吴邦佐款的宣德炉传世较多。另外还有底铸阳纹蟠螭或太极图两种非文字款的，亦是宣德年间制造。宣德炉成品共千余件，以造型优美适度，铜质精良而深受人们喜爱，有“宝色内涵、珠光外观”之誉。除陈设于宫廷外，还分送各藩王府、衍圣公府及大的佛寺道观。自明清至民国，时有宣德炉赝品出现，其中却亦不乏优秀之作。

宣德群岛 Xuande Islands 见西沙群岛。

宣告失踪 declaration of disappearance 自然人离开自己的住所，下落不明达到法定期限，经利害关系人申请，由法院宣告其为失踪人的法律制度。又称失踪宣告。必须具备以下条件：①须有自然人下落不明满一定期限的事实。《中华人民共和国民法通则》规定的期限为两年；战争期间下落不明的，下落不明的时间自战争结束之日起计算。②须有利害关系人提出申请。③须由人民法院依法定程序宣告。自然人被宣告失踪的，其民事主体资格依然存在。失踪人的财产由他的配偶、父母、成年子女或者关系密切的其他亲属、朋友代管。代管有争议的，没有以上规定的人或者以上规定的人无能力代管的，由人民法院指定的人代管。失踪人所欠税额、债务和应付的其他费用，由代管人从失踪人的财产中支付。被宣告失踪的人重新出现或者确知他的下落，经本人或者利害关系人申请，由人民法院撤销对他的失踪宣告。代管人应将所代管财产及其收益归还本人，并告知代管期间对其财产管理和处置的详细情况。

宣告死亡 declaration of death 自然人离开自己的住所，下落不明达到法定期限，经利害关系人申请，由人民法院宣告其为死亡的法律制度。又称死亡宣告。必须具备以下条件：①须自然人下落不明满一定期限。《中华人民共和国民法通则》规定的期限为四年，因意外事故下落不明的，从事故发生之日起满两年。②须有利害关系人的申请。③须由人民法院依法定程序宣告。自然人被宣告死亡的，其与他人之间存在的各种民事法律关系归于消灭，但有民事行为能力人在被宣告死亡期间实施的民事法律行为仍然有效。被宣告死亡的人重新出现或者确知他没有死亡，经本人或者利害关系人申请，由人民法院撤销对他的死亡宣告。被撤销死亡宣告的人有权请求返还财产。依照继承法取得他的财产的公民或者组织，应当返还原物；原物不存在的，应给予适当补偿。被撤销死亡宣告人的配偶已经再婚的，新的婚姻关系受法律保护；配偶如未再婚，原婚姻关系从死亡宣告撤销之日起自动恢复。

《宣和博古图》 *Xuanhe Illustrated Catalogue of Antiquities* 中国宋代金石学著作。简称《博古图》。宋徽宗敕撰，王黼编纂。一说王楚纂。大观元年（1107）开始编纂，成于宣和五年（1123）之后。著录当时皇室在宣和殿所藏的自商至唐的铜器839件。全书30卷。细分为鼎、尊等20类。每类有总说，每器皆摹绘图像，勾勒铭文，并记录器的尺寸、容量、重量等，或附有考证。书中多有根据实物形制以订正《三礼图》之失之处，考订精审。其所定器名，如鼎、尊、罍、爵等，多沿用至今。对铭文考释、考证虽多有疏漏之处，但亦有允当者。

《宣和画谱》 *Painting Manual of Xuanhe Era* 中国北宋徽宗宣和年间（1119～1125）由官方主持编撰的宫廷所藏绘画作品的著录著作。《宣和画谱》和《宣和书谱》是姊妹篇，作者不详，学术界有人认为是宋徽宗赵佶所作，也有人认为是由蔡京、米芾所编。然就书中内容和文风考察，似应是在宋徽宗的授意和参与下，由官方组织人力，集体编写而成。《宣和画谱》20卷，成书于宣和二年（1120）。共收魏晋至北宋画家231人、作品6 396件。并按画科分为道释、人物、宫室、番族、龙鱼、山水、畜兽、花鸟、墨竹、蔬果十门。每门画科前均有短文一篇，叙述该画科的起源、发展、代表人物等，然后按时代先后排列画家小传及其作品。《宣和画谱》虽然属于著录性质之书，但从每个画科的叙论和每位画家的评传来看，已大大超出了著录的范围而具有绘画史论的性质。因此，此书还是一部传记体的绘画通史。此书是在官方主持下编写的，主张绘画的社会教育作用，同时也强调绘画要有艺术感染力。

《宣和书谱》 *Calligraphy Manual of Xuanhe Era* 中国北宋徽宗宣和年间（1119～1125）由官方主持编撰的宫廷所藏书法诸帖的著录著作。宋徽宗赵佶命文臣辑成。赵佶由

于个人爱好，在位时广收书画及古器物，召使文臣编辑御府所珍藏的书画、古器物为《宣和书谱》、《宣和画谱》和《宣和博古图》。《宣和书谱》20卷，著录宣和时御府所收藏的法书墨迹。其书首列诸帝王书1卷，以下依次为篆书隶书1卷、正书4卷、行书6卷、草书7卷、分书1卷，并附诏制诰命于后。著录历代书家197人，作品1 344件。每种书体前都有叙论，叙述各种书体的渊源、发展情况；次为书法家小传，记载作者生平、遗文轶事，评论其书法的特点、优劣；最后列御府所藏的作品目录。此书体例精善，评论书法亦精审详尽，有很多资料依靠此书得以保存，是很有价值的书法著作。

《宣和遗事》 *Anecdotes of Xuanhe Era* 中国古代讲史家话本。编者不详。又名《大宋宣和遗事》，似为宋人口吻。据说源出宋本，但可能经过后人增订。全书内容都出于宋人的记载。大致可以分为10段：第一段历数前朝各个荒淫无道的昏君，直讲到宋徽宗；第二段讲王安石变法致祸；第三段讲宋徽宗用蔡京等在朝任事；第四段讲宋江等36人聚义梁山泊，即水浒故事的雏形；第五段讲宋徽宗宠爱名妓李师师；第六段讲宋徽宗信任道士林灵素；第七段讲腊月预赏元宵和元宵放灯的盛况；第八段讲金人入侵，攻陷京城；第九段讲金兵掳徽、钦二帝北行；第十段讲康王南渡即位，定都临安（今杭州）。这些故事有不同的来源，文风也不一致。《宣和遗事》有两种版本：《士礼居丛书》本分2集，书前有300多条分节目录；另一种版本分4集，内容相同。通行的有古典文学出版社排印本。

宣化辽墓 Tombs of the Liao Dynasty at Xuanhua 中国辽代晚期张世卿和韩师训两个家族的墓地。位于河北张家口宣化城西的下八里村。1974～1998年发掘。是迄今发现的墓葬数量最多、资料最丰富的辽代墓地，对研究辽代晚期的社会、文化等有重要价值。1996年，国务院将包括张氏、韩氏两个墓群的下八里墓群公布为全国重点文物保护单位。墓多为砖筑双室墓，也有单室墓。墓室中常见砖棺台，上置木棺，通常为火葬。张世卿墓有木质真容偶像，张文藻墓有草制真容偶像。墓中一般都有精美壁画，题材以《散乐图》和《备茶图》最具特点，还有《门神图》、《门侍图》、《出行图》、《备酒图》、《侍读图》、《妇人启门图》、《儿童跳绳图》等。内容丰富，形象逼真，色彩鲜艳，生活气息浓郁，为辽代壁画中的瑰宝。张世卿墓的后室穹窿顶上彩绘星象图，以莲花为中心，将黄道十二宫和二十八宿相对照，明显受印度天文学影响，为中国天文学史的重要发现。随葬品以陶、瓷、木器为主，也见铜、铁、骨器等。据墓志可知，这批墓的下葬年代为1093～1117年，墓主多是没有职官的汉族平民。

宣卷 中国曲艺形式。全称为“宣讲宝卷”。源于明代流行于河北一带的一种宣讲经典的宗教活动。清同治、光绪年间和民国初年，扩展到江南以上海、杭州、苏州、绍兴、宁波等城市为中心的广大地区，但已经演化为一种民间说唱娱乐活动。“宝卷”是宣卷艺人的脚本，有不少抄本和刊本流传。宣卷以说唱故事为主，艺人称为先生。宣卷表演照例先由先生焚香请佛，然后唱四句定场诗，唱完以后开书。在宣讲正文时，有说有唱，说少唱多。唱腔音乐性不强，有时只用一支简单的调子，伴奏用打击乐器，或用鼓、板，或用渔鼓、简板，或用木鱼、钟磬，称为“木鱼宣卷”；后来也有用胡琴的，称为“丝弦宣卷”。除宣讲“正卷”外，还有用于敬香、请灶、传香、收香、结缘等民俗仪式来进行实用性演出的“小卷”。中华人民共和国建立后，宣卷演出一度比较衰歇，至20世纪末期，在一些地方有所恢复。

宣统帝 Emperor Xuantong of Qing Dynasty 中国清朝末代皇帝、伪满洲国皇帝。见溥仪。

宣威市 Xuanwei City 中国云南省辖县级市。位于省境东北部，邻接贵州省。面积6 257平方千米。人口130万（2010）。有汉、彝、回、苗等民族。明洪武十四年（1381）设宣威关，取“宣播朝廷威德”之意。清雍正五年（1727）改为宣威州。1913年废州设宣威县。1995年设立宣威市。由曲靖市代管。在滇东高原北部的陷落盆地内，喀斯特地貌发育。属暖温带季风气候。矿产资源有煤、铁、锰、铜、铅、锌、硫磺、石棉等。东部优质煤储量很大，与贵州六盘水煤矿相连。建有省属田坝、来宾煤矿和宣威电厂等。工业有煤炭、电力、化工、冶金、化肥、建材、农机修造、卷烟、酿造、制药、食品和粮油加工等。农业主产水稻、玉米、薯类、油菜、烤烟、蔬菜等。特产有宣威火腿、云腿罐头。名胜古迹有东山寺古刹、来宾龙洞、汉晋古墓、孔庙、尖角洞文化遗址等，纪念地有虎头山战役遗址等。

宣叙调 recitative 以朗诵或说白方式演唱的声乐形式。一般用在歌剧或清唱剧中以代替对话或叙述剧情发展的部分。其节奏自由，曲调近似朗诵，故又称朗诵调。17～18世纪的歌剧中宣叙调与咏叹调有着明确区分，后由于C.W.格鲁克、W.A.莫扎特对宣叙调的创造性运用和发展，这种传统渐渐开始被打破。宣叙调主要有两种形式：①有伴奏宣叙调，约始于1663年，其声乐声部用乐队伴奏。②清宣叙调，随着歌唱旋律中语言重音的出现，偶尔用羽管键琴作和弦式的衬托，有时还可用大提琴或其他乐器加强其低音声部。

宣夜说 中国古代的一种宇宙学说。据《晋书·天文志》记载，宣夜说认为，所谓“天”，并没有一个固体的“天穹”，而只不过是无边无涯的气体，日月星辰就在气体中飘浮游动。因此，宣夜说是中国古代一种朴素的无限宇宙观念。

宣夜说的历史渊源，可以上溯至战国时代的《庄子》。《庄子·逍遥游》：“天之苍苍其正色邪？其远而无所至极邪？”就用提问的方式表述了自己对宇宙无限的猜测。也是战国时代，道家中的宋钘和尹文一派就提出了朴素的元气学说，把宇宙万事万物的本原归结为“气”。这“气”，可以上为日、月、星辰，下为山、川、草、木。同时，名家的惠施，又提出了“至大无外，谓之大一；至小无内，谓之小一”的朴素的无限大和无限小的思想。这就为宣夜说的宇宙无限观念奠定了基础。

宣夜说的进一步发展，认为日月星辰也是由气组成的，只不过是发光的气。三国时代宣夜说学者杨泉又进一步认为银河也是气，并从中生出恒星来。在思辨性的自然哲学中，这种猜测是十分精辟独到的。

宣纸 Xuan paper 产自中国安徽宣城（古称宣州府）一带的书画用纸。中国传统的手工书画用纸。文房四宝之一。“宣纸”一词最早见于唐大中元年（847）张彦远所著的《历代名画记》。这说明宣纸在唐代已被使用。

宣纸的主要产地在宣城周围的泾县、广德、郎溪等几个县，其中以泾县所产宣纸质量最佳。这几个县在隋唐时期归宣州府管辖，所产书画用纸又都到宣州府集散，因而统称宣纸。随着时代变迁，其他县的造纸逐渐停业，只有泾县的宣纸生产延续至今。

宣纸的加工过程是：将青檀树皮和沙田稻草经过水泡浸渍、石灰发酵、缓和蒸煮、日光漂白、石碓打浆、竹帘捞纸、榨帖炕焙等18道主要工序，100多项操作，费时300多天抄造而成。宣纸以质地柔韧、洁白细腻、墨晕清晰、百折无损、纸寿千年而著称。

宣纸有生宣、熟宣、半生半熟宣之分。①生宣。即从捞纸槽中直接生产的原纸。具有较好的润水效果，宜书宜画，适用于大写意与书法。按原料（皮料与草料）配比的不同可分为特（种）净皮、净皮、棉料三大类。②熟宣（包括加工宣）。生宣经胶矾、染色、洒金、洒银等再加工处理后，制成熟宣和各种加工宣。具有不洇的效果，适宜于工笔画、小楷书法。产品有云母笺、五色宣、虎皮宣、素宣、冷金宣等。③半生半熟宣。用拉浆的方法，将生宣从澄清的凉熟豆浆汁或白芨汁、糯米汁（加适量骨胶等）的浆液中轻轻拖出，晾干后制成。具有介于生宣与熟宣之间略洇的润墨效果。产品有豆腐笺、煮硾宣、玉版宣等，宜于小写意，以画兼工代写。

萱草 *Hemerocallis fulva*; tawny daylily 百合科萱草属的一种。多年生草本植物。又称川草花、丹棘。宿根花卉。萱草属植物约有14种，主要分布在亚洲温带及亚热带地区。中国有11种：黄花菜、北黄花菜、小黄花菜、多花萱草、萱草、西南萱草、折叶萱草、短萱草、大苞萱草、小萱草、北萱草。

萱草具短的根状茎和肉质的纺锤状块根，叶基生，排成两列，条形，下面呈龙骨状突起。花莛粗壮，高60～100厘米；蝎壳状聚伞花序，复组成圆锥状；花橘红或橘黄，无香味。蒴果钝三棱状椭圆形或倒卵形，表面略有横皱纹。种子黑色。花果期5～7月。一般用块根繁殖。

萱草花有毒不可食用。花、根入药有解热、利尿、消肿、凉血止血的功效，但要慎用。

《喧哗与骚动》 *The Sound and Fury* 美国作家W.福克纳的代表作。长篇小说。1929年出版。作品采用意识流手法，打乱时空顺序，以多角度的叙事方式，向读者呈现了美国南方种植园主康普生一家家道中落、精神崩溃的历史。作品以凯蒂的故事为中心，按小儿子班吉眼中的故事、大儿子昆丁的回忆与思考、昆丁的弟弟杰生的独白、作者全知的视角四个不同的叙述视角分为四个部分，凯蒂虽未出场，却借他人之口成为故事的核心人物。小说自1929年问世后，一直为读者和批评界瞩目。其魅力主要源于艺术技巧上的大胆创新。小说不仅采用了多角度的叙述方法、颠倒的时空次序，造成结构上的错综复杂，而且借用内心独白来刻画人物性格和叙述故事，堪称意识流小说的经典之作。

《玄秘塔碑》 *Stele Inscription of Xuanmi Pagoda* 中国唐代僧端甫灵骨塔铭。塔为唐武宗会昌元年（841）十二月大达法师所建。裴休（字公美）撰文，柳公权书丹。本在长乐南原，后移长安府学，现存西安碑

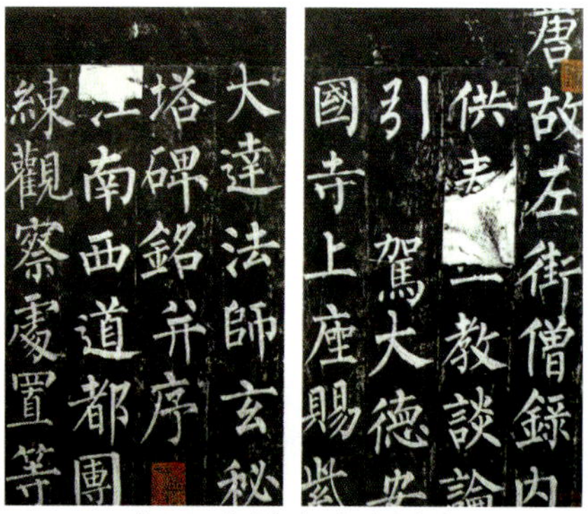

《玄秘塔碑》拓片（局部）

林博物馆。碑高386厘米，宽120厘米，碑文全称《大达法师玄秘塔碑铭》，楷书28行，每行54字，记述僧端甫生平、德行以及卒后赐谥“大达”，灵骨塔赐名“玄秘”之事，故又称《僧端甫塔铭》。此碑书法历来被推为柳公权楷书的代表作，为学习楷书的常用入门范本。传世拓本有宋拓数种。

玄参科 Scrophulariaceae; figwort family 双子叶植物纲菊亚纲的一科。约200属3 000余种，广布于世界各地，多数在温带地区。中国产56属约650种，主要分布于西南部山地。其中虾子草属、地黄属、崖白菜属、细穗玄参属、五齿萼属、翅茎草属为中国特有属。此科最大的属是马先蒿属，有500种以上，其中约2/3的种类产于中国。大多为草本，少数灌木或乔木。单叶对生，稀互生或轮生，无托叶。花两性；萼4～5裂，常宿存；花冠合瓣，2唇形，少辐射对称，裂片（3）4～5裂；雄蕊多为4，2强，少为2或5枚，第5枚常退化；子房上位，2室。果多为蒴果，少有浆果。

玄参科含药用植物的属有毛蕊花属、玄参属、母草属、通泉草属、毛地黄属、地黄属、腹水草属、婆婆纳属、兔耳草属、马先蒿属、阴行草属等。经济植物有泡桐属。观赏植物有金鱼草、爆仗竹、五蕊花、蒲包花、柳穿鱼等。

玄武门之变 Xuanwumen Incident 中国唐代初期皇室内部争夺皇位继承权的斗争。隋大业十四年（618），李渊称帝以后，立长子建成为皇太子，封次子世民为秦王。武德九年（626）夏，突厥数万骑入塞侵扰，李建成向李渊推荐由李元吉率诸军北征，以免世民掌握兵权。两人又共谋调出秦王府的精兵骁将，以削弱李世民的力量。李世民得知后，与亲信房玄龄、长孙无忌等策划，抢先于宫城北门玄武门内设伏。六月初四，李建成、李元吉上朝时行至玄武门，先后被杀，宫府兵溃散。世民手下尉迟恭披甲持矛入宫，请李渊下令由秦王节制诸军。六月初七世民被立为皇太子，接着李渊传位于太子，自己退位为太上皇。

玄武岩 basalt 基性火山岩。相当于辉长岩的喷出岩。是大洋地壳和月球月海的最主要组成物质，也是陆壳和月陆的重要组成物质。

化学和矿物成分 根据化学成分，玄武岩可分为亚碱性玄武岩和碱性玄武岩两个系列。亚碱性玄武岩又可进一步分为钙碱性玄武岩和拉斑玄武岩。玄武岩SiO_2含量基本为45%～53%，少部分碱性系列的玄武岩SiO_2含量偏低，少数低至42%左右。K_2O+Na_2O和TiO_2的含量在两个系列中有较明显差别：亚碱性系列玄武岩K_2O+Na_2O含量一般在4%左右，碱性系列玄武岩一般大于5%。二者的$Na_2O>K_2O$占多数。TiO_2含量亚碱性系列中多小于2%，而碱性系列中多数大于2%。

亚碱性系列玄武岩的矿物成分主要为基性斜长石和辉石（斜方辉石和单斜辉石），橄榄石次之，少见角闪石和黑云母。副矿物常见有磁铁矿、钛铁矿和磷灰石等。碱性系列玄武岩主要矿物为辉石和基性－中性斜长石及碱性长石，辉石多为含钛较高的普通辉石和富钙的透辉石，也可有部分碱性辉石，但不含斜方辉石为其特征；橄榄石含量一般较少，但某些富碱的玄武岩中含量可达25%。一些过碱性玄武岩中还有大于5%的霞石或石榴子石，副矿物和亚碱性玄武岩基本相同，除钛铁矿、磁铁矿、磷灰石外，还可有榍石。

玄武岩的次生变化常有绿泥石化、绿帘石化、泥化，绢云母化，碳酸盐化等。橄榄石还常有伊丁石化。

结构和构造 玄武岩多为斑状结构，部分为无斑微晶隐晶质结构。基质多为微晶隐晶质结构。玄武岩的构造常见有块状构造、气孔构造、杏仁构造，有些玄武岩可有绳状构造、渣状构造、柱状节理构造（见图）等，一些水下喷发的玄武岩还常有枕状构造。

分类 有多种：①根据主要矿物成分有橄榄玄武岩、辉石玄武岩、细碧岩等。②根据化学成分有拉斑玄武岩（Al_2O_3>16%～17%）和高铝玄武岩（Al_2O_3>16%～17%）等。③根据结构特征，可分为粒玄岩、隐晶质玄武岩、玻基玄武岩、玻璃质玄武岩（含水较多时也称橙玄玻璃）。④根据构造特征，可划分为块状玄武岩、气孔状玄武岩、杏仁状玄武岩、熔渣状玄武岩、绳状玄武岩、枕状玄武岩等。

玄武岩柱状节理（广东湛江）

产状与时代　主要产状为大规模的熔岩流、熔岩被，也有火山碎屑物喷出形成的火山锥体。还有岩床、岩墙和岩脉。玄武岩形成的时代较宽，几乎是各个地质时期都有。大陆上大面积玄武岩形成主要有三期：①前寒武纪时期，这期的玄武岩均已变质绿岩化，往往不易辨认。②晚二叠世。③侏罗纪到第三纪。

分布　玄武岩是一种分布最广泛的火山喷出熔岩，有些地方覆盖面积成千上万平方千米，世界上玄武岩分布最广泛的地区有西伯利亚、印度、南非、阿根廷、巴西、乌拉圭、美国、冰岛、苏格兰等地。从区域构造环境看，不同类型的玄武岩分布也有不同规律，拉斑玄武岩主要分布在大洋中脊，高铝玄武岩主要分布在活动大陆边缘和岛弧中，碱性玄武岩主要分布在大陆内裂谷带地区。

矿产　玄武岩与矿产的关系也较密切，常见的是铜铁矿，主要与细碧岩有关的黄铁矿型铜矿。玄武岩气孔中常有方解石和硅质充填，有时可形成很好的冰洲石和玛瑙矿床。有的玄武岩有地幔岩包体，包体中常有橄榄石、蓝刚玉、红色锆石、石榴子石大晶体，可作为宝石原料。玄武岩还是铸石和岩棉的主要原料，铸石是很好的绝缘和耐磨耐压材料，岩棉是很好的保温和隔音材料。玄武岩经过化学风化，最后可形成铝土矿。

玄学　metaphysics　中国魏晋时期出现的一种崇尚老庄的思潮，一般特指魏晋玄学。“玄”这一概念，最早见于《老子》：“玄之又玄，众妙之门。”王弼《老子指略》说：“玄，谓之深者也”。玄学即是研究幽深玄远问题的学说。魏晋人注重《老子》、《庄子》和《易经》，称之为“三玄”。魏晋玄学的主要代表人物有何晏、王弼、阮籍、嵇康、向秀、郭象等。魏晋玄学的产生有其深刻的社会背景和思想文化背景。简言之，它是在汉代儒学衰落的基础上，为弥补儒学之不足而产生的；是由汉代道家思想、黄老之学演变发展而来的；是汉末魏初的清谈直接演化的产物。综观魏晋玄学，其基本特点是：①以“三玄”为主要研究对象，并以《老子》、《庄子》注解《易经》。②以辩证“有无”问题为中心。以何晏、王弼为代表的玄学贵无派把“无”作为世界的根本和世界统一性的基础；崇有论者裴頠则认为有是自生的，自生之物以有为体。③以探究世界本体为其哲学的基本内容。贵无派把“无”当作“有”的存在根据，提出了“以无为本”的本体论思想；郭象则主张独化说，认为“有”是独自存在的，不需要“无”作为自己的本体。④以解决名教与自然的关系问题为其哲学目的。王弼用以老解儒的方法注《易经》和《论语》，把儒道调和起来，认为名教是“末”，自然是“本”，名教是自然的必然表现，两者是本末体用的关系。郭象提出了名教即自然的理论，认为道家的自然与儒家的名教是一致的。阮籍、嵇康提出“越名教而任自然”的主张，表现出反儒的倾向。⑤以“得意忘言”为方法。针对汉儒支离繁琐的解释方法，王弼、郭象等强调在论证问题时应注意把握义理，反对执著言、象，提出“得意忘言”、“寄言出意”的方法。⑥以“辨名析理”为其哲学的思维形式。玄学家重名理之辨，善作概念的分析与推理，辨析名理是其思维形式的基本特征之一。

玄言诗　xuanyan poem　中国一种以阐释老庄和佛教哲理为主要内容的诗歌。约起于西晋之末而盛行于东晋。自魏晋以后，社会动荡不安，士大夫托意玄虚以求全身远祸。到了西晋后期，这种风气逐步影响到诗歌创作。尤其是东晋时代，更因佛教盛行，使玄学与佛教逐步结合，许多诗人都用诗歌的形式来表达自己对玄理的领悟。孙绰、许询是玄言诗人的代表。由于玄言诗大多“理过其辞，淡乎寡味”（《诗品序》），缺乏艺术形象及真挚感情，文学价值不高，所以作品绝大多数失传。逯钦立《先秦汉魏晋南北朝诗》辑有孙绰诗12首、许询诗3首。此外，谢安、王羲之等所作的《兰亭诗》，也是典型的玄言诗。不过由于魏晋玄学提倡“得意忘象”，所以自然景物也往往作为领略玄趣的“言象”出现在玄言诗人的笔下。谢灵运那种夹带玄言的山水诗和陶渊明一些诗所创造的恬淡意境，似也多少受到玄言诗的影响。

玄奘　Xuanzang（602～664）　中国唐代僧人。旅行家，四大译经家之一，法相宗创始人。通称三藏法师。俗姓陈，名祎。洛州缑氏（今河南偃师缑氏镇）人。13岁受度为僧，20岁受具足戒。参拜名师学《涅槃经》及《摄大乘论》、《毗论》、《成实论》，感各家学说不一，不知所从，决定西行求法以释疑惑。

贞观三年（629）从长安出发，经今甘肃武威出敦煌，沿西域北道过今新疆及中亚地区南下，沿途拜师求学，于贞观五年抵摩揭陀国王舍城，入那烂陀寺从戒贤门下学《瑜伽师地论》及《显扬圣教论》、《中论》、《百论》和因明声明学、梵书《声明记论》。在那烂陀寺五年备受尊崇，为十大德之一。贞观十年离那烂陀寺游学东南西北印诸国，后返那烂陀寺。应师嘱主讲《摄大乘论》、《唯识抉择论》。此后经西域南道于贞观十九年正月二十五返抵长安，历时17年，行程5万里，携回大小乘经律论657部。尔后住弘福寺、慈恩寺，集名僧建译场，20年间译经75部1335卷，主要有《瑜伽师地论》、《大般若波罗蜜多经》、《解深密经》等，又著《大唐西域记》。门下高足如云，有窥基、圆测、神昉、嘉尚、神泰、道宣等。

玄中寺　Xuanzhong Temple　中国佛教净土宗发源地之一。位于山西交城西北石壁山中。北魏昙鸾始建于延兴二年（472），并于此弘习净土学说。隋末道绰、唐代善导也曾住持此寺，并完成净土宗系统。日本净土宗及净土真宗均视此寺为其祖庭。寺内金石文物以元代仿旧拓重刻唐《铁弥勒像颂碑》等数十方古碑最为珍贵。

悬棺葬　hanging-coffin burial　将棺木安置在悬崖绝壁上的墓葬。年代主要为青铜时代至早期铁器时代。中国、中南半岛、印度尼西亚、菲律宾等地均有发现。利用悬崖上的裂隙或天然洞穴直接放置棺木，或在崖壁上凿孔安插木桩支撑棺木。多独木凿成的长方形棺，也有少数用船形棺。葬式有一次葬和二次葬两种。随葬品一般以生活用品为主，多陶、瓷、竹木器和纺织物，金属制品很少或没有。

中国的悬棺葬主要分布在长江中游以南各地及台湾省。最早的如福建武夷山1号船棺年代相当于夏商时期，其他如瞿塘峡悬棺相当于战国，四川南部和贵州等地悬棺年代的下限可到明清。台湾的雅美人迄今仍保留悬棺葬习俗。关于中国悬棺葬的族属，一般认为与当地古代少数民族有关。

悬空寺 Xuankong Temple 中国古代栈桥式悬壁寺庙建筑。位于山西浑源翠屏山峭壁间。始建于北魏末（约6世纪），金代重修，后归列恒岳庙宇范畴，明清予以重建。1982年国务院公布悬空寺为全国重点文物保护单位。寺建于西崖峭壁上，面对**恒山**，自南向北依壁一字排开，渐次增高。在陡崖上插桩为基，楼阁悬空，气势险峻。现存大小殿阁13座，铜铸、铁铸、泥塑、石雕造像80余尊。寺宇布局紧凑。入山门为韦驮殿，北行是寺内庭院，钟鼓二楼对峙，正面是佛殿。寺北隅有高阁两座，其间有栈道相通，登阁俯视，如临深渊，谷底仰视，栈道若虹。阁为三层歇山顶，为悬空寺主体建筑。其中北阁的三教殿为全寺最高建筑，殿内供奉孔子、老子和释迦牟尼塑像。

建在峭壁上的悬空寺

悬铃木 *Platanus acerifolia*; London planetree 悬铃木科悬铃木属的一种。落叶乔木。又称英国梧桐、二球悬铃木。果实球形，下垂如铃，故名。树高可达35米，胸径可达1.3米左右。树皮呈不规则大片块状脱落，内皮灰绿色而光滑。叶阔卵形，掌状3～5裂。花单性，雌雄同株，头状花序。果球通常2枚，生于长柄上。喜光，不耐阴，较耐寒。萌芽力强，耐修剪，生长迅速。对土壤要求不严，但以排水性良好、肥沃的中性或微酸性壤土最适。以**扦插**繁殖为主，也可用种子繁殖，春播前将种子低温沙藏20天后播种。

悬铃木广泛用作行道树和庭荫树。木材硬度适中，纹理平滑，削面光泽，适于旋刨单板，为胶合板、刨花板、纤维板家具和建筑等用材。每年修剪下的枝条可用于人工培养银耳。

悬诗 Mu' allaqat 阿拉伯贾希利叶时期7篇（一说10篇）长诗的总称。阿拉伯语称作“穆阿莱葛特”，意为“被悬挂的”。由8世纪初期古诗收集家哈马德·拉维叶搜集。伊斯兰教产生以前，在阿拉伯人每年在麦加举行的集市上，各部落诗人朗诵诗歌并进行比赛，当选的诗歌用金水写在细麻布上并悬挂起来。“悬诗”也称“描金诗集”，阿拉伯人极其珍视。“悬诗”中有4个诗人是一致公认的：乌姆鲁勒·盖斯、塔拉法·本·阿卜德、祖海尔·本·艾比·苏勒玛和安塔拉。

悬诗是阿拉伯贾希利叶时期诗歌的精华，内容和形式都已成熟、完整。作品常以诗人站在遗址前追忆情人远行开始，描述风雨雷电、骆驼羚羊，歌颂游牧人的高尚品格，宣扬阿拉伯人的生活哲学及其崇高理想。格律工整，通篇押韵合辙，对后世诗歌发展的影响很大，韵律沿用至今。

悬索桥 suspension bridge 主要承重结构由缆索（包括吊杆）、塔和锚碇组成的桥。又称吊桥。缆索的几何形状由力的平衡条件决定，单独悬索即为悬链线，加上加劲梁后一般近似于抛物线。从缆索垂下的吊杆将桥面吊住，在桥面和吊杆之间常设置加劲梁，与缆索一起形成组合体系以减小活载挠度变形。

现代悬索桥由古代索桥演变而来。主要适用于大跨度及特大跨度桥梁，是目前跨度超过1 000米桥梁的唯一结构形式。

美国在1883年建成主跨为487米的**布鲁克林桥**，是早期著名的悬索桥，1964年建成了主跨为1 298.2米的韦拉扎诺海峡桥。1981年建成的英国亨伯大桥主跨为1 410米，混凝土桥塔高155米，1998年建成的日本**明石海峡大桥**主跨为1 991米，钢桥塔高297米，采用桁架加劲梁，是世界最大跨度的悬索桥。1998年建成的丹麦大海带桥主跨为1 624米，混凝土桥塔高254米，采用箱梁加劲梁，是世界第三大跨度的悬索桥（见图）。

20世纪30～40年代，中国开始采用钢丝绳缆修建悬索桥。1940年建成的滇缅公路昌淦澜沧江桥的主跨为135米，用轻型钢桁架做加劲梁。1948年在云南建成继成桥，为跨度140米的柔式悬索桥。中华人民共和国建立后，1951年在四川泸定建成大渡河新桥，跨度为130米。其后30多年曾建成一批悬索桥，如在四川省渡口市（今攀枝花市）建成跨度为172米和185米的悬索桥各一座，1969年在重庆建成了主跨为186米的朝阳桥，1985年在西藏建成的达孜拉萨河桥跨度达415米。连接香港市区和新机场之间的青马大桥主跨1 377米，建成时是世界上最大的公铁两用悬索桥，钢筋混凝土门式桥塔高206米。2005年建成的**润扬长江大桥**是中国第一座由悬索桥和斜拉桥构成的组合型特大桥梁，南汊主桥为主跨径长1 490米的单孔双铰钢梁悬索桥。

丹麦大海带桥

世界跨径前十位的悬索桥

序号	悬索桥名称	主跨径（m）	国别	完成年
1	明石海峡大桥	1991	日本	1998
2	舟山西堠门大桥	1650	中国	2009
3	大海带桥	1624	丹麦	1998
4	润扬长江大桥	1490	中国	2005
5	亨伯大桥	1410	英国	1981
6	江阴长江大桥	1385	中国	1999
7	香港青马大桥	1377	中国香港	1997
8	韦拉扎诺海峡桥	1298	美国	1964
9	金门大桥	1280	美国	1937
10	阳逻长江大桥	1280	中国	2007

旋臂 spiral arm 旋涡星系内年轻亮星、亮星云和其他天体形成的螺线形带状结构。

旋涡星系NGC4622的照片显示出两条规整的旋臂

这种螺线形带是旋涡星系外形的主要特征。旋臂按其形态的规整程度分为12类。有两条长而对称旋臂的星系被归为第12类，然后规整程度逐次下降，直到零碎而不对称的第1类。旋臂主要由星族Ⅰ的明亮的早型**恒星**构成。旋臂中除恒星外，还含有星际气体和尘埃，旋臂的前部（按旋转中的前进方向）往往还存在一暗黑的尘埃窄条。旋臂中还可观测到许多电离氢区。**银河系**有两条或者更多的旋臂，用光学方法可观测到两条旋臂的一部分，用射电方法则可观测到更多的部分（英仙臂、猎户臂、人马臂和三千秒差距臂等）。旋臂结构的实质可用密度波理论来解释。

旋度 rotation 向量场中的一个基本概念，用以描述向量场在一点附近的旋转性态。设：

$$\boldsymbol{F}=P(x,y,z)\boldsymbol{i}+Q(x,y,z)\boldsymbol{j}+R(x,y,z)\boldsymbol{k}$$

是一个给定的向量场。则它在一点处的旋度是向量：

$$\left(\frac{\partial R}{\partial y}-\frac{\partial Q}{\partial z},\frac{\partial P}{\partial z}-\frac{\partial R}{\partial x},\frac{\partial Q}{\partial x}-\frac{\partial P}{\partial y}\right)$$

记作rot $\boldsymbol{F}$。此定义也可写作下列形式：

$$\mathrm{rot}\,\boldsymbol{F}=\begin{vmatrix}\boldsymbol{i} & \boldsymbol{j} & \boldsymbol{k}\\ \frac{\partial}{\partial x} & \frac{\partial}{\partial y} & \frac{\partial}{\partial z}\\ P & Q & R\end{vmatrix}$$

旋度的运算有以下规则：

① $\mathrm{rot}(\boldsymbol{F}\pm\boldsymbol{G})=\mathrm{rot}\,\boldsymbol{F}\pm\mathrm{rot}\,\boldsymbol{G}$；

② $\mathrm{rot}(\varphi\boldsymbol{F})=\varphi\,\mathrm{rot}\,\boldsymbol{F}+\mathrm{grad}\,\varphi\times\boldsymbol{F}$；

③ $\mathrm{rot}(\mathrm{grad}\,\varphi)=0$；

④ $\mathrm{div}(\mathrm{rot}\,\boldsymbol{F})=0$。

旋耕 rotary tillage 使用旋耕机具松碎耕层**土壤**的耕作方法。通过旋耕机刀片的高速旋转，达到切削土壤、平整地面的目的。具有耕作深度较浅、碎土性能较强、旱耕时土块细碎、水耕时地表泥烂起浆、耕后地面平整等特点，并可减少工序，降低成本。但深度浅，碎土过甚，稻田长期旋耕，会破坏土壤结构，通透性变差。应交替应用铧式犁深耕和旋耕机作业，以避免上述缺点。中国和日本多采用弯形刀片，有外装、内装和交错安装3种方式。外装式用于开沟或拆畦；内装式用于筑埂；交错式用于平作。

旋光性 optical activity 线偏振光在某些物质中传播时其振动面发生旋转的性质。有些晶体如石英、辰砂等具有旋光性，称为旋光晶体。迎看光线方向看，振动面顺时针旋转的称为右旋，逆时针旋转的称为左旋。许多旋光物质同时存在右旋和左旋两类，分别称为右旋物质和左旋物质，它们具有相同的分子式，例如石英分右旋石英和左旋石英两种。

实验得出，旋光晶体线偏振光的振动面旋转过的角度ψ与光通过的晶片厚度d成正比，即

$$\psi=\alpha d$$

式中，比例常量α称为旋光率。对旋光液体来说，ψ与溶液的浓度c和光通过溶液的长度l都成正比，即

$$\psi=[\alpha]cl$$

式中，$[\alpha]$称为溶液的比旋光率。工业生产中根据这个规律制成专门的仪器（如量糖计），用来测量溶液的浓度。

旋花科 Convolvulaceae; glorybind family 双子叶植物纲菊亚纲的一科。约56属1 800种以上，广布热带、亚热带和温带，主产美洲和亚洲的热带、亚热带。中国产22属130种以上，南北均有，但大部分属种产西南和华南。常为草质或木质藤本，在干旱地区有些种类变成多刺矮灌丛；通常自养，少有寄生；常有乳汁；有些种类地下有肉质块根。单叶互生，寄生种类叶退化成小鳞片。花通常美丽，单生或通常组成各式花序；花整齐，两性，5数；花萼分离或基部连合，宿存，飞蛾藤属的萼片于果期极增大；花冠合瓣，冠檐全缘或5裂，蕾期旋转折扇状或啮合状，外面有5条明显被毛或无毛的瓣中带；雄蕊与花冠裂片同数互生；花盘环状或杯状；子房上位，由2（稀3～5）心皮组成，1～2室，或因假隔膜发育而为4室，稀3室，中轴胎座。蒴果、浆果或呈坚果状。

旋花科的番薯是粮食作物；蕹菜为常见栽培的蔬菜；牵牛（种子药用称黑丑、白丑）、丁公藤、菟丝子、马蹄金等为药用植物；还有不少植物栽培于园篱、棚架供观赏用。番薯属、海鹤藤属、银背藤属的某些种类种子服用后可使人出现幻觉或影响人的精神状态，如感觉迟钝、心理功能降低、意识朦胧、昏睡等。

旋角羚 *Addax nasomaculatus*; addax 偶蹄目牛科旋角羚属的唯一种。因角呈扭旋状得名。分布于冈比亚、阿尔及利亚并向东延伸至撒哈拉大沙漠。体型较大，体长1.5～1.7米，肩高0.9～1.1米，体重约120千克；颈短，肩比臀部略高；四肢较粗，蹄宽大，适于在沙漠中行走；尾圆而细，长25～35厘米，末端具长毛；冬毛长而粗糙，灰褐色，夏毛沙黄色；头部前额有较大片的黑色簇毛；眼小；雌雄均具角，长76.2～89厘米，角较细，分别向后外侧再向上弯曲，并略呈扁的螺旋形扭曲。栖息于大沙漠中，通常结成5～20只的群体。晨昏及夜间活动。身体笨重，奔跑速度较慢。怀孕期特别长，约10～12个月，冬季或早春产仔，每胎1仔，产仔后立即又进行交配。

旋律 melody 建立在一定的调式和节拍的基础上，按一定的音高、时值和音量构成的，具有逻辑因素的单声进行。又称曲调。它可以是单声音乐的整体，也可以是多声音乐的组成部分。在音乐作品中，旋律经常是表情达意的主要手段，也是一种反映人们内心感受的特殊语言。

构成旋律有两个必不可少的要素：即旋律线（或称音高线）和**节奏**。旋律线是指音乐在行进过程中，依不同音高的走向而形成的各种直线或曲线的进行方式。节奏是指音的时间关系。当旋律线和各种音乐节奏的长短、快慢、停顿等因素相结合时，旋律才能形成音乐的种种句法和结构。旋律线、节奏和调式的有机结合，并通过一定的音乐结构来加以体现，便是完整的曲调。

旋毛虫病 trichinosis; trichinellosis 由旋毛虫引起的人兽共患性**寄生虫病**。人食入含旋毛虫囊包的哺乳动物（猪、牛、绵羊等）肉而受染。囊包在十二指肠内释出幼虫，幼虫蜕皮4次发育为成虫。雌虫交配后经卵胎生途径产出幼虫，幼虫经肠壁淋巴及血流到全身各器官，仅侵入横纹肌的幼虫能继续发育为囊包。临床上以发热、全身肌肉酸痛、末梢血嗜酸性粒细胞明显增多为主要特征。

潜伏期平均为9～12天。肠道侵入期，临床上可出现**腹痛**、**腹泻**、恶心、**呕吐**、食欲不振等症状，持续约一周左右。幼虫移行期，主要症状有发冷、发热、头痛、无力及出汗，肌肉疼痛是本期突出的症状，以四肢肌肉为明显。重者出现咀嚼、吞咽及发音困难。眼睑及颜面浮肿，末梢血嗜酸性粒细胞明显增多。**心肌炎**及脑炎是严重的表现。待幼虫定居肌肉内并形成囊包，此为囊包形成期，此时全身症状缓解。

根据吃生或未熟肉史，典型症状及血液嗜酸粒细胞明显增多，肌肉活检找到幼虫或囊包即可确诊。免疫学试验如皮试、酶联免疫吸附试验对诊断有重要价值。阿苯哒唑治疗有良好疗效。

旋翼机 autogyro 利用前飞时的相对气流吹动旋翼自转以产生升力的旋翼**航空器**。全称自转旋翼机。旋翼机的旋翼不像直升机那样由动力装置直接驱动，而是前进时在空气动力作用下像风车那样自行旋转，产生升力。它的前进力由动力装置直接提供。自转旋翼没有反扭矩的作用，在旋翼机上无须安装尾桨。第一架成功的旋翼机是1923年由西班牙人J.de la切尔瓦研制出来的。20世纪60年代，人们使用现代技术中的轻质大功率发动机及直升机的“翘翘板”式旋翼技术制造出构造简单的旋翼机，在航空爱好者中作为一种极简单的单人飞

行器再度风行。旋翼机不能垂直上升，也不能在空中悬停，必须滑跑加速才能起飞。一般用于游览和体育活动。

选举制度 electoral system 选举国家各级政权机关的组成人员和其他公职人员的原则、程序和方法的总称。国家政治制度的重要组成部分。现代选举制度起源于古代希腊、罗马，形成于近代西方资产阶级革命时期，是现代西方国家民主政治制度的基本支柱之一。选举制度分为公开选举制与秘密选举制，直接选举制或间接选举制，多数选举制、代表比例选举制和混合制等。选举制度通常具有一系列程序、方法和实现这些程序、方法的原则，并以法律形式予以规范，包括：①确认选民资格、选举权和被选举权。②成立选举组织。③确定选举方式。④划分选区，包括初选区和复选区等。⑤确定候选人，通过候选人提名应有的程序进行。⑥举行选举，包括选举日期、选举场所和投票站的设置。⑦计算选票。⑧确认选举结果，包括选举有效与否，当选有效与否，当选资格的确认等。⑨对选举争端的处理办法和违反选举法律及规范的惩罚措施。

选矿 mineral processing 用物理或化学方法将矿石中的有用矿物和无用矿物（通常称脉石）或有害矿物分开，或将多种有用矿物分离开的工艺过程。又称矿物加工。产品中，有用成分富集的称*精矿*；无用成分富集的称*尾矿*；有用成分的含量介于精矿和尾矿之间，需进一步处理的称中矿。金属矿精矿主要作为冶炼业提取金属的原料，非金属矿精矿作为其他工业的原材料。选矿可显著提高矿物原料的质量，减少运输费用，减轻进一步处理的困难，降低处理成本，并可实现矿物原料的综合利用。除少数富矿外，金属和非金属矿石几乎都需选矿。

选前准备作业 有粉碎（包括破碎和磨碎）、筛分和分级，有时还包括洗矿。①破碎。将矿山采出的粒度为500～1 500毫米的矿块碎裂至粒度为5～25毫米的过程。方式有压碎、击碎、劈碎等，一般按粗碎、中碎、细碎三段进行。②磨碎。以研磨和冲击为主。将破碎产品磨至粒度为10～300微米大小。磨碎的粒度根据有用矿物在矿石中的浸染粒度和采用的选别方法确定。磨碎作业能耗高，通常约占选矿总能耗的一半。③筛分和分级。用不同级别的筛子筛选出粒度不同的物料的作业，称筛分，常用于处理粒度较粗的物料。按颗粒在介质（通常为水）中沉降速度的不同，将物料分为不同的等降级别的作业称分级，用于粒度较小的物料。筛分和分级是在粉碎过程中分出合适粒度的物料，或把物料分成不同粒度级别分别入选。④洗矿。为避免含泥矿物原料中的泥质物堵塞粉碎、筛分设备，需进行洗矿去泥。原料如含有可溶性有用或有害成分，也要进行洗矿。

选别作业 矿物原料经粉碎作业后进入选别作业，使有用矿物和脉石分离，或使各种有用矿物彼此分离。选矿的主体部分。有以下几种。①重力选矿。在重力场中，以矿物密度差别为主要依据进行的选矿。有重介质选、跳汰选、摇床选、溜槽选等。是选别黑钨矿、锡石、砂金、粗粒铁和锰矿石的主要选矿方法；也普遍应用于选别稀有金属砂矿。适用的粒度范围宽，从几百毫米到1毫米以下。②浮选。利用矿物表面对水的润湿性（疏水性或亲水性）的差异，在浮选剂的作用下进行的分选。通常指泡沫浮选。通常能处理小于0.3毫米的物料，原则上能选别各种矿物原料。也可用于选别冶炼中间产品、溶液中的离子和处理废水等。③磁选。利用矿物颗粒磁性的不同，在不均匀磁场中进行的选别。强磁性矿物（磁铁矿和磁黄铁矿等）用弱磁场磁选机选别，弱磁性矿物（赤铁矿、菱铁矿、钛铁矿、黑钨矿等）用强磁场磁选机选别。弱磁性铁矿物也可通过磁化焙烧变成强磁性矿物，再用弱磁场磁选机选别。④电选。利用矿物颗粒电性的差别，在高压电场中进行的选别。用于分选导体、半导体和非导体矿物。主要用于个别粗精矿的精选，如选别白钨矿、锡石、锆石、金红石、钛铁矿、钽铌矿、独居石等；也用于矿物原料的分级和除尘。⑤拣选。包括手选和机械拣选。主要用于预选丢除废石。手选是根据矿物的外部特征，用人工挑选。机械拣选有光拣选、X射线拣选和放射线拣选等。⑥化学选矿。利用矿物化学性质的不同，采用化学方法或化学与物理相结合的方法分离和回收有用成分，得到化学精矿。常用于处理用物理选矿方法难于处理或无法处理的矿物原料、中间产品或尾矿。

选矿厂磁选车间

选后产品处理作业 包括精矿、中矿、尾矿的脱水，尾矿堆置和废水处理。选矿主要在水中进行，选后产品需要脱水干燥。块状和粗粒物料可用脱水筛、螺旋分级机和脱水仓等进行重力泄水。细粒物料用浓缩机或水力旋流器和磁力脱水槽等浓缩，再经真空过滤机过滤。尾矿通常送尾矿库堆存，有时先经浓缩后再进行堆存。尾矿水应回收再用。不合排放标准的废水须经净化处理。旧尾矿场地要进行植被、复垦。

选矿自动控制 使用在线检测仪表（如γ射线浓度计、超声波粒度测定仪、X荧光分析仪等），自动调节设备和计算机，对选矿过程中的单个参数、单一机组进行检测和自动调节，以至对车间或全厂进行集中控制，以提高选矿指标和劳动生产率，改善劳动条件和实行科学管理。20世纪70年代以来，使用计算机控制的选矿厂不断增加，稳定化控制日渐成熟，并在此基础上向最佳化控制发展。

选煤 coal preparation 将采出的煤经人工和机械处理除去有害物质，并按需要分成不同质量、规格产品的过程。目的是保证煤炭质量，适应用户不同要求，提供优质燃料或原料，减轻煤炭利用过程中对环境的污染，避免煤中无用物质长距离无效运输，增强企业在煤炭市场的竞争力。

选前准备 对来自煤矿的毛煤（煤矿生产出来未经任何处理的煤）在矿山附近筛选厂进行筛分，拣出矸石。通过筛分将大于5厘米的筛出物送入水平安装慢速带式输送机上，用人工将矸石拣出。对特大块煤进行破碎，筛分出特大块煤（大于100毫米）、大块煤（50～100毫米）、中块煤（25～50毫米）、小块煤（13～25毫米）、粒煤（6～13毫米）、粉煤（小于6毫米）。按用户要求销售或运往选煤厂。矸石又称废石，是煤矿生产过程中产生的岩石。包括煤层中的夹石及其他混入煤中的岩石、采煤工作面和采空区垮落的岩石、巷道掘进排出的岩石、选煤过程中排出的碳质岩等。毛煤中选出规定粒度（通常大于5厘米）的矸石及黄铁矿等杂物后的煤称原煤。人工拣矸现逐渐为机械分选所取代。

方法 按煤与矿物分离所依据的物理或物理化学原理分类。①重力选煤。在重力场中，以矿物密度差别为主要依据的选煤方法。原煤中所含密度1.4～1.8克/厘米^{3}的中间煤含量决定分选难易程度。中国1994年规定中间煤小于10%易选、10%～20%中等、20%～30%难选，中间煤大于30%很难选。②跳汰选煤。原煤随水流入跳汰机，在跳汰机筛面上垂直脉动的水介质中，物料按密度分离，在水平水流的合力下分选。适于大块煤矸分离，有效分选粒度通常在0.5～100毫米，广泛用于处理易选和中等可选原煤。③重介质选煤。在密度大于水的介质中进行分选。通常用磁铁矿粉与水配成一定密度的悬浮液作分选介质。原煤入重介质分选机后，小于悬浮液密度的煤上浮，大者下沉。入选原煤粒度一般为13～300毫米的块煤。粒度小于13毫米的煤通过重介质旋流器分选。④浮游选煤。利用煤和矿物表面润湿性的差别，在浮选剂作用下，分选小于5毫米粉煤的方法。⑤特殊选煤。包括风力选煤、静电选煤、油团聚选煤、化学选煤、细菌选煤等。

产品　毛煤或原煤经选煤厂加工成的产物。主要包括：①精煤。经分选获得的高质量产品，主要由低密度有机物质组成，是选煤的主导产品。②中煤。经分选获得的灰分介于精煤与矸石之间的产品。由低密度、中间密度和高密度物质混合组成。③煤泥。选煤产生的粒度在5毫米以下湿的产品。泛指湿的煤粉。④尾煤。煤经分选后或经浮选过程选出精煤后排出的高灰分产品。⑤煤矸石。成煤过程与煤层伴生，灰分通常大于50%、发热量一般在3.3～8.3兆焦/千克的一种碳质岩。采煤过程它会混入煤中，作为选煤厂最终非煤产品。含碳高的煤矸石可作为劣质燃料，含碳低的可生产砖瓦、水泥和轻骨料。

选士制度　selecting talented people, system of　中国清朝以前按照一定标准选拔人才的制度。始于西周（一说始于春秋）。据古籍记载，当时选士形式有：①“乡里选士”，由各乡里逐级选拔秀士、选士、俊士、造士、进士。最后由司马将进士之贤者纳荐于天子，任官授爵。②“宾兴之制”，三年举行一次，选举贤能。春秋战国之际，养士之风兴起，当时士子进身途径靠请谒荐举和诸侯召见。汉代选士途径有：一是任子，即靠世袭入仕；二是计吏入官；三是纳赀入仕；四是选举入仕。选举又分两类：一谓贤良方正，由公卿郡国选举，天子策试，诏举无定期；一谓孝廉秀才，由州郡察举，不经考试。东晋安帝时，才加考试，并有年龄限制。此外，还有童子科的选举，年龄在12～16岁，能“博通经典”者入选。西汉另有“公府辟举”法。武帝时建立博士弟子员制度，博士弟子一由太常选补，一由郡国县道邑保举，入太学受业经考试后，按高下任官。魏晋南北朝实行“九品中正制”，又称“九品官人法”，由朝廷选派中正官，评品士人，列为九等，依品授官。隋以后各王朝设科考试，分科取士，是为科举制。从此中国选士制度进入另一阶段，直至1905年科举废除为止。

选言命题　disjunctive proposition　形式为“A或者B”的复合命题。现代逻辑称之为析取命题。选言命题陈述几种事物情况之中至少有一种存在。在形式逻辑中，该命题的联结词“或者”理解为相容的，即不能同假但可以同真。当支命题A和B都真时，复合命题“A或者B”仍为真；“A或者B”假，当且仅当A和B都假。中国许多有关传统逻辑的书中，常称这种命题为相容的选言命题。日常语言关于“或者”的含义往往不确定，有时可能表示不能同真。在日常语言中，如果已确知某一命题A为真，通常不作出“A或者B”的断定。传统逻辑在讨论选言命题时，主要涉及4种互相有关的命题形式：①A并且B，这是联言命题，现代逻辑则称之为合取命题。②非A或者非B，这是选言命题，是对联言命题的否定。③A或者B。④非A并且非B，即分离命题，它是A或者B的否定。中国讲传统逻辑的书，大多论及不相容的选言命题，其形式为“要么A，要么B”。“要么，要么”的含义与“或者”不同，它表示不能同真，又不能同假。

选择定则　selection rule　量子跃迁过程中有关的上下能级量子数改变所必须遵循的规则。以单价原子为例，在没有外加静磁场时，每个能级可用三个量子数n（主量子数）、l（轨道量子数）和j（总角动量量子数）表征，当发生电偶极跃迁时，主量子数n的变化值Δn不受限制，其他两个量子数的选择定则为：

$$\Delta l=\pm 1 \quad \Delta j=0, \pm 1$$

当外加弱的静磁场时，能级还需加上一个量子数m_j（磁量子数），它的选择定则是：

$$\Delta m_j=0, \pm 1$$

不符合选择定则时不能发生跃迁。磁偶极跃迁和电四极跃迁各有其选择定则。选择定则可以从量子力学推导出来，它是角动量守恒定律和宇称守恒定律的结果。

选择公理　axiom of choice　公理集合论中的一条重要的公理，简记作AC。内容是：任意一个由若干非空集合组成的集合S，都存在一种方法（函数）f，从S的每一集合中都能挑选出一个元素来。也就是说，对任意$x \in S$有$f(x) \in x$，f称作S的选择函数。选择公理是现代数学的一个基本原则和基本方法，数学的许多分支都引用并依赖选择公理。

通常，人们在数学论证中自觉不自觉地使用选择公理的方法，而从不怀疑其正确性。1890年，G.皮亚诺证明常微分方程解的存在性定理时对这一做法提出了怀疑：当S中含有无限多个非空集合时，从无限多非空集合中“一下子”作完无穷多次选择的选择函数f不一定总能找到。这一怀疑，立即引起重视。1904年，德国数学家E.F.F.策梅洛在证明良序定理时第一次明确地提出了选择公理。自20世纪初以来，许多数学家对选择公理进行深入研究，发现它与良序定理、乘积定理、极大原理、佐恩引理等成百个数学命题是等价的。

然而，选择公理的合理性和正确性并没有得到一致公认。反对者认为，既然选择公理与良序定理等价，那么选择公理应该得出实数集合可良序，但至今人们没有找到任何能使实数良序的方法。另一个反对的理由是，1924年S.巴拿赫和A.塔尔斯基使用选择公理证明了分球悖论（把一个球切成有穷个片断，然后再重新组合，可以得到两个与原球有相同体积的球）。这样，就不能再认为选择公理是自然正确的了。1938年，K.哥德尔证明如果ZF一致则ZF＋AC一致；1963年，P.J.科恩证明如果ZF一致则ZF＋¬AC也一致。这说明选择公理对于ZF公理系统是独立的，只用ZF系统的公理既不能证明也不能否定选择公理。

20世纪60年代以来，集合论研究者深入探讨了一些与选择公理对立的假设。J.迈切尔斯基等人提出一条相当基本的数学原理，称为决定性公理，简称AD。但关于决定性公理的相对一致性研究一直没有什么结果，因此集合论研究者普遍只把它当作一种工作假设。

癣　tinea; ringworm　可发生于体表各部位的一类真菌感染病变，由皮肤癣菌所致的感染病。皮肤癣菌具传染性，喜温热潮湿。在夏季和温热地带发病率高。皮肤癣菌病是临床最常见的皮肤真菌感染。按照受累部位，可分为手、足癣，体癣，股癣，甲癣和头癣等。

眩晕　vertigo　感到外界景物或自身处于运动中的一种错觉。包括旋转感、摇摆感或飘浮感等，是空间定向感觉的分析失谐，多在前庭系突然患病时发生。

诱发眩晕的病种遍及临床各科。分为：①前庭系疾病。②头颈部疾病。③全身性疾病。④精神神经性眩晕。

引起眩晕的疾病包括多种周围前庭及中枢前庭疾患。病因有炎症、血管疾患、肿瘤、变性、外伤、中毒等。周围前庭病变引起的眩晕、急性病变引起的眩晕比较重。

常见的眩晕疾患有梅尼埃尔氏病、位置性眩晕、耳源性迷路炎、前庭神经炎、氨基糖苷类抗生素中毒、突发性聋、听神经瘤、椎基底动脉供血不足、颈性眩晕等。此外，内耳损伤、耳部带状疱疹、内耳梅毒、血管压迫第Ⅷ颅神经引起的血管神经压迫综合征及延髓被盖综合征、小脑栓塞或出血、第四脑室或小脑蚓部肿瘤、多发性硬化、偏头痛、颞叶癫痫等也常有眩晕或平衡障碍。对眩晕患者应详细地询问病史，进行耳鼻咽喉科检查、神经系统检查和有关的实验室检查，还要进行各种听力检查和平衡功能检查。影像医学检查也很重要，包括X射线拍片检查、超声检查、血管造影、CT检查、MRI检查等。治疗方面除用抗眩晕药控制症状外，应寻找病因，针对病因进行治疗。

薛道衡　Xue Daoheng (540～609)　中国隋代诗人。字玄卿。河东汾阳（今山西万荣）

人。历仕北齐、北周，入隋官至司隶大夫。后为炀帝所杀。少孤，好学。北齐武平年间即有诗名。和卢思道齐名，在隋诗人中艺术成就最高。其诗虽未摆脱六朝余风，有些作品却刚健清新，如边塞诗《从军行》。代表作《昔昔盐》描写思妇的孤独寂寞，其中“暗牖悬蛛网，空梁落燕泥”一联，最为脍炙人口。小诗《人日思归》含思委婉，也很著名。有集30卷，已佚。今存《薛司隶集》1卷。《先秦汉魏晋南北朝诗》录存其诗20余首，《全上古三代秦汉三国六朝文》录存其文8篇。

薛定谔 Schrödinger, Erwin (1887－08－12～1961－01－04) 奥地利理论物理学家，波动力学创始人。生于维也纳，卒于维也纳。1910年获维也纳大学博士学位。毕业后留校任教，1921年在苏黎世大学任教，1927年接替M.普朗克，任柏林大学物理系主任。因纳粹迫害犹太人，1933年离德到澳大利亚、英国、意大利等国。1939年转到爱尔兰，在都柏林高级研究所工作。1956年回维也纳，任维也纳大学荣誉教授。1924年，L.V.德布罗意提出了微观粒子具有波粒二象性，即不仅具有粒子性，同时也具有波动性。在此基础上，1926年薛定谔提出用波动方程描述微观粒子运动状态的理论，后称薛定谔方程，奠定了波动力学的基础，因而与P.A.M.狄拉克共获1933年诺贝尔物理学奖。1944年著《生命是什么》一书，试图用热力学、量子力学和化学理论来解释生命的本性。这本书引导人们用物理学、化学方法去研究生命的本性，使薛定谔成为蓬勃发展的分子生物学的先驱。

薛定谔方程 Schrödinger equation 量子力学的基本方程。反映了微观体系运动变化的规律。微观体系状态由波函数$\Psi(\boldsymbol{r},t)$来描写，薛定谔方程是$\Psi(\boldsymbol{r},t)$所遵守的一个偏微分方程，单粒子的薛定谔方程是：

$$\mathrm{i}\hbar\frac{\partial}{\partial t}\Psi(\boldsymbol{r},t)=-\frac{\hbar^2}{2\mu}\nabla^2\Psi(\boldsymbol{r},t)+V(\boldsymbol{r},t)\Psi(\boldsymbol{r},t)$$

式中μ是粒子的质量，右边$-\frac{\hbar^2}{2\mu}\nabla^2$是粒子动能算符，$V(\boldsymbol{r},t)$是粒子在力场中的势能。

薛定谔方程是E.薛定谔于1926年初提出来的。它是含$\Psi(\boldsymbol{r},t)$对时间一次微商的方程，在给定粒子初态$\Psi(\boldsymbol{r},0)$（初始条件）和边界条件下，以后$t(t>0)$时刻粒子的波函数$\Psi(\boldsymbol{r},t)$将唯一确定。

如果粒子所在势场$V(\boldsymbol{r})$与时间t无关，则波函数$\Psi(\boldsymbol{r},t)$有如下形式的特解：

$$\Psi(\boldsymbol{r},t)=\Psi(\boldsymbol{r})\mathrm{e}^{-\mathrm{i}Et/\hbar} \qquad (1)$$

式中的$\Psi(\boldsymbol{r})$满足：

$$-\frac{\hbar^2}{2\mu}\nabla^2\Psi(\boldsymbol{r})+V(\boldsymbol{r})\Psi(\boldsymbol{r})=E\Psi(\boldsymbol{r}) \qquad (2)$$

此式称为不含时薛定谔方程，即能量的本征方程，E是粒子可能具有的能量，即能量本征值。(1)式所描写的状态称为定态。

薛凤祚 Xue Fengzuo (1600～1680) 中国明末清初数学家、天文学家。字仪甫。山东淄川人。生于明万历二十八年。少时随魏文魁学习中国历算。后于清顺治三年(1646)在南京结识波兰传教士穆尼阁，随他学习西方自然科学。康熙三年(1664)编成《历学会通》一书。《历学会通》有正集十二卷，考验二十八卷，致用十六卷。内容涉及天文、数学、医药、物理、水利、火器等。主要介绍天文学和数学。天文部分有太阳太阴诸行法原，木星、火星、土星经行法原，交食法原，历年甲子，求岁实，五星高行，交食表，经星中星，“西域回回术”，西域表，今西法选要，今法表等。书中既翻译介绍了欧洲天文学和阿拉伯天文学，也有中国传统的方法，力求将中西回各法融会贯通。他是继《崇祯历书》之后最先系统介绍按第谷体系计算太阳、月亮、行星、交食等方法的天文学家。在计算中首次引进了对数、三角函数对数。将西方的六十进位制改成十进位制，重新编制三角函数对数表，还介绍了一至二万的常用对数表。

薛福成 Xue Fucheng (1838～1894) 中国清末外交官，改良主义政论家。字叔耘，号庸盦。江苏无锡人。卒于上海。副贡生出身。同治四年(1865)，致书曾国藩，建议改革科举、裁减绿营，学习西方军事技术，遂得入其幕，并参与镇压捻军。光绪元年(1875)，应诏上改革内政外交万言书。旋被李鸿章任为重要幕僚，协理外交事务达10年之久，曾为李起草不少有关洋务的奏稿、书牍。五年，上书反对清廷授予英人赫德总司南北洋海防大权，使英国控制中国海军的企图不能得逞。同年，撰《筹洋刍议》。十年，中法战争期间，任浙江宁绍台道，部署防务，协调前线官兵，击退法舰进犯。1888年，擢湖南按察使。次年，受命为出使英、法、意、比四国大臣。曾与英国谈判订滇缅界务、商务，争回部分主权。同时，历任光禄寺卿、大理寺卿、左副都御使。二十年返国。一生著作甚丰，有《庸盦全集》(10种)、《庸盦笔记》、《庸盦文别集》，以大量政论而被公认为当世谈时务的巨擘。

薛暮桥 Xue Muqiao (1904－10－25～2005－07－22) 中国经济学家。生于江苏无锡，卒于北京。1934～1938年主编《中国农村》月刊。1948年任中共中央财经部秘书长。中华人民共和国建立后历任政务院财经委员会秘书长，国家统计局局长，国家计委副主任，国家物价委员会主任，国务院经济研究中心总干事，国务院经济技术与社会发展研究中心名誉总干事。长期从事经济理论研究和经济实践。著有《中国农村经济常识》、《抗日战争时期和解放战争时期山东解放区的经济工作》、《中国国民经济的社会主义改造》、《中国社会主义经济问题研究》、《当前我国经济若干问题》、《我国国民经济的调整和改革》、《按照客观经济规律管理经济》、《我国物价和货币问题研究》等。

薛仁贵 Xue Rengui (614～683) 中国唐代名将。名礼。龙门（今山西河津西）人。骁勇善骑射。贞观末从军。唐军攻高句丽，凭战功为太宗赏识，升为游击将军、北门长上。后又任右领军郎将。高宗显庆年间，辅助镂方道总管程名振经略辽东，屡破高句丽、契丹军，因功授左武卫将军。乾封初，又参与攻高句丽，因功授右威卫大将军兼检校安东都护。咸亨元年(670)，吐蕃进扰，高宗以薛仁贵为逻娑道行军大总管，郭待封为副，率兵出击，遭吐蕃军截击，辎重全部损失，薛仁贵被迫与吐蕃约和而还，免官为民。开耀元年(681)又被高宗起用，授瓜州长史；不久，授右领军卫将军、检校代州都督。永淳元年(682)，突厥阿史那元珍反唐，他率兵出击，突厥军闻薛仁贵复起为将，自行退走，被唐军乘势追击而溃败。

薛瑄 Xue Xuan (1389～1464) 中国明代理学重要代表人物。字德温，号敬轩，谥文清。山西河津人。永乐十九年(1421)进士。官至礼部侍郎、翰林院学士。

薛瑄的学术思想以朱熹为宗，以复性为旨。在理气关系上，认为“理只在气中，决不可分先后”，理无形而气有迹，理为主而气为客。在心性论上，认为性本原于天理，是学问大本大原。人性可复，道德完善的根据在于存性、明性、复性，即向本然之性的回复。在道德修养方法上，认为，要“依存天理、去人欲”的理学原则，在事上修炼。同时强调心的主宰作用，认为“为学第一工夫，立心为本”。著有《读书录》、《读书续录》，后人将其文字汇编为《薛文清集》。

薛愚 Xue Yu（1894－11－24～1988－01－17）中国药物化学家。中草药化学成分研究领域的开拓者之一。生于湖北襄阳东乡峪山镇，卒于北京。1925年毕业于齐鲁大学理学院，后任教于清华大学。1930年赴法国深造，1933年获巴黎大学理科博士学位。回国后历任河南大学教授，西北农林专科学校教授兼农化系主任，齐鲁大学教授兼化学系、药学系主任，国立药学专科学校教授、校长，北京大学医学院药学系教授、系主任。1943年创办齐鲁大学药学系。1945年任国立药专校长。1950年任北京医学院（现北京大学医学部）药学系教授，系主任。20世纪30年代提取醉鱼草素甲、乙。40年代提取茶、草药、人发、川芎、汉木鳖子等活性成分，进行药效研究。设计挥发油含量测定器。1979年主编《中国药学史料》。用中外文发表论文50余篇，主要著作有《实用有机药物化学》、《医用有机化学》等。

薛岳 Xue Yue（1896－12－17～1998－05－03）中国国民党军高级将领。字伯陵。广东乐昌人。卒于台湾。1911年加入同盟会。1918年保定陆军军官学校肄业。1926年任国民革命军第1军第1师副师长、师长，参加**北伐战争**。1927年夏回广东任新编第2师师长，后率部围攻南昌起义部队，继又参与镇压广州起义。1928年率部参加第二期北伐。1933年6月任国民党军第5军军长。此后，参加对中央革命根据地的第五次“围剿”，并尾追长征中的中国工农红军于湘、黔、滇、川等省。

1937年卢沟桥抗战爆发后，任第19集团军总司令，参加**淞沪会战**。1938年6月任第九战区第1兵团总司令，所部在武汉保卫战中获万家岭大捷。1939～1945年，先后任第九战区副司令长官、司令长官，指挥大兵团与日军进行三次**长沙会战**，三次均击退了日军进攻。1944年2月晋陆军二级上将。1946年5月任徐州绥靖公署主任，指挥所部进攻华东解放区，遭到失败。1949年1月任广东省政府主席，企图阻止人民解放军解放广东。12月任海南防卫总司令，以10万兵力企图凭借海峡固守琼岛（今海南岛）。1950年春逃往台湾。后晋为陆军一级上将。

学分制 credit system 以学分作为计算学生学习分量的单位，以取得必要的最低学分为毕业标准的一种教学管理制度。学分制的计算方法一般以每一学期的每周授课时数、实验和实习时数以及课外指定自习时数为学分的计算依据，根据各门课程的不同要求给予不同的学分，并规定各种专业课程的不同的学分总数，作为学生毕业的总学分。

学分制是在选课制的基础上产生的，始于德国。美国自19世纪70年代起开始实行学分制，现在美国绝大多数大学已实行学分制。中国的大学在20世纪30年代至50年代初，曾实行美国式的学分制。1952年，受苏联的影响，改学分制为**学年制**。70年代末一些大学试行学年学分制，现在学分制改革已在全国高校全面推行。

《学古编》 *Learning About Ancient Seals* 中国元代书法篆刻论著。吾丘衍撰，共2卷（今本拼为1卷）：卷上为“三十五举”，前十七举讲授篆书技法原则，后十八举论述古代印章的基本特点及篆印（设计印稿）原则；卷下为“合用文集品目”，是介绍有关篆隶字体的常识及古人著作、碑刻等的工具书；书末附录杂记汉印钮制、印油制作及清洗印章等知识。此书最主要的内容为“三十五举”，是历史上最早的印章艺术研究论述，在印学史上具有开创性意义，后人往往将《学古编》直呼为《三十五举》。作者吾丘衍（一作吾衍，1272～1311）字子行，号贞白居士，浙江太末（今龙游）人，学识渊博，擅长篆书。《学古编》成书于元成宗大德四年（1300），传世版本甚多。此书在论述印章艺术时反复强调以汉印为正途，提倡“方正”、“浑厚”、“不可太怪”等观点，被奉为科律。对明清篆刻的发展产生重要影响，清桂馥有《续三十五举》、《再续三十五举》、《重定续三十五举》各1卷。姚晏有《再续三十五举》。

学年制 academic year system 以学生读满规定的学习时数和学年，考试合格为毕业标准的一种教学管理制度。又称学年学时制。实行学年制的高等学校，其学年和学时根据不同专业的培养目标各有不同的规定。它规定学生在校学习一律编入相应的年级上课，既规定一定的修业年限，又规定一定的教学时数，一般不允许学生缩短或延长修业年限。课程基本上按学年，有时也按学期安排，每一学年（学期）的课程，包括必修课程和选修课程的门类和教学时数都有严格的规定。学年制对学时的计算一般有两种方法：一种只计算各门课程的授课时数，另一种将授课、辅导、自习和考试等教学环节也包含在内。

近、现代，各国大学多实行学年制，就是在实行**学分制**的一些国家的大学，也保留着学年制的一些基本做法，使二者结合。

学前教育 preschool education 对入小学前的幼儿所进行的有计划的教育。见**幼儿教育**。

学生会 student union 中等学校和高等学校中学生自己的群众组织。1919年五四运动时期，中国学生成立的学生自治会，为中国学生会的雏形，对学生自主管理、维护自身权利起了重要作用。中华人民共和国建立之后，学生自治会改名为学生会，凡是国民教育体系中的全日制普通高等学校、中等学校和科研教育机构的在校学生均为学生会的当然成员。学生会的干部经全体学生民主选举产生。

中等学校学生会一般分为两级，校学生会和班级学生委员会（班委会）。高等学校一般分为三级，校学生会、院（系）学生会和班级学生委员会。中国的学生会还有一个联合组织，即中华全国学生联合会（简称全国学联）。

学生会的基本任务是：①遵循和贯彻党的教育方针，组织同学开展学习、科技、文体、社会实践、志愿服务等多种活动，促进同学全面发展。②维护校规校纪，倡导良好的校风、学风，促进同学之间、同学与教职员工之间的团结，协助学校建设良好的教学秩序和学习、生活环境。③组织同学开展勤工助学、校园公益劳动等自我服务活动，协助学校解决同学在学习和生活中遇到的实际问题。④沟通学校党政与广大同学的联系，通过学校各种正常渠道，反映同学的建议、意见和要求，参与涉及学生的学校事务的民主管理，维护同学的正当权益。

学士 bachelor’s degree 大多数国家学位制度中的第一级学位（或称初级学位），通常由高等学校授予3～4年学制的大学本科毕业生。见**学位**。

学术自由 academic freedom 从事学术研究或教学的学者们有在他们各自的研究

领域内寻求真理并将其晓之于他人的自由。学术自由是自由从事科学研究活动的保障，也是通过开展学术研究活动进行创造性工作的有效激励手段，有利于推动科学研究事业和高等教育事业的发展。学术自由是思想自由和表达自由的组成部分。学术自由是学者从事科学研究、真理探求而不受非法干扰、支配和控制的权利。1919年德国《魏玛宪法》第142条明确规定，艺术、科学及其学理的自由，国家应予以保护和培植。第二次世界大战后，学术自由在许多国家的宪法和法律中得到肯定。

学位 academic degree 由国家授权具有授予学位权力的高等学校或科学研究机构，依据一定的专业学术水平标准，对达到相应学术水平或研究能力的个人授予的一种称号。它是衡量个人受教育程度和学术水平的重要客观标志，也是社会对学有所成的个人的一种荣誉和鼓励。多数国家通常将学位分为学士、硕士和博士三级。各国对学位等级的划分、学位授予的具体条件和要求以及学位名称不尽相同。

学士 大多数国家学位制度中的第一级学位（或称初级学位），通常由高等学校授予3～4年学制的大学本科毕业生。《中华人民共和国学位条例暂行实施办法》规定：高等学校本科学生完成教学计划的各项要求，包括规定的课程和毕业论文（毕业设计或其他毕业实践环节），并且已较好地掌握了本学科的基础理论、专门知识和基本技能，具有从事科学研究工作或担负专门技术工作的初步能力，经审核准予毕业，才能被授予学士学位。无学士学位授予权的高等学校，对达到学士学术水平的本科毕业生，由学生所在系向学校提出名单，经学校同意后，由学校就近向本系统、本地区的具有学士学位授予权的高等学校推荐，经有学士学位授予权的学校学位评定委员会审查通过，以具备学士学位授予权的高等学校的名义授予学士学位。

硕士 大多数国家学位制度中的第二级学位，通常要在获得学士学位后，再经过1～3年的学习后方可获得。在一些国家，获得硕士学位不要求撰写学位论文，只要

中国矿业大学（北京）校长为2006届博士毕业生授予学位证书

学完规定的学位课程即可。《中华人民共和国学位条例暂行实施办法》规定：硕士学位由国务院授权的高等学校和科学研究机构授予。高等学校和科学研究机构的研究生，或具有研究生毕业同等学力的人员，凡在本学科领域掌握了坚实的基础理论和系统的专门知识，具有从事科学研究工作或独立担负专门技术工作的能力，通过规定的硕士学位课程考试和论文答辩，成绩合格者，可由具备硕士学位授予权的单位以其名义授予硕士学位。

博士 学位制度中最高的一级学位。在中国，通常是在获取硕士学位后，再经过3～4年的研究学习，方可获得。《中华人民共和国学位条例暂行实施办法》规定：博士学位由国务院授权的高等学校和科学研究机构授予。高等学校和科学研究机构的博士研究生，或具有博士研究生毕业同等学力的人员，凡在本学科领域掌握了坚实宽广的基础理论和系统深入的专门知识，具有独立从事科学研究工作的能力并取得研究成果，通过规定的博士学位课程考试和论文答辩，成绩合格者，可由具备博士学位授予权的单位以其名义授予博士学位（见图）。此外，许多国家的大学还对国内外卓越的学者或著名的社会活动家授予名誉博士（或荣誉博士）学位，授予这种学位无须经过学位考试和论文答辩。

学位论文 degree paper 高等学校或研究机构的学生为取得学位，在导师指导下完成的科学研究、科学试验成果的书面报告。由于各国教育制度规定授予学位的级别不同，学位论文也相应有学士学位论文、硕士（或副博士）学位论文、博士学位论文之分。《中华人民共和国学位条例》要求学位论文的选题须有相当的理论意义和实践意义。论文应能反映作者在本门学科上掌握坚实宽广的基础理论和系统深入的专门知识。学位论文一般包括：摘要、引言和评述、主要内容和结果的讨论（总结）、参考文献等部分。研究生或具有研究生毕业同等学力的人员，通过硕士或博士学位课程考试，成绩合格，方可参加论文答辩。学位论文答辩委员会负责审查论文，组织答辩，就授予硕士或博士学位提出建议，报请学位评定委员会审批，并呈国务院学位委员会备案。

学习 learning 获取知识和掌握技能的过程。既包括通过正规的教育和训练获得知识技能，也包括在日常生活和实践活动中积累知识经验。学习的含义在日常用语和科学术语中都是一样的。但是，倾向于行为主义理论的心理学家认为这一定义过分宽泛，不能确切地界定学习一词的含义，而且，这样的理解可以用来说明人类的学习行为，却不适于解释所有动物特别是某些低等动物的简单学习行为。因此，他们给学习下的定义是“因受到强化的练习而出现的潜在反应能力的较为持久的改变”。这个定义包括4个对于了解学习过程至关重要的要点：①“较为持久的改变”，排除了因疲劳、餍足或习惯化而造成的动机和反应能力下降等临时性的行为变化，这类变化都不属于学习。②“潜在反应能力”，说明通过学习不仅发生外部行为的明显改变，也出现难以直接观察到的内在的变化。比如因接触某些对象和情境而使学习效能明显提高的潜伏学习和无意学习就都属于学习的范围。③“受到强化”，是行为主义心理学家最重视的关键部分，因为没有强化就不会有“潜在反应能力的较为持久的改变”，而且会使已经获得的反应能力出现消退。④“练习”，学习的行为必须实际出现并经过反复才会发生学习。当然，通过观察和模仿而实现的学习也可以只有内在的变化而没有明显的外部行为表现。此外，强调学习要经过练习还可以把某些物种的先天倾向（如鸭类的印刻现象）和由机体成熟而引起的变化（如鸟的飞翔）排除于学习之外。

学习的本质在于刺激和反应之间建立联系，但又可分为不同的类型。如尝试错误学习、经典性条件作用、操作性条件作用、顿悟学习、潜伏学习、观察学习等。也可以根据学习活动的内容和产生学习的情境不同的复杂程度作另外的分类。关于学习的神经生理机制，已知任何学习活动，即使是最简单的学习也不是靠单个细胞的活动，而是靠大量神经元的综合活动，这些神经元之间构成复杂的关系网络。人们对这种关系模式在各种不同学习中的具体表现曾有多种理论假设，但到目前为止对学习所涉及的生理过程仍然了解甚少。

学习曲线 learning curve 用来表示学习进程及其效果的曲线图。又称练习曲线。学习的进程一般是一些变量相互作用的结果。学习的时间、练习的次数以及强化的性质等都是学习进程的自变量，而学习的结果包括习得的内容、数量和质量则为学习进程的因变量。学习通常都要经过一定次数和时间的练习以及练习的总作业量，将这些作为自变量，置于X轴即横坐标，把单位时间的作业量、完成作业所需的时间及完成作业的成功或错误的数量等作为因变量，置于Y轴即纵坐标。这样，将历次练习的进程及其效果用统计的方法处理，绘制成曲线图解，从中可以看出学习过程的进步情况即看出学习过程的效率、速度、准确性等方面的变化和特点。

典型的学习曲线呈先快后慢的负加速度增长趋势（图a），学习初期进步较快，以后渐渐减慢，最后维持在一个渐进的水

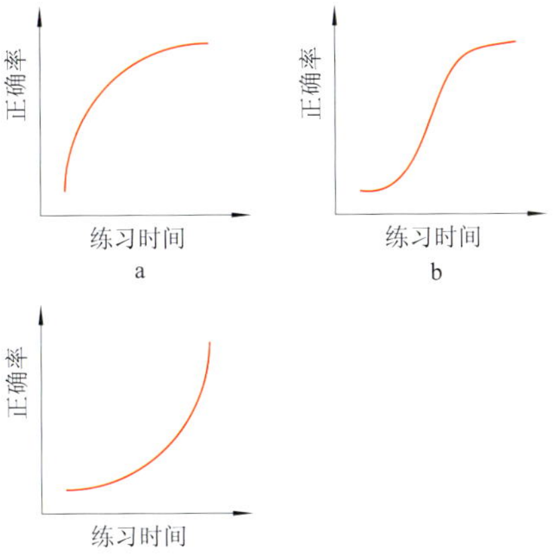

平上。此外，常见的学习曲线还有开始进展缓慢，然后加快，最终又放慢的S形加速曲线（图b）；有开始进展缓慢，然后加快的正加速曲线（图c）。

雪 snow　从云雾中降落到地面的固态水。由较大的冰晶（即雪晶）组成。雪晶直径一般大于0.3毫米，其基本形状为六角形。由于生长环境的温度、湿度的差异，雪晶沿不同晶轴方向增长的速率也不同，形成板状、星状、柱状、针状、立体枝状和线轴状等多种多样的雪晶形态。在较高的温度下，雪可互相碰撞粘连而成雪团。

雪大都降自雨层云或高云，属连续性降水。寒冷季节的积雨云中所产生的降雪，具有阵性特征。

雪豹 *Uncia uncia*; snow leopard　食肉目猫科雪豹属唯一种。分布于亚洲中部的高原地带、喜马拉雅山以北、昆仑山、天山、阿尔泰山、帕米尔和阴山，此外，印度、巴基斯坦、阿富汗、不丹和尼泊尔等均有分布。又称艾叶豹。体长1.3米，重约40千克；体形似豹，比豹略矮小，但体毛长而密，呈灰白色，遍体布满黑色斑点和黑环；尾长近1米，尾毛蓬松。栖息于海拔较高、寒冷的裸岩山地，除交配或哺乳时，平常独居。性凶猛而机警，嗅、听觉敏锐，动作灵活，善跳跃。白天隐匿在巢穴中，黄昏和夜晚出来捕食高山上的各种野羊，也猎取兔、旱獭、鼠类和高山鸟类。食物缺少时，或捕食家畜。发情期在1～3月，妊娠期约100天，4～6月产仔，每胎2～5只。幼仔3个月后即随母兽练习捕猎，约1年后独立生活。寿命约10年。雪豹活动在人烟稀少、

地形复杂的高原地带。被列为濒危野生动物物种予以保护。

雪暴 snow storm　大量的雪被强风卷着，随风运行，水平能见度下降到1千米以下的天气现象。俗称暴风雪。有时强风把地面的积雪吹起，分不清当时是否正在下雪的高吹雪现象也称为雪暴。

雪暴发生时积雪会掩埋公路、铁路、草场，甚至畜群，使交通受阻，大量牲畜冻死或断饲饿死，造成重大自然灾害。中高纬度地区的冬半年里，在发展很强的气旋后部，常可发生雪暴。在冬季和初春时节，当蒙古气旋和东北气旋发展加深时，中国的东北、内蒙古、新疆、青海等地区盛行西北和偏北风，伴有雪暴发生。在俄罗斯的亚洲地区，与雪暴相伴的是东北风，称为布冷风或普加风。法国的东南部称这种夹着雪的寒风为布列札风或布尔比埃风。南极的雪暴则是指从冰盖向下吹的极强风，平均风速可达50米/秒，并可持续数小时。

雪崩 avalanche　积雪顺着沟槽或山坡下滑，引起雪体崩塌的现象。具有发生突然、速度快和崩塌量大的特点。经常造成人员伤亡、堵塞交通、破坏森林、埋没厂矿、摧毁建筑物等，是高寒山区自然灾害之一。山坡坡度在30°～45°之间容易发生雪崩，大于50°不易形成积雪，小于20°难以形成雪崩。雪崩易发生在冬、春季。

雪顿节 Xuedun Festival　中国藏族传统节日。主要流行于西藏拉萨、日喀则等地区。“雪顿”为藏语音译，意为“酸奶子宴会”或“吃酸奶子的日子”。后因节日内容变化，又称藏戏节。从藏历六月三十日开始，历时4～5天，相当于公历八九月。相传已有300多年历史。最初源于宗教活动。按藏传佛教格鲁派的规定，全藏喇嘛在每年藏历六月十五日至七月三十日禁期不准外出，以免踩死虫子。开禁之时，僧众纷纷出寺下山，享受百姓施舍的酸奶子佳宴，逐渐形成节日。17世纪中叶，清朝正式册封五世达赖和四世班禅后，雪顿节开始演出藏戏。初以哲蚌寺为中心，后转到布达拉宫，18世纪又移至罗布林卡，并允许百姓入园看戏，雪顿节逐渐成为群众性节日。如今的雪顿节，除传统内容外，还举办商品展销、经贸洽谈等活动。

《雪国》 *Snow Country*　日本作家川端康成的代表作。1948年出版。《雪国》的人物并不复杂，主要有岛村、驹子和叶子。作品以双线式的情节结构述说了岛村这位已有妻室的男子，一年一度赴雪国与艺妓驹子幽聚。川端康成注重的，并不是这种人物之间的现实关联，而是超乎现实关系之上的特殊感觉与心理，并通过某种虚幻性的探究或追求，展现其特有的美学理想。他认定现实断然是丑陋的，美在虚幻之中。但他同时又无法将二者彻底分离开来，因而时时处于一种无法解脱的矛盾之中。《雪国》似乎是一部没有完结的小说，缺乏结构的完整性和故事的冲击力，却在一种平面式朦朦胧胧的人物形象与关系中，反复咏叹了日本特有的男女情怀或文化意境，更在一种袅如轻烟的哀愁之中，烘托了日本式的传统美感与感受性。

雪鸡 *Tetraogallus*; snow cock　鸡形目雉科雪鸡属的统称。外貌很像鹌鹑。共5种，中国有藏雪鸡（又称淡腹雪鸡）和暗腹雪鸡

藏雪鸡

种。暗腹雪鸡全长约600毫米。成年雄体具短而钝的距，雌体稍小，脚上无距。雪鸡的嘴强而短，翅膀与一般鸡类相似，形较圆，尾稍凹出。通体羽色呈土棕或红棕色且密布黑褐色蠹状斑纹。喉部呈白色，头和颈呈褐灰色，翅上有大块白斑。藏雪鸡下胸和腹面呈污白色且具黑色纵纹；暗腹雪鸡腹面呈暗灰色且有棕色粗纹。体羽多呈棕褐，与所栖息的高山裸岩区的颜色近似。

雪鸡是世界上分布地域海拔最高的鸡类，一般分布在海拔3 000～6 000米，直至雪线以上。以植物的茎、根、叶、芽等为食，兼吃昆虫和小型无脊椎动物。一般在5～7月繁殖。巢穴筑于悬崖绝壁上，隐蔽在草丛或灌木下的岩石凹陷处。每窝产卵4～6枚。

雪茄 cigar　由专用的晾晒烟叶制成的烟制品。用雪茄内包叶（或再造烟草及卷烟纸）包卷切碎或不切碎的芯烟成内胚，再以烟叶作外皮包卷，之后定形、修整而成（见图）。

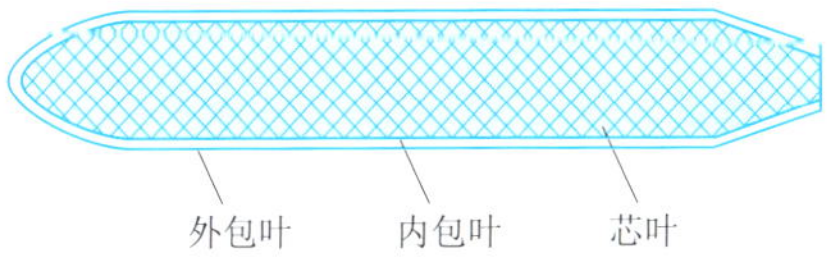

雪茄的模式结构

特点是燃吸时劲头大、香味浓郁。以支重3克为界，雪茄可分成大、小两类。中国雪茄又分全叶卷雪茄和半叶卷雪茄，后者采用棕色纸包卷内胚。手工制作的雪茄，工艺讲究，装潢精美，被视为上品，价位较高。

雪莱 Shelley, Percy Bysshe（1792-08-04～1822-07-08）　英国诗人。生于苏塞克斯，

卒于意大利斯佩齐亚湾。1804年入伊顿公学。1810年入牛津大学，半年后因撰写具挑战性的论文《无神论的必要性》被开除。为此也与父亲决裂，失去经济来源。1813年发表第一首长诗《仙后麦布》。1815年雪莱祖父去世，父亲确定雪莱每年得津贴1 000英镑，同时偿还了雪莱历年在外的欠债。1818年到意大利定居。在此后的4年里，创作了一系列不朽的杰作。1822年因海上风暴溺亡。

雪莱第一部引人注目的作品是童话诗《仙后麦布》，展示人类社会悲惨的过去、可怕的现在和乌托邦式自由平等的未来。长诗《莱昂和西丝娜》(又名《伊斯兰的反叛》，1817）等确立了雪莱的创作风格。5幕诗剧《钦契一家》(1819)，以16世纪罗马贵族钦契奸污自己的女儿后被女儿杀死的史实为情节基础，表现压迫与复仇、罪恶与正义的激烈冲突。抒情诗剧《解放了的普罗米修斯》(1819）是他最优秀的作品之一，它以古希腊神话为素材，创造性地再现了英雄普罗米修斯为人类窃取天上火种、传授技艺而遭主神宙斯（朱庇特）迫害的故事。1819年创作了最著名的诗篇《西风颂》以及长诗《暴政的行列》和《阿特拉斯的女巫》、《云》、《致云雀》等脍炙人口的抒情诗。在生命的最后两年里还创作了悼念J.济慈的著名哀歌《阿多尼斯》、讴歌理想美的抒情诗《灵中之灵》和受希腊人民争取独立斗争的激发而写的抒情诗剧《希腊》等。因去世而未完成的长诗《生命的胜利行列》在一定意义上否定了他以前的创作，是诗人诗艺发展的新开端。

雪莱用散文写作的《诗之辩护》(1821）是一部文论，肯定诗人的社会作用，肯定同时代诗人的历史贡献及进步的历史观点。此文不仅以分析透辟、语言优美为人所称道，而且其深刻的思想内涵至今仍具有现实意义。

雪里蕻 *Brassica juncea* var. *multiceps*; Indian mustard　十字花科芸薹属的一个变种。中国南北各地均有栽培。一年生草本，高30～90厘米。茎直立，多分枝，下部通常被粗硬毛。基生叶及下部叶倒披针形、椭圆形至长圆形，通常中部稍宽，边缘有缺刻及不整齐的锐尖重锯齿；茎上部叶长圆状披针形，全缘。总状花序顶生；花两性，辐射对称；萼片4，披针形，淡黄色；花瓣4，黄色，长7～10毫米，具爪；雄蕊6；心皮2，合生，子房上位，无柄，1室；花期7月。长角果细长条形，长3～5厘米；种子球形，暗褐色，径约1毫米；果期8月。其基生叶可腌制成咸菜食用；种子有辣味，磨成粉可代芥末面作调味品食用。

雪莲 *Saussurea involucrata*; snowlotus　菊科风毛菊属的一种。分布于中国青藏高原。哈萨克斯坦及西伯利亚东部和蒙古也有分布。多年生草本，高10～25厘米，根状茎粗，

根颈部有多数纤维状残叶基，茎粗壮，径达3厘米。叶密生，基生叶与茎生叶近革质，矩圆形或卵状矩圆形，长达14厘米，无叶柄，边缘有齿。头状花序多数个在茎顶密集成球状；花紫色。瘦果矩圆形，冠毛污白色，外层糙毛状，内层羽毛状。生于高山岩缝和石质山坡。

带花全株入药，有壮阳、调经、补血的作用。作为雪莲花入药的原植物还有绵头雪莲花、水母雪莲花、西藏雪莲花、毛头雪莲花等。

雪橇运动 tobogganing　运动项目之一。乘用木制或金属制作的双橇滑板，在专设的冰雪线路上作高速度回转、滑降。在古代，人们把雪橇当作运输工具。雪橇分无舵和有舵，单橇和宽橇，骑式和卧式等。1928年第2届冬季奥林匹克运动会后，历届冬季奥运会只采用无舵雪橇和有舵雪橇两种进行竞赛。

无舵雪橇又名运动雪橇或单雪橇，其竞赛项目分为男子单座、双座和女子单座3项。线路的平均坡度为4°～6°，全程中包括左右转弯、急转弯、S形转弯、连续转弯和直道。线路长度为男子1 000米左右，女子800米左右。比赛时间少者优胜。国际无舵雪橇联合会于1957年成立。1964年在第9届冬季奥运会上，无舵雪橇被列为正式比赛项目。

有舵雪橇为集体乘坐金属制雪橇，只限男子参加，项目有双人和4人两项，又名“长雪橇”。竞赛滑道总长度不得少于1 500米，坡高4°～8°，在总线路中至少有15个弯道，每个弯道半径至少20米。有舵雪橇竞赛速度快、操纵复杂，滑行中允许运动员下来推雪橇以改变方向，或者把脱滑的雪橇移回滑道。但是，到达终点时必须4名运动员都在座位上，否则成绩无效。成绩的计算与无舵雪橇相同。

雪人 snowman　传说中的一种野人。因常在高山雪地上发现它们活动的踪迹而命名。主要流传在喜马拉雅山南麓的一些高山地区，如尼泊尔、印度锡金、不丹和帕米尔地区等，中国西藏地区也有雪人传说。尼泊尔的夏尔巴人称雪人为Yeh-ten（英语译为Yeti，中文称耶提），认为它们有两种：大型的是红熊，小型的叫米泰。米泰是指一种小型的猿类或人形的红熊，更接近人形。藏族人称雪人为朱泰。至今科研人员未获得雪人真实存在的科学证据。雪人依然是科学上的未解之谜。

雪山 Snow Mountain　中国台湾岛北部雪山山脉主峰。海拔3 884米。旧称雪翁山、兴隆山。日本侵占台湾时曾以其高仅次于玉山而改称“次高山”，台湾光复后恢复。山势巍峨峻伟，冬季多积雪，更新世冰河期所成的冰斗等冰蚀地形遗迹历历可见。已发现冰斗遗迹34处。在雪山主峰东北面的一处，长约1 000米，宽约600米，底高海拔3 650米，为台湾规模较大且最完整的冰斗遗迹。以雪山为中心，山脉组成放射状脊线，其间多断崖深谷。自主峰经品田山附近北至大坝尖山，奇峰突出，大、小坝尖山（3 445米）尤为壮丽。雪山主峰迤西南，自大雪山（3 529米）至中雪山（3 172米）、小雪山（2 996米），为台湾北部著名林区之一。

雪松 *Cedrus deodara*; deodar cedar　裸子植物门松科雪松属的一种。分布于阿富汗至印度的海拔1 300～3 300米地带。中国大部分城市均有栽培。常绿乔木，高达50米，胸径可达3米。大枝平展、微斜展或微下垂，小枝下垂。叶针形，三棱，长2.5～5厘米，淡绿色或深绿色。雄球花长卵圆形或长圆柱状，长2～3厘米，径1厘米；雌球花卵圆形，长约7毫米。球果直立，卵圆形或宽卵圆形。种子近三角形，种翅宽大。材质坚实、致密均匀、具香气，可作建筑、桥梁和家具用材。树形优美，为世界著名观赏树种。

雪线 snowline　年固体降水量等于消融量的零平衡线。冰川上的雪线也称平衡线。雪线以上是永久积雪区。雪线高度主要受气候、地形和积雪（冰川）的影响。通常所说的雪线，指平坦而无隐蔽地面上大气固体降水量与消融量相等的多年零平衡线，即理想雪线，或称气候雪线。它不同于实际可见的地方雪线和季节雪线，也不同于冰川学中粒雪与裸冰分界的粒雪线。地球上雪线高度的分布由极地向赤道逐渐升高，但最高处不在赤道和热带地区，而在副热带高压区。喜马拉雅山中段北坡雪线高度在海拔6 000米左右，个别达6 100～6 400

米，是已知北半球最高的雪线。南半球南美的安第斯山雪线高达6 400米，是世界上雪线最高的地方。由副热带向两极，雪线又骤然降低，南半球在南纬62°～65°，雪线已降至海平面高度，而北半球的最低雪线则接近极地。中国最低雪线出现在阿尔泰山哈巴河流域，为2 800米；青藏高原雪线呈环形分布；与同纬度山区雪线比较，中国雪线明显偏高。

雪舟 Sesshū (1420～1506) 日本战国时代画家，日本水墨画——汉画代表人物。原姓小田，名等杨，又称雪舟等杨。生于备中赤浜（今冈山县总社市）。约1431年，雪舟离家去京都相国寺为僧。向同寺画僧、日本山水画的先驱周文学画。同时，宗法画僧如拙的书画。1467年（明成化四年），他作为画僧随遣明使天與清启访问中国，在四明（今宁波）景德寺被尊为“天童山禅班第一座”，又在北京礼部院制作壁画，深得明朝宫廷赞赏。

1469年归日后，不再回禅寺，而是先在大分、后在山口开设画室天开图画楼。1486年以后，他以山口为中心长年在外旅游写生，创作了大量水墨山水画。访问中国，是形成雪舟风格的契机。回国后，除继续泛学李唐、夏圭、梁楷、牧溪、玉涧、颜辉、高克恭的画风外，还通过旅游写生，开创了根植于现实土壤中并具有自家风貌的、富有生命力的新画风。他的代表作《四季山水图卷》(1486)，在中国的水墨画形式中注入了个人情感，并赋予日本民族气质。以他为代表的新的绘画潮流，形成室町时代绘画的主流汉画派。他的绘画代表着日本汉画的最高成就。

《四季山水图卷》(秋景部分)

鳕鱼 *Gadus*; cod 鳕形目鳕亚目鳕科鳕属种类的统称。有7种。分布于大西洋北纬40°以北到北冰洋。此属鱼类背鳍3个，臀鳍2个；第一臀鳍始于第二背鳍始点稍后，长较臀鳍前体长1/2短；头部侧线系统有小孔；上颌前端较下颌突出；额骨一块；下颏须较瞳孔长；头体有小圆鳞；侧线色淡，自第三背鳍中部往后呈断续状态。模式种为欧洲鳕，头较短窄，鳔前侧突长约等鳔宽；舌颌骨后缘中部突与上突近似垂直；体长可超1.5米，重40千克；有产卵、索食洄游现象。中国黄、渤海沿岸寒流及黄海冷水团所及之处有大头鳕，头较宽大，以小鱼及软体动物为食，约春末产浮性卵，体长可达720毫米。

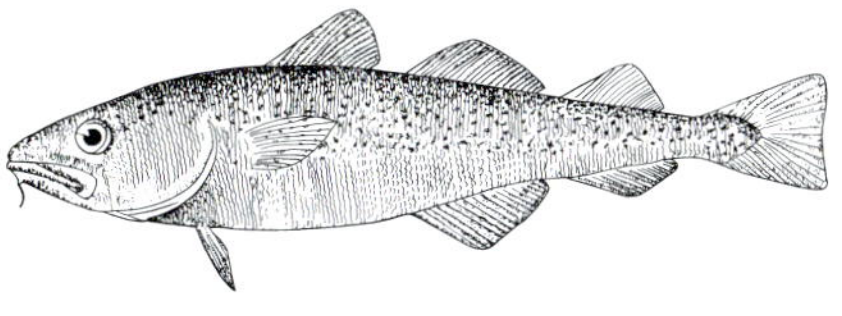

大头鳕

血管 blood vessel 动物血液环流身体各部的管道。血管壁结构一般分为3层：①内膜。一般又可分为3层：内皮、内皮下层和内弹性膜。②中膜。③外膜。血管可分为动脉、静脉和毛细血管。

动脉 由心室发出的血管，在行程中不断分支，愈分愈细，最后移行为毛细血管。动脉壁因承受较大的压力，管壁较厚，平滑肌比较发达，弹力纤维也较多，管腔段面呈圆形，具有舒缩性和一定的弹性，可随心脏的舒缩、血压的高低而有明显的搏动。

静脉 引导血液流回心房的血管。小静脉起于毛细血管，在回心过程中逐渐会合成中静脉、大静脉，最后连入心房。静脉壁因承受压力较小，管壁薄，平滑肌和弹力纤维均较少。缺乏收缩性和弹性，管腔断面较扁。静脉壁承受外加压力的能力比相应的动脉小些，管径较相应的动脉略大，全身静脉的总容量约超过动脉总容量的一倍以上。

毛细血管 极细微的血管，管径平均6～9微米，连于动、静脉之间，互相连接呈网状。毛细血管的数量很大，除软骨、角膜、晶状体、毛发、被覆上皮及牙釉质外，遍布于全身各处。一般在代谢最旺盛的器官，毛细血管网最为稠密。如肝、肾及大部分腺体等。毛细血管壁非常薄，有一定的通透性，加之血液在毛细血管内流动缓慢，有利于血液与组织、细胞之间进行物质交换。

血管瘤 hemangioma 局限性血管组织增生形成的肿瘤。从组织学上看仅为血管畸形而非真性肿瘤。可发生于身体各部，但多见于皮肤和皮下组织，单发或多发，极少数病例的皮肤、肝、肠、肌肉或脑有多处血管瘤并存。预后良好。常见婴儿及儿童期的先天性血管瘤，多在初生时就已存在，也有的在以后出现。开始为境界清楚的淡红斑，生后6个月内增长迅速，并可隆起皮肤表面。按发病年龄可分为先天性血管瘤及老年性血管瘤。

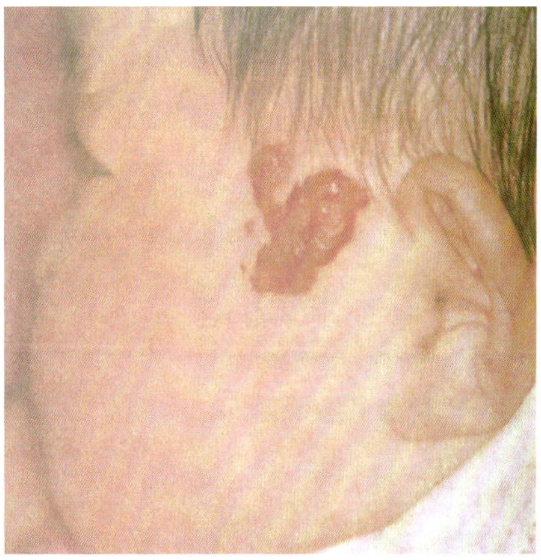

杨梅状血管瘤

先天性血管瘤 最多见，多分布于皮肤。可根据临床分为3型：①鲜红斑痣。又称毛细血管扩张痣、葡萄酒色痣。开始发生于婴儿，为境界清楚的鲜红色斑，不高出皮面，大小不等，以后枕部最为多见，以后随年龄增长颜色可渐渐变浅，乃至消失。由于影响容貌，患者常积极要求治疗。可采用放射性核素^{32}P敷贴或激光治疗等。②毛细血管瘤。又称杨梅状痣、单纯血管瘤。为鲜红色隆起表面的柔软肿物，指甲大小或更大。可见于身体的任何部位。一般不需治疗，但易受外伤出血者或长在特殊部位（如口腔黏膜）者需要治疗，可采用放射线、冷冻、激光等治疗手段。③海绵状血管瘤。一般为大而柔软的皮下肿块，形状不规则，皮肤表面往往隆起，表面皮色为暗红色或带青色，大小不等，可以很大，占据颜面或一个肢体的大部分。海绵状血管瘤常在婴儿出生时或出生后不久出现，也可发生较晚，逐渐扩大到某种程度后停止发展，一般不会自然消退，可采用注射硬化剂、手术切除等方法治疗。

老年性血管瘤 也比较常见，多见于40岁以上的中老年人，为皮肤老化的改变之一。表现为绿豆至黄豆大、红色的半球形小肿物，好发于躯干部。血管瘤的数目常随年龄增长而增多，无自觉症状，不需治疗。

内脏血管瘤也有两种类型，一类侵犯单个脏器，使脏器增大，多无症状，偶可破裂出血，如肝血管瘤。颅内血管瘤破裂出血则致颅压增高。另一类同时侵犯内脏及皮肤，构成多种综合征，如斯特奇－韦伯二氏综合征即三叉神经血管瘤病。表现为面部、全身各处皮肤黏膜的葡萄酒色痣，惊厥，智力障碍及视神经萎缩等。

血管性水肿 angioedema 皮肤、皮下组织、口腔、咽喉及肠壁黏膜发生的急性局限性水肿。色略红或正常，伴胀感或轻度瘙痒。旧名血管神经性水肿。其病因和发病机制与荨麻疹相同，有变态反应性及遗传性两种。变态反应性血管性水肿发病突然。发生于皮肤时，表现为大片局限性水肿。边界不清，皮色正常或微红，伴胀、热或痒感，1～2天可消退，可反复再发。多为过敏引起。遗传性血管性水肿少见，多见于儿童，有家族史，常染色体显性遗传。因先天性补体C1酯酶抑制剂缺乏或功能不良，严重者可因喉头水肿窒息。一般可用抗组胺药治疗。遗传性者可输血浆。紧急抢救时可注射地塞米松或肾上腺素。

血管炎 vasculitis 血管壁及血管周围有炎症细胞浸润，并伴有血管损伤，包括纤维素沉积、胶原纤维变性、内皮细胞及肌细胞坏死的炎症。又称脉管炎。

病因 与免疫异常有关，多为体液免疫异常，少数细胞免疫异常。内源性抗原有核抗原、冷球蛋白和变性的免疫球蛋白等，外源性抗原有药物、各种微生物等。肿瘤细胞、寄生虫及真菌也可直接侵犯血管壁致病。

分类 根据受累血管种类、大小、免疫和组织病理学特征及临床表现分类。

变应性白细胞破碎性（坏死性）血管炎 由多种原因致敏引起的血管炎疾病，主要累及细小血管，特别是毛细血管后静脉，以管壁及其周围组织内纤维蛋白沉积、变性及坏死与大量嗜中性粒细胞浸润及核破碎成核尘为特征。发病急，常有不同形态的皮肤损害。主要有变应性皮肤血管炎、变应性系统性血管炎、过敏性紫癜、低补体性（荨麻疹样）血管炎、持久性隆起性红斑。

结节性多动脉炎 累及中、小动脉，管壁坏死，甚至动脉瘤形成，为一严重的多系统损害疾病。主要有系统性结节性多动脉炎、良性皮肤型结节性多动脉炎、婴儿结节性多动脉炎（即急性发热性皮肤黏膜淋巴结综合征、川崎氏病）。

血栓形成性血管炎 累及中、小动脉和静脉，而以形成血栓为特征，并呈不同的临床表现。主要有血栓闭塞性脉管炎、血栓性静脉炎、蒙多氏病（胸壁血栓性静脉炎）、恶性萎缩性丘疹病、网状青斑性血管炎、节段性透明性血管炎、血栓性血小板减少性紫癜。

肉芽肿性血管炎 大、中、小血管受累的多系统损害疾病，以管壁内外肉芽肿形成为特征，病程慢性，有时甚为严重。主要有韦格纳氏肉芽肿病、变应性肉芽肿性血管炎、颞动脉炎、淋巴瘤样肉芽肿病、大动脉炎。

淋巴细胞性血管炎 以皮肤细小血管受累、管壁及其周围组织内淋巴细胞浸润为特征，产生不同类型的皮肤损害，病程慢性，反复发作。主要有淋巴瘤样丘疹病、急性痘疮样苔藓样糠疹、色素性紫癜性皮肤病。

结节性血管炎 以皮上下脂肪组织间隔内血管受累和产生皮下结节损害为特征。主要有结节性血管炎、硬红斑。

血液成分异常性血管炎 由血液中某些成分异常引起的细小血管炎性疾病，表现皮肤或内脏损害，病程慢性。主要有冷球蛋白血症、冷纤维蛋白原血症、高球蛋白血症、巨球蛋白血症。

其他 有贝赫切特氏病、科根氏病（非梅毒性角膜炎伴前庭听觉症状）。

临床表现 局限于某一器官或血管者较少，多表现为不同血管多部位和脏器的损害，故其临床表现多种多样。急性或进行性系统性血管炎，常发热和关节症状累及肾、肌肉、胃肠道和周围神经，也累及肺和中枢神经系统，较少累及肝和附睾等实质性脏器。

深部位较大血管的损害表现有肢体动脉闭塞，血流减少后引起缺血性疼痛，肢体运动或上举时疼痛加重，下垂时减轻，典型者呈间歇性跛行。又可有皮肤颜色改变、温度降低、组织营养障碍和感觉异常及动脉搏动减弱等。静脉病变可引起远端组织水肿，抬高肢体时减轻、下垂时加重、深部组织压痛和浅静脉怒张等。

诊断 原因不明的发热、多系统损害症状及肾脏损害、缺血性症状、紫癜、瘀斑或其他出血性皮疹或多发性单神经炎等异常时，应怀疑该病。皮肤损害是诊断皮肤血管炎疾病的重要依据，对系统性血管炎疾病的诊断也有重要参考价值。皮肤及其他组织的活检可了解损害性质。同时还应作免疫病理检查，系统的化验检查，血管造影，多普勒超声波检查和X射线检查等。

治疗 对免疫复合物沉积疾病，特别是白细胞破碎性血管炎类疾病，认识和清除抗原最重要。阻断引起炎症的环节，防止免疫复合物在血管内沉积，可用血浆交换疗法；抑制由免疫复合物沉积引起的炎症反应，可用消炎痛、炎痛喜康和秋水仙碱等非激素类抗炎药物；针对产生血管炎症的免疫机理可用皮质激素和免疫抑制药物。

血红蛋白 hemoglobin; Hb 主要存在于脊椎动物血液内红细胞中的一种携氧蛋白质。主要功能是把肺中的氧运输到其他组织中。是珠蛋白超家族中的成员。某些异常血红蛋白会引起致命的疾病，如镰刀状贫血症。

一级结构 血红蛋白分子有2个α和2个β亚基，分别用α_1、α_2、β_1、β_2表示。每个亚基的分子量为16 000。人血红蛋白的α及β亚基的一级结构均已阐明。

血红蛋白的每个亚基都有一个辅基——血红素。血红素是一个由原卟啉分子与一个铁原子结合的化合物，所以又称铁卟啉。与氧结合的血红蛋白称氧合血红蛋白，未与氧结合的称脱氧血红蛋白。

高级结构 血红蛋白分子是一个近似于圆球的四面体，长、宽、高分别为6.4纳米、5.5纳米和5纳米。4个亚基分别位于四面体的4个角上，相同的亚基位于对角线位置。亚基虽近似于球状，但相互之间凹凸正好相补。4个血红素的位置处在贴近分子表面的袋穴之中。

与氧的结合 血液中的O_2饱和度指血红蛋白实际结合氧的数量与最大可能结合氧的数量的百分比，即

$$O_2\text{饱和度}=\frac{Hb(O_2)}{Hb(O_2)+Hb}\times 100\%$$

肌红蛋白的氧结合曲线呈双曲线，而血红蛋白的呈S形曲线。

大气中CO_2的分压或体内氢离子浓度升高，可以降低血红蛋白与氧的亲和力。这一现象称波尔效应，具有重要的生理意义。当血液流经周围组织时局部CO_2分压较高，促进氧合血红蛋白分子释放O_2，生成的脱氧血红蛋白分子可与CO_2结合。当血液流经肺部时，CO_2的释放促使脱氧血红蛋白与氧的亲和力增加，从而有更多的氧合血红蛋白生成。

血红蛋白病 hemoglobinopathy 成人血红蛋白（Hb）合成障碍所致的一种遗传性血液病变。可分为：①珠蛋白肽链数量上的异常。即珠蛋白生成障碍性贫血（地中海贫血，简称地贫）。②珠蛋白肽链品质上的异常。即异常血红蛋白病。血红蛋白病按其功能改变可分为4类：①不稳定血红蛋白引起溶血性贫血。②氧亲和力改变的异常血红蛋白，若氧亲和力增强则出现红细胞增多症，若氧亲和力下降则出现溶血性贫血或发绀。③遗传性高铁血红蛋白病，以发绀为特征。④溶解度降低的异常血红蛋白，也引起溶血性贫血。

临床表现 主要为慢性溶血性贫血，症状轻重不一。平时可见巩膜轻度黄染，肝脾肿大。当感染或服用某些具有氧化剂作用的药物时可出现急性溶血，使黄疸和贫血加重。少数患者表现为红细胞增多，也可因形成高铁Hb而表现为发绀。

实验室检查 ①血常规检查。多数呈正色素正细胞性贫血，网织红细胞增多，血涂片可见异形、靶形红细胞和有核红细胞。红细胞渗透脆性试验（RUFT）显示红细胞脆性减低。骨髓象可见红细胞系统明显增生。②血红蛋白电泳。先应用醋酸纤维素薄膜电泳（pH8.5）进行粗筛，或同时进行枸橼酸琼脂胶电泳，此法可将各种异常血红蛋白（HbS、HbC、HbA和HbF）分开。淀粉胶电泳专测HbF，对诊断HbS-β地贫和HbC-β地贫的双重杂合子很有用。③异常Hb特殊检查。不稳定Hb的热不稳定试验、异丙醇沉淀试验和红细胞内包涵体检查等，HbS镰变试验，HbM光谱吸收试验，

HbF碱变试验、酸洗脱试验。④作肽链化学结构分析。

诊断和防治　对病因不明的溶血性贫血、红细胞增多症或先天性紫绀，应进行家族调查，并通过实验检查进行筛选。初步诊断为血红蛋白病后，必要时可转诊至血红蛋白病研究机构以明确诊断。在流行地区，应做到早期产前诊断，必要时终止妊娠。对杂合子的男女应禁止婚配。治疗依病情而定，轻型患者不需要治疗，病情严重以输血治疗为主，某些患者切除脾脏后可延长输血间期及减少输血量，基因治疗及骨髓移植在探索中。

血红蛋白尿　hemoglobinuria　尿液中含有大量游离血红蛋白而无红细胞的现象。反映体内有超出正常的血管内溶血。

病因多种多样，包括血型不合输血，动植物毒素、化学物质或药物引起的血管内溶血，感染引起的血管内溶血，以及某些血液病引起的溶血性贫血等。

血红蛋白尿的颜色与尿中血红蛋白含量多寡相关。可呈浓茶色、葡萄酒色、棕色或酱油色。不能仅凭尿的颜色来判断血红蛋白尿，因为紫质尿、黑酸尿及肌红蛋白尿的颜色也可与其相近，故必须进行实验室检查。首先应作尿液联苯胺试验或愈创木试验检查，血红蛋白尿呈阳性，而紫质尿及黑酸尿为阴性。联苯胺试验或愈创木试验的原理是：血红蛋白具有过氧化酶作用，能催化过氧化氢释放新生态氧，使联苯胺或愈创木氧化呈现蓝色。但是，联苯胺或愈创木试验并不能鉴别血红蛋白尿与肌红蛋白尿，因为后者也呈阳性。血红蛋白尿与肌红蛋白尿可参考临床资料（肌红蛋白尿患者常有重度挤压伤、电灼伤或肌肉疼痛病史）及进一步特殊化验来鉴别。

血红蛋白尿有时还须与假性血红蛋白尿鉴别。假性血红蛋白尿由血尿中红细胞溶解而形成，常发生于低比重尿（小于1.006）。可从临床有无血管内溶血证据（如血浆游离血红蛋白浓度增高及血浆结合珠蛋白浓度减低等）及尿液中有无残存红细胞（形态完整或破碎）来鉴别。

血尿　hematuria　尿中红细胞增多的现象。判断标准为离心后尿沉渣显微镜检查每高倍视野下红细胞超过3个。尿色正常的血尿为镜下血尿；尿色发红或呈深酱油色（后者多见于酸性尿时）的血尿为肉眼血尿。

分类　血尿可据其来源分为肾小球源血尿（由肾小球肾炎等内科疾病引起的血尿）及非肾小球源血尿（由尿路结石、肿瘤、结核、外伤等泌尿外科疾病导致的血尿）。

鉴别　为区分这两大类血尿，尤其是仅发现镜下血尿时，还能进行如下两项化验帮助鉴别：①尿红细胞形态检查。最好用相差显微镜进行检查，但是无条件时普通光学显微镜也可替代。须留新鲜尿（必须在留尿后半小时内检查）离心后用沉渣镜检。检查结果若为变形红细胞性血尿（红细胞大小不等，呈现多种形态）则提示血尿为肾小球源；若为均一红细胞性血尿（红细胞大小均一，形态基本正常），则提示血尿为非肾小球源。②尿红细胞容积分布曲线检查。留取新鲜尿，应用微粒容积自动分析仪检查尿中红细胞容积并做出容积分布曲线检查。结果若为非对称分布曲线，且峰值上红细胞容积变小，则提示血尿为肾小球源性；若为对称性分布曲线，且峰值上红细胞容积略变大，则提示血尿为非肾小球源性。若仅发现轻度镜下血尿，则前一检查较准；而肉眼血尿时，后一检查更佳。若能将两项检查同时进行，则试验的可靠性及敏感性都会更高。

在初步区分上述两类血尿后，就应据情进行不同检查以求明确病因。如结果为肾小球源血尿，则应进行肾功能（肾小球及肾小管功能）、血生化、免疫学等内科方面的化验，必要时作肾穿刺病理检查；而若结果为非肾小球源血尿，则应作膀胱镜、静脉或逆行肾盂造影、CT或磁共振等泌尿外科检查。

血亲　consanguinity　具有血缘关系的亲属。分为自然血亲与法律拟制血亲两种。自然血亲指出于同一祖先具有血缘关系的亲属，如父母、子女、祖父母、孙子女、兄弟姊妹等。同胞兄弟姊妹称为全血缘兄弟姊妹，同父异母或同母异父的兄弟姊妹称为半血缘兄弟姊妹，都包括在血亲之内。非婚生子女与生父母间的关系也是血亲关系。法律拟制血亲又称准血亲，指本无血缘联系而由法律确定其地位与血亲相等，如养父母与养子女之间，继父母与受其抚养教育的继子女之间的关系，根据《中华人民共和国婚姻法》(2001) 第26、27条规定，承认其为血亲关系。

按照血缘关系的亲疏远近，血亲又可分为直系血亲与旁系血亲。直系血亲指具有直接血缘关系的亲属，即生育自己和自己所生育的上下各代亲属，不论父系、母系，都是直系血亲。如父母与子女、祖父母与孙子女、外祖父母与外孙子女等。旁系血亲指具有间接血缘关系的亲属，即非直系血亲而在血缘上和自己同出一源的亲属。如兄弟姊妹与自己同源于父母，伯、叔、姑与自己同源于祖父母，舅、姨与自己同源于外祖父母，都是旁系血亲。直系血亲与旁系血亲都有尊亲属与卑亲属之分。尊亲属指从己身上溯的亲属，即父母及其同辈以上的亲属。卑亲属指己身下衍的亲属，如子女、侄子女、外甥子女、孙子女、外孙子女等。

直系血亲与旁系血亲、尊亲属与卑亲属的分类，为现今各国立法的通例，具有法律上的意义：①直系血亲和一定范围内的旁系血亲间禁止结婚。②禁止收养尊亲属为养子女。③把尊亲属、卑亲属作为确定承担扶养义务先后顺序的一项根据。④把尊亲属与卑亲属作为确定法定继承顺序的一项根据。

血清病　serum sickness　机体对外来抗原性物质刺激产生的变态反应。临床上主要表现为发热、各种形态的皮疹、水肿、关节肿痛等症状，严重时出现过敏性休克。狭义的血清病仅指因输注异种血清所致者。

发病过程　血清病的发生属Ⅲ型变态反应，其发病过程如下：①抗血清中的异种蛋白质抗原导致机体产生相应的抗体。②在抗原多于抗体的情况下，血液中形成可溶性的循环免疫复合物。免疫复合物沉积于血管壁，并激活补体。③补体被激活后，引起血管活性物质释放。导致血管扩张、血管通透性增加及血管内凝血等病变。④激活补体，释放出趋化因子，吸引中性粒细胞。中性粒细胞在吞噬过程中释放出所含的蛋白溶解酶，导致组织创伤。

临床表现　典型的血清病在用药后7～14天发生，属迟发反应。临床表现除发热外，最常见的是皮疹、淋巴结肿大和关节肿胀，肝脾增大，面部、手足等处水肿及蛋白尿等。少数患者还可以有严重的肾功能损害或喉水肿。腹痛、腹泻、皮下瘀血、咳嗽、哮喘以及心和神经系统的病变也可发生。如果患者过去曾经用过血清或某种药物，则再次接触同一抗原后，便可以在较短时间内发生反应，通常反应发生在48小时内。因注射血清制剂而发生的血清病，临床表现常较轻，为自限性。一般3～5天后，随着体内异种血清水平的逐渐下降，症状也逐渐消失。

治疗　目的主要在于减轻症状。水杨酸化合物，如乙酰水杨酸（阿司匹林），对退热和减轻关节疼痛有效；皮肤止痒可服用抗组胺药，也可外用各种止痒洗剂或擦剂。对个别症状严重的，如发生过敏性休克、喉或舌水肿影响呼吸的，以及发现有肾、肝、心等重要脏器损伤的，要及时注射0.1%肾上腺素及肾上腺皮质激素并采用其他措施抢救。

预防　主要在于严格掌握用药适应证。对患有变态反应病的患者、个人或家族中有变态反应病史者，特别是过去曾因接触过马皮毛而发生变态反应症状者，应该特别谨慎。因很多血清制剂系马血清制成。如果皮肤试验显示风团及红晕反应，应禁用血清制剂。

血热证　heat in blood, syndrome of　由外感温热毒邪或脏腑火热炽盛、热迫血分所引起的中医学证候。临床以各种出血势急量多、血色鲜红，斑疹显露或痈疡红肿热痛，伴发热、烦躁、舌红绛、脉数有力等为主要表现。常见于温热病、血证、月经先期、崩漏、疔疮走黄等病症。

血热证按其成因可分为虚实两类。饮酒过多、过食辛辣厚味蕴积胃肠、滋生胃火而致吐血、呕血、便血；肺热炽盛而致咳血、衄血；或膀胱热盛而致尿血等；多属实证。若烦劳过度、房事不节或久病耗伤心肾之阴，阴虚火旺、迫血妄行而出现咳血、尿血、紫斑等，多属虚证。

血热证的治疗：实者宜止血、凉血，胃火用玉女煎，肝火用龙胆泻肝汤，肺热用百合固金汤，疔疮用五味消毒饮；虚者宜养阴凉血，方选知柏地黄汤、加减复脉汤等。

血栓闭塞性脉管炎 thromboangiitis obliterans 一种慢性周围血管疾病。多发生于青壮年男性，多有重度嗜烟历史。典型的临床表现为间歇性跛行、休息痛及游走性血栓性静脉炎。该病主要侵犯肢体，尤其是下肢的中、小动脉及其伴行的静脉和浅静脉，受累血管呈现血管壁全层的非化脓性炎症，管腔内有血栓形成，管腔呈现进行性狭窄以至完全闭塞，引起肢体缺血而产生疼痛，严重者肢端可发生不易愈合的溃疡及其坏疽。患者应戒烟，可用血管扩张药、止痛药等治疗，必要时可进行各种手术（腰交感神经切除术，动脉血栓内膜剥离术，旁路移植术，乃至截趾、截肢）治疗。

血栓形成 thrombosis 血液在血管内或心脏内凝结或血液中某些成分发生黏集的现象。此过程中形成的凝块称血栓。

机理 血栓形成的条件主要有：①内皮细胞损伤。②血液流态的改变。血流缓慢或涡流常易促使血栓形成。③血液本身的改变。肾病综合征、糖尿病、心力衰竭、伴心房纤颤的风湿性心脏病、大面积烧伤等情况，常导致血液容易凝固。

类型 典型的血栓表面干燥、易碎、迂曲状。根据外形可分为白色血栓、红色血栓、混合血栓。附于心血管壁而不阻塞血流者，称附壁血栓。阻塞血流的血栓，称阻塞性血栓，多见于管径较小的血管。血栓的主体（血栓体）由血小板构成的小梁状白色血栓部分和红细胞、纤维蛋白构成的红色血栓部分层叠相间而成，纵切面上红白相间（混合血栓）。血栓逐渐增大阻塞血管，血流极度缓慢至停滞。发生在动脉系统的血栓与静脉系统者不尽相同。动脉血栓（包括心脏的）常始自内皮细胞受损处或血流产生涡流处（如内膜发生病变处或血管分支处），主要为血小板和纤维蛋白组成，故称为白色血栓或黏合血栓。静脉血栓90%见于下肢静脉，几乎都是阻塞性的，黏附于静脉壁。一些器官和组织的小静脉、微静脉、毛细血管内，可出现多发的仅在显微镜下可见的微血栓，又称纤维蛋白性血栓（见弥漫性血管内凝血）。

静脉血栓形成常无症状，或仅产生轻微的血管痉挛及疼痛。若下肢静脉血栓形成，下肢肌肉受挤压时可感疼痛。使足向足背方向屈曲以牵拉静脉，可产生疼痛，这称为霍曼斯氏征。在阻塞远端组织可有不同程度的水肿。

下肢静脉血栓的最大危险是血栓脱落，随血流流动，经右心房及心室，阻塞于肺动脉，引起肺动脉栓塞，患者因急性呼吸衰竭而猝死。较小的脱落血栓，若阻塞前肺已有严重充血，可发生肺梗塞，患者咳血性痰，重者出现呼吸困难或胸痛等。如果脱落的血栓很小，反复阻塞于肺内小肺动脉，可发生肺动脉高压，可见于妊娠的合并症。

血栓性静脉炎 thrombophlebitis 化学性、机械性和感染性因素引起的，伴有血栓形成的静脉炎症。多累及浅表静脉。浅表性血栓性静脉炎的临床表现十分显著，可见与皮下静脉走行一致的条索状物。表面皮肤红肿，伴有触痛。最常见于静脉输液及导管置入的静脉，与注入药物或导管对血管内壁的刺激有关。此病也常见于大隐静脉曲张患者的肢体远端，此处因血流淤滞而易于形成血栓。

浅表性血栓性静脉炎的治疗取决于发生的部位、范围和严重程度。轻症局限者可不限制活动，给予适当的止痛药和热敷。伴有周围蜂窝组织炎者需要卧床休息、抬高患肢，应用抗生素。本病一般不引起肺梗死，不需要抗凝治疗。

血糖 blood sugar 血液中的葡萄糖。机体的能源之一。正常人空腹血浆中葡萄糖浓度为3.4～5.6毫摩/升（60～100毫克/100毫升）。超过其上限被认为高血糖，低于其下限为低血糖。情绪过度激动、剧烈运动或大量食糖后会出现暂时性的高血糖，饥饿时则出现暂时性的低血糖。见糖尿病、低血糖症。

血吸虫病 schistosomiasis 由血吸虫寄生人体而引起的人畜共患寄生虫病。成虫能寄生人体的血吸虫包括日本血吸虫、埃及血吸虫（寄生于膀胱静脉及盆腔静脉丛）、曼森氏血吸虫（寄生于肠系膜静脉及痔静脉丛）、间插血吸虫（寄生于肠道静脉）及湄公血吸虫（寄生于肠系膜静脉）。在中国只有日本血吸虫病。

日本血吸虫的成虫雌雄合抱，寄生于人体肠系膜下静脉内。虫卵内含毛蚴，落入肠腔，随粪便排出体外，在水中孵出毛蚴。毛蚴钻入唯一的中间宿主——湖北钉螺体内，发育为尾蚴，离螺体入水，遇在疫水游泳或作业的人，即侵入其皮肤变为童虫。童虫随血液或淋巴到右心和肺，穿过肺泡小血管到左心并运送到全身。大部分童虫再进入小静脉，随血液流入肝内的门静脉分支发育成熟。

本病临床上表现为腹痛、腹泻、黏液血便、肝脾肿大及血尿，晚期出现肝硬化、门静脉高压症或尿路阻塞。潜伏期为35～42天，可分为急性、慢性和晚期3期。急性血吸虫病常见于无免疫力的初次感染者或慢性患者再次感染大量尾蚴时，症状有发热、食欲减退、腹痛、腹泻，偶有恶心及呕吐。检查时肝脏肿大，轻度压痛。末梢血嗜酸性粒细胞明显增多。慢性血吸虫病患者占感染者的绝大多数，轻者无明显症状。其症状可有腹痛、腹泻，常为稀便，重者可有脓血便。肝脏特别是左叶肿大，质稍硬，压痛不明显，随着病情的进展，脾脏也渐肿大。经反复感染或重度感染病情发展成晚期血吸虫病，主要表现为肝硬化及门静脉高压症。代谢失调时可出现腹水。儿童患者常可并发侏儒症。

诊断依据疫水接触史、典型症状和体征及皮试和血清免疫学试验，如环卵沉淀试验、间接血凝试验及酶联免疫吸附试验阳性。血清循环抗原检测对早期诊断具有重要价值。粪便孵化试验阳性或找到虫卵对确诊具有重要意义。直肠黏膜活检及肝脏B型超声检查对慢性或晚期血吸虫病的诊断具有一定价值。吡喹酮疗法对本病有良好的疗效。青蒿素衍生物如青蒿琥酯，对20天以下血吸虫童虫有杀灭作用，可用于预防在疫区下水的人员如防洪抢险人员等感染血吸虫病。

血小板 platelet 哺乳动物血液中的有形成分之一。有质膜，无细胞核结构，一般呈圆形，体积小于红细胞和白细胞，在血管损伤后的止血过程中起着重要作用。

血小板由骨髓造血组织中的巨核细胞产生。新生成的血小板先通过脾脏，约有1/3在此贮存。贮存的血小板可与进入循环血中的血小板自由交换，以维持血中的正常量。血小板寿命约7～14天，每天约更新总量的1/10，衰老的血小板大多在脾脏中被清除。

血小板具有特定的形态结构和生化组成，在正常血液中有较恒定的数量（如人的血小板数为100～300×10^6/毫升），在止血、伤口愈合、炎症反应、血栓形成及器官移植排斥等生理和病理过程中有重要作用。

血小板疾病 platelet disorders 因血小板数量或质量缺陷引起的出血性疾病。主要有以下3种。

血小板减少症 血小板计数若低于100×10^9个/升为血小板减少。血小板减少可引起出血倾向，症状与血小板的减少成比例。一般认为血小板低于50×10^9个/升时易伴自发性出血，低于20×10^9个/升则常有自发性出血。

病因有以下5种：①血小板生成减少。常在全身感染，营养（叶酸或维生素B_{12}）缺乏，放射损伤，化疗，肿瘤或纤维组织侵犯骨髓的情况下发生。②血小板破坏过多。见于使用洋地黄类、奎尼丁、丙咪嗪、吩噻嗪类、磺胺类、青霉素、头孢菌素类等药物后。③血小板消耗过多。包括弥漫性血管内凝血（DIC）、血栓性血小板减少性紫癜（TTP）等。④血小板分布异常。脾内血小板数量占循环血小板数量的1/3。脾肿大时脾对血小板的扣押增加。巨脾可扣押90%的循环血小板，引起血小板减少。⑤稀释性血小板减少。发生在大量输注全血或血浆后，并可持续数天。

血小板增多症 血小板计数若高于$(400\sim800)\times10^9$个/升为血小板增多。病因有生理性（急性应激、体力活动、妊娠）；反应性（继发于出血、贫血、外伤或感染，肿瘤、脾切除术后等）；或原发于骨髓的疾病（原发性血小板增多症或其他骨髓增生性疾病等）。

应激或运动后的短暂性血小板增多，表现在肾上腺素影响下血小板从脾的动员增加。继发性或反应性血小板增多是机体对出血、溶血、感染（如结核）、肿瘤的反应，此时血小板生成增加。脾切除术后可出现持续几周的继发性血小板增多。一般反应性血小板增多症时血小板数可达$1\,000\times10^9$个/升，但并不引起出血或血栓并发症。治疗基础疾病可使血小板数恢复正常。

血小板功能缺陷性疾病 一类血小板的黏附、聚集、释放、促凝等功能缺陷引起的出血性疾病。某些先天性血小板功能异常因临床出血症轻微而不被人们重视。获得性血小板功能缺陷较多见，常伴有药物摄入（如阿司匹林）或基础血液疾病。其临床特征为紫癜、瘀点、黏膜出血（鼻衄、月经过多、消化道出血），但血小板计数正常，出血时间延长、血块收缩不佳、束臂试验阳性。血小板功能缺陷的治疗主要依靠正确诊断和去除诱因。后天获得性患者须停用可引起血小板功能缺陷的药物。皮质激素或免疫抑制剂适用于治疗有免疫机制参与的血小板功能异常。血浆蛋白异常作为抑制剂影响血小板功能，在输注血小板无效时可采用血浆置换法。先天性血小板内在缺陷者，有严重出血时可输注血小板制剂，但应慎重地使用。血管性假血友病的病因是缺乏血浆因子，可替代性地输注冷沉淀物。

血型 blood groups 以血液抗原形式表现出来的一种遗传性状。为人和许多种动物所拥有。狭义的血型专指红细胞抗原在个体间的差异。但现已知道除红细胞外，在白细胞、血小板乃至某些血浆蛋白，个体之间也存在着抗原差异。因此，广义的血型应包括血液各成分的抗原在个体间出现的差异。血型在人类学、遗传学、法医学、临床医学等学科都有广泛的实用价值，因此具有重要的理论和实践意义。

①红细胞血型。红细胞血型中最重要的是ABO血型。ABO血型可分为A、B、AB和O型4种。红细胞含A抗原和H抗原的称为A型，A型的人血清中含有抗B抗体；红细胞含B抗原和H抗原的称为B型，B型的人血清中含有抗A抗体；红细胞含A抗原、B抗原和H抗原，称为AB型，这种血型的人血清中没有抗A抗体和抗B抗体；红细胞只有H抗原，称为O型，O型的人血清中含有抗A抗体和抗B抗体。

②白细胞血型——HLA。HLA是人体白细胞抗原的英文缩写，是人类白细胞抗原中最重要的一类。与红细胞血型相比，人们对白细胞抗原的了解较晚。HLA和红细胞血型都受遗传规律的控制。法医鉴定亲缘关系时，HLA测定是最有力的工具。

③MN血型。红细胞膜上另一类血型抗原，即红细胞膜上的血型糖蛋白A。MN抗原由M抗原和N抗原两部分组成，如果用神经氨酸酶将M抗原切去1个唾液酸（N-乙酰神经氨酸），则为N抗原，如果再切去一个唾液酸则抗原性完全失去。MN抗原的还原性还和肽链上的氨基有关，若将氨基用乙酰基保护后即失去抗原性。

血虚证 blood deficiency, syndrome of 因体内血液不足，不能濡养脏腑、组织、器官所引起的虚弱性中医学证候。常见于心悸、**虚劳**、眩晕、长期发热、月经不调、崩漏、闭经、不孕等疾病。

血化生于由脾胃腐熟运化的水谷精微和肾精，在气的推动和固摄下运行不息，营养和滋润全身。若脾胃虚弱、纳食减少、水谷精微不足以生血；或肾气衰弱，阴精不足以化血；或失血过多，热病、大病、久病等耗伤阴血；或劳倦内伤、思虑过度暗耗阴血，虫积肠道、耗吸营血等，皆可形成血虚证。临床表现为面白无华或萎黄，口唇、爪甲、眼睑、舌质色淡，头晕眼花，手足发麻，心悸失眠，妇女月经后期、量少、色淡甚至闭经，脉细无力等。因血虚不足，五脏六腑、四肢百骸皆失于濡润，故有上述表现。

血虚证的治疗以补血为法。常以四物汤为基本方，结合病因、病位灵活加减。若疗效不显，可结合补益脾胃或滋补肾精法治疗。

血压 blood pressure 血管中血液的压强。在血液内部，血压是血液质点之间的相互作用力。在血液与血管壁之间，血压是血液与血管壁的相互作用力。

在循环系统中，各器官的血液中都有血压。心室内的血压称为心室压，动脉管腔内的血压称为动脉压，依此类推。血压由心室收缩和舒张、血管弹性和血流阻力的共同作用而形成。在心动周期中，心缩期动脉血压的最高值称为收缩压；心舒期动脉血压的最低值称为舒张压。收缩压和舒张压之差称为脉搏压，简称脉压。舒张压加1/3脉压之和称为平均动脉压。右心和肺循环系统的血压比体循环系统的血压低。

常规测量的血压是动脉收缩压和舒张压。无创伤测量血压的方法以水银柱血压计测量肱动脉的血压为准。中国青壮年人静息时的收缩压平均约为110（100～120）毫米汞柱，舒张压平均约为70（60～80）毫米汞柱，脉压平均约为40毫米汞柱。若静息时动脉血压长期超出正常变动范围，特别是舒张压长期超过90毫米汞柱，即可认为是高血压，属于病理范畴。低血压为动脉血压长期低于正常值但无明显症状的状态，这种人偶有眩晕等不适感。

血压可发生生理性变动。运动时、进食后、情绪激动时升高；睡眠时、轻松愉快时血压稍降。吸气时血压先降后升，呼气时血压先升后降。这些影响血压的因素可归结为两种情况，一种是人体的活动状态，一种是体内的新陈代谢。血压的波动受神经和体液的调节。血压突然升高时，通过压力感受器（位于颈动脉窦和主动脉弓）将信息传达到心血管中枢神经系统，经过整合后，由心血管中枢传出神经控制心率和外周血管阻力使血压恢复到正常值。这一过程称为压力感受性反射。血液中的各种激素，如肾上腺素和血管紧张素等也参与血压的自动调节。

高血压时，血压变异性也增大。高血压会引起心脏和血管的适应性改变，表现为心脏肥大，血管壁增厚和动脉硬化等。这种适应性改变过程称为重建。由于高血压所对应的器官重建总是使其功能受损，所以称为高血压引起的靶器官损伤。研究表明，不但血压高（收缩压、舒张压或平均动脉压）会引起靶器官损伤，而且血压变异性增大也会引起靶器官损伤。

血液 blood 位于心血管系统内的大部分在心脏的驱动下循环于身体各处的细胞外体液。

化学组成及其生理作用 血液中含有血细胞与血浆。血细胞包括**红细胞**、**白细胞**和**血小板**三大类。血液的化学组成在血浆和血细胞两部分中既相似又有差异。血浆的水分最多，占血浆量的92%～94%，红细胞的水分为66%～68%。固体物为无机物和有机物。无机物主要是电解质，处于离子状态。由于细胞膜离子泵的作用，血浆的正离子中以K^+最多，红细胞以及其他各种细胞内的正离子中以Na^+最多，血浆中有Ca^{2+}，而红细胞内几乎没有钙。负离子在血浆和红细胞内虽不同，但均以Cl^-为主，其次为HCO_3^-。在有机物中，以血浆蛋白和血红蛋白为主。

血液中的化学成分都具有重要的生理作用。其中水的作用是血浆和血细胞内的溶剂。血中含水量不足或过多时，将影响血浆和血细胞内的渗透压和酸碱度；水的比热较大（1克水的温度升高1℃时需要1卡的热量），机体代谢所产热量可以被水吸收而不致引起血液温度的显著升高。因此，水对正常体温的保持具有重要意义；血液的流动以及血液和其他体液之间的物质交换，都有赖于血浆中含有适宜的水量。

血液中的电解质浓度，在正常情况下都保持相对恒定，只在狭小的范围内波动。这些电解质的生理作用是保持细胞内外的渗透压，其中Na^+和K^+由于分别在细胞外液和细胞内液中含量最多，因而对渗透压的恒定起着重要作用；血浆中的Na^+、K^+、Ca^{2+}、Mg^{2+}浓度的恒定，是保持神经、肌肉和心脏等的正常兴奋性和兴奋－收缩耦联所必需的。

蛋白质是血液中的主要有机物。红细胞内的血红蛋白除运输氧和二氧化碳外，还是血液酸碱度的重要缓冲物质之一。血浆中的白蛋白含量最高，为保持血浆的胶体渗透压所必需，也是维持血浆酸碱度的重要缓冲物。血浆中的白蛋白和各种球蛋白可与一些小分子有机物和离子相结合，因而具有运输脂质离子和某些激素的作用。球蛋白特别是γ球蛋白含有多种抗体，对机体的免疫能力关系很大。血浆中含有多种酶或酶的前身物质，它们都是蛋白质；血液凝固时，所需要的多种凝血因子也大都是蛋白质，纤维蛋白原就是其中之一。

血液中还有其他许多物质，如葡萄糖、脂质等是机体的营养物质，此外，还有一些非蛋白质的含氮化合物，如尿素、尿酸、肌酐等，乃是蛋白质的代谢产物，将随尿排出。

血液的功能　在进化过程中血细胞与血浆已成为一个功能性整体，血液的各种重要功能，几乎都是血细胞与血浆共同完成的。

①运输功能。血液通过毛细血管壁即可与组织间液进行物质交换，又可与外环境进行物质交换。因此，当血液沿血管系统在全身循环流动时，也成了机体细胞与外环境交换物质的媒介，也作为机体各部分组织之间传递化学信息和交换中间代谢产物的渠道。所以血液最基本的功能是运输各种物质。②维持内环境的相对恒定。内环境理化性质相对恒定，是机体组织细胞正常功能活动的必要条件，而在保持内环境理化性质相对恒定中，血液起着极其重要的作用。③免疫功能。血液中参与机体免疫功能的成分，主要是白细胞和血浆蛋白中的补体和免疫球蛋白。此外，激肽释放酶－激肽系统也有重要作用。④生理性止血。小血管损伤后血液将从血管中流出来，但在正常人数分钟后出血将自行停止，这叫做生理性止血。对于防止出血过多有重要意义。血小板在生理止血过程中有十分重要的作用，血小板减少或不正常可导致出血不止。血浆中一些蛋白质因子所完成的血液凝固过程，也十分重要，凝血功能有缺陷时常会出血不止。

血友病　hemophilia　一种X染色体伴性隐性遗传性凝血障碍的出血性疾病。患者均为男性。遗传基因位于X染色体上，故本病由女性传递而男性发病。

分类　分为血友病甲和血友病乙。前者即传统所称的血友病，病因是因子Ⅷ缺陷致，后者的病因是因子Ⅸ缺陷。前者的发病率是后者的7倍。

临床表现　临床表现轻型者较多见，患者直到做小手术后出血不止，进一步检查时才被发现。血浆因子Ⅷ:C活性测不到的血友病甲患者常有严重的出血。本病的出血大多为创伤后出血，出血部位常在较深的组织，包括关节、肌肉、脑、腹膜后血肿，血肿可引起组织坏死、外周神经病变、缺血性挛缩、关节畸形等症状。轻度血友病患者（血浆有5%～50%因子活性），至严重外伤后才有出血表现。中度血友病者（血浆有2%～5%Ⅷ或Ⅸ因子活性），常有自发性出血和小损伤后的过度出血，若发生严重外伤虽不一定合并深部出血，亦应该及时就医。严重患者（血浆因子活性小于1%）常因有明显的出血症状或家族史，在出生时即得出诊断。

实验室检查　出血时间及凝血酶原时间正常。部分凝血活酶时间（APTT或KPTT）或凝血活酶生成时间（TGT）延长。进一步测定血浆因子Ⅷ或因子Ⅸ水平可确诊及按严重程度分型。

诊断　男性患者，反复关节出血或深部血肿形成，血浆因子Ⅷ或因子Ⅸ少于40%，有出血的性联家族史即可诊断血友病。若因子Ⅷ水平降低，但家族史不典型，则血管性假血友病尚不能除外。血管性假血友病患者血浆中缺乏冯·维勒布兰德氏因子（VWF），患者Ⅷ/VWF水平下降，同时伴FⅧ水平下降，出血时间延长，血小板对瑞斯托霉素不起聚集反应，因此与血友病不同。

治疗　新鲜血浆或新鲜冰冻血浆（FFP）可用于凝血因子的替代法治疗。但需输注的量大，甚至在大量输注后血浆凝血因子仍不能达到足够水平。采用因子浓缩剂（如因子Ⅷ浓缩剂和凝血酶原复合物）行替代治疗，可用相对小的容量达到理想的血浆凝血因子水平。

血瘀证　blood stasis, syndrome of　因血液运行不畅，停滞瘀积或血溢脉外而停蓄体内所引起的中医学证候。常见于腹痛、噎膈、胁痛、鼓胀、中风、癫狂、痛经、闭经等病症。

血液的正常运行有赖于阳气的温煦推动。若寒邪入血，寒凝血滞；情志不遂，则气郁血滞；久病体虚、阳气不足，无力温煦推动血液的正常运行以及跌打损伤等原因均可形成血瘀证。

血瘀证的临床特征主要表现在疼痛、肿块、出血和色脉改变等方面。因瘀血内停、血行受阻，不通则痛，具有刺痛、固定、拒按等特点，夜间血行较缓，故夜间痛增；瘀血凝结可成肿块，在体表者色青紫，在腹内者触之质硬而不移；血不循经而溢出脉外，则见各种出血，血色紫暗或夹血块；瘀血不去则新血不生，血不濡养肌肤可见粗糙如鳞甲、面色黧黑；脉络瘀阻则见腹露青筋、皮肤丝状红缕、舌现瘀点瘀斑、脉细涩或结代等。辨证时，首先要确定血液瘀滞的部位，如瘀阻于心，可见心悸、胸闷、心痛；瘀阻于肺，可见胸痛、咳血；瘀阻于胃肠，可见呕血、大便色黑如漆；瘀阻于肝，可有胁痛、痞块；瘀阻于胞宫，可见少腹疼痛、月经不调、痛经、闭经、经色紫暗成块；瘀阻于肢体局部，可见局部青紫、肿痛等。其次要分析形成血瘀证的原因，如面色淡白、身倦乏力、少气懒言，为气虚无力推动血液运行所致的气虚血瘀证；如患者性情急躁易怒，胸胁胀闷疼痛、日久不解，发展为胸胁刺痛、拒按，甚则胁下出现痞块等症，乃由气滞导致血瘀证；如手足局部冷痛、肤色紫暗，多与感受寒邪或阳虚生寒、寒凝血脉有关；若发热、口渴、头痛、烦躁、神昏谵语、肌肤发斑甚或出血、少腹坚满胀痛、大便色黑，是瘀热互结证。血瘀证的成因常可相兼为患，如气虚加之情绪不舒，可形成气虚气滞的血瘀证。

血瘀证的治疗以活血化瘀为法。具体治法须根据不同病因、病情轻重和血瘀证之虚实而相应结合补气、养血、行气、温经、凉血、破瘀消积等进行。

血缘家庭　consanguine family　建立在原始社会血缘婚基础上的家庭形式。家庭形式的第一阶段，在世界上已经绝迹。它的存在是美国民族学家L.H.摩尔根于19世纪70年代依据遗留在夏威夷群岛的马来亲属制和**群婚**的残余推论出来的。特点是：婚姻集团按辈分划分，即在家庭范围内，一群直系及旁系的兄弟姐妹互相通婚，基本上排除祖辈与孙辈、父母辈与子女辈的婚配。典型形式是一对配偶的子孙中每一代都互为兄弟姐妹，也互为夫妻。在亲属称谓上无母系或父系的区分，祖父与外祖父、伯叔父与舅父、姑母与姨母、舅母与母亲等使用相同称呼。血缘婚和血缘家庭的出现，与人类原始群团的杂交状态相较是一种进步。

摩尔根提出的血缘家庭学说，冲破了当时流行的**一夫一妻制家庭**是自古就有的家庭形式的观点，并得到K.马克思和F.恩格斯的充分肯定，但也遭到一些学者的反对。百余年来，各国学者围绕着血缘家庭问题展开了激烈的争论。西方学者对血缘家庭学说多持否定态度。

血证 blood disease 中医称血液不循常道，上溢于口鼻诸窍，下出于二阴，或渗于肌肤的出血性病证。根据出血部位不同，临床表现各异而分为：咳血、吐血、衄血、尿血、便血、紫斑。出血的原因，大多与火（实火和虚火）或气（气虚或进而气血两虚）有关。常见证型有肺热、胃热、肝火、心火、阴虚火旺、气血两虚等。临床根据出血量的多少、病势的急缓、体质的强弱采用止血、祛瘀、宁血、补虚4种治法。血证之脉，以细弱和缓为易治，数大弦急为难治。

勋伯格 Schoenberg, Arnold（1874-09-13～1951-07-13） 奥地利作曲家。西方现代音乐的代表人物。犹太人。生于维也纳，卒于美国洛杉矶。自幼学习小提琴和大提琴，12岁开始作曲。1891～1895年，任银行小职员。1901年赴柏林，在一酒馆乐队任指挥，后到斯特恩音乐学院任教。他的学生中最著名的是奥地利作曲家A.贝尔格和A.von威伯恩（他们师生三人常被称作"新维也纳乐派"）。1915～1917年勋伯格在奥军服役。1918年组织维也纳私人音乐演出协会，专门演出20世纪的新音乐。1933年，纳粹政府解除了他在柏林普鲁士艺术学院的职务。同年去美国，1935～1944年，勋伯格先后在南加利福尼亚大学和洛杉矶加利福尼亚大学任教。1940年入美国籍。

勋伯格的创作可分为3个时期。

早期 作品受J.**勃拉姆斯**，特别是R.瓦**格纳**的影响，基本上属晚期浪漫派风格。代表作有弦乐六重奏《升华之夜》（1899，1917年改编为弦乐队曲）、康塔塔《古雷之歌》（1900～1901）、交响诗《佩里亚斯与梅丽桑德》（1903）等。

中期 1908年以后，他开始探索一种新的无调性的音乐风格，标志其创作进入一个新阶段。同时期，他受俄国表现主义画家W.康定斯基影响，不仅自己作画（曾于1910年举行个人画展），还写下了几部典型的表现主义音乐作品，如为独唱和乐队而作的独角戏《期待》（1909）和独唱套曲《月迷皮埃罗》（1912）等。"自由无调性"阶段的重要作品还有五首管弦乐小品（《预感》、《往昔》、《色彩》、《突变》、《必不可少的朗诵调》，（1909）、戏剧配乐《幸运的手》（1913）等。

后期 经过几年创作上的沉默之后，1923年，勋伯格在无调性音乐的基础上，找到了一种组织音乐材料的新方法，形成了十二音技法。即用半音阶中的12个音，自由组成一个音列，音列可以原形使用，也可以逆行、倒置、倒置逆行。这4种音列形式可移置于半音阶的任何高度，从而可形成48种样式。音列中的各音（全部或部分）既可相继出现形成曲调，也可同时出现形成和弦，以此构成全曲。勋伯格采用十二音技法进行创作的重要作品有《乐队变奏曲》（1926～1928）、《小提琴协奏曲》（1935～1936）、《钢琴协奏曲》（1942）、《华沙幸存者》（为朗诵、男声合唱及乐队而作，1947）、歌剧《摩西与亚伦》（1951）等。

勋伯格的创作除早期作品外，大多难于被人理解，当时经常遭到冷遇。他死后，对他的音乐的评价也一直存在争议。但是，他的无调性音乐和十二音音乐对20世纪现代音乐的发展产生了巨大影响。勋伯格较重要的音乐理论著作有《和声学》（1911）、《和声的结构功能》（1937～1948）、《作曲基础》（1948）、《风格和思想》（1950）等。

埙 xun 中国古老的吹孔气鸣乐器。因多用陶土烧制，又称陶埙。近代在西安半坡仰韶文化遗址出土的无音孔埙和1音孔埙，浙江河姆渡文化遗址出土的1音孔埙，

陶埙（新石器时期，南京怀安村遗址出土）

山西万荣县、甘肃玉门火烧沟等地新石器时代遗址出土的2音孔埙和3音孔埙，经考古测定，均为距今7000～6700年前的产物。其中，山西万荣县荆村出土的2音孔（除吹孔外）埙，能发出e^2、b^2、d^3三个音。河南辉县琉璃阁殷代墓葬出土的埙，已发展至5个音孔，可吹出完整的七声音阶和部分半音。出土埙均为陶制，有橄榄形、圆形、椭圆形、鱼形、平底卵形多种。后世埙的质料有陶、石、骨、玉、象牙多种，陶制品最常见。

在周代的乐器八音分类中，埙被列为土类乐器。进入宫廷后，埙常与篪合奏。汉代出现6音孔埙。盛唐时期，乐器品种繁多，性能也比较优越，而音域窄、音量小的埙便渐渐不被重视。

20世纪80年代，音乐工作者对埙进行了改革，扩展内膛，将音孔增至10个，扩大了埙的音量和音域，并使之半音齐全，转调方便。

熏洗法 fumigation and washing therapy 中医临床常用的**外治法**。熏和洗是两种不同的外治法，因临床经常同时应用，所以合称熏洗法。

熏法是借助药物燃烧或煎煮后的烟气或蒸气的热力防治疾病的方法。熏法具有疏通**腠理**、流畅气血、杀虫止痒、消肿止痛、化腐生肌等作用。熏法适宜各科病症。常用的有熏烟法、熏蒸法和熏吸法等。应用熏法时，须注意防止烫伤。呼吸严重困难时，避免长时间使用熏吸法，以免窒息。

洗法是将药物煎煮后，用药液淋洗、浸泡、湿敷治病的方法。洗法有疏风散寒、化湿活血、行气、通经活络的作用。适用于疮疡肿毒、皮肤疾患、肛裂、脱肛、痔疮、眼病、关节肿痛、跌打损伤等。临床常用淋洗法、坐浴法、浸渍法、溻渍法（罨法）、漱口法、洗眼法、药浴法等。

临床应用洗法时应注意：①洗药药汁温度应适宜，用于关节肿痛、跌仆损伤时，药汁温度可略高，但以不烫伤皮肤为度。②洗涤时，应避风保暖，以免感冒。③洗后不必用清水洗净，待其自干，保持药效。

熏蒸剂 fumigant 利用挥发时所产生的蒸气毒杀有害生物的一类**农药**。以气态分子进入有害生物体内而起毒杀作用，有异于汽化的液体、固体或压缩气体等形式。使用剂量根据熏蒸场所空间体积计算（单位为克/米^3），浓度根据熏蒸时间、熏蒸场所密闭程度、被熏蒸物的量和对熏蒸剂蒸气的吸附能力等确定。宜在仓库、帐幕、房屋、车厢、船舱等能密闭或近于密闭的条件下施用，在被熏蒸物体大量集中的情况下，可以有效地消灭隐蔽的害虫或病菌。此外，还有为杀灭地下害虫如蛴螬、蚂蚁和线虫

等的土壤熏蒸剂。

常用品种有20多种，最常用的约10余种，包括二硫化碳（CS_2）、氯化苦（$CCl_3 \cdot NO_2$）、二溴乙烷（$CH_2Br \cdot CH_2Br$）、环氧乙烷（$CH_2 \cdot O \cdot CH_2$）、二氯乙烷（$CH_2Cl \cdot CH_2Cl$）、氰氢酸（HCN）、溴甲烷（CH_3Br）、对位二氯苯（$C_6H_4Cl_2$）、磷化氢（PH_3）、硫酰氟（SO_2F_2）等。熏蒸剂的蒸气一般是直接通过害虫的表皮或气门进入呼吸系统，从而渗透到血液使害虫中毒死亡。其杀虫作用一般认为在于对酶的化学作用。

熏蒸剂的使用效果受下列因素的影响：①药剂的物理化学性质。主要是药剂的挥发性、分子量和燃烧性等。②被熏蒸物体的性质。不同性质的物体和使用不同种类的熏蒸剂，在不同的温度下吸附性各异。③温度和湿度。④有害生物的种类和状况。

薰衣草 *Lavandula angustifolia*; lavender 唇形科薰衣草属的一种。多年生芳香小灌木。主要以从花序中提取的薰衣草油作香料用。世界主产国为法国、俄罗斯、保加利亚、意大利和匈牙利。中国在1952年引入。

株高30～60厘米，多分枝。叶对生，淡灰绿色，狭长，边缘卷曲。穗状花序，花淡紫色至深紫色，每轮有小花10～14朵，在萼片的缝线有小腺体。需充足的阳光，冬喜温湿，夏畏涝热，适栽于壤土和砂砾土。异花授粉。宜选择优良的无性系，用扦插、压条或分株法繁殖。

薰衣草油的主要成分为乙酸芳樟酯和芳樟醇。主要用于香水、香皂工业。医药学上用作兴奋祛风剂和药物矫味剂，还可用作瓷器描绘时的调色剂，又是优良的蜜源植物。

寻根文学 root-seeking literature 中国当代文学创作思潮。出现于20世纪80年代中期。1984年12月，评论家和作家李陀、阿城、韩少功、李杭育、周介人等，在杭州的一个创作理论会议上，提出文学“寻根”问题。1985年，韩少功在《作家》第4期发表《文学的“根”》一文，提出“文学有根，文学的根应该深植于民族传统文化的土壤里”，“不能模仿翻译作品来建立一个中国的外国文学流派”。其后，阿城、李杭育、郑义、郑万隆、李锐等相继撰文呼吁，《文艺报》开辟专栏讨论，形成了文学“寻根”热潮。代表作有韩少功的《爸爸爸》、阿城的《棋王》、王安忆的《小鲍庄》、郑万隆的“异乡异闻”系列、李杭育的葛川江系列、汪曾祺的《受戒》、《大淖记事》等小说以及杨炼的部分诗作等。“寻根文学”作者有的着力于挖掘传统文化，特别是儒、释、道文化中的伦理道德与价值观；有的则注重发掘地域文化或少数民族文化，试图以当代意识观照民族文化传统，并在语言文体、隐喻象征、叙述方式、作品结构等方面都有所创新。但由于对“根”的静止性、非历史化的理解，疏离现实的创作倾向，以及作家秉性、气质和对“文化”认识方面的差异，也引发了争议。这股创作潮流持续到20世纪80年代末即告消退。

寻租 rent seeking 在市场经济中通过寻求法律或行政的手段阻碍生产要素在不同产业之间自由流动、自由竞争以维护或攫取高额收入的非生产性活动。美国经济学家G.塔洛克已涉及寻租的基本理论，A.O.克鲁格最先使用“寻租”的术语并进行理论分析。

租最早指地租，以后泛指各种生产要素的租金（又称经济租），即生产要素的所有者凭借其某种暂时的垄断地位（如开发一项新技术或新产品）获得的超过机会成本的余额，是一种超额利润。在生产要素能够自由流动、市场竞争能够正常进行的条件下，这种超额利润不可能长期保持。但是，如果违背市场规则，利用一定的法律或行政手段阻碍市场竞争来保持自己的垄断地位以维护既得的超额利润，或者对超额利润进行再分配，就是寻租。

寻租行为不是通过改进技术、降低成本、扩大生产的方法来增加利润，而是花费相当的人力、财力，通过各种合法的或非法的途径，争取政府的庇护、优惠及给予某种特权，如获取政府的关税保护、某些经营特许权等。寻租行为阻止资源的有效配置和生产技术创新，导致社会资源浪费，并引发腐败。发展市场经济，建立和完善市场经济体制，必须抑制寻租行为。

巡抚 provincial governor 中国明清时地方军政大员。又称抚台。以“巡行天下，抚军按民”而名。明洪武二十四年（1391）始设巡抚。永乐十九年（1421），蹇义等26人分巡各省，产生巡抚制度。宣德五年（1430），于谦、周忱等6人分抚南北直隶等处，从此各省常设巡抚官渐成制度。巡抚初设，仅为督理税粮，总理河道，抚治流民，整饬边关，后遂偏重军事。明代巡抚多进士出身。其初，内地巡抚由吏部会同户部推举，边地巡抚由吏部会同兵部推举；嘉靖十四年（1535），始不分内地、边地，由九卿廷推。也有总督兼巡抚者，合称为督抚。明代，巡抚虽非地方正式军政长官，但因出抚地方，节制三司（承宣布政使司、提刑按察使司、都指挥使司），实际掌握着地方军政大权。同时，巡抚每年要赴京师议事，也体现了朝廷对地方统辖权的加强。明后期巡抚的易置往往受朝廷门户左右，而最后点定之权又多归当权宦官。清因明制，在各省设置巡抚。清代巡抚，是一省最高军政长官，具有处理全省民政、司法、监察及指挥军事之大权。

巡航导弹 cruise missile 依靠喷气发动机的推力和弹翼的气动升力，主要以巡航状态在大气层内飞行的导弹。旧称飞航式导弹。巡航状态是指导弹经火箭助推器加速后，主发动机的推力与阻力平衡，弹翼的升力与重力平衡，以近于恒速等高度飞行的状态。在这种状态下，单位航程耗油量最少。典型的巡航导弹飞行弹道通常由起飞爬升段、巡航（水平飞行）段和俯冲段组成。

简史 德国于1944年6月13日首次使用的V-1导弹是世界上最早的巡航导弹。战后，美国和苏联在V-1导弹基础上大力发展巡航导弹。但这些早期研制的巡航导弹普遍存在体积大、命中精度低、速度慢、机动性能差、易被对方拦截等缺点。20世纪80年代，美国和苏联先后交付使用一批高性能巡航导弹，如美国的AGM-86B空地巡航导弹、BGM-109“战斧”巡航导弹，苏联的AS-15、SS-N-21巡航导弹等。这些新型导弹体积小，质量轻，命中精度高（有的达10米级），突防能力强，发射平台多，既能打击固定目标，也可攻击活动目标，已成为现代战争中必不可少的主战武器。

分类 巡航导弹按作战使命分为战略巡航导弹和战术巡航导弹；按发射平台分为陆射巡航导弹、空射巡航导弹和海射巡航导弹；按射程分为近程巡航导弹、中程巡航导弹和远程巡航导弹；按战斗部性质分为核巡航导弹和常规巡航导弹；按巡航速度分为亚声速巡航导弹、超声速巡航导弹和高超声速巡航导弹。

组成 巡航导弹主要由弹体、推进系统、制导系统和战斗部等部分组成（见图）。推进系统包括助推器和主发动机。助推器通常采用液体火箭发动机或固体火箭发动机；主发动机通常采用涡轮喷气发动机、涡轮风扇发动机、涡轮桨扇发动机、冲压

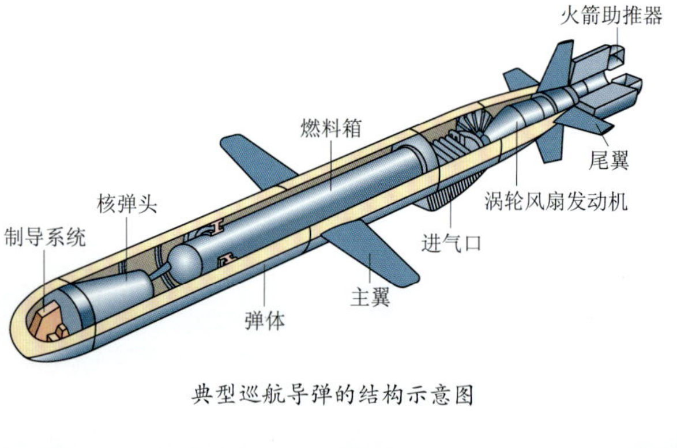

典型巡航导弹的结构示意图

喷气发动机等空气喷气发动机，有的也采用固体火箭发动机、液体火箭发动机或整体式火箭冲压组合发动机。制导系统通常采用惯性、图像匹配、全球卫星定位、星光、寻的等制导方式，绝大多数巡航导弹采用复合制导体制。战斗部为常规装药或核装药，通常安装在导弹的前段或中段。

巡航飞行 cruising flight　飞机为执行远距离、长时间的飞行任务而选择的经济性较好的飞行状态。巡航飞行的速度有两种：对应于千米耗油量最小的飞行状态，其速度称为远航速度；对应于小时耗油量最小的飞行状态，其速度称久航速度。通常，远航速度大于久航速度。巡航速度依飞行距离、所需时间、载重量、安全性、经济性和气象条件等因素而定，通常为最大平飞速度的70%～80%。现代多数旅客机仍用亚声速巡航飞行（见亚声速飞行）。喷气飞机的高空巡航效率通常比低空高。远航和久航高度一般比实用升限低1～3千米。巡航飞行常用于巡逻、观测、护航、转场、待机和空中运输等飞行任务。起飞质量、可用燃油量、发动机经济性、外挂物、高度、速度、大气温度和风速等因素对巡航飞行都有影响。采用高升阻比的空气动力布局、减小发动机耗油率都可以提高飞机的巡航性能。

导弹的巡航飞行，首先是为了以超低空飞行接近目标，提高其隐蔽性；其次是为了用最小能量获得最大射程。

巡回审理 circuit trial　中国民事诉讼法基本原则之一。人民法院派出法庭，在自己的辖区内定期或不定期地巡回流动，选择案件发生地、当事人所在地或其他方便群众的地点开庭审理民事案件。

巡回审理、就地办案这种制度的创始人是马锡五（中华人民共和国建立后曾任最高人民法院院长），因此这种办案方式曾被称为马锡五审判方式。

中华人民共和国建立后，总结了过去人民政权就地办案的经验，在《中华人民共和国民事诉讼法》中作出了统一规定。该法第121条规定："人民法院审理民事案件，根据需要进行巡回审理，就地办案。"第152条第2款规定："第二审人民法院审理上诉案件，可以在本院进行，也可以到案件发生地或者原审人民法院所在地进行。"以上规定，对第一审人民法院和第二审人民法院均适用。其方法是，基层法院在固定地点建立人民法庭，作为基层法院的派出机构，它们可以受理本辖区的一般民事案件和未构成犯罪的轻微刑事案件；同时派出审判人员在本辖区内巡回审判，就地解决各种民事纠纷，帮助、指导人民调解委员会开展工作。第一审人民法院根据需要和可能，派出法庭到案件发生地或当事人所在地等处所巡回审理时，除较重大、复杂的案件以外，一般都适用简易程序，由审判员一人独任审理。第二审人民法院巡回审理的地点可以是案件发生地，也可以是原审人民法院的所在地。但第二审人民法院巡回审理不能适用简易程序，而必须组成合议庭，按第二审程序的规定或者普通程序的有关规定进行。

巡回展览画派 The Wanderers; Peredvizhniki　19世纪末俄国批判现实主义画家所组成的艺术团体。它以定期在俄国各大城市进行美术展览活动而著称。发起人是莫斯科画家G.G.米亚索耶多夫、N.N.格和V.G.彼罗夫等，并得到以I.N.克拉姆斯科伊为首的圣彼得堡画家的积极响应，而后扩大为巡回艺术展览协会。

A.K.萨夫拉索夫作《白嘴鸟飞来了》（1871，特列恰可夫画廊藏）

巡回展览画派每年举行定期的画展，展览会除在圣彼得堡和莫斯科举行以外，还到俄国的其他城市展出，使俄国的美术广泛与人民接触；设立固定的组织，定期商讨艺术创作问题，并负责出售展品；在创作思想上，以V.G.别林斯基、N.G.车尔尼雪夫斯基的美学原则为指导，真实地再现俄国的社会生活。巡回展览画派打破了学院派在画坛的统治地位，推动了俄国批判现实主义绘画的发展。

1871年10月28日，巡回艺术展览协会第一次画展在圣彼得堡开幕，展出了15位画家和1位雕塑家的作品共47件。其中的《彼得大帝审问王子阿列克谢》、《白嘴鸟飞来了》（见图）、《五月之夜》等获高度评价。70～80年代，巡回展览画派经历了最繁荣的时期。这个画派的代表画家有I.Ye.列宾、V.I.苏里科夫、V.M.瓦斯涅佐夫、N.A.亚罗申科等。巡回展览画派画家们的创作对俄国美术影响深远。

巡洋舰 cruiser　具有多种作战能力，可在远洋作战的大型水面战斗舰艇。主要用于掩护航空母舰编队和其他舰队编队，保卫己方或破坏敌方的海上交通线，攻击敌方舰艇、基地、港口和岸上目标，支援登陆作战和抗登陆作战等。

按排水量分为轻型巡洋舰和重型巡洋舰；按动力装置分为常规动力巡洋舰和核动力巡洋舰。

19世纪60年代，开始建造具有近代意义的巡洋舰，主要有装甲巡洋舰和水平装甲巡洋舰。第二次世界大战初期，出现了重巡洋舰。20世纪60年代初，美国建成核动力导弹巡洋舰。现代巡洋舰满载排水量0.5万～2.5万吨，最大航速30～35节，普遍装备了舰舰（地）导弹、舰空导弹、反潜导弹、鱼雷和新型舰炮、反潜直升机，以及电子对抗设备和先进的指挥控制系统，具有较强区域防空，对地、对海攻击和一定的反潜作战能力。

荀慧生 Xun Huisheng（1900-01-05～1968-12-26）　中国京剧演员。工花旦、闺门旦。原名词，又名秉彝、秉超，字慧声，号留香，艺名白牡丹，后用慧生。生于河北

荀慧生在京剧《还珠吟》中饰乌玉珠

东光，卒于北京。幼年在义顺和梆子班随师庞启发学艺，习花旦。1910年入京，从梆子演员侯俊山（十三旦）学戏。翌年入三乐（后改正乐）社科班，与尚小云、芙蓉草（赵桐珊）并称"正乐三杰"。后从薛兰芬、路三宝学京剧，又拜吴菱仙、陈德霖、王瑶卿为师。1918年加入喜群社，与梅兰芳、程继先合演《虹霓关》，从此专演京剧。

荀慧生吸取梆子旦角艺术之长，熔京剧青衣、花旦、闺门旦、刀马旦的表演于一炉，兼收京剧小生、武生等行当的技艺，从唱腔、念白、身段到化装服饰等各方面进行了切合自身条件的改革和创造，及至20世纪30年代，已形成风格新颖、独树一帜的"荀派"艺术。

他的艺术论述和代表剧目编为《荀慧生演剧散论》、《荀慧生演出剧本选集》行世。

评论集《荀慧生舞台艺术》，对荀派艺术的风格特征等作了比较全面的介绍。学荀而成就较突出的有童芷苓、吴素秋、刘长瑜、孙毓敏等。

荀况 Xun Kuang 中国战国末期哲学家、思想家、教育家。世称荀子。

荀彧 Xun Yu（163～212） 中国东汉末年曹操的重要谋士。字文若。颍川颍阴（今河南许昌）人。世代官宦，叔父爽位居三公。彧多智谋，举孝廉，拜县令。汉末天下大乱，弃官归乡里，率宗族先投袁绍，后归曹操任司马，被喻为张良。曹操为兖州牧后，兴平元年（194）征徐州陶谦，彧以州司马留守。陈留太守张邈等反叛，彧率军坚守，与程昱一起，为曹操保存了根据地。建安元年（196），曹操谋迎汉献帝都许，彧极力促成。升侍中，守尚书令，深得曹操信任。能知人举贤，又策划东擒吕布，西抚韩遂、马腾。建安五年官渡之战，曹操军粮将尽，欲退兵还许。彧力劝坚持待机，用奇兵制胜。操从其议，大败袁绍。八年，曹操据荀彧前后功绩，上表封万岁亭侯，称赞“天下之定，彧之功也”。后曹操欲自封魏公，加九锡，作为篡汉之阶，彧婉言劝阻，为操所忌，被迫饮药卒。

荀子 Xunzi（约前325～前238） 中国战国末期哲学家、思想家、教育家。名况，字卿，赵国人。据说荀子15岁游学于齐国稷下，后离齐去楚。齐襄王时重回稷下，在稷下先生中“最为老师”，并三次任稷下学宫的最高学官“祭酒”。他曾西入秦，与秦相讨论秦国的短长。他还游历赵国，与楚将临武君在赵孝成王前辩论军事问题。由于遭受谗言，他最终离开齐国，来到楚国。受楚相春申君的委任，任兰陵（今山东苍山兰陵镇）令。晚年，他积极从事教学、培养人才和著书立说。荀子与弟子一起总结评价儒、墨、道诸家思想观点及其社会效果，撰述数万言，以序排列成篇，是为《荀子》。

天人观 荀子主张“天人相分”。“天”主要指列星随旋、日月递照、风霜雪露、山川草木的自然界。荀子认为，“天行有常”，天与人各有职分，其本质差异在于天的自然性和人为的能动性，强调要“明于天人之分”，不与天争职，更倡“不求知天”。他提出“制天命而用之”，认为崇敬天而思慕之，顺从天而颂扬之，哪里比得上驾驭“天命”而利用之。

知行观 荀子认为人的认知开始于“缘天官”，即以感官接触外物。进而以“天君”（心）来对感性认知分析和辨别。“心”须达到“虚一而静”的“大清明”状态才能“知道”（认识事物的根本规律）。荀子认为，人的认知的闻、见、知、行四个阶段，行是最重要的，“学至于行而后止矣”。荀子提出“解蔽”（解决认识的片面性）的主张。

人性论 荀子针对孟子的性善论，提出性恶论。他认为，自然而就的谓之“性”，后天人为的谓之“伪”。人若放纵“好利”、“疾恶”、“好声色”的本性，必导致犯分乱理、争斗暴力。故圣人出而制定礼法，教化人们，于是辞让行，文理通，天下治。在此基础上，他提出“人之性恶，其善者伪也”的著名论点。

群分论 荀子认为人与人之间一方面有利益冲突，另一方面又由于自然的分工而必须互通有无、相依而存。为此，人们实行职业分工和贵贱长幼的分等，以特定的权利义务关系体系组成社会群体，以分而求群体的和谐，以达到一致、多力、胜物和群体生存的目的，此即“明分使群”。

古今论 荀子认为，历史总是处在更新代谢的发展过程中，要承认今胜于古。一定要以今天的眼光回头看千年之前，要以现实的需要去研究历史，所谓“善言古者必有节于今”。另一方面，他又认为历史发展的规律（道）无时不在、无处不有。古今虽有差异性，更具有一致性，所谓“以道观尽，古今一也”。

伦理思想 荀子提出包括仁、义在内，以礼为核心的道德规范体系。他特别强调“分”、“辨”、“别”，主张贵贱要有等级，长幼要有差别，贫富要有与之相称的地位。他认为，君臣、父子、兄弟、夫妇等人伦与天地同道理、与万世同长久，是人之社会的根本。他肯定义与利都是人需要的。重义轻利，义利两得。他强调后天的学习和积累，要求人们积善成德，成为圣人君子。

逻辑思想 荀子提出必须根据“实”（事实或对象）使“名”（概念）含义明确，并为此研究了概念、判断、推理等思维形式。他十分强调正名，认为诡辩论者往往“以名乱名”、“以实乱名”、“以名乱实”来制造惑乱，因此要使名正确地反映实，做到听到名就明白所指之实，名确定了其所指之实也就辨明了。他还提出“以类度类”的类推思想。

教育思想 荀子强调后天环境和教育对人性的改造作用，以培养士、君子、圣人作为教育的目的，而以学为圣人为最高目的。崇礼尚义、隆师亲友是道德教育的内容，参验反省、择善而从、积善成德是教育的方法。

政治法律思想 荀子在性恶论的基础上对礼的内在根据和起源进行阐述，提出以礼来调节社会秩序与人们欲望发展的矛盾，整合社会的财产和权力的等级关系。他提出“隆礼重法”的主张，赋予礼以法律的品格，将礼作为立法与类推的根本原则和国家社会的根本大法。他坚决反对法家的轻罪重罚、以刑去刑的主张和族诛连坐的做法，提出“刑当罪”的观点。

荀子批判吸收各家思想，继承和发展了孔子思想，在儒家中自成一派。由于思想观点上的原因，唐代的韩愈说其“大醇小疵”。程朱理学更是扬孟抑荀。清代末年，梁启超、章太炎等人对荀子及其学说重新作出评价，肯定其在历史上的重要地位。

《荀子》 *Xunzi* 中国战国末期荀子的著作。共32篇，其中《大略》、《宥坐》等最后6篇疑为弟子所记。《荀子》一书具有较强的系统性和思想性，是先秦哲学思想的总结和发展。其中《非十二子》是对先秦各学派的批判性总结；《解蔽》提出了全面客观地观察事物的认识方法与原则；《天论》提出“制天命而用之”的唯物主义思想；《正名》提出“制名以指实”的逻辑思想；《性恶》、《礼论》、《王霸》、《王制》等篇阐述了伦理政治思想；《成相》篇以民间文学的形式表述了为君、治国之道；《赋篇》开创一种散文的赋体，在文学史有一定地位。《荀子》的注本，主要有唐杨倞的《荀子注》、清王先谦的《荀子集解》等。

荨麻疹 urticaria 一种局限性、一过性皮肤黏膜水肿病变。俗称风疹块、风疙瘩。皮疹为发作性潮红或风团。风团大小不等、形状不一，苍白或鲜红色，此起彼伏，一般数小时内可消退，消退后不留痕迹。自觉瘙痒剧烈，少数伴发热、关节痛、头痛、恶心、呕吐、呼吸困难、胸闷、心悸等。治疗原则以寻找并消除病因、抗过敏、对症止痒为主。

循化撒拉族自治县 Xunhua Salar Autonomous County 中国青海省海东地区辖自治县。位于省境东部，东部和南部与甘肃省毗连。面积1 749平方千米。人口12万（2010），撒拉族占总人口的60%，藏族占24%。古为羌地。汉时为河关县辖地，唐属米川县，金、夏设积石州，明为千户所辖地，清设循化厅。1913年改为循化县。1954年改设

循化骆驼泉

循化撒拉族自治区，1955年改为自治县。境内有面积达400平方千米的天然森林，水电资源丰富。工业以建筑、建材、绒毛加工、制革、食品加工业为主。农业以种植小麦、青稞、油菜、瓜果为主。境内孟达自然保护区被称为“高原西双版纳”，药用植物有大黄、麻黄、羌活、秦艽等，有苏门羚、猞猁、麝等野生动物。名胜和纪念地有明代古建筑“骆驼泉”、撒拉族先民尕勒莽兄弟之墓和清真大寺、十世班禅额尔德尼·确吉坚赞纪念塔、文都寺等。

循环系统 circulatory system 生物体内使血液或淋巴流通，把由外界摄取的营养和体内产生的激素等输送至身体各部，并将由气体交换以及代谢产生的废物排出的管系。从动物形成心脏以后循环系统分为心脏和血管两大部分，称为心血管系统。

循环系统是生物体内的运输系统，它将消化道吸收的营养物质和由鳃或肺吸进的氧输送到各组织器官并将各组织器官的代谢产物通过同样的途径输入血液，经肺、肾和皮肤排出。它还输送热量到身体各部以保持体温，输送激素到靶器官以调节其功能。

高等动物的循环系统还有附加的功能：如机体的保护作用；将血液运送到受伤或感染部位，包括白细胞和免疫蛋白（抗体）、凝血物质（在受伤部位形成纤维蛋白网）；将身体储存的脂肪和糖输送到各器官等。

无脊椎动物的循环系统多为开放型循环；血液由“心”经血管流入组织间隙形成的血窦直接或经静脉回心。这是低级形式的循环系统。其特点是血管壁弹性小，不能支持较高的血压，因此它们的血压很低，血液重新分配的调节和血流速度很慢。少数无脊椎动物，如环节动物的蚯蚓等和

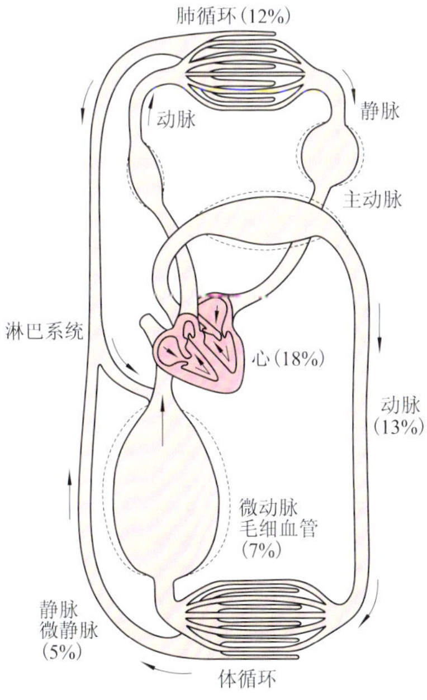

哺乳动物的循环系统（百分数表明该部所占全身血量相对比例）

部分软体动物如章鱼等开始有封闭型循环。血管系统开始形成了微循环，血流经微循环、静脉回心，是高级形式的循环系统。除极少数例外（如盲鳗等），脊椎动物绝大多数都有封闭式循环。

单细胞生物和多细胞生物包括植物细胞都可以看到最简单形式的循环——细胞质流动，即原生质流动。鸟和哺乳动物心脏的分隔和肺循环与体循环的分离是完全的。这样会产生一个重要结果：肺循环的血压大大低于体循环的血压。在人肺动脉压不过20～30毫米汞柱，约为体动脉压的1/5。这样大的差别如果二者的分离不完全是不可能的。完全分离以后，动静脉血不再相混，大动脉中全是含氧多的鲜血，结果各种组织可得更多的氧，使代谢水平提高，适应环境的能力大为增强。鸟和哺乳动物大多为恒温动物，这与循环系统的完善有关。

鲟 Acipenseridae; sturgeon 鲟形目鲟科鱼类的统称。分布于欧洲、亚洲北部和北美洲。为北半球大型经济鱼类。世界现存的鲟有27种，中国有7种。

体延长，亚圆筒形，被5纵行骨板。吻延长，圆锥状或铲状。眼小。喷水孔或有或无。口下位，平横或弧形。吻须两对。上下颌无牙。鳃盖膜与颊部相连或不连，无鳃盖条，鳃4个，鳃耙短小。背鳍1个，后位。鲟栖息于近海或淡水的中下层，主要摄食无脊椎动物和幼鱼。体型一般均很庞大，体长可达2～3米。产卵期一般在春季，部分在秋季。

鲟的经济价值甚高，为鱼中上品。肉肥美，供鲜食，熏制更佳。鲟鱼卵珍贵，所制鱼子酱有“黑色黄金”之称。皮可制革。

汛期 flood period 河水在一年中有规律显著上涨的时期。流域内降雨或融冰化雪都可以引起河水显著上涨。春季，气候转暖，流域上的季节性积雪融化、河冰解冻或春雨，引起河水上涨，称春汛。因正值桃花盛开时节，故又称桃汛（或桃花汛）。中国北方，把春季河冰解冻引起的涨水现象专称为凌汛。黄河在宁夏—内蒙古段、山东河口段和松花江下游等由南向北流的河段都有凌汛。夏季，流域上的暴雨或高山冰川和积雪融化，使河水急剧上涨，称夏汛。中国习惯上把发生在夏季三伏前后的汛水称为伏汛。秋季由于暴雨，河水发生急剧上涨称秋汛。中国不同地区的河流，汛期出现的时间、次数以及它们的组合情况都不相同。

驯鹿 *Rangifer tarandus*; reindeer/caribou 鹿科美洲鹿亚科驯鹿属的唯一种。又称角鹿。下分9个亚种。环北极分布动物。广泛分布于欧亚大陆、北美大陆北部、西伯利亚南部。在中国主要分布在大兴安岭西北坡，内蒙

古自治区根河市有少量饲养。体型中等大小，体重100～140千克；雌雄都具角，角干向前弯曲，各枝有分叉，且分枝复杂；鼻端被毛，耳较短，形似马耳；颈长，肩稍隆起，背腰平直；尾短；蹄宽大，似牛蹄，中央裂线很深，行走时能触及地面，因此适于在雪地和崎岖不平的道路上行走；体背毛色夏季为灰棕、栗棕色，腹面和尾下部、四肢内侧白色，冬毛稍淡、灰褐或灰棕，5月开始脱毛，9月长冬毛。

栖息在寒温带针叶林中。多群栖，由于食物缺乏，常远距离迁徙。以苔藓、地衣等低等植物为食，随着季节变化也吃树木的枝条和嫩芽、蘑菇、嫩青草、树叶等。9月中旬至10月交配，妊娠期7～8个月，每胎产1仔，偶见2仔，哺乳期约5～6个月。雌性幼兽18个月性成熟，雄性需30个月左右。驯鹿为珍贵动物，茸、肉、皮、乳、畜力均可利用。

驯兽 taming beasts 杂技马戏中的一大门类。又称动物戏。训练飞禽走兽表演各种技艺的总称。各国杂技团均有此类表演项目。中国驯动物做戏起源很早，公元前20世纪尧舜时代已有“击石拊石，百兽率舞”的记载。历史上出现过驯象、驯虎、驯犀、驯豹、斗鸡、走狗、猴戏、舞马等多项富有中国特色的驯兽节目。

当代驯兽节目的技艺在继承传统的基础上不断提高。中国杂技团孙振学的驯猴羊，使人看了十分亲切。驯狗是各杂技团常演的节目。驯熊也是普遍流行的节目，有民间艺人狗熊程的孙子程幼林演出的熊打篮球、小熊跳舞等。熊猫是中国特有的珍贵动物，驯熊猫开始于20世纪70年代，

驯熊猫（上海杂技团）

现已成为具有中国特色的驯兽节目。

逊尼派 Sunnite; Ahl al-Sunnah wa' L-Jamā 'h 伊斯兰教教派。全称逊奈和大众派，被认为是伊斯兰教的正统派。人数约占全世界穆斯林的85%以上。

穆罕默德去世后，因哈里发继承权问题，伊斯兰教内部开始分裂，出现哈瓦利吉派、什叶派、穆尔吉埃派等政治宗教派别。在长期的政治斗争和教义争论中，大多数宗教学者强调穆斯林社团的历史传统，除《古兰经》外，还重视圣训的宗教权威。大约至10世纪下半叶，穆斯林的主流派开始自称为遵奉逊奈的人们，即逊尼派，以区别于其他少数派。他们承认最初的四位哈里发是穆罕默德的合法继承人，称“正统哈里发”。由穆罕默德建立的穆斯林社团，被视为真主在大地上的世俗领域，政治领导权不是真主的启示，而是穆斯林世界占优势的政治现实决定的。虽然该派要求哈里发必须是麦加的古莱什部落成员，但主张效忠事实上的政治权威。只要能实施伊斯兰教法和发展伊斯兰教，即使是外族的哈里发或苏丹也予以承认。该派与其他派别在执掌宗教和政治权力方面的区别，即使在13世纪哈里发制度终结之后仍保持不变。其正统特征在于强调穆斯林社团大多数人的观点和习惯，并能融合历史发展过程中产生的各种不同观点和习俗。

该派在长期演变中，发展了古兰学、圣训学、教法学和教义学等宗教学科，在此基础上建立宗教义务、教义信仰、教法规范和伦理准则，形成权威的宗教体制。古兰学以《古兰经》注释为主，在遵从经文字面意义的基础上，出现泰伯里《古兰经注释大全》、拜达维《启示光辉和经文奥秘》等经注典范。圣训学强调穆罕默德言行解释天启的指导意义以及对穆斯林言行的约束力，以布哈里等圣训学家编纂的六大圣训集为“真实的”圣训记录，成为仅次于《古兰经》的重要经典。同时，在教法学方面，由8世纪的地方教法学派、意见派与圣训派的争论，至9世纪沙斐仪提出系统的法源理论体系，形成同为正统而略有差异的哈乃斐、马立克、沙斐仪和罕百勒四个学派，统称为四大教法学派，得到历代统治者和各地穆斯林的支持。教义学始自早期的教派斗争，而后正统派在与穆尔太齐赖派等的激烈论争中，于10世纪出现以调和启示和理性为特色的艾什尔里派教义学，进一步阐明真主的本体和德性、《古兰经》的无始性、前定与意志自由等问题，为正统教义学奠定理论基础。继而由安萨里引入苏非神秘主义，完善并确立了伊斯兰教义学的最终模式。安萨里以后，该派宗教学者逐渐与苏非派妥协。正统学者诠释的教法和教义，限制了苏非实践中的极端倾向，苏非神秘主义却为正统信仰注入新的活力。接受正统教义的苏非派，继续发展其修持道路和活动方式，后来兴起的苏非教团蔓延到整个伊斯兰世界，形成影响广泛的民间信仰体系。该派在坚持基本信仰和义务同一性的同时，允许地方和民间差异的多样性存在，使其能在20世纪包容除伊朗及伊拉克、也门等部分地区外的大多数穆斯林。中国穆斯林绝大多数属于逊尼派，并遵奉哈乃斐学派教法。

巽他海峡 Sunda Strait; Selat Sunda 印度尼西亚爪哇和苏门答腊两岛之间的海峡，爪哇海和印度洋的通道。宽25～110千米，长150千米。东北深28～80米，中部深200米，西南深1 400米，西口最深1 759米。北口多浅滩和暗礁。峡中有几座火山岛，最著名的是南端入口处喀拉喀托火山。海峡可通航20万吨以下船舶，是西北太平洋沿岸至东、西非洲和绕道好望角去欧洲的海上交通要冲。

巽他群岛 Sunda Islands 马来群岛的主要组成部分。介于太平洋和印度洋之间，面积约156.7万平方千米，连同邻近附属岛屿总面积约162万平方千米。分为大、小巽他群岛两部分。大巽他群岛主要包括爪哇、马都拉、苏门答腊、婆罗洲、苏拉威西等大岛屿；小巽他群岛亦名努沙登加拉群岛，意为“东南群岛”，分为南北两支岛弧，北支有巴厘、龙目、松巴哇、弗洛勒斯、科莫多、索洛、龙布陵、阿洛等岛屿；南支有松巴、萨武、罗地、帝汶等岛屿。北支多火山，南支无火山，均有强烈地震。巽他群岛分别属于印度尼西亚、马来西亚、文莱和东帝汶四国。

巽他人 Sundanese 东南亚印度尼西亚共和国的民族之一。约3 220万人（2001）。主要分布在爪哇岛西部，部分居住在苏门答腊岛南部地区。属蒙古人种马来类型，为新马来人和后至移民的混血后裔。使用巽他语，属南岛语系印度尼西亚语族。原使用爪哇字母，后来也使用拉丁字母，宗教上则用阿拉伯字母。通用印度尼西亚语。15世纪下半叶后，大多信奉伊斯兰教，属逊尼派。生活习俗与爪哇人相近。有自己的神话传说和民间故事。主要从事农业，种植水稻、旱稻和玉米，20世纪起广泛种茶、咖啡、椰子和橡胶，并从事畜牧业和手工业，纺织业尤为发达。工艺品有蜡染布、小帽和筐笼等，颇富民族特色。很多人在城市机关工作，有些人属社会上层。

巽他语 Sundanese language 印度尼西亚的第三大语言（居印度尼西亚语和爪哇语之后）。主要分布于大巽他群岛，也是爪哇岛西部许多居民的常用语言。属南岛语系印度尼西亚语族。主要方言为万丹方言，现代文学标准语以这种方言为基础。最早的民间文学见于14世纪。通常有三种语体：俗语体、普通语体、敬语体。历史上巽他语与爪哇语十分相似，它们都深受梵语、马来语和阿拉伯语的影响。巽他语从爪哇语中借用了许多词。17世纪以前用爪哇文书写；12～13世纪曾采用以阿拉伯字母为基础的文字；19世纪中期以后流行拉丁化的文字。语序十分灵活，可以是主－动－宾型，也可以是动－主－宾型和宾－动－主型，修饰语放在被修饰语后面。

蕈毒碱 muscarine 胺型致死性生物碱，

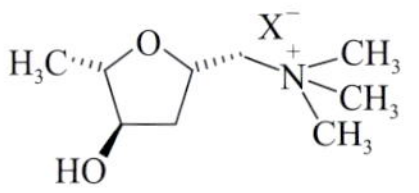

分子式$C_9H_{20}NO_2X$（X为卤素）。存在于各种平蕈和腐败的鱼类中。蕈毒碱的氯化物为棱柱状晶体；熔点180～181℃，比旋光度$[\alpha]_D^{25}+8.1$（乙醇）；吸湿性极大；溶于水和乙醇，微溶于氯仿、乙醚和丙酮，水溶液相当稳定。蕈毒碱的立体异构体为别蕈毒碱、表蕈毒碱和表别蕈毒碱。蕈毒碱是副交感神经系统兴奋剂，人体摄入能引起中毒，小鼠静脉注射的半数致死量为0.23毫克/千克，可用硫酸阿托品解毒。

Y

压力 pressure 单位面积上的垂直作用力，或容器中流体内一点的**应力**。又称压强。它的作用方向与作用面积垂直并与作用面积的外法线方向相反。一个重1牛顿（N），底面积为1平方米（m^2）的盒子置于地板上，地板承受的压力等于作用力除以被作用的面积，即1牛/米^2（N/m^2）。地球表面每单位面积所承受的大气重量构成大气压，海平面上的大气压约为1.033牛/米^2。容器中气体呈现的压力，是大量气体分子连续快速冲击容器壁面而产生的作用力的统计平均结果。流体（液体或气体）在容器内部任一点上所呈现的各向均等的应力（压力）称为静压。静压是静止流体所呈现的唯一的应力。气体或液体的绝对压力是其表面压力与大气压之和。绝对压力为零表示完全真空。低于大气压的压力为负表压，表示部分真空。

历史上各国广泛采用各自不同的压力单位制，近几十年才趋于统一用国际单位制（SI制），其单位是帕（Pa），$1Pa=1N/m^2$。但在气象学、医学、工程技术等领域中常用一些其他单位，换算关系如下：

1巴（bar）$=10^5$Pa（准确值）

1毫米汞柱（mmHg）=133.322Pa

1毫米水柱(mmH_2O)=9.806 65Pa（准确值）

1标准大气压(atm)=101 325Pa（准确值）

1工程大气压(at)=98 066.5Pa（准确值）

1千克力每平方厘米（kgf/cm^2）

=1at=98 066.5Pa（准确值）

1托（Torr）=133.322Pa

压力容器 pressure vessel 内部或外部承受流体压力并有安全性要求的密封容器。压力容器是具有爆炸危险的特种承压设备。核电站用反应堆压力容器如发生事故，会使放射性物质外逸，造成严重后果。为使压力容器在确保安全的前提下达到设计先进、结构合理、便于制造、使用可靠和制造经济等目的，各国根据本国具体情况制定了压力容器的标准、规范和技术条件。

结构 主要为圆筒形，少数为球形或其他形状。圆筒形压力容器通常由筒体、封头、接管、法兰、密封及支座等零件和部件组成。压水堆核电站反应堆压力容器是一种典型的圆筒形压力容器（见图）。筒体有多种结构形式，属于整体式的有单层卷焊、锻焊等，属于组合式的有多层包扎、热套、扁平绕带等。

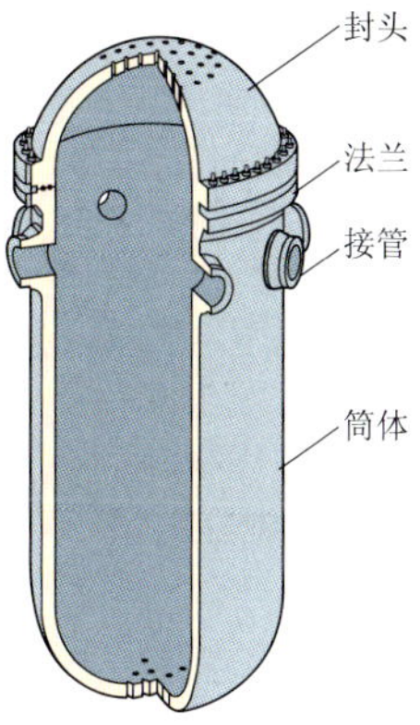

压水堆核电站反应堆压力容器

密封 可拆卸的端盖与筒体联接处需要采用密封结构。密封结构由联接件、紧固件和密封元件组成。常用的高压容器密封结构有平垫密封、双锥密封、楔形密封、三角形密封和O形环密封。按施加密封力的原理分为强制式密封和自紧式密封两类。

设计 通常包括：确定合理的结构形式；选择合适的材料，规定制造工艺和质量要求；选择恰当的失效判据和设计准则；确定适用的设计规范标准，进行设计或校核。

压力容器的破坏除误操作之外大多是由于腐蚀、疲劳、辐照和容器壳壁中存在过大的缺陷等原因造成的，应区别不同使用情况进行特殊设计。

选材 材料具有良好的加工工艺性和耐蚀性，符合有关设计和材料标准的规定，并且经济合理。大多数压力容器由钢制成，有的也选用铝、钛及镍基合金等有色金属和玻璃钢、预应力混凝土等非金属材料制造。

质量检验 原材料与制造过程的检验主要包括以下内容：①原材料化学成分及力学性能，必要时应进行金相及腐蚀试验。②压力容器产品及其主要零部件形状与尺寸偏差。③产品焊接接头力学性能（采用产品焊接试板）。④原材料、焊接接头中可能存在的各种缺陷（采用射线、超声、磁粉、渗透、涡流等无损检测方法）。⑤采用超压的方法对压力容器进行耐压试验，全面考核其强度。⑥采用气密性试验检查密封部位是否泄漏。

为保证压力容器的安全运行，必须进行定期检验。包括外部检查、内外部检验与耐压试验等。

压路机 roller 利用钢轮（或胶轮）压实道路或场地的机器。广泛用于道路、水利堤坝等工程。由动力装置（通常为柴油机）、液压和机械传动装置、行走装置、碾压轮和机架等组成。根据作用原理可分为静作用压路机和振动压路机。

静作用压路机 以自身重量进行碾压，压实平整度高，密实度随机重而提高。双钢轮压路机适用于面层及浅层压实。轮胎压路机适用于各种面层、土壤尤其是沥青材料压实。

振动压路机 以机重和振动力共同进行碾压，压实深度大、密实度高、生产率高。但机器振动大，对司机和环境有一定影响。碾压轮内的偏心块旋转产生振动力，振频和振幅通常可调，以适应不同工况需要。

压强 pressure 单位面积上的垂直作用力，或容器中流体内一点的**应力**。见**压力**。

压胜钱 中国古代的一种非流通钱币。又名押胜钱、厌胜钱。主要用于祈福延寿、禳除灾祲，也用于建筑镇禳、殡葬祝祭等。多为铜质，少量为其他金属。一般认为出现于西汉中期；汉代的“辟兵莫当”、“日入千金”钱，为已知年代较早者。唐宋后更为多见，传世品以明清者居多。压胜钱多数保留了方孔圆钱的形制，部分为刀币形、布币形、桃形等异形。有些两面皆铸压胜文字、图案，有些仅一面铸此类内容，另一面仿铸古钱文。常见的文字中，吉语类有“连中三元”、“长命百岁”、“招财进宝”等，禳祷免灾类有“驱邪降福”、“阴阳神灵”、“敕令”等。常见的图案为日、月、星辰、张天师斩五毒（蜘蛛、老虎、蟾蜍、蝎子、蛇）、刘海戏金蟾、仙人踏云、八卦（卦形或文字，或二者并用）、龙凤呈祥、龟蛇、宝马、八仙、蝙蝠、蟠桃、元宝等。还有的铸十二生肖图案配以十二地支文字，或铸于一钱上，或一套12枚。中国压胜钱曾影响周边地区，朝鲜半岛、日本群岛、中南半岛、南洋群岛等地也有压胜钱。

压水堆 pressurized water reactor; PWR 使用加压轻水（即普通水）作冷却剂和慢化剂，并且水在堆内不沸腾的核**裂变反应堆**。一般压水堆均采用低浓二氧化铀燃料，其中^{235}U浓缩度为1.66%～4.4%，燃料包壳为锆锡合金。核潜艇压水堆为了缩小反应堆体积和延长换料周期，通常采用高浓二氧化铀燃料。现有核电站压水堆用的控制棒是不锈钢管或镍合金管，也有用碳化硼或

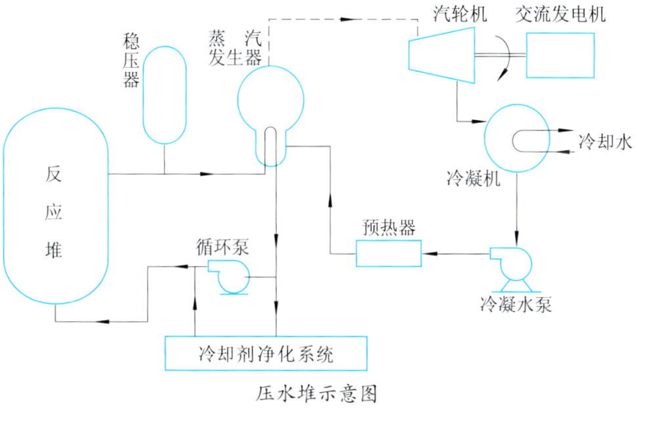

压水堆示意图

硼钢的。压水堆最危险的潜在事故是冷却剂流失，又称失水事故。为了减轻这类事故的后果，核电站压水堆都装有完备的应急堆芯冷却系统和自动喷淋系统，整个核蒸汽供应系统安装在一个能接受一定压力的密封性良好的安全壳内。

压岁钱 gift money 中国年俗节物之一。又称押岁钱、压祟钱、守岁钱等。除夕吃完年夜饭，长辈要给小辈压岁钱，以祝福晚辈平安度岁。此俗起源较早，但明清时真正流行。早期的压岁钱一般是特制钱，后来逐渐演变为给可以流通的钱币。特制的压岁钱是用铜或铁仿制成的方形或长方形象征性大铜钱。人们给压岁钱有直接给予晚辈手中的，有的是在晚辈睡下后放置其床脚或枕边的。在河南，通常将压岁钱系于小儿腰间，称为压腰钱，祝福他们新年顺利、平安。现代人们用红纸包封装压岁钱，以示吉祥。

压缩机 compressor 压缩气体达到提高气体压力的流体机械。压缩机的排气压力一般高于1.5×10^{4}帕。

分类 压缩机按作用原理可分为：①容积式压缩机。直接依靠改变气体容积来提高气体压力的压缩机。又分为往复压缩机和回转压缩机两种。往复压缩机包括往复活塞压缩机、自由活塞压缩机和隔膜压缩机等。回转压缩机包括滑片压缩机、螺杆压缩机、液环压缩机和罗茨鼓风机等。到20世纪80年代为了提高效率，将回转压缩机与往复压缩机组成一个复合型新机组，如螺杆－活塞串联压缩机组。②动力式压缩机。首先对气体施加作用力使气体流速提高获得动能，然后在气体流向出口时使气流速度有序降低，使动能不断转化为势能，借以提高气体压力。具有叶轮或带有叶片转子的动力式压缩机称为透平压缩机。透平压缩机又分为离心压缩机和轴流压缩机两种。

性能参数 压缩机的主要性能参数有：①容积流量。单位时间内排出的气体体积（米^3/秒）。②排气压力。最终排出压缩机的气体压力，单位为帕。③效率。实现所需排气压力的理想循环所消耗的功或功率，与实际循环所消耗的轴功或轴功率之比。

用途 按气体被压缩的目的，可分为四大类。①压缩空气作为传递动力的介质。如爆破采煤、发射鱼雷等。②使气体液化。如人工制冷，分离空气制氧、制氮等。③压缩气体利于合成和聚合。④输送气体。包括管道输送和装瓶输送。

压条 layering 植物营养繁殖方法的一种。又称压枝。即将植物的枝、蔓压埋于湿润基质中，待其生根后与母株割离，成为新的植株。成株率高，但繁殖系数小，多在用其他方法繁殖困难，或要繁殖较大的新株时采用。压条方法因植物的生长特性而异。常见的有下列几类：

普通压条 适于枝、蔓柔软的植物或近地面处有较多易弯曲枝条的树种（辛夷、蜡梅等）。将母株近地1～2年生枝条向四方弯曲，于下方刻伤后压入坑中，用钩固定，培土压实，枝稍垂直向上露出地面并插绑一支持物。

水平压条 适用于枝条较长且易生根的树种，如苹果矮化砧、藤本月季等（图1）。

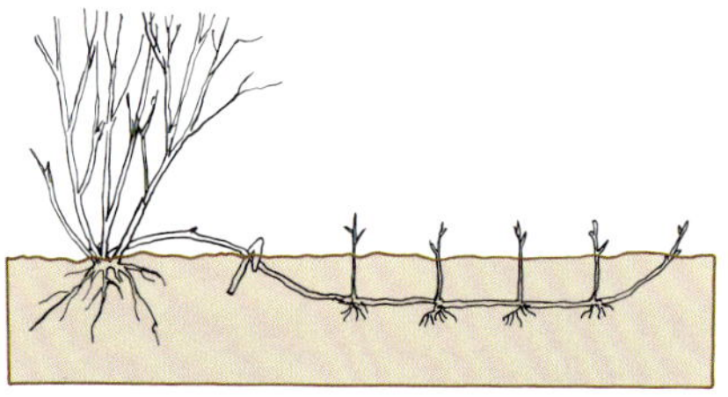

图1 水平压条

此法在同一枝条上可得到数棵植株。又称连续压条、掘沟压条。操作时顺偃枝挖浅沟，将按适当间隔刻伤的枝条水平固定于沟中，除去枝条上向下生长的芽，填埋细土。待生根萌芽后在节间处逐一切断，每株苗木均附有母体的一段，如锤状。故在中国也称撞木压条。

波状压条 适用于枝蔓特长的藤本植物，如紫藤、金银花、葡萄等（图2）。将

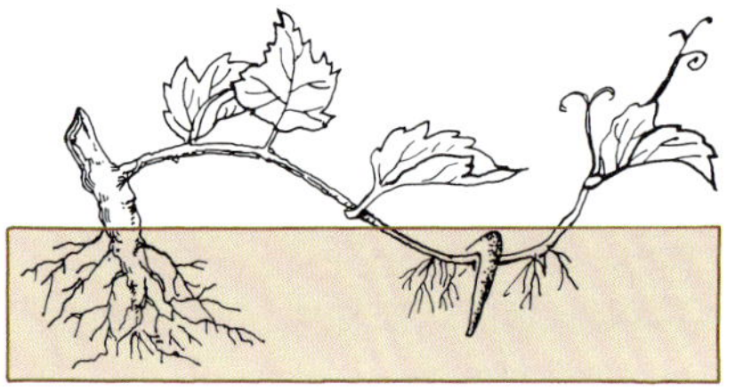

图2 波状压条

枝蔓上下弯曲成波状，将着地的部分埋压土中，待其生根、突出地面部分萌芽并生长一定时期后，逐段切成新植株。

堆土压条 适于根颈部分蘖性强或呈丛状的树木（如辛夷、珍珠梅、黄刺玫、李、石榴等）。将根颈部枝条基部刻伤后堆土埋压，待生根后，分切成新植株（图3）。

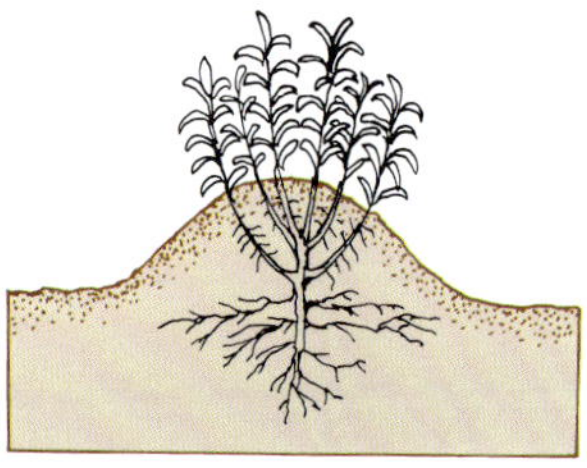

图3 堆土压条

空中压条 中国创造，又称中国压条、高压条。适用于高大或枝条不易弯曲的植株。选1～3年生枝条，环剥2～4厘米，并刮去嫩绿色的形成层或纵刻成伤口，用塑料布、对开的竹筒、瓦罐等包合于割伤处，

图4 空中压条

绑紧固定，内填苔藓或肥土，常浇水保湿，待生根后切离成新植株（图4）。

压抑 suppression 精神分析学说中的一种心理防御机制。把意识所不能接受的，使人感到困扰或痛苦的思想、欲望或经验不知不觉地压抑到无意识之中，在一般情况下，当事人不能觉察或回忆。S.弗洛伊德认为，压抑都是由不愉快的或痛苦的经验所产生的焦虑引起的。凡是与社会相抵触的内心冲动，如果任其发展下去，由于为社会所不容，就不可避免地导致挫折并产生焦虑和痛苦。因此，每当这类冲动萌发时，个人常常会有意无意地将其压抑，以便保持心境的安宁。然而，那些被压抑到无意识中去的观念、欲望或冲动并没有消失，只不过是在意识监察下暂时潜伏下来，如果有机会仍会活动起来并影响个人的行为。例如失言、笔误、动作失误或记忆错误等，都是无意识的内容进入意识领域而引起心理的轻微、暂时的扰乱现象。如果无意识中蕴藏的痛苦经验与被压抑的冲动超过了意识的管制能力时，个人的人格就会变态，出现心理失常或心理疾病。

鸦 *Corvus*; raven/ crow 雀形目鸦科鸦属种类的统称。俗称乌鸦。雀形目鸟类中个体最大的一群。共有41种，分布几遍全球。中国有8种，大多为留鸟。全长400～600毫米。体羽大多呈黑色或黑白两色，黑羽具紫蓝色金属光泽；翅远长于尾；嘴、腿及脚呈纯黑色；鼻孔距前额约为嘴长的1/3，鼻须硬直，达到嘴的中部。

为森林草原鸟类，栖于林缘或山崖，到旷野挖啄食物。集群性强，除少数种类（例如白颈鸦）外，常结群营巢，并在秋冬季节混群游荡。行为复杂，表现有较强的智力和社会性活动。鸣声简单粗厉。杂食性，很多种类喜食腐肉，并对秧苗和谷物有一定害处。但在繁殖期间，主要取食小型脊椎动物、蝗虫、蝼蛄、金龟甲以及蛾类幼虫，有益于农。此外，因喜腐食和啄食农业垃圾，能消除动物尸体等对环境的污染，起着净化环境的作用。一般性格凶悍，富于侵略习性，常掠食水禽、涉禽巢内的卵和雏鸟。

白颈鸦

繁殖期的求偶炫耀比较复杂，并伴有杂技式的飞行。雌雄共同筑巢。巢呈盆状，以粗枝编成，枝条间用泥土加固，内壁衬以细枝、草茎、棉麻纤维、兽毛、羽毛等，有时垫一厚层马粪。每窝产卵5～7枚。卵呈灰绿色，布有褐色、灰色细斑。雌鸟孵卵，孵化期16～20天。雏鸟为晚成性，亲鸟饲喂1个月左右方能独立活动。

鸦片贸易 opium trade 18世纪以后西方殖民主义者向中国非法输入鸦片的走私贸易和强迫中国承认的鸦片进口贸易。鸦片是罂粟果实浆汁制品，又称“烟土”。17世纪时西班牙人和荷兰人将烟草和鸦片以及其拌和吸食方法一并传入福建和台湾。18世纪葡萄牙人又从印度将鸦片运入中国，但输入数量和运销范围有限。雍正七年（1729）清廷下令禁烟，但鸦片进口并没有停止。

1773年英国东印度公司直接经营鸦片，揭开了真正鸦片贸易的序幕。鸦片战争前，清政府多次颁布禁烟诏谕，但东印度公司利用非法手段，使鸦片的走私贸易在鸦片战争前发展极快。鸦片在英国对华出口总额中的相对地位也在迅速上涨，1829年，达到50%以上。进口鸦片数量猛烈增长后，西方殖民主义者销售鸦片所得现金超过备办回程货物如茶叶、丝绸之类的需要，而中国则从现金入超转化为现金出超，白银外流数量激增。道光十九年正月（1839年2月），清政府派钦差大臣林则徐到达广州，严厉执行禁烟谕旨。但是英商拒不接受，最后英国政府还以遏制贸易、危害英国臣民为借口发动了侵略中国的鸦片战争。

鸦片战争后，英国侵略者在和约谈判中一再企图用威胁利诱方法使中国承认鸦片贸易的合法化。在这种活动失败以后，就听任私商鸦片走私继续进行，并且加以庇护。鸦片战争后的鸦片贸易，以香港为走私基地，长江以南沿海各个口岸都可作为走私据点；新签订的不平等条约更给走私非法活动以法律保护。因此其规模更大，活动也更猖獗。在1858年英法等国强迫中国签订的《通商章程善后条约》中，规定鸦片以“洋药”名义进口，每箱缴税银30两。从此鸦片一直作为合法进口商品，在中国行销近60年。

在20世纪初，禁止鸦片已经成为国际和国内的一致舆论，鸦片在进口总额中所占的比重日趋低落。到1916年，外国鸦片公开进口的省份已只有江西、江苏和广东三省。1918年，公开的鸦片进口已经停止（医药用途进口除外）。因为禁烟方案只是中英之间的双边协议，其他国家不受约束，所以鸦片的进出口走私还在继续。1909、1912年分别在上海、海牙举行国际会议，议决签订禁烟公约，共同防止将鸦片和其他毒物走私运入或运出中国。

鸦片战争 Opium War 道光二十至二十二年（1840～1842）英国发动的侵略中国的战争。

图1 吸食鸦片的旧照

战争背景 19世纪初，鸦片开始大量输入中国，流毒极为严重，不仅损害吸食者的健康，造成白银外流，而且引起银贵钱贱，直接破坏社会生产，影响广大劳动人民的生活。鸦片的大量输入，还加深了清朝封建统治的危机。鸦片贸易使清朝的吏治愈益腐败，军队更加失去战斗力，而白银源源外流，使清朝财政陷入困境。因此，严禁鸦片的主张曾居上风。道光十八年冬，林则徐奉召晋京。道光帝多次召见，授以钦差大臣，赴广州查禁鸦片。道光十九年四月二十二至五月十五日（1839-06-03～25），林则徐率地方官吏，在虎门海滩将缴获的烟土全部当众销毁。禁烟运动获得初步胜利。见虎门销烟。

战争过程 鸦片贸易被严厉取缔后，英国资产阶级立即策划发动侵略战争。1839年10月1日，英国内阁作出向中国出兵的决定。次年2月，英国政府任命懿律和义律为正副全权代表，并派懿律为侵华英军总司令。1840年4月，英国议会通过支付军费案。6月，懿律率领的英国船舰40余艘及士兵4 000余人到达中国海面，第一次鸦片战争正式开始。

英军到达中国海面后，首先封锁珠江口。懿律看到广东军民早有戒备，决定率主力北上。7月，英军进犯福建厦门，被已调任闽浙总督的邓廷桢督师击退。接着，北犯浙江，攻陷定海。8月，英舰抵达天津白河口，投递英国外交大臣巴麦尊致清政府的照会，提出赔款、割地、通商等无理要求。道光帝派直隶总督琦善到天津海口与英军谈判。琦善向懿律表示将查办林则徐等，希望英军返棹南旋，等候清政府处置。英军乃于9月折回南方。道光帝即任命琦善为钦差大臣，前往广东与英方继续谈判。11月底，琦善到达广州，撤除防务，遣散水勇，镇压抗英群众。此时，义律接替懿律为英国全权代表，步步进逼。1841年1月7日，英军突然攻陷沙角、大角炮台，琦善慌忙求和，义律乘机提出《穿鼻草约》，并于20日单方面公布。其中包括割让香港、赔偿烟价600万元、恢复广州通商等条款。

沙角、大角炮台失陷后，道光帝决定宣战，任命御前大臣、宗室奕山为靖逆将军，调派大军开往广东。2月下旬，英军先进攻虎门炮台，琦善拒派援军，守将关天培等壮烈牺牲，炮台失陷。4月，奕山到达广州。5月，他贸然发动夜袭，英军乘机反扑，占领城郊各据点，炮轰广州城。奕山派人求和，与英订立《广州和约》。其中规定清军退出广州，向英军缴纳“赎城费”600万元。

英国政府对《穿鼻草约》的内容不满，决定撤换义律，改派璞鼎查为全权公使，进一步扩大侵略战争。8月璞鼎查率领援

图2 清政府代表在英国军舰上签订《南京条约》

军到达香港，不久即攻占厦门，清总兵江继芸力战牺牲。9月，英军北犯定海，总兵葛云飞、郑国鸿、王锡朋等英勇战死，定海再陷。10月，英军进攻镇海，两江总督裕谦坚决抵御，城陷时投水自尽。宁波也陷入敌手。同时，英舰窜扰台湾，被台湾军民击退。浙江连失三城，清政府决定第二次出师，派协办大学士、皇侄奕经为扬威将军，率军驰往浙江。奕经到达绍兴后，企图侥幸取胜，分兵进攻三城，结果惨败。英军反攻陷慈溪，奕经等逃至杭州。清政府派盛京将军耆英前往浙江主持对英交涉。但英军决定乘虚而入，按既定计划侵入长江。1842年5月，英军攻陷乍浦，6月再攻吴淞炮台，江南提督陈化成据台死守，力竭牺牲，宝山、上海相继陷落。英军溯长江西上，于7月下旬进攻镇江。清副都统海龄所部顽强抵抗，经过激烈巷战，终于失守。8月初，英舰直抵南京江面，清钦差大臣耆英等赶到南京议和。鸦片战争至此结束。

影响 道光二十二年七月二十四（1842-08-29），耆英与璞鼎查在南京签订了结束鸦片战争的《南京条约》，又称《江宁条约》，共十三款。主要内容为：①中国割让香港；②向英国赔款两千一百万银元；③开放广州、福州、厦门、宁波、上海等五口对外通商，英国可派驻领事；④废除“公行”制度，英商可以与中国商人自由进行贸易；⑤中国抽收进出口货的税率由中英共同议定。条约签订后，双方在广东继续谈判。1843年7月22日，在香港公布《中英五口通商章程》。10月8日，耆英与璞鼎查在虎门签订《中英五口通商附粘善后条款》，又称《虎门条约》（《中英五口通商章程》被作为其中的一部分）。在该约中，英国取得了领事裁判权和片面的最惠国待遇等特权，同时还制定了海关税则。《南京条约》签订后，美国和法国趁火打劫，于1844年分别强迫清政府订立了《望厦条约》和《黄埔条约》。

《南京条约》、《虎门条约》与《望厦条约》、《黄埔条约》一起，成为中国近代史上外国侵略者强迫清政府订立的第一批不平等条约。从此，中国的社会性质开始发生根本的变化，由一个封建社会逐步变为半殖民地半封建的社会。

鸭 *Anas domestica*; duck 鸭科河鸭属的一种。重要家禽。又称家鸭。鸭的分布现遍及世界各国而集中于欧亚大陆。北京鸭和北京鸭型的杂交肉鸭是现代肉鸭业的主要鸭种，世界各地均广泛饲养。

头大而圆，喙长而扁平，上下腭边缘成锯齿状角质化突起。颈较长。体躯宽长，呈船形，前驱昂起。羽毛丰满，翅较小而复翼羽较长。公鸭有钩状性羽。尾短，尾脂腺发达。腿短，第2、3、4趾间有蹼。善游水，性胆怯，喜合群。嗜食动物性饲料。母鸭叫声响亮，公鸭声沙哑。羽色有与其祖先相似的麻雀羽以及白羽和黑羽等类型。按经济性能分为肉用型、蛋用型和蛋肉兼用型三种类型。饲养方式主要有集约饲养和半放牧两种方式。

养鸭业可提供多种产品。主要产品为鸭肉，包括活鸭、屠宰去毛的冻鸭及腌制的板鸭和腊鸭、卤鸭等。鸭蛋除鲜蛋之外还加工成皮蛋、咸蛋和蛋粉、蛋黄酱及蛋黄卵磷脂。公番鸭与北京鸭、建昌鸭等杂交鸭可生产鸭肥肝，这是一种营养价值很高的食品。鸭羽可加工成服装原料。

鸭绿江 Yalu River 中国、朝鲜两国界河。汉称马訾水，唐始称鸭绿江。因水色深绿如鸭头得名。源于长白山主峰南麓海拔2 300米处。上游流经崇山峻岭，坡陡流急，谷宽50～150米；中游自临江以下，转向西南，坡度变缓，谷宽200～2 000米；下游自水丰以下，河谷开阔，两岸有低山丘陵和较窄平原，江心多沙洲。江中岛屿近200个，以文安滩为最大。丹东附近江宽5千米，流到东沟分两支入黄海。全长816千米。流域面积6.45万平方千米，中国境内约占一半。水系发达，支流受构造控制，多与干流成直交。北侧主要支流有浑江、蒲石河、叆河等，南侧主要支流有虚川江、长津江、秃鲁江、忠满江等。鸭绿江流经温带湿润地区，平均年降水量870毫米，自上游向下游渐增，70%集中在6～9月。河口多年平均入海流量316.9亿立方米。每年融冰化雪时形成春汛。5～6月常出现枯水期。夏汛在7～8月，最大流量一般为年平均流量的15～25倍。全流域气候凉湿，分布以红松、枫桦为主的针阔叶混交林，下游多栎林。有多种野生动植物。江水含沙量和输沙量小。鸭绿江流经长白山地，河谷陡窄，比降大，水力资源丰富、水能蕴藏量230万千瓦。水丰发电站是中朝合营的第一座大型电站，此外还有云峰、桓仁、回龙山、太平哨等以发电为主，结合防洪、灌溉、航运的大中型综合性水利工程。集安、河口和丹东有铁路公路桥连接两岸，为中朝交通要道，其中以丹东-新义州大桥（中朝友谊桥）最为壮观。鸭绿江因冬季水浅封冻，上中游滩多水急，航运受限制，水丰库区以下通航，最大港口为丹东。

鸭茅 *Dactylis glomerata*; orchard grass 禾本科鸭茅属的一种。多年生草本植物。又称鸡脚草、果园草。原产欧洲，分布于世界各地温暖地区。中国西南、西北地区有分布。根系发达。茎秆直立，高约40～120厘米。基叶繁多，叶片扁长。圆锥花序。种子长卵形，黄褐色。喜温暖湿润气候，抗寒力中等，耐高温和干旱。耐阴性强，多生长于山坡、路旁和林下。喜肥沃黏壤土，耐微酸，不耐碱。春、秋季均可播种。适宜与红三叶、白三叶和多年生黑麦草等混播。为牛、马优良牧草。干物质平均含粗蛋白质13.20%，粗脂肪4.33%，粗纤维29.33%，无氮浸出物44.17%，粗灰分8.97%。可青饲、青贮或调制干草。

鸭嘴兽 *Ornithorhynchus anatinus*; platypus 单孔目鸭嘴兽科鸭嘴兽属的唯一种。鸭嘴兽属是鸭嘴兽科的唯一属。分布于澳大利亚东部和塔斯马尼亚，是适应水陆两栖生活的兽类。身体背、腹侧扁，呈流线型；体长30～45厘米，尾长10～15厘米，体重1～2.3千克；背面深褐色，腹面灰白到黄色，针毛长而闪亮，底绒短而致密；吻伸长成鸭喙状，上覆柔韧而敏感的皮肤，鼻孔位于喙的前段中央；眼小；无外耳，耳孔紧靠

眼后；鼻、眼、耳都有皮褶可以关闭；口内具颊囊；幼体有牙齿，但长成后即被角质磨垫所取代；四肢粗短，五趾均具爪和蹼，前肢蹼尤其发达，是划水和调节体温的主要构造，后肢具毒距；尾形与河狸相似。栖居于溪流和湖泊的岸边。洞穴有两种类型，一是普通的居住洞，一是雌兽为繁殖而建造的深而复杂的巢洞。常在清晨或黄昏出洞活动，主要在水底觅食。潜水时，鼻、眼、耳都关闭，只靠喙的触觉寻找食物。以鱼虾、水生昆虫、贝类和其他小型无脊椎动物为食。每年的8～10月繁殖，雌雄在水底交配。约14日后，雌兽在巢中产卵。卵通常为2枚，大小如家燕卵。10日后孵化出长约2.5厘米的瞎而裸的幼仔。哺乳时雌兽仰卧，乳汁顺着腹毛流出供幼仔吸吮。4个月后长成出洞，寿命10～15年。

牙齿 teeth 生长在大多数脊椎动物的颌骨上、口内或口周以及咽区的坚硬耐磨的结构。低等脊索动物和无颌脊椎动物的现生或化石种类均无齿。圆口类的角质齿状结构与无尾两栖类幼虫的角质“齿”，在结构和起源上都不能与齿比较。齿是随颌的出现由颌缘骨甲的“突起”产生的。

结构 最简单的齿仅是圆锥形，如见于许多鱼类、爬行类以及哺乳类的齿列前部的那种形式。但齿的形状常变得很复杂，特别是那些端部变成宽且相对平坦的齿冠

以适于磨或嚼的齿。每个齿的内部有一个髓腔，其中有小的血管和神经等柔软物质。齿的基部可有一个或几个根，使齿稳固植于颌骨内。一般的哺乳动物，髓腔在齿基部缩小为细的根管通出齿，根管内有血管和神经通过。

主要成分　釉质（或类釉质）和齿质。釉质极坚硬、表面发亮，通常是覆盖在齿外面的一薄层，几乎没有有机物质，如哺乳类的齿。齿质占齿的大部分体积。其化学成分几乎与硬骨相似，约2/3的成分以磷酸钙的形式沉淀在纤维基质中。但在结构上齿质与硬骨质有重要的区别。

齿位　在有齿脊椎动物的两极端即低等的鲨类和高等的哺乳类，上颌或下颌都仅有一列有机能的齿生于颌的边缘，称缘齿。每纲有颌类都有一些类型具有缘齿。缘齿是脊椎动物齿系的最重要成分。但许多类群不仅有缘齿，口内凡有外胚层（甚至内胚层）分布之处就有可能产生齿或类似齿的结构。口部覆有外胚层起源的表皮；在硬骨鱼类、两栖类和爬行类的很多类群中，口腔缘齿内侧还有齿。

发育和更换　除釉质外，齿的全部成分都是中胚层起源。但是，外胚层在齿的发生中起着诱导作用。齿的最早胚胎迹向是向内陷入的一个外胚层褶。缘齿列是在颌缘的一条连续的沟，其中组织称齿叶；它可产生一个个齿胚。在以后发育各阶段中，齿叶缩小且不达到口表面。但在颌的深部，通常长期保留着一条组织，它连接着一个个的齿胚。这种纵向排列的齿胚对于齿的脱换方式有重要意义。在终生不换齿的绝大多数低等脊椎动物，齿胚并不直接形成齿。齿胚深深隐藏在颌骨内部，而每一个新齿则是开始于这些齿胚分出并逐渐向表面移动的小块组织。典型的情况是，外胚层齿芽形成内部中空的圆锥形或杯形结构。这种结构形成未来齿冠型的轮廓。齿长成后，这些细胞变为髓腔细胞。齿成形后，伸出表面并在正常机能的位置。在终生不断换齿的动物，每个齿在一定时间以后，根部被吸收并由颌脱落。旧齿未脱落之前，一个或数个齿芽已由齿胚形成并向外伸出以代替旧齿。哺乳动物只是前面的齿（门齿、犬齿和前臼齿）更换一次；“恒”齿系代替“乳”齿系。但绝大多数脊椎动物的情况，与此有很大的不同。很少知道关于很多硬骨鱼类、两栖类和爬行类的鄂齿和硬骨鱼类颌内侧的齿的更换情况，而且各类鱼和爬行类的大型齿板如果更换也是极少的。绝大多数鱼类和两栖类、爬行类的缘齿在一生中是不断更换的。

牙雕　ivory carving　在象牙上雕刻出各种图案和形象。通常也指用象牙雕刻而成的雕塑工艺品，简称牙雕。用于牙雕的象牙是象的上腭的两颗门齿。牙雕的工艺流程主要有选择牙料、凿粗坯、雕刻细部、修光、打磨等。雕刻技法有阴刻、浮雕、圆雕、镂雕等。牙雕在世界范围内有着悠久的历史。欧洲最早的牙雕制品出现于法国多尔多涅河地区，距今4万年。此后，在漫长的历史时期，欧洲先后出现了西班牙科尔多瓦和昆卡、法国巴黎、意大利威尼斯和佛罗伦萨等雕刻中心。20世纪以后，欧洲牙雕才逐渐衰落。在亚洲的印度河地区，发现有公元前2500年的牙雕。在非洲，尼日利亚、贝宁15世纪所产的牙雕极为著名。

夔鋬象牙杯（高30.5厘米，殷墟妇好墓出土）

中国的牙雕以公元前4 800多年的浙江余姚*河姆渡文化*的小盅、匕等为最早。河南安阳*殷墟*出土了商周时期象牙的梳、筒、杯、碟、碗、饰片等，其中*妇好墓*出土的象牙杯最为珍贵，体现出高度的艺术水平。此后历代宫廷都有精美的牙雕工艺品。元、明、清时期，牙雕工艺有较大发展，清代广州、苏州民间牙雕也很兴盛。中国象牙雕刻主要产于北京、广州等地。品种有人物、花卉、亭台楼阁、山水风景、仿古器皿、象牙球、粉盒、印章、首饰盒、胸针、鼻烟壶、国际象棋、筷子等。北京牙雕以人物圆雕见长，题材多为仕女、武将、神佛等，“蝈蝈白菜”是独特传统品种。广州牙雕以玲珑剔透的镂雕技法而闻名。

牙膏　toothpaste　用于清洁牙齿，除去口腔内各种不洁物的膏状口腔卫生用品。在口腔中具有摩擦、发泡、吸附、溶解、分散、中和等物理和化学作用，还有杀菌、抑菌等抗菌功能。主要成分有摩擦剂、保湿剂、泡沫剂、调香剂，还有甜味剂、防腐剂和水。药物牙膏还含有各种防治牙病的药剂。生产工艺可分为膏体制备、软管制造、灌装和包装三个主要过程。膏体制备有湿法制膏法和真空自动制膏法两种，常用的是真空自动制膏法。

牙含章　Ya Hanzhang（1916～1989-12-19）中国民族问题理论家、宗教学家和藏学家。别名马尔沙，笔名章鲁、子元。生于甘肃和政，卒于北京。早年在甘肃甘南和西藏拉萨研究藏族历史和喇嘛教。1938年到延安后长期从事民族问题研究和藏学研究。曾任中共中央调查研究局第四分局少数民族研究室副主任。

中华人民共和国建立后任甘肃临夏专员公署专员、中共甘肃省委统战部副部长，1952年任中共西藏工作委员会委员兼秘书长。1958年后，先后任内蒙古大学副校长和中国社会科学院民族研究所所长，曾当选为中国民族理论学会理事长、中国民族研究团体联合会副理事长、中国无神论学会副会长。

牙含章在民族理论、宗教、藏学研究方面进行了许多开创性工作。在民族理论方面，他根据马克思列宁主义民族形成理论，论证了民族是在部落发展的基础上形成的一般规律，现代民族即资产阶级民族是资本主义上升时期的产物。在宗教问题方面，他提出“宗教是迷信，但迷信不一定是宗教”的观点；主持编写了多卷本的《中国无神论史》，被学术界公认为开创了中国哲学社会科学中的一门新学科。在藏学方面，他编写的《达赖喇嘛传》和《班禅额尔德尼传》是藏学研究的必备书。主要著作还有《民族形成问题研究》、《民族问题与宗教问题》、《中国无神论思想初探》、《西藏历史的新篇章》等。

牙行　brokerage firms　中国古代和近代市场中为买卖双方介绍交易、评定商品质量、价格的居间行商。汉代称驵、驵侩，唐、五代称牙、牙郎、牙侩，宋、元、明又有引领百姓、经纪、行老等称呼。牙行一词始见于明代。以经营牲畜、农产品和丝绸布匹等手工业品为主；也有居间包揽水运雇船的，称埠头。明代以前的牙多属个体经营，活动方式是在各居商停客的店和堆放货物的邸之间往来说合。牙行有铺面、堆栈、客房等设备，并雇用看货、帮手、账房、庄客等。明初，始有邸、店牙合一的牙行。牙行必须持有官府发给的牙贴，有官牙、私牙之分。自清代始，牙行的职能又发展到自营买卖，代客垫款、收账，代办运输、起卸、报关，对农民和手工业者进行预买、贷款。牙行的收入除佣金外还有商业利润、贷款利息、服务报酬等，不过这类牙行是少数。

牙行的作用是双重的。在中国封建社会，农民和手工业者生产的商品零星分散，他们又不熟悉行情，赖牙行居间中介，进入流通，这是牙行的积极作用。但牙行因此操纵价格、垄断行市，以至把持地方市场，坑蒙拐骗，对商品流通又有消极作用。所以随着商品经济的发展，商人有冲破牙行把持的倾向。直到中华人民共和国建立后才全部被淘汰。

牙克石市 Yakeshi City 中国内蒙古自治区辖县级市。位于自治区境东北部，大兴安岭中段西坡。面积27 590平方千米。人口35万（2010），有汉、蒙古、回、满、达斡尔等民族。1950年成立喜桂图旗。1983年撤销喜桂图旗，设立牙克石市。由呼伦贝尔市代管。大兴安岭山脉纵贯全市南北。矿产有煤、铁、锌、铜、萤石、珍珠岩、石灰岩等。农业以小麦、油菜、马铃薯、蔬菜等为主。工业以煤炭、化工、电力、食品、制药、机械、纺织、木器、木材、建材等为主。主要旅游景点有凤凰山庄等。

牙买加 Jamaica 拉丁美洲岛国。位于加勒比海北部牙买加岛上。东隔牙买加海峡与海地相距200千米，北距古巴约140千米。地处加勒比地区的心脏地带，是美欧通往巴拿马运河的必经之道。面积10 991平方千米。人口269.88万（2009），其中黑人和黑白混血种人占90%以上，余为印度人、欧洲人、华人等。英语为官方语言。80%的居民信奉基督教，少数信奉印度教和犹太教。首都金斯敦。

海岸线长1 220千米。地形以山地和高原为主，沿海为冲积平原。东部以山地为主，最高峰蓝山峰海拔2 256米。中部和西部为丘陵和石灰岩高原（占全岛面积的60%），海拔300～900米。境内多泉水和瀑布。属热带海洋性气候。年平均气温27℃，年温差不到5℃。受地形与信风影响，降水量分

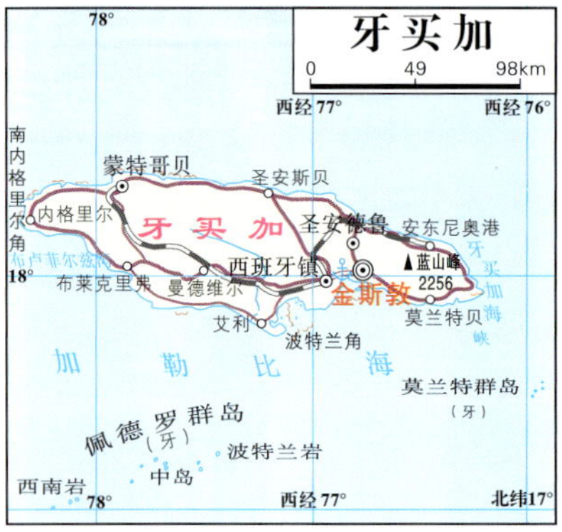

布差异很大。夏季多飓风。主要矿藏铝土矿储量居世界第四，是世界第四大铝土生产国。其他矿藏有金、铜、铁、钴、锌、锰、石膏、大理石等。

原为阿拉瓦克族印第安人居住地。1494年C.哥伦布来此。1509年沦为西班牙殖民地。1655年被英国占领。1866年划为英国直辖殖民地。1959年获得内部自治权。1962年8月6日宣布独立。为加勒比地区英属殖民地中第一个独立国家。英联邦成员国。

国家元首为英国王，由英王任命的总督作为代表。议会由参、众两院组成，任期5年。众议院议员由普选产生。主要政党有人民民族党、牙买加工党、新牙买加联盟。

历史上曾长期保持单一的农业经济结构，主要生产供出口的蔗糖、香蕉、可可、咖啡等。第二次世界大战以后，特别是20世纪50年代以来，迅速发展起铝土矿开采和氧化铝工业，并带动建筑业、制造业和交通运输业的发展。铝土、蔗糖和旅游业是国民经济的最重要部门和外汇收入的主要来源。2009年国内生产总值125.72亿美元。货币名称牙买加元。

耕地面积约27万公顷，森林面积约26.5万公顷，约占国土总面积的24%。主要种植甘蔗和香蕉，其他还有可可、柑橘、咖啡和红胡椒等。粮食需进口。旅游业发展迅速，主要旅游点有金斯敦、蒙特哥贝等。公路运输较发达，公路总长17 925千米。铁路长339千米，横贯全岛，全部经营货运，主要为铝土业服务。水运亦较发达。沿海有13个港口，金斯敦港为世界第七大天然港，是加勒比海的一个主要中转站。金斯敦的诺曼·曼利国际机场和蒙特哥贝的唐纳德·萨格斯特国际机场有通往北美、欧洲和加勒比地区国家的航线。主要进口石油、食品、机械产品等；主要出口铝矾土、氧化铝、蔗糖和香蕉等。主要贸易伙伴为美国、英国、德国和加拿大。美国是最大贸易伙伴和主要投资国。20世纪90年代以来，经济援助来自荷兰、德国、美国、英国和加拿大等。

中小学实行免费教育。设有西印度大学。主要报刊有《新闻集锦日报》、《明星晚报》、《牙买加纪事报》、《牙买加之声》和《旭日报》等。牙买加通讯社为官方通讯社。牙买加重视与拉美国家的关系，积极发展同加勒比地区国家的团结合作，促进地区一体化，是加勒比共同体和共同市场的创始国之一和加勒比国家联盟成员国。同美国关系密切。同英国保持传统友好关系。截至2009年底，同147个国家建立了外交关系。1972年11月21日牙买加与中国建交。

牙髓炎 pulpitis 细菌及其毒素侵入牙髓引起的炎症。急性牙髓炎表现为牙齿自发性剧痛，局部充血、水肿，形成急性根尖脓肿，脓液可穿破牙槽骨壁，聚积于牙槽骨膜下，形成骨膜下脓肿，并继续达到黏膜下，形成黏膜下脓肿，最后突破黏膜，排出脓液，症状缓解，转为慢性。慢性者症状较轻。根据疼痛的性质可确诊，再进一步确定患牙。因疼痛不局限于牙，故准确判断患牙十分重要。多采用除去牙髓的方法治疗。具体的治疗包括盖髓术（护髓术）、活髓切断术、干髓术、牙髓塑化治疗、根管治疗、急性根尖周炎治疗等。

牙体修复 dental restoration 使牙体缺损部分得以恢复的医疗过程。造成缺损的原因主要为龋病，其次为外伤、酸蚀等。修复方法有充填（见补牙）和用嵌体或人造冠修复。

嵌体 根据牙体缺损情况，在患牙上预备成一定形状的窝洞，在口外制成能嵌入窝洞的修复体，用黏固剂将之黏着在窝洞内，即可恢复牙体的解剖外形和生理功能。根据牙体缺损的范围，可做成单面嵌体、双面嵌体、多面嵌体。另外还有用以增高𬌗面过低的高嵌体。可选用不同材料制作，如金属、陶瓷、塑料等。

人造冠 将牙齿磨除一层，用金属或陶瓷等制成冠，用黏固剂黏着在其上。适用于牙体缺损较多和牙体部分切除，磨除牙质多，牙齿已经失活、脆性增大时，可以防止牙折和防龋。人造冠有多种类型，罩盖牙冠大部分牙面的有3/4冠、开面冠（已过时），罩盖牙冠全部的称全冠。根据不同情况和条件，可做成铸造冠、锤造冠、烤瓷-金属联合冠、烤瓷冠、烤塑冠、塑料冠等。牙体缺损很大并已作根管治疗的，后牙可用银汞或金属做成桩核，外面再戴入全冠。前牙冠部可做成实体，底部有插入根管的桩，叫桩冠，或做成桩核，外面再行全冠修复。各种冠都是在做成后用黏固剂黏到基牙上，不能取下清洁，故要求牙体预备认真细致，四周边缘必须密合，以免产生继发龋。

牙周病 periodontal disease 发生在牙齿支持组织（牙周组织）的疾病。牙齿的支持组

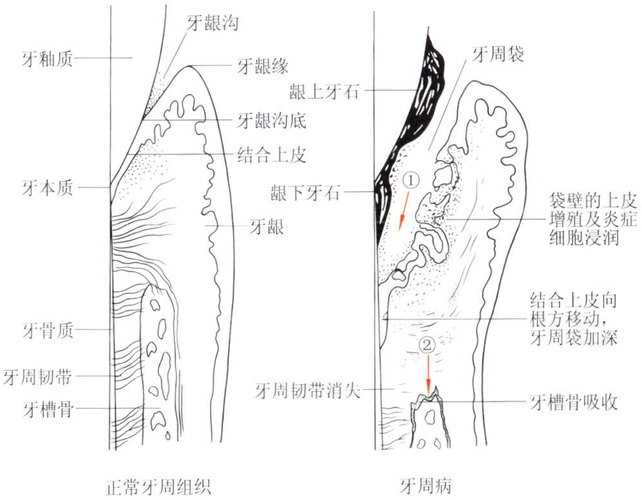

正常牙周组织与牙周病的对照

织包括牙周膜、牙槽骨和牙龈（见图）。俗称火牙。广义的牙周病包括牙龈病和牙周炎两类。狭义的牙周病仅指牙周炎。牙周病主要是由堆积在牙颈部及龈沟内的菌斑中的微生物造成的感染性疾病。这些微生物长期作用于牙龈，引起机体的免疫应答。首先是导致牙龈的炎症反应为牙龈炎。当炎症扩散到深部牙周组织，引起牙槽骨吸收和牙周膜纤维的破坏，牙周袋的形成，而形成牙周炎。当维持牙齿坚固的支持组织逐渐丧失，牙周就发生松动甚至剥落。牙齿丧失的第一位原因是牙周病。

临床表现　①牙龈出血，多在刷牙或咬硬食物时发生，偶尔也有自发性出血。②牙龈颜色改变，由正常粉红色改变为鲜红、暗红，龈色变浅或苍白。③牙龈肿胀变厚，松软肥大，有时糜烂，有时坚韧肥大呈结节状等。④牙周袋形成。⑤牙齿松动、移位，最后可脱落。

治疗　牙周病治疗分四个阶段。

①基础治疗。ⓐ建立正确的刷牙方法和习惯，使用漱口剂保持口腔卫生；ⓑ施行洁治术（俗称洗牙）；ⓒ辅佐以抗菌药物；ⓓ消除创伤。

②牙周手术治疗。当牙龈炎症基本消退后，如果仍有5毫米以上的牙周袋，仍有出血症状，一般应做牙周手术治疗。

③经过第一、二阶段治疗后，牙齿仍有松动，或有邻牙缺失者，应作松动牙的固定夹板，缺失邻牙的修复。

④牙周支持治疗。也称维护期，内容包括定期复查复治，保持口腔卫生。

预防　刷牙是去除牙菌斑最常用的有效方法。

芽　bud　维管植物中尚未充分发育和伸长的枝条或花，实际上是枝条或花的雏形。芽是由茎的顶端分生组织及叶原基、腋芽原基和幼叶等外围附属物所组成。花芽由未发育的一朵花或一个花序组成。

芽可按在枝条上着生位置不同分为顶芽、腋芽和不定芽；按性质不同分为枝芽（叶芽）、花芽和混合芽；按是否包有鳞片分为鳞芽与裸芽；按是否活动分为活动芽和休眠芽。

整个植株株形的形成，在很大程度上取决于芽在植物上着生的位置、排列和活动状况。假如顶芽生长占优势，腋芽休眠较多，则主茎长高，分枝较少。反之顶芽生长缓慢而腋芽较为活跃，则主茎周围将长出很多分枝。利用芽在植物体上的着生位置、活动习性等特点，园艺工作者可采取整枝、去芽等方法控制植物的形态。

芽生菌病　blastomycosis　由皮炎芽生菌所致的慢性化脓性肉芽肿疾病。常累及肺，初有轻微呼吸道症状，如发热、咳嗽和声嘶；数月后，感染发展。大多数患者2～12周自行缓解。肺部病灶未愈者，渐出现肺外症状。常累及肝脾，或呈慢性肺病，进展缓慢或很快致死。皮肤型多由接种或血行播散引起。手或指接触患者尸体后可发生接种感染，呈下疳样的顽固性溃疡；或皮肤损伤后，接种部位出现红色或紫色结节，近端淋巴结可肿大；血行播散型皮损无痛，呈界限清楚的红斑结节，渐增大成疣状或溃疡皮损；有时皮损来源于其下面骨骼病灶的播散，形成皮下脓肿；咽喉部等黏膜亦可受累。骨关节型表现为骨髓炎和关节炎。泌尿生殖道型可有前列腺、附睾和睾丸受累。中枢神经系统型往往经血行播散到脑，多表现为脑膜炎、脑脓肿、颅和脊髓硬膜外损害，也可见脑芽生菌瘤。对致命的芽生菌病首选两性霉素B治疗，酮康唑、伊曲康唑和氟康唑亦有疗效。

蚜虫　Aphididae; aphid　同翅目蚜总科昆虫的统称。分布遍及世界各地。体长1.5～4.9毫米，多数约2毫米。有时被蜡粉，但缺蜡片。有翅蚜，触角通常6节，第3或3及4或3～5节有次生感觉圈。眼大，多小眼面，常有突出的3小眼面。喙末节短钝至长尖。腹部大于头部与胸部之和。前胸与腹部各节常有缘瘤。腹管通常管状。雌雄性蚜通常均无翅，有时雄性蚜有翅。表皮光滑，有网纹或皱纹或由微刺或颗粒组成的斑纹。体毛尖锐或顶端膨大为头状或扇状。

寄主植物几乎包括裸子植物门和被子植物门松柏纲的所有科。有些种类则以苔藓植物和蕨类植物为寄主。部分种类营异寄主全周期生活，多数种类为同寄主全周期。以受精卵越冬。许多种或种以下单元在热带、亚热带、温室或温暖的小生境全年孤雌生殖，不出现越冬的受精卵。常造成寄主植物组织变形或变色，或节间变短。

多数种类为寡食性或单食性，少数为多食性，部分种类是粮、棉、油、麻、茶、糖、菜、烟、果、药和树木等经济植物的重要害虫。由于迁飞扩散寻找寄主植物时要反复转移尝食，所以可以传播多种植物病毒病，造成更大的危害。其中包括麦长管蚜、麦二叉蚜、棉蚜、桃蚜及萝卜蚜等重要害虫。

崖墓　cliff burial　古代开凿于山崖或岩层中的墓葬。主要分布于中国四川、云南、贵州、湖南、江西、福建等地。战国时期可能已经出现，东汉流行于四川地区，并延续至魏晋南北朝时期。国外如东南亚等地也有类似的崖墓发现。

四川地区的东汉崖墓往往几十座聚集于一处，错落有致，应是有计划开凿。有单室、前后室和多室几种，形式仿尘世住宅，一般附有排水设施。有的在墓门、墓壁及石棺上雕刻画像和图案，题材有仿木建筑雕刻、历史故事、车马出行、四神、西王母、伏羲、女娲及佛像等，与当地画像砖墓类似。随葬品与同时期的砖室墓基本相同。魏晋南北朝时期的崖墓，墓室一般较东汉狭小。河北、山东、江苏、河南等地的一些西汉大型洞室墓墓室开凿在山岩中，为诸侯王和王室贵族墓。属于崖墓的一种类型。结构复杂，有墓道、前后墓室、耳室和侧室，并有较为完整的排水系统，随葬大量精美器物。著名的有河北满城汉墓、山东曲阜九龙山汉墓、江苏徐州狮子山汉墓、河南永城汉墓等。

衙署　government office　中国古代官吏办理公务的处所。《周礼》称官府，汉代称官寺，唐代以后称衙署、公署、公廨、衙门。

衙署是城市中的主要建筑，大多有规

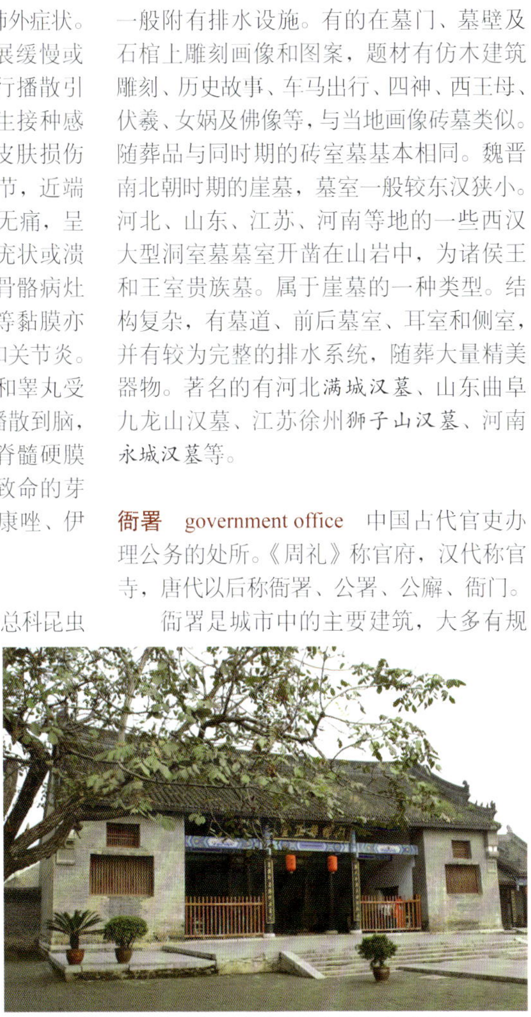
河南南阳内乡县衙，始建于元大德八年（1304），明初重建，后又屡次扩建

划地集中布置。都是庭院式布局，和同时期的宫殿、寺庙、第宅相似，建筑规模视其等第而定。衙署中主要建筑为正厅（堂），唐代以前称听事，设在主庭院正中。厅前设仪门、廊庑，一至数重不等，除供使用外，兼示威仪、等第。遇有重要情况开启正门，使用正厅。长官办理公务多在正厅的附属建筑中。属官的办公处所视衙署大小而定，小者即在正厅两厢，大者在主庭院侧另建院落。衙署内有架阁库保存文牍、档案，有的还有仓库。地方府、县衙署中常附有军器库、监狱。在京衙署，署内多不建官邸。京外衙署附设官邸，多建于衙署后部或两侧，供官员和眷属居住。明代以后，地方府县衙署内常建土地祠。

哑 mutism 受某些生理缺陷或疾病的影响而不能说话的现象。哑常与聋联系在一起，称为聋哑。聋者之所以不能说话，是因为不能接受外界的言语信号，终于发展为哑。听力正常或稍低，能接受言语声音信号但不能说话者，称为单纯性哑。这是因为患儿的言语中枢或传导径路有病变。

防哑的根本在于防聋，治哑必须先治聋。听力未恢复者则需进行听觉-言语训练。即听力损失小于80分贝时，借电器装置，提高患儿对语言的辨别及理解能力，并结合读唇进行交谈，以提高其社会交流能力。可视音调装置能把语音和语句音调变化以曲线显示，聋者按曲线所表现的音调变化进行摹仿；利用小型计算机说话训练系统可以从声波中提出元音的声道形状加以显示，以利摹仿。见耳聋。

聋哑儿童的教育是一个社会问题。中国各地均设有聋哑学校，在学校中常用多感觉法进行教学，即充分利用其残存听力，结合学习手语、手势、汉语拼音及文字等进行训练。先教手语，然后结合课本，使其掌握汉字。

哑剧 pantomime 不用台词而凭借形体动作和表情表达剧情的戏剧形式。形体动作是哑剧的基本手段，它的准确性和节奏性不仅具有模仿性，还应具有内心的表现力和诗的意蕴。公元前3世纪，罗马已有哑剧演出。在英国和法国，古代丑角的无声表演多在大型戏剧演出之前进行。现代哑剧源于法国哑剧表演大师德布洛，他创造了一个人物形象比埃罗，围绕他编演了一系列哑剧作品。当代哑剧有独角戏，也有集体哑剧，演员表演时大都勾画出白色脸谱。著名哑剧表演艺术家有C.卓别林（英）、M.马尔索（法）、莫尔肖（奥地利）等。中国已有哑剧表演的片断，但作为一种独立的戏剧形式，于20世纪80年代初才开始出现，是从西方借鉴而来的。首创演员为王景愚。

哑语 dactylology 多用于聋哑人的手语。

痖弦 Ya Xian（1932-08-29～ ） 中国台湾诗人。原名王庆麟，河南南阳人。1949年随军赴台湾。1954年底结识洛夫、张默，参与《创世纪》诗刊编务。1966年赴美国艾奥瓦大学访问。1967年获威斯康星大学硕士学位。曾先后担任《幼狮文艺》主编、《联合报》副刊主编等职。

他的早期诗作受何其芳《预言》诗集等影响，《我是一勺静美的小花朵》等诗语言甜美，富有乡土气息。25岁后进入创作高峰，风格发生变化，关注于人的生存处境和生存本质，以及对工商社会全体堕落的批判，意象繁复缤纷。1959年出版《痖弦诗抄》，并发表重要作品《深渊》，宣称要凭着一首诗“说出生存期间的一切，世界终极学、爱与死、追求与幻灭，生命的全部悸动、焦虑、空洞和悲哀”。其诗作堪称民谣风格的现代变奏，带有超现实色彩，喜写小人物悲苦。

1965年后，基本停止了诗歌创作，转向新诗史料的搜集和研究，著有《中国新诗研究》一书。20世纪70年代后期起，长期主持《联合报》副刊，在组织文坛活动方面用力甚著。

《雅》 《诗经》的组成部分。其中包括《小雅》74篇、《大雅》31篇，共105篇，合称“二雅”。

关于《雅》的解释，近代学者多从音乐方面加以说明：“雅”是“正”的意思，在音乐中就是指“正乐”。“正乐”相对于地方音乐而言，是指周天子建都的王城附近的音乐。至于为什么把“正乐”称为“雅”，这与古代“雅言”的说法有关。因为王城附近的通行语为“雅言”，因此，王畿之乐也就称为“雅乐”，简称为“雅”。所以，《诗经》中的《雅》就是指配有王畿之乐即“正乐”的诗歌。《大雅》、《小雅》之分，可能与产生时代的早晚和音乐变化有关。

关于《雅》的创作年代和作者，大致可以认为，《大雅》中的大部分产生于西周初期，小部分产生于西周后期；《小雅》中有少量作品产生于西周初期，大部分产生于西周末年和春秋时期。《小雅》中除少数民间歌谣之外，大部分作品都是各级贵族的创作。《大雅》几乎全都是贵族的作品。从有些《雅》诗的结尾点明作者也可以证明这一点。

宋代马和之作《小雅鹿鸣之什图卷》（局部，故宫博物院藏）

《雅》诗题材广泛，内容丰富，具有多方面的价值：①忠实记录了周民族创业和开国的历史。《大雅》中的《生民》、《公刘》、《緜》、《皇矣》和《大明》号称5篇史诗，从周民族祖先的诞生写起，中经业绩的开创和发展，直至推翻商纣王，建立周朝，全面地再现了自公元前21世纪至前11世纪周人的社会历史生活，填补了中国古代史诗创作的空白。②抨击奸佞，针砭时弊，揭露黑暗腐朽的社会现实。反映这一内容的《雅》诗很多，如《大雅·桑柔》、《大雅·瞻卬》和《小雅·正月》等。③叙写和赞美农事及其成就。如《小雅》中的农事诗《楚茨》、《甫田》和《大田》。④反映宴饮及人际交往中的礼乐文明。如《小雅·鹿鸣》、《小雅·常棣》和《大雅·行苇》等。⑤表现劳动人民的痛苦和灾难。如《小雅·苕之华》和《小雅·何草不黄》等。

此外，《雅》诗中的恋歌和怨歌，表现了情人之间的爱慕、思念以及婚姻、家庭的不幸等。

一般篇幅较长，如《大雅·抑》长达12章，114句。布局严谨，章法完密，用韵整齐。一般说来，《雅》诗的语言不如《国风》通俗易懂，且多抽象议论，但也有些诗写得形象生动。在艺术风格上，庄重而舒缓，表现出典重文雅的特征。

雅安市 Ya’an City 中国四川省辖地级市。位于省境中部，四川盆地西陲。辖雨城区和名山、荥经、汉源、石棉、天全、芦山、宝兴7县。面积15 398平方千米。人口151万（2010），有汉、回、蒙古、藏、彝等民族。隋废蒙山郡置雅州，后废州置临邛郡，唐复置雅州。后几经更迭。1939年为新建西康省的第二行政督察区。1950年改雅安专区。1955年撤销西康省，划属四川省。1981年改为雅安地区。2000年6月撤销雅安地区和县级雅安市，设立地级雅安市。除南部属干热河谷气候，日照充足，降水较少外，北部各县（区）属典型亚热带湿润季风气候，是四川多雨区。年平均气温14.1～17.1℃。年降水量741.8～1774.3毫米。雨城区平均年降水量高达1 774.0毫米，为全国著名的“雨城”，素有“天漏”之称。矿产有磷、钙、芒硝、大理石、花岗石、石棉、耐火黏土等。工业以电力、机械、化工、制茶、制革、造纸等为主。市境立体地貌和立体气候特征明显，具有发展生态农业和建设绿色食品基地的优势和潜力。是四川边茶最大产区。大渡河流域河谷地带建有金花梨、樱桃基地。市域森林覆盖率45.0%，是长江上游重要水源涵养地和生态屏障区。川藏公路、川滇公路、京昆高速公路交会于此，是四川进入青藏高原的咽喉要道。名胜古迹有高颐墓阙、碧峰峡、周公山森林公园、白马泉石刻、黄龙水库风景区等。

雅丹 yardangs 河湖相土状堆积物地区发育的风蚀土墩和风蚀凹地相间的地貌形态。以中国新疆罗布泊凹地最为典型。以维吾尔语“雅丹”(陡壁的土丘)命名。雅丹地区地面崎岖起伏，支离破碎。高起的风蚀土墩多为长条形，排列方向与主风向平行；土墩物质为粉沙、细沙和沙质黏土互层，沙质黏土往往构成土墩顶面。风蚀凹地底部的平地向下风向倾斜，凹地最深的部分在下风向一侧。风蚀土墩和凹地相间分布，不同的是凹地多数互相沟通，而土墩常是孤立分布。风蚀雅丹在世界许多沙漠地区都有分布，如利比亚提贝斯提、伊朗克尔曼盆地、埃及哈尔加盆地等。中国除新疆罗布泊地区外，青海柴达木盆地西北部和甘肃河西走廊的疏勒河下游也有大面积分布。雅丹是风力吹蚀和风沙流磨蚀作用的产物，并在形成过程中被（季节性）流水侵蚀改造。因此，雅丹是风力和流水交互作用的产物。

雅典 Athens; Athinai 希腊首都和政治、经济、文化、交通中心，阿提卡大区首府。位于阿提卡半岛西侧。市区人口74.55万(2001)，大雅典包括市区西南的外港比雷埃夫斯及若干郊区，人口401万(2009)，约占全国人口总数的1/3。城市位于干燥的山间盆地中，海拔107米，东、北和西三面分别为山地环绕，最高点帕尔尼斯山，海拔1 413米。盆地内有一系列自北向南分布的小丘，其中阿克罗波利斯山即卫城，为早期雅典的中心。基菲索斯河和伊利索斯河贯穿市区。地中海型气候。

历史名城。新石器时代起就有人居住。公元前12世纪，迈锡尼人在卫城上筑城堡。前9世纪，包括比雷埃夫斯海港在内的周围地区并入雅典城邦。前530年，在卫城上建立雅典娜神庙，雅典由此得名。前5世纪上半叶，雅典参加希波战争，屡败波斯侵略军，并在前478年与各城邦结成“提洛同盟”，成为希腊各城邦的统领者和爱琴海地区的强国。此后，雅典进入了全盛时期。前86年被罗马攻占，城市建筑物破坏严重。但至中世纪以前，雅典仍然是希腊和罗马的学习中心。公元3世纪被哥特人占领。529年拜占廷统治者关闭了异教徒的哲学学校，结束了该城的古典传统。在拜占廷帝国统治时期，雅典的许多艺术珍品被掠往君士坦丁堡（今伊斯坦布尔），许多神庙被改作基督教堂。1204年十字军东征后，雅典成为法兰西公爵领地。1458年起受奥斯曼帝国统治达372年，1830年成为希腊王国首都。

全国最大的工业城市和地中海地区重要商业中心。大雅典占全国工业就业人数和工业产值约一半和一半以上，有造船、机械、制造、纺织、食品、轻工和化学等工业。全国交通中心，东地中海航运中心。比雷埃夫斯是世界重要的商船注册地，有数十家航运办事处在此营业。有铁路通伯罗奔尼撒半岛和塞萨洛尼基等地，并与欧洲各国铁路相连。市内有国际机场。比雷埃夫斯为希腊最大的对外贸易港。

希腊古文化中心，世界著名的旅游胜地。有“西方文明摇篮”之称，至今保存着许多古希腊、古罗马和拜占廷时期的文化遗迹。其古文化遗迹主要集聚在雅典卫城及其周围。主要有供有雅典娜塑像的帕提农神庙，被誉为人类艺术宝库中最璀璨的明珠之一。市内多所博物馆均藏有珍贵文物。有多所考古学校，最著名的是阿美利加考古学校。还有雅典大学，雅典国立工业大学和美术、戏剧、音乐、商业和农业等高等学校，以及多所科研机构。雅典的名胜古迹和每年夏季在古剧院的音乐、戏剧表演吸引了大量游客。

雅典卫城鸟瞰

宪法广场是雅典的市中心。广场附近为全市最繁华的地方。斯塔迪奥和帕奈皮斯蒂米乌为市中心的两条通衢大街。卫城北面和东面是行政区和文化区，附近有新王宫、老王宫（现为国会大厦）和国家公园。公园紧邻泛雅典娜体育场。城西南部和港口附近为工商业区，城北是老住宅区，新住宅区位于市郊。

雅典城邦 Athens City-State 古代希腊城邦。位于希腊中部。雅典城所在的阿提卡境内，新石器时代已有人居住，青铜时代遗址多有发现。在公元前700年左右，阿提卡全境已经形成以雅典城为中心的统一的奴隶占有制国家。

前8世纪，王权衰落，政权由氏族贵族执掌。前682年起，执政官一年一选。前7世纪形成了由9名执政官分别掌管国家最高行政、军事、司法和宗教事务的局面。

前621年，执政官德拉古把习惯法用文字记录下来，公之于众，在一定程度上限制了氏族贵族的权力。前594年，由双方共同选出的仲裁人梭伦实行改革，奠定了雅典民主政治的基础（见梭伦改革）。前508年的克利斯提尼改革，以地域组织取代血缘组织作为国家的行政单位，削弱了氏族贵族在各方面的影响，促进了雅典民主政治的发展。

前5世纪上半叶，雅典在希波战争中起了重大作用，一跃成为前478年建立的提洛同盟的首领。这大大促进了雅典奴隶占有制经济的发展，引起雅典公民内部不同阶层力量对比的变化，导致前462年（或前461）厄菲阿尔特和伯里克利所领导的改革。在伯里克利当政时期，雅典在经济、政治和文化方面臻于极盛，成为左右希腊局势的霸国和主要文化中心。

前431年雅典及其同盟者与以斯巴达为首的伯罗奔尼撒同盟之间爆发战争，前404年战争以雅典失败告终（见伯罗奔尼撒战争）。提洛同盟瓦解。雅典一度屈从于斯巴达。前323～前322年雅典与马其顿战于拉米亚，结果失败，附属于马其顿，从此完全失去政治独立，民主政体名存实亡。前2世纪中叶并入罗马版图。

雅典国立考古博物馆 National Archaeological Museum of Athens 希腊最大的博物馆，也是世界上收藏古希腊文物艺术品最丰富的博物馆之一。在雅典市。1894年建成。设近40个陈列室，收藏有新石器时代至青铜时代、古风期（前7世纪至前5世纪前半期）、古典期（前5世纪后半期至前4世纪前半期）、希腊化期（前4世纪前半期至前1世纪前半期）的希腊艺术品。博物馆前厅展出数千件克里特－迈锡尼时代（前1900～前1100）的各种珍贵遗物。其中有H.谢里曼于1876年在迈锡尼卫城6座竖穴墓发现的黄金面具，镶嵌金银的青铜短剑，圆花装饰金角银制公牛头，用象牙、宝石、黄金制作的妇女装饰品，以及浮雕、青铜器等。还有皮洛斯出土的迈锡尼文字泥板。侧厅陈列古风期、古典期、古典全盛期、希腊化期的大理石雕像、青铜雕像、青铜工艺品和墓地出土物。其中雕像多为战士、运动员、牧羊人等世俗人物以及主神宙斯、智慧女神雅典娜、太阳神阿波罗等神话中人物，以提洛岛出土的大理石雕像《尼康德拉奉纳像》(约前660～前650)最为古老。在第二次世界大战后新建的二层陈列室陈列有世界闻名的希腊陶器。

雅典酒神剧场 Theatre of Dionysus in Athens 希腊最古老的剧场。坐落于雅典卫城东南坡下。遗址的发掘工作从1841年开始，1895年完成。遗址处原有一座旧剧场，较新剧场偏南，观众席系木制，供歌队和演员表演的圆场直径为23.77米。公元前4世纪末建新剧场，圆场直径为19.60米，观众席约能容纳1.4万人。公元67年罗马皇帝尼禄巡视前，雅典酒神剧场已经过改建，圆场的一部分让位于舞台。舞台高1.46米。圆场与水沟之间加石栏杆，以防表演格斗伤人。3世纪或4世纪，雅典总督淮德罗斯对酒神剧场作了最后的修改，圆场四周加上防水设备，以便表演海战。舞台比原来矮了0.15米左右，至今大体保持原状。

雅典娜 Athene 希腊神话中的一位主神。表征有盾、长矛、猫头鹰、蛇等，这说明对她的崇奉与图腾崇拜有关。远在迈锡尼时代，就已存在有关她的传说。她起初掌管乌云和雷电，同时又是丰产与和平劳动的女神。在荷马史诗里，她是希腊人的庇护者，阿基琉斯、奥德修斯都是她所宠爱的人，经常得到她的忠告；她鼓舞希腊人去冲锋陷阵，甚至让狄奥墨得斯刺伤战神阿瑞斯。她常以智慧女神的面貌出现，是科学的保护者。传说她教会人们纺纱织布、造车、造船、冶炼及雕刻等各种本领，还给人犁和耙，因此被称为工技之神。为解释她的智慧和力量，产生了一个神话：宙斯的第一个妻子智慧女神墨提斯怀孕后，按预言将生下一个比宙斯还强大的儿女，宙斯感到恐惧，便把妻子吞进肚里，从此胎儿即在他的头颅中继续生长；后来宙斯感到头痛，让匠神用斧头劈开他的头颅，雅典娜于是全副武装地跳了出来。她兼有双亲的长处，成为威力与智慧的化身。

雅典娜雕像

希腊很多地方曾流行对她的崇拜。雅典人尊她为城邦的庇护神，为她而定期举行泛雅典娜节。帕提农是她的最著名的庙宇，庙里有她的巨大塑像，高12米，镶有黄金和象牙，出自古希腊著名雕刻家菲迪亚斯之手，被认为是古希腊艺术的珍品。在罗马，雅典娜与当地手工业的庇护神弥涅尔瓦混同。

雅典卫城 Acropolis of Athens 公元前5世纪的希腊雅典建筑群。雅典是古希腊的政治文化中心，雅典卫城更是城邦中的佼佼者。不仅是举行祭祀大典的宗教圣地，也是最重要的公共活动中心和国家的象征。卫城位于今市中心偏南的一座小山上，高出平地70～80米。山顶台地东西长约280米，南北宽130米左右，四周陡峭，仅西端有台阶可以登临。四年一次祀奉城市守护神——雅典娜的节庆大典就在这里进行。祭祀队伍从山下的西北方出发，从西南面登上卫城。辉煌的建筑和精美的雕刻依次成为人们观览和注目的中心。

雅典卫城远眺

山门为卫城主要入口，胜利神庙位于山门南翼之前，为一个不大的爱奥尼柱式神庙。帕提农神庙是祀奉雅典娜的卫城主体建筑。位于卫城最高处，这个形体单一的围廊式神庙是希腊多立克柱式建筑最重要的代表作。伊瑞克提翁神庙位于帕提农神庙北面，为一个体量不大的爱奥尼柱式神殿，供奉传说中的雅典人始祖伊瑞克提斯。

根据地形特点采取自由灵活的布局形式，根据不同对象和情况使用不同柱式，以及尺度的合理运用是卫城建筑的特色。卫城建筑的雕刻堪称希腊古典雕刻艺术珍品。帕提农神庙的山墙雕刻、檐壁和陇间壁浮雕，伊瑞克提翁神庙的女像柱，皆为同类作品中最优秀的代表。雅典卫城历经2 000多年的战乱灾变，现存的主要建筑均完成于希腊古典盛期，建筑总设计师为著名雕刻家菲迪亚斯。作为希腊历史上最值得骄傲的时代纪念碑，卫城建筑从总体布局到个体造型，无不反映出这个时代的特色。

雅尔塔会议 Yalta Conference 1945年2月4～11日，苏、美、英三国政府首脑在苏联克里木半岛雅尔塔举行的国际会议。又称克里米亚会议。第二次世界大战进入后期，苏联和英、美等国军队从东西两线向德国本土推进，德国法西斯败局已定。在远东和太平洋地区，日本法西斯军队尚在负隅顽抗。为了协调盟国关系，商讨最后打败德、日的计划及研究处置战败的德国，安排欧洲事务和战后和平等重大事项，举行了此次会议。会议讨论的问题范围广泛，主要是：①处置德国问题。三国制定了最后击败德国迫使其无条件投降的计划。德国投降后，三国将对德国实行分区占领，设立盟国中央管制委员会进行协调管理。会议决定德国必须解除武装，解散总参谋部，拆除军事设施和军事工业等。会议同意以苏联提出的德国赔偿总额为200亿美元，其中50%应归苏联所有的建议作为讨论的基础。②波兰问题。会议决定，波兰东部边界当依照寇松线，在若干区域应作出对波兰有利的5～8千米的逸出。波兰西部的最后疆域定界待后解决。③远东问题。1945年2月11日，苏、美、英三国政府首脑秘密签订《三国关于远东问题的协定》，即《雅尔塔协定》。苏联同意在欧洲战争结束后两三个月内参加对日本作战。为

斯大林、罗斯福和丘吉尔（从右至左）出席雅尔塔会议(1945-02)

此，美英两国答应苏联提出的下列条件：维持外蒙古（蒙古人民共和国）现状。苏联重新取得1904～1905年日俄战争中丧失的俄国以前的权益。上述规定由美国总统采取步骤，以取得蒋介石同意。④联合国问题。会议就安全理事会的投票问题的折中方案达成了协议。苏联撤回16个加盟共和国都成为联合国大会成员国的要求。决定于1945年4月25日在美国旧金山召开联合国国际组织会议，以便成立联合国。会议还通过了其他宣言、公报、议定书等。

雅尔塔会议是第二次世界大战期间一次重要的国际会议，其一系列决定有利于以同盟国的联合力量击败德、日法西斯，制裁德国和维护战后的世界和平。

雅尔塔体系 Yalta system 1945年2月，苏美英三国首脑召开雅尔塔会议后形成的第二次世界大战后国际格局。

《雅歌》 *Song of Solomon* 古希伯来诗歌，《旧约全书》的一卷。又名《所罗门之歌》。叙述所罗门王行猎，邂逅健美的牧女书拉密，但当国王向她求爱时，牧女却遁入山林。后所罗门乔装牧童，入山歌唱，令牧女坠入情网，遂迎娶回宫。《雅歌》虽列为《圣经》组成部分，但并无宗教成分。在艺术风格上表现自然、清新、朴素，成为古希伯来诗歌的一大特色。

雅各宾派 Jacobins 法国大革命时期参加雅各宾俱乐部的资产阶级激进派政治团体。雅各宾俱乐部的正式名称为"宪法之友社"，其前身是三级会议期间的布列塔尼俱乐部。1789年10月迁到巴黎后在雅各宾修道院集会，故名。在法国大革命中出现的众多革命团体中，雅各宾俱乐部是唯一的全国性组织，拥有数千地方组织。雅各宾派的成员中以小业主为最多，也包括许多富有的资产者。

1793年6月2日雅各宾派推翻吉伦特派统治，取得政权。当时的主要领导人有M.-F.-M.-I.de罗伯斯比尔、G.-J.丹东、J.-P.马拉、L.-A.-L.de圣茹斯特等。在内忧外患异常严重的形势下，雅各宾派政府实行恐怖统治，组织爱国力量，严厉打击国内外反革命势力，限制资产阶级投机活动，规定物价最高限额，赢得了革命的胜利。

1794年6月法军在弗勒吕斯取得重大胜利后，罗伯斯比尔派进一步加强恐怖措施，资产阶级不愿继续受到限制，使雅各宾派内部矛盾更加尖锐。7月27日的热月政变结束了雅各宾派政权。

雅加达 Jakarta 东南亚最大城市，印度尼西亚首都，经济和文化中心。位于爪哇岛西部北岸，临雅加达湾，跨芝利翁河东西两岸。与外港丹戎不碌及卫星镇巴由兰合在一起组成大雅加达市，即雅加达首都特区，面积664平方千米，人口914.6万（2009）。

城市平均海拔7米。气候湿热，年平均气温26.2℃，平均年降水量1 750毫米，湿度75%～85%。

城市范围由北而南次第扩展。约公元5世纪，位于芝利翁河下游两岸近海地带已有聚落。14世纪属巽他王国，为胡椒出口港。15世纪成为重要商港。16世纪被万丹王国占领，易名"查雅加达"，意为"胜利之堡"。16世纪末，荷兰人与葡萄牙人在此建立商站，简称"雅加达"。1619年荷兰人摧毁商站再建城市，命名"巴达维亚"，作为荷属东印度首府。此后3个世纪，成为印尼各岛的主要城市与政治中心。印尼独立后复名雅加达，1966年定为首都特区。

位于独立广场的民族独立纪念碑

全国最大的金融与工商业中心，主要工业有造船、机械、纺织、汽车装配、建材、轮胎、化工、化肥、食品加工、制革和印刷。工业多向郊区发展。爪哇岛上有6条铁路和公路在此会合，铁路联系岛上所有重要城市。外港丹戎不碌在市中心东北10千米，为全国最大港口，有海军基地，东郊的珍卡兰机场为欧洲与大洋洲之间国际海空航线的重要中继站。

印尼的文化中心，有多所高等院校和科研机构及体育场、水族馆、动物园、兰花园等。有许多博物馆，其中东南亚最大的雅加达国立博物馆建于1862年，收藏有爪哇猿人头盖骨、中国青铜器，以及印尼历史文物、亚洲最精美的瓷器等。还有雅加达缩影公园等。首都西北70千米的爪哇海中有千岛海洋自然保护及游览区。西南郊25千米的塞尔彭科学城面积350公顷，有国家科学院、地质部、航天局、原子能委员会、国家统计局、科学情报中心、全国标准实验室等。

雅柯布逊 Jakobson, Roman (1896-10-11～1982-07-18) 美国语言学家。犹太人后裔，原籍俄罗斯。生于莫斯科，卒于美国马萨诸塞波士顿。1918年获莫斯科大学硕士学位。1920年移居捷克，1930年获查理大学博士学位。1941年移居美国。1946～1970年先后任哥伦比亚大学、哈佛大学及麻省理工学院教授。他是9个科学院的院士，并获得25个荣誉博士学位。是莫斯科语言学会的创始人之一，1915～1920年任会长；又是布拉格语言学会的创始人之一，1926～1939年任副会长。

雅柯布逊主张从结构与功能两方面研究语言，致力于探索支配语言结构各层次的普遍原则。在音系学方面，先后和N.S.特鲁别茨科伊、M.哈利等人共同发展了音位理论，并认为一个音位是由若干抽象的区别特征构成的，音位之间有对立关系。他还把这个强调对立关系的理论应用于语法与词汇，提出了所谓标记性。在历史语言学方面，他主张立足于语言系统的整体来看个别的语言演变，反对把共时与历时研究截然分开。在心理语言学方面，他指出，在不同语言里儿童学会语言和失语症患者丧失语言能力，其发展过程方向相反并符合音系学原则。他认为语言有六种功能，除指称、表情等功能外，还有美学功能，这是他的创见。他把语言研究和文学研究完美地结合起来，在韵律学、诗学、文学史方面都取得了很大成就；他还研究了文化史和信息论，并在更广泛的范围内探讨语言学和其他学科的关系，认为语言学、符号学、人类学甚至经济学，都可以从统一的交流理论的观点来考察。

雅柯布逊注意区分语言符号的施指、受指和所指；他指出施指、受指和所指之间的任意性关系是相邻性关系，但是语言符号还具有相似性关系（这不是任意的），拟象性就是一种相似性，他提倡探索拟象性。现在拟象性已被认知语言学确认为人类语言的最重要特征之一。

雅柯布逊的著作超过500种。主要的语言学论著有《论俄语音系的演变》、《儿童语言，失语症与语音共性》、与C.G.M.方特、哈利合著的《言语分析初探》、与哈利合著的《语言原理》，以及《选集》(1962年起已出版数卷)。

雅可比 Jacobi, Carl Gustar Jacob (1804-12-10～1851-02-18) 德国数学家。生于波茨坦，卒于柏林。1821年进入柏林大学，1824年通过高级教师资格考试。1825年获大学讲师资格后，在柏林大学讲授无穷小

几何课程。1826年到柯尼斯堡大学任教，1827年任副教授，1832年任教授，1843年回柏林大学任教。在函数论、微分方程、变分法、微分几何学、力学、数论和代数学方面都作出重大贡献。独立地用椭圆积分反演构成**椭圆函数**，在《椭圆函数论新基础》(1829) 中为椭圆函数论奠定基础，如同三角函数那样得出一系列公式，把各种椭圆函数展开成无穷级数及无穷乘积。1835～1836年在讲课中引进θ函数来表示椭圆函数。作为椭圆函数的推广，1832年将阿贝尔引进的超椭圆函数发展成更一般的阿贝尔函数论。在数论方面，发展**二次型**理论，得出任一整数表示为平方和或立方和的表示公式。在代数学方面，系统发展**行列式**理论，并引进雅可比行列式，还发展连分式算法、一阶偏微分方程理论及变分法。在数学物理方面，发展了哈密顿力学，对椭球引力理论及旋转流体平衡构形有重大突破。著有《动力学讲义》(1866)。

雅克萨之战 Yakesa, Battle of 清康熙二十四至二十六年（1685～1687），中国军民驱逐沙俄侵略军、收复领土雅克萨的两次重要作战。

明末清初，沙俄开始侵入中国黑龙江流域，先后强占雅克萨和尼布楚（今俄罗斯境内）两城，残杀中国居民。清廷多次要求其退出，均遭拒绝，遂决定以武力予以驱逐。

二十四年，康熙帝派都统彭春、副都统班达尔善率八旗兵和福建藤牌兵组成的水陆军队，会同黑龙江将军萨布素围攻雅克萨。清军击退沙俄援军，用火炮攻城，沙俄军投降，清军毁城还师。不久，沙俄军又重新侵入雅克萨旧址，筑城盘踞。康熙帝得知，命萨布素等率军再围雅克萨。萨布素勒令沙俄军投降，侵略军头目托尔布津不予理睬。二十五年六月，清军开始攻城，激战数天，清军改行长久围困。沙俄军逐渐弹尽粮绝，战死病死者很多，最后仅剩66人。在此期间，清廷多次致函谴责沙俄侵略行径。九月，沙俄政府被迫同意谈判。次年，清军撤围，雅克萨之战结束。

此战，清廷以武力为后盾，政治、外交相配合，水陆军协同，先扫外围，致沙俄军困守孤城，被迫投降。战后，中俄双方签订了《**尼布楚条约**》，从法律上确定了中俄东段边界。

雅库特人 Yakuts 俄罗斯**西伯利亚**南部的居民。自称萨哈人。约38.2万人（2001）。主要分布在贝加尔湖东南的雅库特，部分散居在克拉斯诺亚尔斯克北部埃文基和泰梅尔民族区，以及马加丹、萨哈林（库页岛）、黑龙江流域。属蒙古人种西伯利亚类型。使用雅库特语，属阿尔泰语系突厥语族。1929年创制以拉丁字母为基础的拼音文字，1939年改用斯拉夫字母。18世纪后期传入基督教，但直到20世纪初仍普遍信仰萨满教。雅库特人是中世纪时由南来的突厥部落在勒拿河流域与当地居民结合而成。经济与文化类似中亚地区的牧民。古代，主要从事半定居的游牧业，饲养马、鹿等。19世纪后半期大批人改事农业，种植大麦、小麦、燕麦、马铃薯和蔬菜。手工业有铁器和毛皮加工等。十月革命后，工农业有一定发展。主要工业部门有金属开采和木材加工，农业以种植马铃薯和饲料为主。住木屋。夏季住用桦树皮盖成的圆锥形窝棚。穿敞襟皮袄、短裤、毛皮袜子和高筒毛皮靴，绑裹腿。衣着几乎全用兽皮制成。

雅库特妇女

雅里 Jarry, Alfred (1873-09-08～1907-11-01) 法国剧作家。生于拉瓦尔，卒于巴黎。写过诗歌、小说，主要以创作一系列以梅尔·于比为主角的讽刺喜剧而名垂后世。一生以卖文为生，晚年亦曾以译书糊口。因酒精中毒及肺病死于救济院。雅里身后之名，得之于其“于比”系列剧：《于比王》(又译《乌布王》，1896)，《于比戴绿帽子》(1944)，《于比坐牢》(1900)，《于比上山》(1901) 等。于比这个人物以作者中学时的物理教员为原型，塑造成一个既贪婪又愚蠢、既歹毒又怯懦的人物。作者以洗练的形式、夸张的手法、荒诞的内容嘲讽了人类的贪婪、愚昧与专权等恶习。《于比王》预示了20世纪先锋派戏剧的诞生。

雅利安人 Aryans 19世纪西方学术界对印欧语系各民族的统称。雅利安人最初的故乡是南俄草原，后来向亚洲和欧洲其他地区迁移。其中一支印度－伊朗人经过一段时间游荡后定居在中亚两河（阿姆河与锡尔河）平原。公元前14世纪，印度－伊朗人中的一支进入南亚次大陆，称印度－雅利安人；另一支进入伊朗，称伊朗－雅利安人。19世纪欧洲学术界认为印欧语系各个民族在种族和文化上是统一的，都属于雅利安人。19世纪末，在种族主义思想影响下，一些人开始鼓吹雅利安白人是优越于其他种族的优秀种族。20世纪二三十年代，A.希特勒更是竭力宣扬雅利安人是最优秀的人种，应当统治世界，为其大规模屠杀犹太人提供舆论准备和理论基础。现代人类学研究已经将雅利安人的范围大大缩小，仅限于语言属于印欧语系印度－伊朗语族的古代居民。

雅鲁藏布大峡谷 Yarlung Zangbo Big Gorge 世界最大峡谷。位于中国西藏自治区**雅鲁藏布江**下游，全长504.6千米，最深处6 009米，最狭谷底河床宽仅35米。峡谷平均坡降为9.14‰，最陡的地方坡降达75.35‰。实测洪枯水位高差极值达21米。峡谷进口处派乡附近流量为1 900多米^3/秒，海拔为3 000米；出口在国境巴昔卡，流量为5 240米^3/秒，海拔为155米。大峡谷蕴藏着丰富的水力资源。核心无人区河段从西兴拉到帕隆藏布江口20余千米河段，水能蕴藏量达13.86万千瓦/千米，为世界同类大河之最。水能总蕴藏量可达到3 800万千瓦，为现在长江三峡的2.5倍。

大峡谷围绕喜马拉雅东端的最高峰——**南迦巴瓦峰**（海拔7 782米）有一个奇特的马蹄形大拐弯，穿切喜马拉雅的崇山峻岭，又切割在**青藏高原**东南急斜坡上呈连续V字形峡谷。大拐弯由一系列小的直角形拐弯的峡谷河段串联组成，V形的峡谷也是由上而下一个叠套着一个镶嵌组合而成。

大峡谷成为印度洋暖湿气流北上的重要通道，不仅造就了雅鲁藏布江流域的特殊降水分布，而且造就了藏东南特殊的海洋性气候环境，使藏东南地区出现世界最高的“绿洲”，茂密的原始森林与广大青藏高原内部的高寒干旱荒漠迥然不同。

大峡谷是中国山地垂直自然带最齐全完整的地方，具有从高山冰雪带到低河谷热带季雨林带等9个垂直自然带。不同高程的垂直自然带不但景观各异，且生物资源特别丰富。这里蕴藏着西藏高原60%～70%的生物资源（动物、植物、菌类）。

1998年10～12月，中国雅鲁藏布大峡谷科学探险考察队实现了人类首次全程徒步穿越大峡谷的壮举。

雅鲁藏布江 Yarlung Zangbo River 中国西藏自治区最大河流。属印度洋水系。发

雅鲁藏布江大拐弯

源于西藏西南部喜马拉雅山脉北麓的杰马央宗冰川。雅鲁藏布江自西向东横贯西藏南部，流经米林后折向北东，之后又急转南流。于巴昔卡出境流入印度后，称布拉马普特拉河，又流经孟加拉国与恒河相汇，最后由孟加拉湾注入印度洋。

流域平均海拔4 000米以上，流域呈东西向狭长形。中国境内流域面积24.048万平方千米；河长2 057千米；多年平均年径流量1 500亿立方米，居全国第4位。水能资源极为丰富，全流域水能蕴藏量超过1.1亿千瓦，约占全国的1/6；其中干流水能蕴藏量近0.8亿千瓦，居全国第2位。以单位河长或单位流域面积的水能蕴藏量计算，则为中国各大河流之首。

干流概况　雅鲁藏布江源头海拔约5 590米，总落差达5 400余米，全河平均比降为2.6‰，是中国比降最大的大河。河源至里孜为上游段，长268千米，平均比降4.5‰。上游河谷宽阔而较平坦，多湖泊分布。雅鲁藏布江的正源杰马央宗曲源于杰马央宗冰川。流经桑木张附近，支流库比藏布汇入后改称当却藏布（即马泉河）。里孜以下称雅鲁藏布江。里孜至派区为中游段，长1 293千米，平均比降1.2‰。中游以宽谷为主，宽窄相间的串珠状河谷特征。派区以下至流出国境处为下游段，长496千米，平均比降为5.5‰。其中，派区—墨脱约212千米河段的平均比降高达10.3‰。雅鲁藏布江在该段形成马蹄形大拐弯，在河道拐弯的顶部内外两侧，各有海拔超过7 000米的南迦巴瓦峰与加拉白垒峰遥相对峙，形成高山峡谷地带。

支流众多，流域面积大于1万平方千米的有多雄藏布、年楚河、拉萨河、尼洋曲、帕隆藏布等。

气候与水文　雅鲁藏布江流域下游地区高温多雨，巴昔卡附近平均年降水量超过4 000毫米，个别地区可达5 000毫米以上，是中国陆地年降水量最大的地区之一。溯河而上，降水逐渐减少。广大中游地区属高原温带气候，年降水量多在300～600毫米，上游地区谷地年降水量不足300毫米。雅鲁藏布江流域巴昔卡一带的多年平均年径流深可达3 000毫米以上，上游地区则不足100毫米。径流的年际间变化小，年内分配不均匀。降水多的月份，其冰雪融水补给河流的水量也大。此外，该流域还具有枯水期水量较大而较稳定，悬移质泥沙含量少、下游地区推移质严重，以及河水温度低、河水矿化度小、总硬度低等特点。

经济概况　雅鲁藏布江有丰富的水量和丰沛的水能资源，水能资源开发条件好。如干流中游河段可兴建多座水利水电枢纽，水电站装机容量可达几十万至100万千瓦，并可发挥灌溉等综合效益。

雅鲁藏布江流域面积仅占西藏总面积的1/5，但流域内的人口、耕地面积、工农牧业总产值却均占全西藏的一半以上。拉萨、日喀则、泽当、江孜及林芝等城镇均坐落于流域范围内。雅鲁藏布江流域为西藏政治、经济、文化的中心地带。流域内矿产资源主要有铬、铁、铜、铅、硼等。

雅鲁泽尔斯基　Jaruzelski, Wojciech Witold (1923-07-06～　)　波兰统一工人党中央第一书记（1981～1989），波兰国务委员会主席（1985～1989），共和国总统（1989～1990）。

生于卢布林一知识分子家庭。1939年9月迁居苏联。1943年参加在苏联组建的波兰军队。1944～1945年参加解放波兰的各个战役。1947年加入波兰工人党。陆军高等军事学院和总参军事科学院毕业。1960～1965年任波军总政治部主任。1965～1968年任总参谋长。1962～1983年任国防部副部长、部长。1973年被授予大将军衔。1964年当选为波兰统一工人党中央委员。1970年12月当选为中央政治局候补委员。1971年起，为中央政治局委员。1980年8月波兰危机爆发后，于1981年2月出任部长会议主席，同年10月当选为党中央第一书记。1981年12月13日，宣布波兰进入战时状态，自任救国军事委员会主席。1983年7月宣布结束战时状态。1985年11月被选为国务委员会主席。1989年7月至1990年12月任波兰人民共和国总统。苏联解体和东欧剧变后，被解除职务。后议会曾宣布他对1981～1983年在战时状态期间的一些犯罪行为没有责任。

雅浦人　Yapese　大洋洲西北部的民族。约有9 000人（2001）。主要居住在加罗林群岛的雅浦岛。属印度尼西亚人、美拉尼西亚人和波利尼西亚人的混合类型，文化亦受三者影响。使用雅浦语，属南岛语系密克罗尼西亚语族。18世纪时曾有4万多人，组成230多个村落。经济以渔业为主，农业为辅。擅长航海。与邻岛常有贸易往来，通用多种原始货币，以石币最富特色。自18世纪起先后受西班牙、德国和日本统治，

雅浦人男子与巨大石币

人口锐减，传统文化遭到破坏。1944年后又受美国统治。雅浦人所在的雅浦区，于1979年5月10日与波纳佩、特鲁克、科斯雷三区一起成立密克罗尼西亚联邦。

雅莎伊　Jaszai Mari (1850-02-24～1926-10-05)　匈牙利悲剧演员。生于科马罗姆－埃斯泰尔戈姆阿萨尔，卒于布达佩斯。最初在塞凯什费黑尔瓦尔城演出，后来在布达人民剧院崭露头角。1872年应聘为民族剧院的终身演员和名誉演员。雅莎伊成功扮演了一系列古典悲剧中的角色，如《邦克总督》中的王后盖尔特鲁德、《人的悲剧》中的夏娃、《厄勒克特拉》中的厄勒克特拉，以及W.莎士比亚、J.拉辛和J.C.F.von席勒剧作中的女主角。她是当时欧洲古典主义和浪漫主义戏剧表演艺术中的杰出女演员，曾多次应邀到维也纳和柏林演出。

雅思考试　international English language test system; IELTS　为申请到英国、澳大利亚、新西兰等英语国家大学学习本科和研究生课程的非英语国家的考生或计划移民国外从事非学术培训或工作的申请者设计的一种英语能力考试。考查考生在英语学习或培训时经常遇到的听、说、读、写等各种语言技能。考试分为两种：普通培训雅思和学术性雅

思。前者是为申请移民国外的或是从事非学术培训或工作的考生设计的，后者是为准备接受高等教育的考生设计的。考试时间都是2小时45分钟。所有的考生都参加相同的听力和口语考试。考试结果2周后通知考生。考分2年内有效。最高分为9分，最低分为1分，没有及格和不及格。9分的概念是“具备完全掌握语言的能力：准确、流利、完全理解、得体”。1分的概念是“实质上没有使用英语的能力，只是知道少数几个孤立的单词”。澳大利亚、英国、加拿大和新西兰的高等院校认可雅思，美国越来越多的学术性机构接受雅思作为入学的要求。许多职业性机构认可雅思。

全世界有125个国家和地区设有雅思考点，都可以报考。在中国北京、上海、广州、深圳、沈阳等30多个城市都有考点，每月都有测验。

雅斯贝尔斯 Jaspers, Karl (1883-02-23～1969-02-26) 瑞士籍德裔哲学家，精神病学家。存在主义的主要代表。生于奥登堡，卒于瑞士巴塞尔。早年学习法律和医学，1909年获海德堡大学博士学位，1916年任该校心理系教授，1921年受聘为哲学教授，1948年受聘为巴塞尔大学哲学教授，此后一直居留瑞士并取得该国国籍。他把哲学的任务规定为描述人的存在的意义，认为人的存在有4种形式，即“此在”、一般意识或意识本身、精神、生存。强调只有生存才是人的真正存在的形式，而唯一能达到生存的途径是显示生存，即发现人的各种可能性。他承认个人的生存和自由受到限制，但又认为通过“超越存在”的追求可达到无限和完满，并指出要想达到超越存在，只有借助非理性的内心体验以及信仰。这就使他的存在主义直接通向了宗教信仰主义。著有《理性和生存》、《历史的起源与目标》等。

雅温得 Yaoundé 喀麦隆首都和第二大城市。位于国境中南部，西距全国最大港市杜阿拉约200千米。人口约167万(2008)。地处尼昂河与萨纳加河之间的高地上，海拔500～700米。热带雨林气候，终年湿热，年平均最高气温28℃，极端最高气温33.5℃；平均年降水量1 547毫米。城市由德国人始建于1888年。1915年被比利时军队占领。1922年后成为法属喀麦隆首都；1940～1946年期间杜阿拉曾取代该城为首都。1960年国家独立后定为共和国首都。现为全国政治、商业和文化中心，以及公路、铁路和航空交通枢纽。工业仅次于杜阿拉。有以酿造、可可加工、面粉、奶制品为主的食品、纺织、服装、木材加工业，以及卷烟、制鞋、制革、制糖、机械、日用化工等。木材、可可、油棕等农产品的最大贸易中心和集散地。铁路连接杜阿拉和中北部高原的恩冈代雷，公路呈辐射状通达全国主要城市，雅温得-恩西马朗机场为国际航空港。文教事业发达，雅温得大学为全国最高学府，还有高等师范学校、中央医科大学、高等理工学校等高等学校；有国家博物馆、国立图书馆和档案馆、国家植物园；还有全国最大的综合体育场和水上俱乐部。河西为行政、文教和住宅区，总统府和政府部门、国民议会、市政府集中于此；河东主要是商业区，北部为使馆区。旅游点有赫蒂加尔瀑布和俾格米人洞室。

雅温得街景

雅学 Erya, studies of 研究中国《尔雅》的学问。古人有“仓雅之学”的说法。“仓”指《仓颉篇》，“雅”指《尔雅》。《仓颉篇》是字书，《尔雅》是训诂书。“仓雅之学”就是文字训诂之学。《尔雅》是中国最早纂集经传文字训诂的一部书，是战国至秦汉之际研究文字训释的人陆续编定的。汉魏时期已经有人作注。如樊光、李巡、孙炎都有注本。孙炎还有《尔雅音》。晋时郭璞又错综樊、孙，补其阙失，作《尔雅注》3卷，博洽周赡，远胜前人，一直传流至今。魏晋下至梁陈作《尔雅音》或《尔雅音义》见于陆德明《经典释文》所载的有数家。宋代更有为郭注作疏解的，如邢昺作《尔雅疏》、郑樵的《尔雅注》等。清代光绪间湖南胡元玉著有《雅学考》一书(收入《长沙胡氏杂著》)，记述清代以前有关《尔雅》的著作，可资参考。清代有关雅学的著作极多，是雅学的昌盛时期。

雅乐 ritual music 中国古代帝王用于祭祀天地、祖先、朝贺、宴享等各种仪式典礼中的音乐。产生并盛行于周代。后世因其音律中正和平，歌词典雅纯正，故称之为雅乐。

周代，周武王为庆贺灭商而大兴大型乐舞以表功业。其后，各朝陆续制定了各种贵族生活中的礼仪和庆典音乐。雅乐与以宗法为内容的礼仪规定结合在一起，成为统治阶级巩固政权的一种手段。周代雅乐所使用的乐器，有柷、敔、搏拊、钟、磬、建鼓、鼗、箫(排箫)、笙、竽、埙、篪、瑟等。其中如柷、敔、搏拊等，其后专用于雅乐，其他乐器则兼用于非礼仪性的宫廷燕乐，有些同时在民间流传，如竽、瑟、篪、箫等。秦、汉以后，钟、磬、建鼓等成为雅乐专用乐器；埙、篪、排箫、鼗、瑟等在明、清两代也为雅乐专用；笙则在各个朝代均流行于宫廷和民间。

亚胺 imine 分子中含有碳-氮双键的化合物，通式$R_2C{=}NR'$，其中R和R′可以是烃基或氢。亚胺一般都不稳定，往往难以分离得到。但碳-氮键与芳基相连的亚胺一般都比较稳定，通常称为席夫碱。亚胺的某些化学性质很像羰基化合物，经还原可以制得胺；亚胺水解时生成醛或酮，水解反应实际是醛、酮与胺缩合的逆反应。因此亚胺，尤其是席夫碱可以作为羰基保护基在合成中使用。亚胺通常由氨或一级(伯)胺与醛、酮缩合制得。由氨所得的亚胺极不稳定，常在生成的同时发生聚合反应，例如氨与甲醛反应的产物是六亚甲基四胺。由一级(伯)胺与醛、酮缩合所得的亚胺相对稳定些，可用常规方法分离得到，但也都比较容易分解。芳香胺与醛、酮或一级(伯)胺与芳香醛、酮缩合的亚胺(即席夫碱)较稳定。亚胺可作合成氮芥的原料。亚胺有毒，对皮肤有刺激性。

亚伯拉罕 Abraham 《圣经》人物。挪亚之子、闪的后代。又称亚巴郎，原意为万民之父，传说是犹太人的祖先。据《旧约·创世记》记载，早年居住在迦勒底的吾珥，后率部落迁到迦南，这次迁移是犹太民族形成的开始。亚伯拉罕曾应上帝之要求，愿以子为献祭，后上帝预备了羔羊代之。又曾与上帝立约，并以割礼为记。犹太人不仅将其视为自己的祖先，而且也将其视为犹太教的鼻祖。亚伯拉罕在希伯来民族史和宗教史中据有重要地位。基督教亦有亚伯拉罕为“信心之父”之说。伊斯兰教里称作易卜拉欣。

亚琛大教堂 Aachen Cathedral 德国古代宫廷教堂。因在亚琛市而得名。法兰克国王查理大帝于786年下令建造，805年建成。1414、1884年分别在两侧建圣坛所。1669年加盖拱顶的八角形建筑。第二次世界大战时受到破坏，战后修复。大教堂由东端的圣坛、双层回廊和八角形主堂共同构成，并修有一道游廊与附近皇家行宫相连。教

亚琛大教堂外景

堂有许多高耸的尖塔，门洞四周环绕数层浮雕和石刻，窗高而细长，镶有彩色玻璃，中央大厅顶部冠以圆拱以象征皇冠。二层设有大理石的查理大帝宝座，地下室内收藏有大量珍贵的青铜、象牙和金银等质料的工艺品。936～1531年，先后有23位国王在这里加冕并登上查理大帝宝座。亚琛大教堂的建筑把欧洲晚期古典主义建筑艺术和拜占廷建筑艺术结合在一起，堪称欧洲宗教建筑史上里程碑式的杰作和德国最古老的中世纪石构建筑，对当时及其以后几个世纪德国和欧洲的教堂建筑艺术产生过重大影响。1978年作为文化遗产被列入《世界遗产名录》。

亚纯函数 meromorphic function 在一个区域除去极点外处处全纯（见**解析函数**）的函数。又称半纯函数。一般人们关心在整个复平面上的亚纯函数。亚纯函数是有理函数 $P(z)/Q(z)$ 的推广，式中 P 与 Q 是 z 的多项式。有理函数可以分解成有限个部分分式之和。亚纯函数也有类似的定理，但其部分分式的个数可能是无限多个。这便是著名的米塔-列夫勒定理。20世纪20年代，R.奈望林纳创立了现代亚纯函数值分布理论。

亚大纳西 Athanasius（约293～373） 早期基督教护教士，神学家。又译阿塔那修。曾任亚历山大里亚主教。在尼西亚公会议期间坚决反对阿里乌派的圣子受造说，认为圣子圣父同性同体。后曾因罗马皇帝袒护阿里乌派而受谴责，被多次流放。罗马皇帝儒略死后获自由，再次出任主教。其神学主张对381年《尼西亚信经》的修订有极大影响，其三一论观点被许多教派尊奉。著有《四驳阿里乌派》、《驳异端》等。西派教会自5世纪以来所传的《亚大纳西信经》经考证被认为并非由他所作。

亚当 Adam 犹太教和基督教《圣经》中上帝所造的第一个人，为人类的始祖。来自希伯来文 Ādhām，原意为“出自泥土”、“被造者”、“人”。《旧约·创世记》载，上帝“照着自己的形象”和“样式”，“用地上的尘土造人，将生气吹在他鼻孔里，他就成了有灵的活人，名叫亚当”，住在上帝设立的**伊甸园**中。上帝将其所造一切走兽和飞鸟都带到他面前，由他命名。上帝不想让人独居，便用亚当的肋骨造出**夏娃**，作其配偶。上帝赐给他们地上一切菜蔬和果实作食物，让他们管理地上万物，修理、看守伊甸园，但是禁止他们采食知善恶树上的果子，并告知“因为你吃的日子必定死”。但是两人受蛇引诱，偷吃禁果而犯罪，被逐出了伊甸园。基督教认为，亚当顺从

亚当与夏娃

己意违抗神命，从而给人类带来了“原罪”。其代价就是死亡，故在《新约圣经》时代，“亚当”之名含有罪与死的意义。

亚当斯 Adams, Ansel（1902-02-20～1984-04-22） 美国摄影家、摄影教育家和自然保护主义者。生于旧金山，卒于旧金山附近的卡梅尔。亚当斯受过中等教育，1916年在约塞米蒂山谷拍摄了第一幅照片，从此开始热爱摄影，这个山谷成为他日后的摄影基地。毕生致力于摄影创作、摄影教育和自然保护事业。

风光摄影的先驱。1927年在约塞米蒂山谷拍摄的《半圆顶山的面孔》是成名作。著名作品还有《冰湖和峭壁》、《月升》、《白杨》等。除出版多种作品集以外，还有教学与创作技巧书籍，如1935年的《摄影创作》，1948年的摄影基础丛书中的《相机与镜头》、《底片》、《照片》。后三本书于20世纪80年代增订为A.亚当斯摄影新丛书的

《月升》(1941)

《相机》、《底片》、《照片》出版。

现代美国摄影的奠基人之一。1932年参加**E.韦斯顿**发起的f/64小组，提倡“纯摄影”的创作原则，主张用如实拍摄的方法，清晰逼真地表现被摄物的形状、影调和质感，并通过自己的创作实践，使人们对摄影的本质特性和表现能力有新的了解。他认为“纯摄影”绝不否认感情，摄影是机器、人脑以及心灵结合起来，共同创造出动人的美。他提倡预想，认为摄影家应当在按下快门时就能预想到最终结果。在教学中他用“分区法”，将景物的亮度分为11个等级，力求在胶片的曝光显影和照片的制作诸环节中进行调控，以保证预想的效果能够实现。

亚当斯热心于摄影事业。1940年协助纽约现代艺术博物馆创建第一个摄影部。1946年在加利福尼亚艺术学院创建第一个摄影系。1967年协助成立摄影之友组织，广泛开展国内外的摄影培训、出版、展览和交流。1955～1984年起每年在约塞米蒂举办摄影讲座。1980年授予“总统自由勋章”，以表彰他对摄影和保护自然的贡献。

亚当斯 Adams, John Couch（1819-06-05～1892-01-21） 英国天文学家。生于康沃尔郡，卒于剑桥。1843年在剑桥大学圣约翰学院毕业，后在剑桥大学任教。曾两次被选为英国皇家天文学会会长；任剑桥大学天文台台长。他研究天王星的观测资料，计算影响天王星运动的一颗未知行星的轨道要素、质量和日心黄经。1845年9～10月他分别向剑桥大学天文台台长J.查理士、格林尼治天文台台长G.艾里报告了他的计算结果，但未受重视。1846年德国J.G.伽勒根据法国U.-J.-J.**勒威耶**的计算发现了这颗未知行星——**海王星**后，人们才想起亚当斯的工作。经过长期的争论，最后被公认为是海王星的共同发现者。此后，他研究月球运动长期加速现象、地磁场，还研究了狮子座流星雨的轨道，认为它是

一个扁长的椭圆，周期为33年3个月。他据此预言在1866年11月12～14日流星雨将再次出现，预言果然得到证实。他著有《亚当斯科学论文集》2卷。

亚当斯 Adams, Samuel (1722-09-27～1803-10-02) 北美独立战争时期领导人之一。生于波士顿，卒于波士顿。1736年入哈佛大学，主修希腊文、拉丁文和神学。1740年毕业。后学习法律3年。1743年重返哈佛大学，取得硕士学位。此后继承父业经营酒厂。和其他革命者一道组织了“自由之子”。18世纪60年代中期，已成为波士顿地区著名的革命宣传家与组织者。积极参与并领导殖民地人民反抗英国殖民压迫的一系列革命活动，反对《食糖条例》、《印花税条例》和唐森德税法等，并取得重大胜利。亲自策划并领导震动全美的波士顿倾茶事件。他的宣传鼓动文章在动员群众广泛投入反英斗争中起着重大作用，著名的波士顿惨案就是经他手宣传报道出去的。他是马萨诸塞的议会代表（1766～1774），也是马萨诸塞通讯委员会的创始人之一。出席了第一届和第二届大陆会议，在会上始终坚持独立的主张，反对同英国妥协。为《独立宣言》的签名者之一，并参加了《邦联条例》的起草工作。1781年，邦联政府成立后，回到波士顿，先后任马萨诸塞副总督（1789～1793）、总督（1794～1797）等职。

亚当·斯密 Adam Smith (1723-06-05～1790-07-17) 英国政治经济学家。古典政治经济学的代表和理论体系的建立者。出生于苏格兰柯科迪，卒于爱丁堡。父亲是律师兼海关官吏。17岁获格拉斯哥大学硕士学位，又入牛津大学学习，1746年毕业。先后在爱丁堡大学和格拉斯哥大学任教授、副校长，讲授自然哲学、伦理学、法学、政治学。1759年出版《道德情操论》。1762年获格拉斯哥大学博士学位。1764年任布克莱希公爵的私人教师，曾前往法国，与重农学派的经济学家交往。1767年回家乡从事政治经济学的研究和写作，1776年出版《国民财富的性质和原因的研究》(简称《国富论》)。后被选为格拉斯哥大学名誉校长。

从人性论出发，认为人们受“利己心”支配去追求个人利益，同时也给全社会带来普遍利益。在资本主义制度下，自由竞争像“一只看不见的手”，会自发调节生产的进行。指出财富的源泉是一切生产部门的劳动，批判了重商主义认为对外贸易是财富源泉的观点，也克服了重农学派只把农业看作生产部门的片面看法。他区分了使用价值和交换价值，指出劳动是衡量商品价值的真实尺度，分析了自然价值和市场价格及价值规律的作用形式。第一次根据工资、利润和地租三种收入划分出工人阶级、资产阶级和地主阶级，并指出利润和地租是对劳动创造的价值的扣除，实际上认识到了剩余价值的起源。还考察了资本，论述了生产劳动和非生产劳动、自由贸易理论及赋税原则等。但他的研究方法具有二重性（一方面研究经济关系的内在联系，另一方面仅仅从经济现象得出结论），使他的价值论和分配论都带有双重的、相互矛盾的观点。

亚当斯–斯托克斯二氏综合征 Adams-Stokes syndrome 心动过缓引起的脑缺血症状。R.亚当斯于1827年、W.斯托克斯于1846年分别描述的一种临床综合征。传统上指高度房室传导阻滞引起的晕厥。但多数学者已将此综合征的范围逐渐扩大，凡因严重的心动过缓或心动过速引起心排血量明显降低，以致发作晕厥的均包括在此综合征的概念内。此外，有些学者进一步将各种由于心脏病变，其中包括心脏阻塞性病变所引起的晕厥，均列入此综合征，故又称为心源性晕厥或心源性脑缺氧综合征。

临床表现 发作时面色苍白、眩晕，继而意识丧失，呼吸变慢，呈叹息样，口唇青紫，重者呼吸停止。部分患者可抽搐及尿便失禁，此时心音消失或心率变慢（或极为快速）。发作终止后面色转红，心音恢复。

治疗 在发作时应采取心肺复苏急救措施。根本性治疗应根据心律失常的性质作相应治疗，包括安装心脏起搏器、自动除颤器等。若因心脏血管阻塞性病变所致，则患者需外科手术治疗。

《亚得里亚堡条约》 *Treaty of Adrianople* 结束俄土战争的和平条约。1821年，奥斯曼帝国统治下的希腊爆发独立战争，土耳其苏丹穆罕默德二世调集军队镇压，希腊独立运动形势危殆。欧洲列强为了各自的利益，纷纷插手希腊问题。英、俄两国在1826年4月4日签订《彼得堡议定书》，以协调彼此对希腊的政策。1827年7月6日，英、法、俄3国又缔结《伦敦条约》，要求希、土双方停战。遭土耳其拒绝后，3国舰队在纳瓦里诺海湾歼灭了土、埃联合舰队。土耳其断绝同俄、英、法的外交关系，并号召进行“圣战”。沙俄以此为借口，于1828年4月14日正式对土宣战。1829年8月20日，俄军占领亚得里亚堡，直接威胁土耳其京城君士坦丁堡。俄国的胜利引起土耳其苏丹惊惶和欧洲其他列强不安。英、法及普鲁士为阻止俄军前进和防止奥斯曼帝国崩溃，出面调停。1829年9月14日，俄、土缔结《亚得里亚堡条约》。条约包括16项条款和1个议定书。根据条约，俄国夺得多瑙河河口及整个黑海东岸地区，土耳其承认由俄国负责“保护”多瑙河两公国（摩尔多瓦和瓦拉几亚）的自治权；土耳其向俄国及其他国家的商船开放博斯普鲁斯海峡和达达尼尔海峡，向俄国赔款，承认希腊独立。

亚得里亚海 Adriatic Sea 地中海北部海域。在亚平宁半岛和巴尔干半岛之间，南部通过奥特朗托海峡与伊奥尼亚海相连。南北长约800千米，东西宽95～225千米，面积13.2万平方千米。平均深度是240米，

亚得里亚海沿岸风光

北浅南深，东南部最深处1 324米。冬季交替刮强劲的东北风和带来雨水的南风，前者不利于航行。属地中海型气候，盐度30～38，北低南高。盛产鲭、沙丁鱼等。海域两岸呈鲜明对照：西岸地势较低，海岸平直，岛屿稀少；东岸山地纵贯，海岸曲折，岛屿棋布。

亚的斯亚贝巴 Addis Ababa; Ādīs Ābeba 埃塞俄比亚首都和特别行政区，东非最大城市。地处埃塞俄比亚中部的绍阿高原上，靠近国土几何中心。人口273.8万（2007）。非洲海拔最高的山城，平均海拔约2 450米，周围山峦环抱。气候温和，年平均气温15.4℃。平均年降水量1 245毫米，6～9月雨量占全年的73%，多雷阵雨。16世纪初，阿比西尼亚王朝末代皇帝莱卜纳·丁高在恩托托山建行宫，一度作为临时首都。1885年后埃塞俄比亚孟尼利克二世在山上建起第一座圣母马利亚教堂，在山麓温泉附近建起王宫，皇后泰图便赐地名“亚的斯亚贝巴”，阿姆哈拉语意为“新鲜的花朵”。1896年正式定为国都。1917年吉布提—亚的斯亚贝巴铁路建成，促进了城市工商业发展和城市建设。1935年城市人口已逾10万。1935～1941年意大利占领期间，为意属东非首府。20世纪60年代后，城市发展迅速。

全国最大的工业中心，集中国内近半数工厂，有咖啡加工、榨油、面粉、酿酒、食品、纺织、制革、卷烟、制糖、日用机械、玻璃、化工、建材、车辆修配等工业。全国最重要的咖啡、谷物、皮革、蜜蜡、烟草等集散地。6条公路干线呈辐射状通连全国各大城市。亚的斯亚贝巴—德雷达瓦—吉布提港铁路是全国唯一铁路线和最重要的陆上对外通道，承担国家绝大部分进出口运输。近郊的国际航空港有47条国际航线直通西欧、北美、亚洲、非洲30余个国家，并有39条国内航线通各大城市。非洲重要的国际活动中心之一，著名的非洲大厦为非洲联盟总部和联合国非洲经济委员会所在地。全国文化中心，有全国最高学府亚的斯亚贝巴大学和艺术学院、亚的斯亚贝巴商学院和师范学院等，还有珍藏"露西"人骨化石的国家博物馆和民族文化博物馆、国家图书馆。多名胜古迹，有为纪念战胜意大利侵略者的阿杜瓦战役而建的圣乔治教堂、孟尼利克二世王宫，以及"二一二"广场纪念碑上的头戴王冠、前爪握着权杖的狮子雕像，象征埃塞俄比亚的主权神圣不可侵犯。郊外田园风光优美，有孟尼利克二世陵和列入《世界遗产名录》的蒂亚石刻。

亚丁 Aden; 'Adan 也门最大港口，第二大城市。位于国境南部的亚丁湾北岸，西距曼德海峡180千米。扼进出红海和直趋苏伊士运河的海上要冲，又是欧、亚、非三洲间的海空交通枢纽。战略地位重要。人口59.04万（2004）。阿拉伯最古老的商业中心之一，东西方贸易的中途站。1839年被英国占领，1850年辟为自由港。独立后，成为南也门人民共和国（1967～1973）和也门民主人民共和国（1973～1990）的首都。南北也门统一后，改为亚丁省首府。气候炎热，1月最低气温16℃，7月最高气温43.5℃。平均年降水量仅25.4毫米，相对湿度却常达60%～80%。老亚丁港在亚丁半岛东北部。1901年又在亚丁和小亚丁两半岛环抱的湾内营建新港。外港由亚丁半岛和小亚丁半岛东西环抱，内港筑有防波堤，围成23平方千米的水面。隐蔽良好，风平浪静。最大水深12.5米。港口城市分亚丁城、小亚丁和谢赫奥斯曼三大部分。随着船舶大型化的需要，经过扩建，已可泊10万吨级船只。此外，小亚丁还是世界上最大的加油港之一，有利用从波斯湾进口原油进行生产的大型炼油厂。工业有炼油、肥皂、铝制器皿、卷烟、纺织、榨油及其他日用消费品。还大力发展渔业。盐场规模宏大。建有自由贸易区，输出盐、皮革、咖啡、树胶、香料等。交通枢纽，公路通连全国主要城市。城北有大型国际机场。有亚丁大学（1970）和海运学院等高等院校。

亚丁港

亚丁湾 Aden, Gulf of 印度洋西北的边缘海域，位于阿拉伯半岛和索马里半岛之间。因北岸的港口亚丁而得名。西以曼德海峡与红海相通，东以非洲的阿赛尔角的经线即东经51°16′为界，与阿拉伯海相连。东西长1 472千米，南北平均宽480千米，面积约53万平方千米。其形成和地质演变，与东非大裂谷和红海密切相关。岸线比较平直，除最西端有向非洲大陆呈喇叭状楔入的塔朱拉湾外，其余岸段缺少湾澳。海底有印度洋海脊的余脉横贯，有许多大致呈东北—西南走向的断层，其中的阿卢拉－费尔泰海沟深5 360米，是整个海湾的最深处。气候干燥炎热，11月至翌年3月东北季风盛行，表面水温25℃～28℃；5～9月西南季风劲吹，水温上升为25℃～31℃。表层水含盐度高。90～600米深处，有一股含盐度稍低的水流从阿拉伯海经曼德海峡流向红海；而在760米下面，一股高盐度的水流以相反方向从红海经此进入阿拉伯海。湾中生物种类繁多，浮游生物丰富。近海盛产沙丁鱼和鲐鱼，远海鱼类有金枪鱼、梭鱼和鲨鱼。主要港口有亚丁、穆卡拉、吉布提和柏培拉等。

亚东县 Yadong County 中国西藏自治区日喀则地区辖县。位于自治区南部，喜马拉雅山脉中段南麓，东南与不丹、西与印度毗邻。面积5 100平方千米，人口约1万（2008），以藏族为主，还有汉、纳西、保安、布依、回等民族。历史上曾隶属于帕里宗，1960年成立亚东县。帕里以北海拔较高，气温较低，降水偏少，无霜期短；帕里以南海拔逐渐降低，气温略高，降水较多，无霜期较长。矿产有铁、水晶等。农业以种植冬小麦、春小麦、青稞、豌豆、马铃薯等为主，还产苹果、梨等。畜牧业以发展牦牛、犏牛、黄牛、绵羊、山羊及马、驴、骡和生猪等为主。工业以帕里手工毛线、亚东荞麦酒等民族工业为特色。地处喜马拉雅山脉中段南坡谷地的亚东口岸，从17世纪中叶开始就逐渐发展成为中印贸易的主要通商口岸。名胜古迹有东嘎寺、嘎居寺和康布温泉等。

亚非会议 Asian-African Conference 1955年4月，亚洲和非洲国家第一次在没有西方殖民国家参加下自行召开的国际会议。通称万隆会议。1954年12月缅甸、锡兰（今斯里兰卡）、印度、印度尼西亚和巴基斯坦5国总理在印度尼西亚茂物举行的会议上联合发起召开亚非会议。会议于1955年4月18～24日在印度尼西亚的万隆举行。与会的有5个发起国以及阿富汗、柬埔寨、中国等29个国家和地区的代表团。会议广泛讨论了民族主义和反殖民主义斗争、世界和平、与会国的经济和文化合作等问题。在关于促进世界和平和合作的决议和宣言中，肯定了亚非人民反对侵略战争和维护世界和平的共同愿望。宣言提出了著名的万隆会议十项原则：①尊重基本人权，尊重《联合国宪章》的宗旨和原则。②尊重一切国家的主权和领土完整。③承认一切种族的平等，承认一切大小国家的平等。④不干预或不干涉他国内政。⑤尊重每一国家按照《联合国宪章》单独地或集体地进行自卫的权利。⑥不使用集体防御的安排来为任何一个大国的特殊利益服务；任何国家不对其他国家施加压力。⑦不以侵略行为或侵略威胁或使用武力来侵犯任何国家的领土完整或政治独立。⑧按照《联合国宪章》，通过如谈判、调停、仲裁或司法解决等和平方法以及有关方面自己选择的任何其他和平方法来解决一切国际争端。⑨促进相互的利益和合作。⑩尊重正义和国际义务。这十项原则是中国、印度、缅甸共同倡导的和平共处五项原则的引申和发展，为愿意和平共处、友好合作的国家指出了努力的方向。会议最后一致通过了《亚非会议最后公报》。

周恩来在万隆会议上发言

亚非会议取得了具有重大历史意义的成就：①各项决议贯穿着亚非各国人民争取和维护独立自由、保障世界和平的共同愿望，成为亚非国家反对帝国主义、新老殖民主义的有力武器。②加强了亚非各国人民的民族自觉，促进了民族解放运动的高涨，推动了第三世界的兴起和发展。③在没有西方殖民国家的参加下，使亚非国家能自由地互相接触，加强了相互了解，开辟了国际合作的新途径。④宣言提出的十项原则，已为许多国家和国际组织所接受，作为指导国际关系的准则，影响深远。

亚盖洛王朝 Jagiellon Dynasty 波兰王国和立陶宛大公国封建王朝（1386～1572）。该王朝的支系在15、16世纪还曾登上匈牙利和捷克的王位。王朝初期，国势强盛，凭借波兰和立陶宛的联合力量，击败了条顿十字骑士团国家，收复了波兰在波罗的海沿岸的失地——波莫瑞的格但斯克地区以及原普鲁士的部分土地。在中欧国际事务中发挥了重大作用。王朝末代国王西格蒙特二世·奥古斯特（1548～1572年在位）统治时期，实现卢布林合并，建立波兰-立陶宛王国，1572年7月7日西格蒙德二世去世，绝嗣，亚盖洛王朝告终。

亚毫米波 submillimeter wave 波长为1～0.1毫米（频率300～3 000吉赫）的电磁波。该频段的上界频率已达到3太赫（10^{12}赫），欧美国家又称亚毫米波频段为太赫频段。

亚毫米波频段及与其相邻的远红外频段是被认识和应用得最少的部分，对亚毫米波的应用仅来自科学领域。由于半导体和超导体外差接收技术和傅里叶变换技术的进展，使得天文、化学、地球、行星及空间科学家可对多种轻分子的热发射谱线作测量、编目、制图，从而建立起高分辨亚毫米波分子谱学。在其他电磁波频段则不可能获得水、氧、碳和一氧化碳等丰富的轻分子信息。1998年底升空的亚毫米波天文卫星已发回了星际空间的水、氧、碳和一氧化碳的数据。太赫成像技术可显示牙齿中的空洞，引起医学界的兴趣。

亚健康 subhealth 介于健康与疾病之间的身体状态。或称为机体第三状态、灰色状态、"潜病状态"。有人认为亚健康状态与脑疲劳有密切关系，称之为"疲劳综合征"。

亚健康状态可见于任何人群。脑力劳动者中的亚健康状态发生率高于体力劳动者，中年人高于青年人。

处于亚健康状态的人查不出具体的疾病，尤其是器质性疾病，但表现出多方面的功能障碍。感到疲乏、虚弱、头痛、头晕、精神不振、情绪不稳定、有压抑感、烦躁、紧张、记忆力减退、注意力难以集中、学习效率低、思维效率低、失眠、多梦、嗜睡、眼睛干涩、心悸、气短，而且容易感冒或患其他传染病。

亚喀巴 'Aqaba 约旦唯一的港口城市。位于红海的亚喀巴湾北岸，东西两面依山，形成天然屏障。人口10.17万（2004）。西与以色列的埃拉特港遥对。早在公元前1 000多年，是腓尼基人与非洲通商的海上

亚喀巴港

门户。前1世纪至4世纪时，成为大马士革与埃及间的贸易中心。12世纪由阿拉伯人占领，遂长期充当埃及、叙利亚和马格里布地区穆斯林前往麦加朝圣的重要驿站。近现代先后隶属奥斯曼帝国、外约旦（英委任统治地）和约旦。约旦独立（1946）后，工业和旅游业均渐具规模，20世纪60年代起，进入迅速发展时期，现为红海地区一重要现代化港口和贸易集散中心。港区岸线长18千米，港湾水深15～18.5米，可停泊10万吨海轮。年货物吞吐量超过2 000万吨。市区种有高大挺拔的棕榈树，故号称"棕榈树掩映的天堂"。气候温和，是中东地区著名的避暑胜地。有铁路和公路北与首都安曼相通。

亚里士多德 Aristotle（前384～前322） 古希腊哲学家、逻辑学家、科学家。总结了泰勒斯以来古希腊哲学发展的成果，首次

将哲学和其他科学区别开来，开创了逻辑学、伦理学、政治学和生物学等学科的独立研究。他的学术思想对西方文化的发展产生了巨大影响。

生平和著作 生于斯塔吉拉城，18岁进入柏拉图的学园学习，后来担任教师。前342年，应马其顿王菲力浦二世之召，去当王子亚历山大的教师。前339年离开马其顿的宫廷。前335年，亚里士多德回到雅典。在城外吕克昂的阿波罗神庙附近的运动场里另立讲坛。由此，他的学园被称为吕克昂。他的教学活动多在运动场里的散步区进行，边走边讨论问题，因此又被称为逍遥学派。吕克昂树立了和柏拉图的学园大不相同的学风。它更注重实际，研究问题更注重提出疑难，注重多方面收集材料、尝试和探索。在哲学及古代知识的许多部门中取得了巨大的成果。前323年雅典发生了反马其顿的运动，亚里士多德便成为政治打击的对象，和苏格拉底一样，被控以"亵渎神灵"的罪名。后避难于卡尔基，次年因病逝世。

其著作分为两大类：第一类是他生前公开发表供一般人阅读的，用的是对话体。这类著作大部分都已散失，只有一些片断流传到现在。这类作品文体典雅，想象丰富，其中重要的有《论灵魂》、《论正义》和《论哲学》等。第二类作品朴素无华，推论严谨，大概是亚里士多德的讲授提纲、研究札记或学生的听讲笔记，保存下来了一部分。

现存亚里士多德著作主要有：《范畴》、《解释》、《前分析》、《后分析》、《论辩》、《智者的驳辩》，总称《工具论》，主要涉及逻辑问题；《形而上学》，主要涉及抽象的一般理论问题；《物理学》、《论天》、《论生灭》、《论灵魂》，主要涉及自然哲学问题；《尼各马可伦理学》、《大伦理学》、《欧德谟伦理学》，主要涉及伦理问题。此外还有《政治学》、《诗学》、《修辞学》及其他有关生物、经济等方面的著作。

理论科学 理论科学又进一步被分成三类：即物理学、数学和第一哲学或神学。亚里士多德和他的逍遥学派把主要力量集中在物理学和第一哲学上。

第一哲学 即形而上学。亚里士多德指出，哲学的研究对象是"作为存在的存在"，即普遍存在，其他分门别类的学科，是从这个全体上割取一部分而进行专门的研究。研究普遍存在也就是研究那些"其自身就是属于作为存在的东西"。这就是本原和最初的原因。一方面着重批判柏拉图唯心主义的理念论，同时也指出德谟克利特唯物主义原子论的缺点。在批判理念论时，把这一理论概括成一个著名的公式，那就是"多外之一"。

关于实体问题的探讨 在亚里士多德哲学中，实体问题居于中心地位，因为，实体和"作为存在的存在"几乎是同等的。实体就是与一切事物相关的本原。在这个问题上集中地表现了困惑和混乱。在着重于世界的客观性和独立性的时候，认为只有个别的东西才能独立存在，才是"第一实体"，一切其他属性是用来表述它们的谓词。另一方面，当他觉察到普遍形式和本质定义在认识中的重大作用时，则强调形式的能动性。认为形式不但是事物的普遍本质，而且是事物所要达到的目的，同时是诱发事物趋向目的的动力因。唯有形式才是现实性，是内在于事物的目的。认为有一个永恒不动的，非感性的实体，一个

阿拉伯人描绘的《亚里士多德授课图》
（公元8～11世纪）

完全没有质料的形式即“纯形式”。它是运动的第一发动者，也就是“神”。神是宇宙万有的最后目的、最初的动因。

物理学　即亚里士多德的自然哲学。这里面不但包括事物运动的一般原则，也包括两种“可感觉的实体”，即天体和生物。亚里士多德认为自然中一切对象都由质料构成，并且必然具有运动和变化。认为空间运动伴随着其他种类的运动。空间和位置是一切种类运动的普遍条件。不把位置看作是物体广延性所占据的空间，而是反过来将它看作是包围物体的边界。宇宙的广延是有限的，在它之外没有虚空。把时间定义为按照先后来计量运动。认为既然运动是永恒的，那么，时间也同样是永恒的。至于构成物体的质料，认为有五种，并认为自然中一切都是有目的的。

亚里士多德是地球中心说的系统化者。认为，宇宙是以不动的地球为中心的球体，地球之外包围着47层或55层中空球形的天宇，最外的一层是恒星天。自然中的运动是从潜能到现实的过程，是质料不断被形式塑造的过程。在这一过程中产生了不同等级的生物。在《物理学》里，也有混乱的地方，难以自圆其说。

逻辑学　在亚里士多德的知识分类里，没有逻辑学的地位。在逍遥学派看来，逻辑学不是知识的本身，而是获取知识的工具、手段。

亚里士多德是**形式逻辑**的创始人。认为，逻辑学的研究对象是语言，即**逻各斯**。但它所注意的只是语言的形式而不是语言的内容。词是构成语言的最基本的成分，每个词都是一判定。他对**定义**作了专门研究，提出了本质定义即属加种差定义、语词定义、原因定义等，并讨论了下定义时可能出现的错误，提出了现在逻辑教本中仍在使用的一些规则。把命题划分为简单命题和复合命题。命题的对当关系、换位等问题是亚里士多德逻辑中的重要理论。他没有专门讨论差等关系，但在**三段论**中实际上应用了这一关系。亚里士多德研究了推理，认为推理是通过前提作出必然结论的逻辑形式。直言三段论理论是其中的重要部分。他的三段论是一个比较完整的演绎推理理论，是一个初级的公理化系统。此外，还提出了模态三段论理论，实际上也是一个公理系统，有些内容需进一步研究。思维规律的理论是亚里士多德逻辑的基础。从**本体论**和逻辑两个方面提出和建立了他的逻辑思维规律理论。认为矛盾律是一切证明都需要应用的最根本的原理，另一条思维规律是排中律。亚里士多德研究了科学证明，要求证明的前提必须是真实的，是必然的；证明的最初始的命题必须是直接的。还讨论了直接证明和间接证明，并认为直接证明比间接证明优越。研究了各种谬误以及驳斥谬误的方法。

在亚里士多德的逻辑理论中还有**归纳**和科学方法论等方面的内容。归纳是通过类比，从特殊中发现普遍，从个别中发现一般，它是一切科学证明的源泉。

实践科学　作为一个奴隶主哲学家，他的社会政治立场最鲜明地表现在“实践科学”中。实践科学有三个分支，即伦理学、理财学和政治学。在这三个领域里奴隶被排斥在外。亚里士多德把奴隶称为“有生命的工具”、“能听话的财产”，他们虽然也是人，按其本性却要隶属于主人，服从主人，进行体力劳动。

伦理学　伦理学说是古希腊从梭伦到德谟克利特幸福论思想的继承和发展，中心是关于幸福和实现幸福的条件问题。亚里士多德在其主要伦理学著作《**尼各马可伦理学**》中，综合前人伦理思想的成果，运用经验和理性相结合的方法，深入探讨了人类道德行为的各个环节和奴隶制社会道德关系的各种规定，建立了西方伦理思想史上第一个完整的幸福论伦理学的理论体系。他的伦理学理论体系的出发点是奴隶主阶级的人性论。

亚里士多德批判了柏拉图伦理思想中的神秘主义和**禁欲主义**成分，肯定了现世的物质生活的幸福和快乐，认为快乐是人的德性活动的自然结果。但是，反对把幸福仅仅归结为快乐，尤其反对那种把快乐仅仅归结为感性快乐的纵欲主义。

他很重视道德教育，特别强调道德行为的训练，他的伦理思想反映了中等奴隶主的利益和道德要求，是古希腊伦理思想的高峰。但是，在理论上没有最终摆脱柏拉图的影响，其伦理思想的积极方面和消极方面，都对后世的伦理学说产生了深远影响。

理财学　个人的德性须在家庭中培养和实现。家庭是个人最初所属的自然集体。亚里士多德认为，家庭由两个要素构成，即人；财产和牲畜。在家庭财产中，奴隶是首要的，最不可缺少。他推崇农业，认为农业是最诚实的行业，并且显著地有助于培养人的英雄气概，它不像商业那样，从事商业的人只会变得懦弱。亚里士多德在经济学上的思想，受到马克思的重视。

政治学　亚里士多德认为“人在本性上是政治动物”；城邦是由家庭集合发展起来的共同体，国家是一个不可分割的整体，其目的是美好地生活。人不是神，如果没有这样的政治共同体，人就会堕落得比社会动物还要坏。至于政体的优劣，他认为不在体制本身，而在于统治者是以谋取私利为目的，还是以谋取公共福利为目的。认为理性的德性是最高的德性，国家目的不在发展军事优势，而在于提高科学文化。有文化的国家政治上的统一才可能持久。他重视法治，认为法律须和国家的形式相一致。立法者首先要关心青年的教育，法纪的最高目的是培养德性。不能把教育庸俗化，教育的基础科目是文化、体育、音乐、绘画。

创作科学　亚里士多德认为创作科学要和实践紧密相联。创作也是一种实践活动。具有创作的特长，善于创作是一种理性的德性。创作的实践和伦理的实践不同，伦理的实践目的只在实践的本身，创作实践的目的和价值则在于产品，诗创作的目的和价值在诗篇之中。创作和求知活动也不同，知识的对象是永恒不变的，是作为真理的真理。创作活动的对象则是可变的，如果对象不可变，创作活动也就无法进行。

在亚里士多德看来实用技术服务于实际生活，模仿艺术给人以细腻的享受。艺术作品，由于模仿了比通常更美好、更崇高的东西，所以成为道德修养的手段。艺术必须把每一个对象按照它所特有的性质加以理想化。这样模仿的结果，虽然被模仿的对象并不比普通对象更美丽、更高尚，以至于相等或更差些，但是，艺术作品却是美的。

根据自己的哲学原则，概括古希腊的艺术经验，写成了代表他美学思想的主要著作《诗学》。在解决艺术和现实的关系问题上，他坚持反映论原则。“模仿说”是亚里士多德美学和艺术哲学的核心。这个学说肯定艺术是客观自然、生活的“模仿”，艺术品要与自然、生活“相似”。亚里士多德是历史上最早对艺术的审美教育作用和道德教育作用作出理论上区别的哲学家。又是最早从美学高度来研究“悲剧”范畴的哲学家。其中最重要的是他指出悲剧是通过“怜悯”和“恐惧”的“净化”以引起观众的愉悦。关于悲剧效果这一经典性的说明，有深远的历史影响。他所提出的基本美学理论，一直为后世各美学学派所重视。

影响 亚里士多德哲学对以后西方哲学发生了重大的影响。现代西方以至世界各地哲学中有许多词汇都导源于亚里士多德。由于亚里士多德在哲学上的混乱、庞杂，所以他的影响是多方面的，甚至是矛盾的。在中世纪的欧洲，正统的经院哲学和僧侣主义抓住亚里士多德学说中僵死的东西，对宗教神学加以论证。它的反对派则利用亚里士多德哲学中的唯物主义因素，反对灵魂不死，传播双重真理。从文艺复兴开始，欧洲的人文主义者力求从原文对亚里士多德的原著加以研究，反对经院哲学家对亚里士多德的歪曲。在现代西方，新托马斯主义又进一步歪曲亚里士多德哲学，为天主教义作辩护。亚里士多德思想在西方的社会科学和自然科学领域中均产生过方向性的引导作用，没有亚里士多德，便难以理解现代西方文明。

亚历山大 Alexandria; El Iskandrîya 埃及最大海港和第二大城市。阿拉伯语称伊斯康德里亚。人口411万(2006)。临地中海，地处亚、非、欧海运航线要冲。城市位于尼罗河三角洲西侧，东南紧靠迈尔尤特湖，西北面向大海。市区东西长30多千米，南北最窄处不足2千米，面积344平方千米。地中海型气候，四季如春，1月平均气温18℃，8月31℃，平均年降水量190毫米。

原为一渔村。公元前332年希腊马其顿王亚历山大大帝在古城拉库提斯基础上扩建此城，因而得名。前305～前30年曾为埃及托勒密王朝首都，地中海东部政治、经济和文化中心。帝国统治时的第二大都市。7世纪阿拉伯人进入后，开始衰落。19世纪初穆罕默德·阿里统治埃及后，发展棉花、茶商品贸易，城市获得振兴，并建为埃及的海军基地。1863年埃及首都移开罗。1882年以后，沦为英国的海军根据地，并为当时埃及的经济与金融中心。埃及独立后，港口城市职能得到加强，成为全国最主要的海上门户和重要的国际海港。港区被“T”字形海岬分为东港和西港，东港较浅，作为渔港和海上游览区；西港水深，为商港和军港，年吞吐量2 200多万吨；20世纪80年代拓宽了航道，水深由11.6米增至13.6米。并修建市西7千米处的德赫拉新港，可接纳16万吨以上船只，年吞吐量约1 100万吨。全国75%的进出口货物经此运输。主要出口货物有棉花和纺织品、稻米、蔬菜、水果等，进口粮食、木材、矿产品、机器、工业品等。稠密的运河网和发达的公路网联结尼罗河三角洲主要城镇。有高速公路和铁路通开罗，并通上埃及各地。南部有民用机场。全国40%工业集中于此，为国内最大的纺织工业中心。食品工业发达，还有皮革、陶器、塑料、炼油、石化、钢铁、造船、水泥等企业。工业主要分布在西部卡巴里区和南部、东南部地区。

亚历山大城市一角

市区有1942年建立的亚历山大大学以及一些高等学校和医院。有博物馆、动物园、植物园、露天体育场、市立图书馆，以1892年创设的希腊-罗马博物馆最著名。多历史文物。在法罗斯岛上有托勒密王朝早期修建的航海灯塔遗迹（古代世界七大奇观之一）和埃及航海博物馆海滨浴场连绵不断，为著名旅游和避暑胜地。

亚历山大 Alexander, Jeffrey (1947～) 美国社会学家，新功能主义的主要代表。生于威斯康星州密尔沃基。1965年入哈佛大学，1969年获学士学位。同年入加利福尼亚大学伯克利分校，1978年获博士学位。1976年起任教加利福尼亚大学洛杉矶分校。著有《社会学的理论逻辑》、《新功能主义》、《第二次世界大战以来的社会学二十讲》、《微观—宏观之环》、《行动及其环境：迈向新的综合》、《涂尔干社会学：文化研究》等。

20世纪60年代中后期，社会学理论占主导地位的结构功能主义受到强烈的冲击。冲突理论、社会交换论、符号互动论、拟剧论、民俗学方法论等理论流派从不同角度向帕森斯理论体系提出挑战，并逐渐成为美国社会学的主流。亚历山大力图在“后实证主义”科学哲学的基础上综合各派之长，重构T.帕森斯的结构功能主义理论传统。他提出科学思维运行在经验环境和形而上学环境之间的“科学连续体”上；科学的发展既受经验环境的制约，又受形而上学环境的制约；理论逻辑和经验或实验逻辑对于科学的发展具有同等重要的意义；强调理论的重要性，反对实证主义和科学主义，并于1985年首次使用新功能主义命名这种新的理论运动。

亚历山大大帝 Alexander the Great (前356～前323) 古代马其顿国王（前336～前323），卓越的军事统帅。又称亚历山大三世。生于马其顿首都培拉。早年曾师事亚里士多德。公元前336年，其父腓力二世被刺后继承王位。迅速控制了国内政局，镇压了希腊城邦的起义。前334年发动侵略亚洲和非洲的远征，历时10年。前323年染疾死于巴比伦。

通过征服，亚历山大建立起一个地跨欧亚非三洲的庞大帝国，领土大体包括巴尔干半岛、埃及、印度西北部、中亚和西亚。采用波斯中央集权的专制体制，启用波斯贵族，推行种族融合，鼓励将士与东方女子结婚，袭用波斯宫廷礼仪。在战略要地建立起一批以马其顿人和希腊人为主的要塞和城市（包括今埃及的亚历山大城）。亚历山大的东侵给当地人民造成了灾难，但也促进了希腊与亚非诸国的经济和文化交流。

亚历山大死后，所建帝国解体，形成了以托勒密王国、塞琉西王国和马其顿王国为主体的一批希腊化国家。

亚历山大东征 Alexander's Anabasis 公元前334～前324年，古代马其顿国王亚历山大大帝对波斯帝国和中亚地区发动的侵略性远征。

前337年，马其顿王国确立对希腊的霸权后，即决定以复仇为由向波斯开战。前334年春，亚历山大大帝率领远征军开始东征。远征军先后攻占伊苏斯、埃及、巴比伦、苏萨、波斯、波利斯、米底、帕提亚等城，灭亡波斯。

亚历山大继续领兵向中亚进军，于前329年春翻越兴都库什山，又征服粟特、波鲁斯。而后继续东进，但抵达希发西斯河时，由于官兵厌战、疫病流行，不得不于同年10月决定停止前进并班师回国。远征军于前324年春撤至苏萨，东征结束。

亚历山大东征历时十载，行程逾万里，进行上百次强渡江河、围城攻坚以及山地、平原和沙漠作战，建立起地跨欧亚非三大洲的庞大帝国。东征给东方各民族带来深重灾难，但在客观上促进了东西方经济和文化交流，对世界历史产生了深远影响。东征中，亚历山大善于组织军兵种协同作战，注重军事手段和政治手段并用，在世

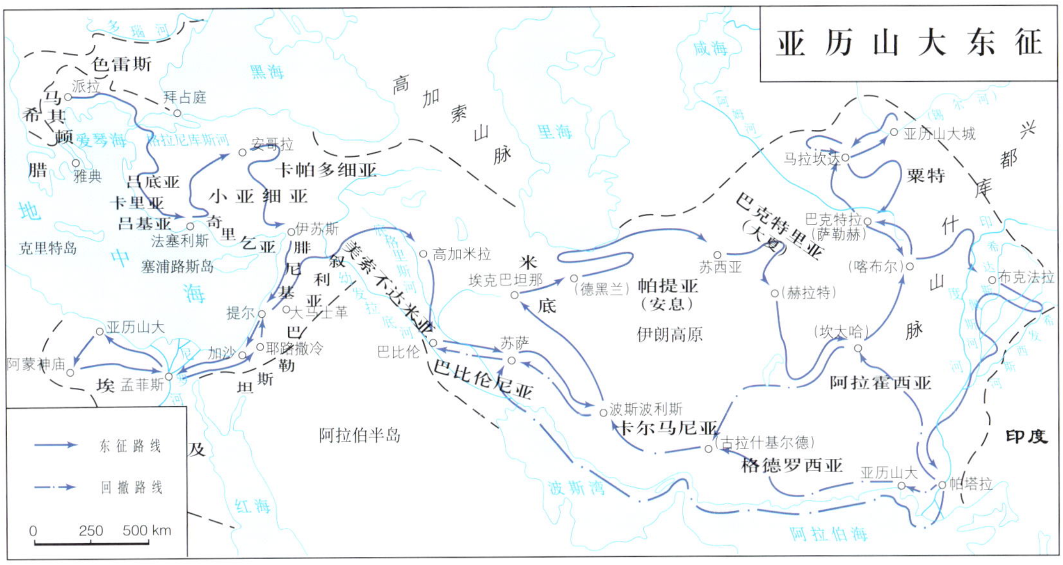

界军事学术史上留下精彩的一页。

亚历山大二世 Alexander Ⅱ（1818-04-29～1881-03-13） 俄国沙皇（1855～1881年在位）。生于莫斯科，尼古拉一世长子。19世纪上半期，俄国农奴制危机日益加深。

克里木战争失败和国内革命形势迫使亚历山大二世实行一系列资产阶级改革。1861年3月3日，他宣布废除农奴制度（见俄国1861年改革）。接着，又实行地方自治局、市杜马、司法、军事的改革。这标志着俄国从封建君主制向资产阶级君主制的转变。亚历山大二世的改革引发了不满和反抗。沙皇不断加强对反对者特别是民粹派的迫害，残酷镇压了1863～1864年波兰起义。在对外政策方面，沙皇为弥补俄国在克里木战争中的损失，极力向亚洲、高加索、巴尔干扩张。在他统治时期，俄国强占中国大片领土，征服中亚，并于1877～1878年进行了对土耳其的战争（见俄土战争）。在彼得堡被民意党人（见民粹派）刺杀。

亚历山大里亚古城 Alexandria 古埃及托勒密王朝首都和罗马帝国埃及行省首府。遗址位于地中海南岸、埃及尼罗河三角洲的西北角。始建于公元前332年马其顿国王亚历山大大帝征服埃及之时，7世纪后逐渐衰落。被誉为“黄金之城”，是当时地中海地区重要的政治、经济和文化中心。古城已被现代城区覆盖，曾发现过萨拉匹斯神庙以及托勒密王朝和罗马时代的墓葬等。依据古典文献可知，城区街道笔直宽阔，以两条主要大街为城市交通干线，其中一条长达6千米。皇家宫苑位于城区的东港附近，面积约占全城的1/3，包括托勒密王朝的宫殿、园苑、动物园、浴室以及宫廷人员的住舍等。历史上颇负盛名的亚历山大图书馆和亚历山大博物馆即位于皇家宫苑区。图书馆馆藏抄本多达40万卷，欧几里得、阿基米德、埃拉托色尼、依巴谷等著名科学家和学者都曾在这里工作过。因此，西方学术界一直把亚历山大里亚古城视为当时的世界文化中心之一。古城最著名的建筑是法罗斯灯塔，位于东港附近的法罗

法罗斯灯塔想象复原图

斯岛上。夜间导航灯可在数十千米外海面上被望见，曾被誉为世界七大奇观之一。

亚历山大一世 Alexander Ⅰ（1777-12-23～1825-12-01） 俄国沙皇（1801～1825年在位）。生于圣彼得堡，卒于圣彼得堡。保罗一世之子。1801年3月23日，保罗一世在亚历山大参与的宫廷政变中被弑。亚历山大即沙皇位。初期，释放一部分政治犯，放松书刊检查制度。1802年仿照西欧国家政府机构模式，设立外交、司法、内政等8个部，并成立大臣会议。在对外政策上，亚历山大一世采取灵活的策略。即位初，同法、英修好。1805年，参加反法联盟。1807年，同拿破仑一世签订《提尔西特和约》。俄国1812年卫国战争后，领导反法联盟击败拿破仑一世，组织维也纳会议和神圣同盟，充当欧洲宪兵，策划和组织对意大利、西班牙革命的武装干涉。在位后期对内政策日趋反动。实施A.A.阿拉克切耶夫制定的警察专制政策，继续推行军事屯田，并允许地主随意把农奴放逐到西伯利亚。后死于克里木视察途中。

亚历山大一世 Alexander Ⅰ（1888-12-16～1934-10-09） 塞尔维亚-克罗地亚-斯洛文尼亚王国国王（1921～1929年在位）、南斯拉夫国王（1929～1934年在位）。本名亚历山大·卡拉乔治。从1914年起，作为摄政王协助其父治理国家。第一次世界大战期间，任塞尔维亚武装部队总司令。1918年9月率军攻占贝尔格莱德。同年12月，宣布成立塞尔维亚-克罗地亚-斯洛文尼亚王国。1921年8月即王位。1929年10月改国名为南斯拉夫王国。他的独断专横引起各界的不满和外国投资者的担心。1931年9月被迫制订新宪法和恢复国民议会，实行两院制。但政府仍只对国王负责。在对外政策方面，奉行亲法国和英国的政策，积极参加建立小协约国（南、捷、罗）和巴尔干协约国（南、罗、希、土）的活动，提高了王国在巴尔干的地位和作用。1934年在马赛被刺杀。

亚利桑那州 Arizona State 美国西部山区一州。南与墨西哥分界，东接新墨西哥州，北接犹他州，西隔科罗拉多河与内华达州、加利福尼亚州相邻。面积295 253平方千米，为美国第六大州；其中陆地面积294 310平

方千米。人口650.02万（2008），其中白人占75.5%，印第安人占5%，混血种人占14.5%。约1/4人口为不同种族的西班牙裔。州府**菲尼克斯**，也是全州最大城市。

全州地处科迪勒拉山间高原、盆地带。北部属**科罗拉多高原**，一般海拔1 500～2 400米，科罗拉多河中游流经，多深切峡谷，举世闻名的**科罗拉多大峡谷**即位于此。大峡谷以南的汉弗莱斯峰海拔3 851米，为全州最高点。南部干盆地与块状山地间错分布，海拔一般为500～1 000米；西南部属索诺兰沙漠，希拉河自东向西流经其间，注入科罗拉多河。亚热带大陆性干旱与半干旱气候，一半地区年降水量不足250毫米，日照充足，无霜期长。自然植被以旱生灌木和草地为主，多仙人掌类植物。森林覆盖率26.7%。

早期是印第安人的居住地。16世纪初西班牙人来此探险考察。1752和1776年西班牙先后在杜伯克和图森建立定居点。墨西哥独立后，希拉河以北亚利桑那地区于1824年归属墨西哥；1846～1848年美墨战争后，该地区并入美国版图。1853年美又迫墨西哥出让希拉河以南土地。1912年建州，为美国本土最后加入联邦的第48州。

农业以种植棉花、蔬菜、柑橘类水果为主，美国主要产棉州之一，希拉河流域是本州最富饶的灌溉农业区。畜牧业以饲养肉牛为主，产值居农业之首；其次是养羊和养猪。矿业以铜矿开采著称，铜产量占全国2/3；也开采金、银、钼、煤等矿。20世纪中期以来，随着美国国防工业移入和军事设施兴建，促进了州经济发展，人口迅增。第二、第三产业取代传统的农矿业，在州经济中占主导地位。主要工业部门有机械、电子、电器、金属冶炼、飞机制造和食品加工等。横贯大陆的铁路和高速公路通过本州。有机场8个。菲尼克斯和图森为主要工业中心、交通枢纽，两大都市区集中全州近80%人口。旅游业发达。有列入联合国《世界遗产名录》的大峡谷国家公园，以及萨瓜罗仙人掌国家公园、化石林国家公园和彩色沙漠等自然胜景，还有众多国家保护区和娱乐区。有亚利桑那州立大学、亚利桑那大学等高等学校。

亚伦 Yaren 南太平洋西部岛国**瑙鲁**最大城市和行政中心。位于该岛的西南海岸。人口约4 700（2002）。城市东北部为瑙鲁国际机场，有定期航班往来悉尼等地。西北方2千米处的艾沃建有磷酸盐加工厂和码头。

亚麻 *Linum usitatissimum*; flax 亚麻科亚麻属的一种。一年生草本。韧皮纤维作物和油料作物。纤维用亚麻主要分布在欧洲和亚洲。

亚麻茎直立，上部有分枝。叶互生，无柄，全缘。聚伞花序顶生，花漏斗或蝶形，蓝、白、紫或红色。蒴果球形，顶稍尖。种子扁卵形，黄褐或白色。中国将栽培种分为纤维用亚麻、油用亚麻和油纤兼用亚麻3个类型。

亚麻喜温凉湿润气候。纤维用亚麻要求气温平稳，昼夜温差小。出苗到开花前雨多而匀，日照较弱。开花到成熟期宜雨少而光照充足。茎秆变黄，1/3叶脱落时收割；油用亚麻喜强光照，促早熟和提高种子产量。8月中旬至9月上、中旬收获脱粒。病虫害有亚麻锈病和亚麻夜蛾、金龟子等。

亚麻纤维是优良的纺织原料，并可与棉、毛、丝、人造纤维混纺。二粗麻可作地毯和造纸原料。亚麻油油质优良，可食用、医药和工业原料用。油粕可作饲料。

亚麻酸 linolenic acid 含有三个双键的不

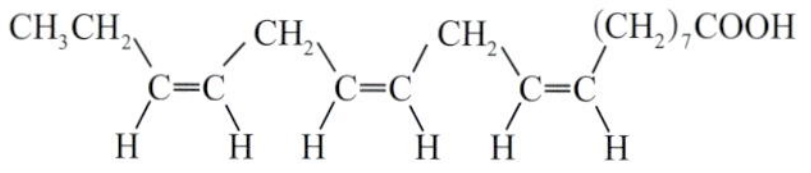

饱和**脂肪酸**，系统命名为顺，顺，顺－9，12，15－十八（碳）三烯酸。亚麻酸以甘油酯的形式存在于亚麻子油、苏子油等干性油中。无色液体。α－亚麻酸的熔点－11.3℃，沸点230～232℃（17毫米汞柱），相对密度0.916 4（20/4℃）。溶于乙醇和乙醚。亚麻酸氢化时先变成**亚油酸**、**油酸**，再变成硬脂酸；加热时容易聚合，因此作为涂层就能较快干燥。亚麻酸是动植物生理上必需的脂肪酸。可用于医药和生物化学研究。

亚马多 Amado, Jorge（1912－08－10～2001－08－06） 巴西小说家。生于伊塔布纳，卒于萨尔瓦多。1929年入里约热内卢大学读法律。1931年发表第一部小说《狂欢节之国》。成名作《可可》（1933）以主人公若泽·科尔德罗回忆的方式，描写可可种植园工人艰辛而悲惨的生活。此后，亚马多接连写出了描写城市贫民生活的《汗珠》（1934）、叙述黑人拳王生活的《儒比亚巴》（1935）、反映渔民生活的《死海》（1936）和以流浪儿童生活为题材的《沙滩上的船长们》（1937）4部长篇小说。1936年因参加政治活动几次被捕入狱，直至被迫流亡国外。其作品也多次被当局查禁和焚毁。1952年结束流亡生活回到巴西，继续从事小说创作。长篇小说《加布里埃拉》（1958）以盛产可可的伊列乌斯市为背景，通过主张革新的进步势力与反对革新的保守势力之间的一系列斗争，再现了伊列乌斯市的发展过程和随之而来的社会风俗方面的变化，反映了阻挡社会前进的人终究是要失败的客观规律。故事脉络清楚，情节波澜起伏，悬念的设置既巧妙又扣人心弦，充满艺术魅力。其他主要作品还有《无边的土地》（1943）、《黄金果的土地》（1944）、《饥饿的道路》（1946）三部曲；《苦难的岁月》、《黎明前的黑夜》、《地下的曙光》组成的《自由在地下》（1954）三部曲；《金卡斯之死》（1961）、《乡姑蒂埃塔》（1977）、《圣女消失》（1988）等小说；诗集《海洋之路》（1938）；传记《希望的骑士》（1947）；剧本《士兵的爱情》（1958）；回忆录《沿海航行：为一本我永远也不会撰写的回忆录所作的笔记》（1992）等。

亚马孙合作条约组织 Amazon Cooperation Treaty Organization; Tratado de Cooperación Amazónica 南美洲亚马孙河流域地区各国的区域性经济合作组织。1977年3月，巴西向亚马孙地区有关国家正式提出建立地区一体化组织的建议。1978年7月3日，巴西、秘鲁、玻利维亚、厄瓜多尔、哥伦比亚、圭亚那、苏里南、委内瑞拉等8国外长在巴西利亚签署《亚马孙合作条约》，1980年8月正式生效。

该组织的宗旨是：加强各成员国的合作，以促进各国的协调发展；推动拉美一体化。最高权力机构是外长会议，不定期召开。其下设亚马孙合作理事会，由各成员国高级外交代表组成，每年开会一次，审定和安排各项合作计划。理事会下设秘书处。此外，各成员国还建立了常设的全国委员会，负责在本国贯彻有关决议。

亚马孙河 Amazon River 南美洲第一大河，世界上流域面积最广、流量最大的河流。位于南美洲中北部。发源于秘鲁南部安第斯山区西科迪勒拉山脉东坡，注入大西洋。全长约6 480千米，仅次于埃及的尼罗河。流域面积达705万平方千米。包括巴西的大部分，以及委内瑞拉、哥伦比亚、厄瓜多尔、秘鲁和玻利维亚的一部分，约占南美大陆总面积的40%。河口年平均流量为21万米^3/秒。亚马孙河流域地处赤道多雨气候区，气候湿热，终年高温多雨，年降水量多在2 000毫米以上，并有安第斯山脉冰雪融水补给，水源供应充足。

航运条件优越，3 000吨级海轮可上溯3 680千米至秘鲁的伊基托斯，7 000吨级海轮可抵马瑙斯。全水系有6万千米的水网。水力资源丰富，其中大部分分布在秘鲁境内安第斯山区河段。河中渔业资源丰富，淡水鱼种类多达2 000种，还有海牛、淡水豚、鳄、巨型水蛇等多种水生动物。流域内大部分地区覆盖着茂密的热带雨林，植物种类繁多，有大量的硬木、棕榈及天然橡胶林。矿产资源丰富，已开采的有石油、铁、锰、锡、铝土矿等。亚马孙河流域人口稀少，大部分地区尚未开发，潜力极大。

亚马孙平原 Amazon Basin 世界上面积最大的冲积平原。位于南美洲北部**亚马孙河**的中下游，介于**圭亚那高原**和**巴西高原**之间，西部为安第斯山脉的东坡，东至大西洋沿岸。面积约560万平方千米，大部分在巴西境内，约占巴西国土面积的1/3。发育于巴西陆台内呈东西走向的拗陷地带，亚马孙河大致沿着其构造轴流贯。平原西宽东窄，地势低平坦荡，大部分在海拔150米以下。平原按其地质和地貌特点可分为河漫滩和高位平原两部分。属热带雨林气候，终年高温多雨，雨林面积达300多万平方千米，动植物种类繁多，矿藏主要有石油、锡等。人烟稀少，交通不便。

亚美尼亚 Armenia; Hayastan 亚洲西部国家。位于外高加索南部，西与土耳其接壤，

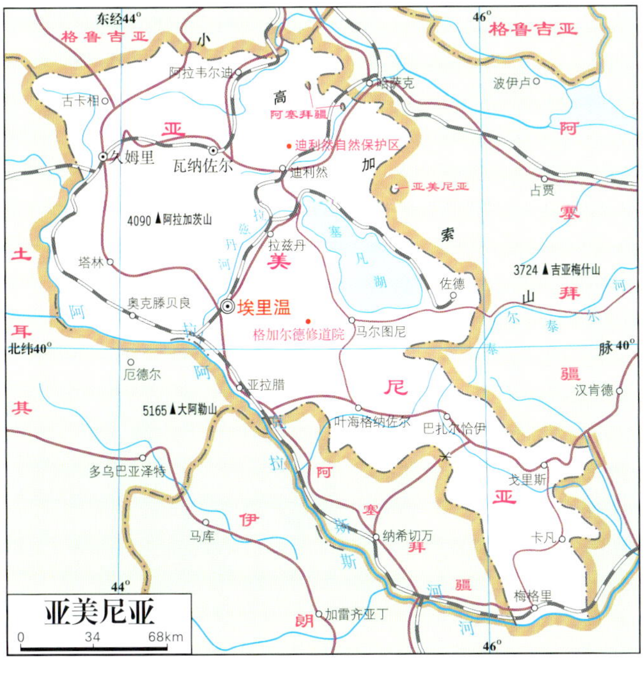

东与阿塞拜疆为邻，北与格鲁吉亚交界，南与伊朗相连。面积2.98万平方千米。人口325.05万（2010）。城市人口占人口总数的66.5%。亚美尼亚族占总人口的96%，其他民族有俄罗斯族、库尔德族、乌克兰族等。官方语言为亚美尼亚语，居民大多通晓俄语，主要信仰基督教。首都**埃里温**。

地理 内陆高山国家。地处亚美尼亚高原东北部，为小高加索山脉所环抱。全境90%以上的地区在海拔1 000米以上。平均高度1 800米，最高点阿拉加茨山，海拔4 090米。西南部为亚拉腊河谷平原。大部地区为干燥的亚热带高山气候。1月平均气温－6℃～－13℃，7月平均气温20℃～25℃；平均年降水量约500毫米。主要河流阿拉克斯河（含支流拉兹丹河）。有100多个湖泊，最大为塞凡湖。以山地、黑土分布最广，海拔2 000米以下山坡为山地草原。全境1/5土地为阔叶林（山毛榉、栎树及鹅耳枥等）及灌丛覆盖，平原为旱生疏林，高山为亚高山及高山草甸。境内建有迪利然、霍斯洛夫斯基自然保护区及塞凡国家公园。主要矿产有铜、钼、铅、锌、霞石、钾盐、大理石等。

历史 公元前9至前6世纪，建立奴隶制的乌拉杜国。前6世纪至3世纪，建立大亚美尼亚国。7～15世纪，先后遭阿拉伯人、拜占廷人、突厥人、蒙古鞑靼人入侵。16～18世纪被奥斯曼帝国和波斯瓜分。1804～1828年，东亚美尼亚并入俄罗斯（称埃里温省）。1920年1月成立亚美尼亚苏维埃社会主义共和国。1936年加入苏联。1990年改国名为亚美尼亚共和国。1991年9月21日正式宣布独立。同年12月21日加入独联体。

政治 实行总统制。2005年颁布的新宪法规定，总统任期5年，连任不得超过两届。总统提交的总理候选人须获得议会大多数支持。国民议会是国家最高立法机关。国民议会任期4年，共设131个席位。政府为内阁。1998年进行司法体制改革，取消最高法院，设立上诉法院。主要政党有亚美尼亚共和党、繁荣亚美尼亚党、法律国家党、亚美尼亚革命联合会和遗产党等。

经济 由于历史形成的地缘政治和地缘经济关系，尤其是

埃里温独立广场一角

阿塞拜疆的“飞地”纳希切万问题导致国内政治局势动荡。2009年国内生产总值87.14亿美元。机械工业是工业中最重要的部门。有色金属开采与冶炼、化工、轻纺、食品、建材等部门也较发达。境内拉兹丹河和塞凡湖水力资源丰富，建有一系列梯级水电站。埃里温市利用水电发展了动力机械、机床、电机、炼铝等工业，利用当地原料发展了水泥、制碱、轻工和酿酒等工业。其他主要工业中心尚有：拉兹丹（氧化铝、基本化工）、卡纳克尔（炼铝）、塞凡（食品）、亚拉腊（水泥）、久姆里（棉织、丝织、毛织、机械、仪表）、瓦纳佐尔（化纤、合成橡胶、氮肥、精密机床）等。全国耕地面积49.4万公顷，其中灌溉地约20.3万公顷，农业因日照少而不发达，粮食不能自给。畜禽类增长较快。铁路总长830千米。公路总长9 500千米。已开通与俄罗斯、土库曼斯坦、乌兹别克斯坦、乌克兰等10多个国家的航空线。2009年外贸总额为40.019亿美元，其中出口额6.978亿美元，进口额33.041亿美元。主要出口产品为宝石加工制品、贵重金属及其制品、矿产品；主要进口半加工宝石、矿产品、机械设备、食品、非贵金属及其制品等。主要旅游地是埃里温市的古堡、国家画廊、数座大教堂以及塞凡湖自然风光。

文化 普通中小学和国家计划内大学实行免费教育，有16所国立和82所非国立高等院校，主要高校是埃里温大学和埃里温工学院。主要报刊有《亚美尼亚共和国》、《亚美尼亚之声》等。

对外关系 1991年底与俄罗斯签订友好合作和相互安全条约。重视加强同独联体国家和近邻国家的关系。从1988年起，亚美尼亚与阿塞拜疆的“飞地”纳希切万归属问题冲突不断，虽经多方调停但仍未解决。2008年12月已与153个国家建交。1992年4月6日与中国建交。

亚美尼亚高原 Armenian Highland 亚洲西部跨国高原，因主要分布于亚美尼亚地区而得名。北缘沿里奥尼河和库拉河低地，形成小高加索山脉和它的若干支脉，并以此与大高加索山脉分开。高原基本由一系

列熔岩流凝成的山原构成，现分属亚美尼亚、格鲁吉亚、土耳其、阿塞拜疆和伊朗5国。面积40万平方千米。平均高度1 500～2 000米，矗立于亚美尼亚西北部的阿拉加茨山，是一座早已熄灭的死火山，海拔4 090米，为整个高原的最高峰。另外还有海拔超过3 000米的高峰若干座。从高原上发源的河流有阿拉斯河（阿拉克斯河）和库拉河等。塞凡湖是高原上最大的湖泊。具亚热带大陆性气候。蕴有铬、金、铁等矿。

亚美尼亚人 Armenians 南高加索地区的居民。自称哈伊，曾译阿尔明尼亚人。约510万人(2001)。大部分分布在亚美尼亚共和国，其余分布在格鲁吉亚、阿塞拜疆和北高加索等地。属欧罗巴人种西亚类型。使用亚美尼亚语，属印欧语系亚美尼亚语族。有文字。信基督教，部分信天主教。

亚美尼亚老年妇女

其祖先早在公元前16至前15世纪时就已居住在亚美尼亚高地。自前7世纪起由乌拉尔图人、斯基泰人和基美里人等结合而成亚美尼亚部落，公元前6至3世纪曾建立大亚美尼亚国。16～18世纪，住地被土耳其和波斯瓜分，19世纪上半期被沙皇俄国兼并。1920年建立苏维埃政权，1922年底加入苏联。1991年9月21日宣布独立。自古从事农业，种植小麦、大麦、甜菜、烟叶、茶叶等。畜牧业以饲养羊、牛、马为主。织毯、首饰和皮革制品等手工业发达。近些年来，机器制造、有色冶金、化工和食品工业发展迅速。传统住宅，农民多住石块砌成的方形塔式楼房，牧民多住泥石砌成的低矮平房。妇女穿对襟长连衣裙、绣花衬衫，系宽腰带，戴宝塔式高帽；男子穿敞襟长上衣、大裤裆灯笼裤、皮靴，戴毡帽。富有民族特色的食品是烤羊肉串。

亚美尼亚语 Armenian language 印欧语系中自成一支的语言。主要分布于亚美尼亚，其次也使用于格鲁吉亚和阿塞拜疆等国；土耳其和中东一些地区也有相当数量的使用者。是印欧语系中最古老的有文字的语言之一。其发展可分为3个时期：5～11世纪为古代期，11～17世纪为中期，17世纪以后形成近代亚美尼亚语。亚美尼亚语有6个元音和30个辅音。名词有单复数之分，方言里还有双数的痕迹。语法的性已经消失。使用后置定冠词。有7个格和8种变位。动词有态、体、人称、数、时的变化。基本上属黏着型语言，词有分析性成分，词的重音落在最后一个音节上。

《亚眠条约》 *Treaty of Amiens* 1802年3月27日，法国及其盟国西班牙、巴达维亚共和国（荷兰）同英国在法国北部亚眠签订的和约。它标志着第二次反法联盟的最后破产。条约共22条。主要内容有：英国近年来占领的殖民地除保留特立尼达岛和锡兰岛上的荷兰属地外，归还法国及其盟国；英国退出它在地中海和亚得里亚海占领的所有港口和岛屿。条约专门规定，英国应从马耳他撤军，将马耳他岛归还给圣约翰骑士团，由法、英、俄、奥、普、西6国保证马耳他的独立和中立；法国同意从那不勒斯、罗马和厄尔巴岛撤军，将埃及归还奥斯曼帝国。双方都承认伊奥尼亚七岛共和国。亚眠和约导致拿破仑一世统治时期英、法长期战争中的一次暂时休战。双方虽然都作了让步，但都没有认真履行自己承担的条约义务。1803年5月，英、法之间又恢复了战争状态。

亚穆苏克罗 Yamoussoukro 科特迪瓦新兴城市和政治首都。位于国境中南部、巴乌莱山西侧高地，北距科苏水库约30千米，东南离阿比让250千米。人口24.3万(2009)。热带雨林气候，平均年降水量约1 200毫米，附近是重要的咖啡、可可产区。原系小村庄，乌弗埃-博瓦尼总统故乡，保留有总统庄园。1983年3月12日迁都于此，成为国家政治中心。政府重要会议、国家重大决策、重要外事活动和国际会议在此进行。新的文教科技中心，有国立高等公共工程学校、国立高等技术教育学院、公立中学等；还有综合性体育场，国际高尔夫球场、现代化的国际医院。城市建设规划有序，有宽敞的林荫大道、各式现代建筑，如民主党党部大楼、电讯大楼、总统宾馆、“抵抗运动”宾馆等。交通便捷，有阿比让—布瓦凯高等级干线公路经过，亚穆苏克罗机场可起降大型客机。

亚欧会议 Asia Europe Meeting; ASEM 亚欧国家为加强相互联系与合作举行的定期首脑会议。1994年10月，新加坡总理吴作栋提出召开亚欧会议的建议，得到亚洲有关国家和欧洲联盟国家的积极响应。经过中、日、韩、东盟七国与欧盟各国的多次磋商以及多次高官会议的准备，1996年3月1～2日，首次亚欧首脑会议在泰国曼谷举行。会议发表的《主席声明》宣布，亚欧会议的目标是建立亚欧之间的新型、全面的伙伴关系，加强相互的对话、了解与合作，为地区以至世界的和平与发展而努力。会议确定每两年举行一次首脑会议，其间将举行外长、经济部长等高官会议。至2008年已分别在英国、越南和北京等地举行了7届。

亚欧铁路大陆桥 Eurasian Railway 通过亚欧大陆上的铁路，在太平洋和大西洋港口之间形成的陆上运输通道。以缩短运输距离，减少运输时间，降低运输成本。1967年日本与苏联联合，利用苏联远东的纳霍德卡港和西伯利亚铁路，通过波兰、比利时、德国和法国等国铁路，跨过北海至英国，构成了第一条亚欧大陆桥，即西伯利亚大陆桥。西伯利亚大陆桥的主通道为：纳霍德卡港—伊尔库茨克—鄂木斯克—斯维尔德洛夫斯克—莫斯科—明斯克—华沙—柏林—阿姆斯特丹港。1990年，中国兰新铁路乌鲁木齐至阿拉山口段建成并与哈萨克斯坦土西铁路接轨，构成了第二条亚欧大陆桥，即由中国东部海港连云港经阿拉山口、阿拉木图、伏尔加格勒至黑海塞瓦斯托波尔港；或经由伏尔加格勒、布加勒斯特、贝尔格莱德、布达佩斯至地中海各大港；或经由贝尔格莱德、米兰、里昂至大西洋；或经由布达佩斯、维也纳、慕尼黑、巴黎至北海各大港。是太平洋至大西洋间最短的陆上通道，辐射30多个国家和地区。

亚平宁山脉 Apennines; Appennino 南欧意大利半岛主干山脉，为阿尔卑斯山脉的南伸部分。西北从利古里亚海滨萨沃纳附近的卡迪波纳山口起，呈弧形向东南延伸，穿过亚平宁半岛，至埃加迪群岛，全长1 400千米，宽40～200千米。地质上为年轻的褶皱山系。东坡平缓、西坡较陡。大体可分为北、中、南三段。北段又称利古里亚、托斯卡纳-艾米利亚亚平宁山，中段称翁布里-马尔凯亚平宁和阿布鲁佐山，最高点科尔诺峰海拔2 912米；南段称那波利及卢卡亚平宁山。山脉因阿尔卑斯运动抬升而成，至今每年仍以1毫米速度上升。中部和南部多火山和地震。维苏威火山和埃特纳火山最为著名。地中海型气候，冬季多雨，夏季干热。主要农产品有油橄榄林和葡萄。矿产有汞、铁、铜、褐煤、硫磺和大理石等。山区与外界联系方便，有10条铁路和多条公路通过。

亚齐 Aceh 16世纪初叶至20世纪初叶统治苏门答腊北部及马来半岛一些地区的伊斯兰教王国。又称哑齐。由亚齐人所建，故名。首都哥打拉查（今班达亚齐）。

1511年葡萄牙人侵占马六甲后，许多穆斯林商人被迫迁往亚齐等地。各国商船被迫另沿苏门答腊西岸经巽他海峡进入印尼群岛。因此，位于这条航线北端的亚齐开始繁荣。第一任苏丹为阿里·穆哈亚特·沙。

1521年，亚齐摆脱比提尔王国的统治后，发动一连串“圣战”，以图赶走葡萄牙殖民者，控制胡椒产地。1547年亚齐对葡萄牙人发动强大进攻，几乎攻陷马六甲。亚齐同葡萄牙殖民者的斗争一直持续到1575年。1564年亚齐进攻柔佛王国，掳走苏丹，摧毁柔佛城。

伊斯坎达尔·幕达（1607～1636年在位）是亚齐王国著名的苏丹。在位时亚齐的势力达到高峰。亚齐王国疆域西达英德拉甫拉（今米南加保地区），东至西亚克。还征服了彭亨、吉打和霹雳，取得马来半岛的胡椒和锡产地。17世纪60年代以后，米南加保逐步挣脱亚齐的羁绊，马来半岛诸国由于得到荷兰的支持也摆脱亚齐的控制。17世纪末，亚齐对胡椒贸易的控制也被荷兰打破。1873年3月荷兰发动征服亚齐的殖民战争，史称“亚齐战争”。1913年亚齐沦为荷兰殖民地。

亚齐人 Achinese 东南亚印度尼西亚共和国的民族之一。约300万人（2001）。主要分布在苏门答腊岛北部。属蒙古人种马来类型。使用亚齐语，属南岛语系印度尼西亚语族，现渐通用印度尼西亚语。信奉伊斯兰教，属逊尼派。但仍保存万物有灵和巫术信仰。亚齐人系由巴塔克人、马来人、爪哇人和尼亚斯人等逐渐混合而成，并吸收了部分印度人和阿拉伯人的血统。中世纪曾建早期王国。约于1520年建立亚齐王国，成为马来群岛一带的伊斯兰教传播中心和商业中心。1873年，荷兰发动亚齐战争，亚齐王国战败灭亡。主要从事农业，种植水稻、甘蔗、椰子、胡椒和橡胶等。渔业也很发达。手工业有纺织、编筐和金属加工，部分人擅长经商。行双系制。妇女地位较高，多行从妻居婚和招赘婚。

亚瑟王传奇 Arthurian legend 中世纪西欧主要国家以描述亚瑟王为中心的传奇故事的总称。包括亚瑟王的诞生、他的圆桌骑士的事迹以及亚瑟之死。朗斯洛骑士与亚瑟的王后圭尼维尔的恋情和寻找圣杯两件事引起骑士团的解体、亚瑟的死亡和他的王国的覆灭。

亚瑟是6世纪不列颠岛上威尔士和康沃尔一带凯尔特族的领袖，以抵抗盎格鲁-撒克逊人的入侵而为凯尔特人所怀念，久而久之成为民间传说中的人物。

8世纪末威尔士史家南纽斯写的《不列颠人的历史》提到的亚瑟还只是军事领袖，而非国王。9世纪有关亚瑟的传说仅在口头流传，没有形成文字。1137年威尔士主教杰弗里用拉丁文写的《不列颠诸王纪》，以2/5的篇幅记载亚瑟事迹。1160～1190年，法国诗人克雷蒂安·德·特鲁瓦用法语写了好几部有关亚瑟骑士的传奇。1205年，英国僧侣莱雅蒙写的韵文编年史《布鲁特》，最后1/3记载了亚瑟王的故事，这是亚瑟故

亚瑟王传奇作品插图

事首次在英语诗歌中出现。15世纪后半叶，T.马洛礼汇集了此前的法语传奇，加以选译编排，用散文写了《亚瑟王之死》，总结并结束了中古关于亚瑟的传说。

亚声速飞行 subsonic flight 飞行器以马赫数小于0.8的速度在大气中的飞行。这时影响其空气动力特性的主要因素是黏性和气流分离。当马赫数大于0.3时，必须考虑空气压缩性的影响，在马赫数等于0.3～0.8的飞行区内，雷诺数和马赫数都影响飞机的空气动力特性。亚声速飞机的最大飞行速度一般以临界马赫数（飞机表面最大流速达到当地声速的来流马赫数）为限。对飞机性能的主要要求是升阻比大、最大升力系数高。在高亚声速（马赫数等于0.8～0.9）飞行时，降低最小阻力系数的要求就更加突出。超声速飞机的气动布局和操纵系统布局常常影响其亚声速的飞行特性，如起飞离地速度、着陆速度、着陆下滑速度，下滑率和下滑角都比亚声速飞机的大，因而飞机起飞和着陆滑跑的距离大为增加。

亚述 Assyria 古代西亚奴隶制国家。由于它的主神、首都和宗教圣城称作阿苏尔（又译阿淑尔）而得名。位于底格里斯河中

亚述的嵌金猎狮

游，新亚述时期版图北起乌拉尔图，东南兼及埃兰，西抵地中海岸，西南到埃及北界。境内农业发达，盛产各种金属，且地当古代西亚各国主要商路之上，战略地位十分重要，这对其以后发展为地跨亚非两洲的奴隶制大帝国，具有重要意义。

古亚述时期（约前2500～前1500），又称阿苏尔城邦时期。阿苏尔城邦的居民最初为印欧语系的胡里特人，后来塞姆语系的阿卡德人等进入此地，他们逐渐与原有居民融合，形成亚述人。其语言为阿卡德语之亚述方言，文字为楔形文字。当阿卡德王国与乌尔第三王朝强盛时，亚述受它统治。公元前2006年获得独立。约前2000～前1000年，奴隶制大地产逐渐形成。对外侵略加强了伊沙库的地位。约前17世纪初，沙姆什·阿达得一世占领由阿卡德北部至地中海的广大区域，自称天下之王。他死后，亚述先后沦为古巴比伦王国和米坦尼王国之藩属。

中亚述时期（约前1400至前1031）。公元前14世纪中叶，亚述王亚述乌巴利特一世（约前1365～前1330年在位）击败米坦尼，建立强大的亚述帝国，史称古亚述帝国。此后亚述统治者采用亚述王的称号，并继续向外扩张，击败喀西特巴比伦，并将米坦尼的领土降为行省。图库尔提·尼努尔塔一世（约前1294～约前1208年在位）击败赫梯帝国和巴比伦，占领整个两河流域，并把首都从阿苏尔迁往图库尔提·尼努尔塔镇。此后，亚述还有过几个首都，但阿苏尔城仍然是帝国宗教中心，在政治生活中起重大作用。中亚述时期，政体已过渡向君主专制，中央集权加强，名年官和长老会议只具形式，专属于国王的官吏已经产生。国家常备军已存在，其来源主要是自由民。社会的统治阶级是大土地所有者和商人高利贷者大奴隶主阶级。奴隶阶级除战俘和外地买来的奴隶外，还存在债务奴隶。经过短暂的衰败，至提格拉-帕拉萨一世（约前1115～约前1077年在位）时亚述国势复兴。前11世纪末，在阿拉米人迁徙浪潮打击下，再度衰落。

新亚述时期（前934～前612），即新亚述帝国。公元前10世纪，亚述进入铁器时代。铁器的使用，生产力的提高，为其长期对外战争提供了充足的兵源和给养。征战初期以掠夺为目的，以极度凶残为特色。自亚述纳西拔二世（前883～前859年在位）后，亚述遭到被征服地区人民强烈反抗。与乌拉尔图王国的战争也屡遭失败，许多被征服地区重获独立。自沙尔马内塞尔三世（前858～前824年在位）以后，由于经济衰落、对外战争失败和统治阶级内讧，亚述进入危机时期。前746年，军事将领提格拉-帕拉萨夺得王位，实行一系列改革，以巩固中央集权、提高部队战斗力、加强对被征服地区的统治和剥削。改革后

重新开始大规模扩张。击败乌拉尔图，占领叙利亚，进入全盛时期。从中央到地方，建立起庞大的官僚制度。经过萨尔贡二世、辛那赫里布（前704～前681年在位）、埃萨尔哈东（前680～前669年在位）的征服，亚述已变为地跨亚、非两洲的奴隶制大帝国。亚述巴尼拔与埃兰－巴比伦同盟进行了漫长的战争。其统治末年，发生内战，游牧部落西徐亚人入侵，征服地区纷纷独立，帝国迅速走向灭亡。在米底和新巴比伦王国打击下，阿苏尔和尼尼微先后陷落，前612年亚述帝国灭亡，其地为米底和巴比伦所分。

亚述巴尼拔 Ashurbanipal（?～约前627） 亚述国王（前668至约前627年在位）。国王伊撒哈顿（前680至前669在位）之子。在位期间，为维护帝国统治，发动一系列对外战争。约公元前662年远征埃及，将其首都底比斯夷为平地。约前646年攻占巴比伦城，平定了以其弟沙马什－舒姆－乌金为首的叛乱。晚年，亚述帝国日趋衰落。他在首都尼尼微以及巴比伦、乌鲁克等地大兴土木，营造宫殿和神庙。并建造大型图书馆，收藏有关文学、医学、天文、地理、历史、数学、巫术等大量书籍，为后人留下了研究西亚历史的极珍贵资料。19世纪中叶，从这个图书馆遗址中发掘出的泥板文书多达两万余块。

亚述学 Assyriology 研究古代美索不达米亚地区语言、文字、社会和历史的学科。因起始于对亚述文字的研究而得名。研究领域除亚述和巴比伦外，还包括霍来特人、赫梯人、阿摩尔人、迦南人、伊拉姆人、古波斯人及阿尔明尼亚人的有关历史。在年代上，除亚述帝国时期外，还包括苏梅尔早王朝时期、阿卡德王朝时期、乌尔第三王朝、古亚述、古巴比伦时代、加喜特、中亚述、新亚述、新巴比伦和波斯帝国等时期。亚述学以楔形文字的释读为重要研究手段，在立足于文字材料和考古材料的基础上，同时采用人类学、社会学等多种学科的研究方法。

亚述学产生于19世纪上半叶，此前法国学者J.察尔丁、丹麦学者C.尼布尔等发表过一些楔形文字材料，但无人释读。1802年，德国人G.F.格罗特芬德释读了部分文字。1835～1837年，英国人H.C.罗林森抄录了贝希斯顿铭文中的古波斯文和部分埃兰文，并成功地译出了古波斯文书的开头部分。此后，法国人P.E.博塔在豪尔萨巴德、英国人A.H.莱亚德在尼姆鲁德、尼尼微等地又发现了一批新的楔形文字材料。1857年，英国的罗林森等破译阿卡德语成功，不久又释读了苏美尔语。从此，亚述学研究进入了一个新阶段。20世纪后，东西方学者在乌尔、豪尔萨巴德、埃利都，马里等地发掘，又使一大批亚述学的文字、文物材料呈现于世。

研究方法上，以19世纪中后期开始出现的德国学派为代表。英、法、德、美等国在考古发掘、文献整理上居于领先地位；伊拉克、土耳其、叙利亚等国也已开始对本国境内的文物进行研究。

中国于1986年在东北师范大学建立世界古典文明研究所，开始从事亚述学的教学和研究。

亚松森 Asunción 巴拉圭首都、最大城市。位于巴拉圭河与皮科马约河交汇处。人口51.9万。平均海拔64米。最热月平均气温28.9℃，平均年降水量1 226毫米。始建于1537年。早期曾是西班牙拉普拉塔总督区首府。1811年巴拉圭独立后定为首都。附近是人口稠密的农业区。全国最大的河港，有公路和铁路通往康塞普西翁，并经轮渡与阿根廷相连，建有国际机场。全国最大的农牧产品集散地和加工中心，有纺织、卷烟、造船、制糖等工厂。市区有许多装饰华丽的古老建筑，多为独立后所建。市内多公园，如建于国家历史博物馆旧址上的卡巴雷洛公园、为纪念“独立之父”J.G.R.de弗朗西亚而建造的弗朗西亚公园。文化中心，有全国仅有的两所大学亚松森国立大学和天主教大学。

亚速尔群岛 Azores 北大西洋中东部火山群岛。葡萄牙领土。位于西经25°1′～31°7′、北纬36°55′～39°43′，东距葡萄牙本土约1 300～1 500千米。是欧洲、美洲和非洲之间重要海、空航线的中继站，交通、战略地位重要。由3组岛群组成。东南岛群包括圣米格尔、圣玛丽亚和福米加什等岛；中央岛群包括法亚尔、皮库、圣若热、特塞拉、格拉西奥萨等岛；西北岛群包括弗洛雷斯、科尔武等岛。行政上为亚速尔自治区。陆地面积2 344平方千米。人口24.5万（2009），居民主要是葡萄牙人后裔。多信奉天主教，通用葡萄牙语。首府蓬塔德尔加达。各岛地势崎岖，为大西洋海岭出露海面部分，最高点在皮库岛，海拔2 351米。地中海型气候，夏干热，冬温湿。1427年葡萄牙领航员发现群岛。1432年被葡萄牙占领。1580～1640年曾隶属西班牙。1766年起葡萄牙管辖整个群岛。1976年4月实行自治。农、牧、渔业是主要经济部门。出产大麦、小麦和蔬菜，以及菠萝、柑橘、香蕉、葡萄等水果。渔业以捕捞金枪鱼、鲻鱼、狐鲣和鲸鱼为主。工业主要有葡萄酒酿造、制酪和鱼类加工等。旅游业发展较快，为冬季游览、疗养胜地。

亚太经济合作组织 Asia-Pacific Economic Cooperation; APEC 亚洲和环太平洋部分国家与地区的多边经济合作组织。1989年11月5～7日，澳大利亚、美国、日本、韩国、新西兰、加拿大及东盟六国在澳大利亚首都堪培拉举行了部长级会议，宣布成立亚太经济合作组织，简称亚太经合组织。秘书处设在新加坡。至2007年9月，有成员21个。

宗旨 “相互依存，共同受益，坚持开放的多边贸易体制和减少区域内贸易壁垒”。采取协商一致的合作原则，所作决定必须经各成员国一致同意认可。2001年“中国上海领导人非正式会议”确定了21世纪的目标，即继续沿着1994年印度尼西亚会议的目标前进，通过分享更宽泛和公正的经济增长利益，深化大家庭精神，把亚太经合组织变成更团结、更具实力的地区经济合作组织。

组织机构 ①领导人非正式会议。最高级别会议，每年下半年召开一次，在各成员间轮流举行。②部长级会议。决策机构。各成员的外交部长（中国香港和中国台北除外）和经济部长（或外贸部长、商业部长等）每年在领导人非正式会议前举行。③高级官员会议。协调机构。每年举行3～4次会议。④委员会和专题工作组。下设预算和管理委员会、贸易和投资委员会、经济委员会和经济技术合作分委会。⑤亚太工商咨询理事会。⑥秘书处。

主要活动 最高活动是领导人非正式会议，是区域内国家首脑个人非正式的集会，主要交流经济问题。应美国倡议，1993年11月首次在西雅图召开，以后每年的下半年召开一次，在各成员间轮流举行，各成员领导人出席会议（中国台北最高只能派主管经济事务的部长级官员出席）。每年举行一次由各成员的外交部长和主管经济、贸易的部长参加的年会，举行3～4次高级官员会议，并可就某一专题举行部长级特别会议。部长级年会及有关高级官员会议均由年会东道主以亚太经合组织年会

2001年10月，亚太经合组织成员国领导人合影（上海）

和高级官员会议主席的身份负责筹备和安排。主席每年更换一次，由各成员轮流担任。所有协议都是以取得协商一致为原则。

1993～2010年，共召开了18次领导人非正式会议。

亚特兰大 Atlanta 美国东南部最大城市，佐治亚州首府。位于该州北部蓝岭东南的山麓台地上，海拔323米。市区面积341平方千米，人口57.8万（2008），其中黑人占3/5以上；大都市区包括富尔顿等20个县，人口556.11万（2008）。始建于1837年。1847年设市。南北战争期间毁于战火。战后重建。1868年成为临时州府，1877年定为永久州府。美国东南部的经济中心。除传统的纺织、食品、木材加工、选纸等工业外，汽车装配、飞机制造、化工、电信和计算机硬件等工业发展较快。可口可乐公司、洛克希德·马丁公司、佐治亚－太平洋公司等世界著名大企业的总部所在地，美国名列前茅的大公司也多在此设分号或工厂。商业、金融业、

亚特兰大城市一角

旅游业发达，市内多批发、零售商号，是美国第6联邦储备银行总部所在地。3条铁路干线和3条州际公路汇集于此，市内有地铁。以亚特兰大为总部的德尔塔航空公司居全国第2位，市南的亚特兰大国际机场是全国最繁忙的机场。著名的威斯汀桃树广场旅馆高73层，为全市最高的建筑物。美国主要会议中心之一，拥有国内最大的会议设施。文化教育事业发达。设有佐治亚理工学院（1885）、佐治亚州立大学（1913）、埃默里大学（1836）等43所高等院校，以及亚特兰大历史中心、艺术中心、科学中心、卡特总统中心等文化设施。美国公共卫生署在此设疾病防治中心。著名的美国有线新闻网（CNN）创立于该市。1996年第26届奥运会的举行，为城市增添了奥林匹克百年纪念公园和许多体育场馆。

亚特兰大国际机场 Hartsfield-Jackson Atlanta International Airport 美国东南部航空枢纽。又称哈茨菲尔德－杰克逊国际机场、杰克逊国际机场。位于亚特兰大市以南16千米处，占地19平方千米。1926年启用。机场有5条跑道，有南、北2座候机大楼和6个指廊，其中国际指廊E是世界最大的。候机楼内设有快速火车站。美国约80%的居民到亚特兰大的飞行时间在2小时之内。旅客吞吐量居世界机场排名前列。

亚铁氰化钾 potassium ferrocyanide 系统名三水合六氰合铁（Ⅱ）酸钾，化学式$K_4[Fe(CN)_6]\cdot 3H_2O$。又称黄血盐。黄色单斜晶体或微粒。相对密度1.853（17℃），溶于水，不溶于乙醇。常温下稳定，60℃时开始失去结晶水，100℃生成无水物。亚铁氰化钾是**配位化合物**，在水溶液中离解为K^+和$[Fe(CN)_6]^{4-}$。遇**卤素**、过氧化物则形成六氰合铁（Ⅲ）酸钾（赤血盐，可用于检测Fe^{2+}）。与稀硫酸加热生成氢氰酸、硫酸亚铁和硫酸钾。与铁盐溶液反应生成普鲁士蓝$K[Fe^{II}(CN)_6Fe^{III}]$沉淀，此反应可用于检测Fe^{3+}离子。与亚铁、锌、铜、银等的盐溶液作用分别生成相应的亚铁氰化物沉淀。

可由氰熔体（氰化钾和氰化钙的混合物）和硫酸亚铁反应后的滤液与氯化钾作用制得亚铁氰化钾钙复盐，然后经碳酸钠脱钙而得。也可由亚铁氰化钠溶液加入过量的氯化钾转化制得。

可用作化学分析试剂、色谱试剂、显影剂、除铁剂，用于颜料、染料和油漆的生产。还可用作钢铁工业的渗碳剂、淬火剂以及医药工业中的凝聚剂等。

亚文化 subculture 从属于总体文化的地区或群体共同享有的独具特色的文化。亚文化是一个相对范畴，是相对于总体文化而言的。亚文化是文化多样性的一种表现。产生亚文化的原因有自然和社会两方面因素。因自然环境不同而产生不同的生活方式，产生各地区的亚文化；因社会地位不同而产生不同的价值观念和生活习惯，产生各阶层和群体的亚文化。一个民族或国家所占有的地域越大，其包含的亚文化越多。广义上说，亚文化既包括对总体文化起补充作用的亚文化，也包括与总体文化相对立的亚文化。有的学者把反对总体主流文化的亚文化分离出去，称为**反文化**。

亚硝酸盐中毒 nitrite poisoning 亚硝酸盐经胃肠道吸收引起的以高铁血红蛋白血症为主要表现的全身性疾病。最容易接触到的亚硝酸盐是亚硝酸钠，食品防腐剂、肉或鱼的腌制品均含有亚硝酸盐。生活中常发生用工业用亚硝酸盐当作食盐而引起的中毒。

人误服0.3～0.5克即可引起急性中毒。主要表现有头痛、头晕、乏力、瞳孔散大、烦躁、抽搐、昏迷等，并有面部潮红、心悸、血压下降，可发生晕厥、休克。还有明显的紫绀，尤其口唇和指甲最为显著。呼吸困难。实验室检查可示血液中高铁血红蛋白含量增加。

发现误服后立即催吐、洗胃、导泻，灌活性炭吸附，并注意保暖、吸氧等。尽早口服或注射高铁血红蛋白还原剂美蓝。密切观察病情及血红蛋白检查结果，对症处理。病情严重者可输新鲜血或采用换血疗法。

亚油酸 linoleic acid 含两个双键的不饱和**脂肪酸**，系统命名为顺，顺－9，12－十八（碳）二烯酸。

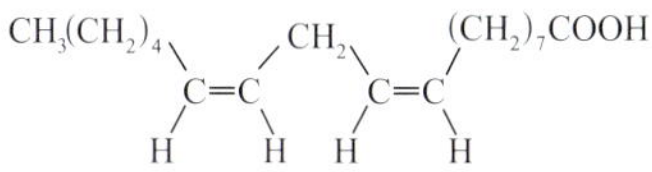

亚油酸以甘油酯的形式与其他脂肪酸一起存在于动植物脂肪中。动物脂肪中的含量一般较低，如牛油中1.8%、猪油中6%；若干种植物油中含量较高，如花生油26%、豆油57.5%、菜油15.8%。室温时为液体；熔点－5℃，沸点229～230℃（16毫米汞柱），相对密度0.902 2（20/4℃）；在空气中易发生自氧化；不溶于水，溶于乙醚、氯仿等有机溶剂。亚油酸是人和动物营养中必需的脂肪酸。亚油酸是合成动物前列腺素的前体。缺乏亚油酸和**亚麻酸**等脂肪酸，会使动物发育不良，皮肤和肾损伤，不育等。亚油酸的钠盐或钾盐是**肥皂**的成分之一，并可用作乳化剂等表面活性剂。在医药上亚油酸可用于治疗血脂过高和动脉硬化等症。其铝盐是黄色粉末，不溶于水而溶于油，可用于制造油漆、涂料等。

亚洲 Asia 世界最大的洲。全称亚细亚洲。位于亚欧大陆东部，东、南、北三面分别濒临太平洋、印度洋和北冰洋。西亚西北部濒临地中海和黑海，西南部隔红海和苏伊士运河同非洲大陆毗邻，亚洲东南部以帝汶岛与澳大利亚之间的海面同大洋洲分界，东北部以白令海峡同北美洲大陆遥对。亚欧两洲陆地毗连，形成世界上最大的陆块亚欧大陆。两洲一般以乌拉尔山脉、乌拉尔河、里海、大高加索山脉、黑海海峡、博斯普鲁斯海峡、马尔马拉海和达达尼尔海峡为界。总面积约4 400万平方千米，占世界陆地总面积的29.4%。其中半岛面积1 000多万平方千米，是半岛面积最大的洲；岛屿面积约270万平方千米，仅次于北美洲。

图1 喜马拉雅山脉景观

从南到北包括了从赤道带到北极带几乎所有的气候带和自然带。

亚洲幅员辽阔，从内陆深处到海岸最大距离可达2 500千米，海岸线长69 900千米，海岸类型复杂，缺少深入大陆内陆的内海和海湾，大陆轮廓较完整，主体部位略呈梯形。

自然地理

地形 亚洲山地、高原占全洲面积的3/4。地形上具有三大明显特征：①地势高峻，起伏极端，平均海拔950米。地形以山地高原为主。全球海拔8 000米以上的高峰有14座，全部在亚洲境内。位于中国和尼泊尔边境的**珠穆朗玛峰**（8844.43米），是世界第一高峰。**青藏高原**平均海拔4 500米以上，山岭海拔超过6 000米，号称“世界屋脊”。**死海**湖底（−792米）最深处是地球陆地的最低处。②中南部地势高，多崇山峻岭和高原，四周多中、低山脉以及丘陵和平原。以帕米尔山结和亚美尼亚山结为枢纽，向东西两侧延伸成一系列高大山脉。在北部自西向东主要有克尔奥卢山脉、大高加索山脉、厄尔布尔士山脉、兴都库什山脉、昆仑山脉、阿尔金山和祁连山等；南部主要有托罗斯山脉、扎格罗斯山脉、苏莱曼山脉、喀喇昆仑山脉和喜马拉雅山脉等。在中东部由一系列北西和北东走向山脉组成，主要有天山山脉、阿尔泰山脉、萨彦岭和杭爱山脉等；东部有雅布洛诺夫山脉、外兴安岭和阴山山脉等。在大陆东部边缘由呈东北—西南向的三列山脉构成：其中外（东）侧是西太平洋岛弧上的若干山脉；中部则为锡霍特山脉和辽东半岛、朝鲜半岛与中国东南沿海诸山脉；内侧由朱格朱尔山脉、大兴安岭、太行山山脉、巫山和雪峰山山脉构成。主要高原除青藏高原外，还有蒙古高原、伊朗高原、中西伯利亚高原、阿拉伯高原和德干高原等。平原、低地多分布于大陆边缘和各大河中下游地带。主要有北亚的西西伯利亚平原，中亚的图兰低地，西亚的美索不达米亚平原，南亚的印度河－恒河平原，东亚的中国东北平原、华北平原、长江中下游平原及中南半岛的湄公河和湄南河平原等。③地貌类型复杂，大陆外侧多**岛弧**。地貌类型齐全，山地、高原、平原、丘陵和盆地典型。还拥有多种典型的外力地貌，如湿润地区的流水地貌、干旱风沙地貌、岩溶地貌、冰川冻土地貌、黄土地貌和红层地貌等。大陆东部、东南部边缘自北向南分布着一系列突向太平洋的弧形列岛（花采列岛），如千岛群岛、日本群岛、琉球群岛、菲律宾群岛等。它们构成了亚洲东部的“双重海岸”，既围成许多边缘海，又像一列海上堡垒，拱卫着亚洲大陆。

矿藏 亚洲矿产资源丰富，种类繁多，且多富集区。主要矿藏有石油、天然气、煤、铁、锡、钨、锑、锰、铜、铅、锌、铝土、金、银、钾盐、硫磺、磷、云母和宝石等。其中石油、天然气、锡、钨、锑的储量均占世界首位。亚洲石油占世界石油探明总储量的70%以上。富集于波斯湾沿岸地区，约占世界的66%，素有“世界石油宝库”称号。亚洲拥有三大储油带：①中部山地平原南北两侧储油带。北侧西起高加索山北麓，经里海沿岸、伊朗高原北缘、中亚的阿姆河与锡尔河上游、费尔干纳盆地至中国西北部；南侧西起美索不达米亚平原和波斯湾及其沿岸，经伊朗高原南缘、印度半岛西北部和恒河下游、缅甸西部，直达苏门答腊岛东北部和爪哇岛北部。②东部边缘山脉内侧、新华夏沉降带储油带。北起萨哈林岛（库页岛），经日本本州岛西北部，中国的东北、华北、东部沿海与大陆架、台湾岛东部，南至婆罗洲东部和西北部。③鄂毕河下游储油带。主要指俄罗斯的秋明油田，属于欧洲伏尔加－乌拉尔油田的延伸。锡矿主要分布在中国西南的云南、贵州和广西，缅甸东部，马来半岛和印度尼西亚的邦加岛、勿里洞岛等，是一条连续的巨型锡矿带。仅东南亚地区的锡储量就约占世界总储量的2/3。钨、锑主要分布在中国的江西和湖南等地，约占世界钨总储量的3/4。锑矿多分布在中国南部，其中湖南储量居世界之首。煤矿资源相当丰富。如哈萨克斯坦的卡拉干达，西伯利亚的库兹涅次盆地、伊尔库茨克盆地，中国的黄土高原、华北平原、东北平原、陕西、内蒙古、云南、四川和浙赣一带的煤田。铁矿主要分布在哈萨克斯坦东部，萨彦岭、外贝加尔和安加拉河上游，中国的东北、华北、内蒙古、安徽、湖北和四川等，以及朝鲜、印度、越南、菲律宾、印度尼西亚和土耳其等。铜矿主要分布在哈萨克丘陵、阿尔泰山地、中国的南部和东北部、朝鲜、日本等地。

图2 沙特阿拉伯沙漠中的石油储藏罐

气候 气候类型复杂，具有大陆性气候强烈、季风气候典型和气候带俱全等特征：①大陆性气候强烈。主要表现为冬季严寒，夏季湿热，春温高于秋温，气温年较差大，降水偏少且变率大。最冷月冬季1月平均气温在0℃以下的地区占全洲面积的2/3，最热月夏季7月平均气温在20℃以上的地方占全洲面积的1/2，7月份20℃等温线可达北纬55°～60°。亚洲与同纬度的欧洲相比，年较差均大。西伯利亚东北部的维尔霍扬斯克－奥伊米亚康地区1月平均气温为−50℃，绝对最低温度曾出现−71℃，而7月平均气温为15.7℃，年较差超过65℃，绝对气温年较差高达101.8℃，是北半球的“寒极”。约旦河谷的提拉特采维绝对最高气温达54℃，是亚洲最热地区。降水差异悬殊，赤道多雨区年降水量超过2 000毫米，南亚、东南亚和东亚季风区可达500～2 000毫米，个别迎风坡降水量更为丰富，如印度半岛东北部的乞拉朋齐平均年降水量11 430毫米，为世界降水最多地区之一。西亚、中亚地区年降水量均在150～400毫米，有的地区甚至不足50毫米。②季风气候典型。亚洲是世界上唯一具有典型季风气候的大陆。季风气候强度大、频率高、范围广、类型多样。季风气候区占全洲面积的1/4。其中，地处北纬35°～55°的东亚地区，属温带季风气候；北纬35°以南的南亚、东南亚和东亚属热带与亚热带季风气候。温带季风气候区，冬季受温带大陆气团影响多吹西北、北和东北季风，由大陆吹向海洋，风力强劲，寒冷干燥；夏季则受温带海洋气团或变性热带气团影响吹西南、南和东南季风，由海洋吹向大陆，暖热多雨。这里四季分明，降水集中于夏季。即雨热同季。东南亚与南亚的热带季风气候区，一年分

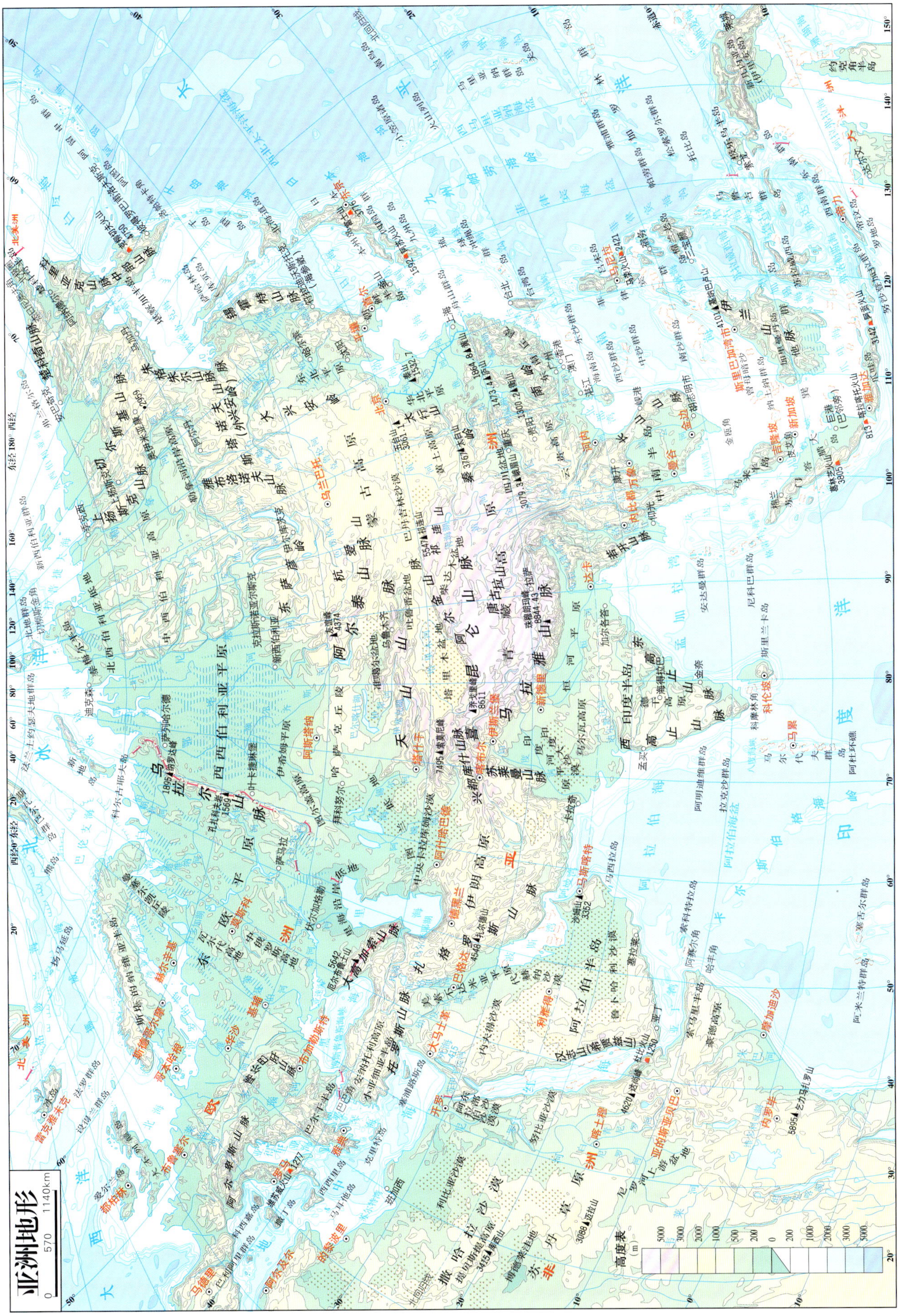
亚洲地形
0 570 1140km
高度表 (m)
5000
3000
2000
1000
500
200
0
200
1000
2000
3000
5000
北冰洋
太平洋
印度洋
大西洋
亚洲
欧洲
非洲
北美洲
大洋洲
西西伯利亚平原
中西伯利亚高原
东欧平原
青藏高原
蒙古高原
伊朗高原
阿拉伯半岛
印度半岛
中南半岛
乌拉尔山脉
阿尔泰山脉
天山
昆仑山脉
喜马拉雅山脉
兴都库什山脉
维尔霍扬斯克山脉
上扬斯克山脉
上扬斯克
撒哈拉沙漠
阿拉伯海
孟加拉湾
南海
日本海
北京
东京
新德里
达卡
珠穆朗玛峰8844.43

图3 婆罗洲的热带丛林和卡普阿斯河

冷、热、雨三季或干、湿两季：冷季盛行吹东北风，晴朗干燥少雨；热季则晴朗酷热，与冷季同为干季。而雨季则盛行西南季风，来自暖洋海面，水汽充足，遂形成雨季。季风又有大陆性和海洋性之分：东亚、印度半岛和中南半岛的大部属大陆性，而日本群岛和菲律宾则属海洋性季风气候。③气候带俱全，气候类型复杂。亚洲地域广阔，拥有从赤道到北极的所有气候带，加之地形复杂、起伏极端，致使各地气候差异明显，类型多样。亚洲除亚欧大陆西岸的温带海洋性气候和南极洲与格陵兰岛的冰原气候外，各种气候类型均有分布。

水系 亚洲地域辽阔，河湖众多，有许多源远流长的大河和蓄水量巨大的湖泊。世界上4 000千米以上的长河共14条，其中7条在亚洲。水资源十分丰富，据统计年径流量约为13 190立方千米，占世界总量的33.6%，居各洲之首。河网分布与水文特征同地貌结构及气候特征等联系密切。河网分布具有两大特征：①水系结构呈辐射状。多数河流源于中部山地和高原，河流呈不匀称的辐射状向四周分流，形成流向四大洋的外流水系。其中以向东注入太平洋的河流流域面积为最大，约占全洲面积的29%。主要有**长江**、**黄河**、**黑龙江**（阿穆尔河）、**湄公河**（上游为澜沧江）等，均为长达4 000千米以上的河流。主要属于靠降水补给的季风型河流。注入北冰洋的各河，其流域面积占全洲面积的25%。主要有**鄂毕河**、**叶尼塞河**、**勒拿河**等，也属世界大河。河水大多靠冰雪融水补给，因地处高纬，结冰期长达6～9个月。河水呈南北流向。注入印度洋的河流，流域面积约占全洲的15%。源于青藏高原南侧的河流主要有**印度河**、**恒河**、**布拉马普特拉河**（上游为雅鲁藏布江）、**萨尔温江**（上游为怒江）和**伊洛瓦底江**等。属热带季风型河流，水位季节变化很大，多由夏季雨水补给，6～9月水位最高。源于安纳托利高原的河流注入**波斯湾**，有**底格里斯河**和**幼发拉底河**，均流经干燥地区，水量不大，属融化雪水和雨水补给的河流，水位春高夏低。注入地中海和黑海的河流，属于大西洋流域，流域面积只占全洲的1%。因受地形、海陆轮廓等的制约，河流短小，多独流入海，属于由降雨补给的地中海型河流，冬季河流涨水是其主要特征。其中最长的为克泽尔河（1 150千米），是土耳其半岛上的一条重要河流。②内陆流域面积广大，约占全洲面积的30%。其比例之高在世界各大洲中仅次于大洋洲的澳大利亚，同非洲相近。主要分布于中亚、西亚闭塞的山地高原、盆地和低地，以及荒漠和半荒漠地区。主要有阿姆河、锡尔河、伊犁河、塔里木河、约旦河和恩巴河等。高山冰雪融化为主要水源，水量变化大，时有间歇河、潜流，为内陆干旱地区提供宝贵水源。

亚洲湖泊众多，分布很广。在数量上仅次于欧洲和北美洲，拥有许多世界著名湖泊。按成因分类主要有构造湖（贝加尔湖、库苏泊、死海等）、海迹湖（里海、咸海等）、冰川湖（青藏高原上多数湖泊）、火山湖（长白山天池、镜泊湖）和风蚀洼地湖（内陆干旱地区的一些湖泊）等。按水文化学性质分为咸水湖（里海、咸海、死海等）和淡水湖（贝加尔湖、洞庭湖、鄱阳湖、兴凯湖等）。在潮湿气候区多形成水量丰富的河湖串通的淡水湖；在干燥气候区多形成无排水口的咸水湖。**里海**为世界第一大湖，其水域面积约37.1万平方千米；**贝加尔湖**是世界上最深的湖泊（平均水深730米，中部最深处1 620米）；巴尔喀什湖东半部为咸水，西半部为淡水；青藏高原上的喀顺湖，湖面海拔5 556米，为世界最高湖泊。**死海**是世界上湖面最低和含盐量最高的内陆咸湖，含盐量高达250‰。

图4 泰国曼谷的水上市场

植被、土壤和动物界 亚洲自然植被和土壤类型的分布直接受自然地理因素的影响，特别是地形和气候的影响，具有明显的纬向地带性结构特征。该特征明显地表现在两个地区，一是从北亚向中亚广阔平坦地区依次分布着苔原－冰沼土、针叶林－灰化土、森林草原－灰化森林土、温带草原－黑钙土和栗钙土、荒漠草原－棕色草原土、干旱荒漠－灰钙土和荒漠土；二是从北亚经东亚到东南亚依次分布着苔原－冰沼土、针叶林－灰化土、温带落叶阔叶林－棕色森林土、亚热带常绿阔叶林－红壤和黄壤、热带季雨林－砖红壤和红壤、热带雨林－砖红壤等。同时受地形和距海远近的影响，具有明显的经向地带性结构特征。植被和土壤的分布从东部沿海向内陆发生有规律的演替，依次出现温带落叶阔叶林－棕色森林土、森林草原－灰色森林土、温带草原－黑钙土和栗钙土、荒漠草原－棕钙土、荒漠－漠钙土等。另外，亚洲中部多高大山地高原，随着海拔高度的变化，水热状况不同，从而扰乱了水平分布规律，引起气候、植被、土壤分布的垂直变化，形成垂直带结构。一般来说，纬度愈低山地愈高，垂直带谱结构愈完整，组成也愈复杂。在同一高度的山地又表现为向阳坡多于背阴坡。

亚洲是世界上最典型的大陆型动物区。动物种类多，数量大，有些动物分布广，且与北美洲、非洲之间有密切联系，而与大洋洲联系则甚少。亚洲的动物区系也随纬度和海拔高度而发生变化。如北极沿岸有候鸟、驯鹿、北极狐、北极兔、海豹、海象、海狗和白熊等。

政区和居民

政区 亚洲有48个国家，习惯上把亚洲分为6个地理区：①东亚。包括中国、蒙古、朝鲜、韩国和日本5国。②东南亚。即越南、老挝、柬埔寨、泰国、缅甸、马来西亚、新加坡、文莱、菲律宾、印度尼西亚和东帝汶11国。③南亚。指喜马拉雅山脉以南的尼泊尔、不丹、孟加拉、印度、巴基斯坦、斯里兰卡和马尔代夫7国。④西亚。指东起阿富汗西至土耳其，南面包括阿拉伯半岛的广大地区，即阿富汗、伊朗、伊拉克、科威特、沙特阿拉伯、巴林、卡塔尔、阿拉伯联合酋长国、阿曼、也门、叙利亚、黎巴嫩、约旦、巴勒斯坦、以色列、塞浦路斯和土耳其以及外高加索的亚美尼亚、格鲁吉亚和阿塞拜疆20国。⑤中亚。包括哈萨克斯坦、吉尔吉斯斯坦、乌兹别克斯坦、塔吉克斯坦、土库曼斯坦5国。⑥北亚。指俄罗斯的西伯利亚和远东区。

居民 亚洲是世界人口最多的洲。总人口约40.5亿（不包括俄罗斯和埃及的亚洲部分，但包括土耳其的欧洲部分和印度尼西亚的大洋洲部分，下同），约占世界总

亚洲政区
0 570 1140km
① 巴林
② 格鲁吉亚
③ 亚美尼亚
④ 阿拉伯区
⑤ 巴勒斯坦
⑥ 以色列
⑦ 约旦
⑧ 阿拉伯联合酋长国
⑨ 阿塞拜疆
北冰洋
大西洋
太平洋
印度洋
亚洲
欧洲
非洲
北美洲
大洋洲
中华人民共和国
蒙古
北京
东京
印度
新德里
巴基斯坦
伊斯兰堡
阿富汗
喀布尔
伊朗
德黑兰
伊拉克
巴格达
沙特阿拉伯
利雅得
土耳其
安卡拉
哈萨克斯坦
阿斯塔纳
乌兰巴托
尼泊尔
加德满都
孟加拉国
达卡
泰国
曼谷
越南
河内
柬埔寨
金边
老挝
万象
缅甸
内比都
马来西亚
吉隆坡
新加坡
印度尼西亚
雅加达
菲律宾
马尼拉
斯里兰卡
科伦坡
马尔代夫
马累
朝鲜
平壤
韩国
首尔
日本
莫斯科
也门
萨那
阿曼
马斯喀特
北回归线
赤道

图5 波斯波利斯王宫遗迹

人口的53.5%。世界上有11个人口超过1亿的国家，其中有6个在亚洲，即中国（居世界第1位）、印度（第2）、印度尼西亚（第4）、巴基斯坦（第6）、孟加拉（第7）和日本（第10）。亚洲人口密度平均约150人/千米^2，居世界各大洲之首。但人口分布极不均衡，东部和南部是人口稠密区。其中，新加坡、孟加拉、巴林、马尔代夫、韩国等国均居世界人口高密度国家的前列。而北部、西部和中部广大地区人口稀疏。其中，蒙古每平方千米只有一人多，是世界人口密度最小的国家。亚洲多数国家年龄构成属年轻型。青少年人口约占总人口的30%～40%以上。亚洲城乡人口比例随着世界城市化的迅速进展，已占全洲人口的36%，但仍属世界城市化水平较低的地区。由于自然、社会经济与人文条件的差异，在洲内分布很不均衡。如新加坡实际上是个城市国家，而日本、韩国和以色列以及西亚石油输出国的城市化率都相当高。还出现一批人口超千万的特大城市，如**东京**、上海、北京、重庆、**孟买**、**加尔各答**、**首尔**等。

种族 亚洲种族构成复杂。黄色人种（蒙古人种）是亚洲的主体人种，约占全洲人口的60%左右；次为白色人种（欧罗巴人种），约占全洲人口的1/3以上；还有少数棕色人种（澳大利亚人种）和前两人种的混合类型。白色人种的南支集中分布在南亚次大陆和除土耳其以外的西亚各国，其肤色深于欧洲的白种人。棕色人种，主要包括日本北海道的阿伊努人、菲律宾的尼格利陀人、印度南部沿海和斯里兰卡的达罗毗荼人等。亚洲历史悠久，不同人群间很早就有交往混合，黄白人种的混合类型遍布于中亚和南西伯利亚等地区。

亚洲地域广阔，人口众多，地理环境和历史进程差异极大，共有1 000多个民族，约占世界民族总数的一半。除日本、韩国、朝鲜和西亚的阿拉伯国家的民族构成比较单一外，其余大多数国家为多民族国家。通常按语言词汇、语音和基本语法相似程度，分成若干语系和语族。亚洲人口在500万以上的有八大语系。其中汉藏语系主要包括汉、藏、缅、傣、苗、瑶等语族，人口约有13亿多，约占本洲人口的1/3，集中分布在中国和中南半岛各国。次为印欧语系，主要是印度－伊朗语族，约占亚洲人口的1/4，主要分布在印度（印地语）和伊朗（波斯语）。马来－波利尼西亚语系，主要分布在马来西亚、印度尼西亚、菲律宾等国。闪米特－含米特语系指西亚的阿拉伯民族，有近1亿人口。阿尔泰语系主要包括蒙古语族、满－通古斯语族和突厥语族，如土耳其语、阿塞拜疆语、土库曼语、哈萨克语、吉尔吉斯斯坦语、乌兹别克语等。此外还有达罗毗荼等语系和独立的日本语、朝鲜语等。

宗教 亚洲是世界三大宗教的发源地。**佛教**、**伊斯兰教**、**基督教**均源于亚洲。佛教在公元前五六世纪起源于印度和尼泊尔毗邻处。目前在亚洲有信徒近亿人，主要传播在中南半岛各国和斯里兰卡，其中泰国把佛教奉为国教，信徒人数居世界第一。伊斯兰教在公元7世纪起源于沙特阿拉伯的西部，麦加和麦地那是伊斯兰教的圣地。西亚阿拉伯人多信奉该教，其信徒占西亚总人口的94%，与北非同为主要分布区。此外还传播到东南亚的马来西亚、印度尼西亚和南亚的孟加拉与巴基斯坦以及中亚等国。上述这些以信仰伊斯兰教为主的国家统称伊斯兰国家。基督教起源于西亚巴勒斯坦的伯利恒。耶路撒冷是犹太教、基督教和伊斯兰教的圣地。黎巴嫩和塞浦路斯部分居民信奉天主教，而菲律宾则成为东方唯一以信奉天主教为主的国家。此外，印度广为流传印度教，信徒占总人数的83%，成为亚洲的第四大宗教。还有，犹太教是世界最早的一神教，随着犹太人的流散而传播各地，在亚洲集中于以色列，占总人口的80%以上。在日本，信奉神道教也十分普遍。

图6 印度大吉岭茶园

经济

亚洲除日本外，几乎所有国家过去长期遭受殖民统治，因而经济不发达，经济结构片面、单一、畸形，工业基础一般较脆弱。第二次世界大战后，绝大多数国家民族经济都有长足发展。特别是20世纪60年代以来，经济结构得到调整，利用国际经济环境的有利形势，发挥自身的优势，如大力发展农业，着重解决粮食自给，效果显著。工业产值和对外贸易额成倍增长。国内生产总值（GDP）和人均GDP逐年提高，其增长速度居世界前列。亚洲许多农产品和工、矿产品的产量位居世界前列，如稻谷、天然橡胶、马尼拉麻、胡椒、金鸡纳霜、生丝、柚木等的产量均分别占世界总产量的90%以上；茶、蓖麻、椰干等各占世界总产量的80%以上；花生、栗等各占1/2以上；棉花、甘蔗、烟草和水产品等各占世界总产量的1/3以上。原油年产量占世界总产量的30%～40%。此外，煤（约占世界总产量的1/2）、钨（95%）、锡锭（75%）、铜（61%）、锰（45%）、铅锌等产量都在世界上占有1/3以上的份额。在制造业中，钢铁（37%）、汽车（30%）、摩托车（92%）、船舶（83%）、钟表（93%）、照相机、电视机与摄像机（96%）、电脑（1/2）、家用电器、水泥、乙烯、化肥等产量均居世界前列。棉纱、棉织品产量占60%以上。在世界外贸总额中的地位也有大幅度增长（占30%）。在世界外汇储备中，中国大陆、日本、中国台湾、韩国和中国香港位居前列。亚洲在世界经济中占有相当重要的地位。

农业 除日本、新加坡外，多数国家经济仍以农业为主，制造业不甚发达。农业在许多国家经济中仍居首位，农产品在出口值中占有极其重要的地位。在农业长期发展中，受自然、社会、经济诸因素的影响，形成5个农业地域类型：①水田集约化农业，为亚洲典型的代表性农业类型，又称亚洲农业类型。此类型区域是世界水稻主要生产地带和出口区。亚洲属季风气候区，高温多雨、水热同季，有利于水稻的生长发育，水田率很高；种植历史悠久，中国是水稻种植的发源地；种植技术先进，单产高。亚洲年产水稻约5.3亿吨，占世界总产量的90%以上（2005）。水稻主要分布在各大河中下游平原和三角洲地带，如中国的长江流域、珠江三角洲、四川盆地和中南半岛的红河、湄公河、湄南河、伊

图7　印度尼西亚的水田

洛瓦底江三角洲地带，以及爪哇岛、恒河中下游和印度河三角洲等。泰国（占世界出口的22.2%，居首位）、印度（第2）、中国（第3）、越南（第4）和巴基斯坦（第6）等都是世界稻谷的主要出口国。②旱田农业，多以种植粮食作物为主，有小麦、玉米、高粱、粟、大豆等；经济作物有棉花、花生等。同时饲养马、牛、羊、猪等，农区牧业比较发达。本区年降水量在300～1 000毫米之间，雨量变率大，有良好灌溉系统使农业旱涝保收。以中国的华北、东北地区和印度德干高原、恒河中下游及日本的北海道为代表区。③游牧、半游牧农业，指蒙古和中国的内蒙古、西北地区以及西亚的干燥和半干燥草原区的农业地域类型，属天然牧场型畜牧业。多逐水草而居，部分已有定居，放牧绵羊、山羊、牛和骆驼等。在“绿洲”地带发展了灌溉农业，以种植麦类和杂粮为主。④种植园农业，是近代出现的一种农业地域类型。多种植热带经济作物，如天然橡胶、椰子、油棕、甘蔗和茶等。主要分布在全年高温多雨的热带雨林区中排水良好的缓坡地带，以马来西亚、印度尼西亚、泰国和斯里兰卡等国最为集中。⑤迁移农业，是一种原始的农业经营方式。主要分布在印尼的苏门答腊岛山区和中南半岛的北部山区一带，以种植杂粮为主。

工业　绝大多数国家原有工业基础薄弱，工业产值一般只占GDP的20%，且多以采矿业和农产品加工及零部件装配等劳动密集型工业为主，重工业正在发展，各国各地区工业发展水平和部门、地域结构差异显著，并各具特点。①日本为经济高度发达的经济大国。20世纪50年代中期以来，经济发展异常迅猛，人均GDP38 446美元（2008）居世界前列。工业生产力水平、规模、技术、工业结构都达到世界先进水平，汽车、船舶、钢铁、石油制品、乙烯、电子等产品产量均居世界第一、第二位。日本工业产值约占世界的10%。20世纪90年代以来经济出现衰退，但对外收支顺差仍居世界前列，是世界外汇储备最多的国家之一。已形成以机械、钢铁、炼油、石化、电子工业为中心的工业体系。②高收入的石油输出国，工业结构单一，采油和炼油一般占其国民收入的90%～94%。人均GDP在1万美元之上，如科威特4.08万美元、卡塔尔7.06万美元、阿联酋4.9万美元、文莱3.6万美元等。炼油中心主要分布于波斯湾沿岸各海港。③新兴工业化国家与地区，新加坡、韩国、中国台湾、中国香港被称为**亚洲四小龙**。20世纪60～70年代以来，利用发达国家产业结构调整之机，发挥自身的优越条件，经济得到快速发展。如新加坡人均GDP达到约27 991美元、韩国19 231美元（2008）。近年泰国、菲律宾、马来西亚等后起直追。中国改革开放后，经济也得到高速发展。1982年GDP居世界第9位，到2009年已跃居第2位。主要产品产量已居世界前列，如煤炭、钢铁、家电、照相机、钟表、摩托车、水泥、棉纱、棉织、毛纺、毛织、生丝、丝绸等均居世界首位。原油年产量1.9亿吨（2008），已占世界第5位，炼油能力仅次于美、日，居第3位。棉花、粮食、花生、肉类等的产量均为世界之冠。一些高科技产品和工艺品已进入世界先进行列。但人均GDP仅约3 315美元（2008），仍属中低收入国家。④一般低收入国家，在亚洲这一类型仍占绝大多数。印度是亚洲第二人口大国，农业仍是经济主体，约占GDP的1/3。农业规模仅次于中国和美国，位居世界第三。工业部门较为齐全，以燃料动力、采矿、冶金、机械、化学、纺织等工业为主。近些年原子能、电子、航空等工业有较快发展。人均GDP约1 066美元（2008）。亚洲其他许多国家人均GDP均不足500美元，如柬埔寨、缅甸、尼泊尔、阿富汗、老挝、孟加拉等国，都属于世界最不发达国家。中亚国家也处于发展之中，仅哈萨克斯坦较为发达，2008年人均GDP超过8 000美元。以色列在国际则属于特殊类型国家，2008年人均GDP达21 729美元，制造业占GDP的1/5，集中在特拉维夫-雅法地区，灌溉农业发达。

亚洲金融危机　Asia Financial Crisis　发生于1997～1998年东亚地区的**金融危机**。又称东亚金融危机。其最初阶段是从东南亚地区的货币危机开始，引发了包括资本市场危机和金融机构危机在内的金融危机，后扩展到韩国和日本等东北亚地区，形成范围广阔的东亚金融危机，进而在绝大多数危机国出现了以经济衰退为特征的**经济危机**，甚至在一些国家演变成了政治危机。危机的影响范围最终波及俄罗斯、欧美和拉美等国家和地区，其间各种跨国传导效应交织在一起，成为一场持续时间长、影响波及全球的金融危机。

危机的过程　亚洲金融危机是一个不断演化的过程。泰国是这次危机的最初发生国。1997年5～6月间，泰铢贬值压力不断增加，泰国政府动用40亿美元干预**外汇市场**未能奏效，7月2日，泰国宣布放弃自1984年以来一直实行的以钉住美元为主的固定汇率制度，改行浮动汇率制度。结果泰铢大幅下跌，泰国中央银行随之提高基础汇率；7月11日，菲律宾宣布实行**浮动汇率**，菲律宾比索大幅贬值，银行利率急速上升；同日，马来西亚宣布实行浮动汇率制度，马来西亚林吉特下跌至41年来最低点；7月中旬，长期稳定的新加坡元下跌。

7月下旬，由于美国、**国际货币基金组织**（IMF）的关注，东南亚货币危机有所缓和，各国货币对美元比价有所回升。8月，IMF拟筹集172亿美元援助泰国。8月11日，泰国与国际社会达成180亿美元的援助计划。8月14日，印度尼西亚政府宣布印尼盾放弃钉住美元，印尼盾大跌。8月15日，东南亚各国的汇市再度下跌，中国香港的汇市与股市双双下挫。8月22日，中国香港当地政府再度入市干预，股价汇价回升企稳。同日泰铢再创新低。

8月底，中国台湾股市开始下滑。8月21日韩元对美元大幅下降。之后，日元对美元开始暴跌。8月28日，东南亚汇市和股市出现了联动暴跌的恶性循环。至9月初，泰国、菲律宾股市跌幅达38%，马来西亚股市跌幅达35%，印尼股市跌幅达24%，新加坡股市跌幅达18%。考虑到货币贬值的因素，投资人在泰国损失达54%、在菲律宾达46%、在马来西亚为45%、在印尼为41%、在新加坡为25%。10月3日，中国台湾外汇市场交易额激增。17日，中国台湾突然宣布放弃对外汇市场的干预，外汇市场强烈震动。10月22日，香港股市暴跌，至29日市值跌去一半。港股暴跌的影响是全球性的。资金开始大量而快速地撤出亚洲。10月27日，纽约道·琼斯30种工业股票平均价格指数狂泻，产生历史上的最大跌幅，暂停交易。

9月25日，韩元对美元跌至历史最低点。10月28日，韩国股市大跌，引发汇市进一步下跌。11月17日，韩国中央银行放弃了维持韩元对美元汇率在986:1的原则，韩元汇率在一个月内再跌100%，成为亚洲金融危机中货币贬值幅度最大的币种。11月25日，标准·普尔公司（S&P）调低了韩国的信用等级，韩国遭受外债危机。12月初国际社会协议向韩国提供总额为550亿美元的援助，但韩元仍以每日跌停的速度下跌，股市也大幅下挫。12月25日，IMF宣布提前支付100亿美元的援助款项，韩国的金融市场才出现价格回升。而在日本，11月25日，东京外汇市场日元对美元跌至5年来的最低点，东京股市同时暴跌5.1%。11～12月间，东南亚受到韩国与日本的金融危机的影响再度发生汇市与股市的大跌。11月23日，韩元对美元跌破1 000大点时，香港股指也下泻234点。

1998年印尼成为亚洲金融危机新一轮高潮中的焦点。1月，印尼盾大幅下跌，带动新加坡与菲律宾股市跌至5年来的最低点，泰国、马来西亚、韩国、中国香港地区和台湾省的股市也大幅下挫。亚洲金融危机进入高潮阶段，对全球金融市场产生极为消极的影响，日本、纽约、伦敦、法兰克福、巴黎和拉美国家股指都大幅下跌，委内瑞拉和阿根廷所受打击最为剧烈，墨西哥也深受其害。

1998年1月下旬，国际社会对亚洲金融危机及时地采取挽救措施，东亚各国也相应地进行了调整，包括一定程度上恢复了有如利率和汇率的管制性干预，金融市场趋稳。2月中下旬，亚洲金融市场没有出现大的波动，总体态势趋于平稳。亚洲金融危机的高潮终于过去。

造成危机的原因　亚洲金融危机的导火索是国际金融投机家1997年5月狙击亚洲外汇市场，首先在泰国获得成功，后蔓延至亚洲各国，引起一系列的严重连锁反应。

亚洲各国资本市场严重失衡是使货币危机扩展为股市危机的重要原因。亚洲各国经济中固定资产和金融资产持续高涨，出现了较为严重的经济泡沫。当货币危机发生后，大量的经济泡沫开始破裂，货币贬值，资本外逃，汇市连同股市彼此刺激一同暴跌。

亚洲各国的资金借贷严重失衡使危机进一步扩展到银行业的危机。亚洲各国的银行体制普遍地存在政府、银行与企业三者之间的过密关系，这阻碍了政府实行有效的银行监管，也妨害了银行业的谨慎经营。尤其在经济高涨的时期，该体制极大地推动了银行不良贷款的发生，当危机到来之时，债务人往往受困于支付大量的利息而使财务状况快速恶化，银行业的大量不良债权极易沦为坏账。

从制度安排上看，亚洲国家和地区，尤其是东南亚各国，实行钉住美元的汇率制度，存在币值高估的问题。在这种情况下，有关当局放松了资本项目管制，实行金融自由化。事实证明，短期国际资金的大量流动有着较大的不稳定性，风险较高，而一国货币当局的外汇储备并不能作为稳定外汇市场的根本性决定力量。在融资模式方面，普遍地重视间接融资，外债尤其是短期外债过多，债务结构失衡，对短期资本流入依赖过度。

从实体经济层面上看，亚洲经济增长模式中有一定缺陷，也是亚洲金融危机爆发的原因。这种长期以经济高速增长为目标和实施相同的出口导向的发展战略的经济增长模式，引起总需求与总供给的失衡、经济过热和通货膨胀；在国际市场上同类产品激烈竞争和市场环境恶化及在产业结构调整不利的情况下，形成资本向虚拟程度较高的部门转移，出现了较为严重的泡沫经济。

综合看来，亚洲金融危机产生的原因有三个方面：从长期因素上看，各国都存在经济结构失衡的根本问题；从金融体制看，也都存在监管不当和融资模式问题；在短期因素方面，关键是外汇制度安排不当的问题。

危机的影响和后果　亚洲金融危机持续时间长、范围广、影响深远，造成了危机国的货币严重贬值、股市暴跌、金融机构倒闭、企业坏账增加、贸易与投资萎缩，总体经济下滑。日本、韩国、印尼、中国香港地区、泰国、马来西亚等国或地区的经济出现了大幅度的负增长，通货膨胀率和失业率都大幅攀升。危机影响之下，世界经济增长率放缓1～2年。

亚洲金融危机还深刻地影响到危机国的社会稳定和政局稳定。泰国政府被迫辞职，韩国、日本与马来西亚的在任政界领袖下台，印尼则发生大规模的骚乱。在韩国，爆发了有关经济主权的社会抗议浪潮；在马来西亚，触发了与西方发达国家之间在金融自由化与全球化等问题上的尖锐的意识形态矛盾与斗争。

亚洲开发银行　Asian Development Bank; ADB　亚洲和太平洋国家与地区部分经济发达国家合办的区域性多边金融机构。1966年8月22日成立。至2008年2月，有成员67个。

其宗旨是向亚洲及太平洋地区的发展中国家或地区提供贷款与技术援助，促进和加速发展中国家与地区的经济发展及合作。主要职能是为发展中国家成员的经济与社会发展提供贷款和证券投资；为成员的发展项目和计划的制订与执行提供技术援助和咨询服务；推动和提供公共或私人发展资本的投资便利，以及有权要求受援国的方针、政策和计划与所提供的援助相一致。

组织机构包括：①理事会，最高决策机构。由各成员委派正、副理事各一名组成。每年开会一次。②董事会，执行机构。由理事会选出的12名董事和12名候补董事组成。③行长。同时是董事会的主席和银行的合法代表，由理事会选举产生，任期5年，可连任。④部门。共13个：财务部，会计部，业务审计部，私营部门运作部，经济学与研究部，战略与政策部，预算、员工和管理体制部，东南亚部，东中亚部，湄公河部，南亚部，太平洋部，以及地区和次地区发展部。

资金来源有：①普通资本金。包括股东认缴的股金、储备和盈余。②国际金融市场融资。③特殊基金。亚洲开发银行的贷款对象是亚太区域发展中成员，主要用于农业、能源、运输、通讯和供水等部门。它对私营企业通过无需政府担保的投资和贷款形式进行直接援助。同时，它也提供贷款担保和商业联合融资业务。

亚洲开发银行在中国上海举行第35届理事会年会（2002）

亚洲四小龙　four little dragons in Asia　经济在很短时期内获得飞速发展的亚洲的韩国、新加坡、中国台湾省和中国香港。亚洲四小龙都属于幅员不大、工矿资源不多，但地理位置优越且同西方发达国家有特殊关系的国家和地区。它们的经济发展具有一些鲜明的特点：①增长速度快。②出口扩张迅速。③经济结构发生重大变化。④人均国民收入水平迅速提高。⑤失业减少，收入分配相对平均。

对亚洲四小龙的经济发展起促进作用的有以下因素：①外部世界比较有利的发展环境。20世纪50～70年代，世界主要发达国家经济高速发展，为亚洲四小龙的出口导向发展提供了良好的外部条件。科学技术革命使发达国家生产转向技术和资本密集工业，亚洲四小龙拥有质高价廉的劳动力资源，正好发展劳动密集工业。东亚地区的稳定也使它们可以把主要精力放在经济发展上。②实行正确的经济政策。中国台湾省从50年代后期开始，放弃凯恩斯主义政策，采用货币贬值以利出口，提高利率以抑制通货膨胀，并刺激居民储蓄以开投资来源等政策。韩国也仿效台湾货币贬值、提高利率等方法。中国香港与新加坡则抓住有利时机，将消费城市转变为工业城市。③发挥政府的积极作用。亚洲四小龙的政府都为经济发展创造各方面的有利条件，并积极参与投资，适当进行经济管理。④东方优良的文化传统。亚洲四小龙在经济发展过程中，都注意发扬了注重教育、甘于吃苦、勤俭节约等传统。

亚洲-太平洋广播联盟 Asia-Pacific Broadcasting Union; ABU 亚洲、太平洋地区的国际性广播电视组织。1964年建立。宗旨是保护会员利益，促进与协调会员之间的合作和进行研究工作。秘书处设在马来西亚的吉隆坡。截至2006年有会员160个，代表56个国家和地区。中国是会员并多次被选为理事。1984年1月，联盟附设的“亚洲电视节目交换网”开始在成员之间交换电视新闻。

亚洲象 *Elephas maximus*; Asian elephant 长鼻目象科亚洲象属的唯一种。主要分布于印度、泰国、柬埔寨、越南等国。中国分布于云南南部。中国国家一级保护动物。见非洲象。

亚洲运动会 Asian Games 由亚洲奥林匹克理事会主办的亚洲规模最大的综合性运动会。简称亚运会。每4年1届，与奥林匹克运动会相间举行。第1届亚洲运动会原定1949年2月在印度新德里举行，因故延至1951年举行。至2010年共举办了16届。从1974年开始，中国参加了以后历届亚洲运动会。

2010年广州亚运会开幕式

亚洲运动会的比赛项目大多为奥运会项目，但不像奥运会有严格的规定。每届除一些广泛开展的项目，如田径、游泳、篮球、排球、足球等必须列入外，东道国可根据自身条件和运动技术水平适当增减。首届亚运会仅有6个大项、11个国家和地区参加，但随后逐渐发展壮大。1990年北京承办的第11届亚运会包括射箭、田径、羽毛球、篮球、拳击等27个大项和308个小项，参赛国家和地区达37个。后参赛项目和国家与地区呈逐届增加趋势（见附表）。在已举行的16届亚运会中，前8届获得金牌数日本占有优势。自1982年第9届始，中国金牌数一直居各队之首，2010年广州第16届亚运会中国共获199枚金牌，是中国也是各国在一届亚运会上获金牌数最多的。

历届亚洲运动会一览表

届次	举办时间	地点	参加国家或地区	运动员数	项目数
1	1951	新德里（印度）	11	489	6
2	1954	马尼拉（菲律宾）	18	970	8
3	1958	东京（日）	20	1 422	13
4	1962	雅加达（印尼）	17	1 545	13
5	1966	曼谷（泰）	18	1 945	14
6	1970	曼谷（泰）	18	1 752	13
7	1974	德黑兰（伊朗）	25	2 363	16
8	1978	曼谷（泰）	25	2 879	19
9	1982	新德里（印度）	33	4 595	21
10	1986	汉城（今首尔，韩）	27	3 345	25
11	1990	北京（中）	37	4 655	27
12	1994	广岛（日）	42	6 828	34
13	1998	曼谷（泰）	41	9 649	36
14	2002	釜山（韩）	44	9 912	38
15	2006	多哈（卡塔尔）	45	10 000	39
16	2010	中国（广州）	45	10 156	42

氩 argon 化学元素，元素符号Ar，原子序数18，原子量39.948，属周期系零族元素，稀有气体。英国物理学家瑞利与化学家W.拉姆齐合作，于1894年在研究氮气时发现了氩。命名为argon，希腊文“懒惰”之意。氩在地球大气中的含量为0.934%（体积）。天然氩是3种稳定同位素的混合物，体积比为氩-36（0.34%）、氩-38（0.06%）和氩-40（99.60%）。

氩在通常条件下为无色、无臭、无味的气体，熔点-189.2℃，沸点-185.7℃，气体密度1.784克/升（0℃，100千帕）。氩原子极其稳定，化学上显惰性。氩以液态空气分馏法分离制备。

氩用于充气的电灯泡、电子管和盖革-弥勒放射性计数器。在铝、钼和不锈钢等金属电弧焊，钛、锆和铀等金属生产、加工，以及硅和锗等半导体晶体生长过程中，广泛使用氩作为惰性保护气氛。

咽 pharynx 介于口腔和食管之间，既属于消化系统又属于呼吸系统的器官。食物入食管和呼吸介质（水或空气）入鳃或肺的共同通路。

哺乳类的内鼻孔后移，硬腭之后延伸出软腭。沿软腭的背中线向前剪开，可见鼻咽腔（咽部对向鼻腔的部分）。在鼻咽腔侧壁上可见耳咽管（欧氏管）的开口，此管沟通咽部及中耳腔。咽向后有两个通路：一是靠背面的食管，一是经喉门通入腹面的气管。吞咽时，食物经口腔、咽进入食管，即从腹前方通向背后方，所以呼吸通路和消化通路在咽部形成咽交叉。在喉口外盖有一个叶片形的软骨——会厌软骨，吞咽食物经过咽部时，会厌软骨盖住喉门，迫使食物进入喉门背面的食管而不误入气管。呼吸时，空气通过鼻腔、咽，由喉门入气管，即从背前方通向腹后方。

咽炎 pharyngitis 发生于咽部黏膜、黏膜下组织和淋巴组织的炎症。是秋冬及冬春季之交的常见病。按病程分，有急性咽炎和慢性咽炎。

急性咽炎 常为上呼吸道感染的一部分，常见病原体有溶血性链球菌、葡萄球菌、肺炎链球菌、流感杆菌及流感病毒等。这些病原体可存在于正常人咽部。在身体抵抗力降低时即可繁殖而致病。

发生急性咽炎时，咽部黏膜充血、肿胀，咽后壁淋巴组织增生，甚至化脓。成人症状以咽痛、烧灼感等为主。患者应休息，多饮水，服用抗感染药物。漱口、中药治疗亦有效。

慢性咽炎 多因急性炎症反复发作或长期烟酒刺激所致。咽部有异物感、发胀、咽干痛，咽部分泌物增多，易恶心。咽部充血，咽后壁淋巴组织增生。治疗则以加强身体抵抗力、戒烟酒、忌辛辣饮食、清除病灶、保持口腔清洁为主，也可应用清凉药物或作理疗。

霉菌性咽炎 又称鹅口疮，病原体为白色念珠菌，此菌为口腔黏膜常驻菌，在身体抵抗力弱时发病。在口腔及咽黏膜上出现多发性白色斑点，稍隆起，有时融合成灰色假膜，下面有浅糜烂面。全身治疗以增强抵抗力为主，并以两性霉素静脉点滴。局部治疗则有口腔清洁，局部用制霉菌素含漱或以1%龙胆紫涂抹等。

樊尚氏咽峡炎 又称溃疡膜性咽峡炎，由梭形杆菌及螺旋体感染所致。多见于全身抵抗力低下的患者，病变多发生在牙龈及扁桃体，并扩散到软腭、颊黏膜等处。可有高热、无力、咽痛、下咽困难等。治疗除注意营养及局部清洁外，注射青霉素有效。

烟草 *Nicotiana*; tobacco 茄科烟草属植物的统称。一年生草本植物。嗜好类工业原料作物。约60余种，其中多为野生种。中国烟草是在明朝万历年间引入，迄今已有约400年的历史。现在栽培较广的，一为普通烟草（见图），又称红花烟草，是世界性生产用烟种；一为黄花烟草，俄罗斯和印度栽种较多，中国新疆、甘肃等地有少量栽培。两者都原产南美洲。

普通烟草

形态和特性 普通烟草主根不明显，侧根和不定根是根系的主要部分。株高1～3米。茎直立。每个叶腋都有腋芽，均可萌发成分枝。叶互生，螺旋状排列。烟株移栽后叶片生长较快，栽后45天为顶峰期，每天约增加一片。普通烟草多数品种无叶柄，叶基部与茎连接处呈耳状侧翼，俗称叶耳。叶以椭圆形为主略有变异，除白肋烟外，叶均绿色。圆锥状聚伞花序，花萼钟形，花冠管状漏斗形，粉红色。自花传粉，但天然杂交率常超过4%。蒴果卵圆形。种子小而多，淡褐至深褐色。每克种子约有10 000～15 000粒。黄花烟草矮于普通烟草。叶呈心脏形，长宽比1～1.5∶1，叶质厚而重，有柄。花色苍黄到微绿。种子较普通烟草稍大。

喜温、喜光、怕涝、耐瘠、耐旱，需钾较多。土壤对烟叶质量影响很大，不同类型、不同用途的烟草要求不同。晒红烟适宜于较黏重和有机质多的土壤；白肋烟要求含氮较高的肥沃土壤；香料烟适种在有机质含量少、肥力不高、表土不厚而有小石块的砂性土上；烤烟以质地疏松、结构良好的壤土和砂质黏土为宜。

栽培管理 除个别地区的黄花烟草和晒烟用直播外，多数采用育苗移栽。一般亩栽1 300～1 800株。移栽后要适时浇水、施肥、中耕、培土和防治病虫害。

肥料对烟叶品质的影响很大。施足肥料，管理及时，烟株则健壮生长，避免烟株未达一定高度和叶数而提早开花的“早花”现象。同时，合理密植，适时灌排，防止旱、涝，避免田间郁闭下部叶片提前发黄以至枯萎的“底烘”现象。

打顶抹杈是促成优质丰产的主要措施之一，除香料烟外都必须适时进行。一般在现蕾时摘去花序，以利上部叶片扩展，并及时抹去腋芽，不让侧枝（烟杈）生长，约5天进行1次。可使用气流式自动打顶机打顶。在打顶的同时向烟茎喷洒药剂如脂肪醇等，抑制腋芽生长。

当叶片停止生长，叶内干物质积累达最多时为工艺成熟期，即可采收。烟叶成熟的特征是叶色由绿变黄绿，主脉变白发黄，基部发脆，叶毛脱落，叶面有光泽，叶尖和叶缘微向下垂。采用植物生长调节剂，可缩短烟叶成熟期，并使烟叶均匀落黄。中国的烤烟和绝大部分晒晾烟用人工采摘，通常采摘3～9次，个别也有整株一次分段砍收或一次采完。

烟囱 chimney 把烟气排入高空的高耸结构。能改善燃烧条件，减轻烟气对邻近环境的污染。

有砖烟囱、钢筋混凝土烟囱和钢烟囱三类：①砖烟囱。高度一般不超过50米，多数呈圆截锥形，筒壁厚度为240～740毫米，用普通黏土砖和水泥石灰砂浆砌筑。筒身每隔1.5米左右设一道预应力扁钢环箍或在水平砖缝中配置环向钢筋。②钢筋混凝土烟囱。多用于高度超过50米的烟囱。其优点是抗风、抗震性能好，外形为圆截锥形，沿高度有几个不同的坡度。筒壁厚度约为140～800毫米。③钢烟囱。钢烟囱自重小，有韧性，抗震性能好，适用于地基差的场地；但耐腐蚀性能差，需经常维护。目前有在烟囱内设不锈钢内筒以解决腐蚀问题。

烟碱 nicotine 吡啶型生物碱，分子式$C_{10}H_{14}N_2$。俗称尼古丁。为烟草属经济植物中的主要生物碱。无色挥发性液体，有不愉快臭味；沸点246.7℃（745毫米汞柱），相对密度1.009 7（20/4℃），比旋光度$[\alpha]_D^{20}$ －169；可随水蒸气蒸馏。在空气中易分解变色。易溶于水生成结晶形复合物，可用来纯化烟碱。烟碱能与各种无机酸和有机酸生成结晶的单盐和双盐。烟碱对动物和人类有较强毒性，人口服约40毫克可危及生命。烟碱为烟草工业生产的副产物，曾用作农用杀虫剂。烟碱经氧化可得烟酸（吡啶-3-羧酸），即抗糙皮病的维生素F。

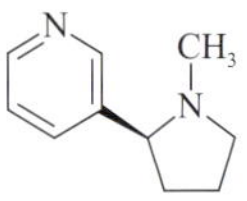

烟煤 bituminous coal 由褐煤经变质作用转变而成的煤种。煤化程度高于褐煤而低于无烟煤。不含腐殖酸，因燃烧时冒烟而得名。按挥发分高低和黏结性强弱，分为长焰煤、气煤、肥煤、焦煤、瘦煤、贫煤等。呈灰黑至黑色，具沥青光泽至金刚光泽，通常有条带状结构。挥发分为10%～40%，一般随煤化程度增高而降低。碳含量为76%～92%，发热量较高，为28.64～37.01兆焦/千克。大部分烟煤具有黏结性和结焦性。烟煤储量丰富，用途广泛，可作为炼焦、动力和气化用煤。燃烧多烟，容易造成空气污染。

烟酸 niacin 主要用于治疗糙皮病等皮炎的一种水溶性B族维生素。又称尼克酸，曾称维生素PP、抗糙皮病因子。在体内还包括烟酰胺或尼克酰胺，化学名称是吡啶-3-羧酸。烟酸溶于水，性质稳定，加热不易破坏。

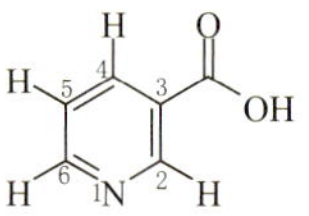

生理功能 烟酸在体内的主要生理功能是以烟酰胺的形式构成辅酶Ⅰ和辅酶Ⅱ，这两种辅酶是体内重要的递氢体。对许多生物氧化和合成反应起重要作用。对DNA复制修复和细胞分化有关。大剂量服用可降血脂。作为葡萄糖耐受因子组分，还可促进胰岛素反应。

推荐摄入量 中国2000年建议的推荐摄入量即为维生素B_1的10倍，以每日mgNE（烟酸当量）表示。

烟酸缺乏症和毒性 人缺乏烟酸将引起癞皮病，也称糙皮病。其典型症状是对称性皮炎、腹泻及痴呆（三D症状）。发病初期有体重减轻、无力、口腔及舌部烧灼感、消化不良、腹痛、腹泻、失眠、头痛、健忘、烦躁等。随之暴露的皮肤发红、发痒，类似晒斑。久之皮肤变为暗红色或棕色，有色素沉着、脱屑等，这些表现为本病所特有。有的可有继发感染，肌肉震颤，还可有精神失常，表现躁狂、猜疑、神志不清和痴呆等。此病的发生，大多为继发性，故诊断主要根据膳食史、典型症状和诱因。必要时进行实验室生化检查。

食物来源 烟酸广泛存在于动、植物组织中，但多数含量较少。植物性食品中富含者为酵母、花生及豆类。动物性食品中烟酸含量较高，如肝、肾、瘦肉等，并且色氨酸含量也较高。在玉米为主食地区推广玉米粉加碱的措施对预防本病非常重要。

临床应用 烟酸可用于治疗糙皮病，但因易产生面部潮红等副作用，而烟酰胺无此作用，故一般选用后者。此外，烟酸有较强的周围血管扩张作用，口服后数分钟见效，可维持数分钟至1小时，用于治疗血管性偏头痛、头痛、脑动脉血栓形成、肺栓塞、内耳眩晕症、冻伤、中心性视网膜脉络膜炎等。大剂量可降低血脂。烟酰胺无扩张血管及降血脂作用。

烟台市 Yantai City 中国山东省辖地级市。沿海对外开放城市之一。位于省境东部，

烟台市景鸟瞰

胶东半岛中部，濒临渤海、黄海。辖芝罘、福山、莱山、牟平4区和长岛县，代管龙口、莱阳、莱州、蓬莱、招远、栖霞、海阳7市。面积13 748平方千米。人口697万（2010），有汉、满、侗、蒙古等民族。商、西周、春秋时为莱国地，秦称芝罘，以芝罘山为名。汉为东莱郡，晋为东莱国，隋为莱州。唐至宋元时为登州、莱州。明洪武三十一年（1398）于北山设狼烟墩台，烟台由此得名。1934年建山东烟台特别行政区，1938年撤特区设烟台市。大陆海岸线长900多千米。大小岛屿63个，较大的有芝罘岛、南长山岛、养马岛等。属暖温带半湿润季风气候，年平均气温11.8℃。平均年降水量为651.9毫米。矿产有金、铜、锌、铅、钼、菱镁、煤、滑石、大理石、银、铁、石墨等，其中黄金储量和滑石储量均占全国的1/5，大理石储量居全国第2位。农业主产小麦、玉米、薯类、水果等。特产烟台苹果、莱阳梨，柞蚕丝绸、龙口粉丝等闻名。浅海滩涂20多万公顷，盛产对虾、海参、鲍鱼、扇贝等，是山东省最大的海洋渔业基地。工业有食品、纺织、机械、建材、丝绸、电子、仪表、化工、冶金、煤炭等。有蓝烟铁路和多条公路干线，有烟台港、龙口港等8个港口。名胜古迹有蓬莱阁、蓬莱水城、牟氏庄园、文峰山魏碑石刻、凌空石船、昆嵛山、芝罘岛、长山列岛、崆峒岛、烟台山、玉皇顶等。

《烟台条约》 *Yantai Treaty* 光绪二年(1876)英国强迫中国清政府签订的不平等条约。又名《滇案条约》、《芝罘条约》。

同治十三年（1874），英国陆军上校H.A.柏郎率领一支近二百人的武装探路队探测从缅甸到中国云南的陆路交通，英国驻华使馆派遣翻译马嘉理前往滇缅边境接应。次年（光绪元年）2月，马嘉理引领柏郎一行未先行知会地方官，由缅甸八莫进入云南。滇西边境居民对突如其来的人马深感疑惧，2月21日在腾越（今云南腾冲）曼允杀死马嘉理及随从数人。柏郎一行被迫折回八莫。称“马嘉理事件”或“滇案”。事后，英国驻华公使威妥玛乘机要挟清政府，1876年8月21日，经R.赫德斡旋，北洋大臣李鸿章与威妥玛在烟台举行正式谈判。9月13日，双方签订了中英《烟台条约》16款，及另议专条一款。主要内容为：①英国得派员到云南调查，准备商订滇缅边界及通商章程。②洋货在各口租界内免收厘金；洋货运入内地，不论华商洋商一律只纳子口税，全免内地税。③增开宜昌、芜湖、温州、北海为通商口岸；开放大通、安庆、湖口、武穴、陆溪口、沙市为轮船停泊码头；英国可派员驻寓查看川省英商事宜。④凡遇内地各省或通商口岸有关英人生命财产的案件，英国使馆可派员前往“观审”；各口发生中外诉讼案件，应由被告所属国官员各按本国法律审断。⑤英国可派员经甘肃、青海、四川前往西藏及转赴印度；也可由印度进入西藏。⑥中国对滇案及1876年以前中英间各案赔款20万两，并派员赴英表示“惋惜”。

《烟台条约》签订后，清政府立即批准。但英国一直到1885年7月与清订立《烟台条约续增专条》限定对鸦片税厘征收额后，才予批准。

焉耆 Yanqi 中国古代西域城郭王国，唐安西四镇之一。又称乌夷、伛夷、乌耆等（均为焉耆语Argi的音写）；佛教文献作亿尼、忆尼或阿耆尼，则是梵文Agni（意为“火”）的音写；回鹘西迁后，称此地为Solmī/Sulmī（汉文作唆里迷）。伊斯兰教传入后，称Čališ（察力失、叉力失）。清乾隆二十二年（1757）定名为喀喇沙尔。光绪二十四年（1898）改回焉耆，但至今维吾尔语仍习称Qarašähr（意为“黑城”）。古代居民属印欧种，操印欧语系的焉耆语（又名吐火罗语A方言）。9世纪以后，人种和语言逐渐回鹘化。清代在此安置蒙古土尔扈特部，又有大批陕、甘、青回族迁徙到此。

焉耆国位于天山中部的焉耆盆地（今新疆焉耆回族自治县），环抱在天山、霍拉山和库鲁克塔格山间，东临博斯腾湖，东通高昌，西临龟兹，盛时领地包括今焉耆、库尔勒、博湖、和硕、和静、尉犁等县市。都员渠城，又称河南城（今博格达沁古城，一说今焉耆县城）。

西汉时，隶属于匈奴。神爵二年（前60），汉始置西域都护，驻焉耆西南乌垒城，监护北道诸国。东汉初，焉耆受治于莎车王贤。明帝永平十八年（75）归属匈奴。和帝永元三年（91），班超迫降龟兹，汉重设都护，唯有焉耆、尉黎、危须三国不肯降。汉安帝永初元年（106），焉耆王元孟归降匈奴。汉顺帝永建二年（127），汉军攻入焉耆，元孟遣子入献。东汉时，焉耆势力增强。三国时，成为北道大国。晋穆帝永和元年（345），焉耆败于前凉而降。北魏太武帝太延年间，数次遣使朝贡，魏使董琬也曾至其国。太平真君九年（448），焉耆被魏军击败。魏在此设镇。焉耆经魏军的攻掠，国势大衰，不久即受治于柔然、高车（魏晋南北朝时期中国北部和西北部游牧民族）。5世纪末、6世纪初，又被嚈哒（中亚游牧民族）破灭，其后，焉耆龙姓王族重新执政。

入隋，势力极衰，附属于西突厥。隋文帝开皇年间，焉耆又归附铁勒。隋炀帝大业年间，同时隶属于隋和西突厥。唐太宗贞观六年（632），国王龙突骑支遣使入唐。后因与唐对敌被俘至长安。唐高宗初年，唐遣龙突骑支归国为王。显庆三年（658），焉耆成为唐安西都护府下属四镇之一。上元年间设焉耆都督府。调露元年（679），唐以碎叶代焉耆备四镇。焉耆地位下降，国小人寡。因十姓可汗徙居碎叶，遂以焉耆代碎叶备四镇，唐在此屯田。安史之乱后，吐蕃进攻西域。贞元六年（790）前后，焉耆为吐蕃攻占。但不久回鹘败吐蕃，焉耆归属漠北回鹘汗国，国王与回鹘族官吏共同执政。840年回鹘汗国崩溃后，回鹘入据焉耆。大批焉耆人由龙姓率领，成为甘州、沙州一带的部族之一，号龙家。焉耆的龙姓王朝终结，此后，这里成为西州回鹘国的组成部分，为回鹘五城之一，一般称作唆里迷。直到蒙古兴起后，它仍是畏兀儿国（即西州回鹘）下属的领地。13世纪末，畏兀儿王国被灭，焉耆也结束了独立或半独立的时代。后经察合台后王和准噶尔等部的统治，最终归入清版图。焉耆依山临水，农牧渔业兼营，丝路贸易也很兴盛。焉耆佛教在龟兹影响下以小乘信徒居多。

焉耆－龟兹文 Yanqi-Qiuci script 20世纪初在中国新疆发现的用中亚婆罗米斜体字母书写两种印欧语系语言的文字。两种语言

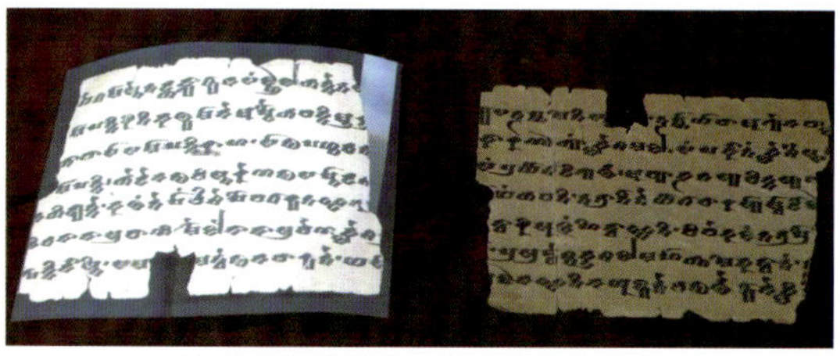

5～7世纪的焉耆－龟兹文写经残片

的词汇和语法差异不大，一般认为是一种语言的两种方言。所发现残卷的年代约在隋朝至唐朝前期之间（7～8世纪）。当年流行地区估计是焉耆和库车，现已没有任何民族使用。

从内容方面看，两种语言的残卷绝大部分都是佛典，龟兹语中有一些世俗的残卷。1975年，在新疆发现的长88页的焉耆语残卷《弥勒会见记》剧本，虽然不全，却是迄今国内发现的最古和最长的一部残卷。

阉党 Eunuchs Clique 中国明代依附于宦官权势的官僚所结成的政治派别。明朝宦官专权十分严重。武宗时宦官刘瑾专权，阉党势力始形成。刘瑾与马永成、高凤、罗祥、魏彬、丘聚、谷大用、张永等号称八虎。大学士焦芳、刘宇、吏部尚书张綵、兵部尚书曹元锦、锦衣卫指挥杨玉和石文义等皆为刘瑾心腹，他们排斥异己，广取贿赂，权擅天下，威福任情。公侯勋戚以下忤意者，谪斥有差；并屡兴大狱，冤号遍道。熹宗时，大宦官魏忠贤专权，一大批朝官依附其权势，形成明代最大的阉党集团。其成员，内监有王体乾、李朝钦、王朝辅等30余人。外廷有大学士顾秉谦、魏广微等，其中文臣崔呈秀、田吉、吴淳夫、李夔龙、倪文焕主谋议，号五虎；武臣田尔耕、许显纯、孙云鹤、杨寰、崔应元主杀戮，号五彪；其他又有十狗、十孩儿、四十孙等名号。此外，自内阁六部至四方总督、巡抚，均置死党。魏忠贤也依靠这个集团的势力，打击反对派，扩大权势。崇祯初，魏忠贤被诛，诏定逆案六等，阉党主要人物自旧辅以至庶僚，入逆案者凡260余人。

阉割术 castration 摘除或破坏动物生殖腺以终止其繁殖能力的手术。又称去势。目的是消除家畜的性欲和繁殖能力，使性情变得温顺，便于管理；肉用动物的肉质得以改善、产量提高；还可控制畜群中的交配行为，有利于良种的繁殖和选育。

①公畜阉割术。一般是在阴囊皮肤上用刀划一切口，然后用不同方法使睾丸与其连附组织断裂，挤出睾丸。

②挑花术。用于待育肥的母猪，母狗和母猫间或用之。手术分小挑花和大挑花两种。小挑花适用于为二月龄左右的小母猪摘除卵巢。大挑花是对三月龄以上和经产母猪去势。

③阉鸡术。公鸡的睾丸位于腹腔内腰椎之下，去势时须切开腹壁，用睾丸勺刺通膜和气囊，以一种简易的套睾器勒下睾丸，再用睾丸勺取出体外。母鸡一般不去势，但中国云南省少数地方有摘除母鸡卵巢以改善肉质的习惯。

鄢陵县 Yanling County 中国河南省许昌市辖县。位于省境中部。面积866平方千米。人口55万（2010）。民族有汉、回、满等。古为鄢国。战国称安陵，西汉置鄢陵县。古鄢城坐落在境内土岭上，好似一座大陵墓，故名鄢陵。属暖温带大陆性季风气候。农作物有小麦、棉花、烟叶、甘薯、花生、瓜果、蔬菜、花卉和苗木等。盛产红花等中药材。花卉栽培历史悠久，以蜡梅、桂花、月季花著称，素有“花县”之称。为中国北方大型花卉生产基地。出口产品有蜡梅、盆景、棉花、泡桐、兔毛等。工业主要有机械、造纸、电子、轻纺、食品、建材、化工。名胜古迹有尹宙碑、乾明寺塔、兴国寺塔、三灵侯冢、古鄢城遗址、甘罗古柏、曹操议事台等。

鄢陵之战 Yanling, Battle of 中国春秋中期，晋、楚为争霸中原进行的一次大战。公元前575年春，楚人诱使郑国叛晋归楚。五月，晋厉公率师伐郑，楚共王领兵救郑，两军相遇于鄢陵（今河南鄢陵西北）。楚军采用以往的策略，在黎明时突然逼近晋军营垒。晋军填井平灶，疏散行道，列队应战。由楚逃晋的苗贲皇献计晋厉公。他认为楚中军兵力强大，左、右军兵力薄弱，应首先改变晋军中、下军严整的军容，诱使楚左、右军进攻中军，这时，晋中军先分兵进击楚左、右军，俟其陷入包围时，再由上、下军配合中军聚而歼之，然后集中上、中、下军与新军共击楚精锐的中军王卒。晋厉公听从了苗贲皇的计谋。楚共王见晋军兵力薄弱，遂率中军进攻，遭到抗击。共王伤目，中军后退，晋军乘势猛攻楚左、右军。激战自晨至暮，楚军伤亡惨重，只得暂时收兵，在夜间补充士兵，准备鸡鸣再战。后因主帅子反醉酒，不能商议军机，楚军被迫夜遁。子反因贻误军机自杀。

鄢陵之战使晋国巩固了霸业，楚国削弱了霸权。晋军创造的攻弱避坚的战术，成为古代战争中著名的范例。

燕 Yan State 中国先秦诸侯国，战国时期七雄之一。姬姓。燕本作匽、郾，又称北燕，以区别于姞姓的南燕（今河南延津东北）。周公东征后，封太保召公奭于燕，以镇抚那里的殷人势力。召公奭留辅周室，令其子就封，成为第一代燕侯。

燕国都城在蓟（今北京城区西南），早期的疆域主要包括今北京地区和辽宁大凌河流域。其周围分布着很多戎、狄和濊貉等北方部族，仅东南与齐邻接，同中原各国往来较少，国力贫弱。

西周初，燕和周尚保持频繁的联系。但北方游牧族活跃起来，向南推进，燕为戎狄所包围，特别是春秋早期，燕几乎和中原失去联系。这一时期，燕常受到山戎的侵扰，燕桓侯一度把都城南迁至临易（今河北雄县西北，或疑为今易县）。公元前664年，山戎侵燕，齐桓公救援，北伐山戎，减缓了戎狄对燕的压力，使燕与中原周王室恢复了联系。

战国时期，燕在六国中最为弱小，相邻的齐、赵、中山皆军事强国，与燕经常发生争战。

公元前323年，燕易王称王。易王卒，子燕王哙即位，重用相邦子之。前316年，燕王哙爱民行仁，让国与子之，秩禄三百石以上的官吏，由子之重新任命，决断国事。这引起将军市被与太子平叛乱，围攻子之。子之反攻，杀市被与太子平。齐伐燕，燕王哙死难，子之被齐擒后处醢刑。中山也乘机占领燕大片土地。齐无意退兵，欲吞并燕，“燕人畔”，迫使齐军撤走。赵武灵王招燕公子职于韩，护送归燕即位，是为燕昭王。

堇鼎铭文关于燕侯的记载（北京琉璃河出土）

燕昭王即位于燕破国之后，立志报仇雪耻，卑身厚币，招聚贤才，得乐毅等人，励精图治，燕国富强。昭王另以武阳（今河北易县东南）为下都。燕将秦开破东胡后，燕的领土扩展到辽东，设上谷、渔阳、右北平、辽西、辽东五郡。公元前295年，燕乘赵灭中山之机，取得部分中山的土地。不久，燕与齐战于权（今河北正定北），燕大败，再次濒于灭亡，不得不曲节事齐。大约此时，苏秦受燕昭王重用，为燕间齐，破坏齐、赵联盟，又怂恿齐灭宋，致使各国恐惧不安，造成合纵攻齐的局势。前284年，燕以乐毅为上将军，联合秦、韩、赵、魏伐齐，攻入临淄，连下70余城，齐几乎灭亡。齐城未被攻下的只剩莒与即墨。

战争持续五年，昭王死，惠王即位，猜忌乐毅，改用骑劫为将。齐人反攻，击败燕军，尽复失地。燕自此国势不振。

燕王喜时，屡败于赵。在燕赵之间发生战争时，秦乘机不断攻取三晋之地。公元前228年，秦破赵，兵临易水，直接威胁到燕国。次年，燕太子丹派荆轲入秦刺杀秦王，欲以此阻止秦对燕的进攻，未成。秦派王翦伐燕，大败燕、代联军于易水西。又次年，王翦克燕都蓟，燕王喜逃奔辽东。前222年秦将王贲攻辽东，俘虏燕王喜，燕亡。

燕京大学 Yanjing University 美国在中国创办的教会高等学校。校址在北京。1919年由北通州协和大学、北京汇文大学合并，1920年华北女子协和大学加入组成。燕京大学成立时设文理科，未分设学系。学制初为本科3年，预科2年，后改为本科4年，预科1年。设文、自然科学、应用社会科学3个学院，后改为文、理、法3个学院。1934年增设研究院，下设文、理、法3个研究所。第一任校长为美国外交官司徒雷登。1951年中央人民政府接管燕京大学。1952年院系调整时并入北京大学。

燕山 Yanshan Mountain 中国北部山脉之一。其范围有广义与狭义之分。广义系指坝上高原以南，河北平原以北，白河谷地以东，山海关以西的山地。狭义则指上述范围内窄岭、波罗诺、中关、大仗子一线以南的山地。燕山山体呈东西走向，海拔500～1 500米，北高南低，向南降到500米以下，成为低山丘陵。有云雾山、雾灵山、都山、军都山等，主峰雾灵山海拔2 116米。山地中多盆地和谷地，是燕山山脉中主要农耕地区。

燕山山脉处于暖温带大陆性季风气候区。年平均气温6～10℃，1月平均气温-12～-6℃，7月平均气温20～25℃。南麓是河北省多雨地带之一。平均年降水量700毫米左右，流水侵蚀作用强烈。河流多与山脉直交，切穿山地形成南北交通孔道，亦为重要关隘，如古北口、喜峰口等。最东端的山海关为沟通东北、华北的咽喉。

燕山地带性植被为落叶阔叶林（以栎类为主），并混生暖性针叶油松林，垂直带谱。山沟及山前冲积台地上适于果树种植，为中国落叶果树重要分布区之一。盛产板栗、核桃、梨、山楂、葡萄、苹果、沙果、杏等干鲜果。其中板栗、核桃、山楂驰名中外。

燕山中多名胜古迹。中南部有长城倚山而建。遵化县的清东陵是中国规模宏伟的帝王陵墓之一。承德市的避暑山庄是中国现有最宏伟的皇家园林。

燕山运动 Yanshan movement 为整个侏罗纪和白垩纪期间广泛发育于中国全境的重要构造运动。主要表现为褶皱和断裂变动、岩浆喷发和侵入活动及部分地带的变质作用。

中国地质学家翁文灏于1927年以冀辽的燕山为标准地区创名，原义代表侏罗纪末期、白垩纪初期产生的不整合、火成岩活动和成矿作用。丁文江（1929）把燕山运动分为三幕，其中把晚三叠世瑞替克期后的印支运动称为燕山运动第一幕。谢家荣（1936、1937）将燕山运动分为五期。张文佑等（1941）认为燕山运动包括宁镇、兴安、闽浙3次地壳运动。黄汲清（1945）认为谢家荣的燕山运动第一幕应属印支旋回，并将北京西山区的燕山运动分为三幕。黄汲清（1960）又将中国东部的燕山运动分为五期，并认为燕山运动是中国东部、俄罗斯远东和西伯利亚的主要造山运动，甚至波及中国西部。半个多世纪以来，中国地质学者已对燕山运动进行过大量研究工作。一般认为，在不同的构造部位，燕山运动的强度与表现形式有着明显差别，如中国东部以至整个西滨太平洋带，燕山期的构造变动与岩浆活动有着愈向太平洋方向愈加强烈的演变规律。燕山期的地壳运动与构造变动具有长期性与多幕性相统一、渐进与激化相交替的特点，与此相应，燕山期的岩浆喷发与侵入活动也具有多期次性的特点。燕山期为中国重要的变形期与成岩、成矿期，也是中国基本构造格架的形成期与改造期。燕山运动不仅为中国的重要地壳运动，而且这一时期的地壳运动对整个环太平洋带以至部分特提斯带等都有着重要影响，因而燕山运动应属洲际性的重要构造运动。

燕肃 Yan Su（约961～1040） 中国北宋博物学者。字穆之。生于青州益都（今山东青州）。进士，历任知县、知府、侍御史、左谏议大夫、礼部侍郎等职。因曾获龙图阁直学士的官号，世称“燕龙图”、“龙图燕公”。他精于机械仪器制造，制作有指南车、记里鼓车、欹和水钟——莲花漏；撰有《莲花漏法》一书。莲花漏是一种计时多级漏壶，曾风行各地。指南车是古代有名的自动化机械之一。他还以潮汐方面的成就著称，曾在广西、广东、浙江观测潮汐10年，绘制有《海潮图》（已佚），约于1026年撰写出《海潮论》两篇（现仅存一篇，在宋代刻成石碑流传）。他在《海潮论》中提出潮汐“随日而应月，依阴而附阳”；按大、小月定出两个潮时逐日推迟数，使理论潮时的推算趋于精确；指出钱塘江口存在有南北互连的沙潭（水中沙洲），并阐明沙潭在钱塘江涌潮形成中的作用。他还精通音律和天文历法，曾校正太常寺钟磬的音调。诗画俱佳，代表作《春山图》被故宫博物院收藏。

燕下都古城 Lower Capital of Yan State 中国战国中、晚期燕国下都武阳城的遗址。

双龙饕餮纹瓦当，纹样极富地方特色（武阳台东的建筑材料埋藏坑出土）

位于河北易县城东南的北易水与中易水之间。此处作为都城的时间在战国中期之初，繁荣阶段主要在燕昭王（前311至前279）以后。公元前222年秦灭燕，下都废弃。此城是战国时期列国都城中最大的一座。1930年起多次调查发掘。1961年国务院公布为全国重点文物保护单位。该城平面呈长方形，南北宽约4 000米，东西长约8 000米。分为东、西两部分，东城是主体，西城是军事性的附郭。东城偏北部有一道东西向隔墙，隔墙南北及北城墙外为宫殿区，现存主要有武阳台、望景台、张公台、老姆台等夯土建筑基址。其中武阳台最高大，南北约110米，东西约140米，残高11米。宫殿区出土有高达74.5厘米的青铜铺首及兽面纹半瓦当、陶排水管道等。东城内还有居民区及冶铁、铸钱、兵器、制陶、骨器等手工作坊遗址。东城西北部是九女台墓区及虚粮冢墓区，共有高大的封土堆23座。已发掘的九女台墓区战国初期16号大墓，虽已被盗，仍出土有仿铜的陶制九鼎及八簋等，是一代燕王之墓。城内还出土大量的铁工具及青铜和铁兵器等。在出土的陶器上常常戳印有工官及陶工的铭记文字。

延安大学 Yan' an University 中国共产党于抗日战争时期在延安创办的一所培养革命干部的学校。1941年9月，为了集中力量办学，将陕北公学、中国女子大学、泽东青年干部学校合并，成立延安大学，校长吴玉章。学校下设三院：社会科学院、教育学院、法学院；二系：俄文系、英文系。1943年，又将鲁迅艺术学院、延安自然科学院、新文字干部学校、民族学院划归延安大学建制。1944年5月，行政学院也并入延安大学。设置鲁迅艺术学院（包括戏剧、音乐、美术、文学等系）、自然科学院（包括机工、化工、农业三系）和行政学院（包括行政、司法、财经、教育四系）三院。

延安大学的教育方针是学用一致。在教学上实行以自学为基础的集体互助。修业年限，行政学院和鲁迅艺术学院各2年，自然科学院3年，但年限并非绝对。教职员与学生一律参加生产劳动（学习占80%，生产占20%）。1948年夏，西北地区中国人民解放军转入反攻，为适应建设西北的需要，在洛川设立延安大学分校；1949年7月，总校分校合并，迁至西安，改名为西北人民革命大学。

1958年延安大学重建。校址在延安市。学校经多次院系调整，已成为一所拥有20多个学院，涵盖十多个学科门类的50多个本科专业，20多个硕士学位学科专业的综合性大学。

延安革命遗址 Yan' an Revolutionary Sites 中国革命纪念地。位于陕西延安。这里在1937～1947年是中国共产党中央委员会所在地、陕甘宁边区首府。现存革命旧址140多处，主要有凤凰山、杨家岭、枣园、王家坪、陕甘宁边区政府旧址5处。1961年国务院公布延安革命遗址为全国重点文物保护单位。

凤凰山革命旧址在延安市内凤凰山脚下，1937年1月至1938年11月，中共中央、中国工农红军总参谋部驻此，后因日本侵略

杨家岭中共七大会场

军轰炸，大部分建筑遭破坏，中共中央机关迁往杨家岭。旧址原有窑洞15孔，房屋50间，其中有毛泽东、朱德和周恩来旧居。杨家岭革命旧址在城西北杨家岭村，1938年11月至1947年3月中共中央驻此。这里有中央办公厅大楼；还有中国共产党第七次全国代表大会会场，为砖石砌筑的二层楼房。毛泽东旧居为三孔窑洞，他在此写了《新民主主义论》、《整顿党的作风》等著作。枣园革命旧址在城西北8千米处，是1944年11月至1947年3月中共中央书记处驻地。王家坪革命旧址在城西北延河北岸王家坪村，1937年1月至1947年3月，中共中央军事委员会、八路军总司令部驻此。中共代表同国民党代表和美国大使曾在此举行会谈和签字仪式。陕甘宁边区政府旧址在城南关，是1937～1949年陕甘宁边区政府驻地。有石窑洞50余孔，平房100余间，边区政府主席林伯渠、副主席李鼎铭住此。1950年成立延安革命纪念馆。

延安平剧研究院 Yan' an Pingju Research Academy 1942年在中国延安成立的京剧艺术研究和演出团体，由鲁迅艺术文学院平剧团与八路军第120师战斗平剧社合并组成。因当时称京剧为平剧，故名。其宗旨是“以扬弃的态度接受平剧遗产，培养平剧艺术干部，开展平剧的改造运动，以创造新的民族形式”（《延安平剧研究院组织规程》）。研究院以学习研究与演出实践相结合，比较重视剧目建设。上演传统京剧50余出，均经整理、改编，有《打渔杀家》、《清风亭》、《赤壁鏖兵》等。创作、移植了历史故事剧《三打祝家庄》、《河伯娶妇》、《瓦岗山》及《嵩山星火》、《岳飞》等。1945年抗日战争胜利后，一些艺术创作人员先后被派往新老解放区开辟或推进戏曲改革工作，1947年3月，延安平剧研究院撤离延安，同年5月到达晋察冀边区，改称华北平剧院。

延安市 Yan' an City 中国陕西省辖地级市。位于省境北部，延河中游。辖宝塔区和延长、延川、子长、安塞、志丹、吴起、甘泉、富县、洛川、宜川、黄龙、黄陵12县。面积36 712平方千米。人口219万（2010）。秦置高奴县。隋大业三年（607）改设肤施县，宋元祐四年（1089）升为延安府，元代改设延安路，明清沿袭。中华民国初期，曾属榆林道管辖。1936年改延安县。以延河得名。1937年设延安市，为陕甘宁边区首府。1937～1947年为中共中央所在地。1949年陕甘宁边区政府迁驻西安，设立陕北行政区，1950年撤销陕北行政区，设置延安专区，1969年改为延安地区，1997年撤地区设立延安市。自然资源丰富。野生动物有豹、狼、石鸡、杜鹃等。中药材以甘草、五加皮、寄生、牛蒡子、柴胡为主。矿产有煤炭、石油、天然气、石灰岩、白沙石、紫砂陶土等，以煤、石油储量最丰富。土地肥沃，光照充足，适生作物品种多，农业主产小麦、谷子、玉米、大豆、荞麦、烟叶、药材、红枣、核桃、花椒等。工业以石油、煤炭、化工等为主。西延铁路接通省会，民航通至北京、西安、太原、榆林等。西（安）包（头）公路、210国道纵贯境内。名胜古迹有宋代石刻群洞、石窟寺、轩辕黄帝陵、延安宝塔山、凤凰山、清凉山、黄河壶口瀑布等，纪念地有王家坪革命旧址、枣园革命旧址、杨家岭革命旧址等。

延边朝鲜族自治州 Yanbian Korean Autonomous County 中国吉林省辖自治州。位于省境东部，北邻黑龙江省，东接俄罗斯，南以图们江为界与朝鲜相望。辖汪清、安图2县，代管延吉、图们、敦化、龙井、珲春、和龙6市。面积43 474平方千米。人口227万（2010），有汉、朝鲜、回、满等民族。自治州人民政府驻延吉市。唐属忽汉州，明属建州卫，清末置延吉、珲春等厅。1952年置延边朝鲜族自治区。1955年撤自治区置延边朝鲜族自治州。矿产资源丰富，有煤、石油、砂岩、水晶、云母、高岭土、石灰岩、安山岩、硅藻土、石榴子石等。农产以水稻、大豆、谷子和烟叶为主，为吉林省烤烟生产基地。森林面积占土地总面积的70%～80%，木材蓄积量占全省半数，为吉林省木材最大产区。盛产人参、鹿茸、貂皮，被誉为“东北三宝”。工业以食品、医药、森工、能源矿产四大特色工业为重要支柱，其他还有机械、电力、化肥、纺织等。长白山是生态完整的自然综合体，图们江下游地区则有一眼望三国的边境风光，均为国内外旅游的热点。名胜古迹有城子山山城、龙虎石刻、六顶山渤海古墓群、敖东城等。

延胡索素 corydaline 异喹啉型生物碱，

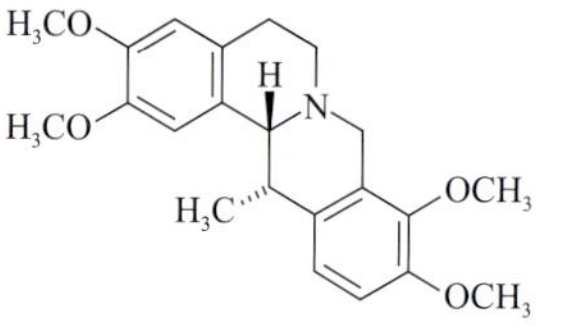

存在于罂粟科紫堇属植物延胡索块茎中的生物碱的统称。又称延胡索碱、紫堇碱。赵承嘏等从中国产延胡索的块茎中共分离得到13种生物碱，分别命名为延胡索甲、乙、丙、丁、戊、己、庚、辛、壬、癸、子、丑和寅素。除辛素外，其余12种生物碱结构均已鉴定。延胡索乙素即消旋四氢棕榈碱，可拆分为左旋和右旋的光学对映体，分子式$C_{21}H_{25}NO_4$，为薄片状结晶；空气中易变黄；熔点148～149℃；不溶于水，溶于氯仿；能与各种无机酸生成结晶盐。乙素具有较强的镇痛、镇静和催眠作用，无成瘾性，毒性较低，对内脏钝痛、妇产科疾患疼痛均有镇痛功效，也可用于解除紧张和调节神经系统机能。小鼠半数致死量151～158毫克/千克。延胡索丑素的分子式$C_{20}H_{23}NO_4$，为L-四氢非洲防己胺。斜方晶体；熔点225℃，比旋光度$[\alpha]_D^{23}$-270（氯仿）；易溶于氯仿，不溶于水；能与无机酸生成结晶盐。药理作用与乙素相似，但镇痛作用略低。

延吉市 Yanji City 中国吉林省延边朝鲜族自治州辖县级市。位于省境东部。面积1 332平方千米。人口56万（2010），有朝鲜、汉、满、回等18个民族。古属渤海国、高句丽王朝辖地。清光绪十六年（1890）改招垦局为抚垦局。二十八年设延吉厅，宣统元年（1909）改厅为府。1913年改府为县，1945年设延吉市。矿产有金、银、铅、锡、铜、锰、钼、石灰岩、大理石、硅石、麦饭石、煤、石油等。农产以水稻、烤烟、亚麻为主。森林资源丰富，有名贵中药材人参、党参、灵芝、石花草等。工业以食品、纺织、化工、电子、医药、冶金、建材等为主。延吉机

场辟有直达北京、沈阳、大连、长春、上海等地航线。名胜有帽儿山、石人沟、长白山、城子山山城等。

延期审理 postponement of hearing 法院因故不能按原定开庭时间审判刑事案件，或在法庭审理过程中遇有足以影响审理继续进行的情况，而决定另定日期再行开庭审理。在刑事诉讼中，遇有下列情形之一影响法庭审判进行的，可以延期审理：①需要通知新的**证人**到庭，调取新的物证，重新鉴定或者勘验的。②检察人员发现提起公诉的案件需要补充**侦查**，提出建议的。③合议庭认为案件**证据**不充分，或者发现新的事实，需要退回人民检察院补充侦查或者自行调查的。④由于当事人申请**回避**而不能进行审判的。在审判实践中，遇有下列情形之一的，也可以延期审理：①被告人当庭拒绝辩护人为其辩护，要求另行委托辩护人的。②因人民检察院变更了起诉范围，提出了新罪，被告人、辩护人要求作辩护准备的。③被告人身体不适，确实难以继续承受审问的。④合议庭成员、书记员、公诉人、辩护人身体不适，不能继续进行审判的。延期审理应由法庭作出决定，并公开宣布。在民事诉讼中，由于法律规定的原因而暂时停止对案件的审理，待中止的原因消失后再恢复审理，称为**诉讼中止**。

延庆县 Yanqing County 中国北京市辖县。位于市境西北部，居庸关外。面积1 993平方千米。人口32万（2010）。明永乐年间置隆庆州，隆庆元年（1567）为避穆宗年号讳改称延庆州。1913年改州为县，属察哈尔省。1952年改隶河北省。1958年划归北京市。县境三面环山，中为延庆盆地。与北京其他区县比较，气温偏低，降雨偏少。经济以农业为主，农作物以玉米、高粱、谷子、豆类和小麦为主。工业产品有制药、建材、食品、化肥等。八达岭上明长城是举世闻名的游览胜地。为发展旅游事业，北京市政府于1981年设立八达岭特区。官厅水库是北京市重要水源之一（见**永定河**）。名胜古迹还有龙庆峡、山戎墓葬群、康西草原和松山国家森林公园等。

延森 Jensen, Johannes Vilhelm (1873-01-20～1950-11-25) 丹麦作家。生于法瑟，卒于哥本哈根。曾在哥本哈根大学学医，1895年开始文学创作。作品有诗歌、历史神话故事、小说、随笔等。处女作《丹麦人》（1896）带有颓废文学的色彩。文集《哥特的复兴》（1901）、随笔《新世界》（1907）表达了对人类进步、科技发展的赞叹。3卷本故事集《希默兰的故事》（1898～1910）是其新现实主义的代表作品。其他小说还有《国王的下台》（1901）、《德奥拉夫人》（1904）和《车轮》（1905）。他在1907～1943年撰写了9部《神话》，最突出的是描写人类发展过程的神话小说《漫长的旅行》（1908～1922）六部曲。其他诗集有《诗集》（1906）、《世界的光明》（1926）和《日德兰之风》（1931）。他是丹麦新现实主义代表作家之一。1944年获诺贝尔文学奖。

延伸率 specific elongation 反映材料塑性性能的参量。见**材料力学性能**。

延髓 medulla oblongata **脊髓**的直接上延部分，是**脑干**的后段。形似倒置的锥体，约3厘米，前靠枕骨基底部，后上方为小脑，下在枕骨大孔处，相当第一颈神经根部位与脊髓相接，二者外形分界不明显。延髓之内具有与生命活动有关的中枢结构，包括：心血管中枢、加压中枢、心加速中枢、减压中枢、心抑制中枢和呼吸中枢。

延髓调节控制机体的心博、血压、呼吸、消化等重要功能，局部受到损害常危及生命，故被看作机体的生命中枢。延髓是中枢神经系统许多感觉和运动纤维传导的必经之路。其中一些上行冲动能影响大脑皮质的功能，对维持觉醒和产生睡眠有重要作用。向下的冲动参与了肌紧张和躯体运动的调节。另外，延髓内一些神经核团接受内脏感觉传入，参与内脏运动及腺分泌的调节。

芫荽 *Coriandrum sativum*; coriander **伞形科**芫荽属的一种。一年生或二年生草本植物。又称香菜、胡荽。原产地中海沿岸，汉代张骞出使西域时引入中国，现中国南北都有栽培。

根白色。叶片一或三回羽状全裂，裂片卵形，有深刻或深裂，叶柄绿色或淡紫色。复伞形花序顶生和腋生，花小，白色。双悬果。常以嫩叶作调料蔬菜食用。性喜冷凉，但也能耐热。由于具有特殊香味，是中国菜肴的调味品。营养丰富。胡萝卜素含量在蔬菜中名列前茅。中医学上以果实入药，有驱风、透疹、健胃及祛痰等功效。种子含油量20%～30%，可提炼芳香油。

严东生 Yan Dongsheng (1918-02-10～) 中国材料科学家和无机化学家。祖籍杭州，生于上海。1939年燕京大学化学系毕业，1941年获燕京大学化学硕士学位。1949年获美国伊利诺伊大学陶瓷学博士学位。1950年回国，历任开滦化工研究所副所长，唐山交通大学教授，中国科学院冶金陶瓷研究所、硅酸盐研究所研究员。1978年任中国科学院上海分院副院长兼硅酸盐化学与工学研究所所长。1981年任中国科学院副院长。历任中国硅酸盐学会理事长、中国化学会理事长，以及亚洲各国科学院联合会主席，《国际固体化学杂志》等国际学术刊物的编委。1980年当选中国科学院学部委员（院士），1994年当选中国工程院院士。还是美国纽约科学院院士、第三世界科学院院士、国际陶瓷科学院院士、美国陶瓷学会杰出终身会员。长期从事高温陶瓷、高温涂层、高温系统的物理化学和无机复合材料的研究，90年代以来从事纳米材料与介孔分子筛材料研究，发展了若干性能优异的新材料。重要研究成果有："陶瓷金属化及与金属的封接"获1962年国家科学发明奖二等奖、"特种无机复合材料的研究与制备"获1981年国家发明奖一等奖、"稀土氧化物和高熔点氧化物的相平衡关系与结晶化学规律"获1982年国家自然科学奖三等奖、"碘化铯大单晶研究"获1998年国家发明奖三等奖等国家级奖励7次。发表学术论文200余篇。

严凤英 Yan Fengying (1930～1968-04-08) 中国黄梅戏演员。工旦。原名鸿六，又名黛峰。安徽桐城人。卒于合肥。出身贫苦，幼时因喜唱山歌和黄梅调，触犯族规，被迫离家。13岁从师严云高学唱**黄梅戏**，后又得老艺人丁永泉指点，辗转演出于贵池、青阳农村和安庆、皖南等地区。1947年曾随胡金涛、刘凤云学唱京戏，1949年后又拜北昆正旦白云生为师。1953年参加安徽省黄梅戏剧团。她嗓音清脆甜美，唱腔朴实圆润，表演质朴细腻，塑造过许多具有鲜明性格的人物形象，如《打猪草》中的陶金花、《**天仙配**》中的七仙女、《**打金枝**》中的昇平公主、《女驸马》中的冯素贞、《牛郎织女》中的织女以及**现代戏**《丰收之后》中的赵五婶等。其中《天仙配》、《女驸马》、《牛郎织女》均摄制成影片。

严复 Yan Fu (1854-01-08～1921-10-27) 中国近代资产阶级启蒙思想家、翻译家。初名传初，后易名宗光，字又陵，又字几道，晚号瘉壄老人，别号尊疑、尺盦等。福建侯官（今福建福州）人。卒于福州。1877年（光绪三年），严复被选送英国学习海军驾驶。1879年归国，任教于福州船政学堂。

次年，李鸿章新建北洋水师学堂成立，又奉调北上，任该学堂总教习，后升任会办、总办。

1895年，中国在中日甲午战争中失败，严复感于时事，开始致力译著。同年，在天津《直报》连续发表了《论世变之亟》、《原强》、《辟韩》、《救亡决论》等政论，呼吁变法，提出了鼓民力、开民智、新民德的改革主张。1897年，他与王修植、夏曾佑等在天津创办《国闻报》，批评时政，积极倡导变法维新。

严复是中国近代翻译、介绍西方学术名著的先驱。其第一部，也是影响最大的译作，是翻译T.H.赫胥黎的《天演论》。《天演论》的出版使进化论的新思想在中国传播开来，书中"物竞天择，适者生存"的道理，给面临民族危亡的中国先进分子以爱国救亡、维新变法的理论武器。戊戌变法失败后，严复继续奋力于译事，到1909年（宣统元年），先后又译出亚当·斯密的《原富》、H.斯宾塞的《群学肄言》、穆勒的《群己权界论》和《名学》、甄克思的《社会通诠》、孟德斯鸠的《法意》以及耶芳斯的《名学浅说》等书，共160多万字。他提出信、达、雅三条翻译准则，至今仍为致力译事者所尊崇。严复学贯中西，被誉为于西学中学皆为中国第一流人物。

严复离开北洋水师学堂后，1900年曾开名学会于上海，讲演名学。参加唐才常创立的国会，被推为副会长。1902年，受聘为京师大学堂编译局总办。1905年，参与创办复旦公学，并在次年任校长。1912年，任京师大学堂总监督，兼文科学长。同年，京师大学堂改名北京大学校，复被荐为首任校长。辛亥革命后，严复趋于保守。1913年，他参与发起孔教会，极力主张尊孔读经；1915年，又列名于拥护袁世凯复辟帝制的筹安会。此后，他还支持宣扬迷信的灵学会。在1919年五四运动中，还对青年学生的爱国行动加以诋毁，保守思想日趋严重。

严耕望 Yan Gengwang (1916～1996-10-09) 中国历史学家。号归田。安徽桐城人。卒于台北。以研究中国中古史、地方行政制度及历史地理而知名。武汉大学历史系毕业后，转到齐鲁大学国学研究所任职，并随钱穆、顾颉刚等研习历史。1945年向中央研究院历史语言研究所所长傅斯年自荐，得入该所工作，专心撰述《两汉太守刺史表》(1947)、《唐仆尚丞郎表》(1956)、《秦汉地方行政制度》(1961)、《魏晋南北朝地方行政制度》(1963) 等书。后两者为地方行政制度史的研究开拓门路，《唐仆尚丞郎表》考辨精细入微，是其中年以前的代表作。1963年应聘到香港中文大学历史系任教，其间曾以访问学者的身份赴美国哈佛大学、耶鲁大学作学术交流。1970年当选为台湾"中央研究院"院士。自香港中文大学历史系退休后，继续任该校中国文化研究所高级研究员及香港新亚研究所教授。主要著作还有《唐史研究丛稿》(1969)、《治史经验谈》(1981)、《治史答问》(1985)及《唐代交通图考》等书。

严济慈 Yan Jici(1900-12-04～1996-11-02) 中国物理学家。字慕光。生于浙江东阳，卒于北京。1923年毕业于南京高等师范学校数理化部。同年赴法留学，1927年获法国国

家理学博士学位。回国后，在大同大学、中国公学、暨南大学和国立第四中山大学等校任教授，并兼任中央研究院物理研究所筹备委员。1928年在巴黎大学法布里物理实验室和法国科学院大电磁铁实验室进行研究工作。1931年任北京研究院物理研究所研究员、所长，并兼任镭学研究所所长。1934年，与F.约里奥-居里和P.L.卡皮察一同当选为法国物理学会理事。1932年参与筹建中国物理学会，先后任秘书长和理事长。1948年当选中央研究院院士。1949年任中国科学院办公厅主任兼应用物理研究所所长。1952年任东北分院院长。1955年当选中国科学院学部委员(院士)。1978～1981年任中国科学院副院长。1958年兼任中国科技大学物理教授，1960年兼任副校长，1978年兼任校长和研究生院院长，1985年任名誉校长、名誉院长。1950年任中华全国自然科学专门学会联合会秘书长，1980～1986年任中国科学技术协会副主席。任《中国大百科全书》第一版总编辑委员会副主任。1983年被选为第六届全国人大常委会副委员长。

严济慈是中国现代物理学研究的开创人之一，在压电晶体学、光谱学、大气物理学等方面进行了卓有成效的工作。如对水晶在电场作用下的伸缩和光学性能的改变，对氢、氖的连续光谱，氧和臭氧的紫外吸收光谱，压力对照相乳剂感光性能的影响，水晶柱的被扭起电和振荡，电场和外加气体对钠、铯、铷吸收光谱的影响，铷分子光谱及其离解能，以及有关空心水晶圆柱的各种振荡问题等方面都有研究成果。

抗日战争中，在严济慈的主持下，北平研究院物理研究所迁往昆明黑龙潭，进行水晶振荡器、五角测距镜和1 500倍显微镜的研制，供军事和医疗之用。由此获当时政府颁发的胜利勋章。

严济慈很早就重视青少年的科学训练和教育，先后编写的《普通物理学》、《高中物理学》和《初中物理学》等书，对推动中国基础物理教学起到了重要作用。

严景耀 Yan Jingyao (1905-07-24～1976-01-12) 中国社会学家、犯罪学家。生于浙江余姚，卒于北京。1924年考入北京燕京大学社会学系。为研究犯罪问题，1927

年到京师第一监狱做一名志愿犯人。1929年毕业后留校任教，1930年任中央研究院社会科学研究所研究助理。1931年入美国芝加哥大学，1934年获博士学位。后赴伦敦经济社会科学院学习，在莫斯科外国语学校任英语教师和从事学术研究工作。1936年任上海工部局西牢助理典狱长，同时在东吴大学讲授犯罪学课程。1947年返燕京大学任社会学系教授，1949年9月出席中国人民政治协商会议第一届全体会议。中华人民共和国建立后，任燕京大学政治学系主任，代理法学院院长，兼任北京大学法学院教授。1952年后参与筹办北京政法学院，任国家法律教研室主任，兼任校务委员会委员。1973年调任北京大学国际政治学系教授，研究国际问题。曾当选为全国人民代表大会代表。是中国民主促进会创始人之一，历任民进中央第一、二、三届理事会常务理事，第四、五届常委会常务委员。严景耀运用历史唯物主义方法，理论联系实际研究犯罪问题，以科学的社会学、犯罪学观点分析犯罪原因，取得一定成果。著有《北京犯罪之社会分析》、《北平监狱教诲与教育》、《北平犯罪调查》、《中国的犯罪问题与社会变迁的关系》、《原始社会中的犯罪与刑罚》、《新中国怎样改造了犯人》等。

严隽琪 Yan Junqi (1946-08～) 中华人民共和国全国人民代表大会常务委员会副委员长，中国民主促进会中央委员会主席。江苏苏州人。研究生学历，工学博士学位，教授。1962～1967年在上海交通大学机械工程系学习。1967～1968年留校待分配。1968～1978年为江苏徐州矿务局卧牛矿机电队工人，第一机电修配厂技术员、职工大学教师。1978～1981年为上海交通大学机械工程系硕士研究生。1981～1995年任上海交通大学机械工程系助教、讲师、副

教授、教授、博士生导师（其间：1984～1986年为丹麦技术大学海洋工程系博士研究生）。1995～2000年任上海交通大学校长助理兼机械学院院长。1999～2002年任民进上海市委会副主委。2000～2001年任上海市政府信息化办公室副主任。2001～2007年任上海市副市长。2002～2007年任民进中央副主席、民进上海市主委。2007年任民进中央常务副主席、主席。2008年任十一届全国人大常委会副委员长，民进中央主席。十届全国政协委员。

严良堃 Yan Liangkun（1923－12－28～ ） 中国指挥家。湖北武昌人。1938年参加抗日救亡歌咏的指挥活动。1942年入重庆国立音乐院学习作曲和指挥。1947年毕业后任香港中华音乐院教务主任。1949年入中央音乐学院任教并担任合唱指挥。1952年任中央歌舞团指挥。1954年赴苏联莫斯科音乐学院学习指挥。1958年毕业回国任中央乐团指挥，1982年兼任中央乐团团长。1979年任中国音乐家协会第三届常务理事。1985年被选为音协副主席，中国文联常务理事。他曾指挥《黄河大合唱》在国民党统治区首演，1948年他指挥了马思聪《祖国大合唱》、《春天大合唱》，黄自《长恨歌》等作品。1964年任音乐舞蹈史诗《东方红》的指挥组长。他指挥L.van贝多芬《第九（合唱）交响曲》在中国的首次公演，还指挥了许多西方交响曲和乐队作品的演出，并使被遗忘的作品获得新生。

严嵩 Yan Song（1480～1567） 中国明朝权臣。字惟中，一字介溪。江西分宜人。弘治十八年（1505）进士，改翰林院庶吉士，授编修，旋病休归里，读书8载，诗文峻洁，声名始著。正德十年（1515），奉旨还朝。嘉靖七年（1528），奉命祭告显陵，归而极言祥瑞，明世宗喜，迁其为吏部左侍郎，进南京礼部尚书，寻改吏部尚书。十二年，以贺“万寿节”至京师。时值廷议重修《宋史》，留京以礼部尚书兼翰林院学士主持其事。他善伺帝意，以醮祀青词，取得宠信，加为太子太保。二十一年，拜武英殿大学士。入直文渊阁，仍掌礼部事。后解部事，专直西苑，累进吏部尚书，谨身殿大学士、少傅兼太子太师，少师、华盖殿大学士。无他才略，唯一意媚上，窃权罔利，专国政近20年。士大夫侧目屏息，不肖者奔走其门，行贿者络绎不绝。他以事激怒世宗，戕害他人以成己私，并大力排除异己。他还吞没军饷，废弛边防；招权纳贿，肆行贪污；激化了当时的社会矛盾。晚年，渐为世宗所疏远。四十一年罢职，四十四年被削籍抄家。著有《钤山堂集》40卷。

严文井 Yan Wenjing（1915－10－15～2005－07－20） 中国作家。湖北武昌人。卒于北京。原名严文锦。1934年毕业于湖北省高级中学，1935年到北平图书馆任职员。1938年到延安，曾任教于鲁迅艺术学院文学系。1945年冬到东北解放区任《东北日报》副总编辑。1949年后，历任《人民文学》主编，作家出版社和人民文学出版社社长、总编辑，中国作家协会书记处常务书记及党组副书记等职。

他的前期创作多为散文、小说，1937年出版第一本散文集《山寺暮》，以后又有长篇小说《一个人的烦恼》（1944）等。从延安时期起转向童话、寓言创作，认为“以童话和寓言的影响为较大”（《小传》）。主要作品有《南南和胡子伯伯》（1943）、《丁丁的一次奇怪旅行》（1949）、《蚯蚓和蜜蜂的故事》（1950）、《唐小西在“下次开船”港》（1957）、《小溪流的歌》（1959）等。其童话创作风格独特，饱含诗情，坚持从儿童的思维特征和儿童文学的艺术规律出发，审美化地表现作家对时代生活的评价和对儿童世界的关注，注重作品的诗性、象征性与哲理性。他的作品被誉为“一种献给儿童的特殊的诗体”。

1982年，人民文学出版社出版了《严文井童话寓言集》，囊括了他主要的童话寓言作品。

严羽 Yan Yu 中国南宋诗论家、诗人。字丹丘，一字仪卿，自号沧浪逋客。邵武（今属福建）人。生卒年不详，据其诗可推知他主要生活于理宗在位期间（1225～1264），至度宗即位（1265）时仍在世。一生未曾出仕，壮年后浪游江西、吴越、江汉、潇湘、四川等地，后复归乡隐居。

在元军入侵、国势垂危之际，仍很关心时事，爱国思想在诗中时有流露，对朝政弊端也颇多不满之词，如《北伐行》、《四方行》、《有感六首》等。他的七言歌行仿效李白，五律学杜甫、韦应物。但主要倾向仍为王（维）、孟（浩然）冲淡空灵一路。

他最重要的成就在于诗歌理论，著有《沧浪诗话》。他论诗推崇盛唐，谓诗之众体至唐始备，而反对宋诗议论化、散文化的倾向。他以禅喻诗，强调“妙悟”、“别材”、“别趣”，提出了比较系统的诗歌理论，颇受后人重视，被誉为古今论诗第一（《诗源辩体》卷三十五）。

严羽诗大多散佚，今存《沧浪严先生吟卷》（或名《沧浪吟》、《沧浪集》）3卷，有元至元二十七年刊本、明正德刻本等。1997年中州古籍出版社出版有陆定玉整理的《严羽集》。《沧浪诗话》附集刊行，单行本《沧浪严先生诗谈》1卷，有明万历刻本、《宝颜堂秘笈》本，《东武王氏家集》本有《沧浪诗话补注》1卷，1962年人民文学出版社出版有郭绍虞《沧浪诗话校释》。

严智怡 Yan Zhiyi（1882～1935－03） 中国博物馆事业开拓人。字慈约。天津人。卒于天津。早年受业于著名教育家张伯苓。1903年留学日本，1907年毕业于东京高等工业学校。1913年任直隶商品陈列所所长，主张收集民族、民俗实物材料。1915年出席巴拿马万国博览会，考察美国教育与博物馆后，携回印第安人民俗文物多种，把征集民俗文物的范围扩及国外。1916年组织天津博物院筹备处。1922年起先后任天津博物院院长、天津广智馆董事长、河北第一博物院院长等职。长期致力于博物馆文物、标本的收集和对博物院陈列的改进，对天津市早期博物馆事业的发展有特殊贡献。同时竭力倡导保护地方文化古迹，多次组织河北各县古物遗迹调查及植物标本采集。

言菊朋 Yan Jupeng（1890～1942－06－20） 中国京剧演员。工老生。原名锡。蒙古族。北京人。卒于北京。祖父世袭清朝武官。少时酷爱谭鑫培的艺术，从陈彦衡学“谭派”戏，又得溥侗（红豆馆主）、王瑶卿、钱金福、王长林等教益。1916年前后出入票房，借台练戏，声名渐起。1923年经友人推荐，代王凤卿随梅兰芳赴沪演出，从此成为专业演员。20年代末自己挑班，博采各家之长，结合自己嗓音条件，创造新腔，形成“言派”。他文学修养较深，兼长书画，尤精音律，对“四声”的运用有深刻的研究，主张“腔由字生，字正而腔圆”。他的唱腔念白，字准句清，婉转跌宕，善于表达人物的愁苦哀怨之情。《让徐州》、《卧龙吊孝》、《骂王朗》等为其独擅剧目。长子少朋，工老生；长女言慧珠，工青衣、花旦。

言论自由 freedom of speech 口头或书面表达意见、交流思想的自由。宪法规定的公民权利之一。广义的言论自由指表达自由或表现自由，包括言论出版自由、集会结社自由和游行示威自由。通常指狭义的言论自由。

言论自由为西方各国普遍奉行的宪法原则，当今世界绝大多数国家的宪法或宪法性文件都确认言论自由为一项不可侵犯的权利。第二次世界大战结束后，言论自由更成为一项重要的国际人权。1948年《世界人权宣言》、1966年《公民权利和政治权利国际公约》中均有言论自由的规定。中国现行宪法规定，中华人民共和国公民享有言论自由。

言论自由是相对的、有限度的。各国宪法虽然对言论自由所作的具体限制不尽相同，但均规定煽动性言论和诽谤性言论不在宪法保护的自由言论之列。中国法律对言论自由也加以限制。宪法规定，公民不得有危害祖国安全、荣誉和利益的行为；禁止用任何方法对公民进行侮辱、诽谤和诬告陷害；公民不得捏造或者歪曲事实进行诬告陷害。此外，刑法还分别规定了各种煽动性言论、侮辱诽谤言论的刑事制裁，民法通则、著作权法等法律确定了言论侵权行为的民事责任。

言情小说 love novel 中国小说类别与流派。中国古代称描写爱情为“言情”。自晚清《新小说》杂志开辟“言情小说”栏目后，它成为一些小说理论著作中的小说类别，用以指称中外以爱情为主题的小说。清末民初形成以“言情”为特征的近代小说流派。中国言情小说的传统可以追溯到唐代传奇，如蒋防《霍小玉传》、元稹《莺莺传》等。古代白话小说出现之后，言情之作络绎不绝，如宋话本《碾玉观音》、《闹樊楼多情周胜仙》等，明代“三言”“二拍”就收有多种言情短篇。明末清初的长篇“才子佳人”小说，亦属此类。1906年吴趼人（吴沃尧）创作《恨海》，提倡“写情小说”，同时又有《禽海石》等作品，言情小说才增多。民国初年，产生了徐枕亚、吴双热、李定夷、陈蝶仙、周瘦鹃等一批言情小说作家，形成中国小说史上继明末清初之后的第二个言情小说高潮。

近代言情小说受西方小说影响，对主人公恋爱时复杂心理的描写大大增加，小说中大量采用日记体、书信体，以展示人物内心世界。因此，近代言情小说成为中国小说由外部描写转向刻画人物内心的过渡，为五四新文学的问世作了铺垫。

言心哲 Yan Xinzhe (1898～1984) 中国社会学家。别名荣彰。湖南湘潭人。卒于上海。1921年赴美留学，就读于南加利福尼亚大学，获文科硕士学位。1928年起先后任教于燕京大学、中央大学、中山大学社会学系。1937～1949年任复旦大学社会学系教授兼系主任。1952～1973年在华东师范大学研究部和教育系担任翻译工作。1979年10月聘为上海社会科学院社会学研究所特约研究员。1980年任上海民革文史资料工作委员会委员。

言心哲认为，如何发展农村社会，改变人民轻视农村社会的态度，是改造中国的一个最大问题。他认为社会事业（社会工作）的兴办与研究，是为增进社会福利、提高人民生活的一种重要工作。他的《现代社会事业》，在广泛介绍世界各国社会事业概况的同时，详尽地阐述了社会事业人才的训练、社会个案工作、社会团体工作以及社区服务工作等方面的问题。著有《社会调查大纲》、《农村社会学概论》、《中国乡村人口之分布》。

言语 speech 个体借助语言传递信息的过程。即理解语言，用语言表达思想或进行思考的心理活动。谈话、阅读、书写等都是言语活动的不同形式。言语活动包括表达过程和感知与理解过程。人们在谈话时通过发音器官将话说出来，在书写时用文字将思想表达出来，这是人的言语表达过程，这一过程使用的是外部言语。外部言语是指口头言语（对话及独白）和书面言语。当人们在听他人谈话或阅读书面材料时，进行着言语的感知和理解过程，这一过程使用的是内部言语。内部言语指自问自答及自己思考时的言语活动，是不发声的默语。

言语障碍 speech handicap 在交往过程中言语的接受、理解和表达发生异常的心理现象。表现为：①独语症。持续的自言自语，在精神分裂症中常见。儿童的自语是正常现象。②近似回答或当意即答。患者的回答与问题相关，但不确切。③口吃。说话多停顿、重复字音而造成语流中断的现象，常伴有情绪紧张，扮怪相和过多的身体动作。④缄默症。无声带与发音器官疾病，亦无失语症，但整天不说话。因精神运动性抑制或言语运动区皮层的功能性抑制所致。⑤刻板言语和持续言语。前者指自发地重复同一句话或短语；后者指重复地说一句话的最末几个字或词。⑥语词新作。自造一些文字、图形或符号，并赋予特殊的意义。⑦病理性赘述。讲话啰唆，在叙述中添加许多枝节材料，讲半天讲不到主题上。

岩爆 rock burst 岩体中聚积的弹性变形能在地下工程施工开挖期间突然猛烈地释放，使岩石爆裂并弹射出岩块的现象。根据释放能量的大小，可划分为不同的等级。轻微的岩爆仅使岩片剥落，无弹射现象，无伤亡危险。严重的岩爆可将几吨重的石块弹射到几十米以外，释放的能量相当于200多吨TNT炸药。岩爆可造成地下工程的严重破坏和人员伤亡。严重的岩爆像小地震一样，可在100多千米之外测到，测到的最大震级可达里氏4级以上。岩爆一般可持续几天到几个月。

发生岩爆的条件：岩体中有较高的地应力，并且超过岩石本身的强度；岩石具有较高的脆性度和弹性。具备上述条件，一旦地下工程破坏了岩体的平衡，就会发生岩爆。

20世纪50年代以来，人们已有可能预报和防治岩爆。主要是依靠测量岩体应力、岩体移动、岩体内部破碎状况和岩粉含量等数据，经综合研究后作出预报。防治岩爆的方法是应力解除法、注水软化法和使用锚栓－钢丝网－混凝土支护。

岩仓使节团 Iwakura Mission 明治初期日本政府向欧美各国派出的大型使节团。使节团以右大臣岩仓具视为特命全权大使，木户孝允、大久保利通、伊藤博文等为副使，随员包括政府各部门的主要官员，共48人。另有50多名留学生随行。使节团于1871年12月从日本横滨乘船出发，历访美、英、法、比、荷、德、俄、丹麦、瑞典、意、奥、瑞士12国。访问伊始，日本要求修改与西方签订的不平等条约，遭到美、英等国拒绝后，使节团便集中力量考察各国政治、外交、法律、军事、经济、文化教育、风俗习尚等方面的情况，于1873年9月回国。岩仓使节团的出访，使明治政府得以实地接触西方资本主义制度，并引为借鉴，认识到发展工商业是使国家富强的根本途径，必须把发展资本主义经济作为国策的核心加以全力推进，这是建设近代日本的关键；同时必须改革日本的政治体制，健全法制；移风易俗，改革教育，重视培养人才；只有国力充实才能保证国家的独立。

岩仓使节团归国后，日本政府重新改组，大批具有改革思想和业务专长的人才被选拔到政府中担任要职。经过殖产兴业和产业革命，日本资本主义最终形成并迅速发展。

岩层产状 altitude of bed 岩层在空间产出的状态和方位的总称。除水平岩层呈水

平状态产出外，一切倾斜岩层的产状均以其走向、倾向和倾角表示，称为岩层产状三要素（见图）。①岩层面与水平面的交线

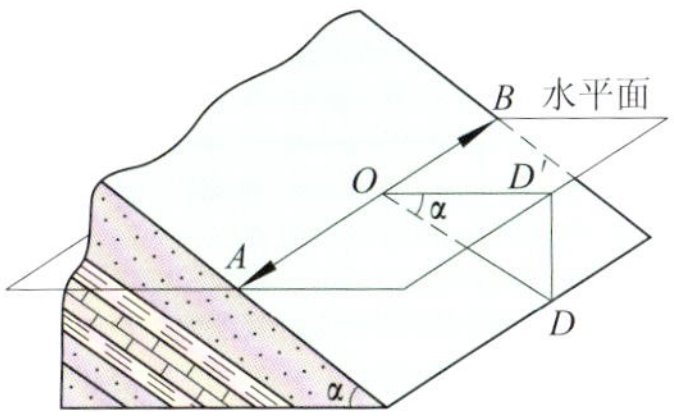

AOB 走向线　OD 倾斜线
OD′ 倾斜的水平投影　α 倾角

岩层产状要素示意图

称为岩层的走向线。其两端所指的方向即为该岩层的走向，可由两个相差180°的方位角来表示，如NE30°与SW210°。②倾斜层面上与走向线垂直的线称倾斜线，倾斜线在水平面上的投影所指的沿平面向下的方位即为倾向。③岩层的倾斜线与其水平投影线之间的夹角即为岩层的（真）倾角。走向与倾向相差90°。地质工作中常用地质罗盘来测量岩层的产状要素。

岩层产状有两种表示方法：①方位角表示法。一般记录倾向和倾角，如SW205°∠65°，即倾向为南西205°，倾角65°，其走向则为NW295°或SE115°。②象限角表示法。一般测记走向、倾向和倾角，如N65° W/25° SW，即走向为北偏西65°，倾角为25°，向南西倾斜。

岩画　rock painting　凿刻或绘制在山崖岩壁上的绘画或图符。又称"崖画"。由于制作岩画是人类以原始生活方式而进行的一种特殊的纪事或表述观念、传递信息的手段，其年代最早为旧石器时代的遗存。

世界各地已有大量岩画遗迹被发现和研究，已记录的岩画图像遍布亚、欧、非、澳各大洲。世界主要的岩画遗迹分布在南欧的拉文特岩画及挪威、芬兰、俄罗斯北部岩画等处。中国境内的岩画分布在新疆、内蒙古、甘肃、宁夏、四川、云南、西藏等18个省、自治区境内。主要有内蒙古阴山岩画，甘肃黑山岩画，宁夏贺兰山岩画，新疆天山岩画、乾沟岩画、卡拉伊米利岩画，广西花山岩画、龙州岩画，云南沧源岩画，福建仙字潭岩画，江苏连云港将军崖岩画，四川凉山岩画，西藏门吉岩画、纳木错岩画等。

就岩画的题材、内容和表现手法而言，一般为人类原始生活形态过程中的创造活动，因此具有一定的原始艺术特征，多描绘狩猎、农桑、征战、祭祀等场景图符等，造型简单，具有象征性。不同地域、不同年代的岩画，因各自生活方式的差别和文化环境的影响，各具特点。中国境内已发现的岩画，年代从旧石器时代晚期跨越上万年至近代，题材及风格也不同。如内蒙古阴山岩画、甘肃黑山岩画、新疆天山岩画，多描绘北方少数民族的狩猎、游牧、舞蹈等生活场景，但一般形体较小。而广西花山岩画等所描绘的人物形象巨大，多表现南方少数民族的狩猎、采集、渔猎和战争等，风格古朴。

岩画形象地再现了古代人类社会的生活场景和意识形态，为研究原始人类生活和文化发展的历史提供了形象画卷，对于认识早期人类社会经济、民族、文化、信仰等均有重要价值。

印度史前岩画《重叠的动物》

岩浆　magma　地球内部上地幔和地壳深处自然形成的炽热熔体。具有一定黏度，成分复杂，是形成多数火成岩和内生矿床的母体。

成分　岩浆的成分比较复杂，但主要为硅酸盐和部分挥发物。此外，还有少量以碳酸盐、金属氧化物、金属硫化物为成分的岩浆，有人将这种岩浆称为矿浆。岩浆中含挥发分的数量一般小于6%，主要为H_2O，含量可达挥发分总量的60%～90%，常以蒸汽状态存在；其次还有CO_2、CO、SO_2、Cl、H_2S、N_2、F等。挥发分的含量直接影响岩浆活动的状态。地下深处由于压力大，挥发分溶解在岩浆中，而一旦岩浆喷出地表，压力迅速降低，挥发分从岩浆中释放，形成火山喷气或岩浆岩的气孔。

物理性质　岩浆的物理性状主要取决于形成的温度和黏度。①温度。岩浆的温度可直接从现代火山喷出到地表的岩浆测定，或通过间接的方法计算出温度的近似值。岩浆的温度一般为700～1 300℃，不同成分的岩浆其温度也有差别。玄武质岩浆的温度为1 000～1 300℃，安山质岩浆为900～1 000℃，流纹质岩浆为700～900℃。同种成分的岩浆，含挥发分的多少不同，其温度也有明显差别。如流纹质岩浆，不含挥发分（主要为水）时其熔点可高达1 000℃左右，而含水达9%时，岩浆的温度即可降至600～700℃。②黏度。岩浆的黏度影响着岩浆的运移和喷发的特点，岩浆的黏度与岩浆所含的氧化物、挥发分及岩浆的温度、压力有密切关系。岩浆中SiO_2、Al_2O_3和Cr_2O_3的存在，可使岩浆的黏度加大，尤以SiO_2的含量多少影响最显著。一般SiO_2和Al_2O_3的含量愈高，岩浆的黏度愈大。岩浆黏度大，其流动性差，常形成强烈爆炸性的火山喷发；而黏度小岩浆易于流动，可形成大面积的火山熔岩流。温度和压力对岩浆的黏度也有明显的影响。温度升高，岩浆黏度降低；温度降低，黏度则升高。压力增加时挥发分在岩浆中的溶解度增加，从而也降低岩浆黏度。

分类　分为原生岩浆、母岩浆、派生岩浆。原生岩浆是由上地幔或地壳岩石经熔融或部分熔融形成的成分未经变化的岩浆。母岩浆能通过各种作用（如分异作用、同化作用、混合作用等）产生出派生岩浆的独立熔体。所以原生岩浆可以是母岩浆，而母岩浆不一定是原生岩浆。原生岩浆经过一系列演化作用形成各种新的岩浆，称为派生岩浆，派生岩浆可形成多种多样的火成岩。

对原生岩浆的种类，曾有过不同的认识，如一元论认为自然界只有一种玄武质原生岩浆，其他的岩浆均由玄武质岩浆演化派生形成；二元论认为原生岩浆有两种，即玄武质岩浆和花岗质岩浆。近年来的研究认为原生岩浆可以有多种。按成分可分为超基性金伯利岩质岩浆、基性拉斑玄武质岩浆、碱性橄榄玄武质岩浆、科马提岩浆、中性安山质岩浆、酸性花岗质岩浆、碳酸盐质岩浆等，即多元论，这种认识更客观和合理。

岩浆矿床　magmatic mineral deposit　由岩浆分异和结晶作用形成的矿床。

特点　一般特征是：①岩浆矿床的形成过程和母岩体的冷凝结晶过程大体一致，少数成矿作用可延续到较晚时间，但基本上不超出岩浆活动时期。②矿体主要产在岩体内，有时整个岩体就是矿体。③矿石的矿物组成种类与母岩基本相同，但矿石中矿石矿物相对富集。④成矿温度较高，达1 500～1 200℃；多数岩浆矿床在地下几千米至几十千米深处形成。

分类　按形成方式分为四类：①早期岩浆矿床。在岩浆冷凝结晶的早期，矿石矿物较早析出并因密度大于母岩浆，在重力和动力影响下发生分异，常在岩体底部或边部富集形成矿床。②晚期岩浆矿床。在岩浆冷却结晶过程中，矿石矿物从熔浆中结晶较晚，一般充填在早结晶的硅酸盐矿物晶间或胶结硅酸盐矿物，形成条带状、似层状矿体。③岩浆熔离矿床。金属硫化物能溶解在较高温度和压力的基性硅酸盐岩浆中，随温度和压力的下降，硫化物在岩浆中的溶解度变小，形成硫化物矿浆和

硅酸盐岩浆。硫化物矿浆的密度大于硅酸盐岩浆，随着岩浆冷却时间的长短可分别形成不同深度、不同形态的硫化物矿床。④岩浆爆发矿床。经岩浆的结晶分异作用或熔离作用后，喷发到近地表所形成的矿床。

类型 岩浆矿床的主要类型有：①金伯利岩型金刚石矿床。②超基性岩型铂族元素矿床，如南非的布什维尔德超基性、基性杂岩体中的麦林斯凯含铂矿层。③超基性岩型铬铁矿矿床。④基性岩体中的钒钛磁铁矿矿床，如中国的攀枝花铁矿。⑤超基性岩中的铜镍硫化物矿床，如中国的甘肃金川铜镍矿床。

岩浆岩 magmatic rock 由熔融**岩浆**直接冷却固结形成的岩石。见**火成岩**。

岩浆作用 magmatism **岩浆**形成、运移、固结和演化的总过程。又称岩浆活动。包括形成岩浆的地球深部物质的部分熔融作用；岩浆运移过程的侵入作用和喷发作用；岩浆在深部结晶前的岩浆分异作用，以及岩浆与围岩的同化混染作用等。岩浆作用是造成**火成岩**多样性的主要原因。岩浆作用过程多种多样，主要有以下几种作用。①岩浆分异作用。岩浆开始结晶前发生的一种作用。发生在地壳的深处或发生在岩浆运移和喷出过程中。包括熔离作用、扩散作用和气体搬运作用三种方式。②结晶分异作用。岩浆开始结晶至完全固结的整个过程都发生的一种分异作用。又称分离结晶作用。随岩浆温度降低，岩浆中开始有晶体结晶出来，晶体常因重力分异、流动分异、压滤等作用或其他原因而与岩浆熔体分离，使原来岩浆的成分改变而形成各种不同成分的岩浆。③岩浆同化作用。高温炽热的岩浆熔化围岩或围岩碎块（捕虏体）而使岩浆成分发生变化的作用。又称同化混染作用。由于岩浆所处的围岩成分不同，岩浆同化作用的结果也不一样。④岩浆混合作用。由两种或两种以上成分不同的岩浆，以不同的比例发生混合，产生一系列过渡类型成分的新岩浆的作用。

岩浆作用是一个比较复杂的过程，其强度和特点往往要取决于一些内外复杂因素的制约。内因主要是岩浆的化学成分、黏度和温度，这些直接影响着岩浆分异的难易程度和活动强度。外因主要是构造运动，它可使地壳发生断裂，降低地壳内岩浆的围压，使岩浆容易从断裂带处自下向上运移，以至喷出地表，所以在构造运动强烈的地区，岩浆作用一般也比较强烈。地球发展的不同阶段，岩浆作用的规模和强度都有所不同，一般认为地球早期岩浆作用的规模较大和强烈，而随着地壳的增厚，岩浆作用的规模和强度也越来越小。

岩溶 soluble rock 中国对**喀斯特**的通称。

岩石 rock **矿物**的天然集合体。俗称石头。主要由一种或几种造岩矿物按一定方式结合而成，部分岩石是由火山玻璃或生物遗骸构成。岩石是构成地壳和地幔的主要物质，是在地球发展的一定阶段、经各种**地质作用**形成的固态产物。**陨石**和月岩虽然来自天体，它们是天体地质作用的产物，也属于岩石的范畴。

岩石按其形成过程分为三大类。①**火成岩**。熔融物质（一般为**岩浆**）在地下或喷出地表后冷凝形成的岩石，如**花岗岩**、**玄武岩**等。②**沉积岩**。风化作用、生物作用或某种火山作用形成的产物经搬运、沉积和石化作用在地表或接近地表条件下所形成的岩石，如页岩、砂岩、石灰岩等。③**变质岩**。原先存在的岩石，一般在温度、压力升高条件下，矿物成分、结构构造经改造而形成的岩石，如**片岩**、**片麻岩**、**大理岩**、**糜棱岩**等。根据岩石的性质可以判断其形成的过程，所以岩石是成因信息的载体。

三大类岩石的分布情况各不相同。沉积岩主要分布在大陆地表，约占陆壳面积的75%。距地表越深，则火成岩和变质岩越多。地壳深部和上地幔，主要由火成岩和变质岩构成。火成岩占整个地壳体积的64.7%，变质岩占27.4%，沉积岩占7.9%。其中玄武岩和**辉长岩**又占全部火成岩的65.7%，花岗岩和其他浅色岩约占34%。

岩石作为天然物体具有特定的密度、孔隙度、抗压强度和抗拉强度等物理性质（见表）。此外，岩石受应力发生变形。岩石所受应力超过其弹性限度后，则发生塑性变形。自然界的糜棱岩主要就是塑性变形产物。一些工程中岩石长期荷载，也会造成蠕变和塑性流动。温度和围压（上覆岩石的负荷）增高，有利于塑性变形的发生。如果应力继续增加，则岩石发生破裂。

组成岩石的矿物主要是硅酸盐矿物（如长石、云母、角闪石、辉石、橄榄石）和**石英**；其次是各种氧化物矿物（如磁铁矿、钛铁矿、金红石）、碳酸盐矿物（如方解石、白云石）、磷酸盐矿物（如磷灰石）；有时含某些硫化物、硫酸盐或含稀有、稀土、放射性或贵金属元素的矿物，或者具特种性质的矿物（如金刚石）。具经济价值或贵金属元素的矿物，在岩石中局部富集，达到可供开采和利用的质量和规模时即为矿产。各种金属和非金属矿产以及能源资源，绝大多数赋存在各类岩石中，并与岩石的成因有联系。所以，岩石是各类矿产的载体和巨大能库。

常见岩石的某些物理性质

岩石类型		密度 (g/cm³)	孔隙度 (%)	干抗压强度 (kg/cm²)	抗拉强度 (kg/cm²)
火成岩：	花岗岩	2.5～2.8	0.3～1.5	1 500～2 100	20～100
	闪长岩	2.7～3.0	0.5±	2 300～2 700	
	玄武岩	2.2～3.0	1～30	1 500～2 000	77
沉积岩：	砂 岩	1.9～2.5	1～10	900～2 000	20～60
	页 岩	1.9～2.4	2.5～8	500～600	13～30
	石灰岩	2.2～2.7	1～15	700～1 600	5～15
变质岩：	大理岩	2.6～2.8	0.5～2	700～2 000	50～90
	石英岩	2.64±	0.5±	1 500～2 400	
	板 岩	2.7～2.85	4±	600～1 400	

岩石层 lithosphere 地球的刚性外壳层。由**地壳**和**地幔**顶部物质组成。又称岩石圈。

“岩石圈”概念在地质上曾较早出现过，它的含义是地球的石质壳层，以与水圈和大气圈相互对应。自20世纪60年代**板块构造说**提出以后，岩石层（圈）逐渐被理解为一种刚性的、对各种载荷具有弹性支撑能力、保持在黏度较小的**软流层**上，并以刚性板块为单元作相对运动的壳层（见图）。

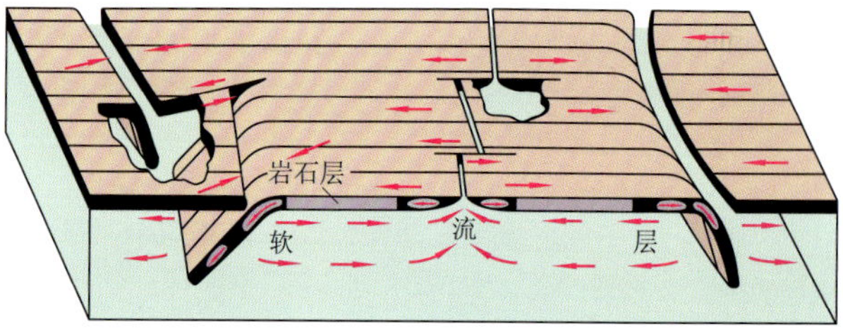

板块、岩石层（圈）、软流层（圈）示意

大洋岩石层和大陆岩石层的形成、组成和厚度均不同。大洋岩石层是洋脊处的地幔物质上涌，并向两侧扩展冷却而成。它的厚度由洋脊向两侧逐渐加厚，年龄逐渐加大，但最老的年龄也小于2亿年。大陆岩石层的年龄较老，最古老的岩石年龄大于38亿年，形成的原因复杂，主要是地体的拼接、消减及增生。稳定的**地盾**地区岩石层的厚度可达150千米，甚至更厚。

岩石力学 rock mechanics 研究岩石在其所处的物理、化学环境中受周围力场作用时的变形和破坏性态的学科。**力学**的分支。人类建造的大量构筑物都是位于地壳岩石之上或之中。其研究目的，就是要了解岩石的物理－力学性能，查明工程岩体中的应力和变形状态，以解决各工程中所遇到的硐室、隧道、边坡、坝基等安全和稳定问题。另外，研究地质构造的成因、空间分布和演化，探讨地震的孕育、发生和前兆，也都涉及一些岩石力学过程。因此，岩石力学在地学领域中也占有重要地位。岩石中存在着大量不同尺度的不连续面，如裂隙、节理、断层等。岩石的这些特点决定了岩石力学研究对象的复杂性。

研究内容　主要有以下四个方面。①岩石的本构关系。研究岩石在外力及其他物理因素（如压力、温度、湿度等）作用下的变形和破坏特性，确定岩石的应力-应变-温度-时间之间的关系。其中，岩石的流变是研究的重点。②地壳构造运动造成的岩石应力。研究在地幔热对流和地壳构造运动、板块碰撞等因素影响下，赋存于岩石内部的应力并对岩石应力来源、初始应力、二次应力、封闭应力等机理进行分析。③岩石动力学。研究岩石在各种动载荷如爆破、爆炸、冲击、地震、振动等作用下的基本力学性质，对岩石的动力特性进行研究和分析以及对岩石的高压流体状态方程、固体状态方程等动力性质进行分析。④岩石渗透性。主要指研究岩石的渗水和渗油性能。重点是研究在室内外进行压水、抽水等渗透试验和地下水和油在岩石中的渗流规律、渗流控制、抽油等。

研究方法　主要是科学实验和理论分析。科学实验包括室内实验、野外实验和原型观测（监控）。室内实验一般分为岩块实验和模型实验。野外实验和原型观测是在天然条件下，研究包括有不连续面的岩体的性状，它是岩石力学研究的重要手段，也是理论研究的主要依据。理论分析是对岩石的变形、强度、破坏准则及其在工程上的应用等课题进行探讨。在这方面，长期以来沿用弹性理论、塑性理论和松散介质理论进行研究。

岩石学　petrology　研究地壳及上地幔上部的岩石的分布、产状、矿物组成、化学成分、结构、构造、分类命名、成因、演化历史以及它与成矿的关系的地质学分支。来自宇宙的陨石、月岩也是岩石学的研究对象。

简史　新石器时代人类已利用岩石。中国的《山海经》、古希腊学者泰奥拉斯托斯的《石头记》，分别是世界上最早和较早记述岩石的著作。18世纪后半叶，以德国地质学家A.G.维尔纳为首的水成论学派，提出了岩石水成说。以英国学者J.赫顿为首的学派反对水成说，于1788年提出岩石火成说。两种对立学派的斗争，推动了岩石学的创立和发展。到19世纪30年代，英国地质学家C.莱伊尔提出了较完整的岩石成因分类理论，把岩石分为水成岩类、火山岩类、深成岩类和变质岩类。多种成因观点为岩石学奠定了基础。19世纪50年代，英国H.C.索比应用偏光显微镜研究岩石，开辟了显微岩石学新领域。德国学者F.齐克尔的《描述岩石学教科书》(1866) 和K.H.F.罗森布施的《岩相学主要矿物在显微镜下结构》(1873) 等著作，奠定了显微岩石学基础。显微镜下对岩石的研究，弥补了宏观观察的不足，是岩石学发展过程中一个突破性转折点。岩石化学的研究对推动岩石学的发展也作出了重大贡献。19世纪末到20世纪早期是岩石化学的形成时期。美国学者F.W.克拉克的《火成岩平均成分》(1922)、《地壳成分》(1924) 等著作，美国岩石学家N.L.鲍温的《火成岩演化》(1928)，奠定了岩浆分异作用的理论基础。20世纪30年代前后，随着岩石化学分析数据的增多，为岩石的化学成分分类积累了可靠的数据，各种岩石化学计算方法被相继提出，对探讨岩石成因、划分岩浆杂岩、岩浆岩建造、岩系或岩套都起了重要作用。同位素和稀土元素地球化学的应用，在确定各类岩石的物质来源、生成年代与形成温度上提供了令人信服的证据。

50年代以后，随着板块学说的兴起，为岩石学研究开拓了新的领域。岩石学在解决板块运动机制、岩浆活动和变质作用方面都提供了有益的资料。板块理论对大型沉积盆地形成及演化、各种沉积相形成和分布作出了合理的解释，推动了沉积岩石学的发展。80年代以来，各种现代分析测试技术及现代电子计算机技术引入岩石学研究领域，使岩石学研究进入微细、微区、微量分析阶段，提高了岩石中稳定同位素、稀土元素和微量元素分析的精度，为某些成岩作用的形成演化过程提供了定量依据。计算机在数据处理和成岩、成矿过程的数值模拟等方面得到了广泛应用，使岩石学向理论化、定量化方向发展迈出了巨大的步伐。高温高压实验技术的发展，把实验岩石学推向了一个新阶段，为深入了解不同条件下变质作用、交代作用、岩浆形成和演化、地壳和地幔物质的相转变，为模拟上地幔某些岩石的形成机理提供了可靠的数据。

学科内容和研究方法　根据研究内容和侧重点，岩石学又可分下列分支学科：火成岩岩石学（也称岩浆岩岩石学）、沉积岩岩石学、变质岩岩石学、岩石化学、岩石物理学、地幔岩石学、行星岩石学、构造岩石学、实验岩石学和工业岩石学等。

岩石学的研究方法可归纳为野外调查和室内测试实验两类。野外调查主要是通过地质填图、剖面测量和露头详细观测等弄清岩石的产状、分布、组合、时代、构造与矿产的关系等，并采集各种标本、样品供室内研究。室内研究主要有偏光显微镜鉴定、X射线分析、差热分析、化学分析、电子显微镜鉴定、质谱分析、波谱分析及电子计算机数据处理等，以获取组成岩石的矿物成分、物理性质及成因方面的信息。还可进行各种模拟实验，验证成岩成矿机理和为岩石工业利用提供资料。

岩心　core　钻探施工过程中用取心管和环状钻头在岩层中钻进取出的圆柱状实物样品。矿层中取出的样品称矿心。通过对岩心和矿心的鉴定和测试，可以确定地质构造、地层时代、岩石矿物组分、产状和物理力学性质。对矿层来说，可以判明矿层厚度、含矿品位、埋藏深度和顶底板界限以及开采条件，为矿山设计提供依据。对于水库、桥梁、机场、铁路、港口和高层建筑等重要基础所进行的工程地质钻探，除确保岩心采取率合格外，还要求能采取未经扰动的原状样品，用以判明有无软弱夹层、破碎带、裂隙溶洞及可能产生滑移、塌陷、漏失和砂土液化等现象，以便工程设计与施工时避开有隐患地段或采取有效措施。

岩（矿）心的直径按照有关规范确定，并采用相应规格的钻头（由钻头内径确定）进行取样。地质矿产钻探一般为20～85毫米，水文地质、工程地质钻探一般为95～150毫米，水坝建设中有时采取的岩心直径达500毫米乃至1米以上。岩（矿）心作为地质实物资料，必须严格按顺序编号，在规定岩心盒和岩心库内保存。

岩心寺　al-Masjid al-Sakhrah　现存最古老的伊斯兰建筑，清真寺。又称萨赫莱清真寺或奥马尔礼拜寺。建于688～691年。位于耶路撒冷老城区伊斯兰圣地内。相传621年穆罕默德曾在此地摩哩山岩顶登霄遨游九重天。因此，穆斯林将耶路撒冷视为第三圣地。耶路撒冷伊斯兰圣地占地26万平方米，呈长方形，四周筑墙。在圣地中央，即穆罕默德登霄时所踩岩石上建造了这座礼拜寺，故又称圣岩寺。这座寺院结构严谨，造型美观，具有阿拉伯建筑艺术的优美特色。八角形平面建筑，内部由柱子组成两组回廊，环绕中间的圣岩，圣岩上方有一圆形穹窿，直径20.6米，高35.3米。圆顶的花瓷砖面写着古兰经文。寺内装饰得金碧辉煌，圆顶下陈放着一块蓝色岩石，南北长17.7米，东西阔13.5米。面向礼拜者的正面低矮，最高处距地面1.5米。岩石上有脚趾印痕，相传为阿拉伯人祖先伊斯梅尔幼时所留。

岩羊　*Pseudois nayaur*; bharal/ blue sheep　偶蹄目牛科岩羊属的一种。又称石羊、青羊。因喜攀登岩峰得名。典型的高山动物。有两个亚种，即西藏亚种和川西亚种。主要分布于中国青藏高原、四川西部、云南北部、内蒙古西部、甘肃、宁夏北部、新疆南部、陕西等地，以及毗邻的尼泊尔、印度、克什米尔地区。

岩羊体型中等，形态介于野山羊和野绵羊之间，雄性体重50～75千克，雌性为35～50千克；头较小，眼大，耳小，颏下无须；雌雄性均具角，雄性成体角粗大似牛角，两角的基部接近，双角呈“V”形，向后外侧弯曲，外表具不明显的横棱，长达80厘米；体背面为棕灰或石板灰色带有蓝色，与岩石的颜色极相近，腹面及四肢内侧为白色，四肢的前面为黑色。

栖息于海拔2 500～5 000米的无林山地。夏季结成十至数十只的群，冬季则结成数百只的大群，由一只或数只公羊率领。主要在黄昏活动，常有一只或几只公羊立于高处突出的岩石上瞭望，当敌害开始接近时则迅速奔向高山裸岩地带，由于毛色

喜攀岩峰的岩羊

与岩石极其相近，故不易被发现。夜间及中午在岩石或岩石旁休息。晨昏到小溪边饮水。以草、小灌木、苔藓为主要食物。9月交配。春季4～5月产仔，每胎1～2仔。在中国属国家二级保护动物，被世界自然保护同盟（IUCN）列为低危种。

炎帝 Emperor Yandi 中国古史传说时代中的古帝，原属华夏部族集团。关于炎帝的故事见于《逸周书》、《国语》等先秦文献。相传炎帝为姜姓，其先世与黄帝族一样，是从关中西部的一个原始氏族中分裂出来的，发展到中原以后，分别以炎帝、黄帝为代表的两个古族曾发生过阪泉之战（见黄帝），后来一起成为华夏部族集团代表人物。

随着各古族的迁徙、各地区古文化的交流融合和更大范围民族共同体的形成，在战国文献中，炎帝已经演变为南方民族的宗神，在长沙子弹库发现的楚帛书中保存了伏羲、女娲、四神、炎帝、祝融、共工等组成的神话系统。长期以来，进行祭祀炎帝的炎帝陵也在湖南株洲炎陵县。

同时随着炎帝与神农氏的合户（见神农氏），炎帝神农氏成为原始农业发明者的代表。原始农业的发明打开了通向文明的道路，它以炎帝神农氏为标志。黄帝轩辕氏的时代加速了文明因素的聚合和发展，因而炎帝神农氏、黄帝轩辕氏这两个名号浓缩了中华文明孕育过程的漫长历史，亦即浓缩了筚路蓝缕的奋斗过程。这应是中华儿女自诩“炎黄子孙”的原因。

炎陵县 Yanling County 中国湖南省株洲市辖县。位于省境东南部，井冈山西麓，东与江西省交界。面积2 031平方千米。人口20万（2010），民族有汉、瑶、苗等。古属长沙郡茶陵县。宋嘉定四年（1211）由茶陵军析置酃县。此后隶属多变。因中华民族始祖炎帝神农氏陵寝在此县，1994年更名炎陵县。矿藏有钨、煤等。农作物有水稻、甘薯、棉花、油菜等。盛产竹笋和香菇等，还有杜仲、黄连、三七等名贵药材，行销国内外。珍稀动植物有云豹、苏门羚、银杉、冷杉、红豆杉、香果树等。工业有电力、机械、建材、森工、造纸等。有毛泽东主持连队建立党支部的旧址水口叶家祠。名胜古迹有炎帝陵、洣泉书院、湘山寺、桃源洞国家森林公园等。

炎症 inflammation 活的机体组织对致病因子损伤作用所产生的防御性反应。炎症局部常表现为红、肿、热、痛及功能障碍，同时常伴有全身性表现如发热、血白细胞增多、全身单核吞噬细胞系统增生，出现局部淋巴结肿大和脾肿大等。各种炎症均有共同的病理变化：渗出、变质和增生。烧伤、冻伤、风湿病、疖、强酸强碱中毒、变应性疾病其实也都是炎症。

炎症是机体的防御反应，对机体是有利的。年老、衰弱、营养不良的人，在致炎因子的刺激下，炎症反应减弱，这标志着病情的严重。但炎症也有对机体不利的一面，如乙型肝炎往往长期不愈，有时肝脏内出现肝细胞结节性增生并产生大量的纤维组织，引起肝硬化甚至肝癌。炎症按病程长短可分为急性（一般持续较短，数日到一个月）、慢性（持续时间长，数日至数年）、亚急性炎症（病程介于急性和慢性炎症之间）。炎症按基本病理变化又分为变质性炎症、渗出性炎症、增生性炎症。其中渗出性炎症又可按渗出物的主要成分不同分为浆液性炎症、纤维蛋白性炎症、化脓性炎症、出血性炎症。炎症的充血与渗出过程，使组织获得更多的营养和抗体等，可中和毒素，消灭致炎因子（如病原微生物），清除异物和组织碎屑。炎症的增生有助于组织的修复。同时，全身性反应的发热可以促使机体代谢增强，血中白细胞增多，单核细胞吞噬功能加强，抗体生成增多等。但若炎症反应过于强烈，也会给人体造成危害。

沿边开放 opening along the borderland 中国在陆地同周边国家接壤的地区扩大和加深对外经济技术交流与合作。

1992年起，中国继沿海地区和内陆城市开放之后，进一步扩大开放同周边国家接壤的沿边地区。沿边开放分为3个层次：①开放同周边国家接壤的省和自治区的省会、首府城市，使之成为沿边地区扩大对外开放的依托。②开放边境市、县、镇并设立边境经济合作区，先后有14个边境市、县、镇开放并设立国家级边境经济合作区。③开放边贸口岸和边民互市市场，先后开放边贸口岸200多个、边民互市市场近300个。

吉林省珲春市圈河中朝边境贸易口岸

沿革地理 evolution geography 记述并考证历史时期疆域和政区等的沿袭与变革的领域。现代历史地理学的前身。沿革地理在中国起源早，由《史记·河渠书》、《汉书·地理志》开其先河，古代以顾祖禹的《读史方舆纪要》、杨守敬的《历代舆地图》为其高峰。它是在中国特定的学术文化背景中发展起来的，从依附史学、经学而发展为一门独立的学问，从舆地之学的一个部分而蔚为其中的主干。沿革地理研究内容包括各时期各政权的疆域分合伸缩，各级政区的建置沿革，各都市城邑的位置、规制与兴衰，交通路线的通塞改变，河流湖泊的变迁以及边远各民族的分布、盛衰和迁移等。其中，以疆域的分合伸缩和政区的建立沿革为传统的内容。中国沿革地理研究经过漫长的历史发展，形成了求实的特点。它的方法是描述、整理与考辨。沿革地理作为历史学的辅助学问，为中国历史研究提供了正确的空间背景，成为历史学者不可缺少的条件。作为中国传统舆地之学的重要组成部分，曾极大地促进了中国古代地理学的发展，对于研究中国地理学史具有重要的价值。中国当代历史地理学所取得的巨大成果，都是与以往的沿革地理研究分不开的。

沿河土家族自治县 Yanhe Tujia Autonomous County 中国贵州省铜仁地区辖自治县。位于省境东北部，乌江下游。面积2 469平方千米。人口61万（2008），有汉、土家、苗等民族。元、清设沿河佑溪长官司。1914年置沿河县和后坪县。1942年后坪县

并入沿河县。1986年撤销沿河县，成立沿河土家族自治县。属中亚热带湿润性季风型气候。矿产资源有煤、萤石、重晶石和铅锌矿、铝矾土、铁、汞、陶土等。农业主产水稻、玉米、小麦和烟叶、油菜子、花生、黄豆、青麻等，建有油桐、黄豆、茶叶、柑橘、黄牛、山羊等生产基地。山羊、油桐、乌桕、中蜂被誉为沿河“四宝”，茶叶以富硒茶为突出。工业以煤炭、电力、采矿、建材、油脂和肉类加工、酿造等为主。名胜有乌江山峡、麻阳河原始森林、朱家洞、金角洛夫陵墓、红军洞、黔东特区革命委员会旧址等。

研究型大学 research university 美国高等教育体系中科研水平和博士培养水平最高的一批大学的统称。1876年，**约翰斯·霍普金斯大学**成立，标志着研究型大学的诞生。1900年，美国14所研究型大学成立美国大学联合会协会，成为美国研究型大学代表机构。研究型大学目标是最自由地促进有益知识的发展，鼓励研究和提高学者的水平。已成为美国研究和开发经费投入的重点，特别是基础研究大部分集中在研究型大学中。1970年，美国卡内基高等教育委员会制定了卡内基高等学校分类标准，此后这一标准又经多次修订，最近一次修订是在2000年。这次修订的分类标准，加强了教学的权重，研究型大学被重新分类为博士学位授予/研究型大学。

盐 salt 酸分子中的氢离子被金属离子（含铵离子）置换而成的具有离子型结构的晶态化合物。如氯化钠NaCl、硫酸铵$(NH_4)_2SO_4$、碳酸氢钠$NaHCO_3$、碱式碳酸铜$Cu_2(OH)_2CO_3$。根据盐的组成中是否含有氢离子或羟基（或氧基），又可分为正盐、酸式盐、碱式盐。不含氢离子、羟基（或氧基）的是正盐，如碳酸钠Na_2CO_3；含有氢离子的为酸式盐，如碳酸氢钠$NaHCO_3$；含羟基（氧基）的为碱式盐，如碱式碳酸镁$Mg_2(OH)_2CO_3$。氨基酸是分子组成中同时含有碱性氨基（$-NH_2$）和酸性羧基（—COOH）的一类有机化合物，是一种内盐，例如甘氨酸：

$$NH_2CH_2COOH \longrightarrow NH_3^+CH_2COO^-$$

食盐（**氯化钠**）是最常见的盐，取自于海水、盐井、岩盐，为无色晶体，粗盐中因含有氯化镁而易发生潮解。食盐是人类体液中的**电解质**，也是不可缺少的调味品，摄入量不足或过量均对健康不利。氯化钠也是重要的基础化工原料，如用于制钠、氢氧化钠、氢气、氯气、纯碱等。

盐城市 Yancheng City 中国江苏省辖地级市。位于省境东部，东濒黄海。面积14 562平方千米。人口726万（2010）。辖亭湖、盐都2区和射阳、阜宁、滨海、响水、建湖5县，

盐城大丰麋鹿自然保护区的麋鹿群

代管大丰市、东台市。汉武帝元狩四年（前119）置盐渎县，东晋义熙年间（405～418）改盐城县，1946年更名叶挺县。1949年设盐城专区，1970年改盐城地区，1983年改设盐城市。矿产有石油、天然气等。农业主产粮、棉、油，为商品粮和优质棉基地之一。滩涂和内河水资源丰富，海产品有对虾、鳗鱼、贝类等，内河水产有鱼、虾、鳖等，有芦苇、香料、中草药、饲料等植物资源。工业以纺织、食品、机械、电子、化工、制革、造纸、建材等为主。名胜古迹有瓜井、枯枝牡丹园、范仲淹读书亭遗址、陆秀夫“陆忠烈公祠”、明清书法家宋曹故居，革命纪念地有新四军重建军部纪念馆。沿海滩涂建有麋鹿自然保护区、丹顶鹤自然保护区。

盐度计 salinometer 测量海水盐度的仪器设备。常指电导率盐度计。按用途可分为现场盐度计和实验室盐度计两种，测量范围为2～40。①现场盐度计。可测量并记录海水的现场盐度随时空变化的仪器。测量精确度约±0.02。其测量电路有两种：一种带有自动的温度补偿和压力补偿电路；一种没有补偿电路，而是把温度、深度和电导率的测定值输入计算机，换算成实用盐度。②实验室盐度计。高精确度的盐度计。测量精确度约±0.005。可以在恒温条件下对水样进行测量，也有带温度补偿电路的。这两种盐度计通常都由传感器、测量电路和数据处理装置组成。电导传感器有电极式和感应式两种。前者在电导池上装有两个或两个以上的电极，最典型的是装有一对电流极和一对电位极的四极传感器；后者通过电导池内外的单匝海水回路把两个同轴的环形变压器耦合起来，利用耦合程度与海水电导率成比例的原理进行测定。

盐湖 salt lake 湖水矿化度大于35克/升的湖泊。通常是干旱区一种没有出口的湖。降水和流入的河水完全消耗于蒸发。中国盐湖分布于青藏高原和内蒙古、新疆地区，基本上与咸水湖分布一致。其特点是：盐湖数量多，化学类型齐全，分碳酸盐类型、硫酸盐类型、氯化物类型及硫酸盐向氯化物过渡类型；盐湖矿化度极高，一般均在300克/升左右；既有干盐湖，又有水盐湖，也有介于二者之间的过渡性盐湖；大部分盐湖正逐渐浓缩，随盐类析出，湖水的化学成分亦发生剧烈变化；湖水的变化规律是由碳酸盐型顺次向硫酸盐型和氯化物型演化；盐湖中资源丰富，如中国内蒙古的盐湖盛产天然碱，新疆的盐湖盛产食盐和芒硝，青藏的盐湖盛

中国青海的察尔汗盐湖

产钾、硼和锂等。中国著名的盐湖有**察尔汗盐湖**、艾丁湖和艾比湖等。世界著名的盐湖有**死海**、**里海**和大盐湖等。

盐湖城 Salt Lake City 美国犹他州首府。位于该州中北部，大盐湖东南，临约旦河。地处沃萨奇山西坡，海拔1 300米。市区面积282.5平方千米。人口18.17万（2008）；盐湖城－奥格登大都市区人口164.72万（2008），约占全州人口的60%。1847年为摩门教徒所建。1851年设市。城市随附近矿藏开发（1862）和铁路通达（1870）而兴起。世界各地的摩门教徒云集至此。1896年成为州首府。第二次世界大战后，城市经济渐趋多样化。美国西部山区的矿业中心，金属冶炼和加工工业发达。城区东、西两侧的山区是国内重要的铜、银、铅、锌、钴等金属矿产地，其中城西南40多千米处宾厄姆谷地的肯尼科特铜矿是世界最大的露天铜矿之一。在城郊灌溉农业的基础上，建立了规模较大的食品工业，如制糖、罐头食品、乳品、肉类加工等。电子和宇航工业发展很快，还有采矿机械、炼油、化工等。地处横贯大陆运输线的要冲，有多条铁路和州际公路在此交会，国际机场设在城北。后期圣徒教会（摩门教）国际总部所在地。市中心坦普尔广场耸立摩门教创始人J.史密斯的塑像，周围有摩门圣殿（1853～1893）、摩门教堂（1867）等宗教建筑，以及高30层

的摩门教总部大楼。广场外侧为中央商业区和州议会大厦、州展览中心、盐宫会议中心等著名建筑。犹太大学（1850）是美国西部最古老的大学之一，还有威斯敏斯特学院（1875）等。城郊山地可供登山、打猎等活动，有优良的滑雪场设施，2002年第19届冬季奥运会在此举行。

盐碱地改良 saline and alkaline land, reclamation of 改良与利用盐碱地、预防灌溉土地次生盐碱化的技术措施。盐碱地是指土壤含有过量可溶性盐类的土地。防治土地盐碱化应采取综合措施，而灌溉、排水、冲洗土壤盐分及严格控制地下水位是改良盐碱地和预防次生盐碱化的根本措施。

发展状况 许多国家都积累了防治土壤盐碱化的经验。美国从20世纪初开始在西部17个州开垦土地，并持续开展防治土壤盐碱化的工作，在灌溉洗盐及暗管排水等技术方面取得了显著成就。俄罗斯盐碱地面积分布很广，有比较完整的以灌溉、排水为中心的水利土壤改良科学技术体系，并在许多国家得到应用。巴基斯坦灌溉土地上存在着大面积次生盐碱化的问题，近40年来通过改进灌溉技术、推广竖井排水等措施，已取得了良好效果。中华人民共和国建立以来，由于进行了大规模的农田水利工程建设，治理洪涝灾害，修建骨干排水工程，开发利用地下水，并分区进行治水改土工程，使1亿多亩盐碱耕地得到不同程度的改良利用，数千万亩盐碱荒地开垦为农田，灌溉土地次生盐碱化基本上得到控制。

措施 主要有：①排水冲洗。在盐碱地上采用较大定额灌溉，溶解土壤盐分下渗，通过排水沟排出灌区。盐碱地排水有明沟排水、暗管排水、竖井排水等形式。②种稻。种植水稻是中国改良利用盐碱地的一个重要方法，即在插秧前进行泡田洗盐，并通过生长期淹灌和排水换水，冲洗和排走土壤中的盐分，能较快地起到改良盐碱地的作用。③放淤。把含有较细颗粒泥沙的河水引入筑有畦埂的地块，使泥沙沉降下来，并使土壤中的盐分溶解、淋洗，通过排水系统排出灌区。④选种耐盐作物。大麦、棉花、甜菜、向日葵以及草木犀、田菁等绿肥作物，均比较耐盐，可在盐碱地上适当种植，并在种植过程中继续改良土地。⑤化学改良。最常用的是施用石膏（硫酸钙），使钙离子代换钠离子，变碱土为含硫酸钠的盐土，再经过灌溉冲洗得到改良。有些地方施用糠醛渣，也取得一定的效果。⑥减少地面蒸发和表土返盐。加强中耕、松土，增加地面覆盖，多施有机肥料。⑦地表水、地下水联合运用。通过渠灌区水盐动态的监测预报，可及时掌握土壤次生盐碱化发展的信息，以便采取相应的预防对策。

盐课 salt tax in ancient China 中国古代王朝对食盐的课税或专卖。盐课始见于夏朝，相传禹平洪水，划九州，“任土作贡”，盐以贡的形式上缴国家。西周时列盐课为山泽之赋的一部分。春秋时期齐国管仲实行官山海政策，盐由官、民共制，官收官卖，获利很大。战国至秦，设官管理盐政。汉武帝元狩四年（前119），边境用兵，财力不足，将盐铁收归国家专卖。隋文帝开皇三年（583）到唐玄宗开元九年（721）的138年间，任民自由买卖，国家不收盐税。开元十年征盐税，收入不多；至肃宗乾元元年（758），盐铁铸钱实行“民制、官收、官运、官销”的专卖制度。代宗宝应年间（762～763），刘晏创立就场征税制，改官运官销为商运商销，实际仍为专卖制。宋太宗雍熙年间（984～987）行折中法，令商人向边塞运输军需粮草，按时价颁发凭证名“交引”，商人持引赴江淮等地盐场领盐。至神宗熙宁年间（1068～1077）行盐引法；徽宗崇宁年间（1102～1107）又改行钞票法，由商人购买盐钞，运销食盐。元代行引岸法，商人购盐引，取得运销权，在指定地区行销。明代前期行引法，英宗正统年间（1436～1449）由于有引无盐，实行常股和存积制度；神宗万历四十五年（1617），袁世振因积引多，又创行“纲法”。将商人所领盐引编列纲册，凡册上有名者，据为“窝本”，商人请引后，自行赴场购盐运销。从此，商人得以专引岸之利。清初沿袭明制。道光十一年（1831），两江总督陶澍整顿盐税，改行票法，废除商人专引制，任何人只要纳税，即可领票运盐。同治五年（1866）李鸿章令票商“报效”（捐款），作为票本，从此，票商又成为世业。

中华民国初期，北洋政府与英、法、德、俄、日五国银行团签订善后借款，以盐税抵押。北洋政府仅能使用盐税抵债后的余款。

盐课是中国历代王朝财政收入的重要来源，规定了严格的禁私法令。由于盐是生活必需品，因此，盐课具有明显的“人头税”性质。

盐丘 salt dome 由盐类岩石或石膏向上流动或挤入而使上覆岩层拱曲隆起所成的一种大型的地下地质构造。最常见的底辟构造。盐体直径1千米或更大些。它是烃类资源极好的储藏地。核部的盐体常成圆柱状，其内盐层变形复杂，形成形态多样、大小各异的流褶皱。盐核之上的上覆岩层往往形成穹隆或短轴背斜，并伴生放射状或环状断层。盐核周边与围岩常以陡倾的断层接触，围岩倾角也变陡。盐丘周围的岩层因盐丘上隆而相对下拗，形成周缘向斜。盐丘构造的基底一般变形微弱。盐丘构造具有重要的经济价值，盐核常成为重要的盐类或硫磺矿床，盐核上的穹隆及周缘围岩中常富集石油和天然气。

盐商 salt merchant 中国旧时政府特许的具有垄断食盐运销经营特权的食盐专卖商人。他们借此特权而攫取巨额的商业垄断利润，成为清代显赫一时的豪商巨贾。

清初盐法沿袭明制，基本上实行封建的引岸制度。盐商运销食盐，必须向盐运使衙门交纳盐课银，领取盐引（运销食盐的凭证），然后才可以到指定的产盐地区向灶户买盐，贩往指定的行盐地区销售。但领取盐引则须凭引窝（又称窝根、根窝），即证明拥有运销食盐特权的凭据。握有引窝的盐商就有了世袭的运销食盐的特权。

清代盐商主要有窝商、运商、场商、总商等名目。他们在食盐流通过程中具有不同的职能，其中以总商的势力为最大。

盐商垄断了全国食盐流通的全过程，肆意压低买价，抬高卖价，剥削灶户和消费者，获取巨额的商业垄断利润。他们大多生活奢侈，尤以扬州的两淮盐商为甚。盐商与朝廷及各级官府的关系十分密切。康乾以来，清政府每遇重大军需、庆典、赈务、工程之时，盐商往往踊跃捐输巨额银两，多则数百万，少亦数十万。对盐商的报效捐输，清政府在政治上奖给职衔，使其本身官僚化；在经济上给予优恤。遇到盐商缺乏资本，清政府又借予帑金，俾资周转，盐商每年交纳息银。乾嘉以来，盐商报效捐输渐多，又要支付清政府的“帑息”，加之官吏的勒索和本身的奢侈生活消费，便日渐陷入外腴中瘠、入不敷出的困境。盐商为了克服深重的危机，不断抬高盐价，加紧搜刮消费者，贫苦百姓至于淡食，引起民怨鼎沸。结果私盐因官盐价高而盛行畅销，官盐壅积滞销，盐课欠额日多，直接影响清政府的财政收入。道光十一年（1831）清政府为了增加盐课收入，对盐法进行改革，推行票盐法。在票盐法施行中，取消了引窝，无论官绅商民，只要纳税之后皆可承运，并且在销售区域之内，无论何县，都可随便销售。

辛亥革命以后，清政府被推翻，但盐商仍作为专卖商人而沿袭下来。

盐酸 hydrochloric acid 氯化氢HCl的水溶液。因由食盐制得的酸，故称盐酸。无色、透明液体，有刺激性气味，遇空气中的水汽而产生烟雾。工业品盐酸因含氯化铁和单质氯而呈浅黄色。市售盐酸的浓度约为37%，相对密度1.19。20.22%的盐酸在0.101 3兆帕下为共沸物，沸点108.6℃。盐酸是非氧化性强酸，具有酸的通性，与碱或碱性氧化物反应生成盐和水，与活泼金属反应放出氢气。盐酸电离产生的氯离子有很强的配位能力，能与金属离子形成配位离子，因此对很多金属的溶解能力很强。工业上由氢气和氯气直接燃烧，生成氯化氢气体，用水吸收可得到高纯度和高浓度的盐酸。

反应所用的氢气和氯气是由电解氯化钠水溶液制烧碱产生的。盐酸是重要的化工原料和化学试剂，用于矿石分解、水垢溶解、金属清洗、油井酸化、食品加工、染料工业、制药、电镀、焊接以及有机化学工业等。也是化学实验室中常用的试剂。

盐酸有挥发性，应注意密封保存。因具有强腐蚀性。要用玻璃、陶瓷等容器储运。长时间在含有氯化氢的气氛中工作，会伤害鼻腔、呼吸道的黏膜，会使肠胃功能失调。

《盐铁论》 *Discourses on Salt and Iron* 中国西汉桓宽根据盐铁会议记录推衍整理而成的一部著作。桓宽字次公，汝南（今河南上蔡西南）人，汉宣帝时举为郎，官至庐江太守丞。汉昭帝始元六年（前81），朝廷从全国各地召集贤良60余人到京城长安，与以御史大夫桑弘羊为首的当朝官员问民生疾苦所在。史称盐铁会议或盐铁之议。

双方对盐铁官营、酒类专卖、均输、平准、统一铸币等财经政策以至屯田、戍边、对匈奴和战等一系列重大问题展开激烈争论。贤良文学指责官府经营工商业是与商贾争市利，要求罢盐铁专营、酒榷和均输。桑弘羊则站在封建朝廷的立场上，坚持国家干涉经济的政策，坚决维护盐铁官营、均输、平准等经济政策，认为朝廷控制工商业，发展官营工商业，既可增加财政收入，又可排挤豪商富贾，有利于"建本抑末"。30年后，桓宽把盐铁会议双方的思想言论记录进行"推衍"和"增广"，整理成书，共10卷60篇，各标题目，内容前后连贯。书中保存了西汉中期较丰富的经济史料，也把桑弘羊的思想言论保留下来，成为研究西汉经济思想史的一部重要著作。

盐铁使 salt and iron monopoly commissioner 中国唐代后期主管盐、铁、茶专卖及征税的使职。盐指食盐的生产及专卖；铁泛指矿冶（包括银、铜、铁、锡等）的征税；茶在唐代被认为是山泽之利，故其征税亦由盐铁使主管。盐铁使后与转运使合为一职，称盐铁转运使。肃宗乾元元年（758），第五琦以度支郎中兼御史中丞为诸道盐铁使，这是盐铁置使之始。第五琦立盐铁法，从此，征税变为专卖，政府收入大增，上元元年（760），刘晏继为盐铁使，又改进专卖制度。使盐利为唐朝除两税外的最大收入。宝应元年（762），刘晏为盐铁使时又兼任转运使，以盐利为漕运经费，使二者密切结合。自刘晏以后，二使常由一人兼任，于是盐铁使与转运使变为一职。德宗（780～805）时，矿冶征税权收归中央，由盐铁使专掌。由于盐铁使主管矿冶，故有时也兼管铸钱，或兼领铸钱使。唐德宗建中四年（783）始征茶税。

盐铁使为财经要职，常以重臣领使，或由宰相兼任。后来，盐铁使与转运使合为一职，其下属机构亦皆合并。唐代后期，盐铁使与度支、户部二使合称三司，至后唐明宗长兴元年（930），遂合并为一职，称三司使。

盐土 solonchak 含水溶性盐类较多的土壤。因含盐量高，土壤溶液的渗透压往往高于多数植物组织液的渗透压，使植物难以从土壤中吸收必要的水分和养分，导致发生生理干旱，除少数耐盐植物外，大多数植物特别是栽培植物难以生长。主要分布于温带、亚热带和热带的干旱、半干旱地区和滨海地区。在中国除南方几个内陆省份外，北方及沿海各省均有盐土分布，其中以新疆面积最大。

水溶性盐类在土壤表层或土体内逐渐积聚的过程，即盐化过程是导致盐土形成的主要原因。气候干旱和地下水位高是盐化发生的必要条件。盐土因只有少数耐盐植物生长，植被覆盖率不高，因而有机质累积量通常较低，属低肥力土壤。这些地区水资源已显现不足，难以再开展大规模的改良工程。所以在今后较长的一段时间内，除局部条件优越的地区可继续通过引水种稻或灌溉洗盐等方法利用部分盐土外，大多数盐土仍将保持其自然状态，这在一定程度上对整个生态环境的良性循环是有益的，其中特别是酸性硫酸盐土上的红树林，则更应保护，严禁垦殖，维持其对保护生物多样性和促进滨海自然生态平衡的良好作用。

盐腺 salt-secreting gland; salt gland 部分鸟类和爬行类所具有的排盐腺体。因位于眶部所以又称眶腺。生活在海边和海中的海鸟、海蜥蜴等动物的盐腺尤为发达。这些动物以海产的无脊椎动物和海藻为食，食物中的盐分很高。动物进食后，会使体液的渗透压过高，通过盐腺排出体内多余的盐分借以保持体液的渗透平衡。具有盐腺的动物，其盐腺开口的部位可以有所不同。例如，加拉帕戈斯的海鬣蜥的盐腺开口于鼻腔前部；海蛇的舌下盐腺开口于口腔；海鸟的每个眼眶上面有一个盐腺，开口于鼻腔，故又称鼻盐腺。陆上生活的鸟类，这种腺体不发达。盐腺分成许多叶，每叶有一条中央管，中央管上又有许多分泌小管，各中央管汇集于总导管，开口于体外。盐腺在平时是不分泌的，只在喝下海水或吃了含盐多的食物后才开始分泌。其分泌物主要是氯化钠，有机物很少。肾脏浓缩能力差又无盐腺的动物都不能喝海水，因为排出盐的同时要排出大量的水，会有导致脱水的危险。

阎逢春在蒲剧《徐策跑城》中饰徐策

阎逢春 Yan Fengchun（1917-10-24～1975-01-13） 中国蒲剧演员。工须生。名代蓉。山西运城人。卒于运城。15岁随父学戏，后博采蒲剧艺人任金祥、景恒春等演技之长，融会贯通，技艺大进。1937年以后久居西安。其唱腔苍劲有力，刚柔兼备，讲求"安、点、顿、拉、闪、放"的六字演唱技法，善用充满激情的演唱。表演则以刚劲为主，节奏强烈，舒展大方，尤善运用特技刻画人物的内心活动。他对《薛刚反朝》中徐策的表演，作了创新与发展，如"跑城"一场，边唱边舞，唱做交融，再配以帽翅螺旋式回转的特技，把徐策闻听薛家兵临城下，喜不自胜的神情表达得淋漓尽致，从而使蒲剧《徐策跑城》成为能独立演出的折子戏。代表作还有《杀驿》的吴承恩、《舍饭》的朱春登、《火焰驹》的艾千等。曾参加戏曲影片《窦娥冤》的拍摄。

阎膏珍 Vima Kadphises（？～约130） 贵霜王（约公元65～75年在位）。又称维马·迦德菲塞斯，即迦德菲塞斯二世。根据《后汉书·西域传》的记载他是为丘就却之子，丘就却死后即位。在位期间，领土北至锡尔河，南下安度罗王国，西起阿拉科西亚（今赫拉特东南），东达马土腊。国内经济繁荣，与中国、罗马关系友好，有频繁贸易往来。因为争夺丝绸之利，与安息关系较为紧张。阎膏珍是印度历史上第一位发行并实际使用金币的君主。他继承丘就却宽容的宗教政策。他在位时，大批佛教僧侣开始经由陆路和海路前往中亚、中国等地，传播佛教。

阎甲 Histeridae; hister beetle 鞘翅目阎甲科昆虫的统称。约3 900种。中国现已发现150余种。体长0.5～20毫米，通常1.5～12毫米。卵形至长圆形，强烈隆凸，个别属为狭长形或极为平扁，体表无毛，极少数有硬刚毛；体色黑色，或金属色，少数红色或双色。头部通常向后深缩在前胸背板中。触角略呈膝状，通常10或11节，由3节组成的端锤缩合在一起，有时端锤的3节合生为一体。上颚前突，有时颏扩大，将下颚遮盖起来。前胸腹板在前足基节之前延长，经常向前延伸，伸达头下边。中、后胸腹板的中部合生在一起。中足基节间隔较宽或很宽，有不同变化。鞘翅平截，体后尾露出1或2腹节。后胸腹板通常有基节线，后足基节间隔很宽。后翅翅脉的肘中环退化或缺失。前足胫节沿外侧具齿，无爪间突。在腹部第一节腹板上有基节线。臀板发达。雄器侧叶部分或完全合生在一起。

分布广泛，发生在许多不同的生境中，成虫和幼虫多为捕食性。

阎立本 Yan Liben（?～673） 中国唐代画家。雍州万年（今陕西西安）人。出身贵族。其父阎毗北周武帝时为驸马，拜仪同三司。入隋，炀帝（605～617）时官至将作少监，对绘画、工艺、建筑都很擅长。阎立本继承家学，长绘画，且有政治才干。唐高祖武德年间即在秦王府任库直，太宗贞观时任主爵郎中、刑部侍郎。高宗显庆元年（656）其兄阎立德去世，他由将作大匠迁升为工部尚书，总章元年（668）擢升为右相，当时姜恪以战功擢任左相，时人有“左相宣威沙漠，右相驰誉丹青”之说。阎立本善画道释、人物、山水、鞍马，尤以道释、人物画著称。《宣和画谱》所载宋代内府收藏阎氏作品，道释题材占半数以上。武德九年（626）所绘《秦府十八学士图》系表现秦王李世民属下的房玄龄、杜如晦等18位学士的肖像，都是按人写真，对每个人的身材、相貌、服饰、年龄及神情等特征都有生动而具体的刻画。贞观十七年（643）又奉诏画长孙无忌、李孝恭、魏徵、李勣、房玄龄、杜如晦等24位功臣像于凌烟阁，绘成《凌烟阁功臣二十四人图》。阎立本还曾奉诏为唐太宗画像，后经人传写于长安玄都殿东壁，一时传为名迹。

《步辇图》（故宫博物院藏）

他的不少创作与初唐政治事件有密切关系。据记载，他创作的《职贡图》、《西域图》、《外国图》、《异园斗宝图》，都是通过对边远各民族及国家人物形象的描绘，反映唐王朝与各民族的友好往来，从而歌颂政权的强大。《魏徵进谏图》则是表现魏徵敢于直谏，从而歌颂唐太宗善于纳谏的美德；《永徽朝臣图》画高宗时大臣肖像；另有《昭陵列像图》，是树立在太宗陵墓两侧的各族首领石雕像的设计图，可惜这些具有历史意义的作品未能传世。现存传为阎立本作品多为摹本，但从中依然可看到他在绘画上的风格特色。《步辇图》是现存阎立本的重要作品。传为阎立本的作品还有描绘汉至隋13位帝王的《古帝王图》、描绘边远民族及国家使臣来唐王朝通聘的《职贡图》（中国台北“故宫博物院”藏）、表现唐太宗派监察御史萧翼以巧计从和尚辩才处赚取王羲之书法名迹《兰亭序》的《萧翼赚兰亭图》（此图有两卷，一藏台北“故宫博物院”，一藏辽宁省博物馆）。阎立本在艺术上继承南北朝的优秀传统，认真切磋加以吸收和发展。从传为他的作品所显示的刚劲的铁线描，较之前朝具有丰富的表现力，古雅的设色沉着而又有变化，人物精神状态的细致刻画，都超过了南北朝和隋的水平，因而被誉为“丹青神化”而为“天下取则”，在绘画史上具有重要地位。

阎立德 Yan Lide（?～656） 中国唐代建筑工程家和工艺家。字让，雍州万年（今陕西西安）人。生年不详。父阎毗在隋代领将作少监，曾主持修筑长城、开凿运河北段等重大工程。阎立德“早传家世”，得父指授。唐高祖武德年间，任尚衣奉御。唐太宗贞观初年，任将作少匠，封大安县男。后受命营建唐高祖山陵，升为将作大匠。贞观十八年（644）从征高丽，填路、造桥，兵无滞碍。又因督造翠微、玉华两宫有功，升任工部尚书。贞观二十三年太宗去世，营建昭陵，事毕，进封为公。他主持修建的玉华宫因山而造，除正殿用瓦外，余以茅草为顶，崇尚朴素，在唐代宫殿建筑中别具一格。晚年主持修筑唐长安城外郭和城楼。阎立德死后，追赠吏部尚书、并州都督。

阎立德对工艺和绘画也造诣很深，当时帝后所用衮冕服饰等物都由他主持设计制作。他的绘画以人物、树石和禽兽见长，与弟阎立本同为著名画家。

阎明复 Yan Mingfu（1931-11-11～ ） 中国人民政治协商会议全国委员会副主席。生于辽宁海城。1947年参加革命。1949年加入中国共产党，同年毕业于哈尔滨外国语专门学校。历任中华全国总工会国际部科长、中共中央办公厅翻译组组长、中共中央编译局毛主席著作翻译室定稿员。1978年后任中国大百科全书出版社副总编辑、第六届全国人大常委会副秘书长。1986年后历任中共中央统战部部长、中共第十三届中央书记处书记、全国政协第七届副主席。1989年被免去职务。1991年后历任民政部副部长、中华民族文化促进会副会长、中国王守兰社会福利慈善会名誉会长、国务院残疾人工作协调委员会副主任、中华慈善总会会长。中共第十三届中央委员。

阎若璩 Yan Ruoqu（1636-11-11～1704-07-09） 中国清代汉学（或考据学）家。山西太原人，生于南直隶淮安（今江苏淮安市楚州区）。字百诗，号潜丘。早年随其父祖客居淮安。康熙元年（1662）返太原。先后6次参加乡试，皆落第。十八年，入京应博学鸿儒科试，落第。二十九年，受徐乾学聘，南下江苏太湖东山参与修纂《大清一统志》。晚年仍居淮安，专意著述。四十三年，为皇四子胤禛（清世宗）召见，抱病赴京，卒于京邸。他一生为学，博览群书，长于考证，遇有疑义，反复穷究。长期研治《古文尚书》，潜心30余年，撰成《古文尚书疏证》八卷，引经据古，一一揭其伪迹。《古文尚书》为东晋梅赜伪作，遂成铁案。他亦精于地理之学，对山川形势、州郡沿革了如指掌。撰成《四书释地》五卷，兼及名物训诂、典制考实，旁参互证，多所贯通。对同时学者好加讥评，仅服膺钱谦益、黄宗羲、顾炎武三人。以记诵博赡，考核精审名著一时，此后乾嘉考据学风受其影响甚大。其主要著述尚有《潜丘札记》、《毛朱诗说》等。

阎锡山 Yan Xishan（1883-10-08～1960-05-23） 中华民国时期晋系军阀首领、南京国民政府军政要员。字百川。山西五台河边村（今属定襄）人。卒于台北。1904年赴日学习军事。次年加入同盟会。1910年任山西新军标统。武昌起义后，率部占领巡抚衙门，任都督。后依附袁世凯、段祺瑞等北洋政权，长期盘踞山西，投机钻营，扩充实力。四一二政变后，自任北方革命军总司令，追随蒋介石在山西“清党”反共。1928年2月，任国民革命军第3集团军总司令，参加对奉军作战。1929年后任国民政府政务院内政部长、陆海空军副总司令等职。1930年8月，联合冯玉祥等反蒋派系在北平（今北京）组织国民政府，任主席。后因中原大战失败潜逃大连。1932年回晋任太原绥靖公署主任。抗日战争爆发后，任第二战区司令长官，组织忻口会战，

重创日军。此后态度逐渐发生变化，投机于降日、抗日之间。抗战胜利后，参加蒋介石发动的反共内战。1947年，任太原绥靖公署主任兼山西省政府主席。1949年6月，在广州就任国民党政府行政院院长兼国防部部长。12月逃往台湾。1950年3月任台湾当局“总统府”资政兼国民党中央评议委员。

颜福庆 Yan Fuqing（1882-07-28～1970-11-29） 中国医学教育家，中华医学会创始人、首任会长。字克卿。生于上海，卒于上海。1904年毕业于圣约翰大学医学院。1906年到美国耶鲁大学医学院深造，1909年获医学博士学位。回国后，任长沙雅礼医院外科医生。1911年在京汉铁路沿线开展防治东北鼠疫流行工作。

1914年赴美学习预防医学，回国后于1914～1927年间任长沙湘雅医学专门学校（1925年后为湘雅医科大学）校长兼授公共卫生学课程。1927年任北京协和医学院副院长。同年组建国立第四中山大学医学院任院长。1938～1939年任武汉卫生署署长，后返沪任上海第一医学院院长。1946年返国立上海医学院教授公共卫生，50年代后任上海第一医学院副院长。他一贯提倡公医制，认为私人开业医疗方式满足不了大众需求。

颜李学派 Yan-Li school 中国清初以倡导经世致用、注重躬行践履而著称的儒家学派。初创于颜元，经其弟子李塨的宣扬、传播而光大。他们反对宋明儒家的空谈害事，主张以习行实践之学纠其弊。哲学上，反对程朱分理气为二、理先于气的观点，主张气先于理，理在事中，理不能离事而独存；提出“践形以尽性”的主张。反对宋明儒家倡导的闭门读书、静坐穷理的为学方法，强调“习行”、“习动”，指出致知主要不在读书、讲问、思辨，而在“亲下手一番”。政治上，主张均田薄税，“兵与民合”以富国强兵。颜李学派注重习行致用的学风，在清初思想界产生了广泛影响，服膺颜李之学的学者很多，著名的有王源、恽鹤生、程廷祚等。乾嘉以后，颜李之学逐渐湮沉中绝。

颜料 pigment 用来着色的粉末物质。在水、油脂、树脂、有机溶剂等介质中不溶解，但能均匀地在这些介质中分散，并能使介质着色，而又具有一定的遮盖力。颜料是制造涂料、油墨、油画色膏、化妆油彩、彩色纸张等的不可缺的原料。也用于塑料、橡胶制品、合成纤维原液等的填充和着色。颜料按用途可分为着色颜料和功能颜料（如防锈颜料）；按材质可分为无机颜料、有机颜料和金属颜料。

颜料应具备下列性能：①颜色。②着色力，即吸收入射光的能力。③遮盖力，即在成膜物质中覆盖底材表面颜色的能力。④耐光性，即在一定光照下保持其原有颜色的性能。⑤耐候性，即在一定的气候条件下保持其原有性能的能力。⑥挥发物，主要指水分，规定一般不超过1%。⑦吸油量，指100克颜料形成均匀团块时所需的精制亚麻仁油的克数，以吸油量少为好。⑧水溶物，指颜料中含有能溶于水的物质占颜料质量的百分比，应控制在1%以下。

颜色釉陶瓷 colour glaze ceramics 胎外用带有除白色外各种颜色的釉料装饰的陶瓷。简称色釉瓷。景德镇名瓷之一。釉面晶莹，绚丽多彩，色泽经久不变。产品有陈设瓷、美术瓷、日用瓷等。

颜色釉陶瓷源于商代的青黄釉瓷。汉末至晋初，发展使用青色釉装饰的陶瓷。唐代创造以黄、绿、紫装饰的低温三彩陶。宋代汝、官、钧、龙泉、建、定、景德镇、磁州等名窑创造高低温色釉料，种类繁多。元代烧制成功以钴土矿配制的蓝釉。明代在总结前期烧制铜红釉经验的基础上，又创造出红沉鲜润的祭红釉。清代除创制鲜如牛血的高温“郎窑红”、色彩奇丽的“桃花片”（又名“美人醉”）外，还有“矾红”、“茄皮紫”、“炉钧花釉”等低温烧成的名贵品种。20世纪50年代以来，发展和创造出三阳开泰、羽毛花釉、凤凰衣釉、彩虹釉、变色釉等近百个色釉新品种。

颜色釉陶瓷是将着色颜料与同它相适应的基础釉料按适当比例混合，经过球磨、过筛制成釉浆，施在未经灼烧的坯体或经烧成的瓷胎上（低温色釉多施在瓷胎上），在适当的温度和气氛下，颜色釉产生一系列物理化学变化，形成装饰色彩。按烧成温度分为高温颜色釉（高于1 250℃）、中温颜色釉（1 000～1 200℃）、低温颜色釉（低于1 000℃），按烧成气氛分为氧化焰颜色釉和还原焰颜色釉。艺术工作者则习惯按烧成后的外观特征分为六类：①单色釉。釉面呈现纯正、均净单一色彩。②复色釉。又称花釉。釉色呈现两种以上色彩。包括铜红系统花釉和铁黑系统花釉。③裂纹釉。釉面呈现各种形态的裂纹。④无光釉。釉面无光泽，呈现沉着静穆气氛。⑤结晶釉。釉层中呈现无色或带色的结晶体，分巨晶、细晶两类。⑥变色釉。在不同性质光源下，釉面呈现不同颜色。

《颜氏家训》 *Family Instructions of Yan Zhitui* 中国南北朝时期记述个人经历、思想、学识以告诫子孙的著作。颜之推撰。7卷，有教子、治家、勉学、风操、养生等共20篇。《家训》对子女的思想教育，主要以忠孝、老诚为本。要求子女“诚（忠）孝在心”，“泯躯而济国”。他主张家庭教育宜早实施，提出“教妇初来，教子婴孩。”指出“胎教之法”古已有之。他主张父母对子女教育应“威严而有兹，则子女畏慎而生孝矣”。《家训》教育子孙要有真才实学，“涉百家之书”，指出“有学艺者，触地而安”。《家训》也流露一些迂腐观点，但仍包含不少有关南北朝社会、政治、文化的细致的观察和通达的议论。书中的许多记载颇有史料价值。《书证》、《音辞》两篇反映了颜之推的学术成就。

颜文樑 Yan Wenliang（1893-07-20～1988-05-01） 中国油画家、美术教育家。字栋臣。生于江苏苏州，卒于上海。自幼随父学画。1911年入商务印书馆画图室，习西画。1920年所作色粉画《厨房》，1929年获法国春季沙龙荣誉奖。1922年与胡粹中、朱士杰创办苏州美术专科学校。1928年赴法国留学，期间所作风景画显示他受西方新古典主义油画的影响和学习印象主义绘画注重外光描绘的收获。1932年回国，仍主持苏州美术专科学校的教学工作。1953年任中央美术学院华东分院副院长。曾任浙江美术学院顾问、中国美术家协会顾问、美协上海分会副主席。20世纪60年代前半期为其油画创作盛期，代表作有《颐和园》、《寒山夜落阴沉沉》、《西郊公园初春》、《雪霁》等，显示画家对自然景色的

《普陀市街》（1933）

敏感和艺术手法的娴熟。70年代末作《春光好》、《夕照明》等，画风有所转变。著有《美术用透视学》、《色彩琐谈》。出版画册有《颜文樑画集》、《油画小辑》、《欧游小品》、《苏州风景》等。

颜延之 Yan Yanzhi (384～456) 中国南朝宋文学家。字延年。琅邪临沂（今属山东）人。官至金紫光禄大夫，世称颜光禄。颜延之的诗与谢灵运齐名，并称颜谢。但他的诗“喜用古事，弥见拘束”（钟嵘《诗品》），成就远不如谢灵运。较为人们所称道的是《五君咏》5首，借阮籍、嵇康等5位古人来抒发自己的不平，是可读的作品。与陶渊明交情甚笃，陶渊明死后，写有《陶徵士诔》。还奉诏作《赭白马赋》，描写骏马奔驰之速，对后世的咏马之作有一定影响。明代张溥辑有《颜光禄集》，收入《汉魏六朝百三家集》中。

颜元 Yan Yuan (1635～1704) 中国清初哲学家。字易直、浑然，号习斋。直隶博野（今属河北）人。一生不仕，靠教书、行医为生，晚年主持漳南书院。在哲学上，认为理在气中，理与气是统一的。“气即理之气，理即气之理”。在伦理学方面，强调义利统一。主张“正其谊以谋其利，明其道而计其功”。提出道德修养要通过“习行”去实现，应当把修德和立业统一起来。政治上，提出“复井田”、“复封建”、“复学校”三大措施，企图以此解决当时的社会矛盾。重视教育，提出“本原之地在学校”的思想，主张以周公的六德、六艺教育学生，讲授经世致用之学。著有《四存编》等。

颜真卿 Yan Zhenqing (709～785) 中国唐代书法家。字清臣，京兆万年（今陕西西安）人。祖籍琅邪临沂（今属山东）。开元年间(713～741)中进士，登甲科，曾4次被任命为监察御史，迁殿中侍御史。为人刚正不阿，为权奸杨国忠所排斥，出任平原太守。安禄山叛乱，颜真卿在平原联合堂兄常山太守颜杲卿奋起抵抗，河北一带十七郡纷起响应，被推为盟主。肃宗时至凤翔授宪部尚书，迁御史大夫。代宗时封鲁郡公，世称颜鲁公。由于颜真卿笃实戆直，敢于直言谏诤，德宗时遭卢杞妒恶。建中三年(782)李希烈叛，陷汝州，卢杞奏请使颜真卿前往劝谕，持节不屈，被李希烈杀害于狱中。

颜真卿自幼勤奋好学，书法受家庭和外祖家殷氏的影响，同时得张旭指导，广汲书法名家蔡邕、王羲之、王献之、褚遂良等人之营养，融会贯通，形成其雄伟刚劲、大气磅礴的独特风格，被称为颜体，在中国书法史上起了承先启后的作用，对后世书法艺术的发展影响极大，为百世之宗。颜真卿的楷书具有庄严雄伟的气派，用笔横轻竖重，笔力雄强而有厚度；在结构上方正茂密，方中呈圆。竖笔向中略显弧度，刚中见柔，富有弹性感，兼以笔画重，力足中锋，更增加气势宏大、圆润浑厚的美感。他的行草书既具有凝练浑厚，又有纵横跌宕的特色。颜真卿的书法理论，流传有《述张长史笔法十二意》。传世书法作品较多，著名墨迹中，楷书有《竹山堂联句诗帖》、《告身帖》；行草书有《祭侄季明文稿》、《刘中使帖》、《湖州帖》等。其中除《祭侄季明文稿》被公认为真迹外，其余作品真伪尚有不同意见。

颜真卿书写碑石极多，流传至今的有：《多宝塔碑》，结构端庄整密，秀媚多姿；《东方朔画赞碑》，风格清远雄浑；《谒金天王神祠题记》，端庄遒劲；《臧怀恪碑》，雄伟劲健；《郭家庙碑》，雍容朗畅；《麻姑仙坛记》，浑厚庄严，结构精悍，饶有韵味；《大唐中兴颂》，是摩崖刻石，为颜真卿最大的楷书，书法方正平稳，不露筋骨；《颜家庙碑》，书法筋力丰厚，是他晚年的得意之作。

颜真卿书法刻成法帖的也很多，历代汇集的丛帖大多有颜真卿的作品。单帖有《争座位帖》、《奉使帖》、《送裴将军诗》、《小字麻姑仙坛记》等。其中以《争座位帖》最为著名。此帖为行草书，是根据真迹上

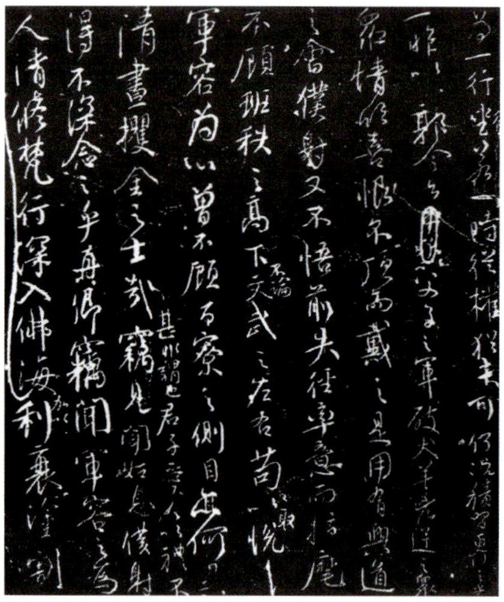

《争座位帖》（局部）

石，现在西安碑林。米芾认为此帖有篆籀气息，为颜真卿的书法第一。专门汇集颜真卿书法的法帖有宋刻《忠义堂帖》，共收集颜真卿书法作品45种，浙江省博物馆藏有宋拓孤本。后人辑有《颜鲁公文集》。

颜之推 Yan Zhitui (531～约595) 中国南北朝时期的思想家、教育家。字介。琅邪临沂（今属山东）人。梁元帝时，官至散骑侍郎。梁亡后，不愿为西魏臣属，奔北齐，为黄门侍郎。北齐亡后入周，为御史上士。隋文帝时，太子召为学士。他将自己亲身见闻及立身、治家、处世的道理，写成《颜氏家训》，教诫子弟。

他教育弟子要勤学守行，应世经务，成为一个厚重、勤勉、博学、多能、务实、学以致用的人才。他提倡及早对儿童进行教育，甚至主张“胎教”。他主张对于儿童应当爱教并重，教育从严，勤于督训。他重视环境对人的习染作用，告诫弟子慎交。注重培养弟子虚心学习的态度，认为不能稍有一点知识便妄自尊大。其著作颇丰，现存《颜氏家训》20篇、《还冤志》3卷。

奄蔡 Aorsoi 古代中亚游牧部落。始见于《史记》，又称阖苏。可能是塞种之一支。西汉时其人游牧于康居西北，即咸海、里海北部草原，东汉时一度役属康居。后为阿兰人(Alans)征服，故《后汉书》称奄蔡改名阿兰。被阿兰征服的奄蔡随同阿兰人西徙，到达黑海以北。一般认为，奄蔡（阖苏）应即希腊、罗马文献所见Aorsoi，阿兰即Alani。

兖州市 Yanzhou City 中国山东省辖县级市。位于省境西南部。面积648平方千米。人口53万(2010)，有汉、回等民族。兖州为古九州之一，周属鲁国，秦属薛郡，汉属山阳郡，隋为鲁郡，宋置兖州，1961年设兖州县，1992年撤县设市。由济宁市代管。兖州煤田是中国八大煤田之一，探明储量200亿吨，煤质属低硫高发热量的优质气煤，是良好的炼焦配煤和动力用煤。农业主产小麦、玉米、棉花、花生、辣椒、大蒜等。工业以能源、冶金、机械、化工、建材、纺织、食品等为主。京沪、新石铁路交会处，素有“九省通衢，齐鲁咽喉”之称，有327国道和兖岚、兖菏、兖梁、兖济等公路从市区通过。名胜古迹有西关寺遗址、王固遗址、少陵台、兴隆塔等。

衍射 diffraction 波绕过障碍物边缘或通过孔隙时的扩展现象。孔隙越小，波长越长，衍射现象越显著。如水面波遇到障碍物时，能绕过其边缘而到达其后面。衍射是波的特性之一，可用惠更斯-菲涅耳原理作定性解释。声波和电磁辐射（光、X射线、γ射线）能产生衍射；极小的运动粒子（如原子、中子和电子）具有波粒二象性，也能产生衍射。见光的衍射。

掩星 occultation 角直径较小的天体在位于地球上观测者的视线方向上被月面或行星遮蔽的现象。包括月掩星、月掩射电源、月掩行星、行星掩星、行星掩射电源等。因为白道在天球上不断移动，月球视直径可达30′，故月掩其他天体的机会很多。利用月掩星观测可以精确测量月球运动，测定历书时，利用月球和行星掩射电源可以测定射电源的位置和结构细节，达

到很高的分辨率。1977年3月，中国、美国等国家的天文学家通过对天王星掩恒星SAO158687的观测发现了天王星环，成为20世纪重大天文发现之一。

眼 eye 动物的视觉器官或感光器。包括原始的感光器眼点到脊椎动物复杂的视觉系统。经历从无到有，由简单到复杂的进化过程。最简单的是单细胞原生动物的眼

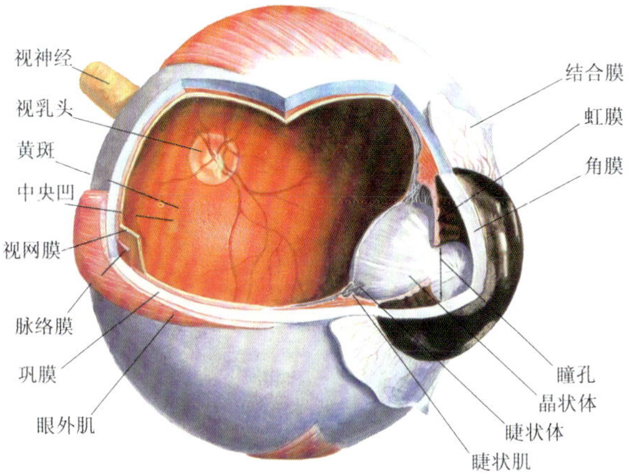

点，以后发展成为定向眼，再进化则为成像眼。无脊椎动物的眼还分为单眼、复眼。脊椎动物的眼最为复杂，是最为重要的感觉器官。脊椎动物眼的构造以人眼为代表。人眼包括眼球及其附属器。眼球是一个球形器官，分成眼球壁和眼内容物两部分。

眼球壁 分外层、中层、内层。外层称为纤维膜，包括巩膜和角膜，由致密的胶原纤维、弹力纤维交织而成的结缔组织，眼球的外形由此层决定。巩膜为一层厚度为0.3～1.0毫米、直径为24毫米的白色球形膜。角膜为一厚度0.5～1.0毫米、直径11毫米的透明膜。眼球壁的中层为葡萄膜，因其有丰富的血管和深浓的色素，如一个剥去外皮的紫葡萄，故名，又称色素膜。葡萄膜分为虹膜、睫状体和脉络膜三部分。虹膜，呈古钱状的膜组织，周边附着在睫状体上，中央有一圆孔即为瞳孔。睫状体位于虹膜根部后，为宽6～7毫米的环形组织，贴于角膜缘后巩膜的内表面。脉络膜贴合在大部分巩膜的内面，厚度平均为0.25毫米。最外层为大血管层，中层为中血管层，内层为毛细血管层，这些血管呈小叶状分布。内层称视网膜，位于眼球壁的内层，前起于锯齿缘，后止于视乳头，又分为外面的色素上皮层和内面的神经感觉层（又可分为9层）。

眼球内容物 眼内容物包括晶状体、房水和玻璃体。晶状体为一形似双凸透镜的透明组织，厚度4～5毫米，直径9～10毫米，有一层囊膜将其包裹。房水为透明如水的体液，由睫状上皮产生，先进入后房。后房内的房水通过瞳孔间隙流入前房。房水对维持无血管的晶状体的代谢极为重要。玻璃体为一透明胶样组织，充填于视网膜内的空间，占眼球4/5的容积，约为4.0毫升。玻璃体内水与黏多糖、透明质酸分子交联而成为具有黏稠有弹性的胶体，有保护视网膜、缓冲震动的功能。

眼的附属器 包括眼眶、眼睑、结膜、泪器和眼外肌。眼眶为向前外方开口的骨性圆锥形空腔，其开口缘骨质较厚且坚实，称为眶缘。眼睑是覆盖于眼眶开口处的软组织，被水平向的睑裂分为上下两份。结膜为一层薄而透明的黏膜，将眼睑与眼球相结合，为非角化性上皮和其下方的固有层组成。泪器分为泪腺及泪道两部分。泪腺位于眶内颞上方骨性窝内，受神经反射控制，分泌浆液性泪液。泪道由泪小点、泪小管、泪囊和鼻泪管组成。眼外肌为骨骼肌，每眼有六条。

眼所占的体表面积和容积虽小，但其功能对生活和工作至关重要。眼是机体的一个组成部分，许多全身系统性疾病可在眼部有所表现。为“捕捉”光的讯息，眼必须暴露于体表，这增加了它受外伤和外界病原体侵袭的机会。眼的疾病最终都会影响视觉功能。

眼底检查 fundus examination 利用检眼镜，对眼部玻璃体、视网膜、脉络膜及视神经等眼球后部进行的检查。眼底检查不仅对眼部疾病的诊断与治疗十分重要，也是某些全身疾病如高血压（图1）、糖尿病、颅内压增高所致的视乳头水肿（图2）等的检查手段，有助于估计预后和评价疗效。

眼底检查应尽量散瞳在暗室内进行。成年人散瞳前应排除**青光眼**的可能，如观察前房是否偏浅，眼压是否偏高。常用的检眼镜有直接和间接两种。

直接检眼镜检查法 正常眼底所见是放大16倍的正像。直接检眼镜的构造包括照明系统和观察系统，灯光由一小镜反射入被检眼内，检眼者可通过装有可调节屈

图1 高血压的眼底

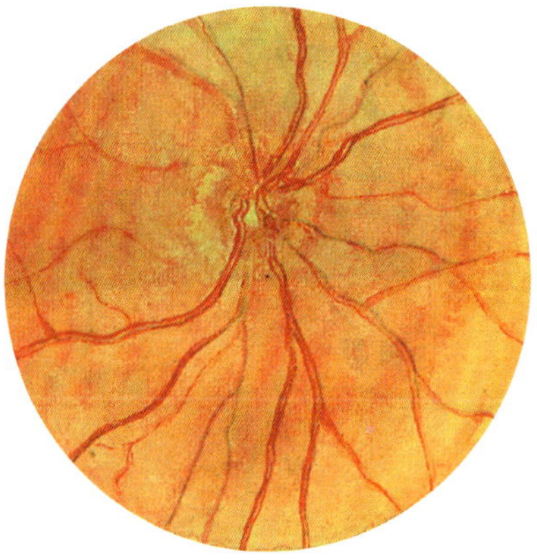

图2 视乳头水肿

光不正的系列镜盘检查眼底。检查眼底前，应先行彻照法检查屈光间质有无混浊，查眼底应循序查视乳头、黄斑部和视网膜。

间接检眼镜检查法 所见眼底范围大，立体感强，景深宽，可同时看到眼底不在同一平面的病变，利用巩膜压迫器，还可检查极周边的眼底。所用照明强，轻度屈光混浊与高度近视眼也能适用。此外，其工作距离远，便于戴上此镜在直视下做手术。在镜两侧还有示教镜。双目间接检眼镜不仅是眼底检查的重要工具，同时也是视网膜脱离手术、玻璃体切割手术必备的器械之一。

眼蝶 Satyridae; satyr butterfly 鳞翅目眼蝶科昆虫的统称。已知约3 000种，分布广泛。中国已知260多种。小型或中型种类，体细瘦，头小，颜色暗淡，通常为灰褐、黑褐或黄褐，少数红色或白色。翅上有较醒目的眼状斑或圆形纹，少数没有或不明显。前翅有几条纵脉基部膨大。前足退化，毛刷状，折在胸下不能行走，无爪。雄蝶通常有第二性征，包括后翅的特殊鳞斑（斑上有倒逆的毛丛）及前翅的腺褶。幼虫身体呈纺锤形，每一节上有横皱纹，头大。蛹为垂蛹。寄主为禾本科植物，少数取食羊齿类植物。

眼镜 spectacles 用以矫正人眼屈光异常、改善和提高视力或保护眼睛的工具。还具有面部装饰作用。

眼镜按镜片材质、镜架材质和眼镜功能分类。①按镜片材质分为：光学玻璃镜片眼镜，如普通光学眼镜片（UV光学白片、克司片、克赛片等）、高折射率光学眼镜片、光致变色光学眼镜片、水晶眼镜片眼镜；光学树脂镜片眼镜，如CR-39片、PC片、变色树脂片、高折射率树脂片眼镜等。②按镜架材质分为塑料架（如醋酸纤维板材架、醋酸纤维注塑架等）、金属架、金属塑料混合架眼镜等。③按眼镜的功能分为：矫正视力用眼镜，包括单光眼镜（其中有近视、远

视、散光及老视眼镜）、双焦眼镜及渐进多焦点眼镜；太阳眼镜；防护眼镜；角膜接触眼镜。除角膜接触眼镜外，通常将镜片镶入镜架，戴在眼前方，统称为框架眼镜。

双焦眼镜　镜片上有两种光度。镜片上部的光度适于看远，区域较大，称主镜片；下部的光度适于看近，区域较小，称子镜片。根据制作工艺，有胶合双焦眼镜、整体双焦眼镜、熔合双焦眼镜三种。

渐进多焦点眼镜　镜片的远用光度与近用光度是通过过渡槽连续改变屈光度形成的，可以对每一个固定距离提供一个相应的屈光度，使得在从远用区经过中间过渡直至近用区的连续范围内都能获得清晰视力。

防护眼镜　主要有8种：①看火护目镜。镜片含钴、铁、铜而呈蓝色的玻璃眼镜。能吸收炽烈强光，消除强光下眩光。②焊工护目镜。镜片含铁、钴、铬等着色剂而呈深绿色的玻璃眼镜。对紫外、红外和可见光都有强烈吸收，可见光透过率一般为0.1%～1%。③防强光护目镜。镜片含铁、锰、铬、铈等着色剂而呈黄绿色的玻璃眼镜。对紫外线和红外线能全部吸收，可见光透过率为20%左右。④防X射线眼镜。用含铅玻璃制作的眼镜。⑤防微波眼镜。在玻璃镜片上真空蒸镀或高温喷涂四氯化锡导电膜。可防止微波、高频波、超短波、雷达波等对眼睛的伤害，可见光透过率为65%左右。⑥防激光眼镜。在镜片中加入着色剂或在镜片表面镀金属膜，能有效地吸收或反射某波长激光的眼镜。⑦防冲击眼镜。为保护眼睛，常需要配戴平光或有光度的眼镜。玻璃眼镜、塑胶眼镜和钢化玻璃眼镜的耐冲击强度依次增强。⑧防化学介质眼镜。为橡皮边框眼镜。与眼睛周围的肌肉紧贴，可防止化学气体、化学溅液、粉末尘埃等对眼睛的刺激。

偏振眼镜　镜片上镀以偏振薄膜，可使普通光经过镜片时只通过规定方向振动的光波。可防止水面反光、车灯眩光等。

增透眼镜　为高透光率眼镜。在镜片表面镀膜，使反射光之间互相干涉，削减光的反射量，增加光透过率。一般采用真空蒸镀法镀氟化镁膜，可将镜片反射引起的光损失减少到4%。多层镀膜可使镜片的透过率达到99.2%以上。

眼镜猴　*Tarsius*; tarsier　灵长目眼镜猴科眼镜猴属动物的统称。又称跗猴。该科唯一现生属，约有7种。分布在印度尼西亚的苏拉维西、苏门答腊东部、加里曼丹和菲律宾。体型较小，体长9～15厘米，尾长20～24厘米，体重75～134克；颜面圆形，吻短；眼睛几乎占据了整个面部，其直径约有1.7厘米；鼻区有少量短毛；耳朵很大；头可以向后转180°；前臂和后肢很长，指骨亦长，在指、趾端有像树蛙一样的圆球形软垫，第2、3趾端为钩形爪，其余各指、趾端是扁甲；牙齿34枚；雌性具双角子宫，胸腹各有1对乳头；体毛短，绒厚，黄褐色略发灰，腹侧色淡。

邦卡眼镜猴

栖息于热带、亚热带沿海的森林，垂直分布可由海平面到1 200米。夜间活动。主要吃昆虫、蜘蛛、蜥蜴等小动物，也吃果实。天敌是猫头鹰。单独或1～4只同栖。孕期约6个月，每胎产1仔。

眼镜蛇　*Naja*; cobra　有鳞目蛇亚目眼镜蛇科眼镜蛇属蛇类的统称。已知约12种，分布于亚洲南部及非洲。中国有2种。全长1～2米。头部椭圆形，与颈区分不明显；无颊鳞，第4、5枚下唇鳞之间靠唇缘外常有1枚小鳞。被激怒时，竖起前半身，颈部肋骨扩张，显露出白色眼镜状斑或单眼斑。栖息于沿海低地至海拔1 700米的平原、丘陵和山地。常见于灌丛、坟地、稻田、池塘、溪边等，在公园或住宅内也有发现。白天或傍晚活动。以鱼、蛙、蜥蜴、鸟、鼠、蛇或鸟蛋为食。3月出蛰、11月冬眠。卵生，6～8月产卵。每产7～19枚，经50天左右孵出，

幼蛇全长200毫米左右。是前沟牙毒蛇，具混合毒。眼镜蛇毒的生物制剂可治疗多种疾病，也是优良的镇痛剂和抗凝血剂。

眼球震颤　nystagmus　一种不自主的、有节律的眼球摆动。按眼震方向有水平型、垂直型、斜向型、旋转型或混合型。按震颤幅度和速度，分摆动型与冲动型。

患者有跳视和视力减低，视物不清，有反射性眩晕、恶心和呕吐；耳性者常因头晕不能站立；脑干病变眼震患者可伴有空间错觉（如自觉地板向上浮起）；而颞叶病变眼震患者则视物变形。客观检查可见患者有倾倒或过指现象，表明病变位于前庭或小脑及其附近处。若有植物神经系统征候，如出汗、面色苍白、血压降低等则指示病变影响脑干。身体其他部分的震颤如“点头”，多见于先天性婴儿点头痉挛、矿工性眼球震颤等，软腭震颤见于脑干病变的患者。体位异常也有助于诊断，如矿工患有眼球震颤者常有仰头上视。

眼震仅为一种临床症状，对各类型的眼球震颤，需针对病因，进行有效防治。

眼外伤　ocular trauma　眼球及其附属器受到外来物理性、化学性伤害所致的各种病理性改变。是造成盲目的主要原因之一。分机械性和非机械性两大类，前者包括钝挫伤、穿通伤、异物伤等；后者有热烧伤、化学伤、辐射伤和毒气伤等。

眼球钝挫伤　眼球受钝器打击后产生的损伤（见图）。常见者如下：①睑皮下出

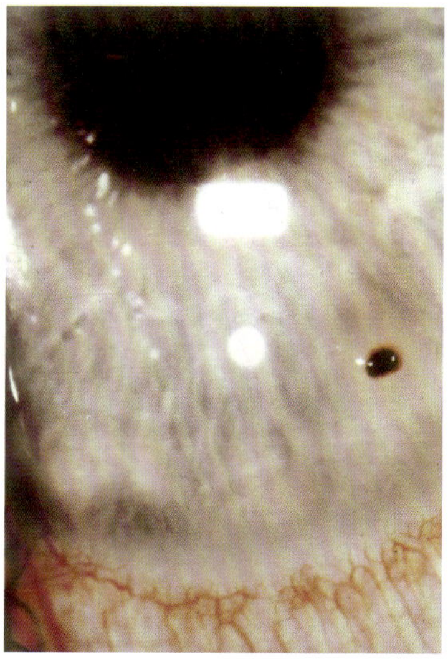
眼球钝挫伤

血和气肿。睑皮下气肿为眼部挫伤合并眼眶内侧壁（常筛窦）骨折，筛窦内气体进入眼睑内皮下造成，触之有捻发音。②角膜上皮剥脱。为预防感染，应用抗生素眼膏，并遮盖包扎受伤眼。③前房出血。为虹膜或睫状体出血所致。④虹膜根部断离和外伤性瞳孔散大。断离范围小者一般不作处理。断离范围大者应行手术缝合恢复原位。⑤玻璃体出血（见玻璃体积血）。睫状体、脉络膜或视网膜出血所致。患者应少活动，适当应用止血药。⑥视网膜震荡。受伤后视网膜混浊、水肿呈灰白色，可自行消失。严重外伤可引起视网膜破孔，导致视网膜脱离，需手术治疗。⑦外伤性白内障（见白内障）和晶状体脱位。可引起继发性青光眼。⑧脉络膜出血和破裂。受伤初期破裂常被出血遮盖，出血吸收后，露出破裂处呈灰白色，裂痕呈弓形，凹面朝向视乳头。⑨眼球破裂伤。重症钝挫伤可致眼球破裂。

眼前部者好发于角膜巩膜缘部，眼后部者好发于视神经周围。眼前部者可以手术缝合，眼后部者则缝合困难。

穿通性眼外伤　尖锐物体或高速飞扬的小异物造成的眼球穿破。受伤当时患者主诉有一股“热水”由眼内流出。受伤后患者羞明、流泪、疼痛和视力减退。检查可见眼球前部有穿通的伤口，位于角膜、角膜缘或巩膜上；新鲜病例前房浅或消失，眼压降低，常有虹膜或其他眼内容物脱出或嵌于伤口内，合并有前房积血或晶状体混浊。

根据有无眼内组织脱出于伤口，处理方法亦不同。眼球前部穿通伤，无眼内组织脱出的伤口，污染的可能性小，可行伤口缝合。若有前房出血，要轻轻冲洗，然后缝合，并向前房内注入生理盐水或空气以使前房形成。通常须用散瞳药，局部及全身应用抗生素预防感染。

眼的化学伤　碱性或酸性物质溅入眼部而致的损伤，碱比酸更易向深部腐蚀，其视力恢复预后差。化学物质伤后应立即用大量净水彻底冲洗眼部，冲洗时应翻转眼睑，暴露穹隆部，彻底冲净结膜囊内的化学物质。早期受伤眼应散瞳，局部或全身使用糖皮质激素，如发现角膜有溶解倾向时，应停用。维生素C可全身及局部（结膜下注射）大量应用。若球结膜有广泛坏死或角膜上皮坏死，可做早期切除，球结膜缺损区可作羊膜或口腔黏膜或对侧球结膜移植。应用胶原酶抑制剂如半胱氨酸滴眼，防止角膜穿孔。晚期针对并发症进行治疗。

眼子菜　*Potamogeton distinctus*; distinct pondweed　眼子菜科眼子菜属的一种。多年生草本植物。又称鸡子草、水上漂、水案板等。中国、朝鲜、韩国、日本、美国等都有分布。此属约100种，中国有30余种。

该种系浮水性杂草。根状茎匍匐生长，长达2米，茎节枝在表土层中交错生长成网状，入秋形成无性繁殖体“鳞芽”。地上茎短。叶披针形至卵圆形，覆盖水面。穗状花序，花黄绿色。小坚果卵形。种子有3脊，具喙。喜生于稻田和浅水池沼中，在单季稻田间较多，是稻田恶性杂草。种子和鳞芽都可繁殖，以鳞芽繁殖为主。一般4～5月间萌发，蔓延生长迅速，根状茎脆嫩易断，断茎可再生成新株，以种子和鳞芽休眠越冬。全草可作猪、家禽及鱼饲料，还可入药，有清热明目、渗湿利尿作用。

偃师商城　Capital Yanshi of Shang Dynasty　中国商代早期都城。遗址位于今河南偃师市区西部。公元前16世纪初夏亡后，商汤在此建都，约于前15世纪中叶废弃。遗址于1983年发现，基本保存完好，或称尸乡沟商城遗址，发掘工作延续至今。此城对了解商代的政治、经济制度，文化面貌，都城制度，建筑技术和科技水平等有重要意义，1988年国务院公布偃师商城遗址为全国重点文物保护单位。

古城规模庞大，布局严谨，其发展经历了小城阶段和大城阶段。最初的小城平面呈长方形，南北约1 100米、东西约740米。城墙为夯筑，宽6～7米，四面中部可能各有一座城门。布局特征为：择中立宫，左右对称。城西南隅有府库，城外东北面有铸铜作坊，平民居住区主要在城北。宫城平面大体呈方形，面积近4万平方米，分为宫殿区、祭祀区和池苑区。宫殿区有多座宫殿建筑，修建时期略有参差，布局也有变化。整体格局为前朝后寝。宫殿区内有发达的排水系统。池苑区的核心部位是一人工修建、面积达3000多平方米的长方形水域。府库规模庞大，库房总数超过90座。

小城使用不足百年后，向北、向东进行了扩建，形成大城。大城南北超过1 700米、东西宽于1 200米，夯筑城垣的宽度一般为17～19米。城外环绕护城河，宽约20米。有城门6个。此时宫城被改造，规模扩大。在宫城东北面新建一座大型府库。城东北部有制陶作坊和石器加工作坊。平民区仍在城北部。大城城墙内侧有平民墓地。在大城使用的后期，宫城再次扩建，除改建、扩建原有宫殿外，还新修数座宫殿，并出现超大规模的宫殿建筑。

偃师商城遗址中出土了金、铜、玉、陶、石、蚌、漆器及原始瓷器、骨角器、螺钿器等近万件，分属礼仪用器、生活用器、生产用器、丧葬用器、装饰品等。从中可反映当时的生产发展情况，了解商王室和平民的生活状况。

绝大多数学者认为偃师商城是商代早期的都城，许多学者更认为它是商汤灭夏后所建的商代最早的都城。它出现于原夏王朝的京畿地区，故该城址的兴建可作为夏、商王朝更替的标志。

偃师市　Yanshi City　中国河南省辖县级市。地处省境西部，黄河南岸。面积888平方千米。人口67万（2010），有汉、回等民族。商汤灭夏后建都于此，称西亳。春秋时为滑国地。秦置缑氏县。汉置偃师县，因公元前11世纪周武王伐纣回师途中在此息偃戎师，故名。1993年撤县设市。由洛阳市代管。属暖温带季风气候。夏热多雨，春秋凉爽。矿产资源主要有煤、铁、铝、花岗岩等。农作物主要有小麦、玉米、水稻、甘薯、棉花、芝麻等。名产有蜂蜜、貂皮。工业有采矿、建材、化肥、机械加工、电力、轻纺六大优势产业，并建立了在中原乃至全国有影响的钢制家具、制鞋、针织和三轮摩托制造四大特色产业基地。花岗岩“云里海”、“菊花香”被誉为世界独特品种。风景名胜主要有玄奘故里、杜甫墓、灰嘴遗址、偃师商城遗址、孝敬陵（太子李弘之墓）、春秋滑国故城遗址、北魏水泉石窟等。

演义小说　historical novel　中国古代长篇小说的一种。“演”，指推衍敷陈；“义”，指其思想内容。演义小说，主要指以某些历史事实为基础，吸收野史传说，并经艺术加工而写成的小说。演义小说乃由宋代的讲史话本发展而来，元末明初出现这个名称。明代是演义小说繁荣大盛的时代，而《三国志通俗演义》正是这种繁荣的起点。明代演义小说题名上常标明“按鉴演义”或“演义按鉴”，以忠于历史相号召。同时又在题名上常标明“通俗演义”，则说明敷演历史故事。但万历年间出现的《征播奏捷传通俗演义》，却是写万历间事，这里“演义”概念已扩大，非专指敷演古事。

演绎逻辑　deductive logic　与归纳逻辑相对。主要研究演绎推理形式的科学，即狭义的形式逻辑。演绎推理是如果前提都真，则结论必然真的推理。

演员　actor　表演者的统称。在戏剧艺术中，指运用戏剧表演艺术把剧本的文学人物形象创造成为舞台人物形象的表演者。成熟的演员一般都具有深厚的生活基础、丰富的文学和艺术修养、坚实的表演创作基本功、独特的创作个性和创作风貌。在创作风格上，一般可分本色演员和性格演员两种。本色演员运用本人的容貌、体态、气质和个性来创造人物形象，所创造的每一个人物形象，很贴近演员本人。性格演员按人物性格进行各不相似的人物形象创造。许多性格演员在形象创造中常常抑制自己，使人物形象的气质不掺杂演员本人的、非人物形象的气质因素。演员所具有的各种创作上的特点相互渗透的总和，逐渐成为这个演员的独特创作个性。演员总是有意识或无意识地按照自己的创作个性来进行艺术创作，因而他在众多的人物形象创造中，不管形象如何不同，都会贯穿和呈现出具有演员独特创作个性的创作风貌。

鼹鼠　Talpidae; mole　食虫目鼹科动物的统称。约17属42种。分布于欧洲、亚洲和北美洲。在北美始见于渐新世中期，在欧

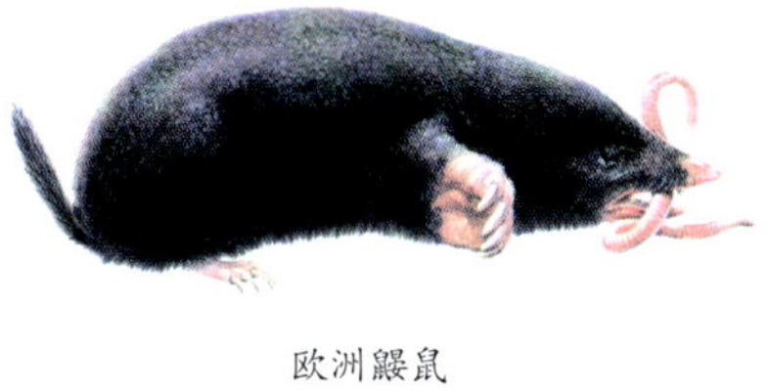

欧洲鼹鼠

洲始见于始新世，在亚洲仅见于近代。中国有9属17种，东部地区常见麝鼹鼠，在西南地区种类较多。绝大多数营地下生活，形如圆筒，耳、眼均不明显，颈部不分明，肢短，4足十分发达，头尖，吻部尖长。北美的星鼻鼹鼠的鼻端具裸露的肉质突起，如同“触枝”。有些种类体形与鼩鼱类近似。一般覆毛极其细密，似天鹅绒，无毛向，适于在洞道中进退。臼齿具发达的齿尖。绝大多数挖洞道营穴居生活，通常有两种类型。一种靠近地表，在地表可见土层有脊状隆起。一种离地表较深，在地表无脊状隆起，但可发现由洞道内推出的土形成的小土堆。平时孤栖，但几个鼹鼠可共用一个巨大而复杂的洞道系统，终年昼夜活动，无冬眠。取食地下的蠕虫、昆虫幼虫、各类无脊椎动物等，少数兼食植物。半水栖者以水生昆虫、甲壳类、软体动物和小鱼为食。在地下筑巢产仔，年产1～2胎，每胎1～7仔。鼹鼠有强烈气味，可能以此自卫。

厌恶疗法 aversive therapy 行为治疗的方法之一。又称对抗性条件反射治疗。将某种负性的、不愉快的刺激及厌恶反应与需求治疗的个体非适性行为结合起来，从而使其因感到厌恶而最终放弃问题行为。此法适用于药物成瘾、性心理异常、无法控制的暴力等异常行为的矫正。

治疗一般采用电击厌恶刺激、药物厌恶刺激、器械厌恶刺激、想象厌恶刺激等。例如，采用人体可以承受且不会对人造成伤害的电击进行厌恶治疗时，让被治疗者首先想象其问题行为并因此引发快感，随即给予电击，令其产生不愉快的疼痛感。重复进行使之把问题行为与疼痛的厌恶感联系在一起，最终导致不良行为的消失或改变，从而达到治疗的目的。

由于厌恶治疗会带来一定的副作用，因而专业人员对厌恶疗法的使用非常慎重。

厌氧菌感染 anaerobic bacterial infection 由厌氧菌引起的感染性病变。厌氧菌指在生长中无需氧气的细菌。按其对氧的喜恶程度分为微需氧菌、兼性厌氧菌和专性厌氧菌。

常见感染 厌氧菌可引起人体任何部位和器官的感染，如头颈部感染、口腔感染、胸肺部感染、腹腔感染、泌尿生殖系感染、骨和关节感染、皮肤软组织感染、中枢神经系统感染、心内膜炎、盆腔感染和菌（败）血症等，以胸腔、腹腔和盆腔感染多见，占50%以上；且多为混合性感染。厌氧菌感染多在组织器官先有炎症、外伤（包括手术）等的情况下发生，其原发感染又可引起菌血症，进而导致其他器官的感染。厌氧菌感染的共同特点是感染时有组织坏死、坏疽及气体生成或有假膜形成；感染灶中大量厌氧菌繁殖产生有机酸，易产生恶臭味，尤其是感染灶与外界相通时。常见感染有牙周脓肿、肺脓肿、脑脓肿、腹腔感染、盆腔感染、败血症、皮肤软组织感染等。

诊断 诊断依据临床资料，如有臭味的脓液或分泌物，坏死组织，病变处气体形成，特殊部位的脓肿（如牙周、肺、脑的脓肿）等。确诊依靠病原菌的分离。最好在床边或手术台旁抽出脓液直接注入厌氧培养基中，以减少因送标本的过程中暴露在有氧的空气中而使分离失败。普通培养阴性时应考虑有厌氧菌感染的可能。

治疗 脓肿要引流。根据细菌培养及药物敏感试验选择有效抗菌药物。此前可根据临床特征和相应病原学知识经验用药。对厌氧菌有效的药物有甲硝唑、替硝唑、林可霉素和克林霉素、青霉素G、氯霉素、头孢菌素、万古霉素及喹诺酮类。若呈厌氧菌和需氧菌混合感染，可加用庆大霉素或哌拉西林等。

砚 inkstone 一种研墨泚笔的文具。又称砚台。俗称砚瓦。文房四宝之一。历代的砚台有石砚、陶砚、瓷砚、玉砚、铜砚、铁砚、木砚、竹砚、漆（砂）砚、砖砚、瓦砚等。隋唐以后，石砚的使用最为普遍，而且饰以雕刻。

沿革 砚的起源可追溯到新石器时代。1980年，在陕西临潼姜寨村一座距今5 000多年前的墓葬中发现一块石砚。1955年广州华侨新村汉墓出土的8件石砚以及1973年湖南长沙沙湖桥和湖北江陵凤凰山汉墓出土的石砚，说明砚在秦汉时已常用。汉代的砚多为圆形三足砚，盖部多雕刻鸟兽等花纹。北朝则盛行方形四足砚。隋唐以来，盛行龟式、屐式、箕式砚，同时还有将秦汉时遗留下来的佳砖、名瓦加工刻制成砖、瓦砚，一直延至明清。

制作工艺 一般分为：①采砚石。砚石质的优劣直接关系砚的发墨与下墨，并影响砚的艺术价值与收藏价值。②选料。选择质地坚实致密、细腻滋润、刚柔相宜的砚石。③设计。在题材、形制、布局等方面进行创作设计。④打坯。从砚的实用和欣赏角度出发，将砚石的优质部分留作墨堂（砚堂，研墨处）和墨池（砚池，储墨处）。⑤雕刻。要求掩盖砚石中的瑕疵，又不留刀痕。传统的砚刻技法一般采用深、浅刀浮雕（高、低浮雕）及细刻、线刻为主，必要时穿插圆雕和通雕（镂空）配合。⑥配盒。砚石雕刻好后即需配盒，以防止尘埃入砚，保持砚石的滋润。⑦磨光。经磨光磨去刀痕（粗磨），然后用极细的水磨砂纸将砚面及雕刻部分细磨，使其更加晶莹、光洁、细腻。

名砚 历代有四大名砚之称。①端砚。因产于广东肇庆（古称端州）而得名。分紫端和绿端两种。始于初唐。②歙砚。因产于安徽省古歙州而得名。又因其砚石产于江西省婺源县龙尾山，又称龙尾砚。③洮砚。又称洮河砚。产于甘肃省古洮、岷二州的交界之地。始于中唐，也有始于北宋之说。④澄泥砚。始制于唐代。至宋以后，产地颇广，但以山西绛州（今新绛县）与山西五台定襄河边镇烧制的最佳，其次为泽州（今晋城）、山东拓沟、江苏南通等地。

晏幾道 Yan Jidao 中国北宋词人。字叔原，号小山。抚州临川（今属江西）人。生卒年不详。晏殊第七子，曾任颍昌府许田镇监。作为“花间派”的嫡传，他的造诣在其父之上，世称二晏。

晏幾道的词风有父风，多是酒阑花下之作，四时景物，男欢女爱，题材并不十分广阔。但他擅长写景抒情，情感深沉真挚，境界较高。且人物形象鲜明突出，语言清丽婉转，明白晓畅。他善以前人诗句融合入词，有时显得比原作更好。如名作〔临江仙〕：“落花人独立，微风燕双飞”，乃用五代翁竑闺怨诗句。将杜甫诗“夜阑更秉烛，相对如梦寐”，改为〔鹧鸪天〕：“今宵剩把银釭照，犹恐相逢是梦中。”皆能改得天衣无缝。陈廷焯《白雨斋词话》说：《小山词》“无人不爱，以其情胜也”。黄庭坚说他的词“清壮顿挫，能动摇人心”。清代周济说：“晏氏父子，仍步温、韦，小晏精力尤胜。”今存《小山词》1卷，有毛晋刻汲古阁《宋六十名家词》本，清朱孝臧《彊村丛书》本，计收其词256首。

晏殊 Yan Shu (991～1055) 中国北宋政治家、文学家。字同叔。抚州临川（今属江西）人。景德进士，擢知制诰、翰林学士。庆历中官至集贤殿学士、同平章事兼枢密使。谥元献，世称晏元献。范仲淹、欧阳修等皆出其门下。晏殊一生历居显官要职，仕途平坦，但政绩平平。然而在文坛上却有建树。只是诗文集今已不传。晏殊最负盛名的是词。今存词130余首，全为小令，无慢词。他的词大部分是在富贵优游的生活中产生的，内容多取四季景物、男女恋情、欢愉情趣，以及流连诗酒，歌舞升平，题材较狭窄。但语言婉丽，音韵和谐，形象明朗，意境清新。他善于捕捉事物特征，熔铸佳句，如“无可奈何花落去，似曾相识燕归来”，“满目山河空念远，落花风雨更伤春”（《浣溪沙》）皆为工妙之语，千古传诵。晏殊词的风格，既吸收花间派温（庭筠）、韦（庄）的格调，也深受南唐冯延巳的影响，承袭了其清俊疏淡的特色，不流于轻倩、浮浅，故为当时所重。晏殊原有文集240卷，已散佚。今存《珠玉词》3卷，毛晋刻汲古阁《宋六十名家词》并为1卷。

晏阳初 Yan Yangchu (1893-10-26～1990-01-17) 中国社会学家、平民教育家。又名兴复、遇春、云霖。四川巴中人，卒于美国纽约。1913年就读于香港圣保罗书院（香港大学前身）。1916年入美国耶鲁大学，1918年获学士学位。1919年6月至1920年入普林斯顿大学并获硕士学位。1920年8月回国，主持上海基督教青年会全国协会智育部的平民教育工作。1923年与陶行知、蔡元培等人在京发起成立中华平民教育促进会，任总干事。1926年起，先后开展定县实验县、衡山实验县、新都实验县和华西实验区等平民教育与乡村改造实验工作。1928年被耶鲁大学授予荣誉文学硕士学位。1940年任乡村建设育才院（后改名“乡村建设学院”）院长。1944～1945年被美国锡拉丘兹、洛易斯维尔等3所大学授予荣誉法学博士学位。50年代起，先后协助菲律宾、泰国、危地马拉、哥伦比亚及加纳等国建立乡村改造促进会。60年代，在菲律宾创办国际乡村改造学院，任院长。

晏阳初通过对在西方国家的华工群体及中国本土社会的考察，认为愚、贫、弱、私是中国社会贫困落后的四大根源。他毕生从事平民教育和乡村改造事业，被誉为“国际平民教育之父”。著有《平民教育概论》、《农民运动的使命》、《十年来的中国》等。

《晏子春秋》 *Spring and Autumn of Yanzi* 中国记载春秋时期齐国政治家晏婴言行的书。一说成书于战国时期，也有人认为是原籍为齐的秦代博士所写。采用史料和民间传说编纂故事而成，这种体例不同于先秦其他子书以记言为主的形式，而与临沂汉简中的《晏子春秋》残篇结构雷同，为成书年代提供依据。书中晏婴劝告君主不要贪于逸乐，要爱护百姓、任用贤能和虚心听取不同意见等统治经验，常为后世效法。晏婴本人恪守传统礼制、生活节俭，也常为后世统治者所称道。书中许多生动的情节描写，表现了晏婴的聪慧和机智，曾在民间广为流传。书中还通过总结政治经验，分析了“和”、“同”两个概念。晏婴认为，对君主随声附和即“同”，不足可取；只有敢于向君主进谏，补其不足，也就是“和”，才是正确的。这一具有辩证法思想的论述在中国哲学史上也占有一定地位。

《晏子春秋》曾经刘向整理，共内、外8篇，215章。清代校订者有七八家，清末有苏舆《晏子春秋校注》、张纯一《晏子春秋校注》；近有吴则虞《晏子春秋集释》，材料较全。

宴乐渔猎攻战纹壶 中国战国时期青铜器。造型、纹饰相似的有3件，一件为故宫博物院所藏传世品，另两件分别于1965年出土于四川成都百花潭、1977年出土于陕西凤翔高王寺。器体造型均为战国早期流行的圆壶型式，壶身布满异色金属镶嵌的图像，构图横向展开，多层配置。每层图像以斜角云纹饰带间隔。人物动作生动，均为侧影，人物间无纵深关系。图像表现技法尚显幼稚，但形象地展现了宴饮、战争、狩猎、采桑等活动，是了解战国社会生活与绘画的重要资料。

嵌错宴乐攻战纹铜壶（战国，四川成都出土）

验潮 tidal observation 在有潮水域选定的地点监测某一水平面上潮汐变化的工作。全称海洋潮汐观测。目的是确定平均海平面和深度基准面，以及水深测量中深度数据的水位改正。选定的地点称为验潮站，根据对观测精度的要求和观测时间的长短，分为长期验潮站、短期验潮站、临时验潮站和定点验潮站。采用的设备有水尺、机械式验潮仪、压力式验潮仪和声学验潮仪。每个验潮站都要确定一个水位零点，作为本站各水尺或验潮仪的统一潮位起算零点。为确认验潮站的平均海平面和深度基准面，以及检查水尺或验潮仪零点的稳定性，需在附近设立水准点，以解决当地验潮站的深度基准面和多年平均海平面在国家高程基准中的标定问题。

验潮仪 tide gauge 观测潮汐涨落高度的仪器。又称水位计。潮汐和波浪都反映了水位的变化，验潮仪中要有消波装置，才能测出水位的缓变分量——潮位。浮子式验潮仪通过测量验潮井中浮子的垂直位移来记录潮位的变化；其验潮井须与当地最低水位相通，且能较好地消波。浮子式验潮仪结构简单、使用方便、造价低廉，可与验潮杆配合使用，但验潮井的投资较大，因此适用于需要长期测量潮位的沿海区域。其他验潮仪如声学验潮仪、压力验潮仪等，不需验潮井，但造价较高，适用于短期验潮任务。20世纪60年代以来，利用卫星观测技术进行大面积潮汐测量是潮汐观测技术的重要突破。但岸边常规潮汐观测仍然依靠传统的验潮仪。

验光 optometry 测定眼睛屈光不正的性质和程度的方法。又称屈光检查。用验光法可以测出患眼屈光不正的性质、度数和轴向，且有助于分析被检眼视力下降的原因以及眼病治疗过程中视力改变的真实情况。分为主观验光法和客观验光法。

主观验光法 患眼在调节状态下进行的屈光检查。依靠被检者自己的主观感觉来决定屈光不正的性质和程度。

显然验光法或直接试镜法 眼在调节状态下，用镜片放在患眼前检查，根据视力进步的情况，决定最适宜的镜片。

云雾法 用高度正球镜片，放在被检眼前面，使该眼睫状肌松弛，以解除其调节作用，使该眼成为暂时近视，看远模糊，如在云雾中。此法可用于视力正常或接近正常的远视眼，或用于不宜散瞳的患者、对睫状肌麻痹药过敏者以及青光眼患者。

散光表验光法 看散光表时，若有的线条较其余线条清楚，该患者即有散光（图1）。

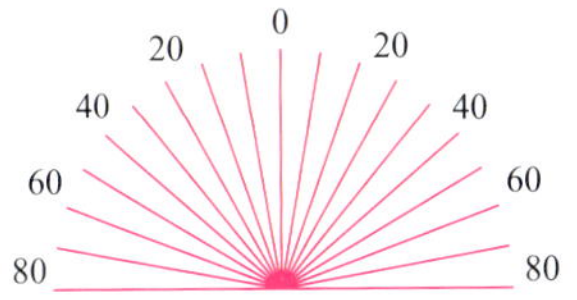

图1 散光表

交叉柱镜矫正 交叉柱镜为一种混合柱镜片，即在其互相垂直的两条子午线上，力量相等，符号相反。交叉圆柱镜主要用于矫正柱镜片的度数和轴（图2）。

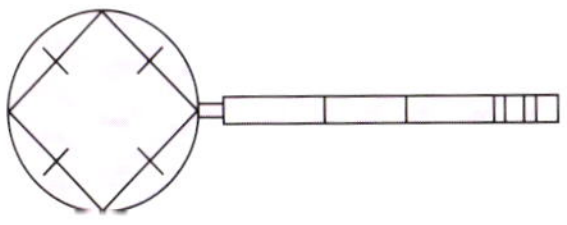

图2 交叉圆柱镜

客观验光法 常用视网膜检影法。其操作简单，结果准确。可用平面、凹面或带状光检影镜在暗室中进行，患者在检查前使用睫状肌麻痹药。散瞳检影后，当调节恢复时要进行验光复查。

自动验光仪 为目前常用的方法，操作快捷、简便，可迅速测出眼的屈光度，是一种快捷和有价值的屈光筛选方法。对于大面积屈光普查，自动验光仪可迅速地测出其屈光性质及度数。

谚语 proverbs 人们口头常用的现成的话语。类似**成语**，但口语性强，通俗易懂，一般都表达一个完整的意思，形式上差不多都是一两个短句。谚语的内容包括极广。有的是农谚，如“清明前后，栽瓜种豆”。有的是天气谚语，如“天上钩钩云，地下雨淋淋”。有的是事理谚，如“种瓜得瓜，种豆得豆”。有属于生活上各方面的常识谚，如“饭后百步走，活到九十九”。类别繁多，不胜枚举。谚语在表达思想感情方面可以增加语言的鲜明性和生动性。

民间有关农业生产和农家生活的格言、熟语。中国农谚起源很早，公元前1世纪（汉代）农书《**氾胜之书**》中就有引用，如：子欲富，黄金覆（黄金覆就是秋天锄麦曳柴壅麦根）。6世纪农书《**齐民要术**》中引用的农谚更为广泛。中国农谚的内容涉及农、林、牧、副、渔各业，几乎无所不包。其特点是实用性强；流传广泛，普及率高；区域性明显；语言丰富，不拘一格。在民间广为流传的各种描述天气变化经验的语句。天气谚语在殷墟甲骨文和诗经等古代文化遗产中均有表现，如“朝（虹）于西，崇（终）朝其雨”就是其中之一。唐黄发子撰写的《相雨书》、元娄元礼撰写的《田家五行》、明徐光启撰写的《农政全书》均汇集了丰富的天气谚语。常见的天气谚语很多，如看风预测天气的有“一日东风三日雨，三日东风一场空”，看天空状况预测天气的有“东虹日头，西虹雨”，看物象预测天气的有“雨中闻蝉叫，预告晴天到”，看天象预测天气的有“太阳晃一晃，大雨落三丈”，根据前期天气进行短期气候预测的天气谚语有“九里风多，伏里雨大”、“发尽桃花水，必是旱黄梅”等。

堰 weir 具有挡水、溢流或测流功能的低水头水工建筑物。根据堰体厚度δ与堰上水头H的比值可分为薄壁堰、实用堰和宽顶堰。①薄壁堰。$\delta/H<0.67$，用于试验室和野外测流的量水设备，又称量水堰。它是一个垂直于水流流向的直立金属板，常用的有矩形薄壁堰和三角形薄壁堰。②实用堰。$0.67<\delta/H<2.5$，常用于岸边溢洪道，又称溢流堰。③宽顶堰。$2.5<\delta/H<10$，常用作水闸工程的底槛，有时也用于岸边溢洪道。按堰的下游水位及流过堰顶的水流在下游形成的水跃情况，可分为自由溢流和淹没溢流。

堰塞湖 barrier lake 河流被外来物质堵塞后贮水而成的湖泊。又称阻塞湖。常由山崩、地震、滑坡、泥石流、冰渍物、火山喷发的熔岩和流动的砂丘阻塞河流造成。堰塞湖一般规模不大，外形狭长。中国黑龙江省的五大连池和**镜泊湖**均系火山熔岩流阻塞而成。

雁荡山 Yandang Mountain 中国名山之一。是著名游览、避暑、休养胜地，以“山水奇秀”闻名。位于浙江省东南部。以瓯江为界，分南北两个山区：南雁荡山在平阳县西南，北雁荡山在乐清市东北。通常称北雁荡山为雁荡山。北雁荡山主峰百岗尖由花岗岩构成，海拔1 108米。岩石节理发育，风化后多奇峰怪石，形成以峰、石、瀑、洞四类胜景著称的雁荡山风景区。相传山顶有荡，水常不涸，秋雁宿之，故名。风景区东西长25千米，南北宽19千米，面积约450余平方千米，可分灵峰、灵岩、大龙湫、雁湖、显圣门、仙人桥、羊角洞7个风景区。在其380多处景点中，有102峰、46洞、28潭、18瀑、10泉、2水、7溪、1涧等。其中灵峰、灵岩和大龙湫瀑布俗称“雁荡三绝”。大龙湫瀑布高190米，因悬壁向里凹入，瀑水悬空飘洒，随风轻荡。2005年，联合国教科文组织将雁荡山评为世界地质公园。雁荡山亦为浙南革命根据地之一，净名寺口建有革命烈士陵墓。

雁门关 Yanmen Pass 中国古代关口。又名西陉关。因两峰夹峙，其形如门，飞雁出其间，故名。位于山西省代县西北20千米处的勾注山上。始建于北魏。现关城为明洪武七年（1374）在古雁门关关址东南约5千米处重建，嘉靖年间（1522～1566）增修，万历二十五年（1597）复筑。关城周长约千米，高约6.7米，砖石砌成。门三重，为东门、西门和小北门。东门有雁楼。关外有大石墙3道，小石墙25道，并沿勾注山筑长城，建城堡，使雄关更加险固。雁门关与宁武关、偏关合称内长城外三关，为内固太原之锁钥，扼控晋北之咽喉。雁门关北通大同，南达太原，是南北交通要冲，为历代戍边重地。战国时期，赵国良将李牧依靠有利地形，守关十余年，匈奴不敢进犯赵边城。今有太原—大同公路从关城西侧通过。

雁门关关口

《雁南飞》 *The Cranes Are Flying* 苏联故事片。莫斯科电影制片厂1957年出品。编剧维·罗佐夫，导演M.K.卡拉托佐夫；主演塔·萨莫洛娃、A.V.**巴塔洛夫**。正当维罗妮卡憧憬着身披婚纱时，卫国战争突然爆发，她的心上人鲍里斯奔赴战场。因家被炸毁，她住进鲍里斯家里，鲍里斯的表弟马尔克寻机占有了她。当她发现马尔克道德败坏时毅然与之离婚。她仍苦苦等待鲍里斯的来信。战争结束了，战士们凯旋归来，她手捧鲜花，接不到心上人，便将花送给战士。雁群南飞，生活仍在继续……本片一反苏联电影歌颂英雄的传统，以具有诸多缺陷的普通人为主人公。本片也因这种转折而名留影史。本片还是苏联诗电影的代表作，鲍里斯牺牲等场景已成为该流派的经典段落。获1958年第11届戛纳电影节金棕榈奖。

雁形目 Anseriformes; screamer 鸟纲一目。中、大型游禽。羽毛致密；嘴多扁平，先端具嘴甲，两侧具栉缘；前趾间具蹼，后趾形小而离地；雌雄外形不同，雄性具交接器。分布于全世界，大多具有季节性迁徙的习性。在地面上或树洞中营巢；雏鸟为早成性。此目有2科，即鸭科和叫鸭科。

焰口 ceremony to save the preta 焰口施食或瑜伽焰口施食的略称。原是由密教施诸饿鬼饮食法演变而来的一种佛事仪式。“焰口”，本为一饿鬼名，原出唐僧不空译《佛说救拔焰口饿鬼陀罗尼经》，后多用来指称施食饿鬼之法。据《焰口饿鬼经》载，阿难在习定至夜三更时遇饿鬼焰口告之，三日内其命将尽，生饿鬼中。阿难去佛陀处乞示教，佛便告之施食之法，并为其说诵施食经咒，以免其堕为饿鬼，并解除诸饿鬼痛苦。依照专对这种饿鬼施舍的经咒和念诵仪轨举行的佛事仪式称放焰口，亦即瑜伽焰口施食。其内容从严饰道场，备办香花、饮食、净水，皈依上师三宝开始，到金刚萨埵百字咒止，主要是持诵有关供养、施食、灭罪、发菩提心、入观音定等真言佛号和结印观想，仪后还附有十类孤魂文和三皈依赞。宋元以后所出的施舍仪轨很多，师承不一。放焰口一般于黄昏时举行，供以饮食，以度饿鬼，追念亡灵。

燕 *Hirundo*; swallow **雀形目**燕科燕属鸟类的统称。俗称燕子。燕类体小型。共有

家燕

20种。中国有11种。其中以家燕和金腰燕等比较常见。全长130～180毫米。翅尖长，尾叉形。背羽大都呈辉蓝黑色。嘴短弱，嘴裂宽。脚短小而爪较强。前额及上胸呈栗红色，后胸有不整齐黑横带，腹部呈乳白色。

一般在4～7月繁殖。家燕在农家屋檐下营巢，以衔来的泥和草茎用唾液黏结而成，内铺以细软杂草、羽毛、破布等，还有一些青蒿叶。巢为皿状。每年繁殖2窝，第一窝产卵4～6枚。第二窝为2～5枚。卵呈乳白色。雌雄共同孵卵。14～15天幼鸟出壳，亲鸟共同饲喂。雏鸟约20天出飞，再喂5～6天，就可自己取食。食物均为昆虫。

燕蛾 Uraniidae; dagger moth/swallowtail moth 鳞翅目燕蛾科昆虫的统称。大部产于热带和亚热带。全世界已知约100种，中国现知有7种。雌蛾听器位于腹部腹板上，雄蛾听器则位于腹部两侧。触角线形。可分为两类：一类美丽多彩，白天活动，后翅有明显的尾突，有时常被误认为凤蝶，具有很高的观赏性。另一类为灰白色具暗带，夜晚活动，后翅有小而尖的尾突。部分幼虫的寄主是大戟科植物。

燕麦 *Avena*; oat 禾本科燕麦属植物的统称。一年生草本植物，饲料和粮食作物。最早的燕麦遗存物是从瑞士湖畔青铜时期遗址出土的，称为砂燕麦。普通栽培燕麦起源于地中海红燕麦及其祖先野红燕麦。中国是裸燕麦的起源地。燕麦属有24种，主要分布在北半球的温带地区。俄罗斯的种植面积较大。中国在内蒙古的阴山南北，河北的坝上，山西的太行、吕梁山区种植较多。云南、贵州、四川三省在大凉山、小凉山的海拔2 000～3 000米高山地带也有种植。

类型和品种 燕麦分有稃和裸粒两大类型。前者称皮燕麦，主要用作饲料；后者称裸燕麦（中国北方称莜麦或油麦），子粒供食用。其他国家栽培以有稃型为主。中国以裸燕麦为主，产量约占燕麦总产量的90%以上。燕麦属的主要品种有：二倍体种的长毛燕麦、长颖燕麦、偏肥燕麦、裸粒短燕麦，四倍体种的细燕麦、瓦维洛夫燕麦、摩洛哥燕麦等野生种，六倍体种的普通栽培燕麦、裸燕麦、地中海红燕麦、东方燕麦等。

形态和特性 株高60～120厘米，须根系，入土较深。幼苗有直立、半直立、匍匐三种类型。叶有突出膜状齿形的叶舌，无叶耳。圆锥花序，有紧穗型、侧散型与周散型三种。分枝上着生10～75个小穗，每一小穗有两片稃片，内生小花1～3朵，裸燕麦则有2～7朵。自花传粉，异交率低。为长日照作物，喜凉爽湿润，忌高温干燥，生育期间需要积温较低，但不适于寒冷气候。对土壤要求不严，能耐pH为5.5～6.5的酸性土壤。

栽培管理 播种期因地而异。中国主产区属于旱作农区，通过早秋耕、耙、耱、镇压等办法蓄水保墒极为重要。华北、西北、东北为春播区，生育期80～115天；西南为冬播区，生育期230～245天。播种前进行种子消毒，以预防坚黑穗病。春播区为避免干热风危害，土温稳定在5℃时即可播种。秋翻前宜施用有机肥作基肥，播种时可用种肥。分蘖初期或中期追肥、浇水，后期要控制徒长。其主要病害是坚黑穗病、散黑穗病和红叶病。多使用抗病良种及播种前种子消毒、早播、轮作、排除积水等措施预防。主要害虫有黏虫、地老虎、麦二叉蚜和金针虫等，可通过深翻地、灭草和喷施药剂防治。播种前要剔出野燕麦这种世界性的恶性杂草的种子。

用途 ①食用。燕麦营养价值较高，是制作饼干、糕点、儿童食品的原料。②饲用。秸秆、茎叶柔软多汁，适口性好，蛋白质、脂肪和可消化纤维含量高，是优质饲料。③其他用途。用于制造肥皂和化妆品；用涂有燕麦粉的纸张包装乳制品有防腐作用；绿色燕麦干草可提取叶绿素和胡萝卜素；稃壳中的多缩戊糖是制造糠醛的原料，用于石油化学工业。

燕南芝庵 Yannanzhi' an 中国元代戏曲音乐理论家。见《唱论》。

燕鸥 *Sterna*; tern 鸥形目燕鸥科燕鸥属鸟类的统称。因尾型与家燕相似而得名。世界有25种，中国有8种。分布几乎遍布全球，绝大多数分布于热带、亚热带。嘴形细长，嘴峰形直或几乎直形，不成弧状；脚短而细弱，趾间蹼不呈深凹状；尾较长，超过翅长的1/2，呈深叉状。常结群在海滨或河流活动。巢置于沼泽地的砂土窝中。每窝产卵2～3枚，卵呈淡灰或淡黄色。孵化期21天。中国常见种为普通燕鸥。主要以鱼类为食，春季嗜吃蝗虫、草地螟等，为草原和农业地区的益鸟。

普通燕鸥

燕子矶 Yanziji 中国长江三大名矶之一。金陵四十八景之一。位于江苏省南京市东北郊。是岩山东北的一支。矶头屹立长江边，三面悬绝，宛如飞燕，故名。登矶俯视，势极险峻。清康熙、乾隆二帝下江南时，均在此泊舟。矶顶有碑亭，亭中石碑下面有清乾隆帝书“燕子矶”，背面有题诗。燕子矶附近有弘济寺、观音阁、头台洞、二台洞、三台洞等名胜。其中以三台洞最为深广曲折，洞中有观音泉、小有天等；洞右有石梯，可达一线天。

央斯基 Jansky, Karl Guthe (1905-10-22～1950-02-14) 美国无线电工程师，宇宙射电的发现者。生于俄克拉何马州诺曼，卒于新泽西州雷德班克。1928年，央斯基参加美国新泽西州的贝尔电话实验室工作，1931年，他在一些干扰信号中发现有一种每隔23小时56分04秒出现最大值的无线电干扰，经过仔细分析，发觉这正是在银河扫经天线主瓣的时候。他在1932年发表文章断言：这是来自银心方向的射电辐射。由此央斯基开创了射电天文学。

为了纪念央斯基首先发现银河系射电，在1973年8月举行的国际天文学联合会第十五届大会上，射电天文小组委员会通过决议：采用“央斯基”作为天体射电流量密度的单位，简写作“央”，它等于10^{-26}瓦/（米^2·赫）。

秧歌 yangge 中国民间歌舞。因源于农民劳动生活中所唱的歌而得名。广泛流传于全国，北方地区尤为盛行。除在汉族聚居地大量传播外，满、回等少数民族中也流传风格独特的秧歌。

秧歌的历史久远，除大量史料文献外，民间关于秧歌历史的传说也极为丰富。秧歌的发展经历了从伴随劳动的小曲到独立的歌舞，再到民间小戏的不同阶段。

可分为地秧歌（徒步在地面上歌舞）与高跷秧歌（双腿缚以木跷，双脚踩在木跷上歌舞）两种。舞蹈开头和结尾为大场，中间穿插各种小场。大场是集体舞，由1～2名领舞者率领秧歌队边舞边走出各种队形图案。秧歌的基本动作为挥臂跳跃，扭腰甩肩，1步1拍，一般以4拍为1组，前3拍向前行进，后1拍退后1步。小场为两三个人的舞蹈和歌舞小戏表演。秧歌的音乐一般分为三部分：①小场演唱。②锣鼓打击乐。③唢呐吹奏。后两部分主要用于伴舞。演唱包括“领唱秧歌”（又名“小秧歌”）与“走戏调”。开场时由秧歌头一人演唱小秧歌，诙谐风趣，起开场曲的作用。走戏调是边舞边唱，大多是从小调中移植过来的独立小曲，结合舞蹈，在尾句前后加入锣鼓过门。以上三部分音乐结合秧歌舞步，大多是2/4拍，个别地区快速秧歌也有4/4拍。此外，还有演唱情节比较简单的秧歌小戏和秧歌大戏。小戏唱腔大多一剧一曲，或小曲联唱；大戏则吸收了地方戏曲的成分，发展成类似板腔体的结构。剧目有《花亭会》、《九件衣》、《芦花》、《日月图》、《白蛇传》等。

受各地文化传统和群众习俗观念、审美情趣的影响，各地秧歌在表演形式、人物角色、情节内容、伴奏音乐、风格特点等方面均有较大差异。较著名的有东北秧歌、河北秧歌、山东秧歌、山西秧歌、陕北秧歌等。

秧歌在历史的演进过程中，由于其有些内容具有反抗封建统治，宣传男女直率纯洁的爱情，曾为历代统治者所不容。20世纪40年代，延安和各抗日根据地掀起一场群众性的“新秧歌运动”，并很快波及全国各地。创作出《兄妹开荒》、《夫妻识字》、《宝山参军》、《张得宝归队》等新秧歌剧。1949年后，秧歌活动已不限于在传统节日里进行，一些欢庆集会也都有秧歌表演。秧歌语汇成了专业舞蹈创作的素材，脱胎于秧歌的《红绸舞》、《腰鼓舞》登上了世界各国舞台，并在多个国际文化节上获奖。进入20世纪90年代以后，秧歌除在中国广大农村传播外，更得到大中城市群众，尤其是中老年群体的喜爱。人们把秧歌作为娱乐健身、陶冶性情、社交联谊的有效手

辽宁盖州高跷秧歌

段，因而得到空前普及。同时，人们又对传统秧歌进行改革创新，使其在保留浓郁民族韵味的基础上融入充满现代气息的内容，从而更符合当代社会人们的精神需求和审美时尚。

秧鸡 *Rallus*; rail 鹤形目秧鸡科秧鸡属鸟类的统称。共有18种，分布几乎遍及全球。中国有普通秧鸡与蓝胸秧鸡2种。普通秧鸡又称紫面秧鸡，为此属中分布达于古北界的唯一代表。全长约230毫米。体形略似小鸡，但嘴、腿和趾均甚细长，适于涉水。体羽松软，上体大致呈橄榄褐色且满布褐黑色纵纹；头、颈和前胸发灰色，脸侧有栗色过眼纹；下体呈暗褐色且杂以白横纹。嘴呈暗褐色，基部呈橙红，嘴长等于腿长甚或更长。腿和脚呈褐色，趾间无蹼。翅和尾均短。雌雄羽色相似。嘴峰与跗跖等长。

栖息于沼泽地的水草丛中，奔走迅捷，偶作短距离飞行。飞行时头颈前伸，双腿下垂。主要以植物嫩芽和种子为食，兼食

普通秧鸡

昆虫和小型水生动物。在距水面不高的密草丛中以蒲草和芦苇叶筑巢。巢略呈盘状。每窝产卵6～7枚。卵呈粉棕色且有稀疏的暗褐色细斑。雌雄共同孵卵。雏鸟出壳后满被黑褐色绒羽，为早成性。秧鸡属大多夜行，习性隐蔽。

扬程 total head 泵的总水头，其值等于泵的出口总水头和入口总水头的代数差。扬程是泵的主要性能参数，一般通过试验求得（见图）。泵的扬程与所输送液体的密度无关，但与液体的黏度有关，输送黏度大的液体时，泵的扬程将下降。泵的压力与密度有关，同样扬程的泵，输送密度小的液体达到的压力低。动力式泵的扬程随流量而变，其关系曲线称为扬程-流量曲线。实际使用泵时，是将泵与吸入容器、排出容器和管路组成泵装置系统。此时扬程称为泵装置扬程。设计时，应把泵装置扬程作为泵的设计扬程。

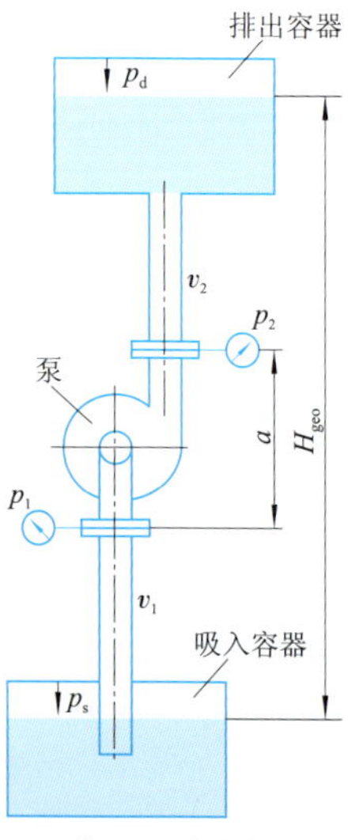

扬程H的确定

扬剧 Yangju opera 中国戏曲剧种。由扬州花鼓戏和苏北香火戏吸收扬州清曲、苏北民歌小调发展而成，流行于江苏扬州、镇江及南京、上海等地。清康熙年间（1662～1722），扬州民间已有由一丑一旦两个脚色对歌对舞的演出，后逐渐形成花鼓戏。花鼓戏用丝弦伴奏，唱腔较细腻，俗称“小开口”。苏北香火戏原为农村酬神赛会时“香火”（男巫）扮演的戏，剧目出自长篇“神书”，用锣鼓伴奏，唱腔粗犷，俗称“大开口”。1911年，“大开口”由扬州进入上海，称“维扬大班”。1919年，“小开口”到杭州大世界演出，次年进入上海，称“维扬文戏”。30年代，两班合并演出，以“小开口”为主，称维扬戏，后简称扬剧。扬剧唱腔曲调有百余种，常用的有20多种。脚色行当虽有生、旦、净、丑之分，唱腔则仍只分男女腔。较有影响的剧目有《鸿雁传书》、《恩仇记》、《百岁挂帅》（已摄制成影片）和现代题材的《夺印》、《黄浦江激流》等。

扬弃 aufheben 同时具有否定和肯定双重意义的辩证概念。在德国古典哲学中，扬弃一词首先见于I.康德的体系，在J.G.费希特的体系里使用得最多，但多是在该词的否定意义上使用。在G.W.F.黑格尔的体系里，则明确把扬弃作为同时具有否定与肯定双重含义的概念加以使用。扬弃是黑格尔解释发展过程的基本概念之一。他认为，在事物的发展过程中，每一阶段对于前一阶段来说都是一种否定，但又不是单纯的否定或完全抛弃，而是否定中包含着肯定，从而使发展过程体现出对旧质既有抛弃又有保存的性质。在马克思主义哲学里，这一辩证概念在唯物主义基础上，得到了更加明确的规定和使用。

扬琴 dulcimer 击奏弦鸣乐器。中国又称洋琴、打琴、敲琴、扇面琴、蝙蝠琴、蝴蝶琴等。据研究前身为亚述、波斯（今伊朗）等国家的萨泰里琴。明末经波斯传入中国，起初流行于广东一带，后扩及闽浙、江淮和中原地区。发展至今，成为多种戏曲、说唱音乐的伴奏乐器，并在广东音乐、江南丝竹、山东琴曲、河南板头曲等民间器乐乐种中占有重要地位。

扬琴多为木质扁方形音箱，张钢丝弦或金属缠弦，少者8～10档，多者13～18档，每档2～4根弦。旧式扬琴音量小，音域窄，调弦难，且半音不全，不能转调。20世纪50年代以后，研制出4排码401型变音扬琴、律吕式大扬琴、5排码平均律扬琴、全律活码大扬琴等，扩大了音量和

击奏弦鸣乐器扬琴

音域，便于转调和半音的演奏，并设计了防止跑弦和控制余音的装置。

扬雄 Yang Xiong（公元前53～公元18） 中国西汉末年哲学家、文学家。字子云，蜀郡成都（今四川成都）人。少年好学，博览多识，沉默好深湛之思。40岁后始游京师，以辞赋而闻名，得到汉成帝的重视，任给事黄门郎。历成、哀、平三世，不能升迁。王莽篡位后，扬雄校书天禄阁，因符命案受牵连，被迫投阁，未死。后召为大夫。

扬雄早年喜好辞赋，曾摹司马相如，写了《甘泉》、《羽猎》、《长杨》等赋，仿屈原楚辞，写了《反离骚》、《广骚》和《畔牢愁》。此外，还写有《酒箴》、《逐贫赋》、《太玄赋》、《解嘲》等，皆对后世产生深刻影响。晚年以为作赋乃“童子雕虫篆刻”，不能起到讽劝作用，就不再写了。

扬雄的哲学著作是《太玄》与《法言》。他著《太玄》，是要阐发道家的自然哲学，探讨世界上一切事物发展变化的规律，论述损益盈虚、物极则反的“阴阳消息”说和“因革相成”说。他提出了“玄摛万类”的宇宙发生论，认为天地万物的产生是由“玄”也即“元气”自身演化、自身展开的自然过程。

扬雄在《法言》中推尊孔子和五经，又以孟子不异于孔子，实高出于诸子之上；对老庄邹衍皆有所取舍，推崇无为而自然，又有所改造，主张天道无为，人道有为，强学力行，为政日新。

扬雄提出了“尚智”的观点，强调智德在人类生活中的重要作用。扬雄提出了人性“善恶混”的学说，认为后天的修习锻炼是人为善为恶的关键。

扬雄受到以后许多思想家政治家的极力推崇。王充称赞他“材拟圣人”，是“鸿儒”。北宋司马光用30多年时间集注《太玄》和《法言》，称赞扬雄为大儒。

扬中市 Yangzhong City 中国江苏省辖县级市。位于省境中南部。面积332平方千米。人口33万（2010）。清光绪三十年（1904）置太平厅。1911年废厅置太平县，因与安徽省太平县同名，1914年改扬中县。1994年撤县设市。由镇江市代管。主要农作物有稻、麦、大豆、甘薯、油菜等。盛产鲥鱼、刀鱼、河豚。工业以机械、电子、化工、仪表为主。柳器、竹器为传统产品。长江、京杭运河为主要水运干线。名胜古迹有达贤庙、水师衙门遗址、东岳庙等。

扬州八怪 Eight Eccentrics of the Yangzhou school 中国清代中期活动于扬州地区一批风格相近的书画家总称。

“扬州八怪”之说由来已久。但八人的名字，其说不一。据李玉棻《瓯钵罗室书画过目考》中的“八怪”为罗聘、李方膺、李鱓、金农、黄慎、郑燮、高翔和汪士慎。此外，各书列名“八怪”的，尚有高凤翰、边寿民、闵贞等，说法并不统一。也有人称为扬州画派，则可将诸家全部囊括。这一派画家多数出身于中下层知识阶层，有的是被罢官去职的州县官吏；有的是功名不称心如意的文士；其余则是家境贫寒，以画谋生的职业画师。

扬州八怪是一群富有正义感的知识分子，他们对官场的腐败，富商的巧取豪夺均有所了解。对遭受苦难的人民，常寄予深切同情，结合自身的遭际，产生了对社会的强烈不满。他们出仕则期望能有所建树，使百姓安居乐业；归隐则洁身自好，以清高自我标榜。他们当中郑燮可为代表，留下了较多的言论，可谓“八怪”中的思想家。扬州八怪在艺术观上，最突出之点是重视个性表现，提倡风格独创，主张“自立门户”。针对当时扬州商品交易和商人唯利是图的现状，公然宣布自己的作品是为了卖钱谋取生活，撕破了过去文人画家把绘画创作视为“雅事”的面纱。在作品的题材上，一方面继承了文人画的传统，以梅、兰、竹、菊、松、石等为主要描绘对象，除了表现出一般的清高、孤傲、绝俗等思想外，还运用象征、比拟、隐喻等手法，并通过题写诗文、署款，赋予作品以深刻的社会内容和独特的思想表现形式。如郑燮以竹声比拟民间疾苦声。李方膺《风竹图》用不畏狂风的劲竹象征倔犟不屈的人品。另一方面，他们将视野扩大到对现实生活的观察，直接或间接地表现出社会的不平或劝人行善，如黄慎画过《群乞图》，罗聘画过《卖牛歌图》。在形式风格上，主要继承陈淳、徐渭、朱耷、石涛等人的水墨写意画技巧，石涛晚年居住扬州，其创作思想与水墨技法，对“扬州八怪”有着直接或间接的影响。此外，高其佩的画风对郑燮和李鱓也有较大影响。在继承传统的同时，他们进一步发挥水墨特长，以高度简括的手法塑造物象，不拘于形似。在笔墨上，纵横驰骋，不受成法约束，锋芒显露，直抒胸臆。当时社会上流行恽寿平的花鸟画风，含蓄典雅，被评论家们认为是“写生正派”，而对扬州八怪的艺术则视为“偏师”、“怪”。尽管扬州八怪的艺术当时只流行于扬州及其相邻近地区，但是它在继承和发展中国传统水墨写意画上，产生了深远影响。

图1 李方膺作《游鱼图》
（故宫博物院藏）

图2 黄慎作《爱梅图》
（广州美术馆藏）

扬州鉴真纪念堂 Monk Gianjin memorial Hall, Yangzhou 位于中国江苏扬州市古大明寺内。建于1973年，以纪念对中日两国文化交流作出重大贡献的鉴真和尚（688～763）。由中国建筑学家梁思成参照鉴真在日本主持修建的唐招提寺设计。堂院占地2540平方米，前面是门厅，上悬匾额；中间为碑厅，内立横式纪念碑；后为殿堂，按唐代寺庙殿堂的风格建造，堂内正中为鉴真楠木雕像，东西两侧壁上

鉴真纪念堂

是鉴真东渡事迹的饰布画。两侧回廊长达80米，构成一组单独的堂院。

扬州名园 famous gardens of Yangzhou 中国扬州是有悠久历史的古城，隋唐以来历代在此兴建园林。扬州园林在《宋书》已有记载。隋炀帝开凿运河，扬州成为南北水路交通的枢纽。当时大兴土木，建造宫苑，苑中筑有十宫、迷楼等。宋欧阳修在扬州任地方官时建平山堂，堂西筑美泉亭，成为淮东第一观。金兵南下，扬州大遭破坏。明代初叶，瘦西湖两岸建造起园林，其中以计成设计并指导施工的郑元勋的“影园”和太守吴秀所筑的“梅花岭”为代表。至清代，地方绅商竞相建园。由于商业发达，自衙署、会馆、商贾住宅，以至酒楼茶肆，叠石引水，种竹栽花，蔚为风气。现存的扬州名园有两类：一是依托自然水景的园林群，如瘦西湖；二是坐落在城内的宅园，

扬州小盘谷山池

如个园、何园、小盘谷、片石山房等，均以叠石见胜。

扬州评话 中国曲艺曲种。以扬州方音徒口讲说表演。流行于苏北地区和镇江、南京、上海等地。兴起于清初，不久就形成繁荣局面。到了乾隆年间，有的艺人根据自己的生活体验加工充实传统节目，有的则创编新的节目。如叶霜林说演《宗留守交印》“声泪俱下”，感人至深；浦琳编说《清风闸》，塑造社会底层人物，影响深广；邹必显独创新书《飞跎传》，讽刺嘲笑显赫人物。19世纪中叶，扬州评话艺人逐渐向高邮、宝应、兴化、泰州以及东台等地传播，其后在如皋、镇江、南京、上海等地也出现了扬州评话的书场，成为当地的重要曲种之一。

扬州评话的传统节目分为讲史演义、公案侠义、神话灵怪三类。其中《三国》和《水浒》是深受欢迎又自成流派的长篇节目。说演《三国》者以清咸丰、同治(1851～1874)年间的李国辉、蓝玉春最为闻名且影响深广。李国辉所传8个弟子时称“八骏”，其中康国华以起孔明角色见长而有“活孔明”之誉；说演《水浒》的名家有邓光斗，以表情动作精彩而有“跳打水浒”之誉。后来有艺人王少堂在继承前辈《水浒》书艺的同时，发展了其中的宋江、武松、石秀、卢俊义4个十回书，自成一绝，人称“王派《水浒》”。

扬州清曲 中国曲艺曲种。又名“广陵清曲”、“维扬清曲”，俗称“小唱”或“唱小曲”。主要流行于江苏的扬州、镇江和上海等地，用扬州方音表演。是在明清时期流行于扬州一带的俗曲和小调基础上发展形成的曲艺唱曲形式，清代初期即已定型。传统的表演形式为一二人至八九人分持琵琶、三弦、月琴、四胡、二胡、扬琴以及檀板、碟子、酒杯等自行伴奏坐唱，走上高台后大多为五人分持琵琶、三弦、二胡、四胡和扬琴自行伴奏坐唱。节目分为采用单支曲牌演唱的“单片子”和两支以上曲牌连缀或联套演唱的套曲两种类型。套曲又分为“小套曲”和“大套曲”，其中以满江红为主要曲调的套曲，俗称“五瓣梅”。演唱分职业性和自娱性两种。传统的代表性节目有《十杯酒》、《做人难》等“单片子”，《三国》、《水浒》、《西厢记》等套曲。

扬州市 Yangzhou City 中国江苏省辖地级市。位于省境中部，长江下游北岸。辖广陵、邗江、维扬3区和宝应县，代管仪征、江都、高邮3市。面积6 634平方千米。人口446万(2010)。秦置广陵县，汉初属荆国、吴国。后改江都国，又改广陵国。隋开皇八年(588)改扬州，1912年废府留江都县，1949年析江都县置扬州市。地处长江冲积平原，京杭运河里运河段纵贯南北，通扬运河横穿东西。矿产有石油、天然气、砂石矿等。盛产稻、麦、棉、油菜子、茶、桑蚕、水果等。里下河地区盛产鱼、虾、蟹和水生作物。是江苏省粮食和商品鱼重点产区之一，素称“鱼米之乡”。工业有机械、冶金、纺织、食品、化工、电子、建材、工艺美术等。传统手工艺品有漆器、玉器、贝雕、绒花、剪纸等。特产有扬州酱菜、宝应“荷藕”、高邮双黄蛋。扬州为苏北水陆交通门户。扬州港为国家一类对外开放港口。高等院校有扬州大学等。名胜古迹有瘦西湖、平山堂、个园、何园、天宁寺、文昌阁、高邮文游台等。

扬州弹词 中国曲艺曲种。以扬州方言进行说唱表演，以说为主，说中夹唱。流行于江苏的扬州、镇江、南京地区和苏北的里下河一带。约形成于明末清初。早期为一人说唱，自弹三弦伴奏，俗称“弦词”。清代中叶比较兴盛，出现了双档演出，增添了琵琶伴奏，称为“对白弦词”。曲本中的韵文唱词以对偶的七字句为主，音乐曲调源于明代俗曲、南北曲和地方戏曲的部分曲调。说白除一般的叙述之外，还有快工(又名“推宝塔”)、慢工和绕口等技巧运用。早期艺人大多兼擅扬州评话，如张敬轩、张捷三等。20世纪以来，扬州弹词形成了3个重要流派，影响最大的是由张敬轩后裔逐步创造形成的“张氏弹词”，擅演的节目有《珍珠塔》、《倭袍记》、《双金锭》和《落金扇》，被誉为“张家四宝”。另两派分别以周庭栋和孔庆元为代表。传统节目尚有《玉蜻蜓》、《白蛇传》、《双珠凤》等。

扬子鳄 *Alligator sinensis*; Chinese alligator 鳄形目鼍科鼍属的一种。又称中华鳄、鼍。俗名土龙、猪婆龙。中国的特有动物，分布于长江中下游。形如大蜥蜴，头部前段低平，后段隆起，吻背有雕蚀纹，头后有4枚枕鳞。两外鼻孔开于吻端。眼卵圆形外突，下眼睑的外下角有泪腺。下腭齿咬합时在上腭齿列内侧，隐而不见。颈部较细狭。躯干矩形，平扁，为头长2倍以上。尾侧扁，其长超过头体的总和。全长1.5～2米。四

中国特有的濒危动物扬子鳄

肢粗壮，前肢较短，5指。后肢较长大，第五趾常萎缩。趾间有蹼，内侧3枚皆有爪。背深橄榄或灰黑色，横有黄斑，幼体成横纹，体侧体腹浅灰。成体雌多于雄，约为5∶1。栖息于河湖浅滩，白天常浮水曝晒于日光下，夜间出来取食螺、蚌、鱼、虾及小型禽、兽。成体登陆爬行不如水中游泳灵活。10月入蛰，4～5月出穴交配，7～8月于草丛中产卵26枚左右，大小如鸭蛋，有白色硬壳。6～7周孵化。由于人口增多、农田施用农药和化肥以及人为的捕杀，扬子鳄的数量急剧减少。近百年来的科学考察记录表明，仅限于江西、江苏、安徽、浙江四省有分布。20世纪中叶以来，扬子鳄已处于十分濒危境地，其野外栖息地仅限于安徽省的部分地区及与之相邻的浙江省个别地方。1982年扬子鳄繁殖研究中心成立，成功繁殖子二代扬子鳄，人工种群数量已近万头。1988年扬子鳄被列为中国一级重点保护野生动物。

扬子鳄自然保护区 Chinese alligator Nature Reserve 中国扬子鳄及栖息繁衍生活环境自然保护区。1982年建立。1986年批准为国家级自然保护区。位于安徽省长江以南青弋江和水阳江流域宣城市的宣州区、泾县、郎溪县、广德县和芜湖市的南陵县境内。保护区面积43 333公顷，其中有13个核心保护点。宣州区夏渡林场内建立有扬子鳄繁殖研究中心。

扬子江 Yangzi River; Yangtze River 中国江苏省扬州、镇江以下的长江河段。见长江。

羊 sheep and goat 偶蹄目牛科绵羊属和山羊属的统称。草食性反刍动物。中国有时把野生状态的部分牛科动物，如黄羊、青羊、羚羊等也包括在羊类中。

生物学特性 绵羊与山羊的生物学特性有许多相似之处。它们都是草食反刍动物，胃分4个室。臼齿的冠面形状与生龄相关。适应力强，从干旱、高寒山区到湿热的平地均能正常生活。饲养在自然条件好的地区的绵羊和山羊表现常年发情，在条件差的地区则以夏末秋季发情较为集中。发情周期为17天左右。妊娠期长为150天左右。绵羊和山羊各自的不同品种间可以互相杂交繁殖。

品种类型 全世界有绵羊品种和遗传上具有特色的绵羊群体有600多个，山羊品种150多个。根据主要用途，绵羊和山羊大致可分为以下几类：①肉用型羊(包括肉脂用型)，如美利奴羊、哈萨克羊、波尔山羊等。②毛用型羊（包括绒毛用型、地毯毛用型），如新疆细毛羊、林肯半细毛羊、西藏羊、安哥拉山羊等。③皮用型羊（包括裘皮用羊、羔皮用羊），如滩羊、湖羊、卡拉库尔羊等。④乳用型羊，如普列文斯黑头羊和萨能山羊等。

饲养管理 羊的饲养方式主要有以下几种：①放牧。这是主要方式。通常在天然草地、人工草地、林地或茬地放牧。②舍饲。将羊圈在房舍或敞栏里，进行人工饲养。③混合饲养。将放牧与舍饲两种方式结合起来。④工厂化饲养。将羊饲养在人工控制的环境里。主要用于肉羊肥育。

羊八井 Yangbajain 中国第一座地热发电站所在地。位于西藏自治区境内念青唐古拉山西南断陷盆地中，海拔4 200米。距拉萨市90千米，中尼和青藏公路交叉于此。原为羊八井宗，1960年并入当雄县，以蕴藏丰富的地热资源著称。羊八井盆地面积约40平方千米，地热显示类型复杂多样，有水热爆炸、沸泉、间歇喷泉、热水湖、冒汽地面、硫磺矿、热沟等。沸泉水温92℃，高于当地沸点。热水湖面积约7 350平方米，水深16.1米，水温50℃，实测地下水温高达172℃。1975年始建羊八井地热电站，1977年投运第1座1 000千瓦地热电站。

羊草 *Leymus chinensis*; Chinese wildrye 禾本科赖草属的一种。多年生根茎疏丛状草本植物。又称碱草。在中国广泛分布于东北、内蒙古、华北以及西北部分地区。蒙古、俄罗斯、朝鲜半岛和日本等也有分布。常与其他植物伴生，形成以羊草为主的地带性植被。也可种植成人工草地。

根茎发达，分蘖力强，茎直立，高30～90厘米。叶片狭长。穗状花序，每节有小穗两枚，小穗含5～10朵小花。外稃无毛。夏季开花结实。适应性强。

为优良牧草。返青早，生长快，休眠迟。植株属上繁草类型，耐践踏，再生力强，适于割草或放牧，尤适于放牧牛群。人工草地常用根茎繁殖，其产量高，可持续高产9～10年。孕穗期青草干物质中平均含粗蛋白质7.53%，粗脂肪1.36%，粗纤维38.46%，无氮浸出物45.95%，粗灰分6.7%。

羊肚菌 morel 子囊菌类的大型真菌。盘菌目羊肚菌科羊肚菌属，子实体由布满凹窝和有脊棱结构似蜂窝状的菌盖、粗细不等呈管状或有凹槽的柄部组成。其盖多褐色，柄部多白色，看上去似海绵状。盖部为子囊盘。子囊细长呈圆柱形，含8个孢子，也有枯端往往膨大的侧丝相混生。孢子椭圆形，光滑。因物种不同形色有差异。多生长于林中地上。中国已知产十余种。已知的羊肚菌几乎均可食用。多属美味可口的食品，商品价值高的是美味羊肚菌、尖顶羊肚菌、黑脉羊肚菌、小羊肚菌等。可食性羊肚菌不宜与酒同食，也不可生食。此外，应与含有溶血毒素的鹿花菌和赭鹿花菌等区别开。

羊毛 wool 专指绵羊毛。可分为发毛和绒毛两个类型。毛被中有粗长的发毛和细短的绒毛，纺织性能差，称异质毛；毛被品质均匀，全为绒毛，称同质毛。绵羊体上的毛成簇生长，称毛丛。毛丛之间相互联结成整张毛被，称套毛。剪下的毛被，含有油、汗、砂土等杂质，称原毛；经洗净后的羊毛称洗净毛。绵羊毛根据纺织使

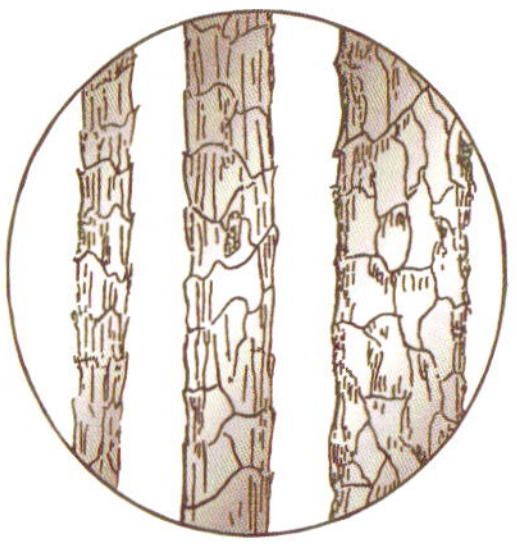

不同粗细羊毛纤维的鳞片排列示意

用价值，通常按细度和长度分成细羊毛、半细毛、长羊毛、杂交种毛和粗羊毛五类。

羊毛纤维由蛋白质角朊构成，柔软而富有弹性，吸湿透气性好，织物手感丰满，保暖性好，穿着舒适，但易受虫蛀。主要生产国是澳大利亚、新西兰、阿根廷。

羊毛甾醇 lanosterol 四环三萜，分子式$C_{30}H_{50}O$。羊毛甾醇和二氢羊毛甾醇约以等量存在于羊毛脂内的非皂化物中。自然界中已发现10余种与羊毛甾醇结构相类似的三萜。

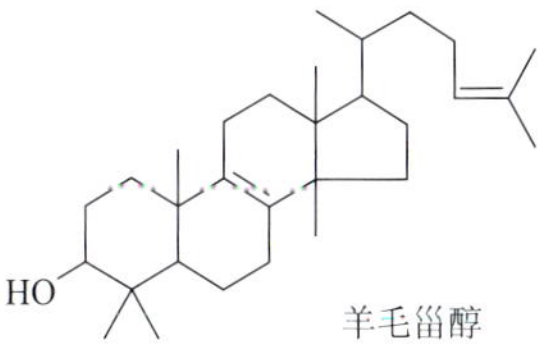

羊毛甾醇

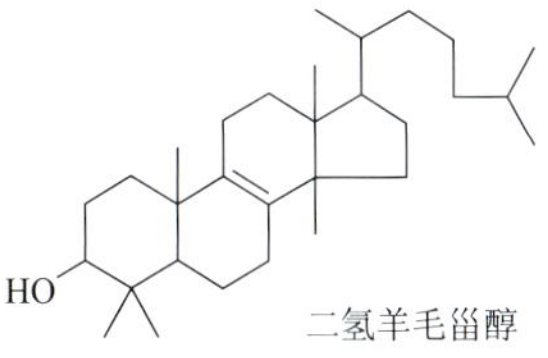

二氢羊毛甾醇

羊毛甾醇呈结晶形；熔点140～141℃，比旋光度$[\alpha]_D^{20}$+62.0（氯仿）。羊毛甾醇在生物体内系由链状的角鲨烯合成而得，也可从角鲨烯

的环氧化合物出发，经一步立体选择性的反应人工合成。

羊毛脂 lanolin 多种甾醇、脂肪酸和其酯类的混合物。羊毛工业的重要副产物羊毛粗蜡的纯化物。半透明的黄白色、软而腻滑的黏性物质。羊毛脂是将剪下的羊毛用水漂洗或用皂碱液洗涤后再离心过滤、精制、漂白、除臭和干燥而制得的。羊毛脂易于被皮肤吸收，是很好的药膏基质，在化妆品、润滑剂等方面也有广泛的用途。

《羊泉村》 *Fuenteovejuna* 西班牙剧作家L.F.de维加·卡尔皮奥的三幕诗体喜剧。1612～1614年写成，1619年首次发表。主题思想为反抗暴政，要求正义、忠诚、秩序。时代背景为15世纪西班牙王权建立初期。剧中图谋反抗王权的贵族费尔南·戈梅斯回到领地羊泉村，胡作非为，糟蹋百姓。村民同仇敌忾，将戈梅斯杀死。官方拷问村民，追究凶手，村民一致回答："是羊泉村干的"。最后，国王宽恕了全体村民。剧中的次要主题为爱情的忠贞、荣誉来自品德而非高贵的出身。

羊水 amniotic fluid 充满羊膜腔位于胎体周围的液体。妊娠早期羊水主要是由母体血浆通过胎膜进入羊膜腔的漏出液，澄清透明。妊娠中期起，胎儿尿液可能成为羊水的重要来源，此时羊水略混浊，并有脱落的毳毛、上皮细胞、胎脂悬浮其中。羊水可保持宫腔的恒温和恒压；保护母体避免胎动引起不适和母体与胎儿之间直接压迫；分娩时羊水能传导子宫壁的压力，促使宫颈口扩大。羊水量在孕10周约30毫升，孕20周约350毫升，孕30周约1 000毫升，以后有所下降。羊水量不少于2 000毫升者，称为羊水过多。常常伴有胎儿与母体的病变，约25%合并胎儿畸形（如无脑畸形或脊柱裂、脑脊膜膨出）。羊水过多的处理，首先要排除胎儿畸形。可应用B型超声检查协助诊断。有胎儿畸形者应终止妊娠。若已排除胎儿畸形，则可继续妊娠，应卧床休息，给少量镇静药等对症处理。羊水量少于300毫升者称羊水过少，其处理亦需排除胎儿畸形。过期妊娠时胎盘组织变性，功能减退，常并发羊水过少。临床上常以羊水量估计胎盘功能，可用超声检查协助诊断。妊娠已足月又确诊羊水过少，应考虑尽快终止妊娠，产程中需严密观察胎儿情况，若出现胎心异常（正常胎心120～160次/分）都应及时处理以结束分娩。

羊水栓塞 amniotic fluid embolism 在分娩过程中，羊水内容物进入母血循环，形成羊水栓子堵塞肺血管，导致产妇心肺功能衰竭、休克、弥漫性血管内凝血（DIC）、出血等一系列症状的综合征。是一种产科少见而严重的并发症，是产妇死亡的重要原因之一。起病急骤而凶险，病死率高达70%～80%。病因为宫缩过强，宫内压力高，破膜后不久，羊水进入母血循环；或剖腹产、前置胎盘、胎盘早剥时，羊水突然进入母血循环。分娩过程突然出现原因不明呼吸困难、紫绀、休克、子宫大出血等，应疑为该症。治疗包括抗过敏、供氧、缓解肺高压、补充血容量、抗休克、纠正DIC等。若胎儿未娩出，应立即结束分娩。

羊蹄甲 *Bauhinia variegata*; buddhist bauhinia 豆科羊蹄甲属的一种。又称红花羊蹄甲。分布于中国福建、广东、广西、云南各省区。越南、印度也有分布。单叶，互生，圆形或阔卵形、肾形，全缘。花大，少数花排成短总状花序；两性，近两侧对称；萼管状，裂片5，卵形，呈佛焰苞状；花瓣5，倒卵形或倒披针形，粉红色或白色，具紫色脉纹；发育雄蕊5个；心皮1，子房上位，1室；花期通常1～5月。荚果条形，长15～25厘米，扁平，种子10～15粒。生长在丛林中。树皮含单宁；种子含油16%。热带地区广为栽培，作为行道树或庭园树。

羊驼 *Lama pacos*; alpaca 偶蹄目骆驼科无峰驼（羊驼）属的一种。又称美洲驼、无峰驼。产于南美的秘鲁和智利的高原山区。体型颇似高大的绵羊；颈长而粗；头较小，耳直立；体背平直，尾部翘起，四肢细长；被毛长达60～80厘米，呈浅灰、棕黄、黑褐等不同色型；雄性略大于雌性。羊驼是一种半野生动物。栖息于海拔4 000米的高原。每群十余只或数十只，由1只健壮的雄

产于秘鲁和智利的羊驼

驼率领。以高山棘刺植物为食。发情季节争夺配偶十分激烈，每群中仅容1只成年雄驼存在。妊娠期8个月，每胎1仔。春夏两季皆能繁殖。羊驼的毛比羊毛长，可制成高级的毛织物。皮可制革。肉可食用。也可做驮运牲口使用。

羊痫风 epilepsy 中医疾病名。见癫痫。

羊卓雍错 Yamzho Yumco 中国西藏自治区南部最大的内陆湖。曾称牙木鲁克湖、牙买加湖，又称白地湖。西藏三大圣湖之一。藏语意为"碧玉的草原之湖"。位于喜马拉雅山与干巴拉山之间，浪卡子县境内。湖面面积638平方千米。湖面海拔4 442米。长74千米，平均宽8.6千米。平均水深22.9米，储水量146亿立方米。四周为高山围绕，南

羊卓雍错景观

部普莫雍错高水位时，与羊卓雍错相通；北部干巴拉山是雅鲁藏布江与羊卓雍错的分水岭，湖面高出江面800米，两地相距仅8千米。建有羊卓雍错水电站。西部为卡惹拉山，有冰川发育，冰雪融水是湖泊的主要补给源。羊卓雍错湖水矿化度在1.615～1.891克/升之间，属硫酸盐类湖水。湖区周围水草丰美，是以放牧半细毛羊著称的牧区。湖滨平原可种植青稞、马铃薯。湖中产高原裸鲤等鱼类，是西藏自治区的主要渔场。

阳澄湖 Yangcheng Lake 中国太湖下游湖群之一，系古太湖的残留。又称阳城湖。"清水大闸蟹"著名产地。位于江苏苏州东北。南北长17千米，东西平均宽7千米，湖面面积119平方千米，储水量1.7亿立方米。湖中纵列沙埂2条，将阳澄湖分为东、中、西3湖。东湖最大，面积52.47平方千米，水深1.7～2.5米；中湖和西湖面积分别为34.56平方千米和32.01平方千米，水深1.5～3.0米。西纳元和塘来水，东出戚浦塘、杨林塘和浏河注入长江，南出娄江与吴淞江、澄湖、淀泖湖群等相通。唯亭镇北湖滨有新石器时代草鞋山遗址。以产螃蟹著名。

阳春市 Yangchun City 中国广东省辖县级市。位于省境西南部。面积4 055平方千米。人口85万（2010）。西晋太康元年（280）置莫阳县，南北朝陈武帝永定二年（558）

置阳春县。1994年撤县设市。由阳江市代管。夏秋多台风暴雨。农业主产水稻、甘薯、花生、黄红麻、红烟、木薯等。沿海盛产鱼、盐，海水养殖业发达。特产有甜柑、砂仁、香茅油、藤制品等。矿产有铁、铜、钨、锌等。工业主要有采矿、冶金、机械、电力、制盐、化工、酿酒等。风景名胜有阳春山、漠阳江、崆峒岩、凌霄岩、春湾石林、八甲温泉等。

阳关 Yangguan Pass　中国古代关隘名。汉武帝时设置，和玉门关并称两关，因在玉门关南，以南为阳，故名。地处河西走廊最西端的南湖小绿洲，以西不远即为沙漠，和玉门关一样，汉代设有都尉，地位重要。《汉书·西域传》记到鄯善（今新疆若羌东米兰）和西域都护府治所乌垒城（今新疆轮台东）的里距都以阳关起始。从今敦煌西北出玉门关的大道称为北道，西南出阳关的大道称为南道，北道的路线曾有变迁，南道一直未变，即经今新疆塔克拉玛干沙漠南缘、昆仑山脉北麓的交通道路。阳关扼控南道，汉代在龙勒县境，唐代在寿昌县境。汉龙勒县、唐寿昌县遗址在今甘肃敦煌市西南南湖乡破城子，南湖西南3千米的古董滩，一作古铜滩，为阳关遗址。这里曾出土铜箭镞、五铢钱、铁器、日用器皿等汉、唐遗物，还有城墙、房基等遗迹。十六国西凉初还有在阳关屯田积谷的记载，约唐后逐渐废弃。由于古代阳关地处边陲，后人视为荒凉的象征。

《阳关三叠》 *Three Repetitions of the Yangguan Tune*　中国唐代歌曲。今存琴歌谱。歌词为王维的七言绝句《送元二使安西》："渭城朝雨浥轻尘，客舍青青柳色新。劝君更尽一杯酒，西出阳关无故人。"歌曲又称《渭城曲》或《阳关曲》。据考证，此曲亦曾用于唐代大曲《伊州》之中。《阳关三叠》乃3次叠唱之意。明代初年龚稽古所编《浙音释字琴谱》所收《阳关三叠》琴曲谱为所见最早谱本。今常见乐谱出自清末张鹤所编《琴学入门》，全曲三大段，即3次叠唱，每叠除原诗外，加上若干由原诗诗意发展的词句，结束时添加尾声。

阳翰笙 Yang Hansheng (1902-11-07～1993-06-07)　中国文学、戏剧、电影作家。原名欧阳本义，字继修，曾用华汉等笔名。生于四川高县，卒于北京。1924年入上海大学学习。曾在广东黄埔军校任教官。参加过"八一"南昌起义。后任中国左翼作家联盟党团书记、领导"左翼剧联"工作等，并写有理论、评论文章、小说、电影剧本。抗日战争全面爆发后，倡议成立中华全国戏剧界抗敌协会等统一战线组织，领导组建中华剧艺社，团结进步的话剧力量连续举办重庆雾季公演。抗战胜利后组建了昆仑影业公司。

1949年后，历任政务院文教委员会副秘书长、全国电影工作者协会主席等职。

阳翰笙早期创作的小说达20余篇（部），代表着初期普罗文学创作中革命罗曼蒂克的倾向。电影剧本《铁板红泪录》（1933）、《生之哀歌》（1934）等，是中国电影最早反映革命斗争、反帝反封建的作品。之后创作的《生死同心》（1936）、《万家灯火》（1948）和《北国江南》（1962）等，表现出对国家与民族命运的深切关心。话剧创作有《前夜》（1937）、《李秀成之死》（1937）、《塞上风云》（1938）、《天国春秋》（1941）、《草莽英雄》（1942）、《两面人》（1943）和《三人行》（1960）等8部。以《天国春秋》和《草莽英雄》的成就最高。

阳湖派 Yanghu school　中国清代乾隆、嘉庆时期的散文流派。代表人物为阳湖人恽敬、李兆洛，武进人张惠言（阳湖、武进二县皆属今江苏常州）。阳湖派接受了桐城派的主张，致力于唐宋古文，但又对桐城派不满，因而，张惠言、李兆洛提出文章要合骈、散两体之长；恽敬主张兼学诸子百家，以此来补救桐城派行文单薄和思想上专主孔、孟、程、朱的弊病。阳湖派的主张不像桐城派那样拘谨狭隘；他们的作品与桐城派互有得失、短长，并未能真正超过桐城派。由于恽、张曾受桐城之学，故文学史家也有把阳湖派视为桐城派的旁支。

阳极氧化 anodic oxidation　用电解法使作为阳极的金属或合金制件表面形成氧化物薄膜的电化学氧化过程。金属氧化物薄膜改变了金属或合金的表面状态和性能，如表面着色、提高耐蚀性、增强耐磨性及硬度、保护金属表面等。如铝的阳极氧化：将铝或其合金置于阳极电解液（如硫酸、草酸等）中作为阳极，在一定条件和外加电流作用下进行电解，阳极的铝或其合金被氧化。表面便形成一层氧化铝薄膜，其厚度为5～20微米，硬质阳极氧化膜可达60～200微米。阳极氧化后的铝或其合金，硬度、耐磨性、耐热性和化学稳定性都大大提高。许多有色金属或其合金都可通过阳极氧化改善它们的性能和外观色彩。阳极氧化已在机械部件、精密仪器、无线电器材和日用品制造业中得到广泛应用。

阳江市 Yangjiang City　中国广东省辖地级市。位于省境西南部，临南海。辖江城区、阳西县、阳东县，代管阳春市。面积7 822平方千米。人口242万（2010）。西汉元鼎六年（前111）属高凉县，东汉建安二十五年（220）析置安宁县，隋末改称阳江县，以临漠阳江得名。1988年改设地级阳江市。属南亚热带季风气候。夏秋多台风。农业主产水稻、甘蔗、甘薯、柑橘、荔枝、龙眼、胡椒、香茅、剑麻、橡胶等。工业主要有制糖、机械、冶金、医药、化工、木材加工等。名胜古迹有凌霄岩、玉溪三洞、崆峒岩、龙宫岩、宋石塔、北山石塔等。

阳明病 yangming disorder　中医学伤寒六经病之一。为阳气亢盛，邪从热化最盛的极期阶段的伤寒。证候性质属里实热。多由太阳之邪不解、热邪向里发展而成，或者由误治伤津、胃肠干燥、大便燥结所致。有在经、在腑之分。阳明经证为病邪充斥阳明之经，而肠道尚无燥屎内结的证候。证见身大热，大汗出，烦渴行饮，面赤心烦，舌苔黄燥，脉洪大。治宜清热生津，方用白虎汤。阳明腑证为邪热传里与肠中糟粕相搏而成燥屎内结的证候。证见日晡潮热，手足汗出，脐腹部胀满疼痛，大便秘结，或腹中转矢气，甚者谵语，狂乱，不得眠，舌苔多黄厚干燥，边尖起芒刺，甚至焦黑燥裂。脉沉迟而实或滑数。治宜荡涤燥结，方如大承气汤、小承气汤、调胃承气汤。

阳明学派 Yangming school　中国明代中期以王阳明思想为宗旨的心学流派。因创始人王阳明（见王守仁）为浙江余姚人，故又称姚江学派（姚江在余姚境内）。阳明学派以致良知为学术宗旨。王阳明主张良知为圣愚所同，不囿于见闻；即知即行，即体即用。提倡返求诸心，自我作主，不受教条束缚。其弟子因对其致良知的理解不同而分成若干支派。主要有以王畿为代表的良知现成派；以王艮为首的良知日用派；以聂豹、罗洪先为首的良知归寂派和以欧阳德、邹守益、钱德洪为首的良知修证派。

阳起石 actinolite　硅酸盐矿物，化学组成为$Ca_2(Mg,Fe)_5[Si_8O_{22}](OH)_2$，晶体属单斜晶系。晶体呈针状，常呈放射状集合体产出。成分中常有铁替代镁，当铁含量超过镁即$Mg/(Mg+Fe^{2})<0.5$时，称铁阳起石。随铁含量增多颜色加深，密度加大，呈浅绿至深绿色，密度3.1～3.3克/厘米^3。玻璃光泽。莫氏硬度5.0～6.0。柱面解理完全。主要产于接触交代的夕卡岩和低级区域变质岩中。在中国药典里称羊起石、阳石，属温性补肾药。中国台湾及美国马萨诸塞州和佛蒙特州等地有玉石级的阳起石产出。

阳跻脉 yang heel channel; yang heel vessel　中医奇经八脉之一。阳跻脉为足太阳经之

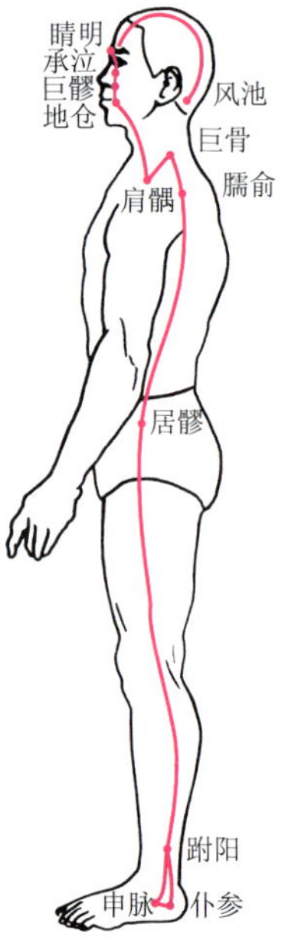

阳跻脉循行图

支脉，起始于足跟中，出于外踝下足太阳申脉穴，当踝后绕跟，以仆参为本，上外踝上三寸，以跗阳为郄，直上循股外廉，循胁后髀，上会手太阳、阳维于臑俞，上行肩膊外廉，会手阳明于巨骨，会手阳明、少阳于肩髃，上人迎夹口吻，会手足阳明、任脉于地仓，同足阳明上而行巨髎，复会任脉于承泣，至目内眦与手足太阳、足阳明、阴跻五脉会于睛明穴，从睛明上行入发际，下耳后，入风池而终（见图）。

阳跻脉交会穴有：申脉，仆参，跗阳（足太阳）；居髎（足少阳）；臑俞（手太阳）；巨骨，肩髃（手阳明）；地仓，巨髎，承泣（足阳明）；睛明（足太阳）；风池（足少阳），共12穴，左右合24穴。

阳泉市 Yangquan City 中国山西省辖地级市。位于省境东部，邻河北省。辖城区、矿区、郊区和平定县、盂县。面积4 451平方千米。人口137万（2010）。原为平定县境荒滩，称沙江口。清末随煤、铁、硫磺生产兴旺而渐形成小镇。1947年设阳泉市。为重要煤炭基地之一。属暖温带半湿润大陆性季风气候区。由于受季风及复杂地形影响，市内不同地区的气候差异较大。年平均气温8.7～10.8℃。平均年降水量420毫米。境内煤、铝土、硫磺、铁、石膏、石灰岩等矿产资源丰富。硫化铁储量居中国之首，埋藏浅，易开采。工业以煤炭为主，煤质优良。此外，有电力、冶金、机械、化工、纺织、建材、陶瓷等工业。农作物有小麦、玉米、高粱、谷子等。名胜古迹有关帝庙、天宁寺双塔、娘子关等，纪念地有百团大战纪念碑等。

阳朔县 Yangshuo County 中国广西壮族自治区桂林市辖县。位于自治区境东北部。面积1 428平方千米。人口27万（2010），有汉、壮、回、瑶、苗等民族。三国吴甘露元年（265）置尚安县，晋改熙平县，隋开皇十年（590）改为阳朔县。1981年属桂林市。地处漓江喀斯特峰林槽谷区，有各种奇特的山峰2万多座。河流有漓江等。矿产有铅锌矿、大理石、重晶石等。农业主产水稻、甘蔗、苎麻、沙田柚、金橘、板栗、柿子等。工业有机械、电力、建材、纺织、森工、制糖、食品、工艺美术等。名胜古迹有杨堤、兴坪、福利、高田、城关、漓江风景区，以及滨江公园、月亮山、莲花洞、遇龙桥、仙桂桥等。

阳维脉 yang link channel; yang link vessel 中医奇经八脉之一。阳维脉维系诸阳经，有维护人体体表、防卫外邪侵袭的作用。

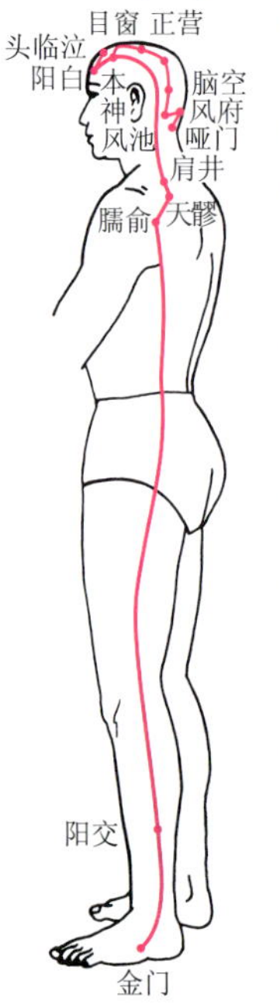

阳维脉循行图

循行部位起于外踝下，与足少阳胆经并行，沿下肢外侧向上，经躯干部后外侧，从腋后上肩，经颈部、耳后，前行到额部，分布于头侧及项后，与督脉会合（见图）。

阳维脉交会穴有：金门（足太阳经）；阳交（足少阳经）；臑俞（手太阳经）；天髎（手少阳经）；肩井，头维（足阳明经）、本神，阳台，头临泣，目窗，正营，承灵，脑空，风池（足少阳经）；风府，哑门（督脉），共16穴。除风府、哑门外，其余穴位系双侧，故合28穴。

阳痿 impotence 中医以阴茎痿软，不能勃起或性交时举而不坚为主要表现的病症。又称阴痿或阴器不用。西医学中因各种原因所致的男性性功能障碍（ED），均可参考此病辨治。

阳痿的病因多为恣情纵欲、频繁手淫以致命门火衰，或思虑、惊恐损伤心脾肾而成，少数可因湿热下注、宗筋弛纵所致。故阳痿虚证较多，实证为少。脾肾亏虚，命门火衰为虚证；湿热下注，宗筋弛纵者属实证。

常见证型有：①命门火衰型阳痿，治宜温补下元，常用右归丸、赞育丸、扶命生火丹、壮火丹等。②心脾受损型阳痿，治宜补益心脾，常用归脾汤、七福饮。③恐惧伤肾型阳痿，治宜补肾宁神，常用达郁汤、宣志汤、启阳娱心丹加减。④湿热下注型阳痿，治宜清化湿热，常用龙胆泻肝汤。

针灸对此病有较好的疗效，常用的穴位有关元、中极、命门、三阴交等。此外，也可用活血化瘀及疏通经络的方法治疗，有较好的效果。

阳友鹤 Yang Youhe（1913～1984-02-20）中国川剧演员。工旦。艺名筱桐凤。四川彭县（今彭州）人。8岁入金兰科社学艺并登台演出，后拜陈翠屏为师。青少年时代在泸州、资阳河一带搭班，打下了坚实的功底。成名后在成都、重庆演出，长期与曹俊臣、张德成等合作。他戏路宽广，文武兼备，

阳友鹤在川剧《金山寺》中饰白娘子

闺门、青衣、鬼狐、刀马、花旦、奴旦皆能。唱腔朴实刚健、流畅舒展、韵味醇厚。表演情绪饱满，做派讲究规范，程式的选择运用得心应手。他曾致力于服装、化妆的革新和时装川剧的演出，对川剧旦脚表演艺术的继承和发展多有建树。乐于提携后进，热心传授技艺，陈书舫、许倩云、廖静秋等都受过他的教益。代表剧目有《秋江》、《金山寺》、《打神》、《貂蝉》、《铁笼山》等。著有《川剧旦脚表演艺术》一书。

阳原县 Yangyuan County 中国河北省张家口市辖县。位于省境西北部，邻接山西省。面积1 834平方千米。人口28万（2008）。西汉置阳原县。清改称西宁，1913年复称阳原县。属温带大陆性季风气候。矿藏主要有煤、大理石、玄武岩、凹凸棒石、碱性岩、瓷土、玛瑙、铝、钼、石墨等。工业有建材、化工、皮毛、陶瓷、建材、铸造、食品加工等。具有地方特色的工业品主要有皮毛、地毯、煤炭、建材、食品等。农业主产谷子、蔬菜、玉米、高粱、山药等。土特产主要有桑洋驴及其繁殖的驴骡、供佛杏、“鹦哥”绿豆、大甜椒等。泥河湾盆地的地层为国际地质第四纪标准地层。

杨 Jahn, Friedrich Ludwig（1778-08-11～1852-10-15） 德国体育家。德国体操创始人。又译雅恩。生于普鲁士兰茨，卒于普鲁士弗赖堡。幼年体弱多病，但因坚持运动，

青年时体格健壮。大学攻读神学。1808年完成《德意志国民性》一书，1810年出版。书中谈到体育是造就完美国民的手段，并首先采用“陶鲁宁”（德语“体操”的意思）一词。1811年春，带领学生在柏林郊外建造了德国第一个室外运动场，装置了平衡木、双杠、鞍马、单杠、高塔等简

单设备，吸引了青年人参加活动。1816年与E.艾泽伦合写了著名的体育专著《德国体操》，介绍了“陶鲁宁”活动的产生过程，指导方针、内容、器材、服装等。获“铁十字”勋章。后被尊为“德意志国民体育之父”。晚年退隐。

杨 Young, Thomas (1773-06-13～1829-05-10) 英国物理学家、考古学家。生于米尔弗顿，卒于伦敦。通晓多种语言，一生在物理、化学、生物、天文、哲学、语言、考古等方面做了大量工作。在年轻行医时就发现了眼睛晶状体的聚焦作用与其散光的原因，由此开始了光学研究。1800年杨将声和光对比后而对光的微粒说发生怀疑。1801年他让光先通过两互相靠近的针孔而再投射到屏上，发现两束光被散开并重叠，出现了明暗相间的条纹。这就是著名的杨氏实验，后经改进成为杨氏双缝实验。他由此而引入光的干涉的概念而论证了光的波动说，据此解释了牛顿环的成因与薄膜的颜色。首次测出7种颜色光之波长，并提出光为横波。他提出的三原色理论是现代绘画、印刷、电视、照相等技术的基本原理。还首先提出用能量一词来代替活力，弹性固体的杨氏模量就是以他的姓氏来命名的。1814年开始研究埃及古碑，经数年而破译出其上的文字，对考古学作出了贡献。

杨白冰 Yang Baibing (1920-09-09～) 中国共产党中央政治局委员，中央书记处书记。大学学历。四川潼南人。1938年加入中国共产党。1939年起任八路军第129师组织部、民运部干事，民运工作队队长，延安留守处政治协理员、晋冀鲁豫军区政治部组织科科长、经东县工委书记兼县大队政委、中原军区组织部科长、第二野战军后勤部组织部副部长。中华人民共和国建立后，历任西南军区组织部部长，第二政治学校组织部部长兼干部部部长、政治部主任，西南军区青年部副部长，成都军区组织部长。1960年解放军政治学院毕业，任成都军区政治部副主任，北京军区政治部副主任、副政委、政委。1987年任中国人民解放军总政治部主任。1988年任中华人民共和国中央军委委员，被授予上将军衔。1989年增补为中共中央书记处书记，并任中央军委秘书长，兼任总政治部主任。是中共十三届中央委员，十四届中央政治局委员。

杨宝忠 Yang Baozhong (1900～1967) 中国京剧琴师。原籍安徽，生于北京，卒于天津。名旦杨小朵之子。曾师从张春彦、余叔岩习老生。后因嗓败而拜奚子刚为师，改行操琴。自幼酷好音乐，常与琴师陈彦衡、孙佐臣等交往，对谭腔及胡琴演奏技巧有一定研究。精于西方乐器小提琴，并将小提琴的某些弓法融入胡琴演奏技巧。先后与言菊朋、马连良、杨宝森等合作。尤其是后期与杨宝森及鼓师杭子和合作，配合紧凑，观众叹为“三绝”。著有《杨宝忠京胡经验谈》。

杨粲墓 Tomb of Yang Can 中国南宋播州安抚使杨粲夫妇合葬墓。位于贵州遵义城南。1957年发掘。唐僖宗乾符三年(876)至明万历二十八年(1600)，杨端家族世袭统治播州。杨粲为杨氏十三世孙，于南宋嘉泰年间(1201～1204)袭播州沿边安抚使，官终武翼大夫。此墓约建于淳祐年间(1241～1252)，是西南地区有代表性的宋墓。1982年国务院公布为全国重点文物保护单位。

男室内石刻

此墓为以条石砌筑的并穴双室墓，男室居左，女室居右。两室结构相同，包括墓门、前堂和后室等部分，两后室间有过道相通。棺床置于后室中间。两墓除前室外，各部分有丰富的石刻，共有雕刻190幅。其中人物雕像28尊，另有动物、花卉、器物、几何图案和仿木构等雕刻。所雕有圆雕、高浮雕、浅浮雕和线刻，技艺精湛，构思巧妙，富有浓郁的生活气息。两室底部各有圆形腰坑，内藏铜鼓一面。

杨潮观 Yang Chaoguan (1710～1788) 中国清代戏曲作家。字宏度，号笠湖。金匮(今江苏无锡)人。乾隆元年(1736)中举，曾入实录馆供职，后出任地方官。精音律，善词曲，作有杂剧32种，结集称为《吟风阁杂剧》。剧作皆取材于古事，而有所寄托。擅长于政治、道德主题，剧作对于官场积弊、民间疾苦多有描写，反映了当时的社会矛盾，具有一种高标脱俗的品格，表达了对于贤明政治和清廉节操的向往。如《穷阮籍醉骂财神》写阮籍醉骂“万能”的金钱。骂的是金钱，指的却是握有金钱的豪门权贵。《吟风阁杂剧》剧式短小，每种仅1折，与今独幕剧相似，剧前均有小序，点明主旨，但旨意寄托遥深，曲文也跌宕爽朗，宾白酣畅诙谐。然舞台特色不足，有案头化的倾向。

杨成武 Yang Chengwu (1914-10-27～2004-02-14) 中国无产阶级革命家、军事家，全国政协副主席，中国人民解放军将领。生于福建长汀，卒于北京。1929年加入闽西红军。1930年编入中国工农红军第1军团第4军，同年5月加入中国共产党。曾任干事、秘书、团政治委员。曾参加中央苏区历次反“围剿”。长征中任第2师第4团政治委员。1936年初任第1师政治委员。同年入中国人民抗日红军大学学习，后任师长。抗日战争时期，历任八路军第115师独立团团长，晋察冀军区第1军分区兼第1支队司令员(后兼政治委员)，冀中军区司令员。解放战争时期，历任晋察冀军区第3纵队司令员、晋察冀野战军第二政治委员、兵团司令员。曾率部进军绥远，解放集宁、包头，参加平津、太原战役。中华人民共和国建立后，兼任天津警备区司令员，京津卫戍区副司令员、司令员。1951年参加抗美援朝，任中国人民志愿军第20兵团司令员。曾获朝鲜民主主义人民共和国一级自由独立勋章2枚。1952年回国后，历任华北军区参谋长、副司令员，北京军区司令员，解放军防空军司令员，解放军副总参谋长、代总参谋长，中央军委常务委员、副秘书长，福州军区司令员等职。中共第八届中央候补委员，第十一、第十二届中央委员，第六届全国政协副主席。1955年被授予上将军衔，获一级八一勋章、一级独立自由勋章，一级解放勋章。1988年7月被授予一级红星功勋荣誉章。著有《冀中平原上的地道斗争》、《忆长征》、《战华北》。

杨成志 Yang Chengzhi (1902-05-01～1991-05-30) 中国民族学家。生于广东海

丰县汕尾镇（今汕尾市），卒于北京。1923～1927年就学于岭南大学。1927年任中山大学助教。1928年与史国禄教授夫妇及容肇祖同赴云南调查少数民族情况。

后只身深入四川大凉山彝族地区从事社会制度与风习的调查研究。所写《云南民族调查报告》、《云南罗罗族巫师及其经典》、《罗罗太上清净消灾经对译》等是中国最早的民族学田野考察著作。1932年赴法国留学，获巴黎人类学院高等文凭和巴黎大学文学博士学位。1935年冬回国。20世纪30～40年代，历任中山大学研究院秘书长、文科研究所特聘教授兼人类学部主任等职。其间，主编《民俗季刊》和《民族学刊》，发表了《广东的人民与文化》、《人类科学论集》、《人类学与现代生活》、《广东北江傜人调查报告》、《海南岛苗黎调查》、《广西苗瑶侗壮访问记》等专著及调查报告。中华人民共和国建立后，先后在中央民族事务委员会、中央民族学院从事民族研究和文物研究。曾参加《中国少数民族分布简图》、《中国少数民族文字简表》、《中国少数民族地区旧有政制概况》及《瑶族简史简志》的编写工作。对中国民族学、人类学的研究以及人才的培养作出了贡献。

杨崇瑞 Yang Chongrui（1891-09-06～1983-07-20） 中国妇幼保健事业和助产教育的先驱者。字雪丰。生于河北省通县燕郊镇（今属三河），卒于北京。1917年毕业于协和女子大学后，到山东德州博济医院，天津南关下头妇婴医院工作。1921年至北京协和医学院进修。1925年获奖学金到美国约翰斯·霍普金斯大学医学院进修。

回国后在协和公共卫生科工作。1928年于北平推广新法接生。1929年在北平创办中国第一所助产学校，任校长。1931年1月任职于内政部卫生署，受命开办南京、武汉助产学校。1935年创建、主持“节育指导所”。1937年初受聘为国际联盟妇婴卫生组专家，奉派考察欧亚17国的妇婴卫生状况及助产教育。1937年回国，在多处开办妇幼保健院并开展公共卫生。1947年10月受聘任联合国妇婴卫生专家。1949年11月回国，任卫生部妇幼卫生局局长。主编《妇幼卫生》、《妇婴卫生学》、《简易产科学》等教材。1957年任《中华妇产科杂志》编辑。1978年聘为卫生部妇幼卫生司顾问。1989年用其捐赠的遗款成立杨崇瑞基金会，设立杨崇瑞奖金。

杨传广 Yang Ch' ing-k' un（1933～2007-01-27） 中国田径运动员。台湾台东人。卒于美国圣费南度谷。阿美人。生在体育之家。1952年，在台湾全省中学生运动会上以1.83米的成绩获得跳高第1名。1953年在全省运动会上，以6.85米的成绩夺得跳远冠军。后从事十项全能训练。1954年、1958年在第2届、第3届亚洲运动会上蝉联十项全能冠军。

1960年初以8 426分的成绩打破了苏联运动员V.库兹涅佐夫创造的8 357分的十项全能的世界纪录。同年，在第17届奥林匹克运动会上以8 334分的成绩获十项全能亚军，是中国在奥运会上首次获得奖牌的选手。1963年在美国西海岸圣安东尼奥学院举行的运动会上，又以9 121分的优异成绩再次创造了十项全能世界最新纪录，成为亚洲第1个登上十项全能高峰的名将，人称“亚洲铁人”。1975年返台湾任教练。

杨得志 Yang Dezhi（1911-01-03～1994-10-25） 中国无产阶级革命家、军事家，中国人民解放军将领。生于湖南醴陵，卒于北京。1928年2月参加工农革命军，10月加入中国共产党。1930年起，在中国工农红军第1军团任排长、连长、团长等职。参加中央苏区历次反“围剿”，获三等红星奖章。参加长征到陕北后任第1师副师长、第2师师长。

抗日战争爆发后，任八路军第115师团长、第344旅代旅长、冀鲁豫支队支队长、第2纵队司令员、冀鲁豫军区司令员。1944年任陕甘宁晋绥联防军教导第1旅旅长。1945年8月起，任晋冀鲁豫军区纵队司令员，晋察冀野战军司令员等职。1948年任华北军区第2兵团（后改为第19兵团）司令员。1950年兼陕西军区司令员。1951年任中国人民志愿军兵团司令员，志愿军副司令员、司令员。曾获朝鲜民主主义人民共和国一级国旗勋章1枚、一级自由独立勋章2枚。1954年回国后，入军事学院学习并兼战役系主任。1955年任济南军区司令员，同年被授予上将军衔。曾获一级八一勋章、一级独立自由勋章、一级解放勋章。1973年起，任武汉军区、昆明军区司令员。1980年起，任国防部副部长，解放军总参谋长，中共中央军事委员会常务委员、副秘书长、中华人民共和国中央军事委员会委员。中共第八届中央候补委员、中央委员（1966年递补），第九至第十二届中央委员，第十一届中央书记处书记，第十二届中央政治局委员。1987年被选为中共中央顾问委员会常务委员。1988年7月被授予一级红星功勋荣誉章。著有回忆录《横戈马上》。

杨度 Yang Du（1875-01-10～1931-09-17） 中国政治活动家。原名承瓒，号皙子。湖南湘潭人。卒于上海。少时师从王闿运。1894年中举人。次年会试落第。1902年赴日留学。编辑、主编过《游学译编》、《中国新报》，极力鼓吹君主立宪。1907年回国后，被袁世凯等推荐为宪政编查馆提调，晋四品京堂，从此成为袁的重要谋士。1912年，被当上中华民国临时大总统的袁世凯授予二等嘉禾勋章。1915年8月，与孙毓筠等人发起成立筹安会，推动各方拥戴袁世凯称帝。1916年7月，被列入八人帝制祸首通缉名单。1918年9月，通电放弃君主救国主张。五四运动后，开始改持革命救国论。其间，先后参加过协助孙中山阻止吴佩孚援助叛将陈炯明，营救被捕《京报》、《社会日报》社长邵飘萍、林白水和中共创始人李大钊等活动。蒋介石四一二政变后，经周恩来批准，正式加入中国共产党，在杜月笙“秘书”身份掩护下，积极为中共提供国民党情报。1929年6月，加入中国社会科学家联盟。

杨芙清 Yang Fuqing（1932-11-06～ ） 中国计算机软件科学家。生于江苏无锡。1958年北京大学数学力学系研究生毕业。1957～1959年在苏联科学院计算中心和莫斯科大学数力系学习。1962～1964年任苏联杜勃纳联合核子物理所计算中心中国专家。后任北京大学信息与工程科学学部主任、教授，软件工程国家工程研究中心主任，北京大学软件学院理事长、名誉院长。美国电气和电

子工程师学会会士(IEEE Fellow)。1991年当选中国科学院学部委员(院士)。主持研制了中国第一台百万次集成电路计算机的操作系统和第一个全部用高级语言书写的多道操作系统。她首先倡导开展软件结构与工具、软件设计技术等软件工程基础研究。主持国家重点科技攻关项目青鸟工程的研究开发工作。承担多项863高技术课题研究工作，在软件复用和软件构件技术的理论体系研究方面取得若干重要成果。获全国科学大会奖，国家科技进步奖二等奖，何梁何利基金科学与技术进步奖。清华大学、复旦大学、浙江大学、上海交通大学兼职教授。

杨格计划 Young Plan 第一次世界大战后战胜国为代替道威斯计划而实施的德国支付赔款计划。1929年，德国声称财政濒于崩溃，无力实行道威斯计划。同年2月11日至6月7日，英、法、比、意、日、美、德七国代表组成专家委员会在巴黎召开会议，重新审议德国赔偿问题，美方代表O.D.杨格为主席。会议通过主要由杨格起草的报告书，史称杨格计划。主要内容：①规定了德国的赔款总额和支付年限。把赔款总额由1 320亿马克削减为1 139亿马克，分59年偿付。②协约国对德国提供所谓杨格计划贷款，净额为12亿马克。③废除协约国在德国的一切监督机关，取消协约国对德国财政经济的直接控制。成立国际清算银行，以调节债权国和债务国之间的关系。④协约国从德国莱茵区撤走占领军。随后，1929年8月6～31日、1930年1月3～20日，英、法、德、意、比、日、波、希、南、捷、葡、罗等国在海牙召开两期会议，美国作为观察员参加。会上讨论并通过杨格计划，于1930年9月生效。杨格计划的执行在很大程度上减轻了德国的赔款负担。杨格计划实施不久，1931年6月德国总统P.von兴登堡声明因经济恶化而无力支付赔款。1932年6～7月，英、法、意、比、日、葡、南、罗、希、美、德等国举行洛桑会议，决定德国应偿付30亿马克作为最后一笔赔偿费，但德国从未支付。杨格计划遂告终结。

杨根思 Yang Gensi (1922～1950-11) 中国人民志愿军特级战斗英雄。江苏泰兴人。1944年2月参加新四军。1945年11月加入中国共产党。曾荣立大功一次，荣获“华东一级战斗英雄”、“华东三级人民英雄”等称号。1950年10月，参加中国人民志愿军赴朝作战。11月，在抗美援朝战争第二次战役中，带领一个排扼守咸镜南道下碣隅里小高岭，接连击退美军8次进攻。当阵地上只剩他和两名伤员时，他抱起炸药包，冲向第9次攻上来的敌群，与敌同归于尽。1952年5月9日，中国人民志愿军领导机关为他追记特等功，追授“特级英雄”称号，所在连被命名为“杨根思连”。1953年6月25日，朝鲜民主主义人民共和国最高人民会议常任委员会追授他“朝鲜民主主义人民共和国英雄”称号和金星奖章、一级国旗勋章。

杨广 Yang Guang (569～618) 中国隋代第二任皇帝。见隋炀帝杨广。

杨贵妃 Princess Yang Kwei Fei (719～756) 中国唐玄宗李隆基的宠妃。小字玉环。道号太真。蒲州永乐(今山西永济南)人。善歌舞，通音律，聪明过人，身材丰腴，姿容绝代。始为玄宗子寿王李瑁妃，召入宫中，深得玄宗宠爱。天宝四载(745)进册为贵妃，

杨贵妃骑马图(相传为元朝钱选所绘)

姊妹皆有才貌，分别封为韩国、虢国、秦国夫人，出入宫掖。堂兄杨钊，赐名国忠，升任宰相，权倾朝野。贵妃兄妹使玄宗耽于声色享乐，不理朝政。天宝十四载(755)，安禄山以诛杨国忠为名，发动叛乱，玄宗无军可调，出逃四川，行至马嵬驿(今陕西兴平西)，士兵不行，诛杀杨国忠，迫玄宗赐杨贵妃自缢。

杨国忠 Yang Guozhong (?～756) 中国唐朝玄宗时外戚和权臣。蒲州永乐(今山西永济南)人。武则天时倖臣张易之之甥，杨贵妃之堂兄。本名钊，玄宗为其更名为国忠。天宝初，杨贵妃得宠，剑南节度使章仇兼琼欲结为内援，使杨钊携财贿入京，杨氏姊妹荐于玄宗，累迁监察御史。宰相李林甫曾与之勾结以危害太子，陷害政敌。他善于窥测玄宗好恶，得其欢心。天宝十一载(752)，林甫死，国忠代相，兼吏部尚书，怙权仗势，台省官有才名而不为他用者皆遭排斥。国忠专权弄政，平时所受赏赐及贿赂不计其数，生活极为奢侈腐朽。

天宝十载及十三载，在他鼓动下，唐两次发兵进攻南诏，均全军覆没。他反以捷书上奏。与安禄山争宠。禄山本有叛心，即以诛杨国忠为名起兵反唐。他劝玄宗令哥舒翰出关作战，因致大败。又劝玄宗入蜀，随驾奔蜀，至马嵬驿(今陕西兴平西)，为从驾士兵所杀。

杨虎城 Yang Hucheng (1893-11-26～1949-09-17) 中华民国时期民主爱国将领，西安事变发动者。原名忠祥，字虎城。陕西蒲城人。早年为“刀客”首领。1916年参加陕西护国军，反对袁世凯称帝。随后加入靖国军，支持孙中山护法斗争。1924年被孙批准为国民党员。次年升任国民军第3军师长，一度与中共合作。1926年坚守西安近8个月，挫败吴佩孚夺取陕西计划。1927年6月，随冯玉祥东出潼关参加北伐战争。1929年率部投蒋。次年参加讨伐阎锡山、冯玉祥、李宗仁等反蒋派作战，胜利后被任为陕西省政府主席，但不到3年就因与蒋矛盾日深而免职。1935年在陕南阻击红军北上，屡遭重创。1936年12月12日，在全国抗日潮流推动下，与张学良发动西安事变，促成中国政局由内战转向抗日。1937年4月，为蒋所迫，宣布辞职，随即“出洋考察”。七七事变爆发后，要求回国抗日，被蒋骗至南昌，即遭拘押。此后辗转囚禁于长沙、益阳、贵州息烽、重庆、贵阳等地12年。最后被蒋残杀于重庆。

杨辉 Yang Hui 中国南宋数学家。字谦光。钱塘(今杭州)人。生卒年不详。13世纪中叶后活动于苏杭一带。著有《详解九章算法》12卷、《日用算法》2卷、《乘除通变本末》3卷、《田亩比类乘除捷法》2卷、《续古摘奇算法》2卷。后3种为他后期的著作，一般称之为《杨辉算法》。这些著作保存了中国古代数学典籍的许多珍贵资料，也为改进和发展古代计算技术作出贡献。

《杨家府演义》 *Romance of the Yang Family* 中国明代小说。全称《新编全像杨家府世代忠勇演义志传》。作者不详。《杨家府演义》从杨业与辽(契丹)作战，身陷重围，撞李陵碑殉国写起，到十二寡妇征西，克敌凯旋结束。杨家将抵抗契丹的故事早在民间流传，南宋话本和元明杂剧中有不少有关杨家将的故事。作品通过描写老英雄杨业一家世代保卫国土而前仆后继的英勇事迹，反映当时人们抗御外侮、谴责权奸、

表彰忠烈的要求和愿望。尤其是书中塑造了众多英姿勃发的杨门女将，她们不是深居闺阁的佳人小姐，而是继承父兄遗志，投身保卫中原、建立功勋的英雄。作品在着力反映激烈民族斗争的同时，也用一定篇幅描写朝廷内部忠奸之间的尖锐冲突，对皇帝的昏庸作了一定的揭露。小说在艺术描写上显得粗糙，表现在人物刻画和情节安排上欠细腻妥帖，且时有漏洞；组织结构也不甚严谨，只是语言尚称活泼生动。《杨家府演义》现存最早版本刊于明万历三十四年（1606）。

杨家湾陶俑 pottery figurines in Yangjiawan 中国西汉随葬陶俑。杨家湾村位于陕西省咸阳市东约20千米。1965年从这里的西汉文景（前180～前141）时期高级将领墓葬的10个位于前边的6个坑内，出土骑马俑583件。马俑有大小两种，人俑则大小相同。大骑马俑通高68厘米，小的50厘米。马的毛色有黑、红、紫、白4种，身上彩绘鞍鞯及辔头等。骑马俑着红、白、绿、紫等彩绘服饰，有的披黑色铠甲。马的姿态生动，有的静立，有的昂首嘶鸣。骑马俑作握缰和举兵器状。其塑制方法为模制与捏塑、彩绘结合。骑马俑及马尾是分作的，可随意装置。另4个坑埋置武士俑和舞乐俑两类立俑。大的高48.5厘米，小的高44.5厘米。一般右手半举握空拳，可能原握持兵器或盾牌，有的拳中尚残存铁棍，左手握拳下垂。多数为武士，其他则作跳舞、奏乐、指挥等不同姿态。服饰有红、黄、绿、白等色。武士俑身披各式黑色铠甲，甲片及连缀情况描绘得真实具体。有的背上还有一方形小箭囊。头部有的用头巾包起，以带结系于颏下，有的头后作圆发髻。腰均系带，足穿草履或方口短靴鞋。4个坑出土步兵俑1 800多件，舞乐杂役俑100余件。汉代重要将领死后，朝廷常给予隆重礼遇，用军阵送葬。这批俑群正是模拟送葬的军阵。俑身上的彩绘保存完好，可据以考知汉初的军队服制。

杨家湾陶俑中的骑马俑（咸阳博物馆藏）

杨嘉墀 Yang Jiachi（1919-07-16～2006-06-11） 中国卫星和自动控制专家。生于江苏吴江，卒于北京。1941年毕业于上海交通大学电机系。1949年，在美国哈佛大学应用物理系获博士学位。1950～1955年，先后任美国宾夕法尼亚大学研究员和美国洛克菲勒研究所高级工程师。1956年回国后，历任中国科学院自动化所副所长，中国空间技术研究院副院长兼502所所长，航天部总工程师，“实践”号卫星总设计师。1980年当选中国科学院学部委员（院士）。国际宇航科学院院士。曾为国际宇航联合会副主席，国际自动控制联合会空间控制专业委员会副主席。

杨嘉墀参与中国空间技术发展规划的制订，领导和参加中国多种卫星的总体及自动控制分系统的研制。指导研制为原子弹爆炸试验所需的检测技术及设备等科研项目。1986年与王大珩、王淦昌、陈芳允联名向党中央提出《关于跟踪研究外国战略性高技术发展的建议》（863计划）。1985年获国家科学技术进步奖特等奖。1999年获中共中央、国务院、中央军委“两弹一星功勋奖章”。

杨坚 Yang Jian（541～604） 中国隋代开国皇帝。弘农华阴（今陕西华阴）人。北周大定元年（581）代周称帝，国号隋，改元开皇。见隋文帝杨坚。

杨简 Yang Jian（1911-08-08～1981-05-10） 中国病理学家、实验肿瘤学奠基者。曾用名杨维昇。生于广东梅县，卒于北京。1934年毕业于广州中山大学医学院，1942年任教授。1946～1948年由学校派往美国费城宾夕法尼亚大学医学院进修病理学与肿瘤学。1949年回国后曾担任过中山大学医学院副院长、代理院长。1953年在中央卫生研究院首建中国第一株可移植性肿瘤株，即小鼠梭形细胞肉瘤。1958年在实验医学研究所组建起中国第一个瘤株实验室。先后建立了10种大、小鼠瘤株，并从国外引进瘤株十余种。1963年提出河南林县（今林州市）的食管癌与饮食习惯有关。1980年当选为中国科学院生物学部委员（院士）。著有《食管癌的实验研究》。参加编著：《病理学》、《实用肿瘤学》、《中国医学百科全书·肿瘤分册》等。

杨绛 Yang Jiang（1911-07-17～ ） 中国作家、翻译家。原名季康，江苏无锡人。生于北京。1928年考入东吴大学，1932年毕业后考入清华大学研究院外文系。1935年与钱钟书自费赴英国牛津大学和法国巴黎大学留学。1938年回国。1940年在上海“孤岛”谋生。1946～1949年初，任教于上海震旦女子文理学院外文系。1949年9月自沪迁京，任清华大学西语系教授。1953年后任北京大学文学研究所和外国文学研究所（后属中国社会科学院）研究员。

杨绛（右）在清华大学稿费捐赠仪式上

1933年开始发表作品。初期作品主要为散文。1942年开始话剧创作，相继有《称心如意》、《弄真成假》、《游戏人间》、《风絮》等问世。20世纪50年代起，主要从事外国文学的翻译，译作有西班牙的《小癞子》、《堂吉诃德》、法国的《吉尔·布拉斯》等。《堂吉诃德》曾获西班牙政府奖。80年代以后，致力于散文和小说的创作，先后著有长篇纪实散文《干校六记》、长篇小说《洗澡》、长篇纪实散文《我们仨》等。《干校六记》曾获全国优秀散文奖。长期的创作形成其独特的风格：“一切在情在理，一切平易自然，而韵味尽在其中矣。”（李健吾语）有《杨绛作品集》（3卷）和《杨绛译文集》出版。2004年人民文学出版社出版了《杨绛文集》8卷。

杨杰 Yang Jie（1889-01-25～1949-09-19） 中国民国时期军事理论家。字耿光。云南大理人。1906年入保定北洋军官学堂。1911年入日本陆军士官学校。1915年参加护国战争。1920年入日本陆军大学深造。北伐战争期间，任国民革命军第17师师长、暂编第6军（后改称第18军）军长等职。1928年4月任第1集团军总参谋长，参加第二期北伐。1929年1月任宪兵学校校长，旋任洛阳行营主任，随蒋介石参加蒋唐（生

智）之战。1930年5月任陆海空军总司令部参谋长，参加蒋冯阎战争。1931年12月任陆军大学校长。1933年2月任第8军团司令官，指挥所部参加长城抗战。9月赴德、法、英、苏等国考察军事。1934年回国后从事军事理论研究，撰写和修改了《欧洲各国军事考察报告》、《战争抉要》、《总司令学》等，其内容涉及作战指挥、军事教育和建设现代国防诸方面。1937年10月由陆军中将加上将衔。1938年任驻苏联特命全权大使。1940年被免职后，又系统地研究国防问题，著有《国防新论》、《军事与国防》等，对现代战争特点、现代国防建设形式与内容提出许多新的见解。1945年10月与谭平山、王昆仑等人为反对内战、推动国民党内部民主运动，在重庆组织三民主义同志联合会。其后派人到贵州、云南等地策动反蒋的国民党军将领起义。1949年9月应中国共产党中央委员会邀请，绕道前往北平（今北京）参加中国人民政治协商会议，由昆明途经香港时被国民党特务杀害。

杨靖宇 Yang Jingyu (1905-02-26～1940-02-23) 中国无产阶级革命家，抗日民族英雄，东北抗日联军的主要领导人之一。原名马尚德，字骥生。生于河南。1925年加入中国共产主义青年团。1927年加入中国共产党。1928年先后3次被捕入狱。1929年奉中共中央之命赴东北，任中共抚顺特别支部书记。同年秋被捕，在狱中坚持斗争。九一八事变后出狱，任哈尔滨市委书记，满洲省委委员、代军委书记等职，积极领导东北人民的抗日斗争。1934年任南满抗日联军总指挥、东北人民革命军第1军军长兼政委等职。1936年任东北抗日联军第1路军总指挥兼政委。七七事变后，杨靖宇发动西征，经常出击日军，支援关内的斗争。1938年在通化、临江一带开展抗日斗争，给敌伪军以沉重打击。同年冬，日军加强对南满抗日根据地的摧残，抗日联军的处境更加艰难。杨靖宇率第一路军一部，进入长白山密林中。次年，在濛江县境与敌人战斗中受重大损失。1940年1月，为解决部队给养问题，命部队主力北上，自己带领一支小部队东进。2月23日，在吉林濛江县保安村前三道崴子牺牲。为纪念他，东北民主联军通化支队改名为杨靖宇支队，濛江县改为靖宇县，通化市为他修建了陵园。

杨静仁 Yang Jingren (1918-09-17～2001-10-19) 中国无产阶级革命家，党和国家统一战线和民族工作领导人，全国政协副主席。回族。生于甘肃兰州，卒于北京。1936年在兰州中学参加学生抗日救亡运动。1937年加入中国共产党。任中共甘肃省委直属回民特别支部书记，甘肃省回民教育促进会常委、伊斯兰学会常务理事。1941年入陕北公学民族部学习，后任陕甘宁边区联防司令部抗日回民骑兵团党代表和团政委，中共中央西北局统战部民族科科长，陕甘宁边区政府民委、西北军政委员会委员。1949年作为少数民族代表之一，出席中国人民政治协商会议第一届全体会议，任全国政协第一届党组总干事。中华人民共和国建立后，历任全国青年联合会副主席、中央民族事务委员会办公厅主任兼中共中央统战部民族宗教处处长。1954年后任中央民族事务委员会副主任、中国叙利亚友协副会长、中国阿联友协副会长、中央民族政策研究室主任。1960年后任中共宁夏回族自治区区委第一书记、自治区人民政府主席，宁夏军区政委，中共中央西北局书记处书记，宁夏回族自治区革委会副主任、自治区政协主席。1978年后任国家民委主任、中共中央统战部部长、国务院副总理。1978～1998年任全国政协第五、六、七、八届副主席。是中共十一、十二、十三届中央委员。

杨炯 Yang Jiong (650～?) 中国唐代诗人。华阴（今属陕西）人。与王勃、卢照邻、骆宾王齐名，并称初唐四杰。于显庆四年（659）举神童，26岁补校书郎。武后时为盈川令，吏治严酷，卒于官。世称杨盈川。杨炯以边塞诗著名，所作如《从军行》、《出塞》、《战城南》等，气势轩昂，风格豪迈。其他唱和、纪游的诗则未尽脱绮艳之风，无甚特色。今存其诗33首，五律居多。另存赋、序、表、碑、铭、志、状等50篇。他对海内所称王杨卢骆，自谓"愧在卢前，耻居王后"。现存其文集有明代万历中童珮汇编的《盈川集》10卷，附录1卷。崇祯间张燮重辑为13卷。

杨开道 Yang Kaidao (1899-06-07～1981-07-23) 中国社会学家。号导之。生于湖南新化，卒于湖北武汉。1920年考入南京高等师范农科，1924年毕业后赴美留学，先后在艾奥瓦农工学院和密歇根农业大学学习，于1925年、1927年获得硕士和博士学位。1927年4月回国后，先后任大夏大学、复旦大学、中央大学农学院社会学教授，燕京大学社会学教授兼系主任、法学院院长。1930年在清河镇建立实验区，同年组织发起成立中国社会学社。30年代从事乡村建设运动。1934年任燕京大学农村建设科主任。1935年任燕京大学法学院院长。1948年初任上海商学院教授、合作系主任。中华人民共和国建立后，历任武汉大学农学院院长、华中农学院筹委会主任和院长、中国科学院湖北分院筹委会副主任、湖北省图书馆馆长和研究员。1979年被聘为中国社会学研究会顾问。

杨开道长期致力于农村社会学的教学和研究。他认为，狭义的农村社会学只是一种特殊的纯粹社会科学，所研究的只是农村社会的全体、常态、基本现象。农村社会问题则是研究农村社会的变态和农村社会的局部，是一种应用科学。广义的农村社会学包含农村社会问题和纯粹农村社会学，既是一种特殊的纯粹社会学，同时也是一种应用社会学。著有《农村社会学》、《社会研究法》、《社会学大纲》、《农场管理学》、《农业教育》、《农村问题》、《中国乡约制度》、《农村社会》等。

杨开慧 Yang Kaihui (1901～1930-11) 毛泽东的夫人。字云锦，又名霞。湖南长沙人。早年在长沙积极参加革命活动。1920年加入中国社会主义青年团。同年冬与毛泽东结婚。1921年参加中国共产党，曾在中共湘区委员会负责机要兼交通联络工作。1923～1927年随毛泽东在上海、韶山、广州、武汉等地开展工人运动、农民运动和妇女运动。第一次国内革命战争失败后，中共党组织派她从武昌回到长沙板仓一带坚持党的地下斗争。1930年10月，因叛徒告密被国民党当局逮捕，在长沙被害。

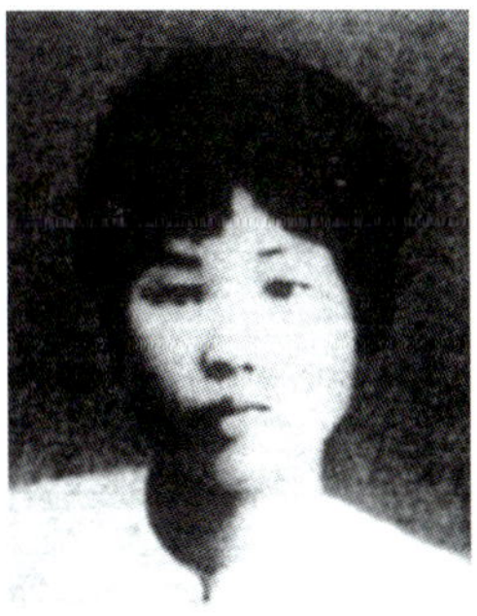

杨逵 Yang Kui (1905-10-18～1985-03-12) 中国台湾作家。原名杨贵，笔名杨逵、杨建文等。台湾台南人。1924年东渡，在日本大学攻读文学。1927年返台湾，积极参加抗日爱国农民运动，任台湾农民组合中央常委、教育与组织部长。1934年加入台湾文艺联盟。之后创办《台湾新文学》，任主编。抗日战争胜利后，创办《一阳周报》。1948年主编《力行报》副刊，为介绍祖国语言文学，做了大量工作。1949年，因支持爱国和平行动，被台湾当局逮捕，监禁达12年。1982年应邀参加美国爱荷华大学国际写作计划活动。1983年获台湾吴三连文艺奖。1984年又获台湾新文学特别推崇奖。代表作为《送报夫》、《水牛》、《模范村》、《鹅妈妈出嫁》、《关不住的春光》等小说，以及散文《智慧之门将要开了》，话剧《扑灭天狗》、《牛犁分家》等。

杨堃 Yang Kun (1901-10-08～1998-07-26) 中国民族学家、民俗学家。又名杨象乾、杨赤民。生于河北省大名县，卒于北京。1921年就读于法国里昂中法大学、巴黎大学。1925年获法国里昂大学理科硕士学位，1930年获该校文科博士学位。1931年回国，先后任教于河北大学、清华大学、燕京大学、北京大学、云南大学等校。曾参与发起成立中国民族学会、中国民俗学会。1978年始任中国社会科学院民族研究所研究员，并在中央民族学院等院校授课。曾任中国民间文艺家协会顾问、中国神话学会顾问，1983年起任中国民俗学会副理事长。多次深入彝、白、傣、苗、佤、哈尼等少数民族居住地，进行民族识别和科学考察。对于民间文艺事业的贡献主要体现在对民间宗教、民俗事象中的民间文艺现象的考察，尤以对神话的研究最为突出。主要学术著述有《中国家族中的祖先崇拜》、《中国儿童生活之民俗学的研究》、《民俗学与民族学》、《云南农村》、《论神话的起源与发展》等。

杨丽萍 Yang Liping (1958-11-10～) 中国白族舞蹈表演艺术家。生于云南西双版纳。先后为云南西双版纳自治州歌舞团、中央民族歌舞团演员。创编及表演的代表作品有《雀之灵》、《猎中情》、《火》、《月光》、《两棵树》、《拉萨河》、《女儿国》、《心之翼》等。其中《雀之灵》被确定为“中华民族20世纪舞蹈经典作品”。1998年自编、自导、自演的电影《太阳鸟》获蒙特利尔电影节评委会大奖。2003年由她出任艺术总监、总编导、领衔主演的大型民族歌舞集《云南映象》，将原生态的乡土歌舞与民族舞蹈经典相结合，获得极大成功。曾任第六届中国舞蹈家协会理事、中国少数民族文化艺术基金会理事等职。

杨利伟 Yang Liwei (1965-06-21～) 中国载人飞船工程首飞航天员。一级飞行员。生于辽宁绥中。1983年6月参加中国人民解放军。1987年毕业于空军第八飞行学院。历任空军航空兵某师飞行员、中队长。驾驶过歼击机、强击机等机型，安全飞行1350小时。1996年8月参加航天员选拔，1998年1月正式成为中国首批预备航天员。经过5年多的训练，以优异成绩被选拔为中国载人航天首次飞行梯队成员，最终被确定为首飞航天员。2003年10月15日9时，乘坐“神舟”5号载人飞船进入太空，经过21个小时的太空飞行，绕地球14圈后，于10月16日6时25分安全返回地面，自主出舱，成为中国进入太空的第一人。同年11月7日，被中共中央、国务院、中央军委授予“航天英雄”荣誉称号，并颁发“航天功勋”奖章。2008年7月被授予少将军衔。2010年其自传《天地九重》出版。

杨涟 Yang Lian (1527～1625) 中国明末大臣，**东林党**的重要人物。字文孺，号大洪。湖广应山（今属湖北）人。万历三十五年（1607）进士，历官常熟知县，户科、兵科给事中。光宗、熹宗内廷“红丸”、“移宫”（见**三案**）事件中，劾崔文升用药无状；首促诸大臣拥太子入慈庆宫，又力促李选侍移居仁寿宫。天启时，与吏部尚书赵南星、左佥都御史左光斗、吏科都给事中魏大中等植善类，抑奸邪，为**阉党**所恨。天启四年（1624）六月，杨涟上疏劾**魏忠贤**二十四大罪。十月，魏忠贤矫旨将其罢官。次年被捕，七月，与左光斗等遭酷刑死于狱中。崇祯初平反昭雪，追赠太子太保、兵部尚书。著作收入《杨忠烈公文集》、《杨大洪先生集》中。

杨陵区 Yangling District 中国陕西省咸阳市辖区。因境内有隋文帝杨坚家族墓地而得名。位于关中平原中部偏西。面积127平方千米。人口20万（2010）。1979年从武功县分离出杨陵镇、杨陵公社，建立杨陵特区（县级），由武功县代管，1982年再划入扶风县五泉公社，成立杨陵区，隶属宝鸡。1983年划归咸阳。主要作物有小麦、玉米、高粱等，果品有苹果、葡萄、猕猴桃等，畜牧业以养殖肉羊、肉牛和奶牛为主。有着丰富的药材资源，种类达1 525种。除农林科技产业外，主导产业还有生物制药、食品加工、环保农资和良种繁育等。区内有西北农林科技大学、杨凌职业技术学院。古迹有隋文帝泰陵等。

杨柳科 Salicaceae; willow family 双子叶植物纲五桠果亚纲的一科。共3属约620多种，主要分布于北半球寒带至温带地区，少数种分布到热带和南半球地区。中国3属320多种，全国各省区均有分布。落叶乔木或灌木。单叶互生，稀对生，锯齿缘或全缘，有托叶或早落，稀缺。雌雄异株，偶有例外，花无花被，着生于苞片腋内，排列成柔荑花序，下垂或直立，有腺体或花盘，稀退化，雄蕊2至多数，雌花由雌蕊、花盘或腺体组成，子房由2～4（5）心皮合成1室。蒴果2～4（5）瓣裂。种子数粒至多数。

杨属约100多种，广布于欧、亚、北美大陆。中国约57种。杨树是中国的主要造林树种。常见的种类有毛白杨、加杨、青杨、山杨等。

柳属约520多种，分布于北半球的温带和寒带地区，少数种分布在热带及南半球。中国有257种，分布广泛，以西南、东北、西北山区种类最为集中。常见的种类有旱柳、垂柳、中国黄花柳、蒿柳、杞柳、筐柳等。

钻天柳属（朝鲜柳属）仅1种。钻天柳分布于亚洲东北部至中国东北三省东部和大兴安岭林区。

杨柳青 Yangliuqing 中国镇名。天津市西青区人民政府驻地。古称柳口镇，因广植杨柳故名。元末明初改称杨柳青。位于天津市区正西，北依子牙河，南临南运河，京沪铁路经此南下，水陆交通方便。面积13平方千米。人口11万（2008）。为天津近郊卫星城。明代以来即为中国北方生产木版年画中心。**杨柳青年画**约始于明末而盛于清中叶。工业有电力、电机、机械制造、建材等工厂。是天津市微型汽车工业生产基地。名胜古迹有文昌阁、石家大院（又称“杨柳青博物馆”）、平津战役天津前线指挥部旧址、杨柳青森林公园等。

杨柳青年画 Yangliuqing New Year pictures 流行于中国北方的民间年画品种。发祥地

《莲笙贵子》

为天津市西的杨柳青镇及附近30余个村庄。杨柳青年画约始于明代后期，现知最早的画店为戴廉增、齐健隆。杨柳青年画在清代达到极盛，产品销行中国北方及东北各省，并远至内蒙古、新疆等地，仅戴廉增一家每年即印制年画数百万张。清代后期，民生凋敝，百业萧条，加之石印年画兴起，杨柳青年画逐渐衰微。

杨柳青年画印制精细，题材样式丰富，画店众多，资力雄厚，在中国木版年画发展中具有重要地位。其风格受到北方民间版画和院体工笔画的影响，在木版刻印套色之后更重视人工填色开脸，追求细腻工致的绘画效果，形象生动，俊俏传神，色彩鲜艳明快谐调。早期年画具有典雅细腻的特色，晚期则追求火红强烈的效果。其题材内容包括风俗、历史传说及戏曲人物故事、娃娃、美人、花卉、山水及门画、神码等。有大量作品传世，其中如《莲笙贵子》、《三美图》、《盗仙草》、《同庆丰年》、《太白醉写》、《荷亭消夏》等皆堪称民间美术中之珍品。

中华人民共和国建立后，在传统基础上从事改革与创新，成立了杨柳青画社，并多次出国举办展出，使杨柳青年画获得世界声誉。

杨茂　Yang Mao　中国元代雕漆工艺匠人。浙江嘉兴人。生卒年不详。擅长髹漆，尤以剔红（雕漆）最得名。又长于戗金、银技术。传世作品剔红观瀑图八方盘，中间八方开光，长松殿宇，一老人临曲槛眺望山涧瀑布，殿宇内外有童子二人，天、地、

剔红观瀑图八方盘（故宫博物院藏）

水均用锦地刻成，盘旁雕仰俯花朵图案，盘底黑漆，足边有针刻“杨茂造”三字款。还有东篱采菊图剔红盒，于江苏青浦章偃乡北庙村元墓出土。

杨懋春　Yang Maochun（1904～1988-02-05）　中国社会学家。字勉斋。山东胶县（今胶州）人。生于青岛，卒于台北。因成绩优异被保送入齐鲁大学，获学士学位，后就读于燕京大学社会学系硕士班。抗日战争爆发后，留学美国康奈尔大学，先后获硕士、博士学位。1944年在美国参加人类学家R.林顿领导下的“中国乡村文化”研究工作，著有《一个中国的农村》（英文版）。抗日战争胜利后回国，任农林部督察、东北行辕经济委员会副处长，齐鲁大学社会学教授、系主任、文理学院院长等职。1949年赴美讲学，任康奈尔大学、斯坦福大学、华盛顿大学客座教授。1958年任台湾大学农经学系教授。1960年任台湾大学农业推广系首任系主任。1973年协助东吴大学成立社会学系并担任系主任。著有《勉斋文集》、《乡村社会学与农业发展》、《乡村社会学》、《社会化与生活礼节》、《台湾土地改革的社会经济成果》、《中国的社会结构》、《农业兴衰的社会因素》、《中国农业社会的变迁与发展》、《当代社会学说》等。他的学术著作偏重于质的描述、理的推释，见解成熟，自成体系，为中国乡村社会学的研究及农业推广教育作出了突出贡献。

杨梅　*Myrica rubra*; Chinese waxmyrtle　杨梅科杨梅属的一种。常绿小乔木或灌木，亚热带果树。又称朱红、树梅。原产中国，广泛分布于长江以南的许多省（自治区），以浙江栽培最多。叶倒卵状长椭圆形。雌雄异株。雄花为红黄色葇荑花序，雌花为穗状花序。核果圆球形，核坚硬。栽培品种有数十个。按果实色泽可分为白种、红种、粉红种、乌种四类。喜温暖、湿润、多云雾的环境，适于疏松而排水良好的酸性土壤。实生、压条或嫁接繁殖均可。果实柔软多汁，味甜美，但不耐储藏和运输。除鲜食外，主要用以制作蜜饯、果汁、果酒和罐头等。树形优美，是良好的观赏树和水土保持用树。

杨明轩　Yang Mingxuan（1891-06-13～1967-08-22）　中华人民共和国全国人民代表大会常务委员会副委员长，中国民主同盟中央主席。生于陕西户县，卒于北京。1907年后入陕西政法学堂、省立第一中学学习。1913年留学日本东京同文书院。1915年入国立北京高等师范学院学习。1919年参加五四运动。后在陕西省立第一师范学校、渭北中学、省立第二中学、上海大学任教。1925年加入中国国民党，任陕西临时省党部常委。1926年加入中国共产党。1927年任国民党军西北政治分会委员、驻陕西司令部教育厅厅长。1928年被捕，获释后在上海、陕西任教。1936年后任西北各界抗日救国会交际部部长，西北教育界抗日救国大同盟主席。1942年后参与筹备中国民主政团同盟西北地方组织，任西北总支部组织委员。1946年去延安，任陕甘宁边区政府副主席。1949年出席中国人民政治协商会议第　次全体会议。中华人民共和国建立后，历任西北军政委员会文教委员会主任、西北行政委员会副主席、光明日报社社长、中央社会主义学院副院长。1965年当选第三届全国人大常委会副委员长。是民盟第三届中央副主席、主席。

杨沫　Yang Mo（1914-09-25～1995-12-11）　中国小说家。原名杨成业，曾用笔名杨君默、杨默。祖籍湖南湘阴。生于北京。曾在温泉女中读书。为反抗封建包办婚姻离家出

走。曾任小学教师、家庭教师和书店店员。1937年到冀中参加中国共产党领导的游击战争，长期从事妇女、宣传工作。1943年起先后任《黎明报》、《晋察冀日报》、《人民日报》（河北）编辑、副刊主编。中华人民共和国建立后，曾在北京市妇联宣传部、中央电影局、北京电影制片厂工作。1963年起成为北京市作家协会专业作家。兼任北京市作家协会副主席、中国作家协会理事等。

1934年开始文学创作。早年所写散文和短篇小说主要反映抗战题材。1947年参加土地改革后，创作了《接小八路》、《苇塘纪事》（1950）等中、短篇小说。1952年完成长篇小说《青春之歌》初稿，1958年出版，1960年出版修改本。小说描写九一八事变后，以林道静为代表的青年知识分子在中国共产党领导下走上革命道路，并在革命风雨中不断成长的曲折历程。“文化大革命”结束后，创作出版了短篇小说选《红红的山丹花》（1978）、长篇小说《东方欲晓》（1980），以及《青春之歌》的续篇《芳菲之歌》、《英华之歌》，长篇报告文学《不是日记的日记》（1980）、《自白——我的日记》（1985）及《杨沫散文选》等。北京十月文艺出版社1992～1994年出版了《杨沫文集》（7卷）。

杨凝式　Yang Ningshi（873～954）　中国五代梁书法家。字景度。号虚白等。华阴（今陕西华阴）人。唐昭宗时登进士第。历仕唐、

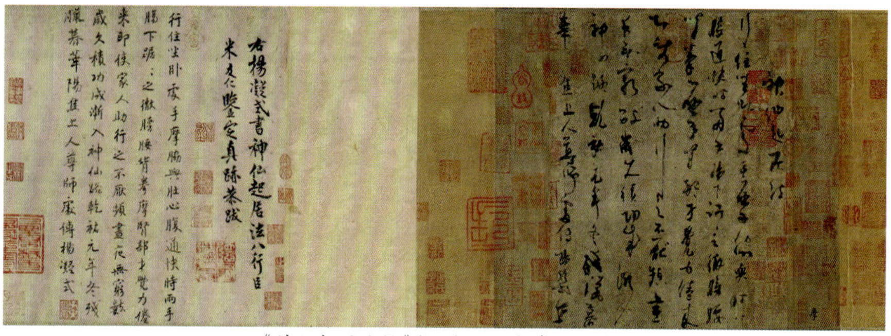

《神仙起居法帖》(五代，故宫博物院藏)

后梁等五代，官至太子少保。由于朝代更迭频繁，社会动乱，他曾佯疯自晦，时出癫狂行径，人称“杨疯子”。杨凝式富有文藻，善书法，尤工行草书，自成风格。书迹流传虽不多，但作品的面貌和特点不尽相同。传世书法墨迹《韭花帖》(纸本，行楷书)、《神仙起居法帖》(纸本，行草书)、《新步虚词》(草书) 等作品，字体结构修长紧劲，笔画挺健。前人曾以破方为圆、削繁成简来概括杨凝式书法的特点。《夏热帖》(纸本，草书) 则笔法方劲雄浑。

杨浦区 Yangpu District 中国上海市辖区。位于市区东北部，东、南滨黄浦江。面积61平方千米。人口131万 (2010)。1945年置杨树浦区，1950年改杨浦区。以杨树浦港得名。杨浦区是上海工业发源地之一，上海最大的以纺织、机电等为主的综合性工业区。中部和北部多新建住宅。有周家嘴路、四平路、军工路、平凉路等交通干道。五角场镇为市、郊接合部，是市区东北部交通枢纽。复兴岛是市内重要渔业基地。商业中心在平凉路、长阳路西段、控江路、五角场一带。高等院校有复旦大学、同济大学、上海理工大学、上海财经大学等。江湾体育场、沪东工人文化宫规模巨大。游憩地有位于东北隅的共青森林公园及杨浦、黄兴等公园。森林公园占地面积113万多平方米，水面积12.67万平方米，种植有90多个品种，共30多万株的树木，初步形成了松涛幽谷、丛林原野、秋林爱晚、林间骑马、翠崖听鹂、水乡秀映、盈湖泛舟等景区。

杨溥 Yang Pu (1372～1446) 中国明朝前期大臣。字弘济。湖广石首 (今属湖北) 人。与杨荣、杨士奇并称三杨。因居地、郡望，在三杨中时称南杨。永乐十二年 (1414) 东宫遣使迎帝迟，被汉王高煦谗言，与文渊阁臣黄淮等同时系锦衣卫狱10年。仁宗即位后释出，擢行在翰林院学士，不久命掌弘文阁事。洪熙元年 (1425) 六月，宣宗嗣位，罢弘文阁，命其入内阁与杨荣、杨士奇等共典机务。修永乐、洪熙两朝《实录》，命为总裁官。后宣德九年 (1434) 迁礼部尚书，兼翰林学士，值内阁如故。英宗即位初年，与杨荣、杨士奇等多所扶正，正统三年 (1438)，《宣宗实录》成，进少保，武英殿大学士。诸大臣与其议事有争者，均平心处之。入内阁在杨士奇、杨荣后20余年，三人共掌朝政，辅佐三朝，海内清平。十一年七月卒，诏赠太师。

杨庆堃 Yang, Ching-kun (1911～1999-01-10) 美籍华裔社会学家。生于广东南海西樵。1932、1934年分别获燕京大学社会学学士学位、硕士学位，1939年获美国密歇根大学社会学博士学位。1948～1951年在岭南大学任教并兼系主任，同时在广州近郊鹭江村进行农村社区的调查研究。1951年赴美，任麻省理工学院国际研究中心研究员，1953年后任匹兹堡大学社会学系副教授、教授。70年代，在香港中文大学创办社会学系。他在社会学研究中，侧重于芝加哥学派的人文区位学研究，重视时空压缩理论，致力于社区研究。晚年尤为关注中国社会学的重建工作。著有《共产党领导下的中国农村社会及家庭变迁》、《革命中的中国农村家庭》、《初期共产主义下的中国社会和家庭》、《过渡期中的中国农村》、《中国社会中的宗教》、《19世纪中国群众行动某些统计模式》等。

杨荣国 Yang Rongguo (1907-08-01～1978-08-22) 中国哲学史家。生于湖南长沙，卒于广东。1929年毕业于上海群治大学。40年代开始从事中国思想史的教学与研究，历任东北大学、桂林师院、湖南大学和中山大学教授。著有《中国古代唯物论研究》、《孔墨的思想》、《中国古代思想史》等。杨荣国力求采取通俗化和大众化的现代汉语，把各个思想家的思想体系简明表述出来，并通过各种思想的演变揭示中国思想史发展的规律。

杨汝岱 Yang Rudai (1926-12～) 中国共产党中央政治局委员，中国人民政治协商会议全国委员会副主席。四川仁寿人。1950年起任四川省仁寿县富家区工作员，县土改工作队组织干事、副组长、组长、队长。1952年加入中国共产党。历任仁寿县方家区副区长、区委副书记，仁寿县委组织部副部长，县委副书记、书记，县革委会副主任，中共乐山地委书记、地区革委会副主任，四川省革委会副主任、副省长，中共四川省委常委、省委常务书记。1983～1993年任中共四川省委书记。为中共十二、十三届中央委员，十三届中央政治局委员，全国政协第八届、九届副主席。

杨三郎 Yang Sanlang (1907-10-05～1995-05-06) 中国台湾油画家。台北人。17岁东渡日本，先后就读于日本京都美术工艺学校和日本关西美术学校。1929年后返台。1932年赴法国深造，两年后带回百余幅作品，并获得业内肯定，奠定了他在台湾画坛的地位。绘画题材以风景为主，亦作静物和肖像画。所绘山林大自然景象，既抒情优雅，又重光影色彩表现，把内心细腻的情感融入自然写实的描绘之中，从而形成独具的风格。主要作品有《茶行》、《残秋初雪》、《水乡丽日》等。曾与画友共创“台阳美术协会”，推动美术研究之风，对开拓和发展台湾的油画艺术事业贡献颇多。

杨尚昆 Yang Shangkun (1907-07-05～1998-09-14) 马克思主义者，中国无产阶级革命家、政治家、军事家，中国共产党、中华人民共和国和中国人民解放军的卓越领导人。生于四川潼南，卒于北京。1920年考入成都高等师范学校附小，后转入附中，开始接受马克思主义。1925年毕业后加入中国共产主义青年团。1926年转为中国共产党党员。同年底赴苏联，入莫斯科中山大学学习。1931年

回国，先后任中华全国总工会宣传部长、上海总工会联合会党团书记、中共江苏省委宣传部长、中共中央宣传部长等职。1933年1月进入中央苏区根据地，先后任苏区中央局宣传干事、马克思共产主义大学副校长，中国工农红军一方面军政治部主任，红3军团政治委员等职。1934年1月在中共六届五中全会上当选为中央候补委员。在第二次全国工农兵代表大会上被选为中华苏维埃共和国中央执行委员会委员。参加了长征。1935年1月参加中共中央政治局扩大会议（即遵义会议），拥护毛泽东的正确主张。8月任红军总政治部副主任。9月任中国工农红军陕甘支队政治部副主任。到达陕北后，任西北革命军事委员会总政治部副主任、中国工农红军抗日先锋军总政治部主任、中国人民抗日红军大学政治部主任、中央革命军事委员会总政治部副主任等职。抗日战争爆发后，任中共中央北方局副书记、书记。1941年回延安参加整风运动。1945年8月任中共中央军委秘书长兼中央外事工作组副组长。1947年任中央警卫司令员、中央后方委员会副书记。1948年任中共中央副秘书长、中央办公厅主任、中央军委秘书长、中直机关党委书记等职。中华人民共和国建立后，继续担任中共中央副秘书长、中央办公厅主任、中央军委秘书长、中直机关党委书记。领导调整和健全了中央办公厅工作机构。1956年当选为中共八届中央委员，任中央书记处候补书记。1965年11月被调离职务，后受到错误处理。“文化大革命”中遭到林彪、江青一伙的迫害，被长期监禁。中共十一届三中全会后，获得彻底平反，恢复名誉。1978～1980年底，相继担任中共广东省委第二书记、广东省副省长，中共广州市委第一书记、广州市革命委员会主任，广东省军区第一政治委员、军区党委第一书记。坚决贯彻执行改革开放的政策，使广东成为全国改革开放的前哨和示范区。1979年在中共十一届四中全会上被补选为中央委员。1980年9月被补选为第五届全国人大常委会副委员长兼秘书长。1981年7月任中央军委常委兼秘书长。1982年9月任中央军委常务副主席兼秘书长。1982、1987年当选为中共十二、十三届中央政治局委员。1988年4月，在第七届全国人民代表大会上当选为中华人民共和国主席、中央军委副主席。1989年11月在中共十三届五中全会上被任命为中央军委第一副主席。1993年3月后，不再担任领导职务。

杨慎 Yang Shen (1488～1559) 中国明代文学家。字用修，号升庵，别号博南山人、博南戍史、金马碧鸡老兵等。新都（今属四川）人。正德六年（1511），殿试第一，授翰林院修撰。世宗继位，任经筵讲官。嘉靖三年（1524），众臣因“议大礼”，违背世宗意愿受廷杖，谪戍云南永昌卫，居云南30余年，卒于戍地。

杨慎在前七子倡导“文必秦汉、诗必盛唐”，复古风气较为流行的时候，能别张垒壁。其诗所写内容极其广泛，凡抒怀、叙事、写景均有佳篇。特别是谪戍云南后所写的寄内、怀乡及描写云南风光的作品，或情真意切，深婉感人；或笔致细腻，刻画入微。他广泛吸收六朝、初唐诗歌的长处，形成自己“浓丽婉至”的诗歌风格。

杨慎对文、词、赋、散曲、杂剧、弹词都有涉猎。他的词和散曲，写得清新绮丽。其词于明代堪称大家，为明代词坛上的代表作家。他的长篇弹唱叙史之作《二十一史弹词》，叙三代至元及明季历史，文笔畅达，语词流利，广为传诵。他的散文古朴高逸，笔力奔放。

杨慎的著作很多。据《明史》记载，明代记诵之博、著作之富，推慎为第一。除诗文外，杂著多达百余种。四川省图书馆所编《杨升庵著述目录》为298种。他的主要作品收入《升庵集》(81卷，又称《升庵全集》)。其杂著合集另有明焦竑所辑《升庵外集》100卷，明杨金吾所辑《升庵遗集》26卷。词、散曲、弹词另辑有《升庵长短句》3卷、《陶情乐府》4卷、《二十一史弹词》12卷等。

杨胜 Yang Sheng (1911～1970) 中国木偶戏演员。福建漳浦人。龙溪布袋戏的代表人物。出生于四代从事布袋戏艺术的木偶世家。7岁从父（福春派戏状元杨金高）学艺，尽得家传。14岁被金福春布袋戏班聘为主演，有童子头手的美称。1953年在漳浦县组建艺光布袋木偶剧团。1954年8月参加福建省第二届戏曲会演，获表演一等奖。1960年6月参加第二届国际木偶傀儡戏比赛，主演的《大名府》、《雷万春打虎》获金奖。

杨胜（右）在传艺

擅长武戏，《三国》、《水浒》及神怪戏无一不精。操纵的木偶会喘气、缩脖、甩发、脱衣、拔剑、挥毫。拿手戏《雷万春打虎》，先后操纵5个木偶，创造了5个完全不同的人物形象，使龙溪布袋木偶戏发展至高峰。杨胜为布袋木偶穿上彩裤，配上龙头靴，设计了木偶的走路动作，使传统布袋戏表演仅限于上半身动作的状态得到改观。他还是第一位采用现代教学方法培养布袋戏艺徒的教育家。林振夏、夏乡执笔的《指掌春秋——听杨胜谈布袋木偶戏》，介绍了杨胜丰富的表演艺术和教学经验。

杨石先 Yang Shixian (1896-01-08～1985-02-19) 中国有机化学家和教育家。蒙古族。原名绍曾，又名允柱。祖籍安徽怀宁。生于浙江杭州，卒于天津。1918年毕业于清华学校高等科。1918～1923年，在美国康奈尔大学读农科，一年后转应用化学科，获学士和硕士学位。1923年回国，任南开大学教授。1929年赴美，1931年获耶鲁大学化学博士学位。同年回国，再任南开大学化学系教授。1945年第3次赴美，在印第安纳州立大学从事药物化学的研究。1948年任南开大学教务长并代理校长，1957年任南开大学校长，曾任中国科学技术协会副主席和中国化学会理事长。1955年当选中国科学院学部委员（院士）。

中国农药化学和有机磷化学研究的奠基人和开拓者。在他的指导下研制成功杀虫剂久效磷和螟蛉畏、除草剂燕麦敌和胺草磷、杀菌剂叶枯净等十几种新农药。他在有机磷生物活性物质与有机磷化学领域的研究成果，获1987年国家自然科学奖二等奖。著有《有机磷化学进展》、《无机化学》、《有机化学》等，发表论文97篇。

杨士奇 Yang Shiqi (1365～1444) 中国明代前期大臣。名寓，号东里，以字行。江西泰和人。与杨荣、杨溥并称三杨。又以居地、郡望，时人称为西杨。少孤贫而勤学，以授徒自给。永乐六年（1408），明成祖北征，命辅太子监国。十二年遭汉王朱高煦诬劾，系锦衣卫狱，仍力言东宫仁孝，太子赖以保全。仁宗即位后，进为礼部侍郎兼华盖殿大学士，历少保、少傅，兼兵部尚书。英宗即位后，与杨荣、杨溥共辅幼主，进少师。杨士奇受知于仁宗、宣宗、英宗三朝。直文渊阁40年，任职时间之长为明代第一。廷修《太宗实录》、《仁宗实录》、《宣宗实录》，皆为总裁。宣宗时，高煦之叛平后，力言赵王高燧不叛，使其未受株连。并请蠲逋赋薪刍钱，减官田额，理冤滞，汰工役；又请抚逃民，察墨吏等。英宗时，首请练士卒，严边防，设南京参赞机务大臣，罢侦事校尉，慎刑狱，严核百司等，与杨荣、杨溥同心辅佐，朝政清明。杨士奇又善识人，所荐皆名士，但荐士必出其门，有攻己者，必欲斥逐。任其子杨稷横虐乡里，侵暴杀人；中官王振擅权，不能匡救，士论以此少之。正统九年以子下狱，忧死。诏赠左柱国太师。编著有《三朝圣谕集》、《奏对录》、《历代名臣奏议》、《文渊阁书目》、《东里文集》等。

杨氏实验 Young's experiment 演示光的干涉现象的实验。由英国T.杨于1801年设计。双缝干涉实验是他做的最著名的实验。实验装置如图，S、S_1和S_2为平行

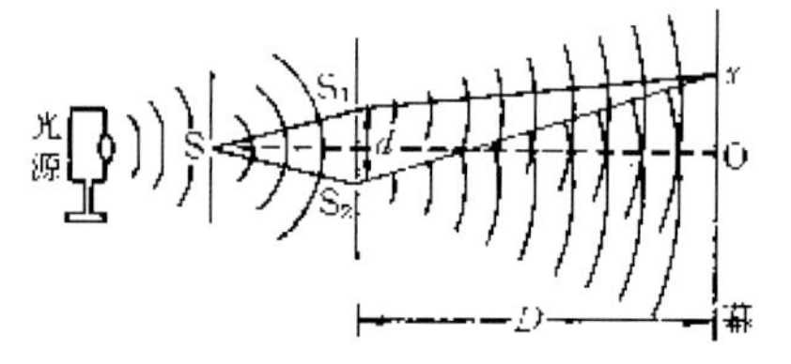

杨氏双缝干涉实验示意图

狭缝，双缝S_1和S_2的间距d很小。单色光源照明狭缝S，从S发出的次波传到双缝S_1和S_2，S_1和S_2又发出两次波，它们是从同一入射波前（即波阵面）分出的，是相干光波，重叠时能产生干涉。在重叠区放置用来观察的幕，幕与双缝所在平面平行。幕上将观察到明暗交替的干涉条纹。幕上条纹是一组等距的平行直线，与双缝平行。相邻两干涉极大（或极小）间的间距称条纹间距，条纹间距Δx由下式确定：

$$\Delta x=\frac{D}{d}\lambda$$

式中D为幕至双缝的距离（$d<<D$），当D和λ一定时，条纹间距与d成反比，故观察杨氏干涉条纹时双缝间距不宜过大。对同一装置，不同波长的光产生不同间距的条纹，光源用白光时，不同波长的条纹会交叉重叠，故观察杨氏干涉条纹最好用单色光。杨氏曾用此干涉装置测定了光波的波长。

杨守敬 Yang Shoujing（1839－05－27～1915－01－09） 中国清末沿革地理学家。字惺吾，号邻苏。湖北宜都人。卒于北京。幼丧父，曾学徒，后中举人。1880～1884年任出使日本大臣黎庶昌随员期间，致力搜集国内散佚书籍，并主持刻印《古逸丛书》。归国后在湖北迭任教职，1914年受袁世凯聘为顾问，任参政院参政。长于沿革地理，绘著有《历代舆地图》、《隋书地理志考证》、《晦明轩稿》、《汉书地理志补校》，《水经注图》（与熊会贞合绘）等。用力最勤者为《水经注疏》（与熊会贞、李子魁合撰，40卷）与《历代舆地图》。《水经注疏》是研究《水经注》的重要著作，博采经传雅记，参伍互证，以疏郦注阙疑，以正郦氏之违失，1955年科学出版社影印出版。《历代舆地图》又名《历代舆地沿革险要图》，是1906年成书的历史地图集。该图集自春秋至明朝以一朝或一国为一组，共44组、34册，是沿革地理最为博大详精的著作。

杨树 *Populus*; poplar 杨柳科杨属落叶乔木的统称。全属有100多种，主要分布在欧洲、亚洲、北美洲的温带、寒带及地中海沿岸国家与中东地区。中国约有62种，遍布东北、西北、华北以及西南等地。20世纪末湖北、湖南、江苏、山东、河南等省的平原地区，引进南方型美洲黑杨，形成大面积迅生丰产林基地。

杨属共分5组，即胡杨组、白杨组、黑杨组、青杨组和大叶杨组。

杨树具顶芽，芽鳞2枚以上。单叶互生。花单性异株，雌雄葇荑花序下垂，风媒花。蒴果，种子小，具冠毛。为喜光树种。要求温带气候，具有一定的耐寒能力，但因种而有差异。因其光合作用与蒸腾作用都比其他阔叶树强，对水分的要求十分严格。从对湿度的要求来说，杨树可分两类：杨属中多数种分布在年降雨量500～700毫米的地区，可称为中生偏湿类型，如青杨、滇杨、大青杨、毛青杨、山杨等。另一类属中亚草原和森林草原的树种，如小叶杨、黑杨、银白杨、新疆杨等，能够忍耐大气干旱，但需要充足的地下水。毛白杨是中国特有树种。

可用种子繁殖或插条无性繁殖。种子小，易失去发芽力，要随采随播。大部分杨树扦插易生根。中国林业科技工作者选育出的北京杨、小黑杨、107等数十个优良品种已推广应用。

木材一般为白色，但欧洲黑杨和欧美杨边材为淡黄色，胡杨为淡红色。心材的颜色比边材暗些，银白杨的心材为浅褐色。杨木纹理细致、均匀，材质较软，气干材密度变动在0.30～0.55之间。易干燥，加工性能好，平原地区大部分用作民用建筑材、家具、火柴梗用材和锯材等。在木材工业上，杨木是良好的人造板和纤维用材。杨树的树叶是良好的饲料，有较多的营养成分。杨树生长迅速、适应性强、容易繁殖，是用材林、防护林、四旁绿化的主要树种之一。

杨树达 Yang Shuda（1885－06－01～1956－02－14） 中国语言文字学家。字遇夫，号积微。生于湖南长沙，卒于长沙。1897年考入时务学堂。1905年，官费赴日本留学。1924年，任北京高等师范学校（今北京师范大学）国文系主任教授。1926年后任清华大学中文系教授等职。杨树达初治经书。留学日本时，参考日语和英语语法著《中国语法纲要》。后又成《高等国文法》一书，着重虚词和句读，揭示了文言语法的一些规律，是30年代的一部重要语法著作。其后又加以改编，打破语法体系，以词为纲，以注音符号为次序，另成《词诠》一书，集《马氏文通》以来虚词研究之大成，至今还是检查古汉语虚词的工具书。晚年治甲骨金文，有《积微居甲文说》、《积微居金文说》等书。除语言文字学外，杨树达对《汉书》用力极勤，成《汉书窥管》。

杨朔 Yang Shuo（1913－04－28～1968－07－08） 中国散文作家。原名杨毓瑨，字莹叔。山东蓬莱人。1929年随舅父到哈尔滨谋生。抗日战争初期，辗转于武汉、延安、临汾、广州、桂林等地，从事文学创作。1939年到太行山八路军总部从事文化宣传工作。解放战争期间，当过随军记者，转战于晋察冀地区。抗美援朝战争期间，随一支由铁路工人组成的志愿军赴朝参战。1955年后，主要从事对外文化交流工作，曾任中国作家协会外国文学委员会主任、亚非作家常设局联络委员会秘书长等职。杨朔的前期创作以小说为主，著有中长篇小说《帕米尔高原的流脉》、《红石山》、《三千里江山》和短篇集《月黑夜》等，主要反映革命人民的战斗业绩。在开拓小说新题材方面有所建树。1956年后，他致力于散文创作，先后出版《亚洲日出》、《海市》、《东风第一枝》、《生命泉》等散文集。他以诗为文，刻意求工，在营造意境、谋篇布局、锤炼文字诸方面取得成就，提高了散文艺术的审美价值。

杨嗣昌 Yang Sichang（1588～1641） 中国明末大臣。字文弱。湖广武陵（今湖南常德）人。万历、天启两朝，历官杭州府教授、南京国子监博士、户部郎中等。崇祯元年（1628），起河南副使加右参政，移守霸州。七年，拜兵部右侍郎兼右佥都御史总督宣府（今河北宣化）、大同、山西军务。当时，中原饥荒，农民军蜂起，杨嗣昌请开金银铜锡矿以解散其党。又六疏陈边事，多所规划，帝异其才。十年至京，深受崇祯帝信任。曾奏请增兵12万、增征剿饷、团练壮丁，提出四正、六隅、十面网战术，企图以剿抚兼行的策略扑灭农民起义军。但在起义军的抗击下，其计划被粉碎。十一年，改礼部尚书兼东阁大学士，入参机务，仍掌兵部事。十一年九月至十二年三月，清兵长驱直入内地，明廷斩杀自总监、分监、

巡抚、总兵、副将以下不得力者凡36人，而一意主和的杨嗣昌未受贬削，反而复议请增征练饷。该年五月，张献忠于谷城（今湖北谷城）再起。朝廷特命杨嗣昌以大学士督师，赐尚方剑，赴湖广、陕、川指挥围剿张献忠等农民军，大败张献忠。时多支农民军皆集于四川，杨嗣昌认为川地扼塞，如官军四面合围，可尽扑灭，遂入川。但杨嗣昌本人经常贻误战机，故农民军得以从容作战，声势益盛。十四年初，李自成军乘机攻陷洛阳，而张献忠以轻骑出川奇袭襄阳，朝野震惊。杨嗣昌遂畏罪自杀。著有《杨文弱先生集》、《武陵竞渡略》、《野客青鞋集》、《地官集》等。

杨素 Yang Su（？～606） 中国隋代将相。字处道。弘农华阴（今陕西华阴东）人。北周大象二年（580），相州（今河南安阳南）总管尉迟迥反，荥州（今河南荥阳西北）刺史宇文胄响应。丞相杨坚以杨素为大将军讨平。隋代建立后，他几次上攻取陈王朝的计策，隋文帝杨坚任命他为信州（今四川奉节东）总管，令他监造战船。开皇八年（588），隋出兵大举伐陈，杨素为行军元帅，率水军屡败陈军，威震江南。十年，旧陈境内沈玄懀、高智慧等许多地方势力起兵叛隋。文帝以杨素为行军总管，逐一讨平，巩固了南北统一的局面。十二年，晋升尚书右仆射，与高颎专掌朝政。次年，受命监造仁寿宫，督役严急，死役者甚众。十八年，为行军总管，大败西突厥达头可汗；仁寿二年（602），又率兵大败东突厥思力俟斤。文帝废太子勇，立次子广为太子，杨素参与其事。四年，文帝病重时，察觉杨广行为不端，欲重立杨勇。时杨素侍疾宫内，闻讯即更换宿卫，控制宫中出入。文帝死，隋炀帝即位。文帝之死，或疑是杨广勾结杨素等所下的毒手。八月，并州总管汉王谅举兵反，炀帝以杨素为并州道行军总管，讨平汉王谅。大业元年（605），杨素为尚书令，与宇文恺等奉诏营建东都。次年又进位司徒，改封楚公，同年病死。杨素工草隶书，善属文，有集10卷，今不存。子杨玄感，大业中反隋，兵败被杀。

杨桃 *Averrhoa carambola*; carambola 酢浆草科阳桃属的一种。又称五敛子、阳桃。常绿灌木或小乔木，一年可多次收获的热

带果树。原产东南亚，很早引入中国广东、广西、台湾、福建等省（自治区）。树高5～10米。奇数羽状复叶，革质，小叶5～11片。花白色带有紫斑。浆果卵形或椭圆形，有显著的5棱（见图），横切面多成五角星状，长7～12厘米，青绿至暗黄或琥珀色，表面光滑，果肉含草酸较多。种子外有假种皮。中国栽培种有甜杨桃和酸杨桃两种。酸杨桃果大，多加工成干果或作菜用。甜杨桃供鲜食，也可加工。多以酸杨桃为砧木进行嫁接繁殖。喜高温多湿气候和深厚肥沃土壤。酸杨桃较抗寒、耐旱，栽种可较粗放。

杨廷宝 Yang Tingbao（1901-10-02～1982-12-23） 中国现代建筑学家、建筑师和建筑教育家。河南南阳人。卒于南京。1921年在清华学校毕业后，留学美国宾夕法尼亚大学建筑系，多次获得全美建筑系学生设计竞赛优胜奖。1926年赴欧洲考察建筑，1927年回国，加入天津基泰工程司，是这家建筑事务所建筑设计方面的负责人之一。1940年起，兼任中央大学建筑系教授。中华人民共和国建立后，历任南京大学工学院建筑系主任，南京工学院建筑系主任、副院长、建筑研究所所长，江苏省副省长等职。1953年起当选为中国建筑学会第一、二、三、四届理事会副理事长，第五届理事长。1955年当选为中国科学院学部委员（院士）。1957年和1961年两次当选为国际建筑师协会副主席。

杨廷宝设计的京奉铁路沈阳总站

主持和参加设计过的建筑工程共100余项，在中国近现代建筑史上负有盛名。作品有南京的中央医院、中央体育场、中央研究院地质研究所，北京的交通银行、清华大学图书馆扩建工程，京奉铁路沈阳总站等。他参加过北京的人民大会堂、人民英雄纪念碑、北京火车站、北京图书馆（今国家图书馆）、毛主席纪念堂等建筑工程方案设计。在建筑设计中十分重视中国国情，注重整体环境。在建筑教育上，特别重视学生的基础知识、基本功和设计方法的培养和训练。

杨万里 Yang Wanli（1127～1206） 中国南宋诗人。字廷秀。吉州吉水（今属江西）人。绍兴二十四年（1154）进士，自名书室为“诚斋”，世称诚斋先生。后知隆兴府奉新县（今属江西）。在任时禁吏胥贪贿，甚得民心。乾道六年（1170），上《千虑策》三十道，陈述关于“君道”、“国势”、“治原”、“人才”、“刑法”、“民政”等重大问题的意见，受到宰相陈俊卿、虞允文的重视，征召为国子博士。绍熙元年（1190）后，闲居乡里长达15年之久。宁宗即位后，屡次召他入朝任职，都坚辞不就。开禧二年卒于家中。临终前索笔写下了“吾头颅如许，报国无路，惟有孤愤”的遗言，与陆游的《示儿》诗体现了同样深沉的忧国感情。

杨万里以诗著名，与尤袤、范成大、陆游并称“中兴四大家”，当时被奉为诗坛宗主，其诗数量极富，在宋代仅次于陆游，达4 200余首。

杨万里的诗歌理论，主要见于《诚斋诗话》及一些序文中。他强调诗歌的社会作用，大力提倡晚唐诗风，追求“晚唐异味”。在评论前人时，他也能脱离时人偏见，既推崇杜甫、黄庭坚，也称赞李白、苏轼。

其诗内容充实，早期诗作多为关心国家安危的作品。如《读罪己诏》，对孝宗因抗金受挫而中途改变策略提出忠告。淳熙十六年（1189）冬奉命迎接金使，北渡江淮，忧愧悲愤，发而为诗，有著名的《初入淮河四绝句》：“船离洪泽岸头沙，人到淮河意不佳。何必桑乾方是远，中流以北即天涯！”“中原父老莫空谈，逢着王人诉不堪。却是归鸿不能语，一年一度到江南。”

杨万里诗歌在艺术风格和表现手法方面富有特色，形成了独具特色、对后世影响颇大的“诚斋体”。他进一步发扬吕本中的“活法”说，把握瞬息万变的自然动态，用生动活泼、幽默诙谐的语言加以表现，从而形成一种取材自然、新鲜活泼、涉笔成趣的新诗体。

杨万里词今存15首。《历代诗余·词话》引《续清言》语，称杨万里“不特诗有别才，即词亦有奇致”。其〔昭君怨〕《赋松上鸥》：“偶听松梢扑鹿，知是沙鸥来宿。稚子莫喧哗，恐惊他！俄顷忽然飞去，飞去不知何处。‘我已乞归休’，报沙鸥。”词风活泼清新，饶有趣味，与他的诗风很相似。杨万里的辞赋也比较有特色。

杨万里还精于《易》学，有《诚斋易传》20卷。所著《诚斋集》133卷，今存宋端平初年刻本、《四部丛刊》影印宋钞本、《四库全书》本。又有《杨文节公文集》42卷、《诗集》42卷，有清乾隆六十年带经轩刊本；《批点分类诚斋先生文脍》前集12卷、后集12卷，有元刻本、明刻本。1979年上海古籍出版社出版有周汝昌《杨万里选集》。

杨文会 Yang Wenhui（1837～1911） 中国清末佛教学者。号仁山。安徽石隶（今石台）

人。早年转徙于北京、安徽、江苏、浙江等地。所学甚博，涉天文、历算、音韵及诸子。25岁，偶读《大乘起信论》而有心得，继读《楞严经》而向佛。清同治五年（1866）在南京主管政府建筑工程，结识佛学同好王梅叔、魏刚己诸人，发愿刻印佛经，筹建金陵刻经处。随曾纪泽出使欧洲，于英国结识日本佛学学者南条文雄。53岁归国，辞官，潜心学佛。经南条文雄从日本求得中国古德著述，择要刻印，其中多有中国久已佚亡的典籍，也助日人编辑《续藏经》提供东瀛未有的注疏及密教典籍。光绪二十年（1894），与传教士李提摩太合译《大乘起信论》为英文。次年，又与锡兰（今斯里兰卡）佛教学者达磨波罗共倡佛教复兴运动，着手办学培养佛教人才。光绪三十三年，于南京创祇洹精舍，教授僧俗学员。1910年，创佛学研究会；另撰《大藏辑要》目录，含佛教典籍著述460种，3300卷。一生刻经讲学不倦，所学遍及诸宗，尤以净土为重。曾言“教宗贤首，行在弥院”。弟子有谭嗣同、欧阳竟无、梅光羲、蒯若木等。

杨仙逸 Yang Xianyi（1891～1923－09－20）中国军事航空先驱。生于广东中山，卒于惠州。自幼侨居美国，在茄米斯大学航空系毕业后，取得万国飞行协会水陆飞行执照。

1918年在当地华侨创建的图强飞机公司任董事，同年应孙中山招聘回国筹建飞行队。为了购买飞机，他曾赴海外向华侨募捐筹款，其父杨著昆除出资购买4架飞机外，并资助中国年轻飞行员的培训事业。1919年，援闽粤军飞机队正式成立，杨仙逸任总队长。1920年秋在广州率机参加讨伐军阀莫荣新的战役。1922年12月，孙中山任命杨仙逸为广东航空局局长兼修理厂厂长。1923年春，杨仙逸主持在广州制造一架双翼机，由孙中山命名为“乐士文”号。后来这架飞机曾参加讨伐陈炯明的战役。孙中山为他亲笔题“志在冲天”4字。同年，杨仙逸在惠州博罗前线进行水雷改装，因爆炸事故殉难，被追授陆军中将军衔。

杨贤江 Yang Xianjiang（1895－04－11～1931－08－09） 中国现代教育理论家。笔名李浩吾、李谊、叶公朴等。浙江余姚人。1914年参加少年中国学会，并任南京分会书记。1917年在浙江第一师范学校毕业后，到南京高等师范学校任职。1920年同李大钊、恽代英等7人被选为中国学会评议员。1921～1926年，担任《学生杂志》编辑。约于1923年加入中国共产党。第一次国内革命战争期间，是当时中国共产党青年运动领导人之一。之后，一度流亡日本，1929年回到上海参加中国共产党地下组织文委的领导工作，后因积劳成疾，复至日本就医，卒于日本长崎。

杨贤江认为教育是上层建筑，它同经济基础有依存关系；教育的本质是与生产劳动密切结合，应为全社会所共享。他批判了“教育神圣说”、“教育清高说”、“教育中正说”和“教育独立说”等观点，并驳斥了“教育万能说”、“教育救国论”和“先教育后革命论”。著有《教育史ABC》和《新教育大纲》。

杨献珍 Yang Xianzhen（1896－07－24～1992－08－25） 中国哲学家、教育家。湖北郧县人。卒于北京。1926年参加中国共产党。第一、二次国内革命战争时期从事中国共产党的地下工作。

从20世纪40年代起开始从事党的干部教育工作。中华人民共和国建立后，曾担任中国科学院哲学社会科学学部委员、中共中央高级党校校长兼党委第一书记、中共中央党校顾问。他在党的干部教育方面提出“学习理论，联系实际，提高认识，增强党性”的方针。在哲学方面，他提出“思维与存在的关系这个哲学根本问题也是实际工作中的根本问题”的命题；主张用“两种范畴的同一性”理论同唯心主义的同一性划清界限，认为“思维和存在的同一性”是唯心主义命题，“思维和存在有同一性”是辩证法命题。出版发表《论恩格斯否定了思维和存在的同一性》、《论党性》、《什么是唯物主义》等著作和论文。

杨向奎 Yang Xiangkui（1910－01～2000－07－23） 中国史学家。字拱辰。河北丰润人。卒于北京。1935年毕业于北京大学，先后执教于甘肃学院、西北大学、东北大学、山东大学。1957年调中国科学院历史研究所（今属中国社会科学院），历任该所研究员兼明清史研究室主任、学术委员会主任。早年曾参加明清档案整理，后又倡导整理、研究乾隆朝刑科题本和曲阜孔府档案。毕生致力中国古代史教学与研究，视野开阔，博赡通贯，于社会史、思想史、经学史、哲学史、政治史、经济史、历史地理等，多所探究，创获甚富。晚年探讨自然哲学，博及理论物理，鞠躬尽瘁，精进不已。在60余年的教学与研究生涯中，为中国史学界培养出众多优秀学者，留下了丰硕的成果。主要论著有《中国古代社会与古代思想研究》、《宗周社会与礼乐文明》等。临终绝笔《杨向奎学术》，总结一生治史追求与心得，知人论世，多可参考。

杨小楼 Yang Xiaolou（1878～1938－02－16）中国京剧演员。工武生。名三元，艺名小楼。祖籍安徽怀宁。生于北京，卒于北京。祖父杨二喜、父杨月楼均为清末京剧演员。杨小楼幼入北京小荣椿科班从杨隆寿、姚增禄、杨万青学武生，17岁出科，在京、津两地搭班演唱。24岁搭北京宝胜和班，又进谭鑫培领衔的同庆班，得谭奖掖，声名鹊起。29岁时任清昇平署外学民籍学生。曾领衔陶咏、桐馨、中兴、崇林、松庆、双胜、永胜各社，以武生挑大梁；先后与谭鑫培、陈德霖、王瑶卿、黄润甫、钱金福、王凤卿及梅兰芳、尚小云、荀慧生、朱琴心、高庆奎、余叔岩、郝寿臣合作。

杨小楼戏路宽广，昆乱不挡，长靠、箭衣、短打各工剧目，无不精彩。他身材魁梧，扮相英伟，嗓音清亮爽脆，声如裂帛。他运用各种武技，着力体现意境，重在追求神似，观众称之为“武戏文唱”。他在京剧舞台上塑造的赵云、高宠、姜维、高登、楚霸王、孙悟空、金钱豹等艺术形象，突

京剧《阳平关》（杨小楼饰赵云，谭鑫培饰黄忠）

破前人窠臼，自成风格，为后学者所师法。他把京剧武生艺术提高到一个新的水平，形成人们所推重的“杨派”。

杨小燕 Kathie Wei-Sender (1930-10-04～) 美籍华裔桥牌手。生于北京。1949年前只身赴美在哥伦比亚大学学习医疗护理专业，获得学位后留美医院工作。1969、1970年与其夫合作两度获得“百慕大”杯桥牌比赛亚军。1972年辞去医务工作，潜心研究牌艺。1978、1984、1987年三次获得奥林匹克世界桥牌锦标赛冠军，是世界桥牌联合会的特级大师。1987年还被世界桥联选为年度“世界桥牌名人”，被任命为世界桥牌联合会及北美桥牌联合会桥牌大使，并担任中国桥牌协会顾问，指导中国桥牌队训练，为中国桥牌事业的发展做了许多卓有成效的工作。1996年入主北美桥牌联合会名人堂。有“桥牌皇后”的美誉。杨小燕为多家美国报纸桥牌专栏撰稿，并著有《简明精确叫牌法》、《精确叫牌》等桥牌专业书籍。

杨杏佛 Yang Xingfo (1893～1933-06-18) 中国国民党爱国人士。名铨。江西玉山人。上海中国公学肄业。1911年加入中国同盟会。辛亥革命后任南京临时政府总统府秘书，因不愿在袁世凯政府为官，1912年到美国留学。1918年回国后，任南京高等师范学校校长兼商科主任。1924年任孙中山秘书。孙中山逝世后，支持联共政策，并主办《民族日报》抨击英、日帝国主义。1925年10月，参与发起组织中国济难会。1927年任国民党上海市党部常务委员，支持共产党领导的上海工人第三次武装起义。1928年任南京政府中央研究院总干事。九一八事变后，杨杏佛力主团结抗战。1932年一·二八抗战时，协助宋庆龄举办伤兵医院，支援19路军抗战。1932年底参与组织中国民权保障同盟，任执行委员兼总干事。他揭露和抨击国民党特务非法捕人、杀人的罪行，并采取各种方法营救政治犯，保护共产党人，反对蒋介石的独裁统治和“剿共”政策，1933年在上海被国民党特务杀害。

杨秀峰 Yang Xiufeng (1897-02-27～1983-11-10) 中国人民政治协商会议全国委员会副主席，最高人民法院院长，教育家。又名杨峰、杨秀林。河北迁安人。卒于北京。1929年赴法留学，次年在法国加入中国共产党。后赴苏联学习。1934年回国后，曾在北京师范大学等校任教。在抗日战争、解放战争和中华人民共和国建立初期，先后任冀南行署主任、晋冀鲁豫边区政府主席、华北人民政府副主席、河北省人民政府主席等职。1952年后任中央人民政府高等教育部部长、教育部部长、党组书记。1956年当选中共第八届中央委员。1965年后任最高人民法院院长、党组书记。1978年后任全国人大常委会法制委员会副主任，中国法学会名誉会长。1980年任全国政协第五届副主席。是第十二届中央顾问委员会委员，第五届全国人大常委会委员。主要著作有《杨秀峰文集》。

杨秀清 Yang Xiuqing (1821～1856) 中国太平天国前期主要领导者。广西桂平人。出身贫苦农民家庭，幼失双亲，由伯父杨庆善抚养成人，靠种田烧炭为生。后因阅历较广，足智多谋，为冯云山赏识，邀入拜上帝会。道光二十七年（1847）冬，冯云山被捕入桂平县监狱，洪秀全返广州设法营救，拜上帝会主持无人，杨秀清即假托天父附体，取得代天父传言的地位，并与洪秀全、冯云山等结为异姓兄弟，称天父第四子（洪秀全为天父次子）。

1851年1月参加金田起义，后任左辅正军师，领中军主将。12月，在永安（今广西蒙山）封东王，称九千岁，掌握军、政大权，节制其他各王。次年指挥太平军由广西永安突围，进入湖南，和西王萧朝贵联名发布《奉天诛妖救世安民谕》、《奉天讨胡檄布四方谕》和《救一切天生天养中国人民谕》三篇檄文。旋与洪秀全等商定循江东进、夺取南京的战略方针，率军攻克湖北汉阳、汉口和武昌。咸丰三年二月（1853年3月）占领南京后，提出就地建都的主张，使太平天国政权正式建立。其后，策划组织了北伐、西征等重要战役，成为太平天国起义前期的实际指挥者。

随着起义的发展，杨秀清逐渐自恃功高，专擅跋扈，与天王洪秀全明争暗斗，常以天父名义，否定洪秀全的主张。对同僚也苛责挫辱，加以压制。这使他在领导集团中一方面位高权重，一方面处境孤立。在胜利的形势下，他志得意满，逼洪秀全封他为万岁（一说没有逼封）。洪秀全密召韦昌辉、石达开、秦日纲等带兵回京图之（一说无密诏）。韦昌辉带3 000多人从江西入天京，1856年9月2日凌晨攻入东王府，刺杀杨秀清。杨秀清大批亲信、部属也在交战中被杀或被诱杀。这一事件引发巨大内讧，使太平天国大伤元气。

1859年，洪秀全将其死日定为“东王升天节”，以志纪念。

杨玄感 Yang Xuangan (？～613) 中国隋末最先起兵反隋炀帝的贵族首领。弘农华阴（今陕西华阴东）人。父杨素。玄感以父功为柱国、礼部尚书，见朝政紊乱，炀帝猜忌大臣，他内心不安，遂和诸弟阴谋推翻炀帝的统治。大业九年（613）春，炀帝二征高丽，杨玄感在黎阳（今河南浚县东北）督粮。这时，隋末农民起义已经爆发。他见有机可乘，于是滞留漕粮，召集亲故，于六月三日率兵据城；又伪称征辽东的水军总管来护儿谋反，令发兵会黎阳。李密自长安应召至军，为其谋主。杨玄感以李密策，围东都洛阳。又以为天下解倒悬之急为号召，从者如流。杨玄感起兵，是隋统治集团的大分裂，给隋政权震动很大，炀帝闻讯后仓皇从辽东撤军南下。杨玄感屯兵洛阳城下，久战不克，隋援军到来，杨玄感腹背受敌，被迫西撤，为追兵所及，大败，奔上洛（今陕西商县），八月初，死于葭芦戍。

杨延昭 Yang Yanzhao (958～1014) 中国北宋名将。本名杨延朗，人称杨六郎。麟州新秦（今陕西神木北）人。初投北汉军。太平兴国四年（979），宋灭北汉后归宋，补供奉官，从父杨业守代州（今山西代县）。雍熙三年（986）宋攻契丹时，为杨业部先锋，出雁门关（今代县西北），战于朔州（今属山西）城下。旋知景州，后徙保州缘边都巡检使。咸平二年（999），率军民坚守遂城（今河北徐水西北），抗击契丹军进攻。时逢天寒，令众汲水泼城墙结冰，滑不可攀，契丹军屡攻不克，乃退兵。其城被誉为“铁遂城”。以功升莫州刺史。景德元年（1004），契丹军大举南下进逼澶州（今河南濮阳县）。上书真宗请战。未得回示，乃率部进抵契丹境，俘获甚众。次年，任高阳关副都部署。守边关二十余年，智勇善战，号令严明，同士卒共甘苦，深受部属爱戴。

杨炎 Yang Yan (727～781) 中国唐朝宰相，两税法的创制者。字公南。凤翔天兴（今陕西凤翔）人。唐代宗大历时，官礼部郎中，知制诰，迁中书舍人，与常衮同掌诏敕的撰写，其文笔受到朝士的赞许，称为“常杨”。大历九年（774）升为吏部侍郎。与当时宰相元载有戚谊，又受到元载的赏识和提拔。十二年，元载得罪被杀，他也遭到牵连，被贬为道州司马。

十四年，唐德宗李适即位，受崔祐甫推荐，从贬所召回，任为门下侍郎、同中书门下平章事。唐中央财赋本储存太府寺所属的左藏库。安史之乱后，移贮宫廷的大盈内库，由宦官掌管。杨炎入相后，首先提出国家租赋不能变成皇帝私产，建议把大盈内库财赋仍拨归有关部门管理。德宗采纳了他的建议。建中元年（780），他建议废除租庸调制，创立并推行了两税法，为后代所沿用，是中国封建社会赋役制度一大改革。建中二年，卢杞入朝为相，杨炎与卢杞不合。同年十月，遭卢杞诬陷，被贬为崖州司马。途中赐死。

杨扬 Yang Yang (1976-08-24～) 中国女子短道速滑运动员。黑龙江七台河人。8岁开始练习滑冰。1995年入选国家队。同年在世界短道速滑锦标赛和亚洲短道速滑锦标赛中与队友合作，分别以4′24″68、4′24″12的成绩两次打破女子3000米接力世界纪录。1996年在第3届亚洲冬季运动会上以4′23″13的成绩再破女子3000米接力世界纪录。1997年获世界短道速滑锦标赛500米、1000米和全能三项冠军。1998年在第18届冬季奥林匹克运动会上，以1′31″991的成绩打破1000米短道速滑世界纪录。同年在世界短道速滑锦标赛中，获1000米、1500米、全能和3000米接力四项冠军；在世界短道速滑团体锦标赛中获女子团体冠军。1998—1999赛季获世界杯赛1500米、全能和3000米接力冠军。1999年获世界短道速滑锦标赛500米、1000米、3000米、全能和3000米接力五项冠军，并获世界短道速滑团体锦标赛女子团体冠军。1999—2000赛季获世界杯赛1000米、1500米、全能和3000米接力四项冠军。2000年获世界短道速滑锦标赛1000米、1500米、全能和3000米接力四项冠军和世界短道速滑团体锦标赛女团冠军。2000—2001赛季获世界杯赛1000米、1500米、全能和3000米接力四项冠军。2001年获世界短道速滑锦标赛1000米、1500米、3000米、全能和3000米接力五项冠军；获世界短道速滑团体锦标赛女子团体冠军；在加拿大举行的世界杯短道速滑赛上，打破1000米世界纪录，并与队友合作打破3000米接力世界纪录。2002年在第19届冬季奥运会上，勇夺500米和1000米两项冠军，实现了中国运动员冬季奥运会金牌“零”的突破，同年获世界短道速滑锦标赛500米、1000米、1500米和全能四项冠军。2003年获世界短道速滑锦标赛500米和3000米接力冠军。2005年获世界杯短道速滑赛总决赛3000米接力和女子团体冠军，并获世界短道速滑锦标赛500米冠军。2003年2月在亚洲冬季运动会上又获短道速滑500米冠军。2004年11月再次在世界杯短道速滑500米和1500米比赛中摘得两枚金牌。2010年在国际奥委会第122届全会上，当选为国际奥委会委员，这是中国第一位以运动员身份入选的国际奥委会委员。

杨阳 Yang Yang (1963-12-28～) 中国羽毛球运动员。江苏南京人。12岁系统接受羽毛球训练。1978年入江苏省羽毛球队，1983年入选中国羽毛球队。1984年获第4届世界杯羽毛球赛男子单打亚军。1985年获第4届世界羽毛球锦标赛男子单打季军。1986年获汤姆斯杯赛男子团体冠军和第10届亚洲运动会羽毛球比赛男子单打亚军。1987年获第5届世界羽毛球锦标赛男子单打冠军和第7届世界杯羽毛球赛男子单打亚军。1988年获汤姆斯杯赛男子团体冠军和第8届世界杯羽毛球赛男子单打冠军。1989年获第6届世界羽毛球锦标赛和第9届世界杯羽毛球赛男子单打冠军。1990年获汤姆斯杯赛冠军和第10届世界杯羽毛球赛男子单打季军，并获第11届亚洲运动会男子单打亚军。

杨耀 Yang Yao (1902-04-28～1978-08-21) 中国家具学家。字子扬。北京人。卒于北京。自学成才。1932年任北京协和医院建筑师。1944年任北京大学工学院副教授。1950年后，历任中直机关修建处设计室副主任、甘肃省建工局和城建局副局长、兰州市公园修整委员会副主任。1962年后，历任建筑工程部北京工业建筑设计院总建筑师、标准设计研究所总建筑师。

杨耀运用现代科学、考古学知识来研究中国古典家具，开拓明式家具研究这一新学科领域。30～40年代，协助德国G.艾克教授编著出世界上第一部明式家具专著《中国花梨家具图考》。40年代，首先提出按使用功能对明式家具进行分类的主张，为后来者所遵循。对中国细木工创造的众多精巧的榫卯进行总结和命名。首次按科学投影的方法测量绘制数十幅精致的明式家具结构图，具有很高的科学性和学术价值。1959年主持设计人民大会堂甘肃厅的室内家具。1962年主持设计出口硬木家具。还为中国培养了一批家具设计和研究人才。主要著作有《明式家具研究》等。

杨业 Yang Ye (?～986) 中国宋代将领。本名重贵，又名继业。并州太原人，一说麟州新秦（今陕西神木北）人。原为北汉将领，屡立战功，官至建雄军节度使。太平兴国四年（979），宋灭北汉，杨业归宋，任右领军卫大将军、郑州刺史。不久，知代州兼三交驻泊兵马部署。五年三月，辽军10万攻雁门关（今属山西），杨业率骑兵数百迂回至关北，与潘美南北夹击，大败辽军，以功迁云州观察使。雍熙三年（986），宋三路出兵攻辽，杨业为云应路行营副都部署，与都部署潘美、监军王侁等率兵出雁门关，连克云（今山西大同）、应（今山西应县）、寰（今山西朔州东）、朔（今山西朔州）四州。由于东路军在岐沟关（今河北涿州西南）溃败，辽军乘胜在西路进攻。潘美、杨业等奉命掩护四州民众南撤，他力主分兵至应州，诱辽军向东，以保障民众沿石碣谷（今山西朔州南）南撤，并建议设弓弩手千人于谷口，骑兵居中接应，扼阻辽军南下，潘美、王侁却逼其率军直趋朔州。杨业知此行必败，出发前约定潘美等在陈家谷口（今山西朔州南阳方口陈家沟）接应。辽将耶律斜轸见杨业来攻，令萧达凛设伏，自引军佯退，诱其深入。杨业挥军而进，陷入重围，苦战终日，退至陈家谷口时，潘美、王侁早已违约南撤。杨业孤军再战，将士全部战死。他多处受伤，坠马被俘，绝食而死。其子延昭（即延朗）、孙文广等抵御辽和西夏也多有战功，故后人称为“杨家将”。杨业一门的故事，历代流传。

杨一清 Yang Yiqing (1454～1530) 中国明代中期大臣。字应宁，号邃庵，时人称为石淙先生。云南安宁人，后徙居丹徒（今江苏镇江）。弘治十五年（1502），督理陕西马政，清牧地，整顿茶马贸易，使当地的苑监官牧出现复兴局面。次年受命经略边务，兼巡抚陕西，选卒练兵，罢斥冗官贪吏，军纪肃然。正德元年（1506），改总制延绥、宁夏、甘肃三镇军务，升右都御史。为加强战备，他提出修浚墙堑、增设卫所、经理灵夏、整饬韦州等安边四策，但未得实施。次年被迫离职。五年安化王朱寘鐇之乱起，受诏总制军务，与太监张永前往宁夏讨之，未至而乱平。后以张永荐，被召入京。十年入参机务。十一年，因受佞幸钱宁等排挤，解职家居。嘉靖三年（1524）诏以少傅、太子太傅改兵部尚书，总制三边军务。他认为，防边无事时当如有事时提防，有事时当如无事镇静。经常率领诸将演习行阵，故使西北边防安堵。不久诏其还京。六年二月任首辅。八年九月，受阁臣张璁等攻讦致仕。次年，被削官闲住。以忧恨疽发于背而死。著有《关中奏议》、《石淙类稿》、《西征日录》、《车驾幸第录》等。

杨沂孙 Yang Yisun (1812～1881) 中国清代书法家。字咏春，号子舆，晚号濠叟。常熟（今属江苏）人。道光二十三年（1843）举人，官至凤阳知府。其篆书造诣很深，早年受邓石如影响，后来吸收金文、石鼓文、秦权量诏版、汉碑篆书书法，从而别开生面，成为清代晚期有突出成就的篆书书法家。

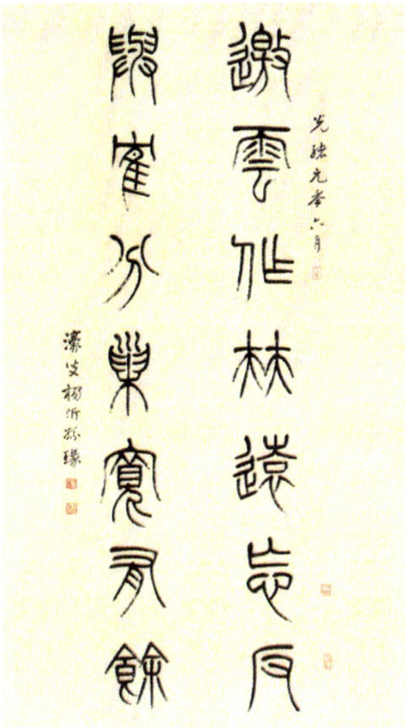

《七言联》篆书（故宫博物院藏）

著作有《管子今编》、《庄子正读》、《观濠居士集》等。

杨易辰 Yang Yichen（1914－03－31～1997－06－28） 中国无产阶级革命家，最高人民检察院检察长。原名杨振九。辽宁法库人。卒于北京。1935年在北平中国大学读书，参加一二·九运动，任中国大学中华民族解放先锋队大队长。1936年加入中国共产党。1937年组织学生剧团南下宣传抗日。1938年到延安，入马列学院学习。1939年后，历任中共冀南区第三地委宣传部长、中共铁岭中心县委书记、辽吉省第一地委书记，辽北省政府副主席，中共辽西省委副书记、辽西省副主席。中华人民共和国建立后，历任中共辽西省委书记，中共黑龙江省委书记、第一书记，省革命委员会主任，省政协主席，省军区第一政委，省顾问委员会主任。1983～1988年任最高人民检察院检察长。1987年当选为中共中央顾问委员会委员。

杨荫浏 Yang Yinliu（1899－11－10～1984－02－25） 中国音乐史家、民族音乐学家。生于江苏无锡，卒于北京。6岁向道士学箫、笛、二胡等乐器。1911年入天韵社从吴畹卿学昆曲和琵琶、三弦等，又从美国传教士学习英文、钢琴和作曲理论。1923年入上海圣约翰大学经济系，曾任校国乐组组长。1929～1931年为基督教会创作、译配赞美诗。1931年担任基督教六公会联合圣歌集《普天颂赞》编辑。1936年任北平（今北京）哈佛燕京学社音乐研究员，在燕京大学讲授中国音乐史。1941～1949年在重庆、南京国立音乐院任教授，讲授中国音乐史。中华人民共和国建立后，在中央音乐学院任教，后历任中央音乐学院民族音乐研究所副所长、中国艺术研究院音乐研究所所长、中国音乐家协会常务理事。他长期从事民族音乐的收集整理，有大量民间乐曲结集出版，如《阿炳曲集》、《古琴曲汇编》等。他精于中国音乐史研究，有大量学术论著发表，如《中国音乐史纲》、《中国音乐史稿》两部专著，《平均律算解》、《三律考》等论文。

杨殷 Yang Yin（1892～1929） 中国广东香山（今中山）人。字孟揆。早年加入同盟会。曾任孙中山大元帅府参军处副官。1922年加入中国共产党。同年底赴苏联学习。1923年回国。参与领导省港大罢工。八七会议后，负责中共中央临时南方局军事和肃反两委员会领导工作，兼广东省委委员。同年底参与领导广州起义。任广州苏维埃代理主席。后到海陆丰与彭湃等领导起义部队、农军坚持武装斗争。1928年任中共中央军事部部长，领导江苏、山东等地武装斗争。是中共第六届政治局常委会候补委员。1929年因叛徒告密，在上海被捕，遭杀害。

杨勇 Yang Yong（1913－09－29～1983－01－06） 中国共产党和中国人民解放军领导人，中共中央书记处书记。原名杨世峻。生于湖南浏阳，卒于北京。1927年加入中国共青团。1930年参加红军，同年加入中国共产党。历任红3军团连长、营长、团政委，红1军团师政委。参加了长征。抗日战争时期，历任八路军第115师副团长、团长兼政委，旅长兼政委，鲁西军区司令员，鲁西区专员。冀鲁豫军区副司令员。解放战争时期，任晋冀鲁豫野战军第7纵队、第1纵队司令员，第二野战军第2兵团司令员。中华人民共和国建立后，历任贵州省军区司令员、省人民政府主席。1953年后任中国人民志愿军第20兵团司令员，志愿军副司令员、司令员。1958年回国，历任北京军区司令员，沈阳军区司令员，新疆军区司令员。1977年后任解放军副总参谋长，中共中央军委常委、副秘书长。是第一至三届国防委员会委员，中共第八届中央候补委员、十至十二届中央委员、十二届中央书记处书记。1955年被授予上将军衔。

杨遇春 Yang Yuchun（1760～1837） 中国清代嘉庆时名将。字时斋。四川崇庆州人。乾隆四十四年（1779）中武举人，次年拣选入伍。后随福康安镇压甘肃田五起义、台湾林爽文起义及贵州、湖南苗民起义，深受福康安的赏识。嘉庆二年（1797），开始参与镇压川楚白莲教起义，为经略大臣额勒登保所倚重。五年，以提督率军独立作战。起义军著名领袖覃加耀、罗其清、冷天禄、阮正隆、王廷诏等多人先后被其杀害或俘获。嘉庆十一年六月，陕西宁陕镇驻兵因减发银两而哗变，变兵攻城劫狱，杀死官员，发展到一万余人，清廷派德楞泰、杨遇春等率军平定。嘉庆十八年，杨遇春以参赞大臣率兵镇压天理教起义后，又镇压了陕西南山厢工起义。道光五年（1825），署理陕甘总督。六年，参与平定张格尔叛乱。八年，实授陕甘总督。十五年，以一等昭勇侯致仕。十七年卒，谥忠武。追赠太子太傅。

杨恽 Yang Yun（？～前56） 中国西汉散文家。字子幼。华阴（今属陕西）人。司马迁外孙。少年时以兄杨忠任为郎，补常侍骑。好交英俊诸儒，名显朝廷，擢为左曹。霍光子霍禹等谋反，杨恽闻知后，密以上闻，因功封为平通侯，迁中郎将。轻财好义，廉絜无私，时称公平。但自矜其能，又好揭发他人隐私，多得罪朝廷要人。特别是招致太仆戴长乐的怨恨，被其诬告，免为庶人。杨恽既失爵位，大治家产，以财自娱。友人安定太守西河孙会宗作书谏诫，杨恽特作《报孙会宗书》，颇多怨言。有人告发此事，宣帝读到这封书信后，甚感憎恶。廷尉宣布杨恽大逆无道，被处以极刑。妻子也徙酒泉郡。《隋书·经籍志》未著录其书，疑久失传。今存《报孙会宗书》见于《汉书》本传和《昭明文选》，为散文史上的名篇。

杨在葆 Yang Zaibao（1935－06－25～ ） 中国电影演员。安徽宿县人。1959年毕业于上海戏剧学院。1965年任上海电影制片厂演员。塑造的第一个银幕形象是《红日》中的连长石东根。以后，又在影片《白求恩》中成功地饰演了徐连长。他在《年轻的一代》中的表演，已逐渐形成自己的风格。1979年，出演《从奴隶到将军》中的罗霄一角。而后又主演了《原野》、《血，总是热的》（获1983年第4届中国电影金鸡奖和第7届《大众电影》百花奖最佳男演员双

奖)、《双雄会》等影片。他的表演激情充沛又深沉细腻，具有纯净的阳刚之美。1985年因自导自演的影片《代理市长》获第9届《大众电影》百花奖最佳男主角奖，1986年导演《党小组长》。1998年导演并主演《昨日的承诺》，2001年在电视剧《卧薪尝胆》中饰演角色。

杨振宁 Yang, Chen Ning (1922-09-22～) 美籍华裔理论物理学家。生于中国安徽合肥。1942年毕业于昆明西南联合大学，获学士学位，1944年获硕士学位。1948年获美国芝加哥大学博士学位。1955年任普林斯顿高级研究院教授。1966年任纽约州立大学爱因斯坦物理学讲座教授。杨振宁对理论物理的贡献包括基本粒子、统计力学和凝聚态物理学等领域。在粒子物理学方面，最主要的贡献是1954年与R.L.米尔斯共同提出杨-米尔斯场理论，开辟了非阿贝尔规范场的新研究领域，为现代规范场理论打下了基础，另一个贡献是1956年与**李政道**共同发现弱相互作用中宇称不守恒。为此，与李政道共获1957年诺贝尔物理学奖。

杨志玖 Yang Zhijiu (1915～2002-05-24) 中国历史学家。回族，山东长山人（今属淄博）。卒于天津。1934年考取北京大学史学系，并就读于西南联大时期的北大文科研究所。1941年毕业，受聘于南开大学史学系。曾借调到中央研究院史语所工作两年。抗战胜利后回到天津南开大学执教，历任副教授、教授、博士生导师。

他的治学涉及蒙元史、隋唐史、回族史和中西交通史等领域，主要著作有《隋唐五代史纲要》(1957)、《元史三论》(1985)、《马可·波罗与中国》(1999)、《陋室文存》(2002)等。其论著考证精审，文字质朴。1941年发表的成名作《关于马可·波罗离华的一段汉文记载》，揭示了迄今所知汉文资料中唯一有关马可·波罗活动的记录，为马可·波罗来华提出了确凿的证据。所著《隋唐五代史纲要》是中华人民共和国建立后第一部隋唐史断代史著作和新编教材，对隋唐史教学和研究产生了一定影响。曾参与主编《中国历史大辞典》，晚年致力于元代回族史研究，并结集为《元代回族史稿》。

杨钟健 Yang Chung-chien (1897-06-01～1979-01-15) 中国地质学家、古生物学家、中国古脊椎动物学的开创者。生于陕西华县，卒于北京。1923年毕业于北京大学地质系。次年，去德国慕尼黑大学学习古脊椎动物学，1927年获哲学博士学位。1928年回国后在中央地质调查所任职，并主持周口店猿人遗址的发掘和研究。1944～1946年，赴美、英、法、瑞士等国家考察和讲学。1947年任北京大学地质系教授。1948年任西北大学校长。1949年任中国科学院编译局局长。1953年创立中国科学院古脊椎动物研究室，后改所。1955年当选为中国科学院学部委员（院士），1959年兼任北京自然博物馆馆长等。1956年被授予莫斯科自然博物馆工作者协会国外会员。1962年被选为美国古脊椎动物学会名誉会员。1974年被推举为英国林奈学会会员。他一生共发表各类著作674篇（部），其中学术论文400多篇。出版了专著多种，著述范围涉及地层古生物学、地质学、古人类学、考古学等。

杨朱 Yang Zhu 中国战国初期思想家，杨朱学派的创始人。在**孟子**时代，杨朱学派的影响很大。孟子曾力主“距杨墨”，指出：“杨朱、墨翟之言盈天下。天下之言，不归杨则归墨。”杨朱的著作早已散佚，其思想史料，散见于《孟子》、《庄子》、《韩非子》、《吕氏春秋》、《淮南子》诸书中，《列子·杨朱》系后人的著作，不能代表杨朱的思想。杨朱思想的特点是“为我”、“贵己”。孟子说他“杨氏为我”；《吕氏春秋》说他“阳生贵己”。这一学派把自己的生命看得比什么都重要，对周围的事物与利害漠不关心。孟子曾激烈批评杨朱的“为我”思想，他说：“杨子取为我，拔一毛而利天下不为也。”**韩非**也说：“今有人于此，义不入危城，不处军旅，不以天下大利，易其胫一毛。”因此，韩非把杨朱一派称为“轻物重生之士”。《**淮南子**》把他们的思想概括为“全性保真，不以物累形”，意思是通过修养心性，保持心灵的纯净和平和，不为世俗物欲等蒙蔽。

杨子华 Yang Zihua 中国北齐画家。北齐世祖（561～565年在位）时任直阁将军员外散骑常侍。善画贵族人物、宫苑、车马，技艺精湛。人物画形象丰满圆润，所画马尤其生动逼真，时有“画圣”之称。受到北齐世祖的重视，成为御用画家，非有诏不得与外人画。他曾画过《斛律金像》、《北齐贵戚游苑图》等表现当时贵族人物及生活的作品，惜已失传。现存《北齐校书图》系描绘北齐文宣帝高洋命樊逊等人校勘五经诸史的事迹，虽为宋代摹本，但画风及人物面型犹存北齐风范，是了解杨子华绘画面貌的重要资料。

《北齐校书图》局部（宋摹本）

佯僙语 Yanghuang language 中国贵州省自称“佯僙”的毛南族使用的语言，属**汉藏语系**侗台语族**侗水语支**。主要分布于黔南布依族苗族自治州平塘县、惠水县、独山县等地。佯僙语有单辅音声母31个，塞音声母有清浊两套；有单元音韵母7个、复合元音韵母10个，带鼻音韵尾和塞音韵尾的韵母46个，声调6个。词汇有单纯词、合成词两类。句子结构与**汉语**及**壮侗语族**其他语言差别不大。定语多数在中心词后，只有表数量词的定语在中心词之前。宾语、状语、补语的次序与汉语相同。

洋葱 *Allium cepa*; onion 百合科葱属的一种。二至三年生草本植物。又称葱头、圆葱。以鳞茎作蔬菜用。起源于亚洲西部阿富汗、伊朗至中亚一带。现以美国、日本、印度、俄罗斯、中国栽培最多。

株高80～100厘米。根弦状，无主根。茎极度短缩，呈扁平盘状，即鳞茎盘。叶筒状，中空，浓绿色，表面披蜡粉，多层叶鞘抱合而成假茎。叶鞘基部随生长而形成肉质鳞茎（葱头）。伞状花序，花小，白色。洋葱可分为分蘖洋葱、普通洋葱、顶球洋葱3个类型。

洋葱性耐寒。按鳞茎形成所需日照长短，分为短日型、长日型和中间型。一般秋季育苗。对土壤要求不高。

洋葱含有植物杀菌素，以及无机盐、挥发油、糖、蛋白质和维生素等。除以新鲜鳞茎作蔬菜外，也可脱水加工。

洋地黄苷 digitalis glycosides 治疗心力衰竭、增强心肌收缩力、改善心脏收缩功能的药物。也可治疗某些心律失常。

作用机理 ①正性肌力作用。洋地黄苷能增加正常心脏和衰竭心脏的收缩力和收缩速度；洋地黄苷对心肌有正性变力效应，但对骨骼肌无此效应；正性变力反应的范围取决于收缩频率，在最佳频率的两侧（即过快或过慢），收缩力均下降；正性肌力作用起始的强度和速度取决于钾、钠、钙和镁离子的浓度。②抗心律失常作用。洋地黄苷的抗心律失常效应主要是对心房及房室结作用的结果，在心脏内特异的传导组织中，洋地黄苷增加了它的不应期，减慢了传导速度，使心室对心房纤颤和心房扑动的反应减慢，或在正常窦性心律时使P-R间期延长，而心房和心室肌的反应期缩短。

常用制剂　洋地黄苷制剂有洋地黄叶、洋地黄毒苷、地高辛、西地兰（又称毛花苷C）、毒毛旋花子苷K等。临床上最常用的为地高辛（口服制剂）及西地兰（静脉注射用药），两者均主要经肾脏排泄。半衰期约1.5天。

临床应用　主要适应证是：①任何心脏病引起的心力衰竭。②大多数的室上性快速性心律失常（包括室上性心动过速、心房纤颤、心房扑动等）。在心肌情况欠佳（如心肌炎、心肌缺氧如肺心病、缺血性心肌病），机械性梗阻（重度二尖瓣狭窄、缩窄性心包炎），机械性原因（乳头肌断裂、室间隔穿孔等）引起的急性心力衰竭，高排血量型心力衰竭（贫血性心脏病、甲状腺功能亢进性心脏病）时疗效不满意。

绝对禁忌证　①洋地黄苷中毒；②洋地黄苷特异质反应。

相对禁忌证　①二度以上房室传导阻滞；②梗阻型肥厚性心肌病；③病态窦房结综合征；④预激综合征合并心房快速性颤动。

毒性反应　洋地黄苷用量的个体差异较大。治疗剂量与中毒剂量较接近，用药期间应密切观察。肾功能不全、低血钾、低血镁时更易中毒。奎尼丁、胺碘酮、红霉素等可增加地高辛血浓度。其中毒表现有：①消化道症状（食欲不振、恶心、呕吐等）；②心律失常如心动过缓或各种快速性心律失常或传导阻滞与快速心律失常并存等。

血清地高辛浓度的测定有助于判断洋地黄苷中毒。当血清地高辛浓度超过2.0纳克/毫升时，即应警惕。宜减量或停药密切观察，以便及时处理。

洋行　foreign firms　外国商人在近现代中国设立的商行商号，中国人称之为洋行，以区别于中国商人自设的行号。另外，鸦片战争前，清政府特许华商在广州设立的洋货行（通称十三行）曾简称洋行，鸦片战争后取消十三行制度，此义遂失。

约1715年英国东印度公司在广州设商馆，1719年法商密西西比公司、1805年美商普金斯公司在广州设立机构，当是最早的英、法、美洋行。19世纪30年代，广州最多时有洋行150家左右。以英商怡和、颠地（即后宝顺）和美商旗昌最大，它们都从鸦片走私中积累了大量资本。

鸦片战争后，对外贸易中心移向上海，广州大洋行亦移沪。1852年上海经营贸易的洋行至少有41家，1855年各口岸约有洋行200家。至1880年全国各类洋行有300余家，1900年约1 000家。

进入20世纪，西方资本主义发展到垄断阶段，外国大托拉斯纷纷在华设立机构，美、英石油托拉斯和英美烟公司等尤具有巨大势力。原来的大洋行怡和、太古、沙逊等也发展成为大资本集团，广设子公司，经营贸易、金融、运输、工业、房地产等多种业务。1936年，除日本洋行外，有贸易洋行1 603家，英国最多，次为美、德、法。日本当时已占领东北，但在上海亦有洋行677家。

洋行一直垄断着近代中国的对外贸易；所谓进口实是华商向在华洋行进口，出口则是将土产卖给在华洋行。洋行凭借不平等条约，具有各种特权，并通过买办、代理等制度，建立从通商都市到内地乡村的商业剥削网。这种状况直到1949年中华人民共和国建立后才根本改变，外国在华洋行历史结束。经中华人民共和国政府核准成立的外国商号一般不称洋行，其地位和作用也与过去洋行不同了。

洋泾浜语　Pidgins　皮钦语在中国的旧称。

洋流　ocean current　大洋中的海流。

洋钱　foreign coin　中国清代对外国流入的银铸币的称谓。又称番钱、番饼。外国银币流入中国，始于明朝万历年间。在多达数十种流入中国的外国银币中，西班牙本洋和墨西哥鹰洋以数量大、流通广而著名，并一度成为中国市场上重要的流通货币。洋钱流入中国后，因其按枚计值，便于应用，民间使用日益广泛。缴纳钱粮和商贾交易，都普遍使用洋钱。甚至有先将银两兑换洋钱，再将洋钱兑换制钱使用的情况。它与中国银两和制钱的比价也逐渐上升。

洋钱流入后，对中国经济和金融都产生重大影响，在一定程度上起到了助长资本主义经济发展的作用。然而，它又使中国币制更趋于复杂，有利于外国进行经济侵略并大量套取中国现银出口。因此，中国有识之士如林则徐等人认识到中国自行铸造银币的必要，提出了如何使货币制度趋于合理的拟议。清代，流入的外国银币估计约为11亿元。光绪中叶，中国自铸银元后，流入的数量稍受影响。1914年颁行《国币条例》，铸造镌有袁世凯头像的银元。它在成色、重量方面比清朝自铸银元更合标准，因而在中国城乡广泛流通，洋钱居于重要流通货币的地位才有所改变。以后洋钱或由于移运出口，或被熔化，数量日渐减少。五四运动后具有特殊地位的鹰洋行市被取消。

洋务运动　Westernization Movement　中国清朝政府于19世纪60年代初到90年代中期，为了维护封建统治，引进和学习西方科学技术，兴办近代军事工业和民用工业，并相应地改革军事、外交、文化教育和某些政府机构等多方面的活动。

洋务运动是清朝统治阶级内部中央和地方一部分当权的官僚在严重的“内忧外患”形势下所采取的“自强”措施。咸丰六年至十年（1856～1860），清政府面临太平天国和英法联军的双重威胁，在内外交困中，经过四年的酝酿和争论，决定首先把“心腹之害”的太平天国和捻军镇压下去，而后再设法抵御被认为是“肢体之患”的外国侵略。为此，它开始实行“自强新政”，主要内容是引进和学习西方的近代科学技术，首先是军事技术，以对外国侵略者退让妥协的策略，争取其军事上的支援，加强镇压太平军和捻军的军事力量。当时主张办“洋务”的一批贵族和官僚，被称为“洋务派”。其中主要人物，在中央有奕䜣、桂良、文祥，在地方官僚中有曾国藩、李鸿章、左宗棠等。为了适应形势需要，1861年清政府成立了以奕䜣为首的总理各国事务衙门，以办理外交事务为主，同时办理以“自强”、“求富”为内容的洋务活动。

工业的发展　洋务运动兴起之初，其直接目的是镇压人民反抗，因此，一开始就以购买洋枪洋炮和创办新式军事工业为主要任务。

1861年，曾国藩在安徽创办安庆内军械所，制造弹药、炸炮等军火。该所以手工制造为主，未雇洋匠，是晚清最早官办的近代军事工厂。而购买西方近代军事武器较早较多、创办近代军用工业的规模较大而又较早者，是李鸿章及其统率的淮军。

清政府创办的近代军用企业早期规模最大的有4家：①江南机器制造总局。1865年李鸿章在上海建成，主要制造军火和轮船。②金陵机器制造总局。1865年李鸿章在南京建成，主要为“剿捻”制造枪支弹药。③福州船政局。1866年左宗棠在福州马尾创办，专造兵、商轮船。④天津机器局。1867年三口通商大臣崇厚创办，主要制造华北地区用来“剿捻”的军事装备。

19世纪70年代初，外国资本主义加紧侵略，破坏了1860年建立起来的“中外和好”的局面。为了维护自身的封建统治，适应当时的内外形势，清政府在军事上大力建设海军、增强海防，编练区别于湘淮军的新式陆军的练军；在经济上，除继续在各省设立兵工厂和扩大原有的军用工业之外，主要着重于民用工业企业的创办和经营，以期与洋商竞争。1872年创设的轮船招商局，是由军用工业为主向民用工业企业为主转变的标志。由于洋务运动的任务和内容有了某些改变，洋务派在原有官僚集团之外，又加了一些买办商人和有维新倾向的知识分子。

为了建立新式海军，清政府除设厂制造兵船外，还以重金向外国购买军舰。清政府先后向英、德等国订购舰只，建立了南洋水师、福建水师和北洋水师。中法战争中，福建以及南洋水师受挫。光绪十一年（1885）后，重点建设北洋海军。又成立海军衙门以统一事权，以醇亲王奕譞为总理，庆郡王奕劻、直隶总督兼北洋大臣李鸿章为会办。此后陆续向外国订购的定远、镇远、济远等铁甲舰和其他比较先进的舰只，均投入北洋海军舰队。1888年北洋舰队初步成军，舰队编制基本采自英国。与海军建设相适应，沿海各重要海口还设置了炮台等防御工事。这些军事设施在中法战争和中日甲午战争中虽然起了一定的抵御外侮的作用，但因清朝统治的腐败而终于惨败崩溃。

洋务派创办民用工业企业，一为“分洋商之利”，以保护利权，并获得饷源；同时也为军用工业所需金属原料和煤炭燃料可以由自己创办的这些工业得到供给，减少对外国的依赖。民用工业企业主要有4项：①轮船航运。②开采煤矿和采掘、冶炼其他金属矿藏。③电报。④纺织业。

洋务派办的民用工业企业，除少数为政府出资的官办者之外，大多为官督商办。官办企业和官督商办企业在资金来源和经营管理上虽有差别，但都是资本主义性质的企业。

新式人才的培养　与工业企业和新式海军等事业的需要相适应，在洋务运动期间还培养了一批新式人才。为培养翻译人员，清政府于同治元年（1862）在北京设立了**同文馆**，随后又设立了上海、广州广方言馆。以后，洋务派又在实践中认识到，要真正办好“洋务”，达到“求强”、“求富”的目的，中国必须有通晓洋务的人才。为培养这样的新式人才，一是派遣人员出国留学，二是开办学堂。

派遣学生出国始于1872年的幼童留美。此事由**容闳**倡议，丁日昌支持，曾国藩、李鸿章会奏促成。在派遣留学生的过程中，清政府逐渐认为，出国留学人员应以经过外语训练的成年人为宜，学习期限3～5年。当时具备这个条件的主要是福州船政学堂的学生。所以自70年代中期以后派遣出国的留学生以福州船政局者居多。均赴英、法学习制造和驾驶；此外，还有派赴德国学习陆军和**张之洞**派赴欧美学习冶炼钢铁的一些留学人员。19世纪80年代清政府还在国内创办了许多专门性的学堂。

洋务运动的失败　洋务运动发展到19世纪80年代，社会上开始出现了具有倾向资本主义的早期改良主义社会思潮，认为君民共主制最适合于中国，提出了设议院的要求。然而，洋务运动的指导方针是“中学为体，西学为用”。正是由于洋务运动本身既不能摆脱外国资本主义的压迫和控制，又不可能摆脱封建势力的阻挠和侵蚀，因此也就难以避免失败的命运。光绪二十年（1894）清政府在中日甲午战争中战败和二十一年《**马关条约**》的签订，标志着洋务运动的失败。

仰光 Rangoon　缅甸经济、文化和交通中心。位于伊洛瓦底江三角洲东部，仰光河与勃生堂河的汇合处。离安达曼海的莫塔马湾（马达班湾）仅34千米。面积578平方千米。人口约408.2万（2005）。地处三角洲冲积平原东部，地势低平，海拔不超过5.5米。土壤肥沃。年平均气温26.2℃，1月16～18℃，4月35～38℃；平均年降水量2 500毫米，5～10月为雨季。水热资源充足。

原为渔村，古称大光。1756年缅王雍籍牙在此击败孟族军队，为了庆祝胜利，遂命名仰光（缅语意为“敌人已被消灭干净”），并沿仰光河和勃生堂河扩建城区，辟为商埠。1826年英国殖民者占领德林达依沿海一带，辟毛淡棉为商埠，大大削弱了仰光的商港地位。1852年英国殖民者侵占下缅甸后，又以仰光为殖民地首府，1885年成为英属缅甸首府。商业发展，工业和手工业也随之兴起，城市向四周发展，人口迅速增加，逐渐成为全国最大的城市和港口。1948年缅甸独立后定为首都。2005年11月6日，缅甸首都迁往**内比都**。

仰光街景，图中为仰光大金塔

缅甸最大的工业中心，集中全国1/3左右的工人。国家独立后，工业发展迅速，主要沿仰光河、勃生堂河和端迪运河一带兴建。主要工业有碾米、纺织、木材加工、橡胶、炼油、造纸、电力、钢铁、造船及汽车等。

全国最大港口和交通枢纽。市区南部仰光河北岸为港口区，港阔水深，有13个码头，可停泊2万～3万吨远洋轮船。几乎全部进口货物和绝大部分出口物资均由仰光港转运。输出大米、棉花、木材和石油，输入石油制品、化工产品、车辆、机械、金属制品和其他消费品。有水路、铁路、公路与全国主要城市连接。北郊的明加拉顿机场是重要的国际机场，通航世界各国主要都市。

缅甸最大的佛教和文化中心。市中心的**仰光大金塔**，是全国最大的佛塔，也是世界闻名的佛教建筑。群塔旁边的皇家湖与佛塔交相辉映，为东南亚地区佛教徒的朝拜圣地和主要旅游区。

设有仰光大学、自然科学大学、文科和理科大学、师范学院等高等院校。

仰光大金塔 Shwedagon Pagoda　缅甸大型佛塔。又称瑞德宫塔、瑞光大金塔。约始建于公元前585年，初建时高度不足9米，因传说塔内藏有释迦牟尼的8根佛发而成为佛教圣地。15世纪时国王频耶乾（1450～1455年在位）把塔加高到约100米，底部周长427米。他的继承人信修浮女王（1455～1472年在位）又在塔周围增建了其他建筑物。以后又经历代修整，其中规模最大的一次是1774年，塔身加高到现在的112米，基本形成今日面貌。缅甸佛塔系在印度传入的窣堵波基础上发展而成，仰光大金塔是其主要代表作，也是当今缅甸最著名的胜迹。

大金塔耸立在仰光市北面一个山丘上，坐落在一个高数十米的平台中间，塔基四角各有一座半人半狮雕像，周围环绕着造型相近的4座中塔和64座小塔，4道长廊式的台阶自地面通向塔前。塔表面抹灰后满贴金箔；历次修葺中在上面又镶嵌红、蓝、绿等色宝石。塔顶上精致的华盖重约12.5吨。

仰韶文化 Yangshao Culture　中国新石器时代晚期文化。以河南渑池仰韶村遗址而命名。主要分布在黄河中游地区。覆盖地域最广时，北抵长城沿线及河套平原，南达汉水中游上段地区，西到陇东，东至豫中一带。年代为公元前4900～前2900年，可分为早、中、晚三期。为中国新石器时代分布范围最大、持续发展时间最长的一个原始文化。

仰韶文化居民以从事刀耕火种的旱地粟作农业为主，种植粟、黍、白菜、芥菜等。用石斧砍林辟地，用石铲和石锄翻地松土，用长方形石刀和两侧带缺口陶刀收割作物，用石磨棒在石磨盘上滚碾加工粮食。还饲养狗、猪、羊、鸡等，兼事采集与渔猎活动。

制陶业较发达，较好地掌握了选土、造型、装饰和烧制等工序。采用泥条盘筑法制坯，用慢轮修整口沿，在器表装饰各种精美的纹饰。器类有钵、盆、碗、细颈壶、小口尖底瓶、罐、瓮、缸等。彩陶尤其精美，表面用红彩或黑彩画出绚丽多彩的几何形图案和动物形花纹，其中人面形纹、鱼纹、鹿纹、蛙纹与鸟纹等形象逼真生动。陶塑艺术品有附饰在陶器上的各种动物塑像，如隼形饰、羊头器钮、鸟形盖把、人面头像、壁虎等，皆栩栩如生。特别是陕西华县出土的大鹰鼎，堪称原始艺术杰作。在半坡等地的彩陶钵口沿黑宽带纹上，还发现有50多种刻划符号，可能具有原始文字的性质或是含有特定意义的符号。在濮阳西水坡又发现用蚌壳摆塑的龙虎图案，是中国迄今所知最完整的原始时代龙虎形象。

聚落多选在河谷阶地上，布局整齐有序。早期聚落如半坡和姜寨的聚落，外围环壕，聚落内的房屋环绕中心广场，呈向心凝聚的形式。流行小型方形或圆形半地穴式房屋。中期聚落面积增大，外围也有壕沟，并出现大型聚落，个别大型聚落甚至已达一二百万平方米。同时出现面积达200多平方米的大型半地穴式建筑。晚期出现一般聚落与中心聚落的差别。一般聚落往往都有大型多间建筑。中心聚落不仅面积巨大，而且具有普通聚落罕见的大型中心建筑，如

图1　鹳鱼石斧图彩陶缸（画面左侧为嘴中叼鱼的白鹳，右侧为一柄石斧）

图2　濮阳西水坡遗址中一墓葬发现的蚌塑龙虎像

甘肃秦安大地湾遗址901号房址为其典型代表。同时，还出现个别的城和有围墙的聚落。河南郑州西山遗址为夯土城墙和城壕环绕的小型古城，内蒙古准格尔白草塔遗址是围有石墙的聚落。城墙和聚落围墙的产生，应与加强护卫有关，也是社会出现变化的标志。

人死后按一定的葬俗埋葬。成人死者多埋入长方形土坑墓，随葬陶器、石器或骨器，多单人仰身直肢葬。小孩实行瓮棺葬。但二次合葬墓也相当多，合葬的人数不等，最多的达80人。

根据墓葬材料的揭示，许多人认为仰韶文化早期处于母系氏族社会末期，中期进入父系氏族社会。从聚落布局和房屋建筑，则可看出仰韶文化时期社会结构逐渐趋向复杂，早晚期社会形态已发生重大变化。而晚期以中心聚落为核心的聚落群的普遍存在，反映了统一的地域性组织的出现。它们应该是此后龙山文化时期在黄河流域崛起的一批以古城为核心、具有国家雏形的初期文明实体的前身。

仰泳　backstroke　一种以人体仰卧在水面游进的泳式，游泳比赛的一种泳姿。1894年就已经有了关于仰泳技术的记载，因为它的动作类似蛙泳技术，只是身体姿势相反，所以又被称之为“反蛙泳”、“蛙式仰泳”或背泳。1902年现代爬泳技术问世后，逐步形成了现代仰泳技术的雏形。1900年第2届奥林匹克运动会被列为正式比赛项目，从此之后，仰泳技术得到更加合理的发展。仰泳的身体姿势：伸展、几乎水平地仰卧于水面，头部与肩带稍高出水面，微收下颚，身体随手臂划水动作围绕纵轴有节奏地转动。腿部动作：两腿自然伸直，并交替上下做鞭状打水，打水幅度约为40厘米。手臂动作：入水时手臂在身体中线和肩的延长线之间入水，入水后先直臂下划抓水，然后屈臂，手向后上方划水。手臂划到与肩平时，向后下方加速推水，手臂从屈到直，从大腿侧出水，伸直手臂移臂。两臂配合采用中交叉方式，即两臂始终处于相反的位置，一臂划水时，另一臂移臂。手腿的配合采用打腿6次，划臂2次。呼吸虽然不受限制，但最好采用有节奏的呼吸方式，可以固定在一臂移臂时吸气。

养蚕　silkworm rearing　饲养家蚕等以生产缫丝原料茧的过程及其技术措施。又称丝茧育。内容主要包括制订养蚕计划、蚕种催青、蚕的饲养、上蔟和采茧等。养蚕必须根据当地的气候特点、桑树生长情况、设备、劳力及饲养技术状况，确定饲养次数、饲养适期及养蚕数量。中国长江流域1年可养4～5次，黄河流域3～4次，珠江流域7～8次。按饲养季节可分春蚕、夏蚕、早秋蚕、中秋蚕、晚秋蚕。每期蚕饲养数量，主要依据提供桑叶的多少来决定。

蚕种催青　即孵化蚕种，是养蚕过程的起点。春蚕越年种催青，在22～25℃、相对湿度75%～85%、每天感光17～18小时的特定环境中进行，一般需要10～11天。夏秋蚕种催青是将春蚕期制的种经过即时浸酸、冷藏浸酸后，保护在温度18.5～27℃、湿度80%～85%环境里，一般需9～10天。

小蚕饲养　蚕种孵化后即进入小蚕饲养阶段。蚁蚕收集一般采用网收或绵纸引收。1～2龄时的饲养适温为27～28℃，相对湿度为90%左右；3龄时的适温为25～26℃，相对湿度为80%～85%。桑叶要柔软适熟并及时扩大蚕座，眠时精心保护，一般以集中饲养为佳。

大蚕饲养　4龄蚕的饲养适温为23～25℃，相对湿度为70%～80%；5龄蚕的饲养适温为22～24.5℃，相对湿度为65%～70%。大蚕期应饲喂优质桑叶并使饱食，并及时清除蚕沙残叶。喂饲连枝带叶的条桑有利于保持桑叶的新鲜度和减轻给桑和除沙次数。

上蔟和采茧　5龄末期蚕体内丝腺极度发达，胸部透明渐及腹部，排出绿色软粪，并停止食桑，仰起头左右摆动，出现这种熟蚕征状时应及时上蔟。蔟室光线宜稍暗，适温23～25℃，湿度60%～70%，气流50～100厘米/秒。蔟中应通风排湿，以保证茧丝解舒和提高质量。上蔟后约经6～8日应适时采茧，鲜茧不宜堆积，以免影响质量。

养蜂　beekeeping　蜜蜂的饲养管理。目的是生产蜜蜂产品和利用蜜蜂为农作物、果树等授粉。养蜂是农业的一个组成部分，也常被人们作为一种业余消遣。主要养蜂国为中国、俄罗斯和美国等。

蜂群的周年管理　主要是根据季节、

气候、蜜源条件和蜜蜂的生活习性，采取适当的技术措施，使蜜蜂的个体和群体发育、繁殖良好，并能提供除蜂群自身消费以外尽可能多的剩余蜜蜂产品。在温带、亚寒带地区，冬季蜂王停止产卵，蜂群靠巢内储存的蜂蜜越冬。蜂群在室外越冬，应选择避风向阳、地势高、气候干燥的场地，并对蜂箱进行适当的保温包装；在室内越冬不必包装，要保持黑暗环境，适当通风换气，温度保持-4～4℃，相对湿度70%～80%。翌春气温回升到8℃以上时，把蜂群搬到室外，选晴天促使工蜂飞翔排泄，同时开箱检查，给缺蜜群加蜜脾，合并无王蜂群。随着蜂王恢复产卵、新老蜂更替，群势增大，适时给蜂群添加巢脾扩大蜂巢，控制自然分蜂，使蜂群在主要**蜜源植物**开花前发展成为生产群。主要流蜜期到来时，给蜂群加上继箱，在巢箱和继箱之间加隔王板，将蜂王限制在巢箱内产卵，使蜂蜜储存在继箱内。当继箱的巢脾装满蜜并且大部分已封盖时，即可适时适量地采收蜂蜜。秋季当最后一个主要蜜源花期结束后，及时更换老劣蜂王，用药物防治蜂螨，培育越冬适龄蜂，让蜂群储足越冬饲料，为安全越冬做好准备。

人工育王　人为地诱导工蜂培育蜂王，能使专业育王场大量生产商品蜂王，使一般养蜂场做到有计划地分蜂，更替老、劣蜂王。通常用移虫法进行，将母本群工蜂房内12～18小时龄的小幼虫，用移虫针移入王台基内，放到育王群中让工蜂哺育。处女王一般在移虫后的第12日出房。移虫后的第9～10日，从一般蜂群中提出一张带幼蜂的成熟封盖子脾和一张蜜粉脾组成交尾群。移虫后的第11日，给每个交尾群诱入一个成熟王台，待处女王羽化出房，交配产卵。然后根据其产卵量、产卵是否整齐等择其优者，出售或用以更替老蜂王。

人工分蜂　增加蜂群数量以扩大蜂场生产规模的一种方法。通常利用产卵蜂王，也可与人工育王结合进行。基本方法有均分法、偏分法、多分法和混分法，其原则是保证原群在生产期能正常投入生产，新分群也能达到一定群势，至少能独立越冬。

养蜂场

蜂王浆生产　利用人工育王原理，诱使蜜蜂分泌蜂王浆并适时采收。通常在春末夏初、平均气温达20℃以上、外界具有一定的蜜粉源时在强群（7～9框蜂）中进行。先用隔王板把蜂箱分隔成产卵区和产浆区。把蜂王限制在产卵区内，工蜂则可进入产浆区。然后把产浆框放入产浆区，每框有3～5条台基板（安装台基的小木板）。每条王台板有25～35个台基。每个台基内移入一条24～36小时龄的幼虫，经工蜂68～72小时泌浆饲喂，则提出产浆框，拣去幼虫，取出王浆。每3天生产1次，采收的蜂王浆应及时存放在-18～-2℃水箱或冰柜中。

养老保险　pension plan　年金保险的一种。以被保险人生存为条件，在其达到规定的年龄时，由保险人按期给付养老金，直至被保险人死亡为止的养老年金保险。中国开办的养老年金保险，分为集体和个人两种。在集体养老年金保险中，不论被保险人在保费缴付期死亡还是在养老金领取期死亡，**保险公司**都负给付死亡丧葬费的责任。在个人养老年金保险中，除提供终身年金保障外，保险公司还负两项责任：①保证给付10年固定年金。如果被保险人未领满10年养老金死亡，由其受益人继续领取剩余期的养老金。②退还保费和部分利息。如果被保险人在缴费期间死亡，其受益人可领取所缴保费和部分利息。

养老保险基金　pension fund　为保证养老金的支付，雇主和雇员依法缴纳税（费）或者自愿缴费而建立起来的专项资金。是养老保险运行的物质基础，养老保险制度的核心内容。广义养老保险基金指养老保险税（费）收入以及所有相关收入减去到期兑付的养老金和其他规定费用而剩余的部分资金，狭义养老保险基金指养老保险运行过程中沉淀下来的、可以用作保值增值的那部分资金。

政府立法强制普遍执行的养老保险形成的基金为社会性养老保险基金，雇主和雇员自愿参加由私人管理、运营的养老保险（人寿保险）形成的基金为商业性养老保险基金。社会性养老保险基金又可分为基本养老保险基金和补充养老保险基金。一般情况下，养老保险基金是指社会性的基本养老保险基金。

中国养老保险制度从20世纪90年代开始进行了一系列改革。1997年7月，中华人民共和国国务院出台的《关于建立统一的企业职工基本养老保险制度的决定》，规定了企业缴纳基本养老保险费比例和个人缴纳基本养老保险费比例。2000年9月成立了全国社会保障基金理事会，负责管理中央财政拨入的资金，并对资金开展保值增值运作和监管等工作。

养生　health maintenance　通过保养、调养、颐养生命以达到增强体质、预防疾病、延年益寿的行为。养生是中医学的重要组成部分，它将人的生命现象与宇宙生生不已的造化过程紧密相联，并形成一种具有思想、理论与许多独特方法的体系。在早期，这一体系既带有它天然的合理成分，也含有一定的原始思维的幼稚性。在几千年漫长的发展与经验积累过程中，其合理的成分不断得到加强与丰富，而幼稚的和违反科学的地方（如服用五石散）则不断地被扬弃。中医学的养生主要有调神、服食（食养、药养）、吐纳、导引、房中术等几方面内容。

目的要求　养生的目的是延年益寿，康健无疾。人自胎元初孕，直至婴幼、丁壮、老迈，一息尚存，均要养生，且养生的要求亦因其情况不同而异。

对寿命的要求　人的正常寿命应达百岁，但至今只有少数寿星可以达到。现今世界上平均寿命最长的国家尚在80岁左右，可见养生确是全人类面临的一大课题。

对健康的要求　健康包括体质与精神两方面，必须是活动自如，视听不衰、神智正常，即《内经》所谓“度百岁而动作不衰”，才算达到了养生对健康的要求。健康长寿才是养生的真正标准。

不同年龄的养生要求　①胎儿期。此期养生又称胎教。各种要求均对母体，以保证胎儿的正常发育，诸如行动稳重、饮食丰富平和、精神安定愉快、耳不闻恶声、目不睹恶事、睡眠充足、节制房事等。②婴儿期。此期养生在于母子同养，养母以防止母病及子，养子以保证其各种需求：适其寒温，多见风日，合理饮食，待之慈祥，使婴儿发育结实、稳定。③幼儿及青春期。精神方面应对其和蔼，关怀、指导其明事理、辨善恶；身体方面倡杂食不偏，生活自理，要充分保证其成长发育的营养需要，避免发育迟缓、发育不良等。④壮年期。此阶段的养生重在保持和谐适度，虽精力盛壮但不做竭力之事，不任彻夜之劳，食饮有节、起居有常、动静结合，把体力精力保持在旺盛的水平，可延长青春、延缓衰老。⑤老年期。此期人生大事多已了却，心无羁绊、悠然自得、访友话旧、琴棋书画、花鸟虫鱼，一凭己性为取舍；注意起居规律、食饮适宜、锻炼有常，使阴阳平衡、气血顺畅，精气神保持在一个适当的水平，老而不衰，益寿延年。

理论　养生的理论均从维持人的正常

状态出发，把减少消耗、加强再生、保持通畅、维持稳定作为重要环节。

调和阴阳　《内经》说“生之本，本于阴阳”，又说“阴平阳秘，精神乃治，阴阳离决，精气乃绝”。所以，调和阴阳，使其阴平阳秘，则精神充旺、邪不能侵、得保健康；调和之道，不妄耗以保持，须时以养阳，调味以养阴，使阳气固密、阴气静守，达到内实外密、健康有寿。

流通气血　气由血化，血随气行，二者相伴，贯通周身，熏濡百节，流通则生机正常，滞塞则瘀结病生。流通之道有二：一是以形体动作促进气血流行，即华佗授弟子五禽戏时所说人体欲得劳动，但不当使极耳，劳动则气血周流，比于流水不腐之意。二是以意念来导引气的运行，气行则血行，身体虽或动或止，但气血之流通、经络之舒畅是一样的，此即气功吐纳之术。二者均是通过气血流通而养生。

培补精气　人始生，先成精，先天之精源于父母，藏于肾，为生命之本，繁衍之源。后天之精由生化而来，亦藏于肾。故精乃阴气之本源，精盛则本壮，气化之源旺故生气勃勃，而人之一切活动无不消耗阴精，故而用药食培补精气，补精以滋源、补气以助化精，延年之药食虽多，不外乎培补先后天精气之大要。

节欲保精　七情六欲乃人之性，然多欲则伤精，故须节欲以安精神、房室有节以保肾精，使精常满盛而体健寿延。

方法　养生方法很多，依进行的角度可分为几类。

调神养生　精神乐观，则气舒神旺；精神抑郁，则气结神颓；喜怒不节，则气耗神消。故清心寡欲可使心气平和、血脉流畅、精神安定，虽有大惊卒恐而不能害。调神之法，或参禅入定，或心有所持，或弦歌自娱，或山林探幽。气度从容、心思安定，志闲而少欲、心安而不惧，则神调。

吐纳养生　即今之气功。气功之要，一是静心，静而不思，若能无外无我，可以长寿；二是以意引气，以气行周身，通达经络，包括通任督、通小周天、通大周天等各种方法，达到养气养神、经脉流畅、保健强身。

导引养生　又称为练形养生。导引吐纳，自古即用于描述气功及形体强身，未有细致确定的区分。这里则专指以形体动作为主导方法的养生，所谓“主导”，即这种方法本身也要求有呼吸动作的配合。这类养生术有五禽戏、八段锦、易筋经、太极拳以及被动的推拿健身等。

食饵养生　通过控制食物的品质、数量及进食规律，回避有害等方面的养生，也包括饵药养生（古称神仙服饵），其内容包括食性、食养、食疗、食节、饮食禁忌及药养等。

保精养生　精气神为人之三宝，精化气、气生神，故精又为人之动力源泉。保精之法，开源节流。节流有二：一是养神，神安不乱，精不妄耗，清静无为，恬愉自保；二是节房事，古人将男女好合、房事伤精看得很重，认为精生有限而性欲无节则过耗，将致疾短寿。开源即促精生长，吸引采补。前者有食饵、药物、修炼等可以试行，后者则主要与房中术有关。

环境养生　人的生活必不可免要受到环境的影响，因而对水土气候、地形地貌、植被等均有所选择，主张在高爽、幽静、向阳、背风、水清、林秀、草芳、便利之处结庐修养，故多以名山大川、优美僻静处为理想，实则只要适宜即可。

《养性延命录》　中国道教养生经典。南朝梁陶弘景撰集。二卷。著有6篇：《教诫》、《食诫》、《杂诫、祈禳》、《服气疗病》、《导引按摩》、《御女损益》。全书广博征引上自农黄，下至魏晋时期古代诸家修身养性格言、延年益寿秘方，从日常饮食起居、言行举止、性生活宜忌、运动健身，兼及道教吐纳气功入手，综述摄生养性要旨。是较早的道教养生名著。

养阴清肺　nourishing yin to clear the lung　中医临床治疗肺中燥热的治法。在中医学中脏为阴，腑为阳，脏阴宜润不宜燥。内脏津液不足或因感受温邪而化燥伤阴，则影响其功能。燥热在上者，多责之于肺。养阴清肺具有滋养阴液、清肺中燥热的作用，适用于临床表现为干咳少痰，咽燥咯血或咳嗽气喘，甚或喉间起白如腐、不易拨出，病变甚速，初起发热，鼻干唇燥，呼吸有声，似喘非喘的证候。常用药物有西洋参、玄参、麦冬、百合、生地、梨汁、藕汁等，代表方剂如琼玉膏、养阴清肺汤、五汁饮。

氧　oxygen　化学元素，元素符号O，原子序数8，原子量15.999 4，属周期系ⅥA族。典型的非金属元素。1773年C.W.舍勒在加热硝酸钾、氧化汞、碳酸银时得到氧，但未能认识它。1774年J.普里斯特利用透镜聚焦太阳光使汞的煅灰（氧化汞）分解得到汞珠和氧气。英文来源于希腊文，原意为“酸形成者”。氧是地壳中最丰富的、分布最广的元素，在地壳中的含量为48.6%。单质氧在大气中占23.0%（质量百分）、20.946%（体积百分）。化合态的氧在水中占88.81%，海水中占85.8%，约占人体65%。物质燃烧和氧化过程、动植物呼吸消耗氧气，而植物的光合作用生成氧气，就使在大气中氧气含量几乎保持不变。氧有三种稳定同位素，即^{16}O、^{17}O、^{18}O，其中^{16}O含量最高，为99.757%。

在常温、常压下，氧为无色、无臭和无味气体，密度1.429克/厘米^3。固态氧呈亮蓝色，熔点－218.79℃。液态氧呈浅蓝色，具有顺磁性，不导电，沸点－182.95℃，可作为低温温标。氧分子不易分解为氧原子，只是在1 500℃开始分解，到5 000℃可以完全分解。铂黑、活性炭可以大量地吸收氧。氧的氧化数－2、－1、＋2，氧原子的电负性仅次于氟。除稀有气体、卤素及贵金属如金、铂等外，氧能与所有的金属和非金属直接反应，生成氧化物。通过间接作用氧和卤素等形成相应的化合物，如Cl_2O、I_2O_5、XeO_3、Au_2O等。氧与葡萄糖的作用是构成生物的呼吸作用的主要反应。

物质氧化的速度决定于被氧化物质的性质、温度和反应条件。有些物质（如NO、血红蛋白）在室温下立即与氧化合，有些物质的氧化则需要加热才能进行，有些物质需要借助催化剂才能发生氧化，如O_2和NH_3的作用必须在铂的催化下才能生成NO。物质和氧反应有的很快，常伴随发热和燃烧；有的很慢，如金属锈蚀。若缓慢的氧化反应释热不易扩散，可能造成自燃。正常氧化物中氧的氧化数为－2，过氧化物、超氧化物、臭氧化物中氧的氧化数依次为－1、－1/2、－1/3。

实验室制氧主要是利用某些含氧酸盐热分解，如：

$$2KClO_3 \xrightarrow{MnO_2} 2KCl + 3O_2$$

过氧化氢分解或往酸性过氧化氢溶液滴加高锰酸钾溶液，或电解稀硫酸、氢氧化钠水溶液也可产生氧。大规模生产氧，可采用液态空气分馏的方法。氮的沸点（－195.79℃）低于氧，首先分馏出氮可得纯度高达99%的工业用氧。把氧气加压（1.5×10^7帕）储存在钢瓶中运输和备用。

氧气不但是动植物呼吸、物质燃烧不可缺的物质，冶金工业中熔炼、精炼，金属材料切割、焊接，煤的气化等都要用到氧；液氧是火箭推进剂中的氧化剂；废水处理需氧，危重病人急救、高压氧舱都离不开氧。

氧化钙　calcium oxide　化学式CaO。又称生石灰或石灰。灰白色晶体，含有杂质时呈灰白色；密度3.34克/厘米^3，熔点2 898℃。氧化钙是碱性氧化物，与水剧烈反应放出大量热，生成强碱氢氧化钙。与酸性氧化物发生反应，如在空气中逐渐与二氧化碳反应生成碳酸钙、碳酸氢钙；在高温下和二氧化硅反应生成硅酸钙。把石灰石$CaCO_3$破碎成一定大小块状物，与煤按一定比例混合，在900～1 200℃煅烧数小时，分解生成工业品氧化钙。生石灰是建筑材料和冶金造渣助剂。还用于制备其他钙盐和氢氧化钙，用于氨气干燥和醇类脱水。氧化钙粉尘对眼睛、呼吸道黏膜、内呼吸道器官有刺激作用，操作人员要防护，场所要通风。

氧化还原电势 oxidation-reduction potential 电极与溶液接触时所产生的电势差。又称*电极电势*。是判断氧化还原反应能否进行的依据。

氧化还原反应 oxidation-reduction reaction 在无机*化学反应*中，反应物之间有电子得失的一类反应；在有机化学反应中，成键电子重新排布引起原子分享电荷有正负变化，或分子中有氢原子和氧原子增减的反应。在这类反应中，某种原子失去电子，发生了氧化反应；另一种原子则得到电子，发生了还原反应；即同时发生了氧化还原反应。例如，铁在氧气中燃烧（见图）：

铁在氧中的燃烧

$$4Fe+3O_2 \longrightarrow 2Fe_2O_3$$

金属锌置换出硫酸铜溶液中的铜离子：

$$Zn+Cu^{2+} \longrightarrow Zn^{2+}+Cu$$

上述反应中，氧分子和铜离子分别从铁和锌原子上取得电子，前两种物质发生了还原反应，后两种物质发生了氧化反应。通常还把在反应中获得电子，发生还原反应的物质称为*氧化剂*；失去电子，发生氧化反应的物质称为*还原剂*。一种氧化剂被还原和一种还原剂被氧化总是同时发生、互相依存在一个氧化还原反应之中，是同一个氧化还原反应中的两个半反应。一种化合物发生的自身氧化还原反应称为*歧化反应*。

在一个氧化还原反应中，氧化剂获得的电子总数必然等于还原剂失去的电子总数；对于那些组成和结构比较复杂的化合物，很难判断它们在氧化还原反应中得失电子的情况，就可以采用氧化数的概念来讨论氧化还原反应。氧化数是表示物质中元素的表观电荷数。利用氧化数的概念，可以把氧化还原反应定义为：在化学反应中，反应物质中元素的氧化数升高，即发生了氧化反应；元素的氧化数降低，则发生了还原反应。例如，高锰酸钾氧化盐酸制备氯气的反应：

Mn的氧化数降低2×(7−2)=10（还原反应）

$$\overset{+7}{2KMnO_4}+10H\overset{-1}{Cl}+6HCl \longrightarrow 2\overset{+2}{Mn}Cl_2+5\overset{0}{Cl_2}+2KCl+8H_2O$$

（氧化剂）（还原剂）

Cl的氧化数升高10×1=10（氧化反应）

在*有机化合物*中元素的氧化数有时难以确定，氧化和还原可以根据反应中化合物分子成键电子所发生的重新排布的变化来判断。如果某个元素在化学键中分享的电荷有正、负的变化，包括正、零、负之间的变化，就可以认为发生了氧化还原反应。例如烃基碳原子上电荷的变化：

$R^{\delta-}$—H $\xrightarrow{O_2}$ $R^{\delta+}$—OH（负→正，氧化反应）

$R^{\delta+}$—X $\xrightarrow{Mg}$ $R^{\delta-}$MgX（正→负，还原反应）

R^0—R^0 $\xrightarrow{Cl_2}$ 2$R^{\delta+}$—Cl（零→正，氧化反应）

2$R^{\delta+}$X $\xrightarrow{Na}$ R^0—R^0（正→零，还原反应）

$R^{\delta-}$—Li+$R'^{\delta+}$—X ⟶ R^0—R'^0（R：负→零，氧化反应；R′：正→零，还原反应）

有机化合物中，增加氧原子的反应、减少氢原子的反应过程明显的是氧化反应，增加氢原子的反应、减少氧原子的反应过程明显的是还原反应。

氧化还原树脂 redox resin 具有氧化还原性能的*高分子化合物*。因在适当的反应条件下它们能与其他分子或离子发生可逆的电子得失反应，故又称为电子交换树脂。反应式如下：

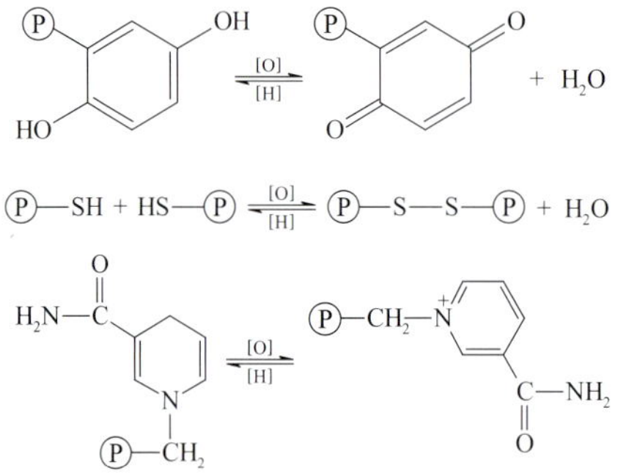

式中Ⓟ代表聚合物主链。主要通过具有氧化还原功能基的烯烃单体*加成聚合*、具有氧化还原功能基的化合物逐步聚合，或高分子的功能基反应制得。氧化还原树脂可用作化学反应的氧化剂或还原剂，制取过氧化氢、抗氧化剂、彩色显影液的非扩散性还原剂等；可用于纯化单体、废水处理、治疗疾病；用于半导体、氧化还原指示纸及配合生化合成制取多种生化活性物质。

氧化剂 oxidizing agent 能氧化其他物质而本身被还原的物质，即在*氧化还原反应*中得到电子，氧化数降低而发生还原反应的物质。例如氧可将一氧化氮氧化为二氧化氮。常见的氧化剂有氧气（或空气）、氯气、重铬酸钠、重铬酸钾、高锰酸钾、硝酸等。

氧化铝 alumina 化学式Al_2O_3。氧化铝有多种变体，最为人们所熟悉的是α-Al_2O_3和γ-Al_2O_3。它们都是难熔的、不溶于水的白色粉末。自然界存在的刚玉为α-Al_2O_3，熔点（约2 015℃）和莫氏硬度（8.8）都很高。它不溶于水，也不溶于酸或碱，耐腐蚀而且绝缘性好。可以用做高硬度的研磨材料和耐火材料。天然的*刚玉*中由于含有不同的杂质离子而呈现多种颜色，如含有微量的Cr^{2+}时呈红色，称为红宝石；含有Fe^{2+}、Fe^{3+}或Ti^{4+}时称为蓝宝石。将水合氧化铝加热至1 000℃以上，可以得到α-Al_2O_3。加热使氢氧化铝脱水，在较低温度下生成γ-Al_2O_3。它的硬度不高，具有较大的表面积，粒子小，具有较高的吸附能力和催化活性。较易溶于酸或碱溶液，又名活性氧化铝，可以用做吸附剂和*催化剂*。β-氧化铝$M_2O·xAl_2O_3$，M为一价正离子Li^+、Na^+、K^+等，是一类铝酸盐，而非氧化铝的变化，它们是快离子导体。

氧化镁 magnesium oxide 化学式MgO。又称苦土。白色晶体，熔点2 825℃。微溶于水。工业上由煅烧碳酸镁制氧化镁，因烧制温度不同，所得的密度也不同，性质亦有差别。在较低温度下（约650℃）烧制的常称轻质或轻烧氧化镁，密度小，易水合且易溶于酸。1 500℃以上高温烧制的常称重质、僵烧或硬烧氧化镁，密度大，不易水合且不溶于酸。工业上常用*菱镁矿*、碱式碳酸镁或氢氧化镁烧制。重质氧化镁可用于高温炉衬、耐火砖、陶瓷材料。轻质氧化镁用作橡胶、纸张的充填剂和水泥填充剂、建筑材料阻燃剂；也可用作彩色粉笔原料。纯氧化镁可用作抗酸剂、缓泻剂。

氧化铁 iron oxide 一氧化铁、三氧化二铁、四氧化三铁的统称。

一氧化铁 又称氧化亚铁。化学式FeO。黑色晶体或粉末；熔点1 369±1℃，密度5.7克/厘米^3；不溶于水、醇和碱液，溶于酸；易氧化成三氧化二铁。可由铁和氧反应来制备氧化亚铁，高于570℃铁的表面就被氧化生成FeO；也可在隔绝空气的条件下加热分解二价铁的化合物，如草酸亚铁等来制备。氧化亚铁可配制多种催化剂。

三氧化二铁 化学式Fe_2O_3。红棕色或黑色无定形粉末，有顺磁性α-Fe_2O_3、铁磁性γ-Fe_2O_3和δ-Fe_2O_3三种结构；熔点1 565℃，密度5.24克/厘米^3；不溶于水，溶于酸。铁氧化生成的是α-和γ-Fe_2O_3，在空气中灼烧亚铁化合物或氢氧化铁可制得铁磁性δ-三氧化二铁。红棕色三氧化二铁（工业上称氧化铁红）色泽可以变动，有很好的着色率和遮盖率，很好的耐热和耐光照性。可用作外墙涂料、海洋油漆、金属底漆、油彩、橡胶和塑料制品的颜料。也用于催化剂及宝石、金属抛光剂。

四氧化三铁 又称磁性氧化铁。化学式Fe_3O_4。黑色晶体或红黑色粉末；熔点1 594±5℃；密度5.18克/厘米^3；不溶于水，易溶于酸，生成Fe^{2+}和Fe^{3+}的盐。它在潮湿空气中易氧化成三氧化二铁。通水蒸气于红热的铁即可制得四氧化三铁。它可用作颜料、催化剂、抛光剂。特制的四氧化三铁可用作录音磁带和电信器材。

氧化物 oxide 氧和其他元素形成的化合物。除正常的氧化物外，还有过氧化物、超氧化物和臭氧化物，共有180余种氧化物，其中多数是单一氧化数的氧化物，如三氧化硫；少数是混合氧化数的氧化物，如四氧化三铁，其中铁的氧化数为+2、+3；还有非整比化合物。

分类 按价键特征，氧化物可分为离子型氧化物（如氧化钠）和共价型氧化物（如二氧化碳）。按结构划分，有无限三维的氧化物（如二氧化硅）、层状的氧化物（如三氧化钼）、链状的氧化物（如三氧化铬）和具有分子单位结构的氧化物，如二氧化碳。按酸碱性可分为酸性氧化物（如五氧化二磷）、碱性氧化物（如氧化钙）和两性氧化物（如氧化铝），后者兼有酸性氧化物和碱性氧化物的性质。此外还有不显酸碱性的氧化物（如一氧化碳、一氧化氮）。

性质 同一元素形成多种氧化物时，随着氧化数的递增，氧化物的酸性也增强，如CrO（碱性）、Cr_2O_3（两性）、CrO_3（酸性）。可溶性离子型氧化物和水反应得强碱。某些元素高氧化数的氧化物和水作用得酸，如：

$$SO_3+H_2O \longrightarrow H_2SO_4$$

高氧化数氧化物受热可分解为相应低氧化数氧化物和氧。

生成 重要的有：①单质和氧直接化合，如磷在氧中燃烧，生成P_4O_{10}。铁在空气中的锈蚀。②水蒸气与单质在加热时作用：

$$3Fe+4H_2O \longrightarrow Fe_3O_4+4H_2$$

③氢氧化物或含氧酸盐热分解：

$$2Al(OH)_3 \longrightarrow Al_2O_3+3H_2O$$

$$CaCO_3 \longrightarrow CaO+CO_2$$

④用硝酸等氧化剂将一些元素氧化成氧化物或用还原剂把高价氧化物还原为低价氧化物。

氧化锌 zinc oxide 化学式ZnO。又称锌白。白色粉末，加热变黄，冷却后又变白；熔点1 975℃，但1 800℃即可升华。密度5.606克/厘米^3。氧化锌是一种两性氧化物，可与酸反应生成相应的锌盐，也可与强碱反应生成锌酸盐。高温下，一氧化碳或氢气能将其还原为金属锌。氧化锌的制法有：①锌蒸气在空气中燃烧。②硫化锌矿石在空气中焙烧成氧化锌。③碱式碳酸锌的热分解。氧化锌具有杀灭霉菌的作用。氧化锌的重要用途之一是与氧化铜一起共同作为低压氧化甲烷生产甲醇的催化剂。氧化锌在油漆中用作防霉剂、酸性缓冲剂和颜料，在橡胶工业中作为白色颜料和填充剂，也用于化妆品和药物中。此外，它还是动物饲料中的锌添加剂，也是缺锌土壤的肥料添加剂。ZnO有毒，吸入ZnO可引起发冷、头疼、咳嗽。

氧气疗法 oxygen therapy 通过给患者充分吸氧，使其缺氧状态得到改善的治疗方法。此疗法可提高动脉氧分压，改善因血氧下降造成的组织缺氧，使脑、心、肾等重要脏器功能得以维持；也可减轻缺氧时心率、呼吸加快所增加的心、肺工作负担。对呼吸系统疾病因动脉血氧分压下降引起的缺氧疗效较好，对循环功能不良或贫血引起者只能部分改善缺氧状况。

氧气治疗的对象主要是各种使动脉氧分压下降的患者，包括各种病因造成通气、换气不良的低氧血症及心力衰竭、休克、心和胸外科手术等情况。

给氧的指征如下：急性缺氧的早期可有明显的烦躁不安、头痛、心率加快；因肺部疾患引起紫绀的患者需给氧，但要排除末梢循环、血红蛋白和先天性心脏病等因素引起的紫绀；呼吸困难、呼吸过快或过慢、频繁的呼吸暂停；心功能不全或贫血患者。判断给氧的确切指征是动脉氧分压，氧分压在60毫米汞柱（8千帕）以下需给氧。通常氧分压在60毫米汞柱以上时血氧饱和度多在90%以上，大多不需给氧。

给氧的方法有普通给氧和特殊给氧。普通给氧有鼻导管给氧、开式口罩和头罩给氧。特殊给氧有控制性低流量给氧、呼吸道持续正压给氧、机械呼吸给氧和高压氧。给氧只是一种对症疗法，给氧同时必须治疗引起血氧下降的原发病，同时改善通气功能，注意心功能的维持和贫血的纠正。急性患者给氧时要使动脉血氧分压维持在正常范围。注意预防氧中毒，长时间吸氧，吸入氧浓度不要超过50%～60%。

氧循环 oxygen cycle 氧在岩石圈、大气圈、水圈、生物圈以及各种地质系统之间迁移演化的地球化学过程。对物质全球循环有重要作用。

岩石圈可以看成是由氧离子紧密堆积的晶体格架构成的，地壳氧元素重量丰度为47.2%，原子丰度为53.3%。包括各种氧化物和含氧盐类在内的含氧矿物占已知矿物总数的2/3。以硅酸盐为主要成分的岩石圈是地球氧的最大的地球化学储积库，向地球深部氧的含量降低。

地球表面是富氧层，当岩石暴露在地表富氧的条件下，矿物因水解和氧化作用而被风化。在风化过程中，硅酸盐中的氧通过水解、氧化和碳酸岩化等作用形成H_2O、OH^-、CO_2形式被释放，转入土壤、地表水或大气，其中一部分氧经过生物的呼吸及光合作用变成氧分子进入大气圈。地球的富氧大气圈是后生成因的，是地球生命活动即植物光合作用的产物。在地表缺氧的还原条件下，氧化矿物发生还原作用，也能使一部分结合状态的氧被释放并转入活动相。

水、分子氧和二氧化碳是地表各地质圈中氧的主要化学形态，构成海洋、大气和生物三大地球化学活动库。海洋含水量为7×10^{22}摩尔，是氧的最大活动库；大气中氧分子总量为1.5×10^{20}摩尔；其次是地表淡水、地下水、大气二氧化碳和生物体中的氧，只占相对不大的总量。氧在各地球化学库之间自然的迁移和转化大体上是平衡的。

人类活动对氧循环有明显的影响。人类的生产和生活活动正在大量地减少空气中氧的数量，在一定程度上破坏了地球氧自然循环的平衡。

样板戏 model plays 全称革命样板戏。20世纪60年代定稿反映中国现代题材的京剧《智取威虎山》、《海港》、《红灯记》、《沙

京剧《奇袭白虎团》剧照

家浜》、《奇袭白虎团》和芭蕾舞剧《红色娘子军》、《白毛女》以及交响音乐《沙家浜》。1964年7月，在北京举行的京剧现代戏观摩演出大会上，江青发表了《谈京剧革命》的讲话，并插手一些优秀剧目的修改工作，自称是“种试验田”、“打样板”。1967年5月，上述8部作品按江青意旨修改后在北京演出。同月31日，人民日报发表题为《革命文艺的优秀样板》，将它们正式命名为“革命样板戏”。其后陆续演出的京剧《龙江颂》、《红色娘子军》、《平原作战》、《杜鹃山》、《磐石湾》以及钢琴伴唱《红灯记》、舞剧《沂

蒙颂》、《草原儿女》也被泛称为样板戏。

样式雷 Architectural Model of Lei Family 中国清代宫廷建筑匠师家族。始祖雷发达，字明所，原籍江西建昌（今永修县），明末迁居南京。清初，雷发达应募到北京供役内廷，康熙初年参与修建宫殿工程。在太和殿工程上梁仪式中，他爬上构架之顶，以熟练的技巧运斤弄斧，使梁木顺利就位，因此被敕封为工部营造所长班，负责内廷营造工程，有"上有鲁班，下有长班"之说。其子雷金玉继承父职，并投身于内务府包衣旗，担任圆明园楠木作样式房掌案。直至清代末年，雷氏家族有六代后人都在样式房任掌案职务，负责过北京故宫、三海、圆明园、颐和园、静宜园、承德避暑山庄、清东陵和西陵等重要工程的设计。同行中称这个家族为样式雷。

雷氏家族设计建筑方案，都按百分之一或二百分之一比例先制作模型小样进呈内廷，以供审定。模型用草纸板热压制成，称烫样。其台基、瓦顶、柱枋、门窗以及床榻桌椅、屏风纱橱等均按比例制成。雷氏家族烫样独树一帜，是了解清代建筑和设计程序的重要资料。留存于世的部分烫样存北京故宫。

样式主义 mannerism 意大利16世纪中后期的美术流派。又译风格主义、矫饰主义。样式主义一词源出意大利语 maniera，兼指艺术风格及生活时尚，并含高雅优美之意。16世纪20年代以来，一批既倾慕米开朗琪罗和拉斐尔的典雅风格又务求新奇的艺术家，以追求风格自居，遂被后人视为样式主义流派。此词从17世纪起渐含贬义，有矫揉造作的讥讽意味。1920年以后，西方美术史学界对样式主义重新评价，认为它是盛期文艺复兴美术和巴罗克美术之间的自成一格的流派。一般而言，样式主义的作品都注重人体描绘，尤以裸体为多，但姿态怪异，肌肉表现夸张而近于畸形；任意发挥透视技巧，构图奇特而违乎常理；用色光怪陆离，不循自然。但这些特点又是在袭用文艺复兴成果的基本形式上表现出来的，因此总体仍不失新美术的风貌。

瓦萨里作《珀西和安得罗梅德》

前期（1515～1540）样式主义的代表画家有J.da蓬托尔莫、F.罗索、朱利奥·罗马诺和帕尔米贾尼诺。帕尔米贾尼诺的代表作《长颈圣母》（1534）故意拉长人体比例，尤以圣母之颈曲如天鹅，追求风格达于极致。后期（1540～1590）样式主义更增加了雍容华贵和矜夸傲慢的贵族气派，刻意追求形式之美。代表画家有 I.布龙齐诺、G.瓦萨里、B.切利尼等。

恙虫病 tsutsugamushi disease 由恙虫病立克次氏体（东方立克次体）引起的一种急性自然疫源性疾病。又称丛林斑疹伤寒。鼠类是主要传染源，恙螨为传播媒介。潜伏期4～21日。临床表现有寒战、高热、剧烈头痛、全身酸痛、眼结膜充血；严重者有谵妄、昏迷等神经系统症状。在恙虫叮咬处有焦痂及溃疡，此为本病特征之一。也可出现皮疹及脾肿大。诊断依据流行季节（夏秋季）、到过流行地区及典型临床表现。确诊依靠变形杆菌OXk凝集反应或血清补体结合反应及病原分离。四环素及氯霉素有特效。预防采用以灭鼠及灭恙虫为中心的综合措施。

妖书案 中国明末宫廷疑案。发生于万历三十一年（1603）。明神宗皇后无子，王恭妃生子常洛，为皇长子。后郑贵妃生子常洵。郑妃得神宗宠爱，神宗有意立其子为嗣。为此朝臣多次力争早日册立东宫。先是刑部侍郎吕坤撰《闺范图说》，神宗赐给郑贵妃。贵妃亲自作序，其兄郑国泰重刻此书。增刊后妃，起于汉明德皇后，终于郑贵妃。二十六年秋，有人撰写闺范图说跋，名曰《忧危竑议》，言郑贵妃欲夺储位，吕坤等助之。郑妃之党疑出自主张册立皇长子的吏科给事中戴士衡、全椒知县戴玉衡之手，神宗为此谪戍二人，了结此事。二十九年，神宗迫于朝臣压力，册立朱常洛为东宫太子，然仍不遣福王朱常洵至国。三十一年十一月，又出现《续忧危竑议》一书。书中言神宗立东宫为不得已，又不齐备东宫官属，含有日后改易之意。是书署名为吏科都给事中项应祥撰，四川道监察御史乔应甲刊。因其言词诡妄，所以当时称作妖书。神宗见书后大怒，立即命厂卫搜缉，大索奸人。项、乔两人上书自明，帝不问。其时浙党党魁沈一贯当国，与东林党人积怨已深，遂借此案诬陷次辅沈鲤、侍郎郭正域，兴起大狱。最后太子为保全曾是其讲官的郭正域出面讲话，东厂提督陈矩也因狱主无名恐辗转攀累不已，沈一贯等才归罪于有诈骗郑国泰前科的顺天府斥黜生员皦生光。次年四月磔生光于市，草草结案。

腰骶部劳损 lumbosacral strain 腰骶部肌肉、韧带、关节囊等软组织的积累性损伤。活动的腰椎与固定的骶椎之间承受着较大的屈、伸、旋转及剪式应力，且先天性畸形较多，容易发生退变。久病、体弱、急性腰扭伤未愈等也是发病因素。发病部位常在骶棘肌、腰骶棘间韧带、腰骶关节突或骶髂关节。重体力劳动，尤其是长期在不良体位劳动者多见。由于长期高肌张力，肌内压增高，血供不足，缺血缺氧，肌糖元代谢不全，产生的乳酸等代谢产物不能及时清除，导致肌肉萎缩、水肿及粘连，产生肌肉劳损。进而肌力减弱，应力集中于韧带及关节囊，使之遭受过多的牵拉而弹性减弱，并出现水肿、粘连、纤维增生及肥厚，最后发生韧带劳损。主要症状是下腰痛，劳动后加重，休息后缓解，局部压痛。治疗采用综合疗法，包括清除病因、增强体力、压痛点封闭、理疗、按摩及针灸。症状重者可卧床休息或用围腰。预防重点是保持良好姿势，注意体育锻炼，避免以不良的体位工作过久。

腰鼓 waist drum 膜鸣乐器，见鼓。

腰鼓舞 dance with waist drum 中国汉族民间舞蹈。又称打腰鼓。流行于陕西横山、安塞、米脂、榆林一带。腰鼓呈长筒粗腰形，以宽布带拴鼓斜挂于舞者左侧腰间。舞者双手各执一个鼓槌，边击鼓边舞蹈，鼓点强烈多变，舞姿矫健。有单人、双人、4人和集体表演多种。常在节庆期间与秧歌、高跷、跑旱船、狮舞等一起在广场上演出。

腰鼓舞的表演风格可分文、武两类。文腰鼓的鼓点变化丰富，动作比较活泼，表演细腻，技巧性高，多以单人即兴表演为主；武腰鼓的鼓点急促强烈，动作英武粗犷，多以集体表演为主。表演形式一般

安塞腰鼓

又分为路鼓和场地鼓。路鼓是舞队在行进中表演各种鼓点和动作。场地鼓是在广场上表演各种鼓点和动作。

安塞腰鼓是陕西腰鼓舞中较有代表性的一种，表演队伍中有多种角色，包括鼓手（称挎鼓子，或踢鼓子）数十人甚至上百人，以及拉花（女角）、伞头（表演指挥者）和丑角扮的蛮婆、蛮汉等。安塞腰鼓曾有文、武之分，现在已逐渐融合，表演有张有弛，风格粗犷奔放，击鼓复杂多变，步伐踩地有力，更具观赏性。

延安鲁迅艺术学院1943年改编的《胜利腰鼓》，曾在1949年第二届世界青年学生和平与友谊联欢节上获奖。

腰果 *Anacardium occidentale*; common cashew 漆树科腰果属的一种。常绿乔木。又称槚如果。热带果树。原产西印度群岛和巴西东北部。1943年引入中国海南岛，20世纪50年代后云南和广东西部也有种植。树高8～12米。单叶互生，革质，长卵形或倒卵形。圆锥花序顶生，花小，黄粉红色，杂性。坚果分为两部分：膨大的肉质花托，成熟后橙红色，柔软多汁；真果着生在花托的顶端，肾形，果仁白色。性喜高温，对低温敏感。对土壤适应性强。3～4月开花，5～6月果成熟。主要用种子繁殖，

枝头腰果

优良品种可用高空压条或嫁接繁殖。定植后二年开始结果。腰果仁约含脂肪45%，蛋白质20%，可炒食。腰果壳可榨油作高级油漆，也可作绝缘材料。茎的乳汁可作黏胶剂。肉质花托可鲜食或榨汁作饮料，味酸中带甜，有利尿、治水肿功效。

腰牌 tally pendant 中国古代表示官阶等级和用作凭信的牌饰。一般悬系在腰间，故名。依照官吏等级身份的不同，材质有金、银、铜、象牙、木等的区别，形制、纹饰也有差异。达官贵胄所用腰牌多为金质或鎏金铜质，以虎头或虎形为饰，故“虎头金牌”又成了腰牌的俗称。腰牌可分印牌和信牌两种。印牌多为长方形，专为官员而设，与本印（即官印）并行使用。这种牌、印并行的制度是古代符节制度的一种变化形式，它始于唐代，至北宋进一步发展、完善。印牌存世数量很少，甘肃省博物馆藏有北宋长方形铜质印牌1枚，上端有方形系孔，正面刻“熙州管内观察使印牌”1行9字，背面刻“牌入印出，印入牌出”2行8字，此牌形制、文字与《宋史·舆服志》等典籍所记相符。信牌主要作出入某种特定场所的凭信之用，多呈圆形或椭圆形，元、明、清三代十分盛行。如元代有差使牌和巡牌，明代有作为臣子、侍卫等出入宫门凭证的穿宫牌。此外，少数民族政权如西夏也有类似的制度，有敕走马牌、防守牌、宿卫牌等各种圆形铜质信牌。

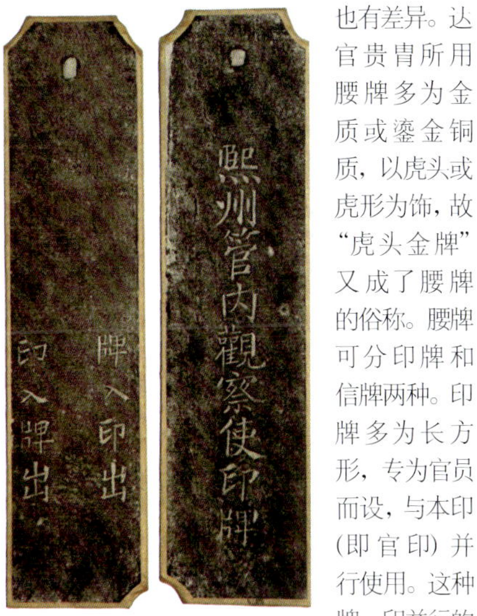

熙州管内观察使印牌拓片
（甘肃省博物馆藏）

腰痛 low back pain 各种原因所致以下背部和臀部疼痛为主诉的一组病变。腰部脊柱承受人体重量的60%以上，在工作及生活活动中，腰部各关节要进行复杂的伸屈、旋转等运动。腰部周围任何结构出现障碍都会引起腰痛。

病因多种多样，可为脊椎的先天性畸形、炎症、外伤、退行性变、代谢性障碍或肿瘤，也可为腰部软组织的外伤、炎症或肿瘤，并可为脊椎以外的妇科、泌尿系、血管及神经系统疾病等。以软组织劳损及腰椎间盘突出症比较多见。通过病史、临床检查、X射线检查、实验室检查，必要时通过CT、磁共振、脊髓造影、核素检查及超声检查明确诊断。

治疗除针对原发病以外，还应注意休息，也可应用理疗、针灸、按摩、牵引、体疗、支架和镇痛及消炎药物等，少数病例需手术治疗。除恶性肿瘤引起者以外，预后大都良好。腰痛的预防包括防寒、防潮，注意劳动姿势，进行体育锻炼等。

腰腿痛 low back and legs, pain in 中医病症名。以腰痛、臀腿痛为主要临床表现。常伴有腰腿活动受限，小腿足部麻木、无力，行走障碍等症状。一般被归属于筋伤、痹证的范围。

病因 ①急性外伤，如负重、扭挫等，导致气血滞塞、瘀阻经络。②外受风寒湿邪、内客经络，阻遏气血正常运行，不通则痛。③肾虚积劳，肾虚则精血亏损，筋骨失养，不荣亦痛。

辨证要点 ①结合西医学诊断辨病。许多疾病都可引起腰腿痛，临床要结合西医的检查手段和症状特点进行辨别诊断。腰椎间盘突出症腰腿痛直至足跟足趾，平卧后疼痛减轻；腰臀部软组织劳损的疼痛仅及腘部稍下甚或止于臀髋部，休息后能得改善；兼有脊椎包括椎间小关节退行性改变者，多晨间疼痛加重，甚至难于起床，活动后疼痛减轻；椎管狭窄症则多有间歇性跛行，即站立稍久或步行一定距离后腰腿痛明显加重，必得坐或下蹲始能缓解。②辨疾病性质。瘀阻见于病起之初，尤其有明显外伤史者，疼痛剧烈，腿足麻木，脊柱侧弯，活动受限，压痛多局限，难以抬腿。风寒为主者，其痛逐渐加重，天阴遇冷则疼痛加剧、得热较舒，活动牵强，肌筋胀硬，压痛较广，抬腿亦受限制。湿热者常伴阴血虚少，多见于无明显外伤的病初起者，疼痛在晨间加重，活动受限以前屈为明显，压痛较广泛，同时见有口咽干燥、尿多黄赤、舌红苔腻。肾虚多见于经调治后疼痛已得缓解但仍延绵不已者，腰酸膝软，肌筋仍有紧张，抬腿稍受限制，脉虚细。

治疗 理筋手法是治疗腰腿痛（由炎症和肿瘤引起的除外）最为常用而有效的方法。滚压、推揉、摩擦等手法能舒筋活血止痛，一般均可采用。理筋手法治疗腰腿痛的一般原则是：先用柔和的手法放松腰腿部的筋肉，再以作用明显、力度较强的特定手法治疗，最后用调理手法舒筋活络。

药物治疗包括外用和内服。外用药多以治标为重，以活血温经通络止痛为原则，常用熏洗、热敷、搽擦、外敷等方法。内服药以辨证为基础，因证施治。损伤瘀阻宜活血化瘀止痛，常用效灵活络丹、乳香趁痛散加减。痹证属风寒者须温经散寒祛风止痛，以麻桂温经汤加制川草乌等。属湿热者当清热活血除湿止痛，用温平汤加减。肾虚者宜固腰补肾强筋止痛，用左归丸、右归丸、固腰补肾丸加减。

针灸能宣通气血，温针能散风寒，刺络、拔罐既能活血止痛，又能引风寒外出。常循经取穴。可用当归注射液、威灵仙注射液在压痛部位作水针治疗。棘突、横突、臀部肌肉丰厚处的压痛宜刺络、拔罐。

凡腰腿痛初起时宜适当休息，尤其腰椎间盘突出症初发时要绝对卧床3周，可使部分患者疼痛缓解。症情缓和后，可选用

适宜的锻炼方法，进行功能锻炼，如广播操、健身操、太极拳、练功十八法等，对预防和恢复均有一定作用。

牵引是用于治疗不宜用手法治疗的腰椎间盘突出症患者（如孕妇）的一种方法。也可用于其他患者或配合手法应用。

腰椎间盘突出症 lumbar intervertebral disc, protrusion of 由椎间盘退行性变化引起的一种病变。可发生于脊柱的任一节段，多见于第4或第5腰椎、第1骶椎（占90%以上）。

病因 腰椎间盘突出症发病与下列因素有关：①损伤。脊柱承受压应力可使软骨终板破裂，而轻度负荷和快速旋转时，可引起纤维环水平破裂。②职业。弯腰搬举重物、突然或长期承受较大应力可诱发腰椎间盘突出。③腰骶椎先天性异常。下腰椎承受异常应力可致椎间盘旋转性损伤。其他还可因吸烟、妊娠诱发。

临床表现 腰椎间盘突出症常压迫腰骶神经根或马尾，引起肢体麻木、腰痛和坐骨神经痛及节段性神经障碍，影响行走或出现间隙性跛行。

诊断 主要根据临床表现和X射线检查。进行直腿抬高试验：使患者仰卧，下肢伸直抬高，比较两侧下肢所能抬高的角度，患侧下肢一般在30°以上即感放射性疼痛，患者拒绝继续抬高，此即拉塞克氏征阳性。X射线检查可排除其他骨和关节疾患，对诊断本病无直接意义。对少数不典型病例，可进行椎管造影、椎间盘造影、计算机X射线体层成像（CT）、磁共振成像（MRI）等项检查，提供有价值的诊断资料。

治疗 一般首先采用非手术疗法，如绝对卧硬板床休息、经腰或骶管硬脊膜外阻滞、推拿及牵引疗法等；有的还采用化学溶核疗法。非手术疗法无效时可采用手术疗法。手术多经后路，作部分椎板或关节突切除，或经椎间隙行椎间盘切除。

尧 Yao; Legendary Emperor Yao 中国古史传说时代的古帝，称帝尧陶唐氏。始见于《楚辞·天问》、《国语》、《左传》等书。

在传说时代的古史系统中，尧为帝喾之子，但也有一些传说将这一古族的姓氏追踪到从母居的时代，如《帝王世纪》说帝尧陶唐氏，名放勋，从母姓，姓伊祁氏，可见这是一个历史悠长的古族。

相传尧都平阳（今山西临汾西南），今在临汾盆地发现了丰富的龙山文化遗存，包括巨大的中心遗址，有城垣、大墓、礼乐之器、铜制品、零星的文字等。

传说尧的时代文明因素的聚集已大大超过前代，如《尚书·尧典》说，尧组织了相当规模的观象授时，以历数之法观察日月星辰的运行；还传说尧时用蓂荚占历，反映在观象授时的同时已开始积累规律性的认识，为以后观测和推算结合奠定基础。这一阶段领袖人物的传承实行禅让制，要通过议事会的推举，首领之子没有法定的继承权（见禅让），组织生产生活也还是议事会的主要职能之一。

尧人 Yao 非洲东南部跨界民族。又称阿查瓦人、阿贾瓦人、穆贾诺人。约311万人（2002）。主要分布在马拉维湖的东部和南部的马拉维、坦桑尼亚、莫桑比克。属尼格罗人种班图类型。社会文化与东班图各族相近。使用尧语，属尼日尔-科尔多凡语系尼日尔-刚果语族。无文字。大部分人兼用斯瓦希里语。大多数人信伊斯兰教，属逊尼派，部分人信仰万物有灵。主要从事刀耕火种农业，种植玉米、高粱、豆类、烟草；在马拉维境内畜牧业和渔业占一定地位。部分人在种植场和城市做工谋生。婚姻行一夫多妻制，各妻室独居。有兄终弟及（见夫兄弟婚）的习俗。男女均行成年仪式。按母系续谱、居住、继承财产和酋长地位。受斯瓦希里人的文化影响较大，住宅和服饰均带阿拉伯色彩。制陶、编织、银饰别具特色。

姚苌 Yao Chang（330～393） 中国十六国时期后秦的创建者。字景茂。羌族。姚弋仲第24子。在位约10年。357年，兄姚襄率部与前秦军战于三原，兵败被杀。姚苌领众降于前秦，为苻坚部将，累建战功。淝水战后，384年，据岭北（今陕西礼泉九嵕山以北）的北地（今陕西铜川市耀州区）、新平（今彬县）、安定（今甘肃泾川北）等郡，自称大将军、大单于、万年秦王，建元立国，史称后秦。羌胡十余万户归附。385年姚苌杀死苻坚，次年称帝于长安，改称常安，国号大秦。姚苌多谋略而不善于征战。386年苻坚族孙苻登自立为前秦主后，后秦原苻坚旧部氐、羌和汉人归之者十余万，与姚苌转战相持，西北起安定，东南到长安，屡次大败后秦军。后秦不断受到苻登的攻击，政权始终未得稳定。393年姚苌死，其子姚兴继立，次年击溃苻登，灭前秦，后秦才兴盛起来。

姚崇 Yao Chong（650～721） 中国唐朝开元初名相。本名元崇，字元之。陕州峡石（今河南三门峡东南）人。武则天时五迁为夏官（兵部）郎中。时契丹扰河北，军书烦剧，姚崇剖析若流，受武则天赏识，擢为侍郎。圣历元年（698）为同凤阁鸾台平章事（即同中书门下平章事）。中宗复位后，姚崇出为亳州、常州刺史；睿宗即位，再次入相，但因奏请太平公主出居东都洛阳，被贬为申州刺史，移任徐、潞、扬、同等州，为政简肃得人心。先天二年（713），被玄宗召入为相，建议十事，如以仁义治天下，三数十年不求边功，宦官不得干政，皇亲国戚不得任台省官等，基本为玄宗所采纳。开元四年（716），以幕僚受贿事请避位，荐宋璟自代。但仍受优礼，玄宗时常以国事咨询。姚崇三次为相，皆兼兵部，对于边境屯戍及士马器械无不谙记。为政注意用人，罢冗职，修制度，择百官各当其才。他和宋璟并称"姚宋"，同为后世称道的良相。

姚从吾 Yao Congwu（1894－10－07～1970－04－15） 中国历史学家。原名士鳌，字占卿、存吾。河南襄城人。1917年考取国立北京大学文科史学门。1920年毕业，又考入北京大学史学部为研究生。1922年考取赴德官费留学，专攻蒙古史、匈奴史与史学方法论，又留心中西文化交流的史实探讨。1934年回国受聘为北京大学历史系教授，主讲历史学方法论、宋辽金元史和蒙古史研究等课程。1937年任国立西南联合大学教授。1946年春任北京大学历史系教授兼系主任，12月出任河南大学校长。1949年1月去台湾受聘为台湾大学历史系教授。1958年4月当选为台湾"中央研究院"人文组的院士。

姚从吾的研究领域为10～14世纪的中国史，包括五代十国及辽、宋、金、元四朝，是中国现代辽宋金元史学的奠基人之一。他吸收西方史学思想和方法，学贯中西，促进了传统史学向现代史学的转变。逝世后，经故友门人编辑已刊专著、论文和未刊之讲稿及论文稿，总名《姚从吾先生全集》（共10册），由台北正中书局出版，另有《东北史论丛》单行本行世。姚从吾通蒙古文，晚年又学习满文，倡导研究边疆语文，积极推动北亚及中亚史研究。

姚广孝 Yao Guangxiao（1335～1418） 中国元末明初政治家，高僧。元至正十二年（1352）出家为僧，法名道衍，字斯道，自号逃虚子。苏州人。通儒、道、佛诸家之学，善诗文。二十三年于径山从遇庵大师潜心于内外典籍之学，成为当时较有名望的高僧。但始终未曾放弃成就大业的抱负，欲成开国建业之功。明初，因其故友多被明太祖朱元璋所杀，对洪武朝政治怀有强烈不满。洪武十五年（1382），朱元璋选高僧侍诸王，为已故马皇后诵经荐福。姚广孝以荐入选，随燕王朱棣至北平（今北京）住持大庆寿寺。从此经常出入燕王府，参与夺位密谋，成为朱棣的重要谋士。朱棣靖难称兵前，他曾推荐相士袁珙以占卜等方式，并通过对当时政治、军事形势分析，促使燕王朱棣坚定信心；又于王府后苑训练军士，打制军器，作好军事准备；建文元年（1399）六月起兵前夕，计擒北平布政使张昺、都指挥使谢贵。靖难之役中，他留守北平，辅佐燕王世子击溃朝廷数十万北伐之师。此后，仍多赞谋帷幄，终使朱棣夺得皇位。朱棣即位后，授为太子少师，复其姓，赐名广孝。晚年，姚广孝虽然受官，却未改变僧人身份，主要承担太子、太孙的辅导讲读，及主持《永乐大典》、《明太祖实录》等书的修纂。主要著作有《逃虚集》、《逃虚子诗集》、《逃虚类稿》等。

姚合 Yao He（约781～约855） 中国唐代诗人。吴兴（今浙江湖州）人。元和十一年（816）登进士第。历魏博从事、武功主簿、富平尉。宝历二年（826），入为监察御史。后累迁侍御史、户部员外郎。出为金州刺史，入任刑、户二部郎中。大和八年（835），出任杭州刺史，复入为谏议大夫。开成四年（839），由给事中出为陕虢观察使。会昌中，入任秘书少监。终秘书监，世称姚秘监。

姚合富诗名，与马戴、贾岛、张籍、王建、李绅诸人往来酬唱。与贾岛诗风相近，然较贾岛略为平浅，世称“姚贾”。擅长五律，以幽折清峭见长，善于摹写景物及萧条官况。以《武功县中作》三十首为世所称，号“武功体”。其诗善学诸家之长，而自成一体。胡震亨称其诗“洗濯既净，挺拔欲高。得趣于浪仙之僻，而运以爽亮。取材于籍、建之浅，而媚以倩芳。殆兼同时数子”（《唐音癸签》）。其诗对晚唐李频诸诗人及南宋“永嘉四灵”、明竟陵派颇有影响。

《新唐书·艺文志》著录《姚合诗集》10卷等。今有《姚少监诗集》10卷及其所选唐诗《极玄集》。

姚连蔚 Yao Lianwei（1934～ ） 中华人民共和国全国人民代表大会常务委员会副委员长。陕西长安人。陕西西安874厂工人、车间组长。1960年5月加入中国共产党。“文化大革命”中参加造反派，任874厂革命委员会副主任。1969年当选为中共第九届中央候补委员；1971年后任陕西省总工会副主任、党的核心小组组长、中共陕西省委常委。1973年当选为中共第十届中央候补委员。1975年1月任第四届全国人大常委会副委员长。1977年被免除职务回西安。1979年被隔离审查。1984年被开除党籍，撤销职务，回原工厂工作。

姚明 Yao Ming（1980-09-12～ ） 中国男子篮球运动员。上海人。身高2.26米，是目前中国最高的篮球选手，有“小巨人”之称。自幼受篮球运动熏陶，9岁时接受基

础训练。13岁后参加上海青年队。17岁加入国家青年队集训，司职中锋，获亚洲青年男子篮球锦标赛冠军。18岁入选中国国家男子篮球队。1999年与队友合作获亚洲男子篮球锦标赛冠军。2000年3月获全国男篮甲A联赛1999—2000赛季的篮板、扣篮、盖帽三个单项奖，同时入选中国男篮全明星阵容和亚洲全明星队。2001年亚洲篮球锦标赛，姚明平均每场贡献13.4分，10.1个篮板和2.8次盖帽，投篮命中率达72.4%，使中国国家队夺得冠军。2002年6月他在全美职业篮球联赛选秀中成为新秀状元，之后，加盟休斯敦火箭队，并以自己的努力与实力成为火箭队的首发主力。2003、2004年入选NBA全明星阵容。被美国媒体称为“中国的奇迹”。在2008年第29届奥运会上，以姚明为主力的中国男篮获第8名。2011年7月20日在上海宣布退役。

姚鼐 Yao Nai（1732～1815） 中国清代散文家。字姬传、梦榖、稽川，室名惜抱轩，人称惜抱先生。桐城（今属安徽）人。乾隆二十八年（1763）进士，曾任刑部郎中，充山东、湖南乡试考官，会试同考官。姚鼐继承同乡方苞、刘大櫆、姚范的古文之学，成为桐城派散文的集大成者。与方苞、刘大櫆并称“桐城派三祖”。他的文章从方苞、刘大櫆、归有光，上溯于唐宋八大家，而与欧阳修、曾巩之文相近，简洁清淡，纡徐要渺，雍容和易，一如其人，在桐城派诸家中，最富情韵，偏于“阴柔”之美。议论文如《伍子胥论》、《李斯论》等，序跋如《老子章义序》、《海愚诗钞序》等，书信如《答翁学士书》等，记传如《登泰山记》等，都可以看出他文章的风格。他文章的缺点是气力不能健举，规模不够阔大。其诗有清拔淡远之

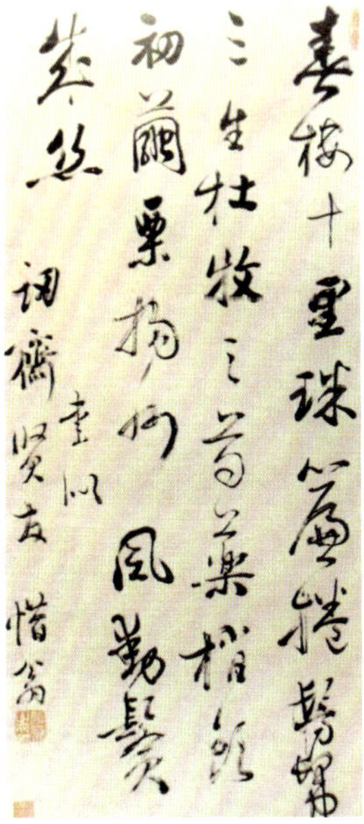

《行书七言诗》轴

致，尤工近体，但为文名所掩。著有《惜抱轩全集》88卷，所选《古文辞类纂》、《五七言今体诗钞》，世以为精当，为学者范本。

姚枢 Yao Shu（1201～1278） 中国元初政治家，理学家。字公茂，号雪斋、敬斋。先世自营州柳城（今辽宁朝阳）入居内地。金朝末年，徙家于许州（今河南许昌）。1232年，蒙古军破许州城，姚枢到燕京（今北京）投靠杨惟中，被引荐北觐窝阔台汗。1235年，皇子阔出统兵攻南宋，诏姚枢从杨惟中随军访求儒、道、释、医、卜等类人才。他从俘虏中访得名儒赵复，力劝其北上讲学授徒，此后理学在北方传布渐广。姚枢从赵复处尽得程朱传注诸书，始攻习理学。1241年，出任燕京行台郎中，旋因与主管官员意见不合，弃官隐居。1250年，忽必烈召姚枢至漠北访问治道，姚枢上书陈述儒家传统的帝王之学、治国之道，深受器重。忽必烈受命总制漠南汉地军事，姚枢建议在与南宋接壤地区屯兵，积谷守边，徐图灭宋，被采纳。后从忽必烈攻大理、鄂州（今湖北武汉），咨谋军中，屡谏屠戮。元世祖忽必烈即位后，姚枢以藩府旧臣预议朝政，参定一代制度。

姚水娟 Yao Shuijuan（1916～1976/1977） 中国越剧演员。工旦。原名文贤。浙江嵊县（今嵊州）人。15岁进群英舞台科班学艺，习花旦。18岁出科，先后在绍兴、诸暨、桐庐、兰溪一带演出。1934年至杭州，以扮演《盘夫索夫》的严兰贞、《碧玉簪》的李秀英、《玉蜻蜓》的王志贞著称。1937年到上海后，又以演《西施》、《泪洒相思地》等戏名满沪上，一度有“越剧皇后”之称。唱念吐字稳实清晰，行腔淳朴委婉，身段优雅，体态轻盈，表演细腻文静。戏路宽广，兼能反串小生、武生、彩旦，是越剧女班开始兴盛时期的代表人物之一。1950年入浙江越剧团，对越剧男女合演的改革实验有所贡献。1959年后执教于浙江省艺术学校，造就了一批青年演员。

姚水娟在越剧《碧玉簪》中饰李秀英

姚文元 Yao Wenyuan（1931-12-11～2005-12-23） 中国共产党中央政治局原委员，林彪、江青反革命集团主要分子。浙江诸暨

人。生于上海。1938年随父到重庆读小学，1946年回上海读中学。1948年加入中国共产党。1950年后任共青团卢湾区委宣传部干事、科长。1956年调《萌芽》杂志、《文艺日报》工作。1958年任中共上海市委机关刊物《解放》文教组组长。1963年任解放日报社编委兼文艺部主任。1965年和**张春桥**一起协助**江青**秘密组织批判《**海瑞罢官**》文章，11月10日在《**文汇报**》发表，成为发动“**文化大革命**”的导火线。1966年5月任中央文化革命小组成员。1967年1月，伙同张春桥诬陷、打倒上海市主要党政领导人，组织夺取上海市领导权活动，任上海市革命委员会第一副主任。1969年当选中共第九届中央委员、中央政治局委员。1970年任中共中央组织部宣传组成员。1971年当选中共上海市委第二书记。1973年当选中共第十届中央政治局委员，与江青、张春桥、**王洪文**结成“四人帮”，进行夺取党和国家最高权力的活动。1976年10月6日被**华国锋**、**叶剑英**代表中央政治局隔离审查。1977年7月中共十届三中全会通过决议，开除其党籍，撤销一切职务。1981年1月被最高人民法院特别法庭确认为林彪、江青反革命集团主犯，判处有期徒刑20年，剥夺政治权利5年。

姚燮 Yao Xie (1805～1864) 中国清代文学家。字梅伯，号复庄，又自署野桥、东海生。浙江镇海人。道光十四年(1834)中举，后多次入京会试不第。道光二十一年(1841)，英国侵略军侵占镇海、宁波等地，他曾与百姓一起仓皇逃难。晚年奔走在上海、苏州、杭州一带，“作文写画借以自给”(董沛《姚复庄先生墓表》)，清苦困顿。

姚燮博学多才，文学上有多方面成就。他是甬东著名诗人之一，今存诗3 400余首。早年的诗展现鸦片战争前的灾荒饥馑、民生凋敝、政治腐败和社会不安，如《谁家七岁儿》、《卖菜妇》、《清江叹》等。由108首五古组成的《南辕杂诗》则是一幅流民图长卷。艺术上则不事雕琢，趋向自然。写妓女生涯的《苦海航乐府》由108首[沁园春]组成，首创长篇“组词”形式。其骈文能得汉魏气势，六朝情韵，句法也不拘于四六，偶句长短不一，错落相间，自由挥洒，能于整饰流丽中见真情实感，如《陈桐屋明经春明集序》、《扬州寄汤海秋郎中书》等。

他还是剧作家和戏曲、小说研究家。撰有《梅沁雪传奇》、《退红衫传奇》，后者谱于京师，“优伶争演习之，名重一时”(阮亨语)。《今乐考证》是他的重要曲录著述，著录宋金至清曲家500余位、剧目3 000余种。还有《今乐府选》，选录元以来曲本400余种。小说有《读红楼梦纲领》及《总评》、《分评》，在红学考证索引史上自成一家。他又精绘画，能作人物花鸟，平生画梅最多。

姚燮今传有《大梅山馆集》，包括《复庄诗问》34卷，《复庄骈俪文榷》及其二编共16卷，《疏影楼词》5卷，分别为道光至咸丰年间刊刻。集外又有诗《红桥舫歌四十六首》(载《蛟川诗系续编》)、《西沪棹歌一百二十首》(载《象山县志》)。1986年浙江古籍出版社合《疏影楼词》5卷及《续疏影楼词》8卷标点出版。1988年上海古籍出版社出版《复庄诗问》标点本。

姚璇秋 Yao Xuanqiu (1935～) 中国潮剧演员。工青衣。广东澄海人。原以唱潮州清音著称。1953年入正顺潮剧团。她的演唱，音色圆润，咬字清晰，以情带声，声情并茂。对人物的塑造，追求形象的真实和艺术的美感，成功地塑造了众多不同时代、不同性格的妇女形象。拍成电影或摄制为录像片与录制为录音制品发行的有《荔镜记》、《苏六娘》、《辞郎洲》、《井边会》和《春草闯堂》等剧。

姚璇秋在潮剧《扫窗会》中饰王金真

姚雪垠 Yao Xueyin (1910-10-10～1999-04-29) 中国小说家。原名姚冠三，字汉英。生于河南邓县(今邓州)。14岁到信阳读书，假期归家时，曾被土匪掳去100天，有着一段特殊的生活经历。1929年入开封河南大学预科。1931年以后在北平、河南等地教书、编辑刊物。1935年开始在平、津、沪报刊大量发表小说、散文、杂感。1938年春去武汉，从事抗日的进步文化活动，在《文艺阵地》上发表短篇小说《差半车麦秸》，次年发表《红灯笼的故事》，均产生较大影响。《差半车麦秸》和稍后的中篇小说《牛全德与红萝卜》成功地运用群众生动活泼的口语，描写北方农民在抗日战争中的觉醒，受到文艺界的重视和好评。长篇小说《春暖花开的时候》，描写国民党统治区男女青年在抗战开始时的各种表现和活动，曾引起过争议。1947年出版的自传性长篇小说《长夜》，描写豫西一支有传奇色彩的土匪的生活，为现代文学创作中罕见而新鲜的题材。1957年以后，被错划为“极右分子”，在逆境中从事长篇历史小说《李自成》的创作。《李自成》是姚雪垠花费40余年心血写成的一部“长河式”巨著。小说从崇祯十一年(1638)写起，表现明末李自成起义由困厄到兴盛，复由胜利到失败这一历史悲剧的发展过程。全书共5卷12册，330万字。前3卷分别于1963年、1976年和1981年出版，第4、5卷于1999年作者逝世几个月后出版。作品描写明清之际李自成的农民起义队伍由兴起到壮大以及与明王朝进行艰苦卓绝的斗争。第二卷于1982年获首届茅盾文学奖。

姚依林 Yao Yilin (1917-09-06～1994-12-11) 中国无产阶级革命家，经济工作的领导人，中共中央政治局常委，国务院副总理。安徽贵池人。生于香港，卒于北京。1935年加入中国共产党。1934年参加革命工作。1934～1937年任北平市学联党团书记，中共天津市委宣传部部长。1937～1945年任中共天津市委书记，中共河北省委秘书长、宣传部部长，冀热察区党委宣传部部长，晋察冀北方分局、中央局秘书长。1945～1949年任晋察冀边区工业局局长、财经办事处副主任，华北人民政府工商部部长。1949～1966年任贸易部副部长、党组副书记，商业部副部长、党组副书记，中共中央财贸工作部副部长，国务院财贸办公室副主任，商业部部长、党组书记，中共中央财贸政治部主任，国务院财贸党委副书记。“文化大革命”中受迫害。1973～1992年任对外贸易部第一副部长，国务院财贸领导小组组长，商业部部长、党组书记，中共中央副秘书长，中共中央办公厅主任，国务院财政经济委员会秘书长，国务院副总理，国家计划委员会主任(兼)、党组书记(兼)，中央财经领导小组副组长，中央引进智力领导小组组长。是中共第八届(八大二次会议增选)、第十届中央候补委员，第十一至十三届中央委员，第十二届中央政治局候补委员、委员(十二届五中全会增选)，第十三届中央政治局委员、常委，第十一届、十二届中央书记处书记。

姚莹 Yao Ying (1785～1853) 中国清代文学家。字石甫，号明叔。安徽桐城人。嘉庆十三年(1808)进士。**姚鼐**侄孙。任台湾道时，值鸦片战争爆发，积极抵御，曾击败英国侵略军。后曾奉命入藏处理两呼图克图之间的争端。咸丰初，任广西按察使，参加在永安围攻太平军之役。做官清廉自守，注意时务，有政声。在文学上，他承袭家学，亲聆姚鼐教诲，崇尚程朱理学。是当时姚门四弟子之一，为桐城派古文家。其诗多写自身感受，咏性情、山水，抒发仕途受挫的感慨和忧国忧民的心境。他还写过不少议论文，字里行间流露出对自身遭遇的悲愤。其文笔峻厉，行文起伏跌宕，富有感情。诗文中颇多关于西藏、台湾的资料。诗风宗盛唐，亦有汉魏古诗的影响。所著《东溟文集》及《后集》、《外集》，《后湘诗集》及《续集》，与其他著述合刊为《中复堂全集》，有同治六年（1867）安福县署刻本。

窑洞 loess cave dwelling 中国华北、西北黄土地区在崖壁或在平地向下挖出的地坑壁面上开挖成的供人居住的洞穴，是生土建筑的一种。穴居在中国有悠久历史，西安半坡、陕县庙底沟都发现有新石器时代的穴居、半穴居遗址。窑洞所需建筑材料很少，施工简单，造价低，冬季保温条件好，故沿用至今。但如果渗漏失修或遇地震灾害，会发生坍塌事故；通风和结露问题，也尚待解决。

黄土高坡上的窑洞

窑洞大体可分为两类：①靠崖窑。在天然土崖壁上挖出，窑体垂直崖壁，顶部呈半圆形或抛物线形。可以并列3～5孔。或各自开门，或在侧壁开通道成为套间。②地坑院。无崖壁可利用时，从地面向下挖出深5米以上的地坑，多为矩形或方形，在坑壁上开挖的窑洞，故又称平地窑。大型地坑院可以几个地坑相连，成为几进院落。这时窑洞可以在前院开门，后院开窗，通风条件比靠崖窑好。多采用渗井。附近如有低的冲沟，地坑也可穿过隧道通到沟中。

土窑洞的跨度一般为2.2～3.2米，个别也可达到5米。窑洞深度受采光和通风的限制。并列窑洞间的壁厚不得少于1.6米，顶上土厚不得少于3米。

摇滚乐 rock music 发源于20世纪50年代的美国的通俗音乐形式。由美国黑人音乐（包括福音歌和布鲁斯）、美国乡村音乐和西方古典音乐发展而来。在此后的发展中，摇滚乐还融合了民谣、各种电子音乐以及世界各地的流行音乐因素，形式上也更加开放。摇滚乐包含诸多子形式，如软摇滚、民谣摇滚、爵士摇滚（又称融合乐），重金属、庞克和垃圾乐等。广义上的摇滚乐泛指20世纪50年代以后的西方流行音乐的主流风格，包括各种使用电子乐器和带有重击拍节奏的流行音乐，以区别于此前较为传统的流行音乐风格。

摇滚乐以电吉他、电低音吉他、组鼓（架子鼓）和电子键盘乐器为主要乐器，扩音设备和各种电子音效设备也在摇滚乐的演出和制作中发挥重要作用。在节奏上，摇滚乐一般强调小节中弱拍位置上的反拍重音。摇滚乐是一种有伴奏的歌曲，但其中器乐部分的作用远远超出通常“伴奏”的意义，有时甚至是主导性的。

20世纪50年代的摇滚乐称为“摇滚”，直接脱胎于美国黑人的“节奏与布鲁斯”，并融合了美国传统流行歌曲的旋律因素和乡村音乐的叙述风格。进入60年代后，摇滚乐开始更为广泛地吸收民谣、爵士乐、各国民间音乐和古典艺术音乐等音乐源泉，并与当代新科技的发展更紧密地结合，由此发展出更为多元的风格形式和流派。其影响和参与者也超出了美国本土，如英国的摇滚乐队在这一时期的摇滚乐发展中扮演了重要角色。在此后的发展过程中，摇滚乐不断在音响的轻柔与嘈杂、技术的单纯与复杂、性质的迎合商业与原创真实等纬度上徘徊，并由此不断扩展其形式和内涵。

在意识形态上，摇滚乐常被认为是青少年亚文化和反主流文化的体现，以区别于商业性娱乐性的流行音乐。但从广义上看，摇滚乐是当代流行音乐的主流形式，其中的意识形态是复杂而多元的。

摇篮曲 berceuse 音乐体裁样式之一。又称催眠曲。多是摇动摇篮使婴儿入睡时所唱的歌曲，后来逐渐发展为一种音乐体裁，既有声乐曲，也有器乐曲。器乐摇篮曲更多的是抒发内心的思想感情，刻画宁静和富于诗意的情景，而且在内容和规模上都比声乐摇篮曲有更多的发展。摇篮曲的音乐形象一般都具有亲切、安宁的气质，曲调平缓、抒情，伴奏中往往有描写摇篮摆动的节奏。6/8拍是摇篮曲最为常见的节拍。

摇蚊 Chironomidae; non-biting midge 双翅目摇蚊科昆虫的统称。已知5 000余种。世界性分布，遍及各大区。中国已记录459种。

微小至中型。体形大体与蚊相似，多纤长脆弱，但大型的种类与蚊相比，则较为粗壮。体色多样，白色、黄色、淡绿色、黑色不等，可有鲜明的色斑。体不具鳞片。头部相对较小，复眼发达，小眼面之间可生有小毛。无单眼。触角柄节退化几不可见；梗节发达，球状；鞭节丝状，雌雄二型，雌鞭节短，无轮毛，雄鞭节长，多毛。口器退化，上颚完全消失，下颚可见退化的叶节和发达的下颚须，下颚须4～5节，是口器中最为显著的构造。前胸很小。腹部狭长。翅狭长，覆于背上时常不达腹端，多数透明一色，少数种类可有由色素或密集的小毛组成的花斑。翅无鳞片，但翅面及翅缘可有毛。足细长，前足常长于中足和后足，并常举起摆动。跗节5节。

成虫几不取食，或摄食少量含有糖分的液体。夜间有强向光性，灯下常见。幼虫淡色，部分种类因体液中含有血红素而身体呈血红色；身体细长，各体节粗细相近。

幼虫期占据整个生活史的大部分时间，由2周至4年不等，一般为4～5月。幼虫4龄，全部在水中度过（少数陆栖种类除外）。多数种类在水底的泥砂中生活，部分种类钻入水生植物组织中建巢。

摇蚊幼虫是淡水水域中底栖动物的主要类群之一，在加速水体物质循环中的有机物矿化作用和消除有机物污染方面具有显著作用，并是监测水体环境和污染状况的优良指示生物。摇蚊幼虫又是鱼类的优良天然饵料，营养价值很高。另一方面，少数植食性种类的幼虫可以对水生经济作物造成侵害。

遥测 telemetering 将对象被测参量经感受、采集并通过信道传输到远距离处接收端进行数据处理、显示和记录的一种测量技术。主要用于集中检测分散的或难以接近的对象，如被测对象距离遥远，所处环境恶劣或处于高速运动状态。遥测是利用传感器技术、通信技术和数据处理技术的一门综合技术。发送端至接收端之间可以用有线（电缆、光缆）传输，更多的是采用无线电波发射、接收。发送端由传感器、多路组合调制器、发射机和天线组成，有的选配数据记录器。接收端由天线、接收机、分路解调器和数据处理设备组成。遥测技术起源于19世纪初，用于探空气球式气象研究。20世纪是遥测技术蓬勃发展时期，多路传输方式出现频分制、时分制、码分制和分包遥测等。随着集成电路技术和计算机技术的发展，遥测采用数字化技术、可编程技术、可重组技术、分布式总线技术、软件无线电技术、分集合成接收技术等，实现了模块化、小型化、自动化、智能化。

遥感 remote sensing 借助对电磁波敏感的仪器，远距离探测目标物，获取辐射、反射、散射信息以识别目标物性质的技术。遥感一词由美国E.L.普鲁伊特于20世纪60年代创用。遥感技术系统由遥感平台、遥感器、信息传输设备、接收装置及数字或图像处理设备等组成。遥感平台是安放遥感仪器的装置，如气球、飞机、人造卫星、航天飞机以及遥感铁塔等。遥感器是接收和记录物体辐射、反射、散射信息的装置，常见的有可见光照相机、红外线照相机、红外扫描仪、多波段扫描仪、微波辐射仪、真实孔径雷达和合成孔径测试雷达等20余种。遥感具有如下技术优势：①视域广阔，监测范围最大可覆盖整个地球。②可瞬时成像、实时传输、快速处理，有助于迅速获取信息和实施动态监测。③遥感影像形象逼真，信息丰富，可进行定性、定量分析和测量。④可利用不同目标物对不同波段电磁波的穿透或反射特性来认识目标物的性质。

遥感测绘 remote sensing, surveying and mapping of 利用地面、航空、航天平台上的各类传感器对地球或其他星体进行地形图或其他专题图绘制的技术。主要指利用传感器所接收的地物反射、散射或发射的电磁波信号进行测绘。航天观测平台主要是人造卫星，其飞行高度一般在600～1 000千米。遥感测绘获取的影像主要以框幅式相机和CCD摄影机方式为主，通过沿飞行方向或不同轨道获取航向或旁向重叠立体像对，进而量测地面点的高程和测绘地形。红外遥感是通过红外敏感元件，量测地物红外辐射能量，获得红外图像。主要传感器有多光谱红外扫描仪、红外热像仪、单通道红外辐射计等。有的多光谱扫描仪，不仅有红外波段，还包括可见光波段。红外遥感按波长又分为近红外（0.76～3.0微米）、中红外（3.0～6.0微米）和远红外（6.0～15.0微米）遥感。其中近红外可以采用感光胶片。中、远红外遥感具有昼夜工作能力，可用于地热与地下水勘探、叶绿素含量与生物量估算、城市热岛分析、夜间侦察等。卫星红外遥感则主要用于各类专题图的绘制。微波遥感工作波长为1～1 000毫米，通过微波辐射计接收地物发射的微波能量，或采用雷达、散射计、高度计等发射微波，然后接收地物回波信号，对地物进行探测和鉴别。由于微波对云层、雨雾、地表植被、松散沙层和干燥冰雪具有穿透性，又不依赖于日照辐射，其特点是全天候、全天时，能获取地表面以下浅层物质的信息，具有可见光、红外遥感不可替代的优势。

遥感考古 remote sensing archaeology 考古学技术与方法。运用摄影机、摄像机、扫描仪、成像雷达等设备，从航天飞机、卫星、飞机、升空气球、船舶以及遥感车等遥感平台上，收集考古遗址的可见光、近红外、热红外、微波乃至声波等的影像或数据，并对这些影像或数据进行处理、识别和解译，从而确定考古遗址的位置、形状、分布、构成，以及遗址的三维建模、景观分析等。这一技术是航空考古的拓展与延伸，是20世纪60年代以来遥感与计算机等技术发展的必然结果。广义的遥感考古还应包括磁法、电法等地球物理勘探技术在考古中的应用与研究。遥感考古具有速度快、周期短、方法灵活等优点，可以充分采集考古遗址及其周围环境中的各种信息，并进行综合分析和研究。比较适用于遗迹裸露及浅表地层中有砖石结构的遗址的探查和分析。

遥感数字制图 remote sensing digital mapping 利用计算机系统对遥感图像进行数值变换处理的制图方法和过程。通过专用数字图像处理系统或通用计算机及其外围设备系统来实现。主要环节包括遥感图像输入、数据预处理、图像识别分类、几何投影变换、影像图形输出等。遥感数字制图的应用领域较广，其中数字自动分类专题制图（如制作土地覆盖和土地利用图等）是遥感制图的重要领域。综合系列地图是在同一的遥感图像资料基础上所派生的成套地图，是遥感数字制图发展的一个主流。

遥感图像处理 remote sensing image processing 对遥感所获取的图像进行增强、校正、变换、分类的技术过程。一般分为光学图像处理和数字图像处理。光学图像处理主要对拍摄的胶片利用彩色合成仪、密度分割仪、纠正仪、立体量测仪、立体绘图仪、正射投影仪和解析测图仪等进行处理。数字图像处理是利用计算机中有关软件对数字图像进行处理分析和制图。图像处理可分为产品生成处理和用户应用处理两种方式。产品生成处理由卫星地面接收站进行，包括：①零级产品。即原始数据。②1-A级产品。进行辐射校正后的产品。③1-B级产品。纠正因地球自转、地球曲率等产生变形后的产品。④二级产品。根据地面控制数据进行精密几何校正的图像或由立体图像生成数字高程模型等。用户应用处理包括辐射增强处理、几何处理、图像变换和融合、图像分类等。遥感图像处理过程可生成正射影像图，以及土地利用图、耕地分布图、水系分布图等各种专题图，为科学分析、决策提供依据。

遥控 remote control 对被控对象进行远距离控制和监测的技术。被控对象可以是固定的，也可以是活动的。遥控分为两类：一类是使被控对象的工作状态做单一的或两种极限的动作，如故障导弹炸毁、设备加电或断电等；另一类是对被控对象的工作状态按规定精度进行调整，如电机转速的控制、自旋稳定同步卫星的同步控制。遥控在国民经济各部门特别是航空航天和导弹核武器等方面有重要应用。

实用遥控系统都包括监测系统，用来监测被控对象在指令作用下的实际状态，监测手段有电视、雷达和遥测等。通常遥控是指令遥控，由控制端将控制指令通过有线或无线传输的方式使被控对象按要求动作，工业遥控属于这一类型。有线遥控采用电缆、屏蔽线或光导纤维传输，只能用于固定的受控对象。无线遥控采用无线电波或激光束传输，主要用于活动的受控对象。遥控传输方式可用时分、频分和码分。时分遥控是按时间顺序传输不同的控制信号。频分遥控是用互不重叠的频带同时传输不同的控制信号，到达被控端再用带通滤波器把它们分开。码分遥控是利用不同的编码区分通路。遥控信号可采用模拟信号或数字信号，数字遥控是遥控的发展方向。

遥信 remote signalling 对远距离的被测对象的工作极限状态进行测定的技术。遥信与遥测不同，遥测是对远距离的被测对象的参量进行测量的技术。但就其功能来说，遥信与遥测都是由被测对象向控制端提供它的内部参量及其对命令的执行情况。所以在工作原理上遥信属于遥测的范畴，可与遥测合并在一起研究。

瑶老制 elder chief system of Yao 中华人民共和国建立前瑶族地区普遍存在的一种社会组织形式。产生于原始农村公社向阶级社会过渡时期。瑶老是村寨中民主选举或自然形成的首领，一般由经验丰富、办事公道、在群众中享有威望的人担任，不脱离生产，无特权。瑶族村寨内部有关生产和维护社会秩序、调解纠纷、主持宗教祭祀，以及抵御外界侵扰等公务，皆由瑶老主持。他们是社会的公仆，凡重大事件，都要召集全寨大会裁决。村寨成员必须遵守和维护传统的习惯法，违犯者瑶老有权给以处罚以至处死。瑶老制在不同地区有不同名称，滇南一带称为目老，滇西南和桂西南一带称为丛会，湘南、桂北一带称为迴壮。其性质和社会职能基本相同。广东连南瑶族自治县在民主改革前，保留着完整的瑶老制。

瑶山遗址 Yaoshan 中国新石器时代良渚文化祭坛与墓地合一的遗址。位于浙江省杭州市余杭区下溪湾村瑶山山顶。1987年起发掘。祭坛依瑶山西北坡建造，中央是方形红土台，四周为灰色土围沟，最外部为砾石面，外围边长约20米，面积约400平方米，上面有墓葬13座，分南北两行排列，为长方形土坑墓。共出土随葬品1 100多件（组）。其中90%为玉器，种类有琮、钺、

祭坛墓地（祭坛呈“回”字形，由内向外分别为红土台、灰土沟、黄土台和石坎）

梳背、三叉形器、璜、镯、带钩等，大多饰神人兽面纹。其他有朱漆嵌玉高柄杯、石钺、陶器等。不同的墓随葬品的数量和种类有多寡之别，反映出墓主的身份、地位存在差别。此墓地是良渚文化贵族阶层的家族墓地。这种埋在祭坛上、用成批玉礼器随葬的大墓，与良渚文化的贫穷小墓形成鲜明对比，属于原始社会向文明时代过渡阶段的社会现象。

瑶语支 Yao branch 汉藏语系苗瑶语族的语支之一。中国境内自称“勉”、“金门”、“标敏”、“藻敏”等瑶族、苗族的语言，国外的瑶族语言都属该语支。在中国，主要分布于广西、湖南、云南、广东、海南、贵州和江西的部分山区。越南、泰国、老挝、缅甸、美国、法国等也有使用者。瑶语支语言的特点：塞音和塞擦音声母清浊对立，浊塞音、塞擦音声母与苗语支语言的鼻冠塞音、塞擦音声母相对应。韵母比声母复杂，元音有长短对立。有8个声调，有些变调与构词、构形有一定的联系。虚词和词序是表达语法意义的主要手段。名词、代词等作修饰语时在中心词前，形容词作修饰语时一般在中心词后。数词有两套，十以内的用固有词，十以上的用汉语借词。句子语序是主语－谓语－宾语。

瑶族 Yao 中国少数民族。主要分布在广西、湖南、广东、云南、贵州等省区。人口2 637 421（2000）。有本民族语言，但支系较复杂，主要有三种：①勉语，属于汉藏语系苗瑶语族瑶语支。②布努语，属苗瑶语族苗语支。③拉珈语，属壮侗语族侗水语支。一般通用汉文。大多数人认为瑶族与古代的“荆蛮”、“长沙武陵蛮”、“莫徭”、“蛮徭”等有渊源关系。因经济生活、居住地域和服饰的不同，有几十种不同称谓。经济以农业为主，兼营林业。精于织染和刺绣，“瑶斑布”享有盛名。民间文学作品多为口头相传，少量有手抄本和唱本。手抄本《评王券牒》（又称《过山榜》）对研究瑶族的历史和迁徙具有重要价值。男女服装主要用青蓝土布制作。男子穿对襟无领短衫、长裤或过膝短裤。妇女穿无领大襟上衣、长裤、短裙或百褶裙，头上喜戴各种银饰。少女、未婚或已婚妇女头饰上有区别。以玉米、大米、红薯为主食。住房有平房和楼房，为竹木结构或土墙结构。行一夫一妻制，一般不与外族通婚，招赘习俗普遍。人死后大部分行土葬，一部分行火葬。节日主要有盘王节、达努节等。信奉多神，崇拜祖先，信仰“盘瓠”，也有信仰道教的。20世纪50年代开始在广西、广东、湖南、云南等成立了13个自治县，并先后建立了110多个民族乡。

瑶族女子

瑶族跳盘王

瑶族石牌制 stone-tablet system of local governance 1940年以前在中国广西大瑶山地区（今金秀瑶族自治县）用以维持社会秩序的政治组织形式。带有原始时代民主制残余性质。以一个或若干个村寨为单位，就防盗防贼、保护生产、婚姻聘礼、保护外来正当商人、处理纠纷等问题订立规约，共同遵守。通过的规约称为“石牌律”、“律法”或“条规”，刻于石牌上，称为石牌。也有写于白纸或木板上的。凡参加订约者都要严格遵守，如有违犯，按石牌律处置。由于参加的户数、村寨数不等，有总石牌、大石牌、小石牌之分。总石牌包括瑶山70多个村子，是瑶山权威的体现。各石牌的头人，由善于言词、办事公正、有胆有识的青年在老一辈头人培养下，逐渐树立威信而形成，一般由男子担任。如在多次排解村与村的纠纷中得到其他村寨群众的拥护，就可由小石牌头人变为大石牌头人。头人仅在处理纠纷时，得到当事人供给饭食及一定的报酬。1940年以后，由于国民党势力进入瑶山，石牌制名存实亡。

瑶族舞蹈 Yao dance 中国瑶族传统民间舞蹈。广泛流布于广西、湖南、云南、广东、贵州等瑶族聚居区。分为自娱性、表演性、祭祀性舞蹈，其中长鼓舞、跳盘王等颇具代表性。

长鼓舞 流布于广东、广西、湖南等地。多在瑶族传统节日、庆祝丰收、乔迁以及婚礼等喜庆时跳，也用于传统的祭盘王仪典和驱鬼逐邪、治病占卜的巫术活动中。从长鼓的形制上可分为大长鼓舞和小长鼓舞。大长鼓舞流行于广东排瑶地区和广西大瑶山。为男性舞蹈。舞者将大长鼓斜挂在腰间，左手持竹片击鼓，右手用手掌拍击。有双人对舞和众人圈舞两种形式。对舞一人领击起舞，另一人对应相合；圈舞也由一人领舞，众人和。大瑶山一带的大长鼓又有公、母之分。公鼓形状同前述，舞者左手持鼓，右手拍击。母鼓形状短而粗，由领舞者挂在腰间。领舞者多由村寨里年长的鼓手担任。通常由1只母鼓、4只公鼓组成舞队，母鼓掌握舞蹈节奏。鼓手为男子，女子持手巾边舞边唱穿插其间。小长鼓舞主要流行于广西大瑶山和湖南瑶族地区。通常是2人或4人手持长鼓对打起舞。小长鼓轻便灵活，舞蹈动作花样多。打法分文打和武打，文打动作温和、舒展，武打动作粗犷、复杂。

跳盘王 又称还盘王愿。流布于广西、湖南、广东、云南等信奉盘王的瑶族村寨，瑶语称“做塘”。瑶人是年初许愿，年底还愿，一年一小祭，三年一大祭，历时3～5天。祭坛多设在盘王庙，祭祀仪式由师公（巫师）主持，穿插表演上香舞、引光舞、请师舞、长鼓舞、铜铃舞、兵马舞等十余舞段。表演时根据需要，持刀、棍、斧、长鼓等各种法器。舞蹈有单人、双人以及多人等形式。

度戒舞 男子成年礼仪中表演的舞蹈形式。又称度戒铜铃舞。流布于云南西畴、马关、麻栗坡等地。这是男孩子的成人仪式中由度戒师跳的驱邪赶鬼的舞蹈、祝福性的舞蹈，以及铜铃舞、鼓舞、刀舞等欢庆舞蹈。近年，有些地区的度戒舞演变为表达欢乐情绪的集体舞，在各种节日中表演。

舞蹈工作者搜集民间舞蹈素材创作的舞蹈有《瑶人之鼓》、《拉木歌》、《双刀舞》等。

鳐形目 Rajiformes; skates 软骨鱼纲一目。下分鳐亚目和犁头鳐亚目2亚目8科约49属

315种；中国有6科8属28种。

鳐亚目体盘宽大，近亚圆形或近斜方形。吻或短或长。具鼻口沟。胸鳍前延，背鳍一般2个，位近尾端；腹鳍前部分化为足趾状构造，有掘沙土的功能。尾侧常具1对长纺锤形发电器官。包括鳐科、单鳍鳐科、若鳐科和无鳍鳐科。

犁头鳐亚目吻三角形，突出或钝圆，边缘无吻齿。鼻孔距口远，鼻口沟无或呈原始型。胸鳍扩大前伸形成中大或宽大体盘；背鳍2个，无硬棘；尾柄粗大，尾鳍发达。包括圆犁头鳐科、尖犁头鳐科、犁头鳐科和团扇鳐科。

咬鹃 Trogoniformes; trogon 咬鹃目鸟类的统称。仅有1科，即咬鹃科。有8属39种。中国常见种为红头咬鹃。分布于华南南部。为中型攀禽。嘴短而宽，嘴尖稍曲；翅短而有力；眼大，周围有一圈鲜艳的裸皮；体羽松软，常有鲜艳色泽和金属闪光。雌雄不同。尾长而宽阔；脚短弱，具异型足，即1、2趾向前，3、4趾向后，适于攀树握枝。以昆虫及植物种子为食，在树洞中营巢。每窝产卵2～4枚，由双亲孵化。雏鸟为晚成性，由亲鸟反吐嗉囊中的食物育雏。

药典 pharmacopoeia 国家对药品规格所定标准的法规文件。是药品生产、经营、应用和监督管理的依据。药典的内容一般包括两大部分。一部分是各种法定药物的名称、化学名、化学结构、分子式、含量、性质、鉴定、杂质检查、含量测定、规格、制剂、贮藏等项目；另一部分是制剂通则、一般的检测方法、试剂等重要附录及药名索引。

世界上已有数十个国家编订了国家药典，如美国药典（USP）、英国药典（BP）、日本药局方（JP）等。另外，尚有区域性药典如欧洲药典（Ph.Ewr）及世界卫生组织编订的国际药典（Ph.Int）。

中国药典（Ch.P）始自1930年出版的《中华药典》。1949年以后颁布的《中华人民共和国药典》（简称《中国药典》）有1953、1963、1977、1985、1990、1995、2000、2005、2010年版共9个版次。

药酒 medicated wine 将中药用白酒或黄酒浸泡或加温隔水炖煮，去渣取液而制成的澄清液体制剂。见酒剂。

药膳 medicated diet 用中药与食物共同调制而成的食品。不同的药物与食物相配，可以使其分别具有食养和食疗的功效。

药膳的主要功效是食养，即通过食用药膳，达到防病、健身和益寿延年的目的。中医强调“治未病”，药膳是中医预防疾病的重要内容，并以其味近于食，老少皆易于接受，如冬春季用芦根、茅根、荸荠、梨、银花、甘草等药物煎汤（防感汤）服用，预防感冒。在健身补益方面，如民谚所言：“药补不如食补”，因食为人所不可或缺，于进食中获补养之效，较之刻意服药更为自然，且药食同时，又有相得益彰之效。由于药物有不同的性味功效，所以与之相配的药膳亦因之有补气、补血、气血双补、补脾、补肾、清补、温补等诸多区别。常用的药物如黄芪、党参、人参、当归、枸杞、山药、茯苓、冬虫夏草等，都具有悠久的使用历史，其中许多更被现代研究证明其在抗疲劳、增强机体免疫力等方面有确切的功效。药膳有时也用于治疗疾病，它可以单用，但由于药膳的药性较为平缓，更多的时候则是配合其他药物使用，或用于病后的调养。

制备药膳，以炖、煮、蒸为主，少有煎、炸、炒制，这样既有利于药物的有效成分析出，又有利于人体的吸收。药膳毕竟不同于普通饮食，所以在食用药膳时需要注意时令季节及食用者的禀赋、体质等因素，总要以相适为宜，并且不宜将药膳作为普通膳食长期食用。

药王 Medicine King 由中国古代历史上或传说中的名医演化而来。①神农氏，尝百草，首创医药，世尊为药王。②战国时渤郡人扁鹊，姓秦，名越人。洞晓医源，深明医理，在齐、赵行医，传黄帝《素书》，与扁鹊论脉法，后世祀为药王。道教尊其为“灵应药王真君”，祀为药王。③孙思邈，博通百家，修炼行医，多有建树。北宋时封为“妙应真人”，后人尊之为药王。④韦慈藏，唐景龙中（707～710）光禄卿，以医术知名，称为药王，享祀于三皇庙中。⑤三皇。三皇本为医王，元明以来以医王庙祀之，清改称药王。⑥韦古，西域天竺人。医道高超，闻名于京师，被称为药王。为祀药王常于夏历四月二十八日举行药王会。

药物 drug 影响人体生理功能或生物化学过程，用于预防、治疗、诊断疾病的化学物质。广义上还包括生物制品如疫苗、类毒素和抗毒素等。药物有一定的毒性，大剂量可中毒、致死；有些药物就出自毒物，如箭毒、蛇毒都可制成药物。研究药物的科学称为药物学。

来源 有天然（矿物、动物、植物、微生物）和人工制造两类。后者包括用人工方法合成天然药物的有效成分（如麻黄的有效成分麻黄碱）、改造天然药物及合成新的化学药品，如巴比妥类、氯丙嗪、磺胺类药等。20世纪80年代以来，可用细胞工程和基因工程技术合成药物，如基因工程合成胰岛素、干扰素、白介素－2等。

分类 ①根据来源，可分为天然药物和人工制造（包括人工合成）药物。②根据用途可分为预防疾病药物、治疗药物、诊断药物和计划生育药物等。③根据作用对象可分为两类：一类是以人体为作用对象的药物，包括天然存在于人体的化学物质如激素和神经递质等，以及通常不存在于人体的化学物质如植物有效成分和人工合成的化学物质；另一类是以人体内的病原微生物、寄生虫和肿瘤等为作用对象的药物，它们有选择性地干扰病原体或瘤细胞的生理及代谢功能，从而发挥其抑制或杀灭作用。④根据化学组成或结构可分为无机药物（如硫酸镁等）、有机药物（如乙醇、普萘洛尔、磺胺等）、天然药物及其有效成分（如萜类、生物碱、糖等）。⑤根据药物作用于人体系统的部位可分为作用于中枢神经系统的药物、作用于外周神经系统的药物、作用于内脏的药物、影响血液和造血系统的药物、影响内分泌与代谢功能的药物、影响免疫功能的药物以及其他，如抗微生物及抗寄生虫药、抗肿瘤药、解毒药等。⑥根据药理作用可分为激动药和拮抗药。

作用 药物对机体（包括病原体）所产生的影响，能引起生理功能、生物化学过程和形态学的改变。严格地说，药物作用是指药物与机体组织之间的初始作用，而实际上也常指它所引起的机体在功能或形态上的效应。例如去甲肾上腺素对血管的作用是激活血管平滑肌细胞的α－受体，其效应是继发的血管收缩和血压上升。

制剂 即剂型。药物根据医疗需要经过加工制成便于储藏与使用的一切制品。药物剂型约有数十种，择其主要者分三类简述如下：

液体制剂或半液体制剂 临床常用的有：水剂（芳香水剂）、溶液剂、注射剂（又称针剂）、煎剂、糖浆剂、合剂、乳剂（若油为分散相，水为分散媒，水包于油滴之外，称水包油乳剂，反之则称为油包水乳剂）、醑剂、酊剂、流浸膏、洗剂、搽剂、浸剂、胶浆剂、含漱剂、灌肠剂、喷雾剂、气雾剂、吸入剂（有人将此与气雾剂归为气体剂型）、甘油剂、滴眼剂、滴鼻剂、滴耳剂、口服液剂等。

固体制剂或半固体制剂 包括散剂、冲剂、浸膏、丸剂（分为糖衣丸、胶丸、滴丸、肠溶丸等，中药丸剂又有蜜丸、蜡丸、水丸、糊丸等）、片剂（新的剂型中尚有多层片、缓释片、泡腾片等）、膜剂（又称薄片剂，有薄片、夹心型薄片、多层薄膜，按其用途分为眼用膜剂、皮肤用膜剂、阴道用膜剂、口服膜剂等）、胶囊剂、微型胶囊、栓剂、软膏剂、眼膏剂、乳膏（又称乳霜、冷霜、霜膏）、凝胶剂、糊剂、硬膏剂、泥罨剂、海绵剂、脂质体、固体分散体等。

控制释放的制剂 按制备方式及释放速率不同，可分为缓释制剂和控释制剂。前者是指用药后可缓慢地非恒速释放；后者是指用药后可缓慢地恒速或近恒速释放。如缓释或控释片、缓释或控释胶囊、控释贴膏、控释眼膜、控释眼丸等。

药物制剂质量的优劣直接关系到患者的健康，甚至生命安全，一些抢救危重患者的药物制剂更是这样。中国对注射剂的制备技术要求很高，制得的注射剂必须按《中华人民共和国药典》的有关规定，逐项进行检查，合格者才可提供临床使用。其他制剂也如此，均严格按照药典的要求制备，以确保制剂的质量。违者必须承担法律责任。

药物依赖 drug dependence 并非出于医疗或营养需要，而是为满足嗜好，为获得用药后特殊心理体验，或为避免停药引起的不适反应，而持续性或周期性的长期用药行为。包括药物成瘾（主要指生理性依赖）和药物滥用（在病理性心理渴望驱使下谋取药物和使用药物）等方面。产生药物依赖的常见药物包括鸦片类（吗啡、海洛因、杜冷丁等）、苯丙胺、可卡因、印度大麻、巴比妥类（速可眠、阿米妥、戊巴比妥等）及其他安眠药（导眠能、安眠酮）、抗焦虑药（眠尔通、利眠宁、安定等）、镇痛药（阿司匹林、非那西丁、氨基比林等）。

药物依赖的临床表现因药物不同而异，其共同特征是：①精神依赖。这是最主要的特征。为了追求用药后精神上的某种特殊快感，或避免断药所产生的痛苦，对药物的渴求成为强烈而不可抑制的欲望，因而不顾药物对个人、家庭及社会的危害，不择手段地获得药物。②躯体依赖。为避免停用已有依赖性的药物所引起的躯体症状即停药症状或戒断症状，而必须应用该药或与其药理作用相似的药物。戒断症状轻重不一，轻者只感到全身不适，重者则可危及生命。③耐药性。长期反复应用某种药物致其效应减低，为得到用药初期的同等效应，必须增加剂量，其剂量可达到通常剂量的几倍甚至几十倍，这样大的剂量往往引起中毒。④长期药物依赖不仅损害躯体健康，而且损害精神活动，特别是致其人格破坏、道德沦丧、违法犯罪。

药物依赖治疗的主要措施是戒断药物，轻者应立即停药，重者逐渐减量以至最后停药。为保证彻底戒断，常常需要住院。戒断后为防止复发，需要心理治疗与指导。预防药物依赖的措施是禁止制毒与贩毒，健全药品管理制度，合理用药，普及药物知识。

药物中毒 drug poisoning 用药剂量超过极量而引起的中毒。误服或服药过量以及药物滥用均可引起药物中毒。常见的致中毒药物有西药、中药和农药。

引起中毒的常用药物类型 各国引起药物中毒的药物基本类似，如抗生素、磺胺类药、解热镇痛药、镇静催眠药等。以青霉素过敏反应为例，休克型最严重。其他如氨基糖苷类抗生素所致的耳聋、氯霉素引起的再生障碍性贫血等。在磺胺类药物毒性的反应中，药疹占第一位，其乙酰化物结晶可阻塞肾脏，影响排尿功能，产生尿闭甚至肾功能衰竭乃至死亡。解热镇痛药引起的胃肠道出血以阿司匹林最为突出。

诊断 对病史的询问和临床检验与一般疾病基本相同，但对药物中毒的鉴别诊断比较复杂。首先应区分毒性症状如头痛、头晕、恶心、呕吐等是病情发展所致，还是用药引起。遇有皮疹突然发生，应考虑与药物或毒物有关。要特别询问服药史，用药品种、剂量和时间，还要熟悉每一种药物的不良反应，了解患者家族药物毒性反应史。中毒症状潜伏期对诊断的参考意义很大，多数为1～2天，最多不超过10～12天。

预防和治疗 药物品种多，毒副反应发生率高，危害性大，鉴别诊断难度大，因此预防药物中毒更加重要。首先要了解药性和用法，严格管理，患者应按医嘱合理用药，遇有不良反应立即停药就医。

治疗药物中毒的原则有一般处理和特殊疗法。一般处理是去除病因，加速排泄，延缓吸收，支持疗法，对症治疗。特殊疗法主要是采取解毒物质，如二巯基丙醇与金属结合成环状络合物解除金属毒性。

药性 nature of drug 中药的基本性质和特征的概括。中药防治疾病的基本作用是扶正驱邪，消除病因，恢复脏腑经络的协调，纠正阴阳气血的偏盛偏衰，使之在最大程度上恢复到正常状态，达到治愈疾病的目的。中药之所以能够针对病情发挥上述基本作用，是由于各种药物本身各具若干特性和作用，前人称之为药物的偏性。药性包括药物发挥疗效的物质基础和治疗过程中所体现出来的作用，与药物的品种、产地和自然环境等多种因素有关。

药性理论是研究药性形成的机制及其运用规律的理论，包括四气五味、升降浮沉、归经、有毒无毒、中药配伍、中药用药禁忌等。它是中国历代医家在长期医疗实践中，以阴阳、脏腑、经络学说为依据，根据药物的各种性质及所表现出来的治疗作用总结出来的用药规律；是学习、研究、运用中药所必须掌握的基础理论知识。

药疹 drug eruption 药物通过各种途径进入人体所致的皮肤黏膜急性炎症性病变。又称药物性皮炎。可有发热，也可侵内脏器官，重者可死亡。大部为超敏反应所致。固定型药疹多由磺胺、巴比妥类、四环素等引起。发疹型药疹，如麻疹样、猩红热样等，重者可有剥脱性皮炎、表皮松解坏死和重症多形红斑样药疹等，伴全身症状，甚至影响肝肾，引起死亡。根据病史、临床特点、潜伏期（一般7～10天，过去有过敏者，数十分钟至24小时）等可与传染病相鉴别和诊断。治疗原则为停用一切可疑致病药物或结构类似的药物，抗过敏、抗炎，预防并治疗并发症。轻症药疹停药后多可自愈；重症型药疹应积极抢救。

要素主义教育 essentialism education 20世纪30年代美国出现的一种教育思潮。一种保守的教育思想。又称新传统主义教育。主要代表人物有W.C.巴格莱、I.L.坎德尔、R.芬尼、H.H.霍恩、H.莫里逊、T.布里格斯等。

要素主义者信奉的哲学观点不尽一致，但在人性观和社会观方面，要素主义者的保守主义观点却基本相同。他们都强调“种族经验”或“文化遗产”的重要性，认为在人类文化中有共同的、不变的文化要素，其中包括各种基本知识、各种技艺及传统的“态度”、“理想”等，而这些要素是人人所必须学习的。学校的主要任务就是把这些文化的共同要素传授给青年一代，并帮助个人实现理智和道德的训练。

要素主义教育主张课程的内容应该是“文化要素”，提出课程的设置原则是：要考虑国家和民族的利益；要具有长期的目标；要包含价值标准。要素主义者强调学科中心和教材的逻辑组织。他们认为，一些要求严格的科目如拉丁语、代数、几何，对心智的训练有特殊价值，应作为中等学校的共同必修科目。

要素主义者认为，教育过程中的主动性在于教师而不在于学生，教师应该处于教育过程的中心地位。要素主义注重心智的训练，要求学生刻苦学习，并强迫自己专心致志；教师要严格学业标准，要机智地运用奖励和惩罚手段。在教学过程中，对学生最大的要求就是服从。

20世纪50～60年代，要素主义教育适应了美国科学技术革新和扩充实力的需要，成为“当代美国占统治地位的教育哲学”。由于要素主义教育片面地注重书本知识的灌输和传统的教学方法，以致脱离了实际，没有取得预期的效果。至20世纪60年代末，要素主义教育在美国失去了统治的地位。

“鹞”式战斗/攻击机 Harrier Fighter/Attacker 英国航宇公司生产的世界上第一种实用型单座垂直或短距起降亚声速战斗/攻击机。曾译为“猎兔狗”式战斗机。具有垂直起降、平飞快速、空中悬停和倒退飞行等特点。主要用于近距空中支援和战术侦察，也可用于空战。是20世纪末英国空、海军和美国海军陆战队的主力机型之一。

1957年开始研制，1960年10月试飞，1969年4月装备英国空军。有多种型别。

“鹞”式飞机采用带下反角的后掠上单翼和单垂尾、下反平尾布局。机长13.87米，翼展9.04米，动力装置为1台“飞马”103推力转向涡轮风扇发动机。4个内侧翼下挂点可各挂1个副油箱，装有可收放式空中受油探管。最大平飞速度（高度300米）1 186千米/时，实用升限大于15 240米，作战半径（载弹1 360千克）：垂直起落92千米；短距滑跑300米起飞，高－低－高航行剖面时为418千米。转场航程3 300千米，续航时间（1次空中加油）7小时。机载设备有AN/APG-69脉冲多普勒火控雷达、惯性导航系统、前或后视雷达告警接收机、敌我识别仪、全天候着陆接收机以及箔条弹或曳光弹投放器等。武器配备为：机身下装2门30毫米“阿登”航炮；7个外挂点，可挂4枚“响尾蛇”、“魔术”或“小牛”导弹，16颗“宝石路”激光制导炸弹，10个火箭发射吊舱以及AN/ALQ-164电子干扰吊舱等。1982年，在马尔维纳斯（福克兰）群岛战争中，“鹞”式飞机首次参战。在海湾战争、阿富汗战争和伊拉克战争中，“鹞”式飞机再次参战。

耀州窑 Yaozhou Kiln 中国古代瓷窑。窑址在陕西铜川。因铜川在五代宋金属于耀州而得名。创烧于唐，产品以黑釉和白釉为主，也烧青釉、花釉和三彩等。晚唐之前，器物多较粗朴。自晚唐始，青瓷产量增加，质量提高。到五代，质地细密的青瓷已经占主导地位，五代晚期出现了粉青、天青等釉色，而支烧的“官”款青瓷是为官府乃至宫廷烧造。宋代则以青绿釉瓷为主，兼烧黑瓷。北宋早期，装饰流行简率的刻花，大约同越窑相似，而被称为越器，但制作较粗。北宋中期，耀州青瓷进入鼎盛，又增添了印花、镂空等装饰，刻划劲健洒脱，印花则繁满严谨，釉色青翠，造型极规整，产品曾入贡宫廷。入金渐趋衰落，釉色姜黄，装饰多转为简陋。耀州窑的影响十分广泛，同系窑场多分布在河南，而远在广东、广西，也有瓷窑烧造面貌接近的青瓷。

刻花倒流壶（宋）

耶尔内费尔特 Järnefelt, Arvid（1861-11-16～1932-12-27） 芬兰小说家。生于俄国圣彼得堡，卒于赫尔辛基。父亲是芬兰人，曾任俄国将军等；法裔母亲酷爱文学艺术。全家移居芬兰后获法学硕士学位。短篇小说集《生活的海洋》（1904）被认为是芬兰新浪漫主义文学的开篇之作。主要作品有长篇小说《祖国》（1893），自传体小说《我的觉醒》（1894），小说《人的命运》（1895）、《我的青年时代》（1919）；剧本《沙姆尔和克鲁尔》（1899）、《责任》（1912）；杂文《土地属于大家》（1907）等。

耶拉孔波利斯遗址 Hierakonpolis 古埃及城市遗址。位于上埃及底比斯城南60千米处。城市始建于前王朝（公元前3400～前3100）后期，新王国（前1567～前1085）以后废弃。“耶拉孔波利斯”一词源于古希腊语，意为“鹰之城”。遗址面积约5万平方米。早王朝时期筑城墙，有两座城门，城墙之内有密集的土坯房屋。城南角有一土台，可能为修建于第2王朝末期的鹰神何露斯神庙，保存有花岗岩大门、雕像等。神庙地下有名为“大宝藏”的密室，出土许多工具和武器，包括数十件标志王权的权杖头和研磨颜料的调色板，其中以蝎王权杖头和那尔迈调色板最为有名。蝎王是迄今所知第一个有名号的古埃及国王，那尔迈则被认为是蝎王的继承者。据推测，宫殿区在城址北部以东，区内建筑多呈向心式布局。居址周围还发现有各时期的墓葬。编号为100号的大墓墓室绘有精美壁画，表现船只、人物和狩猎场景，特别是有高举权杖的大人物和蹲跪在地上的俘虏形象，故有人推测此墓应为王陵。

耶利哥遗址 Jericho 西亚以新石器时代堆积为主的遗址。位于约旦西部约旦河河口附近。遗址的文化层自中石器时代延续至青铜时代，堆积极厚。比较重要的发掘工作于20世纪30、50年代进行。这一遗址的发掘对于研究西亚纳吐夫文化以后的文化发展有重要意义。这里的中石器文化居民以采集和狩猎为生。其后的原始新石器文化，属于游猎向定居生活过渡的阶段。约当公元前第9千纪，这里过渡到前陶新石器文化阶段，包括前后两个时期。前期的村落出现石墙，周围有壕沟，墙内有望楼。严密的防御系统反映出当时已有高度发达的社会组织。此时的石器较简单，居民住圆形土坯房。从遗址规模推断，居民约有2 000人。后期从前第7千纪中叶开始，延续至前第6千纪初。此时石器较前进步，出现长而薄的石刀。房屋呈方形，以砖砌成。有些建筑布局对称，并出土女神像，被认为是神庙。此后，这里曾一度废弃，至前第3千纪重新兴起，已进入青铜时代，成为迦南人的一个重要城市。在青铜时代中期，耶利哥曾是繁华的城市，筑有坚固的城墙。

城墙内侧的石建望楼

《耶利米哀歌》 *Lamentations of Jeremiah* 古希伯来先知耶利米哀叹耶路撒冷被毁及自身身世的诗歌。约写于公元前586年后。耶利米生活于公元前7～前6世纪之间。当时西亚、北非能与巴比伦抗衡的只有埃及，犹太王国处于两大国之间。前596年，巴比伦占领耶路撒冷，立西底家为犹太王。10年后，西底家与埃及结盟，巴比伦出兵焚毁了耶路撒冷，人们纷纷逃往埃及。耶利米因曾主张不与巴比伦为敌，在埃及被他的同胞用石头砸死。耶利米目睹京城被毁，写《哀歌》5首。第一歌哀叹耶路撒冷毁后的惨状。第二歌谴责毁城的罪恶。第三歌作自我叹息，祈愿解放。第四歌将劫后的耶路撒冷作今昔对比，有故国不堪回首之感慨。第五歌祈求安慰和复兴。

《哀歌》每句之中有一个停顿或间歇，

前四歌按希伯来文字母的数目，每节首句冠以特定的字母，是《旧约全书》中音律最严整的诗作。

耶利内克 Jelinek, Elfriede（1946-10-20～ ） 奥地利作家。生于米尔茨楚施拉克。曾在维也纳大学学习戏剧和艺术史。1967年开始诗歌创作，发表诗集《丽莎的影子》和《结局》等，以性和官能感受以及两性之间的陌生感为表现主题。70年代后转向小说写作，先后发表了《我们是诱饵，宝贝儿》（1970）、《欲》（1989）、《死者的孩子》（1995）、《贪婪》（1999）等，对整个奥地利的历史和现实加以剖析和拷问。剧作《娜拉出走后或社会中坚》（1977）、《城堡戏剧》（1982）、《在阿尔卑斯山上》（2002）、《死亡与少女》等，几乎没有情节和动作，通过人物的对话或独白，表达她对各种社会问题的思考。2004年获诺贝尔文学奖。

耶利内克 Jellinek, Georg（1851-06-16～1911-01-12） 德国公法学家。生于莱比锡，卒于海德堡。自1891年起长期任海德堡大学宪法、**国际法**和政治学教授。主要著作有《法、不法和惩罚的社会伦理意义》（1878）、《主观公法体系》（1892）、《人权与公民权宣言》（1895）和《国家通论》（1900）等。他最著名的公法学说是"国家自限说"。这一学说涉及西方公法学界长期争论不休的一个问题，即国家主权和国际法以及公民个人权利之间矛盾的问题。他的学说代表这一争论中的重要一派。他认为国家对内对外行使主权，但它又自我限制，因而对外能遵守国际法，对内能保障公民个人权利；国内公法是国家通过单方行为自行限制的产物，国际公法是许多国家通过协议自行限制的产物。他认为对公民个人权利可根据不同地位加以分类：①消极地位，即对国家的一般服从。②否定地位，即防备国家的权利。③积极地位，即由国家授予采取积极行动的权利。④主动地位，保证参加政治特别是选举的权利。在法与道德的关系方面，他曾提出一个较为著名的学说：法是"伦理的最低限度"，认为某些道德准则对维护社会是绝对不可缺少的，因而应保证加以遵守。1895年他曾著文主张法国1789年的《**人权宣言**》不是在J.-J.卢梭思想影响下而是在美国1776年《**独立宣言**》的影响下写出的，《人权宣言》的思想根源是为争取信仰和宗教自由。这篇文章使他获得美国普林斯顿大学授予的荣誉学位。他的这一观点在西方政治、法律思想史中至今仍有影响。

耶林 Jhering, Rudolf von（1818-08-22～1892-09-17） 德国法学家，新功利主义法学派的创始人。生于汉诺威奥里希，卒于格丁根。长期任吉森、格丁根等大学法学教授。主要著作有《罗马法在其各个发展阶段中的精神》（1852～1865）、《为权利而斗争》（1872）和《法的目的论》（1877～1883）等。耶林认为**法**并不像历史法学派所设想的那样，是历史因素自发的产物。法是人类有意识地为达到一定目的而建立的。所以，目的是全部法的创造者，是法的根本标准。他继承老功利主义者的传统，认为目的就是指利益，法律权利就是指法律上被保护的利益。但是老功利主义者强调个人利益，而他则强调社会利益或社会利益和个人利益的结合，以及个人原则和社会原则的平衡，因此被认为是新功利主义法学派的创始人。

耶林对法下的定义是：法是国家权力通过外部强制手段来保证其实现的最广义的社会生活条件的总和。其中，社会生活条件是这一定义中的实质成分，它不仅指社会及其成员的自然生存和自保，而且包括社会成员认为对其生活具有真正价值的一切福利和愉快，如荣誉、爱情、活动、教育、宗教、艺术和科学等。法为达到这些目的而使用的手段必须是多样化的，应适合时代的需要和每个民族的文明水平。强制是这一定义中的形式成分，法如没有强制，就像不燃的火或不亮的光。**国际法**由于其强制成分软弱，因而是不完全的法。

耶林的学说对19世纪末德国统一后的立法以及后世西方法学，尤其是对社会学法学派，具有相当大的影响。在很多法学著作中，耶林被列为19世纪末20世纪初早期社会学法学派创始人之一。

耶鲁大学 Yale University 美国私立大学。原是一所文理学院。1701年在基灵沃斯等地创办。1717年迁纽黑文，次年改名为耶鲁学院，以纪念为这所学校多次捐赠巨款的英国富商和慈善家E.耶鲁。早年办学着重古典学科，严格坚持正统的清教派观点。医学院建于1810年，神学院是1822年由一个神学系扩建而成，1824年建法学院。19世纪50年代创办设菲尔德理学院。1846年开办研究生课程，次年建立研究生院。1865年创办艺术学院，此后又陆续创办音乐、林学、护理、戏剧、管理和建筑学院。1886年改名耶鲁大学。1892年研究生院开始招收女生，但到1969年才在全部院系招收女生。

生物化学、分子生物学、数学和物理学、历史、英语、法语、德语、心理学、政治学和音乐等院系专业在美国名列前茅。其法学院和商业管理学院在美国属于最优之列。物理系的核加速器，化学系的高磁场共振实验室和生物系的分子医学中心世界驰名。

耶鲁大学有三大传统：一是以书为重、求知为主的传统；二是独立自治的传统；三是住宿学院制。

学校设本科生院、研究生院和专业学院，本科专业约60个，硕士专业近百个。耶鲁大学图书馆总藏书1 250万册。建于1832年的美术馆收藏极为广博，是美国大学中的第一馆。耶鲁的皮博迪自然历史博物馆藏有古生物、考古学和人类文化学的重要文物。多位美国总统毕业于耶鲁大学，有约20名校友和教师获得诺贝尔奖。

耶路撒冷 Jerusalem; Yerushalayim 世界古城之一，犹太教、基督教和伊斯兰教的圣地。位于巴勒斯坦中部的山地上，海拔790米。东距死海24千米。人口68.04万（2002）。居民主要是犹太人和阿拉伯人。始建于公元前3000年，公元前10世纪建以色列犹太国家，后在锡安山建"圣殿"，成为犹太人政治和宗教中心。公元前8世纪，亚述人、新巴比伦王国、波斯帝国、罗马帝国先后入侵。公元前后成为罗马帝国文化中心之一。7世纪阿拉伯人修建伊斯兰教圣殿（岩石殿）。后又为十字军占领，建耶路撒冷国，定为首教。1517年后在400年受奥斯曼帝国统治并为独立行省首府。1917年被英国占领。为英国"委任统治地"的首府。1947年11月，联合国决议定为国际城市。次年发生第一次中东战争，以色列占领市区西部，1967年占领全部，1980年单方面宣布其为首都。1988年，巴勒斯坦宣布建国，定都耶路撒冷。城市的政治归属和地位，迄今仍悬而未决。市区分新旧两部，旧城由长5千米、高40米的城墙围成四方形。整个旧城及其城墙，1981年作为文化遗产列入《世界遗产名录》。新城区在旧城以西，为政治、文教和工商业区。旧城为三大宗教活动中心，旅游胜地。大量的古建筑瑰丽、宏伟。有伊斯兰教和犹太教崇奉的摩哩山的岩顶、犹太教的哭墙、伊斯兰教的岩石殿，以及基督教的圣墓大堂。设有希伯来大学（1918）、以色列国家图书馆、博

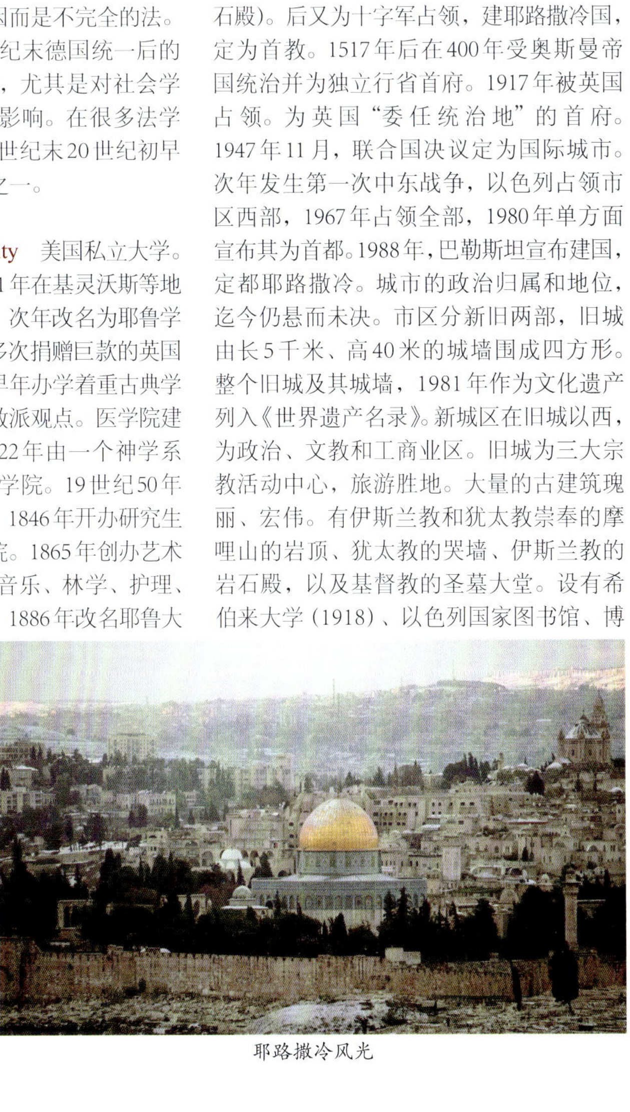
耶路撒冷风光

物馆和艺术馆等。

耶律楚材 Yelü Chucai（1190～1244） 13世纪蒙古国大臣。字晋卿。契丹人。辽太祖九世孙。楚材世居金中都（今北京），自幼就学，博览群书，旁通天文、地理、律历、术数及释老、医卜之说。金宣宗时任左右司员外郎。1215年，蒙古军攻占中都，耶律楚材退隐从禅僧万松行秀学佛。1218年，成吉思汗召耶律楚材至漠北，次年同行西征。耶律楚材追随成吉思汗多年，被当作书记官和占卜星相家使用，虽为亲近，但未能施展其才。窝阔台即位后，他日益受到重用。1231年，任掌管汉文字的必阇赤长（汉人称为中书令或中书侍郎），于是，在政治、经济、文化等方面提出了一系列有利于中原封建经济的恢复和发展的政策与措施。在经济方面，楚材通过在中原设立十路课税所，每年为蒙古政权征收到大量财赋。他阻止蒙古贵族改农田为牧场的企图；建议把汉族武装地主私占的奴隶、农奴和蒙古诸王大臣将校的驱口收为国家编户；劝阻大规模屠城，保护了大量社会劳动力；反对蒙古贵族的苛征暴敛，反对西域商人对人民的高利贷剥削和汉、回商人的扑买课税剥削制度。在政治方面，楚材既反对蒙古诸王功臣裂土分民，又限制割据各地的汉族武装地主所掌握的军、政、司法、经济权力，制定和实行了一些加强中央集权的措施。在文化方面，楚材推行了保护、优待、任用儒士的政策。在窝阔台晚年及去世之后，皇后乃马真氏宠信奥都剌合蛮等，耶律楚材渐被排挤。不久，抑郁而死。著作有诗文集《湛然居士集》、《西游录》及《庚午元历》等。

耶莫遗址 Jarmo 西亚新石器时代农业村落遗址。位于伊拉克东北部基尔库克以东约60千米处。1948～1955年三次发掘。遗址面积约1.6公顷，文化堆积厚8米，从上到下分为16层，下部的11层属无陶阶段，年代约相当于公元前第7千纪初至前6100年。房屋平面为长方形，一般分成数个小间。居民栽种大麦、小麦等作物，同时驯养狗、山羊和绵羊。石制容器是日常用具，制作得很精美。还有一些泥塑女像，可能是女神像。上部的12—16层属有陶阶段，年代约为前6100～前5800年。彩陶发达，表面涂橘黄、浅黄色颜料，上绘红色线条，风格独特，被称为耶莫彩陶。彩陶技术可能传自邻近的伊朗。

耶稣 Jesus 基督教信仰的救世主，基督教的创始人。其称号基督为希伯来文弥赛亚（意为受膏者，原指上帝派来拯救以色列的救世主）之希腊文译音。根据《新约》四福音书的记载，耶稣是上帝之子，由童贞女玛丽亚受圣灵感孕，生于伯利恒城客店的马厩之中。耶稣成年后从施洗者约翰受洗，并经受了40天的考验，后开始在犹太各地和巴勒斯坦的加利利传教。他率领其12个门徒一方面宣传天国将临、悔改得救的福音，一方面治病救人，扶危助困。其教义宣扬“爱上帝爱邻人”、“爱人如己”，并抨击了当时的当权者和犹太教的某些戒规，因而遭到犹太教上层分子的忌恨。在逾越节前夕，被其门徒之一犹大所出卖，以“诱惑国民”和“僭称犹太人之王”的罪名，被钉死在十字架上。死后第三日复活，并显现于众门徒中，第40日升天，第50日圣灵降临，门徒领受圣灵后开始传教。关于耶稣其人，学术界曾有争议。历史实证主义者力图剔除早期教会传说的信仰成分，要求返回有关耶稣的原始事实。而许多神学家如A.B.利奇尔等则认为不能把历史上的耶稣与信仰中的基督分开。从公元1世纪犹太史学家犹瑟弗斯的《犹太古事记》和古罗马史学家塔西佗的《编年史》中，都可以找到关于耶稣的一些资料，这些资料间接地说明了历史上的确出现过耶稣其人。

耶稣会 Society of Jesus 主要的天主教修会之一。又称耶稣连队。1534年西班牙人伊纳爵·罗耀拉创立于巴黎，教皇保罗三世于1540年正式批准。该会组织严密，纪律严格。总会设于罗马，由代表大会选出总

耶稣会会章

会长，下设检察长、财务长以及若干秘书。在全世界共有77个教省，合为12个教区。会士除发“绝财、绝色、绝意”三愿之外，还发第四愿即忠于教皇。会规要求会士每年须有40天摆脱会务俗事，潜心祈祷、静修，是为“大避静”。该会有系统的会士培训和教育制度，包括灵性培训和知识教育，故其会士多有良好的灵性操行和扎实的学问修养。耶稣会在宗教改革之后深入社会，积极从事学术活动和文化教育，产生了大量专家学者。1773年被教皇克雷芒十四世解散。但在1814年，教皇庇护七世又宣布恢复其组织活动。

从16世纪开始，耶稣会逐步向欧洲以外传教。16世纪末至17世纪明清两朝的来华西方传教士多半是耶稣会士。

耶稣家庭 Jesus Family 中国基督教新教教派。20世纪早期由敬奠瀛在山东泰安马庄创办。基本主张为实行利他主义，废除私产，以爱建家，家内皆父兄，等等。成员多为农民和小手工业者。根据该组织规定，普通成员只参加耶稣家庭的宗教活动并捐财物，基本成员则需将个人的一切全部交给耶稣家庭，过集体生活。该组织在华北等地建立“小家”，尊泰安马庄的耶稣家庭为“老家”，敬奠瀛为“老人”，各小家均有“家长”。该组织宗教活动频繁。中华人民共和国建立后，耶稣家庭的老家改为北新庄耶稣教堂，各地小家也进行了整顿。

耶谢巴尔 Yashpal（1903-12-03～1976-12-26） 印度印地语小说家。生于北方邦费洛杰。学生时代开始从事反英斗争，两次被捕入狱。他根据自身的斗争生活写了不少作品，抨击英国殖民主义和封建教族主义，以及各种资产阶级思潮。长篇小说《不真实的事实》（又译《虚假的事实》，1960）分上、下两卷，反映了印度独立前后的历史，批判了教族主义，展示了新与旧、进步与保守、民主意识与传统观念的深刻矛盾。长篇小说《叛国者》（1943）、《蒂沃亚》（1945）、《我、你、他的故事》（1975）及十余部短篇小说集、三卷回忆录和政论、杂文等也是他文学创作的重要组成部分。

椰子 *Cocos nucifera*; coconut 棕榈科椰子属的一种。多年生常绿乔木。热带主要木本油料作物。中国有2 000多年的栽培历史，主产区在海南省。

椰子树干挺直，树冠球形或半球形，高20米。须根系。叶为多对羽状全裂叶。单性花，肉穗花序，雌雄同序。终年开花结果。从传粉到果实成熟需12个月。核果，近球形。分外果皮、中果皮（纤维层）、内果皮（椰壳）。胚乳（椰肉）白色。椰子喜热带海洋性气候。经济寿命40～80年，自然寿命100多年。椰子有高种和矮种2个类型。前者植株高大，花期不遇，异花传粉，初花期迟（植后7～8年），产量高，椰肉厚，含油率高，经济寿命70～80年。后者株矮，花期相遇，自花传粉为主，初花期早（植后3～4年），果小，椰肉薄，含油率低，经济寿命30～40年。主要作水果、观赏和育种的杂交亲本用。有那那、爪哇尼卡两个变种。椰子用种子繁殖。为防风灾、高产，应深定植浅覆土。成龄树施氮、磷、钾肥比例宜为2:1:3。椰果在果色由青绿转变为黄褐，摇动有水声时收获。

椰子有“宝树”之称。八九个月龄嫩

果椰水可作饮料。从花序上割取椰花汁可制椰子酒。完熟的椰肉可鲜食，可制椰奶粉、椰蛋白、椰粉和无色椰油。椰干含油率65%～70%，椰油可食用和制肥皂。椰衣纤维可制绳索和地毯，还可作床垫、沙发垫原料。椰麸作饲料。椰壳制活性炭和椰雕。椰木可作家具和建筑材料。

椰子蟹 *Birgus latro*; cocount crab/robber crab 十足目歪尾次目陆生寄居蟹科的代表种。与典型的蟹（短尾次目）有许多不同，如第4对步足变得很小，腹肢不对称等。分布于日本南部及南太平洋诸岛。中国仅产于台湾省南部。体很大，头胸甲长度可达16厘米以上。体躯和附肢甲壳钙化、坚厚，头胸甲及步足表面有波状皱纹。头胸甲的鳃区特别扩大。额角呈三角形，眼鳞小。左螯大于右螯。腹部的背甲与侧甲皆钙化，部分弯折在头胸甲之下。仅一侧保留着已退化的腹肢。椰子蟹生活于海边附近的热带树林中，善于爬树。喜食椰子或露兜树的果实、腐肉或各种植物。繁殖季节回到海里，其幼体在海水中变态成长。

噎膈 dysphagia 中医以吞咽之时梗噎不顺，饮食不下，或食入即吐为主要特点的病证。噎即噎塞，指吞咽困难，膈为胸膈阻塞，二者程度不同，但相互关联，故并称噎膈。病位在食道，为胃气所主，且与肝、脾、肾关系密切。嗜酒无度，恣食辛香燥热之物，或忧思郁怒等皆可导致津伤血燥、肝脾郁结、痰瘀互结而发为噎膈。噎膈初起以标实为主，后期以本虚为主。临床分为4型：①痰气交阻型噎膈。证见吞咽梗塞，时轻时重，胸膈痞满，舌红苔腻，脉弦细滑。治宜利气开郁化痰，方用启膈散加味。②津亏热结型噎膈。证见吞咽梗塞伴有疼痛，形体逐渐消瘦，口渴便干，舌红干裂，脉弦细数。治宜益胃生津，方用五汁安中饮加味。③瘀血内结型噎膈。证见食入即吐，胸膈疼痛加剧，肌肤枯燥，形体消瘦，便如羊粪状，舌红绛，脉细涩。治宜滋阴养血，破结祛瘀，方用通幽汤加味。④气虚阳微型噎膈。噎膈后期，证见面白神疲，形寒气短，舌淡脉沉。治宜温补脾肾，方用理中汤合金匮肾气丸加减。此病除药物治疗外，饮食调摄和解除病理心理亦十分重要。

邪马台国 Yamatai State 日本弥生时代后期的倭人国家。年代当公元2～3世纪。所在位置有九州和畿内大和两说。约2世纪后半叶取代奴国，3世纪中叶后不见于记载。

早期的邪马台国以男子为王，由于2世纪末发生内乱，乃共立女子为王，名为卑弥呼，以邪马台之地为都，有弟帮助治理国家，此时的邪马台国实际是30余个倭人国家的盟主。卑弥呼女王国对其他诸国有相对统治权。卑弥呼死（约248）后，又立男王，但因国中不服而复立卑弥呼之女壹与（台与）为王，内乱始定。此时已由中国传入水稻栽种和使用铁器，居民种植禾稻、苎麻、养蚕栽桑，缉麻线，制丝锦、缣绢。武器用木弓铁镞。社会已有大人、下户与奴婢、生口之别。大人和下户两者间的地位与尊卑差别明显。但下户并不是奴隶。而奴婢和生口则具有奴隶性质。

邪马台国与中国三国时代魏国通好，两国通过带方郡频繁往来。魏国也曾两次遣使至邪马台国，封卑弥呼为亲魏倭王，授以金印、紫绶，封其大臣为率善中郎将等职，并赐以锦绢、铜镜、珍珠等。在中国文化的影响下，邪马台国时期的社会、经济、文化都有较大发展，且出现了文字的雏形。

也里可温教 Arkagun 中国元朝时对传入的景教与天主教的称谓。蒙古语“也里可温”意为有福缘的人。元朝建立政权后，曾一度绝迹于中原的景教再度传入，并在南北

也里可温教徒墓碑（元代）

各地扩展流行。与此同时，罗马天主教又有方济各会教士来华传教。景教与天主教的教士和教徒都被称为也里可温。元朝灭亡后，也里可温教的流传在中原中断，此名不再沿用。

也门 Yemen 西亚国家。位于阿拉伯半岛西南端，北与沙特阿拉伯相邻，东与阿曼接界，西濒红海与曼德海峡，扼红海进出印度洋的交通要冲，南临亚丁湾和阿拉伯海。海岸线1 906千米。面积55.5万平方千米，人口2 310万（2008）。居民92.8%为阿拉伯人，余为索马里人、南亚人和黑人等。绝大多数信奉伊斯兰教（逊尼派和什叶派约各占50%）。以阿拉伯语为官方语言，通用英语。首都萨那。

地理 地势大体西高、东低。西部以高原和山地为主，是全国乃至阿拉伯半岛的最高部分，海拔2 000～3 000米，其中哈杜尔舒艾卜峰海拔3 760米。向东是由一系列略呈平行态势的山脊组成的准高原，平均海拔1 600米。内地为鲁卜哈利沙漠的一部分，偶有绿洲和草原。高原向北、向东低降到300米以下。沿海有狭长的平原。国土的63%属于无法利用的荒地。

除山地外多属热带草原、沙漠气候。沿海平原气候炎热，中部高原气候温和，东部沙漠气候干燥。年平均最高气温39℃，最低气温－8℃。西部是整个阿拉伯半岛降水量最丰沛的地区，南部地区雨量充沛，年平均1 000毫米以上；平原地区在400毫米以下，沙漠地区少雨。地表径流多以季节河、时令河的形式出现，缺乏常流水。海岸比较平直，少港湾。红海中分布一些岛屿，以出口处的丕林岛最为著名。阿拉伯海中，有索科特拉岛及若干小岛。

矿产除石油、天然气外，还有铜、铁、铝、铬、镍、钴、金、银、煤、盐、大理石、硫磺、石膏等。

历史 具有3 000年文字记载历史，是阿拉伯世界古代文明摇篮之一。公元7世纪后不断遭受外族入侵和统治，16世纪并入奥斯曼帝国版图。17世纪初也门起义，把奥斯曼军队从大部分土地上赶走。1872年土耳其人再次占领也门全境，并派总督常驻萨那。1839年开始，也门南部逐步沦为英国殖民地和保护地。北部1918年摆脱土耳其统治，宣布独立，建立也门穆塔瓦基利亚王国，1962年成立阿拉伯也门共

图1 首都萨那

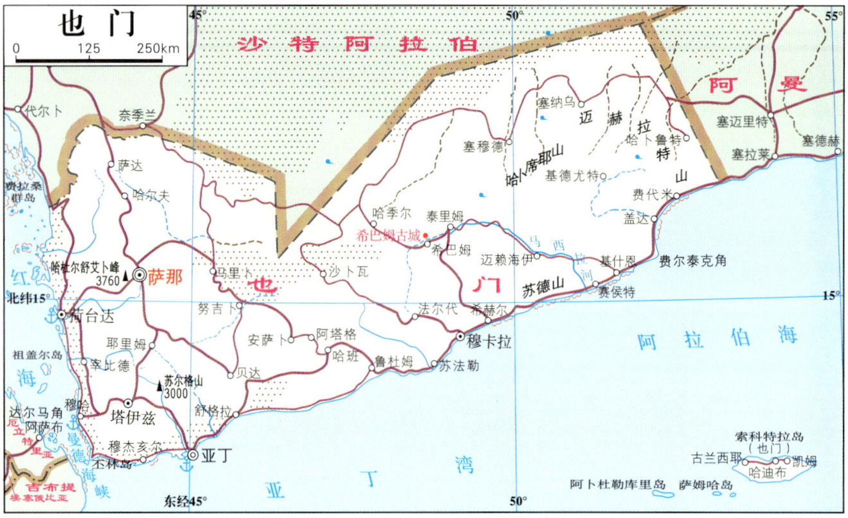

和国。南部1967年独立，同年成立南也门人民共和国，1970年改称也门民主人民共和国。1990年5月22日，阿拉伯也门共和国和也门民主人民共和国统一，定国名为也门共和国。1994年南北爆发内战，北方获胜，统一得以维持和巩固。

政治 实行共和民主制。也门统一后，实行总统委员会制。1994年内战结束不久，议会就通过宪法修正案，将总统委员会制改为总统制。实行政党政治，主要政党有全国人民大会、伊斯兰改革集团和也门社会党。

经济 属“世界最不发达国家”。南北也门1990年统一后很快爆发的内战（1994），使得经济形势严重恶化。1996年起，政府开始实行“五年计划”，已经取得积极成果，财政状况逐渐好转。2009年国内生产总值为262.4亿美元，人均国内生产总值1 190美元。货币主币名称里亚尔。

石油工业是最重要的工业部门。石油从20世纪80年代中期开采后，成为也门经济的重要支柱。因为没有参加任何国际石油组织，不受国际石油组织配额的限制，生产上较具自主性。现有石油产地偏处于国境中北部，靠近沙特阿拉伯边境的塞巴泰因沙漠中，马里卜和沙卜瓦是主要产地。2006年已探明可采储量约60亿桶。日产原油48万桶，全年1.7亿桶；年出口0.64亿桶。2006年，石油出口收入达40亿美元。有炼油厂2座，日炼油12万桶，92%来自小亚丁的炼油厂。已敷输油管750千米（原油输送管700千米，石油制品输送管50千米），分别从马里卜通向红海岸的塞希夫港和从沙卜瓦通向亚丁湾岸的拜勒哈夫。除了石油，还有天然气资源，2006年探明储量约5 000亿立方米。

其他工业有纺织、印染、卷烟、水泥以及机械修理、塑料、发电厂。还有一些手工业作坊，主要产金、银和宝石首饰。

全国有可耕地360万公顷；已耕地面积约160万公顷。灌溉地36万公顷。全国总劳力的75%从事农牧业。小麦是主要粮食作物。主要经济作物有棉花、咖啡、烟草。棉花纤维长，质量好。也门“穆哈咖啡”闻名于世，大部分供出口。粮食不能自给，一半依靠进口。森林和林地约占国土面积的4%，年产原木388万立方米。牧场约占国土面积的30%。

对外贸易实行进口许可证制度。运输工具、机械设备等国内建设所需物资以及大量轻工产品均需进口。出口产品主要有石油、棉花、咖啡、烟叶、香料和海产品等。主要贸易对象是中国、美国、阿拉伯联合酋长国、沙特阿拉伯和意大利等国。2008年进出口总额135.9亿美元，其中进口额72.35亿美元，出口63.55亿美元，逆差8.8亿美元。

图2 也门的梯田

全国无铁路。公路总长约6.9万千米，沥青路面占14.4%。首都萨那为最大的公路枢纽，干线公路可通达各主要城市和各大海港，并与邻国通连。海运有港口7个。数亚丁湾的亚丁港最大，有泊位30个，可停靠万吨级货轮。萨那、亚丁和里扬均有国际机场。

文化 中小学实行免费教育。有萨那大学、亚丁大学（1970）等多所高等学校。2005年3月，作为“基础教育战略”的一部分，政府启动“发展基础教育项目”，世界银行和荷兰、英国、也门政府分别出资。全国实行免费医疗。

主要报刊有《革命报》、《共和国报》、《十月十四日报》、《九月二十六日报》等。官方的也门通讯社（简称萨巴社），每日用阿拉伯文、英文对外发稿。国营的萨那广播电台（1948）用阿拉伯语、英语广播，亚丁广播电台（1954）则仅用阿拉伯语广播。国营电视台有萨那电视台（1975）和亚丁电视台（1964）。

有众多古迹。西部的希巴姆古城、东部的宰比德古城和首都萨那古城，先后于1982、1983和1986年作为文化遗产列入《世界遗产名录》。

对外关系 1947年加入联合国，是联合国许多重要组织和阿拉伯国家联盟的成员国。1997年以来，从西方国家和国际金融组织获取援助和优惠贷款近30亿美元，被免除或重新安排债务70多亿美元。1956年9月24日中国与阿拉伯也门建立公使级外交关系。1963年2月13日升为大使级。1968年1月31日中国与民主也门建立大使级外交关系。两也门统一后，也中双方商定，以1956年9月24日为建交日期。

也先 Esen（?～1454） 中国明代蒙古瓦剌部首领。又译额森。出身于准噶尔部，姓绰罗斯氏。生卒年不详。正统四年（1439）也先嗣位，称太师淮王，常与明王朝有贡使往还。可汗脱脱不花仅以元裔之名为君，不相临制。也先西攻哈密，又大规模地出讨蒙兀儿斯坦，并与沙州（今甘肃敦煌）、赤斤蒙古（今玉门市西北）诸卫首领通婚；东破兀良哈，胁逼高丽。使东至女真，西至赤斤蒙古的广大地区，皆受其约束。正统十四年大举侵明，在土木之变中俘虏明英宗，并胁裹英宗包围北京城，后被于谦击却，议和，送还英宗，恢复贡市。此后，他杀脱脱不花，自立为大元田盛（天盛）大可汗，建号添元。但也先的统治为时很短。先是女真诸部起而为乱；后兀良哈因不堪其征敛与骚扰，也起而反叛；内部又因其合兵南侵，利多归于己，而弊则均受，引起部下不满。也先荒于酒色，恃强益骄，致其众日益离心，走散大半。后为部下阿剌知院等所杀，瓦剌势衰。

冶金机械 metallurgical machinery 在钢铁和有色金属材料冶炼、铸锭、轧制、搬运和包装过程中使用的各种机械和设备。

又称冶金设备。冶金过程工艺复杂，相应的冶金机械的特点是结构庞大、能耗大、生产连续化、设备成套性强。冶金机械大多在高温、多尘、重载和有腐蚀的条件下持续工作，须满足高效、可靠、完全、耐用和节能等要求。

冶金机械根据功能分为：①冶炼设备。包括火法冶金设备和湿法冶金设备。前者有高炉、平炉、转炉、电弧炉、电子束熔炼炉、等离子熔炼炉、电解熔炼槽、炉外精炼设备、铸锭设备、冶金车辆、沸腾焙烧炉、回转窑、鼓风炉、反射炉、闪速炉、旋涡炉等及其配套机械；后者有萃取器、电解设备、高压釜、过滤机、离心分离机等。②加工机械。包括轧延机械、挤压机械、拉拔机械和拉丝制绳机械。轧延机械包括开坯机、型材轧机、轨梁轧机、线材轧机、板材轧机、带材轧机、箔带轧机、无缝管轧机、铜板轧机等。③辅助设备。包括耐火材料机械、炼焦机械、起重运输机械、烧结设备、热处理设备和各种加热炉等。在冶金工业中专用性较强的是冶炼机械和轧延机械，这些成套设备中主机的型式、基本参数和尺寸，标志着冶金工厂的产品特征和生产方式。另外，冶金机械按用途可分为生产钢铁、钢材的黑色金属冶金机械和生产非铁金属的有色金属冶金机械。

冶金炉 metallurgical furnace　冶金生产过程中对各种物料或工件进行热工处理的**工业炉**。热工处理是以升温为重要特征的处理过程，如焙烧、**熔炼**、加热、热处理、干燥等。**钢铁冶炼**和有色冶金的大部分生产环节都离不开炉子。

种类　现代冶金工业用炉，按热源不同可分为燃料炉、电炉、自热炉三大类。此外，以太阳能、核能为热源的冶金炉正在研制。

燃料炉　以燃料的燃烧热为热源，在冶金工业中使用最为广泛。根据炉内的热工特征不同，又可分4类。①火焰炉。火焰或燃烧产物占据炉膛的一部分空间，物料或工件占据另一部分空间。一般情况下，火焰与物料直接接触；但在有些情况下，例如为防止工件的氧化，将火焰与工件隔开，火焰的热量通过隔墙传给物料。②竖炉。炉身直立，大部分空间堆满块状物料，炉气通过料层的孔隙向上流动，与炉料间呈逆流换热，如炼铁高炉、熔炼铸铁的冲天炉。③流态化炉。炉内为细颗粒物料的流态化床，气体由下部通入，使物料“沸腾”成流态化。④浴炉。炉内盛液体介质（熔融盐类或熔融金属），将工件浸入此介质中进行加热，主要用于热处理。

电炉　以电为热源。由于电热转换方法不同，又分为电阻炉、感应炉、电弧炉三种。

自热炉　靠炉料自身产生的热量维持炉子的正常工作，除炉料的预热或预熔化外，炉内不需要或基本上不需要外加热量，如炼钢转炉和铜、镍吹炼转炉。硫化矿的焙烧炉也往往是自热炉。

构造　一般由炉子热工工艺系统、装出料系统和热工检测控制系统三部分组成。

热工工艺系统　包括炉子的工作室（炉膛）和供热排烟系统。

装出料系统和热工检测控制系统　前者包括：炉前炉后的装料、出料机械和炉内的运料机械。后者包括：热工参数的测量仪表、显示仪表或记录仪表、过程控制仪表和执行机构等。

基本要求　能满足产品的质量和产量要求；热效率高；燃料和其他能源的单位产品能耗量低；建炉投资和运行费用低；耐用，劳动条件好，污染物的排放量符合环境保护要求。炉子的大型化、连续化、机械化和自动化，是全面满足上述要求的重要途径。有些炉子已采用计算机控制，自动化程度很高。

冶金学 metallurgy　研究从**矿石**和再循环物料中制取金属或金属化合物，再用各种加工方法制成具有一定性能的**金属材料**的技术和科学。现代社会中，人们的生产或消费活动都离不开金属材料。没有金属材料，便没有人类的物质文明。

冶金生产发展概况　冶金作为一门生产技术，起源十分古老。人类从使用石器、陶器进入到使用金属，是文明的一次飞跃。据冶金史初步研究，人类使用天然金属（主要是天然铜）距今大约不下8 000年。但天然铜资源稀少，要使用更多的铜，必须从矿石中提取。世界上最早炼铜的可能是在美索不达米亚地区，大致在公元前38～前36世纪。最早的青铜出现于苏美尔地区，约在前30世纪。

鞍山钢铁集团公司高炉群

使用铁器是人类文明的又一重大进步。最早炼铁的是在黑海南岸的山区，约在前14世纪。到前13世纪，铁器的应用在埃及已占一定的比重，一般认为这是人类文明进入铁器时代的开端。在欧洲，前11世纪中欧就开始用铁，但直到前55年，铁才传入不列颠。15世纪的欧洲，尽管熟铁器已经广泛使用，但铜和青铜仍是生产得最多的金属。直至18世纪中叶，冶金产品仍只有铁、铜、铅、金、银、铂、锌、汞等，冶金手段基本上还只有氧化法（如灰吹法）和碳还原法，远不能满足需要。

16世纪，英王亨利八世（1509～1547年在位）把属于寺院的采矿和冶金企业拍卖给当时新生的资本家。资本家之间的竞争推动了生产技术的发展。另一方面，机器、造船等工业的发展又为冶金业开辟了市场和提供了技术装备。1640年以后的250年中，以**高炉炼铁**、炼钢为主的冶金生产和技术的发展及变革主要发生在英国。1700～1890年，一系列重要的技术发明创造使英国的炼铁、炼钢工业得到蓬勃发展。炼铁方面的发明创造有：①1709年A.达比用焦炭代替木炭炼铁成功。②1828年J.B.尼尔森采用热风使炼铁焦比降低，生产效率提高。在炼钢方面有：①1740年B.亨茨曼首次采用坩埚炼钢法生产液态钢。②1856年H.贝塞麦发明**转炉炼钢**法，开创了炼钢的新纪元。③1855年K.W.西门子发明了蓄热室，1864年P.-É.马丁利用该原理创造**平炉炼钢**法。④1879年S.G.**托马斯**和P.C.吉尔克里斯特发展出碱性转炉炼钢法，创造了用碱性渣脱磷的炼钢技术。在轧钢方面有：①1697年J.汉伯里用平辊轧制出熟铁板，以生产镀锡铁板。②1783年H.科特用孔型轧制生产熟铁棒，此法后来用于生产型材。③1862年G.彼得森取得线材连轧机专利权。这些发明创造使英国的炼铁、炼钢工业在18～19世纪走在世界最前面。19世纪末，英国在钢铁产量方面被美国超过，但在质量方面仍然领先。英国在19世纪60年代也成为世界上产铜最多的国家。

中国古代冶金比欧洲先进，尤其是掌握**铸铁**技术比欧洲要早约2 000年。大量中国古代铁器的鉴定结果表明，中国在汉代生产的有些铸铁件中的石墨呈球絮状，具有一定的柔韧性，与近代可锻铸铁颇为相似。中国古代生产的铸铁和热处理技术已能适应制造农具的要求，从汉代起铁产量就超过了铜。中国在春秋战国之际（前7世纪）即已掌握金、银、铜、铁、锡、铅、汞7种常用金属。欧洲则直到罗马帝国末期（5世纪）才全部掌握上述金属。中国在15世纪已有金属锌，三百多年后，欧洲才有人取得用蒸馏法制锌的专利。炼锌技术传到欧洲后，便立即应用于黄铜制造业，使价廉的黄铜逐步取代了一大部分价格较昂贵的青铜。然而在长期封建社会和半封建半殖民地社会制度下，中国冶金技术未能独立地走上现代冶金工业的道路。

此外，中国古代有优良的铸铁，因而忽视钢铁的金属塑性加工，始终没有发展轧制生产。中国古代有色金属制作业也偏重铸造而忽略塑性加工。一个突出的例子是铸钱，直到清朝，铜币始终是铸造的，而在前6世纪的希腊就开始用模锻方法造币了。

冶金学的形成　源远流长的冶金生产技术，直到18世纪末，才从近代自然科学中汲取营养，逐渐发育成一门技术科学——冶金学。

16世纪以前，效益显著的冶金操作都凭工匠的技艺，其传承靠师徒授受，很容易失传，中外都有这种事例。从开始冶铜到16世纪有5 000多年，可是冶金技术进展缓慢，人类能够炼制的金属总共只有七八种。16世纪中叶，欧洲最早的两本冶金著作：意大利V.比林古乔的《火法技艺》和德国G.阿格里科拉的《论冶金》先后问世。特别是后者较完整地记载了当时欧洲的冶金技术操作，起到承前启后的作用。这两本书被公认是欧洲冶金文献中的先驱，影响深远。在中国，冶金专著的出版虽然比欧洲早得多，但很可惜，宋代张潜著的《浸铜要略》早已散佚，明代傅浚著的《铁冶志》也未能传世。明末宋应星所著《天工开物》，初刊于1637年，此书中较详细地记载了中国当时的冶金技术。可是，从那时到清末将近三百年间，中国的科学技术在知识界不受重视，《天工开物》这类书在当时就很少有人问津。

在欧洲，R.胡克于1665年就用显微镜观察剃刀表面的锈点和划痕，R.A.F.de列奥米尔于1713～1716年用它观察金属断口。化学实验手段的改进，也有利于发现和制取一系列新的金属元素。铸钢技术于1740年被突破后，初步具备对钢进行深入研究的条件。这反映在两个方面：①18世纪下半叶，T.伯格曼对钢进行认真分析，作出结论："钢是铁与碳交互作用的产物"。②氧化和还原学说，建立了冶金的化学基础。1786年解释氧化的燃素说被A.-L.拉瓦锡等人彻底推翻，人们对氧化和燃烧现象才有了正确的认识。19世纪中叶以后，随着冶金生产的蓬勃发展和热力学第二定律的阐明，化学平衡、相平衡原理被应用来解释冶金反应和控制金属中组织变化，冶金开始由技艺转变为科学。

冶金学受到其他学科的哺育而成长，冶金学也为其他学科提供了新的金属材料和新的研究课题。金属元素和金属间化合物的研究促进了化学的发展，金属物理性质（如导电性、磁性）的研究成了凝聚态物理学的重要内容。

分支学科　冶金学不断吸收自然科学，特别是物理学、化学、力学等方面的新成就，指导冶金生产技术向广度和深度发展。另一方面，冶金生产又以丰富的实践经验，充实冶金学的内容，使冶金学逐步发展成为两大领域，即提取冶金学和物理冶金学。

提取冶金学　研究从矿石和再循环物料中提取金属（包括金属化合物）。由于这些生产过程伴有化学反应，又称化学冶金学。又因它研究火法冶金、湿法冶金或电冶金等各种过程及方法的原理、工艺和流程，故又称过程冶金学。后一名词根据习惯也简称冶金学。提取冶金学的任务是研究各种冶炼及提取（见萃取）方法，提高生产率，节约能源和资源，改进产品质量，降低成本和扩大品种。包括：①钢铁冶炼。②有色金属冶炼。有色金属种类繁多，它们的富集、分离、制取和提纯等技术比较复杂；且有色金属矿大都品位不高，多种矿物共生，在采矿、选矿、资源综合利用和环境保护方面要解决大量复杂的问题。③冶金过程物理化学。是提取冶金学的基础。学科内容包括冶金过程热力学、冶金过程动力学和冶金熔体。

物理冶金学　研究通过成型加工，制备有一定性能的金属或合金材料。又称金属学。金属（包括合金）的性能（物理性能及力学性能）不仅与其化学成分有关，而且为成型加工或金属热处理过程产生的组织结构所决定。成型加工包括金属铸造、粉末冶金（制粉、压制成型及烧结）及金属塑性加工（压、拔、轧、锻）。研究金属的塑性变形理论、塑性加工对金属力学性能的影响以及金属在使用过程中力学行为的学科称为力学冶金学，是物理冶金学的一个组成部分。

《野草莓》 *Wild Strawberries; Smultronstället*　瑞典故事片。1957年瑞典AB影片公司出品。编导I.伯格曼，主演维·斯约史特洛姆、碧·安德森。退休医学教授博格从噩梦中惊醒，想起他要去隆德接受荣誉博士的授衔，于是便驾车与儿媳同行。旅途中他触景生情，不时陷入回忆与梦幻：他的初恋情人为他采摘野草莓，却因他的冷漠嫁给他哥哥；亡妻因他的冷漠而与人通奸，对他的惩罚是终身孤独……影片中博格以第一人称讲述自己的旅行，现实时空虽顺时序发展，但其间穿插大段回忆与梦幻，他在心理空间自由驰骋，反省自己的孤独、冷漠及无法与人沟通。这种多主题、多线索、多层面的复调叙事结构是伯格曼对世界电影艺术的一大贡献。本片因内容和形式的种种创新而在电影史上占有重要地位，它通常被视为现代主义电影的早期代表作。此片获1958年第8届德国西柏林国际电影节金熊奖，1959年美国全国影评家协会最佳外国影片和最佳演员奖，1960年第25届意大利威尼斯电影节最佳外语片奖。

野间宏 Noma Hiroshi（1915-02-23～1991-01-02）　日本作家。生于神户，卒于东京。1939年毕业于京都大学法文系。1941年应征入伍。1943年因参加反战活动被囚于大阪陆军监狱。这段痛苦的经历和体验，成为他日后创作反战小说的基础。短篇小说《阴暗的图画》（1946）以主人公回忆录的形式，描写进步学生惨死狱中，成为"战后派"文学的先声。《脸上的红月亮》（1947）同样刻画了侵略战争对人生理、心理的创伤。1952年，长篇小说《真空地带》问世。作品以现实主义的犀利笔法，揭露法西斯军队的黑暗本质。《青年之环》是野间宏最长的一部小说，长达5卷，300余万字。

野口英世 Noguchi Hideyo（1876-11-24～1928-05-21）　日本微生物学家。生于日本福岛县，卒于黄金海岸（今加纳）。1897年在东京济生学舍学习。次年任职于北里传染病研究所。1900年进美国宾夕法尼亚大学。

1905年他与弗莱克斯纳证实了F.R.绍丁对梅毒螺旋体的发现。1909～1913年用人工培养基培养、并在麻痹性痴呆患者的大脑标本中检出苍白密螺旋体。1915年研究出血性黄疸螺旋体，1917年将其属名改为钩端螺旋体属。1918年，赴厄瓜多尔研究黄热病，认为其病原体是近缘的钩端螺旋体。著有《蛇毒》、《梅毒的实验诊断》等。

野蛮时代 barbarism　继蒙昧时代之后人类社会和文化发展的第二阶段。又称野蛮阶段。19世纪由美国人类学家L.H.摩尔根在《古代社会》中提出。始于氏族制度的全盛时期，终于原始社会的瓦解和向阶级社会的过渡，相当于考古学上的新石器时代至金属器时代初期。恩格斯在《家庭、私有制和国家的起源》中指出，动物的驯养、繁殖和植物的种植，是野蛮时代特有的标志。分为低级、中级和高级三个阶段。低级阶段以制陶术的发明为显著特征，已出现畜牧业和农业的萌芽，妇女在社会经济生产中占主导地位。中级阶段在东半球始于动物的饲养，在西半球始于灌溉农业以及用土坯砖和石头来建筑房屋，已发明冶炼术和金属加工，出现了第一次社会大分工和经常性交换，私有财产、剥削和奴隶制成为可能；男性在农牧业生产中取代女性而占据了主导地位，父权制取代母权制，氏族制度开始瓦解。高级阶段始于冶铁术的发明和铁器的使用，由于劳动生产率的提高，出现了第二次社会大分工和以交换为目的的商品生产，个体家庭成为社会的基本经济单位，奴隶制、阶级和国家已成雏形，人类社会开始向文明时代过渡。有学者对“野蛮时代”的说法提出异议。

野牦牛 *Bos grunniens*; wild yak　牛亚科牛属的一种。现生种只分布于青藏高原以及毗邻的中国新疆南部、克什米尔的拉达克等地区。是家牦牛的祖先，但躯体比家牦牛大很多。与家牦牛配种作为改良家牦牛品种的重要手段。被列为濒危物种予以保护。见牦牛。

野牡丹科 Melastomataceae; melastoma family　双子叶植物纲蔷薇亚纲的一科。有240属3 000余种，广泛分布于全世界热带至亚热带地区，其中以美洲最多。中国有25属约160种，其中6个属为中国特有；分布于西藏东南部至长江流域以南，种类以云南最多。此科的雄蕊是最好的认识标志，花药虽具2室，但为孔裂，稀纵裂。其余的形态特征是：单叶对生，稀轮生，叶脉为3～5（～9）基出脉，稀为羽状脉，无托叶。两性花，辐射对称，4～5数，稀3～6数，成聚伞花序、伞形花序或伞房花序，或由这些花序组成圆锥花序或蝎尾状聚伞花序，稀单生、簇生或穗状花序；花瓣艳丽，常为紫红色，雄蕊数目为花瓣的1倍或有1/2退化，或与花瓣同数。蒴果或浆果，种子多数至1枚。

此科有经济价值的植物很多。野牡丹是中国常用的草药，根用于治疗消化不良、腹泻及痢疾等症，叶用于外伤止血，又是酸性土的指示植物。毛菍和地菍除可供药用外，果的胎座膨大，多汁味甜，是很好的野生果品。金锦香、朝天罐和假朝天罐是知名的常用草药。此外，此科有很多是著名的花卉，如中国特有的虎颜花；巴西的树野牡丹属有很多种是行道树和庭园观赏树。

野人 wild man　未知的人形动物。一说原是人类社会成员，流落在大自然后长期与世隔绝，人性渐灭，成为如同野兽般生物，即野化了的人。一说是原始人残存代表，即人类演化过程中停留在某个阶段而残存下来的群体。如苏联学者将高加索一带流传的野人阿尔玛斯视为石器时代尼安德特人的残存后代。现在，几乎所有那些尚未被科学搞清楚的“人形动物”都被称为“野人”。世界各民族中都曾广泛流传着有关野人的传说。中国古文献《周书》、《山经》(《山海经》的主体)、《本草纲目》等都有关于野人的记载。在现实生活中也时有目击或遭遇野人的消息。世界上流传得最广的野人有喜马拉雅山区的雪人耶提、北美西部的大脚人沙斯夸支、中国鄂西北神农架毛人以及高加索的阿尔玛斯等。其共同特点是：浑身长毛，会双脚直立行走，常常在地面上留下巨大的足印，不会说话，也没有使用工具的行为。在对待野人问题上，科学界历来存在两种截然不同的看法，大部分学者根据动物群体生态学和现代动物地理分布的现状，否认存在这种人形动物。

野生动物园 safari park　为旅游者观赏野生动物而开辟的自然保护区域。最初兴起于肯尼亚、喀麦隆等东非和南非国家。与一般城市动物园相比，野生动物园占地面积大，最大的区别是，在园中动物的活动是自由的，而游人的活动是受限制的。游人只能在某种设施和设备的保护下，近距离观赏野生动物。野生动物园的建立不仅有效地实施了对野生动物的保护，而且成为这些国家最重要的旅游吸引物，对当地社会、经济的可持续发展发挥着重要的作用。

野兽主义 Fauvism　1905年产生于法国的松散的美术社团。它没有共同遵循的明确目标，没有发表过宣言和理论主张。在1905年的巴黎秋季沙龙中，一群青年美术家的作品参展，其中有H.马蒂斯、A.德兰、A.马尔凯、H.芒金、M.de弗拉曼克、G.鲁奥等人。在他们的作品中，有一件展品比较写实，风格如意大利文艺复兴时代雕塑家多纳太罗的作品。批评家L.沃塞列斯在描述该展品时，用了“在一群野兽中间的一位真正的艺术家”这样一句话，把马蒂斯等年轻画家的画比作野兽，故名。马蒂斯被这群风格并不相同的年轻画家拥戴为领袖。野兽主义是西方20世纪前卫艺术运动中最早的派别。他们继续着后印象主义者V.凡高、P.高更、P.塞尚等人的探索，追求更为主观和强烈的艺术表现。对西方绘画的发展，产生了重要的影响。他们吸收东方和非洲艺术的表现手法，在绘画中注重创造有别于西方古典绘画的疏、简的意境，有明显的写意倾向。有人把野兽派视为广义的表现主义运动的一部分。也有人认为，野兽派不是一个艺术运动，只是马蒂斯等人艺术生涯中短暂的一个阶段，野兽主义作为社团存在的时间只有二三年。参加这一社团的艺术家后来朝着不同的目标又有新的探索。

马蒂斯作《静物》

野燕麦 *Avena fatua*; wild oat　禾本科燕麦属的一种。一年生草本植物，常见的旱田杂草。又称铃铛麦。主要分布于欧、亚、非、美洲温寒带地区，中国各省均有分布。株高30～150厘米。须根，茎丛生；叶鞘松弛，无叶耳，叶舌大而透明；圆锥花序开展，小穗下垂，芒膝曲；颖果纺锤形，被淡棕色柔毛。生命力强，喜潮湿，多发生在耕地、沟渠边和路旁。适宜发芽温度10～20℃。茎、叶为牛、马的青饲料，秆可作造纸原料。野燕麦常混生在小麦、油菜、大豆等20多种作物中，与之争夺肥、水、光照，造成覆盖荫蔽，常引起小麦等作物早期倒伏或生长不良，须进行防除。

野战军 field army　在全国或战略区范围内执行机动作战任务的部队。又称野战部队。一般担负歼敌重兵集团的主要作战任务，是作战的骨干力量。中国人民解放军在解放战争初期，为调整部署、集中兵力，在各战略区组建了野战军，把野战军作为部队的最高一级建制单位，担负战略、战役作战任务。后逐步改编为西北、华东、东北、中原和华北等野战军。1949年初，又将西北、中原、华东和东北野战军分别改称第一、第二、第三、第四野战军。各野战军直属中国人民革命军事委员会，下辖若干兵团及特种兵部队。1949年后，野战军番号撤销。

野猪 *Sus scrofa*; wild boar　偶蹄目猪科猪属的一种。见猪。

《野猪林》 *Wild Boar Forest*　中国京剧作品。写林冲被逼上梁山故事的戏曲剧本，最早有明嘉靖年间李开先的《宝剑记》传奇。20世纪20年代末，溥绪（清逸居士）又改编这一故事为京剧《野猪林》、《山神庙》，由杨小楼、郝寿臣合作演出。20世纪40年代末，经李少春重新改编，定名《野猪林》，由李少春、袁世海等演出。改编本参照《水浒传》小说第7回至第10回有关情节，突出兄弟结拜、白虎堂、野猪林、山神庙几场戏。对林冲的思想矛盾，决心投奔梁山以前所走的曲折道路和坎坷遭遇，有很动人的描写。对鲁智深的豪放不羁、肝胆相照、疾恶如仇，也有生动的刻画。1962年，摄制成戏曲艺术影片。日本前进座曾以此剧为蓝本，改编为歌舞伎《水浒传》。

业 karma 佛教术语。音译羯磨，意指造作、作、行动。这一概念是佛陀从传统印度宗教中继承下来的，但佛陀更强调作业者的动机及其修持行为对业的支配作用。从分类上说，有身业（行动）、语业（语言）和意业（动机、意志）三业；从是否以现象表现于外，可以分表业（可见者）与无表业（不可见者）；从生果的性质言，可以分黑黑业（引恶报者）、白白业（引善报者）、黑白业（所报善恶相杂）、不黑不白业（摆脱善恶黑白之无漏业，宗教修习行为）四业。业的理论是佛教宗教学说的基本内容之一，联系到佛教对人生，对社会现象，以至对宇宙发生的基本解说。佛教主张无我，如何说明没有自我主体情况下，造业者与受报者的关系是由来已久，并争执不下的问题。

叶 leaf 维管植物的营养器官。主要功能是进行光合作用以制造养料，还具有蒸腾、吸收、运输、储藏和繁殖等功能。

叶的外形 叶可分为叶片、叶柄和托叶三部分。具有这三部分的称完全叶（图1）。

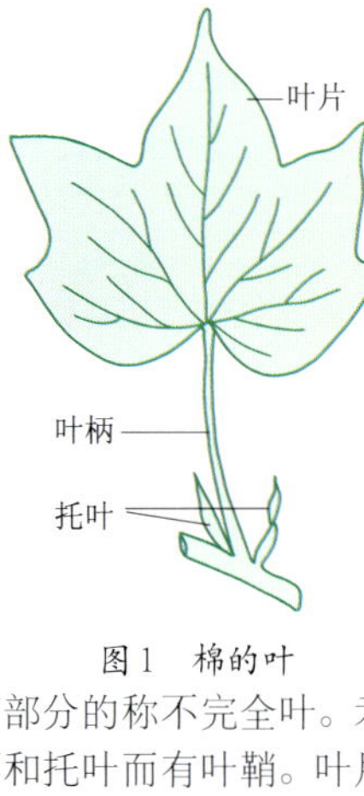

图1 棉的叶

缺少任何部分的称不完全叶。禾本科植物没有叶柄和托叶而有叶鞘。叶片多呈扁平状，有较大面积以接受阳光、交换气体。叶含有大量叶绿体，常呈绿色。叶柄是叶片与枝条相接的部分，起着支持叶片和输导的作用。托叶是叶柄基部的附属物，常成对而生，对幼叶有保护作用。叶在茎枝上着生的次序称叶序，分为互生、对生、轮生和簇生（图2）。

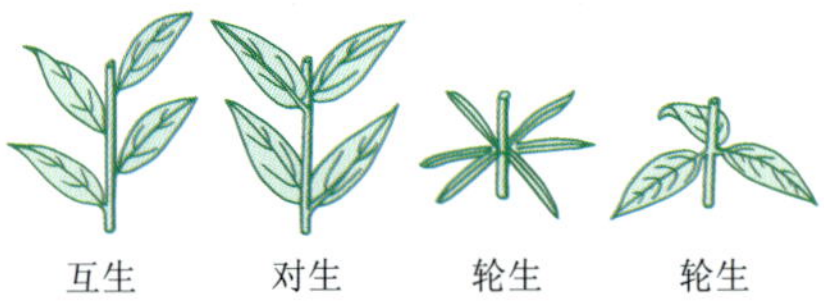

图2 叶序

叶可分单叶和复叶两类。单叶的叶柄上只着生一个叶片，复叶的总叶柄上着生两个以上小叶（羽片），每一小叶有小叶柄。复叶分为羽状复叶和掌状复叶两类。（图3）。

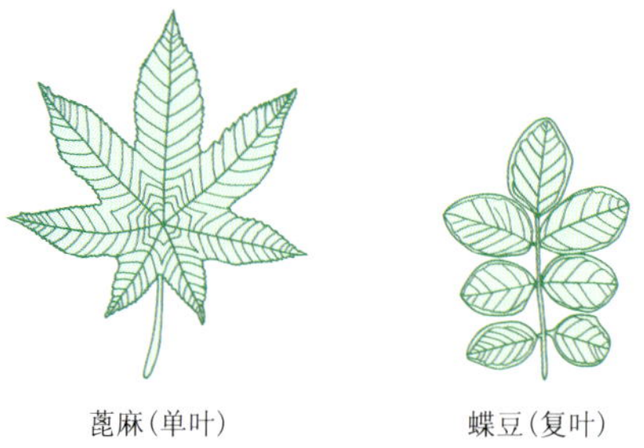

图3 单叶与复叶

叶片的形状变化很多，通常可按叶片的长宽比例加以区分（图4）。叶缘有全缘、

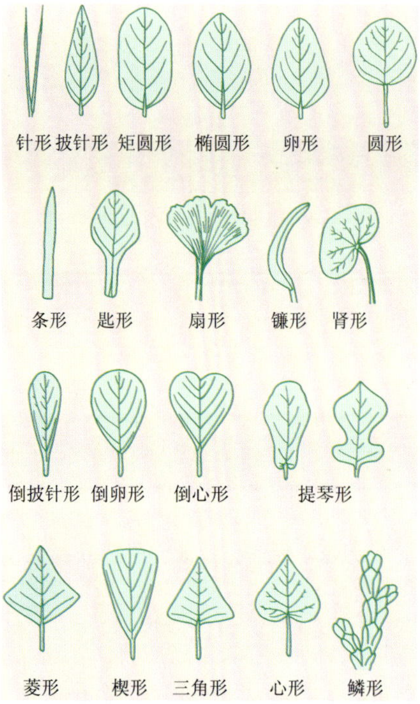

图4 叶形

锯齿状、牙齿状、钝齿状、波状等。叶裂按程度可分浅裂、深裂、全裂。此外又有羽状分裂和掌状分裂之分（图5）。

叶的结构 叶片横切面的结构可分为表皮、叶肉和叶脉三部分（图6）。大多数被子植物的叶有背腹之分，称两面叶（背腹叶）。无背腹之分的称单面叶（等面叶）。表皮分为上表皮和下表皮，常有表皮毛、腺体和气孔等结构。叶肉是进行光合作用的主要场所，一般明显地分为栅栏薄壁组织和海绵薄壁组织。叶脉是分布在叶肉中的维管组织，有运输水分、养料和

图5 叶缘

支持叶片伸展的作用。

叶的生态特征 根据植物与水分的关系，可分为旱生植物、水生植物和中生植物3类，其中叶的变化最大。例如旱生植物中松叶为针形，叶片面积小，表皮外壁角质层增厚，气孔内陷，叶肉细胞具皱襞，可增加同外界的接触面；菠萝、景天等植物的叶片肉质多汁，有贮水或黏液组织，能适应干燥缺水的地带等。根据植物与光照强度的关系可分为阳地植物和阴地植物两类。阳地植物的叶具有旱生性结构的特点，适应强阳光下生长；阴地植物的叶适应在荫蔽条件下吸收和利用微弱的散射光进行光合作用。

不论落叶或常绿植物，当其趋于衰老或环境不利时，都会发生落叶。落叶时，叶柄基部的细胞产生离层和保护层，叶在离层处脱落，由保护层封盖伤口。

叶的变态 小檗的刺来源于叶，刺槐的刺由托叶变成，都具有保护作用。仙人掌的叶退化成刺毛状，可减少蒸腾，适应

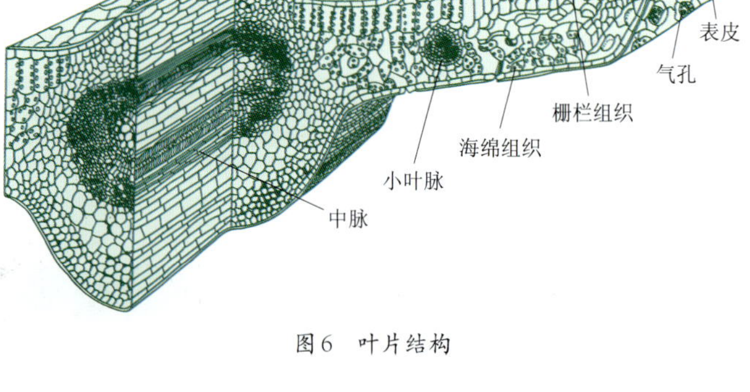

图6 叶片结构

干旱环境。豌豆的卷须来自复叶顶端的小叶，有攀缘作用。洋葱、百合的肉质鳞片中贮藏着丰富的养料。食虫植物，如猪笼草的捕虫器也是叶的变态。

叶蝉 Cicadellidae; leafhopper 同翅目叶蝉科昆虫的统称。因多危害植物叶片而得名。全世界共有2万多种，中国已发现1 000多种。体小，长仅3～12毫米。外形似蝉，触角粗大的第2节上无感觉孔。中胸无翅基片，前翅2条臀脉在基部不合并。单眼2或缺。后足胫节有棱脊，上生刺毛，其中有2排粗大而明显的刺，这是区别相近种类的重要特征。

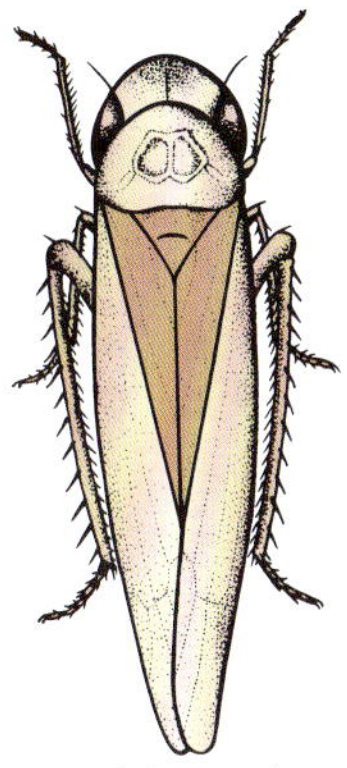

叶蝉成虫形态

卵产在叶片表皮下、叶脉中或枝干皮层里。卵期10天左右，若虫期20天上下，成虫寿命长短不一。一年发生数代，最多可达十余代。通常以成虫或卵越冬。成虫和若虫均刺吸植物汁液。成、若虫均善走能跳，成虫且可飞动离迁，大多具有趋光习性。

叶蝉科昆虫均以植物为食，很多种是农林业的重要害虫，如大青叶蝉、黑尾叶蝉、白翅叶蝉、小绿叶蝉、菱纹叶蝉等。有些种类还传播植物病毒病，如稻普通矮缩病、桑萎缩病、小麦红矮病等。

叶笃正 Ye Duzheng (1916－02－21～) 中国气象学家。祖籍安徽安庆。生于天津。1945年留学美国芝加哥大学，1948年获博士学位。1950年回国。1956年任中国科学院地球物理研究所研究员。1950～1963年在南京大学、清华大学、北京大学和中国科学技术大学任教。1977年主持中国科学院大气物理研究所工作，1980年任所长（后任名誉所长）。1980年当选中国科学院学部委员（院士），并任中国科学院副院长。历任中国气象学会第19、第20届理事会理事长。1981年当选芬兰科学院外籍院士。1983年任国际科学联盟理事会和世界气象组织联合科学委员会（JSC）委员，同年当选英国皇家气象学会会员。并被授予美国气象学会荣誉会员。1987～1990年任国际地圈－生物圈计划科学委员会（SC-IGBP）委员、中国委员会主席。1987年获国家自然科学奖一等奖。1995年获何梁何利基金科学与技术成就奖。2003年获世界气象组织最高奖——第48届国际气象组织（IMO）奖。获2005年度国家最高科学技术奖。

在大气环流和动力气象学等方面有重要贡献。早期从事大气环流和长波动力学的理论研究，继C.-G.A.罗斯比之后，提出长波的能量频散理论。20世纪50年代，在青藏高原对大气环流影响的研究中，首先提出青藏高原在夏季是热源的论点。1957年在《大气准地转运动的形成》一文中提出地转适应的尺度理论。1958年出版的专著《大气环流的若干基本问题》（合著），是深入认识大气环流的维持机制和演变过程的重要著作之一。70年代后期以来，从事地－气关系的研究。参与世界气候计划（WCRP）和全球变化国际合作计划（IGBP）的筹备和组织工作。发表论著70余篇，主要专著还有《西藏高原气象学》（合著）、《大气运动中的适应问题》（合著）、《青藏高原气象学》（合著）等。

叶尔莫洛娃 Yermolova, Maria Nikolayevna (1858－07－03～1928－03－12) 苏联演员。生于莫斯科，卒于莫斯科。1871年起成为莫斯科小剧院演员。她具有表演悲剧角色的杰出才能，创造了一系列充满英雄主义激情的妇女形象。塑造的舞台形象有《大雷雨》中的卡杰林娜、《羊泉村》中的劳伦西娅、《天才与崇拜者》中的聂金娜等。她在舞台上出色地塑造了一批A.S.普希金、A.N.奥斯特洛夫斯基等伟大剧作家创造的人物形象。

叶尔姆斯列夫 Hjelmslev, Louis (1899－10－03～1965－05－30) 丹麦语言学家，哥本哈根学派的创始人和主要理论家。生于哥本哈根，卒于哥本哈根。1923年毕业于哥本哈根大学，1937年起回母校任教，主持比较语言学系。1926～1927年，叶尔姆斯列夫在巴黎结识J.房德里耶斯和A.梅耶，开始接触F.de索绪尔的理论。1928年，他出版《普通语法学原理》。这本书描写语言的范畴，明显地反映出索绪尔关于语言是符号系统的观点和E.萨丕尔的概念范畴的影响。后来，他又出版《格的范畴》（2卷，1935～1937），明确地站在结构主义的“内在性”和“价值”观念的立场上阐述和描写格系统的理论基础。

1931年，叶尔姆斯列夫发起成立哥本哈根语言学会。他与H.乌尔达尔合作，研究语音学和音位学，写出了《音声学原理》，1935年在第二次国际语音学家大会上提出。接着，他们把音声学发展成一般性理论，创立语符学，1936年在国际语言学家大会上提出。1943年，叶尔姆斯列夫用丹麦文出版《语言理论基础》一书，这是语符学理论的代表性著作，讲语言的共时研究。

叶尔羌河 Yarkant River 中国塔里木河上源。主要支流克勒青河源于喀喇昆仑山乔戈里峰北坡，由冰川融水补给；另一支流为源于喀喇昆仑山西段的塔什库尔干河，流经帕米尔高原东坡，在阿克陶县南部塔尔下游与克勒青河交汇，至莎车县卡群流出山口，流域面积5.02万平方千米，多年平均年径流量64.2亿立方米，流经巴楚县境时被许多水库拦蓄，注入塔里木河水量仅2.93亿立方米，占塔里木河水补给来源的5.8%，占叶尔羌河总径流量9%。

叶飞 Ye Fei (1914－05－07～1999－04－18) 中国无产阶级革命家、军事家、全国人大常委会副委员长。原名叶启亨。原籍福建南安。生于菲律宾奎松，卒于北京。1928年加入中国共青团。1932年转为中共党员。1928年后任共青团福建省代理书记，中共闽东特委书记，红军闽东独立师政委，领导了闽东三年游击战争。1938年后历任新四军团长、旅长、师长，苏中军区司令员。1945年后任山东野战军（后改为华东野战军）第一纵队司令员兼政委，第三野战军第10兵团司令员。中华人民共和国建立后，历任南京军区副司令员兼福建军区司令员，福州军区司令员兼政委，福建省省长，中共福建省委第一书记，中央华东局书记处书记等。1975年后任交通部长，海军司令员、政委，全国人大华侨委员会主任，组织制定了《归侨侨眷权益保护法》。是第六、七届全国人大常委会副委员长，中共第八届中央候补委员、中央委员，第十届中央候补委员，第十一、十二届中央委员。1955年被授予上将军衔。

叶蜂 Tenthredinidal; sawfly 膜翅目叶蜂科昆虫的统称。已知约6 000种，全世界分布。中国已知600余种。体小到中型，筒形。触角7～15节，刚毛状、丝状，或近似棒状，仅枝叶蜂属的雄虫触角为栉齿状。产卵器

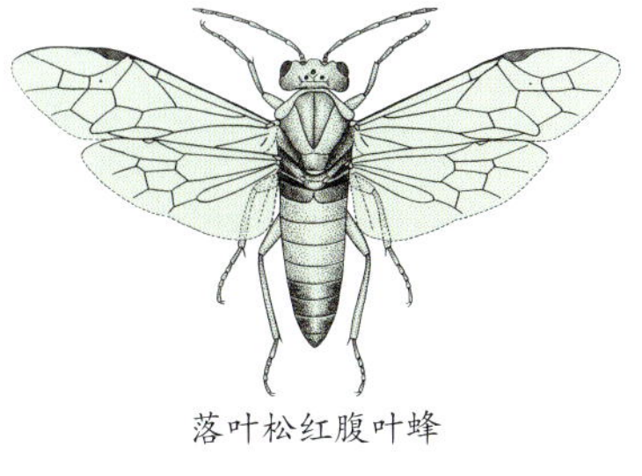

落叶松红腹叶蜂

不突出。雌雄个体比例变化甚大，有许多种类找不到雄虫。孤雌生殖普遍。通常在嫩茎或叶上产卵。幼虫有腹足6～8对，一般営自由生活，但也有生活在叶片、瘿、茎或果实中的。中国主要有油茶叶蜂、白蜡叶蜂和樟叶蜂等。

《叶甫盖尼·奥涅金》 *Eugene Onegin* 俄国诗体长篇小说。作者A.S.普希金，于1823～1831年间陆续写成。整部小说现存8章。作品以贵族青年奥涅金与塔吉雅娜的爱情故事为主线，展示了当时俄国的巨幅生活画面，刻画了各个阶层人物的心理特征和与之相关的社会原因。小说最重要的成就是塑造了奥涅金这个“多余的人”的形象。他天资聪颖，才华横溢，但缺乏毅力与恒心，没有实际工作的能力，以玩世不恭的态度对待人与事，成为一个脱离人民的贵族知识分子典型。女主人公塔吉雅娜具有高尚的道德、善良的品性和克制的精神，是普希金心目中的理想女性，也是俄罗斯民族灵魂的象征。作为“诗体”小说，《叶甫盖尼·奥涅金》，在抒情的基调下始终保持了一种音乐的魅力。1877～1878年俄国作曲家P.I.柴科夫斯基根据该小说改编创作了同名歌剧。

叶猴 Colobinae; langur/leaf monkey 灵长目猿猴亚目猴科疣猴亚科动物的统称。因以吃树叶为主得名。包括长尾叶猴属、乌叶猴属和叶猴属。约有35种。分布于印度，斯里兰卡，尼泊尔，巴基斯坦，中国西南部、西藏南部，以及克什米尔地区。亚洲东南部、中南半岛及苏门答腊、爪哇、加里曼丹等地也有分布。尾很长，适于树栖；体型纤细，无颊囊。体长40～78厘米，尾长59～101厘米，体重5～20千克。毛色基本通体一致，或褐、或灰、或黑，腹侧色浅。有些种眉弓处的毛黑而粗，有的种头顶有脊状毛冠，或在头顶、两颊、臀部有浅色块斑。头小而圆，耳大裸露。面部皮肤深灰或黑色，有的在唇部、眼圈具白色皮肤。臀部有胼胝。

长尾叶猴

栖息在热带或亚热带的树林里，特别喜欢在高大的树上活动，有时也到地面饮水或寻找食物。结群生活，少则数只，多则数十只，由一只成年雄猴率领。多在清晨和傍晚觅食树叶、花及竹笋，亦食野果。生育期多在春季，孕期6个月，每胎产1仔。中国的各种叶猴数量稀少，濒于灭绝，已被列为国家一级保护动物。

叶黄素 xanthophyll 四萜，即3,3′-二羟基-α-胡萝卜素，分子式$C_{40}H_{56}O_2$。又称胡萝卜醇。存在于许多黄叶、花和蛋黄中。黄色棱柱状结晶；熔点190℃，比旋光度$[\alpha]_{Ca}$+160（氯仿）。它的二棕榈酸酯存在于堆心菊和其他菊科植物内，还与其异构体玉米黄质同时存在于多种花内。叶黄素与玉米黄质的结构差别仅在于一烯键位置，但熔点和旋光性因而也不同，在醇钠的作用下，叶黄素可异构化为玉米黄质。叶黄素的吸收光谱类似α-胡萝卜素。叶黄素为工业制造胡萝卜素和叶绿素的副产物，其二棕榈酸酯可用于改进视力。

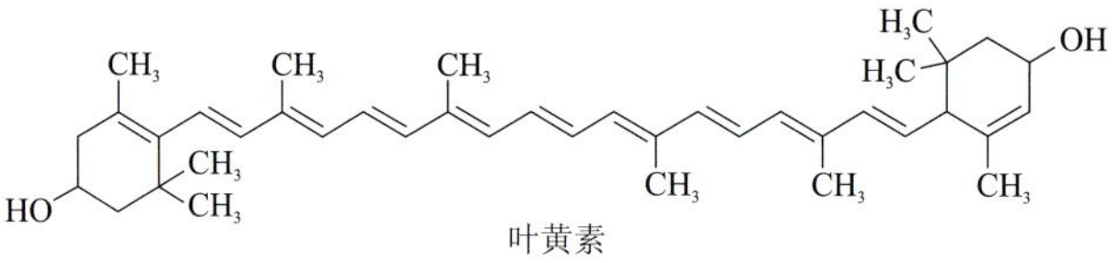

叶黄素

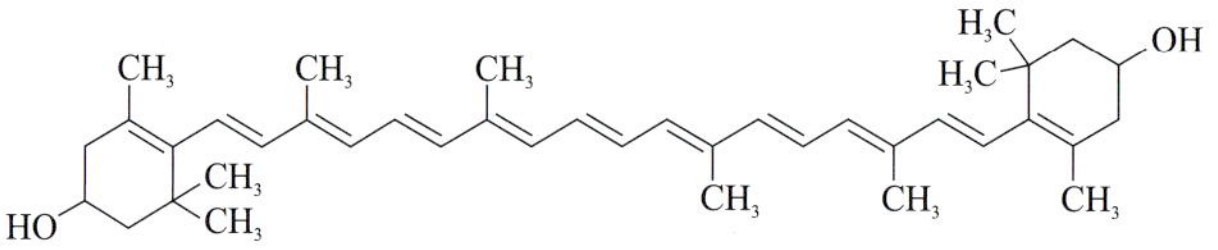

玉米黄质

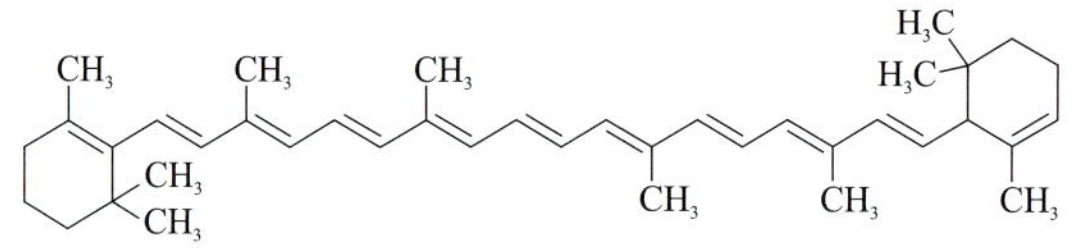

α-胡萝卜素

叶甲 Chrysomelidae; leaf beetle 鞘翅目叶甲科昆虫的统称。又称金花虫。是鞘翅目的大科之一。世界性分布。中国记载约1 500种，以东洋界种类最为丰富。体色多艳丽，有光泽。头亚前口式，前唇基明显分出，其前缘平直。触角细长、丝状或近似念珠状，一般11节，个别9或10节。前胸背板两侧具边框。成虫鞘翅一般盖及腹端，后翅发达，有一定飞翔能力。但许多在土、石下生活的种类，后翅常退化以至消失。跗节假4节型。

成虫和幼虫均为植食性，取食植物的根、茎、叶、花等。许多种类对农作物、蔬菜、林木、果树、牧草造成严重危害，如马铃薯甲虫。叶甲的寄主植物以被子植物为主，裸子植物极少。寡食类群中，叶甲的分类系统与寄主植物之间常呈现平行现象。即很多叶甲的属以一个或几个近缘的植物的科为其寄生范围。单食性种类中，有些已被用于生物除草。

叶剑英 Ye Jianying（1897-04-28～1986-10-22） 马克思主义者，中国无产阶级革命家、政治家、军事家，中国共产党和中华人民共和国的卓越领导人，中国人民解放军的缔造者之一。字沧白。生于广东梅县，卒于北京。少年就学于梅县东山中学，后去南洋谋生。1917年夏，回国进云南讲武堂学习。1921年10月，被荐任孙中山大总统的随员。1922年4月任海军陆战队营长。同年夏率部参加护卫孙中山、反击叛军陈炯明的作战。同年秋任东路讨贼军第8旅参谋长。1923年2月参加讨伐陈炯明的作战。1924年3月升任建国粤军第2师参谋长。参与筹办黄埔军校，任教授部副主任。1925年，参加讨伐陈炯明的两次东征。1926年，任国民革命军第1军总预备队指挥部参谋长，参加北伐。

1927年蒋介石发动四一二反革命政变后，毅然通电反蒋，从吉安赴武汉，任国民革命军第二方面军第4军参谋长。同年7月，加入中国共产党。南昌起义前，在九江得知汪精卫阴谋加害叶挺、贺龙的消息，立即告知叶、贺，并商量对策，挫败了汪精卫的阴谋。南昌起义后，兼任第4军教导团团长，并率该团南下。12月11日，参与领导广州起义，任工农红军副总指挥。

1928年，赴苏联莫斯科入东方劳动者共产主义大学学习。1930年回国。1931年初进入中央苏区，历任中华苏维埃共和国中央革命军事委员会委员兼总参谋部部长、中国工农红军第一方面军参谋长、闽赣军区及福建军区司令员，参与指挥第二、三、四次反“围剿”作战。1934年被选为中华苏维埃共和国中央执行委员会委员。长征初期任军委第1纵队司令员兼政治委员。1935年3月，调任红3军团参谋长。红一、四方面军会师后，任红军前敌总指挥部参谋长，后任右路军参谋长。9月9日，当获得张国焘密电陈昌浩率右路军南下，企图分裂和危害中共中央时，立即向毛泽东报告。中共中央随即采取正确措施，保证了红一方面军主力胜利北上。到陕北后，任西北革命军事委员会参谋长兼红一方面军

1943年叶剑英在南泥湾练兵场上检查部队训练情况

参谋长，中革军委副总参谋长。西安事变发生后，协助中共全权代表周恩来推动事变的和平解决。

抗日战争爆发后，任八路军参谋长。后任中共中央长江局委员、南方局常务委员。1941年2月，从重庆返回延安，任中共中央军事委员会参谋长兼八路军参谋长。同年11月，兼任军事教育委员会委员和军事学院副院长。1945年8月，任中央军事委员会委员、中央军委副总参谋长兼八路军参谋长。

抗日战争胜利后，于1945年12月作为中共代表团成员，赴重庆出席政治协商会议，并参与同国民党政府进行停止军事冲突的谈判。1946年1月赴北平（今北京）任军事调处执行部中共代表。1947年2月返回延安，仍任中央军委副总参谋长兼人民解放军参谋长。同年3月任中共中央后方委员会书记。1948年5月，任华北军政大学校长兼政治委员。12月，任中共北平市委副书记、市军事管制委员会主任兼市长。

1949年4月，参加以周恩来为首的中共代表团同以张治中为首的国民政府代表团在北平举行的和平谈判。8月，任中共中央华南分局第一书记、广东军区司令员兼政治委员。1949年10月至1954年10月，历任中央人民政府委员，中央人民政府人民革命军事委员会委员，广东省人民政府主席兼广州市市长，中南军政委员会副主席，华南军区司令员，中南军区代理司令员，中共中央华南分局第一书记、中南局代理第一书记等职务。1954年起，任中央人民政府人民革命军事委员会副主席，中华人民共和国国防委员会副主席，人民解放军武装力量监察部部长、训练总监部代部长等职。1955年9月，被授予中华人民共和国元帅军衔。1958年3月，担任由他建议并创办的军事科学院院长兼政治委员，同年兼任高等军事学院院长。1959年9月，任中共中央军委常委。1960年初任中央军委军事训练和军事学术研究委员会主任。1965年，任政协第四届全国委员会副主席。1966年1月，任中共中央军委副主席。5月，任中共中央书记处书记，兼任中央军委秘书长，主持军委日常工作。

“文化大革命”期间，同林彪、江青反革命集团进行了不懈斗争。1967年以后实际上被解除在党和军队中的领导职务、停止工作。1971年林彪叛逃身亡后，重新主持军委日常工作。1974年1月，同邓小平一起指挥西沙自卫反击战。1975年1月，任国防部部长。1976年10月，在粉碎江青反革命集团的斗争中起了决定性作用。1978年3月，当选为五届全国人大常委会委员长。1979年1月，发表《告台湾同胞书》。1980年9月，担任宪法修改委员会主任委员。1981年9月，发表《关于台湾回归祖国，实现和平统一的方针政策》的谈话，提出实现祖国统一的九点建议，主张举行国共两党对等谈判，实现第三次国共合作。1983年辞去全国人大常委会委员长职务。同年在六届全国人大一次会议上，被任命为中华人民共和国中央军事委员会副主席。1985年9月辞去所担任的党的领导职务。是中共第七届至第十二届中央委员（任职至1985年9月），第八届（十一中全会增补）至第十二届中央政治局委员（任职至1985年9月），第十届至第十二届中央政治局常委（任职至1985年9月），第十届、十一届中央副主席，第八届中央书记处书记（1966年5月中央政治局扩大会议增补）。

主要著作收入《叶剑英选集》。

叶君健 Ye Junjian (1914～1999-01-05) 中国翻译家、作家。曾用笔名马耳。湖北黄安（今红安）人。1933年入武汉大学外语系学习。毕业后到日本东京教授英语及世界语。

1937年七七事变前遭日警方逮捕入狱，事变后被逐回国。参加郭沫若领导的国防部政治部三厅工作，参与发起中华全国文艺界抗敌协会。后至重庆，任重庆大学、中央大学英文教授。1937年用世界语出版短篇小说集《被遗忘的人们》。抗日战争后在英国剑桥大学皇家学院研究欧洲文学，并用英文写了《山村》等三部长篇小说，同时将茅盾等中国知名作家的作品译成英文介绍到国外。《山村》一书于1947年7月被英国书会评为“最佳作品”。中华人民共和国建立后，先后在对外文化联络委员会、外文刊物《中国文学》(副主编）及《中国翻译》（主编）杂志社工作，并担任中国翻译家协会及中国笔会副会长。历任中国作家协会书记处书记、中国文学艺术界联合会委员、全国人大代表、全国政协委员等。他的译作《安徒生童话全集》在中国广为人知，并以此于1988年被丹麦女王授予“丹麦国旗勋章”。主要作品还有《叶君健童话集》，中篇小说《开垦者的命运》、《在草原上》，长篇小说《火花》、《自由》、《曙光》等，散文集有《画册》等15部。

叶卡捷琳堡 Yekaterinburg 俄罗斯乌拉尔区最大城市和工业、交通、文化中心。俄乌拉尔联邦区驻地，斯维尔德洛夫斯克州首府。1924～1991年曾称斯维尔德洛夫斯克。在中乌拉尔山东坡伊谢特河畔。面积约491平方千米。人口134.4万(2010)。1723年因建钢铁厂而兴起，并成为要塞。俄罗斯最大的重型机械制造基地。主要生产采矿、冶金、化工机械及电机和动力机械、重型机床等，有全国著名的乌拉尔重机厂、乌拉尔化工机械厂和乌拉尔重型电机厂，化工、食品、轻工及优质钢生产也较发达。有7条铁路在此交会，俄罗斯亚洲部分最大的铁路枢纽和重要的航空港。城市位于伊谢特河谷及伊谢特-培什马河间分水高地。建有俄罗斯科学院乌拉尔分院等50多个科研机构和乌拉尔工业大学等13所高等学校。

叶卡捷琳娜二世 Yekaterina Ⅱ Alekseyevna (1729-05-02～1796-11-17) 俄国女皇（1762～1796）。原名索菲娅·弗里德里克·奥古斯特。生于奥得河畔的施泰丁（今波兰什切青），卒于皇村（今普希金市）。1762年7月9日（俄历6月28日），叶卡捷琳娜在近卫军军官奥尔洛夫兄弟帮助下发动宫廷政变，处死彼得三世，登上皇位。

叶卡捷琳娜二世在对内政策方面，力图加强贵族官僚的国家机器，维护和发展农奴制度。18世纪60年代，自诩“开明君主”，实行“开明专制”，同伏尔泰、D.狄德罗等西欧启蒙思想家保持通信联系。在位期间，她将农奴制度强加给乌克兰人，赐给贵族以大批土地和农奴，先后颁布地主有权放逐农民、农民必须服从地主的诏书，使农奴制度发展到顶点。

在对外政策方面，对土耳其发动了两次战争（1768～1774、1787～1791），打通了黑海口，占领包括克里木半岛在内的黑海北岸广大地区。1788～1790年同瑞典进行战争。伙同普鲁士、奥地利，于1772、1793年和1795年3次瓜分波兰。占领了立陶宛、白俄罗斯和西乌克兰的大部分土地，置格鲁吉亚为保护国，俄国版图由此扩大了67万平方千米。1789年法国资产阶级革命爆发后，力图组织反法联盟，积极参与欧洲君主国镇压法国革命，在俄国历史上开创了干涉欧洲革命的先例，使俄国成为欧洲宪兵。

叶蜡石 pyrophyllite 硅酸盐矿物，化学组成为$Al_2[Si_4O_{10}](OH)_2$，晶体属三斜或单斜晶系。晶体少见，常呈鳞片状、叶片状或致密块状集合体。常呈白色、淡黄、淡

绿或浅灰色；含铁的氧化物杂质者，呈浅红至褐色。玻璃光泽或油脂（蜡状）光泽。底面解理完全，解理面呈珍珠光泽。薄片无弹性、柔软。莫氏硬度1～1.5。密度2.65～2.90克/厘米^3。有良好的绝缘性、耐火性、耐酸性，导热率和导电率低，吸油率和遮盖率高。主要用作陶瓷、耐火材料、玻璃纤维和白水泥的原料，造纸、塑料、橡胶、医药、糖果、化妆品、油漆的填料，杀虫剂的掺合剂，农药的吸收剂等；质地好的叶蜡石块乃是印章和雕刻的优质原料。叶蜡石是浙江青田石的主要组成矿物，也是浙江昌化石（鸡血石）、福建寿山石中或可见到的矿物。

叶利钦 Yeltsin, Boris Nikolayevich (1931-02-01～2007-04-23) 俄罗斯联邦第一任总统（1991～1999）。生于斯维尔德洛夫斯克州一个农民家庭，卒于莫斯科。1955年毕业于乌拉尔基洛夫工学院建筑系。1961年加入苏联共产党。1985年12月任苏共莫斯科市委第一书记，随后当选为苏共中央政治局候补委员。因政见分歧，在1987年11月以后被解除苏共莫斯科市委书记和中央政治局候补委员职务。1989年当选苏联人民代表、苏联最高苏维埃成员。1990年3～5月当选俄罗斯人民代表、俄罗斯最高苏维埃主席。7月，宣布脱党。1991年6月，当选俄罗斯加盟共和国第一任总统。1991年12月26日苏联解体后，成为俄罗斯联邦总统。

任内实行激进的市场经济改革。1992年推行休克疗法，全面开放价格，导致物价飞涨，生产大幅度下降。后调整政策，制止了下滑。1996年7月竞选连任俄联邦总统。坚决维护俄联邦的统一，反对车臣独立，两次（1994年和1999年）发动车臣战争，镇压分离主义者。对外实行向西方一边倒政策，后改为兼顾东西方的“双头鹰”外交。1998年，俄爆发金融危机，引发社会危机。1999年12月31日，宣布辞去总统职务。

叶绿素 chlorophyll 植物吸收光能、进行光合作用的主要色素。为镁卟啉化合物。包括叶绿素a、b、c等以及光合细菌中的细菌叶绿素、绿硫细菌叶绿素等。高等植物、各种藻类几乎都含有叶绿素a。叶绿素b只在高等植物、绿藻、眼虫藻、管藻中存在。高等植物中叶绿素a和b之比一般是3∶1。硅藻、甲藻、褐藻中含有叶绿素c。

叶绿素具有特异的吸收光性质，它选择性地吸收红光和蓝光而不吸收绿光，故在可见光照射下呈绿色。吸收峰的位置和消光值的大小随叶绿素种类不同而有所不同，可用于鉴定叶绿素的种类和数量。叶绿素溶液在光照下能发出深红色的荧光。

叶绿素不很稳定，光、酸、碱、氧、氧化剂等都会使其分解。酸性条件下，叶绿素分子很容易失去卟啉环中的镁成为去镁叶绿素。

叶绿体 chloroplast 生物进行光合作用的细胞器。植物细胞特有的结构。在显微镜下高等植物的叶绿体形状一般为椭球形，大小约（1～3）微米×（5～7）微米×（2～3）微米，叶绿体中由于含有大量的叶绿素而呈现绿色。

叶绿体外膜为一般离子扩散膜，小分子物质可以自由通过；内膜为半透性膜，对物质有选择透过的作用。膜内为含有大量可溶性蛋白质和其他代谢物质的基质，具有固定CO_2的能力，光合作用产物淀粉的形成和储藏在基质中进行。基质内悬有复杂的片层膜形成的片层系统，每个片层由自身闭合的双层膜构成，为扁平的囊状结构，称类囊体，由两个以上的类囊体垛叠在一起形成基粒，这些类囊体为基粒类囊体；各基粒之间再由基质类囊体（基质片层）相连。叶绿体的光合色素主要集中在基粒之中，光能转换为化学能的主要过程在基粒类囊体膜上进行。

叶绿体的基质中具有环状双链DNA，它在形状、大小、密度上都不同于细胞核的DNA，可以编码自身的部分蛋白质，是细胞质遗传的重要物质基础。叶绿体中还具有核糖体，虽然比细胞质中的核糖体小，但能合成自身的蛋白质。在叶绿体基质中

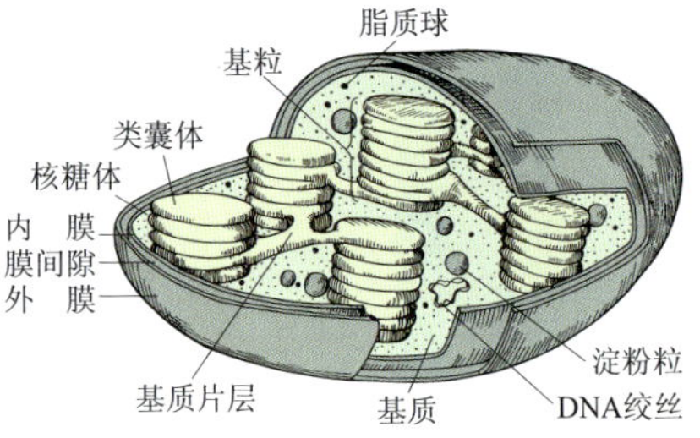

叶绿体形态和结构，示基粒及其与基质片层的联系

还含有其他物质，如淀粉粒、脂质球或称亲锇小体，它们常随片层膜解体而堆积，被视为脂质库。

叶绿体是由原质体分化发育而来，原质体具有双层膜，内膜下陷成囊，形成原片层体。在光下原片层相连成具有基粒的成熟片层系统。叶绿体除由原质体分化发育形成外，也可以自主分裂繁殖，增加叶绿体的数目。关于叶绿体的起源有不同假说：内源假说认为是由细胞质凝集产生质体原，发育为原质体而成；内共生假说认为叶绿体是由原核生物在真核细胞中内共生演化的结果。

叶梦得 Ye Mengde（1077～1148） 中国南宋文学家。字少蕴，自号石林居士。苏州吴县（今江苏苏州）人。绍圣四年（1097）进士。历官翰林学士、江东安抚制置大使兼知建康府、行宫留守等。其词存120首。早期的词不出传统题材，词风婉丽。以后，随着社会的巨变而学习苏轼词风，用词抒发家国之恨和抗敌之志。如〔念奴娇〕“云峰横起”，完全模仿苏轼“大江东去”，并用原韵。〔鹧鸪天〕“一曲青山映小池”，更将苏诗入词。除词外，兼善诗文，其诗“浑厚清隽”。著有《石林诗话》2卷。文有《石林燕语》10卷及《避暑录话》2卷，记叙朝章国典、旧闻时事，足以资考证，补史缺。存《建康集》8卷。《石林词》1卷，有《宋六十名家词》本。

叶尼塞河 Yenisey River 世界大河之一。位于俄罗斯东西伯利亚。由源出东萨彦岭及唐努乌拉山的大、小叶尼塞河汇合而成。沿中西伯利亚高原西侧，曲折北流，注入北冰洋喀拉海的叶尼塞湾。汇合点（克孜勒）以下长3 487千米。流域面积258万平方千米。年均径流量6 530亿立方米，为俄罗斯水量最大的河流。水系明显不对称，右岸支流水量为左岸的5～6倍。上游长474千米。在支流赫姆奇克河汇合处以上，河流流经宽广的草原、盆地，河床宽200～400米；汇合处以下由于穿越西萨彦岭，谷窄、河深、流急、多险滩，在峡口处的迈纳附近建有萨彦-舒申斯克水电站大坝。中游长876千米，在穿越东萨彦岭出口处的季夫诺戈尔斯克附近建有克拉斯诺亚尔斯克水电站大坝。下游长2 137千米，流经西西伯利亚平

原的东部边缘。因接纳了石泉通古斯卡河、下通古斯卡河及库列伊卡河等，水量大增。下通古斯卡河口以下，流速减缓，水流平稳，河床中出现许多沙洲。左岸沼泽、湿地遍布。杜金卡以下为叶尼塞河三角洲，河床分为许多河汊及岛屿，河口总宽度达80千米。河水补给以冰雪融水为主，次为夏秋降水。大部河段有春汛，夏季多洪水，水量季节变化大。上游通航期半年（5～10月）、中游5个月（5月下旬至10月）、下游4个月（6月中旬至10月中、下旬），上、下游封冻和解冻期不同，春、秋两季常出现浮冰堵塞河道或冰坝，造成洪水。流域内森林，煤、铁、铜、镍、铅、锌、金、铂族金属及水产资源丰富，水力资源蕴藏量居全国第一。萨彦诺戈尔斯克以下3 013千米可定期通航。主要河港有杜金卡、伊加尔卡、叶尼塞斯克、克拉斯诺亚尔斯克及阿巴坎等。

叶企孙 Ye Qisun (1898-07-16～1977-01-13) 中国物理学家、教育家。生于上海，卒于北京。1918年清华学校毕业，同年赴美，1923年获哈佛大学博士学位。1924年回国。历任东南大学理学院教授，清华大学物理系教授、系主任、理学院院长，西南联合大学物理系教授，中央研究院总干事。1948年当选中央研究院院士。中华人民共和国建立后，历任清华大学校务委员会主任委员、物理系教授、系主任、理学院院长，北京大学物理系教授，中国科学院自然科学史研究所研究员，中国物理学会副理事长、常务理事长等职。1955年当选中国科学院学部委员（院士）。主要从事金属物理和磁学等方面的科学研究。20年代与合作者对普朗克常数值进行了精确测定〔$h=(6.556\pm0.009)\times10^{-34}$焦耳·秒〕，其值被国际物理学界沿用16年之久。研究了液压对磁体磁导率的影响，并将压强增加至前人从未用过的1.2万千克/厘米^{2}后，对铁、镍、钴和两种钢的磁导率进行了精确测量和理论分析，其结果与实验定性符合。在清华大学开创了大学物理的研究，并开展了有关建筑声学等方面的研究工作。从事教学及教学领导工作50余年。

叶浅予 Ye Qianyu (1907-03-01～1995-05-08) 中国漫画家、中国画家。原名叶纶绮，笔名初萌、性天等。生于浙江桐庐，卒于北京。少时喜爱书画及民间美术和戏剧艺术。1925年因家贫辍学，翌年被上海三友实业社录取为绘图员，后为中原书局画教科书插图。1927年始作漫画，早期代表作为长篇连环漫画《王先生》，被誉为“三十年代的上海世相图”。1936年为南京《朝报》作长篇连环漫画《小陈留京外史》，披露了腐败官场的诸种丑态。这两部漫画显示了画家的敏捷才思和漫画造型技巧。

《中华民族大团结》(1953)

1937年，叶浅予任上海《救亡漫画》编委，兼漫画宣传队领队，在南京办街头抗日画展，后赴武汉、长沙、衡阳和桂林等地，从事抗日宣传。1939年在香港任《今日中国》画报主编。翌年在重庆作《战时重庆》速写百余幅，记抗日大后方社会形态。继作《明日中国》组画，寄托对胜利后的希望。1942年到贵州苗族地区旅行写生。翌年，访问印度，作印度风物速写，转向中国画创作。抗战结束后，到西康藏族地区旅行写生，撰《打箭炉日记》，自作插图。1946年出访美洲，先后在纽约、波士顿等地举办画展。翌年，应徐悲鸿聘，任教于国立北平艺术专科学校。中华人民共和国建立后，任中央美术学院教授。叶浅予的中国画，主要靠自学，曾一度从张大千。20世纪40年代的作品多反映少数民族生活，画风工细，有装饰味。50年代作《中华民族大团结》、《北平解放》等，富有时代精神。60年代前后是他的创作盛期，以舞台人物创画坛新风，代表作有《程砚秋在舞台上》、《梅兰芳》、《盖叫天》、《婆罗多舞》等，体现了他善于捕捉富有运动瞬间情态的才华。1978年作《富春山居新图》，展现了故乡富春山水的新貌。1981年作《长安怀古》组画，以近于漫画的思维和文物形象，表达了对历史的反思。

叶浅予历任中国文联委员，中国美术家协会副主席、美协书记处书记，中央美术学院中国画系主任，中国画研究院副院长等职，是全国政协二届至七届委员。著有《怎样画速写》、《细叙沧桑忆流年》、《画余论艺》等。

叶乔波 Ye Qiaobo (1964-08-03～) 中国女子速度滑冰运动员。吉林长春人。1974年入长春业余体校进行滑冰训练，1977年入解放军速滑队，1985年入选国家队。1986年在日本札幌举行的第1届亚洲冬季运动会上获500米和1 500米速滑比赛两项季军。1991年获世界女子速滑锦标赛500米冠军；同年获世界短距离速滑锦标赛500米、1 000米和全能三项亚军。1992年获世界短距离速滑锦标赛1 000米和全能冠军，同年获世界女子速滑锦标赛500米冠军和第16届冬季奥林匹克运动会速度滑冰500米和1 000米两项亚军，结束了中国在冬奥会上无奖牌的历史。1993年获世界女子速度滑冰锦标赛500米、世界短距离速滑锦标赛500米两个冠军和全能冠军。1994年在第17届冬季奥运会上获1 000米季军。

叶赛宁 Yesenin, Sergey Aleksandrovich (1895-10-03～1925-12-27) 俄罗斯诗人。生于梁赞康斯坦丁诺沃（今梁赞叶赛宁诺），卒于列宁格勒（今圣彼得堡）。1912年教会师范学校毕业。曾做过店员、校对员等。1925年因精神忧郁症自缢身亡。9岁开始写诗，1914年发表处女作《白桦》。1916年出版第一本诗集《扫墓日》。十月革命时期，他写了许多颂扬革命的诗歌，如《同志》(1917)、《约旦河鸽子》(1918)、《天上的鼓手》(1918)等。1919～1923年是诗人精神危机的年代。他迷惘、颓丧的情绪在许多诗歌中留下明显的印记，如《无赖汉》(1919)、《莫斯科酒馆之音》(1922)等。1924～1925年的创作达到了顶峰。除长诗《列宁》(1924)和《大地的船长》(1925)等重要诗篇外，还写有上百首长短抒情诗和叙事诗。此外，《回乡行》、《苏维埃俄罗斯》等都洋溢着诗人炽热的革命感情和对祖国未来的美好憧憬。叶赛宁创造了独特的诗歌形象体系，感情真挚，格调清新。

叶绍翁 Ye Shaoweng (1194?～?) 中国南宋中期诗人。字嗣宗，一字靖逸。原籍建

安（今福建建瓯）。本姓李，后嗣于龙泉（今属浙江）叶氏。他长期隐居钱塘西湖之滨，与葛天民互相酬唱。叶绍翁是江湖派诗人，博学工诗，尤以七绝见长，如《游园不值》："应怜屐齿印苍苔，小扣柴扉久不开。春色满园关不住，一枝红杏出墙来。"历来为人们所传诵。其他如《夜书所见》写儿童夜挑促织，景象鲜明，反衬出客中的孤寂；《嘉兴界》写江南水乡景色，颇饶风味；《田家三咏》写田家的生活片断，平易含蓄，词淡意远，耐人寻味。另外，周密《齐东野语》载其咏史诗《汉武帝》1首，颇尽讽刺揶揄之能事。著有《四朝闻见录》5卷传世，杂叙宋高宗、孝宗、光宗、宁宗四朝轶事，摭罗遗佚，足补正史之缺。诗多散佚，《江湖小集》中存其《靖逸小稿》1卷，又有汲古阁影抄《南宋六十家小集》本、《两宋名贤小集》本。

叶圣陶 Ye Shengtao (1894-10-28～1988-02-16) 中国作家、编辑家、教育家。本名叶绍钧，曾用名秉丞等。原籍安徽。卒于北京。中学毕业后开始了10年乡镇小学教员的生活。1914年开始发表文言小说。为他后来从事白话小说的创作积累了经验。1919年，受五四新文化运动影响，他加入北京大学学生组织的"新潮社"，开始在《新潮》、《小说月报》、《晨报副刊》等报刊上发表各种体裁的文学作品和文学评论。1921年参与发起成立文学研究会。1922年3月出版第一本白话短篇小说集《隔膜》，为新文学最早的短篇小说集之一。此后，又陆续出版短篇小说集《火灾》(1923)、《线下》(1925)、《城中》(1926)、《未厌集》(1928)、《四三集》(1936)。1929年8月，长篇小说《倪焕之》出版。

叶圣陶早期小说关注下层人民疾苦，关注妇女命运和儿童心理，体现出人道主义倾向。虽然个别作品有"问题小说"的色彩，几篇儿童题材作品写童心和母爱时也流露出"爱"与"美"的理想色彩，但他仍以冷静客观地描写普通人的日常生活状态和心理见长，尤其擅长写他最熟悉的下层知识分子和小市民。《一个朋友》否定了个性泯灭的婚姻家庭生活，《隔膜》则暴露小市民在温文尔雅的礼节中对于生活的令人战栗的冷淡。《潘先生在难中》既同情地讽刺了小知识分子在战乱中的患得患失，又表达了反战思想。在创作原则上，他反对依据某种"主义"来创作，而强调艺术直觉。五卅运动后，叶圣陶日益关心政治，特别是1927年以后，国内形势的剧变，加之受左翼文学思潮影响，他开始重视作品的时代性，并注意反映重大历史事件。以四一二政变为背景的短篇小说《夜》，揭露帝国主义经济侵略和官僚资本主义剥削造成中国农民的深重苦难，表现了农民反抗意识的觉醒的小说《多收了三五斗》(1933)就属于这类作品。进入30年代以后，他的小说创作数量逐渐减少，40年代中期基本停止了小说创作。

叶圣陶是五四时期文学研究会最优秀的小说家，是中国现代小说奠基者之一，他在小说创作方面的扎实而稳健的成就受到国内外研究者的广泛赞誉。除小说外，他还创作了许多优秀散文，出版了《脚步集》(1931)、《未厌居习作》(1935)、《西川集》(1945)、《小记十篇》(1958)等散文集。其中《藕与莼菜》等是现代散文名篇。他还是中国现代童话的拓荒者，有童话集《稻草人》(1923)、《古代英雄的石像》(1931)等出版。他的童话在童心色彩中也融进了成人的悲哀。

叶圣陶从1923年起担任商务印书馆编辑，1930年起改任开明书店编辑，抗战胜利后成为开明书店负责人之一。曾主编或编辑过《诗》、《文学周报》、《小说月报》、《中学生》、《中学生文艺》、《中国作家》等重要文学及语文教育刊物，发现、培养和推荐过巴金、丁玲等一批著名作家。在做编辑工作的同时，他还曾兼任中学、大学教员，编辑过几十种中小学语文教材，撰写过十多本语文教育方面的论著。1949年以后，曾先后出任中央人民政府出版总署副署长、教育部副部长兼人民教育出版社社长、中央文史馆馆长、中国民主促进会第七届中央主席、全国政协第六届副主席等职。主要著作收入《叶圣陶文集》。

叶盛兰 Ye Shenglan (1914-12-09～1978-06-15) 中国京剧演员。工小生。原名端章。原籍安徽太湖。生于北京，卒于北京。12岁入富连成社科班，初习青衣、武旦，后改习小生。未出科已崭露头角，出科后又拜程继先深造。曾与马连良、言慧珠、章遏云、李玉茹等合作，并一度自己挑班演唱。他扮相英俊，气度大方，表演细腻；嗓音宽亮，刚柔兼备；念白注重口劲和音韵，大小嗓结合自然，圆润流畅。武功根底坚实，动作洗练，于稳健从容中显出脆、帅。叶盛兰能戏很多，以雉尾生最为擅长。如《群英会》、《临江会》、《赤壁之战》中的周瑜，《辕门射戟》、《吕布与貂蝉》中的吕布。1958年在现代戏《白毛女》中扮演王大春。他还参加了影片《群英会》的拍摄。他的艺术成就，对当代京剧小生的表演风格有较大影响。

叶盛兰在京剧《群英会》中饰周瑜

叶適 Ye Shi (1150～1223) 中国南宋思想家。永嘉学派代表人物。字正则。浙江永嘉人。进士，曾任太常博士，代理工部、兵部、吏部侍郎，宝文阁待制等职。晚年于永嘉城外水心村讲学，人称水心先生。在哲学上，认为道与物同在，物是由气构成的，气无始无终，所以说"圣人不知其所由来"。认为人们认识道必须详尽地考察各种事物。在社会历史、伦理思想上，认为不应该轻视商人的作用，要提高商人的社会地位。他提倡功利之学，批评董仲舒"正其谊不谋其利，明其道不计其功"是"无用之虚语"，强调物质生活是道德的基础，主张道德修养要在事功中去实现。他受社会经济条件变化的影响，提出了一些富于开拓性的见解，如反对传统的重本轻末思想，主张发展商品经济，认为应给予工商业者进入社会政治生活的权利。著有《水心先生文集》，今有中华书局版《叶適集》。

叶水夫 Ye Shuifu (1920-04-18～2002-03-24) 中国翻译家、学者。笔名水夫。浙江宁海人。卒于北京。1942年肄业于上海沪江大学物理系。1943年参加革命。曾在上海时代出版社和《时代日报》社工作多年。20世纪50年代，筹建中国科学院文学研究所苏联文学研究组，任组长。后历任中国社会科学院外国文学研究所研究员、副所长、所长，中国外国文学学会副会长，中国比较文学学会副会长，中国翻译工作者协会会长。

他是中国外国文学研究工作的组织者和俄苏文学研究的开拓者之一。曾主持《马克思主义文艺理论丛书》、《外国文艺理论丛书》和《外国文学名著丛书》的翻译和出版。主要译作有A.S.普希金的《驿站长》、

M.高尔基的《切尔卡什》、A.Ye.柯涅楚克的《赴苏使命》(1945)、戈尔巴托夫的《不屈的人们》(1945)、A.A.法捷耶夫的《青年近卫军》(1947)、乌斯宾斯基的《遗失街风习》、田德里亚科夫的《伊凡·楚普罗夫的堕落》(1955)、季莫菲耶夫的《苏联文学史》(1948)等。此外，他还出版和发表了许多颇具影响的学术论文。

叶酸 folic acid; folacin　人体细胞生长及造血过程中必需的一种B族维生素。化学名称为蝶酰谷氨酸。因存在于绿色叶子中而得名。为黄色晶体，无臭，无味，不溶于冷水、氯仿、乙醚和丙醇，微溶于热水、醋酸、氢氧化碱和碳酸碱溶液中，遇光易分解，碱性和温度过高均促其氧化水解。

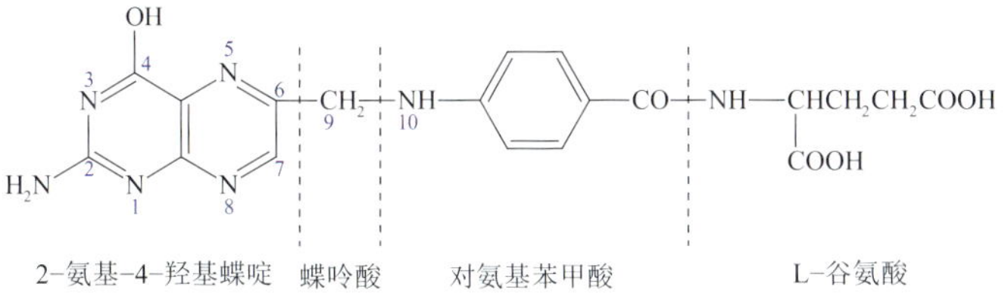

叶酸的化学结构式

生理功能　叶酸参与核苷酸的合成，氨基酸的代谢，肾上腺素、肌酸、血红蛋白等合成。

推荐摄入量　2001年中国营养学会提出的每日适宜摄入量（微克）为：0～4个月65；5个月至1岁80；1～3岁150；4～10岁200；11～13岁300；14岁以上400；50岁以上500；孕妇600；乳母500。

叶酸缺乏症　多见于孕妇。妊娠期间，胎儿及孕妇本身造血功能加强，红细胞分裂增殖十分旺盛，需要的叶酸增多，故易出现缺乏。主要为巨幼红细胞贫血、胎儿神经管畸形。患有肠道吸收不良疾患、肝脏疾患以及长期使用抑制叶酸代谢的药物均可导致继发性叶酸缺乏。氨基蝶呤、氨甲蝶呤属于叶酸抗拮剂，使用此类抗癌药物时间较久也易出现叶酸缺乏。

叶酸毒性　叶酸虽为水溶性，但大剂量可产生毒副作用。使病人发生惊厥；大剂量可掩盖维生素B_{12}缺乏的神经症状，可降低锌的吸收。中国制定的最高耐受量，以微克/日计为：1～3岁300；4～10岁400；11～13岁600；14～17岁800；18岁以上以及孕妇、乳母为1 000。

食物来源　人体需要的叶酸主要来自食物。食用含叶酸丰富的食物，可防治叶酸缺乏症。新鲜的绿叶蔬菜、肝脏、肾脏、蛋、豆制品、核果及酵母中含量较丰富，乳类、肉类及鱼类次之，谷类也含有。蔬菜烹煮时间过长叶酸会破坏，损失率可达50%～90%。食物中叶酸利用率低于叶酸补充剂，仅为50%。

临床应用　用于巨幼细胞性贫血的治疗。孕妇预防胎儿先天性畸形，应用叶酸拮抗剂治疗疾病等。

叶天士 Ye Tianshi (1667～1746)　中国清代医学家，温病学派代表人物之一。即叶桂。字天士，号香岩，以字行。江苏吴县（今苏州）人。《温热论》一书集中反映了他的学术见解。他认为温邪由口鼻侵入人体，提出“温邪上受，首先犯肺，逆传心包”，揭示了温热病的发病途径和传变规律。还总结出舌苔、牙齿和斑疹白痦色泽等变化与温病病情的关系，发展了温病的诊断方法。并根据温病的变化过程，按卫、气、营、血4个阶段的辨证施治纲领，制订了一系列治疗方法和方药，使温病学有了较为完整的理论。在脾胃学说方面，他认为脾胃与四脏都有密切关系，提出“脾胃有心之脾胃，肺之脾胃，肝之脾胃，肾之脾胃”。在治疗上，对于养胃阴主张“认清门路，寒热温凉以治之，未可但言火能生土而用热药”。这些论点为脾胃学说增添了新的内容。

叶氏现传的《温热论》、《临证指南医案》、《叶氏存真》和《未刻叶氏医案》等，都是其门人根据他的口授或临床实践中的笔记编辑整理而成。

叶挺 Ye Ting (1896-09-10～1946-04-08)　中国人民解放军创建人和新四军领导人，军事家。字希夷。生于广东归善周田村（今属惠州市惠阳区）。1919年初投身孙中山领导的民主革命，同年加入中国国民党。1921年任孙中山陆海军大元帅府警卫团第2营营长。次年6月粤军总司令陈炯明叛变时奉命守卫总统府前院，掩护孙夫人宋庆龄脱险。1924年赴苏联学习。同年加入中国共产主义青年团，12月转入中国共产党。1925年9月回国。1926年，在北伐战争中率国民革命军第4军独立团为先遣队讨伐军阀吴佩孚，在湖北汀泗桥和贺胜桥等战役中屡建战功，被誉为“北伐名将”。1927年8月参加领导南昌起义。同年12月参加领导广州起义，任起义军工农红军总司令。广州起义失败后，因受到中共广东省委领导的责难和共产国际某些人的冷遇而消沉，与党脱离关系，流亡欧洲，后到澳门隐居。抗日战争爆发后，出任新四军军长，指挥部队挺进华中敌后，开展游击战争。1939年5月，在皖中主持成立新四军江北指挥部，指挥部队挺进皖东敌后，在津浦路东西两侧建立抗日根据地。1940年10月初，日军进犯皖南泾县云岭新四军军部，他指挥军直属队顽强苦战，将敌击退。1941年1月皖南事变中被国民党扣押，身陷囹圄，坚贞不屈。1946年3月4日获释。出狱后立即要求重新加入中国共产党，3月7日被中共中央批准。4月8日因飞机失事遇难。遗体葬于延安四八烈士陵园。

1939年叶挺在新四军军部

叶宪祖 Ye Xianzu (1566～1641)　中国明代戏曲作家。字美度，号六桐，一作桐柏，别署槲园居士。浙江余姚人。万历四十七年(1619)进士。授广东新会知县，后迁大理寺左评事。曾因不满魏忠贤建造生祠而被削职。魏忠贤败，出任南京刑部主事，后以广西按察使告长假回乡。叶宪祖现存戏曲至少有传奇3种和杂剧5种。杂剧有《寒衣记》、《骂座记》、《北邙说法》、《团花凤》、《易水寒》，多改编或取材于旧作，往往将前人作品悲剧翻为喜剧。较可观者是《北邙说法》。它只有一折，前半南曲，后半北曲，是杂剧中少见的变体。传奇现存《鸾锟记》、《四艳记》、《金锁记》。《鸾锟记》27出，叙杜羔和赵文姝、温庭筠和鱼玄机两对青年男女的爱情婚姻故事。《四艳记》传奇由4个短剧组成，连同家门引子在内，每剧9出。《金锁记》传奇据元杂剧《窦娥冤》改编而有不少更动。叶宪祖的戏曲作品在明末剧坛颇具影响。

叶燮 Ye Xie (1627～1703)　中国清代诗论家。字星期，号已畦。嘉兴（今属浙江）人。晚年定居江苏吴江横山，世称横山先生。康熙九年(1670)进士，选为宝应知县。不久落职，后纵游海内名胜，寓佛寺中诵经撰述。主要著作为诗论专著《原诗》，此外尚有诗文集《已畦集》和讲星土之学的《江南星野辨》。

《原诗》分内外两篇，每篇分上下两卷，共4卷。内篇为诗歌原理，其中上卷论诗的发展，下卷论诗的创作。外篇为诗歌批评，主要论工拙美恶。关于诗的发展，叶燮主张文学的进化；关于诗的创作，提出能以“在我”之“才、胆、识、力”，反映“在物”之“理、事、情”。他继承宋人吕本中的活法论，以死法为“定位”，以活法为“虚名”。关于诗的批评，他重质轻文，强调“诗之才调、诗之胸怀、诗之见解”。其诗论具有朴素唯物主义倾向以及辩证法思想。在总结历史经验、帮助正统文学继续延展方面颇多可取见解。《原诗》以理论的创造性和系统性居于清代众多诗论专著之上。

叶选平 Ye Xuanping (1924－11～) 中国人民政治协商会议全国委员会副主席。广东梅县人。1941年进延安自然科学院机械专业学习。1944年后在延安军委工业局工作。1945年9月加入中国共产党。曾在晋绥边区第一机械厂工作。1948～1949年先后在哈尔滨工业大学、清华大学学习。1949～1960年任沈阳第一机床厂车间主任、副厂长，1952～1953年赴苏联机床厂实习。1960年后历任辽宁省沈阳市机械局副总工程师，北京第一机床厂副厂长兼总工程师、党委副书记，北京市机械局领导小组副组长、党委常委，国家科学技术委员会三局局长，广东省副省长、省科学技术委员会主任，中共广州市委副书记、广州市市长，中共广东省委副书记、省长。是中共十二届、十三届、十四届中央委员；全国政协七至九届副主席。

叶雪安 Ye Xue' an (1905－01－25～1966－09－15) 中国大地测量学家。又名叶安素。生于江苏金山（今属上海市），卒于湖北武汉。1929年毕业于同济大学土木工程系，1933年赴德国慕尼黑工科大学测量专业学习，1935年获特许工程师学位。回国后，历任同济大学教授、测量工程系主任、工学院院长，武汉测绘学院天文大地测量系主任等职。在**大地测量学**，特别是椭球面大地测量学和地图投影方面作出重要贡献。20世纪50年代对中国城市控制测量进行开拓性工作，指导当时上海、天津等城市一级三角网的施测和加密工作。主要著作有《地图投影》、《测量平差》、《椭球面大地测量学》、《大地测量学》（中册、下册）等，还有《配适于任一地域最佳之正形投影法》、《用利萨夫法施行三角网的近似平差》等论文。

叶永烈 Ye Yonglie (1940－08－30～) 中国科幻文学、传记文学作家。浙江温州人。

叶永烈与小读者在一起

1957年考入北京大学化学系，1960年出版第一本科学文艺集《碳的一家》。1963年大学毕业后到上海科学教育电影制片厂任编导，成为《十万个为什么》丛书主要作者。后成为上海作家协会专业作家。其科幻文学创作涉及小说、童话、影视等多种门类。中篇科幻小说《小灵通漫游未来》(1977) 印行150万册，影响广泛。主要科幻作品有小说集《世界最高峰上的奇迹》、《飞向冥王星的人》、《丢了鼻子以后》，童话集《谁的脚印》、《奇怪的病号》等。创作题材广泛，想象丰富，注重儿童接受心理，融科学性、知识性、儿童化于一体，在少儿科幻文学创作中卓然成家。20世纪80年代后期起转向报告文学、传记文学创作，出版有100多万字的总题为《"四人帮"兴衰》的长卷以及多种当代政治人物传记。

叶芝 Yeats, William Butler (1865－06－13～1939－01－28) 爱尔兰诗人、剧作家、散文家。生于都柏林，卒于法国罗克布鲁纳。曾在都柏林大都会美术学院学习绘画。1887年专事诗歌创作。1923年获诺贝尔文学奖。叶芝一生先后写过26部剧本。他领导了爱尔兰文艺复兴运动，并和**格雷戈里夫人**共同创建爱尔兰民族戏剧。主要剧作有《凯瑟琳伯爵夫人》(1899)、《胡里痕的凯瑟琳》(1902)、《沙漏》(1903)、《在贝勒海滩上》(1904)、《鹰泉》(1916)、《炼狱》(1939) 等。

在诗歌创作方面，主要作品有《柯尔庄园的野天鹅》(1917)、《钟楼》(1928)、《盘旋的楼梯》(1929) 等。他的诗歌成就达到了英语诗歌史上一个少有人及的高峰。

叶至善 Ye Zhishan (1918－04－24～2006－03－04) 中国编辑出版家。生于江苏苏州，卒于北京。1941年毕业于国立中央技艺专科学校。1945年8月进**开明书店**，帮助父亲**叶圣陶**编辑《开明少年》月刊和《开明少年丛书》。1952年主编期刊《中学生》。1953年转入中国青年出版社，仍主编《中学生》。1956年6月，中国少年儿童出版社成立，任社长兼总编辑。后职务迭有更动。从1986年起任中国出版工作者协会副主席、顾问，全国政协七届常委兼副秘书长。在编辑工作之余从事创作，对科普读物的文艺化作过许多有益的探讨。

叶渚沛 Ye Zhupei (1902－10－06～1971－11－24) 中国冶金学家。祖籍福建厦门。生于菲律宾马尼拉，卒于北京。1925～1928年毕业于美国芝加哥大学和宾夕法尼亚州立大学，获冶金化学硕士与金属物理化学博士学位。先后在美国中央合金钢公司、联合碳化物研究所、机器翻砂公司任工程师和冶金组主任等职。1933年回国，历任资源委员会冶金室主任、重庆炼铜厂厂长、电化冶炼厂总经理。1944年去欧美考察，曾任联合国教育、科学及文化组织科学组副组长。1950年回国，任中央重工业部顾问、中国科学院学术秘书。1958年创建中国科学院化工冶金研究所并任所长。1955年当选中国科学院学部委员（院士）。在中国倡导研究化工冶金学。获国家自然科学奖二等奖、全国科学大会奖等。著有《关于解决我国农业问题的建议》，发表论文近百篇。

叶紫 Ye Zi (1912－11－15～1939－10－05) 中国小说家。原名余昭明，又名余鹤林。湖南益阳人。1926年，湖南农民运动兴起，叶紫一家参加了革命。稍后，入武汉军事学校三分校学习。1927年长沙"马日事变"后，其父、二姐均被杀害，他也遭到通缉。逃离家乡后，颠沛流离于湘、鄂、赣、苏等地。1933年，在上海与陈企霞共同创办《无名文艺》，并在创刊号上第一次

以叶紫为笔名发表短篇小说《丰收》，遂引起文坛注目。同年加入中国左翼作家联盟。随后撰写了一系列小说、散文。1935年短篇小说集《丰收》出版，鲁迅为之作序，并列入鲁迅主编的《奴隶丛书》。同年患严重肺病，病中写作和出版了中篇小说《星》及短篇小说集《山村一夜》。抗战爆发后，因贫病交困离沪返湘。

叶紫的作品主要以自己的身世和经历为题材，反映了大革命时期中国农村激烈动荡的生活，感情炽热，人物生动。

叶紫的著作尚有《现代女子书信指导》(1935)以及自编而未能出版的《叶紫散文集》。中华人民共和国建立后，人民文学出版社先后出版了《叶紫创作集》(1953)、《叶紫选集》(1959)等。1983年湖南人民出版社出版的《叶紫文集》(上、下卷)，汇集了迄今发现的作者的全部作品。

页岩 shale 具有纹理、页理构造的泥质岩。用锤子击打，沿页理方向易分裂成薄片。岩石成分较复杂，主要黏土矿物有伊利石、高岭石、蒙脱石及混层黏土矿物，常含有细粒陆源碎屑矿物、自生矿物及有机质等。常见类型有：①黑色页岩。含较多的有机质。②碳质页岩。含有大量已碳化的有机质，常见于煤系地层的顶底板。③油页岩。含一定数量的沥青，黑棕、浅黄褐色等，层理发育，燃烧有沥青味。④硅质页岩。含有较多的玉髓、蛋白石等。⑤铁质页岩。含少量铁的氧化物、氢氧化物等。多呈红色或灰绿色。在红层和煤系地层中较常见。

曳鳃动物门 Priapulida 动物界一门。体腔动物。具2纲3科。中国已报道2属2种。蠕虫状，体长几毫米至200毫米。自由生活，体圆柱形，两侧对称不分节。典型的曳鳃动物大多可分为吻(翻吻)、躯干部(腹部)和尾(尾附器)3个部分。吻可伸缩，位于虫体前端，口位于吻前方中央。躯干部具许多体环且常覆有小棘或瘤，后端腹面开口为肛门，肛门前两侧开口为泄殖孔。体腔大，位于肠管与体壁之间，并延伸至尾。尾无或有，尾位于躯干部之后，有的具中空的柄和许多囊泡状突起(尾囊)。雌雄异体，体外受精。主要栖于含泥砂的沉积物中。大型者以翻吻在泥内吞咽小型多毛类环虫、甲壳动物和其他曳鳃动物。小型者以沉积物中的细菌为生。

邺 Ye 中国魏晋南北朝时期黄河流域最富庶繁盛的都会之一。魏王曹操，十六国时期后赵、冉魏、前燕，北朝东魏、北齐先后在此建都。遗址位于今河北临漳县西南17.5千米三台村。始建于春秋齐桓公时代。后邺地入晋，为晋国东阳地。战国初年，邺地入魏。战国末赵襄王六年(前239)“魏与赵邺”，邺地于是入赵(《史记·赵世家》)。九年为秦国所占。从春秋至战国末年邺地数易其主的历史来看，邺地处于当时中原地区战略要地，为中原诸国争夺的对象。秦灭六国置郡县，邺县属邯郸郡。汉高帝时置魏郡，治邺，为河北平原南部一大都会。东汉末初平元年(190)韩馥为冀州牧时，自鄗(今河北柏乡县北)迁治所至邺，此后邺成为河北平原的统治中心。黄巾起义失败后，曹操与袁绍争夺冀州，关键在于争夺邺城。建安九年(204)曹操占领邺城后，即以邺地为经营河北根据地，自领冀州牧，进封魏公，后进封魏王，俨然以天子自居。这时黄河流域名义上还属汉朝，都城在许，但实际上的政治中心却在邺。曹操都邺后，在旧城基础上进行大规模扩建。嗣后因东魏、北齐都邺时，在曹操邺城之南修建新城，被后世称为邺南城，于是曹操所建邺城被称为邺北城。邺北城据《水经注·浊漳水》记载，东西七里，南北五里。城有七门，南垣三门，北垣二门，东西垣各一门。北临漳水。据左思《魏都赋》及张载注记载，全城分为南北两部分，城北半部的中部为宫殿、官署区，以东为戚里，为宗室外戚贵族居地，以西为铜雀园，为王家囿苑。苑内置武库、马厩、仓库。在铜雀园西部城西北隅，因城为基，修建了铜雀(中)、冰井(北)、金虎(南)三台。三台皆砖甃，上有阁道相连，施则三台相通，撤则各自悬绳，壁垒森严。城南半部为民居区，经考古探测，有南北向干道三条，中轴线干道由城南中门中阳门北通宫城的端门和文昌殿，全长730米，宽约17米，街道笔直。在城西筑堰引漳水入城，以为苑囿、生活用水。曹操时先后开白沟、平虏渠、泉州渠、新河，使邺成为河北地区水运交通中心。城内街衢辐辏，设三市进行贸易，商业繁荣，四方土产，均集于此，成为河北平原的经济中心。同时，由于曹氏父子的创导，邺都雅集了当时黄河流域最优秀的文学人才，所谓“邺京之下，烟霏雾集”。建安文学即产生于此。曹丕代汉建魏后迁都洛阳，邺仍为黄河流域重要都会。黄初二年(221)以长安(西汉故都)、谯(曹操本贯)、许昌(汉献帝旧都)、邺、洛阳为“五都”，足见其地位之重要。曹魏时代邺城规制的特点：一是首先出现中轴线对称的布局；二是宫城、官署与居民区分开，改变了过去长安、洛阳宫城与里坊相参的局面；三是宫殿和戚里集中在城北部，改变了过去“前朝后市”的传统。这种布局为后来隋大兴城所继承，在中国古都史上有划时代意义。十六国后赵石虎335年自襄国(今河北邢台市西南)迁都于此，并着手大规模修缮和扩建原有宫室，并新建许多宫殿。其后冉闵建立魏国，亦都于此。前燕慕容儁灭冉魏，初都于蓟(今北京城西南隅)，357年自蓟迁都于邺，370年为苻秦所灭。前秦虽都长安，然邺仍为冀州牧驻地，为控制河北重镇。北魏道武帝拓跋珪于天兴元年(398)曾至邺，“巡登台榭，遍览宫城，将有定都之意”。401年于邺置行台，并置相州。北魏一代相州刺史、行台均由王室人员担承。东魏天平元年(534)高欢入洛阳，立孝静帝，迁都于邺。次年因旧城狭窄，在曹魏邺城之南营建新城，史称邺南城。“南城东西六里，南北八里六十步”。形制东西狭，南北宽，与北城相反。城共十三门：南垣三门，东垣四门，西垣四门，北城垣即邺北城南垣，城门即北城诸南门。南城北半部为宫殿区，南半部为居民区。以后北齐都此，亦曾增建宫室。十六国后赵，东魏、北齐时，邺城还是丝织、金银器、手工业中心。后赵石勒、石虎均信奉佛教，龟兹僧佛图澄在邺城传播佛教影响极大。东魏、北齐时，邺城为佛教传播中心。北周建德六年(577)攻下邺城，北齐亡。改邺都为相州、魏郡治所。580年杨坚企图代周，相州总管尉迟迥不从，杨坚攻下邺城，下令焚毁邺城宫室及民邑。千年名都化为废墟。明清以来，由于漳水不断泛滥，邺城已为流沙所淹。中华人民共和国建立后，邺城曾多次发掘，知邺北城在今河北临漳县西南邺镇、三台村、景隆村、显王村一带，城垣在地面已荡然无存。三台村西侧有土台耸立地面，相传为铜雀台遗址，经考证实为金虎台遗址。邺南城在今临漳县西南马家辛庄、河图村、倪家辛庄、仁寿村一带，城垣在地面上已无遗迹可寻。

夜蛾 Noctuidae; noctuid 鳞翅目夜蛾科昆虫的统称。全世界已知2.1万种以上，中国已知3 700余种。成虫体型一般中等，但不同种类可相差很大，小型的翅展仅10毫米左右，大型的翅展可达130毫米。口器发达，下唇须有钩形、镰形、椎形、三角形等多种形状，少数种类下唇须极长，可上弯达胸背。喙发达，静止时卷曲，只少数种类喙退化。复眼半球形，少数肾形单眼1对。触角有线形、锯齿形、栉形等。额光滑或有突起。翅约呈三角形，亦有翅尖外凸、外缘锯齿状或后缘凹陷等类型。翅色多较晦暗，热带地区种类比较鲜艳。前翅通常有几条横线，中室中部与端部通常分别可见环纹与肾纹，亚中褶近基部常有剑纹。

老熟幼虫多在地表上下作土室化蛹。蛹为被蛹。成虫夜间活动，多数对灯火和糖蜜有正趋性。白天隐藏于荫蔽处，栖止时翅多平贴于腹背。多为植食性害虫，少数种类捕食其他昆虫，例如紫胶猎夜蛾(又称紫胶白虫)即为紫胶虫的天敌之一。某些种类成虫喙很强，能刺穿果皮吸食果汁，还有少数种类能吮吸人、畜的分泌物。许多种类在大量发生时，会给农作物造成大害，黏虫、小地老虎、黄地老虎、棉铃虫等都是著名的作物害虫。

夜光藻 *Noctiluca miliaris*; noctiluca 甲藻门夜光虫科的一种。又称夜光虫。广布于世界各海区。中国各海区均有分布。单细胞，球形或肾形，直径可达2毫米，腹面有一纵沟，沟内有一条退化的鞭毛。在沟的顶部有口，口旁有一条明显的触手，具有摄食的功能。无色素体，以捕捉硅藻类和桡足类等浮游生物为食。海产。具有发光能力，发光作用是由细胞内的颗粒物质产生的。在夜晚，当夜光藻的细胞密度较大时，一旦受到风浪的刺激即发荧光。是热带和亚热带海区的主要赤潮生物之一。当密度达到每升1 000个时，海水即变红，形成赤潮。夜光藻虽然不产生毒素，但它分泌的氨类物质会加剧水质恶化，还会造成水体缺氧；同时，藻体常会堵塞鱼鳃，造成鱼呼吸困难，甚至窒息死亡，给海产养殖业造成经济损失。

夜来香 *Telosma cordata*; cordate telosma 萝藦科夜来香属的一种。木质藤本植物。又称夜香花。热带亚洲、欧洲、美洲均有栽培。分枝柔弱，老枝灰褐色，小枝黄绿色。叶对

生，长圆形，长5～10厘米。伞状聚散花序腋生，花多至30朵，黄绿色，有芳香，夜间尤甚，故名。喜温暖湿润、阳光充足的环境和肥沃的土壤，忌积水。通常用扦插法繁殖。栽培管理中注意施足基肥，搭设棚架，植株上棚后要及时打顶，促使多分枝。适宜栽于庭院，花既可欣赏，又可食用。

夜郎文化 Yelang Culture 中国西南古代夜郎族的文化。夜郎是战国秦汉时期活动在今滇东、黔西地区的一个古国。贵州西部地区历年发现的青铜时代遗存如赫章可乐、威宁中水、普安铜鼓山等，一般认为即与古夜郎有关。这些地区目前发掘的材料以墓葬为主，都是小型土坑墓，未见坟丘，有的有简易木棺。赫章可乐遗址发现的以铜鼓或釜套头而葬的“套头葬”是其最典型的葬俗。墓内一般只随葬少量陶器、青铜器、铁器、珠饰等。其中既有当地特色的长条形铜锄、宽刃无胡戈、鼓形铜釜、宽边手镯、长发钗、牛头形带钩等，又有与中原内地相同的铜镜、印章、半两钱、五铢钱以及铁兵器和漆器等。这些墓葬提供了探索夜郎文化的珍贵资料，但尚不能最终确认它们即夜郎文化遗存。

夜曲 nocturne 音乐体裁样式之一。18世纪的夜曲是一种器乐合奏的小型乐曲，并常以意大利语notturno冠名。J.海顿、W.A.莫扎特均写有此类乐曲。19世纪的夜曲成为一种旋律如歌、富于诗意的抒情特性曲，类似无词歌，但内容较为深沉，常含有忧郁的情绪，始作者为爱尔兰作曲家J.菲尔德。F.F.肖邦把夜曲发展为形象丰富、情深意远的钢琴音乐体裁，他的19首夜曲是这一体裁的艺术珍品。

《夜巡》 *Night Watch* 荷兰画家伦勃朗1642年为阿姆斯特丹火枪手连队创作的群像画。画面原本描绘的是火枪手们白天执勤的场面，日久变为乌黑色，后人误为“夜巡”，沿称至今。伦勃朗在此画中尝试改变当时画群像的一些惯例，把画面处理成以班宁·柯克为中心，整个火枪连正整装出发

《夜巡》(阿姆斯特丹国立博物馆藏)

执行任务的情景，凸显戏剧性和层次感，人物组合具有主次，然而也因为这个构想没有符合订货者要求细致、对等地描绘每一个火枪手，而引起他们的不满。在17世纪荷兰肖像画的历史中，《夜巡》这样气度恢弘而富于现场感的作品十分引人注目。

夜鹰 Caprimulgiformes; goatsucker/nightjar 夜鹰目鸟类的统称。有油鸱亚目和夜鹰亚目两个亚目；油鸱亚目仅有油鸱科，夜鹰亚目则包括蟆口鸱科、林鸱科、裸鼻鸱科和夜鹰科4科，共116种。中国只有蟆口鸱科和夜鹰科，8种。此目鸟类嘴短阔，鼻通常呈管状，中爪具栉缘。为夜行性。口裂宽阔，嘴须发达，适于在飞行中捕虫。翅尖长，第5枚次级飞羽付缺。尾为凸尾，尾羽10枚。跗跖短，裸出或被羽，外趾仅具4趾骨。副羽小或退化。雌雄无甚差别。眼特大，羽毛柔软，飞行无声。昼伏夜出。不营巢，卵产于地面枯叶上。每窝产卵1～2枚，卵呈淡黄色且具褐色块斑。代表种类有普通夜鹰，夏季普遍见于中国东部。雏鸟为晚成性。

普通夜鹰

嚈哒 Hephthalites 古代中亚游牧部族。中国史籍亦记作嚈哒、㘓哒、滑等。其人肤色较白，因而又被称为“白匈奴”。嚈哒人起源于塞北，4世纪70年代初越阿尔泰山西迁粟特；5世纪20年代中渡阿姆河入侵萨珊朝波斯，被巴赫兰五世（420～438年在位)击退。30年代末又南下吐火罗斯坦，逐走寄多罗贵霜人，遂以此为基地屡犯波斯。453年打败伊嗣俟二世（438～457年在位)，484年杀死卑路斯，一度夺取了呼罗珊东部，迫使波斯称臣纳贡，以后双方长期对峙。6世纪初，北上同高车争夺准噶尔盆地及其以西地区，扶植傀儡，控制高车。同时，东进塔里木盆地，城郭诸国多被役属，南道抵于阗，北道达焉耆，经由南北道与北魏、西魏、北周、萧梁频繁交往。5世纪中，嚈哒人乘打败伊嗣俟二世之机，曾南侵笈多印度，不久，被塞建陀笈多（约455～470年在位）击退。70年代末，灭亡了乾陀罗的寄多罗贵霜残余势力，立特勤为王，统治兴都库什山以南地区。6世纪初再次大举入侵印度，一度推进至摩揭陀，终被马尔瓦的耶输陀曼战胜，撤至印度河以西。约558～567年间，萨珊波斯与北亚新兴的游牧部族突厥联姻结盟，夹击嚈哒。嚈哒国破，领土被分割，部众散处中、南、北亚各地。

液化气船 liquefied gas carrier 专门装运液化气的货船。有液化天然气船和液化石油气船两类。

液化天然气船按液货舱的结构有独立贮罐式和膜式两种。早期多为独立贮罐式。20世纪60年代出现了膜式液化天然气船，采用双壳结构，船体内壳就是液货舱的承载壳体，内衬有镍合金钢薄板制成的膜与低温液货直接接触。新建的液化天然气船，尤其是大型的，多数采用膜式结构。液化天然气船一般都设有气体再液化装置，也可运送液化石油气。

液化石油气船

液化石油气船（见图）根据液化的方法分为压力式、半冷冻半压力式和冷冻式3种。压力式液化石油气船是将几个压力贮罐装在船上，液化石油气在高压下维持其液态。20世纪60年代初有了半冷冻半压力式船，后来又发展出冷冻式船。这种船为双壳结构，液货舱用耐低温的合金钢制造并衬以绝热材料，容量大都在1万立方米以上。液化石油气船不能运送液化天然气。

液化石油气 liquefied petroleum gas; LPG 由炼厂气、天然气（包括油田伴生气）加压至1兆帕左右并降至常温而生成的无色、挥发性液体。可以作为化工原料及车用燃料和民用燃料。由石油炼厂副产的炼厂气所得液化石油气的主要成分为丙烷、丙烯、丁烷、丁烯和少量戊烷和戊烯。液化石油气是一种易燃物质，空气中含量达到一定浓度范围时，便形成可爆炸气体，在贮运和使用中必须注意安全。

液晶 liquid crystal 介于各向同性液体与晶体之间的一种物质状态。某一物质处在液晶态时，分子排列的有序度介于理想晶体的长程有序和液体的长程无序之间。液晶物质既有固体的各向异性，同时也具备液体的流动性能。液晶相又称中介相。液晶的发现可追溯到19世纪末。1888年奥地利植物学家F.赖尼策尔在研究胆甾醇苯甲酸酯时，首次观察到该化合物在晶态和熔融态之间存在一个不透明的流动态。翌年，德国物理学家O.勒曼将这种物质状态命名为液晶。液晶物质可分为热致性和溶致性两种：热致性液晶指液晶相的产生和转变是由温度的变化导致的；溶致性液晶指液晶物质溶解于某种溶剂时，液晶相的形成取决于物质在溶液中的浓度。

溶致性液晶在生物体中特别重要，多数生物体组织，如脑、神经、肌肉、血液等与生命现象密切相关的主要组织，都是由溶致性液晶构成的。

通常液晶是介电材料，具有抗磁性和非线性光学性质。液晶物质在化学结构上的各向异性决定了其液晶态中分子排列的各向异性，同时导致了其物理性质的各向异性。液晶的弹性系数很小，分子排列很容易受电场、磁场和应力等外场的作用而发生变化，并伴随光学性质的变化，表现出电光效应。

液晶中最具代表性的应用是显示器件。1964年美国无线电公司发现液晶的多种电光效应，即宾主效应、动态散射效应和相移存储效应。宾主效应是多色染料分子（宾）与向列液晶（主）在电场作用下重新排列，引起颜色变化。动态散射效应是透明的液晶由于电场的作用，引起分子排列混乱。相移存储效应是光能通过一对夹有液晶、相互正交的偏振镜。以扭曲向列场效应为基础的液晶显示器件在电子表和计算器中应用最多。在这种器件中，偏振光能在液晶里旋转；如果加有电场，则扭曲结构失效，光就不能通过。液晶显示器件由于其功耗低、平板显示等优点，是显示技术的重要发展方向之一。

液晶高分子在液晶材料的应用中具有特殊的重要性。第一个成功的商业液晶高分子是20世纪60年代由杜邦公司研制的基于聚对二甲酰对二苯胺（PPD-T）的芳香聚合物纤维Kevlar。其强度高于合金钢，具有高模量、高化学稳定性和耐高温等特点。

液晶电视机 liquid crystal display television 采用液晶显示器代替显像管显示图像的电视机。

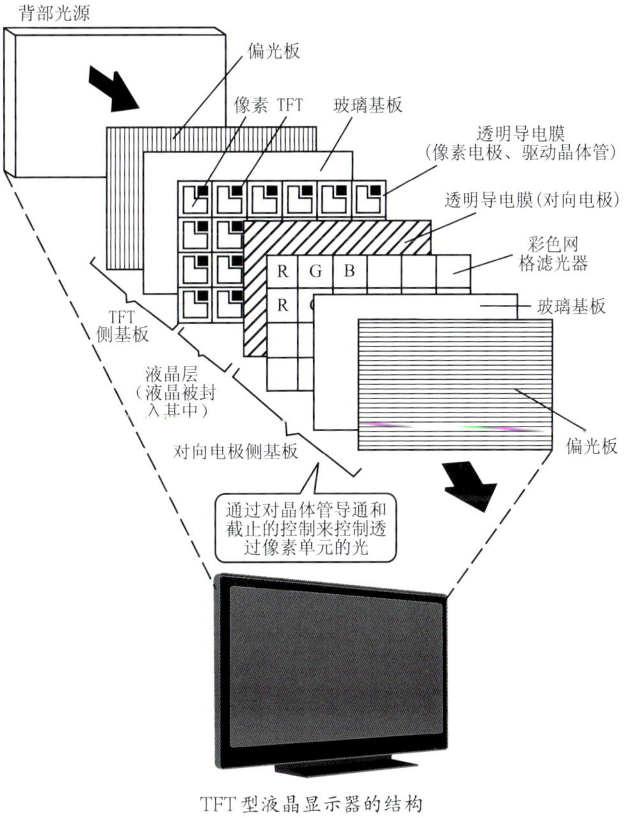

TFT型液晶显示器的结构

液晶显示器利用液晶在电压作用下发光成像的原理进行图像显示。液晶显示技术主要有三种，即扭曲向列（TN）、超扭曲向列（STN）和薄膜晶体管（TFT）。当前液晶电视机都采用TFT型。

TFT型液晶显示器的结构如图所示。先由背部光源（一般为荧光管）投射入射光，入射光经偏光板进入由玻璃基板封好的液晶，利用液晶分子的排列方式改变穿透液晶的光线的角度，然后经过彩色网格滤光器和另一块偏光板。通过控制加在液晶板的电压值便可改变呈现的光线强度和色彩，在液晶面板上显示不同深浅的彩色图像。

液晶电视机主要包括电视机信号接收电路（模拟电路板）、主电路板（数字电路板）、逆变器电路板、电源供电电路板和液晶显示器组件等部分。

液态氦 liquid helium 包括液体^{4}He、液体^{3}He和^{3}He－^{4}He混合液体。氦是惰性气体元素，氦原子有球对称的满壳层电子结构，原子间的相互作用（范德瓦耳斯力）很弱。为降低由于原子质量轻而变得显著的量子力学零点动能，氦原子倾向于彼此远离，这些原因使氦有低的沸点。在一个标准大气压下^{4}He的沸点是4.222K，^{3}He的沸点是3.197K。同时也使氦成为在常压下，从沸点一直到绝对零度仍保持液态的唯一的物质，只有加压才能使液体氦固化。对于液体^{4}He和液体^{3}He，在绝对零度固化的压强分别要等于或大于2.5兆帕和3.44兆帕。^{4}He是最后一个被液化的惰性气体元素，由H.开默林·昂内斯于1908年液化成功。物理上当液体^{4}He温度降低到λ点时发生二级相变，从普通的称为HeI的黏滞液体相，转变到称为HeII的超流相。相变温度附近比热随温度的反常变化与希腊字母λ相似，相变温度因而常被称为λ点，在饱和蒸气压下为2.172K。HeII相有很多非常奇异的性质，最突出的是可完全无阻，即无损耗地流过极细的毛细管或狭缝，超流动性及超流相由此得名。喷泉效应是HeII的另一奇异性质，当辐照使附图中填金刚砂部分温度略有升高时，液池中的液体氦将从填有脱脂棉的粗玻璃管开口处进入，并从另一端细嘴处像喷泉样喷出（见图）。

其他异常性质有反常高的热导率，以及氦膜可无阻地沿器壁流动的爬行膜现象等。超流相的出现源于^{4}He原子是**玻色子**，遵从**玻色－爱因斯坦统计**，当温度降到λ点以下时，有宏观数量的^{4}He原子同时凝聚到动量为零的单一量子态上，可用一宏观波函数来描述。^{3}He是^{4}He的同位素，具有半整数核自旋，为**费米子**，遵从**费米－狄拉克统计**。在0.1K以下，正常液体^{3}He的性质和行为可很好地用朗道的费米液体理论来描述。1971年D.D.奥舍罗夫、R.C.里查森和D.M.李在2mK温度发现了液体^{3}He的超流相。在融化压强3.44兆帕下，正常^{3}He到超流^{3}HeA相的相变发生在2.79mK，超流^{3}HeA到超流^{3}HeB相相变温度为2.16mK，加磁场时在正常相和超流^{3}HeA相间还会出现超流^{3}HeA$_{1}$相。A相中有自旋都向上或都向下的两种对，A$_{1}$相只有一种自旋方向的对，B相中则有总自旋为1的所有可能的三种对，这些超流相有许多不寻常的性质。^{3}He－^{4}He混合液体在温度低于0.87K时发生相分离，即分离为^{3}He浓度较低的稀^{3}He相和^{3}He浓度较高的浓^{3}He相。

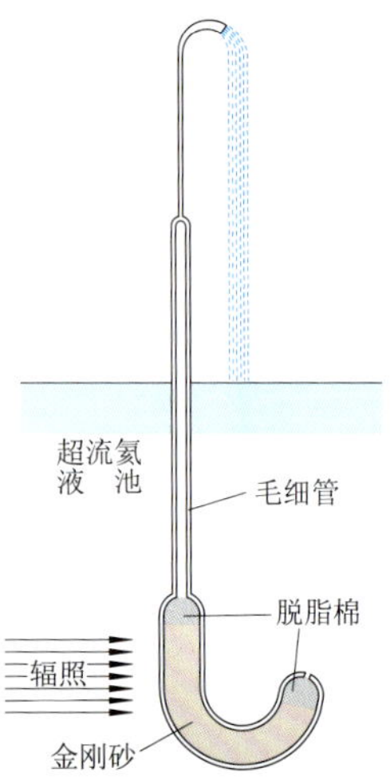

喷泉效应

在实际应用方面，液体^{4}He是低温物理实验和工程的重要冷源。降低液体^{4}He和液体^{3}He的饱和蒸气压，可分别得到约1K或0.3K的最低温度。利用^{3}He－^{4}He混合液体相分离特性制作的稀释制冷机可得到几mK到几百mK的温度。

液体动力学 hydrodynamics 研究水及其他液体的运动规律及其与边界相互作用的学科。见**水动力学**。

液体发射药炮 liquid propellant gun 以液体发射药为能源的身管射击武器。液体发射药能量高，对炮膛烧蚀小，可贮存于火炮载体舱外或舱下，发射时通过管路装置把一定量的火药注入身管尾部，不需药筒和抽筒装置，可根据射程要求改变装药量。液体发射药炮有较好的内弹道性能，弹丸初速明显提高；工艺简单，成本较低；简化了装药，弹丸易于实现自动装填，可提高发射速度；增加了携弹量，可提高持续作战能力和快速反应能力，简化了弹药供应及后勤保障。在炮膛容积相同的情况下，液体发射药炮的弹丸初速比固体发射药炮提高15%以上，携弹量比普通**榴弹炮**多3～4倍。

液体发射药炮的发射药有单元药和双元药两类。单元药是将氧化剂和燃料融为一体（液药），发射时注入药室，点火燃烧。单元药的成分有异丙基硝酸酯和肼的化合物、硝酸肼与水的混合物等。双元药的氧化剂和燃料分别置于不同容器中，装填时液体通过各自的管道注入药室。双元药可分为自燃式和非自燃式两种，自燃式发射药注入药室一经接触便可燃烧，非自燃式发射药注入药室后须点火方能燃烧。双元药以硝酸为氧化剂，以一甲肼和烃类物质等为燃料。

液体发射药的装填方式有一次注入式和再生式两种，再生式又分为再生注入式和再生喷注式。一次注入式是在发射时将燃料预先注入药室，然后点火发射；再生注入式装药系统（见图）是在发射过程中，根据需要用泵将发射药不断地泵入药室，它通过调节泵入速率来控制燃速，从而控制初速和射程。

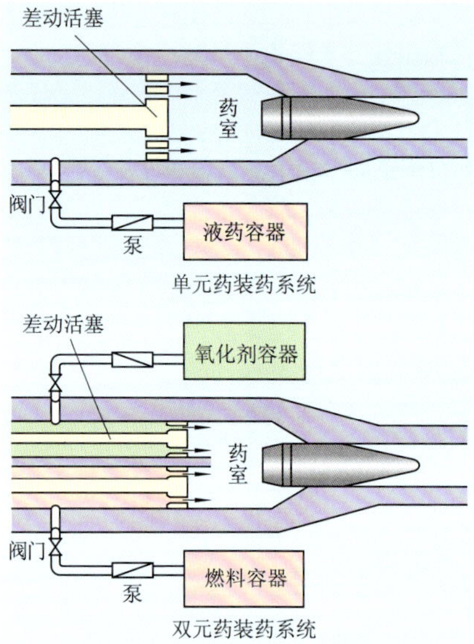

再生注入式装药系统示意图

液体疗法 fluid therapy 通过补充或限制某些液体以维持机体体液平衡的治疗方法。临床上主要指维持体液中**水和电解质平衡**的方法，实际上静脉营养、输血、输入胶体液或腹膜透析等也属于液体疗法范畴。液体疗法的目的是纠正并预防体液紊乱（见**电解质紊乱**）。

常用液体大致分为两种：①非电解质液。包括饮用白开水及静脉输入5%～10%葡萄糖注射液。可补充由呼吸、皮肤蒸发所失水分及排尿丢失的液体；纠正体液高渗状态；不能补充体液丢失。②等渗含钠液。如生理盐水、林格氏液、2∶1溶液（2份生理盐水，1份1.4%碳酸氢钠或1/6摩尔乳酸钠溶液）、改良达罗氏液（每升含生理盐水400毫升、等渗碱性液及葡萄糖液各300毫升、氯化钾3克等）。主要功能是：补充体液损失；纠正体液低渗状态及酸碱平衡紊乱；不能用以补充不显性丢失及排稀释尿时所需的液体。临床上常用的是将上述两类溶液按不同比例配制的溶液。给液途径分两类：①胃肠道。应尽量采用口服补液。在口服或吸收液体发生困难时，可采用其他方法。必要时可采用胃管点滴输液。②胃肠道外。静脉输液最常用。

正常人体不断通过皮肤蒸发、出汗、呼吸、排尿及粪丢失一定量水及电解质，这些丢失需及时补充，称为液体的生理需要。机体每日生理需要液量与其代谢热卡有关。环境温度、湿度、对流条件改变或机体情况变化（如体温升高、呼吸增快等）均可影响上述生理需要量。在补充生理液量的同时，需补充电解质的丢失。液体疗法时，生理需要液量可按基础代谢热卡计算，并需根据患者及环境情况作适当调整，如高热、多汗时液量需适当增加；长期雾化吸入、抗利尿激素分泌异常综合征时需减少入量。

脱水的纠正，需根据患者的脱水程度、张度、有无酸碱失衡及低钾等情况，有针对性地进行。脱水的预防是及时补充继续丢失，原则是丢多少、补多少。继续丢失的液体的电解质浓度在不同的疾病各不相同。

液相色谱法 liquid chromatography; LC 以液体作流动相的**色谱法**。**气相色谱法**只适合分析较易挥发，且热稳定性好的有机化合物。液相色谱法则适合于分析那些用气相色谱法难分析的物质，如挥发性差、极性强、具有生物活性、热稳定性差的物质，其应用范围居色谱法之首。1903年俄国化学家M.S.茨维特首先将液相色谱法用于分离叶绿素。

原理与分类　通常所说的液相色谱法仅指所用固定相为柱型的柱液相色谱法。根据固定相的不同，LC分为液－固色谱法、液－液色谱法和键合相色谱法。按分离机理可以将液相色谱法分成吸附色谱法、分配色谱法、离子色谱法和凝胶色谱法四大类。若在液相柱色谱系统中加上高压液流系统，使流动相在高压下快速流动，以提高分离效果，则统称为高效（高压）液相色谱法（HPLC）。

吸附色谱法　基于被测组分在固定相表面具有吸附作用，且各组分的吸附能力不同，使组分在固定相中产生保留而实现分离。其固定相通常是活性硅胶、氧化铝、活性炭、聚乙烯、聚酰胺等固体吸附剂，所以吸附色谱法也称液－固吸附色谱法。其流动相通常是弱极性有机溶剂或非极性溶剂与极性溶剂的混合物，如正构烷烃（己烷、戊烷、庚烷等）、二氯甲烷/甲醇、乙酸乙酯/乙腈等。

分配色谱法　基于样品分子在流动相和固定相间的溶解度不同（分配作用），而实现分离的一类液相色谱法。又称液－液分配色谱法。根据固定相与流动相的极性不同，分为正相色谱和反相色谱。前者是用硅胶或极性键合相为固定相，非极性溶剂为流动相；后者是硅胶为基质的烷基键合相为固定相，极性溶剂为流动相，适用于非极性化合物的分离。化学键合型固定相是HPLC中最常用的固定相，大约占HPLC固定相的3/4。极性键合固定相键合在载体表面的功能分子具有二醇基、醚基、氰基、氨基等极性基团。非极性键合固定相键合在载体表面的功能分子具有烷基、苯基等非极性基团。如最常用的ODS柱或C_{18}柱就是将十八烷基三氯硅烷通过化学反应与硅胶表面的硅羟基结合，在硅胶表面形成化学键合态的十八烷基，其极性很小。

离子色谱法　基于离子交换树脂上可电离的离子与流动相中具有相同电荷的溶质离子进行可逆交换，依据这些离子对离子交换基具有不同的亲和力而实现分离。薄壳型离子交换树脂柱效高，主要用来分离简单的混合物；多孔性树脂进样容量大，主要用来分离复杂混合物。

凝胶色谱法　以多孔性物质作固定相，样品分子受固定相孔径大小的影响而达到分离。样品分子与固定相之间不存在相互作用力（吸附、分配和离子交换等），因而凝胶色谱又常被称作体积排斥色谱法、空间排阻色谱法、分子筛色谱法等。比固定相孔径大的溶质分子不能进入孔内，迅速流出色谱柱，不能被分离；比固定相孔径小的分子才能进入孔内而停留。溶质分子体积越小，进入固定相孔内的概率越大，于是在固定相中停留（保留）的时间也就越长。

仪器　具有基本配置的液相色谱仪的流程见图。其工作过程是：输液泵将流动相以稳定的流速（或压力）输送至分析体系，在色谱柱之前通过进样器将样品导入，流动相将样品带入色谱柱，在色谱柱中各组分因在固定相中的分配系数或吸附力大小的不同而被分离，并依次随流动相流至检测器，检测到的信号送至数据系统记录、处理或保存。

高压输液泵是液相色谱仪的关键部件，其作用是将流动相以稳定的流速或压力输送到色谱系统。高效液相色谱法中输液泵的流量误差通常要求小于±0.5%，泵的输出压力要达到30～60兆帕的高压。色谱柱是实现分离的核心部件，要求柱效高、柱容量大和性能稳定。柱性能与柱结构、填料特性、填充质量和使用条件有关。色谱柱填料是经过制备处理后，用于填充色谱柱的颗粒，通常是3～10微米粒径的球形颗粒。色谱柱管是里面抛光的不锈钢管。典型的液相色谱柱尺寸为内径4.6毫米，长250毫米。检测器用来连续监测经色谱柱分离后的柱流出物的组成和含量的变化。它利用溶质的某一物理或化学性质与流动相有差异的原理，当溶质从色谱柱流出时，会导致流动相背景值发生变化，从而在色谱图上以色谱峰的形式记录下来。一般的液相色谱仪都配置有紫外－可见光（UV-VIS）检测器。其他常用检测器还有示差折光检测器、电化学检测器、荧光检测器和蒸发光散射检测器（ELSD）等。

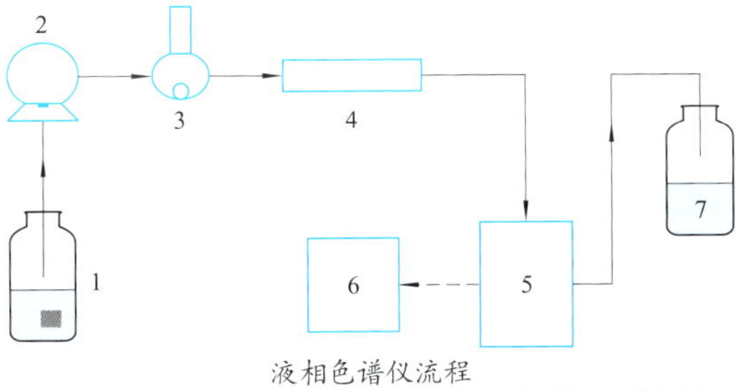

液相色谱仪流程

1 流动相容器　2 高压输液泵　3 进样器　4 色谱柱　5 检测器　6 工作站　7 废液容器

一八艺社　Yiba Art Society　中国现代木刻社团。1929年1月22日成立于院址在杭州西湖罗苑的国立艺术院。原是由艺术院学生陈卓坤、陈铁耕等人发起组织的一个综合美术社团，因组建时间和最初人数均有双数“18”，地点又在西湖，故初名“西湖一八艺社”。至1930年5月，在左翼进步文艺思想影响下艺社分裂，以陈卓坤为首的进步学生脱离原社团另组“一八艺社”，但其骨干相继受国民党当局压制而被校方除名。1930年11月被学校开除的陈卓坤等人在上海与左联负责人及进步美术青年取得联系，结成上海一八艺社（又称一八艺社研究所），并经**冯雪峰**得到**鲁迅**指导，开始以木刻为中心的美术活动，其骨干分子曾参加鲁迅主办的木刻讲习班。在杭州的一八艺社社员，逐步尝试木刻创作，并于1931年在上海举办第二次“一八艺社习作展览会”，鲁迅为之撰小引。一八艺社培养了一批革命美术青年，成为新兴版画运动的中坚力量。1932年1月28日上海一八艺社毁于侵华日军炮火，同年杭州的一八艺社亦被国民党当局解散。

一般力学　general mechanics　主要研究**经典力学**的一般原理及离散系统力学现象的学科。**力学**的分支。离散系统包括刚体、刚体系统及有限多自由度质点系。离散系统与连续系统不同，前者具有集中参数，而后者具有分布参数；前者的动力学方程是**常微分方程**，而后者是**偏微分方程**。在中国，一般力学这一学科名词是20世纪50年代由苏联引入的，在西方国家，同样内容的学科则称为动力学、振动与控制。在力学发展史中，一般力学发展得最早。从研究天体运动开始，到I.**牛顿**时代已经形成一门精确学科；其后J.-L.**拉格朗日**、W.R.**哈密顿**等人建立的**分析力学**则达到了更完美的地步。一般力学的理论和方法是发展物理学及其他力学学科的理论基础，工程技术中也有重要作用。一般力学已有许多分支学科，如**天体力学**、振动理论、控制理论、非线性动力学、多体系统动力学、近代分析力学等；还有密切结合工程实际及高科技的分支学科，如**陀螺力学**、机器人学、运动生物力学、飞行力学、轨道理论、航天器姿态动力学等。随着科学技术的发展，一般力学的研究对象不再局限于离散系统，如多柔体系统动力学与**混沌**等。

一串红　*Salvia splendens*; scarlet sage　**唇形科**鼠尾草属的一种。多年生草本植物，常作一年生栽培。原产南美，现世界各地广泛栽培。植株高80～100厘米。叶片卵形，对生，先端渐尖，有锯齿，具长柄。总状花序顶生，边被红色茸毛，小花2～6朵轮生，红色。常见的品种有：一串紫、一串白、矮一串红、丛生一串红等。喜阳，也耐半阴，

丛生一串红

宜肥沃疏松土壤。耐寒性差，也不甚耐热。花期7～10月。通常用播种和**扦插**繁殖。栽培用一串红常用红花种，色彩鲜艳为其他草花所不及。秋高气爽之际，花朵繁密，常用作花丛花坛的主体材料。在中国北方地区也常盆栽观赏，亦可作为插花的配材。花、叶均可入药。

一次能源　primary energy　未经加工转换的、存在于自然界的原始态**能源**。又称天然能源。包括化石燃料（如**煤**、**石油**、**天然气**等）、**核燃料**、生物质能、水能、风能、**太阳能**、地热能、**海洋能**、**潮汐能**等。一次能源又分为可再生能源和不可再生能源，前者指能够重复产生的天然能源，如

太阳能、风能、水能、生物质能等，这些能源均来自太阳；后者用一点少一点，主要是各类化石燃料等。人类利用一次能源的历史悠久，但直接燃用一次能源，一是不方便；另外由于利用效率低，应用范围窄，加上对环境的污染，人类想办法将一次能源加工转换成高效、洁净且便于利用的二次能源。

一次污染物 primary pollutant 由污染源直接排入环境的、其物理和化学性状未发生变化的污染物。又称原发性污染物。一次污染物是相对于二次污染物而言的，后者由前者转化而成。有些污染物既可能是直接由污染源排出的一次污染物，又可能是在环境中转化而成的二次污染物。如大气中的三氧化硫，可能是由污染源直接排出的一次污染物，也可能是二氧化硫氧化生成的二次污染物。环境污染主要是由一次污染物造成的，其来源清楚，可以采取措施加以控制。

一赐乐业教 Israelite religion 中国古代聚居河南开封的犹太人对其信奉宗教的称谓。取意于明代对“凡归其化者，皆赐地以安居乐业之乡，诚一视同仁之心也”，谐音于以色列，即以色列宗教。开封犹太人约自北宋真宗或徽宗时，循天山南路，携带经卷，聚族而来，以进贡西洋布为名，取得遵奉祖教、建立社团之便。初来有17姓，2500余人。从其经卷文字书法，以及日常生活用语的波斯语影响看，他们曾在波斯长期居留。所信奉的犹太教初称天竺教，俗称挑筋教。于金世宗大定三年（1163）始建清真寺，由掌教（拉比）主持，敬拜上帝，不设偶像，诵读希伯来文《圣经》，每日3次礼拜，行割礼，遵奉安息日、赎罪日及住棚节、转经节等节期。教徒戴蓝色小帽，不食牛羊大腿窝的筋，禁食猪肉等，不与“外邦人”通婚。后受汉族文化影响，尊孔尊儒，热衷仕途，增设祖堂，祀奉祖先。明以后逐渐与外族通婚。至清末，其文化传统和宗教习俗已难以维系，与中国社会融为一体。到了近现代，他们作为侨居民族和宗教社团不复存在。

一党制 one-party system 由一个政党执掌政权，并且在法律上或事实上不允许其他政党存在的政党制度。不同国家的一党制的形态、形成和发展的社会历史条件各不相同。第一次世界大战后和第二次世界大战期间，法西斯国家普遍实行法西斯独裁的一党制。这种一党制是资本主义国家政治危机的产物，法西斯主义国家被摧毁的同时法西斯一党制随之消亡。第二次世界大战后，取得民族独立的一些发展中国家（主要是非洲国家）也实行一党制。这些国家有的由于在争取独立的过程中就是由单一的政党领导；有的是在取得独立后，将原有的一切政党合并为一个政党；有的在法律上不允许其他政党合法存在，或者通过军管取消原有的一切政党，然后再建立一个唯一合法的政党。

一·二八抗战 January 28 Battle of Resistance 1932年1月28日至3月3日，中国军队抗击侵华日军进犯上海的作战。又称一·二八淞沪抗战、一·二八事变。1931年九一八事变日军侵占中国东北三省后，又于1932年1月18日在上海制造事端，以日僧被殴为借口，向上海市政当局发出通牒，并从国内调兵，蓄谋占领上海。南京国民党政府继续执行不抵抗政策，急电上海驻军忍辱求全，令上海市长于28日全部接受日方提出的解散反日团体等无理要求。日军仍于当晚突袭闸北。上海军民义愤填膺，群情激昂。担负沪宁地区卫戍任务的第19路军在总指挥蒋光鼐、军长蔡廷锴的指挥下，奋起抵抗。中国共产党领导上海人民组织救护队、义勇军等积极支援抗战。1月28日，日海军陆战队等数千人分布在虹口租界和黄浦江上，由海军第1遣外舰队司令官盐泽幸一指挥，午夜分三路突袭，攻占了天通庵车站和北站。蔡廷锴指挥第78师翁照垣旅在市区巷战数日，夺回了失地。日军败退租界，通过英美等国领事出面“调停”，缓兵待援。2月初，日军从国内增调军舰14艘、陆战队7 000人及久留米旅团抵沪，统由第3舰队司令官野村吉三郎指挥。7日，以久留米旅团主攻吴淞，陆战队助攻江湾。蒋光鼐从苏州、南京急调第60师、第61师参战。蒋介石派张治中率第5军驰援，日军被击退。在英美等国领事再次“调停”掩护下，日军又增调第9师团援沪，改由该师团长植田谦吉指挥。20日再次发起总攻，第9师团主突江湾、庙行接合部，企图北与久留米旅团围攻吴淞，南与陆战队合围闸北。守军以第5军为左翼，第19路军为右翼，密切配合，夹击突入江湾、庙行之敌。经反复争夺，日军遭重创，无力再攻。2月底，日军总兵力增至9万多人、军舰80艘、飞机300架，由前陆军大臣白川义则任上海派遣军总司令官，企图袭击浏河，夹击淞沪。守军兵力已不足5万，又得不到增援，左侧后浏河江防薄弱。3月1日，日军主力进攻淞沪，突然在浏河登陆。守军腹背受敌，退守嘉定、太仓一线。2日淞沪陷落，3日战事结束。是役，中国军队在人民支援下浴血奋战，使日军三易主将，数次增兵，伤亡逾万，受到沉重打击。但南京国民党政府妥协退让，于5月5日与日本签订了丧权辱国的《淞沪停战协定》。

第19路军在上海闸北抗击日军

一二·九运动 December 9th Movement 1935年12月9日在北平（今北京）爆发的中国共产党领导的学生抗日救亡运动。12月9日晨，清华大学、燕京大学、东北大学、北平第一女子中学、北师大女附中等大中学校学生在中共中央“停止内战，一致抗日”的号召下，冲破军警阻拦，结队前往行政院驻平办事处所在地中南海吁请办事处长官何应钦宣布抗日，一二·九运动爆发。上午10时半，除清华、燕京等城外各校学生因军警关闭城门受阻于西直门外，以东北大学为首的城内各校学生一二千人汇集新华门前，要求面见何应钦，并提出反对“华北防共自治运动”等6项要求。何避而不见，学生们遂愤而改请愿为示威游行，高呼口号，向天安门进发。途中，辅仁大学等校学生纷纷加入游行，队伍增至二三千人。在王府井南口，学生们再次遭到军警袭击，不少学生受伤、被捕。为抗议当局的镇压，各校学生自10日起实行总罢课。12月14日，北平报纸登出南京国民政府向日妥协而批准的冀察政务委员会将于16日成立的消息。市学联决议是日发动更大规模的游行示威。16日上午11时左右，城内万余学生齐集天桥广场举行市民大会，通过反对冀察政务委员会、收复东北失地、争取抗日和爱国自由等8项决议案。随后，学生们高呼打倒日本帝国主义等口号，整队向前门进发。由于城门关闭，在前门外再次召开市民大会，通过反对中国人打中国人等9项决议案，并在宣武门一带为进内城与军警展开搏斗。是日，被捕学生总计二三十人，受伤近400人。北平学生的爱国行动，得到全国各界和海外侨胞的广泛响应和支持，掀起了中国革命运动的新高潮。北平学联为击破南京政府拉拢学生“赴京聆训”等阴谋，决议组织学生到农村去扩大宣传。1936年1月初，平津学联联合组成“平津学生南下扩大宣传团”，深入平汉铁路沿线的华北农村，宣传抗日救国，并在斗争中建立了中国共产党领导的先进青年群众性组织——中华民族解放先锋队。

《一封遗失的信》 *A Lost Letter* 罗马尼亚剧作家I.L.卡拉迦列的四幕讽刺喜剧。写于1884年。它以一个县官的情书失落而引起的一场政治风波为主线，揭露了资产阶级选举制度的腐败、家庭生活的堕落和政客们在官场的鬼蜮伎俩。剧中人物关系错综复杂，矛盾尖锐，情节曲折，语言诙谐。该剧代表了卡拉迦列的戏剧创作高峰，也是罗马尼亚文学宝库中一部不朽的作品。

一夫多妻制家庭 polygynous family 一个男子同时有两个或两个以上妻妾的家庭形式。它是随着私有制的发展，男子在生产中起主导作用和掌握了社会财富的结果，是对偶家庭向一夫一妻制家庭过渡的产物，并一直存在于阶级社会。一夫多妻制家庭从未普遍通行，只是富人和显贵人物的特权。在奴隶主和封建主阶级中，多妻现象普遍存在，例如，中国历代皇帝及各级臣僚大都是多妻妾的。日本古代也有关于一夫多妻制的记载。一些信仰伊斯兰教的国家和民族，按照《古兰经》的规定，一个男子可以娶四个妻子。中华人民共和国建立前，在汉族、藏族、门巴族、珞巴族、独龙族及佤族的部分地区，还不同程度地保留着一夫多妻制。

一夫一妻制家庭 monogamous family 一男一女结为夫妻的家庭形式。在原始社会晚期由对偶家庭发展而来。它的最后确立是文明时代开始的标志之一，并适应于整个文明时代。产生的前提是生产力的提高，个体生产成为可能，私有制得到发展；父系氏族确立，男子在经济生活中居主导地位。确立这种家庭形式，目的在于生育确凿无疑的出自一定父亲的子女，以继承家庭的财产。一夫一妻制家庭比对偶婚家庭牢固得多。

《一个无政府主义者的意外死亡》 *Accidental Death of an Anarchist; Morte accidentale di un anarchico* 意大利戏剧家D.福根据发生在意大利米兰的一桩真人真事而创作的政治讽刺剧。1970年完成。1969年，米兰火车站发生一起爆炸案，一个名叫皮内利的无政府主义者被当作嫌疑犯逮捕。受审期间，皮内利突然从审讯室楼上摔到大街而死亡。所谓无政府主义者的“意外死亡”，其实是警方严刑逼供时将其打死，再从窗口扔下，制造自杀假象。该剧真实而尖锐地揭露了社会的黑暗，有力地抨击了右翼势力，具有极大的现实意义。

一贯道 Yiguandao sect 中国民间宗教教派。创立于清光绪年间，创始人王觉一。其平生好道，年二十七，由云南刘万春引进，拜传道师姚鹤天为师，后于山东青州开创东震堂。光绪三年（1877），接掌教权。王觉一利用孔子《论语·里仁》“吾道一以贯之”一语，而名其教为“一贯道”。其教由青莲教北传的一支发展而来。一贯道崇奉无生老母和弥勒佛，主张三教合一。教内设立严格的九品教阶制度，即一品众生、二品天恩、三品证恩、四品引恩、五品保恩、六品顶行、七品十果、八品十地、九品莲台。教阶的高低是依功行的大小来定的，只有证恩以上才可传授经文，引恩以上才可收徒。一贯道在教内传授九节内丹功，入门信徒日众。光绪八年王觉一在江苏、湖广密谋起义失败。

1925年，一贯道四传至张光璧，出现了历史性的转折。张氏出身于道士，自称济公活佛转世，掌教后进行教务整顿，首先在济南设立中枢坛为总佛堂，其下设金刚、敦仁、礼化、天一四大坛，各负责一方教务。并在各省设总坛，下辖若干分坛，负责各地道务。同时，在一贯道内建立起一套等级森严的道阶，分为教首、师尊、师母、道长、点传师、坛主、文牍、乩手、引保师、道亲等神职。20世纪30～40年代教势急剧扩张，成为全国性的大教门。中华人民共和国建立后，因特务混迹其间从事反动活动，人民政府宣布一贯道为反动会道门，明令取缔，残余人员则逃到香港、台湾继续传教。台湾当局曾多次查禁一贯道，至1987年1月解禁。

一贯道的主要经典有《一贯探源图说》、《三易探源》、《圆明范格》、《一贯探源》等。

一国两制 one country, two systems 中国共产党和中国政府关于实现祖国统一大业，解决台湾、香港、澳门问题的科学构想。“一个国家，两种制度”的简称。其含义是，在一个中国的前提下，国家的主体坚持社会主义制度，台湾、香港、澳门是中国不可分离的组成部分，它们作为特别行政区保持原有的资本主义制度和生活方式长期不变，享有高度的自治权。“一国两制”是中国特色社会主义理论的重要组成部分，主要创立者为邓小平。

“一国两制”构想的主要内容包括4个方面：①坚持一个中国。国家的领土和主权不容分裂，香港、澳门和台湾都是中国不可分割的一部分。这是“一国两制”科学构想的核心、政治前提和根本保证，是实现祖国统一的基石。②坚持两种制度并存。在一个中国的前提下，拥有十多亿人口的大陆实行社会主义制度，香港、澳门、台湾保持原有的资本主义制度，两种制度长期并存、共同发展。大陆的社会主义制度是主体。③高度自治。回归后的香港和澳门作为特别行政区享有高度自治权。特区政府除在外交、国防、宣战、媾和方面服从中央政府外，在行政管理、立法权、独立的司法权和终审权等方面均享有比国内民族自治区更高的自治权。台湾问题属于中国内政，统一后将享有包括拥有军队等比香港、澳门更为宽泛的权利。④长期不变。“一国两制”不是权宜之计，而是实现祖国和平统一，保证港澳台稳定繁荣，加速中国现代化建设和中华民族伟大复兴的战略决策。

“一国两制”的构想是邓小平为解决台湾问题提出来的。最先运用来解决香港问题，后运用于解决澳门问题。香港和澳门的顺利回归是“一国两制”伟大构想的成功实践，也进一步证明了它的科学性、可行性。

“一国两制”的科学构想，发展了马克思主义国家学说，把列宁关于处理不同社会制度国家之间关系的和平共处原则运用于处理一个社会主义国家内不同地区不同社会制度之间的关系；充分体现了原则的坚定性和策略的灵活性，是马克思主义策略思想的创造性运用，并为和平解决国际上的各种争端提供了值得借鉴的新经验、新范例。

1982年9月24日，邓小平会见英国首相撒切尔夫人

《一江春水向东流》 *The Spring River Flows East* 中国故事片。联华影艺社、昆仑影业公司1947年联合摄制。蔡楚生、郑君里编导，朱今明摄影，白杨、陶金、舒绣文、周伯勋、上官云珠、吴茵等主演。影片以抗战期间一个家庭的悲欢离合为主线，真实、生动、概括地反映了抗战时期的时代风貌。通过素芬的形象，表现了广大中国人民在抗日战争期间的艰苦奋斗

精神，而张忠良则是那种从热血青年蜕变为腐化分子的艺术典型。影片以不同性格的人物、曲折变化的情节、抒情质朴的风格反映出当时广大人民，尤其是生活在沦陷区的群众的心绪与愿望，把揭露的矛头对准当局的腐败、社会的黑暗。上映后深受舆论好评，是继《渔光曲》之后，卖座最好的一部影片。

一江山岛战役 Yijiangshan Island, Campaign of 1955年1月，中国人民解放军华东军区陆、海、空军各一部，对台湾国民党军据守的浙江省东部一江山岛进行的登陆作战。

一江山岛位于台州湾，分南一江、北一江两岛，面积约1.4平方千米，地势陡峻，工事坚固，易守难攻。鉴于国民党军在浙东沿海岛屿的指挥中心和防御核心是大陈岛，而一江山岛是大陈岛的门户和前哨据点，如攻占一江山岛，必能击中要害。因此，华东军区决定先攻占一江山岛，再取大陈岛，然后相机攻取其他岛屿。

8月，华东军区浙东前线指挥部成立，由军区参谋长张爱萍任司令员兼政治委员。12月2日，美国政府和台湾当局签订《共同防御条约》。为表明中国政府和人民坚决反对这一非法条约的严正立场，浙东前指遵照中共中央、中央军委指示，在条约出笼前后（1954年11月1日至1955年1月10日）组织海、空军从空中、海上对战场实施封锁，基本夺取了战场制空权和制海权，为攻占一江山岛创造了有利条件。

1955年1月18日，人民解放军发起登陆作战。由第20军第60师4个步兵营组成的登陆部队从穿山起航。至14时5分，参战部队按计划完成火力准备，一江山岛和大陈岛守军陷于瘫痪。14时20分，登陆部队在海、空军及炮兵火力支援下在南一江、北一江两岛7个地段20余个登陆点实施登陆突击。突破国民党军防御阵地前沿后，部队旋即向纵深发展进攻。至19日2时，全歼守军。此战，共毙俘国民党军1 086人，登陆部队牺牲393人。一江山岛解放后，盘踞在大陈、披山、渔山等岛的国民党军被迫撤往台湾。至2月25日，浙东沿海岛屿全部获得解放。

此役是人民解放军陆、海、空军首次联合登陆作战，锻炼了人民解放军陆、海、空三军协同作战的能力。一江山岛及其他浙东沿海岛屿的解放，改变了台湾海峡的斗争形势。

一届全国人大一次会议 First Session of First National People's Congress 1954年9月15～28日在北京召开的中华人民共和国第一届全国人民代表大会第一次会议。出席会议的代表共1 226人，政府有关部门负责人和各国驻华使节列席和旁听了会议。

一届全国人大一次会议闭幕式主席台

会议的议程是：制定和通过中华人民共和国第一部宪法，审查通过政府工作报告，选举产生全国人民代表大会常务委员会和其他国家领导机构。毛泽东致题为《为建设一个伟大的社会主义国家而奋斗》的开幕词，指出这次会议标志着中国人民从1949年建国以来的新胜利和新发展的里程碑，我们的总任务是：团结全国人民，争取一切国际朋友的支援，为了建设一个伟大的社会主义国家而奋斗，为了保卫国际和平和发展人类进步事业而奋斗。刘少奇作《关于中华人民共和国宪法草案的报告》，对中国国家的性质、过渡到社会主义社会的步骤、人民民主的政治制度和人民的权利义务等问题作了说明，指出这部宪法草案是中国人民利益和意志的产物，它正确地吸收了国际经验，参考了苏联和各人民民主国家的宪法。周恩来作题为《把我国建设成为强大的社会主义的现代化的工业国家》的政府工作报告，指出经济建设工作在整个国家生活中已居于首要地位，今后的任务是在中国建设现代化的工业、农业、交通运输和国防。林伯渠等人作了关于宪法草案的发言，陈云等人作了关于政府工作报告的发言。会议通过了第一部《中华人民共和国宪法》及全国人民代表大会组织法、国务院组织法、人民法院组织法、人民检察院组织法、地方各级人民代表大会和人民委员会组织法等重要法律和周恩来作的政府工作报告。会议选举产生了国家领导机构的人选。毛泽东为中华人民共和国主席，朱德为副主席；刘少奇为第一届全国人大常委会委员长，宋庆龄、林伯渠、李济深、张澜、罗荣桓、沈钧儒、郭沫若、黄炎培、彭真、李维汉、陈叔通、达赖喇嘛·丹增嘉措、赛福鼎·艾则孜13人为副委员长，彭真为秘书长；董必武为最高人民法院院长，张鼎丞为最高人民检察院检察长。根据国家主席毛泽东的提名，会议决定周恩来为国务院总理，陈云、林彪、彭德怀、邓小平、邓子恢、贺龙、陈毅、乌兰夫、李富春、李先念10人为副总理；会议还任命了国务院各部委的负责人。会议根据国防委员会主席毛泽东的提名，决定朱德、彭德怀、林彪、刘伯承、贺龙、陈毅、邓小平、罗荣桓、徐向前、聂荣臻、叶剑英、程潜、张治中、傅作义、龙云等15人为国防委员会副主席。这次会议是中华人民共和国建立后的第一届全国人民代表大会，结束了中国人民政治协商会议代行全国人民代表大会职权和以《中国人民政治协商会议共同纲领》代替《中华人民共和国宪法》的过渡阶段，标志着全国人民代表大会的政治体制在中国得到正式确立。

《一瓢诗话》 *Yipiao's Comments on Poetry* 中国清代诗话著作。1卷。撰者薛雪（1681～1770）。字生白，号一瓢。苏州（今属江苏）人。医学家，兼工诗画。所著尚有《周易粹义》、《医经原旨》、《一瓢斋诗存》等。他是叶燮的学生，论诗多本师说加以阐发。但他更强调儒家传统诗教，说"温柔敦厚，缠绵悱恻，诗之正也；慷慨激昂，裁云镂月，诗之变也"。他虽反对拟古，提倡艺术风格的多样性、独创性，却认为"三百篇以降"，"日趋日下"，要求学诗者"溯流而上"，"取材于古人"。有薛氏自刊扫叶村庄本，名《一瓢斋诗话》，又有《昭代丛书》本。《清诗话》本，均作《一瓢诗话》。人民文学出版社刊《中国古典文学理论批评专著选辑》中，有新校本。

一品红 *Euphorbia pulcherrima*; common poinsettia 大戟科大戟属的一种。常绿灌木。原产墨西哥及中南美洲。中国南北均有栽培（北方为盆栽）。茎直立，高1～3米，含乳汁。叶互生，卵状椭圆形至披针形。杯状花序多数顶生枝端，下具12～15片披针形苞叶；花小，无花被，着生于总苞内；总苞坛状，淡绿色，边缘齿状分裂；花期11月至次年3月。常见栽培品种有重瓣一品红、一品白、一品粉、一品黄、深红一品红等。为短日照植物，喜温暖湿润和阳光充足环境，不耐寒，怕霜冻，不耐强光暴晒。生长适温为25～30℃，冬季不低于15℃，要求肥沃湿润、排水良好的微酸性（pH6左右）土壤。常用扦插繁殖。一品红颜色鲜艳，观赏期长，又正值圣诞、元旦开花，最适盆栽观赏或作切花；南方暖地也可植于庭院，点缀景色。

《一仆二主》 *A Servant of Two Masters* 意大利剧作家C.哥尔多尼的3幕喜剧。写于1745年。贝阿特丽齐的哥哥因不同意妹妹与弗罗林多的爱情，与后者进行决斗并被其刺死。弗罗林多逃离都灵，贝阿特丽齐悲痛之余，立即女扮男装赶往威尼斯。她在路上雇的仆人特鲁法金诺久久等不到主人，恰巧遇到了弗罗林多，为了填饱肚子和多拿一份报酬，便主动当了他的仆人。身兼二职的特鲁法金诺最后在为两个主人一起整理箱子时，他们才突然发现了对方，终于转悲为喜，结成百年之好。剧作体现了哥尔多尼对假面喜剧所作的改革尝试，虽然留有不少旧剧痕迹，但总体上已是一部颇具时代精神的新喜剧。

一妻多夫制家庭 polyandrous family 一个女子同时与两个或两个以上男子结成夫妻的家庭形式。在**对偶家庭**向一夫一妻制家庭过渡时产生。只存在于某些民族的某些地区，被认为是人类婚姻家庭的例外形式。一妻多夫通常有兄弟共妻和朋友共妻两种形式。斯里兰卡、新西兰的某些民族及北美的因纽特人等存在过一妻多夫制家庭。

《一千零一夜》 *Thousand and One Nights*; *Alf layla wa layla* 阿拉伯民间故事集。中国又译《天方夜谭》。相传萨桑国国王因痛恨王后与人有私，将其杀死，此后每日娶一少女，翌晨即杀掉。宰相的女儿为拯救无辜的女子，自愿嫁给国王，用每夜讲故事的办法免遭杀戮。她的故事一直讲了一千零一夜，终使国王感化。

据考证，《一千零一夜》的故事来源于原为梵文，先译为巴列维文，又译为阿拉伯文的故事集《赫左尔·艾夫萨乃》。还有在阿拔斯王朝和埃及麦马立克王朝流传的故事。根据故事所反映的历史和文化特征，最初编者应为阿拉伯人特别是埃及人。早期手抄本在8、9世纪之交开始流传，15世纪末或16世纪初在埃及基本定型。

《一千零一夜》包括神话传说、寓言童话、婚姻爱情故事、航海冒险故事、宫廷趣闻和名人逸事等。《渔夫和魔鬼》、《阿拉丁和神灯》、《阿里巴巴和四十大盗》、《辛

《阿里巴巴和四十大盗》插图

伯达航海旅行记》等是其中的名篇。这些故事或歌颂人类的智慧和勇气，赞扬青年男女对爱情的忠贞；或揭露社会的黑暗腐败，反映人们对美好生活的憧憬。以浪漫主义为主，把现实和幻想有机结合。以奇妙的想象、曲折的情节、大胆到近乎荒诞的夸张、故事套故事的结构，成为世界各国人民熟悉和喜爱的一部优秀文学作品，对世界各国的文学艺术发生了广泛的影响。

一人永占 four operas by Li Yu 中国明末清初戏曲作家李玉四部传奇作品《一捧雪》、《人兽关》、《永团圆》、《占花魁》的统称。《一捧雪》写权奸严世藩向莫怀古强索家传玉杯"一捧雪"之事，揭露明代政治的黑暗和世风的险恶，抨击贪婪残暴的严世藩。剧作相当成功地塑造了卖友求荣、损人利己的反面典型人物汤勤。《人兽关》取材于《警世通言》中的小说《桂员外途穷忏悔》，谴责桂薪忘恩负义，立意与《中山狼》相近，揭露了炎凉世态。《永团圆》是一部讽刺喜剧，写秦文英和江兰芳的婚姻虽然受到阻挠，但最终得到团圆的故事。剧中以喜剧的手法鞭挞和揭露了江纳嫌贫爱富的种种丑态。《占花魁》据《醒世恒言》中的《卖油郎独占花魁》改编，写卖油郎秦钟和妓女莘瑶琴的恋爱故事。全剧结构紧凑，语言华丽，写儿女私情而不落俗套，赞美了下层人民之间不计金钱名利观念的纯洁真挚的爱情，较好地体现了话本小说原有的主题思想。

一神教 monotheism 认为只存在绝对一神并对之进行崇拜的宗教。最为典型的一神教为**犹太教**、**基督教**和**伊斯兰教**。其信奉者相信其崇拜之神具有至上性、唯一性，是独一无二、至高无上、无所不在、无所不知、无所不能、尽善尽美、无形无象的精神体，这一神明创造并主宰世界和人类，决定其存在、命运及发展。一神教信徒认为其崇奉的绝对一神既超越世界又内在于世界，世人靠信仰而与神接触，从而获得救赎，达到其人性的升华。一神教多表现出对自身宗教的神圣感和对其他信仰的排斥性，认为自己信奉的是独一真神，因而视其他宗教的神灵或根本不存在，或是虚假之神。但在当代宗教对话的氛围中，一神教中亦出现了包容论的解释，与排他论形成区别。也有人将属于二元神教的**琐罗亚斯德教**列入一神教，因为其只敬拜善神。此外，亦有人把融合伊斯兰教一神观念及印度多神观念、具有神秘色彩并反对偶像崇拜的**锡克教**也视为一神教。在宗教发展史上，许多人认为一神教乃由多神教发展而成，是随着阶级和国家的出现而兴起，如恩格斯所言，"没有统一的君主就决不会出现统一的神"。一神教故被视为人类宗教观念的最高阶段，甚至有人称某个一神教为绝对宗教。但W.**施密特**等人认为在原始民族中就有一神教，这种理论被称为原始一神论或准一神论（protomonotheism），即认为人类各种宗教信仰是从原始一神教分化、演变开来的。

一事不再理 non bis in idem 对已有生效判决、裁定的案件，除法律另有规定外，不得再行**起诉**和受理。诉讼原则之一。

一事不再理是罗马共和国时期民事诉讼中的一项重要原则。案件一经法官审判，就发生"既判力"，不得再行审判、加以推翻。在西方封建社会和资本主义社会的司法中，都承袭了这一原则。在刑事诉讼中，任何人不因同一罪行而受到两次起诉和审判。如果法院对案件已驳回**公诉**、不予审理或者检察机关已不予起诉时，也不得再行**侦查**和起诉。民事诉讼方面也是如此。西方国家在实行一事不再理的同时，又规定了再审及非常上告之类的程序，以纠正已发生法律效力的判决的错误。

《**中华人民共和国刑事诉讼法**》第203条规定："当事人及其法定代理人、近亲属，对已经发生法律效力的判决、裁定，可以向人民法院或者人民检察院提出申诉，但是不能停止判决、裁定的执行。"《**中华人民共和国民事诉讼法**》第111条规定："对判决、裁定已经发生法律效力的案件，当事人又起诉的，告知原告按申诉处理，但人民法院准许撤诉的裁定除外。"但离婚案件和收养关系案件的处理有所不同，第111条规定："判决不准离婚和调解和好的离婚案件，判决、调解维持收养关系的案件，没有新情况、新理由，原告在六个月内又起诉的，不予受理。"对刑事或民事案件的已经发生法律效力的判决、裁定，如发现确有错误，都可依**审判监督程序**加以纠正。

一体化理论 integration theory 国际关系理论中关于区域整合或统一的学说。最早产生于20世纪30～40年代，第二次世界大战后，随着欧洲一体化进程的发展而普遍流行起来。其研究的重点是在区域范围内，主权国家如何通过一定的形式实现国家间的合作与联合，并最终聚合为一个超越主权国家的新的共同体。其实践原形就是欧洲共同体/欧洲联盟。

一体化理论主要分为联邦主义、功能主义（新功能主义）、新现实-多元主义、政府间主义、制度主义和建构主义等不同学派。联邦主义强调将不同的主权国家聚合成为一个国家间联邦，建立联邦政府性的机构，并赋予其实权来实现国家主权的逐步转让，达致一体化。功能主义理论试图通过对现代国家、政府和社会组织的职能和任务的变化与联系的研究，来论证减少冲突、增进合作

乃至实现一体化的可能和途径。早期的功能主义理论强调一体化的自发产生，认为技术领域的广泛合作必然会扩展到政治或其他领域。新功能主义则更注重强调一体化组织的重要作用，认为权利同福利是不可分割的。超国家组织对一体化的领导，有助于推动各国政府和利益集团确定一致的目标并取得联合行动，对一体化过程中的利益冲突加以弥合和调节，推动功能领域一体化向政治领域的"外溢"。新现实-多元主义理论强调一体化的原动力在于"公众接受"，以及一体化的程度和各个层次上相互沟通网络的发展，强调内部交流与相互依赖产生的内聚力从部分中产生出整体，使整体拥有任何单个构成成分单独所不具备的系统特征。政府间主义强调主权国家在相当长时期内的不可替代性和一体化作为一种国内政治和主权国家政府间讨价还价的过程。制度主义的研究重点是超国家或国家间的制度安排及其对一体化的作用。建构主义则强调一体化是一个国家与社会、国家与个人以及主权国家公民之间相互作用的过程。

无论何种学派的一体化理论，都将一体化看作是不同的主权实体通过一定的方式结合成为一个新的主权实体，并将经济发展水平、意识形态、政治体制等要素的共通性作为一体化的重要前提。

一条鞭法 中国明代中叶后赋役方面的改革。初名条编。后编又作鞭，间或用边。主要是总括一县之赋役，悉并为一条，即先将赋和役分别合并；再通将一省丁银均一省徭役，每粮一石编银若干，每丁审银若干；最后将役银与赋银合并征收。推行全国的一条鞭法是从嘉靖九年（1530）开始的。万历九年（1581），内阁首辅**张居正**在全国土地清丈基本完成后，将该法推行于各省。一条鞭法的实行，在役银编征方面打破了过去的里甲界限，改为以州县为基本单位，将一州县役银均派于该州县之丁粮。编征时并考虑民户的土地财产及劳动力状况，役银由户丁的摊入地亩的比例可以归纳为3类：①以丁为主，以田为辅，以州县为单位，将役银中的小部分摊入地亩，户丁仍承担大部分役银。②按丁田平均分摊役银，即将州县役银的一半摊入地亩，另一半由户丁承担。③以田为主，以丁为辅，即将州县役银中的大部分摊入地亩，其余小部分由户丁承担。实行一条鞭法后，役银由户丁负担的部分缩小，摊派于田亩的部分增大，国家增派的差徭主要落在土地所有者身上，已初步具有**摊丁入地**的性质。

一行 Yixing（683～727） 中国唐代天文学家和佛学家。本名张遂。魏州昌乐（今河南南乐）人。青年时代即以学识渊博闻名于长安。为避开武三思，剃度为僧，取名一行。先后在嵩山、天台山学习佛教经典和天文数学。曾翻译过多种印度佛经，后成为佛教密宗的领袖。李唐王朝多次召他回京，均被拒绝。开元五年（717）回到长安。一行一生中最主要的成就是编制《大衍历》。他在制造天文仪器、观测**天象**和主持天文大地测量方面也颇多贡献。

开元十二年（724），一行和梁令瓒共同创制成黄道游仪。这架仪器的**黄道**不是固定的，可在赤道上移位，以符合岁差现象。后来，一行和梁令瓒又设计制造水运浑象。这个以水力推动而运转的**浑象**，附有报时装置，可自动报时。一行等以新制的黄道游仪观测日月五星的运动，测量一些恒星的赤道坐标（见**天球坐标系**）和对黄道的相对位置，发现这些恒星的位置同汉代所测结果有所变动。

从开元十二年（724）起，一行主持大规模的全国天文大地测量，其中以南宫说等人在河南所作的一组观测最有成就。他们在今河南省四个地方测量了当地的北极高度、夏至日影长度，又测量了四地间的距离。经一行归算，得出了北极高度差一度，南北两地相距351里80步（唐代尺度）的结论。这实际上就是求出了地球子午线一度之长。

从开元十三年（725）起，一行开始编历。经过两年时间，写成草稿，定名为《大衍历》。随即一行不幸去世。《大衍历》后经张说和陈玄景等人整理成定稿。从开元十七年（729）起，颁行全国。

《大衍历》共有《历经》7卷，《立成法》12卷，《略例》、《历议》10卷，另有《长历》、《古今历书》等128卷。《大衍历》对太阳周年视运动的具体规律描述得比以往的**历法**更合乎实际。它以定气（见**二十四节气**）编太阳运动表。在计算中使用了不等间距的二次差内插法，这在数学史上也是一个创举。《大衍历》提出全国不同地点计算晷影、漏刻长度和蚀差的方法，称为"九服晷漏"与"九服蚀差"，其中使用了具有正弦函数性质的表格。

一氧化碳 carbon monoxide 化学式CO。无色、无臭、无味、剧毒的可燃性气体。各种含碳的燃料在供氧不足、燃烧不充分时，排出的废气中含有大量的CO。工业区和汽车多的街道的空气中也会含有少量的CO。

在常压下CO可以在－191.5℃液化，在－205℃凝固。密度1.25克/升（室温）。在水中的溶解度很小，但易溶于乙醇、氨水和盐酸中。在高温、高压下具有很高的化学活性，能发生很多种化学反应。燃烧生成**二氧化碳**并放出67.7千卡/摩的热量。在室温下和有二氧化锰及氧化铜混合物存在时，可以被催化氧化为二氧化碳，因此MnO_2-CuO混合物可用于制作防毒面具。CO是还原剂，在CO气氛中加热许多金属氧化物（如Cu、Fe、Co、Ni、Pb、Mo、Ag、Sn等的氧化物），可以还原为相应的金属。CO和过渡金属反应，可以生成**羰基金属**。CO和氯Cl_2在230℃和活性炭的催化下，反应生成**光气**$COCl_2$。CO与氨NH_3反应，生成甲酰胺$HCONH_2$，甲酰胺脱水生成氰化氢HCN。CO和H_2在各种不同的催化剂作用下，可以反应合成多种有机化合物，例如甲醇、乙二醇、烃类等。CO可与醇、不饱和脂肪烃或芳烃在一定条件下反应，合成得到醇、羧酸、酯、醛等产物。

实验室中用甲酸加到浓硫酸里可以制备少量的高纯CO。工业上可以采用固体燃料气化法、水煤气法（含约50% CO）、发生炉煤气法（含22%～26% CO）等。也可以用**天然气**（主要成分甲烷）在催化剂作用下与水蒸气反应生产CO。

CO是合成有机化工产品重要原料，可用于制备几乎所有的基础化学品，如氰化氢、光气、醇、羧酸、酯、醛、醚、烃。CO和过渡金属生成的羰基金属是重要有机合成的均相催化剂。利用羰基金属的热分解，可以制得高纯金属以及金属膜。

一氧化碳有剧毒。见**一氧化碳中毒**。

一氧化碳中毒 carbon monoxide poisoning 吸入一段时间较高浓度一氧化碳后引起的急性脑缺氧性疾病。

临床表现 一氧化碳比氧更容易和**血红蛋白**结合，可以把氧从氧合血红蛋白中置换出来，生成碳氧血红蛋白，从而破坏生物体组织中氧的循环和交换，并导致组织缺氧，特别是使中枢神经系统细胞缺氧。急性中毒主要表现在神经、心血管和血液三个方面。根据临床症状的严重程度和血液中碳氧血红蛋白的含量高低，可分为轻、中、重三级。

轻度一氧化碳中毒 血液碳氧血红蛋白的含量介于10%～20%。表现头痛、头晕、耳鸣、眼花、恶心、呕吐、心悸、四肢无力，偶可有短暂的昏厥。若能及时脱离中毒环境，吸入新鲜空气，症状可迅速消失。

中度一氧化碳中毒 血液碳氧血红蛋白的含量在30%～40%。除上述症状加重外，患者面色潮红，口唇呈樱桃红色，脉快，多汗，烦躁。当碳氧血红蛋白超过50%时，往往出现较浅的昏迷。若能及时撤离中毒环境，经积极抢救，一般数小时后即可清醒。头痛、头晕、嗜睡、无力等症状在数天内逐渐好转，一般无明显并发症及严重的后遗症。

重度一氧化碳中毒 血液碳氧血红蛋白的含量在50%以上。患者迅速出现昏迷、抽搐、呼吸困难、脉极弱、血压下降。最后死于呼吸循环衰竭。

诊断 首先应查明有无一氧化碳接触史，了解发病环境和现场情况。体格检查时应注意皮肤黏膜呈樱桃红色，尤以两颊、前胸和大腿内侧较为明显。昏迷患者需排除其他疾患。若血液中碳氧血红蛋白呈阳性反应，可立即确诊。

治疗 尽快将患者移至新鲜空气处，注意保暖。给予氧气吸入。重症昏迷患者若有条件应使用高压氧舱治疗。为防治脑水肿可给予肾上腺皮质激素、25%甘露醇溶液、细胞色素C、腺苷三磷酸、维生素C，以改善脑组织代谢。昏迷较深、高热和抽搐者可施行人工冬眠及降温疗法。某些危重病例可以考虑输血或换血。

一元论 monism 把世界万物归结为一种本原的哲学学说，与二元论、多元论相对应。“一元论”一词是德国唯心主义哲学家C.沃尔夫创立的。19世纪末德国动物学家、哲学家E.海克尔开始将它作为哲学用语。他把基于物种保存原则和进化论的世界观称作一元论，并著有《作为宗教和科学之间的纽带的一元论》一书，还创立了“一元论者协会”。一元论有两大类：凡肯定这种本原是物质的，是唯物主义的一元论；凡肯定这种本原是精神的，是唯心主义的一元论。一元论并不否定世界的多样性。从一元论引申出来的一元化观点排斥多元化，但并不排斥多样化。

“一月夺权” January Seizure of Power 中国“文化大革命”中的1967年1月，由张春桥等人策划的夺取上海市党政领导权的活动。1966年底，“文化大革命”动乱扩大到工矿企业。根据周恩来的指示，中共上海市委书记陈丕显召集各派群众组织开会，决定起草一个告全市人民的呼吁书，保持上海经济和社会秩序的稳定。1967年1月5日和9日，一批群众组织联署的《告上海全市人民书》、《紧急通告》在《文汇报》发表，号召广大工人“坚决执行毛主席提出的抓革命、促生产的方针”。中央文革小组成员张春桥、姚文元起先对此态度十分冷淡，不同意发《紧急通告》。1月6日他们策划召开了“打倒上海市委大会”，批斗陈丕显和市长曹荻秋等几百名领导干部。1月8日，毛泽东对《告上海全市人民书》、《紧急通告》给予了极高评价。1月10日又要求中央起草一个致上海各群众团体的贺电，号召全国学习上海的经验。张、姚等得知毛泽东的态度后，1月12日，策划召开了誓师大会，将中共上海市委打倒，夺取了上海最高权力。1月16日《红旗》杂志发表文章肯定上海“一月夺权”。2月5日张、姚成立了取代中共上海市委、市政府的“上海人民公社”(2月25日根据毛泽东指示改称革命委员会)。“一月夺权”运动迅速扩展到全国，各省、市、自治区权力机关全部陷入瘫痪。“一月夺权”运动是一小撮野心家利用毛泽东“一个阶级推翻一个阶级”的错误夺权理论进行的一场动乱，成为全国局势恶化，走向“全面内战”的开端。“文化大革命”结束后，1979年1月4日，中共中央转发上海市委报告，宣布为“一月夺权”中被批判打击的干部群众彻底平反，恢复名誉。

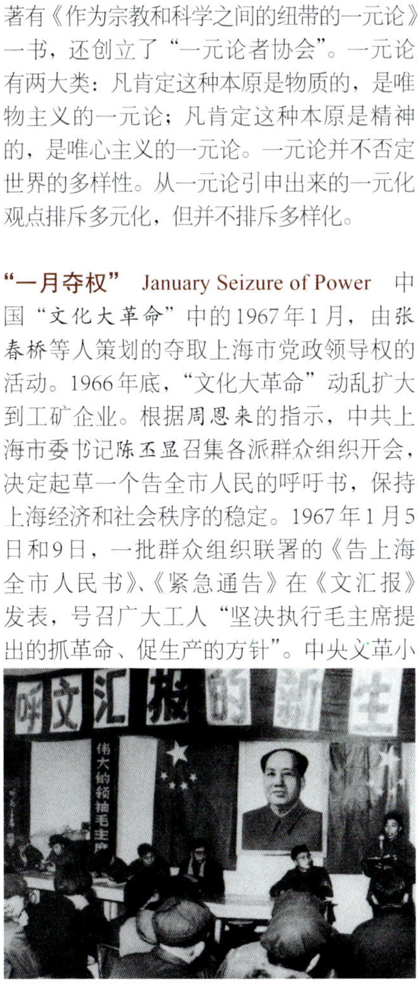

1967年上海《文汇报》被造反派“夺权”，揭开了所谓“一月风暴”的序幕。图为“夺权”大会的情景

伊阿宋 Iason 古希腊神话中帖撒利亚的伊奥尔科斯地方之王埃宋之子。原名狄奥墨得斯。埃宋的兄弟佩利阿斯夺取王位后，伊阿宋被送到马人基隆那里抚养并学得医术。伊阿宋长大后佩利阿斯怕他要求继承权，便加害于他，派他去黑海东岸科尔基斯寻取金羊毛。伊阿宋接受了任务。希腊各地的著名英雄皆来相助。伊阿宋带领他们在女神雅典娜的帮助下，建造了一艘远航巨舟“阿尔戈”号，出发远航。他们沿途克服重重困难，最后得到国王埃厄忒斯的女儿美狄亚的帮助，取得了金羊毛。伊阿宋回伊奥尔科斯后，美狄亚又用魔法帮助他害死了佩利阿斯。后来伊阿宋为了权势和金钱背叛美狄亚，最后落得个死在“阿尔戈”船板下的结果。

伊巴丹 Ibadan 尼日利亚第三大城市，奥约州首府。位于拉各斯—卡诺铁路线上，南距拉各斯160千米。面积约130平方千米，人口313.95万(2003)，居民90%为约鲁巴人。气候湿热，年平均气温26.5℃，平均年降水量1 230毫米。原为1829年部族战争时的兵营，1893年英国殖民者占领时城市人口已达12万。1901年通铁路后为当时热带非洲最大城市。老城以伊巴市场为中心，筑有城墙，建于南北走向的石灰岩高地上，除有商业、手工业外，城内农田和传统泥墙茅顶民居成片，有“农业城市”之称。新城范围远大于老城，道路设施完善，商业集市众多。伊巴丹现为尼日利亚西南部重要商业和文教中心。以周围地区农业为基础的可可、烟草、花生等贸易极盛。现代工业规模不大，传统工业和服务业发达。铁路南通拉各斯，北通卡诺、恩古鲁。有机场。文化教育设施主要有闻名于非洲、可容纳万名以上全日制学生的伊巴丹大学、理工学院、医学院(设附属医院)、综合技术学院和大学图书馆。设有国家和州办农业、林业、社会、经济等研究所和国际热带研究所。

伊巴露丽 Ibarruri, Dolores (1895-12-09～1989-11-12) 西班牙共产党主席。生于比斯开省加利亚泰尔一个矿工家庭，卒于马德里。1915年参加工人运动。1917年参加工人大罢工并加入工人社会党。1918年在《比斯开矿工报》发表文章，第一次使用“热情之花”笔名。1920年参加西共创建工作，成为西班牙共产党创始人之一。以后经常发表文章，宣传革命道理。曾6次被捕入狱。1930年当选西共中央委员，1932年当选政治局委员，任中央书记。1937年任国会副议长。反对F.佛朗哥法西斯叛乱。1939年佛朗哥统治确立后流亡法国，3月转去苏联。1940～1943年任第三国际执委会委员。1942年J.R.迪亚斯逝世后，继任西共总书记。1960年当选为党主席。在西共七大至十一大(1983)上连续当选党主席。1977年5月13日从苏联返回西班牙。同年6月15日再次当选为议员。后辞去议员职务。1956、1959年曾两次访问中国。

伊本·阿拉比 Ibn al- ‘Arabī (1165～1240) 伊斯兰教神秘主义哲学家。生于西班牙的穆尔西亚，卒于大马士革。早年就学于塞维利亚和休达，深受两名女苏非主义者的影响。1194年他到突尼斯。1201年赴麦加朝觐，接着游历伊拉克和安纳托利亚，最后定居大马士革。他将思辨的苏非主义发展为系统的神秘主义理论体系，归结为“存在的单一”。他认为，真主是绝对的存在，一切存在的本原。万物以观念形式预先存在于真主的认识中，通过照明而显现，并按同样方式复归；观念的原型是世界万物与绝对存在的中介，真主的超在性和内在性，是人得以认识真主的依据；理性的宇宙原则，即穆罕默德的实在，最充分的表现是完人；完人是宇宙一切完美属性的缩影，是世界存在的理由和复归的保证。他的主要著作《麦加的默示》和《智慧的珍宝》，通过伊本·法里德、阿塔尔、鲁米等人传遍伊斯兰世界，为整个苏非派的发展提供理论框架。被后人尊为大长老和宗教复兴者。

伊本·拔图塔 Ibn Baṭṭūṭah (1304-02-24～1377) 阿拉伯旅行家、文学家。又译伊本·白图泰。生于摩洛哥丹吉尔，卒于摩洛哥。1325～1354年，曾三次离乡出游，历时28年，旅程约达12万千米，足迹遍及欧洲、亚洲、非洲等地。元朝末年曾到中国。他口述的旅途见闻，由伊本·朱泽依记录成书，名为《旅途列国奇观录》，俗称《伊本·拔图塔游记》。记述了各国的风土人情、社会习俗和传说，既是一部古典文学名著，也是一部研究当时各国历史、地理、社会风貌的重要参考书。

伊本·路世德 Ibn Rushd (1126～1198) 阿拉伯哲学家、教法学家、医学家。拉丁名阿威罗伊。生于西班牙科尔多瓦的一个伊斯兰教法官世家，卒于摩洛哥马拉喀什。早年受过良好的传统教育，在伊斯兰教法、希腊哲学、阿拉伯文学、医学等方面均有较深造诣。曾被聘任为地方教法官和宫廷御医。晚年因其著作被认为具有异端倾向而遭放逐。数年后被恕罪。

他曾撰写过3部系统的哲学著作，为伊斯兰教义学研究注入新的活力。1177年发表《关键的论文》，从伊斯兰教法的角度阐述了哲学的合法性；另一部《证明的过程》概括了伊斯兰教教义体系。1184年出版哲学代表作《矛盾的矛盾》，回击安萨里在其《哲学家的矛盾》一书中对哲学的攻击。伊本·路世德摘录了安萨里的大段引语并逐点予以批驳。争论的内容涉及创世、真主的属性、灵魂等。认为世界是无始的、永恒运动的，物质是运动的基质。真主是无始的存在，是世界的“第一推动者”、万物最后的“目的因”。反对灵魂不灭说。针对安萨里的关于直接理解是认识神性存在的基础、《古兰经》是真主存在的直接表白的观点，提出理性是神性存在的认识基础、《古兰经》是寓意启示，有待理性的解释。伊本·路世德还发展了双重真理论。提出哲学是哲学家的真理，而宗教是民众的真理。宗教的真理源自天启，而哲学的真理获自理性。认为哲学和宗教的关系是理论和实践的关系，哲学是真理的最高表现，是最高的宗教。

伊本·路世德以研究亚里士多德的哲学著称于西方。其著作于13世纪上半叶相继译介到欧洲，对布拉班特的西格尔及R.培根等哲学家和科学家等都产生过影响，推动了欧洲经验科学的发展；对犹太教哲学和基督教经院哲学也有一定影响，12～16世纪在帕多瓦大学还形成阿威罗伊主义学派。19世纪的穆斯林现代主义知识分子出于对伊斯兰教理性哲学的需求，曾一度掀起过研究其哲学的热潮。

伊本·穆格法 Ibn al-Muqaffac (724～759) 阿拉伯作家。生于波斯朱尔村（今伊朗设拉子南部）。幼年受到波斯文化熏陶，信奉祆教。曾为一些王公贵族当过文书。阿拔斯王朝时充当巴士拉总督的文书，改奉伊斯兰教。因作品表露对统治者的不满，后在统治阶级的倾轧中受到牵连，以“伪信罪”被曼苏尔哈里发处死。伊本·穆格法为阿拉伯文学开辟了翻译介绍不同文化和知识的领域。他从巴列维文转译了印度的《五卷书》，并加以艺术再创造成为阿拉伯寓言故事集《卡里莱和笛木乃》。此书曾被译成多种欧洲文字。他还从波斯文翻译了《波斯诸王传》等书。相传还译过亚里士多德的著作。《小礼集和大礼集》是一部行为、道德、哲理方面的箴言集。他崇尚理性，写作技巧娴熟，为阿拉伯散文艺术奠定了基础。

《卡里莱和笛木乃》插图

伊本·沙特 Ibn Sa ‘ūd (1880-12-03～1953-11-09) 沙特阿拉伯王国国王（1932～1953），瓦哈比派现代国家的开拓者。生于利雅得，卒于塔伊夫。1811年沙特家族曾在阿拉伯半岛建立瓦哈比派王朝。这个王朝于1818年被埃及总督穆罕默德·阿里摧垮。其后，沙特家族逃往科威特。1901年，伊本·沙特率众自科威特攻入内志。1902年攻克利雅得。

伊本·沙特利用瓦哈比派的意识形态巩固封建统治，扩大领地，建立统一国家。1910年他建立了伊赫万·穆瓦希德（即“敬奉唯一真主兄弟会”）。1912年建立了伊赫万的农垦区希吉来（意为“迁徙”）。希吉来同时还是瓦哈比派的传教点和军事组织，为伊本·沙特的征战提供了一支精锐部队。

1913～1926年，伊本·沙特夺取了波斯湾西岸的哈萨，并吞了伊本·拉希德家族的沙马尔，占领了锡尔汉河谷的大部分，攻陷了麦加、麦地那和吉达，兼并了阿西尔。1927年5月，他和英国在吉达签订《吉达条约》。1932年，伊本·沙特正式将他获得的领土称为沙特阿拉伯王国，自立为国王，兼瓦哈比派教长。

1933年他把占国土面积约2/3的土地租让给阿拉伯-美国石油公司，使沙特阿拉伯成为重要的石油生产国和输出国，为发展民族经济打下基础。

伊本·太米叶 Ibn Taymīyah (1263～1328) 伊斯兰教教义学家。生于美索不达米亚的哈兰，卒于大马士革。1268年随家迁居大马士革。自幼接受宗教教育，后致力于伊本·罕百里学说的研究，负有盛名，并使该派在叙利亚得到复兴。他在大马士革和开罗讲学时，多次因激烈批判宗教权威和坚持对经、训作字面解释而被囚，后死于狱中。他主张恢复早期伊斯兰教的原始教义，即经、训的真正精神和真主独一的基本信仰，以复兴纯正的伊斯兰社会；严厉批判苏非派、什叶派和安萨里、伊本·阿拉比等，反对宗教上的任何创新，反对圣徒崇拜和朝拜陵墓。坚持除《古兰经》、圣训和公议外，不信奉任何权威。严格要求注释《古兰经》文本，慎重应用圣训。他的思想和著作是近代瓦哈比运动的理论支柱，对当代伊斯兰复兴运动也有影响。传世著作有60余种，包括《教法判例》、《政治与教法》、《驳哲学家》、《圣行之道》、《论文集》等。

伊比比奥人 Ibibio 西非尼日利亚联邦共和国的主要民族。有723万人（2002）。另有部分人分布在喀麦隆。属尼格罗人种，为苏丹人和班图人的混合类型。使用伊比比奥语，属尼日尔-科尔多凡语系尼日尔-刚果语族贝努埃-刚果语支。多信万物有灵，盛行自然崇拜和祖先崇拜；部分人信奉基督教。大多居住在农村，以村落为单位，由长老领导。住土房，用棕榈叶作房顶。平原地区主要种植水稻和芋头。沿海地区以捕鱼为生，出产棕榈油和可可。棕榈油产量在尼日利亚居首位。石油资源亦很丰富。政治、经济和文化受伊博人的影响较大。能歌善舞，喜爱音乐和艺术。

伊比利亚半岛 Iberian Peninsula 欧洲南部三大半岛之一。又称比利牛斯半岛。位于欧洲西南部，北濒比斯开湾，西临大西洋，东滨地中海，东北以比利牛斯山脉同法国相接，南隔直布罗陀海峡与非洲相望。面积58.4万平方千米。半岛上有西班牙、葡萄牙和安道尔三国，以及英属直布罗陀。

伊比利亚美洲首脑会议 Iberian American's Summit 20世纪90年代初，为纪念C.哥伦布“发现”美洲新大陆500周年，西班牙国王胡安·卡洛斯一世倡议召开的首脑会议。与会者包括地处伊比利亚半岛的西班牙、葡萄牙以及曾是西班牙、葡萄牙殖民地的阿根廷、墨西哥、委内瑞拉、智利、古巴、巴西等19个国家。在西班牙赞助和墨西哥积极组织下，首届伊比利亚美洲首脑会议于1991年7月18～19日在墨西哥瓜达拉哈拉举行。此后每年轮流在相关国家举行首脑会议。2005年伊比利亚半岛的安道尔加入。至2007年，已举行了17次首脑会议。首脑会议的定期举行使西班牙、葡萄牙和其他欧盟成员国与拉美讲西、葡语国家的关系得到加强。

伊壁鸠鲁 Epikouros（前341～前270） 古希腊哲学家，无神论者。

生平与著作 出生于萨摩斯。曾在雅典接受军事训练2年。据记载，他自称14岁开始学习哲学，曾就学于柏拉图学派的潘菲劳和德谟克利特学派的脑西芬尼等人，并熟悉亚里士多德和阿那克萨戈拉等早期哲学家的哲学。伊壁鸠鲁继承、修正和发展了德谟克利特的哲学，建立起一个思想上统一的完整体系。前306年到雅典，在他自己买的一所花园里办学，由此伊壁鸠鲁学派也称花园学派。伊壁鸠鲁的学校里有男有女，还有奴隶，以充满友谊而著称。据记载，伊壁鸠鲁的著作多达300多卷，其中重要的有《论自然》、《准则学》、《论生活》和《论目的》等。现存的只有3封书信和一些残篇。

哲学思想 伊壁鸠鲁认为，哲学的任务是研究自然的本性，破除宗教迷信，分清痛苦和欲望的界限，以便获得幸福生活。因此他的哲学可以分为三个组成部分：物理学、准则学（主要讨论逻辑和认识论问题）和伦理学。

伊壁鸠鲁认为感觉是判断真理的标准。感觉是直接的，无所谓错误，错误只发生在对感觉的判断中。他依据感觉经验，肯定物体的存在，进一步发展了德谟克利特的原子论学说。修正了德谟克利特关于原子体积和形状有无限多差别的观点，增加了与原子的运动有关的重量这一特性。提出原子有三种运动：因重量而垂直下落的运动、稍微偏离直线的偏斜运动以及由此而产生的碰撞运动。伊壁鸠鲁认为物体的颜色等可以感觉到的性质是客观的，人的感觉是可靠的，概念来源于感觉，克服了德谟克利特以及古代哲学家对感觉不信任的倾向，反对了怀疑论和柏拉图的先验论。

伊壁鸠鲁的伦理学说认为快乐是生活的目的，是天生的最高的善。但是，应当区分不同的快乐。解除对神灵和死亡的恐惧，节制欲望，远离政事，审慎地计量和取舍快乐与痛苦的事物，达到身体健康和心灵的平静，这是生活的目的。伊壁鸠鲁还认为人是以个人快乐为准则的生物。国家建立在相互约定的基础上，正义是人们互不侵害的契约，有利于人相互关系的便是正义的，否则是不正义的。

伊壁鸠鲁学派 伊壁鸠鲁的学说被他的历代弟子奉为必须遵守的信条。伊壁鸠鲁的著名学生有麦特罗多洛、科洛特和继承伊壁鸠鲁学园领袖的赫尔玛可。伊壁鸠鲁的学说广泛传播于希腊－罗马世界。伊壁鸠鲁学派作为最有影响的学派之一延续了4个世纪。罗马时期伊壁鸠鲁学派的著名代表有菲拉德谟和卢克莱修。卢克莱修写的哲学长诗《物性论》，系统地宣传和保存了伊壁鸠鲁的学说。3世纪以后，伊壁鸠鲁的学说成了基督教的劲敌。在中世纪，伊壁鸠鲁成了不信上帝、不信天命、不信灵魂不死的同义语。文艺复兴时期，由于卢克莱修《物性论》的发现和出版，扩大了伊壁鸠鲁学说对早期启蒙思想家的影响。17世纪P.伽森狄全面恢复了伊壁鸠鲁学说，它直接影响了17～18世纪英、法唯物主义哲学和自然科学。伊壁鸠鲁的社会契约说是近代社会契约论的直接先驱，他的伦理思想对英国J.边沁、J.S.密尔等的功利主义产生了影响。

伊博人 Ibo 西非尼日利亚联邦共和国的主要民族。又称伊格博人。有2 320万人（2002），为国内第三大族。分布在尼日利亚东南部。另有约8万人分布在喀麦隆。属尼格罗人种苏丹类型。包括30多个支系。使用伊博语，属尼日尔－科尔多凡语系尼日尔－刚果语族。有用拉丁字母拼写的文字。原信万物有灵，崇拜祖先，后多改信基督教。原住尼日利亚中部，13～14世纪开始向东南迁移，成为尼日尔河三角洲人口占多数的居民。19世纪起遭受英国殖民统治。从此开始有了共同的民族意识，各地村社首领普遍获得了酋长的称号。按年龄等级组成集团。每一年龄集团在村中均有特定的义务和职责。婚姻行一夫多妻制。主要从事农业，种植玉米、木薯和水稻，经济作物主要有可可、油棕等。煤和石油蕴藏丰富。20世纪50年代以来，由于大量开采石油，伊博地区经济迅速发展。

伊博人妇女

伊春市 Yichun City 中国黑龙江省辖地级市。中国最大林区城市。位于省境北部，小兴安岭腹地。辖伊春、南岔、友好、西林、翠峦、新青、美溪、金山屯、乌马河、汤旺河、乌伊岭、五营、带岭、上甘岭、红星15区和嘉荫县，代管铁力市。面积39 017平方千米。人口115万（2010），有汉、满、回、朝鲜、鄂伦春等22个民族。市域原属汤原县，1900年建伊春林业管理局，1952年设伊春县，1957年改设伊春市。矿产资源有金、银、铁、铅、锌、铝、锡、石灰岩、大理石、玛瑙石、紫砂陶土、褐煤等。其中黄金储量居黑龙江之首。伊春林区是黑龙江省和中国重要林区之一，森林覆盖率为72%。以红松、云杉、兴安落叶松、樟子松、水曲柳、黄菠萝、胡桃楸等为主。有“林都”和“红松故乡”之称。工业以机械、纺织、服装、建材、食品、印刷、化工、冶金、采掘、酿造、粮油加工等为主。农业主产粮食、大豆、马铃薯、蔬菜等。名胜古迹有五营国家级丰林自然保护区、桃山国际狩猎场、朗乡滑雪场、美溪回龙湾、伊春恐龙博物馆等。

伊达尔戈－科斯蒂利亚 Hidalgo y Costilla, Miguel（1753-05-08～1811-07-30） 墨西哥独立运动领袖，民族英雄。生于瓜纳华托州圣迭戈利拉莱霍庄园，卒于奇瓦瓦。1779年在巴利亚多利德城的圣尼古拉斯学院任教，后担任院长。1792年起，先后在科利马、圣费利佩和多洛雷斯当神甫。1808年，参加克雷塔罗城爱国者秘密团体“文学与社交会”。1810年9月16日，伊达尔戈－科斯蒂利亚与爱国军官阿连德和阿尔达马逮捕了西班牙殖民官吏，打开监狱，释放了80多名爱国者。随后，伊达尔戈－科斯蒂利亚敲响了教堂的钟，号召印第安人起义。这一事件，被称为“多洛雷斯呼声”，揭开了墨西哥独立战争的序幕。伊达尔戈－科斯蒂利亚被起义者拥戴为起义军最高统帅，率领起义军先后占领了瓜纳华托、巴利亚多利德等城镇，并向墨西哥城进发。10月底，起义军战败受挫。11月底，伊达尔戈－科斯蒂利亚率起义军进驻瓜达拉

哈拉城，整顿军队，建立政权，制订法令取消印第安人赋税，废除奴隶制，并宣布将殖民者非法夺取的土地归还给印第安人公社。1811年1月，伊达尔戈－科斯蒂利亚率军与西班牙殖民军在瓜达拉哈拉城外交战，被击溃，撤退时遭敌人伏击被俘。7月31日牺牲。墨西哥独立后，人民缅怀伊达尔戈－科斯蒂利亚的功勋，尊称他为“墨西哥独立之父”。

伊德里西 Idrīsī, al- (1100～1165/1166) 阿拉伯地理学家和地图学家。又译伊德列西、伊德里斯、伊德利奚。生于萨布塔（今摩洛哥北部西班牙占领海港休达），卒于西西里或萨布塔。曾游历北非、西欧和小亚细亚，后定居西西里岛，为西西里国王罗杰二世服务。主要成就：①绘制一个雕刻在银质圆盘上的世界地图。②编绘一张有70个区域的世界地图，将赤道以北分成宽度相等的7个纬向气候带，再把每个气候带用经线分成10等份。③撰写《一个想周游世界者的愉快旅行》（又称《罗杰之书》）的世界地理志著作，该书直至地理大发现之前一直被欧洲人认为是权威的地理著作。④纠正当时流行的许多错误概念和说法，如印度洋是一个封闭的海、里海是世界洋的一个支湾等。还著有《常用药物》以及一些诗作。

伊迪卡拉动物群 Ediacaran fauna 已知的最古老的海洋后生动物群。由最早的海生软躯体化石和遗迹化石组成。因1947年在南澳大利亚伊迪卡拉山前寒武纪晚期的庞德砂岩内发现而得名。已发现近2 000件化石标本。除澳大利亚外，在西南非洲、英格兰莱斯特郡、西伯利亚北部奥列涅克高地和俄罗斯中部也有相似生物的化石发现。寒武纪大量出现的动物及其分异，与前寒武纪晚期出现的伊迪卡拉动物完全不同，这是生物进化史上的一个重大事件。两期动物群最大的一个差别是在进化的进程中产生了硬壳从而造成了许多新门类。这两期动物群在生物进化史上的关系尚不明了，中间的间隔近1亿年。寒武纪动物出现是海生无脊椎动物在生物化学及生理学方面有了重大改变并全面发展的结果。

伊甸园 Garden of Eden 《旧约·创世记》中的乐园。希伯来语是“光照”的意思。位于幼发拉底河谷中，传说是耶和华上帝安排给亚当和夏娃居住生活的地方。据《创世记》描述，有河从伊甸流出来滋润那园子，遍栽果树、花草，生活着各种禽兽鱼虾。伊甸园在后来的文学作品中成为乐园、天堂的代名词。

伊东深水 Idō Shinsui (1898-02-04～1972-05-08) 日本画家。生于东京，卒于东京。

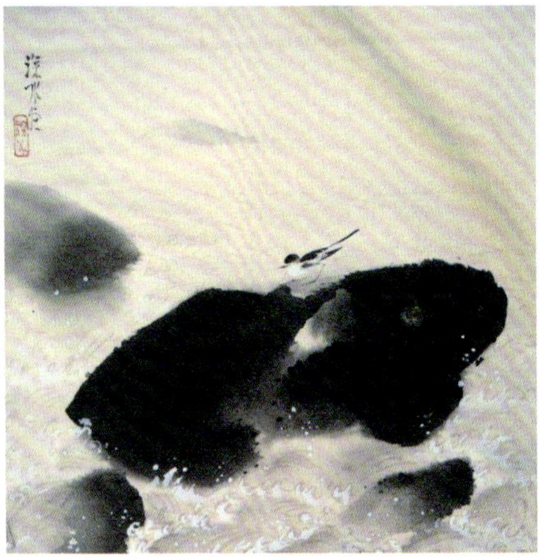

《雨后清流》（1929～1930，伊东近代美术馆藏）

原名一。13岁时从美人画家镝木清方学画，17岁第一次入选文展。1922年的和平博览会上展出《指》后，声名鹊起。从1924年第五回帝展起，每回都有作品入选。第八回的《羽根之音》、第十回的《秋晴》及1947年第三回日展中的《镜》深受画坛重视。伊东深水强调绘画本身的表现力，被视为日本现代美人画的代表画家。他的画风渊源于浮世绘美人画，但突出地表现了现代女性的艳丽美。

伊顿公学 Eton College 英国贵族子弟学校。1440年由亨利六世创办。位于英格兰白金汉郡温莎附近的伊顿镇。学制5年。前三年学习通识课程，为参加中等教育普通证书考试而准备；后二年是第六学级，选修专业课程，为获取高级水平普通教育证书而准备。实行寄宿制和导师制。导师负责指导课业，鼓励和促进学生个性、文化素养和社会性的发展。实行学业考试制度。教学设施优良，尤其在科学、语言、计算和设计方面。有两个综合图书馆和众多学科图书馆。创办以来培养了许多著名人物，如科学家R.玻意耳、作家P.B.雪莱、经济学家J.M.凯恩斯以及惠灵顿伯爵等20名首相。

伊尔库茨克 Irkutsk 俄罗斯东西伯利亚南部城市，伊尔库茨克州首府。在安加拉

伊尔库茨克东正教堂

河及其支流伊尔库特河汇合处，东南距贝加尔湖66千米。人口58.1万（2010）。1661年建为要塞。18世纪中叶为中俄贸易中心及俄国内地通往外贝加尔勒拿河流域，以及中国与蒙古等国的重要转运点。工业以机械制造（重型机械、机床及电缆等）为主，还有水电、建材、食品及云母加工。1956～1959年因在市东南的安加拉河上兴建水电站，形成伊尔库茨克水库。市区被安加拉河、伊尔库特河、乌沙科夫卡河分隔成几部分。建有多所科研机构及高校。

《伊尔库斯克的故事》 *History of Irkutsk* 苏联剧作家A.N.阿尔布佐夫的剧本。写于1959年。剧情发生在西伯利亚离伊尔库斯克不远的安卡拉河畔，描写工地食品店的收银员瓦丽娅与从小失去父母的维克多及其好友谢尔盖之间的感情故事。剧中运用歌队组织情节、评论人物，上演后颇受欢迎。

伊尔系列飞机 Ilyshin series aircraft 苏联伊留申设计局研制的四发中远程喷气式客机。机身采用半硬壳式铝合金结构，截面呈圆形。悬臂式后掠下单翼。主要机型有伊尔-18、伊尔-62、伊尔-76、伊尔-86、伊尔-96等5种。每种主要机型还有若干种改型。①伊尔-18。中程喷气式客机。1957年首次飞行，标准型载客110人。北大西洋公约组织称之为“黑鸭”。伊尔-18加装电子设备和反潜武器称为伊尔-38反潜巡逻机，加装电子干扰设备和侧视雷达称伊尔-20电子干扰飞机。②伊尔-62。远程喷气式客机。1963年1月首次飞行，北大西洋公约组织称之为“文豪”。最多载客198人。③伊尔-76。中远程军民两用重型运输机。1971年3月首次飞行，1978年投入国际航线飞行。创造出25项飞行纪录，其中24项已为国际航空联合会正式批准。北大西洋公约组织称之为“耿直”。伊尔-76T是发展型，加装了辅助油箱。伊尔-76M，主要用于军事空运，飞机尾部加装两门航炮和小型电子干扰设备。能空运部队140人或伞兵125人。伊尔-76TD是民用型，增加10 000千克油量，航程增长1 200千米。1983年交付使用。伊尔-76预警型，北大西洋公约组织称之为“中坚”。机身上加装旋转雷达天线罩，改装新型敌我识别装置、电子干扰设备等。伊尔-78M，空中加油型，机上加装油箱和空中加油设备。1987年服役。北大西洋公约组织称之为“米达斯”。④伊尔-86。宽体身中程客机。1976年首次飞行，1980年底加入国际航线飞行。北大西洋公约组织称之为“小船坞”。⑤伊尔-96。为伊尔-86的远程型。机身稍有缩短，翼展增大，机翼翼端装有小翼，广泛采用复合材料和先进的导航设备。可载客300人。1988年9月首次飞行。伊尔-96-300，翼展57.66米，机长55.35米，

巡航速度850～900千米/时，航程9 000～11 000千米，最多载客400人。

伊凡诺夫 Ivanov, Anatoly Stepanovich（1928-05-05～1999-05-31） 俄罗斯作家。卒于莫斯科。1950年毕业于哈萨克基洛夫大学。长篇小说《牵牛花》（1958）引起文学界注意。《永恒的召唤》（2卷，1970～1978）描绘1905年前后至70年代初俄罗斯到全苏联的广阔历史画面，涉及一系列国内重大历史事件。中篇历史小说《叶尔马克》（1992）记叙了哥萨克首领率领哥萨克出征西伯利亚的英雄事迹。其他主要作品还有短篇小说集《阿尔金之歌》（1956），长篇小说《正午影消》（1963），中篇小说《尘世间》（1971）、《冤仇》（1979）等。曾任苏联作家协会理事、《青年近卫军》杂志主编。

伊凡四世(雷帝) Ivan Ⅳ the Terrible（1530-08-25～1584-03-18） 全罗斯大公，俄国第一个沙皇（1547～1584）。号称“雷帝”。莫斯科大公瓦西里二世之子。生于莫斯科近郊，卒于莫斯科。1533年继位，其母E.V.格林斯卡娅摄政。1543年，伊凡四世处死王公I.V.舒伊斯基。1547年加冕，自称沙皇，表示拥有无限的权力。

1549年伊凡四世召开缙绅会议。16世纪50年代，进行行政司法军事改革，编纂《1550年法典》，建立强大的中央政权。1552年兼并喀山汗国。1556年征服阿斯特拉罕汗国。继而向西伯利亚扩张，1563年自称为全西伯利亚皇帝。1558～1582年，为夺取波罗的海的出海口，与立陶宛、波兰、丹麦、瑞典同时交战，进行了长达24年的立窝尼亚战争。在立窝尼亚战争期间，为了同大贵族割据势力斗争，于1565年实行特辖制，严酷镇压参与叛乱的王公贵族和教会上层。1570年，率大军征讨诺夫哥罗德和普斯科夫。1581年实行禁年，剥夺农民在尤利节前后离开主人的权利。

伊费古城 Ife 西非古代城市。遗址位于今尼日利亚西南部热带雨林中。约始建于12世纪早期，废弃于16世纪。曾被阿拉伯旅行家称之为“玉非”城。此城是西非地区的宗教和祭祀中心，号称“圣城”，城区内外发现了许多祭祀坑和墓葬。古城的建筑多为土筑，保存不佳。最富特色的遗迹是用陶瓷碎片镶边的小道，道上常用陶瓷碎片镶出各种图案。这种做法至今见于贝宁地区。平民墓葬多用陶罐作葬具。伊费城出土了众多陶、石雕像及数十件铜头像。其中包括著名的“王室夫妇铜像”、“奥帕·奥兰米亚”石雕等。铜头像的典型特征是，其上常有红白相间的线条，脖颈上有项圈的痕迹。农业、狩猎和贸易在经济生活中占有较大比重。人们种植山芋、豆类、秋葵、几内亚玉米、棕榈等，饲养羊和鸡，有时也以非洲蜗牛为食；通过狩猎获得象牙，以此与阿拉伯世界交换铜器、盐、纺织品和奢侈品等。

伊费古城出土的铜头像

《伊戈尔远征记》 *The Song of Igor's Campaign* 俄国古代英雄史诗。作者不详。成书于1185～1187年之间，以1185年罗斯王公伊戈尔一次失败的远征史实为根据。史诗成书的时代，正是基辅罗斯大地上公国林立、互相残杀的时代。主人公伊戈尔为消除外患而率远征军进行征伐。在作者笔下，伊戈尔的远征不仅与人民有血肉联系，而且和罗斯土地也息息相关，从而加强了史诗的爱国思想和抒情气氛。这是一部抒情与叙事相结合的作品。许多形象（如某些战斗场面、伊戈尔出逃等）显然取自民歌，并富有民歌的象征意义。对后世作品影响巨大。

伊瓜苏瀑布 Iguaçu Falls 南美洲最大瀑布。位于巴西巴拉那州西部伊瓜苏河下游、巴西和阿根廷国界上。伊瓜苏河发源于库里蒂巴附近的马尔山脉，当伊从巴西高原的辉绿岩悬崖陡落入巴拉那峡谷时，形成275股大小不等的水帘，在汛期连成一道宽达3.5～4千米、落差达60～82米的马蹄型大瀑布。巴西和阿根廷两国均在瀑布周围设有国家公园。

伊卡萨 Icaza, Jorge（1906-07-10～1978-05-26） 厄瓜多尔小说家、剧作家。生于基多，卒于基多。曾在基多大学读医学，后放弃并加入一个流动剧团当演员。写过不少喜剧，如《不速之客》（1929）、《因为她们喜欢》（1933）、《鞭子》（1936）等。中篇小说《瓦西蓬戈》（1934）确立了他在拉丁美洲文学史上的地位。小说描写印第安人为捍卫自己的土地奋起反抗庄园主、外国开发者和当局，最后惨遭镇压和屠杀。其他主要作品还有短篇小说集《山区的泥土》（1933），中篇小说《在街上》（1935）、《流浪者罗梅罗·伊·弗洛雷斯》（1958），以及长篇小说《被逮住的人》（1972）。后者是一个自传体三部曲，包括《公正》、《在虚构中》和《在现实中》。

伊克巴尔 Iqbal, Sir Muhammad（1877-11-09～1938-04-21） 印度乌尔都语、波斯语诗人，哲学家。生于旁遮普锡亚尔科特，卒于拉合尔。1899年获旁遮普大学文科硕士学位后留校任教。1905年赴英国和德国学习，1908年获慕尼黑大学哲学博士学位和剑桥大学哲学荣誉博士学位。同年回国后加入拉合尔律师协会。1926～1929年当选为旁遮普省议会议员。1930年当选为全印穆斯林联盟阿拉哈巴德年会的大会主席。巴基斯坦建国后，将他的诞辰日定为伊克巴尔日。

伊克巴尔用乌尔都语和波斯语创作诗歌，共出版10部诗集。波斯语诗集《自我的秘密》（1915）和《无我的奥秘》（1918）是诗人伊斯兰哲学思想表述的代表作。“自我”是个人生命，“无我”是民族的自我，“完人”是人生最高境界，是伊斯兰精神和道德的人格化。他的作品还有乌尔都语诗集《驼队的铃声》（1924）、《杰伯列尔的羽翼》（1935），波斯语诗集《波斯雅歌》（1921）、《永生篇》（1932）等。他的诗歌与民族的命运息息相关，反映了穆斯林要求民族振兴的愿望。中译本有《伊克巴尔诗选》等。

伊拉克 Iraq 亚洲西部国家。位于亚洲西南部，阿拉伯半岛东北侧。陆疆北接土耳其，东邻伊朗，西毗叙利亚、约旦，南接沙特阿拉伯、科威特。东南濒波斯湾，海岸线长仅58千米。面积441 839平方千米，人口3 070万（2009）。阿拉伯人占78%，库尔德人占18%，余为亚美尼亚人和巴基斯坦人。城市人口占70%。居民95%信奉伊斯兰教，少数信奉基督教。阿拉伯语为官方语言。通用英语。北部库尔德地区官方语言为库尔德语。首都巴格达。

地理 全境大部分为低地，海拔一般

不超过300米，海拔450米以上的面积不足15%。**底格里斯河和幼发拉底河**自西北向东南贯穿全境，两河在古尔奈汇合为阿拉伯河，注入波斯德。两河之间形成美索不达米亚平原，海拔200米以下。西和西南部属于阿拉伯高原的边缘，为阿拉伯沙漠的组成部分，海拔200～1 000米。北和东北有扎格罗斯山脉逶迤在东北边境的库尔德山地。海拔约2 000米。靠近伊朗边境的赖万杜兹峰，海拔3 658米，为全国最高点。

除东北部山地外，大部分地区属于亚热带沙漠气候，夏季炎热干燥。平原地区7月平均气温自北而南在30～35℃之间，绝对最高气温达50℃以上。冬季大部分地区的气温在0℃以上。大部分地区降水稀少，平均年降水量一般在200毫米以下，幼发拉底河及以南地区降水甚至不足100毫米。北部山地受从地中海吹来的偏西风影响，降水较多，有时可超过500毫米。

石油和天然气是最重要的地下资源。已探明石油储量达1 150亿桶（约155亿吨），仅次于沙特阿拉伯和伊朗。拥有南北两大油田区，即以基尔库克为中心的北部油田区和两河下游三角洲地区以鲁迈拉为中心的南部油田区。天然气储量约3.17万亿立方米，占世界总储量的2.4%。磷酸盐储量达100亿吨。

历史 伊拉克所在的两河流域，是世界古文明发祥地之一。前3000年前后，两河中、下游先后建立了一些奴隶制国家。前1894年，出现了古巴比伦王国。自前538年起，相继被波斯帝国和马其顿帝国征服。7世纪30年代，被阿拉伯人占领。8世纪中叶成为阿拉伯帝国的统治中心。1639年入奥斯曼帝国版图。1920年沦为英国“委任统治地”。1921年，英国“保护”下的伊拉克王国成立。1932年，英国的“委任统治”正式结束。1958年8月，君主制被推翻，成立伊拉克共和国。1967年6月和1973年10月，伊拉克参加第三、第四次中东战争。1980年9月至1988年8月，与伊朗进行了连续8年的战争（**两伊战争**）。1990年8月2日，出兵侵占和吞并科威特，受到联合国的制裁，进而引发以美国为首的多国部队同伊拉克之间的**海湾战争**（1991年1月17日至2月27日）。随后，联合国以伊未充分执行联合国有关决议，继续对其实行经济制裁和武器禁运。2001年9·11事件后，美国以伊拉克支持国际恐怖主义和拥有大规模杀伤性武器为由，于2003年3月20日，联合英国单方面发动**伊拉克战争**。4月9日萨达姆政权垮台。

政治 萨达姆政权结束后，其政治体制完全瓦解。2005年10月伊拉克全民通过了永久宪法，规定伊拉克拥有完全主权的、独立的联邦国家，实行议会代表制，共设275个席位（2009年12月伊议会通过新选举法，席位增加到325席），任期4年。总统由议会产生。政府由总统指派议会中拥有多数席位的党派领导人组建。主要政党有伊拉克最高伊斯兰委员会、达瓦党、库尔德斯坦民主党、库尔德斯坦爱国联盟等。2006年5月，战后首届正式政府成立，为多党联合执政。

经济 伊拉克原来是传统的农牧业国。第二次世界大战结束后，借助石油工业的发展，国民经济结构发生较大的变化。20世纪中叶以来，石油工业逐渐成为国民经济的支柱。1927年第一口油井在基尔库克钻成。1975年石油工业全部收归国有后，产量迅速增长，以石油为中心的工矿业比重不断上升，很快变为石油生产和出口国。自20世纪80年代初起，由于战争迭起，及国际社会对其实施全面制裁，伊拉克的石油设施遭到严重破坏，经济基础设施也基本陷于瘫痪状态。战后，伊拉克经济逐渐恢复。2009年国内生产总值(GDP) 747亿美元，GDP年增长率为4.5%，人均GDP约为2 434美元。

伊拉克以石油立国，石油收入在国家财政收入中所占比重最高曾达到70%，原油出口占出口总值98%，加上石油制品可达99%。原油年产量最高达到1.7亿吨（1979），在中东居第三（仅逊于沙特阿拉伯与伊朗），在世界居第四；年出口石油最多达1.6亿吨，仅次于沙特阿拉伯居世界第二位。海湾战争后，因开采设施被毁和联合国制裁，石油日产量跌至30万桶。1996年12月“石油换食品”计划实施后，石油生产开始恢复。2009年平均日产原油250万桶。主要集中于基尔库克、鲁迈拉和祖拜尔三大油田，产量占全国石油总产量的90%。原油绝大部分出口。北部油田所产原油，多经油管从地中海沿岸港口杰伊汉（土耳其）、巴尼亚斯（叙利亚）和的黎波里（黎巴嫩）输出；南部油田原油，多经油管从法奥港外运。为改变单纯出口原油的局面，大力发展炼油和石油化工业。已建炼油厂8座，以拜伊吉炼油厂最大。石化工业主要生产乙烯、聚氯乙烯和苛性苏打等。70%天然气与石油伴生，主要产于北部基尔

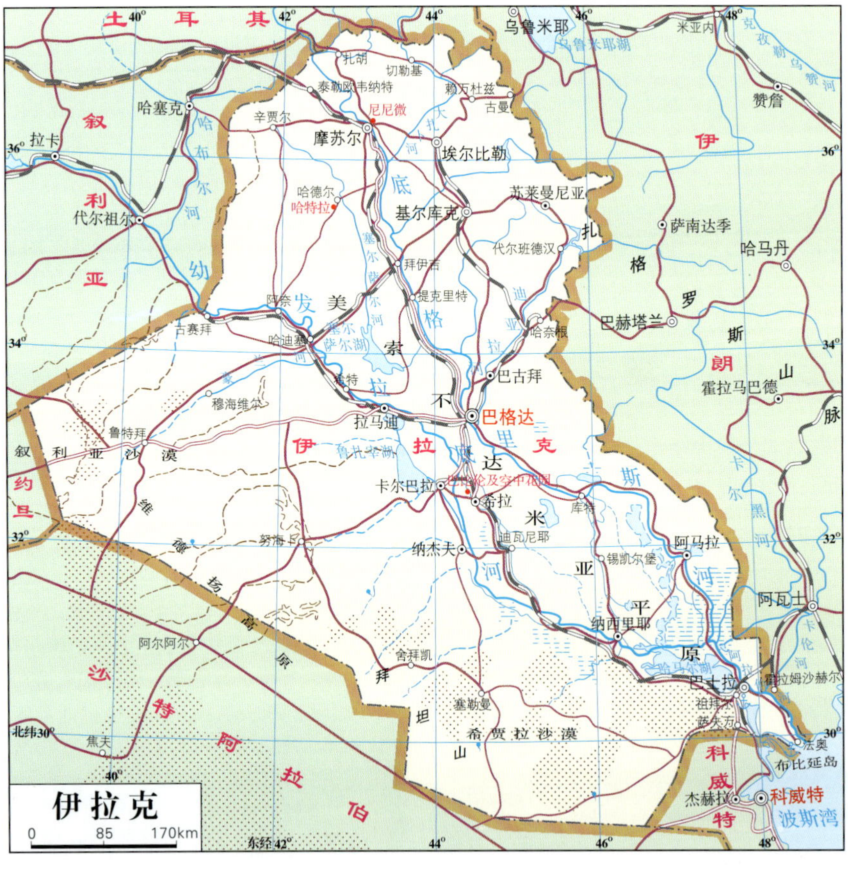

图1　伊拉克巴格达的无名烈士之墓

库克油田和南部鲁迈拉油田，历史最高年产量曾达196亿立方米（1979）。天然气通过管道输送至祖拜尔和巴士拉，液化处理后大量出口。其他矿产以硫磺和磷酸盐为主，另有钢铁、船舶、水泥、砖瓦、纺织、卷烟、榨油、制糖、制革、制鞋、卷烟、造纸、食品等轻重工业。

伊拉克农业可耕地面积约占国土总面积27.6%，其中2/3需要灌溉。主要农作物有小麦、大麦、水稻、棉花和椰枣等。耕地主要限于两河流域，是椰枣和水稻的主要产区。粮食远不能自给。北部山区和西南沙漠中水草丰美的地方，以饲养羊和牛为主，还饲养驴、马和骆驼。

陆空运输均以巴格达为中心，形成通连全国主要城市的放射形铁路网和公路网。铁路总长2 603千米，干线从巴格达经叙利亚边境，西北入土耳其；东南抵海湾法奥。公路总长3.97万千米，84%敷有沥青路面。内河航线总长1 015千米，主要有底格里斯河、幼发拉底河和阿拉伯河及人工运河等水道。海运以巴士拉、法奥和乌姆盖斯尔为主要港口。输油管网线路总长5 000余千米，贯穿南北全境，外通土耳其与叙利亚。巴格达和巴士拉两个国际机场与欧洲、亚洲和非洲的40多个城市有定期班机或直达航线。以上设施，大多在战争中遭到破坏，仍在恢复中。

对外贸易的出口商品几乎全是石油及其制品，进口以粮食和食品为主，其次为机器装备、汽车、钢铁等。主要贸易伙伴为约旦、俄罗斯、埃及、中国、土耳其、印度、意大利、法国、西班牙等。2008年外贸出口额588亿美元，进口额372亿美元。

在20世纪70年代，伊拉克人民的生活已经“小康”，并通过对外开发基金会，向发展中国家提供援助和贷款，两伊战争爆发后，很快就变成了负债累累的债务国。人民生活水平急剧下滑；海湾战争以后，由于联合国的严厉制裁，伊内外交困，人民苦不堪言；伊拉克战争结束后，局势动荡人民生活未有明显改善。

文化　原来实行免费教育，高等教育设施良好，有巴格达大学（1908）、科技大学（1960）、巴士拉大学（1964）、摩苏尔大学（1967）等高等院校。但经过几番战争，教育经费严重不足，教育滑坡。主要报纸有《共和国报》、《伊拉克报》、《巴格达观察家报》（英文）和《巴比伦报》。有伊拉克通讯社（官方通讯社），伊拉克共和国广播电台；另有13家电视台。巴比伦古城遗址及巴比伦空中花园是人类文明文发祥之一。

对外关系　1945年12月21日加入联合国，是许多全球性国际组织以及阿拉伯国家联盟和石油输出国组织的成员国，与国际社会有广泛的联系。1958年8月25日伊拉克与中国建交。但自20世纪80年代初至2003年4月招致联合国的制裁、国际社会的谴责以及多国部队的讨伐。伊拉克战争后，伊拉克重视发展同大国关系，寻求同周边国家开展合作，努力争取国际社会为伊拉克战后重建提供帮助。至2007年，伊拉克已与中、美、俄、英、法、德、沙特、叙利亚等77个国家恢复或建立了外交关系，并恢复了在一些地区和国际组织内的活动。

伊拉克革命　Iraq Revolution

1958年伊拉克反帝反封建的革命。它推翻了费萨尔王朝的统治，建立了伊拉克共和国。

第二次世界大战后，英国加强了对伊拉克的控制，美国也竭力向伊拉克进行渗透，企图将其变为遏制苏联的基地。在费萨尔王朝的统治下，伊拉克民族工业受到摧残，农村经济遭到破坏，人民生活困苦不堪。伊拉克人民于1946、1948、1952和1956年举行了数次大规模反抗斗争，均遭到血腥镇压。1952年一批具有民族主义倾向的青年军官秘密组建了以推翻君主制、建立共和国、实现民族独立为宗旨的自由军官组织。其后，该组织成立了以阿卜杜勒·卡里姆·卡塞姆为主席、由15名高级军官参加的领导机构——最高委员会。卡塞姆等人于1958年7月14日凌晨发动了革命。费萨尔二世（1939～1958年在位）、伊拉克王储和努里·赛义德首相在逃跑中被击毙，卡塞姆宣布成立伊拉克共和国，并组成最高权力委员会，临时行使共和国总统职权。不久，成立了以卡塞姆为总理的新政府，颁布了废除君主制、没收王室财产等法令，宣布实行新土改法和民族平等政策，废除1924年宪法，实行新的临时宪法。1959年3月，伊拉克宣布退出巴格达条约组织。

图2　美索不达米亚平原上的椰枣林

伊拉克战争　Iraq War

2003年3月20日，美国及其部分盟国对伊拉克发动的以推翻萨达姆·侯赛因政权为目的的战争。海湾战争结束后，美国怀疑伊拉克拥有大规模杀伤性武器，故将其作为遏制打击的头号目标。1991年4月，联合国通过了687号决议，要求伊拉克在国际监督下无条件销毁所有生化武器和其他大规模杀伤性武器。1998年1月，美国要求核查伊拉克总统府遭到拒绝。美国准备以武力进攻迫使伊拉克接受核查。10月31日，伊拉克决定终止同联合国特委会的合作，勒令联合国核查人员限期离境。12月17～19日，美国和英国绕过联合国对伊拉克发动代号为“沙漠之狐”的空中军事打击。从此，在伊拉克的核查中断。从2001年底开始，美国布什政府就全方位地进行推翻萨达姆政权的准备活动。美国及其少数盟国不顾联合国多数国家坚持继续进行核查工作、和平解决伊拉克问题的主张，再次绕过联合国，于2003年3月20日发动了对伊拉克的战争。战争开始后，以美、英、澳三国军队为主的多国部队基本上未遭到伊拉克军队的大规模正面阻击。4月10日，美军在基本没有遇到抵抗的情况下攻占巴格达。伊拉克主要领导人和军队主力去向不明。4月15日，G.W.布什总统宣布萨达姆政权垮台，但未宣布战争结束。5月1日晚，布什总统宣布对伊拉克战争的主要军事行动结束，仍未宣布战争胜利或结束。

伊拉克战争历时43天，美英联军耗费约230亿美元，死亡168人，失踪3人，伤554人。这是一场以美国为首的多个国家未经联合国批准用武力推翻一个主权国家政府的战争。

伊拉塞克　Jirásek, Alois（1851-08-23～1930-03-12）

捷克作家、剧作家。生于赫罗诺夫，卒于布拉格。曾到布拉格上大学，攻读历史。早期作品有短篇小说集《山乡故事》（1878）、长篇小说《斯卡拉克一家》（1874）。最成熟的作品大多写于19世纪80年代至20世纪初期。他选择了捷克历史中最光辉的两大时期——胡斯运

动和民族复兴，作为创作的主要题材。关于胡斯运动，他写了《在激流中》(1887～1890)、《抗击众敌》(1893)和《弟兄们》(1899～1908)三部长篇小说和未完成的《胡斯派国王》(1916～1920)，还写了三部剧本《扬·齐日卡》(1903)、《扬·胡斯》(1911)和《扬·罗哈奇》(1913～1914)。关于民族复兴,他创作了长篇小说《弗·勒·维克》(5卷，1886～1906)和《在我国》(4卷，1896～1903)。其他作品还有长篇小说《狗头军》(1884)、《黑暗时代》(1913～1915)，中篇小说《哲学生的故事》(1878)，故事集《捷克古代传说》(1894)，剧本《父亲》(1894)、《沃伊娜尔卡》(1890)和神话剧《灯笼》(1905)等。他的作品成功地反映了捷克人民热爱自由、忠于祖国、敢于斗争的革命传统，起了鼓舞斗志、激励人民争取民族独立的作用。

伊拉斯谟 Erasmus, Desiderius (1466-10-27～1536-07-12) 荷兰文学家、哲学家、语言学家。原名赫里特·赫立逊，生于鹿特丹，卒于巴塞尔。1484年起在斯泰恩寺院当教士。1493年后去法国巴黎、英国牛津大学求学。他用拉丁文写的著名长篇讽刺作品《愚人颂》(1509)，通过一个名叫“愚人”的妇女的即席演讲，揭露封建统治的罪恶，抨击教会的虚伪与偏见。另一部重要著作是《对话集》(1518)。他被公认为欧洲文艺复兴时期以博学著称的人文主义学者。

伊朗 Iran 亚洲西部国家。北临里海和土库曼斯坦，东接阿富汗和巴基斯坦，西连土耳其和伊拉克，西北毗邻阿塞拜疆和亚美尼亚，南濒波斯湾、霍尔木兹海峡和阿曼湾。面积164.5万平方千米。人口7 260万(2010)。城市人口比重为67.4%(2006)。多民族国家，波斯人约占全国人口的66%，阿塞拜疆人约占25%，余为库尔德人、阿拉伯人、卢里人、俾路支人等。居民98%是穆斯林(91%为什叶派)。波斯语为官方语言和通用语。上层通用英语和法语。首都德黑兰。

地理 地处伊朗高原的大部分，全境90%为高原和山地，平均海拔1 200米。高原大致分布在中部，四周为山脉环绕。北有厄尔布尔士山脉横列，西南和南有扎格罗斯山脉斜行，东有加恩山脉。山间河流穿过山荒漠注入湖泊或消失在沙漠中，形成广阔的内陆流域。中部高原呈三角形，约占国土的1/3，海拔700～1 000米。有大片盐(荒)漠，如卡维尔盐漠和卢特荒漠分布其间。高原内缘罗列着德黑兰、库姆、卡尚、亚兹德、克尔曼、马什哈德等绿洲。厄尔布尔士山脉的主峰达马万德山，海拔5 671米，是全国和西亚第一高峰。这条山脉向东分为东北走向的科佩特山和东南走向的阿里-比纳卢德山；西北则与扎格罗斯山脉会合，形成亚美尼亚高原的一部分，海拔3 000米左右。其间的断陷盆地坐落着伊朗第一大湖乌鲁米耶湖。扎格罗斯山脉自西北向东南绵延1 200千米，平均海拔3 000米，有些峰峦超过4 000米。其内侧溪谷、盆地和盐沼错然杂陈。南段山势折而呈东西走向，海拔降至2 000米左右。南北山脉外侧，分别是里海湖岸和波斯湾海岸的狭长平原，仅波斯湾头的卡伦河下游平原稍宽，为美索不达米亚平原的延续，是伊朗最大的平原。波斯湾沿岸有岛屿多座，以格什姆岛最大，哈尔克岛最著名。亚热带干旱与半干旱气候占优势，南部为热带干旱气候。大陆性显著，地区、季节和昼夜温差均大。1月北部山区平均气温-10℃，且有降雪，而波斯湾沿岸为14～19℃；7月大部分高原山地平均气温30℃，南部沿岸和高原低盆地超过35℃，锡斯坦绝对最高气温达47～48℃，是亚洲最热地区之一。唯里海沿岸受海风调剂，夏无酷暑，冬少严寒。全国平均年降水量400毫米，大致由西北向东南递减。里海沿岸和厄尔布尔士山脉北坡年降水最丰，常逾1 000毫米。伊朗没有长川大河，河流少而短小，除流入波斯湾的以外，概属内流。源于扎格罗斯山的卡伦河流入阿拉伯河，长850千米，是伊朗最长的河流。全境湖泊甚少，也无一外流。水资源缺乏。矿藏丰富，油气资源大国。石油主要分布于扎格罗斯山脉西南麓至波斯湾一带，探明储量1 332.5亿桶，居世界第二位。天然气储量27.51万亿立方米，约占世界总储量的15.6%，居世界第二(仅次于俄罗斯)。铜矿(矿石，下同)已探明储量30亿吨，约占世界总储量的5%，居世界第三。还富藏锌、铬铁、锰、锑、铅、银、镍、铝土、金、绿松石、硼、重晶石、大理石和煤、岩盐等。大部分地区属亚热带荒漠，植物稀少。厄尔布尔士山脉北坡森林茂密，多阔叶林，是主要木材产地。里海盛产鲑鱼和鲟鱼，波斯湾盛产沙丁鱼、鲭鱼和虾。为保护自然环境和维护生态平衡，已建立4个国家公园(奥鲁米耶国家公园、中央厄尔布尔士国家公园、卡维尔国家公园、戈莱斯坦国家公园)和4个野生动物保护区。

历史 伊朗为文明古国，旧称波斯。公元前4 000年已有依蓝人定居。前8世纪米底王国崛起，随之波斯帝国(阿契美尼德王朝)肇兴，不仅奄有伊朗全境，而且地跨

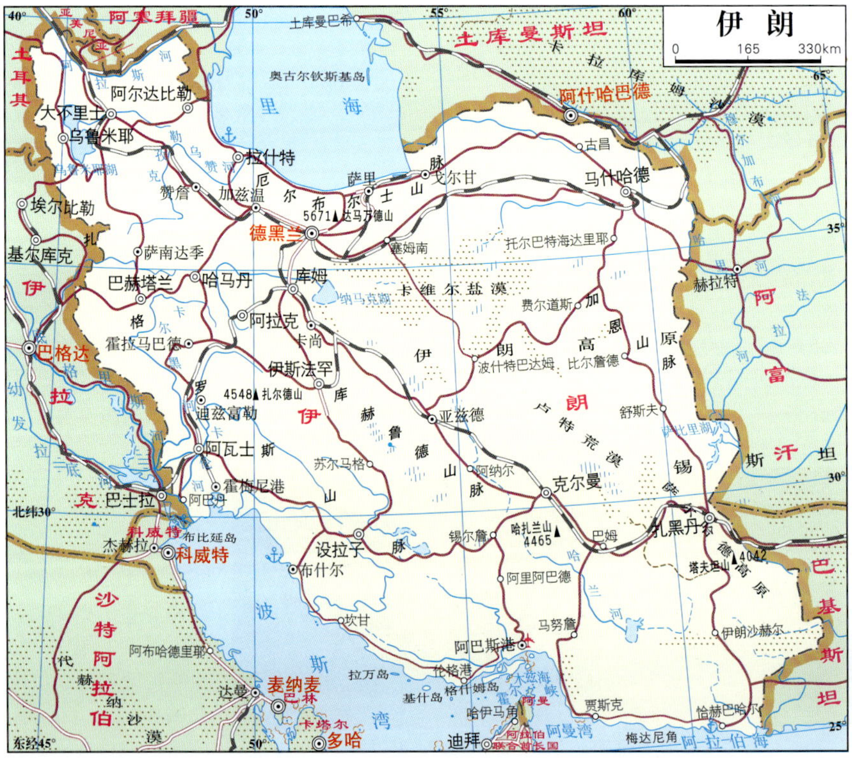

图1　库姆的哈拉梅·马苏梅清真寺

欧、亚、非三洲。至前330年为马其顿亚历山大大帝灭亡，安息王朝（即帕提亚帝国，前247～公元224）和萨珊王朝（226～651）继而先后称雄，且均与中国频繁往来，国际大商道“丝绸之路”得以从其境长驱千里，横贯东西。公元642年开始了阿拉伯帝国的统治，大部分居民因此改奉伊斯兰教。9世纪以后，长期陷入纷争割据状态，从而导致蒙古人伊利汗国的建立和内外不同王朝和政治势力绵延数世纪的连续变换、更迭。18世纪出现了英、俄划分势力范围的争夺。卡扎尔王朝（1794～1925）的末期，一度爆发资产阶级革命，但功败垂成。1979年，最后一个封建王朝（巴列维王朝）骤然倾覆，君主专制结束，伊朗伊斯兰共和国诞生。

政治　伊朗伊斯兰共和国成立后，即大力推行全盘伊斯兰化，西方称之为神权共和国或教权共和国。1979年12月即颁布第一部新宪法，规定实行政教合一制度，神权统治高于一切。随后爆发两伊战争，新的政权受到严重挑战。战后的1989年4月，对宪法进行部分修改，再一次强调伊斯兰信仰、体制、教规、共和制及最高领袖的绝对权力不容撼动。国家立法机关采用一院制，伊朗伊斯兰议会是最高立法机构，设议席290个，议员由选民直选产生，任期4年。中央政府实行总统内阁制，总统既是国家元首，又是政府首脑。司法总监是最高司法首长，由最高领袖任命；最高法院院长和总检察长由司法总监任命；司法部长由司法总监推荐，总统任命，议会批准。政党活动多年遭禁，1998年依据新出台的政党法，各种政党竞相成立。主要党派有德黑兰战斗的宗教人士协会、伊斯兰参与阵线党、建设公仆党、伊斯兰工党。伊朗武装力量由军队和伊斯兰革命卫队两大部分组成。最高领袖为武装力量总司令。

经济　第二次世界大战后，制订了5个发展计划。后因内外重大事件（1979年的国内政治巨变和历时8年的两伊战争）的牵掣，经济颇受挫折和破坏。20世纪90年代以来，逐渐得到恢复和发展，并制订了一系列的经济改革措施。通过新的《吸引和保护外国投资法》，修改《直接税收法》，出台《增值税法》，酝酿修改《劳工法》；着手大规模推进私有化进程，启动大批国营企业和公司的私有化计划，等等。2009年国内生产总值（GDP）3 612.47亿美元，人均GDP约为4 869美元。货币名称里亚尔。

伊朗是西亚发现和开采石油最早的国家，1908年开始产油。伊朗石油资源自1872年英国取得让与权迄1973年的百余年间，始终在英美石油公司之手。1973年伊朗收回“租让区”的全部资源和设施，1981年将外国经营的石油企业全部收回，彻底结束了外国对石油的控制和垄断。油田主要集中在扎格罗斯山西南麓的波斯湾北岸尤其是胡齐斯坦地区以及波斯湾海域。这一带所产原油占全国4/5以上，基本上供出口。西部和中部油田所产原油，大都供应国内。天然气资源同样非常丰富。帕扎南是世界大天然气田之一。东北部也发现有天然气田。原油主要从海上出口。西南部所产原油初期经输油管送至波斯湾头的阿巴丹港出口，后改由哈尔克岛的深水港外运。马舒尔港是阿巴丹炼油厂产品的输出港。除国内建有多条长距离油气输送管线外，还敷设了阿瓦士到土耳其地中海岸港口伊斯肯德伦的输油管。炼油工业规模占西南亚各国第二位（仅次于沙特阿拉伯），日炼油能力150万桶。以阿巴丹炼油厂规模最大，日炼油能力40万桶。其他炼油厂分布于原油产地以及设拉子和拉万岛等处。石油化工是20世纪60年代新兴工业，霍梅尼港的化工厂是世界最大化工厂之一，生产硫磺、酸类和化肥等。在设拉子、阿巴丹和哈尔克岛也建有化工厂。产品部分供出口。

其他传统性工业部门以食品、纺织和建筑材料工业发展较快。20世纪60年代后，着重发展电视、电冰箱等家电消费品，组建了汽车、钢铁、机械等工业。纺织以棉、毛纺织为主，原料自给，分布较广。伊斯法罕、德黑兰和大不里士是重要纺织中心。波斯地毯举世驰名，是仅次于石油的出口产品，克尔曼为最大的地毯业中心。另有电力、造纸、建材和榨糖等厂。由于工业基础薄弱，不少工业原料和零配件依赖进口。

20世纪70年代以来，随着石油工业的发展，经济结构的变化，农业在国民经济中的比重逐年下降。已耕地面积1 800万公顷，其中水浇地830万公顷，水稻田56万公顷。灌溉主要依靠坎儿井和河水。粮食作物以小麦为主，次为大麦，主要分布在北部里海沿岸和高原边缘各绿洲。水稻产在里海沿岸和卡伦河中下游地区。椰枣产于南部沿海平原，是世界第一大出口国。经济作物以棉花最重要，最大棉产地在里海东南岸。其他还有甘菜、甘蔗、洋麻、烟草、桑和茶叶等。盛产亚热带、温带水果，部分可出口。主要种植葡萄、柑橘、桃、李、杏等。粮食不能自给，每年约30%的食品需进口。森林面积1 270万公顷，占国土面积的11%。畜牧业受优越的自然条件尤其大片草原之赐，发展良好。从事畜牧业人口约200万，畜牧业产值约21亿美元。畜牧业生产尚不能满足国内需求，每年仍需进口一定数量的牛羊肉，有少量牛、羊皮、羊肠衣出口。

铁路总长8 702千米，在西南亚各国中位居第二。骨干线路有3条：①纵贯干线，全长1 400千米。从波斯湾的霍梅尼港经德黑兰到里海岸托尔卡曼港，是全国经济大动脉。②东西干线，西起大不里士，东迄马什哈德，全长2 200千米。还可向两端延伸，东通土库曼斯坦，西连土耳其及南高加索各国。③西北—东南干线，从首都德黑兰经库姆、伊斯法罕、亚兹德、克尔曼直抵扎黑丹，全长1 500千米。进而还可通连巴基斯坦。国内运输主要依靠公路，现有公路18万千米，其中28.7%是沥青路面。已经形成以德黑兰为中心，联系全国各大中城市、各地区以及各邻国的公路网络。海运基本集中在波斯湾沿岸，90%以上的进出口物资通过这些港口吞吐。波斯湾岸有霍梅尼港、布什尔、阿巴斯港，波斯湾内有最大的原油输出港哈尔克岛，阿曼湾岸有恰赫巴哈尔，里海岸有安扎利港和托尔卡曼港。航空运输日渐发达，有机场83个，包括辟有定期航线的航空港19个。德黑兰和设拉子有国际机场，有数十条国际航线

图2　伊朗人在晾晒制作波斯地毯的毛线

通往海湾、亚洲和欧洲。

外贸在经济中占有重要地位，石油及其制品是主要出口商品，占出口总额的80%～85%。另出口地毯、棉花、皮革、干果、化工产品等。进口以机器装备、车辆、钢材和食品等为大宗。主要贸易对象是欧盟及东亚国家，包括意大利、德国、日本、中国、韩国等。近年特别看重和扩展非石油产品的出口，主要有金属矿石、皮革、地毯、水果、干果及鱼子酱等。主要进口产品为粮油、食品、药品、运输工具、机械设备、化工原料、饮料及烟草等。外国投资额度不多。

文化 实行中、小学免费教育。重视高等教育，有德里兰大学、伊朗大学、伊朗工业大学等各类高等院校346所。主要报纸有《世界报》、《消息报》、《伊斯兰共和国报》、《虔诚者报》、《使命报》、《和平报》和英文版的《德黑兰时报》、《伊朗新闻报》等。伊斯兰共和国通讯社是唯一的官方通讯社。1966年成立了国家广播电视台，1979年改名为伊朗伊斯兰共和国声像组织。电台用波斯语、阿拉伯语、英语、法语、德语及汉语等25种语言对外广播。电视有7个台播放节目，并经几个卫星台向海外播出。

对外关系 奉行独立、不结盟的对外政策，反对霸权主义、强权政治和单极世界，主张建立公正的国际政治经济新秩序。愿在相互尊重和平等互利的基础上，同所有国家发展关系。近年来积极改善和发展同阿拉伯国家特别是海湾地区等周边国家的关系；重视同西欧、日本等国的交往和经贸联系，要求美放弃敌视政策以改善伊美关系。积极发展同俄罗斯的睦邻友好关系，与俄建立密切的军工、军贸合作关系。已与125个国家建立外交关系。1971年8月16日与中国建交。

伊朗高原 Plateau of Iran 亚洲高原。东西延伸2 500千米，南北最宽1 500千米，面积约270万平方千米。几乎包括伊朗和阿富汗的全境和巴基斯坦的西南部。东西介于帕米尔高原、印度河平原、亚美尼亚高原和美索不达米亚平原之间，北邻图兰低地和里海，南濒波斯湾、阿曼湾和阿拉伯海。边缘主要山脉：北侧自西而东有厄尔布尔士山脉（主峰达马万德山，海拔5 671米）、科佩特山和兴都库什山；南侧自西而东有扎格罗斯山、莫克兰山和苏莱曼山。高原内部分布着大小不等、形状各异、高低不一的封闭盆地，主要有伊朗东北部的卡维尔荒漠盆地、东部的卢特荒漠盆地以及伊朗与阿富汗交界处的锡斯坦盆地等，一般海拔在900～1 500米之间。各盆地中分布着大面积的荒漠和盐漠。高原大部分属热带荒漠气候，水源基本来自高山雨雪。农业、居民点、交通线受地形与水源的限制，大都集中于山麓与山谷一带。矿产资源多种多样，油气资源尤其丰富。

伊朗伊斯兰革命 Islamic Revolution of Iran 1979年初伊朗伊斯兰教什叶派领袖霍梅尼领导的推翻巴列维王朝的革命。

1925年巴列维王朝建立后，伊朗什叶派宗教势力与王室一直存在矛盾。20世纪60年代初，巴列维国王推行的名为“白色革命”的社会经济改革，进一步触动了教士集团的权益，引起他们的强烈反抗。国王采取镇压手段，迫使霍梅尼等宗教上层人士流亡国外。1977年起，伴随国王放松政治控制，全国各地反对国王独裁统治的浪潮此起彼伏。为平息民众不满，国王任命与温和派宗教领袖关系密切的贾法尔·谢里夫埃马尔为首相。但霍梅尼号召群众继续罢工和示威，不给巴列维王朝喘息之机。德黑兰爆发50万人大游行。国王又恢复镇压手段，拘捕反对派领袖，力促伊拉克驱逐霍梅尼出境。霍梅尼号召人民反对军政府，蔑视戒严令。德黑兰百万群众游行示威，并通过决议：拥护霍梅尼为国家领袖，推翻君主制，建立伊斯兰政府。1979年1月12日，霍梅尼在巴黎宣布成立“伊斯兰革命委员会”。13日，沙普尔·巴赫蒂亚尔成立摄政委员会。16日，巴列维国王携家眷离开伊朗去国外“长期休假”。

巴列维国王出走后，伊朗民众纷纷要求霍梅尼回国主政。1979年2月1日，霍梅尼从巴黎飞抵德黑兰，命令“自由运动”领导人迈赫迪·巴扎尔甘组成伊斯兰革命临时政府。11日，巴赫蒂亚尔政府垮台，伊斯兰革命临时政府接管政权。19日霍梅尼批准组建伊斯兰共和党，次日下令建立伊斯兰革命卫队。28日，霍梅尼发表14点政治和社会纲领，3月17日，霍梅尼宣布伊斯兰教是伊朗一切法律的基础，要求妇女必须戴面纱。4月1日，伊朗伊斯兰共和国宣告成立。12月3日，伊朗全民公决通过《伊朗伊斯兰共和国宪法》，为伊朗的全面伊斯兰化提供了法律保障。

伊犁 Ili 中国清朝新疆重镇及对新疆地区的泛称。汉称伊列，唐作伊丽，元称亦列，明清为瓦剌、厄鲁特蒙古牧地。清伊犁将军管辖天山南北路，故伊犁可泛指新疆全境。一般仅指乾隆二十七年（1762）所设伊犁将军和参赞大臣的直辖区，即今巴尔喀什湖以南的伊犁河流域和拜卡达姆以东的培拉斯河、楚河、伊赛克湖流域。其南阻天山与喀什噶尔相连，东北隔勒布什河与塔尔巴哈台相接，西、北与右、左哈萨克为邻，西南与浩罕为邻。

境内以和（霍）尔果斯河为界，分东西两路。东路居伊犁河上游，筑九城。其中，惠远（今新疆霍城南）驻将军与参赞大臣，为新疆首府；绥定等七城驻扎屯田绿营官兵及满营；宁远（今新疆伊宁市）驻阿奇木伯克，管辖阿克苏等处移来维吾尔族屯田农民。西路广袤，居伊犁河中下游，除东部一隅有少量屯田分布外，均为哈萨克、布鲁特（今柯尔克孜族）牧地。清驻防官兵按时前往巡边、征税。

咸丰元年（1851），开惠远（后移宁远）为商埠，并驻领事官。同治三年（1864），新疆各地动乱，俄国趁机逼迫清廷签订《中俄勘分西北界约记》。九年，俄国派兵侵占伊犁，至光绪七年（1881）曾纪泽使俄立《中俄伊犁条约》后始退离。据该两项不平等条约，伊犁西路尽为俄国所占。

光绪十年，新疆废旧制改建行省。十四年，置伊犁府，隶于伊塔（伊犁、塔尔巴哈台）道，设宁远、绥定二县，分驻道府。伊犁将军驻绥定，专辖伊塔边防及驻防营兵，兼管伊塔道。

伊犁哈萨克自治州 Ili Kazak Autonomous Prefecture 中国新疆维吾尔自治区辖自治州。位于自治区西部，与吉尔吉斯斯坦、哈萨克斯坦、俄罗斯、蒙古4国接壤。面积269 502平方千米，人口431万（2010，含塔城地区和阿勒泰地区）。有汉、维吾尔、回、蒙古、锡伯、柯尔克孜等40多个民族。自治州人民政府驻伊宁市。辖塔城地区、阿勒泰地区和奎屯市、伊宁市、伊宁县、尼勒克县、新源县、巩留县、特克斯县、昭苏县、察布查尔锡伯自治县、霍城县。汉文帝后元四年（前160）由甘肃河西走廊迁入的乌孙人在伊犁建立乌孙国。后元五年臣服于汉朝，属西域都护府管辖。6世纪中叶西突厥设牙帐于伊犁，后归于唐。西辽建立后，伊犁臣服于西辽。元朝时为察合台汗国。清代设伊犁将军，统辖天山南北及中亚一带。阿勒泰地区直隶中央。民国时设伊犁、塔城、阿勒泰专区。1954年成立伊犁哈萨克自治州。主要矿产有石油、金、铜、铁、煤、盐、铬、宝石。工业有毛纺、煤炭、制革、冶金、卷烟、电力、建材、化工、制糖、制药、粮油加工。农作物有小麦、玉米、水稻、棉花、油料作物、甜菜、豆类作物、瓜果、蔬菜。畜牧业主

伊犁将军府

要牧养羊、牛、马、骆驼。有天然草场、森林近100万公顷。伊犁马、新疆细毛羊、阿勒泰宝石驰名全国。有亚欧大陆桥的北亚铁路和206、217、218、312国道，伊宁、塔城、阿勒泰、富蕴4个机场有飞机航班直通乌鲁木齐。高等学校有伊犁师范学院、伊犁职业技术学院等。文物古迹和纪念地有乌孙古墓、古代岩画、奴拉赛古铜矿遗址、突厥石人、夏特古城遗址、阿力麻里古城遗址、吐虎鲁克麻扎、格登山纪功碑、伊犁将军府、“魔鬼”城、蝴蝶沟、喀纳斯湖、林则徐纪念馆等。

伊犁河 Ili River 跨越中国和哈萨克斯坦的国际河流。中国境内的伊犁河流域为上游部分，位于新疆维吾尔自治区西部。下游流经哈萨克斯坦境内，经阿拉木图以北归宿于巴尔喀什湖。全长1 500千米，中国境内长约600千米。位于天山北支婆罗科努山与南支哈尔克山之间，为新疆径流量最丰富河流。中国境内的流域面积约5.7万平方千米，多年平均年径流量158.7亿立方米，年均径流深278毫米。主要支流：①特克斯河。为伊犁河正源，亦为最大支流，发源于哈萨克斯坦境内汗腾格里峰北坡，进入新疆后经昭苏、特克斯2县，在巩留县东北与巩乃斯河汇合后称伊犁河。②巩乃斯河。为伊犁河东源南支，发源于和静县西北角安迪尔山南坡。③喀什河。为伊犁河东源北支，源于天山北支南坡，向西穿过尼勒克县，至伊宁县雅马渡汇入伊犁河。

伊犁马 Ili horse 中国育成的挽乘兼用型马品种。产于中国新疆维吾尔自治区伊犁哈萨克自治州。体质结实，持久力强，耐粗饲，易增膘，能适应干旱寒冷的大陆性

气候。头中等大，颈长适中，颈肩结合良好，胸廓深广，四肢强健。力速兼备。现代群牧管理多在夏季放牧高山，冬季低地越冬，并补饲干草。遗传性稳定，曾用于改良蒙古马，效果较好。

伊里安岛 Irian, Pulau 大洋洲最大岛屿、世界第二大岛。新几内亚岛的另一名称。

伊丽莎白二世 Elizabeth Ⅱ（1926-04-21～ ） 英国女王（全称“大不列颠及北爱尔兰联合王国与其他国土和领地之女王，

英联邦元首”），澳大利亚、新西兰、加拿大等17个英联邦国家元首。英国国王乔治六世和伊丽莎白王后的长女。生于伦敦，自幼在宫内接受教育，主修宪法史和法律，在历史、语言和音乐方面颇有造诣，能讲法语、德语和西班牙语。1937年2月17日被立为王位继承人。1951年12月4日，成为英国枢密院成员。1947年11月20日和远房表亲、皇家海军中尉菲利普·蒙巴顿结婚，入住伦敦的克拉伦斯宫。育有三子一女。1952年2月6日父王乔治六世去世后继承英国王位，号伊丽莎白二世。1953年6月2日加冕。

女王清楚现代君主政体的作用。20世纪90年代因后代的婚姻变故，王室声誉受到一定影响。为重新赢得公众的支持，女王放弃了不纳税的特权，尽量展现现代君主的形象。曾于1986年10月访问中国。

伊丽莎白·泰勒 Elizabeth Taylor（1932-02-27～2011-03-23） 美国电影演员。生于英国伦敦，卒于洛杉矶。自幼学习舞蹈，后随父母移居好莱坞。1942年作为童星初登银幕，因主演《玉女神驹》（1944）成名。

她曾因演《巴特菲尔德8号》（1960）和《谁害怕弗吉尼亚·沃尔夫？》（1966）两次获奥斯卡金像奖最佳女演员奖。泰勒自20世纪40年代后期以来已演过50余部影片，塑造了天真少女、任性少妇、应召女郎、性情古怪的老妇人等多种类型的角色。主演影片主要有《阳光照耀之地》（1951）、《狂想曲》（1954）、《热铁皮屋顶上的猫》（1958）、《匆匆去夏》（1959）、《埃及艳后》（1963）等。1981年首次参加舞台演出，主演了海尔曼的《小狐狸》。后还拍了一些电视剧。90年代后退出影坛。

伊丽莎白一世 Elizabeth Ⅰ（1533～1603） 英国都铎王朝女王（1558～1603年在位）。亨利八世之女。生于格林尼治，卒于伦敦。受过良好教育，通晓拉丁、法、意等语言，信仰新教。早年便卷入复杂的宫廷斗争。

1558年11月17日玛丽女王去世，伊丽莎白即位。伊丽莎白在资产阶级和新贵族

的支持下，推行一系列有利于国家富强和资本原始积累的政策。在政治上强化专制王权，逐渐把议会变成专制统治的工具。她于1559年利用议会通过法令重立英国国教，与罗马教廷决裂。在经济上伊丽莎白一世实行重商主义政策，保护和发展本国毛纺织业和其他新兴工场手工业。她鼓励扩大英国呢绒等商品的海外市场。继续鼓励圈地运动，力图用国家政权控制或干预社会经济变革。伊丽莎白一世纵容J.霍金斯、F.德雷克等英国海盗抢劫西班牙船只和殖民地。1588年英国在英吉利海峡击败西班牙无敌舰队，开始跨入海上强国的行列。

伊丽莎白一世统治的最后十几年，国内矛盾日益突出。伊丽莎白一世对清教徒严加迫害。她终身未婚无嗣，由苏格兰国王詹姆斯·斯图亚特继承王位。都铎王朝为斯图亚特王朝取代。

伊丽莎白一世执政期间，英国专制王权和民族国家得到巩固，资本原始积累迅速发展，初步夺取了西班牙的海上霸权。这些都对英国历史产生了深远影响。

《伊利昂纪》 *Ilias* 古希腊荷马史诗之一部。一译《伊利亚特》。史诗取材于特洛伊战争，集中描写了第十年最后51天中的事情。希腊军队统帅阿伽门农与军队中最强大的将领阿基琉斯为女俘发生争吵，阿基琉斯受辱，愤而退出战斗。失去最勇猛将领的希腊军队屡屡失败。阿伽门农后悔自己的错误，请求和解，遭到拒绝。阿基琉斯的好友帕特罗克洛斯为挽救希腊军队，披挂出战，却被特洛伊主将赫克托尔杀死。阿基琉斯十分悔恨，与阿伽门农和解，出战为好友复仇，杀死了赫克托尔。这部神话英雄史诗以现实历史事件为背景，故事叙述有详有略，诗人将双方对照描写，把自己的倾向隐喻其中。史诗风格崇高，思想朴实，语言流畅，为欧洲古代史诗的典范。传至今世的《伊利昂纪》古希腊文本由公元前3世纪亚历山大里亚学者校订，全诗共15 963行，分为24卷。

伊利汗国 Il-qan ulus 中国元代西北宗藩国，13世纪中叶至14世纪中叶统治波斯的蒙古汗国。成吉思汗第四子拖雷之子旭烈兀所建。旭烈兀及其继承者自称伊利汗。元世祖忽必烈时曾遣使传旨，将阿母河（今中亚阿姆河）以西直到密昔儿边境的波斯

（今伊朗）国土和该地蒙古、大食（阿拉伯人）军民划归旭烈兀统治。于是，原由大汗政府直接管辖的波斯地区，实际上成为旭烈兀的领地。汗国领土东起阿姆河和印度河，西面包有小亚细亚大部分地区，南抵波斯湾，北至高加索山。旭烈兀以篾剌合（今伊朗阿塞拜疆马腊格）为都城，设宰相以掌管全国政务，任命了各省长官，命长子阿八哈领汗国东部呼罗珊等省地。1262年，钦察汗国别儿哥汗为争夺旭烈兀控制下的阿塞拜疆地区，发兵来攻，双方激战两年多。别儿哥虽然退回，但此后两蒙古汗国经常为领土争端发生冲突。

1265年旭烈兀卒。阿八哈即位后，始定都于桃里寺（今伊朗阿塞拜疆大不里士），以蔑剌哈为陪都。1282年阿八哈卒，弟帖古迭儿（又名阿合马）继立。1284年，阿八哈子阿鲁浑在权臣不花支持下起兵推翻其叔，并遣使入元奏报。忽必烈命他继承汗位，并授不花为丞相。阿八哈、阿鲁浑父子为夺取叙利亚之地，采取与欧洲基督教国家结盟的政策。1291年阿鲁浑卒，弟海合都（又名亦邻真朵儿只）继立。海合都挥霍无度，国库空虚，于是仿效元代钞法，在孛罗丞相指导下印造发行交钞，但行用未久即废。1295年，阿鲁浑子合赞夺取汗位。合赞为取得当地封建主和穆斯林的支持，改信伊斯兰教，并定为国教。他的即位和改变宗教信仰，都得到元成宗的承认。合赞即位后，大力进行社会改革，使农业、工商业得到发展，财政收入增加。他还鼓励发展科学文化，命宰相拉施都丁编纂《史集》。他与密昔儿的马木路克王朝为争夺叙利亚多次发生战争，察合台汗国的笃哇汗乘机攻占伊利汗国东部的吐火罗（今阿富汗东北部）之地。1304年合赞卒，弟合儿班答继立，号完者都汗，迁都于新建的孙丹尼牙（今伊朗阿塞拜疆苏丹尼耶）。合儿班答仍用拉施都丁为宰相，继续发展经济、文化。拉施都丁除完成《史集》外，还编纂了一部《伊利汗的中国科学宝藏》。

阿八哈汗及其子阿鲁浑

1316年合儿班答卒，子不赛因嗣位，还都桃里寺。权臣出班有拥立之功，不赛因为他向元朝请封。出班举兵叛，兵败被杀。1335年不赛因死后，伊利汗国迅速瓦解，权臣、统将各自拥立傀儡可汗，互相攻杀。

伊利湖 Erie Lake 北美洲**五大湖**之一。美国和加拿大界湖，长388千米，最宽处92千米，面积2.57万平方千米，两国约各占一半。湖岸线长1 200千米。平均深18米，最深处64米，是五大湖中最浅的湖泊。蓄水量484立方千米。湖面海拔173米。多强烈风暴，常引起湖面波动，加之水浅，对航运有一定影响。12月初至翌年4月初湖面封冰，通航期为8个月。有休伦河、格兰德河、莫米河等小河注入，流域面积（不包括湖面积）5.88万平方千米。湖岛主要在西南部，皮利岛最大。西经底特律河—圣克莱尔湖—圣克莱尔河接纳**苏必利尔湖**、**密歇根湖**和**休伦湖**的湖水，东经尼亚加拉河倾注**安大略湖**，河上有世界著名的**尼亚加拉瀑布**。通过韦兰运河和纽约州巴吉运河分别与**安大略湖**和哈得孙河相通，同俄亥俄河之间也有运河相连。湖泊沿岸地带是重要的水果产区，也是工业集中区。湖滨多游览胜地。主要湖港有美国的**布法罗**、伊利、**克利夫兰**、托莱多、**底特律**和加拿大的科尔伯恩港等。

伊利诺伊州 Illinois State 美国中央东北区一州。西以密西西比河与艾奥瓦州、密苏里州为界，南隔俄亥俄河与肯塔基州相邻，北、东分别接威斯康星州和印第安纳州，东北一隅濒临密歇根湖。面积149 997平方千米，其中陆地面积143 987平方千米。人口1 290.16万（2008），居全国第五位；其中白人占73.5%，黑人占15.1%。州府斯普林菲尔德。**芝加哥**是本州最大城市，全国第三大城市；其他主要城市还有罗克福德、奥罗拉等。

地处美国中部平原地带，全州大部分地区地势平坦，仅西北部和南部岗丘起伏，地势略高。平均海拔182米。河网稠密，属**密西西比河**水系，主要河流有伊利诺伊河、卡斯卡基亚河、罗克河等。温带大陆性湿润气候。1月平均气温-4～1℃，7月24～26℃；年降水量810～1 220毫米。自然植被以草原为主，森林覆盖率仅12%。

早期居民为印第安人。1673年法国探险家到此。17世纪末法国在伊利诺伊河沿岸始建殖民据点。1763年英国取得该地区统治权。1784年根据美英《巴黎条约》归属美国。1818年加入联邦，成为美国第21州。1848年伊利诺伊－密歇根运河竣工，随后铁路陆续通达，促进人口迅增，经济发展。

服务业、制造业和金融业现为州经济主要产业，农业生产在全国占重要地位，是美国五大农业州之一。农业收入的4/5来自种植业。属美国玉米带农区，玉米和大豆种植面积各占全州耕地面积的2/5，产量仅次于艾奥瓦州，居全国第二位。畜牧业以养猪著称，居全国第四位；还饲养肉牛、乳牛等。矿业以采煤为主。美国四大工业州之一，制造业部门齐全，钢铁、农业机械、建筑机械、金属加工、电器、食品（肉类、粮食）加工等部门在国内占突出地位，还有运输设备、电子、炼油、化工、造纸、印刷等。电力工业中，核电占总发电量48%。芝加哥是全州工厂企业的主要集中地，也是美国金融和商业中心。交通运输业发达，铁路、公路、航空、水运、管道构成稠密的运输网。主要机场10个。芝加哥是世界最大的铁路交通枢纽，芝加哥奥黑尔国际机场是美国最繁忙的商业机场之一。芝加哥湖港经大湖－圣劳伦斯河航道入大西洋，经伊利诺伊－密歇根运河和密西西比河通墨西哥湾。

该州被誉为“林肯之地”，与美国第16任总统A.林肯有关的遗址和文物很多；也是第18任总统V.格兰特的故乡。早期印第安人遗址卡霍基亚土墩群被列入《世界遗产名录》。有著名的芝加哥大学、伊利诺伊大学、伊利诺伊州立大学、西北大学等高等院校。1982年9月与中国辽宁省建立友好州省关系。

伊洛克人 Ilocans 东南亚菲律宾共和国的民族之一。又称伊洛卡诺人。约910万人（2001），约占全国人口的11%，为第三大民族。主要分布在吕宋岛西北沿海以及卡加延河谷地区，部分居住在棉兰老岛沿海地区。另有少数人分布在美国的关岛、夏威夷和加利福尼亚等地。属蒙古人种马来类型。使用伊洛克语，属南岛语系印度尼西亚语族。有文字。多信天主教，部分信基督教。系1 000多年前迁入菲律宾群岛的新马来人的后裔。历史上先后受印度和中国文化的影响，近代以来受西班牙和美国文化影响。村落规模较大，几个村落组成一个社区，由传统首领管理。主要从事灌溉农业，种植水稻、玉米、甘蔗和薯类；饲养水牛和猪、鸡。沿海渔业发达。有制陶、织毯、金属加工等手工业，尤以贝壳制品和黑檀木制品最富民族特色。部分人经营小型工商业。

伊洛瓦底江 Irrawaddy River 亚洲中南半岛大河之一，缅甸第一大河。纵贯缅甸中部全境，中国古称大金沙江和丽水。源于中国西藏察隅县境伯舒拉山南麓，称独龙江，东南流后折向西南，进入缅甸，过贾冈南流，称恩梅开江，在密支那以北50千米处与右源迈立开江汇合后称伊洛瓦底江。

它自北而南穿过崇山峻岭，峡谷急流，南流至兴实达附近散成9条分流入安达曼海。全长2 150千米。流域面积43.1万平方千米，入海的平均流量为13 600米^3/秒。整个流域受西部山地和掸邦高原的约束，呈南北长条状，河口段为扇形三角洲。右岸主要支流有钦敦江、穆河及蒙河，左岸有大盈江、瑞丽江、南渡河等。缅甸南北运输大动脉，密支那以下1 730千米均可通航。河谷平原和三角洲地区是缅甸最富庶的地区，盛产稻米，其中三角洲地区是缅甸的鱼米之乡。

伊玛目 Imām 伊斯兰教教职称谓。系阿拉伯语音译，意为表率、师表，引申为首领、教长。集体礼拜时站在众人前面率众礼拜者。后称率众礼拜和主持一地教务的清真寺教长。逊尼派用以指早期伊斯兰国家的政、教首脑，与哈里发通用。又称学派权威、地方社团、宗教首领为伊玛目，并用作著名宗教学者的荣誉头衔。哈里发作为穆斯林社团最高领袖，有率众礼拜、宣读聚礼日说教的特权，故亦称伊玛目。什叶派虽承认哈里发与伊玛目是同义词，但十分强调这一职位的宗教性，并形成其核心教义的伊玛目学说。伊玛目作为最高教长是天命指定的，由阿里和法蒂玛的后裔世袭，无须得到公众拥戴，也不能废黜。他作为真主的证明和真主意志的确认者，是教法的直接阐述人；在必要时，可废止旧教法，制定新教法。他是时代的主人，真主与人类之间的中介。具有隐匿或隐遁性和被期待性。除栽德派外，认为他是继承穆罕默德的真光，具有不谬性和免罪性。什叶派因此又称伊玛目派。因伊玛目学说的分歧，分成不同的支派，但均将信仰伊玛目列为信条之一。除此，伊玛目亦指伊斯兰教历史上率领穆斯林群众反抗封建统治的起义领袖和与敌作战的军队首领。

伊梅里纳 Imerina 14～19世纪非洲梅里纳人建于马达加斯加中部的王国。即梅里纳国，又译麦利那国。19世纪基本统一了马达加斯加岛。首府塔那那利佛。

16世纪末17世纪初，国王拉朗博（约1575～1610年在位）通过联姻和战争，扩大了王国的疆域，开始将自己的国家称作伊梅里纳。国王安德里昂扎卡（约1610～1630年在位）建都塔那那利佛。安德里亚马集纳瓦洛纳在位期间（约1670～1710），伊梅里纳分裂为4个小国。拉姆博阿扎拉马重新统一伊梅里纳，还都塔那那利佛，自称王号为安德里亚纳姆波伊纳伊梅里纳，意为伊梅里纳人期待的君主（约1787～1810年在位）。他的儿子拉达马一世（1810～1828年在位）用武力征服了岛上其他一些地区，并夺回了欧洲人在沿海的据点，基本上统一了马达加斯加岛，并称马达加斯加王。1896年伊梅里纳沦为法国殖民地。

伊默尔曼 Immermann, Karl Leberecht（1796-04-24～1840-08-25） 德国小说家、戏剧家。生于马格德堡，卒于杜塞尔多夫。曾参加反拿破仑的解放战争，做过见习陪审员、刑事法官、军事法庭推事、法院顾问等。创作包括诗歌、剧本和小说。长篇小说《后裔》和《闵希豪生》（1838），刻画了破落贵族的宫廷与富裕农民的乡村两个不同层面、相互对立的生活场景，在艺术手法和内容上都别开生面。

伊纳爵·罗耀拉 Ignacio de Loyola（1491～1556-07-31） 天主教耶稣会创办人。生于西班牙吉普斯夸省罗耀拉城，卒于意大利罗马。出身贵族家庭。14岁受教会剪发礼。1517年为骑士。1523年到罗马和耶路撒冷朝圣。1524～1526年在巴塞罗那学习文学，又在亚尔卡拉大学学习哲学和神学。1528～1535年在巴黎大学学习，获文学硕士学位，并完成《神操》一书。在此期间汇集了一批人创立耶稣会，以《神操》为基础，亲订《耶稣会规》。1535年因健康之故未完成神学学业而离开巴黎。1537年任威尼斯神父。1540年教皇保罗三世批准正式承认耶稣会。该会注重海外传教工作，要求会士进入各种社会机构，为教皇或天主教的需要而进行活动。在其主持下，耶稣会发展迅速。1550年后，创立格列高利大学的前身罗马学院以及培养德国教士的德国学院。1622年，被教皇格列高利十五世追谥为圣徒。

《伊瑙》 *Inao* 泰国诗剧。最初是由阿瑜陀耶王朝（1350～1767）波隆摩谷王的两位公主蒙谷和君通根据流传在爪哇的班基故事写成的两个剧本《大伊瑙》和《小伊瑙》。后经曼谷王朝二世王普陀勒拉重新编撰，成为完整优美的诗剧《伊瑙》。全剧约两万行诗，描写达哈国王的公主布萨芭与古雷班国王的王子伊瑙的悲欢离合故事。伊瑙与从未谋面的堂妹布萨芭订有婚约，但却另有所爱，并寄信给布萨芭要求退婚。达哈国王赌气将公主另许加拉嘎王子。不久，嘎芒谷宁国王发兵来抢布萨芭，达哈国王向古雷班国王求救，伊瑙领命率领援军解围，杀死嘎芒谷宁父子。伊瑙拜谒达哈国王时，看见布萨芭，遂生爱慕之心，用计将她带走。不料，布萨芭又被狂风卷去，二人离散。此后数年，他们彼此苦苦寻找，遍访列国，历尽波折，最后终于团聚。作品歌颂了忠贞的爱情，同时描述了泰国宫廷的礼仪和风俗习惯。

伊宁市 Yining City 中国新疆维吾尔自治区伊犁哈萨克自治州辖市。自治州人民政府驻地。位于自治区西部边境，伊犁河谷中部。面积629平方千米。人口45万（2008），有维吾尔、汉、回、哈萨克、蒙古、锡伯等35个民族。1952年从伊宁县析出建立伊宁市。气候温和湿润，地表水和地下水资源丰富。主要矿产有煤、石英砂、岩矿和耐火黏土等。动物资源主要有天山马鹿等。以公路运输为主。民航班机通乌鲁木齐。工业有轻纺、能源、食品、皮革、建材，以纺织工业为主。农业以种植小麦、玉米为主。农、林、牧业共同发展，种、养、加工相互结合。素有“花园城市”和“塞外江南”之称。设有科研机构8个、高等学校1所。名胜古迹与自然景观有清代金顶寺遗址、陕西大寺、拜都拉大寺、火龙洞、伊犁河大桥，纪念地有三区革命烈士陵园、林则徐纪念馆等。

伊萨尔科火山 Izalco Volcano 萨尔瓦多松索纳特省的活火山。位于内科迪勒拉山系的科斯特拉山脉。伊萨尔科城东北。距省会松索纳特市约16千米，距太平洋岸40千米。海拔1 965米。是萨尔瓦多最年轻的火山，中美洲最活跃的火山。1770年首次喷发，至1952年至少喷发50次，山体不断升高。最近一次喷发是在1980年。火山喷发期间，沿岸过往船只也能见到火光，被称为“太平洋上的灯塔”。附近建有旅馆和观火台。周边是美丽的咖啡种植园。

伊塞克湖 Ysyk-Köl 吉尔吉斯斯坦东北部的山间湖泊。吉尔吉斯语意为热海。中国古称“图斯池”、“热湖”或“清池”。在天山山脉北麓的昆格山和捷尔斯凯山之间的伊塞克湖盆地。湖面海拔1 608米。东西长178千米，南北宽60千米，湖水平均深度278米，最大深度702米。面积6 236平方千米。四周有50多条小河注入，主要有吉尔加兰河、季提尤普河、大阿克苏河等。湖区经常发生地震，温泉广布。湖区7月平均气温16～17℃，1月平均气温－2～－7℃。湖面平均年降水量289毫米，而年蒸发量达820毫米。20世纪湖水水位下降了3米多。湖水微咸，盐度5.8，不宜灌溉和饮用，可定期航运。湖中有雅罗鱼、无鳞奥斯曼鱼及鲤鱼等。湖周围建有环湖公路。湖岸地带为著名疗养胜地。1948年建立了面积为70.2万公顷的伊塞克湖自然保护区，以保护在湖区越冬的水禽、雉、经济鱼类；在山地地区，对狍子和西伯利亚山羊的生态进行研究，保护雪豹等珍稀动物，并对麝鼠进行驯化。

伊势神宫 Ise Shrine 日本古代最重要的神社，在三重县伊势市，有内外两宫，形制、布局大致相同。内宫为皇大神宫，创建于垂仁天皇时代（公元前70～前29）；外宫为

丰受大神宫，创建于雄略天皇时代（456～479）。持统天皇时（690～697）沿袭古代日本住宅一屋一代的风俗，确立了每隔20年重建一次的“造替制度”。除战国时代（1467～1573）中断约120年外，迄今神宫已“造替”61次。第60次造替在1993年。由于严守古制，神宫大体保持原貌。两宫基地各自划分为面积相等的东西两区，其中一区为空地，造替时先在空地上照原样建好新宫，再将旧宫拆除。

内宫布局以正殿为中心，四周植林木。正殿之后，左右各有宝殿一座。三殿都架空如干栏式建筑，外面围有四道板墙和木栅。神宫所有房屋都用木、草构成，柱子用“掘立柱”（即柱根埋入基址的立柱法）；外墙用板壁，草葺悬山屋顶，正脊上有一列横置的腰鼓形“坚木鱼”，两山博风板向上延伸出屋面如双角，称“千木”。神宫式样仿自日本古代宫室，后世工匠称这种式样为“唯一神明造”或“神明造”。

伊斯顿 Easton, David (1917-06-24～) 美国政治学家，政治系统论的创立者，西方后行为主义政治学的倡导人。生于加拿大多伦多。在多伦多大学和哈佛大学获硕士和博士学位。

长期执教于芝加哥大学政治科学系。代表作有《政治分析的框架》(1965)、《政治生活的系统分析》(1965)。

伊斯顿强调政治是人类互动行为的结果，人的动机、人格与心理同外在环境之间形成相互影响的联系。他概括行为主义研究的要则是规律性、验证、技术、数量化、价值、系统化、纯科学、整体化。在后行为主义酝酿、形成过程中，他又主张政治研究要重建新的价值结构，政治理论应对社会的迫切问题和社会需要作出敏捷的反应。他在输入－输出政治系统架构中，提出政治是为社会规定有价值物的权威性分配或强制性决定，并且予以实施的互动行为；系统由政治共同体、体制和权威机构等部分构成，并受到自然的、生物的、社会的以及心理的外部与内部环境的包围，对环境的压力有适应能力和反馈信息的功能；系统与环境之间通过不断的输入、输出、反馈和再输入过程，实现系统的持续。

伊斯法哈尼 Isfahānī, Abū al-Faraj al- (897～967) 阿拉伯阿拔斯王朝时期文学家、诗人。生于波斯伊斯法罕，卒于巴格达。著作有《图菲里派的传说》、《听的文学》、《家谱汇集》、《求索者的战场》、《珍闻集》、《传说和遗迹》、《阿拉伯人的日子（1 700天）》等。《诗歌集成》是一部20卷的巨著，广泛搜集伊斯兰教出现前后几个世纪的古辞时调，记录了10世纪前阿拉伯的社会、历史、文学艺术、风俗习惯等各方面的情况，是研究阿拉伯早期文化和社会生活的珍贵文献。

伊斯法罕 Isfahan; Eşfahān 伊朗城市，伊斯法罕省首府。位于国境中部库赫鲁德山脉南侧，扎延德河（内流河）北岸，海拔约1 621米。北距首都德黑兰340千米。人口160.21万（2006）。地处交通要冲，很早即

皇家广场

成为城市，中世纪是地区首府和国际闻名的贸易和手工业中心，并数度为地区性王朝的统治中心。萨非王朝时更成为帝国的首都和商业文化中心。20世纪20年代中期巴列维王朝初建时，城市发展迅速。工业部门繁多，尤以纺织工业居全国首位，纺织品占全国产量1/2以上。次为食品、建材、造纸等。公路交通中心，横贯伊朗的铁路有支线通此。旅游胜地，古建筑和花园众多，有“伊斯法罕半天下”之说。市中心的皇家广场1979年作为文化遗产列入《世界遗产名录》。

伊斯拉姆 Islam, Nazrul (1899-05-25～1976-08-29) 印度孟加拉语诗人。生于西孟加拉邦布德万，卒于孟加拉国达卡。13岁加入农村巡回剧团。1917年参加孟加拉兵团，1919年退伍，加入孟加拉穆斯林文学社。1921年发表成名作长诗《叛逆者》，由此被称为“叛逆诗人”。

1922年因创办的刊物《彗星》的反英立场被殖民当局逮捕，1923年出狱。其后创作出版《毒笛》(1923)、《无产者》(1926)等诗集。1929年开始主要从事歌曲创作，作品约4 000首。他还第一个将《国际歌》译成孟加拉语。其他主要作品还有诗集《毁灭的火焰》(1930)、短篇小说集《舒利的花环》(1931)、长篇小说《不受束缚的人》(1927)等。1942年因神经麻痹长期瘫痪在床。1972年移居孟加拉国。去世后孟加拉国为他举行了国葬。中国翻译出版了《伊斯拉姆诗选》。

伊斯兰堡 Islamabad 巴基斯坦首都，世界上唯一以宗教名为名的首都。位于东北部的博德瓦尔高原。北靠海拔1 500米的马尔加拉山，南向宽阔的印度河平原，海拔450～600米，面积907平方千米。人口150万（2008）。深处内陆，亚热带大陆性气候。1959年决定在此建立首都，1961年开始兴建，1970年基本建成。1981年1月1日起，伊斯兰堡首都区作为特别的行政区域，直属联邦政府管辖。城市布局以方格形干道为骨架，建筑新颖并具伊斯兰传统风格。中央政府机构悉由白色建筑群组成，典雅庄重；建筑布局统一协调，无高层建筑。市内各区功能明确：城东为行政、使馆区，傍山临湖；城西为大片住宅区，服务设施完备。市南还有220平方千米的伊斯兰堡公

位于伊斯兰堡西部的费萨尔清真寺

园。城区已与拉瓦尔品第联成一体，构成伊斯兰堡-拉瓦尔品第大城市区。干线街道与高速公路和公路干线衔接连网，东达拉合尔，西通白沙瓦；另有一条重要山区公路，北向直入喜马拉雅山区和克什米尔。有国际机场。设有真纳大学（1960）、伊斯兰大学（1980）、核子科学技术研究所等高等院校和科研机构。

伊斯兰殡礼 Islamic funeral; Janāzah, al- 伊斯兰教殡葬仪则。穆斯林去世后，举行的净身、殡礼、埋葬等仪式。

净身（洗"埋体"）：由家属指定专人或清真寺内专司殡葬事务的乡老为亡人清洗全身，后用白布包裹亡体，面向克尔白置"埋体匣"（丧柩）内，等候殡礼。殡礼（"者那则"）：由清真寺伊玛目率众举行站礼，无须鞠躬、叩首。然后抬至墓地掩埋。葬时或葬后要为亡人诵经祈祷。

伊斯兰教主张土葬、速葬、薄葬。不用棺木，白布包裹的亡体直接入土埋葬，称"入土为安"。符合伊斯兰教安拉以土造人，入土回归的教义。一般埋葬亡人的墓穴因地而宜，亡者头北脚南，面朝克尔白。特殊情况可水葬。穆斯林去世后葬期不得超过三天。一般是当天归真，即应埋葬。为能做到速葬，伊斯兰教还规定：死在哪里即葬在哪里。伊斯兰教主张葬礼俭朴，贫富一样。富贵贫贱皆以白布包裹，占同等面积墓穴，无任何陪葬品。待葬期间，不宴客，不服孝。一般不用水泥、石灰等修饰坟墓。

伊斯兰法系 Islamic law system 中世纪信奉伊斯兰教的阿拉伯各国和其他一些伊斯兰国家法律的总称。

包括《古兰经》、圣训、教法学和阿拉伯原来习惯。《古兰经》中有许多内容涉及法律，是伊斯兰法的基本渊源。圣训是对《古兰经》的解释和补充，是仅次于《古兰经》的伊斯兰法的基本渊源。教法学是著名法学家对《古兰经》和圣训中的伊斯兰法原理的解释和发展，实质上也就是为疆域扩展和社会生活复杂化的需要而进行的法律创制活动。阿拉伯原有习惯是伊斯兰教创立前阿拉伯人古老观念和处理民商事纠纷等方面的习惯。在这些习惯中，只有与伊斯兰教义不相抵触或被穆罕默德改造、吸收到伊斯兰教义中的才继续有效。

主要内容包括：①穆斯林义务。信仰真主是穆斯林的首要义务，还包括念功、拜功、斋功、朝功和课功。

②土地所有权。土地是安拉的财产，只有先知的继承人哈里发才有权支配，阿拉伯贵族和普通自由人只享有占有权。

③债权法。因致人损害所生之债和因契约所生之债已经分开。以宣誓确认的诺言必须实践，食言者应以施舍赎罪，通常是释放1个奴隶、救济10个贫穷穆斯林、斋戒3天等。

④家庭法。婚姻是一种契约，妇女不是缔约当事人，而是契约的标的物，必须由监护人代为订立；男方必须交聘金；一夫可娶四妻。血统近亲、乳母近亲禁止结婚。一方行为淫荡、宗教信仰不同等也禁止结婚。休妻制盛行，休妻可进行3次，第3次为永久离别。妇女应披长衫，除丈夫、父母、子女、兄弟、姐妹等外，在人前不能显露身体面容；不能轻易和男人直接交谈。

⑤继承法。非穆斯林不能继承穆斯林的财产，除近亲属（包括妇女）外，盟友也可继承。

⑥刑法。保留了阿拉伯人原来通行的血亲复仇制度，若被害者近亲属同意，可缴纳赎罪金。杀害自由穆斯林所缴纳的赎罪金比杀害妇女和非穆斯林高得多。伊斯兰法认为肉体刑印象最深，最能起到儆戒作用，因而广泛采用。

随着伊斯兰国家资本主义的发展和社会的变革，昔日伊斯兰教法的特殊地位已不复存在。在大多数伊斯兰国家，世俗法律基本取代伊斯兰法。但由于伊斯兰教仍是占统治地位的意识形态之一，因而在各伊斯兰国家，伊斯兰法对穆斯林的行为依然具有不同程度的约束力。

伊斯兰会议组织 Organization of the Islamic Conference; Munaẓẓamat al-Mu' tamar al-Islāmī 伊斯兰国家政府级的区域性政治组织。简称伊斯兰会议。秘书处设于沙特阿拉伯的吉达。最高权力机构为伊斯兰国家首脑会议。1969年9月，24个伊斯兰国家首脑在摩洛哥拉巴特举行首次会议，就成立伊斯兰会议组织达成初步协议。次年3月，在吉达外长会议上宣布建立，12月卡拉奇外长会议通过伊斯兰会议组织宪章。1971年5月正式成立，有36个成员国，到2008年增至57个国家。至2008年3月共举行过11次首脑会议。该组织的宗旨是：促进伊斯兰各国之间的团结；加强各国在经济、社会、文化、科学和其他重要领域的合作；努力消除种族隔离和种族歧视，根除一切形式的殖民主义；共同努力保卫圣地，支持巴勒斯坦人民恢复其权利和解放家园的斗争；加强穆斯林全体人民维护其尊严、独立和民族权利的斗争；创造适当的气氛以促进各成员国与其他国家之间的合作和谅解。下属机构有伊斯兰开发银行、伊斯兰发展基金会、伊斯兰国际通讯社、伊斯兰文化艺术研究中心、伊斯兰法庭和伊斯兰经贸常设委员会等。

伊斯兰建筑 Islamic architecture 主要包括7～13世纪阿拉伯国家的建筑，14世纪以后奥斯曼帝国的建筑，16～18世纪波斯萨非王朝的建筑，以及印度、中亚等国的一些建筑。7世纪阿拉伯人崛起，至8世纪成为一个横跨亚、欧、非三洲的阿拉伯帝国，后分裂为一些独立的国家。阿拉伯人汲取希腊、罗马、印度古代的建筑经验，在继承两河流域和波斯建筑传统的基础上，形成独特的建筑风格，建造了清真寺、宫殿、旅舍、住宅府邸和宏伟的陵墓。

建筑形制 伊斯兰建筑的礼拜寺通常是一个封闭的庭院，围绕院落建有一圈拱廊或柱廊，朝麦加方向的一边加宽，做成礼拜殿，礼拜殿和廊均向院落敞开。院落中央有水池或洗礼堂。寺内有光塔，是阿訇授时和召唤信徒做礼拜用的。开罗的伊本·土伦礼拜寺是早期的实例。11世纪后，波斯和中亚地区的礼拜寺一般围绕中央院落建造殿堂，中央的方形大厅上有高耸的穹顶。1453年，土耳其灭拜占廷，以君士坦丁堡为首都后，模仿圣索菲亚大教堂的形式，采用集中式平面建造礼拜寺，中央设一方厅，两侧和后方的厅堂都向方厅敞开。后来，由于仪典的需要，后方大厅逐渐加宽加深，与方厅连成一片，但穹顶仍各自独立。各地住宅平面形制差别较大，但一般都有内院，正对院子的为主要房间。房前常有一个完全开敞的大厅，用于采光、通风，并按照伊斯兰教戒律，把妇女活动部分和男子活动部分用廊子或楼层隔开。

穹顶结构 伊斯兰建筑造型上的主要特征是采用大小穹顶覆盖主要空间。早在波斯萨珊王朝（226～651）时期，就流行在方形房间上砌筑穹顶，穹顶纵断面为椭圆形。7世纪初伊斯兰教兴起后，继承这一传统并于8世纪起发展出双圆心尖券、尖拱和尖穹顶，砌筑精确，形式简洁。到14世纪，又创造了四圆心券拱和穹顶，穹顶外形轮廓平缓，曲线柔和，与浑厚的砖墙建

伊本·土伦礼拜寺（876～879）

筑以及方形体量更为和谐。纪念性建筑的穹顶位于中央部位，在穹顶下加筑一个高高的鼓座，以穹顶统率整个建筑，气势非凡。为了保持室内空间的完整，在鼓座之下内部另砌一个半球形穹顶。

装饰 主要的装饰手法是利用各式各样的尖券、穹顶和大面积的图案。门窗和券面是装饰的重点，材料常用雕花木板和大理石板。用作装饰的券形除双圆心券、四圆心券外，还有马蹄形、火焰形、扇贝形、花瓣形或叠层花瓣形等。券面上有精致华丽的雕刻。墙面往往砌成各式纹样，或贴石膏浮雕，色彩有诸多变化。穹顶和墙面也常采用琉璃砖覆盖。这些装饰手法使得实墙面很多的伊斯兰建筑显得华丽精美而无笨重感。在礼拜寺内早期是用丛密的柱林支撑着上面的拱券，墙面多为大理石或彩色马赛克瓷砖片贴面。晚期常在抹灰墙上绘壁画，也有用琉璃砖贴面或砌成图案的。所有这些都形成了伊斯兰建筑独具特色的装饰。

《古兰经》禁止用人像和写实的动植物题材作装饰，因此早期装饰纹样都是几何形；后来才用了一些程式化的植物图案。

伊斯兰教 Islām 与佛教、基督教并列的世界三大宗教之一。7世纪初产生于阿拉伯半岛。中国旧称天方教、清真教或回教。“伊斯兰”一词原意为顺从，即顺从真主意志的宗教。主要传播于西亚、北非、中亚、南亚、东南亚等，第二次世界大战后，在西欧、北美、非洲等地区迅速传播。全世界约有信徒15.7亿多人，在30多个国家中伊斯兰教被定为国教，是最有活力的世界性宗教之一。

兴起和传播 伊斯兰教兴起于阿拉伯氏族社会由部落到民族和国家的历史时期。因氏族制解体而形成的贫富分化和对立，各部落间长期的仇杀，波斯和拜占廷帝国为争夺东西商路的激烈冲突，激发了阿拉伯人的民族意识，使建立统一的民族国家

图1 《古兰经》

的历史前提渐趋成熟。同时，因部落宗教的衰落，犹太教、基督教传入的影响，使一些具有模糊一神观念的人转而探求真正的民族信仰。伊斯兰教的兴起，正是这些社会经济变动和政治统一要求在意识形态上的反映。

约610年，穆罕默德在麦加宣布奉到真主的启示，号召族人皈信正道，以免末日的惩罚。他宣称真主是宇宙万物的创造者和独一无二的主宰，反对流行的多神和偶像崇拜。622年，在麦加贵族的迫害下，穆罕默德与其信徒迁徙麦地那，建立以信仰为纽带的穆斯林社团乌玛。经过10年斗争，伊斯兰教在阿拉伯半岛取得统治地位，在穆罕默德去世后阿拉伯人开始向外扩张和征服。100年后，阿拉伯人建立的世界帝国横跨亚、非、欧三洲，伊斯兰教成为统治者的宗教。750年，阿巴斯人利用人民起义建立新王朝后，以阿拉伯贵族为统治者的社会结构瓦解，全面伊斯兰化的进程大大加快。至10世纪，经注学、圣训学、教法学等宗教学科基本定型，伊斯兰教的宗教体制大体确立。同时，哈里发帝国开始急剧衰落，各地割据自立，外族相继入侵。在动荡不定的政局下，伊斯兰教发展为依靠自身机制维持和扩展的世界宗教，不受以其名义统治的王朝兴衰的左右。清真寺、宗教学校和教法法庭由宗教学者主持，伊斯兰教继续向外传播，或由于穆斯林君主的军事征服，或得益于穆斯林商人的积极活动。但真正意义上的传教活动，是苏非苦行者的自发努力。他们使伊斯兰教在民间和异教地区得以不断扩展和深入，然后由宗教学者发挥进一步的影响。

经典、教义和礼仪 穆斯林是真主意志的顺从者。顺从真主的意志，就是遵奉曾启示于众先知，最后在麦加和麦地那降示于封印先知穆罕默德的一系列天启。穆罕默德去世后不久，这些启示被收集、汇编成《古兰经》。这部伊斯兰教的根本经典，被视为真主的言语。经文强调的主旨是真主独一。他超绝万物，至尊全能，而在多神和偶像崇拜意义上的“以物配主”，则是不可宽恕的大罪；他普仁特慈，是引导信徒走向他的“天地的光明”，“比他的命脉还接近于他”。仅次于《古兰经》的经典是圣训集，即穆罕默德的言行及其所默认的圣门弟子的言行的综合记录。收集圣训的活动始于早期，至9世纪下半叶，随着圣训学的发展，出现了逊尼派六大圣训集，与《古兰经》同为教义、教法、社会伦理和学说思潮的经典依据。对经、训的不同理解，曾引起长期的教义争论，并由此产生了不同的学派或教派。唯理主义的穆尔太齐赖派一度成为阿拔斯王朝的官方学派，但遭

图2 穆斯林在做拜功（礼拜）

到罕百勒学派的反对。而后出现维护正统教义的艾什尔里学派、马图里迪学派和塔哈维学派共同奠定逊尼派的教义学基础。

穆罕默德十分注重实际，伊斯兰教的宗教信仰和义务，朴实而易行。基本信仰是：信仰真主是唯一真实的主宰；信仰吉卜利勒为首的众天使；信仰《古兰经》和以前的诸经典为天启；信仰众先知和穆罕默德为封印先知；信仰死者复活和审判、后世的奖惩。有的还加上信仰一切皆由真主前定。宗教义务就是称为信仰支柱的五功：信仰作证（念清真言），谨守拜功（每日5次）；完纳天课（法定施舍），封斋节欲（每年一月），朝觐天房（一生1次）。为真主之道而奋斗，早年曾是重要的宗教义务。这些仅是最基本的义务，而伊斯兰教法，即真主对于人类生活的全部诫命，还有更为广泛的要求。教法在社会生活中的重要地位，使伊斯兰教成为以律法为中心的宗教。教法的内容从宗教礼仪、社会伦理、政治制度、经济活动到法律规范，几乎涵盖日常生活的全部行为，构成一个包罗万象的应尽义务的体系。因此，伊斯兰教不仅是宗教信仰和意识形态，也是一种生活方式和社会制度。教法的实质性内容，穆斯林认为已在《古兰经》中包揽无遗，只要加以认识和阐述即可。至于具体问题的解释和适用，则求助于先知的圣训。由此而发展出四大教法学派，在教法学中坚持公议的原则，承认各学派由类比推理作出的不同裁决。但什叶派坚持只有出自先知家族的宗教领袖，即不谬的伊玛目，才有权传述圣训和诠释教法，并因此否认公议和类比。不过，十二伊玛目派的乌苏里学派，以理性为教法的补充渊源，坚持教法学家运用独立判断的权利。这些正是两大教派在教义和宪制上的分歧所在。

派别和思潮 伊斯兰教的教派纷争起源于哈里发继承问题。哈瓦利吉派是伊斯兰教的第一个政治-宗教派别，现仅存一个小教派艾巴德派。什叶派十二伊玛目派、伊斯玛仪派、栽德派三大支派，约占穆斯林人口的10%左右。逊尼派是伊斯兰教中人数最多，分布最广的主流派，约占全世界穆斯林总数的85%以上。在教法和教义

的形成时期，各教派和学派相继兴起。近代以来，各种社会思潮和社会运动在各地竞相辉映。但融合多种民族和文化的伊斯兰教，仍显示高度的同一性。伊斯兰教始终是一部经典《古兰经》的宗教。麦加作为礼拜正向和朝觐中心，也起着增强伊斯兰教的凝聚力，促进穆斯林世界一体化的重要作用。但在经籍记载的宗教典范和理想外，各地实际上存在的伊斯兰教在不同民族传统和文化下呈现出背景多样性。在同一地区，有制度化的官方伊斯兰教与夹杂地方习俗的民间伊斯兰教。

伊斯兰教教义学家经过对信仰和教义问题的论争，在历史上形成了不同的教义－哲学学派，影响较大的主要有苏非派、穆尔太齐赖派、艾什尔里派。神秘主义的苏非派在民间占据统治地位。他们以主观直觉和内心体验追求与真主合一，漠视教义和教法的外在要求，容忍和吸收异教习俗和仪式，从而引起正统派的猜疑和敌视。11世纪后，安萨里将苏非主义引入正统教义，为传统信仰注入活力，并限制苏非派的极端倾向，促成两者的和解。苏非派接受正统教义，但没有改变其修持道路和活动方式，从12世纪后形成教团组织，传播到整个伊斯兰世界，在14～18世纪占据统治地位。

在理论上，伊斯兰教没有教士阶层，没有教义机构，没有教会组织，也没有信经和教条。信奉伊斯兰教，首先要接受和遵奉教法规定的行为规范和生活方式，忠诚于穆斯林社团并服从社团领袖。乌莱玛是伊斯兰教正统观念和社会准则的监护人，但并没有直接干预的手段。为反对伊斯兰教上的偏离和调和，历史上不断发生复兴宗教的圣战运动。宝剑的圣战是小圣战，而大圣战则是与内心邪恶意念作斗争或学习教法一类的精神活动。自近代以后，伊斯兰教世界遭到殖民主义的侵略和奴役，各地穆斯林以伊斯兰教旗帜掀起多次社会运动，引发种种社会思潮，至当代汇成伊斯兰教复兴运动。这种净化信仰、恢复原初教义的思潮，既是对复归纯正伊斯兰教的领悟和追求，也是对在现代条件下变革和适应的激励。当代伊斯兰教复兴，正是这种复杂的社会心态和传统影响在现代化进程中的宗教体现。

图3　伊斯兰教第一圣寺——禁寺

伊斯兰教法　Sharī ʻa　伊斯兰教有关宗教、社会、家庭和个人生活的道德规范和行为准则的总称。阿拉伯文Sharī ʻa（舍里阿）的字义是“引向水泉的路径”、“应该遵循的常道”，引申为“真主对于人类生活的全部诫命”。按照伊斯兰教法学的解释，真主是唯一的立法者，通过天启降示的教法诫命是真主意志的具体体现。教法为每个穆斯林提供了识别善恶、指导现世生活并为来世作好准备的“道路”。伊斯兰教法从宗教义务和制度到饮食起居及行为举止，几乎涵盖了人类的全部行为，是一种包罗万象的应尽义务体系。

伊斯兰教法的渊源首先是真主的启示，即《古兰经》，其次是解释和补充启示的圣训，即穆罕默德的言论、行为及默认。此后随着教法学的发展，教法学家在《古兰经》和圣训的基础上，采用类比原则拟制新的律法，并以宗教学者一致意见的公议原则作为核准依据，同时兼容公共利益考虑、从善抉择等辅助原则，推动教法的系统化和伊斯兰化。在教法定型时期，逊尼派形成哈乃斐、马立克、沙斐仪和罕百里四大教法学派。什叶派在后期形成艾赫巴尔（圣训）学派和乌苏勒（原理）学派。

逊尼派的教法体系通常分为：宗教义务，民法，刑法。什叶派教法则分为：宗教义务，契约，单方面处理的商务，其他。在中世纪的教法著作中，通常前五章为宗教义务，然后是契约、遗产、婚姻、家庭、刑律、对非穆斯林态度、可食之物、宰牲、作证、诉讼程序、证据、奴隶等。近代以前从未作过系统的分类。教法的主要内容包括：①宗教礼仪和义务。教法规定个人和社团对真主的义务，也就是作为宗教礼仪基石的五项基本功课，即信仰作证、礼拜、斋戒、法定施舍和朝觐。②家庭、婚姻和遗产继承。家庭是教法承认的、以血缘和婚姻为基础的唯一社会单位。婚姻是一种民事契约，由新郎或他的代表与新娘的法定监护人缔结。新郎必须给予新娘聘仪。自由民可同时娶妻4人，奴隶只能娶2人。血统近亲和姻亲、收养亲属及宗教不同、风化关系均构成婚姻障碍。通常情况下离婚就是休妻。丈夫宣告休弃后，在妻子应守的约三个月的待婚期内，还可以撤销；这样宣告三次，或同时连续宣告三次，休弃就变成不可挽回的休妻。遗产继承的基本原则，《古兰经》有详尽规定。继承权指获得遗产的权利，而不是权利和义务的总和。按血缘、婚姻和依附关系排定继承顺序，实际上否决了氏族男性族亲分享遗产的特权，确立了以家族近亲为主的继承制度。③财产与债务法。在理论上，土地所有权属于国家，只有哈里发有权支配，一般人只是占有。教法不承认长期占有而取得的所有权，占有被认为是事实而不是权利。不当得利是禁止的，比如禁止赌博、禁止高利贷等。④刑法。《古兰经》规定惩罚明确禁止的犯罪：通奸、诬告不贞、饮酒、窃盗、劫掠，称为“真主的定制”。此外，杀人、伤害、损坏财产的强暴行为，按情节分别判处报复、赎罪和向被害者家属偿抚恤金。⑤诉讼程序法。诉讼程序比较简单，没有严格诉讼形式，不重视书面证据。原告负有举证责任，被告则适用于以宣誓证实本人的陈述。最重要的证据是证人证词。⑥宪法与战争法。哈里发与伊斯兰教的关系，只是一位捍卫者的关系。他是穆斯林社团的行政首脑，依据教法行使的全是政治权力，首要的职责是保护和执行教法。发动圣战是哈里发的职责，也是穆斯林社团一部分人的集体义务。近代以来，在大多数伊斯兰国家中，伊斯兰教法被现代的世俗法律所取代。但伊斯兰教法的传统影响和崇高地位，对当代穆斯林的行为和国家法律仍具有重大的约束力或影响力。

伊斯兰教历　Islamic calendar; al-Tagwīm al-Islāmī　伊斯兰教国家使用的历法。又称希吉来历。其中回历和波斯历最为有名，并且一直沿用至今。中国称回历或回回历。①回历为太阴历。公元622年9月24日，穆罕默德从麦加迁至麦地那。哈里发欧麦尔一世即将该年定为伊斯兰教历元年；为计算方便，将该年阿拉伯太阴岁首（622年7月16日）定为教历元年元旦。②波斯历为太阳历。其历年长度为365日，除8月为35日外，其余各月为30日。波斯历的历元相当于儒略历632年6月16日。在这一年波斯王伊嗣侯三世登位并改历。该历对昼夜的计算，以前一日日落为第二日之始，通常称为夜行前，即黑夜在前，白昼在后。

伊斯兰教美术　Islamic art　在伊斯兰世界流行的建筑、书法、绘画和工艺美术。伊斯兰教信奉唯一真主安拉，反对偶像崇拜，因此具象雕塑罕见，建筑、绘画和工艺美术中的装饰纹样（阿拉伯纹样）异常发达，富有装饰性的阿拉伯书法独具一格。

7世纪初叶，伊斯兰教兴起于阿拉伯半岛，此后数世纪向外传播，相继征服了西亚、北非、中亚、南亚等地。阿拉伯文化与东

图1　耶路撒冷圣石圆顶寺

西方各地传统文化融合，逐渐形成伊斯兰教美术统一而多样的风格。西部伊斯兰地区的美术主要受**拜占廷美术**的影响，东部伊斯兰地区的美术主要受波斯（伊朗）美术的影响。伊斯兰教美术大体上可分为早、中、晚三期。

早期伊斯兰教美术（约7～10世纪）　流行于以大马士革为都城的倭马亚王朝和以巴格达、萨马拉为都城的阿拔斯王朝前期。穆斯林清真寺逐渐成为伊斯兰建筑的中心。7世纪末叶耶路撒冷的圣石圆顶寺是现存最早的伊斯兰教圣殿。8世纪初叶的麦地那先知清真寺和叙利亚大马士革清真寺，确立了清真寺的基本形制。9世纪中叶阿拔斯王朝的萨马拉清真寺，调和了拜占廷与波斯传统，现仅存一座七层螺旋形尖塔。埃及开罗的伊本·图伦清真寺和突尼斯的凯鲁万清真寺，是北非清真寺的早期代表。伊朗的萨曼王朝都城布哈拉的王陵开伊斯兰陵墓建筑之先河。

中期伊斯兰教美术（约11～15世纪）　因土耳其人和蒙古人的入侵而带来新的因素，并在伊斯兰建筑中推广了波斯风格。10～11世纪阿富汗的加兹尼王朝仿效萨曼王朝建造清真寺和经学院。11世纪末叶伊朗的塞尔柱王朝兴建的伊斯法罕大清真寺（星期五清真寺），是波斯风格的伊斯兰建筑的典范。12～13世纪阿拔斯王朝后期兴起的巴格达画派的细密画，受拜占廷和萨珊波斯绘画的影响。14世纪后半叶帖木儿在中亚建立的帖木儿王朝，在都城撒马尔罕和赫拉特发展了波斯细密画的古典风格。15世纪后半叶波斯细密画大师毕扎德成为赫拉特画派的领袖和萨法维画派的先驱。在西部伊斯兰地区，13～14世纪埃及的马木留克王朝在都城开罗修建了宏伟的卡拉温建筑群和哈桑清真寺，14世纪后半叶西班牙的奈斯尔王朝在格拉纳达营造了华丽的艾勒汉卜拉宫，其中狮子宫最为著名。

晚期伊斯兰教美术（约1500～　）　在西部伊斯兰地区的中心是土耳其的奥斯曼帝国，在东部伊斯兰地区的中心是伊朗的萨法维王朝和印度的莫卧儿王朝。15世纪中叶奥斯曼帝国迁都伊斯坦布尔以后，把**圣索菲亚大教堂**改建为清真寺。16世纪中叶奥斯曼建筑大师锡南设计了伊斯坦布尔的苏莱曼一世清真寺、埃迪尔内的塞利米耶清真寺等建筑。16世纪萨法维王朝沙·塔赫马斯普时期，毕扎德的弟子们使波斯细密画流派纷呈，空前繁荣。16世纪中叶至17世纪中叶莫卧儿王朝都城阿格拉、法特普尔·西克里和德里等地的宫殿、清真寺和陵墓建筑，呈现波斯－印度的混合风格，以阿格拉的**泰姬陵**最负盛名。

伊斯兰世界流行的织物、陶瓷、玻璃、镶嵌等工艺美术，在各个时期东西方各地均有特色，尤其波斯地毯驰名国际。

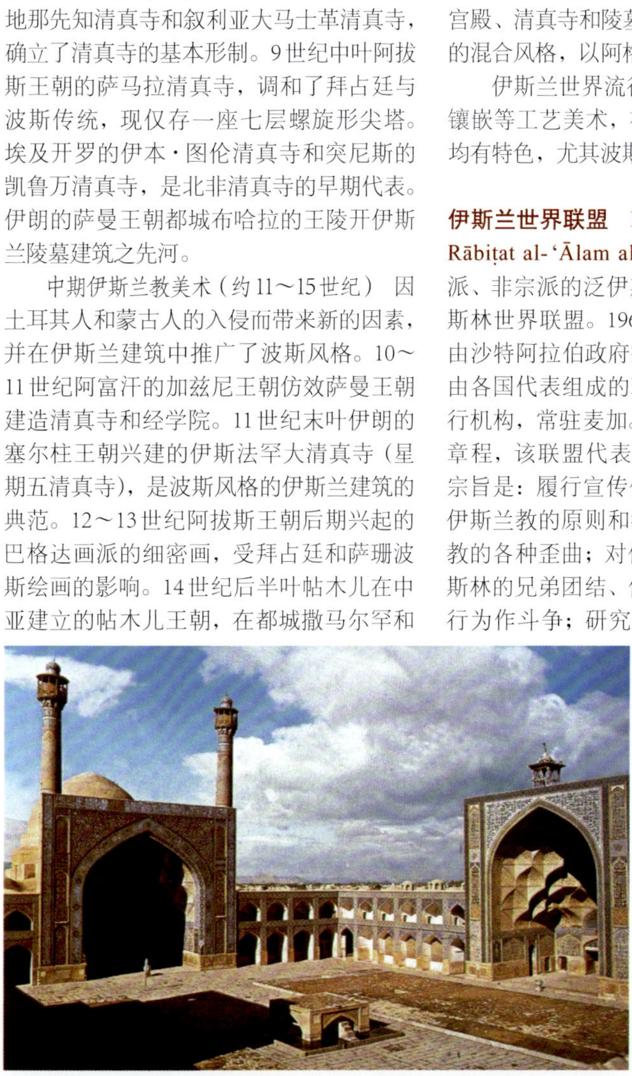

图2　伊斯法罕大清真寺（1088～1089）

伊斯兰世界联盟　Muslim World League; Rābiṭat al-ʻĀlam al-Islāmī　非政府性非党派、非宗派的泛伊斯兰国际组织。又称穆斯林世界联盟。1962年在麦加成立，主要由沙特阿拉伯政府提供经费。最高机构是由各国代表组成的理事会，以秘书处为执行机构，常驻麦加。据1963年通过的联盟章程，该联盟代表全世界所有的穆斯林。宗旨是：履行宣传伊斯兰教的义务；阐释伊斯兰教的原则和教训，以驳斥对伊斯兰教的各种歪曲；对伊斯兰教的敌人破坏穆斯林的兄弟团结、使他们背叛自己宗教的行为作斗争；研究伊斯兰教的各种问题，以实现穆斯林的利益和愿望，解决他们的要求。主要工作是向世界各地派遣传教人员，印发《古兰经》及其他经籍，资助各国穆斯林修建清真寺、兴办宗教教育。出版《伊斯兰世界联盟》、《伊斯兰世界周刊》、《清真寺的使命》等刊物。约有60多个国家的伊斯兰组织或代表为其成员。1974年后，召开各国伊斯兰教组织会议，成立亚洲、澳洲、非洲、北美和南美洲的伊斯兰理事会，以及伊斯兰国家宗教事务部长年会、国际清真寺事务最高委员会和伊斯兰情报资料最高委员会。在联合国享有非政府性咨询机构的地位。

伊斯兰现代主义　Islamic Modernism　19世纪下半叶在穆斯林社会兴起的一种宗教——社会思潮。系穆斯林知识分子提出的一种使伊斯兰教适应现代条件的价值取向。现代主义者利用“创制”原则（意即独立判断）重新解释伊斯兰教，试图认识伊斯兰教的内在理性，建立一座联结宗教与理性的桥梁；同时以这种主张为指导思想、积极投身于穆斯林社会的改革实践，进而实现复兴伊斯兰教，重建穆斯林社会的目的。

历史背景　19世纪，英国、法国和荷兰等欧洲列强，开始大规模殖民扩张并逐渐控制穆斯林世界的大部分地区。穆斯林社会的政治、经济和宗教文化基础，受到强烈挑战和震撼，陷入空前的危机。穆斯林中的有识之士，特别是受过现代西方教育的知识分子，开始对伊斯兰教与穆斯林社会的巨变深刻反思。伊斯兰现代主义正是为摆脱这种危机而采取的一种历史抉择。

主张与实践　注重“现世的人”是伊斯兰现代主义的理论基础：它一方面注重了人在社会进程中的作用，另一方面强调理性是人的基本特征之一，促成现代主义者重新启用“创制”原则认识伊斯兰教的理性，形成现代主义思想的指导核心。伊斯兰现代主义强调人的现实存在而非人的自身，主张伊斯兰教要适应现实的社会环境，顺应发展着的历史条件，积极投身于穆斯林社会的改革实践。

现代主义者主张以正本清源方式净化伊斯兰教传统。现代主义者重新解释《古兰经》，意在探究本源的内在理性，据以开发伊斯兰教的时代精神，对经典作理性解释。现代主义者还对中世纪解释伊斯兰教的权威提出反驳，主张实施创制原则。伊克巴尔曾将创制原则描述为伊斯兰教的“运动原理”，视为现代主义的思维原则。现代主义注重人的理性因素，如推理的作用、独立思考和尊重个人意愿等。认为每个穆斯林皆可运用理性，独立理解《古兰经》。他们以“只有当人们改变了自身内在的，安拉才会改变他们相间的”为立论依据，将人们自身的内在理解为理性。

现代主义者试图增强伊斯兰教的活力，使之能对现代世界的需求和历史条件的变化作出积极的回应。他们注重伊斯兰教的社会与伦理道德方面，尤为重视穆斯林民众的社会利益。认为穆斯林在现世的成功，是真主恩宠的表征。他们的社会改革实践活动范围相当广泛。在政治领域，绝大多数都主张立宪制政府、选举制度及某种形式的民主制度；重视教育，认为教育改革是促使社会变革的主要手段；对穆斯林妇女的社会地位极为关注，认为没有妇女的解放，穆斯林民族的复兴亦无希望，并主张一夫一妻制。在法律领域，努力将伊斯兰教法与现代法律联系起来，促使其世俗化。哲马鲁丁·阿富汗尼是最有影响的现代主义者代表，其他还有阿布杜、艾哈默德汗及伊克巴尔等。

影响与局限　伊斯兰现代主义思潮为穆斯林提供了一种具有伊斯兰教内在理性本质和社会改革实践特征的价值取向，为穆斯林社会奠定了新的认同和复兴意识的基础。它成为穆斯林积极参与社会改革实践的指导思想，强调伊斯兰教的主体精神和自足性，一直影响着伊斯兰教的激进主义者，包括埃及的穆斯林兄弟会和当代的伊斯兰复兴运动。

这种思潮的影响主要局限于现代穆斯林知识分子和领导层，尚未形成群众性的政治运动，但社会影响很深远。

伊斯梅利亚　Ismailia; Al Ismâ 'îlîyah　埃及东北部城市，伊斯梅利亚省首府，苏伊士运河重要中间站。位于苏伊士运河中段提姆萨赫湖西北岸，距地中海和红海各约80千米，东南距苏伊士城72千米，西南距开罗150千米。人口30.04万（2006）。建于1863年，以当时埃及总督伊斯梅尔命名。原为开凿运河的工程营地，现为苏伊士运河管理局总部所在地。港口码头、仓库设施良好。有造船、拖拉机和发动机、水泥、食品等工业。市区街道宽阔，呈网格状，多广场、花园，绿化良好，环境优美，为运河区旅游景区之一。有铁路通塞得港、苏伊士和开罗，与全国铁路网相连。市内运河两岸有渡船往来。

伊斯坦布尔　Istanbul　土耳其最大城市和港口，伊斯坦布尔省首府。地处土耳其西北部，博斯普鲁斯海峡南口，当亚欧两洲交通要冲，扼黑海进出咽喉。原位于博斯普鲁斯海峡（正式名称伊斯坦布尔海峡）西岸，现已兼跨海峡两岸，从而成为世界上唯一横跨两大洲的城市。公元前658年由希腊人依山筑城，称拜占廷。公元196年被罗马帝国攻占；324年，君士坦丁一世从罗马迁都于此，重新营建，330年改名君士坦丁堡，别称新罗马。395年罗马帝国分裂后，成为东罗马（即拜占廷帝国）的首都。5～9世纪，先后沦为匈奴人、十字军、阿拉伯人乃至保加利亚人争夺的重要目标。1453年成为奥斯曼帝国首都，始称伊斯坦布尔（原名的土耳其语化）。1923年土耳其共和国成立，迁都安卡拉。但作为全国经济首都的地位依然未变。人口增加迅速，已达

苏丹艾哈迈德清真寺

1 125万（2004），是西亚各国的最大城市。大市区沿海峡延绵15千米，沿马尔马拉海岸延绵30千米，分三大部分，即西岸城区由哈利奇湾（金角湾）隔开的南、北两部分和海峡东岸的于斯屈达尔地区。西岸地势较为平坦，东岸丘陵起伏。具地中海型气候。平均气温1月5.2℃，8月23.6℃。平均年降水量633毫米。土耳其最大的工业、运输、贸易和文化中心。全国超过1/2的进口、将近1/5的出口均通过这里。工业主要有纺织、食品、水泥、烟草、机械、造船、机电等。港域包括海峡南部、哈利奇湾和马尔马拉海东北岸，分内港、加拉塔港、海达尔帕夏港和外港，内港为军港区。码头总长约10千米，水深7.3～11米，可同时靠泊50艘大型舰船。年吞吐量2 000万吨（2002），铁路直达主要泊位。附近农业发达，主要作物有小麦、燕麦、大麦和甜菜等。渔业、养畜业和园艺业并盛。1973年1988年兴建的两座横跨海峡的公路大桥，沟通了城市两岸的联系。市西南的阿塔图尔克（土耳其国父）机场，是土耳其最大的国际机场，也是世界最大的机场之一。文教事业发达，有历史悠久的伊斯坦布尔大学（1453）、伊斯坦布尔技术大学（1773）、马尔马拉大学（1883）、博斯普鲁斯大学（1863）、伊尔迪兹大学（1911）等多所高等院校。多名胜古迹和清真寺，最著名的有托普卡珀宫博物馆、道尔马巴赫切宫、苏丹艾哈迈德清真寺、圣索菲亚博物馆等。

伊苏里亚王朝　Isaurian Dynasty　拜占廷帝国封建王朝（717～802）。因其建立者利奥三世（717～741年在位）来自小亚细亚南部的伊苏里亚，故名。8世纪初，拜占廷帝国经常受到阿拉伯人倭马亚王朝的威胁。717年利奥废黜无能的君主狄奥多西三世（715～717年在位），被教士和臣民拥立为帝，创建伊苏里亚王朝。利奥三世即位不久，717～718年阿拉伯人第二次围攻君士坦丁堡。拜占廷军队经过整整一年艰苦的保卫战，终于打败了阿拉伯舰队，把阿拉伯人逐出小亚细亚。此后两个世纪里拜占廷基本上消除了阿拉伯人的威胁，双方只有小规模摩擦。726年利奥三世下令捣毁圣像，封闭修道院，没收教会和寺院土地，分配给军事贵族和皇帝亲信，或作为军士的份地，史称圣像破坏运动。这一运动恶化了拜占廷与罗马教廷的关系。君士坦丁五世等几个君主继续实行这一政策，前后达100多年。780年皇太后伊林娜摄政时（780～802）开始废除这一政策。787年正式恢复圣像崇拜。802年伊林娜被军人废黜，伊苏里亚王朝遂亡。

伊索　Aisopos　公元前6世纪古希腊寓言家。弗里吉亚人。据希罗多德记载，他原是萨摩斯岛雅德蒙家的奴隶，后来被德尔斐人杀害。传说雅德蒙给他自由以后，他经常出入吕底亚国王克洛伊索斯的宫廷。另有传说，庇士特拉妥统治期间，他曾到雅典访问，对雅典人讲述寓言《请求派王的青蛙》，劝阻他们不要用别人替换庇士特拉妥。13世纪发现的一部《伊索传》抄本中，他被描绘得丑陋不堪，从这部传记中产生了很多有关他的故事的传说。公元前5世纪末，“伊索”这个名字已为希腊人所熟知，希腊许多寓言都开始归在他的名下。现在常见的《伊索寓言》是后人根据拜占廷僧侣普拉努得斯搜集的寓言及以后陆续发现的古希腊寓言传抄本编订的。其中大部分可能为伊索本人或他所生活的那个时代的其他人所作。

多为动物寓言，形象鲜明生动，言简意赅，既有对社会矛盾的反映和揭露，也有对人生哲理的领悟和日常生活经验的传授。著名篇章有《狼与小羊》、《农夫和蛇》、《狮子与野驴》、《狐狸和山羊》等。《伊索寓言》曾对后代欧洲寓言创作产生不小影响。

伊索克拉底　Isocrates（前436～前338）　雅典演说家、修辞学家。曾在高尔吉亚斯门下学习修辞术。他接受了苏格拉底的伦理思想和智者派传授的新知识。公元前391年左右，开始在雅典讲授政治学、历史、文学、修辞学，他强调道德训练，要求弟子们行为正直。他传下21篇演说辞。有《泛希腊集会辞》（前380）等。他主张联合希腊各城邦攻打波斯，以解决希腊内部矛盾与困境。他认为政治演说应当首先重视实际政治问题，题材必须重大，思想必须崇高。认为散文应当有节奏，主张采用常用词，但也强调隐喻词的重要性。他重视字音的和谐，认为应避免两词之间的元音碰到一起，避免不好读的字音。他首先采用环形句，喜欢采用等长对称的子句。他的散文风格流畅、文字优雅、音调和谐，但有时过于整齐，显得单调。其作品成为后世欧洲散文的典范。

伊泰普水电站 Itaipu Hydropower Station 世界大型水电站。位于巴西和巴拉圭两国界河巴拉那河上。1973年两国政府签订协议，共同开发界河长200千米一段的水力资源，修建伊泰普水电站。电站总库容290亿立方米，有效库容190亿立方米。厂房内安装18台70万千瓦混流式水轮发电机组，总装机1 260万千瓦，多年平均发电量790亿千瓦·时。水电站枢纽左岸属巴西，右岸属巴拉圭。主坝为双支墩大头坝，最大坝高196米，长1 064米，是世界最高的大头坝。混凝土重力式溢流坝长390米，安装14扇20米×20米弧形闸门，最大下泄流量62 000米^3/秒。发电厂房长968米，包括两座装配场。18台机组中9台送电入左岸开关站，以三回765千伏输电线向巴西供电；另9台送入右岸开关站，其中一部分直接送巴拉圭，另一部分转变为60赫兹向巴西售电。工程于1975年开工，1983年第一台机组发电，1991年全部建成。

伊特鲁里亚美术 Etruscan art 公元前12～前3世纪意大利半岛伊特鲁里亚地区的伊特鲁里亚人的美术。又译埃特鲁斯坎美术。

建筑 伊特鲁里亚的建筑包括城市建筑、神庙建筑、陵墓建筑3类。根据罗马文献记载，伊特鲁里亚人擅长城市规划和建造，罗马曾吸收了他们的成就。仅存的遗迹是佩鲁贾城的奥古斯塔门，建造时期大约在前200年。伊特鲁里亚的神庙只有地基留存下来，神庙的总体设计类似希腊神庙，也不乏独到之处。伊特鲁里亚人爱好天文，将天空划分成方位，神庙皆朝南。庙堂一分为三，象征着伊特鲁里亚三位一体的神。神庙的内部壁面上有许多浮雕装饰，神庙的山墙沿上立着一排陶制雕像。伊特鲁里亚人认为陵墓不仅是尸体的住所，也是灵魂的归宿，因此墓中装饰讲究，随葬丰厚。

绘画 伊特鲁里亚人遗留下来的绘画是墓室壁画。描绘技术大体相似，先在壁上抹一层泥灰，然后用矿物质颜料在上面作画，色彩有红、黄、绿、黑、白、青等，底色以白或黄色为主。人物造型准确，比例合度，很像希腊古风时期的瓶画。伊特鲁里亚墓壁画往往是生活场面的记录，画风自由，气氛欢快。前520年建造的一个陵墓中，描画着渔猎场面的壁画保存完好，人物和自然景色相当协调。在塔奎尼亚的另一座墓中画着一对跳舞的人（见图），体现了伊特鲁里亚人利用动态表现人物情绪的才能。值得注意的是，画中的女性肤色浅黄，男性肤色红棕，正是两千年前埃及使用的色彩规则。

壁画《两个舞蹈者》(前480～前470)

雕塑 伊特鲁里亚雕塑主要是陵墓和神庙的装饰、陶棺及神像。最早的伊特鲁里亚雕塑是装骨灰的陶质人形罐。约在前6世纪中叶出现陶棺，棺盖上塑着死者像，应为夫妇两人，面部表情带着程式化笑容，显然受希腊古风时期雕塑的影响。雕塑的欢快气氛与同一时期的壁画气氛协调。后期的陶棺雕塑逐步摆脱程式，塑造成个性化的人物肖像。伊特鲁里亚神庙除浮雕之外，还有装饰山墙沿的神像。在罗马城北面的维伊城发现的阿波罗神庙，山墙沿上的雕塑有等身大，面孔带有古风式微笑，造型很像希腊古风时期的男子立像，而细节处理和动态表现则来自伊特鲁里亚艺术观念。到了前6世纪末，维伊已经是雕塑艺术中心。据文献记载，伊特鲁里亚被罗马统治之后，罗马人还聘请维伊城的雕塑匠师在首府山制作陶质神像。伊特鲁里亚雕塑都涂有浓烈的色彩。后期的伊特鲁里亚雕塑与罗马雕塑已无法区分。

伊特鲁里亚文化 Etruscan Culture 意大利早期铁器时代文化。又译埃特鲁斯坎文化。因其所有者伊特鲁里亚人而得名。分布中心约在中部的托斯卡纳省，后扩及北部。

伊特鲁里亚文化陶杯（约前300年）

年代晚于微兰诺微文化，约在公元前8～前5世纪。前6～前5世纪达于鼎盛，在各地建立了城邦。前4世纪，各城邦先后被罗马征服。伊特鲁里亚人善于开发水利，建有灌溉系统，农业较发达，工商业也很兴盛，与希腊、迦太基以及北方的凯尔特人皆有频繁的贸易。他们精于冶金工艺，金银首饰、铜镜等大量外销。城镇多是在微兰诺微文化村落的基础上发展起来，离海较近。城址位于山上，土木建筑较发达。墓葬多在城郊。前6世纪和前5世纪的冢墓圆周直径可达数十米，内部结构复杂，并装饰浮雕、壁画，称为“画墓”。伊特鲁里亚人采用希腊字母书写本族语言。其壁画和神庙建筑受希腊影响。他们还精于制作陶塑人像和有塑像的陶棺。伊特鲁里亚文化对罗马和欧洲其他古代文化都有较大影响。

伊藤博文 Itō Hirobumi (1841-10-16～1909-10-26) 日本近代政治家，日本内阁总理大臣(1885～1888，1892～1896，1898，1900～1901)。生于长州藩（今山口县），卒于中国哈尔滨。

早年入吉田松阴创办的松下村塾学习，接受了尊王攘夷思想。1858年去长崎，入幕府炮术传习所学习军事。1862年在京都结交久坂玄瑞等志士，参加倒幕运动。1871年和1882年先后两次出国考察。1885年12月出任首届内阁总理大臣兼宫内大臣。1886年6月起，主持起草和领导审议旨在确立日本近代天皇制的《明治宪法》及有关法案。1888年4月辞去总理大臣职务，改任枢密院议长。1890年开设国会的同时，就任贵族院议长。1892年8月至1896年8月，再次任总理大臣。与此同时，制定并推行侵略中国和朝鲜的政策。同年7月发动中日甲午战争。1895年4月17日，强迫中国清政府签订《马关条约》，索取大量赔款，并割取中国领土台湾，将朝鲜置于日本统治之下。日俄战争后，迫使朝鲜成为日本保护国，在汉城设立统监府。1906年他到朝鲜任首届统监，同年晋升公爵。1909年6月辞去统监职务，改任枢密院议长。1909年10月26日，在中国哈尔滨车站被朝鲜爱国志士安重根击毙。

伊通满族自治县 Yitong Man Autonomous County 中国吉林省四平市辖自治县。位于省境中南部，伊通河、东辽河上游。面积2 523平方千米。人口48万(2010)，有汉、满、回、朝鲜等11个民族。清嘉庆十九年(1814)设吉林分防巡检，光绪八年(1882)升为州治，宣统元年(1909)改为直立州。1913年撤州设伊通县。1988年成立伊通满族自治县。农业主产玉米、大豆、高粱、稻谷等，是吉林省粮食生产基地和玉米出口基地。工业主要有机械、酿造、建材、食品、化工、纺织等。全县交通运输以公路为主。名胜有伊通火山群、西尖山断裂岩洞、莫里青山嘴、大孤山玄武岩塔林等。

伊瓦尔沃罗 Ibarbourou, Juana de (1895-03-08～1979-07-15) 乌拉圭诗人。生于梅洛，卒于蒙得维的亚。其创作风格深受现代主义的影响，诗作大多是对爱情、母性、人体和大自然的讴歌，被誉为“美洲的胡安娜”。1918年第一部诗集《钻石之舌》出版，格调热情奔放、清新明快，受到普遍重视。以后作品的情调则变得凄凉低沉，如《迷失的女人》(1950)。其他作品有诗集《野性的根》(1922)、《风中的玫瑰》(1930)、《苍鹰》(1953)、《旅行的女人》(1968)，散文诗《清新的瓦罐》(1920)和短篇小说《小卡洛斯》(1944)。

伊万诺夫 Ivanov, Ilya Ivanovich (1870-07-20～1932-03-20) 俄国生殖生物学家，家畜人工授精技术的奠基人。生于希格雷市，卒于阿拉木图市。1896年毕业于哈尔科夫大学。十月革命后，先后在国立兽医实验研究所生殖生物学研究室、家畜繁殖试验站、全国畜牧研究所和哈萨克共和国畜牧兽医研究所领导家畜生殖生物学研究工作。他对马、牛、羊的人工授精技术进行了系统研究，促进了世界家畜人工授精技术的发展。著作有《家畜人工授精》、《绵羊人工授精》、《哺乳动物的人工授精》、《伊万诺夫选集》等。

伊文思 Ivens, Joris (1898-11-18～1989-06-29) 荷兰纪录片导演。生于奈梅亨，卒于巴黎。1927年创办荷兰第一家电影俱乐部“电影-联盟”。拍摄过《对运动的研究》(1928)、《桥》(1928)和《雨》(1929)等先锋派电影。1930年拍摄制作了表现荷兰人民填海造田的著名纪录片《须德海》(1930)。此后，他往来于欧美许多国家之间，拍摄了一系列进步影片，

如《博里纳日》(1933)、《西班牙的土地》(1937)、《四万万人民》(1938)、《认识你的敌人：日本》等。1947～1952年，他在东欧各国拍摄反映新生社会主义国家的影片《最初的年代》、《华沙-柏林-布拉格和平赛车》等。之后导演的作品有《激流之歌》(1954)、《塞纳河畔》(1957)、《天空、土地》(1965)等。1958～1987年之间他曾多次访问中国，并拍摄了《早春》(1958)和系列片《愚公移山》(1976)。他在世界各地拍片，有“飞翔的荷兰人”之称。

伊文斯 Evans, Sir Arthur (1851-07-08～1941-07-11) 英国考古学家。以开辟米诺斯文明的发掘研究闻名于世。生于赫特福德郡，卒于牛津附近的尤尔伯里。在牛津大学和德国格丁根大学就读时专攻近代史。1875年起任记者。1884～1908年任牛津大学阿什莫尔博物馆馆长，致力于希腊考古研究。1909年成为牛津大学史前考古学教授。1911年获爵士称号。通过对克里特象形文字的研究提出希腊之迈锡尼文明起源于克里特的论点。1900年开始克里特岛克诺索斯王宫遗址的发掘工作，发现壁画、迈锡尼时期以前的陶器和泥板文书等。伊文斯的研究奠定了米诺斯文明史的基础，对米诺斯文明的分期目前仍被许多学者采用。主要著作有《米诺斯王宫》、《米诺斯文考》等。

伊尹 Yi Yin 中国商朝初期的大臣。名挚，尹是官名。伊尹原为有莘之君的奴仆，听说汤“贤德仁义”，心向往之。商汤与有莘结亲，他作为有莘氏女的陪嫁之臣，成为汤的“小臣”。他身为庖人（厨师），便用“割烹”作比喻向汤陈说，要“伐夏救民”。后伊尹受汤赏识，被任以国政。他辅佐汤先后灭掉葛、韦、顾、昆吾等方国，最后一举灭夏，建立了商朝。伊尹被商汤尊为“阿衡”（宰相）。甲骨文和金文中分别称其为“旧老臣”和“伊小臣”。商建国初，伊尹总结海内万邦存亡的教训，制定出君臣之间的关系准则。汤去世后，他又历佐汤子外丙、中壬两王。中壬后，汤之孙太甲即位。因太甲不理国政，破坏了商汤的法制德行，伊尹将他放逐，囚禁于桐，自摄行政当国。太甲居桐三年，悔过自新，伊尹还政于太甲。太甲死后，伊尹作《太甲训》三篇，并尊太甲为“中宗”。据说伊尹活了一百余岁，卒于沃丁时，沃丁以天子礼葬之。另一说法是，伊尹为篡夺王位，将太甲放于桐而自己亲政。他自立为王统治了七年，因得不到拥护，太甲便乘机从桐逃回王都，将他杀死。

伊州 Yizhou 中国唐朝在今新疆境内所置三州之一。领伊吾、柔远、纳职三县，治伊吾（今新疆哈密）。贞观四年(630)初置时名“西伊州”，六年去“西”字。天宝、至德时改名伊吾郡。

伊州地处瓜州（今甘肃瓜州东南）、沙州（今甘肃敦煌西）与西州之间，是戈壁滩上一片较大的绿洲，农业开发较早。东汉明帝时击败匈奴，取其伊吾卢地，筑伊吾屯城，置“宜禾都尉”，于此屯田。此后，大多为屯田镇兵所居住。隋朝在伊吾屯城之东新筑伊吾城，为伊吾郡郡治。隋末又为杂胡所据，依附于西突厥。贞观四年，唐派西北道安抚大使李大亮运去粮食，对伊吾地区杂胡进行招慰，伊吾城主石万年以伊吾等七城归唐，唐因此置州。

伊州居民除汉人外，西突厥、昭武九姓及杂胡最多时达万余口。景龙四年(710)唐置伊吾军，驻兵三千，马三百匹。先天二年(713)隶属于驻北庭都护府的伊西北庭节度使。为了补充给养，伊吾军曾在此营田。代宗宝应元年(762)伊州陷于吐蕃。宣宗大中四年(850)沙州张议潮收复此地，重建伊州。

伊兹密尔 İzmir 土耳其第三大城、最大出口港，爱琴海古代文明发祥地。位于爱琴海东岸的伊兹密尔湾顶端，海拔25米。人口260.63万(2007)。建于公元前11世纪。公元前7～6世纪，受吕底亚和波斯统治。前4世纪亚历山大大帝统治后大加扩建。前2世纪被罗马人占领，公元395年并入拜占廷帝国，1424年纳入奥斯曼帝国版图。长期受希腊文化影响，并涉及于整个爱琴海区，素有“爱琴海明珠”之称。1922年土耳其予以收复。爱琴海沿岸最好的天然港湾之一，港宽水深，外有卡拉布伦半岛屏蔽。市区原在海湾南侧，第二次世界大战以来城市迅速发展，扩大到海湾北岸，与造船中心卡尔瑟亚卡和工业城博尔诺瓦连为一体，形成大伊兹密尔。为土耳其爱琴地区经济首府，全国最大工业中心之一。制造业以农产品加工为主，除传统棉、毛纺织、食品加工、服装、烟草等轻工业外，20世纪70年代以来又新建了炼油、石油化工、造船和机械制造等重工业。海上贸易发达，进出口货物分别居全国第一、第二位，年吞吐量超千万吨。一年一届的国际贸易展览会蜚声国内外。附近农业发达，盛产小麦、烟草、棉花、葡萄、无花果、松子、柑橘、蔬菜等。铁路干线和公路通达腹地各大城市。奇格利国际机场与国内外多个城市有班机联系。有爱琴大学(1955)和伊兹密尔大学(1982)等高等院校。多名胜古迹，最著名有作为城市象征的摩尔式钟楼、罗马大道、2世纪的集市广场遗址，以及建于前4世纪可以鸟瞰全市风光的天鹅绒城堡遗址和古罗马浴池等。

衣冠冢 tomb containing personal effects of the deceased without remains 仅埋葬死者穿戴过的衣帽、无遗体的墓葬。又称衣冠葬。起源于氏族社会后期。原因可能是氏族社会后期因战争频仍，往往无法得到阵亡者尸体，而把其随身物品安葬，以安抚亡魂，祈求保佑。后世的衣冠冢通常也因各种原因无法安葬遗体，而被迫改葬衣物作为替代，诸如：宗教首领尸体失踪，被信徒视

北京碧云寺内孙中山衣冠冢

为“升天”；战乱导致先辈尸体失踪；幼年丧父母；渔民出海遇难；担心盗墓毁尸等。也有因为遗体迁葬新坟墓，而在原坟墓中改葬衣冠者，如北京碧云寺金刚宝座塔的孙中山衣冠冢。衣冠冢主要寄托后人对死者的怀念。现已不常见。

衣鱼目 Zygentoma 昆虫纲的一目。中、小型原始无翅昆虫。统称衣鱼。衣鱼目常见的有3科，即衣鱼科、鳞衣鱼科和土衣鱼科。已知种类近300种，全世界分布。中国已知6种。体长一般0.5～2厘米。体柔软，褐色、银灰色或银白色，长形，体表常有鳞片。有复眼。触角长，丝状，达30节以上，末端逐渐尖削。口器咀嚼式，露出头外，上颚背侧具有前、后两个关节，下颚须5～7节，下唇须3节。胸部发达。足基节大，有刺突。跗节2～3节。2爪，通常另有1中爪。腹部11节，多数腹节的表面生有成对的刺突和泡囊，腹部末端有线状多节的尾须和中尾丝。雌性有发达的产卵器。无变态。多数种类生活在湿地、石下、树皮下、苔藓间或岩石上，少数生活在室内、蚂蚁或白蚁的巢穴中。有的能跳跃。少数种类危害室内的书籍或衣服等。有的学者将衣鱼目和石蛃目统称为缨尾目。

衣原体病 chlamydiosis 由衣原体感染引起的一种人禽共患感染性疾病。衣原体是一类介于病毒、细菌和立克次氏体之间的微生物，在微生物学上归属于细菌门。各种衣原体病缺少特异性临床表现，因而实验室诊断非常重要。①检测特异性抗原。用结膜刮片或宫颈拭子，经吉耶姆兹（姬姆萨）氏或碘染色检查上皮细胞内的衣原体包涵体。或用直接免疫荧光法或酶联免疫吸附试验检测标本中的衣原体抗原，均可作出早期诊断。②检测特异性抗体。因感染后大多抗体产生效价低，除肺炎衣原体感染外，应用较少。③核酸探针杂交法检测衣原体核酸，亦可用于诊断，聚合酶链式反应（PCR）检测可明显提高其检测灵敏性。

医案 medical record 中医诊治疾病过程的记录。因有利于后学者提高中医临床诊治水平，遂发展为中医著作的一种类型。西汉医家淳于意的《诊籍》是现知最早的医案。宋代许叔微《伤寒九十论》为现存中国最早的医案专著。明清以后，医案著作越来越多。按作者来分，有独家医案和诸家医案合编两大类。独家医案著名的有明代汪机《石山医案》，明末清初喻嘉言《寓意草》，清代叶天士《临证指南医案》、吴鞠通《吴鞠通医案》，近现代的《丁甘仁医案》、《蒲辅周医案》等。荟萃诸家医案的代表作则有明代江瓘《名医类案》，清代魏之琇《续名医类案》、柳宝诒《柳选四家医案》、俞震《古今医案按》等。此外，还有按时代编集之医案，如《宋元明清名医类案》（徐衡之等），《清代名医医案菁华》（秦伯未），民国间《全国名医验案类编》（何廉臣）、《现代名中医类案选》（余瀛鳌等）。

医疗保健服务 health care service 掌握医疗知识的个体或群体运用其专业知识和技能，以防病、治病、增进健康为目的，对有生命的个人或群体进行的专业技术活动。包括预防、医疗、康复、保健、健康咨询、营养指导等内容。又称卫生保健服务、医疗卫生服务。医疗保健服务是医疗保健机构中医务人员支出劳动并消耗一定卫生资源生产出来的一种无形产品，与衣、食、住、行并列为人类五大生存必需品。

医疗保险 medical insurance 根据有关立法，当依法参加社会保险的被保险人为应对疾病风险而支出预防、医疗或护理费用时，向其提供全部或部分费用，或者直接提供医疗服务，从而保障其基本生活的社会保险项目。有的国家称为疾病保险，一般还包括病假津贴。生育保险的开支范围和方式与医疗保险极为相近，一些国家也将其包括在医疗保险的范围之内，称为医疗、生育保险。

医疗保险发端于1883年德国颁布的《疾病保险法》。之后许多国家相继建立了医疗保险制度，大致可以分为三种类型：①全民医疗保险。采取向被保险人直接给付货币的方式，由雇主、雇员和政府三方筹资，如德国、法国、日本等国。②全民医疗保健服务。向被保险人直接提供医疗服务，一般通过政府预算筹资，如英国、瑞典、丹麦等国。③有选择的医疗保险。参保人自由选择向国家认定资质的社会团体或私有医疗保险机构投保，政府则向老年人和贫困家庭提供医疗照顾。

医疗保险的筹资方法一般是由企业或雇主与劳动者共同投入资金建立起医疗保险基金，在被保险人发生预防、治疗、护理的费用时全部或部分报销所支出的医疗护理费用。一些国家则向劳动者或全体公民直接提供医疗服务，又称医疗保健服务。

医疗费用 medical costs 从最终消费角度，反映一定时期内城乡居民到各级各类医疗机构接受医疗服务时个人和医疗保险机构支付给医疗机构的费用总额。它反映居民有支付能力的医疗需求。包括医疗服务费用、医疗药品费用、医用材料和器械的消耗费用等，但不包括在治疗期间发生的饮食、营养、交通费等间接费用，也不包括由于发病、失能、伤残缺勤减少工作的经济损失。医疗费用与公共卫生费用、卫生发展费用等共同构成卫生总费用。

医疗体育 therapeutical exercises 利用全身或身体某一部分的运动和功能锻炼来预防和治疗疾病，以及促进身体功能恢复的医疗实践。简称体疗。体疗适应证有神经系统疾病、内脏器官疾病、运动器官疾病等。其运动处方的主要内容包括运动的种类、强度、次数、时间及注意事项等。主要作用是：①提高神经系统的调节功能，提高代谢和防病能力。②维持和恢复机体的正常功能。③发展身体的代偿功能。主要方法有：①医疗体操。②医疗运动。③民族形式的医疗体育，如气功、太极拳等。④按摩。⑤牵引和悬挂。指通过器械和辅助手段而达到治疗目的。⑥自然因素锻炼，如水浴、日光浴、空气浴等。⑦生物反馈疗法。利用现代电子仪器，使器官的功能活动趋向正常，以达康复目的。

医疗制度 health care system 一个国家满足人们对医疗服务需求的社会形式。广义医疗制度主要包括医疗保险制度、医院制度和医疗资源配置制度三方面的内容；狭义医疗制度仅指医疗保险制度。

医疗保险制度 医疗卫生市场的一个重要特点是存在医疗保险机构第三方，构成了医患双方及医疗保险机构第三方的三角关系。医疗保险机构向患者提供医疗保险，向医院或医生购买医疗服务。实行医疗保险既是人们防范风险的内在需要，也是社会经济发展到一定阶段的产物。疾病的不可预测性和巨额的医疗费用可能使病人陷入经济困境，影响到个人生活。通过医疗保险，被保险人支付一定的保险费用，把患病可能花费巨额医疗费用的风险转移给保险机构，保险机构则把大量的个人聚集在一个保险库内，运用大数法则化解风险。这不仅使个人的疾病得到治疗，而且也避免了社会的经济损失和震荡。

医疗保险主要分为两大类：一类是商业医疗保险，即由私人医疗保险市场自发调节来满足人们对医疗保险的需求。另一类是社会医疗保险，即国家通过立法，规定全体劳动者或社会成员，都应当参与的保险；保险费的缴交不依据个人患病风险大小来确定。

21世纪初的绝大多数发达国家和部分发展中国家都已经建立了以社会保险为主、商业保险为辅的医疗保险制度。社会医疗保险本身主要有国家医疗保险、社会医疗保险、社区合作医疗保险、储蓄医疗保险等几种模式。

医院制度　医院制度的核心是医院应该以营利为目标还是非营利。对于一般商品市场，市场可以引导追求自身利益的商品生产者去满足社会需要，使得人们以追逐一己私利为目的的经济行为，自动地实现社会经济福利的最大化。医疗服务市场有两个不同于一般商品市场的重要特点：一是医患双方存在信息不对称。患者不知道医疗服务这种商品的价值，不知道某种医疗服务消费后应有的效用，需求主要由供方来确定。二是治疗效果的不确定性。由于治疗效果的不确定性，患者难以将医师不认真治病的风险，通过保险等方式转移出去。从全世界看，医院制度呈现出以下几方面的特殊性：①发达国家的大多数医院，不论是公立的还是私人的，都是非营利组织。②在医生行业实行广泛的行业自律和职业道德约束，形成一套职业态度或者独特的思考方式来约束医生追求自我利益的动机。③政府和社会要对医生的从业实行执业资格制度，确保医疗的最低质量。④在约束医生行为的同时，要建立起促进医生敬业的激励机制。

医疗资源配置制度　医疗市场是一种特殊的市场，由于医患双方信息不对称和供方垄断，传统的市场供需机制在医疗市场中受到很大限制。过分强调市场化的结果，往往是资源配置的低效。因此，在绝大多数发达国家，政府对卫生资源的配置起着决定性作用，表现为以下两个方面：①政府直接控制医疗资源的供给总量和供给结构。②政府控制医疗服务供方的目标收入和获得收入的手段。

医学地理学　medical geography　研究人群疾病和健康状况的地理分布规律，疾病发生、流行和健康状况变化与地理环境的关系，以及医疗保健机构和设施地域合理配置的学科。是地理学与医学之间的边缘学科。研究内容包括：①人群疾病和健康状况的时空变化与分布。②疾病、健康状况与地理环境的关系、分布模式及成因。③人地关系健康影响评估、地理生态工程技术、保健系统规划和地域合理配置等。由此形成以下研究领域：疾病地理、健康地理、保健地理、营养地理、疗养地理、药物地理、环境医学地理、灾害医学地理、医学地理评价与区划、环境致病因素实验研究、区域医学地理、医学地理制图、医学地理工程以及医学地理信息和监测系统。

医学伦理学　medical ethics　用伦理学理论探讨和解决医疗卫生工作中人类行为的交叉科学。它源于医疗卫生工作中医患关系的特殊性质。

特点　过去的医学伦理学文献一般都含有美德论和义务论两个内容。即医务人员应具备仁爱、同情、耐心、细心、谦虚、谨慎、无私、无畏、诚实、正派等美德和明确自己该做什么、不应做什么的义务。现代医学伦理学则有两个新的方面：其一是卫生资源的公正分配和资源效益的最大化，即公益论。其二是患者、医务人员与社会价值的交叉或冲突，以及由此引起的伦理学难题。如堕胎问题、人工流产术时手术对孕妇健康的影响，以及胎儿的地位问题、代孕引起的相关问题。

主要理论　包括道义论和后果论。道义论认为行动的是非善恶决定于行为的性质，而不决定于其后果。医生应把病情严重的真相告诉临终患者。医疗卫生是福利事业，不应进入市场机制。后果论则认为行动的是非善恶决定于行为的后果。医生不应把病情严重的真相告诉临终患者。医疗卫生事业应引入市场机制。

基本原则　患者利益第一　要求医务人员不仅在主观上、动机上，而且在客观上、行动效果上对患者确有助益，带给患者最大的好处和最小的危害。医务人员在医疗中应起家长作用的观点称为医学家长主义。其理由是患者不懂医学，身心处于软弱地位，不能作出合乎理性的决定。弱型家长主义是：仅当患者无知，了解情况不够或受外来影响而不能作出理智而正确的选择和决定时，医务人员才进行干涉。强型家长主义是：即使患者非常知情且有能力作出理智的决定，医务人员也不应考虑患者愿望和要求，一切由医务人员决定。

尊重患者　患者有权力对自己的医疗方案作出决定。但自主原则只适用于能作出理性决定的人。必要条件是：①提供信息。包括医疗或研究程序及其目的，其他可供选择的方案，可能带来的好处、危险等。②患者对信息的理解。③自愿表示的同意，排除不正当的影响和强迫。④同意的能力，能理解治疗或研究的程序，能权衡它的利弊，能运用自己拥有的知识和这些能力作出决定。

尊重患者的隐私权，为患者保密。当为患者保守秘密会给患者带来不利或者危害时（如患者要自杀），会给他人带来不利或危害时（如患者有性病或艾滋病），会给社会带来不利或危害时（如患者有色盲，但又是列车信号员），医务人员可以不保守秘密。

公正　在医疗卫生中也应区分基本的医疗保健需要和非基本的医疗需要。公正原则在讨论医疗卫生资源的宏观分配和微观分配时十分重要。

医学心理学　medical psychology　研究医学领域中的心理学问题，即研究心理因素在健康和疾病及其相互转化过程中的作用规律的心理学分支，也是心理学与医学相交叉的学科。作为医学科学的一门基础理论，医学心理学阐明心理社会因素和心理生物学因素对健康和疾病的作用及机理，为人类战胜疾病、保持健康、延缓衰老、提高生活质量寻求心理途径；作为心理学的一门应用分支，医学心理学把心理学的系统知识及方法应用到医学各个领域和部门，解决各种影响人们身心健康的心理学问题。

1852年德国医学家、哲学家R.H.洛采出版了历史上第一本以《医学心理学》为书名的著作。1896年美国心理学家L.魏特曼在宾夕法尼亚大学建立了世界上第一个临床心理诊治所，专门诊断治疗有情绪问题或学习困难的儿童。此外，他还在美国心理学会讲授心理学中的临床方法，后被尊称为美国的“临床心理学之父”。

从总体上认识健康和疾病及其相互转化的规律的哲学观点称为医学模式。历史上的医学模式经历了由神灵主义模式向自然哲学模式再向生物学模式转化的过程。进入20世纪后，心理社会因素在人类的健康和疾病中所起的作用越来越突出。1948年联合国世界卫生组织成立时，在其宪章中提出“健康乃是一种在躯体上、心理上和社会适应上的完好状态，而不仅仅是没有疾病和虚弱而已”。20世纪中叶以来，医学家们越来越多地看到生物医学模式的弊端和局限性。1973年美国生物反馈学家首先提出“行为医学”的概念。

医学心理学所面临的主要任务是：将心理学的理论和方法应用于医学，探讨在各类疾病的发生、发展和变化过程中心理因素的作用及其规律；研究心理因素特别是情绪因素对身体各器官生理、生化功能的影响；搞清心理因素、社会因素和生物学因素之间的相互联系与相互作用的规律和机制；探讨脑与行为之间的关系；研究对病人的心理和行为进行评定和诊断，以及心理干预的科学原则与方法。

医学影像学　medical imaging　以医学检查、诊断为目的的现代影像技术。包括传统X射线检查、计算机X射线体层成像（CT成像）和几项影像学新技术，如B型超声显像、数字减影血管造影及磁共振成像等。又称诊断影像学。随着科学的发展，医学影像学不但可用于诊断，亦用于治疗，如介入疗法。

医院 hospital 以向人提供医疗护理服务和生活服务为主要目的的医疗机构。其服务对象不仅包括患者和伤员，也包括处于特定生理状态的健康人（如孕妇、产妇、新生儿）以及完全健康的人（如来医院进行体格检查或口腔清洁的人）。

医院是治病防病，保障人民健康的卫生服务机构。主要对象是患者；医务人员以医学知识和技术诊治、预防疾病。主要工作方式是在门诊部、病房诊治患者，也派出医疗队或医务人员到院外执行任务。医院内按专业分为科室，随着医学的发展，分科越来越细。许多医院都设有急诊室，重症监护中心也陆续建立。现代医院的任务包括检查、医疗、教学、科研、预防、社会服务和康复等。从收治范围划分，分为综合医院、专科医院（如儿童医院、口腔医院、妇产医院、精神病院等）、康复医院、中医医院、中西结合医院、职业病医院。从特定任务划分，分军队医院、地方医院、企业医院、医学院校附属医院等。

医院的发展受社会经济、科学文化的制约，医院的发展要与医学科学技术发展相适应。科学技术飞速的发展，也促使医院向现代化发展。主要表现在用现代化的设备、仪器、建筑来装备医院。医学模式的转变，现代医院预防保健和社会服务工作日益重要。

《医宗金鉴》 *Golden Mirror of Medicine* 中国清代大型中医学丛书。共90卷，15种。乾隆年间政府组织编辑。由太医院判吴谦任总修官。刊于乾隆七年（1742）。全书采辑自《内经》至清初诸家医书，分门别类、汲取精粹、补其不足。内容包括：《订正仲景全书伤寒论注》、《金匮要略注》、《四诊心法要诀》、《运气要诀》、《伤寒心法要诀》、《杂病心法要诀》、《痘疹心法要诀》、《种痘心法要旨》、《外科心法要诀》、《眼科心法要诀》、《刺灸心法要诀》、《正骨心法要旨》、《妇科心法要诀》、《幼科杂病心法要诀》、《删补名医方论》。书的内容丰富完备，叙述系统扼要。其中伤寒、金匮部分除对原文订正并予注释外，还征引了清以前伤寒各家的论述，各科心法要诀，以歌诀体裁概括疾病诸证的辨证论治，切于实际，易学易用。

依巴谷 Hipparchus（?～公元前127） 古希腊天文学家、数学家、地理学家。又译喜帕恰斯。生于小亚细亚半岛西北的尼西亚，曾长期在罗得岛工作。他是方位天文学的创始人。他算出一年的长度为365.25日再减去1/300日；发现白道拱点和黄白交点的运动，进而建立了近点月和交点月的概念，并测定了近点月、交点月以及朔望月、恒星月的十分准确的长度值；求得月地的距离为地球半径的59至135/2倍；编制了几个世纪内太阳和月球的运动表，并用来推算日食和月食。他发现公元前134年新星，由此推动他编出一份包括850颗恒星的位置和亮度（星等）星表。他把自己对恒星黄经的观测结果同前人的进行比较，发现黄道和赤道交点由东向西缓慢移动——岁差，并定出岁差值为每年45″或46″，正确地推断这是由于天极绕黄极的缓慢旋转造成的。他还发明以经纬度表示地理位置的方法和投影制图的方法。为了研究天文学，他创立了三角学和球面三角学，还创制了天球仪、星盘等天文仪器，并留下大量的观测资料。依巴谷的著作没有流传下来，现在所知的关于他的工作都是从托勒玫的著作中得到的。

依地语 Yiddish language 中欧和东欧大多数犹太人的主要语言之一。“依地”原意“犹太”，依地语即犹太语，在语言学上又称犹太德语。属印欧语系日耳曼语族西支。居住在美国、南非和以色列的犹太人中也有少数人说依地语。第二次世界大战以前，使用依地语的人口曾超过1 000万，第二次世界大战期间，中欧和东欧的犹太民族人口锐减。战后随着年轻的犹太人越来越多地选择居住国的语言而放弃依地语，它的使用人口继续下降，甚至在以色列，一度曾被现代希伯来语所取代。20世纪60年代以后，由于犹太学者的提倡和优秀文学作品的出现，依地语的使用者又逐渐增多。

依地语是融合多种语言成分的产物。它的语音模式基本上与德语相同，但增加了一些斯拉夫语的咝音和腭化辅音；词法也基本与德语相同；语词来自德语的约占80%，来自希伯来语和斯拉夫语的各占约10%。依地语采用希伯来语字母，自右至左书写。

依法行政 administration according to law 国家行政机关及其工作人员依据宪法、法律及各种行政法规设定并实施公共行政行为的一项制度要求。作为一种重要的法律典则、政治理念和社会意识，现代国家依法行政的核心是法的规范性与约束性。依法行政的理论基础主要包括3个方面：①思想源流是契约论和自然法理论。②社会基础是市场经济的原理及实践。③政治支持是权力的分立与制衡。在一般意义上，政府是依法行政原则的唯一权力主体与责任主体，其行为的动机受到权利、平等、自由、公正等准则的规范，其行为方式和行为边界受到法律的控制和约束。依法行政原则之于政府的作用在于：①保障公民个人的自由和权利，维护社会的正义与公平。②限制行政权力的范围，防止行政权力的滥用。③强调立法对于行政权的严格控制。④主张司法审查对于行政权的监督。⑤保证并提高行政管理的权威与效能。

依赫瓦尼 al-Ikhwāni 中国伊斯兰教教派。通称新兴教，又称遵经派、圣行派。1892年，朝觐归来的马万福等十大阿訇创建于河州（今甘肃临夏）。倡导凭经行教，尊经革俗，统一教派和门宦，并提出10项主张：不集体念《古兰经》，一人念众人听；不高声赞圣；做功课时不捧手念“都哇”；不朝拜拱北；不请阿訇聚众做讨白（忏悔）；不提倡纪念死者忌日；不用《古兰经》为亡者赎罪；不鼓励五功以外的副功；处理教法问题以易行为原则；不能请人代念《古兰经》等。1937年马万福去世后，该派分裂。一派以尕苏个为首，恪守原来宗旨，称苏派或“一抬”，人数较多。另一派以尕白庄阿訇马德宝为首，主张修改原有宗旨，称白派或“三抬”，后自称赛来非耶或崇古派。该派坚持正统教义，反对门宦制度，提倡改革非伊斯兰教的礼仪习俗，反对念经收取报酬等，受到部分穆斯林的欢迎。20世纪40年代，在地方势力支持下，该派在甘肃、青海、宁夏等地逐步取得优势，并在各地有所发展。

依兰县 Yilan County 中国黑龙江省哈尔滨市辖县。位于省境中部，松花江、牡丹江汇合处。面积4 672平方千米。人口39万（2010），有汉、满、朝鲜、回、蒙古、鄂伦春、锡伯等12个民族。古为肃慎属地。清光绪三十一年（1905）置依兰府，1913年改依兰府为依兰县。属中温带湿润大陆性季风气候。矿产有褐煤、油母页岩、铁、砂金、石棉、大理石等。农业以水稻、大豆、玉米、小麦、马铃薯、亚麻、甜菜、烤烟、向日葵等为主。山多林密，盛产黄菠萝、胡桃楸、水曲柳、红松、榆、椴、柞、桦等珍贵林木，以及山野菜、山野果、猴头、木耳、中药材等。工业以煤炭、电力、机械、冶金、建材、化工、纺织、食品、皮革等为主。古迹有五国城遗址、土城子遗址、巴彦通炮台等，纪念地有四块石山抗联遗址等。

依数性 colligative property 在含有非电解质溶质的稀溶液中，其溶液的蒸汽压下降、沸点升高、凝固点降低、渗透压的大小等值都只与溶剂的性质及溶质的数量有关，而与溶质的性质无关的性质。稀溶液的依数性有广泛的应用，如利用溶液凝固点下降的性质，可以配置低温冷却液和防冻剂、融雪剂，利用沸点升高、凝固点下降和渗透压可以测定溶质的表观摩尔质量，并进一步了解溶液中溶质的分子形态（解离或缔合）。

铱 iridium 化学元素，元素符号Ir，原子序数77，原子量192.217，属周期系Ⅷ族，铂系元素。1803年S.坦南特在王水溶解粗铂后的黑色粉末中发现了铱，1804年坦南特将铱命名为iridium，来源于象征彩虹的希腊女神Iris，因为铱的化合物色彩多样。铱在地壳中的含量约为$2\times10^{-7}\%$，常与其他铂系元素共存于冲积矿床和沙积矿床中，还以砷铂铱矿、硫锇铱钌矿等存在，在自然界中也与其他铂系金属形成自然合金。

铱是银白色立方晶系金属；熔点2 446℃，沸点4 428℃，密度22.65克/厘米^3；常温下，铱质硬而脆，延展性差，不易机械加工。但在高温时可塑性好，可压成薄片或拉成细丝。铱的氧化态-2、-1、0、+1、+2、+3、+4、+5、+6，主要氧化态为+1、+3、+4。常温下，铱在空气和潮湿环境中非常稳定，致密的金属不仅不溶于普通的酸，也不溶于王水。细粉状铱可以溶于王水。铱的抗氧化能力比钌和锇强，比铂和铑弱。高温下铱的化学性质较活泼，铱粉在空气中加热到600℃左右，得黑色二氧化铱粉末；块状的铱则在表面生成二氧化铱薄膜，加热到1 100℃时形成挥发性的三氧化铱。铱在加热时可与氟、氯发生作用。在赤热条件下，铱与硫、磷反应。铱易形成配位化合物。铱具有良好的催化性能。铱是已知的最耐腐蚀的金属。铱能耐熔融的钠、钾、汞、铋和锂的腐蚀，稍受熔融的氢氧化钠、氢氧化钾、硫酸氢钠的腐蚀。

铂精矿或铱的天然合金经王水等处理后的残渣或电解金属的阳极泥中含有铱，经处理得六氯合铱（Ⅳ）酸铵，在1 000℃氢气流中加热即得铱粉。纯铱可用于制作坩埚，以研究2 000～2 300℃高温下的反应。铱的最主要用途是与其他铂系金属制造合金，又以制造铂铱合金为主。铂铱合金可制作直升机的火花塞、电触点、插头、自来水笔尖、珠宝饰物、标准重量原器和长度原器。保存在巴黎的国际标准米尺就是用90%铂、10%铱的合金制成的。铑铱合金可制作高温热电偶丝。铱钨合金可制作高温弹簧材料。铱可用作氢化、脱氢、氧化等反应的催化剂，还可用作人工光合作用的催化剂。铱的挥发性高价氧化物有毒。

黟县 Yixian County 中国安徽省黄山市辖县。位于省境南部。面积847平方千米。人口8万（2010）。秦朝二十六年（公元前221）置黝县。东汉建安十三年（208）改称黟县。1959年并入祁门县。1960年恢复黟县建置。地形以山地、丘陵为主。气候属北亚热带湿润季风气候。农作物有水稻、小麦、豆类和茶叶等。矿藏有煤、铀等。工业以建筑、造纸、缫丝、粮油加工等为主。皖赣铁路横贯县境南部，屯溪至景德镇公路干线通过县境南部；黟太公路是安徽省中部南北贯通线的组成部分，连接九华山、黄山、太平湖旅游区。名胜古迹有西递、宏村古民居建筑群，碧山石塔，东源石牌坊，浔阳台，培筠园，及皖南苏维埃政府旧址——柯仪宗祠等。

仪表导航 instrument navigation 驾驶员根据飞机上的仪表提供的数据引导飞机沿规定航线到达目的地的导航技术。仪表导航所需设备为磁罗盘、空速表、高度表、导航时钟、六分仪、偏流计和导航计算尺等。根据空速表的空速信号和磁罗盘的航向角信号可定出空速向量，再根据风速和风向，利用航行速度三角形求出地速向量。将地速对时间积分就得到飞过的距离，即航程。从已知的起始位置加上飞过的距离即可算出飞机当时的位置。仪表导航的导航误差取决于测量空速、地速、偏流角和航向角的精度以及给定的风速和风向是否准确。此外，因需要通过积分得到航程，导航误差随时间增长而加大。为减少导航误差，除提高导航参数的测量精度外，主要是利用无线电定位设备或天文导航定位设备给出的飞机位置信号来校正仪表导航求得的飞机位置。

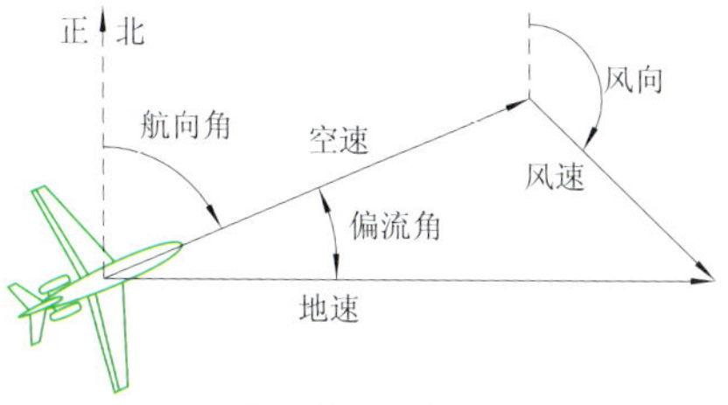

航行速度三角形

《仪礼》 *Book of Etiquette and Ceremonial* 中国先秦时期记载礼仪文节的专书。原名《礼》，汉初又称《士礼》，相对戴德、戴圣的《礼记》而言，又称《礼经》。约从晋代开始，始有《仪礼》之名。

《仪礼》竹简

据《史记·孔子世家》记载，孔子以六艺教授弟子，其中的《诗》、《书》、《礼》、《乐》是孔子选编的教科书。

现存的《仪礼》17篇，是郑玄采用刘向《别录》所定的次序。其实，西汉《礼》学的流传，自鲁高堂生以下，后仓最明，戴德、戴圣、庆普皆其弟子，不但大、小戴传承的次序不同，而且，包括庆普的传承次序也与大、小戴不尽相同。从内容上来看，包括了八个方面：一为冠礼；二为婚礼；三为丧礼；四为祭礼；五为朝礼；六为聘礼；七为射礼（包括“大射”、“乡射”）；八为乡礼（包括乡“饮酒”、“乡射”）。上至天子诸侯，下至卿大夫士，一切繁文缛节之礼，主要都囊括其中，可谓天下之达礼，也就是孔子所推崇的周礼。

汉唐的《仪礼》注疏是最基本的要籍。此外，还有清人张尔岐的《仪礼郑注句读》、张惠言的《三礼图》，以及凌廷堪的《礼经释例》等。胡培翚的《仪礼正义》一书是晚清以来的集大成之作，为研究《仪礼》所必读。

仪陇县 Yilong County 中国四川省南充市辖县。位于省境东北部，四川盆地东北部。面积1 695平方千米。人口93万（2010），以汉族为主。汉属巴郡阆中县地。晋置羔羊县，梁天监元年（502）置仪陇县。矿产资源贫乏。农业主产水稻、小麦、玉米、薯类、油菜子、花生、蚕桑、柑橘等。山区多松、柏、慈竹等，特产桐油、白蜡、蚕茧、酱菜瓜等。工业有电力、纺织、酿造、农机修造、粮食加工、工艺美术等。以产黄酒、义路醪糟等著称。名胜古迹有离堆观、西寺崇福禅院、金城山抱朴洞、奎星阁、白塔等，纪念地有朱德旧居等。

仪器仪表 instrumentation 用于测量、观察、记录、传输、监视、控制与计算各种物理量和检出物质成分等信息参数的器具和设备。现代仪器仪表是现代多种学科支撑的高新技术的综合体。是信息工业的源头，是进行测量、控制和实现自动化、信息化的重要手段。

大体可以归纳为五类：①工业自动化仪表和装置。②科学测试仪器。包括电工仪器仪表、光学仪器、分析仪器、试验机、实验室仪器及装置。③专用仪器仪表。包括电子测量仪器、量具量仪、衡器、环保仪器、医疗仪器、核仪器、汽车仪表等。④文化办公设备。包括电影机械、照相机械、复印机械、缩微机械、打字机等。⑤仪器仪表元件和材料。包括传感器、机械元件、电子元件、磁性材料、功能材料等。

主要技术指标有精确度、灵敏度、响应时间和可靠性等。精确度常用精确等级来表示，如0.1级、0.2级、0.5级、1.0级、1.5级等。此外，还有分辨率、重复性、线性度、滞环、死区、漂移等性能技术指标。由于网络通信技术、系统集成技术、微机电系统技术、生物技术、数字图像技术等高新技术的发展和应用，使仪器仪表向数字化、智能化、网络化、微型化的方向发展。

仪式 ritual 在人类学中主要指反映宗教和神论观念的操演活动。兼备象征意义和实用价值，是社会记忆和价值传承的重要手段。“仪式”一词源于拉丁语，初指一般的风格，后来演变成传统所特许的社会风俗。就此义而言，大多数“宗教的”及“巫术的”行为均属于仪式，但“仪式”这一概念通常不仅限于宗教和巫术。美国人类学家R.F.**本尼迪克特**对“仪式”的解释是：“为了某些场合所执行的具有一定规矩的正式行为，它们不属于技术性的世俗事务。”英国人类学家R.弗斯认为，“仪式是一种导向控制人类事务的模式活动，基本上具有象征的性质和非经验的指涉，用来作为一项社会认可的规则”。法国人类学家A.van根内普阐明了“过渡仪式”的范畴，认为它包括出生祝贺、成人仪式、加入礼、结婚、即位式、葬礼等。

仪仗队 honour guard 军队中执行礼仪任务的分队。由陆、海、空三军人员共同组成或由某一军种人员单独组成。执行任务时配有军乐队。通常用来迎送国家元首、政府首脑或高级将领等，有时参加具有重大意义纪念物的揭幕典礼和具有特殊地位人士的殡葬仪式，以示国家或军队的最高礼仪。世界上大多数国家都设有仪仗队。

中国人民解放军三军仪仗队

中国人民解放军于1951年组建仪仗队。按照中华人民共和国政府的礼仪规定和有关条令着装、携带武器、安排礼节和仪式。举行隆重庆典活动时，手执旗帜、标语等走在行进队伍前面的分队，也称仪仗队。

仪征市 Yizheng City 中国江苏省辖县级市。位于省境中西部，长江北岸。面积901平方千米。人口56万（2010）。汉元封五年（前106）置舆县。唐永淳元年（682）置扬子县。明洪武三年（1370）设仪真县。清雍正元年（1723）以避胤祯讳，更名仪征县。1986年撤县建市。由**扬州市**代管。砂石资源丰富。农作物有稻、麦、棉、麻、油菜、茶等。工业以汽车、机械、化工、电子、建材等为主。仪征油码头是鲁宁输油管道终点站和中转港。古迹有天宁寺塔、鼓楼。境内有曹山、甘草山等多处属新石器时代的“湖熟文化”类型遗址。

夷 Yi tribes 中国古代有多重含义的民族泛称。夷是对中国东方各族的泛称，又称东夷。在远古传说时代，东夷环渤海而居，南至江淮。先秦华夏，为夷羌苗黎所融化而成，东夷是华夏先民的重要来源之一。夏、商、周三代，东方有九夷之称，是许多东方族类相近的氏族部落的统称。夷也用以泛指中国周边各民族，与夏对举。如四方之夷、夷夏之别，汉代称西南各族为西南夷等。19世纪中叶以前，夷还泛指外国人，如外夷、夷人等。

《夷坚志》 中国宋代志怪小说集。作者洪迈。洪迈从中年起，开始杂采古今奇闻琐事，本《列子·汤问》“夷坚闻（怪异）而志之”之意写作此书。全书420卷。取材繁杂，凡梦幻杂艺，冤对报应，仙鬼神怪，医卜妖巫，忠臣孝子，释道淫祀，贪谋诈骗，诗词杂著，风俗习尚等，无不收录。宋末**周密**批评此书“贪多务得，不免妄诞”（《癸辛杂识序》）。书中亦有不少故事反映当时的现实生活，或属于轶闻、掌故、民俗、医药，提供不少可资考证的材料。作者生前即有多种刻本、抄本行于世。但因卷帙甚繁，散失不少。1981年中华书局点校本出版。

夷平面 planation surface 各种夷平作用形成的陆地表面。包括准平原、山麓平原、风化剥蚀平原和高寒夷平作用形成的平面。它是起伏平缓的近似平原的地面，在发育过程中与岩性、构造无关，只受侵蚀基准面的控制，使其降低地面高程，接近基准面。一些学者认为夷平面与剥蚀面等同。更多的学者认为夷平面不同于剥蚀面，剥蚀面所指范围较小，不是区域性的，是由不同侵蚀-剥蚀作用形成的规模较小、近似平整的地面，如片状水流、波浪，溶蚀作用形成的局部基岩裸露平整地面。

夷夏之防 中国古代主张严格民族界限、尊崇华夏、鄙薄其他民族的理论。夷，是古代华夏族（实际上即汉族）对异族的泛称。原多指东方民族，到了近代，清王朝对西方帝国主义也称“夷”，如“英夷”、“美夷”等。夏的意思是“中国之人”，所谓夷夏之防，就是要严格华夏族和其他民族的界限，严格防范外族对华夏民族地域的入侵，只能由华夏民族同化其他民族，“以夏变夷”，决不能容许其他民族影响华夏民族“以夷变夏”，排斥外来文化等。

夷夏之防的理论，是民族矛盾的产物。开始时有反侵略、御外侮的含义，随着民族矛盾的激化和民族仇恨的增长，逐渐添加了一些大汉族主义的内容，如认为夷夏种属不同，先天就有优劣之分，主张夷夏不通婚、不通礼。对周边民族十分歧视。

孔丘作《春秋》，提出了“内诸夏，而外夷狄”的观点，夷夏之防理论作为儒家的政治主张在中国历史上流传下来。

沂南画像石墓 Tomb with Relief Stone Sculptures at Yinan 中国东汉晚期的大型画像石墓。位于山东沂南北寨村。1954年发掘。墓主是高级官吏。墓室全部用预制石材筑成，长8.7米，宽7.55米，由前、中、后室和4个耳室、1个东后侧室组成。墓内有画像石42块，画像共73幅。保存完好，主要分布于墓门上和三主室内。墓门门额上刻胡汉战争图，显示墓主生前荣立战功。前室刻墓主死后从官属吏前来致祭吊唁场面，中室刻墓主生前车骑出行、乐舞百戏、宴饮庖厨场面，后室刻墓主夫妇家居生活。另外还刻画有历史故事以及东王公、西王母等神话传说和仙禽神兽等。画像以减地平面线刻为主，细部用阴线刻，个别图案用高浮雕和透雕。画像气魄雄浑，刻工细腻，是东汉晚期画像石艺术发展到高峰阶段的杰作。

墓门门额上的战争图拓片

饴糖 malt syrup 淀粉质原料经α-淀粉酶液化、麦芽（或β-淀粉酶、真菌淀粉酶）糖化制得的麦芽糖饴。传统的饴糖生产是以大米为原料，加水蒸熟成饭，拌入麦芽浆，利用麦芽本身含有的α-淀粉酶、β-淀粉酶在50～60℃糖化生成以**麦芽糖**为主要成分的混合糖浆，经过滤、煎熬、浓缩而成。这种传统生产方式有2 000多年历史。20世纪60年代中期，随着酶制剂工业的发展，饴糖生产采用双酶法新工艺，即将大米磨成粉浆，加入细菌α-淀粉酶液化，冷却至60℃加入麦芽浆（或β-淀粉酶）糖化，用压滤（或离心）机滤出糖液，在蒸发罐中浓缩成糖浆。饴糖中一般含麦芽糖40%～50%，糊精25%～30%，葡萄糖5%，其余为**低聚糖**。饴糖的外观颜色为淡黄色至棕色，具有麦芽饴糖的正常气味，甜味温和，是食品加工中使用最广泛的淀粉糖之一。

怡保 Ipoh 马来西亚霹雳州首府，工商业及交通中心。面积130平方千米。人口约57.4万，华人占城市人口的63%。位于马来半岛中西部的冲积平原上。年平均气温28.1℃，平均年降水量2 422毫米。19世纪有“锡都”之誉。20世纪60年代向郊区扩展。70年代城市重建，市区再度扩大，成为商业繁盛的花园城市。郊区有铁矿、新锡矿场和达昔、万里望等工业区，生产水泥、五金、钢铁、橡胶制品、塑料、木材、胶合板和家具。其中最受称道的是新工艺制作的锡镴产品杯、盘、盅、瓶等，成为精巧工艺品；橡胶制品生产检测防治艾滋病的乳胶手套，这两项制作为怡保的老工业再造生机。1990年代以电子业为龙头，发展为全国五大工业中心之一。附近橡胶林面积广大，农产品丰富，以花生、柚子最出名，水果种类繁多。西干线铁路和公路的交会点。坚打河谷的矿砂、橡胶、食品、燃料在此集散。有机场连系西海岸城市。郊外石灰岩丘陵多峭壁悬崖、洞穴和庙宇；有热水壶温泉和废弃的锡矿场蓄水成湖等，皆辟为旅游地。

怡和洋行 Jardine, Matheson Co., Ltd. 19世纪30年代初英商在中国设立的垄断企业。怡和洋行成立于1832年7月1日，创办人为查顿和马地臣（又译孖地臣，1796～1878）。两人从19世纪20年代起即自备快艇贩运鸦片。怡和洋行成立之后，更与英大鸦片商颠地一起，垄断中国沿海一带的鸦片走私贸易。1839年，因中国禁烟运动风声日紧，查顿在林则徐抵粤之前回英。马地臣则于1840年被林则徐驱逐回国。英国在鸦片战争中的军事侵略决策，大多根据这两人提供的情报。

第一次鸦片战争后，怡和洋行于1842年将总公司从广州迁至香港。1843年上海怡和洋行成立，除继续走私鸦片外，还为英印各厂商经营代理业务，出口中国丝茶，与伦敦联号马地臣公司（其主要成员皆为怡和洋行回国人员）共同经营各项银行、保险、汇兑、票据经纪人业务。1872年以后因鸦片进货价格故不过在印度有深厚基础的沙逊集团，放弃对华鸦片贸易，逐步转入贸易服务性行业。1872年在上海设立公和祥码头公司，1873年创设香港火险公司，1882年正式成立怡和轮船公司，并在香港、上海等地设立码头、仓库等。以后通过清内务府和李鸿章等关系，以中国关税作保证，在伦敦筹集资金对中国发放各种借款。《马关条约》签订的当年（1895），即在上海筹建怡和棉纺厂。1898年与汇丰银行合资设立中英银公司，先后贷款建造京沈、沪宁、沪杭甬、广九等铁路，控制近代中国的铁路投资，后又赞助英商福公司投资矿业。1902年在上海开设怡和冷气堆栈。1923年创立怡和机器有限公司，经营机器进口业务。1930年在上海设立怡和麦酒酿造厂。抗日战争前，除上海、香港外，还在汉口、青岛、天津、长沙、重庆、宜昌、九江、南京、广州、汕头、芜湖、福州等地设有分支机构，成为英国在远东的最大财团。中华人民共和国建立后，怡和洋行在中国大陆的业务全部结束。

宜宾市 Yibin City 中国四川省辖地级市。长江上游中心城市、重要港口和商贸口岸，素有“万里长江第一城”之称。位于省境南部，四川盆地南缘，邻接云南省。长江、金沙江、岷江汇合处。辖翠屏区和宜宾、南溪、江安、长宁、高县、珙县、筠连、兴文、屏山9县。面积13 283平方千米。人口447万（2010），有汉、回等民族。古属僰侯国，后有僰道、戎州，是长江上游开发历史悠久的古老城市之一。秦属蜀郡。西汉置犍为郡，后属益州。南朝梁置戎州。北宋改叙州。清属下川南道。1914年属永宁道。1950年置宜宾专区，1968年改宜宾地区。1997年撤销宜宾地区设立地级市。矿产以煤、磷铁矿、岩盐和天然气为丰富，次为陶土、砂金、石灰石、大理石等。工业以机械、电子、饮料（以酒为主）、食品、化工、建材、林竹纸等为主。以糯米、大米、玉米、高粱、小麦5种原料酿造的宜宾“五粮液”为中国名酒之一。建有溪洛渡、向家坝水电站。农业主产粮食和多种经济作物，建有绿色食品、优质水果、优质稻、绿色畜禽养殖、农业综合开发等百里特色产业带。内宜、内昆和金筠铁路，以及川云公路、渝昆高速公路等过境。内宜机场辟有通北京、上海、广州、昆明、成都、重庆等地航线。长江、金沙江、岷江上建有菜园坨、合江门、安阜等码头，尤以宜宾港为重要。名胜古迹有蜀南竹海、大观楼、流杯池、旋螺殿、旧州塔、珙县僰人悬棺、翠云山城市森林公园等，革命纪念地有赵一曼纪念馆等。宜宾是国家历史文化名城。

四川宜宾蜀南竹海风光

宜昌市 Yichang City 中国湖北省辖地级市。位于省境西南部，长江中、上游接合部。辖西陵、伍家岗、点军、猇亭、夷陵5区和远安、兴山、秭归3县，以及长阳土家族自治县、五峰土家族自治县，代管宜都、枝江、当阳3县级市。面积21 081平方千米。人口406万（2010），有汉、土家、苗、回、壮等民族。古称夷陵，素有“川鄂咽喉”之称。公元前3世纪为楚国西部要塞，明代为川鄂间经济重镇。1876年辟为通商口岸。1949年置宜昌市。矿产以磷矿为丰富，储量大、品位高、分布广，开采价值高。还有煤、铁、铜、银、硫铁矿、石膏、石墨、重晶石、石灰岩、大理石、高岭土等。工业以水电为特色，以机电、化工，纺织、冶金、建材、食品、饮料等为重要支柱。拥有葛洲坝、三峡水利枢纽、隔河岩及高坝洲等特大型、大中型水电站，总装机容量2 300万千瓦以上，成为中国最大的水电能源基地和世界著名的水电城。农业发展以粮食、棉花、油料、蔬菜、林果、蚕桑、茶叶和畜禽、水产养殖为重点。宜昌历史悠久，是古代巴文化的摇篮、楚文化的发祥地之一，又是历史名人屈原和汉明妃王昭君的故乡。名胜古迹主要有西陵峡、三峡大坝、葛洲坝、隔河岩、高岚风景区、武落钟离山、天柱山中武当、柴埠溪风景区和黄陵庙、屈原祠、屈原故里牌坊等。

屈原祠

宜城市 Yicheng City 中国湖北省辖县级市。位于省境西北部，汉江中游。面积2 115平方千米。人口51万（2010），有汉、蒙古、回、满、土家等14个民族。汉惠帝三年（前192）改鄢县为宜城县，后几易其制，唐复改宜城县，至1944年改称自忠县，1949年复称宜城县。1994年撤县设立县级宜城市。由襄阳市代管。矿产以磷、硅石、大理石、耐火黏土、白云石、石灰岩、膨润土、矿泉水等储量丰富。工业主要有纺织、精细化工、建材、粮油加工、食品饮料、机械加工等。农业以粮食、棉花、油料、林果、畜禽养殖、水产养殖等为主。名胜古迹主要有楚皇城遗址、东周车马坑、宋玉故居及墓地、唐隐士庞（蕴）居洞等，纪念地有张自忠同难官兵墓碑及张公祠等。

宜春市 Yichun City 中国江西省辖地级市。位于省境西部，西与湖南省毗连。辖袁州区及靖安、奉新、上高、宜丰、铜鼓、万载6县，代管樟树、丰城、高安3市。面积18 669平方千米。人口542万（2010），有汉、回、蒙古、藏、苗、彝、壮等民族。汉置宜春县，隋于宜春县置袁州，元改袁州路，明清为袁州府。民国废府留县。1959年设宜春专区（后改称地区），专署置宜春县城。1979年析宜春城区设县级宜春市，1985年撤宜春县，并入宜春市。2000年撤宜春地区设地级宜春市，原县级宜春市改为袁州区。森林覆盖率52.3%，是江西省重点林区之一。矿产有煤、铁、钨、金、铜、铅、锌、钽、铌、花岗石、高岭土等。农业主产水稻、油菜子、蔬菜、柑橘、苎麻等。工业有机械、建设、食品、化工、冶金、纺织等。名胜古迹有宜春台、大观楼、天柱峰、明月山、三爪仑、阁皂山、百丈山等。

宜都市 Yidu City 中国湖北省辖县级市。位于省境西南部。面积1 357平方千米。人口38万（2010），有汉、土家、回、满、白、苗、侗等14个民族。汉武帝建元六年（公元前135）置夷道县。东汉建安年间设宜都郡。南朝陈天嘉元年（560）撤江南的夷道，改为宜都县。1987年撤销宜都县建立枝城市。1995年改由省直辖。宜昌市代管。1998年改枝城市为宜都市。矿产以煤、重晶石、石灰岩、大理石、黏土矿等为主。工业有能源、纺织、建材、化工、机械、电子、食品等。农业以粮食、棉花、油料、蔬菜、水果、茶叶和畜禽、水产养殖等为主。山区多松、杉和林特产品。名胜古迹有荆门山、宋山、梁山、九龙山、高坝洲水库和谢家洞（古潮音洞）、犀牛洞、风鼓洞、仙女洞、杨守敬纪念馆等。

宜侯夨簋 Bronze Gui of Ze, Marquis of Yi 中国西周康王时期青铜器。因作器者为宜侯夨而得名。此簋1954年出土于江苏丹徒

（今镇江）烟墩山。现藏中国国家博物馆。簋通高15.7厘米，口径22.5厘米。圆腹四耳，高圈足，圈足上有四钩形扉棱。腹外以凸起的大涡纹为主题纹饰，圈足饰夔龙纹。器内底部铸铭文12行126字，除泐损者外，现存116字。铭文所记周王对宜侯夨之土田、民人的封赏，有助于研究西周时期的分封制度，是研究西周历史的重要资料。

宜兰县 Yilan County 中国台湾省辖县。旧名噶玛兰、兰阳。位于台湾岛的东北部，北、西俱以雪山山脉为界，东临太平洋。包括龟山岛、钓鱼岛等海上辖境，辖宜兰市，罗东、苏澳、头城3镇和8乡。县治宜兰市。面积为2 137平方千米。人口约46万（2008）。县境原多平埔人分布（现有大同、南澳2山地乡）。清嘉庆十七年（1812）设噶玛兰厅，光绪元年（1875）始设宜兰县，后废。1950年由台北县分设。三面环山，一面临海，中有宜兰平原。雨日超过210天。宜兰平原土地肥沃，气候适宜，雨量充沛，素有“兰阳米仓”之称，是台湾东部农作物主要产区。除水稻外，盛产金枣、李、柑橘等。特产有宜兰蜜饯。森林资源丰富，太平山林场是台湾三大林场之一。主要工业有木材、水泥、纸业、食品、制茶、海产品加工及樟脑制造业等，罗东镇是县内重要工业中心。宜兰为台湾五大近海渔场之一，盛产龙虾。苏澳港由渔港、商港、军港三部分组成。交通方便，环岛铁路、公路纵贯南北。苏澳港辟有至基隆、花莲的环岛航线。宜兰县风光以太平山森林游乐区、温泉、瀑布、湖泊众多著称，有礁溪温泉、五峰旗瀑布、龟山岛等，还有宜兰海岸、苏澳海岸保护区、哈盆和南澳自然保护区、苏澳古炮台等。

宜兴市 Yixing City 中国江苏省辖县级市。著名陶都。位于省境南部，东濒太湖，南邻安徽省和浙江省。面积2 177平方千米。人口124万（2010）。古称荆邑。秦置阳羡县。晋永兴元年（304）置义兴郡。隋废郡设义兴县。宋太平兴国元年（976）改宜兴县。1988年撤县设市。由无锡市代管。矿产有陶土、大理石和煤等。农作物有水稻、麦类、大豆、油菜等。工业有陶瓷、建材、机械、电子、纺织、化工、煤炭等。以丁蜀镇为中心的陶瓷工业历史悠久。名胜古迹有善卷洞、张公洞、灵谷洞、西施洞、玉女潭、南岳寺、九峰禅寺等，纪念地有徐悲鸿纪念馆、徐悲鸿故居、周培源故居、尹瘦石艺术馆等。

宜兴陶瓷 Yixing ceramics 中国江苏省宜兴生产的陶瓷。产品主要有日用陶瓷、工业陶瓷、陈设艺术陶瓷等，其中以日用陶瓷和陈设艺术陶瓷最为著名。

宜兴制陶始于新石器时代晚期。商周时期，宜兴陶器在烧制技术上已从敞口窑进步到封闭窑，使窑内温度提高到1 000℃左右。春秋战国时期，能烧制出几何印纹硬陶和原始青瓷。秦汉时，已掌握施釉技术和烧制工艺。宋代，著名的紫砂陶器问世。明万历年间，宜兴制陶业逐步繁荣。清中叶，宜兴已成为重要的制陶基地，所生产的紫砂陶器随中国茶叶远销欧洲。20世纪30～40年代，宜兴制陶业趋于萧条。50年代后，逐渐恢复并取得较大的发展。

宜兴日用陶瓷现有五大类产品。

紫砂陶 用宜兴丁蜀镇北黄龙山产的陶土——紫砂泥、红泥或绿泥等制成的质地较坚硬的陶制品。

宜均陶 宜兴烧制的受宋代钧窑影响并具有独特风格的陶器。又称均陶。以明代欧氏制陶匠烧造的均陶最为著名。宜均陶色彩丰富，有均红、均蓝、缟白、古铜、黛青等各种彩釉，装饰于器皿之上，于端庄古雅中显示出生机。品种不断创新，从原来的缸、盆、瓶、钵等发展到各式均釉花盆、花瓶、园林陶瓷、艺术壁画等多种。

宜兴青瓷 盛于唐代，宋代以后中断失传，1961年恢复生产。仿宋代哥窑纹片釉是宜兴青瓷的一大特色。宜兴青瓷在宋代哥窑原有的灰白、灰青两种纹片釉色的基础上发展出月白、黛青、粉青、鳝鱼黄、橄榄绿等10余种珍贵釉色，片纹交错，似冰开裂，古朴端庄。在继承古青瓷厚釉失透、青白结合的特色的基础上，追求釉色青中泛蓝、色泽青翠的效果。

宜兴精陶 1962年开始生产的宜兴陶瓷新产品。装饰土是宜兴精陶独具特色的装饰。在各式器皿上分别涂上粉红、墨绿、艳黑、银灰、天蓝、柠檬黄等不同色泽的装饰土，再经刻、雕、堆，描绘出各种图案。用装饰土装饰烧成的制品不褪色、耐磨、无毒，适宜于制造精美的餐具。

宜兴美彩陶 釉色有红、蓝、黄、白、黑20多种单色釉以及茶末釉、金星釉、毛皮釉、雨点红等50多种高温变色釉，各种色泽的釉料在烧制中流串、熔化、聚散，具有较高的欣赏价值。有日用器皿、花瓶、工艺台灯、动物雕塑、艺术挂盘等多个品种。

宜州市 Yizhou City 中国广西壮族自治区辖县级市。位于自治区境北部。面积3 869平方千米。人口64万（2008），有汉、壮、瑶、苗、水等民族。秦属桂林郡地，汉置定周县，隋属始安郡，宋宣和元年（1119）改名宜山县，1993年撤县设宜州市，2002年由河池市代管。矿产有煤、锰、铁、汞、磷、硫铁矿、水晶、重晶石、石膏、硫磺等。农作物有水稻、玉米、烟叶、沙田柚、蚕桑、扁柑、甜杨桃等。以产果蔗、乳鸽、怀远风炉、红瓜子等著称。工业有采矿、制糖、机械、化肥、水泥、玻璃、

印刷、酿酒等。名胜古迹有白龙洞、宋代铁城、太平天国王府故址、仙女岩、九龙岩、三门岩、多灵山、镇远峰等。

贻贝 Mytilidae; sea mussel 贻贝目贻贝科贝类的统称。又称海红，干制品称淡菜。海水养殖的重要对象。广泛分布于世界各大洋。中国分布于黄渤海、东海和南海。种类很多，中国有60多种，经济价值较大的有紫贻贝、厚壳贻贝、翡翠贻贝等，已经人工养殖。贝壳较轻薄，前端较细，后端宽圆，多数种呈楔形。壳表呈黑褐、绿褐或褐色，光滑，生长纹细密，有的具有各种细放射肋或放射纹。后闭壳肌大。多数种海生，栖息于潮间带和潮下带的浅海底，极少数种生活在淡水湖泊和江河中。以足丝附着在各种物体上，少数种穴居于石灰石或泥沙中。贝肉鲜美，营养丰富，除鲜食之外，可加工成干品、罐头等食品。肉浆汁可提制贻贝油，是很好的调味品。可入药，治疗虚劳伤惫、精血衰少、吐血久痢等症。贻贝为雌雄异体，繁殖力强。

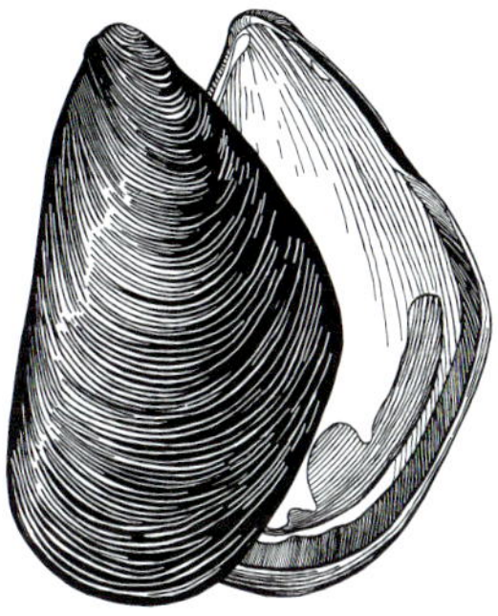
紫贻贝

胰 pancreas 脊椎动物及部分无脊椎动物兼具外分泌和内分泌两种功能的复合腺体。又称胰腺。外分泌部分由腺泡和连通肠腔的导管组成，腺泡分泌多种消化酶，导管上皮细胞分泌碳酸氢盐、钠、钾、氯等离子和水，合称胰液。经导管进入十二指肠的胰液可消化糖、脂肪和蛋白质，是机体最重要的消化液；内分泌部分由胰岛所组成。胰岛分泌多种激素，如胰岛素、胰高血糖素、胰多肽和生长抑素等。前两种激素对于调节糖、脂肪、蛋白质的代谢，特别对维持正常血糖水平起着十分重要的作用，后两种激素的生理功能尚不十分清楚。人胰横卧于腹后壁和胃后方。分头、体、尾3部分：胰头位于十二指肠弯内，胰体占据胰中间的大部，胰尾延伸到脾。外被结缔组织，膜深入胰内，将胰分成许多小叶。胰导管横贯于胰的全长，在总胆管附近开口于十二指肠，或与总胆管汇合入肠。胰岛的毛细血管经小静脉后又进入围绕腺泡的毛细血管，因此，靠近胰岛腺泡的血液含有高浓度的胰岛细胞所释放的激素。支配胰的神经有迷走神经、交感神经和肽能神经。

胰岛 Langerhans islets 分散在胰腺腺胞（外分泌腺）之间的不规则的细胞群。胰腺内的内分泌部分，因分布如海岛一样得名。又称朗罕氏小岛。见胰。

胰岛素 insulin 由胰腺的胰岛乙细胞分泌的蛋白质激素。由51个氨基酸组成，相对分子质量为6 000。B细胞先合成前胰岛素原，再加工成胰岛素原，然后水解为胰岛素和连接肽。胰岛素进入血液后，10分钟内即为肝迅速降解。胰岛素是促进合成代谢的激素，它的靶细胞主要是肝、脂肪组织和骨骼肌细胞。

当血糖浓度升高时，迅速引起胰岛素的分泌。胰岛素使全身各组织加速摄取、储存和利用葡萄糖，使血糖水平下降。

胰岛素既可促进肝合成脂肪酸，然后转运到脂肪细胞中储存起来，又可使脂肪细胞直接合成脂肪酸。胰岛素能促进氨基酸主动运转进入细胞；又可直接作用于核糖体，加速翻译过程，促进蛋白质合成；在胰岛素的长期作用下，基因的转录和复制加快，增加RNA和DNA的生成。当体内胰岛素缺乏，使血糖升高，超过肾糖阈时，就形成糖尿病；使血脂升高，引起动脉硬化，导致心血管和脑血管系统疾病；使蛋白质极度消耗，血液中氨基酸浓度升高，身体虚弱，体重减轻，机体各种功能失调。

胰岛素于1921年由加拿大人F.G.班廷和C.H.贝斯特首先发现。1922年开始用于临床，使过去不治的糖尿病患者得到挽救。20世纪80年代初已成功地运用遗传工程技术由微生物大量生产人的胰岛素，并已用于临床。1955年英国F.桑格小组测定了牛胰岛素的全部氨基酸序列，开辟了人类认识蛋白质分子化学结构的道路。1965年中国科学家人工合成了具有全部生物活性的结晶牛胰岛素，它是第一个在实验室中用人工方法合成的蛋白质。20世纪70年代初期，英国和中国的科学家又成功地用X射线衍射方法测定了猪胰岛素的立体结构。这些工作为深入研究胰岛素分子结构与功能关系奠定了基础。

胰腺癌 pancreatic carcinoma 发生于胰腺部位的一种恶性肿瘤。起病隐缓，恶性程度较高。早期缺少特异的临床表现，不易及时发现，待到晚期时，因已有转移而不能手术切除，预后很差。本病患者常合并有慢性胰腺炎或糖尿病，但它们与本病无明确因果关系。

临床表现　主要是上腹痛、消瘦和黄疸，这与肿瘤的部位、病程的早晚、胆管胰管受阻的程度以及有无转移和转移的范围等因素有很大关系。大约50%有明显黄疸的患者可触到肿大的胆囊。大约60%患者的肝脏肿大，肝大的原因主要由于肝内胆汁淤滞或肿瘤转移所致。

诊断　起病初期可无症状或只有上腹不适等非特异症状，因此早期诊断存在一定困难。中年患者有不明原因的上腹胀痛、消化功能障碍等症状时，应警惕胰腺癌的可能性。胰腺癌患者的血清胆红素、碱性磷酸酶、γ-谷氨酰转肽酶水平常增高。常用的诊断方法中除这些生物化学测定外，主要有下列几方面：①B型超声检查常作为初筛手段。约70%以上患者显示胰腺局限性肿大及胰管胆管扩张。②内窥镜胰胆管逆行造影（ERCP）检查。根据胆管和胰管狭窄、移位、突然变细或中断等特征而作出诊断。③CT成像可显示肿瘤部位的胰腺有不同程度的肿大，对胰腺癌的诊断有较大的帮助。④在B型超声引导下经皮细针胰腺穿刺，作细胞学检查。此法简单安全，阳性率可达80%。

治疗　主要为手术切除，化学药物或放射治疗的效果很差。

胰腺炎 pancreatitis 不同原因所致胰腺组织受损、功能受影响的一组炎性病变。主要临床症状是上腹疼痛。病情轻者可以很快康复，病情凶险者可猝死。有的呈慢性病程，胰腺组织损伤萎缩和纤维化，引起内、外分泌不足而出现消化不良和糖尿病的症候。分急性、慢性两大类。

急性胰腺炎　其病因在欧美国家常与酗酒有关，而中国由胆道疾病引起者占40%～50%，与酒精有关者约占6%。除了胆道疾病外，感染、酗酒、某些药物、外伤、高血脂症、遗传因素等也可致病。

起病急骤。常在饱餐或饮酒后发作。上腹部持续性剧痛，局部有压痛。常有恶心、呕吐、腹胀以及中度发热。重症患者的胰腺组织遭受胰蛋白酶的消化破坏，部分胰腺组织液化而形成大小不等的囊腔，若继发细菌感染，可形成脓肿，此时患者常高热不退。周围血中的白细胞常增多。血清淀粉酶和脂肪酶水平增高。脂肪坏死分解脂肪酸，与钙结合而沉淀于体内。

溃疡病穿孔、肠梗阻、宫外孕破裂出血等疾病也表现为急性腹痛，血清淀粉酶也可升高，须与之鉴别。

治疗包括禁食、胃肠减压、静脉输液、止痛和抗感染。

慢性胰腺炎　起病缓，病程长。上腹疼痛轻重不等，不少患者可无腹痛症状。病变常不能逆转。病情较重时，患者出现消化不良和糖尿病。病因主要是长期酒精中毒、蛋白质不足，其次是胰管系统阻塞性疾病。也有不少患者在找不到明显病因。临床表现与病变轻重、胰组织破坏程度、胰管有无阻塞等因素有关。有些患者腹痛间断反复发作；不少患者没有腹痛，其主要临床表现是因胰外分泌功能低下而引起的消化障碍。可有消瘦、乏力、腹胀。粪便量多而酸臭。长期脂肪泻，可使一些脂溶性维生素（如维生素A、维生素D和维生素K）吸收不良。有的患者因胰岛受破坏，胰岛素分泌不足，出现葡萄糖耐量降低并发糖尿病。

诊断不易，主要依赖临床表现，各种胰腺影像检查（B型超声、逆行胰胆管造影、CT等）以及胰腺外分泌功能试验。有时须经剖腹探查才能确诊。有脂肪泻者须与因各种可发生吸收不良的小肠疾病相鉴别（如肠结核、小肠淋巴瘤等）。

内科治疗原则为戒酒、低脂饮食和补充足量的胰酶制剂及维生素A、D、K等。急性发作时的治疗方法与急性胰腺炎基本相同。对于持续腹痛并发假性囊肿或伴有胆总管受阻者，可施行外科手术治疗。继发糖尿病时，应控制饮食及使用降糖药物。

移调 transposition 将乐曲从原调移高或移低到另一高度位置上重新记谱或进行演奏（唱）。移调（除八度外）仅变更调性，调式的各种特点（和弦结构，曲调与和弦中的音程关系等）保持不变。移调的目的是为了取其更适宜的声区，例如演唱者为了适应本人最佳音域，演奏家为了换用更适合于乐器演奏的调或便于读谱等。最常见的移调是某些有钢琴伴奏的歌曲，因此作为钢琴伴奏者需要掌握移调弹奏的能力，以适应不同的要求。

移动通信 mobile communication 通信双方有一方或两方处于运动中的通信。包括陆、海、空和卫星移动通信。采用的频段遍及低频、中频、高频、甚高频和特高频。移动通信系统由移动台、基台、移动交换局组成。若要同某移动台通信，移动交换局通过各基台向全网发出呼叫，被叫台收到后发出应答信号，移动交换局收到应答后分配一个信道给该移动台并从此话路信道中传送一信令使其振铃。移动通信不仅可以传送语音信息，而且还可随时随地、快速可靠地进行多种信息交换。广泛应用于社会各个领域，对社会及经济发展日益发挥重大作用。移动通信正朝着数字化，移动台的小型、轻量、低价格化，开发新频段方向发展，远期将发展成为以公众电信网为基础的全球统一的个人通信网。

移情 empathy 情感或感受从自我向对象的投射，即“情感移入”或“神入”。一般不指从此对象向彼对象的情感转移。这个词用作心理学、哲学和美学的专门术语时，主要含义可分为两大类。

第一类是指当我们聚精会神地注视审美对象时，就会将情感注入到对象中，感到对象具有了某种情感色彩。以将情感移入到非人类对象或对象的形式为主。这种思想可以溯源到I.康德通过主体的赋予，对象的意义得以形成的观点。T.利普斯对移情作了详尽的阐述，他在《美学》一书中指出，美的价值是一种客观化的自我价值感，移情是审美欣赏的基本前提。他将移情区分为4种类型：①一般的统觉移情，给普通对象的形式以生命，使线条转化成一种运动或伸延。②经验的或自然的移情，使自然对象拟人化，如风在咆哮，树叶在低语。③氛围移情，使色彩富于性格特征，使音乐富于表现力。④生物感性表现的移情，把人们的外貌作为他们内心生命的表征，使人的音容笑貌充满意蕴。在利普斯之后，K.格罗斯、英国美学家V.李、W.沃林格、中国学者朱光潜等都从不同方面对移情展开分析，丰富了移情思想。

第二类是指设身处地的思考，设想自我处在与他人同样情境中所具有的同样的思想状况。这一类的移情一方面深化了前一类移情的含义，不再仅仅将对象涂上主体的情感色彩，而且与对象进行换位思考与感受，同时，摒除了前一类移情施及于无生命对象和几何形式的无限扩大化，仅将移情对象局限于与主体直接发生个人关系的他人。E.胡塞尔在《纯粹现象学通论》中，将“移情”当作与现象学相对的心理学事实，人通过“移情”获得对他人的体验，并以“移情”为中介，形成一种主体间经验，从而构成一种主体间的世界。后来存在主义哲学的“与他人共存”思想，就从这种观点生发开来。E.施泰因所著的《移情问题》一书，对胡塞尔的“移情”思想，特别是这种思想在艺术欣赏方面的意义作了进一步的阐发。

“移情”开始是作为心理学概念而出现的，但它在心理学中的地位常常受到实验心理学的质疑，而在儿童心理学、人类学、哲学、美学和艺术学等许多领域，这个概念却被人们广泛使用，在一些现代哲学美学理论的建构中，起到了关键的作用。

移植苗 transplant 将播种苗或营养繁殖苗从苗圃中起出后，经过移栽继续培育的苗木。通过移植的苗木能增加营养面积，改善通风、透光条件，促进侧、须根生长，提高质量，并且增进对造林立地条件的适应性。保证移植苗木成活的关键是保持其体内的水分平衡，除保持土壤湿润外，还要保护好苗木的根系，防止失水。主要技术环节有：①准备工作。移植前对苗木进行分级，大小一致，分区栽植，有利抚育管理和减少苗木分化。②移植季节。根据当地气候条件和树种特性而定。③移植密度。取决于苗木的生长速度、苗冠和根系的发育特性、苗木的培育年限、使用的机具等。④移植方法。可用移植机进行移植。人工移植一般用穴植和沟植法。就苗木而言，分裸根移植和带土球移植两种。⑤抚育管理。苗木移植后立即灌水1～2次，扶正倒伏苗木并平整移植区。然后根据苗木生长特点进行灌水、中耕除草、追肥、防治病虫害、除蘖抹芽等项工作。对于多次移植的大苗还要整形修剪。⑥苗木出圃。要保持根系的完整性。在生产中，较大的移植苗常根据地际直径的粗度确定起苗的根系长度。

遗产 inheritance 被继承人死亡时遗留的个人所有财产和法律规定可以继承的其他财产权益。包括积极遗产和消极遗产。积极遗产指死者生前个人享有的财物和可以继承的其他合法权益，如债权和著作权中的财产权益等。消极遗产指死者生前所欠的个人债务。

在私有制国家，遗产包括生产资料和生活资料，但主要是生产资料。在中国，遗产范围主要是生活资料，也包括法律允许个人所有的生产资料。《中华人民共和国继承法》第3条规定，遗产包括：公民的收入；房屋、储蓄和生活用品；林木、牲畜和家禽；文物、图书资料；法律允许公民所有的生产资料；著作权、专利权中的财产权利；其他合法财产。第4条规定，个人承包应得的个人收益，依法继承；个人承包，依法允许继承人继续承包的，依承包合同办理。

在中国，司法实践中一般先偿还死者遗留的债务，然后再就余额协商分割遗产。在按限定继承方式处理遗产时，则应将死者个人债务和家庭共同债务，以及有关单位或个人未尽义务而遗留的债务（如医疗费）区别开，后者不应列为消极遗产，而应由有关当事人承担。

遗产税 estate duty 以调节社会成员的财富分配为主要目的，以财产所有者死亡以后所遗留的财产为征税对象，向遗产的继承人和受遗赠人征收的一种税。属于财产转移税（见财产课税）。遗产税历史悠久，据考证早在古代埃及、罗马和希腊时代就已经存在。近代遗产税1598年起源于荷兰，后来各国陆续开征，现在已经成为多数发达国家普遍征收的一个税种。中国曾于1940年开征遗产税，1946年制定了第一部《遗产税法》。1949年以后，中央人民政府政务院规定全国设立包括遗产税在内的14种税收，但由于多方面的原因一直没有开征。改革开放后，国务院、全国人大也曾考虑开征遗产税，但是没有付诸实施。

遗传变异 genetic variation 在生物的遗传信息复制过程中，由于各种原因不能完全保真复制而导致遗传信息改变的现象。遗传物质的变异可由各种内外因引发，既可由核酸聚合酶在复制过程中随机发生的复制错误而产生，也可由转座子、病毒等其他内外源遗传因素所激发，某些外界因素，如特殊的化学试剂、物理射线等也可诱发遗传物质变异。遗传变异主要包括重组，点突变，大片段重复、缺失、倒位和易位，转座子插入，染色体组型的改变。这些变异产生多种不同的生物学效应，一部分变异对个体不利，将很快被淘汰而不能保存下来；极少数变异对个体有利，在自然选择压力下占据优势而在群体中迅速扩散并固定下来；另有相当一部分变异没有明显的表型效应或者不产生明显的自然适应度变化，通过交配扩散到群体中被保留下来。同一物种中这类没有自然适应度差异的个体间遗传差异称为多态性。当环境发生变化时，原先没有自然适应度差异的多态个体间会出现适应度差异，导致物种进化或新物种产生。遗传变异是生物多样性、生物进化和物种发生的根本原因。

遗传病 genetic diseases 生殖细胞或受精卵的遗传物质发生突变所导致的病变。通常具有垂直传递给后代和终生性的特征。定义强调：①必须是生殖细胞或受精卵的基因，而体细胞的基因发生改变是不能传给后代的。②必须是遗传物质（包括基因和染色体）的改变。③垂直传递，由上代传至下代。④终生性，仅有少数遗传病可通过基因治疗改变作为病因的遗传基础，而绝大部分遗传病仅能对症治疗。遗传病可分为单基因病、多基因病及染色体病三大类。

单基因遗传病 来自父亲或母亲的一对同源染色体上基因的异常所引起的遗传病。这类疾病虽然种类很多，约15 000种以上，但是每一种病的患病率较低，多属罕见病。欧美国家统计，约1%的新生儿患有较严重的单基因病。按照遗传方式又可分为常染色体显性遗传病、常染色体隐性遗传病和伴性遗传病。

多基因遗传病 与两对以上基因有关的遗传病。每对基因之间没有显性或隐性的关系，每对基因单独的作用微小，但各对基因的作用有积累效应。一般多基因遗传病远比单基因遗传病多见。受环境因素影响的程度也不同。在人群中多基因遗传病的患病率在2%或3%以上。

染色体病 由于染色体的数目或形态、结构异常引起的疾病。新生儿中染色体异常的发病率为0.5%。染色体异常称为染色体畸变包括常染色体异常和性染色体异常。但染色体病在全部遗传病中所占的比例不大，仅约1/10。

遗传工程 genetic engineering 通过对生物体的遗传物质进行操作，来改造生物的一类技术。广义的遗传工程包括细胞水平上的遗传操作（即细胞工程）和分子水平的遗传操作（即基因工程，又称重组DNA技术）。狭义的遗传工程则专指基因工程。

遗传密码 genetic code 决定蛋白质中氨基酸顺序的核苷酸序列，由三个连续的核苷酸组成的密码子（三联体密码子）所构成。由于遗传密码是在信使核糖核酸（mRNA）上读出的，所以用RNA中4种碱基（U、C、A和G）来表示（见表）。61个密码子为18种氨基酸和2种酰胺编码，其中甲硫氨酸的密码子又是蛋白质合成的起始密码子，另外3个是蛋白质合成的终止密码子。除甲硫氨酸和色氨酸外，其余氨基酸都有1个以上密码子，同义密码子通常仅在第三位碱基上变化，这种碱基简并性使基因发生突变产生影响的可能性降低到最小。蛋白质翻译时解读mRNA是连续的，相邻密码子间没有空格，也不会共用任何核苷酸。在转移核糖核酸（tRNA）分子中有与密码子配对的反密码子，每种tRNA携带特异的氨基酸，在密码子的解读中起重要作用。除在一些纤毛虫和线粒体中发现的少数密码子变异外，从细菌到高等生物，遗传密码具有普遍的统一性。

第1位	第2位 U		第2位 C		第2位 A		第2位 G		第3位
U	UUU	苯丙氨酸	UCU	丝氨酸	UAU	酪氨酸	UGU	半胱氨酸	U
	UUC		UCC		UAC		UGC		C
	UUA	亮氨酸	UCA		UAA	终止密码	UGA	终止	A
	UUG		UCG		UAG		UGG	色氨酸	G
C	CUU	亮氨酸	CCU	脯氨酸	CAU	组氨酸	CGU	精氨酸	U
	CUC		CCC		CAC		CGC		C
	CUA		CCA		CAA	谷氨酰胺	CGA		A
	CUG		CCG		CAG		CGG		G
A	AUU	异亮氨酸	ACU	苏氨酸	AAU	天冬酰胺	AGU	丝氨酸	U
	AUC		ACC		AAC		AGC		C
	AUA		ACA		AAA	赖氨酸	AGA	精氨酸	A
	AUG	甲硫氨酸	ACG		AAG		AGG		G
G	GUU	缬氨酸	GCU	丙氨酸	GAU	天冬氨酸	GGU	甘氨酸	U
	GUC		GCC		GAC		GGC		C
	GUA		GCA		GAA	谷氨酸	GGA		A
	GUG		GCG		GAG		GGG		G

起始密码 终止密码

遗传密码表

遗传漂变 genetic drift 由于某种机会，某一等位基因频率的群体（尤其是在小群体）中出现世代传递的波动现象。又称随机遗传漂变、漂变或赖特效应。在小群体基因库提供构成下一世代的配子时，由于随机取样的作用，会使下一世代的基因频率发生很大的偶然性变化。

S.赖特认为，除自然选择外，遗传漂变也是生物进化特别是小群体进化的重要原因之一。许多进化现象可能用遗传漂变理论加以解释。比如，居住在南美亚马孙河流域的印第安人雅诺玛玛族人血型在ABO血型系统中全是O型，大概就是由于遗传漂变所致。

遗传武器 genetic weapon 利用基因工程技术研制的、对人员或其他生物致病致害的生物武器。又称基因武器。利用重组脱氧核糖核酸技术改变非致病微生物的遗传物质，产生具有显著抗药性的致病菌，并利用人种生化特征上的差异，使这种致病菌只对特定遗传型的人种有致病作用，以达到有选择地对某些人种进行杀伤的目的，从而克服普通生物武器在杀伤区域上无法控制的缺点。遗传武器与普通生物武器在作用机理上虽相同，但生产方法却不一样。普通生物武器是用生物学方法在生物的活体内制取，而遗传武器则是用化学方法在试管中用试剂生产。

遗传学 genetics 生物学中研究遗传和变异即研究亲子间性状异同的学科。也就是研究控制遗传和变异的基因的学科。

形成与发展 1866年奥地利神父G.孟德尔发表《植物杂交试验》的论文，揭示了现在被称为孟德尔定律的遗传规律，即分离定律和独立分配定律，从而把遗传学奠定在科学的基础上。遗传学研究从遗传学诞生到现在大体分为3个发展时期。即经典遗传学研究、分子遗传学研究和基因组研究。

经典遗传学研究时期 从1900年孟德尔遗传规律的重新发现到1953年DNA双螺旋模型的提出。这个时期的研究主要是通过杂交实验，分析杂种子代的基因型和表型及其数量变化，并同细胞学紧密结合，揭示了遗传传递的规律。

分子遗传学研究时期 从1953年到美国开始实施人类基因组计划的1990年。这一时期内，主要是通过发现和运用生化及体外重组DNA等新技术，识别、分离和克隆基因，在分子层面上研究分析基因的精细结构、突变机制和遗传信息转化为生物性状的条件及调控的机制。分子遗传学研究时期的亮点之一是基因工程的兴起。

基因组研究时期 基因组研究是分子遗传学研究的延续和发展，其开始的标志性事件是1990年美国启动人类基因组计划。以人类基因组图谱绘制完成为分水岭，此时期又被分为基因组时代和后基因组时代。此时期主要是创建和应用大规模、高通量的实验技术，运用生物信息学的概念和方法，获取大量数据并进行分析，从中发掘和提取有用的信息来阐明基因和基因组的功能。研究工作的主要特点是在基因组的框架中逐个弄清基因的结构和功能，认识每个基因如何在其他基因和DNA序列、基因产物以及各种生物分子间的相互作用过程中实现其生物学功能。

研究内容与分支学科　遗传学研究内容包括三个方面，即遗传物质的本质、遗传物质的传递和遗传物质所包含遗传信息的实现。遗传物质的本质包括它的化学本质、携带的遗传信息、结构和变化等。遗传物质的传递包括遗传物质的复制、染色体的行为、亲子间传递规律以及基因在群体中的数量变迁等。遗传信息的实现包括基因在精确的调控条件下，支配形成生理生化和形态结构等不同层次上的遗传性状的机制。遗传学分支学科一般不按所研究的生物物种来划分，只是由于对人类自身遗传规律的关切，以及微生物与高等动植物的体制迥异需用一些特殊方法进行研究，所以才形成了人类遗传学、微生物遗传学和植物遗传学等不同分支学科。

遗传学更多的是按照所研究的科学问题而形成学科分支。如细胞遗传学、生化遗传学、发育遗传学、行为遗传学、免疫遗传学和辐射遗传学等。

从群体的层面上进行遗传学研究的学科有群体遗传学、生态遗传学、数量遗传学和进化遗传学等。但这些学科之间交叉渗透，界线不是十分明确。

在应用层面上，遗传学的分支学科包括人类遗传学（含医学遗传学、临床遗传学等分支）、生物统计遗传学、数量遗传学、基因工程学、表观遗传学和分子遗传学等。

研究方法和材料　遗传学的研究方法基本上分两大类。一是杂交分析。选定杂交亲代的基因型和表型设计杂交组合，观察、统计和分析子代的基因型和表型。二是克隆分析。运用体外重组DNA等分子生物学技术，识别、分离和克隆特定的基因或DNA序列，在可控条件下，研究基因的结构、功能及其表达的规律。

遗传学研究的模式材料除了要求易于饲养管理、费用低廉外，还必须满足一些特定的条件。如遗传背景比较清楚，子代数目众多，生活周期短，突变性状易于观察等。在遗传学发展过程中，噬菌体、大肠杆菌、粗糙脉孢菌、酵母菌、果蝇、隐杆秀丽线虫、斑马鱼、小鼠和拟南芥等分别代表原核生物、单细胞真核生物、无脊椎动物、脊椎动物、哺乳动物和显花植物，都是常用的模式生物。

从基因组和蛋白质组等的数据库中发掘出有关基因、DNA序列和基因产物的结构和功能的信息，构建数学模型，然后用实验验证假设的结果，也已成为遗传学研究的一个重要手段。

实际应用　遗传学是在多种实践基础上建立的，并由于同疾病的发生、诊断和防治以及动植物育种的密切结合而得到迅速的发展。工农业生产和医疗保健等方面的需求是遗传学不断前进的动力。

农业　培育新的品种是提高大农业（包括农、林、牧、渔等）产量和品质的核心问题，遗传改良是使粮食生产与人口保持同步增长的最有效的途径。杂种优势这一遗传学原理应用于玉米和水稻育种取得了显著的增产效应。多倍体的生长优势也在中国得到应用，小黑麦异源多倍体就是一个成功例子。以基因和基因组为基础的分子育种系统正在迅速发展。巨大的遗传增产潜力蕴涵在种质资源库中，与高产、优质、抗逆等性状相关的基因还有待识别、分离和利用。良种家畜的胚胎分割，动植物的转基因技术，植物的体细胞育种等都是遗传学对发展农业作出的贡献。

医疗与制药　疾病常有明确的基因控制或影响因素，是以基因为基础的一种表型。由于对遗传性疾病的种类和病因已有很多了解，有可能实施婚前遗传咨询和检查、产前和产后诊断、基因诊断和基因治疗，以及药物治疗等。研究表明，癌症也是癌基因和抑癌基因（肿瘤抑制基因）突变的结果。遗传学研究正在为控制癌症的发生作出努力和贡献。微生物遗传学研究通过菌株的诱变育种和应用基因表达调控原理，有力地推动了抗生素和氨基酸等发酵工业的发展。基因还与生物的衰老和寿限有关。揭示出相关的基因，尽可能地清除寿命的限制因子，使人类能长寿而健康地生活。

生态环境保护　基因突变及其发生频率是检测环境中有害物质的存在及其严重程度的灵敏而有效的指标。通过诱变育种，选育出能以分解污染物作为能量来源的菌种，则可用来清除水体中的石油、有机物等污染物，有的还可把人类生活产生的各种废物发酵变成能源、可再次利用的原材料和肥料等。培育特殊的菌种还可用来富集污染环境的汞、镉等重金属或用于开采贫矿。遗传学的知识对于挽救和保护濒危生物物种至关重要，保持种群内系统基因多态的频率是一个群体遗传学和生态遗传学的问题。用个体克隆技术，挽救一些即将灭绝的动物物种，也有望成为一种应急的有效措施。

遗迹　remains　古代人类通过各种活动遗留下来的痕迹。包括遗址、墓葬、岩画和使用工具留下的痕迹等。其中遗址可细分为：①城址、宫殿址、祭祀址、聚落遗址、房址、作坊址、寺庙址和窖藏等。②经济性的遗迹，如矿穴、冶炼遗址、采石坑、窖穴、仓库、水渠、水井、窑址等。③防卫性设施，如壕沟、栅栏、围墙、边塞烽燧、长城、界壕及屯戍遗址等。由于地域、时代及民族不同，遗迹面貌各具特色。遗迹是考古学研究的主要对象之一。各种遗迹是人类有意识活动的产物，通过分析各种遗迹现象，可以尽可能地复原人类的历史。

遗迹化石　trace fossil　地质历史时期的生物遗留在沉积物表面或沉积物内部的各种生命活动的形迹构造形成的化石。不包括由生物体变成的实体化石，更不包括各种自然营力（物理的和化学的）所形成的无机沉积构造。从沉积学角度来看，也可以说遗迹化石是各种生物成因的沉积构造，如各种生物扰动、足迹、移迹、潜穴、粪化石等，以及生物侵蚀构造，如钻孔等。

遗迹化石可以补充古生物实体化石的不足，为地层划分和对比及判断古沉积环境和古地理条件等方面提供证据。遗迹化石的出现表明海底当时气体环境良好，研究古环境必须注意遗迹化石群落组合的变化。

遗精　spermatorrhea　中医以不因性交而精液自行泄出为特征的病症。遗精分有梦而遗和无梦而遗两种证候。有梦而遗者，名为梦遗；无梦而遗，甚至清醒时精自滑出者，名为滑精。两者病因基本一致。遗精频繁且日久，可兼见早泄或导致阳痿。遗精的预后一般较好。成年男子未婚或婚后分居日久，偶有遗精次日无异常不适者，不属病态。

遗精多因恣情纵欲、劳心过度、所愿不遂、饮食不节，导致肾虚精关不固；或君相火旺、湿热下注等扰动精室所引起。初起以实证居多，日久则以虚证为多。实证以君相火旺及湿热痰火下注，扰动精室者为主；虚证则属肾虚不固，封藏失职。遗精属于肾虚不藏者，又有偏于阴虚或偏于阳虚的不同。①心肾不交型梦遗，治宜清心滋肾、交通心肾，常用三才封髓丹加黄连、灯芯之类。②肾阴亏虚型遗精，治宜壮水制火，佐以固涩，常用知柏地黄丸合水陆二仙丹化裁。③肾气不固型滑精，治宜补肾固精，常用金锁固精丸为主方。④肝火偏盛型梦遗，治宜清肝泻火，常用龙胆泻肝汤治疗。⑤湿热下注型遗精，治宜清热化湿，常用猪肚丸。⑥痰火内蕴型遗精，治宜化痰清火，常用猪苓丸加味。

除用药物治疗遗精外，注意调摄心神，排除杂念，清心寡欲，是治疗此病的主要关键。此外，还应注意生活起居，节制性欲，戒除手淫，少食辛辣刺激性食品如烟、酒等。

遗觉象　eidetic image　在刺激停止作用后，脑中继续保持的异常清晰、鲜明的表象。表象的一种特殊形式，以鲜明、生动为特征。例如，将一张复杂的图片呈现很短时间后，有人可以产生连细节都十分清晰的表象，好像还在继续看图片一样。具有显著遗觉象的人称为遗觉型，由德国心理学家E.R.延施在1920年发现，他认为遗觉象实为复杂的视觉后象。近代心理学研究指出，遗觉象不同于视觉后象，因为遗觉象不能向外界投射，而视觉后象则可以投射到外界表面上，并且大小随投射面的距离而改变。遗觉象多见于儿童，有40%～70%的儿童有遗觉象，并且在11～12岁时最明显，但很少人能继续保持到成年期。除视觉遗觉象外，还有听觉遗觉象、嗅觉遗觉象、触觉遗觉象等。

遗尿症 enuresis 不由人的意识控制的排尿。分为夜间遗尿和日间遗尿。前者指儿童熟睡时不自主排尿，俗称尿床；日间遗尿为白天不能控尿。白天儿童熟睡时出现尿床，这种现象与夜间遗尿属同一范畴，不能认为是日间遗尿。夜间遗尿多为原发性，无明显的器质性病因，而日间遗尿或同时伴有夜间遗尿者多与神经系统和泌尿系统的先天性或后天性疾病有关。遗尿症又分为原发性和继发性。原发性遗尿症指儿童自幼遗尿至今而无明确的病因；继发性则至少有六个月以上无遗尿病史而再次出现遗尿者，常因器质性疾病所致。自幼遗尿并有明确病因者也为继发性。夜间遗尿症的诊断应考虑年龄的因素，一般认为5岁以上每月出现两次夜间遗尿者即可诊断。对正常孩童来说，10岁左右仅5%仍有夜间遗尿，15岁左右降至1%。

病因 有如下几种。

原发性夜间遗尿症 ①膀胱控制系统发育迟缓。②整体发育迟缓。③缺乏正常的抗利尿激素夜间分泌节律。④睡眠性疾病。⑤心理因素。⑥遗传因素。

日间遗尿或继发性遗尿症 ①先天或后天的神经系统疾病。②解剖异常，如后尿道瓣膜等输尿管异位开口。③局部刺激，如泌尿系感染和尿潴留。④多尿。

评估和诊断 首先详尽了解病史，体格检查腹部、腰骶部和外生殖器。体格检查还应包括排尿日记，记录患儿24小时内排尿的次数、时间和有无尿失禁及其伴随症状。实验室检查包括尿液分析、尿培养、血液生物化学检查等。对可疑有器质性病变者还应行超声、静脉肾盂造影、膀胱尿道造影和尿动力学检查等。

治疗 有以下几种。

促动和责任感训练 所谓促动治疗，就是培养孩子接受遗尿症治疗的主动性，无尿床时对孩子及时进行鼓励，逐渐培养孩子积极要求治疗的信心。责任感训练指让孩子对遗尿产生的后果负一定的责任，让孩子知道尿床后不但会给自己，也会给别人带来很多的不便。其他行为治疗还有晚上限制饮水、睡觉前排尿、鼓励孩子日间多饮水等。

膀胱训练 包括如何抑制排尿反射并逐渐延长两次排尿间隔。

条件作用治疗 采用放入尿垫内的电子装置，在尿垫被浸湿时能报警并唤醒孩子及时排尿。通过条件作用治疗，可在夜间膀胱充盈和逼尿肌反射抑制之间建立直接的联系，最终治愈遗尿症。

药物治疗 常用药物有抗胆碱能药物、三环类抗抑郁药物和去氨加压素。治疗机制是减少夜间尿量而防止遗尿症的发生。药物治疗应尽可能避免。

因泌尿系器质性病变所致的遗尿症，多表现为昼夜遗尿，甚至尿失禁。对此需作详尽评估，以了解发生遗尿或尿失禁的机制，尤其要了解神经系统先天或后天损害所致的神经原性膀胱对上尿路引流的危险性。此类疾病若处理不当，可能导致致命的合并症。

小儿遗尿与未养成按时排尿习惯有关，不可滥用药物。应从幼儿期开始培养按时排尿的习惯，睡前排空小便且不应给大量流质饮食；入睡一定时间后应唤醒其排尿。对经常遗尿的儿童应耐心教导，不可打骂、羞辱。

遗忘 forgetting 记忆中识记过的内容不能被再认和再现，或者是被错误地再认和再现。已转入长时记忆的内容一时不能被提取，但在适宜条件下还可能恢复的称暂时遗忘；记忆的材料未经复习而消失的称永久遗忘。遗忘是保持的对立面，也是巩固记忆的一个条件。如果不遗忘那些不必要的内容，要想记住和恢复那些必要的材料是困难的。

实验研究证明：①遗忘进程先快后慢（见H.艾宾浩斯）。②一般识记材料的数量越大，刚识记后的遗忘也越多。③熟练的动作遗忘最慢，无意义材料最易遗忘。④一般说来保持与原来学习程度大致成比例，学习程度越高，遗忘越小。⑤材料的起首和末尾部分要比中间部分记得好，称系列位置效应。

遗物 artifacts 古代人类遗留下来的人工制品及相关废弃物和与人类历史相关的东西。考古学研究的主要对象之一。如遗址中遗留下来的各种生产工具、武器、日用器具、装饰品等，墓葬中的随葬品和画像石、画像砖、墓志、买地券等，以及石刻、封泥、甲骨、简牍、石经、纺织品、钱币、度量衡器等。一般而言，遗物都经过人类有意识的加工和使用，未经人类加工的自然物，也必须与人类活动有关而能够反映人类活动，如各种农作物、家畜及渔猎或采集所获得的动植物遗存等。遗物的分类方法较多，按材质可分为石器、陶器、骨角器、金属器、玉石器等；按用途分则有生产工具、生活用具、随葬品等。其用材、制法、形制和风格随地域、时代、民族不同而各异。研究遗物的类别、类型、年代与用途，可揭示古代社会生活、生产技术和文化发展，了解各地区文化交流传播情况。

遗赠 legacy 自然人以遗嘱方式表示死后将其遗产的一部或全部赠送给国家、集体组织、社会团体或其他人的民事法律行为。设定遗赠的人称遗赠人，接受遗赠的人称受赠人或遗赠受赠人，通过遗赠赠与的财物称为遗赠财产或遗赠物。《中华人民共和国继承法》规定："公民可以立遗嘱将个人财产赠给国家、集体或者法定继承人以外的人。"

遗赠是单方的、无偿的法律行为，只需遗赠人一方作出意思表示即可成立，并不需要征得受赠人的同意。但遗赠不同于生前赠与，它是死者生前作出处分而于死后发生效力的法律行为。

遗赠是以遗嘱处分自己财产的特殊形式。遗赠受赠人不直接参与遗产的分配，而是从遗嘱继承人或遗嘱执行人处取得遗产。受赠人有向继承人追索遗赠财产的权利，继承人有向受赠人交付遗赠财产的义务。受赠人只接受遗赠物，并不接受遗赠人的债务。但继承人只有在清偿债务和扣除必继份以后，才从剩余遗产中交付遗赠财产。如果遗产不足以清偿债务时，继承人不负对受赠人交付遗赠财产的义务。

遗赠由遗赠人嘱托的继承人或执行人执行。遗赠可以附有条件。附有条件的遗赠，继承人在交付遗赠财产时，可以要求受赠人完成遗赠所附的条件。受赠人接受此项财产后要受其约束，承担相应义务。《中华人民共和国继承法》规定，对附有义务的遗赠，遗赠受赠人应当履行义务。没有正当理由不履行义务的，可以取消其接受遗赠的权利。如果受赠人放弃受领权利，遗赠财产按法定程序由继承人继承或归国家所有。

遗赠扶养协议 legacy-support agreement 遗赠人与扶养人签订的、由扶养人承担遗赠人生养死葬的义务，而由遗赠人将自己合法财产的一部或全部于死后移转给扶养人所有的协议。扶养人可以是公民或集体经济组织，但不能是对被扶养人有法定扶养义务的人（如子女等）。被扶养人一般应是孤老病残而经济上或生活上无人扶养、照顾的人。但在被扶养人虽有法定扶养人（如子女等），而由于关系恶劣或法定扶养人不能良好地尽扶养义务时，被扶养人也可以与其他公民或集体组织签订遗赠扶养协议。扶养义务是在被扶养人生前履行的，受遗赠的权利只能在被扶养人死后行使，扶养人不得在被扶养人生前处分所要遗赠的财产。遗赠扶养协议可以解除，已支付的供养费用是否偿还、如何偿还等可由双方协商解决。但如扶养人无正当理由不履行义务致使协议解除的，不能享有受遗赠的权利，其支付的供养费用一般不予补偿；遗赠人无正当理由不履行义务致使协议解除的，则应偿还扶养人已支付的供养费用。

遗嘱 testament 死者（遗嘱人）生前依照法律规定的方式，处理遗产或其他事务，并于死亡后发生效力的民事法律行为。设立遗嘱是遗嘱人的单方法律行为，只需遗嘱人的单方意思表示即可成立。遗嘱人在死亡前，可随时变更或撤销。遗嘱权是一种具有人身性质的权利，只能由自己行使，故设立遗嘱不能代理。见遗嘱继承。

约公元前1800年古埃及乌希遗嘱——最古老的遗嘱文件

遗嘱继承 testamentary succession 按照被继承人所立遗嘱继承其遗产的制度。与法定继承相对。遗嘱指死者（遗嘱人）生前依照法律规定的方式，处理遗产或其他事务，并于死亡后发生效力的民事法律行为。遗嘱是单方法律行为。设立遗嘱必须由本人独立进行。

遗嘱继承人的范围 各国一般不限定遗嘱继承人的范围。可以是法定继承人，也可以不是法定继承人。《中华人民共和国继承法》规定，遗嘱人可以指定法定继承人中的一人或数人继承其遗产，也可以把财产遗赠给国家、集体或法定继承人以外的人。

遗嘱的有效条件 ①在设立遗嘱时，遗嘱人必须具有遗嘱能力。在中国，一般指行为能力，即达到成年年龄、精神健全，从而具有行为能力，无行为能力人或者限制行为能力人所立的遗嘱无效。但如在设立遗嘱后，遗嘱人丧失行为能力，不影响其已经设立遗嘱的效力。②遗嘱人的意思表示必须真实，因受威胁、强迫、欺骗所立的遗嘱或伪造、篡改的遗嘱无效。③遗嘱的内容必须符合法律和社会道德。在中国，凡违背法律规定，剥夺未成年人和无劳动能力的继承人的继承权的部分归于无效。④遗嘱须具有一定的形式。大陆法系诸国规定有自书、公证、密封、代笔四种形式。在中国，一般有公证、自书、代书三种形式；以录音形式订立的遗嘱，应当有两个以上见证人在场见证。在生命垂危或者其他紧急情况下，可以立口头遗嘱。口头遗嘱应当有两个以上见证人在场，并由见证人作出书面或口头证明。

遗嘱的变更和撤销 遗嘱人在设立遗嘱以后，可以依法变更遗嘱的某些具体内容，也可以撤销原立遗嘱的全部内容。遗嘱人变更或者撤销原立遗嘱，一般按原立遗嘱的方式、程序进行，也可以用新立遗嘱变更或撤销原立遗嘱。遗嘱人立有数份遗嘱，内容相互抵触的，原则上以最后所立遗嘱为准。在中国，自书、代书、录音、口头遗嘱，不得撤销、变更公证遗嘱。遗嘱人以不同形式立有数份内容相抵触的遗嘱，其中有公证遗嘱的，以最后所立的公证遗嘱为准；没有公证遗嘱的，以最后所立的遗嘱为准。

颐和园 Summer Palace 中国清代的行宫御苑，在北京的西北郊。原名清漪园，始建于清乾隆十五年（1750），历时15年竣工，是清代北京“三山五园”（香山静宜园、玉泉山静明园、万寿山清漪园、圆明园、畅春园）中最后建成的一座。咸丰十年（1860）被英、法侵略军焚毁。光绪十二年（1886）慈禧太后挪用海军经费开始重建，光绪十四年改名颐和园。光绪二十一年工程结束，光绪二十六年又遭八国联军破坏，翌年修复。1998年作为文化遗产被列入《世界遗产名录》。全园占地约300公顷，划分为宫廷区和苑林区两部分。

宫廷区以仁寿殿为主，是政务活动区，殿后为起居区。苑林区以万寿山、昆明湖为主体（见图）。万寿山东西长约1 000米，高60米，前山临湖，在居中部位自下而上，建有排云殿、德辉殿、佛香阁、智慧海等华丽殿堂台阁。佛香阁耸立于半山高台之上，台高20米，阁高41米，阁为八角四重檐攒尖顶，气宇轩昂。前山横贯山麓，沿湖北岸建有总长728米的长廊，长廊枋梁上绘彩画4000余幅。昆明湖水面约占全园面积的78%，湖中自北向南有一模仿杭州西湖的苏堤而建的西堤。湖中有一南湖岛，又称龙王庙，面积约1万平方米；岛与湖东岸之间，由十七孔桥相连，桥长150米。湖西北端绕过万寿山西麓，延伸至山北麓为后湖。后湖河道水面有宽有窄，富于变化，并与后山一起构成后山景观。位于万寿山东麓的谐趣园原名惠山园，是仿无锡寄畅园建成的一座园中园。环中央荷池建有楼堂台榭，并用游廊相连，富有江南园林情趣。颐和园不仅园内湖山秀丽，殿阁辉煌，而且借助于西山、玉泉山群峰的天然景色，拓展了空间，更显出气势宏伟。1961年定为中国第一批全国重点文物保护单位。

颐和园昆明湖

疑源类 acritarchs 分类地位及亲缘关系不明的具有机质壁的单细胞生物。疑源类是多源发生，形态多种多样，它可以有突起、隔壁、墙、翼或缘膜等附生物；同时突起和膜壳有颗粒、小瘤、小刺、褶皱和条纹等雕饰；膜壳与外部相通的脱囊开口式样多变化。大小从小于10微米至大于1毫米，但大多在15至80微米。这一化石类群，可能代表包括海生杂色藻、绿藻和单细胞原生生物的化石化有机壁囊胞，以及一些真菌孢型、高等生物的卵及其他非海相形态类型。此外，一些不能确定生物亲缘关系的定形、非定形集合体或多细胞微体化石也常归为疑源类。它们贯穿整个地质时期，在古生代中期呈现类型分异高峰，晚泥盆

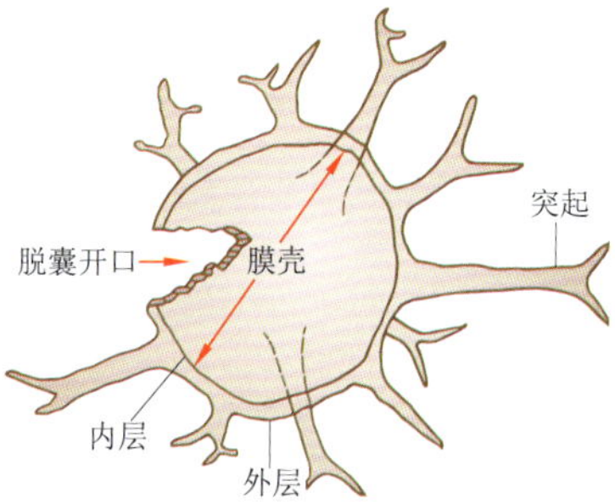

疑源类主要形态特征

世后期明显衰减。疑源类对研究不同地质时期大气圈的组成和生命在地球上的连续演化有着重要意义。现在不同地区，乃至洲际间已相继调查和建立了元古宇、早古生代地层的疑源类化石分带和组合；与此同时，有关疑源类的古地理分区亦在疑源类类型分异呈现高峰的古生代中期不断加以完善。

彝 yi 中国商周时代的青铜盛酒器。又称方彝。青铜器铭文中，“彝”常与“障（尊）”连文，是青铜礼器的通称。先秦文献中的彝为盛酒器的共名。以彝为具体器类名称始于

右方彝（商代晚期，河南安阳殷墟出土）

宋人，但所著录的实为一种簋。今称为“方彝”的器类，基本形制为长方形的口、腹、圈足，腹壁微斜直或鼓曲，有盖，盖及钮皆作四坡屋顶形，方圈足中或有缺口。见于商代晚期中段到西周早期。方彝器身及盖满饰花纹，基本以兽面纹为主题纹饰。较长的成篇彝铭，往往是器内、盖内同铭。商代晚期的河南安阳殷墟妇好墓出有一器，形似两件方彝横向联体，因称“偶方彝”，通高60厘米，通长88.2厘米，器底中部有铭“妇好”二字。

彝年 New Year of Yi 中国彝族的传统年节。又称冬月年、十月年。节期因地而异，如当年五谷丰收，则可沿用上一年的时间，否则由毕摩（巫师）占卜而定，一般在彝历十月上旬至十一月（农历十、十一月）择吉日举行，节期3天。彝年是由彝族太阳历的第一个星回节转化而来的一个重大节日，有除旧迎新、祭祀祖先、祈求丰收、六畜兴旺等意义。节日第一天要祭祖、杀年猪和吃年饭。第二天走亲访友，互相拜年，并有歌舞、赛马、玩秋千、角力、斗鸡等活动。第三天送祖，送祖灵返归。3天正式节期过后，人们走出村子向外村的亲友拜年，互致问候。

彝器 ceremonial object 中国古代青铜器中的祭器。彝字在甲骨文及青铜器铭文中以双手被反缚的人牲祭祀祖先神灵之形。后来彝器一名用作商周时期青铜礼器的泛称。见礼器。

彝文 Yi writing 中国彝族使用的一种表意的单音节文字。可能仿汉字的造字方式创制。有象形、指事、会意等。文献古籍较多，主要是手抄本，刻本较少。从文字发展规律看，彝文字数较少，因而彝文经书手抄本中存在着大量借音表意现象。彝语各地方言差异较大，假借文字也因地各异，这是彝文经书难解的原因之一。四川凉山彝族地区以喜德语音为标准音、以圣乍话为基础方言制定了《四川彝文规范方案》，共确定819个规范彝字，于1975年开始在四川彝族地区推广使用，并设计了拉丁字母的“彝语拼音方案”，便于注音学习。

彝语 Yi language 属汉藏语系藏缅语族彝语支。又称罗罗语。主要分布于中国云南、四川、贵州、广西，以及越南、缅甸、泰国。中国境内分北部、东部、南部、东南部、西部、中部6个方言。主要语言特点：塞音、塞擦音、擦音分清浊两套。除少数方言外，元音一般分松紧。韵母一般由单元音构成，没有塞辅音韵尾。有3～5个声调。词序和虚词是表达语法意义的主要手段，句子的基本语序是主语-宾语-谓语。名词、动词、人称代词作定语时，在中心词前；形容词、数量词作修饰语时，在中心词后；量词丰富，有些方言的量词能直接修饰中心词，起后置冠词的作用。四音格联绵词较丰富。

彝语支 Yi branch 汉藏语系藏缅语族的语支之一。包括彝语、哈尼语、傈僳语、拉祜语、纳西语、基诺语等。主要分布于中国云南、四川、贵州、广西。此外，还分布在缅甸、泰国、老挝、越南等国。除哈尼语的部分方言外，彝语支各语言的辅音都分清浊两套。除纳西语、彝语、哈尼语的部分地区外，各语言的元音全部或部分松紧对立。韵母全部或大部分是单元音。大多没有塞辅音韵尾。有3～5个声调。词序和虚词是表达语法意义的主要手段。句子语序是主语-宾语-谓语。名词、人称代词等作名词的修饰语时，在中心词前；形容词、数量词作修饰语时，在中心词后。

彝族 Yi 中国少数民族。分布在云南、四川、贵州等省。人口7 762 272（2000）。使用彝语，属汉藏语系藏缅语族彝语支。原有一种音节文字（也有人认为是表意文字），后经过规范和整理，于1975年制定《四川彝文规范方案》，确定819个规范彝字，并在四川凉山彝族自治州推行使用。是古羌人南下，在长期发展过程中与西南土著部落融合而成的民族。主要从事农业，种植

彝族女子

玉米、稻谷及其他麦类和豆类。彝文典籍浩繁，叙事长诗以《阿诗玛》最为有名。在天文、历法、气象、医药等方面都有独特的创造和贡献。服装形式很多，常见的是男子穿黑色窄袖右斜襟上衣和多褶宽裤脚长裤，裹以数丈长的青蓝布包头。女子穿镶边或绣花大襟右衽上衣和多褶长裙。外出时男女都披“擦尔瓦”，形如斗篷。以玉米、马铃薯、荞麦等为主食。住房多为土木结构的平顶房和瓦房。婚姻行一夫一妻制。人死多行火葬。传统节日以火把节最为隆重。崇拜祖先，相信万物有灵。也有信道教、基督教和天主教的。20世纪50年代开始，先后建立了3个自治州、19个自治县、260多个民族乡。

彝族舞蹈 Yi dance 中国彝族传统民间舞蹈。流布于云南、四川、贵州、广西等彝族聚居地区。彝族舞蹈主要有婚丧喜庆均跳的打歌，自得其乐的阿细跳月、烟盒舞；祈神逐鬼的苏尼旦；丧葬安魂的知子、扯格、瓦孜嘿；崇尚动植物的倮麻则等。舞蹈动作浑厚，腿部动作较上肢动作更加丰富，感情深沉。

打歌 民间自娱性舞蹈。又称跳脚、跳歌、跳乐、左脚跳等。主要用于节日、聚会、婚礼等喜庆时刻，有些地区举行丧事时也跳。舞蹈以下肢动作为主，踩踏、跳跃、抬腿、悠腿等动作较多，也有错步、转圈等。各地的打歌风格不尽相同，有的连续跳动，起伏明显；有的踏地有声，对脚有力；有的步法轻盈，错步如飞；有的

彝族跳歌

动作纤细，柔和、抒情。手部动作较少，一般只有拉手、拍掌、甩臂等。伴奏大部分使用四弦、三弦、笛子、芦笙等，也有个别地方无乐器伴奏，以呼叫、跺地声统一动作。

苏尼且　宗教舞蹈。彝语意为“通神驱鬼”，汉语称“皮鼓舞”。流布于四川、云南大小凉山等地。由一男巫（苏尼）或女巫（嫫尼）表演，以男巫为盛。多在请神送鬼、治病祛邪的巫术活动时进行。舞时，巫师手执皮鼓，在轻击慢摇皮鼓中双腿颤动，意在请神。随后，节奏逐渐加快，动作由小变大，由坐变立，不间断地抖肩、摇头、甩臀部，舞动不已。继而转圈、跳跃，直至意为把鬼魔、病邪驱走为止。其间，时有顶火转圈、用火烧身、吞食火苗、赤足走燃烧的木柴、踩烧红的铧口，以及口叼死羊甩起转圈等技巧表演。

瓦孜嘿　丧事中悼念祖先、追述死者业绩的礼仪性舞蹈。舞名意为“悼念”。流布于四川凉山彝族地区。舞蹈由2或4名男性在室内或院坝中表演。舞者主客各半，一人领唱，其他人复唱，边唱边舞。右手握长刀或匕首，在灵架前并排或相对屈膝而立，全脚着地，碎步前行或交叉行进，全身微微上下颤动；行进中右臂左右摆动长刀或挥刀砍杀。

舞蹈工作者依据彝族民间舞素材创作的舞蹈、舞剧作品有《快乐的罗苏》、《喜雨》、《喜背新娘》、《阿哥，追》、《橄榄歌》、《阿惹妞》，舞剧《凉山巨变》、《阿诗玛》等。

乙丙橡胶　ethylene-propylene rubber; EPR　乙烯与丙烯共聚合制得的合成橡胶。只由乙烯、丙烯共聚制得的称二元乙丙橡胶；如还加入非共轭双烯作为第三单体，则称为三元乙丙橡胶。三元乙丙橡胶可用传统的硫磺硫化工艺进行硫化，但二元乙丙橡胶因缺乏双键，只能用过氧化物等自由基型硫化剂硫化。乙丙橡胶有极好的耐臭氧、耐大气老化、耐化学腐蚀、耐高温和电性能。可用于制汽车部件（如门窗密封带、胎侧、承热件）、耐热运输带、胶管、衬里、电线电缆和建筑防火材料。缺点是与其他橡胶的相容性差，耐湿滑性不好。

乙醇　ethanol　最常见的醇，分子式CH_3CH_2OH。又称酒精。远在上古时代人们已将含淀粉物质发酵制酒。12世纪在蒸馏葡萄酒时，第一次从酒中分离出酒精。乙醇为透明的可燃液体；有醇香，味辣，吸水性很强。熔点－117.3℃，沸点78.5℃，相对密度0.7893(20/4℃)。能与水和许多有机溶剂混溶。能与水形成共沸物，沸点为78.1℃，因此用蒸馏法得到的乙醇，其中还含4.43%的水。在硫酸作用下发生分子间失水生成乙醚，或进行分子内失水生成乙烯。在碱溶液中与氯、溴或碘反应，生成相应的卤仿CHX_3。无碱存在时，氯与乙醇反应先生成乙醛，后生成三氯乙醛。与羧酸作用生成酯。最古老制法是用淀粉、糖或其他碳水化合物进行发酵制成。用发酵法制得的酒有醇香，可饮用。大量乙醇是以乙炔、乙烯、乙烷为原料合成的，比较经济。可用作溶剂或试剂，在医疗中用作消毒剂、杀菌剂。乙醇是重要的有机化工原料。还可作为汽车燃料，或加到汽油中以节约汽油消耗。各种饮料酒中都含有乙醇，过量饮用会引起中毒。

乙醇胺　ethanolamines　氨分子中的氢原子被羟乙基取代而生成的胺。可分为一乙醇胺$HOCH_2CH_2NH_2$、二乙醇胺$(HOCH_2CH_2)_2NH$和三乙醇胺$(HOCH_2CH_2)_3N$。一乙醇胺可简称为乙醇胺，又称氨基乙醇、胆胺。它们都是无色黏稠液体，有吸湿性和氨的气味。与水、乙醇、丙酮等互溶，溶于微热的苯，微溶于乙醚和四氯化碳等。均具有碱性。一乙醇胺常存在于磷脂中，与胆碱共存，熔点10.3℃，沸点170℃，相对密度1.018 0(20/4℃)；它的羟基和氨基可分别发生相应的化学反应。二乙醇胺熔点28℃，沸点271℃，相对密度1.096 6(20/4℃)；它与硫酸作用生成吗啉：

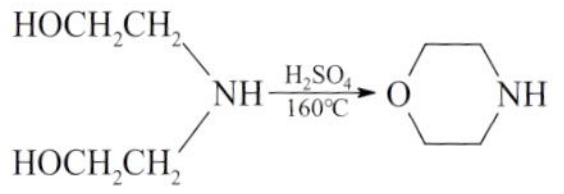

三乙醇胺熔点21～22℃，沸点277℃（150毫米汞柱），相对密度1.124 2(20/4℃)。与硫酸作用生成羟乙基吗啉。乙醇胺可由氨与环氧乙烷反应制得。还可由氨与氯乙醇反应制得。一乙醇胺可由硝基甲烷与甲醛缩合后还原制得。三种乙醇胺都是重要的化工原料。一乙醇胺是制药物和染料的中间体。二乙醇胺和三乙醇胺可用于制造农药、合成纤维的柔软剂和染料、树脂等的分散剂。机械工业中研磨、切削时使用的冷却剂（俗称防锈水）是由三乙醇胺、亚硝酸盐和水配制而成。它们均可用于天然气、焦炉气的净化，也用于合成非离子性表面活性剂和作农药分散剂。乙醇胺对眼、皮肤和黏膜有刺激作用。

乙二胺　ethylenediamine　最简单的二胺，分子式$H_2NCH_2CH_2NH_2$。又称1,2－二氨基乙烷。无色透明的黏稠液体；有氨的气味；熔点8.5℃，沸点116.5℃，相对密度0.899 5(20/20℃)。溶于水和乙醇，微溶于乙醚。乙二胺为强碱，遇酸易成盐；溶于水时生成水合物；能吸收空气中的潮气和二氧化碳，生成不挥发的碳酸盐。贮存时应隔绝空气。乙二胺可与许多无机盐形成络合物。工业上乙二胺由1,2－二氯乙烷或1,2－二溴乙烷与氨作用制取。乙二胺是重要的化工原料和试剂，广泛用于制造药物、乳化剂、农药、离子交换树脂等，也是环氧树脂的固化剂，以及酪蛋白、白蛋白和虫胶等的良好溶剂。乙二胺有腐蚀性，能刺激皮肤和黏膜引起过敏，高浓度蒸气可引起气喘，严重时可导致致命性中毒。

乙二胺四乙酸　ethylenediamine tetraacetic acid; EDTA　四元酸。俗称乙底酸。无色结

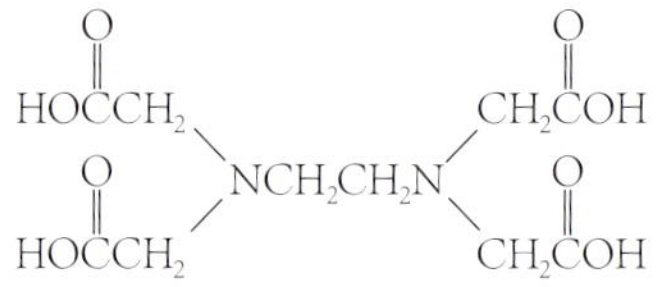

晶固体；在220℃开始分解；微溶于水，不溶于普通有机溶剂。商品常为它的钠盐，易溶于水，易于提纯。几乎能与所有的金属离子络合，生成溶于水的内络合物，并且一般都以1∶1的形式络合。在工业上是由乙二胺与氯乙酸钠在碱性缩合剂如碳酸钠存在下起缩合反应制得。用于络合金属离子，是分析化学中络合滴定常用的氨羧络合剂也用于洗涤剂等，其钠盐、钙盐用作人体金属解毒剂。在人体内不分解，能络合体内微量金属元素而排出体外，引起缺钙、低血压、肾功能障碍等。

乙二醇　ethylene glycol　最简单的二醇，分子式$HOCH_2CH_2OH$。无色黏稠液体。熔点－11.5℃，沸点198℃，相对密度1.108 8(20/4℃)。很易吸湿。能与水、乙醇和丙酮混溶。化学性质与乙醇相似，能与无机或有机酸反应生成酯，一般先只有一个羟基发生反应，经过升高温度和增加酸用量等，可使两个羟基都形成酯。如与混有硫酸的硝酸反应，则形成二硝酸酯。在催化剂作用下加热，可发生分子内或分子间失水。容易被氧化，随所用氧化剂或反应条件的不同，可生成各种产物，如乙醇醛、乙二醛、乙醇酸、草酸及二氧化碳和水。在工业上由环氧乙烷用稀盐酸水解制得。实验室可用水解二卤代烷或卤代乙醇的方法制备。可代替甘油使用。在制革和制药工业中分别用作水合剂和溶剂，溶解能力很强，但容易代谢氧化生成有毒的草酸，因而不能广泛用作溶剂。而乙二醇的单甲醚或单乙醚是很好的溶剂。乙二醇可用于制取树脂、合成纤维（涤纶）、增塑剂、炸药或化妆品，还可作汽车冷冻系统的抗冻剂。

乙醚　ethyl ether　二乙基醚。最重要的醚，最古老的合成有机化合物之一，分子式$C_2H_5OC_2H_5$。无色易燃液体，极易挥发，气味特殊；凝固点－116.2℃，沸点34.5℃，相对密度0.713 8（20/4℃）。能与乙醇、丙酮、苯、氯仿等混溶，水在乙醚中的溶解度为乙醚体积的1/50，乙醚在12℃水中的溶解

度为水体积的1/10。与10倍体积的氧混合成的混合气体，遇火或电火花即可发生剧烈爆炸，生成二氧化碳和水蒸气。长时间与氧接触和光照，可生成过氧化乙醚，后者为难挥发的黏稠液体，加热可爆炸，为避免生成过氧化物，常在乙醚中加入抗氧剂，如二乙氨基二硫代甲酸钠。性稳定，其蒸气在450℃以下不发生变化，550℃时开始分解。100℃以下，与酸、碱不起作用。与三氟化硼作用生成乙醚化的三氟化硼，可在烃基化、酰化、聚合、失水、缩合等反应中用作催化剂。在冷却条件下乙醚可直接氯化生成一氯、多氯和全氯醚。工业上可在氧化铝催化下，于300℃由乙醇失水制得。是重要的溶剂，可溶解多种有机物，常用作天然产物的萃取剂或反应介质。有些无机物在乙醚中也有一定的溶解度，如小量的硫或磷，但溴、碘、氯化铁、氯化金在乙醚中有较大的溶解度。是首次试用成功的外科麻醉剂。

乙醛 acetaldehyde 分子式$CH_3CH{=}O$。无色、易挥发、有刺激性气味的液体。熔点-121℃，沸点20.8℃，相对密度0.783 4（18/4℃）。可溶于水、乙醇、乙醚、丙酮和苯。其蒸气与空气能形成爆炸性混合物，爆炸极限4.0%～60%（体积）。易氧化而成醋酸，储存和运输中需充氮。在少量酸存在下很易聚合成三聚乙醛（液体，熔点124℃），低温时生成多聚乙醛。以上两种聚合体能在少量硫酸作用下分解为乙醛。在工业上主要由乙炔在高汞盐的催化下水合而生成，新的生产方法是将乙烯在氯化铜-氯化钯的催化下用空气直接氧化。主要用于生产乙酸、乙酸乙酯和乙酸酐，也用于制备季戊四醇、巴豆醛、巴豆酸和水合三氯乙醛等。

乙炔 acetylene 最简单的炔烃，分子式$HC{\equiv}CH$。无色有芳香气味的易燃气体。熔点-80.8℃，沸点-84℃，相对密度0.620 8（-82/4℃）。在液态和固态下或在气态和一定压力下有猛烈爆炸的危险，受热、震动、电火花等因素都可以引发爆炸，因此不能在加压液化后贮存或运输。难溶于水，易溶于丙酮，丙酮溶液是稳定的。因此，工业上是在装满石棉等多孔物质的钢桶或钢罐中，使多孔物质吸收丙酮后将乙炔压入，以便贮存和运输。乙炔和空气的混合物在乙炔含量2.5%～80%的范围内有爆炸性。如供给适量空气，可以安全燃烧而发白光，在没有电源的地方用作光源。在氧气中燃烧，氧炔焰的温度高达3 200℃左右，可用来切割和焊接金属。化学性质很活泼，易起加成反应，生成多种重要的化工产品。在氯化汞存在下与氯化氢加成，生成氯乙烯；在乙酸锌存在下与乙酸加成，生成乙酸乙烯酯；在羰基镍存在下与一氧化碳和水或醇作用，生成丙烯酸或丙烯酸酯。氯乙烯、乙酸乙烯酯、丙烯酸和丙烯酸酯都是生产高聚物的原料。将乙炔通入亚铜盐或银盐的氨水溶液中，立即沉淀出红棕色的乙炔亚铜或乙炔银，此反应可用于乙炔的定性检验。工业上由甲烷部分地燃烧，甲烷或低级烷在高温下热解，或碳化钙（电石）水解等方法生产。由碳化钙制备的乙炔由于含磷化氢等杂质而有恶臭味。乙炔化学性质十分活泼，以乙炔为原料可生产多种精细化工产品，进而加工成多种医药、香料、增塑剂、表面活性剂、纺织助剂及食品添加剂、胶黏剂等。

乙酸 acetic acid 分子中含有两个碳原子的饱和羧酸，分子式CH_3COOH。因是醋的主要成分，又称醋酸。广泛存在于自然界，例如在水果或植物油中主要以酯的形式存在；在动物的组织内、排泄物和血液中以游离酸的形式存在。

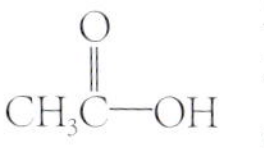

无色液体，有刺激性臭味；熔点16.6 ℃，沸点117.9 ℃，相对密度1.049 2（20/4℃）。纯乙酸在16℃以下时能结成冰状的固体，所以常称为冰醋酸。易溶于水、乙醇、乙醚和四氯化碳。当水加到乙酸中，混合后的总体积变小，密度增加，直至分子比为1∶1，相当于形成一元酸的原乙酸$CH_3C(OH)_3$，进一步稀释，体积不再变化。乙酸是一种强腐蚀性的液体，常储存在铝制槽内，并须有保温设施。可用发酵法或合成法制取。发酵法主要用来制食用醋。利用淀粉发酵所得的淡酒液（含6%～9%乙醇），在醋母菌的作用下，于35℃左右发酵，淡酒液就被空气氧化成醋，醋中除含有3%～6%的乙酸外，尚含有其他有机酸、酯类和蛋白质。合成法是工业生产乙酸的主要方法，由乙醛在乙酸锰、乙酸钴催化下，于50～80℃、8～10大气压下与空气进行液相氧化，即可生成乙酸。也可由甲醇在钴催化下与一氧化碳进行反应生成乙酸，若用铑络合催化剂，反应可在较低温度和压力下进行。乙酸用途极广，主要用于制造聚乙酸乙烯酯和醋酸纤维。也用于合成各类酯，低级醇形成的酯是优良的溶剂，广泛用于油漆工业。是氧化反应的良好溶剂，是对二甲苯氧化生产对苯二甲酸的溶剂。也是制药和农药工业的重要原料。

乙酸酐 acetic anhydride 两分子乙酸失去一分子水而形成的酸酐，分子式$(CH_3CO)_2O$。又称乙酐、醋酐。

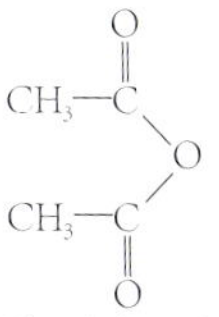

无色易流动液体，有乙酸味；熔点-73.1℃，沸点139.55℃，相对密度1.082 0（20/4℃）；稍溶于水，在水中缓慢水解成乙酸，能溶于乙醇、乙醚等有机溶剂。是重要的乙酰化试剂，能使醇、酚、氨和胺分别形成乙酸酯和乙酰胺类化合物。在路易斯酸存在下，还可使芳烃或烯烃发生乙酰化反应。在乙酸钠存在下，与苯甲醛发生缩合反应，生成肉桂酸。工业上乙酸酐是由乙酸与乙烯酮反应制得，而乙烯酮可由丙酮或乙酸热裂制得。在乙酸钴、乙酸铜的催化下，乙醛可直接氧化成乙酸酐。乙酸酐主要用于制造纤维素乙酸酯，也用于制造阿司匹林、磺胺药物等，还是合成多种染料和香料的重要原料。由乙酸酐制备的过氧化乙酰，是聚合反应的引发剂，也用于漂白剂。

乙酸乙酯 ethyl acetate 乙酸中的羟基被乙氧基取代而生成的酯，分子式$CH_3COOC_2H_5$。又称醋酸乙酯。无色易挥发液体，有水果香味；熔点-83.6℃，沸点77.06℃，相对密度0.900 3（20/4℃）；微溶于水，易溶于乙醇、乙醚等有机溶剂。与水或乙醇都能生成二元共沸物，与水的共沸物的沸点70.4℃，与乙醇的共沸物的沸点71.8℃。与水和乙醇还可以形成三元共沸物，沸点70.2℃。在酸或碱的催化下，易水解成乙酸和乙醇；与醇反应则生成另一种酯。还可发生自缩合等反应生成乙酰乙酸乙酯。可由乙酸、乙酸酐或乙烯酮与乙醇反应制得，也可在乙醇铝催化下由两分子乙醛反应生成。乙酸乙酯在酯类化合物中，应用最广，是硝酸纤维素、乙基纤维素、乙酸纤维素和氯丁橡胶的快干溶剂，也是工业上使用的低毒性溶剂。还可用作纺织工业的清洗剂和天然香料的萃取剂，也是制药工业和有机合成的重要原料。

乙烯 ethylene 最简单的烯烃，分子式$CH_2{=}CH_2$。少量存在于植物体内，是植物的一种代谢产物，能使植物生长减慢，促进叶落和果实成熟。无色易燃气体，在常

压下与空气的爆炸极限为2.7%～36.0%（体积），起燃温度490℃。熔点-169℃，沸点-103.7℃。几乎不溶于水，难溶于乙醇，易溶于乙醚和丙酮。乙烯容易发生加成反应，还可以进行聚合反应和氧化反应。与氯起加成反应，生成1,2-二氯乙烷，并可在后续反应中生成氯乙烯。与苯在催化剂存在下生成乙苯，后者催化去氢，生成苯乙烯。纯粹的乙烯（纯度99.9%以上）在高压下用氧或过氧化物引发，或在低压下用齐格勒催化剂引发，聚合成重要的树脂聚乙烯；在齐格勒催化剂引发下，与丙烯共聚合，

生成乙丙橡胶。在氧化银催化剂存在下氧化成环氧乙烷，后者水解时生成乙二醇；在氯化钯－氯化铜催化剂存在下氧化，生成乙醛；在钯催化剂存在下，与乙酸进行气相氧化生成乙酸乙烯酯。乙烯是产量最大的有机化工产品，工业上由烃的热解生产，乙烷、丙烷、轻油、重油等都可用作原料。乙烯是重要的石油化工原料，可生产许多产物和中间产物，如塑料、纤维、橡胶、树脂、溶剂、表面活性剂、涂料、增塑剂、防冻剂等。还可用作水果催熟剂。乙烯对人眼和呼吸系统无刺激作用，短期接触对人类无害，但在高浓度下长期接触人体内则会发生麻醉现象甚至窒息。

乙酰胺 acetamide 乙酸中的羟基被氨基取代而生成的酰胺，分子式CH_3CONH_2。无色晶体；熔点82.3℃，沸点221.2℃，相对密度0.998 6（85/4℃）；溶于水、醇。极纯的乙酰胺没有气味，商品乙酰胺因含有少量杂质而有臭味。具有酰胺的一般性质。工业上由乙酸胺在150～200℃加热失水制备。广泛用作有机物和无机物的溶剂。具有微弱碱性，可做清漆、炸药和化妆品的抗酸剂。还可作染色的润湿剂、塑料的增塑剂，也是制造药物和杀菌剂的原料。乙酰胺氯化或溴化生成的N－卤代乙酰胺，是有机合成的卤化试剂。

乙酰甲胺磷 acephate 有机磷杀虫剂。学名O,S－二甲基－N－乙酰基硫代磷酰胺。结构式：

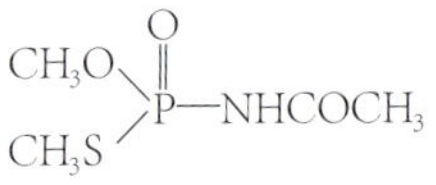

工业乙酰甲胺磷为白色固体，熔点91～92℃，室温时在水中的溶解度为65%。在单细胞藻类以至哺乳动物和禽类体内都无生物富集现象，对鱼类等水产动物安全。在植物组织中的半衰期为5～10天，在一般土壤中为0.5～4天，在黏性土壤中6～13天。具有内吸、胃毒和触杀作用。对鳞翅目幼虫胃毒作用比触杀作用强，对蚜虫触杀速度比乐果慢。杀虫谱广，可防治100多种害虫，药效高，持效期适中，适用于粮、棉、油、果树、茶、桑、甜菜、甘蔗、牧草等作物害虫的防治，对稻飞虱药效尤佳。施药方式多样。亩用有效成分40～50克。

乙酰氯 acetyl chloride 乙酸中的羟基被氯原子取代而生成的酰卤，分子式CH_3COCl。无色液体，有刺激性气味；熔点－112℃，沸点50.9℃，相对密度1.105 1（20/4℃）；能与乙醚、丙酮、苯和氯仿混溶。易水解成乙酸和氯化氢，在湿空气中发烟，对眼鼻有刺激性。乙酰氯具有酰卤的通性，如能进行水解、醇解和氨解反应，也能与芳香族化合物发生芳环上的酰基化反应。工业上可由乙烯酮与氯化氢反应，或由乙酸钠、二氧化硫与氯气反应制得。实验室中可由乙酸、乙酸钠或乙酸酐与各种氯化剂反应制得。乙酰氯是重要的乙酰化试剂，酰化能力比乙酸酐强，广泛用于有机合成。乙酰氯也是羧酸发生氯化反应的催化剂，还可用于羟基或氨基的定量分析。乙酰氯有毒，它能与蛋白质中的巯基（－SH）结合。

乙酰乙酸乙酯 ethyl acetoacetate 分子式$CH_3COCH_2COOC_2H_5$。无色有香味的油状液体；熔点低于－80℃，沸点180.4℃，相对密度1.0282（20/4℃）。普通的乙酰乙酸乙酯是酮式和烯醇式组成的平衡混合物，酮式占93%，烯醇式占7%：

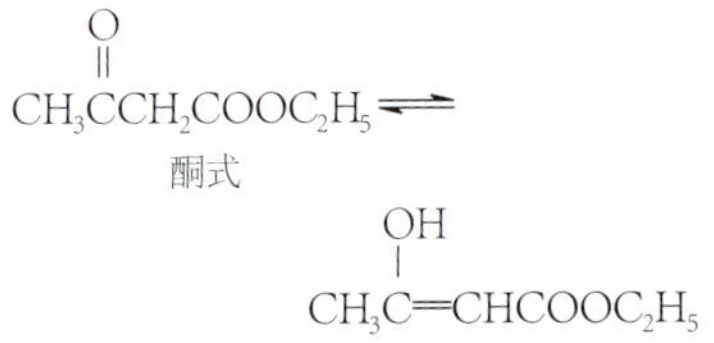

酮式　烯醇式

酮式为结晶状化合物，熔点－39℃，沸点41℃（2毫米汞柱），不能与溴起加成反应，也不使三氯化铁显色。烯醇式的熔点－44℃，沸点33℃（2毫米汞柱），能使三氯化铁显色。乙酰乙酸乙酯中的亚甲基受两个羰基的影响，活性较大，它可与醇钠作用形成乙酰乙酸乙酯钠；也可与一级或二级卤代烃作用，生成烃基取代衍生物。乙酰乙酸乙酯可由两分子乙酸乙酯在钠存在下进行自缩合反应制得。工业上可由二聚乙烯酮与乙醇反应制得。广泛用于合成吡啶、吡咯、吡唑酮、嘧啶、嘌呤和环内酯等杂环化合物，还广泛用于合成药物、颜料、染料。

《乙瑛碑》 *Stele of Yi Ying* 中国东汉纪事碑刻。立于汉桓帝永兴元年（153）六月。原在山东曲阜孔庙同文门内，1978年移入孔庙东庑。碑身高198厘米，宽92厘米，厚22厘米。隶书18行，每行40字。无题额。碑文后有宋人张稚杰楷书题记2行。碑文所记为鲁相乙瑛奏请朝廷于孔庙置百石卒史执掌祭祀及礼器的往来公文，故又称《汉鲁相乙瑛请置孔庙百石卒史碑》或《孔庙置守庙百石卒史碑》，对研究孔庙的管理机构及沿革有史料价值。

《乙瑛碑》拓片（局部，中国国家图书馆藏）

此碑书法用笔流畅，点画圆厚而有弹性，线条刚劲挺拔，充满骨力；结体匀称端庄，平实中寓穿插避让之趣，为汉代隶书碑刻中庄重、齐整风格的代表作品，素负盛名，后人多称其为“汉隶之最”。清代以来学隶书者无不自汉碑入手，此碑是常用的临习范本。现存最早拓本为明拓本。

乙羽信子 Otowa Nobuko（1924－10－01～1994－12－22） 日本电影演员。生于鸟取县西伯郡。原名加治信子。1939年自宝塚音乐歌剧学校毕业后登台表演。1950年演出第一部影片《处女峰》。1953年主演《缩影》、《欲望》、《女人的一生》等影片，当年获“蓝绶带奖”最佳女主角奖，确立了她作为“演技派”演员在日本影坛的地位。1960年主演新藤兼人的《裸岛》，获莫斯科国际电影节大奖。两年后，又因主演《仓库里的黑猫》和《强男弱女》获《每日新闻》颁发的最佳女主角奖。20世纪70年代，又因主演《赤裸的十九岁》获1971年莫斯科国际电影节大奖，《绞杀》获1979年威尼斯电影节最佳女主角奖。她从影近40年，演出150多部影片，塑造了大量经历不同、性格迥异的女性形象。自1956年起还演出了多部电视剧，如中国观众熟悉的《阿信》等。

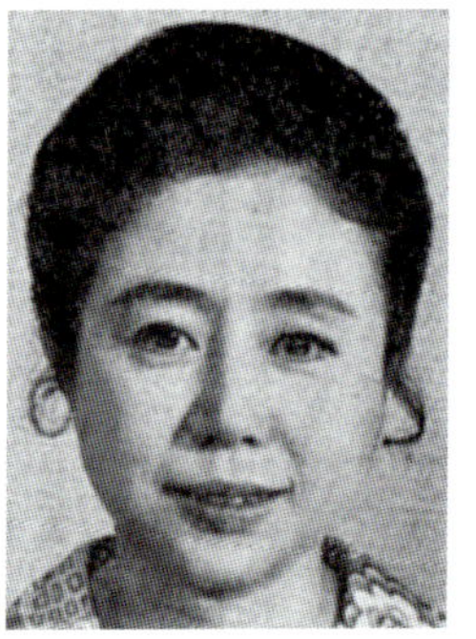

以色列 Israel; Yisrs' el 西亚国家。位于巴勒斯坦地区。根据联合国1947年关于巴勒斯坦分治决议的规定，以色列国的面积为1.52万平方千米，但通过1948年以来与周边阿拉伯国家发生的历次战争，2005年8月，以实施“脱离计划”，单方面从加沙和西岸部分地区撤出犹太定居点和军队。实际控制面积约为2.5万平方千米。人口747万（2009）。全国人口80%为犹太人，阿拉伯人占20%。犹太人信奉犹太教；阿拉伯人大多信奉伊斯兰教，仅有1/6信奉基督教。希伯来语和阿拉伯语均为官方语言。1948年建国时，将首都设在特拉维夫，1950年单方面宣布迁往耶路撒冷。1980年以议会通过法案，宣布耶路撒冷是以色列“永恒的与不可分割的首都”。但耶路撒冷的地位和归属，在阿拉伯国家和以色列间存在严重争议。迄今绝大多数国家的驻以使馆仍然设在特拉维夫。

地理 国土南北延伸420千米，东西宽20～160千米不等。从西向东大致分为4个地区：①地中海沿岸平原区。南北长164千米，最宽仅30余千米，有若干短小河流横切而过。②山岳－丘陵区。从北部边界向南延绵至中部，地势向东递降，其中的加利利高地多处被断层切割；隆起于国境北端的梅龙山，海拔1 208米，是全国最高点。③大裂谷区。沿东部边境延伸，南迄亚喀巴湾，是东非－西亚大裂谷的一部分、约旦河的部分河段，形成东部的天然国界线，分属三国的内陆湖泊死海，湖面海拔－415米，为世界陆面最低点。④内盖夫沙漠地区。广布于国境南半部，几乎占全国面积的60%。

大部分地区为地中海型气候，夏季炎热无雨，冬季温和湿润。全国一半以上地区年降雨量不足200毫米，愈南愈少。仅北部高原和沿海地区平均年降水量可大于400毫米。约旦河是最大的常年河，东北部的太巴列湖，是重要的淡水水源。

图1 以色列伊斯雷谷地的摩沙夫鸟瞰

以色列是西亚唯一两面濒临不同大洋水域（大西洋的地中海和印度洋的红海）的国家，海岸线全长198千米，岸线平直延伸，缺乏天然港湾。矿产资源贫乏，主要有钾盐、石灰石、铜、铁、磷酸盐、镁、锰、溴、硫磺等。森林覆盖率5.7%。

历史 公元前1020年至前923年，犹太人在巴勒斯坦地区建立希伯来王国，但从公元前6世纪起，即连续遭波斯、希腊、罗马、土耳其等的轮番占领，犹太人大部分被逐出家园，流徙异域。公元7世纪，在阿拉伯帝国的统治下，阿拉伯人不断移入，成为该地区的主要居民。19世纪后期，英、美等国的犹太族裔倡导犹太复国主义运动，成批的犹太人陆续回到当时属于奥斯曼帝国的巴勒斯坦，但为数殊少，第一次世界大战后，**国际联盟**将巴勒斯坦交英国委任统治。犹太人逐渐增多。20世纪30年代，纳粹大举迫害犹太人，犹太移民方成批流入，到1946年已增至60万，阿拉伯和犹太两民族的矛盾也随之日益加深，冲突不断。1947年11月，联合国通过关于巴勒斯坦分治决议，规定在巴勒斯坦地区分别成立由阿拉伯人治理的国家和由犹太人治理的国家，耶路撒冷城则由联合国管理。1948年5月14日以色列国正式成立。阿拉伯国家反对和拒绝该决议，于以色列建国次日向以色列宣战，结果战败，随后又在1956、1967、1973年爆发中东战争，以色列占领了大片阿拉伯领土，犹、阿两民族的冲突愈演愈烈，局势长期呈紧张状态。

政治 以色列迄今没有正式的成文宪法，仅有一些单独法起基本法的作用，如《议会法》、《国家土地法》、《总统法》、《政府法》、《国家经济法》、《国防军法》、《耶路撒冷法》和《居住法》等。总统是名义上的国家元首，由议会选举产生，任期7年。其职务基本上是名义上的和礼仪性的，但拥有授权组阁的权力。政府由总理、副总理和各个部级机构组成，实行总理负责制，总理是政府首脑，又是武装部队最高统帅。形式上由总统提名，议会批准，以掌握议会最多席位的政党领袖担任，任期4年。一院制的议会是国家最高权力机构。有议员120名，任期4年。现有政党20多个，而且在不断重组、变化。主要有以下几个：**利库德集团**、**前进党**、“**我们的家园以色列”党**、**以色列工党**、**沙斯党**等。司法机构也自有特点，法院分为两个系统：普通法院和宗教法院。

经济 以色列建国后，通过多次对阿拉伯国家的战争和大量吸收世界各地的犹太移民，已逐渐成为一个高度军事化的、国有、公有化程度很高的发达工业国家。其经济的突出特点是：①外国援助多。半个多世纪间的外援总额以千亿美元计，主要来自美、德等国，世界犹太人组织几乎源源不断地赠款、捐款和贷款。②大力发展武器制造业，军火工业占重要地位。③特别致力于技术水平和劳动生产率的提高，而且卓有成效。这得力于世界各地犹太人的移入，其中包含大量高教育、高管理水平的科学家、工程师和企业管理人员。④外债高，税收高和通货膨胀率高。由于各种冲突不断，经济起伏较大，但总体经济实力仍较强。2009年国内生产总值1 945.02亿美元。

工业 能源及矿产资源贫乏，劳动力成本较高，主要发展能耗少、资金和技术密集产业，工业门类主要集中于高新技术产业如电子技术、计算机软件、医疗设备、生物技术、信息和通信技术、钻石加工等领域，并已达到世界先进水平。电子、电器、机械、纺织、食品、造纸、玻璃、化学、制药等工业部门均较发达，最发达的应数钻石加工和军火工业。钻石生产占国际市场的30%；军火工业的产值，按人口平均计算占世界第一位。产品种类繁多：从一般的枪炮弹药到尖端的预警飞机，直至运载核弹头的战术、战役导弹。3/5军火产品向40多个国家和地区输出。采矿业以开采南部内盖夫沙漠的石油、磷酸盐以及死海的各种盐类为主。

农业 全国耕地面积占土地总面积的1/5。建国后采取一系列水利措施，使灌溉面积大大提高，将近3/5的种植面积得到供水。农业技术居世界领先地位，农业单位产量极高。唯农业产值在国内生产总值中所占比率在逐渐下降。主要农产品有稻谷、棉花、花生、玉米、油橄榄、烟草、蔬菜，以及各种亚热带水果。水果等自给有余，还可出口；粮食和油类仍需进口。畜牧业发展较快，以放养绵羊和牛为主，牛奶等已自给有余。渔产来自加利利海和大西洋以及鱼塘，年捕捞量4万吨。

以色列有独特的旅游资源。大批的宗教景点和众多的历史胜迹，每年吸引国外数以百万计的客人入境游览观光。90%以上的游客来自欧洲和美洲。

交通运输 陆、海、空运输业发达。有铁路615千米，海法—特拉维夫—耶路撒冷线为主要铁路干线。公路总长1.72万千米。特拉维夫、海法与耶路撒冷之间有高速公路相连。海运的主要港口为地中海沿岸的海法港、阿什杜德港和南部亚喀巴湾的埃拉特港。特拉维夫的本－古里安国际机场，与北美、欧洲许多主要城市及埃及、约旦、肯尼亚、南非、土耳其、日本和中国等均有定期航班。

对外贸易 半个多世纪，以色列的外贸从规模和内涵均有很大变化。20世纪50年代出口商品主要是农产品，60年代开始以工业品为主。21世纪以来通过进口，满足本国对大部分商品的需求；以高、尖、精技术和资本密集型商品出口。因置身于阿拉伯国家在地理上和政治上的双重包围中，贸易大大受阻，不得不以远方市场为贸易主要对象。出口贸易额大体是美国占38%，欧盟占26%强，亚洲18%。长期处于逆差状态，2006年进出口总额为904.8亿美元，其中出口额432.6亿美元；进口472.2亿美元。

文化 大力发展教育。从小学到高中全部享受免费义务教育。高等院校众多，仅综合性大学就多达7所，著名的高等院校有耶路撒冷希伯来大学（1918）、特拉维夫大学（1953）、海法大学（1963）、巴伊兰大学（1953）、本-古里安大学（1964）、以色列科技大学、以色列工程技术学院、魏茨曼科学研究院（专招研究生）等。新闻出版业发达，主要报纸有《国土报》(希伯来文日报)、《晚报》(希伯来文)、《新消息报》(晚报，希伯来文）和《耶路撒冷邮报》(半官方英文日报)。其他主要传媒有犹太通讯社，以色列联合通讯社，以色列广播局，另有军方电台“以色列国防军之声”和以色列国营电视台。1994年，政府批准建立了由3家私人机构主持的商业电视网。

对外关系 以色列于1949年5月11日加入联合国，又是联合国很多国际机构的成员国，但其他的国际机构极少参加。已与157个国家建立了外交关系。与阿拉伯国家除极个别的（埃及、约旦）以外，不仅没有外交关系，有的还处于尖锐的对立状态（如与叙利亚）。以巴（巴勒斯坦）关系尤其错综复杂，难以化解。进入21世纪的几年间，形势依然极其严峻。以色列与美国有着特殊的战略盟友关系，对很多国际事务，尤其中东事务，两国几乎都采取一致的政策与态度。以色列的外援也主要来自美国。以色列在1950年1月9日宣布承认中华人民共和国。1992年1月24日与中国正式建立外交关系。

图2 以色列滴灌农田

以色列工党 Israeli Labour Party 以色列重要政党之一。前身是1930年D.本-古里安创建的巴勒斯坦工人党。1968年1月由巴勒斯坦工人党、工人联合党和以色列工人党（简称拉菲）合并而成。自1948年5月以色列建国到1977年，一直处于执政地位。1977年大选失利后，成为反对党。1984和1988年两度与利库德集团合作，组成全国联合政府。1992年Y.拉宾当选工党领袖，取得1992年大选的胜利，恢复执政党地位。1995年拉宾遇刺身亡后，工党势力和影响趋弱。1999年，工党虽在以色列第二次总理直选中获胜，E.巴拉克出任总理，但因中东和谈受挫，巴拉克被迫于2000年辞去总理职务。2005年初，A.佩雷茨率领工党加入沙龙总理领导的联合政府，但佩雷茨在年底当选为工党领袖后即退出政府，致使第16届议会提前解散。2006年，工党与前进党联合执政，佩雷茨任国防部长。2007年，巴拉克当选为工党领袖，接替佩雷茨。

工党的最高权力机构是代表大会。中央委员会为党代会闭幕期间的最高领导机构，由1 300人组成。党的执行机关为领导局，由110人组成。约有党员30万人（1987）。

以色列王国 Israel, Kingdom of 巴勒斯坦北部古代希伯来人国家。始建于公元前10世纪，前722年为亚述王萨尔贡二世灭亡。都城在撒马利亚。前11世纪末，扫罗和大卫（前1000～前960年在位）联合希伯来各部落，建立常备军，抗击腓利斯丁人的入侵，被北方中部推举为以色列王。约前1000年，扫罗在同腓利斯丁人的斗争中兵败身亡。此后，犹太国王大卫彻底击败腓利斯丁人，统一南北巴勒斯坦，建立以色列-犹太王国。大卫之子所罗门王（约公元前10世纪中叶在位）统治后期，南北方矛盾激化，北方的耶罗波安一世在埃及支持下起兵反对所罗门，自立为王，建立以色列王国。立国的前几十年中经常同犹太王国发生战争，并曾遭受埃及的入侵。暗利王朝统治期间，局面较安定。暗利定都撒马利亚。耶户王朝统治时期（前842～前748），以色列王国受到亚述帝国日益严重的威胁。前722年，萨尔贡二世攻陷撒马利亚，将大批居民迁往异域，以色列王国遂亡。

以太 ether 物理学史上一种假想的物质观念，其内涵随物理学发展而演变。“以太”一词是英文ether或aether的音译。古希腊人以其泛指青天或上层大气。在亚里士多德看来，物质元素除了水、火、气、土之外，还有一种居于天空上层的以太。在科学史上，它起初带有一种神秘色彩。后来人们逐渐增加其内涵，使它成为某些历史时期物理学家赖以思考的假想物质。

17世纪R.笛卡尔提出以太旋涡说，认为空间充满了以太，整个太阳系处于以太阳为中心的以太旋涡中，并用以说明行星的运动。不久牛顿建立以三大运动定律和万有引力定律为基石的牛顿力学，成功地解决了太阳系内行星、彗星和卫星的运动问题，之后引力被认为是超距作用的，无需以太作为传递媒介，从而否定了以太论。19世纪光的波动性发现后，认为“波的传播必须依靠媒质”，特别是后来发现了电磁场的波动性，以太论再度兴起，认为宇宙中不论何时何地在任何物体之内都充满了以太，光和电磁波被解释为以太的机械振动。后来虽然在观念上有所变化，把光和电磁波看成电磁场的振动，但以太仍然保留着某种绝对的性质，它可以看成是描述万物运动的绝对静止的参考系。19世纪末20世纪初，各种试图探测地球相对于以太运动速度的实验均告失败，A.爱因斯坦建立狭义相对论，再次否定了这种作为绝对静止参考系的以太存在。

人们终于接受了电磁场本身就是物质存在的一种形式的概念，而场可以在真空中以波的形式传播。仅仅把波动理解为某种媒介物质的力学振动的狭隘观点已完全被冲破。但现代物理学的空间观念中仍然保留了某些和以太相似的看法。例如不存在超距作用；真空不可视为空无一物，而应当看作是许多能量作用的场所。

以太网 Ethernet 采用带碰撞检测的载波侦听多址访问方法进行介质访问控制的局域网。20世纪70年代中期由美国施乐公司研制，1980年开始作为美国电气和电子工程师学会（IEEE）的802.3标准运行并不断发展。网上的各个站点均接到同一总线上。某站点需要和其他站点通信时，就向总线发出数据帧，此数据帧沿总线可送达各个站点。当一个站点的地址与此数据帧之目的地址相符，就可接收此帧。当两个或更多个站点同时要利用总线发送数据帧时，就会发生碰撞。为此，站点在发送前先要侦听总线，等总线空闲时再发，这种侦听称为载波侦听。即使如此，仍然有可能发生碰撞（即同时侦听到空闲），所以要进行碰撞检测，未测到碰撞，才算发送成功。这就是带碰撞检测的载波侦听多址访问（CSMA/CD）方法。

以太网能支持传输率为1兆比特/秒至10吉比特/秒的各种局域网。

蚁 Formicidae; ant 膜翅目蚁科昆虫的统称。又称蚂蚁。为真社会性生活的类群。全世界分布，已知1万余种，中国已知500余种。

蚂蚁有多型现象，一般有3个品级：雄蚁和可育雌蚁，工蚁和兵蚁。少数种类无工蚁。体表光滑或具刻纹，体色一般黑、褐、黄、橙和暗赤色。触角膝状，工蚁10～12节，雄蚁10～13节，柄节很长。胸部各节合并，有些类群常具有形状大小各异的齿或刺等构造。若有翅，则后翅无轭叶和臀叶，具1或2个闭室。腹部第1节，或第1、2节特化成独立于其他腹节的结节状或鳞片状。腹末具螯针，有刺螯功能；或螯针退化无刺螯功能，而代之以臭腺防御，或形成能喷射蚁酸的喷射构造。

除少数营寄生性生活外，皆营社群性生活。3个品级形态和职能各异。雄蚁和雌蚁均有翅，交配后雌蚁的翅自行脱落后，开始营巢，以后专司繁殖后代而不外出，称为“蚁后”。工蚁和兵蚁均系无翅不育雌蚁，有些种类可有大、小二型。工蚁一般司建巢、外出采食并饲育幼蚁和雌蚁等职。兵蚁头部发达且具特大的上颚，司御敌保卫之职。蚁群大小因种类而异，如小家蚁有个体35～1 400只，而红褐林蚁的个体则可达80余万只。蚂蚁食性复杂，有肉食性和植食性，可直接或间接地有害于人类，又能捕食害虫而为益虫，还有一些蚂蚁及其蚂蚁制剂具有镇静、抗炎、平喘、解痉、增强和调节免疫功能、延缓衰老、补肾驱寒、活血化瘀等功能。

蚁鼻钱 Yibi Coin 中国战国时期楚国铜币。形状为凸面椭圆形，似海贝。通高约1.8厘米，重约3克。正面有阴文的君、圻等字。过去人称这种钱为蚁鼻钱或鬼脸钱，多出土于湖北、湖南、江苏及豫南、鲁南一带，应是楚国铸造的，在安徽发现有这种钱的铜质铸范。

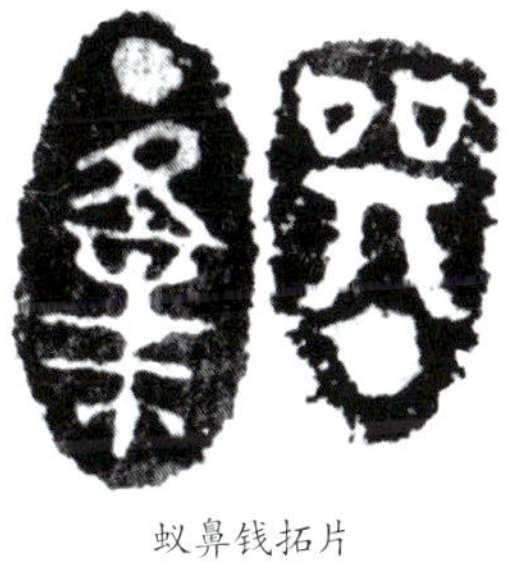

蚁鼻钱拓片

椅子顶 chair balancing 中国平衡类杂技项目。又称叠椅倒立，即在叠摞椅子造型的过程中，演员在椅子的各部位上表演倒立。源于汉代的“安息五案”，即将数张小桌叠成一摞，杂技艺人于其上表演拿大顶。19世纪末以来，把桌子换成椅子，叠摞的造型更巧妙，技巧更优美高难。20世纪50年代以来椅子顶项目发展很快，已形成多个节目。如单人表演的《叠椅倒立》是在一张小台子上，摆放四个透明的玻璃瓶作为基础，用木椅叠垒为塔，在叠椅建塔过程中表演人体造型、倒立等技巧；集体表演的《排椅造型》，人与椅相互配搭构建起壮丽景观，如牌楼耸立、凤凰展翅，以展现演员的超常臂力及相互协作的团队精神。

排椅造型演出照（天津杂技团）

弋阳腔 Yiyang tune 中国戏曲声腔。简称弋腔。宋元南戏流传至江西弋阳后，与当地方言、民间音乐结合，并吸收北曲演变而成。至迟在元代后期已经出现。明、清两代，弋阳腔成为活跃于民间的主要声腔之一，流布于今之安徽、浙江、江苏、湖南、湖北、福建、广东、云南、贵州以及南京、北京等地。清乾隆年间，由弋阳腔与北京语音结合衍变形成的“京腔”在北京演出时，曾出现过“六大名班，九门轮转”的盛况，并被宫廷演戏采用，编写“昆弋大戏”。至清中叶，当各种地方戏曲蓬勃兴起时，高腔（弋腔）也就成为新兴的多声腔剧种的一个组成部分，如四川的川剧，湖南的湘剧、辰河戏、祁剧，浙江的婺剧，江西的赣剧、瑞河戏，北方的柳子戏等。弋阳腔继承和发展了南戏演唱时的民间艺术创作的传统，“句调长短，声音高下，可以随心入腔”。还可“错用乡语”，即采用方言土语。对昆曲等传奇剧本则采用“改调歌之”，移植上演的做法，并且用加“滚”的表现手法，插入通俗的韵文、散文，使广大群众更易理解。

弋阳腔的唱腔结构来自南戏的曲牌联套体制，脚色行当也承南戏，分生、旦、净、末、丑。其舞台表演，即唱、做、念、打则只用锣鼓节制、帮衬而无管弦伴奏。明中叶，弋阳腔系的青阳、太平等腔，发展“滚调”，始突破曲牌联套的格式。弋阳腔的传统特征，如徒歌（干唱）、帮腔（接腔）和滚调（滚唱、滚白）仍保留至今。

弋阳县 Yiyang County 中国江西省上饶市辖县。位于省境东北部，信江中游。面积1 592平方千米。人口35万（2010）。东汉建安十五年（210）析余汗县置葛阳县。隋开皇十二年（592）改为弋阳县。矿产有金、银、铜、铁、蛇纹岩、石灰岩、大理石、花岗岩、煤、瓷土、耐火黏土等。农业以蚕桑、果业、毛竹、禽等为四大支柱产业。工业以食品、建材、采矿为主导产业。革命遗址较多，有方志敏烈士故居、“漆工镇暴动”旧址、“窑头会议”旧址、信江苏维埃政府旧址、芳家墩赣东北特委旧址。风景名胜有岑山、圭峰等。

义和团运动 Yihetuan Movement; Boxer Movement 中国清末群众性的反帝爱国运动。它是中日甲午战争后中国人民反瓜分、反侵略斗争的发展，又是长期以来遍及全国各地的反教会斗争的总爆发。

义和团的兴起　义和团原称义和拳，是长期流行于山东、直隶（约今河北）等地的许多民间秘密结社中的一种。甲午战争后，各地反教会斗争接踵而起（见教案）。义和拳遂成为反对外国侵略势力的重要组织形式。

光绪二十四年九月（1898年10月），山东冠县义和拳以阎书勤为首，联合直隶威县赵三多等，聚众烧毁红桃园教堂，占领犁园屯，震动了鲁、直两省的毗连地区，

图1　1900年入侵中国的德国军队

成为义和拳反帝斗争兴起的信号。次年10～12月，平原县以朱红灯、本明和尚为首的义和拳，直隶南部枣强县以王庆一为首的义和拳纷纷起来，当地传教士要求清政府严加镇压。山东巡抚张汝梅则建议清政府改义和拳为团练，以便控制，并将义和拳改名为义和团；毓贤继任山东巡抚后，企图瓦解分化义和拳，采取“分别良莠”的办法，对参加义和拳的一般群众称为良民，默许他们设厂练拳，对武装反抗的人则诬蔑为“匪徒”，捉拿惩办。

义和团的主要参加者是处于社会底层的劳苦大众，贫困和愚昧使他们的反抗斗争只能沿袭过去农民起义利用秘密结社的办法，采取设立神坛的方式发展组织，操练拳术，吸引群众。义和团的基层组织是坛，又称坛场或拳厂，是敬神、练拳、聚会、议事的场所。参加者绝大部分是农民，其次是手工业者、旧式交通运输工人、和尚道士、散兵游勇，也有少数封建知识分子、中小地主和官吏，还有地痞、流氓卷入。义和团带有浓厚的神秘主义色彩，用画符念咒、请神附身等“术法”动员群众，广泛宣传“持符念咒、神灵附体”来鼓舞斗志。他们信奉的神祇除佛、道以外，还有小说、戏曲、民间故事中的神怪和人物。义和团散发各种传单、揭帖，以朴素的语言和歌谣形式，进行驱逐侵略者、保卫国家的宣传，还提出了“扶清灭洋”的口号。

清政府对义和团的“剿”与“抚” 义和团在山东反侵略斗争的发展，引起帝国主义者的恐惧和仇视。光绪二十五年十一月（1899年12月初），美国公使示意清政府由武卫右军统领**袁世凯**为山东巡抚，以便统带所部新军镇压反教群众。清政府接受了这项无理要求。袁世凯就任后，把镇压义和团当作主要任务，山东义和团实力遭

图2 被八国联军俘虏的英勇不屈的义和团团民

到重大摧残。清政府官员在对待义和团问题上，一直存在着主“剿”和主“抚”两种不同意见。两派意见交互影响清政府，使其举棋不定，对义和团的镇压忽松忽紧。

义和团抗击八国联军 清政府在义和团问题上犹豫摇摆，各国公使决定用武力胁迫清朝统治者就范。1900年6月10日英国海军中将西摩统率多国联军（史称**八国联军**）2 000余人，从天津直趋北京。6月中旬，大批义和团亦准备进入北京城。

当西摩统率联军自天津出动时，义和团拆毁铁路，阻挡侵略军前进。11日和12日，联军只前进40多英里，13日下午义和团与西摩联军在落垡、廊坊交锋。西摩联军遭到痛击，狼狈逃回租界，死伤近300人。

西摩联军被围后，与外界消息不通。6月15日，大沽各国海军将领会商营救办法，俄国提出各国军队联合夺占大沽炮台。16日晚，他们向中国守军发出通牒，限第二天清晨二时前交出炮台营垒，由各国接管，否则届时以武力夺取。大沽守将罗荣光断然拒绝。当晚，英、俄、日、德等海军组织突击队，在炮舰掩护下向大沽炮台发起猛攻。守军英勇抵抗失利，炮台陷落，天津的门户被打开。大沽炮台失守消息传到北京，21日，清政府发布对外宣战的谕旨。义和团和清军开始围攻使馆和西什库天主堂。

义和团运动的大爆发，特别是义和团进入北京和清政府对外宣战，促使人民群众反帝斗争很快席卷全国。许多地区教堂被大量焚毁，声势浩大，使侵略分子坐立不安。

天津义和团在大沽炮台陷落前，群众已焚毁仓门口、望海楼等处教堂。租界内的侵略军出来干涉。盘踞老龙头火车站的俄军炮击义和团，造成重大伤亡。曹福田统率的义和团进攻租界和火车站，揭开天津战斗的序幕。他们破坏铁路，阻击从大沽开来的援敌，顽强奋战。大沽失陷的消息传到天津，聂士成所部武卫前军参加战斗，炮击天津租界。大沽各国军队急速向天津进犯，组织力量反扑，对天津城外围发起攻击。6月底，张德成率静海独流镇义和团到天津参战，驻扎山海关内外的武卫左军马玉昆部也陆续开到天津。7月初，清军与义和团组织了一次联合作战。13日，联军大举进犯，炮轰天津城，全城大火。义和团在城外壕沟里和芦苇丛中阻击敌人，战斗中击毙美军第九步兵团上校团长及其以下军官多名，打死800余人。这是天津战役中最激烈的一次战斗。14日天津失陷。8月4日，各国联军约两万人，从天津出发进攻北京。次日，北仓失陷。6日，英、俄、美军进攻杨村，清军迎战失利，直隶总督裕禄自尽。清政府宣战后一个多星期，就通过驻外各使馆向各国政府保证，由它“设法相机自行惩办”义和团，并命令军机大臣兼武卫军统领**荣禄**派人到外国使馆商议停战，后来又一再向俄、日、英、法、德、美政府乞情，请求它们出面调停。但清政府的一切求和活动都没有结果。8月7日，清政府任命**李鸿章**为议和代表，电商各国停战，前线将领因而更无斗志。14日北京失陷。慈禧太后、光绪皇帝于次日清晨仓皇出逃。16日围攻西什库教堂的战斗结束。慈禧在流亡途中，颁布“剿匪”谕旨，通令各路官兵剿办义和团，要做到斩尽杀绝。联军占领北京后，大肆烧杀抢劫。英、德、法等军继续派出部队，四出攻城略地。9月间，俄军占领北塘、唐山、秦皇岛等地，控制北京、天津到山海关铁路。德国元帅A.von瓦德西又率领两万德军到中国，并任联军统帅。10月中，他派出德、英、法、意军队从北京、天津两路进攻保定。直到次年4月，瓦德西组织了46起“讨伐队”(其中33起为德军）四出侵扰，西至直晋边境的娘子关、紫荆关，西北到张家口，南到直鲁边境。所到之处烧杀掠劫，无恶不作。

东南互保 当西摩统率联军2 000余人从天津向北京进犯，遭到义和团阻击，与外界消息隔绝时，英国为了阻止群众起来响应北方义和团的反帝斗争，排除其他帝国主义可能乘机在长江流域扩充势力，决定利用地方当局保护它在中国的侵略利益。刘坤一、**张之洞**经过几度电商后，同意英国上海代总领事霍必澜的计划。大沽炮台失守的消息传来后，京广铁路督办**盛宣怀**竭力劝说刘坤一、张之洞立即与上海各国领事而不是单独同英国订约，成立所谓“**东南互保**”。清政府宣战诏书发表后，他们又以“矫诏”为由，拒绝执行朝廷的命令。

刘坤一、张之洞接受盛宣怀的主张，于6月26日，以上海道台余联沅为代表，邀约各国领事商订所谓《东南互保章程》九条，主要内容为：“上海租界归各国公同保护，长江及苏杭内地均归各督抚保护，两不相扰，以保全中外商民人命产业为主。”各国领事原则上表示同意，但声明订约必须得到各国政府的授权。刘、张对各国领事保证，不管此后北方发生什么事情，他们“仍照所议办理，断不更易”，并拒绝清政府要他们“招团御侮”的命令。以后，实行“互保”的地区，从原来的江苏、江西、安徽、湖北、湖南，扩大到浙江、福建、广东、山东。福建省还单独与福州各国领事直接达成类似的协议。这个章程最后虽没有订立，但由于刘坤一等地方督抚竭力镇压群众响应义和团运动，“互保”的局面终于保持下来。

辛丑条约 八国联军攻陷北京，慈禧太后、光绪帝经太原逃往西安。各国经过反复商议后，才决定与清政府议和并继续维持以慈禧太后为首的统治。英、俄、德、日、美、法等国于1901年9月7日（光绪二十七年七月二十五）与清政府代表奕劻、

李鸿章正式签订《辛丑条约》(又称《北京议定书》，通称《辛丑条约》)，除正约外，还有19个附件。它的主要内容有：①中国向各国赔偿白银4.5亿两，分39年还清，连利息在内，共9.82亿多两，史称“庚子赔款”。指定海关税、通商口岸常关税及盐税作为偿还赔款之用。俄国索取赔款最多，达1.3亿多两，占总数的29%；其次为德国，占20%。②拆除大沽炮台，北京设使馆区，界内不准中国人居住。除使馆区驻兵外，北京到山海关铁路沿线12处驻扎外国军队。③永远禁止中国人民成立或参加具有反帝性质的集团，违者一律处死；地方官自总督、巡抚以下，对其辖区内发生伤害外国人或违约行为，如不及时弹压惩办，“即行革职，永不叙用”；对附和过义和团的官员，中央自王公大臣以下，地方自巡抚以下，监禁、流放和处死100多人；发生过反帝斗争的城镇，一律停止科考5年。④改总理各国事务衙门为外务部，“班在各部之前”，由清朝近支王公主管，另设尚书二人，其中一人为军机大臣。⑤修订新商约，清政府将通商行船各条“均行议商，以期妥善简易”，并疏浚天津、上海河道等。《辛丑条约》规定的赔款之大，条件之苛刻，都是空前的。它是对中国人民的一次大勒索、大屈辱，也使清政府完全丧失了独立地位。

义和团运动是群众自发的反帝爱国运动。没有统一的组织、集中的领导和协同一致的行动，失败是必然的。但义和团群众从切身的感受中，认识到外国侵略者是中国人民最主要的敌人。从这一感性认识出发，他们奋不顾身，对帝国主义侵略者进行了前仆后继的英勇斗争，表现出中华民族不甘屈服的反抗精神。

义净 Yijing (635～713) 中国唐代僧人，旅行家，四大译经家之一。俗姓张。高宗咸亨二年 (671) 由海路前往印度求法，巡礼鹿野苑、祇园精舍等，至那烂陀寺习大小乘佛教，前后留学10年。归途经室利佛逝 (今印度尼西亚苏门答腊)，停留4年，从事译述，游历30余国。证圣元年 (695) 携梵本经、律、论约400部回洛阳，武则天亲迎之。归途中撰《南海寄归内法传》4卷及《大唐西域求法高僧传》2卷。又参加实叉难陀译场译80卷《华严经》；在洛阳、长安主译事，译《金光明最胜王经》、《根本说一切有部毗奈耶》、《法华论》等经、律、论61部，239卷。

义马市 Yima City 中国河南省辖县级市。位于省境西部，涧河中游。面积112平方千米。人口14万 (2010)。民族有汉、回等。相传唐代将领秦琼在此饮马，后将“饮”讹传为“义”，故名。1963年设立义马镇，1970年从渑池县析置义马矿区，1981年建立义马市。由三门峡市代管。属暖温带半湿润季风气候。农作物主要有小麦、油菜、花生。特产蜂蜜。工业主要有煤炭、石油、化工、机械、建材、冶金、化纤、纺织、皮革和食品等。煤炭储量丰富，总储量达28.6亿吨，煤质好，适宜机械化开采。是河南省重要煤炭工业基地之一。名胜古迹有贾村、石门、石佛等仰韶文化遗址，以及鸿庆寺、南仙岩风景区等。

义乌市 Yiwu City 中国浙江省辖县级市。位于省境中部。面积1 103平方千米。人口123万 (2010)，有汉、回、苗、满等民族。秦置乌伤县。唐武德七年 (624) 置义乌县。1988年撤县设市。由金华市代管。农作物有水稻、小麦、甘薯等。甘蔗种植历史悠久，产“义乌青”红糖，为浙江省重点产糖地之一。南枣、蜜枣、山花梨为传统名产。养猪业发达，为金华火腿产地之一。工业有制糖、机械、造纸、化工、纺织、皮革、食品等门类。浙赣铁路、杭金公路贯境，并有嵊义、蒋义等公路相接。义乌机场开通了至广州、北京、深圳等多条航线。义乌小商品市场的壮大和繁荣，带动了全市交通运输业、服务业和旅游业的发展。名胜古迹有大安寺塔、双林寺、双林铁塔、德胜岩、松瀑山、绣湖、古月桥、骆宾王墓、朱丹溪墓和黄山八面厅等。

义务 duty 由法律规定和作为法律关系主体即义务主体或承担义务人应这样行为或不得这样行为的一种限制或约束。在法律上，义务是权利的关联词或对应词，两者相辅相成，有义务即有权利，有权利即有义务。

法律规定义务，或者积极地规定或承认人们必须这样行为，或者消极地规定或承认人们不应这样行为。对承担义务者来说，前一情况是行为的义务，后一情况是不行为的义务。两种行为的合称就是通常说的“令行禁止”。像权利一样，义务的主体是法律关系主体或承担义务人。

权利与义务相辅相成。首先，从“权利”与“义务”两词的释义来看，权利是指法律关系主体可以这样行为或不这样行为，或者要求其他人这样行为或不这样行为。例如一个人有权利外出购物、散步、旅游、参观等，所有这些活动都随之产生一定的义务：购物必须承担交付出售人以价款的义务；进入某一博物馆参观，入门时应承担购买门票的义务。在这些情况下，作为享有权利人同时也作为承担义务人。承担义务人同时又是享有权利人，例如付款购物人不仅可以享有所购物品的所有权，如果回家使用时发现物品质量有问题，还可享有法定补偿的权利，售货人则须承担法定赔偿的义务。

义务与权利是关联、对应的，可分为：公义务与私义务，对世义务与对人义务，主义务与从义务，专属义务与可移转义务。

义务兵役制 compulsory service system 国家关于公民在一定年龄内都必须履行一定期限兵役义务的制度。有些国家称征兵制。公民履行兵役义务的形式，通常包括定期在军队中服现役和在军外服预备役。实行义务兵役制，公民的兵役负担比较合理，有利于保障军队的兵员补充，有利于积蓄训练有素的后备兵员。义务兵役制是在古代征兵制的基础上发展起来的。古代实行的民军制、征兵制，已具有义务兵役制的性质。中国《中华人民共和国兵役法》(1998年修订) 规定实行以义务兵役制为主体的义务兵与志愿兵相结合、民兵与预备役相结合的兵役制度。

义务教育 compulsory education 国家用法律形式规定对一定年龄儿童免费实施的某种程度的学校教育。又称强迫教育、免费教育或普及义务教育。

这里义务的含义包括父母或监护人有使学龄儿童就学的义务，国家有设校兴学以使国民享受教育的义务，以及全社会有排除阻碍学龄儿童身心健全发展的种种不良影响的义务等。

义务教育的范围常涉及3个方面问题：①实施义务教育的起始年龄问题。一般都定为儿童满6岁入学，但也有定为5周岁 (如英国、澳大利亚、土耳其等) 或7周岁的 (如保加利亚等)。②实施义务教育年限与儿童学龄期的问题。二者的年限，各国的规定往往不同。如日本先定6～14岁为学龄期，其间4年为义务教育；德国曾按宪法规定6～18岁为正规学龄期，其中9年为义务教育。③义务教育阶段与学校教育阶段的关系问题。义务教育年限较短的，一般以小学前期若干年为义务教育阶段，但随着义务教育年限的延长，义务教育阶段延伸到中等教育阶段。

中华人民共和国建立后，明确规定公民有受教育的权利，并通过许多法律来落实义务教育。1985年通过了《中华人民共和国义务教育法》，从而使中国的义务教育走上了法制化的道路。至2000年底，中国基本上普及九年义务教育。

义训 explanation of character by meaning 汉语训诂学术语。直接对词的意义进行解释而不从字形结构或字的音义关系上去分析推论的方式。义训是对形训和声训而言。古书中文句下所加的注解和字书、辞书里所加的解释一般都是义训。义训总是以通语、常言去解释不易理解的文语、古语或方俗语。对于名物，经常说明其属类、形状、颜色和功用。

义训的方式很多。常用的除了说“某，某也”，也说“某谓之某”，或“某曰某”。

义阳三关 Three Passes of Yiyang 中国南北朝时义阳郡（治今河南信阳）南平靖、黄岘、武阳三关的总称。为今豫、鄂交界大别山上的隘口。淮、汉间交通要隘，故历来为兵家必争之地。平靖关，“靖”一作“静”。因山为障，不营濠隍，故名。即春秋时之冥（黾）阨。《左传》定公四年（前506），吴伐楚，自淮涉汉，楚左司马戌请塞冥阨等三隘，自后击之。《吕氏春秋·有始览》、《淮南子·地形训》皆列为天下九塞之一。因居三关之西，又名西关。宋时名行者坡，后讹作恨这关。黄岘关，一作广岘关。即春秋时直辕。在今河南罗山县西南豫鄂交界上。《元和郡县志》作“百雁关”。宋以后名九里关。明置九里关巡司于此。武阳关，即春秋时大隧。因居三关之东，又名东关，在今罗山县南。隋及唐初在礼山县境内，故《元和郡县志》称“礼山关”。宋名大寨岭。三关与义阳郡城势如首尾，相互呼应，为南北朝时军事防守要地。北朝得三关，可进而取淮、汉，南朝得三关，则可进取伊、洛。故北魏与齐、梁多次争夺三关。唐中叶，淮西方镇屡叛，亦因三关在其境内。南宋失三关，故寿春、合肥往往多事。故欲保淮西，必守义阳三关。

《义勇军进行曲》 *The March of the Volunteers* 中国歌曲。田汉词，聂耳曲。作于1935年春。原为影片《风云儿女》的主题歌。义勇军是九一八事变后，人民自愿组织起来的抗日武装。歌曲以雄壮激昂的旋律、坚定果敢的进行节奏，塑造了中国人民万众一心、勇往直前、誓死保卫祖国的义勇军形象。歌曲在影片上映后，迅速传遍全国，极大地激发和鼓舞了爱国人民的抗日救亡运动。1949年9月27日中国人民政治协商会议决议，在中华人民共和国国歌未正式制定前，以《义勇军进行曲》为国歌。1978年第五届全国人民代表大会第一次会议修改了歌词。1982年12月4日第五届全国人民代表大会第五次会议决定恢复《义勇军进行曲》原歌词，为中华人民共和国国歌。

义与利 righteousness and profit 中国古代伦理学的一对重要范畴。义，最初表示对美善事物的守护和追求，后引申为适宜、正当、合理、应该等，也即道义；利，指利益、功利。中国思想史上关于二者关系的讨论，即义利之辩，自先秦迄近代出现过三次大的辩论高峰。

远在先秦时期，孔孟主张义利对立，重义轻利。孔子说：“君子喻于义，小人喻于利。”而荀子主张义利兼顾。他说：“义与利者，人之所两者也。”又提出“先义后利”、“以义制利”等观点。墨子主张既“贵义”又“尚利”。法家主张重利轻义，认为“好利恶害，夫人之所有也”。道家的义利观可以概括为“义利双弃”或“义利双斥”，即提出对义与利要予以超越和否定。西汉董仲舒大力宣扬“正其谊不谋其利，明其道不计其功”。儒家的义利对立、义重于利的理论得到不断加强，成为中国传统义利论的主流。

宋代理学家对义利之辩持之尤力。他们把义利之间的对立关系加以绝对化。程颢说：“大凡出义则入利。出利则入义，天下之事，惟义利而已。”朱熹说：“义利之说，乃儒者第一义。”而以李觏、王安石、陈亮、叶適等为代表的思想家则持功利主张，反对程朱理学。他们认为，若无功利，道义便是虚语。

明末清初，伴随着早期启蒙思潮的出现，义利之辩又一次掀起高潮。李贽主张计功谋利；黄宗羲认为：“公利即是仁义。”颜元明确提出义利统一的辩证观点。

《艺概》 *Introduction to the Art and Literature* 中国文学理论著作。著者清代刘熙载，字伯简，号融斋，晚号寤崖子。江苏兴化人。道光二十四年（1844）进士，官至广东提学使，晚年主讲于上海龙门书院。于经学、音韵学、算学有较深入的研究，旁及文艺。著有《古桐书屋六种》、《古桐书屋续刻三种》。

《艺概》成书于同治十二年（1873）。全书分为《文概》、《诗概》、《赋概》、《词曲概》、《书概》和《经义概》，共6卷，分别论述文、诗、赋、词、书法、八股文的体制流变、性质特征、表现技巧，评论重要作家作品等。作者自谓谈艺“好言其概”，“举少以概乎多”（《自叙》），故以“概”名书。与以往谈艺之作比较，《艺概》的特色是广综约取，精简切实，触类旁通。

《艺概》论文既注重文学本身的特点、艺术规律，同时又强调作品与人品、文学与现实的联系。刘氏考察创作问题、评价作家作品，往往有精辟独到的见解。他强调作品是一个有机整体，论所谓“词眼”、“诗眼”，提出“通体之眼”、“全篇之眼”。谈到批判与继承的关系，认为“惟善用古者能变古”，并能够正确对待不同旨趣、风格的作家作品。他论表现手法与技巧，指出“语语微妙，便不微妙”，“竟体求奇，转至不奇”，强调“交相为用”、“相济为功”，提出一系列相反相成的艺术范畴，如深浅、重轻、劲婉、直曲、奇正、空实、抑扬、开合、工易、宽紧、淡丽等等。

艺妓 geisha 以在和式宴会上献艺为职业的日本女艺人。又称艺者。日本出现专业艺妓大约始于17世纪末至18世纪初。当时因妓馆人手不够，故招收一些打鼓女郎，女郎打鼓专业化后便成为艺妓。关西地区称之为艺子。艺妓与妓女不同，是以自己掌握的艺术在宴席上为客人创造欢乐的气氛，一般只卖艺不卖身。也有极少数艺妓被富商、武士或政客请到私宅去弹唱表演的，实际上沦为私娼，被称为町艺者（街道艺妓）。1873年以后，因风俗业（花柳业）势头增大，财界、政界亦想利用艺妓扩大自己的影响，故艺妓陪伴成为上层社会交际场合的重要服务内容。培养艺妓需要较长时间，名妓需有很好的修养和艺术造诣。艺妓身着和服，梳高高的和式发型。服务时先跪在客人旁边，倒茶斟酒，点烟陪话，介绍菜的吃法。待客人吃喝得差不多时开始表演助兴。表演主要是弹三味线（三弦），唱日本古典歌曲，跳民族传统舞蹈。对日本人来说，有艺妓陪伴用餐是一种很高的礼遇。

艺名 stage name 演员为从艺而起的别名。在文艺、曲艺、杂技及中国传统戏曲等领域中广泛存在。传统曲艺行当艺名多由师长在收徒时赠予，也有自取或由观众赠取。艺名的义项内涵各不相同：以艺人表演的艺术特色、擅长的技巧或人物等命名，如水上漂；以花草珠宝之类取名，如芙蓉草、黄菊花；以长辈、师傅和前辈艺人取名，如小白玉霜、小若兰；有些剧种所起艺名中多见“某某红”，以示艺人在某处、几岁或因何故成名；有的艺名采用同门辈分用字或表现行当特色的词语，“猴王”扮演者六小龄童即属以艺名用字表示家承辈分。相声演员中常见幽默有趣的艺名。早期京剧、琼剧还流行男旦取女性化艺名，如梅兰芳（原名梅澜）。艺名广为流传，艺人的本姓名往往不被人知。艺人取艺名的现象在世界范围内都较常见，好的艺名对成名起积极作用。娱乐圈中的艺名常是苦心包装之作，与明星公众形象和公司利益密切相关，因此艺名所有权常不属于个人。日本的艺员契约中常规定，艺员未经许可不得擅自将自己的艺名提供给第三者使用。

艺术品拍卖 artwork auction 进行艺术品交易的一种商业活动方式。根据《中华人民共和国拍卖法》第3条：“拍卖是指以公开竞价的形式，将特定的物品或财产权利转让给最高应价者的买卖方式。”拍卖必须具有3个条件：①有两个以上的应买者；②若干应买人同时竞购某一拍卖品；③拍卖品价格不固定。拍卖应遵循公开、公平、公正、诚实、信用的原则。经营艺术品与文物拍卖的企业应当有1 000万元以上的注册资本。拍卖活动由拍卖师主持，拍卖竞买人参与拍卖的喊价方式常用增价式（英

索斯比拍卖行拍卖会现场

国式），即出价高者，获得拍卖品。艺术品拍卖的基本程序是：卖家在约定的时间携带藏品到拍卖公司，由专家鉴定，专家认为具有拍卖的可能性，双方正式签署协议，拍卖公司接受卖方委托，藏品在拍卖前要公开展示，拍卖后结算付款。

目前世界上最大的两家拍卖公司是索斯比与克里斯蒂。索斯比拍卖公司由S.贝克于1744年创立，总部设在伦敦，目前有100多个分公司。克里斯蒂拍卖公司由J.克里斯蒂于1766年在伦敦创建，主要从事绘画、宝石、家具、书籍等艺术品拍卖。

中国台湾目前有4家拍卖行，其中两家由台湾本地文物商建立。中国香港的拍卖公司除索斯比与克里斯蒂两大拍卖行于20世纪70～80年代设立的分公司外，尚有本地的香港拍卖行等。由于香港在90年代的经济繁荣及地处东南亚贸易、金融中心，且有不征收拍卖税及文物进出口自由等政策，它已成为亚洲重要的中国文物与书画拍卖中心。1992年，北京拍卖行首次拍卖，以中国文物与字画为主。1994年，北京翰海拍卖公司和中国嘉德国际拍卖公司先后成立，之后屡创中国书画与艺术品的最高价。90年代中期，北京拍卖公司最多时有30多家，至21世纪初只有四五家拍卖公司还有竞争力。

艺术世界 World of Art; Mir Iskusstva 俄国19世纪末20世纪初的文艺社团。由圣彼得堡的一群青年艺术家组成。A.N.别努瓦、K.A.索莫夫和S.P.佳吉列夫是社团的核心成员。他们对19世纪末20世纪初动荡的现实不满，在艺术上鄙视学院派和巡回展览画派的庸俗和保守，主张把俄罗斯艺术引进西欧现代主义艺术的行列。1898年，佳吉列夫在圣彼得堡组织俄罗斯与芬兰画家联合展览会。1899年创办《艺术世界》杂志，从1901年起开始组织艺术世界展览会。1899～1904年是社团最繁盛的时期。1904年当12月出版了最后一期以后，社团的成员转入了俄罗斯美术家协会，佳吉列夫的活动也由圣彼得堡转到巴黎。1904～1910年，艺术世界作为一个艺术组织不复存在。1910年春，以别努瓦为首的原艺术世界成员脱离了俄罗斯美术家协会，决定沿用“艺术世界”的名称定期举办画展。重新组合后，油画创作较少，舞台美术和版画创作增多。在第一次世界大战期间，艺术世界组织基本瘫痪。1924年宣布解散。只有在国外的几个人，曾企图恢复这个艺术社团，但未成功，艺术世界最终从艺术领域中消失。受I.康德和A.叔本华的影响，艺术世界并无统一的创作原则和艺术纲领，其成员在艺术风格上的差异很大，对艺术的理解也不尽一致。但是，艺术世界曾拥有很多才华出众的艺术家，在实用美术、插图、舞台美术等方面作了许多有益的探索。

艺术市场 art market 狭义指作为商品的艺术品交换的场所。广义指艺术商品交换关系的总和。即艺术市场既体现着艺术品买方、卖方和交易中介之间的关系，还包括在艺术品流通过程中起促进和辅助作用的一切机构和行为。

艺术市场的构成主体有艺术家、经纪人与代理人、艺术评论家、艺术品购藏者。艺术市场经营形式主要有个体营销、画廊、拍卖公司、博览会四大类，按经营方式分，有一级市场与二级市场。一级市场是指艺术品日常销售市场，二级市场即拍卖市场（见艺术品拍卖）。

中国书画市场在汉魏六朝已初见端倪。唐代公私典藏兴盛。宋元书画市场进入成长期，出现了专门的书画店与经纪人。明清书画艺术市场更为专业化，书画交易主要通过画商完成，艺术家作品明码标价。清代出现了北京琉璃厂这样的书画古玩商业街，针对书画作伪的鉴定成为专门学问。清末民初有大量书画社团与画会出现，以维护书画家权益。20世纪前半叶，由于战争动乱，中国书画市场趋于衰微。1949年以后，除北京荣宝斋、上海朵云轩等公私合营后的画店与国营文物店经营少量字画外，艺术品交易趋于停滞。改革开放以后，先是由外贸部门组织了书画作品的出口，80年代后期中国艺术市场发展迅速，出现了商业性画廊，据统计最多时有4 000多家（含各种画店）。

巴黎蒙马特高地绘画市场

西方艺术市场的发展，经历了自由交易时期、同业公会、沙龙时期、画廊时期、美术馆时期。17～18世纪的欧洲和中国的明清两代，开始出现了画廊（画店）、画商等。画廊以发现培养艺术家，代理销售其签约作品为经营方式，是西方艺术市场的主体。艺术博览会是艺术市场的重要部分，主要是在发达城市集中展销艺术作品。当代世界主要艺术博览会有西班牙的拱之大展（ARCO）、巴塞尔艺术博览会、芝加哥艺术博览会等。受香港亚洲艺术博览会影响，1993年文化部批准在广州举办了第一届中国艺术博览会，目前在北京、上海、广州每年都举行艺术博览会。

艺术体操 rhythmic gymnastics 女子竞技体操项目之一。徒手或持轻器械，在音乐伴奏下，以自然性和韵律性动作为基础，包括走、跑、跳、转体、平衡和身体各部分的摆动、绕环、屈伸、移动、旋转、滚翻，以及轻器械的抛接等动作。现国际上已习惯通称为“韵律体操”。此体操项目适合女子的生理、心理特点。艺术体操起源于19世纪末20世纪初的欧洲。瑞士音乐教师É.雅克-达尔克罗兹将音乐节奏与人的身体运动结合起来，创造了韵律体操。艺术体操从最初的徒手发展为使用轻器械。20世纪20年代，艺术体操已发展成为竞技运动项目。1962年国际体操联合会把艺术体操定为独立的女子竞赛项目。比赛规定使用的轻器械有绳、球、棒、带、圈5种。1963年在匈牙利布达佩斯举行了第1届世界艺术体操锦标赛。1980年7月国际奥林匹克委员会宣布，将艺术体操列为奥林匹克运动会的竞赛项目，并决定在1984年第23届奥

圈操

运会上举行比赛，当时仅设个人全能赛；1996年第26届奥运会始增加团体赛。

中国自20世纪50年代始从苏联引进了一些艺术体操的基本技术和项目。此后，运动水平不断提高。中国从1981年开始派队参加世界艺术体操锦标赛、世界杯赛、世界大学生运动会、奥运会等世界性比赛。在1998年第13届、2002年第14届、2006年第15届亚洲运动会艺术体操比赛中，中国队几乎囊括所有冠军。在2008年第29届奥运会上，中国队获得艺术体操集体全能亚军。

艺术与手工艺运动 Art and Craft Movement 兴起于英国并影响欧美各国的国际化设计运动。又称工艺美术运动。1851年在英国伦敦举办的“万国博览会”被视为艺术与手工艺运动的滥觞。一些艺术家对欧洲工艺美术制品质量明显下降提出了批评和改革意见，其中的J.罗斯金提出艺术创造应回到自然中去，并对中世纪的哥特式艺术倍加赞赏。这些思想影响了运动的代表人物W.莫里斯。

莫里斯的设计涉及许多领域，包括平面设计、室内设计和纺织品设计等。1859年，莫里斯在伦敦郊外建起了“红色之家”。此建筑和室内装饰、家具的设计均由莫里斯及其朋友F.韦伯等人完成。“红色之家”被看作是艺术与手工艺运动兴起的标志。1861年，莫里斯组织成立了“莫里斯公司”，提倡新产品的设计应以中世纪的设计形式为典范，并坚持采用手工制作方式。他们生产的壁纸、印花织物、窗帘布和家具等流行一时。莫里斯的理论与实践在英国产生很大影响，掀起了一场颇具声势的设计高潮。1888年，莫里斯集中了一批当时杰出的工艺设计师和建筑师，组织成立了“艺术与工艺展览协会”，并开始定期举办国际展览会。与此同时，一批设计行会组织也在英国纷纷建立，其中比较有影响的有：1882年由A.麦克默多组建的“世纪行会”，1888年由C.R.阿什比组建的“手工艺行会”等。这场运动深刻地反映出莫里斯的一系列主张：强调艺术家和工程师力量的结合，强调手工操作技能，反对机械生产，宣扬中世纪艺术形式的价值等。运动中的代表人物主要有英国的C.F.A.沃赛、麦克默多、阿什比，美国的G.斯蒂克利等。

艺用解剖学 art anatomy 从造型艺术角度研究生物结构的学科。又称艺术解剖学、造型解剖学。艺用解剖学主要研究人体解剖，着重外部结构以及内部结构显露在外部的部分，并且研究人体根据姿态、情感、运动而形成的变化。

艺用解剖学注重正常人体的比例、体

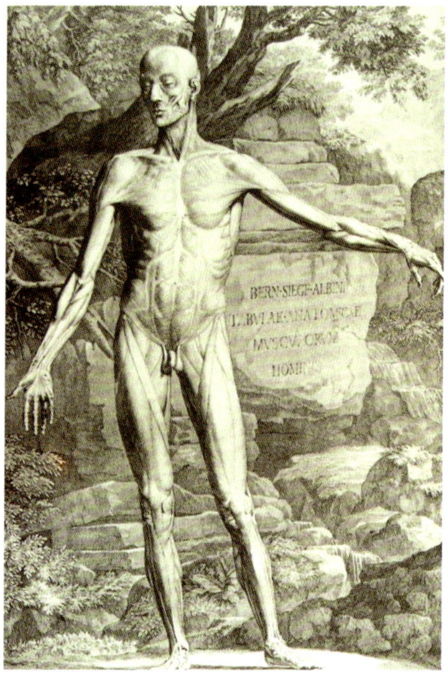

《人体肌肉与骨骼图》
（纽约大都会艺术博物馆藏）

积和外部结构，从而揭示人体的外形变化规律。更为重要的是，艺用解剖学不仅说明人体物质结构对外形的影响，而且说明人的情绪、情感、心理境况、修养和灵魂等在人体上的反映。因此，艺用解剖学不可能完全用解剖学词汇来描述，它要求直接研究和感受真实的生命变动和特殊情境（喜、怒、哀、乐、爱、憎等）。

古代艺术家在创作过程中呈示了杰出的艺用解剖学知识。意大利文艺复兴时代的艺术家自觉地应用解剖知识，其中达·芬奇研究解剖达40年，绘制了精确的解剖图，详细研究了人体内部结构在外形上的表现、表情、动态的变化规律。其他著名画家如米开朗琪罗也从事过多年的解剖实习，对人在强烈情感冲突和剧烈运动中的体形变化规律有透彻的把握。

中国近代自有了正规美术院校以来，课程中也开始注重传授人体结构知识，开设艺用解剖学作为美术专业的必修科目。较有影响的艺术解剖学著作和教材有画家姜丹书的《艺用解剖学》(1930)、《艺用解剖三十八讲》(1958)，陈之佛的《艺用人体解剖学》(1935)，黄觉寺的《素描述要》(1935)，李景凯编译的《艺术解剖学》(1953)，文金扬的《艺用人体解剖学》(1956)和陈聿强编著的《艺用人体结构运动学》(1984)等。

中国的艺用解剖学在研究人的精神活动与人体外形的关系方面尚未展开。中国传统的“相面”、“骨法”等对于人的精神活动和生理活动的总结也待扬弃和利用。

《艺苑卮言》 中国明代文学理论著作。王世贞著。后七子派理论的重要著作之一。全书共8卷。主要论诗，但也有近两卷的篇幅谈论辞赋和文。所以它和单纯意义上的诗话有别。作者曾受严羽、徐祯卿和杨慎的影响，又深感三家有所不足，因撰此书，欲补三家之未备。虽然在思想上他仍然坚持前七子文必秦汉、诗必盛唐的主张，但因学问广博，故持论不似李攀龙偏激，颇有会心之见。书中对作家个人才思与作品格调之关系的论述，更为他主张学古而不拟古的论调指示了正确的方向。

《艺舟双楫》 中国清代文论、书论著作。见包世臣。

议定书 protocol 条约的一种形式或名称。主要有以下用途：①对先前一项条约作出修正或补充的单独文件，如1949年《和平解决国际争端修订总议定书》。②说明、解释、补充、修改或限制一项先前条约并作为其附件的国际文件，常采用附加议定书或最后议定书名称，如1961年10月中、缅《关于两国边界的议定书》。③政府间就一些特殊事项或较次要事项达成的协议，如停战议定书、重建外交关系议定书等，除名称外，与协定并无不同。④国际间就某项重要问题缔结的正式条约有时也用议定书名称，如1928年《和平解决国际争端的日内瓦议定书》，其性质与国际公约相同。此外，议定书还可指外交会议的记录和外交文书的格式等。

议会 parliament 实行三权分立制国家的最高立法机关。又称国会。议会起源于英国。各国的议会组织形式主要包括两院制和一院制两种。两院制议会由下议院（又称平民院、众议院、国民议会）和上议院（又称贵族院、参议院、联邦院）组成。大多数两院制国家下议院权力大于上议院。下议院议员一般都由民选产生，即把全国划分为若干选区，由选民直接选出；上议院

现代英国议会会议

议员的产生办法各国多不相同。一般的议会设有议长、常设委员会、特别委员会等日常办事机构。从整体上看，三权分立制的议会一般具有下列职权：①立法权，这是议会最重要的职权，由议会单独行使。②财政权，议会有决定和监督政府财政收支方面的权限。③监督权，议会在财政监督权以外监督政府的权力，主要有信任投票权、质询权、弹劾权、选举权、提名权或同意权。

议会制 parliamentary government 由选举产生的代表组成议会，行使国家最高权力和立法权力，政府由议会产生并对议会负责的政体形式。又称议会内阁制。它是资本主义国家共和制政体的一种类型。议会制的主要特点是：①议会的议员大多采用直接或间接选举方式由全民选出，代表人民行使国家最高权力和立法权力。②强调“议会至上”主义和“议会主权”原则，在宪法上规定议会为国家最高立法机关，有些国家还规定议会为国家最高权力机关。③实行责任内阁制度，即由在议会获得多数席位的政党或单独或联合组成内阁，内阁成员的全部或大部分必须由议员担任。内阁在其首脑的领导下，依据议会通过的法律决定并执行国家的内政外交政策，并集体向议会全权负责。④在议会制国家中，国家元首是“虚位元首”。根据国家元首的产生方式可将议会制国家分为两类：由世袭的君主担任国家元首的议会制国家称为君主立宪制，由全民选举产生的总统担任国家元首的议会制国家称为议会共和制。

1295年爱德华一世主持的早期英国议会

议政王大臣会议 Prince Regent Conference 中国清代前期满族上层贵族参与处理国政制度。崇德元年（1636），皇太极正式称帝，将原来的旗主贝勒全部封王，并令除八旗固山额真继续兼议政大臣外，每旗另设议政大臣三员，议政大臣的职名正式出现。此后，清王朝宗室贵族中的王与八旗固山额真、议政大臣共同议政的形式，即称为议政王大臣会议。因参与议政的还有贝勒等人，故又称议政王、贝勒、大臣会议。“议政”是一种正式的职衔，必须经过皇帝的任命。同样，在必要时，皇帝也可以撤销某一贵族及大臣的议政资格。清王朝统一全国后，议政王大臣会议的成员有较多的增加。蒙古八旗的固山额真及六部满、蒙尚书也列为议政大臣。凡军国重务，不由内阁票拟者，皆交议政王大臣会议。其议政形式有廷议和交议。顺、康时期，由**内阁**处理政务，而雍正时又设立**军机处**，作为赞襄皇帝决策的机构，使权力日益集中于皇帝。至乾隆五十六年（1791），议政王大臣职名取消，议政王大臣会议也随之消失。

异丙苯 isopropyl benzene 芳烃，分子式

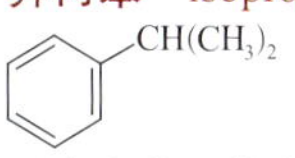

$(CH_3)_2CHC_6H_5$。又称枯烯。存在于许多粗油中。无色液体；熔点−96℃，沸点152.4℃，相对密度0.861 8（20/4℃）。不溶于水，易溶于乙醇、乙醚等有机溶剂。异丙苯在碱性催化剂存在下氧化成异丙苯基过氧化氢，后者与硫酸作用，生成**苯酚**和**丙酮**。这是生产苯酚和丙酮的一个重要方法。工业上由苯和丙烯在催化剂（无水氯代铝、氢氟酸或磷酸等）存在下反应制备异丙苯。可作溶剂，或加在汽油中以提高其抗爆性能。

异病同治 treating different diseases with the same method 中医学中不同的疾病，若临床证候表现相同、有相同的**病机**，便可用相同的方法治疗而达到治病求本目的的法则。即不同的病，可以用相同的治法。异病可以同治，既不决定于病因，也不决定于症状，关键在于辨识不同疾病有无共同的病机。病机相同，就可采取相同的治法。例如慢性腹泻、脱肛、子宫下垂等三种不同的疾病，通过辨证，若确认病机都属于中气下陷，治疗均可用补中益气的方法。虽然三种不同的病有各自不同的发病原因，症状也不尽相同，但显示出脾气虚弱、升举无力的共同病机，便是这三种病可以“同治”的基础和依据。再如，不同的外感性热病在疾病发展的过程中，有可能出现共同的病理反应，可采用相同的治法治疗。如感冒、麻疹、水痘，在初期都可表现为恶寒、发热、咽痛、头痛身疼、舌苔黄白相间、脉浮数等表热的证候，这是温热病邪初犯，引起机体卫气抗争的病机，因此，在此阶段均可采用辛凉解表的治法。

异构体 isomer 具有相同的分子式而有不同的结构和性质的化合物。见**同分异构体**。

异化 alienation 哲学和社会学的概念。它所反映的实质内容，不同历史时期的学者有不同的解释。在**神学**和**经院哲学**中，拉丁文alienatio主要揭示两层意思：①指人在默祷中使精神脱离肉体，而与上帝合一。②指**圣灵**在肉体化时，由于顾全人性而使神性丧失以及罪人与上帝疏远。中世纪文献中孕育着异化理论的萌芽。异化理论是在文艺复兴以来的近代西方哲学里逐渐形成起来的。首先接触异化实质的理论形态，是社会契约说。其中异化已被明确规定为一种损害个人权利的否定活动，即指权利的放弃或转让。在J.-J.**卢梭**的社会契约学说中，异化除表达上述思想外，还包含有更深一层的含义。他在人与社会、人与自然两重关系上，深化了异化概念的内涵。卢梭在异化思想上的推进，成为向**德国古典哲学**异化理论过渡的桥梁。

“异化”在德国古典哲学中被提到哲学的高度，从而进一步扩展和加深了它的含义。**马丁·路德**最先把希腊文圣经中表述异化思想的概念翻译成德文。从J.G.**费希特**到G.W.F.**黑格尔**，他们所使用的外化概念，是从马丁·路德的翻译演化来的。黑格尔的异化思想最初表现在对于基督教的“实证性”所作的批判中。所谓基督教的“实证性”，就是指人所制造的基督教变成了一种僵化的、反过来压迫人的异己力量。在《**精神现象学**》中，黑格尔的异化理论达到高峰，异化成了说明自然、社会、历史等辩证发展的核心概念，成为在“自我意识”所体现的人类意识和社会发展整体中始终起重要作用的中介。黑格尔把存在的一切都归结为“**自我意识**”，把异化也归结为“自我意识”的异化。自我意识作为**绝对理念**外化为自然，在社会历史中作为“自我意识”环节的人异化为“**绝对精神**”。在黑格尔之后，L.**费尔巴哈**力图用唯物主义观点阐述异化。但是，他只是说明了宗教的一个本质方面，不是上帝创造了人，而是人创造了上帝，使人本身的力量变成了凌驾于人之上的超自然的神的力量。此外，对于黑格尔唯心主义异化理论所包含的许多深刻内容，他都无力加以扬弃。

马克思指出决定异化外部现象的本质异化，即**异化劳动**或劳动异化。从马克思主义观点看，异化作为社会现象同阶级一起产生，是人的物质生产与精神生产及其产品变成异己力量，反过来统治人的一种社会现象。私有制是异化的主要根源，社会分工固定化是它的最终根源。异化概念所反映的，是人们的生产活动及其产品反对人们自己的特殊性质和特殊关系。在异化活动中，人的能动性丧失了，遭到异己

的物质力量或精神力量的奴役，从而使人的个性不能全面发展，只能片面发展，甚至畸形发展。在资本主义社会里，异化达到最严重的程度。异化在一定历史阶段同对象化与物化有关。但是，异化决不等于或归结于对象化与物化。对象化与物化作为人的社会活动，将与人类社会一起长存，而异化活动则是短时期的历史现象，随着私有制和阶级的消亡以及僵化的社会分工的最终消灭，异化必将在社会历史上消失。

异化劳动 alienated labour K.马克思在《1844年经济学哲学手稿》中首次提出的概念。又称劳动异化。马克思用它来概括私有制条件下劳动者同他的劳动产品及劳动本身的关系。他认为，劳动（自由自觉的活动）是人的类本质，但在私有制条件下却发生了异化。其具体表现是：①劳动者同自己的劳动产品相异化。②劳动者同自己的劳动活动相异化。③人同自己的类本质相异化，即人同自由自觉的活动及其创造的对象世界相异化。④人同人相异化。因为当人同自己的劳动产品、自己的劳动活动以及自己的类本质相对立的时候，也必然同他人相对立。马克思借助异化劳动概念，初步探讨了人类历史发展的客观规律，揭示私有财产的本质和起源，并通过异化劳动的扬弃来说明共产主义的历史必然性，在马克思主义形成史上曾起过重要作用。在马克思成熟时期的著作中，虽然还曾讲到异化劳动，但已不再作为说明历史的理论和方法，只是作为描写资本主义社会中雇佣劳动和资本对抗关系的概念。

异体字 doublet characters 音义相同而写法不同的汉字。分两种：部分用法相同的字，称部分异体字；用法完全相同的字，称狭义异体字。

狭义异体字在结构或形体上的差异有下面几种：①加不加偏旁的不同，如“皃”与“貌”。②字形构造不同，如“淚”和“泪”，前者是形声字，后者是会意字。③都是会意字，但所用偏旁不同，如“尟”与“尠”。④都是形声字，但偏旁不同，如“響”与“响”。⑤偏旁相同但配置方式不同，如“棊”与“棋”。⑥部分省略字形和不省略的不同，如“灋”与“法”。⑦简体与繁体的不同，如“歳”与“岁”。⑧写法略有出入或因讹变而造成不同，如“矦”与“侯”。

异体字的存在给人们使用文字带来一定的困难，因此，1955年中国文字改革委员会和文化部联合发布了《第一批异体字整理表》。此后经过多次调整。

异位妊娠 ectopic pregnancy 受精卵种植在子宫腔以外着床发育的妊娠。俗称宫外孕。妇产科常见急腹症之一。发病急，病情重，一旦破裂可危及生命。其中以输卵管妊娠最常见，约占异位妊娠的90%。病因多为输卵管管腔或周围的炎症，引起管腔通畅不佳，阻碍孕卵正常运行，使之在输卵管内停留着床发育，输卵管壁不适合胚胎发育，妊娠达一定阶段后，会出现输卵管妊娠流产或破裂。部分病例可继发腹腔妊娠。

临床表现 输卵管妊娠的临床表现与病变的部位、有无输卵管妊娠流产或破裂，以及腹腔内出血量的多少等因素有关。在输卵管妊娠流产或破裂前，往往无典型症状。患者可有短期停经及轻微腹痛。若胚胎死亡，子宫蜕膜剥脱，可有少量不规则阴道出血。输卵管妊娠流产或破裂后，由于腹腔内出血，患者突然感到下腹剧烈疼痛，随着血液由下腹部流向全腹，疼痛可向全腹扩散。当病变部位反复出血时，腹痛可反复发作。由于腹腔内急性出血及剧烈腹痛，可出现晕厥或失血性休克。检查下腹有明显压痛及反跳痛，出血较多时叩诊有移动性浊音。盆腔检查发现，后穹隆饱满，有触痛，子宫颈有明显的举痛，子宫的一侧可触及囊性包块，触痛明显。

诊断 测定血及尿中的绒毛促性腺激素、采用B超及腹腔镜检查，均有助于早期诊断未流产或破裂的异位妊娠。输卵管妊娠流产或破裂后，根据典型的临床表现多可作出正确诊断。必要时经阴道后穹隆或腹壁作腹腔穿刺，可抽出暗红色不凝固血液。子宫内膜病理检查仅见蜕膜不见绒毛，均有助于诊断。

治疗 以手术为主。疑为输卵管间质部妊娠或子宫残角妊娠者，更应及早手术。大量出血并发休克的患者，应在积极纠正休克的同时进行手术抢救。手术方法一般采用输卵管开窗术或患侧输卵管切除术。

异位性皮炎 atopic dermatitis 一种特异性、遗传过敏性皮肤炎性病变。与遗传因素、免疫异常等有关。临床表现主要以湿疹样皮炎为主。病程长，易反复不愈。分婴儿期、儿童期、青少年及成人期三个阶段。婴儿期表现为婴儿湿疹，多数于2岁时痊愈。儿童期，常在窝、肘窝表现湿疹样或苔藓样变，可于2～3年内痊愈，也可延至青春期。青年及成人期大多为神经性皮炎样改变，多数于40岁后治愈。疗原则基本同湿疹。以加强防护、抗炎、抗过敏、止痒、预防感染为主。

异戊二烯 isoprene 共轭二烯，分子式 $CH_2{=}C(CH_3)CH{=}CH_2$。又称2-甲基-1,3-丁二烯。

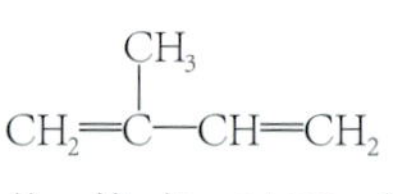

无色液体。熔点−146℃，沸点34℃，相对密度0.681 0（20/4℃）。不溶于水，能与乙醇、乙醚、丙酮和苯等溶剂混溶。容易自身聚合或与别的不饱和化合物共聚合。在齐格勒催化剂存在下聚合，生成顺-1,4-聚异戊二烯，其结构和性能相当于天然橡胶；少量异戊二烯与异丁烯共聚，生成丁基橡胶。从植物中得到的一些化合物的分子式为 C_5H_8 的倍数，其中有的化合物热解时生成异戊二烯。工业上由异戊烷或甲基丁烯的催化去氢生产；或从轻油裂化生产乙烯的副产物中提取；或用丙烯合成。异戊二烯是合成橡胶的重要单体，主要用于合成异戊橡胶，也用作共聚单体，以改进合成橡胶的性能。异戊二烯还可用于制备合成香料、药品、农药等的中间体。

异型莎草 *Cyperus difformis*; difformed galingale 莎草科莎草属的一种。一年生草本植物。又称碱草、球穗莎草。广布于热带至温带，中国稻区普遍存在。株高10～60厘米，具须根；茎丛生；长侧枝聚伞花序；小坚果椭圆形，具三棱，淡黄色。喜生于水湿环境，种子有休眠期，适宜萌芽温度为20～30℃。种子数量极多，常密集成片生长。为水田常见杂草。一般在种子萌发前用土壤处理剂如除草醚、杀草丹等进行防除。莎草属约700种，中国有30余种。

抑郁 depression 遇到挫折或重大生活事件时产生的综合性情绪体验。一种低落的心境状态，并伴随相应的思维和行为改变。表现为失望、无望、悲伤、沮丧、忧愁、苦闷、哭泣，甚至有内疚和负罪感，自我评价降低，对自己不满，自尊心和自信心降低，产生自卑、无用感和无价值感，对愉快的活动丧失兴趣，生活失去乐趣，意志消沉等。由于认知、情感和意志水平下降，常感到力不从心、精力不济、活动减少、行动迟缓、思维缓慢、言语减少、人际交往减少，同时伴有食欲不振、睡眠不佳、性欲减退、容易疲劳等症状，导致工作、学习效率降低。

抑郁是正常人群中常见的一种负性情绪，一般程度较轻、持续时间较短，通过心理调适可以减轻或消除。如果抑郁持续时间延长、程度逐渐加重，将会影响正常的工作、学习和生活。严重时出现悲观绝望、自责自罪，甚至有自杀企图或行为，此时已转化为病态，即抑郁症。

邑 Yi; City 中国先秦民众聚居地。包括城市或村镇及其附属田地。据商代甲骨文中的记载，“邑”可指最大的城市首都并包括其附近农田；同时，也用作指边区的小居民点。这种情况在西周同样存在，沿袭到春秋时，便有十室之邑、百室之邑、千室之邑等说法，表明聚居地规模大小可以相差悬殊。所以，有的诸侯赏赐大臣一次能多到“二百又九十又九邑”；有的国，卿可以享有百邑，大夫享有90邑；而另一些国，诸侯赏赐卿六邑；晋国的邑甚至拥有百乘兵力，其规模相当一位大臣的全部采地。进入战国，城邑也迅速扩大增多。较大的都邑常有版筑城垣环绕，传说王都方9里，诸侯国都方5里或3里不等，国内其他城邑则相应缩减规模。所谓邑无百雉之城，是说国都之外的城市最大的也不过城周300丈而已，这当是春秋以前的情况。汉以后，皇后、公主所食之县曰邑，各级封爵的封国亦往往称之为封邑或国邑。

役畜 draught animal　用作各种作业机具和运输工具的牵引动力及供驮运、骑乘使用的各种牲畜。主要有马、牛、骡、驴、骆驼等。

在中国农用役畜以牛为主，其中黄牛是北方农区和半农半牧区的主要役畜。水牛用于南方水稻产区，牦牛则用于青藏高寒地区。马在中国主要分布于北方地区，在农区主要用作牵引动力，在牧区主要用作骑乘。骡在北方地区主要用作牵引动力，在西南山区多用于驮运。驴主要分布在华北、西北及山东、河南等地，用作牵引动力或驮运、骑乘。骆驼在西部荒漠和北部干旱地区用作驮运和牵引动力。

评定役畜生产能力的主要指标是挽力、速度和持久力。马的挽力相当于其体重的13%～15%，骡为10%～15%，驴为10%～16%，牛为18%～26%，骆驼为25%～30%。役畜驮运时的负载力见表。

役畜驮运时的负载力（每天工作6～8小时）

役畜种类	一般体重(kg)	速度(km/h)	负载力(N)	
			平均	最大
马	500	5.6	590	740
骡	650	7.2	804	1 130
驴	190	3.0	392	590
黄牛（公牛）	450	3.5	539	1 130
水牛	650	3.0	804	980
双峰公骆驼	630	4.0	1 716	2 450
单峰公骆驼	500	4.0	1 373	1 960

易北河 Elbe River　欧洲中部大河。发源于捷克北部与波兰边境的苏台德山脉南麓，向西向南呈弧形，流经捷克西北部，折向西北穿越厄尔士山脉，进入北德平原，经汉堡在库克斯港附近流入北海，全长1 165千米，流域面积14.4万平方千米。从河源至德累斯顿为上游，不能通航，建有水电站。德国境内大部河段可通航。在汉堡以下的河口段，河面展宽，海轮可上溯110千米直达汉堡。主要支流在捷克境内有伏尔塔瓦河，在德国境内有哈弗尔河、萨勒河、穆尔德河等。经运河与北海、波罗的海及莱茵河、奥得河、威悉河、埃姆斯河相通。沿岸主要城市有德累斯顿、德绍、马格德堡、汉堡等。

易卜生 Ibsen, Henrik (1828-03-20～1906-05-23)　挪威戏剧家。生于希恩，卒于克里斯蒂安尼亚（今奥斯陆）。1849年创作了第一部戏剧《卡提利那》，翌年又完成第二部剧作《勇士之墓》。

1851～1857年被聘为卑尔根民族剧院编剧。1857～1862年改任克里斯蒂安尼亚挪威剧院导演。1862年又被任命为该院顾问。1864年爆发丹麦-普鲁士战争，由于对政府不满，加上报刊对他的讽刺剧《爱的喜剧》(1862～1863)的攻击，离开祖国，旅居意大利和德国，1891年回国。1900年中风，长期卧病在床。

易卜生的创作生涯达半个世纪之久，共创作了26部剧本。题材上，有的取自北欧神话、谣曲，有的采撷自历史、传奇故事，有的则直接来自现实社会和日常生活。形式上，有诗剧、散文剧和只供阅读的文学剧本。内容上，体现了一种对真正自我的追求和对现存的习俗、伦理、道德的抨击。在艺术表现风格上，早期富有浪漫主义色彩，代表性作品有《觊觎王位的人》(1864)、《布兰德》、《彼尔·金特》(1867)等。中期的主线是现实主义，但有自然主义成分，这也是他创作的鼎盛时期，完成了他最重要的4部社会问题剧：《社会支柱》(1877)、《玩偶之家》(1879)、《群鬼》(1881)、《人民公敌》(1883)。在这几部作品中，易卜生猛烈地批判了国家、宗教、家庭、婚姻、道德、伦理。他痛恨社会的弊端，憎恶人际间的伪善及现存秩序的腐败。1884年完成的《野鸭》是他进入晚期创作的一个标志，象征主义和神秘主义是这一时期的特征。代表性作品还有《罗斯莫庄》(1886)、《海上夫人》(1888)、《海达·加布勒》(1890)、《建筑师》(1892)、《小艾友夫》(1894)和《当我们死而复醒时》(1899)等。在这些作品中，对社会和现实生活问题的批判减弱，代之以象征的表现手法对抽象的人生意义进行探索。

易卜生是挪威民族戏剧的创始人，对欧洲乃至世界的戏剧都有深远的影响。

《易经》 *Book of Changes; I Ching*　中国儒家典籍，六经之一。见《周易》。

易洛魁人 Iroquois　北美洲印第安人的一支。约12万人(2001)。原分布在密西西比河以西，后迁到安大略湖和伊利湖一带。易洛魁人本支包括塞内卡人、卡尤加人、奥内达人、摩霍克人和奥南达加人，旁支包括伊利人、切罗基人等，共十多个部落。属蒙古人种美洲支。使用易洛魁语，属霍卡-西乌语系。行多神崇拜和自然崇拜。从事锄耕农业，兼营渔猎和畜牧。长期实行母系氏族制。氏族以图腾命名，以议事会为权力机构，严格实行族外婚（见外婚制）。母系大家族是基本社会单位，居住在一个长房之内，过着共同的经济生活。血统和财产继承按母系计算。本支5个部落约于1570年组成“易洛魁联盟”，1715年土斯卡罗拉部加入，人称“六部落联盟”。联盟地域辽阔，东自哈得孙河，西抵密歇根湖，北起渥太华河，南达俄亥俄河和波托马克河，是18世纪北美最强大的部落集团，曾顽强抵抗荷、英、法殖民者入侵。美国独立战争时，联盟被英、美分化利用，1779年被美军击溃。联盟瓦解后，部分成员逃往加拿大，留在美国的被迫住在保留地。一般靠制作零星手工艺品或打短工度日，生活较贫困。L.H.摩尔根《古代社会》一书即以易洛魁人为研究对象。

易顺鼎 Yi Shunding (1858～1920)　中国近代诗人。字实甫，又字中硕。湖南龙阳人。光绪元年（1875）举人。年少时有神童、才子之称。一生好游山水，作诗近万首。曾学谢灵运、谢朓、杜甫、皮日休、李贺等人的风格、手法，尤以学温庭筠、李商隐的诗最多，也最好。他写诗讲究属对工巧，用意新颖，笔法巧妙过人。古诗体中有一些可称为雄伟之作。著有诗集《丁戊之间行卷》、《四魂集》等几十种，大都收入《琴志楼易氏丛书》中。

易俗社 Yisu Society　中国秦腔班社。1912年李桐轩、孙仁玉等人创办于陕西西安，以“补助社会教育，移风易俗”、启发民智为宗旨。剧社设有创作机构（编辑部），制定有剧目编写要求。李桐轩、孙仁玉、高培支、李约祉、范紫东等都参加编写剧本。1949年前的37年中，共创作、改编大小剧本500余种，不少已成为优秀保留剧目，如《吕四娘》、《三滴血》、《夺锦楼》、《庚娘传》、《双锦衣》、《人月园》、《柜中缘》等。毕业演员13期，累计600余人，遍及西北5省，大都已成为秦腔艺术的骨干力量，如刘箴俗、刘迪民、沈和中、耿善民、王天民、雒秉华、马平民、王秉中、李可易等。中华人民共和国建立后，由政府接办，补充演员、继续培训学生。拍摄了戏曲影片《三滴血》，与兄弟剧团合作拍摄了《火焰驹》。

易县 Yixian County　中国河北省保定市辖县。位于省境西部。面积2 538平方千米。

人口54万（2010）。因境内易水得名。商代属有易氏部落，汉代置故安县，隋开皇元年（581）、十六年先后置易州、易县。矿产有金、锌、磷、煤、石灰岩、大理石、花岗岩、石棉、辉绿岩、水晶等。农业主产小麦、玉米、豆类、棉花。盛产苹果、枣、桃、核桃、板栗、柿等。京西大叶烟是传统产品，在清代就已闻名。工业以化肥、水泥、陶瓷、建材等为支柱产业。特产有易水石砚、紫翠石雕砚台、玉带石精雕砚台、景泰蓝、挂毯、刺绣等。有唐代道德经幢、清西陵、燕下都遗址、紫荆关长城以及燕子塔、荆轲塔、太宁寺双塔等文物古迹。有狼牙山五壮士跳崖处及纪念塔等革命纪念地。

《易传》 *Annotations to the Book of Changes* 中国儒家学者对《易经》所作的解释。共有十篇：《彖》上、下，《象》上、下，《文言》，《系辞》上、下，《说卦》，《序卦》，《杂卦》。又称“十翼”。见《周易》。

驿传 Postal Delivery Service 中国古代政府设置的一种供使臣出巡、官吏往来和传递诏令、文书等用的交通组织。始于春秋战国，称遽、驲（古代驿站专用的车）、邮、传等。

秦汉 秦代已有关于驿传的法律。汉承秦制，用车传送称“传”，用马传送称“驿”，步递称“邮”，3种称呼常通用，也称为“置”。汉代驿传制度是在交通要道上隔几十里置一驿（一般为30里左右）。驿有传舍，可供歇宿。驿与驿之间或不设驿的一般道路上，则由主察奸盗的亭兼管文书传递。十里一亭，五里一邮。亭也可止宿。文书由驿及亭、邮传送，有很具体的规定。不按规定失期失程的要依律受罚。驿传所需人夫车马由官府置备，但也有征发民夫和民间车马的。交通手段除人力外，主要是传车和驿马。使用时按官职高低、任务轻重和时间缓迫分为不同的等级。使用驿传需持政府颁发的一尺五寸长的木传信，封以御史大夫印章。驿路也是重要的商道。随着汉代势力的向外发展，汉武帝通南夷，沿途置邮亭。张骞通西域后，酒泉亭障延伸到盐泽（今新疆罗布泊）。驿传制度不仅加强了内地与边疆的联系，有利于国防，也对汉族与边疆各族以及外国的经济文化交流起了积极作用。

图1 汉“传亭”印章封泥

唐 自三国分裂迄于隋代，驿传制度缺乏详细记载。唐代，全国共置驿1643所。其驿夫（水驿称水夫）征取民户承役，凡三马给丁一人，一船给丁三人。驿马、车、船由官府提供，驿馆多建在州县城内。诸州有专项税钱以给驿传经费，随近拨给驿田以种植饲料。给驿的范围，主要为奉差赍送公文使者、入觐莅任官员及各种特遣使臣。给驿马数依官品有差，给驿者自一品八匹递减至七品以下二匹，给传者自一品十四匹至八、九品一匹，有特敕始可限外加马。

图2 清蒙古地区驿站乘马证

宋 沿袭唐代，20里有歇马亭，60里有馆，水行州县有水驿，需持驿券。驿券由枢密院发给。传递文书则有递铺，每18里或20里、25里置一铺。递铺有步递、马递、急脚递（又称急递铺）和金字牌急脚递之别，南宋复有斥堠铺和摆铺。各种递铺传送文书种类和日行途程不同。入递的文书又称递角。由于递铺组织的完善和普遍，驿馆相对衰落，其职能遂为递铺所取代，或与递铺交织不可分。驿递的服役者，北宋建隆二年（961）下令以厢兵代百姓为递夫。这是宋代的定制，亦为驿递制度的一大变革。

辽、金 辽有军国重事用银牌（镀金），长一尺，上刻契丹字，文为宜速及敕走马牌，由皇帝亲授与使者戴在项上驰驿，并手札给驿马若干匹。又有长牌，亦银质镀金，遣使赴诸道取索物色及进奉宋朝物品用之；木牌，用于遣使往女真、鞑靼各部取要物色的抽发兵马。两牌间的距离，从五六十里至一百余里不等，其间设有中顿，供使客午餐。初，诸县人民承担驿递、马牛之役，至辽末，始使民出钱，由官府募役。金太宗天会二年（1124），始自上京（今黑龙江阿城南白城）至南京（今北京）每50里置一驿，又令置驿于上京至春州、泰州。后诸路并置。给驿用牌符。乘驿者按官品规定其随从人数、给马数和饮食钱数，泰和六年（1206）始置递铺转送文牒，10里一铺。

元 元代驿传又称站赤，意为司驿者。成吉思汗时即仿效中原的驿传制度，在境内设立驿站。元代建立后，全国遍设驿站。两站之间的距离，从五六十里至百数十里不等；如相距路程较长，则于中间置邀站以供使者休息，每站当役站户和所备马、牛、舟、车数目，视其交通繁闲程度而多寡不同。乘驿凭证有圆牌、铺马圣旨和札子。圆牌也称圆符，按规定专为军情急事遣使之用，由朝廷铸造、掌管。铺马圣旨也称御宝圣旨，用蒙古文字书写，每道圣旨上都分别标明起马数目，颁发给诸王贵族以及中央、地方各官府，限定在职责范围内使用。传送公文的邮驿，称急递铺（简称递铺），基本上沿用宋、金之制。中统元年（1260）置燕京（今北京）至开平（今内蒙古正蓝旗东）、开平至京兆（今西安）急递铺，每10里或15里、25里设一铺。凡中央各部门及地方各官府来往公文均可入递。公文用木匣封锁，随到随送。

明 明代驿传机构，在京城设会同馆，地方分别设水马驿、递运所和急递铺。①水马驿。马驿60里或80里一置。水驿设船，使客通行正路每驿20只、15只、10只，每船设水夫10名。②递运所。在陆路者设置车辆，在水路者设置船只。③急递铺。每10里设一铺，专一传送公文。公文到铺，随即递送，无分昼夜。乘驿需凭符验。传送文书亦须盖有印信，以防作伪，这种印信为加盖骑缝半印，以凭板勘对合，故称勘合。应合给驿的范围，主要有：赍擎诏旨及奉旨差遣给驿者；飞报军情重事者；亲王进表奉贺及差人奏事者；各藩属使臣之进贡及回国者；文武官员到任在1 500里以外者；职官病故，其尸体及家属回乡者。驿传夫役，由各地州县在本地粮户内佥编应役。嘉靖年间，驿传夫役计粮折银，由官府雇役承当。

清 清代驿传，以京城皇华驿为中心，通达全国。各省所设称驿，通达西北边疆军报所设者称站，西北两路所设者称军台，安西、镇西、哈密所属特设军塘以通军报，设宫塘以通寻常文报，统称驿站。各站驿马、驴、牛皆有定额。凡应给驿者，发给邮符为验，称勘合、火牌，其往来应供马匹、廪给及跟役人数、口粮，按品级为等差，皆于勘合上填注。驿递则验以火票，定其迟速之限，按所达之路程计其时日。铺递亦同。咸丰、同治以后，随着轮船、铁路、电讯、邮政相继发展，驿站逐渐变得无足轻重。至光绪三十二年（1906），始特立邮传部以掌轮、路、电、邮，在此前后，驿站相继裁去。

奕劻 Yikong（1838～1917-01-29） 中国清末皇族大臣。满族，爱新觉罗氏。乾隆

帝第十七子永璘之孙。自幼过继庆郡王绵慜为嗣。袭封辅国将军。后历封贝子、贝勒。光绪十年(1884),任总理各国事务衙门大臣,主持外交,并进封庆郡王。次年,受命会同醇亲王奕譞办理海军事务。1894年,封庆亲王,权位渐崇,而庸碌无为。1900年,八国联军入侵北京,奉命留京与李鸿章同任全权大臣,与各国议和。次年,代表清政府签订《辛丑条约》。总理各国事务衙门改为外务部后,仍任总理大臣。1903年,入军机处任领班军机大臣,旋又管理财政处、练兵处事务,集内外大权于一身。为人贪鄙,与其子载振、大臣那桐卖官鬻爵,被时人讥为"庆那公司"。初主军机时,就被袁世凯重金笼络,成为朝廷内援。

宣统三年(1911),任"皇族内阁"总理大臣。武昌起义后,竭力主张起用袁世凯。重新组阁后奕劻改任弼德院总裁。宣统帝退位后,避居天津租界。

奕訢 Yi Xin (1833-01-01～1898-05) 中国清末重要大臣、洋务派首领。满族。爱新觉罗氏。道光帝第六子。咸丰帝奕詝异母弟。道光三十年(1850),道光帝病死,

奕詝继位,年号"咸丰"。次年,奕訢封恭亲王。咸丰三年(1853),在军机大臣上行走。十年,英法联军攻逼北京,咸丰帝逃亡热河(今河北承德),奉命为与英法议和的全权大臣,并与英、法、俄国签订《北京条约》。在此期间,不仅与大学士桂良、户部左侍郎文祥、礼部侍郎宝鋆等结成权势集团,也得到外国势力的支持。次年,奏请改变清政府外交、通商制度,设立总理各国事务衙门,并受命主其事。同年,咸丰帝病死,与慈禧太后密谋发动辛酉政变。处死赞襄政务王大臣载垣、端华、肃顺等人,被封为议政王,掌管军机处及总理衙门。任内主张对外妥协,对内镇压农民起义,兴办洋务新政。太平天国失败后,与慈禧太后发生权力之争,于同治四年(1865)被罢去议政王等一切职务。旋经王大臣多人奏请,复任军机大臣、总理衙门大臣等职。光绪十年(1884),中法战争时,又被慈禧太后以"委靡因循"为借口罢其一切职务。以后家居10年。二十年(1894),中日战争期间,起用管理总理衙门,并总理海军,会同办理军务。旋又督办军务,节制各路统兵大臣,授军机大臣。遗著有《乐道堂诗钞》等。

益虫 beneficial insect 能直接或间接为人类所利用,创造经济效益、生态效益和社会效益的昆虫。某些昆虫益害兼备。益虫种类很多,分布极其广泛。

益虫按其作用可分为:药用昆虫、食用昆虫、工业原料昆虫、传粉昆虫、环保昆虫、天敌昆虫、科研试材昆虫、观赏昆虫。

益虫或其产品可以造福于人类健康;作为纺织、制革、印染、金属防蚀、防锈、防腐、防潮、绝缘、黏合、稀有金属提取等工业原料;为农作物传粉,控制农业有害生物的危害,提高农产品质量和产量;清洁环境;作为人类的美味佳肴。随着益虫人工饲养技术的研究开发和广泛应用,益虫的益处将会更多地显示出来。

益阳市 Yiyang City 中国湖南省辖地级市。位于省境中部偏北,资水中下游。辖赫山、资阳2区和南县、桃江、安化3县,代管沅江市。面积12 325平方千米。人口431万(2010)。秦始皇二十六年(公元前221)置益阳县。1950年析益阳县置县级益阳市。1994年置地级益阳市。以平原和山地为主。属亚热带湿润季风气候,春温多变,降水集中。平均年降水量1 416毫米,3～6月降水量约占51%,梅雨期长达30～40天。矿产有煤、锑、锰、铀、金、钒、钨、花岗石等,素有"有色金属之乡"美称。农作物有水稻、棉花、油菜、苎麻、蔬菜等。盛产多种鱼类、虾、蟹、蚌和银鱼等。山地丘陵有杉、松、楠竹、油茶和茶叶等。工业有采矿、纺织、电力、化工、冶金、机械、皮革、食品等。当地传统名产有水竹凉席、竹器、纸伞等,其中水竹凉席有数百年编织史,清朝即为贡品,1915年起,多次荣获国际国内大奖。名胜古迹有文昌阁、栖霞寺、白鹿寺、三台塔、裴公亭、青秀山风景区、南洞庭湖、柘溪水库等。

益州 Yizhou Prefecture 中国古代政区。西汉武帝以《禹贡》梁州益以新开辟西南夷地置,故名。为元封五年(前106)所置十三刺史部之一。省察蜀、广汉、汉中、武都、巴、犍为、越嶲、牂柯、益州九郡。相当今四川、贵州、云南三省大部,湖北西北部和甘肃省东南小部。益州北部成都平原,自战国秦蜀守李冰建都江堰以来,灌溉稻田,膏润稼穑,成为"天府"之国。西汉末,公孙述割据益州,自立为蜀王,都成都。东汉时北部武都郡地分属凉州,辖境内缩无甘南之地;南部因永平十二年(公元69)哀牢夷内属,增置永昌郡,辖境南扩至萨尔温江和缅甸北部恩梅开江和迈立开江流域。东汉末,刘焉为益州牧,时中原战乱,"南阳、三辅民数万户流入益州,焉悉收以为众",益州实力更强大。刘备取益州,建立蜀汉政权。三国魏平蜀,分东北部置梁州;西晋泰始七年(271)分南中四郡为宁州,益州辖境缩小。晋末李特、李雄父子割据益州,建立成(汉)政权。东晋永和三年(347)桓温平李氏,地入东晋。后又为前秦苻坚所有。太元八年(383)复为晋有。其后益州地方势力反叛无常。南朝梁及西魏、北周都有分置,益州辖境不断缩小。

隋唐益州为二级政区,仅辖有相当于今四川成都、新都、双流、郫县、温江等市、县的地方。为西南重镇。唐天宝元年(742)改为蜀郡。至德二载(757),因为玄宗驻跸之地升为成都府。建号南京。上元元年(760)撤销京号。后为剑南西川节度使治所。因成都商业经济发达,故时有"扬一益二"之说。

《益州名画录》 中国北宋绘画史著作。又名《成都名画记》。黄休复编撰。黄休复,字归本,江夏(今湖北武昌)人,久居成都,约活跃于北宋初年。《益州名画录》成书于景德三年(1006),是一部记述唐、五代至宋初以西蜀寺院壁画创作为主要内容的地区性画史。此书以列传体形式记载了自孙位至邱文晓等58位画家的小传及壁画作品,按"逸、神、妙、能"四格编排,分上、中、下3卷。黄休复认为"逸格"最难,被他推崇为"逸格"的画家唯有孙位一人。画家传记中记载的主要内容有籍贯、官职升迁、师承关系、作品名目及作品绘制的位置等情况。作者依靠寻访壁画遗迹来积累编写史籍的资料。因此,书中对这一时期寺院壁画的名目、内容、年代、配列、构图、绘画特点等方面的记载,都是本人亲身采访所得,较为翔实可靠。由于这些壁画的作者大都是西蜀画院的画家,书中介绍这些画家时,也涉及画院的有关制度、社会地位、职位待遇、绘画创作、艺术流派等,为研究五代西蜀地区及画院的绘画活动及其对宋初画院的影响提供了重要的文献资料。

《益州名画录》开创了地区性绘画史籍的体例,在此书的影响下,后世不断出现地区性绘画史著作。

《逸周书》 中国先秦史籍。本名《周书》,隋唐以后又称《汲冢周书》。今本全书10卷,正文70篇,基本上按所记事之时代早晚编次,历记周文王、周武王、周公、成王、康王、穆王、厉王及景王时事。今人多以为此书是战国人所编。《逸周书》内容庞杂,各篇

体例不尽一致，性质亦有不同。如前3篇皆以王者师的口吻，讲为政牧民之道；第5篇和第11篇讲救助灾荒的措施与制度；第6～10篇等均兵家言；而自第11篇以下，各篇又多以“维（王）某祀（或某月）”的形式开头，记事或言。第30～50篇，主要记伐商前后事。第51、52篇是有关天文历法的文字等等。由于《逸周书》部分内容及思想与儒家道德理论相违背，其书迄清代一直不甚为人所重，清人注者数家，以朱右曾《周书集训校释》流传最广。

意大利 Italy; Italia 欧洲南部国家。北部与法国、瑞士、奥地利和斯洛文尼亚接壤，东、南、西三面分别濒临亚得里亚海、伊奥尼亚海、第勒尼安海和利古里亚海。面积301 333平方千米。人口6 041.87万（2010）。居民中94.1%是意大利人，撒丁人占2.7%，雷蒂亚人占1.3%。余为日耳曼人、斯洛文尼亚人和希腊人等，主要分布在北部和东北部地区。全国83.2%的居民信奉天主教，罗马天主教为法定国教。少数民族大多信

仰新教、伊斯兰教与犹太教。大多数人讲意大利语。北部意奥边境博尔扎诺地区的居民讲德语，西北意法边境瓦莱达奥斯塔地区的居民讲法语。其他少数民族语言有拉丁语、阿尔巴尼亚语、卡塔兰语、撒丁语与希腊语等。首都罗马。

地理 国土一半以上由意大利半岛组成。它形似长筒靴，从西北向东南延伸。山地与丘陵分别占国土面积的35%和42%，平原只占23%。依据不同的地形特征，全境可分为阿尔卑斯山地、波河平原与亚平宁山脉等3个主要地形区。法、意边境的勃朗峰为最高峰，海拔4 810米。波河平原是全国最大和最主要的平原，东西长400千米，南北宽80～200千米，面积4.4万平方千米。西西里岛东岸的埃特纳火山与那波利湾的维苏威火山为两大著名火山，前者为欧洲最高的活火山。

大部分属地中海型气候，夏季炎热干燥，冬季温和多雨，以半岛南部及其岛屿为典型。波河平原属地中海型气候和温带大陆性气候的过渡类型，冬冷夏热、春秋多雨。阿尔卑斯山地和亚平宁山脉的气候具有明显的垂直变化。

境内大多数河流短小湍急，独流入海。波河为全国第一大河，阿迪杰河为全国第二大河。半岛地区因秋冬多雨，河流常有冬汛；夏季水量极少，甚至干涸断流。特韦雷河（又称台伯河）与阿尔诺河是半岛地区两条主要河流。

意大利北部和半岛地区多湖泊，大小湖泊约1 500个。北部主要为冰川湖，面积较大、湖水较深。最深的湖泊为科莫湖，最大的湖泊为加尔达湖。半岛主要是火口湖，面积较小，如博尔塞纳湖和特拉西梅诺湖等。此外，北部东岸沿海多潟湖，如拉格迪河列黑湖。

意大利东、南、西三面被海洋环抱，海岸线长约7 200多千米，海洋航运空间宽阔，而且形成了许多天然良港。

森林覆盖率22.1%。积极参与国际环境保护活动。矿产资源贫乏，尤其是能源资源十分短缺，仅有地热、汞、硫磺、岩盐和大理石等资源相对较丰富。

历史 历史悠久的文明古国。大约从公元前9世纪起，阿尔诺河与特韦雷河之间的伊特鲁里亚文化开始兴起。公元前753年在罗马建城。前5世纪，罗马统一意大利，建立起奴隶制国家。公元前27～公元14年，古代罗马变共和制为君主制，在罗马帝国鼎盛时期，其影响遍及所控制的整个地中海地区。2世纪初，罗马帝国的版图达到了顶峰。330年，罗马帝国君士坦丁大帝建立新都——君士坦丁堡。395年，罗马帝国正式分裂为东、西两部分：西罗马帝国首都在罗马，东罗马帝国首都在君士坦丁堡。476年西罗马帝国灭亡。随后，除意大利的一部分归属拜占廷外，其余大部分先后受东哥特人、伦巴德人、拜占廷人和法兰克人的占领和统

图1　佛罗伦萨的三圣桥及老桥

治。法兰克王把罗马和拉韦纳周围的土地封给教皇——罗马天主教的首脑，乃为教皇国的开端。诺曼人于8世纪入住意大利南部，建立了西西里王国。12～13世纪分裂成许多王国、公国、自治城市和小封建领地。从15世纪末起，意大利北部地区先后受法兰西、西班牙与奥地利的统治。到18世纪上半叶，奥地利哈布斯王朝占领了意大利北部大部分地区。南部地区，特别是西西里岛与那不勒斯先后为西班牙、奥地利、法国统治。19世纪50年代，发生“复兴运动”。1861年，意大利大部分地区统一。1866年、1870年，威尼斯与罗马相继被兼并。1870年建立统一的意大利王国。1869年苏伊士运河通航后，促进了意大利港口城市和商业贸易的发展。

两次世界大战期间，意大利现代工业，特别是与军事有关的重、化工业得到了发展。1922年，墨索里尼建立了法西斯独裁统治。1936年吞并了埃塞俄比亚，并与希特勒结成“柏林-罗马轴心”。1940年向英、法宣战。1943年9月战败投降。1946年废除君主政体建立意大利共和国。

政治　现行宪法（1947年12月通过）规定，意大利是一个建立在劳动基础上的民主共和国。总统代表国家，由参众两院联席会议选出。总理由总统任命。议会由参、众两院组成，为意大利最高立法和监督机构。两院权力相等，可各自通过决议。全国大小政党众多，主要有：意大利力量党、意大利左翼民主党、民族联盟、北方联盟、意大利重建共产党等。

经济　发达资本主义国家。2009年国内生产总值约1.52万亿欧元。但其经济实力和发展水平仍显著低于美、日、德、法、英等国。欧洲共同体（欧盟）的创始国，也是第一批加入欧元区的国家。

经济结构以服务业为主。2008年服务业约占国内生产总值的71%。工业资本高度垄断和集中，十大财团控制了国家经济命脉。其中伊利、埃尼、埃菲姆三大国营财团拥有全国工业产值的约1/3，经营范围涉及钢铁、机械、煤炭、银行与航空等部门。意大利政府对制造业和服务业的介入是欧盟各国中最高的。20世纪90年代中期后，意大利加快了国企的私有化进程。中小型企业在传统的轻工领域里占有很大优势，具有专业化程度高、竞争能力强、产品出口比例大等特点。全国农村土地制度改革很不彻底，特别在南部严重制约了农业生产的发展。南北区域差异显著。工农业生产高度集中在北部地区，南部地区则长期处于落后状态。

工业　长期以来，意大利工业以轻纺业为主。第二次世界大战后，重、化工业发展迅速，现已形成钢铁、汽车、化工、机械、家电、造船、纺织、服装与食品为主体的工业结构，但传统轻工业与大理石开采等仍占有重要地位。所需能源主要依靠进口。意大利为世界主要钢铁生产国之一，钢铁生产所需原料、燃料及其产品销售主要依赖国际市场。汽车工业历史悠久，是世界重要的汽车生产国之一。其中菲亚特、阿尔法、雷莫为世界著名品牌。**都灵**是菲亚特公司总部所在地，有“汽车城”之称。米兰与那波利也是重要产地。

家电工业起步较晚，但发展迅速。所产电冰箱、洗衣机等行销欧洲市场。造船业是历史悠久的制造业部门。

纺织、服装和食品工业为主要传统部门。纺织业集中在米兰和都灵附近，以化纤产品为主。米兰时装享有世界盛誉。食品业散布在各大、中城市。

农业　农、林、渔业总产值约占国内生产总值的2.4%。意大利农业有悠久的传统，却又是一个农产品大量净进口的国家。由于多丘陵和山地，可耕地面积仅占全国总面积的约10%；农业生产以种植业为主，粮食不能自给；园艺业发达，在世界上占有重要地位。小麦和玉米是主要的粮食作物。世界主要的葡萄和葡萄酒生产国，葡萄酒产量仅次于法国，居世界第二位。油橄榄种植面积和橄榄油产量居世界前列。柑橘生产在世界占有重要地位。蔬菜以西红柿生产著称，其加工产品出口世界各地。此外，波河平原有栽桑养蚕业。畜牧业发展水平低于欧美主要发达国家。畜牧业以养羊（绵羊）、牛、猪和家禽为主，畜产品不能满足国内消费之需。国内每年所需的木材须大量依赖进口。渔业以海洋捕捞为主，主要是贻贝、褐虾、沙丁鱼与凤尾鱼。

旅游业　旅游业是意大利重要的外汇收入来源，产值约占国内生产总值的12%，为世界著名的旅游大国之一。

交通运输业　拥有发达的陆、海、空运输网络。陆上交通以公路为主，全国公路通车里程约83.7万千米，铁路营运里程约1.65万千米，其中大部分已电气化。海运在对外经济联系中起着重要作用，全国90%的进出口货物依靠海运。主要海港有热那亚、的里雅斯特、塔兰托、威尼斯和那波利。航空运输发达。全国约有98个机场。

对外贸易　对外贸易是意大利经济的主要支柱。20世纪90年代以来，扭转了以往外贸长期逆差的局面。2009年外贸进口额2 942.2亿欧元；出口额2 901.2亿欧元，逆差达41亿欧元。进口以石油、原料和食品等为主，出口以机械、汽车、化工产品和家电、纺织、服装、鞋类、金银首饰等产品以及水果、蔬菜等农产品居多。意大利外贸的约3/5是与欧盟成员国之间进行的。

意大利是加入欧元区的欧盟成员国之一。1999年正式使用欧元，2002年欧元成为国内流通的单一货币。巨额财政赤字与国债的居高难下，是意大利经济的两个沉重包袱。2009年政府财政赤字占国内生产总值的5.3%；累计国债占国内生产总值的115.8%。

文化　意大利对世界文化有杰出的贡献，其雕塑、建筑、绘画、文学、音乐和戏剧无不饮誉全球。14～16世纪文艺复兴

图2　罗马市鸟瞰

时期，是意大利文化史上最璀璨的一页，以伯鲁涅列斯基、但丁、薄伽丘、米开朗琪罗、达·芬奇与拉斐尔为代表的一批大师，创造了一系列不朽的传世作品。

有大学81所，其中有6所大学建于13世纪，5所建于14世纪。最古老的是博洛尼亚大学；最大的是罗马大学，其他著名的大学还有巴里、佛罗伦萨、热那亚、米兰、帕多瓦、佩鲁贾、比萨、锡耶纳和的里雅斯特等。

著名的报纸有《晚邮报》、《共和国报》、《体育报》、《24小时太阳报》与《新闻报》等。重要综合性期刊有《全景》、《快报》等周刊。最大的通讯社为安莎通讯社。国有的意大利电视广播公司有3个电视台，此外还有许多私营广播电台和电视台。

对外关系 立足西欧，积极推动欧洲一体化进程。与欧盟国家关系密切，同法、德、英等国的政府间有定期会晤制度，并在军事上建立共同决策机制，参加欧洲“快速反应部队”，主张欧盟东扩与南下并举。依靠北约，重视与美国的传统关系。重视与俄罗斯、东欧及巴尔干国家的关系。积极参与欧盟、美国援助独联体和中东欧各国的行动。意中两国1970年11月6日建交。

意大利半岛 Italian Peninsula 欧洲南部三大半岛之一。又称亚平宁半岛。位于地中海中部，东西介于亚得里亚海、伊奥尼亚海和第勒尼安海、利古里亚海之间。北面的阿尔卑斯山脉形成了半岛与欧洲大陆其他部分的天然界线。面积25.1万平方千米。除小国圣马力诺和梵蒂冈城国外，半岛的主体属意大利。

意大利菜 Italian cuisine 西方饮食文化的代表。注重调味，用各式新鲜的食物和丰富的调料，可以变化出许多风格迥异的地方菜肴。最大特点是大量使用番茄、奶酪、大蒜、醋和香料调味。牛肉、海鲜、鸡肉和牛排，经过特殊烹调，细嫩爽口。独特的面食比萨饼、通心粉等风靡全球。

意大利蜂 *Apis mellifera ligustica*; Italian bee 蜜蜂科蜜蜂属西方蜜蜂种的一个亚种。原产于意大利亚平宁半岛，在全世界分布最广、数量最多。繁殖力和哺育力很强，善于采集流蜜时间长的大蜜源。王浆产量高，泌蜡造脾性能好，对麻痹病、巢虫具有较强的抵抗力。分蜂性弱，能维持大群，性情温驯，便于管理。主要缺点是不善于采集分散的植物蜜粉源，消耗食料多，耐寒力较差，易感染幼虫腐臭病。意大利蜂（见图）经过长期人工选择，已形成了若干品系，如亚平宁半岛原产地意大利蜂，美国的三环黄金种意大利蜂，澳大利亚的意大利蜂，中国本地的意大利蜂等，它们在形态特征和生物学特性上已存在差异。

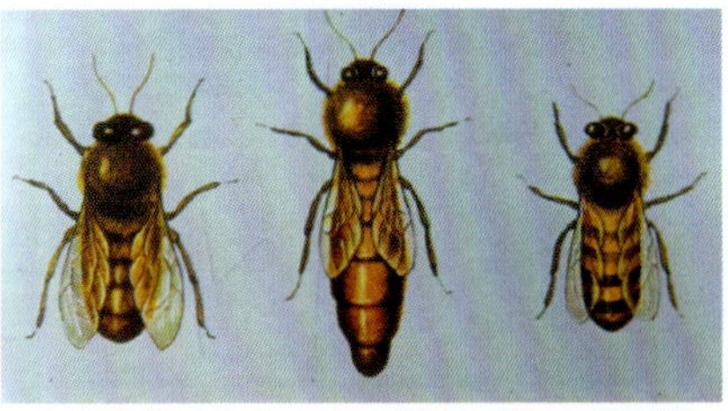
意大利蜂（自左至右：雄蜂、蜂王、工蜂）

意大利国家法西斯党 Italian National Fascist Party; Partito Nazionale Fascista Italiano 意大利法西斯主义政党。法西斯系拉丁文Fasces的音译，原指中间插着一柄斧头的一捆棍棒，为古罗马时代官吏执掌权力的象征。又译棒喝党。其党旗为黑色，以黑衫为党服，故又名黑衫党。党魁是B.墨索里尼。

第一次世界大战后，墨索里尼利用统治阶级“惧怕赤色”的心理，为实现自己的政治野心，于1919年3月在米兰建立半军事性组织——法西斯战斗团。1921年11月正式建立国家法西斯党，纲领是法西斯国家至上，执行国家的决定是每个个人的天职。有党员30万人左右，多数来自退伍军人、资产阶级、地主和具有沙文主义情绪的小资产阶级。1922年，墨索里尼攫取国家最高领导权。执政后，对内实行法西斯统治，镇压劳动人民的反抗；对外宣扬沙文主义和种族主义，鼓吹侵略和战争政策，将意大利人民推入灾难的深渊。1943年7月，意大利的侵略战争失败，国内反法西斯运动高涨，墨索里尼辞职并被拘捕，国家法西斯党最后崩溃。

意大利人 Italians 欧洲南部民族之一。总人口超过6 000万，绝大部分分布在意大利共和国。另有部分人分布在美国、阿根廷、法国、加拿大、德国、巴西、瑞士、澳大利亚等国。属欧罗巴人种，北部多为阿尔卑斯类型，南部多为地中海类型。使用意大利语，属印欧语系罗曼语族。文字用拉丁字母拼写。多信天主教，少数信基督教新教。教会影响很大。公元前8世纪，古意大利部落中的一支拉丁部落在半岛中部兴起，建立罗马城，以罗马为中心统一各拉丁部落和其他古意大利部落；并在前6～前2世纪先后征服半岛北部的伊特鲁里亚人、威尼斯人、利古里亚人和凯尔特人，以及半岛南部和附近岛屿上的希腊人、雅皮吉人、迦太基人和西库利人。至1～2世纪，所有这些不同来源的人们已经融为一体，具有共同的民族意识，讲共同的语言——民间拉丁语（拉丁口语）。到了罗马帝国扩张时期，大批不同民族成分的战俘和奴隶不断从各个被征服地区运入；帝国崩溃以后，又有大批外来民族侵入。5～13世纪，意大利人又先后同化了东哥特人、拜占廷人、伦巴德人、法兰克人、阿拉伯人、匈牙利人和诺曼人，形成了统一的标准语，以及许多共同的文化特点。由于历史上长期处于分裂状态以及各地区混入的民族成分有所不同，在意大利民族内部至今仍保留着许多地方性差异。意大利人传统从事农牧渔业，手工业、商业、航海业发达。第二次世界大战后，工业迅速发展。

意大利老人

意大利统一 Italian Risorgimento 1815～1870年，意大利从外国侵略、领土分裂走向国家复兴、领土统一的过程。

1814～1815年维也纳会议后，意大利仍被外国肢解。只有撒丁王国（皮蒙特王国）保持一定的独立性。G.马志尼于1831年建立青年意大利党，提出通过自下而上的人民革命道路实现意大利统一。40年代形成的自由派则主张由教皇或撒丁王国领导，通过自上而下的改良道路实现国家统一。此时交织着君主立宪派与共和主义派反对封建分裂和反对奥地利统治的民族斗争。

19世纪50年代后，意大利复兴运动再度高涨。1859年，在爆发意、法对奥战争的形势下，托斯卡纳、帕尔马和教皇辖地人民起义胜利，执政的自由派同意加入撒丁王国。1860年，G.加里波第率“千人团”支援西西里岛起义农民，并解放全岛，进而进军南意大利，解放那不勒斯。与此同时，撒丁王国首相C.B.加富尔也进军意大利南部。同年10～11月，通过投票把两西西里并入撒丁王国。1861年，第一届全意大利议会召开，宣布成立意大利王国。撒丁国王（1849～1861年在位）维克托·伊曼纽尔二世为意大利王国国王（1861～1878年在位）。1866年普奥战争后，意大利收复威尼斯；1870年普法战争爆发，罗马回归意大利，剥夺教皇世俗权力，教皇退居梵蒂冈。意大利统一至此完成。

意大利文艺复兴 Italian Renaissance 14～16世纪意大利以诗歌、绘画、建筑、音乐取得辉煌成就为代表的一个文化和思想发展时期。见文艺复兴。

意大利语 Italian language 意大利的官方语言。属印欧语系罗曼语族西支。除意大利外，还分布于圣马力诺、梵蒂冈和瑞士南部的提契诺州。使用人口共约6 000万。意大利语源自拉丁语。5世纪时，罗马帝国崩溃，各地的俗拉丁语得到发展。在意大利半岛上，托斯卡纳地区的佛罗伦萨俗拉丁语最具优势，逐渐成为意大利民族的共同语言。中世纪诗人但丁倡议以俗拉丁语为意大利的统一语言，并用佛罗伦萨俗拉丁语写出了著名的长诗《神曲》，为意大利文学语言奠定了基础，后人称为“意大利语之父”。继但丁之后，作家G.薄伽丘和诗人F.彼特拉克的创作也丰富了佛罗伦萨俗拉丁语。从此，用民族语言创作和翻译成为风气。1870年意大利成为统一的王国后，意大利语便成为全国的标准语。方言主要有托斯卡纳方言、威尼托方言、罗马方言、那波利方言、西西里方言、撒丁方言等。

意大利语的语音系统和西班牙语很相似，在读双辅音时要求有短暂的停顿，因此，节奏分明，富于乐感。单词一般都以元音a、e、i、o、u结尾，重音一般落在倒数第2个音节上。语法同其他现代罗曼语言大致相似。冠词分定冠词、不定冠词和部分冠词；名词和形容词有性和数的变化；动词除人称和数的变化外，有复杂的语式和时态。

意大利语的文字采用拉丁字母。每个字母都有固定的音，只有h不发音。发音和拼写一致。

意大利战争 Italian Wars 中世纪晚期，法国与西班牙、神圣罗马帝国争夺意大利的战争。战场主要在意境内。战争使意大利人民的生命财产遭受重大损失。

15世纪末至16世纪初，意大利政治上四分五裂。城市共和国、王国、公国、教皇辖地及许多小封建领地各自独立，彼此钩心斗角，战事迭起。各国君主为巩固自身权力，不惜勾结外国，从而为法西入侵提供了可乘之机。1494年，法王查理八世（1483～1498年在位）为扩充领土、巩固在地中海的贸易地位，率师入侵意大利，翌年占领那不勒斯王国。1495年，西班牙与神圣罗马帝国、教皇、威尼斯共和国和米兰公国结成反法同盟，迫使法军撤出。此后法国继续侵略意大利。16世纪上半叶，法西间连续进行4次战争，最后都以法国失利告终。1559年4月法西缔结《卡托-坎布雷西和约》，法国被迫放弃在意侵占的土地，米兰、那不勒斯和撒丁尼亚划归西班牙。意大利领土的大部分被西班牙吞并，只有威尼斯和萨伏依维持独立。至此，持续65年的意大利战争结束。

意符 meaning symbol 与汉字在意义上有联系的偏旁，表示事物的属类，特指形声字的表意部分。又称形旁。例如松、柏、杨、槐、柱、梯、床、楫均从“木”旁。形声字意符的表意作用仅指明字义的类别。例如，犬是一种动物，狐、狼、猿、猴从犬，狮、獐大兽也从犬。

意境 artistic conception 中国美学评价审美对象的范畴。“意境”不同于“意象”。“意境”是“意象”中最富有形而上意味的一种类型。对“意境”的欣赏，能够使人超越具体的、有限的物象、事件、场景，进入无限的时间和空间，从而对整个人生、历史、宇宙获得一种哲理性的感受和领悟。

“意境”理论大约形成于唐代。唐代诗人和诗论家如王昌龄、皎然、刘禹锡、司空图等人，普遍采用“境”来描述审美对象，出现了“物境”、“情境”、“意境”等概念。中国美学传统中，“意境”指的是一个特殊的意蕴世界，它是在人的直接感知中当下呈现的“现量”世界。从“世界”的角度来说，它不再是单个的“物象”，而是由“象”和象外的虚空一起构成的“境”。从“意蕴”的角度来说，它不是诉诸理性分析的“意义”，而是直接体验的“现量”。中国美学进一步强调，“意境”是人在反思之前所寓居的那个本然世界。在这个本然世界中，人以人的本来面貌存在，事物以事物的本来面貌存在，它是一个比客观真理更真实的世界。具有“意境”的艺术不是给人以单纯的快感，常常让人感到一种惆怅，原因正在于一旦进入到那个宇宙人生的本体世界，人就容易感到自身作为个体存在的渺小，因而容易产生惆怅。惆怅是有限自我面对无限宇宙的情愫，它包含了对整个宇宙人生的某种体验和感受，因此是一种最高的美感。

意识 consciousness 哲学基本范畴。指与物质既相对立又相统一的精神现象。人类对意识现象的认识经历了复杂的发展过程。在人类早期，人们曾把意识看作是一种独特的、寓于人的肉体之中并可以脱离肉体而存在的灵魂的活动。古代的唯心主义哲学家通过哲学论证巩固、发展了这一观念。柏拉图认为灵魂在进入肉体之前，曾居于理念世界，具有理念的知识。中世纪经院哲学认为，灵魂是一种单纯的精神实体，灵魂是不死的，可以脱离肉体而存在。古代的唯物主义者强调意识对物质的依赖，往往把意识或者灵魂说成是某种物质，如古希腊的德谟克利特认为灵魂是由精细的原子构成的，中国的荀子提出“形具而神生”，范缜主张“形质神用”。在近代，众多的哲学家从物质与意识的关系的角度，对意识作出定义，并探究意识的来源和属性，得出了不同结论，如R.笛卡尔提出意识与物质相互独立的二元论；G.贝克莱主张“存在就是被感知”，把意识作为世界的本原；T.霍布斯、J.洛克等则认为意识是物质的产物；D.狄德罗、J.O.de拉美特里等则明确指出意识是人脑的机能和属性；德国古典唯心主义哲学家提出并以思辨的形式阐发了意识的能动性问题；L.费尔巴哈则不仅提出人脑是意识的生理基础，而且还初步涉及意识的社会根源问题。马克思和恩格斯在批判地继承前人认识成果的基础上对意识的起源、本质、作用作出了辩证唯物主义的阐释。辩证唯物主义认为，意识是人脑的机能和属性，是社会的人对客观存在的主观映象。这种主观映象具有感觉、知觉、表象等感性形式，也具有概念、判断、推理等理性形式。人类的意识活动具有社会性。意识是自然界长期发展的产物，由无机物的反应特性，到低等生物的刺激感应性，再到动物的感觉和心理这一生物进化过程是意识得以产生的自然条件。意识是社会的产物，人类社会的物质生产劳动在意识的产生过程中起决定的作用。辩证唯物主义同时肯定意识对于物质具有能动的反作用，在意识活动中人们从感性经验抽象出事物的本质、规律形成理性认识，又运用这些认识指导自己有计划、有目的地改造客观世界。

意识流 stream of consciousness 心理学的一个概念。首先由美国心理学家W.詹姆斯在《心理学原理》(1890)一书中提出。“意识流”是传统心理学中颇流行的一种关于意识的学说，并且在文学艺术领域被作为一种创作和表现手法而加以引申运用。见意识流小说、意识流电影。

詹姆斯认为“形容意识最自然的比喻就是‘河’或‘流’。此后，我们说到意识的时候，让我们把它称作思想流，或是意识流，或是主观生活之流。”他提出意识有5个特点：①意识是属于个人的。②意识是经常变化着的。③意识是连续不断的。④意识有它自身以外的对象。⑤意识对对象有选择性。意识实际上是由理性的自觉意识和无逻辑、非理性的潜意识构成。法国哲学家H.柏格森和奥地利心理学家S.弗洛伊德都为意识流方法的形成和发展提供了思想依据。

意识流电影 stream of consciousness film 受意识流文学影响，在银幕上着重表现人的非理性、潜意识、直觉活动的电影。电影中的意识流作品出现于20世纪50年代后期。瑞典导演I.伯格曼的《野草莓》(1957)，法国导演A.雷乃的《广岛之恋》(1958)、《去年在马里昂巴德》(1960)，被认为是最早的意识流电影。随后，意大利导演F.费利尼和M.安东尼奥尼以及法国新浪潮派导演继续运用和发展了意识流技巧。他们的影片打破以时间为顺序的叙述方式，切碎情节间的逻辑联系，把过去、现在和将来的事件相互颠倒，彼此渗透，通过回忆、想象、梦境、幻觉直接表现主人公的内在心理动作，形成一种网状的立体结构，实现了自由联想式的情节组织和主题表达。

意识流小说 stream of consciousness novel 20世纪初兴起于欧美国家的、以“意识流”

为主要表现方法进行创作的小说。意识流小说不是一个统一的文学流派，也没有共同的纲领和主张。其特点是通过“内心独白”和“自由联想”来表现人物对外部世界的观察和感受。意识流小说不是按照时间的顺序和事件的逻辑关系，而是依照意识的无序流动来安排整部小说的情节和结构。由一个正在发生的事件引发意识的运动，它不断向四面八方“散射”又收缩，如此循环往复，形成一种枝蔓丛生式的立体结构。著名意识流小说有爱尔兰J.乔伊斯的《尤利西斯》(1922)、法国M.普鲁斯特的《追忆似水年华》(1913～1927)、奥地利R.穆齐尔的《没有个性的人》(1930～1933)、英国V.吴尔夫的《到灯塔去》(1927)等。

意识形态 ideology 历史唯物主义的一个重要范畴。与经济形态相对应，系统地、自觉地、直接地反映社会经济形态和政治制度的思想体系，是社会意识诸形式中构成观念上层建筑的部分。在阶级社会中，意识形态集中体现一定阶级的利益和要求。

意识形态是与一定社会的经济和政治直接相联系的观念、观点、概念的总和，包括政治法律思想、道德、文学艺术、宗教、哲学和其他人文社会科学等意识形式。其内容是社会的经济基础和政治制度、人与人的经济关系和政治关系的反映。它的各种形式起源于以生产劳动为基础的社会物质生活。它随着经济基础的变化而变化。政治思想、法律思想、道德、文学艺术、宗教、哲学和其他人文社会科学等，各以特殊的方式，从不同侧面反映现实的社会生活。它们相互联系，相互制约，构成意识形态的有机整体。

社会意识是社会存在的反映，是对全部社会精神生活成果的总概括。在社会意识诸形式中，依据各种形式之是否直接反映社会经济形态和政治制度，区分为意识形态与非意识形态，前者是社会的观念上层建筑，后者则不是。不属于意识形态的社会意识形式，有自然科学、语言学、逻辑学等。意识形态作为社会意识形式中的特殊部分，同其他非意识形态的社会意识形式和社会心理，既相区别又相联系，积极参与社会意识系统内部诸因素之间的相互作用，给予社会意识整体的发展以重大影响。

意识形态按阶级内容和它所反映的社会经济形态即生产关系可分为：奴隶主意识形态、封建主意识形态、资产阶级意识形态、无产阶级意识形态。每个社会的统治阶级的意识形态，都是占社会统治地位的意识形态。每个社会的意识形态都是复杂的，往往存在三种不同的体系：①反映社会占统治地位的经济制度和政治制度，并为其服务的占统治地位的意识形态；②反映已被消灭的旧经济制度和政治制度的意识形态残余；③反映现存社会里孕育着的新社会因素，并为建立新的经济制度和政治制度服务的新的意识形态。不同意识形态之间的斗争，构成阶级斗争的一个重要内容。

意识障碍 consciousness disorder 意识清晰度下降和意识范围改变，导致各方面精神活动异常的心理现象。意识障碍可按以下几个方面进行分类。

按意识的清晰度划分，主要有：①嗜睡状态。指意识清晰度有较少的降低。②昏睡状态。指意识清晰度明显降低，特点是一般刺激不能引起患者的反应，特别是言语反应消失。③昏迷状态。指意识完全丧失，患者的肌张力普遍降低或增高，可出现病理性反射。

按意识内容的改变划分，主要有：①谵妄状态。意识清晰度降低，出现错觉和幻觉，言语不连贯；定向力丧失，但自我意识尚保留，伴有记忆和情绪障碍。②错乱状态。较严重者环境意识和自我意识丧失，言语杂乱、支离破碎，较长时间的记忆丧失。③梦样状态。患者有梦境的体验，或沉溺于这种体验的幻想中。

按意识范围的改变划分，主要有：①蒙眬状态。即意识范围缩小、变窄。②漫游性自动症。是一种蒙眬状态的特殊形式。

自我意识障碍是意识障碍的一个特殊类型，它只是在对自我状况的认识和体验方面发生障碍。应将它视为发生人格障碍的信号。临床上常见的自我意识障碍有：人格解体、人格变换或交替人格、双重人格和多重人格。

意土战争 Italo-Turkish War 意大利夺取土耳其奥斯曼帝国北非属地的黎波里的战争。又名的黎波里战争。通过战争，意大利获得的黎波里和昔兰尼加。1911年7月摩洛哥危机为意的进攻提供了有利时机。1911年9月29日战争开始后，意军2万余人在飞机配合下，在的黎波里登陆并控制沿岸，先后占领的黎波里、代尔纳、班加西等地。11月宣布吞并的黎波里。1912年7～10月，意大利在北非发动攻势成功，此时适逢巴尔干战争即将爆发，土耳其处境危殆，被迫让步。1912年10月18日两国在洛桑签订《意土和约》，土放弃对的黎波里和昔兰尼加的主权，恢复两地的旧称利比亚，并承认意大利继续占有佐泽卡尼索斯群岛。

意象 images 中国美学描述审美对象和艺术本体的范畴。“意象”一词出现于东汉班固的《汉书·李广苏建传》，但作为美学范畴最早见于刘勰的《文心雕龙》。刘勰从艺术构思的角度提出了“独照之匠，窥意象而运斤”的命题。在这里，“意象”指的是艺术家进行创作的依据。

到了唐代，“意象”概念成了广泛使用的标示艺术本体的范畴，如王昌龄《诗格》：“久用精思，未契意象。”司空图《二十四诗品》：“意象欲出，造化已奇。”宋元诗论家常常把“意象说”中的“意”与“象”表述为“情”与“景”，并对“情”与“景”的关系和结构作了广泛深入的探讨。从“情”与“景”的生发角度来看，强调“景无情不发，情无景不生”；从“情”与“景”的结合角度来看，强调“景在情中，情在景中”；从“情”与“景”的理想状态来看，强调“状难写之景如在目前，含不尽之意见于言外”。明清诗论家也经常使用“意象”。如王廷相就明确把“意象”规定为诗的本体。王夫之对诗歌意象的特点作了更加深入集中的讨论，其中尤其强调“意象”必须产生于直接的“感兴”之中。

西方美学关于审美判断是针对审美对象而不是客观存在的事物的判断的认识，直到20世纪的现象学美学才开始明确。艺术创造的目的在于捕捉和表现事物刹那间在心上现起的“意象”，艺术欣赏的目的在于重构和把玩艺术作品中的“意象”。中国美学中的意象说，对于认识审美对象的实质有重要的启示意义。

意志 will 人有意识、有目的、有计划地调节和支配自己行动的心理过程。即从产生动机到采取行动的这种心理过程就是意志。生来具有的本能活动和缺乏意识控制的不随意行动不属于意志行动。

意志过程包括决定阶段和执行阶段：①决定阶段，即确定行动的目的和选择达到目的的方法的阶段，并拟定行动计划。②执行阶段，即将行动计划付诸实施的过程，意志的品质表现为坚定地执行行动计划，努力克服主观上和客观上遇到的各种困难。

意志以认识为基础，随着认识的发展而发展。意志自由是以正确认识客观现实为前提的，人在改造客观世界的同时又可以不断提高自己的认识能力。

意志品质是一个人性格的重要特征，不仅表现在意志活动中，而且也是在意志活动中形成的。最主要的意志品质包括：①自觉性。②果断性。③坚持性。坚持性不同于固执，固执是缺乏科学态度、不能正视客观现实、显然不能达到预定目的却固执己见一味坚持。④自制力。表现为能够排除外界干扰，迫使自己的一切行动服从于原定的目的和计划。

意志障碍 volitional disorder 意志活动在量和（或）质的方面出现异常的心理现象。通常包括意志减退、意志缺失及病理性意志增强，其中意志减退较为常见，表现为：①临事犹豫不决、缺乏果断精神。②缺乏主见，思想、情感和行为易受外界影响，附和他人，易受**暗示**。对不良行为或病态意向诱惑缺乏抵制的能力。意志缺失的患者对一切活动都很被动，基本生活欲求明显减退甚至消失，常伴有情感淡漠、兴趣贫乏和社交回避。病理性意志增强主要表现为意志具有病态的顽强性，不顾主观意愿多么背离现实，仍盲目坚持，历久不懈。临床上还可见到意向倒错和矛盾意向等障碍。

溢洪道 spillway 具有开敞式或带有胸墙进水口的溢流泄水建筑物。可下泄规划的**库容**所不能容纳的**洪水**，防止洪水漫溢坝顶，保证大坝安全。溢洪道可与坝体结合设置，也可设在坝体以外的地方。

分类 按泄洪标准和运用情况，可分为正常溢洪道和非常溢洪道，前者用以宣泄设计洪水，后者用于宣泄非常洪水。按其所在位置，可分为河床式溢洪道和岸边溢洪道。河床式溢洪道通常是经坝身溢洪的溢流坝。岸边溢洪道按结构形式可分为四类。①正槽溢洪道。溢洪道的泄槽与溢流堰轴线正交，过堰水流与泄槽轴线方向一致。②侧槽溢洪道。溢流堰大致沿等高线布置，水流从溢流堰泄入与堰轴线大致平行的侧槽后，流向作近90°转弯，再经泄槽或隧洞流入下游。③井式溢洪道。进水口在平面上为一环形的溢流堰，水流过堰后，经竖井和隧洞流入下游。④虹吸溢洪道。利用虹吸作用泄水，水流出虹吸管后，经泄槽流入下游，它可建在岸边，也可建在坝体内。对于土坝、堆石坝等，由于坝身不能布置高水头、大流量的泄水建筑物，故多采用岸边溢洪道。

组成 通常由进水渠、控制段、泄水段、消能段及尾水渠组成。①进水渠起进水与调整水流作用，应注意合理选择进口形式，保证进水条件。②控制段是控制溢洪道泄流能力的部分，主要包括溢流堰及连接建筑物。③泄水段是控制段和消能段的连接段，通常有泄槽与泄洪隧洞两种形式。④消能段通常采用挑流消能或水跃消能。⑤尾水渠是当下泄水流不能直接归入原河道时修建的，要求与下游河道妥善衔接。

缢蛏 *Sinonovacula constricta*; razor clam 双壳纲帘蛤目缢蛏属的一种。又称蛏子。海产经济贝类。仅见于西太平洋，为中国和日本常见种。

壳长8厘米左右，壳薄而脆，长方形。

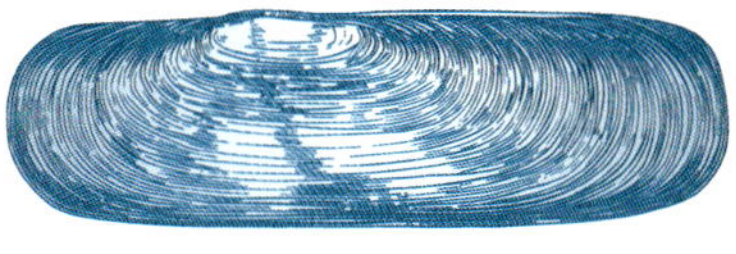

缢蛏外形

壳顶位于背缘前端，背、腹缘近平行，前后缘略呈圆形。两壳闭合时前后端开口。外韧带黑褐色，短而突出，壳皮黄绿色，生长纹明显。壳内白色，前后闭壳肌痕呈三角形。外套窦宽大，前端圆形。喜生活于潮流畅通、有淡水注入的内湾，中低潮区较多，穴居于潮间带软砂泥滩中。滤食性，主食浮游硅藻类。适宜水温为8～30℃，盐度为5～28。雌雄异体。缢蛏养殖分为苗种培育和养成两个阶段。在内湾中可进行海区半人工采苗，在水池内可进行全人工育苗。养成有滩涂建埕播种养殖、建塘蓄水撒播养殖以及虾、蛏池塘混养等方式。肉质肥厚，营养丰富；壳、肉皆可入药，有滋补、清热、消水肿之功效。

《瘗鹤铭》 中国南朝梁纪事摩崖石刻。未署年月，据宋代黄伯思考证刻于梁武帝天监十三年（514）。原本刻于镇江焦山西麓崖壁上，宋代遭雷击碎为五块崩落江中，清

《瘗鹤铭》拓片（局部）

康熙五十二年（1713）由江宁知府陈鹏年募工打捞并移置山上，现存焦山宝墨轩碑廊。此石刻现存残石五块，计88字。铭文为楷书左行，所记为某人豢养之鹤死后埋葬山中之事，据记载为华阳真逸撰，上皇山樵书。关于此铭的书写者，后人考证甚多，但其说不一。以为陶弘景书迹者居多，然皆无确证。此铭书法笔画舒展，气畅神清；体势宽博开朗，字形含蓄稳健，姿态生动，虽经江水冲击笔意已全失，但反而更形成圆浑古朴的效果。自宋代以来备受书家称赞，被推为大字书法的典范。

薏苡 *Coix lacryma-jobi*; job's tears 禾本科薏苡属的一种。一年或多年生草本植物。又称回回米、薏珠子、药玉米。种仁称米仁、苡仁或苡米。原产中国，现中国各地均有栽培。也产于东南亚及亚洲其他一些国家。

株高100～150厘米，直立，有分蘖。叶互生，线状披针形。花单生，雌雄同株，总状花序，腋生或顶生。雄小穗位于花序上部，雌小穗位于花序基部。颖果圆形或卵圆形。种仁近圆形，乳白色。中国栽培的薏苡有黑壳、白壳、高秆、矮秆等类型。喜温暖湿润气候，属湿生性植物。可用种子直播，也可育苗移栽。9～10月果实成熟时采收，脱壳去皮，即为苡仁。

种仁称为薏苡仁，含糖类、脂肪、蛋白质及多种氨基酸，为深受欢迎的保健食品。另含薏苡仁酯、薏苡素，经试验证明对癌细胞有抑制作用。薏苡仁为常用利水渗湿中药。始载于**《神农本草经》**。此品味甘、淡，性微寒。归脾、胃、肺经。生用：一能利水渗湿，治水湿所致水肿、小便不利及脚气浮肿，兼热者尤佳；二能祛湿除痹，治湿痹拘挛，属湿热者更宜；三能清热排脓，治肺痈、肠痈。炒用，健脾止泻兼渗湿，治脾虚湿盛之泄泻。

螠虫动物门 Echiura 动物界一门。属真体腔海生原口动物。有3目4科32属约130种。广布于各大洋。中国的螠虫动物载有2目2科8属11种。体长10厘米左右，两侧对称，形似囊状或纺锤状，身体柔软，无体节，也无疣足。口在前端，肛门在后端。口前有软而细长的吻，能伸缩。可帮助摄食。近口处的腹面生有一对钩状刚毛，有辅助运动和挖掘泥沙的功能。体腔很大，但无隔膜。消化道很长，通常是体长的数倍。肾管数目不等。雌雄异体，体外受精。发育过程中有担轮幼虫期，幼虫期有分节现象。营底栖穴居生活。

为杂食动物，多以沉积物中的有机质碎屑和小型底栖生物为食。可用作钓饵，有几种也可食用。

翼龙目 Pterosauria 已绝灭的会飞翔的**爬行动物**。属于爬行纲双孔亚纲初龙次亚纲。已发现30多属90多种，繁盛于**中生代**的**侏罗纪**和**白垩纪**。翼龙类前肢的第4指伸长，常可达臂长的3～4倍。在延长的第4指及身体侧部之间，有皮质翼膜，一般从背部延至后肢的膝部，在前臂和颈部之间，也有皮质翼膜相连，在腕部有一钩状的翼骨支持。前肢第5指退化，其余3指仍保留，在攀缘时起辅助作用。这样的翼膜非常脆弱，一般认为只能起滑翔作用。颈长、头长，头部骨骼多愈合，喙一般尖而长。眼大，具骨质巩膜眼环。根据脑内膜的研究，认为翼龙的脑大，表面形态与鸟接近，其视

喙嘴龙复原图

觉优于嗅觉。翼龙类通常可分为喙嘴龙与翼指龙两个大类（亚目），杨钟健（1964）根据在中国新疆乌尔禾发现的准噶尔翼龙化石，提出从翼指龙亚目中分出第3个亚目准噶尔翼龙亚目的意见。喙嘴龙类主要生活于侏罗纪，化石发现于欧洲的英国、德国、意大利，东非的坦桑尼亚，亚洲的印度、哈萨克斯坦和美洲的加勒比地区的古巴。中国四川自贡有此类化石。翼指龙亚目生活于晚侏罗世，尾短。一般个体较小，主要发现于德国、英国、坦桑尼亚、阿根廷等地。准噶尔翼龙亚目生活于白垩纪。过去认为翼龙全部生活于海边，翱翔于水面上以尖长的喙捕食鱼类。后来的发现进一步证明陆地湖泊附近亦有翼龙类生活。

瘾症 hysteria 因急性精神刺激或强烈情感反应引起的、具有强烈感情色彩的一种常见心理疾病。又称瘾病，音译为歇斯底里。本病多于青壮年发病，女性远多于男性。传统分类把瘾症归入神经症。

临床表现 可分为精神症状和躯体症状。

精神症状 有情感爆发、意识蒙眬状态、昏睡状态、甘塞尔氏综合征、童样痴呆、身份障碍、遗忘症等。身份障碍属自我意识障碍。在中国，尤其在广大农村地区，身份障碍最多见的形式是附体状态：患者以死去的亲人或某种超自然的存在（如狐狸精）的身份自居，言语、表情和举止都扮演着另外一种身份。瘾症性遗忘症的特点是它的阶段性或故事性。患者所遗忘的限于某一时期，或围绕某一中心内容的有关情节。所谓瘾症性神游症（患者由家中出走，无目的地游荡，意识恢复后对这段经历完全或部分遗忘），实际上也是一种身份障碍。

躯体障碍 包括感觉功能妨碍和运动功能障碍，也是多种多样的，如瘾症球（感觉有一球状异物卡在咽喉处），体表一定区域界线分明的感觉脱失，感觉过敏，失听，失明，失音，一个或几个肢体瘫痪、强直，站立步行不能，震颤，抽动，痉挛发作等。这些功能脱失不仅不像器质性疾病，而且跟解剖学显然矛盾。

治疗 应以心理治疗为主，根据患者的人格特点、心理社会问题和临床特点采用相应的方法，如暗示、支持、行为矫正等。

懿德太子墓 Tomb of Crown Prince Yide 中国唐中宗长子李重润墓。位于陕西乾县。1971年发掘。李重润于武周大足元年（701）被武则天杖杀。中宗复位后，神龙二年（706）将其墓由河南洛阳迁至乾陵陪葬。

地上有坟丘和围墙。南面有土阙、石狮、石人和石华表。地下部分全长100.8米，由墓道、6个过洞、7个天井、8个小龛、前后甬道和前后墓室组成。后室放庑殿顶石椁1具。椁内外饰线刻，所刻图像具有唐代线刻刚劲明快的特点，其中的宫女图像是不可多得的线刻精品。墓中有大型壁画40幅。墓道两壁以三出阙和城墙为背景绘太子仪仗和青龙、白虎，阙楼、城墙巍峨壮观。过洞内绘驯豹、架鹰、架鹞和男女侍从图像，其中驯豹属唐墓壁画新题材。天井内绘戟架和辇，每个戟架列戟12根（唐代的列戟制度表示死者的身份地位）。甬道及墓室绘侍女持物、宫廷伎乐等宫廷生活图像。墓室顶部绘天象。此墓壁画规模宏大，布局严谨，技艺精湛，用色多样，显示了唐初人物画、山水画、宫室画的时代风貌。为了解唐代宫廷生活和皇室殡葬制度等提供重要资料。此墓早年被盗，残存大理石哀册和1 000多件随葬品。哀册是现存哀册实物中较早的一例。

懿德太子墓《阙楼图》（绘于墓道东壁）

因加尔登 Ingarden, Roman（1893-02-05～1970-06-14） 波兰哲学家、美学家。生于克拉科夫城，卒于克拉科夫城。早年曾在沃夫大学学习哲学和数学，后又在格丁根大学和弗赖堡大学追随E.胡塞尔研究现象学，1918年获博士学位，先后任沃夫大学和克拉科夫费日龙大学哲学教授，1949年当选为波兰科学院院士。毕生致力于哲学本体论、特别是艺术哲学本体论的研究，是20世纪西方现象学美学的主要奠基人之一。他接受了胡塞尔的现象直观、直接的描述等方法，但不同意其先验唯心论立场，并试图通过研究知识对象存在的性质和方式，最终解决实在论与唯心论之间的争端。著有《艺术作品的本体论》等。

因明 Hetuvidyā 古代印度逻辑学说。因指推理的理由、依据，明指知识、学问。因明即通过宗（论题）、因（理由）和喻（例证）进行论辩和推理的学问。宗、因、喻3部分组成的论式称三支比量（式）。其中又以因支最为重要，故称因明。实际包含内容为逻辑学与认识论两个部分。逻辑学方面主要是对逻辑规则和逻辑谬误的研究。前者研究因本身的特征（因三相）与宗、因、喻三支之间关系（九句因）；后者着眼于三支可能出现的逻辑谬误，总结出似宗九过（失）、似因十四过和似喻十过。认识论部分是对现量和比量的研究，大致为直觉知识或推理知识两范围。古印度的佛教思想家陈那、法称所发展的量论因明学，达到了佛教因明学的顶峰。因明学伴随佛教传入中国，逐渐形成汉传因明与藏传因明两个传统，是中国逻辑史的组成部分。

因纽特人 Inuit 亚洲东北角和美洲北极地区的土著居民。又称爱斯基摩人。约12万人（2001）。分布在俄罗斯、美国、加拿大、丹麦和格陵兰岛。属蒙古人种北极类型。信仰萨满教和万物有灵。相传其祖先约在四五千年前自亚洲中北部迁至白令海峡两岸，后逐渐向东扩散。使用本民族语言，分为数十种方言。格陵兰的因纽特文字系1721年创制，用拉丁字母拼写，并通用于加拿大和阿拉斯加的因纽特人；俄罗斯的因纽特文字1937年创制，用斯拉夫字母拼写。

雪地上的因纽特人

社会以地域集团为单位，一般有二三百人，以亲属关系和友谊关系为社会团结的纽带。自然首领是萨满，多为受人尊敬的优秀猎手。婚姻为一夫一妻制。青年夫妇可与任何一方的父母居住，亦可独立成家。经济以海上狩猎为主，陆地狩猎为辅。采集也占有一定地位。狗是唯一家畜，常以狗群多少作为财富标志。生活资料绝大部分来自猎物，以肉为食，以毛皮为衣，以油脂为燃料，以兽皮、兽骨和兽牙为材料制造器皿、工具和武器。房屋一般为半地窖式，通常用石块堆砌而成，其上覆盖泥土。夏季住帐篷，冬季游猎时建半球形雪屋暂住。装饰艺术大多表现在武器的装饰上，或用骨牙雕刻人像和动物，但不绘画涂色。娱乐活动有角力、拳击、击棒、拔河、玩旋转响器等。民间故事丰富，包括动物寓言、创业传说、巫觋神话、名人事迹等。

近年来，在因纽特人的渔猎生产和日常生活中，已开始使用现代工具和工业产品，部分地区已用汽艇、摩托车、枪支火药和煤油灯、煤油炉等。同时通过出售珍贵毛皮和鲸须等渔猎产品，换回粮食、罐头食品、机制衣物、收音机以及各种生活用品。在北美因纽特人社会中已出现贫富分化，涌现出一些富裕户和个别资本家。在格陵兰地区，已有80%的因纽特人移居小城镇，许多人在白人开办的渔猎公司和罐头厂当雇工。部分儿童能受到初等教育。生活条件的变化也给因纽特人带来一系列新问题，例如白人的侵入，新式渔猎工具的使用，饮食结构的改变，新的疾病的传入，贫富的分化，以及对白人雇主的依赖等，完全打乱了固有的生活秩序。

因特网 Internet 全球最大的、开放的、遵循TCP/IP**协议**，将众多网络互联而成的计算机**互联网**。

发展 因特网由美国的**阿帕网**（ARPA网）发展演化而成。阿帕网是全世界第一个分组交换网。1969年美国国防高级研究计划局（DARPA）为了验证远程分组交换网的可行性而建立。

因特网的发展可分成三个阶段，从1969年ARPA网诞生到1983年因特网的形成是第一阶段，即研究试验阶段。当ARPA网采用TCP/IP协议以后，以ARPA网为中心组成的新的互联网称为因特网。为区别于一般的互联网，因特网的第一个英文字母用大写的I。从1983年到1994年是第二阶段，美国国家科学基金会（NSF）主持的NSF网的形成和发展，是因特网在教育和科研领域广泛使用的实用阶段。随着因特网规模的扩大，又提出因特网不仅服务于教育、研究和政府部门，商业用户也可进入因特网，而且因特网的经营也已商业化。采用称为商用因特网交换（CIX）互联点的结构，它由高速**路由器**和连接各CIX成员的链路组成，这些CIX的成员都是网络提供者，而不是网络用户。中国的互联网于1994年正式接入因特网。

体系结构 因特网采用TCP/IP协议，它是实现互联网络连接性和互操作性的关键。因特网体系结构表现在互联网服务的3个层及其相互的依赖关系上。最底层为无连接传送服务，为其他层的服务提供基础；第二层是可靠的传送服务，为应用层提供高层平台；最高层是应用服务层。

地址和域名 因特网地址又称IP地址，它能唯一确定因特网上每台计算机、每个用户的位置。IP地址有32位，由两部分组成，即网络标识和主机标识，分别确定某台主机所在的物理网络和在该物理网上的某台主机。域名由一系列字母和数字构成的段组成，域名和IP地址是一一对应的。域名是一个逻辑概念，不必与物理地点相一致，自治是域名系统的特点。新版的IP已正式命名为IP_{V6}，将地址空间扩展到128位，并对协议细节做了许多修改。

路由选择 由一个管理机构控制的网络和路由器的集合称一个自治系统。在一个自治系统内的两个路由器使用内部网关协议（IGP），常用的IGP有路由信息协议（RIP）、开放最短路径优先协议（OSPF）。为了自动保存准确的网络可达信息，内部路由器之间要交换网络路由信息。自治系统的可达信息汇集起来之后，可使用外部网关协议（EGP）将可达信息通知另一个自治系统。在边界网关协议（BGP）中，每个路由更新报文都带有中转自治系统的从源站点到目的站点的全部列表。

应用 因特网的应用分为通信、获取信息和共享计算机资源三类。**电子邮件**是最广泛、最有前途的因特网应用之一。**万维网**是基于客户机/服务器方式的信息发现技术和超文本技术的结合。

阴道 vagina 哺乳类雌性动物输卵管的末端部分。

人类女性的阴道是由黏膜、肌层和外膜构成的前后扁平肌性管道，连接子宫和外生殖器，是女性交接器官，也是导入精液，排出月经和娩出胎儿的通路。阴道下端开口于阴道前庭，称阴道口。在处女的阴道口还有一个环状黏膜皱襞称为处女膜，起着部分封闭阴道的作用。阴道的上端较宽阔，包绕子宫颈阴道部，在子宫颈周围形成环状的阴道穹。阴道位于膀胱、尿道和直肠之间，小骨盆出口的中央。

阴道本身有自净作用，这是因为阴道上皮细胞内含有丰富糖原，这种糖原由寄生在阴道内的阴道杆菌的分解而生成乳酸。乳酸使阴道内成酸性环境，它可防止许多致病菌的繁殖。

阴道出血 vaginal bleeding 女性阴道的出血现象。可见于全身疾病，也可来自女性生殖道任何部位，但大部分出血来自子宫。

病因：①内分泌失调。如月经紊乱。②与妊娠有关的出血。如流产、宫外孕、葡萄胎、产后胎盘残留等。③肿瘤。子宫黏膜下肌瘤、宫颈息肉、宫颈癌、子宫内膜癌、输卵管癌等均以不规则出血为特点。某些具有内分泌功能的卵巢肿瘤也常引起不规则阴道出血。绝经后出血要特别警惕肿瘤，应认真鉴别。④与避孕有关的出血。避孕环移位，不正确服用避孕药等。⑤炎症。出血量不多而以白带增多为主，滴虫、霉菌和老年性阴道炎及宫颈炎等均可有少量阴道出血。还有外伤、阴道异物所致的阴道出血。⑥全身疾患。血液病、肝病等可引起月经紊乱，出血量增多。⑦外伤引起出血时，应仔细检查外阴有无出血部位。性交后出血者，首先考虑子宫颈癌。新婚性交后出血，多系处女膜破裂，个别为阴道发育不良。

对阴道出血作诊断时应详细了解病史，作全身及妇科检查和化验，若可疑子宫内膜癌应进行分段诊断性刮宫，可疑宫颈癌应作宫颈活体组织检查，可疑与妊娠有关时作妊娠试验等。

阴道炎 vaginitis 因各种感染引起的阴道炎症。往往表现为白带增多，白带性状改变，有异味，可伴有外阴瘙痒、性交疼痛或尿道刺激症状等。为妇女常见病。

常见阴道炎有以下几种：

滴虫性阴道炎 最常见，由阴道毛滴虫引起。通过性交直接传播，或借公共浴池、浴巾等间接传播。本病主要表现为白带增多，泡沫状，脓性泡沫状有腥臭味；白带流出可引起外阴瘙痒或性交疼痛等。最简便的检查方法是悬滴法，即取少许白带置玻片上滴一滴生理盐水，在显微镜下寻找滴虫。常用药有甲硝唑，替硝唑口服或局部应用。

霉菌性阴道炎 常见。由白色念珠菌感染。多见于孕妇、糖尿病患者、接受大量雌激素或长期应用广谱抗生素治疗及不洁性交者。常见症状为外阴瘙痒、灼痛、豆渣样白带，有时可引起外阴浅表溃疡，显微镜下在分泌物中找到白色念珠菌菌丝及芽孢可确诊。治疗应消除病因，防止再感染，可用苏打水冲洗阴道，常用药有制霉菌素、曲古霉素、达克宁栓等。

老年性阴道炎 绝经后妇女因雌激素水平降低，阴道抵抗力弱，病原体易于侵入。主要表现为稀黄水样白带增多，有时血性，外阴瘙痒，阴道黏膜有小出血点。诊断时应排除滴虫或霉菌感染。治疗原则为用酸性溶液坐浴及外用雌激素阴道栓以增加阴道抵抗力，并用抗生素抑制细菌生长。

幼女性阴道炎 常与外阴炎并存，主因幼女体内雌激素缺乏，阴道抵抗力弱，病原体易通过患病的母亲、保育员等传播，亦可因与污染的衣物直接接触而引起，肛门蛲虫感染或阴道误放异物也可致病。治疗原则以预防为主，勿穿开裆裤，适当以1:5 000高锰酸钾水溶液坐浴保持局部清洁与干燥。

《阴符经》 中国道教经典。全称《黄帝阴符经》。作者及成书年代众说纷纭，或认为是战国秦汉时期的书，或认为是北魏寇谦之所撰，宋人黄庭坚、朱熹则推断系唐李筌撰著，故此书大体可信为唐以前道家古籍。此经本意，大抵言天地阴阳运行变化，与人事之间有相生相克的辩证关系。圣人当观天之道，执天之行，掌握天人暗合之机，使行为举动皆不违自然规律，合乎天道法则，则治国养生皆得其宜。历代统治者、军事家、哲学家，以及道流儒士，皆因此经言简意赅，并含有深刻的义理而重视之，往往将其与老庄之书并列。

此经注解甚多，历代主要注释本有：**诸葛亮**、**张良**、李筌等七家（一说六家、一说十一家）的《黄帝阴符经集注》、唐张果《黄帝阴符经注》、金刘处玄《黄帝阴符经注》、南宋朱熹《黄帝阴符经注解》等。

阴极射线 cathode ray 从低压气体放电管阴极发出的电子在电场加速下形成的电子流。阴极可以是冷的也可以是热的，电子通过外加电场的场致发射、残存气体中正离子的轰击或热电子发射过程从阴极射出。

阴极射线是在1858年利用低压气体放电管研究气体放电时发现的。1897年J.J.汤姆孙根据放电管中的阴极射线在电场和磁场作用下的轨迹确定阴极射线中的粒子带负电，并测出其荷质比，导致电子的发现。

阴极射线应用广泛。电子示波器中的示波管、电视显像管、电子显微镜等都利用了阴极射线在电磁场作用下偏转、聚焦以及能使被照射的某些物质发荧光的性质工作。高速的阴极射线打在某些金属靶极上能产生X射线，可用于研究物质的晶体结构。阴极射线还可直接用于切割、熔化、焊接等。

阴茎 penis 雄性哺乳动物的交配器官。由附于耻骨上的海绵体所构成，海绵体包绕尿道，尿道兼有排尿及输送精液的功能。

阴茎可分为头、体、根三部分。其后端为阴茎根，藏于会阴部皮肤的深处。中部为阴茎体。前端为阴茎头，头的尖端有尿道外口。头的后方稍细为阴茎颈。阴茎的皮肤薄而柔软，富有弹性。其在近阴茎头根部呈一环形皱襞，至阴茎颈再返折移行至阴茎头的皮肤，此处皮肤的环形皱襞称为阴茎包皮。若包皮盖住尿道口，但能上翻露出尿道外口和阴茎头时，称为包皮过长。当包皮口过小，包皮完全包着阴茎头而不能翻开时，称为包茎。这两种情况，都容易因包皮腔内污物的刺激而发生炎症，也可成为诱发阴茎癌的因素，应将过多的包皮手术切除，露出阴茎头。

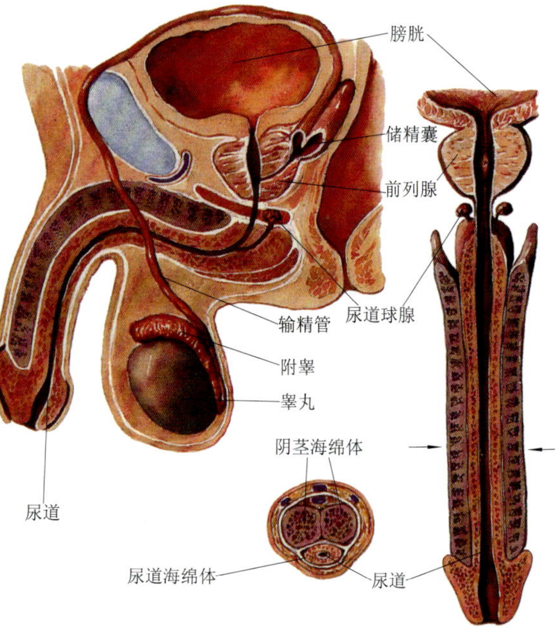

阴茎解剖图

阴茎体由三条海绵体组织组成，背面两侧各有一条阴茎海绵体，比较粗大，在腹侧为尿道海绵体。当性兴奋时，阴茎内动脉显著扩张，流入阴茎的血流极度增加，疏松的海绵体大量充血，使阴茎变得硬挺、勃起。性交后阴茎内动脉收缩，静脉回流增加，海绵体内的血液减少，阴茎随之软缩。另有说法认为阴茎勃起是由于坐骨海绵体肌及球海绵体肌压迫其下的阴茎静脉血流受阻造成的。

阴茎癌 penile cancer 阴茎头及包皮的慢性炎症刺激引起阴茎头部的鳞状上皮癌。包茎患者及卫生条件差的地区发病率高。犹太及伊斯兰教徒对男婴作包皮环切术，故很少发生该病。局部清洁，减少包皮垢郁积及阴茎头炎症，可收预防效果。发病早期常被忽视，就诊时多呈菜花状，有溃疡、感染及腹股沟淋巴结肿大。癌转移主要至腹股沟、髂及主动脉淋巴结，晚期可发生血性转移。治疗以外科手术为主，淋巴结无转移者手术治愈率达90%。若已有转移则5年生存率仅33%～38%。

阴铿 Yin Keng（?～约565） 中国南朝梁陈间诗人。字子坚。祖籍武威姑臧（今甘肃武威）。高祖时迁南平（今湖北公安）。梁时曾为湘东王萧绎（元帝）参军。陈时以能诗为徐陵所荐，作《新成安乐宫诗》，为陈文帝所赏，官累迁晋陵太守、员外散骑常侍等职。诗以写行旅、赠别及游览之作为多，代表作《渡青草湖》、《夜发五洲》等均颇传诵，如《晚出新亭》：“大江一浩荡，离悲足几重。潮落犹如盖，云昏不作峰。远戍唯闻鼓，寒山但见松。九十方称半，归途讵有踪。”写景真切，寓情于景，在对仗、声律上较齐梁诗人已更近律体。诗历来与何逊齐名，故杜甫有“颇学阴何苦用心”之句。《阴铿集》本3卷，今佚。明人辑有《阴常侍集》1卷。

阴历 lunar calendar 用朔望月（即月相周期）组成年的历法。每一太阳年（回归年）中约有12.37个朔望月，通常取1年为12个月，这样阴历的一年比回归年约短11天。因此要使阴历的历年同回归年保持一致，必须定期增加月数（闰月）。巴比伦人可能是首先使用这种完全根据月相周期的历法，巴比伦历每个历月的月首定在蛾眉月（新月前后的月相）的第一天。从公元前380年前后起，开始有了固定的置闰规则，即在19年内设置7个闰月。月相变化是最显著的天象，因此各国的历法大都先有阴历后有阳历。但阴历完全不适合农牧业生产的需要，因而被逐渐淘汰，希腊历和回历都是阴历。中国的农历民间也有称阴历的，但它实质上是一种阴阳合历。

《阴谋与爱情》 *Intrigue and Love*; *Kabale und Liebe* 德国戏剧作品。J.C.F.von席勒作于1783年，1784年首演于法兰克福。后被意大利作曲家G.威尔第以《露易莎·米勒》为名，创作为歌剧。

《阴谋与爱情》剧照（原中国青年艺术剧院演出）

故事讲述德国某公国，宰相的儿子费迪南爱上平民乐师的女儿露易丝。但宰相让儿子与被公爵抛弃的情妇、英国贵族后裔米尔佛特结婚，遭到儿子坚决拒绝。宰相秘书伍尔牧施计将老乐师抓起来，强迫露易丝给宫廷侍卫长写出一封情书，并设法让这封情书落到费迪南手里。费迪南跑去责问露易丝，露易丝承认是自己所为。费迪南绝望地在饮料中放进毒药，撕肝裂胆地呼唤着露易丝的名字，恳求她说出实情。露易丝道出真相后，费迪南与他的恋人一起离开了这个世界。

阴跻脉 yin heel channel; yin heel vessel 中医学中奇经八脉之一。阴跻脉主一身左右阴侧运动。循行部位起于足跟，从内踝下照海穴分出，沿内踝后直上下肢内侧，经前阴，沿腹、胸进入缺盆，出行于人迎穴之前，经鼻旁，到目内眦与手足太阳经、阳跻脉会合。

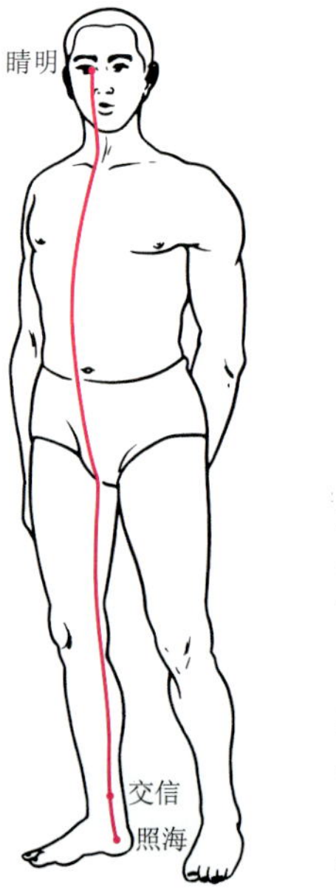

阴跻脉循行图

本经脉交会穴包括：照海、交信（足少

阴经）、睛明（足太阳经），共3穴，左右合6穴。

阴山 Yinshan Mountain 中国北部东西向山脉和重要地理分界线。横亘在内蒙古自治区中部及河北省最北部。属古老断块山。西起狼山、乌拉山，中为大青山、灰腾梁山，南为凉城山、桦山，东为大马群山。长约1 200千米，平均海拔1 500～2 000米，山顶海拔2 000～2 400米。集宁以东到沽源、张家口一带山势降低到海拔1 000～1 500米。主峰呼和巴什格，海拔2 364米。山地南北两坡不对称，北坡和缓倾向内蒙古高原，属内陆水系。南坡以1 000多米的落差直降到黄河河套平原，是断层陷落形成的。山地大部分由古老变质岩组成，在断陷盆地中有沉积岩分布。煤藏丰富。石拐沟煤矿已开采，为包头市钢铁公司及发电厂提供燃料。北坡的白云鄂博蕴藏丰富的多金属矿和稀土金属。阴山山脉还是中国季风与非季风区的北界，属温带半干旱与干旱气候的过渡带。西部的狼山尤为干旱，大青山较为湿润。山坡低处为草地，中部有栎、榆、桦等树种。阴坡在2 000米处有矮曲林。包头与白云鄂博间建有铁路。包兰、京包铁路也经过其脚下，交通方便。

阴山岩画 Yinshan Petroglyphs 中国北方地区岩画。主要分布于内蒙古自治区阴山山脉西段狼山地区。刻画在崖壁、山顶石块和山前丘陵石壁上。1976年以来发现万余幅。年代上限为新石器时代初期或更早，下限延至现代，大部分作品创作于新石器时代至青铜时代。多为原始部落先民所绘，少数是匈奴、突厥、回鹘（或粟特）、党项和蒙古人的作品。作画方法有4种：出现最早的是敲凿法和磨刻法，然后是划刻法，最晚的是绘制法。题材有狩猎、放牧、舞蹈、日月星云、宗教崇拜、穹庐毡帐、文字符号、车等。阴山岩画写实性强，有浓郁的生活气息，从多方面反映了古代中国北方山地草原民族的经济生活、科学技术、文化艺术和审美观念。

岩画中的动物形象——马和羊

阴维脉 yin link channel; yin link vessel 中医学中奇经八脉之一。阴维脉主要维系、联络三阴经。循行部位起于小腿内侧足三阴经交会之处，沿下肢内侧上行，至腹部。与足太阴脾经同行，至胁部，与足厥阴经相合，然后上行至咽喉，与任脉相会（见图）。

本经脉交会穴包括：筑宾（足少阴）、冲门、府舍、大横、腹哀（足太阴）、期门（足厥阴经）、天突、廉泉（任脉），共8穴，合14穴。

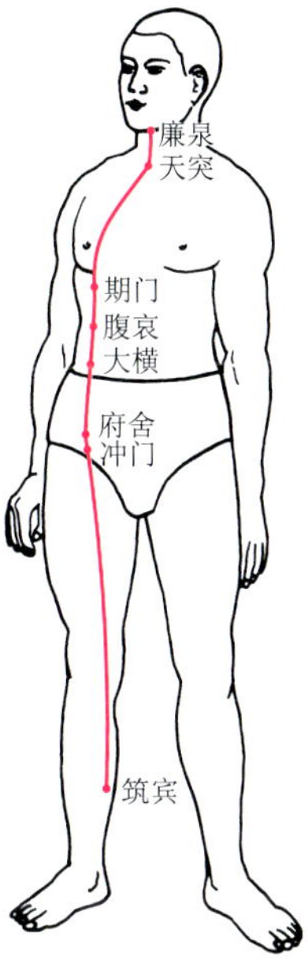

阴维脉循行图

阴阳 yin and yang 原意指日照之向背，在《诗经》、《尚书》中，已经成为占卜和观察日常事物的重要概念。周幽王时伯阳父把阴阳说成是“天地之气”，并用二者的矛盾运动来说明地震，使之具有了自然哲学范畴的意义。春秋末范蠡将阴阳概念推展至解释社会现象，强调阴阳之间的转化，“阴至而阳，阳至而阴”。《老子》一书在“反者道之动”的情景之下，提出了“万物负阴而抱阳，冲气以为和”的阴阳和谐思想。而《易传》的作者则运用阴阳对事物之间广泛存在的对立现象及其转化的关系进行了系统的说明。《易传·系辞上》说“一阴一阳为之道”，认为阴阳的矛盾运动是事物发展的基本法则。战国末期的邹衍，把阴阳观念和五行观念结合起来说明自然和社会的变化规则，形成了阴阳家。

阴阳家 yin and yang, school of 中国先秦以阴阳五行说为中心思想的流派。由天文家、占星家演变而来。战国时极盛。汉代称阴阳家，与儒、墨等并列为六家或九流十家。《汉书·艺文志》著录68家著述1 300余篇。代表文献有《礼记·月令》和《吕氏春秋·十二纪》。代表人有邹衍。以阴阳五行说解释季节变化和农作物生长规律，按照事物本性和相互作用说明世界变化，有辩证法思想。以“阴阳消息”、“五德转移”解释王朝更替，提倡“仁义节俭，君臣上下六亲之施”，与儒家思孟学派有较密切联系。把自然和社会混同，用天象变化比附人事吉凶，结合科学和巫术，流于“天人感应”的神秘主义。对以后哲学思想发展产生复杂影响。《黄帝内经》作者和东汉王充把阴阳五行说中的科学成分发展为天道自然观，董仲舒和谶纬之学则把其中的迷信成分发展为系统的神学目的论。

《阴骘文》 中国道教经典。全称《文昌帝君阴骘文》。以文昌帝君降笔（即扶乩）的名义编纂而成。成书年代不详。一说不晚于16世纪末。文昌帝君全称“辅元开化文昌司禄宏仁帝君”，又称文曲星、梓潼帝君、梓潼神。在中国相传为掌握人间禄籍之神，所以旧时文人多崇祀之。“阴骘”一词原为“默默地安定”之意，引申为修善积德，俗称积阴德。《阴骘文》以天人感应和因果报应思想为依据，宣传儒家道德规范和道教、佛教的宗教戒条，宣扬广行阴骘，将得善报。书中列举忠主、孝亲、敬兄、信友、矜孤恤寡、敬老怜贫、不谋人财产、不淫人妻女、不恃富豪而欺穷困，不倚权势而辱善良等数十项作为立身处世之准则。声称依此行事，则“百福骈臻，千祥云集”，近则善报个人，远则福泽儿孙。此书较早的注本有朱珪《文昌帝君阴骘文注》、《阴骘文颂》，清赵如升《阴骘文像注》，清费晓楼绘图本《阴骘文图证》等。因内容通俗易懂，明清以来，民间流传甚广，影响极大。

音 tone 有确定高度的声音。又称乐音。它是物体有规则的振动所产生的，为构成音乐作品的基本素材。如果是无规则的振动而产生的声响，则为噪声。音的特性如下：

音高 音的高低。由声波的频率（指每秒钟的振动次数，以赫兹为单位）所决定。一般来说，频率高则音高，频率低则音低。声波的频率区域是无限的，但对于人的听觉器官，则须在16～20 000赫兹之内才能感觉到，超过这个范围，高的称为超声，低的称为次声。至于音乐上所用的音，则在16～7 000赫兹（相当于C^2～a^5）的范围之内，并且它的辨认又和持续的时间有关，例如1 000赫兹的音，须持续0.013秒钟以上，才能将音高分辨出来。

音量 声音的强弱。物理学上称为强度，它由气压迅速变化的振幅（声压）大小决定。声压的计量单位为微巴。但人耳对强度的主观感觉与客观的强度并不一致，人们将对于强弱的主观感觉称为响度，计量单位为分贝；它是根据1 000赫兹的音的不同强度的声压的比值，再取其常用对数值的1/10而定的。人们感受响度的区域极限是在0～120分贝之间。

音色 不同的乐器或人声器官所发出同一高度的音，仍各有特色，这种区别就在于它们的音色不同，又称音品或音质。不同的音色，决定于泛音的数目和它们的相对强度如何。乐器的不同质料和结构形制能产生不同的泛音；甚至同一乐器，各音区产生的泛音也不相同。

时值 音的长度。发声体振动所延续的时间。在音乐上，人们对相对时值比绝对时值更为注意。自13世纪有量记谱法产生后，相对时值即有明确的记法；绝对时值则由乐曲的速度所决定。19世纪初拍节器发明之后，速度有了具体的计量方法。

音程 interval 两音之间在高度上的距离。两音同时发出声响，称为和声音程；两音先后发出声响，称为旋律音程。音程下方的音称根音，上方的音称冠音。

在现有的乐音体系中，相邻两音的最小距离称半音，两个半音为全音。但习惯上，音程以“度”来计算。“度”表示音程所含的音级数，如C～D含有2个音级，称二度音程，F～C含有5个音级，称五度音程。度数不能确切地说明音程性质，音程的名称前必须同时加上“纯、大、小、增、减、倍增、倍减”等词。

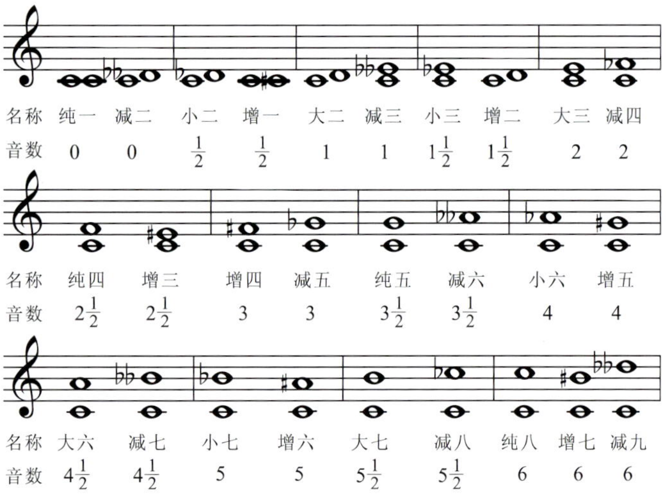

音程有自然音程和变化音程两种。自然音阶上所能构成的音程为自然音程。纯音程、大音程、小音程、增四度和减五度都属于自然音程；除增四、减五以外的一切增减音程和倍增、倍减音程属于变化音程。

从C音上构成的各类音程（见上面谱例）。

八度以内的音程为单音程，超过八度的为复音程。

把音程中根音、冠音的位置进行交换称为音程的转位。转位音程的度数，用“9”减原位音程度数即可求得（如C～E是三度音程，转位后E～C是六度音程）。

音程的协和程度一般分为4等：①极完全协和音程，即声音完全合一度和几乎完全合一的纯八度。②完全协和音程，即声音相当融合的纯四度、五度。③不完全协和音程，即不很融合的大小三、六度。④不协和音程，即大小二、七度及所有的增减音程。还有的将①、②合称为协和音程。

音阶 scale 调的结构形态。侧重于就音列内部各音之间音程关系的规格来指称音列。音阶种类繁多，一般常用的主要有5种：

①自然七声音阶。应用最广的一种七声音阶。其音程组织是，每个八度之内有5处全音，分成两个一串和3个一串，两串之间以半音隔开，音阶中的每一个音都可以当主音以建立调式，由此可形成7种不同的七声自然调式。

②五声音阶。详称不带半音的五声音阶或全音五声音阶。广泛流行于亚洲、非洲、中太平洋的一些群岛、匈牙利、苏格兰民间音乐以及美洲土著民族印第安人的音乐之中。常被称为“中国音阶”其五阶在中国传统音乐中分别称为：宫、商、角、徵、羽。其音程组织是每个八度之内有3处全音，分成两 个一串（宫—商—角）和一个单独的（徵—羽），两段之间以$1\frac{1}{2}$音隔开，音阶中的每一个音都可以当主音以建立调式，由此可形成5种不同的五声调式。

③吉普赛音阶。详称带有增二度的七声音阶。吉普赛音阶结构继承了古印度音乐文化的特点。并在西亚、东欧、南欧、北非各民族的音乐中留下了深远的影响。其音程组织是每个八度之内有两处增二度，每个增二度两端有半音镶边，形成一组以纯四度为框架的、“吉普赛风”的四音音列，两组四音音列之间一处首尾交叠，一处有全音隔开（见图）。

④全音音阶。由6个音级组成，也是一种平均音阶即将一个八度划为相等的6个全音。这种音阶的运用为印象派音乐风格的典型特征之一。

⑤半音音阶。由12个音级组成，也是一种平均音阶，即将一个八度划分成相等的12个半音。

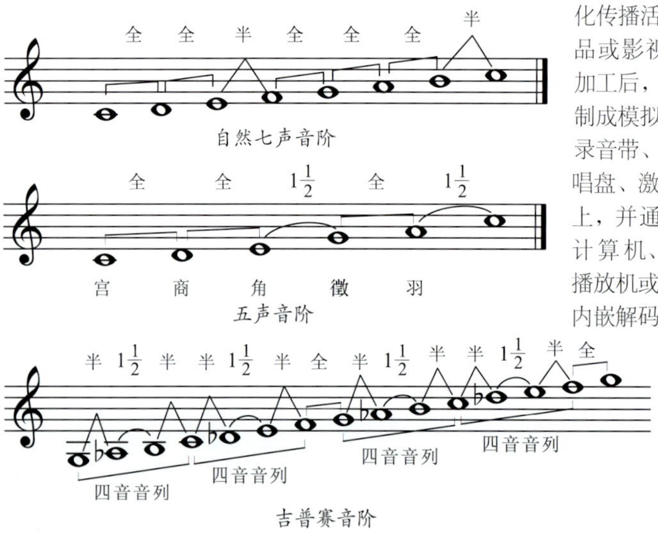

音名 pitch names 对固定音高的音所定的名称。各国因音律、文字和历史渊源的不同，所用的音名也各异。几种较常见的音名如下：

英国、美国	C	D	E	F	G	A	B
德国、俄罗斯	C	D	E	F	G	A	H
日　　本	ハ	ニ	ホ	ヘ	ト	イ	ロ
法　　国	ut	ré	mi	fa	sol	la	si
意 大 利	do	re	mi	fa	sol	la	si

基本音级发生半音变化时，如果将基本音级升高半音，用升号♯表示；降低半音，用降号♭表示；升高两个半音用重升号×表示；降低两个半音用重降号♭♭表示。如果升高或降低的音要恢复原来的音高位置，则另以还原号♮表示。

7个基本音级不断循环反复，构成整个乐音音列。从C音开始到高八度C音之间的音列称为一组。音列的分组，通常以低音谱表第二间的C音开始排列的一组音，用小写拉丁字母c、d、e、f、g、a、b标记，称小字组。由此向上共5组，依次称小字一组、小字二组等，并在右上角标明数字加以区分；向下各组依次用大写拉丁字母B、A、G、F、E、D、C标记，称大字组。由此向下共2组，依次称大字组、大字一组等。在字母的右下角标明数字加以区分。小字一组的c位于乐音体系总音列的中央（大谱表的中央加线上），称为中央C。

此外，音列的分组还有以中央C为小字组的（比通常以低音谱表第二间的C音开始排列的一组音提高了一个八度）；乐器制造业则以钢琴琴键的顺序为标准；美国标准协会根据声学学会的倡议，用中央C下面3个八度的C音，作为第一组的开始音（标C_1，然后顺次到C_7），现已为西方声学界普遍采用。

音像出版 audio-video publication 大众文化传播活动的一种。将音乐作品或影视节目的内容经编辑加工后，利用专用设备转换调制成模拟或数字信号，录制到录音带、录像带、唱片、激光唱盘、激光视盘和网络等载体上，并通过录音机、录像机、计算机、MP3播放机、网络播放机或具有类似功能设备的内嵌解码器，进行可控连续播放，以记载、传播、积累和普及科学文化知识，进行思想和信息交流。

1925年，美国无线电公司利用

美国发明家T.A.爱迪生研究的录放音装置，发行了第一批电录音唱片，开音乐作品出版之先河。1982年，随着计算机技术和数字技术的快速发展，音像制品得以更广泛地传播，CD唱盘、VCD视盘、DVD视盘、MP5等已成为20世纪末21世纪初音像制品的主流载体。

《音学五书》 *Five Books of Phonology* 研究汉语上古音的著作。中国清代顾炎武著。约成书于1643年。全书分5个部分：《音论》、《诗本音》、《易音》、《唐韵正》、《古音表》。《音论》分3卷，共15篇，阐述了作者对古音学的基本看法，是《音学五书》的总纲。其中重要的有4篇：①《古人韵缓不烦改字》；②《古诗无叶音》；③《古人四声一贯》；④《先儒两声各义之说不尽然》。《诗本音》详细地考查了《诗经》押韵字的古音，凡是他认为古今读音不同的字，都指明这个字古音应当在古韵的哪一部，并统计出在《诗经》中这个字出现多少次，在其他经书中作为押韵字出现多少次，与哪些字押韵。顾炎武认为这是《音学五书》中最重要的一部。《易音》考查《易经》押韵字的古音，考查方法与《诗本音》相同。《唐韵正》改正了《唐韵》的错误。顾氏认为，凡是《唐韵》与古音不合的，就是《唐韵》的错误，实际上是把本该放在《诗本音》里的许多证据拿出来另编一部书，可视为对《诗本音》的详细注释。《古音表》是顾氏对古韵研究的总结，顾氏古韵分为10部，把《唐韵》韵目分别列在10部之中，表明古韵与唐韵之间的对应关系。《音学五书》从理论和实践上彻底否定了叶韵说，奠定了古音学的基础，开拓了音韵学研究的新领域。

音域 compass 乐器或歌唱嗓音所能发出声音的高低范围。如钢琴的音域是A_2-c^5。音区是音域的一部分，又可分为高音区、中音区、低音区三种。其中，小字组、小字一组和小字二组属于中音区；小字三组、小字四组和小字五组属高音区；大字组、大字一组和大字二组属低音区。不同嗓音和不同乐器的音区划分，又相互不同，如男低音的高音区是女低音的低音区等。不同音区具有不同的音色特点。如高音区音色一般高亢、嘹亮，中音区音色甜美动人，低音区音色则深沉、浑厚等。

音乐 music 凭借声波振动而存在、在时间中展现、通过人类的听觉器官而引起各种情绪反应和情感体验的艺术门类。音乐是人类所创造的诸多文化现象之一。人类早期的音乐活动是混生性社会文化现象中的一个要素，到人类进入阶级社会以后，音乐又同时是社会意识形态之一。

在中国，春秋战国以前，“音”和“乐”两个词一直是分别使用的。古汉语中，把声、音、乐分为3个层次。声泛指一切声音；音特指有秩序、有条理、有组织的声音，相当于由乐音缀合而成的音调、曲调、音响组合等；乐，在上古时代指的是诗歌、音乐、舞蹈三种因素混为一体、尚未分化的艺术活动。此后，音乐一词逐渐取代原先音一词的地位，用以指称音乐这一艺术门类。到后来，乐一词才作为音乐一词的简称而用来指称音乐。在欧洲，拉丁文中的音乐一词Musica，起源于希腊神话中掌管文艺、科学的女神缪斯的名字，它的含义不像汉语中音乐一词那么明确。但是希腊神话中缪斯的职责是侍奉太阳神阿波罗，从这点看，借用缪斯的名字来转述音乐这一语义演化中，隐含着一种象征性的寓意：赞誉音乐令人心旷神怡的社会功能，并赋予她以高贵纯洁的形象。

人类文化发展中的音乐　人类童年时期的音乐，作为混生性的原始文化现象中的一个要素，在从猿到人过渡的后期就开始萌发了。在音乐的萌芽中，有伴以手舞足蹈的节奏敲击，有或高或低或长或短的呼号，这些音乐萌芽的形态虽然简单，却是原始人类群体之间交流愿望与情感，表达要求与意志，协同进行劳动或战斗所不可缺少的重要手段。

从实用性交流手段的出现，到文化艺术现象的形成，必须经历一个过程，完成这一转变过渡的活动形式是：社会群体把规范化的劳动或战斗活动加以复现、演习、操练，也就是人们通常所说的“审美发生过程”。

从语言起源和音乐萌芽，到社会成员分化为阶级之前，大约经历了100万年以上的岁月，音乐艺术手段的各种素材，是通过无数氏族在漫长岁月中的群众性创造，一点一滴积累而成的。社会发展到奴隶制阶段，氏族社会所创造的全民性音乐文化中较为重要的一部分由奴隶主阶级垄断，并加以发展。氏族社会原有的宴饮音乐，在奴隶主的奢侈宴席上大为发展；乐曲比先前复杂，乐器增多，形成庞大的乐队；大量的专业音乐奴隶从事宴饮音乐的演唱、演奏，使音乐的娱乐性增强。奴隶主阶级的最高统治集团为树立自己的权威，往往编演大型乐舞，例如中国夏代的《大夏》、《箫韶》，商代的《大濩》，周代的《大武》。另一方面，奴隶们也在创造自己的音乐文化，奴隶阶层各成员之间也通过音乐来互相交流思想、感情与意志。同时，他们还在粗陋的木器、石器和瓦器上敲击出激动人心的节奏、声响，以表达他们的情感等。自由民对音乐也有需求和创造。社会转入封建制以后，社会分工和阶级层次繁复，音乐文化的阶级性形成斑驳缤纷的局面。在帝王的宫廷中，音乐生活更加豪华。除了从奴隶主阶级那里继承过来的祭祀占卜音乐之外，还制订了各种礼仪制度中所用的仪典音乐和歌颂本朝帝王功绩的音乐，并从全国各地征集乐工和乐曲供皇帝贵族消遣娱乐。例如中国汉代的乐府、唐代的教坊，就是承担后一类职能的宫廷机构。地主阶级不仅自身参与艺术水平较高的歌曲与器乐曲的创造，而且以其精神生活的要求，协同市民阶级一起促进市镇商业性音乐活动的发展。相对于宫廷音乐的民间音乐，相对于宗教音乐的世俗音乐，都有了较快的发展。以自由民身份从事活动的职业音乐家，是这一社会阶段新出现的社会现象，对音乐艺术的提高起着重要作用。但是，整个封建社会音乐文化的最丰厚宽广的土壤却是农民和手工业者所创造的音乐文化，他们在自己的劳动生活和社交生活中随时随地创造音乐。他们所唱出的曲调和敲出的节奏更富有创造性。产业革命时期，代表工业化生产力的新的市民阶级，把音乐艺术提高到新的水平。其情感内容的特征是表达了创造者挣脱神权淫威、争取个性解放的自觉意识；其结构形式的特征是作品的技术构成空前复杂。代表工业化社会发展新阶段的音乐文化，无论在多声部的和声手段、织体手段和节奏的多层次方面，还是在乐器音色的丰富多彩和乐器制作的工艺水平方面，无论是在记谱法的精确化、立体化、乐理术语的周详化、体系化和演唱演奏作曲规范的严格周密方面，还是在音乐事业内部各行各业分工的多侧面、多层面和细密方面，都显出了工业化生产力所特有的新面貌。人们常把这种新音乐文化称之为资产阶级音乐文化，这是出于对历史现象的表面观察。

音乐的物质材料和形式要素　各种样态的声波振动，是音乐赖以存在的物质材料。人类之所以会造成某种样态的声波，一方面取决于物质条件（生理或生产条件）所提供的可能性，另一方面也受听觉审美需求的引导。在自然界的天籁中，具有纯净、协和这类性质的音响和这种声音的泛音列，使人感到悦耳动听，人们才会去追寻、探求，创造各种器具将其模仿、再现出来。人类对声波样态（作为物质材料）的审美追求，推动了歌唱技术、乐器制作技术（作为物质手段）的发展；反过来，新的发音器具（新乐器、电子合成器等）的创制，又提供了获得新的音响材料的可能性；材料与手段的交互作用，模仿与创造的辩证结合，使音乐所运用的物质材料不断丰富提高。

乐器是人类所创造的发音器具，当代的乐器学已经根据声学原理把乐器分为5类（体鸣、膜鸣、弦鸣、气鸣、电鸣），形成科学的系统。但从人类学的角度看，从人类运用发音手段以支配音响材料的方式这一更广的角度看，可把发音手段区分为如下

3类：①由人类天生的器官、肢体构成。其中主要的是人声歌唱所用的整套器官，由于它的复杂的生理结构和丰富的性能，使运用人声的歌唱艺术（声乐）成为音乐表演艺术的一大重要门类。②由人类运用天生器官、肢体直接激发与控制乐器构成。其中由呼吸器官用气息激发声源的是吹奏乐器（管乐器、气鸣类乐器）；由手的动作激发声源的则有以摩擦发音的弓弦乐器，以弹拨琴弦发音的拨弦乐器，以敲击发音的击弦乐器和体鸣类、膜鸣类乐器。③是在人类天生肢体与发音体之间介入一系列部件而构成的复合系统。其中首先应当提到的是带有键盘装置的乐器，如管风琴、钢琴、手风琴、电子琴等。在工业文明条件下，人类可以进一步利用机械和电声手段自动化地演奏音乐。真正成熟的自动化电鸣演奏是通过电脑（计算机）控制电子合成器进行音乐表演。

当人们把任何一首优美动听的乐曲像分解化合物那样拆成各种元素时，会发现构成音乐的基本要素是十分简单的，不外乎音的高低、音的长短、音的强弱、音色的差异而已。由这些基本要素互相结合，形成一些常用的形式要素，例如节奏、句法、音程进行、和弦、调式等；由这些形式要素进一步构成一些形态侧面，例如曲调、织体、和声、曲式等。音乐艺术品就是由这样一些侧面综合而成的。

音乐的社会功能 音乐所唤起的人类理性并不停留在语言符号的、抽象的、精神性层次（如知识领域里的概念体系，道德领域里的律令训条）上，而已经落实到调动一整套生理活动的、实践的、物质性的层次上，是一种充满热血激情的实践理性。原始氏族用于图腾祭祀、庆功禳灾的乐舞，就具有这类组织交流功能；在社会发展早期阶段渗透在社会生活各个角落的各种歌曲都有这类实用功能。在漫长的手工业时代，各种劳动号子都以自己特有的节奏、音调、句法协调集体的劳动动作，并起着消除疲劳、鼓舞意志的作用。进行曲和军歌统一步伐、鼓舞士气的功能是人所共知的。各类抒情性的歌曲则以音乐表达与交流情感，使社会成员的思想感情互相引起共鸣，达到一致。各种严肃的颂歌、赞歌和仪典音乐表达了社会成员共同的庆祝、歌颂、祝愿、憧憬；葬礼上的哀乐和悼歌则表达共同的悲痛、哀思。

音乐的审美教育功能对社会的影响最为深远。它在提高审美感受能力的同时就给人以教育，不仅对智力开发给予有力的促进（提高联想、幻想和创造性想象能力，提高抽象思维、敏慧推理的智能，提高对于外来信息的记忆、反馈能力），而且对各种非智力因素（如自制力、毅力、细心、专注、适度）的培养，以及性格、情操方面各种良好素质的塑造，都具有深远持久的作用。

音乐还可以提供有教养的娱乐，有文化的休息，通过松弛的审美享受来积蓄精神的素养和活力。从原始氏族的集体歌舞，后来的儿童唱游，到各民族现存的集体歌舞，群众聚会上表演的歌舞节目，都发挥这样的功能。通俗轻松的娱乐音乐，在古代社会中常作为宴饮音乐；在后工业文明的条件下，则常作为餐厅、茶座、商场、候车室等及其他休息场所的背景音乐，以增强日常生活中的某种情趣。

音乐的另一种实用功能是用作保健和治疗的手段。无论在古中国或古希腊，还是在中世纪的阿拉伯，都曾有学者、医师用音乐治病，提倡音乐治疗。有些民族长期保持着用舞蹈、歌唱和演奏打击乐治疗精神抑郁症的风俗。

音乐的体裁样式 对音乐体裁的分类，向来众说纷纭，莫衷一是。归纳起来，大体上可从下述5个角度分类：①按照社会生活中使用音乐的不同场合，或者是从音乐的社会功能来分类。如和劳动相联系的夯歌、渔歌、牧歌、田歌；和青年男女交往相联系的情歌、恋歌；和风俗习惯相联系的酒歌、婚嫁歌、丧歌；用于国家仪典的国歌；用于行军队列的军乐；用于体操、滑冰的运动音乐；用于娱乐休息的舞曲；用于宗教的经文歌、弥撒曲、众赞歌等。②按照音乐与其他艺术门类相结合的运用方式来分类。如和语言相结合的歌曲类；和戏剧表演相结合的歌剧、戏曲类；和舞蹈表演结合在一起的舞剧；和电影结合在一起的电影音乐等。③按照音乐表演时所采用的不同物质手段来分类。首先可以分为声乐和器乐两大类。在声乐体裁中，有独唱、重唱、齐唱、合唱。大型的声乐体裁，如大合唱、康塔塔、清唱剧等，都由上述4种声乐样式按不同方式组合而成。器乐体裁的类别纷繁庞杂，归纳起来不外独奏、齐奏、重奏与合奏。④按照乐曲的结构规模、织体类型、节拍速度、表情性格来分类。如组曲、变奏曲、回旋曲等，都和一定的曲式结构相联系；赋格曲、创意曲、轮唱曲都属于复调织体类型；夜曲、谐谑曲、幻想曲、狂想曲等和乐曲的情绪、情调相联系。欧洲许多器乐体裁起源于民间舞蹈音乐，如波尔卡、波洛奈兹、萨拉班德、加伏特等。⑤按照乐曲的民族特点、地区特点来分类。世界各国、各民族、各地区都有自己特有的乐种，它们的名称带有自己的民族和地方特色。例如，同是高亢、辽阔的山歌，一说到信天游就想起陕北黄土高原的风格，一说到长调就想起内蒙草原的风格，一说到花儿就想起黄河上游湟水流域的风格。在欧洲，指称民谣风格的歌曲有一些语义相仿的名称，有的指法国北部的，有的指法国南部的。

音乐艺术生产的发展历程 音乐艺术的生产过程，在古代并无一度创造（作曲）与二度创造（演唱、演奏）之分，在记谱法未曾发明之前，音乐作品的生产过程是离不开表演过程的。在古代，从事音乐表演分为两部分，即歌唱家和演奏家。

在音乐艺术的历史发展过程中，人类逐渐借助愈来愈多的符号来进行音乐艺术的生产。在人类发明记谱法之前很久，弦乐器上的音位和管乐器上的孔数已经起着符号的作用。当人们进一步要求用一套统一的名称来称呼不同乐器的各个音高时，就出现了音名、律名体系。古希腊和中世纪的罗马都用本民族文字的字母来称呼音乐里的各个音，这个传统为近现代的整个欧洲所继承，并流传到世界各国。中国古代，早在周代就有了一套律名（黄钟、大吕等12个律名，相当于现代的音名），这些名称多半源于打击乐器及其颜色、大小、方位、特性等，同时，在论述音阶各音级和调式时还有一套阶名（宫、商等5个阶名）。

乐谱是音乐艺术生产过程中最显眼的符号手段，它对于音乐发展所起的重要作用可与文字对文学发展的重要性相比。中国最古的乐谱可以上溯到汉魏的“声曲折”，唐宋时代已经有系统化的记谱法。13世纪在德国兴起的有量记谱法显示出独到的优越性，并得到后世的继承。而五线谱的产生是记谱法的重大进步。

随着记谱法的发明，作曲者通过写谱来完成音乐创作，当人们根据乐谱来进行排练与演出成为制度，当作曲家所写的不仅是一些独奏、重奏的乐谱，而且有乐队参加演奏的总谱，那么对排练和演出的组织方式就提出了崭新的要求，指挥这一专业就在这样的历史条件下形成了。乐谱除了作为作曲劳动的产品出现，还用来记录人民群众集体创作的、流传于民间的歌曲、乐曲。

音乐剧 music drama 19世纪末出现在英国和美国的一种音乐戏剧形式。早期的音乐剧与轻歌剧和娱乐性的歌舞表演有密切关联，内容上多以轻松嬉闹或浪漫伤感主题为多，常被称为musical comedy（音乐喜剧）、musical romance（音乐浪漫剧）或musical farce（音乐闹剧）。随着时代的发展，其表现内容上有了很大的拓展。到了20世纪40年代，开始以musical这个词来作为音乐剧的通称。

音乐剧一般采用类似流行歌曲的自然声演唱方式，与歌剧相比，音乐剧的音乐主要是以20世纪中发展起来的流行音乐为基础的。在早期的音乐剧中，古典音乐中一些较为通俗的音乐体裁形式（如喜歌剧和轻歌剧）、各种民间舞曲和爵士乐等都是其音乐语言的主要来源。随着时代的发展和观念的变化，音乐剧中也逐渐融入了更为广泛的音乐元素，如摇滚乐、古典歌剧、各种更为原生性的民间音乐以及先锋性、试验性音乐等。在音乐结构上，除了传统的带有对白的分曲形式外，也有不带对白从头唱到尾的通谱形式。与歌剧相比，音乐在音乐剧中并不占绝对的统治地位。台词、音乐、舞蹈以及其他各种舞台要素（如灯光、布景、道具等），在音乐剧构造中的作用相对比较平衡。

音乐疗法 music therapy 利用音乐促进健康，消除心身障碍的一种心理治疗方法。20世纪50年代，音乐治疗作为一种新兴的心理治疗方法在世界各国发展起来。实验研究表明，音乐对人的呼吸、心率及血压会产生明显的效应，并影响内分泌活动。选择适当的乐曲可使激动的情绪缓和下来，促进睡眠，手术时消除恐惧紧张心理；音乐也可使人振奋精神，激发想象力。

世界各国常用的音乐治疗方法可分为三类，即接受式（或聆听式）音乐治疗、参与式（或娱乐式）音乐治疗和即兴式音乐治疗。主要适用于神经症、应激反应、心身疾病、儿童孤独症、躁狂抑郁症等疾患的治疗；也可用于视听或言语障碍、脑性瘫痪、肌营养不良或矫形外科疾患，以帮助患者康复。

音乐厅 concert hall 供音乐演出用的公共建筑。

发展概况 18～19世纪，欧洲音乐艺术繁荣，音乐厅随之出现。最初的音乐厅脱胎于宫廷大厅，规模不大。19世纪下半叶，欧洲已建成一些容量较大的音乐厅，如奥地利的维也纳大音乐厅，有1 680个座位，厅的平面，形似鞋盒，被称为鞋盒形音乐厅，端部乐队演奏台和听众席处于同一个空间中，音响效果好，至今仍被誉为典范。19世纪末叶，美国物理学家W.C.赛宾首创混响理论。以他为声学顾问于1900年建成的波士顿交响乐大厅平面也是鞋盒形，有2 631个座位。

20世纪50年代以前，音乐厅平面多为扇形。由于听众席面积大，吸音偏多，混响不足，演出交响乐的音响效果不如19世纪鞋盒形音乐厅。1963年建成的柏林爱乐音乐厅，有2 218个座位。平面近似不规则的八角形，首次采用在演奏台两侧和后方布置近1/3座位的形式，缩短了最后一排听众和乐队间的距离。后来不少音乐厅都采用这种坐席环绕演奏台布置的形式。60年代以后，有的建筑师提倡建筑多功能大厅，即采用先进设备来改变厅内的体量，调整混响时间，以适应音乐、歌舞、话剧等多种演出的需要。美国休斯敦的杰西·琼斯大厅，第一次采用了由六角形小块组成的可升降顶棚，它的中频混响时间的可调范围在1.85～1.45秒之间。伯明翰-杰斐逊中心音乐厅的中频混响时间可调范围可由2秒降至1秒。这是音乐厅设计的一种新趋势。可调混响、可调体量、可调反射面的应用，为获得良好的音响效果提供了有利的条件。

国际上露天音乐场也很普遍，其中相当一部分加了网架钢结构顶盖而成为半露天的音乐厅。美国芝加哥附近的波帕拉·克里克音乐厅在顶棚下可坐7 000多人，棚外的草坡上还可坐1.3万人，总容量达2万人。这种音乐厅多采用电声系统解决音响效果问题，用计算机进行精确的控制，使各部位扬声器放出的声音之间有某些延迟，有的似直达声，有的如反射声和混响声，听众听到电声感觉和听到自然声的感觉十分接近。

组成 音乐厅建筑由听众部分（听众厅、门厅、休息厅等）、演奏部分（乐台、合唱台、管风琴间等）和演出准备部分（化妆室、调音室、练习室、乐队和指挥休息室、贮藏室等）组成。

设计要点 音乐厅设计的关键是解决音质问题。设计音乐厅时除了满足一般演出类建筑的基本要求，如人流组织、视线等要求外，还应从方案构思开始，就同声学家和乐队指挥合作解决好如下一些问题。①防噪声。音乐厅的选址应避开环境噪声大的地方，如航空港、铁路、地铁等。②规模。音乐厅的规模不宜过大，世界上音质较好的音乐厅容量为1 500～2 200座。③坐席。坐席面积不宜太大，音质较好的音乐厅每座面积多不超过0.68平方米。④体型。听众席的各部位能否获得时差在20毫秒以内的近次反射声，是决定厅内体型的关键。⑤顶棚、墙面。厅内表面装修尽量少用吸声材料和薄板材料，以保存有限的声能。⑥混响时间。混响时间的长短与厅内体积成正比，与吸音多少成反比。国际上被评为乐声最富生气感的大厅，它的中频混响时间多在1.7～2.2秒之间，一般倾向于选择长混响时间。⑦演奏台。乐师之间的互听、各种乐器声的平衡、混合和整体感是演奏台设计中的重要声学问题。演奏台面积紧凑，乐声的整体感就好。⑧调试。由于影响音质的因素很多，音乐厅的声学设计与计算往往达不到预期效果，因此厅堂建成后的调试工作具有重要意义。

中国北京音乐厅

音乐舞蹈史诗 music and dance epic 结构宏大的以音乐、舞蹈、诗歌、舞台美术为艺术手段，概括表现具有重大意义的历史事件的表演艺术形式。是根据统一的主题和完整的艺术构思，利用诗歌朗诵和舞台美术，把各个历史时期具有代表性的音乐、舞蹈和新创作的音乐、舞蹈贯串起来，艺术地再现历史生活场景，使观众从中受到教育、感染和鼓舞。在中国古代，就曾有过类似的表演艺术形式，如周代的《大武》、唐代的《秦王破阵乐》等。中华人民共和国建立后又有《人民胜利万岁》、《东方红》和《中国革命之歌》、《复兴之路》等作品。

《音乐之声》 *The Sound of Music* 美国故事片。1965年美国20世纪福克斯电影公司出品。厄·勒曼编剧，罗伯特·怀斯导演，朱莉·安德鲁丝、克·普卢默主演。20世纪30年代末，热情活泼的修女玛丽亚到奥地利退役军官特拉普上校家给7个孩子当家庭教师。上校丧妻后一直用军纪管教孩子。玛丽亚顺应儿童心理的教育方法深得孩子们好感。她教他们唱歌跳舞，家中充满欢乐。上校也被玛丽亚征服并向她求婚。蜜月归来，纳粹德国吞并了奥地利，上校拒绝加入纳粹海军。民谣节上全家表演了精彩节目后奔向自由。本片既承袭了歌舞片一贯欢乐活泼的喜剧风格，又加入了反纳粹内容，以真善美和假丑恶的斗争贯穿始终。片中的歌舞与人物、情节、气氛有机融为一体，为该片增色不少。用7个孩子演绎7

《音乐之声》剧照

个音符独具匠心，《哆来咪》、《雪绒花》等歌更是脍炙人口。此片获1965年第38届奥斯卡金像奖最佳影片等5项奖。

姻亲 relation by marriage 因婚姻关系而产生的亲属。根据各国立法的通例，姻亲分为两种：①血亲的配偶，包括所有与自己有血缘关系的亲属的配偶。②配偶的血亲，包括所有与自己配偶有血缘关系的亲属，配偶与前妻或前夫所生的子女也是配偶的血亲。此外，姻亲还有配偶的血亲的配偶，如妻兄弟的妻、夫姨母的夫等。现今世界许多国家不承认配偶的血亲的配偶为姻亲关系，中国历代礼制及法律都承认这种姻亲关系。姻亲同血亲一样，也有直系与旁系、尊亲属与卑亲属之分。姻亲如为血亲的配偶，则以血亲为标准，例如直系血亲的配偶就是直系姻亲，旁系血亲的配偶就是旁系姻亲。姻亲如为配偶的血亲则以配偶为标准，例如配偶的直系血亲是自己的直系姻亲，如公、婆、岳父、岳母都是自己的直系姻亲尊亲属。有的国家对姻亲在法律上的效力作出明文规定，如1947年《日本民法典》亲属篇规定，直系姻亲间不得结婚。

殷承宗 Yin Chengzong (1941-12-03～) 中国钢琴家。生于福建厦门鼓浪屿。6岁起，在家庭的熏陶和其姐的指导下，开始学习钢琴。9岁在厦门举行首次独奏会。1954年考入上海音乐学院附属音乐中学，从师于马思荪等。1956年入中央音乐学院钢琴系，先后随苏联钢琴家塔图良和克拉芙琴柯学习。1959年获第七届世界青年学生和平与友谊联欢节钢琴比赛金质奖。1960年入苏联列宁格勒里姆斯基-科萨科夫音乐学院，继续从克拉芙琴柯深造。1962年在莫斯科第二届柴科夫斯基国际音乐比赛会上获钢琴比赛第二名。1963年回国后，在中央音乐学院进修并任教。1965年调至中央乐团任独奏演员。殷承宗有扎实的钢琴演奏基本功底和较高的艺术造诣，演奏曲目广泛；以触键灵敏、节奏清晰、技巧辉煌、刚柔相济见长；对作品的诠释处理严谨准确，并富于诗意。殷承宗还致力于钢琴曲创作，曾将一些民族传统乐曲和民歌改编为钢琴独奏曲，并与刘庄等人合作钢琴协奏曲《黄河》的创作。

殷夫 Yin Fu (1910-06-11～1931-02-07) 中国诗人。本名徐柏庭，一名徐白，学名徐祖华，笔名白莽、殷夫等。浙江象山人。1924～1925年在上海民立中学读书时创作处女作《放脚时代的足印》。1926年参加革命活动。1927年4月被捕，囚禁3个月。释放后进同济大学读书。1928年加入太阳社。这一年第二次被捕，出狱后曾回乡蛰居。1929年9月，在组织丝厂罢工中第三次被捕。获释后继续从事青年工人运动。1930年参加中国左翼作家联盟，曾担任共青团中央机关刊物《列宁青年》编辑，是“左联”出席全国苏维埃区域代表大会的代表。1931年第四次被捕，后被国民党政府杀害于上海龙华警备司令部。与同时牺牲的柔石、胡也频等人一起被称为“左联五烈士”。

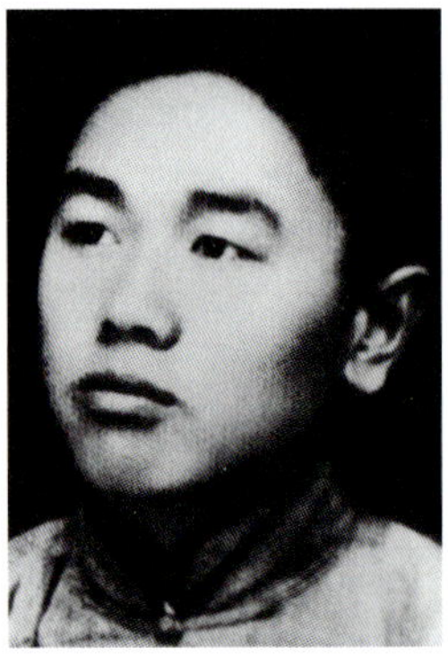

殷夫早期的诗作大多歌咏爱情和故土，曾于1930年自编诗集《孩儿塔》(1984年全本出版，收诗作65首)。1929年成为职业革命家后，诗歌创作进入崭新的时期，写下许多热情饱满、富有鼓动力的政治抒情诗。鲁迅称赞殷夫的诗是“属于另一世界”的，“是对于前驱者的爱的大纛，也是对于摧残者的憎的丰碑”(《白莽作〈孩儿塔〉序》)。另外，殷夫还写过一些政论、散文和小说，也曾翻译裴多菲的诗歌和传记。

殷宏章 Yin Hongzhang (1908-10-01～1992-11-30) 中国植物生理学家。生于山东兖州，卒于上海。1929年南开大学生物系毕业。1938年获美国加州理工学院博士学位。先后任西南联合大学教授、清华大学农业研究所研究员、北京大学教授和联合国教科文组织南亚科学合作馆官员，中国科学院实验生物研究所植物生理室研究员，中国科学院上海植物生理研究所研究员、副所长、所长，上海植物生理所名誉所长。1955年当选为中国科学院学部委员（院士）。

1935～1941年殷宏章主要从事生长素对植物生长及叶片运动影响的研究。1947年他发明了一种组织化学方法，并用以研究磷酸化酶在植物组织中的分布和功能。20世纪50年代初，参与领导开展中国抗生素研究。1954～1958年领导探讨糖磷酸酯在植物碳水化合物代谢中的作用。在这期间，还观察到了光促进叶片内糖转变成淀粉的过程，并且在国际上较早地证明这是活体内光合磷酸化所起的作用。50年代后期起，在他主持下从两个方面研究了光合作用：①探讨群体结构和光能利用的关系。②开展光合磷酸化机理的研究。1978年他的“光合磷酸化机理研究”获全国科学大会奖。80年代他著有《植物的气体代谢》一书。1982年“光合磷酸化高能态的发现及其有关机理的研究”获国家自然科学奖二等奖。

殷墟 Yinxu 中国商代晚期的都城遗址。位于河南安阳西北郊洹河两岸。年代约当公元前14世纪末～前11世纪。自盘庚迁都于此到帝辛（纣王）亡国，273年间一直以此为都。20世纪初因盗掘甲骨而发现。1928年开始发掘。这里是中国学术机构第一次有组织地开展考古发掘的地点，是中国考古学的发祥地。1961年国务院公布为全国重点文物保护单位。2006年作为文化遗产被列入《世界遗产名录》。

殷墟遗址的范围约24平方千米。以洹河南岸小屯村附近的宫殿、宗庙区为中心，分布有居民聚落、手工业作坊、王陵区及贵族墓地等，整个都城有一定的布局。小屯村北至洹河之滨是宫殿、宗庙区，宫殿基址成排或对称分布。其东、北两面以洹河为屏障，西、南两面有防卫沟壕与洹水相通，将宫殿区与外界隔开。小屯村南的苗圃北地和薛家庄一带有铸铜作坊，出土熔铜炉、陶范等遗迹、遗物，当时这里主要铸造青铜礼器。小屯村西的孝民屯也有铸铜作坊，当时以生产礼器为主，也铸工具、武器。在洹河北岸的大司空村和小屯村西的北辛庄还发现制骨作坊址。在小屯村北则有属于商王室的玉、石器作坊址。

在孝民屯为中心的殷墟西区及大司空村、后冈分布着大批墓葬。其中殷墟西区已发掘的900余座墓，从铜器铭文可知分为8个不同族的墓区，反映了商代的“族墓地”埋葬制度。在洹河以北有殷墟王陵区，已发掘大墓14座及1 400余座排列整齐的祭祀坑等。殷墟出土的遗物有甲骨、青铜器、陶器、

象牙杯（妇好墓出土）

玉器、石器、骨器等。殷墟甲骨出土约15万片，考古发掘出土的近3.5万片，它们科学价值极高，对研究商代历史有重要意义。青铜器大部分出自墓葬，少部分出自祭祀坑，包括工具、兵器、礼器、乐器、车马器及装饰品。著名的**妇好墓**中出土各种青铜礼器200余件。王陵区出土的**司母戊鼎**重达875千克，为世所仅见的重器，反映了当时的铸造业已达到成熟的程度。殷墟的玉器非常出色，在开料、钻孔、雕琢、抛光等方面达到了较高的水平，特别是人或动物玉雕，形神兼备，栩栩如生。武官村大墓出土的虎纹大石磬，小屯北地出土的龙纹大石磬，音调悠扬清越，是中国现存最早、最完整的大型乐器。殷墟出土的白陶十分珍贵，一般只出自大墓。殷墟代表商代晚期青铜文化的最高水平，其发掘促进了商史的研究。

铟 indium **化学元素**，元素符号In，原子序数49，原子量114.818，属周期系ⅢA族。1863年德国F.赖希和H.T.里希特研究**闪锌矿**的铊光谱时，发现一条靛蓝色谱线，命名为indium，含义是“靛蓝色”(indigo)。同年分离出金属铟。铟是一种稀散元素。作为一种亲硫元素，广泛分布于锌、锡、锑的硫化物矿中。

铟是银白色略带淡蓝色金属；熔点156.61℃，沸点2 080℃，密度7.362克/厘米^3(20℃)，延展性好，比铅还软。氧化态+1、+3。从常温到熔点之间，铟在空气中稳定。大块金属铟不与沸水和碱反应，但粉末状的铟可与水反应，生成氢氧化物。铟与冷的稀酸作用较慢，易溶于热的或浓的无机酸和乙酸、草酸。在加热时铟和氯反应生成三氯化铟。铟和多种金属生成合金。

用于制取铟的原料是硫酸工厂、铅锌工厂和锡工厂生产的废料(烟道灰、阳极泥、浸出渣)和中间产物。铟的最大应用领域是制作功能材料，主要是以铟-锡氧化物(ITO)镀在玻璃片上做透明电极，广泛用于电子信息产业制作薄膜晶体管、液晶显示器、等离子显示器等。铟可作为Ⅲ～Ⅴ族化合物半导体材料，**磷化铟**用于微波通信、光纤通信中的激光光源和太阳能电池材料。

银 silver **化学元素**，元素符号Ag，原子序数47，原子量107.868 2，属周期系IB族(或铜族)。银是较早使用的金属之一。公元前3400年，埃及人已使用银制品。中国在春秋时期(前8～前5世纪)已有“错金银”工艺。银的存在形式有自然银、银化合物矿。银矿石约有60种，具有经济意义的主要有**辉银矿**(Ag_2S)、角银矿($AgCl$)、**淡红银矿**(Ag_3AsS_3)、硫锑铜银矿($Ag_{16}Sb_2S_{11}$)、**浓红银矿**(Ag_3SbS_3)、脆银矿(Ag_5SbS_4)、银黝铜矿及碲化物矿。银通常伴生在金、铜、

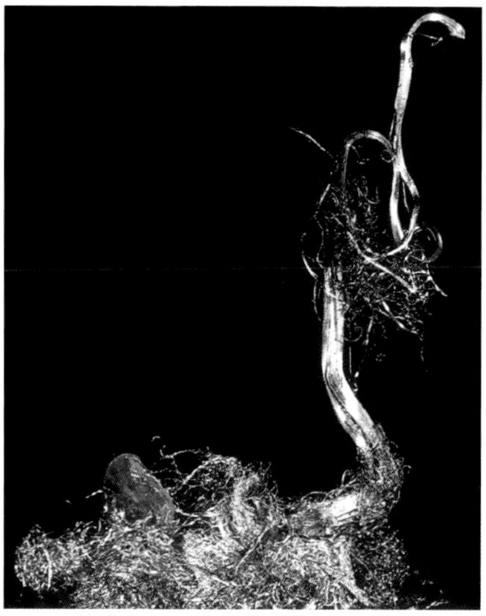

自然银——自然界存在的金属银

铅和锌矿中。

纯银是白色金属，有光泽，密度10.5克/厘米^3(20℃)，熔点961.78℃，沸点2 162℃。银比金略硬，延展性和柔韧性是除金外所有金属中最好的。纯银具有最高的导电性、导热性。银有很强的反光能力。银可以与多种金属如铅、铜、金、锌、镉等形成各种用途的合金。银的常见氧化态+1。银是不活泼金属，一般与氧不起作用。在纯净的空气和水中能稳定存在，但臭氧在约240℃时能与银反应生成过氧化银，硫化氢或硫能与银反应使银的表面变黑。常温下**卤素**能逐渐与银化合。红热的银与氯化氢气体反应可生成氯化银和氢气。银在稀盐酸、稀硫酸或强碱中稳定，但能与稀硝酸和热的浓硫酸反应，生成硝酸银和硫酸银。在有氧气或过氧化氢存在时，银易与碱金属氰化物如氰化钠NaCN反应，形成银氰配离子，这是氰化法从矿石中提取银的基本原理。银的化合物有含氧酸银(如**硝酸银**、硫酸银)、卤化银(包括氟化银、氯化银、溴化银和碘化银)、叠氮化银、氧化银和硫化银等。一价银能形成许多稳定的配合物如银氨配离子、银氰配离子等，银灵活的配位能力使银能自组装成特殊功能的结构。

工业上用**氰化物**浸取法从自然银和银化合物矿中提取银，再进行**电解**，使银沉积在阴极。存在于铜矿和铅矿中的银，在铜或铅电解精炼时留在阳极泥中，经过化学法和电解法精炼制得纯银。从含银废料如感光材料、镀银器件中提取银，可采用熔炼、置换等方法将其回收。金属银用作乙烯反应的催化剂；利用银的高导电性可以制造各种电子设备。银常被镀在玻璃或其他金属表面。银合金可制作货币、珠宝饰物及艺术品；银汞合金用于镶牙；卤化银可用于摄影胶片，碘化银还可用于人工降雨；硝酸银可用于镀银、制药和催化剂等。

金属银是无毒的，而它的大多数盐却是有毒的。银的化合物可以被血液循环系统吸收，被还原的银可以沉积在身体的不同组织中，从而导致皮肤和黏液细胞膜的灰色色素沉着。

银本位制 silver standard 以一定重量和成色的白银作为法定的价格标准和最后支付手段的一种**货币制度**。在此制度下，通货的基本单位限定为一固定量的白银。特征是常有银铸币及银的流通，其他货币可自由兑换为白银，结算国际债务可自由输出、输入白银。现无任何国家实行银本位制。19世纪70年代，多数欧洲国家采取金本位制。到20世纪初，只有中国、墨西哥及少数小国仍用银本位制。1873年美国停止铸银币。见**单本位制**。

银鲳 *Stromateoiudes argenteus*; silver butterfish 鲈形目鲳科鲳属的一种。又称镜鱼、鲳鱼、白鲳。分布于中国到朝鲜半岛、日本及印度尼西亚。一般体长为200～240毫米，重400～550克。体近菱形，甚侧扁，头小；吻稍突出，眼较小，口小，两颌各有细牙1行，排列紧密。体被圆鳞；鳞很细小，极易脱落，侧线位高，背鳍及臀鳍棘很短，呈戟状，仅在幼鱼时明显，在成鱼则埋于皮下；背鳍和臀鳍鳍条不显著延长；胸鳍大；无腹鳍；尾鳍分叉，下叶长于上叶。为近海中下层鱼类，平时分散于潮流缓慢、水深50米左右的海区。早晨与黄昏时在中上层，不甚活跃。为名贵经济鱼类。

银川平原 Yinchuan Plain 中国西北地区的重要商品粮基地。又称宁夏平原。位于**贺兰山**与**鄂尔多斯高原**之间。地质构造上为断陷盆地，经黄河及平原湖沼长期淤积而成。自青铜峡至石嘴山之间，包括山前洪积平原，东西宽10～50千米，南北长165千米，面积7 000余平方千米。海拔1 100～1 200米，自南向北缓缓倾斜。由于地势平坦，土层深厚，引水方便，利于自流灌溉。地处温带干旱地区，日照充足，无霜期约160天。2 000多年前，中原大批移民与当地少数民族一起利用黄河水开渠灌田，经营农牧，成为中国大西北开发最早的灌区，素有“塞上江南”之誉。20世纪50年代末建成的**青铜峡水利枢纽**使银川平原灌溉面积扩大为20余万公顷，比1949年增加近2倍。其中银南灌排条件较好，作物以稻麦为主，是宁夏的高产稳产地区；银北主要作物有小麦、杂粮、甜菜、大豆等，因地面坡降小，地下水位高，土质黏重，排水不畅，土壤盐渍化较严重。银川附近湖沼棋布，为宁夏重要的水产基地。贺兰山山前洪积平原草场辽阔，是宁夏**滩羊**产区；随灌溉面积扩大，林木、瓜果、枸杞和畜牧业发展迅速。

银川市 Yinchuan City 中国宁夏回族自治区辖市，自治区人民政府驻地。位于自治区境北部，处于银川平原中部，自古为塞上名城。辖兴庆、金凤、西夏3区和永宁、贺兰2县，代管灵武市。面积9 560平方千米，人口199万（2010），有汉、回、蒙古、满等26个民族。春秋战国为朐衍等戎族居留地，秦代为北地郡富平县地。汉成帝阳朔年间建北典农城，俗称吕城，又称饮汗城。南北朝时，大夏国王赫连勃勃曾将饮汗城改建为“丽子园”，使之成为风景游乐城和大夏国驻兵、屯粮重镇。北周武帝置怀远郡、怀远县。宋改怀远县为怀远镇。1020年，党项族李元昊改为兴庆府。1038年，元昊建立大夏国，史称“西夏”，改称中兴府。元为西夏中兴等路、行省治所。1288年，改行省为宁夏府路。明、清设宁夏府。1929年置宁夏省，省会驻宁夏城。1945年改为银川市。城区海拔1 112米。年平均气温8.5℃，日温差12～15℃，年降水量203毫米。

银川城市一角

西北地区新兴工业城市。工业以化工、机电、食品、建材、生物制药等为主。以宁夏特产滩羊皮、毛为原料加工的滩皮轻裘、提花毛毯、仿古地毯等，在国内外市场上均享盛名。以农畜产品为原料的毛纺织、皮革、制糖等工业发展迅速，轮胎、机床、工业用毡、亚麻纤维等多种产品已进入国际市场。银川位于银川平原河西灌区4大灌渠之间，渠沟纵横，水田、鱼塘密布并有果园、牧场，被誉为“塞上江南、鱼米之乡”。农作物主要有小麦、水稻及蔬菜、瓜果等。“珍珠米”、“黄河鲤鱼”久负盛名。宁夏“五宝”之一的贺兰石，质地细密，坚而可雕。银川市已形成公路、铁路、航空为主的立体交通网络。包兰铁路贯穿银川南北，宝中铁路连通京包、陇海两大干线。4条国道和4条省道从境内穿越。银川河东机场是国家4D级机场，开通北京、广州、上海等40余条航线。有宁夏大学、宁夏医学院、北方民族大学、宁夏伊斯兰教经学院等高等院校。名胜古迹有西夏王陵、海宝塔、华夏西部影视城、纳家户清真寺、南关清真大寺和小滚钟口、拜寺口双塔、明长城等，以及风光独特的沙湖风景区。银川为国家历史文化名城。

银锭 sycee 中国古代货币。即熔铸成锭的白银。始自汉代，其后各代皆有铸造，但流通不广。至明代盛行，但不是国家法定货币。至清，始作为主要货币流通。重量不等，因以“两”为主要重量单位，故又称银两。

明太祖朱元璋即位前后，民间交易多用金银。洪武八年（1375）发行宝钞（即钞）后，朝廷多次下令禁止民间以金银为货币进行交易，违者治罪。但政府发钞铸钱（见制钱）仍以银价为标准。成化以后，田赋、商税、盐钞、匠役以及官俸等项收支中，折银的范围日趋广泛。银两逐渐成为主要的支付手段。作为通货用的白银，主要是铸成两端翘起的船形银锭（银元宝），银条和码形的银锭都少见，小额交易则使用碎银。元宝银锭大小不等，大元宝一锭有重至50两者，也有重20两的。其上有铸造地点、重量和银匠姓名等文字。银锭和碎银的重量不划一，成色也各有差异，每次支付时都需秤称分量和鉴定成色。

清代实行银钱平行本位制度，规定制钱一千文准银一两。银两是法定通货，不仅民间交易收藏使用，官府收纳地丁捐税也使用。由此形成银两制度。清朝的银两多以马蹄形的元宝出现，故亦称为宝银。经过熔铸，又可分为大锭、中锭、小锭，通称银块或银锭，此外还有碎银。由于各地均可自行熔铸宝银，以致宝银的成色与重量并不统一。各地使用不同成色名目的银两，相互兑换均有一定的折算比率。

银两有实银和虚银之分。虚银是指它作为价值符号或计账单位。清初法定的纹银、咸丰年间出现的上海规元银、汉口的洋例银以及天津的行化银，都是作为通行的计算单位的虚银，但它们可以随时折合兑取实在的银两。

鸦片战争后，外国洋银（见银元）大量流入和自铸银元流行，银锭流通日少。1933年宣布废两改元后，银两不再使用。

银都机构有限公司 Sil-Metropole Organization Ltd. 1982年9月，以长城电影制片有限公司、凤凰影业公司、新联影业公司及中原影业公司为主合并而成的香港制片机构。独立拍摄和与内地制片厂合拍的影片中以“少林英雄”三部曲，即《少林寺》、《少林小子》、《南北少林》影响最大。这三部影片不仅轰动香港，而且打进国际电影市场，把功夫片推向一个新的境界，被称为“新型功夫电影”。进入21世纪以来，又独立或合作出品发行了《英雄》(2002)、《龙凤斗》(2004)、《韩城攻略》(2005)、《绝色神偷》(2006)、《男儿本色》(2007)等影片。

银蛾 Argyresthiidae; cypress moth/shiny head-standing moth 鳞翅目银蛾科昆虫的统称。因前翅往往具有金银光泽的斑纹，又称金银蛾。头顶有丛毛；面部光滑；触角长度是前翅的3/5～3/4；有眼罩；无单眼；下唇须向前或向上接近头顶，一般小而下垂。前翅披针形，有副室，有翅痣；后翅比前翅狭。成虫静止时常常头向下，紧贴物体表面，而腹部末端向上翘，形成一个斜角。幼虫多钻蛀阔叶树嫩茎、幼芽和果实，偶尔也潜叶。茧白丝状。中国东北常见危害森林的种类有山丁子银蛾和桦银蛾。

山丁子银蛾

银耳 *Tremella fuciformis*; white butter 真菌界银耳科银耳属的一种。腐生真菌。又称白木耳。一种食、药兼用的食用菌。世界各地都有分布。中国各地多有人工栽培，以四川的通江银耳、福建的漳州雪耳最为著名。

银耳营养体为纤细而有分枝的菌丝体。菌丝体和大量胶质构成洁白、半透明、菊花或鸡冠状的子实体。野生银耳常生在枯死的栓皮栎、麻栎等阔叶树上。人工接种须先分离培养菌种（银耳与香灰菌的混合菌种）。接种栽培有段木栽培法、瓶栽法、塑料袋栽法三种方法。

银耳子实体含有多种氨基酸及蛋白质、脂肪、糖类、维生素、无机盐等成分，食用味美可口，为传统滋补品；入药能滋阴润肺、养胃、补肾，主治虚劳咳嗽、痰中带血、虚热口渴等。

银行 bank 经营货币信用业务的特殊经济机构。现代银行的主要业务也是区别于其他金融机构的特质性业务是经营存款、贷款，同时也经营汇兑、结算等中间业务。

产生和发展 银行最早产生于西方国家。在前资本主义时期，商品经济有了一定程度的发展，出现从事金属铸币的兑换、保管、收付的货币经营业。后来货币经营业集聚着大量的货币，有了从事放款的可能；而工场手工业者和商人因扩大经营，在业务活动中往往货币不足，需要借入。于是，近代银行便产生了。另一条发展路径是，资产阶级在反对封建高利贷的斗争中组建了现代银行。

最早以银行名称经营业务的是1580年建于意大利威尼斯的银行，但它还是一个具有高利贷性质的信用机构。嗣后，米兰、阿姆斯特丹、汉堡等地相继建立了银行，

20世纪初大清银行商股联合会第一次会议代表合影

它们在实质上是处于向现代银行转化过程中的货币经营业。直到1694年，以股份制形式组建的英国英格兰银行的诞生，才是现代银行之滥觞。在近300年中，资本主义银行开始是综合办理货币信用业务的机构；从19世纪后半期开始，西方各国陆续实行了中央银行制度。

经过几个世纪的发展，银行有繁多的种类和组织形式，其中的中央银行是不办理商业性业务仅从事金融管理的公共机构；商业银行是现代银行的主体，是历史最悠久因而也是最符合银行本质的银行；此外还有多种形式的专业银行。

中国的银行　1897年，中国建立了第一家民族资本银行——中国通商银行。中国最早的国家银行是清政府于1905年创办的户部银行，1908年更名大清银行，清王朝被推翻后，于1912年改组为中国银行。

1948年12月1日，在解放区华北银行、北海银行和西北农民银行的基础上成立了中国人民银行。1978年以后，中国的银行体制经过一系列改革。1983年9月，中华人民共和国国务院决定中国人民银行专门行使中央银行职能。20世纪80年代以后，在国有独资的中国工商银行、中国农业银行、中国银行、中国建设银行之外，组建了百余家股份制的各类商业银行，形成了较完整的银行体系。

职能和作用　银行的主要职能是创造信用货币和作为信用中介与支付中介。在资本主义经济中，银行作为信用中介，可以集中闲置资本和聚集小额货币供生产经营单位使用，成为资本积聚和分配的有力杠杆；作为支付中介，可以节约流通费用，加速资本周转，这两种职能都能起到扩大生产规模，促进经济发展的作用。当然，各自独立的银行追求利润最大化也蕴涵着支付危机和信用危机的可能性。

银行券　banknote　银行发行的、用以代替商业票据的一种信用货币。产生于货币执行支付手段的职能，以商业票据流通为基础。在商业票据未到期时，票据持有人因需将商业票据变为现款到银行贴现，银行没有现款支付给票据贴现人时，用自己发行的票据（即银行券）代替私人商业票据。持票人凭银行券可以随时兑现。银行券具有黄金和信用双重保证，因而得以广泛使用。银行券的发行，不仅可以使银行能够超过其实有资本数量来扩大信用业务，而且可以满足商品生产发展引起的对货币的追加需求。

银行同业拆借利率　inter bank call loan, rate of　在银行同业间进行相互融通短期资金形成的利率。拆借利率由供求双方议定，通常按千分之几计算。由于安全性高、灵敏反映市场资金供求，可以被视为基准利率之一。期限通常不超过一年，在中国，银行同业拆借的期限品种分别为1天、3天、7天、14天、28天、91天、182天。主要用于弥补每日清算的差额。

银合欢　*Leucaena leucocephala*; leucaena　含羞草科银合欢属的一种。灌木或乔木。又称白合欢。具有多种用途的热带优良植物。原产中美洲，广泛分布于热带、亚热带地区。在中国分布于广西、广东、福建、台湾等地。

树皮白色，粗糙。叶为二回羽状复叶，互生。头状花序一二个腋生，有花百余朵，白色，密生成球状。荚果扁平，带状，内含褐色发亮的种子12～25粒。喜暖热湿润气候。喜阳光，稍耐阴。耐旱，不耐渍。

嫩枝叶富含蛋白质，是优良饲料。木材可作家具、建筑材料、纸浆、胶合板等。作薪炭林栽植，薪材燃烧值较高。也可用于荒山造林、改良土壤，或作其他作物的荫蔽树和庭园绿篱。

银河　Milky Way　横跨星空的一条淡淡发光的带。中国古代又称天河、银汉、星河。银河在天鹰座与天赤道相交，在北半天球，它经过天鹅、蝎虎、仙王、仙后、英仙、御夫、金牛、双子和猎户等星座，跨入天赤道的麒麟座，再往南经过大犬、船尾、船帆、船底、南十字、半人马、圆规、矩尺、天蝎、人马和盾牌等星座，返回天鹰座。银河各部分的宽窄和明暗程度相差很大。银河在天球上勾画出一条宽窄不一的带，称为银道带。它的最宽处达30°，最窄处也超过10°，平均约20°。银河有些部分很明亮，如盾牌、人马那一段。有些部分则非常暗，如天鹰、天鹅座以南的大分叉和南十字座附近的“煤袋”。大分叉非常暗，银河在那里好像被分成了两条支流。已得知，银河实际上是银河系主体部分在天球上的投影。因此，当用望远镜观测时，可以看见银河由数量众多的恒星和星云组成。

银河系　Galaxy　地球和太阳所属的星系。因其主体部分投影在天球上的亮带被称为银河而得名。银河系是一个透镜形的系统，直径约为25千秒差距，厚约为1～2千秒少差距。它的主体称为银盘。

银河系的发现经历了漫长的过程。望远镜发明后，伽利略首先用望远镜观测银河，发现银河由恒星组成。之后，T.赖特、I.康德、J.H.朗伯等认为，银河和全部恒星可能集合成一个巨大的恒星系统。18世纪后期，F.W.赫歇尔用自制的反射望远镜开始恒星计数的观测，以确定恒星系统的结构和大小，他断言恒星系统呈扁盘状，太阳离盘中心不远。他去世后，其子J.F.赫歇尔继承父业，继续进行深入研究，把恒星计数的工作扩展到南天。20世纪初，天文学家把以银河为表观现象的恒星系统称为银河系。J.C.卡普坦应用统计视差的方法测定恒星的平均距离，结合恒星计数，得出了一个银河系模型。在这个模型里，太阳居中，银河系呈圆盘状。H.沙普利应用造父变星的周光关系，测定球状星团的距离，从球状星团的分布来研究银河系的结构和大小。他提出的模型是：银河系是一个透镜状的恒星系统，太阳不在中心。沙普利得出，银河系直径80千秒差距，太阳离银心20千秒差距。这些数值过大，因为沙普利在计算距离时未计入星际消光。20世纪20年代，银河系自转被发现以后，沙普利的银河系模型得到公认。

银河系是一个巨型旋涡星系，Sb型。

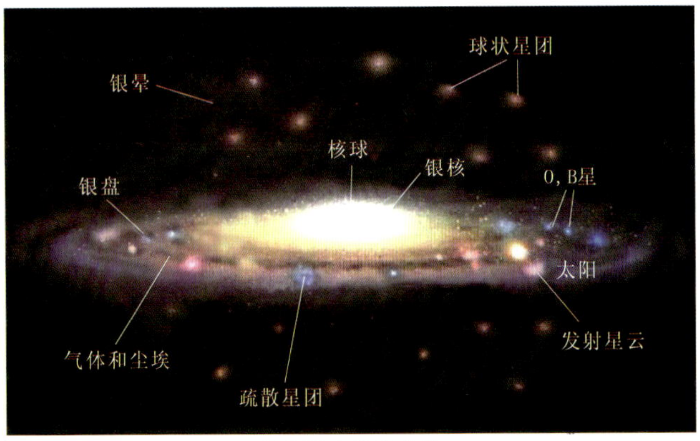

银河系主体示意图

包含约二千亿颗**恒星**。银河系整体作较差自转（见**银河系自转**），太阳处自转速度约220千米/秒，太阳绕银心运转一周约2.4亿年。银河系的目视绝对星等为-20.5等，可见物质质量约为太阳质量的1 400亿倍，而**暗物质**的质量至少为太阳质量的4 000亿倍。银河系的年龄约10亿年。

银河系物质约90%集中在恒星内。恒星的种类繁多。按照恒星的物理性质、化学组成、空间分布和运动特征，恒星可以分为5个星族。最年轻的极端星族Ⅰ恒星主要分布在银盘里的**旋臂**上；最年老的极端星族Ⅱ恒星则主要分布在**银晕**里。恒星常聚集成团。除了大量的双星外，银河系里已发现了1000多个星团。银河系里还有气体和尘埃，其含量约占银河系总质量的10%，气体和尘埃的分布不均匀，有的聚集为星云，有的则散布在星际空间。20世纪60年代以来，发现了大量的星际分子，如CO、H_2O等。分子云是恒星形成的主要场所。银河系核心部分，即银心或银核，是一个很特别的地方。它发出很强的射电、红外，X射线和γ射线辐射。其性质尚不清楚，那里可能有一个**黑洞**。对于银河系的起源和演化，知之尚少。

银河系自转 galactic rotation **银河系**中的**恒星**和气体围绕银心在平行于银道面的近圆轨道上所作的整体旋转运动。这种旋转运动在旋涡星系和透镜星系中最为明显。在某些（但非全部）椭圆星系和不规则星系中也可看到。

研究银河系自转可利用**恒星**的光学观测资料，如视向速度、**自行**等。但这种方法只能适用离**太阳**不超过3～4千秒差距的范围；离太阳更远时需根据中性氢21厘米谱线的多普勒频移，求得氢云的视向速度，从而推出银河系的自转速度。自转速度随银心距的变化称为自转曲线。从银心附近为零开始，1千秒差距处增加到150千米/秒，到太阳附近达220千米/秒，以后保持恒定直到数十千秒差距的观测极限。线速度恒定要求角速度由内向外减小，这种情形称为较差自转。1927年，荷兰天文学家J.H.**奥尔特**引进了两个参数来描绘太阳附近银河系的较差自转。它们分别是：奥尔特常数$A=+14.8\pm0.8$千米/（秒·千秒差距），$B=-12.4\pm0.6$千米/（秒·千秒差距），$A-B$给出在太阳处银河系的自转角速度，相应的自转周期约为2亿年。

银环蛇 *Bungarus multicinctus*; many-banded krait 爬行纲眼镜蛇科环蛇属的一种。中国有2个亚种。全长1 000～1 800毫米，头椭圆形，与颈略可区分，体较细长，尾末端尖细，体尾背面具黑白相间的横纹，黑

纹较宽，腹面全为白色。背鳞通身15行，正中一行脊鳞扩大呈六角形。尾下鳞全为单行。栖息于从沿海低地到海拔1 300米的山区，傍晚或夜间常于近水处活动。以鱼类、**蛙**、**蜥蜴**、**蛇**和鼠类为食。4月出蛰，11月冬眠。卵生，5～8月产卵，每产5～15枚，孵化期1～1.5月，幼蛇全长200～270毫米，3年后性成熟。毒性很强，以神经毒为主，人被咬伤后，常因呼吸麻痹而死亡。在中国传统医学中，孵出7～10天的银环幼蛇干制入药，称"金钱白花蛇"，有祛风除湿、定惊搐之功效，治风湿瘫痪、小儿惊风抽搐、破伤风、疥癣和梅毒等症。蛇胆可治小儿高烧引起的抽搐。

银胶菊 *Parthenium argentatum*; guayule **菊科**银胶菊属唯一产胶的种。又称银色橡胶菊。多年生常绿灌木，高60～90厘米。原天然分布于墨西哥中、北部一直延伸到美国得克萨斯州南部。20世纪80年代初期，中国在西北半干旱地区择地引入试种。

银胶菊各部位的薄壁细胞里均含橡胶，以茎和根的韧皮部含胶量最多。一般条件下每公顷可产胶1 000千克左右，气候适宜且有灌溉的地方，每公顷可产胶1 300～1 500千克。银菊胶可以制造汽车轮胎和一般橡胶制品。银胶菊树脂可用于造纸工业和颜料工业。银胶菊叶片蜡硬度较高，熔点高于巴西棕蜡，色泽、透明度也较优。银胶菊纤维渣可用作造纸、燃料。

银鲛目 Chimaeriformes; chimaera 软骨鱼纲的一目。此目有3科6属约30种。分布于大西洋和太平洋，栖息于深海2 600米或更深处。体长60～200厘米，雌鱼较大于雄鱼。体延长侧扁。吻短而圆锥形，或延长尖突，或延长平扁似叶钩状，如黑线银鲛。两颌齿呈板型的喙状物。背鳍棘活动，能竖垂，第二背鳍低而延长，或短而三角形。尾歪形，下叶比上叶大，尾椎轴稍上翘；或圆形，尾鳍上、下叶约相等，尾椎轴平行；或线形。体光滑，有时幼体头及背上具盾鳞。雄体除鳍脚外，还具腹前鳍脚及额鳍脚。卵大，圆筒形或椭圆形。肠具3～3.5螺旋瓣。心脏的动脉圆锥具3列瓣膜。鳃丝与鳃间隔几等长。鳃裂4对，外被一膜状鳃盖，后具一总鳃孔。上颌与脑颅愈合。无椎体，脊索不分节地缢缩；腰带的左、右两半部分分离。无泄殖腔。体内受精。呼吸时水流主流主要经鼻孔的鼻口沟至口内，口一般闭合。游泳缓慢，依靠身体后部、第二背鳍和尾部波动前进。胸鳍起推进和平衡作用。夜间较活跃，出水即死亡。以贝类、甲壳类和小鱼为食。肉可食用，肝可制鱼肝油。

银蓝 Beijing enamel ware 在金、银或铜镀银的胎体上涂饰珐琅釉料，经烧结而成的**珐琅**。又称烧蓝、烧银蓝。中国北京传统的金属工艺品。约产生于清末。一般为

银蓝小酒壶

摆件和小银饰品。在制作过程中胎体需经几次涂饰釉料、几次烧结。所用釉料的透明度高于**景泰蓝**所使用的釉料。釉色有不同深浅的蓝、绿、红、黄、紫等。银蓝和景泰蓝的最大区别在于银蓝烧结以后不用磨光，底胎的银色自然从色釉中透现出来，具有色彩典雅、明丽，表面平滑细腻、光亮如镜的效果。品种主要有胸针、耳坠、发饰、手镯、鼻烟壶、首饰盒、小摆件等。20世纪80年代后期，开始有银蓝人物摆件。

银盘 galactic disk **银河系**中由**恒星**和气体组成的扁平盘状成分。**太阳**处在银盘中央平面（银道面）附近，故银盘内的**恒星**在**天球**上的投影就显现为横贯天穹的狭窄**银河**。银盘内的恒星按照空间分布、化学组成、年龄和运动学性质的不同又进一步分为薄盘与厚盘两族。薄盘恒星紧靠银道面，密度随到银道面的距离陡峭地指数下降。薄盘恒星年龄差异很大，从新出生到100亿年都有，越年轻的恒星一般离银道面越近。化学组成方面，薄盘恒星都是富金属星，金属丰度在0.25～1倍太阳值之间。运动学方面，它们绕银心做近圆轨道快速转动，而弥散速度较小（约20～30千米/秒）。厚盘族恒星密度也随到银道面的距离指数下降，但比薄盘平缓，典型成员离银道面约5 000光年以内。厚盘不含年轻恒星，年龄都大于80亿年，金属丰度较低，约为太阳值的1/4到1/10。

银雀山汉简 Bamboo and Wooden Slips of the Western Han Dynasty from Yinqueshan 中国山东临沂银雀山汉墓出土的简牍。1972年出土。主要为竹简，也有少量抄列竹书篇题的木牍。书体为早期隶书，估计书写于西汉文帝、景帝时期至武帝初期。包括2号墓所出32枚《元光元年历谱》简和1号墓所出4 942枚简及数千残片。1号墓所出竹书大都有篇题，分为有传本的古籍和古佚书两类。内容包括《孙子兵法》、《孙膑兵法》、《尉缭子》、《晏子》、《太公（六韬）》等重要资料。这些简牍不仅证实《史记·孙子吴起列传》中有关孙武仕吴、孙膑仕齐且各有兵法传世的记载，而且证实自唐宋时起就被疑为伪书的《六韬》、《尉缭子》、《晏子》等书实际上在西汉前期就已存在。《元光元年历谱》以十月为岁首，是迄今发现时代较早且保存完整的古代历谱，所记晦朔干支，订正了自宋代《通鉴目录》以来有关诸书的错误。此外，银雀山汉简对研究先秦、西汉的历史，探讨古书的源流，纠正史籍的错误，以及研究军事思想史、书法史、古文字等也有重要意义。

银杉 *Cathaya argyrophylla*; cathay fir 松科银杉属的一种。常绿乔木。为珍稀孑遗植物，中国国家一级保护植物。

银杉高达20米。大枝平展。叶扁平条形，螺旋状互生呈辐射状排列，上面中脉凹陷，下面两侧具显著的粉白色气孔带。雌雄球花同株，分别生于当年生和2～4年生枝条新生部的叶腋。球果卵圆形至长椭圆形，种鳞远较苞鳞大，宿存。种鳞腹面有2粒具翅种子。喜光，幼苗要求庇荫。耐寒性较强，可忍受-15℃极限低温。适生于气候潮湿、冬冷夏凉的地区。土壤为黄壤、黄棕壤或黄色石灰土，pH3.5～6.0，土层浅薄，多砾石。苗期要注意防治猝倒病及立枯病。造林地宜选在分布区海拔较高处，可用裸根苗栽植，并注意幼林抚育。木材可供建筑及家具用。

银团银行 consortium bank 有广义和狭义之分。广义银团银行是不同国籍的多家银行或金融机构为从事国际银行业务活动而组成的合营银行。又称国际联合银行。拥有固定的名称和组织机构，是注册的法人实体，各持股银行以股东身份参与经营管理。狭义银团银行只限于为银行或金融机构所拥有，但没有一家银行或金融机构持有的股份超过50%，且至少要有一家持股者的基地是在海外。

业务活动少数侧重于为国际贸易融通资金，多数以经营中长期贷款为主。其资金来源主要有：①持股银行投资；②接受短期欧洲货币存款；③从其他银行或金融机构拆进短期资金。银团银行具有不稳定的特点，当银团银行所经营的业务与持股银行所经营的业务有较大重叠，或某家持股银行干预过多时，都可能造成持股银行之间的矛盾，严重时会迫使其解体。1964年最早成立的密德兰国际银行和规模较大的奥赖恩银行都已解体。

银屑病 psoriasis 一种常见的慢性鳞屑性皮肤病变。俗称牛皮癣。常反复发作。各种年龄均可发病，但以青壮年为多。

类型 有以下几种。

寻常型银屑病 最为常见。皮损初起为粟粒至绿豆大小的红色丘疹或斑丘疹，以后逐渐扩大融合，边界清楚，表面覆有成层银白色鳞屑，轻轻刮除鳞屑可见半透明发亮的薄膜，再刮去薄膜出现散在的小出血点，这是银屑病特征性损害。多数患者夏季减轻或痊愈，冬季加重（见图）。

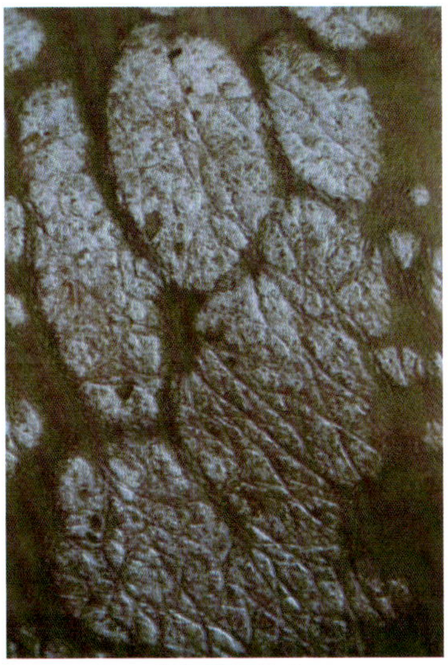

寻常型银屑病

脓疱型银屑病 较少见，有泛发性和掌跖性两型。泛发性脓疱型银屑病多见于中年。皮疹突然发红，出现密集的针头至粟粒大小黄白色无菌性小脓疱，脓疱可迅速增多，融合。皮疹常泛发全身。掌跖脓疱型银屑病主要侵及手掌及足跖。皮损为对称性红斑，其上有成群的针头至粟粒大小脓疱，经1～2周后脓疱干涸结痂、脱屑，脓疱反复成群发生。

关节病型银屑病 除典型的银屑病皮损外，还伴有轻重不同的关节病变，表现为关节红肿、疼痛，重者关节腔积液，活动受限，以致关节僵硬、变形。大小关节均可受累，开始以四肢远端关节肿疼为多见。

红皮病型银屑病 多因寻常型银屑病进行期应用刺激较强的外用药或长期大量内用皮质类固醇突然停药或减量过快所致。全身皮肤迅速出现弥漫性潮红浸润，表面有大量糠状脱屑。病程较长。消退后常出现典型银屑病损害。

治疗 轻症患者以外用治疗为主，可选用角质促成剂、角质剥脱剂及细胞分裂抑制剂等，可同时配合水疗、紫外线光疗。皮质类固醇、免疫抑制剂等系统性的全身用药，只有在病情比较严重的全身脓疱型、红皮病型或关节病型，在其他疗法无效时才选用。

银杏 *Ginkgo biloba*; ginkgo 裸子植物门银杏科银杏属的唯一种。又称公孙树、白果树。落叶乔木。特产于中国，唐代由中国传到日本，再从日本传到欧洲、美洲。多分枝，有长枝和短枝。叶在长枝上螺旋状排列，在短枝上簇生，具长柄，叶片扇形，上缘有浅或深的波状缺刻，有时中部缺裂较深，成二裂状。雌雄异株。球花生于短枝顶端叶腋，具长梗；雄球花柔荑花序状，具多数螺旋状排列的雄蕊；雌球花顶端常成二叉。种子核果状，具长柄，下垂。

银杏适应性强，能耐-32.9℃的极端最低温度和湿热的气候，在酸性、中性及钙质土壤中均能生长。为喜光、深根性树种，耐干旱而不耐水涝，不易受病虫害的侵袭，对大气污染有一定的抗性。一般早期生长缓慢，20年后开始结子，30～40年后进入盛期，结子能力历数百年不衰。

银杏种子为著名的干果，称为白果；种仁也可供药用；外种皮对皮肤有毒。银杏叶含有多种黄酮类化合物，可供药用。银杏木材结构细致、纹理均匀、质轻软、富弹性、有光泽、不开裂、不反挠、易加工、无异味，为优良用材，也是优良的行道树种和观赏树种。外种皮易腐烂发臭，污染环境，栽植时宜选用雄性植株。

银杏内酯 ginkgolide 高度含氧的二萜，

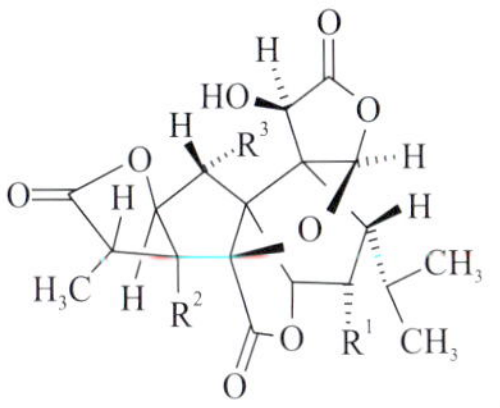

	R^1	R^2	R^3
A	H	OH	H
B	H	OH	OH
C	OH	OH	OH
J	OH	OH	H
M	OH	H	OH

有A、B、C、J、M等多种，分子式$C_{20}H_{24}O_{9\sim11}$。它们的比旋光$[\alpha]_D$依次为-39、-63、-19、-2.5、-39（二氧六环）。银杏内酯存在于银杏的叶和根的带苦味的提取物中。银杏内酯M仅存在于根中。它的化学全合成已经成功。银杏内酯是保健品银杏提取物中的重要组分，有抗血小板凝聚因子的作用。银杏内酯A和B有护脑的作用。

银鱼 Salangidae; icicle fish 鲑形目银鱼科鱼类的统称。小型经济鱼类。分布于中国、朝鲜半岛、日本、越南及俄罗斯萨哈林岛（库页岛）。

体细长，略呈圆筒形，后部稍侧扁。头平扁。吻尖或短钝。两颌具齿，犁骨、腭骨及舌上常具齿。体无鳞，仅雄性个体臀鳍上方具鳞。背鳍1个，位于臀鳍前方或部分与之相对。脂鳍小。雄鱼臀鳍中部鳍条略弯曲呈波浪状，胸鳍一般尖长。计有16种，中国产15种，常见的有太湖新银鱼、大银鱼和前颌间银鱼（见图）。

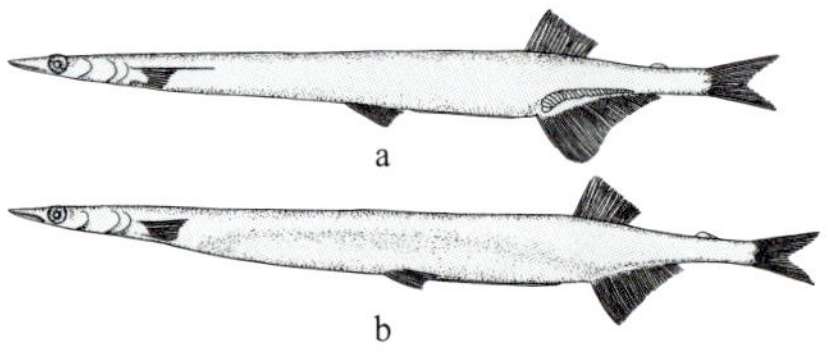

前颌间银鱼

银鱼为中上层鱼类。摄食浮游动物、仔鱼和小虾等。多于春季繁殖，也有在秋、冬季繁殖的。中国太湖新银鱼有春（3～5月）、秋（9～11月）产卵的两个生态群。大银鱼主要在1～2月产卵。前颌间银鱼平时生活在近海。每年春季到河口地区繁殖，鱼苗入海肥育，至翌春又回溯河口地区产卵。

上述3种银鱼以天然捕捞为主，尤以太湖所产最为名优。银鱼供鲜食或制成鱼干。

银元 silver dollar 清末中国自铸银币的通称。清代，把外国流入的银铸币称为**洋钱**，把中国自铸的银币称为银圆（元）。用机器自铸新式银元始于光绪八年（1882）吉

1929年孙中山头像一元银币

林机器局铸造的厂平一两币，因铸造数量甚少，后世罕见。**张之洞**督粤，于十三年奏准由广东造币厂试铸，每枚重库平七钱二分，币面镌有龙形，是为龙洋的起源。张之洞随后又在武昌设立银元局铸造一两银元。以后各省仿效，相继奏准铸造。宣统二年（1910）清政府将铸币权统一于中央，规定以圆（元）为单位，每元重七钱二分，定名为大清银币。**辛亥革命**爆发后，所有已铸成的银币均充作军饷，故终清一代，只有各省自铸的银元，而无成色、重量都符合标准的全国统一铸造的银币。辛亥革命后，北洋政府铸造的镌有袁世凯头像的银元和国民政府铸造的镌有孙中山头像的银元，是自铸银元中流通最广的两种。当时，仍维持着银两、银元并行的货币制度，直到1933年实行废两改元，银元才成为单一的主币。1935年实行纸币政策，银元作为主币的时代宣告终结。

银晕 galactic halo **银河系**外围大致成球状的物质分布。范围超过银河系的盘状可见区。一般河外星系都有晕，称为星系晕。

银晕由星晕和暗晕组成。星晕半径约25**千秒差距**，密度随银心距按指数负3.5的幂律下降，主要成员是球状星团、贫金属亚矮星、周期长于0.4天的天琴座RR型变星和极高速星，总称为晕星族，或星族Ⅱ。这些星的年龄都比较老，约为100多亿年，接近于银河系的年龄。它们绕银心旋转，轨道一般呈长椭圆形。极高速星相对于太阳的速度达300千米/秒。暗晕半径达100千秒差距，密度随银心距按指数负2的幂律下降，由本性尚未确知的**暗物质**组成。质量可能占整个银河系的90%以上。

暗晕由原初宇宙中暗物质密度起伏经引力不稳定性增长逐级并合而来。

银座 Ginza 日本东京的商业区、娱乐区、文化中心。聚集1 000多家公司、商店、饮食店、吃茶店、酒吧和夜总会、美术馆、画廊等，被称为日本最大的“销金窟”。银座大道北起京桥，南至新桥车站，包括西银座和东银座，全长约1.5千米。银座地名的起因可追溯到江户时代德川幕府期间，这里有铸造银货币的“银座役所”，即银座官署。当时名“新两替町”（“两替”是钱庄之意），通称银座町。1870年（明治三年）定名为银座。记录这段历史的石碑立于奥林匹克大楼的前面。银座大道两旁的百货商店、公司鳞次栉比，会集了世界各地的高级商品、新潮服装，有领导日本新潮流的“东京心脏”之称。银座大道后街，饭店、餐馆、酒吧各种店铺应有尽有。自1970年8月起，每逢星期日和节日下午，这一带禁止一切车辆行驶，只许行人来往，人称步行者的天堂。入夜，五光十色的霓虹灯变幻无穷，“夜银座”另有一番美丽的景色。日本最大的报馆都集中在这里。1964年，日本政府在这里建成了日本最大的银座地下铁道综合站，有3条地铁线路在此会合。综合站下共有43个进出口，每个进出口都有详细的银座街道图。银座的四周是高速公路。

淫羊藿 *Epimedium brevicornum*; shorthorn barrenwort 小檗科淫羊藿属的一种。藿，即豆叶，因此植物叶形似藿，故名。分布于中国山东、江苏、江西、湖南、贵州、四川、广西、安徽等省区。多年生草本。茎丛生，高15～30厘米，基部包有鳞片；根

状茎横走，硬质，褐色，多须根。2回3出复叶，基生与茎生。总状花序顶生，花4～6朵；花两性，直径约2厘米；萼片8，排成2轮，花瓣状，红紫色；花瓣4，白色，有长距；雄蕊4，花药瓣裂；心皮1，子房上位，1室。蓇果卵形；种子多数，有肉质假种皮。生长在山坡阴湿处。根、茎及全草供药用，为壮阳除湿药。

尹 governor; prefect 中国先秦官名。商、周时常指官长。甲骨卜辞中有王令尹、多尹从事农作或作王寝者。另外又有所谓族尹，当为一族之正长。西周时，尹可以是官吏之泛称。《**尚书**》和**金文**中的百僚庶尹、百尹、诸尹，意即百官、百僚。但当时尹又是作册、内史之长，如铜器铭文中常见作册尹、内史尹之名。尹为世职，故又被称为尹氏。尹氏在西周时一直是高官，到西周末尤为重要。春秋战国时，中原各国以尹为官名者不多。现在能见于文献的尹多为较低的职务，如称关吏、门吏为关尹和门尹，工尹是工官之长，奄尹是宦寺之长，里尹即后来里正之类的乡官。南方的楚，官名中带尹者极多。百官中最高者为令尹。另有左尹、右尹，为位次于令尹的尊官。又有王尹、大工尹、集尹等。秦汉以后，亦有尹官，如汉时的京兆尹、河南尹，均为京畿的地方长官。

尹湾汉简 Wooden and Bamboo Slips of the Western Han Dynasty from Yinwan 中国江苏连云港东海县尹湾西汉晚期墓出土的**简牍**。1993年出土。保存较好，包括木牍24方，竹简133枚。简牍用隶书和草书书写。内容包括东海郡行政文书档案、数术书、历书，以及随葬物品清单、日记、文赋等。其中的各种簿籍是中国迄今所见年代最早的一批郡级行政文书档案，为研究汉代的历史和地方行政制度提供重要资料。各种数术书籍对汉代乃至中国古代方术史的研究有重要参考价值。《博局占》对六博的研究是难得的宝贵资料。《神乌傅》是一篇亡佚两千多年、基本完整的西汉时期的赋，在题材、内容、写作技巧上均与曹植的《鹞雀赋》、敦煌发现的《燕子赋》如出一辙，此一发现把这种俗赋的历史提前了200多年。

尹羲 Yin Xi (1920-12～2004-03-25) 中国桂剧演员。工旦。原名素贞，艺名小金凤。生于广西桂林，卒于南宁。4岁进桂林小金科班学艺，初习武小生，因跌伤改学旦脚。初随师在草台班唱野台戏。16岁回桂林，演出于南华戏院。**抗日战争**时期，主演欧阳予倩编导的《梁红玉》(饰梁红玉)、《**桃花扇**》(饰李香君)、《木兰从军》(饰花木兰)、《人面桃花》(饰杜宜春）等。20世纪40年代，同谢玉君、李慧中、方昭媛并

尹羲在桂剧《拾玉镯》中饰孙玉姣

称桂剧四大名旦。中华人民共和国建立后，尹羲作为广西桂剧团的主要演员，演出了经过整理的**传统戏**《拾玉镯》、《闹严府》、《二堂放子》，新编历史剧《武则天》、《洪宣娇》以及**现代戏**《红河烽火》等。其中《拾玉镯》已摄制成影片并录制了唱片。

尹赞勋 Yin Zanxun (1902-02-23～1984-01-27) 中国地质学家。字建猷。生于河北平乡，卒于北京。1923年毕业于北京大学哲学系，1931年获法国里昂大学理学博士学位。曾任江西省地质调查所所长、经济部中央地质调查所代所长、中国地质工作计划指导委员会第一副主任、北京地质学院副院长。1955年当选中国科学院学部委员(院士)、生物地学部副主任、地学部主任。历任中国科学院地质研究所研究员、全国地层委员会副主任、中国地质学会理事长、中国古生物学会理事长。对滇、黔、川、甘志留系的笔石化石和地层进行了调查研究，40年代和60年代对中国志留纪地层进行了全面总结。50年代主编中国第一部区域地层表，主持起草中国的地层规范及其说明书，推动了中国地层学的发展。60年代编制《中国地层典》。他是首先引入板块构造学的学者之一，70年代推动国内板块构造的研究，同时对褶皱带、褶皱旋回和古生物钟进行了颇有创见的研究。主要著作有《中国南部志留纪地层之分类与对比》、《中国地层典(七)石炭系》、《志留纪的中国》、《板块构造简介》、《从天文观测和生物节律论证古生物钟的可靠性》(合著)、《论褶皱幕》(合著) 等。

尹湛纳希 Injannasi (1837-05-20～1892-02-25) 中国清代蒙古族小说家。内蒙古卓索图盟吐默特右旗人。青年时代常以文会友，一生未曾出仕。历经20年完成其父未竟遗著《青史演义》。创作了长篇小说《一层楼》、《泣红亭》和《红运泪》(未完成)，以及杂文，诗歌等。《青史演义》又名《大元盛世青史演义》，描绘成吉思汗率诸将领统一各部的英雄业绩，在广阔的社会背景下展现出12、13世纪蒙古草原的历史风貌。《一层楼》和《泣红亭》是尹湛纳希学习《**红楼梦**》的艺术表现手法，以当时的社会现实为题材写成的长篇小说。这两部小说沿着璞玉和炉梅、琴默、圣如的爱情线索展开，描绘了3个姑娘的悲剧命运，揭露了封建统治的罪恶以及清末种种腐败的社会现象。

尹湛纳希的创作，为丰富民族文学宝库、促进蒙汉文化交流以及丰富和发展蒙古族文学体裁和文学语言作出了贡献，在民族文学史上占有重要的地位。

引产 induction of labour 妊娠13周以后，用人工方法使胎体从子宫排出从而终止妊娠的措施。从方法上分为非手术引产(药物、针刺等)和手术引产两大类。从时间上分为中期引产(用于妊娠13～24周之间)和晚期引产(用于28周以后)。适用于孕妇有严重疾病、胎儿或其附属组织有病变等情况。

中期引产 此时期子宫不敏感，不易诱发宫缩，胎盘不易剥离完全，易残留，故引产比较困难，应尽量避免。常用的药物有利凡诺尔、催产素、前列腺素等，进行宫腔内、羊膜腔内、肌肉注射，静脉滴注或阴道内放置药栓等；手术方法如水囊引产，即利用橡皮水囊放置于胎膜与子宫壁之间，注入盐水以增加子宫内压力，并使胎膜与宫壁分离，诱发宫缩，达到引产目的。

晚期引产 妊娠28周后，用人工方法诱发子宫收缩，结束妊娠。可采用阴道分娩或剖宫产。若骨盆测量正常，胎位正常，胎儿和骨盆相称时可采用阴道分娩；若骨盆狭窄或畸形、胎位不正、头盆不称或胎膜早破、过期妊娠等可采用剖宫产。

引渡 extradition 国家根据条约或基于其他理由把在其境内而被别国指控或判定**犯罪**的人，应该国的请求，移交该国审判或处罚的行为。英国1870年颁布的引渡法，标志着现代引渡制度的诞生。

现代引渡制度是国家间刑事司法协助的一种形式。引渡的主体是国家，请求引渡的国家可以是犯罪行为发生地国或受害国，也可以是犯罪人的国籍国。相应地，引渡对象就人而言，可以是任何犯罪者，包括请求国、被请求国、第三国国民，或是无国籍者。

引渡的依据在**国际法**上是有关国际条约的规定。在没有条约规定的情况下，国家虽然不负引渡义务，但它可以根据情况决定是否引渡。这时，被请求国一般要求请求国保证给予互惠待遇。从国内法角度而言，国家可以依其宪法、刑法、刑事诉讼法及其他有关法律规定引渡罪犯，也可以制定专门的引渡法作为其引渡的依据。国际条约规定的可引渡之罪包括破坏和平罪、战争罪和违反人道罪；灭绝种族罪、种族隔离罪、种族歧视罪；非法劫持航空器及其他危害国际民用航空安全的罪行；贩毒、买卖奴隶罪；酷刑及恐怖主义罪。各国国内法和条约一般规定引渡的条件有两个：①被指控的人所实施的行为按照请求国的法律和被请求国的法律都构成犯罪。②对所控罪行的惩罚达到一定的严厉程度。引渡的程序有三个步骤：①请求国一般以引渡请求书的形式提出引渡请求。②被请求国的审查。③引渡的执行。此外，未得到被请求引渡国同意，不得将该被引渡的人引渡到第三国。

中国于2000年制定了《中华人民共和国引渡法》，是中国处理有关引渡问题的法律依据。此外，中国还加入了相关公约并与一些国家签订了双边引渡条约。

引力波 gravitational wave 以波动形式和有限速度传播的引力场。按照**广义相对论**，加速运动的质量会产生引力波。引力波的主要性质是：它是横波，在远源处为平面波；有两个独立的偏振态；携带能量；在真空中以光速传播等。引力波携带能量，应可被探测到 。但引力波的强度很弱，而且，物质对引力波的吸收效率极低，直接探测引力波极为困难。曾有人宣称在实验室里探测到了引力波，但未得公认。天文学家通过观测双星轨道参数的变化来间接验证引力波的存在。J.H.泰勒等于1978年测出射电脉冲双星PSR1913+16的公转周期为27906.98172±0.00005秒，周期变率为$(-3.2\pm0.6)\times10^{-12}$。而根据广义相对论，此双星体系因辐射引力波而损失能量，周期变率应为-2.6×10^{-12}，与实测值在20%的误差范围内一致 ，从而间接地证实了引力波的存在。

引力坍缩 gravitational collapse **恒星演化**到晚期的一种猛烈变化过程。引力坍缩过程中恒星中心部分形成**致密星**，并可能伴有大量的能量释放和物质的抛射。引力坍缩是Ⅱ型和Ib和Ic型**超新星**爆发中的重要过程，文献中常把Ⅱ型超新星和Ib和Ic型**超新星**称为核心坍缩超新星。

恒星核心区经过氢燃烧的核反应阶段之后，如果质量大于钱德拉塞卡极限，并且由铁族核素构成时，它的等效多方指数γ接近临界值4/3。这时恒星中心温度大约为6×10^9K，它将发生引力坍缩过程。这个阶段恒星中心温度很高，各类中微子产生过程(如光生中微子过程、等离子体激元衰变中微子过程、电子对湮没中微子过程、中微子轫致辐射等)都会引起中微子将中心部分的能量迅速带走，使恒星核心区很快冷却，以致辐射压力不足以抵御自身引力的作用，从而形成引力坍缩。

不同质量的恒星，在引力坍缩后有可能形成各种不同类型的致密星。

引力透镜 gravitational lens 由于引力场能使**光线偏折**，从而使大质量物体像透镜那样会聚光线的现象。引力透镜的理论早在1919年就被提出。1937年F.兹威基认识

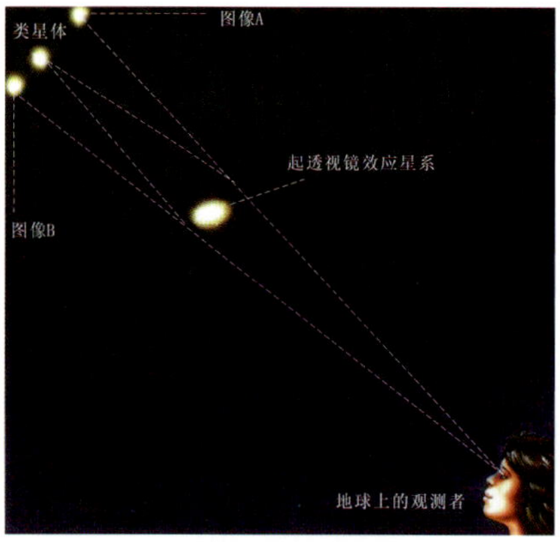

引力透镜效应的原理

到可将它应用于**宇宙学**。但直到1979年才首次将**类星体**QSO0957+561A、B证认为一个前景星系的引力透镜效应产生的双像。由星系或**星系团**这类较平滑质量分布产生的透镜称为宏透镜。最简单的形式是一个点状背景源(通常为类星体)被分裂成多重像，像的位置和数目取决于背景源和透镜天体的相对几何位形。透镜使光的原始路径变形和集中，从而使像变得更亮，即被增强(见图)。形成一个多重系统的不同像的光度增强可有不同的倍数。已经发现了双重、三重甚至四重像（如爱因斯坦十字）的例子。

引力相互作用 gravitational interaction 自然界普遍存在的一种基本相互作用。不论是宏观物体还是微观粒子，所有具有质量的物体之间都存在引力作用。引力是长程力，没有饱和性，随质量增大而增大。引力相互作用是自然界四种基本相互作用中最弱的作用，远小于**强相互作用**、**电磁相互作用**和**弱相互作用**，因此在**粒子物理学**研究中，通常不予以考虑。能量的增加将使质量增加，引力作用加大。在极高的能量下，引力相互作用会增强到可与电磁相互作用比拟。引力相互作用的研究历史很长，物理学家I.**牛顿**和A.**爱因斯坦**都曾作出卓越的贡献，现在对它的研究仍在进行。见**广义相对论**。

引滦工程 Luanhe River Diversion Project 中国跨流域开发和利用滦河水资源的工程。引滦工程南北二线与其相连的潘家口等6座水库，以及其他水闸、泵站、水电站、河网、渠道等构成一跨流域开发利用滦河水资源的网络。其中**潘家口水利枢纽**是引滦工程和这个网络中的主要水源。在大黑汀水库下游电站尾水渠上建分水闸，闸左侧和右侧分别为引滦南北二线。北线即引滦入（天）津工程，南线即引滦入唐（山）工程。

①引滦入津工程。设计过水流量为60米³/秒。12.4千米长隧洞穿越滦河与海河分水岭，输水入黎河至于桥水库。经水库反调节，下泄设计流量为100米3/秒，然后沿州河和蓟运河，经沿途灌溉及用水后，经三次提升、一次加压，分两路入天津自来水厂和海河。整个工程全长234千米，于1982年5月开工，1983年9月建成通水。

②引滦入唐工程。设计过水流量为80米³/秒。以渡槽跨横河，经隧洞埋管等穿越滦河及海河分水岭，还利用落差建南观水电站，水流入还乡河注入邱庄水库。经反调节后通过隧洞、埋管、明渠等入陡河水库，最后引入唐山市区，全长52千米。工程于1978年开工，1985年竣工。

引滦工程总长度为286千米，总工程量主要有混凝土118万立方米，开挖土石方逾5 200万立方米等。引滦工程的建成，大大缓和及改善了天津、唐山供水状况，控制了地面沉降，改善了市区排水及卫生环境。

引漳十二渠 12 Canals of Zhangshui River 中国战国初期以漳水为源的大型引水灌溉渠系。又称漳水十二渠。灌区在漳河以南。《史记》等古籍记为战国魏文侯时邺令西门豹创建（前422）。第一渠首在邺西十八里，相延十二里内有拦河低溢流堰12道，各堰都在上游右岸开引水口，设引水闸，共成12条渠道。灌区不到10万亩。漳水浑浊多泥沙，可以落淤肥田，提高产量，邺地因而富庶起来。东汉末年曹操以邺为根据地，按原形式整修12道拦河堰，并改名为天井堰。东魏天平二年(535)改建为天平渠，并成单一渠首，灌区扩大，后又称万金渠。渠首在今安阳市北20余千米，漳河南岸。隋唐以后这一带形成以漳水、洹水（今安阳河）为源的灌区。唐代复修天平渠，并开分支。清代、民国还时有修复利用。1959年在漳河上修建岳城水库。两岸分引库水灌田，代替了古灌渠。

引种 introduction 将外国或外地的动植物优良品种、品系或具有某些优良特性的类群引入本地作育种材料或直接推广利用。

原则 ①本地缺乏这种材料，引入后对改良本地品种或发展生产都有很大作用；②引入直接利用的品种，应能适应本地自然环境和饲养条件；③严格执行检疫，引种前必须事先向动植物检疫机关办理检疫审批手续；④品种引入后要创造良好的环境条件，使其特性得以充分发挥，并重视对引入品种的保存和利用。

步骤 ①根据本地生产需要和栽培、饲养特点，有目的地制定引种计划，办理引种手续，进境时或调运前向动植物检疫机关报检，并接受检疫；②对引进品种进行隔离种植（饲养），确定其没有检疫病、虫害后，再进行其他试验观察；③品种观察，选择有代表性的地点，用有代表性的种植、饲养方法，对引进品种进行观察并与对照品种进行比较，选出最好的品种直接在生产上推广应用；④根据育种（品种改良）需要，对引种材料进行有关遗传特性鉴定，得出有用的材料供育种利用。

吲哚 indole 吡咯与苯并联的杂环化合物，分子式C_8H_7N。又称苯并吡咯。有两种异构体，

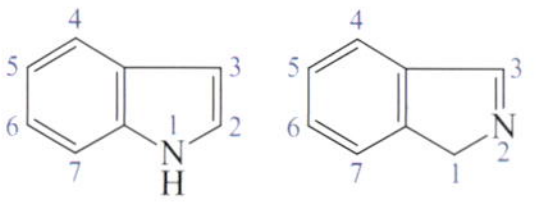

吲哚　　异吲哚

分别称为吲哚和异吲哚。吲哚及其同系物和衍生物广泛存在于自然界，吲哚最早是由靛蓝降解而得；吲哚及其同系物也存在于煤焦油内；精油（如茉莉精油等）中也含有吲哚；粪便中含有3-甲基吲哚。吲哚为片状晶体，具有强烈的粪臭味；熔点52.5℃，沸点254℃，相对密度1.22。高度稀释的溶液有香味，可作为香料使用。吲哚是一种亚胺，具有弱碱性；杂环的双键一般不发生**加成反应**；在特殊的条件下，能进行芳香亲电**取代反应**，3位上的氢优先被取代。3位上还可发生多种反应，如形成**格利雅试剂**，与醛缩合，以及发生曼尼希反应等。吲哚及其同系物可用多种方法合成，其中以费歇尔合成法最普遍，它是用酮或醛与苯肼生成芳香腙在酸性条件下作用，发生重排反应而制成。在这一反应中，所用的酮必须有一个一级碳原子与羰基相连。用不同的酮或醛和取代的苯肼，就可得到苯环上或杂环上取代的吲哚。许多**生物碱**、**植物生长素**都是吲哚的衍生物。色氨酸也是吲哚的衍生物。常用的降压药**利血平**是复杂的吲哚衍生物。中药成药六神丸中的蟾酥，是含有5-羟基吲哚的衍生物。

《饮冰室诗话》 中国近代文学理论著作。**梁启超**著。《饮冰室诗话》通行本共174条。其第一条叙述写作缘起说：“我生爱朋友，又爱文学。每于师友之诗文辞，芳馨悱恻，辄讽诵之，以印于脑。”所指师友，主要有**康有为**、**黄遵宪**、**谭嗣同**、夏曾佑、蒋观云等人，他们都是**诗界革命**的主将。书的主要内容就是评介他们的名篇名句，总结诗界革命，发表著者的诗歌理论和见解。《饮冰室诗话》论诗，首重“新意境”。从改良主义立场出发，厌恶“中国结习，薄今爱古”，“最倾倒”黄遵宪“意境无一袭前贤”，热烈赞扬他“独辟境界，卓然自立于二十世纪诗界中”。这种以黄遵宪诗歌为代表的“新意境”，有两个主要特点：一是以资产阶级新思想和资本主义新事物为其“诗料”，二

是以爱国主义为标榜。这些诗歌主张，和黄遵宪等人的诗歌主张呼应配合，从理论上解决了古代旧体诗在封建社会解体以后，如何为新时代和新兴资产阶级服务的问题。

饮料 beverage 经包装的、乙醇含量小于0.5%（质量比）的可饮用食品。又称软饮料。饮料的主要原料有水、水果、蔬菜、牛乳、富含植物蛋白的植物原料、茶叶、咖啡、可可等，主要辅料和添加剂有糖、甜味剂、酸味剂、乳化剂、增稠剂、抗氧化剂、营养强化剂、着色剂、防腐剂、香精香料等。包装主要有玻璃瓶、塑料瓶、金属两片和三片易拉罐、复合纸盒等，也有少量的塑料袋、铝箔袋。

中国饮料加工业将产品分为十大类，即碳酸饮料类、果汁（浆）及果汁饮料类、蔬菜汁及蔬菜汁饮料类、含乳饮料类、植物蛋白饮料类、瓶装饮用水类、茶饮料类、固体饮料类、特殊用途饮料类及其他饮料类。其中，瓶装饮用水类、碳酸饮料类、茶饮料类、果汁（浆）及果汁饮料类约占饮料总产量的85%以上。饮料也可按饮用用途分为清凉饮料、营养饮料、嗜好饮料、功能饮料等；按加工程度分为成品饮料和半成品饮料，如浓缩果蔬汁属半成品饮料；按形态分为液态饮料和固态饮料。

饮食结构 food, structure of 人类饮食的构成。指膳食中各种不同食物的比例。见膳食。

饮食禁忌 dietetic contraindication 中医学认为人在摄食时应注意禁止或避免的原则及内容。又称禁口或忌口。忌指不宜，禁则不可，但通常概称禁忌。中医认为，食物的性味不同，人体状况各异，因而人们对饮食的需求与避忌也不同，饮食禁忌就是从养生的角度研究不同的人所应避忌的饮食。

饮食禁忌的原则主要来源于《内经》，后世又不断充实和发展，大致包括以下内容：①以五行生克与食物性味相结合的禁忌原则。五脏分属五行，肝属木，心属火，脾属土，肺属金，肾属水。五行相克的关系是金克木，水克火，木克土，火克金，土克水。而五行与五味的对应关系是金味辛，水味咸，木味酸，火味苦，土味甘。因此，肝病禁辛味食品，因为辛属金而克木，故不宜食。同样，心病忌咸食是因为咸属水，水克火，余可类推。②以物性味对疾病的作用而确立的禁忌原则。如辛入肺，辛主散，气病多食辛则耗散太过，气愈加受伤，故禁多食辛；咸走血，咸主润，过则凝涩而耗，故血病多食咸则血被耗损、凝涩不行，是以血病禁多食咸；苦走骨，苦本火之味，苦味太过则从火化，肾主骨，过苦则火气胜水，肾伤则骨无所生，故骨病禁多食苦味；脾主肉，在味属甘，肉病过食甘味，甘味太过则滞塞脾气，脾运不行，肉无从生，故肉病禁过食甘味；筋病禁多食酸，因为酸本肝之味，肝主筋，气条达，酸味主收，太过则伤肝条达之气，肝伤则筋失养，故而筋病禁多食酸。③对饮食物的寒热，限制其过极。因人体恒温，最宜温食，与体相适，食过热则可能损伤口腔、唇舌、食管等部分；食过冷虽夏日亦将因寒物入胃，伤损中阳，凝阳胃络，致中寒之疾。④食物百性，于人体各有所合与忌，所忌之因甚多。一般体质的寒热与食性的寒热忌相同，如寒性体质忌食寒性食物，热性体质忌食热性食物，而体质的虚实与食性的补泄关系则是虚体忌泄，实体忌补。

依据上述理论，结合人体的体质、年龄、疾病与健康以及妇女的孕、产、经期等不同的情况，饮食禁忌可分为一般禁忌、疾病禁忌两大类，其中每类又有各种不同的情况。

一般禁忌 又可分为常规禁忌、体质禁忌、年龄禁忌、妇女禁忌4个方面。

常规禁忌指人们都应遵循的禁忌原则：①禁生冷。胃主腐熟，无热不行，故冷食太过，腐熟不行，运化不畅，致生结滞、泄泻、胀满等疾患。生物如生鱼鲙、醉蟹、半熟的鱼肉制品等，一不易消化，二常因所食不洁而致生虫、发病等。②禁异物不洁。山野之物不可乱食，以免中毒伤身。瓜果蔬菜，生吃务必洗干净，污秽腐坏者易致痢疾、泄泻等疾病。③禁毒物。毒蕈、毒鱼等有毒物不可食。

体质禁忌是根据人的不同体质类型而提出的禁忌原则。一般可将人的体质概括为寒、热、虚、实4种类型：①寒体禁忌。寒体者，面色青白，肢体易冷不温，喜热怕凉，性情温和，少汗，不喜饮水，大便不实。对于性味寒凉滑泄之品，诸如绿豆、豆腐、豆浆、苋菜、油菜、芹菜、黄瓜、冬瓜、丝瓜、西瓜、梨、藕、茭及鳗鱼、甲鱼、蟹、田螺等，宜少食。②热体禁忌。热体者，面色红赤，肢体温暖，性格急躁，口渴易汗，喜凉怕热，大便干结。对于偏于热性的食品如蚕豆、生姜、葱、蒜、韭菜、辣椒、胡萝卜、扁豆、桂圆、荔枝、大枣、葡萄、胡桃、鸡、羊、狗肉及鲫鱼、虾等，宜少食。③虚体禁忌。虚体者，不耐劳乏，怕冷畏热，精神萎靡、易饥易饱。凡性味峻烈的食物，不问辛散、燥热、大寒、重浊等，均在禁忌之列。④实体禁忌。实体者，气血充盛，元气壮实，耐饥耐渴，不畏寒暑，不畏烦劳。对于性味重的补益、收濇、燥烈的食品应少食或不食。

年龄禁忌是根据不同年龄阶段的发育水平及身体状态而提出的禁忌原则：①婴幼期。新生儿初生应禁食数小时或喂少量清热解毒药水，以清肠胃、净胎毒。半日后可给少量糖水，次日始可喂乳。幼儿脾常不足、运化尚弱，又缺乏自制力，故应注意饮食搭配得宜，使之助发育而不伤身体。对偏食者应注意培养良好的杂食习惯。禁忌具有强烈刺激性的食品及过于辛辣、燥热、厚腻的食品，如咖啡、浓茶、辣椒以及含大量奶油、脂肪等的点心、肉类等。②老年期。人到老年，脏腑渐虚，气血渐弱，对性味过于偏颇、过于黏腻等食物应慎重。瘦弱者禁醇酒辛辣之物，免助火升阳；肥胖者禁肥甘厚味太过，免助痰生湿、积久生热，痰热内壅而致卒中等疾病。

妇女禁忌是根据妇女的各种生理特点而提出的禁忌原则：①经期。妇女经期，血气下走，血分易受外因侵扰，故而经期伤寒可有热入血室的特殊情况，所以经期饮食应禁忌过于辛辣、寒凉、燥热、补涩的食品，避免辛热动血、经行不止；或寒凉凝滞，造成痛经，以及补涩固血、经行不畅等疾病。②孕期。孕期的禁忌最多，不仅禁食辛热燥烈、寒滑碍胎之物，只要妊娠恶阻（民间又称害口）一过，就应注意禁忌偏嗜，以免摄入的营养成分不均衡，影响胎儿发育。另外还禁忌一些特殊食品，如古人很强调禁食鳖、兔、蟹、雀等，可供参考。③哺乳期。喂乳期间，婴儿赖母乳之营养亦受母乳之影响，故母嗜酒则儿受病，母嗜辛辣则儿生内热，母食苦寒则儿可泄泻，故哺乳期母亲应禁忌过于偏颇之物。

疾病禁忌 总的原则是虚寒病证禁忌寒凉滑泄的食物；实热病证禁忌温补燥涩之品；外感病证禁忌收敛固涩之食物；内伤病证禁忌辛热燥散之品。总之，禁止那些能恶化病情、引发旧疾的食品，如疮疡、斑疹禁发物；鼓胀病人禁盐酱；温病初复禁肉食、早食、多食等。还有一部分人，因体质特殊等原因而有特殊的疾病及禁忌。如过敏性哮喘病人对某些异种蛋白食品过敏，食之即发病；某些过敏性肠炎病人对食物的冷热或某种性质有特殊反应，食之即可造成腹痛、水泻等；还有一些患有慢性过敏症的病人对特定的食物过敏，进食后可发生水肿、皮疹等。凡此都应找出致病物，严禁食用。其他尚有肝硬化病人禁酒；糖尿病患者禁富含糖类的食物；慢性胃肠道疾病患者禁忌过于刺激的饮食，如醇酒、辣椒、生葱、生蒜、咖啡、浓茶等，以及特别难于消化的食品，如黏食、油炸食品、过于肥腻或过于克伐胃气的食品等。

蚓螈目 Gymnophiona; caecilian 两栖纲的一目。也是无足两栖动物的统称。两栖动物中体形最特殊的一个自然类群，与蚯蚓很相似，外形又像蛇，故称蚓螈，又称裸蛇。约有33属6科165种。广泛分布于环球各大洲赤道与南北回归线之间的热带、亚热带湿热地区，以中美洲的种类最多，安的列斯群岛则无；在非洲多见于东非、西非及塞舌耳岛，马达加斯加岛则无；在亚洲分布于东南亚热带；另伊里安岛也有分布。中国只有1属1种，即版纳鱼螈，分布于广东、广西和云南南部地区。

体圆柱形。全长65～1 600毫米，体围宽窄因种而异；分为头、躯、尾3部。头部较扁平，鼻孔近吻端部，眼小，无眼睑，并隐于皮下或为薄骨片覆盖，在鼻眼之间有一个特有可伸缩的“触突”；舌大而凹，有游离缘抵向鼻孔，无鼓膜、鼓室及咽鼓管，但有耳柱骨。躯干和尾部有明显的环褶，环褶间有腺体，周身褶间小鳞多达1 000～2 000行以上，但水栖者无鳞。一般初级环纹数与椎骨数目相同。肛裂圆形、纵裂或横列。头骨骨片大而少，排列紧凑而坚固，大窝孔少；眼眶小。椎体双凹型，有残存的脊索；肋骨较发达；无胸骨，无肢带残迹；尾部甚短或无。

生活于热带和亚热带湿热地区，除南美洲的盲游蚓科动物为水栖者外，其余各科动物都营穴居生活，白天常栖息在温暖潮湿的各类淡水域附近的木块和石块下、土洞内或小溪边洞穴中，夜间出外觅食蚁类、软体动物、蚯蚓等。在雨天或大雨后最为常见。行体内受精。卵生或卵胎生。孵出前胚胎具3对羽状外鳃，孵化时外鳃已萎缩，有鳃裂1～2对；尾后端还有鳍褶；有侧线器官，在水中一般生活1～2个月或2年以上完成变态；卵胎生者鳃大呈叶状。幼螈鳃裂封闭、鳍褶消失，触突明显。成体一般右肺发达，左肺退化，但也有等大或无右肺的种类；以皮肤呼吸为主，气管及食管也有辅助呼吸的功能。

隐孢子虫病 cryptosporidiosis 由隐孢子虫引起的人兽共患性**寄生虫病**。患病的人和牛均可作为传染源，通过粪－口途径传播。临床上以腹痛、水泻、发热为主要特征。潜伏期为5天，主要症状为腹痛、腹泻、腹胀、呕吐、厌食、乏力等，部分病例有发热。病程呈自限性，常在数日或数周内自愈；但在免疫功能低下的患者，则病情重且病程长，常伴有脱水及电解质紊乱，并出现吸收不良和恶液质，甚至死亡。诊断主要依据肠黏膜活体组织检查或粪便中检出卵

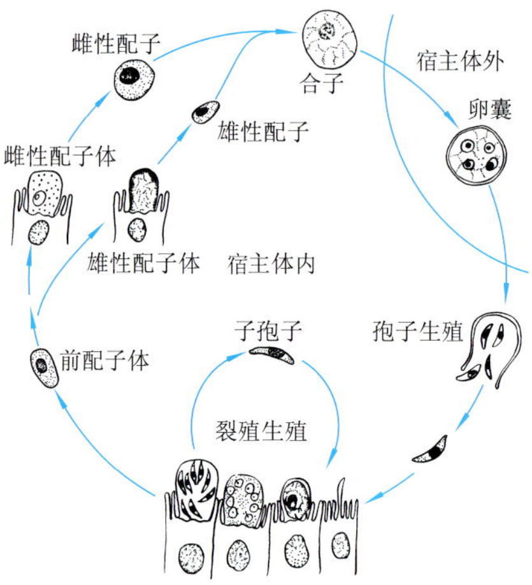

隐孢子虫生活史

囊。中国有人报告大蒜提取液治疗有效。预防应注意饮食卫生，免疫功能低下者应避免与有关动物如牛等接触。

隐翅虫 Staphylinidae; rove beetle **鞘翅目**隐翅虫科昆虫的统称。近1 500个属46 000余种。中国记载1 200余种。体长0.5～50毫米（一般1～20毫米），多为狭长形，亦有长圆形或近卵圆形，强烈隆凸至平扁形，体表光滑或被细毛。触角多为丝状，有时向端部逐渐扩粗，很少形成明显端锤，第1节多延长，有10节触角但并不常见；着生点多露出。前胸背板多侧边完整，背腹缝不明显或缺失。腹部一般可以背腹弯曲运动，有6或7节可见腹板，前一或两腹节背板膜质。鞘翅一般多极短，平截。后翅有次生关节点。雄器一般无分离的基片，侧叶附着在中央体上。

隐翅虫极为广布，发生在各种各样的栖息地中。但最常见的是落叶层中，特别是潮湿环境的落叶层中。性活泼，跑动迅速，善飞翔，如遇惊扰立即逃逸。一些种类常有夜间飞集灯光的习性。食性复杂，多数是捕食者，有些取食真菌孢子、菌丝或藻类，也有许多种类生活在蚂蚁或白蚁的巢穴中，还有的食腐败的植物与腐烂的动物或粪肥，少数类群营昆虫寄生生活。毒隐翅虫属的个体破碎后，虫体液与人的皮肤接触可引起皮炎，如中国长江以南较为常见的黄胸青腰隐翅虫，俗称疯蚂蚁。

隐睾 cryptorchidism 睾丸未能按正常发育过程从腰部腹膜后下降到达阴囊底部位置，而是停留在腹腔内、腹股沟区、阴囊入口处或其他部位的病理现象。是常见的先天性生殖系统畸形。又称睾丸下降不全。

隐睾会引起生育能力下降，因促性腺激素不足会影响生殖母细胞向精原细胞转化，不能产生成熟的精子，在2岁后对生殖细胞影响更严重。据观察即使是单侧隐睾，对侧睾丸生殖细胞数也较低，从而影响生育。隐睾位置越高影响越大。隐睾在青春期前未纠正，生殖细胞消失率在阴囊上方的隐睾为20%；在腹股沟管处为40%；在腹内为90%。继发性隐睾（如疝手术后者）同样会引起支持细胞与间质细胞萎缩。

隐睾诊断明确后应早期治疗，应在出生后1岁内（10个月）开始治疗。主要手段有内分泌治疗和手术治疗。内分泌治疗包括使用促性腺激素释放激素和绒毛膜促性腺激素（HCG）等。HCG直接刺激使睾丸间质细胞合成睾酮增加，使隐睾下降，其下降率为52%。若内分泌治疗失败或为异位睾丸，均应在2岁前手术复位。成人隐睾已萎缩，对侧睾丸正常者可考虑切除隐睾。

隐函数 implicit function 由函数方程所确定的**函数**。在某些数学或物理的问题中，常常只知道一个函数所满足的方程，而不知道或者难于求出该函数的表达式。这时需要根据函数所满足的方程去研究它的性质。这就导致隐函数的概念。

设$F(x,y)$是一个二元函数。称函数$y=f(x)$ $(a<x<b)$是由方程$F(x,y)=0$所确定的一个隐函数，如果将$y=f(x)$代入$F(x,y)=0$后，使之变成恒等式，也即：

$$F(x,f(x))\equiv 0\ (a<x<b)$$

隐函数存在定理　假若有一点(x_0,y_0)使得$F(x_0,y_0)=0$，并假定$F(x,y)$的偏导数F_x和F_y在(x_0,y_0)附近连续且$F_y(x_0,y_0)\neq 0$，则方程$F(x,y)=0$在x_0的某个邻域内确定一个唯一的隐函数$y=f(x)$使得$y_0=f(x_0)$。

隐函数的导数求法　假定$y=f(x)$ $(a<x<b)$是方程$F(x,y)=0$所确定的一个隐函数，其中F有连续的偏导数且$F_y(x,y)\neq 0$，则有公式：

$$f'(x)=-F_x(x,y)/F_y(x,y)$$

隐函数的概念可以推广到多元函数。例如，方程$F(x,y,z)=0$可能确定一个二元隐函数$z=f(x,y)$。上述的隐函数存在定理在形式上作一定修改后依旧成立。这时关于隐函数$z=f(x,y)$的偏导数的计算，有公式：

$$f_x(x,y)=-F_x(x,y,z)/F_z(x,y,z)$$

$$f_y(x,y)=-F_y(x,y,z)/F_z(x,y,z)$$

隐花色素 cryptochrome 植物细胞内特异地吸收蓝光（400～500纳米，BL）和近紫外光（340～400纳米，UV-A）的一类光敏受体。广泛分布于从低等植物（隐花植物）如**真菌**、**藻类**、**蕨类**到各种高等植物中。其功能是接受BL/UV-A的信号调节植物的分化、生长和发育，使其更好地适应外界环境。如隐花色素能调节真菌类的水生镰刀霉菌丝体内类胡萝卜素的合成，链孢霉分生孢子分化的昼夜节律，木霉分生孢子的分化，藻类糖海带雌配子体卵的诱导发生，萱藻直立原植体的形成，蕨类植物绵马和铁线蕨原丝体朝横向展宽的原叶体的分化和生长。在高等植物中隐花色素吸收BL/UV-A，

活化后可抑制幼苗生长，促使子叶扩展生长和诱发花青素的生物合成。此外，它还参与调节长日照植物拟南芥的开花时间。

在动物中也发现有吸收BL的隐花色素。如果蝇含有一种隐花色素，人和老鼠分别都含有两种隐花色素，它们都是相似的黄素蛋白。

隐秘派 L' ermetismo 20世纪上半叶在意大利和西方颇有影响的诗歌流派之一。曾译隐逸派。产生于第一次世界大战后，30年代达到鼎盛。

隐秘派主张艺术家避开严酷的现实，逃遁到个人情感的世界里去。题材主要是描写片断的自然场景，抒发人的瞬间感受、幻想和隐藏在内心的微妙情绪，表现人生的孤独、忧郁和生活的邪恶。表达了意大利中小资产阶级对社会现实的不满，特别是对法西斯独裁政权及其意识形态既不愿顺从又无力反抗的苦闷、失望、彷徨的情绪，因而具有一定的思想意义和认识价值。在艺术上回避写实，侧重于奔放的想象，借助独特的隐喻和意象来建立艺术形象，表达诗人复杂的主观感觉。隐秘派的诗歌大多是自由体，讲究韵律，追求诗歌的音乐性。但由于刻意追求感觉和意象，内容空虚，晦涩难解。

隐秘派的主要代表有著名诗人E.蒙塔莱、S.夸齐莫多、G.翁加雷蒂。翁加雷蒂早年曾受到法国象征主义、意大利未来主义的影响，善于以精确的、富于巨大表现力的诗句刻画人的内心世界。

隐球菌病 cryptococcosis 由新生隐球菌所致的感染病变。可使正常人致病，但更好发于细胞免疫功能低下的患者。主要侵犯中枢神经系统和肺脏，亦可感染皮肤、黏膜、骨骼及肝脏等组织。中枢神经系统隐球菌病临床最常见，可分为：脑膜炎型，感染主要侵犯脑膜，表现为脑膜刺激征；脑膜脑炎型，除脑膜受累外，尚有脑实质受累；肉芽肿型较少见。肺隐球菌病可能为隐球菌病的最早表现，可有咳嗽、咯痰、胸痛、体重减轻和发热。此病可治愈而不留疤痕；或病灶被纤维组织包围，形成肺隐球菌球；亦可血行播散引起中枢神经系统或全身各系统感染。皮肤隐球菌病常局限于头部，也可累及躯干或四肢，皮损可呈丘疹、斑片、脓疱、痤疮样、溃疡、软疣样改变、结节（见皮肤病）、脓肿或肉芽肿等。播散性隐球菌病可波及骨、眼、肾上腺、心脏、肝和脾，少数发生隐球菌败血症。治疗包括抗真菌药物治疗、手术治疗及基础疾病治疗。对于中枢神经系统隐球菌病的抗真菌治疗，目前提倡分急性期治疗、巩固期治疗和维持治疗三个阶段，急性期治疗为两性霉素B和5-氟胞嘧啶联合治疗2周；巩固期治疗为氟康唑或伊曲康唑治疗8～10周；维持治疗口服氟康唑、伊曲康唑或特比萘芬。

隐身材料 stealthy material 用于降低军事目标可探测性的材料。材料隐身的基本原理是降低目标自身发出的或反射外来的信号强度；或减少目标与环境的信号反差，使其低于探测器的门槛值；或使目标与环境反差规律混乱（例如迷彩），造成目标几何形状识别上的困难。隐身材料主要用于军事目的，广泛应用于隐身飞机、隐身导弹和隐身舰艇。隐身材料正朝着轻质、高效、多功能、宽频带、结构化的方向发展。

按波谱范围，隐身材料可分为雷达隐身材料、红外隐身材料、可见光隐身材料、紫外隐身材料、激光隐身材料和声呐隐身材料等；按材料性质可分为金属隐身材料、陶瓷隐身材料、半导体隐身材料、高分子隐身材料和复合隐身材料等；按应用的状态来分，有将隐身材料涂在目标上的隐身涂层，有将隐身材料做成活动式的伪装网或伪装罩，或将结构材料做成兼有隐身和承载双功能的结构隐身材料。

隐身材料用得较多的有：

①雷达隐身材料。主要是吸波材料。最初是利用电介质吸收作用，基体为塑料或多孔材料，通过控制电介质填料分布，得到在深度方向上变化的介电性能，使其表面阻抗与自由空间匹配，保证了最小的反射率。这种材料的吸收率较低。为达到要求，厚度常在10厘米以上。吸波材料可做成多层结构，其层界面有利于造成电磁波的多重反射和散射，增加损耗。改变各层吸收剂组成和浓度，调节介电函数和磁导率，可以造成渐变的波阻抗，改善界面匹配，减少表面反射，提高吸收率。现有的吸波材料通常以涂料或贴片形式应用。结构吸波材料将吸波组元与承力结构复合起来，并使承力结构组元也在吸波中发挥作用，显著提高了雷达波吸收率和吸收带宽。

②红外隐身材料。能降低军事目标的热辐射。常用的有涂料、薄膜和隔热材料3大类。低发射率涂料具有制造简单、施工方便、不受目标几何形状限制等优点。涂料的黏结剂分有机和无机两类。黏结剂要求具有高的红外透射率和低的红外吸收率。涂料的填料主要是低辐射的金属粉，如铝粉。但这类填料不易与雷达波及可见光隐身兼容。近年来出现了掺杂半导体非着色颜料，通过控制载流子参数，可以兼顾红外和雷达，且不会影响可见光隐身。薄膜材料通常用真空蒸镀或溅射方法制备，其优点是比辐射率低，厚度小。金属膜的厚度为10～20纳米，材料有金、银、铜、铝等。隔热型红外隐身材料通过隔热降低目标表面温度和红外辐射，现已在飞行器上得到应用。

③可见光隐身材料。光谱反射性能与环境一致的保护色材料。通常采用迷彩图形。随着高清晰度电视摄像技术的发展，可见光隐身材料将越来越重要。

隐身飞机 stealth aircraft 应用各种技术手段减弱或改变自身目标特征信息，使之不易被探测系统发现的飞机。

美国F-117A隐身攻击机

隐身的方法有多种：①减弱雷达反射波。设计合适的机体外形，如翼身融合体、多角平面组合体等，使电波向不同方向散射，或向较集中的几个较窄扇面方向反射；在机体表面涂敷雷达吸波涂料，关键部位如翼面前缘，采用吸波结构；减少机身外露物体，或使外露物尺寸超过或小于对方雷达波长，防止雷达电波二次辐射谐振；对飞机上的雷达波强反射部件进行特殊处理，如在座舱盖外覆盖透光金属反射膜以减弱座舱的凹槽效应。②减少飞机红外辐射。给机上高温部件加装冷却外套、隔热层或红外挡板，或在燃料中掺入特种添加剂等。③减弱电磁波辐射。最好的方法是战时关闭机上所有能产生电磁波辐射的设备，实行无线电静默。④控制噪声。对发动机的尾喷口采取降噪处理，通常加装消音器。⑤降低或改变可见光特征信息。主要是采用外涂迷彩和低反光涂料。

1982年，世界上第一种真正实用的隐身飞机——美国F－117A隐身攻击机装备部队。90年代初至21世纪初，美国的B-2"幽灵"隐身战略轰炸机、F/A-22"猛禽"隐形战斗攻击机等相继交付使用。

隐身技术 stealth technology 减弱目标辐射和反射的特征信息，使之难以被探测系统发现的技术。包括雷达隐身技术、红外隐身技术、可见光隐身技术和声波隐身技术等。其中发展最快、应用最广的是雷达隐身技术。

雷达隐身技术 采取多种措施，降低目标对雷达电磁波的反射特性，使雷达接收到的目标回波信号能量大幅度减少，雷达对目标的探测距离大大缩短。包括：①低散射外形技术。通过目标的外形设计，消除能产生电磁波反射效应的外形特征。②隐身材料技术。主要在目标表面涂敷电磁波吸收材料，目标外形结构尽可能地用复合吸波结构材料代替金属材料，使照射到目标上的雷达电磁波能量被吸收而极少反射。③等离子体隐身技术。利用等离子体发生器、发生片或放射性同位素在目标周围产生等离子云团，使照射到等离子云团上的雷达电磁波一部分被吸收，一部分改变传播方向，返回到雷达接收机的能量很少，雷达难以探测到目标，从而达到隐身目的。这种技术吸波频带宽，隐身效果好，费用低，不影响飞行性能，还可减少飞行阻力。

雷达隐身技术的隐身效果显著。假如一部警戒雷达对常规的B-52轰炸机（雷达截面积为100平方米）的探测距离为400千米，而对外形尺寸与B-52相近的B-2隐身轰炸机（雷达截面积约为0.1平方米），发现距离最远只有71千米。但雷达隐身技术具有一定的局限性，其隐身效果仅在一定的频段范围内较好，而且还与雷达相对于目标的观察角有关，当观察角大于40°时，隐身效果明显降低。另外，隐身措施还会不同程度地降低目标的某些作战性能。

红外隐身技术　通过改进目标结构设计和在目标表面涂敷红外吸收材料来衰减、吸收目标的热辐射能量，使红外探测设备难以发现目标。主要措施包括：飞行器的发动机采用二元喷管和新型雾化喷嘴，在燃料中加入添加剂，使燃料充分燃烧；采用异形喷管以改变辐射波长，使特定波长的红外探测器失效；对发动机喷口进行遮挡，改变喷射方向，安装红外抑制装置；在目标上涂敷红外吸收材料，或用加碳纤维吸热复合材料覆盖蒙皮等。

可见光隐身技术　主要在目标表面涂敷迷彩涂料，使目标尽量与背景一致，消除反光，消除飞机飞行尾迹等。

瑞典“维斯比”隐身防卫舰

声波隐身技术　主要降低目标自身的噪声辐射和对声呐信号的反射。主要措施包括：在目标的发动机等声源部位采用消声、隔声、抑振结构材料；改进发动机和螺旋桨，或采用无桨推进技术（如泵喷射或磁流体推动技术）；在潜艇内外敷设多种高效吸声瓦等。

其他隐身技术　尽量减少目标中电子设备的电磁辐射和降低电磁信号被截获的概率，以防止电磁信号被敌方电子侦察设备截获而发现目标，是隐身技术的一个重要方面。隐身化已成为现代主要武器装备发展的重要特点之一。隐身技术将向全空域、全战场、全频段、智能化和综合化方向发展。

隐生宙　Cryptozoic　宏观生物化石不存在或罕见于寒武纪以前的地史阶段。相当于前寒武纪的同义词，它包括自地球形成（距今约45亿年前）至距今约5.43亿年前为止的一段漫长时间，持续时间近40亿年。1930年，G.H.查德威克把地史时期划分为两个阶段：寒武纪以前称为隐生宙，寒武纪到现在称为显生宙，作为地质年代的最高级单位，其相当地层分别为隐生宇和显生宇。近年来由于在隐生宇亦即前寒武系上部不断发现软躯体动物化石，使其部分地层的划分具备了古生物的依据，而且所谓隐生，已逐渐不符合实际情况。1977年，国际地层委员会前寒武纪地层分会在开普敦第四次会议上，将前寒武纪分为太古宙和元古宙，其界线放在25亿年前。因此，隐生宙（地质年代单位）及隐生宇（年代地层单位）这两个名词已逐渐弃而不用。

隐私权　privacy, rights of　公民对其私生活的秘密享有不受无端窥察和非法公开的权利。隐私是与社会公共利益和社会群体利益无关的个人私生活范畴，但那些与社会公共利益直接相关的个人生活事项不属于隐私的范围，法律并不禁止基于社会或者公共利益的需要而公开他人生活中的一些秘密。如基于国家和社会公共利益的需要，依法披露诸如国家公务员等具有特定身份人员的个人生活的某些事项，不仅不违法，而且十分必要。隐私权受中国法律保护，以书面、口头等形式宣扬他人的隐私，造成一定影响的，受害者有权请求停止侵害、赔礼道歉、赔偿损失。

隐形经济　latent economy　不向政府申报登记、处于政府管理监督之外、逃避国家征税的、产值未纳入官方国民经济统计的经济活动。又称地下经济、非正规经济、第二经济。

隐形手枪　stealthy pistol　以日常用品形状伪装外形的手枪。又称间谍手枪。主要特征是口径小、重量轻、响声微弱，随身携带而不易被察觉。常作为近距离秘密使用的射击工具。主要有钢笔手枪、手套手枪、手杖手枪、提包手枪、雨伞手枪、烟盒手枪和打火机手枪等。

隐形眼镜　contact lens　以泪液为媒质，附着于眼球角膜表面，以矫正眼的屈光异常的、小而薄的镜片。又称角膜接触眼镜。包括硬性和软性两种。

隐修制度　Monasticism　古代公教会和天主教、东正教中，以避世苦修为宗旨，从独处隐居发展为集体隐修的一种主张和制度。3世纪末，以隐修主义之父著称的埃及人安东尼在荒野单独隐修数十年，仿效者日众。4世纪时，埃及的帕科米乌创建第一座隐修院。后又出现独修与集体隐修之间的折中形式，即2～6人组成的无固定组织和规章的半独修小组。隐修在东派教会一时成风。该撒利亚主教大巴西勒订立的院规对后来东正教的隐修制度发挥了深远影响。东正教各修院自成体系，没有组织上的联系，也无统一规章制度。4世纪中叶，亚大纳西将隐修制度传入西派教会。以埃及隐修制度为模式的隐修院在当时的罗马帝国出现，逐渐形成天主教隐修制度。西派教会隐修制度的重大改革由努西亚的本笃发起。本笃于529年创立本笃会，并在意大利卡西诺山建立修院，强调共同的集体生活，反对过分苛刻的苦行，并为隐修院制定了73章院规。这种制度一直沿用到12世纪。之后，隐修制度逐渐形成一种特殊的组织形式，即修会。10～11世纪由于修院的腐化和世俗化，修院内部兴起改革之风。最著名的有阿尼安的本笃主张恢复简朴生活，减轻农业劳动，增加祈祷和神修时间等。之后法国克吕尼修院主张整顿修院纪律，成为修院改革运动的中心。改革主张后分为两派：一派遁入荒野苦修，仿效古代“沙漠教父”，主要代表有加尔都西会和卡马多修会等；另一派成立托钵会，不置会产，行乞传教，主要代表有方济各会、多明我会和奥斯定会等。宗教改革之后，隐修院势力大减，出现了一些新型修会即耶稣会。其会士宣誓绝对效忠教皇，广泛从事政治、学术、教育等世俗活动，传教活动遍及亚洲、非洲、美洲。梵蒂冈第二次公会议对隐修制度的改革提出新要求：各修会既要“继续返回基督化生活的根源”，又要适应时代环境的变迁，满足现代社会的需要。

印巴战争　Indo-Pakistani Wars　印巴分治后印巴之间发生的三次战争。

1947年10月，印度与巴基斯坦两国由

于克什米尔的归属问题发生第一次武装冲突，战火延续15个月。1949年1月，印巴双方接受联合国决议宣布停火，并于同年7月划定停火线。

1965年4月，印巴之间因库奇兰恩地区的边界纠纷发生冲突。此后，印度把边界冲突扩大到克什米尔，越过1949年7月划定的停火线，向巴占克什米尔地区挺进。9月，印度向巴基斯坦发动大规模的武装进攻，从而导致第二次印巴战争。战争进行17天后，双方宣布停火。1966年1月，双方签署《塔什干宣言》。

第三次战争是在印度和苏联签订《印苏和平友好合作条约》之后不久发生的。1971年11月，印度在巴基斯坦内部矛盾激化的情况下，出兵东巴基斯坦。12月，战争进一步扩展到西巴基斯坦。12月17日，印巴双方全线停火。1972年7月，双方签署《印度政府和巴基斯坦政府双边关系协定》。

此后，虽然未再发生大规模的战争，但由于双方均已成为有能力生产核武器的国家，导致地区性军备竞赛不断加剧，武装摩擦时有发生，其中尤以1999年夏季和2001年1月发生在克什米尔的武装冲突最为严重，几乎把双方拖入第四次战争之中。

印地语 Hindi language 印度的两种官方语言之一（另一种是英语）。属印欧语系印度-伊朗语族印度（又称印度-雅利安）语支。是由古梵语发展而来的一种现代印度-雅利安语言。分布于印度中部和北部的中央直辖德里特区，以及北方邦、中央邦、比哈尔邦、拉贾斯坦邦、哈里亚纳邦等。使用人口有7亿多，是印度国内最通行的一种语言。此外，在毛里求斯、斐济群岛、特立尼达和多巴哥、圭亚那、苏里南等地的印度裔居民中也有相当数量的人讲印地语。

印地语有五大方言：西部印地语、东部印地语、比哈尔语、拉贾斯坦语和山地印地语。标准语的基础是通行于德里和梅拉特附近地区的克里波利方言，属西部印地语。标准语有11个元音、43个辅音。送气音和不送气音有区别意义的作用。一般没有重音，也没有声调。语法比梵语简化，名词有阴性、阳性和单数、复数的范畴。动词除有人称、性、数等范畴外，还有体、时、式、态等范畴。句子的基本语序为主-宾-动型。基本词汇大部分从梵语演变而来。印地语采用天城体文字。

印第安纳波利斯 Indianapolis 美国印第安纳州首府。位于该州的中央，跨怀特河两岸，西北距芝加哥约300千米。市区面积936.3平方千米，人口79.84万（2008）；大都市区包括附近马里恩等县，人口192.23万（2008）。1820年始建。1825年取代科利登成为州首府。1847年设市。随着公路、

印第安纳波利斯城市一角

铁路干线的通达，成为美国向中西部开发移民的交通要冲，农畜毛皮产品的集散地。19世纪末附近发现天然气，工业兴起，城市迅速发展。20世纪初期，按人口和经济产值已进入美国前20名城市之列。现城市经济已趋多样化。主要工业部门有汽车零部件、金属制品、运输设备、机械、电子、制药、造纸、面粉和肉类加工等。有规模很大的谷物和牲畜交易市场，以及商业、金融保险业、旅游业等。公路、铁路交通枢纽，4条高速公路、4条联邦公路和5条铁路干线交会于此，有“美国的十字路口”之称。设有国际机场。城市格局仿华盛顿市，街区多呈棋盘状，井然有序；主要大街由市中心环形的迈尔广场呈放射状向外延伸。广场中央耸立城市的标志——高达87米的陆海军士兵纪念碑（1902），纪念南北战争中阵亡将士。广场周围是中央商业区。重要建筑有州议会大厦、印第安纳国家银行塔楼、州会议中心、州交易会址等。城北有世界大战纪念广场和美国23任总统B.哈里逊的故居。市内设有巴特勒大学（1855）等9所高等院校，以及印第安纳波利斯艺术博物馆、儿童博物馆、美术馆、公共图书馆、克洛斯纪念厅表演中心等文化设施。城西的印第安纳波利斯赛车场，自1911年起每年举行500英里国际汽车大赛，名闻世界；赛车场中央设赛姆博物馆，展示历年各种类型赛车。市内绿地广布，公园众多，其中伊格尔-克里克公园占地1 800公顷，为美国最大的城市公园之 。

印第安人 American Indians 美洲土著居民（不包括北极附近的因纽特人和阿留申群岛的阿留申人）。包括众多支系和部落，广泛分布于南北美洲。属蒙古人种美洲支系。语言包括十几个语族，有些印第安语已有文字，个别的已成为所在国的官方语言之一（如克丘亚语、艾马拉语和瓜拉尼语）。原信万物有灵，盛行萨满教、图腾崇拜、守护神崇拜、太阳崇拜和星辰崇拜。现在一般接受所在国的宗教信仰，大多信奉基督教。

一般研究者认为，印第安人的祖先系于二三万年前从亚洲迁移到美洲，绝大部分从亚洲东北部经白令海峡进入北美洲，而后逐渐向南扩散；另有一小部分可能在比较晚近的时期由南太平洋群岛到达南美洲西部海岸。在哥伦布到达时（1492），印第安人估计有2 000多万，也有人估计有4 000多万。16世纪起遭受欧洲殖民者的入侵和屠杀，人口急剧减少，18世纪末不到800万。其后缓慢回升，21世纪初约有5 000万（2001），除加勒比海岛屿和乌拉圭外，其余22个美洲大陆国家和地区都有分布。现共有500多个族体，人数从几十人到几百万人不等。

在欧洲人殖民以前，印第安人大多处在氏族公社制的不同阶段。一些部落以母系氏族为主（如易洛魁人、霍皮人及亚马孙河流域诸部落），另一些部落形成了父系氏族（北美西北部和西南部诸部落及南美许多部落），而阿兹特克人、玛雅人、印加人和奇布查人则由氏族社会向阶级社会过渡，并建立了早期国家。

从16世纪起，欧洲殖民者的入侵，改变了印第安人的自然发展状况。北美洲的印第安人大多被殖民者消灭，幸存者被迫住进保留地。中、南美洲的印第安人大多沦为农奴，只有分布在亚马孙河密林中的少数印第安人还过着传统生活。拉丁美洲各国的印第安人是形成其所在国现代民族（墨西哥人、危地马拉人、巴拉圭人和秘鲁人等）的重要组成部分。现代印第安人绝大多数受其所在国语言文化的同化，只有少部分保留比较传统的生活方式。他们大多在农场、牧场、矿山从事体力劳动。随着各国工业化的发展，进入大中城市谋生的日益增多。随着民族意识的增强，印第安人自20世纪50年代以来一直在为争取社会权利而斗争，主要是对土地的诉求。自80年代开始，印第安人要求参与国家和地方管理的政治意识高涨。

印第安人对世界文化有显著贡献。他们首先栽培了玉米、马铃薯、向日葵、木薯、可可、烟草等农作物。安第斯地区印

印第安人青年

第安人的艺术，体现出固有的神话观念和丰富的口头传说，表明其对生活的丰富想象力和细致的观察力。工艺品有木雕、编织、纺织、羽饰、刺绣和制陶等。独具一格的印第安艺术至今仍是现代美洲人民艺术发展的基础。传统住宅多种多样，有敞棚、掩体、窝棚、圆锥形帐篷、木板房以及石砌或土坯砌的住房、木架的“长屋”等。

印度 India 亚洲南部国家。三面临海，2/3领土在印度半岛上。陆疆东北接中国、尼泊尔、不丹，东与孟加拉国和缅甸毗邻，西北同巴基斯坦搭界；海疆西南临阿拉伯

海，辖有拉克沙群岛、米尼科伊岛和阿明迪维群岛，并与马尔代夫海上遥隔；东南以保克海峡、马纳尔湾与斯里兰卡相望；东临孟加拉湾，所属安达曼群岛和尼科巴群岛延绵其间。海岸线长5 560千米。面积约298万平方千米（不包括中印边境印占区和克什米尔印度实际控制区等）。人口11.6亿（2009），仅次于中国，居世界第2位。多民族国家，人口超过1 000万的民族有10个，其中以印度斯坦族人数最多，接近全国人口的一半；其次为泰卢固族、孟加拉族、马拉地族、泰米尔族，以及古吉拉特族、坎拿达族、马拉雅拉姆族、奥里雅族、旁遮普族等。另有几百个小的民族和部族。印地语和英语为官方语言。全国人口82%信奉印度教，其余信奉伊斯兰教、基督教、锡克教、佛教和耆那教等。首都新德里。

地理 以平原和台地缓丘为主，海拔200米以下的平原占国土面积的43%，海拔300～900米的台地缓丘占28%。全境大体可分为三大地形区：①北部山区。喜马拉雅山脉南坡，平均海拔5 500～6 000米。横跨印度和尼泊尔边境上的干城章嘉峰，海拔8 586米，为全国最高峰。南侧的小喜马拉雅山脉和西瓦利克山脉平均海拔分别为2 000～3 000米和600～1 500米。它们自北向南呈阶梯状递降，直抵印度大平原的边缘。②中部平原区。属印度河、恒河、布拉马普特拉河冲积而成的印度河－恒河大平原。东西长2 000多千米，南北宽约240～500千米，平均海拔100～200米。是世界著名大平原之一。又可分东、西两部分：东部为恒河平原，地势低平，是印度文化的发祥地；西部为印度河平原的一部分，大部分为沙漠覆盖。③南部高原区。以德干高原为主体，从西南向东北缓倾，北起恒河平原南缘，南至半岛最南端，南北延伸达1 500千米，海拔1 000～1 500米。南北走向的东、西高止山脉分列高原两侧，与海岸约略平行。

大部分地区属典型的热带季风气候。北有喜马拉雅山脉为屏障，阻挡寒冷气团的南侵，南部半岛伸向印度洋，深受热带气团的影响，因而年平均气温要比同纬度的其他地区高3～8℃。除高山地区外，各地年平均气温都在24～27℃之间。全国有3/4的地区绝对最低温度均在0℃以上。平均年降水量1 134毫米，但区域差异较大。3～5月为热季，各地月平均气温均在30℃以上。6～9月是雨季，饱含水汽的西南季风席卷印度半岛，除西北部一隅，全国皆普降大雨，常占年降水量的70%～90%，大部分地区气温随之下降至27～28℃。

北部河流主要有恒河与布拉马普特拉河等，均发源于喜马拉雅山，以夏季季风降雨补给为主，高山冰雪融水为辅。3～5月因冰雪融化而上涨，6～9月因季风降雨，水位最高。德干高原河流，多发源于西高止山，东流注入孟加拉湾，由雨季降水供给，水位涨落的季节性显著。主要有默哈讷迪河、戈达瓦里河、克里希纳河，以及发源于东部高原而西入阿拉伯海的讷尔默达河等。

植被区系古老，种类繁多，估计达3万多种。森林覆盖率25%左右。自然植被以热带季风林、热带稀树草原为主。热带季风林大都分布在德干高原东部和北部山麓地带，主要有娑罗双树、柚木、檀木和棕榈等。在降水丰富的西高止山西侧和阿萨姆谷地等地区是热带雨林区，以铁力木、花梨木等硬木为多；沿海沼泽带则有红树林，德干高原内部和西北半干燥区有灌木丛和草原区。印度沙漠及其周围地区属于荒漠与半荒漠区，自然植物最为贫乏。西北部的喜马拉雅山区，植被呈现从山麓森林至高山苔原的垂直分异。森林主要分布于北部山地，德干高原仅有疏林、灌木丛和萨瓦纳群落（稀树草原）。动物界属于印度－马来亚区系。由于自然植被的破坏、森林面积的缩减以及漫无节制的捕猎，野生动物已逐渐减少，若干稀有动物如印度豹、亚洲狮、克什米尔鹿等已濒绝种。已设置多处禁猎区、保留地和国家公园，著名的有古吉拉特邦的吉尔森林（保护亚洲狮）、阿萨姆邦的加济兰加国家公园、西孟加拉邦的贾尔德帕拉国家公园和孙德尔本斯国家公园等。

地下资源蕴藏量比较丰富。主要矿产资源有煤、铁矿石、铝土、铬铁矿、铜、金、石油、天然气、铀、钍等，另有云母、石膏、金刚石及钛、铬、萤石等矿。

历史 古代印度是世界文明发祥地之一。约稍晚于公元前4000年前，达罗毗荼人已生息其间，继而有习惯上称为雅利安人的游牧部落从西北部进入。前2000～前1500年期间，恒河流域逐渐得到开发，出现了古文化和古城镇，以后又渐次扩及南部印度。前322年建立孔雀王朝，形成统一的奴隶制国家，先后遭遇过大夏希腊人、安息人、塞种人、大月氏人等的侵扰。公元8世纪中叶，阿拉伯人侵入，1206年，出现德里苏丹王朝。1526年莫卧儿王朝建立，成为当时世界级大国之一。1600年英

图1 在恒河中沐浴的印度教教徒

国东印度公司建立。1757年印度在普拉西之战中溃败，逐步沦为英国殖民地。1849年全境被英占领（见**英国征服印度的战争**）。1857年**印度民族大起义**后，莫卧儿王朝结束。英国政府直接统治印度。1905年是印度民族运动由改良走向革命的转折点。从那时起至1947年印度独立，经历了4次民族解放斗争的高潮［见**印度民族独立运动**（1905～1908），多以和平斗争为主，间以暴力手段。民族解放运动领导人M.K.**甘地**倡导**非暴力不合作运动**。第二次世界大战后，英国迫于南亚民族运动高涨，允许印度人民自决。1947年6月，英属印度总督L.蒙巴顿代表英国政府，提出“英属印度”独立的《**蒙巴顿方案**》，其核心内容就是基本根据宗教原则，分为印度和巴基斯坦两个自治领。同年8月15日，印度正式独立，并成为英联邦的成员国。1950年1月26日，印度共和国成立，实行联邦制。J.尼赫鲁出任总理。尼赫鲁去世后，1966年他的女儿I.**甘地**当选为国大党领袖和总

图2 身着传统民族服装的印度妇女

理。1977年人民党在大选中获胜，M.德赛出任总理。1980年I.甘地再任总理，1984年被暗杀。其长子**R.甘地**在同年大选中获胜，接任总理。1989年大选中国大党失利，R.甘地辞职。同年12月，全国阵线领袖V.P.辛格组成印度独立后第一个少数派政府。1990年11月辛格政府倒台，人民党领袖C.谢卡尔在国大党支持下出任总理，组成较前政府地位更脆弱的极少数派政府。1991年3月谢卡尔因失去国大党的支持，被迫辞职。6月国大党新主席P.V.N.拉奥组成政府。1996年5月，拉奥领导的国大党在议会选举中失败，宣布辞职。A.B.瓦杰帕伊领导的印度人民党获胜。1997年4月组成的新内阁是由人民党、社会党、阿萨姆人民联盟、泰卢固之乡党、马哈拉施特拉戈曼塔克党、国大党（蒂瓦里派）和泰米尔马阿尼拉国大党等政党以及无党派人士组成的联合政府，K.R.纳拉亚南当选为新总统，成为印度历史上首位贱民出身的总统。1999年10月，主要代表北部以印地语语言区为核心地区的印度教中小商人和自由职业者利益的印度人民党在大选中获胜，其领袖瓦杰帕伊联合其他21个政党组成联合政府。2004年，瓦杰帕伊因人民党在大选中失利而辞去总理职务。同年5月22日，M.辛格宣誓就任总理。

政治 1950年1月26日生效的《印度共和国宪法》，规定印度为联邦制国家。总统为国家元首，对外代表国家，由议会两院及各邦议会当选议员组成选举产生，每届任期5年，拥有广泛权力，但按照以总理为首的部长会议的建议行使。议会采取英国式的议会民主制。由联邦院（上院）和人民院（下院）共同组成。联邦院设250席，由各邦及中央直辖区立法院选举产生，任期6年（每两年改选1/3），副总统是法定的联邦院议长。人民院为国家主要立法机构，设552席，由选民直接选举产生。大选每5年举行一次。政府称部长会议，由总理、内阁部长和国务部长共同组成。总理照例是大选中获胜政党的议会党团领袖。宪法规定，政府只对人民院负责。印度政党林立，有全国性政党，也有地方性（邦）政党。主要的政党有**印度国民大会党**（I.甘地派）、印度人民党、印度共产党（马克思主义）、**印度共产党**等。总统是名义上的武装力量统帅，内阁为最高军事决策机构。国防部负责部队的指挥、管理和协调。实行募兵制。

经济 印度独立后经济有较大发展。农业已由过去严重缺粮到今天的基本自给，工业也已形成较为完整的体系。自1991年以来着手全面经济改革，放松对工业、外贸和金融部门的管制，国内生产总值增长稳步上升，2009—2010年度国内生产总值9 653亿美元，人均832美元。成为世界上新兴经济体之一。

工业 20世纪50年代中期起，着力发展重工业，逐步建立起能源、采矿、冶金、机械、化工等主要部门，比较齐全的工业体系趋于形成，工业总产值在国内生产总值中所占的比重渐渐加大。工业的布局过去几乎一半集中在沿海地区，尤其集中在几个超大型中心城市，如今半岛南部和西北部各邦工业也有发展。

印度的能源工业以煤炭为主（约占63%），其次为石油（占30%）、核能和水电（占5%）、天然气（占2%）等。石油的自给率在逐年降低，需大量进口，其他产品的自给率则都有所提高，分别从90%上升到足以自给（煤、褐煤、发电量）或略有盈余（天然气）。在印度面向21世纪的能源供应多元化战略中，核能开发占重要位置。早在20世纪50年代中期，建成了亚洲第一座试验性核反应堆，现拥有核电站20座。近年来还利用自身的地理优势，开始大规模开发利用风能、太阳能等可再生能源。印度还着力发展军事工业，金奈和班加罗尔地区是新兴军事工业基地，轻武器装备自给有余，略有出口。航天工业和核工业发展迅速，具备远程火箭和核武器生产能力。钢铁工业大部分集中在德干高原东北部，机械工业有孟买、加尔各答、金奈、班加罗尔四大综合机械工业中心；化学工业是独立后的新兴工业部门，发展迅速，仅次于机械工业。以生产橡胶、塑料为主的加尔各答-杜尔工业区和以生产药品、化妆品、肥皂、煤炭化工产品等为主的孟买-浦那工业区，都是较大的化学工业中心。新德里、楠格尔和劳尔克拉等地是氮肥生产中心。轻纺工业中，以纺织工业最为主要，是印度的传统工业，尤其棉纺工业具有国际地位。孟买和艾哈迈达巴德地区是全国最大的棉纺织工业中心，南部的哥印拜陀、马杜赖和北部的坎普尔等地棉纺业也较发达。印度有世界上最大的黄麻纺织业，集中分布于以加尔各答为中心的胡格利河沿岸；迈索尔、塞勒姆是丝织工业中心，坎普尔和西北部的一些城市是毛织工业中心，阿勒皮是椰子纤维工业中心。

农业 以种植业为主，农业产值在国内生产总值中所占比重不断下降。1966年开始推行“绿色革命”，推广高产品种，进行农业技术改革，粮食生产获得较大发展。20世纪70年代中期以来，初步扭转了粮食长期不能自给的局面。粮食作物以种植水稻、小麦、高粱、玉米和豆类等为主。水稻种植面积相当于粮食种植面积的1/3，产量仅次于中国而居世界第二。主要产区在恒河中下游、印度半岛东西海岸平原以及中南部地区；西北部水利条件良好的平原地区，也开始引种水稻。小麦的种植面积和产量仅次于水稻。传统产区为北方邦、**旁遮普邦**、哈里亚纳邦等。玉米、高粱、小米等杂粮产地主要分布于德干高原中部和西部的干燥地区。经济作物以甘蔗、烟草、棉花、黄麻等为主。甘蔗是最重要的经济作物，2007—2008年度达到3.48亿吨，种植面积和产量均居世界首位，以北方邦和比哈尔邦为最大产区。棉花在次大陆已有3 000多年的种植历史，印、巴分治后，棉田60%划归巴基斯坦，印度一变而为棉花输入国，后扩大棉田面积，力求棉花自给。棉花主要产区在印度半岛西北部的黑土带和旁遮普平原。黄麻产量继续稳居世界之首，主要产于和孟加拉国紧邻的西孟加拉邦，周围各邦也有种植。烟叶产量也有较大增长。印度是畜牧业和畜产品大国。牛、羊、猪、鸡等家畜数量均居世界或亚洲前列，另有骆驼103万峰。工业用原木，包括柚木、檀木、花梨木等贵重木材，产区主要在喜马拉雅山麓和西高止山一带。印度海岸线绵长，沿海有广达31万平方千米的大陆架，渔业资源丰富，西海岸的渔场更属高产。近20年间，印度的渔业发展较快。

第三产业 20世纪80年代以来，印度的第三产业发展奇速。主要原因之一是外资的投入。外资对印度的投入绝大部分都在信息技术产业和服务业，大批办公用软件和财务软件都在印度研制、开发。印度拥有完善的金融制度等现代经济发展的“软件”，这对于服务业的正常运行起了很好的保证作用。20世纪末期以来，印度软件制造和服务业，以年均50%的增幅迅速发展。2007—2008年度服务业总产值占同年度国内生产总值的55.6%。外资不仅带动了印度信息技术的发展壮大，也推动了印度信息技术产品的出口。印度的技术人才已成为美国大公司引进的重点对象，华尔街的许多金融公司都直接从印度招募雇员。

旅游业　印度政府从20世纪60年代开始重视旅游事业，外国旅游者人数不断增加，旅游收入日益丰厚。印度是一个“世界遗产大国”，有阿旃陀石窟、埃洛拉石窟群、科纳拉克太阳神庙、泰姬陵、马纳斯野生生物保护区、孙德尔本斯国家公园等大批名胜被联合国教科文组织作为文化遗产、自然遗产列入《世界遗产名录》，数量在亚洲仅次于中国，位居第二。

交通运输　印度铁路网是在英国殖民统治时期建立，独立以来增建不多，而更多地致力于电气化。截至2010年6月，铁路线总长6.4万千米，居亚洲第二，世界第六，其中电气化铁路1.79万千米。铁路地理分布比较均匀，以中部平原与沿海地带最密。印度铁路轨距复杂，迄今没有统一。公路总长334万千米，其中国家级公路约6.6万千米。公路承担着全国85%的客运量和70%的货运量。管道运输处于初始发展阶段，油气管道总长约1万千米。印度的水运分河、海两种，内河通航河道总长1.4万千米，其中1/5可通行机动船，主要分布于恒河干支流和布拉马普特拉河下游河段。沿海有港口将近200个，其中大港口12个。孟买、加尔各答、科钦、金奈、维沙卡帕特南5个大港，吞吐量占总吞吐量的80%以上，又以孟买最大，海运的1/5和集装箱运输的1/2经此吞吐。全国有航线机场95处，国际机场5个（德里、孟买、加尔各答、金奈和提鲁瓦南塔普拉姆）。航线通达各大洲许多城市。

对外经济联系　2000年以来，印度由于进出口不能均衡发展，贸易赤字。主要出口为宝石和首饰、成衣、石油产品（包括煤炭）、药品、五金制品；主要输往美国、中国香港、英国、阿拉伯联合酋长国、德国、日本等。主要进口：原油及其制品、宝石、化工产品、机械、化肥、钢铁、造纸原料、纸张等，主要来自比利时、美国、瑞士、日本、沙特阿拉伯、阿拉伯联合酋长国、马来西亚。外国私人投资在印度经济中占有重要地位。投资最多的国家分别是毛里求斯、美、日、荷、英、德、韩、法、意和新加坡。吸引外资多的行业是能源、通信、电子设备、运输业、服务业、化工、旅馆和旅游、纺织业等。从20世纪60年代起，印度也逐步开展资本输出，但基本以机械装备的形式提供，绝大部分集中在东南亚、西亚和非洲。印度是世界上受援大国之一，长期大量接受外国援助作为政府预算收入的主要来源之一，其中绝大多数是贷款，小部分是赠款。印度也进行一些援外活动，但数额不大，主要给予南亚地区某些邻国（尼泊尔和不丹等）。

文化　印度实行12年一贯制的中小学教育。综合性大学254所，著名的有德里大学、尼赫鲁大学、加尔各答大学等，另有其他各种高等院校2万余所。新闻大多属私人和财团所有。主要的印地文报纸有《旁遮普之狮报》、《今天日报》、《印度斯坦报》等，主要的英文报纸有《印度斯坦时报》、《政治家报》、《印度教徒报》、《印度快报》等。有4个大新闻机构：新闻发布署，相当于政府中央通讯社；印度报业托拉斯是印度最大通讯社，半官方性质；印度联合新闻社是印度第二大通讯社，报业同仁的合股企业；印度斯坦新闻社，为私营，主要编发印地文、马拉地文、古吉拉特文和尼泊尔文的新闻。另有隶属政府新闻广播部的全印广播电台（对内使用24种语言和146种方言播音）和全印电视台，其他电视台有18家。

图3　象鼻神庆典活动场面

对外关系　印度为不结盟运动创始国之一，以不结盟为外交政策的基石。推行全方位务实外交，努力与所有国家发展关系，营造有利于自身发展的持久和平稳定的地区环境，并力争在地区和国际事务中发挥重要作用。主张在和平共处五项原则及联合国宗旨和原则的基础上建立公正合理、考虑到所有国家利益并能为所有人接受的国际政治新秩序，共同创造有利于第三世界发展的公正合理的国际经济新秩序。建议扩大安理会，实现决策民主化，提高工作效率。积极参加联合国维和行动。1992年联大期间正式向大会提出成为安理会常任理事国的要求。2005年，与日本、巴西和德国组成“四国集团”，提出安理会改革框架决议草案，要求扩大安理会，同时增加常任理事国与非常任理事国，并要求拥有安理会否决权。在人权问题上，重视生存权，反对将人权问题政治化，反对利用人权干涉他国内政。重视全球环境保护问题，认为环保的主要责任应由发达国家承担，建议发达国家和发展中国家联合从事研究和开发来解决环境问题。2006年以来，继续推行全方位的大国外交战略，在保持与俄罗斯关系的同时，大力发展与美、日及欧洲发达国家的关系。缓和印巴关系，推进中印关系，改善周边环境。积极推行东向政策，与东盟及亚太地区国家的关系发展迅速。重视能源安全，逐步拓展同海湾、中亚等能源供应国的交往与合作。

1950年4月1日同中国建立了外交关系。1962年10月，中印边境发生武装冲突。1976年双方恢复互派大使后，关系逐步改善。进入21世纪，两国关系保持全面快速发展。

印度半岛　Indian Peninsula　亚洲南部三大半岛之一。以德干高原为主体，故又名德干半岛。整个半岛略呈三角形，东濒孟加拉湾，西临阿拉伯海，南抵科摩林角，北部无明确界线，大体以肯帕德湾的北尽头东至胡格利河口湾一线（相当于北纬22°30′）为界。南北最长与东西最宽均各约1 600千米，面积209万平方千米，平均海拔600米。东、西高止山分峙于两侧，内部分布着许多河流切割而成的河谷盆地和丘陵、山地。总体上西高东低，河流除讷尔默达河西流外，其他河流全都东入孟加拉湾。大部分为热带季风气候，西南侧属热带雨林气候。东北部有大的煤、铁产地，为重工业中心；另有锰、金、云母等矿藏。农产品有粟、水稻、棉花、甘蔗等，南部经济作物和种植园比重较大。

印度报业托拉斯　Press Trust of India; PTI　印度最大的通讯社。简称印报托。总社设在孟买，编辑部在新德里。印度独立后由几家大报于1949年2月1日联合组成，接管了印度联合通讯社和路透社在印度的业务和资产。现设136个国内分社，在巴林、北京、纽约、伦敦、莫斯科等城市派有常驻记者，并在华盛顿、巴黎、东京等城市有兼职记者为其供稿。向1 400多家订户提供新闻和专稿，包括英文和印地文的特稿。每天发英文稿10万字、印地文稿4万字，对国外发英文稿8 000字。国际新闻占40%。

印度菜 Indian cuisine 印度菜肴结合药材和香料制作，朴实简单，做工精细。印度菜以咖喱闻名，主要以鱼、肉、菜等不同食物来调和多种香料，既不掩盖食物本身的天然滋味，又有浓郁的香味。咖喱羊肉、酥炸鲜蔬等都是较流行的印度佳肴。另外，印度奶茶及饭后甜点也极具特色。

印度法系 Hindu law system 公元5～7世纪以前古代印度奴隶制法及以其为基础的古代缅甸、锡兰（今斯里兰卡）、暹罗（今泰国）、菲律宾等国法律的统称。

印度古代法大体可分为佛教分支和婆罗门教分支，相互兴替。阿育王召集高僧编纂的三藏经典（《律藏》、《经藏》和《论藏》），特别是其中的《律藏》，具有法律的性质。8～9世纪，婆罗门教吸收了佛教和耆那教的某些教义，改称为印度教。因此，印度古代法也往往被称为印度教法。

婆罗门教法律将古老文献吠陀奉为经典，其中的《法经》起着法典作用，以后由各学派编辑成各种汇编，其中流行最广、后世研究最多、最具有代表性的是《摩奴法典》，共12章，采用诗歌体裁，包括宗教、道德和法律规范以及哲学等内容，18世纪末叶由英国法学家W.琼斯（1746～1794）从梵文译成英文。

印度古代法律肯定了王权无限的君主专制制度，宣布国王是具有人形的伟大的神，其光辉凌驾于一切生物之上。还肯定了古印度奴隶制社会的种姓制度。此外，还有关于土地法、债权法、家庭法、继承法以及刑法、诉讼法等方面的规定。

现在上述各国，包括印度在内，均已不再采用印度古代法。印度法系已成为历史名词，但在习惯中还保留有一些遗迹。

印度佛教 Indian Buddhism 产生和流传于南亚次大陆的佛教。创始人是悉达多·乔答摩，佛教徒尊称他为释迦牟尼，简称佛陀（觉者）。发展过程大致可分为五个历史阶段。

原始佛教 释迦牟尼创教及其弟子相继传承时期的佛教。约为公元前6～前5世纪。佛陀的说教最初是口传的，为了便于记忆，采取偈颂的形式，后来编集为由经、律、论组成的“三藏”。在经藏中近代学者认为真正属于佛陀的教说和最早的经典是《经集》、《如是语经》和《无问自说经》，其中也包括一些戒律条文。原始佛教的基本教义是四谛、八正道和十二因缘，其核心内容是讲现实世界的苦难和解决苦难的方法。另外，又从缘起思想出发，提出了“诸行无常”、“诸法无我”和“涅槃寂静”的

图1 印度佛教圣地鹿野苑五比丘迎佛塔

学说。后人把原始佛教的修持，概括为戒、定、慧三学，和慈悲喜舍四无量心以及四念处、四正断、四神足、五根、五力、七觉支等三十七菩提分法。佛陀在世时反对婆罗门教四种姓的不平等制度，因此，在他所创立的僧团中允许各个种姓和贱民参加。另外，还容许教团中包括在家生活的男女信徒，称为优婆塞、优婆夷或在家二众。

部派佛教 在佛陀逝世的100年后，佛教内部由于对戒律和教义看法的不同，开始分裂，先后形成了许多部派。最初分裂为大众部和上座部，这被称为根本二部，以后又从两个根本部中分裂为十八部或二十部，称为枝末部派。部派佛教争论的主要问题，诃梨跋摩在《成实论》中曾概括为“十论”，即二世有无，一切有无，中阴（轮回的主体）有无，顿悟或渐悟，罗汉是否有退，随眠（烦恼）与心是否相应，未受根业是否存在，佛是否在僧数，有无人我（灵魂）等。对于这些问题各个部派都有不同的回答。上座部认为，佛教徒修行的最高境界应是阿罗汉果，阿罗汉果与佛果位相同，他们把一切现实存在分为色法（物质存在形式）和心法等。色法有“四大种”（地、水、风、火四元素）及所造色（长、短、大、小、方、圆等形色和青、黄、赤、白等显色以及其他感官对象）；心法有89种，并有详细的分析。上座部后来又分为根本上座部和说一切有部。前者流传于雪山即喜马拉雅山麓，后者流传于克什米尔地区。说一切有部后来分出犊子部，犊子部又分出正量等四部，继又分出化地部、经量部等共十一部。说一切有部的基本特征是重视三藏中的论藏，也就是着重对佛教理论问题的阐述。在1世纪贵霜王朝迦腻色迦统治时，曾举行大规模的结集，编纂了《大毗婆沙论》、《发智论》和《六足论》等庞大的论书，主张“法有我无”、“三世实有”和“法体恒有”。经量部约形成于3世纪末，是最晚从说一切有部分出来的，主张“过去未来无体，现在实有”。佛陀以蕴、处、界概括一切法，但未区别实有和假有。说一切有部主张蕴、处、界都是实有。经量部则主张蕴、处是假有，界是实有，这意思是说外界一切的事物或主客观的存在形式（蕴）以及人们的认识器官和对象（处）都是一种虚假或唯名的实在，它们不过是人们认识中的感觉材料，只有人们的认识的根源（界）才是真实的存在（实有）。大众部崇信超越的、神化的佛陀，特别提倡“一心相续说”和“心性本净说”。部派佛教后来向大乘发展，从大众部向中观派（空宗）发展，从上座部向经量部发展，进而向瑜伽行派（有宗）发展。

大乘佛教 在部派佛教流行时期，大乘的思想在南印度已开始产生和传播。当时在家佛教徒中流行着对安置佛陀舍利的佛塔崇拜，从而形成了大乘最初的教团——菩萨众。参加这些教团的有出家的导师（僧侣）和在家的支持者（俗人）。他们中间一部分人为了修持和传教的需要，编辑了阐述大乘思想和实践的经籍，最初为般若系经典，以后又有《妙法莲华经》、《维摩经》、《华严经》和《无量寿经》等出现。这些经典阐发了空、中道、实相、六度、菩萨道、多佛、三乘分别和一心本净等思想。在上述种种经典思想的基础上逐渐形成了大乘两个主要派别——中观派、瑜伽行派。中观派大概在2世纪才开始形成，创始人是龙树，经提婆、罗睺罗跋陀罗传至佛护和清辨时，因对中观的理论有不同的解释，分为自续派和应成派。中观派发挥了般若经中的思想，认为修持最高的境界是空，空是“不可描述的存在”，世界上的一切现象都是一种相对的依存关系（缘合）和一种假

图2 印度佛教圣地大菩提寺

借的概念或名相（假名），它本身没有实体（无自性），对于真正的佛教徒应该证悟上述空性的“真谛”，但是对于被无知（无明）覆盖的凡夫仍应导以“俗谛”，即承认世界相对存在的真理。瑜伽行派兴起于4～5世纪间，因强调瑜伽的修行方法并以瑜伽行总括全部佛教教义而得名。该派的理论奠基人是无著和世亲，主要经论是《解深密经》、《瑜伽师地论》、《唯识二十论》、《成唯识论》等。世亲的继承者有亲胜和火辨两家，较亲胜稍后并发挥亲胜学说的有德慧和安慧，以上称为无相唯识派；世亲的另一继承者是陈那，他是后期瑜伽行派的先驱。陈那的后继者有护法和法称，护法发展了世亲和陈那的唯识学说，法称发挥了陈那的因明学说。瑜伽行派认为，人所认识的一切现象都是由人们的认识主体即“识”所变现出来的，提出“万法唯识”、“三界唯心”。他们把识分为三类八识，而把第八识即阿赖耶识（藏识）看作是现象世界（现行）的根源（种子），个人所认识的一切现象都是由阿赖耶识所派生的（种子生现行），所以名之为“所知依”。他们又把一切存在现象分为“五位百法”。另外还阐扬五种姓说，认为“无种姓”的人不能成佛。

密教　6～7世纪，印度教在当时的社会和文化生活中逐渐取得了优势地位，从玄奘的记述中可知当时对湿婆、毗湿奴、梵天的崇拜极为盛行。8～9世纪间商羯罗创吠檀多派，使印度教在理论上得到重大发展而空前地盛行。佛教在这种社会潮流影响下开始吸收印度教和民间信仰而逐步密教化，在南印度和德干高原以及东印度出现了金刚乘和易行乘等。前一个时期的显教中观派和瑜伽行派逐渐融合起来作为密教的世界观而继续存在。其主要经典为《大日经》、《金刚顶经》、《密集经》、《喜金刚经》、《胜乐轮经》、《时轮经》等。密教有其咒术、坛场、仪轨和神格信仰。仪轨极为复杂，对设坛、供养、诵咒、灌顶皆有严格规定，主张修“三密”，即手结印契（身密）、口诵真言（语密）和心作观想（意密）。三密相应，即身成佛。8～9世纪以后，由于印度教的兴盛，佛教僧团日益衰败，内部派系纷争不已，从而日趋势微。后来又由于伊斯兰教的大规模传播，重要寺院被毁，僧徒星散，迄13世纪初，终于一蹶不振趋于消亡。

现状　19世纪末，印度佛教出现了复兴运动。1891年，锡兰（今斯里兰卡）的达磨波罗在印度首创摩诃菩提会，很多佛教圣地恢复旧观，并重新建立了一些寺院。1947年印度独立后，佛教活动有了新的发展。在那烂陀、浦那、贝纳勒斯等地创设了一些研究机构，并在很多著名大学设佛学系或巴利语系；出版了大量书刊。1956年，印度政府举行释迦牟尼涅槃2500年的国际性大规模纪念活动。同年10月，印度首任司法部长、宪法起草人安培多伽尔在那格浦尔组织了一个有50万“贱民”参加的改信佛教运动，先后有几百万“贱民”由印度教皈依佛教。1957年印度佛教徒组织了佛教的政党——共和党。后来，其中一部分人因不满共和党的政治路线另组了困豹党。该党在孟买和马哈施特拉有一定影响。近年来，印度的佛教组织（摩诃菩提会、佛教神智会、圣弥勒教会等），在国外建立了很多分支，广泛地开展了国际活动，经常召开国际佛教学术讨论会、座谈会等。印度的佛教徒虽然人数很少，但在印度的思想文化界颇有影响。

印度共产党　Communist Party of India; CPI　印度工人阶级政党。1920年10月17日成立于苏俄的塔什干。1925年12月26日在北方邦的康普尔市成立中央委员会。因早期主张摆脱英国殖民统治而屡遭当局镇压，长期处于非法地位。1942年7月取得合法地位。从1946年开始，总书记B.T.兰那地夫领导了历时5年之久的特伦甘纳地区农民武装斗争。从1948年“二大”起至1950年底，印共先后开展以城市革命为中心的斗争以及以土地革命为中心的武装斗争，均遭镇压。1961年4月“六大”以后，党内在国家性质、革命领导权、党的方针路线等问题上产生分歧。后因中印边界冲突、国际共运大论战加剧，终于在1964年10月分裂为以S.A.丹吉为首的印共和以P.孙达拉雅为首的印共（马）。

以丹吉为首的印共右派势力于1964年12月13～23日召开“七大”，仍沿用印度共产党名称，并以1925年12月26日为建党时间。在国内问题上，长期与国大党合作。在国际问题上反对美帝，支持不结盟运动和民族解放运动，强调印苏密切合作，主张捍卫以苏共为首的国际共运的团结。有党员56万。2009年大选时在人民院占40席。1988年3月末，拉奥率领印共代表团访华。中国共产党与印共实现两党关系正常化。现任总书记为A.B.巴尔丹。

以孙达拉雅和E.M.S.南布迪里巴德为首的印共（马）于1964年10月31日至11月7日召开“七大”，以1920年10月17日为建党时间。最初仍称印度共产党，1966年11月正式改称印度共产党（马克思主义），简称印共（马）。在国内问题上，反对I.甘地国大党的专制主义。1967年3月起，先后几次在西孟加拉、特里普拉、喀拉拉等3个邦组织联合政府。1974年2月，提出印度革命不走俄国或中国道路；而要走农民游击战和工人起义相结合的道路。1983年，南布迪里巴德率中央代表团访华。印共（马）有党员约87万。2009年大选后在人民院获得16席，是印度最大的左翼政党。现任总书记P.卡拉特。

1966年，印共（马）西孟加拉邦邦委委员C.马宗达和K.桑亚尔等人主张走武装斗争的道路后与印共（马）中央的矛盾激化。1969年4月22日在全印协调委员会基础上成立了印度共产党（马克思列宁主义）。1970年5月召开“一大”，选举以马宗达为总书记的中央委员会。印共（马列）认为印度现阶段的任务是土地革命，主张通过武装斗争夺取政权。约有2.5万名党员。出版70余种刊物。领导着200多个群众组织，约有50万同情者。

印度国民大会党　Indian National Congress; INC　印度资产阶级政党。简称国大党。印度独立前是印度民族运动的领导者，独立后长期成为印度的执政党。1885年12月成立于孟买。创始人是英籍印度退休文官A.O.休谟。休谟任国大党总书记近21年（1885～1906）。

20世纪初，国大党内出现以B.G.蒂拉克为代表的主张实行自治的极端派。在他们的影响下，国大党在1906年年会上通过“斯瓦拉吉”（自治）、“斯瓦德希”（自产）、抵制英货和实行民族教育为内容的斗争纲领。1907年温和派与极端派分裂，1916年两派重新联合。1920年，国大党确立M.K.甘地在党内的领导地位。国大党多次发动非暴力不合作运动，给英国殖民者以沉重打击。1927年，党内出现以J.尼赫鲁和S.C.鲍斯为代表的左派。1929年年会上，在新主席尼赫鲁的主持下，国大党才正式宣称它的目标是实现印度的完全独立。1937年在省议会的选举中获胜。第二次世界大战中，国大党发起反对英国的文明不服从运动，以后又通过要求英国“退出印度”的决议，因此遭到镇压（见非暴力不合作运动）。战后，国大党开始领导群众性的非暴力的反英斗争。1947年8月印度独立后成为执政党，尼赫鲁任政府总理。

独立后，国大党开始了发展国民经济、建立独立国家的进程。1964年，尼赫鲁去世，其女I.甘地在国大党内迅速崛起。1969年，辛迪加派同I.甘地派在银行国有化问题上矛盾激化而发生分裂。辛迪加派另组国大党（组织派），领导人是M.德赛。在1977年2月第6届大选前夕，以J.拉姆为首的一小部分国大党人声称不同意I.甘地某些独裁做法而脱离该党，成立民主国大党；不久又加入由国大党（组织派）等5个反对党派组成的印度人民党。国大党在1977年大选中遭到惨败，被迫下野，由人民党上台执政。1978年1月在大选失败、内部矛盾加剧的情况下，国大党第3次分裂，形成I.甘地派和S.辛格派两个国大党。1979年国大党（I.甘地派）发生分裂，德瓦拉吉·乌尔斯等人因激烈反对I.甘地安排其子桑贾伊出任党的总书记而退出，另组正统派国大党，或称卡纳塔克国大党，后又称为乌尔斯派国大党、萨拉德派国大党。国大党（I.甘地派）在1980年第7届大选中东山再起，成为执政党。1981年10月印度选举委员会承认国大党（I.甘地派）为印度国大党后，国大党（S.辛格派）改名为国大党（社会主义派）。1984年I.甘地遇刺身亡，其子R.甘地继任党的主席、议会党团领袖和政府总理。在国大党执政的45年内，尼赫鲁家族成员先后领导国大党37年。1998年4月6日，尼赫鲁家族的新一代重要成员S.甘地又当选为国大党主席，并连任至今。

该党的宗旨是为印度人民谋求福利，以和平手段建立一个以议会民主制为基础的“社会主义”国家；对外奉行“不结盟”政策，谋求世界和平。各派国大党在纲领和政策上基本一致，在组织机构上也大体相同。党员分为初级党员和积极党员。据称有3 000万初级党员。群众组织有青年国大党、全国学联、全国妇女阵线等。党旗由橘黄、白与绿三色横条组成，中央有蓝色手摇纺车图案。

印度河 Indus River 亚洲南部大河之一。干流全长2 900千米，流域面积117万平方千米。发源于中国青藏高原的冈底斯山冈仁波齐峰北坡，称森格藏布（狮泉河）。后东南—西北流进入克什米尔，斜贯其整个北部，再绕过南伽峰北侧，西折流入巴基斯坦境内，此河段为印度河上游。岸陡谷深，相对高差1 200～1 500米，在南伽峰附近形成的大转弯处，峡谷最深达5 180米。较大支流概来自右岸，有源于喀喇昆仑山脉的什约克河和出自兴都库什山脉的吉尔吉特河和喀布尔河等。中游在巴基斯坦境内，改为北北东—南南西的流向，先横切盐岭，沿着旁遮普平原的西缘下泻，直至本杰讷德河汇入处。本杰讷德河接纳了众多支流，冲积形成旁遮普平原（五河地区）。自本杰讷德河口起的下游段，受苏莱曼山脉和沙漠的夹峙，基本没有大的支流汇入，却出现“分汊”现象——多股并流，过海得拉巴，多股汊河以扇形展开，形成广约8 000平方千米的印度河三角洲，分为多流注入阿拉伯海。数千年来下游河道西移达20～30千米，三角洲部分尤甚。水源主要来自季风降水和北部高山冰雪融水，因而每年有2次汛期，3～5月为春汛，7～8月为伏汛。洪水期（夏季）流量为枯水期（冬季）的10～16倍，易引起洪灾。入海年平均流量6 640米^3/秒。由于流经多为次大陆的最干旱地带，降水稀少，蒸发量大，故干支流所提供的灌溉水源对农业十分重要。印度和巴基斯坦曾因用水发生争端。通过签订用水条约，争端有所缓和。沿河已建起一些大型的综合水利工程，兼灌溉、发电、渔业之利。唯航运不便，仅能通行小型船只。全流域约有人口2亿，地理分布非常不匀。现有千万以上人口城市和500万以上人口城市各1个，百万以上人口城市8个。印度河流域是世界古文明发祥地之一。

印度河及灌渠

印度河平原 Indus River Plain 南亚的大平原，世界上最大的冲积平原之一。绝大部分在巴基斯坦境内，约占巴基斯坦面积的1/3。平原南北延伸1 280千米，东西平均宽320千米，最大宽度（在旁遮普省）达550千米。沿北纬29°分为上、下两部分。上印度河平原主要位于巴基斯坦旁遮普省境内，小部分在印度旁遮普邦，故又称旁遮普平原。这片平原由印度河及其支流萨特莱杰河、拉维河、杰纳布河和杰赫勒姆河冲积而成，北从博德瓦尔高原起，向南直迄米滕果德附近，呈展开的扇面形，面积约9万平方千米。平均海拔200～300米。其中，杰赫勒姆河与印度河以及萨特莱杰河以南地区大部分为沙漠或半沙漠，称塔尔沙漠，面积2万平方千米。印度河上的德尔贝拉水坝和杰赫勒姆河上的门格拉水坝最为有名。上印度河平原主要种植有小麦、稻谷、棉花、甘蔗等，号称巴基斯坦的粮仓；全国56%的人口和绝大多数商业和工业中心城市，如拉合尔、费萨拉巴德、木尔坦、古杰兰瓦拉和锡亚尔科特等，均在其中。下印度河平原又称信德平原，位于旁遮普平原和阿拉伯海之间，面积约12.4万平方千米，平均宽约160千米。其中三角洲地区，从海得拉巴到三角洲海岸，长150千米，面积8 000平方千米，平均海拔仅7米左右。

印度河文明 Indus Valley Civilization 南亚次大陆的青铜时代文明。从公元前2350年或更早，到前1750年。因分布中心在印度河流域而得名。因主要城市遗址哈拉帕而又称哈拉帕文化。

摩亨佐达罗浴池遗迹

摩亨佐达罗和哈拉帕是该文明的两座典型城址，都已具备较大规模。摩亨佐达罗城址位于巴基斯坦信德邦拉尔卡纳，哈拉帕城址位于印度旁遮普邦拉维河左岸。两城面积均约8.5平方千米，人口估计各为3万～4万，可能是两个独立国家的都城或城邦联盟中心。摩亨佐达罗城市规划整齐，西部为统治者居住的卫城，东部为下城居民区。哈拉帕城址也由西部的卫城和东部的下城组成，卫城北面有6座谷仓和若干冶炼炉，还有可容数百雇工的住房，卫城南部为墓地。

印度河文明的居民主要从事农业和家畜饲养业，还从事渔猎和各种手工业。金属加工以红铜和青铜为主要原料，制造斧、锛、镰、锯、鱼钩、矛、剑等。当时还出现了棉纺织业、造船业、象牙加工业、石料加工业等。对外贸易发达，通过陆路和海路与中亚、伊朗、两河流域和埃及等地进行交往。

当时已使用文字，所用符号约500个，这种文字所表达的语言一说属达罗毗荼语，一说属印欧语系。该文化青铜雕像制作颇精，有舞女、车子和动物形象等。常见陶塑女像，一般认为主要是神像。红铜、象牙、陶土制作的印章有特色。

有人认为该文化起源于西亚；有人认为主要从前哈拉帕文化发展而来，在发展中受到西亚的影响。后一种说法较为流行。其创造者，一般认为是达罗毗荼人。

印度河文明中心地区约从公元前1800年开始衰落。衰落的原因，较通行的说法是外族的大规模入侵。另一个较有力的说法，是由公元前1700年左右发生的地震和由地震引起的水灾所造成。

印度教 Hinduism 南亚地区主要宗教之一。“印度教”作为英文词汇出现于19世纪，指印度各种本土信仰、民间习俗、生活方式和社会组织的综合体，实际上更多是一种生活方式。由于印度次大陆的印度教各教派信仰者在历史上从来没有一个统一的名称，因此也逐渐接受了印度教这一名称。

印度教从各种各样的崇拜和信仰中成长和演化而来。早期印度教主要包括以下几个阶段：“前达罗毗荼时期”，即雅利安人进入印度以前最古老的时期，拥有“万物有灵论”和“图腾崇拜”等信仰及其实践活动；“前吠陀时期”，包括沉思手段、瑜伽、男性生殖器崇拜和非一神论的信仰，在这个时期得到发展；“吠陀教时期”，宗教与印度－雅利安人及其泛神的祭祀崇拜相联系；“婆罗门教时期”，强调《吠陀》的权威性，以种姓为基础建立起一整套规范化社会的等级制度，形而上学理论和非二元论哲学得到充分发展；“后佛教印度教时期”，此时的婆罗门教充分吸收了佛教的影响，出现了许多教派，其中著名的有毗湿奴派、湿婆派及性力派等。不少学者认为，8世纪宗教改革家商羯罗在吸收佛教和婆罗门教的教义教规的基础上，在更多地融入了民间信仰形式以后所产生的印度教，才是真正现代意义上的印度教。

8世纪以后的印度教发展主要分以下几个阶段：“巴克提（虔诚）运动时期”，“巴克提”思想在该时期从南到北得以传播，产生了无数虔信团体。“改良主义的或复兴主义的印度教时期”，19世纪印度教进入了改良时期，改革的动力来自于基督教的福音传道和殖民统治下印度教徒的自我批评；“民族主义的印度教时期”，20世纪印度教与其他宗教，包括基督教和伊斯兰教共享许多特征，并在“现代化”的压力下经历改革进程，印度教团体努力强化其一致性和纪律性。

印度教堪达尔亚马德巴寺

印度教有许多经典，主要有吠陀、奥义书、《摩诃婆罗多》、《罗摩衍那》、《薄伽梵歌》、《摩奴法论》、往世书等。各教派均有各自特别重视的经典。印度教哲学主要有六派：正理派、胜论派、数论派、瑜伽派、弥曼差派和吠檀多派。印度教强调通过精神训练达到与神结合，结合的方法是瑜伽，主要有“行为瑜伽”、“虔爱瑜伽”和“知识瑜伽”三种。

据称有神灵三亿多，由主神及其化身、配偶、子女以及家族成员、亲朋好友组成；另有各种自然神祇及动植物神灵。现今印度教主要有三大教派：毗湿奴派、湿婆派和性力派。①毗湿奴派。崇拜主神毗湿奴、他的种种化身和他的配偶吉祥天女。主要经典为奥义书、《罗摩衍那》、《摩诃婆罗多》、《毗湿奴往世书》、《薄伽梵往世书》等。产生于9世纪左右，一般将罗摩奴阇视为创始人。②湿婆派。崇拜湿婆及其化身和配偶。一般认为起源于8世纪，由商羯罗创立。该派分布于印度各地，南部更为流行，但相对较为保守，恪守印度教的各种传统礼仪和行为规范。③性力派。以崇拜女神性力为基本教义。盛行于孟加拉、阿萨姆和奥里萨等地。所崇拜的女神有梵天的配偶萨拉斯瓦蒂、毗湿奴的配偶吉祥天女拉克希米、湿婆的配偶雪山女神难近母、卡利等。

印度教节日主要有洒红节（Holi，音译霍利节），性质类似春节，庆祝旧年结束和新年开始，在印度历12月的望日举行，是举国共庆的重要节日；灯节（Diwali，亦称胜利之节），印历8月朔日举行，全国庆祝，放假从3天至半月不等。另有湿婆派的重要节日“湿婆供奉节”，毗湿奴派的重要节日“罗摩诞辰节”、“黑天诞辰节”，以及性力派的主要节日“难近母节”（Durgapuja，音译为杜尔迦节）。印度教以恒河及其支流以及神话中的天河为主要圣河，拥有瓦腊纳西、马土腊、阿约迪亚等七大圣地。印度教神庙是印度教哲学的宇宙图式，塔顶象征着宇宙之山，主厅（意为子宫房）象征着宇宙的胚胎，供奉之神是宇宙精神的化身或标志。

印度教教徒约有8亿人，分布于世界近百个国家和地区，从信仰人口角度说，已是世界第三大宗教。

印度美术 Indian art 从史前到1858年印度次大陆沦为英国殖民地以前的美术。印度文化的重要组成部分。内容深奥，形式丰富，自成体系，对亚洲诸国的美术曾产生巨大影响。

史前时代美术 印度史前时代主要包括旧石器时代（约前50万～前1万年）、新石器时代（约前6000～前3500）、印度河文明时代（约前2500～前1500）、吠陀时代（约前1500～前600）。史前时代的美术基本上属于前艺术或准艺术的范畴。

旧石器时代美术 印度旧石器时代的工具多是用粗糙的石英石制作的石器。早期索安文化的砍斫器和马德拉斯文化的手斧，中期石片文化的刮削器，晚期印度中、西部的细石器和南部的石片石器，从简陋到精致，从单调到丰富，逐渐显示出次大陆原始居民审美意识萌芽的最初迹象。

新石器时代美术 新石器时代的工具，材料已不限于石英石，器物也不仅是切削打制而成，而是采用了刻槽、磨光技术，且形制多样。20世纪70年代以来，在印度中央邦比姆贝特卡等地发现的岩画，多描绘狩猎、舞蹈、战争场面。有学者认为最早的印度岩画的年代约在公元前5500年。约前4500年印度次大陆出现陶器，并彩绘花纹。

印度河文明时代美术 印度河流域是印度文明的发祥地。以印度河流域的哈拉帕和摩亨佐达罗等古城遗址为代表的印度河文明，据推测是印度土著居民达罗毗荼人创造的农耕文化。此文明印章上刻的母神、祭司、舞女、公牛等小雕像，瘤牛、独角兽、兽主、菩提树女神等，红底黑纹陶器上描绘的各种动植物花纹和几何形图案，多属于祈愿土地丰产、生命繁衍的偶像或符号。约前1500年印度河文明突然中断，但以后的古印度美术在精神上仍然与印度河文明时代的传统遥相呼应。

吠陀时代美术 《吠陀》是来自中亚的游牧民族雅利安人的圣典。伴随着雅利安人的入侵和东进，印度文明的中心逐渐转移到恒河流域，古印度进入了吠陀时代。在吠陀时代，雅利安人的游牧文化与达罗毗荼人的农耕文化互相渗透、融合，逐渐形成统一的印度文化。同时，达罗毗荼人在南印度更多地保留了土著文化的传统。迄今尚未发现吠陀时代的造型艺术作品，但吠陀后期和后吠陀时代相继产生的婆罗门教（印度教的前身）、耆那教和佛教，却成为其后古印度美术的主题。

早期王朝时代美术 早期王朝主要包括孔雀王朝（约前321～前185）、巽伽王朝（约前185～前75）、早期安达罗（萨塔瓦哈纳）王朝（约前70～公元124）。早期王朝时代美术处于佛教美术的草创阶段。

孔雀王朝美术 孔雀王朝是印度历史上第一个统一的大帝国。孔雀王朝第三代君主阿育王（约前273～前232年在位）统治时期，是印度文化与波斯、希腊文化最初交流的时期，古印度的建筑、雕刻吸收了波斯阿契美尼德王朝和希腊化诸国的影响，出现了印度美术史上的第一个高峰。孔雀王朝都城华氏城（今巴特那）的壮丽宫殿曾受到希腊使节的赞美，华氏城百柱大殿可能受到波斯波利斯古城王宫的影响。阿育王征服羯陵伽（今奥里萨），战后皈依佛教，敕令在印度各地竖立了30余根独石纪念圆柱，柱身镌刻诰文，柱头雕饰兽类，铭记征略，弘扬佛法，是为有名的阿育王石柱。阿育王时代草创了窣堵波、支提、毗诃罗等佛教建筑形制，桑奇大塔覆钵的核心部分相传始建于阿育王时代。孔雀王朝的雕刻引进了波斯、希腊的石雕技艺。萨尔纳特狮子柱头是象征性、写实性与装饰性完美结合的雕刻杰作。狄大甘吉的磨光砂石雕像《持拂药叉女》造型浑朴温雅，丰腴圆润，孕育着印度标准女性美的雏形。马图拉地区帕尔卡姆的《药叉》雕像是贵霜时代马图拉佛像的蓝本。

巽伽王朝与早期安达罗王朝美术　这一时期印度政治和艺术活动的中心已转移到今中央邦一带，早期佛教美术日臻繁荣。孔雀王朝草创的佛教建筑形制渐趋完备。巴尔胡特窣堵波、佛陀伽耶窣堵波和桑奇大塔成为印度早期佛教建筑的三大范例。巴尔胡特围栏浮雕、佛陀伽耶围栏浮雕和桑奇大塔塔门雕刻，是印度早期佛教雕刻的代表作。桑奇大塔东门的雕刻《树神药叉女》托架像，初创了表现印度标准女性人体美的三屈式，为后世所沿袭（图1）。

图1　桑奇大塔东门雕刻《树神药叉女》

贵霜时代美术　公元1世纪，贵霜人在中亚大夏（巴克特里亚）一带建立了贵霜王朝（约公元40～241），领土从阿姆河流域扩展到恒河流域。贵霜国王迦腻色伽（约78或约128或约144年即位）统治时期，国势极盛，促进了东西方的贸易往来与文化交流，发展了印度、希腊、罗马、波斯诸文化因素融合的贵霜文化。贵霜时代早期佛教（小乘）向中期佛教（大乘）的转变，引起佛教美术的变革。迦腻色伽崇信佛教，在他治下印度西北部的犍陀罗和北印度的马图拉，创造了最初的佛像。南印度的阿马拉瓦蒂佛教雕刻自成一派，与犍陀罗、马图拉并为贵霜时代三大艺术中心。贵霜时代艺术处于佛教艺术的繁盛阶段。

犍陀罗美术　犍陀罗地区是贵霜王朝的政治、贸易与艺术中心，东西方文化荟萃之地。犍陀罗美术的外来文化色彩十分浓郁。犍陀罗雕刻主要吸收了希腊化美术的影响，仿照希腊、罗马神像创造了希腊化风格的佛像——犍陀罗佛像。犍陀罗美术衍生出印度-阿富汗派美术（见巴米扬石窟），影响远达中国的新疆和内地，并东渐朝鲜半岛和日本。

马图拉美术　马图拉是贵霜王朝的宗教与艺术中心之一，也属于东西方文化交会的地区。与犍陀罗美术相比，马图拉美术的印度本土文化传统更为深厚。马图拉建筑遗迹有马特的贵霜王室神殿、布台萨尔的佛教、耆那教窣堵波等。马图拉雕塑的贵霜王侯肖像，是游牧民族王权神化的化身；肉感丰美的裸体药叉女雕像（图2），则是印度农耕文化的产物。贵霜时代的马图拉式佛像，最初是参照马图拉本地传统的药叉雕像创造的。雕像造型雄浑伟岸，薄衣透体；风格倾向于理想主义，追求健壮裸露的肉体美和力量感。

图2　雕像《药叉女》

阿马拉瓦蒂美术　阿马拉瓦蒂是南印度与贵霜王朝对峙的安达罗国萨塔瓦哈纳王朝的都城。阿马拉瓦蒂美术比马图拉美术的印度本土文化传统更加纯粹。阿马拉瓦蒂大塔和纳伽尔朱纳康达（见纳伽尔朱那康达遗址）、贾加雅佩塔等地窣堵波的雕刻，都属于阿马拉瓦蒂风格。造型柔美活泼，肢体细长。

笈多时代美术　笈多王朝（320～550）是继孔雀王朝之后又一个大帝国。笈多时代在继承贵霜时代具有强烈外来色彩的文化同时，更致力于高扬印度本土的文化传统，把印度文化推向巅峰。笈多时代佛教美术鼎盛，印度教美术勃兴，被誉为印度次大陆古典主义的黄金时代。

笈多佛教美术　笈多诸王大多信奉印度教，但对佛教、耆那教等异教采取宽容政策，后期笈多诸王甚至赠金筹建佛教学府那烂陀寺。笈多时代佛教哲学家无著、世亲把大乘佛教瑜伽行派哲学发展到极峰，浸透了唯识玄想精神的佛教古典主义艺术亦臻于鼎盛。萨尔纳特的达迈克窣堵波，阿旃陀石窟第16、17、19诸窟，桑奇第17号祠堂、第51号精舍，佛陀伽耶大菩提寺等，都是笈多时代的佛教建筑遗构。笈多佛教雕刻的两大中心马图拉和萨尔纳特，创造了纯印度风格的笈多式佛像——马图拉式佛像和萨尔纳特式佛像，代表着印度古典主义艺术的最高成就。笈多时代阿旃陀石窟壁画的风格处于从古典主义的高贵单纯向巴罗克的豪华绚丽过渡的时期，印度雕刻传统中表现标准女性美的三屈式，也被许多壁画所采用，代表作有《须大拿本生》、《持莲花菩萨》（图3）等。

图3　阿旃陀石窟壁画《持莲花菩萨》

笈多印度教美术　笈多时代古婆罗门教向新婆罗门教即印度教转化，印度教美术随之勃兴。笈多印度教建筑的遗构有蒂哥瓦神庙、比塔尔冈神庙、德奥加尔十化身神庙、乌达耶吉里石窟等，提供了以后数世纪印度教建筑的雏形和范式。笈多印度教雕刻的代表作有马图拉的《毗湿奴立像》、乌达耶吉里的《毗湿奴的野猪化身》、德奥加尔的《毗湿奴卧像》等，风格已逐渐从古典主义向巴罗克风格演变。笈多印度教美术拉开了中世纪印度教美术全盛时期的壮丽序幕。

中世纪时代美术　印度中世纪（约7～13世纪）是印度教美术的全盛时期。中世纪印度南北各地历代地方性王朝大多信奉印度教，兴起了建造印度教神庙的热潮，持续数百年而不衰。印度教神庙的型式大体可分为3种：①南方式（达罗毗荼式），悉卡罗呈角锥形；②北方式（雅利安式或城市式），悉卡罗呈曲拱形；③德干式（中间式），介乎南方式与北方式之间。印度教诸神基本上是自然力量的化身，宇宙生命的象征，因此印度教艺术追求动态、变化、力度，呈现动荡、繁复、夸张的风格（图4）。

南印度诸王朝美术　中世纪南印度诸王朝保持着纯正的达罗毗荼文化传统。帕拉瓦王朝（约580～897）都城坎奇普拉姆的

图4 《树神》(11世纪，印度恰罗斯普尔出土)

凯拉萨纳塔神庙与海港马哈巴利普拉姆的五车神庙、石窟神庙和海岸神庙，是印度南方式神庙的滥觞，几乎提供了所有南方式神庙的原型。马哈巴利普拉姆的岩壁浮雕《恒河降凡》是帕拉瓦雕刻的杰作，体现了初期印度巴罗克风格的特征。朱罗王朝（846～1279）都城坦焦尔的希里哈迪希瓦拉神庙和殑伽贡达朱罗普拉姆的同名神庙，沿用帕拉瓦神庙的平面设计，角锥形的悉卡罗更加巍峨。朱罗王朝的铜像，例如名作《舞王湿婆》（图5），造型优雅，动态灵活，是南印度巴罗克风格盛期雕塑的典范。潘迪亚王朝（1100～1350）的都城马杜赖的神庙群因袭朱罗样式，门塔（瞿布罗）高于主殿，装饰雕刻繁杂缭乱，属晚期巴罗克风格。中世纪后期的维杰耶纳加尔王朝（1336～1565）的神庙群以及纳耶克王朝（1565～1700）在马杜赖修建的神庙，柱廊（曼达波）的地位突出，装饰雕刻繁琐靡丽，流于洛可可艺术风格。

德干诸王朝美术　中世纪德干地区诸王朝处于雅利安文化与达罗毗荼文化混杂的中间地带，频繁的战争导致南北方美术风格的交流。早期遮卢迦王朝（543～753）在迈索尔的3座都城巴达米、艾霍莱和帕塔达卡尔的神庙群，最初的形制由佛教支提堂演变而来，中世纪接受了南方式印度教神庙的影响，同时渗入了北方式神庙的成分。帕塔达卡尔的维鲁帕克沙神庙是坎奇普拉姆的凯拉萨纳塔神庙的仿制品。拉什特拉库塔王朝（753～973）继续开凿埃洛拉石窟。埃洛拉第16窟凯拉萨神庙（图6），是仿照帕塔达卡尔的维鲁帕克沙神庙设计的，镂空整块山岩凿成。凯拉萨神庙的雕刻，综合了笈多时代的典丽、遮卢伽王朝的浑厚与帕拉瓦王朝的秀逸，动态强烈，变化丰富，活力充沛，代表着印度巴罗克美术的最高成就。约在同时期开凿的象岛石窟湿婆神庙，雕刻也富有印度巴罗克艺术的特色，其中的巨岩雕刻《湿婆三面像》堪称世界雕刻名作。

图5 《舞王湿婆》(10～11世纪，印度泰米尔纳德邦出土)

图6　凯拉萨神庙

北印度诸王朝美术　中世纪北印度诸王朝奉为正统的雅利安文化，愈来愈多地吸收了达罗毗荼文化的因素。孟加拉、阿萨姆流行的怛多罗教（密教），同时影响了印度教、佛教、耆那教及其美术。波罗王朝（约750～1150）是佛教在印度本土的最后庇护所。波罗诸王扩建增修了那烂陀寺和佛陀伽耶大菩提寺等寺院。那烂陀等地出土的波罗石雕或铜像，如宝冠佛、多臂观音、密教女神多罗菩萨等雕像，受笈多古典雕刻与南印度铜像的双重影响，感染了巴罗克的豪华、繁缛、怪诞，被称为火焰式的艺术。东恒河王朝（约750～1250）在奥里萨境内营造了宏伟的神庙群。奥里萨神庙是北方式神庙的亚种之一，曲拱形的悉卡罗呈玉米状；代表作有布巴内斯瓦尔的林伽罗阇神庙、普里的扎格纳特神庙、科纳拉克太阳神庙等。奥里萨神庙雕刻装饰繁丽、动态夸张，属于烂熟期的印度巴罗克风格。科纳拉克太阳神庙的巨大的浮雕车轮富丽堂皇，被视为印度文化的象征。金德拉王朝（950～1203）的都城卡朱拉霍的印度教、耆那教神庙群可与奥里萨神庙群比肩。卡朱拉霍神庙也是北方式神庙的亚种之一，悉卡罗呈竹笋状，主塔周围环峙多层小塔，代表作有坎达利亚·摩诃提婆神庙等。卡朱拉霍神庙雕刻以神庙外壁高浮雕嵌板带上千姿百态的女性雕像和爱侣（密荼那）雕像著称，变形极美，性感极强，亦属于烂熟期的印度巴罗克风格。卡朱拉霍出土的雕刻珍品《情书》是印度雕刻的压卷之作。

伊斯兰时代美术　13世纪，突厥人、阿富汗穆斯林入侵印度，德里苏丹国建立后，开始出现印度伊斯兰美术。14世纪，各地方穆斯林王国纷纷独立，印度伊斯兰美术随之普及。16世纪，北印度莫卧儿王朝兴起，印度伊斯兰美术盛极一时。

德里诸王朝美术　德里苏丹国诸王朝（13～16世纪）建筑以中亚传入的伊斯兰风格为主，同时混合了某些印度本土因素。德里苏丹国奴隶王朝（1206～1290）在德里兴修的伊斯兰清真寺和库特卜尖塔，高华丰丽，是印度伊斯兰建筑的最早范例。哈拉吉王朝（1290～1320）的建筑装饰富丽，活泼多样。图格卢克王朝（1320～1413）的建筑简朴而刻板。萨伊德王朝（1414～1451）和洛提王朝（1451～1526）的建筑试图复兴哈拉吉风格。

莫卧儿王朝美术　莫卧儿王朝（1526～1858）是察合台系突厥人——莫卧儿人在印度次大陆建立的伊斯兰帝国。莫卧儿建筑主要接受了波斯伊斯兰建筑的影响，同时融合了印度传统建筑的因素，形成了一种既简洁明快又装饰富丽的莫卧儿风格，代表着印度伊斯兰美术的最高成就。代表作有胡马雍陵、阿格拉城堡、法特普尔·西克里城堡、拉合尔城堡、阿克巴陵、伊蒂马德·乌德·道拉墓、德里红堡、德里大清真寺、泰姬陵。莫卧儿细密画的成就仅次于建筑。莫卧儿时代印度本土诸邦的拉杰普特细密画，与莫卧儿细密画并行发展，互相影响。拉杰普特细密画题材多取自印度史诗、神话。作品往往带有田园诗的色彩、牧歌式的情调和音乐旋律之美，线条粗犷，构图生动，用色大胆，对比鲜明，人物造型朴实自然。

印度民族大起义　India, Great National Uprising of　19世纪中期印度封建主领导的、以印度雇佣兵为骨干的反抗英国殖民统治和争取民族独立的起义。又称印度雇佣军兵变、土兵起义。19世纪上半期，英国极力把印度变成商品销售市场和原料产地，激起农民和手工业者的极大仇恨。英国在印度实行兼并封建主领地的政策，引起许多王公的不满。1849年英国吞并旁遮普以后，取消20万印度雇佣兵的特权，使印度雇佣兵十分气愤。

早在1856年，印度教徒和伊斯兰教徒就在广大城乡进行各种形式的反英宣传。从1857年2月到4月，军队哗变事件不断发生。5月11日，起义者进入德里，拥立莫卧儿皇帝巴哈杜尔·沙二世为印度皇帝，成立了领导机构——由10人组成的行政院。起义者占领古都德里，激发了各地起义的迅速发展。年轻的詹西女王拉克希米·巴伊于6月领导人民起义。起义波及北印度和中印度广大地区，中心是德里、坎普尔、勒克瑙。从6月上旬到9月中旬，起义者进行英勇的德里保卫战。7月初，巴雷利起义领袖巴克德·汗到达德里，被任命为德里起义军总司令。但巴哈杜尔·沙二世周围的封建贵族反对巴克德·汗，致使起义军失去统一指挥。9月中旬，在血战6天之后，德里陷落。巴克德·汗率军出走法鲁哈巴德。巴哈杜尔·沙二世屈膝投降，后被囚在仰光。德里陷落后，奥德首府勒克瑙成为起义军的中心。1858年初，集中在勒克瑙的起义军接近20万人，其中3.5万以上是孟加拉军团的印度雇佣兵。2月19日至3月19日，起义军在勒克瑙进行艰苦的保卫战，最后被迫撤出城市。3月22日至4月3日，在拉克希米·巴伊领导下，起义军进行詹西保卫战。6月，这位女王在瓜廖尔牺牲。

起义虽然以失败告终，但沉重地打击了英国殖民统治。1858年8月，英国议会通过法案，撤销英国东印度公司。

印度民族独立运动(1905～1908) National Independent Movement (1905～1908) 印度近代史上第一次以争取民族独立，实现民族自治为目标的革命运动。1899年，G.N.寇松勋爵任英印总督。他把孟加拉分割为东孟加拉（包括阿萨姆）和西孟加拉两个省，利用分而治之的手法，挑动印度教徒与穆斯林的宗教对立。孟加拉人民立即掀起反分割斗争。1905年8月7日，加尔各答万人大会决定以抵制英货和开展斯瓦德希（自产）运动迫英撤销分割计划。10月16日分割法生效当天，加尔各答举行国丧日，全城总罢业。以B.G.蒂拉克为首的国大党极端派提出斯瓦拉吉（自治、自主）、斯瓦德希、抵制英货和民族教育4点纲领，力争把运动引向革命道路。

1906年，运动扩展到全印，到处出现工会、农会组织。1906年，国大党年会首次通过争取印度自治决议，还通过争取斯瓦德希、抵制英货和民族教育的决议。1907年运动进一步发展。在旁遮普，极端派领导人L.拉伊、A.辛格领导农民进行抗税斗争。5月1日，拉瓦尔品第的群众同警察发生武装冲突。为抗议当局迫害运动领导人，加尔各答群众9～10月接连举行集会示威，10月初的示威演变成街垒战。

殖民当局实行分化瓦解政策。1906年，英国自由党政府宣布准备实行立法会议改革，扩大印度人代表名额。温和派于是与当局妥协，在1907年国大党年会上制造分裂，把极端派排除出国大党。1908年，殖民当局逮捕南印度极端派领导人契·皮莱，封闭进步报刊，颁布刑法补充条例，取缔义务纠察队，最后，以"煽动叛乱"罪，逮捕蒂拉克，判处6年监禁。持续3年之久的民族独立运动失败。

印度尼西亚 Indonesia 东南亚最大国家，世界最大群岛国。地跨赤道，位于中南半岛

与澳大利亚大陆之间。国土分布在亚洲与大洋洲的17 508个岛屿上（其中有居民的岛屿6 044个），领域范围南北宽约1 900千米，东西长5 100余千米。陆地面积1 904 443平方千米，海洋面积3 166 163平方千米（不包括专属经济区）。人口2.31亿（2009）。有100多个民族，爪哇人占45%，其他主要有巽他人、马都拉人、马来人，以及华人、印度人和阿拉伯人的后裔。印度尼西亚语为官方语言。87%的居民信奉伊斯兰教，其余信奉天主教、基督教、佛教和印度教等。首都雅加达。

地理 全境岛群分为大巽他群岛（其中加里曼丹岛的北部分属马来西亚和文莱），努沙登加拉群岛（又名小巽他群岛，其中帝汶岛的东半部为东帝汶），马鲁古群岛和伊里安岛(新几内亚岛)西半部的伊里安查亚。爪哇岛及马都拉岛，历史上是国家重心所在，称为"内岛"或"内省"，其余各岛通称为"外岛"或"外省"。

环绕在岛屿周围的海洋有太平洋与印度洋，以及十几个属海。海岸线曲折，总长54 716千米。领海宽度12海里，专属经济区200海里。

地处亚欧大陆与太平洋板块的接触带，多火山与地震，是太平洋西岸火山、地震带的一部分。地形以山地和丘陵为主，全境拥有3 000米以上的火山峰多座，伊里安查亚即有7座4 000米以上的高峰，其中查亚峰海拔5 029米，为全国最高峰。全境共有400多座火山，其中活火山77座，约占世界454座活火山的1/6，以爪哇（20座）与苏门答腊（12座）两岛最多。火山区有丰富的地热能源。地震频繁，强震多发生在苏拉威西和马鲁古地区。矿藏种类多，有锡、镍、金、铜、磁铁矿、硫磺、碘、石油、天然气、岩盐、煤、铝土以及赤铁矿与褐铁矿等。

大部分地区为热带雨林气候，年降水量2 000～5 000毫米，爪哇海、班达海以南沿岸各地为热带季风气候，年降水量1 000～2 000毫米；干、雨季分明。各地全年高温，年平均气温25～27℃，山区较凉爽。

河流众多，水量丰沛，除大岛外，都比较短小。较大的河流有加里曼丹的卡普阿斯河、巴里托河、马哈坎河，伊里安查亚（新几内亚岛西部）的曼伯拉莫河、迪古尔河，苏门答腊的穆西河、哈里河以及爪哇的梭罗河等。各河中下游通航里程较长。

动植物种类繁多，植物区系属亚洲类型，但苏拉威西以东地区大洋洲树种较多。全国共有35 000多种植物，森林覆盖率超过60%。拥有20多万种动物，其中濒临灭绝的珍稀动物有525种。国家自然保护区面积约占国土面积的19.7%。

历史 公元初年前后，境内已有了狩猎、采集、农耕、捕捞、采矿、熔炼等生产活动和航海贸易，同中国和印度有交往。4世纪爪哇先后出现几个王国。7世纪以苏门答腊为发祥地的室利佛逝王国建立，9～10世纪版图扩及印尼西部各岛及马来半岛等地。13世纪末兴起于爪哇的满者伯夷（麻喏巴歇）王国，最盛时领有印尼大部分群岛及马来半岛南部。

16世纪初葡萄牙、西班牙殖民者相继入侵，在马鲁古群岛掠夺香料等财富。17

图1 弗罗勒斯岛的火山湖

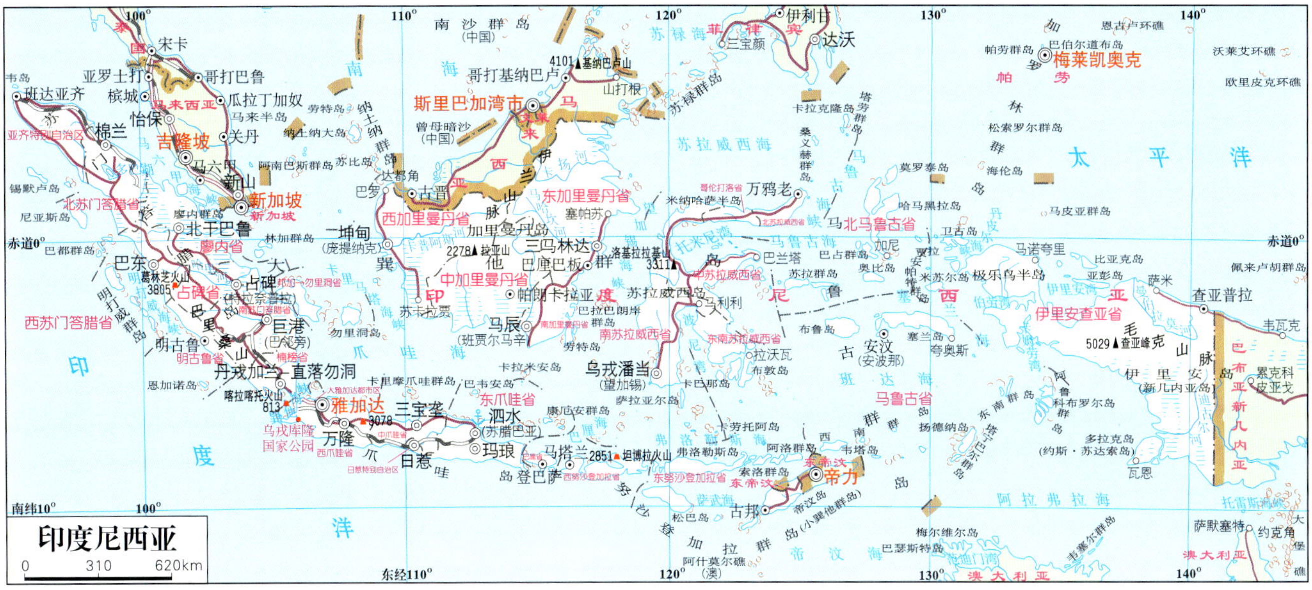

世纪初荷兰殖民者接踵而至，成立联合东印度公司，侵占土地，垄断贸易。1798年改设殖民政府。1811年英国占领爪哇，1816年交还荷兰。1830年在爪哇实行“强迫种植制”，迫令农民种植出口经济作物甘蔗、靛蓝、咖啡、烟草、肉桂、胡椒等。1891年改行“自由政策”，英、美、德、法、日等国资本纷纷涌入。不到半个世纪，爪哇、苏门答腊、邦加、勿里洞、加里曼丹、苏拉威西等岛上出现了橡胶、椰子、胡椒、金鸡纳、茶、木棉、甘蔗等种植园，并修筑公路、铁路，开采锡、煤、石油等矿产资源。第二次世界大战时被日本占领。1945年独立，成立印度尼西亚共和国。1945～1950年，先后武装抵抗英国、荷兰的入侵，其间曾被迫改为印度尼西亚联邦共和国并加入荷印联邦。1950年8月重新恢复为印度尼西亚共和国，1954年8月脱离荷印联邦。

政治 实行总统制。总统为国家元首、最高行政首脑和武装部队最高统帅，直接领导内阁。“潘查希拉”（信仰神道、人道主义、民族主义、民主和社会公正）为立国基础，亦称建国五基。人民协商会议为国家立法机构，负责制定、修改与颁布国家宪法和大政方针，并对总统进行监督。司法机构独立于立法和行政机构。主要政党有民主党、印尼民主斗争党、专业集团党、建设团结党等。

经济 20世纪，国民经济以农、林、矿的原产品生产与出口为主，农业为优先发展的部门。20世纪80年代调整经济结构，兴建新的工业部门，扩大和改善交通运输和基础设施，吸引外资、大力扶持中小企业，发展旅游、增加出口等，经济发展取得一定成就。2009年国内生产总值（GDP）5 900亿美元，其中工业占26.4%。货币名称为印度尼西亚盾。

农业以种植业为主，粮食作物主要有稻米、玉米、薯类、豆类等。2008年粮食实现自给。经济作物主要有橡胶、油棕、椰子、咖啡、甘蔗、胡椒、可可、丁香、豆蔻、肉桂、烟草、茶树、硬质纤维等。棕榈油、胡椒和橡胶的产量均居世界第二位。森林资源丰富，20世纪70年代停止外国资本采伐，发展木材加工业，限制原木、原藤出口，进行育林更新。在苏门答腊、加里曼丹、伊里安查亚、苏拉威西等地建立1 300万公顷世界最大的商品林基地。胶合板工业发展迅速。印尼海域辽阔，沼泽广布，发展水产业条件优越。20世纪70年代以后发展拖网渔轮，在印度洋开辟新渔场。淡水养殖面积470万公顷，产量的90%来自爪哇、苏门答腊和加里曼丹。

工业以石油开采、提炼和石油化工占主导地位。新兴工业有纺织、造纸、金属制造、机械、钢铁、电器、电子、日用品制造和电力等。矿产有石油、天然气、煤、锡、镍、金、银等。陆上主要油田近20个，分布于苏门答腊北、中、南三部分，加里曼丹东部，东、西爪哇北部和伊里安查亚西部等地，另有几个近海油气田在爪哇岛西北和加里曼丹东岸外。以石油和天然气为原料，建立起化肥、农药、炭黑、塑料、合成纤维等工业。印度尼西亚制造的中小型飞机适用于本国岛际交通，并向泰、美等国出口。

陆上交通除爪哇、苏门答腊外，各岛皆缺乏联系全岛的干线道路网。海运占重要地位，全国有604个港口，其中10个可泊巨型海轮，丹戎不碌、丹戎佩拉和勿拉湾是3个最大海港。各岛间联系靠海运和空运。全国有190个民用机场。

出口物资以农、矿产品为主。过去以热带经济作物产品为支柱。20世纪60年代起，石油、天然气跃居首位，曾占出口总值的64%，其他出口产品有木材、橡胶、棕榈油、锡、咖啡、虾、茶叶、烟草、手工艺品、电器、水泥和化肥。进口日用消费品、粮食、工业原料和机械设备等。主要贸易对象为日本、美国、新加坡、韩国、中国、马来西亚、澳大利亚。

文化 实行九年制义务教育。著名大学有印度尼西亚大学（雅加达）、加查马达大学（日惹）、艾尔朗加大学（泗水）及巴查查兰大学（万隆）等。印尼文报刊有《罗盘报》、《专业之声报》、《印尼媒体报》、《共和国日报》等，英文有《雅加达邮报》、《印尼观察家报》等，中文有《印度尼西亚日报》(政府主办)、《华文邮报》(中文和印尼文互译)等。通讯社有安塔拉通讯社（官办）、印尼民族通讯社（私营）。印度尼西亚共和国广播电台及印度尼西亚共和国电视台为官办；私营电视台有印尼鹰记、太阳、教育及美都，后者也播放中文新闻。

对外关系 奉行独立自主、不结盟的积极外交政策，主张平等、相互尊重和大国平衡原则，积极参与国际和地区事务。主张改组联合国，扩大安理会。反对美国等西方国家把经济与人权、环境等挂钩。促进南南合作和南北对话，积极参与亚太

图2　爪哇的普兰巴南印度教寺庙

经济合作。重视与东盟成员国的友好合作关系，积极发展同美、日、俄及欧洲各国的关系。关注中东、南联盟、朝鲜半岛局势等国际问题。已与112个国家建交。1950年4月13日与中国建交，1967年10月30日两国外交关系中断，1990年8月8日恢复外交关系。

印度尼西亚语 Indonesian language 印度尼西亚的官方语言。属南岛语系印度尼西亚语族。使用人口约1.7亿。印度尼西亚语以市场马来语为基础发展而成。1901年提出第一个印度尼西亚语拼音方案，用拉丁字母拼写，经1947年和1972年两次修改，采用了与马来语统一的拼音规则。印度尼西亚语与马来语同源的词多达80%以上，不少人认为它们实际上是同一种语言，只是拼写法略有不同。印度尼西亚语有单元音6个，复合元音3个，辅音25个。词缀很丰富，构词和构形能力很强，词的重叠也起构词和构形的作用。名词、代词没有表示性、格的语法范畴，名词的重叠形式可以表示复数；动词没有表示时态的语法范畴，但有表示体、式、语态的语法范畴。词汇中吸收了大量的梵语、阿拉伯语、葡萄牙语、荷兰语、英语和中国闽南方言的词语。基本语序为主-动-宾型，定语在中心词之后。

印度尼西亚语族 Indonesian group 南岛语系的一个语族。

印度人民党 Bharatiya Janata Party; BJP 印度全国性政党之一。主要支持基础为新兴中产阶级、一部分大资产阶级和地主。1980年4月6日，人民党内的原人民同盟成员在A.B.瓦杰帕伊领导下脱离人民党，另组印度人民党，瓦杰帕伊任新党主席。国大党、人民党、印共（马）中的很多党员相继加入印度人民党。同年4月24日，被中央选举委员会承认为全国性政党。1980年12月底举行党的第一次全国会议，其基本纲领为5项基本原则：民族主义、民族统一、民主、甘地的社会主义、积极的世俗主义和以价值观为指导的政治活动。当时该党有250万党员。该党突出自身“印度教徒利益维护者”形象，有教派主义色彩。

在经济政策上，该党声称反对经济集中，主张甘地的分散主义；主张解决普遍存在的失业与贫困问题。外交政策方面，提出了“真正的不结盟”政策。该党影响下的工会组织是印度工人同盟，有会员近300万人。

1999年10月，印度人民党在大选中获胜，组成以该党为主体的联合政府，瓦杰帕伊为总理。2004年大选输给国大党后，成为在野党，但仍为印度第二大政党。现任主席为尼廷·加德卡里。该党的标志为荷花。

《印度时报》 *The Times of India* 印度历史悠久的英文对开日报。1838年在孟买创刊，原名《孟买时报》。每星期三、六出版。1850年改为日报。1861年5月与《旗帜报》、《电讯与信使报》合并，改称现名。最初由英国贝内特·科莱曼有限公司经营，后被印度达尔米亚-贾茵财团收买。消息多反映政府观点。在华盛顿、伦敦、加德满都派有记者。同时在新德里、孟买、艾哈迈达巴德、斋浦尔、班加罗尔出版。读者主要为知识分子、商人、官员。每日出12～20版，广告占50%～70%。日发行量58.9万份。该报系共有14种出版物。

印度斯坦人 Hindustanis 南亚印度共和国的民族集团之一。又译兴都斯坦人。约4.93亿人（2001）。分布在北方邦、中央邦、德里邦、拉贾斯坦邦、哈里亚纳邦、比哈尔邦，以及全国各大城市。属欧罗巴人种地中海类型，混有澳大利亚人种成分。

印度斯坦人女子

一般认为，印度斯坦人主要是公元前14世纪左右迁入的古代雅利安游牧部落与当地达罗毗荼人的混血后裔，故有人称之为雅利安-达罗毗荼人。系由许多族源相同、语言文化和生活方式接近的地区性民族集团组成。把他们联系在一起的是印度斯坦语，包括印地语和乌尔都语，均属印欧语系印度-伊朗语族。印地语是印度的官方语言，其文字以天城字体的梵文字母为基础。乌尔都语书面语用阿拉伯字母拼写。主要信奉印度教，部分信奉佛教和伊斯兰教。公元前7世纪在吠陀教基础上形成婆罗门教。它主张吠陀天启、祭司万能和婆罗门至上；把人分成婆罗门（祭司）、刹帝利（武士）、吠舍（农民和工商业者）和首陀罗（无技术的劳动者）四大种姓，并另有贱民等级。尔后又由四大种姓演变出许多亚种姓。种姓之间界限森严。8～9世纪，经商羯罗改革，逐渐形成目前的印度教。公元前6～前5世纪，作为反婆罗门思潮的佛教和耆那教兴起，印度斯坦的鹿野苑成了佛教中心。13世纪印度教复兴，佛教在印度受到排挤。早期商人带来伊斯兰教，16世纪曾占据统治地位。目前，仍有少部分是穆斯林。受印度教种姓制度影响，穆斯林分为赛义德、谢克、穆格尔等等级，但等级界限不及印度教种姓那么严格。

印度斯坦人与其他民族共同创造了辉煌的印度文化。公元前2000～前1000年间写成吠陀，成为婆罗门教以及印度教最古老的经典。后来成书的还有奥义书、往世书、《摩诃婆罗多》、《罗摩衍那》、《摩奴法典》以及大量佛经，流传至今，是人类文化的重要遗产。在天文、历算、医学、音韵学、绘画、音乐、舞蹈、建筑、雕刻等方面也有很高成就。

盛行父系大家族制，常由三四代人组成。印度教徒实行种姓内婚，多为父母包办。妇女地位低下，寡妇不许再嫁。印度教徒一般采用火葬，余烬投河。恒河是印度教的圣河。男子一般穿无领长袖宽衣，下着围裤或着宽大衣裤。妇女上穿浅色开襟短袖紧身衣，下围彩色纱丽，不少人喜戴鼻饰。主要从事农业。农村实行种姓服务制度，按传统职业分工。恒河地区是印度主要农业区之一，北部主要种植小麦、玉米、大麦和豆类，南部种植水稻、油料作物、甘蔗和棉花等。一部分人在工厂、矿山做工。手工纺织普遍，以棉纺、刺绣及金属制品等精巧手工艺著称于世。

印度文学 Indian literature 印度次大陆上用梵语、巴利语、印地语、孟加拉语等多种语言写作的文学作品。印度是世界文明古国之一，幅员辽阔，宗教发达，种族复杂，语言众多，印度文学以丰富多彩著称于世。

古代印度文学（公元前15～公元4世纪） 古代文学主要是梵语文学，又分为吠陀时期、史诗时期、古典梵语文学三个时期。成就最高、影响最大的有诗歌总集、史诗、寓言故事、戏剧和文论等。在这些作品形成过程中都不同程度地受到印度古老的宗教（婆罗门教、佛教、耆那教）和种姓制度的影响。

吠陀大约形成于公元前1 500～前1 000年，共有4种本集，即《梨俱吠陀本集》、《阿达婆吠陀本集》、《娑摩吠陀本集》和《夜柔吠陀本集》，以前两种本集文学价值最高。吠陀是印度文学的最初源头，对后代文学影响很大。吠陀文学还包括梵书、森林书、奥义书等。此外，公元初期伐致呵利的抒情诗集《三百咏》也流传很广。史诗《摩诃婆罗多》和《罗摩衍那》是古代印度文学的重大收获，集中反映了古代印度的社会生活和文学成就。两大史诗对亚洲各国，特别是对东南亚地区有较大影响。在古代产生的不少寓言故事中，代表性的作品有《佛本生故事》、《百喻经》、《五卷书》等。古代印度戏剧发达，于公元1、2世纪即已达到相当成熟阶段，4、5世纪步入高潮。先后出现了马鸣、跋娑、首陀罗迦和迦梨陀娑等戏剧家。迦梨陀娑的《沙恭达罗》和首陀罗迦的《小泥车》是印度古典戏剧的典范和重大收获。由于戏剧起源较早并积累了丰富的演出经验，为戏剧理论的发展提供了条件。《舞论》是一部用诗体写成的印度最早的文学理论著作。

这时期除了梵语古典文学，还出现了不属于雅利安语系统的南方泰米尔语文学。

中古印度文学（5世纪至19世纪中叶） 为古典梵语文学繁荣和各地方语言文学兴盛的时代。大致可分为两个时期，即从4世纪到12世纪的古典梵语文学时期，和从10世纪开始的各个地方语言文学兴起的时期。古典梵语文学时期开始于1世纪，而史诗往世书时期在1世纪并未结束，而是延续到10世纪。往世书是指这期间形成的18部用诗体叙述神话和英雄传说的作品，另外还有18部小往世书。往世书用神话宣传宗教，印度教把18部往世书奉为经典。古典梵语文学中还有长篇小说，如波那的《迦丹波利》、《戒日王传》，檀丁的《十王子传》等；诗体故事总集如月天的《故事海》等；文学理论继《舞论》之后，又出现檀丁的《诗镜》、婆摩诃的《诗庄严论》、欢增的《韵光》、曼摩吒的《诗光》等。

在各种地方语言文学中，成就较大的有印地语文学、乌尔都语文学、孟加拉语文学、旁遮普语文学、马拉提语文学、克什米尔语文学、信德语文学，以及南方的泰米尔语文学、泰卢固语文学、马拉雅拉姆语文学和卡纳尔语文学等。它们在发展上虽不平衡，但大都继承了前代史诗文学和古典梵语文学的传统，吸收民间口语和民间口头文学的营养。

印地语文学开始于10世纪，成就最为显著，出现金德·伯勒达伊、格比尔达斯、加耶西、苏尔达斯、杜勒西达斯等一系列作家和诗人，创作出不少优秀作品。如伯勒达伊的《地王颂》、苏尔达斯的《苏尔诗海》、杜勒西达斯的《罗摩功行录》等。乌尔都语文学兴起于11、12世纪，比较明显地受到波斯文学的影响。第一个获得重大成就的诗人是霍斯陆。迦利布的创作被誉为乌尔都语文学的典范。孟加拉语文学产生于10世纪前后，最早的书面作品是《恰利耶歌集》，形成于10～12世纪之间。钱迪达斯的《黑天颂》和维德亚伯迪的《维德亚伯迪诗集》对后世影响较大。

中古印度文学对周围国家产生了深远影响。中国的志怪小说、说唱文学、唐代的传奇和变文等都受到影响。

近代印度文学（19世纪中叶至第一次世界大战） 19世纪中叶，印度完全沦为英国殖民地。殖民者带来的西方文化与印度的传统文化不断碰撞、交融。近代印度文学最主要的是东印度的孟加拉语、北印度的印地语和以德里、勒克瑙为中心的乌尔都语文学，此外还有英语文学。

孟加拉是当时印度经济和文化发展的先进地区，孟加拉语新文学最早反映民族主义思想意识，并推动整个印度新文学的发展。B.C.查特吉是孟加拉近代文学先驱之一。S.C.查特吉是孟加拉文学史上很有影响的作家。R.泰戈尔是同时用孟加拉语和英语写作的作家，是印度近代文学最杰出的代表。印地语新文学的产生与民族解放运动的开展有着密切联系，其启蒙者和开创者是帕勒登杜，在诗歌、散文和戏剧领域都有杰出贡献，6幕剧《印度惨状》为其代表作。乌尔都语新文学也很丰富，其中以迦利布的作品流传最广。

现代印度文学（第一次世界大战至1947年） 第一次世界大战激化了印度人民同英帝国殖民统治者之间的矛盾。1936年，以普列姆昌德为首成立了全印进步作家协会。以现实主义创作著称的普列姆昌德成为现代印度文学的代表。

这时期的重要作家还有乌尔都语作家克里山·钱达尔，以及同时用乌尔都语和波斯语写作的诗人伊克巴尔；孟加拉语作家M.班纳吉，诗人N.伊斯拉姆；印地语作家耶谢巴尔；马拉雅拉姆语诗人V.N.梅农；英语作家M.R.安纳德等。

当代印度文学（1947年以后） 1947年印度宣布独立，原来的印度分成了印度和巴基斯坦两个国家。印度独立后，国内社会问题凸显，希望和沮丧交织。许多作家继承了现实主义传统，但也有的接受了浪漫主义和西方现代主义的影响。著名的现实主义长篇小说有印地语J.古马尔的《十束光》、泰米尔语阿基兰的《一个女人的画像》等。50年代出现“边区文学”流派，代表作有印地语P.雷努的《肮脏的边区》。现代派文学先后出现新诗派、新小说派、非诗派和非小说派。其中，新诗派有印地语的S.H.V.阿格叶耶、新小说派有马拉提语的格德基尔和乌尔都语的拉姆拉尔等。

印度舞蹈 Indian dance 主要指印度传统的民间舞和古典舞。印度舞蹈历史悠久，早在印度河文明时期，印度的先民们就酷爱跳舞，而古典舞的历史至少也有2 000年之久。

印度卡塔卡利派舞蹈

印度民间舞属自娱性舞蹈。它种类繁多，每个地区、每个语言群体都有各不相同的舞蹈，其中既有属于宗教仪式的，又有属于娱乐庆典的。拉贾斯坦邦是印度最负盛名的民间舞之乡，其最具代表性的民间舞是由女子在一切喜庆场合跳的《古马尔舞》，“古马尔”即旋转的意思，这个舞蹈最显著的动作特点是一连串令人目眩的旋转。男子舞蹈有闻名遐迩的《拉西亚舞》，跳舞时，舞者们手持顶端饰有染色棉布流苏的木杆。又如古吉拉特邦的《格尔巴舞》，这个敬神舞包括了女子的《格尔巴舞》和男子的《格尔比舞》两种形式。女子跳舞时，圆圈队形中摆放着青苗作物，舞者头顶着点灯的带孔陶罐，在伴唱下尽情表达对大地母亲的祈祷；男子舞则仅在九夜节跳，以纪念难近母神，其舞蹈动作除不顶陶罐外，大致与女子舞相同。

印度古典舞属职业化表演性舞蹈。它流派众多，仅大的流派就有7个，每个流派又都有各自的诞生地和浓郁的地方特色。这7个流派分别是南部泰米尔纳德邦的婆罗多流派、喀拉拉邦的卡塔卡利流派与莫希尼·阿塔姆流派，中部安得拉邦的库其普第流派，东部奥里萨邦的奥迪西流派，北方邦的卡塔克流派，东北部曼尼普尔邦的曼尼普利流派。此外，还有雅克夏加纳、乔、库鲁万吉和布哈加瓦塔·米拉等4个较小的流派。

古典舞具有的共同特征是：变幻多端的面部表情、复杂多变的手势语言、抑扬顿挫的脚下节奏等。舞者通过细腻而夸张的面部动作，表现各种复杂的情感。舞者的手势具有表意性和象征性，共有67种，其中包括24个单手势、13个联手势和30个舞手势，而全部的手势语汇则多达4 000个，因而无须说唱，便能活灵活现地表达出天地之间的各种神灵、人物的思想、感情和举止。

印度古典舞的三大体裁分别是：“尼里塔”，意为纯舞蹈或抽象舞蹈，表现跳舞本身的运动快感；“尼里提亚”，意为戏剧性舞蹈，借助于面部表情、手势语言和身体部位的动作，表现主题和故事情节，以及印度传统美学崇尚的“味”与“情”；“那提亚”，意为戏剧表演，不仅包括了前两者，而且还包括了说话与歌唱。它注重感情的交流，题材大多取自婆罗多的《舞论》（又译《戏剧论》）。

印度舞蹈随着佛

教和印度教的传播而广泛流行于东亚、南亚和东南亚各国并影响了这些国家的舞蹈具有梵剧融舞蹈、戏剧、诗歌与歌唱于一体的特征。在动作特征方面，印度舞中背部的曲直变化、膝部的外开弯曲、手势的丰富多彩和面部表情的变幻莫测，都极大地影响了这些国家的舞蹈面貌；在题材方面，印度的两大史诗《摩诃婆罗多》和《罗摩衍那》成为舞蹈家的创作源泉；在审美原则方面，《舞论》一直在直接或间接地指导着这些国家的表演艺术。

印度洋 Indian Ocean　世界第三大洋。位于亚洲、非洲、大洋洲及南极洲之间，其西南部以非洲南端的厄加勒斯角之东经20°经线与大西洋为界，东面以中南半岛西岸、苏门答腊岛西岸、爪哇和努沙登加拉群岛南岸、澳大利亚大陆以及通过塔斯马尼亚岛南端的东经146° 51′经线与太平洋为界，南至南极大陆的北缘。面积7 617.4万平方千米，约占世界海洋总面积的20.8%，平均深度3 711米，最深处在爪哇海沟，深达7 450米。

板块学说认为，印度洋是在中生代末至第三纪，因冈瓦纳古陆解体，印度、澳大利亚、南极大陆、非洲大陆、南美大陆逐渐漂移而形成的海洋。

印度洋水域北部封闭，南部开敞。北部岸线曲折，边缘海、内陆海及海峡较多。东、西、南三面与澳、非和南极大陆接近部分，岸线平直。主要附属海湾有**红海**、**阿拉伯海**、**波斯湾**、**孟加拉湾**、安达曼海、**阿拉弗拉海**、帝汶海和**大澳大利亚湾**等。岛屿稀少，主要分布在西部，多为大陆性岛屿。流入印度洋的河流也比较少，著名的有**恒河**、**布拉马普特拉河**、**印度河**、**伊洛瓦底江**、**赞比西河**等。

洋底地形　印度洋洋底展布着“人”字形的中央海岭（大洋中脊），由四条海岭组成，自北向南是卡尔斯伯格海岭（又称阿拉伯海－印度洋海岭）、中印度洋海岭、西印度洋海岭和南极－印度洋海岭。中印度洋海岭是印度洋中央海岭的北部分支，大致从阿姆斯特丹岛向北西方向延伸，平均宽740～930千米左右，一般高出两侧海盆1 300～2 500米，个别脊峰露出海面形成岛屿，如罗德里格斯岛、阿姆斯特丹岛和圣保罗岛等。西印度洋海岭在罗德里格斯岛附近与中部印度洋海岭相接，向西南行，过爱德华王子群岛后称大西洋－印度洋海岭，在西经15°附近与南大西洋海岭相连。西印度洋海岭也被切割得很破碎，相对高度1 500～3 000米。印度洋中央海岭的东南分支称南极－印度洋海岭，其中脊高度较小，脊部距海面一般3 000米左右，中脊区宽500千米左右，裂谷不太明显，中脊外侧两翼多以阶梯形状缓慢下降向深海过渡。印度洋中央海岭被一些与之相垂直或斜交的断裂带切断错开。欧文断裂带切断阿拉伯海－印度洋海岭，向东北延伸与伊朗高原东侧的兴都库什平移断裂带相连。此外，还有韦马、罗德里格斯、马达加斯加、爱德华王子、阿姆斯特丹等断裂带。

“人”字形中央海岭把印度洋分成东、西、南三大海域。东部海域被东印度洋海岭（东经90°海岭）分隔为中印度洋海盆、西澳大利亚海盆。中印度洋海盆南北纵贯，北部为恒河水下冲积锥所掩覆的斯里兰卡深海平原；西北为阿拉伯海盆，几乎全部为印度河水下冲积锥所填积。西澳大利亚海盆北部直接与爪哇海沟相接，有不少东北—西南向的海丘分布其间；东南部因被一些海岭、海丘和海台分割，海底地貌错综复杂。西部海域由于马达加斯加岛的中间突起，把大洋海盆分成岛以北的索马里海盆、岛西南和东南的莫桑比克和马达加斯加海盆。在马达加斯加岛与马斯克林海台之间，有许多火山形成的海峰和在火山基座上发育成的珊瑚岛。这些海峰和珊瑚岛之间，为小片的深海平原和断层性的海沟所占据。南部海域被克罗泽群岛和凯尔盖朗海岭分隔为三个海盆：克罗泽海盆、大西洋－印度洋海盆和南极－东印度洋海盆。印度洋海盆一般深度为4 500～5 000米。西澳和南澳海盆深度较大，平均约5 500米。中印度洋海盆的北部和阿拉伯海盆因恒河及印度河的泥沙填积，深度只有3 000～4 000米。

印度洋中的大陆架面积约436万平方千米，占印度洋面积的5.68%。大陆架的平均宽度比大西洋狭窄，除波斯湾和马六甲海峡外，以澳大利亚北部、马来半岛西侧、印度半岛西部边缘宽度较大。最宽处在孟买以北，达352千米。

大陆架外缘为大陆坡，其坡度较小，平均为2° 55′，宽度一般只有20～50千米。大陆边缘地貌突出的特点是大陆隆或海台较多且分布广。大陆隆有的是浊流或大陆坡滑动崩塌，使大量破屑物质堆积于深海平原边部而成；也有的原是大陆的一部分，分异沉降而成。露出海面的岛屿多属珊瑚岛或火山岛。如留尼汪岛就是火山岛，为印度洋中最高点；查戈斯群岛、马尔代夫群岛和拉克沙群岛大多是在海台上发育的珊瑚礁岛屿。另外，在印度洋东部有一大致沿东经90°走向的东印度洋海岭，北起北纬10°，南至南纬32°，长达6 000多千米，是地球上最直的线状构造。海岭深度约1 800～3 000米，在南纬27° 20′海岭的最高峰顶距海面只有870米。

岛弧－海沟系、水下冲积锥在印度洋海底地貌中表现也很突出。在孟加拉湾有一巨大的恒河水下冲积锥，其面积达200万平方千米。在此水下冲积锥上部直到河口，还形成宽达13～36千米的水下溺谷，溺谷在水下冲积锥上再分散成树状扇形谷，延伸上千千米。在阿拉伯海也有一与此类似的印度河水下冲积锥，但规模较小。

在安达曼群岛、尼科巴群岛之西，向南经苏门答腊岛、爪哇岛、努沙登加拉群岛（小巽他群岛）之南，有一条与这些岛屿伴生的很长的海沟。这一岛弧－海沟系具有平行的双重岛弧，其中苏门答腊岛、爪哇岛、努沙登加拉群岛相当于火山内弧，安达曼群岛和明打威群岛一线相当于非火山外弧。两列岛弧之间为水深3 000～4 000米的较浅的海沟，外弧外侧是爪哇海沟。

气候 印度洋大致位于北回归线至南极圈之间，其主体位于热带，为热带海洋性气候。印度洋南、北部气候差异显著，北部位于热带，三面环陆，形成独有的热带季风气候；南部洋面广阔，行星风系十分典型。依据大气环流的特性，印度洋可划分为四个纬向气候带。

季风带 南纬10°以北，特别是赤道以北，为热带季风气候。每年5～10月，大气环流主要受南亚气旋的控制，盛行西南季风，风速最大可达12米/秒，气温25～28℃。南纬10°以南则为西北风，风力一般不超过5.5～7.9米/秒。北半球冬半年（11月至翌年4月），受亚欧大陆高压的影响，赤道以北盛行东北风，以南则为西北风。风力一般不超过5.5～7.9米/秒。气温，北部为22℃；赤道及其以南的季风区，气温几乎保持不变。赤道区域多云，降水充沛，以孟加拉湾东部，阿拉伯海东部和苏门答腊岛附近为最多。这一带夏季多阴雨，冬季天气多晴朗。阿拉伯半岛沿岸终年干旱少雨。

信风带 南纬10°～30°。终年盛行东南信风。印度洋北部，冬季平均气温25℃，夏季略高，冬夏相差不大。印度洋南部，夏季为20～22℃，冬季为16～17℃。由于常年处在海上较稳定的高气压带下，年降水量较少，北部为200毫米，南部为100毫米。

副热带和温带（西风带） 南纬30°～45°。主要受南纬35°附近南印度洋反气旋的影响，北部风力微弱多变，南部处于西风带边缘，盛行西风。南、北气温差十分显著，平均气温由北而南，2月从24℃降至10℃，7月从20℃降至6℃。年降水量1 000毫米左右。这一地带的海洋面积辽阔，三大洋相通，西风劲吹，南纬40°左右，海上风急浪高，有“咆哮四十度”之说。好望角到澳大利亚间的辽阔海域，高达6米的巨浪占全年波浪的1/5。

副极地气候 南纬45°以南，夏半年（12月至翌年2月）的平均气温在北部也只有6～7℃，至南极海域则仍在0℃左右。年降水量自北部至南部由1 000毫米递减到500毫米。在南印度洋上，由于陆地少、海域辽阔，气温相应低于北部印度洋。

洋流 印度洋的洋流，以北部的季风洋流最为特殊。这里冬季风主要为东北风，使得印度洋冬季洋流形成反时针环流，尤以12月和1月表现得最为明显。在这期间的赤道逆流与北部环流合二为一，大大增加了向东流的强度，这时赤道逆流一直可以南移到南纬7°～8°附近。夏季相反，强劲的西南季风驱使印度洋北部表层海水形成顺时针环流，以7～8月最为典型。

在印度洋的南半部，洋流的流向基本上是稳定的。南赤道洋流从东到西横过印度洋，直抵马达加斯加岛附近分成两支：一支由北绕过该岛，穿过莫桑比克海峡南流，称为莫桑比克暖流；另一支受阻后直接沿马达加斯加岛南流，称为马达加斯加暖流。两股暖流在马达加斯加岛西南汇合后，继续沿着非洲海岸南流，直至厄加勒斯角附近，这股洋流称为厄加勒斯暖流。这股暖流到南纬40°附近，被卷入南印度洋的西风漂流，从非洲南端附近常以汹涌澎湃之势到达澳大利亚大陆西南。然后，大部分仍继续东流，小部分则沿澳大利亚大陆西侧北上，称西澳大利亚寒流，在南纬15°附近与南赤道暖流首尾相接，构成印度洋赤道以南完整的反气旋型洋流系统。

水温和盐度 印度洋上的表层水温差异不大，北部为26～27℃，南部南纬10°～40°为17～25℃。阿拉伯海西部，夏季盛行西南季风，不断将表层海水吹走，底层冷水上升，水温可降至22～23℃，水温最高处是红海和波斯湾，分别达到32℃和35.6℃。北印度洋的赤道区域，终年水温较高，但面积不大；而广阔的南印度洋，水温却较低。因此，印度洋的年平均水温只有17℃。印度洋的盐度，表层大都在34.0以上。阿拉伯海可达36.5，而红海、波斯湾由于降水少、蒸发强，盐度可达40.0以上。

海浪和潮汐 印度洋海浪可分为季风区、信风区和西风带三个区，并且极具气候带风的特点。印度洋的开阔大洋中部潮汐不明显，潮差平均不到0.4米。沿岸区域，潮差以澳大利亚西北岸为最大，达尔文港为8米，金斯湾为10～12米；孟加拉湾北岸次之，最大为7米。

海洋资源 *矿产* 印度洋矿产资源特别是海底油气资源丰富。据统计，印度洋油气年产量约占世界海洋油气总产量的40%。自1951年发现波斯湾海底石油以来，已开发了科威特、沙特阿拉伯和澳大利亚巴斯海峡等海底石油。后又发现了苏伊士湾、库奇湾、坎贝湾、孟加拉湾、安达曼海湾、澳大利亚西北岸、帝汶、毛里求斯和南非大陆架等很有前景的海洋石油储藏。

印度洋海底广泛分布着锰结核，包含锰、铁、镍、钴、铜等多种金属矿物。红海深处有重金属软泥层。莫桑比克海峡内还有金刚砂、钛矿，印度海滩有独居石，澳大利亚西部有金红石、锆石，苏门答腊东北海岸区有锡砂矿，斯里兰卡近岸的浅海有重晶石砂矿等。另外，在阿拉伯半岛南端、印度半岛西南岸、非洲东南厄加勒斯海台，都分布有含磷的海底沉积矿床——磷钙石。

生物 印度洋的生物资源不甚丰富，捕捞量不大。以印度半岛沿海渔获量居第一位，在这里主要捕鲭鱼、沙丁鱼、鲨鱼和比目鱼。非洲南岸居第二位，除捕捞上述鱼类外，还捕捞黑点石首鱼、金枪鱼、飞鱼、小平头鱼以及海龟、沙噀等。在印度洋南部亚寒带和寒带水域有丰富的浮游生物，夏季招来大批鲸。接近南极大陆海域，海豹、企鹅也很多。印度洋整个热带地区的近海，尤其在斯里兰卡、巴林群岛和澳大利亚西北沿海，几百年来一直是采集珍珠和贝母的地方。

交通运输 印度洋是联系亚洲、非

洲、大洋洲的交通要道。往西经过红海、苏伊士运河、地中海进入大西洋，向东经过马六甲海峡或巽他、龙目海峡可进入太平洋，向西南绕过非洲南端可达大西洋。海运量约占世界海运量的10%以上，以石油运输为主。航线主要有亚、欧航线和南亚、东南亚、东非、大洋洲之间的航线。印度洋的海底电缆网多分布在北部，重要的线路有亚丁—孟买—金奈—新加坡线、亚丁—科伦坡线、东非沿岸线。塞舌尔群岛的马埃岛、毛里求斯岛和科科斯群岛是主要海底电缆枢纽站。沿岸港口终年不冻，四季通航。

印度洋地震 Indian Ocean Earthquake 2004年12月26日发生于印度尼西亚苏门答腊岛西北近海的巨大地震与一系列强余震。据中国地震台网测定，震级为8.7级；美国地质调查局最初测定震级为8.7级，27日改为9.0级；印度尼西亚地震监测机构称震级为6.8级。震中位于北纬3.9°、东经95.9°的印度洋中，震源深度30千米。此后该地区又出现数次6～7.3级余震。2005年3月28日，在苏门答腊北部（北纬2.2°，东经97.0°）发生巨大余震，据中国地震台网测定，震级为8.5级；美国地震台网测定，震级为8.7级。

这次地震是逆冲型构造地震。在地震发生地区，印度板块相对于缅甸板块每年以6厘米的速度向东北方向移动，导致在巽他地区的深海海沟发生板块斜向会聚。这种斜向运动导致应变分配。冲断层出现在板块边界面，表现为垂直于海沟方向的滑动；而走滑断层运动发生在几百千米以外的逆冲断层和走滑断层上，表现为平行于海沟的滑动。26日发生的地震正是逆冲断层突然运动的结果。地震导致大约1 300千米的板块边界发生滑动，断层破裂宽度可能超过100千米，断层面平均位移大约15米。

这次地震是印度尼西亚104年来最严重的地震。它所引发的海啸席卷印度洋沿岸的11个国家，共造成超过29.2万人死亡（见印度洋海啸）。印度洋地震使进入中国南海的水汽通量明显增加，引发2005年6月中国华南地区200年一遇的特大洪水。

印度洋海啸 Indian Ocean Tsunami 2004年12月26日印度洋地震造成的海啸。

印度洋地震发生于印度尼西亚苏门答腊岛西北海岸外的海底30千米处。地震断层错动属于垂直下错型。地震造成的板块错断长度达1 300千米，垂直下错达15米。地震瞬间，震中海底突然形成一个巨大的空洞，大范围的海水随即下陷。在断层上的沿海地区，海啸前表现出的是海水大面积退潮。当四周的海水填满断层空洞后，远处的海水仍源源不断地涌来，在此互相碰撞挤压形成高达几十米的水墙，受到挤压的水墙再向周围扩散，形成海啸。海啸以700多千米的时速冲向海岸边，袭击泰国南部，席卷印度和斯里兰卡等国，甚至波及东非沿岸的索马里。在印度尼西亚、斯里兰卡、印度、泰国、索马里、马尔代夫、马来西亚、缅甸、坦桑尼亚、塞舌尔、孟加拉国、肯尼亚等国造成巨大人员伤亡和财产损失。遭受海啸袭击的南亚、东南亚、非洲等印度洋沿岸的11个国家共有超过29.2万人死亡。其中印度尼西亚死亡人数最多。

印度–伊朗语族 Indo-Iranian group 印欧语系的语族之一。原始印欧人从欧亚之间的某个地区向东西两个方向迁徙，向东的一支在伊朗、阿富汗一带停留，以后又分

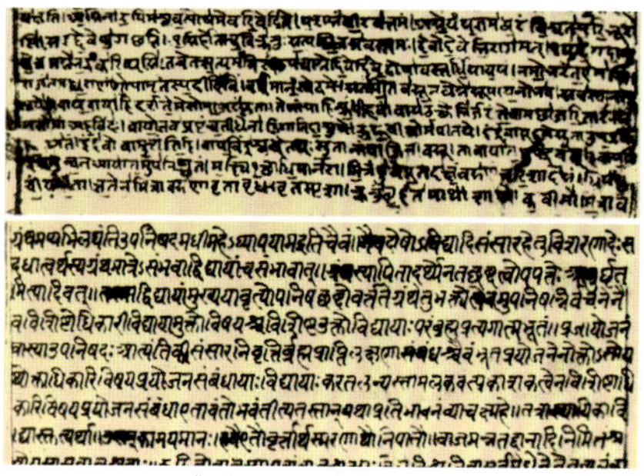

《梨俱吠陀》(片段)

两支，一支留在原地，一支继续向东南方向迁徙，最后进入印度。它包括两大语支：印度（又称印度–雅利安）语支和伊朗语支。

印度语支有30余种语言，分布于印度北部和中部，以及巴基斯坦和孟加拉国部分地区。其中使用人口较多的语言有印地语、乌尔都语、孟加拉语、旁遮普语、马拉提语、古吉拉特语、比哈尔语、奥里亚语、拉贾斯坦语等。印度语支诸语言的发展最早阶段是吠陀语，往后依次是史诗梵语、古典梵语；较迟的是各种俗语，巴利语是其中之一。后来发展到阿帕卜朗沙阶段。现在分布于印度、巴基斯坦、孟加拉国等某些地区的印度语支诸语言，都由此衍变而来。

伊朗语支包括约20种语言，分布于伊朗、阿富汗、巴基斯坦和其他几个中亚国家，主要有波斯语、普什图语等。伊朗语支诸语言的历史可分为3个阶段：①古代波斯语，包括阿吠斯陀语和古代波斯语（用楔形文字）。②中世波斯语（3～10世纪），包括安息语、中世波斯语、大夏语、花剌子模语、粟特语、和阗塞种语。③现代波斯语，直接来自中世波斯语，吸收了一些阿拉伯语和土耳其语词。

这两个语支关系极为密切。伊朗最古的圣典《阿吠斯陀》和印度最古的圣典《梨俱吠陀》（见图）中的个别诗行字句完全相同，足证它们同出一源。词汇方面也有很多词是同源。

印度哲学 Indian philosophy 产生于南亚次大陆的世界主要哲学形态。印度古代思想史上提出的相当或接近于“哲学”一词的概念是“见”。

发展简史 现存最早记述印度远古哲学思想的文献是吠陀和奥义书。吠陀中主要表述了上古印度人的宗教观念，但也初步提出了一些哲学方面的思想。奥义书是印度最早提出大量哲学思想的文献，形成时间大致在前800～前600年左右。

前6～前2世纪，印度著名的两大史诗——《摩诃婆罗多》和《罗摩衍那》的主要部分在这一时期形成。两大史诗中有一些部分表述了印度的哲学，故这一时期常被人们称为“史诗时期”。当时影响较大的除婆罗门教思潮之外，还有沙门思潮。沙门思潮的重要代表是所谓“六师”（当时思想界的六个主要代表人物）。沙门思潮在后来还发展出来三个影响较大的派别——佛教、耆那教和顺世论。

前2～公元4世纪，婆罗门教哲学经过奥义书时期和史诗时期，形成了六个主要哲学派别，即：数论派、瑜伽派、胜论派、正理派、弥曼差派和吠檀多派，称为六派哲学。这六派形成的重要标志是各派根本经典的出现。同时，佛教、耆那教等派的重要经典也大量出现，因而这一时期常被称为“经书时期”。

4～9世纪是印度各派哲学系统化且得到较快发展的时期。婆罗门教逐步演化成印度教。六派哲学的根本经典在此时期一般都被其追随者作了注释。佛教和耆那教在这一时期也有重要发展。尤其是佛教，思想日臻细密，流传地域不断扩大。

9～18世纪南亚次大陆经历了大规模的不同民族与宗教间的剧烈冲突。吠檀多派的哲学与印度教的宗教教义相结合，并吸收了佛教的一些理论，在思想界占据着主导地位。佛教在这一阶段的初期已密教化，至13世纪左右在印度衰亡。耆那教与顺世论的发展虽受到一些阻碍，但还是保存了下来。伊斯兰教在进入次大陆后，它的哲学思想逐渐在这一地区发生重要影响。

印度近现代哲学产生于18世纪。从1757年英印普拉西战役到20世纪，印度哲学受到了西方文化的巨大冲击，出现了不少既继承印度传统哲学，又吸收西方近代思想的哲学家，较重要的代表人物有辨喜、A.高斯和S.拉达克里希南等。

特点 印度哲学有三个显著特点：①哲学与宗教关系紧密。②哲学的相对横向发展特性。③古代哲学资料年代缺乏确定性。

吠陀与奥义书哲学 在吠陀时期，印度虽然已出现了哲学思想的萌芽，但抽象思维水平还是较低的，很难说它们是真正的、系统化的哲学理论。表现在吠陀中更

多的是宗教成分。在一些吠陀赞歌中，已可以看到一些人对神的存在表示怀疑。这当然要导致人们在神之外寻找世界产生的原因。通常认为，吠陀中有几首明显具有哲学（或哲理）意义的赞歌，如《无有歌》、《生主歌》、《原人歌》、《造一切者之歌》等。

奥义书中涉及了许多哲学、宗教观点，其内容大致有三个方面，即：梵我关系、轮回解脱及世界的物质本原。“梵我同一”或“梵我一如”的梵我关系理论在奥义书中占主导地位。这种理论认为，作为宇宙本体的梵（大我）和作为人的主宰体的我（小我）在本质上是同一的。我是现象，真正实在的只有最高的梵。世俗之人仅认为我是人的根本，而不认识梵，这就是无明。轮回解脱理论与梵我关系的理论密切相关。轮回的产生完全是由于人们不认识梵我同一，不认识仅梵是唯一实在。

也有不少奥义书中的思想家认为世界的本原是物质性的东西。如印度哲学或宗教史上论及的“四大”（地、水、火、风）的概念。

顺世论与耆那教哲学　顺世论是印度哲学中较特殊的一派。它对印度历史上流行的基本宗教信条持反对态度。

耆那教在哲学上对事物作了基本分类。它把事物分为“命我”（灵魂）和“非命我”（非灵魂）两大类。在这两大类之下又有小的分类：“命我”分为两种，一种是处于轮回中的，另一种是解脱的。“非命我”主要由四部分组成，即：法、非法、虚空和补特伽罗（物质）。耆那教把法、非法、虚空和补特伽罗及“命我”看作是五种永恒的实体。

在认识论方面，耆那教提出五种“智”的理论，即：感官智（通过感官等获得的认识）、圣典智（借助符号和言语获得的认识）、极限智（直接获得的在时空上极为遥远的事物的认识）、他心智（对别人精神活动的直接认识）、完全智（对一切事物及其变化的最完满的认识）。耆那教还提出对事物的判断形式理论，认为对事物的判断可有七种形式，即：有、无、亦有亦无、不可言、有亦不可言、无亦不可言、亦有亦无亦不可言。

佛教哲学　印度佛教的教义极为复杂，思辨性很强，理论十分丰富。不同时期的佛教学说在内容上有着自己的特色和侧重点。

婆罗门教六派哲学　在奥义书后，婆罗门教哲学的发展主要体现在所谓六派哲学中。见数论派、瑜伽派、胜论派、正理派、弥曼差派、吠檀多派。

近现代哲学　印度近现代哲学与古代哲学有密切的渊源关系，与西方近代文化的影响亦有重要关联。它是在继承、改造印度古代哲学，选择、吸收西方近代文化（哲学）的基础上形成的，其特点主要体现在继承、改造与选择、吸收这两方面上。重要人物有：

R.M.罗易，印度近代宗教与社会改革运动的最早发起者，著名思想家。他主张要复归印度的传统精神，推崇印度古代的所谓“纯粹宗教”。D.沙罗室伐底（1824～1883），印度近代宗教社会改革与思想启蒙运动中的重要先驱人物，创立了近代印度著名的宗教与社会改革团体“雅利安社”（圣社）。他认为梵是伟大的神或最高者，是渗透全宇宙的最高精神，是实在、意识和欢喜的人格化。R.泰戈尔，主要以诗人或文学家著称于世，但他也有较丰富的哲学思想。他认为梵或神是最高的实在，但并不认为世界是幻。他提出梵或神是在对事物的创造中表现自己的，主张一种万物一体的观点，认为无论是人还是动植物或世界都是在某一方面表现出来的同一个东西，提出人的观察力就在于能够透过世界在外部所表现出来的混乱现象看到神的力量的美与协调。辨喜，印度近代最有影响的哲学家之一，也是印度近代著名的社会活动家和宗教改革家。他认为哲学的种种立场可以分为三类，即：二元论、限定不二论和不二论。他本人是赞同不二论的。在他看来，不二论达到了人类思想的最高境界，是哲学与宗教世界的最美之花。M.K.甘地，印度近代著名的政治家、民族解放运动的领袖。他把体验与实现真理作为人存在的价值。认为真理即是神，是最高的实在。甘地学说中的一个重要思想是非暴力（不伤害）原则，认为非暴力是实现真理的唯一手段。B.达斯，印度近代有一定影响的思想家。他认为有无限多的个我存在，承认世界万象的根源是大我（梵），但反对吠檀多派哲学家商羯罗的世界是幻的观点，努力把印度传统的宗教哲学与近代西方的科学结合在一起。A.高斯，印度近代著名的哲学家和诗人。他认为世界可以分为“内在的世界”（现象界）和“超越的世界”（本体界）。“内在的世界”是由物质（肉体）、生命和心构成的，呈现种种形态。“超越的世界”是实在的、意识性的和欢喜的。高斯力图建立一种融合东西方的哲学、调解科学与宗教对立的思想体系。K.C.薄泰恰里耶，印度近代有一定影响的思想家。他在哲学上受德国I.康德的学说影响较大，但并不认为物自体是不可知的。他信奉商羯罗的不二论，此外，还把思想形态分为经验的思想、客观的思想、精神的思想和超越的思想四个层次。S.达斯古普塔，印度近现代著名的哲学史家。他在哲学上主要关注哲学本身应具有的性质和哲学家的研究方法等方面的问题，认为哲学应对人们的一切处于关联中的经验给予系统的解释，并借助这些来解释经验所表明的对象。S.拉达克里希南，在近代印度思想文化史上占有重要地位，也承认梵是世间一切现象的最高实在，但又认为世界是有与非有的结合。此外，他还强调直觉在哲学及其他科学领域中的作用。拉达克里希南卓有成效地进行了东西方哲学与宗教的比较研究，努力向人们揭示东西方文化遗产中的精华，对推进东方哲学的研究作出了重要贡献。D.恰托巴底亚耶，印度近现代哲学家中努力用马克思主义观点和方法分析印度哲学和历史的主要代表。他极为注重考察印度古代哲学中的唯物主义和唯心主义，努力分析和阐述古代各派学说的基本哲学倾向和社会作用。

《印度之行》 *A Passage to India*　英国故事片。GW影片公司1984年出品。根据E.M.福斯特同名小说和桑撒·拉马·罗舞台剧改编。编导戴维·里恩，主演朱迪·戴维斯、维克多·巴纳吉。19世纪20年代，英国女子艾德拉·奎斯特小姐与未婚夫隆尼的母亲摩尔太太从伦敦去印度探望隆尼。那时印度是英国的殖民地，隆尼在印度的钱德拉布尔城任法官。影片表现的是远离故国到异乡的人通过一次旅行，使自己对世界与自身的认识受到了考验。对摩尔太太而言，这是一次失望之旅。儿子对当地人趾高气扬，对上司谄媚奉承的样子令她生厌，而英国人与印度人之间的种种冲突与矛盾也使她感到迷惘与痛苦。而对艾德拉而言，这是一次不幸之旅。她到印度本想了解东方，不料却近距离地认识了自己的未婚夫。这部影片由于充满了人文精神及艺术上的精致，1985年获美国电影艺术与科学学院最佳女配角、最佳作曲两项奥斯卡金像奖，纽约影评协会最佳影片、最佳导演奖，好莱坞外国记者协会最佳外国片金球奖等。

印度支那 Indochina　越南、老挝、柬埔寨三国的旧称。第二次世界大战前是法国殖民地，法国统称其为“印度支那”，简称“印支”。战后越、老、柬分别独立，但在笼统涉及三国地理范畴内的事务时，仍使用此称谓，如三国间的区际公路继续实行过去的统一编号，命名为“印支某号”公路。20世纪80年代又出现“印支集市”、“印支论坛”等名称。

印度支那战争 Indochina Wars　第二次世界大战后，法国和美国在印度支那地区先后发动的两次侵略战争。通称印度支那战争和越南战争，又称第一次印度支那战争和第二次印度支那战争。

第一次印度支那战争　1945年9月至1954年7月，法国为恢复殖民统治而进行的“肮脏战争”，同时也是越南、老挝、柬埔寨三国人民反对法国侵略者的民族解放战争。1945年9月23日，法国在美、英支

在奠边府战役中被俘的法军官兵（1954）

持下，派遣远征军入侵越南南部，占领西贡。越南人民坚决抵抗，法国被迫同意谈判，但法国不断违约，制造事端，于12月间占领海防、谅山等地区，随后向越南发动全面的军事进攻。同年10月法国侵占柬埔寨，年底侵入老挝。越南、老挝、柬埔寨人民奋勇抗击法国殖民者近9年，沉重地打击了法国侵略者。美国于1950年12月签订《共同防御协定》，亦称“联合行动”。美国派遣军事顾问到印度支那，向法国提供大批武器装备。越南在中国的支援下，于1954年5月取得奠边府战役的决定性胜利，改变了整个印度支那战争局势，为迫使法国签订停战协定铺平道路，同年5月8日至7月21日召开了有中、苏、美、英、法和越南民主共和国、老挝、柬埔寨、南越参加的日内瓦会议。会议于7月20日达成关于恢复印度支那和平的《日内瓦协议》(包括《关于在越南停止敌对行动的协定》、《关于在老挝停止敌对行动的协定》、《关于在柬埔寨停止敌对行动的协定》和《日内瓦会议最后宣言》等文件)，保证在尊重越、老、柬三国的主权、独立、统一、领土完整的基础上，恢复印度支那和平，由此结束了法国侵略者对三国的殖民统治。

第二次印度支那战争　美国在1954年日内瓦会议上，拒绝签署《日内瓦会议最后宣言》，为了取代法国在印度支那的宗主国地位，粗暴地破坏协议。1958年策动老挝极右派势力颠覆梭发那·富马联合政府。1959年挑起老挝内战。1961年在南越进行“特种战争”，妄图在18个月内“平定南越”。1970年4月30日，美国派遣美军和西贡伪军大举入侵柬埔寨，妄图扑灭柬埔寨人民武装力量和摧毁越南在柬埔寨的“庇护所”。1970年4月，柬埔寨、老挝、越南南方共和、越南民主共和国三国四方领导人举行印度支那高级会议。越南人民先后挫败美国发动的“特种战争”和“局部战争”，粉碎美国的“战争越南化”政策以及它把战争扩大到越南北方的行动，终于迫使美国和西贡政权在1973年1月27日签订《关于越南结束战争、恢复和平的协定》。协定规定，美军及其仆从军应在3月29日以前全部从南越撤走。老挝人民迫使万象当局在1973年2月21日签订《关于在老挝恢复和平和实现民族和睦的协定》。美国被迫将其一切军事人员及其他外国军队撤出老挝。柬埔寨人民经过5年零1个月的艰苦奋战，于1975年4月17日解放金边，19日解放柬埔寨全境，取得民族解放战争的胜利。美国进行的第二次印度支那战争付出了巨大代价。

中国对越南的援助　越南人民抗法、抗美战争都得到中国人民巨大的援助。从1950～1978年，中国政府和人民从政治、军事、外交、经济各方面大力支援越南的正义斗争。据统计，援助总值超过200亿美元。除物资援助外，在28年间，中国还向越南派出专家、顾问数万人次，工程、防空、铁道、后勤保障等支援部队总计数十万人。成千中国战士牺牲在越南的土地上。1970年7月，中国支援部队全部撤回中国。

印古什人　Ingush　北高加索地区的土著居民。自称加尔盖人。主要分布在俄罗斯联邦印古什共和国。属欧罗巴人种高加索类型。使用印古什语，属高加索语系达吉斯坦语族。十月革命后创制以斯拉夫字母为基础的拼音文字。信伊斯兰教，多为逊尼派教徒。与其近亲车臣人都是当地古代居民的后裔。同一氏族的成员聚居一个村落，至今在山区还能见到其先民古代村落的遗址。平原地区的居民主要从事农业，种植小麦、玉米、向日葵、瓜类、蔬菜等；山区居民从事畜牧业和园艺业，主要饲养绵羊、牛和马，栽培葡萄、油料作物和烟草。主要工业部门有石油和石油加工。住屋是用石块砌成的多层平顶楼房。主食有玉米粥、肉馅或乳渣馅的煎饼及各种面食。男子穿宽肩长绒毛斗篷，戴羔皮帽，穿羊皮靴；妇女穿紧身束腰衬衫和对襟的连衣裙。喜佩戴银质胸饰和腰带。

印花税　stamp tax　对经济活动中书立、领受的凭证征收的一种税。由于这种税采取在应税凭证上粘贴印花税票的形式完成纳税义务，故名印花税。印花税于1624年始于荷兰，后在欧美各国相继开征，并逐渐成为大多数国家通行的一个税种。

中国在清代光绪年间就有大臣奏请推行印花税，但未施行。中华民国时期曾经制定并实施印花税法。中华人民共和国建立后，中央人民政府政务院于1950年12月19日公布《印花税暂行条例》，即日起施行。1958年简化税制，将印花税与货物税、商品流通税、营业税合并为工商统一税。1988年8月6日，国务院发布《中华人民共和国印花税暂行条例》，自同年10月1日起施行。

印花税的纳税人为在中华人民共和国境内书立、领受税法所列举凭证的单位和个人。纳入印花税税目的应税凭证有5类：①10种经济合同，如购销合同、加工承揽合同等；②产权转移书据；③营业账簿；④权利、许可证照；⑤经财政部确定征税的其他凭证。印花税的税率有两种：一种是比例税率，分4档；一种是固定税率，每件税额5元，纳税人依凭证性质确定适用税率。后来补充了对股票交易征税的规定。

缴纳方法：①由纳税人在发生纳税义务后自行计税，自行购花，自行贴花并盖章注销。②纳税人对同一种类的应纳税凭证需频繁贴花的，由纳税人向当地税务机关申请按期汇总缴纳，不再逐件贴花。③股票交易印花税由证券交易所代扣代缴。

《印花税条例》　*Stamp Act* 1765　1765年英国国会为转嫁沉重的军费负担而通过的向英属北美殖民地直接征税的条例。七年战争后，英国政府为了进一步控制殖民地和镇压印第安人，派遣1万名军队常驻北美，由当地负责全部开支。1765年3月22日，英国国会通过的《印花税条例》规定，北美殖民地的印刷品包括报纸、书刊、契据等均须加贴印花税票，税额自2便士到几英镑不等，违者罚款或监禁。该条例定于11月1日起生效。《印花税条例》遭到殖民地人民的强烈反对。自由之子、自由之女等秘密会社组织起来，带领群众捣毁税局，焚烧印花税票，在税吏身上涂满柏油、粘上羽毛游街示众。11月印花税法生效前，全殖民地税吏都被迫辞职。为抵制《印花税条例》，全殖民地展开抵制英货运动，从而导致英国对殖民地的出口额大幅度下降。英国议会于1766年3月18日通过废除《印花税条例》的决议。

印加文明　Inca civilization　南美安第斯地区印加帝国时期古代文明。印加为其最高统治者的尊号，意为“太阳之子”。印加文明主要分布在南美洲厄瓜多尔、秘鲁、玻利维亚、智利北部和阿根廷西北部，文化中心位于印加帝国首都库斯科地区（今秘鲁南部库斯科盆地）。印加文明的年代为15～16世纪早期，以构筑讲究的巨石建筑、纵横南北的道路网络和发达的农业而著称。

历史　印加族原为居住在秘鲁南部高原的一个讲克丘亚语的小部落。据传其最早的统治者曼科·卡帕克于1000年（一说

图1　萨克赛瓦曼古堡城墙遗迹

1200年）左右率部来到库斯科，后来逐步扩张，占领整个库斯科河谷。15世纪，印加人在帕查库蒂·印加·尤潘基及其子托帕的领导下，建立奴隶制帝国，疆界北起南哥伦比亚，南至智利中部，南北长达4 000千米，面积约90万平方千米。1530年，阿塔瓦尔帕击败其兄取得王位，但印加国力已大为削弱。1532年，西班牙殖民者入侵印加帝国，次年诱杀阿塔瓦尔帕，印加帝国遂告灭亡。

建筑与交通　印加文明留下了许多著名的石构建筑。首都库斯科古城的宫殿、神庙多以巨型石块构筑，著名的太阳神庙即以火山岩石块砌成，建筑非常讲究，石缝间细密得连薄刀片都插不进去，最重的石块重达100余吨。库斯科周围的山口多有城垒，著名的萨克赛瓦曼古堡始建于1438年，历时70年完工。古堡以巨石构筑，最重的一块达200吨。依山势筑有三重城墙，底层城墙为了便于防守，将城墙立面修得犬牙交错（图1），颇富创意。另一著名遗址**马丘比丘古城**修筑在高达600余米的山峰上，保存完好，城中的因蒂瓦塔纳神庙和三窗神庙是现存遗迹中最能展示印加建筑艺术的代表性遗址。印加人的道路是世界上最杰出的古代工程之一，整个帝国通过两条纵贯南北的道路将首都与其他地区联系在一起。其中靠近内陆的一条从北部的哥伦比亚一直通往今天的智利和阿根廷，全长5 229千米，宽4.57～7.3米，沿途修有上百座木桥、石桥和藤条吊桥。道路上每隔7.24千米立一里程碑，每隔19～29千米修一驿站供行人休息。

图2　双联陶屋

经济生活　印加人的经济因山区和沿海地区地理环境的不同而各有偏重。在安第斯山区，农业占有举足轻重的地位，人们开辟梯田，修筑了复杂的灌溉工程，最长的水渠长达113千米。农作物主要是玉米和马铃薯，农具中以装有青铜镢头的木镢最为常用。但耕种主要靠人力，没有驯服的家畜。沿海地区和靠近河谷的地方，渔业经济占有较大比重。印加人的制陶业、纺织业和金属加工业发达。彩陶沿袭莫奇卡文化的传统而有创新，常见双耳小口尖底瓶、敞口直筒杯、单柄小口壶等，图案以动物纹和几何纹多见（图2）。棉毛织品非常精美，织品中往往夹有金线或羽毛。印加人已具备丰富的采矿知识，青铜器制造和黄金饰品的加工都具备很高的水平，但一直没有掌握冶铁加工技术。

社会与国家组织　印加人的基层社会组织是氏族公社。公社成员先要耕种供祭祀和王室使用的太阳田、印卡田，最后才能耕种公社的土地。公社田分配给每个家庭耕作。在劳动组织方面，帝国设立一种称作米塔制的劳役制度，轮流征调壮年男子去建造公共和宗教工程。还有一种从事特殊差役的“亚纳科纳”，相当于奴隶或半奴隶。因此，有人认为印加帝国已进入早期奴隶制社会。

印加帝国实行中央集权制。都城库斯科号称“世界中心”。国王称为“萨帕印加”（独裁执政者），是政治、军事和宗教的最高首脑，被尊为太阳神在人间的化身。全国以库斯科为中心，分为4个大行政区，由印加贵族任总督，总督以下的各级官员均从世袭的特殊氏族中遴选。

科学文化与宗教　印加人具备较高的天文历法知识。已会测定春分和冬至的日期，利用日影来测定时间，使用太阳年和太阴月来计算年月，并已注意到太阳年与太阴月之间的时间差。印加人以人体各部分的长度作为测量单位，最小的测量单位是人手的一个指距。墓葬中曾发现有骨、木或银制的天平。印加人没有文字，以绳子的枝分、颜色以及绳节的多少来记录和传递信息。医学达到一定水平，使用许多草药治病，已能制作**木乃伊**，对麻醉药物颇有研究，并掌握开颅术等外科技术。

主要崇拜太阳，自称为太阳的后代。月亮、土地及其他星宿也被崇拜，但地位较低。仍保持**图腾**崇拜和祖先崇拜的残余，各氏族公社以动物命名，视祖先为公社保护神。印加人已确立国家信仰及祭司教阶制度，祭司阶层享有特殊地位。全国的宗教中心是库斯科城中的太阳神庙。每逢农事周期的各个节日都要举行祭典，祭典上的牺牲主要是动物，但当印加王出征或发生巨大自然灾害时，则以活人为牺牲。

印刻　imprinting　K.洛伦茨发现的动物由遗传决定的一种固定行为模式。即刚孵出的小鹅等幼禽追随运动物体的行为。通常小鹅孵出以后遇到的第一个运动物体是雌鹅，雌鹅走到哪里，小鹅就跟到哪里。如果雌鹅被抱走，换上别的运动物体，小鹅也会对这个运动目标作出追随反应。这种行为或现象之所以被称为“印刻”，是指有关的运动对象已被牢固地印刻在小鹅的脑中，以至能长期释放出对它的追随行为，保持对这一对象的依恋关系。印刻是有时限的，如果在小鹅孵出的24小时内不向其提供任何运动对象刺激，印刻现象也就不容易出现了。习性学家认为印刻是动物对环境的一种适应行为，是生物长期进化的产物。印刻能增加小鹅的成活率，对保存该物种有利。发展心理学家受印刻现象的启发，提出关键期或敏感期的概念，指儿童心理发展的某个时期对某些刺激最敏感，因而也是发展某些技能的最佳时期，如果儿童错过了这个学习的机会，以后将难以补偿。因此人们往往将关键期和早期教育联系起来，引起了对早期教育的重视。

印楝素　azadirachtin　高含氧的三萜，分

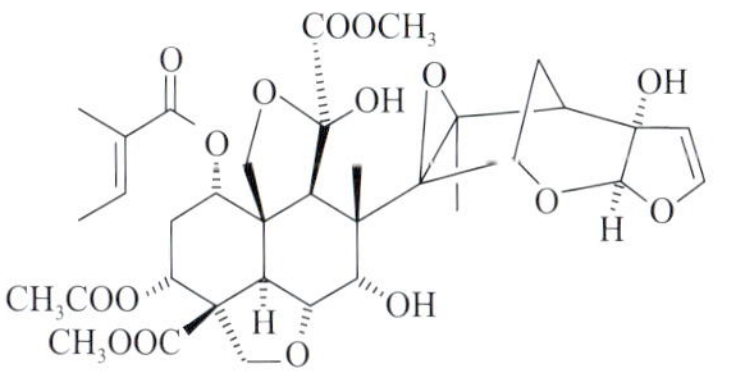

子式$C_{35}H_{44}O_{16}$。从印度楝树中提取而得。熔点155～158℃，比旋光度$[\alpha]_D$－53（氯仿）。在溶液状态时不稳定。印楝素有极高的昆虫拒食剂作用，使蛹阶段的昆虫生长发育混乱而导致死亡，但对哺乳动物无毒，已作为安全农药获得较广泛的应用。

印欧语系　Indo-European family　世界上分布区域最广的语系。使用者几乎遍及整个欧洲、美洲、澳大利亚、新西兰，还有非洲和亚洲的部分地区。自15世纪开始，随着欧洲殖民势力的不断扩张，一些欧洲语言陆续传到世界其他许多地区。今天，以某一种印欧语言作为母语的人，共有23亿以上。

名称来源　“印欧语系”一词出现于19

世纪初叶，因该语系分布于印度和欧洲而得名。后来德国学者将其易名为“印度-日耳曼语系”，因印欧语言中，最东部的阿萨姆语是一种印度语言，而最西部的冰岛语是一种日耳曼语言。还有少数学者采用“雅(利安)-欧语系”。现代语言学最通行的术语是印欧语系。

印欧语假说 早在16世纪，当欧洲的传教士、商人、探险者开始学习梵语后，就逐渐认识到印度的梵语与欧洲的拉丁语、希腊语等语言之间有广泛的相似性。18世纪英国的东方学学者W.琼斯提出了著名的“印欧语假说”来解释上述语言之间的相似性。1786年琼斯指出，梵语与希腊语和拉丁语以及古英语之间，无论是在动词词根还是在语法形式方面都显示出系统的相似点。语文学家们都承认这些语言衍生自同一原始母语，即后来人们所说的原始印欧语。它是一种假设的原始印欧人的口头语言，并没有任何文字记录，学者们只是通过对原始印欧语的若干后裔语言所进行的比较研究推断出了它的某些特征。学者们还根据印欧语的一些同源词，对原始印欧人的故乡加以推测。但另一些学者认为，这种方法缺乏科学性。目前还没有一种令人满意的解释。

印欧语划分 印欧语系分西部语群和东部语群，可划分为如下几个语族：

日耳曼语族 分为西支、北支和东支：西支包括英语，德语（在德语基础上衍生了依地语和卢森堡语），荷兰语，佛拉芒语（也有学者认为佛拉芒语只是荷兰语的一种方言），南非的阿非利坎语，以及弗里西亚语；北支包括斯堪的纳维亚诸语言——瑞典语，丹麦语，挪威语和冰岛语；东支的代表是哥特语，但在1 000多年前就已消亡，因此有些学者不把东支算作日耳曼语族的一个语支。

罗曼语族 又称意大利克语族或拉丁语族。罗曼诸语言的共同母语是古拉丁语。罗曼语族通常分为东支和西支，其传统分界是沿斯培西亚-里米尼线走向所划出的同言线。该线以南的巴尔干罗曼语属东支，如罗马尼亚语；该线以北的其他罗曼语属西支，包括拉丁语、意大利语、法语、西班牙语、葡萄牙语等。此外，还有若干使用人数较少的语言或方言。

凯尔特语族 凯尔特诸语言习惯上分为两大类：大陆凯尔特语和海岛凯尔特语。前者于公元500年前消亡；后者指不列颠群岛凯尔特诸语言，以及通行于法国布列塔尼地区的布列塔尼语。迄今仅存的海岛凯尔特诸语言分为北支和南支，北支即盖德尔语支（又称盖尔语支），包括爱尔兰语、苏格兰盖尔语以及20世纪已消亡的马恩语；南支即不列颠语支（又称布列塔尼语支），包括威尔士语、布列塔尼语以及已消亡的科尼什语等。

波罗的语族 仅存立陶宛语和拉脱维亚语（又称莱蒂语）。鉴于波罗的语族和斯拉夫语族有许多相似之处，有些学者主张把它们合二为一，构成一个更大的语族——波罗的-斯拉夫语族。

斯拉夫语族 有3个分支：东支包括俄语，乌克兰语，白俄罗斯语；西支包括波兰语，捷克语，斯洛伐克语，卡舒比亚语和卢萨提亚语（又称文德语或索布语）；南支包括塞尔维亚-克罗地亚语，斯洛文尼亚语，马其顿语，保加利亚语，以及古教堂斯拉夫语。

印度-伊朗语族 印欧语系最东部的一个语族，所包括的语言是印欧语系中最多的，约有60种。分印度语支（又称印度-雅利安语支）和伊朗语支。印度语支中，使用人数超过1 000万的语言至少有9种：印地语，乌尔都语，孟加拉语，旁遮普语，马拉提语，古吉拉特语，比哈尔语，奥里亚语和拉贾斯坦语。其中乌尔都语和印地语常被西方学者视为一种语言，称为印地-乌尔都语，有时则统称为印度斯坦语。其他语言还有僧伽罗语、吉普赛语等。伊朗语支包括波斯语，普什图语，俾路支语，塔吉克语，库尔德语，奥塞梯语，以及若干使用人数很少且已消亡的语言。

希腊语、阿尔巴尼亚语和亚美尼亚语各构成印欧语系中单独的一个语族。此外，安纳托利亚语和吐火罗语代表了印欧语系两个已消亡但仍占有一定地位的语族。

印欧诸语言特点 在早期阶段，共同特征比较明显，随着时间的推移，语言间的差别逐渐增多，有的甚至出现了广泛的差别。但有些结构特征还是当代印欧语所共有的。语音方面，所有印欧语言都有较多的塞音，并有清浊对立，如p、t、k和b、d、g，但擦音较少；元音系统较严密，但w、y、r、l、m、n等响音，既可起元音作用，也可起辅音作用；鼻元音不普遍；声调用来区别词义的情况极为罕见。随着语言的演变，语音也会发生某些变化。语法方面，名词有性、数、格的变化和自然性别；动词有人称、数、式、态的变化，有些语言还有体的变化；总的发展趋势是：屈折变化系统所起的作用逐渐由大到小，而词序和虚词在决定语法关系时所起的作用则越来越大，只有波罗的诸语言和斯拉夫诸语言等仍保留了复杂的屈折变化系统。词汇方面，农业方面的许多常用词很相似，大多来源于某个早期共同形式；许多语言有结构相似的数词。

印欧诸语言使用许多不同的文字。赫梯语用楔形文字和一种特殊的象形音节文字；古波斯语用楔形文字；梵语用天城体、婆罗米和其他文字；阿吠斯陀语等使用几种特殊的文字；新波斯语用阿拉伯文字；欧洲的语言则使用自古代腓尼基文字派生的各种不同类型的文字，主要有拉丁文字、西里尔文字等。

印刷 printing

使用印版或电子传输方式，将图文信息转移到承印物上，形成可视信息的技术。一种长久性的、广泛传播视觉信息的技术手段。

印刷术是中国古代四大发明之一。最早的印刷术为雕版印刷，其发明不晚于隋代，至宋代时已达鼎盛。北宋庆历年间（1041～1048），毕昇发明泥活字版印刷术，使印刷出版书籍更为灵活方便。自13世纪起，中国印刷术逐渐传播到西方。15世纪，德国人J.谷登堡发明铅合金活字印刷术，后来逐渐传遍世界各地，成为500年间的主要印刷方式（见活字版印刷）。活字版与雕版版面上图文部分均凸出，称为凸版，20世纪中叶前一直是世界上使用最多的印刷技术。1798年，捷裔德国人A.塞内费尔德发明石印，以精细石料作印版，采用油水相斥的原理转印图文，因图文与空白部分无高低区别，故称平版。1904～1905年，美国I.W.鲁贝尔改良石印技术，以金属薄板为印版，并经橡皮滚筒转印到承印物上，这就是胶印。自20世纪中叶起，胶印取代凸版印刷，逐渐成为印刷的主流。

凹版印刷起源于中世纪的版画印刷。1852年，英国人W.H.F.塔尔博特发明网点照相凹版，广泛用于证券印刷。孔版印刷源自中国古代战国时期的印染手段，用镂空版供织物印花。此后，孔版印刷在西方得到改进，用丝绢、塑料、金属制成的丝网作印版，称为丝网印刷。20世纪后期，随着数字和网络技术的发展，出现了摆脱常规印刷必不可少的印版和压力的束缚、依靠数据完成印刷的数字印刷。

数字印刷的发展导致由计算机控制喷墨量完成印制图像的喷墨印刷面世，它可在市场经济环境中应对小批量印刷和按需

15世纪J.谷登堡的印刷作坊

印刷。从数字印刷的延伸而发展起来的可变数据印刷，是依靠数据库处理软件，以应对每印一页便需改变图像的局部内容的情况，非常适合广告单特别是大型运动会入场券的印制任务。为避免和防止环境污染，无水平版印刷和水性印刷已成为必须推广的技术。不断提高印刷品质是印刷业的基本任务，由此引发高密度印刷的问世。它是将黄、品红、青、黑的所有密度都设定在2.0的高密度区域作为印刷的前提，已成为制版印刷的新工艺。由于市场需求多变的驱动，根据个人的意愿和需要的个性化印刷已风靡全球，是数字印刷的重要特征之一。

印刷是信息记录、复制、再现与传播的重要手段，在促进人类文化、科学技术发展与进步中起到了积累和传递信息及知识的作用。

印刷术 printing; art of printing 中国古代四大发明之一。

印纹陶 pottery with stamped decorations 中国古代陶器品种。即器表带有拍印的几何等纹样的陶器，又称几何印纹陶。中国的

印纹硬陶双耳罐（战国，浙江温州出土）

印纹陶主要烧造、流行于南方地区，以灰陶居多。新石器时代晚期已经出现，商至春秋时代繁荣，东汉以后逐渐被瓷器取代。印纹陶的纹饰是以印模等工具在未干透的坯体上拍打而成。一般认为早期拍打的目的主要是使器物更加坚实，以后才逐渐注重印纹的装饰意义。商至春秋，南方的印纹陶题材丰富，一件器物上常出现多种几何题材组合的装饰，纹样清晰，有立体感。在历代印纹陶中，有些器物烧成温度较高，即印纹硬陶。印纹硬陶同原始瓷器有密切联系。

印象主义 L' Impressionisme 在西方美术史上，印象主义一词有两层含义：一指产生于法国的印象主义画派；二指包括技法革新在内的印象主义美术思潮及其广泛深远的影响。后者具有世界性意义。

印象主义流派出现于1874年。这年4月，一些法国画家在巴黎卡普辛大街借用摄影师那达尔的工作室举办画家、雕塑家和版画家等无名艺术家展览会，参加展出的有C.莫奈、P.-A.雷诺阿、C.毕沙罗、A.西斯莱、E.德加、P.塞尚、B.莫里索等人。在展品中有莫奈的油画《日出·印象》，其标题被一位艺术观点保守的记者L.勒鲁瓦借用，嘲讽地称这次画展是“印象主义画家的展览会”，故产生印象主义或印象派之名。印象主义从1874～1886年共举行了8次画展。当举行第三、四次展览时，印象主义已成为有很大影响的艺术流派。

印象主义反对陈腐的古典学院派，反对已经落入俗套、只在中世纪骑士文学中寻找创作源泉、矫揉造作的浪漫主义美术。它在C.柯罗、巴比松画派以及G.库尔贝的写实画风的影响和推动下，在19世纪现代科学技术（尤其是光学理论和实践）的启发下，注重对外光的研究和表现。他们一反欧洲几百年来在画室中作画的传统习惯，摒弃从16世纪以来变化甚微的褐色调子，主张到室外，在阳光下，根据眼睛的观察和直接感受作画，表现物体在光的照耀下色彩的微妙变化，在绘画表现上开辟了新的领域。

É.马奈是印象派的鼓舞者和推动者，但他本人并未参加印象派的展览。

印象主义绘画理论的基本点是认为一切自然现象都应该从光的角度来观察，一切色彩皆发源于光。他们以光学研究成果作为依据，主要用赤橙黄绿青蓝紫7色，或近似这7种色彩的颜料作画。他们认为捕捉瞬息间光的照耀才能揭示自然界的奥妙。因此，光和色就成为他们研究的中心课题，支配着他们的创作活动。

印象主义画家中有两种类型：一种重光和色彩；一种重造型和素描。重视光和色彩的典型画家是莫奈，他从80年代起对物象轮廓写真的兴趣日益淡薄，之后在风景组画《草垛》、《鲁昂教堂》中集中精力用光线和色彩来表现感情，探求光和色彩独立的审美价值。在重视造型和素描的印象派画家中，以德加为代表，注意室内光。他用光的转换帮助表现迅速变化着的运动，使静止的画面产生动感，并用光来加强色调的对比，使画面富于幻想意味。西斯莱、雷诺阿的画风接近莫奈。西斯莱主要画风景。雷诺阿既画风景也画人物，特别注意外光在人体上的闪光反射。毕沙罗既重视外光，又重视造型。

印象主义作为一种思潮波及欧洲各国。英国的西克尔特，德国的L.科林特、M.利贝曼和M.斯勒福格特以及西班牙、意大利的一群艺术家，俄国和东欧的一些画家都曾受到法国印象主义的极大影响。美国的J.S.沙金和女画家M.卡萨特、日本的黑田清辉也是负有盛名的印象主义画家。印象主义运动虽然在一百年以前即已消失，但

莫奈作《鲁昂教堂》(1894)

至今还有不少画家用印象主义的方法作画。中国现代画家刘海粟、林风眠等人在吸取印象主义技法方面有独特的创造。

印章 seal 中国刻有文字或图案并用来作为身份、权力及取信凭证的专用物。见玺印。

印支运动 Indosinian Movement 发生在三叠纪和早侏罗世之前的构造运动。

1934年，法国人J.弗罗马热将印支半岛晚三叠世前诺利克期与前瑞替克期的两个造山幕命名为印支褶皱。1945年，黄汲清首先将中国的阿尔卑斯旋回划分为印支、燕山、喜马拉雅3个亚旋回，以印支造山旋回称呼中国中生代初期的地壳运动，还先后将其划分为2～5个造山幕，并强调这一运动的重要意义。

中国东部印支期的地壳运动较为明显，早已引起中国地质学者的重视并给予专名。如丁文江(1929)将前里阿斯期运动命名为东京运动；李毓尧、李捷、朱森(1935)以南象运动、金了运动命名下扬子宁镇山脉地区早侏罗世前及晚三叠世前的运动，以艮口运动命名湖南地区的晚三叠世与早侏罗世之间的运动；黄汲清、徐克勤(1937)以安源运动命名晚三叠世内的地壳运动；李四光(1939)将三叠纪末的造山运动命名为准阳运动；张文佑、孙殿卿、吴磊伯、徐煜坚等(1941～1943)将广西三叠系内部的地壳运动命名为桂西运动、龙华运动等。中国西部，在20世纪50年代以来也发现印支运动对西南及青藏地区有重要影响。一般认为，印支运动在时期上应包括整个三叠纪期间到早侏罗世之前的地壳运动，其时限约为2.25亿～1.90亿年

前。在影响上，印支期为中国西部印支褶皱带的主要形成期，为中国东部古地理、古构造格架发生巨变的转折点，为华北与扬子地块的最终拼合时期和苏鲁超高压变质带的主要形成时期。

茚三酮 ninhydrin; triketohydrindene 分子式$C_9H_6O_4$。又称水合三酮化茚、水合茚满三酮或茚满三酮。其结构式表示如下：

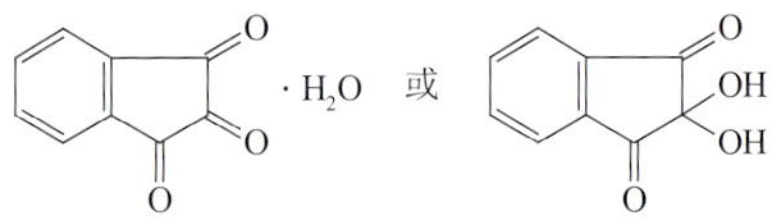

无色棱晶；熔点250℃（分解），溶于水、乙醇。以二氧化硒氧化二酮二氢化茚制取茚三酮。二酮二氢化茚可从邻苯二甲酸二乙酯和乙酸乙酯制得。茚三酮主要作为试剂，用来检出蛋白质、多肽及氨基酸上未结合的氨基。当其与氨基酸共热时，混合物即变成蓝色。

印子钱 usury 中国明代以来各地流行的一种高利贷。又称折子钱、印子债等。放债者以高利放出限期分批偿还的贷款，借债者每次偿还贷款时，放债者都在预立的折子上加盖一次印章为凭，故名。因是按日还钱，每日登门索要，又称月日钱。在明代，通常由印子铺或印子房放钱。印子钱利息甚高，但具体交易亦有差别。温州地区曾一度实行月息二三分，借债时预扣利息，若到期不还，则利上加利。利息高的可达七八分，借者无力偿还，有的被逼以妻子、儿女抵债。20世纪50年代，中国大陆已严令取缔印子钱。

应成一 Ying Chengyi（1897-09-03～1983-07-26） 中国社会学家。生于浙江杭州。1921年留学美国，在威斯康星大学学习。1925～1949年，在上海复旦大学任社会学系教授兼系主任、法学院院长、教务长等职。

中华人民共和国建立后，先后在山东会计专科学校、山东财经学院、上海财经学院、上海社会科学院任教授。1979年被聘为上海社会科学院社会学研究所特约研究员。著有《社会学原理》、《社会问题》、《十年（1937～1947）来的中国劳工问题》等。他在《社会学原理》一书中提出社会学的研究对象和范围，认为社会学是沟通各种科学界域，融合各种科学见解，贯通心理现象和物理现象，以研究社会现象为目的的一门综合性科学，强调社会意识是研究社会现象的关键。

应璩 Ying Qu（？～252） 中国三国时曹魏文学家。字休琏，汝南南顿（今河南项城西）人，应瑒之弟。博学好作文，善于书记。文帝、明帝时，历官散骑常侍。曹芳即位，迁侍中、大将军长史。当时大将军曹爽擅权，举措失当，应璩曾作《百一诗》讽劝。“百一”的意思，据原诗序为“安知百虑有一失乎”；张方贤《楚国先贤传》则以为，由于诗有101篇而得名。前说当近是。今存《百一诗》共8首。又有《杂诗》3首，与《百一诗》风格相近。《文选》所录一首为全篇，主旨为“下流不可处，君子慎厥初”，诗中以“有人”问的方式写“问我何功德，三入承明庐”，又以自责语气写“避席跪自陈，贱子实空虚”，都是对身居高位、浮华空疏的曹爽的婉转讽谏。刘勰评论说：“应璩《百一》，独立不惧，辞谲义贞，亦魏之遗直也。”（《文心雕龙·明诗》）应璩的文，以书信较有名，有《与从弟君苗君胄书》等。原有集10卷，已散佚。明代张溥辑其诗、文共10余篇，与应瑒作品合为《应德琏、应休琏集》，入《汉魏六朝百三家集》中。

应劭 Ying Shao 中国东汉学者。字仲远，一作仲瑗。汝南南顿（今河南项城西）人。生卒年不详，约汉灵帝光和元年（178）前后在世。少年时勤学博览。灵帝初年拜孝廉。中平元年（184）拜泰山太守。献帝初平二

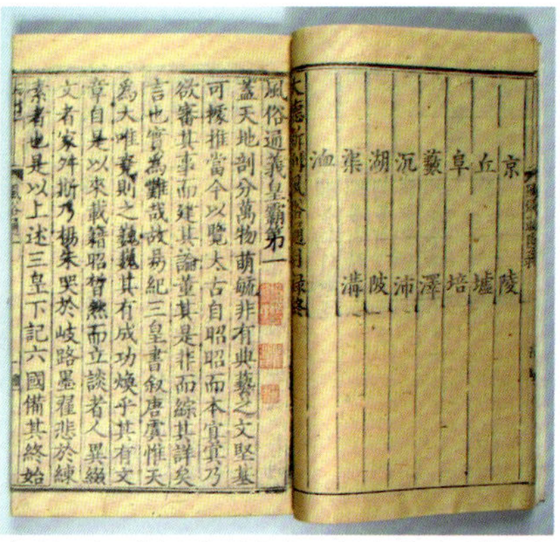

京陵
丘墟
阜培
藪澤
沅沛
湖陂
渠溝
洫

風俗通義皇霸第一
蓋天地剖分萬物萌毓非有典藝之文堅基
可據推當今以覽太古自昭昭而本實乃
欲審其事而建其論董其是非而綜其詳矣
言也實為難哉故易紀三皇書叙唐虞惟天
為大唯堯則之巍巍其有成功煥乎其有文
章自是以來載籍昭晳然而立談者人異綴
文者家殊斯乃楊朱哭於岐路墨翟悲於練
素者也是以上述三皇下記六國備其終始

《风俗通义》（元大德九年无锡县学刻明修本）

年（191），镇压境内农民起义军黄巾军30万人，郡内平安。建安二年（197）应劭拜袁绍军校尉。卒于邺（今河北临漳西南）。应劭有感于旧章湮没书记罕存，于是搜集记录所见所闻，著《汉官仪》10卷，今佚；《风俗通义》32卷，130篇，内容主要是考释物类名号、时俗嫌疑等，文章通俗易懂，名副其实，今存10卷。又有《汉书集解音义》，唐颜师古注《汉书》多有征引。

应云卫 Ying Yunwei（1904-09-07～1967-01-16） 中国话剧活动家和话剧、电影导演。字雨辰，号杨震。生于上海，卒于上海。1921年与谷剑尘等组成上海戏剧协社。

1930年成为中国左翼戏剧家联盟的秘密盟员。1933年导演苏联剧作家S.M.特列季亚科夫的《怒吼吧，中国！》，第一次在中国话剧舞台上调度处理了上百人的群众场面。抗日战争爆发后，导演了《保卫卢沟桥》、《放下你的鞭子》等抗战名剧。1938年参与发起组织中华全国戏剧界抗敌协会。1941年皖南事变后，应云卫同陈白尘等在重庆组织中华剧艺社。1942年组织重庆戏剧界最强大的阵容演出郭沫若的《屈原》。1946年起参加国泰影业公司。1949年后入上海电影制片厂，导演了多部戏曲电影。60年代任上海市电影局顾问。其他主要导演作品还有电影《桃李劫》（1934）、《八百壮士》，话剧《全民总动员》、《大地回春》（1941）等。

《英爱条约》 *Anglo-Irish Treaty* 1921年，英国与爱尔兰签订的肢解爱尔兰的条约。第一次世界大战结束后，新芬党在都柏林召开国民议会，发表独立宣言，宣布成立共和国，并开展游击战争。1921年夏，英国自由党D.劳合·乔治政府被迫与爱尔兰签订停战协定。1921年7月双方在伦敦开始谈判，与新芬党谈判代表A.格里菲思和M.柯林斯于12月6日签订此约。

条约的主要内容是：把统一的爱尔兰分割为两部分，南部26个郡成立自由邦；北部6个郡划归英国。自由邦名义上享有自治自决的全权，但其对外政策和一部分内政仍置于英国监督之下。自由邦必须效忠英王，议会通过的法律，需经英国总督批准方能生效。此外，英国借口防务需要，继续控制某些港口。1922年1月7日，爱尔兰国民议会以64票对57票通过，1月14日予以正式批准。据此条约，在爱尔兰南部实现有限的自治，基本结束了长达700年的英国殖民统治。

英安岩 dacite 相当于花岗闪长岩的火山岩。SiO_2含量为63%～68%，平均65%，CaO 4.32%，Na_2O+K_2O 7.5%，$Na_2O>K_2O$。多为浅灰、灰白、灰绿、灰红、深灰等色。斑状结构、霏细结构，或为无斑隐晶质结构。块状构造，也有气孔构造。主要矿物成分为中-更斜长石，其次是石英和钾长石（正长石、透长石），常见的暗色矿物为角闪石、黑云母、辉石。斜长石和钾长石成斑晶和基质，暗色矿物则多在斑晶中出现，基质中没有或很少。长石中以斜长石为多，一般占长石含量的2/3以上，斜长石常有环

带构造和聚片双晶。石英含量大于20%，一般为20%～30%，成斑晶的石英，多见熔蚀现象，或为双锥形。按暗色矿物斑晶成分把英安岩分为辉石英安岩、角闪石英安岩、角闪石黑云母英安岩、黑云母英安岩等。常见的次生变化为黏土化、绢云母化、硅化、绿泥石化、碳酸盐化。英安岩岩浆黏度较大，多成岩钟、小岩流产出。英安岩数量较少，主要分布在大陆造山带内。中国主要分布在东部地区，尤以东部沿海一带常见，常与流纹岩、安山岩共生。

英镑 pound sterling 英国的货币单位。其辅币和进位，原为1镑等于20先令，1先令等于12便士，从1972年2月15日起改用1英镑等于100新便士的十进位制。现流通的

20英镑

纸币面额有1、5、10、20、50英镑，铸币面额有0.5、1、2、5、10、50便士。

英国在1821年正式实行金本位制，英镑成为英国的标准货币单位，规定1英镑含金量为7.322 38克。1925年实行金块本位制，于1931年又放弃，英镑成为不能兑现的纸币。从19世纪到20世纪初，英镑一直是最重要的国际支付手段和储备货币。但经过第一次世界大战，英镑的国际储备货币地位趋于衰落，为美元所取代。1972年6月23日实行浮动汇率。

英布战争 Anglo-Boer War 英国同荷兰移民后裔布尔人建立的南非共和国和奥兰治自由邦为争夺南非领土和地下资源而进行的一场战争。又称南非战争、布尔战争。

19世纪下半叶，欧洲移民大批涌入，开矿寻宝。英国和德国展开了激烈的角逐。英国政府为控制所有矿区，力图占领德兰士瓦，兼并布尔人治地。布尔人为维护其利益，靠拢德国，对抗英国。1899年10月11日战争爆发。英国先后动员了44万军队，布尔人有8.8万人参战，战争进程分3个阶段：第一阶段，1899年10月至1900年1月；第二阶段，1900年2月至1900年9月；第三阶段，1900年9月至1902年5月。

这一阶段战争最残酷，延续了2年7个月。英军消耗战费2.5亿镑，死亡21942人；布尔人死于战场3 990人，死于集中营27 927人。布尔人被迫同英国妥协。1902年2月开始和平谈判，5月31日签订和约。布尔人答应停止军事抵抗，交出全部武器，承认德兰士瓦共和国和奥兰治自由邦并入

英布战争中的布尔人武装力量

英帝国。

英尺 foot 英制长度单位。旧译“呎”。符号为ft。1英尺＝1/3码＝12英寸。从1959年起，1英尺＝0.304 8米。在大多数国家和所有科学应用中，英尺已分别被国际单位制的米所取代。

英寸 inch 英制长度单位。旧译吋。英国法定单位和美国习用单位。符号为in。源自古英文unce或ynche，这两词都来自拉丁单位盎西亚（uncia），它是拉丁尺（pes）的1/12。14世纪初爱德华二世在位时，英寸被定义为“3个干而圆的大麦粒头尾相接的长度”。后来，被定义为12粒罂粟子并排的长度。从1959年起，法定1英寸＝2.54厘米＝1/36码。

英德市 Yingde City 中国广东省辖县级市。位于省境北部，北江中游。面积5 679平方千米。人口94万（2010）。五代南汉置英州。南宋庆元元年（1195）改为英德府。明洪武二年（1369）改为英德县。1994年撤县设市。由清远市代管。农作物有水稻、甘蔗、黄麻、玉米、茶叶、柑橘、蚕桑、蔬菜、木薯等。矿产有钨、铁、锡、铅、锌、铋、石灰岩等。工业有水泥、电力、冶金、服装、化肥、制糖、木材加工等。名胜古迹有南山碧落洞、摩崖石刻、蓬莱塔、长湖、宝晶宫等。

英帝国和英联邦 British Empire and Commonwealth 英帝国是英国及其控制下的海外属地和自治领的总称。英联邦是由英国与原来英帝国的自治领及英属殖民地取得独立后的国家组成的国家联盟，它是由英帝国演变而来的。1931年威斯敏斯特会议后，在英国的官方文件上“英联邦”正式取代了“英帝国”。英帝国和英联邦的形成与发展是一个漫长的历史过程。

英国从1497年开始海外殖民活动。1607年，在北美建立了第一个永久殖民地，稍后在印度和非洲也建立商站并取得立足点。到1763年，已建成一个以奴隶贸易和掠夺殖民地为基础的第一帝国。到第一次世界大战前，英国的殖民地面积已达3 350万平方千米，殖民地人口达3.94亿，有“日不落帝国”的称号。

1887、1894、1897、1902年各殖民地负责人先后召开“殖民地会议”。1907年的会议便改为“帝国会议”。参加者为具有自治领地位的加拿大、澳大利亚、新西兰和纽芬兰（在会议时承认为自治领）及南部非洲的开普殖民地、纳塔尔、德兰士瓦和奥兰治。因此，第一次帝国会议实际上已经成为联邦会议。

1931年的《威斯敏斯特法》确认了自治领与英国的平等地位。此后联合王国和自治领组成为英联邦。印度虽非自治领，但因地位特殊，也参加了英联邦。英联邦包括英国及其自治领、保护国、直辖殖民地和代管地（第二次世界大战后称托管地）。

1949年的英联邦总理会议上，一致同意英王为“联邦首脑”。20世纪50～60年代殖民地纷纷独立，大多数加入英联邦。2006年12月，英联邦有53个成员国（包括

1981年英国女王伊丽莎白二世（前排右八）在墨尔本与出席英联邦首脑会议的各国首脑合影

联合王国）。每年4月27日为英联邦日。

英联邦是个松散的政治联盟。各成员国的内外政策各自独立，也可以与英联邦以外的国家组成联邦。1965年始在伦敦成立“联邦秘书处”，负责安排总理会议及促进英联邦的合作。英联邦成员国政府间最高级别的会议为英联邦政府首脑会议，一般每两年召开一次。

英格兰 England 英国领土的主要部分。位于大不列颠岛中部和南部。北连苏格兰，西接威尔士，濒爱尔兰海和大西洋，东滨北海，南为英吉利海峡和**多佛尔海峡**。南北长570千米，东西最宽处515千米，包括怀特岛等岛屿，面积13.04万平方千米。人口5 181万(2009)，占全国人口4/5以上。

英格兰北部风光

是英国人口、经济最集中的地区。首府**伦敦**，亦为英国首都。北部和中部以奔宁山脉为中脊，东南为略有起伏的平原。主要河流有**泰晤士河**、**塞文河**和特伦特河。海岸线曲折，多优良港湾。气候温和湿润。为英国主要的工、农业区。煤炭、钢铁、造船、机械制造、化学、纺织等传统工业，多分布在奔宁山脉两侧煤田附近。伦敦及其周围为新工业区，有电子、汽车、航空、炼油等部门。农产品有小麦、大麦、甜菜、马铃薯、蔬菜和牛、猪等。海洋渔业发达。重要城市和港口有伦敦、伯明翰、利物浦、曼彻斯特、设菲尔德、利兹、南安普敦和普利茅斯等。

英格兰人 English 西欧大不列颠及北爱尔兰联合王国人口占多数的民族。有5 009.31万人(2004)，占全国总人口的83.7%。主要分布在英格兰和威尔士，少数分布在苏格兰和北爱尔兰。属欧罗巴人种，大多为大西洋波罗的海类型。使用英语，属印欧语系日耳曼语族。多信基督教新教，属英国国教派；也有少数天主教徒。英格兰民族是在长期历史发展过程中由凯尔特部落群的不列颠人和日耳曼部落群的盎格鲁人、撒克逊人等结合而成。公元前6～前1世纪，大批凯尔特部落从今法国和比利时沿海地区来到不列颠。主要有不列颠人和比利其人。他们消灭或同化了岛上的土著居民，成为英格兰民族最早的基础。公元1世纪至5世纪初，英格兰地区处于罗马帝国统治下，政治、经济、文化均受罗马的影响。后来，日耳曼部落大批侵入，主要是盎格鲁人和撒克逊人，还有朱特人和弗里西亚人，他们分别建立了一些小国。凯尔特人部分被日耳曼部落同化。8世纪末丹麦人侵扰英格兰，于9世纪在东北部建立丹麦区。此后，与丹麦人的斗争促进了盎格鲁人、撒克逊人等日耳曼人的结合，共同形成盎格鲁-撒克逊人。他们居住的地方被称为“英格兰”，他们的语言即古英语，是后来英格兰民族语言的基础。10世纪，英格兰统一，丹麦人亦融合于盎格鲁-撒克逊人中。

手拿国旗的英格兰人

11世纪诺曼底人对英格兰的征服，是英格兰民族形成史上的一个重要阶段。这一时期逐渐形成一种普遍能听懂的、以盎格鲁-撒克逊语为基础，并吸收有大量法语和拉丁语成分的混合语言，即中古英语。1337～1453年英法**百年战争**，促进了民族意识的增长，使中古英语逐渐取代了法语，诺曼底人与盎格鲁-撒克逊人融合为英格兰人。17～19世纪，大量英格兰人向海外移居，成为美利坚人、英裔加拿大人、澳大利亚人、新西兰人等民族的主要成分。

英格兰人是工业发达的民族，农业人口少。农业以畜牧业为主，饲养牛、猪、羊及家禽；农作物有小麦、大麦、燕麦等谷物。

英格兰银行 Bank of England 英国的**中央银行**。总行设在**伦敦**。它是世界上最早的中央银行。1694年根据国王特准法成立。1833年，英国国会规定只有英格兰银行钞票具有无限清偿资格，这是英格兰银行成为英国中央银行的决定性一步。1844年，英国国会通过《皮尔条例》，使英格兰银行成为英格兰和威尔士两地唯一的发行银行。1946年2月，英国政府颁布新的《英格兰银行法》，将该行全部股本收归国有。从此，英格兰银行成为国有化的中央银行。

英格丽·褒曼 Ingrid Bergman (1915-08-29～1983-08-29) 瑞典电影演员。生于斯德哥尔摩，卒于英国伦敦。1933年考入斯德哥尔摩皇家剧院，不及一年便跃身为瑞典影坛新星。1939年应邀赴美国主演《插曲》获得成功。

此后在美国主演的影片有《**卡萨布兰卡**》(1943)、《战地钟声》(1943)、《煤气灯下》(1944)、《声名狼藉》(1946)、《圣女贞德》(1948)等，其中《煤气灯下》使她首次获得**奥斯卡金像奖**最佳女演员奖。20世纪50年代在欧洲拍片，如《欧洲51年》(1952)和《意大利游记》(1954)等。1956年因主演《阿娜斯塔茜娅》再次获奥斯卡金像奖最佳女演员奖。晚年获奖影片有《东方快车谋杀案》(1974)、《秋天的奏鸣曲》(1978)。她以扮演忠实、理想的女性见长，在舞台剧和电视剧中的演出也同样成功。

英古里坝 Inguri Dam 世界上已建成的最高拱坝。位于格鲁吉亚的英古里河上。最大坝高272米，水库总库容11亿立方米。下游设有引水式电站，装机130万千瓦。

坝型为双曲拱坝，拱坝两侧有重力墩，坝弧长758米，坝顶宽10米，坝底宽86.5米，长高比为2.3，厚高比0.29。坝身下部设置7个直径5米的深孔，其中5孔作为将来修建抽水蓄能电站的取水孔，两孔仍为坝的泄水孔。泄水建筑物总泄量为2 500米^{3}/秒，水头高达181.5米，这些在拱坝中都是少见的。坝顶设表孔溢洪道，库水从坝顶漫溢，水舌直接抛入下游消力塘。工程于1975年正式动工兴建，坝体总混凝土达397.5万立方米，1980年11月工程全部完成。